U0559195

上汽斯柯达车系电路图

张　迪　主　编

胡克晓　张照国　副主编

韩　波　主　审

辽宁科学技术出版社

沈　阳

图书在版编目（CIP）数据

上汽斯柯达车系电路图 / 张迪主编 . — 沈阳 ：辽
宁科学技术出版社 ，2019.8
ISBN 978-7-5591-1220-0

Ⅰ . ①上… Ⅱ . ①张… Ⅲ . ①汽车 - 电气设备 - 电
路图 - 图集 Ⅳ . ① U463.62-64

中国版本图书馆 CIP 数据核字（2019）第 125836 号

出版发行：辽宁科学技术出版社
　　　　　（地址：沈阳市和平区十一纬路 25 号 邮编：110003 ）
印　刷　者：辽宁新华印务有限公司
经　销　者：各地新华书店
幅面尺寸：210mm×285mm
印　　张：65.5
字　　数：1200 千字
出版时间：2019 年 8 月第 1 版
印刷时间：2019 年 8 月第 1 次印刷
责任编辑：吕焕亮
封面设计：刘克江
责任校对：李　霞
书　　号：ISBN 978-7-5591-1220-0
定　　价：196.00 元

邮购热线：024-23284626
编辑电话：024-23284373

前　言

　　现在国产汽车种类繁多，产量、销量和保有量都很大。国产汽车普遍装备各种电控系统，结构复杂，技术先进，维修难度大。在进行汽车维修时，电路图起着举足轻重的作用，广大汽车维修人员非常需要各种国产汽车的电路图。

　　我们收集了销售情况好、保有量大的上汽斯柯达车型的电路图，汇编成这本《上汽斯柯达车系电路图》，希望本书能给汽车维修人员的实际工作带来方便。

　　本书的特点如下：

　　（1）车型新，车型全。书中涉及上汽斯柯达昕锐（Rapid）、全新明锐PA、明锐旅行车NF PA（2厢）、全新速派（Superb）、柯米克（Kamiq）、柯珞克（Karoq）、柯迪亚克（Kodiaq）7种车型，基本上都是新款车型。

　　（2）内容全面、实用。书中介绍了每种车型的发动机系统、变速器系统、底盘系统、电气系统、基本装备等的电路图，内容非常丰富。可以说，本书是一本价值很高的汽车电路宝典。

　　本书由张迪主编，副主编为胡克晓、张照国，主审为韩波。参加编写的人员还有李宏、韩旭东、陈志军、鲁子南、胡志涛、裴海涛、路国强、孙德文、何广飞、延福标、李洪全、宁振华、钱树贵、杨正海、陈文辉、杨金和、孟研科、汪义礼、张效良、马见玲、武瑞强、赵会、徐高山、陈海新、胡正新、李辉、李德亮、徐勇、郑文资、薄令涛、白艳森、范子茜、匡运尧、李晓东、王康威、邢志盛、郑涛、陈建宏、倪红、伍小明、林可春、毛暖思、徐浩、郭倩、郭建宁、张晓尚、李宗尧、郭瞒、郝建薇、谷密晶、郝玉静、魏大光、艾明、付建、艾玉华、刘殊访、李令昌、刘芳、李红敏、李彩侠、刘兰普、张帅、王宁、富文军。

　　由于时间仓促、水平有限，书中不当或错误之处在所难免，敬请广大读者批评指正。

编者

2019 年 1 月

目 录

第一章　昕锐（Rapid）

第一节　发动机系统

发动机系统电路图（自 2017 年 8 月起）的图号和图名对照表见表 1-1-1。

表 1-1-1　发动机系统电路图（自 2017 年 8 月起）的图号和图名对照表

图号	图名
图 1-1-1 ～图 1-1-23	1.4L 汽油发动机（CKA、CKAA）电控系统电路图
图 1-1-24 ～图 1-1-25	散热器风扇电路图
图 1-1-26 ～图 1-1-48	1.6L 汽油发动机（CPD、CPDA）电控系统电路图

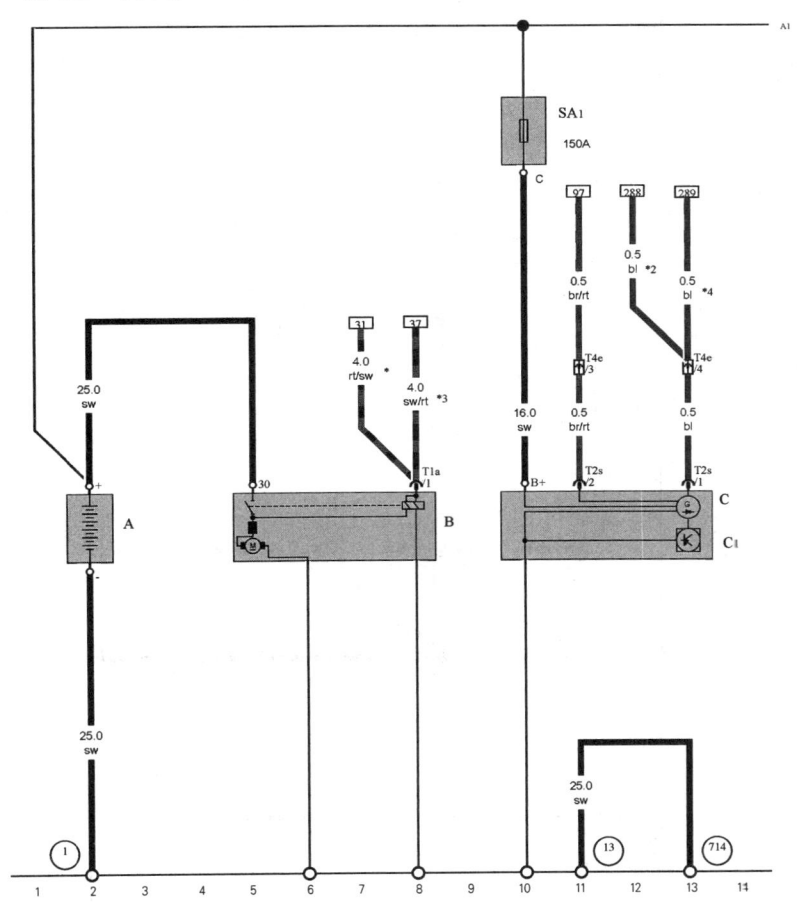

蓄电池、启动机、交流发电机、电压调节器、保险丝架 A 上的保险丝 1

A-蓄电池　B-启动机　C-交流发电机　C1-电压调节器　SA1-保险丝架 A 上的保险丝 1　T1a-1 芯插头连接，黑色　T2s-2 芯插头连接，黑色　T4e-4 芯插头连接，发动机舱内左前，绿色　1-接地带，蓄电池 -车身　13-发动机舱内右侧接地点　714-发动机上右侧接地点　*-用于带手动变速器的汽车　*2-用于带车载电网控制单元BCM的汽车　*3-用于带自动变速器的汽车　*4-用于带车载电网控制单元BFM的汽车

图 1-1-1

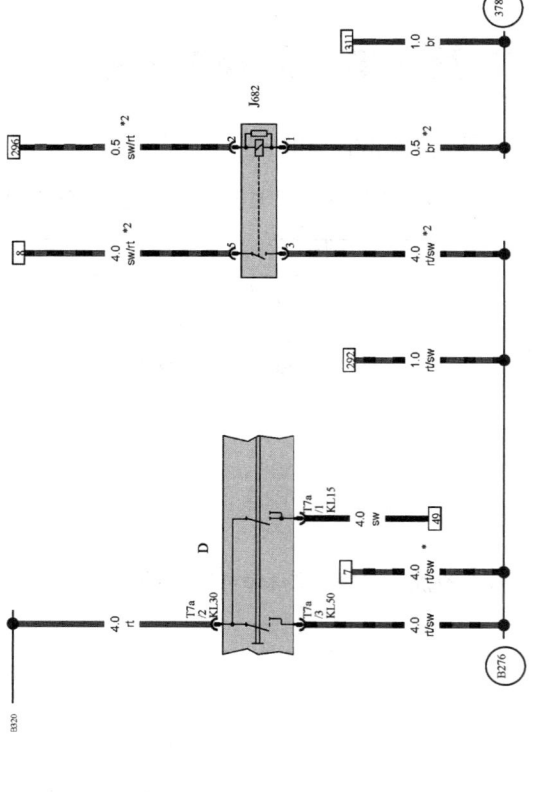

点火启动开关；供电继电器，接线端 50

主继电器、保险丝架 A 上的保险丝 3

图 1-1-3

D-点火启动开关 J682-供电继电器，接线端 50 T7a-7芯插头连接 378-接地连接13，在主导线束 中 B276-正极连接（50），在主导线束中 B320-正极连接6（30a），在主导线束中 *-用于带手动变速器 的汽车 *2-用于带自动变速器的汽车

图 1-1-2

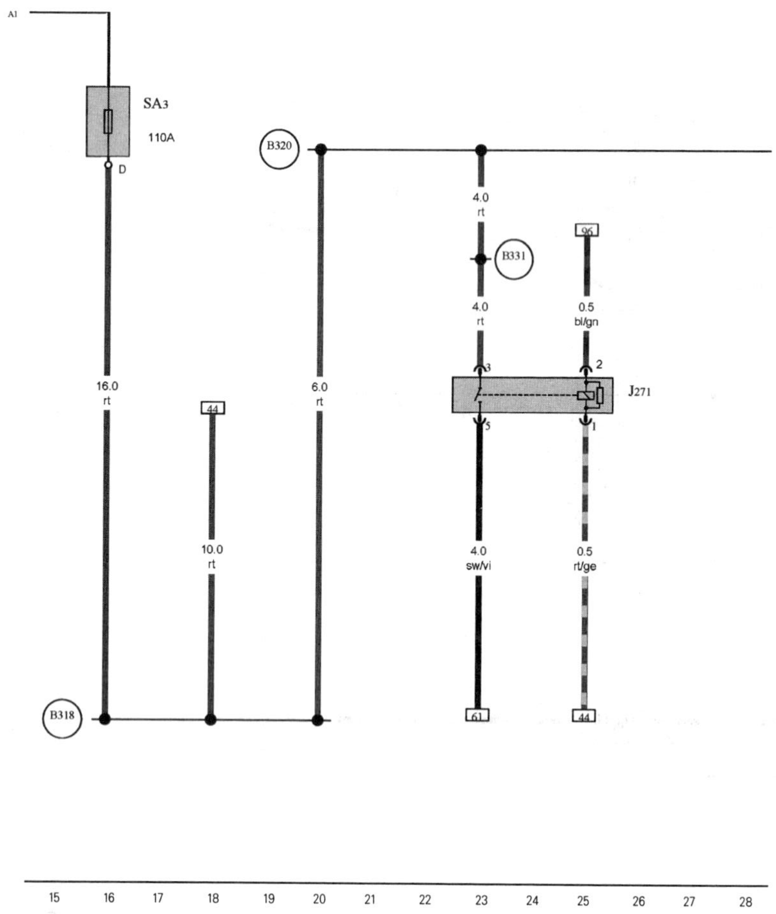

J271-主继电器 SA3-保险丝架 A 上的保险丝3 B318-正极连接4（30a），在主导线束中 B320-正极连接6 （30a），在主导线束中 B331-正极连接17（30a），在主导线束中

2

保险丝架 C

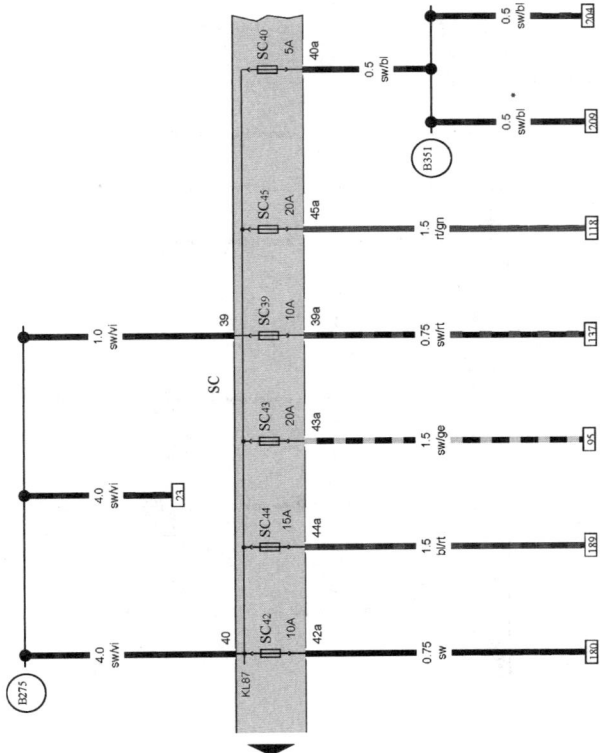

SC-保险丝架C SC39-保险丝架C上的保险丝39 SC40-保险丝架C上的保险丝40 SC42-保险丝架C上的
险丝42 SC43-保险丝架C上的保险丝43 SC44-保险丝架C上的保险丝44 SC45-保险丝架C上的保险丝45
B275-正极连接（87），在主导线束中 B351-正极连接2（87a），在主导线束中 *-用于带手动变速器的
汽车

图1-1-5

保险丝架 C

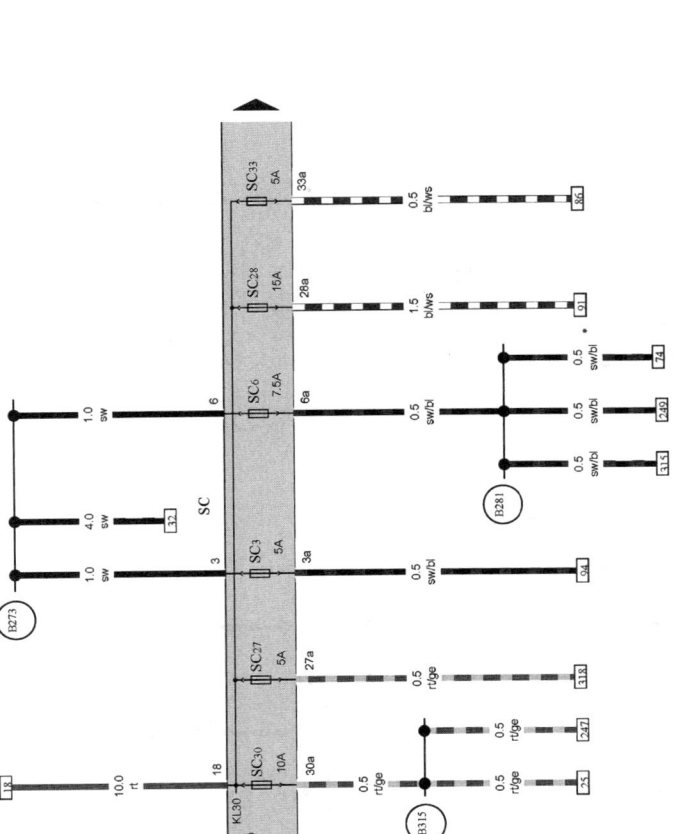

SC-保险丝架C SC3-保险丝架C上的保险丝3 SC6-保险丝架C上的保险丝6 SC27-保险丝架C上的保
险丝27 SC28-保险丝架C上的保险丝28 SC30-保险丝架C上的保险丝30 SC33-保险丝架C上的保险丝
33 B273-正极连接（15），在主导线束中 B281-正极连接5（15a），在主导线束中 B315-正极连接1
（30a），在主导线束中 *-用于带定速巡航装置的汽车

图1-1-4

3

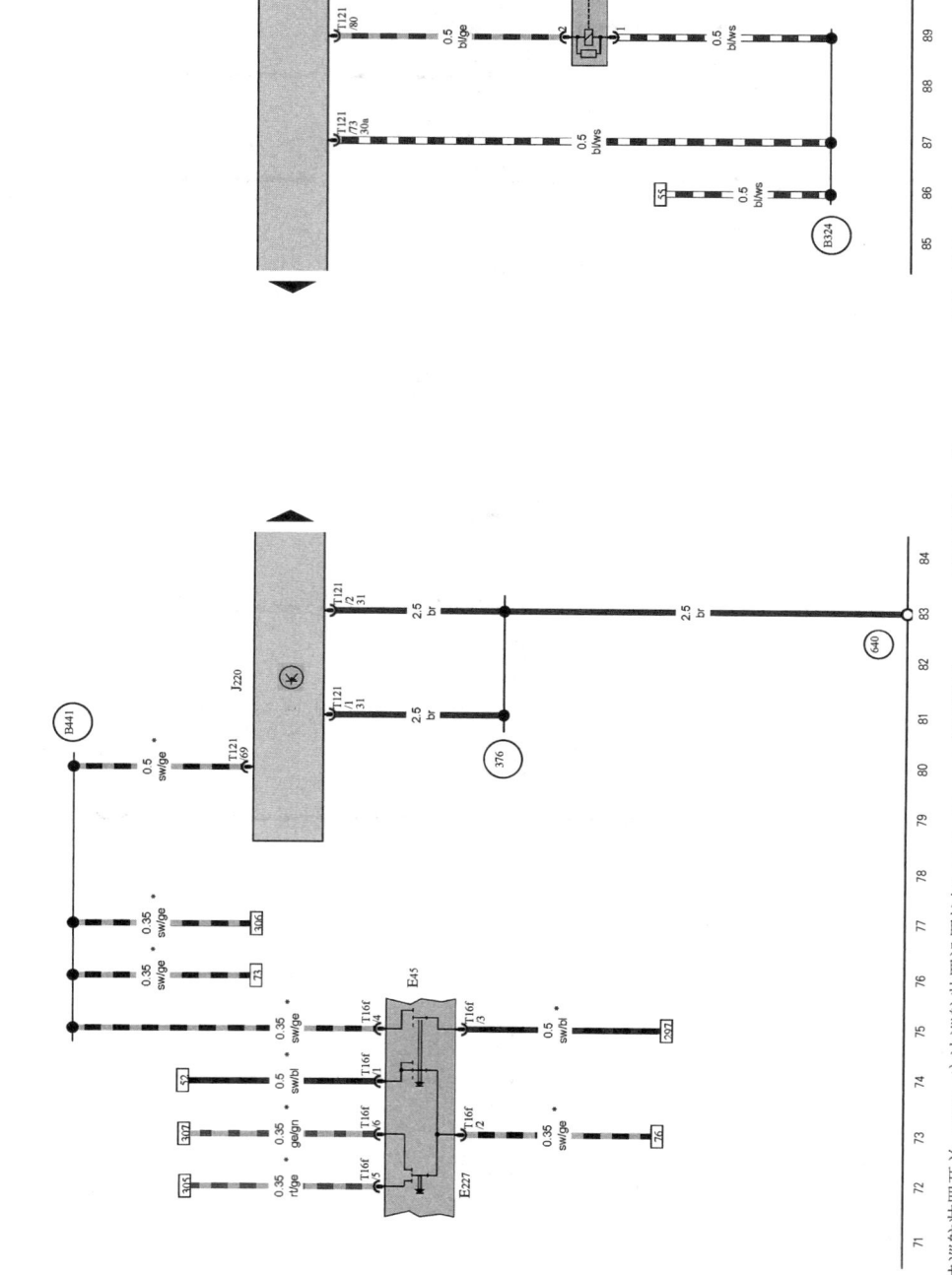

燃油泵继电器，Motronic 控制单元

定速巡航装置开关、定速巡航装置设置按钮、Motronic 控制单元

图 1-1-7

图 1-1-6

J17－燃油泵继电器 J220－Motronic控制单元 T121－121芯插头连接，黑色 B324－正极连接10（30a），在主导线束中

E45－定速巡航装置开关 E227－定速巡航装置设置按钮 J220－Motronic控制单元 T16f－16芯插头连接，黑色 T121－121芯插头连接，黑色 376－接地连接11，在主导线束中 640－发动机舱内左侧接地点2 B441－连接（GRA），在主导线束中 ＊－用于带定速巡航装置的汽车

4

Motronic 控制单元、带功率输出级的点火线圈 1、带功率输出级的点火线圈 2、带功率输出级的点火线圈 3、火花塞插头、火花塞

蒸发器出风口温度传感器、Motronic 控制单元、带功率输出级的点火线圈 4、火花塞插头、火花塞

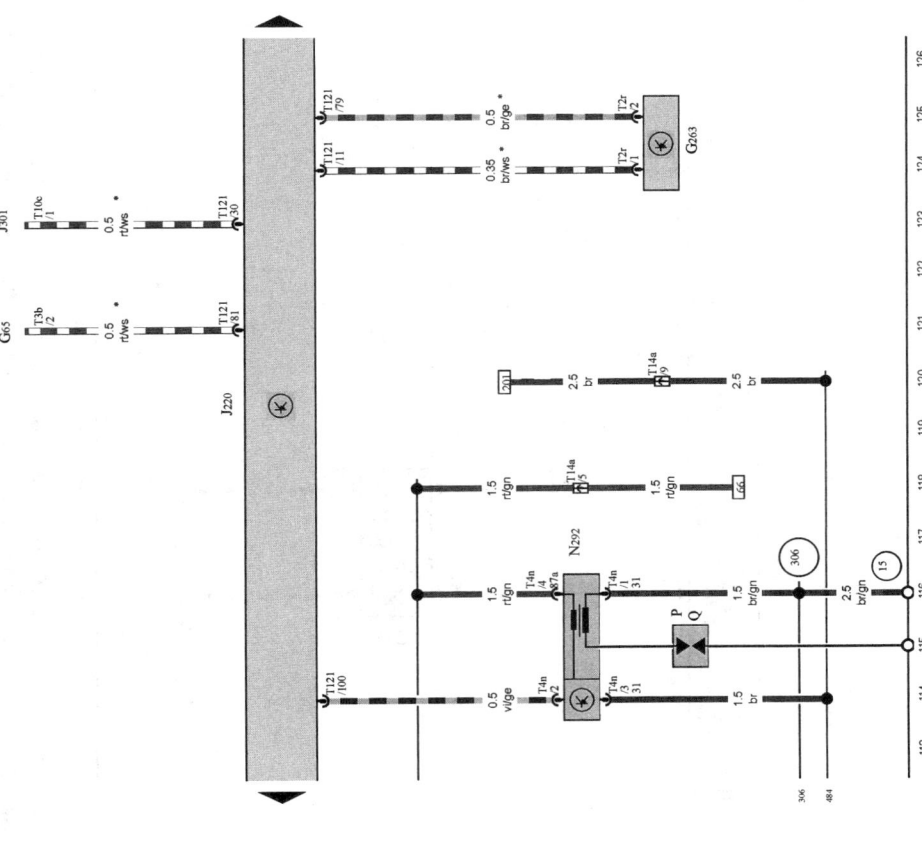

图 1-1-9

G65－高压传感器 G263－蒸发器出风口温度传感器 J220－Motronic控制单元 J301－空调器控制单元 N292－带功率输出级的点火线圈4 P－火花塞插头 Q－火花塞 T2r－2芯插头连接 T3b－3芯插头连接，黑色 色 T4n－4芯插头连接，黑色 T10c－10c插头连接，黑色 T14a－14芯插头连接，黑色 发动机舱内左前，灰色 T121－121芯插头连接，黑色 15－气缸盖上的接地点 306－接地连接（点火线圈），在发动机预接线导线束中 484－接地连接2（点火线圈），在发动机预接线导线导线中 D196－连接2（87a），在发动机预接线导线 束中 *－用于带手动调节空调的汽车

Motronic 控制单元、带功率输出级的点火线圈 1、带功率输出级的点火线圈 2、带功率输出级的点火线圈 3、火花塞插头、火花塞

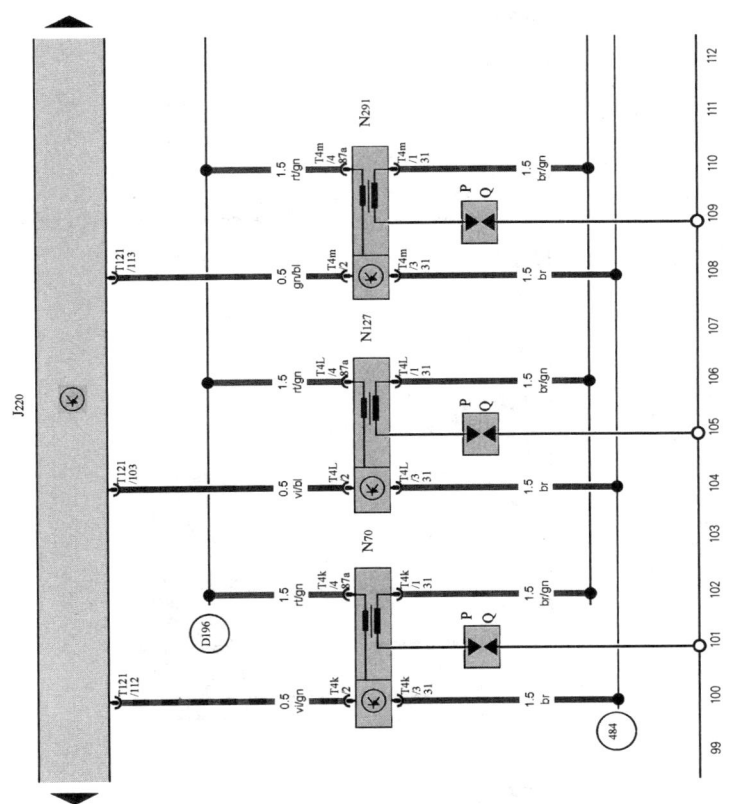

图 1-1-8

J220－Motronic控制单元 N70－带功率输出级的点火线圈1 N127－带功率输出级的点火线圈2 N291－带功率输出级的点火线圈3 P－火花塞插头 Q－火花塞 T4k－4芯插头连接 T4L－4芯插头连接，黑色 T4m－4芯插头连接，黑色 T121－121芯插头连接，黑色 306－接地连接（点火线圈），在发动机预接线导线束中 484－接地连接2（点火线圈），在发动机预接线导线导线束中 D196－连接2（87a），在发动机预接线导线导线束中

电控油门操纵机构的节气门驱动装置，电控油门操纵机构的节气门驱动装置角度传感器 1、电控油门操纵机构的节气门驱动装置角度传感器 2、Motronic 控制单元、节气门控制单元、活性炭罐电磁阀 1

发动机转速传感器、进气温度传感器、进气歧管压力传感器、Motronic 控制单元

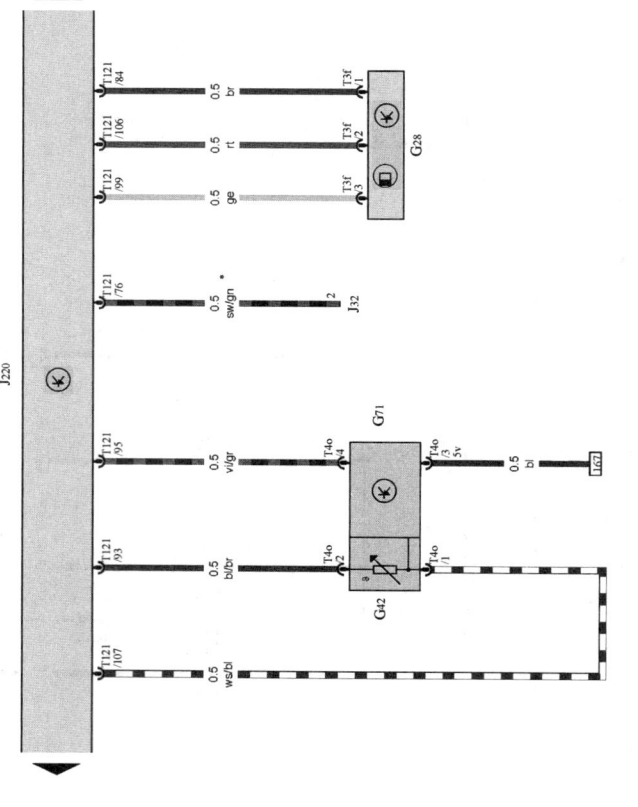

图 1-1-11

G28-发动机转速传感器　G42-进气温度传感器　G71-进气歧管压力传感器　J32-空调器继电器　J220-Motronic控制单元　T3f-3芯插头连接，黑色　T4o-4芯插头连接，黑色　T121-121芯插头连接，黑色　*-用于带手动调节空调的汽车

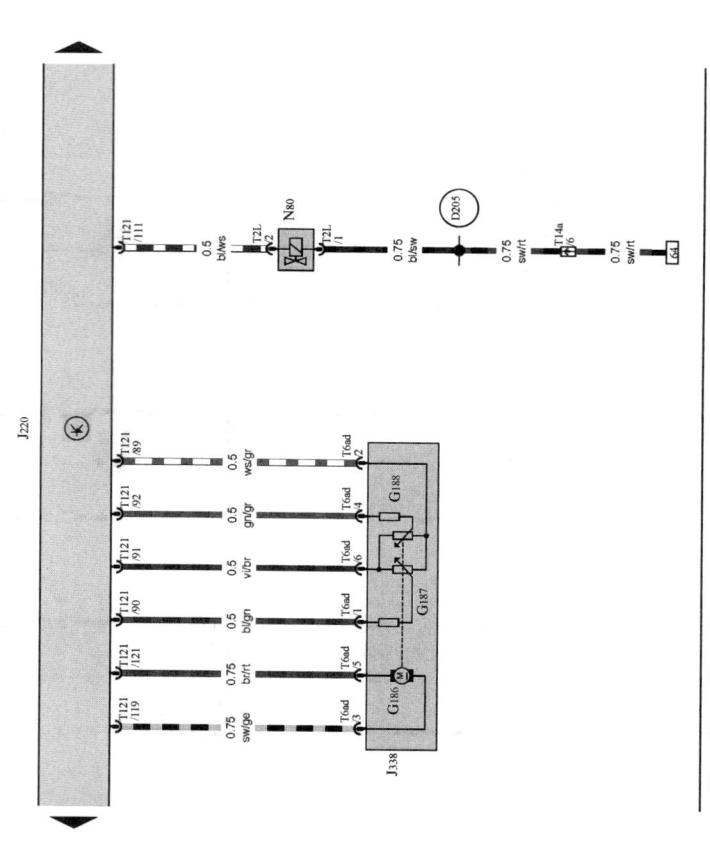

图 1-1-10

G186-电控油门操纵机构的节气门驱动装置　G187-电控油门操纵机构的节气门驱动装置角度传感器1　G188-电控油门操纵机构的节气门驱动装置角度传感器2　J220-Motronic控制单元　J338-节气门控制单元　N80-活性炭罐电磁阀1　T2L-2芯插头连接，黑色　T6ad-6芯插头连接，黑色　T14a-14芯插头连接，发动机预接线导束中　灰色　D205-连接3（87a），在发动机预接线导束中

6

霍耳传感器、爆震传感器1、冷却液温度传感器、Motronic 控制单元

Motronic 控制单元、气缸 1、喷油器、气缸 2 喷油器、气缸 3 喷油器、气缸 4 喷油器

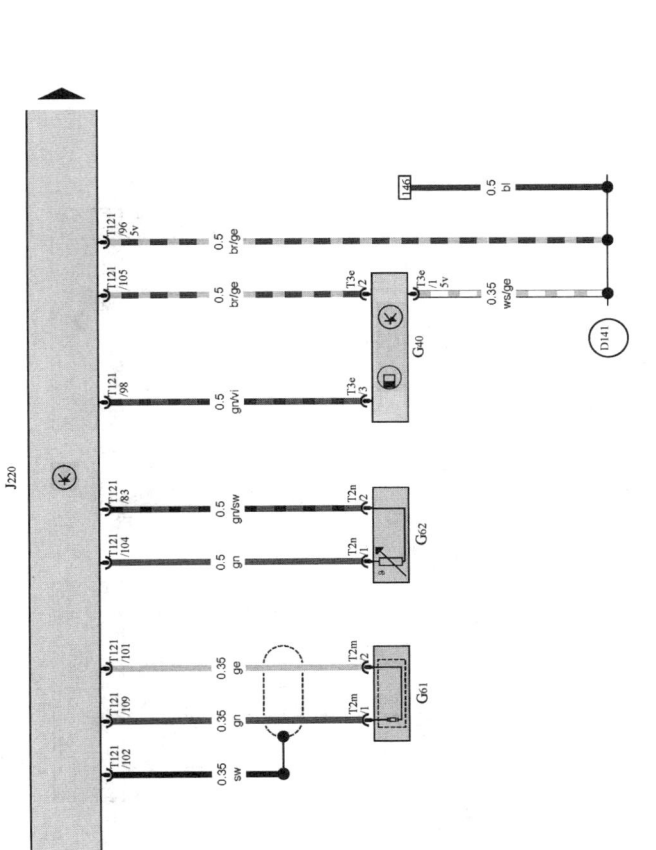

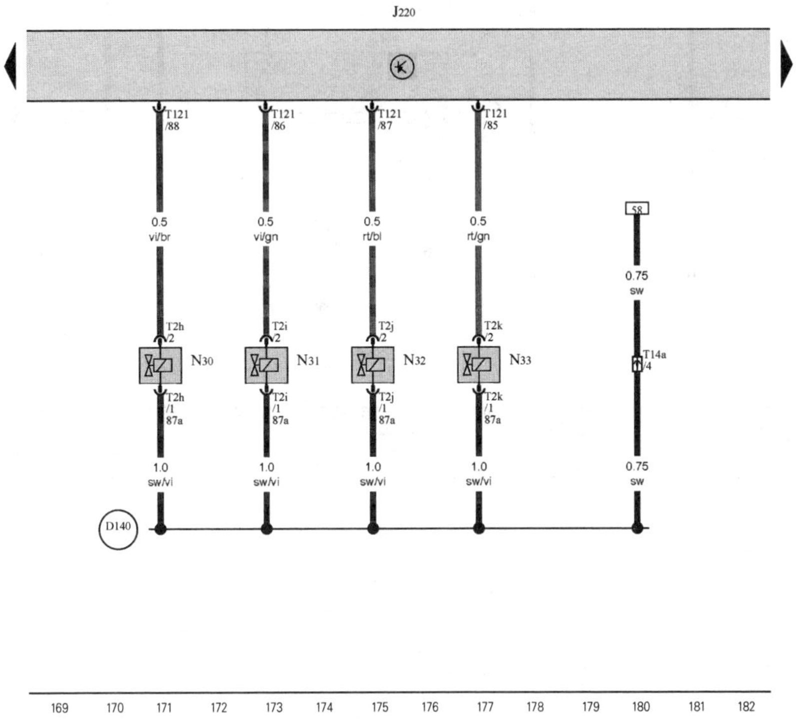

图 1-1-12

图 1-1-13

G40-霍耳传感器　G61-爆震传感器1　G62-冷却液温度传感器　J220-Motronic控制单元　T2m-2芯插头连接，黑色　T2n-2芯插头连接，黑色　T3e-3芯插头连接，黑色　T121-121芯插头连接，黑色　D141-连接（5V），在发动机前部导导线束中

J220-Motronic控制单元　N30-气缸1喷油器　N31-气缸2喷油器　N32-气缸3喷油器　N33-气缸4喷油器　T2h-2芯插头连接，黑色　T2j-2芯插头连接，黑色　T2k-2芯插头连接，黑色　T14a-14芯插头连接，灰色　T121-121芯插头连接，黑色　D140-连接（喷油器），在发动机舱内左前，发动机舱预接电缆导导线束中

7

制动信号灯开关、离合器踏板开关、制动踏板开关、Motronic 控制单元

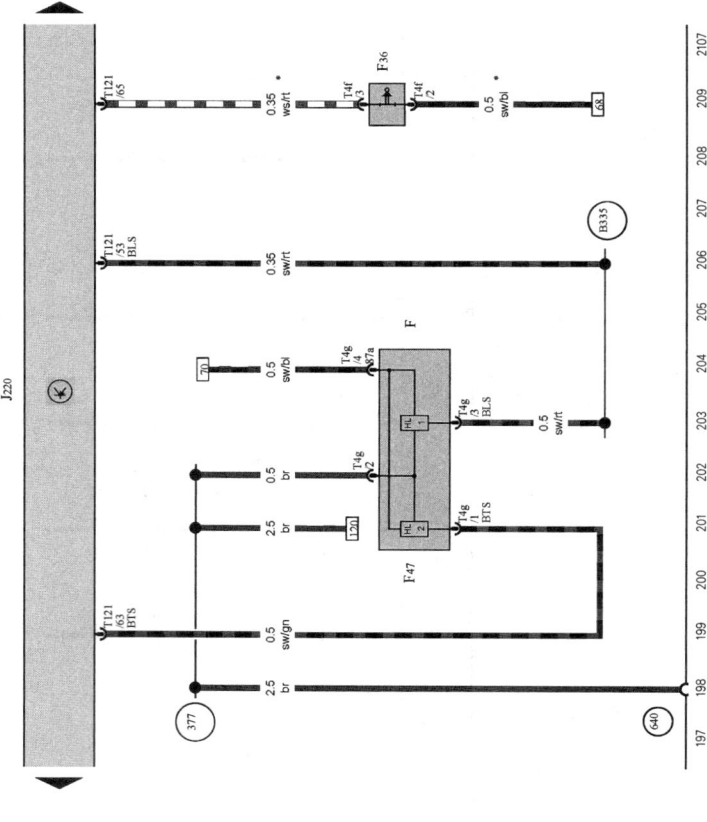

F-制动信号灯开关　F36-离合器踏板开关　F47-制动踏板开关　J220-Motronic控制单元　T4f-4芯插头连接，蓝色　T4g-4芯插头连接，黑色　T121-121芯插头连接，黑色　377-接地连接12，在主导线束中　640-发动机舱内左侧接地点2　B335-连接1（54），在主导线束中　*-用于带手动变速器的汽车

图1-1-15

尾气催化净化器后氧传感器 1、尾气催化器前的氧传感器 1、氧传感器、尾气催化器、尾气催化净化器后的氧传感器 1 加热装置、Motronic 控制单元、氧传感器后的氧传感器、尾气催化净化器后的氧传感器 1 加热装置

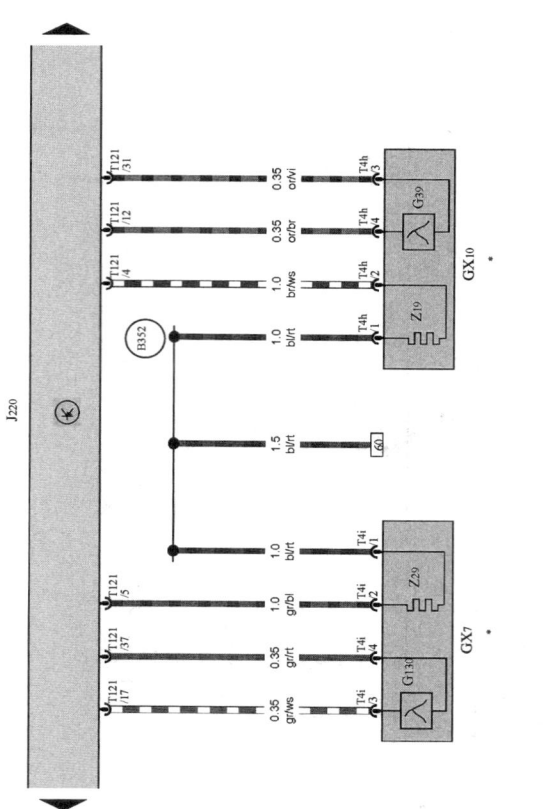

GX7-尾气催化净化器后的氧传感器1　GX10-尾气催化净化器前的氧传感器1　G39-氧传感器　G130-尾气催化净化器后的氧传感器　J220-Motronic控制单元　T4h-4芯插头连接　T4i-4芯插头连接，黑色　T121-121芯插头连接，黑色　Z19-氧传感器加热装置　Z29-尾气催化净化器后的氧传感器1加热装置　B352-正极连接3（87a），在主导线束中　*-已预先布线的部件

图1-1-14

油门踏板模块、油门踏板位置传感器、油门踏板位置传感器 2、Motronic 控制单元

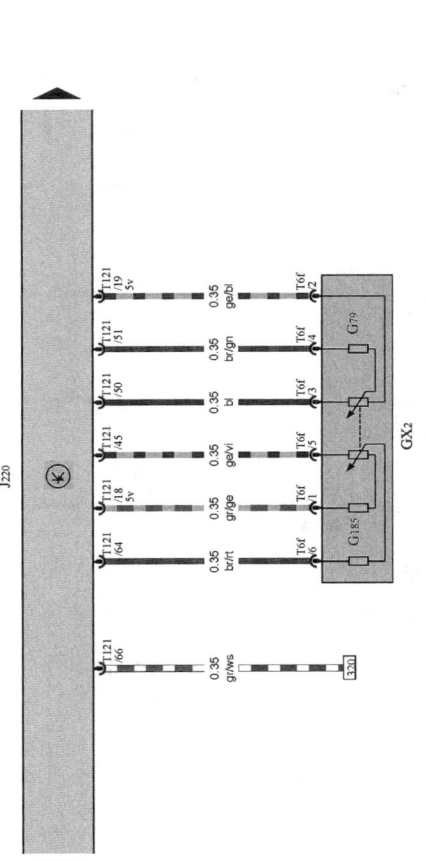

GX2-油门踏板模块 G79-油门踏板位置传感器 G185-油门踏板位置传感器 T121-121芯插头连接，黑色 J220-Motronic控制单元
T6f-6芯插头连接，黑色

图 1-1-16

Motronic 控制单元、散热器风扇控制单元

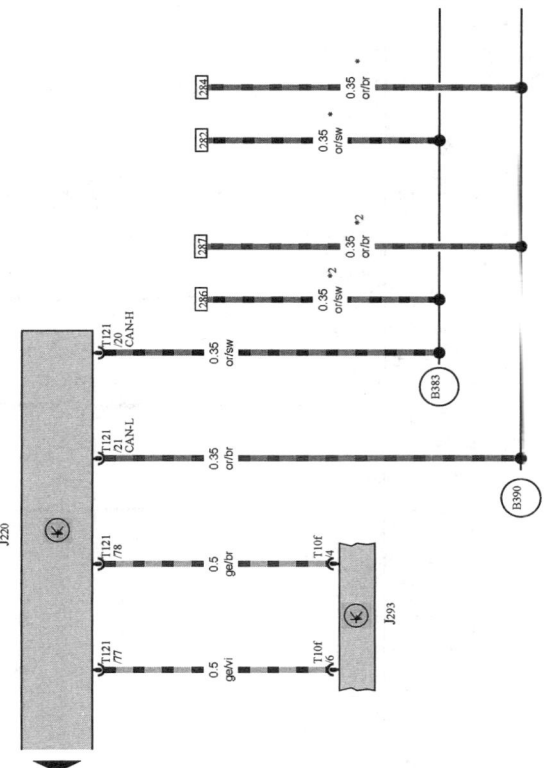

J220-Motronic控制单元 J293-散热器风扇控制单元 G185-油门踏板位置传感器 G79-油门踏板位置传感器2 J220-Motronic控制单元
T6f-6芯插头连接，黑色 T10f-10芯插头连接，黑色 T121-121芯插头连接，黑色
色 B383-连接1（驱动CAN总线，High），在主导线束中 B390-连接1（驱动CAN总线，Low），在主导
线束中 *-用于带车载电网控制单元BCM的汽车 *2-用于带车载电网控制单元BFM的汽车

图 1-1-17

燃油表传感器、燃油表、转速表、预供给燃油泵、冷却液不足显示传感器、组合仪表中的控制单元、冷却液温度和冷却液不足显示指示灯、废气警告灯、燃油表指示灯、电子油门故障信号灯

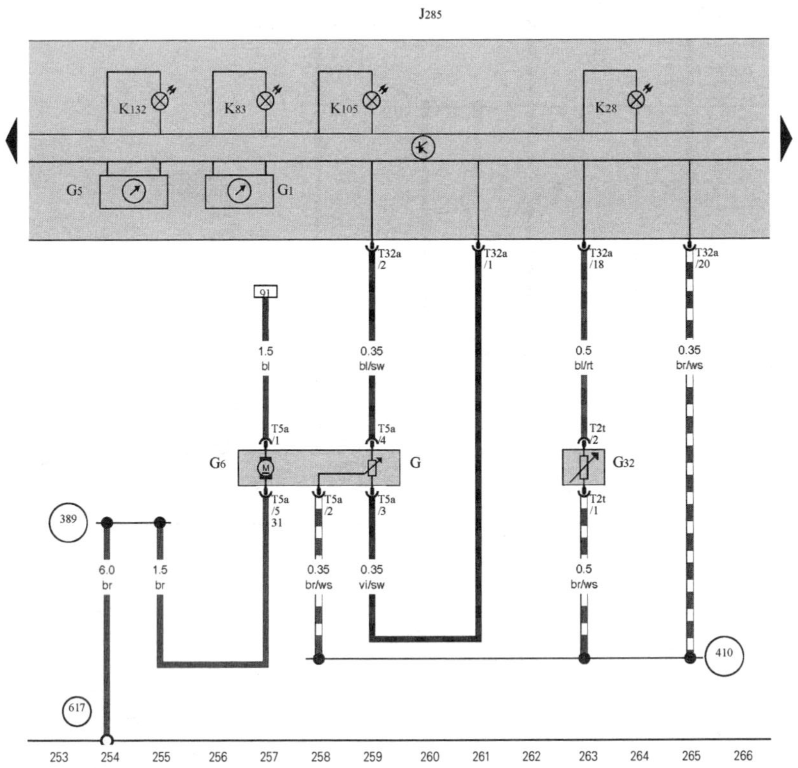

G-燃油表传感器 G1-燃油表 G5-转速表 G6-预供给燃油泵 G32-冷却液不足显示传感器 J285-组合仪表中的控制单元 K28-冷却液温度和冷却液不足显示指示灯 K83-废气警告灯 K105-燃油表指示灯 K132-电子油门故障信号灯 T2t-2芯插头连接 T5a-5芯插头连接 T32a-32芯插头连接 410-接地连接1（传感器接地） 389-接地连接24，在主导线束中 410-接地连接1（传感器接地） 617-右侧A柱下部接色 389-接地连接24，在主导线束中 410-接地连接1（传感器接地），在主导线束中 617-右侧A柱下部接地点2

图1-1-19

多功能显示器、组合仪表中的控制单元

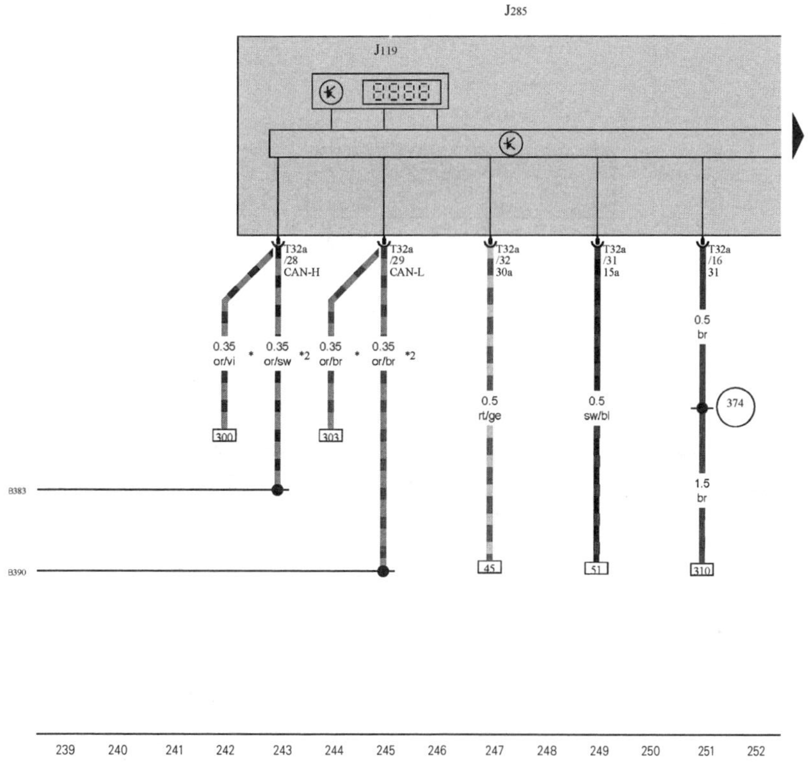

J119-多功能显示器 J285-组合仪表中的控制单元 T32a-32芯插头连接单元 374-接地连接9，在主导线束中 B383-连接1（驱动CAN总线，High），在主导线束中 B390-连接1（驱动CAN总线，Low），在主导线束中 *-用于带H7大灯的汽车 *2-用于带H4大灯的汽车

图1-1-18

10

车载电网控制单元

机油压力开关、车速表、警报蜂鸣器和警报音、组合仪表中的控制单元、发电机指示灯、
机油压力指示灯、定速巡航装置指示灯、里程表

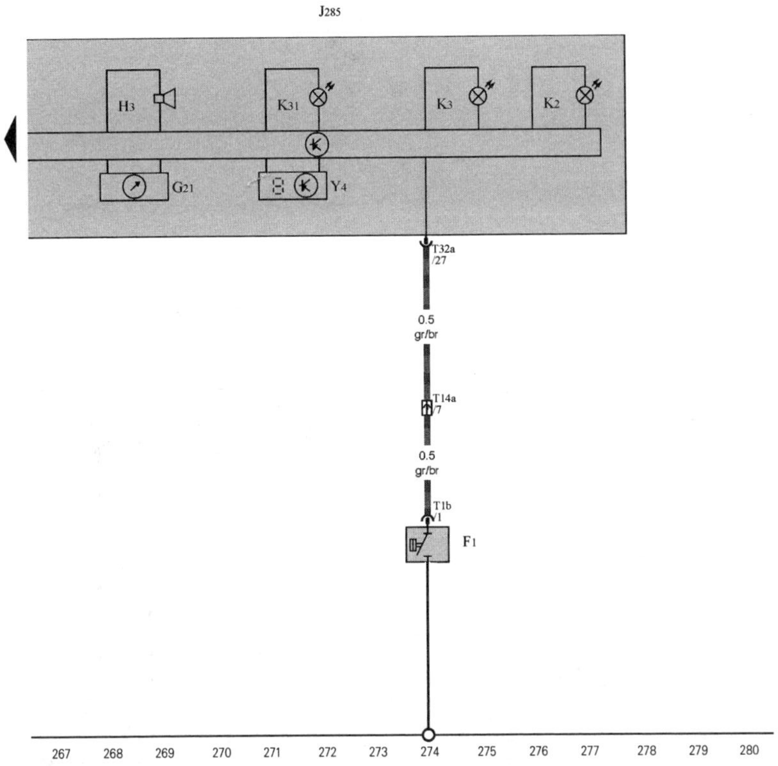

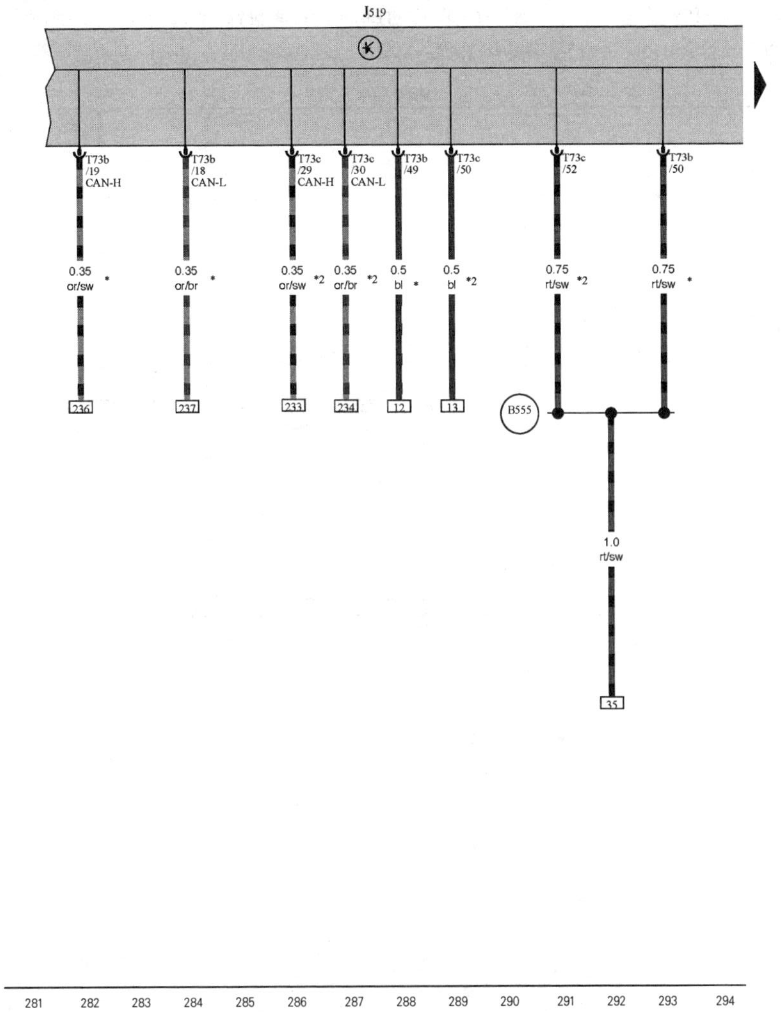

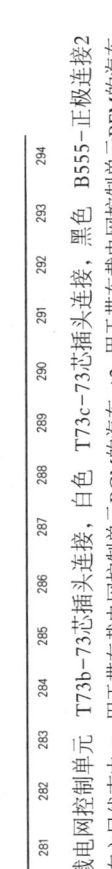

J519-车载电网控制单元　T73b-73芯插头连接，白色　T73c-73芯插头连接，黑色　B555-正极连接2
(50)，在主导线束中　*-用于带车载电网控制单元BCM的汽车　*2-用于带车载电网控制单元BFM的汽车

图1-1-21

F1-机油压力开关　G21-车速表　H3-警报蜂鸣器和警报音　J285-组合仪表中的控制单元　K2-发电机指示
灯　K3-机油压力指示灯　K31-定速巡航装置指示灯　T1b-1芯插头连接，发动机舱内左前　T14a-14芯插头连接，黑色　Y4-里程表　T32a-32芯插头连接，蓝色　Y4-里程表

图1-1-20

11

车载电网控制单元

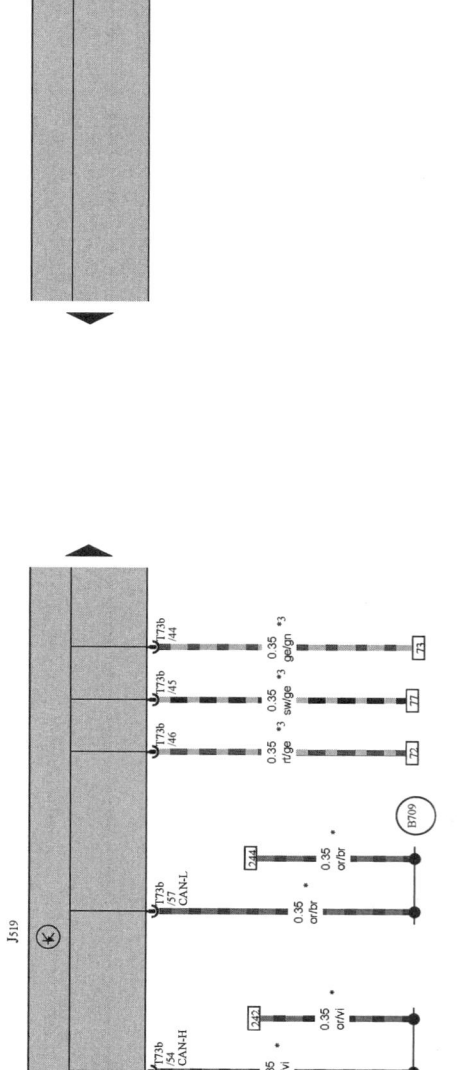

车载电网控制单元、数据总线诊断接口、诊断接口

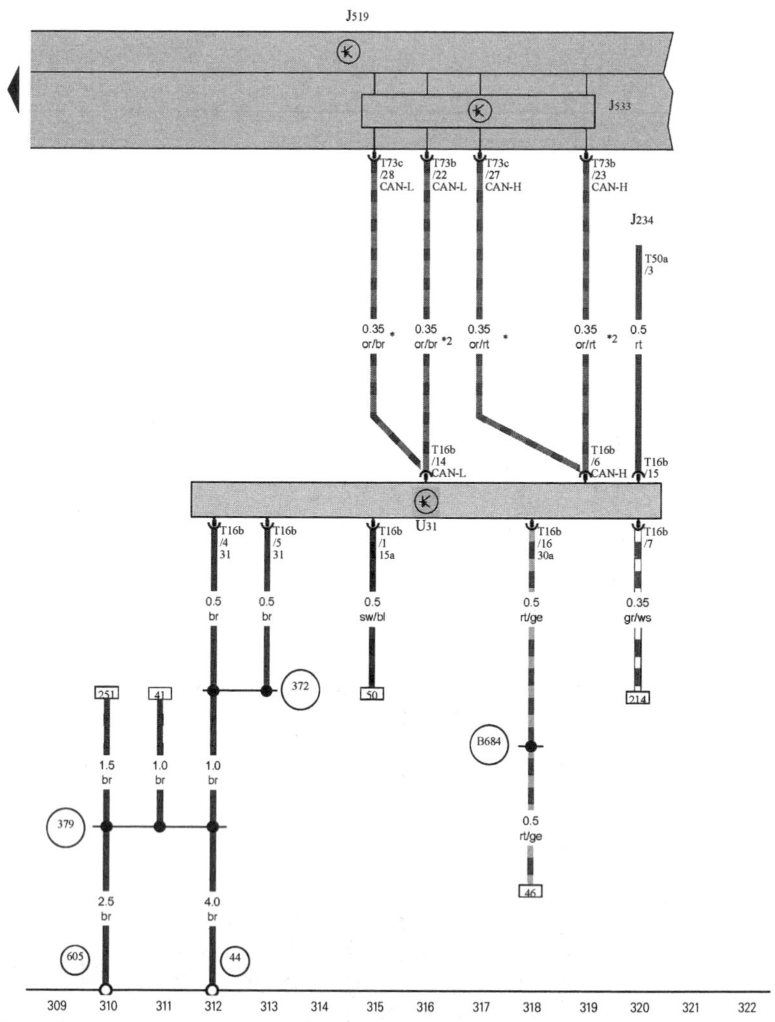

图1-1-22

J519-车载电网控制单元 T73a-73芯插头连接，黑色 T73b-73芯插头连接，黑色 B708-连接1（组合仪表CAN总线，High），在主导线束中 B709-连接1（组合仪表CAN总线，Low），在主导线束中 *3-用于带定速巡航装置的汽车 *2-用于带自动变速器的汽车

图1-1-23

J234-安全气囊控制单元 J519-车载电网控制单元 J533-数据总线诊断接口 T16b-16芯插头连接 T50a-50芯插头连接，黄色 T73b-73芯插头连接，白色 T73c-73芯插头连接，黑色 U31-诊断接口 44-CAN总线，黑色 T50a-50芯插头连接 379-接地连接7，在主导线束中 372-接地连接14，在主导线束中 605-上部转向柱上 左侧A柱下部接地点 B684-正极连接24（30a），在主导线束中 *1-用于带车载电网控制单元BFM的汽车 *2-用于带 的接地点 车载电网控制单元BCM的汽车

12

蓄电池、Motronic 控制单元、全自动空调控制单元、散热器风扇控制单元、保险丝架 A 上的保险丝 6

散热器风扇控制单元、散热器风扇

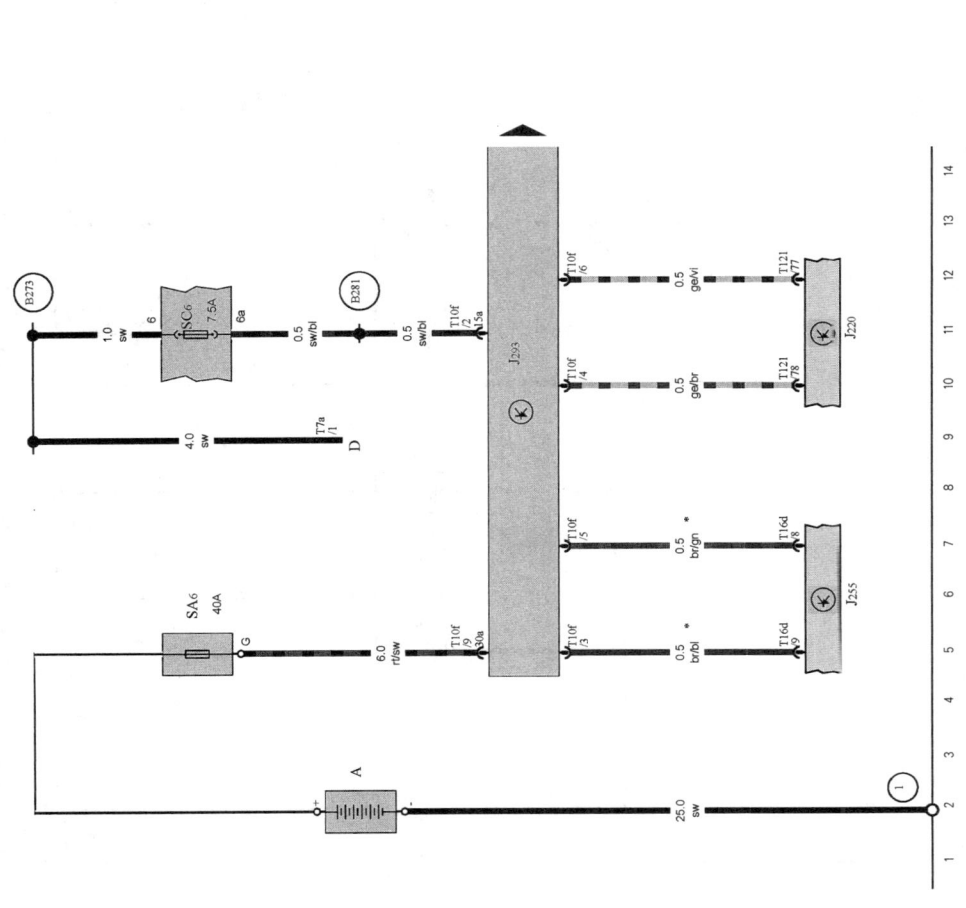

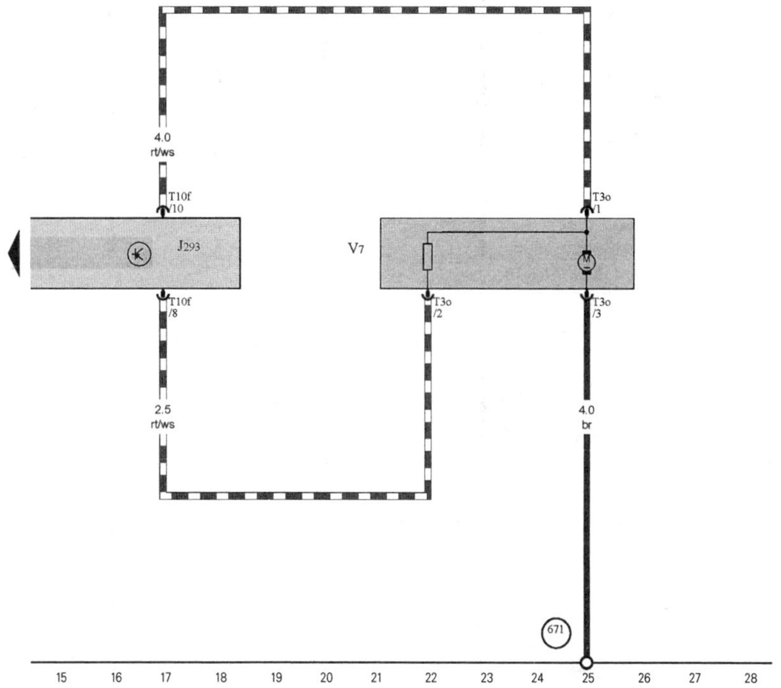

A-蓄电池 D-点火启动开关 J220-Motronic控制单元 J255-全自动空调控制单元 J293-散热器风扇控制单元 SA6-保险丝架A上的保险丝6 SC6-保险丝架C上的保险丝6 T7a-7芯插头连接，黑色 T10f-10芯插头连接，黑色 T16d-16芯插头连接，黑色 T121-121芯插头连接，黑色 1-接地带，蓄电池-车身 B273-正极连接（15），在主导线束中 B281-正极连接5（15a），在主导线束中 *-用于带全自动空调的汽车

图 1-1-24

J293-散热器风扇控制单元 T3o-3芯插头连接，黑色 T10f-10芯插头连接，黑色 V7-散热器风扇 671-左前纵梁上的接地点1

图 1-1-25

13

主继电器、保险丝、保险丝架 A 上的保险丝 3

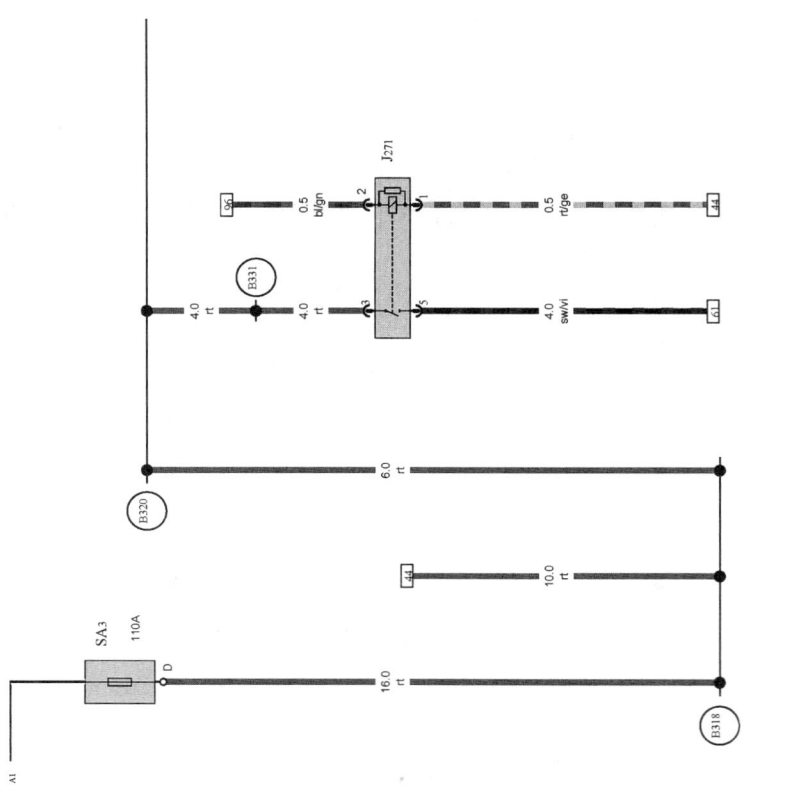

J271- 主继电器 SA3-保险丝架A上的保险丝3 B318-正极连接4 (30a)，在主导线束中 B320-正极连接 （30a），在主导线束中 B331-正极连接17 (30a)，在主导线束中

图 1-1-27

蓄电池、启动机、交流发电机、电压调节器、保险丝架 A 上的保险丝 1

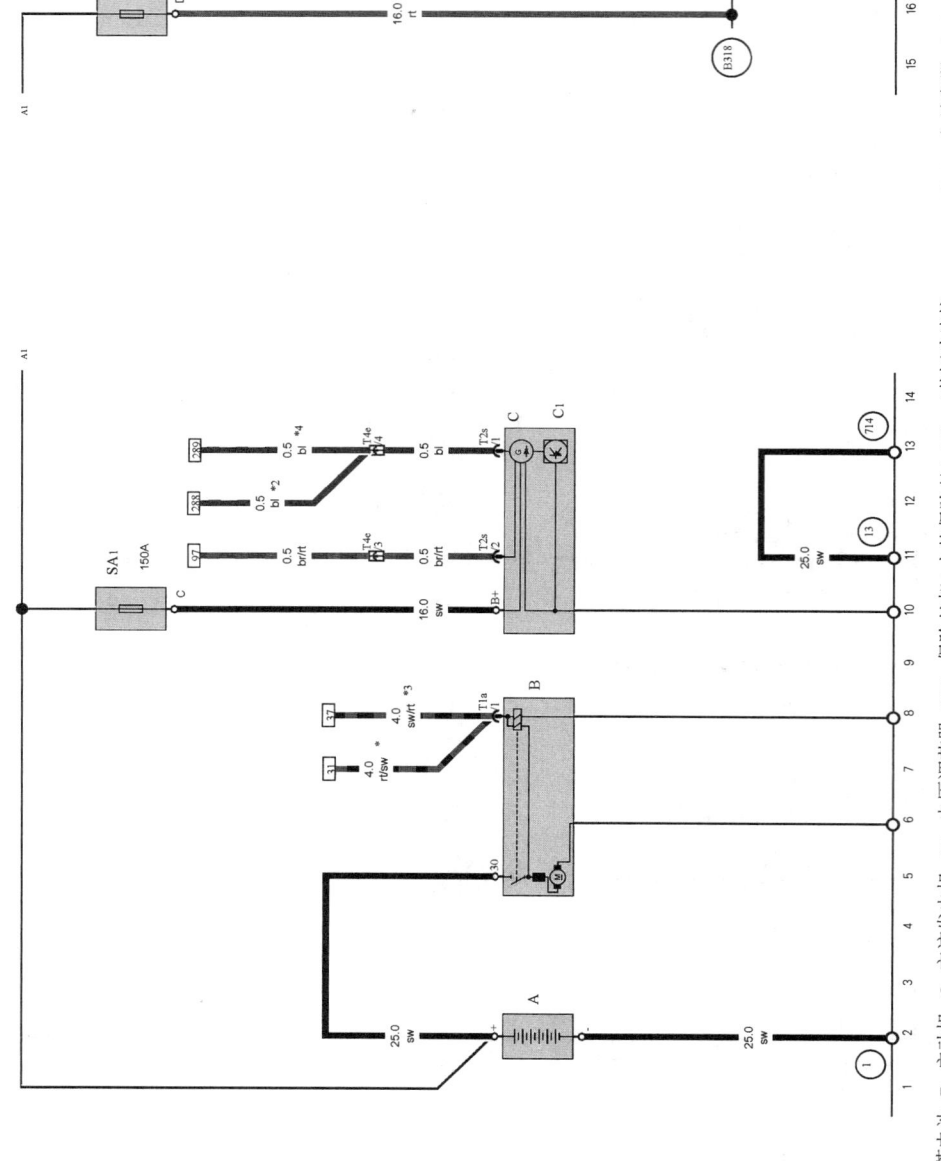

A-蓄电池 B-启动机 C-交流发电机 C1-电压调节器 SA1-保险丝架A上的保险丝1 T1a-1芯插头连接 T2s-2芯插头连接、黑色 T4e-4芯插头连接，黑色 1-接地带、蓄电池-车身 13-发动机舱内右侧接地点 714-带自动变速器的汽车 *-用于带手动变速器的汽车 *2-用于带车载电网控制单元BCM的汽车 *3-用于带自动变速器的汽车 *4-用于带车载电网控制单元BFM的汽车

图 1-1-26

14

保险丝架 C

点火启动开关；供电继电器，接线端 50

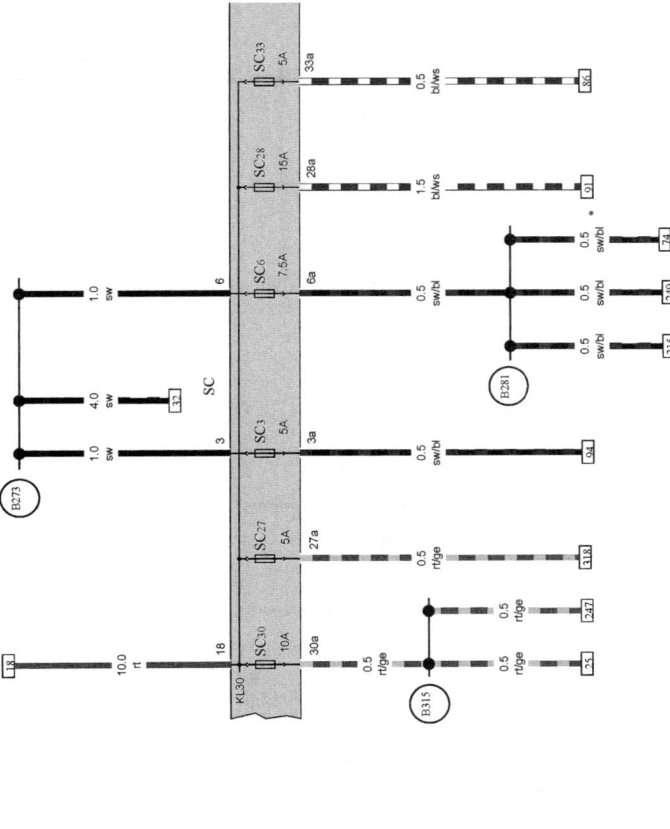

SC–保险丝架 C SC3–保险丝架 C 上的保险丝3 SC6–保险丝架 C 上的保险丝6 SC27–保险丝架 C 上的保险丝27 SC28–保险丝架 C 上的保险丝28 SC30–保险丝架 C 上的保险丝30 SC33–保险丝架 C 上的保险丝33 B273–正极连接（15），在主导线束中 B281–正极连接5（15a），在主导线束中 B315–正极连接1（30a），在主导线束中 *–用于带定速巡航装置的汽车

图 1-1-29

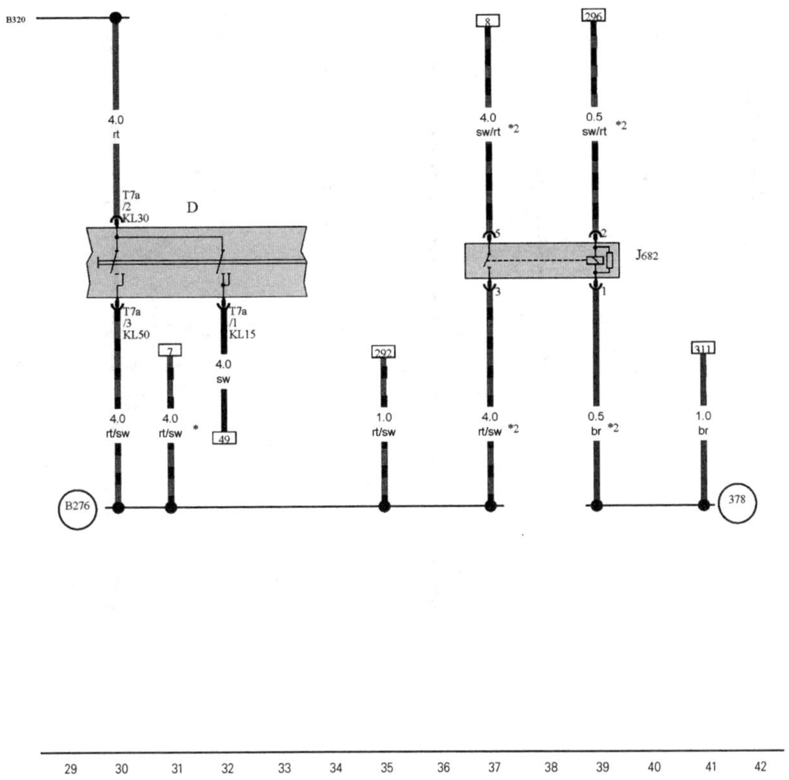

D–点火启动开关 J682–供电继电器，接线端50 T7a–7芯插头连接，黑色 378–接地连接13，在主导线束中 B276–正极连接6（30a），在主导线束中 B320–正极连接（50），在主导线束中 *–用于带自动变速器的汽车 *2–用于带手动变速器的汽车

图 1-1-28

15

定速巡航装置开关、定速巡航装置设置按钮、Motronic 控制单元

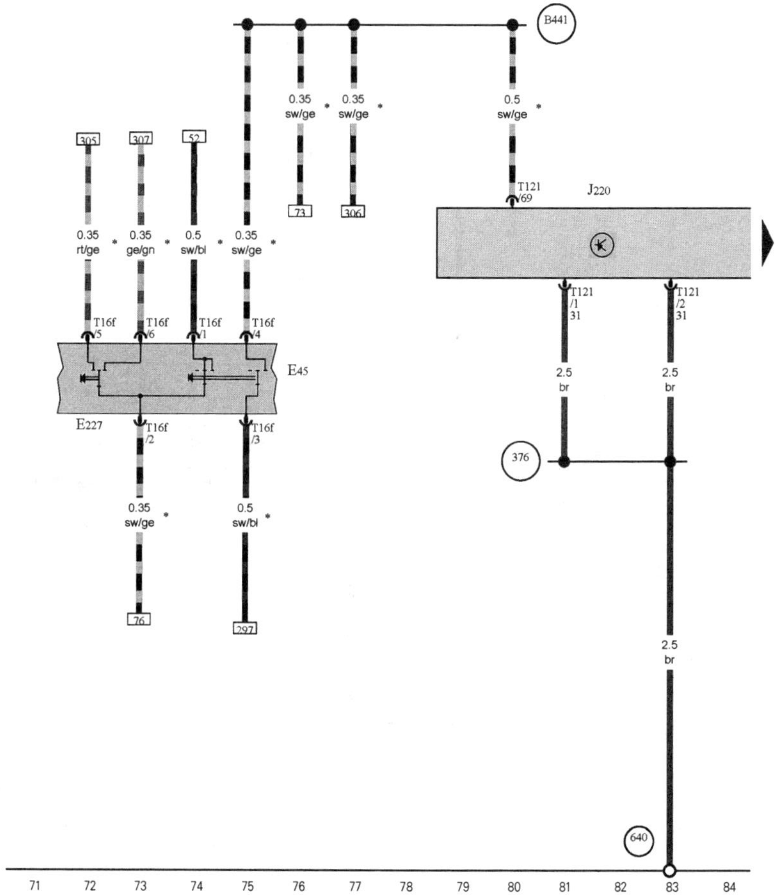

E45-定速巡航装置开关 E227-定速巡航装置设置按钮 J220-Motronic控制单元 T16f-16芯插头连接 T16f-16芯插头连接，黑色 T121-121芯插头连接，黑色 376-接地连接11，在主导线束中 640-发动机舱内左侧接地点2 B441-连接（GRA），在主导线束中 *-用于带定速巡航装置的汽车

图 1-1-31

保险丝架 C

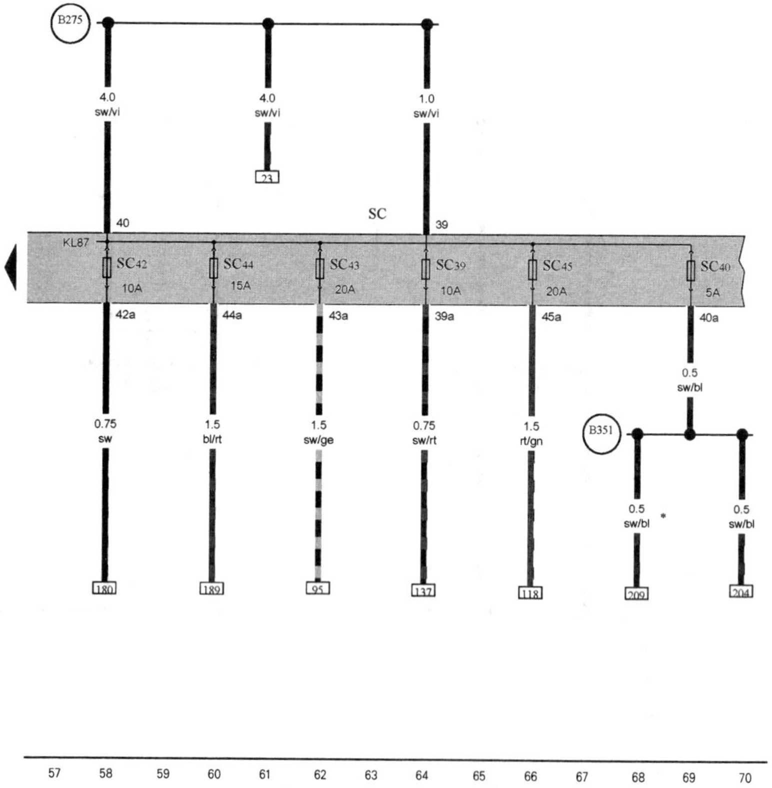

SC-保险丝架C SC39-保险丝架C上的保险丝39 SC40-保险丝架C上的保险丝40 SC42-保险丝架C上的保险丝42 SC43-保险丝架C上的保险丝43 SC44-保险丝架C上的保险丝44 SC45-保险丝架C上的保险丝45 B275-正极连接（87），在主导线束中 B351-正极连接2（87a），在主导线束中 *-用于带手动变速器的汽车

图 1-1-30

16

Motronic 控制单元、带功率输出级的点火线圈 1、带功率输出级的点火线圈 2、带功率输出级的点火线圈 3、火花塞插头、火花塞

燃油泵继电器、Motronic 控制单元

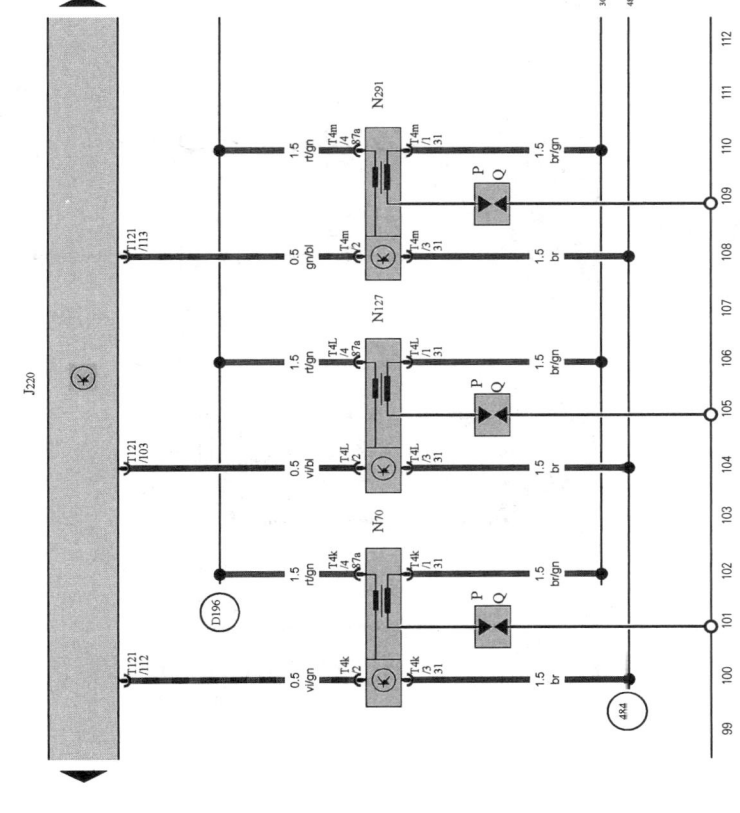

图 1-1-33

J220–Motronic控制单元　N70–带功率输出级的点火线圈1　N127–带功率输出级的点火线圈2　N291–带功率输出级的点火线圈3　P–火花塞插头　Q–火花塞　T4k–4芯插头连接，黑色　T4L–4芯插头连接，黑色　T4m–4芯插头连接，黑色　T121–121芯插头连接，黑色　306–接地连接（点火线圈），在发动机预接线导线束中　484–接地连接2（点火线圈），在发动机预接线导线束中　D196–连接2（87a），在发动机预接线导线束中

图 1-1-32

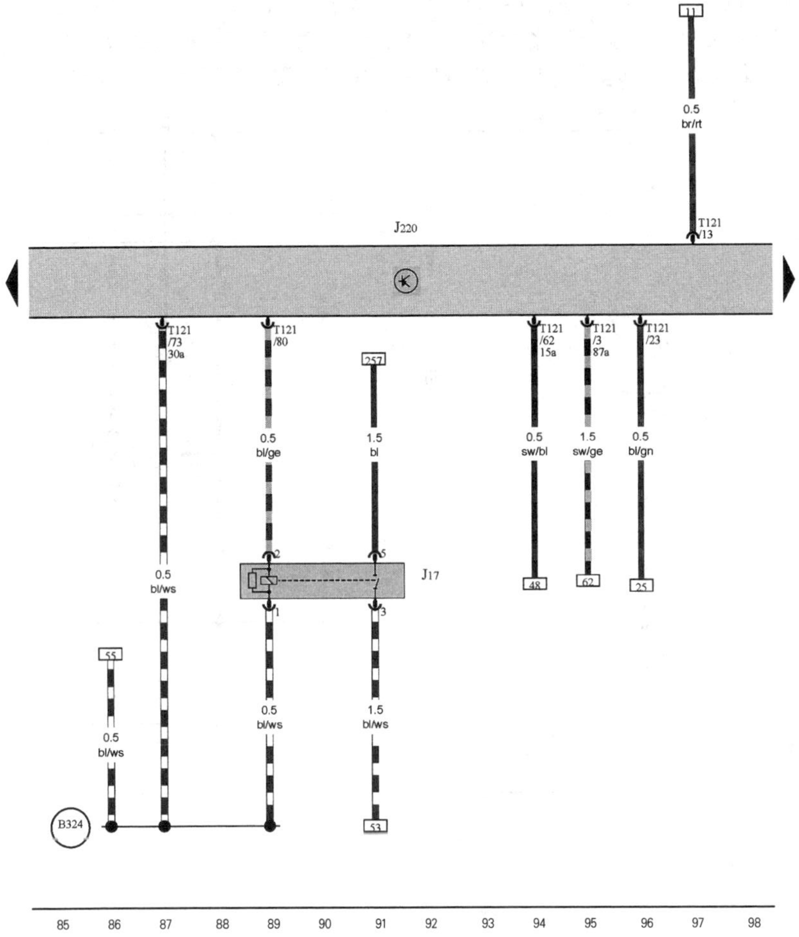

J17–燃油泵继电器　J220–Motronic控制单元　T121–121芯插头连接，黑色　B324–正极连接10（30a），在主导线束中

17

电控油门操纵机构的节气门驱动装置、电控油门操纵机构的节气门驱动装置角度传感器 1、G187-电控油门操纵机构的节气门驱动装置角度传感器
电控油门操纵机构的节气门驱动装置角度传感器 2、Motronic 控制单元、节气门控制单元、
活性炭罐电磁阀 1、凸轮轴调节阀 1

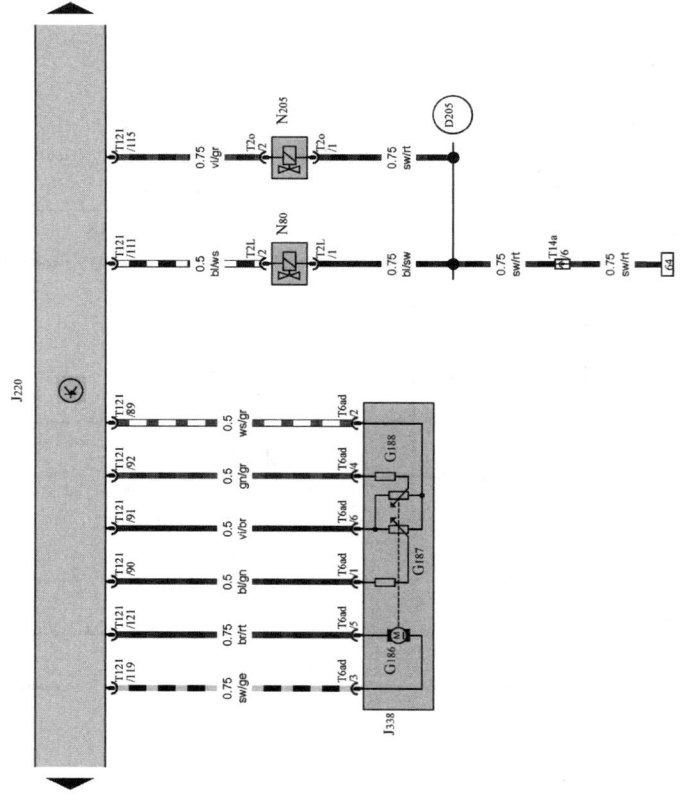

电控油门操纵机构的节气门驱动装置 G187-电控油门操纵机构的节气门驱动装置角度传感器
1 G188-电控油门操纵机构的节气门驱动装置角度传感器 2 J220-Motronic 控制单元 J338-节气门控制
单元 N80-活性炭罐电磁阀 N205-凸轮轴调节阀 1 T2L-2芯插头连接，黑色 T2o-2芯插头连接，黑
色 T6ad-6芯插头连接，黑色 T14a-14芯插头连接，发动机舱内左前，发动机预接线导线束中
T121-121芯插头连接，灰色 T121-121芯插头连接，灰色
D205-连接3 (87a)，在发动机预接线导线束中

图 1-1-35

蒸发器出风口温度传感器、Motronic 控制单元、带功率输出级的点火线圈 4、火花塞插头、
火花塞

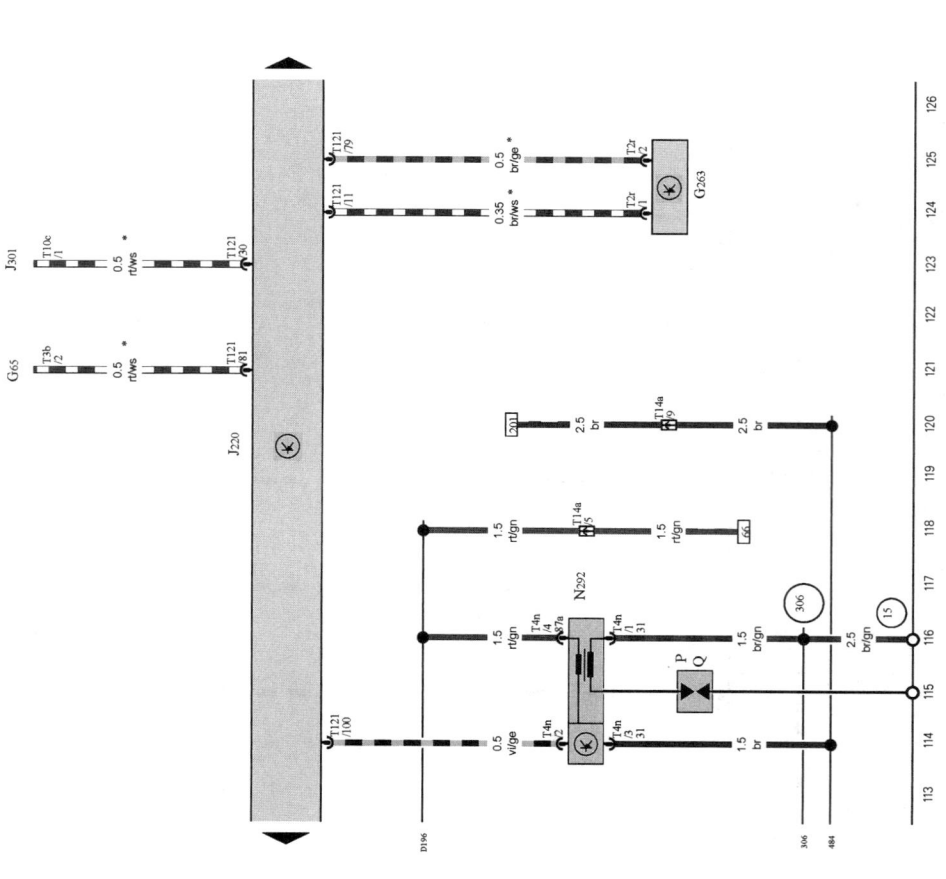

G65-高压传感器 G263-蒸发器出风口温度传感器 J220-Motronic 控制单元 J301-空调器控制单元 N292-
带功率输出级的点火线圈4 P-火花塞插头 Q-火花塞 T2r-2芯插头连接，黑色 T3b-3芯插头连接，黑
色 T4n-4芯插头连接，黑色 T10c-10芯插头连接，黑色 T14a-14芯插头连接，发动机舱内左前，灰色
T121-121芯插头连接，黑色 15-气缸盖上的接地点 306-接地连接（点火线圈），在发动机预接线导线束
中 484-接地连接2（点火线圈），在发动机预接线导线束中 D196-连接3 (87a)，在发动机预接线导线
束中 *-用于带手动调节空调的汽车

图 1-1-34

18

霍耳传感器、爆震传感器 1、冷却液温度传感器、Motronic 控制单元

发动机转速传感器、进气温度传感器、进气歧管压力传感器、Motronic 控制单元

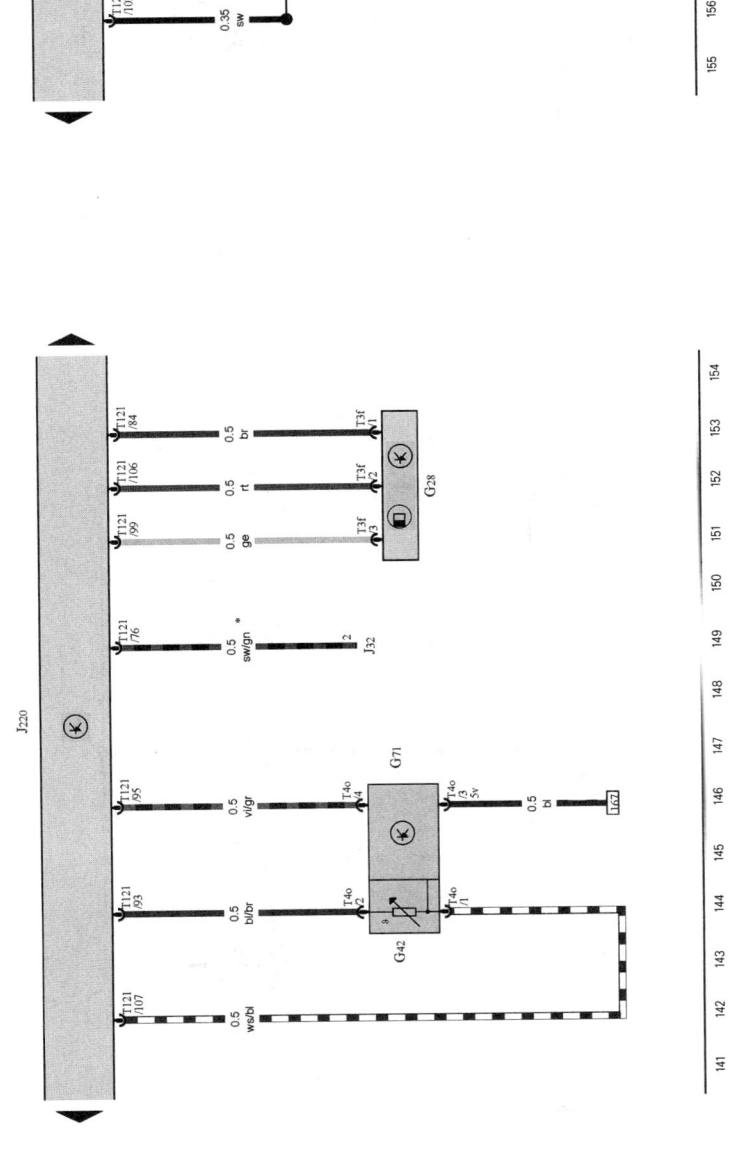

图 1-1-37

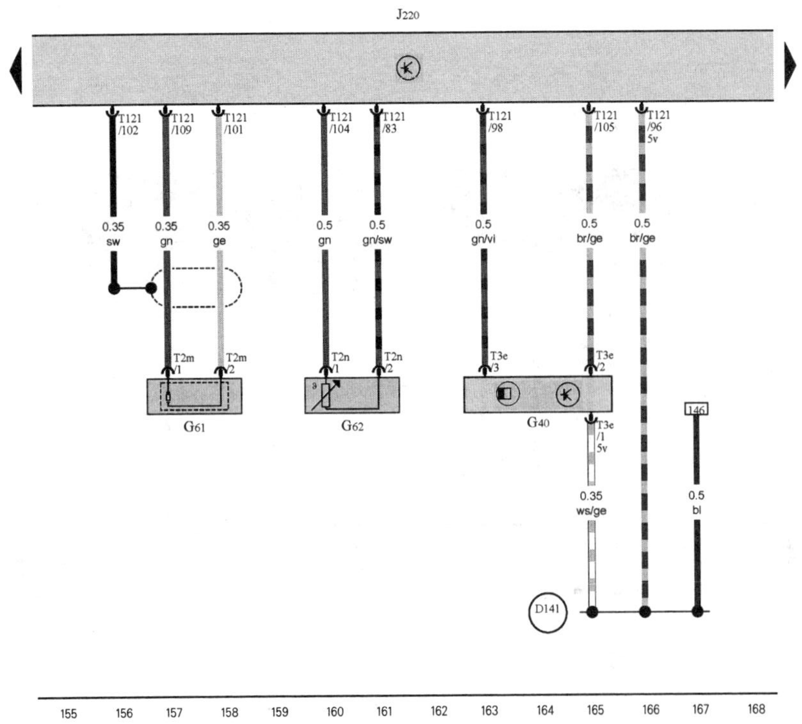

G40-霍耳传感器 G61-爆震传感器1 G62-冷却液温度传感器 J220-Motronic控制单元 T2m-2芯涌头连接，黑色 T2n-2芯涌头连接，黑色 T3e-3芯插头连接，黑色 T121-121芯插头连接，黑色 D141-连接 (5V)，在发动机前部导线束中

图 1-1-36

G28-发动机转速传感器 G42-进气温度传感器 G71-进气歧管压力传感器 J32-空调器继电器 J220-Motronic控制单元 T3f-3芯插头连接，黑色 T4o-4芯插头连接，黑色 T121-121芯插头连接，黑色 *-用于带手动调节空调的汽车

19

Motronic 控制单元、气缸 1 喷油器、气缸 2 喷油器、气缸 3 喷油器、气缸 4 喷油器

尾气催化净化器后的氧传感器 1、尾气催化净化器前的氧传感器 1、氧传感器、尾气催化净化器后的氧传感器、Motronic 控制单元、氧传感器后的氧传感器、Motronic 控制单元、氧传感器加热装置、尾气催化净化器后的氧传感器 1 加热装置

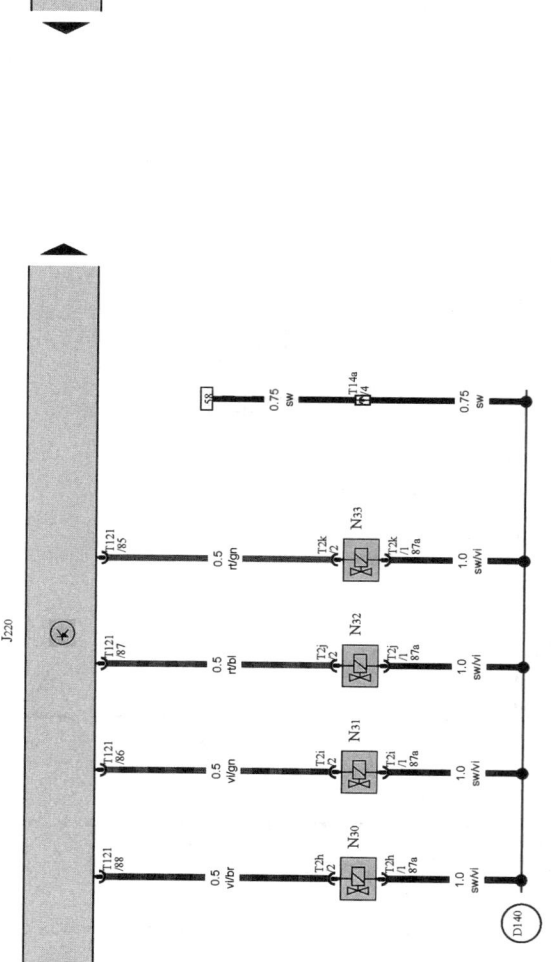

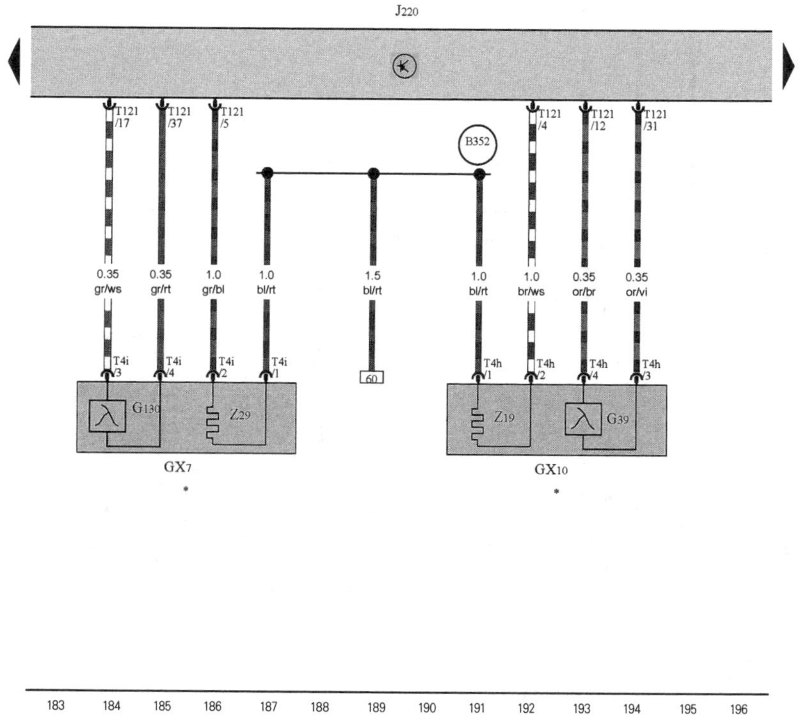

GX7-尾气催化净化器后的氧传感器 1 GX10-尾气催化净化器前的氧传感器 1 G39-氧传感器 G130-尾气催化净化器后的氧传感器 1 J220-Motronic控制单元 T4h-4芯插头连接，棕色 T4i-4芯插头连接，黑色 T121-121芯插头连接，黑色 Z19-氧传感器加热装置 Z29-尾气催化净化器后的氧传感器1加热装置 B352-正极连接3（87a），在主导线束中 *-已预先布线的部件

图 1-1-39

J220-Motronic控制单元 N30-气缸1喷油器 N31-气缸2喷油器 N32-气缸3喷油器 N33-气缸4喷油器 T2h-2芯插头连接，黑色 T2i-2芯插头连接，黑色 T2j-2芯插头连接，黑色 T2k-2芯插头连接，黑色 T14a-14芯插头连接，灰色 T121-121芯插头连接，黑色 D140-连接（喷油器），在发动机舱内左前，黑色 D140-连接电缆预接电缆导线束中

图 1-1-38

制动信号灯开关、离合器踏板开关、制动踏板开关、Motronic 控制单元

油门踏板模块、油门踏板位置传感器、油门踏板位置传感器 2、Motronic 控制单元

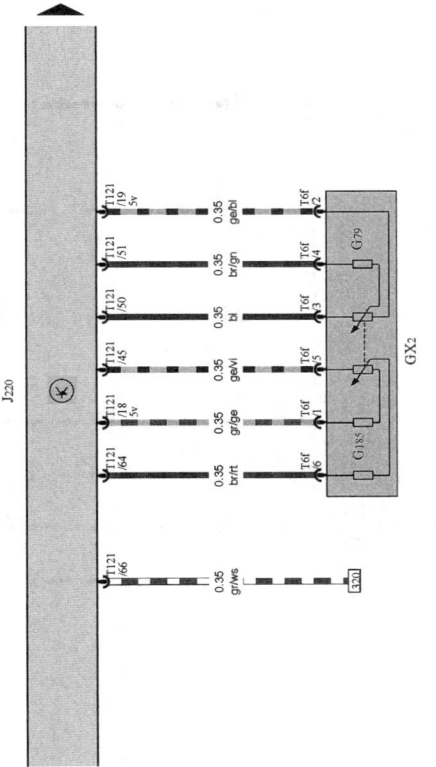

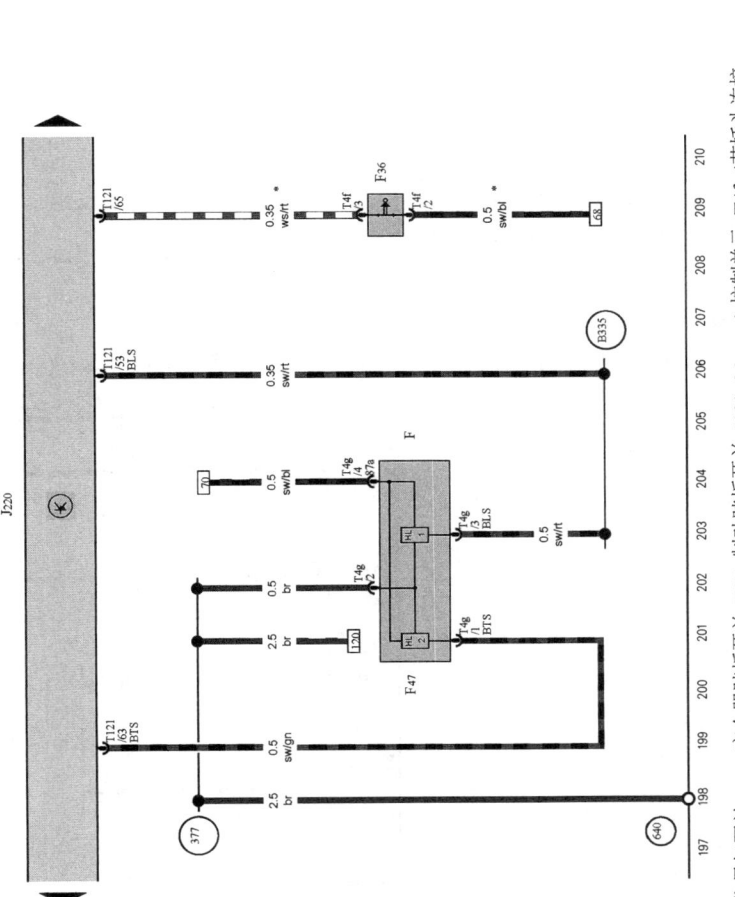

GX2-油门踏板模块　G79-油门踏板位置传感器　G185-油门踏板位置传感器 2　J220-Motronic控制单元
T6f-6芯插头连接，黑色　T121-121芯插头连接，黑色
图 1-1-41

F-制动信号灯开关　F36-离合器踏板开关　F47-制动踏板开关　J220-Motronic控制单元　T4f-4芯插头连接，
蓝色　T4g-4芯插头连接，黑色　T121-121芯插头连接，黑色　377-接地连接12，在主导线束中　640-发动
机舱内左侧接地点2　B335-连接1 (54)　连接1 (54)，在主导线束中　*-用于带手动变速器的汽车
图 1-1-40

多功能显示器、组合仪表中的控制单元

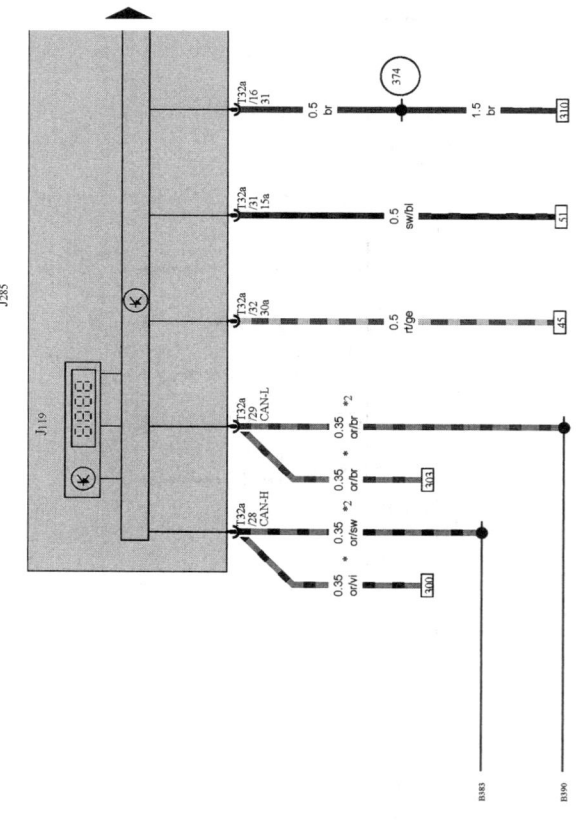

J119-多功能显示器 J285-组合仪表中的控制单元 T32a-32芯插头连接，蓝色 374-接地连接9，在主导线
束中 B383-连接1（驱动CAN总线，High），在主导线束中 B390-连接1（驱动CAN总线，Low），在主
导线束中 *-用于带H7大灯的汽车 *2-用于带H4大灯的汽车

图 1-1-43

Motronic 控制单元、散热器风扇控制单元

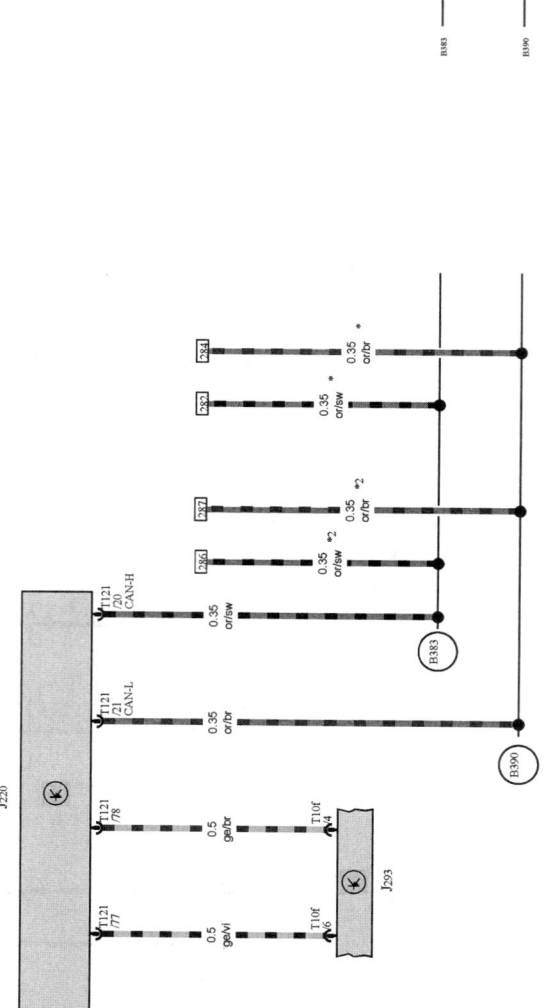

J220-Motronic控制单元 J293-散热器风扇控制单元 T10f-10芯插头连接，黑色 T121-121芯插头连接，黑
色 B383-连接1（驱动CAN总线，High），在主导线束中 B390-连接1（驱动CAN总线，Low），在主导
线束中 *-用于带车载电网控制单元BCM的汽车 *2-用于带车载电网控制单元BFM的汽车

图 1-1-42

燃油表传感器、燃油表、转速表、预供给燃油泵、冷却液不足显示传感器、组合仪表中的控制单元、冷却液温度和冷却液不足显示指示灯、废气警告灯、燃油表指示灯、电子油门故障信号灯

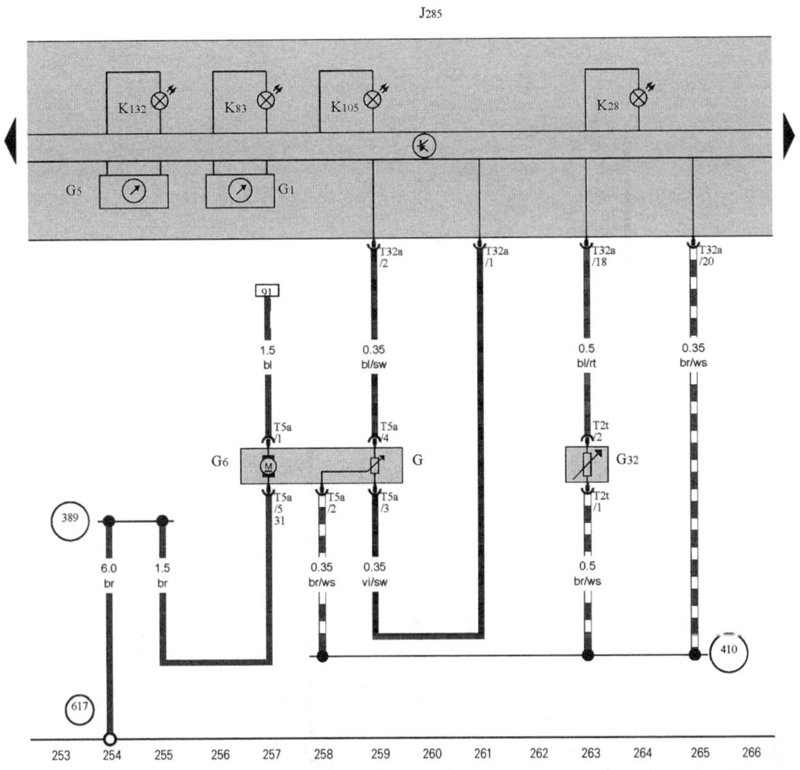

机油压力开关、车速表、警报蜂鸣器和警报音、组合仪表中的控制单元、发电机指示灯、机油压力指示灯、定速巡航装置指示灯、里程表故障信号灯

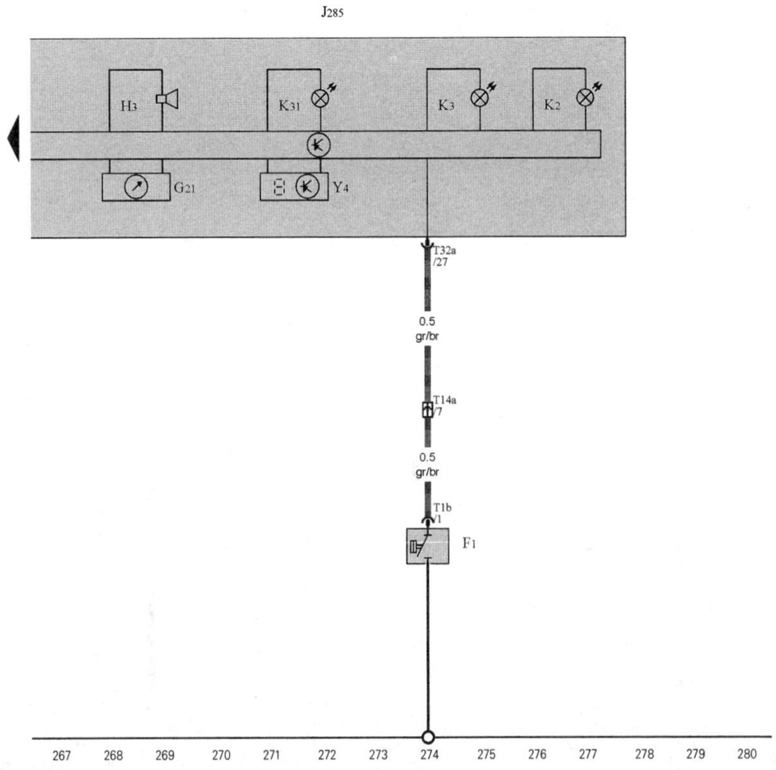

F1-机油压力开关 G21-车速表 H3-警报蜂鸣器和警报音 J285-组合仪表中的控制单元 K2-发电机指示灯 K3-机油压力指示灯 K31-定速巡航装置指示灯 T1b-1芯插头连接 T14a-14芯插头连接，黑色 T32a-32芯插头连接，灰色 T32a-32芯插头连接，蓝色 Y4-里程表 机舱内左前

图1-1-45

G-燃油表传感器 G1-燃油表 G5-转速表 G6-预供给燃油泵 G32-冷却液不足显示传感器 J285-组合仪表中的控制单元 K28-冷却液温度和冷却液不足显示指示灯 K83-废气警告灯 K105-燃油表指示灯 K132-电子油门故障信号灯 T2t-2芯插头连接 T5a-5芯插头连接，黑色 T32a-32芯插头连接，蓝色 389-接地连接24，在主导线束中 410-接地连接1（传感器接地），在主导线束中 617-右侧A柱下部接地地点2

图1-1-44

车载电网控制单元

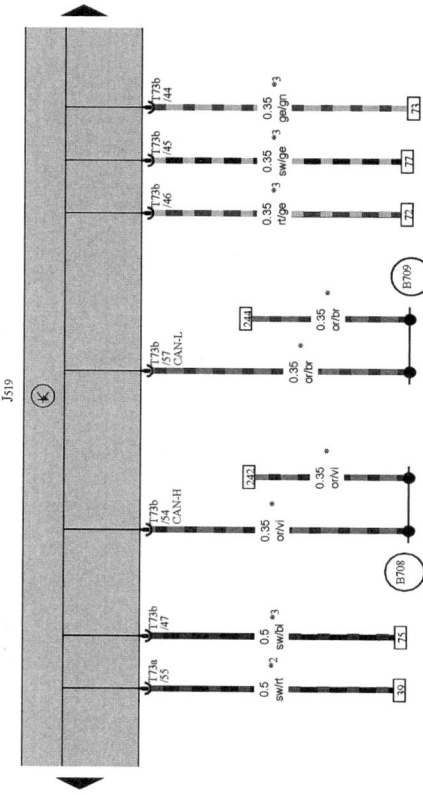

车载电网控制单元

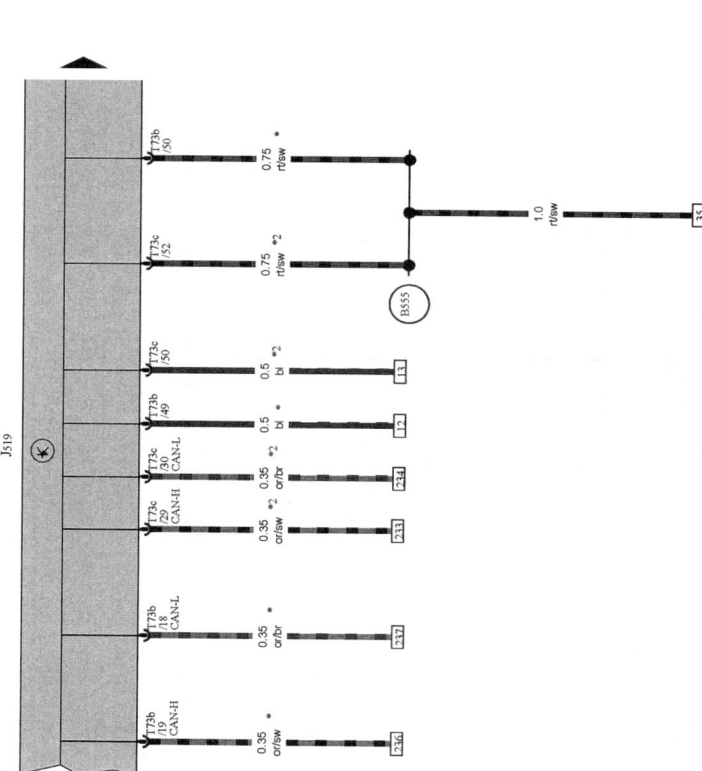

J519-车载电网控制单元　T73a-73芯插头连接，黑色　T73b-73芯插头连接1（组合仪表
CAN总线，High），在主导线束中　B709-连接1（组合仪表CAN总线，Low），在主导线束中 *-用于带
H7大灯的汽车 *2-用于带自动变速器的汽车 *3-用于带定速巡航装置的汽车

图1-1-47

J519-车载电网控制单元　T73b-73芯插头连接，白色　T73c-73芯插头连接2
（50），在主导线束中 *-用于带车载电网控制单元BCM的汽车 *2-用于带车载电网控制单元BFM的汽车

图1-1-46

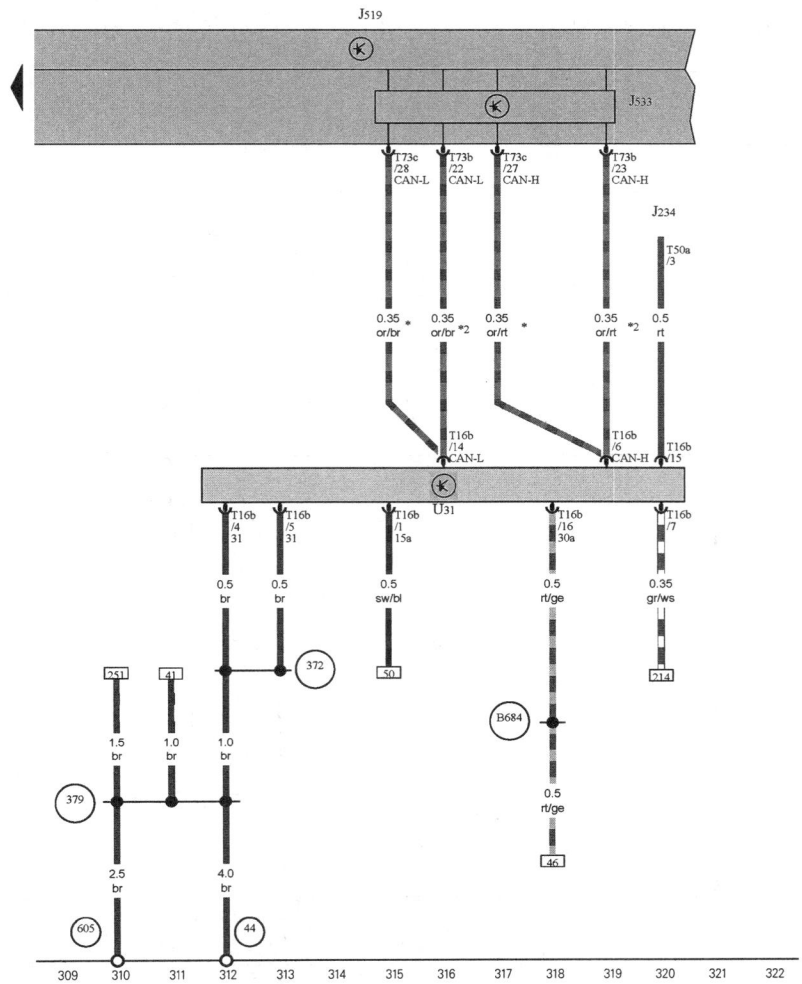

J234-安全气囊控制单元 J519-车载电网控制单元 J533-数据总线诊断接口 T16b-16芯插头连接，黑色 T50a-50芯插头连接，黄色 T73b-73芯插头连接，白色 T73c-73芯插头连接，黑色 U31-诊断接口 44-左侧A柱下部接地点 372-接地连接7，在主导线束中 379-接地连接14，在主导线束中 605-上部转向柱上的接地点 B684-正极连接24（30a），在主导线束中 *-用于带车载电网控制单元BFM的汽车 *2-用于带车载电网控制单元BCM的汽车

图 1-1-48

第二节 变速器系统

变速器系统电路图（自 2017 年 8 月起）的图号和图名对照表见表 1-2-1。

表 1-2-1 变速器系统电路图（自 2017 年 8 月起）的图号和图名对照表

图号	图名
图 1-2-1 ～图 1-2-7	自动变速器

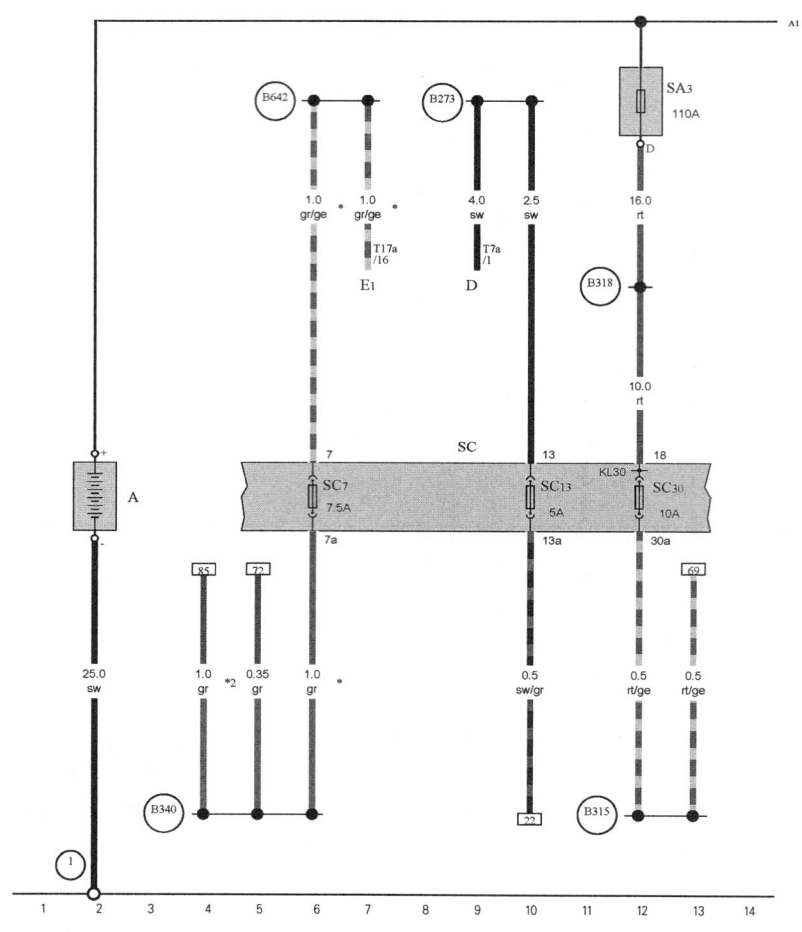

蓄电池、保险丝架 C

A-蓄电池 D-点火启动开关 E1-车灯开关 SA3-保险丝架A上的保险丝3 SC-保险丝架C SC7-保险丝架C上的保险丝7 SC13-保险丝架C上的保险丝13 SC30-保险丝架C上的保险丝30 T7a-7芯插头连接，黑色 T17a-17芯插头连接，黑色 1-接地带，蓄电池-车身 B273-正极连接（15），在主导线束中 B315-正极连接1（30a），在主导线束中 B318-正极连接4（30a），在主导线束中 B340-连接1（58d），在主导线束中 B642-正极连接（58），在主导线束中 *-用于带H4大灯的汽车 *2-用于带H7大灯的汽车

图 1-2-1

多功能开关、自动变速器控制单元

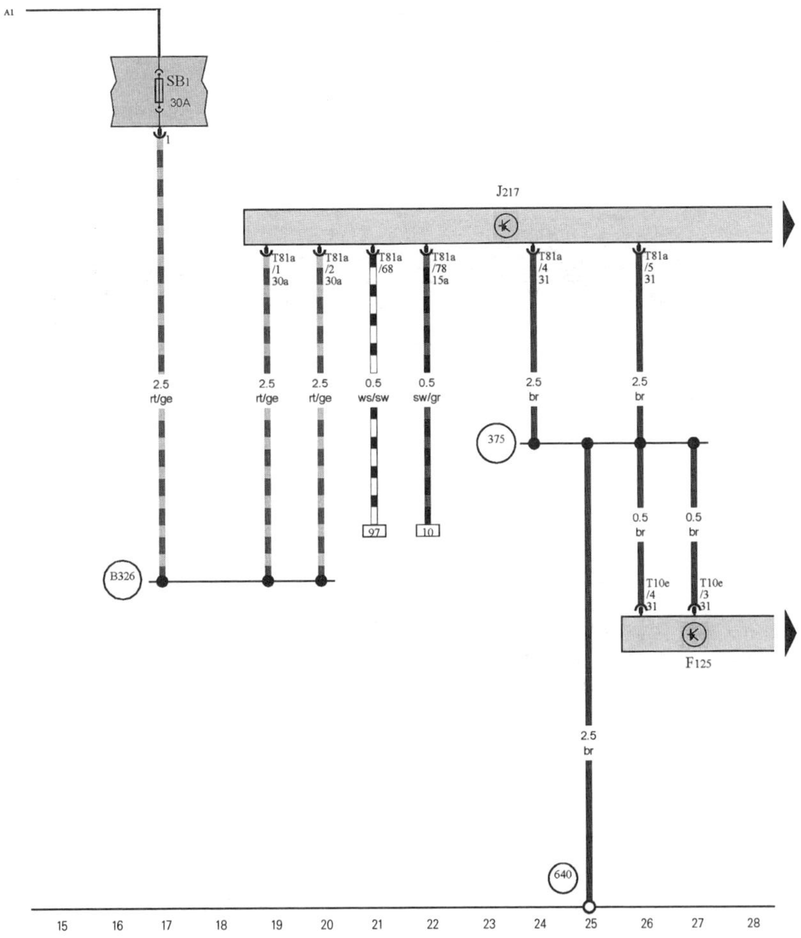

F125–多功能开关 J217–自动变速器控制单元 SB1–保险丝架B上的保险丝1 T10e–10芯插头连接，黑色 T81a–81芯插头连接，黑色 375–接地连接10，在主导线束中 640–发动机舱内左侧接地点2 B326–正极连接12（30a），在主导线束中

图 1–2–2

多功能开关、自动变速器控制单元、电磁阀 1、电磁阀 2、自动变速器压力调节阀 1

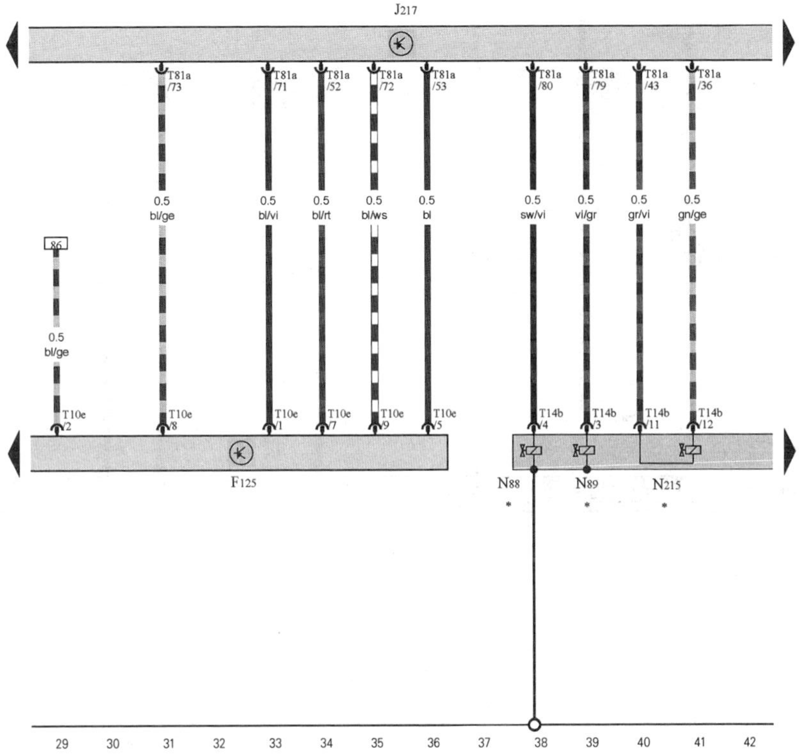

F125–多功能开关 J217–自动变速器控制单元 N88–电磁阀1 N89–电磁阀2 N215–自动变速器压力调节阀1 T10e–10芯插头连接，黑色 T14b–14芯插头连接，黑色 T81a–81芯插头连接，黑色 *–已预先布线的部件

图 1–2–3

自动变速器控制单元、自动变速器压力调节阀 2、自动变速器压力调节阀 3、自动变速器压力调节阀 4、自动变速器压力调节阀 5、自动变速器压力调节阀 7

选挡杆挡位 P 锁止开关、变速器油温度传感器、变速器输入转速传感器、自动变速器控制单元、换挡杆锁磁铁、点火钥匙防拔出锁磁铁

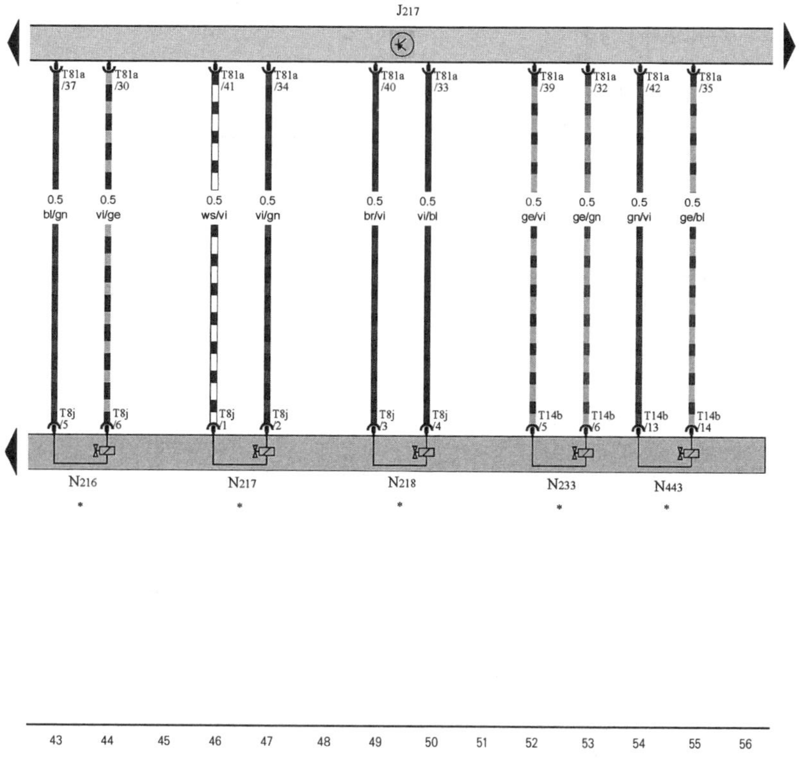

图 1-2-5

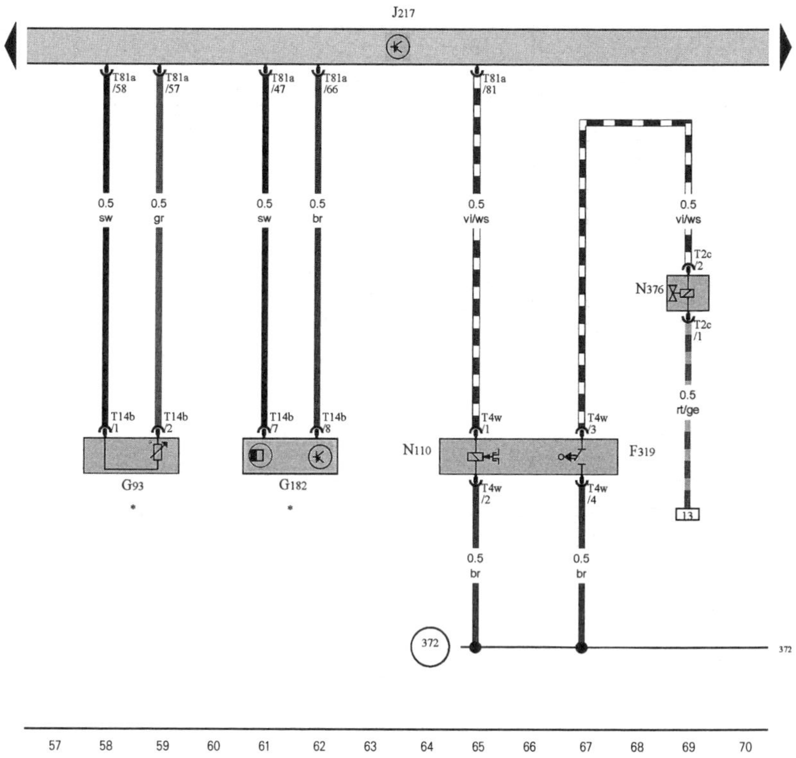

F319-选挡杆挡位P锁止开关 G93-变速器油温度传感器 G182-变速器输入转速传感器 J217-自动变速器控制单元 N110-换挡杆锁磁铁 N376-点火钥匙防拔出锁磁铁 T2c-2芯插头连接 T4w-4芯插头连接 黑色 T4w-4芯插头连接，黑色 T81a-81芯插头连接，黑色 T14b-14芯插头连接，黑色 372-接地连接7，在主导线束中 *-已预先布线的部件

图 1-2-4

J217-自动变速器控制单元 N216-自动变速器压力调节阀2 N217-自动变速器压力调节阀3 N218-自动变速器压力调节阀4 N233-自动变速器压力调节阀5 N443-自动变速器压力调节阀7 T8j-8芯插头连接，黑色 T81a-81芯插头连接，黑色 T14b-14芯插头连接，黑色 *-已预先布线的部件

28

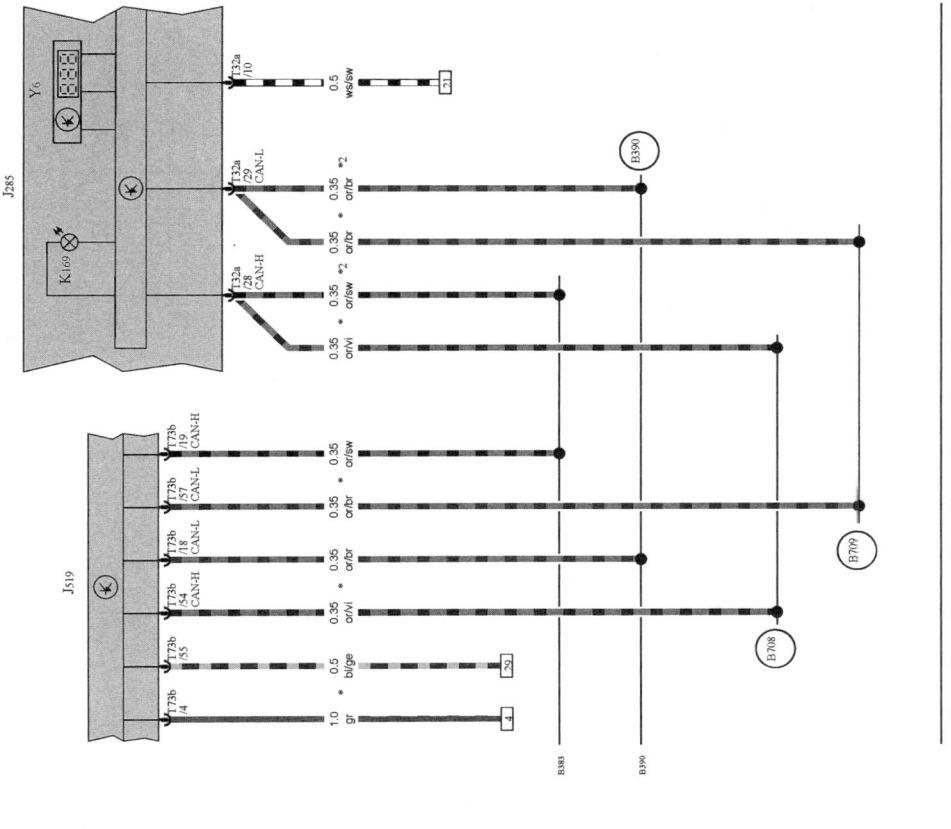

变速器输出转速传感器、自动变速器控制单元、排挡杆挡位指示照明灯

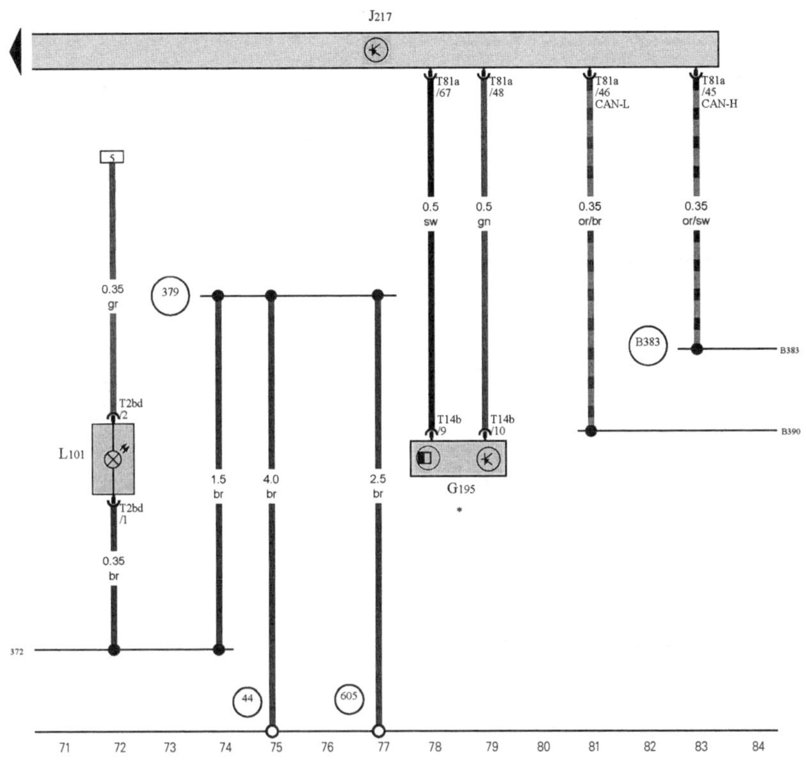

G195-变速器输出转速传感器 J217-自动变速器控制单元 L101-排挡杆挡位指示照明灯 T2bd-2芯插头连接，黑色 T14b-14芯插头连接，黑色 T81a-81芯插头连接，黑色 44-左侧A柱下部接地点 372-接地连接7，在主导线束中 379-接地连接14，在主导线束中 605-上部转向柱上的接地点 B383-连接1（驱动CAN总线，High），在主导线束中 B390-连接1（驱动CAN总线，Low），在主导线束中 *-已预先布线的部件

图 1-2-6

组合仪表中的控制单元、车载电网控制单元、选挡杆指示灯、选挡杆位置显示

J285-组合仪表中的控制单元 J519-车载电网控制单元 K169-选挡杆指示灯 T32a-32芯插头连接，蓝色 T73b-73芯插头连接，白色 Y6-选挡杆位置显示 B383-连接1（驱动CAN总线，High），在主导线束中 B390-连接1（驱动CAN总线，Low），在主导线束中 B708-连接1（组合仪表CAN总线，High），在主导线束中 B709-连接1（组合仪表CAN总线，Low），在主导线束中 *-用于带H7大灯的汽车 *2-用于带H4大灯的汽车

图 1-2-7

第三节　底盘系统

底盘系统电路图（自 2017 年 8 月起）的图号和图名对照表见表 1-3-1。

表 1-3-1　底盘系统电路图（自 2017 年 8 月起）的图号和图名对照表

图号	图名
图 1-3-1 ~ 图 1-3-8	防抱死制动系统（ABS）与电子稳定程序（ESP）
图 1-3-9 ~ 图 1-3-16	防抱死制动系统（ABS）
图 1-3-17 ~ 图 1-3-18	助力转向器
图 1-3-19 ~ 图 1-3-20	多功能方向盘

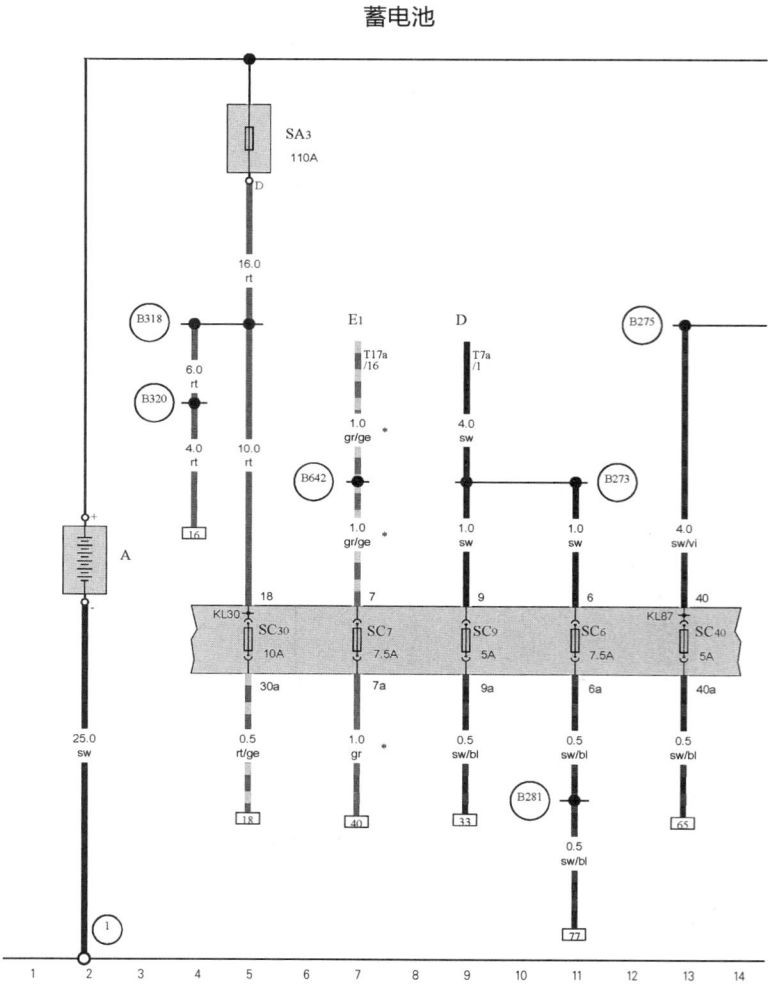

A-蓄电池　D-点火启动开关　E1-车灯开关　SA3-保险丝架A上的保险丝3　SC6-保险丝架C上的保险丝6　SC7-保险丝架C上的保险丝7　SC9-保险丝架C上的保险丝9　SC30-保险丝架C上的保险丝30　SC40-保险丝架C上的保险丝40　T7a-7芯插头连接，黑色　T17a-17芯插头连接，黑色　1-接地带，蓄电池-车身　B273-正极连接（15），在主导线束中　B275-正极连接（87），在主导线束中　B281-正极连接5（15a），在主导线束中　B318-正极连接4（30a），在主导线束中　B320-正极连接6（30a），在主导线束中　B642-正极连接（58），在主导线束中　*-用于带H4大灯的汽车

图 1-3-1

中部仪表板开关模块、轮胎压力监控按钮、ABS 控制单元、按钮照明灯泡

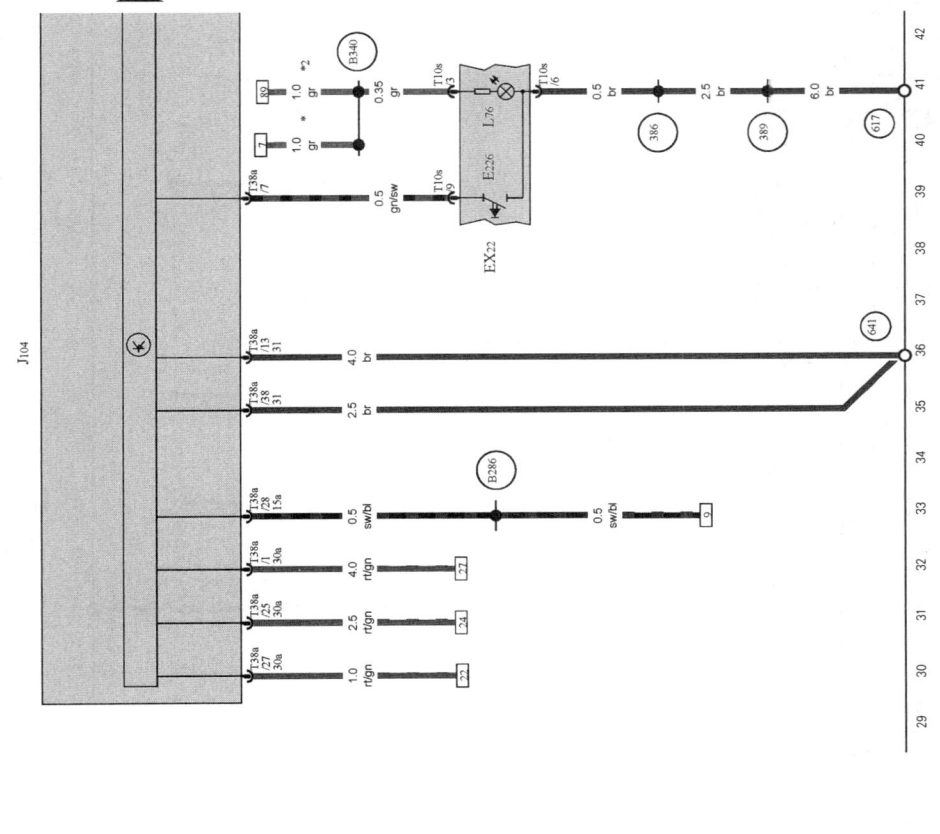

图 1-3-3

EX22-中部仪表板开关模块 E226-轮胎压力监控按钮 J104-ABS控制单元 L76-按钮照明灯泡 T10s-10芯插头连接, 黑色 T38a-38芯插头连接, 棕色 386-接地连接21, 在主导线束中 389-接地连接24, 在主导线束中 617-右侧A柱下部接地点2 641-发动机舱内左侧接地点3 B286-正极连接10 (15a), 在主导线束中 B340-连接1 (58d), 在主导线束中 *-用于带H4大灯的汽车 *2-用于带H7大灯的汽车

Motronic 控制单元、主继电器、保险丝架 A 上的保险丝 5

图 1-3-2

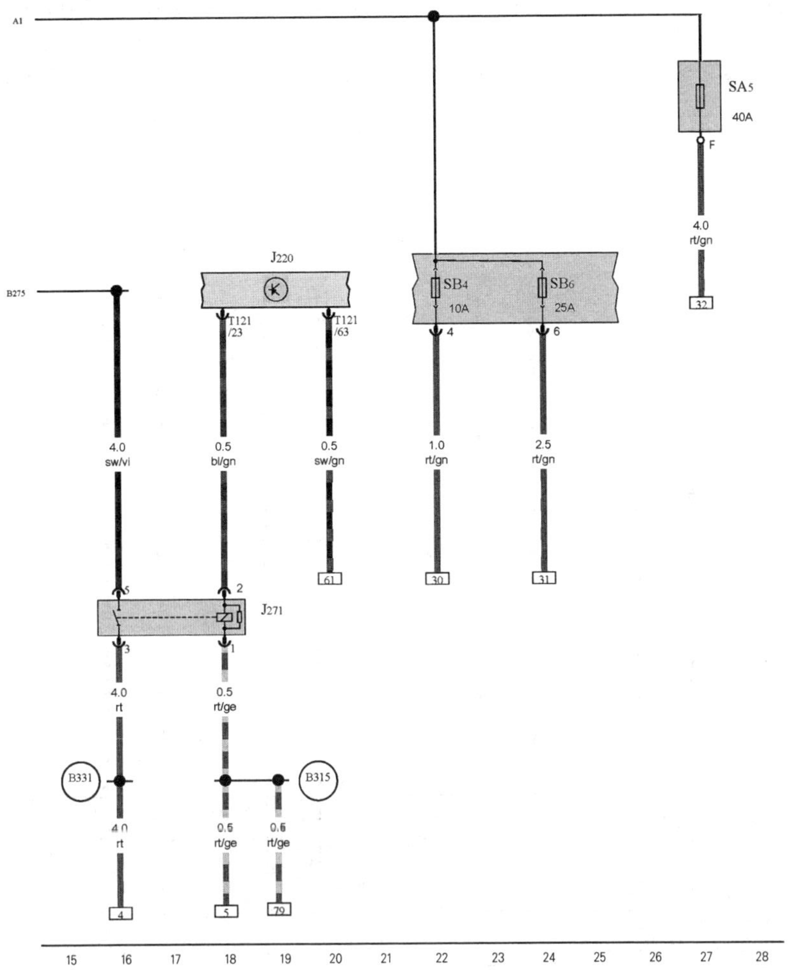

J220-Motronic控制单元 J271-主继电器 SA5-保险丝架A上的保险丝5 SB4-保险丝架B上的保险丝4 SB6-保险丝架B上的保险丝6 T121-121芯插头连接 B275-正极连接 (87), 在主导线束中 B315-正极连接17 (30a), 在主导线束中 B331-正极连接1 (30a), 在主导线束中

31

右后转速传感器、右前转速传感器、左后转速传感器、左前转速传感器、ABS 控制单元、右后 ABS 进气阀、左后 ABS 排气阀、右后 ABS 排气阀、左后 ABS 排气阀

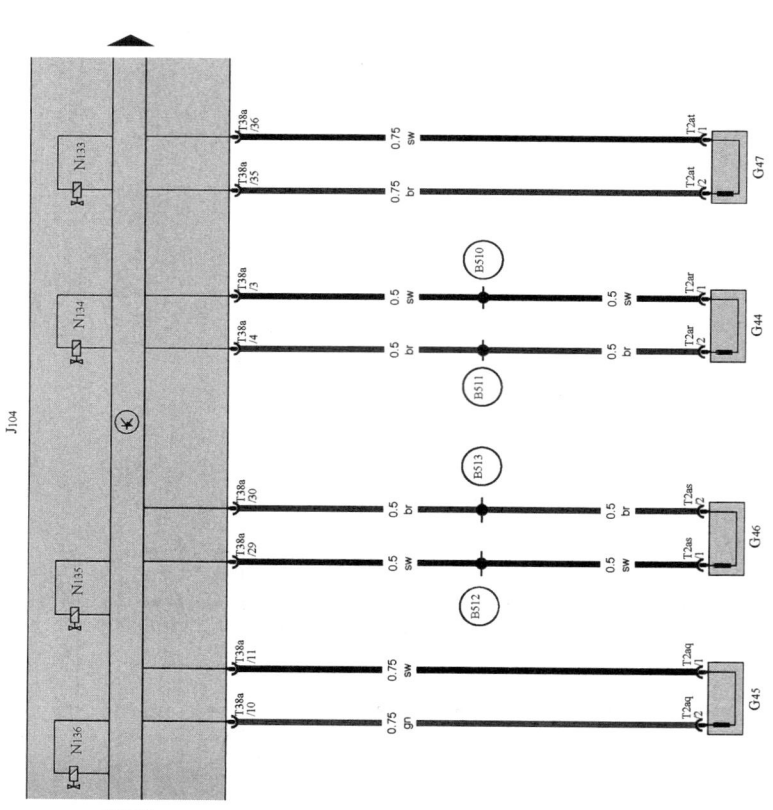

G44-右后转速传感器 G45-右前转速传感器 G46-左后转速传感器 G47-左前转速传感器 J104-ABS控制单元 N133-右后ABS进气阀 N134-左后ABS进气阀 N135-右后ABS排气阀 N136-左后ABS排气阀 T2aq-2芯插头连接，黑色 T2ar-2芯插头连接，黑色 T2as-2芯插头连接，黑色 T2at-2芯插头连接，黑色 T38a-38芯插头连接，棕色 B510-连接1（右后转速传感器），在车舱内导线束中 B511-连接2（右后转速传感器），在车舱内导线束中 B512-连接1（左后转速传感器），在车舱内导线束中 B513-连接2（左后转速传感器），在车舱内导线束中

图 1-3-4

制动信号灯开关、制动踏板开关、横向加速度传感器、偏转率传感器、纵向加速度传感器、电子稳定程序传感器单元、ABS 控制单元、右前 ABS 进气阀、右前 ABS 排气阀、左前 ABS 进气阀、左前 ABS 排气阀

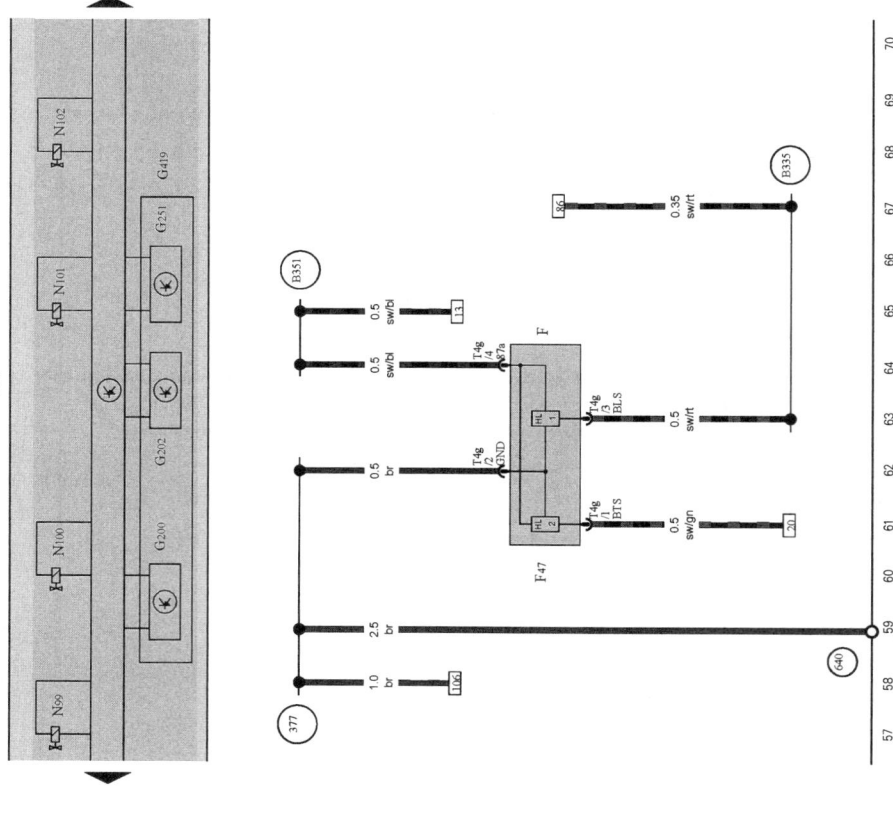

F-制动信号灯开关 F47-制动踏板开关 G200-横向加速度传感器 G202-偏转率传感器 G251-纵向加速度传感器 G419-电子稳定程序传感器单元 J104-ABS控制单元 N99-右前ABS进气阀 N100-右前ABS排气阀 N101-左前ABS进气阀 N102-左前ABS排气阀 T4g-4芯插头连接 377-接地连接，黑色，在主导线束中 640-发动机舱内左侧接地点2 B335-连接1（54），在主导线束中 B351-正极连接（87a），在主导线束中 中

图 1-3-5

组合仪表中的控制单元、车载电网控制单元、电子稳定程序和 ASR 指示灯

安全气囊卷簧和带滑环的复位环、转向角传感器、制动压力传感器、制动压力传感器、ABS 控制单元、动态行驶控制转换阀 1、动态行驶控制转换阀 2、动态行驶控制高压转换阀 1、动态行驶控制转换阀 2、ABS 回流泵

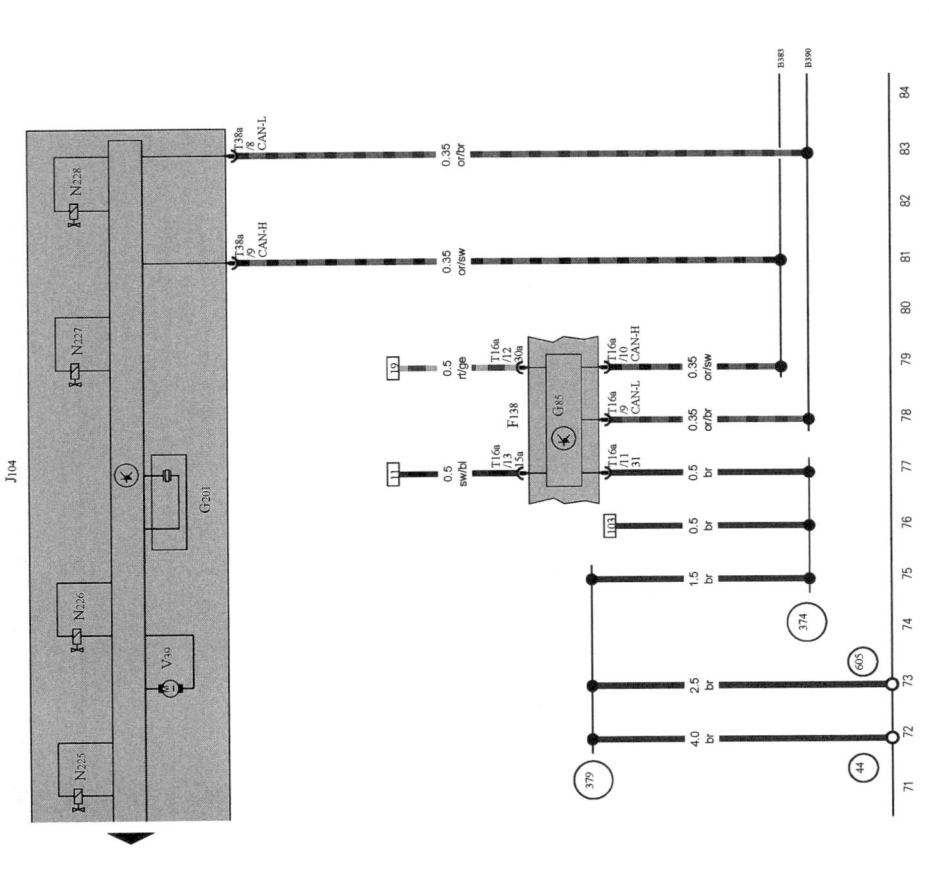

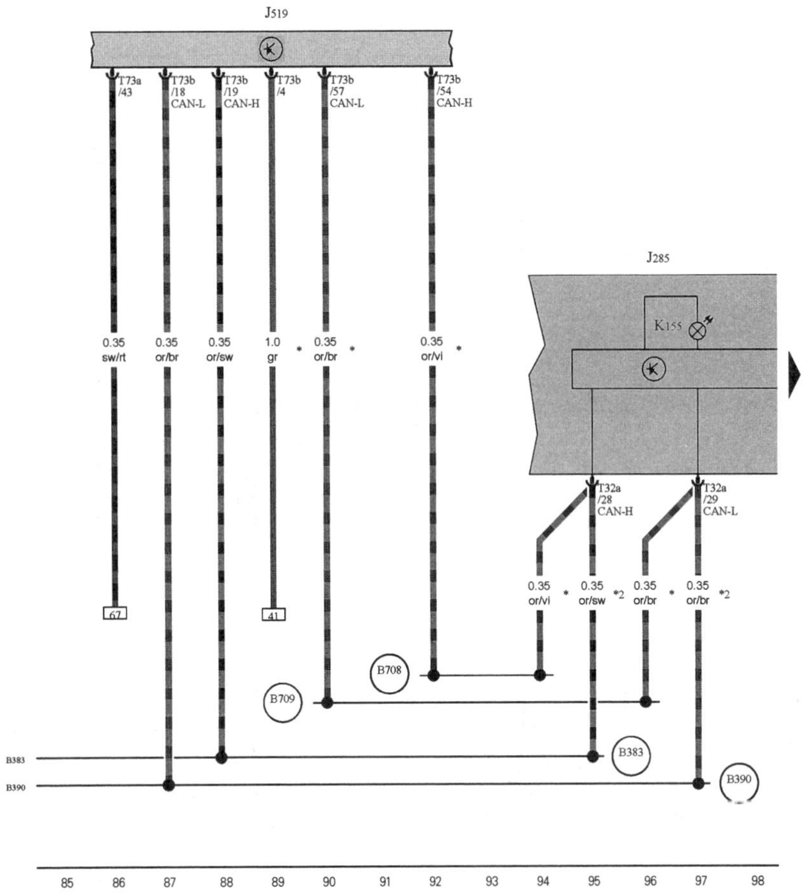

J285-组合仪表中的控制单元 J519-车载电网控制单元 K155-电子稳定程序和ASR指示灯 T32a-32芯插头连接，蓝色 T73a-73芯插头连接，白色 T73b-73芯插头连接，黑色 B383-连接1（驱动CAN总线，High），在主导线束中 B390-连接1（驱动CAN总线，Low），在主导线束中 B708-连接1（组合仪表CAN总线，High），B709-连接1（组合仪表CAN总线，Low），在主导线束中 *-用于带H7大灯的汽车 *2-用于带H4大灯的汽车

图 1-3-7

F138-安全气囊卷簧和带滑环的复位环 G85-转向角传感器 G201-制动压力传感器 J104-ABS控制单元 N225-动态行驶控制转换阀1 N226-动态行驶控制转换阀2 N227-动态行驶控制高压转换阀1 N228-动态行驶控制高压转换阀2 T16a-16芯插头连接 T38a-38芯插头连接，黑色 V39-ABS回流泵 44-左侧 379-接地连接9，在主导线束中14 605-上部转向柱上的接地点 374-接地点9，在主导线束中 B383-连接1（驱动CAN总线，High），在主导线束中 B390-连接1（驱动CAN总线，Low），在主导线束中

图 1-3-6

蓄电池、保险架 A 上的保险丝 3

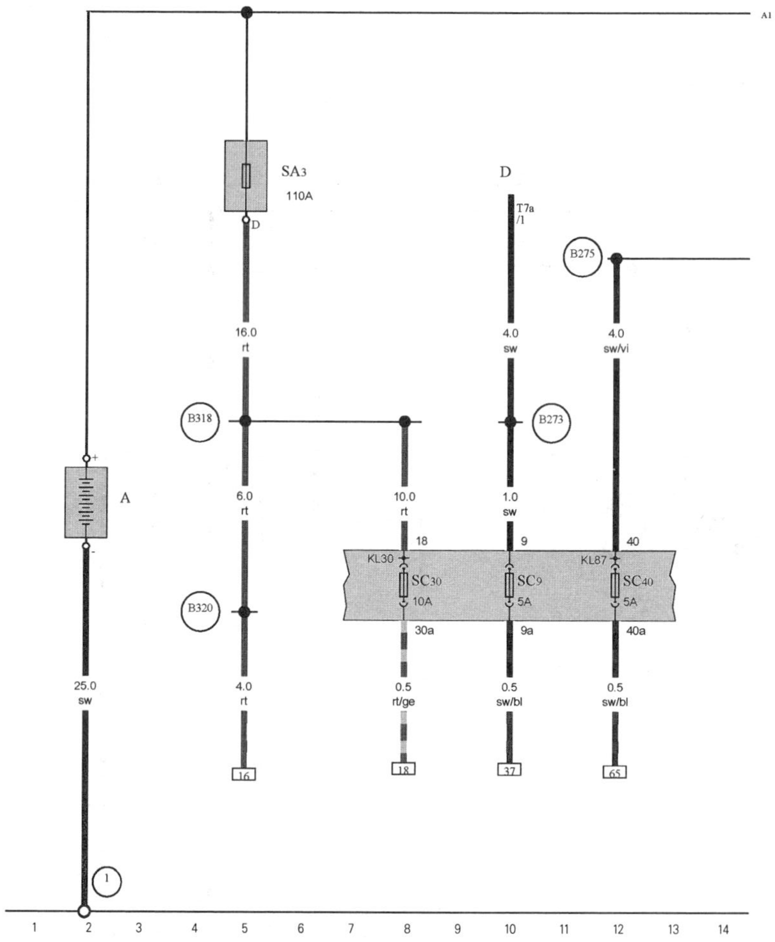

A–蓄电池 D–点火启动开关 SA3–保险丝架A上的保险丝 SC9–保险丝架C上的保险丝9 SC30–保险丝架C上的保险丝3 SC40–保险丝架C上的保险丝40 T7a–7芯插头连接，黑色，蓄电池-车身 B273–正极连接(15)，在主导线束中 B275–正极连接(87)，在主导线束中 B318–正极连接4(30a)，在主导线束中 B320–正极连接6(30a)，在主导线束中

图 1-3-9

手制动器指示灯开关、制动液液位警告信号触点、警报蜂鸣器和警报音、组合仪表中的控制单元、ABS指示灯、制动系统指示灯

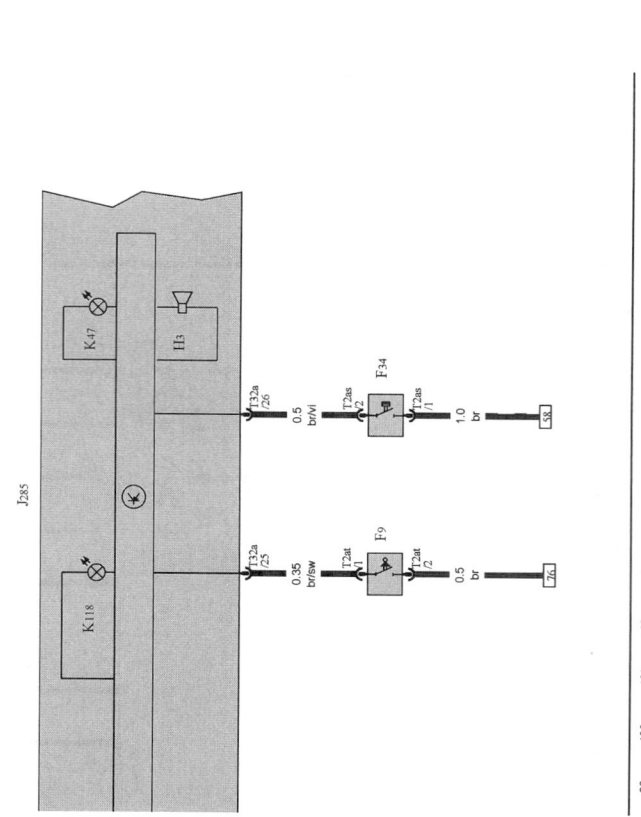

F9–手制动器指示灯开关 F34–制动液液位警告信号触点 H3–警报蜂鸣器和警报音 J285–组合仪表中的控制单元 K47–ABS指示灯 K118–制动系统指示灯 T2as–2芯插头连接，黑色 T2at–2芯插头连接，黑色 T32a–32芯插头连接，蓝色

图 1-3-8

ABS 控制单元

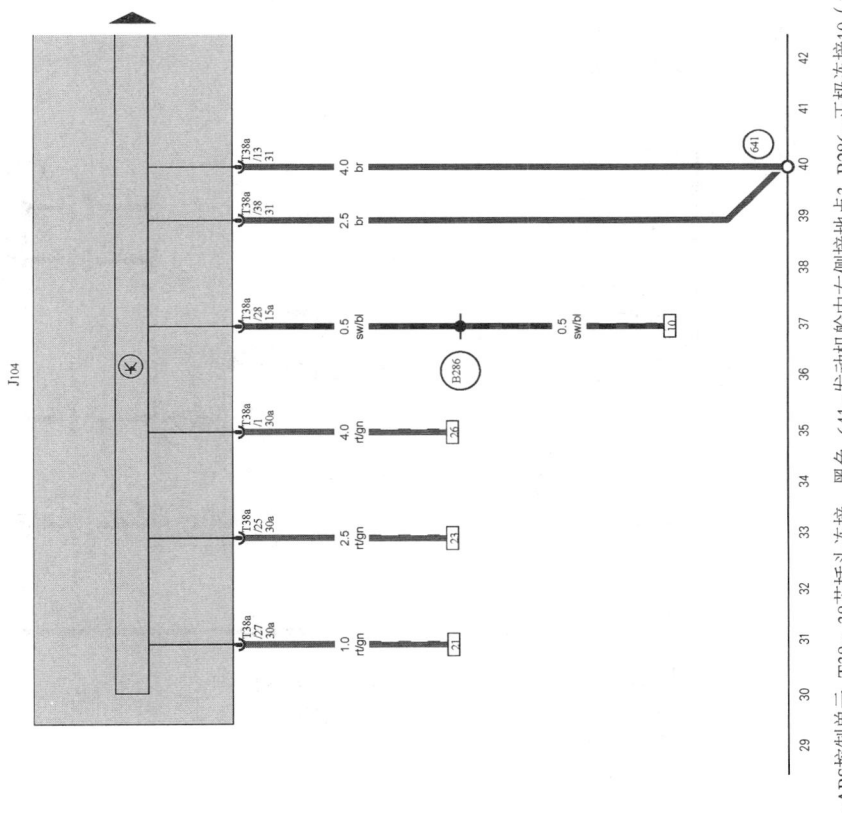

J104–ABS控制单元 T38a–38芯插头连接，黑色 641–发动机舱内左侧接地点3 B286–正极连接10（15a），B286–正极连接10（15a），
在主导线束中

图 1–3–11

Motronic 控制单元、主继电器、保险丝架 A 上的保险丝 5

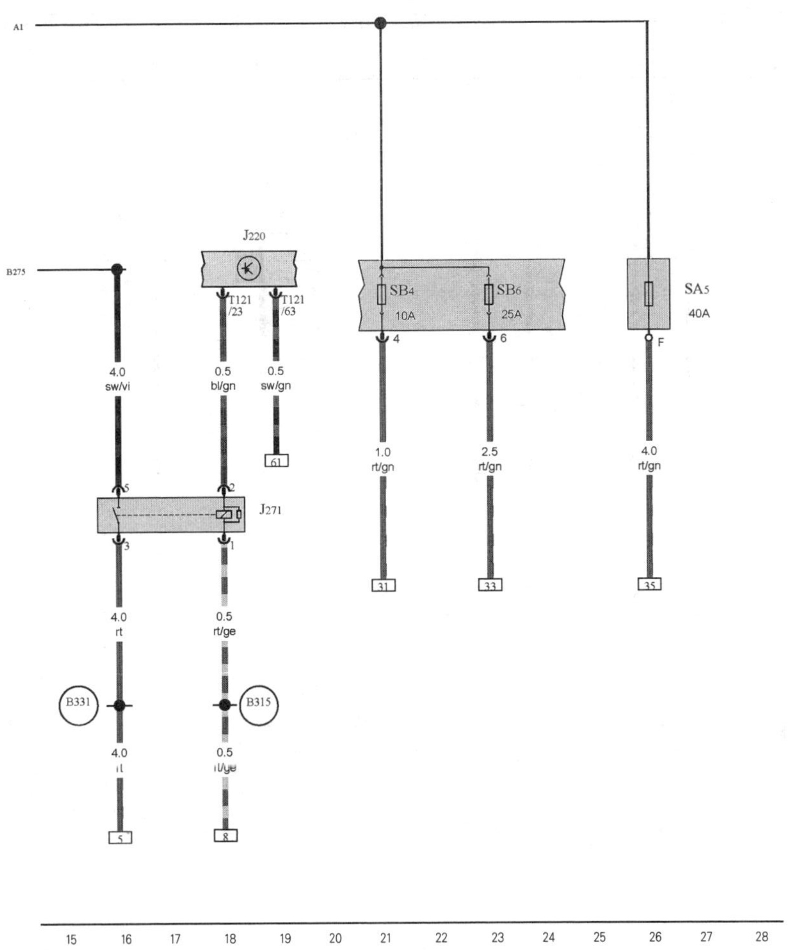

J220–Motronic控制单元 J271–主继电器 SA5–保险丝架A上的保险丝5 SB4–保险丝架B上的保险丝4 SB6–保险丝架B上的保险丝6 T121–121芯插头连接，黑色 B275–正极连接（87），在主导线束中 B315–正极连接1（30a），在主导线束中 B331–正极连接17（30a），在主导线束中

图 1–3–10

35

右后转速传感器、右前转速传感器、左后转速传感器、左前转速传感器、ABS 控制单元、右后 ABS 进气阀、左后 ABS 进气阀、右后 ABS 排气阀、左后 ABS 排气阀

制动信号灯开关、制动踏板开关、ABS 控制单元、右前 ABS 进气阀、右前 ABS 排气阀、左前 ABS 进气阀、左前 ABS 排气阀

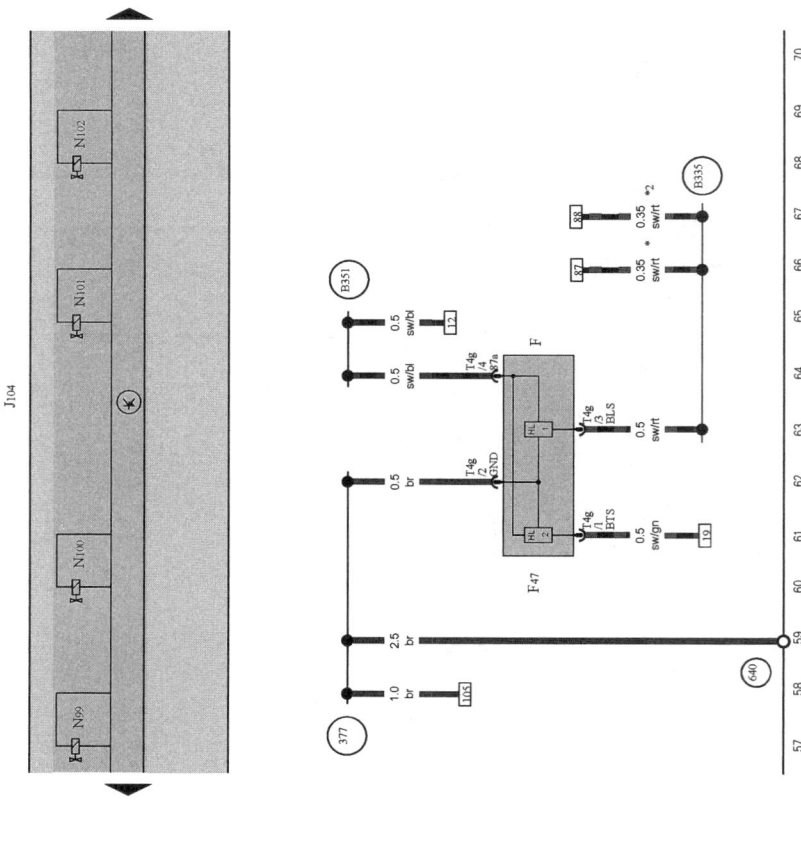

图 1-3-13

F—制动信号灯开关 F47—制动踏板开关 J104—ABS控制单元 N99—左前ABS进气阀 N100—右前ABS排气阀 N101—左前ABS进气阀 N102—左前ABS进气阀 T4g—4芯插头连接，黑色 377—接地连接12，在主导线束中 640—发动机舱内左侧接地点2 B335—连接1（54），在主导线束中 B351—正极连接2（87a），在主导线束中 *—用于带车载电网控制单元BFM的汽车 *2—用于带车载电网控制单元BCM的汽车

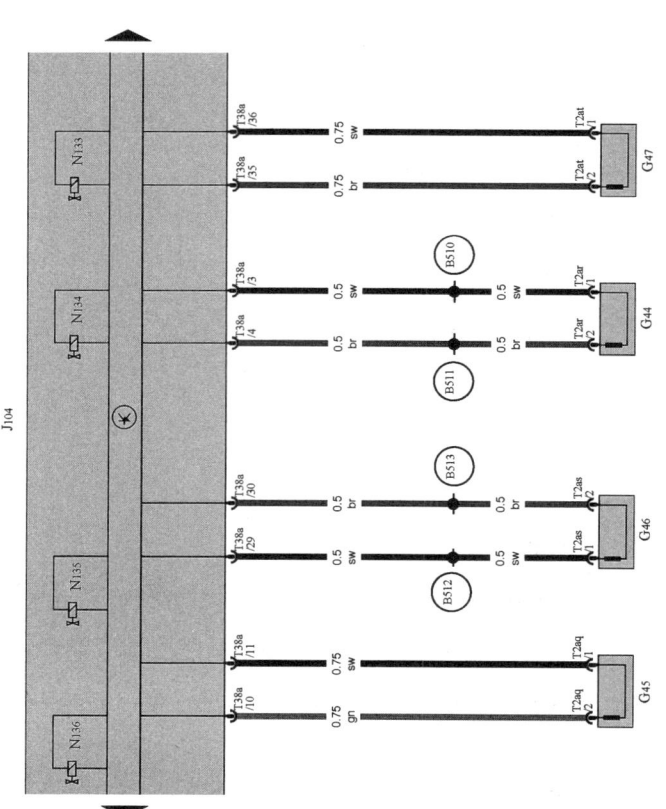

图 1-3-12

G44—右后转速传感器 G45—右前转速传感器 G46—左后转速传感器 G47—左前转速传感器 J104—ABS控制单位 N133—右前ABS进气阀 N134—左后ABS进气阀 N135—右后ABS排气阀 N136—左后ABS排气阀 T2aq—2芯插头连接，黑色 T2ar—2芯插头连接，黑色 T2as—2芯插头连接，黑色 T38a—38芯插头连接，黑色 B510—连接1（右后转速传感器），在车舱内导线束中 B511—连接1（左后转速传感器），在车舱内导线束中 B512—连接1（左前转速传感器），在车舱内导线束中 B513—连接2（左后转速传感器），在车舱内导线束中

制动压力传感器 1、ABS 控制单元、动态行驶控制转换阀 1、动态行驶控制转换阀 2、动态行驶控制高压转换阀 1、动态行驶控制高压转换阀 2、ABS 回流泵

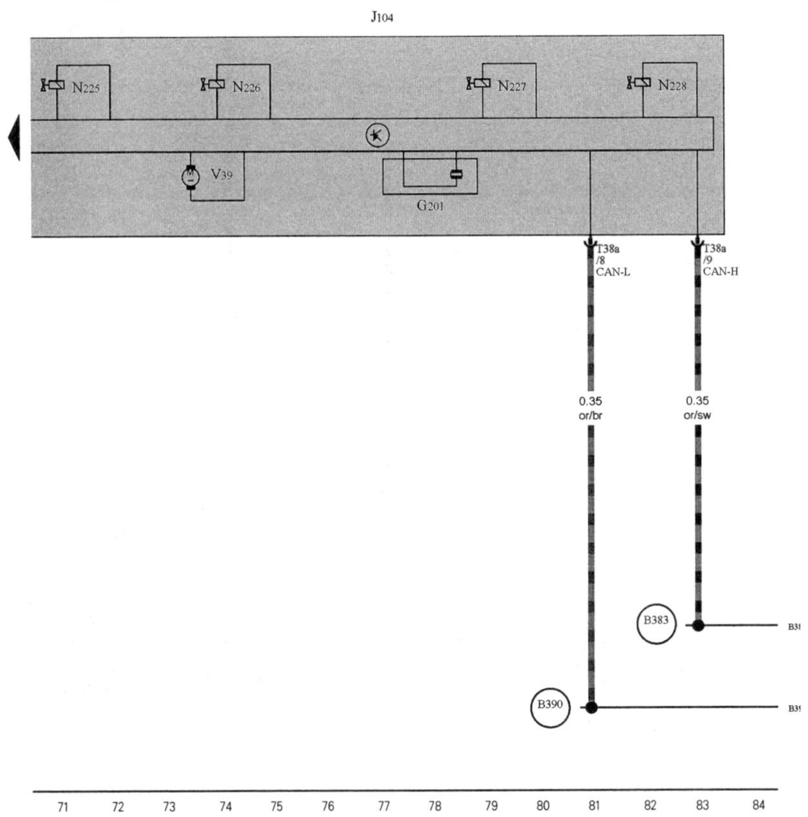

组合仪表中的控制单元、车载电网控制单元

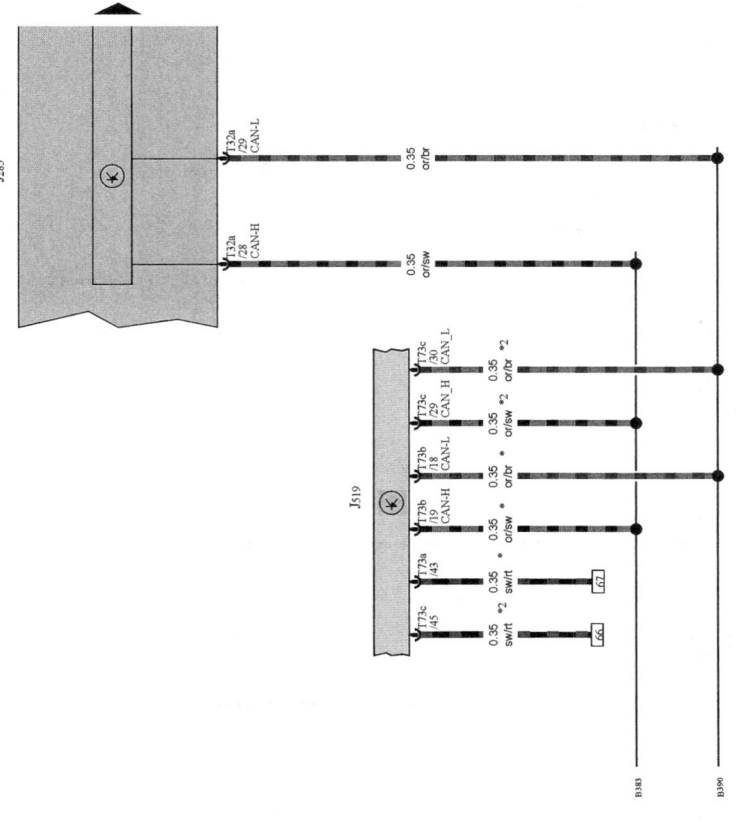

G201-制动压力传感器1 J104-ABS控制单元 N225-动态行驶控制转换阀1 N226-动态行驶控制转换阀2 N227-动态行驶控制高压转换阀1 N228-动态行驶控制高压转换阀2 T38a-38芯插头连接 V39-ABS回流泵 B383-连接1（驱动CAN总线，High），在主导线束中 B390-连接1（驱动CAN总线，Low），在主导线束中

图 1-3-14

J285-组合仪表中的控制单元 J519-车载电网控制单元 T32a-32芯插头连接，蓝色 T73a-73芯插头连接，蓝色 T73b-73芯插头连接，白色 T73c-73芯插头连接，黑色 V39-ABS回流泵 B383-连接1（驱动CAN总线，High），在主导线束中 B390-连接1（驱动CAN总线，Low），在主导线束中 *1-用于带车载电网控制单元BCM的汽车 *2-用于带车载电网控制单元BFM的汽车

图 1-3-15

手制动器指示灯开关、制动液液位警告信号触点、警报蜂鸣器和警报、组合仪表中的控制单元、ABS 指示灯、制动系统指示灯

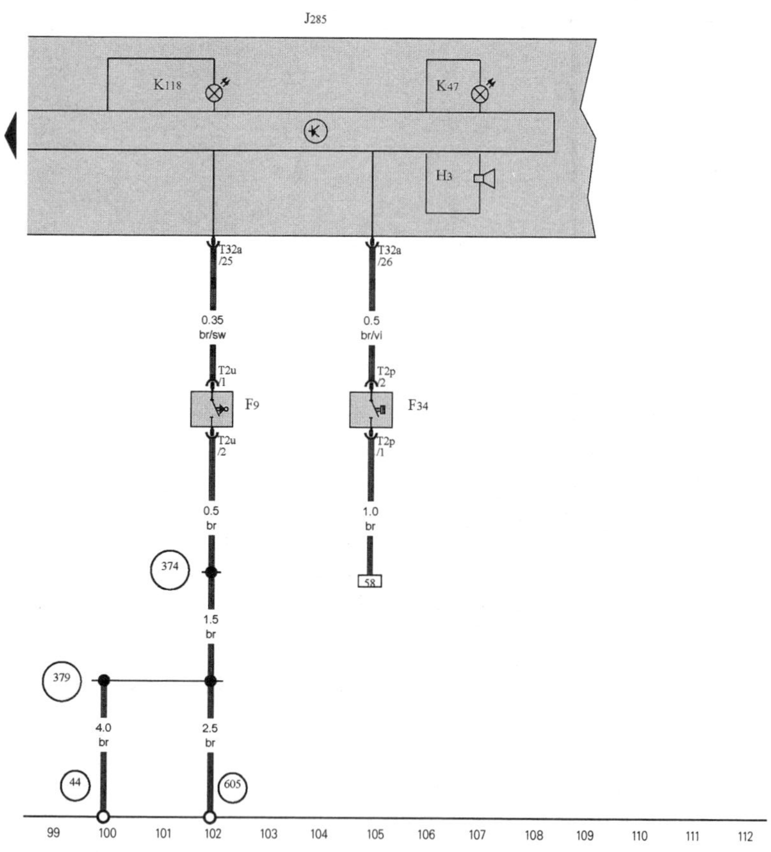

蓄电池、转向扭矩传感器、助力转向控制单元、保险丝架 A 上的保险丝 4、机电式伺服转向电机。

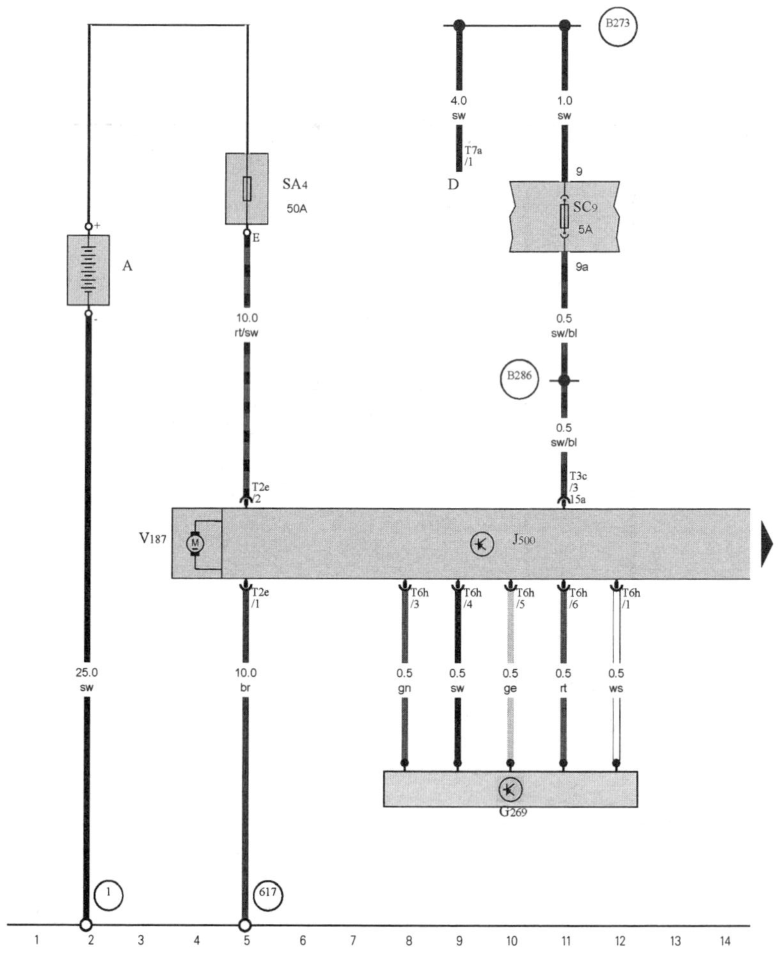

图 1-3-16

F9-手制动器指示灯开关 F34-制动液液位警告信号触点 H3-警报蜂鸣器和警报 J285-组合仪表中的控制单元 K47-ABS指示灯 K118-制动系统指示灯 T2p-2芯插头连接，黑色 T2u-2芯插头连接，黑色 T32a-32芯插头连接，蓝色 44-左侧A柱下部接地点 374-接地连接9，在主导线束中 379-接地连接14，在主导线束中 605-上部转向柱上的接地点

图 1-3-17

A-蓄电池 D-点火启动开关 G269-转向扭矩传感器 J500-助力转向控制单元 SA4-保险丝架A上的保险丝 4 SC9-保险丝架C上的保险丝9 T2e-2芯插头连接，黑色 T3c-3芯插头连接，黑色 T6h-6芯插头连接，蓝色 T7a-7芯插头连接，黑色 V187-机电式伺服转向电机 1-接地带，蓄电池-车身 617-右侧A柱下部接地点2 B273-正极连接（15），在主导线束中 B286-正极连接10（15a），在主导线束中

安全气囊卷簧和带滑环的复位环、信号喇叭、多功能方向控制单元

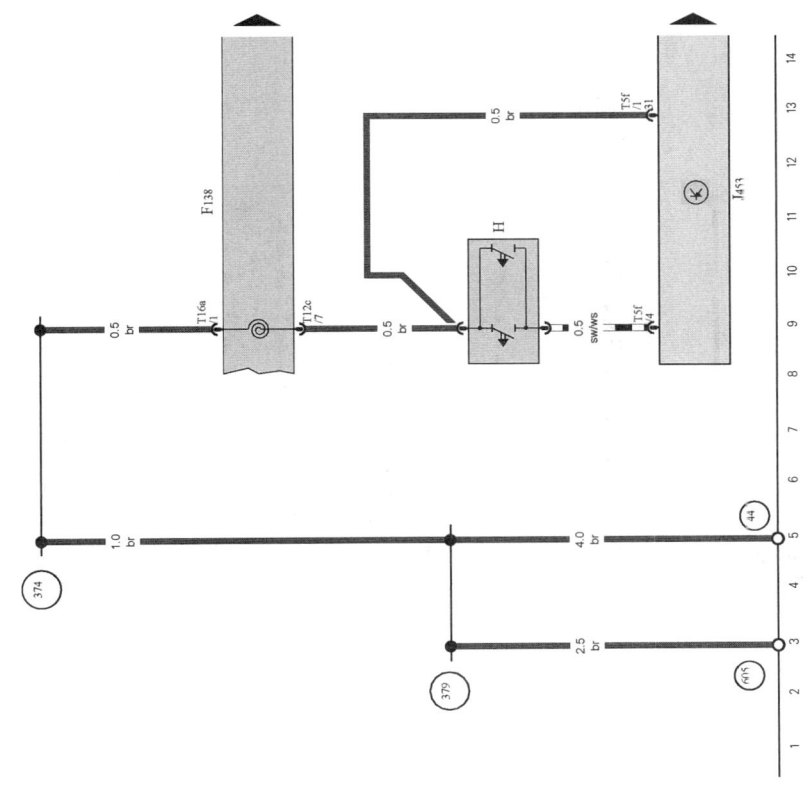

F138-安全气囊卷簧和带滑环的复位环 H-信号喇叭 J453-多功能方向盘控制单元 T5f-5芯插头连接，黑色 T12c-12芯插头连接，黄色 T16a-16芯插头连接，黑色 44-左侧A柱下部接地点 374-接地连接9，在主导线束中 379-接地连接14，在主导线束中 605-上端转向柱上的接地点

图 1-3-19

转向电机转速传感器、组合仪表中的控制单元、助力转向控制单元、车载电网控制单元、机电式助力转向器指示灯

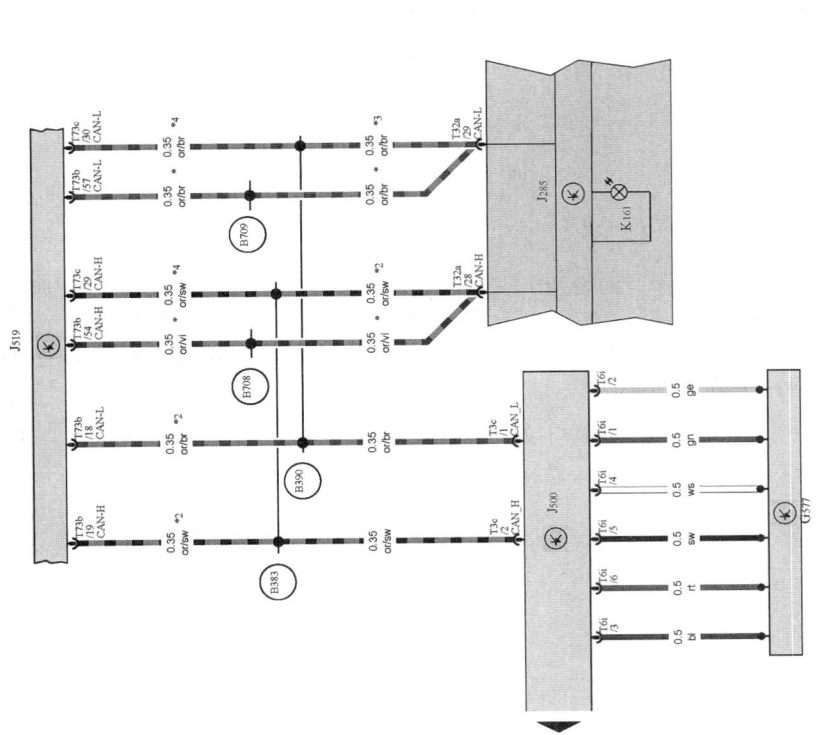

图 1-3-18

G577-转向电机转速传感器 J285-组合仪表中的控制单元 J500-助力转向控制单元 J519-车载电网控制单元 K161-机电式助力转向器指示灯 T3c-3芯插头连接，白色 T3c-73芯插头连接，蓝色 T73b-73芯插头连接，在主导线束中 B390-连接1（驱动CAN总线，High），在主导线束中 B708-连接1（组合仪表CAN总线，High），在主导线束中 B709-连接1（组合仪表CAN总线，Low），在主导线束中 B383-连接1（组合仪表CAN总线，Low），在主导线束中 T6i-6芯插头连接，黑色 T32a-32芯插头连接，黑色 B383-连接1（驱动CAN总线，Low），在主导线束中 *1-用于带车载电网控制单元BCM的汽车 *2-用于带车载电网控制单元BFM的汽车 *3-用于带H4大灯的汽车 *4-用于带H7大灯的汽车

39

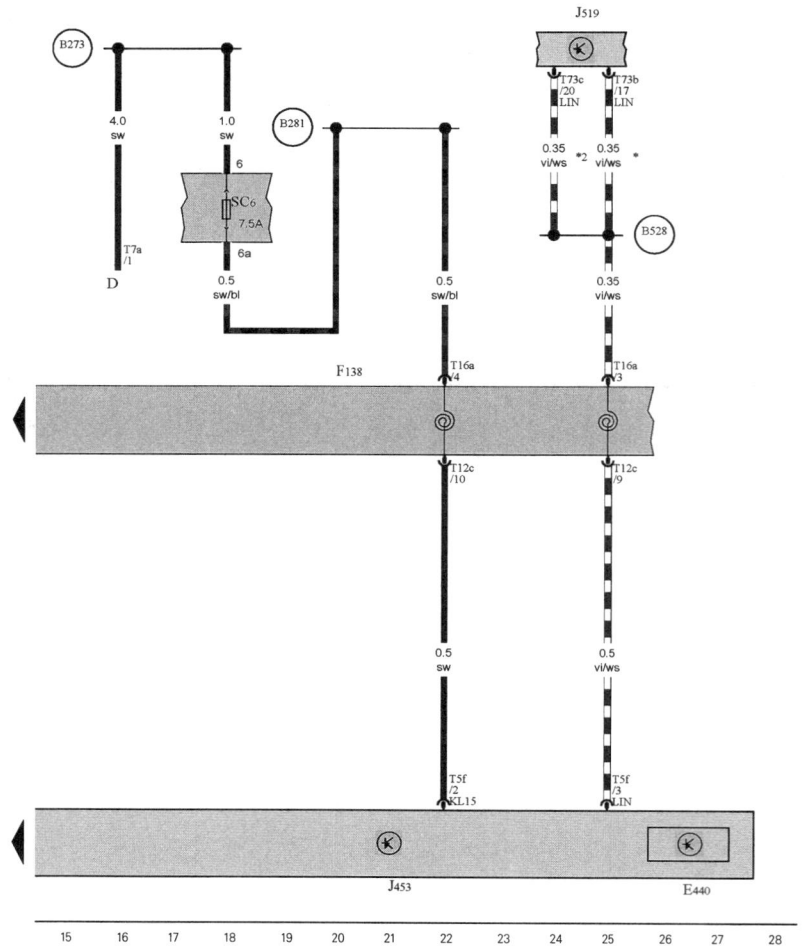

D-点火启动开关 E440-方向盘中的左侧多功能按钮 F138-安全气囊卷簧和带滑环的复位环 J453-多功能方向盘控制单元 J519-车载电网控制单元 SC6-保险丝架C上的保险丝6 T5f-5芯插头连接，黑色 T7a-7芯插头连接，黑色 T12c-12芯插头连接，黄色 T16a-16芯插头连接，黑色 T73b-73芯插头连接，白色 T73c-73芯插头连接，黑色 B273-正极连接（15），在主导线束中 B281-正极连接5（15a），在主导线束中 B528-连接1（LIN总线），在主导线束中 *-用于带车载电网控制单元BCM的汽车 *2-用于带车载电网控制单元BFM的汽车

图 1-3-20

第四节　电气系统

电气系统电路图（自 2017 年 8 月起）的图号和图名对照表见表 1-4-1。

表 1-4-1　电气系统电路图（自 2017 年 8 月起）的图号和图名对照表

图号	图名
图 1-4-1 ～图 1-4-7	安全气囊系统
图 1-4-8 ～图 1-4-13	带手动调节的空调
图 1-4-14 ～图 1-4-22	全自动空调
图 1-4-23 ～图 1-4-40	舒适便捷系统
图 1-4-41	电动滑动天窗
图 1-4-42 ～图 1-4-44	后部泊车雷达系统（PDC）
图 1-4-45 ～图 1-4-51	带卤素灯泡的大灯（H7）
图 1-4-52 ～图 1-4-55	收音机装置
图 1-4-56 ～图 1-4-62	组合仪表
图 1-4-63 ～图 1-4-68	CAN 和 LIN 总线联网、驱动 CAN、诊断 CAN、组合仪表 CAN、舒适 CAN
图 1-4-69 ～图 1-4-95	保险丝配置

安全气囊卷簧和带滑环的复位环、安全气囊控制单元、驾驶员侧安全气囊引爆装置

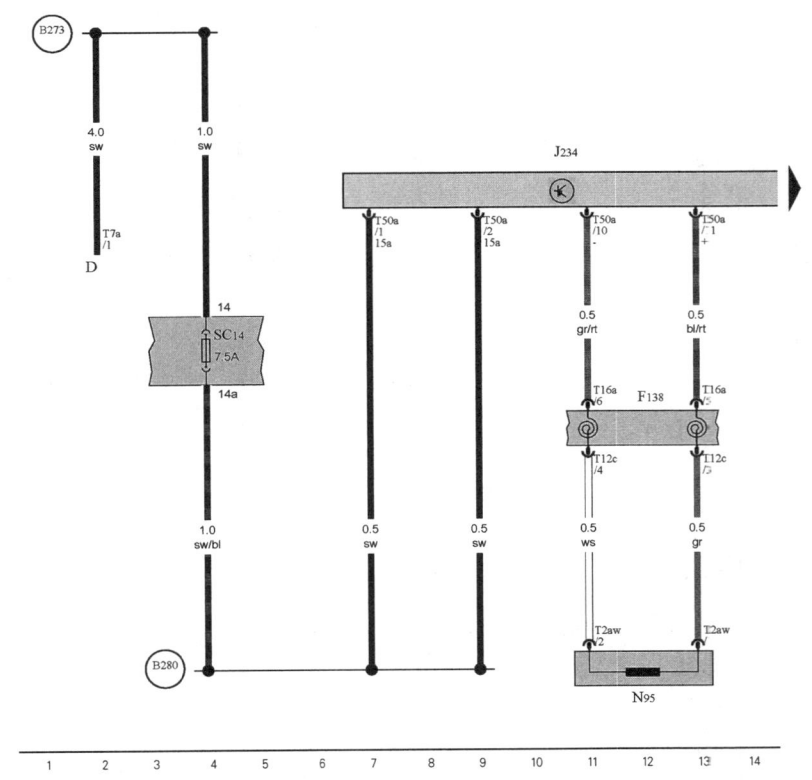

D-点火启动开关　F138-安全气囊卷簧和带滑环的复位环　J234-安全气囊控制单元　N95-驾驶员侧安全气囊引爆装置　SC14-保险丝架C上的保险丝14　T2aw-2芯插头连接，黄色　T7a-7芯插头连接，黑色　T12c-12芯插头连接，黄色　T16a-16芯插头连接，黑色　T50a-50芯插头连接，黄色　B273-正极连接（15），在主导线束中　B280-正极连接4（15a），在主导线束中

图 1-4-1

安全气囊控制单元、副驾驶员侧安全气囊引爆装置 1、驾驶员侧侧面安全气囊引爆装置

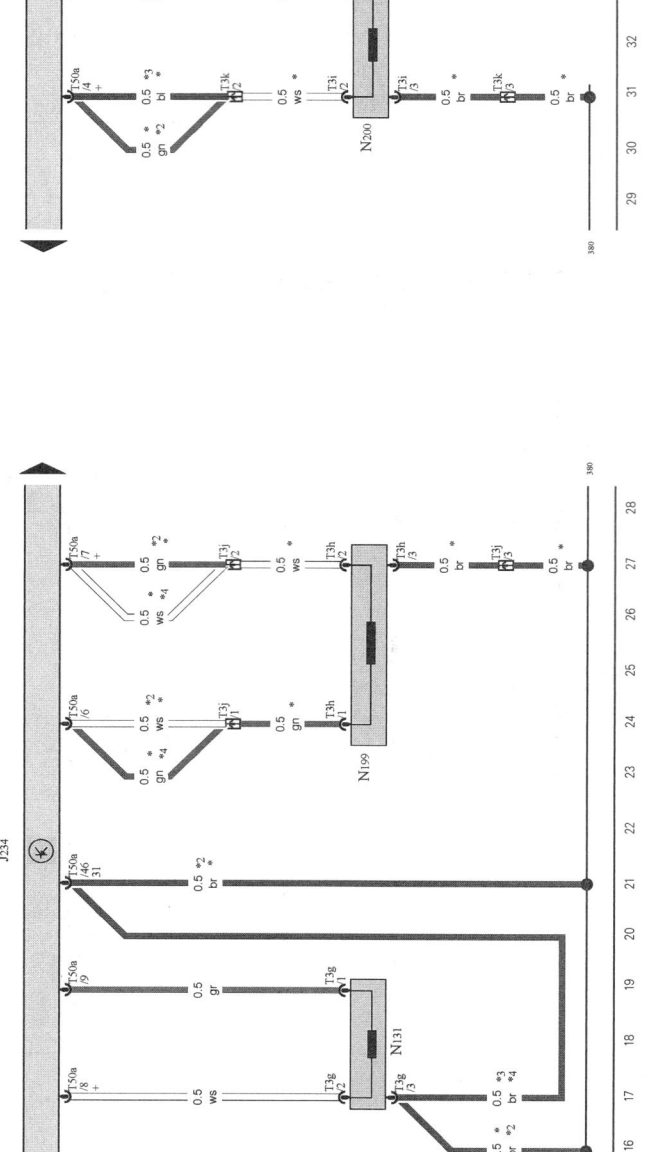

J234–安全气囊控制单元　N131–副驾驶员侧安全气囊引爆装置1　N199–驾驶员侧侧面安全气囊引爆装置　T3g–3芯插头连接，黄色　T3h–3芯插头连接，黄色　T3j–3芯插头连接，左前座椅的连接位置中，黄色　T50a–50芯插头连接，黄色　380–接地连接15，在主导线束中　*–用于带侧面安全气囊的汽车　*2–用于带头部安全气囊的汽车　*3–用于不带侧面安全气囊的汽车　*4–用于不带头部安全气囊的汽车

图 1–4–2

驾驶员侧侧面安全气囊碰撞传感器、副驾驶员侧侧面安全气囊碰撞传感器、安全气囊控制单元、副驾驶员侧侧面安全气囊引爆装置

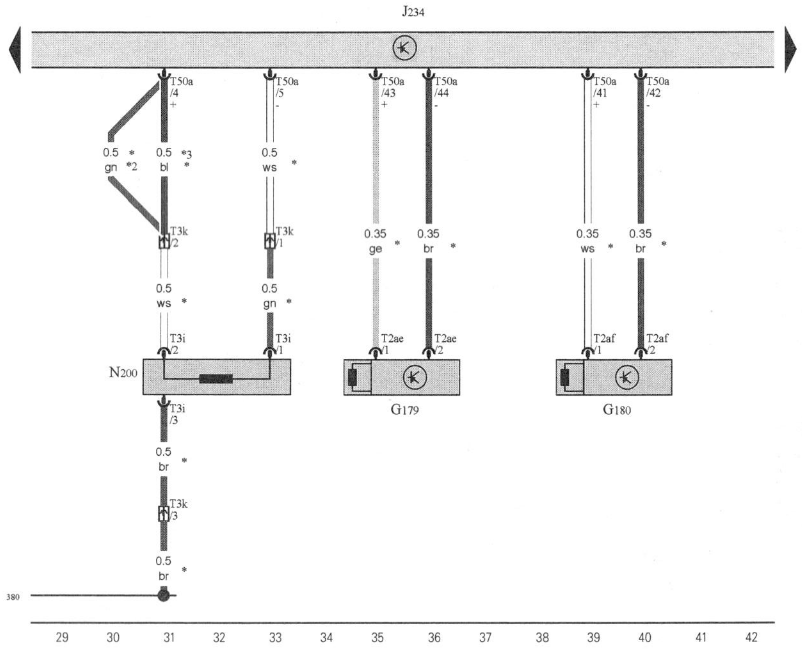

G179–驾驶员侧侧面安全气囊碰撞传感器　G180–副驾驶员侧侧面安全气囊碰撞传感器　J234–安全气囊控制单元　N200–副驾驶员侧侧面安全气囊引爆装置　T2ae–2芯插头连接，黄色　T2af–2芯插头连接，黄色　T3i–3芯插头连接，黄色　T3k–3芯插头连接，右前座椅的连接位置中，黄色　T50a–50芯插头连接，黄色　380–接地连接15，在主导线束中　*–用于带侧面安全气囊的汽车　*2–用于不带头部安全气囊的汽车　*3–用于带头部安全气囊的汽车

图 1–4–3

驾驶员侧头部安全气囊碰撞传感器、副驾驶员侧头部安全气囊碰撞传感器、安全气囊控制单元、驾驶员侧头部安全气囊引爆装置、副驾驶员侧头部安全气囊引爆装置

驾驶员侧安全带开关、副驾驶员侧安全带开关、副驾驶员侧侧座椅占用传感器、安全气囊控制单元

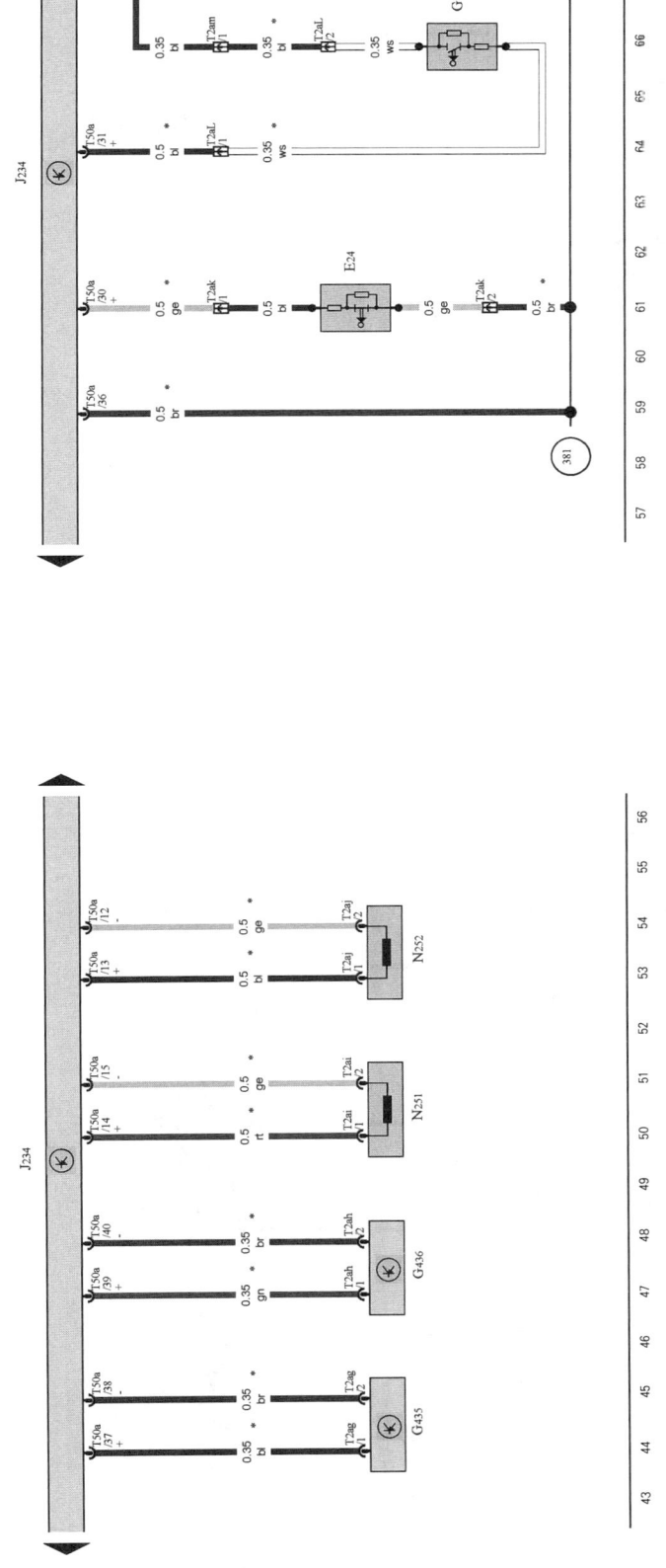

图 1-4-5

图 1-4-4

43

G435-驾驶员侧头部安全气囊碰撞传感器 G436-副驾驶员侧头部安全气囊碰撞传感器 J234-安全气囊控制单元 N251-驾驶员侧头部安全气囊引爆装置 N252-副驾驶员侧头部安全气囊引爆装置 T2ag-2芯插头连接 T2ah-2芯插头连接 黄色 T2ai-2芯插头连接 黄色 T2aj-2芯插头连接 黄色 T50a-50芯插头连接 黄色 *-用于带头部安全气囊的汽车

E24-驾驶员侧安全带开关 E25-副驾驶员侧安全带开关 G128-副驾驶员侧侧座椅占用传感器 J234-安全气囊控制单元 T2ak-2芯插头连接 黑色 T2aL-2芯插头连接 蓝色 T2am-2芯插头连接 黑色 T50a-50芯插头连接 黄色 381-接地连接16,在主导线束中 *-用于带前排侧面安全气囊且配备了头部安全气囊的汽车

安全气囊控制单元、驾驶员侧安全带拉紧器引爆装置1、副驾驶员侧安全带拉紧器引爆装置1

组合仪表中的控制单元、车载电网控制单元、安全带警告指示灯、安全气囊指示灯

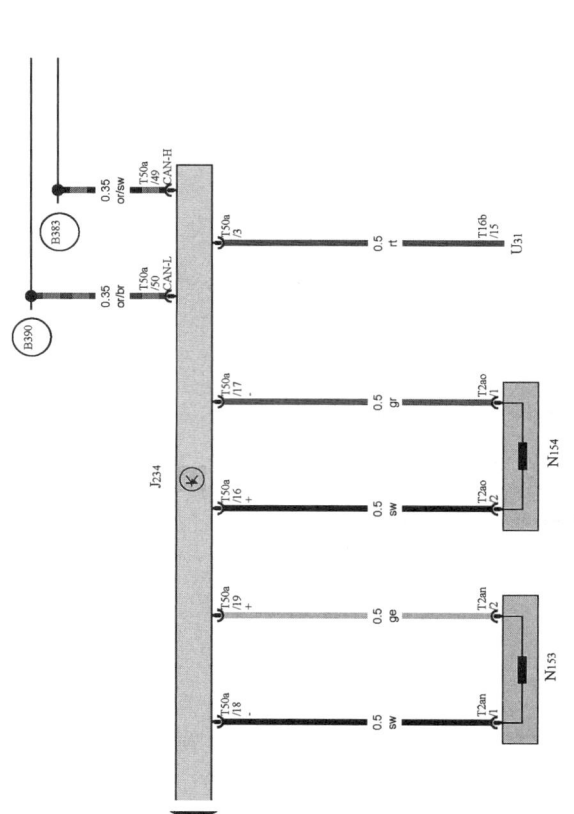

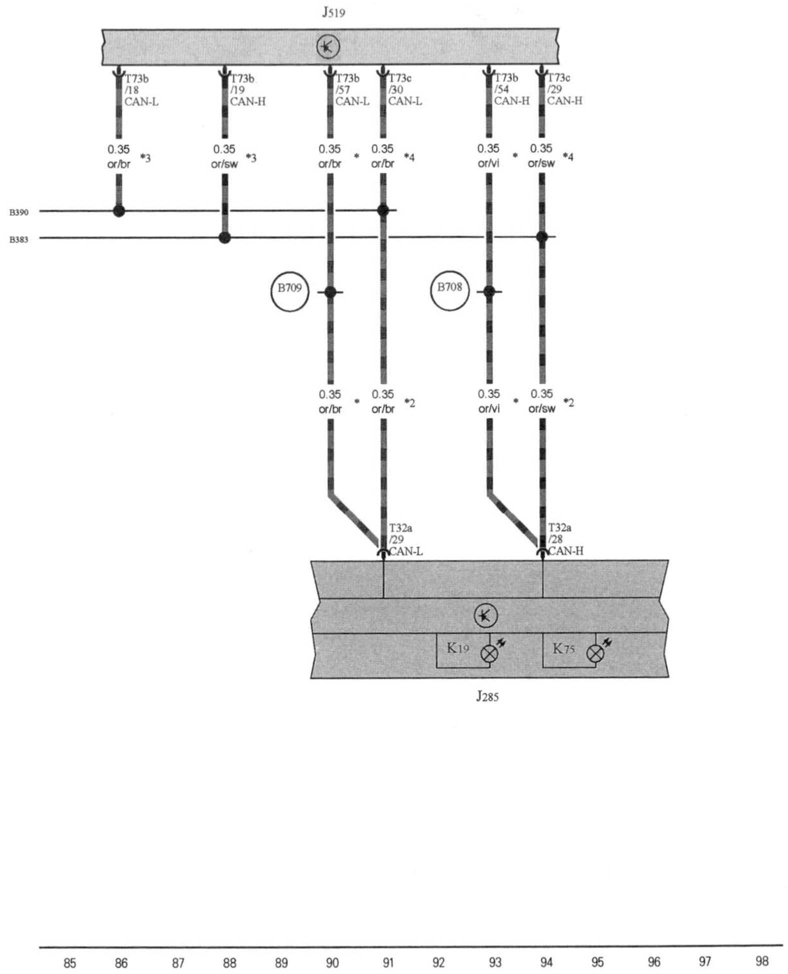

图1-4-6

J234-安全气囊控制单元 N153-驾驶员侧安全带拉紧器引爆装置1 N154-副驾驶员侧安全带拉紧器引爆装置1 T2an-2芯插头连接，黄色 T2ao-2芯插头连接，黄色 T16b-16芯插头连接，黄色 T50a-50芯插头连接，黑色 U31-诊断接口 B383-连接1（驱动CAN总线，High），在主导线束中 B390-连接1（驱动CAN总线，Low），在主导线束中

图1-4-7

J285-组合仪表中的控制单元 J519-车载电网控制单元 K19-安全带警告指示灯 K75-安全气囊指示灯 T32a-32芯插头连接，蓝色 T73b-73芯插头连接，白色 T73c-73芯插头连接，黑色 B383-连接1（驱动CAN总线，High），在主导线束中 B390-连接1（驱动CAN总线，Low），在主导线束中 B708-连接1（组合仪表CAN总线，High），在主导线束中 B709-连接1（组合仪表CAN总线，Low），在主导线束中
*-用于带H7大灯的汽车 *2-用于带H4大灯的汽车 *3-用于带车载电网控制单元BCM的汽车 *4-用于带车载电网控制单元BFM的汽车

85 86 87 88 89 90 91 92 93 94 95 96 97 98

71 72 73 74 75 76 77 78 79 80 81 82 83 84

保险丝架 C

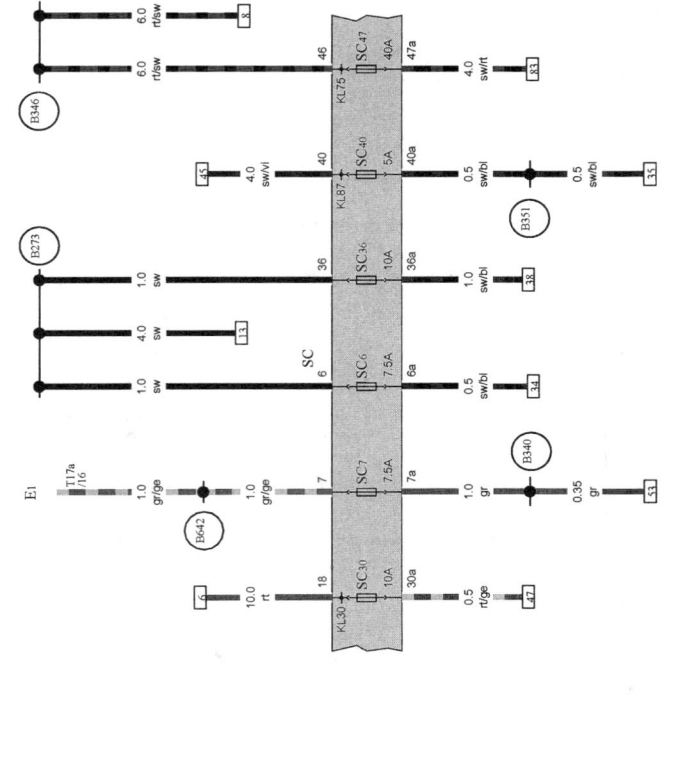

E1-车灯开关 SC-保险丝架C SC6-保险丝架C上的保险丝6 SC7-保险丝架C上的保险丝7 SC30-保险丝架C上的保险丝30 SC36-保险丝架C上的保险丝36 SC40-保险丝架C上的保险丝40 SC47-保险丝架C上的保险丝47 T17a-17芯插头连接，黑色 B273-正极连接（15），在主导线束中 B340-连接1（58d），在主导线束中 B346-连接1（75），在主导线束中 B351-正极连接2（87a），在主导线束中 B642-正极连接（58），在主导线束中

图 1-4-9

蓄电池；点火启动开关；供电继电器 1，接线端 75

图 1-4-8

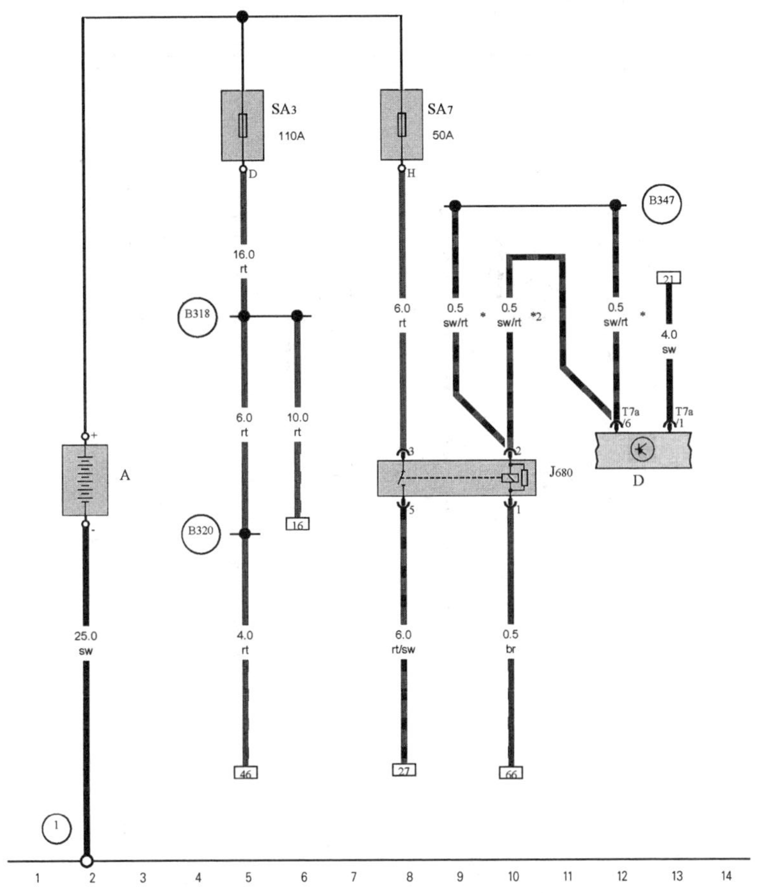

A-蓄电池 D-点火启动开关 J680-供电继电器1，接线端75 SA3-保险丝架A上的保险丝3 SA7-保险丝架A上的保险丝7 T7a-7芯插头连接，黑色 B318-正极连接6（30a），在主导线束中 B320-正极连接4（30a），蓄电池 1-接地线连接 B347-连接2（75），在主导线束中 *-用于带车载电网控制单元BCM的汽车 *2-用于带车载电网控制单元BFM的汽车

45

高压传感器、空调器继电器、Motronic 控制单元、空调器电磁离合器

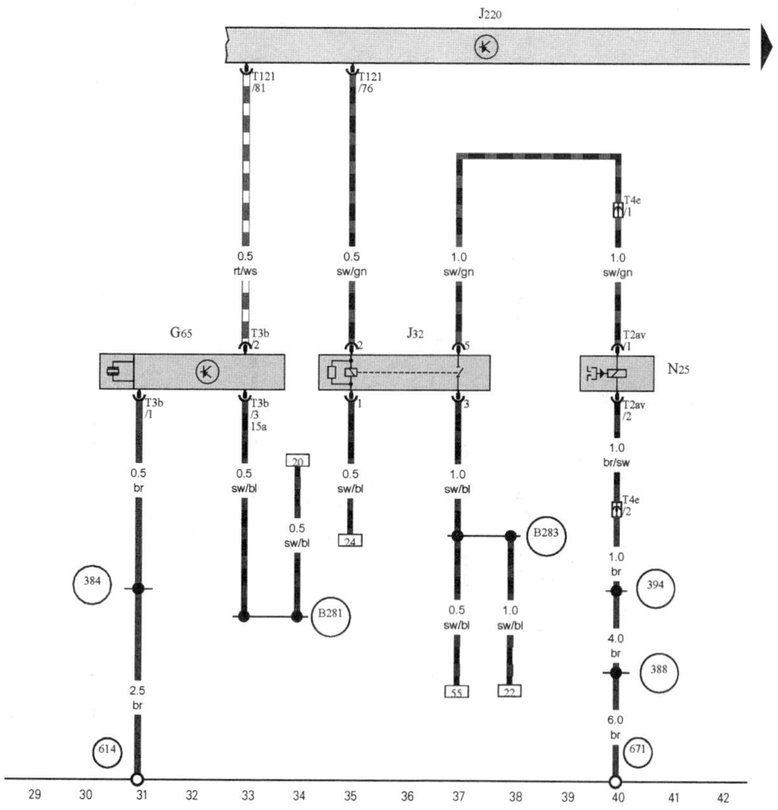

蒸发器出风口温度传感器、Motronic 控制单元、主继电器、空调器控制单元

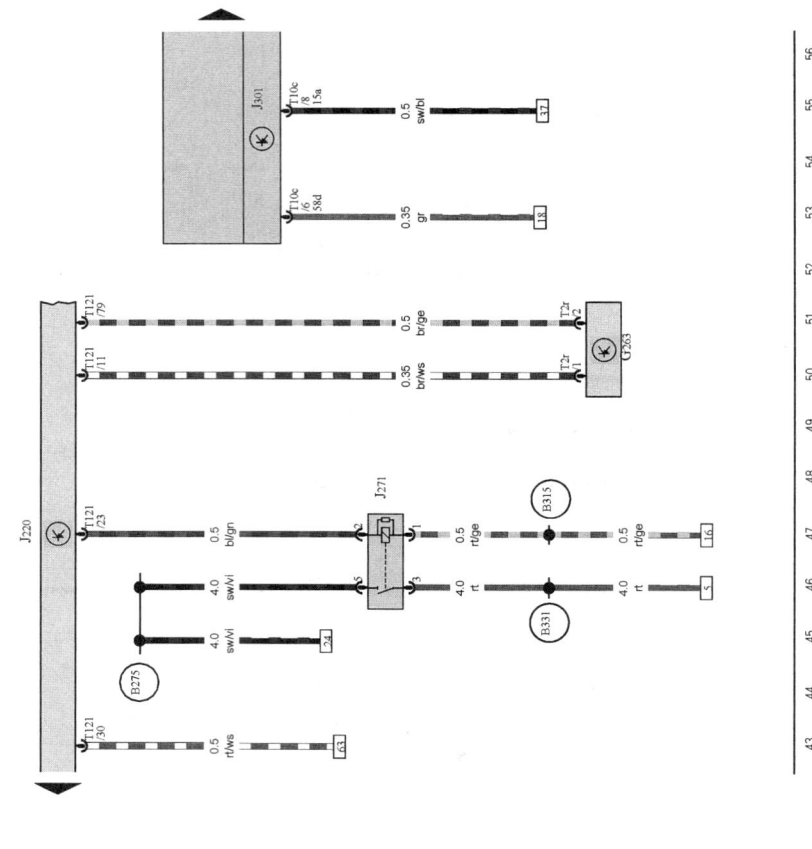

图 1-4-11

图 1-4-10

G263-蒸发器出风口温度传感器 J220-Motronic控制单元 J271-主继电器 J301-空调器控制单元 T2r-2芯
插头连接，黑色 T10c-10芯插头连接，黑色 T121-121芯插头连接，黑色 B275-正极连接
导线束中 B315-正极连接1 (30a)，在主导线束中 B331-正极连接17 (30a)，在主导线束中 图 1-4-11

G65-高压传感器 J32-空调器继电器 J220-Motronic控制单元 N25-空调器电磁离合器 T2av-2芯插头连
接，黑色 T3b-3芯插头连接，黑色 T4e-4芯插头连接，黑色 T121-121芯插头连接，绿色 T121-121芯插头连接，
黑色 384-接地连接19，在主导线束中 388-接地连接23，在主导线束中 394-接地连接29，在主导线束中
614-发动机舱内右侧接地点2 671-左前纵梁上的接地点1 B281-正极连接5 (15a)，在主导线束中 B283-
正极连接7 (15a)，在主导线束中

46

可加热后窗玻璃开关、空调器开关、空调控制单元、车载电网控制单元、可加热后窗玻璃指示灯、新鲜空气鼓风机、新鲜空气调节系统照明灯泡

新鲜空气鼓风机开关、空调器控制单元、空调器指示灯、新鲜空气鼓风机串联电阻、新鲜空气鼓风机串联电阻、新鲜空气鼓风机

图 1-4-12

图 1-4-13

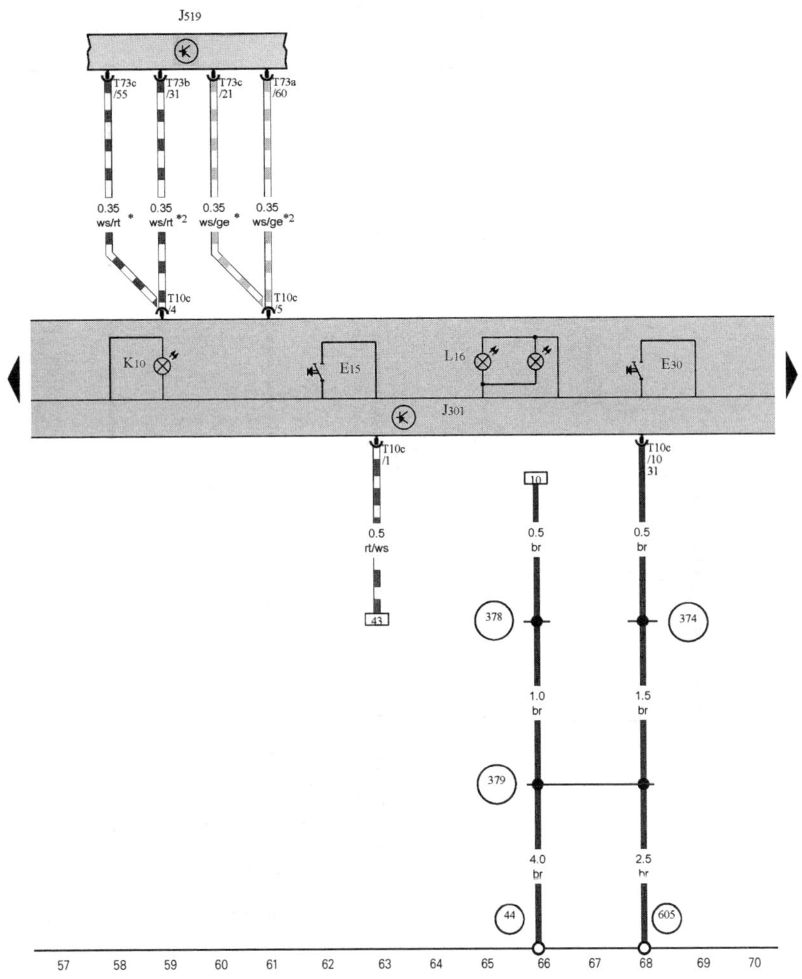

E15-可加热后窗玻璃开关 E30-空调器开关 J301-空调器控制单元 J519-车载电网控制单元 K10-可加热后窗玻璃指示灯 L16-新鲜空气调节系统照明灯泡 T10c-10芯插头连接 T73a-73芯插头连接，黑色 T73b-73芯插头连接，白色 T73c-73芯插头连接 378-接地连接13，在主导线束中 379-接地连接14，在主导线束中 44-左侧A柱下部接地点 374-接地连接9，在主导线束中 378-接地连接13，在主导线束中 379-接地连接14，在主导线束中 605-上端转向柱上的接地点

*-用于带车载电网控制单元BFM的汽车 *2-用于带车载电网控制单元BCM的汽车

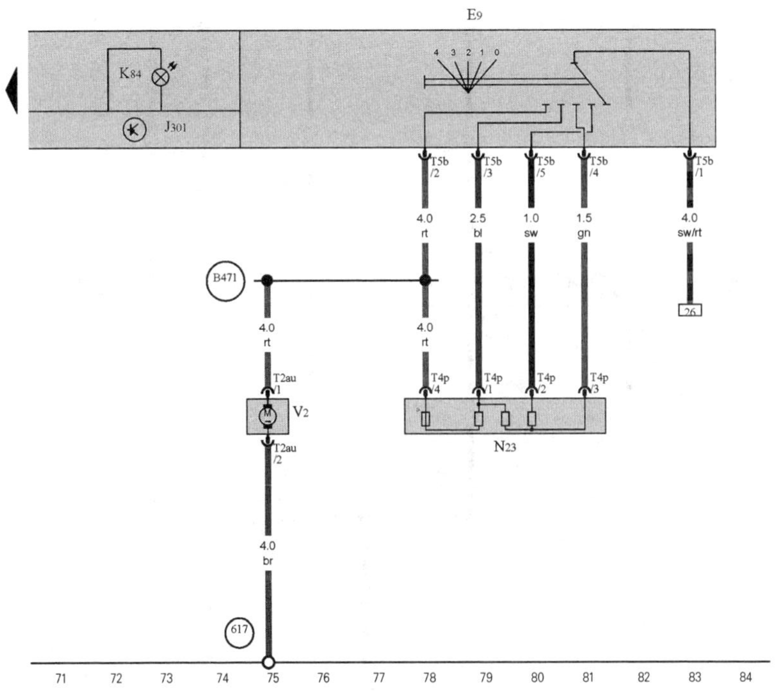

E9-新鲜空气鼓风机开关 J301-空调器控制单元 K84-空调器指示灯 N23-新鲜空气鼓风机串联电阻 T2au-2芯插头连接，黑色 T4p-4芯插头连接，黑色 T5b-5芯插头连接，黑色 V2-新鲜空气鼓风机 617-右侧A柱下部接地点2 B471-连接7，在主导线束中

47

保险丝架 C

蓄电池；点火启动开关；供电继电器 1，接线端 75

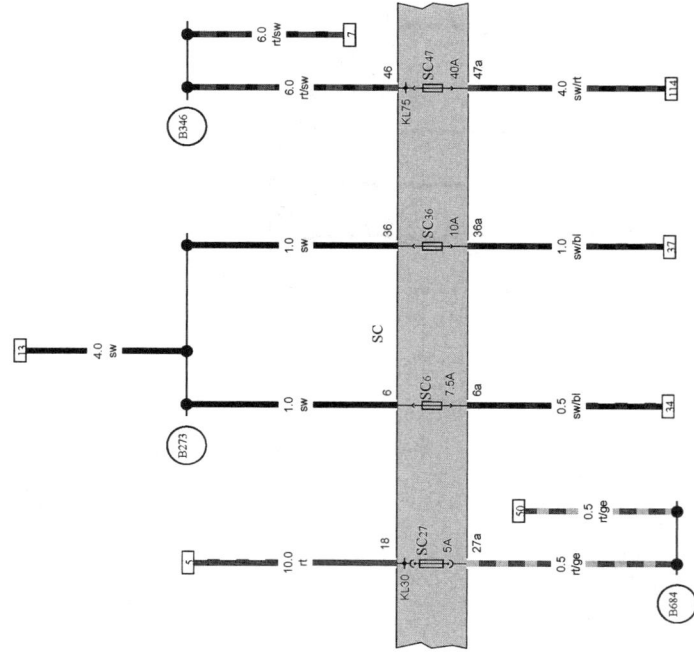

SC-保险丝架C SC6-保险丝架C上的保险丝6 SC27-保险丝架C上的保险丝27 SC36-保险丝架C上的保险丝36 SC47-保险丝架C上的保险丝47 B273-正极连接（15），在主导线线束中 B346-连接1（75），在主导线线束中 B684-正极连接24（30a），在主导线束中

图 1-4-15

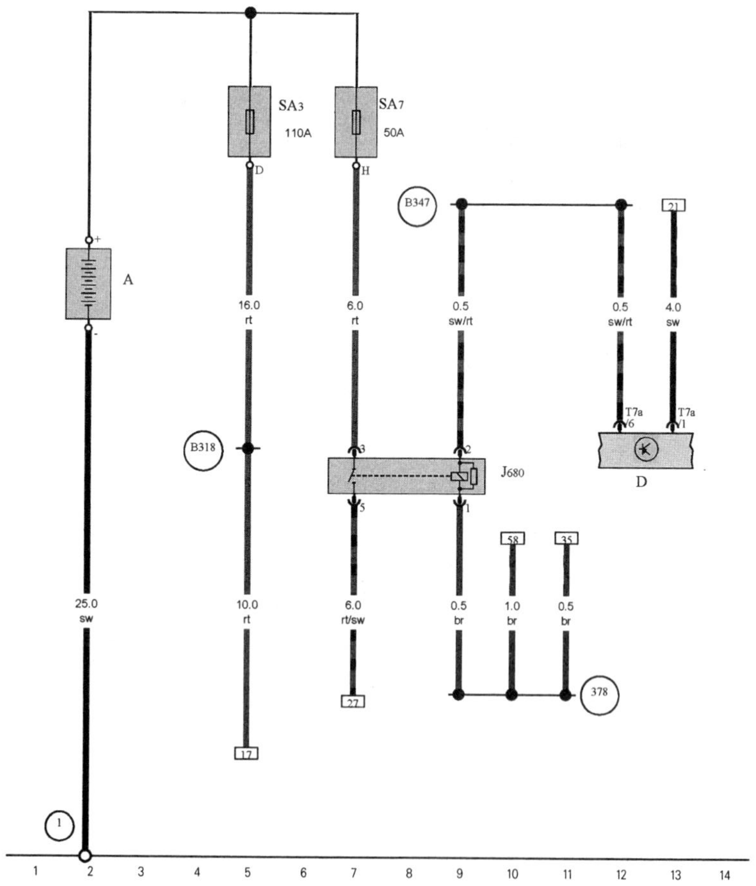

A-蓄电池 D-点火启动开关 J680-供电继电器1，接线端75 SA3-保险丝架A上的保险丝3 SA7-保险丝架A上的保险丝7 T7a-7芯插头连接 黑色 1-接地带，蓄电池-车身 378-接地连接13，在主导线束中 B318-正极连接4（30a），在主导线线束中 B347-连接2（75），在主导线束中

图 1-4-14

前部空调操作和显示单元、全自动空调控制单元、散热器风扇控制单元、车载电网控制
单元、新鲜空气和车内空气循环运行模式运行指示灯

高压传感器、空调器继电器、空调器电磁离合器

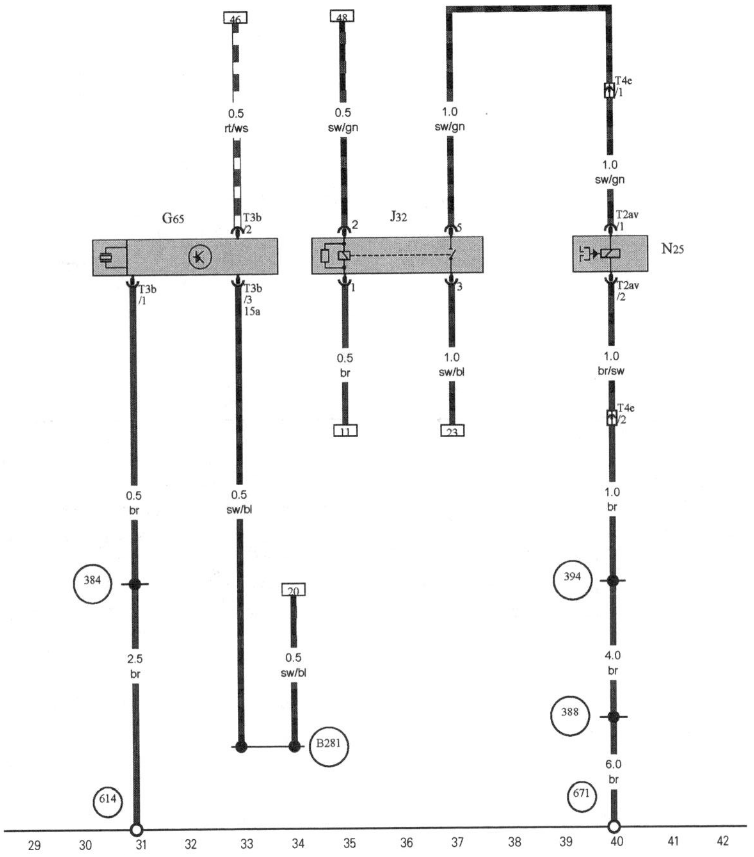

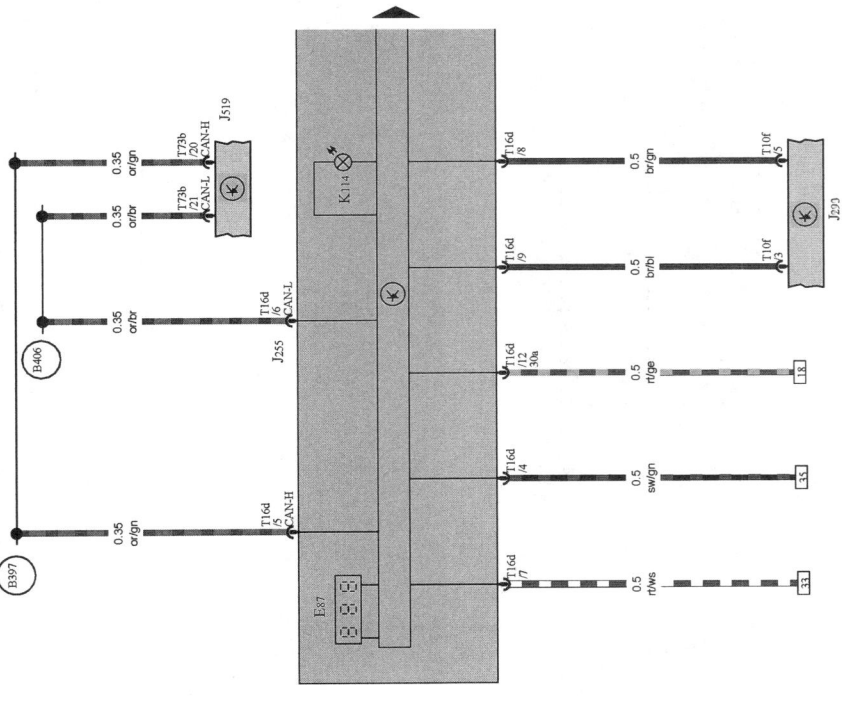

图 1-4-17

E87-前部空调操作和显示单元　J255-全自动空调控制单元　J293-散热器风扇控制单元　J519-车载电网控制
单元　K114-新鲜空气和车内空气循环运行模式指示灯　T10f-10芯插头连接，黑色　T16d-16芯插头连接，
黑色　T73b-73芯插头连接，白色　B397-连接1（舒适CAN总线，High），在主导线束中　B406-连接1（舒
适CAN总线，Low），在主导线束中

图 1-4-16

G65-高压传感器　J32-空调器继电器　N25-空调器电磁离合器　T2av-2芯插头连接，黑色　T3b-3芯插头
连接，黑色　T4e-4芯插头连接，发动机舱内左前　384-接地连接19，在主导线束中　388-接地连接
23，在主导线束中　394-接地连接29，在主导线束中　614-发动机舱内右侧纵梁上的接
地点1　B281-正极连接5（15a），在主导线束中　671-左前纵梁内右侧接地点2

49

仪表板温度传感器、阳光照射光电传感器、温度选择旋钮电位计、全自动空调控制单元

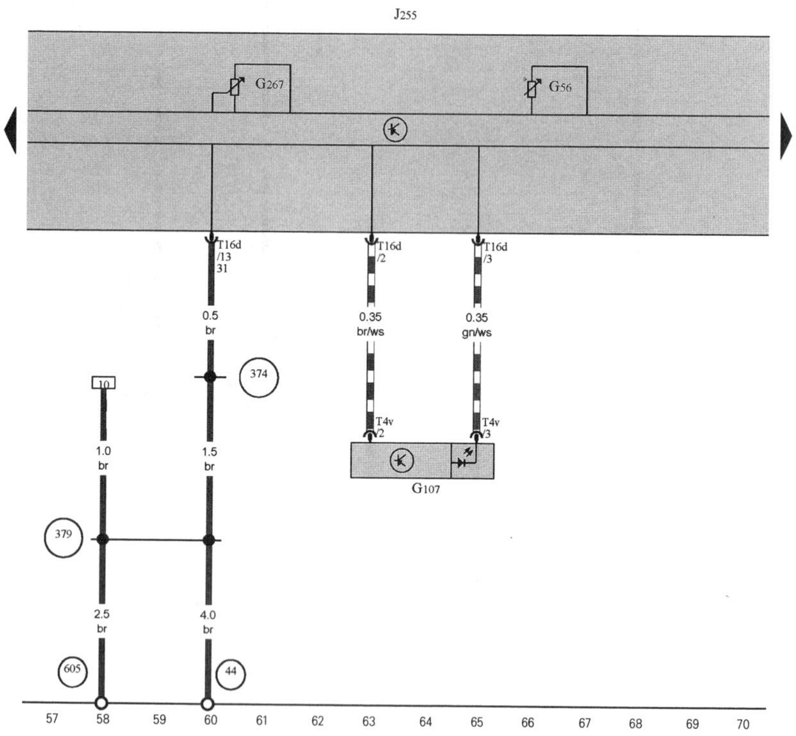

空调器开关、中间出风口温度传感器、脚部空间出风口温度传感器、蒸发器出风口温度传感器、全自动空调控制单元、空调器指示灯

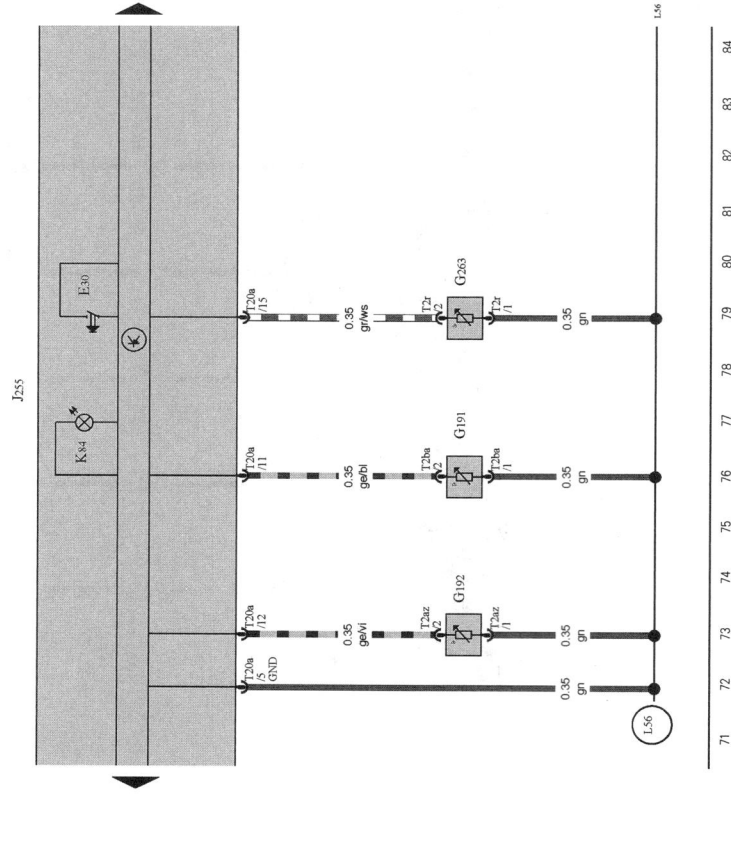

图 1-4-18

图 1-4-19

G56-仪表板温度传感器 G107-阳光照射光电传感器 G267-温度选择旋钮电位计 J255-全自动空调控制单元 T4v-4芯插头连接 T16d-16芯插头连接 黑色 44-左侧A柱下侧插头连接9，在主导线束中 374-接地连接，下部接地点 379-接地连接14，在主导线束中 605-上部转向柱上的接地点

E30-空调器开关 G191-中间出风口温度传感器 G192-脚部空间出风口温度传感器 G263-蒸发器出风口温度传感器 J255-全自动空调控制单元 K84-空调器指示灯 温度传感器 T2az-2芯插头连接 T2ba-2芯插头连接 黑色 T2r-2芯插头连接 黑色 T20a-20芯插头连接 黑色 L56-连接（传感器），在全自动空调操纵装置导线束中 红色 L56-连接，在全自动空调操纵装置导线束中

新鲜空气和循环空气风门开关、除霜器运行开关、温度风门伺服电机电位计、除霜风门伺服电机电位计、全自动空调控制单元、温度风门伺服电机、除霜风门伺服电机

可加热后窗玻璃开关、中央风门伺服电机电位计、速滞压力风门伺服电机电位计、全自动空调控制单元、可加热后窗玻璃指示灯、可加热后窗玻璃控制单元、新鲜空气鼓风机指示灯、按钮照明灯泡、门伺服电机、速滞压力风门伺服电机、中央风门伺服电机

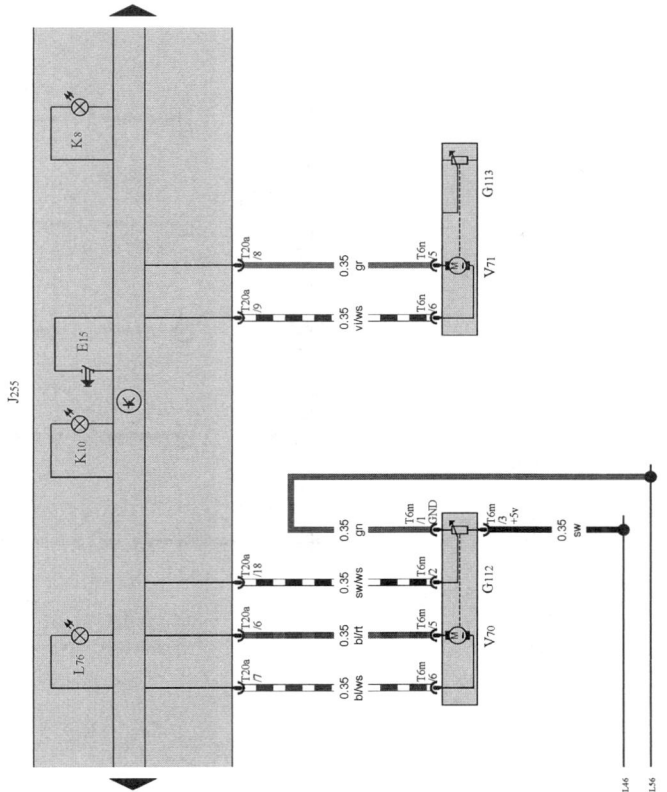

图 1-4-21

E15-可加热后窗玻璃开关 G112-中央风门伺服电机电位计 G113-速滞压力风门伺服电机电位计 J255-全自动空调控制单元 K8-新鲜空气鼓风机指示灯 K10-可加热后窗玻璃指示灯 L76-按钮照明灯泡 T6m-6芯插头连接、蓝色 T6n-6芯插头连接、蓝色 T20a-20芯插头连接、红色 V70-中央风门伺服电机 V71-速滞压力风门伺服电机 L46-连接（5V），在全自动空调操纵装置导线束中 L56-连接（传感器），在全自动空调操纵装置导线束中

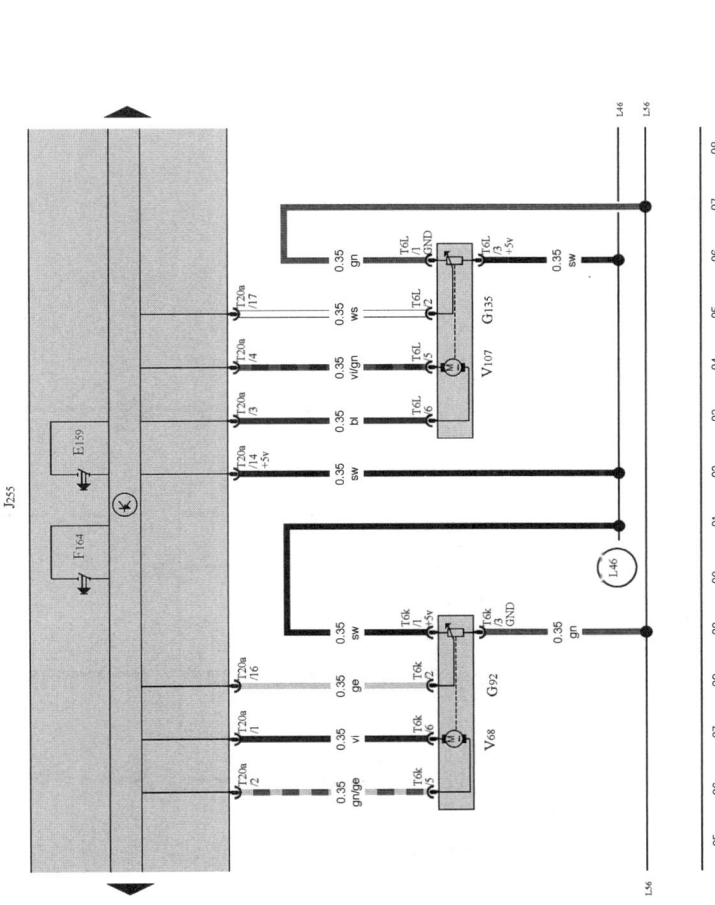

图 1-4-20

E159-新鲜空气和循环空气风门开关 F164-除霜器运行开关 G92-温度风门伺服电机电位计 G135-除霜风门伺服电机电位计 J255-全自动空调控制单元 T6k-6芯插头连接、蓝色 T20a-20芯插头连接、红色 V68-温度风门伺服电机 V107-除霜风门伺服电机 L46-连接（5V），在全自动空调操纵装置导线束中 L56-连接（传感器），在全自动空调操纵装置导线束中

车载电网控制单元、保险丝架 C

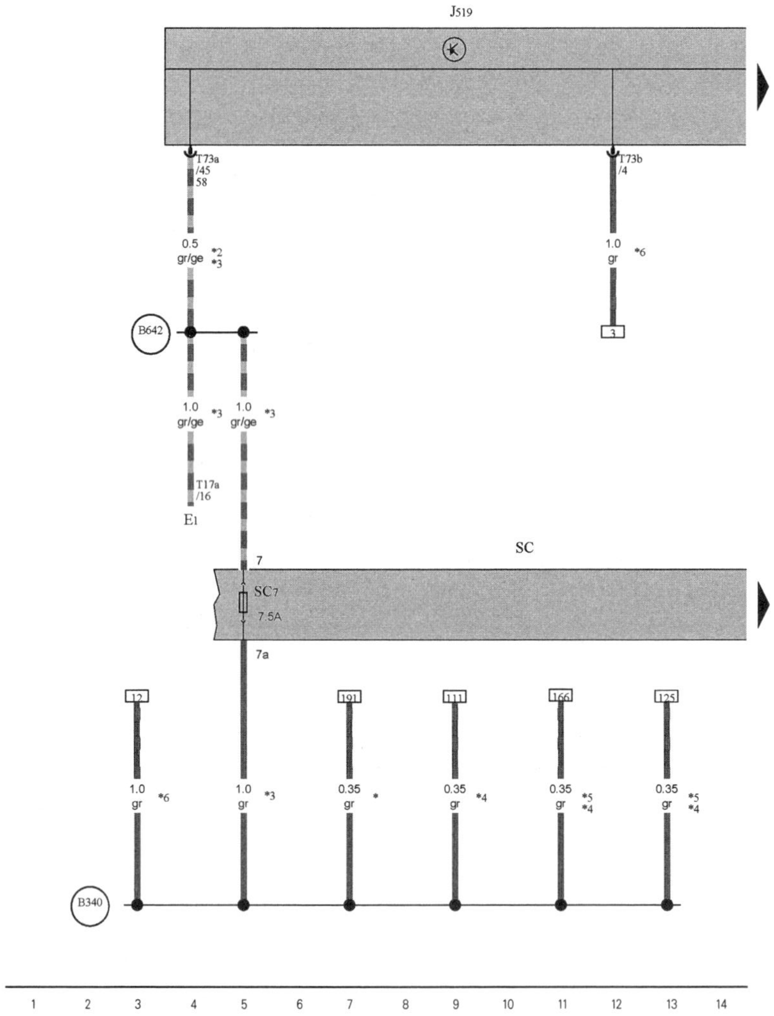

E1-车灯开关 J519-车载电网控制单元 SC-保险丝架 C SC7-保险丝架 C 上的保险丝 7 T17a-17芯插头连 接，黑色 T73a-73芯插头连接，黑色 T73b-73芯插头连接，黑色 B340-连接1（58d），白色 B340-连接 B642-正极连接（58），在主导线束中 *-用于带后备箱盖电控开启装置的汽车 *2-用于带车载电网控制 单元BCM的汽车 *3-用于带H4大灯的汽车 *4-依车型装备而定 *5-用于前后带车窗升降器的汽车 *6- 用于带H7大灯的汽车

图 1-4-23

新鲜空气鼓风机开关、新鲜空气鼓风机控制单元、全自动空调控制单元、新鲜空气鼓风机

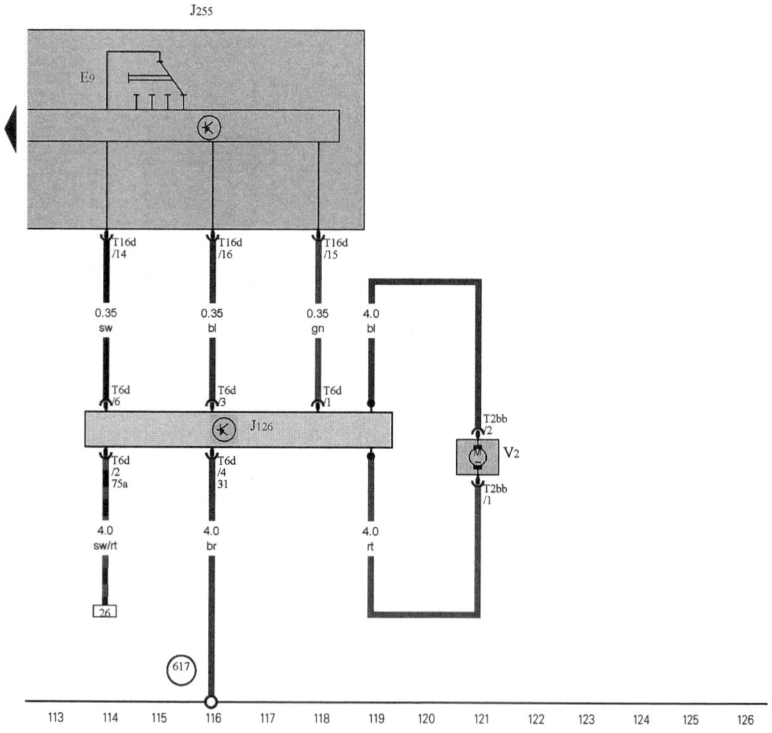

E9-新鲜空气鼓风机开关 J126-新鲜空气鼓风机控制单元 J255-全自动空调控制单元 T2bb-2芯插头连 接，黑色 T6d-6芯插头连接，黑色 T16d-16芯插头连接，黑色 V2-新鲜空气鼓风机 617-右侧A柱下部 接地点2

图 1-4-22

52

车载电网控制单元、保险丝架 C

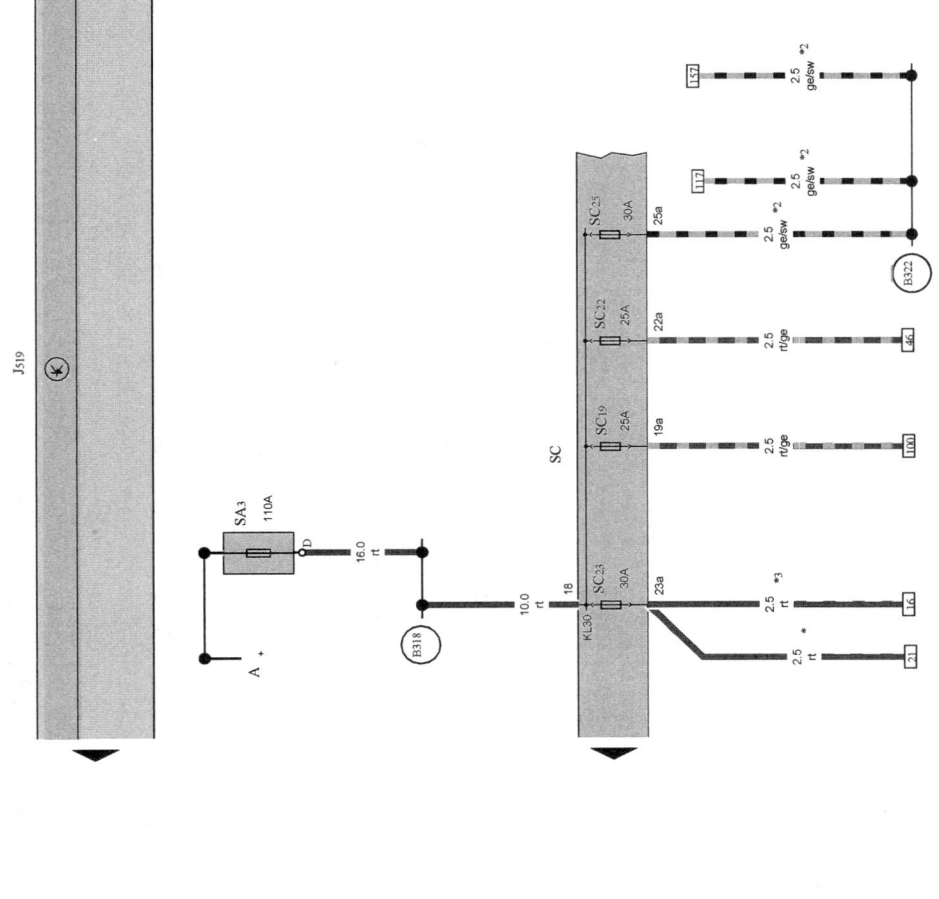

车载电网控制单元、保险丝架 C

图 1-4-25

A-蓄电池 J519-车载电网控制单元 SA3-保险丝架 A 上的保险丝3 SC-保险丝架 C SC19-保险丝架 C 上的保险丝25
保险丝19 SC22-保险丝架 C 上的保险丝22 SC23-保险丝架 C 上的保险丝23 SC25-保险丝架 C 上的保险丝25
B318-正极连接4（30a），在主导线束中 B322-正极连接8（30a），在主导线束中 *-用于带车载电网控
制单元BCM的汽车 *2-用于前后带车窗升降器的汽车 *3-用于带车载电网控制单元BFM的汽车

图 1-4-24

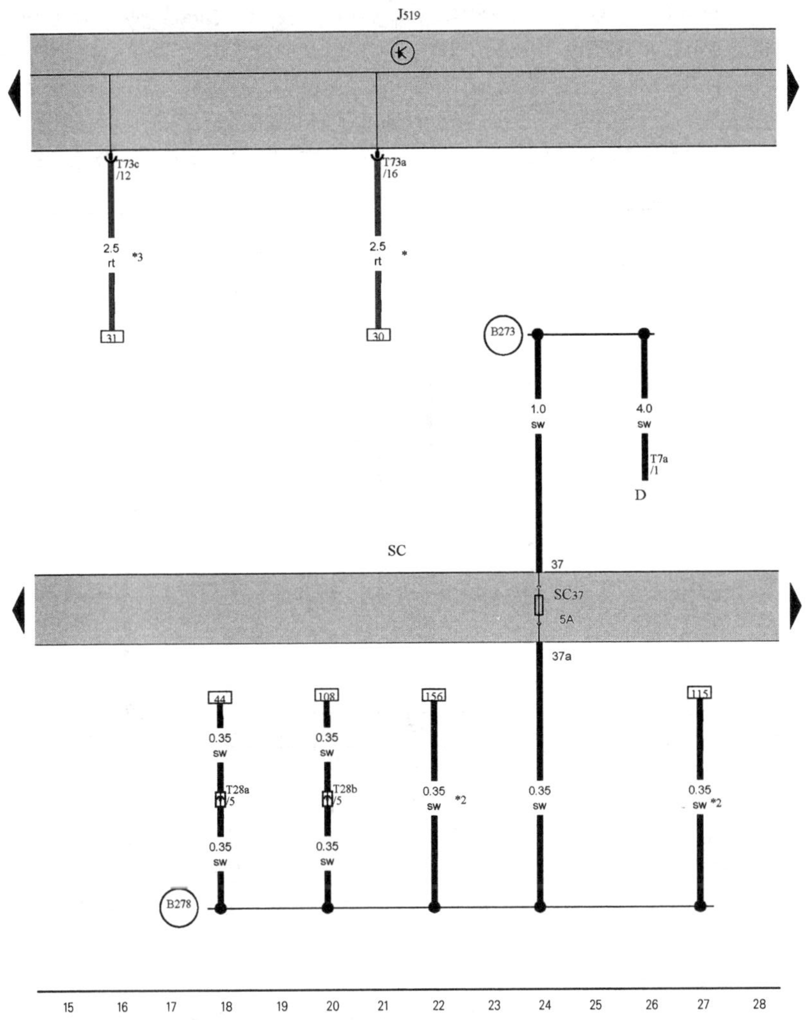

D-点火启动开关 J519-车载电网控制单元 SC-保险丝架 C SC37-保险丝架 C 上的保险丝37 T7a-7芯插头
连接 T28a-28芯插头连接，左侧A柱上，黑色 T28b-28芯插头连接，右侧A柱上，黑色 T73a-73
芯插头连接，黑色 T73c-73芯插头连接，黑色 B273-正极连接（15），在主导线束中 B278-正极连接2
（15a），在主导线束中 *-用于带车载电网控制单元BCM的汽车 *2-用于前后带车窗升降器的汽车 *3-
用于带车载电网控制单元BFM的汽车

53

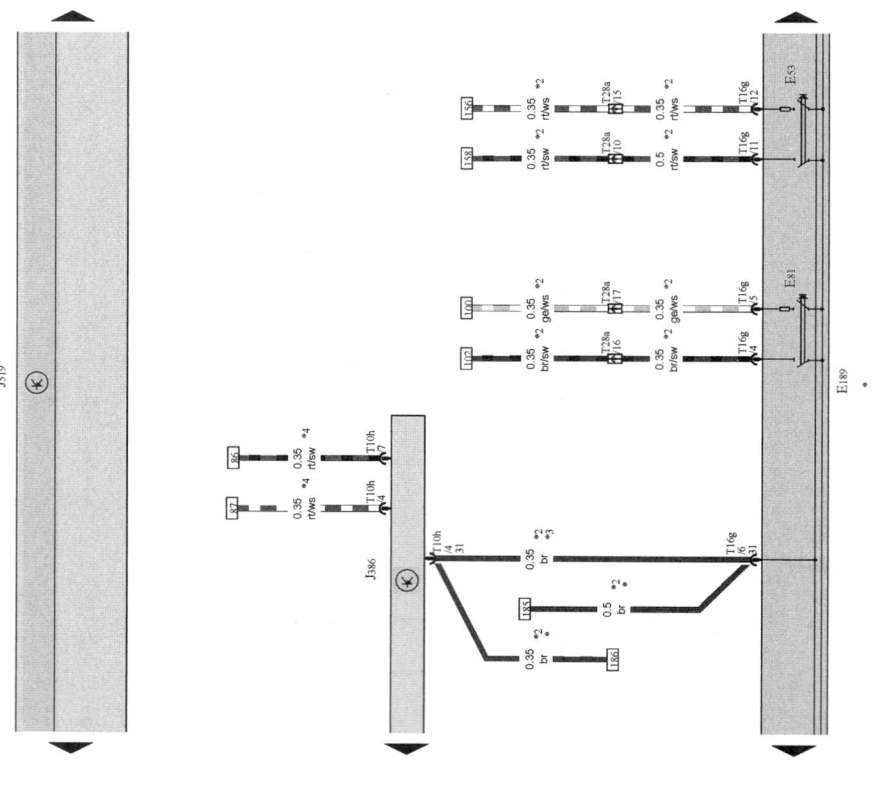

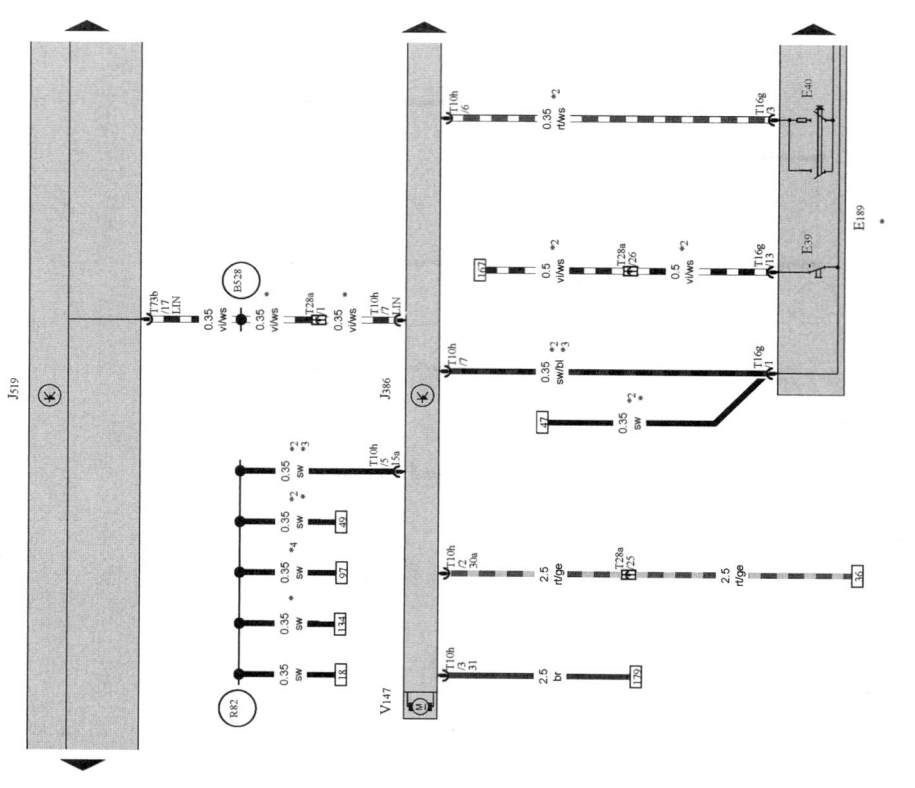

驾驶员车门中的后左车窗升降器开关、驾驶员车门中的后右车窗升降器开关、驾驶员车门中的前右车窗升降器开关、驾驶员车门中的车窗升降器中央开关、车载电网控制单元、驾驶员侧车门控制单元

后部车窗升降器锁止开关、前左车窗升降器、驾驶员车门中的车窗升降器中央开关、驾驶员侧车门控制单元、车载电网控制单元、驾驶员侧电动升降器电机

图 1-4-27

E53-驾驶员车门中的后左车窗升降器开关 E81-驾驶员车门中的前右车窗升降器开关 E189-驾驶员车门中的车窗升降器中央开关 J386-驾驶员侧车门控制单元 J519-车载电网控制单元 T10h-10芯插头连接 T16g-16芯插头连接 T28a-28芯插头连接 棕色 T28a-28芯插头连接，棕色 T16g-16芯插头连接，左侧A柱上，黑色 *-用于带电动调节式车外后视镜的汽车 *2-用于前后带车窗升降器的汽车 *3-用于不带电动调节式车外后视镜的汽车 *4-用于带前部车窗升降器的汽车

图 1-4-26

E39-后部车窗升降器锁止开关 E40-前左车窗升降器 E189-驾驶员车门中的车窗升降器中央开关 J386-驾驶员侧车门控制单元 J519-车载电网控制单元 T10h-10芯插头连接 T16g-16芯插头连接 棕色，黑色 T28a-28芯插头连接，棕色 T73b-73芯插头连接，左侧A柱上，黑色 V147-驾驶员侧电动升降器电机 B528-连接1（LIN总线）R82-正极连接1（15a），在驾驶员车门电缆导线束中 *-用于带电动调节式车外后视镜的汽车 *2-用于前后带车窗升降器的汽车 *3-用于不带电动调节式车外后视镜中 *4-用于带前部车窗升降器的汽车

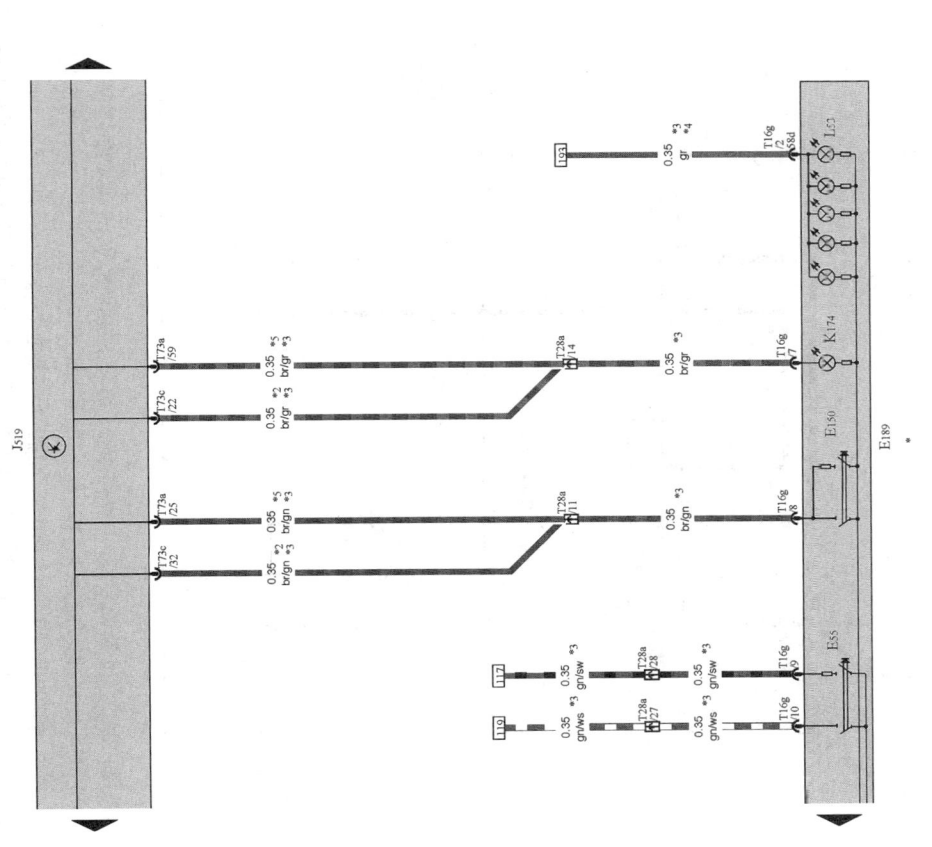

驾驶员车门中的后右车窗升降器开关、 驾驶员侧车内联锁开关、 驾驶员侧车内联锁开关、 驾驶员车门中的车窗升降器中央开关、 车载电网控制单元、 驾驶员侧车内联锁指示灯、 车窗升降器开关照明灯泡

前左车窗升降器、 驾驶员车门中的前右车窗升降器开关、 驾驶员侧车内联锁开关、 驾驶员侧车内联锁开关、 驾驶员车门中的车窗升降器中央开关、 车载电网控制单元、 驾驶员侧车内联锁指示灯

E55-驾驶员车门中的后右车窗升降器开关 E81-驾驶员侧车内联锁开关 E150-驾驶员侧车内联锁开关 E189-驾驶员车门中的车窗升降器中央开关 J519-车载电网控制单元 K174-驾驶员侧车内联锁指示灯 L53-车窗升降器开关照明灯泡 T16g-16芯插头连接 T28a-28芯插头连接,棕色 T73a-73芯插头连接,黑色,左侧A柱上 T73c-73芯插头连接,黑色 *-用于带电动调节式车外后视镜的汽车 *2-用于带车载电网控制单元BFM的汽车 *3-用于带车载电网控制单元BCM的汽车 *4-依汽车装备而定 *5-用于带车窗升降器的汽车 用于前后后带车窗升降器而定

图1-4-28

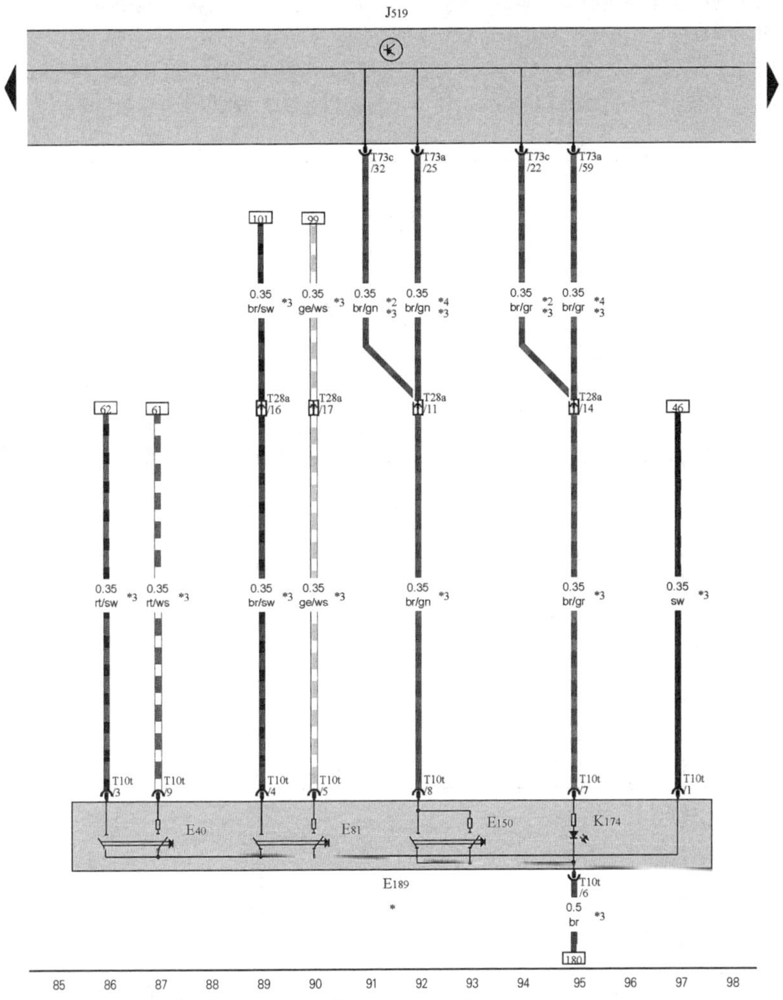

E40-前左车窗升降器 E81-驾驶员车门中的前右车窗升降器开关 E150-驾驶员侧车内联锁开关 E189-驾驶员侧车内联锁开关 J519-车门中的车窗升降器中央开关 K174-车载电网控制单元 T10t-10芯插头连接,黑色 T28a-28芯插头连接,黑色 T73a-73芯插头连接,黑色 T73c-73芯插头连接,黑色 *-用于带电动调节式车外后视镜的汽车 *2-用于带车载电网控制单元BFM的汽车 *3-用于带前部车窗升降器的汽车 *4-用于带车载电网控制单元BCM的汽车

图1-4-29

55

右后车门车窗升降器开关、右后车门控制单元、车载电网控制单元、车窗升降器开关照明灯泡、后右车窗升降器电机

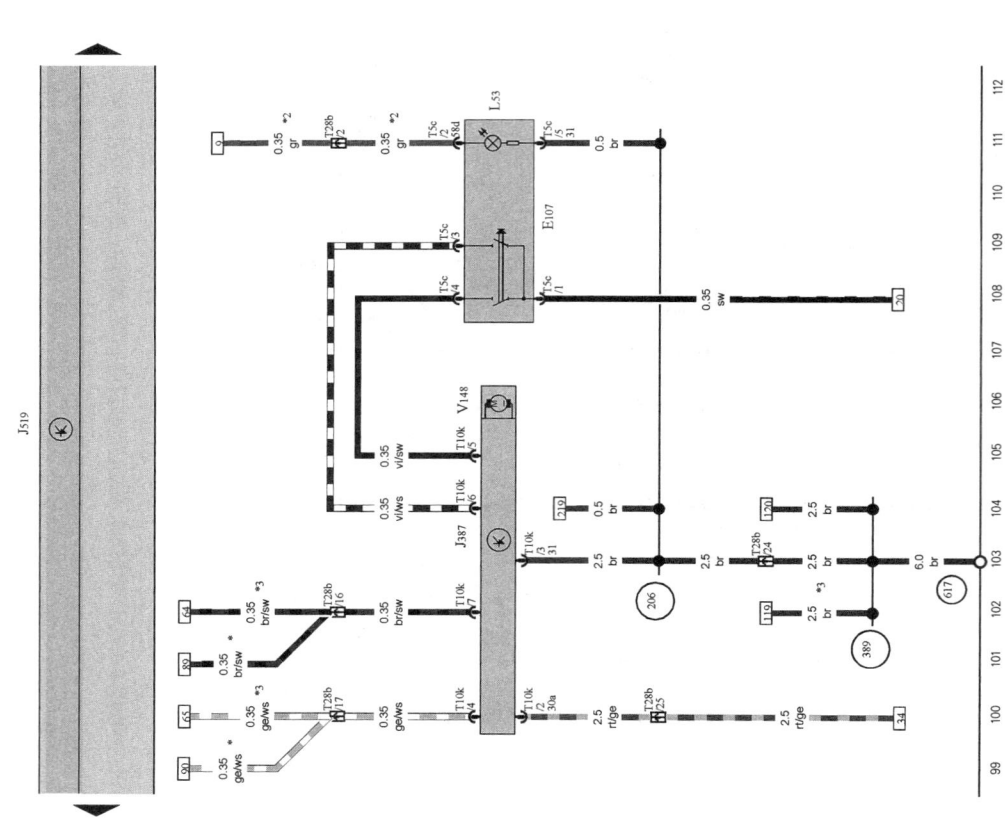

E54-右后车门车窗升降器开关 J389-右后车门控制单元 J519-车载电网控制单元 L53-车窗升降器开关照明灯泡 T5e-5芯插头连接 T10m-10芯插头连接 T28d-28芯插头连接 右侧B柱上、黑色 V27-后右车窗升降器电机 208-接地连接 在右后车门电缆导线束中 386-接地连接 R32-连接2、在右后车门电缆导线束中 R90-连接1、在右后车门电缆导线束中 *-用于带前部车窗升降器的汽车 *2-用于带前后部车窗升降器的汽车 *3-依汽车装备而定

图 1-4-31

副驾驶员车门的车窗升降器开关、副驾驶员侧车门控制单元、车载电网控制单元、车窗升降器开关照明灯泡、副驾驶员侧电动升降器电机

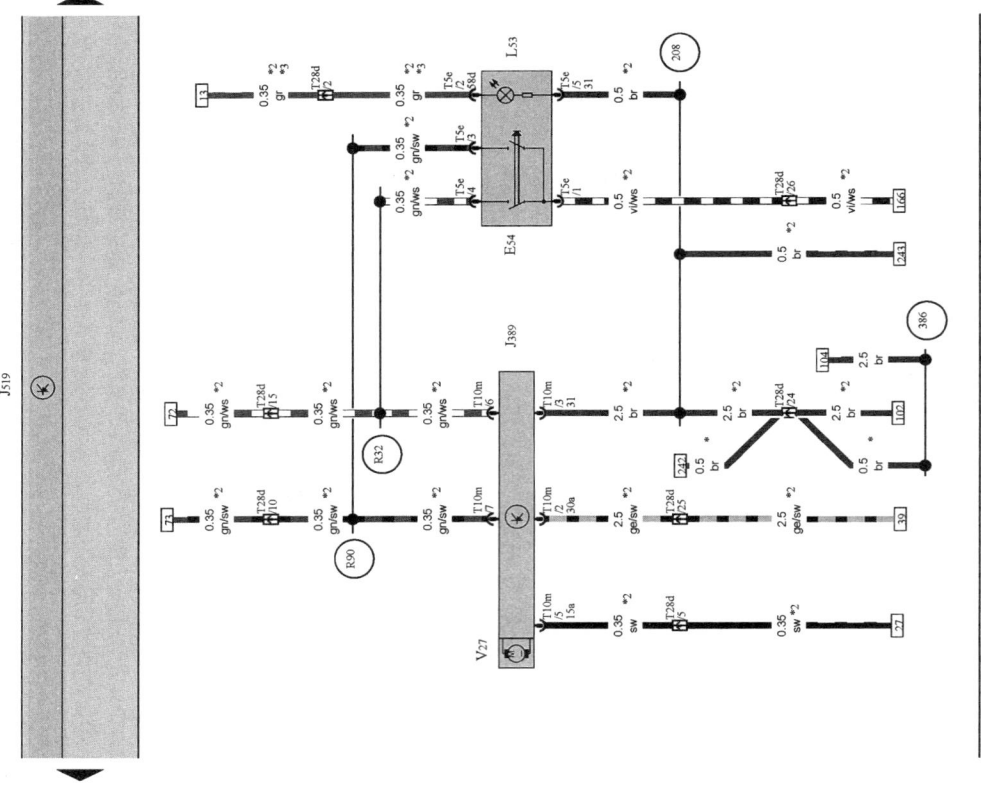

E107-副驾驶员车门中的车窗升降器开关 J387-副驾驶员侧车门控制单元 J519-车载电网控制单元 L53-车窗升降器开关照明灯泡 T5c-5芯插头连接 T10k-10芯插头连接 T28b-28芯插头连接 右侧A柱上、黑色 V148-副驾驶员侧电动升降器电机 206-接地连接 在副驾驶员侧车门电缆导线束中 389-接地连接点2 617-右侧A柱下部接地点2 在主导线束中 24、在主导线束中 *-用于带前部车窗升降器的汽车 *2-用于带前后部车窗升降器的汽车 *3-用于带车窗升降器的汽车 装备而定

图 1-4-30

56

后视镜调节开关、后视镜调节转换开关、车载电网控制单元、后视镜调节开关照明灯泡

车载电网控制单元、驾驶员侧后视镜调节电机 2、副驾驶员侧后视镜调节后视镜调节电机 2、驾驶员侧后视镜调节电机、副驾驶员侧后视镜调节电机

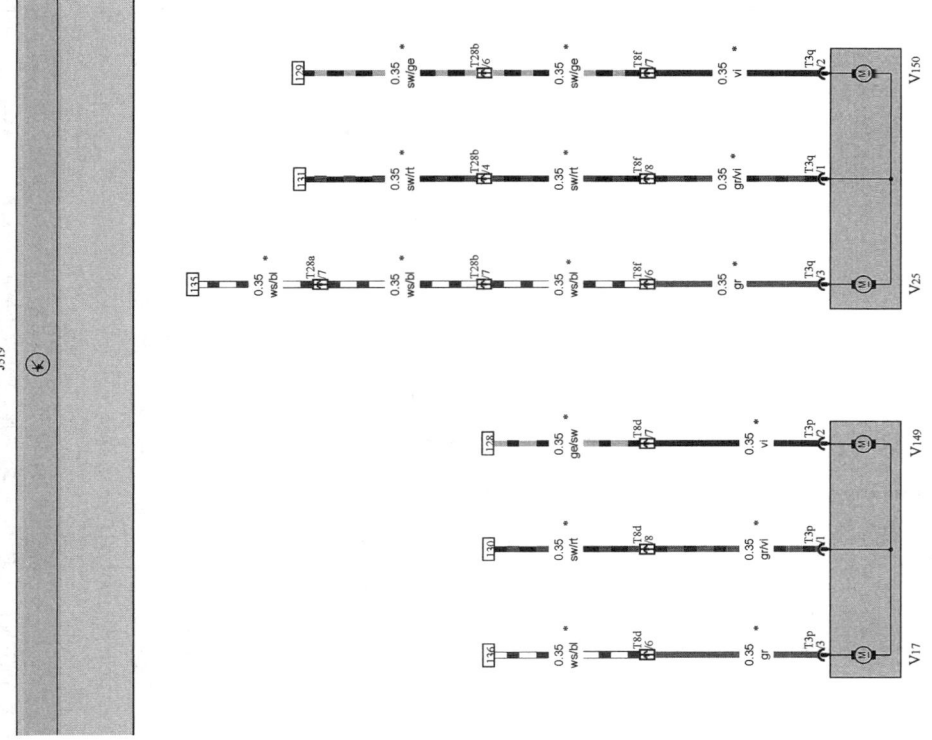

图1-4-33

J519-车载电网控制单元 T3p-3芯插头连接，黑色 T3q-3芯插头连接，在驾驶员侧车门内，黑色 T8f-8芯插头连接，在副驾驶员侧车门内，黑色 T8d-8芯插头连接，在驾驶员侧A柱上，黑色 T28a-28芯插头连接，左侧A柱上，黑色 T28b-28芯插头连接，右侧A柱上，黑色 V17-驾驶员侧后视镜调节电机2 V25-副驾驶员侧后视镜调节电机 V149-驾驶员侧后视镜调节电机2 V150-副驾驶员侧后视镜调节电机 *-用于带电动调节式车外后视镜的汽车

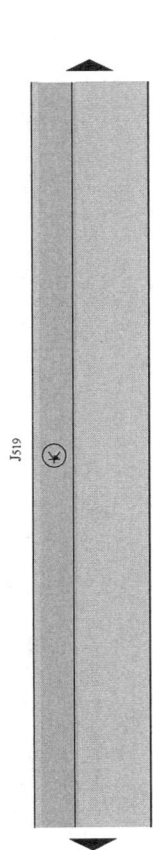

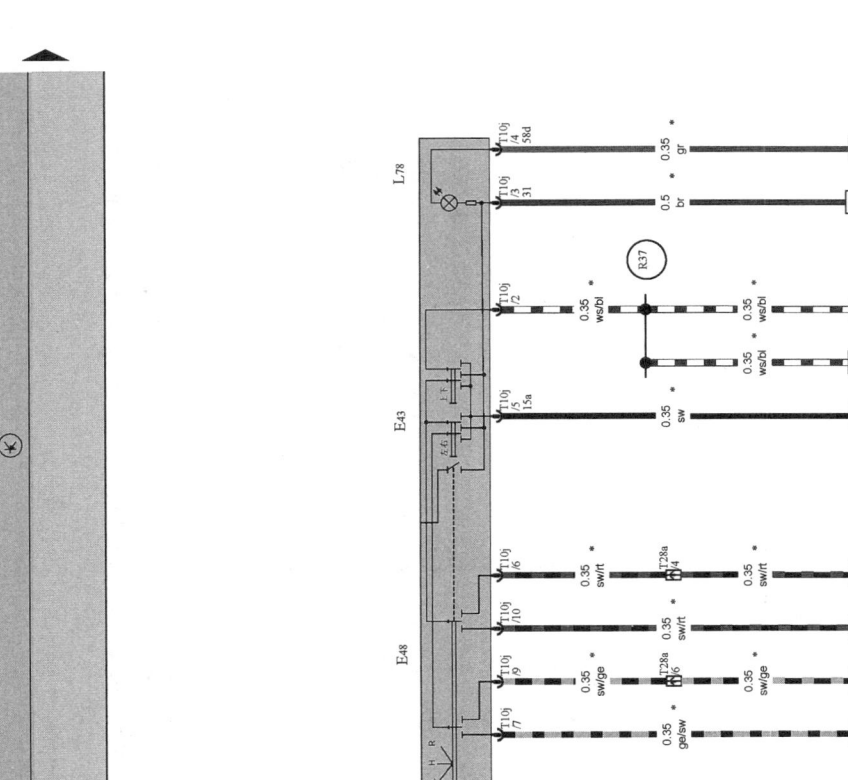

图1-4-32

E43-后视镜调节开关 E48-后视镜调节转换开关 J519-车载电网控制单元 L78-后视镜调节开关照明灯泡 T10j-10芯插头连接，黑色 T28a-28芯插头连接，黑色 R37-连接1（车窗升降器），在驾驶员侧A柱上，黑色 *-用于带电动调节式车外后视镜的汽车

左后车门内的车窗升降器开关、后左车门控制单元、车载电网控制单元、车窗升降器开关
照明灯泡、后左车窗升降器电机

车载电网控制单元、后备箱盖中央门锁电机

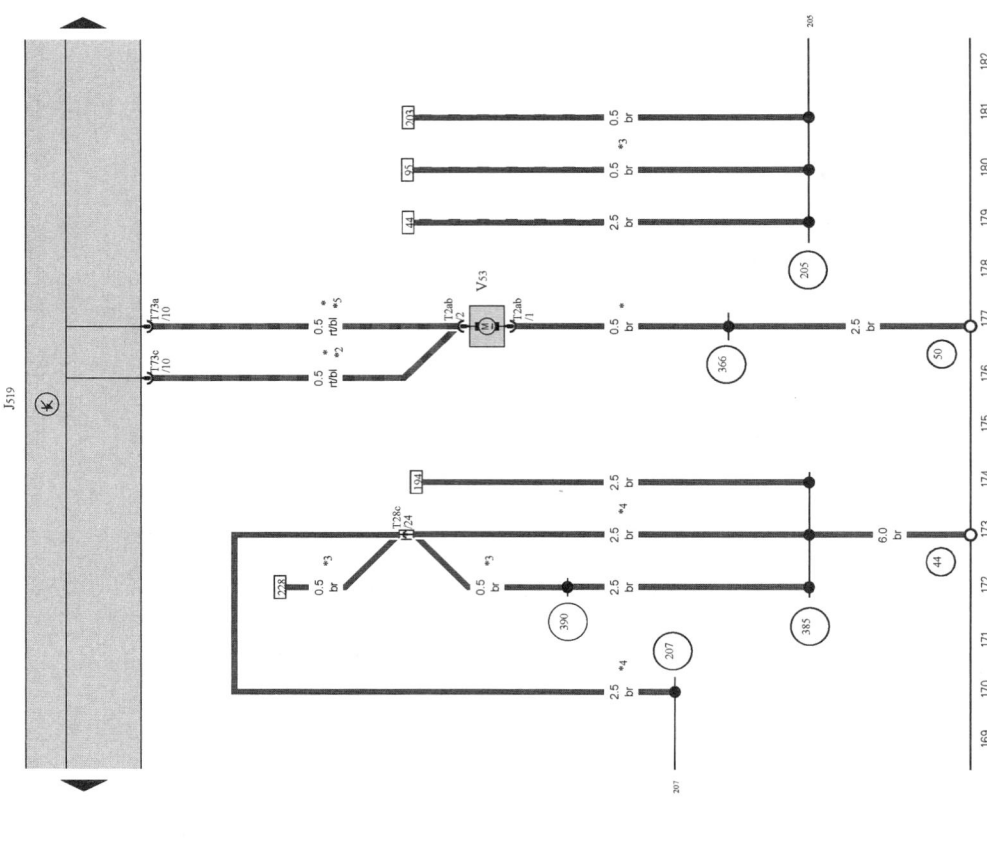

图 1-4-35

J519－车载电网控制单元 T2ab－2芯插头连接，黑色 T28c－28芯插头连接，左侧B柱上，黑色 T73a－73芯插头连接，左侧B柱上，黑色 T73c－73芯插头连接，黑色 V53－后备箱盖中央门锁电机，44－左侧A柱下部的接地点 50－后备箱内左侧接地点 205－接地连接，在驾驶员侧车门电缆导线束中 207－接地连接，在左后车门电缆导线束中 366－接地连接1，在主导线束中 385－接地连接20，在车载电网控制单元BFM的汽车 390－接地连接25，在主导线束中 *－用于带后备箱盖开锁开关的汽车 *2－用于带车载电网控制单元BFM的汽车 *3－用于带车载电网控制单元BCM的汽车 *4－用于带前后车带前部车窗升降器的汽车 *5－用于带前后车带前部车窗升降器的汽车

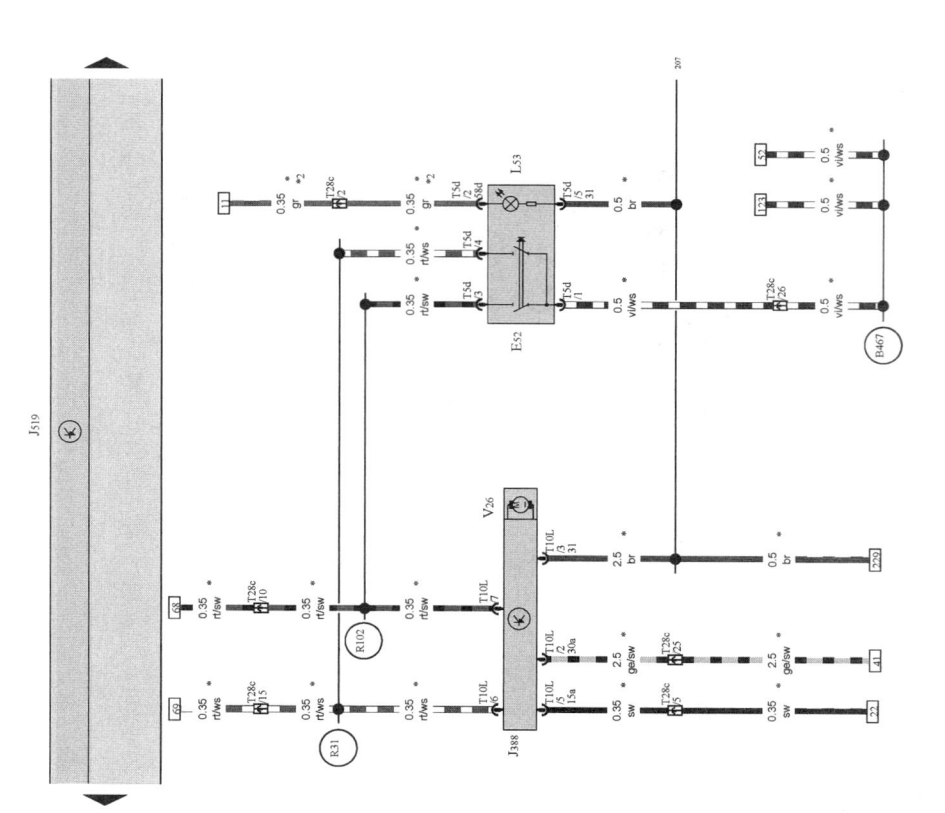

图 1-4-34

E52－左后车门内的车窗升降器开关 J388－左后车门控制单元 J519－车载电网控制单元 L53－车窗升降器开关照明灯泡 T5d－5芯插头连接 T10L－10芯插头连接，黑色 T28c－28芯插头连接，左侧B柱上，黑色 V26－后左车窗升降器电机，207－接地连接，在左后车门电缆导线束中 R102－连接2，在左后车门电缆导线束中 R31－连接1，在左后车门电缆导线束中 B467－连接3，在主导线束中 *－用于带前后车带前部车窗升降器的汽车 *2－依汽车装备而定

58

驾驶员侧车门接触开关、驾驶员侧中央门锁开关、驾驶员侧中央门锁闭锁单元、车载电网
控制单元、驾驶车门中央门锁电机。

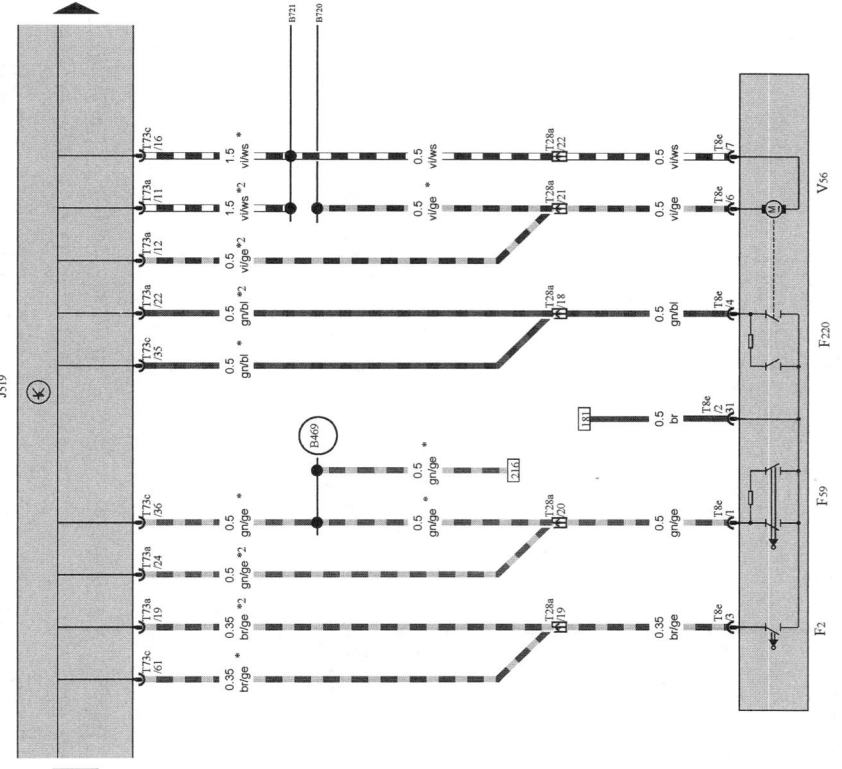

F2-驾驶员侧车门接触开关 F59-驾驶员侧中央门锁开关 F220-驾驶员侧中央门锁闭锁单元 J519-车载电
网控制单元 T8e-8芯插头连接 T28a-28芯插头连接,左侧A柱上,黑色 T73a-73芯插头连接,黑
色 T73c-73芯插头连接,黑色 V56-驾驶员车门中央门锁电机 B469-连接5,在主导线束中 B720-连接
1 (中央门锁),在主导线束中 B721-连接2 (中央门锁),在主导线束中 *-用于带车载电网控制单元
BFM的汽车 *2-用于带车载电网控制单元BCM的汽车

图1-4-37

后备箱盖开锁开关、车载电网控制单元、按钮照明灯泡。

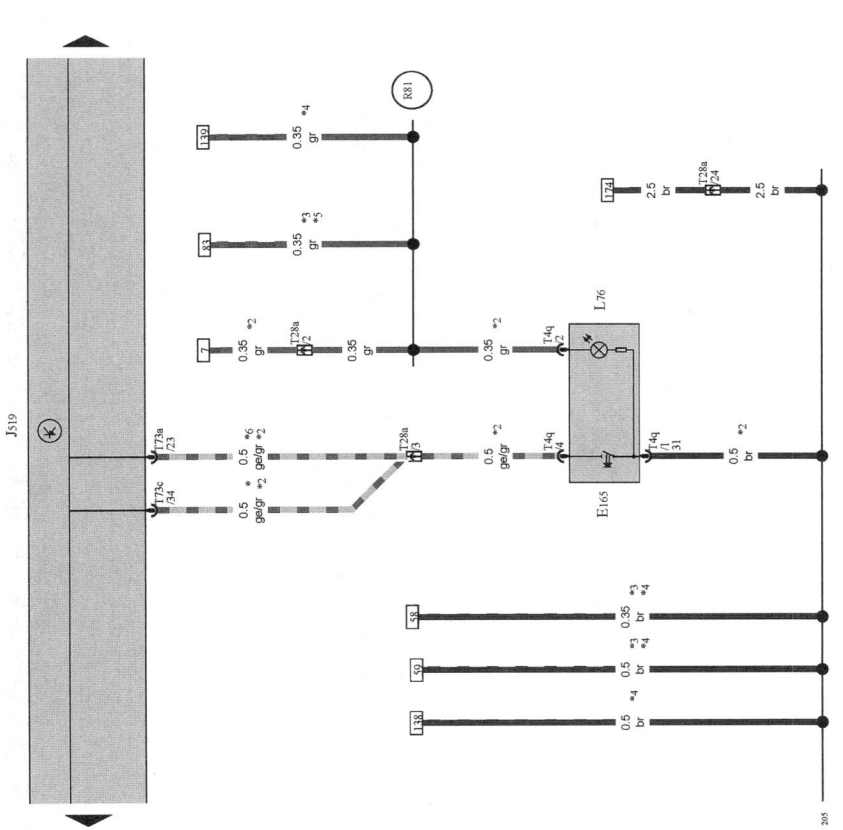

E165-后备箱盖开锁开关 J519-车载电网控制单元 L76-按钮照明灯泡 T4q-4芯插头连接 T28a-28
芯插头连接,左侧A柱上,黑色 T73a-73芯插头连接,黑色 T73c-73芯插头连接,黑色 205-接地连接
在驾驶员侧车门电缆导线束中 R81-连接1 (58d),在驾驶员侧车门电缆导线束中 *-用于带车载电网控
制单元BFM的汽车 *2-用于带后备箱盖电控开启装置的汽车 *3-用于前后带车窗升降器的汽车 *4-用于
带电动调节式车外后视镜的汽车 *5-依气车装备而定 *6-用于带车载电网控制单元BCM的汽车

图1-4-36

59

副驾驶员车门接触开关、副驾驶员侧中央门锁开关、副驾驶员侧中央门锁闭锁单元、车载电网控制单元、副驾驶员车门中央门锁电机

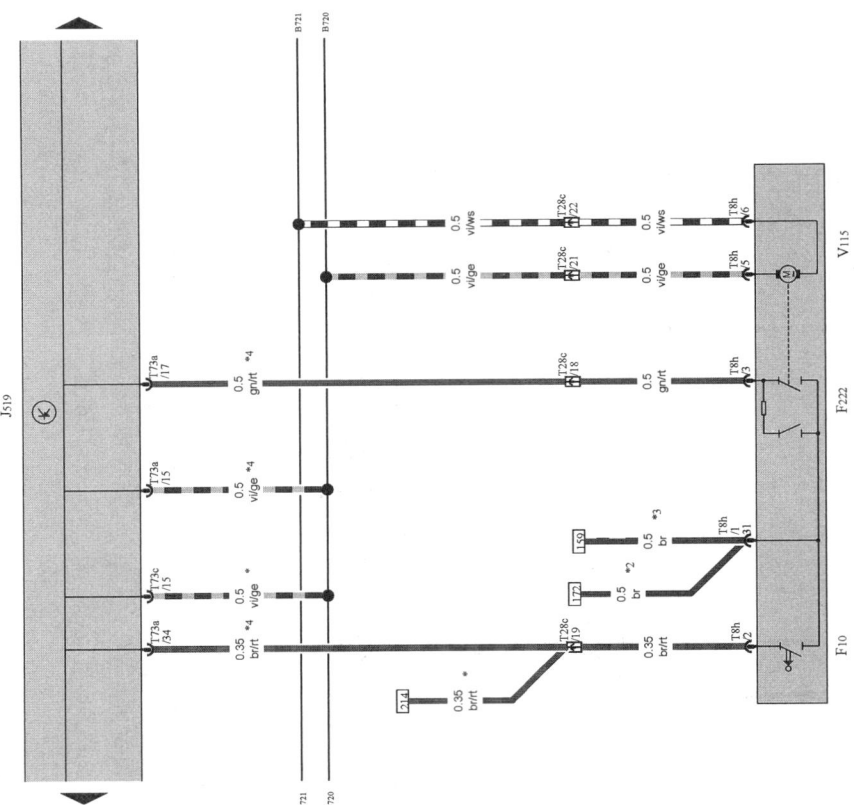

左后车门接触开关、左后中央门锁闭锁单元、车载电网控制单元、左后车门中央门锁电机

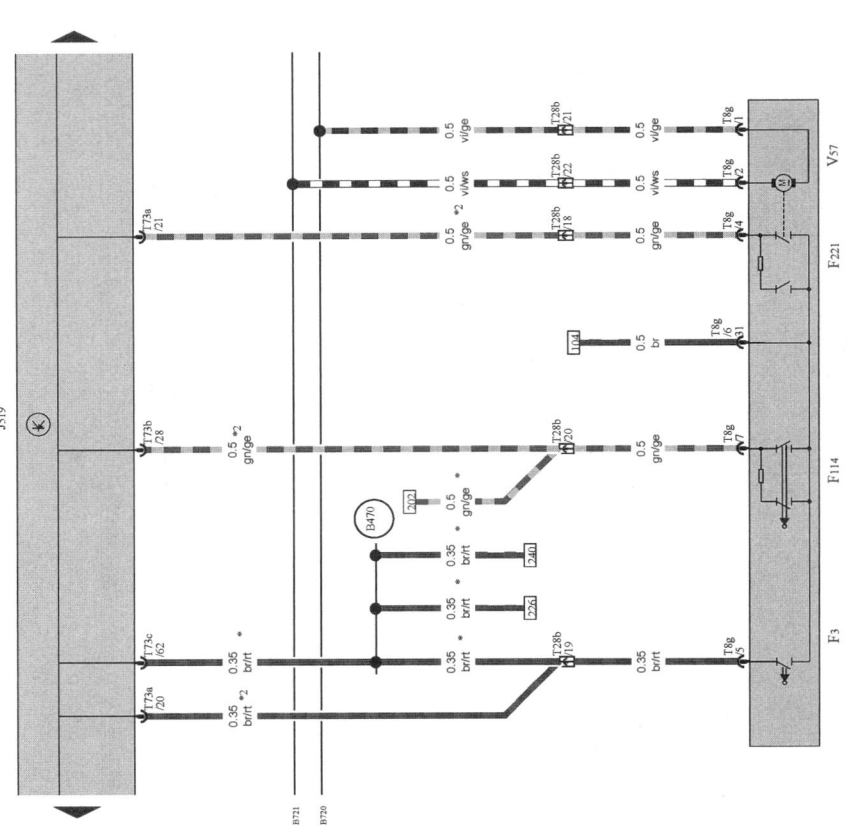

图 1-4-38

| 211 | 212 | 213 | 214 | 215 | 216 | 217 | 218 | 219 | 220 | 221 | 222 | 223 | 224 |

F3-副驾驶员侧车门接触开关 F114-副驾驶员侧中央门锁开关 F221-副驾驶员侧中央门锁闭锁单元 J519-车载电网控制单元 T8g-8芯插头连接 T28b-28芯插头连接，右侧A柱上，黑色 T73a-73芯插头连接，黑色 T73c-73芯插头连接，白色 T73c-73芯插头连接，黑色 V57-副驾驶员车门中央门锁电机 B470-连接6，在主导线束中 B720-连接1（中央门锁），在主导线束中车载电网控制单元BFM的汽车 *2-用于带有车载电网控制单元BCM的汽车

图 1-4-39

| 225 | 226 | 227 | 228 | 229 | 230 | 231 | 232 | 233 | 234 | 235 | 236 | 237 | 238 |

F10-左后车门接触开关 F222-左后中央门锁闭锁单元 J519-车载电网控制单元 T8h-8芯插头连接，黑色 T28c-28芯插头连接，左侧B柱上，黑色 T73a-73芯插头连接，黑色 V115-左后车门中央门锁电机 B720-连接1（中央门锁），在主导线束中 B721-连接2（中央门锁），在主导线束中 中*-用于带有车载电网控制单元BFM的汽车 *2-用于带前部车窗升降器的汽车 *3-用于带前后车窗升降器的汽车的汽车 *4-用于带车载电网控制单元BCM的汽车

60

滑动天窗上升和下降开关、滑动天窗调节器、滑动天窗控制单元、车载电网控制单元、保险丝架 A 上的保险丝 3、滑动天窗电机。

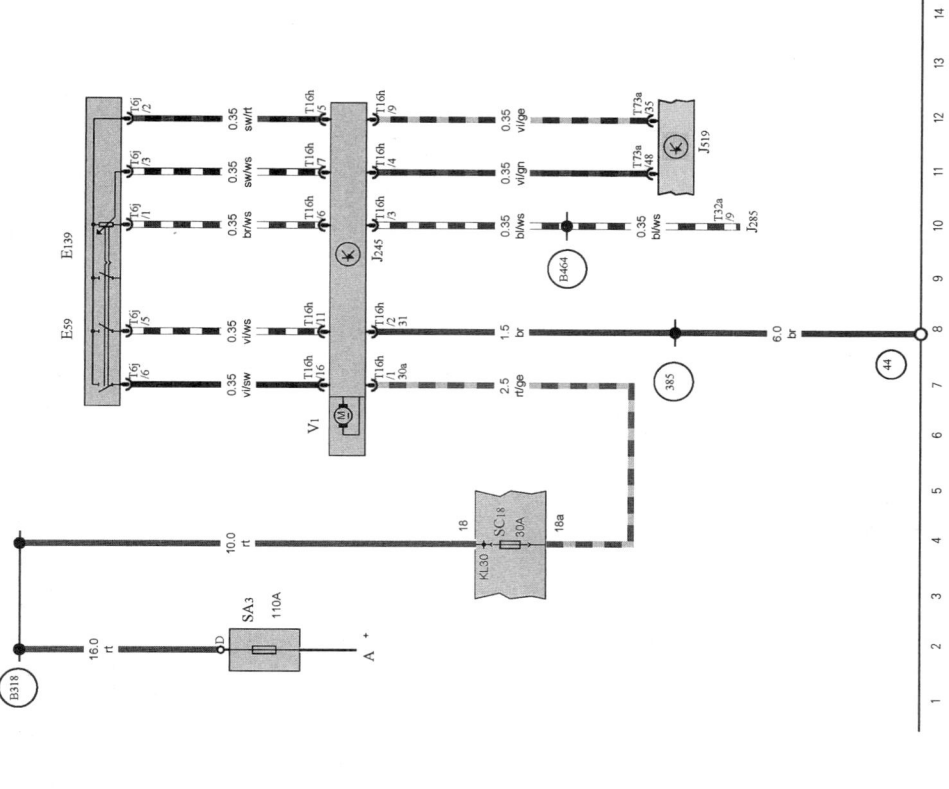

图 1-4-41

A-蓄电池 E59-滑动天窗上升和下降开关 E139-滑动天窗调节器 J245-滑动天窗控制单元 J285-组合仪表中的控制单元 J519-车载电网控制单元 SA3-保险丝架 A 上的保险丝 3 SC18-保险丝架 C 上的保险丝 18
T6j-6芯插头连接，黑色 T16h-16芯插头连接，黑色 T32a-32芯插头连接，蓝色 T73a-73芯插头连接，黑色 T73a-73芯插头连接，黑色 V1-滑动天窗电机 44-左侧A柱下部的接地点 385-接地连接20，在主导线束中 B318-正极连接4（30a），在主导线束中 B464-连接（车速信号），在主导线束中

右后车门接触开关、右后中央门锁闭单元、车载电网控制单元、右后车门中央门锁电机

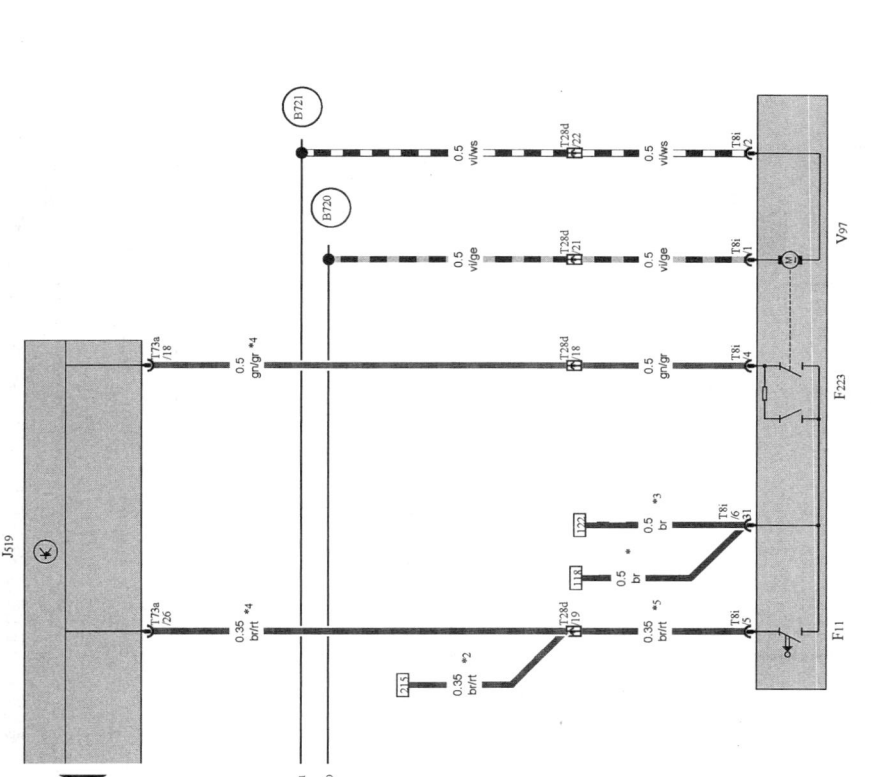

图 1-4-40

F11-右后车门接触开关 F223-右后中央门锁闭单元 J519-车载电网控制单元 T8i-8芯插头连接，黑色 T28d-28芯插头连接，右侧B柱上，黑色 T73a-73芯插头连接，黑色 V97-右后车门中央门锁电机 B720-连接1（中央门锁），在主导线束中 B721-连接2（中央门锁），在主导线束中 *1-用于带前部车窗升降器的汽车 *2-用于带车载电网控制单元BFM的汽车 *3-用于前后后带车窗升降器的汽车 *4-用于带车载电网控制单元BCM的汽车 *5-自2016年7月起

61

倒车灯开关、泊车雷达系统控制单元、车载电网控制单元

左后泊车雷达系统传感器、中部后侧泊车雷达系统传感器、泊车雷达系统控制单元

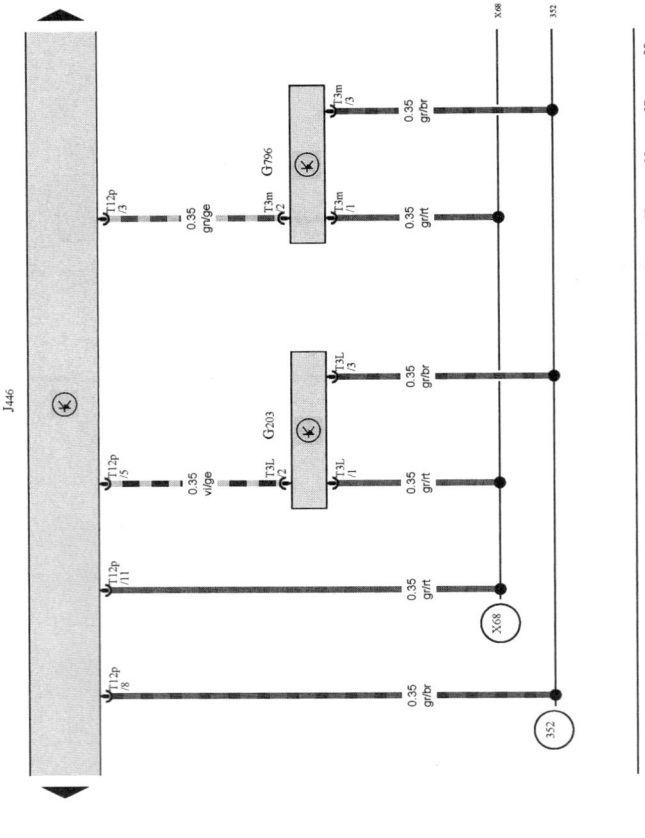

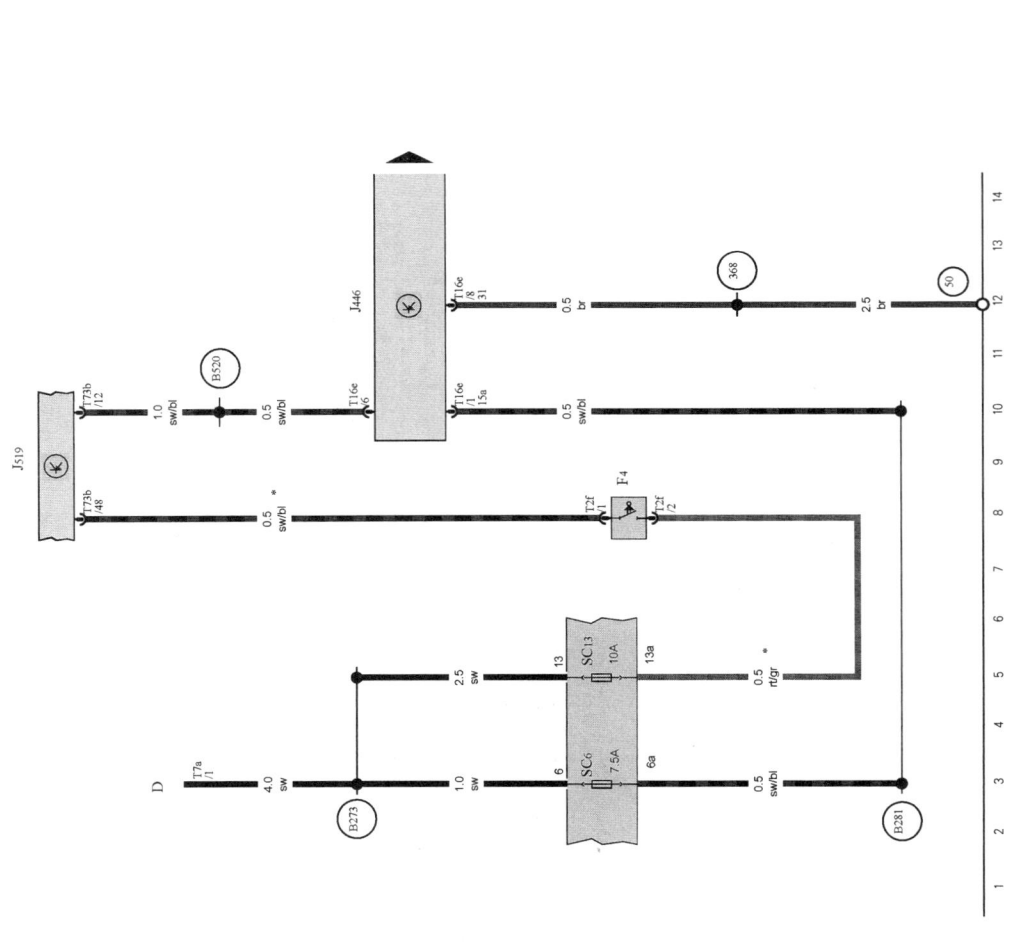

图 1-4-42

图 1-4-43

D-点火启动开关 F4-倒车灯开关 J446-泊车雷达系统控制单元 J519-车载电网控制单元 SC6-保险丝架C 上的保险丝6 SC13-保险丝架C 上的保险丝13 T2f-2芯插头连接 T7a-7芯插头连接 黑色 T16e-16 芯插头连接 棕色 T73b-73芯插头连接 白色 50-后备箱内左侧接地点 368-接地连接3 在主导线束中 B273-正极连接（15），在主导线束中 B281-正极连接5（15a），在主导线束中 B520-连接（RF），在主导线束中 *-用于带手动变速器的汽车

G203-左后泊车雷达系统传感器 G796-中部后侧泊车雷达系统传感器 J446-泊车雷达系统控制单元 T3L-3芯插头连接，黑色 T3m-3芯插头连接，黑色 T12p-12芯插头连接，黑色 352-接地连接（泊车雷达系统），在后保险杠内导线束中 X68-连接（泊车雷达系统），在后保险杠内导线束中

62

車載电网控制单元、保险丝架 C

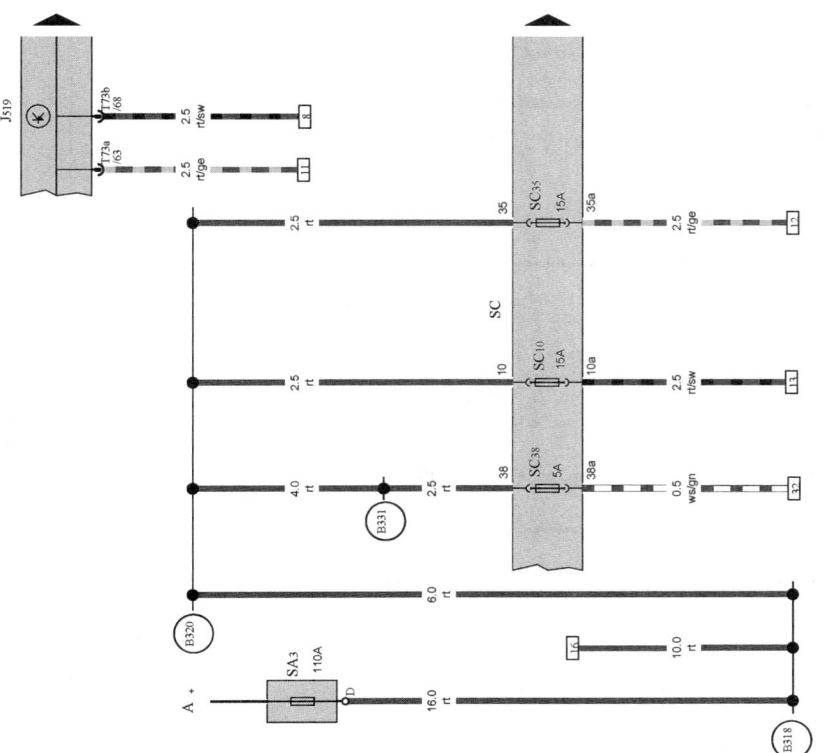

A-蓄电池 J519-车载电网控制单元 SA3-保险丝架 A 上的保险丝 3 SC-保险丝架 C SC10-保险丝架 C 上的保险丝 10 SC35-保险丝架 C 上的保险丝 35 SC38-保险丝架 C 上的保险丝 38 T73a-73芯插头连接 T73b-73芯插头连接 B318-正极连接 4 (30a)，白色 B320-正极连接 6 (30a)，在主导线束中 B331-正极连接 17 (30a)，在主导线束中

图 1-4-45

右后泊车雷达系统传感器、后部泊车雷达系统警报蜂鸣器、泊车雷达系统控制单元

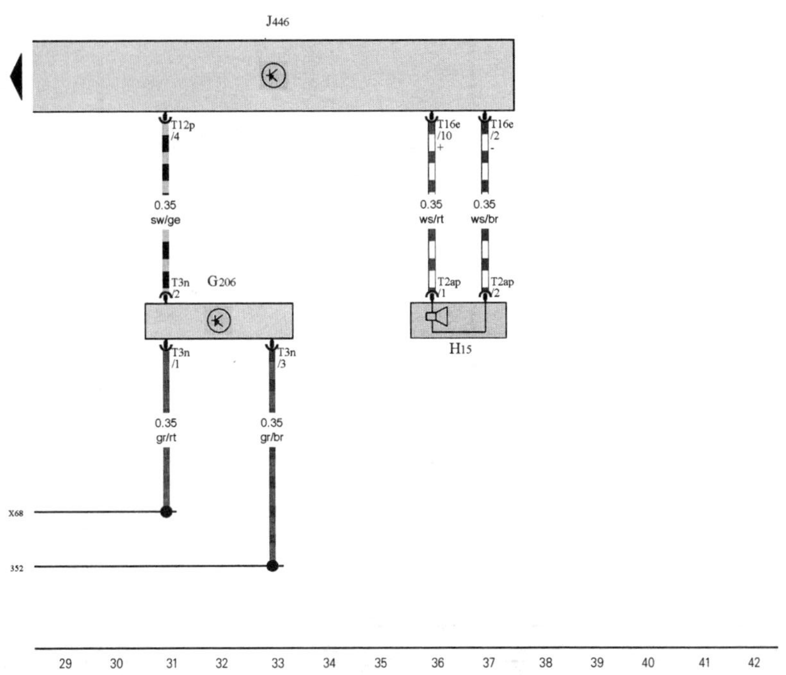

G206-右后泊车雷达系统传感器 H15-后部泊车雷达系统警报蜂鸣器 J446-泊车雷达系统控制单元 T2ap-2芯插头连接 T3n-3芯插头连接，黑色 T12p-12芯插头连接，黑色 T16e-16芯插头连接，棕色 352-接地连接（泊车雷达系统），在后保险杠导线束中 X68-连接（泊车雷达系统），在后保险杠导线束中

图 1-4-44

63

车灯开关、前雾灯开关、后雾灯开关、车载电网控制单元、大灯开关照明灯泡

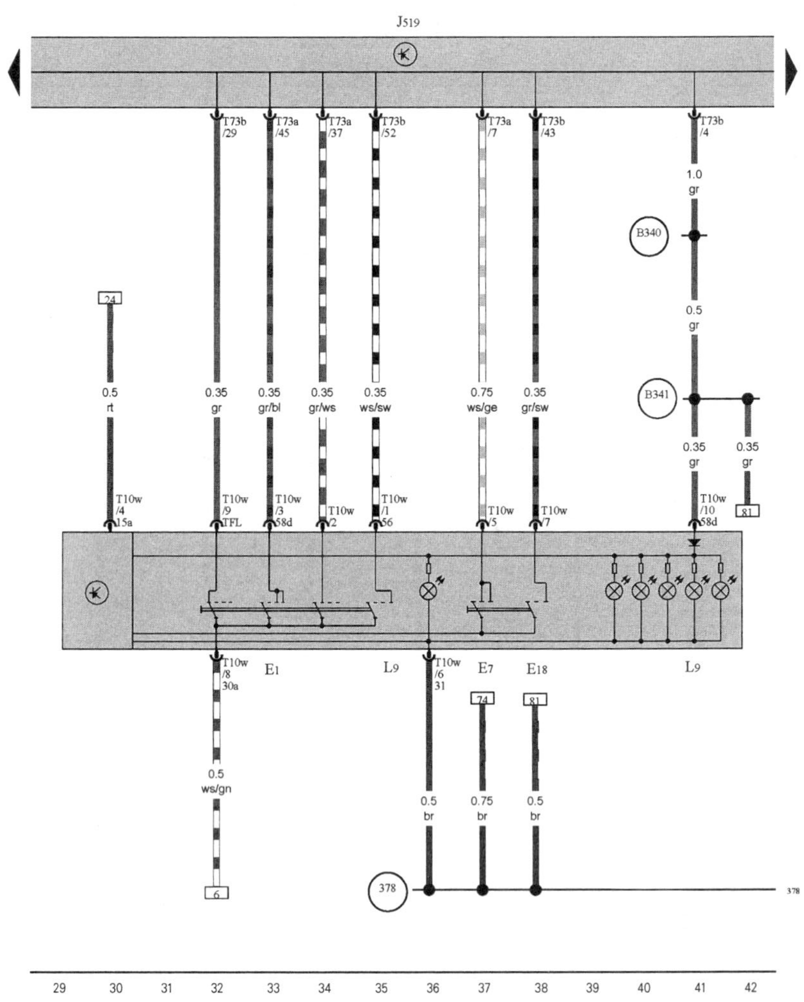

车载电网控制单元、保险丝架C

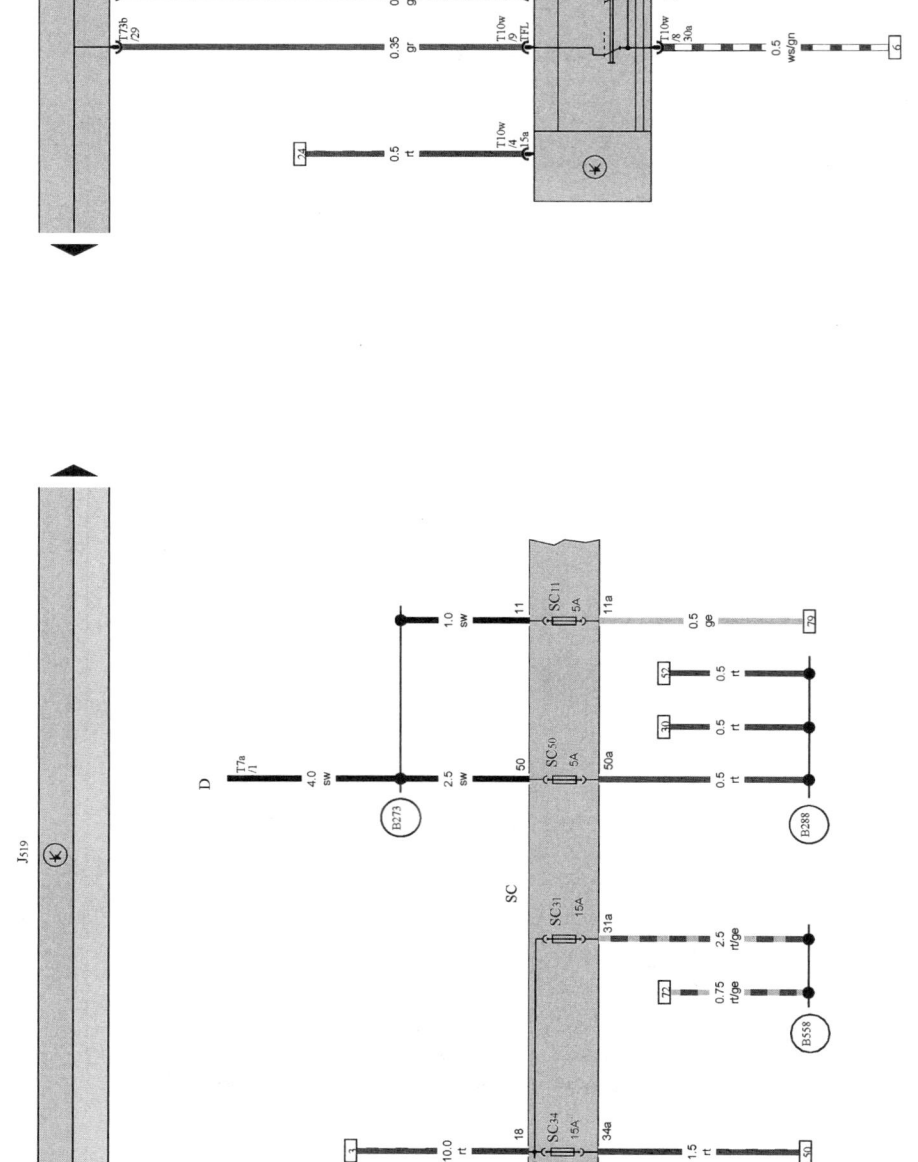

图 1-4-47

E1-车灯开关 E7-前雾灯开关 E18-后雾灯开关 J519-车载电网控制单元 L9-大灯开关照明灯泡 T10w-10芯插头连接,黑色 T73a-73芯插头连接,黑色 T73b-73芯插头连接,白色 378-接地连接13,在主导线束中 B340-连接1(58d),在主导线束中 B341-连接2(58d),在主导线束中

图 1-4-46

D-点火启动开关 J519-车载电网控制单元 SC-保险丝架C SC11-保险丝架C上的保险丝11 SC31-保险丝架C上的保险丝31 SC34-保险丝架C上的保险丝34 SC50-保险丝架C上的保险丝50 T7a-7芯插头连接,黑色 B273-正极连接(15),在主导线束中 B288-正极连接12(15a),在主导线束中 B558-正极连接22(30a),在主导线束中

车载电网控制单元、左侧日间行车灯灯泡、左前大灯、左侧驻车灯灯泡、左前转向信号灯开关、手动远光灯功能和远光灯瞬时接通功能开关、左侧转向柱开关、左侧转向信号灯灯泡、左侧间行车灯灯泡、左前大灯、左侧驻车示宽灯灯泡、左前转向信号灯灯泡、左侧大灯照明距离调节伺服电机

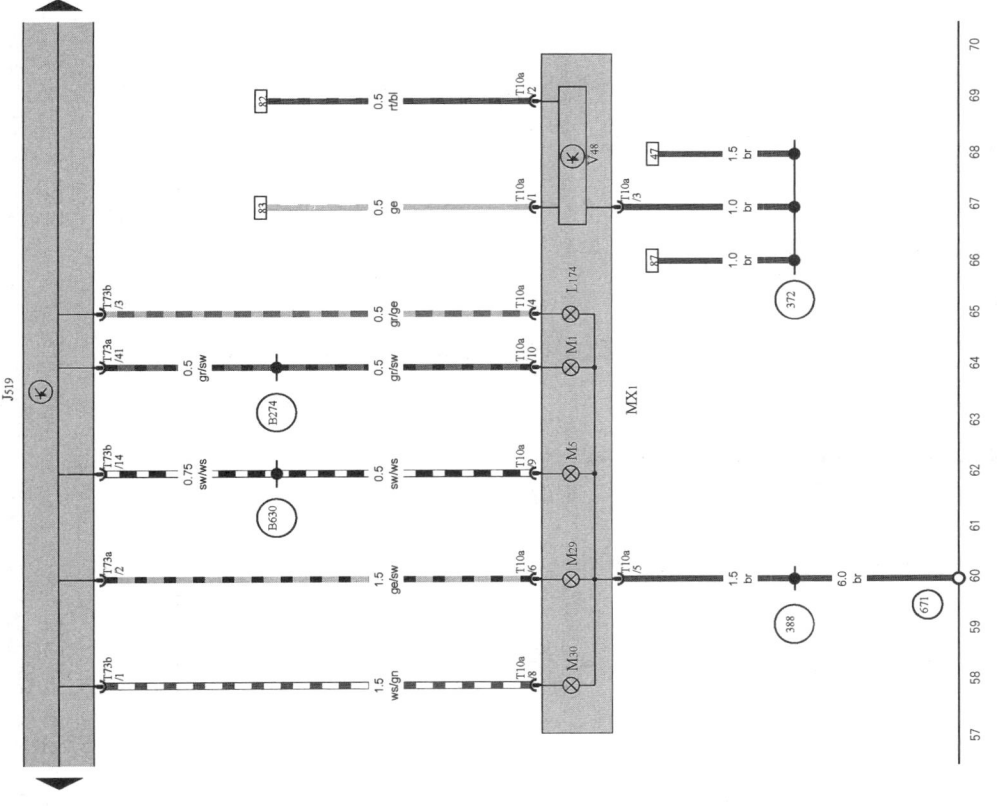

图 1-4-49

J519-车载电网控制单元 L174-左侧日间行车灯灯泡 M1-左前大灯 M5-左侧驻车示宽灯灯泡 MX1-左前大灯 转向信号灯灯泡 M29-左侧近光灯灯泡 M30-左侧远光灯灯泡 T10a-10芯插头连接 T73a-73芯插 头连接，黑色 T73b-73芯插头连接，黑色 V48-左侧大灯照明距离调节伺服电机 372-接地连接7，在主 号线束中 388-接地连接23，在主导线束中 671-左前纵梁上的接地点1 B274-正极连接（58L），在主导 线束中 B630-正极连接，在主导线束中（左转向信号灯），在主导线束中

转向信号灯开关、手动远光灯功能和远光灯瞬时接通功能开关、左侧转向柱开关、车载电网控制单元

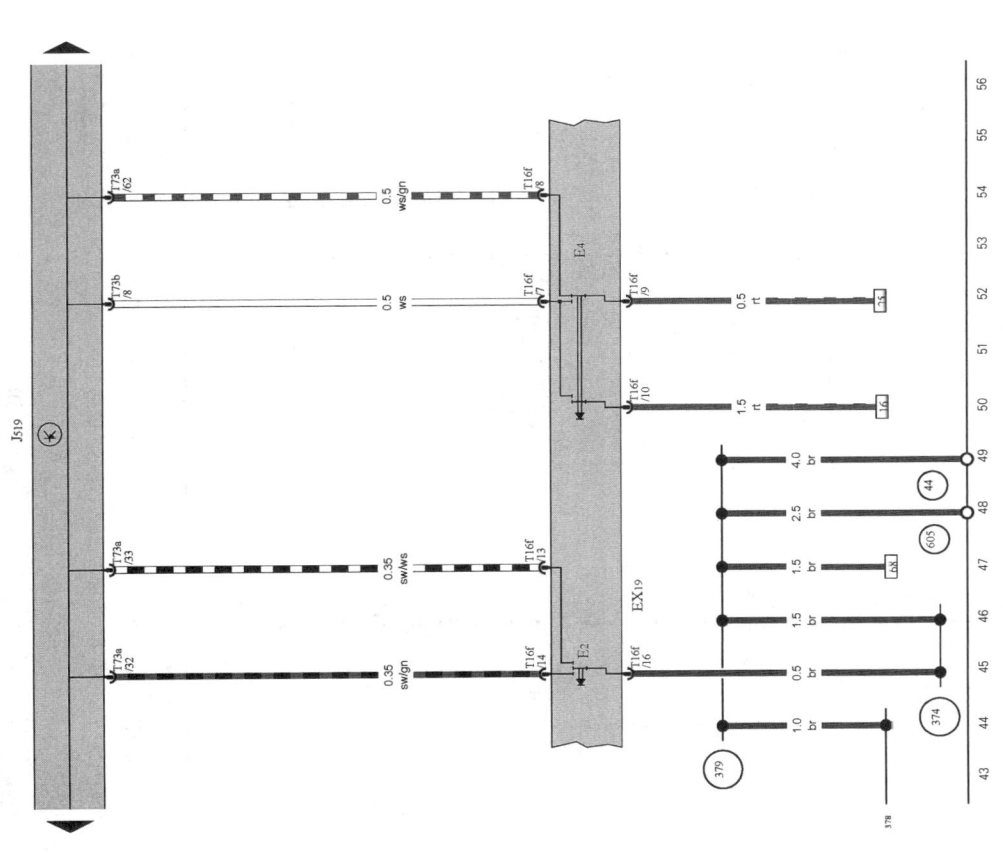

图 1-4-48

E2-转向信号灯开关 E4-手动远光灯功能和远光灯瞬时接通功能开关 EX19-左侧转向柱开关 J519-车载电网控制单元 T16f-16芯插头连接 T73a-73芯插头连接，黑色 T73b-73芯插头连接，白色 44-左侧A柱下部接地点 374-接地地点9，在主导线束中 378-接地连接13，在主导线束中 379-接地连接14，在主导线束中 605-上部转向柱上的接地点

大灯照明距离调节器、雨水与光线识别传感器、车载电网控制单元、大灯照明距离调节设置器照明灯泡

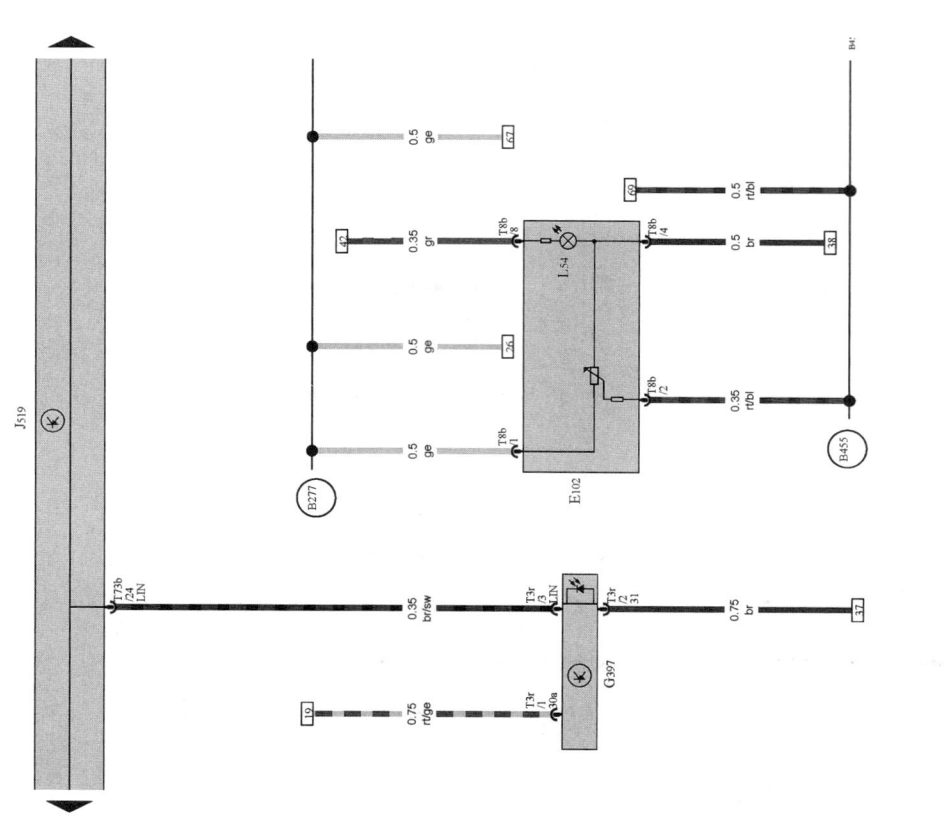

图1-4-50

E102-大灯照明距离调节器　G397-雨水与光线识别传感器　J519-车载电网控制单元　L54-大灯照明距离调节设置器照明灯泡　T3r-3芯插头连接　T8b-8芯插头连接，黑色　T73b-73芯插头连接，黑色　B277-正极连接1（15a），在主导线束中　B455-连接（LWR），在主导线束中

车载电网控制单元、右侧日间行车灯灯泡、右前大灯、右侧驻车示宽灯灯泡、右前转向信号灯灯泡、右侧近光灯灯泡、右侧远光灯灯泡、右侧大灯照明距离调节伺服电机

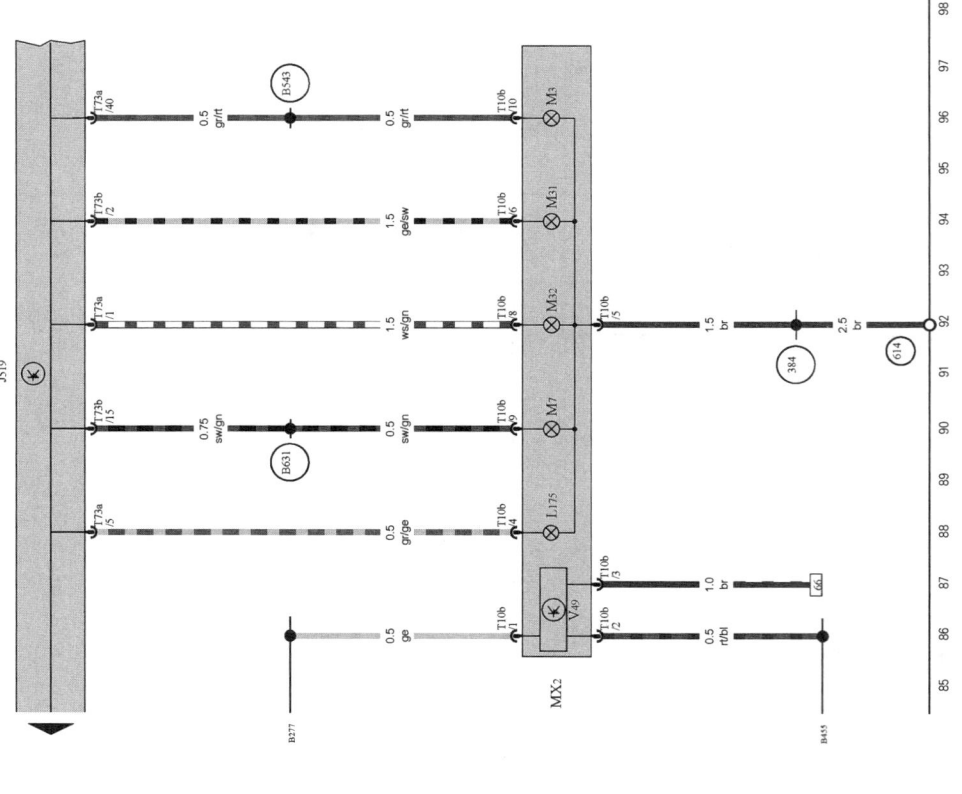

图1-4-51

J519-车载电网控制单元　L175-右侧日间行车灯灯泡　MX2-右前大灯　M3-右侧驻车示宽灯灯泡　M7-右前转向信号灯灯泡　M31-右侧近光灯灯泡　M32-右侧远光灯灯泡　T10b-10芯插头连接　T73a-73芯插头连接，黑色　T73b-73芯插头连接，黑色　V49-右侧大灯照明距离调节伺服电机　384-接地连接19，在主导线束中　614-发动机舱内右侧接地点2　B277-正极连接1（15a），在主导线束中　B455-连接（LWR），在主导线束中　B543-正极连接（58R），在主导线束中　B631-正极连接　B455-正极连接（右转向信号灯），在主导线束中

66

车载电网控制单元、收音机

车载电网控制单元、收音机

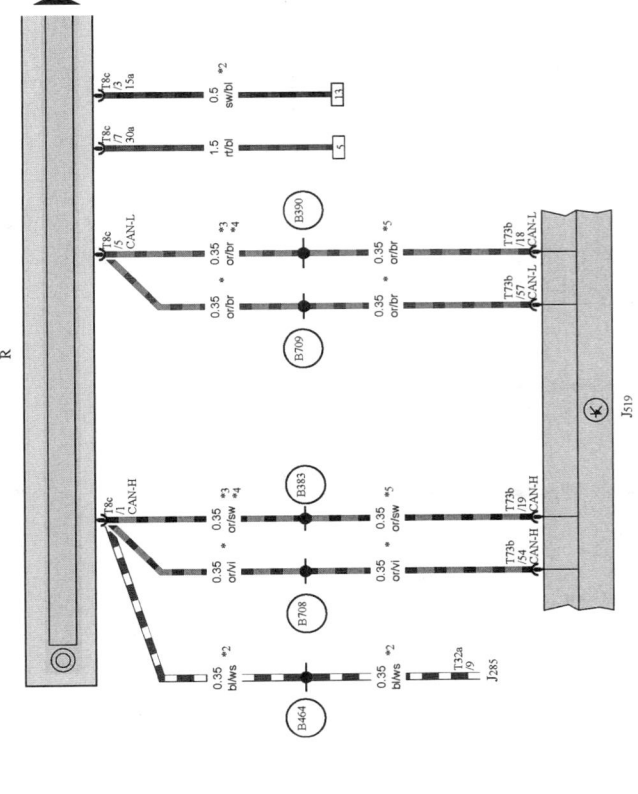

图 1-4-53

J285-组合仪表中的控制单元 J519-车载电网控制单元 R-收音机 T8c-8芯插头连接，黑色 T32a-32芯插头连接，蓝色 T73b-73芯插头连接，白色 B383-连接1（驱动CAN总线，High），在主导线束中 B390-连接1（驱动CAN总线，Low），在主导线束中 B464-连接1（车速信号），在主导线束中 B708-连接1（组合仪表CAN总线，High），在主导线束中 B709-连接1（组合仪表CAN总线，Low），在主导线束中 *-用于带收音机MIB-G 1DIN的汽车 *2-用于带H7大灯的汽车 *3-用于带收音机MIB-G标准型的汽车 *4-用于带H4大灯的汽车 *5-用于带车载电网控制单元BCM的汽车

蓄电池、点火启动开关

图 1-4-52

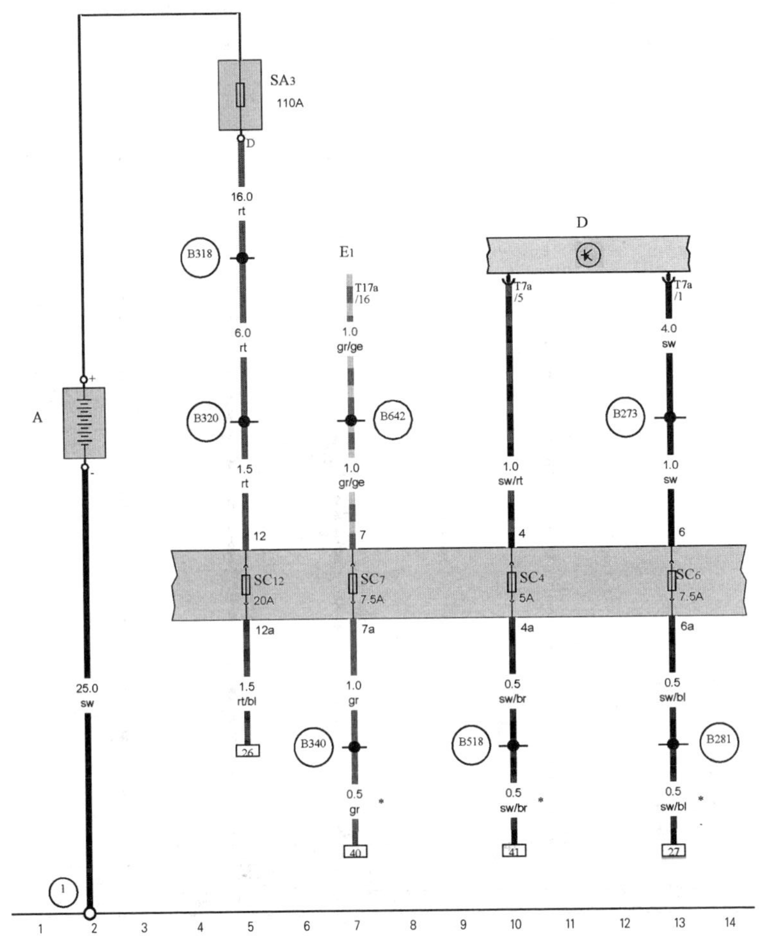

A-蓄电池 D-点火启动开关 E1-车灯开关 SA3-保险丝架A上的保险丝3 SC4-保险丝架C上的保险丝4 SC6-保险丝架C上的保险丝6 SC7-保险丝架C上的保险丝7 SC12-保险丝架C上的保险丝12 T7a-7芯插头连接，黑色 T17a-17芯插头连接（15a），黑色，蓄电池-车身 B273-正极连接（15），在主导线束中 B281-正极连接5（15a），在主导线束中 B318-正极连接4（30a），在主导线束中 B320-正极连接6（30a），在主导线束中 B340-连接1（58d），在主导线束中 B518-连接（86s），在主导线束中 B642-正极连接（58），在主导线束中 *-用于带收音机MIB-G 1DIN的汽车

67

收音机、左后扬声器、右后扬声器、天线放大器、车顶天线

收音机、左前扬声器、右前扬声器

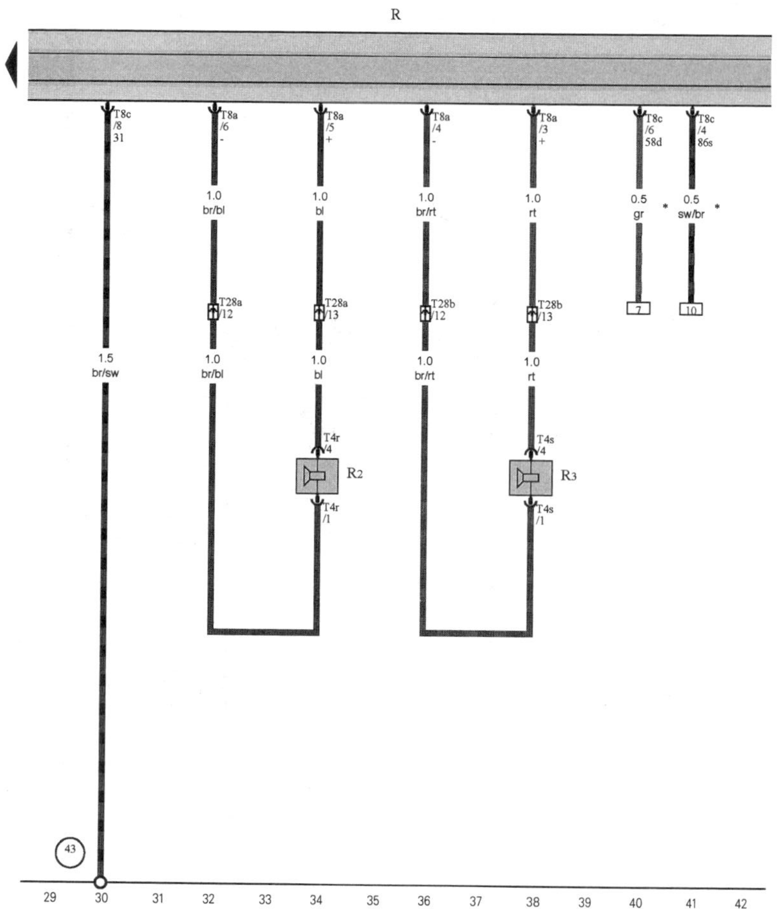

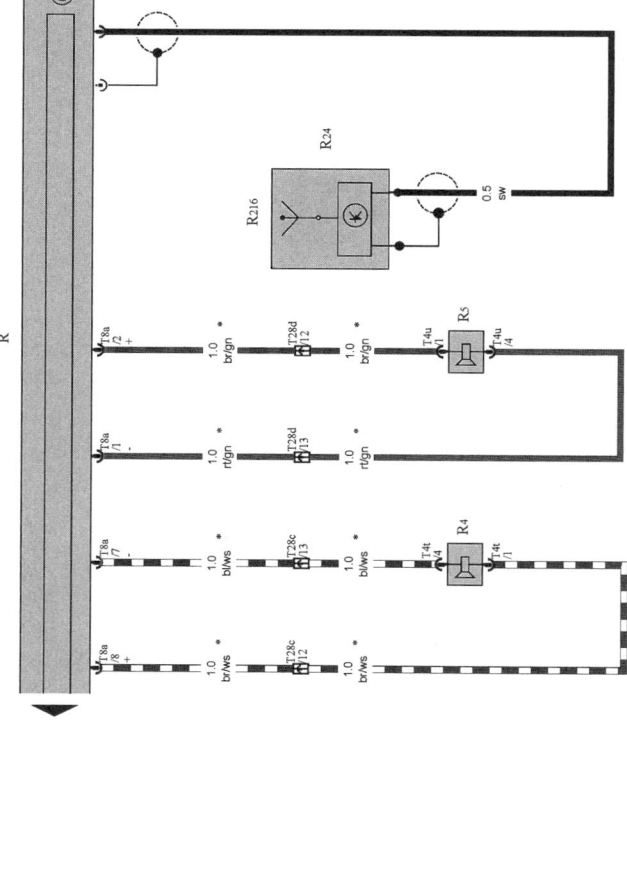

图 1-4-55

R-收音机 R4-左后扬声器 R5-右后扬声器 R24-天线放大器 R216-车顶天线 T4t-4芯插头连接，黑色 T4u-4芯插头连接，黑色 T8a-8芯插头连接，棕色 T28c-28芯插头连接，左侧B柱上，黑色 T28d-28芯插头连接，左侧B柱上，黑色 *-用于带前后扬声器的汽车

图 1-4-54

R-收音机 R2-左前扬声器 R3-右前扬声器 T4r-4芯插头连接，黑色 T4s-4芯插头连接，黑色 T8a-8芯插头连接，棕色 T8c-8芯插头连接，左侧A柱上，黑色 T28a-28芯插头连接，左侧A柱上，黑色 T28b-28芯插头连接，右侧A柱上，黑色 43-右侧A柱下部接地点 *-用于带收音机MIB-G 1DIN的汽车

蓄电池、保险丝架C

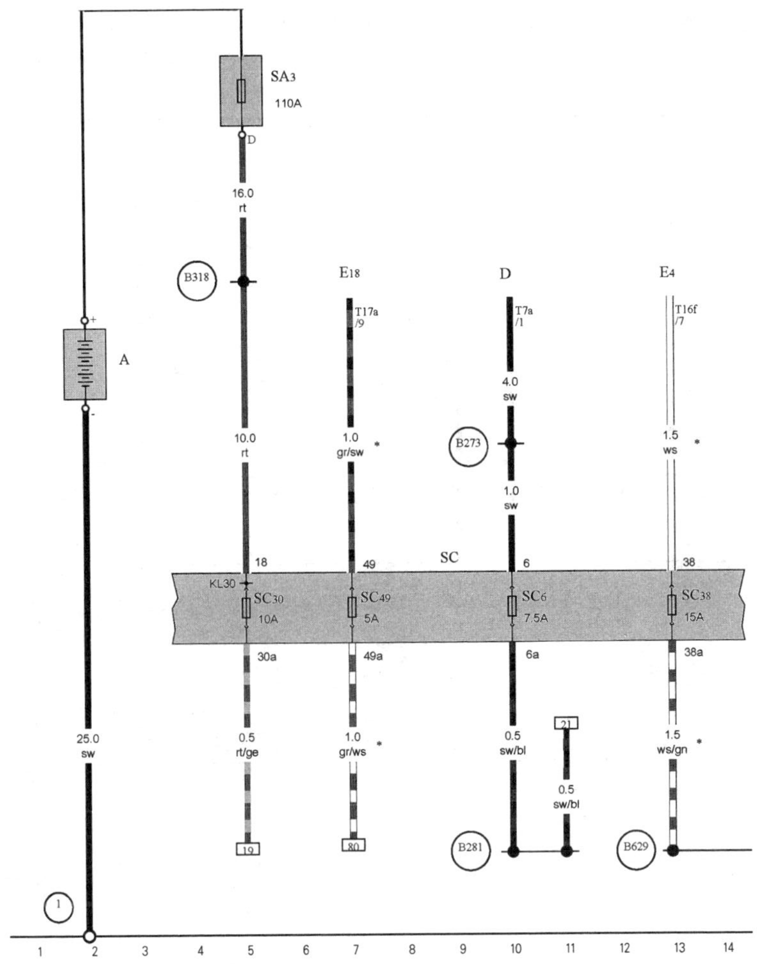

组合仪表中的控制单元、冷却液温度和冷却液不足显示指示灯

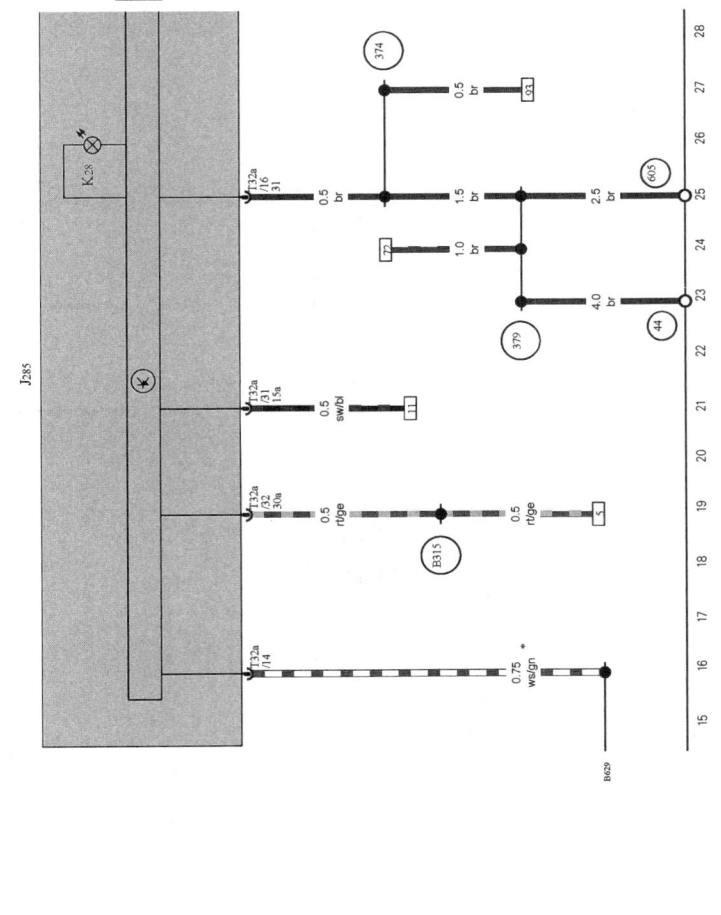

图 1-4-57

J285-组合仪表中的控制单元　K28-冷却液温度和冷却液不足显示指示灯　T32a-32芯插头连接，蓝色　44-左侧A柱下部接地点　374-接地点9，在主导线束中　379-接地连接14，在主导线束中　605-上部转向柱上的接地点　B315-正极连接1（30a），在主导线束中　B629-连接（56a），在主导线束中　*-用于带H4大灯的汽车

图 1-4-56

A-蓄电池　D-点火启动开关　E4-手动远光灯功能和远光灯瞬时接通功能开关　E18-后雾灯开关　SA3-保险丝架A上的保险丝3　SC-保险丝架C　SC6-保险丝架C上的保险丝6　SC30-保险丝架C上的保险丝30　SC38-保险丝架C上的保险丝38　SC49-保险丝架C上的保险丝49　T7a-7芯插头连接　T16f-16芯插头连接，黑色　T17a-17芯插头连接，黑色　B273-正极连接（15），在主导线束中　B281-蓄电池-车身　B318-正极连接4（30a），在主导线束中　B629-连接（56a），在主导线正极连接5（15a），在主导线束中　*-用于带H4大灯的汽车

制动液液位警告信号触点、转速表、车速表、组合仪表中的控制单元、制动系统指示灯、选挡杆指示灯、组合仪表照明灯泡、数字时钟

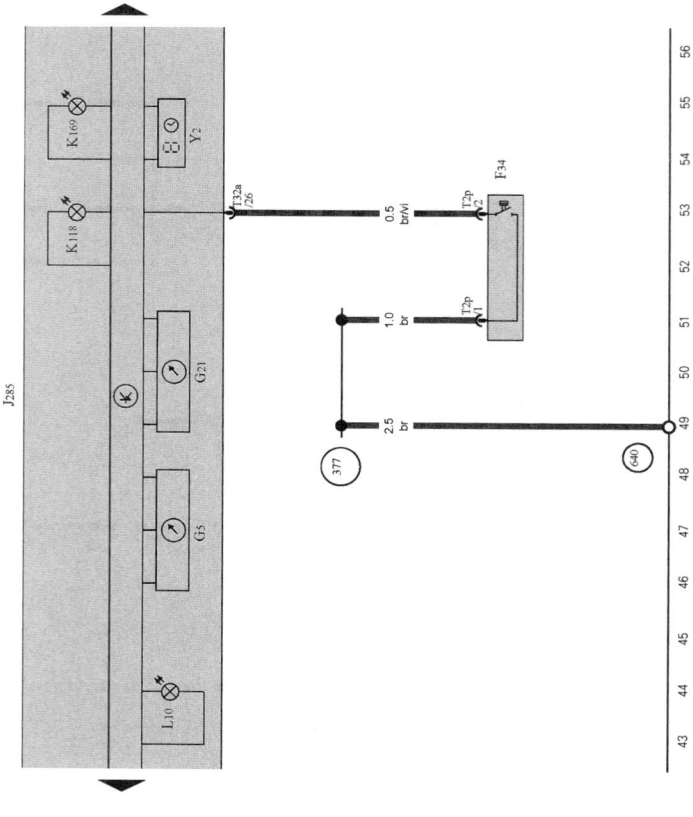

F34-制动液液位警告信号触点 G5-转速表 G21-车速表 J285-组合仪表中的控制单元 K118-制动系统指示灯 K169-选挡杆指示灯 L10-组合仪表照明灯泡 T2p-2芯插头连接，黑色 T32a-32芯插头连接，黑色 Y2-数字时钟 377-接地连接12，在主导线束中 640-发动机舱内左侧接地点2

图1-4-59

燃油表传感器、车外温度传感器、冷却液不足显示传感器、组合仪表中的控制单元、后雾灯指示灯、安全气囊指示灯、废气警告灯、电子油门故障信号灯、电子稳定程序和ASR指示灯、机电式助力转向器指示灯

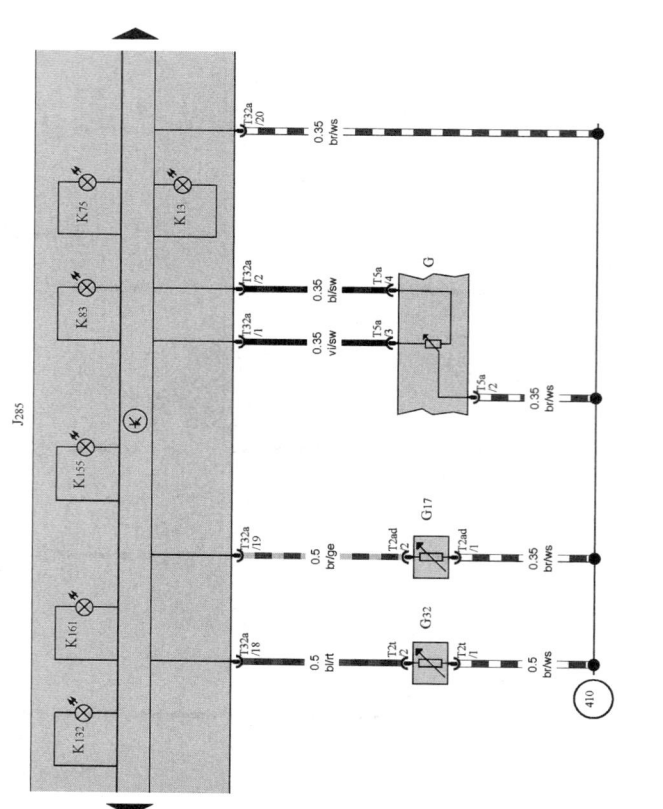

G-燃油表传感器 G17-车外温度传感器 G32-冷却液不足显示传感器 J285-组合仪表中的控制单元 K13-后雾灯指示灯 K75-安全气囊指示灯 K83-废气警告灯 K132-电子油门故障信号灯 K155-电子稳定程序和ASR指示灯 K161-机电式助力转向器指示灯 T2ad-2芯插头连接，黑色 T2t-2芯插头连接，黑色 T32a-32芯插头连接，黑色 T5a-5芯插头连接，蓝色 410-接地连接1（传感器接地），在主导线束中

图1-4-58

多功能显示器存储开关、多功能显示器、多功能显示器存储开关、多功能显示器、组合仪表中的控制单元、
发电机指示灯、燃油表指示灯、车门打开指示灯、里程表
多功能显示器调用按钮、

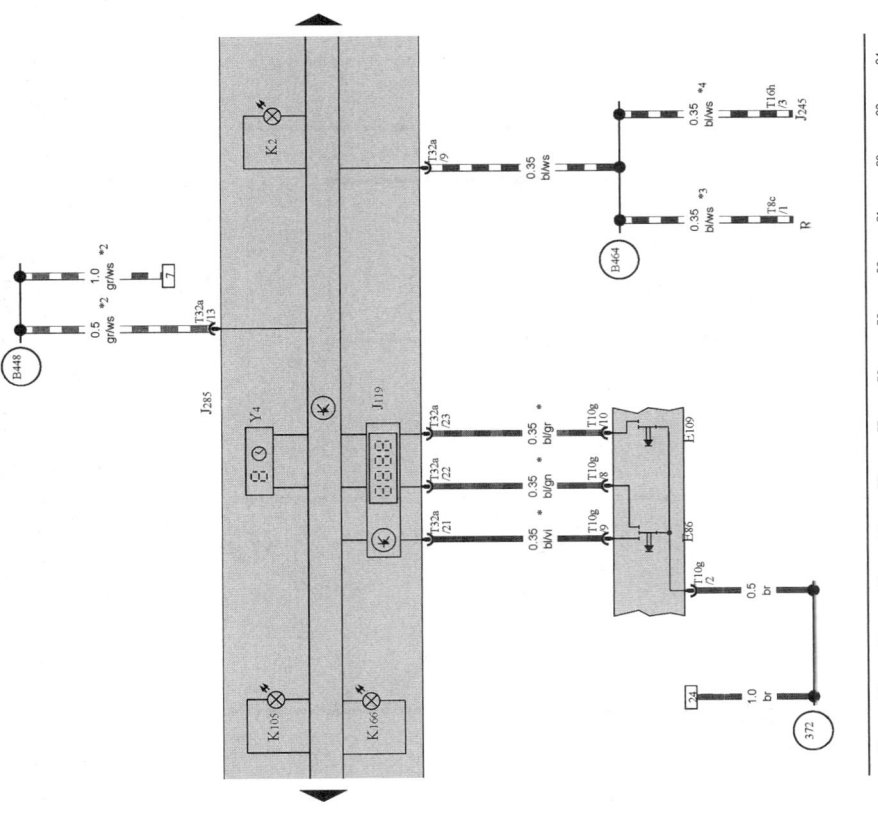

图 1-4-61

E86—多功能显示器 E109—多功能显示器存储开关 J119—多功能显示器 J245—滑动天窗控制单元
J285—组合仪表中的控制单元 K2—发电机指示灯 K105—燃油表指示灯 K166—车门打开指示灯 R—收音机
T8c—8芯插头连接，黑色 T10g—10芯插头连接，黑色 T16h—16芯插头连接，黑色 T32a—32芯插头连接，黑色
蓝色 Y4—里程表 372—接地连接 在主导线束中 B464—连接（车
速信号） 在主导线束中 B448—连接方向盘的汽车 *2—用于带H4大灯的汽车 *3—用于带音盘
MIB-G 1DIN的汽车 *4—用于带折叠式滑动天窗的汽车

防盗锁止系统识读线圈、警报蜂鸣器和警报音、组合仪表中控制单元、防盗锁止系统控
制单元、远光灯指示灯、机油压力指示灯、安全带警告指示灯、定速巡航装置指示灯、左
侧转向信号灯指示灯、右侧转向信号灯指示灯

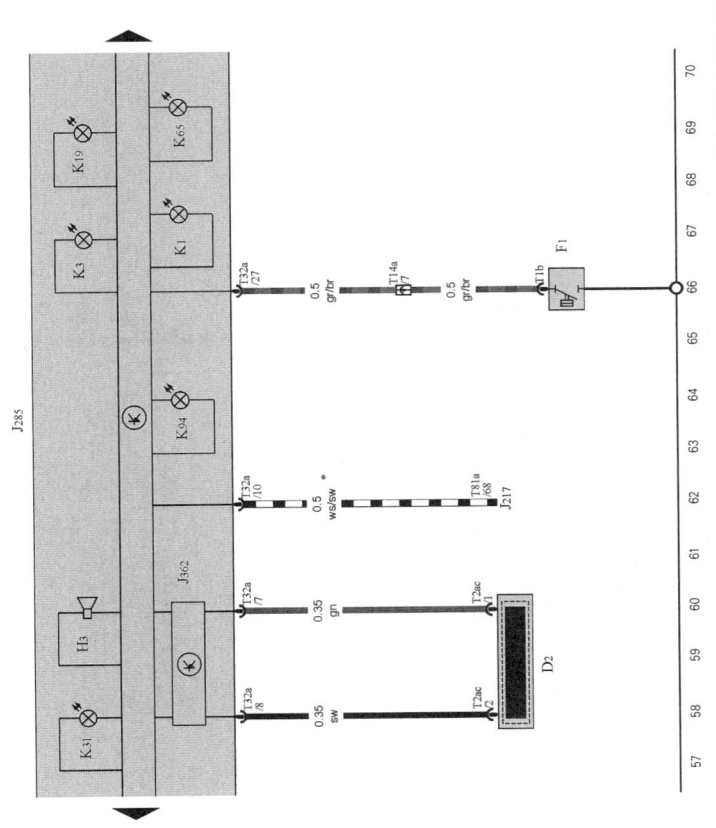

图 1-4-60

D2—防盗锁止系统识读线圈 F1—机油压力开关 H3—警报蜂鸣器和警报音 J217—自动变速器控制单元
J285—组合仪表中的控制单元 J362—防盗锁止系统控制单元 K1—远光灯指示灯 K19—
安全带警告指示灯 K31—定速巡航装置指示灯 K65—左侧转向信号灯指示灯 K94—右侧转向信号灯指示灯
T1b—1芯插头连接，黑色 T2ac—2芯插头连接，棕色 T14a—14芯插头连接，棕色 T32a—
32芯插头连接，蓝色 T81a—81芯插头连接，黑色 *—用于带自动变速器的汽车

71

Reset(复位)按钮、时钟调节按钮、手制动器指示灯开关、燃油表、组合仪表中的控制单元、车载电网控制单元、ABS指示灯、选挡杆位置显示

蓄电池、保险丝架 A 上的保险丝 3、诊断接口

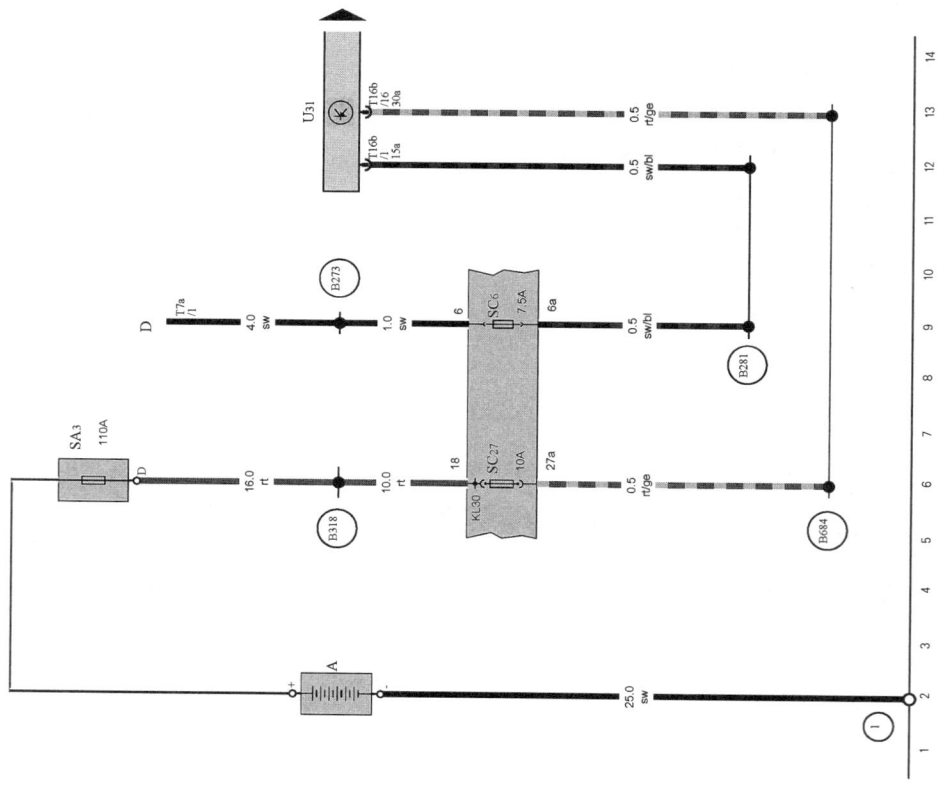

A—蓄电池 D—点火启动开关 SA3—保险丝架A上的保险丝3 SC6—保险丝架C上的保险丝6 SC27—保险丝架C上的保险丝27 T7a—7芯插头连接、黑色 T16b—16芯插头连接、黑色 U31—诊断接口 1—接地点 蓄电池—车身 B273—正极连接(15)，在主导线束中 B281—正极连接5(15a)，在主导线束中 B318—正极连接4(30a)，在主导线束中 B684—正极连接24(30a)，在主导线束中

图1-4-63

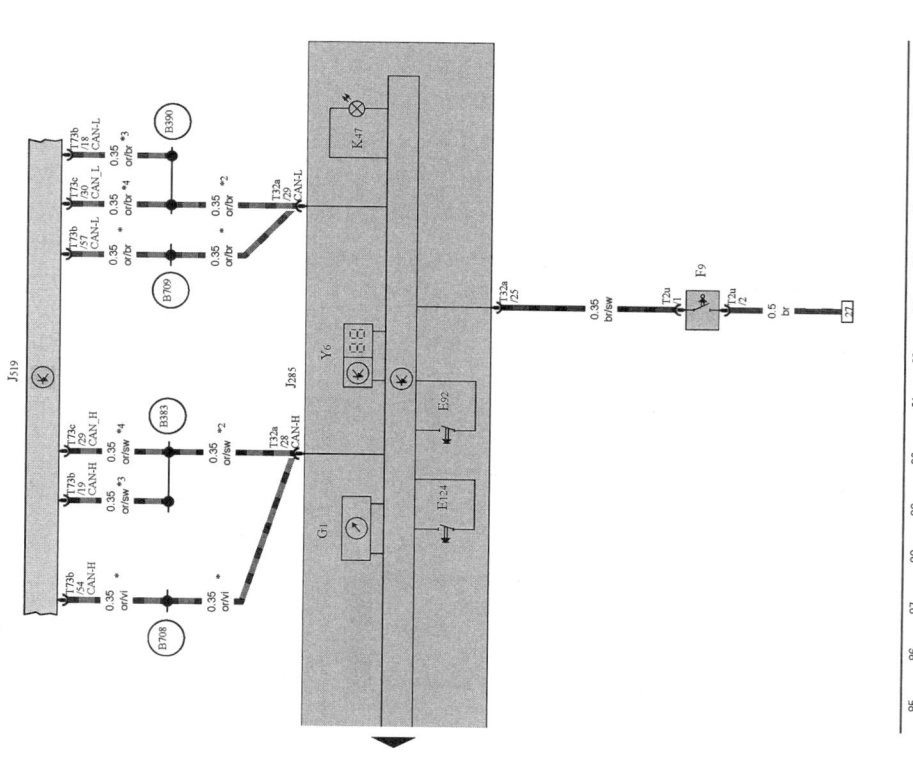

E92—Reset（复位）按钮 E124—时钟调节按钮 F9—手制动器指示灯开关 G1—燃油表 J285—组合仪表中的控制单元 J519—车载电网控制单元 K47—ABS指示灯 T2u—2芯插头连接、蓝色 T32a—32芯插头连接、蓝色 T73b~73芯插头连接、白色 T73c~73芯插头连接、黑色 Y6—选挡杆位置显示 B383—连接1（驱动CAN总线、High），在主导线束中 B390—连接1（驱动CAN总线、Low），在主导线束中 B708—连接1（组合仪表CAN总线、High），在主导线束中 B709—连接1（组合仪表CAN总线、Low），在主导线束中 *1—用于带车载电网控制单元BCM的汽车 *2—用于带H4大灯的汽车 *3—用于带车载电网控制单元BFM的汽车 *4—用于带H7大灯的汽车

图1-4-62

72

ABS 控制单元、安全气囊控制单元、车载电网控制单元

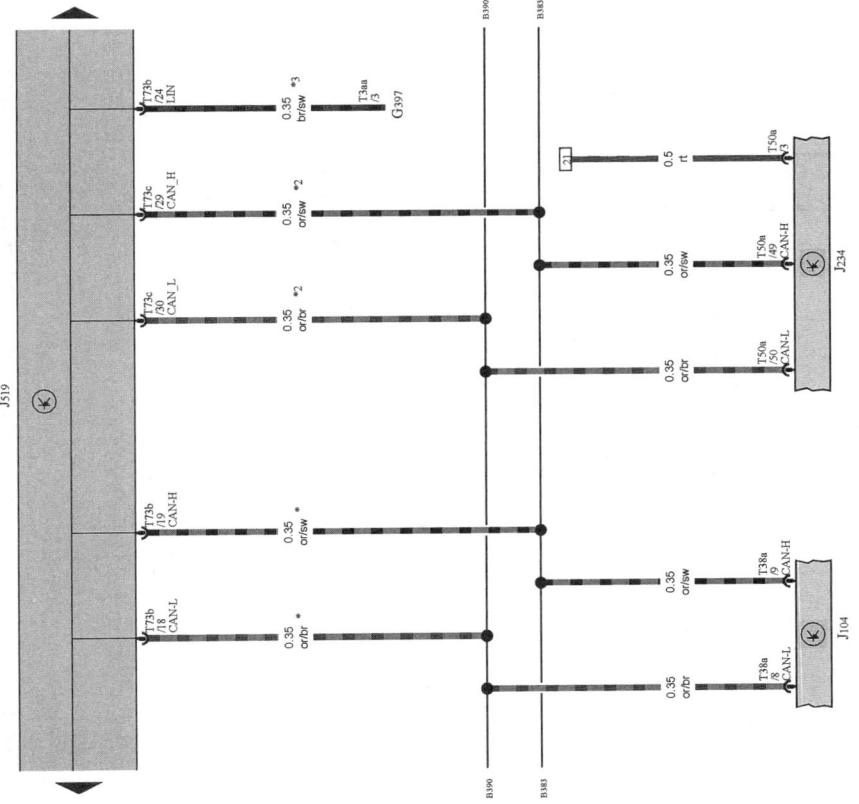

G397-雨水与光线识别传感器 J104-ABS控制单元 J519-车载电网控制单元 J234-安全气囊控制单元 T3a-3芯插头连接 T38a-38芯插头连接 棕色、黑色 T50a-50芯插头连接 黄色 T73b-73芯插头连接 白色 T73c-73芯插头连接 黑色 B383-连接1（驱动CAN总线，High） 在主导线束中 B390-连接1（驱动CAN总线，Low） 在主导线束中 *-用于带车载电网控制单元BCM的汽车 *2-用于带车载电网控制单元BFM的汽车 *3-用于带回家照明功能的汽车

图 1-4-65

Motronic 控制单元、车载电网控制单元、数据总线诊断接口、诊断接口

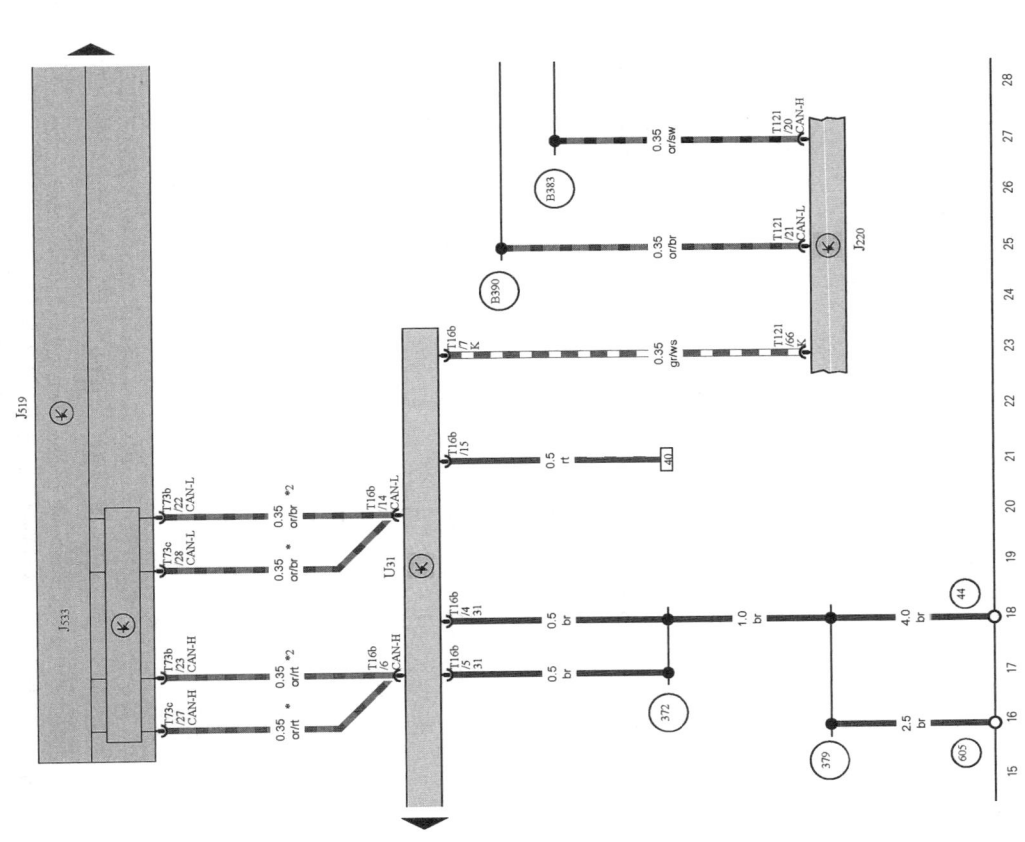

J220-Motronic控制单元 J519-车载电网控制单元 J533-数据总线诊断接口 T16b-16芯插头连接 黑色 T73b-73芯插头连接 白色 T73c-73芯插头连接 黑色 T121-121芯插头连接 黑色 U31-诊断接口 44-左侧A柱下部接地点 372-接地线连接14，在主导线束中 379-接地线14，在主导线束中 605-上部转向柱上的接地点 B383-连接1（驱动CAN总线，High） 在主导线束中 B390-连接1（驱动CAN总线，Low），在主导线束中 *-用于带车载电网控制单元BCM的汽车 *2-用于带车载电网控制单元BFM的汽车

图 1-4-64

转向角传感器、自动变速器控制单元、助力转向控制单元、车载电网控制单元

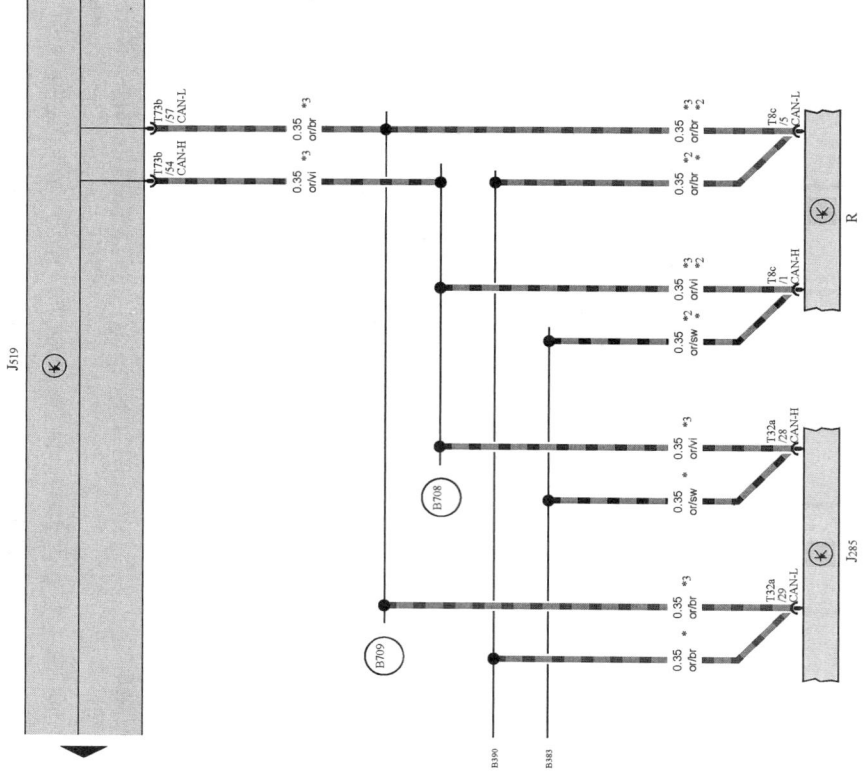

图1-4-66

G85－转向角传感器 J217－自动变速器控制单元 J500－助力转向控制单元 J519－车载电网控制单元 T3c－3芯插头连接，黑色 T16a－16芯插头连接，黑色 T81a－81芯插头连接，黑色 B383－连接1（驱动CAN总线，High），在主导线束中 B390－连接1（驱动CAN总线，Low），在主导线束中 *－用于带自动变速器的汽车 *2－用于带电子稳定程序（ESP）的汽车

组合仪表中的控制单元、车载电网控制单元、收音机

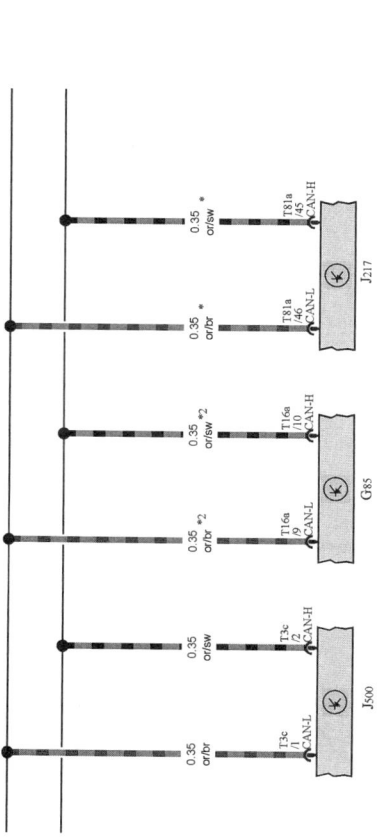

图1-4-67

J285－组合仪表中的控制单元 J519－车载电网控制单元 R－收音机 T8c－8芯插头连接 T32a－32芯插头连接，黑色 T73b－73芯插头连接，白色 B383－连接1（驱动CAN总线，High），在主导线束中 B390－连接1（组合仪表CAN总线，High），在主导线束中 B708－连接1（组合仪表CAN总线，Low），在主导线束中 B709－连接1（组合仪表CAN总线，Low），在主导线束中 *－用于带H4大灯的汽车 *2－用于带H7大灯的汽车 *3－用于带收音机 MIB-G标准型的汽车

蓄电池、交流发电机

安全气囊卷簧和带滑环的复位环、全自动空调控制单元、车载电网控制单元

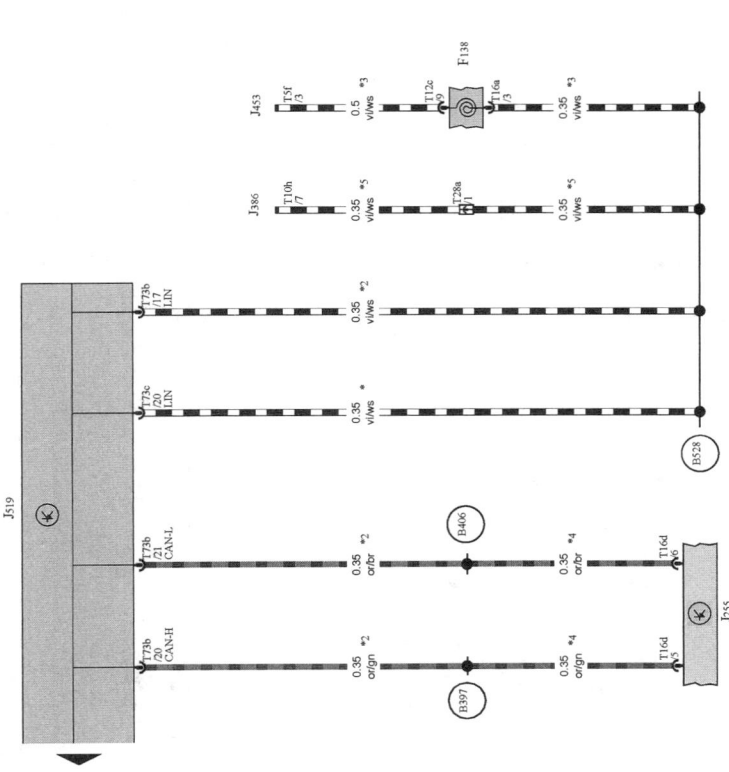

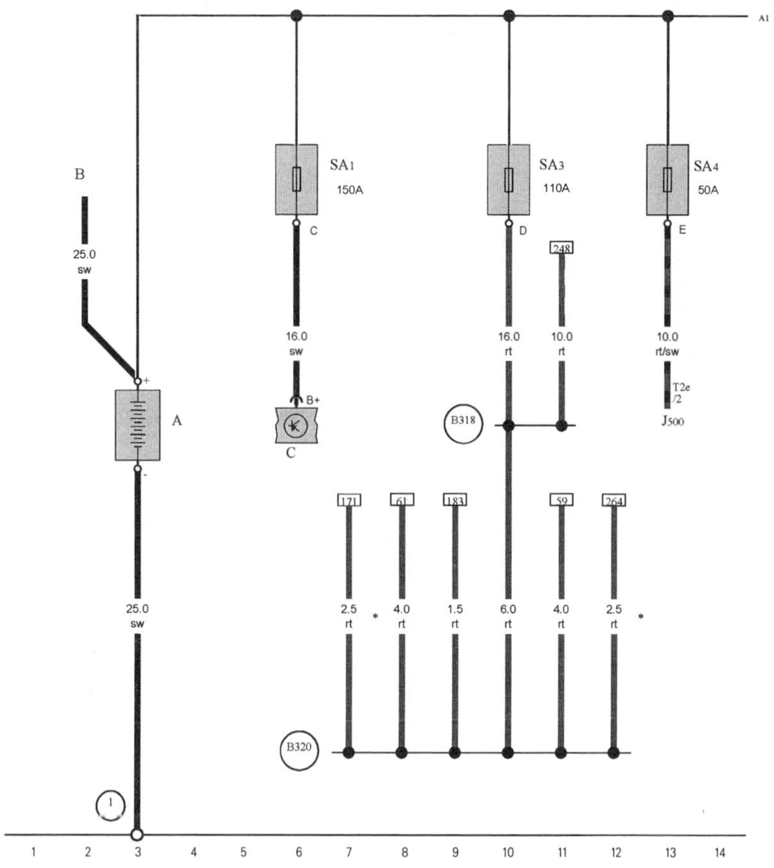

A-蓄电池 B-启动机 C-交流发电机 J500-助力转向控制单元 SA1-保险丝架A上的保险丝1 SA3-保险丝架A上的保险丝3 SA4-保险丝架A上的保险丝4 T2c-2芯插头连接，黑色 T2e-2芯插头连接，蓄电池-车身 B318-正板连接4（30a），在主导线束中 B320-正板连接6（30a），在主导线束中 *-用于带H7大灯的汽车

图1-4-69

F138-安全气囊卷簧和带滑环的复位环 J255-全自动空调控制单元 J386-驾驶员侧车门控制单元 J453-多功能方向盘控制单元 J519-车载电网控制单元 T5f-5芯插头连接，黑色 T10h-10芯插头连接，黑色 T12c-12芯插头连接，黄色 T16a-16芯插头连接，黑色 T16d-16芯插头连接，白色 T28a-28芯插头连接，黑色 T73b-73芯插头连接，黑色 T73c-73芯插头连接，黑色 B397-连接1（舒适CAN总线，High），在主导线束中 B406-连接1（舒适CAN总线，Low），在主导线束中 B528-连接1（LIN总线），在主导线束中 *-用于带车载电网控制单元BFM的汽车 *2-用于带车载电网控制单元BCM的汽车 *3-用于带电动调节式车外后视镜的汽车 *4-用于带全自动空调的汽车 *5-用于带多功能方向盘的汽车

图1-4-68

保险丝架 B　　　　　　　　　　　　　　　　　　　　　车载电网控制单元；供电继电器 1，接线端 75

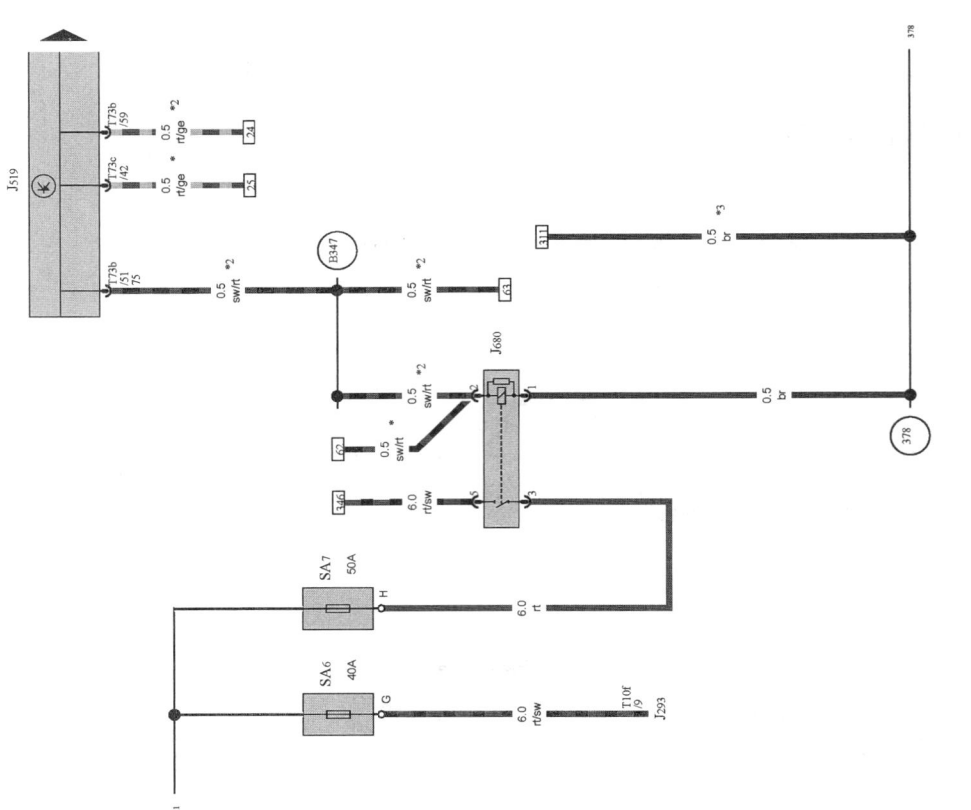

J293-散热器风扇控制单元　J519-车载电网控制单元　J680-供电继电器1，接线端75　SA6-保险丝架A上的保险丝6　SA7-保险丝架A上的保险丝7　T10f-10芯插头连接，白色　T73c-73芯插头连接，黑色　378-接地连接13，在主导线束中　B347-连接2（75），在主导线束中　*-用于带车载电网控制单元BCM的汽车　*2-用于带车载电网控制单元BFM的汽车　*3-用于带全自动空调的汽车

图 1-4-71

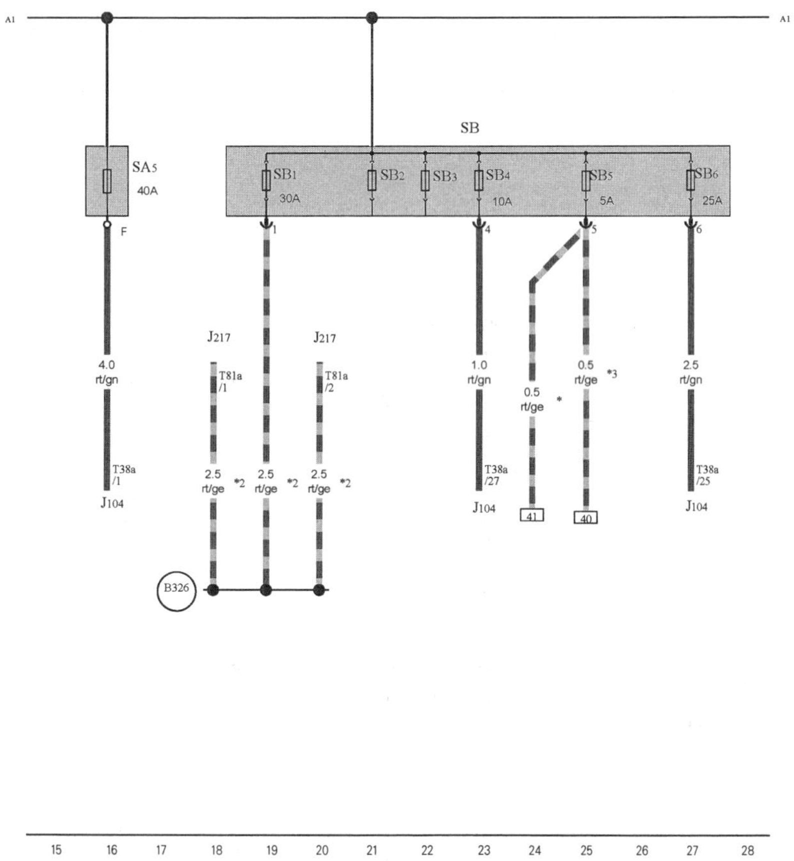

J104-ABS控制单元　J217-自动变速器控制单元　SA5-保险丝架A上的保险丝5　SB-保险丝架B　SB1-保险丝架B上的保险丝1　SB2-保险丝架B上的保险丝2　SB3-保险丝架B上的保险丝3　SB4-保险丝架B上的保险丝4　SB5-保险丝架B上的保险丝5　SB6-保险丝架B上的保险丝6　T38a-38芯插头连接，黑色　T81a-81芯插头连接，黑色　B326-正极连接12（30a），在主导线束中　*-用于带车载电网控制单元BCM的汽车　*2-用于带车载电网控制单元BFM的汽车　*3-用于带自动变速器的汽车

图 1-4-70

点火启动开关、主继电器、车载电网控制单元

启动机；车载电网控制单元；供电继电器，接线端50

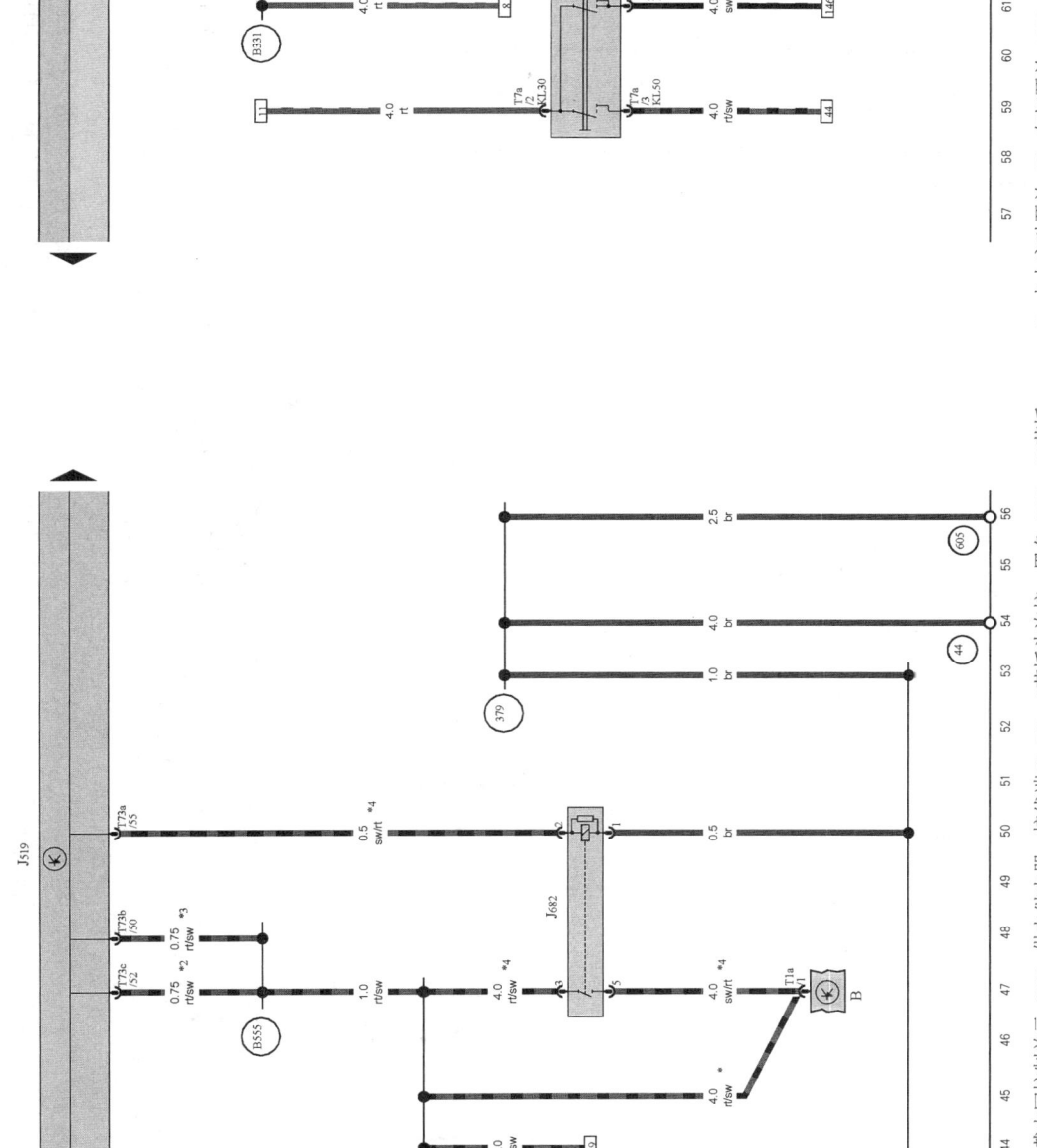

图 1-4-73

图 1-4-72

D–点火启动开关 E1–车灯开关 J220–Motronic控制单元 J271–主继电器 J519–车载电网控制单元 T121–121芯插头连接，黑色 T7a–7芯插头连接 T7a–7芯插头连接，黑色 T17a–17芯插头连接，黑色 B331–正极连接17（30a），地线连接13，在主导线束中 *1–用于带H7大灯的汽车 *2–用于带车载电网控制单元BFM的汽车 *3–用于带H4大灯的汽车 *4–用于带车载电网控制单元BCM的汽车

B–启动机 J519–车载电网控制单元 J682–供电继电器 T1a–1芯插头连接 T73a–73芯插头连接，黑色 T73a–73芯插头连接，接线端50 黑色 T73b–73芯插头连接，黑色 T73c–73芯插头连接，白色 T73c–73芯插头连接 44–左侧A柱下部接地点 378–接地连接13，在主导线束中 379–接地连接14，在主导线束中 605–上部转向柱上的接地点 B276–正极连接（50），在主导线束中 B555–正极连接2（50），在主导线束中 *1–用于带手动变速器的汽车 *2–用于带自动变速器的汽车 车载电网控制单元BFM的汽车 *3–用于带车载电网控制单元BCM的汽车 *4–用于带车载电网控制单元BCM的汽车

车载电网控制单元、保险丝架 C

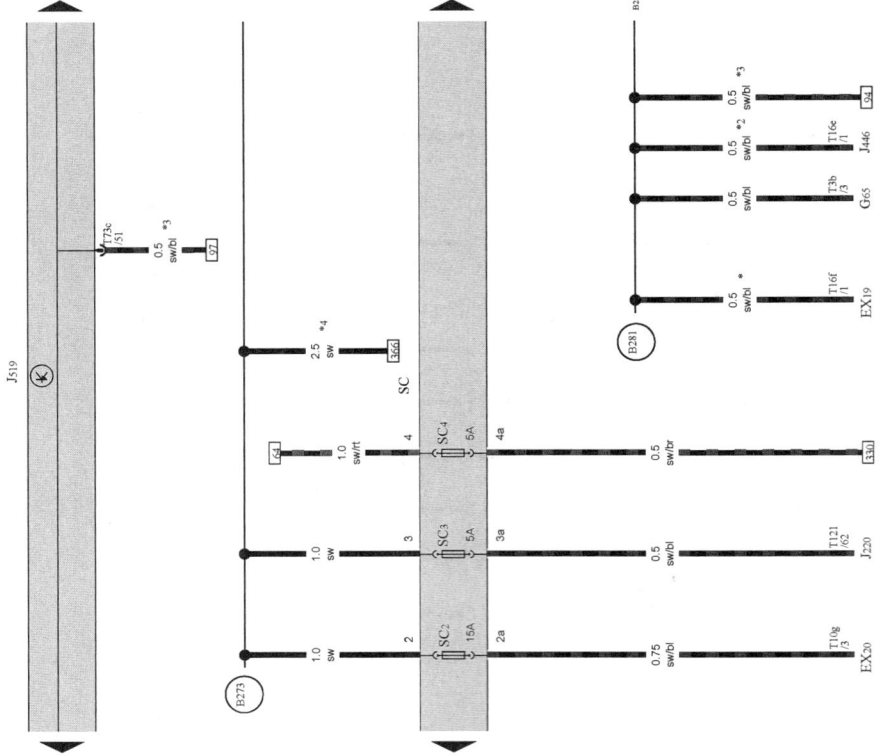

图 1-4-75

EX19-左侧转向柱开关 EX20-右侧转向柱开关 G65-高压传感器 J220-Motronic控制单元 J446-泊车雷达系统控制单元 J519-车载电网控制单元 SC-保险丝架 SC2-保险丝架C上的保险丝2 SC3-保险丝架C上的保险丝3 SC4-保险丝架C上的保险丝4 T3b-3芯插头连接 T10g-10芯插头连接, 黑色 T16e-16芯插头连接 T16f-16芯插头连接, 棕色 T16f-16芯插头连接, 黑色 T73c-73芯插头连接, 黑色 T121-121芯插头连接, 黑色 B273-正极连接 (15), 在主导线束中 B281-正极连接5 (15a), 在主导线束中 *-用于带定速巡航装置的汽车 *2-用于带泊车雷达系统 (PDC) 的汽车 *3-用于带车载电网控制单元BFM的汽车 *4-用于带H7大灯的汽车

车载电网控制单元、保险丝架 C

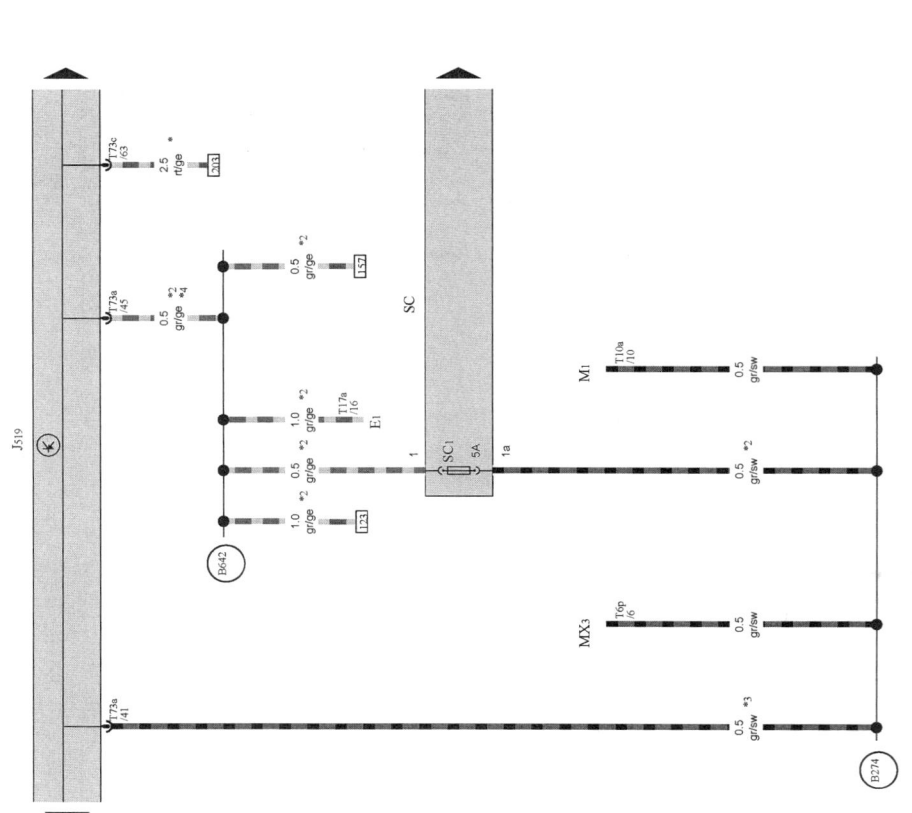

图 1-4-74

E1-车灯开关 J519-车载电网控制单元 M1-左侧驻车示宽灯泡 MX3-左侧尾灯 SC-保险丝架C SC1-保险丝架C上的保险丝1 T6p-6芯插头连接 T10a-10芯插头连接, 黑色 T17a-17芯插头连接, 黑色 T73a-73芯插头连接, 黑色 T73c-73芯插头连接, 黑色 B274-正极连接 (58L), 在主导线束中 B642-正极连接 (58), 在主导线束中 *-用于带车载电网控制单元BFM的汽车 *2-用于带H4大灯的汽车 *3-用于带H7大灯的汽车 *4-用于带车载电网控制单元BCM的汽车

车载电网控制单元、保险丝架 C

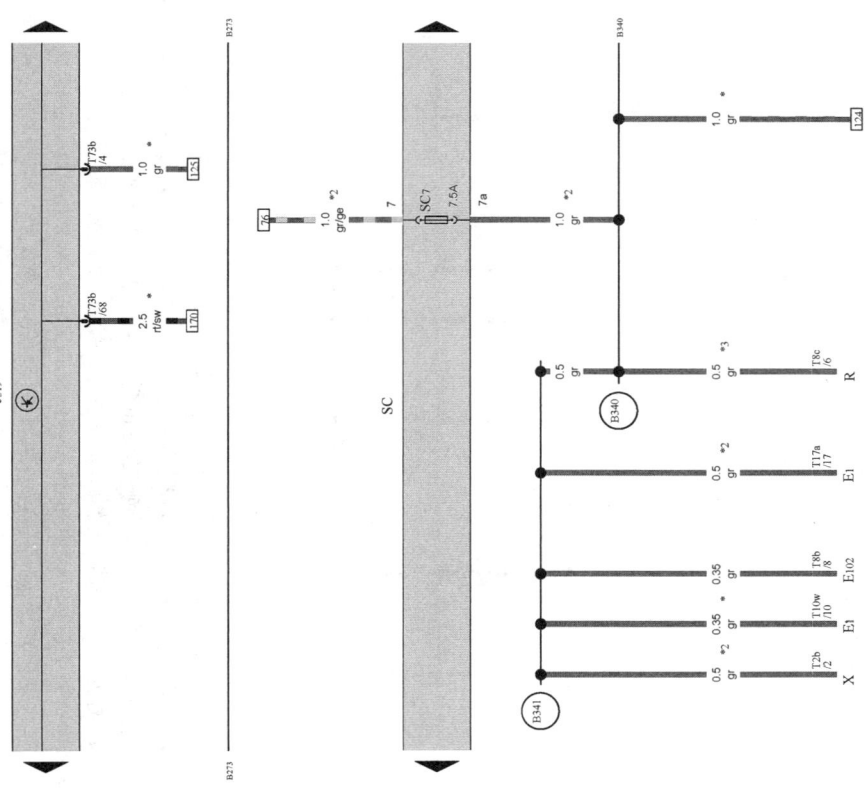

E1-车灯开关 E102-大灯照明距离调节器 J519-车载电网控制单元 R-收音机 SC-保险丝架C SC7-保险丝架C上的保险丝7 T2b-2芯插头连接 T8b-8芯插头连接，黑色 T8c-8芯插头连接，黑色 T10w-10芯插头连接，黑色 T17a-17芯插头连接，黑色 T73b-73芯插头连接，黑色 T73b-73芯插头连接，黑色 B273-正极连接 12芯插头连接 黄色 T16a-16芯插头连接 黑色 T16b-16芯插头连接 黑色 B340-连接1 (58d)，在主导线束中 B341-连接2 (58d)，在主导线束中 U31-诊断接口 B273-正极连接 (15)，在主导线束中 *-用于带收音机MIB-G 1DIN的汽车 *2-用于带H4大灯的汽车 *3-用于带车载电网控制 带H7大灯的汽车

图 1-4-77

安全气囊卷簧和带滑环的复位环、车载电网控制单元、保险丝架 C

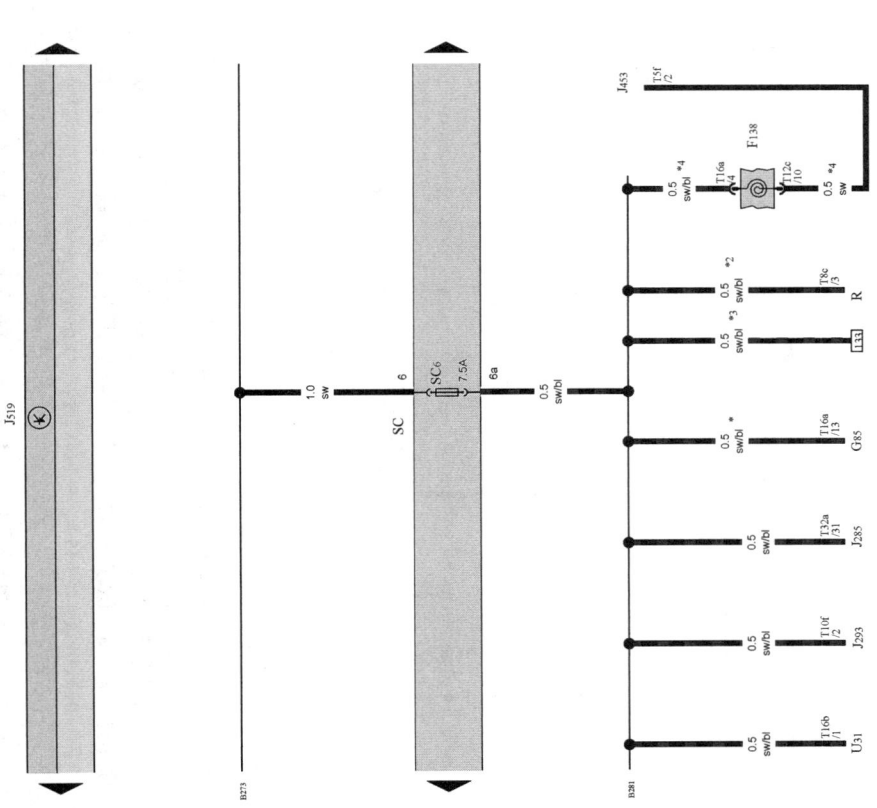

F138-安全气囊卷簧和带滑环的复位环 G85-转向角传感器 J285-组合仪表中的控制单元 J293-散热器风扇控制单元 J453-多功能方向盘控制单元 J519-车载电网控制单元 R-收音机 SC-保险丝架C SC6-保险丝架C上的保险丝6 T5f-5芯插头连接 T8c-8芯插头连接，黑色 T10f-10芯插头连接，黑色 T12c-12芯插头连接 黄色 T16a-16芯插头连接 黑色 T16b-16芯插头连接 黑色 T32a-32芯插头连接，蓝色 U31-诊断接口 B273-正极连接 B281-正极连接5 (15a)，在主导线束中 *-用于带电子稳定程序 (ESP) 的汽车 *2-用于带收音机MIB-G 1DIN的汽车 *3-用于带车载电网控制单元BCM的汽车 *4-用于带多功能方向盘的汽车

图 1-4-76

79

车载电网控制单元、保险丝架 C

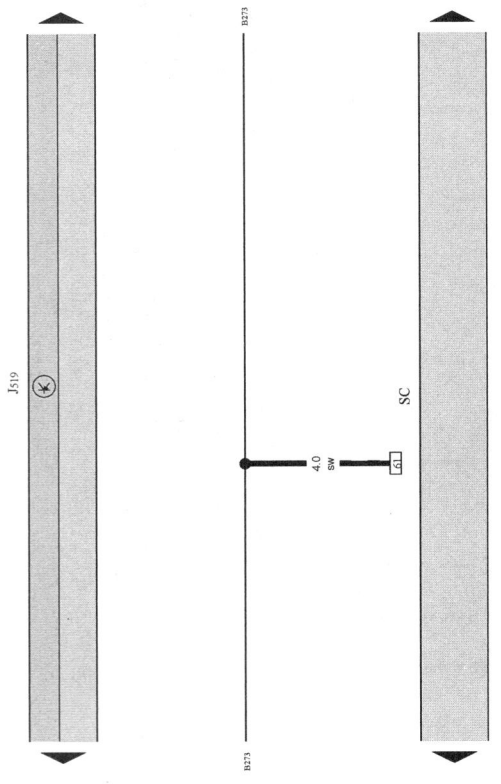

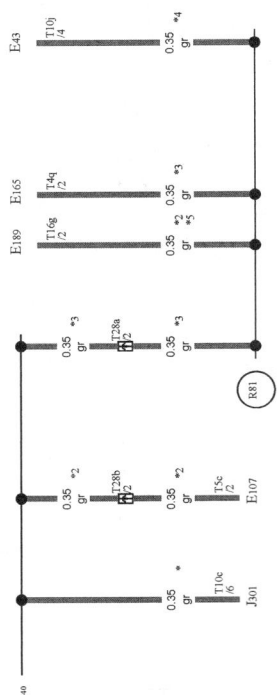

图 1-4-78

EX22－中部仪表板开关模块 E52－左后车门车窗升降器开关 E54－右后车门车窗升降器开关 J519－车载电网控制单元 L101－排挡杆挡位指示照明灯 SC－保险丝架C T2bd－2芯插头连接，黑色 T5d－5芯插头连接，黑色 T5e－5芯插头连接 T10s－10芯插头连接，黑色 T28c－28芯插头连接，左侧B柱上，左侧B柱上，黑色 T28d－28芯插头连接，右侧B柱上，黑色 T73a－73芯插头连接，黑色 T73b－73芯插头连接，白色 T73c－73芯插头连接，黑色 B273－正极连接（15），在主导线束中 B340－连接1（58d），在主导线束中 *－用于带车载电网控制单元BCM的汽车 *2－用于带轮胎充气压力监控的汽车 *3－用于带自动变速器的汽车 *4－依汽车装备而定 *5－用于带前后带车窗升降器的汽车 *6－用于带车载电网控制单元BFM的汽车

车载电网控制单元、保险丝架 C

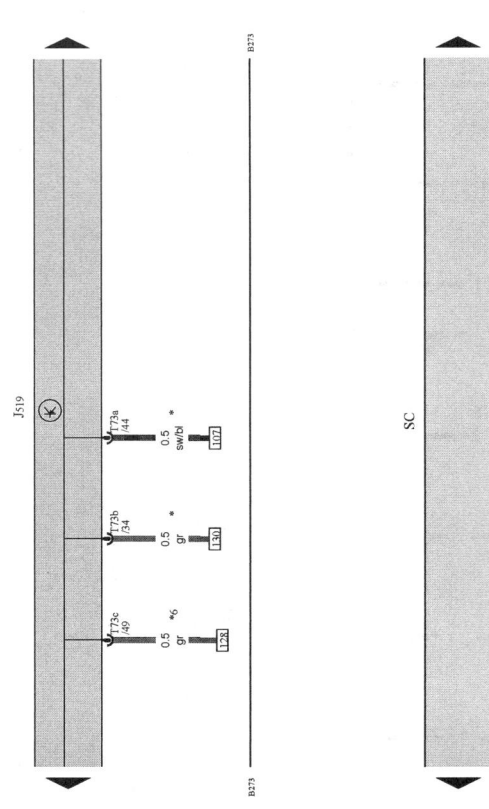

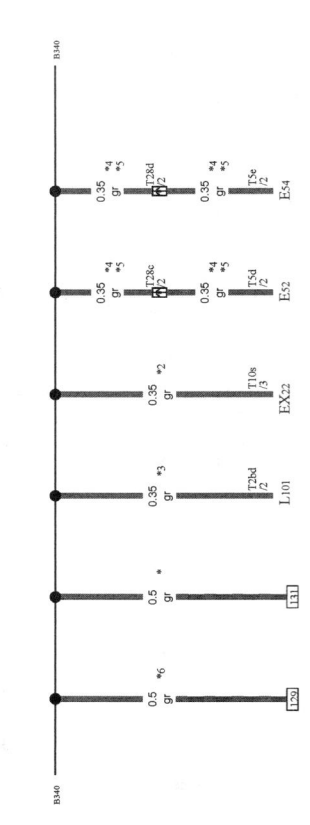

图 1-4-79

E43－后视镜调节开关 E107－副驾驶员车门中的车窗升降器开关 E165－后备箱盖开锁开关 E189－驾驶员车门中的车窗升降器中央开关 J301－空调器控制单元 J519－车载电网控制单元 SC－保险丝架C T4q－4芯插头连接，黑色 T5c－5芯插头连接，黑色 T10c－10芯插头连接，黑色 T10j－10芯插头连接，黑色 T16g－16芯插头连接，左侧A柱上，黑色 T28a－28芯插头连接，右侧A柱上，黑色 T28b－28芯插头连接，右侧A柱上，黑色 B273－正极连接（15），在主导线束中 B340－连接1（58d），在主导线束中 R81－连接1（58d），在驾驶员侧车门电缆导线束中 *－用于带手动调节空调的汽车 *2－依汽车装备而定 *3－用于带后备箱盖电控开启装置的汽车 *4－用于带电动调节车外后视镜的汽车 *5－用于带前后带车窗升降器的汽车

80

车载电网控制单元、保险丝架 C

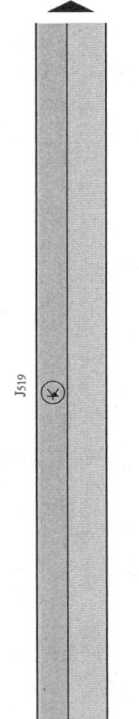

车载电网控制单元、保险丝架 C

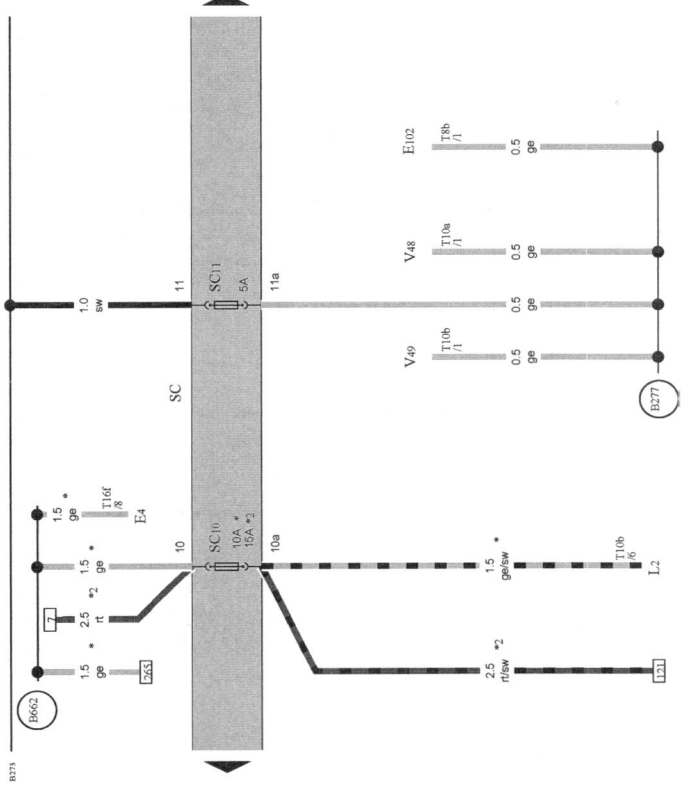

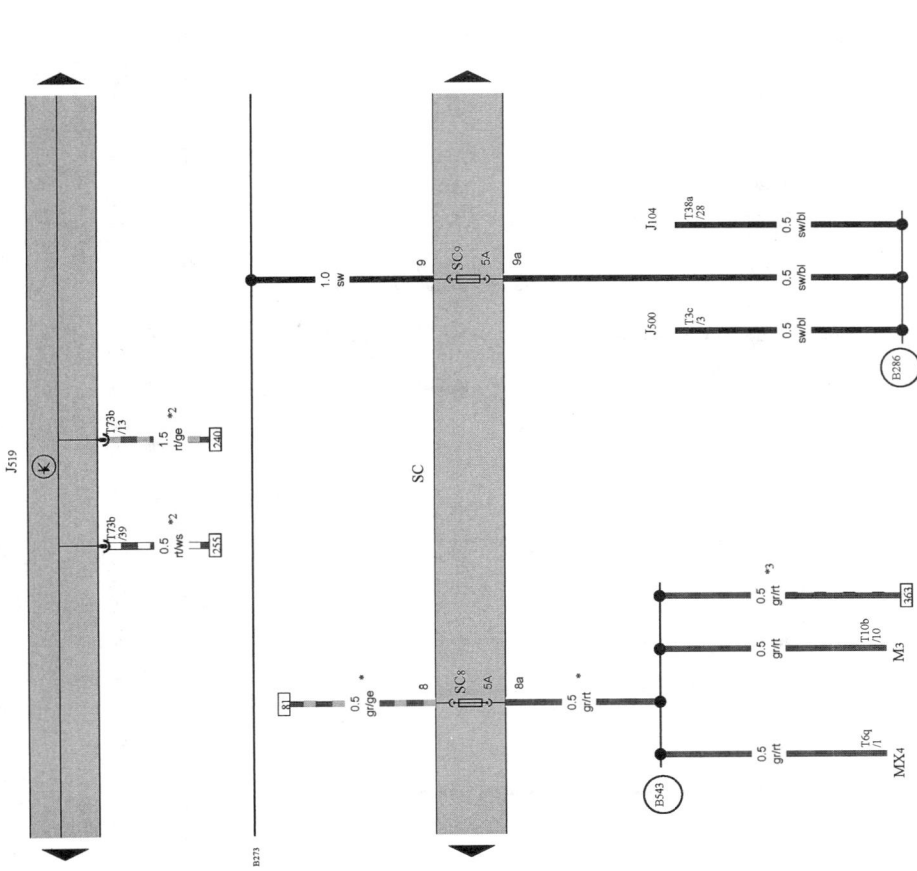

图 1-4-81

E4-手动远光灯功能和远光灯瞬时接通功能开关 E102-大灯照明距离调节器 J519-车载电网控制单元
L2-右侧大灯双灯丝灯泡 SC-保险丝架C SC10-保险丝架C上的保险丝10 SC11-保险丝架C上的保险丝
11 T8b-8芯插头连接，黑色 T10a-10芯插头连接，黑色 T10b-10芯插头连接，黑色 T16f-16芯插头连
接，黑色 V48-左侧大灯照明距离调节伺服电机 V49-右侧大灯照明距离调节伺服电机 B273-正极连接
（15），在主线束中 B277-正极连接 B662-连接2（56b），在主导线束中 *-
用于带H4大灯的汽车 *2-用于带H7大灯的汽车

图 1-4-80

J104-ABS控制单元 J500-助力转向控制单元 J519-车载电网控制单元 M3-右侧驻车宽灯示廓灯泡 MX4-右
侧尾灯 SC-保险丝架C SC8-保险丝架C上的保险丝8 SC9-保险丝架C上的保险丝9 T3c-3芯插头连接，
黑色 T6q-6芯插头连接，黑色 T10b-10芯插头连接，黑色 T38a-38芯插头连接，黑色 T73b-73芯
插头连接，白色 B273-正极连接（15），在主导线束中 B286-正极连接10（15a），在主导线束中 B543-
正极连接（58R），在主导线束中 *-用于带H4大灯的汽车 *2-用于带有车载电网控制单元BCM的汽车
*3-用于带H7大灯的汽车

81

车载电网控制单元、保险丝架 C

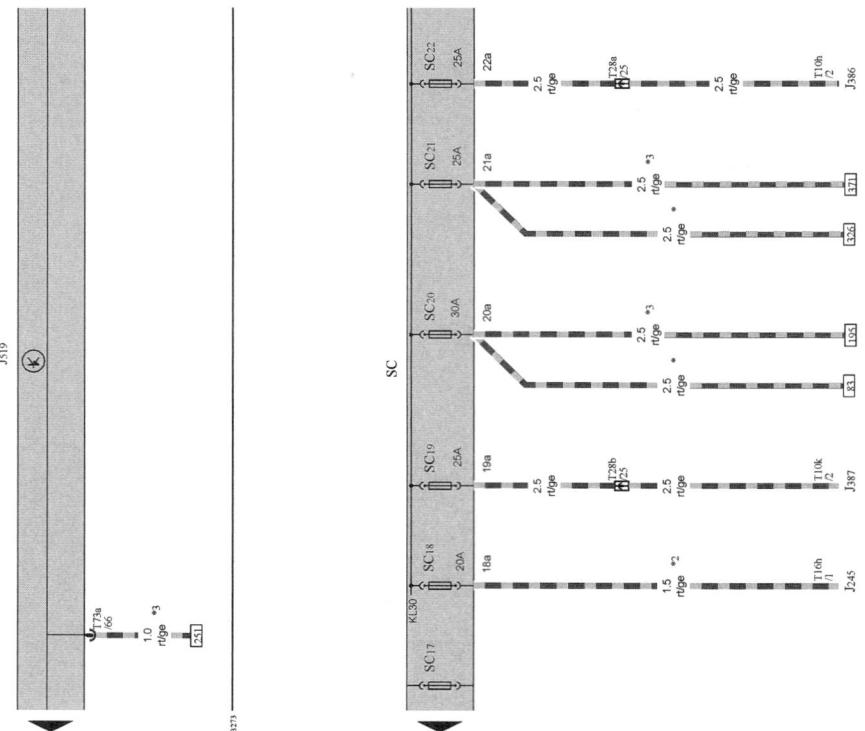

图 1-4-83

安全气囊控制单元、车载电网控制单元、保险丝架 C

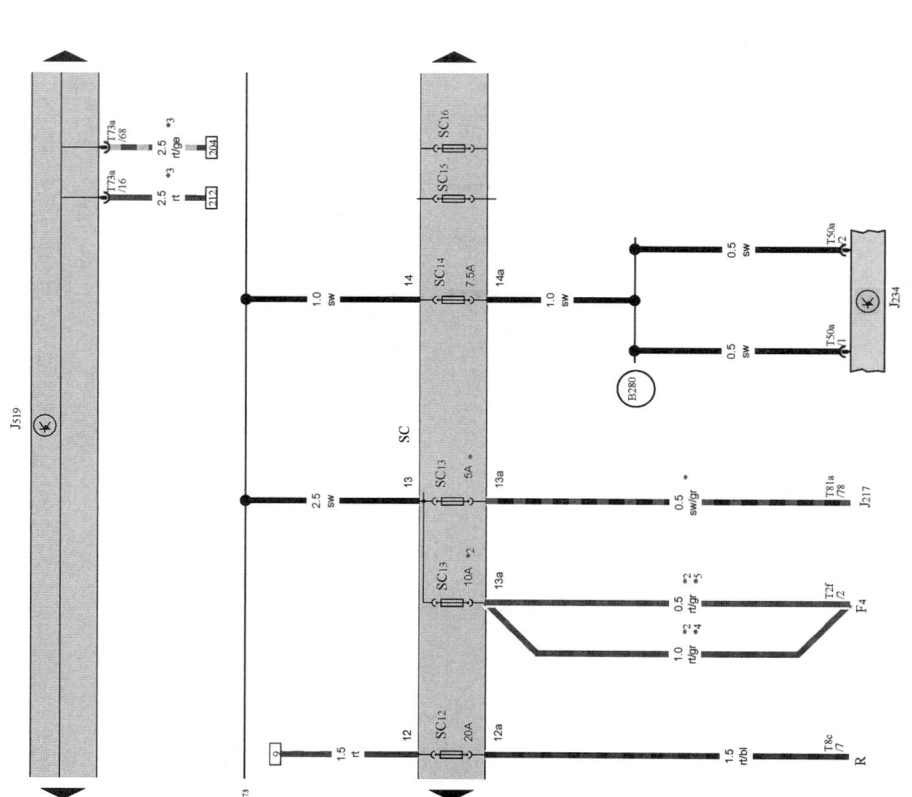

图 1-4-82

F4-倒车灯开关 J217-自动变速器控制单元 J234-安全气囊控制单元 J519-车载电网控制单元 R-收音机 SC-保险丝架 C SC12-保险丝架 C上的保险丝12 SC13-保险丝架 C上的保险丝13 SC14-保险丝架 C上的保险丝14 SC15-保险丝架 C上的保险丝15 SC16-保险丝架 C上的保险丝16 T2f-2芯插头连接 T8c-8芯插头连接，黑色 T50a-50芯插头连接，黄色 T73a-73芯插头连接 T81a-81芯插头连接，黑色 B273-正极连接（15），在主导线束中 B280-正极连接4（15a），在主导线束中 *-用于带自动变速器的汽车 *2-用于带手动变速器的汽车 *3-用于带车载电网控制单元BCM的汽车 *4-用于带H4大灯的汽车 *5-用于带H7大灯的汽车

J245-滑动天窗控制单元 J386-号驾驶员侧车门控制单元 J387-副驾驶员侧车门控制单元 J519-车载电网控制单元 SC-保险丝架 C SC17-保险丝架 C上的保险丝17 SC18-保险丝架 C上的保险丝18 SC19-保险丝架 C上的保险丝19 SC20-保险丝架 C上的保险丝20 SC21-保险丝架 C上的保险丝21 SC22-保险丝架 C上的保险丝22 T10h-10芯插头连接，黑色 T10k-10芯插头连接，黑色 T16h-16芯插头连接，黑色 T28a-28芯插头连接，黑色 T28b-28芯插头连接，黑色 T73a-73芯插头连接，黑色 B273-正极连接（15），左侧A柱上，黑色 B273-正极连接，右侧A柱上，在主导线束中 *2-用于带扩叠式滑动天窗的汽车 *3-用于带车载电网控制单元BFM的汽车 *3-用于带车载电网控制单元BCM的汽车

82

车载电网控制单元、保险丝架 C

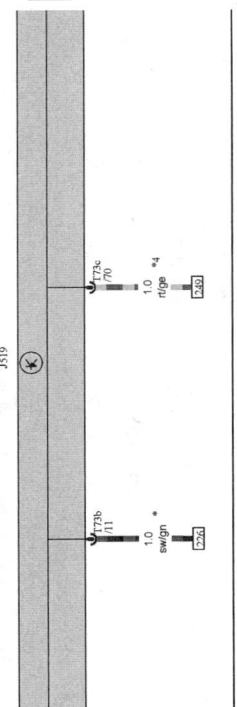

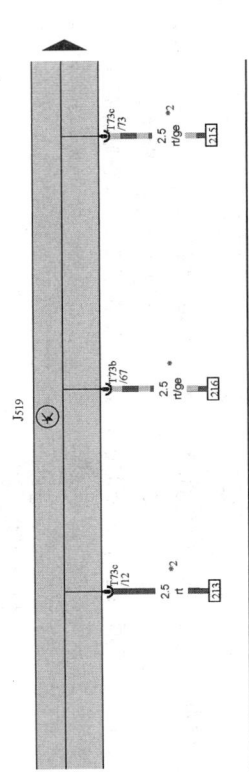

燃油泵继电器、车载电网控制单元、保险丝架 C

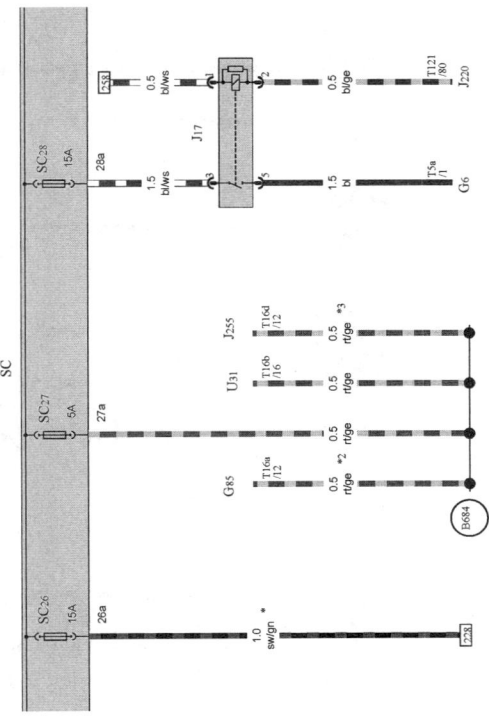

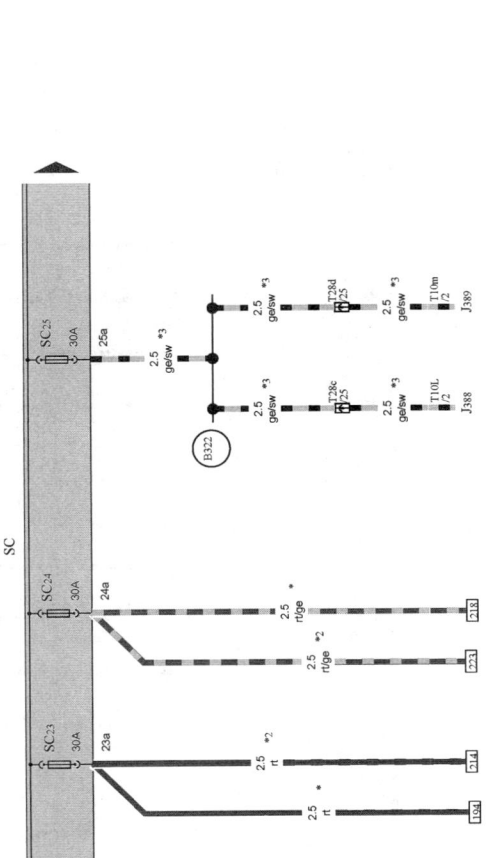

J388–左后车门控制单元 J389–右后车门控制单元 J519–车载电网控制单元 SC–保险丝架 C SC23–保险丝23 SC24–保险丝24 SC25–保险丝25 T10L–10芯插头连接，黑色 T10m–10芯插头连接，右侧B柱上，黑色 T28c–28芯插头连接，左侧B柱上，黑色 T28d–28芯插头连接，右侧B柱上，黑色 T73b–73芯插头连接，白色 T73c–73芯插头连接，黑色 B273–正极连接（15），在主导线束中 B322–正极连接8（30a），在主导线束中 *–用于带车载电网控制单元BCM的汽车 *2–用于带前后车窗升降器的汽车 *3–用于带车窗升降器的汽车

图 1-4-84

G6–预供给燃油泵 G85–转向角传感器 J17–燃油泵继电器 J220–Motronic控制单元 J255–全自动空调控制单元 J519–车载电网控制单元 SC–保险丝架 C SC26–保险丝架C上的保险丝26 SC27–保险丝架C上的保险丝27 SC28–保险丝架C上的保险丝28 T5a–5芯插头连接，黑色 T16a–16芯插头连接，黑色 T16b–16芯插头连接，黑色 T16d–16芯插头连接，黑色 T73b–73芯插头连接，白色 T73c–73芯插头连接，黑色 T121–121芯插头连接，黑色 U31–诊断接口 B273–正极连接（15），在主导线束中 B684–正极连接24（30a），在主导线束中 *–用于带车载电网控制单元BCM的汽车 *2–用于带电子稳定程序（ESP）的汽车 *3–用于带全自动空调的汽车 *4–用于带车载电网控制单元BFM的汽车

图 1-4-85

车载电网控制单元、保险丝架 C

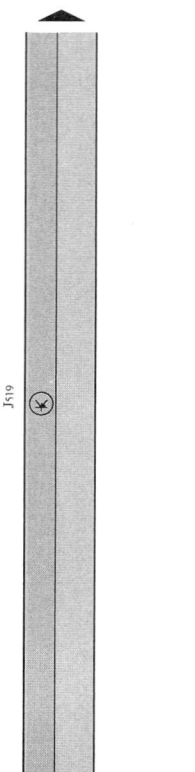

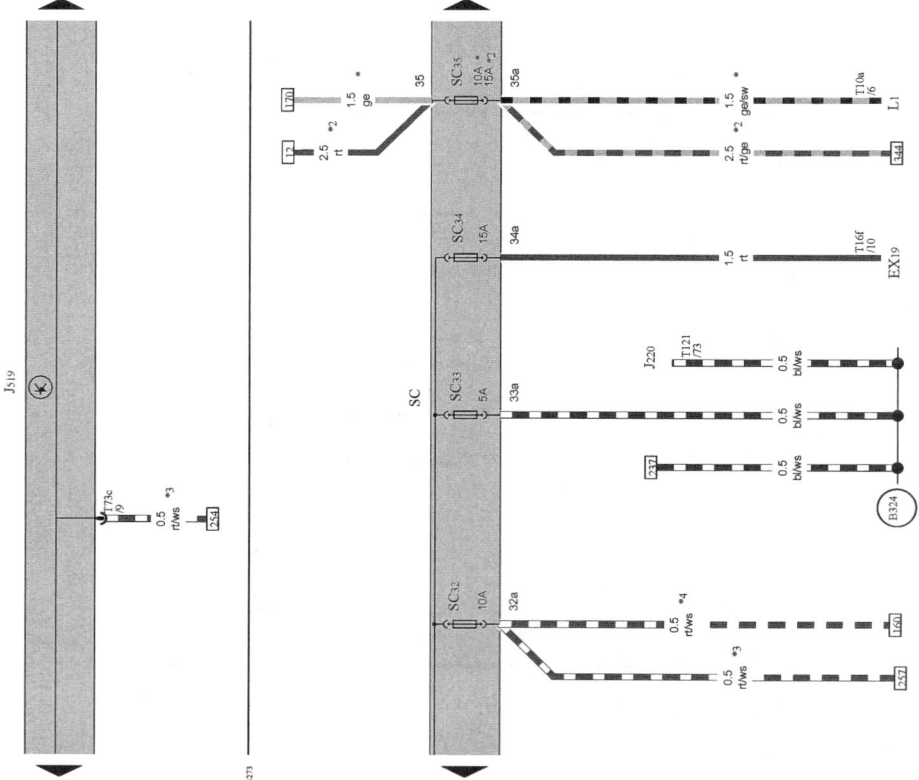

图 1-4-86

G397–雨水与光线识别传感器 J285–组合仪表中的控制单元 J519–车载电网控制单元 N376–点火钥匙防拔出锁磁铁 SC–保险丝架 C SC29–保险丝架 C 上的保险丝29 SC30–保险丝架 C 上的保险丝30 SC31–保险丝架 C 上的保险丝31 T2c–2芯插头连接，黑色 T3r–3芯插头连接，黑色 T32a–32芯插头连接，蓝色 B273–正极连接（15），在主导线束中 B315–正极连接1（30a），在主导线束中 B558–正极连接22（30a），在主导线束中 *–用于带车载电网控制单元BFM的汽车 *2–用于带车载电网控制单元BCM的汽车 *3–用于带自动变速器的汽车 *4–用于带回家照明功能的汽车

车载电网控制单元、保险丝架 C

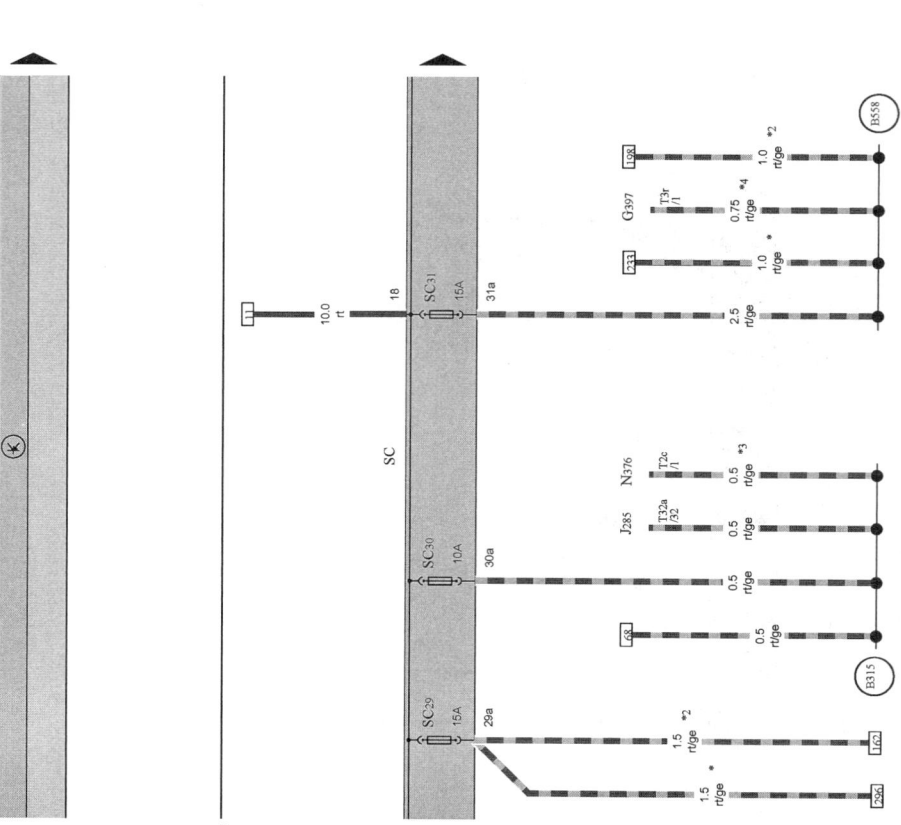

图 1-4-87

EX19–左侧转向柱开关 J220–Motronic控制单元 J285–组合仪表中的控制单元 J519–车载电网控制单元 L1–左侧大灯双灯丝灯泡 SC–保险丝架 C SC32–保险丝架 C 上的保险丝32 SC33–保险丝架 C 上的保险丝33 SC34–保险丝架 C 上的保险丝34 SC35–保险丝架 C 上的保险丝35 T10a–10芯插头连接，黑色 T16f–16芯插头连接，黑色 T73c–73芯插头连接，黑色 T121–121芯插头连接，黑色 B273–正极连接（15），在主导线束中 B324–正极连接10（30a），在主导线束中 *–用于带H4大灯的汽车 *2–用于带H7大灯的汽车 *3–用于带车载电网控制单元BFM的汽车 *4–用于带车载电网控制单元BCM的汽车

84

車載電網控制單元，保險絲架 C

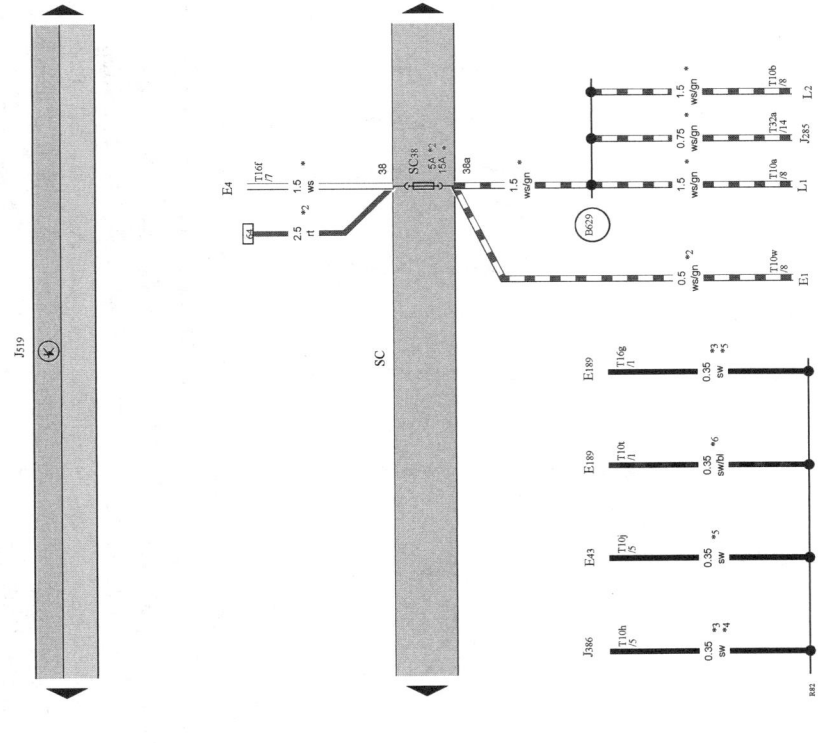

图 1-4-89

281	282	283	284	285	286	287	288	289	290	291	292	293	294

E1-車燈開關　E4-手動光燈遠光燈瞬時接通功能和遠光燈瞬時接通功能開關　E43-後視鏡調節開關　E189-駕駛員車門中的車窗升降器中央開關　J285-組合儀表中的控制單元　J386-駕駛員側車門控制單元　J519-車載電網控制單元　SC-保險絲架 C　SC38-保險絲架C上的保險絲38　T10a-10芯插頭連接，黑色　T10b-10芯插頭連接，黑色　T10h-10芯插頭連接，黑色　T10j-10芯插頭連接，黑色　T10w-10芯插頭連接，黑色　T16f-16芯插頭連接，黑色　T16g-16芯插頭連接，黑色　T32a-32芯插頭連接，藍色　B629-連接（56a）　R82-正極連接1　在主導線束中　*-用於帶H7大燈的汽車　*2-用於帶H4大燈的汽車　*3-用於帶H7大燈的汽車　L1-右側大燈雙絲雙燈絲燈泡　L2-右側大燈雙絲雙燈絲燈泡　*4-用於不帶電動調節式車外後視鏡的汽車　*5-用於帶電動調節式車外後視鏡的汽車

車載電網控制單元，保險絲架 C

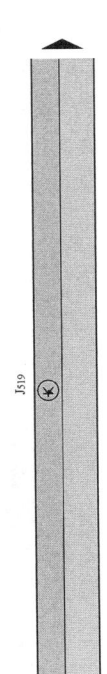 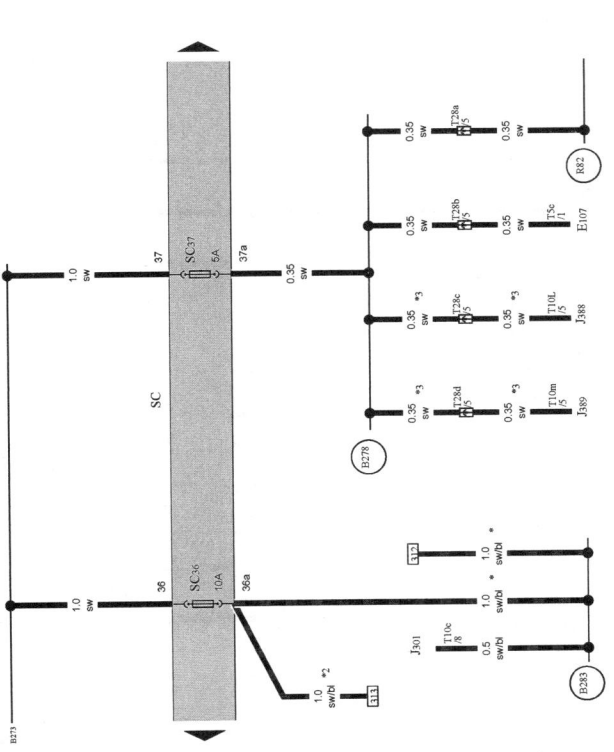

图 1-4-88

267	268	269	270	271	272	273	274	275	276	277	278	279	280

E107-副駕駛員車門中車窗升降器開關　J301-空調器控制單元　J388-左後車門控制單元　J389-右後車門控制單元　J519-車載電網控制單元　SC-保險絲架 C　SC36-保險絲架C上的保險絲36　SC37-保險絲架C上的保險絲37　T5c-5芯插頭連接，黑色　T10c-10芯插頭連接，黑色　T10L-10芯插頭連接，黑色　T10m-10芯插頭連接，黑色　T28a-28芯插頭連接，左側A柱上，黑色　T28b-28芯插頭連接，右側A柱上，黑色　T28c-28芯插頭連接，左側B柱上，黑色　T28d-28芯插頭連接，右側B柱上，黑色　B273-正極連接（15）　B278-正極連接2（15a），在主導線束中　B283-正極連接7（15a），在主導線束中　R82-正極連接　*-用於帶手動調節空調的汽車　*2-用於帶手動調節空調的汽車　*3-用於前後帶車窗升降器的汽車

85

空调器继电器、车载电网控制单元、保险丝架 C

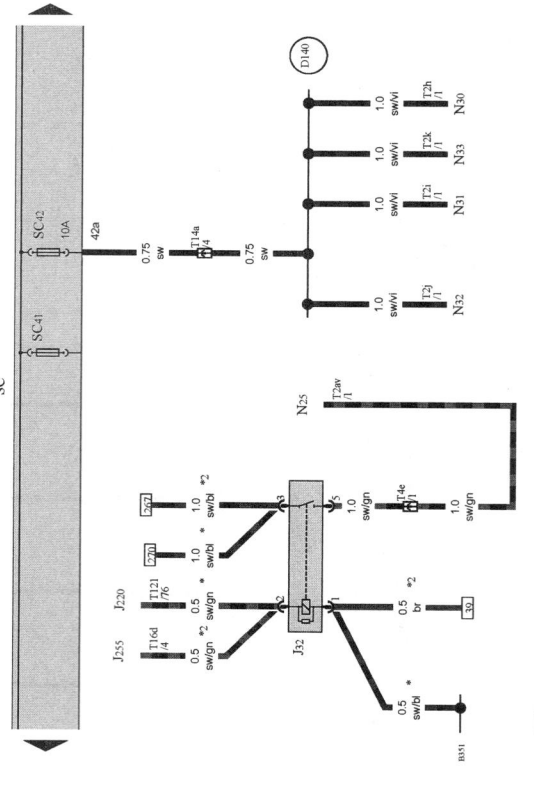

SC

图 1-4-91

J32—空调器继电器 J220—Motronic控制单元 J255—全自动空调控制单元 J519—车载电网控制单元 N25—空调器电磁离合器 N30—气缸1喷油器 N31—气缸2喷油器 N32—气缸3喷油器 N33—气缸4喷油器 SC—保险丝架 C SC41—保险丝架 C 上的保险丝41 SC42—保险丝架 C 上的保险丝42 T2av—2芯插头连接、黑色 T2h—2芯插头连接、黑色 T2i—2芯插头连接、黑色 T2j—2芯插头连接、黑色 T2k—2芯插头连接、黑色 T4e—4芯插头连接、黑色 T14a—14芯插头连接、绿色 T14a—14芯插头连接、发动机舱内左前、灰色 T16d—16芯插头连接、黑色 T121—121芯插头连接、发动机舱内左前、黑色 B351—正极连接2 (87a)、在主导线束中 D140—连接器 (喷油器)、在发动机舱预接电缆导线束中 *—用于带手动调节空调器的汽车 *2—用于带全自动空调的汽车

车载电网控制单元、保险丝架 C

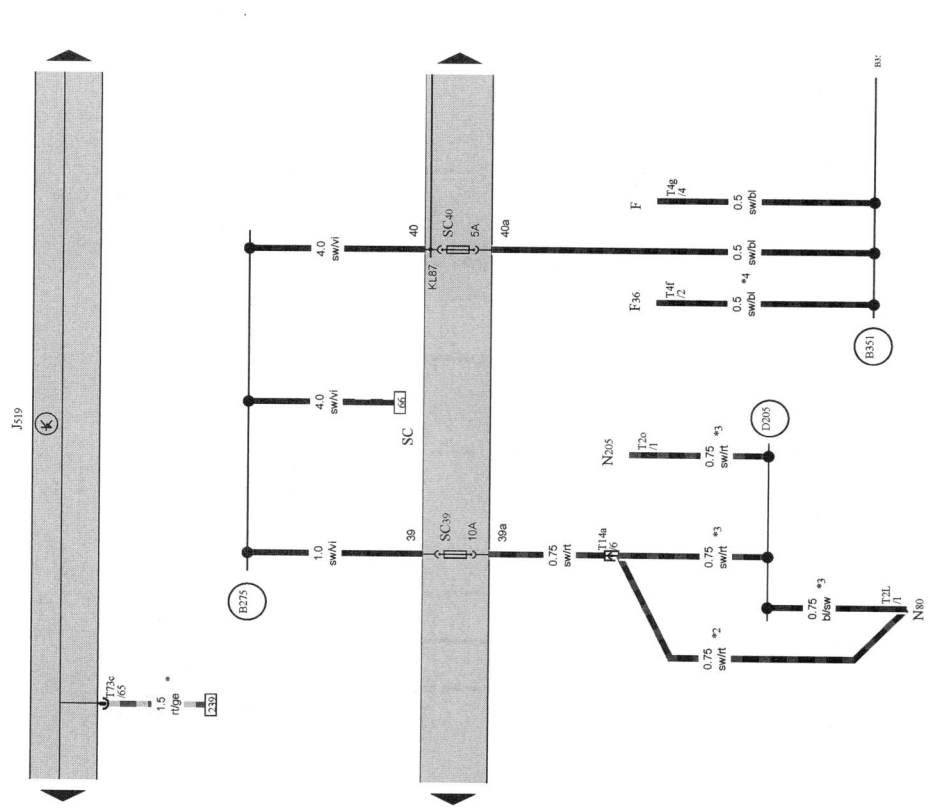

图 1-4-90

F—制动信号灯开关 F36—离合器踏板开关 J519—车载电网控制单元 N80—活性炭罐电磁阀1 N205—凸轮轴调节阀1 SC—保险丝架 C SC39—保险丝架 C 上的保险丝39 SC40—保险丝架 C 上的保险丝40 T2L—2芯插头连接、黑色 T2o—2芯插头连接、黑色 T4f—4芯插头连接、蓝色 T4g—4芯插头连接、黑色 T14a—14芯插头连接、黑色 T73c—73芯插头连接、灰色、发动机舱内左前、在主导线束中 D205—连接3 (87a)、在发动机预接线束导线束中 B275—正极连接 (87)、在主导线束中 B351—正极连接2 (87a)、在发动机预接线束导线束中 *—用于带车载电网控制单元 *2—用于带1.4L发动机的汽车 *3—用于带1.6L发动机的汽车 *4—用于带手动变速器的汽车 控制单元BFM的汽车

86

车载电网控制单元、保险丝架 C

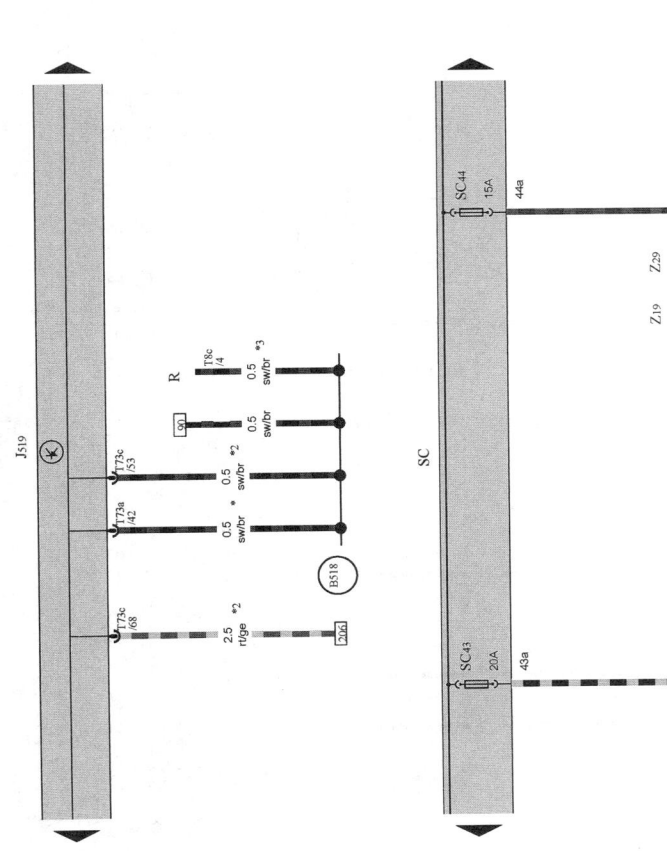

图 1-4-92

J220－Motronic控制单元　J519－车载电网控制单元　R－收音机　SC－保险丝架C　SC43－保险丝架C上的保险丝43　SC44－保险丝架C上的保险丝44　T4h－4芯插头连接　T4i－4芯插头连接，棕色　T8c－8芯插头连接，黑色　Z19－氧传感器　Z29－尾气催化净化器后的氧传感器　T73a～73c插头连接，黑色　T73c～73c插头连接，黑色　T121－121芯插头连接3（87a），在主导线束中　B352－正极连接　B518－连接（86s），在主导线束中　*－用于带车载电网控制单元BCM的汽车　*2－用于带车载电网控制单元BFM的汽车　*3－用于带收音机[MIB-G 1DIN]的汽车

车载电网控制单元、保险丝架 C

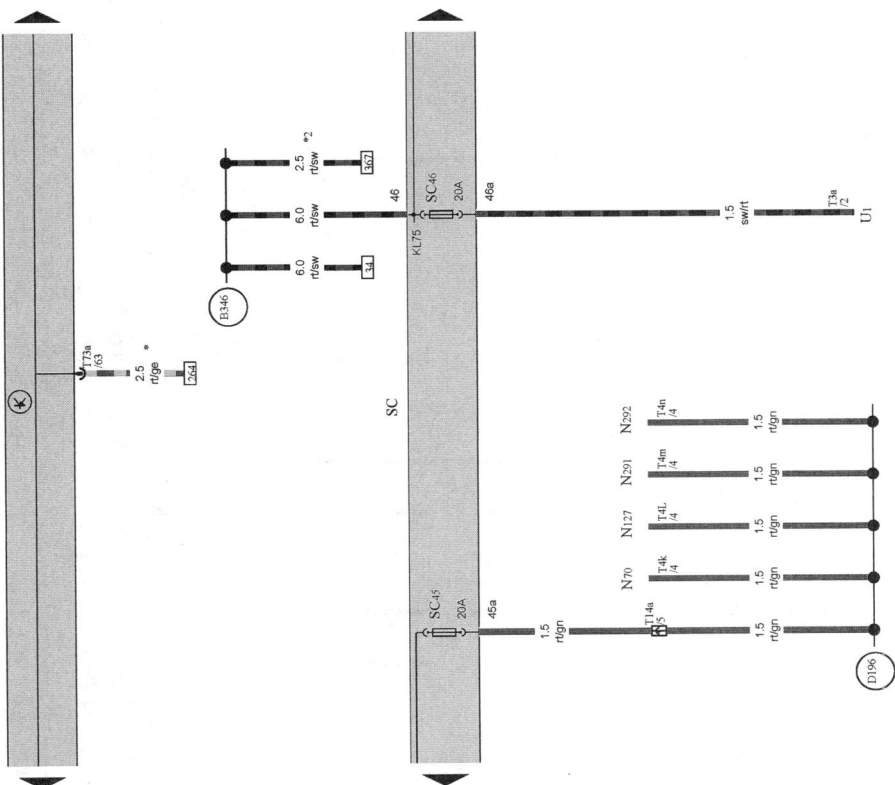

图 1-4-93

J519－车载电网控制单元　N70－带功率输出级的点火线圈1　N127－带功率输出级的点火线圈2　N291－带功率输出级的点火线圈3　N292－带功率输出级的点火线圈4　SC－保险丝架C　SC45－保险丝架C上的保险丝45　SC46－保险丝架C上的保险丝46　T3a－3芯插头连接，白色　T4k－4芯插头连接，黑色　T4L－4芯插头连接，黑色　T4m－4芯插头连接，黑色　T4n－4芯插头连接，黑色　T14a－14芯插头连接，黑色　U1－点烟器　B346－连接1（75）　T73a～73c插头连接，黑色　B346－连接2（87a），在主导线束中　D196－连接2（87a），在发动机舱内前，灰色　*－用于带H4大灯的汽车　*2－用于带H7大灯的汽车

车载电网控制单元、保险丝架 C

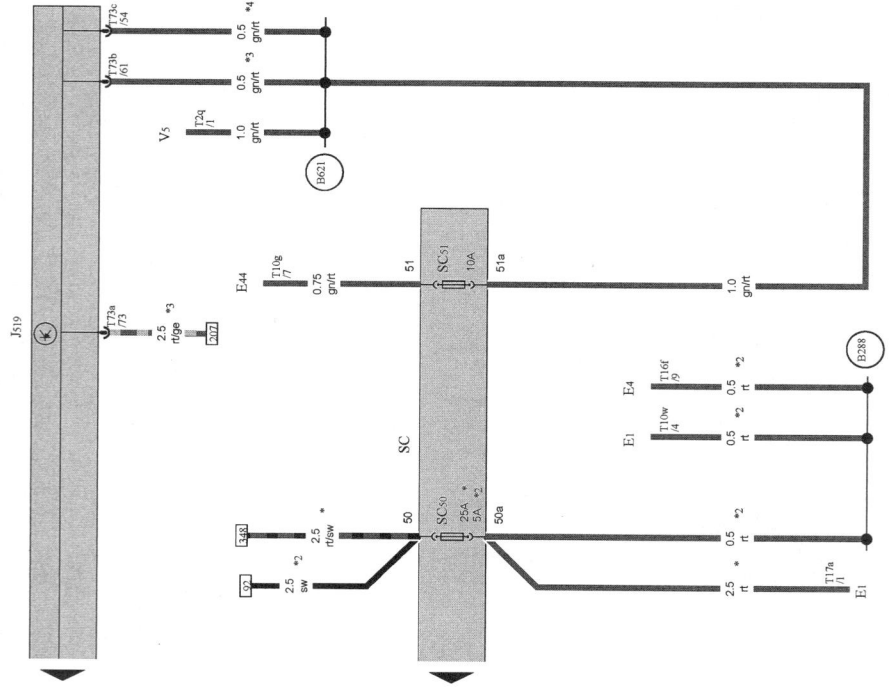

E1-车灯开关 E4-手动闪光灯功能和远光灯瞬时接通功能开关 E44-车窗玻璃清洗泵通断开关（自动刮水/清洗装置和大灯清洗装置）J519-车载电网控制单元 SC-保险丝架C SC50-保险丝架C上的保险丝50 SC51-保险丝架C上的保险丝51 T2q-2芯插头连接，黑色 T10g-10芯插头连接，黑色 T10w-10芯插头连接，黑色 T16f-16芯插头连接，黑色 T17a-17芯插头连接，黑色 T73a-73芯插头连接，黑色 T73b-73芯插头连接，黑色 T73c-73芯插头连接，白色 B288-正极连接12（15a），在主导线束中 B288-正极连接1（53c），在主导线束中 B621-连接1（53c），在主导线束中 V5-车窗玻璃清洗泵 ＊-用于带H4大灯的汽车 ＊2-用于带H7大灯的汽车 ＊3-用于带车载电网控制单元BCM的汽车 ＊4-用于带车载电网控制单元BFM的汽车

图 1-4-95

车载电网控制单元、保险丝架 C

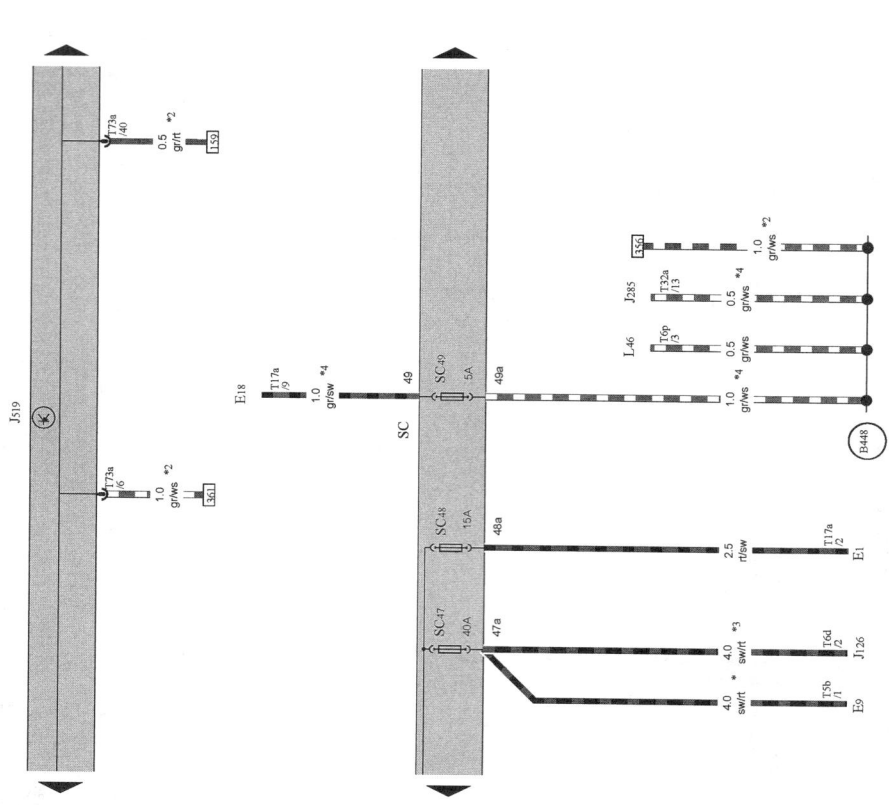

E1-车灯开关 E9-新鲜空气鼓风机开关 E18-后雾灯开关 J126-新鲜空气鼓风机控制单元 J285-组合仪表 J519-车载电网控制单元 L46-左侧后雾灯泡 SC-保险丝架C SC47-保险丝架C上的保险丝47 SC48-保险丝架C上的保险丝48 SC49-保险丝架C上的保险丝49 T5b-5芯插头连接，黑色 T6d-6芯插头连接，黑色 T6p-6芯插头连接，黑色 T17a-17芯插头连接，黑色 T32a-32芯插头连接，蓝色 T73a-73芯插头连接，黑色 B448-连接（后雾灯），在主导线束中 ＊-用于带手动调节空调的汽车 ＊2-用于带自动调节空调的汽车 ＊3-用于带H4大灯的汽车 ＊4-用于带H7大灯的汽车

图 1-4-94

88

第五节　基本装备

基本装备电路图（自 2017 年 8 月起）的图号和图名对照表见表 1-5-1。

表 1-5-1　基本装备电路图（自 2017 年 8 月起）的图号和图名对照表

图号	图名
图 1-5-1 ～图 1-5-32	基本装备

蓄电池、交流发电机、电压调节器、车载电网控制单元

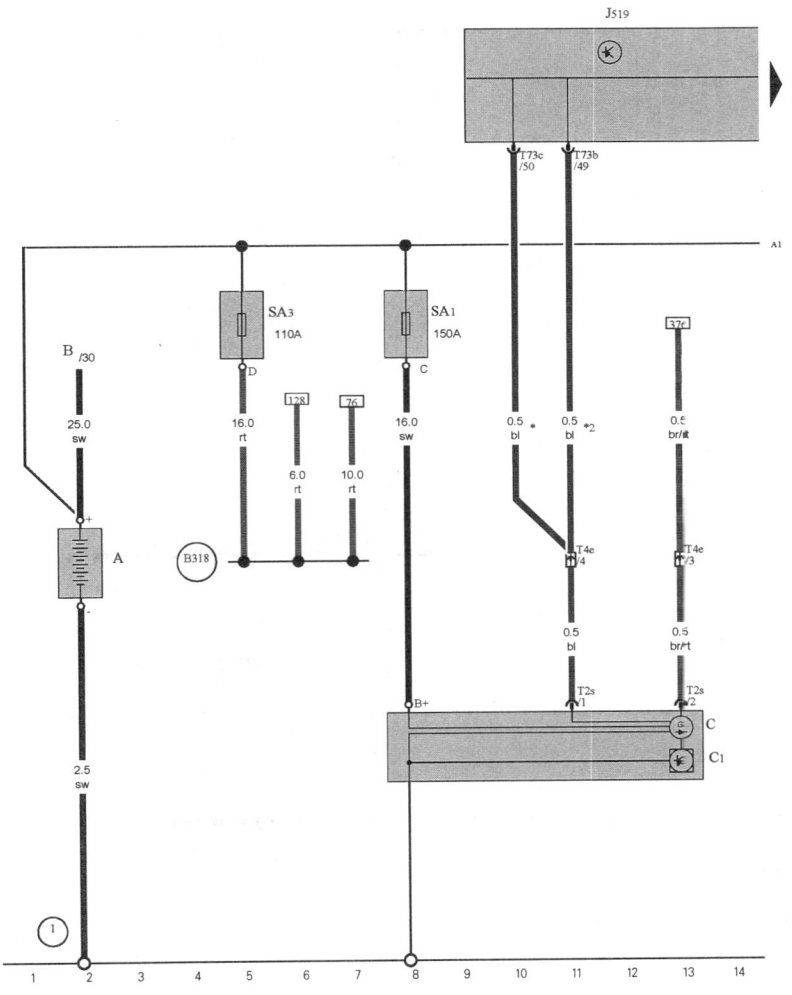

A-蓄电池　B-启动机　C-交流发电机　C1-电压调节器　J519-车载电网控制单元　SA1-保险丝架A上的保险丝1　SA3-保险丝架A上的保险丝3　T2s-2芯插头连接，黑色　T4e-4芯插头连接，发动机舱内左前，绿色　T73b-73芯插头连接，白色　T73c-73芯插头连接，黑色　1-接地带，蓄电池-车身　B318-正极连接4（30a），在主导线束中　*-用于带车载电网控制单元BFM的汽车　*2-用于带车载电网控制单元BCM的汽车

图 1-5-1

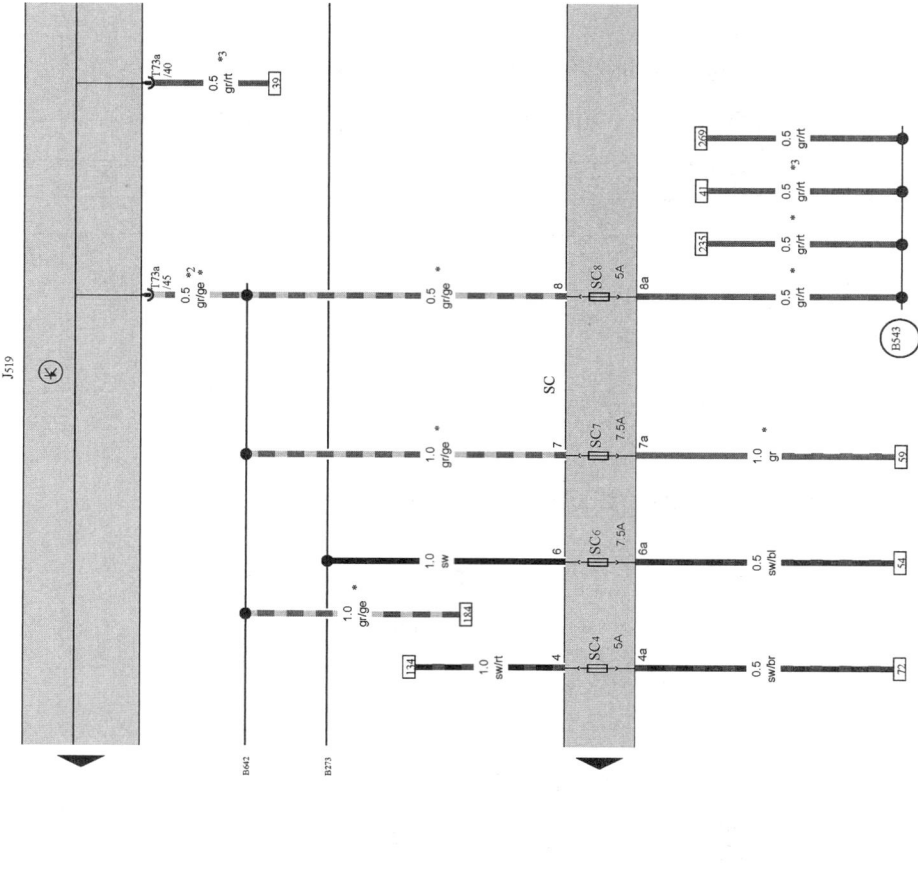

车载电网控制单元、保险丝架 C

图 1-5-3

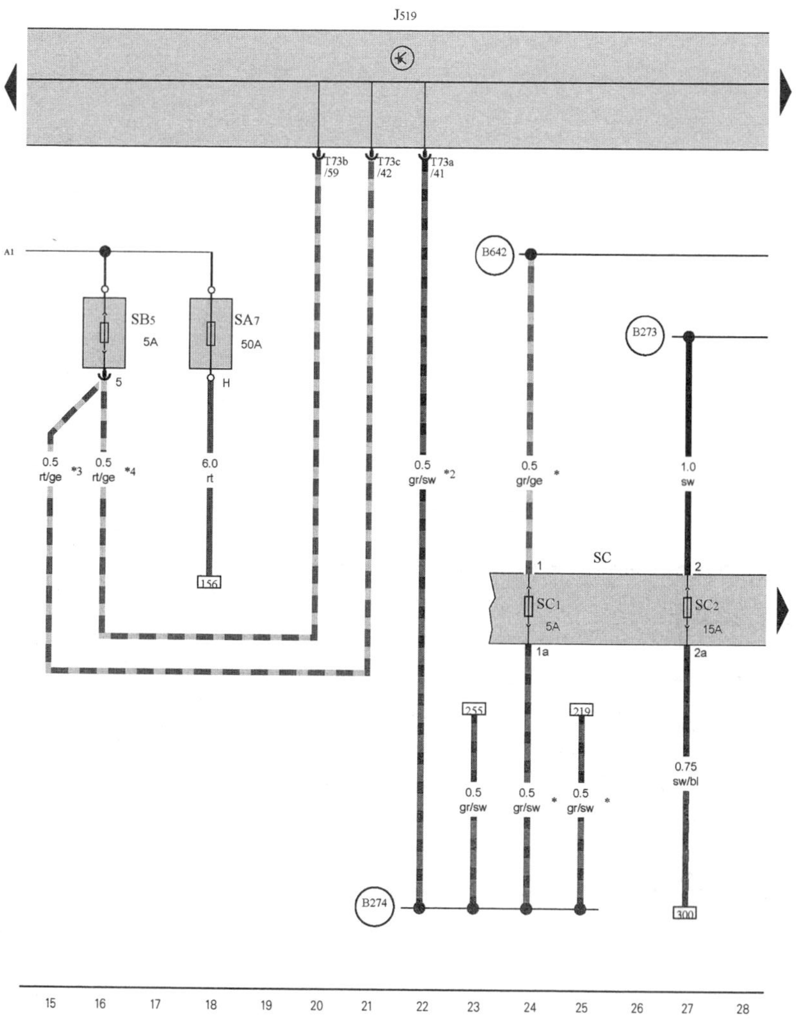

J519-车载电网控制单元 SC-保险丝架 C SC4-保险丝架 C 上的保险丝 4 SC6-保险丝架 C 上的保险丝 6 SC7-保险丝架 C 上的保险丝 7 SC8-保险丝架 C 上的保险丝 8 T73a-73芯插头连接 B273-正极连接，黑色 B273-正极连接 (15)，在主导线束中 B543-正极连接 (58R)，在主导线束中 B642-正极连接 (58)，在主导线束中
*-用于带H4大灯的汽车 *2-用于带车载电网控制单元BCM的汽车 *3-用于带H7大灯的汽车

车载电网控制单元、保险丝架 C

图 1-5-2

J519-车载电网控制单元 SA7-保险丝架 A 上的保险丝 7 SB5-保险丝架 B 上的保险丝 5 SC-保险丝架 C SC1-保险丝架 C 上的保险丝1 SC2-保险丝架 C 上的保险丝2 T73a-73芯插头连接 T73b-73芯插头连接，黑色 T73b-73芯插头连接 T73c-73芯插头连接，白色 B273-正极连接 (15)，在主导线束中 B274-正极连接 (58L)，在主导线束中 B642-正极连接 (58)，在主导线束中 *-用于带H4大灯的汽车 *2-用于带车载电网控制单元BCM的汽车 *3-用于带H7大灯的汽车 *4-用于带车载电网控制单元BFM的汽车

90

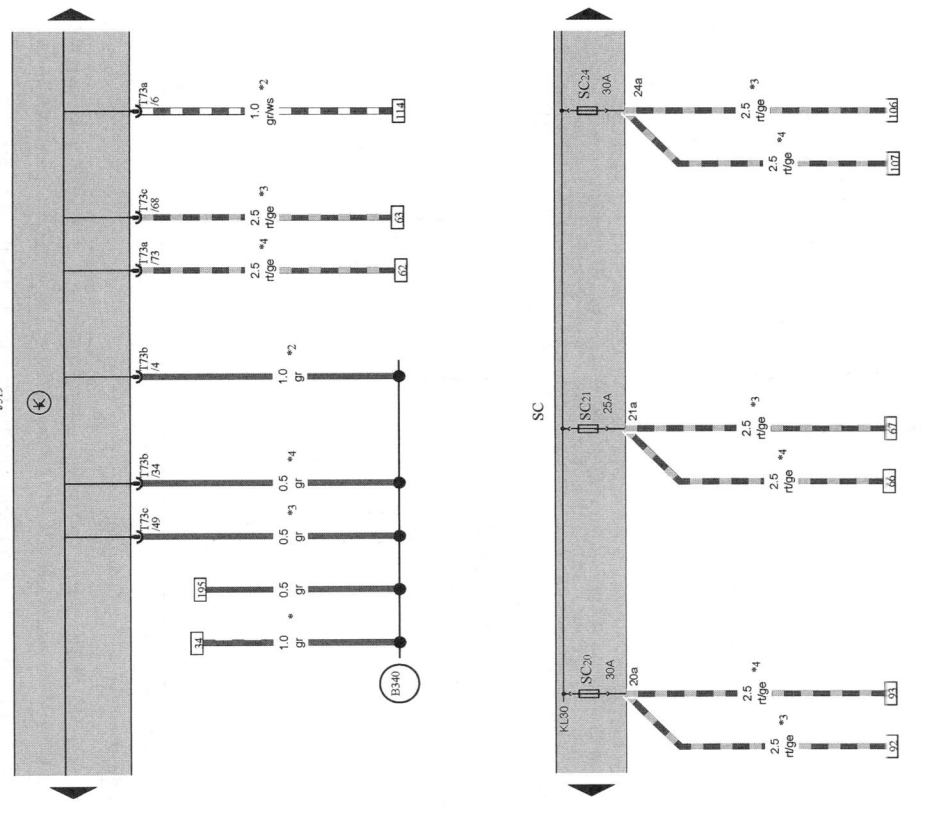

车载电网控制单元、保险丝架 C

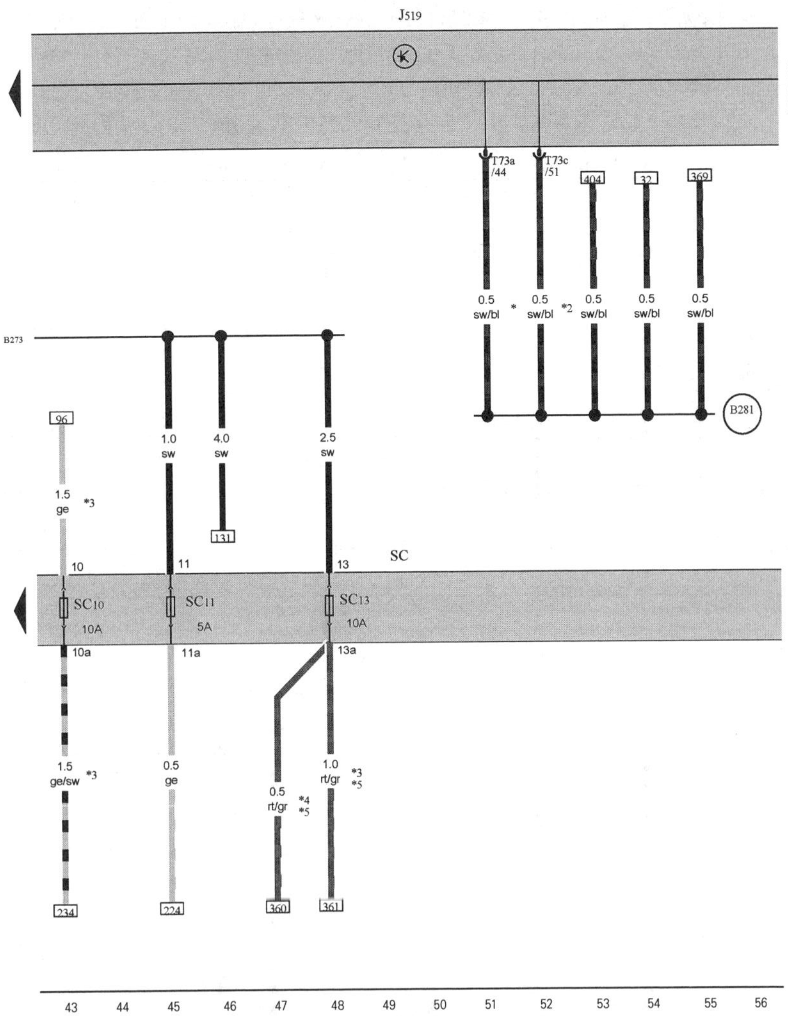

J519

保险丝架 C

SC

图 1-5-5

车载电网控制单元、保险丝架 C

J519

保险丝架 C

SC

图 1-5-4

J519－车载电网控制单元　SC－保险丝架C　SC10－保险丝架C上的保险丝10　SC11－保险丝架C上的保险丝11　SC13－保险丝架C上的保险丝13　T73a－73芯插头连接，黑色　T73c－73芯插头连接，黑色　B273－正极连接，黑色　B281－正极连接5（15a），在主导线束中　*－用于带车载电网控制单元BCM的汽车　*2－用于带H4大灯的汽车　*3－用于带H7大灯的汽车　*4－用于带车载电网控制单元BFM的汽车　*5－用于带手动变速器的汽车

J519－车载电网控制单元　SC－保险丝架C　SC20－保险丝架C上的保险丝20　SC21－保险丝架C上的保险丝21　SC24－保险丝架C上的保险丝24　T73a－73芯插头连接，黑色　T73b－73芯插头连接，白色　T73c－73芯插头连接，黑色　B340－连接1（58d），在主导线束中　*－用于带车载电网控制单元BCM的汽车　*2－用于带H4大灯的汽车　*3－用于带H7大灯的汽车　*4－用于带车载电网控制单元BFM的汽车

车载电网控制单元、保险丝架 C

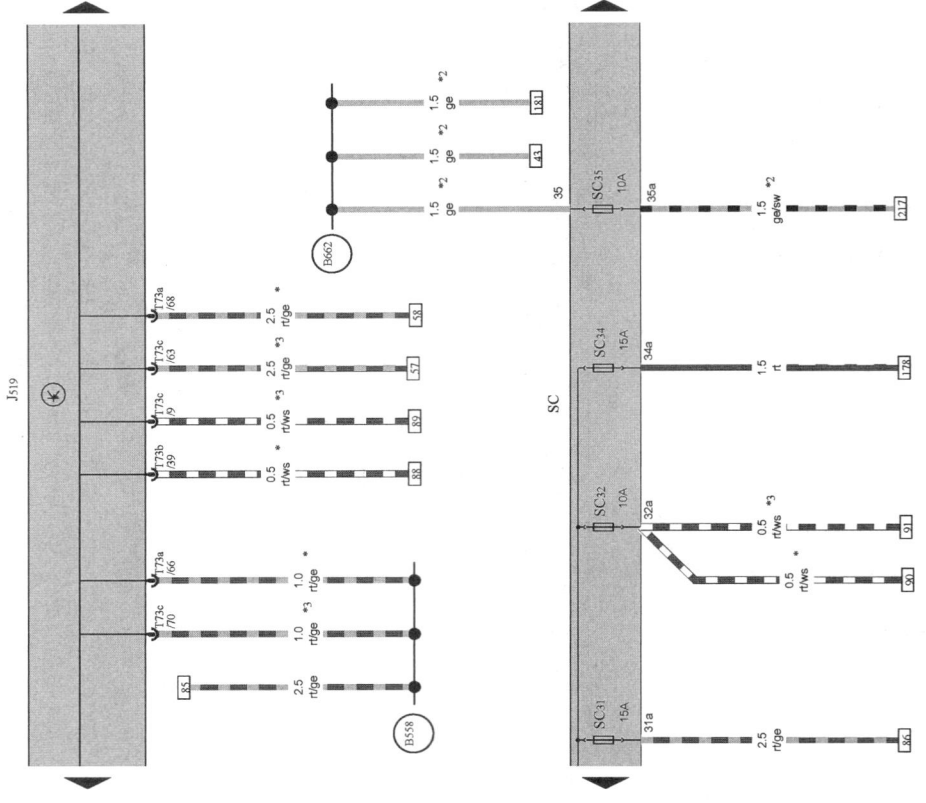

图 1-5-7

J519–车载电网控制单元 SC–保险丝架C SC31–保险丝架C上的保险丝31 SC32–保险丝架C上的保险丝32 SC34–保险丝架C上的保险丝34 SC35–保险丝架C上的保险丝35 T73a–73芯插头连接，黑色 T73b–73芯插头连接，白色 T73c–73芯插头连接，黑色 B558–正极连接22（30a），在主导线束中 B662–连接2（56b），在主导线束中 *–用于带车载电网控制单元BCM的汽车 *2–用于带H4大灯的汽车 *3–用于带车载电网控制单元BFM的汽车

车载电网控制单元、保险丝架 C

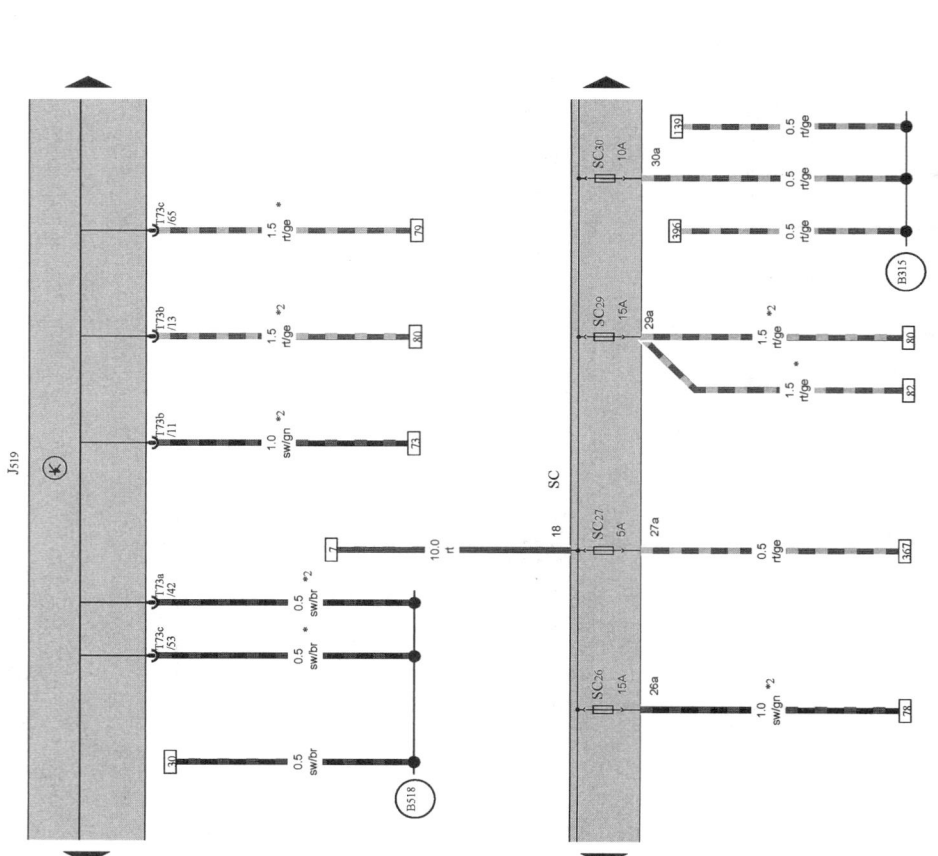

图 1-5-6

J519–车载电网控制单元 SC–保险丝架C SC26–保险丝架C上的保险丝26 SC27–保险丝架C上的保险丝27 SC29–保险丝架C上的保险丝29 SC30–保险丝架C上的保险丝30 T73a–73芯插头连接，黑色 T73b–73芯插头连接，白色 T73c–73芯插头连接，黑色 B315–正极连接1（30a），在主导线束中 B518–连接1（86a），在主导线束中 *–用于带车载电网控制单元BFM的汽车 *2–用于带车载电网控制单元BCM的汽车

车载电网控制单元、保险丝架C、车窗玻璃清洗泵

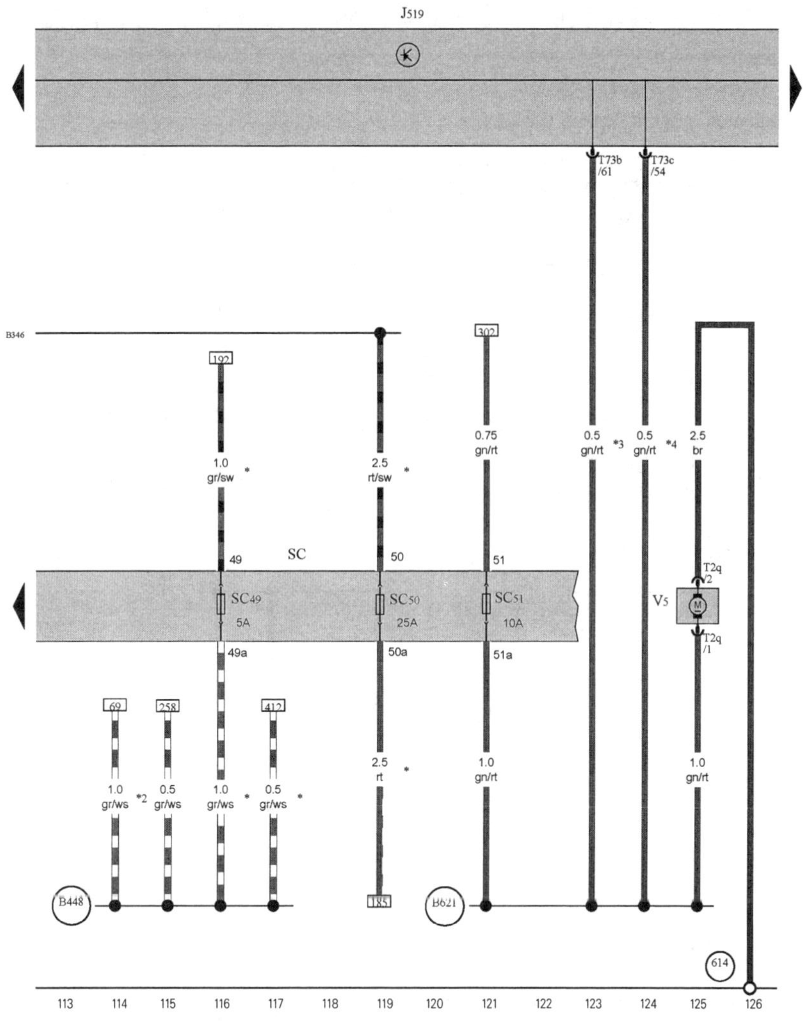

车载电网控制单元、保险丝架C

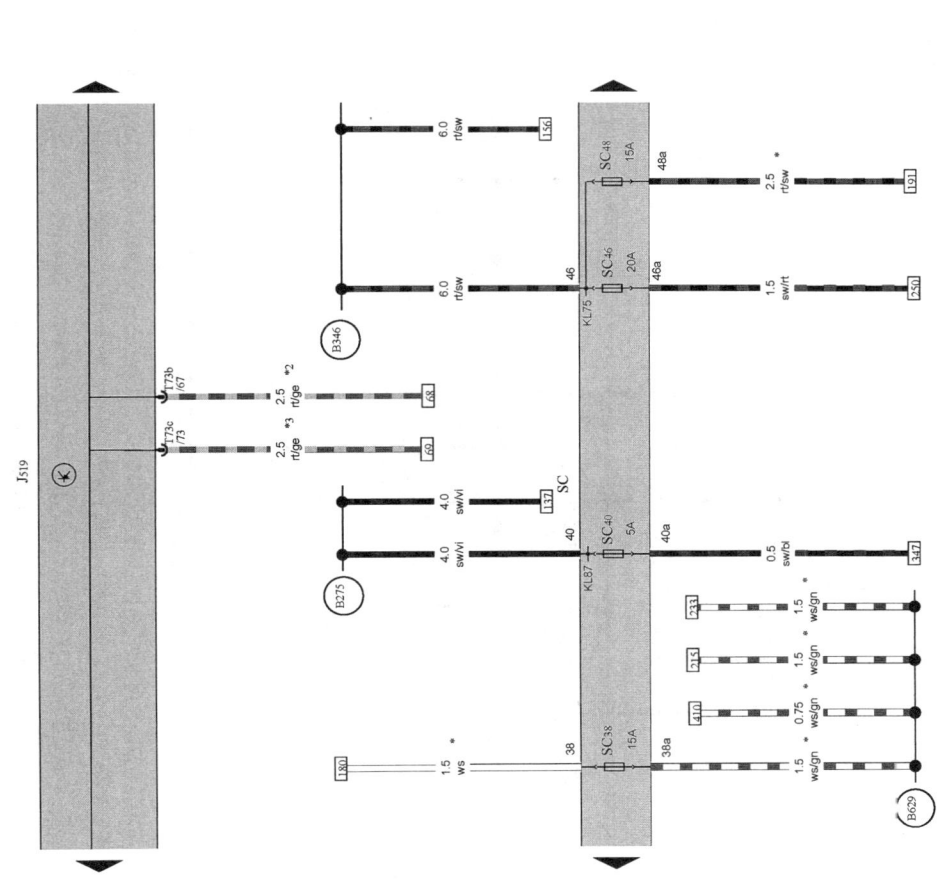

图1-5-8

J519-车载电网控制单元 SC-保险丝架C SC38-保险丝架C上的保险丝38 SC40-保险丝架C上的保险丝40 SC46-保险丝架C上的保险丝46 SC48-保险丝架C上的保险丝48 T73b-73芯插头连接，白色 T73c-73芯插头连接，黑色 B275-正极连接(87)，在主导线束中 B346-连接1(75)，在主导线束中 B629-连接(56a)，在主导线束中 *-用于带H4大灯的汽车 *2-用于带车载电网控制单元BCM的汽车 *3-用于带车载电网控制单元BFM的汽车

图1-5-9

J519-车载电网控制单元 SC-保险丝架C SC49-保险丝架C上的保险丝49 SC50-保险丝架C上的保险丝50 SC51-保险丝架C上的保险丝51 T2q-2芯插头连接 T73b-73芯插头连接，白色 T73c-73芯插头连接，黑色 V5-车窗玻璃清洗泵 614-发动机舱内右侧接地点2 B346-连接1(75)，在主导线束中 B448-连接(后雾灯)，在主导线束中 B621-连接1(53c)，在主导线束中 *-用于带H4大灯的汽车 *2-用于带车载电网控制单元BCM的汽车 *3-用于带车载电网控制单元BFM的汽车 *4-用于带H7大灯的汽车

车载电网控制单元

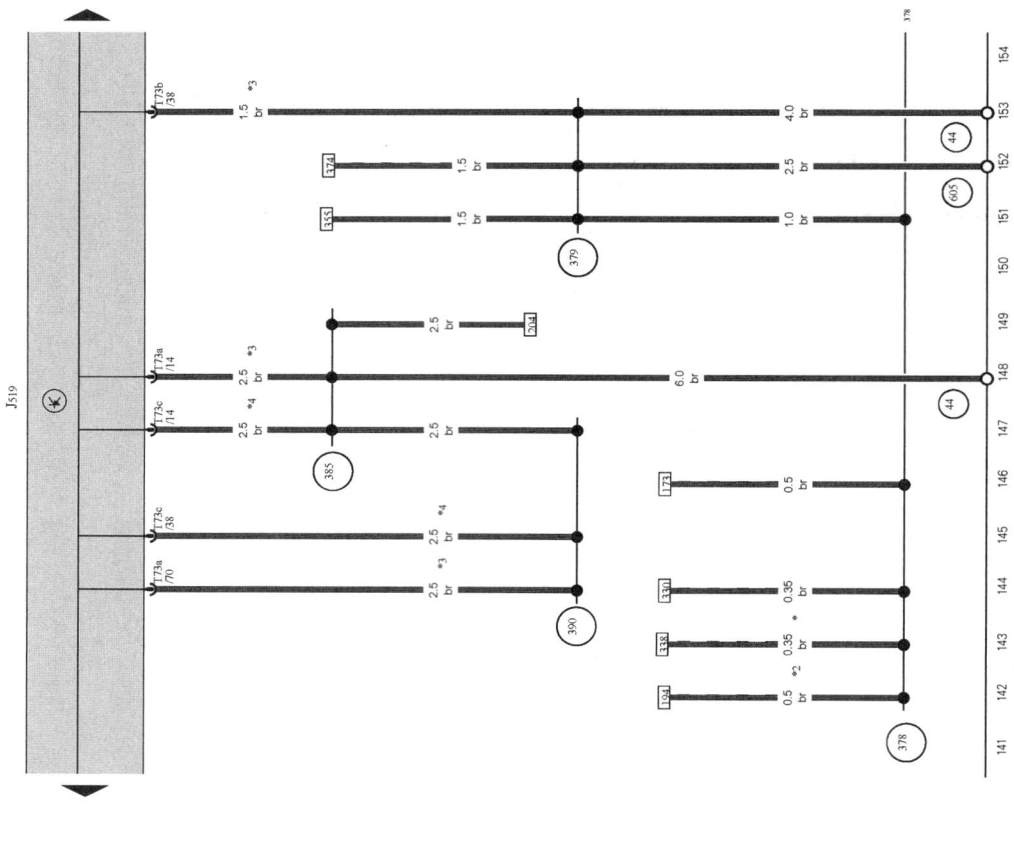

J519-车载电网控制单元 T73a-73芯插头接,黑色 T73b-73芯插头连接,黑色 T73c-73芯插头连接,白色 T73c-73芯插头连接,黑色 44-左侧A柱下部接地点 378-接地连接13,在主导线束中 379-接地连接14,在主导线束中 385-接地连接20,在主导线束中 390-接地连接25,在主导线束中 605-上部转向柱上的接地点 *-用于带后部阅读灯的汽车 *2-用于带H4大灯的汽车 *3-用于带车载电网控制单元BCM的汽车 *4-用于带车载电网控制单元BFM的汽车

图 1-5-11

点火启动开关、主继电器、车载电网控制单元

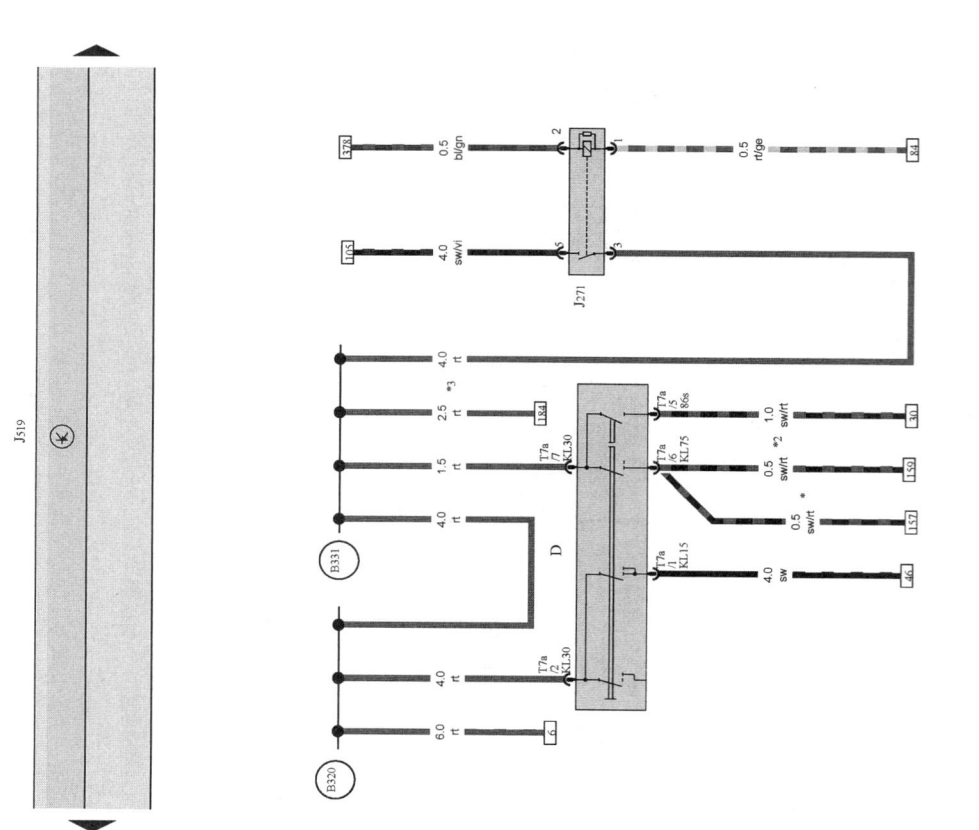

图 1-5-10

D-点火启动开关 J271-主继电器 J519-车载电网控制单元 T7a-7芯插头连接,黑色 B320-正极连接6(30a),在主导线束中 B331-正极连接17(30a),在主导线束中 *-用于带车载电网控制单元BFM的汽车 *2-用于带车载电网控制单元BCM的汽车 *3-用于带H4大灯的汽车

转向信号灯开关、手动远光灯功能和远光灯瞬时接通功能开关、左侧转向柱开关、大灯照
明距离调节离合器设置器、车载电网控制单元、大灯照明距离调节设置器照明灯泡

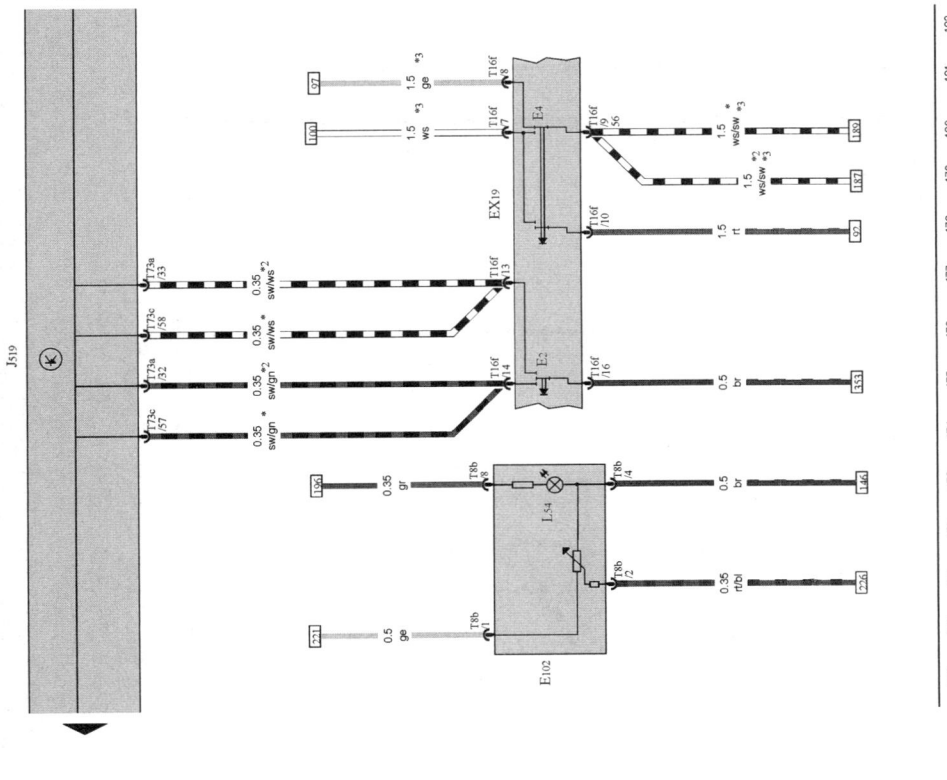

E2-转向信号灯开关 E4-手动远光灯功能和远光灯瞬时接通功能开关 EX19-左侧转向柱开关 E102-大灯
照明距离调节器 J519-车载电网控制单元 L54-大灯照明距离调节离合器设置器照明灯泡 T8b-8芯插头连接 黑
色 T16f-16芯插头连接，黑色 T73a-73芯插头连接，黑色 T73c-73芯插头连接，黑色 *-用于带车载电网
控制单元BFM的汽车 *2-用于带车载电网控制单元BCM的汽车 *3-用于带H4大灯的汽车

图 1-5-13

车载电网控制单元；供电继电器 1，接线端 75；左侧前雾灯灯泡；右侧前雾灯灯泡；左侧
弯道灯灯泡；右侧弯道灯灯泡

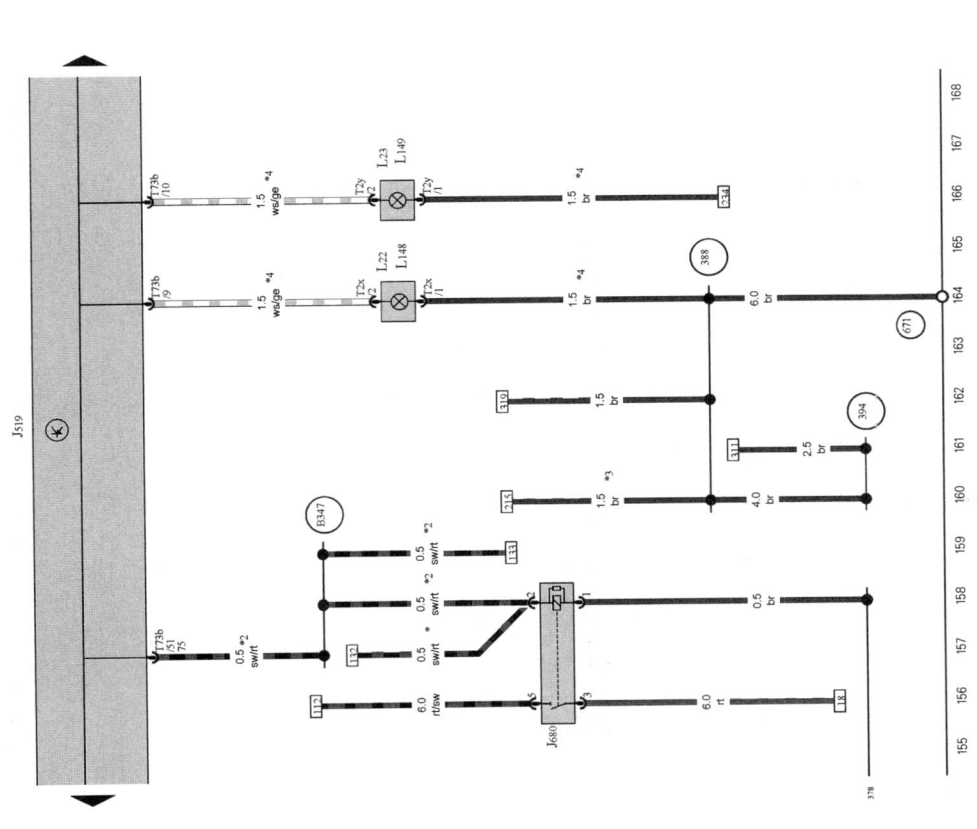

J519-车载电网控制单元 J680-供电继电器1，接线端75 L22-左侧前雾灯灯泡 L23-右侧前雾灯灯泡
L148-左侧弯道灯灯泡 L149-右侧弯道灯灯泡 T2x-2芯插头连接 黑色 T2y-2芯插头连接，黑色 T73b-
73芯插头连接，白色 378-接地连接13，在主导线束中 388-接地连接23，在主导线束中 394-接地连接
29，在主导线束中 671-左前纵梁上的接地点1 B347-连接2（75），在主导线束中 *-用于带车载电网控
制单元BFM的汽车 *2-用于带车载电网控制单元BCM的汽车 *3-用于带H4大灯的汽车 *4-用于带前雾灯
的汽车

图 1-5-12

95

车灯开关、前雾灯开关、后雾灯开关、车载电网控制单元、大灯开关照明灯泡

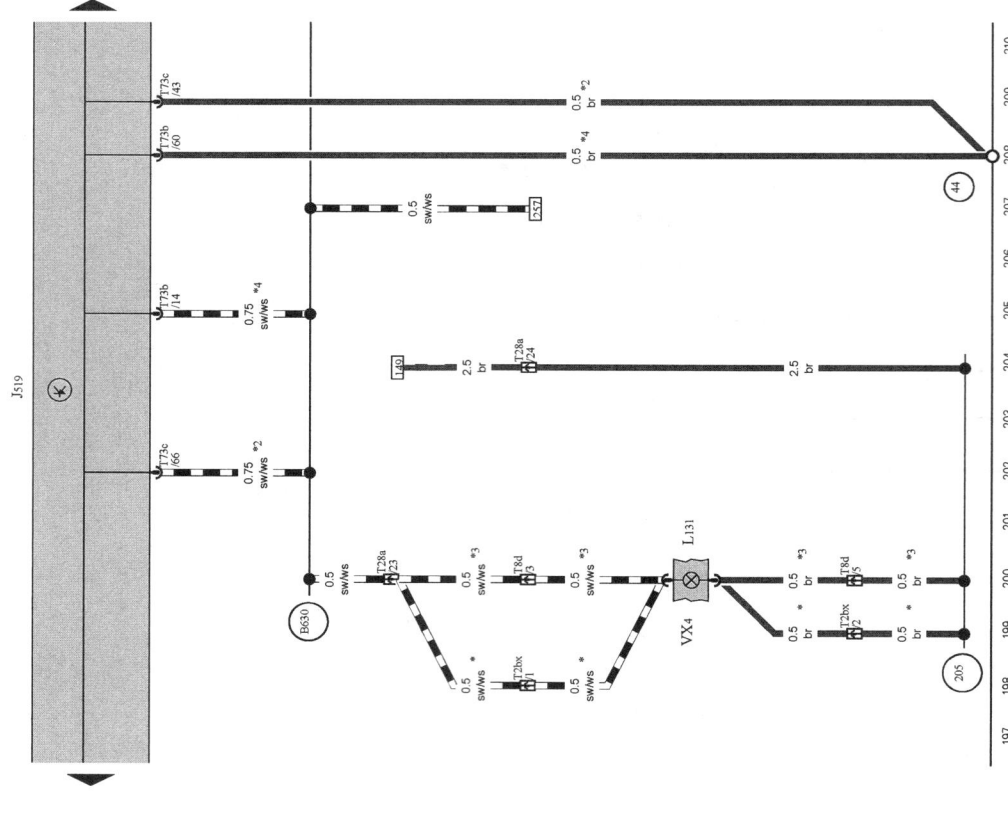

J519

图 1-5-14

E1-车灯开关 E7-前雾灯开关 E18-后雾灯开关 J519-车载电网控制单元 L9-大灯开关照明灯泡 T17a-17 芯插头连接，黑色 T73a-73芯插头连接，黑色 T73b-73芯插头连接，白色 B338-连接1（56），在主导 线束中 B341-连接2（58d），在主导线束中 *-用于带H4大灯的汽车 *2-用于带车载电网控制单元BCM 的汽车 *3-用于带车载电网控制单元BFM的汽车 *4-用于带前雾灯的汽车

车载电网控制单元、驾驶员侧外后视镜镜警告灯泡、驾驶员侧外后视镜

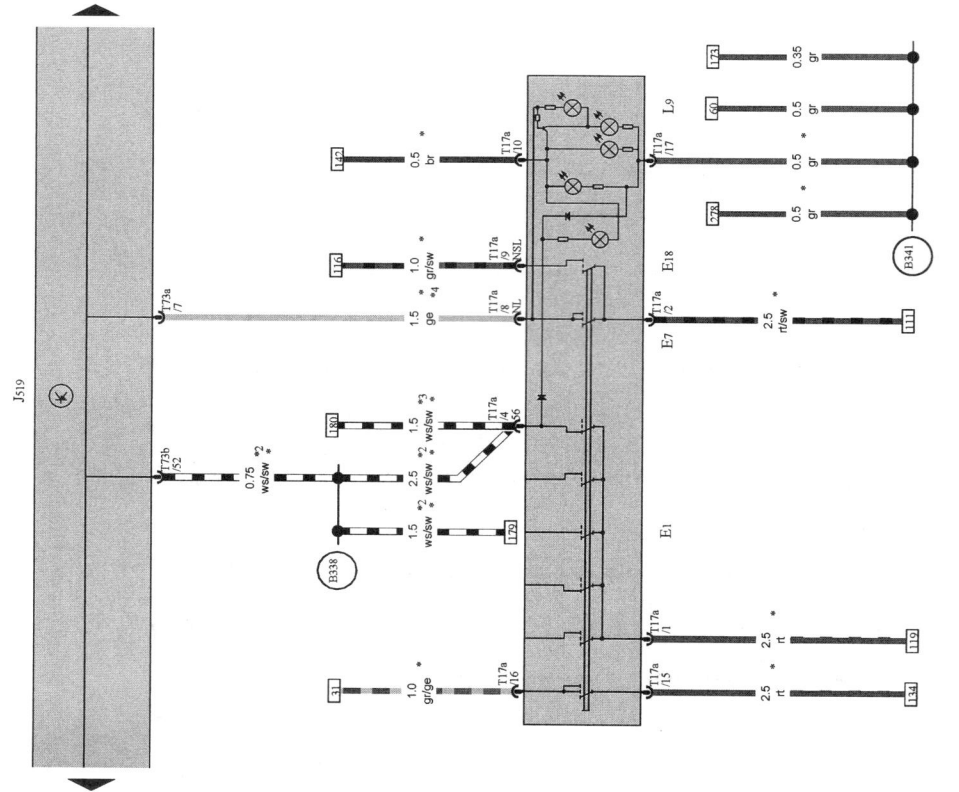

J519

图 1-5-15

J519-车载电网控制单元 L131-驾驶员侧外后视镜镜警告灯泡 T2bx-2芯插头连接，黑色 T8d-8芯插头连接，黑色 T28a-28芯插头连接，左侧A柱上，黑色 T73b-73芯插头连接，白色 T73c-73芯插头连接，黑色 VX4-驾驶员侧车外后视镜 44-左侧A柱下部接地点 205-接地连接，在驾驶员侧车门电缆导线束中 B630-正极连接（左转向信号灯），在主导线束中 *-用于不带电动调节式车外后视镜的汽车 *2-用于带电动调节式车外后视镜的汽车 *3-用于带车载电网控制单元BFM的汽车 *4-用于带车载电网控制单元 BCM的汽车

96

车载电网控制单元、左侧大灯双灯丝灯泡、左侧驻车示宽灯灯泡、左前大灯、左前转向信号灯灯泡、左侧大灯照明距离调节伺服电机

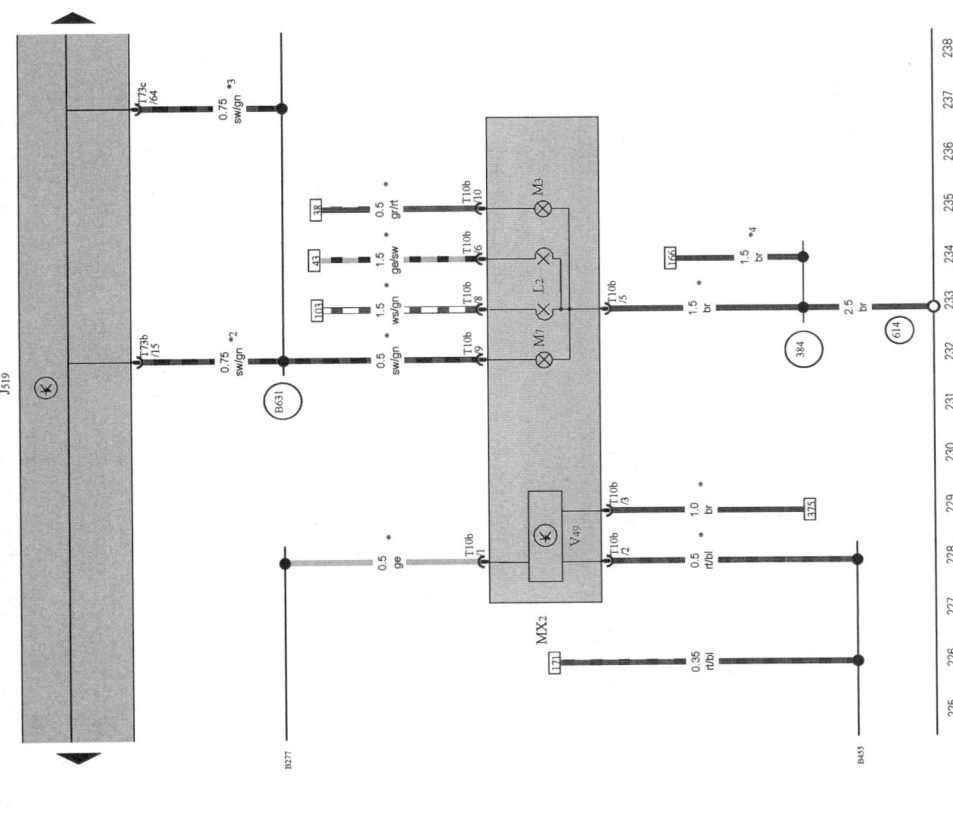

J519-车载电网控制单元 L1-左侧大灯双灯丝灯泡 M1-左前大灯 MX1-左侧驻车示宽灯灯泡 MX1-左前大灯 M5-左前转向信号灯灯泡 T10a-10芯插头连接，黑色 V48-左侧大灯照明距离调节伺服电机 B277-正极连接1 (15a)，在主导线束中 B455-连接 (LWR)，在主导线束中 B630-正极连接 (左转向信号灯)，在主导线束中 *-用于带H4大灯的汽车

图 1-5-16

车载电网控制单元、右侧大灯双灯丝灯泡、右侧驻车示宽灯灯泡、右前大灯、右前转向信号灯灯泡、右侧大灯照明距离调节伺服电机

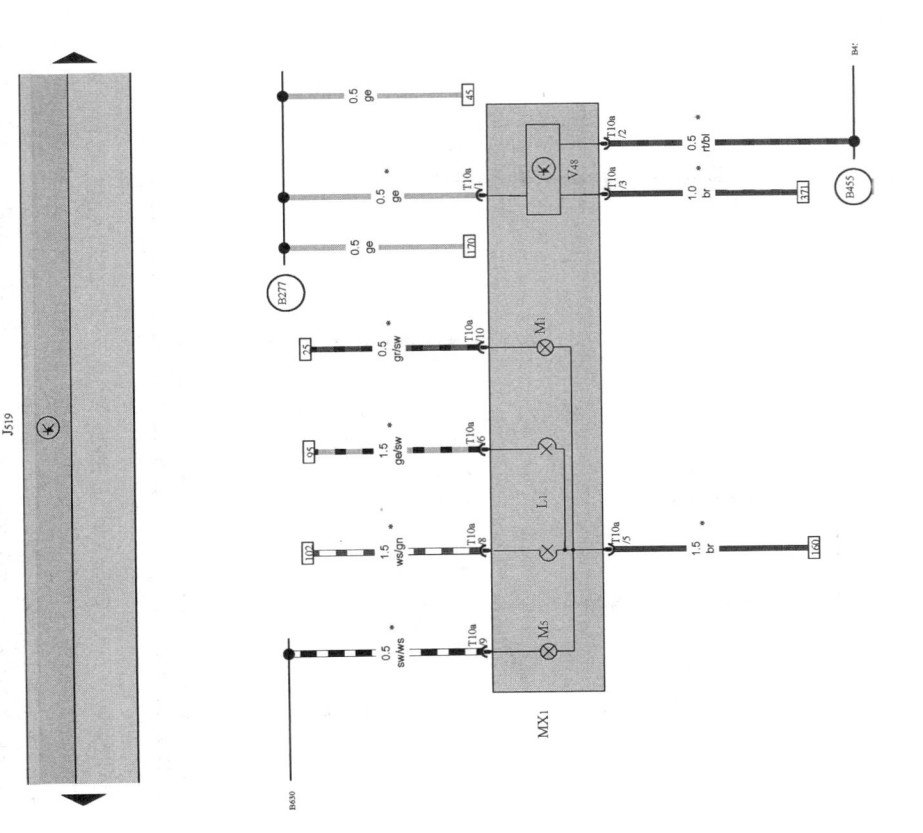

J519-车载电网控制单元 L2-右侧大灯双灯丝灯泡 MX2-右前大灯 M3-右前驻车示宽灯灯泡 M7-右前转向信号灯灯泡 T10b-10芯插头连接，白色 T73b-73芯插头连接，黑色 V49-右侧大灯照明距离调节伺服电机 384-接地连接19，在主导线束中 614-发动机舱内右侧接地点2 B277-正极连接1 (15a)，在主导线束中 B455-连接 (LWR)，在主导线束中 B631-正极连接 (右转向信号灯)，在主导线束中 *-用于带H4大灯的汽车 *2-用于带车载电网控制单元BCM的汽车 *3-用于带车载电网控制单元BFM的汽车 *4-用于带前雾灯的汽车

图 1-5-17

车载电网控制单元、左侧后雾灯灯泡、左侧尾灯、左后转向信号灯灯泡、左侧倒车灯灯泡、左侧制动信号灯和尾灯灯泡、高位制动信号灯灯泡

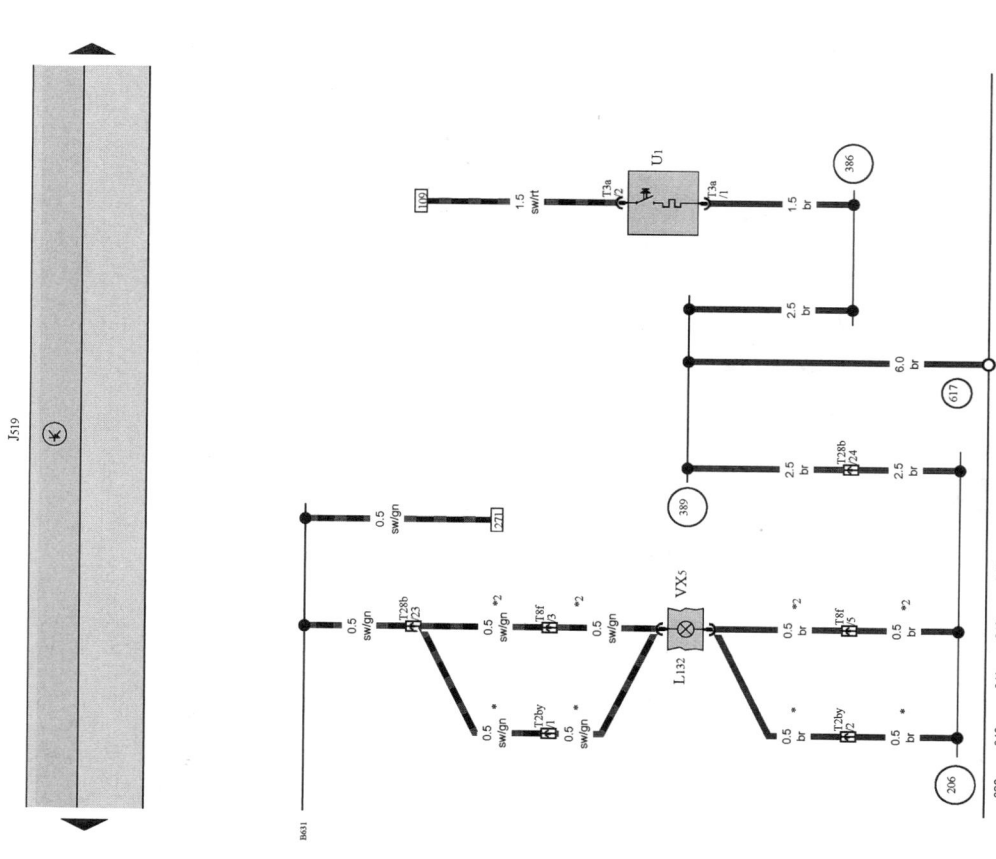

J519-车载电网控制单元 L46-左侧后雾灯灯泡 MX3-左侧后尾灯灯泡 M6-左后转向信号灯灯泡 M16-左侧倒车灯灯泡 M21-左侧制动信号灯灯泡 M25-高位制动信号灯灯泡 T2aa-2芯插头连接，黑色 T6p-6芯插头连接，黑色 T73b-73芯插头连接 T73b-73芯插头连接，白色 50-后备箱内左侧的接地点 366-接地点1，在主导线束中 368-接地连接3，在主导线束中 B336-连接2（54），在主导线束中 *-用于带车载电网控制单元BCM的汽车 *2-用于带后备箱盖电控开启装置的汽车

图 1-5-19

车载电网控制单元、副驾驶员侧外后视镜、点烟器、副驾驶员侧车外后视镜

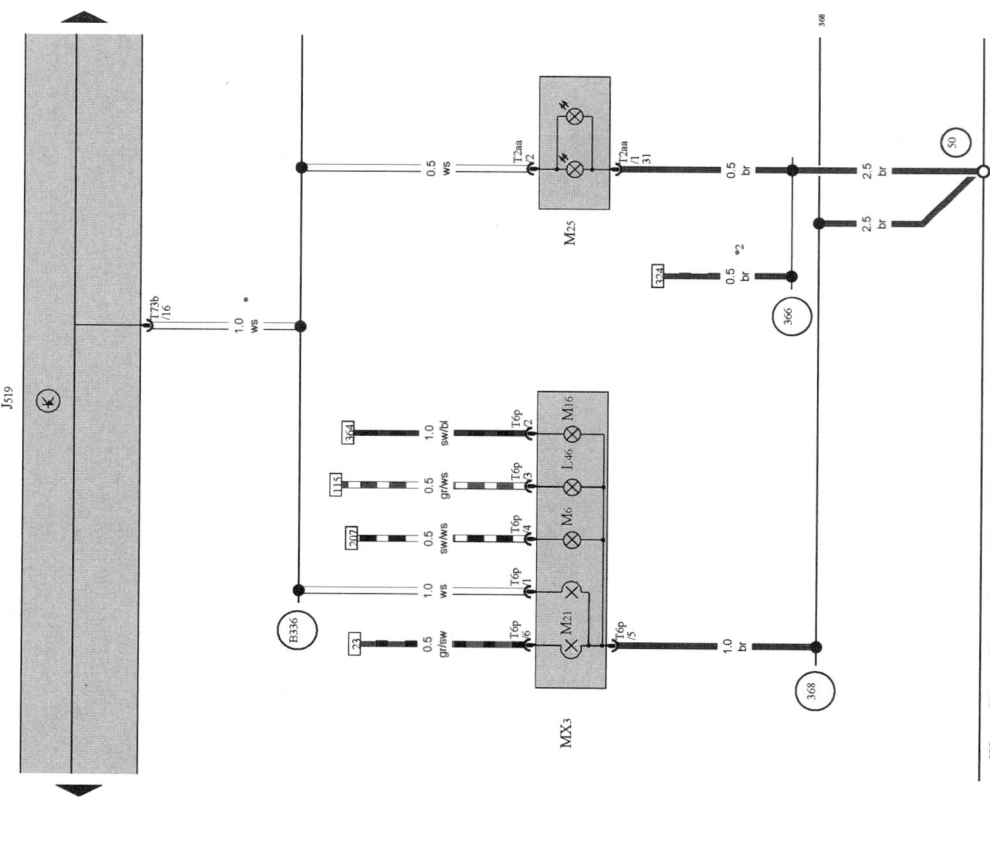

J519-车载电网控制单元 L132-副驾驶员侧外后视镜警告灯灯泡 T2by-2芯插头连接 T3a-3芯插头连接，黑色 T8f-8芯插头连接 T28b-28芯插头连接，右侧A柱上，黑色 U1-点烟器 VX5-副驾驶员侧车外后视镜 206-接地连接，在副驾驶员侧车门电缆导线束中 386-接地地点1，在主导线束中 389-接地连接24，在主导线束中 617-右侧A柱下部接地点2 B631-正极连接（右转向信号灯），在主导线束中 *-用于不带电动调节式车外后视镜的汽车 *2-用于带电动调节式车外后视镜的汽车

图 1-5-18

98

安全气囊卷簧和带滑环的复位环、信号喇叭、车载电网控制单元、可加热后窗玻璃

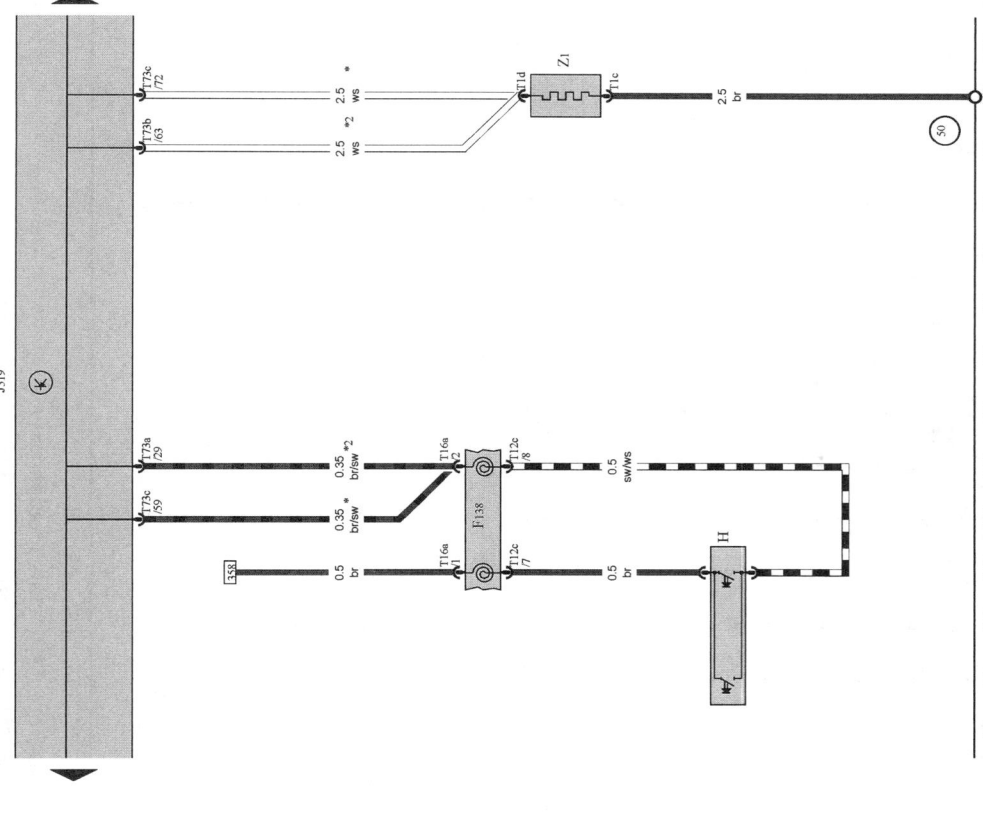

F138-安全气囊卷簧和带滑环的复位环　H-信号喇叭　J519-车载电网控制单元　T1c-1芯插头连接、黑色
T1d-1芯插头连接、黑色　T12c-12芯插头连接、黑色　T16a-16芯插头连接、黄色　T73a-73芯插头连接、
黑色　T73b-73芯插头连接、白色　T73c-73芯插头连接、黑色　Z1-可加热后窗玻璃、黑色　车载电网控制单元BCM的汽车
点　*-用于带车载电网控制单元BFM的汽车　*2-用于带车载电网控制单元BCM的汽车

图 1-5-21

车载电网控制单元、右侧尾灯、右后转向信号灯灯泡、右侧倒车灯灯泡、右侧制动信号灯
和尾灯灯泡、牌照灯

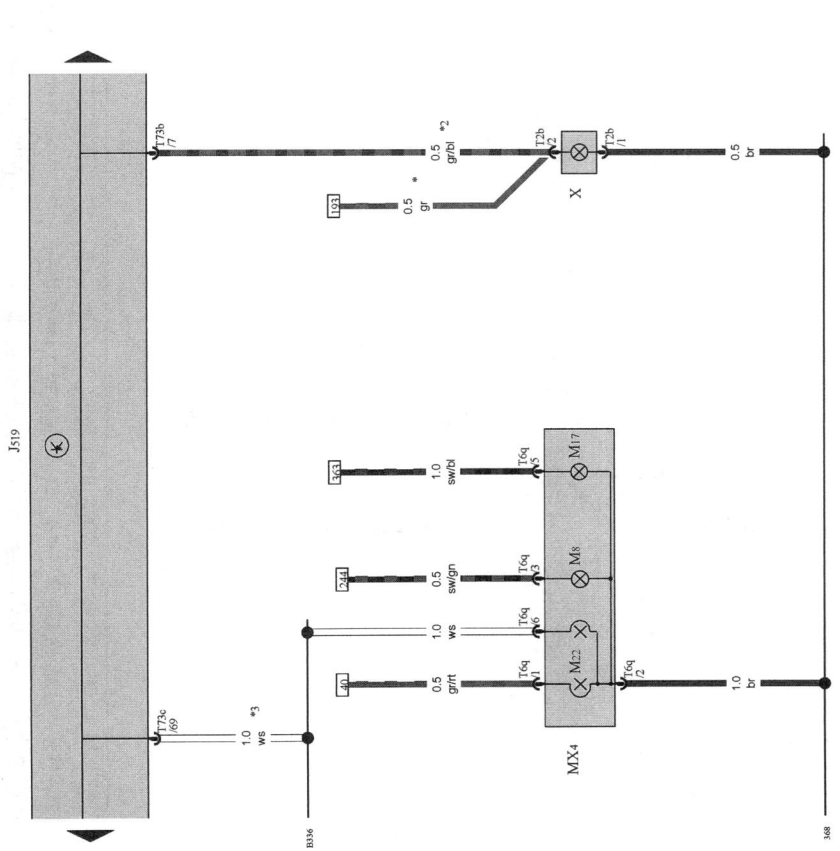

J519-车载电网控制单元　MX4-右侧尾灯　M8-右后转向信号灯灯泡　M17-右侧倒车灯灯泡　M22-右侧
制动信号灯和尾灯灯泡　T2b-2芯插头连接、黑色　T6q-6芯插头连接、黑色　T73b-73芯插头连接、白色
T73c-73芯插头连接、黑色　X-牌照灯　368-接地连接3，在主导线束中　B336-连接2（54），在主导线束
中　*-用于带H4大灯的汽车　*2-用于带H7大灯的汽车　*3-用于带车载电网控制单元BFM的汽车

图 1-5-20

99

信号喇叭和双音喇叭、刮水器电机控制单元、车载电网控制单元、车窗玻璃刮水器电机

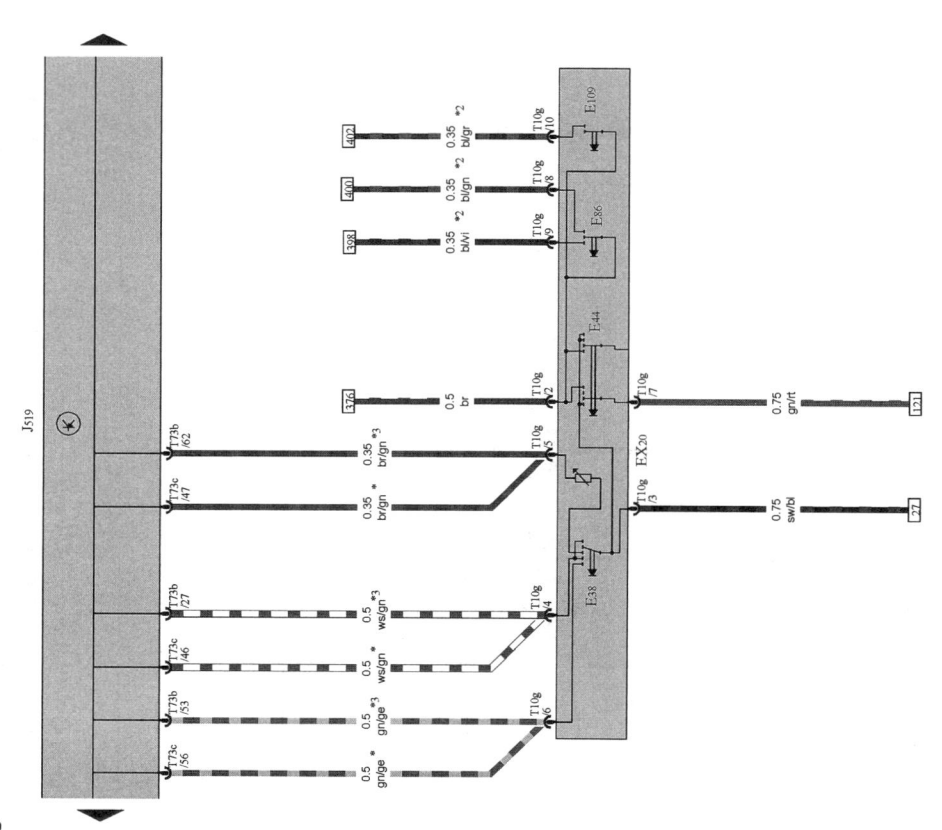

图 1-5-23

H1-信号喇叭和双音喇叭 J400-刮水器电机控制单元 J519-车载电网控制单元 T2z-2芯插头连接
T4a-4芯插头连接，黑色 T73a-73芯插头连接，黑色 T73b-73芯插头连接，白色 T73c-73芯插头连接，
黑色 V-车窗玻璃刮水器电机 B430-连接（喇叭），在主导线束中 *-用于带车载电网控制单元BFM的汽
车 *2-用于带车载电网控制单元BCM的汽车

右侧转向柱开关、车窗玻璃刮水器间歇运行调节器、车窗玻璃清洗泵开关（自动刮水/清
洗装置和大灯清洗装置）、多功能显示器调用按钮、车载电网控
制单元

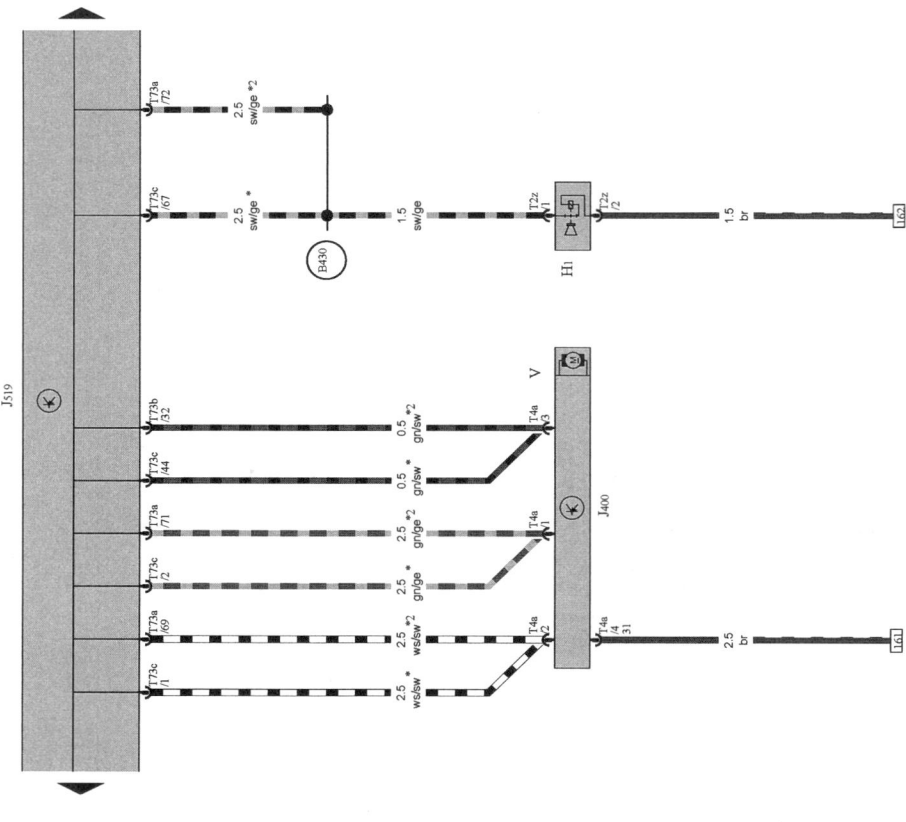

图 1-5-22

EX20-右侧转向柱开关 E38-车窗玻璃刮水器间歇运行调节器 E44-车窗玻璃清洗泵开关（自动刮水/清洗
装置和大灯清洗装置）E86-多功能显示器调用按钮 E109-多功能显示器存储开关 J519-车载电网控制单
元 T10g-10芯插头连接 T73b-73芯插头连接，白色 T73c-73芯插头连接，黑色 *-用于带车载电
网控制单元BFM的汽车 *2-用于不带多功能方向盘的汽车 *3-用于带车载电网控制单元BCM的汽车

制动信号灯开关、制动踏板开关、车载电网控制单元、中部车内照明灯

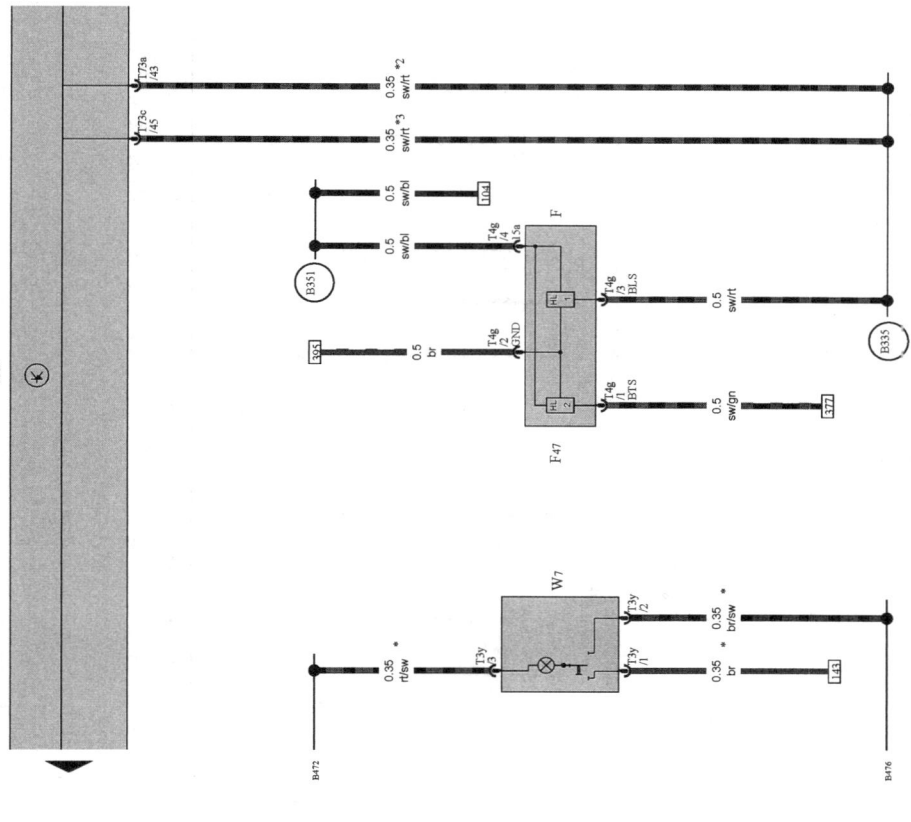

图 1-5-25

F—制动信号灯开关 F47—制动踏板开关 J519—车载电网控制单元 T3y—3芯插头连接，黑色 T4g—4芯插头连接，黑色 T3s—3芯插头连接，黑色 T73c~73芯插头连接，黑色 W7—中部车内照明灯 B335—连接1（54），在主导线束中 B351—正板连接2（87a），在主导线束中 B472—连接8，在主导线束中 B476—连接12，在主导线束中 *—用于带后部阅读灯的汽车 *2—用于带车载电网控制单元BCM的汽车 *3—用于带载电网控制单元BFM的汽车

后备箱盖接触开关、车载电网控制单元、前内灯、后备箱照明、副驾驶员侧阅读灯、驾驶员侧阅读灯

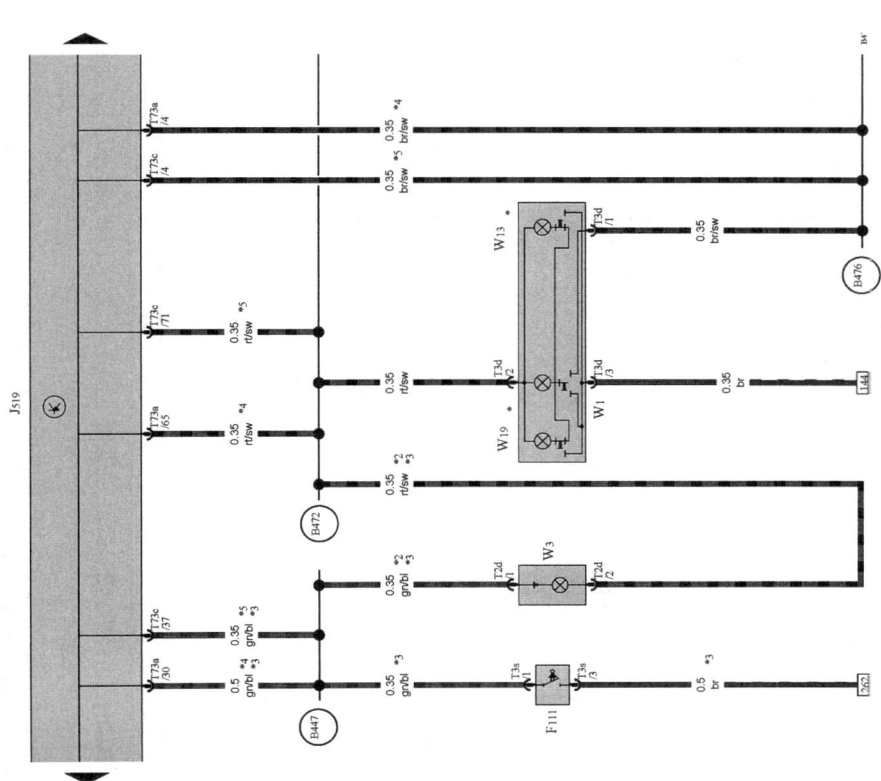

图 1-5-24

F111—后备箱盖接触开关 J519—车载电网控制单元 T2d—2芯插头连接 T3d—3芯插头连接，黑色 T3s—3芯插头连接，黑色 T73a~73芯插头连接，黑色 W3—后备箱照明 W13—副驾驶员侧阅读灯 W19—驾驶员侧阅读灯 W1—前内灯（后备箱照明），在主导线束中 B447—连接（后备箱照明），在主导线束中 B476—连接8，在主导线束中 B472—连接12，在主导线束中 *—用于带阅读灯的汽车 *2—用于带后备箱照明的汽车 *3—用于带后备箱盖电控开启装置的汽车 *4—用于带车载电网控制单元BCM的汽车 *5—用于带车载电网控制单元BFM的汽车

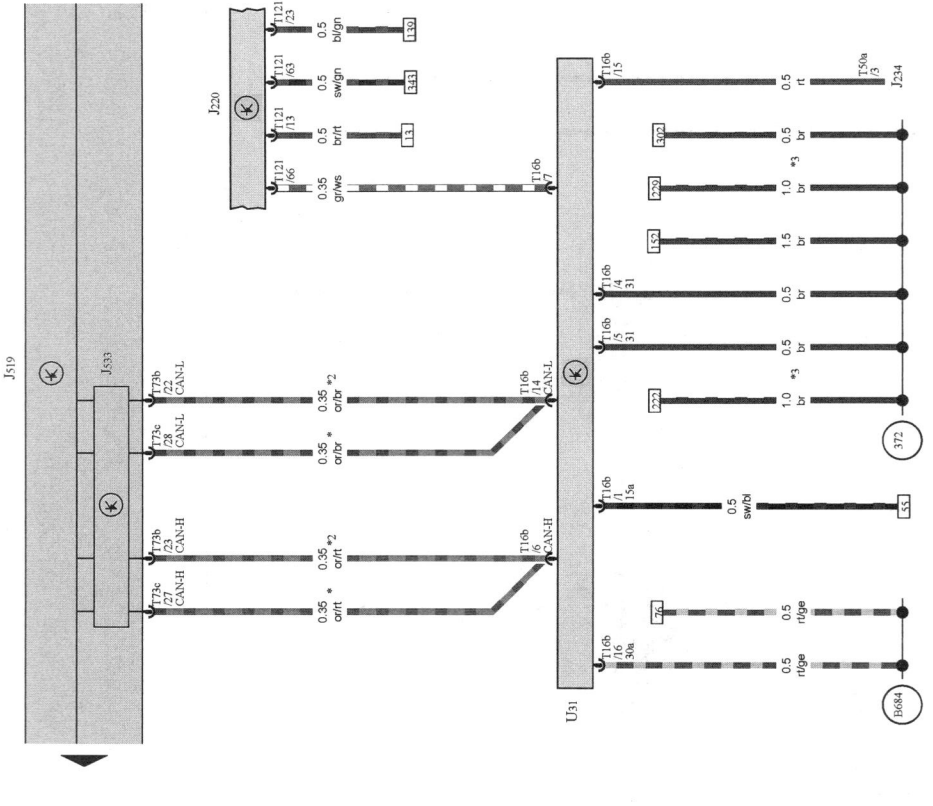

闪烁报警灯开关、倒车灯开关、车载电网控制单元、闪烁报警装置指示灯

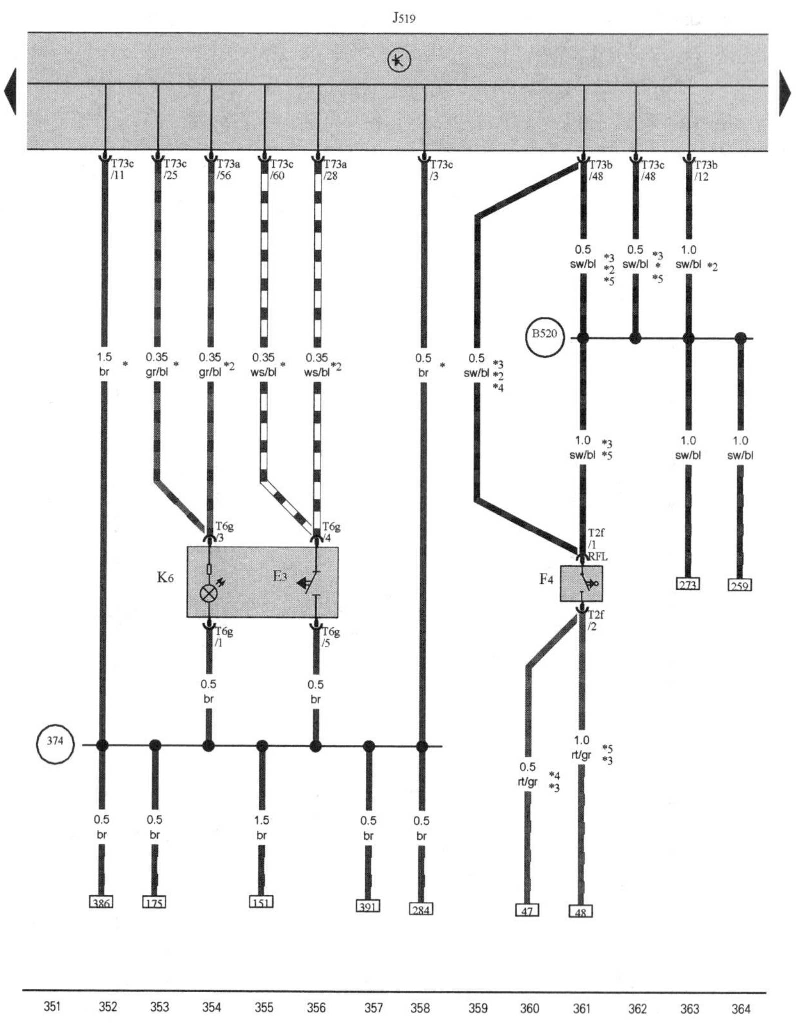

Motronic 控制单元、车载电网控制单元、数据总线诊断接口、诊断接口

图 1-5-26

图 1-5-27

E3-闪烁报警灯开关 F4-倒车灯开关 J519-车载电网控制单元 K6-闪烁报警装置指示灯 T2f-2芯插头连接，黑色 T6g-6芯插头连接，黑色 T73a-73芯插头连接，黑色 T73b-73芯插头连接，白色 T73c-73芯插头连接，黑色 374-接地连接9，在主导线束中 B520-连接（RF），在主导线束中 *-用于带车载电网控制单元BFM的汽车 *2-用于带车载电网控制单元BCM的汽车 *3-用于带手动变速器的汽车 *4-用于带H7大灯的汽车 *5-用于带H4大灯的汽车

J220-Motronic控制单元 J234-安全气囊控制单元 J519-车载电网控制单元 J533-数据总线诊断接口 T16b-16芯插头连接，黑色 T50a-50芯插头连接，黑色 T73b-73芯插头连接，黄色 T73c-73芯插头连接，黑色 T121-121芯插头连接，黑色 U31-诊断接口 372-接地连接24，在主导线束中 B684-正极连接24（30a），在主导线束中 *-用于带车载电网控制单元BFM的汽车 *2-用于带车载电网控制单元BCM的汽车 *3-用于带H4大灯的汽车

手制动器指示灯开关、组合仪表中的控制单元、车载电网控制单元、制动系统指示灯

防盗锁止系统识读线圈、制动液液位警告信号触点、多功能显示器、组合仪表中的控制单元、防盗锁止系统控制单元

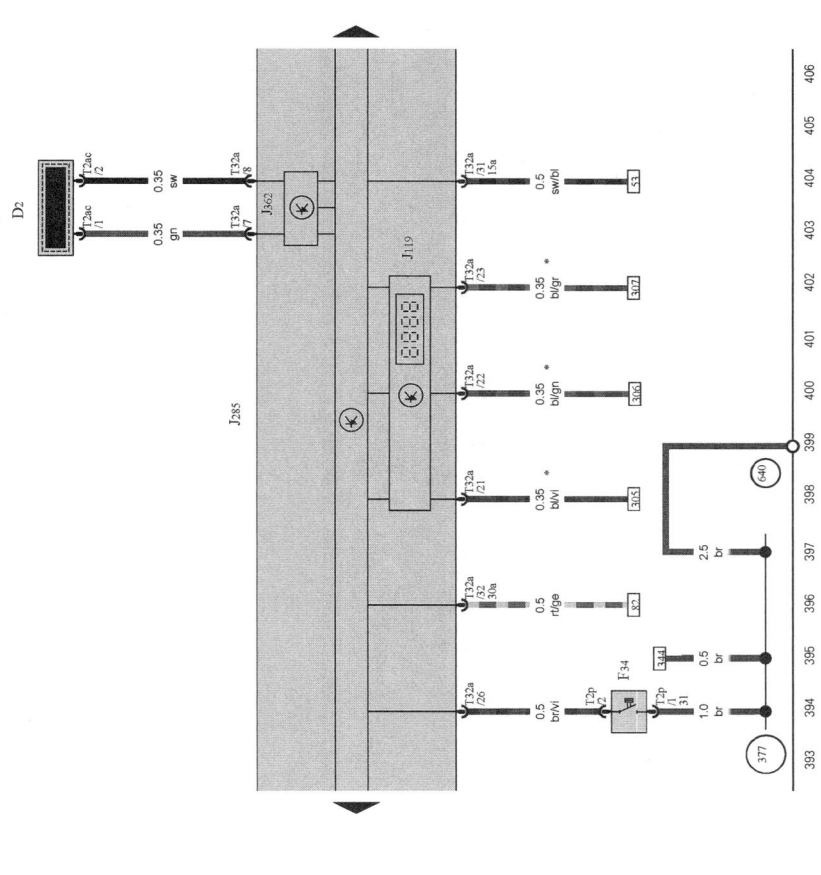

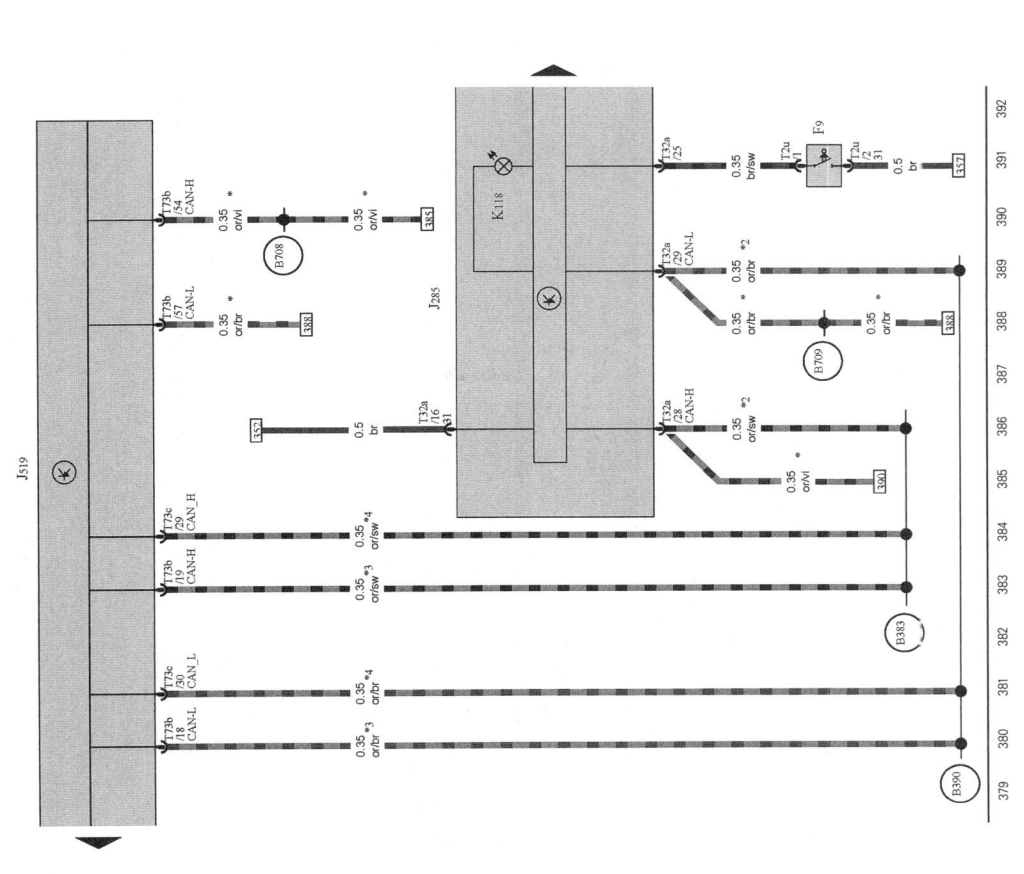

F9-手制动器指示灯 J285-组合仪表中的控制单元 J519-车载电网控制单元 K118-制动系统指示灯 T2u-2芯插头连接, T32a-32芯插头连接, 黑色 T73b-73芯插头连接, 蓝色 T73c-73芯插头连接, 白色 T73b-73芯插头连接 B383-连接1 (驱动CAN总线, High), 在主导线束中 B390-连接1 (驱动CAN总线, Low), 在主导线束中 B708-连接1 (组合仪表CAN总线, High), 在主导线束中 B709-连接1 (组合仪表CAN总线, Low), 在主导线束中 *-用于带H7大灯的汽车 *2-用于带H4大灯的汽车 *3-用于带车载电网控制单元BCM的汽车 *4-用于带车载电网控制单元BFM的汽车

图1-5-28

D2-防盗锁止系统识读线圈 F34-制动液液位警告信号触点 J119-多功能显示器 J285-组合仪表中的控制单元 T2ac-2芯插头连接, T2u-2芯插头连接, 棕色 T2p-2芯插头连接, 黑色 T32a-32芯插头连接, 黑色 J362-防盗锁止系统控制单元 T32a-32芯插头连接, 蓝色 377-接地连接12, 在主导线束中 640-发动机舱内左侧接地点2 *-用于不带多功能方向盘的汽车

图1-5-29

车外温度传感器、冷却液不足显示传感器、警报蜂鸣器和警报音、组合仪表中的控制单元、
远光灯指示灯、机油压力指示灯、后雾灯指示灯、冷却液温度和液不足显示指示灯、
选挡杆指示灯

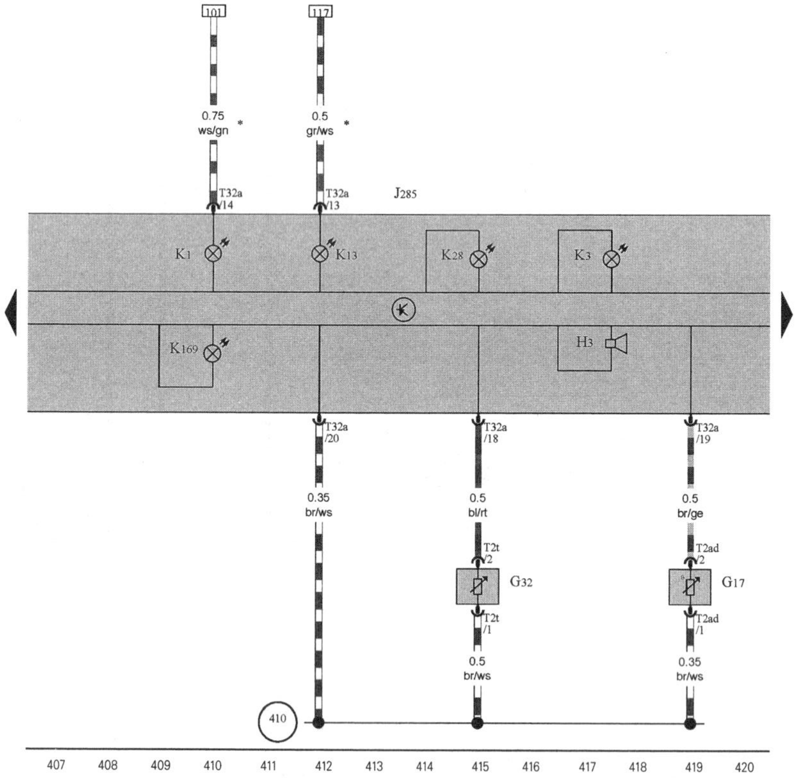

燃油表、转速表、车速表、组合仪表、组合仪表中的控制单元、发电机指示灯、定速巡航装置指示灯、
废气警告灯、电子油门故障信号灯、车门打开指示灯、组合仪表照明灯泡、数字时钟、里
程表

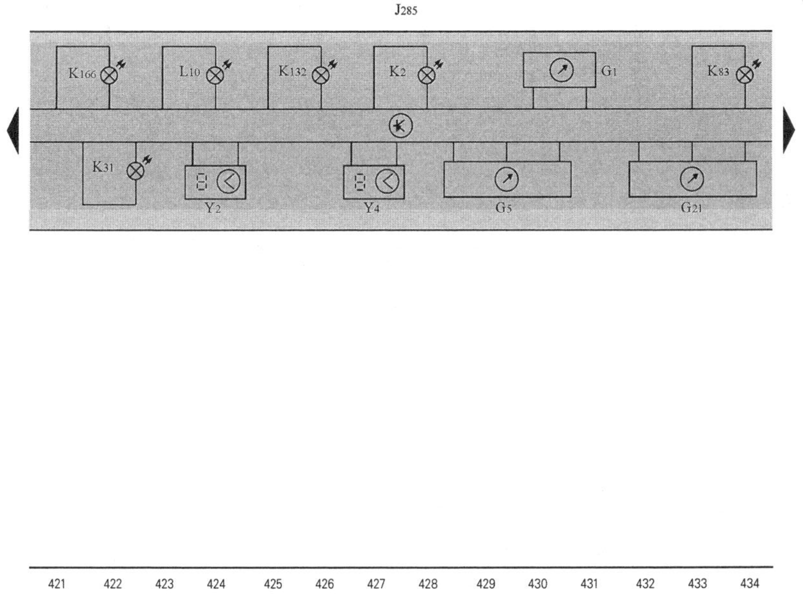

图 1-5-31

G1-燃油表 G5-转速表 G21-车速表 J285-组合仪表中的控制单元 K2-发电机指示灯 K31-定速巡航指示灯
置指示灯 K83-废气警告灯 K132-电子油门故障信号灯 K166-车门打开指示灯 L10-组合仪表照明灯泡
Y2-数字时钟 Y4-里程表

图 1-5-30

G17-车外温度传感器 G32-冷却液不足显示传感器 H3-警报蜂鸣器和警报音 J285-组合仪表中的控制单
元 K1-远光灯指示灯 K3-机油压力指示灯 K13-后雾灯指示灯 K28-冷却液温度和液不足显示指示
灯 K169-选挡杆指示灯 T2t-2芯插头连接 T2ad-2芯插头连接 T32a-32芯插头连接，黑色 蓝色
410-接地连接1（传感器接地），在主导线束中 *-用于带H4大灯的汽车

Reset（复位）按钮、时钟调节按钮、组合仪表中的控制单元、安全带警告指示灯、ABS 指示灯、左侧转向信号灯指示灯、安全气囊指示灯、右侧转向信号灯指示灯、燃油表指示灯、电子稳定程序和 ASR 指示灯、机电式助力转向器指示灯、选挡杆位置显示

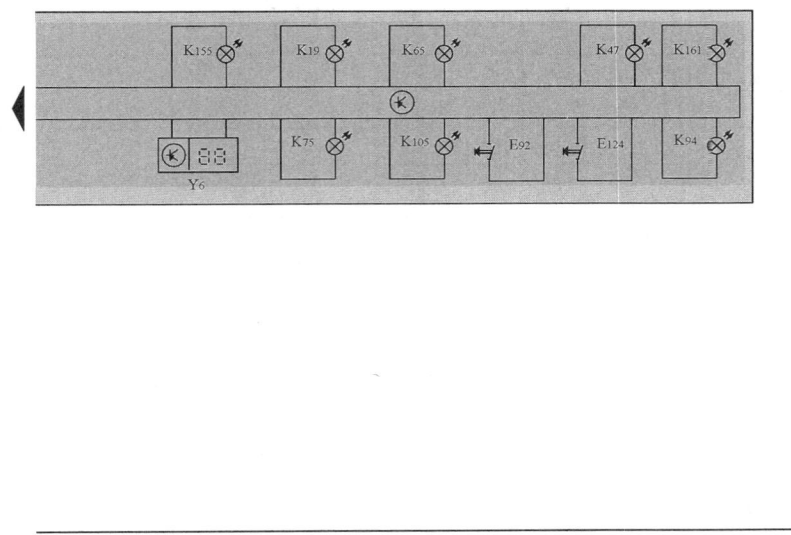

E92-Reset（复位）按钮　E124-时钟调节按钮　J285-组合仪表中的控制单元　K19-安全带警告指示灯　K47-ABS指示灯　K65-左侧转向信号灯指示灯　K75-安全气囊指示灯　K94-右侧转向信号灯指示灯　K105-燃油表指示灯　K155-电子稳定程序和ASR指示灯　K161-机电式助力转向器指示灯　Y6-选挡杆位置显示

图 1-5-32

第二章 全新明锐 PA

第一节 发动机系统

发动机系统电路图的图号和图名对照表见表 2-1-1。

表 2-1-1 发动机系统电路图的图号和图名对照表

图号	图名
图 2-1-1 ~图 2-1-28	1.4L 汽油发动机（CSS、CSSA）电控系统电路图（自 2014 年 1 月起）
图 2-1-29 ~图 2-1-30	散热器风扇电路图
图 2-1-31 ~图 2-1-56	1.6L 汽油发动机（CSR、CSRA）电控系统电路图（自 2014 年 1 月起）
图 2-1-57 ~图 2-1-84	带自动启停系统的 1.2L 汽油发动机（DJN、DJNA）电控系统电路图（自 2017 年 6 月起）
图 2-1-85 ~图 2-1-112	带自动启停系统的 1.4L 汽油发动机（CSS、CSSA）电控系统电路图（自 2015 年 1 月起）

蓄电池、启动机、交流发电机、电压调节器

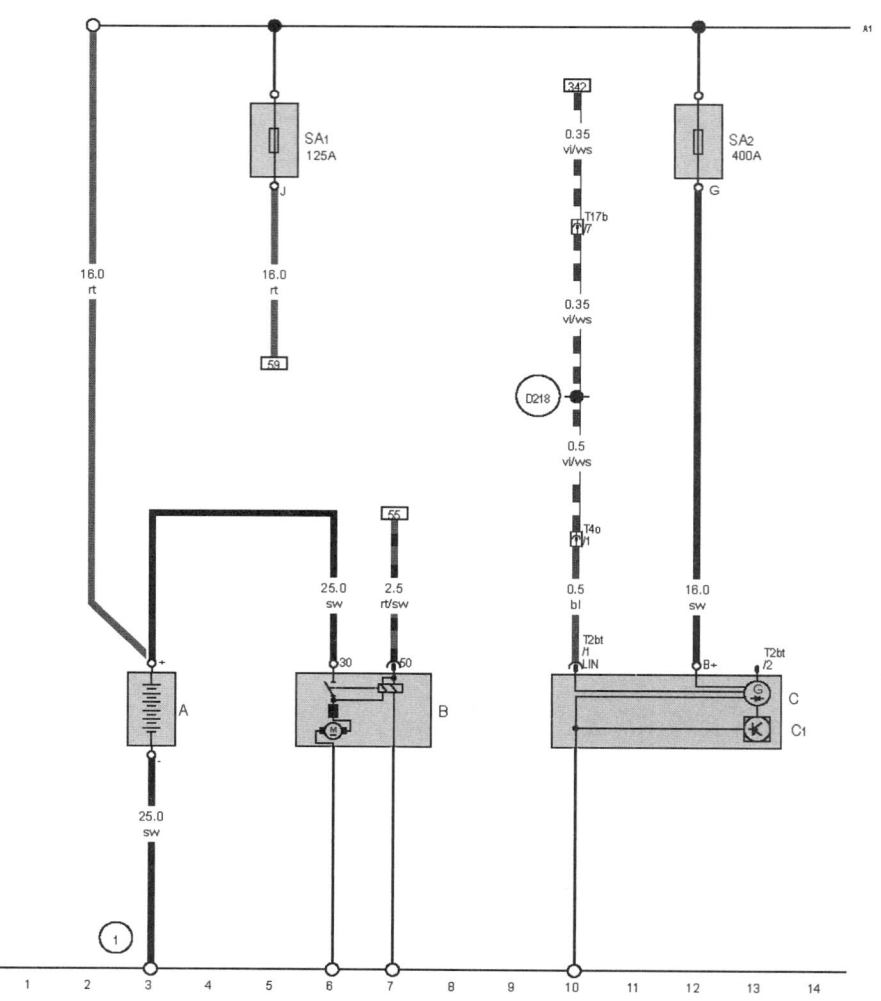

A-蓄电池 B-启动机 C-交流发电机 C1-电压调节器 SA1-保险丝架 A 上的保险丝1 SA2-保险丝架 A 上的保险丝2 T2bt-2 芯插头连接，黑色 T4o-4 芯插头连接，左前纵梁上，黑色 T17b-17芯插头连接，左侧 A 柱下部，棕色 1-接地带，蓄电池-车身 D218-连接1（LIN 总线），在发动机舱导线束中

图 2-1-1

主继电器，保险丝架 B

保险丝架 B

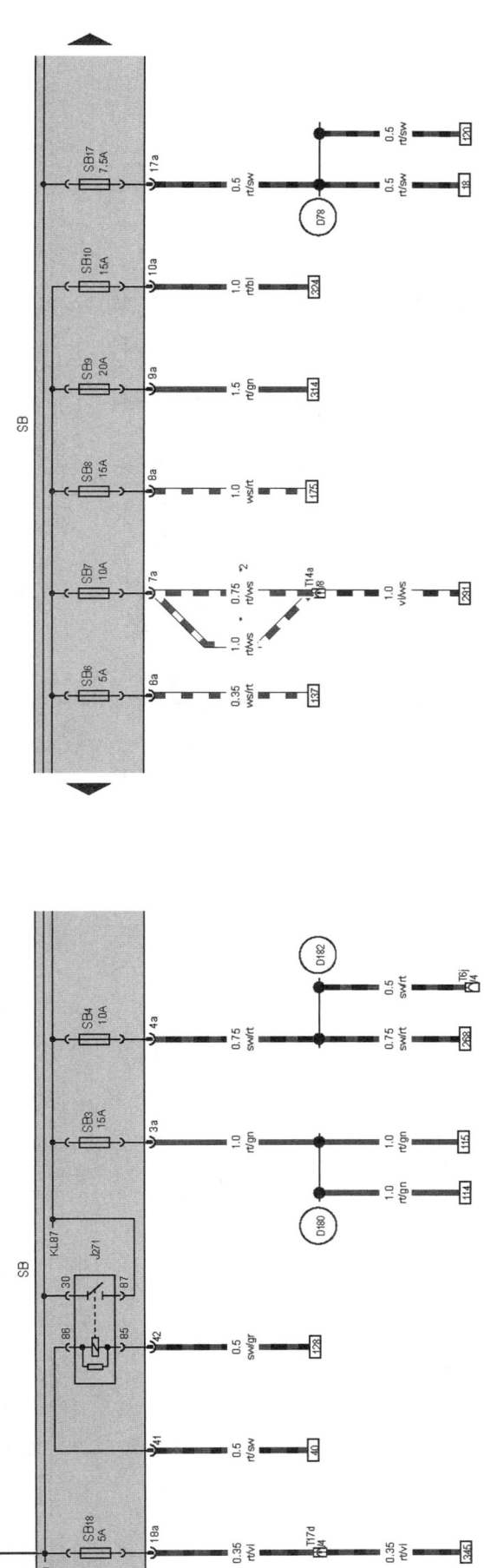

图 2-1-2

J271-主继电器 SB-保险丝架B SB3-保险丝架B上的保险丝 3 SB4-保险丝架B上的保险丝 4 SB18-保险丝架B上的保险丝 18 T6j-6芯插头连接，发动机舱内左后部，黑色 T17d-17芯插头连接，左侧 A 柱下部，蓝色 D180-连接 (87a)，在发动机舱导线束中 D182-连接 3 (87a)，在发动机舱导线束中

图 2-1-3

SB-保险丝架B SB6-保险丝架B上的保险丝 6 SB7-保险丝架B上的保险丝 7 SB8-保险丝架B上的保险丝 8 SB9-保险丝架B上的保险丝 9 SB10-保险丝架B上的保险丝10 SB17-保险丝架B上的保险丝17 T14a-14芯插头连接，灰色 14-变速器上的接地点 671-左前纵架上的接地点1 D78-正极连接1 (30a)，在发动机舱导线束中 *-自2015年1月起 *2-截至2015年1月

107

接线端 15 供电继电器、车载电网控制单元

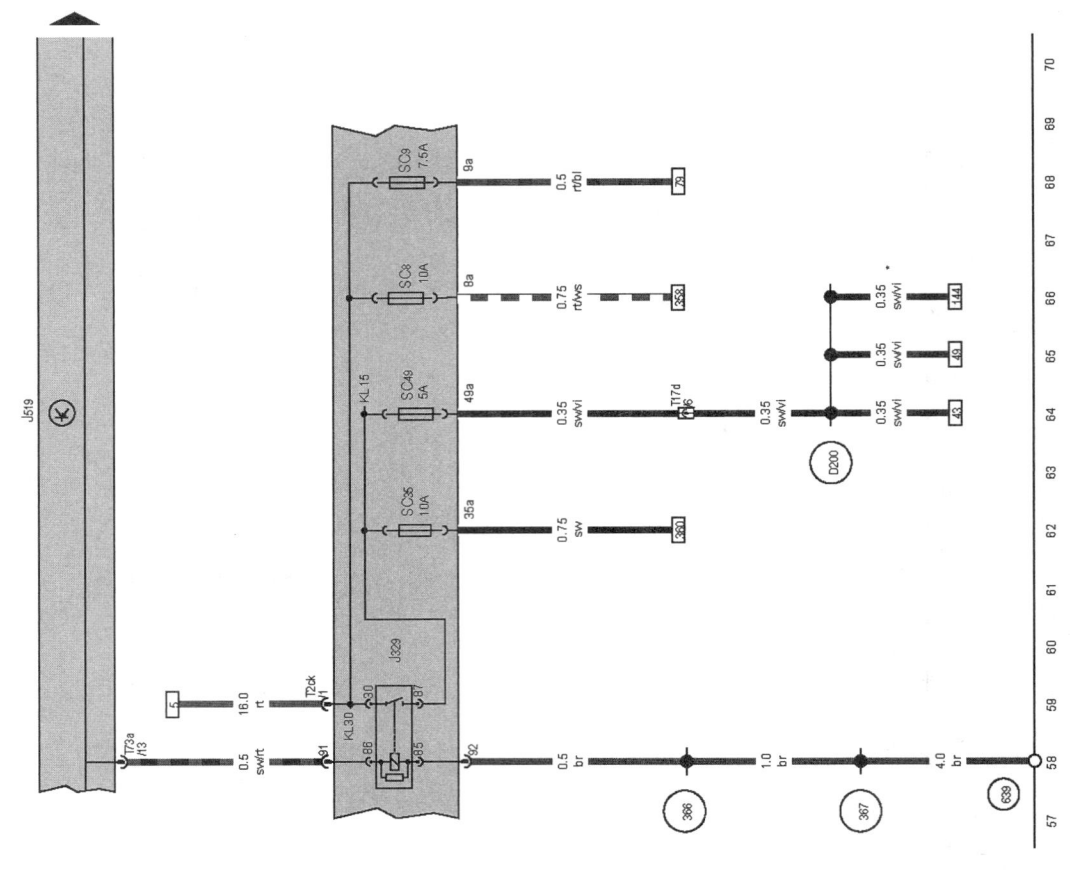

图 2-1-5

J329-接线端15供电继电器 J519-车载电网控制单元 SC8-保险丝架C上的保险丝8 SC9-保险丝架C上的保险丝9 SC35-保险丝架C上的保险丝35 SC49-保险丝架C上的保险丝49 T2ck-2芯插头连接，黑色 T17d-17芯插头连接，左侧A柱下部，蓝色 T73a-73芯插头连接，黑色 366-接地连接1，在主导线束中 367-接地连接2，在主导线束中 639-左侧A柱上的接地点 D200-正极连接3（15a），在发动机舱导线束中 *-仅用于带手动变速器的汽车

启动机继电器 1、启动机继电器 2、保险丝架 B

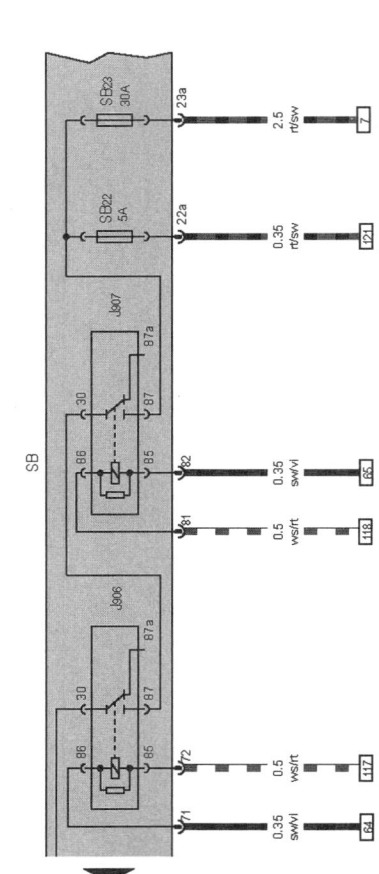

图 2-1-4

J906-启动机继电器1 J907-启动机继电器2 SB-保险丝架B SB22-保险丝架B上的保险丝22 SB23-保险丝架B上的保险丝23

冷却液不足显示传感器、车载电网控制单元、转向柱电子装置控制单元

点火启动开关、转向柱电子装置控制单元

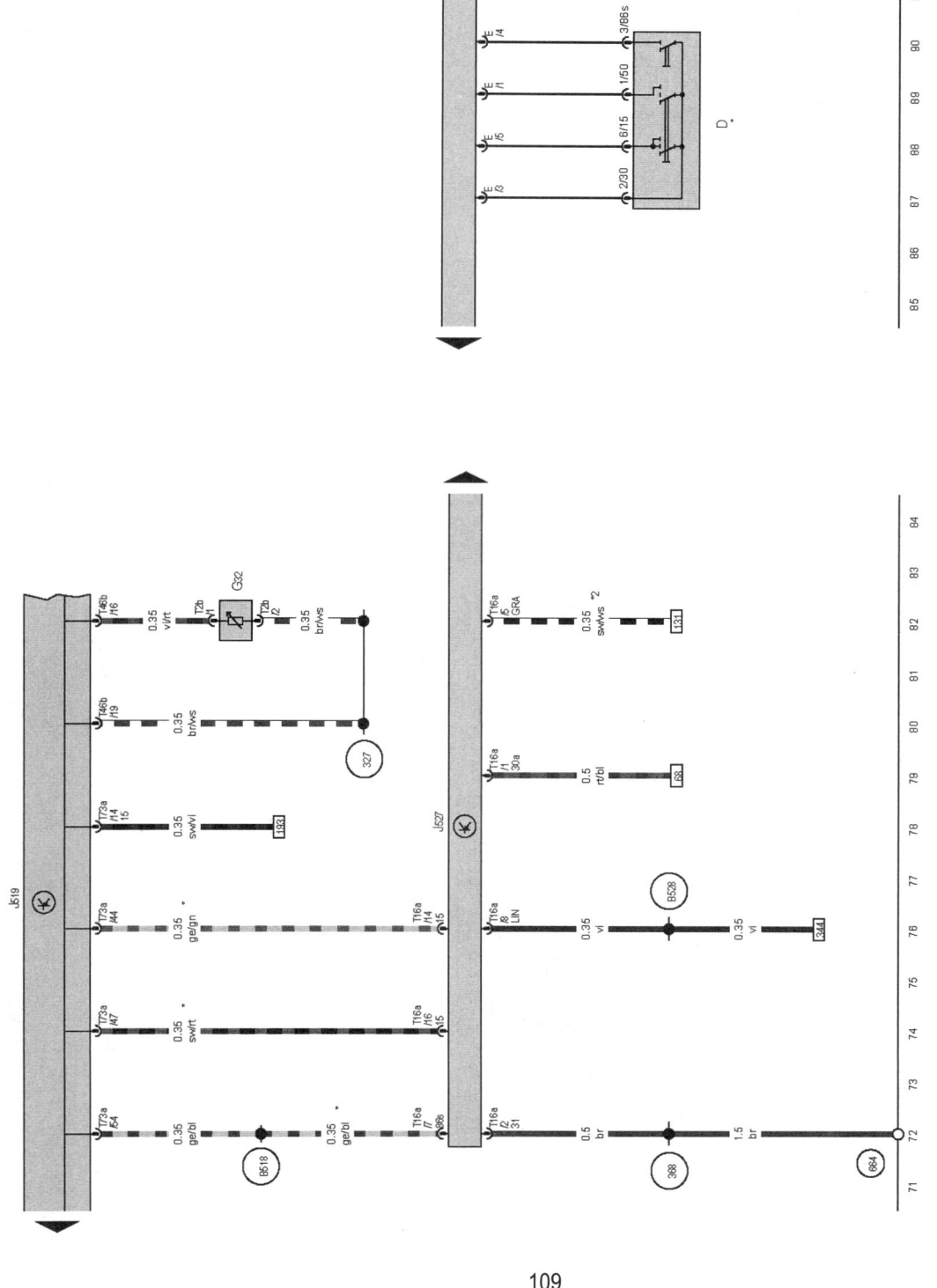

G32-冷却液不足显示传感器 J519-车载电网控制单元 J527-转向柱电子装置控制单元 T2b-2芯插头连
接、黑色 T16a-16芯插头连接、黑色 T46b-46芯插头连接、黑色 T73a-73芯插头连接、黑色 327-接地
连接（传感器接地），在发动机舱导线束中 368-接地连接3，在主导线束中 664-左侧仪表板后面的接地
点 B518-连接（86s），在主导线束中 B528-连接1（LIN总线），在主导线束中 *-仅用于带进入及启
动许可的汽车 *2-仅用于带定速巡航装置的汽车

图 2-1-6

D-点火启动开关 F319-选挡杆挡位P锁止开关 J527-转向柱电子装置控制单元 T10j-10芯插头连接、黑色
T16a-16芯插头连接、黑色 T2b-2芯插头连接 *-仅用于不带进入及启动许可的汽车 *2-仅适用于带双离合器变速器的汽车
T16a-16芯插头连接、黑色 *-仅用于不带进入及启动许可的汽车 *2-仅适用于带双离合器变速器变速器的汽车
*3-依车辆装备而定

图 2-1-7

109

发动机控制单元

定速巡航装置开关、定速巡航装置设置按钮、转向柱电子装置控制单元

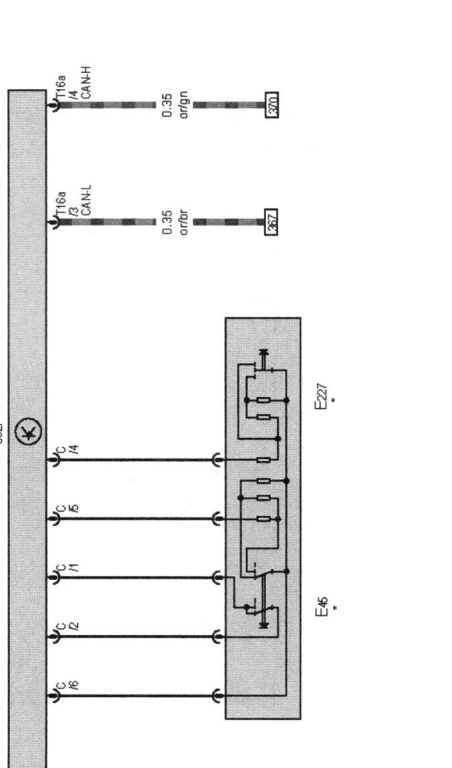

图 2-1-9

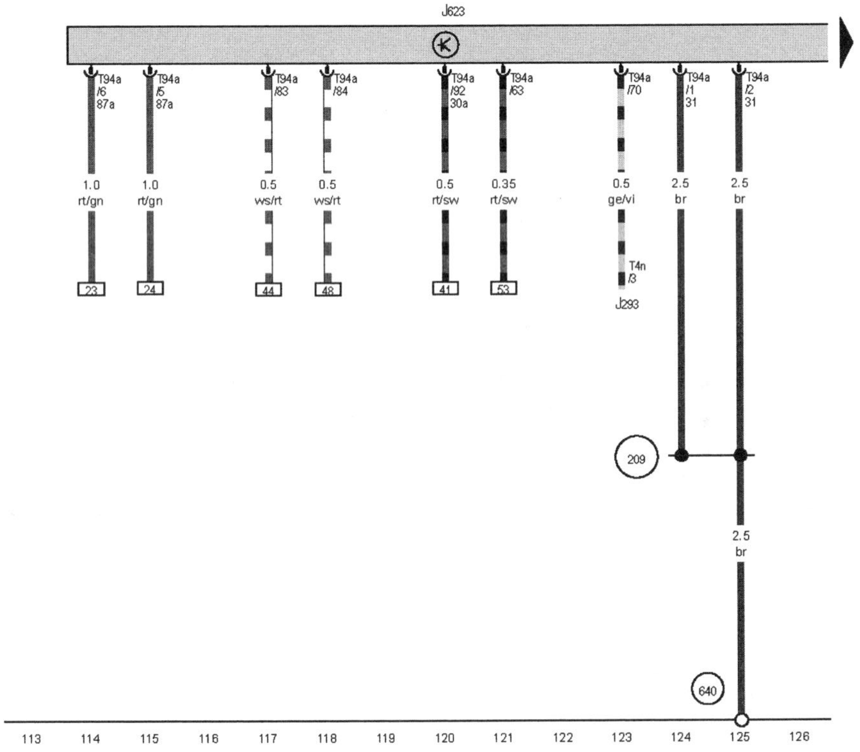

J293-散热器风扇控制单元 J623-发动机控制单元 T4n-4芯插头连接,黑色 T94a-94芯插头连接,黑色 209-接地连接6,在发动机舱导线束中 640-发动机舱内左侧接地点2

图 2-1-8

E45-定速巡航装置开关 E227-定速巡航装置设置按钮 J527-转向柱电子装置控制单元 T16a-16芯插头连接,黑色 *-仅用于带定速巡航装置的汽车

110

离合器位置传感器、发动机控制单元

制动信号灯开关、制动踏板开关、发动机控制单元

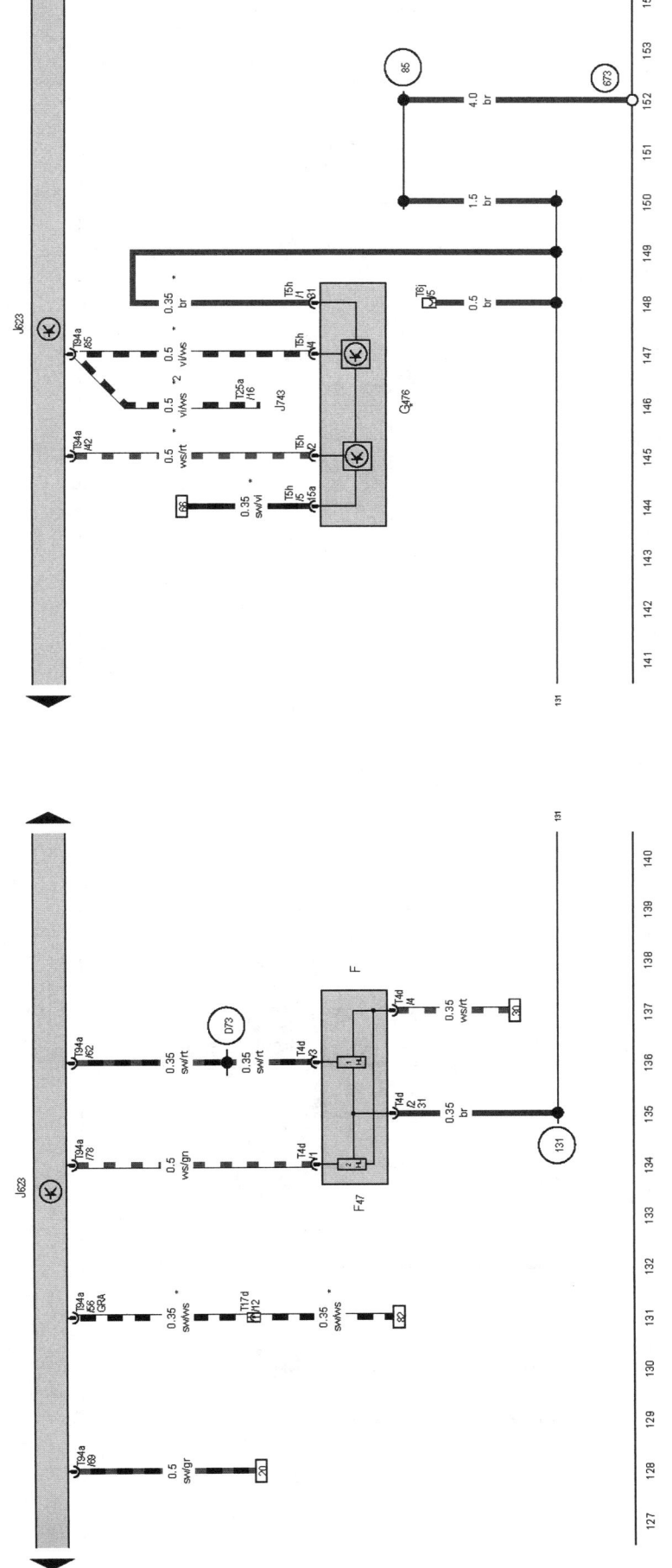

G476-离合器位置传感器 J623-发动机控制单元 J743-双离合器变速器机电装置 T5h-5芯插头连接、黑色 T6j-6芯插头连接、发动机舱内左后部、黑色 T25a-25芯插头连接、黑色 T94a-94芯插头连接、黑色 85-接地连接 1、在发动机舱导线束中 131-接地连接 2、在发动机舱导线束中 673-左前纵梁上的接地点 3 *-仅用于带手动变速器的汽车 *2-仅用于带双离合器变速器的汽车

图 2-1-11

F-制动信号灯开关 F47-制动踏板开关 J623-发动机控制单元 T4d-4芯插头连接、黑色 T17d-17芯插头连接、蓝色 T94a-94芯插头连接、黑色 131-接地连接 2、在发动机舱导线束中 D73-正极连接、左侧A柱下部、在发动机舱导线束中 *-仅用于带定速巡航装置的汽车

图 2-1-10

111

氧传感器、尾气催化净化器后的氧传感器、发动机控制单元、氧传感器加热装置、尾气催化净化器的氧传感器加热装置

氧传感器、尾气催化净化器后的氧传感器、发动机控制单元、氧传感器加热装置、尾气催化净化器的氧传感器 1 加热装置

油门踏板位置传感器、散热器出口处的冷却液温度传感器、油门踏板位置传感器 2、发动机控制单元

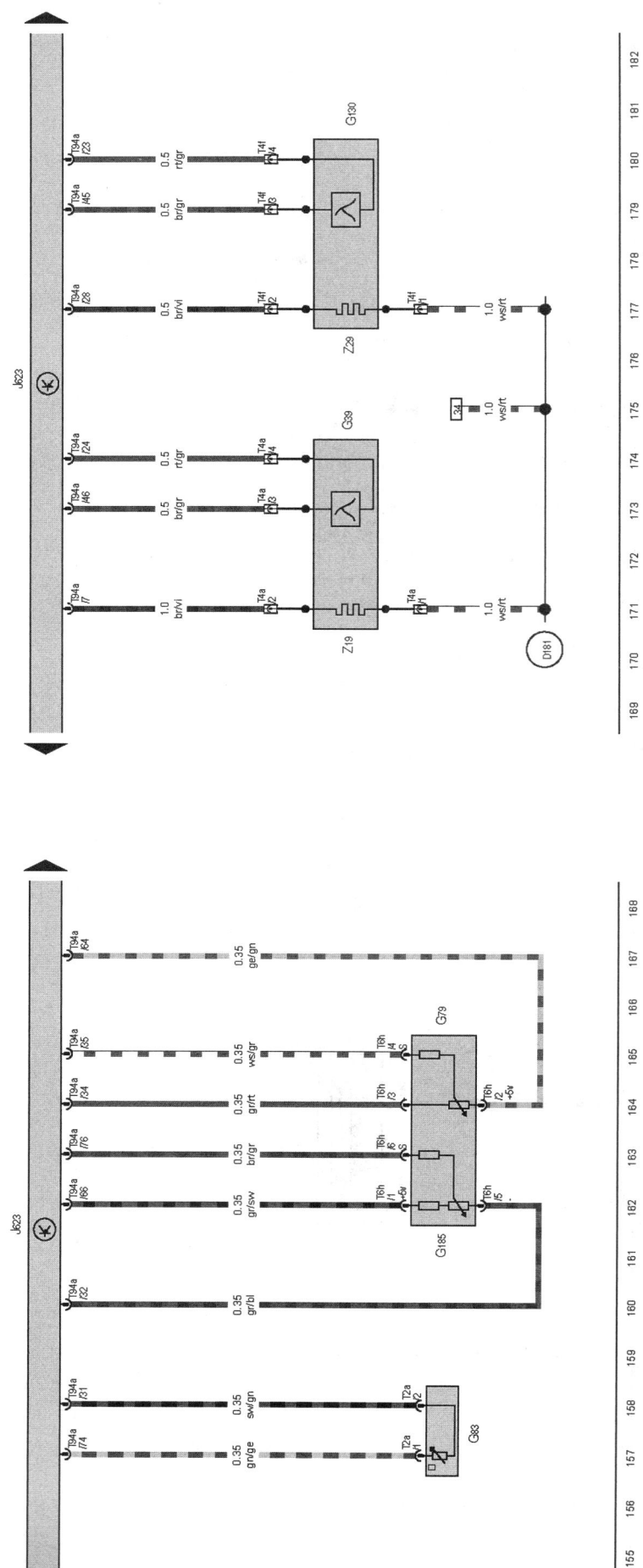

155 156 157 158 159 160 161 162 163 164 165 166 167 168

图 2-1-12

G79-油门踏板位置传感器、G83-散热器出口处的冷却液温度传感器、G185-油门踏板位置传感器2、J623-发动机控制单元、T2a-2芯插头连接，黑色、T6h-6芯插头连接，黑色、T94a-94芯插头连接，黑色

169 170 171 172 173 174 175 176 177 178 179 180 181 182

图 2-1-13

G39-氧传感器、G130-尾气催化净化器后的氧传感器、J623-发动机控制单元、T4a-4芯插头连接，棕色、T4f-4芯插头连接，黑色、T94a-94芯插头连接，黑色、Z19-氧传感器加热装置、Z29-尾气催化净化器后的氧传感器 1 加热装置 D181-连接2 (87a)，在发动机舱导线束中

112

爆震传感器 1、冷却液温度传感器、发动机控制单元、增压压力限制电磁阀

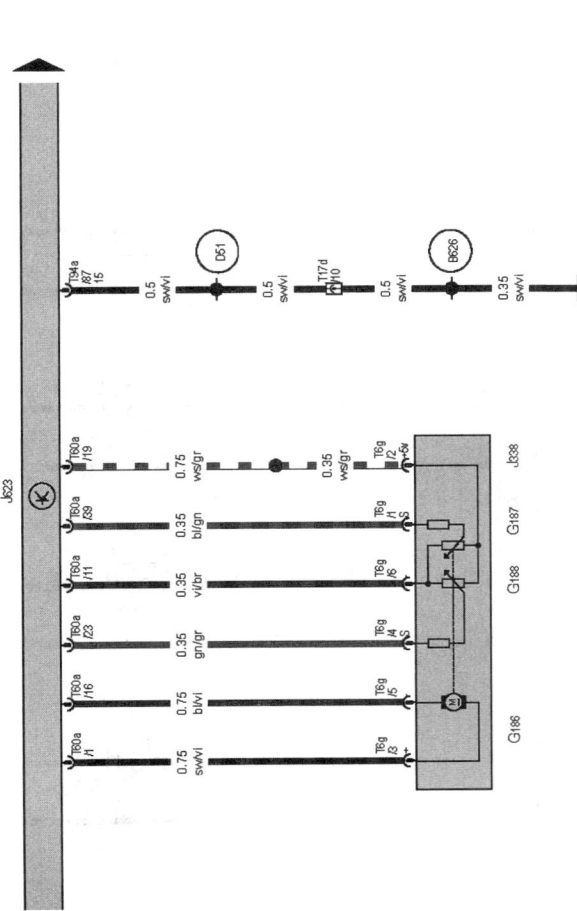

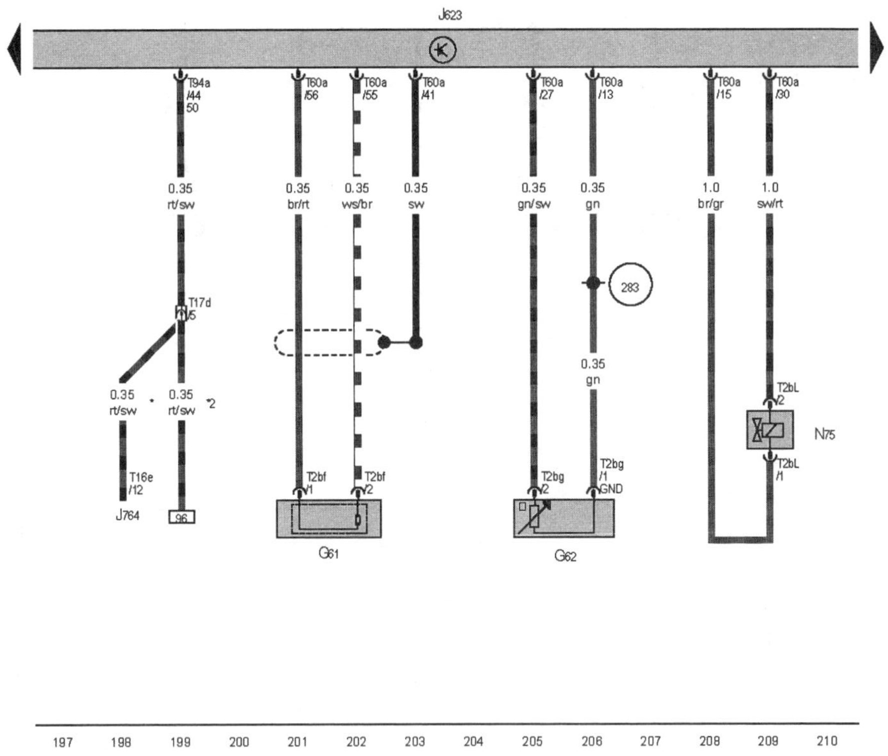

G61-爆震传感器1 G62-冷却液温度传感器 J623-发动机控制单元 J764-电子转向柱锁止装置控制单元
N75-增压压力限制电磁阀 T2bf-2芯插头连接、黑色 T2bg-2芯插头连接、黑色 T2bL-2芯插头连接、
黑色 T16e-16芯插头连接、黑色 T17d-17芯插头连接、黑色 T60a-60芯插头连接、蓝色 T2bg柱下部、左侧A柱下部、
T94a-94芯插头连接、黑色 283-接地连接2、黑色 在发动机预接线导线束中 *-仅用于带进入及启动许可的汽
车 *2-仅用于不带进入及启动许可的汽车

图 2-1-15

电控油门操纵机构的节气门驱动装置、电控油门操纵机构的节气门驱动装置角度传感器 1、
电控油门操纵机构的节气门驱动装置角度传感器 2、节气门控制单元、发动机控制单元

G186-电控油门操纵机构的节气门驱动装置 G187-电控油门操纵机构的节气门驱动装置角度传感器
1 G188-电控油门操纵机构的节气门驱动装置角度传感器 J338-节气门控制单元 J623-发动机控制单元 T94a-
T6g-6芯插头连接、黑色 T17d-17芯插头连接、黑色 T60a-60芯插头连接、蓝色 T94a-
94芯插头连接、黑色 B626-正极连接2（15）、在主导线束中 D51-正极连接1（15）、在发动机舱导线束
中

图 2-1-14

霍耳传感器、霍耳传感器 3、发动机控制单元

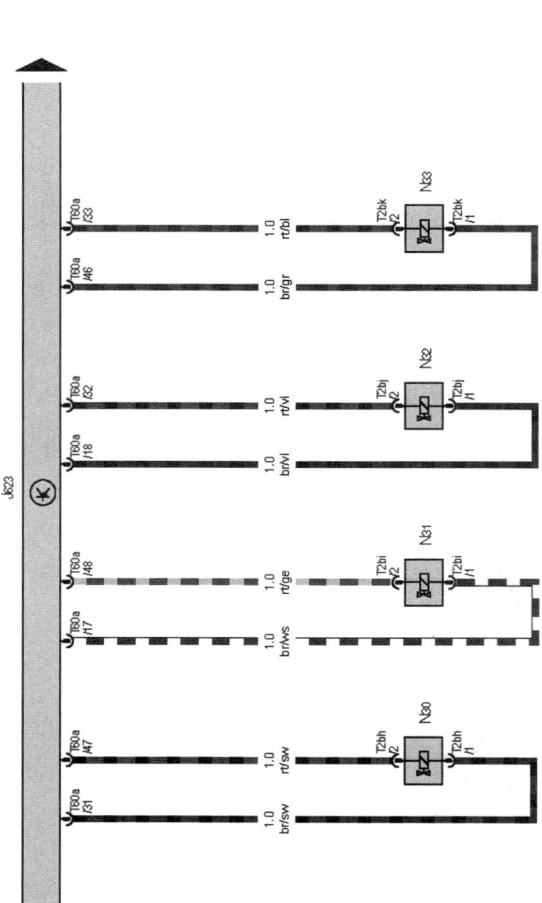

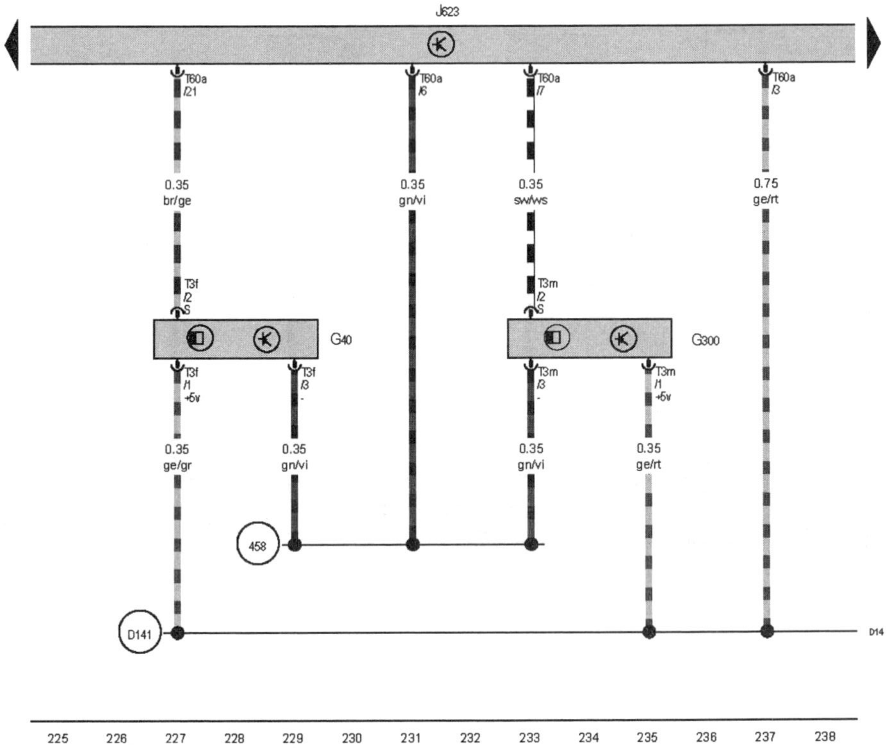

图 2-1-17

G40-霍耳传感器 G300-霍耳传感器 3 J623-发动机控制单元 T3f-3芯插头连接，黑色 T3m-3芯插头连
接，黑色 T60a-60芯插头连接，黑色 T2bj-2芯插头连接，黑色 T2bk-2芯插头连接，黑
色 T60a-60芯插头连接，在
发动机前部导线束中

发动机控制单元、气缸 1 喷油器、气缸 2 喷油器、气缸 3 喷油器、气缸 4 喷油器

图 2-1-16

J623-发动机控制单元 N30-气缸 1 喷油器 N31-气缸 2 喷油器 N32-气缸 3 喷油器 N33-气缸 4 喷油器
T2bh-2芯插头连接，黑色 T2bi-2芯插头连接，黑色 T2bj-2芯插头连接，黑色 T2bk-2芯插头连接，黑
色 T60a-60芯插头连接，黑色

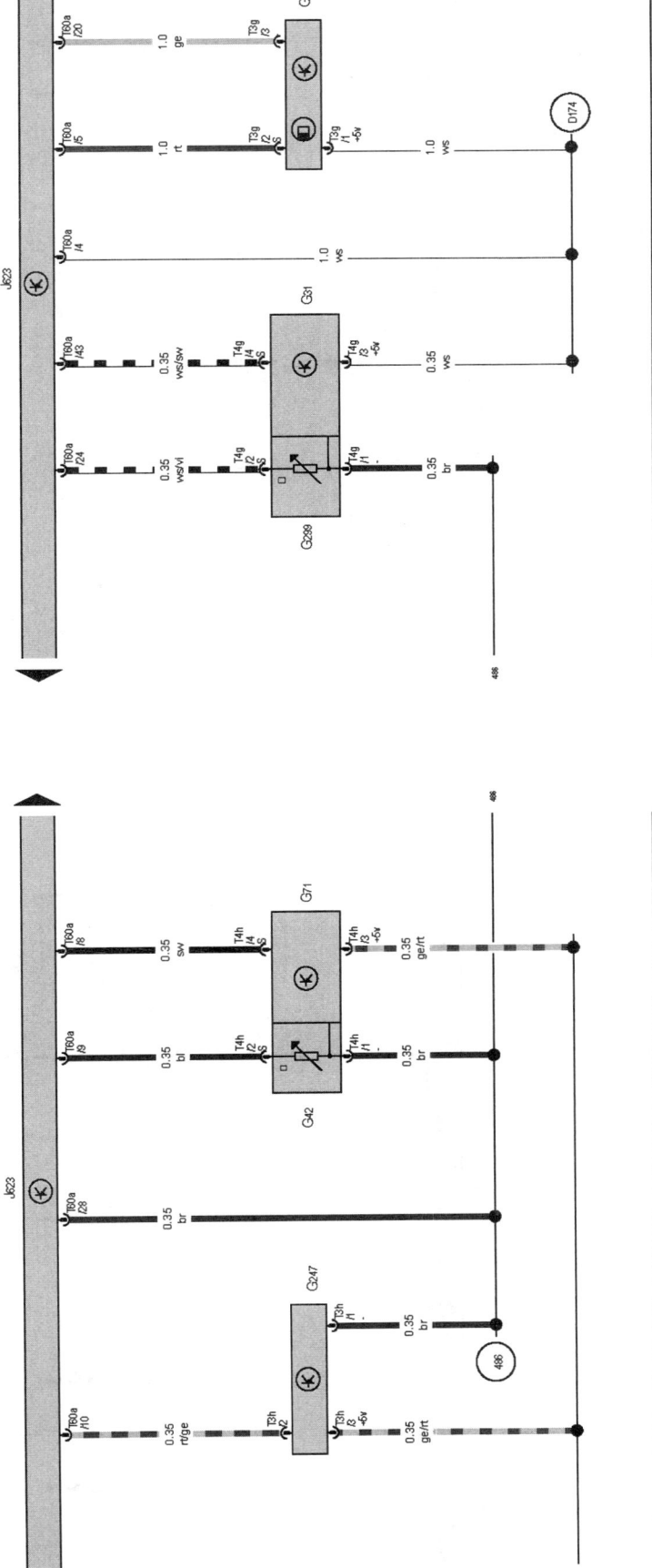

发动机转速传感器、增压压力传感器、进气温度传感器 2、发动机控制单元

进气温度传感器、进气歧管压力传感器、燃油压力传感器、发动机控制单元

图 2-1-19

G28-发动机转速传感器 G31-增压压力传感器 G299-进气温度传感器2 J623-发动机控制单元 T3g-3芯插头连接，黑色 T4g-4芯插头连接，黑色 T60a-60芯插头连接，黑色 486-接地连接，在发动机预接线导线束中 D174-连接2（5V），在发动机预接线导线束中

图 2-1-18

G42-进气温度传感器 G71-进气歧管压力传感器 G247-燃油压力传感器 J623-发动机控制单元 T3h-3芯插头连接，黑色 T4h-4芯插头连接，黑色 T60a-60芯插头连接，黑色 486-接地连接，在发动机预接线导线束中 D141-连接（5V），在发动机前部导线束中

发动机控制单元、活性炭罐电磁阀 1、凸轮轴调节阀 1、排气凸轮轴调节阀 1、机油压力
调节阀

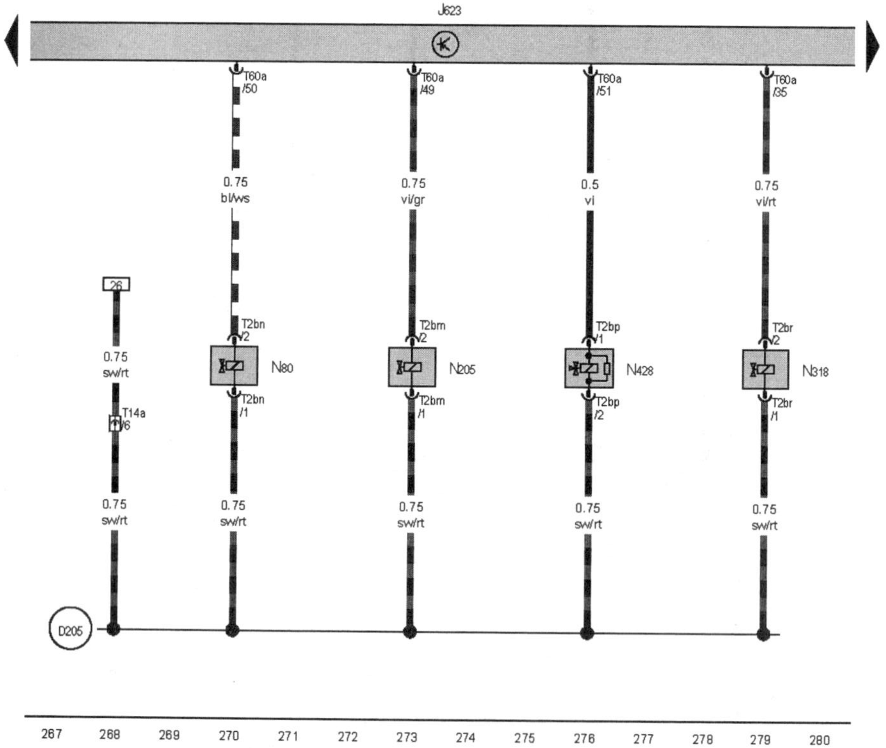

图 2-1-20

J623-发动机控制单元　N80-活性炭罐电磁阀1　N205-凸轮轴调节阀1　N318-排气凸轮轴调节阀1　N428-机
油压力调节阀　T2bm-2芯插头连接，黑色　T2bn-2芯插头连接，黑色　T2bp-2芯插头连接，黑色　T2br-2
芯插头连接，黑色　T14a-14芯插头连接，左前纵梁上　T60a-60芯插头连接，灰色　D205-连接3
(87a)，在发动机预接线导线束中

发动机控制单元、燃油压力调节阀、冷却液循环泵

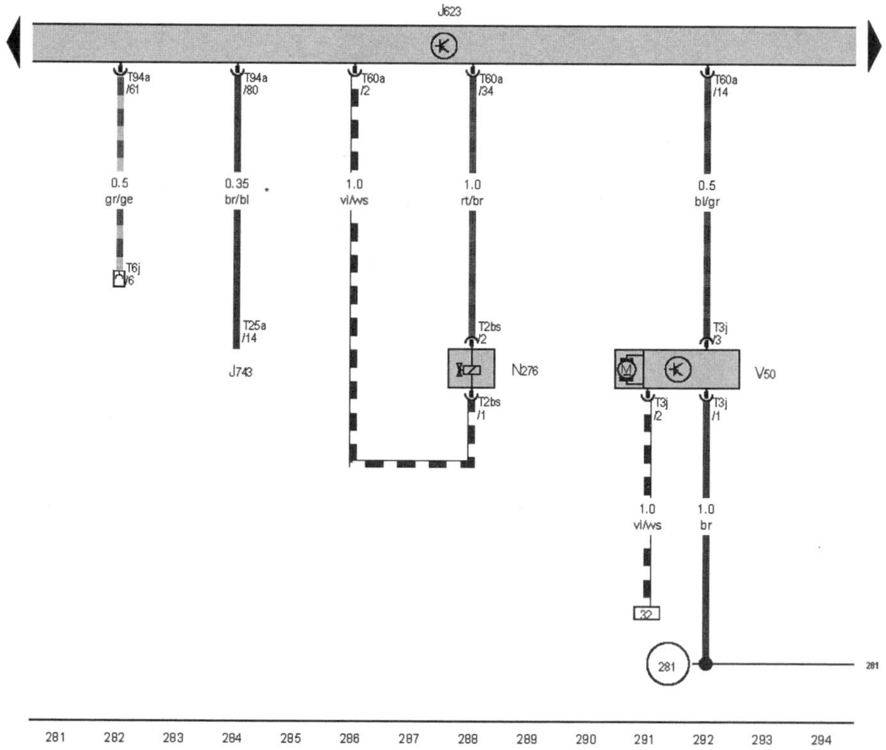

图 2-1-21

J623-发动机控制单元　J743-双离合器变速器机电装置　N276-燃油压力调节阀　T2bs-2芯插头连接，黑色
T3j-3芯插头连接，黑色　T6j-6芯插头连接，发动机舱内左后部，黑色　T25a-25芯插头连接，黑色　T60a-
60芯插头连接，黑色　T94a-94芯插头连接，黑色　V50-冷却液循环泵　281-接地连接1，在发动机预接线导
线束中　*-仅用于带双离合器变速器的汽车

116

机油压力开关、机油压力降低开关、发动机控制单元、带功率输出级的点火线圈 4、火花塞插头、火花塞

发动机控制单元、带功率输出级的点火线圈 1、带功率输出级的点火线圈 2、带功率输出级的点火线圈 3、火花塞插头、火花塞

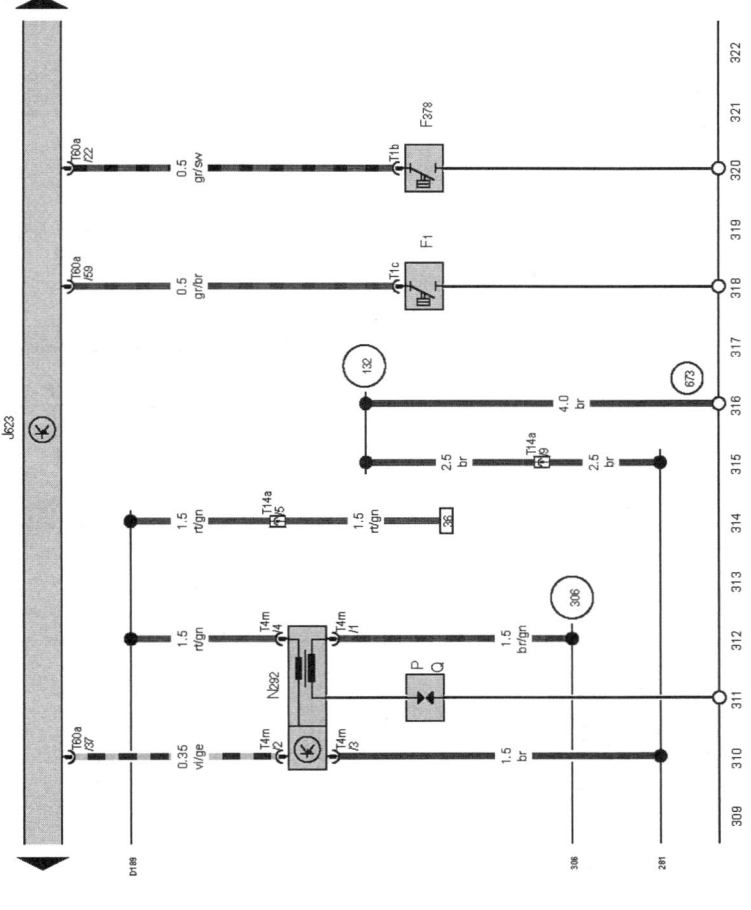

F1-机油压力开关 F378-机油压力降低开关 J623-发动机控制单元 N292-带功率输出级的点火线圈4 P-火花塞插头 Q-火花塞 T1b-1芯插头连接 T1c-1芯插头连接 T4m-4芯插头连接，蓝色 T4m-4芯插头连接，黑色 T14a-14芯插头连接，左前纵梁上，灰色 T60a-60芯插头连接，黑色 132-接地连接3，在发动机预接线导线束中 281-接地连接1，在发动机预接线导线束中 306-接地连接（点火线圈），在发动机预接线导线束中 673-左前纵梁上的接地点3 D189-连接（87a），在发动机顶接线导线束中

图 2-1-23

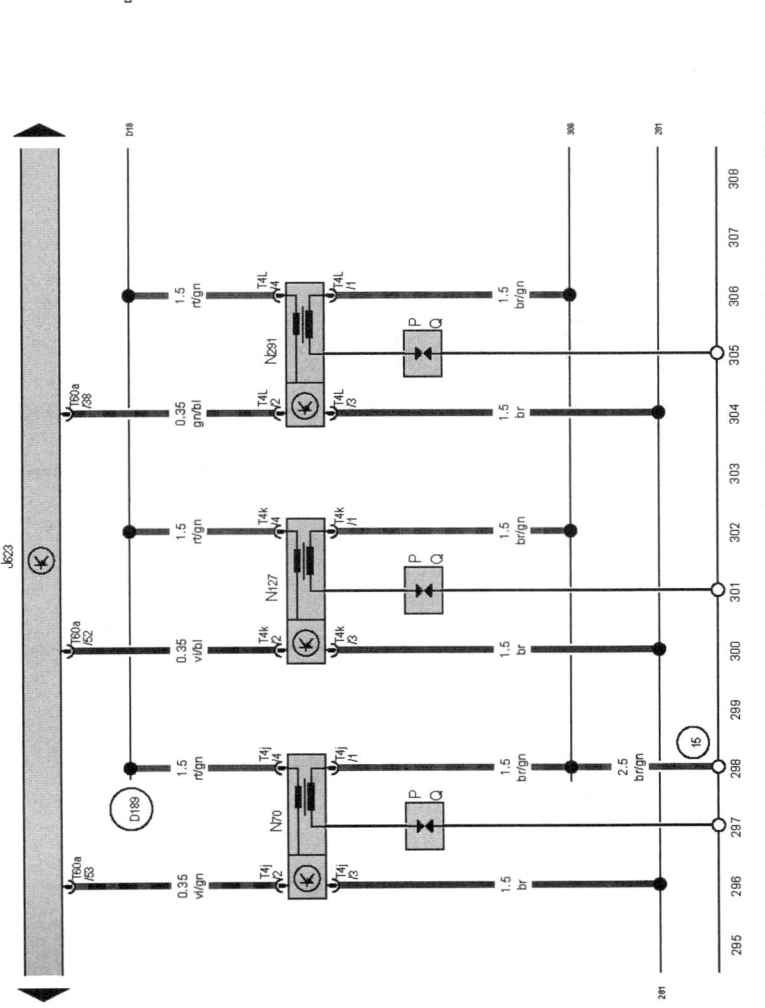

J623-发动机控制单元 N70-带功率输出级的点火线圈1 N127-带功率输出级的点火线圈2 N291-带功率输出级的点火线圈3 P-火花塞插头 Q-火花塞 T4j-4芯插头连接，黑色 T4k-4芯插头连接，黑色 T4L-4芯插头连接，黑色 T60a-60芯插头连接，黑色 15-气缸盖上的接地点 281-接地连接1，在发动机预接线导线束中 306-接地连接（点火线圈），在发动机预接线导线束中 D189-连接（87a），在发动机预接线导线束中

图 2-1-22

燃油表传感器、预供给燃油泵、燃油泵控制单元、发动机控制单元　　　　数据总线诊断接口、发动机控制单元

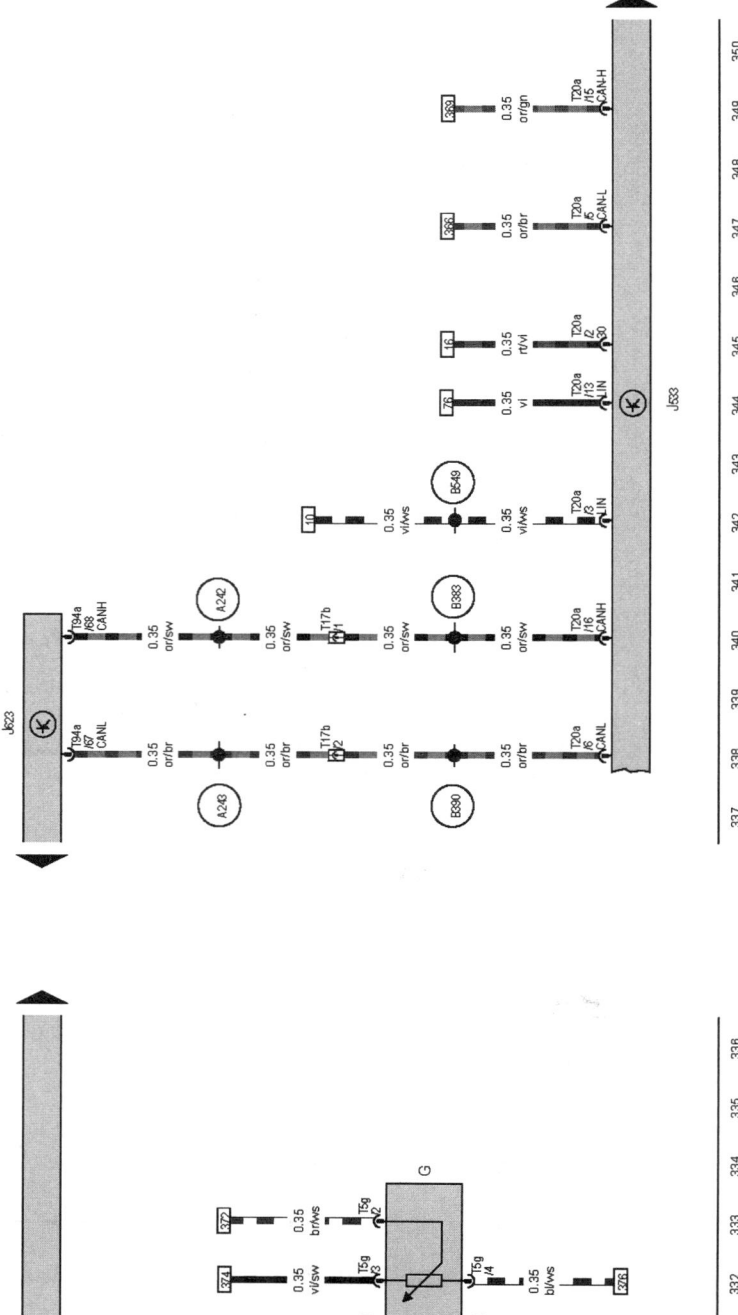

图 2-1-24

图 2-1-25

G-燃油表传感器　G6-预供给燃油泵　J538-燃油泵控制单元　J623-发动机控制单元　T5f-5芯插头连接，黑色　T5g-5芯插头连接，黑色　T17d-17芯插头连接，黑色　T94a-94芯插头连接，蓝色　T94a-94芯插头连接，黑色　62-右侧C柱上的接地点

J533-数据总线诊断接口　J623-发动机控制单元　T17b-17 芯插头连接　T20a-20芯插头连接，棕色　T20a-20芯插头连接，左侧 A 柱下部，左侧 A 柱下部，棕色　T20a-20芯插头连接，红色　T94a-94芯插头连接，黑色　A242-连接 1（驱动 CAN 总线，High），在发动机舱导线束中　A243-连接 1（驱动 CAN 总线，Low），在发动机舱导线束中　B383-连接 1（驱动 CAN 总线，High），在主导线束中　B390-连接 1（驱动 CAN 总线，Low），在主导线束中　B549-连接 2（LIN 总线），在主导线束中

118

燃油表、转速表、多功能显示器、组合仪表中的控制单元、发电机指示灯、燃油表指示灯

数据总线诊断接口、诊断接口

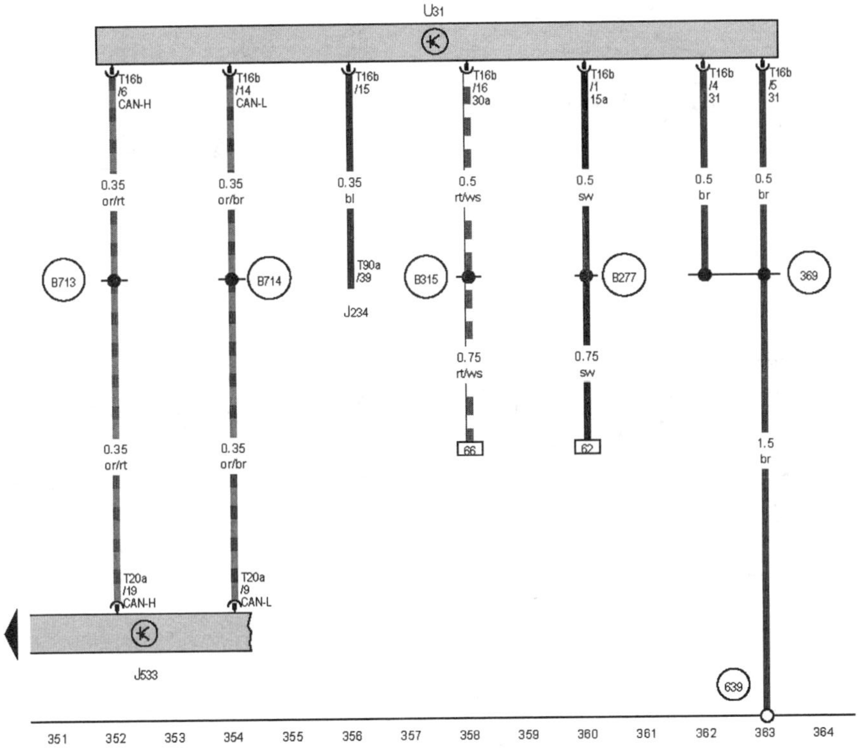

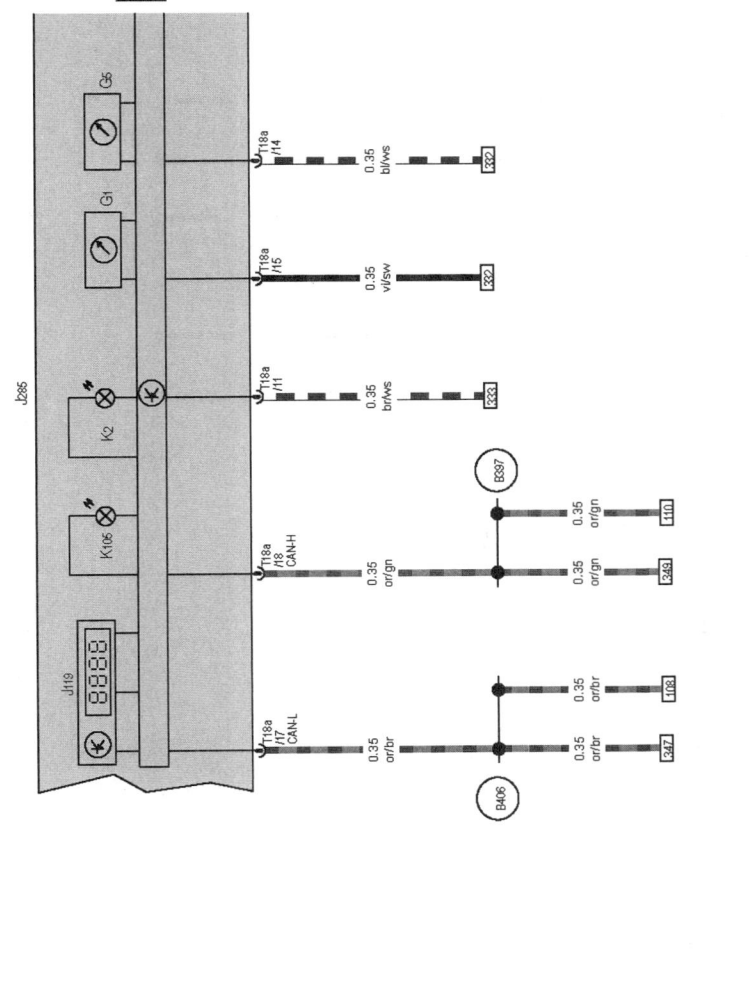

图 2-1-27

G1-燃油表 G5-转速表 J119-多功能显示器 J285-组合仪表中的控制单元 K2-发电机指示灯 K105-燃油表指示灯 T18a-18芯插头连接1，黑色 B397-连接1（舒适 CAN 总线，High），在主导线束中 B406-连接1（舒适 CAN 总线，Low），在主导线束中

图 2-1-26

J234-安全气囊控制单元 J533-数据总线诊断单元 T16b-16芯插头连接 T20a-20芯插头连接，红色 T90a-90芯插头连接，黄色 U31-诊断接口 369-接地连接4，在主导线束中 639-左A柱上的接地点 B277-正极连接1（15a），在主导线束中 B315-正极连接1（30a），在主导线束中 B713-连接1（诊断 CAN 总线，High），在主导线束中 B714-连接1（诊断 CAN 总线，Low），在主导线束中

主继电器、散热器风扇控制单元

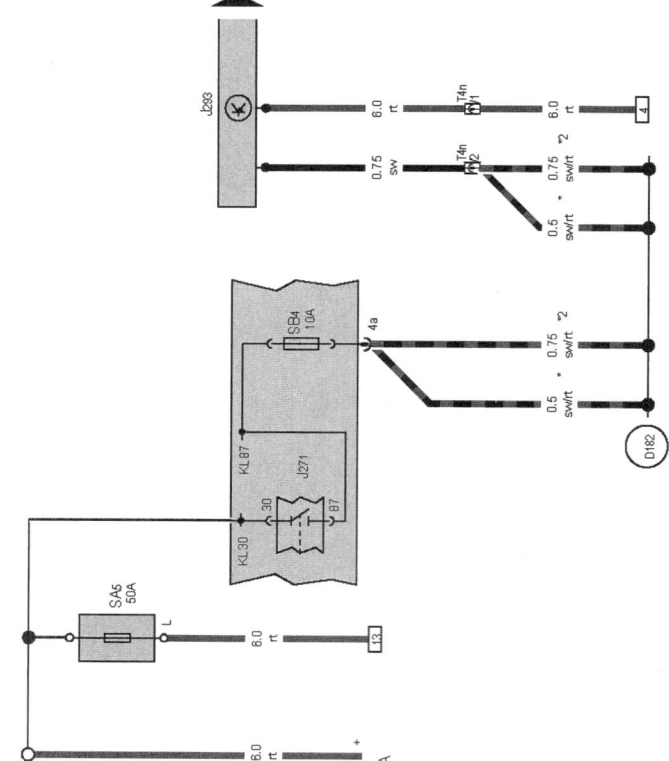

防盗锁止系统识读线圈、冷却液温度表、车速表、组合仪表中的控制单元、防盗锁止系统控制单元、机油压力指示灯、冷却液温度和冷却液不足显示指示灯、定速巡航装置指示灯、机油油位指示灯、废气警告灯、电子油门故障信号灯、里程表

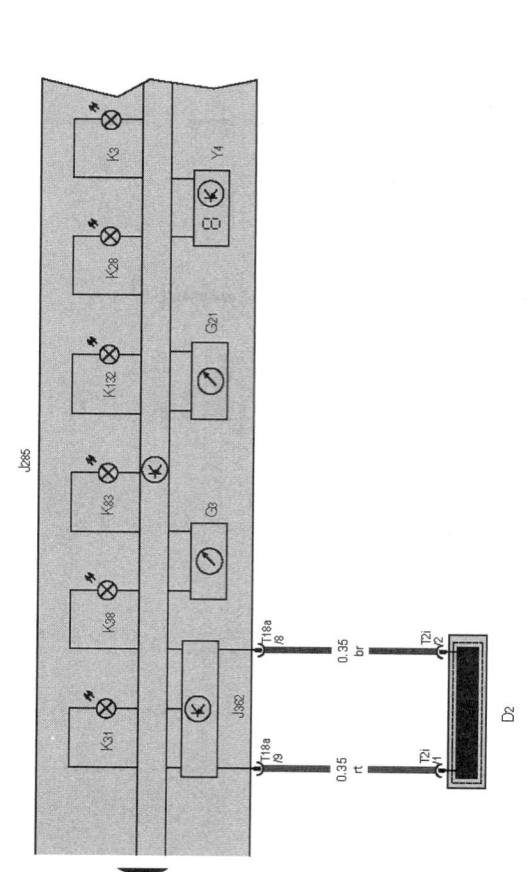

A-蓄电池 J271-主继电器 J293-散热器风扇控制单元 SB4-保险丝架B上的保险丝4 SA5-保险丝架A上的保险丝5 T4n-4芯插头连接 黑色 D182-连接3（87a），在发动机舱内线束中 *-自2017年6月起 *2-截至2017年6月

图2-1-29

D2-防盗锁止系统识读线圈 G3-冷却液温度表 G21-车速表 J285-组合仪表中的控制单元 J362-防盗锁止系统控制单元 K3-机油压力指示灯 K28-冷却液温度和冷却液不足显示指示灯 K31-定速巡航装置指示灯 K38-机油油位指示灯 K83-废气警告灯 K132-电子油门故障信号灯 T2i-2芯插头连接 T18a-18芯插头连接，黑色 Y4-里程表

图2-1-28

散热器出口处的冷却液温度传感器、散热风扇控制单元、发动机控制单元、散热器风扇

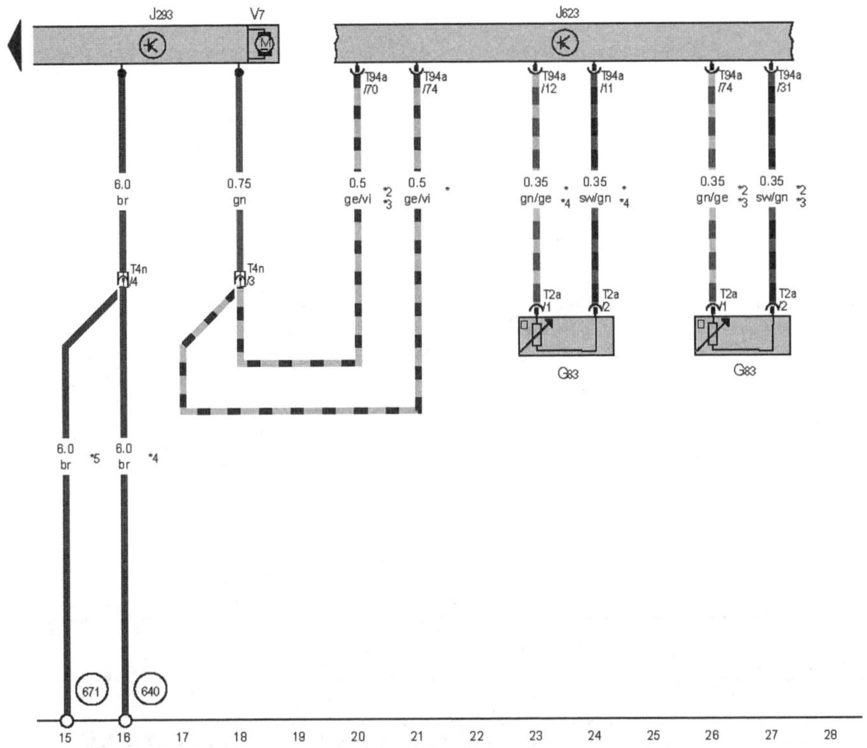

蓄电池、启动机、交流发电机、电压调节器

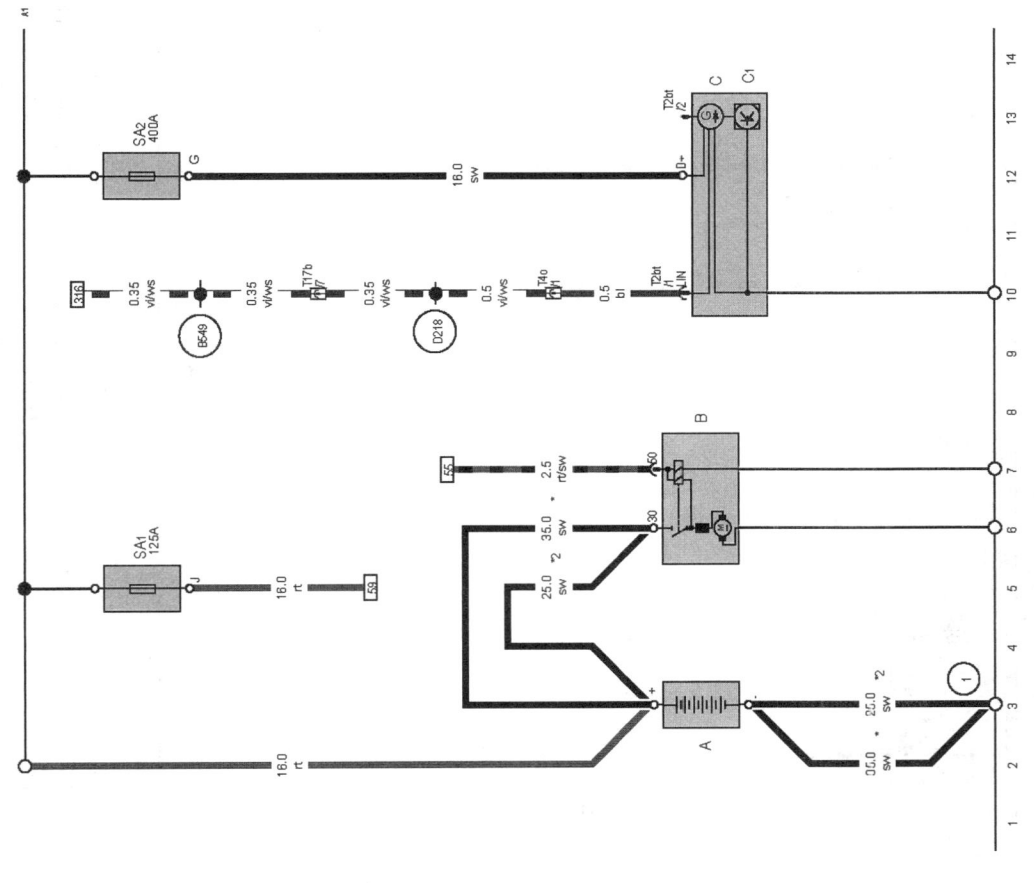

A－蓄电池 B－启动机 C－交流发电机 C1－电压调节器 SA1－保险丝架 A 上的保险丝1 SA2－保险丝架 A 上的保险丝2 T2bt－2芯插头连接，左前纵梁上，左侧 T4o－4芯插头连接，黑色 T17b－17芯插头连接，左侧 A柱下部，在主导线束中 D218－连接1（LIN总线），在发动机舱导线束中 B549－连接2（LIN总线），蓄电池－车身 1－接地点 1 *－用于带自动变速器的汽车 *2－仅用于带手动变速器的汽车

图 2-1-31

G83－散热器出口处的冷却液温度传感器 J293－散热风扇控制单元 J623－发动机控制单元 T2a－2芯插头连接单元 T4n－4芯插头连接，黑色 T94a－94芯插头连接，黑色 V7－散热器风扇 640－发动机风扇 671－左前纵梁上的接地点1 *－用于带1.6 L发动机的汽车 *2－用于带1.4 L发动机的汽车 *3－用于带1.2 L发动机的汽车 *4－截至2017年6月 *5－自2017年6月起

图 2-1-30

保险丝架 B

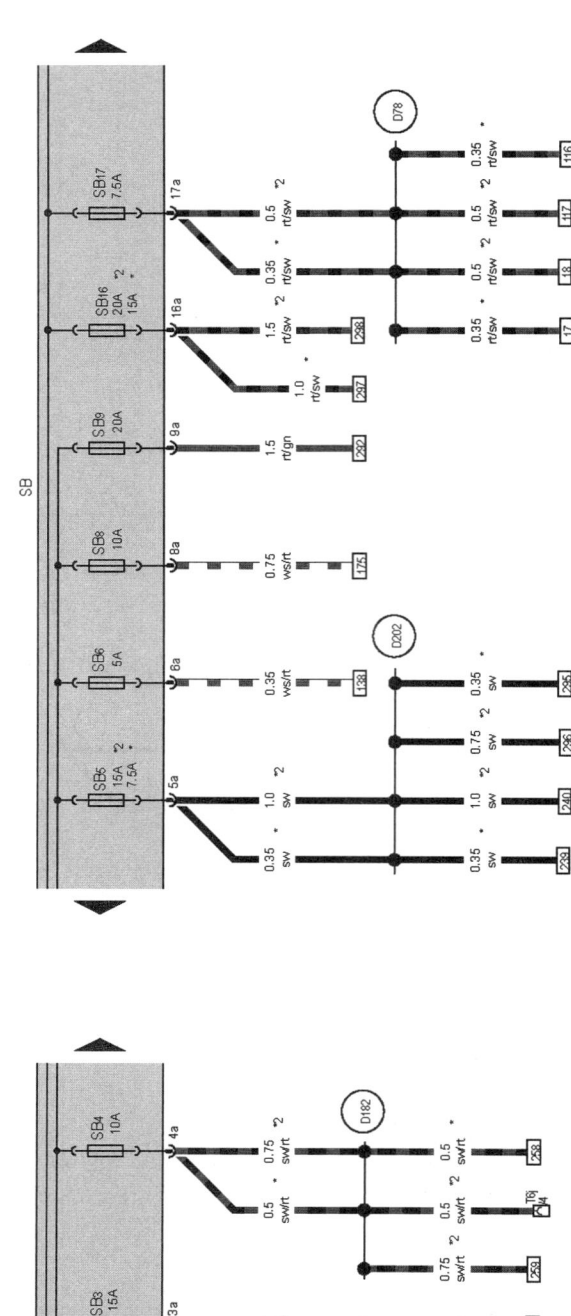

主继电器、保险丝架 B

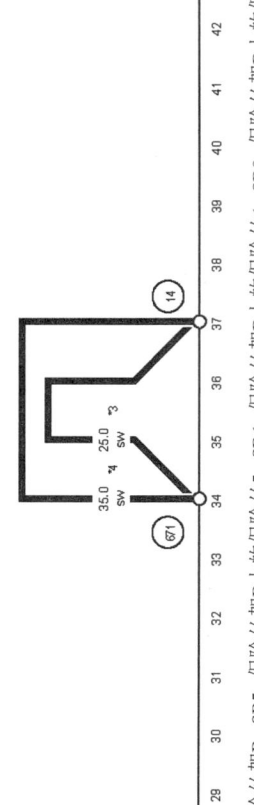

图 2-1-33

图 2-1-32

SB-保险丝架B SB5-保险丝架B上的保险丝5 SB6-保险丝架B上的保险丝6 SB8-保险丝架B上的保险丝8 SB9-保险丝架B上的保险丝9 SB16-保险丝架B上的保险丝16 SB17-保险丝架B上的保险丝17 14-变速器上的接地点 671-左前纵梁上的接地点1 D78-正极接地1（30a），在发动机舱导线束中 D202-连接6（87a），在发动机舱导线束中 *1-自2017年6月起 *2-截至2017年6月 *3-仅用于带手动变速器的汽车 *4-用于带自动变速器的汽车

J271-主继电器 SB-保险丝架B SB3-保险丝架B上的保险丝3 SB4-保险丝架B上的保险丝4 SB18-保险丝架B上的保险丝18 T6j-6芯插头连接，发动机舱内左后部，左侧A柱下部，黑色 T17d-17芯插头连接，左侧A柱下部，蓝色 D180-连接（87a），在发动机舱导线束中 D182-连接3（87a），在发动机舱导线束中 *1-自2017年6月起 *2-截至2017年6月

122

接线端 15 供电继电器、车载电网控制单元

启动机继电器 1、启动机继电器 2、保险丝架 B

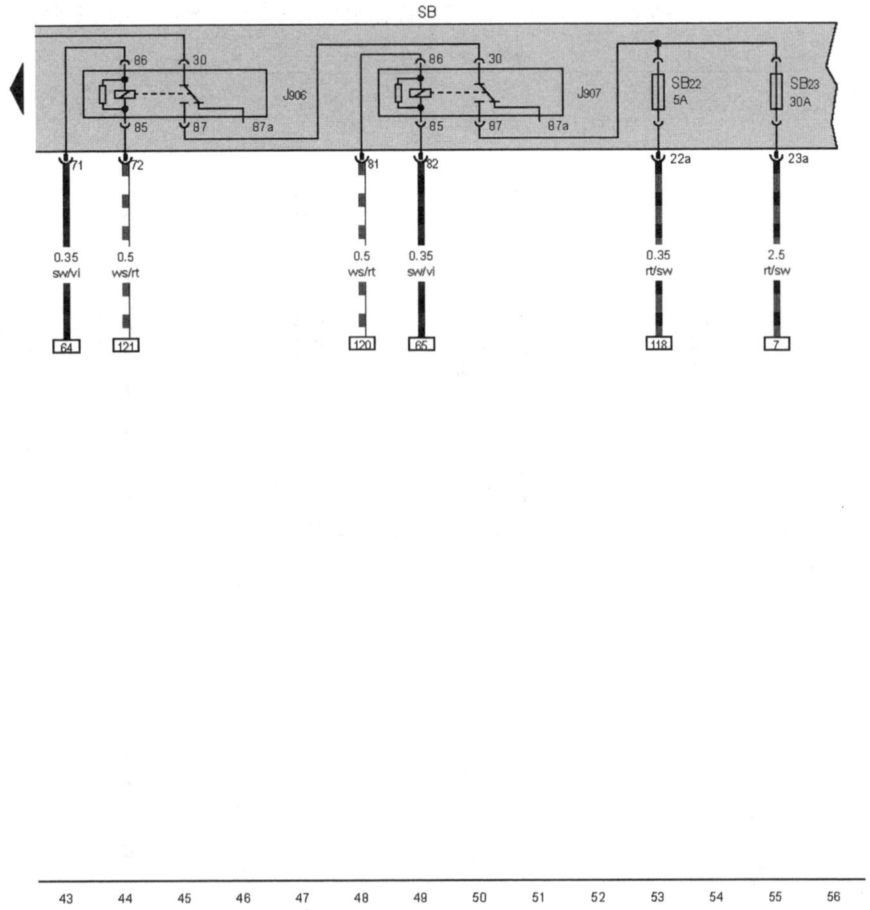

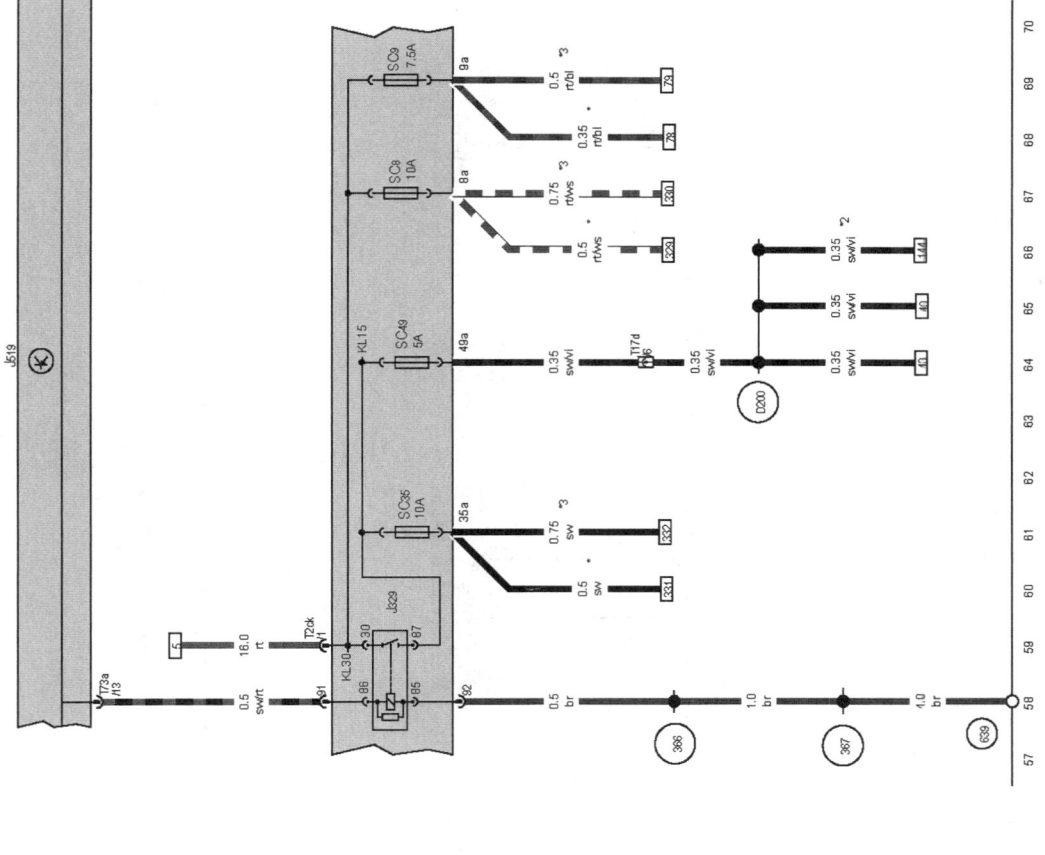

图 2-1-35

图 2-1-34

J906-启动机继电器1 J907-启动机继电器2 SB-保险丝架B SB22-保险丝架B上的保险丝22 SB23-保险丝架B上的保险丝23

J329-接线端15供电继电器 J519-车载电网控制单元 SC8-保险丝架C上的保险丝8 SC9-保险丝架C上的保险丝9 SC35-保险丝架C上的保险丝35 SC49-保险丝架C上的保险丝49 T2ck-2芯插头连接，黑色 T17d-17芯插头连接，左侧 A 柱下部，蓝色 T73a-73芯插头连接，黑色 366-接地连接1，在主导线束中 367-接地连接2，在主导线束中 639-左 A 柱上的接地点 D200-正极连接3（15a），在发动机舱导线束中 *-自2017年6月起 *2-仅用于带手动变速器的汽车 *3-截至2017年6月

123

点火启动开关、转向柱电子装置控制单元

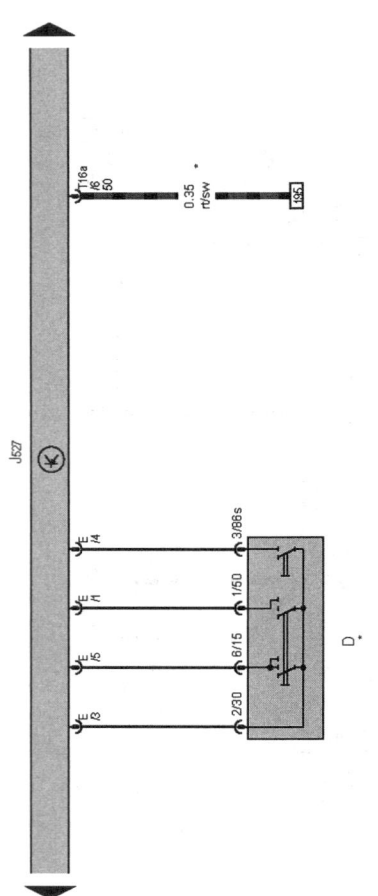

D-点火启动开关 J527-转向柱电子装置控制单元 T16a-16芯插头连接，黑色 *-仅用于不带进入及启动许可的汽车

图 2-1-37

冷却液不足显示传感器、车载电网控制单元、转向柱电子装置控制单元

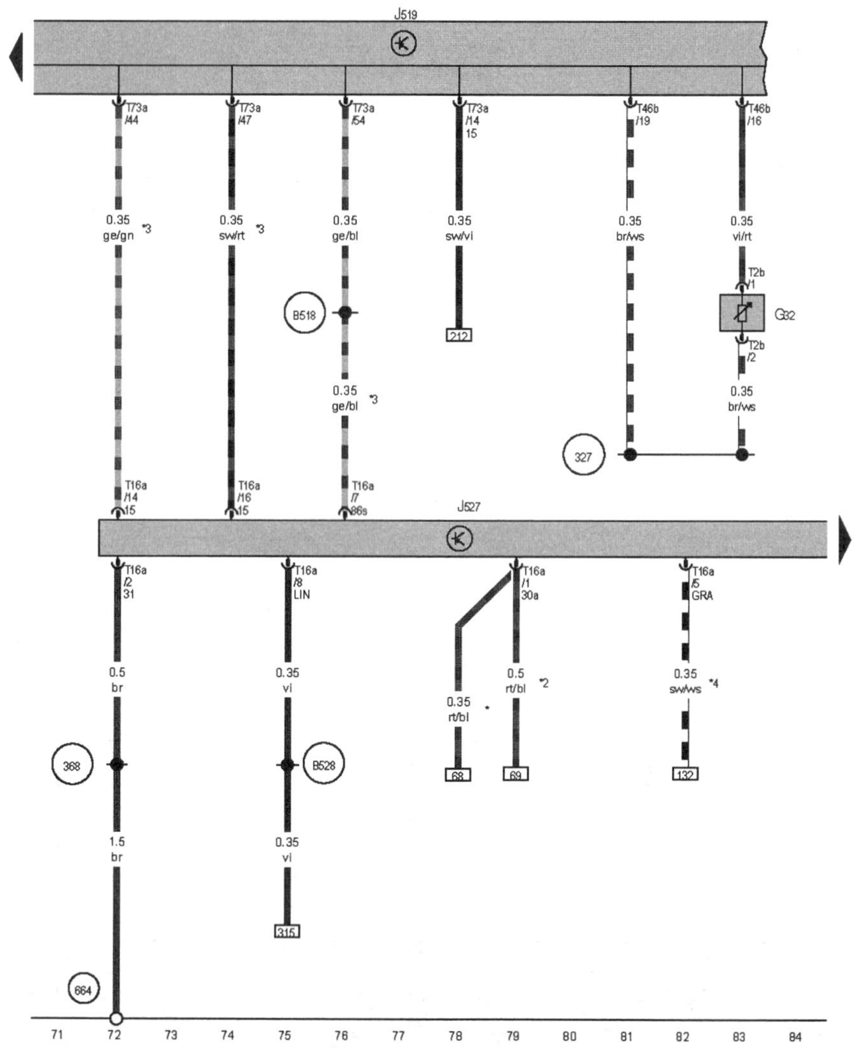

G32-冷却液不足显示传感器 J519-车载电网控制单元 J527-转向柱电子装置控制单元 T2b-2芯插头连接 接，黑色 T16a-16芯插头连接，黑色 T46b-46芯插头连接，黑色 T73a-73芯插头连接，黑色 327-接地连接（传感器接地），在发动机舱内线束中 368-接地连接3，在主导线束中 664-左侧仪表板后面的接地点 B518-连接（86s）*3-仅用于不带进入及启动许可的汽车 *4-仅用于带定速巡航装置的汽车点 B518-连接（86s）*3-仅用于不带进入及启动许可的汽车 *4-仅用于带定速巡航装置的汽车截至2017年6月 *-自2017年6月起

图 2-1-36

124

发动机控制单元

定速巡航装置开关、定速巡航装置设置按钮、转向柱电子装置控制单元

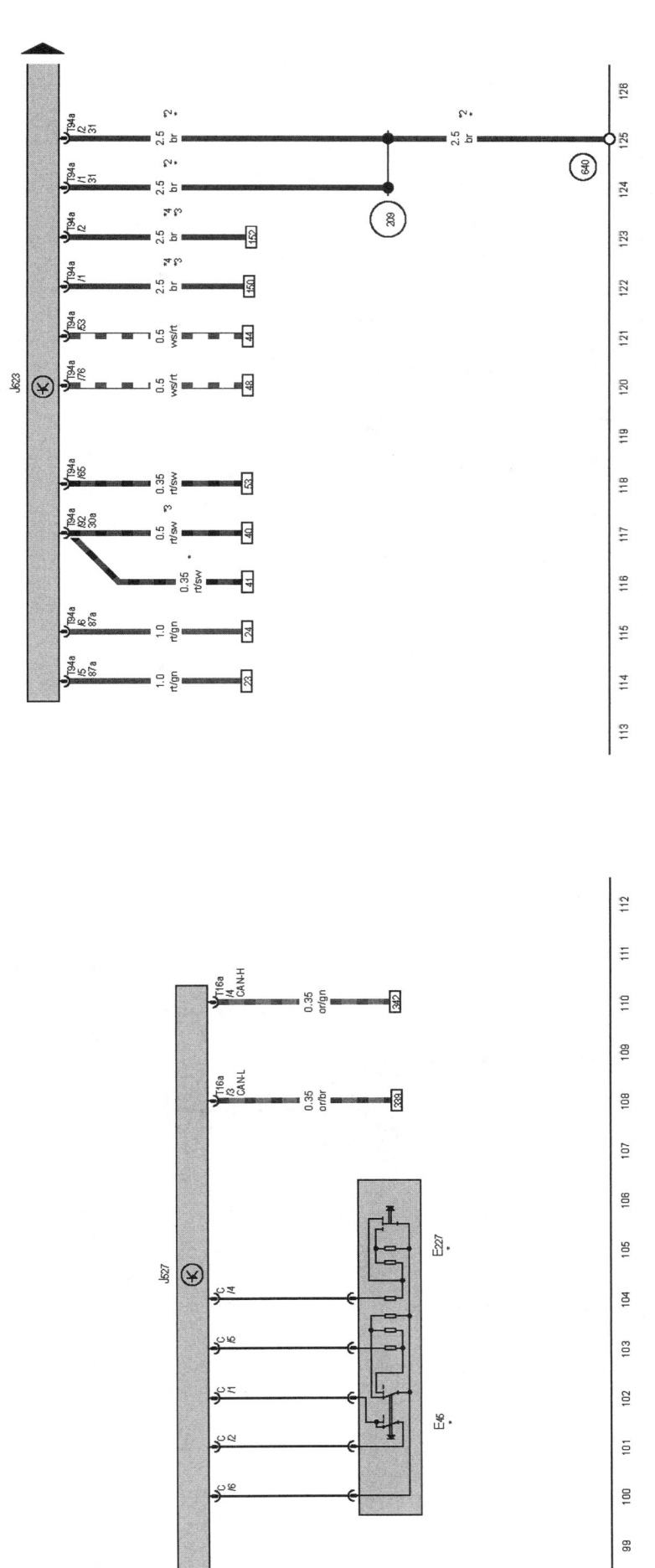

J623-发动机控制单元 T94a-94芯插头连接、黑色 209-接地连接6、在发动机舱导线束中 640-发动机舱内左侧接地点2 *-自2017年6月起 *2-截至2015年1月 *3-截至2017年6月 *4-自 2015 年1月起

图 2-1-39

E45-定速巡航装置开关 E227-定速巡航装置设置按钮 J527-转向柱电子装置控制单元 T16a-16芯插头连接、黑色 *-仅用于带定速巡航装置的汽车

图 2-1-38

125

离合器位置传感器、发动机控制单元

制动信号灯开关、制动踏板开关、发动机控制单元

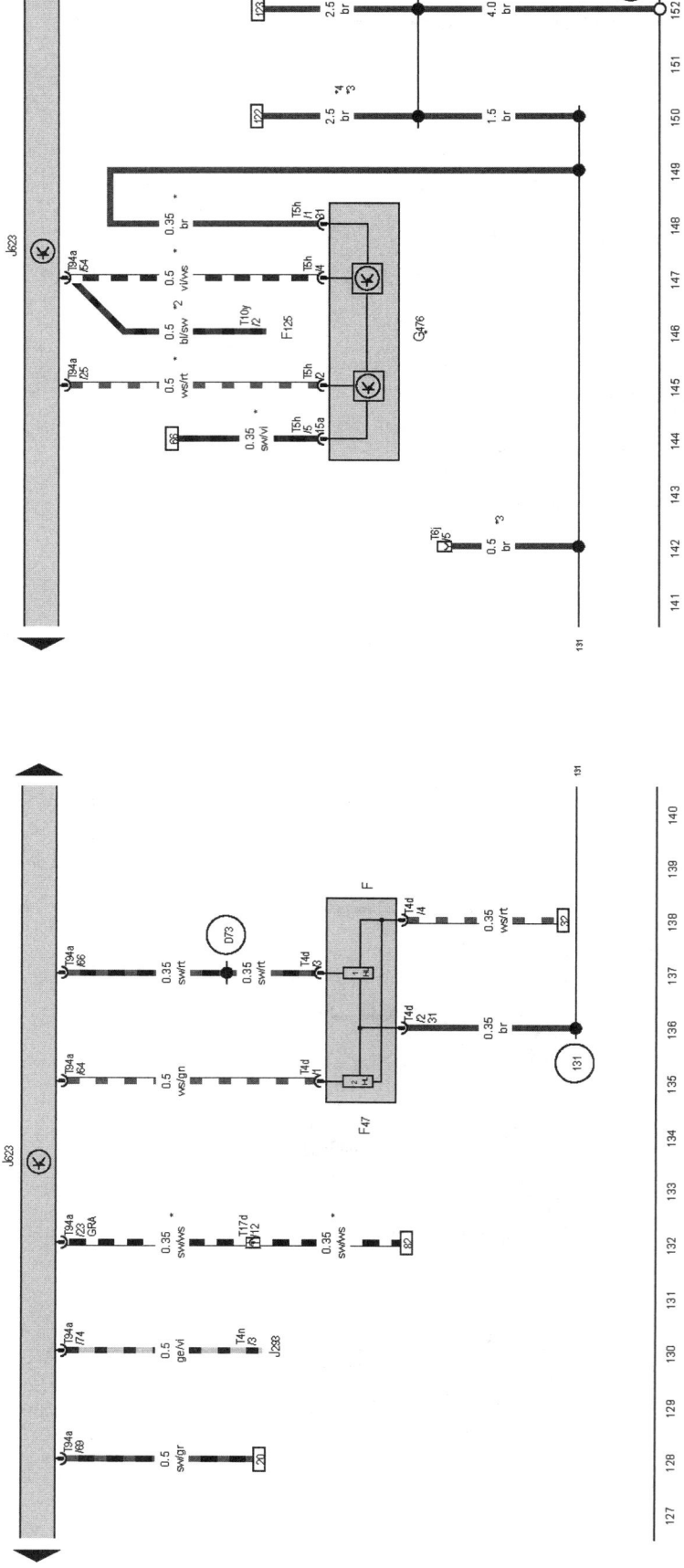

图 2-1-41

F125-多功能开关 G476-离合器位置传感器 J623-发动机控制单元 T5h-5芯插头连接，黑色 T6j-6芯插头连接，黑色 T10y-10芯插头连接，黑色 T94a-94芯插头连接，黑色 85-接地连接 1，在发动机舱导线束中 131-接地连接2，在发动机舱导线束中 673-左前纵梁上的接地点3 *-仅用于带手动变速器的汽车 *2-用于带自动变速器的汽车 *3-截至2017年6月 *4-自2015年1月起

图 2-1-40

F-制动信号灯开关 F47-制动踏板开关 J293-散热器风扇控制单元 J623-发动机控制单元 T4d-4芯插头连接，黑色 T4n-4芯插头连接，黑色 T17d-17芯插头连接，左侧A柱下部，蓝色 T94a-94芯插头连接，黑色 131-接地连接2，在发动机舱导线束中 D73-正极连接（54），在发动机舱导线束中 *-仅用于带巡航装置的汽车

126

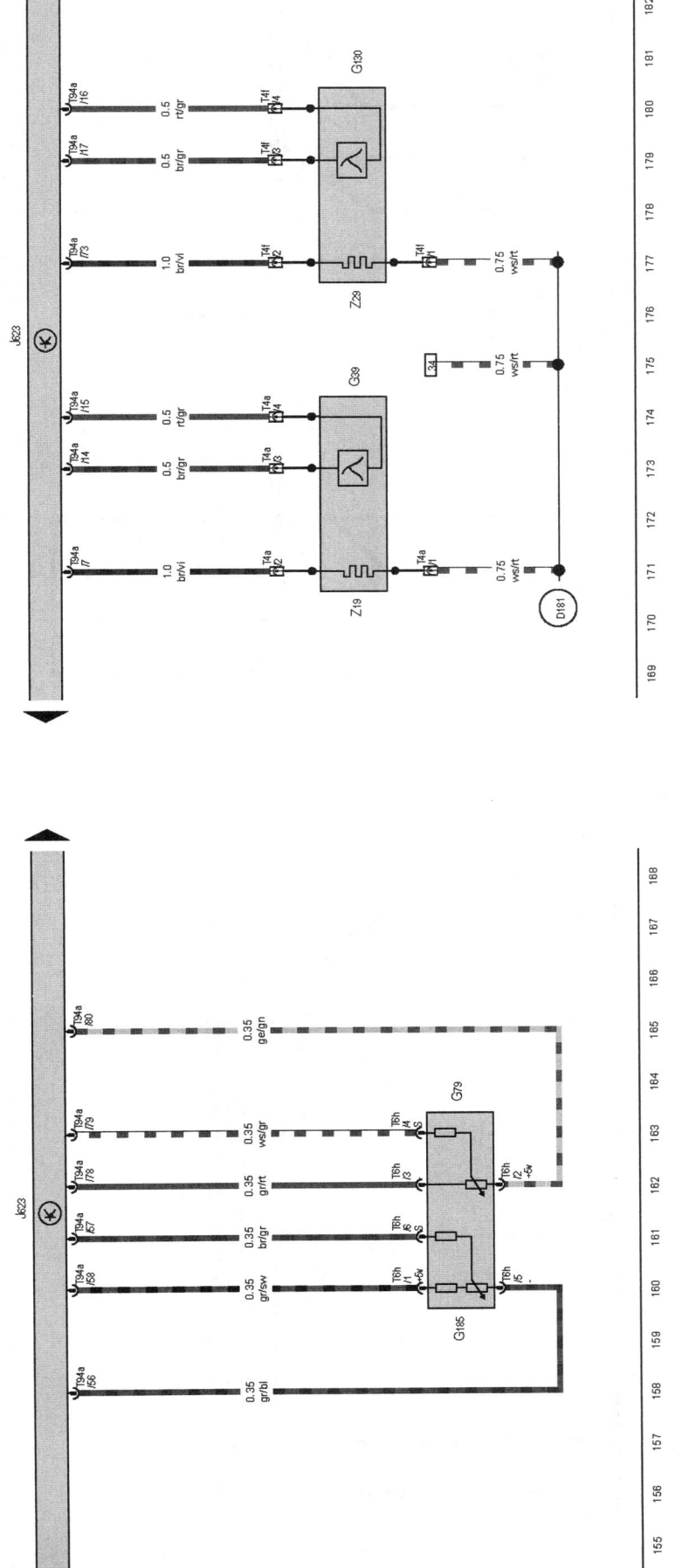

氧传感器、尾气催化净化器后的氧传感器、发动机控制单元、氧传感器加热装置、尾气催化净化器后的氧传感器、尾气催化净化器后的氧传感器 1 加热装置

油门踏板位置传感器、油门踏板位置传感器 2、发动机控制单元

G39-氧传感器 G130-尾气催化净化器后的氧传感器 J623-发动机控制单元 T4a-4芯插头连接，棕色 T4f-4芯插头连接，黑色 T94a-94芯插头连接，黑色 Z19-氧传感器加热装置 Z29-尾气催化净化器后的氧传感器 1加热装置 D181-连接2（87a），在发动机舱导线束中

图 2-1-43

G79-油门踏板位置传感器 G185-油门踏板位置传感器2 J623-发动机控制单元 T6h-6芯插头连接，黑色 T94a-94芯插头连接，黑色

图 2-1-42

霍尔传感器、进气温度传感器、进气歧管压力传感器、发动机控制单元

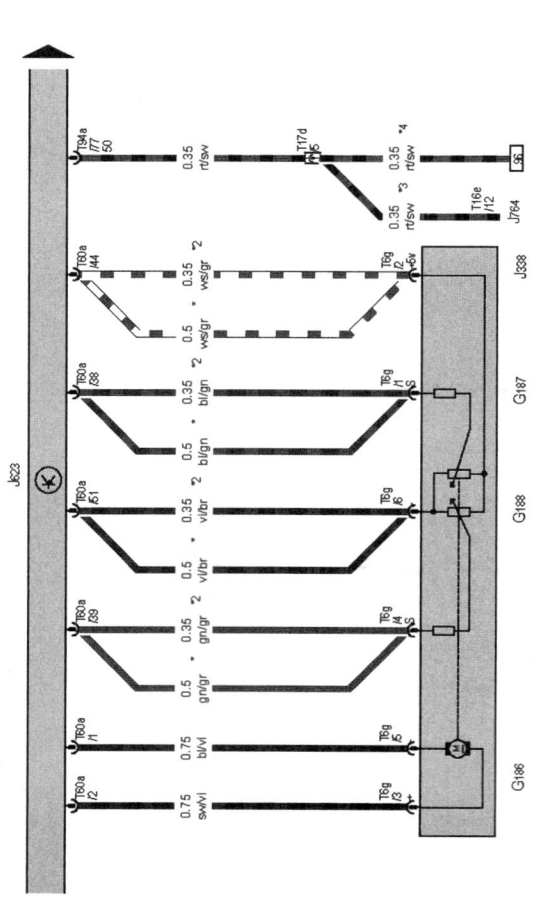

G40-霍尔传感器 G42-进气温度传感器 G71-进气歧管压力传感器 J623-发动机控制单元 T3f-3芯插头连接，黑色 T4h-4芯插头连接，黑色 T60a-60芯插头连接，黑色 D141-连接（5V），在发动机前部导线束中 *-自2017年6月起 *2-截至2017年6月

图2-1-45

电控油门操纵机构的节气门驱动装置、电控油门操纵机构的节气门驱动装置角度传感器1、电控油门操纵机构的节气门驱动装置角度传感器2、节气门控制单元、发动机控制单元

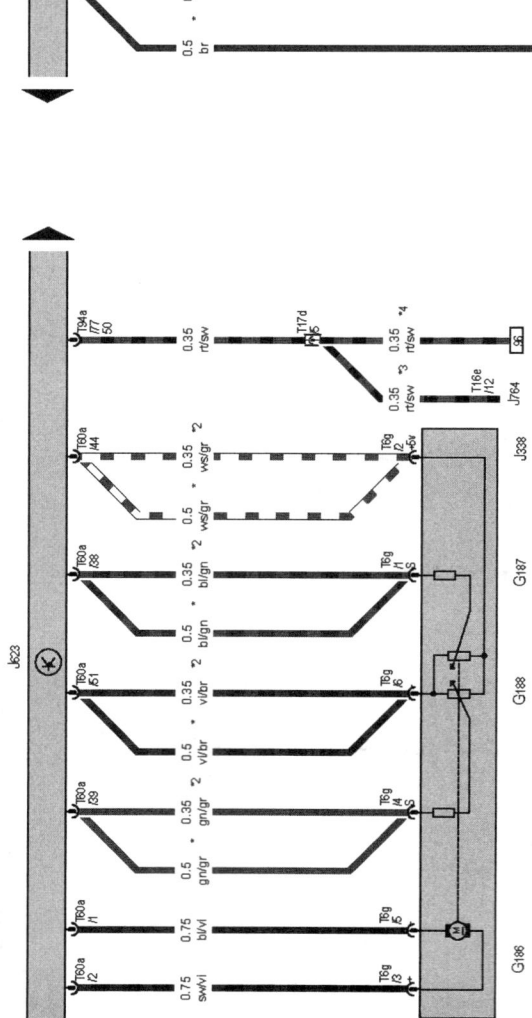

G186-电控油门操纵机构的节气门驱动装置 G187-电控油门操纵机构的节气门驱动装置角度传感器1 G188-电控油门操纵机构的节气门驱动装置角度传感器2 J338-节气门控制单元 J623-发动机控制单元 J764-电子转向柱锁止装置控制单元 T6g-6芯插头连接，黑色 T16e-16芯插头连接，黑色 T17d-17芯插头连接，蓝色 T60a-60芯插头连接，黑色 T94a-94芯插头连接，黑色 *-自2017年6月起 *2-截至2017年6月 *3-仅用于带进入及启动许可的汽车 *4-仅用于不带进入及启动许可的汽车

图2-1-44

爆震传感器1、冷却液温度传感器、发动机控制单元

发动机转速传感器、散热器出口处的冷却液温度传感器、发动机控制单元

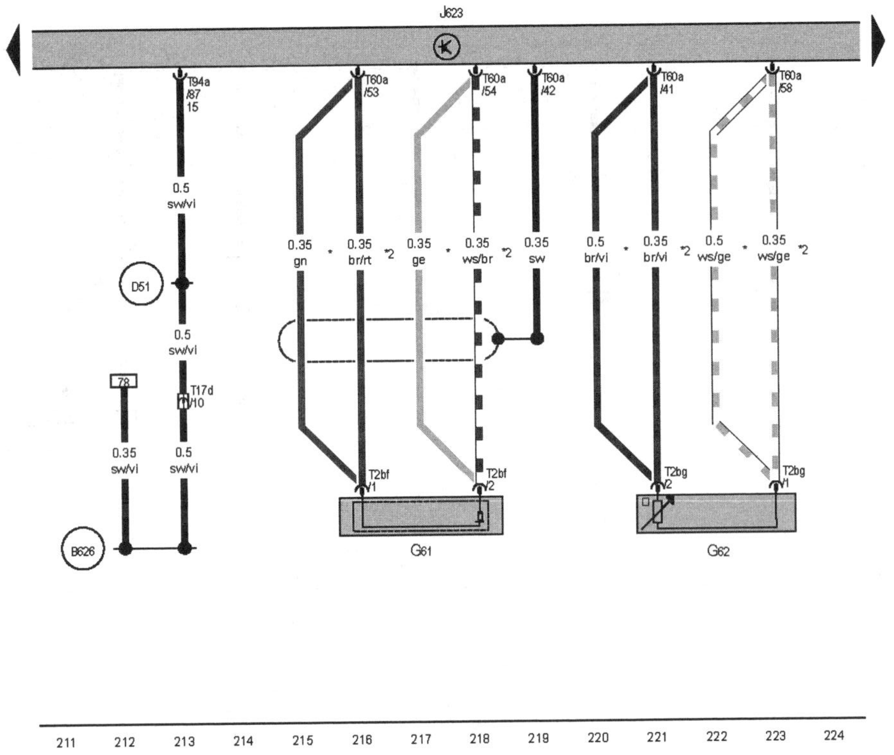

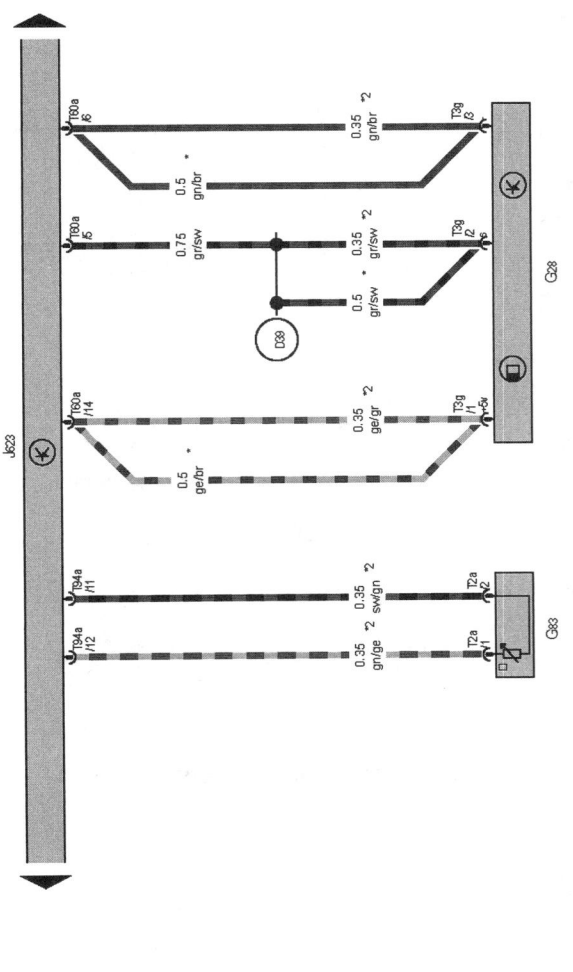

G61-爆震传感器1 G62-冷却液温度传感器 J623-发动机控制单元 T2bf-2芯插头连接，黑色 T2bg-2芯插头连接，黑色 T17d-17芯插头连接，左侧A柱下部，蓝色 T60a-60芯插头连接，黑色 T94a-94芯插头连接，黑色 B626-正极连接2（15），在主导线束中 D51-正极连接1（15），在发动机舱导线束中 *-自2017年6月起 *2-截至2017年6月

图2-1-46

G28-发动机转速传感器 G83-散热器出口处的冷却液温度传感器 J623-发动机控制单元 T2a-2芯插头连接 T2a-2芯插头连接，黑色 T3g-3芯插头连接，黑色 T60a-60芯插头连接，黑色 T94a-94芯插头连接，黑色 D39-连接1，在发动机预接线导线束中 *-自2017年6月起 *2-截至2017年6月

图2-1-47

发动机控制单元、气缸 1 喷油器、气缸 2 喷油器、气缸 3 喷油器、气缸 4 喷油器

发动机控制单元、活性炭罐电磁阀 1、凸轮轴调节阀 1

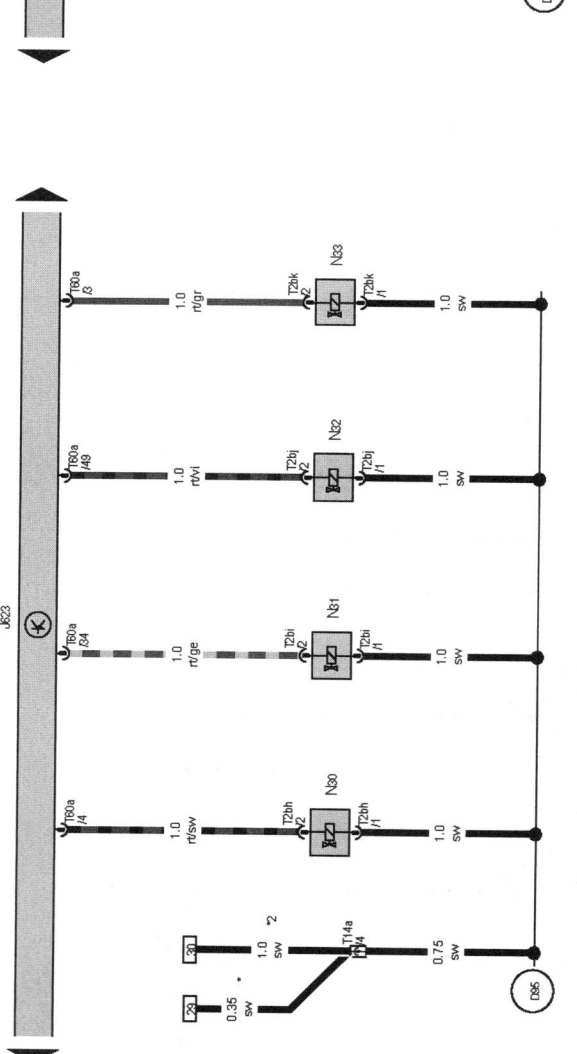

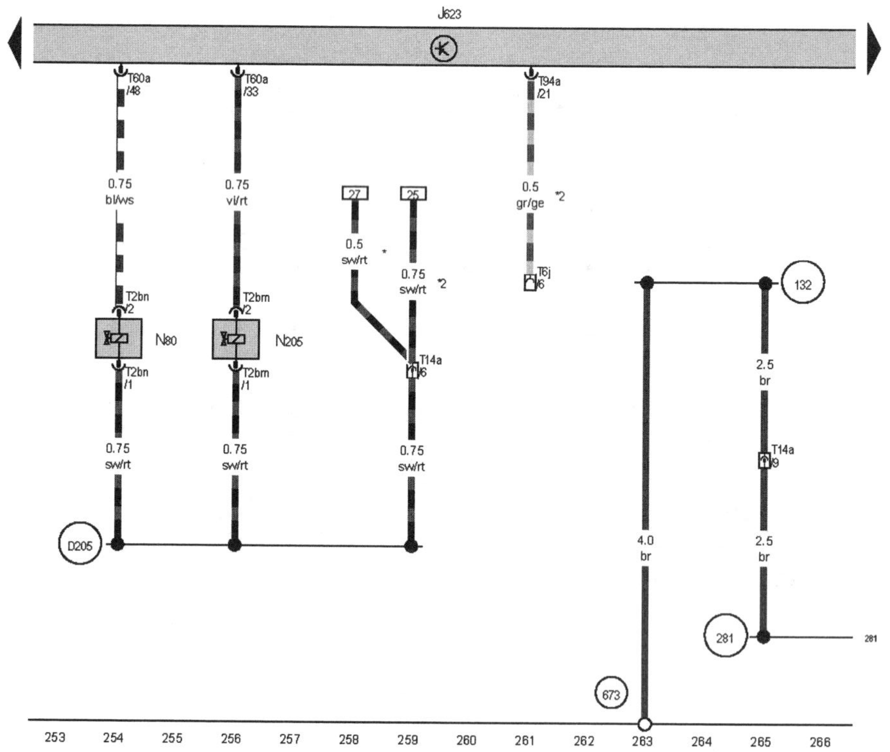

图 2-1-48

J623-发动机控制单元 N30-气缸1喷油器 N31-气缸2喷油器 N32-气缸3喷油器 N33-气缸4喷油器 T2bh-2芯插头连接，黑色 T2bi-2芯插头连接，黑色 T2bj-2芯插头连接，黑色 T2bk-2芯插头连接，黑色 T60a-60芯插头连接，灰色 T14a-14芯插头连接，左前纵梁上，灰色 D95-连接（喷油器），在发动机舱导线束中 *-自2017年6月起 *2-截至2017年6月

图 2-1-49

J623-发动机控制单元 N80-活性炭罐电磁阀 1 N205-凸轮轴调节阀 1 T2bm-2芯插头连接，黑色 T2bn-2芯插头连接，黑色 T6j-6芯插头连接，发动机舱内左后部，黑色 T14a-14芯插头连接，左前纵梁上，灰色 T60a-60芯插头连接，黑色 T94a-94芯插头连接，黑色 132-接地连接，在发动机舱导线束中 673-左前纵梁上的接地点3（87a），在发动机舱导线束中 281-接地连接1，在发动机预接线导线束中 D205-连接3（87a），在发动机预接线导线束中 *-自2017年6月起 *2-截至2017年6月

130

发动机控制单元、带功率输出级的点火线圈 3、带功率输出级的点火线圈 4、火花塞插头、
火花塞

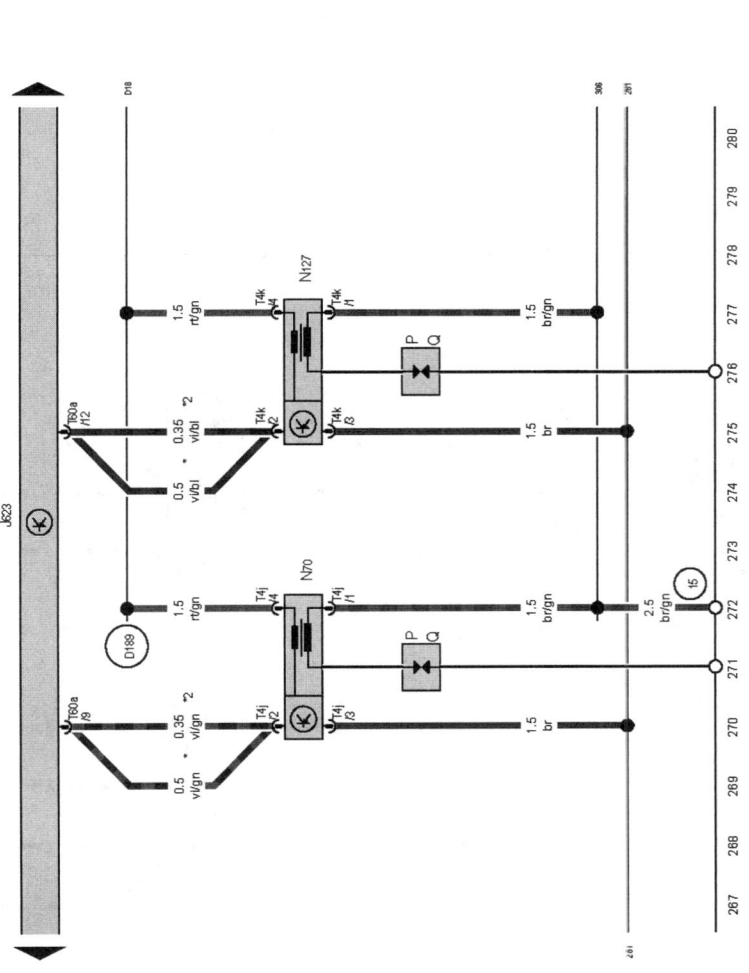

图 2-1-51

J623-发动机控制单元 N291-带功率输出级的点火线圈 3 N292-带功率输出级的点火线圈 4 P-火花塞插头 Q-火花塞 T4L-4芯插头连接，黑色 T4m-4芯插头连接，黑色 T14a-14芯插头连接，灰色 T60a-60芯插头连接，黑色 281-接地连接 1，在发动机预接线导线束中 306-接地连接（点火线圈），在发动机预接线导线束中 D189-连接（87a），在发动机预接线导线束中 *-自 2017 年 6 月起 *2-截至 2017 年 6 月

发动机控制单元、带功率输出级的点火线圈 1、带功率输出级的点火线圈 2、火花塞插头、
火花塞

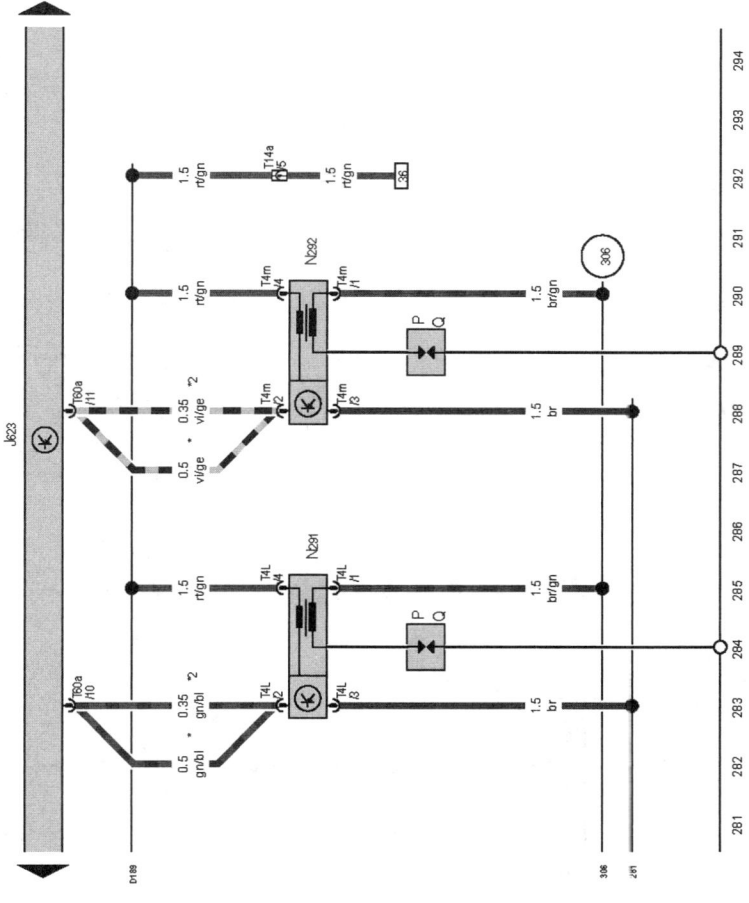

图 2-1-50

J623-发动机控制单元 N70-带功率输出级的点火线圈 1 N127-带功率输出级的点火线圈 2 P-火花塞插头 Q-火花塞 T4j-4芯插头连接，黑色 T4k-4芯插头连接，黑色 T60a-60芯插头连接，黑色 15-气缸盖上的接地点，在发动机预接线导线束中 281-接地连接 1，在发动机预接线导线束中 306-接地连接（点火线圈），在发动机预接线导线束中 *-自 2017 年 6 月起 *2-截至 2017 年 6 月 D189-连接（87a），在发动机预接线导线束中

131

机油压力开关、燃油表传感器、预供给燃油泵、燃油泵继电器、发动机控制单元

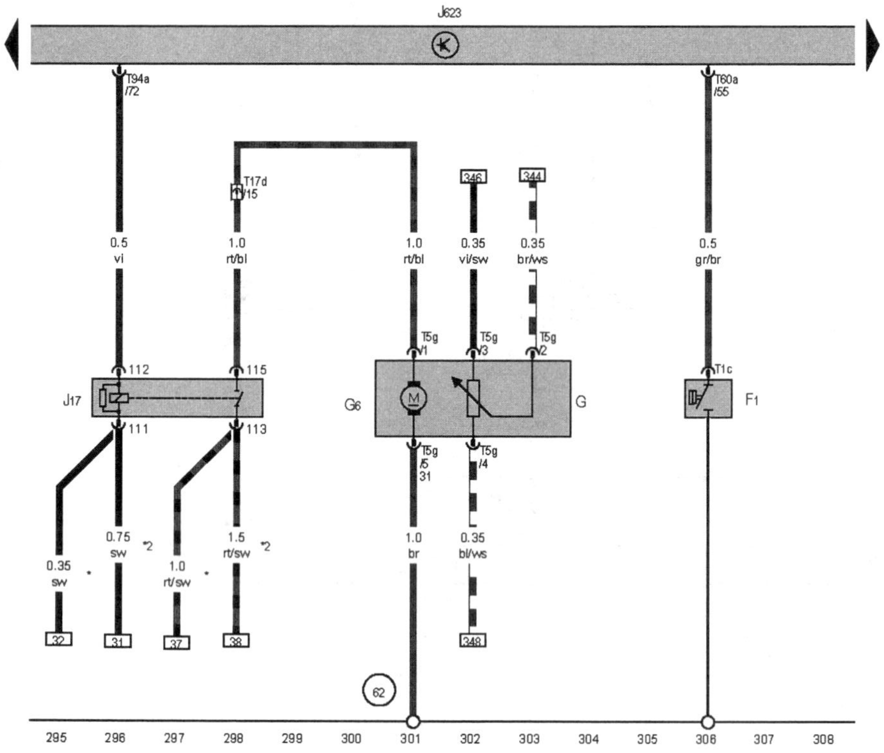

数据总线诊断接口、发动机控制单元

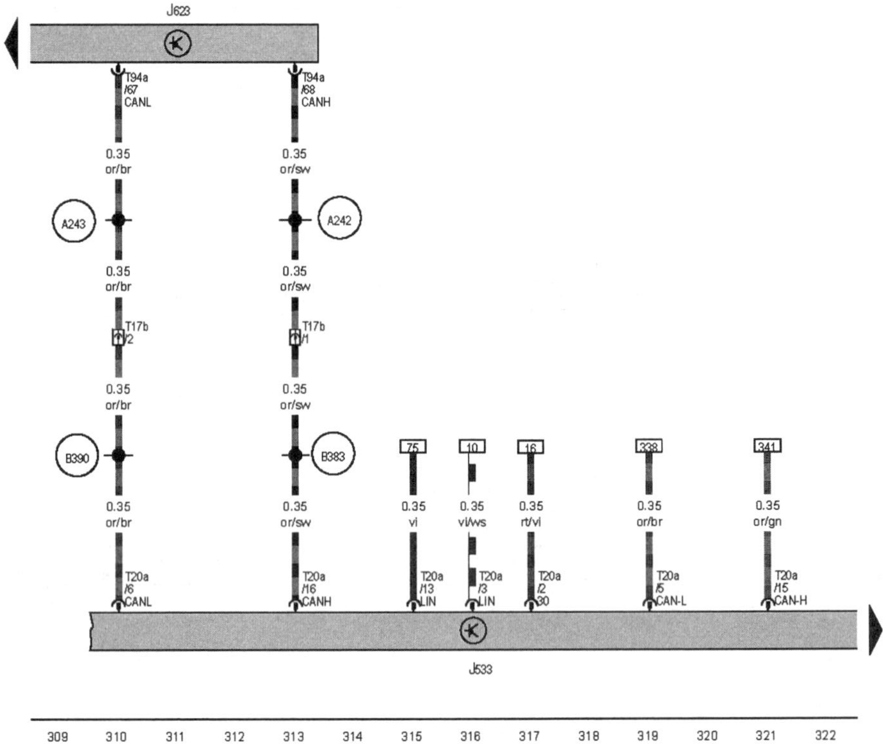

图 2-1-52

图 2-1-53

F1-机油压力开关 G-燃油表传感器 G6-预供给燃油泵 J17-燃油泵继电器 J623-发动机控制单元 T1c-1 芯插头连接，黑色 T5g-5芯插头连接 T17d-17芯插头连接，左侧 A柱下部，蓝色 T60a-60芯插头 连接，黑色 T94a-94芯插头连接，黑色 62-右侧 C柱上的接地点 *-自 2017 年 6 月起 *2-截至 2017 年 6 月

J533-数据总线诊断接口 J623-发动机控制单元 T17b-17芯插头连接 T20a-20芯插头，左侧 A柱下部，棕色 T20a-20芯插 头连接 T94a-94芯插头连接，黑色 A242-连接 1（驱动 CAN 总线，High），在发动机机舱导线束中 A243-连接 1（驱动 CAN 总线，Low），在发动机机舱导线束中 B383-连接 1（驱动 CAN 总线，High）, 在主导线束中 B390-连接 1（驱动 CAN 总线，Low），在主导线束中

冷却液温度表、多功能显示器、组合仪表中的控制单元、发电机指示灯、定速巡航装置置指示灯、燃油表指示灯

数据总线诊断接口、诊断接口

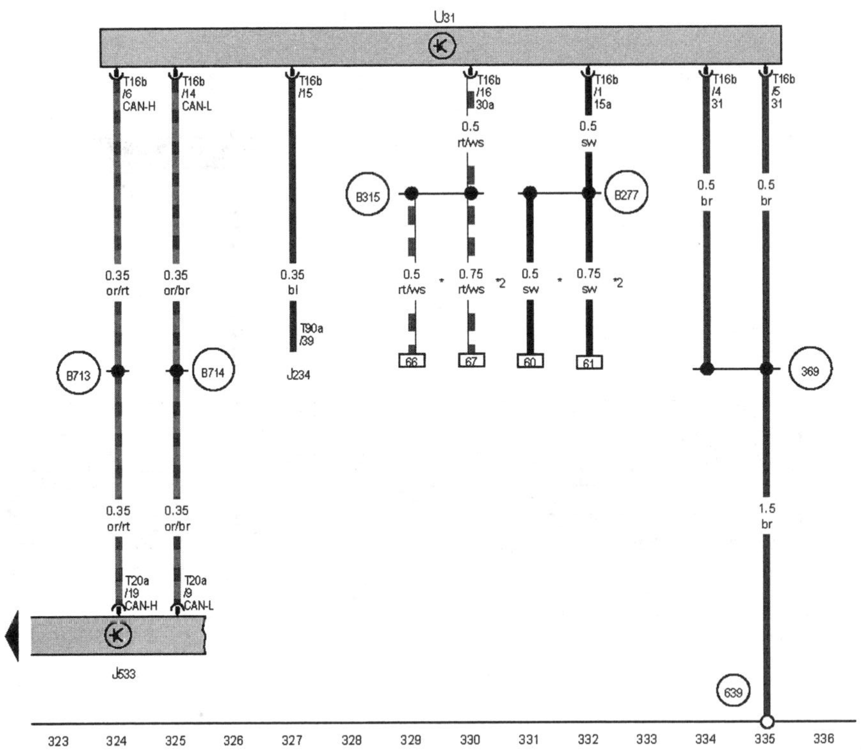

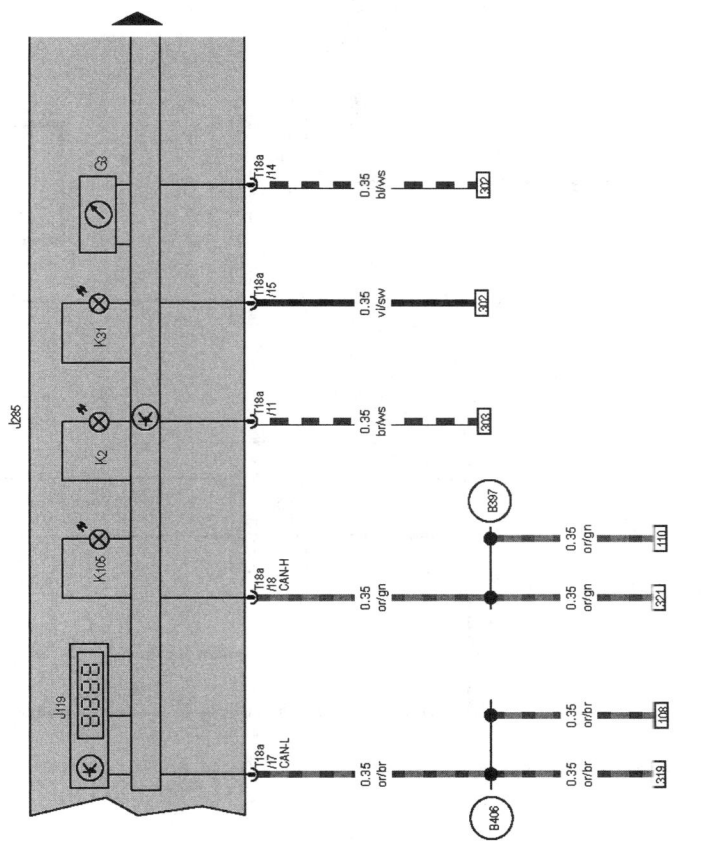

J234-安全气囊控制单元　J533-数据总线诊断接口　T16b-16芯插头连接　T20a-20芯插头连接，黑色　T20a~20芯插头连接，红色　T90a~90芯插头连接　U31-诊断接口　369-接地连接4，在主导线束中　639-左A柱上的接地点　B277-正极连接1（15a），在主导线束中　B315-正极连接1（30a），在主导线束中　B713-连接1（诊断CAN总线，High），在主导线束中　B714-连接1（诊断CAN总线，Low），在主导线束中　*2-截至2017年6月

图 2-1-54

G3-冷却液温度表　J119-多功能显示器　J285-组合仪表中的控制单元　K2-发电机指示灯　K31-定速巡航装置指示灯　K105-燃油表指示灯　T18a-18芯插头连接　B397-连接1（舒适CAN总线，High），在主导线束中　B406-连接1（舒适CAN总线，Low），在主导线束中　*-自2017年6月起

图 2-1-55

蓄电池、启动机、交流发电机、电压调节器、蓄电池监控控制单元

防盗锁止系统识读线圈、燃油表、转速表、车速表、组合仪表中的控制单元、防盗锁止系统控制单元、机油压力指示灯、冷却液温度和冷却液不足显示指示灯、机油油位指示灯、废气警告灯、电子油门故障信号灯、里程表

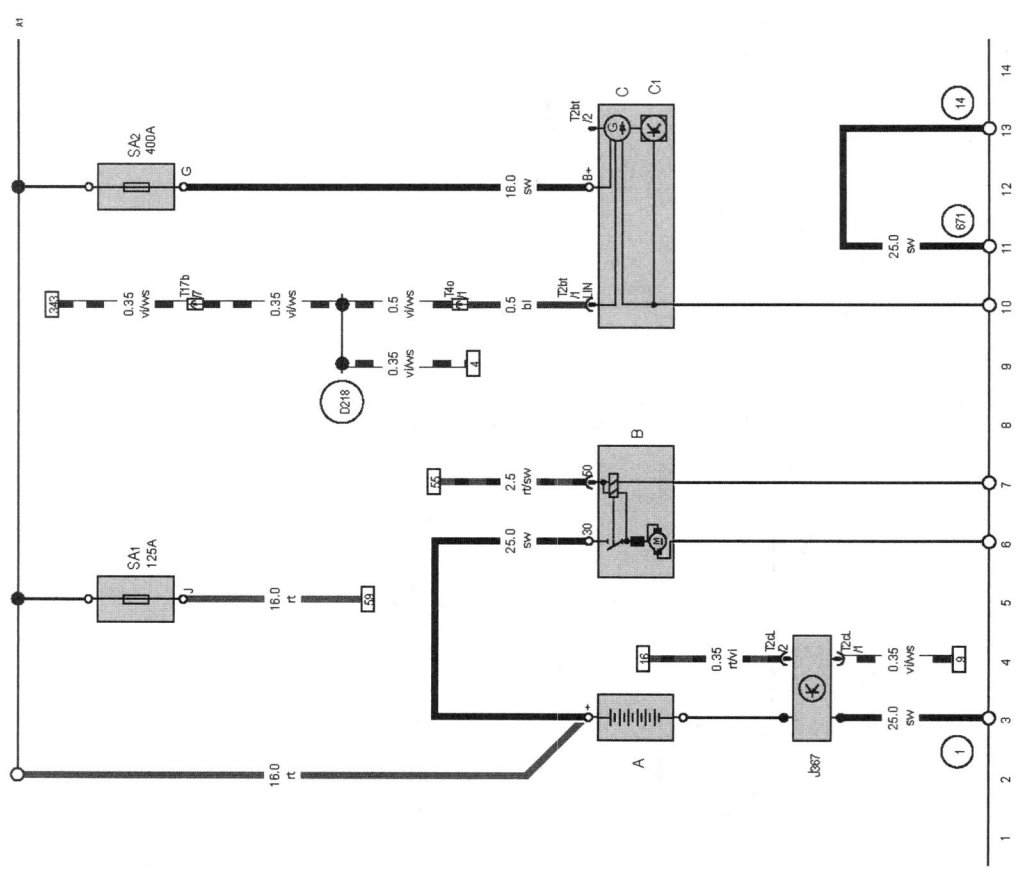

A-蓄电池 B-启动机 C-交流发电机 C1-电压调节器 J367-蓄电池监控控制单元 SA1-保险丝架A上的保险丝1 SA2-保险丝架A上的保险丝2 T2bt-2芯插头连接 T2cL-2芯插头连接 T40-4芯插头连接，黑色 T17b-17芯插头连接，黑色 T40-4芯插头连接，黑色 T2i-2芯插头连接 1-接地带 1-接地点，左侧A柱下部，棕色A柱下侧A柱连接，左前纵梁上 671-左前纵梁上的接地点 D218-连接1（LIN总线），在发动机舱导线束中 器上的接地点1 D218-连接1（LIN总线），在发动机舱导线束中

图2-1-57

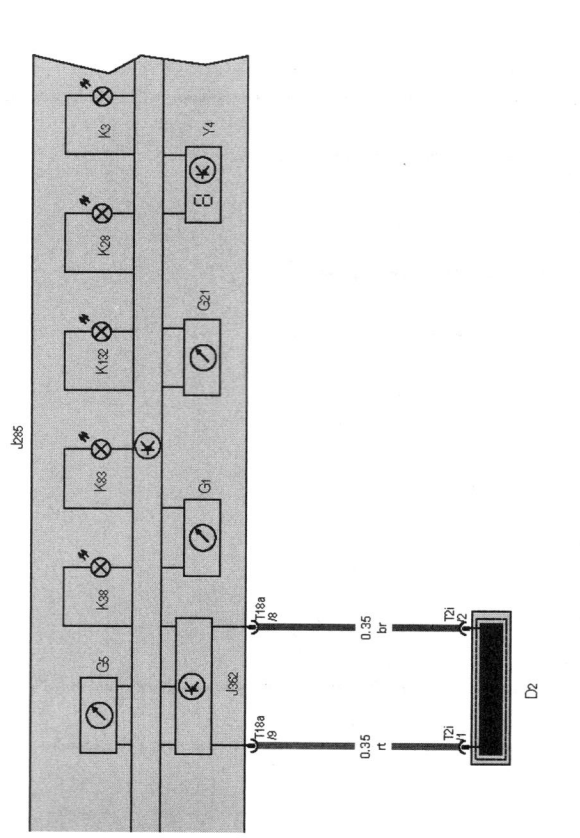

D2-防盗锁止系统识读线圈 G1-燃油表 G5-转速表 G21-车速表 J285-组合仪表中的控制单元 J362-防盗锁止系统控制单元 K3-机油压力指示灯 K28-冷却液温度和冷却液液面不足指示灯 K38-机油油位指示灯 K83-废气警告灯 K132-电子油门故障信号灯 T2i-2芯插头连接，黑色 T18a-18芯插头连接，黑色 Y4-里程表

图2-1-56

134

保险丝架 B

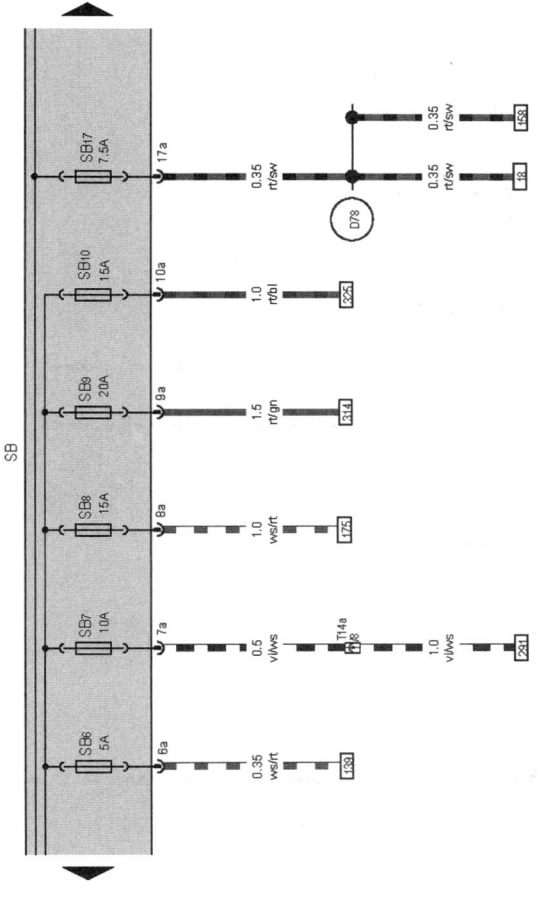

图 2-1-59

SB-保险丝架B SB6-保险丝架B上的保险丝6 SB7-保险丝架B上的保险丝7 SB8-保险丝架B上的保险丝8
SB9-保险丝架B上的保险丝9 SB10-保险丝架B上的保险丝10 SB17-保险丝架B上的保险丝17 T14a-14芯
插头连接，左前纵梁上，灰色 D78-正极连接1（30a），在发动机舱导线束中

主继电器、保险丝架 B

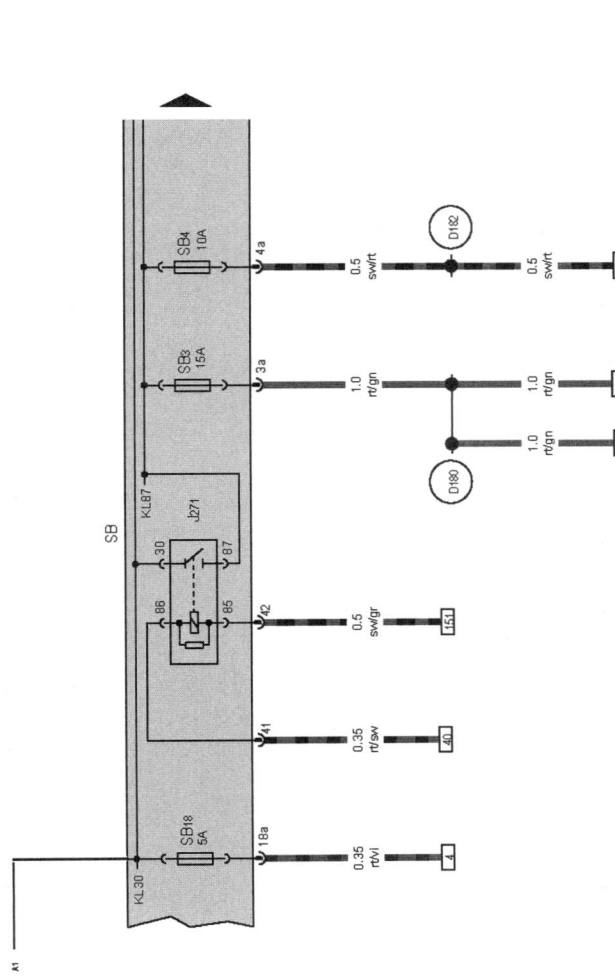

图 2-1-58

J271-主继电器 SB-保险丝架B SB3-保险丝架B上的保险丝3 SB4-保险丝架B上的保险丝4 SB18-保险丝
架B上的保险丝18 D180-连接17（87a），在发动机舱导线束中 D182-连接3（87a），在发动机舱导线束中

135

启动机继电器 1、启动机继电器 2、保险丝架 B

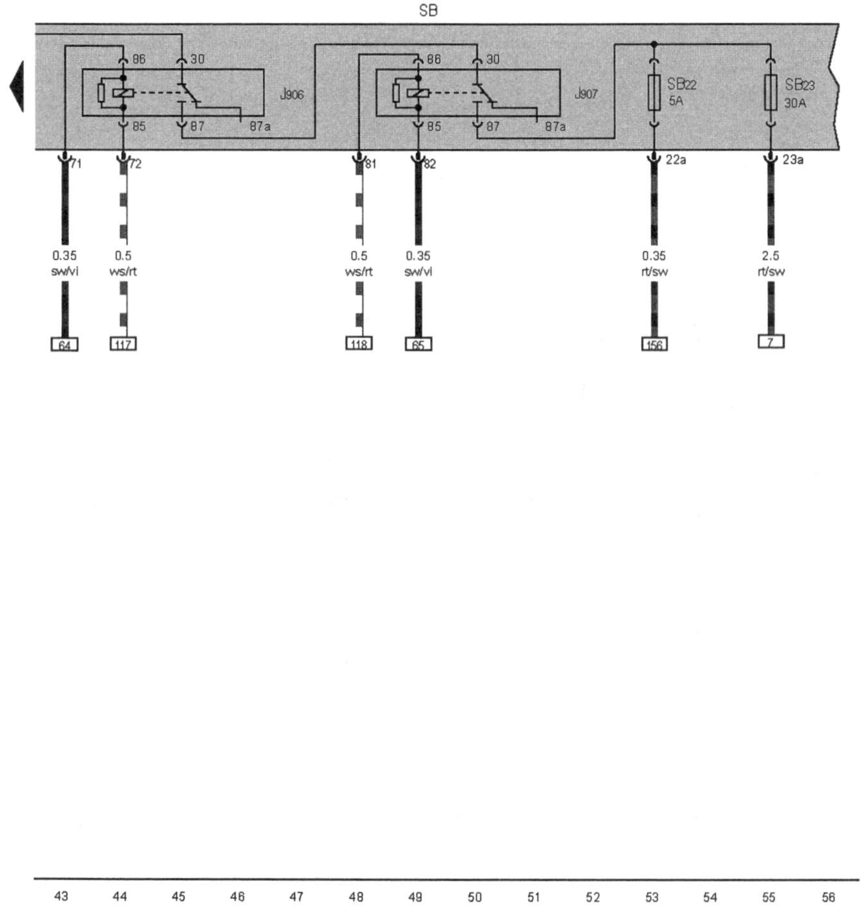

接线端 15 供电继电器、车载电网控制单元

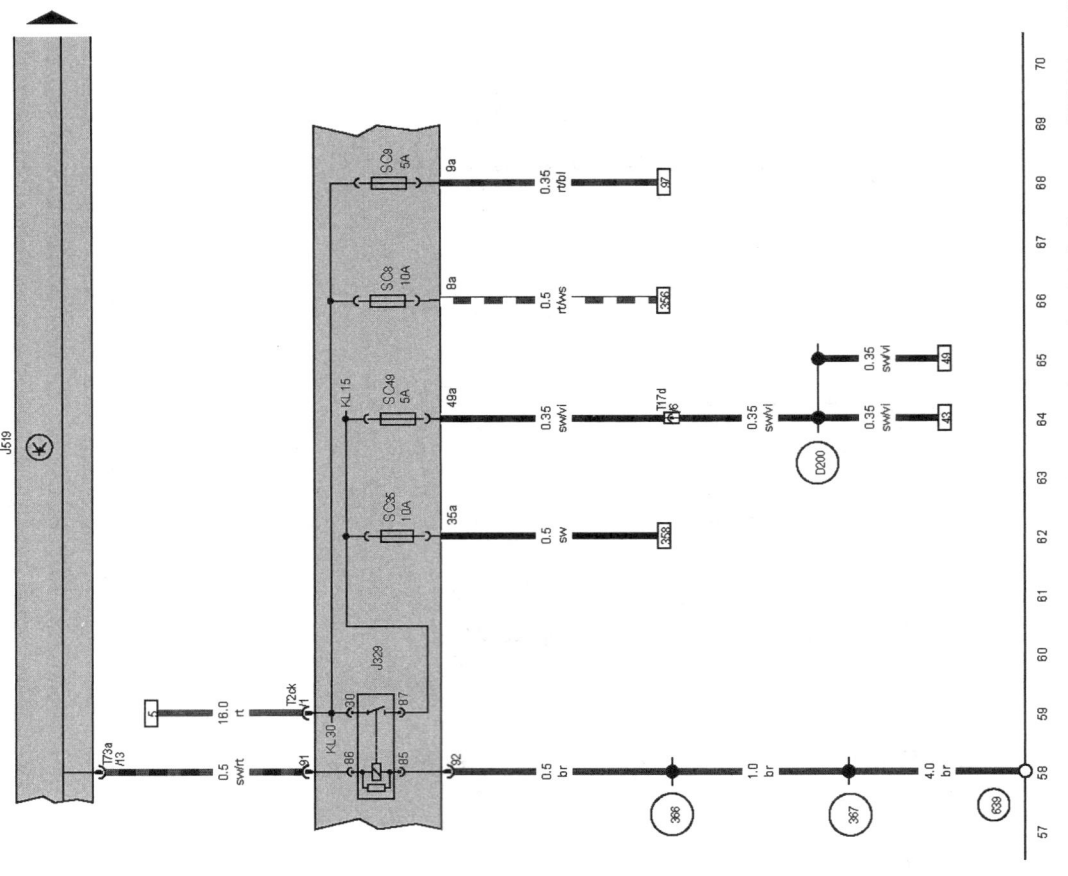

图 2-1-60

图 2-1-61

J906-启动机继电器1 J907-启动机继电器2 SB-保险丝架B SB22-保险丝架B上的保险丝22 SB23-保险丝架B上的保险丝23

J329-接线端15供电继电器 J519-车载电网控制单元 SC8-保险丝架C上的保险丝8 SC9-保险丝架C上的保险丝9 SC35-保险丝架C上的保险丝35 SC49-保险丝架C上的保险丝49 T2ck-2芯插头连接，黑色 T17d-17芯插头连接2，左侧A柱下部，蓝色 T73a-73芯插头连接，黑色 T73a-73芯插头连接1，在主导线束中 367-接地连接2，在主导线束中 639-左侧A柱上的接地点 D200-正极连接3 (15a)，在发动机舱导线束中 366-接地连接1，在主导线束中 367-接地连接3 (15a)，在发动机舱导线束中

136

点火启动开关、冷却液不足显示传感器、车载电网控制单元、转向柱电子装置控制单元

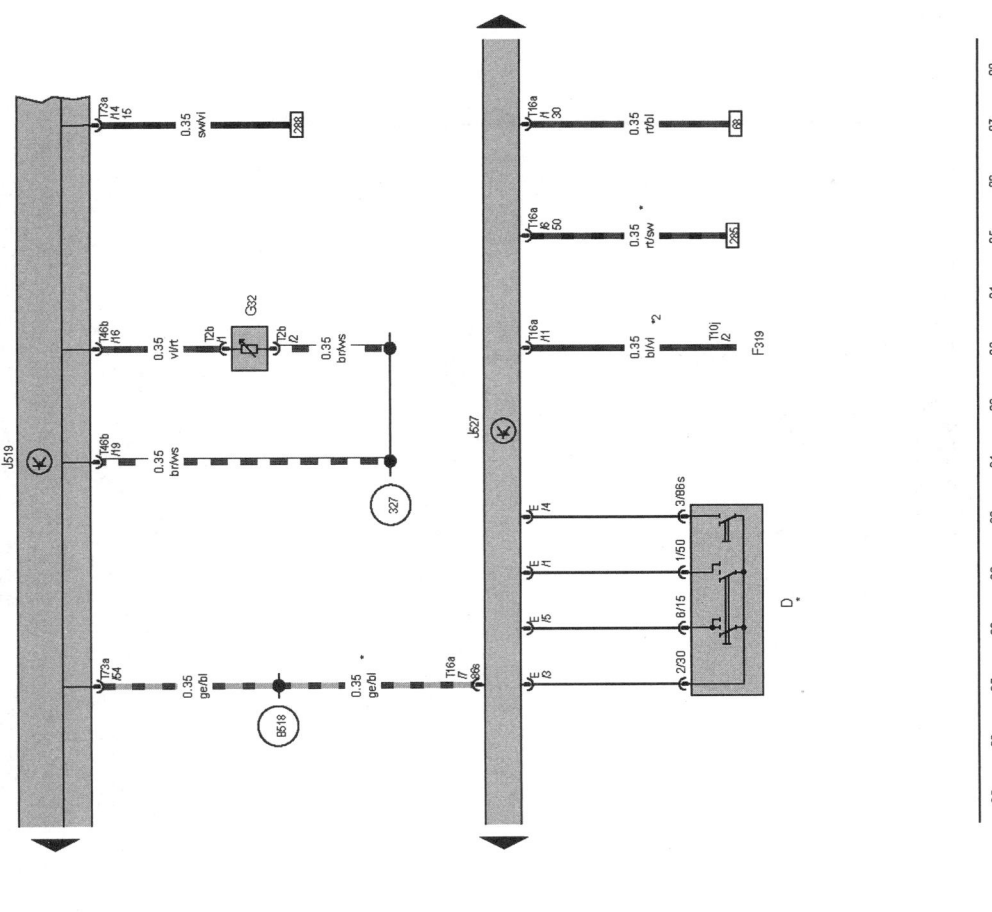

中控台开关模块 1、启动 / 停止模式按钮、车载电网控制单元、转向柱电子装置控制单元、启动 / 停止运行模式指示灯、开关照明灯泡

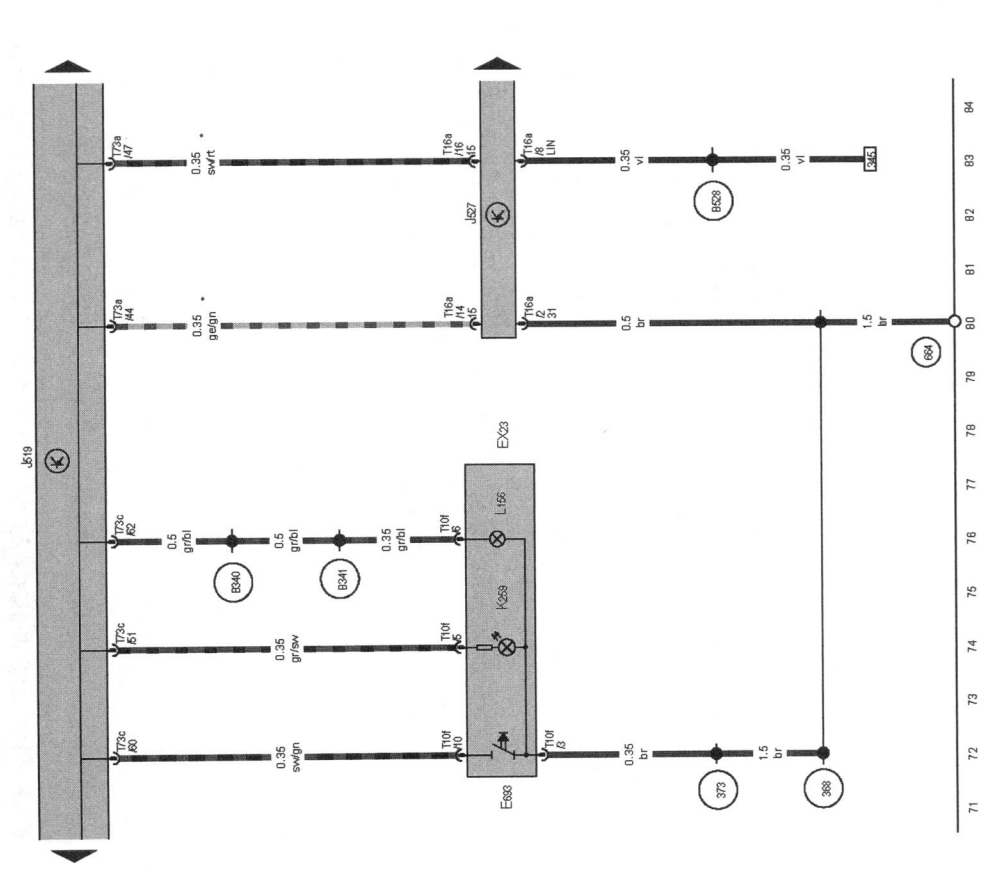

图 2-1-62

D-点火启动开关 F319-选挡杆挡位 P 锁止开关 G32-冷却液不足显示传感器 J519-车载电网控制单元 J527-转向柱电子装置控制单元 J527-转向柱电子装置控制单元 T2b-2芯插头连接 T10j-10芯插头连接 黑色 T16a-16芯插头连接 黑色 T10f-10芯插头连接 黑色 T73a-73芯插头连接、黑色 T46b-46芯插头连接、黑色 T73a-73芯插头连接地、黑色 327-接地连接 (传感器接地)，在发动机舱导线束中 B518-连接 (86s)，在主导线束中 *-仅用于不带进入及启动许可的汽车 *2-仅适用于带双离合器变速器的汽车

图 2-1-63

EX23-中控台开关模块1 E693-启动/停止模式按钮 J519-车载电网控制单元 J527-转向柱电子装置控制单元 K259-启动/停止运行模式指示灯 L156-开关照明灯泡 T10f-10芯插头连接 T16a-16芯插头连接 接，黑色 K259-启动/停止运行模式指示灯 L156-开关照明灯泡 T10f-10芯插头连接 T16a-16芯插头连接 373-接、黑色 T73a-73芯插头连接 黑色 T73c-73芯插头连接、黑色 368-接地连接 3，在主导线束中 373-接地连接8，在主导线束中 664-左侧仪表版后面的接地点 B340-连接1 (58d)，在主导线束中 B341-连接2 (58d)，在主导线束中 B528-连接1 (LIN 总线)，在主导线束中 *-仅用于不带进入及启动许可的汽车

137

散热器出口处的冷却液温度传感器、发动机控制单元

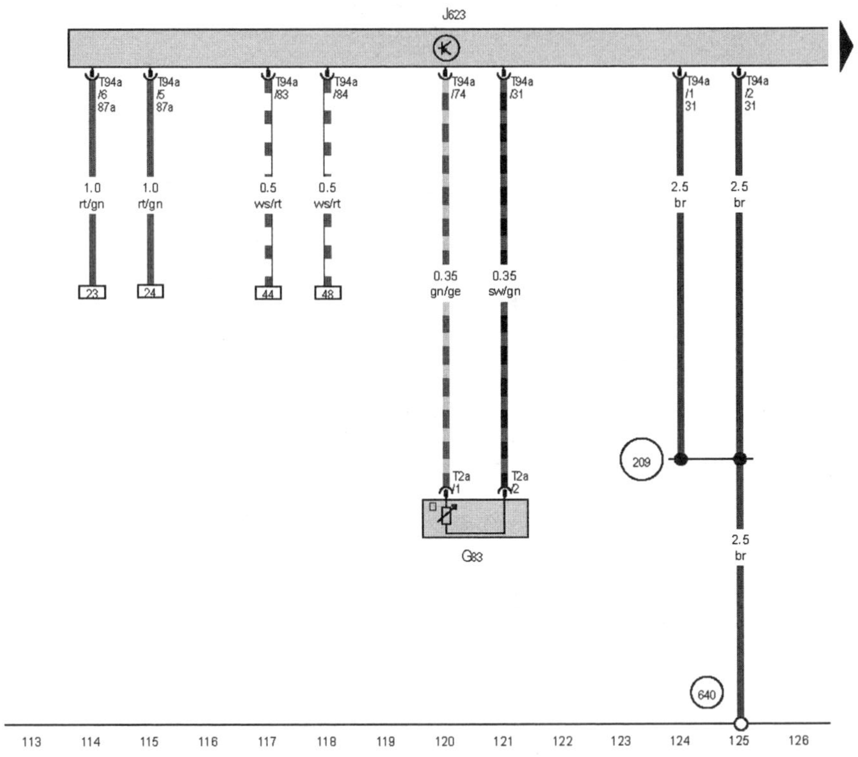

G83-散热器出口处的冷却液温度传感器　J623-发动机控制单元　T2a-2芯插头连接，黑色　T94a-94芯插头连接，黑色　T94a-94芯插头连接，黑色　209-接地连接6，在发动机舱导线束中　640-发动机舱内左侧接地点2

图 2-1-65

定速巡航装置开关、定速巡航装置设置按钮、转向柱电子装置控制单元

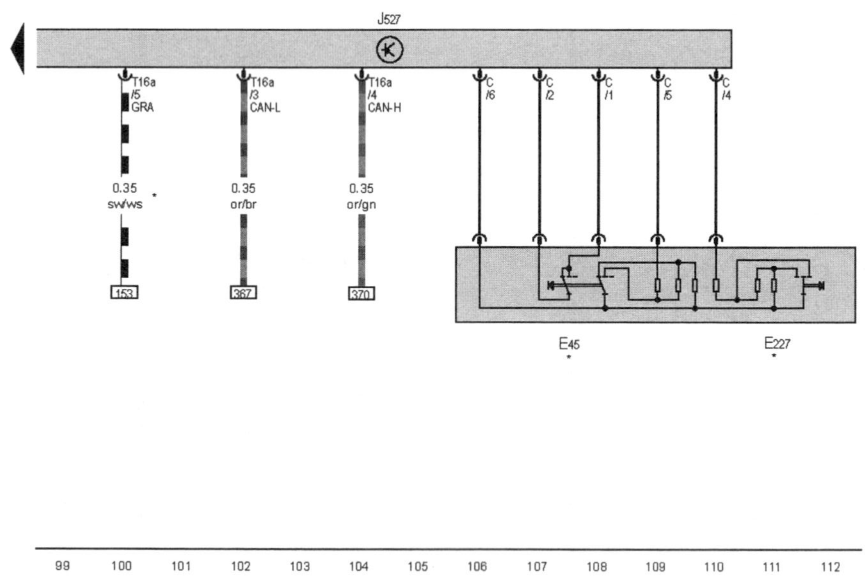

E45-定速巡航装置开关　E227-定速巡航装置设置按钮　J527-转向柱电子装置控制单元　T16a-16芯插头连接，黑色　*-仅用于带定速巡航装置的汽车

图 2-1-64

138

制动信号灯开关、制动踏板开关、发动机控制单元

机油压力开关、发动机控制单元

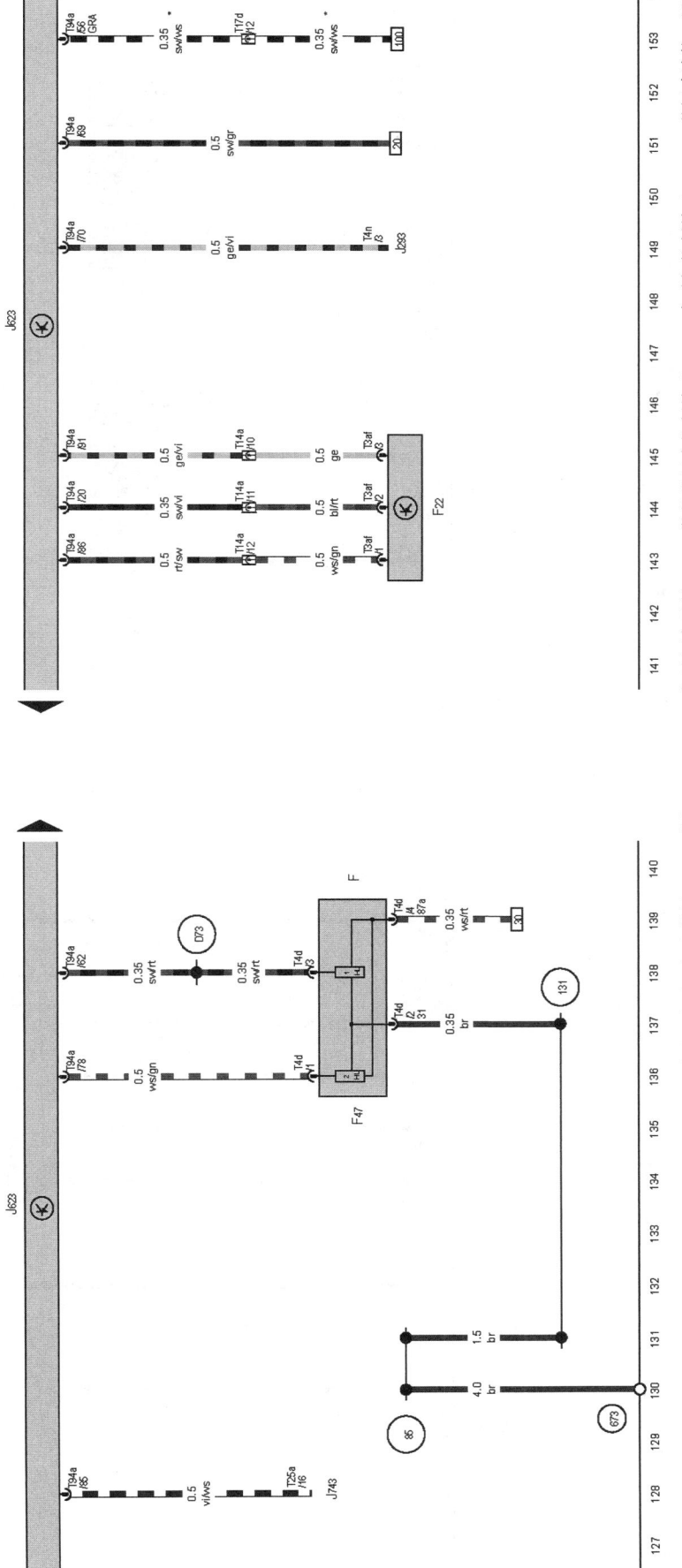

图 2-1-66

图 2-1-67

F-制动信号灯开关 F47-制动踏板开关 J623-发动机控制单元 J743-双离合器变速器机电装置 T4d-4芯插头连接 T25a-25芯插头连接 T94a-94芯插头连接，黑色 85-接地连接，黑色 131-接地连接2，在发动机舱导线束中 673-左前纵梁上的接地点3 D73-正极连接（54），在发动机舱导线束中

F22-机油压力开关 J293-散热器风扇控制单元 J623-发动机控制单元 T3af-3芯插头连接，黑色 T4n-4芯插头连接 T14a-14芯插头连接，左前纵梁上，灰色 T17d-17芯插头连接，左侧A柱下部，蓝色 T94a-94芯插头连接，黑色 *-仅用于带定速巡航装置的汽车

氧传感器、尾气催化净化器后的氧传感器、发动机控制单元、氧传感器加热装置、尾气催化净化器后的氧传感器后的氧传感器 1 加热装置

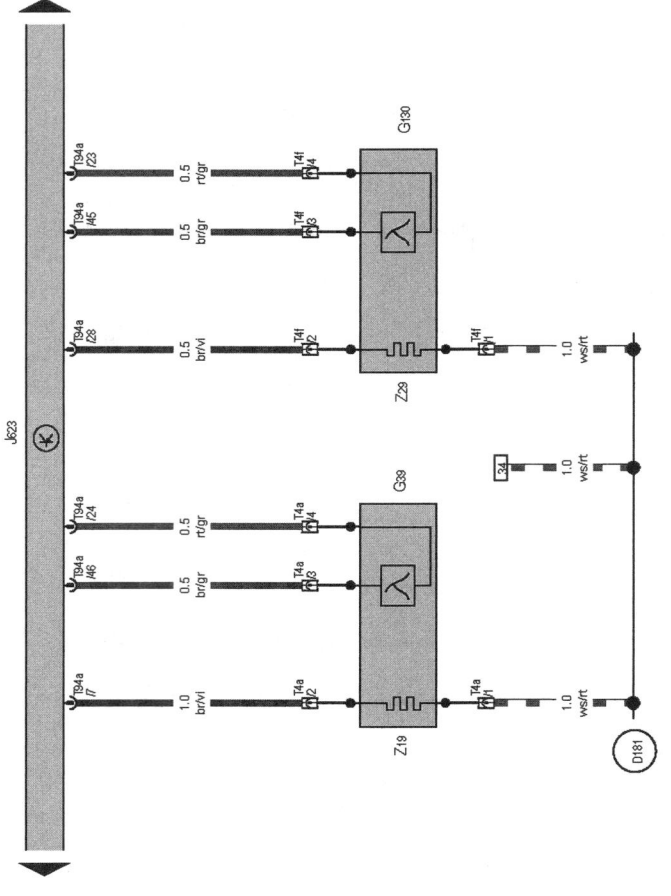

G39-氧传感器 G130-尾气催化净化器后的氧传感器 J623-发动机控制单元 T4a-4芯插头连接,棕色 T4f-4芯插头连接 T94a-94芯插头连接,黑色 Z19-氧传感器 1加热装置 Z29-尾气催化净化器后的氧传感器 1加热装置 D181-连接2(87a),在发动机舱导线束中

图 2-1-69

油门踏板位置传感器、油门踏板位置传感器 2、发动机控制单元

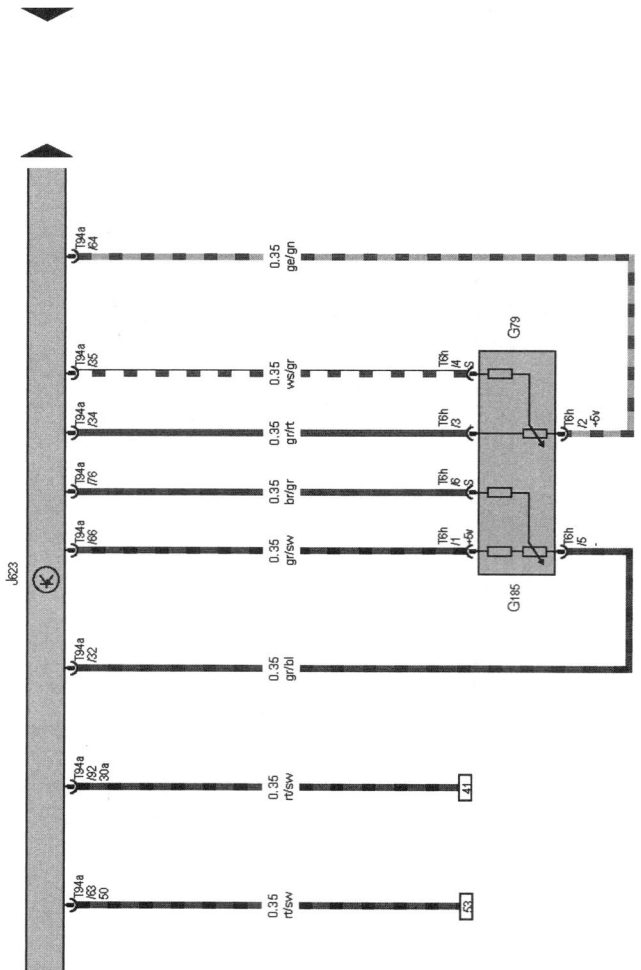

G79-油门踏板位置传感器 G185-油门踏板位置传感器2 J623-发动机控制单元 T6h-6芯插头连接,黑色 T94a-94芯插头连接,黑色

图 2-1-68

爆震传感器 1、发动机控制单元、燃油压力调节器、增压压力调节阀、增压压力调节器

冷却液温度传感器、电控油门操纵机构的节气门驱动装置、电控油门操纵机构的节气门驱动装置角度传感器 1、电控油门操纵机构的节气门驱动装置角度传感器 2、节气门控制单元、发动机控制单元

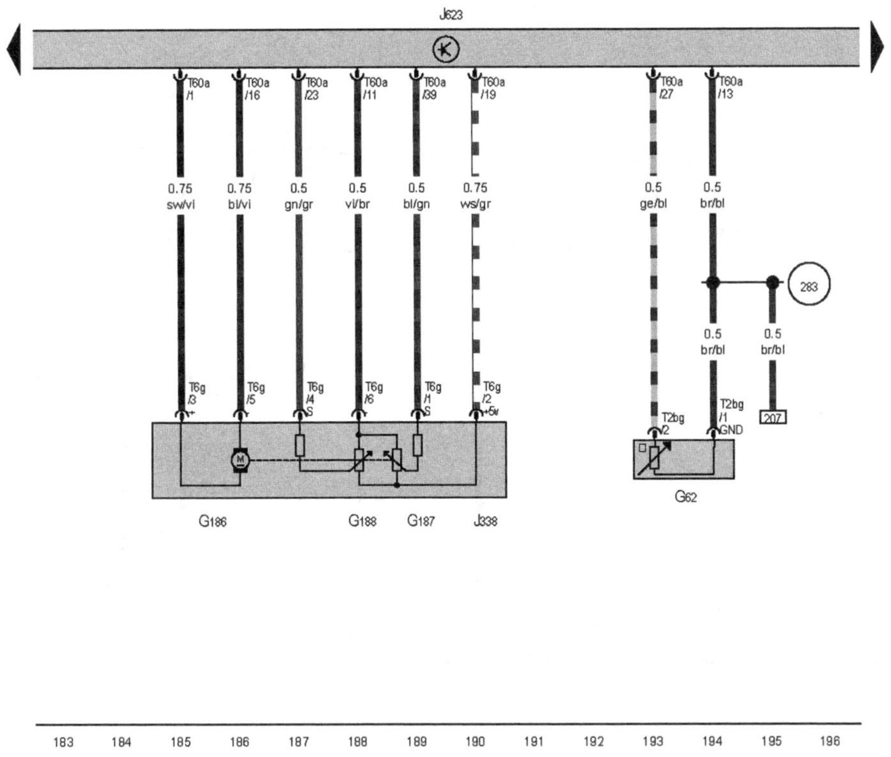

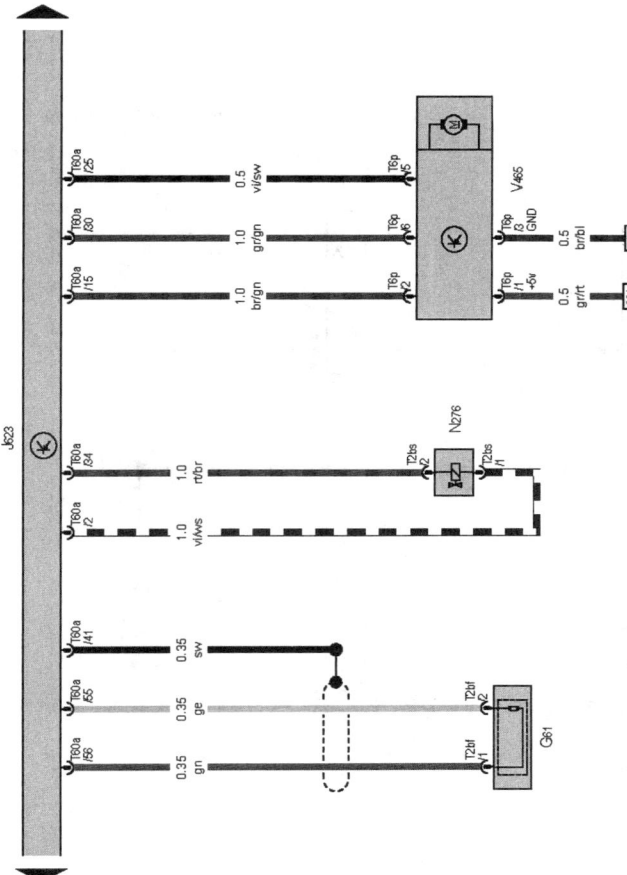

图 2-1-71

G61-爆震传感器1 J623-发动机控制单元 N276-燃油压力调节阀 T2bf-2芯插头连接，黑色 T2bs-2芯插头连接，黑色 T6p-6芯插头连接，灰色 T60a-60 芯插头连接，黑色 V465-增压压力调节器

图 2-1-70

G62-冷却液温度传感器 G186-电控油门操纵机构的节气门驱动装置 G187-电控油门操纵机构的节气门驱动装置角度传感器1 G188-电控油门操纵机构的节气门驱动装置角度传感器2 J338-节气门控制单元 J623-发动机控制单元 T2bg-2芯插头连接，黑色 T6g-6芯插头连接，黑色 T60a-60芯插头连接，黑色 283-接地连接2，在发动机预接线导线束中

霍耳传感器、霍耳传感器 3、发动机控制单元

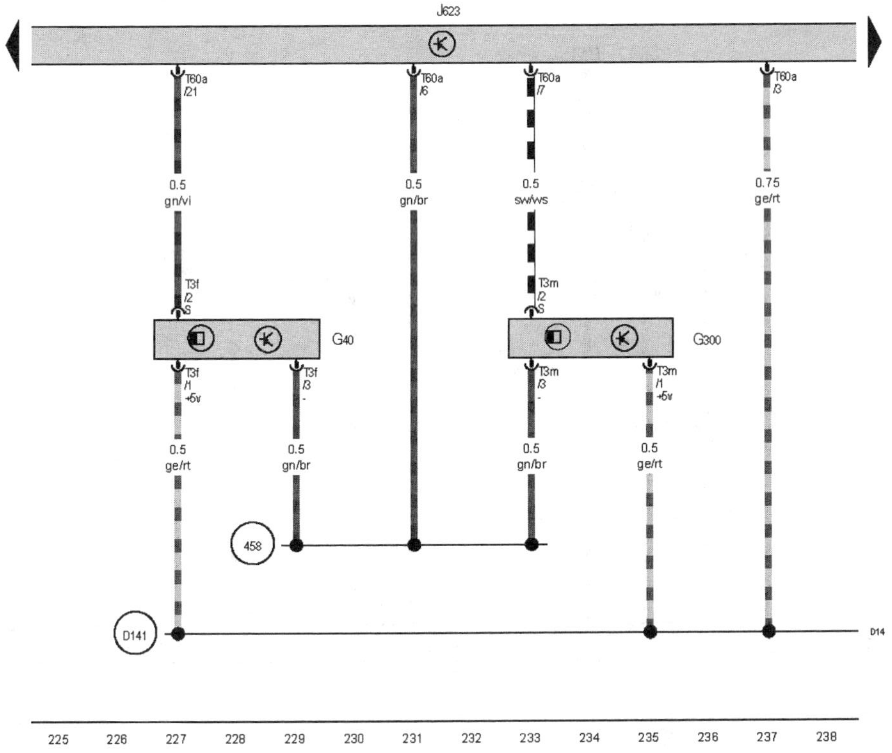

发动机控制单元、气缸 1 喷油器、气缸 2 喷油器、气缸 3 喷油器、气缸 4 喷油器

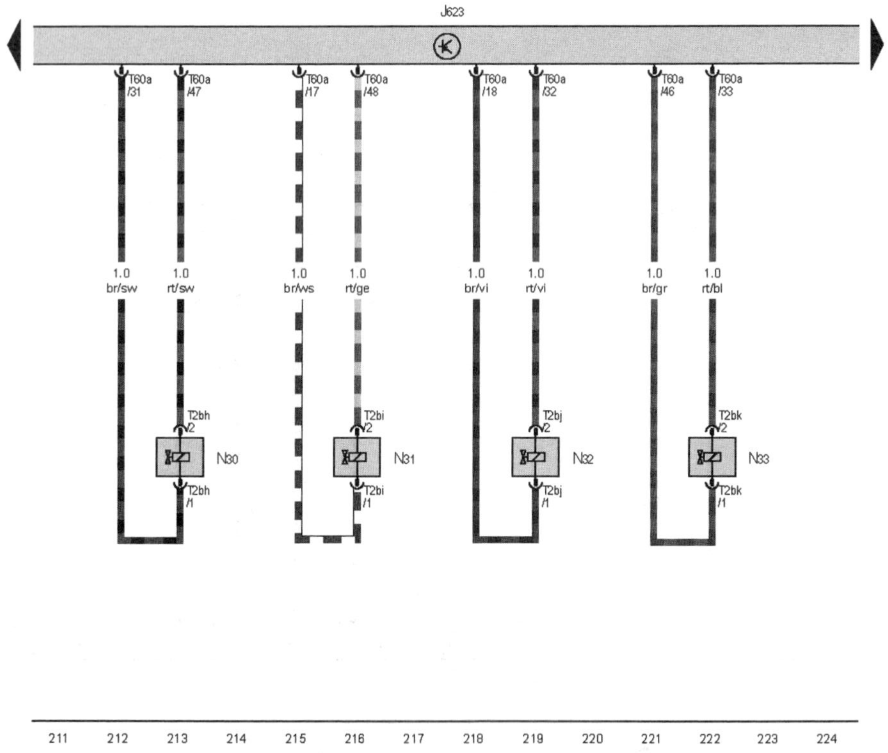

图 2-1-73

图 2-1-72

G40-霍耳传感器　G300-霍耳传感器3　J623-发动机控制单元　T3f-3芯插头连接，黑色　T3m-3芯插头连接，黑色　T60a-60芯插头连接，黑色　458-接地连接3，在发动机预接线导线束中　D141-连接（5V），在发动机前部导线束中

J623-发动机控制单元　N30-气缸1喷油器　N31-气缸2喷油器　N32-气缸3喷油器　N33-气缸4喷油器　T2bh-2芯插头连接，黑色　T2bi-2芯插头连接，黑色　T2bj-2芯插头连接，黑色　T2bk-2芯插头连接，黑色　T60a-60芯插头连接，黑色

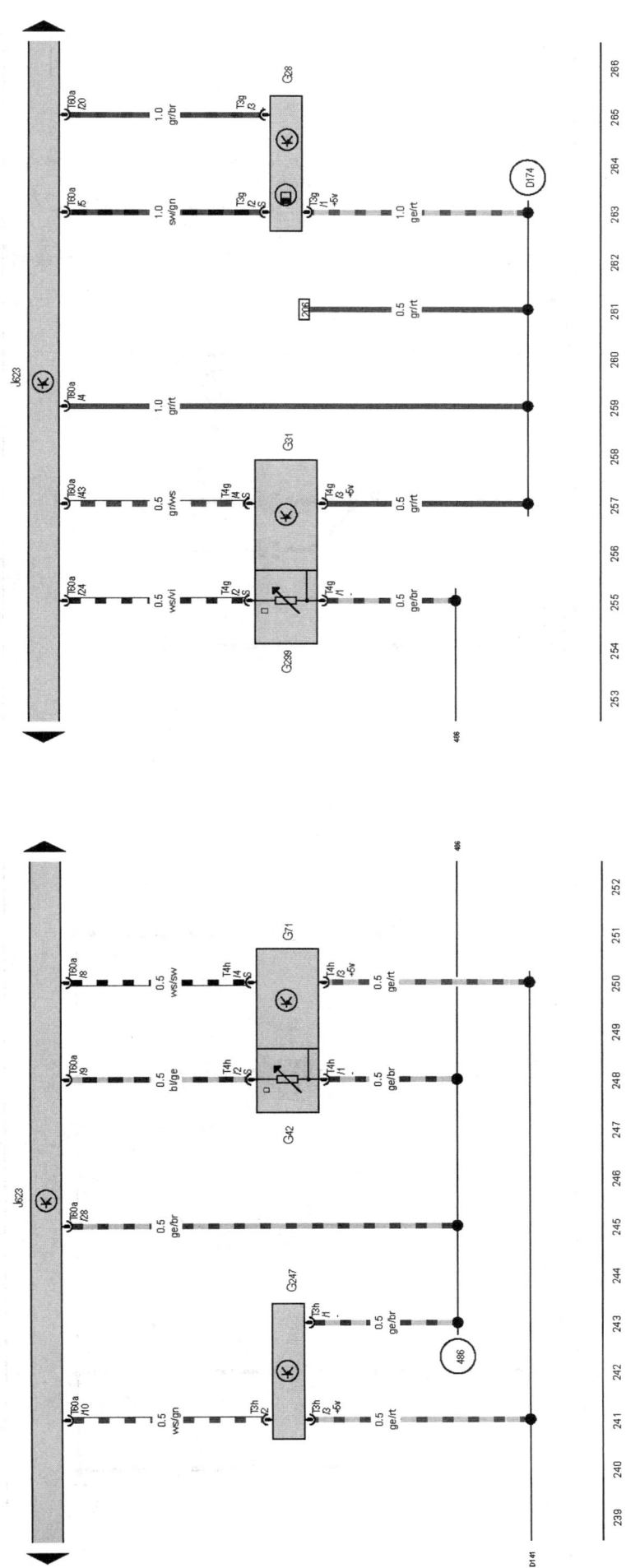

发动机转速传感器、增压压力传感器、进气温度传感器 2、发动机控制单元

进气温度传感器、进气歧管压力传感器、燃油压力传感器、发动机控制单元

图 2-1-75

G28-发动机转速传感器 G31-增压压力传感器 G299-进气温度传感器 2 J623-发动机控制单元 T3g-3芯插头连接,黑色 T4g-4芯插头连接,黑色 T60a-60芯插头连接,黑色 486-接地连接4,在发动机预接线导线束中 D174-连接2(5V),在发动机顶接线导线束中

图 2-1-74

G42-进气温度传感器 G71-进气歧管压力传感器 G247-燃油压力传感器 J623-发动机控制单元 T3h-3芯插头连接,黑色 T4h-4芯插头连接,黑色 T60a-60芯插头连接,黑色 486-接地连接4,在发动机预接线导线束中 D141-连接2(5V),在发动机前部导线束中

143

发动机控制单元、活性炭罐电磁阀 1、凸轮轴调节阀 1、排气凸轮轴调节阀 1、机油压力调节阀

发动机控制单元、冷却液循环泵

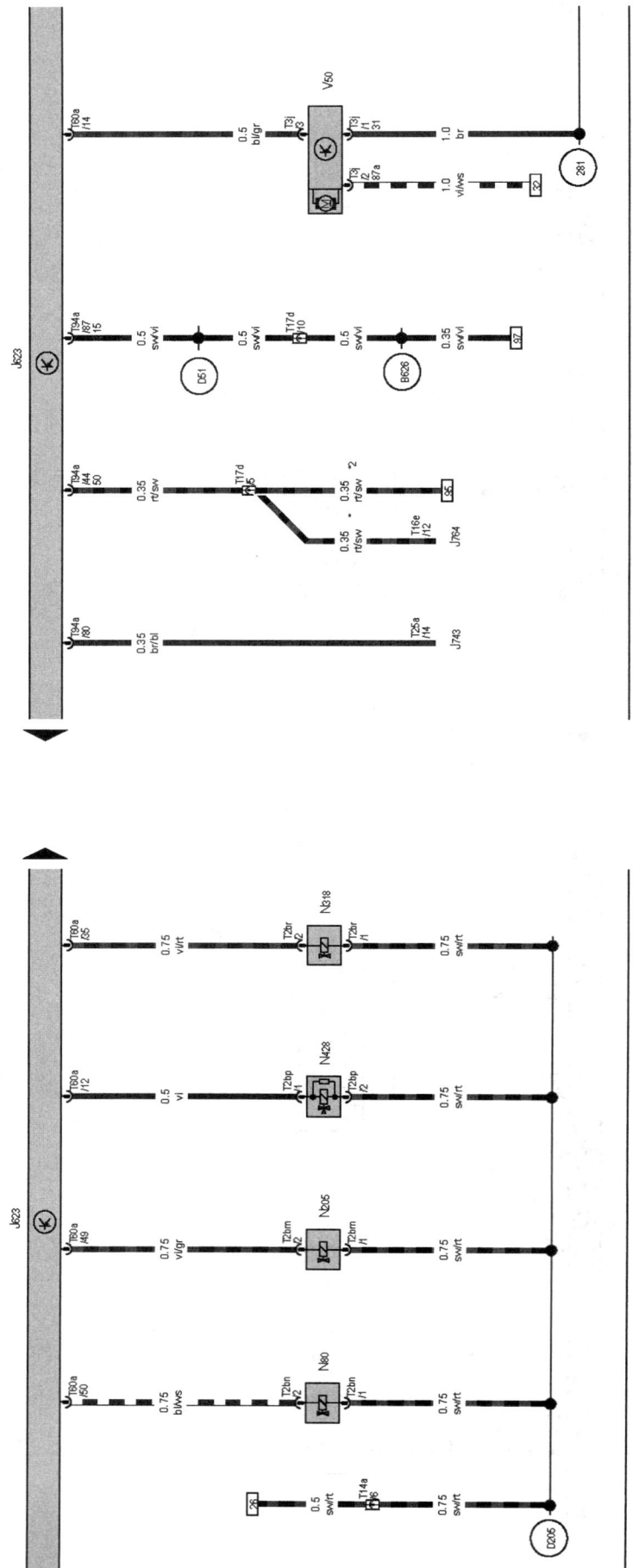

图 2-1-76

J623–发动机控制单元 N80–活性炭罐电磁阀 1 N205–凸轮轴调节阀 1 N318–排气凸轮轴调节阀1 N428–机油压力调节阀 T2bm–2芯插头连接，黑色 T2bn–2芯插头连接，黑色 T2bp–2芯插头连接，黑色 T2br–2芯插头连接，黑色 T14a–14芯插头连接，左前纵梁上，灰色 T60a–60芯插头连接，黑色 D205–连接3 (87a)，在发动机预接线导线束中

图 2-1-77

J623–发动机控制单元 J743–双离合器变速器机电装置 J764–电子转向柱锁止装置控制单元 T3j–3芯插头连接，黑色 T16e–16芯插头连接，黑色 T17d–17芯插头连接，左侧 A 柱下部，蓝色 T25a–25芯插头连接油压插头连接，黑色 T60a–60芯插头连接，黑色 T94a–94芯插头连接，黑色 V50–冷却液循环泵 281–接地连接1，在发动机预接线导线束中 B626–正极连接2 (15)，在主导线束中 D51–正极连接1 (15)，在发动机舱导线束中 *–仅用于带进入及启动许可的汽车 *2–仅用于不带进入及启动许可的汽车

144

发动机控制单元、带功率输出级的点火线圈 4、火花塞插头、火花塞

发动机控制单元、带功率输出级的点火线圈 1、带功率输出
级的点火线圈 2、带功率输出
级的点火线圈 3、火花塞插头、火花塞

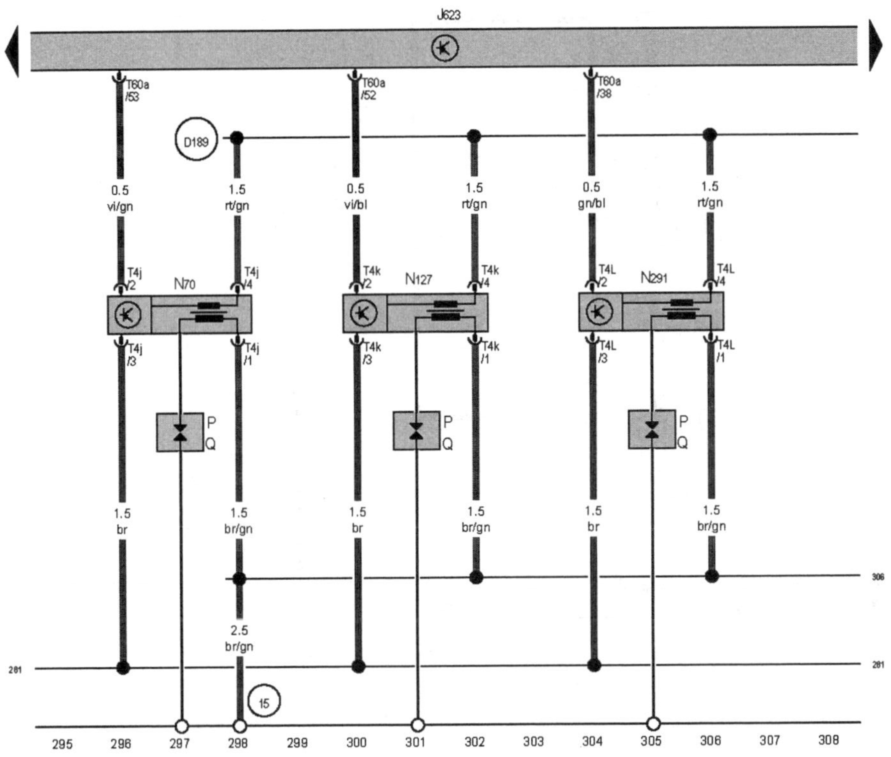

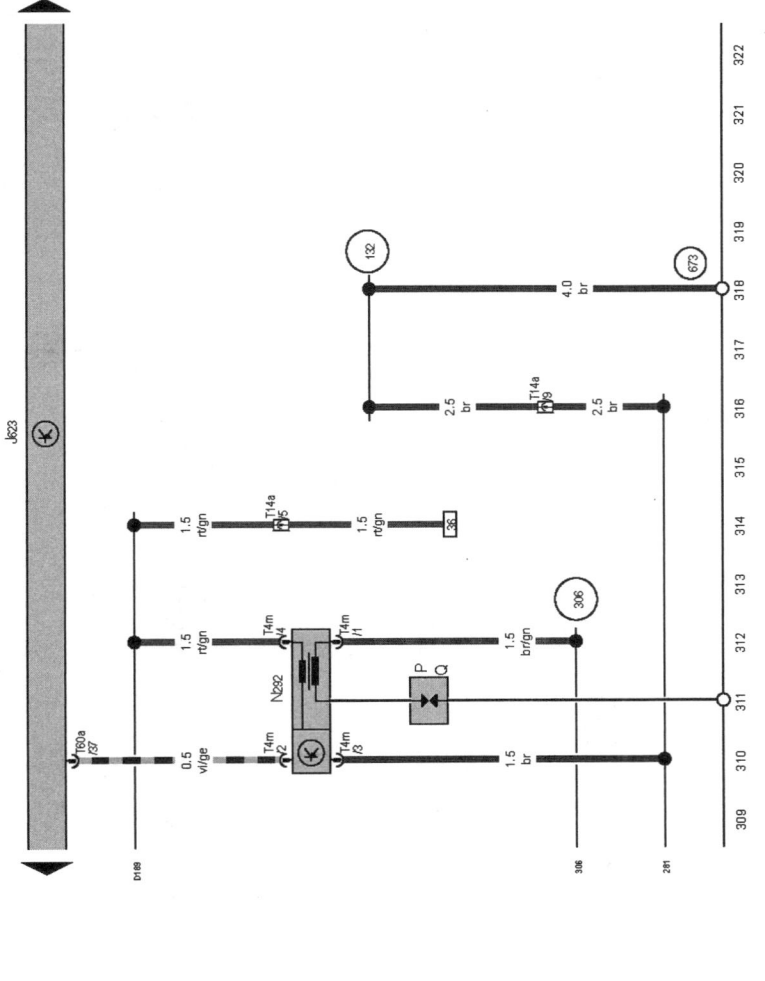

图 2-1-79

J623-发动机控制单元 N292-带功率输出级的点火线圈4 P-火花塞插头 Q-火花塞 T4m-4芯插头连接、黑色 T14a-14芯插头连接、左前纵梁上、灰色 T60a-60芯插头连接、黑色 132-接地连接3、在发动机舱导线束中 281-接地连接1、在发动机顶预接线导线束中 306-接地连接（点火线圈），在发动机顶预接线导线束中 673-左前纵梁上的接地点3 D189-连接（87a），在发动机顶预接线导线束中

图 2-1-78

J623-发动机控制单元 N70-带功率输出级的点火线圈1 N127-带功率输出级的点火线圈2 N291-带功率输出级的点火线圈3 P-火花塞插头 Q-火花塞 T4j-4芯插头连接、黑色 T4k-4芯插头连接、黑色 T4L-4芯插头连接、黑色 T60a-60芯插头连接、黑色 15-气缸盖上的接地点 281-接地连接1、在发动机顶预接线导线束中 306-接地连接（点火线圈），在发动机顶预接线导线束中 D189-连接（87a），在发动机顶预接线导线束中

145

数据总线诊断接口、发动机控制单元

燃油表传感器、预供给燃油泵、燃油泵控制单元、发动机控制单元

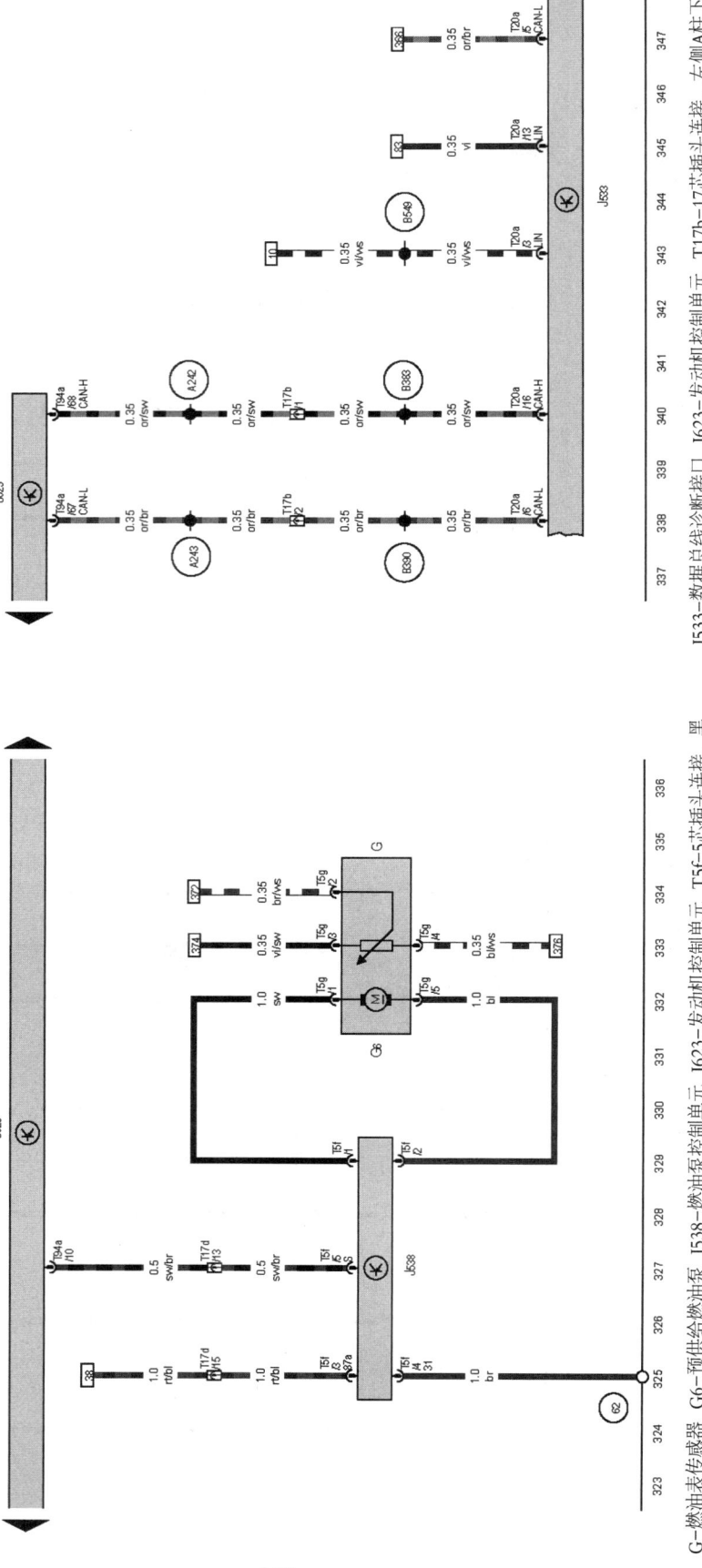

图 2-1-81

图 2-1-80

J533-数据总线诊断接口 J623-发动机控制单元 T17b-17芯插头连接、左侧A柱下部、棕色 T20a-20芯插头连接 T94a-94芯插头连接、黑色 A242-连接1（驱动 CAN 总线、High）、在发动机舱导线束中 B383-连接1（驱动 CAN 总线、High）、在主导导线束中 A243-连接 1（驱动 CAN 总线、Low）、在发动机舱导线束中 B390-连接1（驱动 CAN 总线、Low）、在主导导线束中 B549-连接2（LIN 总线）、在主导线束中

G-燃油表传感器 G6-预供给燃油泵 J538-燃油泵控制单元 J623-发动机控制单元 T5f-5芯插头连接、黑色 T5g-5芯插头连接、黑色 T17d-17芯插头连接、左侧 A 柱下部、蓝色 T94a-94芯插头连接、黑色 62-右侧C柱上的接地点

146

燃油表、转速表、多功能显示器、组合仪表中的控制单元、发电机指示灯、燃油表指示灯

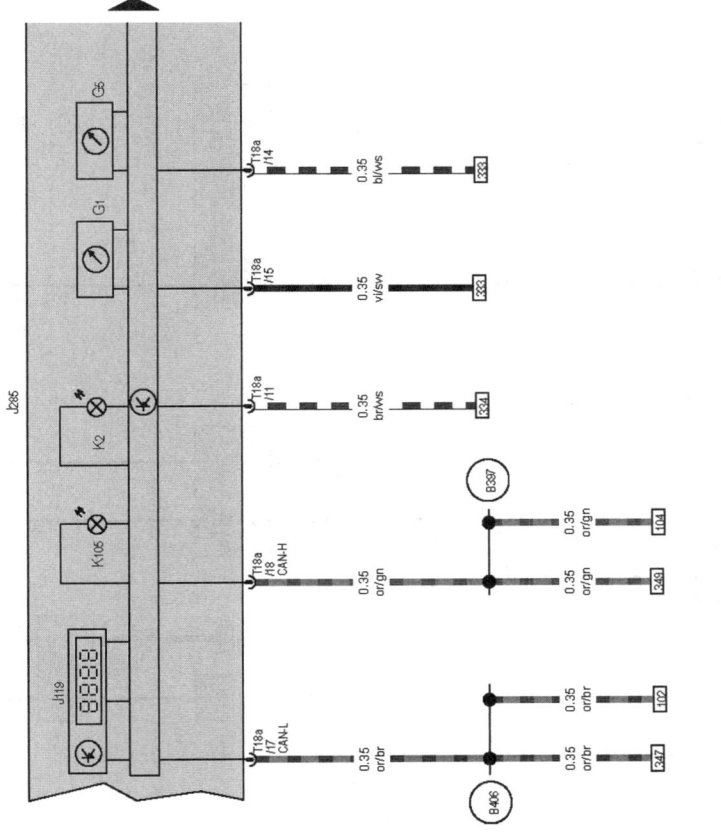

G1-燃油表　G5-转速表　J119-多功能显示器　J285-组合仪表中的控制单元　K2-发电机指示灯　K105-燃油表指示灯　T18a-18芯插头连接，黑色　B397-连接 1（舒适 CAN 总线，High），在主导线束中　B406-连接 1（舒适 CAN 总线，Low），在主导线束中

图 2-1-83

数据总线诊断接口、诊断接口

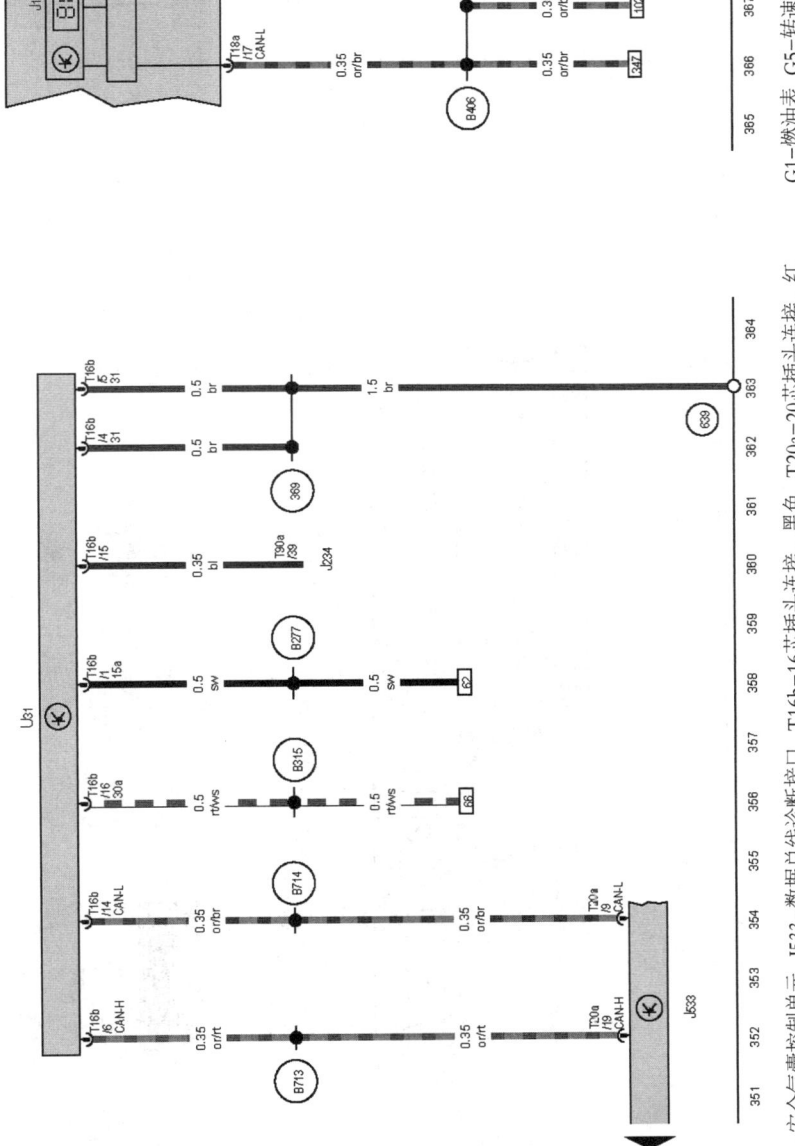

图 2-1-82

J234-安全气囊控制单元　J533-数据总线诊断接口　T16b-16芯插头连接，红色　T20a-20芯插头连接，黑色　U31-诊断接口　T90a-90芯插头连接，红色　U31-诊断接口　369-接地连接4，在主导线束中　639-左A柱上的接地点　B277-正极连接1（15a），在主导线束中　B315-正极连接1（30a），在主导线束中　B713-连接1（诊断 CAN 总线，High），在主导线束中　B714-连接 1（诊断 CAN 总线，Low），在主导线束中

147

蓄电池、启动机、交流发电机、电压调节器、蓄电池监控控制单元

电压调节器、交流发电机、蓄电池监控控制单元

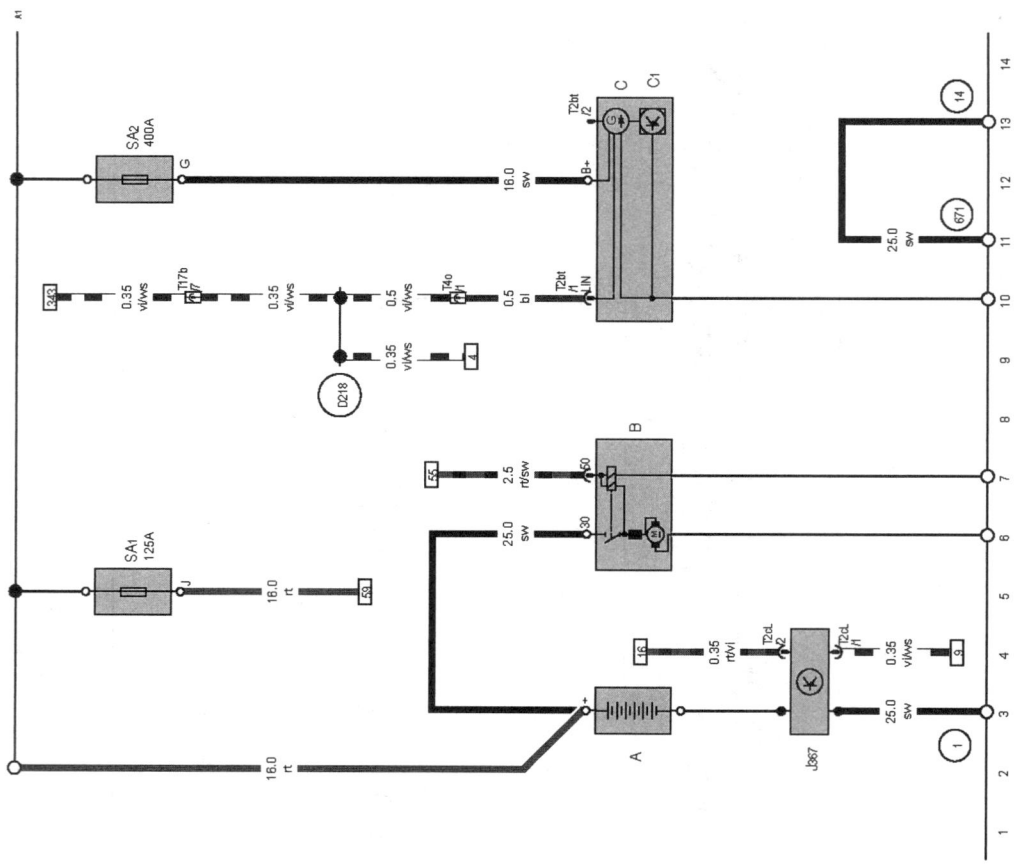

图 2-1-85

A—蓄电池 B—启动机 C—交流发电机 C1—电压调节器 J367—蓄电池监控控制单元 SA1—保险丝架A上的保险丝1 SA2—保险丝架A上的保险丝2 T2bt—2芯插头连接，黑色 T2cL—2芯插头连接，黑色 T4o—4芯插头连接，黑色 T17b—17芯插头连接，左侧A柱下部，左前纵梁上，黑色 1—接地带，蓄电池—车身 14—变速器上的接地点 671—左前纵梁上的接地点1 D218—连接1（LIN总线），在发动机舱导线束中

防盗锁止系统识读线圈、冷却液温度表、车速表、组合仪表中的控制单元、防盗锁止系统控制单元、机油油压力指示灯、冷却液温度和冷却液不足显示指示灯、定速巡航装置指示灯、机油油位指示灯、废气警告灯、电子油门故障信号灯、里程表

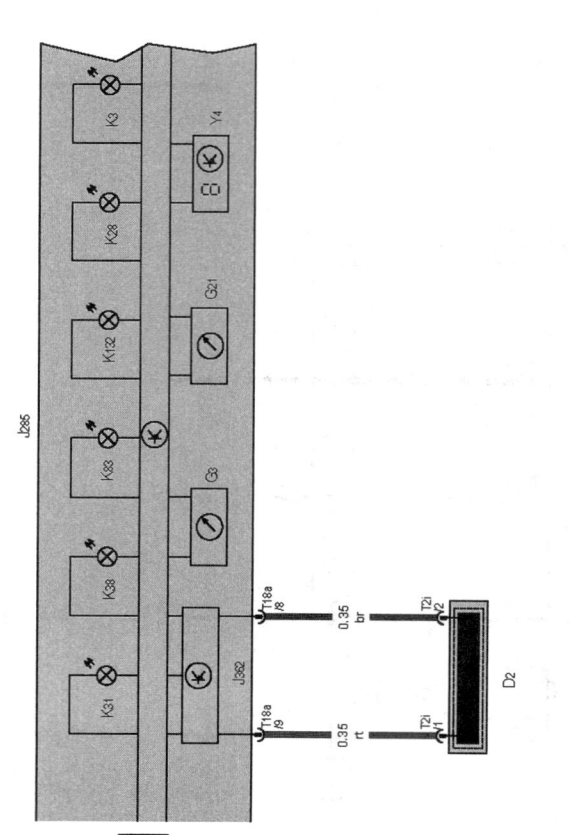

图 2-1-84

D2—防盗锁止系统识读线圈 G3—冷却液温度表 G21—车速表 J285—组合仪表中的控制单元 J362—防盗锁止系统控制单元 K3—机油压力指示灯 K28—冷却液温度和冷却液不足显示指示灯 K31—定速巡航装置指示灯 K38—机油油位指示灯 K83—废气警告灯 K132—电子油门故障信号灯 T2i—2芯插头连接 T18a—18芯插头连接，黑色 Y4—里程表

148

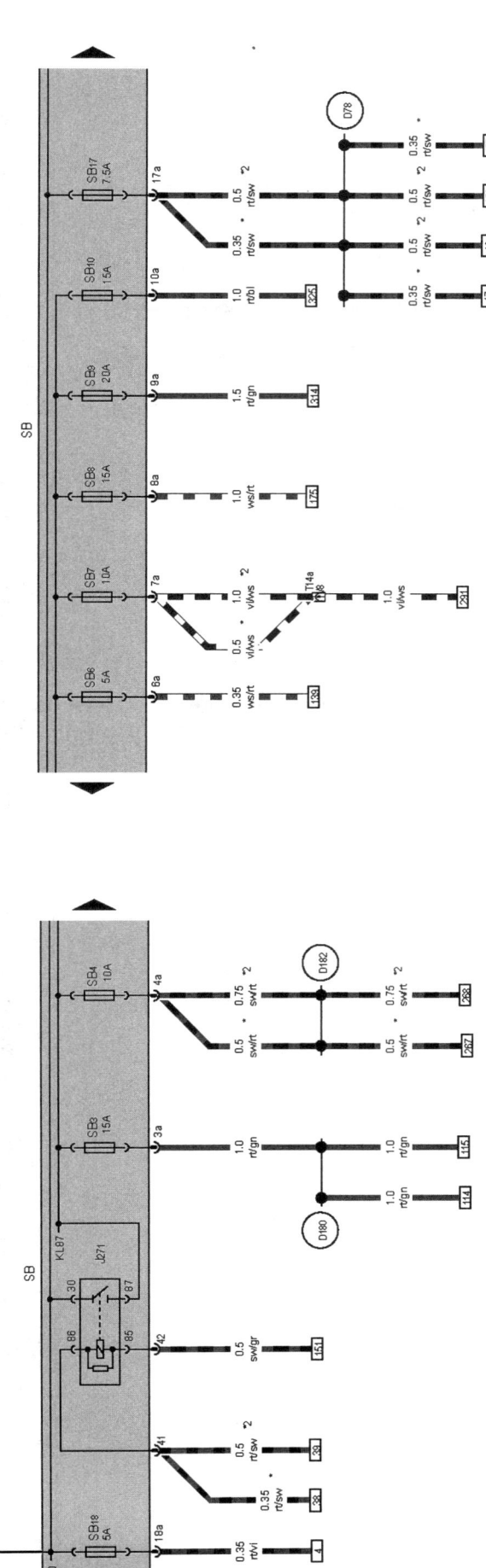

主继电器，保险丝架 B

保险丝架 B

图 2-1-86

图 2-1-87

J271-主继电器 SB-保险丝架B SB3-保险丝架B上的保险丝 3 SB4-保险丝架B上的保险丝 4 SB18-保险丝架B上的保险丝18 D180-连接（87a），在发动机舱导线束中 D182-连接3（87a），在发动机舱导线束中
*-自2017年6月起 *2-截至2017年6月

SB-保险丝架B SB6-保险丝架B上的保险丝6 SB7-保险丝架B上的保险丝7 SB8-保险丝架B上的保险丝8 SB9-保险丝架B上的保险丝9 SB10-保险丝架B上的保险丝10 SB17-保险丝架B上的保险丝17 T14a-14芯插头连接，左前纵梁上，灰色 D78-正极连接1（30a），在发动机舱导线束中 *-自2017年6月起 *2-截至2017年6月

149

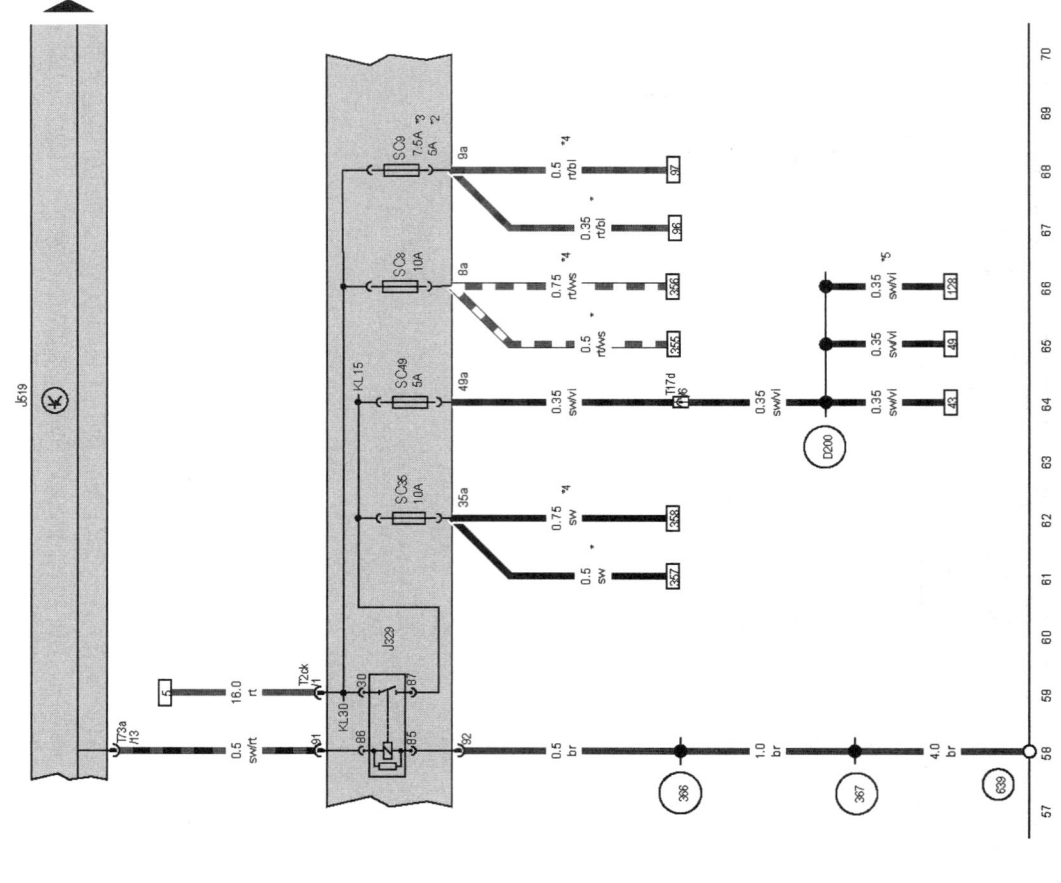

启动继电器 1、启动机继电器 2、保险丝架 B

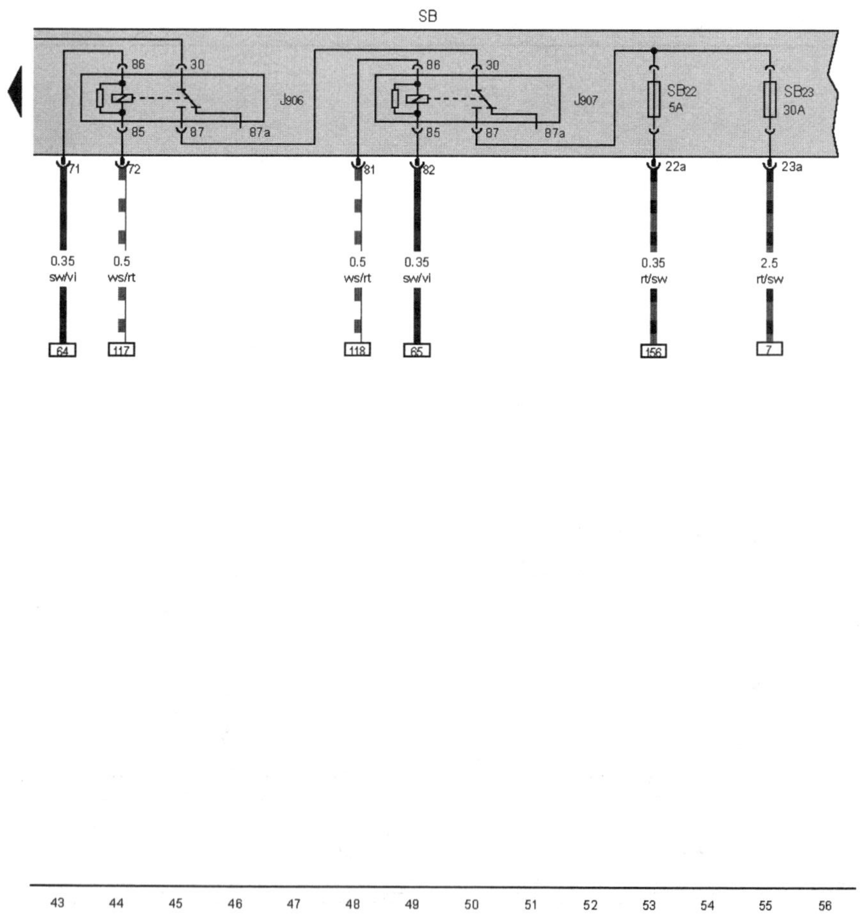

接线端 15 供电继电器、车载电网控制单元

图 2-1-88

图 2-1-89

J906-启动机继电器1 J907-启动机继电器2 SB-保险丝架B SB22-保险丝架B上的保险丝22 SB23-保险丝架B上的保险丝23

J329-接线端15供电继电器 J519-车载电网控制单元 SC8-保险丝架C上的保险丝8 SC9-保险丝架C上的保险丝9 SC35-保险丝架C上的保险丝35 SC49-保险丝架C上的保险丝49 T2ck-2芯插头连接，黑色 T17d-17芯插头连接，左侧A柱下部，蓝色 T73a-73芯插头连接，黑色 366-接地连接1，在主导线束中 367-接地连接2，在主导线束中 639-左侧A柱上的接地点 D200-正极连接3（15a），在发动机舱导线束中 *-自2017年6月起 *2-自2016年1月起 *3-截至2016年1月 *4-截至2017年6月 *5-用于带手动变速器的汽车

150

中控台开关模块 1、启动/停止模式按钮、车载电网控制单元、转向柱电子装置控制单元、
启动/停止运行模式指示灯、开关照明灯泡

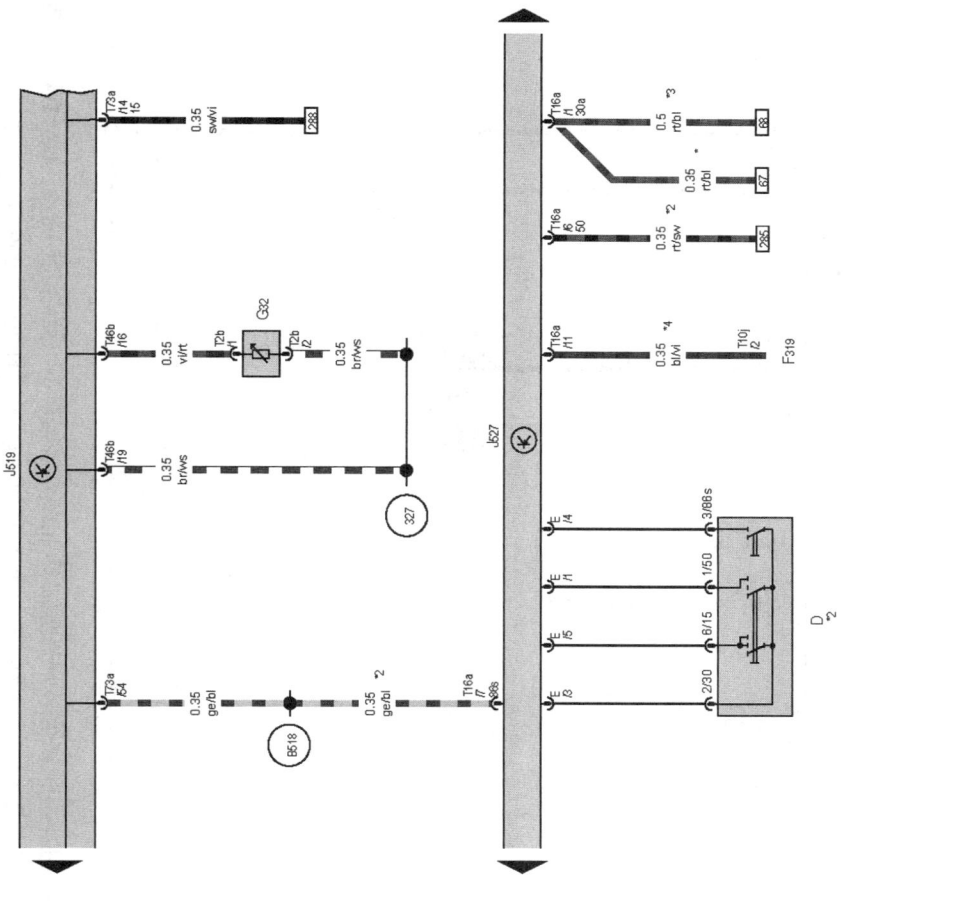

点火启动开关、冷却液不足显示传感器、车载电网控制单元、转向柱电子装置控制单元

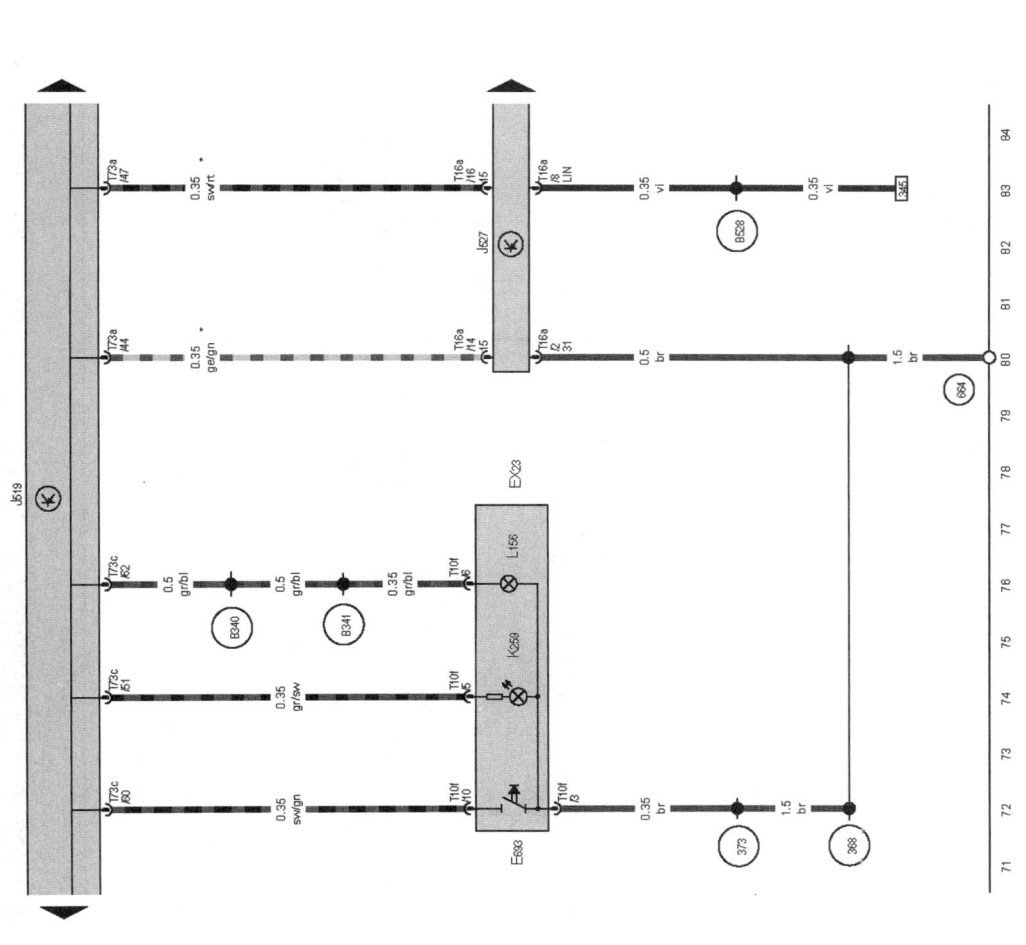

图2-1-90

EX23-中控台开关模块1 E693-启动/停止模式按钮 J519-车载电网控制单元 J527-转向柱电子装置控制单
元 K259-启动/停止运行模式指示灯 L156-开关照明灯泡 T10f-10芯插头连接、黑色 T16a-16芯插头连
接、黑色 T73a-73芯插头连接、黑色 T73c-73芯插头连接、黑色 368-接地连接3、在主导线束中 373-接
地连接8、在主导线束中 664-左侧仪表板后面的接地点 B340-连接1（58d），在主导线束中 B341-连接2
（58d），在主导线束中 B528-连接1（LIN 总线），在主导线束中 *-用于不带进入及启动许可的汽车

图2-1-91

D-点火启动开关 F319-选挡杆挡位P锁止开关 G32-冷却液不足显示传感器 J519-车载电网控制单元
J527-转向柱电子装置控制单元 T2b-2芯插头连接 T10j-10芯插头连接 T16a-16芯插头连接、黑色 T16a-16芯插头连
接、黑色 T46b-46芯插头连接 T73a-73芯插头连接、黑色 327-接地连接、黑色 327-接地连接（传感器接地），在发动
机舱导线束中 B518-连接（86s），在主导线束中 *1-自2017年6月起 *2-用于不带进入及启动许可的汽车
*3-截至2017年6月 *4-用于带双离合器变速器的汽车

151

散热器出口处的冷却液温度传感器、发动机控制单元

定速巡航装置开关、定速巡航装置设置按钮、转向柱电子装置控制单元

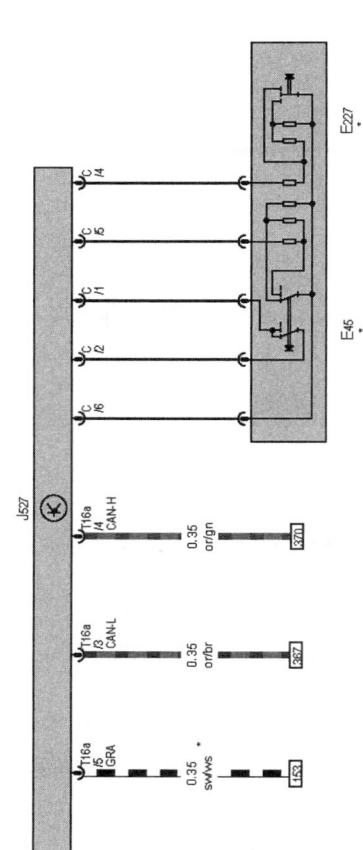

G83-散热器出口处的冷却液温度传感器 J623-发动机控制单元 T2a-2芯插头连接，黑色 T94a-94芯插头，黑色 T94a-94芯插头连接，黑色 T2a-2芯插头连接，黑色 209-接地连接6，在发动机舱内导线束中 640-发动机舱内左侧接地点2

图 2-1-93

E45-定速巡航装置开关 E227-定速巡航装置设置按钮 J527-转向柱电子装置控制单元 T16a-16芯插头连接，黑色 *-用于带定速巡航装置的汽车

图 2-1-92

152

变速器空挡位置传感器、发动机控制单元

制动信号灯开关、制动踏板开关、离合器位置传感器、发动机控制单元

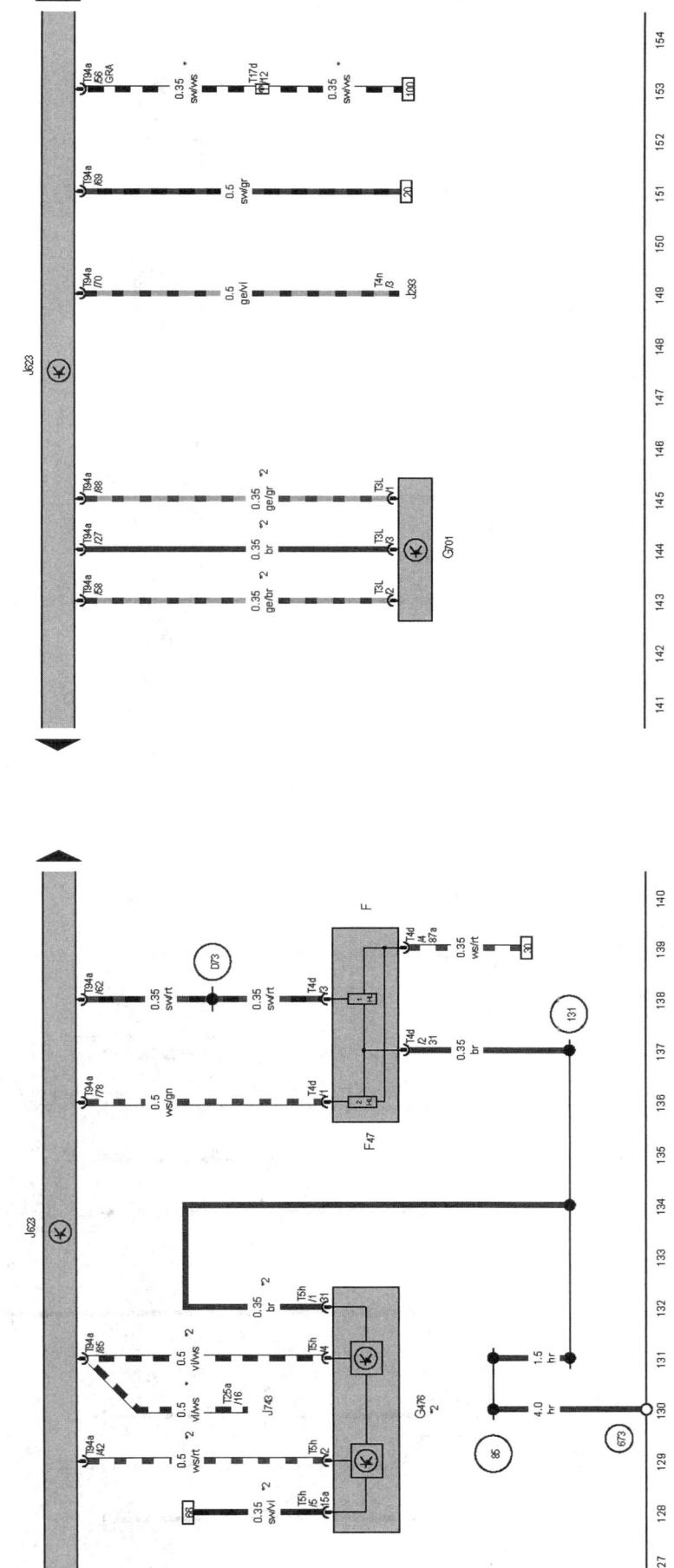

图 2-1-95

G701-变速器空挡位置传感器 J293-散热器风扇控制单元 J623-发动机控制单元 T3L-3芯插头连接、T4n-4芯插头连接、黑色 T17d-17芯插头连接、左侧 A 柱下部、蓝色 T94a-94芯插头连接、黑色 *-用于带定速巡航装置的汽车 *2-用于带手动变速器的汽车

图 2-1-94

F-制动信号灯开关 F47-制动踏板开关 G476-离合器位置传感器 J623-发动机控制单元 J743-双离合器变速器电器用装置 T4d-4芯插头连接、黑色 T5h-5芯插头连接、黑色 T25a-25芯插头连接、黑色 T94a-94芯插头连接、黑色 85-接地连接1、在发动机舱导线束中 131-接地连接2、在发动机舱导线束中 673-左前纵梁上的接地点3 D73-正极连接(54)、在发动机舱导线束中 *-用于带双离合器变速器的汽车 *2-用于带手动变速器的汽车

153

氧传感器、尾气催化净化器后的氧传感器、发动机控制单元、氧传感器加热装置、尾气催化净化器后的氧传感器 1 加热装置

油门踏板位置传感器、油门踏板位置传感器 2、发动机控制单元

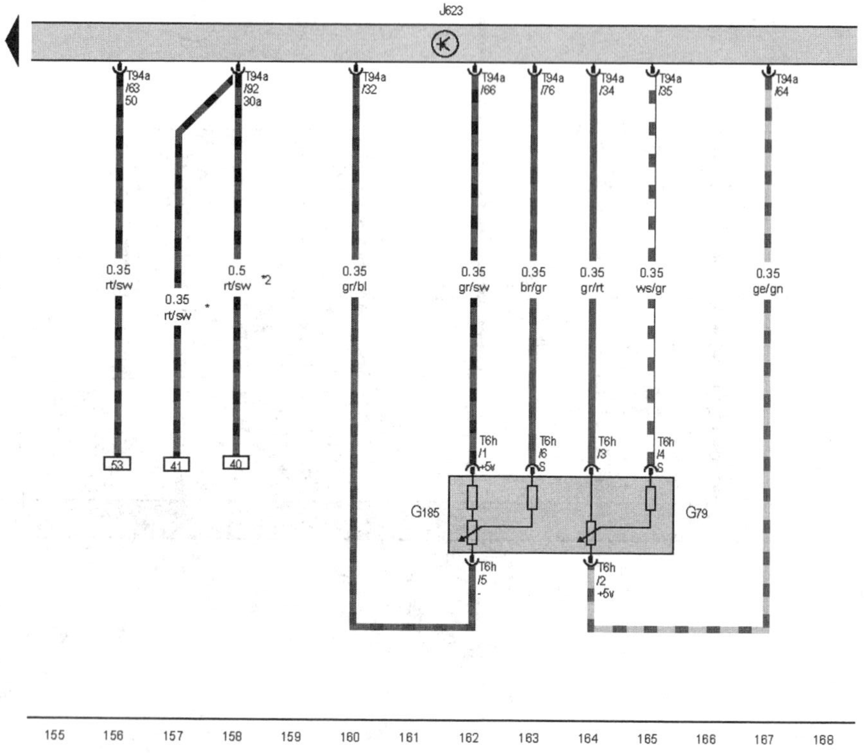

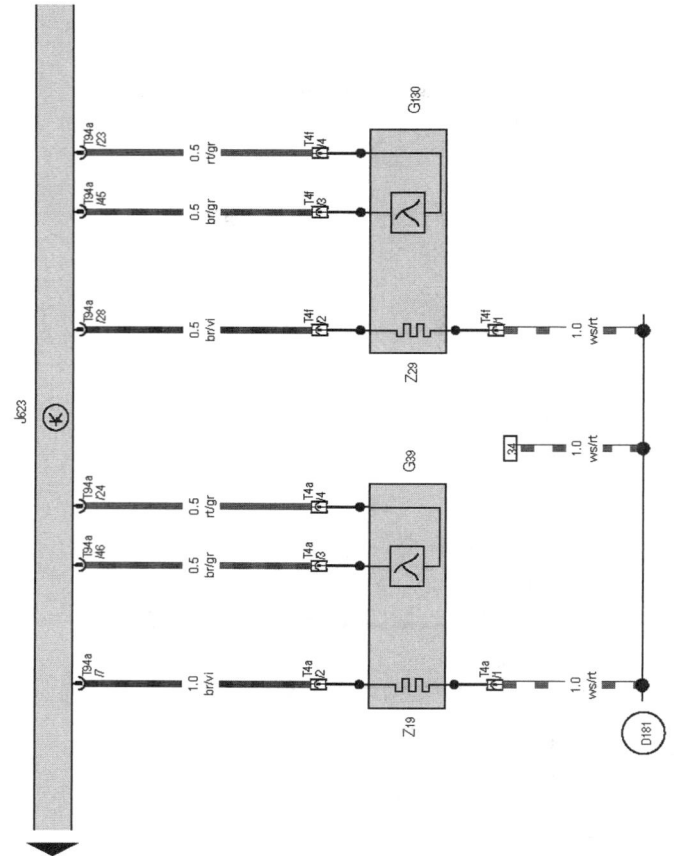

图 2-1-97

G39-氧传感器 G130-尾气催化净化器后的氧传感器 J623-发动机控制单元 T4a-4芯插头连接，棕色 T4f-4芯插头连接，黑色 T94a-94芯插头连接，黑色 Z19-氧传感器加热装置 Z29-尾气催化净化器的氧传感器1加热装置 D181-连接2（87a），在发动机舱导线束中

图 2-1-96

G79-油门踏板位置传感器 G185-油门踏板位置传感器2 J623-发动机控制单元 T6h-6芯插头连接，黑色 T94a-94芯插头连接，黑色 *-自2017年6月起 *2-截至2017年6月

冷却液温度传感器、电控油门操纵机构的节气门驱动装置、电控油门操纵机构的节气门驱动装置角度传感器 1、电控油门操纵机构的节气门驱动装置角度传感器 2、节气门控制单元、发动机控制单元

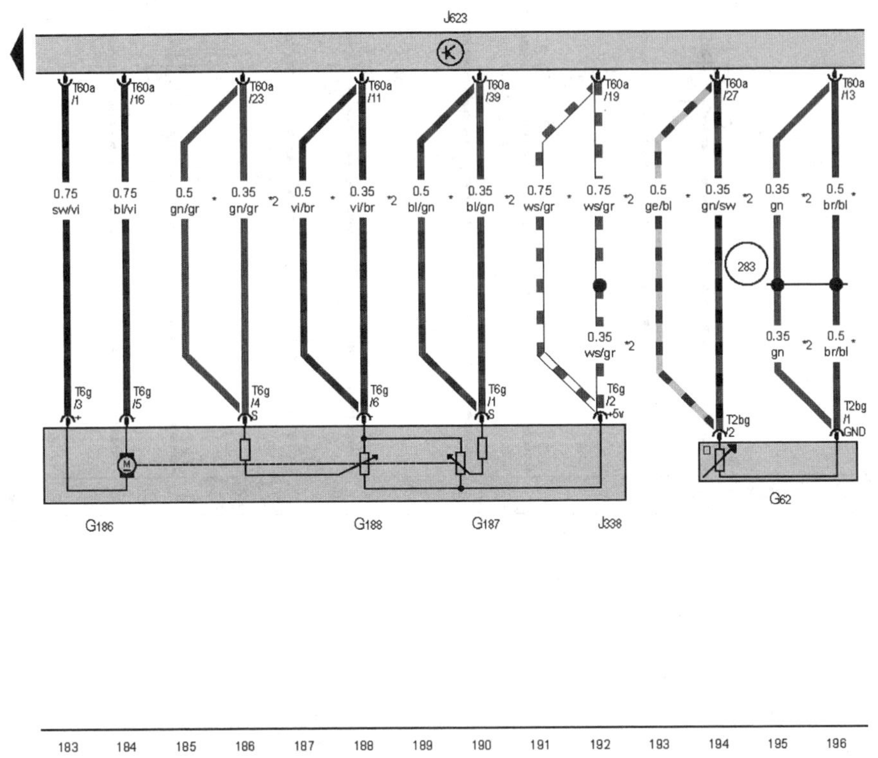

爆震传感器 1、发动机控制单元、增压压力限制电磁阀、燃油压力调节阀

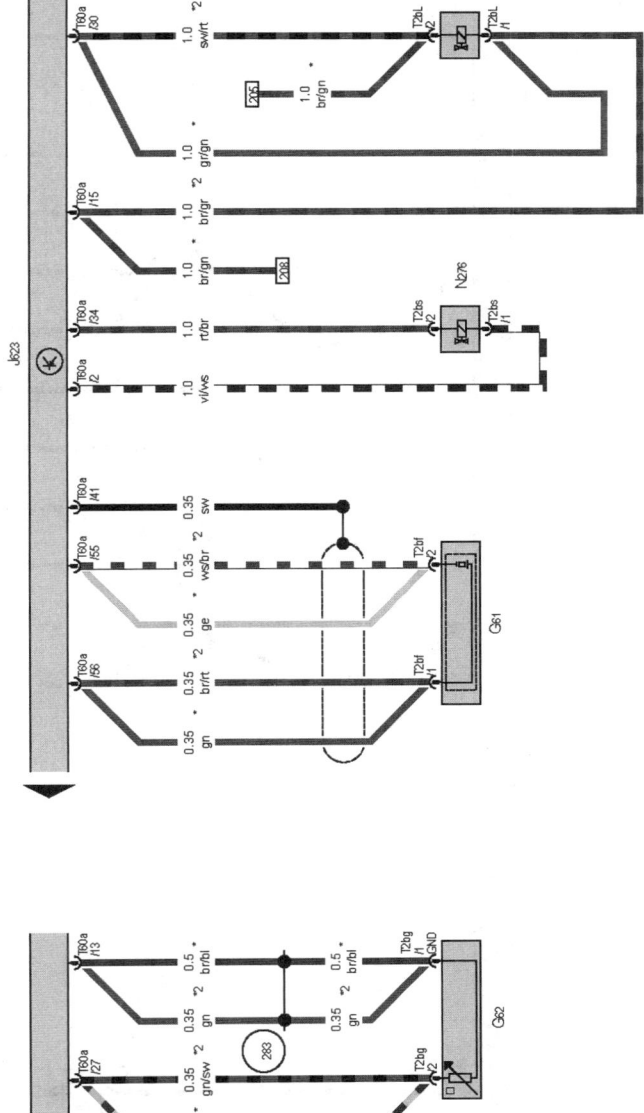

图 2-1-99

G61-爆震传感器1 J623-发动机控制单元 N75-增压压力限制电磁阀 N276-燃油压力调节阀 T2bL-2芯插头连接，黑色 T2bs-2芯插头连接，黑色 T2bf-2芯插头连接，黑色 T60a-60芯插头连接，黑色 *-自2017年6月起 *2-截至2017年6月

图 2-1-98

G62-冷却液温度传感器 G186-电控油门操纵机构的节气门驱动装置 G187-电控油门操纵机构的节气门驱动装置 G188-电控油门操纵机构的节气门驱动装置角度传感器1 G188-电控油门操纵机构的节气门驱动装置角度传感器2 J338-节气门控制单元 J623-发动机控制单元 T2bg-2芯插头连接，黑色 T6g-6芯插头连接，黑色 T60a-60芯插头连接，黑色 283-接地连接2，在发动机预说线导线束中 *-自2017年6月起 *2-截至2017年6月

155

霍耳传感器、霍耳传感器 3、发动机控制单元

发动机控制单元、气缸 1 喷油器、气缸 2 喷油器、气缸 3 喷油器、气缸 4 喷油器

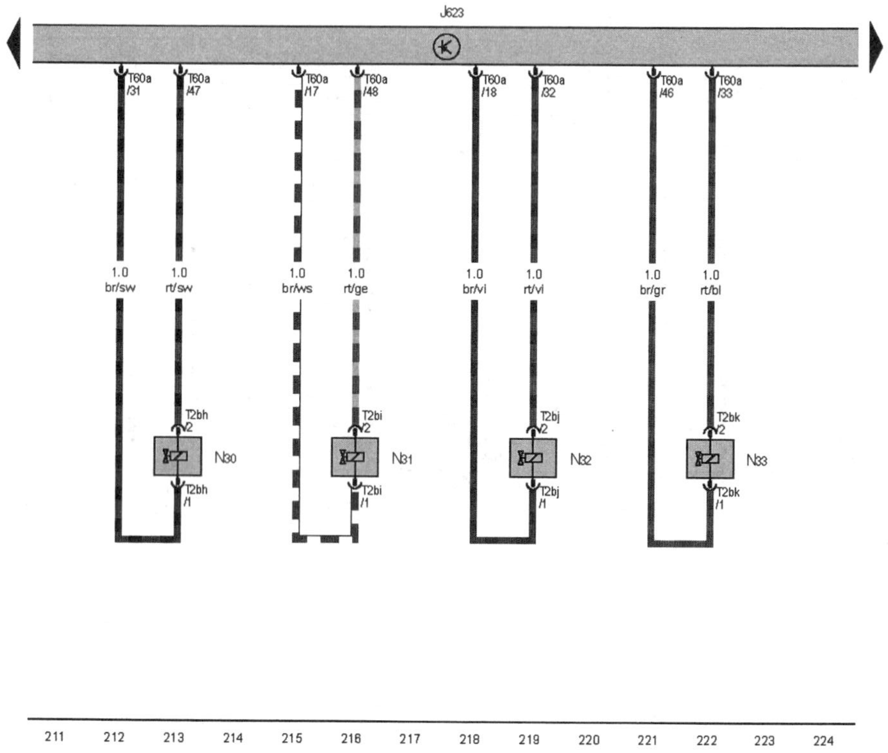

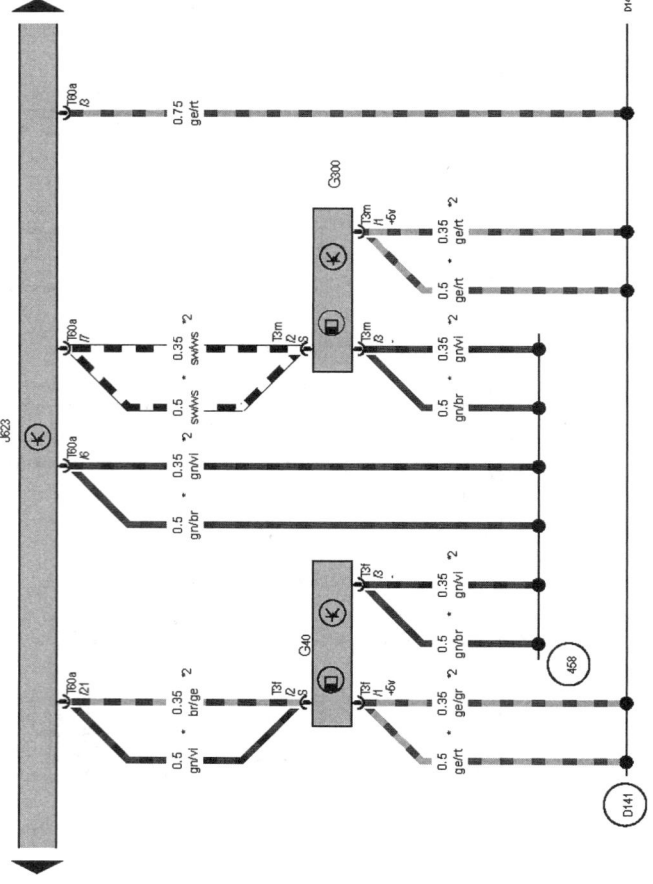

G40-霍耳传感器 G300-霍耳传感器 3 J623-发动机控制单元 T3f-3芯插头连接，黑色 T3m-3芯插头连接，黑色 T3m-3芯插头连接，黑色 T60a-60芯插头连接，黑色 458-接地连接，黑色 458-接地连接，在发动机预接线导线束中 D141-连接（5V），在发动机前部导线束中 *-自2017年6月起 *2-截至2017年6月

图 2-1-101

J623-发动机控制单元 N30-气缸1喷油器 N31-气缸2喷油器 N32-气缸3喷油器 N33-气缸4喷油器 T2bh-2芯插头连接，黑色 T2bi-2芯插头连接，黑色 T2bj-2芯插头连接，黑色 T2bk-2芯插头连接，黑色 T60a-60芯插头连接，黑色

图 2-1-100

156

发动机转速传感器、增压压力传感器、进气温度传感器 2、发动机控制单元

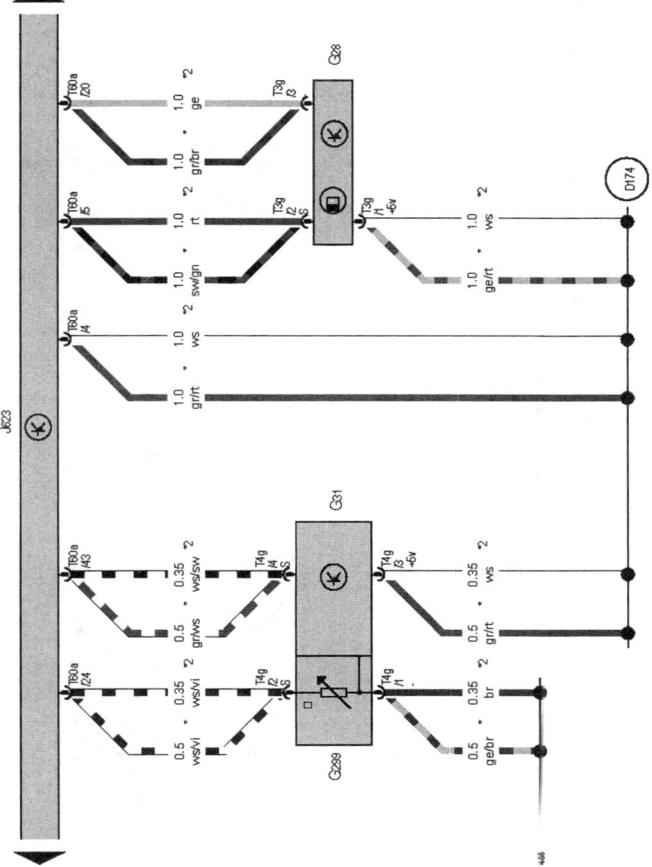

G28-发动机转速传感器 G31-增压压力传感器 G299-进气温度传感器2 J623-发动机控制单元 T3g-3芯插头连接，黑色 T4g-4芯插头连接，黑色 T60a-60芯插头连接，黑色 486-接地连接4，在发动机预接线导线束中 D174-连接2（5V），在发动机预接线导线束中 *-自2017年6月起 *2-截至2017年6月

图 2-1-103

进气温度传感器、进气歧管压力传感器、燃油压力传感器、发动机控制单元

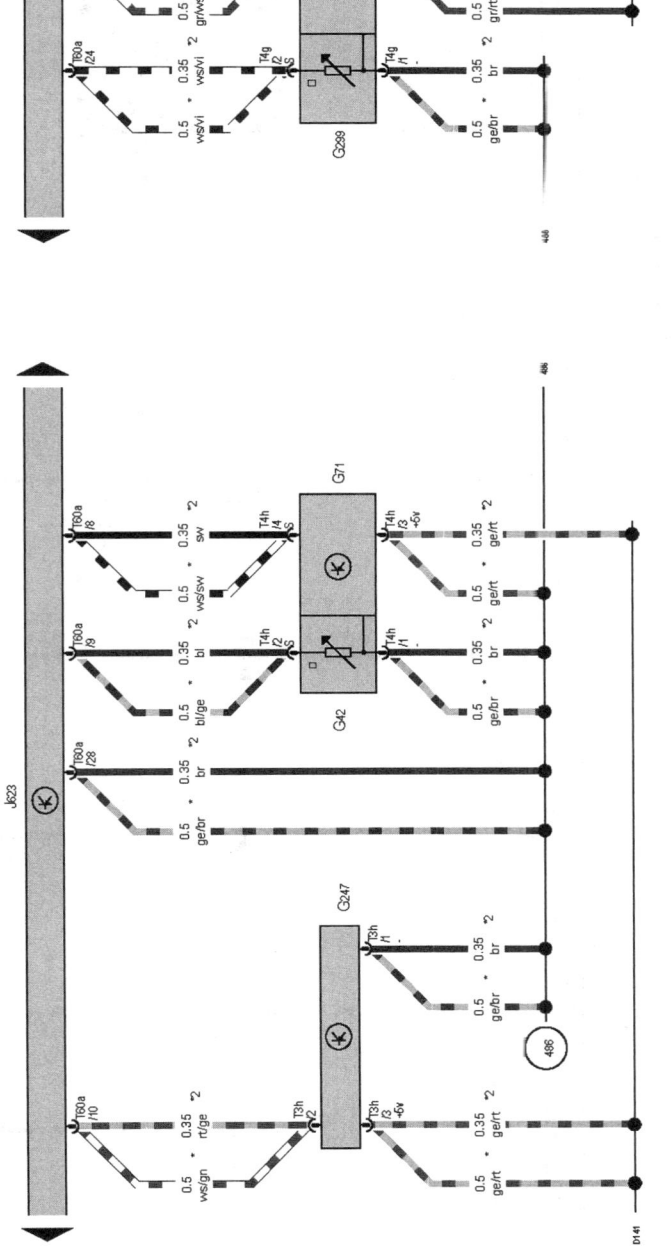

G42-进气温度传感器 G71-进气歧管压力传感器 G247-燃油压力传感器 J623-发动机控制单元 T3h-3芯插头连接，黑色 T4h-4芯插头连接，黑色 T60a-60芯插头连接，黑色 486-接地连接4，在发动机预接线导线束中 D141-连接2（5V），在发动机前部导线束中 *-自2017年6月起 *2-截至2017年6月

图 2-1-102

发动机控制单元、冷却液循环泵

发动机控制单元、活性炭罐电磁阀 1、凸轮轴调节阀 1、排气凸轮轴调节阀 1、机油压力调节阀

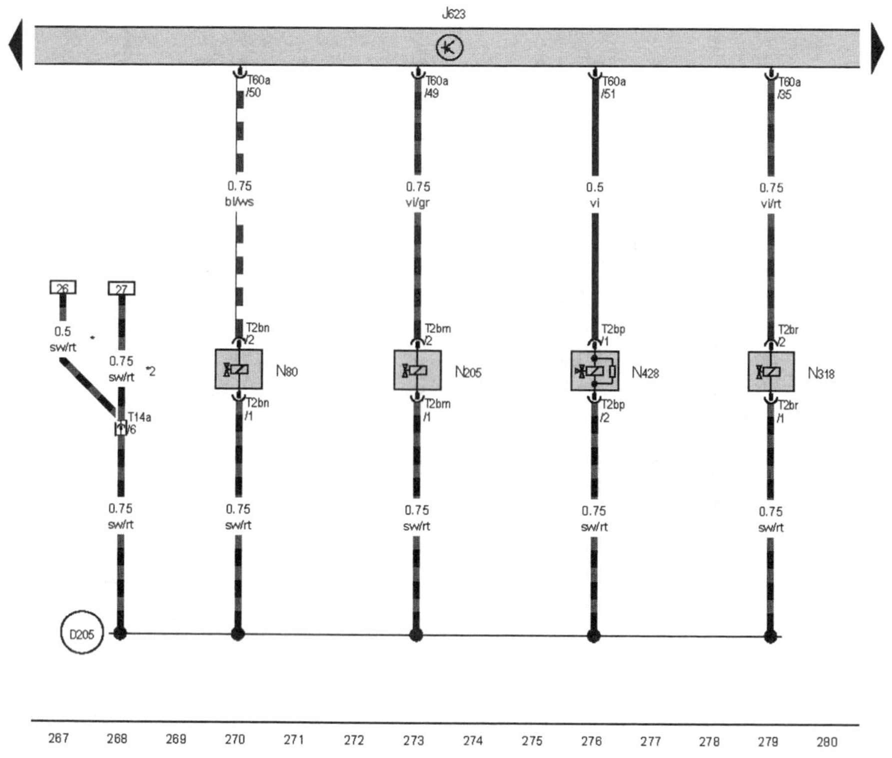

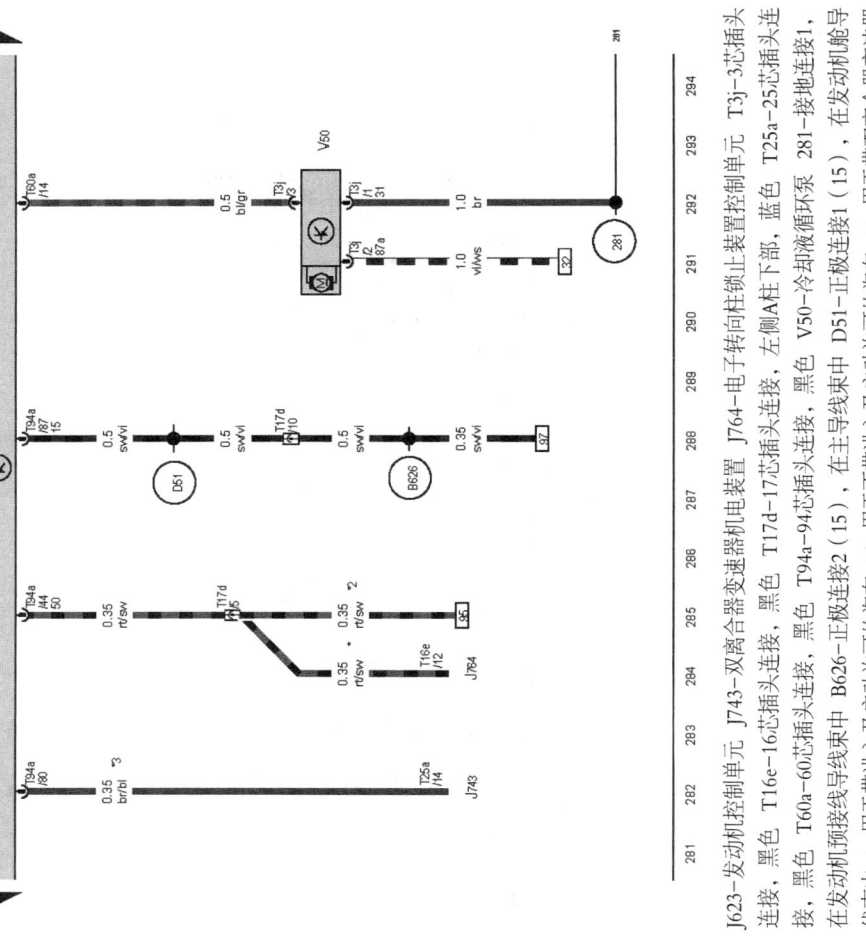

图 2-1-105

J623-发动机控制单元 J743-双离合器变速器机电装置 J764-电子转向柱锁止装置控制单元 T3j-3芯插头连接，黑色 T16e-16芯插头连接，黑色 T17d-17芯插头连接，左侧A柱下部，蓝色 T25a-25芯插头连接，黑色 T94a-94芯插头连接，黑色 V50-冷却液循环泵 281-接地连接1，在发动机预接线导线束中 B626-正极连接2（15），在主导线束中 D51-正极连接1（15），在发动机舱导线束中 *-用于带进入及启动许可的汽车 *2-用于不带进入及启动许可的汽车 *3-用于带双离合器变速器的汽车

J623-发动机控制单元 N80-活性炭罐电磁阀1 N205-凸轮轴调节阀1 N318-排气凸轮轴调节阀1 N428-机油压力调节阀 T2bm-2芯插头连接，黑色 T2bn-2芯插头连接，黑色 T2bp-2芯插头连接，黑色 T2br-2芯插头连接，黑色 T14a-14芯插头连接，左前纵梁上，灰色 T60a-60芯插头连接1，黑色 D205-连接3（87a），在发动机预接线导线束中 *-自2017年6月起 *2-截至2017年6月

图 2-1-104

158

机油压力开关、机油压力降低开关、发动机控制单元、带功率输出级的点火线圈 4、火花塞插头、火花塞

发动机控制单元、带功率输出级的点火线圈 1、带功率输出级的点火线圈 2、带功率输出级的点火线圈 3、火花塞插头、火花塞

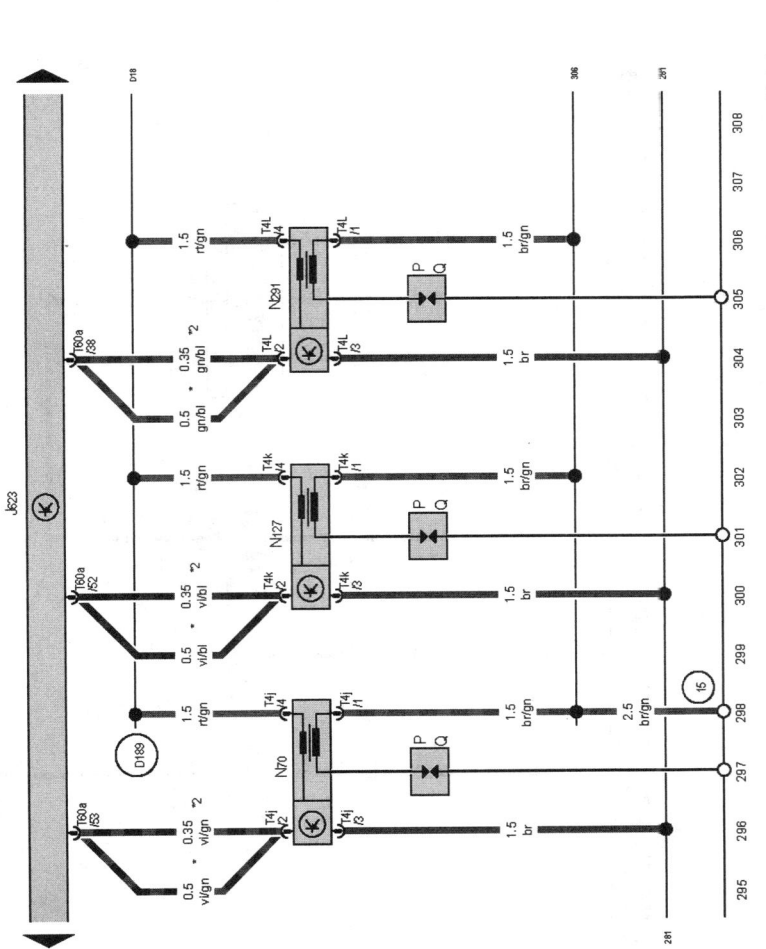

F1–机油压力开关 F378–机油压力降低开关 J623–发动机控制单元 N292–带功率输出级的点火线圈4 P–火花塞插头 Q–火花塞 T1b–1芯插头连接、黑色 T1c–1芯插头连接、黑色 T4m–4芯插头连接、蓝色 132–接地连接、黑色 T14a–14芯插头连接、灰色 T60a–60芯插头连接 281–接地连接、在发动机舱导线束中 306–接地连接 281–接地连接1、在发动机预接线导线束中 306–接地连接、在发动机预接线导线束中 673–左前纵梁上的接地点3 D189–连接(87a)、在发动机预接线导线束中 *-自2017年6月起 *2-截至2017年6月

图 2-1-107

J623–发动机控制单元 N70–带功率输出级的点火线圈1 N127–带功率输出级的点火线圈2 N291–带功率输出级的点火线圈3 P–火花塞插头 Q–火花塞 T4j–4芯插头连接、黑色 T4k–4芯插头连接、黑色 T4L–4芯插头连接、黑色 T60a–60芯插头连接 15–气缸盖上的接地点 281–接地连接、在发动机顶预接线导线束中 306–接地连接(点火线圈)、在发动机预接线导线束中 D189–连接(87a)、在发动机预接线导线束中 *-自2017年6月起 *2-截至2017年6月

图 2-1-106

159

燃油表传感器、预供给燃油泵、燃油泵控制单元、发动机控制单元

数据总线诊断接口、发动机控制单元

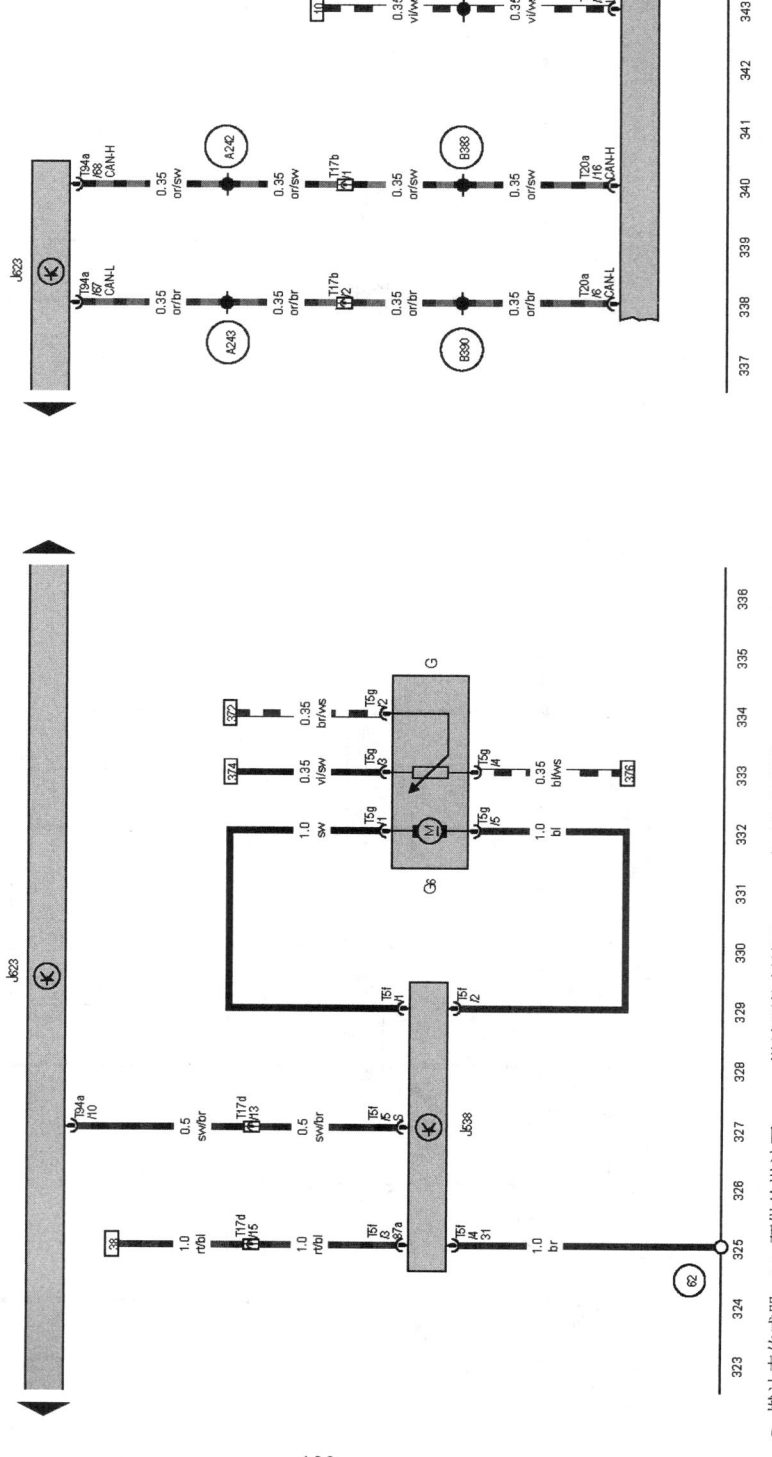

图 2-1-108

图 2-1-109

G-燃油表传感器 G6-预供给燃油泵 J538-燃油泵控制单元 J623-发动机控制单元 T5f-5芯插头连接，黑色 T5g-5芯插头连接，黑色 T17d-17芯插头连接，黑色 T94a-94芯插头连接，左侧A在下部，蓝色 T94a-94芯插头连接，黑色 62-右侧 C 柱上的接地点

J533-数据总线诊断接口 J623-发动机控制单元 T17b-17芯插头连接，左侧A在下部，棕色 T20a-20芯插头连接，红色 T94a-94芯插头连接 A242-连接1（驱动 CAN 总线，High），在发动机舱导线束中 B383-连接1（驱动 CAN 总线，High），A243-连接1（驱动 CAN 总线，Low），在发动机舱导线束中 B390-连接1（驱动 CAN 总线，Low），在主导线束中 B549-连接2（LIN 总线），在主导线束中

160

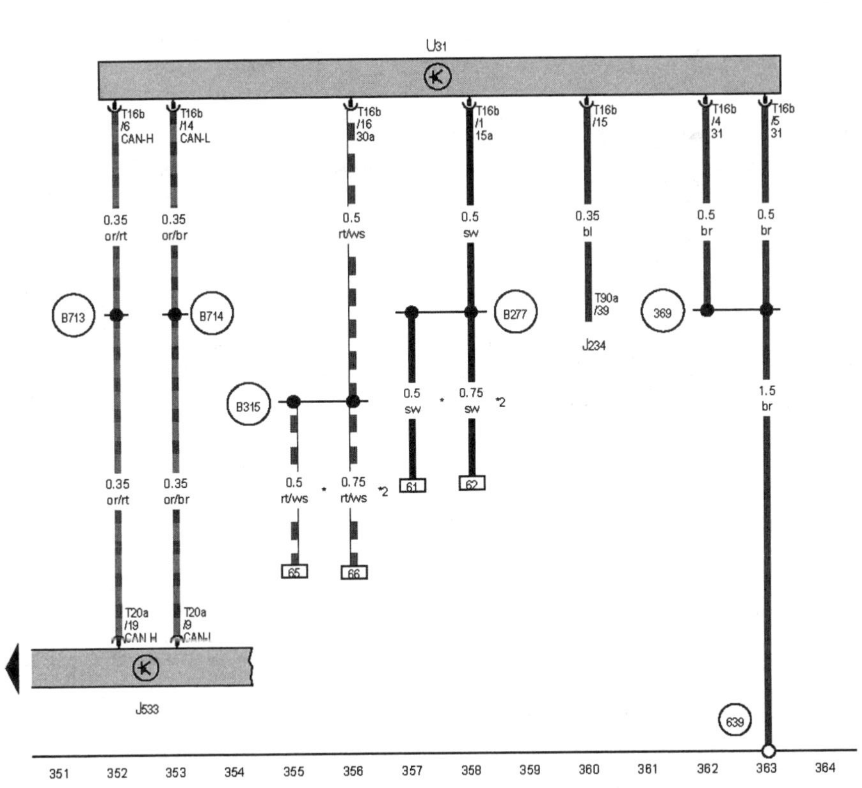

燃油表、转速表、多功能显示器、组合仪表中的控制单元、发电机指示灯、燃油表指示灯

数据总线诊断接口、诊断接口

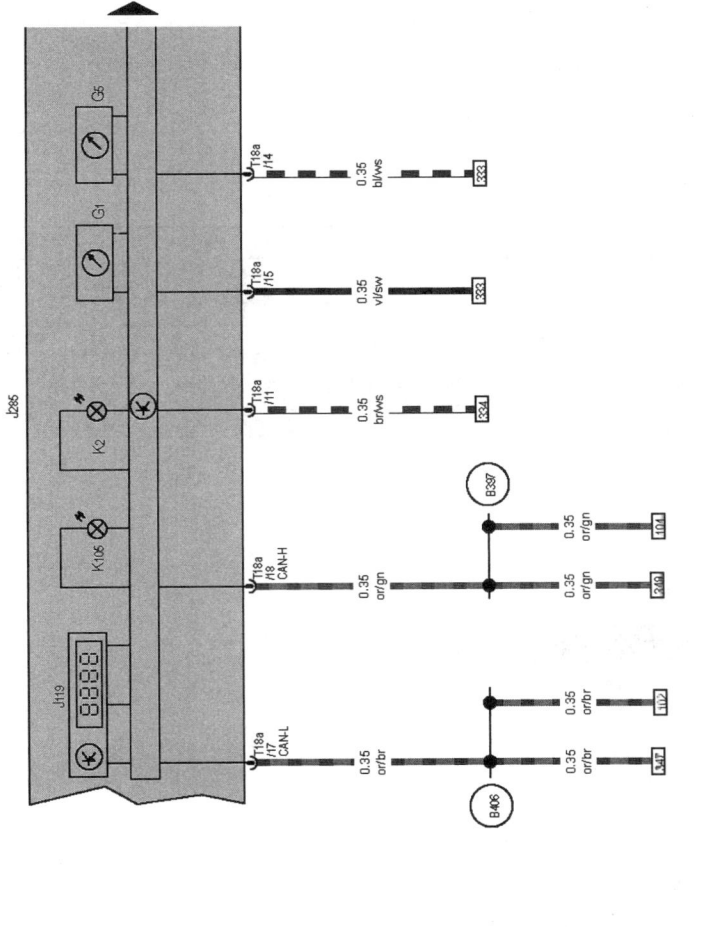

图 2-1-110

图 2-1-111

G1–燃油表 G5–转速表 J119–多功能显示器 J285–组合仪表中的控制单元 K2–发电机指示灯 K105–燃油表指示灯 T18a–18芯插头连接，黑色 B397–连接 1（舒适 CAN 总线，High），在主导线束中 B406–连接 1（舒适 CAN 总线，Low），在主导线束中

J234–安全气囊控制单元 J533–数据总线诊断接口 T16b–16芯插头连接 T20a–20芯插头连接，红色 T90a–90芯插头连接4，在主导线束中 639–左A柱上的接地点 色 U31–诊断接口 369–接地连接1（30a），在主导线束中 B713–连接1（诊断 B277–正极连接1（15a），在主导线束中 B315–正极连接 1（30a），在主导线束中 B714–连接1（诊断 CAN 总线，High），在主导线束中 B714–连接1（诊断 CAN 总线，Low），在主导线束中 *2–截至2017年6 CAN 总线，High），在主导线束中 *1–自2017年6 月起

161

防盗锁止系统识读线圈、冷却液温度表、车速表、组合仪表中的控制单元、防盗锁止系统控制单元、机油压力指示灯、冷却液温度和冷却液不足显示指示灯、定速巡航装置指示灯、机油油位指示灯、废气警告灯、电子油门故障信号灯、里程表

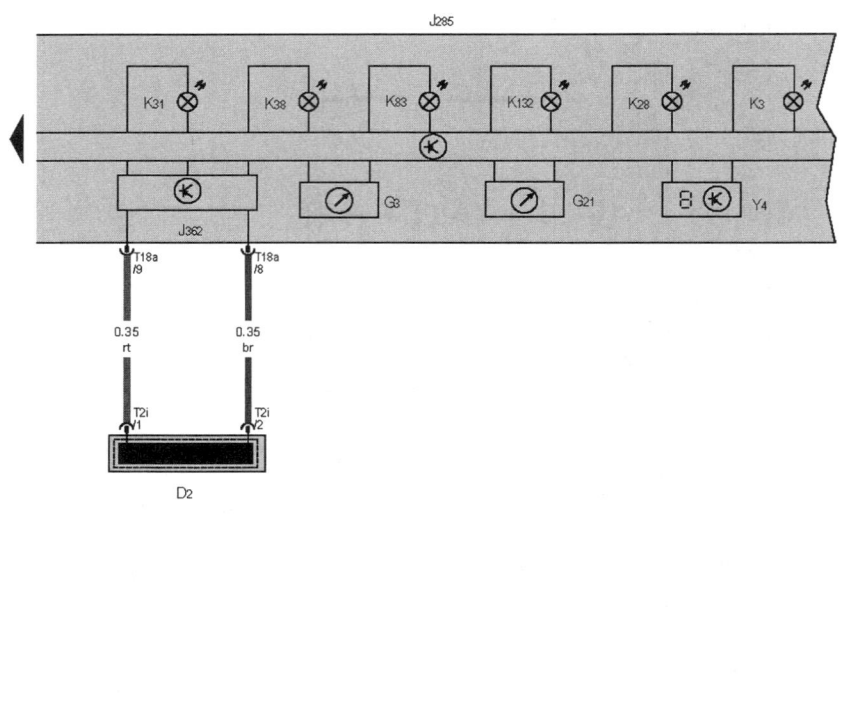

D2-防盗锁止系统识读线圈 G3-冷却液温度表 G21-车速表 J285-组合仪表中的控制单元 J362-防盗锁止系统控制单元 K3-机油压力指示灯 K28-冷却液温度和冷却液不足显示指示灯 K31-定速巡航装置指示灯 K38-机油油位指示灯 K83-废气警告灯 K132-电子油门故障信号灯 T2i-2芯插头连接，黑色 T18a-18 芯插头连接，黑色 Y4-里程表

图 2-1-112

第二节 变速器系统

变速器系统电路图的图号和图名对照表见表 2-2-1。

表 2-2-1 变速器系统电路图的图号和图名对照表

图号	图名
图 2-2-1 ~图 2-2-9	6 挡自动变速器（自 2014 年 1 月起）
图 2-2-10 ~图 2-2-18	双离合器变速器 DSG（自 2014 年 1 月起）
图 2-2-19 ~图 2-2-27	6 挡自动变速器（自 2017 年 6 月起）

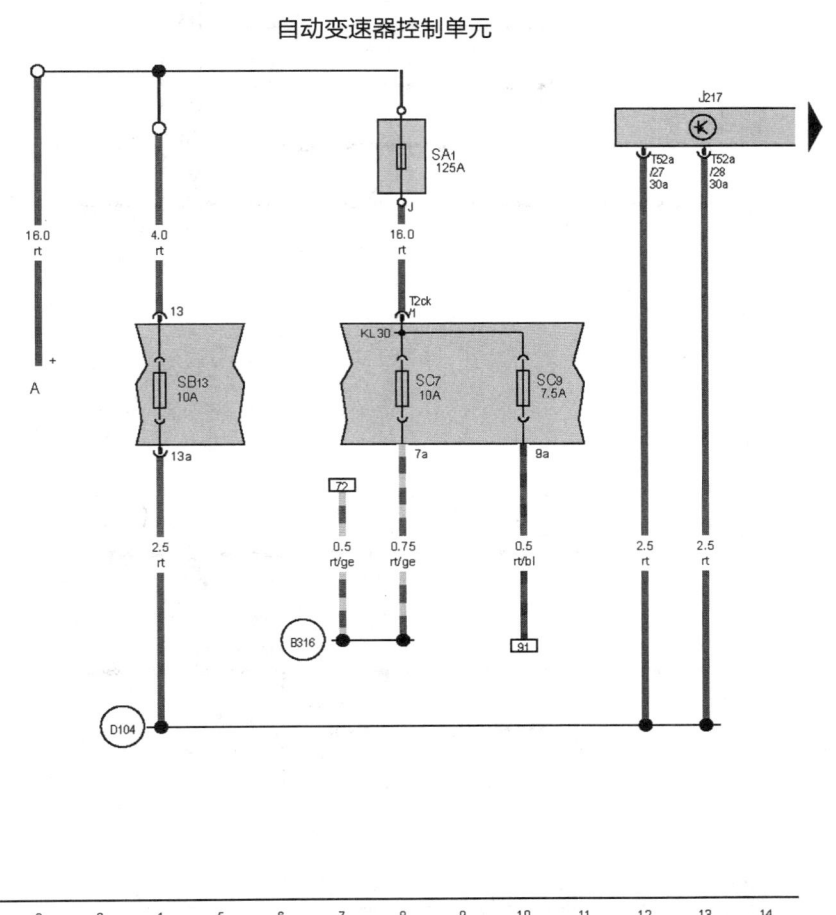

A-蓄电池 J217-自动变速器控制单元 SA1-保险丝架A上的保险丝1 SC7-保险丝架C上的保险丝7 SC9-保险丝架C上的保险丝9 SB13-保险丝架B上的保险丝13 T2ck-2芯插头连接，黑色 T52a-52芯插头连接，黑色 B316-正极连接2（30a），在主导线束中 D104-正极连接2（30a），在发动机舱导线束中

图 2-2-1

自动变速器控制单元、电磁阀 1、电磁阀 2、自动变速器压力调节阀 1、自动变速器压力调节阀 3、自动变速器压力调节阀 4、自动变速器压力调节阀 5、自动变速器压力调节阀 7

多功能开关、自动变速器控制单元

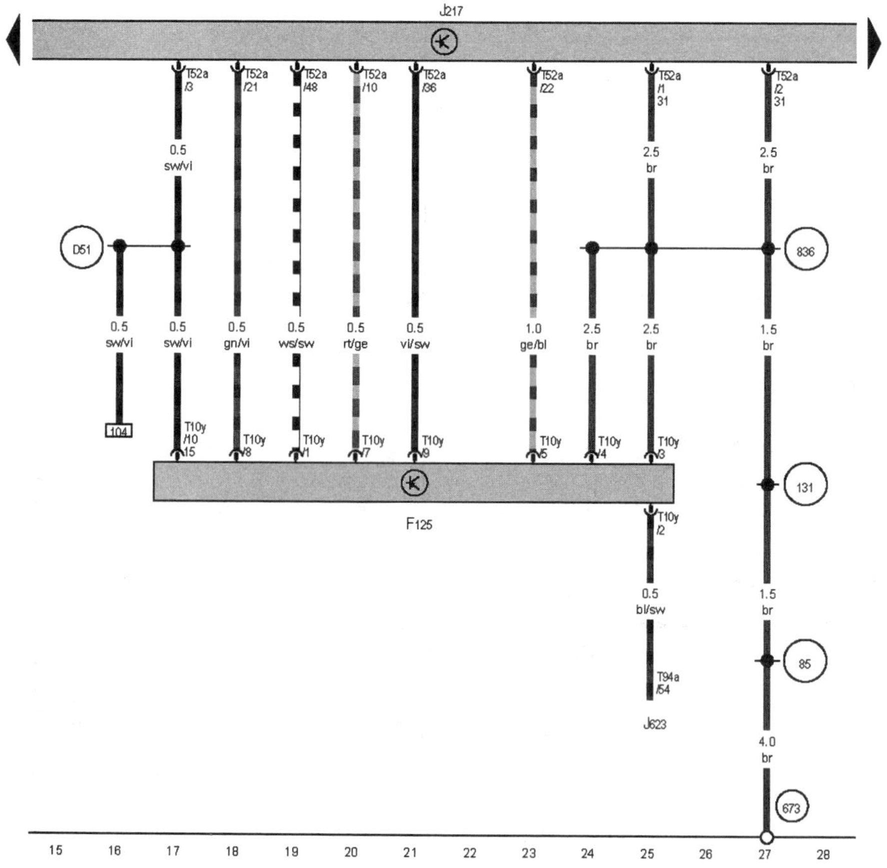

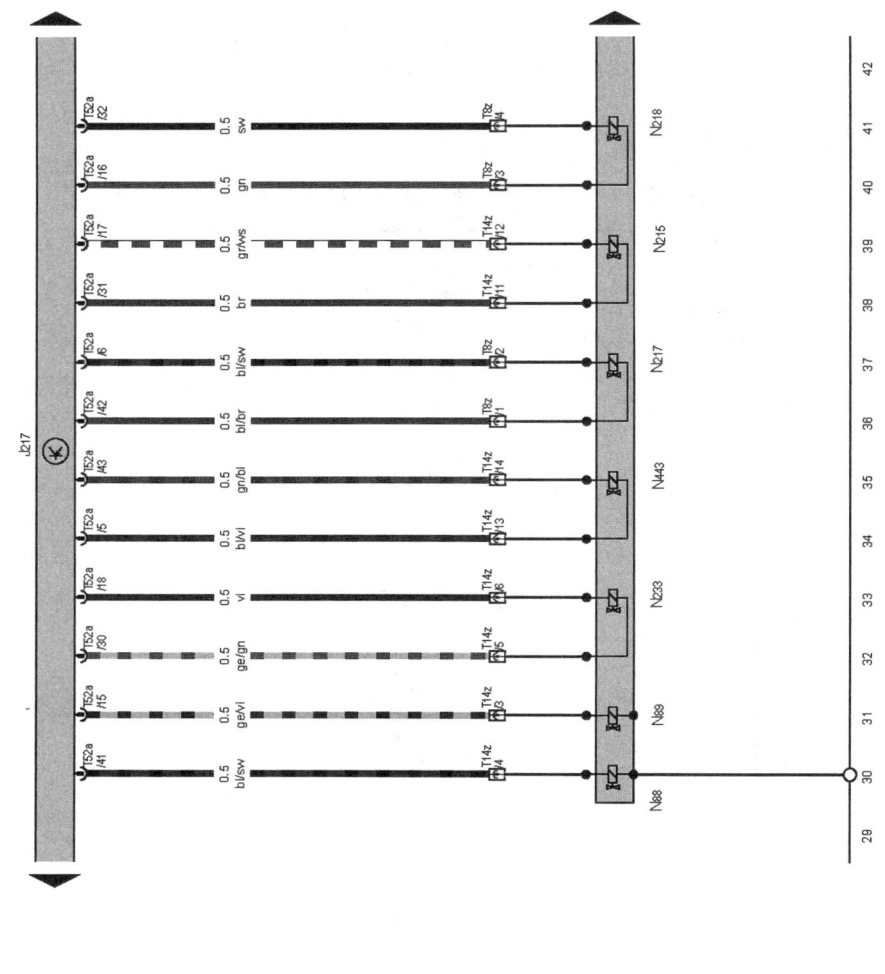

图 2-2-2

图 2-2-3

F125-多功能开关 J217-自动变速器控制单元 J623-发动机控制单元 T10y-10芯插头连接 T52a-52芯插头连接，黑色 T94a-94芯插头连接，黑色 85-接地连接1，在发动机舱导线束中 131-接地连接2，在发动机舱导线束中 673-左前纵梁上的接地点3 836-接地连接18，在发动机舱导线束中 D51-正极连接1（15），在发动机舱导线束中

J217-自动变速器控制单元 N88-电磁阀1 N89-电磁阀2 N215-自动变速器压力调节阀1 N217-自动变速器压力调节阀3 N218-自动变速器压力调节阀4 N233-自动变速器压力调节阀5 N443-自动变速器压力调节阀7 T8z-8芯插头连接，黑色 T14z-14芯插头连接，黑色 T52a-52芯插头连接，黑色

变速器油温度传感器、变速器输入转速传感器、变速器输出转速传感器、自动变速器控制
单元、自动变速器压力调节阀 2

Tiptronic 开关、选挡杆挡位 P 锁止开关、自动变速器控制单元、换挡杆锁磁铁

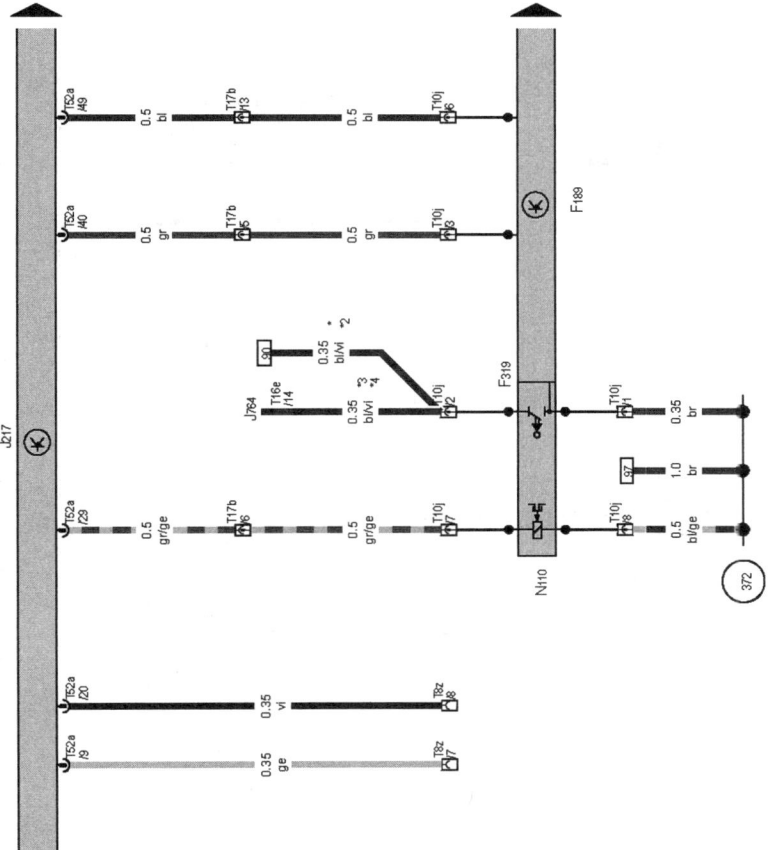

F189-Tiptronic开关 F319-选挡杆挡位P锁止开关 J217-自动变速器控制单元 J764-电子转向柱锁止装置
控制单元 N110-换挡杆锁磁铁 T8z-8芯插头连接 T10j-10芯插头连接 黑色 T16e-16芯插头连
接,黑色 T17b-17芯插头连接,左侧A柱下部,棕色 T52a-52芯插头连接,黑色 372-接地连接7,在主
导线束中 *-仅用于不带进入及启动许可的汽车 *2-依汽车装备而定 *3-仅用于带进入及启动许可的汽车
*4-截至2015年1月

图 2-2-5

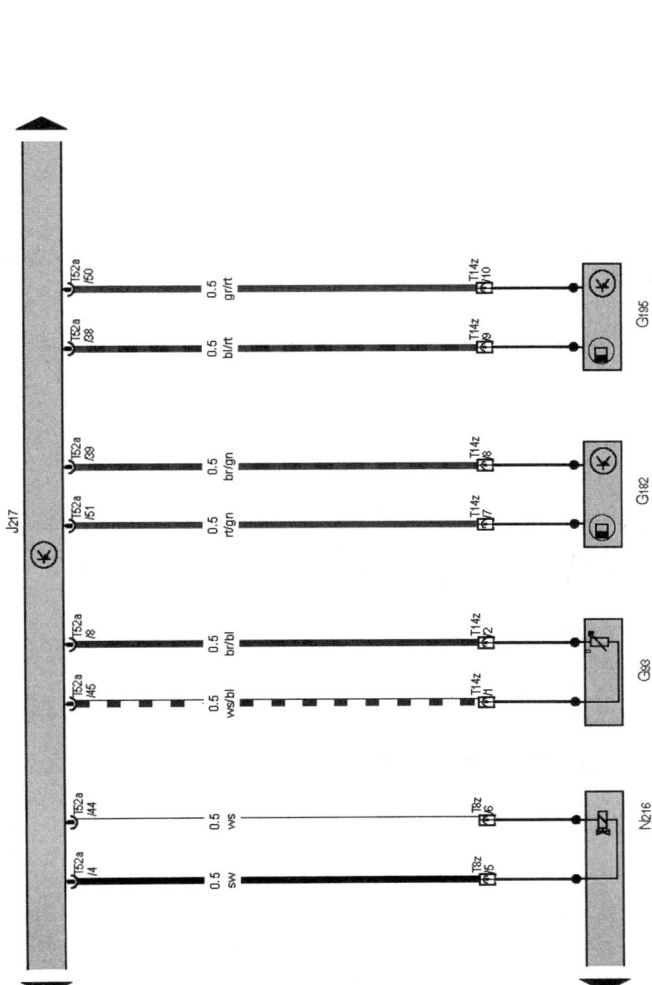

G93-变速器油温度传感器 G182-变速器输入转速传感器 G195-变速器输出转速传感器 J217-自动变速器
控制单元 N216-自动变速器压力调节阀2 T8z-8芯插头连接 T14z-14芯插头连接,黑色 T52a-52
芯插头连接,黑色

图 2-2-4

自动变速器控制单元、转向柱电子装置控制单元、点火钥匙防拔出锁磁铁

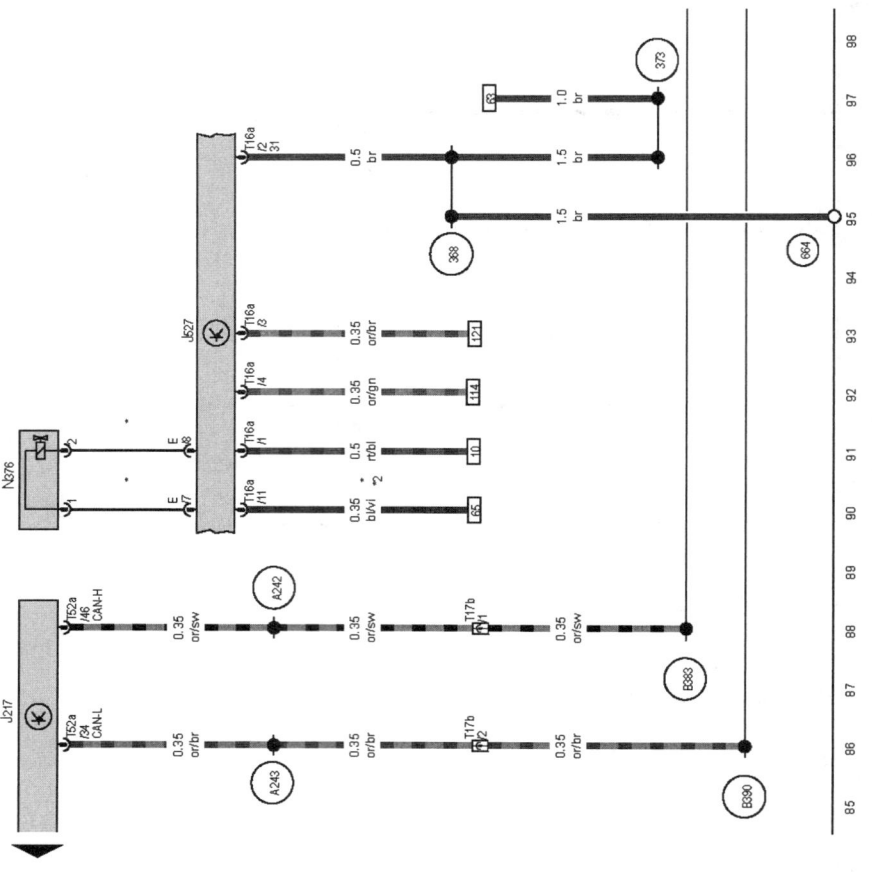

图 2-2-7

J217－自动变速器控制单元 J527－转向柱电子装置控制单元 N376－点火钥匙防拔出锁磁铁 T16a－16芯插头 连接，黑色 T17b－17芯插头连接，左侧A在下部，T52a－52芯插头连接，棕色 368－接地连接3，在 主导线束中 373－接地连接8，在主导线束中 664－左侧仪表板后面的接地点 A242－连接1（驱动CAN总 线，High），在发动机舱导线束中 A243－连接1（驱动CAN总线，Low），在发动机舱导线束中 B383－ 连接1（驱动CAN总线，High），在主导线束中 B390－连接1（驱动CAN总线，Low），在主导线束中 *－仅用于不带进入及启动许可的汽车 *2－依汽车装备而定

Tiptronic 开关、自动变速器控制单元、选挡杆位置 P/N 指示灯、排挡杆挡位指示照明灯

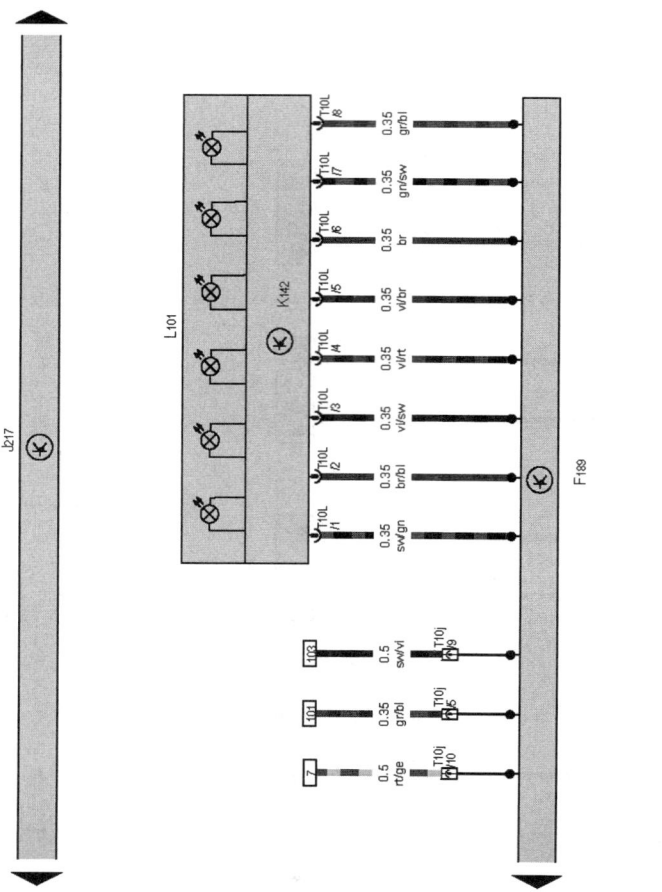

图 2-2-6

F189－Tiptronic 开关 J217－自动变速器控制单元 K142－选挡杆位置P/N指示灯 L101－排挡杆挡位指示照明 灯 T10j－10芯插头连接，黑色 T10L－10芯插头连接，黑色 373－接地连接8，在主导线束中

组合仪表中的控制单元、数据总线诊断接口、选挡杆指示灯、选挡杆位置显示

车载电网控制单元、数据总线诊断接口

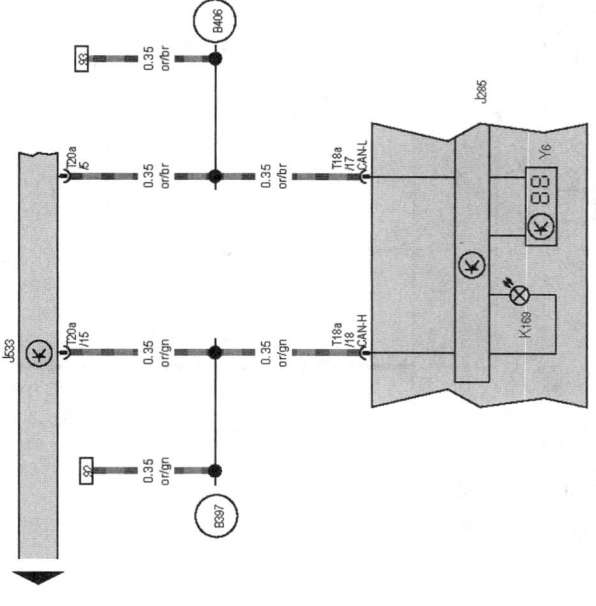

图 2-2-9

J285-组合仪表中的控制单元 J533-数据总线诊断接口 K169-选挡杆指示灯 T18a-18芯插头连接，黑色 T20a-20芯插头连接，红色 Y6-选挡杆位置显示 B397-连接 1（舒适 CAN 总线，High），在主导线束中 B406-连接 1（舒适 CAN 总线，Low），在主导线束中

图 2-2-8

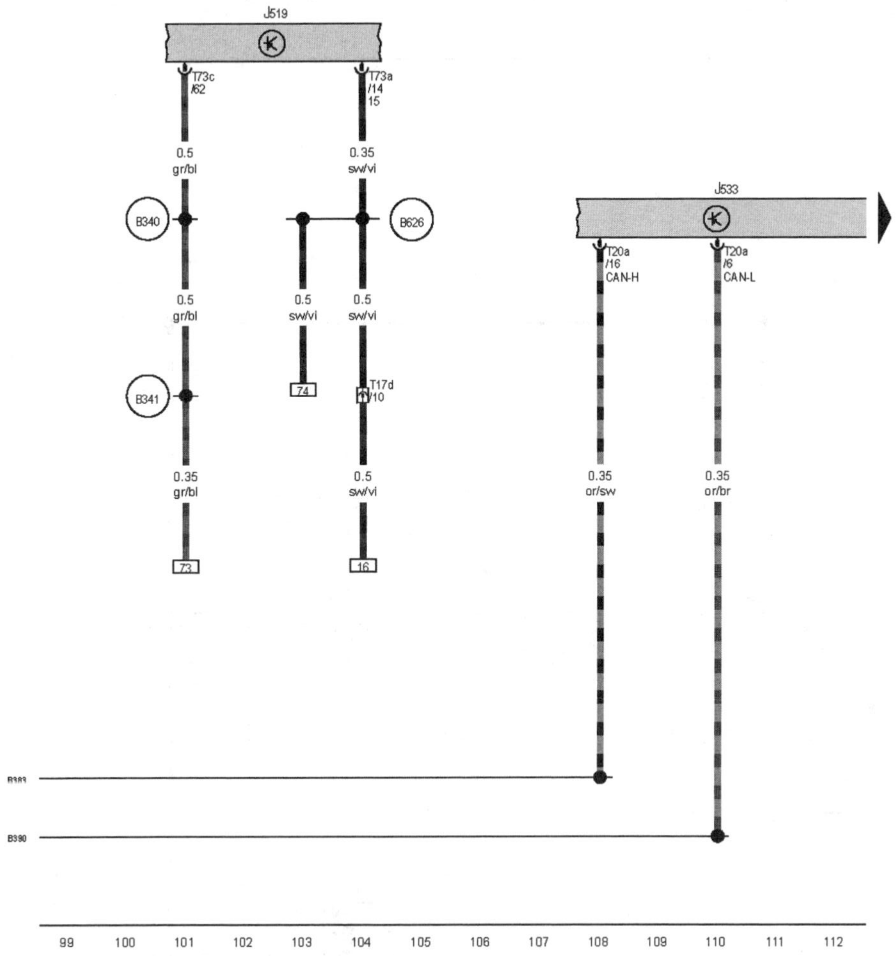

J519-车载电网控制单元 J533-数据总线诊断接口 T17d-17芯插头连接 T20a-20 芯插头连接，红色 T73a-73芯插头连接，黑色 T73c-73芯插头连接，黑色 T20a-20 芯插头连接，左侧 A 柱下部，蓝色 B340-连接 1（58d），在主导线束中 B341-连接 2（58d），在主导线束中 B383-连接 1（驱动 CAN 总线，High），在主导线束中 B390-连接 1（驱动 CAN 总线，Low），在主导线束中 B626-正极连接 2（15），在主导线束中

167

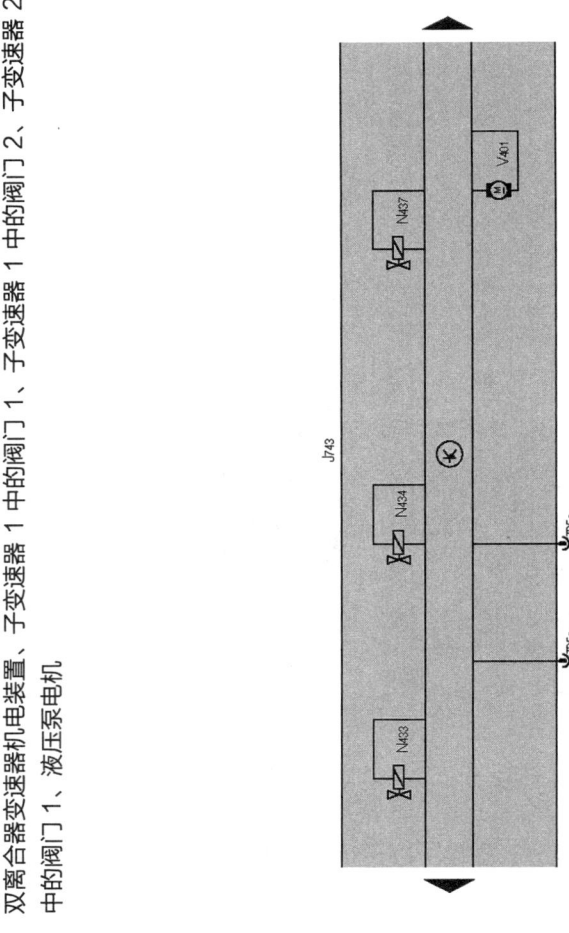

双离合器变速器机电装置

图 2-2-10

双离合器变速器机电装置、子变速器 1 中的阀门 1、子变速器 1 中的阀门 2、子变速器 2 中的阀门 1、液压泵电机

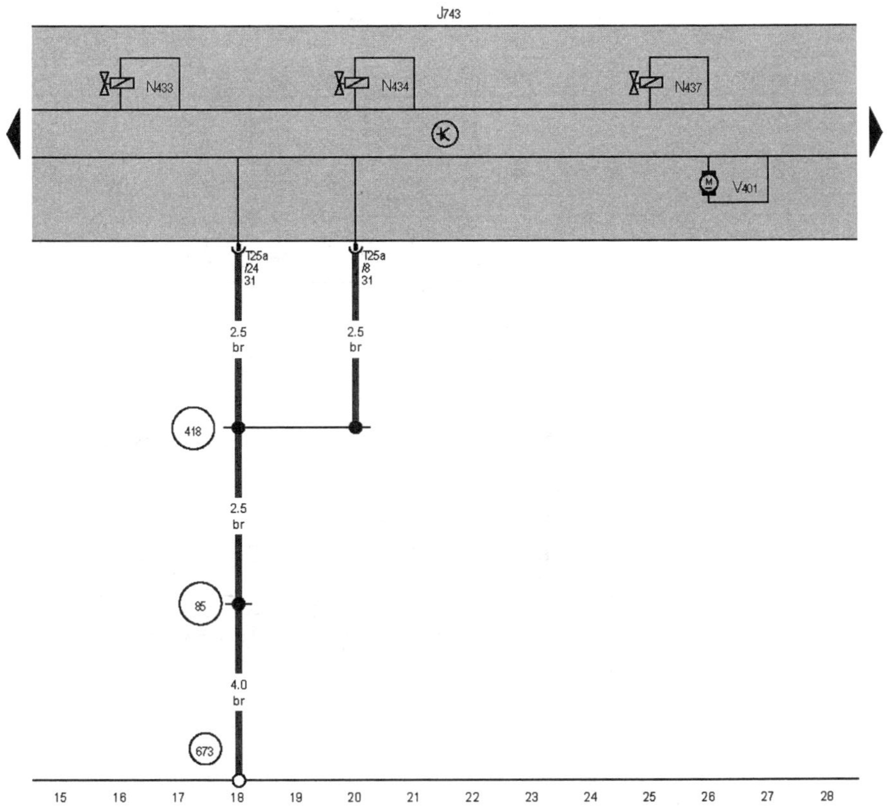

图 2-2-11

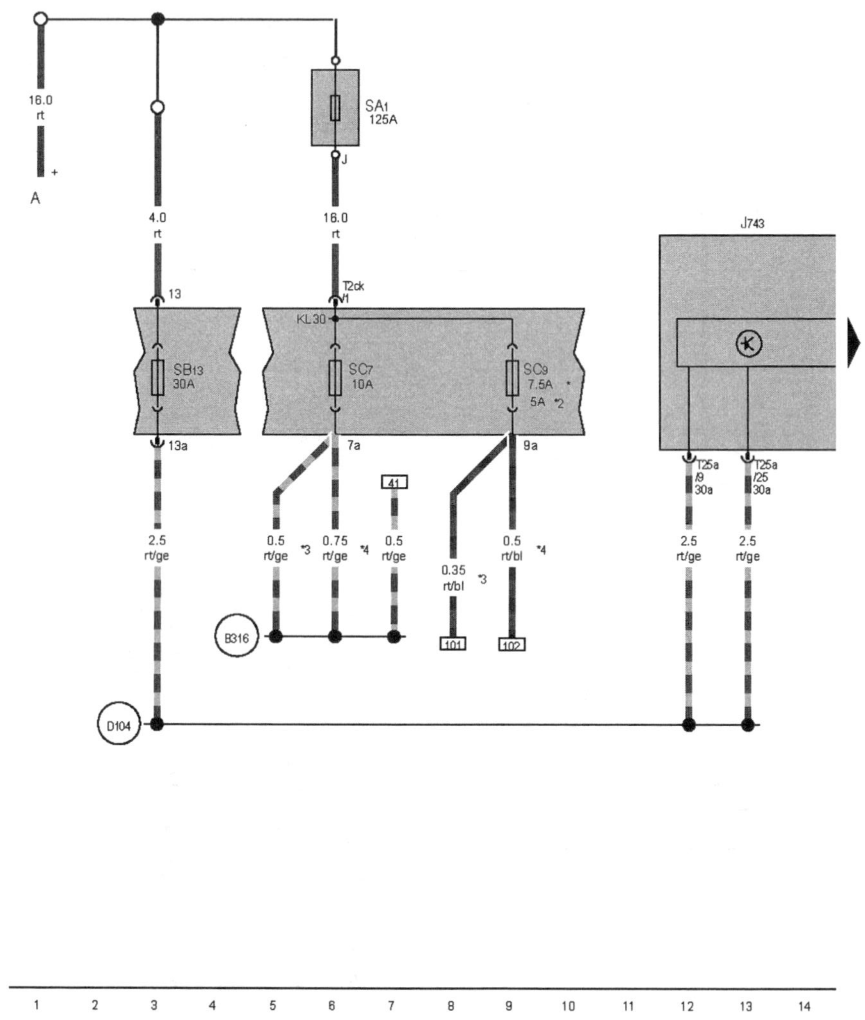

A-蓄电池 J743-双离合器变速器机电装置 SA1-保险丝架A上的保险丝1 SC7-保险丝架C上的保险丝7 SC9-保险丝架C上的保险丝9 SB13-保险丝架B上的保险丝13 T2ck-2芯插头连接，黑色 T25a-25芯插头连接，黑色 B316-正极连接2（30a），在主导线束中 D104-正极连接2（30a），在发动机舱导线束中 *-连接，黑色 *2-自2016年1月 *3-自2016年1月起 *4-截至2017年6月
截至2016年1月

J743-双离合器变速器机电装置 N433-子变速器1中的阀门1 N434-子变速器1中的阀门2 N437-子变速器2中的阀门1 T25a-25芯插头连接，黑色 V401-液压泵电机 85-接地连接，在发动机舱导线束中 418-接地连接10，在发动机舱导线束中 673-左前纵梁上的接地点3

Tiptronic 开关、变速器液压传感器、离合器行程传感器 1、离合器行程传感器 2、双离合器变速器机电装置、离合器位置 P/N 指示灯、排挡杆挡位指示照明灯、子变速器 2 中的阀门 3、子变速器 2 中的阀门 4

Tiptronic 开关、选挡杆挡位 P 锁止开关、双离合器变速器机电装置、子变速器 1 中的阀门 3、子变速器 1 中的阀门 4、子变速器 2 中的阀门 2

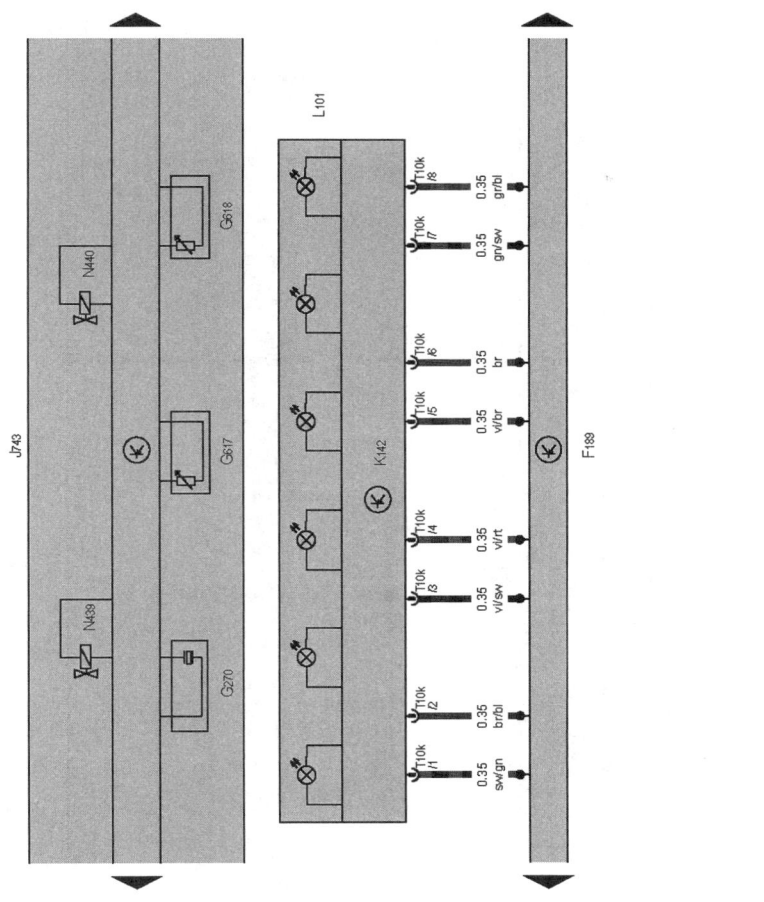

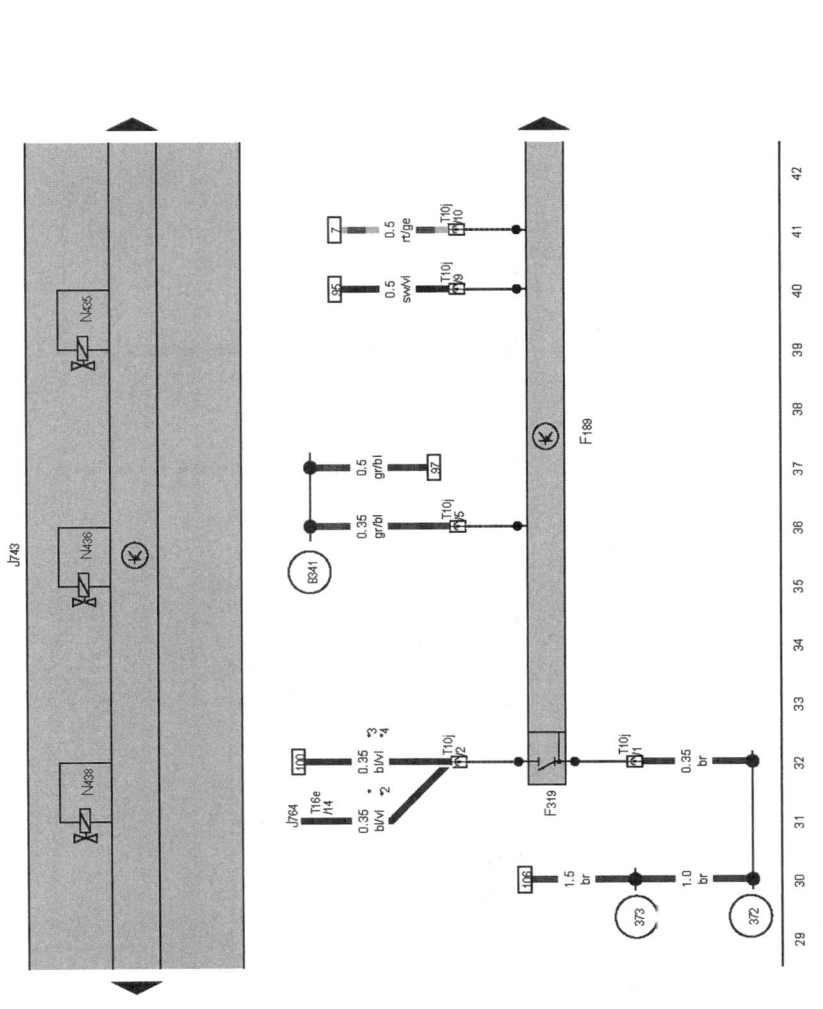

F189-Tiptronic 开关　G270-变速器液压传感器　G617-离合器行程传感器 1　G618-离合器行程传感器 2　J743-双离合器变速器机电装置　K142-选挡杆位置 P/N 指示灯　L101-排挡杆挡位指示照明灯　N439-子变速器 2 中的阀门 3　N440-子变速器2中的阀门 4　T10k-10芯插头连接，黑色

图 2-2-13

F189-Tiptronic 开关　F319-选挡杆挡位P锁止开关　J743-双离合器变速器机电装置　J764-电子转向柱锁止装置控制单元　N435-子变速器1中的阀门3　N436-子变速器1中的阀门4　N438-子变速器2中的阀门2
T10j-10芯插头连接，黑色　T16e-16芯插头连接，黑色　372-接地连接，在主导线束中　373-接地连接8，在主导线束中　B341-连接2（58d），在主导线束中　*-仅用于带进入及启动许可的汽车　*2-截至2015年1月　*3-仅用于不带进入及启动许可的汽车　*4-依车备装而定

图 2-2-12

169

Tiptronic 开关、换挡执行器行程传感器 1、换挡执行器行程传感器 2、换挡执行器行程传感器 3、控制单元温度传感器、双离合器变速器机电装置、换挡杆锁磁铁

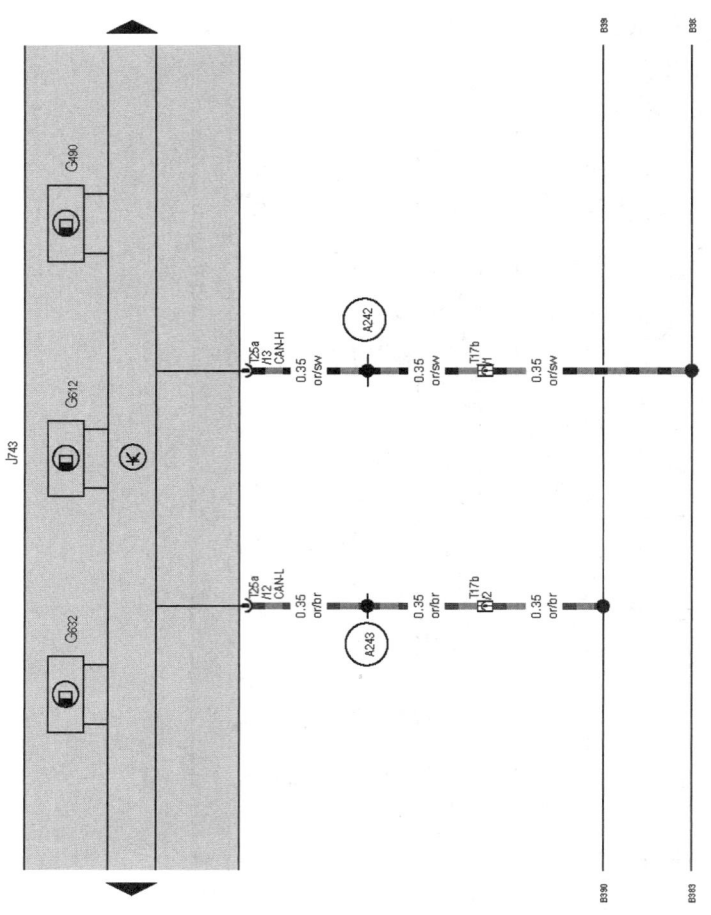

换挡执行器行程传感器 4、变速器输入转速传感器 2、变速器输入转速传感器 1、双离合器变速器机电装置

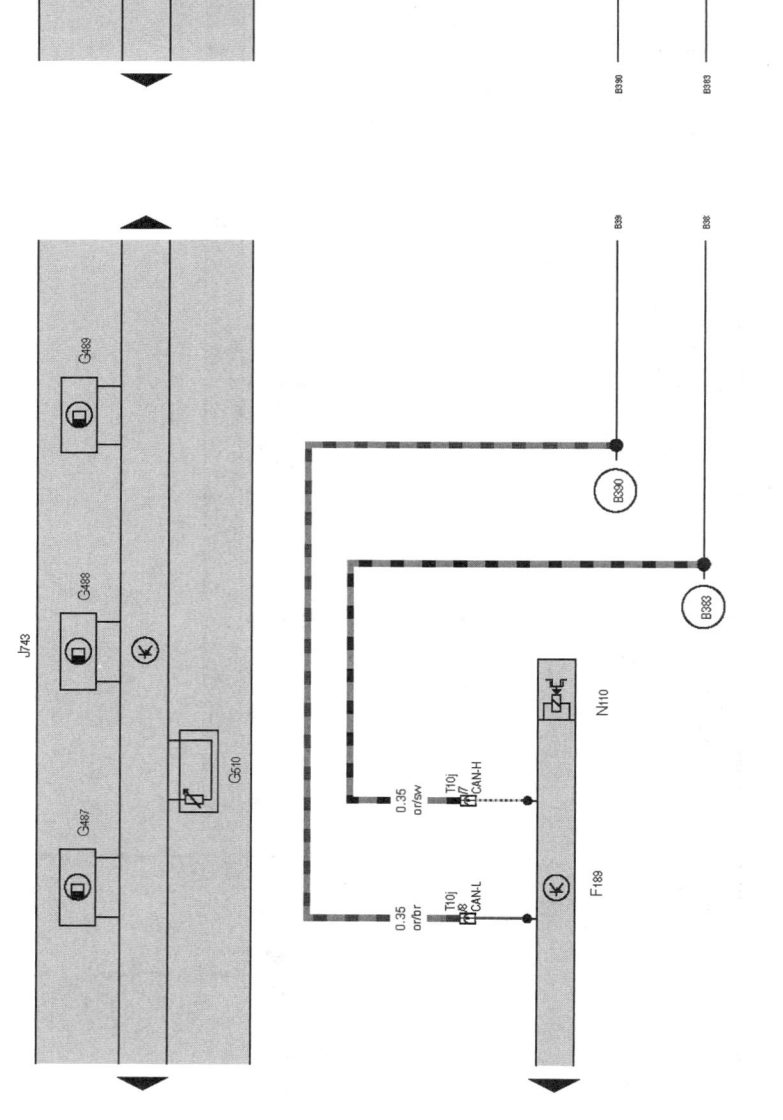

图 2-2-14

F189-Tiptronic 开关 G487-换挡执行器行程传感器1 G488-换挡执行器行程传感器2 G489-换挡执行器行程传感器3 G510-控制单元温度传感器 J743-双离合器变速器 N110-换挡杆锁磁铁 T10j-10芯插头连接 T10j-双离合器变速器机电装置 在主导线束中 B383-连接 1（驱动 CAN 总线、High），在主导线束中 B390-连接 1（驱动 CAN 总线、Low），在主导线束中

图 2-2-15

G490-换挡执行器行程传感器4 G612-变速器输入转速传感器1 G632-变速器输入转速传感器2 G612-变速器输入转速传感器2 J743-双离合器变速器机电装置 T17b-17芯插头连接 T25a-25芯插头连接，左侧 A 在下部、黑色 A242-连接1（驱动 CAN 总线、High），在发动机舱导线束中 A243-连接1（驱动 CAN 总线、Low），在发动机舱导线束中 B383-连接1（驱动 CAN 总线、High），在主导线束中 B390-连接1（驱动 CAN 总线、Low），在主导线束中

170

転向柱电子装置控制单元、数据总线诊断接口、点火钥匙防拔出锁磁铁

车载电网控制单元、双离合器变速器机电装置

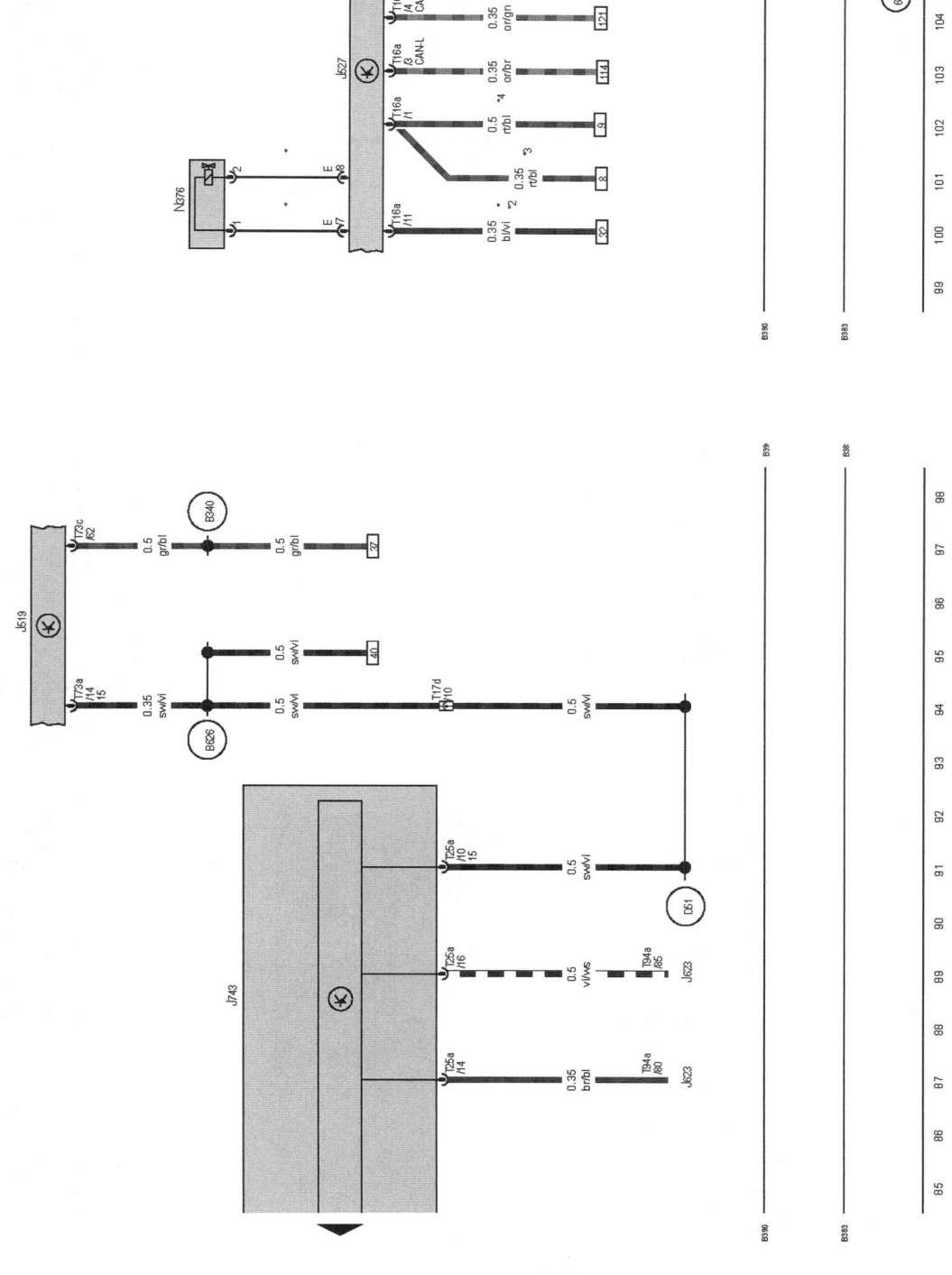

图 2-2-17

J527-转向柱电子装置控制单元 J533-数据总线诊断接口 N376-点火钥匙防拔出锁磁铁 T16a-16芯插头
连接、黑色 T20a-20芯插头连接、红色 368-接地连接3，在主导线束中 664-左侧仪表板后面的接地点
B383-连接1（驱动 CAN 总线，High），在主导线束中 B390-连接1（驱动 CAN 总线，Low），在主导
线束中 *-仅用于不带进入及启动许可的汽车 *2-依汽车装备而定 *3-自2017年6月起 *4-截至2017年6月

图 2-2-16

J519-车载电网控制单元 J623-发动机控制单元 J743-双离合器变速器机电装置 T17d-17芯插头连接 T25a-25芯插头连接，蓝色 T73a-73芯插头连接，黑色 T73c-73芯插头连接，黑色 T94a-94芯插头连接，黑
色 B340-连接，黑色 B626-连接，黑色 B383-连接1（驱动 CAN 总线，High），在主导线束中 B390-连接1（驱动 CAN 总线，Low），在主导线束中 B626-正极连接 2（15），
在主导线束中 D51-正极连接 1（15），在发动机舱导线束中

171

自动变速器控制单元

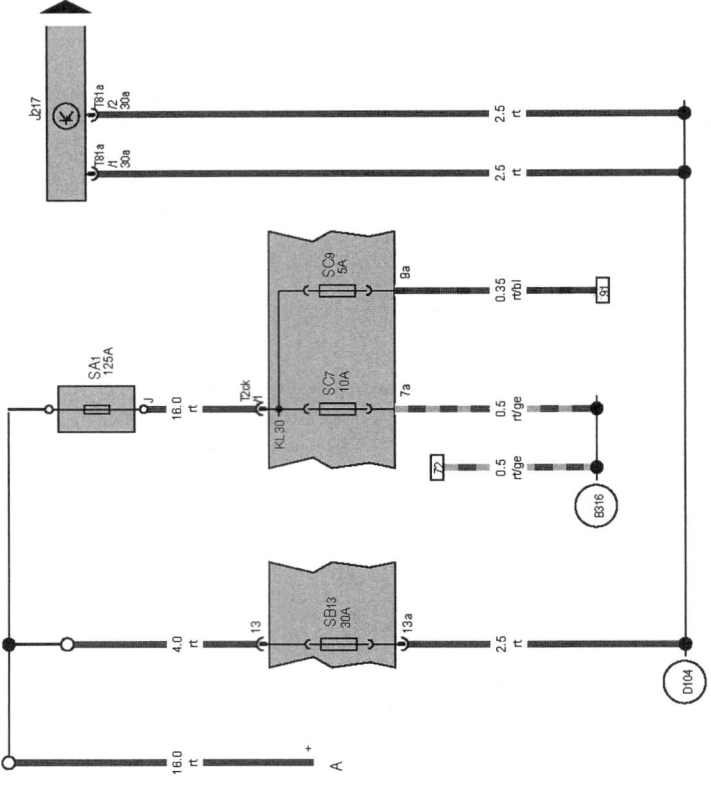

A-蓄电池 J217-自动变速器控制单元 SA1-保险丝架A上的保险丝1 SC7-保险丝架C上的保险丝7 SC9-保险丝架C上的保险丝9 SB13-保险丝架B上的保险丝13 T2ck-2芯插头连接，黑色 T81a-81芯插头连接，黑色 T2ck-2芯插头连接，黑色 T81a-81芯插头连接，黑色 B316-正极连接2（30a），在主导线束中 D104-正极连接2（30a），在发动机舱导线束中

图 2-2-19

组合仪表中的控制单元、数据总线诊断接口、选挡杆指示灯、选挡杆位置显示

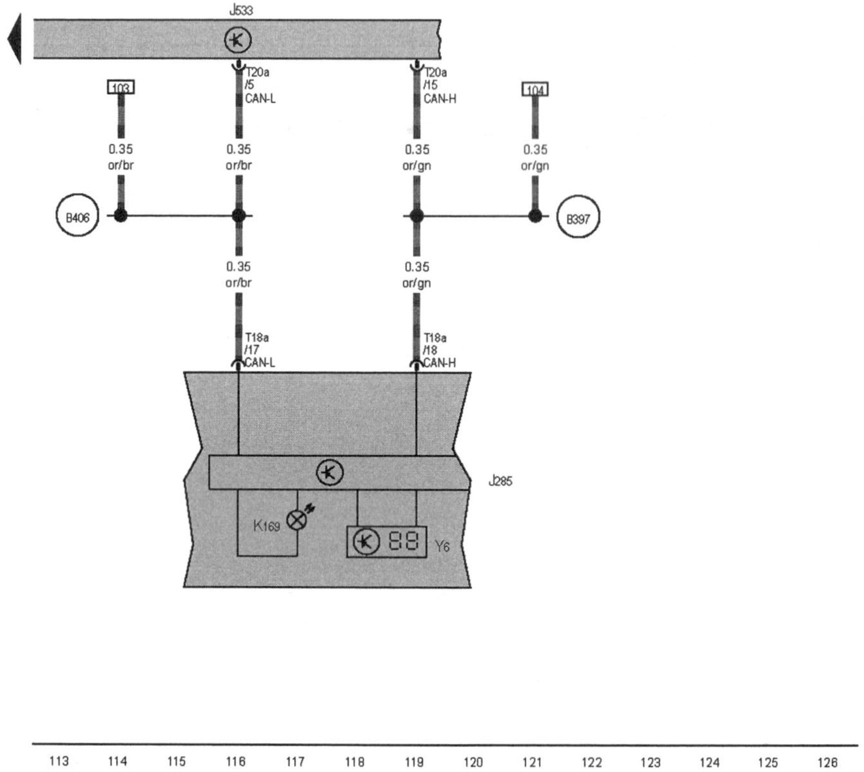

J285-组合仪表中的控制单元 J533-数据总线诊断接口 K169-选挡杆指示灯 T18a-18芯插头连接，黑色 T20a-20芯插头连接，红色 Y6-选挡杆位置显示 B397-连接1（舒适 CAN 总线，High），在主导线束中 B406-连接1（舒适 CAN 总线，Low），在主导线束中

图 2-2-18

172

自动变速器控制单元、电磁阀1、电磁阀2、自动变速器压力调节阀1、自动变速器压力调节阀2、自动变速器压力调节阀3、自动变速器压力调节阀4、自动变速器压力调节阀5

多功能开关、自动变速器控制单元

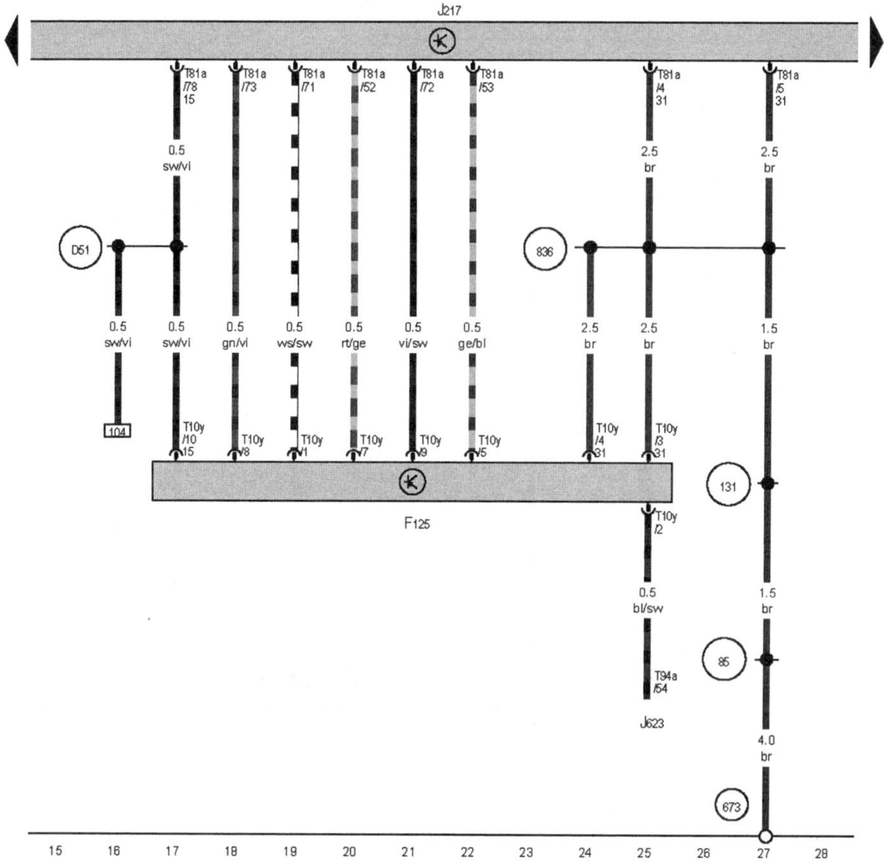

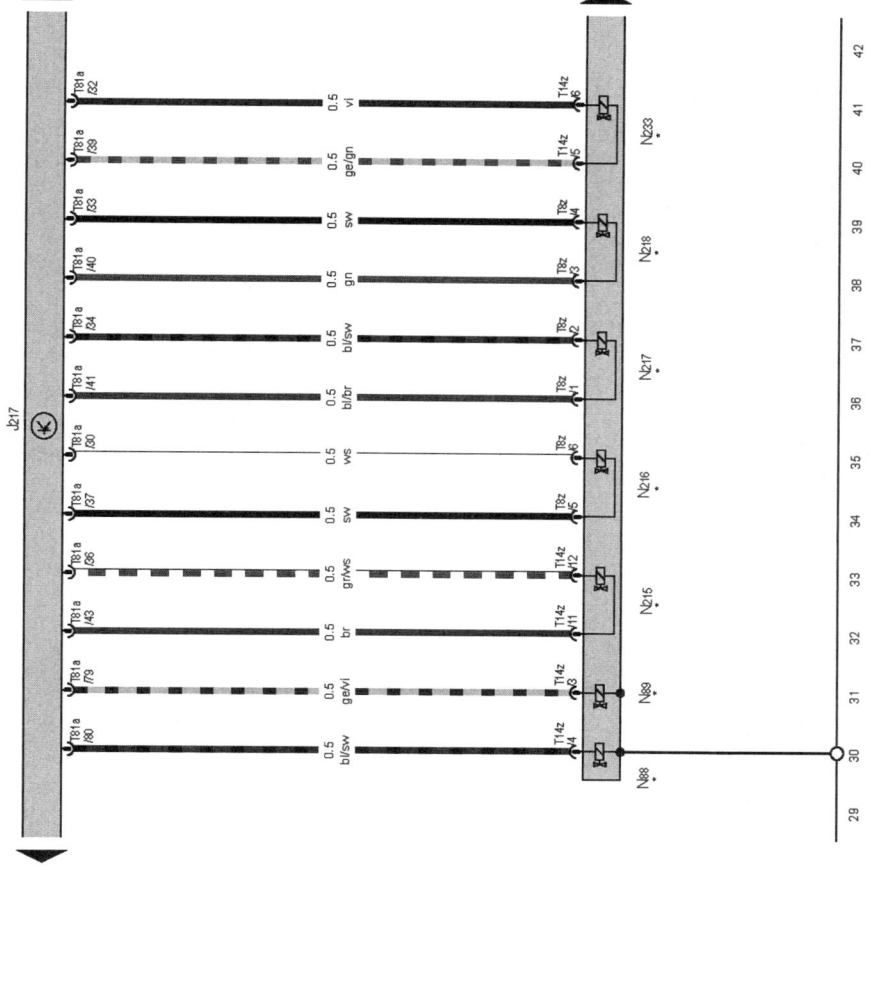

图 2-2-20

图 2-2-21

F125-多功能开关 J217-自动变速器控制单元 J623-发动机控制单元 T10y-10芯插头连接, 黑色 T81a-81芯插头连接, 黑色 T94a-94芯插头连接, 黑色 85-接地连接1, 在发动机舱导线束中 131-接地连接2, 在发动机舱导线束中 673-左前纵梁上的接地点3 836-接地连接18, 在发动机舱导线束中 D51-正极连接1 (15), 在发动机舱导线束中

J217-自动变速器控制单元 N88-电磁阀1 N89-电磁阀2 N215-自动变速器压力调节阀1 N216-自动变速器压力调节阀2 N217-自动变速器压力调节阀3 N218-自动变速器压力调节阀4 N233-自动变速器压力调节阀5 T8z-8芯插头连接, 黑色 T14z-14芯插头连接, 黑色 T81a-81芯插头连接, 黑色 *-已预先布线的部件

173

变速器油温度传感器、变速器输入转速传感器、变速器输出转速传感器、自动变速器控制单元、自动变速器压力调节阀 7

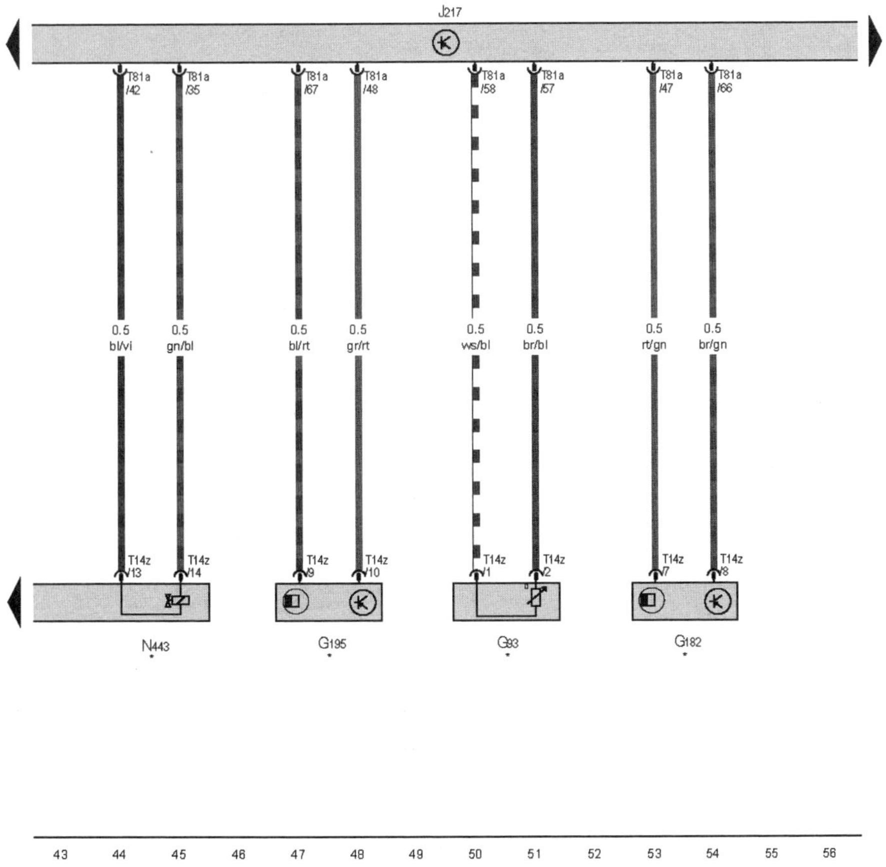

G93–变速器油温度传感器 G182–变速器输入转速传感器 G195–变速器输出转速传感器 J217–自动变速器控制单元 N443–自动变速器压力调节阀7 T14z–14芯插头连接，黑色 T81a–81芯插头连接，黑色 *–已预先布线的部件

图 2–2–22

Tiptronic 开关、选挡杆挡位 P 锁止开关、自动变速器控制单元、换挡杆锁磁铁

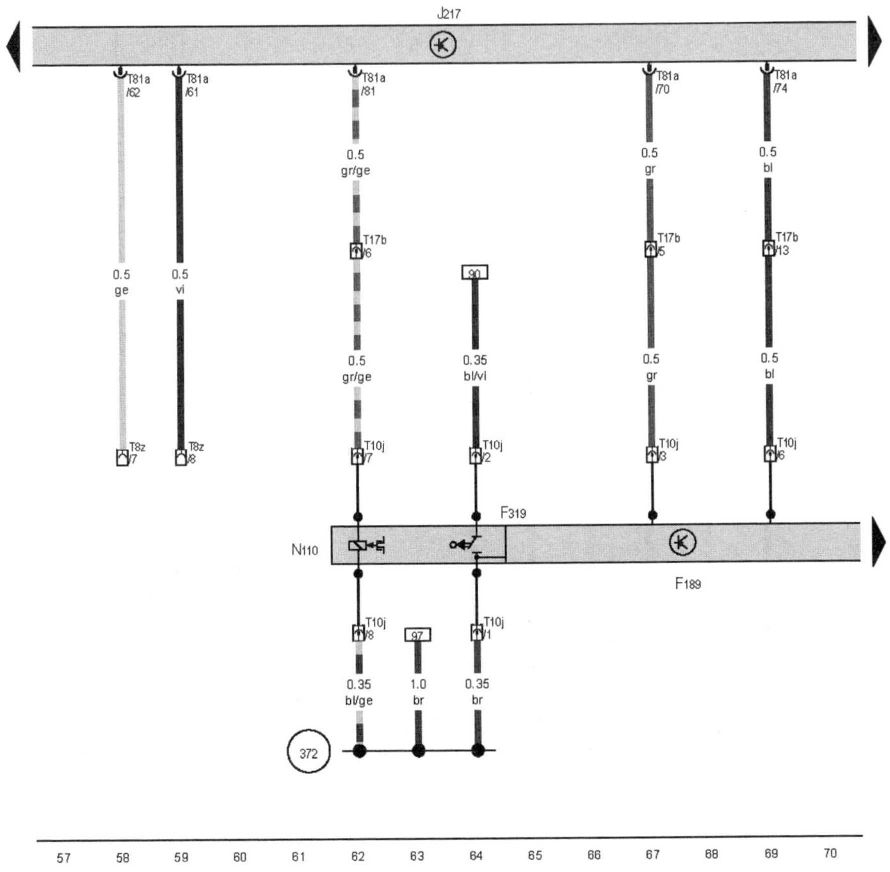

F189–Tiptronic 开关 F319–选挡杆挡位P锁止开关 J217–自动变速器控制单元 N110–换挡杆锁磁铁 T8z–8芯插头连接，黑色 T10j–10芯插头连接，黑色 T17b–17芯插头连接，左侧A柱下部，棕色 T81a–81芯插头连接，黑色 372–接地连接 7，在主导线束中

图 2–2–23

自动变速器控制单元、转向柱电子装置控制单元、点火钥匙防拔出锁磁铁

Tiptronic 开关、自动变速器控制单元、选挡杆位置 P/N 指示灯、排挡杆挡位指示照明灯

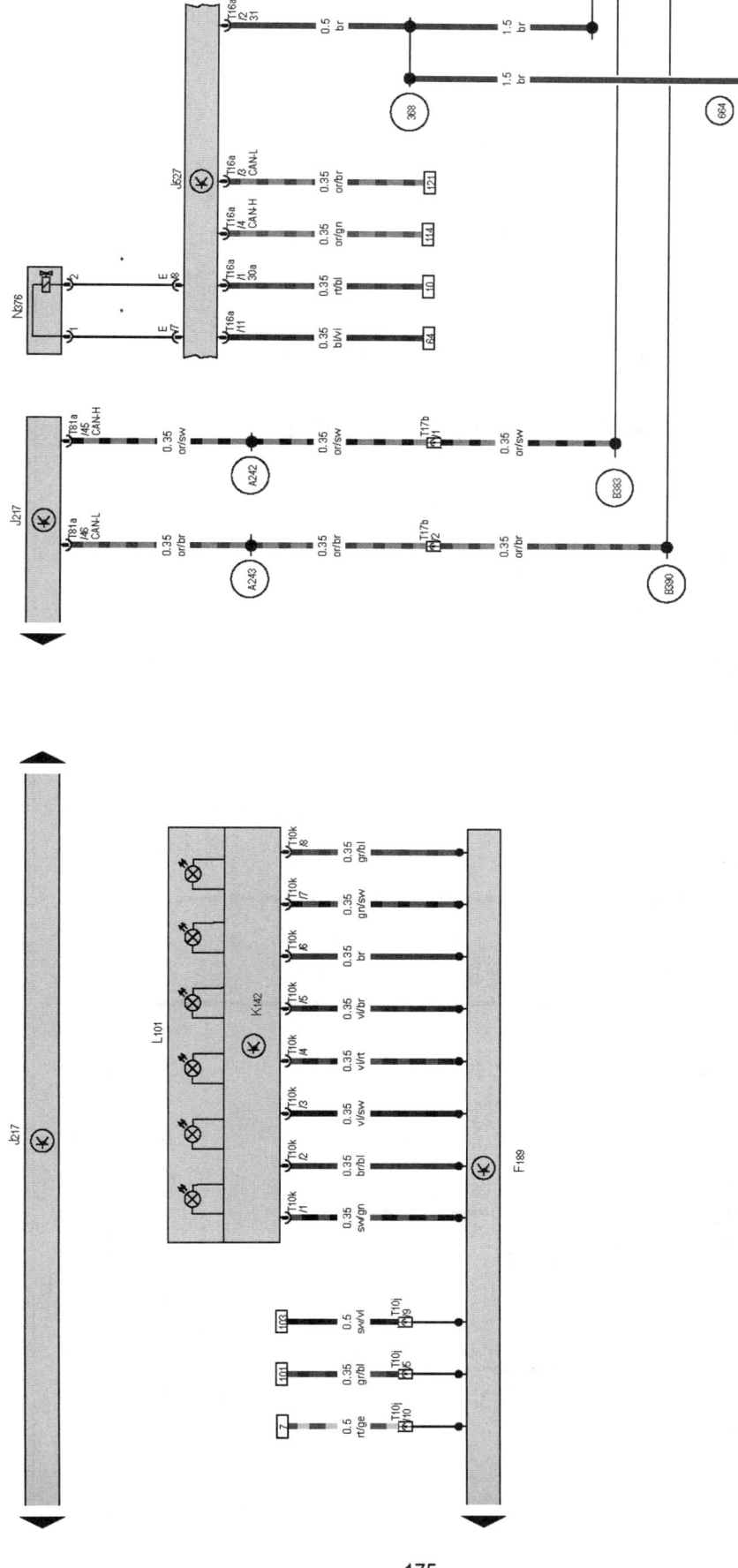

图 2-2-25

J217-自动变速器控制单元 J527-转向柱电子装置控制单元 N376-点火钥匙防拔出锁磁铁 T16a-16芯插头
连接，黑色 T17b-17芯插头连接，左侧A柱下部，棕色 T81a-81芯插头连接，黑色 368-接地连接3，在
主导线束中 373-接地连接8，在主导线束中 664-左侧(仪表板后面的接地点 A242-连接1(驱动 CAN 总
线，High)，在发动机舱导线束中 A243-连接1(驱动 CAN 总线，Low)，在主导线束中 B383-
连接1(驱动 CAN 总线，High)，在主导线束中 B390-连接1(驱动 CAN 总线，Low)，在主导线束中
*-用于不带进入及启动许可的汽车

图 2-2-24

F189-Tiptronic开关 J217-自动变速器控制单元 K142-选挡杆位置P/N指示灯 L101-排挡杆挡位指示照明
灯 T10j-10芯插头连接，黑色 T10k-10芯插头连接，黑色

175

组合仪表中的控制单元、数据总线诊断接口、选挡杆指示灯、选挡杆位置显示

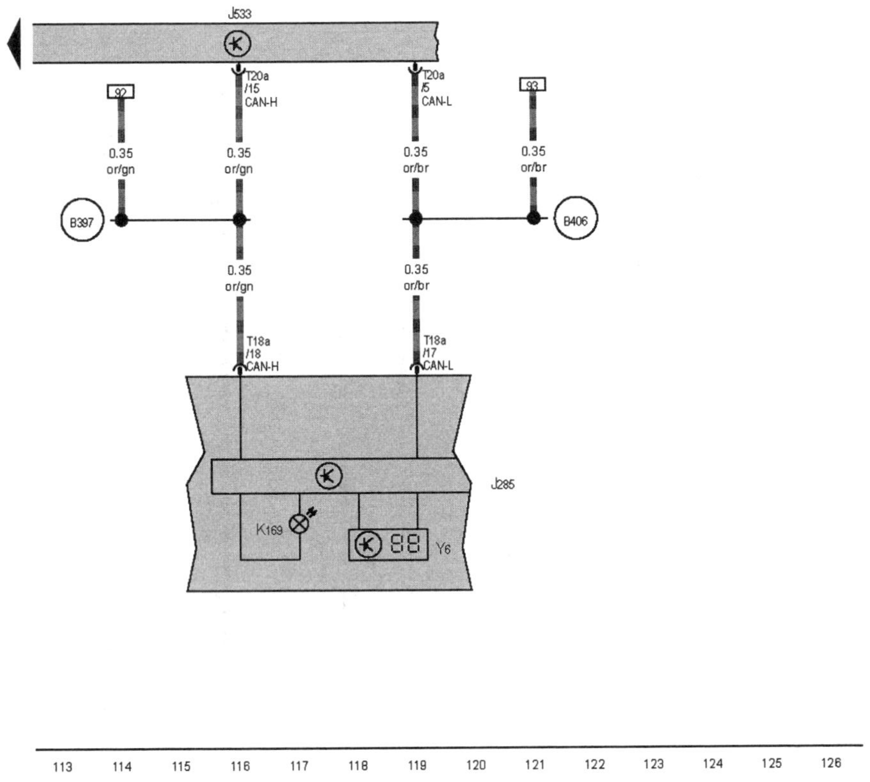

车载电网控制单元、数据总线诊断接口

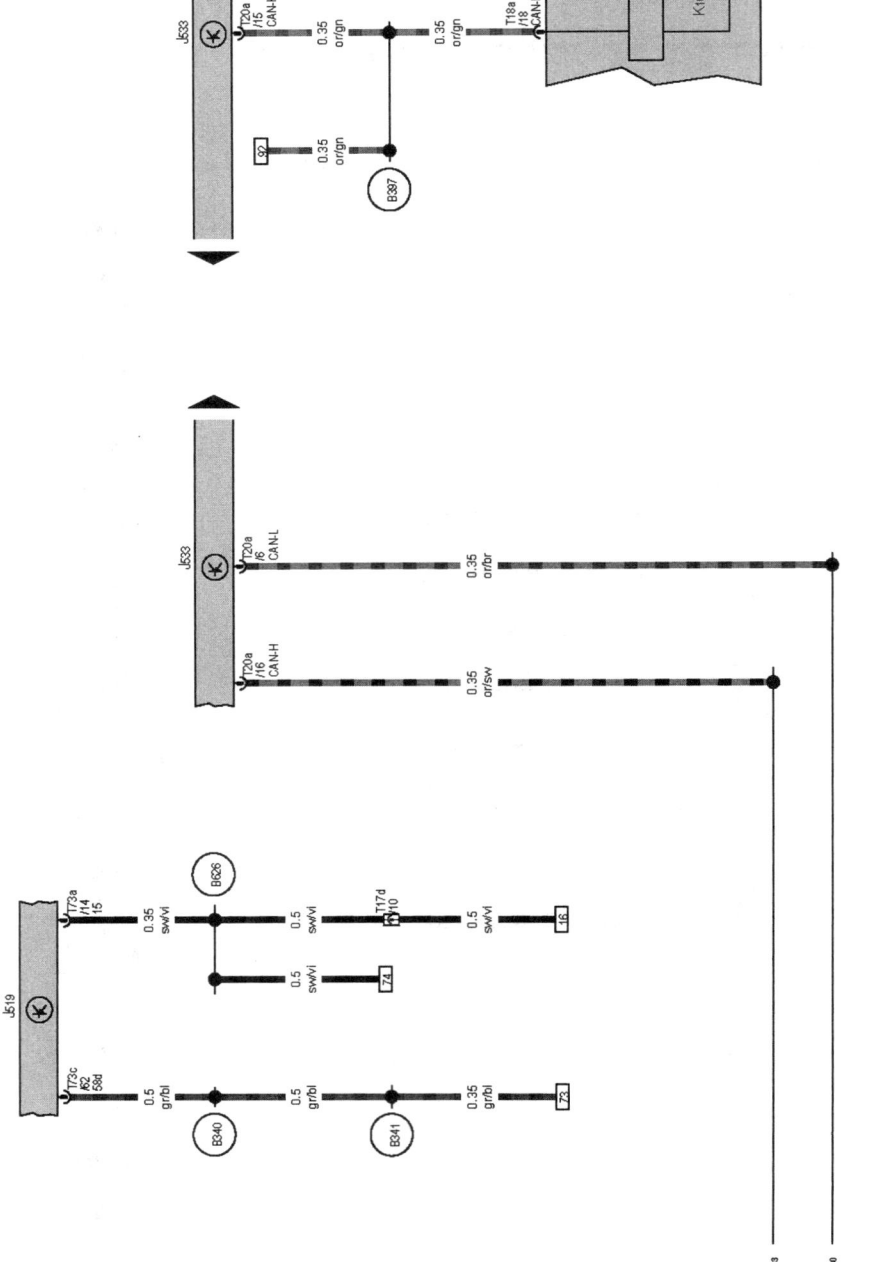

图 2-2-26

图 2-2-27

J519-车载电网控制单元 J533-数据总线诊断接口 T17d-17芯插头连接 T73a-73芯插头连接，红色 T73c-73芯插头连接，黑色 T73c-73芯插头连接1（驱动 CAN 总线，High），在主导线束中 B390-连接1（驱动 CAN 总线，Low），在主导线束中 B383-连接1（58d），红色 B340-连接1（58d），在主导线束中 B626-正极连接2（15），在主导线束中 B341-连接2（58d），在主导线束中 B341-连接2（驱动 CAN 总线，Low），在主导线束中 B626-正极连接2（15），在主导线束中

J285-组合仪表中的控制单元 J533-数据总线诊断接口 K169-选挡杆指示灯 T18a-18芯插头连接 T20a-20芯插头连接，红色 Y6-选挡杆位置显示 B397-连接 1（舒适 CAN 总线，High），在主导线束中 B406-连接1（舒适 CAN 总线，Low），在主导线束中

176

第三节 底盘系统

底盘系统电路图的图号和图名对照表见表 2-3-1。

接线端 15 供电继电器、车载电网控制单元、保险丝架 B

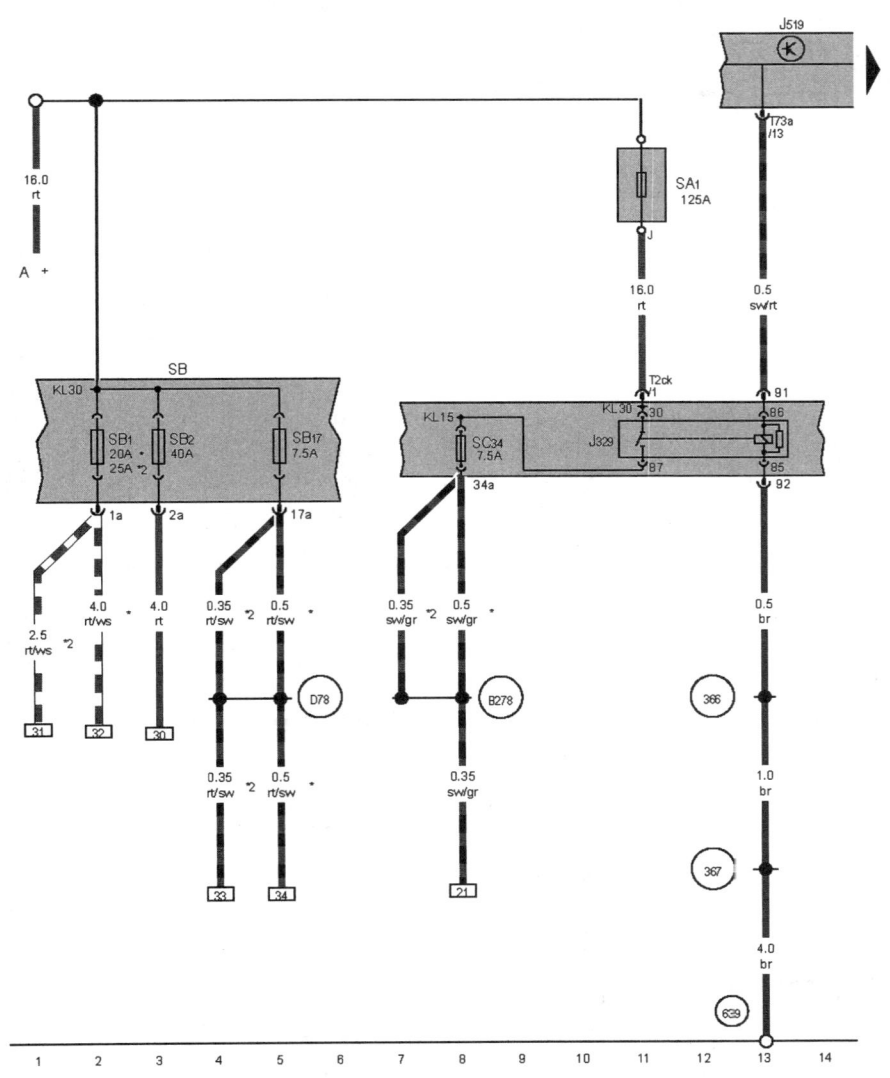

A-蓄电池 J329-接线端15供电继电器 J519-车载电网控制单元 SA1-保险丝架A上的保险丝1 SB-保险丝架B SB1-保险丝架B上的保险丝1 SB2-保险丝架B上的保险丝2 SB17-保险丝架B上的保险丝17 SC34-保险丝架C上的保险丝34 T2ck-2芯插头连接，黑色 T73a-73芯插头连接，黑色 366-接地连接1，在主导线束中 367-接地连接2，在主导线束中 639-左A柱上的接地点 B278-正极连接2（15a），在主导线束中 D78-正极连接1（30a），在发动机舱导线束中 *-截至2017年6月 *2-自2017年6月起

图 2-3-1

177

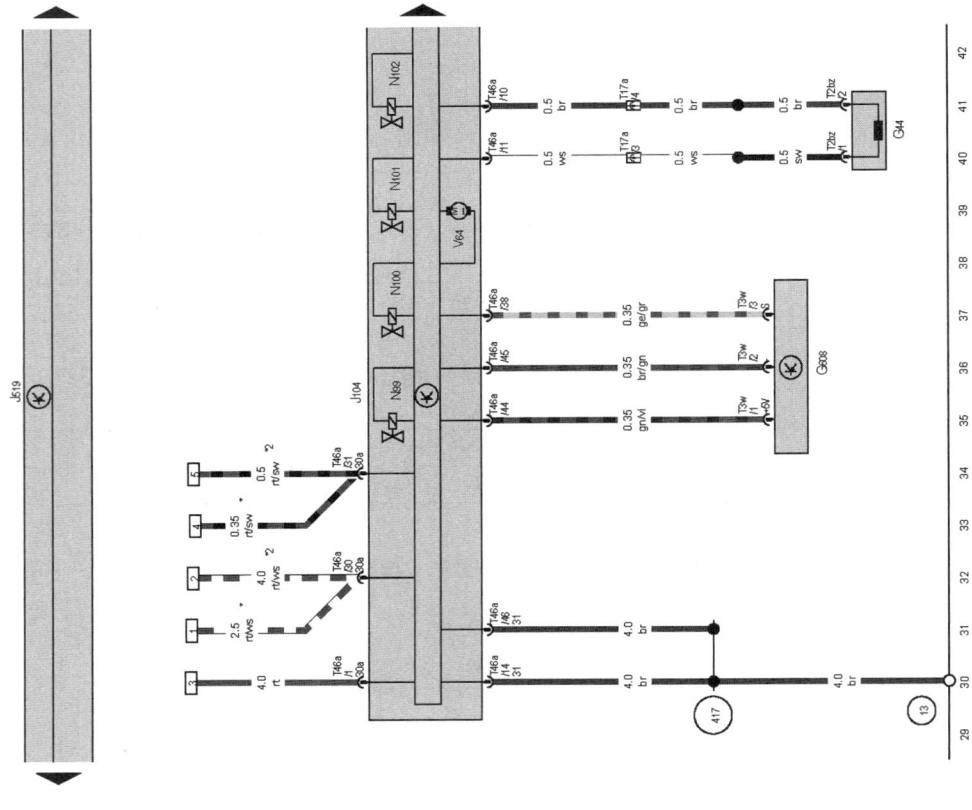

右后转速传感器、真空传感器、ABS控制单元、车载电网控制单元、右前ABS进气阀、右前ABS排气阀、左前ABS进气阀、左前ABS排气阀、ABS液压泵

G44-右后转速传感器　G608-真空传感器　J104-ABS控制单元　J519-车载电网控制单元　N99-右前ABS进气阀　N100-右前ABS排气阀　N101-左前ABS进气阀　N102-左前ABS排气阀　T2bz-2芯插头连接　T3w-3芯插头连接、黑色　T17a-17芯插头连接、左侧A柱下部、黑色　T46a-46芯插头连接、黑色　V64-ABS液压泵　13-发动机舱内右侧的接地点　417-接地连接9、在发动机舱导线束中　*-自2017年6月起　*2-截至2017年6月

图 2-3-3

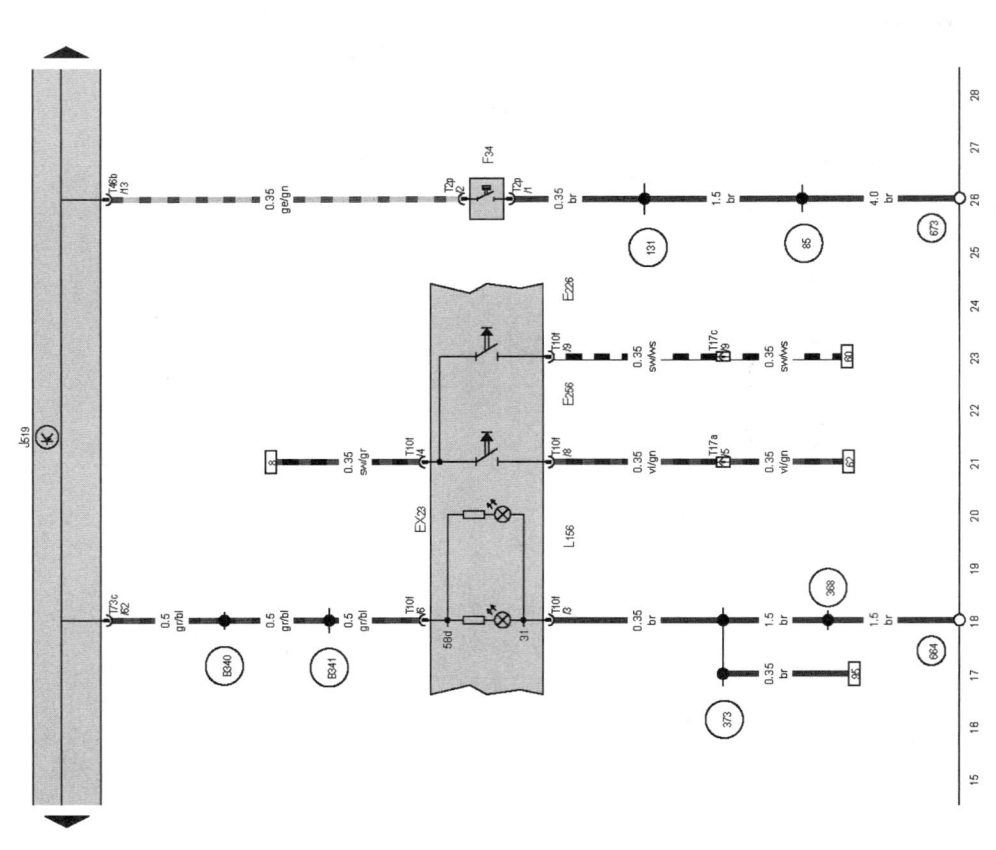

中控台开关模块1、轮胎压力监控按钮、ASR和电子稳定程序按钮、制动液液位警告信号、触点、车载电网控制单元、开关照明灯泡

EX23-中控台开关模块1　E226-轮胎压力监控按钮　E256-ASR和电子稳定程序按钮　F34-制动液液位警告信号触点　J519-车载电网控制单元　L156-开关照明灯泡　T2p-2芯插头连接　T10f-10芯插头连接、黑色　T17a-17芯插头连接、左侧A柱下部、黑色　T17c-17芯插头连接、左侧A柱下部、黑色　T46b-46芯插头连接、红色　131-接地连接2、在发动机舱导线束中　85-接地连接8、在主导线束中　368-接地连接3、在主导线束中　373-接地连接、在主导线束中　664-左侧仪表板后面的接地点　673-左前纵梁上的接地点3　B340-连接1（58d）、在主导线束中　B341-连接2（58d）、在主导线束中

图 2-3-2

ABS 控制单元、车载电网控制单元、动态行驶控制转换阀 1、动态行驶控制转换阀 2、动态行驶控制高压转换阀 1、动态行驶控制高压转换阀 2

右前转速传感器、左后转速传感器、左前转速传感器、ABS 控制单元、车载电网控制单元、右后 ABS 进气阀、左后 ABS 进气阀、右后 ABS 排气阀、左后 ABS 排气阀

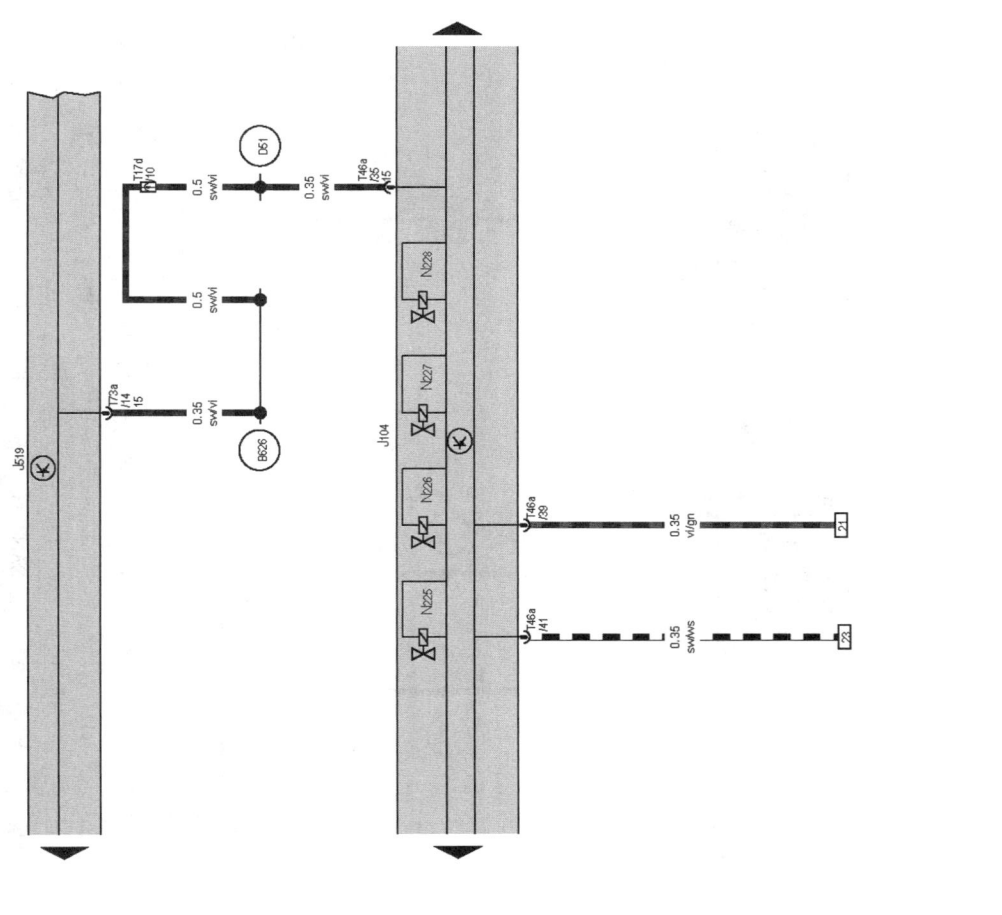

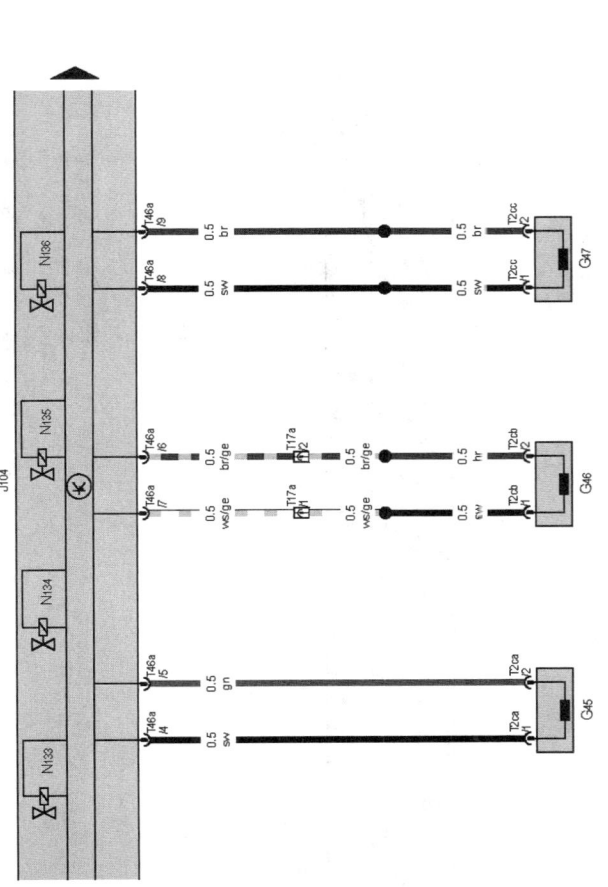

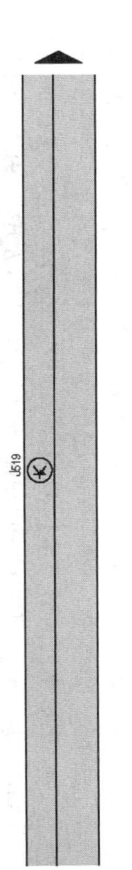

G45—右前转速传感器　G46—左后转速传感器　G47—左前转速传感器　J104—ABS控制单元　J519—车载电网控制单元　N133—右后ABS进气阀　N134—左后ABS进气阀　N135—右后ABS排气阀　N136—左后ABS排气阀　T2ca—2芯插头连接　T2cb—2芯插头连接，黑色　T2cc—2芯插头连接，黑色　T17a—17芯插头连接，黑色　T46a—46芯插头连接，黑色　T2ca—2芯插头连接，黑色，在左导线束中左侧A柱下部，黑色　T46a—46芯插头连接，黑色

图 2-3-4

J104—ABS控制单元　J519—车载电网控制单元　N225—动态行驶控制转换阀1　N226—动态行驶控制转换阀2　N227—动态行驶控制高压转换阀1　N228—动态行驶控制高压转换阀2　T17d—17芯插头连接，左侧A柱下部，蓝色　T46a—46芯插头连接，黑色　T73a—73芯插头连接，黑色　B626—正极连接2（15），在主导线束中D51—正极连接1（15），在发动机舱导线束中

图 2-3-5

179

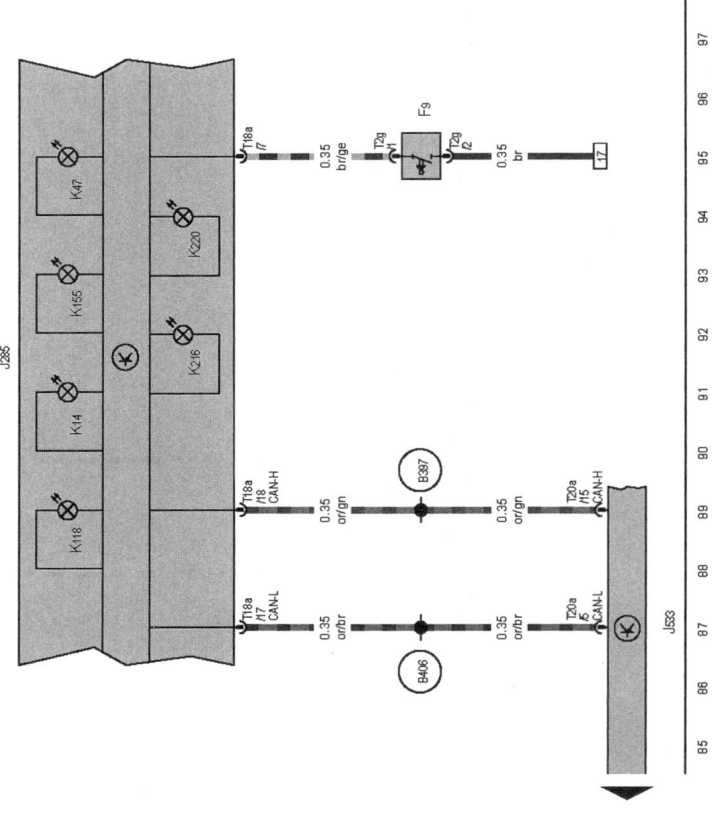

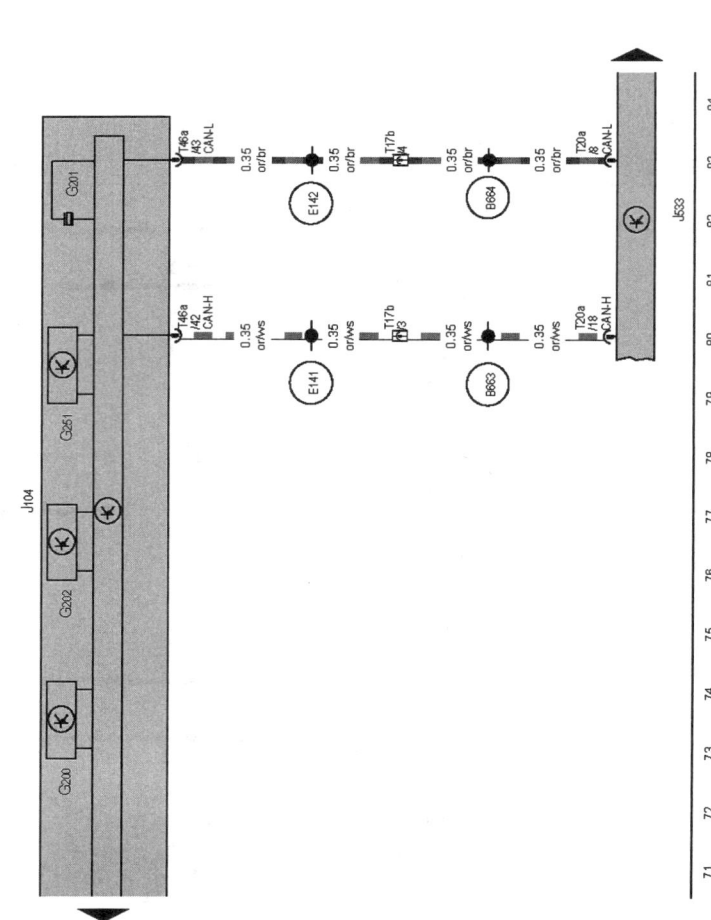

横向加速度传感器、制动压力传感器1、偏转率传感器、纵向加速度传感器、ABS控制单元、数据总线诊断接口

手制动器指示灯开关、组合仪表中的控制单元、数据总线诊断接口、手制动器指示灯、ABS指示灯、制动系统指示灯、电子稳定程序和ASR指示灯、电子稳定程序和ASR指示灯2、轮胎压力监控显示指示灯

G200-横向加速度传感器 G201-制动压力传感器1 G202-偏转率传感器 G251-纵向加速度传感器 J104-ABS控制单元 J533-数据总线诊断接口 T17b-17芯插头连接，左侧A柱下部，左侧插头连接 T20a-20芯插头连接，红色 T46a-46芯插头连接 黑色 B663-连接（底盘传感器CAN总线，High），在主导线束中 B664-连接 红色（底盘传感器CAN总线，Low），在主导线束中 E141-连接（底盘传感器CAN总线，High），在发动机舱导线束中 E142-连接（底盘传感器CAN总线，Low），在发动机舱导线束中

图2-3-6

F9-手制动器指示灯开关 J285-组合仪表中的控制单元 J533-数据总线诊断接口 K14-手制动器指示灯 K47-ABS指示灯 K118-制动系统指示灯 K155-电子稳定程序和ASR指示灯 K216-电子稳定程序和ASR指示灯2 K220-轮胎压力监控显示指示灯 T2g-2芯插头连接 T18a-18芯插头连接，黑色 T20a-20芯插头连接，黑色 B406-连接1（舒适CAN总线，High），在主导线束中 B397-连接1（舒适CAN总线，Low），在主导线束中

图2-3-7

制动液液位警告信号触点、车载电网控制单元

接线端 15 供电继电器

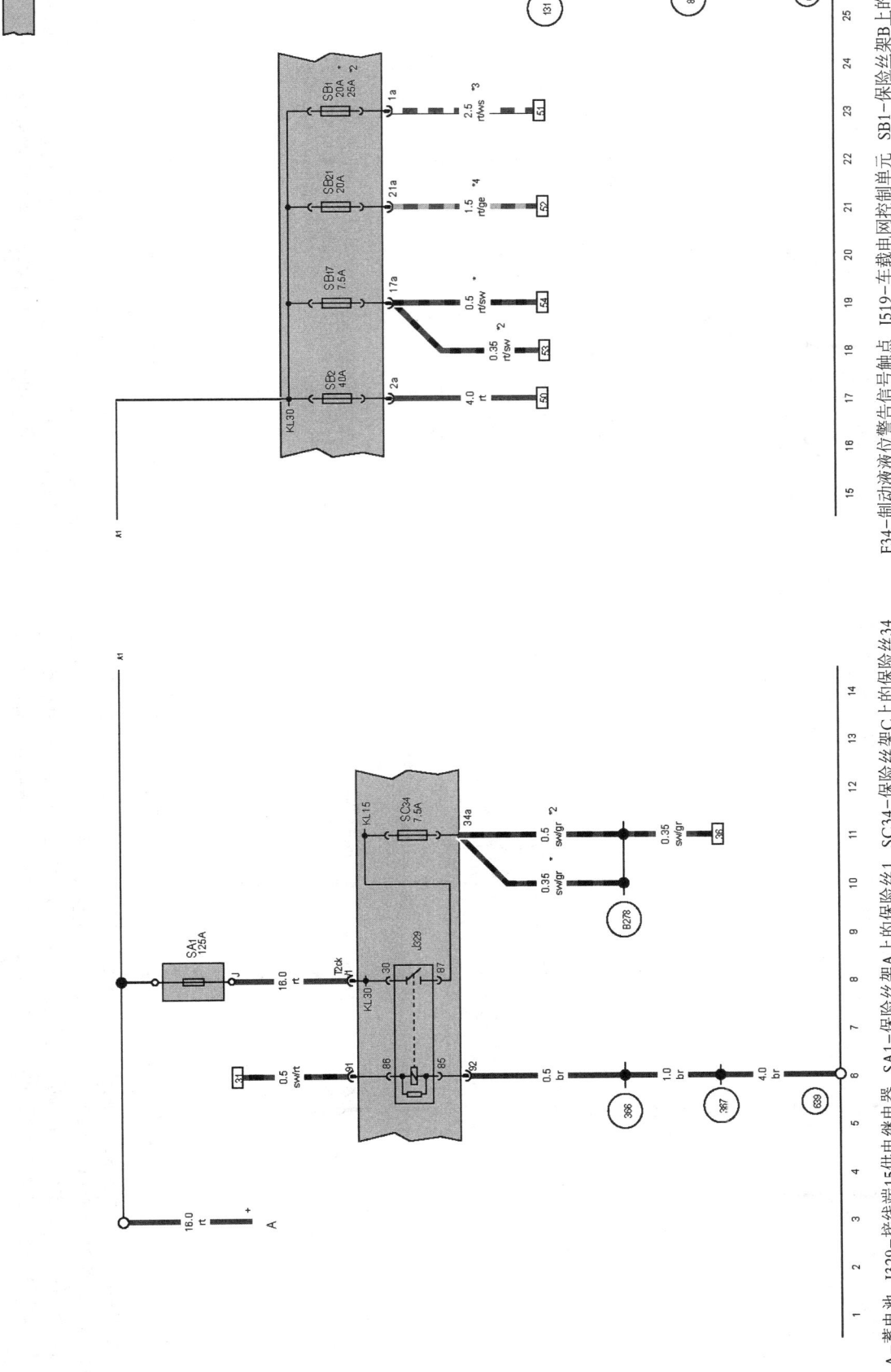

图 2-3-9

F34-制动液液位警告信号触点 J519-车载电网控制单元 SB1-保险丝架B上的保险丝1 SB2-保险丝架B
上的保险丝2 SB17-保险丝架B上的保险丝17 SB21-保险丝架B上的保险丝21 T2p-2芯插头连接，黑色
T46b-46芯插头连接，黑色 85-接地连接1，在发动机舱导线束中 131-接地连接2，在发动机舱导线束中
673-左前纵梁上的接地点3 *-截至2017年6月 *2-自2017年6月起 *3-自2015年1月起 *4-截至2015年1月

图 2-3-8

A-蓄电池 J329-接线端15供电继电器 SA1-保险丝架A上的保险丝1 SC34-保险丝架C上的保险丝34
T2ck-2芯插头连接，黑色 366-接地连接1，在主导线束中 367-接地连接2，在主导线束中 639-左A柱上
的接地点 B278-正极连接2（15a），在主导线束中 *-自2017年6月起 *2-截至2017年6月

181

中控台开关模块 1、驱动防滑控制开关、轮胎压力监控按钮、车载电网控制单元、开关照明灯泡

ABS 控制单元、车载电网控制单元、右前 ABS 进气阀、右前 ABS 排气阀、ABS 液压泵

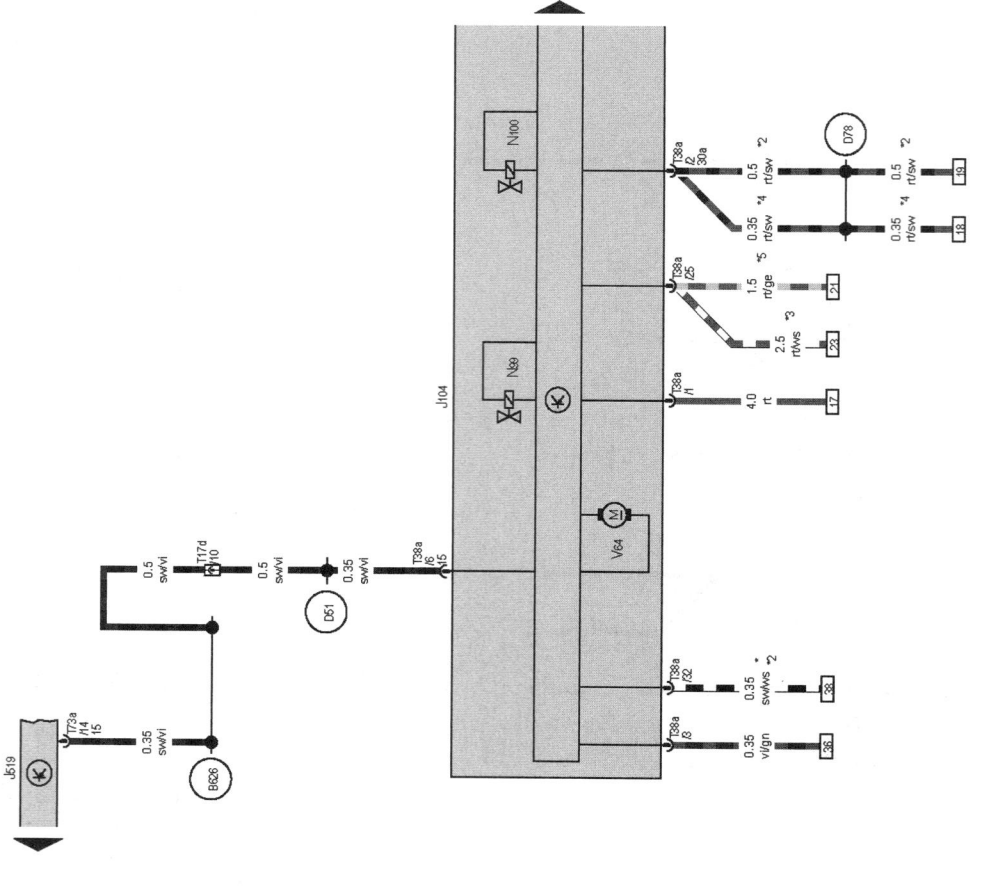

图 2-3-11

图 2-3-10

EX23-中控台开关模块1 E132-驱动防滑控制开关 E226-轮胎压力监控按钮 J519-车载电网控制单元 L156-开关照明灯泡 T10f-10芯插头连接 T17a-17芯插头连接，左侧A柱下部，黑色 T17c-17芯插头连接，左侧A柱下部，黑色 T73a-73芯插头连接，红色 T73c-73芯插头连接，黑色 368-接地连接3，在主导线束中 373-接地连接8，左侧仪表板后面的接地点 B340-连接1（58d），在主导线束中 664-左侧仪表板后面的接地点 B340-连接2（58d），在主导线束中 B341-连接2（58d），在主导线束中 *-仅用于带轮胎压力监控的汽车 *2-截至2017年6月

J104-ABS控制单元 J519-车载电网控制单元 N99-右前ABS进气阀 N100-右前ABS排气阀 T17d-17芯插头连接，左侧A柱下部，蓝色 T38a-38芯插头连接，黑色 T73a-73芯插头连接，黑色 V64-ABS液压泵 B626-正极连接2（15），在主导线束中 D51-正极连接1（15），在发动机舱导线束中 D78-正极连接1（30a），在发动机舱导线束中 *-仅用于带轮胎充气压力监控的汽车 *2-截至2017年6月 *3-自2015年1月起 *4-自2017年6月起 *5-截至2015年1月

右后转速传感器、左后转速传感器、ABS 控制单元、右后 ABS 排气阀、左后 ABS 排气阀、右后 ABS 排气阀、左后 ABS 排气阀

图 2-3-13

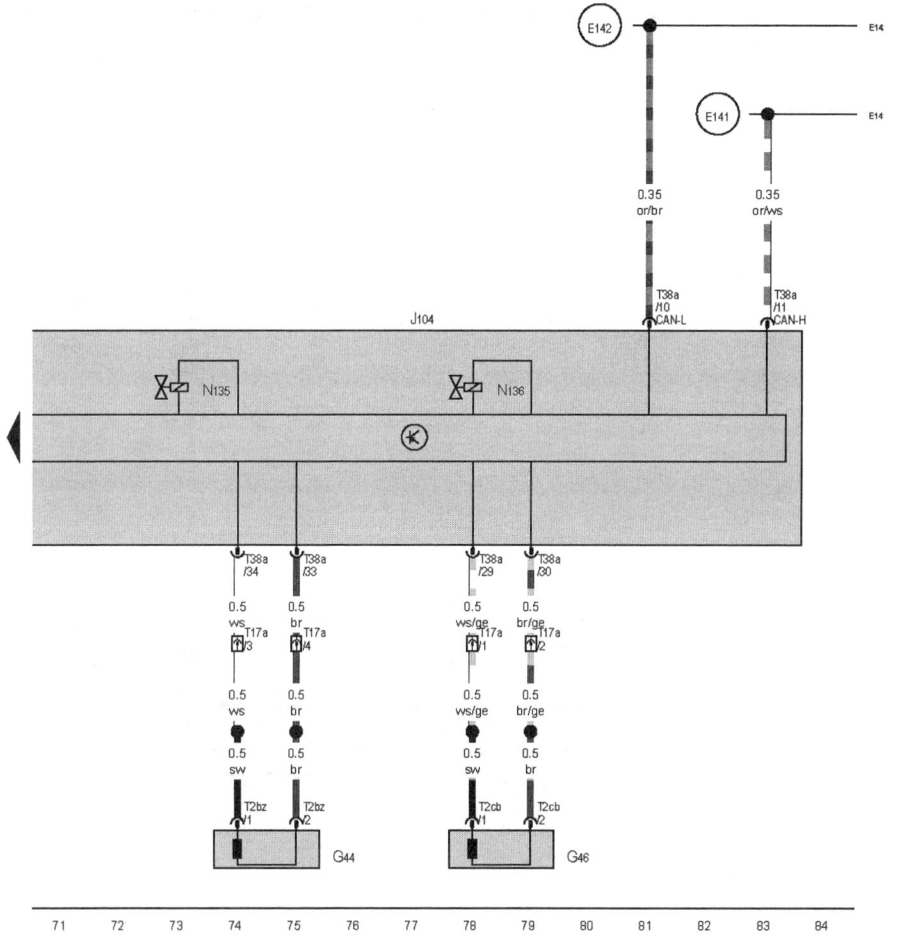

G44－右后转速传感器、G46－左后转速传感器、J104－ABS转速传感器 N135－右后ABS排气阀 N136－左后ABS排气阀 J104－ABS控制单元 N135－右后ABS排气阀 T17a－17芯插头连接、黑色 T17a－17芯插头连接，左侧A柱下部、左侧A柱插头连接 T2bz－2芯插头连接，黑色 T2cb－2芯插头连接 T17a－17芯插头连接，左侧A柱下部、左侧A柱插头连接 T38a－38芯插头连接，黑色 E141－连接（底盘传感器CAN总线，High），在发动机舱导线束中 E142－连接（底盘传感器CAN总线，Low），在发动机舱导线束中

右前转速传感器、左前转速传感器、ABS 控制单元、左前 ABS 进气阀、左前 ABS 排气阀、右后 ABS 进气阀、左后 ABS 进气阀

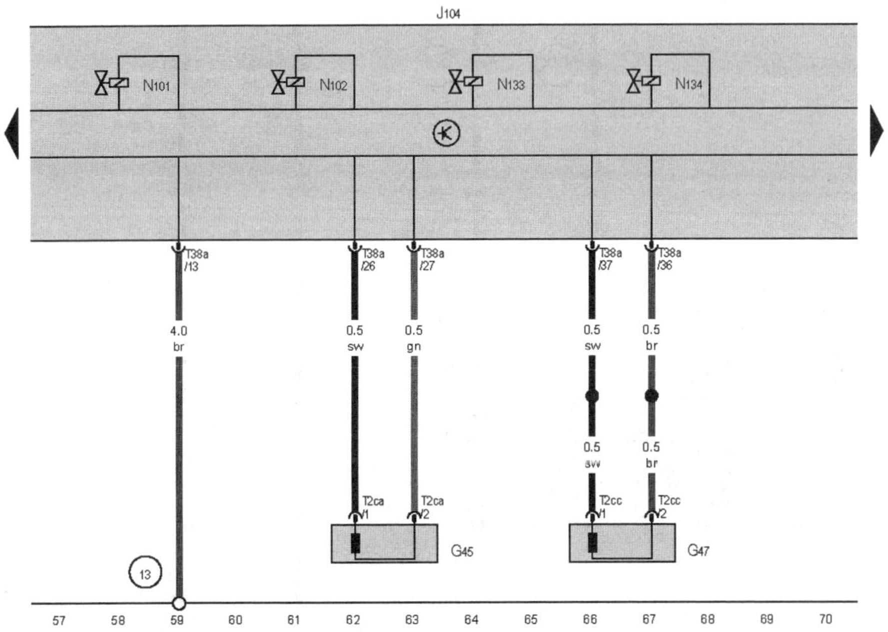

图 2-3-12

G45－右前转速传感器、G47－左前转速传感器 J104－ABS控制单元 N101－左前ABS进气阀 N102－左前ABS排气阀 N133－右后ABS进气阀 N134－左后ABS进气阀 T2ca－2芯插头连接、黑色 T2cc－2芯插头连接，黑色 T38a－38芯插头连接，黑色 13－发动机舱内右侧接地点

183

组合仪表中的控制单元、数据总线诊断接口、ABS 指示灯、制动系统指示灯

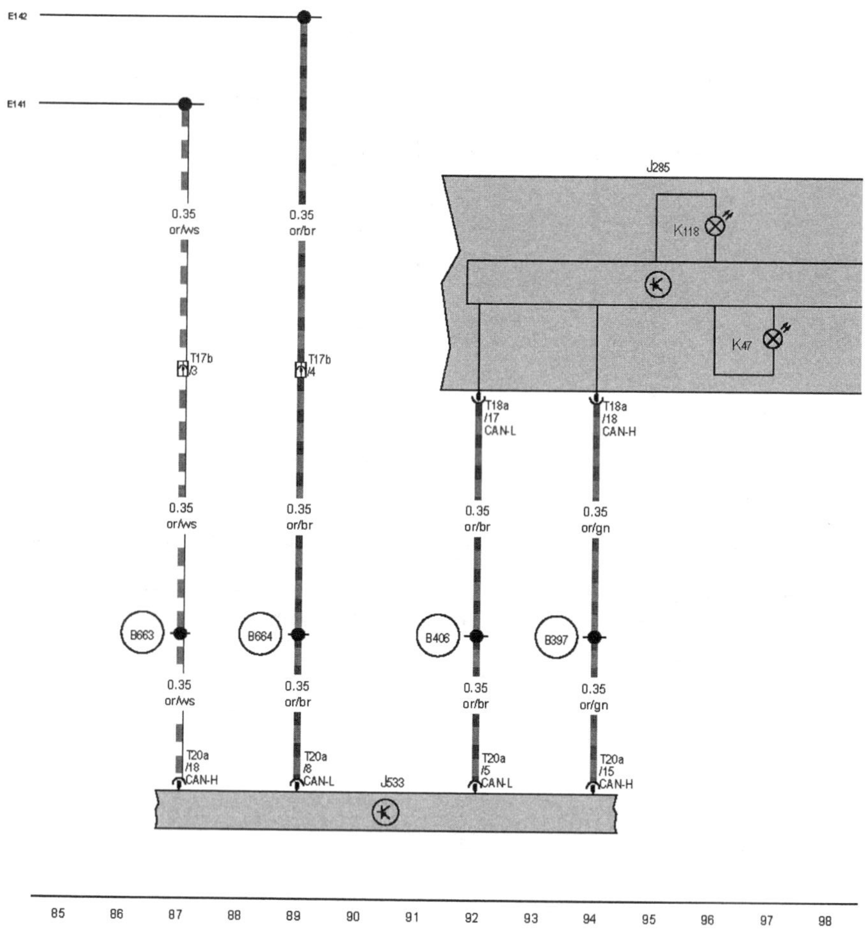

手制动器指示灯开关、组合仪表中的控制单元、电子稳定程和 ASR
指示灯、电子稳定程和 ASR 指示灯 2、轮胎压力监控显示指示灯

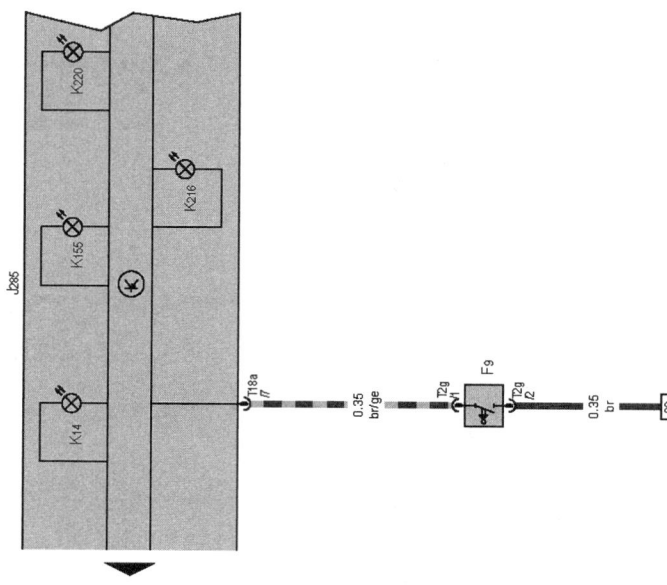

J285-组合仪表中的控制单元 J533-数据总线诊断接口 K47-ABS指示灯 K118-制动系统指示灯 T17b-17
芯插头连接、左侧A柱下部、棕色 T18a-18芯插头连接、黑色 T20a-20芯插头连接、红色 B397-连接1
（舒适CAN总线、High），在主导线束中 B406-连接1（舒适CAN总线、Low），在主导线束中 B663-连
接（底盘传感器CAN总线、High），在主导线束中 B664-连接（底盘传感器CAN总线、Low），在主导
线束中 E141-连接（底盘传感器CAN总线、High），在发动机舱导线束中 E142-连接（底盘传感器CAN
总线、Low），在发动机舱导线束中

图 2-3-14

F9-手制动器指示灯开关 J285-组合仪表中的控制单元 K14-手制动器指示灯 K155-电子稳定程和ASR
指示灯 K216-电子稳定程和ASR指示灯2 K220-轮胎压力监控显示指示灯 T2g-2芯插头连接、黑色
T18a-18芯插头连接、黑色

图 2-3-15

184

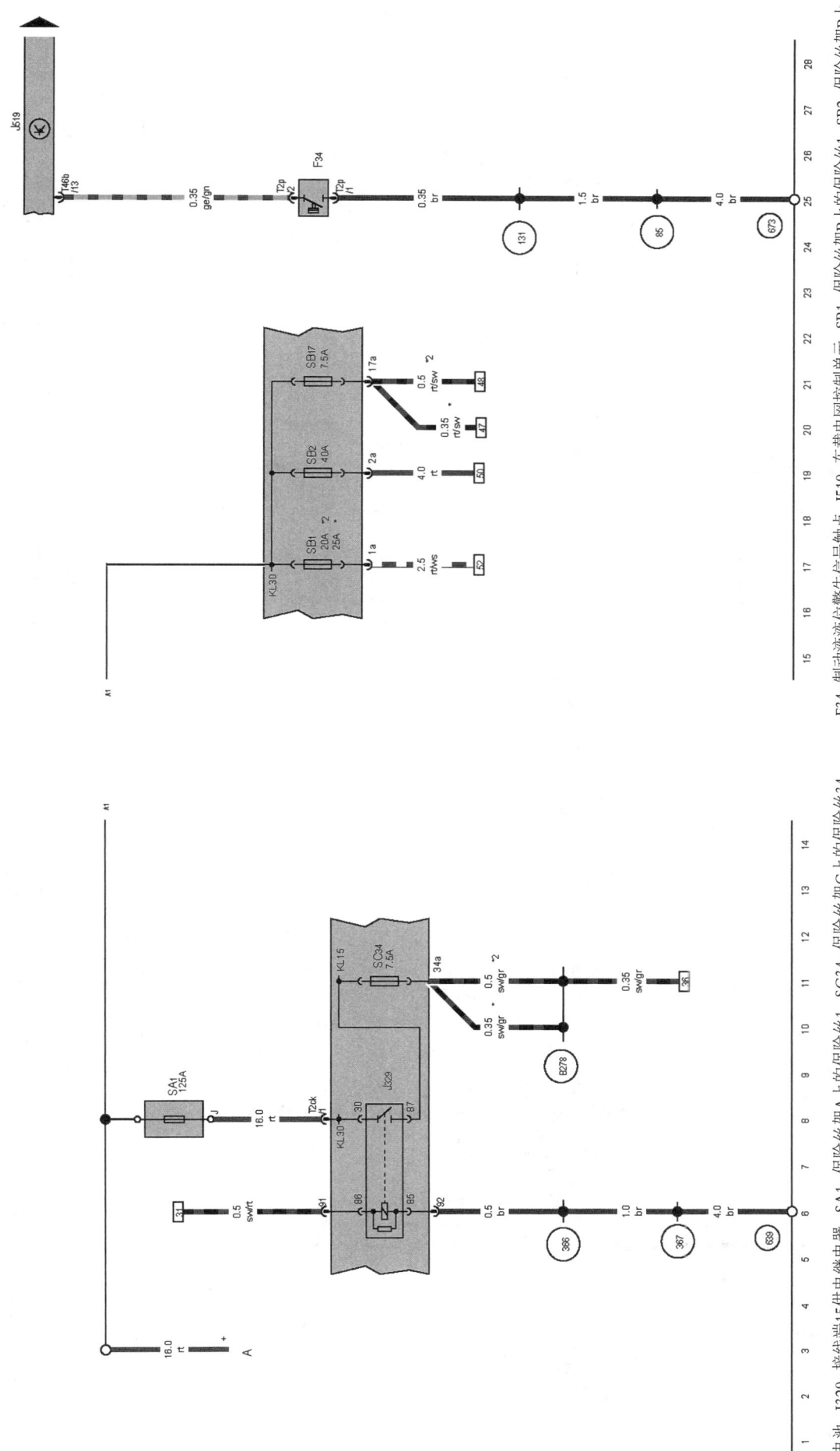

制动液液位警告信号触点、车载电网控制单元

接线端 15 供电继电器

F34-制动液液位警告信号触点 J519-车载电网控制单元 SB1-保险丝架B上的保险丝1 SB2-保险丝架B上的保险丝2 SB17-保险丝架B上的保险丝17 T2p-2芯插头连接 T46b-46芯插头连接，黑色 T46b-46芯插头连接 地连接1，在发动机舱导线束中 131-接地连接2，在发动机舱导线束中 673-左前纵梁上的接地点3 *-自2017年6月起 *2-截至2017年6月

图 2-3-17

A-蓄电池 J329-接线端15供电继电器 SA1-保险丝架A上的保险丝1 SC34-保险丝架C上的保险丝34 T2ck-2芯插头连接 86-接地连接1，在主导线束中 367-接地连接2，在主导线束中 639-左A柱上的接地点 B278-正极连接2（15a），在主导线束中 *-自2017年6月起 *2-截至2017年6月

图 2-3-16

185

中控台开关模块 1、轮胎压力监控按钮、ASR 和电子稳定程序按钮、车载电网控制单元、开关照明灯泡

ABS 控制单元、车载电网控制单元、ABS 液压泵

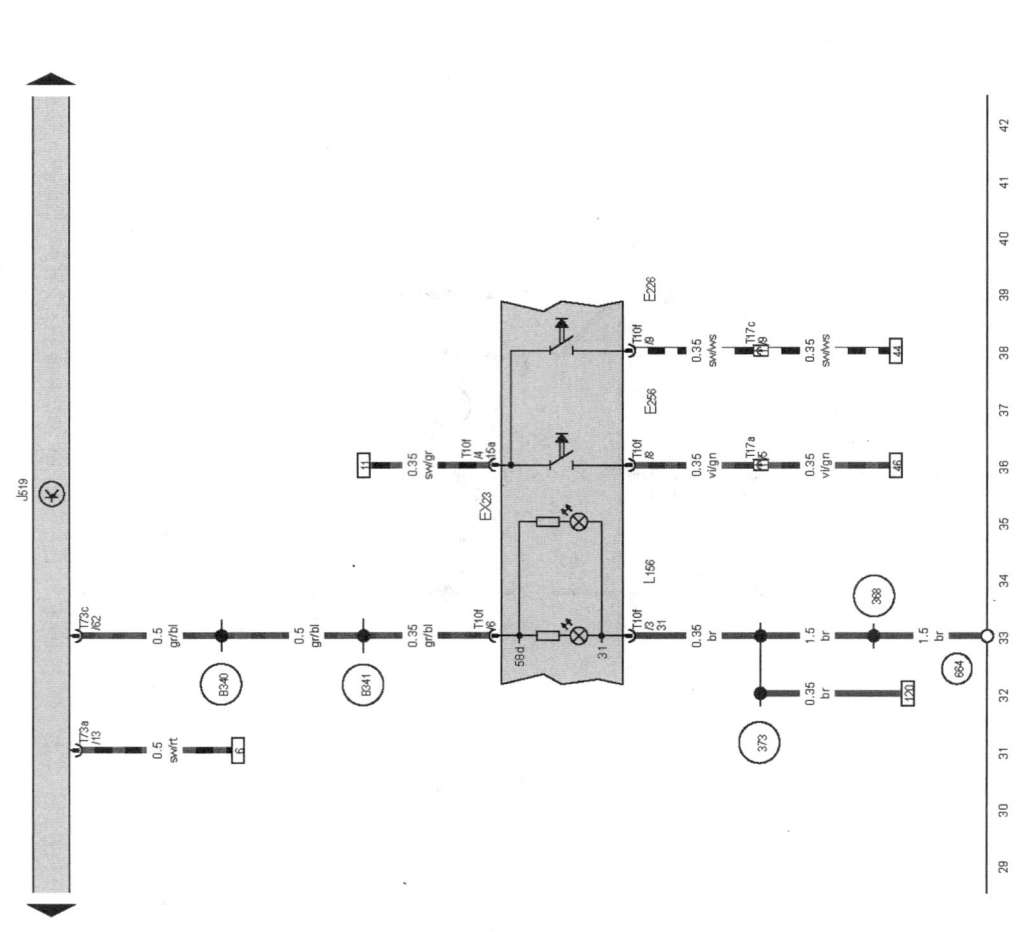

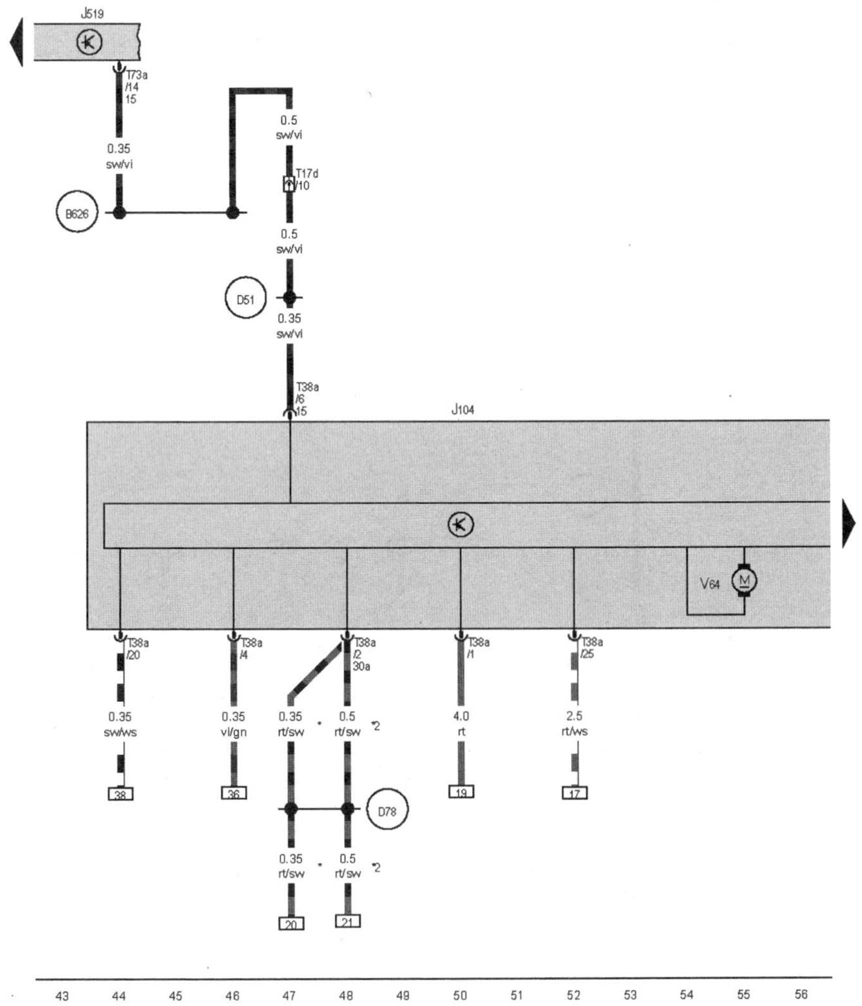

图 2-3-18

图 2-3-19

EX23-中控台开关模块 1 E226-轮胎压力监控按钮 E256-ASR 和电子稳定程序按钮 J519-车载电网控制单元 T10f-10芯插头连接，黑色 T17a-17芯插头连接，左侧A柱下部，黑色 T17c-17芯插头连接，左侧A柱下部，红色 T73a-73芯插头连接，黑色 T73c-73芯插头连接，黑色 368-接地连接 3，在主导线束中 373-接地连接8，在主导线束中 664-左侧仪表板后面的接地点 B340-连接1（58d），在主导线束中 B341-连接2（58d），在主导线束中

J104-ABS控制单元 J519-车载电网控制单元 T17d-17芯插头连接，左侧A柱下部，蓝色 T38a-38芯插头连接，棕色 T73a-73芯插头连接，黑色 V64-ABS液压泵 B626-正极连接2（15），在主导线束中 D51-正极连接1（15），在发动机舱导线束中 D78-正极连接1（30a），在发动机舱导线束中 *-自2017年6月起 *2-截至2017年6月

右前转速传感器、左前转速传感器、横向加速度传感器、ABS 控制单元、右后 ABS 进气阀、右后 ABS 排气阀、左后 ABS 进气阀、左后 ABS 排气阀

偏转率传感器、真空传感器、ABS 控制单元、右前 ABS 进气阀、右前 ABS 排气阀、左前 ABS 进气阀、左前 ABS 排气阀

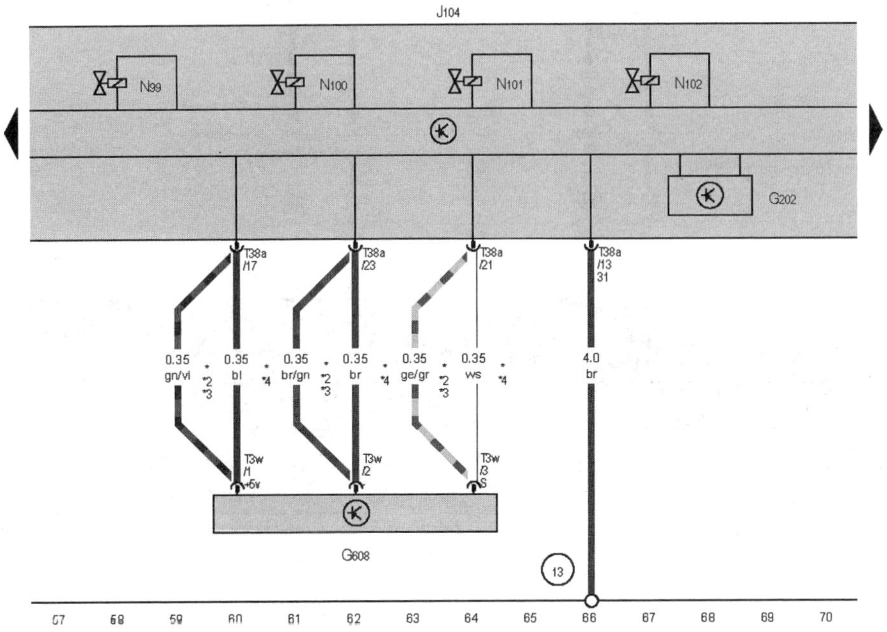

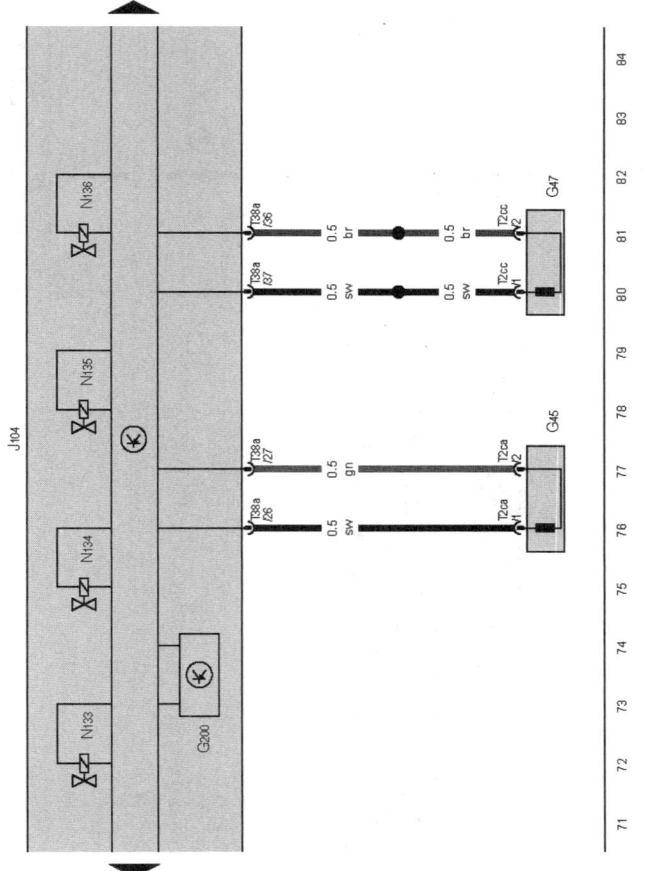

G45-右前转速传感器 G47-左前转速传感器 G200-横向加速度传感器 J104-ABS控制单元 N133-右后 ABS进气阀 N134-左后ABS进气阀 N135-右后ABS进气阀 N136-左后ABS排气阀 T2ca-2芯插头连接，黑色 T2cc-2芯插头连接，黑色 T38a-38芯插头连接，黑色 *2-用于带双离合器变速器的汽车

图 2-3-21

G202-偏转率传感器 G608-真空传感器 J104-ABS控制单元 N99-右前ABS进气阀 N100-右前ABS排气阀 N101-左前ABS进气阀 N102-左前ABS排气阀 T3w-3芯插头连接，黑色 T38a-38芯插头连接，黑色 13-发动机舱内右侧搭铁地点 *2-仅用于带双离合器变速器的汽车 *3-自2015年1月起 *4-截至2015年1月

图 2-3-20

187

右后转速传感器、左后转速传感器、ABS 控制单元、动态行驶控制转换阀 1、动态行驶控制转换阀 2、动态行驶控制高压转换阀 1、动态行驶控制高压转换阀 2

制动压力传感器 1、纵向加速度传感器、ABS 控制单元、数据总线诊断接口

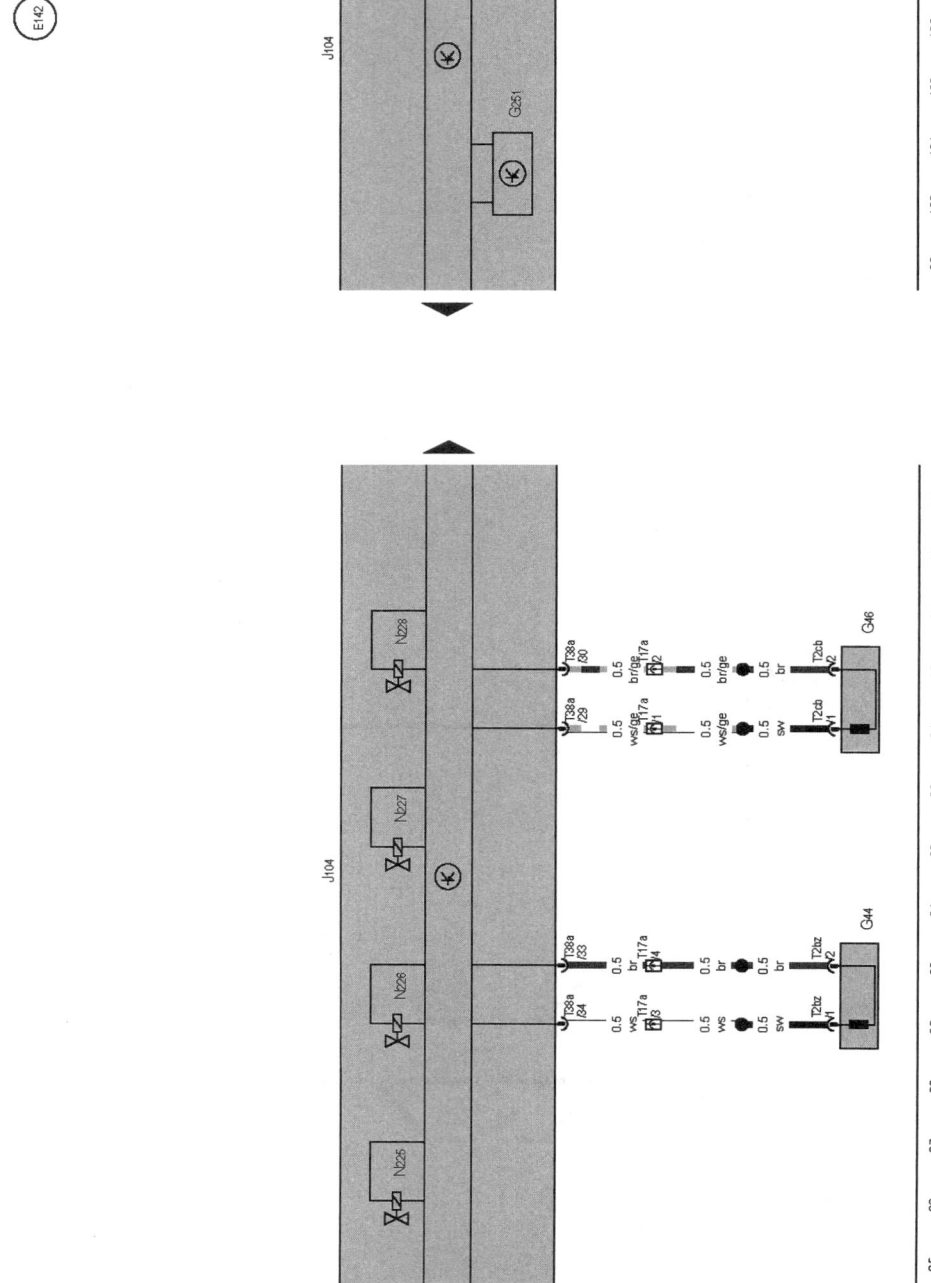

图 2-3-22

图 2-3-23

G44-右后转速传感器 G46-左后转速传感器 J104-ABS控制器 G201-制动压力传感器1 G251-纵向加速度传感器 J104-ABS控制单元 J533-数据总线诊断接口 T17b-17
N225-动态行驶控制转换阀1 N226-动态行驶控制转换阀1 N228-动态行驶控制单元 芯插头连接,左侧A柱下部 T20a-20芯插头连接,棕色 T38a-38芯插头连接,红色 B663-连接 B664-连接(底
态行驶控制转换阀2 N227-动态行驶控制高压转换阀2 T2bz-2芯插头连 盘传感器CAN总线,High),在主导线束中 B664-连接(底盘传感器CAN总线,Low),在主导线束中
接,黑色 T2cb-2芯插头连接,黑色 T17a-17芯插头连接,黑色 T38a-38芯插头连 E141-连接(底盘传感器CAN总线,High),在发动机舱导线束中 E142-连接(底盘传感器CAN总线,
接,棕色 E141-连接(底盘传感器CAN总线,Low),在发动机舱导线束中
色 Low),在发动机舱导线束中

188

手制动器指示灯开关、组合仪表中的控制单元、数据总线诊断接口、手制动器指示灯、
ABS 指示灯、制动系统指示灯、电子稳定程序和 ASR 指示灯、电子稳定程序和 ASR 指
示灯 2、轮胎压力监控显示指示灯

接线端 15 供电继电器、车载电网控制单元、泊车转向辅助系统控制单元

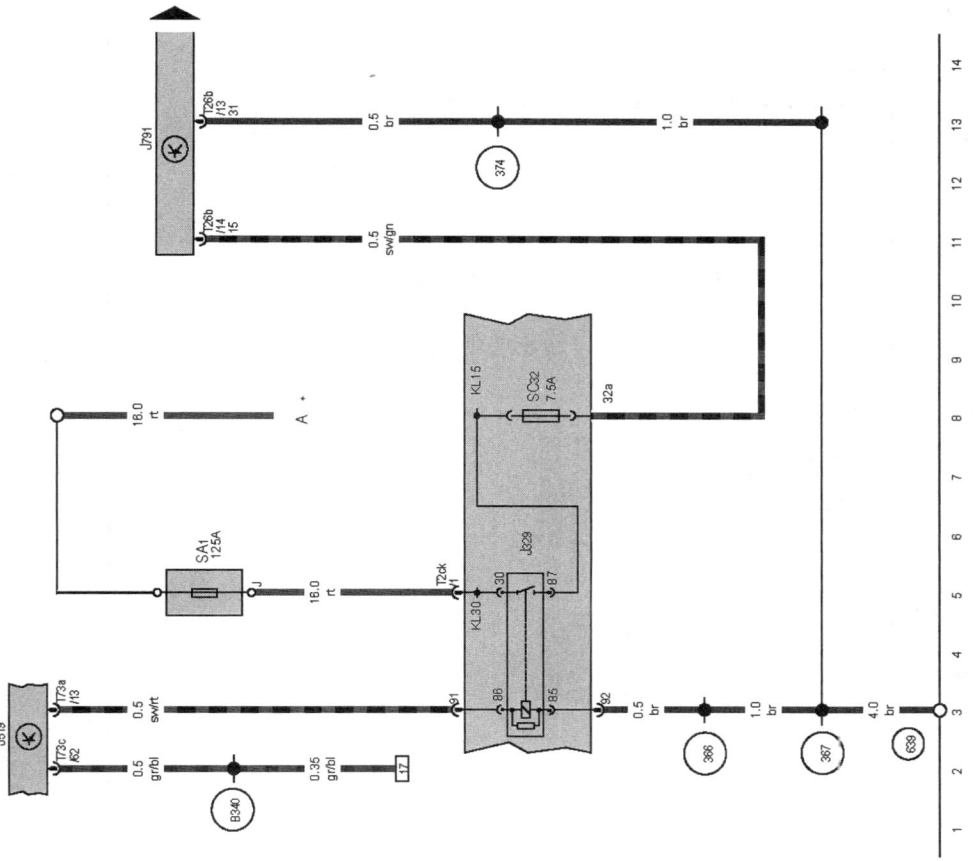

图 2-3-25

A-蓄电池 J329-接线端15供电继电器 J519-车载电网控制单元 J791-泊车转向辅助系统控制单元 SA1-保险丝架A上的保险丝1 SC32-保险丝架C上的保险丝32 T2ck-2芯插头连接 T26b-26芯插头连接，黑色 T2ck-2芯插头连接，黑色 T73a-73芯插头连接，黑色 T73c-73芯插头连接 366-接地连接1，在主导线束中 367-接地连接2，在主导线束中 374-接地连接9，在主导线束中 639-左A柱上的接地点 B340-连接1（58d），在主导线束中

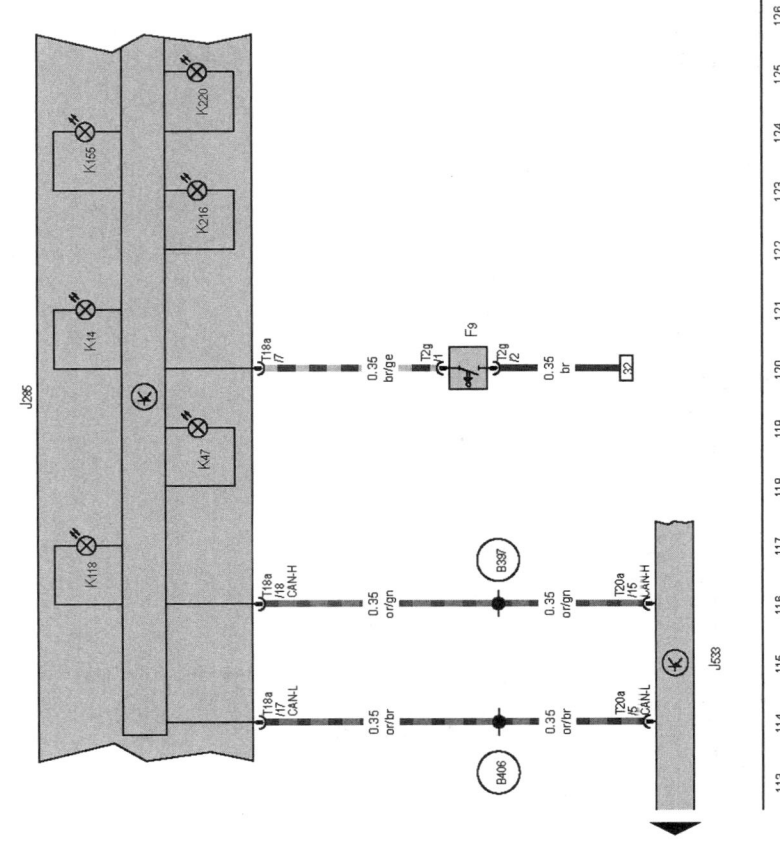

图 2-3-24

F9-手制动器指示灯开关 J285-组合仪表中的控制单元 J533-数据总线诊断接口 K14-手制动器指示灯 K47-ABS指示灯 K118-制动系统指示灯 K155-电子稳定程序和ASR指示灯 K216-电子稳定程序和ASR指示灯2 K220-轮胎压力监控显示指示灯 T2g-2芯插头连接 T18a-18芯插头连接，黑色 T20a-20芯插头连接，黑色 B397-连接1（舒适CAN总线，High），在主导线束中 B406-连接1（舒适CAN总线，Low），在主导线束中

后部泊车雷达系统警报蜂鸣器、前部泊车雷达系统警报蜂鸣器、泊车转向辅助系统控制单元

中控台开关模块2、泊车雷达系统按钮、泊车转向辅助系统按钮、泊车转向辅助系统控制单元、泊车雷达系统指示灯、泊车转向辅助系统指示灯、按钮照明灯泡

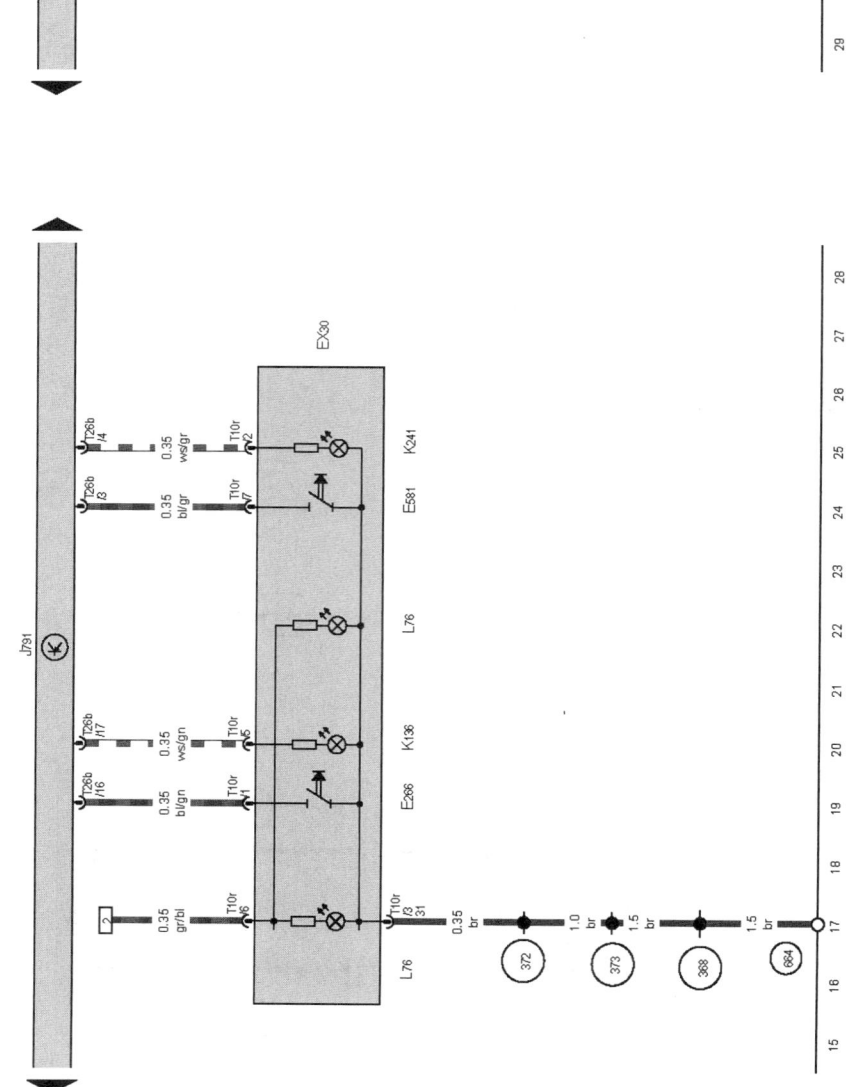

图2-3-27

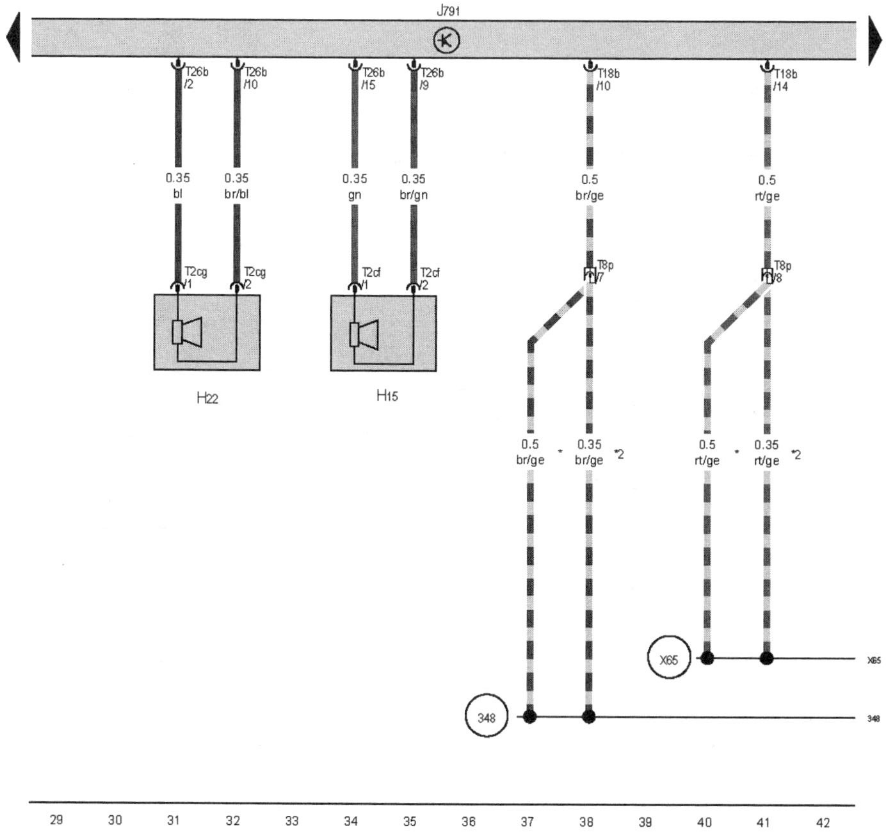

H15-后部泊车雷达系统警报蜂鸣器 H22-前部泊车雷达系统警报蜂鸣器 J791-泊车转向辅助系统控制单元 T2cf-2芯插头连接，黑色 T2cg-2芯插头连接，黑色 T8p-8芯插头连接，左前保险杠内，黑色 T18b-18芯插头连接 T26b-26芯插头连接（泊车雷达系统） 348-接地连接，在前保险杠导线束中 X65-连接（泊车雷达系统），在前保险杠导线束中 *-自2017年6月起 *2-截至2017年6月

图2-3-26

EX30-中控台开关模块2 E266-泊车雷达系统按钮 E581-泊车转向辅助系统按钮 J791-泊车转向辅助系统控制单元 K136-泊车雷达系统指示灯 K241-泊车转向辅助系统指示灯 L76-按钮照明灯泡 T10r-10芯插头连接，红色 T26b-26芯插头连接，黑色 368-接地连接3，在主导线束中 372-接地连接7，在主导线束中 373-接地连接8，在主导线束中 664-左侧仪表板后面接地点

190

右前中部泊车雷达系统传感器、左前中部泊车雷达系统传感器、左前泊车雷达系统传感器、泊车转向辅助系统控制单元

右前泊车雷达系统传感器；泊车转向辅助系统的左前侧传感器，汽车左侧；泊车转向辅助系统的右前侧传感器，汽车右侧；泊车转向辅助系统控制单元

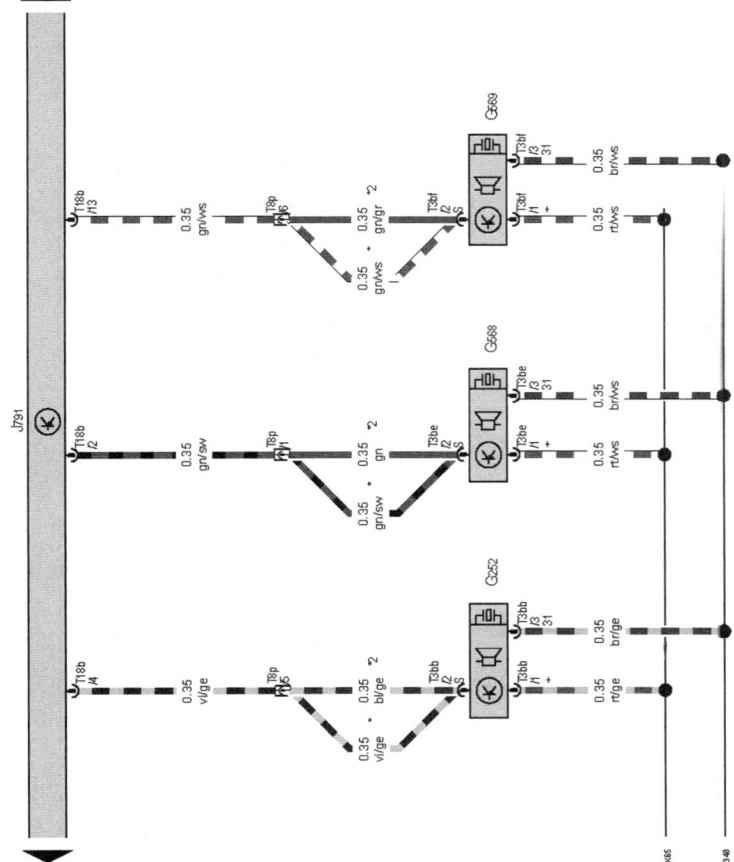

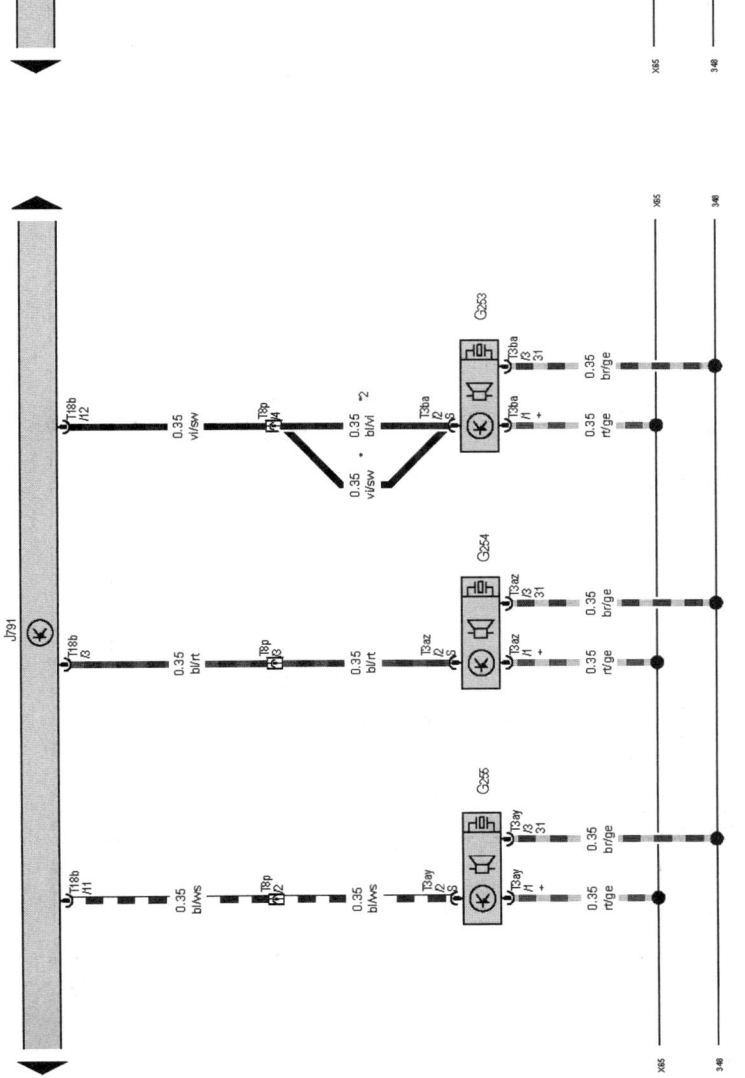

G253–右前中部泊车雷达系统传感器 G254–左前中部泊车雷达系统传感器 G255–左前泊车雷达系统传感器 J791–泊车转向辅助系统控制单元 T3ay–3芯插头连接，黑色 T3az–3芯插头连接，黑色 T3ba–3芯插头连接，黑色 T8p–8芯插头连接（泊车雷达系统），黑色 T18b–18芯插头连接，左前保险杠内，黑色 348–接地连接，在前保险杠导线束中 X65–连接（泊车雷达系统），在前保险杠导线束中 *–自2017年6月起 *2–截至2017年6月

图 2-3-28

G252–右前泊车雷达系统传感器 G253–右前中部泊车雷达系统传感器，汽车左侧 G569–泊车转向辅助系统的右前侧传感器，汽车右侧 J791–泊车转向辅助系统控制单元 T3bb–3芯插头连接，黑色 T3be–3芯插头连接，黑色 T3bf–3芯插头连接，黑色 T8p–8芯插头连接，左前保险杠内，黑色 T18b–18芯插头连接（泊车雷达系统），黑色 348–接地连接，在前保险杠导线束中 X65–连接（泊车雷达系统），在前保险杠导线束中 *–自2017年6月起 *2–截至2017年6月

图 2-3-29

左后泊车雷达系统传感器、左后中部泊车雷达系统传感器、泊车转向辅助系统控制单元

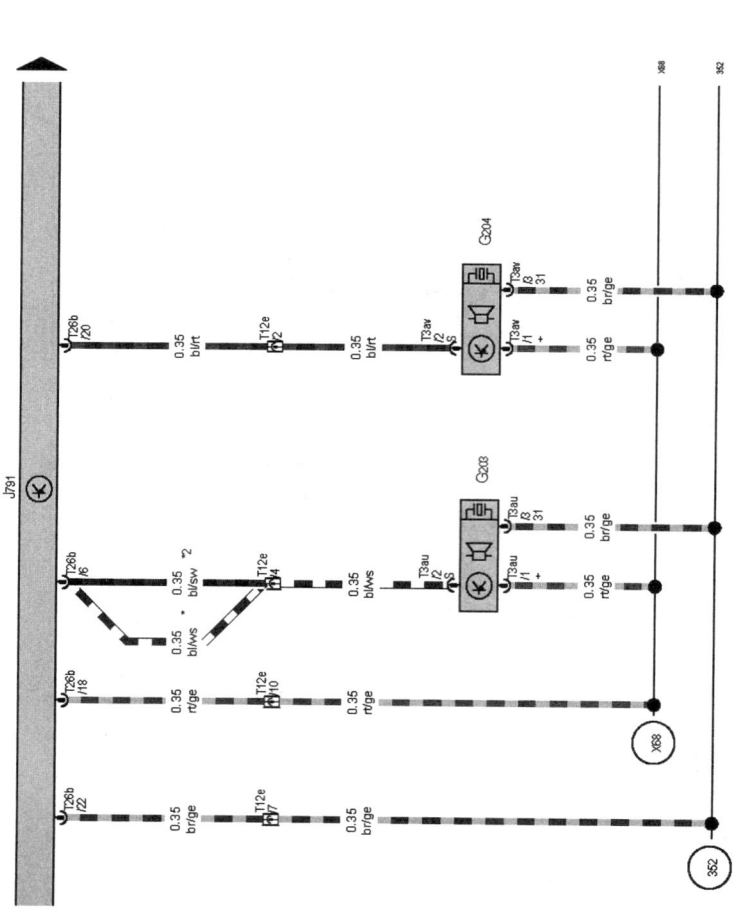

G203-左后泊车雷达系统传感器　G204-左后中部泊车雷达系统传感器　J791-泊车转向辅助系统控制单元　T3au-3芯插头连接，黑色　T3av-3芯插头连接，黑色　T12e-12芯插头连接，后部保险杠内，棕色　T26b-26芯插头连接，黑色　352-接地连接（泊车雷达系统），在后保险杠导线束中　X68-连接（泊车雷达系统），在后保险杠导线束中　*-自2017年6月起　*2-截至2017年6月

图 2-3-30

右后中部泊车雷达系统传感器、右后泊车雷达系统传感器、泊车转向辅助系统控制单元

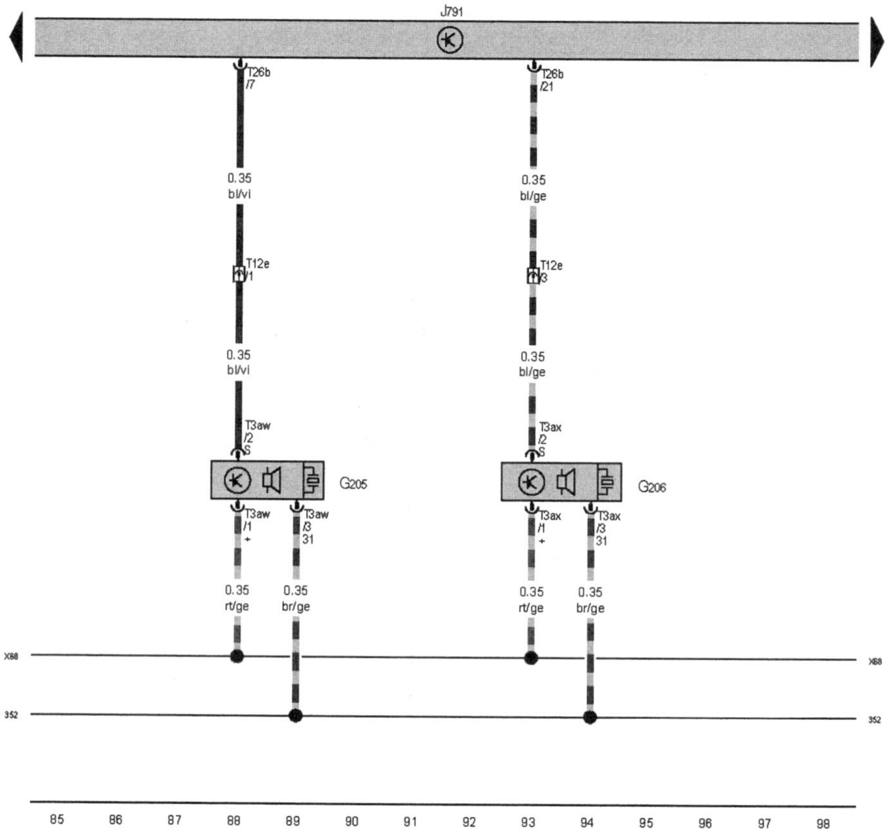

G205-右后中部泊车雷达系统传感器　G206-右后泊车雷达系统传感器　J791-泊车转向辅助系统控制单元　T3aw-3芯插头连接，黑色　T3ax-3芯插头连接，黑色　T12e-12芯插头连接，后部保险杠内，棕色　T26b-26芯插头连接，黑色　352-接地连接（泊车雷达系统），在后保险杠导线束中　X68-连接（泊车雷达系统），在后保险杠导线束中

图 2-3-31

转向角传感器、转向扭矩传感器、助力转向控制单元、机电式伺服转向电机

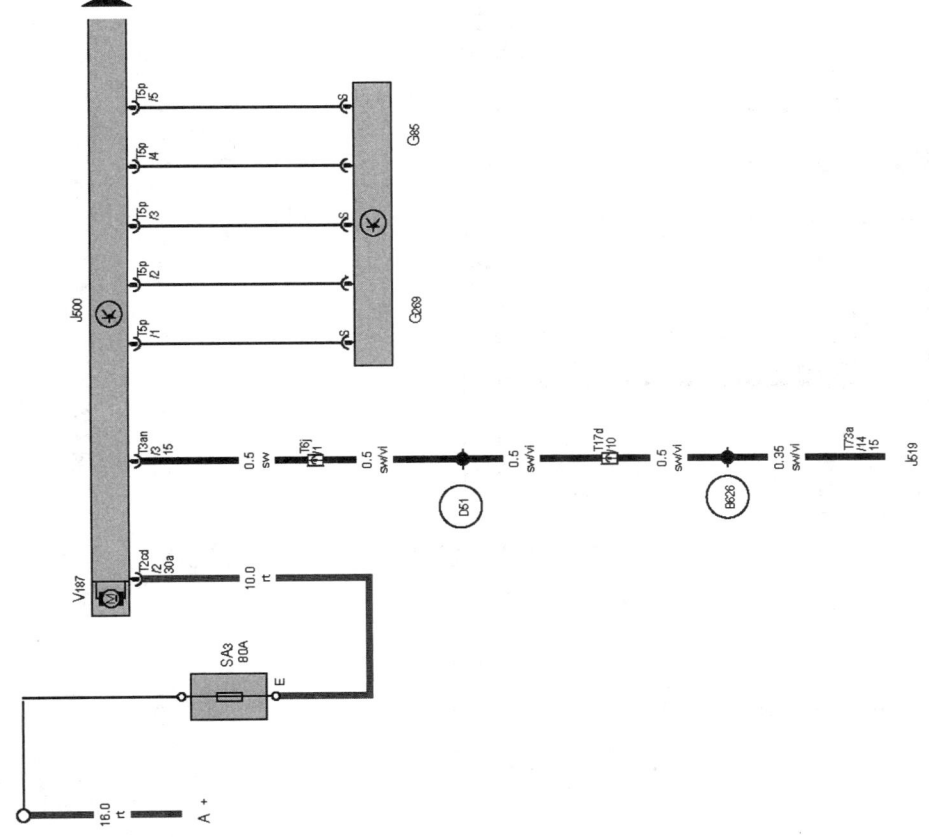

1	2	3	4	5	6	7	8	9	10	11	12	13	14

A-蓄电池 G85-转向角传感器 G269-转向扭矩传感器 J500-助力转向控制单元 J519-车载电网控制单元 SA3-保险丝架A上的保险丝3 T2cd-2芯插头连接 T3an-3芯插头连接，黑色 T5p-5芯插头连接，黑色 T6j-6芯插头连接，黑色 T17d-17芯插头连接，黑色 T73a-73芯插头连接，蓝色 T73a-73芯插头连接，发动机舱内左后部，左侧 A柱下部，左侧 A柱连接中 D51-正极连接1 芯插头连接，黑色 V187-机电式伺服转向电机 B626-正极连接2（15），在主导线束中（15），在发动机舱导线束中

图 2-3-33

左后泊车转向辅助系统传感器、右后泊车转向辅助系统传感器、机后泊车转向辅助系统传感器、泊车转向辅助系统控制单元

99	100	101	102	103	104	105	106	107	108	109	110	111	112

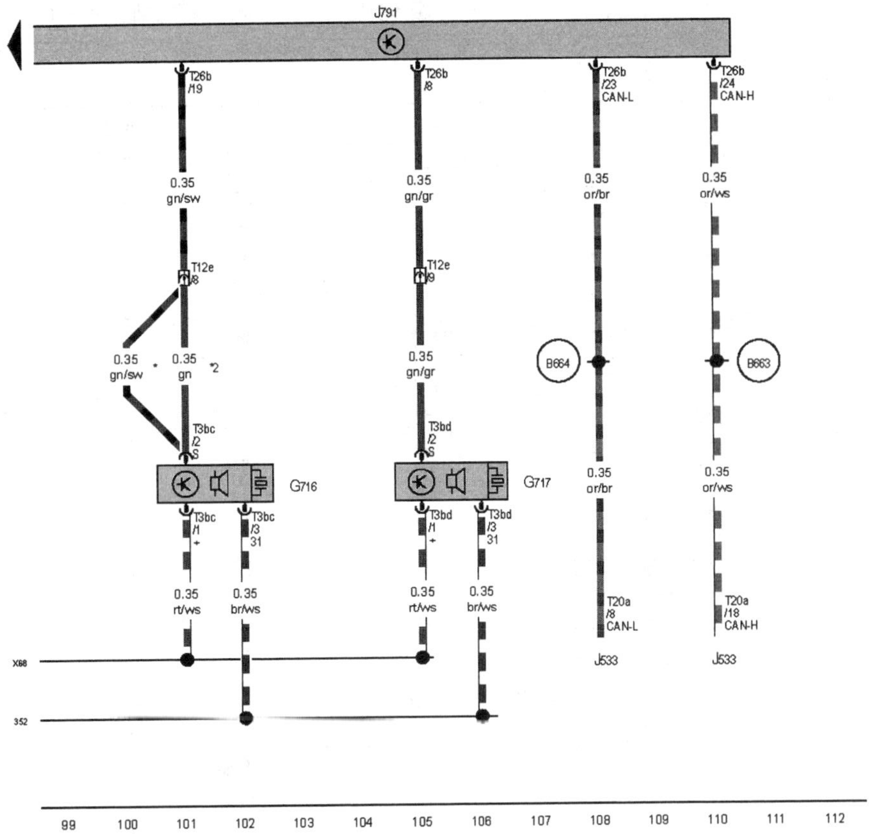

G716-左后泊车转向辅助系统传感器 G717-右后泊车转向辅助系统传感器 J533-数据总线诊断接口 J791-泊车转向辅助系统控制单元 T3bc-3芯插头连接 T3bd-3芯插头连接，黑色 T12e-12芯插头连接，黑色 T20a-20芯插头连接，红色 T26b-26芯插头连接CAN总线，黑色 352-接地连接（泊车雷达系统） B663-连接 B664-连接 B626-正极连接2（15），在主导线束中 X68-连接，在主导线束中 后部保险杠内，在后保险杠线束内 底盘传感器CAN总线（Low），在主导线束中 后盘传感器CAN总线（High），在后保险杠线束中 *-自2017年6月起 *2-截至2017年6月

图 2-3-32

193

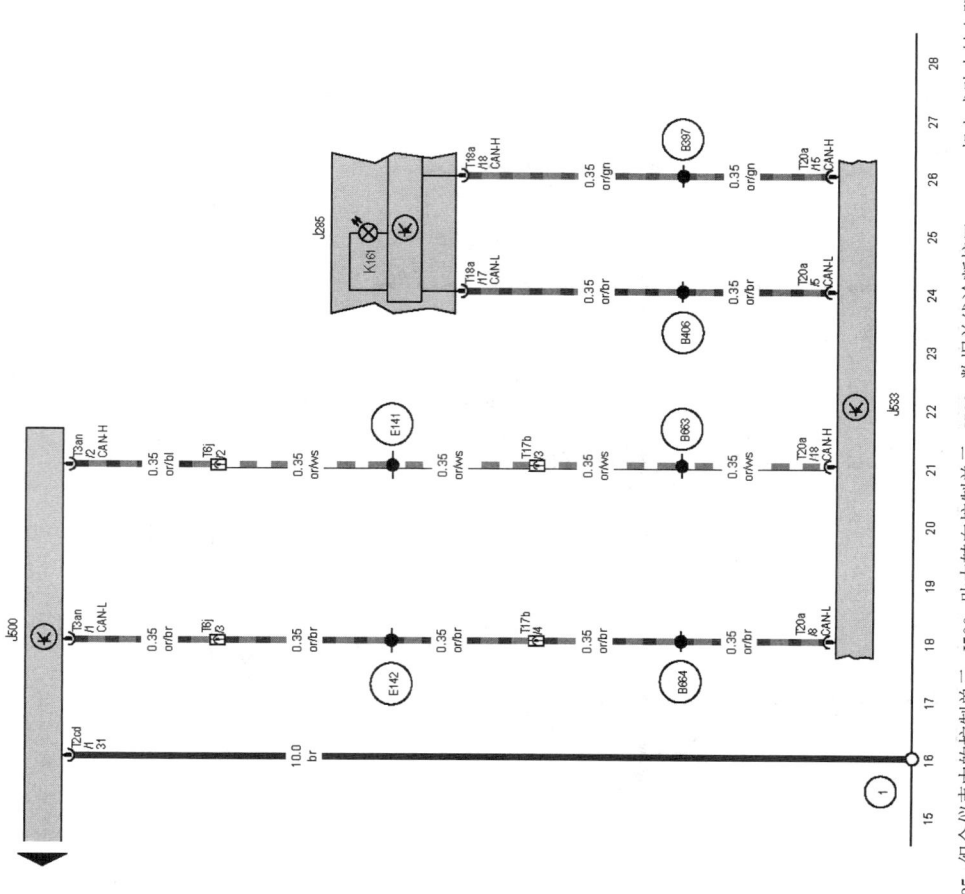

安全气囊卷簧和带滑环的复位环、信号喇叭、多功能方向盘控制单元、转向柱电子装置控制单元

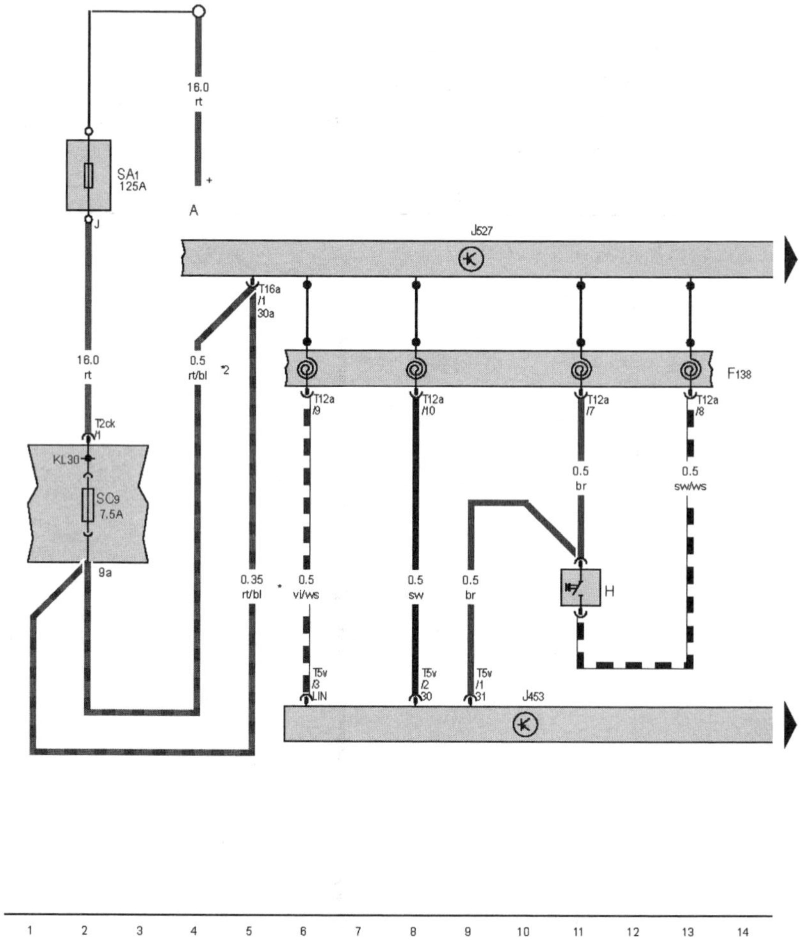

A-蓄电池 F138-安全气囊卷簧和带滑环的复位环 J527-转向柱电子装置控制单元 J453-多功能方向盘控制单元 H-信号喇叭 SA1-保险丝架A上的保险丝1 SC9-保险丝架C上的保险丝9 T2ck-2芯插头连接，黑色 T5v-5芯插头连接，黑色 T12a-12芯插头连接，黑色 T16a-16芯插头连接，黄色 T2k-2芯插头连接，黑色 *1-自2017年6月起 *2-截至2017年6月

图2-3-35

组合仪表中的控制单元、助力转向控制单元、数据总线诊断接口、机电式助力转向指示灯

J285-组合仪表中的控制单元 J500-助力转向控制单元 J533-数据总线诊断接口 K161-机电式助力转向器指示灯 T2cd-2芯插头连接 T3an-3芯连接，黑色 T6j-6芯插头连接，黑色 T3an-3芯插头连接，发动机舱内左后部，黑色 T17b-17芯插头连接，左侧A柱下部，棕色 T18a-18芯插头连接，红色 T20a-20芯插头连接，红色 1-蓄电池—车身 B397-连接1（舒适CAN总线，High），在主导线束中 B406-连接1 CAN总线，在主导线束中 B664-连接（底盘传感器CAN总线，Low），在主导线束中 B663-连接（底盘传感器CAN总线，High），在主导线束中 E141-连接（底盘传感器CAN总线，Low），在主导线束中 E142-连接（底盘传感器CAN总线，Low），在发动机舱导线束中

图2-3-34

194

方向盘中的左侧多功能按钮、多功能方向盘控制单元、转向柱电子装置控制单元

方向盘中的右侧多功能按钮、多功能方向盘控制单元、转向柱电子装置控制单元

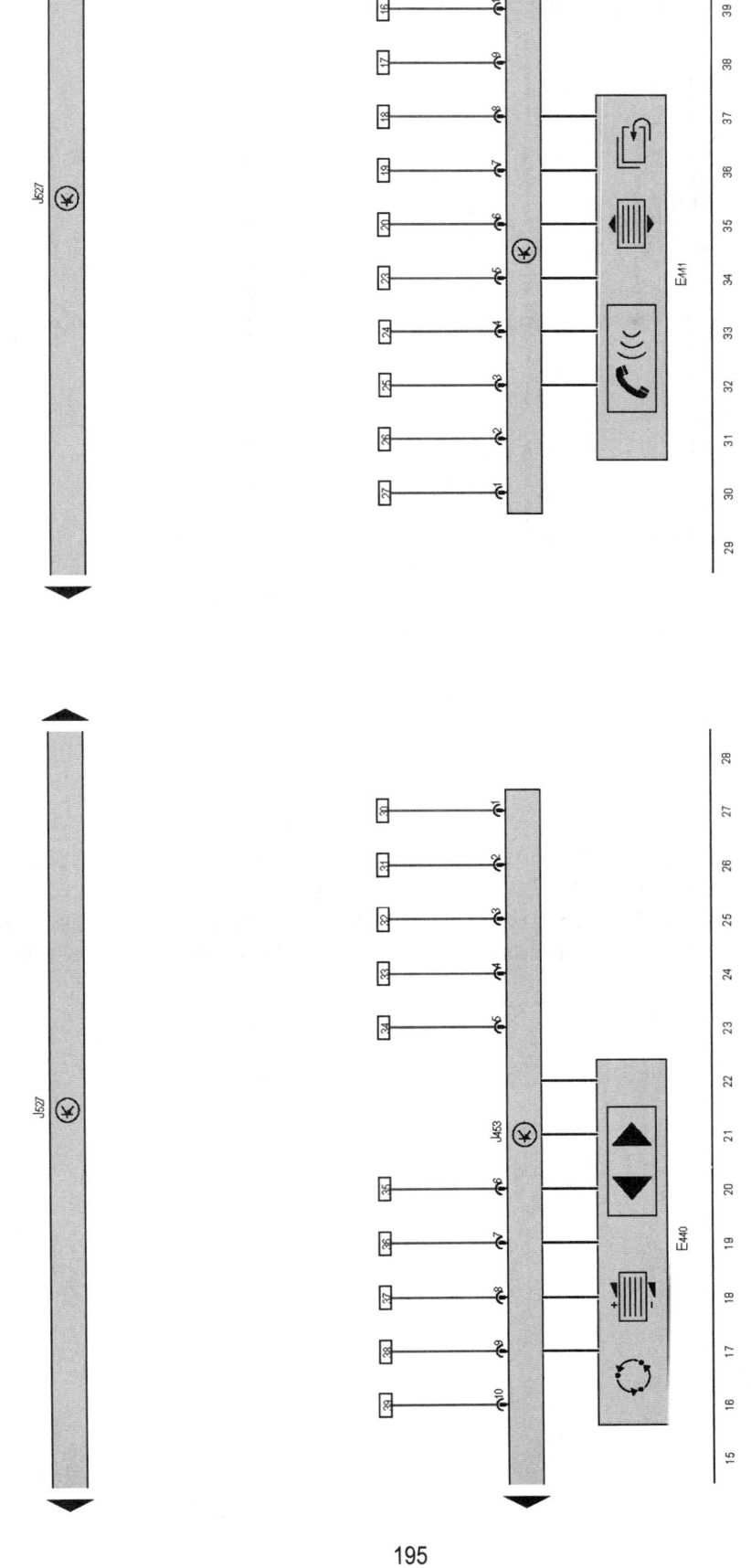

E440-方向盘中的左侧多功能按钮 J453-多功能方向盘控制单元 J527-转向柱电子装置控制单元

图 2-3-36

E441-方向盘中的右侧多功能按钮 J453-多功能方向盘控制单元 J527-转向柱电子装置控制单元 T16a-16
芯插头连接，黑色 368-接地连接3，在主导线束中 664-左侧仪表板后面接地点

图 2-3-37

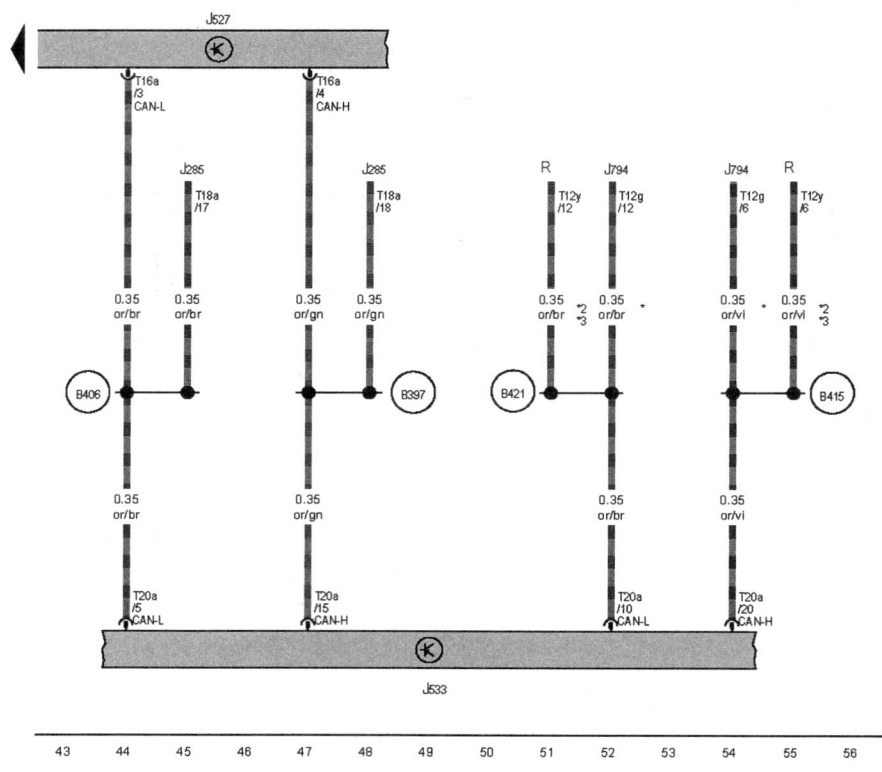

J285-组合仪表中的控制单元 J527-转向柱电子装置控制单元 J533-数据总线诊断接口 J794-电子通信信息设备1控制单元 R-收音机 T12g-12芯插头连接，灰色 T12y-12芯插头连接，灰色 T16a-16芯插头连接，黑色 T18a-18芯插头连接，黑色 T20a-20芯插头连接，红色 B397-连接1（舒适 CAN 总线，High），在主导线束中 B406-连接1（舒适 CAN 总线，Low），在主导线束中 B415-连接1（信息娱乐 CAN 总线，High），在主导线束中 B421-连接1（信息娱乐 CAN 总线，Low），在主导线束中 *-截至2017年6月 *2-用于带收音机MIB-G第2代标准型增强版的汽车 *3-自 2017 年6月起

图 2-3-38

第四节　电气系统

电气系统电路图（自2014年1月起）的图号和图名对照表见表2-4-1。

表2-4-1　电气系统电路图（自2014年1月起）的图号和图名对照表

图号	图名
图2-4-1 ～图2-4-8	安全气囊系统
图2-4-9 ～图2-4-17	全自动空调
图2-4-18 ～图2-4-23	带手动调节的空调
图2-4-24 ～图2-4-34	进入及启动许可
图2-4-35 ～图2-4-51	舒适便捷系统
图2-4-52 ～图2-4-56	电动座椅调节装置，不带记忆功能
图2-4-57 ～图2-4-60	座椅加热装置
图2-4-61 ～图2-4-70	带记忆功能的座椅和后视镜调节装置
图2-4-71	电动滑动天窗
图2-4-72 ～图2-4-73	倒车摄像机系统适配装置
图2-4-74 ～图2-4-78	后部泊车雷达系统（PDC）
图2-4-79 ～图2-4-83	自动车距控制（自2015年7月起）
图2-4-84 ～图2-4-86	自动车距控制（自2017年6月起）
图2-4-87 ～图2-4-89	换道辅助系统（自2017年6月起）
图2-4-90 ～图2-4-101	LED大灯（自2017年6月起）
图2-4-102 ～图2-4-111	带自动大灯照明距离调节功能的气体放电大灯
图2-4-112	230V插座
图2-4-113 ～图2-4-117	收音机装置
图2-4-118 ～图2-4-124	收音机—导航系统
图2-4-125 ～图2-4-131	收音机
图2-4-132 ～图2-4-133	自动防眩车内后视镜、雨量传感器
图2-4-134 ～图2-4-141	组合仪表
图2-4-142 ～图2-4-156	数据总线联网
图2-4-157 ～图2-4-185	保险丝配置

接线端15供电继电器

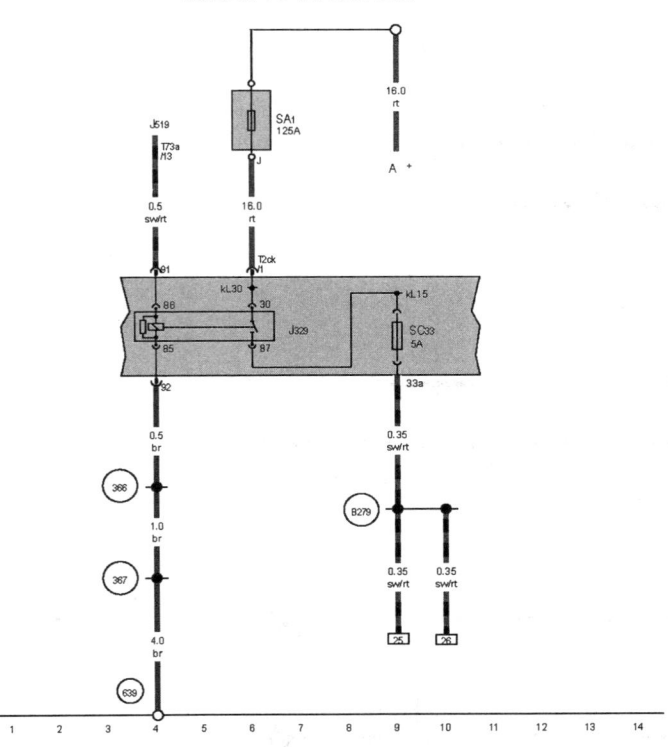

A-蓄电池　J329-接线端15供电继电器　J519-车载电网控制单元　SA1-保险丝架A上的保险丝1　SC33-保险丝架C_二的保险丝33　T2ck-2芯插头连接，黑色　T73a-73芯插头连接，黑色　366-接地连接1，在主导线束中　367-接地连接2，在主导线束中　639-左A柱上的接地点　E279-正极连接3（15a），在主导线束中

图2-4-1

安全气囊卷簧和带滑环的复位环、驾驶员侧前部安全气囊碰撞传感器、安全气囊控制单元、转向柱电子装置控制单元、驾驶员侧安全气囊引爆装置

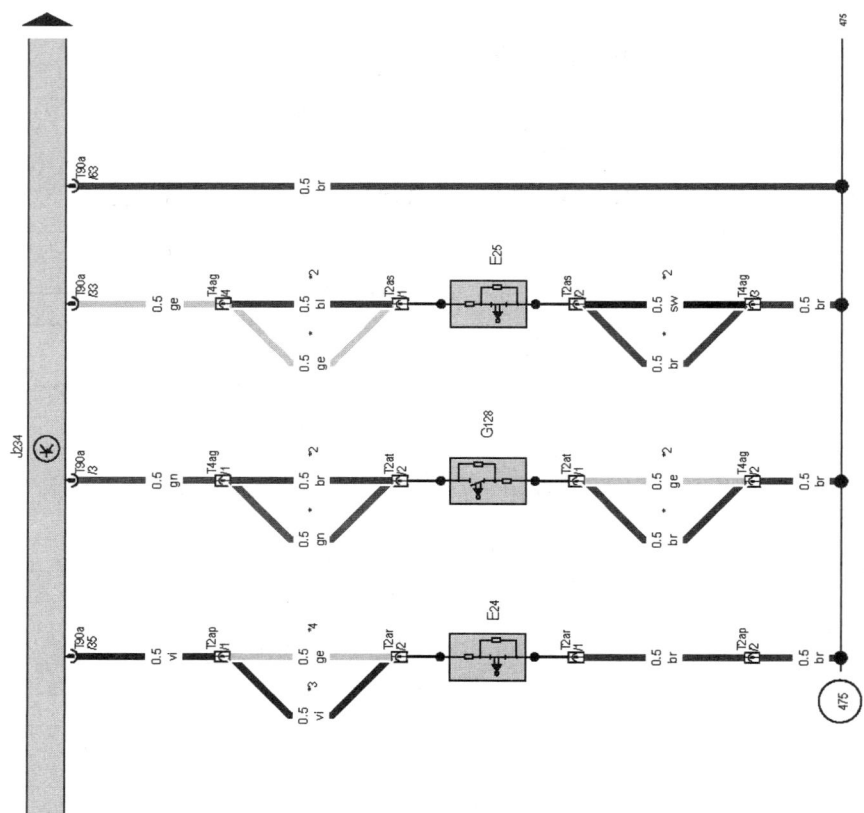

驾驶员侧安全带开关、副驾驶员侧安全带开关、副驾驶员侧安全气囊碰撞传感器、安全气囊控制单元

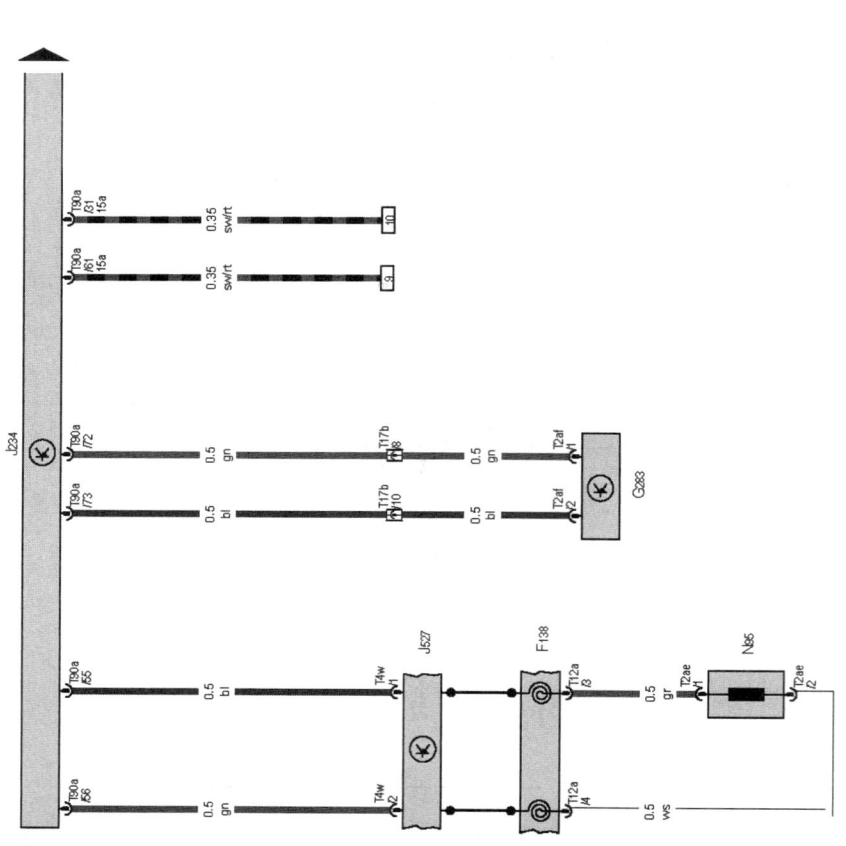

图 2-4-3

图 2-4-2

E24-驾驶员侧安全带开关 E25-副驾驶员侧安全带开关 G128-副驾驶员侧座椅占用传感器 J234-安全气囊控制单元 T2ap-2芯插头连接,驾驶员座椅下方,黑色 T2ar-2芯插头连接,黑色 T2as-2芯插头连接,黑色 T4ag-4芯插头连接,蓝色 T90a-90芯插头连接,黑色,副驾驶员座椅下方,黑色 T90a-90芯插头连接,黑色 475-接地连接(安全气囊),在主导线束中 *1-截至2015年7月 *2-自2015年7月起 *3-自2017年6月起 *4-截至2017年6月

F138-安全气囊卷簧和带滑环的复位环 G283-驾驶员侧前部安全气囊碰撞传感器 J234-安全气囊控制单元 J527-转向柱电子装置控制单元 N95-驾驶员侧安全气囊引爆装置 T2ae-2芯插头连接,黄色 T2af-2芯插头连接,黄色 T2a-2芯插头连接,黄色 T4w-4芯插头连接,黄色 T12a-12芯插头连接,黄色 T17b-17芯插头连接,黄色 T17b-17芯插头连接,黄色,左侧A柱下部,棕色 T90a-90芯插头连接,黄色

198

安全气囊控制单元、副驾驶员侧安全气囊引爆装置、驾驶员侧面安全气囊引爆装置 1、驾驶员侧安全气囊引爆装置、副驾驶员侧面安全气囊引爆装置

驾驶员侧侧面安全气囊碰撞传感器、副驾驶员侧侧面安全气囊碰撞传感器、安全气囊控制单元

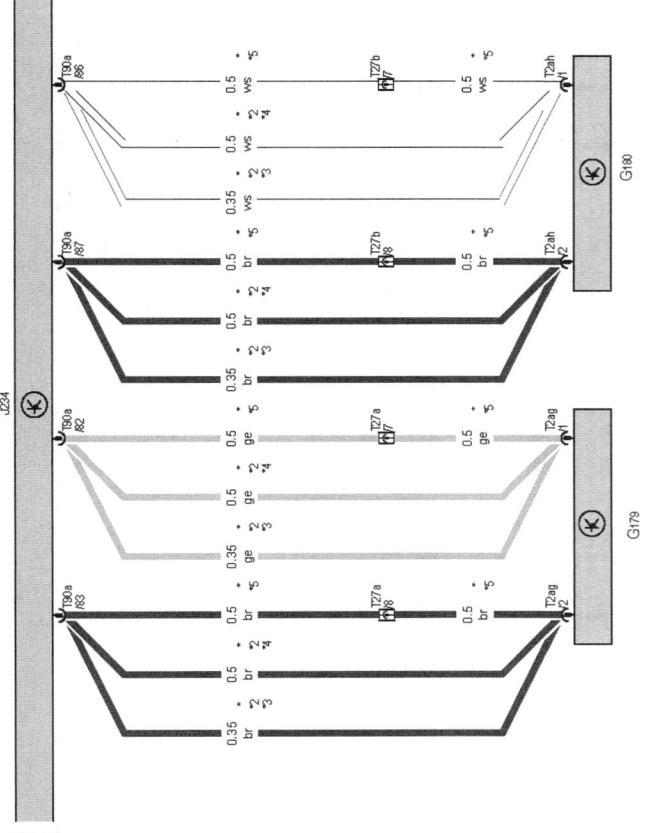

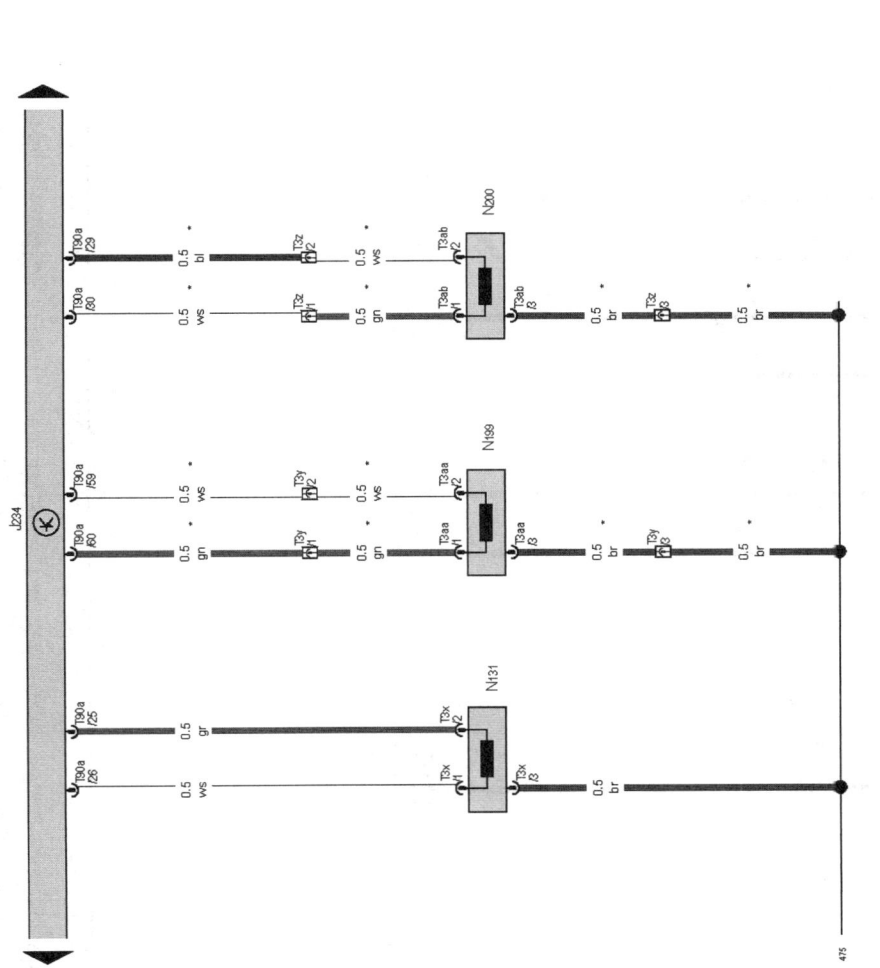

图 2-4-4

J234-安全气囊控制单元 N131-副驾驶员侧安全气囊引爆装置 N199-驾驶员侧面安全气囊引爆装置1 N200-副驾驶员侧面安全气囊引爆装置 T3aa-3芯插头连接，白色 T3ab-3芯插头连接，白色 T3x-3芯插头连接，黄色 T3y-3芯插头连接，黄色 T3z-3芯插头连接，黄色 T90a-90芯插头连接，黄色 475-接地连接（安全气囊），在主导线束中 *-用于带侧面安全气囊的汽车

图 2-4-5

G179-驾驶员侧侧面安全气囊碰撞传感器 G180-副驾驶员侧侧面安全气囊碰撞传感器 J234-安全气囊控制单元 T2ag-2芯插头连接，黄色 T2ah-2芯插头连接，黄色 T27a-27芯插头连接，左侧A柱上，黑色 T27b-27芯插头连接，右侧A柱上，黑色 T90a-90芯插头连接，黄色 *1-用于带侧面安全气囊的汽车 *2-用于不带侧面安全气囊的汽车 *3-自2017年6月起 *4-截至2017年6月 *5-用于带头部安全气囊的汽车

驾驶员侧头部安全气囊碰撞传感器、安全气囊控制单元、驾驶员侧安全带拉紧器引爆装置

1、副驾驶员侧安全带拉紧器引爆装置1

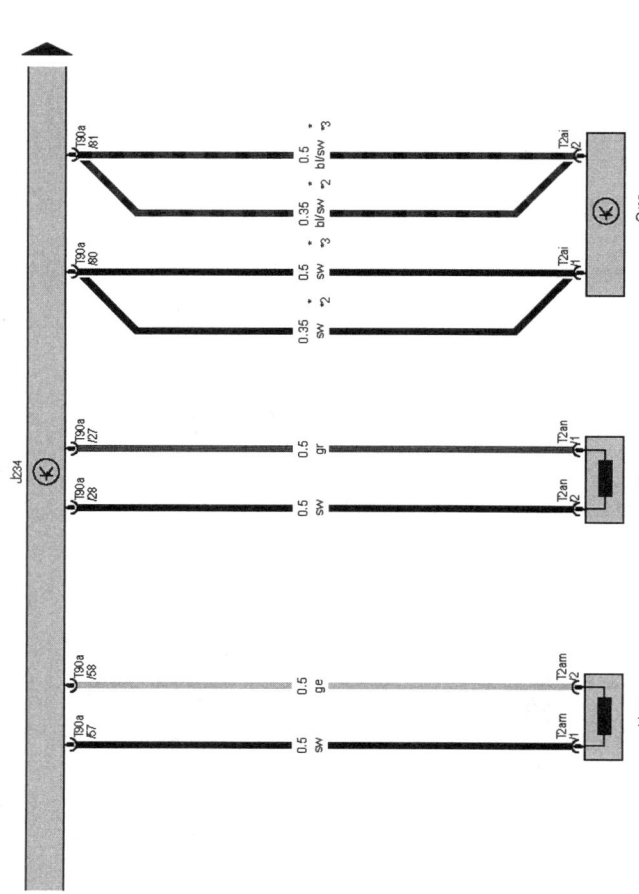

副驾驶员侧头部安全气囊碰撞传感器、安全气囊控制单元、驾驶员头部安全气囊引爆装置、副驾驶员侧头部安全气囊引爆装置

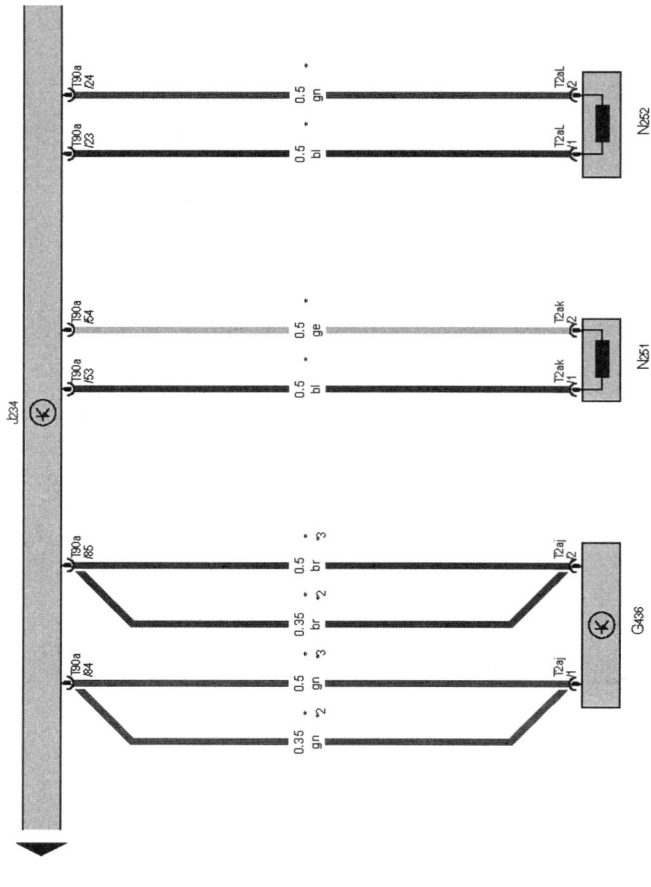

G435-驾驶员侧头部安全气囊碰撞传感器 J234-安全气囊控制单元 N153-驾驶员侧安全带拉紧器引爆装置1 N154-副驾驶员侧安全带拉紧器引爆装置1 T2ai-2芯插头连接 黄色 T2am-2芯插头连接，黄色 T2an-2芯插头连接，黄色 T90a-90芯插头连接，黄色 *-用于带头部安全气囊的汽车 *2-自2017年6月起 *3-截至2017年6月

图 2-4-6

G436-副驾驶员侧头部安全气囊碰撞传感器 J234-安全气囊控制单元 N251-驾驶员侧头部安全气囊引爆装置 N252-副驾驶员侧头部安全气囊引爆装置 T2aj-2芯插头连接，黄色 T2ak-2芯插头连接，黄色 T2aL-2芯插头连接，黄色 T90a-90芯插头连接，黄色 *-用于带头部安全气囊的汽车 *2-自2017年6月起 *3-截至2017年6月

图 2-4-7

| 85 | 86 | 87 | 88 | 89 | 90 | 91 | 92 | 93 | 94 | 95 | 96 | 97 | 98 |

| 71 | 72 | 73 | 74 | 75 | 76 | 77 | 78 | 79 | 80 | 81 | 82 | 83 | 84 |

接线端 15 供电继电器

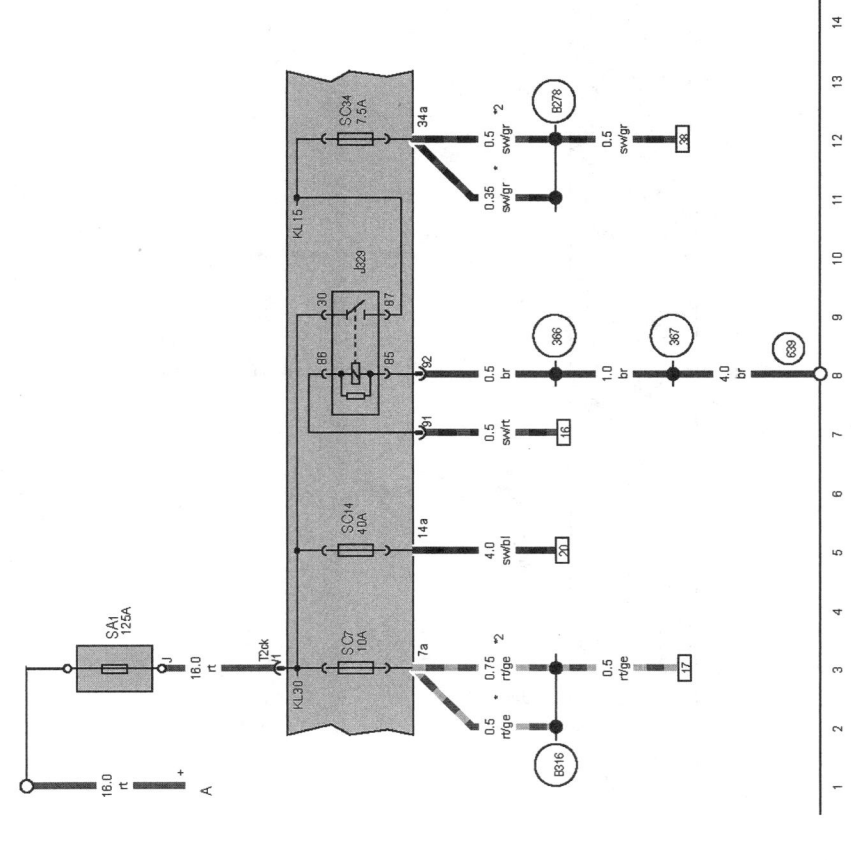

图 2-4-9

A–蓄电池 J329–接线端15供电继电器 SA1–保险丝A上的保险丝1 SC7–保险丝架C上的保险丝7 SC14–保险丝架C上的保险丝14 SC34–保险丝架C上的保险丝34 T2ck–2芯插头连接 T2ck–2芯插头连接 366–接地连接1、在主导线束中 367–接地连接2、在主导线束中 639–左A柱上的接地点 B278–正极连接2（15a），在主导线束中 B316–正极连接2（30a），在主导线束中 *–自2017年6月起 *2–截至2017年6月

安全气囊控制单元、组合仪表中的控制单元、数据总线诊断接口、安全带警告指示灯、安全气囊指示灯

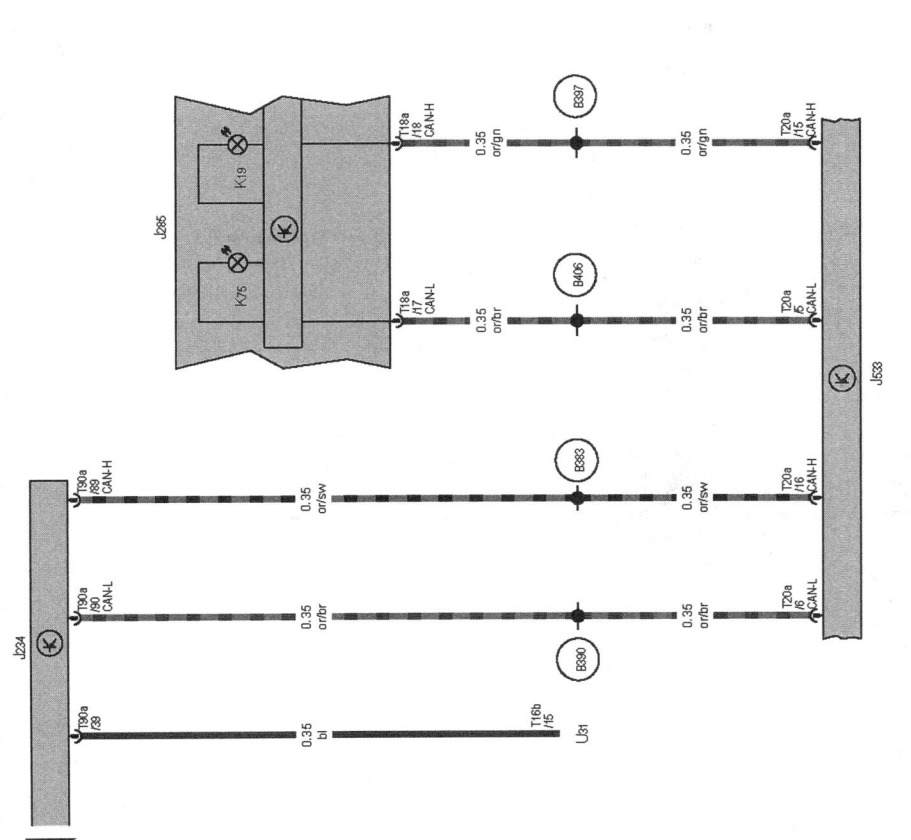

图 2-4-8

J234–安全气囊控制单元 J285–组合仪表中的控制单元 J533–数据总线诊断单元 K19–安全带警告指示灯 K75–安全气囊指示灯 T16b–16芯插头连接 T18a–18芯插头连接 T20a–20芯插头连接 U31–诊断接口 B383–连接1（驱动 CAN 总线，High），在主导线束中 B390–连接1（驱动 CAN 总线，Low），在主导线束中 B397–连接1（舒适 CAN 总线，High），在主导线束中 B406–连接1（舒适 CAN 总线，Low），在主导线束中

201

新鲜空气鼓风机开关、新鲜空气鼓风机控制单元、全自动空调控制单元、车载电网控制
单元、开关照明灯泡、新鲜空气鼓风机

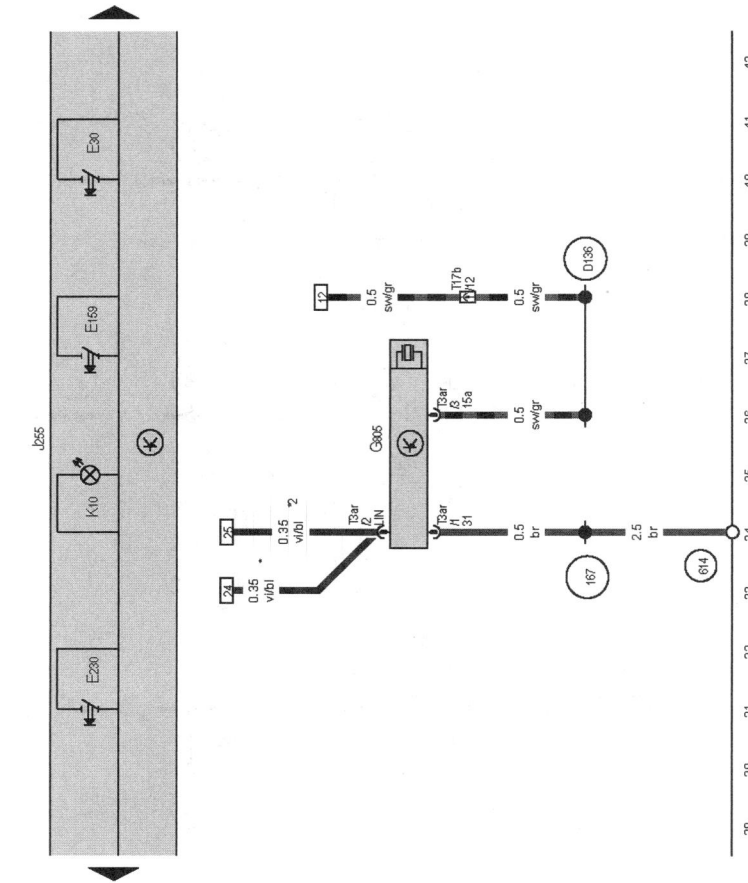

空调器开关、新鲜空气和循环空气风门开关、可加热后窗玻璃按钮、冷却液循环管路压力
传感器、全自动空调控制单元、可加热后窗玻璃指示灯

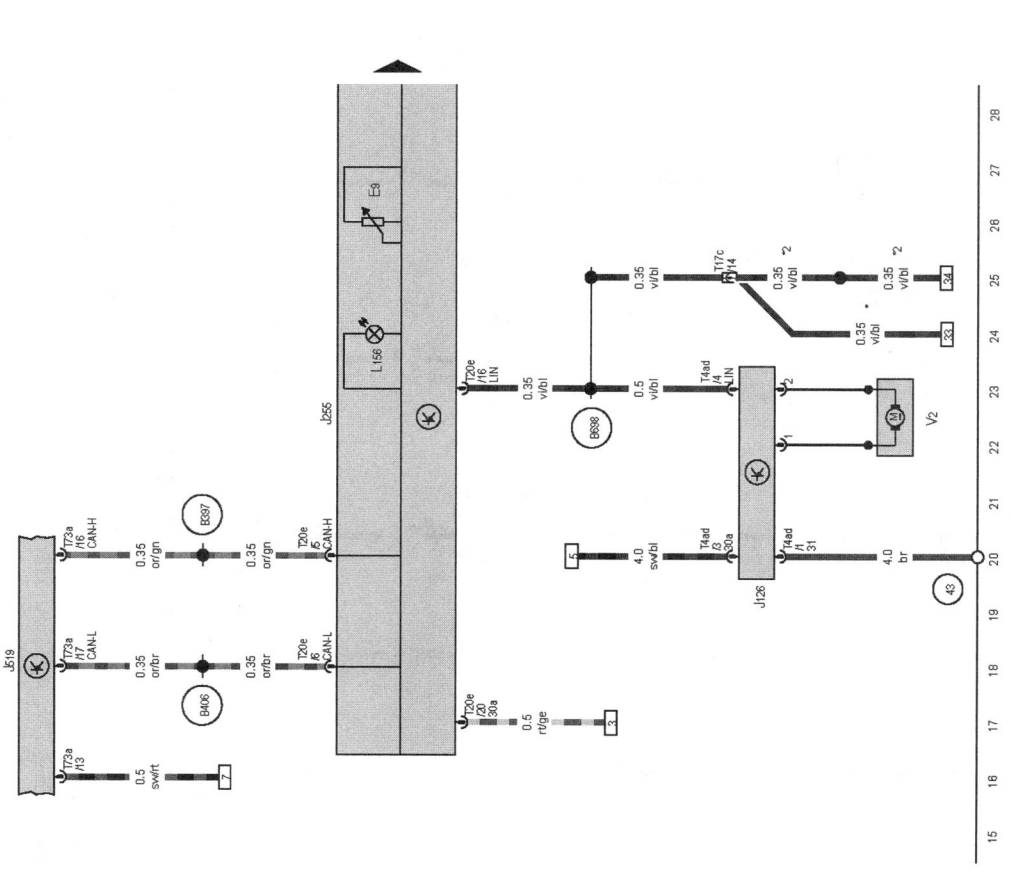

E9-新鲜空气鼓风机开关 J126-新鲜空气鼓风机控制单元 J255-全自动空调控制单元 J519-车载电网控制
单元 L156-开关照明灯泡 T4ad-4芯插头连接 T17c-17芯插头连接，黑色 T20e-
20芯插头连接，黑色 T73a-73芯插头连接，黑色 V2-新鲜空气鼓风机 43-右侧A柱下部的接地点 B397-
连接1（舒适CAN总线，High），在主导线束中 B406-连接1（舒适CAN总线，Low），在主导线束中
B698-连接3（LIN总线），在主导线束中 *-自2017年6月起 *2-截至2017年6月

图 2-4-10

E30-空调器开关 E159-新鲜空气和循环空气风门开关 E230-可加热后窗玻璃按钮 G805-冷却液循环管
路压力传感器 J255-全自动空调控制单元 K10-可加热后窗玻璃指示灯 T3ar-3芯插头连接，黑色 T17b-
17芯插头连接，黑色 T17c-17芯插头连接 167-接地连接4，在发动机舱内右侧接地点2
D136-正极连接2（15a），在发动机舱导线束中 614-发动机舱内右侧接地点2
D136-正极连接2（15a），在发动机舱导线束中 614-发动机舱内右侧接地点2 *-自2017年6月起 *2-截至2017年6月

图 2-4-11

202

阳光照射光电传感器、日照光电传感器、左侧出风口温度调节器、右侧出风口温度调节器、全自动空调控制单元、新鲜空气和车内感器、左侧出风口温度传感器、右侧出风口温度传空气循环运行模式指示灯、空调压缩机调节阀感器、全自动空调控制单元

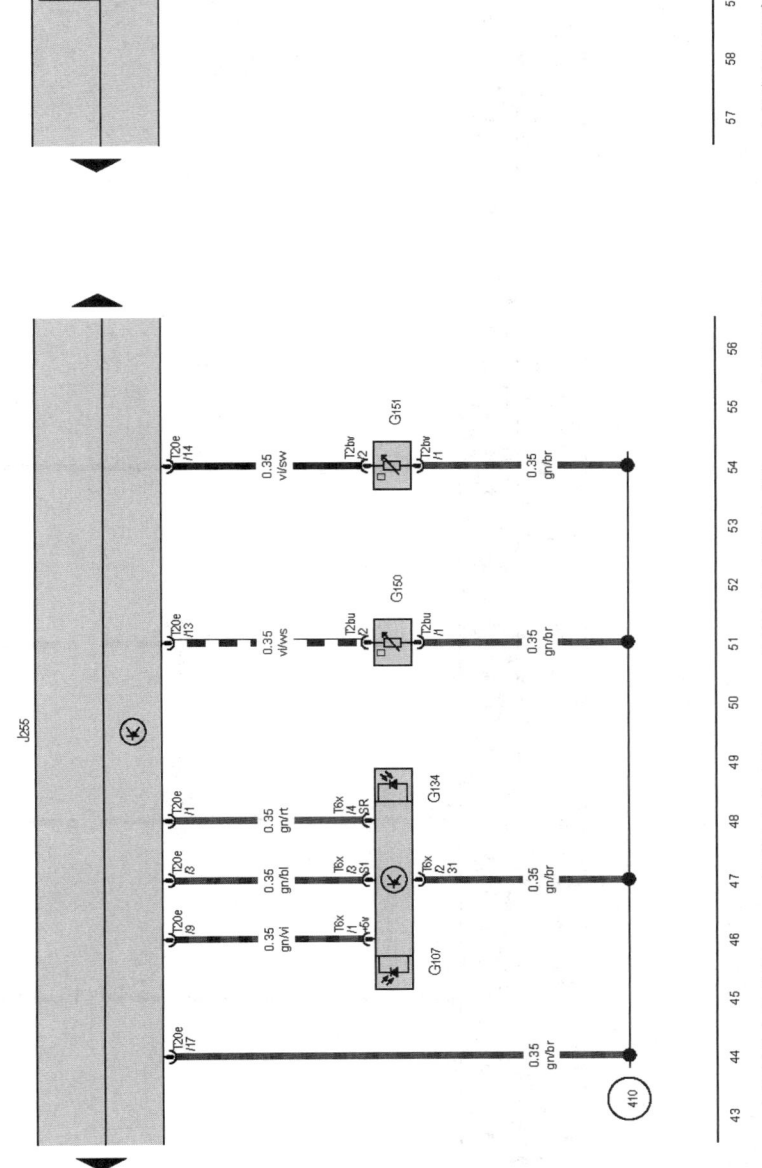

图 2-4-12

图 2-4-13

G107-阳光照射光电传感器 G134-日照光电传感器 G150-左侧出风口温度传感器 G151-右侧出风口温度传感器 G150-左侧出风口温度传感器2 G150-左侧出风口温度传感器 G151-右侧出风口温度传感器 J255-全自动空调控制单元 T2bu-2芯插头连接，黑色 T2bv-2芯插头连接，黑色 T6x-6芯插头连接、黑色 T20c-20芯插头连接，黑色 410-接地连接1（传感器接地），在主导线束中

G155-左侧出风口温度调节器 G156-右侧出风口温度调节器 J255-全自动空调控制单元 K114-新鲜空气和车内空气循环运行模式指示灯 N280-空调压缩机调节阀 T2bv-2芯插头连接，黑色 T4o-4芯插头连接，黑色 T17c-17芯插头连接，左侧A柱下部，左侧A柱下部 T20c-20芯插头连接，黑色 85-接地连接1，在发动机舱导线束中 131-接地连接2，在发动机舱导线束中 673-左前纵梁上的接地点3 *-截至 2017年6月 *2-自2017年6月起

203

左侧温度风门伺服电机电位计、新鲜空气/车内空气循环/速滞压力风门伺服电机电位计、全自动空调控制单元、左侧温度风门伺服电机、新鲜空气/车内空气循环/速滞压力风门伺服电机

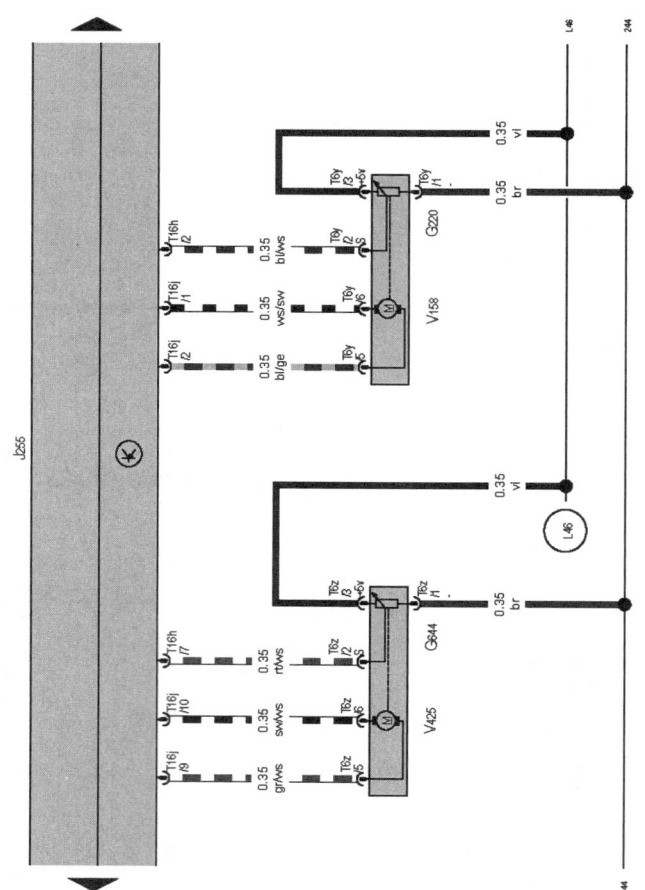

G220-左侧温度风门伺服电机电位计 G644-新鲜空气/车内空气循环/速滞压力风门伺服电机电位计 J255-全自动空调控制单元 T6y-6芯插头连接，蓝色 T6z-6芯插头连接，黑色 T16h-16芯插头连接，黑色 T16j-16芯插头连接，棕色 V158-左侧温度风门伺服电机 V425-新鲜空气/车内空气循环/速滞压力风门伺服电机 244-接地连接（传感器接地），在全自动空调导线束中 L46-连接（5 V），在全自动空调操纵导线束中

图 2-4-15

前部空调操作和显示单元、除霜器运行开关、仪表板温度传感器、脚部空间出风口温度传感器、蒸发器温度传感器、全自动空调控制单元

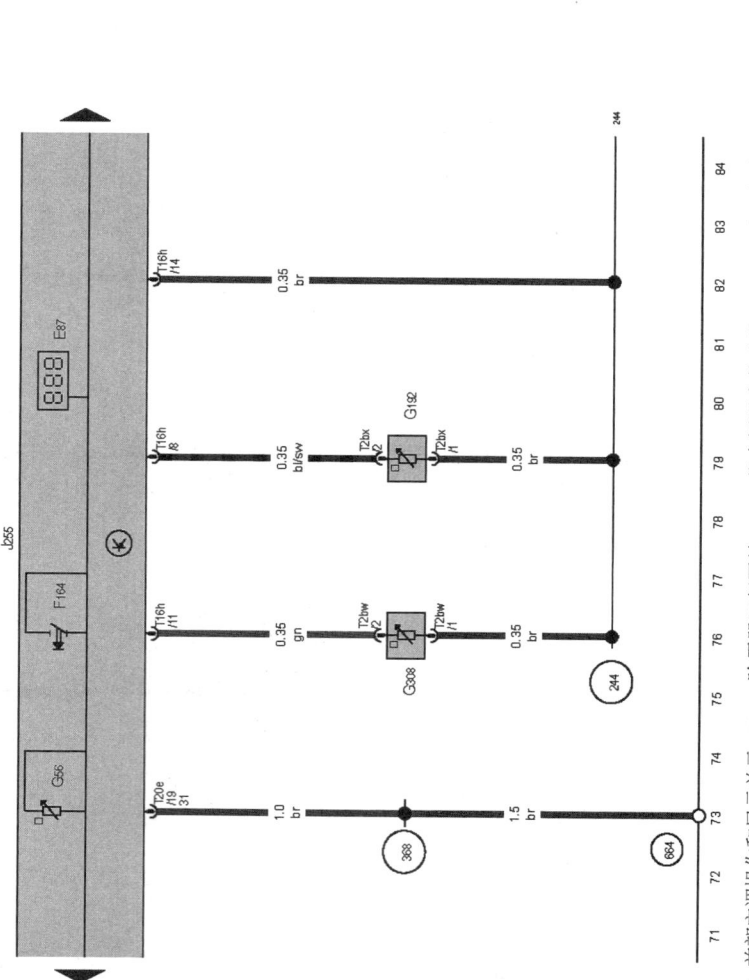

E87-前部空调操作和显示单元 F164-除霜器运行开关 G56-仪表板温度传感器 G192-脚部空间出风口温度传感器 G308-蒸发器温度传感器 J255-全自动空调控制单元 T2bw-2芯插头连接，黑色 T2bx-2芯插头连接，黑色 T16h-16芯插头连接，黑色 T20e-20芯插头连接，黑色 244-接地连接（传感器接地），在全自动空调导线束中 368-接地连接3，在主导线束中 664-左侧仪表板后面接地点

图 2-4-14

204

除霜风门伺服电机电位计、右侧温度风门伺服电机电位计、全自动空调控制单元、除霜风门伺服电机、右侧温度风门伺服电机。

前部气流分配风门伺服电机电位计、全自动空调控制单元、前侧气流分配风门伺服电机。

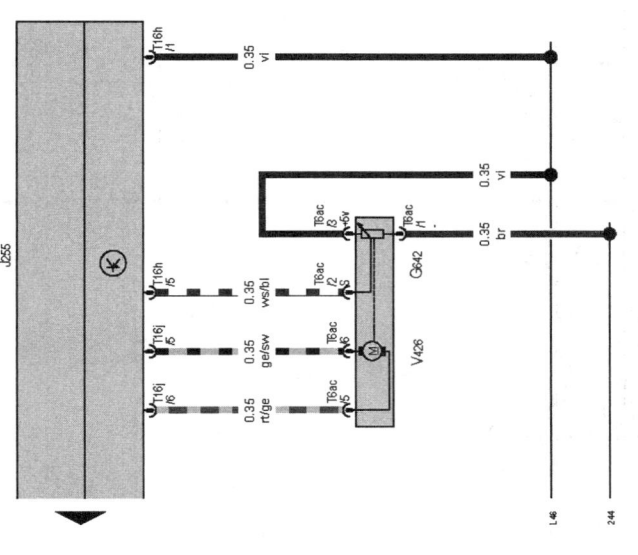
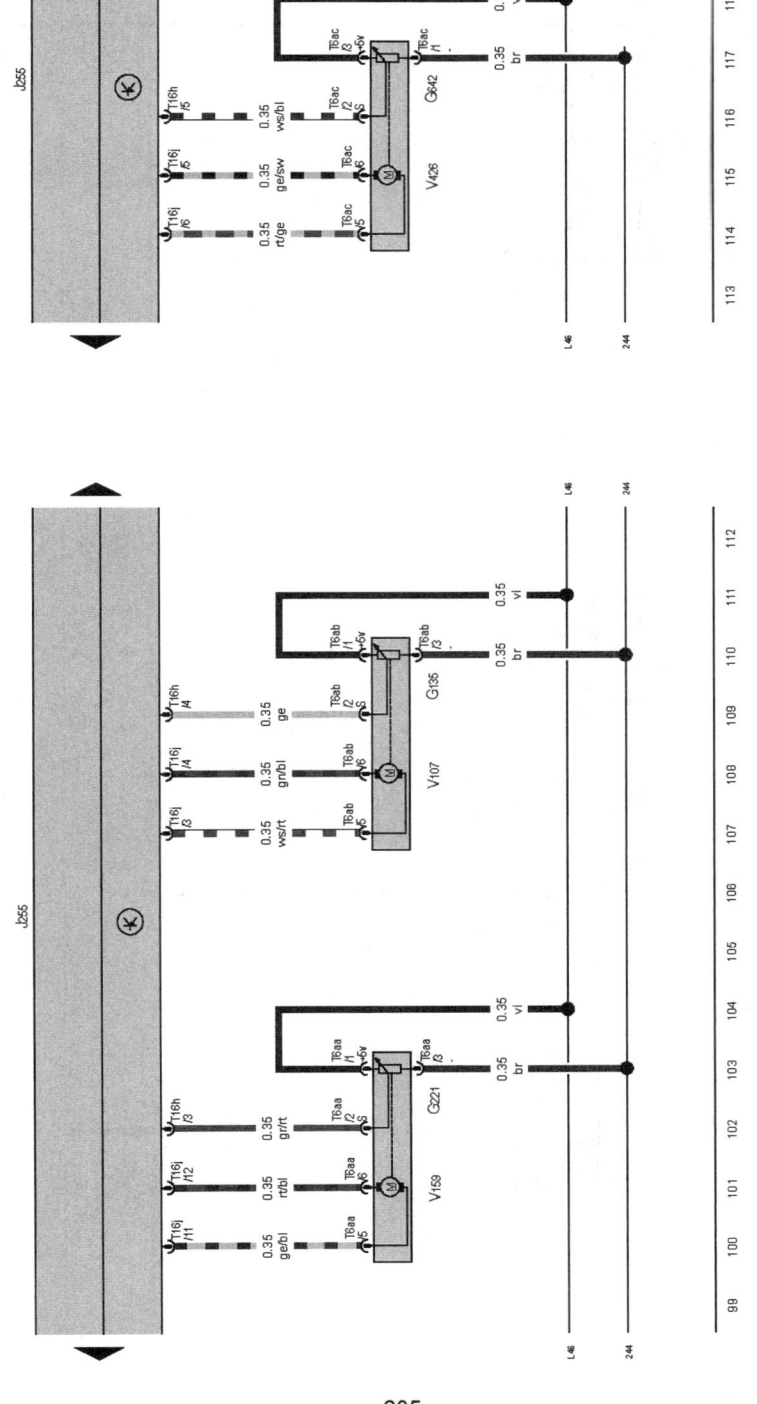

G135-除霜风门伺服电机电位计 G221-右侧温度风门伺服电机电位计 J255-全自动空调控制单元 T6aa-6芯插头连接，蓝色 T6ab-6芯插头连接，蓝色 T16h-16芯插头连接，黑色 T16j-16芯插头连接，棕色 V107-除霜风门伺服电机 V159-右侧温度风门伺服电机 244-接地连接（传感器接地），在全自动空调操纵导线束中 L46-连接（5 V），在全自动空调操纵导线束中

图 2-4-16

G642-前部气流分配风门伺服电机电位计 J255-全自动空调控制单元 T6ac-6芯插头连接，蓝色 T16h-16芯插头连接，蓝色 V426-前侧气流分配风门伺服电机 244-接地连接（传感器接地），在全自动空调操纵导线束中 L46-连接（5 V），在全自动空调操纵导线束中

图 2-4-17

205

新鲜空气鼓风机控制单元、空调器控制单元、车载电网控制单元、新鲜空气鼓风机

接线端 15 供电继电器

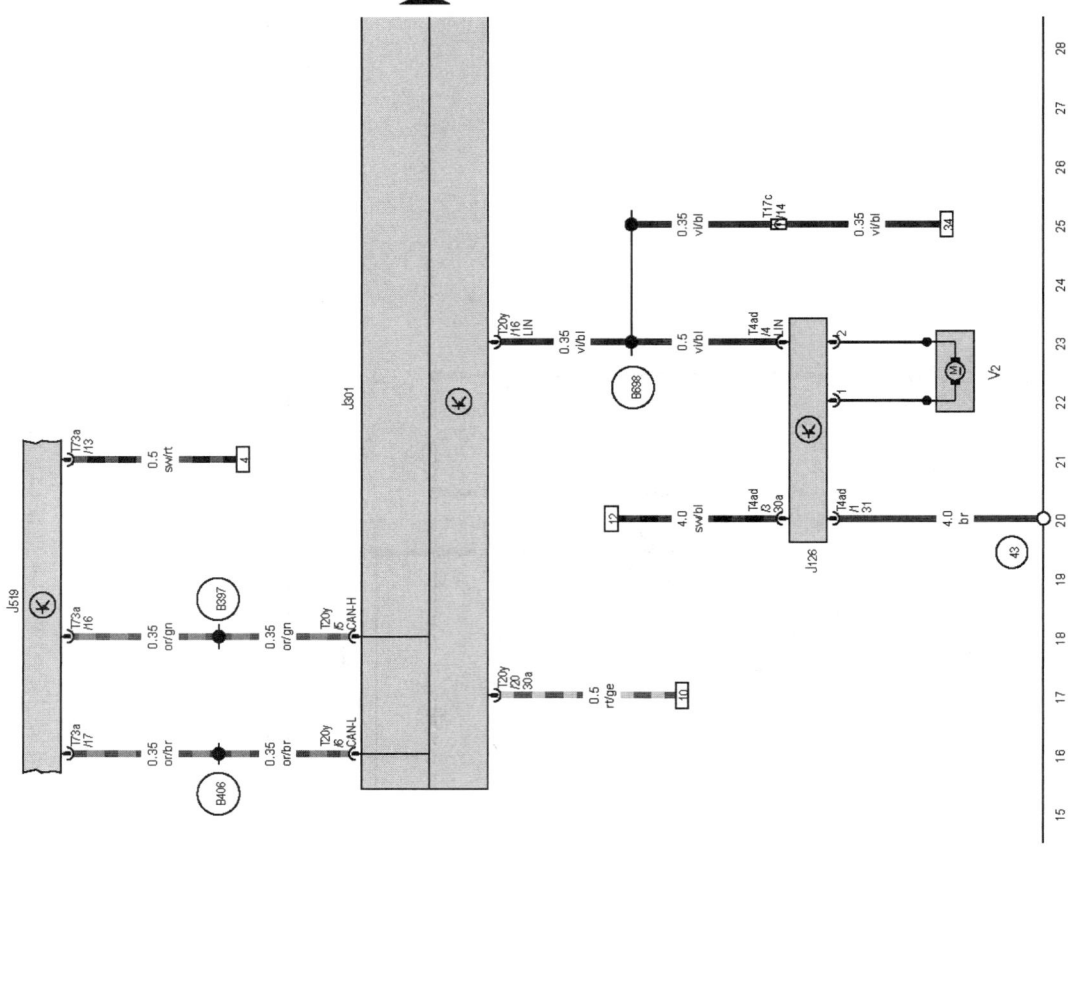

图 2-4-19

J126-新鲜空气鼓风机控制单元 J301-空调器控制单元 J519-车载电网控制单元 T4ad-4芯插头连接 T17c-17芯插头连接，左侧A柱下部，左侧A柱下部 T20y-20芯插头连接，黑色 T73a-73芯插头连接，黑色 V2-新鲜空气鼓风机 43-右侧A柱下部的接地点 B397-连接1（舒适CAN总线，High），在主导线束中 B406-连接1（舒适CAN总线，Low），在主导线束中 B698-连接3（LIN总线），在主导线束中

图 2-4-18

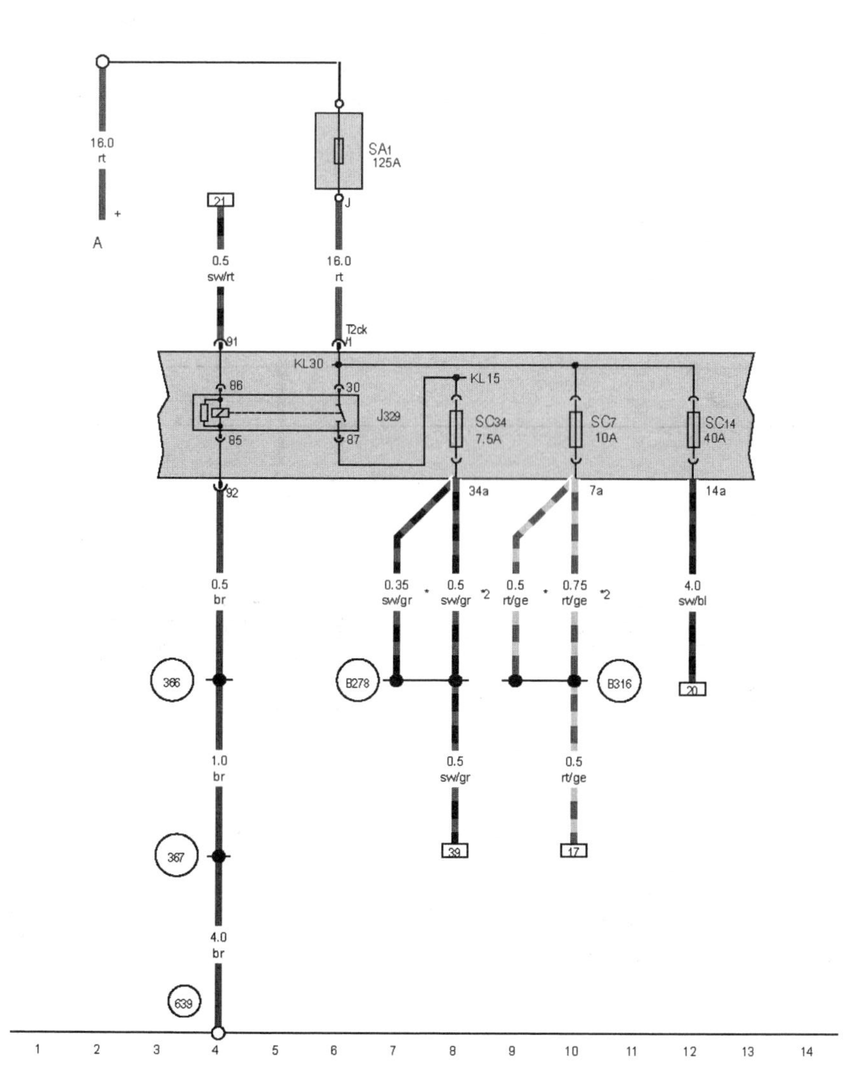

A-蓄电池 J329-接线端15供电继电器 SA1-保险丝架A上的保险丝1 SC7-保险丝架C上的保险丝7 SC14-保险丝架C上的保险丝14 SC34-保险丝架C上的保险丝34 T2ck-2芯插头连接，黑色 366-接地连接1，在主导线束中 367-接地连接2，在主导线束中 639-左A柱上的接地点 B278-正极连接2（15a），在主导线束中 B316-正极连接2（30a），在主导线束中 *-自2017年6月起 *2-截至2017年6月

206

新鲜空气鼓风机开关、温度选择旋钮电位计、冷却液循环管路压力传感器、空调器控制单元、空调器开关照明灯泡

新鲜空气和循环空气风门开关、空调器控制单元、可加热后窗玻璃指示灯、空调压缩机调节阀、车内空气循环风门伺服电机

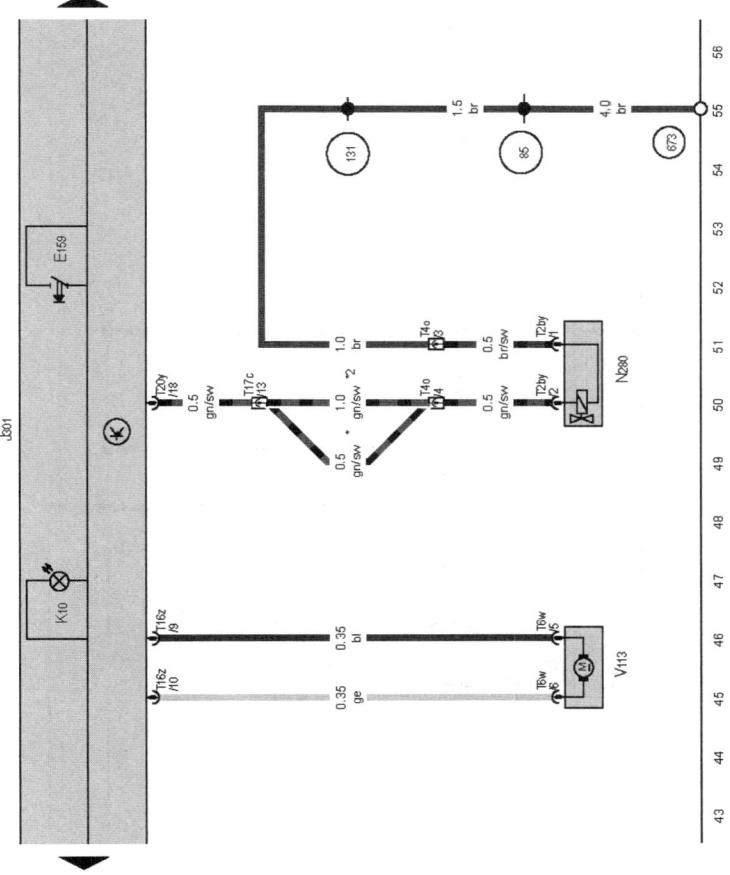

图 2-4-21

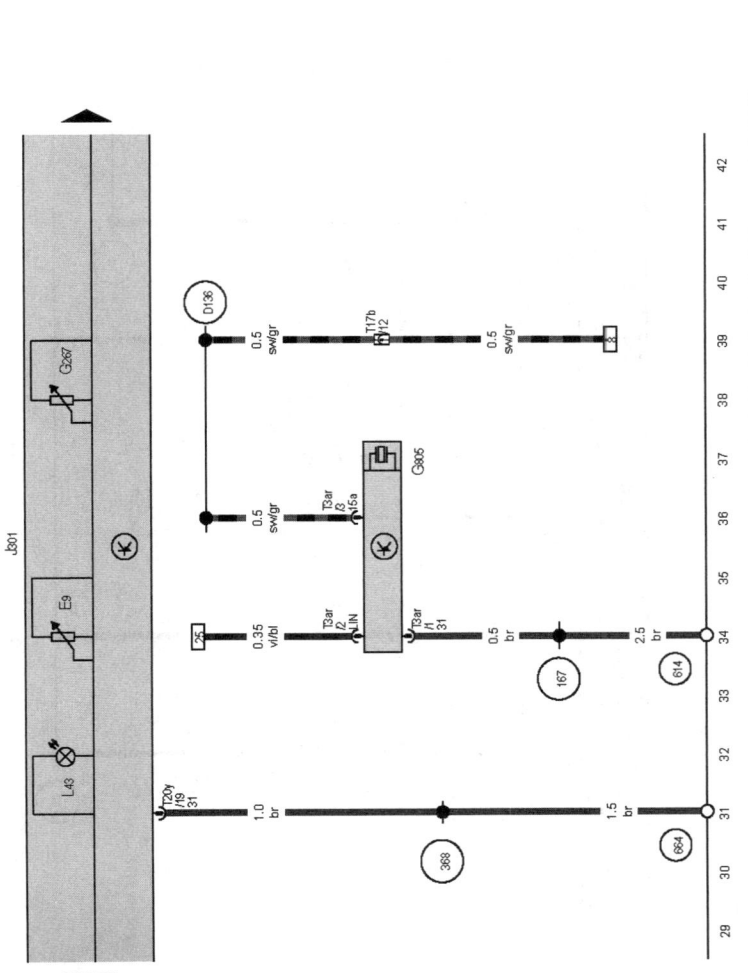

图 2-4-20

E9-新鲜空气鼓风机开关 G267-温度选择旋钮电位计 G805-冷却液循环管路压力传感器 J301-空调器控制单元 L43-空调器开关照明灯泡 T3ar-3芯插头连接、左侧A柱下部、棕色 T17b-17芯插头连接、黑色 T20y-20芯插头连接、黑色 167-接地连接4、在发动机舱导线束中 368-接地连接3、在主导线束中 614-发动机舱内右侧接面接地点2 664-左侧仪表板后面接地点 D136-正极连接2(15a)、在发动机舱的导线束中

E159-新鲜空气和循环空气风门开关 J301-空调器控制单元 K10-可加热后窗玻璃指示灯 N280-空调压缩机调节阀 T2by-2芯插头连接 T4o-4芯插头连接、左前纵梁上、黑色 T6w-6芯插头连接、蓝色 T16z-16芯插头连接、黑色 T17c-17芯插头连接、左侧A柱下部、红色 T20y-20芯插头连接、黑色 V113-车内空气循环风门伺服电机 85-接地连接1、在发动机舱导线束中 131-接地连接2、在发动机舱的导线束中 673-左前纵梁上的接地点3 *-自2017年6月起 *2-截至2017年6月

207

空调器开关、可加热后窗玻璃按钮、温度风门伺服电机电位计、蒸发器温度传感器、空调器控制单元、温度风门伺服电机

除霜器运行开关、气流分配风门伺服电机电位计、空调器控制单元、空调器指示灯、新鲜空气和车内空气循环行模式运行指示灯、气流分配风门伺服电机

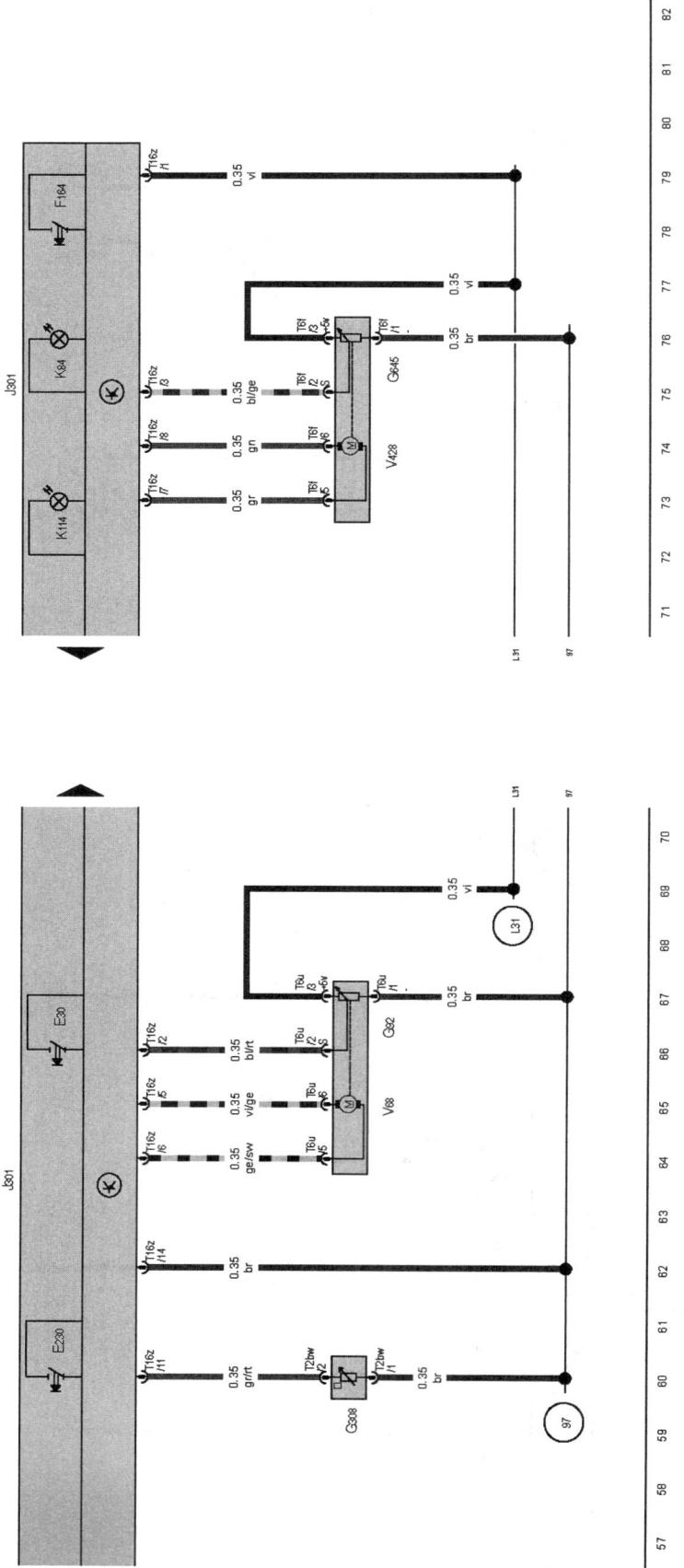

图 2-4-22

图 2-4-23

E30-空调器开关 E230-可加热后窗玻璃按钮 G92-温度风门伺服电机电位计 G308-蒸发器温度传感器 J301-空调器控制单元 T2bw-2芯插头连接 T6u-6芯插头连接，黑色 T16z-16芯插头连接，蓝色 V68-温度风门伺服电机 97-接地连接，在空调器导线束中 L31-连接（5V），在空调器导线束中

F164-除霜器运行开关 G645-气流分配风门伺服电机电位计 J301-空调器控制单元 K84-空调器指示灯 K114-新鲜空气和车内空气循环行模式运行指示灯 T6f-6芯插头连接 T16z-16芯插头连接，黑色 V428-气流分配风门伺服电机 97-接地连接，在空调器导线束中 L31-连接（5V），在空调器导线束中

电子转向柱锁止装置控制单元

启动装置按钮、车载电网控制单元、电子转向柱锁止装置控制单元、点火启动按钮照明灯泡、转向柱锁锁执行元件

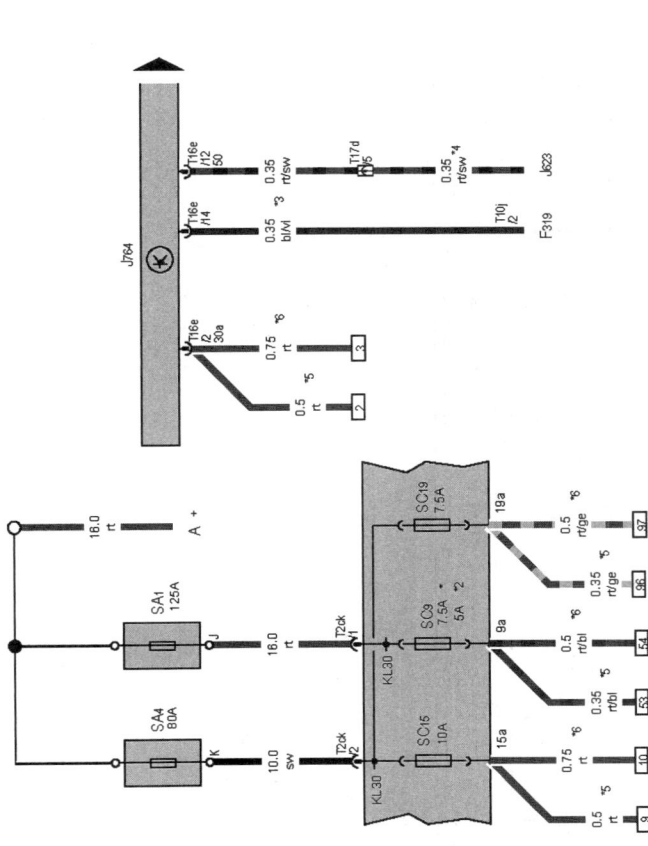

图 2-4-24

图 2-4-25

A-蓄电池 F319-选挡杆挡位P锁止开关 J623-发动机控制单元 J764-电子转向柱锁止装置控制单元 SA1-保险丝架A上的保险丝1 SA4-保险丝架A上的保险丝4 SC9-保险丝架C上的保险丝9 SC15-保险丝架C上的保险丝15 SC19-保险丝架C上的保险丝19 T2ck-2芯插头连接 T10j-10芯插头连接，黑色 T16e-16芯插头连接，黑色 T17d-17芯插头连接，左侧A柱下部 *1-截至2016年1月 *2-自2016年1月起 *3-截至2015年1月 *4-见发动机所适用的电路图 *5-自2017年6月起 *6-截至2017年6月

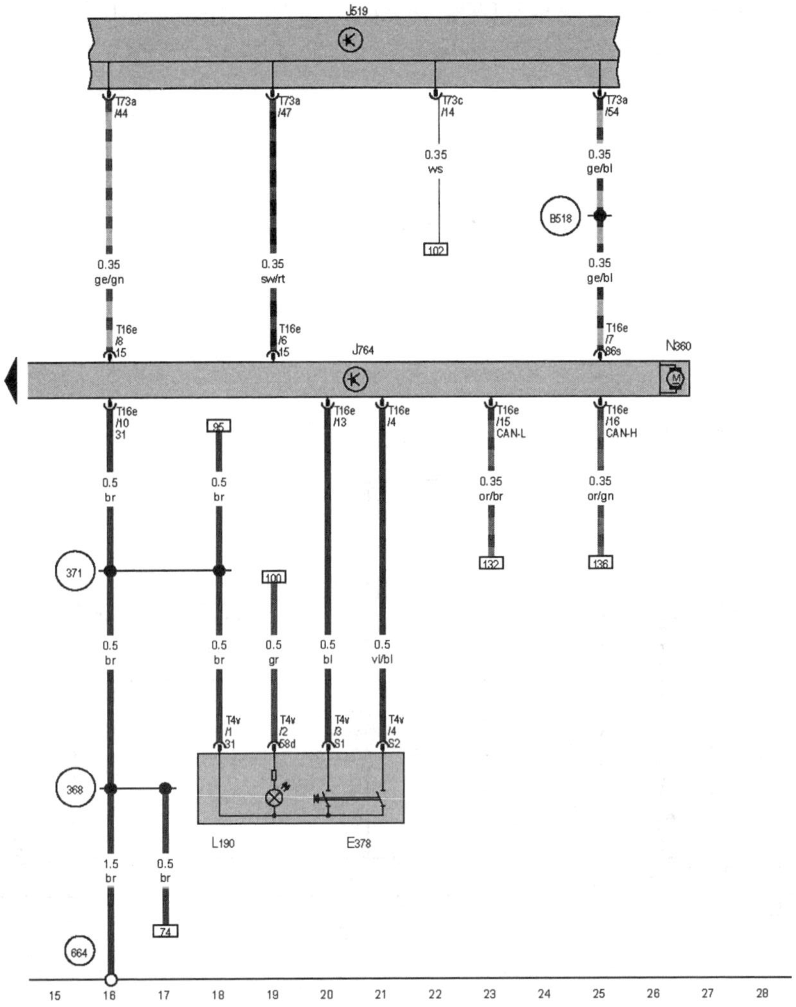

E378-启动装置按钮 J519-车载电网控制单元 J764-电子转向柱锁止装置控制单元 L190-点火启动按钮照明灯泡 N360-转向柱联锁执行元件 T4v-4芯插头连接 T16e-16芯插头连接，黑色 T73a-73芯插头连接，黑色 T73c-73芯插头连接，黑色 368-接地连接3，在主导线束中 371-接地连接6，在主导线束中 664-左侧仪表板后面接地点 B518-连接(86s)，在主导线束中

前窗玻璃刮水器开关、间歇式刮水器运行开关、车窗玻璃清洗泵开关（自动刮水 / 清洗装置）、转向柱电置和大灯清洗装置控制单元

车窗玻璃刮水器间歇运行调节器、安全气囊卷簧和带滑环的复位环、信号喇叭、转向柱电子装置控制单元

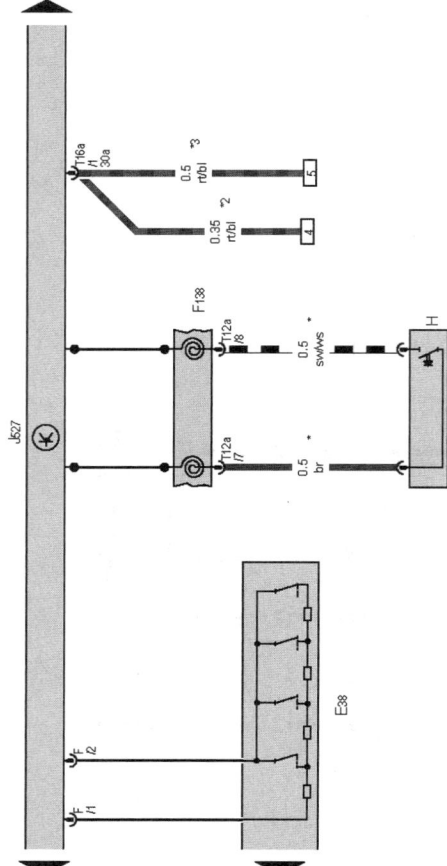

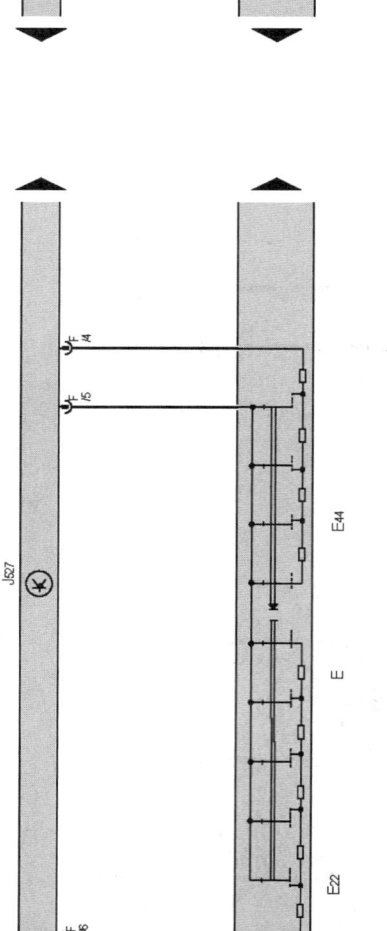

29	30	31	32	33	34	35	36	37	38	39	40	41	42

43	44	45	46	47	48	49	50	51	52	53	54	55	56

E-前窗玻璃刮水器开关 E22-间歇式刮水器运行开关 E44-车窗玻璃清洗泵开关（自动刮水/清洗装置和大灯清洗装置） J527-转向柱电子装置控制单元

图 2-4-26

E38-车窗玻璃刮水器间歇运行调节器 F138-安全气囊卷簧和带滑环的复位环 H-信号喇叭 J527-转向柱电子装置控制单元 T12a-12芯插头连接，T16a-16芯插头连接，黄色 黑色 *-用于不带多功能方向盘的汽车 *2-自2017年6月起 *3-截至2017年6月

图 2-4-27

210

转向信号灯开关、手动远光灯功能和远光灯瞬时接通功能开关、转向柱电子装置控制单元

定速巡航装置开关、定速巡航装置设置按钮、转向柱电子装置控制单元

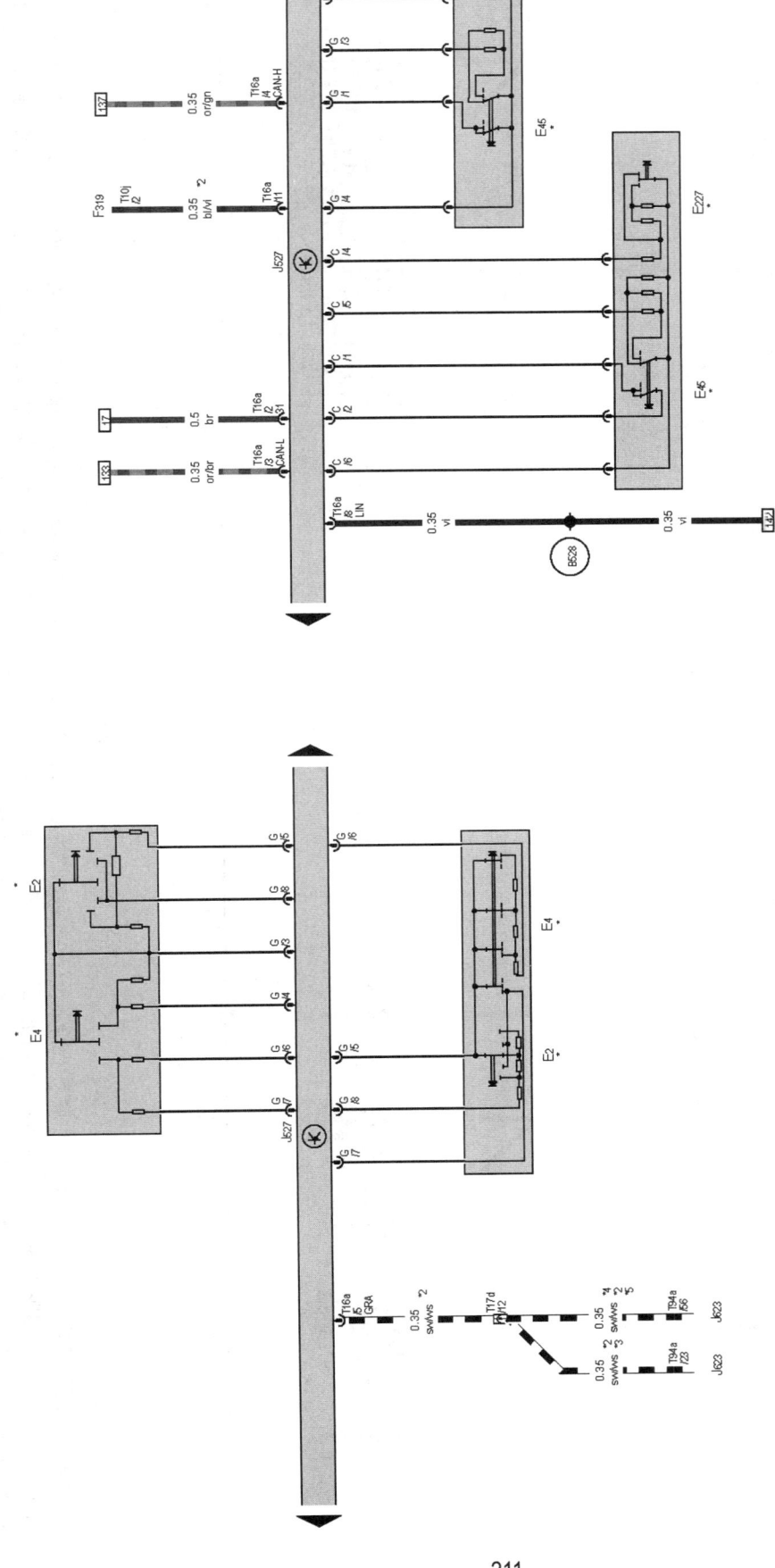

E2-转向信号灯开关 E4-手动远光灯功能和远光灯瞬时接通功能开关 J527-转向柱电子装置控制单元 J623-发动机控制单元 T10j-10芯插头连接，黑色 T16a-16芯插头连接，黑色 T17d-17芯插头连接，黑色 T94a-94芯插头连接，蓝色 T94a-94芯插头连接，黑色 *-依汽车装备而定 *2-用于带定速巡航装置的汽车 *3-用于带1.6L发动机的汽车 *4-用于带1.4L发动机的汽车 *5-用于带1.2L发动机的汽车

图 2-4-28

E45-定速巡航装置开关 E227-定速巡航装置设置按钮 F319-选挡杆挡位P锁止开关 J527-转向柱电子装置控制单元 T10j-10芯插头连接，黑色 T16a-16芯插头连接，黑色 B528-连接1（LIN 总线），在主导线束中 *-依汽车装备而定 *2-自 2015 年 1 月起

图 2-4-29

211

驾驶员侧车门外把手接触传感器、进入及启动许可控制单元、驾驶员侧的进入及启动系统天线

副驾驶员侧车门外把手接触传感器、进入及启动许可控制单元、副驾驶员侧的进入及启动系统天线

图 2-4-30

图 2-4-31

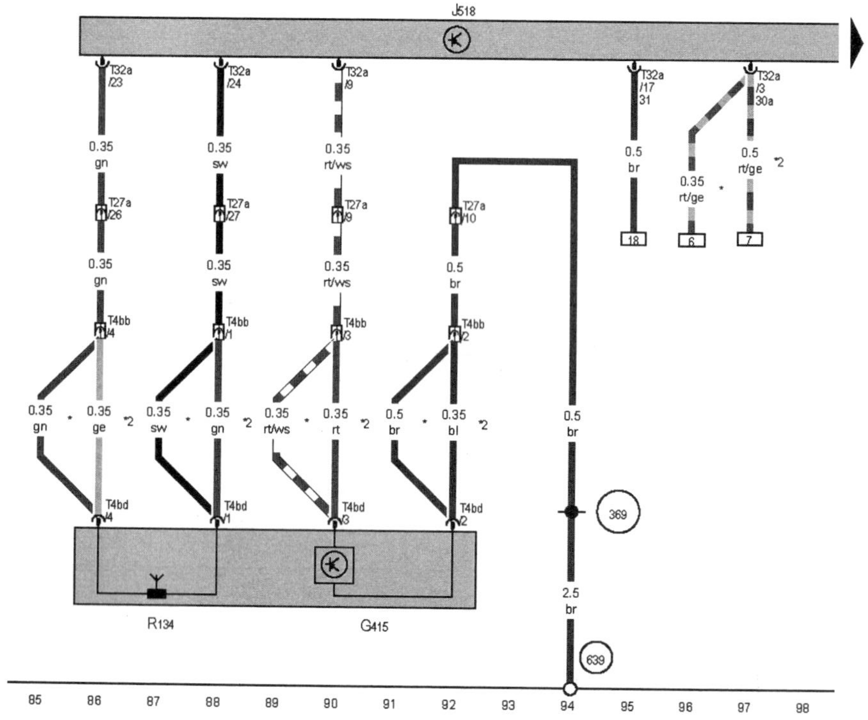

G415-驾驶员侧车门外把手接触传感器 J518-进入及启动系统控制单元 R134-驾驶员侧的进入及启动许可控制单元 天线 T4bb-4芯插头连接,在驾驶员侧车门内,黑色 T4bd-4芯插头连接,左 侧A柱上,黑色 T27a-27芯插头连接,左 侧A柱上 T32a-32芯插头连接,蓝色 369-接地连接4,在主导线束中 639-左侧A柱上的接地点 *-自 2017年6月起 *2-截至2017年6月

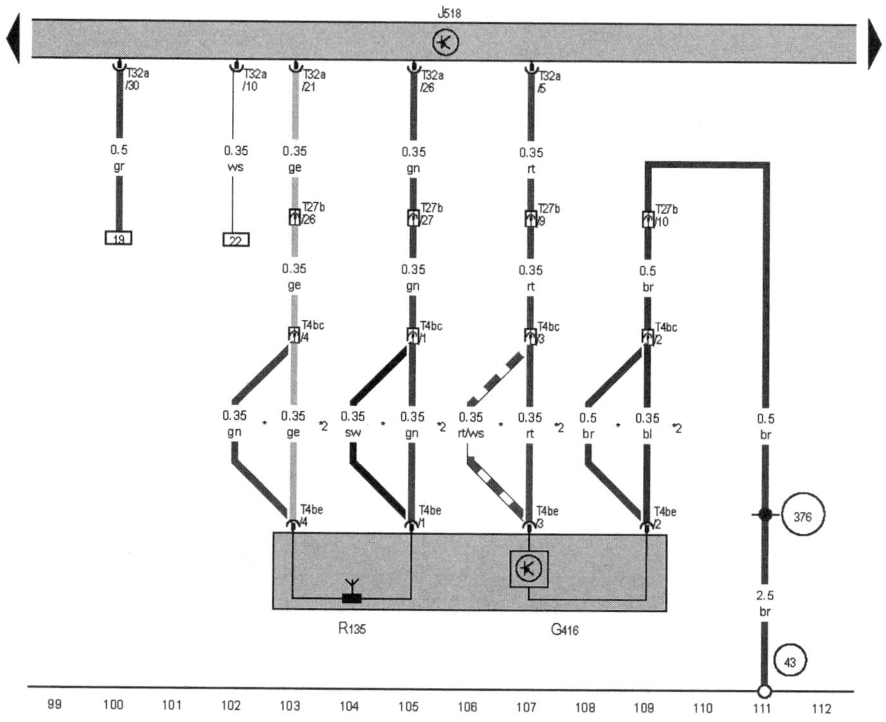

G416-副驾驶员侧车门外把手接触传感器 J518-进入及启动系统控制单元 R135-副驾驶员侧的进入及启动许可控制单元 系统天线 T4bc-4芯插头连接,副驾驶员侧车门内,黑色 T4be-4芯插头连接,黑色 T27b-27芯插头连接, 右侧A柱上,黑色 T32a-32芯插头连接,蓝色 43-右侧A柱在下部接地点 376-接地连接11,在主导线束中 *-自2017年6月起 *2-截至2017年6月

212

进入及启动许可控制单元、后保险杠内进入及启动系统天线

进入及启动许可控制单元、后备箱内的进入及启动系统天线、车内空间的进入及启动系统
天线1、车内空间的进入及启动系统天线2

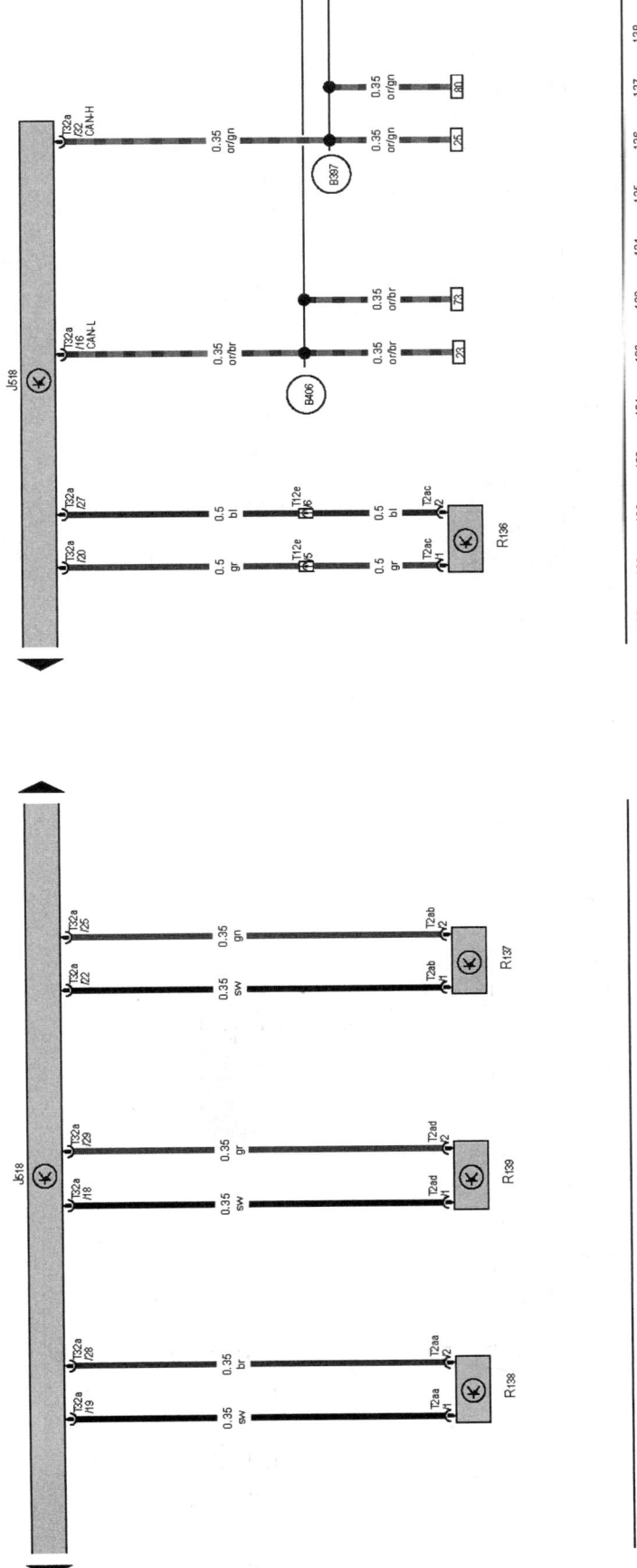

213

进入及启动许可控制单元 R136-后保险杠内进入及启动系统天线 T2ac-2芯插头连接，橙色 T12e—12芯插头连接，后部保险杠内，棕色 T32a-32芯插头连接，蓝色 B397-连接1（舒适CAN总线，High），在主导线束中 B406-连接1（舒适CAN总线，Low），在主导线束中

图 2-4-33

J518-进入及启动许可控制单元 R137-后备箱内的进入及启动系统天线 R138-车内空间的进入及启动系统天线1 R139-车内空间的进入及启动系统天线2 T2aa-2芯插头连接 T2ab-2芯插头连接，黑色 T2ad-2芯插头连接，黑色 T32a-32芯插头连接，蓝色

图 2-4-32

保险丝架 C

防盗锁止系统识读线圈、多功能显示器、组合仪表中的控制单元、防盗锁止系统控制单元、数据总线诊断接口

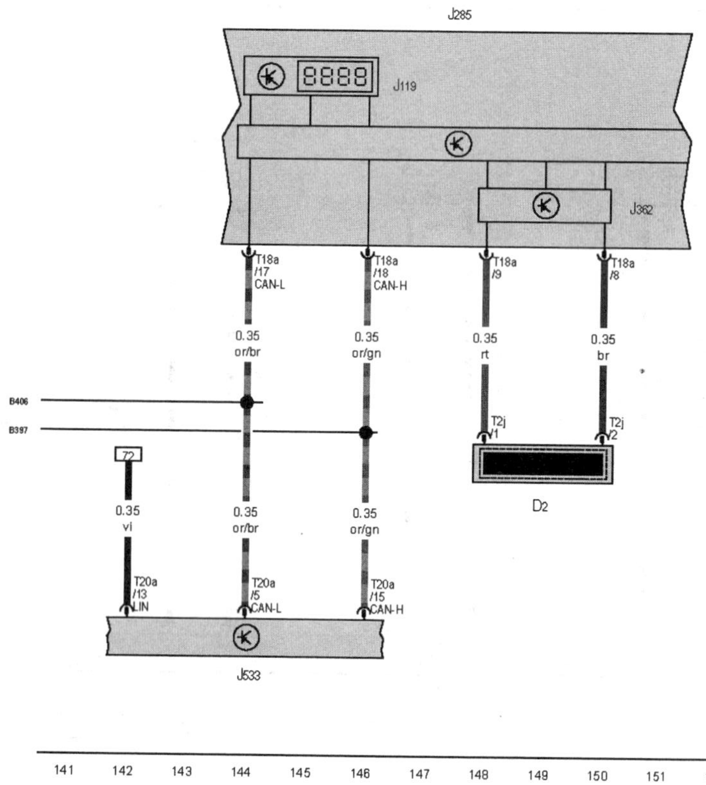

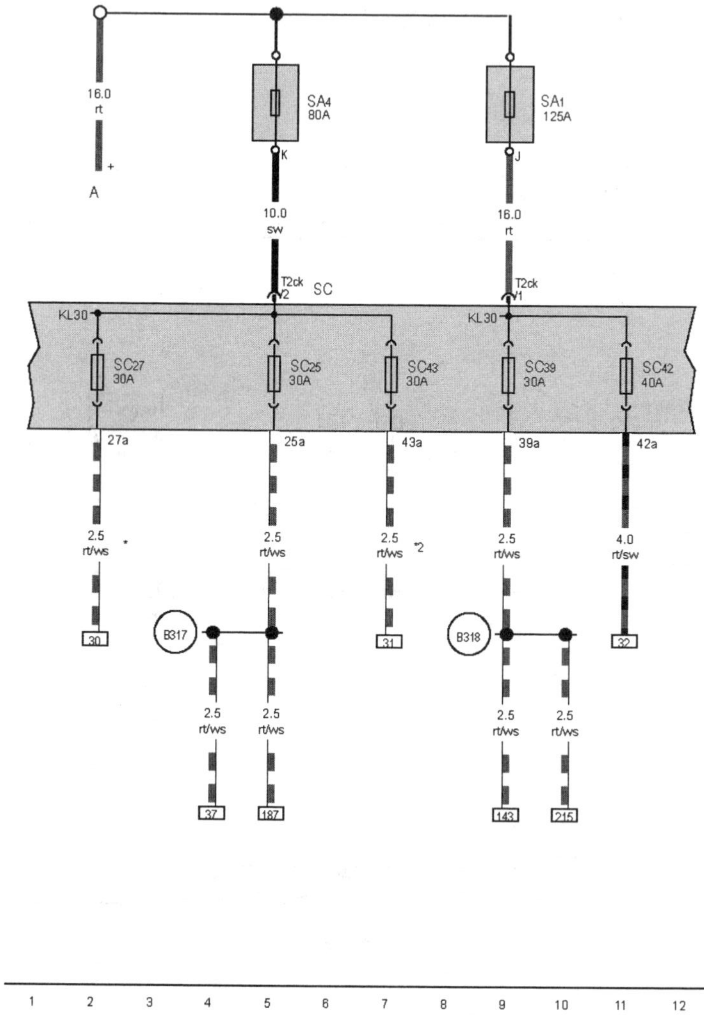

A-蓄电池 SA1-保险丝架A上的保险丝1 SA4-保险丝架A上的保险丝4 SC-保险丝架C 上的保险丝25 SC27-保险丝架C上的保险丝27 SC39-保险丝架C上的保险丝39 SC42-保险丝架C上的保险丝42 SC43-保险丝架C上的保险丝43 T2ck-2芯插头连接 T2ck-2芯插头连接43 T2-2芯插头连接 B317-正极连接3（30a）， 在主导线束中 B318-正极连接4（30a），在主导线束中 *1-自2017年6月起 *2-截至2017年6月

图 2-4-35

D2-防盗锁止系统识读线圈 J119-多功能显示器 J285-组合仪表中的控制单元 J362-防盗锁止系统控制单元 J533-数据总线诊断接口 T2j-2芯插头连接口 T18a-18芯插头连接， 黑色 T20a-20芯插头连接， 黑色 B397-连接1（舒适CAN总线，High），在主导线束中 B406-连接1（舒适CAN总线，Low），在主导线束中

图 2-4-34

214

后部车窗升降器锁止开关、驾驶员车门中的后右车窗升降器开关、驾驶员车门中的右车
窗升降器开关、驾驶员车门中的车窗升降器操作单元、驾驶员侧前部车窗升降器按钮、驾
驶员侧后部车窗升降器按钮、驾驶员侧车门控制单元、后部车窗升降器锁止指示灯、开关
照明灯泡

驾驶员侧车门控制单元、车载电网控制单元、驾驶员侧电动升降器电机

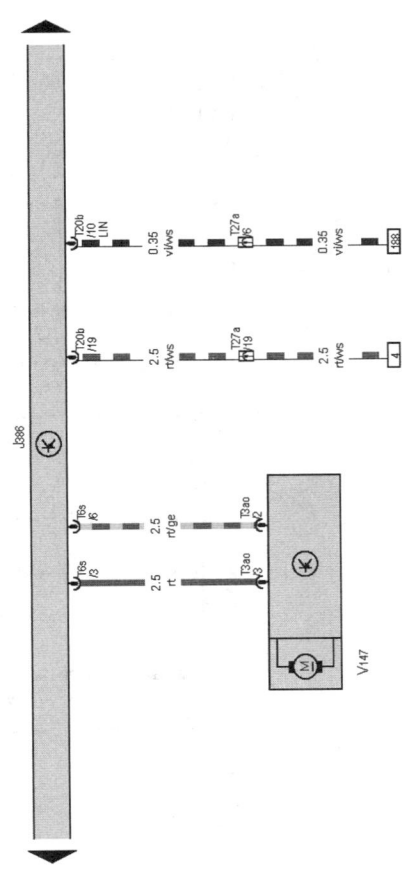

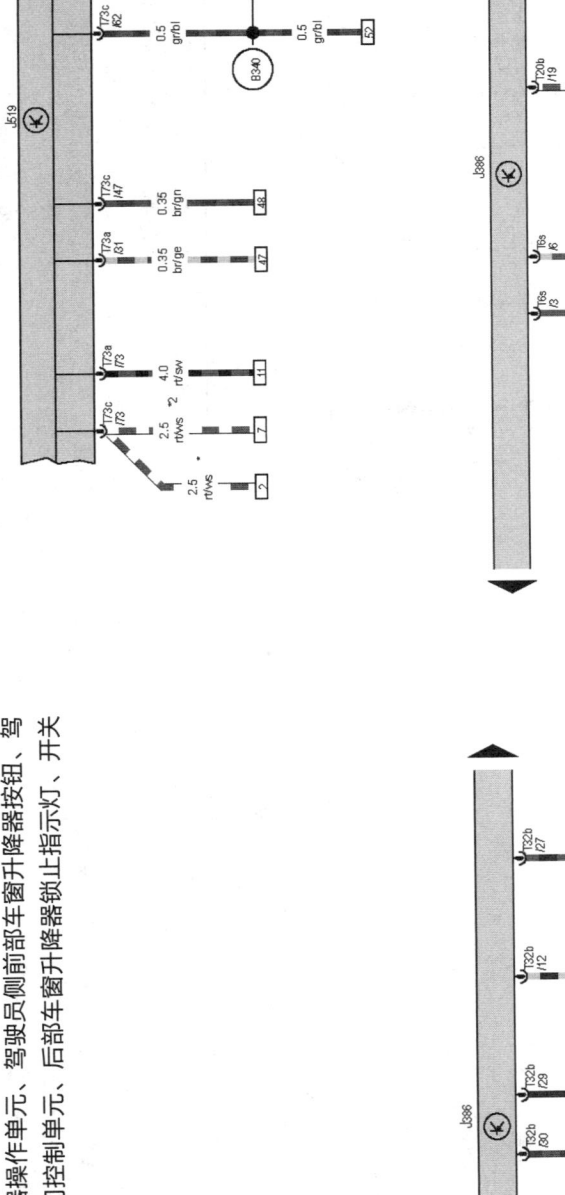

图 2-4-37

图 2-4-36

215

E39-后部车窗升降器锁止开关 E55-驾驶员车门中的后右车窗升降器开关 E81-驾驶员车门中的前右车窗
升降器开关 E512-驾驶员车门中的车窗升降器操作单元 E710-驾驶员侧前部车窗升降器按钮 E711-驾驶
员侧后部车窗升降器按钮 J386-驾驶员侧车门控制单元 K194-后部车窗升降器锁止指示灯 L156-开关照
明灯泡 T10L-10芯插头连接，黑色 T32b-32芯插头连接，蓝色 R81-连接1（58d），在驾驶员车门电
缆导线束中

J386-驾驶员侧车门控制单元 J519-车载电网控制单元 T3ao-3芯插头连接，黑色 T6s-6芯插头连接，蓝色 T73c-73
T20b-20芯插头连接，黑色 T27a-27芯插头连接，黑色 T73a-73芯插头连接，左侧A柱上，黑色 T73c-73
芯插头连接，黑色 V147-驾驶员侧电动升降器电机 B340-连接1（58d），在主导线束中 *-自2017年6月
起 *2-截至2017年6月

中控台开关模块 1、驾驶员侧车门内上锁按钮、驾驶员侧车门控制单元、车载电网控制单元、开关照明灯泡

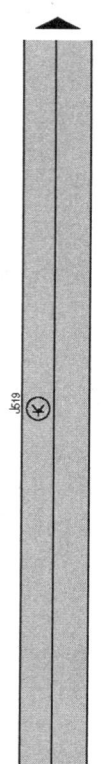

驾驶员侧车门接触开关、驾驶员侧车门锁开关、驾驶员侧中央门锁开关、驾驶员侧中央门锁闭锁单元、驾驶员侧中央门锁电机、驾驶员车门中央门锁内中央门锁Safe 功能电机。

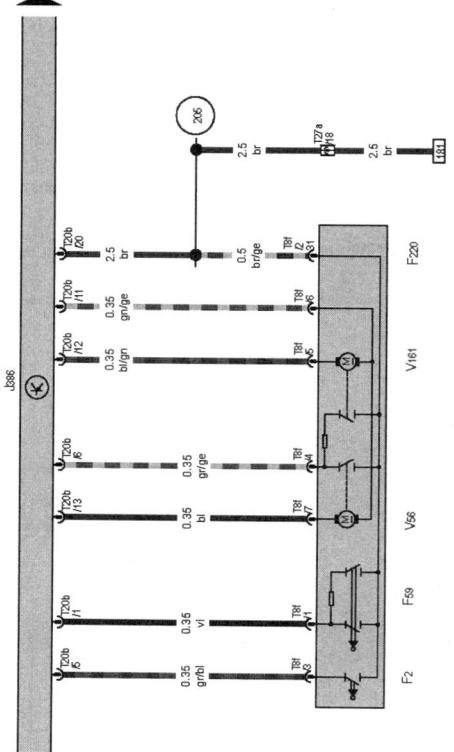

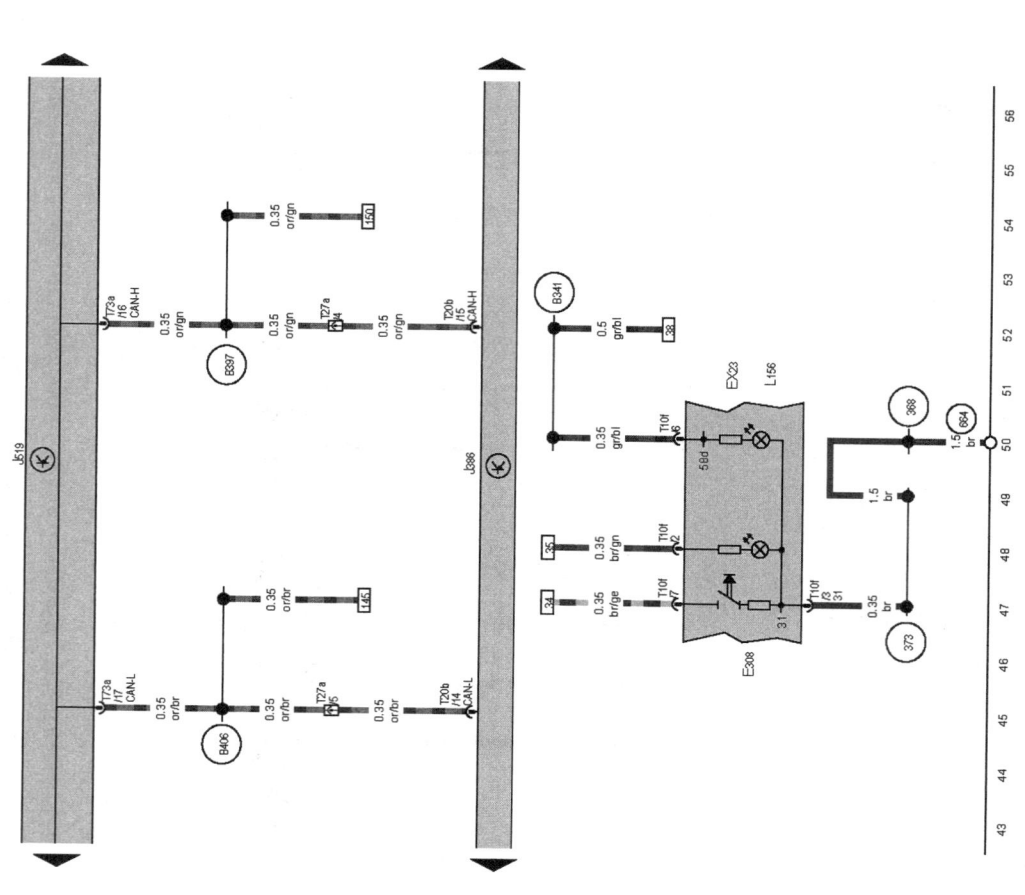

图2-4-39

F2-驾驶员侧车门接触开关 F59-驾驶员侧中央门锁开关 F220-驾驶员侧中央门锁闭锁单元 J386-驾驶员侧车门控制单元 J519-车载电网控制单元 T8f-8芯插头连接，黑色 T20b-20芯插头连接，黑色 T27a-27芯插头连接，黑色 V56-驾驶员车门中央门锁电机 V161-驾驶员车门内中央门锁Safe功能电机 205-接地连接，在驾驶员侧车门电缆导线束中

图2-4-38

EX23-中控台开关模块1 E308-驾驶员侧车门内上锁按钮 J386-驾驶员侧车门控制单元 J519-车载电网控制单元 L156-开关照明灯泡 T10f-10芯插头连接 T20b-20芯插头连接，黑色 T27a-27芯插头连接，黑色 T73a-73芯插头连接，黑色 368-接地连接3，在主导线束中 373-接地连接点 664-左侧仪表板后面接地点 B341-连接2（58d），在主导线束中 B397-连接1（舒适CAN总线，High），在主导线束中 B406-连接1（舒适CAN总线，Low），在主导线束中

216

后视镜调节开关、后视镜转换开关、车外后视镜加热按钮、后视镜内折开关、驾驶员
侧车门控制单元、车载电网控制单元、后视镜调节开关照明灯泡、左前车门背景照明灯 1
把手照明灯泡、驾驶员侧车门内把手照明灯泡、左前车门背景照明灯泡

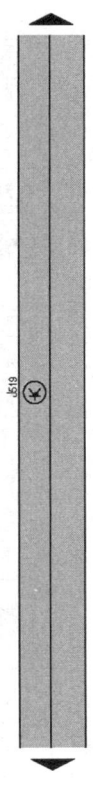

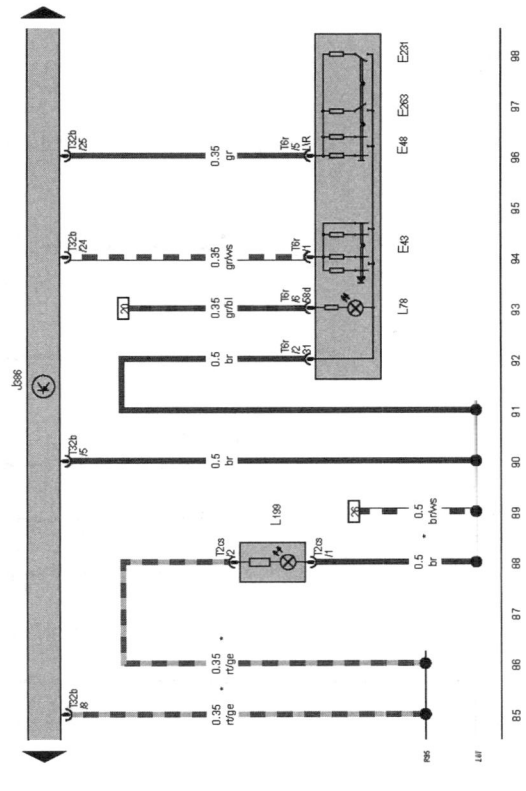

E43-后视镜调节开关 E48-后视镜调节转换开关 E231-车外后视镜调节按钮 E263-后视镜内折开关
J386-驾驶员侧车门控制单元 J519-车载电网控制单元 L78-后视镜调节开关照明灯泡 L199-左前车门背
景照明灯1 T2cs-2芯插头连接、棕色 T6r-6芯插头连接、棕色 T32b-32芯插头连接、蓝色 267-接地连接
2、在驾驶员侧车门电缆导线束中 R95-连接2、在驾驶员侧车门电缆导线束中 *-仅用于带氛围灯的汽车

图 2-4-41

驾驶员侧车门控制单元、车载电网控制单元、中央门锁 Safe 功能指示灯、左后侧车门内
把手照明灯泡、驾驶员侧车门内把手照明灯泡、左后侧车门环境照明灯泡

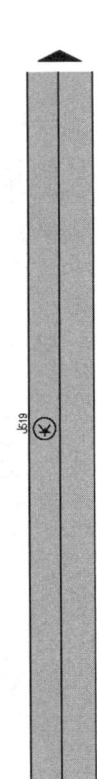

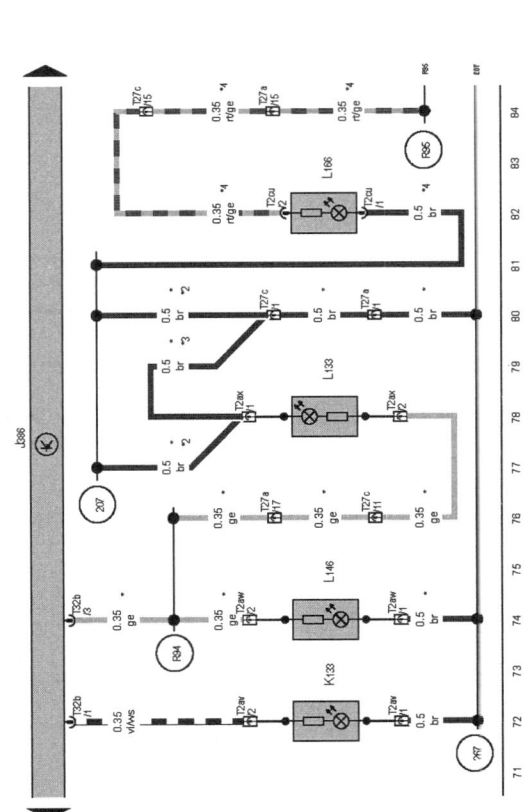

J386-驾驶员侧车门控制单元 J519-车载电网控制单元 K133-中央门锁Safe功能指示灯 L133-左后侧车门
内把手照明灯泡 L146-驾驶员侧车门内把手照明灯泡 L166-左后车门环境照明灯泡 T2av-2芯插头连接、
黑色 T2aw-2芯插头连接、黑色 T2ax-2芯插头连接、黑色 T2cu-2芯插头连接、黑色 T27a-27芯插头连
接、左侧A柱上、黑色 T27c-27芯插头连接、左侧B柱上、黑色 T32b-32芯插头连接、蓝色 207-接地连
接、在左后车门电缆导线束中 267-接地连接2、在驾驶员侧车门电缆导线束中 R94-连接1、在驾驶员侧
车门电缆导线束中 R95-连接2、在驾驶员侧车门电缆导线束中 *-依汽车装备而定 *2-自2017年6月起

图 2-4-40

*3-截至2017年6月 *4-仅用于带氛围灯的汽车

217

副驾驶员侧车门接触开关、副驾驶员侧中央门锁闭锁单元、副驾驶员侧车门控制单元、车载电网控制单元、副驾驶员侧车门内中央门锁电机、副驾驶员车门内中央门锁 Safe 功能电机

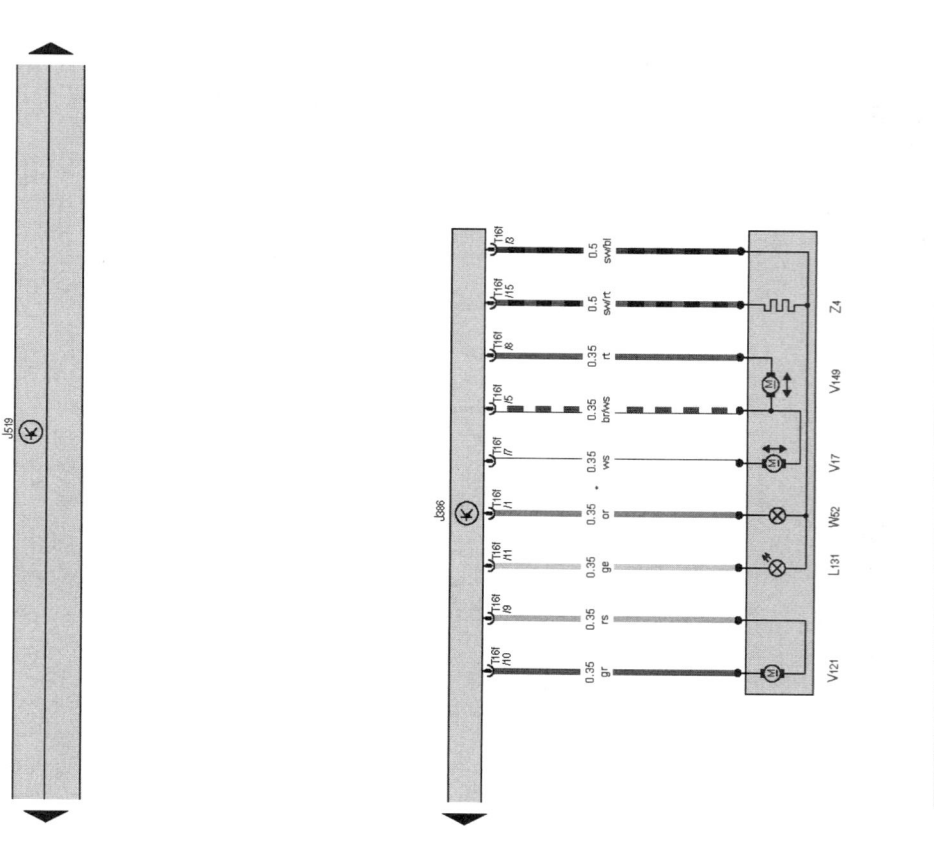

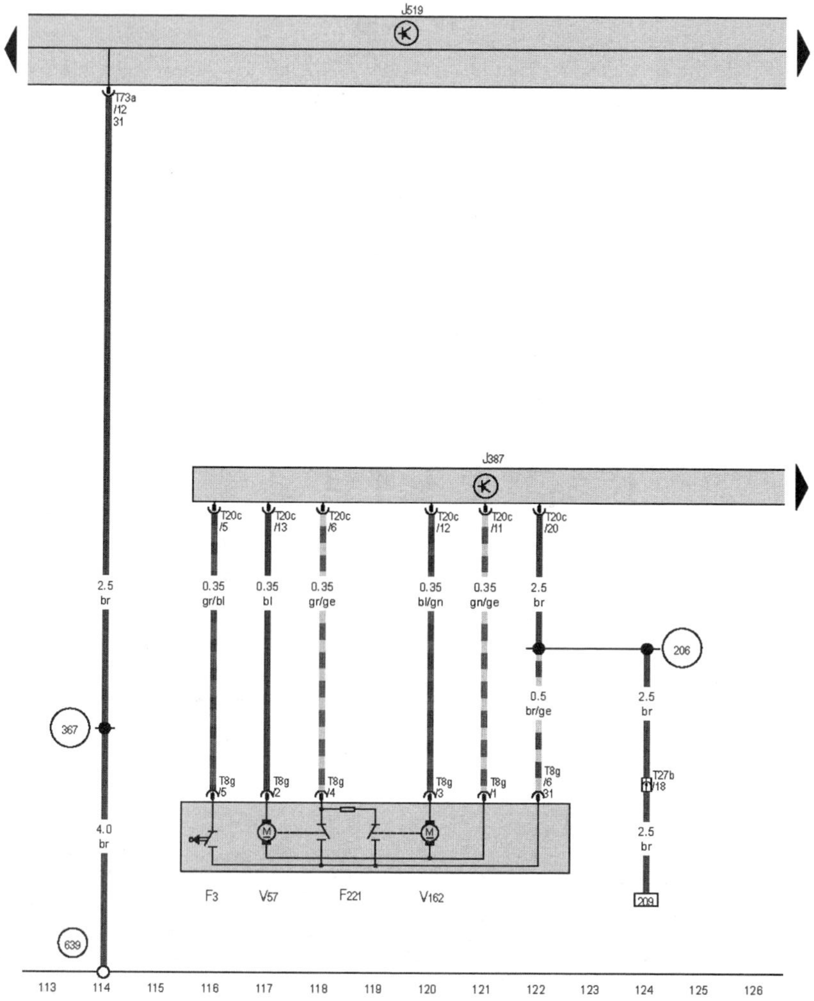

F3-副驾驶员侧车门接触开关 F221-驾驶员侧车门控制单元 J519-车载电网控制单元 J387-副驾驶员侧车门控制单元 车载电网控制单元 T8g-8芯插头连接 T20c-20芯插头连接 T27b-27芯插头连接，右侧A柱上，黑色 T73a-73芯插头连接，黑色 V57-副驾驶员侧车门中央门锁电机 V162-副驾驶员侧车门内中央门锁 Safe功能电机 206-接地连接，在副驾驶员侧车门电缆导线束中 367-接地连接2，在主导线束中 639-左A柱上的接地点

图 2-4-43

驾驶员侧车门控制单元；车载电网控制单元；驾驶员侧外后视镜警告灯泡；驾驶员侧后视镜调节电机，2；驾驶员侧后视镜内折电机；驾驶员侧后视镜调节电机；车外后视镜电机；驾驶员侧；驾驶员侧内的登车照明灯，驾驶员侧；驾驶员侧可加热车外后视镜

J386-驾驶员侧车门控制单元 J519-车载电网控制单元 L131-驾驶员侧外后视镜警告灯泡 T16f-16芯插头连接，黑色 V17-驾驶员侧后视镜调节电机2 V121-驾驶员侧后视镜内折电机 V149-驾驶员侧后视镜调节电机 W52-车外后视镜内的登车照明灯，驾驶员侧 Z4-驾驶员侧可加热车外后视镜 *-依汽车装备而定

图 2-4-42

218

副驾驶员侧车门控制单元、车载电网控制单元、副驾驶员侧车门内把手照明灯泡、右后侧车门内把手照明灯泡、副驾驶员侧车门内把手照明灯泡、右后车门环境照明灯泡

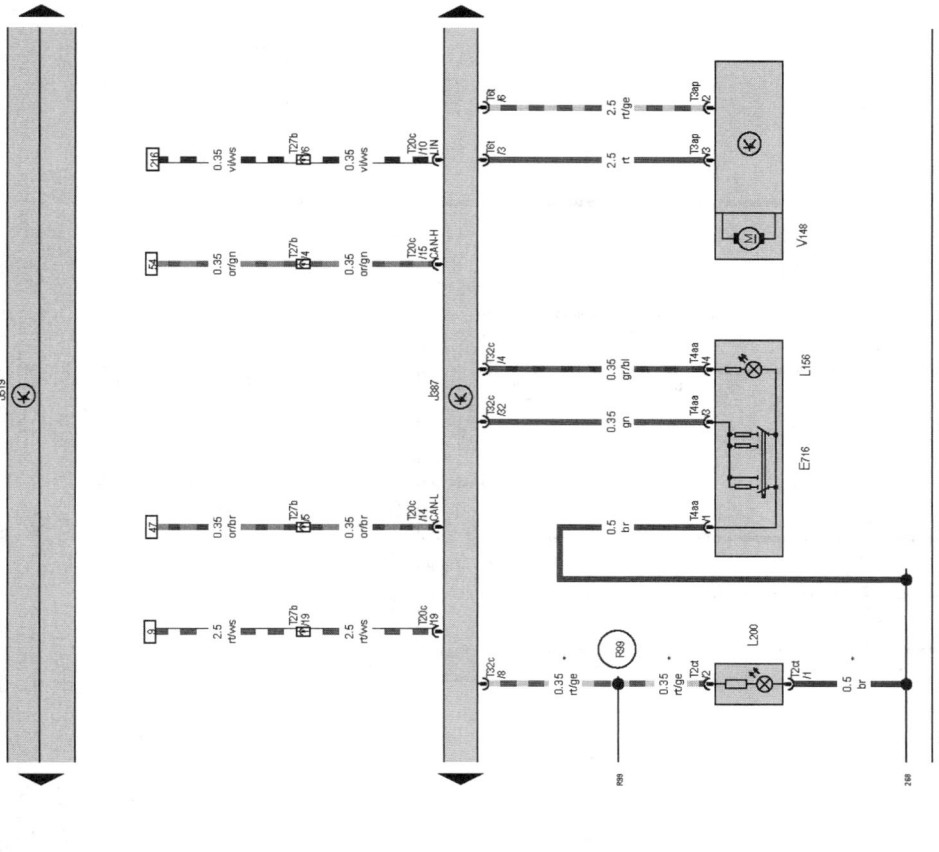

J387-副驾驶员侧车门控制单元 J519-车载电网控制单元 L134-右后侧车门内把手照明灯泡 L147-副驾驶员侧车门内把手照明灯泡 L167-右后车门环境照明灯泡 T2au-2芯插头连接,黑色 T2av-2芯插头连接,黑色 T2cv-2芯插头连接,棕色 T27b-27芯插头连接,右侧A柱上,黑色 T27d-27芯插头连接,右侧B柱上,黑色 T32c-32芯插头连接,蓝色 208-接地连接,在后车门电缆导线束中 268-接地连接2,在副驾驶员侧车门电缆导线束中 R98-连接1,在副驾驶员侧车门电缆导线束中 R99-连接,在副驾驶员侧车门电缆导线束中 *2-自2017年6月起 *3-截至2017年6月 *4-仅用于带氛围灯的汽车电缆导线束中 *-依汽车装备而定

图 2-4-44

副驾驶员侧前部车窗升降器按钮、副驾驶员侧车门控制单元、车载电网控制单元、开关照明灯泡、右前车门背景照明灯 1、副驾驶员侧电动升降器电机

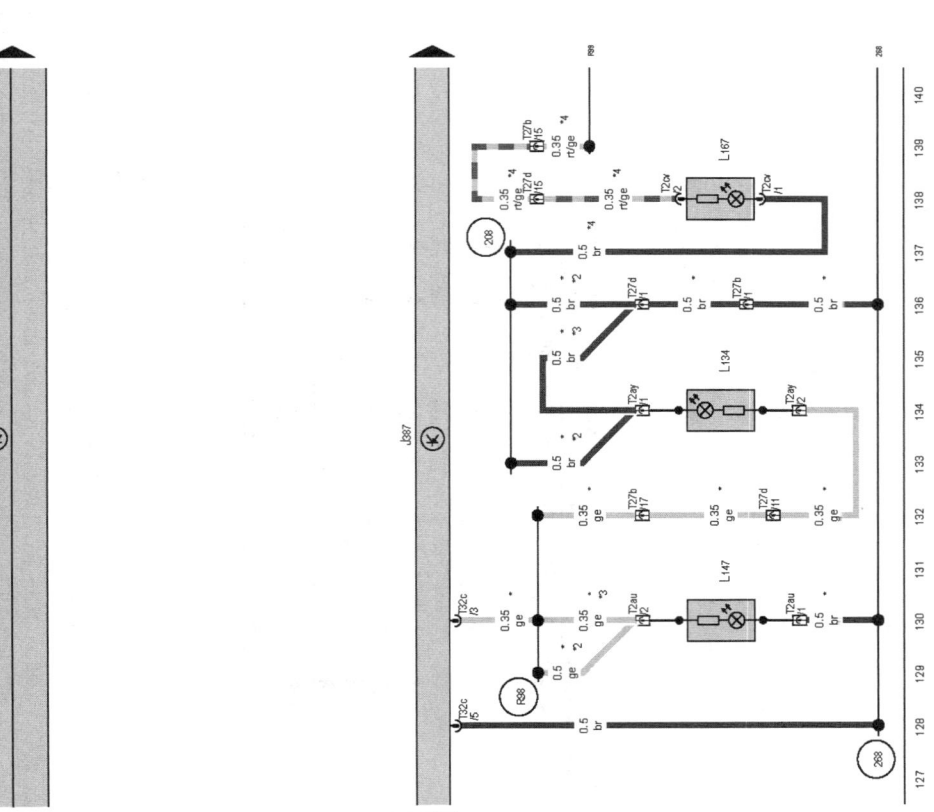

E716-副驾驶员侧前部车窗升降器按钮 J387-副驾驶员侧车门控制单元 J519-车载电网控制单元 L156-开关照明灯泡 L200-右前车门背景照明灯泡 T2ct-2芯插头连接 T3ap-3芯插头连接,棕色 T4a-4芯插头连接,黑色 T6t-6芯插头连接,黑色 T20c-20芯插头连接,黑色 T27b-27芯插头连接2,右侧 T4a-4芯,上,黑色 T32c-32芯插头连接,蓝色 V148-副驾驶员侧车门电动升降器电机 268-接地连接2,在副驾驶员侧车门电缆导线束中 R99-连接,在副驾驶员侧车门电缆导线束中 *-仅用于带氛围灯的汽车

图 2-4-45

左后车门接触开关、左后中央门锁闭锁单元、车载电网控制单元、左后车门闭锁单元、左后车门门锁单元、左后车门内中央门锁 Safe 功能电机。

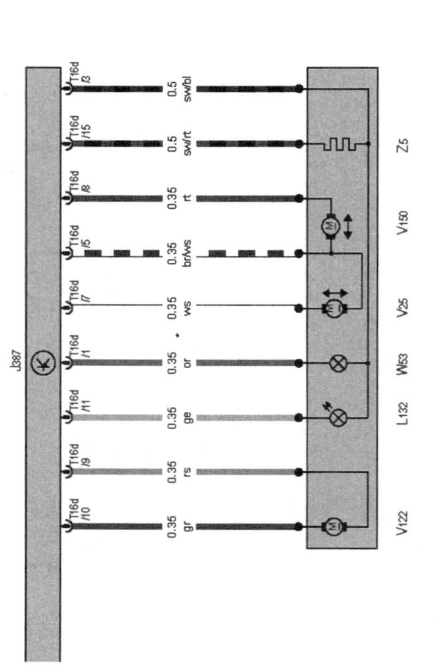

图 2-4-47

F10-左后车门门锁单元 F222-左后中央门锁闭锁单元 J519-车载电网控制单元 T8h-8芯插头连接 T27c-27芯插头连接，左侧 B 柱上，黑色 T73a-73芯插头连接，黑色 VX23-左后车门闭锁单元 V163-左后车门内中央门锁Safe功能电机 369-接地连接4，在主导线束中 639-左A柱上的接地点 *-自2017年6月起

*2-截至 2017 年 6 月

副驾驶员侧车门控制单元；车载电网控制单元；副驾驶员侧后视镜警告灯泡；副驾驶员侧外后视镜调节电机 2；副驾驶员侧后视镜内折电机；副驾驶员侧后视镜调节电机；车外后视镜内的登车照明灯，副驾驶员侧可加热车外后视镜

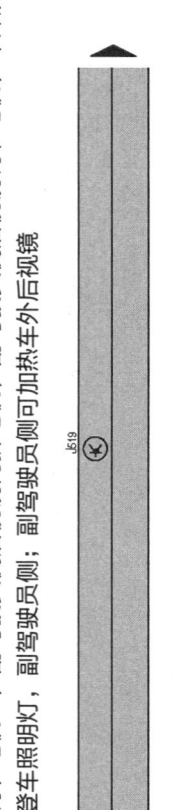

图 2-4-46

J387-副驾驶员侧车门控制单元 J519-车载电网控制单元 L132-副驾驶员侧外后视镜警告灯泡 T16d-16芯插头连接，黑色 V25-副驾驶员侧后视镜后视镜调节电机2 V122-副驾驶员侧后视镜内折电机 V150-副驾驶员侧后视镜调节电机 W53-车外后视镜内的登车照明灯 Z5-副驾驶员侧可加热车外后视镜 *-依汽车装备而定

220

右后车门接触开关、右后中央门锁闭锁单元、车载电网控制单元、右后车门闭锁单元、右后车门中央门锁 Safe 功能电机

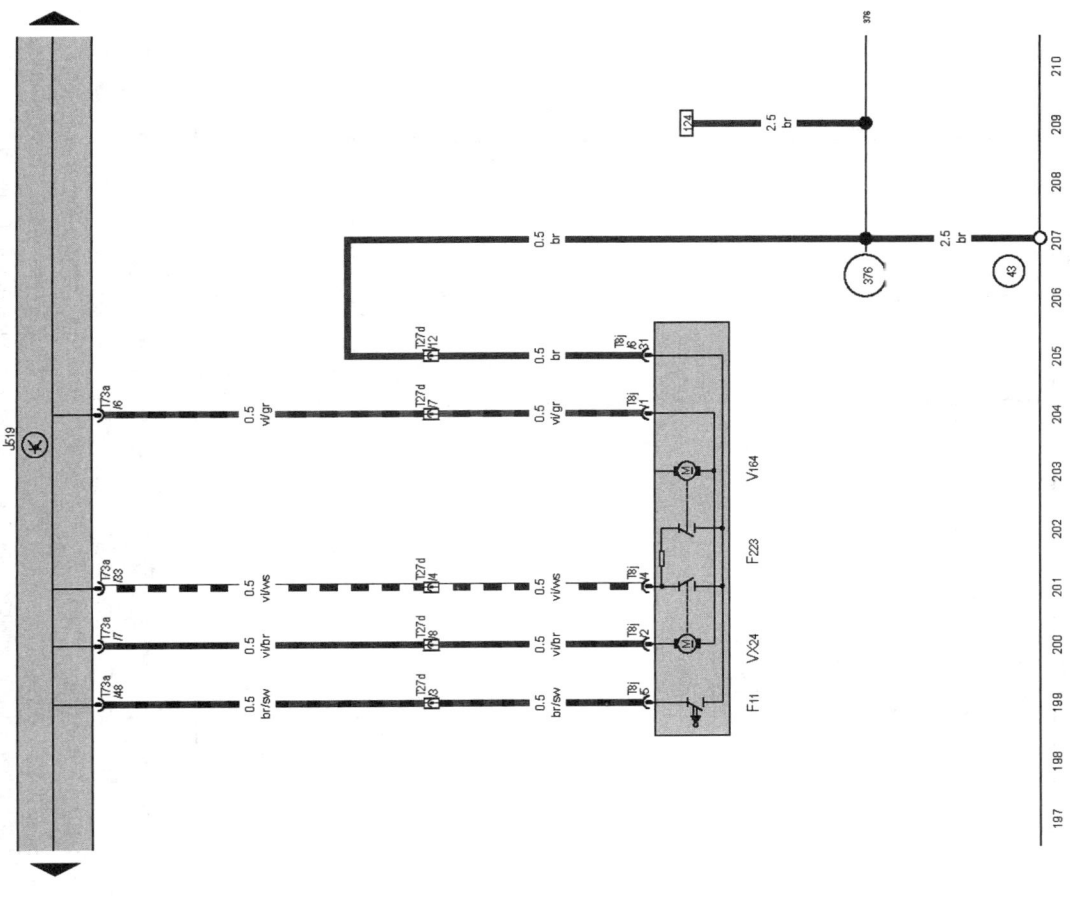

197 188 189 198 199 200 201 202 203 204 205 206 207 208 209 210

图 2-4-49

F11-右后车门接触开关 F223-右后中央门锁闭锁单元 J519-车载电网控制单元 T8j-8芯插头连接，黑色 T27d-27芯插头连接，右侧B柱上，黑色 T73a-73芯插头连接，黑色 VX24-右后车门闭锁单元 V164-右后车门中央门锁Safe功能电机 43-右侧A柱下部的接地点 376-接地连接11，在主导线束中

左后车门内的车窗升降器开关、左后车门控制单元、车载电网控制单元、开关照明灯泡、驾驶员侧后部车窗升降器电机

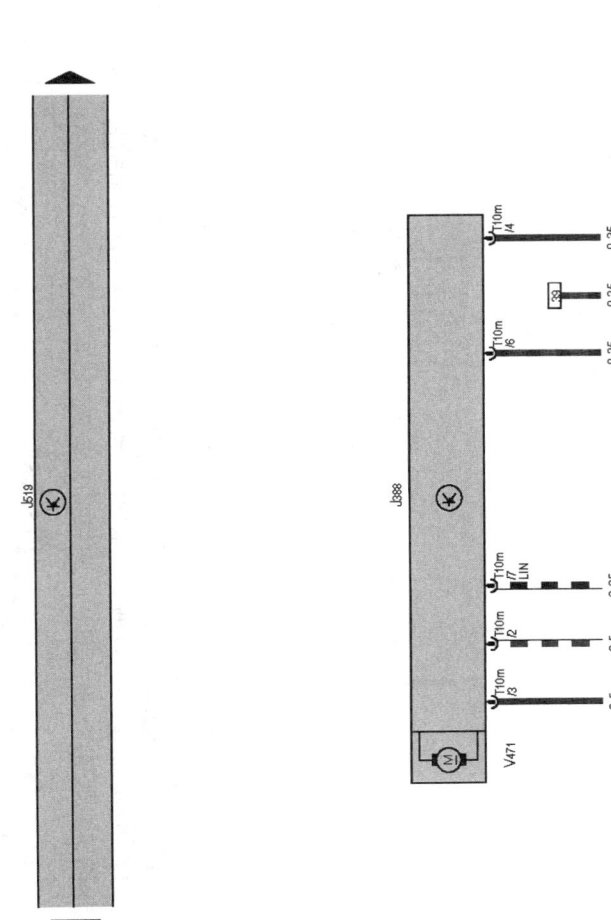

183 184 185 186 187 188 189 190 191 192 193 194 195 196

图 2-4-48

E52-左后车门内的车窗升降器开关 J388-左后车门控制单元 J519-车载电网控制单元 L156-开关照明灯泡 T10m-10芯插头连接，黑色 T27c-27芯插头连接，左侧B柱上，黑色 V471-驾驶员侧后部车窗升降器电机 369-接地连接4，在主导线束中 T4ab-4芯插头连接

221

副驾驶员侧后部车窗升降器按钮、右后车门控制单元、车载电网控制单元、开关照明灯泡、副驾驶员侧后部车窗升降器电机

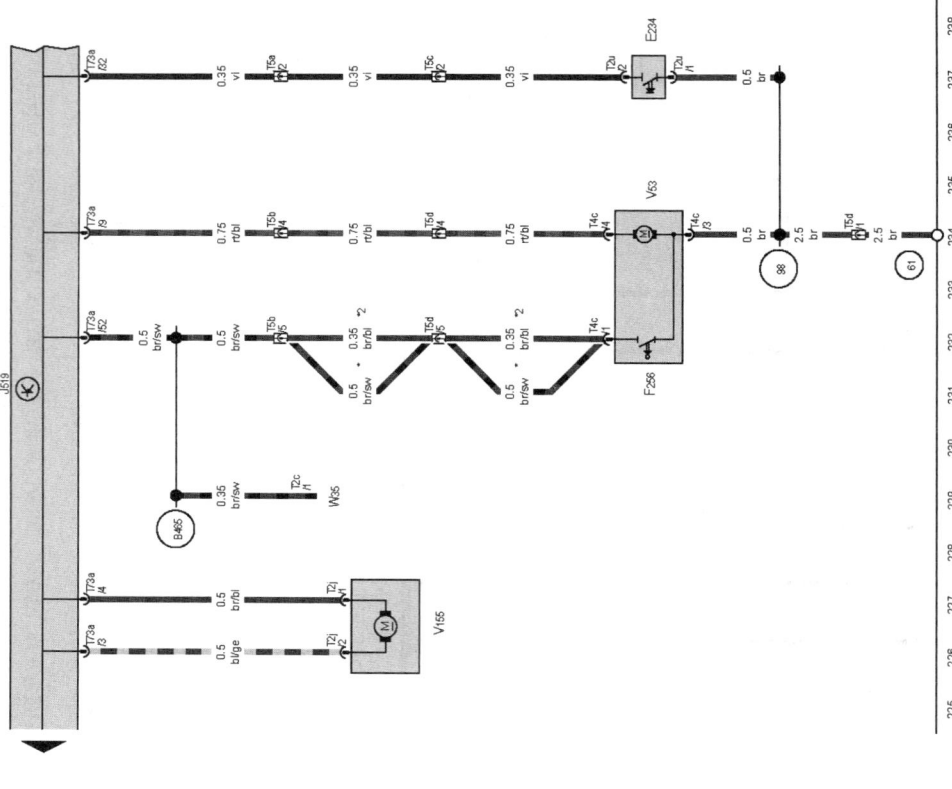

图 2-4-50

E713-副驾驶员侧后部车窗升降器按钮 J389-右后车门控制单元 J519-车载电网控制单元 L156-开关照明灯泡 T4ac-4芯插头连接，黑色 T10n-10芯插头连接，黑色 T27d-27芯插头连接，右侧B柱上，黑色 V472-副驾驶员侧后部车窗升降器电机 376-接地连接11，在主导线束中

后备箱盖把手中的解锁按钮、后备箱盖闭锁单元、车载电网控制单元、后备箱盖中央门锁电机、油箱盖锁止装置电机

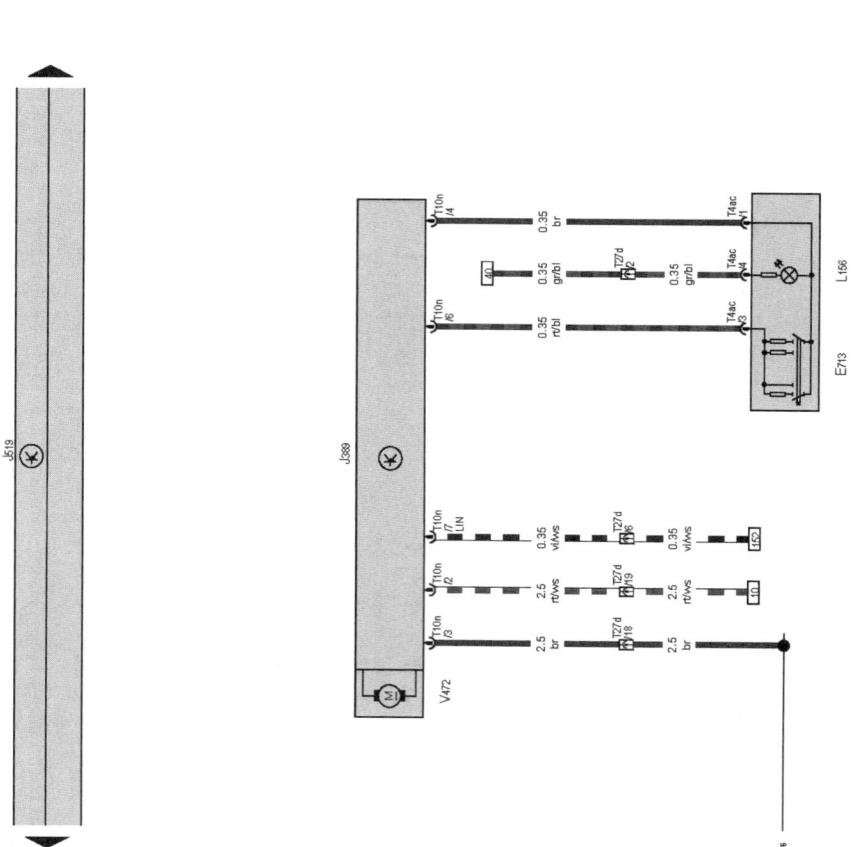

图 2-4-51

E234-后备箱盖把手中的解锁按钮 F256-后备箱盖闭锁单元 J519-车载电网控制单元 T2c-2芯插头连接 T2j-2芯插头连接，黑色 T2u-2芯插头连接，黑色 T4ac-4芯插头连接，黑色 T5a-5芯插头连接，黑色 左侧C柱附近，黑色 T5b-5芯插头连接，左侧C柱附近，黑色 T5c-5芯插头连接，在后备箱盖内，黑色 T5d-5芯插头连接，在后备箱盖内，棕色 T73a-73芯插头连接，黑色 V53-后备箱盖中央门锁电机 V155-油箱盖锁止装置电机 W35-右侧C柱上的接地点 61-左侧C柱 98-接地连接 在后备箱盖导线束中 B465-连接1，在主导线束中 *-自2017年6月起 *2-截至2017年6月

222

保险丝架 C 上的保险丝 45

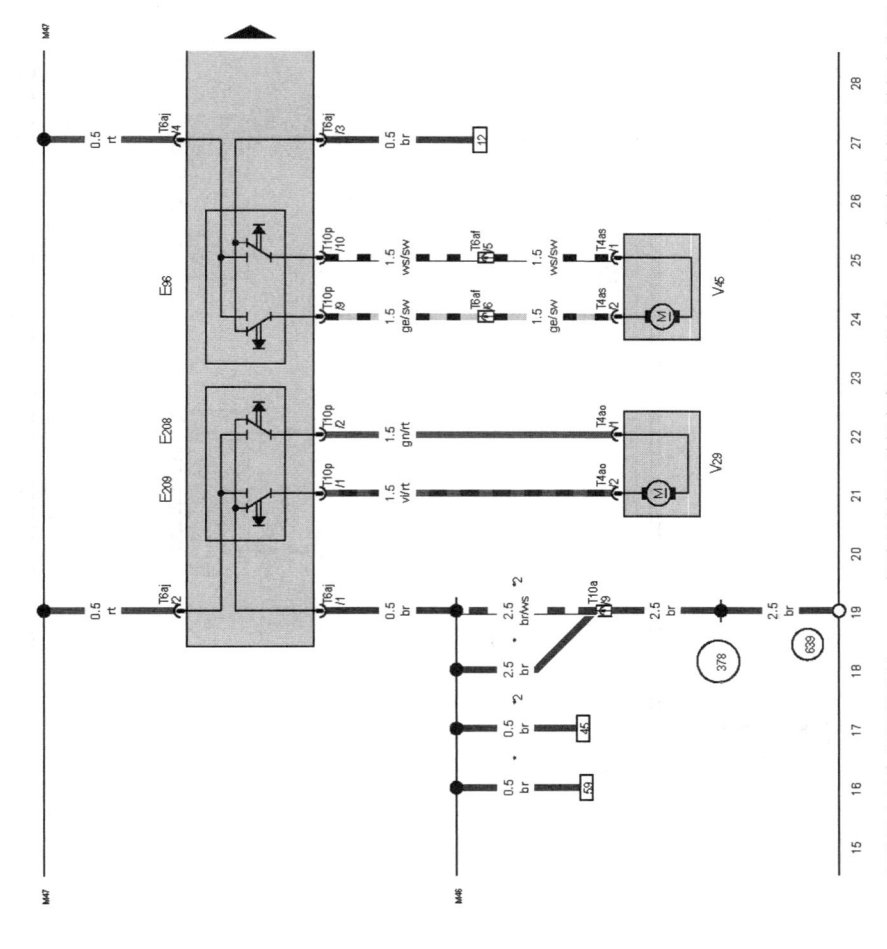

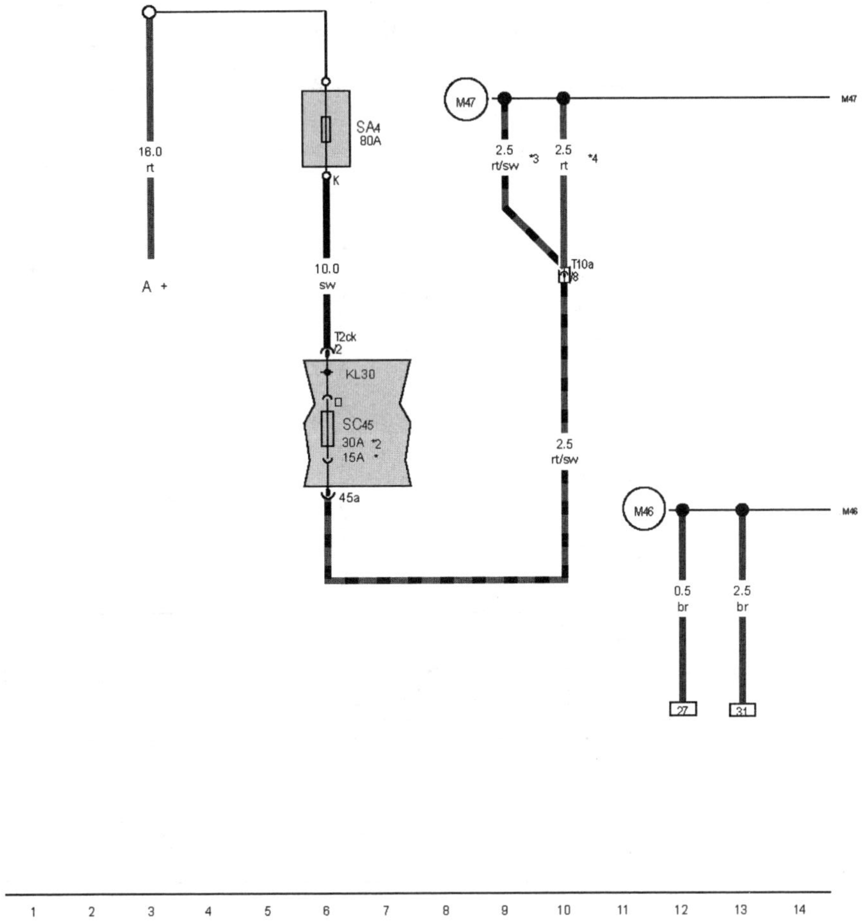

A-蓄电池　SA4-保险丝架A上的保险丝4　SC45-保险丝架C上的保险丝45　T2ck-2芯插头连接，黑色　T10a-10芯插头连接，驾驶员座椅下方，黑色　M46-连接6，在驾驶员侧座椅导线束中　M47-连接7，在驾驶员侧座椅导线束中　*-自2015 年1月起　*2-截至2015年1月　*3-自2015年7月起　*4-截至2015年7月

图 2-4-52

驾驶员座椅靠背调节开关、驾驶员座椅的前部高度上调按钮、驾驶员座椅的前部高度下调按钮、驾驶员座椅的前部高度调节电机、驾驶员座椅靠背调节电机

E96-驾驶员座椅靠背调节开关　E208-驾驶员座椅的前部高度上调按钮　E209-驾驶员座椅的前部高度下调按钮　T4ao-4芯插头连接，黑色　T4as-4芯插头连接，黑色　T6af-6芯插头连接，驾驶员座椅上，黑色　T6aj-6芯插头连接，黑色　T10a-10芯插头连接，驾驶员座椅下方，黑色　T10p-10芯插头连接，黑色　V29-驾驶员座椅的前部高度调节电机　V45-驾驶员座椅靠背调节电机　378-接地连接13，在主导线束中　639-左A柱上的接地点　M46-连接6，在驾驶员侧座椅导线束中　M47-连接7，在驾驶员侧座椅导线束中　*-自2015年7月起　*2-截至2015年7月

图 2-4-53

驾驶员座椅的后部高度上调按钮、驾驶员座椅的后部高度下调按钮、驾驶员座椅前后位置的前调按钮、驾驶员座椅前后位置的后调按钮、驾驶员座椅纵向调节电机、驾驶员座椅的后部高度调节电机

驾驶员腰部支撑调节开关、驾驶员座椅腰部支撑纵向调节电机、驾驶员座椅腰部支撑高度调节电机

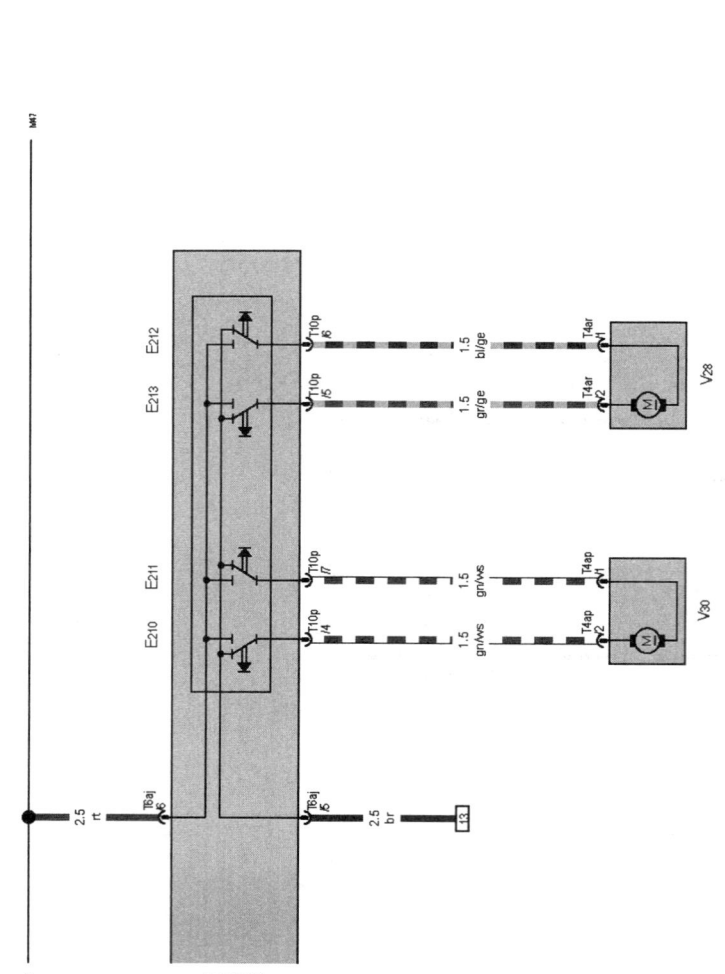

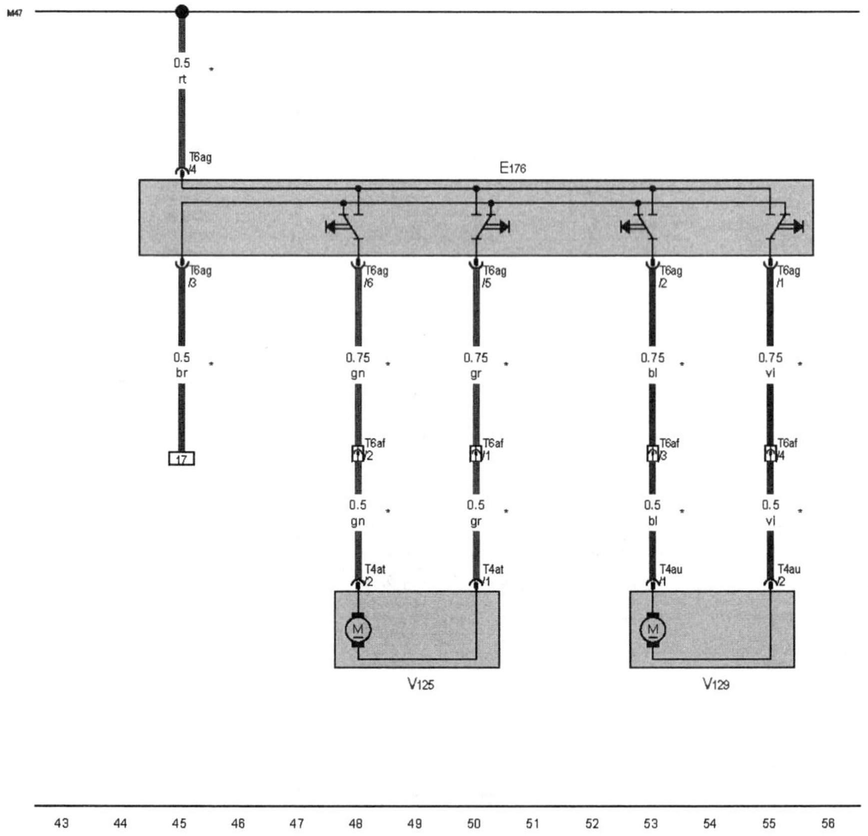

E176-驾驶员腰部支撑调节开关 T4at-4芯插头连接，黑色 T4au-4芯插头连接，黑色 T6af-6芯插头连接，黑色 T6ag-6芯插头连接，黑色 V125-驾驶员座椅腰部支撑纵向调节电机 V129-驾驶员座椅腰部支撑高度调节电机 M47-连接7，在驾驶员侧座椅导线束中 *-截至2015年7月

图2-4-55

E210-驾驶员座椅的后部高度上调按钮 E211-驾驶员座椅的后部高度下调按钮 E212-驾驶员座椅前后位置的前调按钮 E213-驾驶员座椅前后位置的后调按钮 T4ap-4芯插头连接，黑色 T4ar-4芯插头连接，黑色 V28-驾驶员座椅纵向调节电机 V30-驾驶员座椅的后部高度调节电机 T6aj-6芯插头连接，黑色 T10p-10芯插头连接，在驾驶员侧座椅导线束中 M47-连接7，在驾驶员侧座椅导线束中

图2-4-54

驾驶员腰部支撑调节开关、驾驶员座椅腰部支撑纵向调节电机、驾驶员座椅腰部支撑高度调节电机

车载电网控制单元

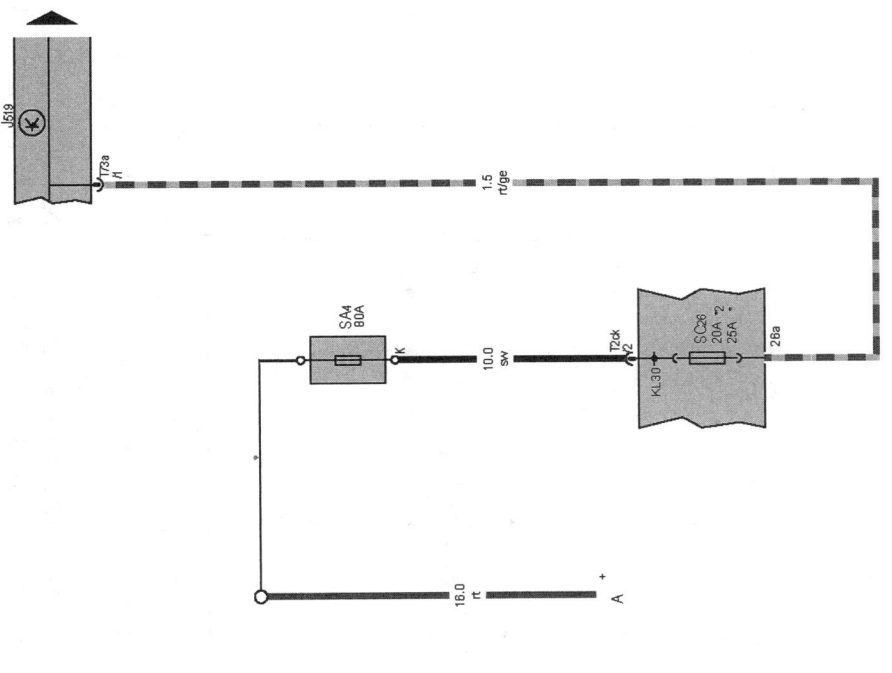
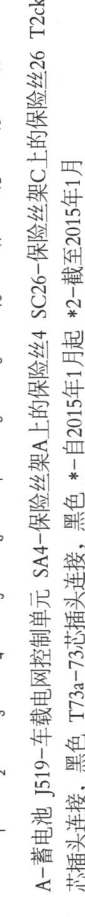

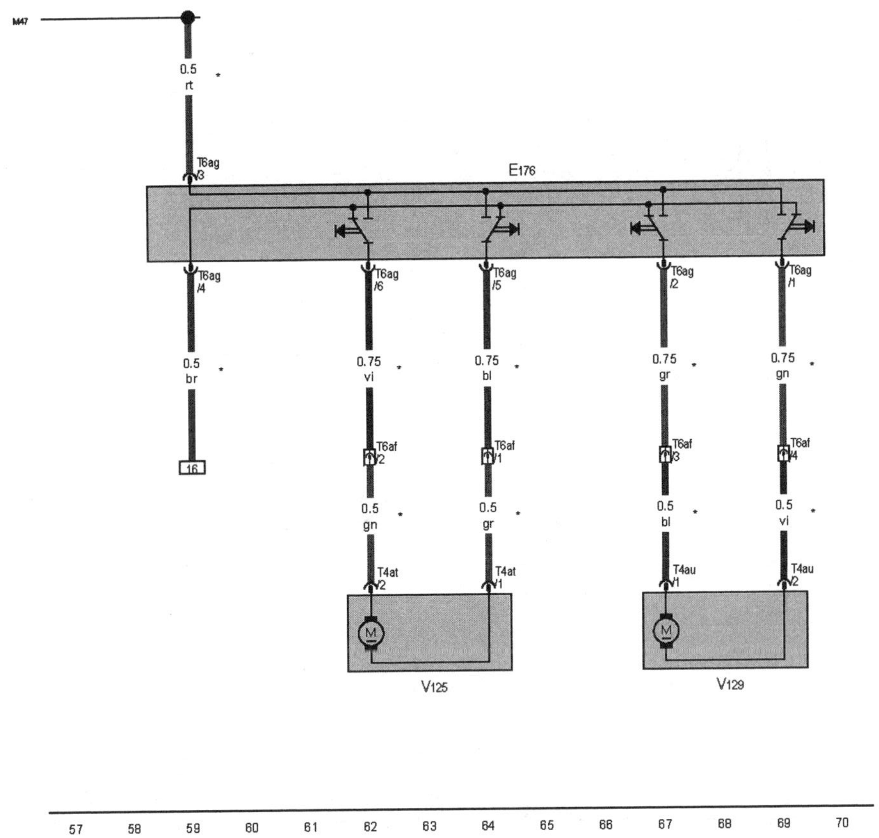

E176-驾驶员腰部支撑调节开关 T4at-4芯插头连接，黑色 T4au-4芯插头连接，黑色 T6af 6芯插头连接，黑色 T6af-6芯插头连接，黑色 T6ag-6芯插头连接，黑色 V125-驾驶员座椅腰部支撑纵向调节电机 V129-驾驶员座椅腰部支撑高度调节电机 M47-连接7，在驾驶员座椅导线束中 *-自2015年7月起

图 2-4-56

A-蓄电池 J519-车载电网控制单元 SA4-保险丝架A上的保险丝4 SC26-保险丝架C上的保险丝26 T2ck-2芯插头连接，黑色 T73a-73芯插头连接，黑色 *-自2015年1月起 *2-截至2015年1月

图 2-4-57

225

左前座椅温度传感器、车载电网控制单元、可加热驾驶员座椅、可加热驾驶员座椅靠背

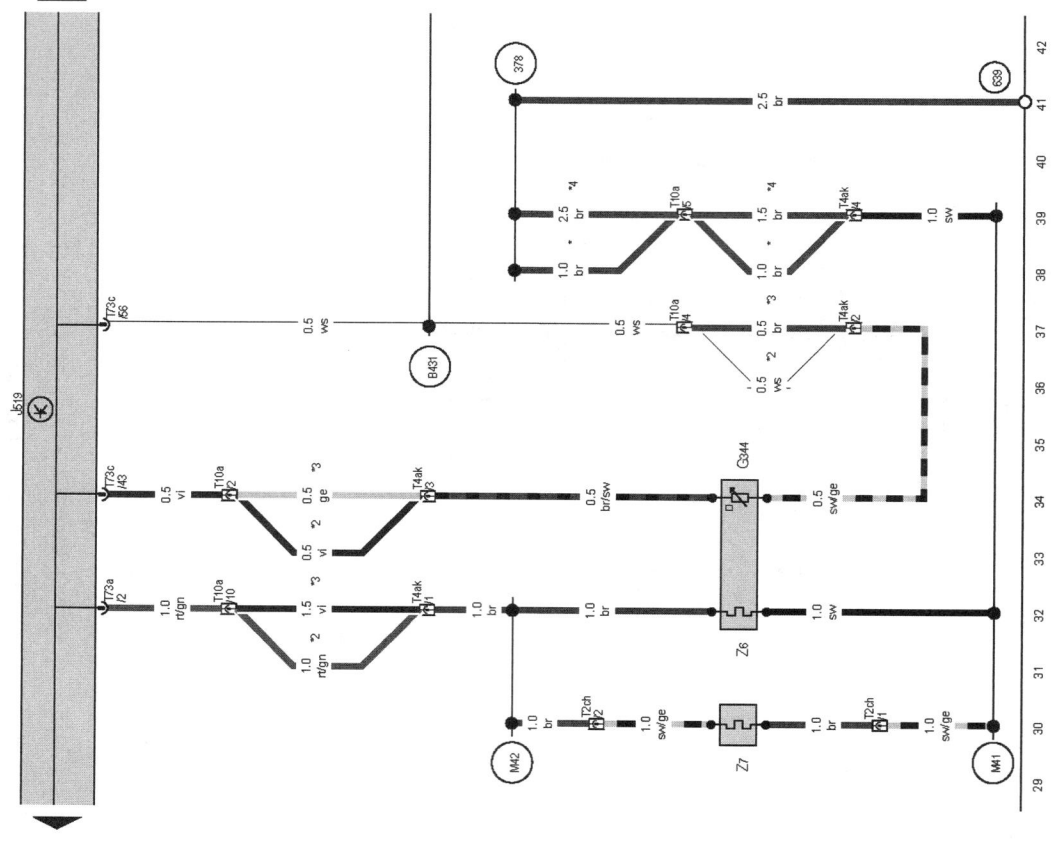

G344-左前座椅温度传感器 J519-车载电网控制单元 T2ch-2芯插头连接 T4ak-4芯插头连接，黑色 T10a-10芯插头连接，驾驶员座椅下方，黑色 T73a-73芯插头连接，黑色 T73c-73芯插头连接，黑色 Z6-可加热驾驶员座椅 Z7-可加热驾驶员座椅靠背 378-接地连接13，在主导线束中 639-左侧A柱上的接地点 B431-连接1，在驾驶员侧座椅导线束中 M41-连接1，在驾驶员侧座椅导线束中 M42-连接2，在驾驶员侧座椅导线束中 *-自2015年7月起 *2-自2017年6月起 *3-截至2017年7月起 *4-截至2017年6月

图2-4-59

可加热驾驶员座椅调节器、可加热副驾驶员座椅调节器、车载电网控制单元、车载电网控制单元、可加热驾驶员座椅、全自动空调控制单元、可加热驾驶员座椅指示灯、可加热副驾驶员座椅指示灯

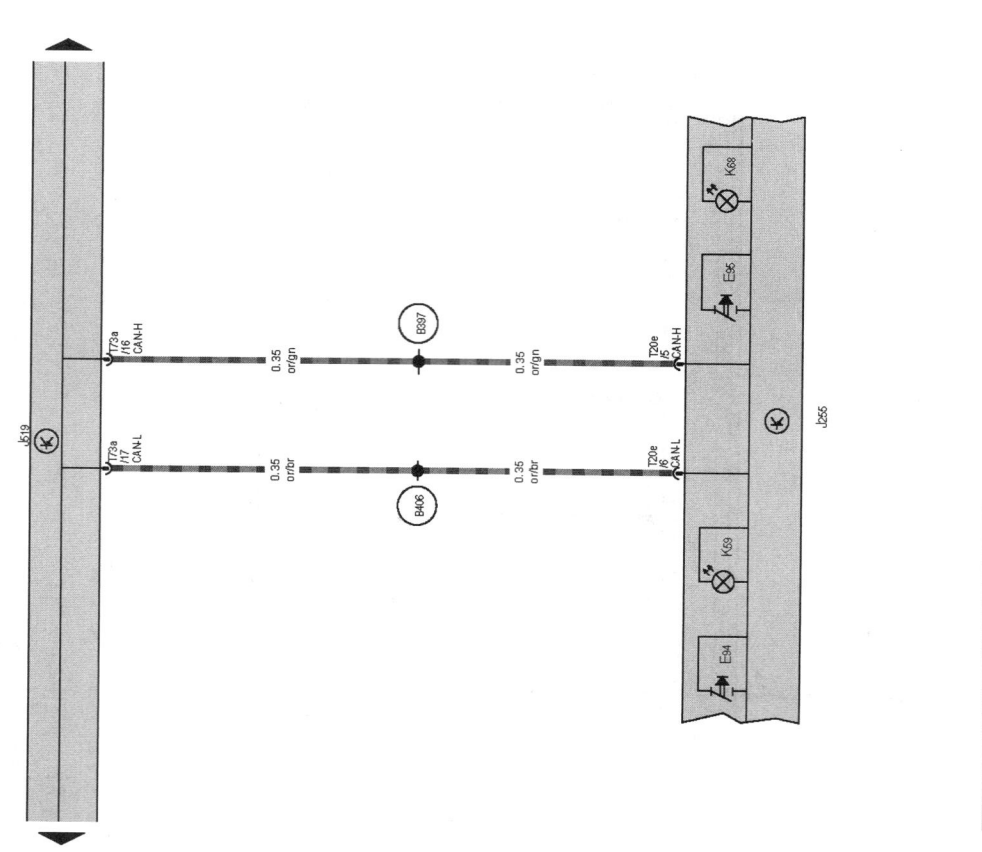

E94-可加热驾驶员座椅调节器 E95-可加热副驾驶员座椅调节器 J255-全自动空调控制单元 J519-车载电网控制单元 K59-可加热驾驶员座椅指示灯 K68-可加热副驾驶员座椅指示灯 T20e-20芯插头连接 T73a-73芯插头连接，黑色 B397-连接1（舒适CAN总线，High），在主导线束中 B406-连接1（舒适CAN总线，Low），在主导线束中

图2-4-58

226

驾驶员座椅调节控制单元

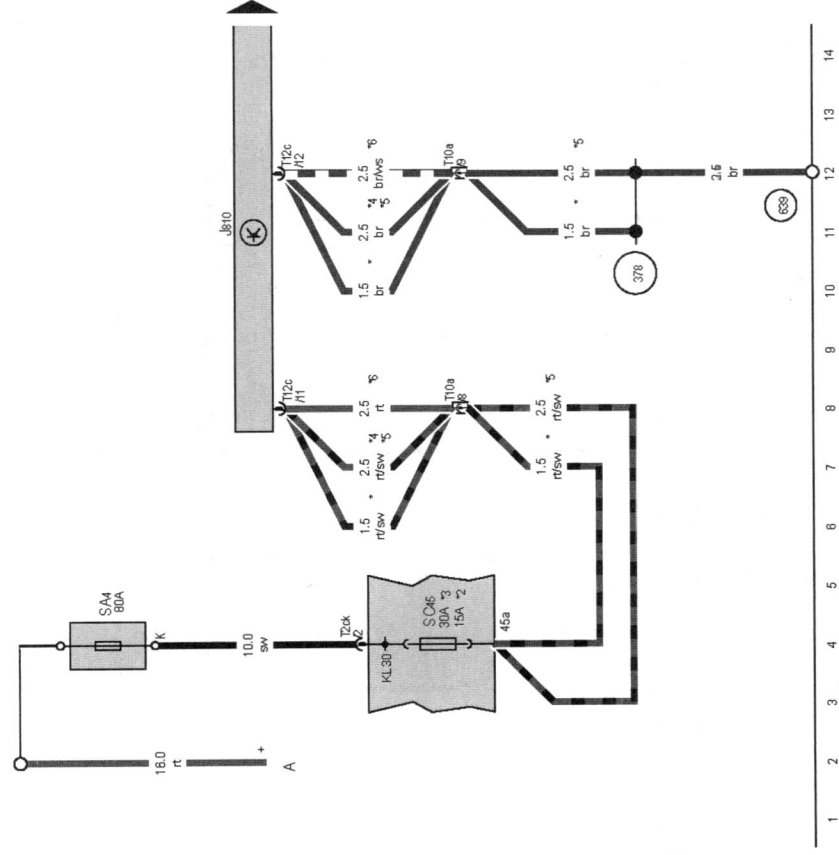

A－蓄电池 J810－驾驶员座椅调节控制单元 SA4－保险丝架A上的保险丝 SC45－保险丝架C上的保险丝
45 T2ck－2芯插头连接 T10a－10芯插头连接，黑色 T12c－12芯插头连接，黑色
378－接地连接13，在主导线束中 639－左侧A柱上的接地点 *－自2017年6月起 *2－自2015年1月起 *3－截至
2015年1月 *4－自2015年7月起 *5－截至2017年6月 *6－截至2015年7月

图 2-4-61

右前座椅温度传感器、车载电网控制单元、可加热副驾驶员座椅、可加热副驾驶员座椅靠
背

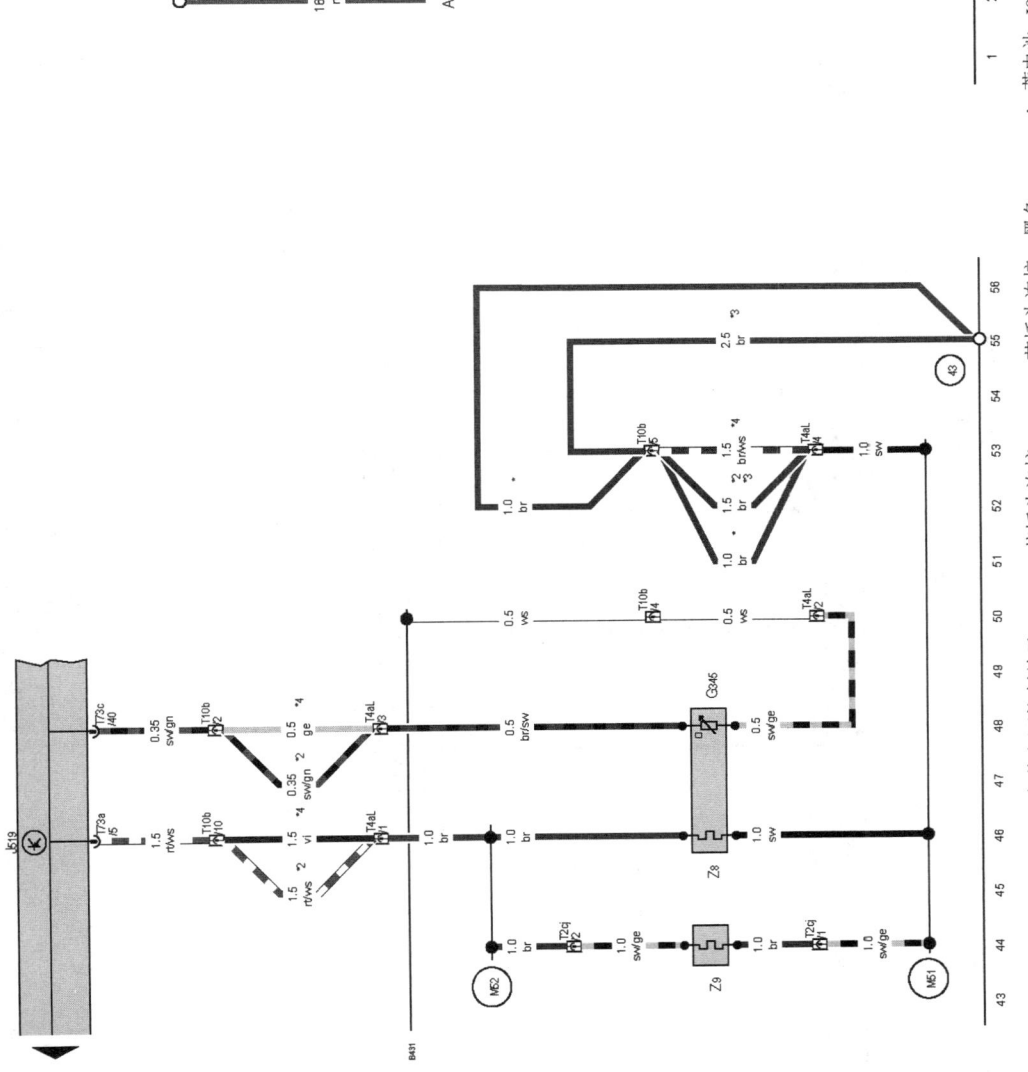

G345－右前座椅温度传感器 J519－车载电网控制单元 T2cj－2芯插头连接 T4aL－4芯插头连接，黑色
T10b－10芯插头连接，副驾驶员座椅下方，黑色 T73a－73芯插头连接，黑色 T73c－73芯插头连接，黑
色 Z8－可加热副驾驶员座椅 Z9－可加热副驾驶员座椅靠背 43－右侧A柱下部接地点 B431－连接（座椅加
热），在主导线束中 M51－连接1，在右侧驾驶员侧座椅导线束中 M52－连接2，在副驾驶员侧座椅导线束中
*－自2017年6月起 *2－自2015年7月起 *3－截至2017年6月 *4－截至2015年7月

图 2-4-60

227

驾驶员座椅靠背调节开关、驾驶员座椅的前部高度上调按钮、驾驶员座椅的前部高度下调按钮、驾驶员座椅的后部高度上调按钮、驾驶员座椅的后部高度下调按钮、驾驶员座椅前后位置的前调按钮、驾驶员座椅前后位置的后调按钮、驾驶员座椅调节控制单元

带记忆功能的座椅按钮 1、带记忆功能的座椅按钮 2、带记忆功能的座椅按钮 3、座椅位置存储按钮、驾驶员座椅调节控制单元

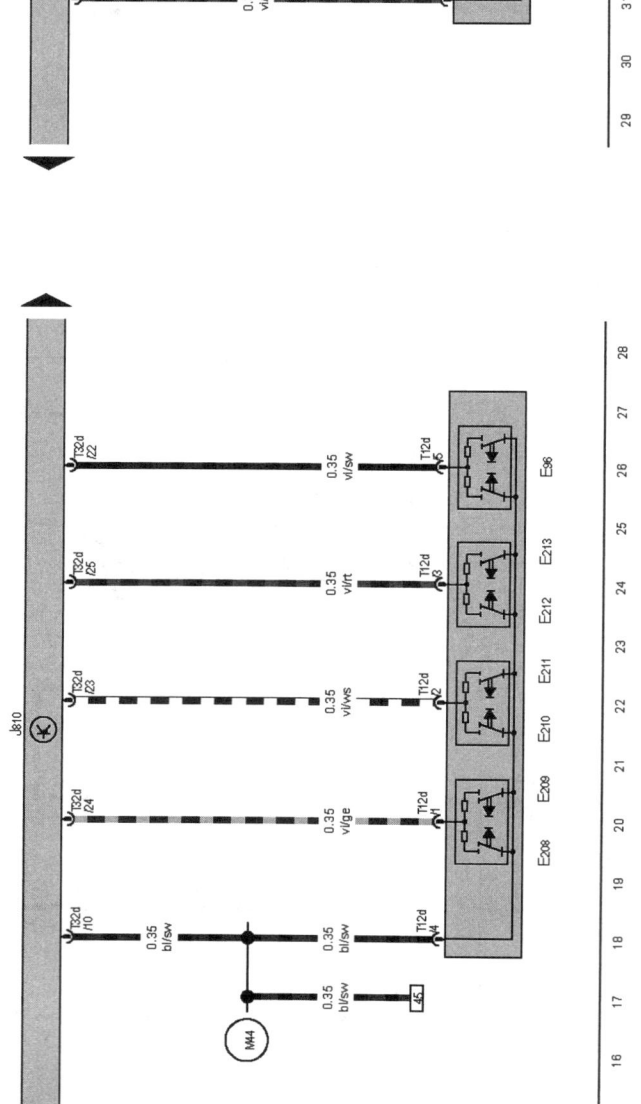

图 2-4-62

图 2-4-63

228

E96-驾驶员座椅靠背调节开关 E208-驾驶员座椅的前部高度上调按钮 E209-驾驶员座椅的前部高度下调按钮 E210-驾驶员座椅的后部高度上调按钮 E211-驾驶员座椅的后部高度下调按钮 E212-驾驶员座椅前后位置的前调按钮 E213-驾驶员座椅前后位置的后调按钮 J810-驾驶员座椅调节控制单元 T12d-12芯插头连接，黑色 T32d-32芯插头连接，灰色 M44-连接4，在驾驶员侧座椅导线束中

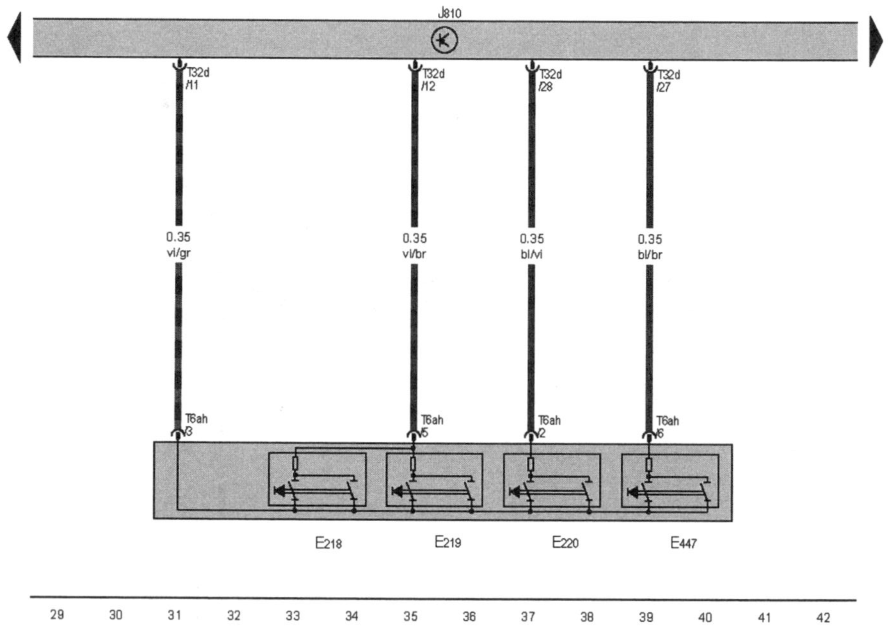

E218-带记忆功能的座椅按钮1 E219-带记忆功能的座椅按钮2 E220-带记忆功能的座椅按钮3 E447-座椅位置存储按钮 J810-驾驶员座椅调节控制单元 T6ah-6芯插头连接，黑色 T32d-32芯插头连接，灰色

驾驶员座椅调节控制单元、驾驶员座椅纵向调节电机、驾驶员座椅的后部高度调节电机、驾驶员座椅靠背调节电机

驾驶员腰部支撑调节开关、车载电网控制单元、驾驶员座椅调节控制单元、数据总线调节控制单元、驾驶员座椅的前部高度调节电机

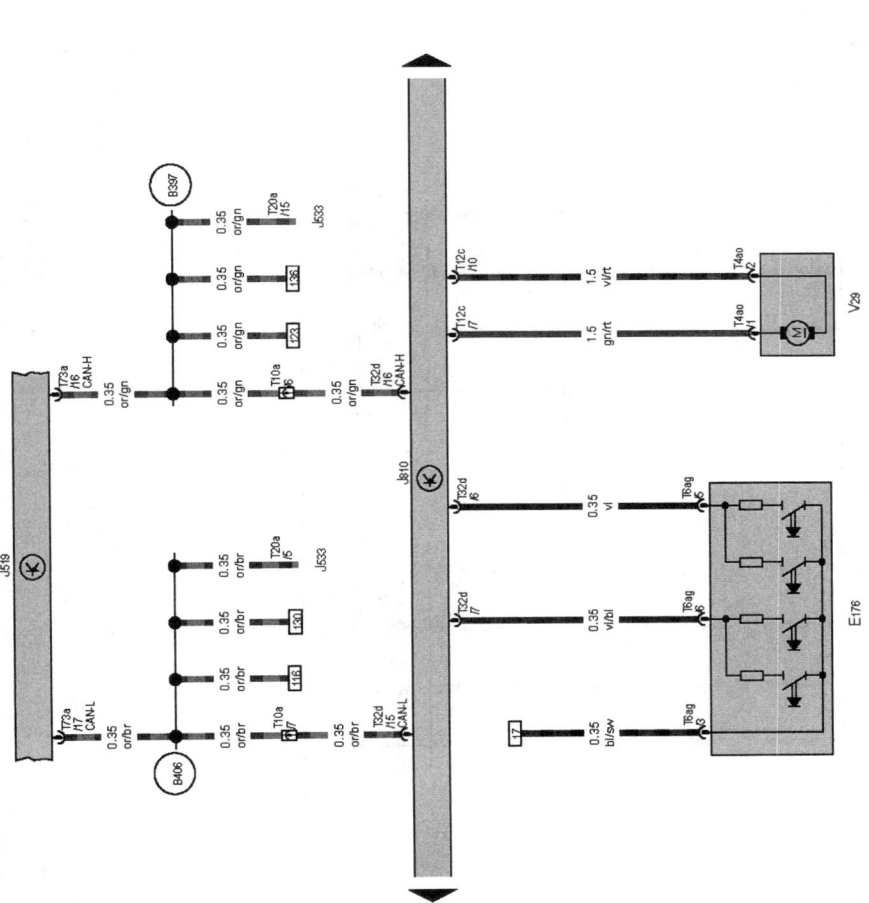

图 2-4-65

E176-驾驶员腰部支撑调节开关 J519-车载电网控制单元 J533-数据总线诊断接口 J810-驾驶员座椅调节控制单元 T4ao-4芯插头连接，黑色 T6ag-6芯插头连接，黑色 T10a-10芯插头连接，驾驶员座椅下方，黑色 T12c-12芯插头连接，驾驶员座椅下方，黑色 T20a-20芯插头连接，红色 T32d-32芯插头连接，灰色 T73a-73芯插头连接，黑色 V29-驾驶员座椅的前部高度调节电机 B397-连接1（舒适 CAN 总线，High），在主导线束中 B406-连接1（舒适 CAN 总线，Low），在主导线束中

图 2-4-64

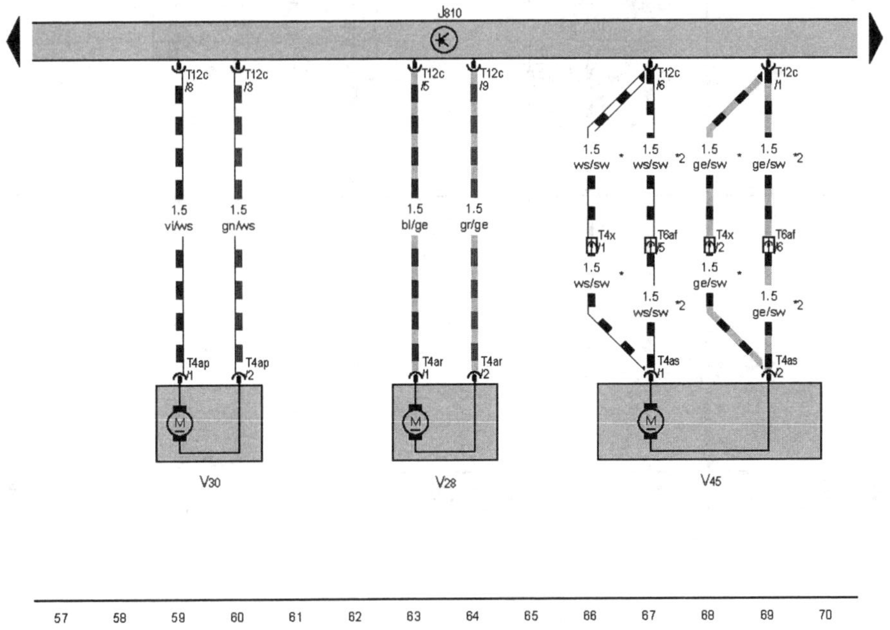

J810-驾驶员座椅调节控制单元 T4ap-4芯插头连接，黑色 T4ar-4芯插头连接，黑色 T4as-4芯插头连接，黑色 T4x-4芯插头连接，驾驶员座椅上，黑色 T6af-6芯插头连接，驾驶员座椅上，黑色 T12c-12芯插头连接，驾驶员座椅下方，黑色 V28-驾驶员座椅纵向调节电机 V30-驾驶员座椅的后部高度调节电机 V45-驾驶员座椅靠背调节电机 *-自2017年6月起 *2-截至2017年6月

229

腰部支撑高度调节传感器、腰部支撑前后调节传感器、驾驶员座椅调节控制单元、驾驶员座椅腰部支撑纵向调节电机、驾驶员座椅腰部支撑高度调节电机

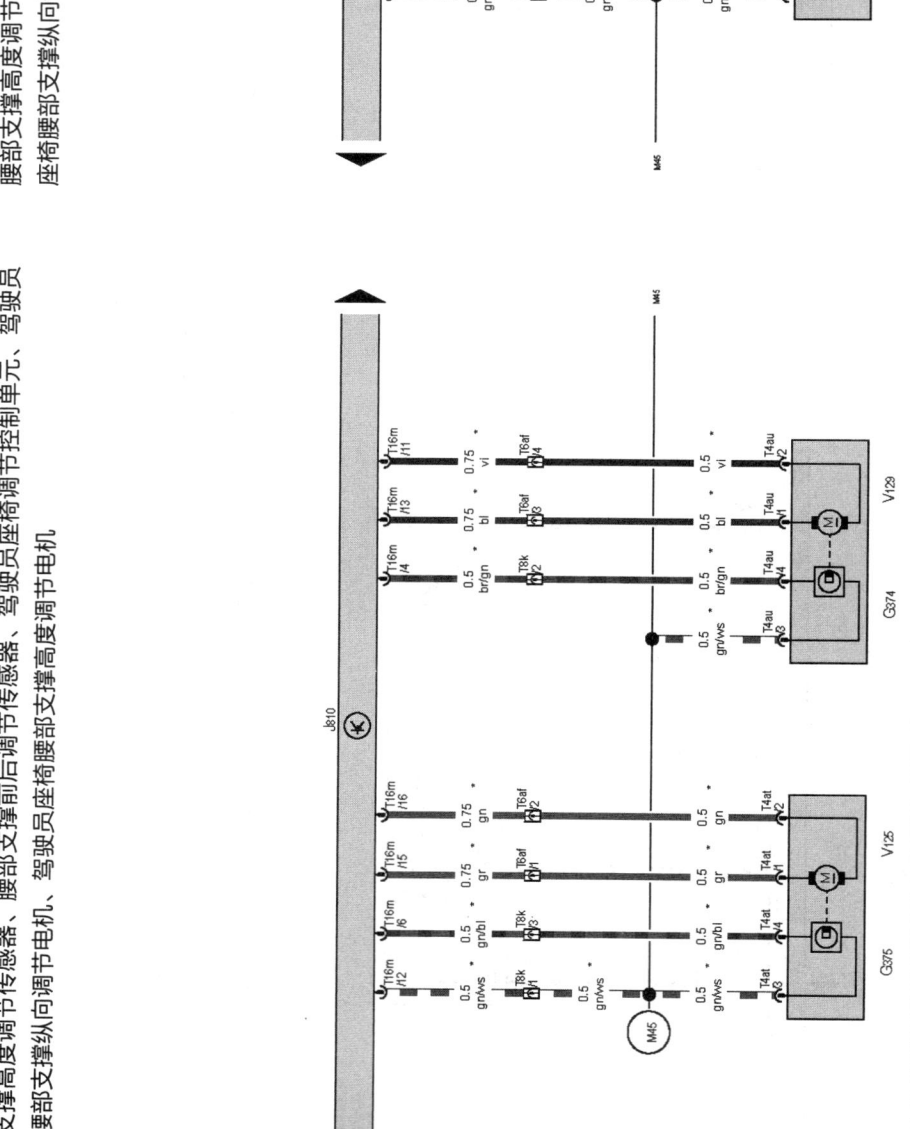

图 2-4-67

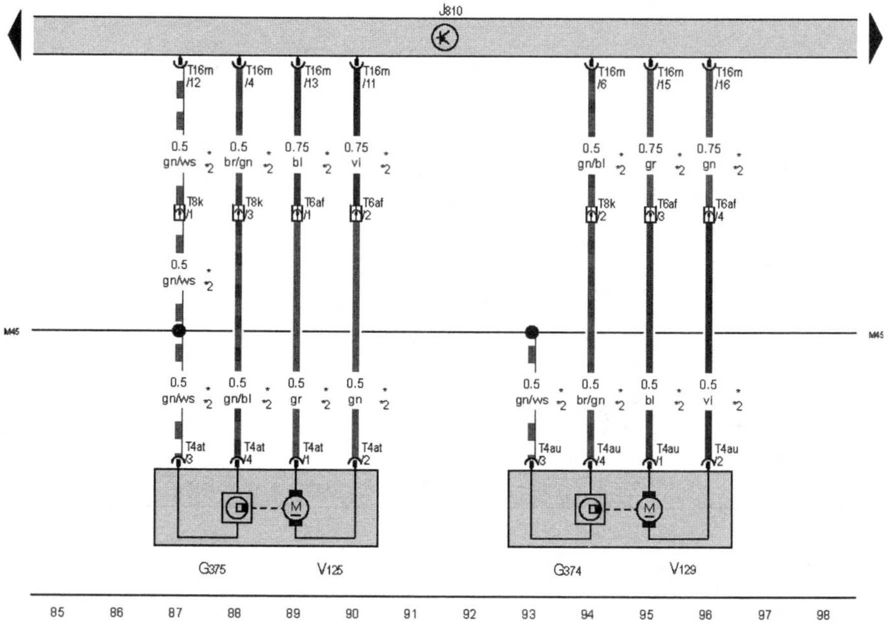

G374－腰部支撑高度调节传感器　G375－腰部支撑前后调节传感器　J810－驾驶员座椅调节控制单元　T4at－4芯插头连接，黑色　T4au－4芯插头连接，黑色　T6af－6芯插头连接，驾驶员座椅上，黑色　T8k－8芯插头连接，驾驶员座椅上，黑色　T16m－16芯插头连接，黑色　V125－驾驶员座椅腰部支撑纵向调节电机　V129－驾驶员座椅腰部支撑高度调节电机　M45－连接5，在驾驶员侧座椅导线束中　*－自2015年7月起　*2－截至2017年6月

腰部支撑高度调节传感器、腰部支撑前后调节传感器、驾驶员座椅调节控制单元、驾驶员座椅腰部支撑纵向调节电机、驾驶员座椅腰部支撑高度调节电机

图 2-4-66

G374－腰部支撑高度调节传感器　G375－腰部支撑前后调节传感器　J810－驾驶员座椅调节控制单元　T4at－4芯插头连接，黑色　T4au－4芯插头连接，黑色　T6af－6芯插头连接，驾驶员座椅上，黑色　T8k－8芯插头连接，驾驶员座椅上，黑色　T16m－16芯插头连接，黑色　V125－驾驶员座椅腰部支撑纵向调节电机　V129－驾驶员座椅腰部支撑高度调节电机　M45－连接5，在驾驶员侧座椅导线束中　*－截至2015年7月

驾驶员侧后视镜水平调节电位计、驾驶员侧后视镜垂直调节电位计、驾驶员侧车门控制单元、驾驶员侧后视镜调节电机2、驾驶员侧后视镜调节内折电机、驾驶员侧后视镜调节电机

腰部支撑高度调节传感器、腰部支撑前后调节传感器、驾驶员座椅调节控制单元、驾驶员座椅腰部支撑纵向调节电机、驾驶员座椅腰部支撑高度调节电机

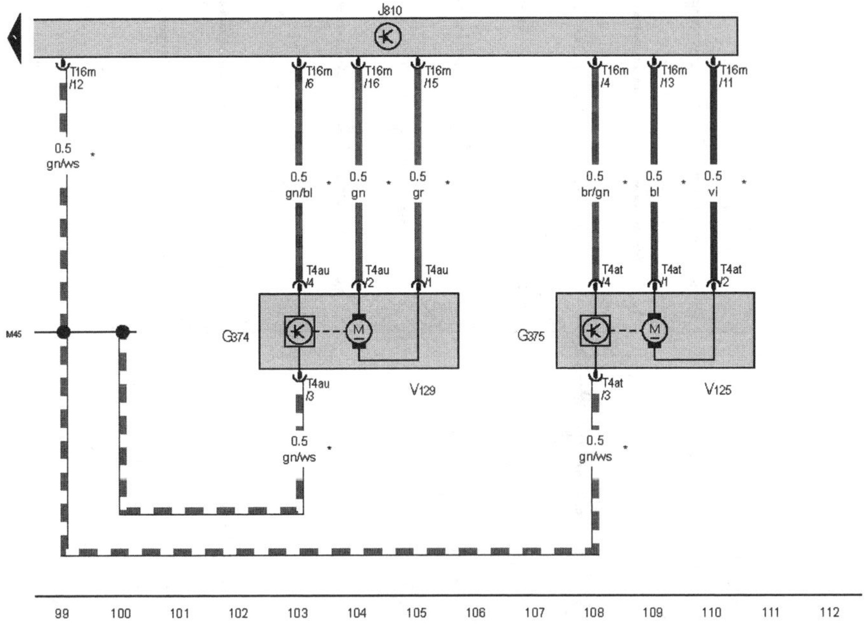

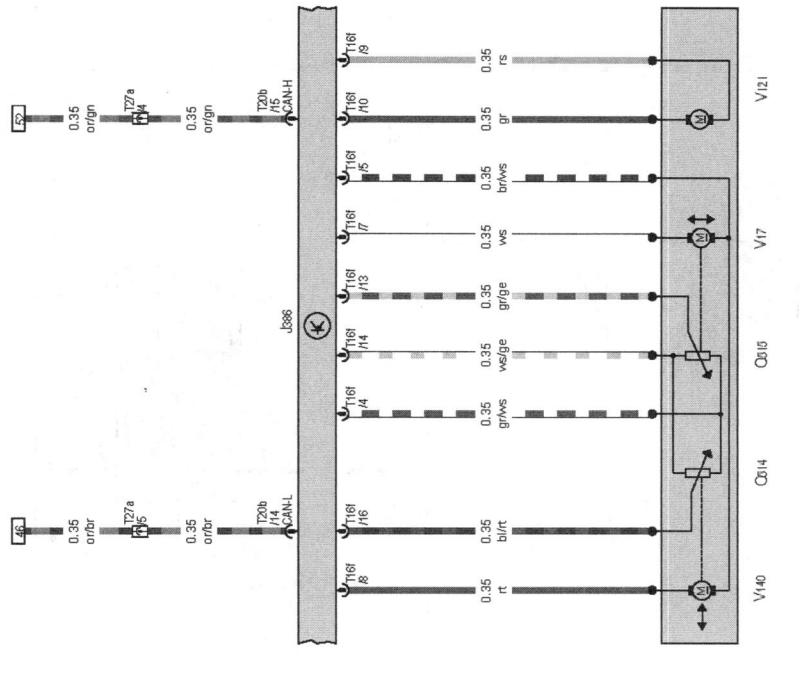

图 2-4-69

G514-驾驶员侧后视镜水平调节电位计 G515-驾驶员侧后视镜垂直调节电位计 J386-驾驶员侧车门控制单元 T16f-16芯插头连接，黑色 T20b-20芯插头连接，黑色 T27a-27芯插头连接，左侧A柱上，黑色 V17-驾驶员侧后视镜调节内折电机 V121-驾驶员侧后视镜调节电机2 V149-驾驶员侧后视镜调节电机

图 2-4-68

G374-腰部支撑高度调节传感器 G375-腰部支撑前后调节传感器 J810-驾驶员座椅调节控制单元 T4at-4芯插头连接，黑色 T4au-4芯插头连接，黑色 T16m-16芯插头连接，黑色 V125-驾驶员座椅腰部支撑部支撑纵向调节电机 V129-驾驶员座椅腰部支撑部支撑高度调节电机 M45-连接5，在驾驶员座椅导线束中 *-自2017年6月起

滑动天窗调节器、滑动天窗按钮、滑动天窗控制单元、滑动天窗电机

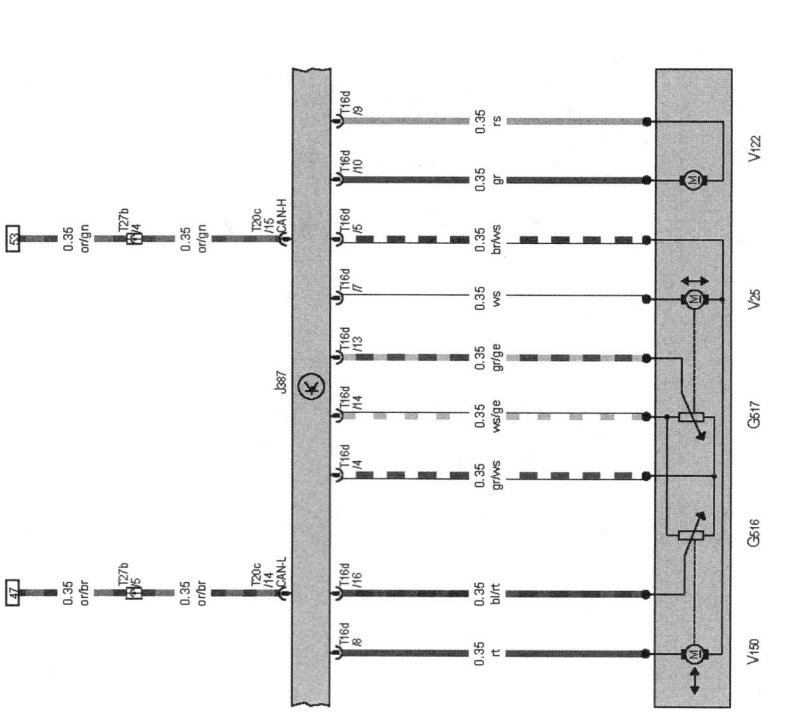

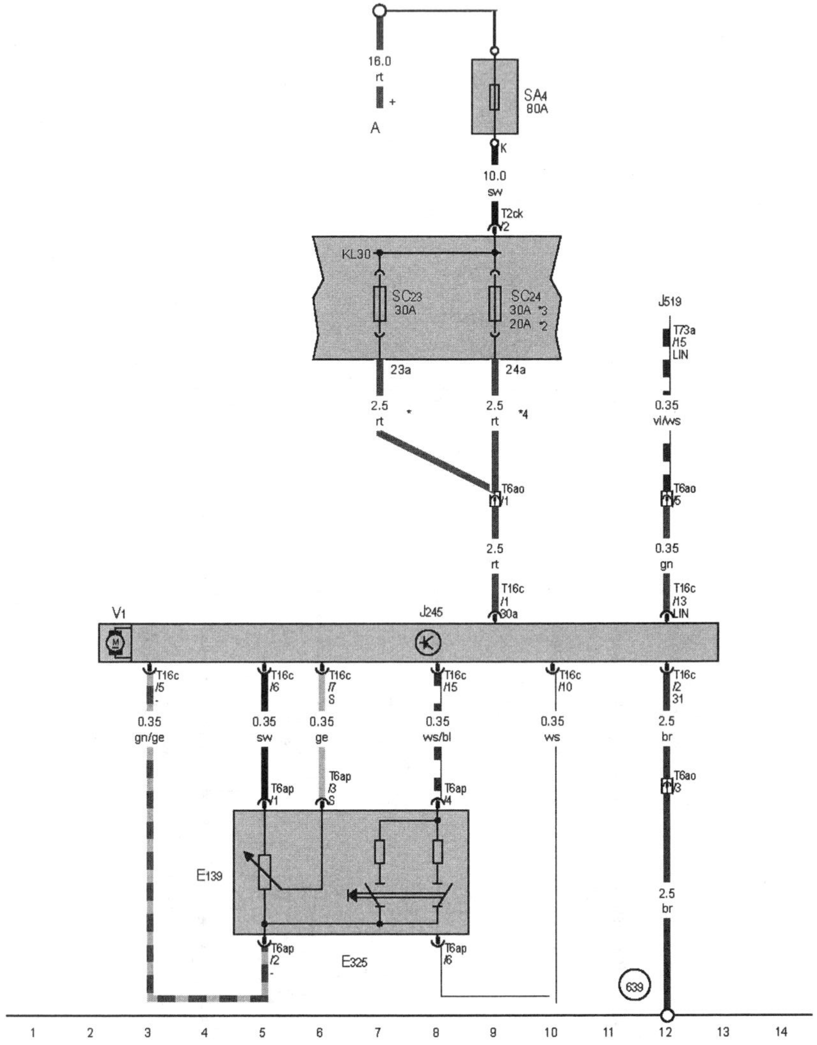

A-蓄电池 E139-滑动天窗调节器 E325-滑动天窗按钮 J245-滑动天窗控制单元 J519-车载电网控制单元
SA4-保险丝架A上的保险丝4 SC23-保险丝架C上的保险丝23 SC24-保险丝架C上的保险丝24 T2ck-2芯
插头连接，黑色 T6ao-6芯插头连接，黑色 T6ap-6芯插头连接，黑色 T16c-16芯
插头连接，黑色 T73a-73芯插头连接，黑色 V1-滑动天窗电机 639-左侧A柱上的接地点 *-自2017年6月起
*2-自2015年1月起 *3-截至2015年1月 *4-截至2017年6月

图2-4-71

副驾驶员侧后视镜水平调节电位计、副驾驶员侧后视镜垂直调节电位计、副驾驶员侧车门
控制单元、副驾驶员侧后视镜调节电机2、副驾驶员侧后视镜内折电机、副驾驶员侧后视
镜调节电机

G516-副驾驶员侧后视镜水平调节电位计 G517-副驾驶员侧后视镜垂直调节电位计 J387-副驾驶员侧车门
控制单元 T16d-16芯插头连接，黑色 T20c-20芯插头连接，黑色 T27b-27芯插头连接，右侧A柱上，黑
色 V25-副驾驶员侧后视镜调节电机2 V122-副驾驶员侧后视镜内折电机 V150-副驾驶员侧后视镜调节电
机-自2017年6月起

图2-4-70

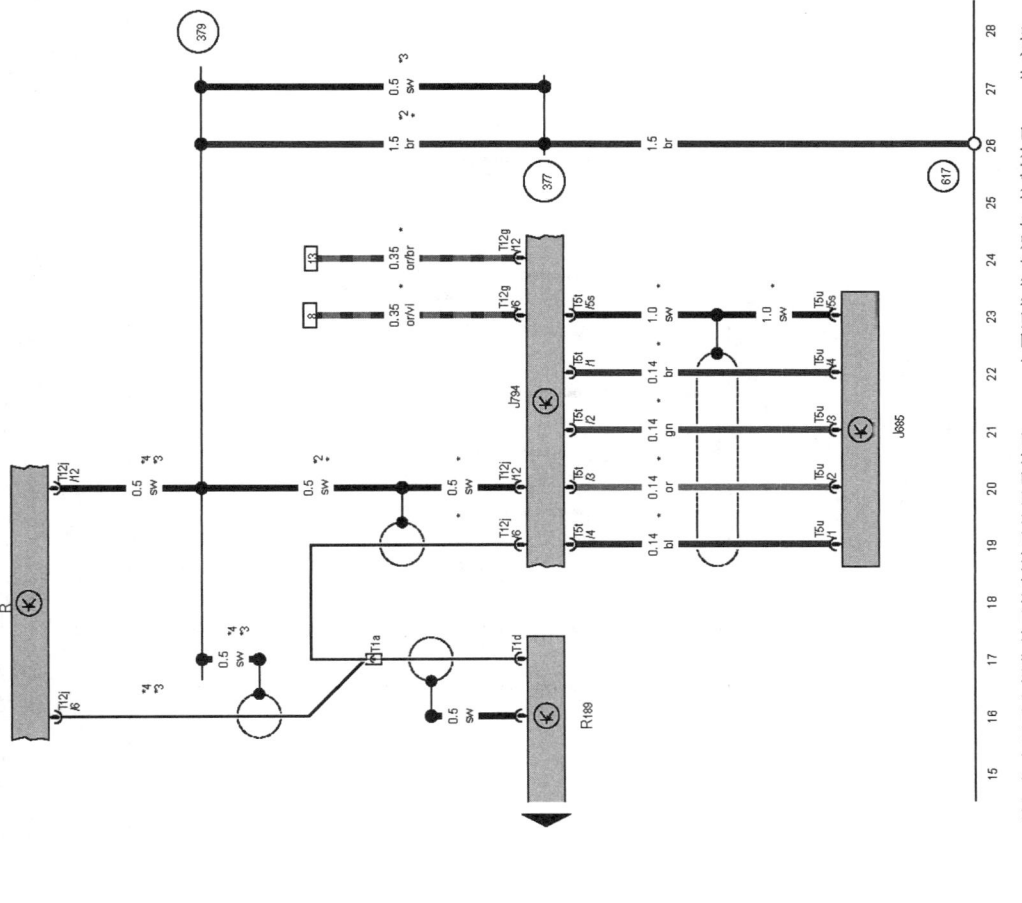

前部信息显示和操作单元控制单元的显示单元、电子通信信息设备 1 控制单元、收音机、
倒车摄像头

J685-前部信息显示和操作单元控制单元的显示单元 J794-电子通信信息设备1控制单元 R-收音机 R189-
倒车摄像头 T1a-1芯插头连接，右侧C柱附近，灰色 T1d-1芯插头连接，灰色 T5u-5芯插头连接，黑色
T5u-5芯插头连接，白色 T12g-12芯插头连接，灰色 T12j-12芯插头连接，蓝色 377-接地连接12，在主
导线束中 379-接地连接14，在主导线束中 617-右侧A柱下部接地点2 *-截至2017年6月 *2-自2015年1月
起 *3-自2017年6月起 *4-仅用于带有收音机MIB-G第4代标准型增强版的汽车

图 2-4-73

倒车摄像头

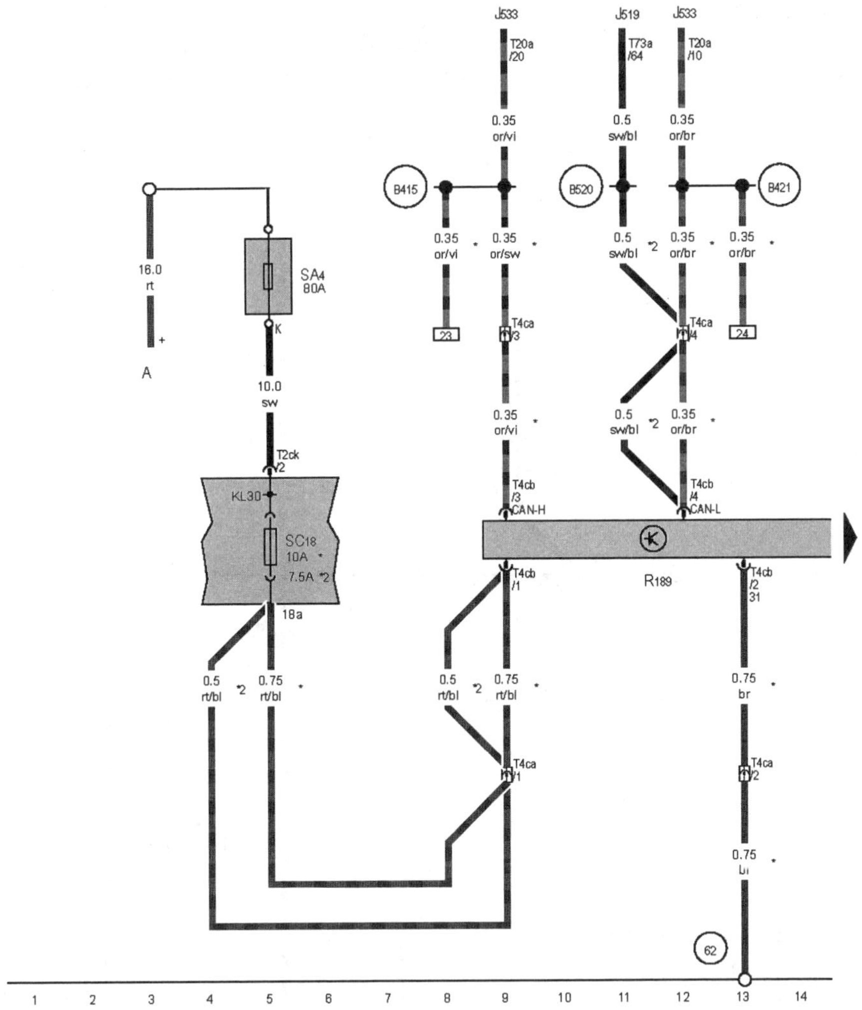

A-蓄电池 J519-车载电网控制单元 J533-数据总线诊断接口 R189-倒车摄像头 SA4-保险丝架A上的保
险丝4 SC18-保险丝架C上的保险丝18 T2ck-2芯插头连接，黑色 T4ca-4芯插头连接，右侧C柱附近，黑
色 T4cb-4芯插头连接，黑色 T20a-20芯插头连接，红色 T73a-73芯插头连接，黑色 62-右侧C柱上的
接地点 B415-连接1（信息娱乐CAN总线，High），在主导线束中 B421-连接1（信息娱乐CAN总线，
Low），在主导线束中 B520-连接（RF），在主导线束中 *-截至2017年6月 *2-自2017年6月起

图 2-4-72

233

后部泊车雷达系统警报蜂鸣器、泊车雷达系统控制单元

接线端 15 供电继电器、车载电网控制单元

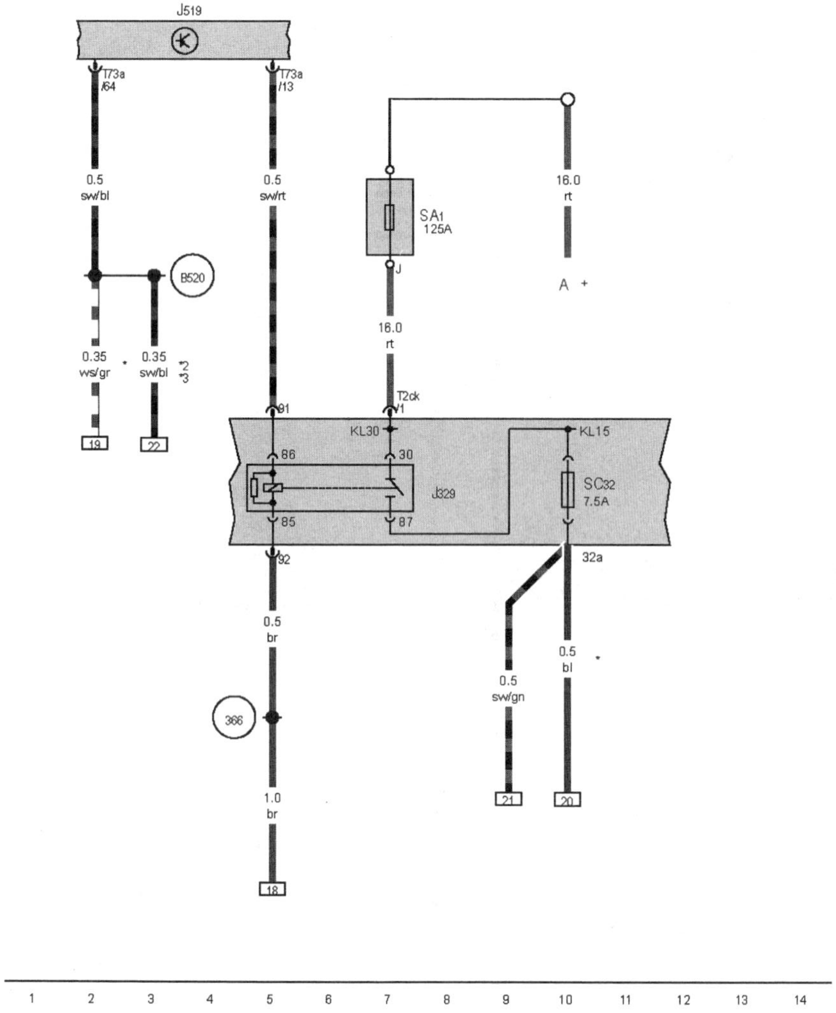

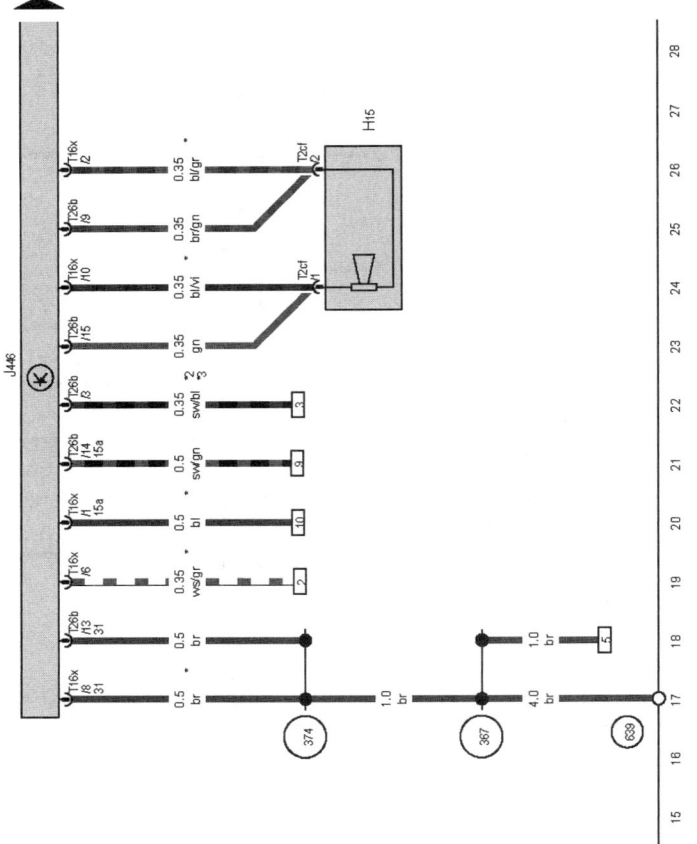

H15-后部泊车雷达系统警报蜂鸣器 J446-泊车雷达系统控制单元 T2cf-2芯插头连接，黑色 T16x-16芯插头连接，棕色 T26b-26芯插头连接，黑色 367-接地连接2，在主导线束中 374-接地连接9，在主导线束中 639-左A柱上的接地点 *1-截至2017年6月 *2-仅用于带泊车雷达系统，不带可视泊车系统的汽车 *3-自2017年6月起

图 2-4-75

A-蓄电池 J329-接线端15供电继电器 J519-车载电网控制单元 SA1-保险丝架A上的保险丝1 SC32-保险丝架C上的保险丝32 T2ck-2芯插头连接 T73a-73芯插头连接，黑色 366-接地连接1，在主导线束中 B520-连接（RF），在主导线束中 *1-截至2017年6月 *2-仅用于带泊车雷达系统，不带可视泊车系统的汽车 *3-自2017年6月起

图 2-4-74

234

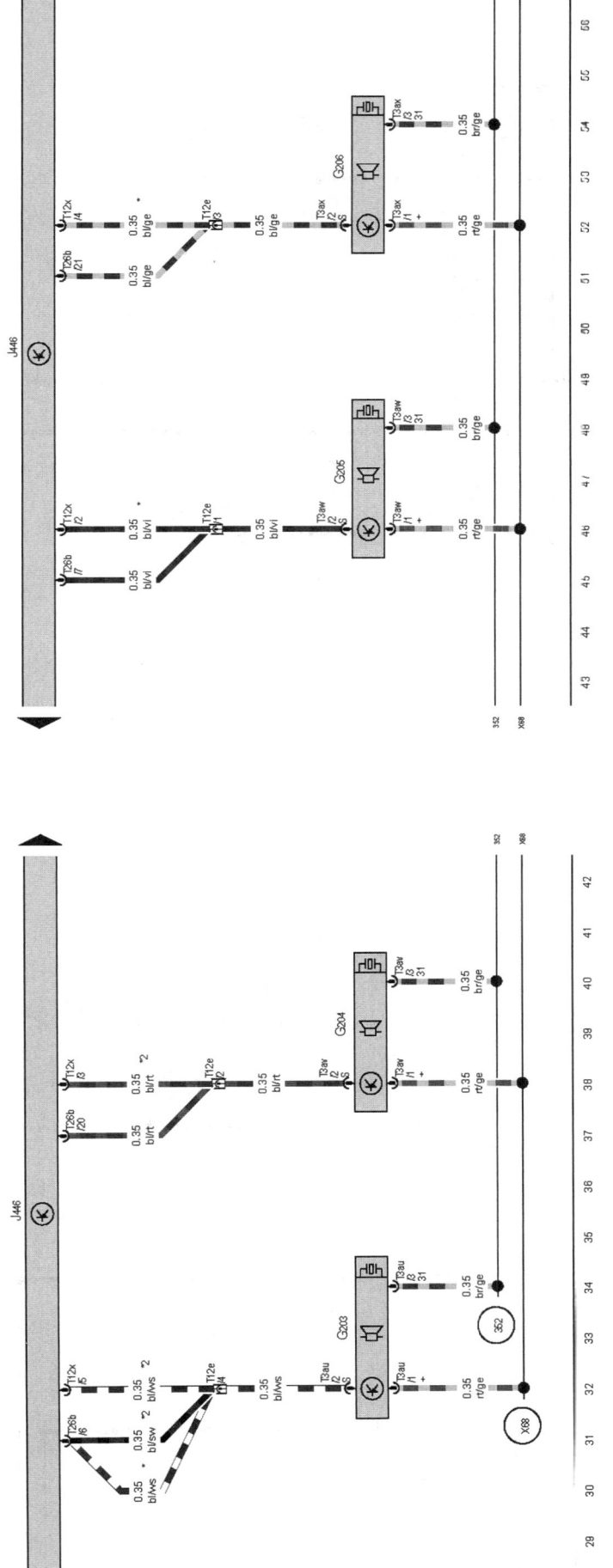

左后泊车雷达系统传感器、左后中部泊车雷达系统传感器、泊车雷达系统控制单元

G203-左后泊车雷达系统传感器　G204-左后中部泊车雷达系统传感器　J446-泊车雷达系统控制单元　T3au-3芯插头连接，黑色　T3av-3芯插头连接，黑色　T12e-12芯插头连接，后部保险杠内，棕色　T12x-12芯插头连接，黑色　T26b-26芯插头连接，黑色　352-接地连接（泊车雷达系统），在后保险杠导线束中　X68-连接（泊车雷达系统），在后保险杠导线束中　*-自2017年6月起　*2-截至2017年6月

图 2-4-76

右后中部泊车雷达系统传感器、右后泊车雷达系统传感器、泊车雷达系统控制单元

G205-右后中部泊车雷达系统传感器　G206-右后泊车雷达系统传感器　J446-泊车雷达系统控制单元　T3aw-3芯插头连接，黑色　T3ax-3芯插头连接，黑色　T12e-12芯插头连接，后部保险杠内，棕色　T12x-12芯插头连接，黑色　T26b-26芯插头连接，黑色　352-接地连接（泊车雷达系统），在后保险杠导线束中　X68-连接（泊车雷达系统），在后保险杠导线束中　*-截至2017年6月

图 2-4-77

接线端 15 供电继电器

SA1
125A

KL15

SC26
10A

J329

B277

366

367

639

J519

A⁺

图 2-4-79

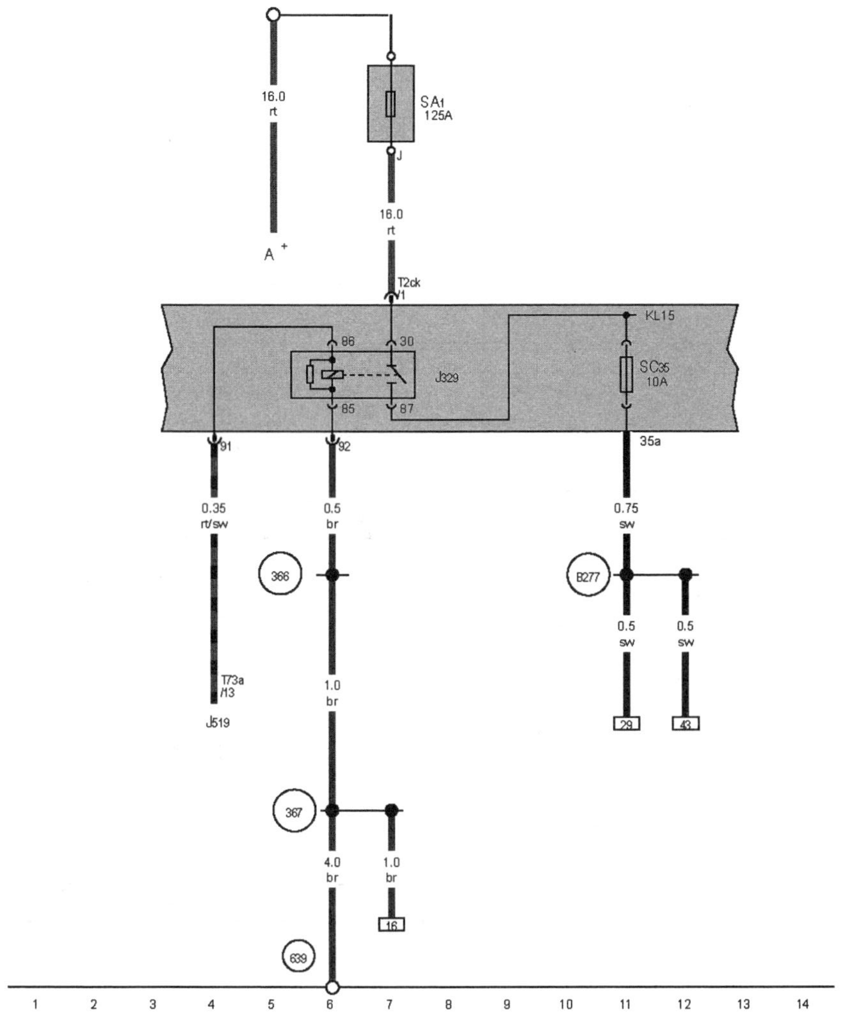

A-蓄电池 J329-接线端15供电继电器 J519-车载电网控制单元 SA1-保险丝架A上的保险丝1 SC35-保险丝架C上的保险丝35 T2ck-2芯插头连接 T73a-73芯插头连接，黑色 366-接地连接1，在主导线束中 367-接地连接2，在主导线束中 639-左A柱上的接地点 B277-正极连接1（15a），在主导线束中

泊车雷达系统控制单元

J446

B663

B664

J533

X68

图 2-4-78

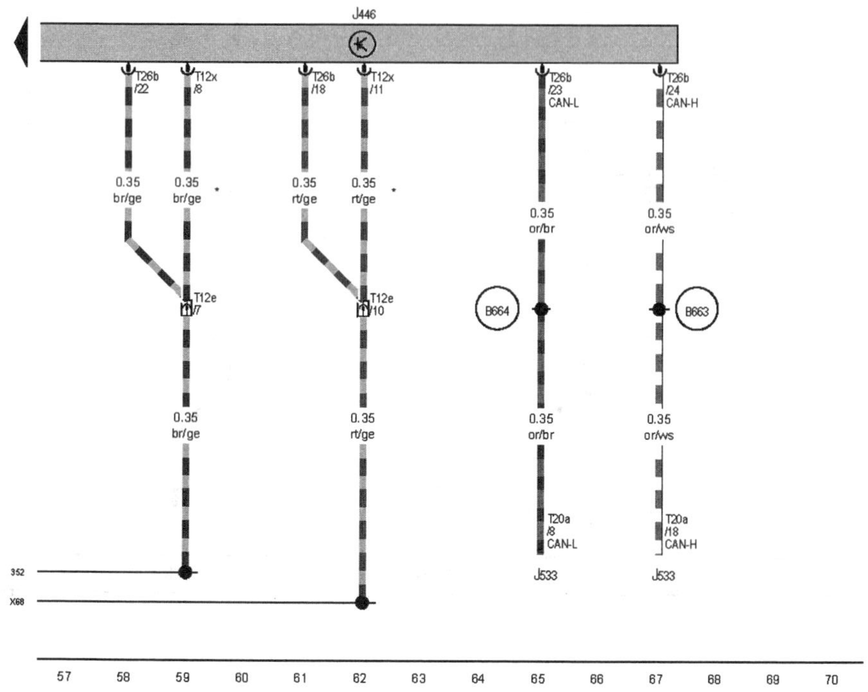

J446-泊车雷达系统控制单元 J533-数据总线诊断接口 T12e-12芯插头连接 T12x-12芯插头连接，棕色 T20a-20芯插头连接，红色 T26b-26芯插头连接，黑色 352-接地连接（泊车雷达系统），黑色 B663-连接（底盘传感器CAN总线，High），在主导线束中 B664-连接（底盘传感器CAN总线，Low），在主导线束中 X68-连接（泊车雷达系统），在主导线束中 *-截至2017年6月

236

车距调节控制单元、驾驶员辅助系统的前部摄像机

数据总线诊断接口、驾驶员辅助系统的前部摄像机、用于前部传感系统的玻璃加热装置

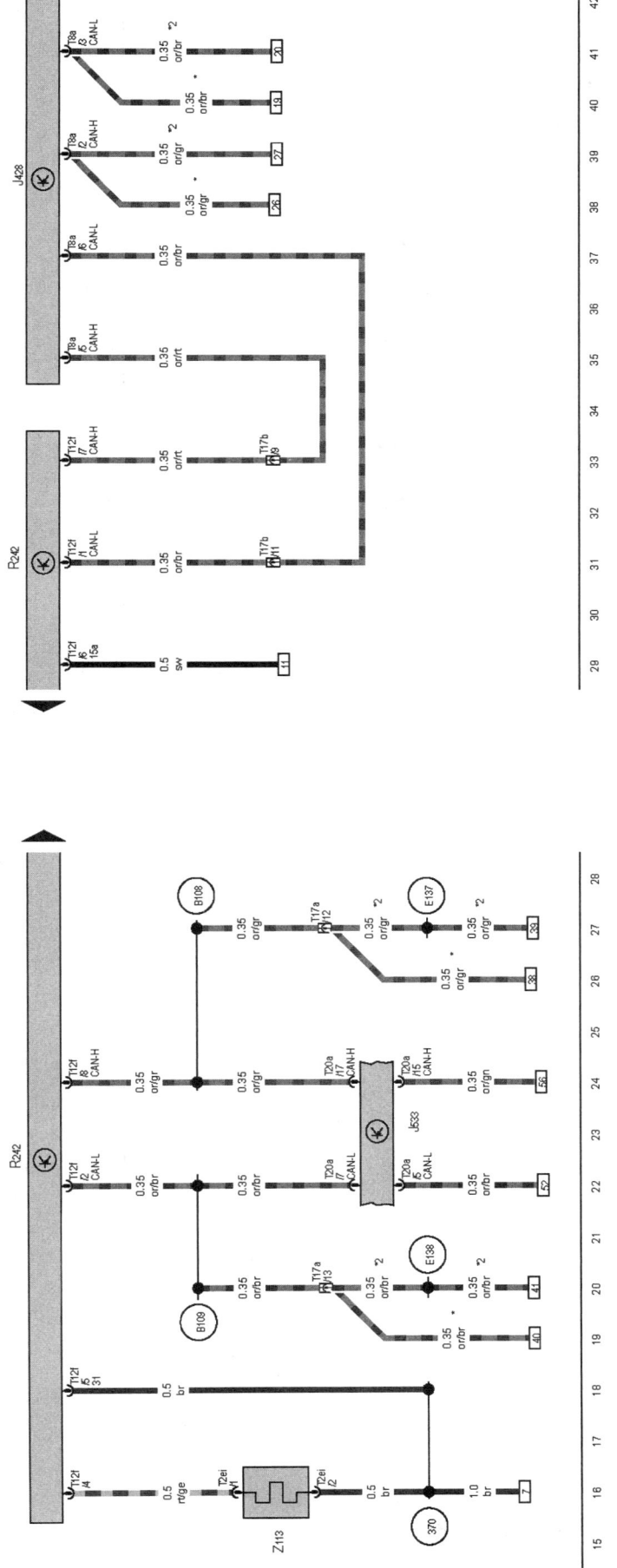

图 2-4-81

J428-车距调节控制单元 R242-驾驶员辅助系统的前部摄像机 T8a-8芯插头连接，黑色 T12f-12芯插头连接，黑色 T17b-17芯插头连接，左侧A柱下部，棕色 *-仅用于不带自动大灯照明距离调节的汽车 *2-用于带自动大灯照明距离调节的汽车

图 2-4-80

J533-数据总线诊断接口 R242-驾驶员辅助系统的前部摄像机 T2ei-2芯插头连接，黑色 T12f-12芯插头连接，黑色 T17a-17芯插头连接，左侧A柱下部，黑色 T20a-20芯插头连接，红色 Z113-用于前部传感系统的玻璃加热装置 370-接地连接5，在主导线束中 B108-连接1（扩展CAN总线，High），在主导线束中 B109-连接1（扩展CAN总线，Low），在主导线束中 E137-连接2（扩展CAN总线，High），在发动机舱导线束中 E138-连接2（扩展CAN总线，Low），在发动机舱导线束中 *-仅用于不带自动大灯照明距离调节的汽车 *2-用于带自动大灯照明距离调节的汽车

237

定速巡航装置开关、定速巡航装置设置按钮、自动车距控制按钮、车速提高按钮、车速降低按钮、定速巡航装置暂时关闭按钮、转向柱电子装置控制单元

驾驶员辅助系统按钮、车距调节控制单元、转向柱电子装置控制单元

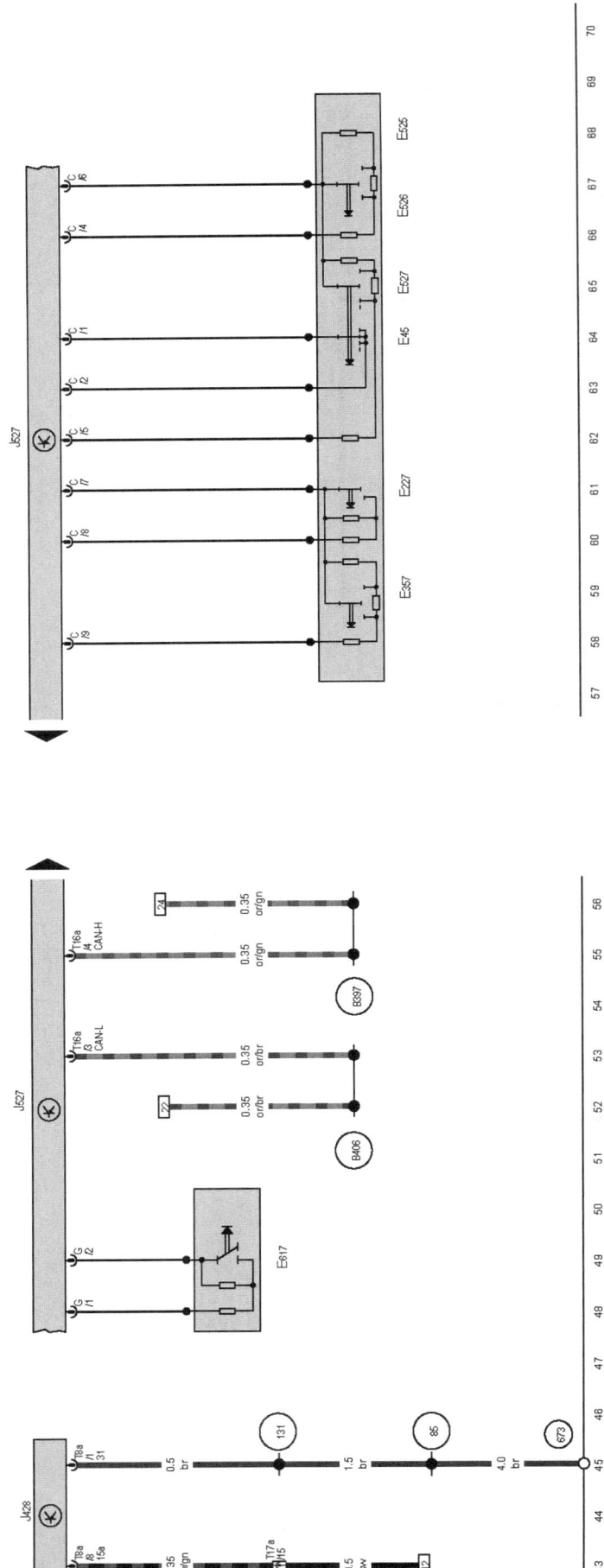

图2-4-83

图2-4-82

E45-定速巡航装置开关 E227-定速巡航装置设置按钮 E357-自动车距控制按钮 E525-车速提高按钮
E526-车速降低按钮 E527-定速巡航装置暂时关闭按钮 J527-转向柱电子装置控制单元

E617-驾驶员辅助系统按钮 J428-车距调节控制单元 J527-转向柱电子装置控制单元 T8a-8芯插头连接,
黑色 T16a-16芯插头连接, 黑色 T17a-17芯插头连接, 左侧A柱下部, 在左侧A柱下部, 85-接地连接1, 在发动机舱
号线束中 131-接地连接2, 在发动机舱号线束中 673-左前纵梁上的接地点3 B397-连接1(舒适CAN总
线, High), 在主导线束中 B406-连接1(舒适CAN总线, Low), 在主导线束中

238

驾驶员辅助系统按钮、车距调节控制单元、转向柱电子装置控制单元、数据总线诊断接口

接线端 15 供电继电器、车距调节控制单元

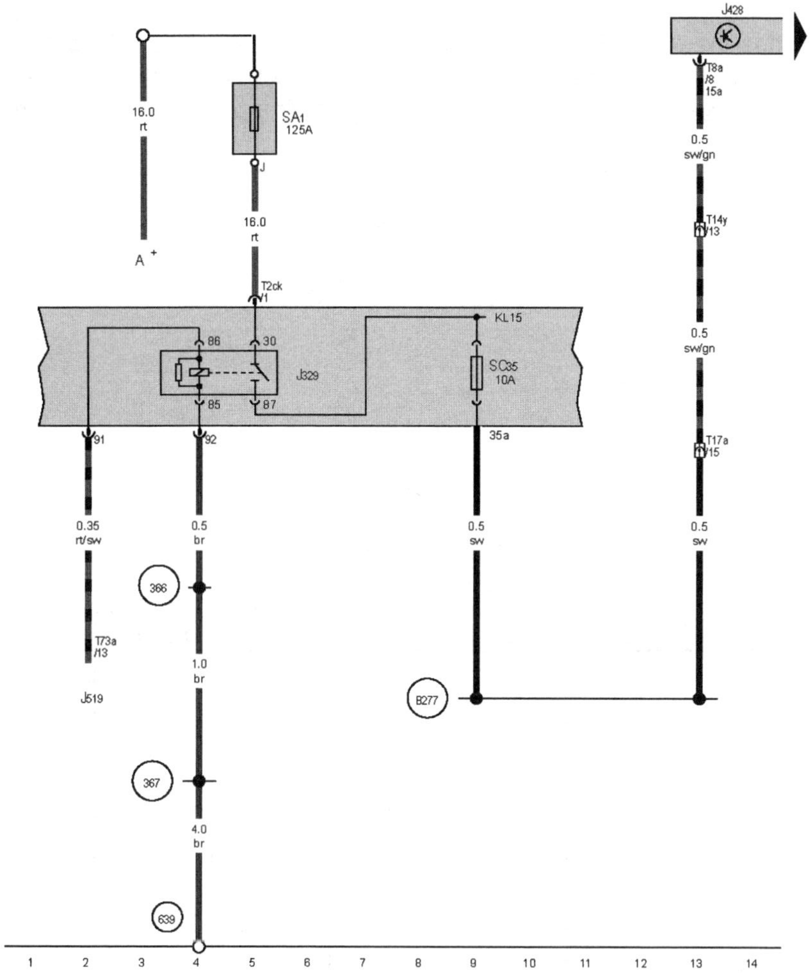

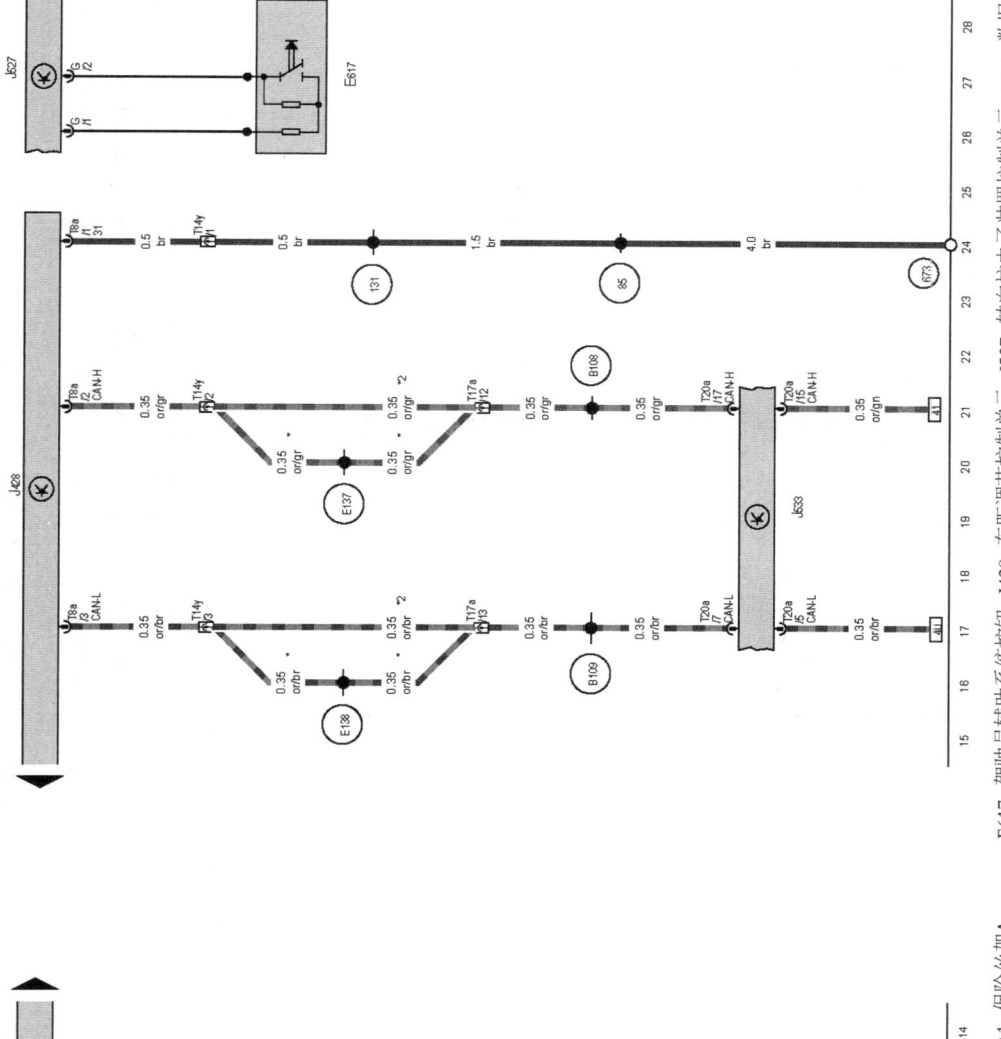

图 2-4-84

图 2-4-85

A-蓄电池 J329-接线端15供电继电器 J428-车距调节控制单元 J519-车载电网控制单元 SA1-保险丝架A 上的保险丝1 SC35-保险丝架C上的保险丝35 T2ck-2芯插头连接 T8a-8芯插头连接 黑色 T14y-14芯插头连接，左前保险杠内，黑色 T17a-17芯插头连接2，左侧A柱下部，黑色 T73a-73芯插头连接，黑色 366-接地点 在主导线束中 367-接地连接2，在主导线束中 639-左A柱上的接地点109 B277-正极连接1（15a），在主导线束中

E617-驾驶员辅助系统按钮 J428-车距调节控制单元 J519-车载电网控制单元 J527-转向柱电子装置控制单元 J533-数据总线诊断接口 T8a-8芯插头连接，黑色 T14y-14芯插头连接，左前保险杠内，黑色 T17a-17芯插头连接，左侧A柱下部，黑色 T20a-20芯插头连接，红色 85-接地连接1，在发动机舱导线束中 131-接地连接2，在发动机舱导线束中 673-左前纵梁上的接地点3 B108-连接1（扩展CAN总线，High），在主导线束中 B109-连接1（扩展CAN总线，Low），在主导线束中 E137-连接2（扩展CAN总线，High），在发动机舱导线束中 E138-连接2（扩展CAN总线，Low），在发动机舱导线束中 *-用于带自动大灯照明距离调节的汽车 *2-仅用于不带自动大灯照明距离调节的汽车

239

定速巡航装置开关、定速巡航装置设置按钮、自动车距控制按钮、车速提高按钮、车速降低按钮、定速巡航装置暂时关闭按钮、转向柱电子装置控制单元

接线端 15 供电继电器、盲区识别控制单元

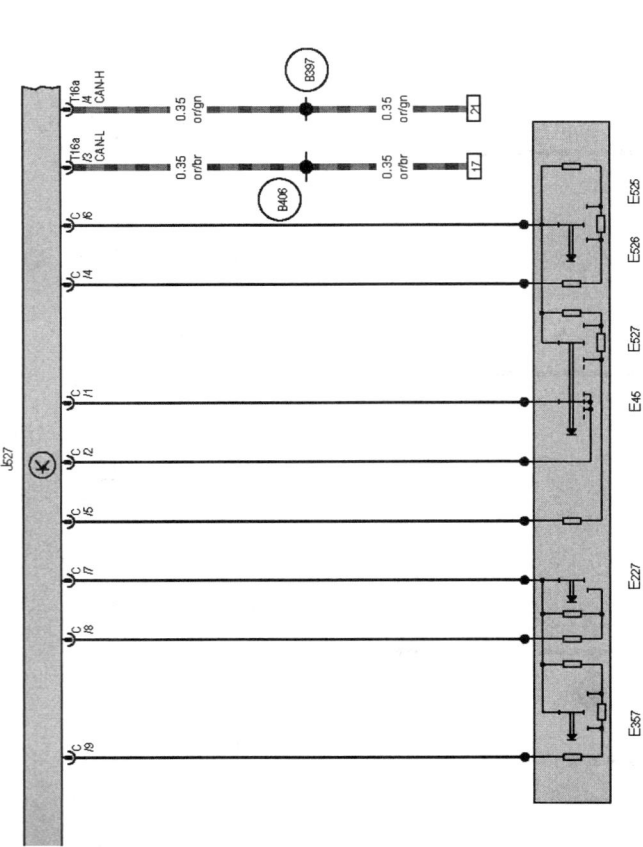

图 2-4-87

A-蓄电池 J329-接线端15供电继电器 J519-车载电网控制单元 J1086-盲区识别控制单元 SA1-保险丝架A上的保险丝1 SC48-保险丝架C上的保险丝48 T2ck-2芯插头连接 T8b-8芯插头连接，黑色 T73a-73芯插头连接，黑色 366-接地连接1，在主导线束中 367-接地连接2，在主导线束中 639-左A柱上的接地点 B280-正极连接4 (15a)，在主导线束中

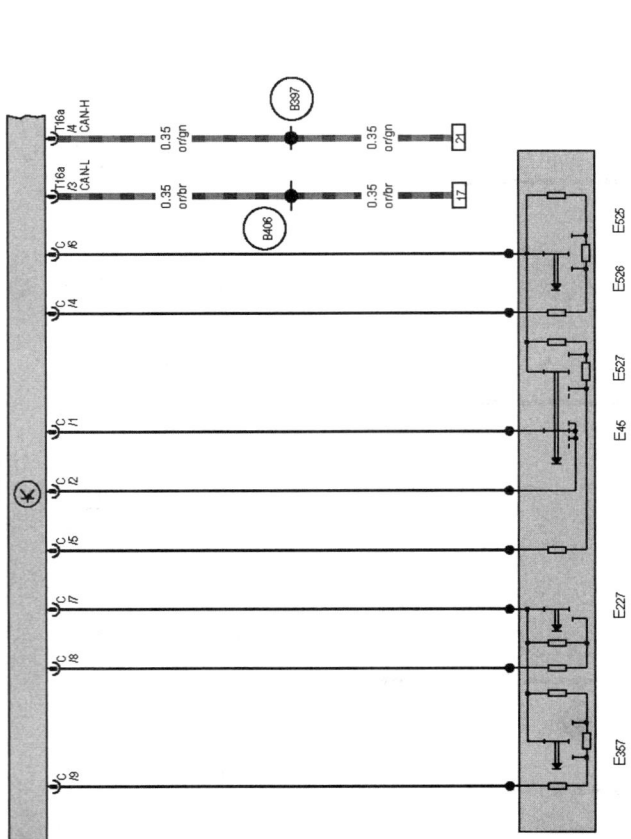

图 2-4-86

E45-定速巡航装置开关 E227-定速巡航装置设置按钮 E357-自动车距控制按钮 E525-车速提高按钮 E526-车速降低按钮 E527-定速巡航装置暂时关闭按钮 J527-转向柱电子装置控制单元 T16a-16芯插头连接，黑色 B397-连接2 (舒适CAN总线, High)，在主导线束中 B406-连接1 (舒适CAN总线, Low)，在主导线束中

240

盲区识别控制单元、盲区识别控制单元2、左侧车外后视镜中的盲区识别警告灯、右侧车外后视镜中的盲区识别警告灯

驾驶员辅助系统按钮、转向柱电子装置控制单元、数据总线诊断接口

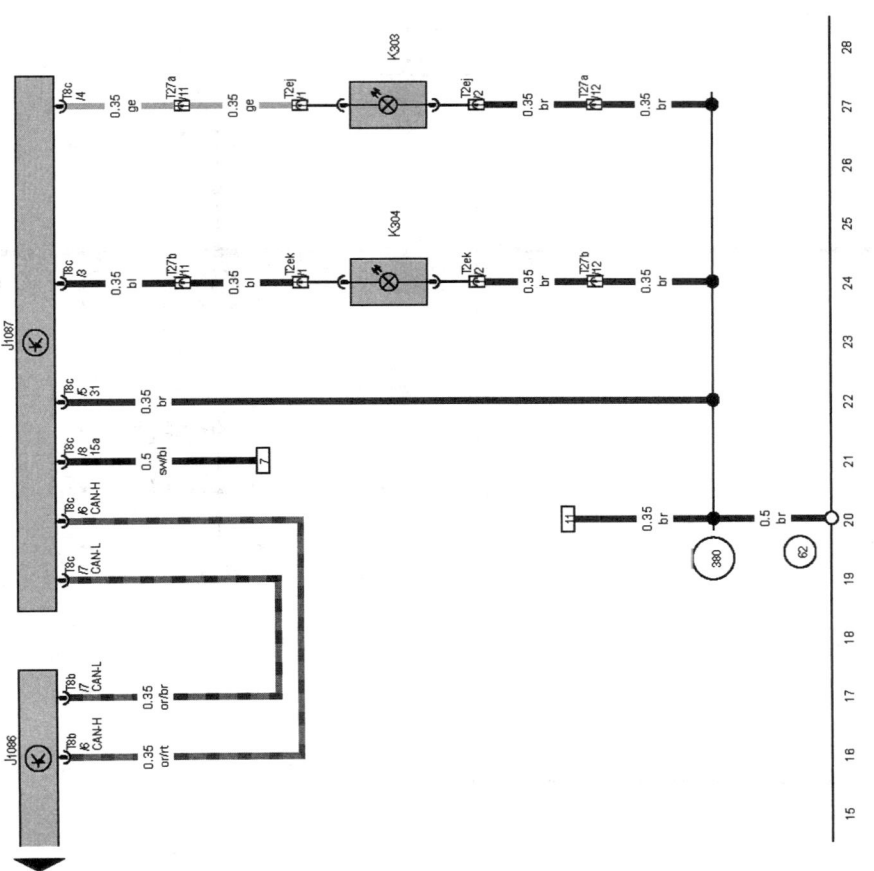

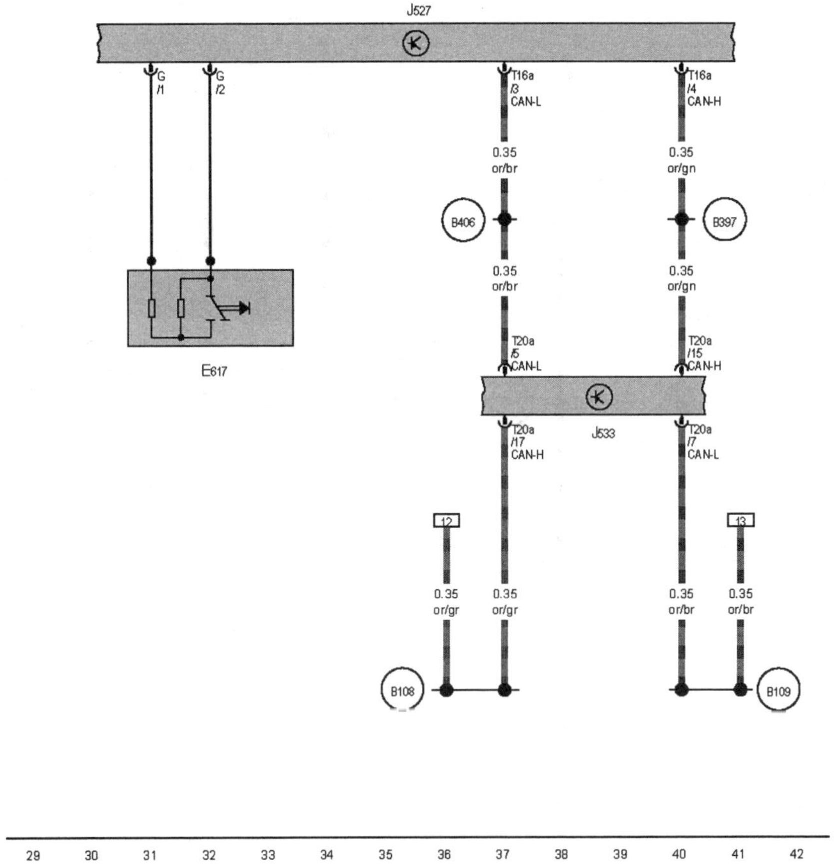

图 2-4-89

E617-驾驶员辅助系统按钮 J527-转向柱电子装置控制单元 J533-数据总线诊断接口 T16a~16芯插头连接 T20a~20芯插头连接、黑色 B108-连接1（扩展CAN总线，High），在主导线束中 B109-连接1（扩展CAN总线，Low），在主导线束中 B397-连接1（舒适CAN总线，High），在主导线束中 B406-连接1（舒适CAN总线，Low），在主导线束中

图 2-4-88

J1086-盲区识别控制单元 J1087-盲区识别控制单元2 K303-左侧车外后视镜中的盲区识别警告灯 K304-右侧车外后视镜中的盲区识别警告灯 T2cj-2芯插头连接、黑色 T2ek-2芯插头连接、黑色 T8b-8芯插头连接、黑色 T8c-8芯插头连接、黑色 T27a~27芯插头连接，左侧A柱上，黑色 T27b~27芯插头连接，右侧A柱上、黑色 62-右侧C柱上的接地连接15、接地点380-接地连接15，在主导线束中

241

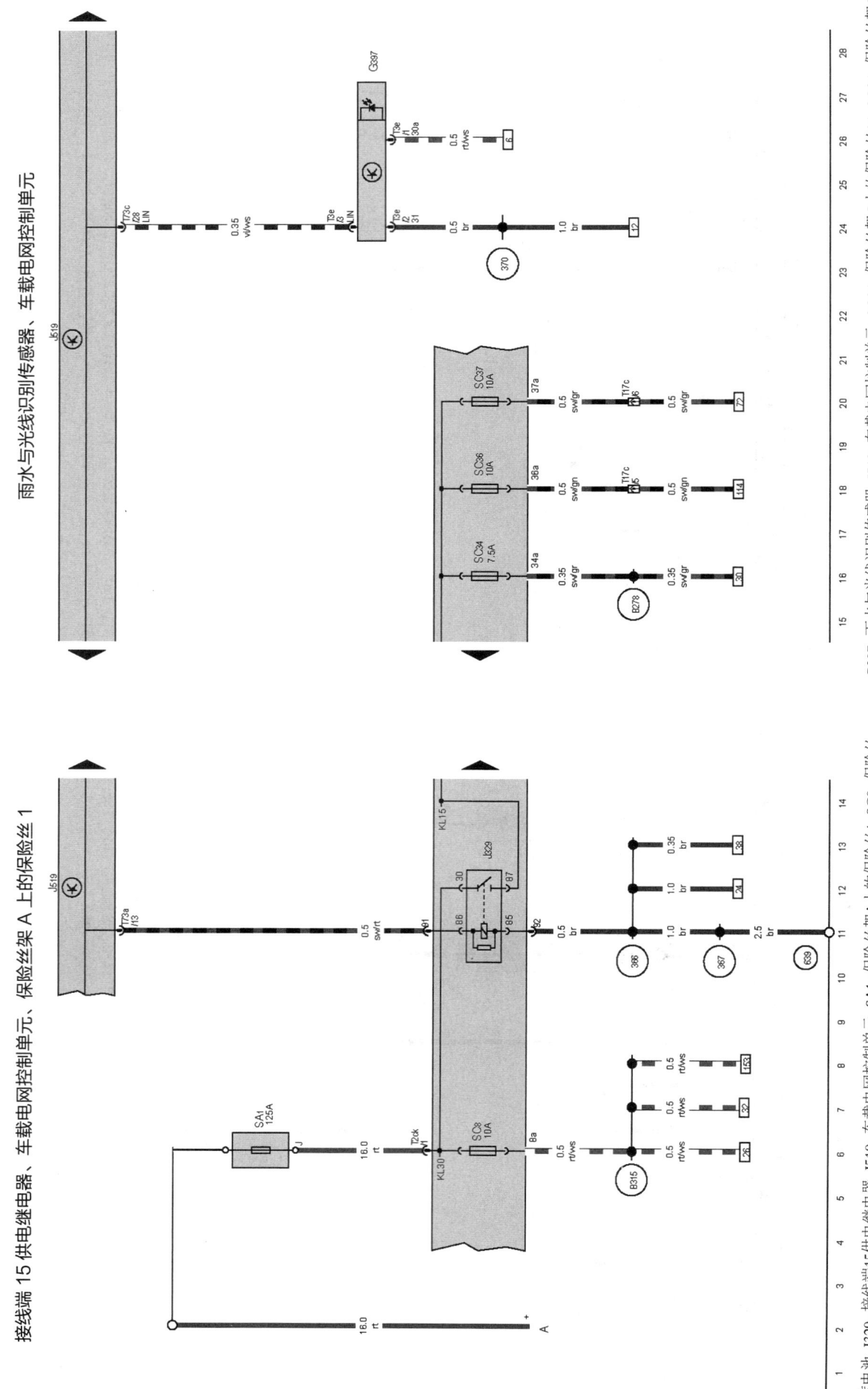

接线端 15 供电继电器、车载电网控制单元、保险丝架 A 上的保险丝 1

雨水与光线识别传感器、车载电网控制单元

图 2-4-90

A-蓄电池 J329-接线端15供电继电器 J519-车载电网控制单元 SA1-保险丝架 A 上的保险丝 1 SC8-保险丝架 C 上的保险丝8 SC37-保险丝架 C 上的保险丝37 T2ck-2芯插头连接 T73a-73芯插头连接，黑色 366-接地连接1，在主导导线束中 367-接地连接2，在主导线束中 639-左侧A柱上的接地点 B315-正极连接1（30a），在主导线束中

图 2-4-91

G397-雨水与光线识别传感器 J519-车载电网控制单元 SC34-保险丝架 C 上的保险丝34 SC36-保险丝架 C 上的保险丝36 SC37-保险丝架 C 上的保险丝37 T3e-3芯插头连接 T17c-17芯插头连接，黑色 T73c-73芯插头连接，红色 370-接地连接，黑色 370-接地连接5，在主导线束中 B278-正极连接2（15a），在主导线束中 左侧A柱下部，红色 T73c-73芯插头连接，黑色 B278-正极连接2（15a），在主导线束中

242

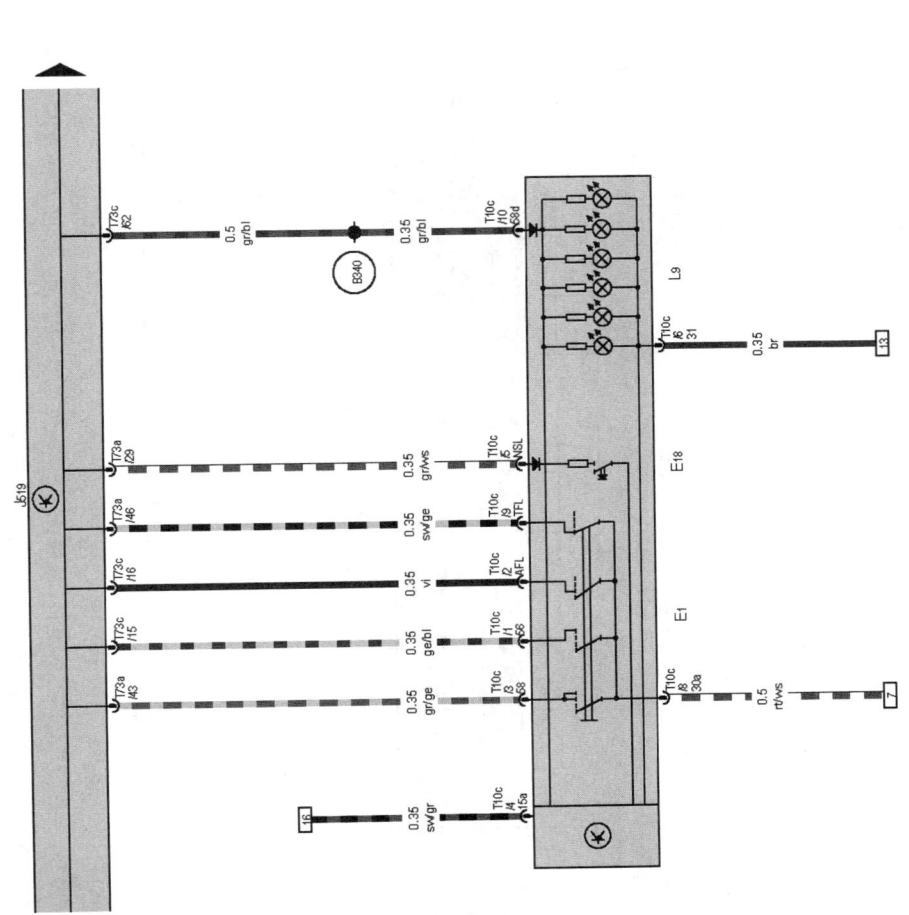

左后汽车高度传感器、左前汽车高度传感器、车载电网控制单元

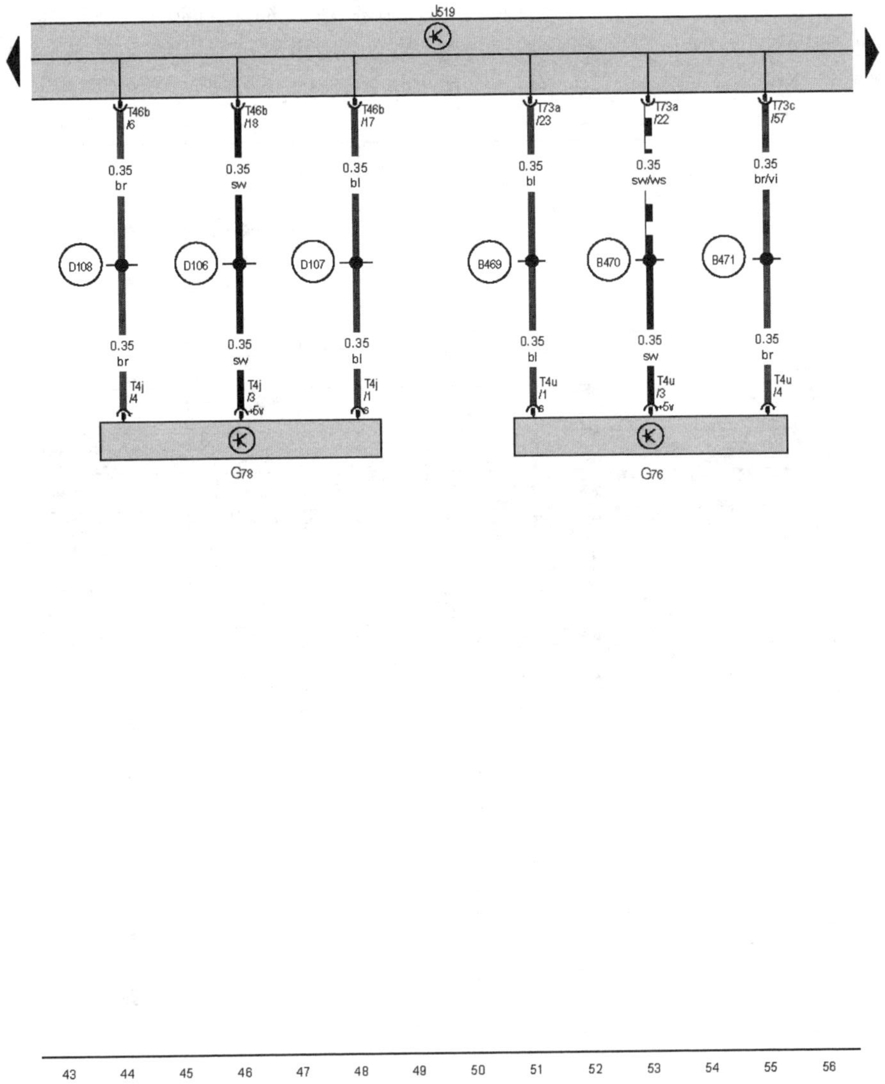

车灯开关、后雾灯开关、车载电网控制单元、大灯开关照明灯泡

G76-左后汽车高度传感器 G78-左前汽车高度传感器 J519-车载电网控制单元 T4j-4芯插头连接，黑色 T4u-4芯插头连接，黑色 T46b-46芯插头连接，黑色 T73a-73芯插头连接，黑色 T73c-73芯插头连接，黑色 B469-连接5，在主导线束中 B470-连接6，在主导线束中 B471-连接7，在主导线束中 D106-连接4，在发动机舱导线束中 D107-连接5，在发动机舱导线束中 D108-连接6，在发动机舱导线束中

图2-4-93

E1-车灯开关 E18-后雾灯开关 J519-车载电网控制单元 L9-大灯开关照明灯泡 T10c-10芯插头连接，红色 T73a-73芯插头连接，黑色 T73c-73芯插头连接，黑色 B340-连接1（58d），在主导线束中

图2-4-92

左侧 LED 大灯模块化电源 1、车载电网控制单元、左前大灯、左侧远光灯灯泡、左侧大灯风扇

A31-左侧LED大灯模块化电源1 J519-车载电网控制单元 MX1-左前大灯 M30-左侧远光灯灯泡 T14c-14芯插头连接，黑色 T17d-17芯插头连接，左侧A柱下部，蓝色 T73c-73芯插头连接，黑色 V407-左侧大灯风扇

图 2-4-94

左侧 LED 大灯模块化电源 1、车载电网控制单元、左侧日间行车灯灯泡、左前大灯、左前转向信号灯灯泡、左侧近光灯灯泡

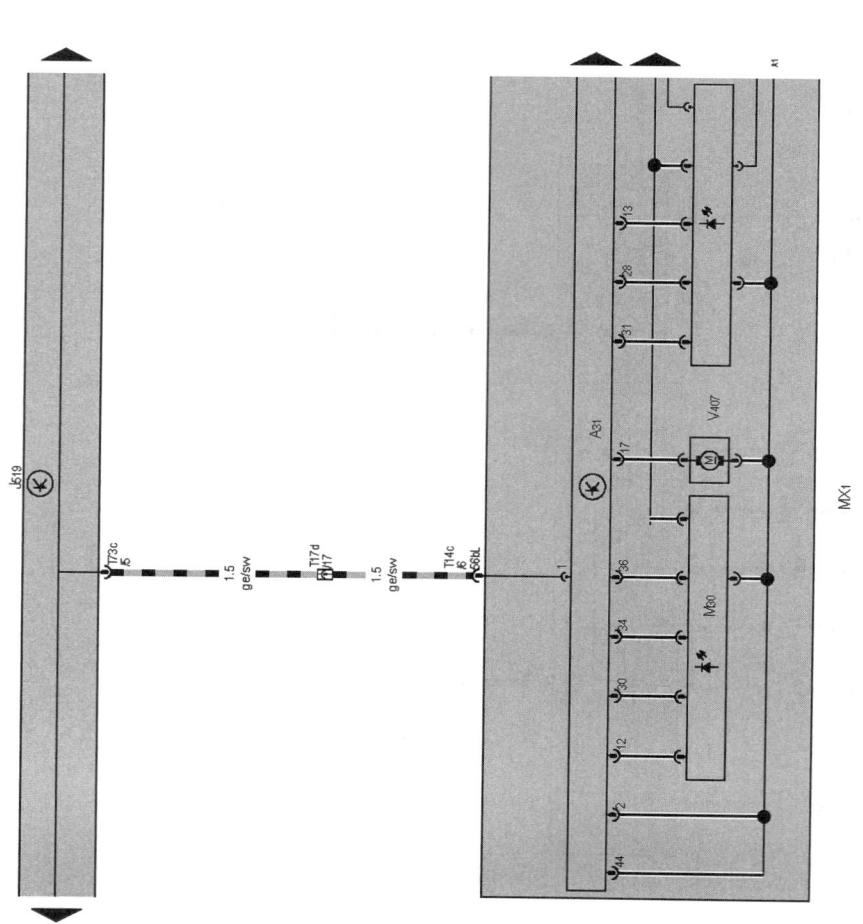

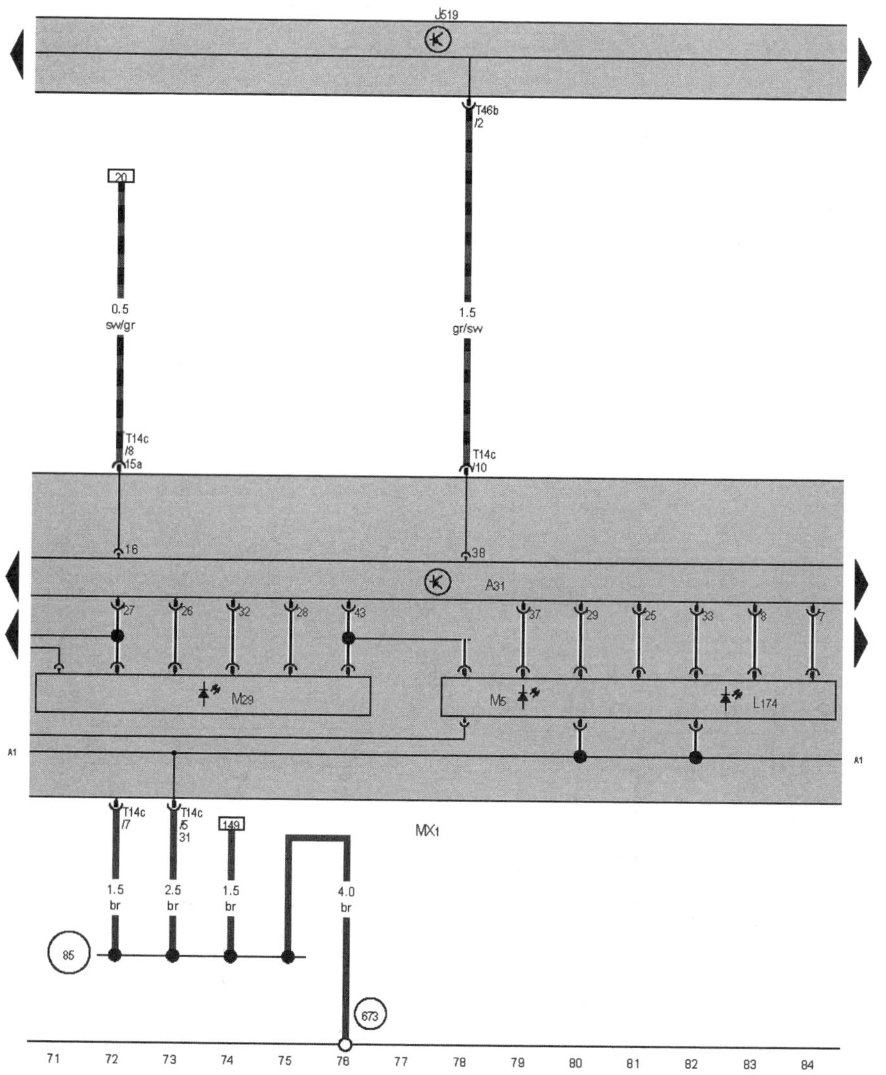

A31-左侧 LED 大灯模块化电源1 J519-车载电网控制单元 L174-左侧日间行车灯灯泡 MX1-左前大灯 M5-左前转向信号灯灯泡 M29-左侧近光灯灯泡 T14c-14芯插头连接，黑色 T46b-46芯插头连接，黑色 85-接地连接1，在发动机舱导线束中 673-左前纵梁上的接地点3

图 2-4-95

右侧 LED 大灯模块化电源 1、车载电网控制单元、右前大灯、右侧近光灯灯泡、右侧大灯风扇

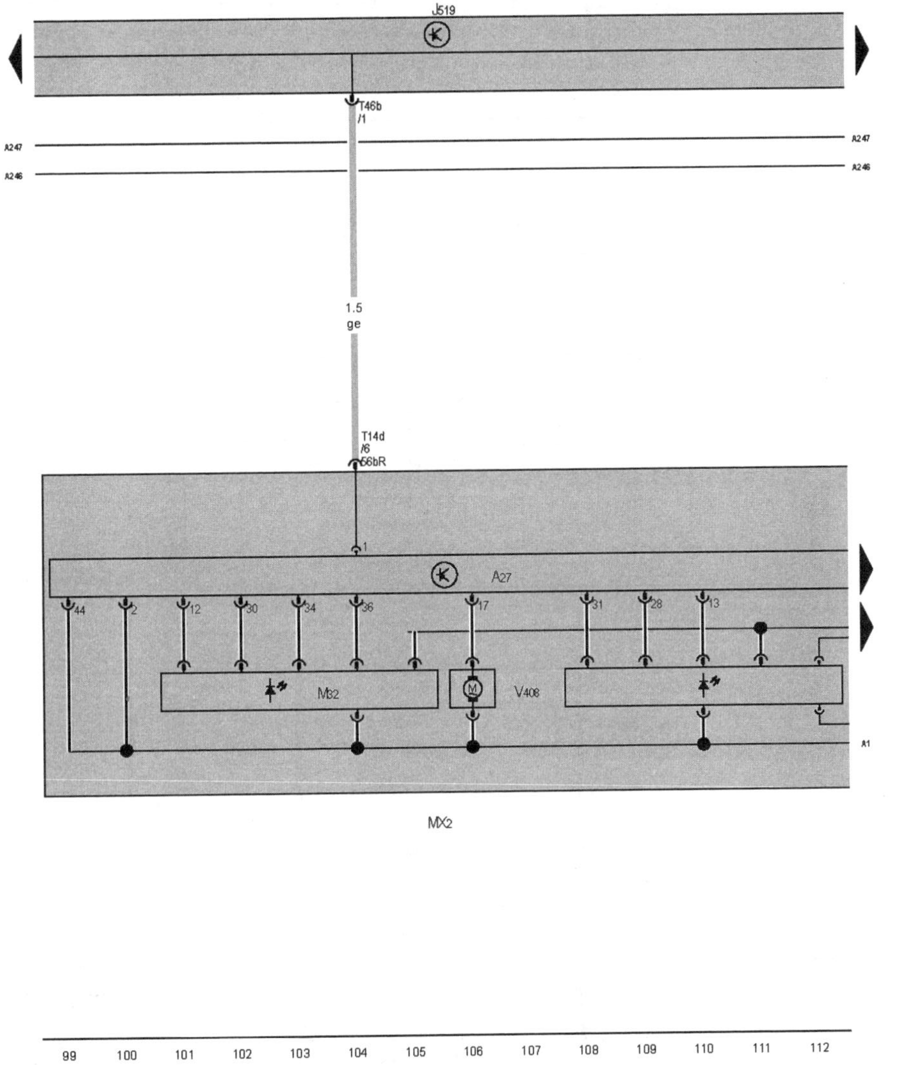

左侧 LED 大灯模块化电源 1、车载电网控制单元、左前大灯、左侧驻车示宽灯灯泡、左侧大灯照明距离调节伺服电机

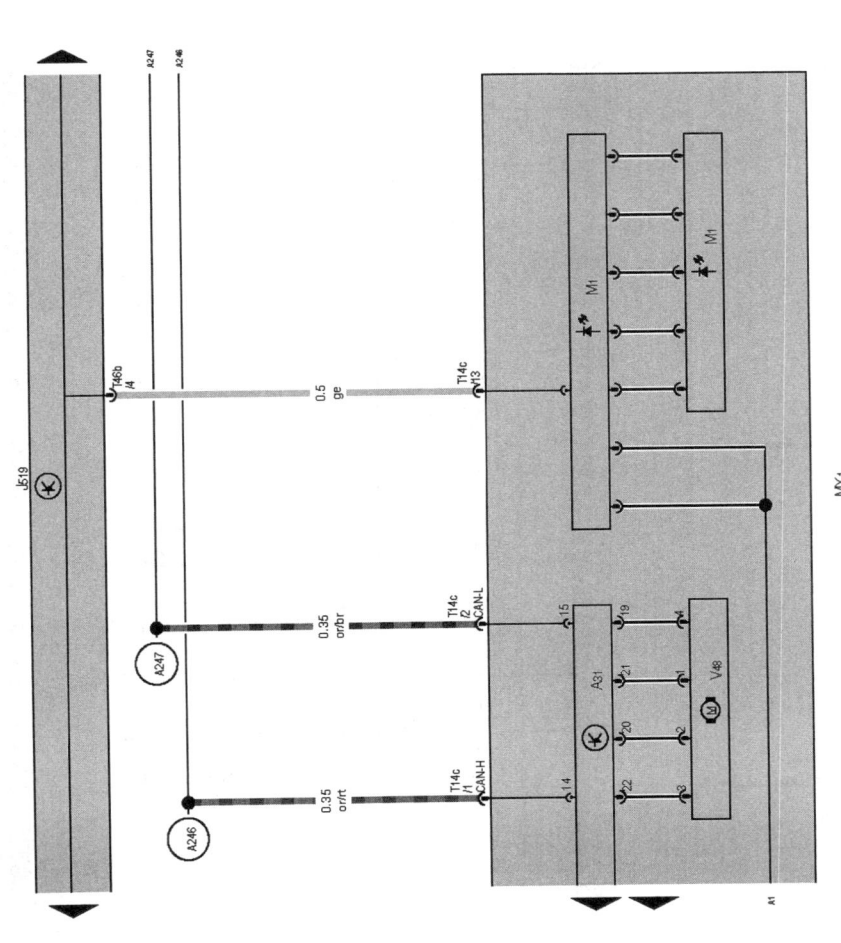

A27-右侧 LED 大灯模块化电源1 J519-车载电网控制单元 MX2-右前大灯 M32-右侧远光灯灯泡 T14d-14芯插头连接 T46b-46芯插头连接 V408-右侧大灯风扇 A246-连接1（CAN 总线，High），在发动机舱导线束中 A247-连接1（CAN 总线，Low），在发动机舱导线束中

图 2-4-97

A31-左侧LED大灯模块化电源1 J519-车载电网控制单元 MX1-左前大灯 M1-左侧驻车示宽灯灯泡 T14c-14芯插头连接，黑色 T46b-46芯插头连接，黑色 V48-左侧大灯照明距离调节伺服电机 A247-连接1（CAN总线，Low），在发动机舱导线束中 A246-连接1（CAN总线，High），在发动机舱导线束中

图 2-4-96

右侧 LED 大灯模块化电源 1、车载电网控制单元、右前大灯、右侧驻车示宽灯灯泡、右侧大灯照明距离调节伺服电机

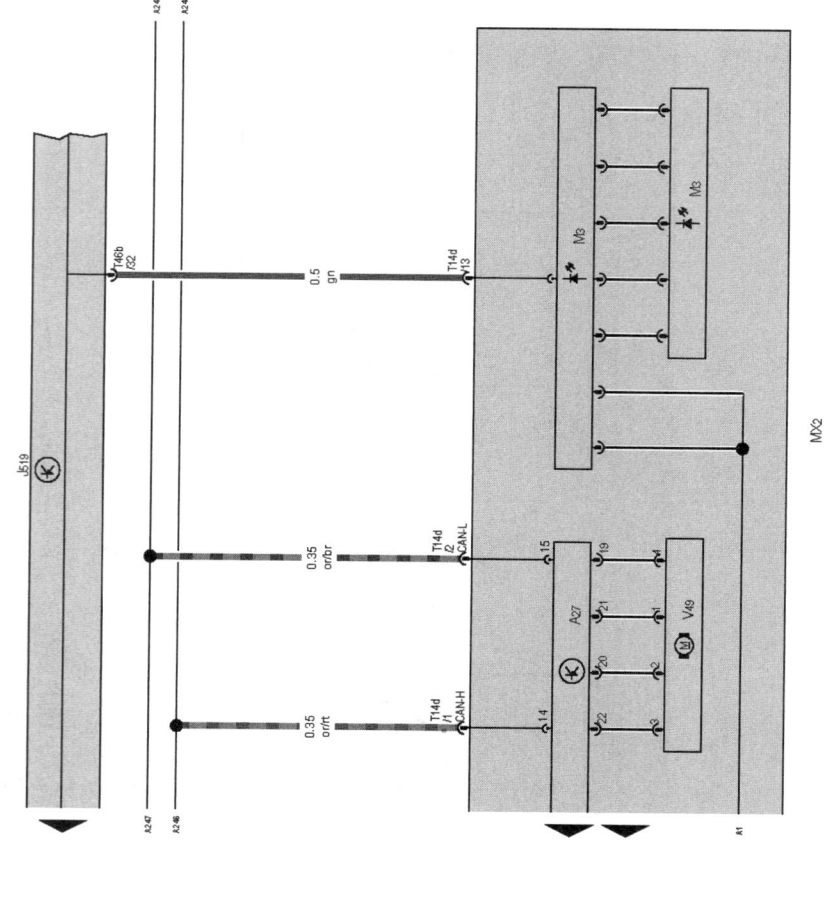

A27-右侧LED大灯模块化电源1 J519-车载电网控制单元 MX2-右前大灯 M3-右侧驻车示宽灯灯泡 V49-右侧大灯照明距离调节伺服电机 T46b-46芯插头连接, 黑色 T14d-14芯插头连接, 黑色 A246-连接1 (CAN总线, High) , 在发动机舱导线束中 A247-连接1 (CAN总线, Low) , 在发动机舱导线束中

图 2-4-99

右侧 LED 大灯模块化电源 1、车载电网控制单元、右前大灯、右侧日间行车灯灯泡、右前转向信号灯灯泡、右侧近光灯灯泡

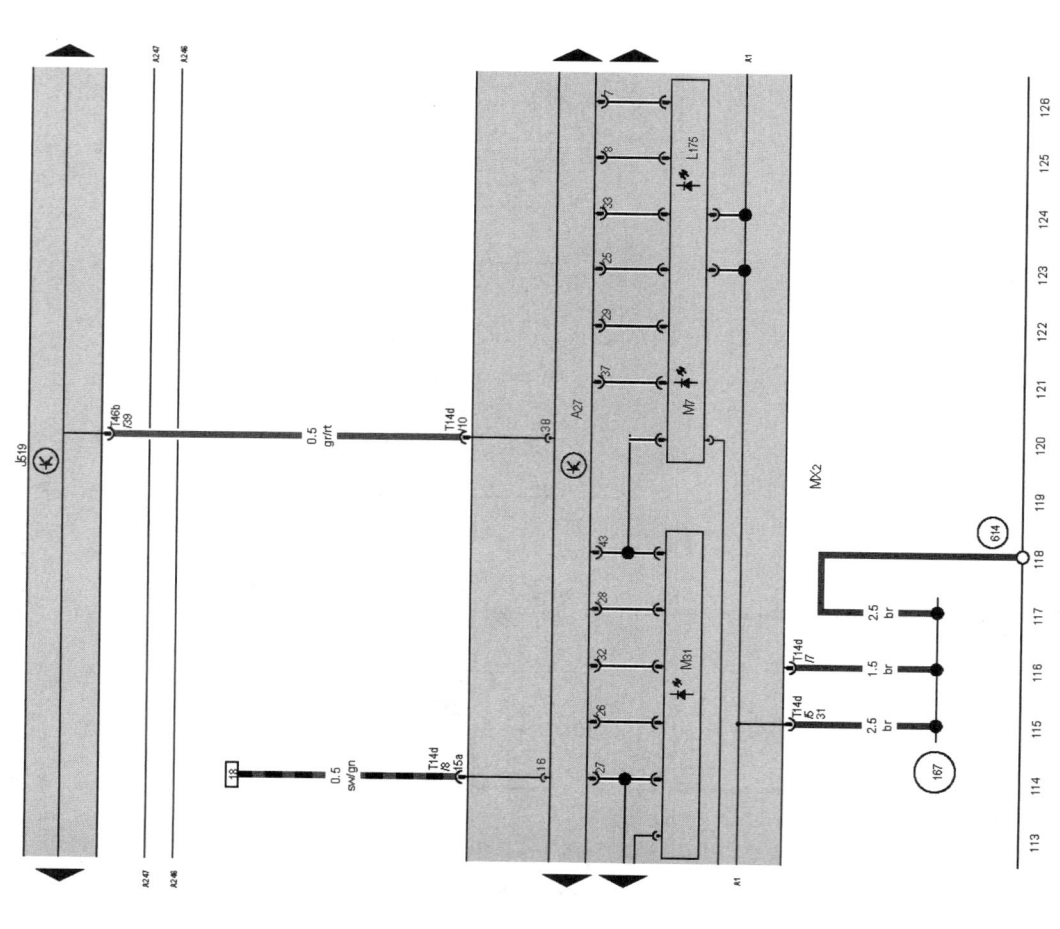

A27-右侧LED大灯模块化电源1 J519-车载电网控制单元 L175-右侧日间行车灯灯泡 MX2-右前大灯 M31-右侧近光灯灯泡 M7-右前转向信号灯灯泡 T14d-14芯插头连接, 黑色 T46b-46芯插头连接, 黑色 167-接地连接4, 在发动机舱导线束中 614-发动机舱导线束中 A246-连接地点2 A246-连接内右侧接地, 在发动机舱导线束中 A247-连接1 (CAN总线, Low) , 在发动机舱导线束中

图 2-4-98

246

转向信号灯开关、手动远光灯功能和远光灯瞬时接通功能开关、转向柱电子装置控制单元、弯道灯和大灯照明距离调节控制单元

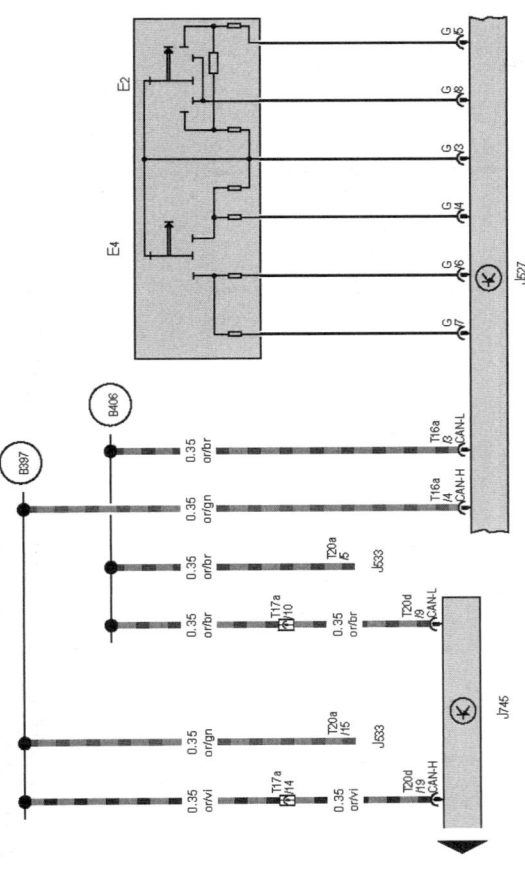

E2-转向信号灯开关 E4-手动远光灯功能和远光灯瞬时接通功能开关 J527-转向柱电子装置控制单元 J533-数据总线诊断接口 J745-弯道灯和大灯照明距离调节控制单元 T16a~16芯插头连接,黑色 T17a~17芯插头连接,左侧A柱下部,红色 T20a~20芯插头连接,红色 T20d~20芯插头连接,棕色 B397-连接1 芯插头连接,左侧A柱下部,黑色 B397-连接1(舒适CAN总线,High),在主导线束中 B406-连接1(舒适CAN总线,Low),在主导线束中

图 2-4-101

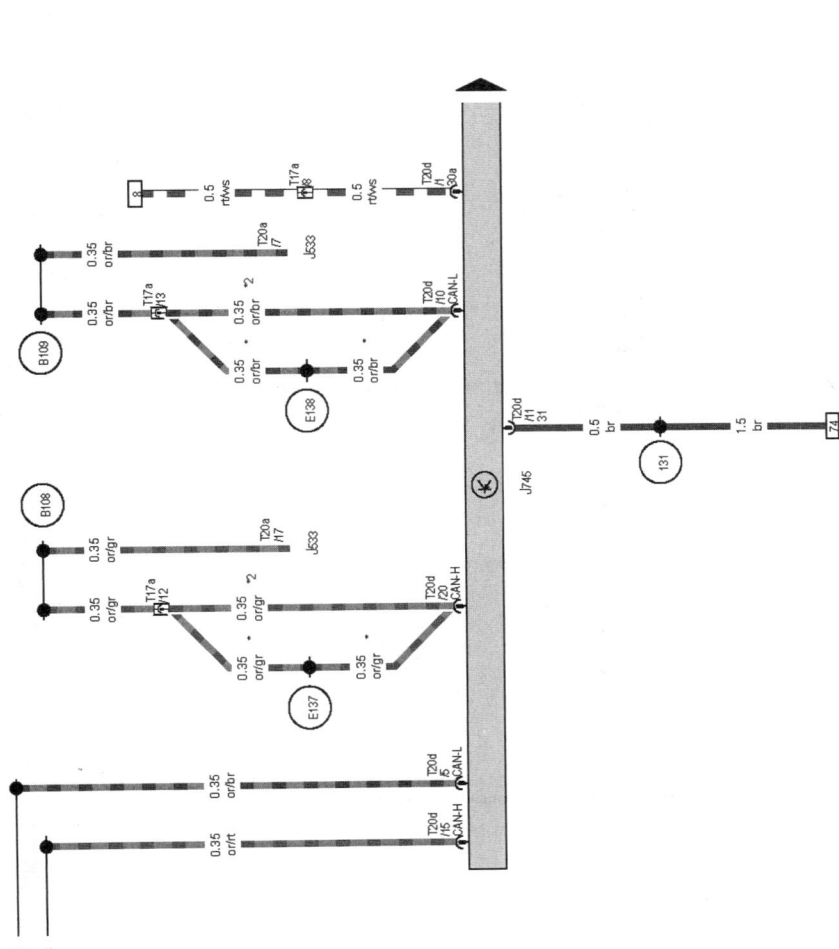

J533-数据总线诊断接口 J745-弯道灯和大灯照明距离调节控制单元 T17a~17芯插头连接,左侧A柱下部,红色 T20a~20芯插头连接,红色 T20d~20芯插头连接,棕色 131-接地连接,在发动机舱号线束中 A246-连接1(CAN总线,High),在发动机舱号线束中 A247-连接1(CAN总线,Low),在发动机舱号线束中 B108-连接1(扩展CAN总线,High),在主导线束中 B109-连接1(扩展CAN总线,Low),在主导线束中 E137-连接2(扩展CAN总线,High),在发动机舱号线束中 E138-连接2(扩展CAN总线,Low),在发动机舱号线束中 *-用于带自动车距控制(ADR)的汽车 *2-用于不带自动车距控制(ADR)的汽车

图 2-4-100

接线端 15 供电继电器、车载电网控制单元

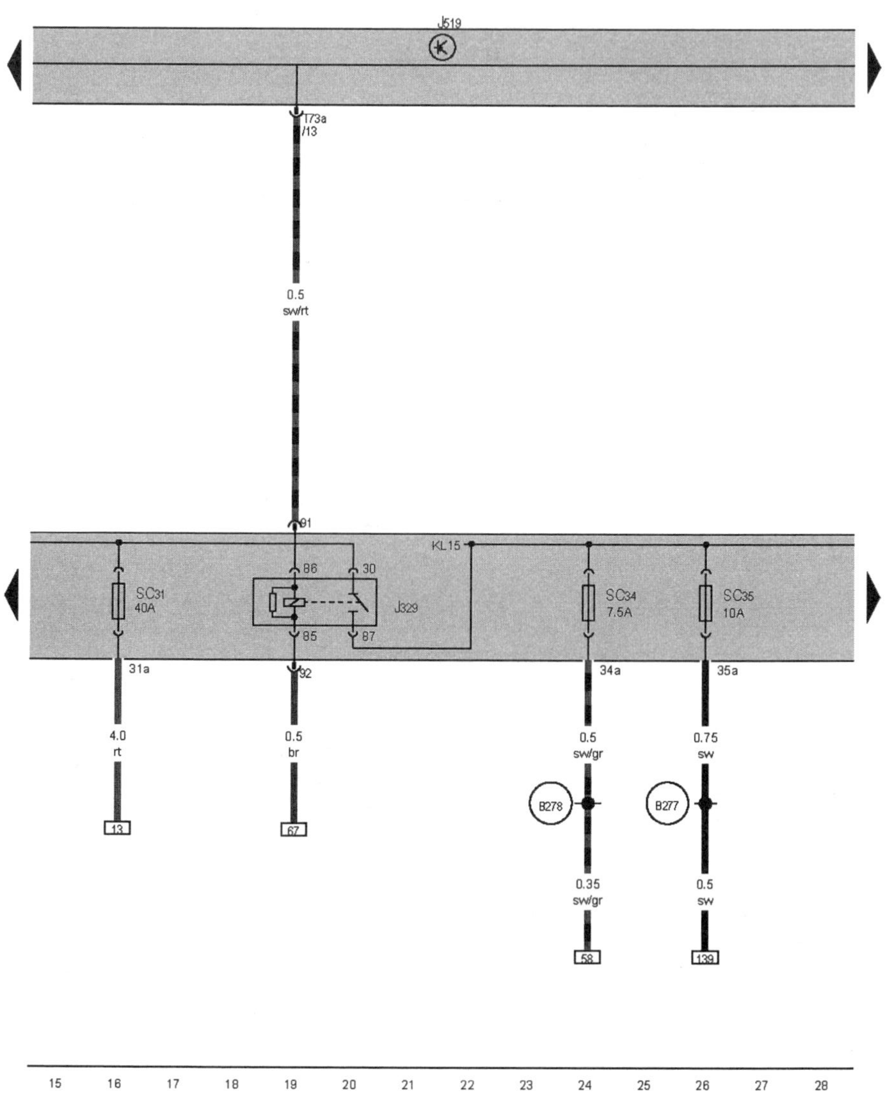

车载电网控制单元

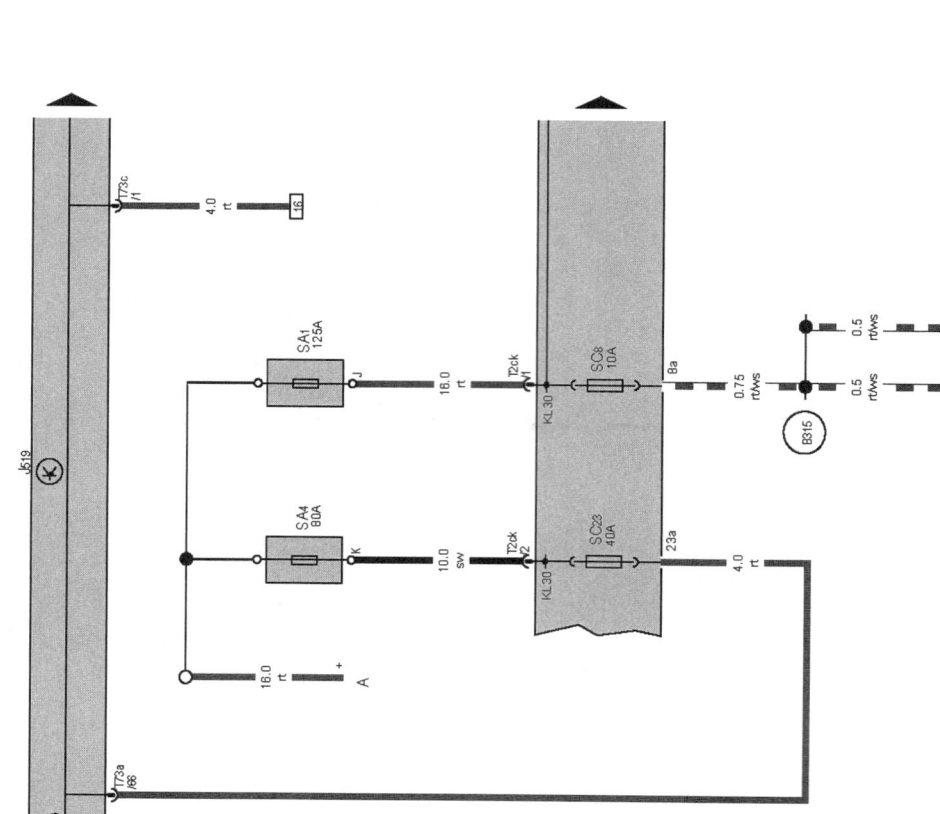

图 2-4-103

J329-接线端15供电继电器 J519-车载电网控制单元 SC31-保险丝架C上的保险丝31 SC34-保险丝架C上的保险丝34 SC35-保险丝架C上的保险丝35 T73a-73芯插头连接，黑色 T73a-73芯插头连接1（15a），在主导线束中 B277-正极连接 B278-正极连接2（15a），在主导线束中

图 2-4-102

A-蓄电池 J519-车载电网控制单元 SA1-保险丝架A上的保险丝1 SA4-保险丝架A上的保险丝4 SC8-保险丝架C上的保险丝8 SC23-保险丝架C上的保险丝23 T2ck-2芯插头连接，黑色 T73a-73芯插头连接，黑色 B315-正极连接1（30a），在主导线束中 T73c-73芯插头连接，黑色

248

转向信号灯开关、手动远光灯功能和远光灯瞬时接通功能开关、车载电网控制单元

雨水与光线识别传感器、车载电网控制单元

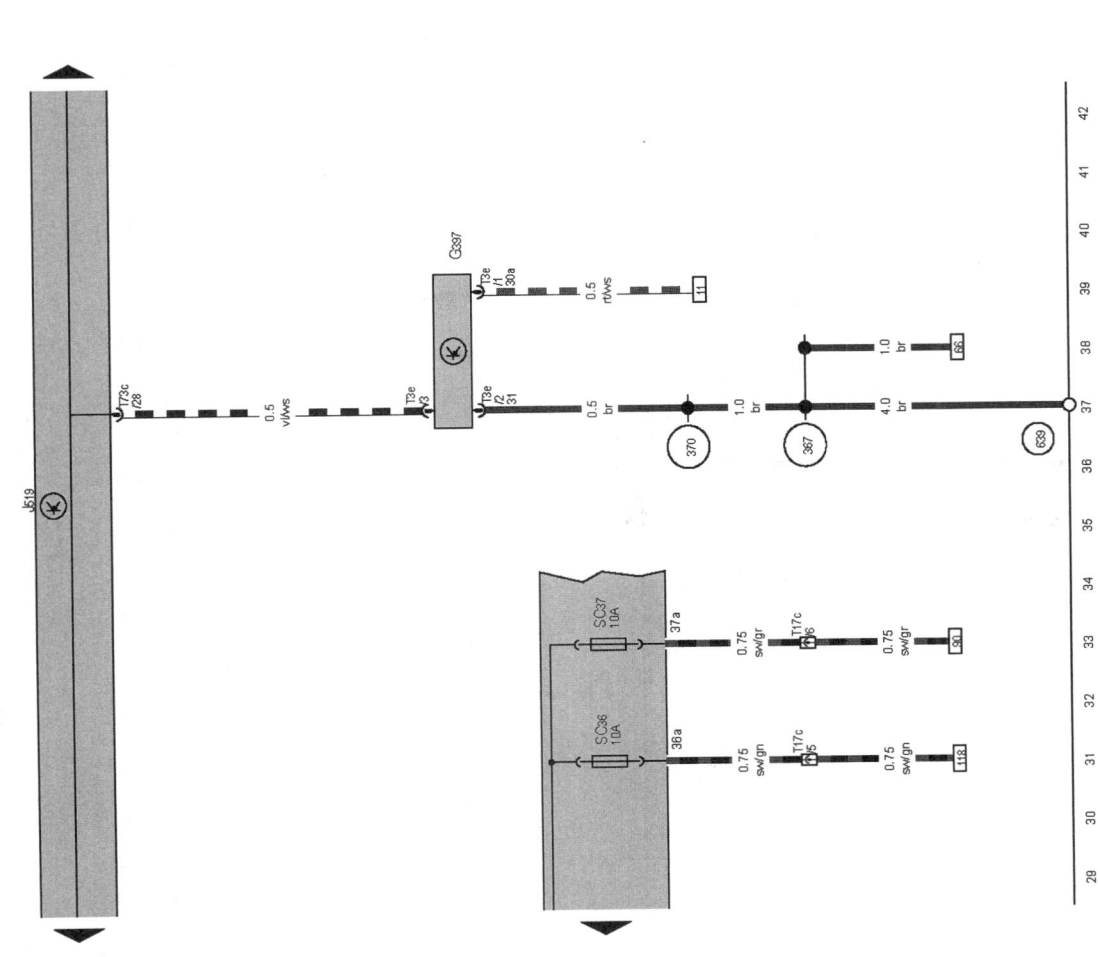

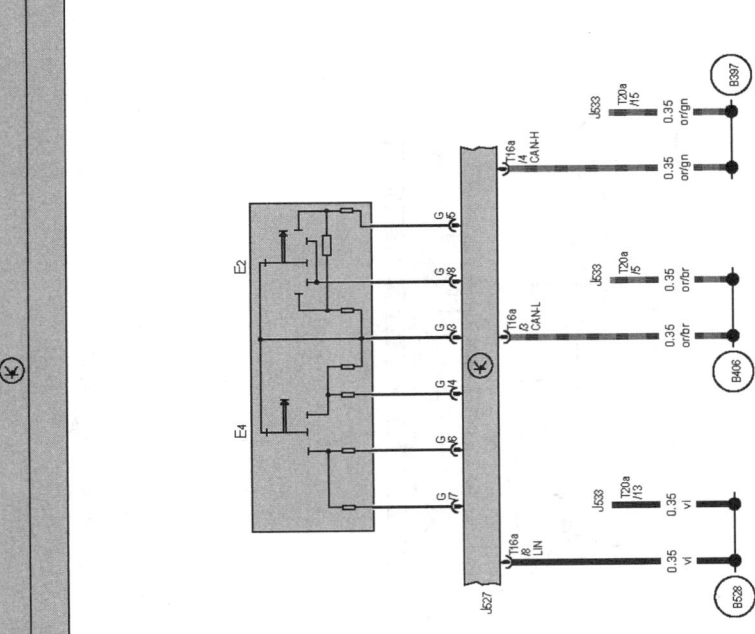

图 2-4-105

图 2-4-104

E2-转向信号灯开关 E4-手动远光灯功能和远光灯瞬时接通功能开关 J519-车载电网控制单元 J527-转向柱电子装置控制单元 J533-数据总线诊断接口 T16a-16芯插头连接，黑色 T20a-20芯插头连接，红色 B397-连接1（舒适CAN总线，High），在主导线束中 B406-连接1（舒适CAN总线，Low），在主导线束中 B528-连接1（LIN总线），在主导线束中

G397-雨水与光线识别传感器 J519-车载电网控制单元 SC36-保险丝架C上的保险丝36 SC37-保险丝架C上的保险丝37 T3c-3芯插头连接，黑色 T17c-17芯插头连接，黑色 T73c-73芯插头连接，红色 T73c-73芯插头连接，左侧A柱下部，左侧A柱下部，在主导线束中 370-接地连接2，在主导线束中 367-接地连接5，在主导线束中 639-左侧A柱上的接地点 370-接地连接2，在主导线束中 367-接地连接5，在主导线束中 639-左侧A柱上的接地点

249

左侧气体放电灯泡控制单元、车载电网控制单元、左侧驻车示宽灯控制单元、左侧气体放电灯泡、日间行车灯和驻车示宽灯左侧光电管模体、左前大灯、左侧驻车示宽灯灯泡、左前转向信号灯灯泡

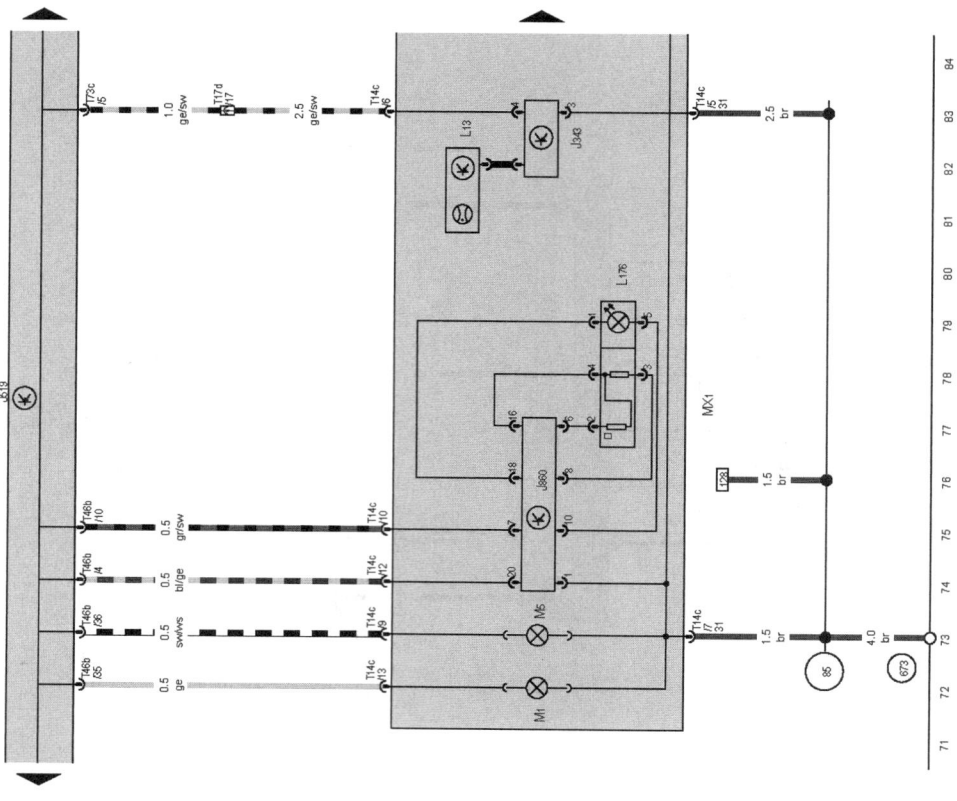

J343-左侧气体放电灯泡控制单元 J519-车载电网控制单元 J860-左侧日间行车灯和驻车示宽灯控制单元 L13-左侧气体放电灯泡 L176-日间行车灯和驻车示宽灯左侧光电管模体 MX1-左前大灯 M1-左侧驻车示宽灯灯泡 M5-左前转向信号灯灯泡 T14c-14芯插头连接、黑色 T17d-17芯插头连接、左侧A柱下部、蓝色 T46b-46芯插头连接、黑色 T73c-73芯插头连接、黑色 85-接地连接1、在发动机舱导线束中 673-左前纵梁上的接地点3

图 2-4-107

车灯开关、前雾灯后雾灯开关、车载电网控制单元、大灯开关照明灯泡

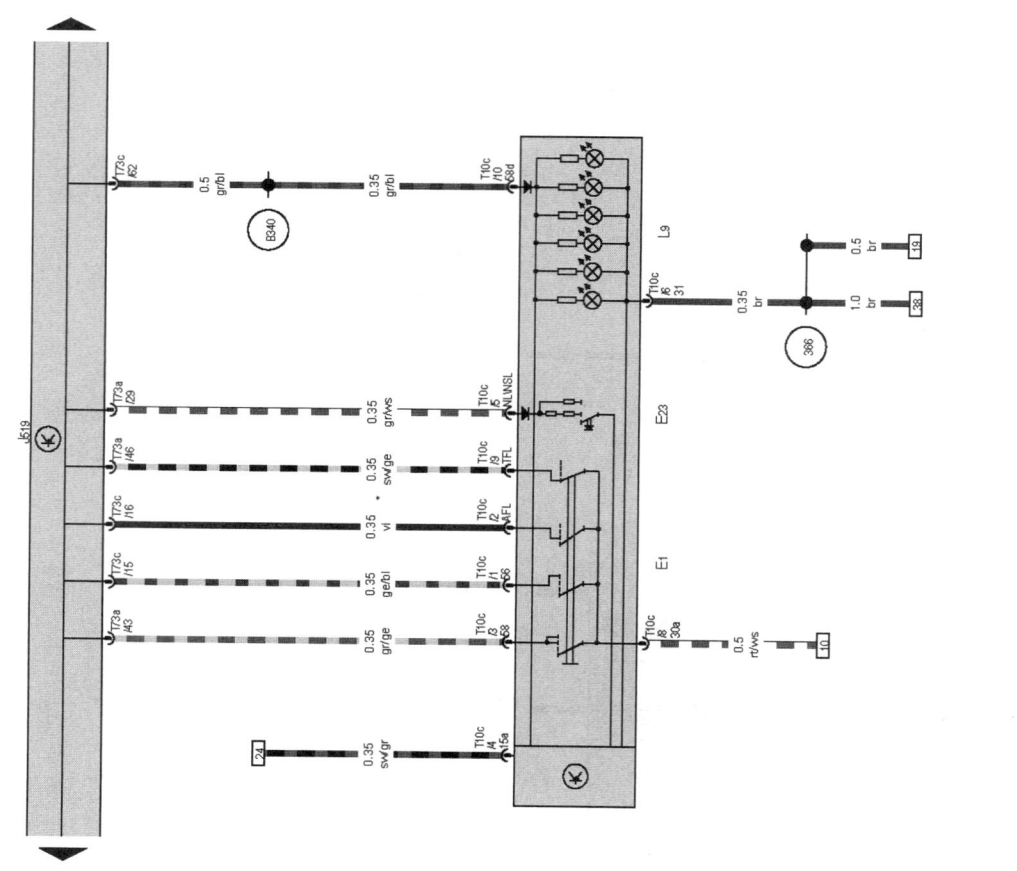

E1-车灯开关 E23-前雾灯和后雾灯开关 J519-车载电网控制单元 L9-大灯开关照明灯泡 T10c-10芯插头连接、红色 T73a-73芯插头连接、黑色 T73c-73芯插头连接、黑色 366-接地连接、在主导线束中 B340-连接1（58d）、在主导线束中 *-仅用于带回家模式的汽车

图 2-4-106

250

右侧气体放电式灯泡控制单元、车载电网控制单元、右侧日间行车灯和驻车示宽灯控制单元、右侧气体放电灯泡、日间行车灯和驻车示宽灯右侧光电管模体、右前大灯、右侧驻车示宽灯泡、右前转向信号灯灯泡

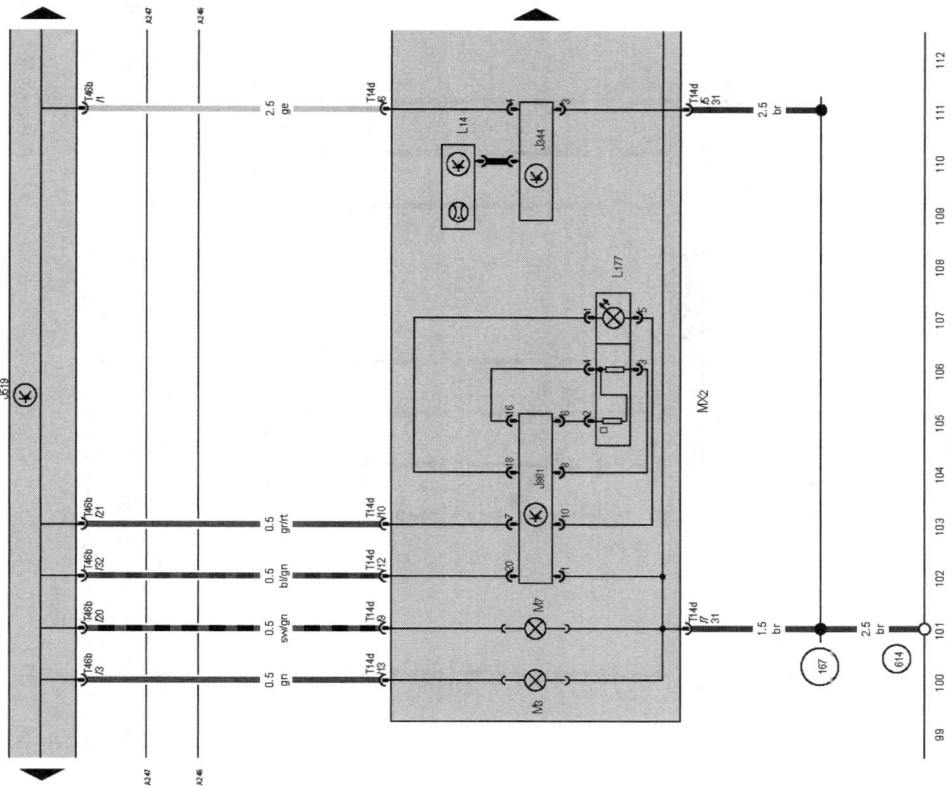

J344－右侧气体放电灯泡控制单元 J519－车载电网控制单元 J861－右侧日间行车灯和驻车示宽灯控制单元 L14－右侧气体放电灯泡 L177－日间行车灯和驻车示宽灯右侧光电管模体 MX2－右前大灯 M7－右前转向信号灯灯泡 T14d－14芯插头连接 T46b－46芯插头连接，黑色 T46b－46芯插头连接 T14d－14芯插头连接，黑色 T46b－46芯插头连接2，A246－连接1（CAN 总线，High），在发动机示宽灯灯泡 M7－右前转向信号灯灯泡 614－发动机舱导线束中 连接4，在发动机舱导线束中 614－发动机舱内右侧接地点2 A246－连接1（CAN 总线，Low），在发动机舱导线束中 A247－连接1（CAN 总线，High），在发动机舱导线束中

图 2-4-109

左摆动模式定位传感器、车载电网控制单元、左侧大灯、左侧大灯防眩调节磁铁、左侧大灯照明距离调节伺服电机、左侧动态弯道灯伺服电机

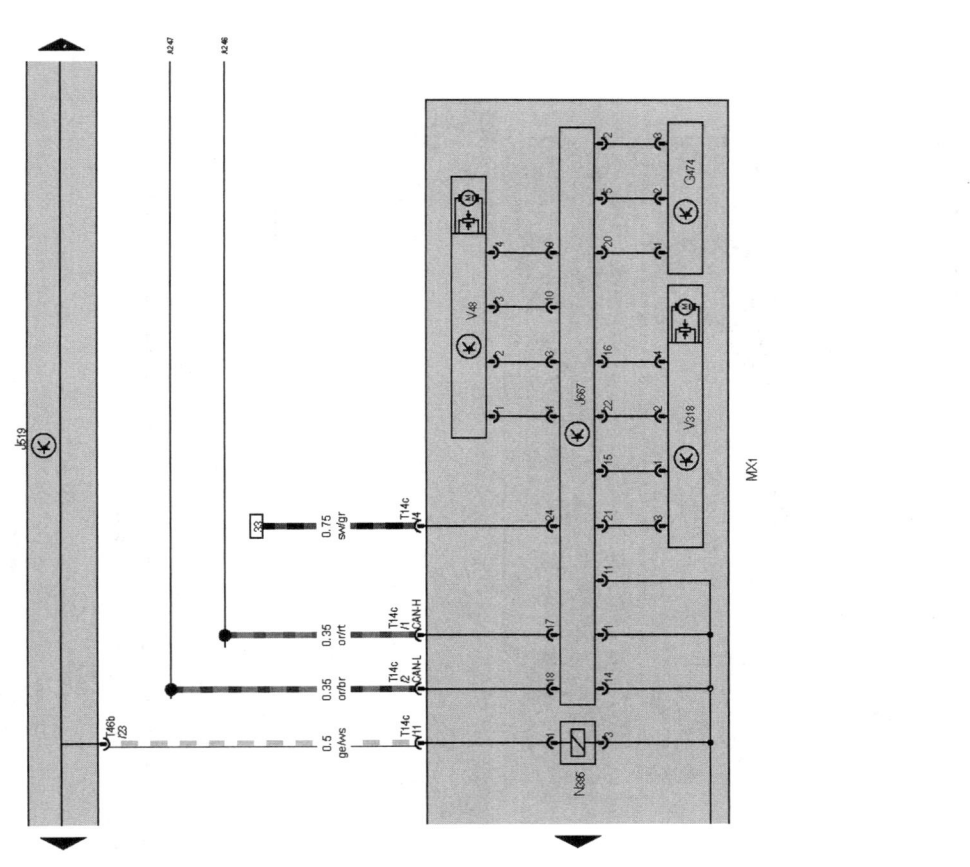

G474－左摆动模式定位传感器 J519－车载电网控制单元 J667－左侧大灯电源模块 MX1－左前大灯 N395－左侧大灯防眩调节磁铁 T14c－14芯插头连接 T46b－46芯插头连接，黑色 V48－左侧大灯照明距离调节伺服电机 V318－左侧动态弯道灯伺服电机 A246－连接1（CAN总线，High），在发动机舱导线束中 A247－连接1（CAN总线，Low），在发动机舱导线束中

图 2-4-108

左后汽车高度传感器、左前汽车高度传感器、弯道灯和大灯照明距离调节控制单元

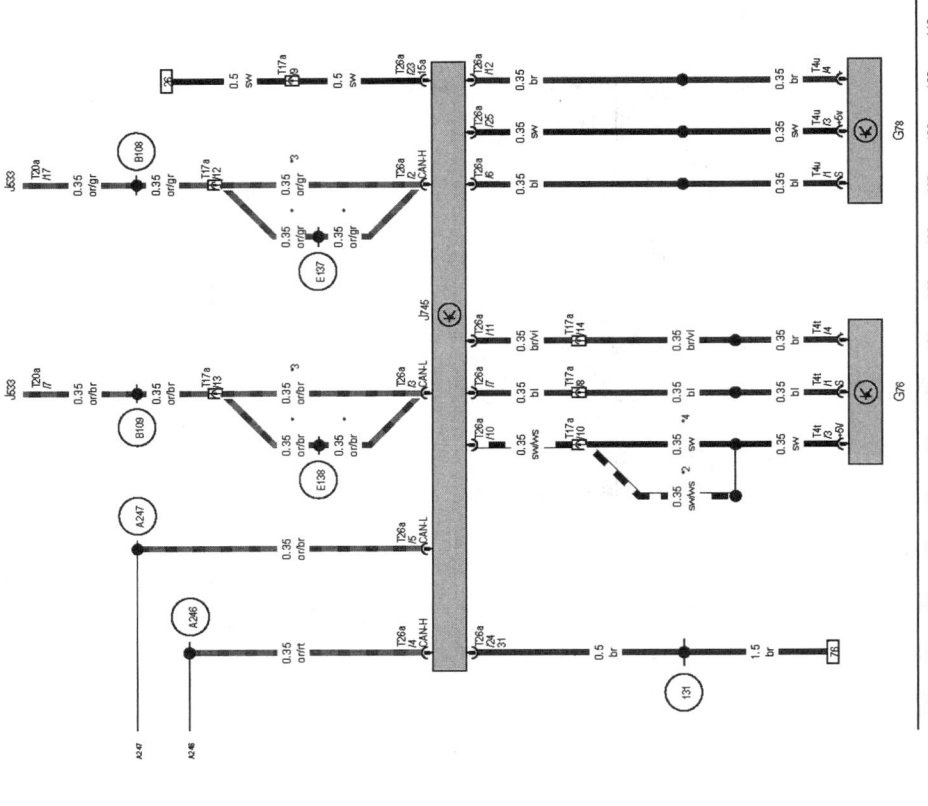

G76—左后汽车高度传感器 G78—左前汽车高度传感器 J533—数据总线诊断接口 J745—弯道灯和大灯照明距离调节控制单元 T4t—4芯插头连接，黑色 T4u—4芯插头连接，黑色 T17a—17芯插头连接，左侧A柱下部，黑色 T20a—20芯插头连接，红色 T26a—26芯插头连接，白色 131—接地连接2，在发动机舱导线束中 A247—连接1（CAN总线，Low），在发动机舱导线束中 A246—连接1（CAN总线，High），在主导线束中 B108—连接1（扩展CAN总线） B109—连接1（扩展CAN总线，Low），在主导线束中 E137—连接2（扩展CAN总线，High），在主导线束中 E138—连接2（扩展CAN总线，Low），在发动机舱导线束中 *—用于带自动车距控制（ADR）的汽车 *2—自2015年1月起 *3—仅用于不带自动车距控制（ADR）的汽车 *4—截至2015年1月

图 2-4-111

右摆动模式定位传感器、车载电网控制单元、右侧大灯电源模块、右前大灯、右侧大灯防眩调节磁铁、右侧大灯照明距离调节伺服电机、右侧动态弯道灯伺服电机

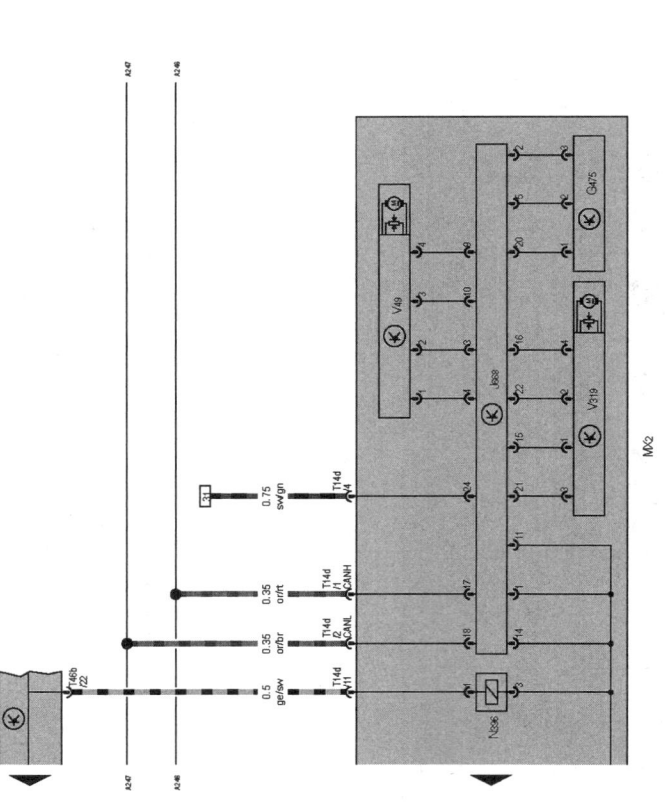

G475—右摆动模式定位传感器 J519—车载电网控制单元 J668—右侧大灯电源模块 MX2—右前大灯 N396—右侧大灯防眩调节磁铁 T14d—14芯插头连接 T46b—46芯插头连接，黑色 V49—右侧大灯照明距离调节伺服电机 V319—右侧动态弯道灯伺服电机 A246—连接1（CAN总线，High），在发动机舱导线束中 A247—连接1（CAN总线，Low），在发动机舱导线束中

图 2-4-110

可加热后窗玻璃继电器

接线端 15 供电继电器、带插座的逆变器（12 ～ 230 V）

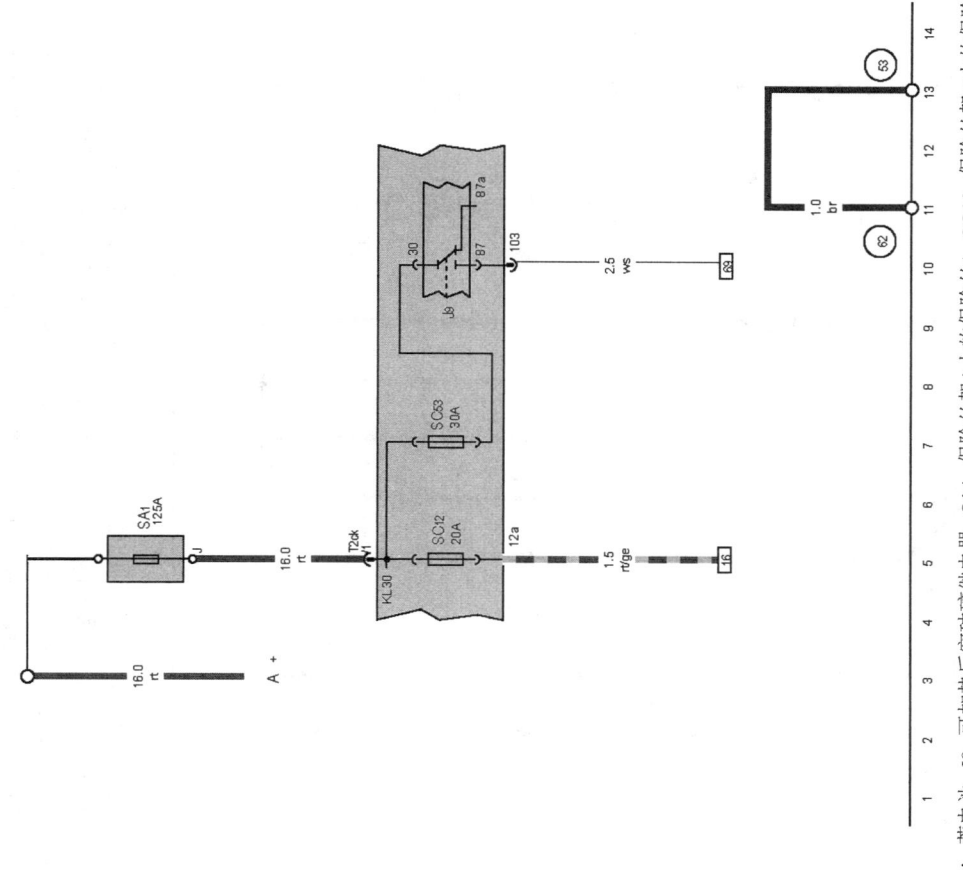

图 2-4-113

A-蓄电池 J9-可加热后窗玻璃继电器 SA1-保险丝架 A 上的保险丝 1 SC12-保险丝架 C 上的保险丝 12 SC53-保险丝架 C 上的保险丝 53 T2ck-2 芯插头连接，黑色 53-备箱盖中右侧的接地点 62-右侧 C 柱上的接地点

图 2-4-112

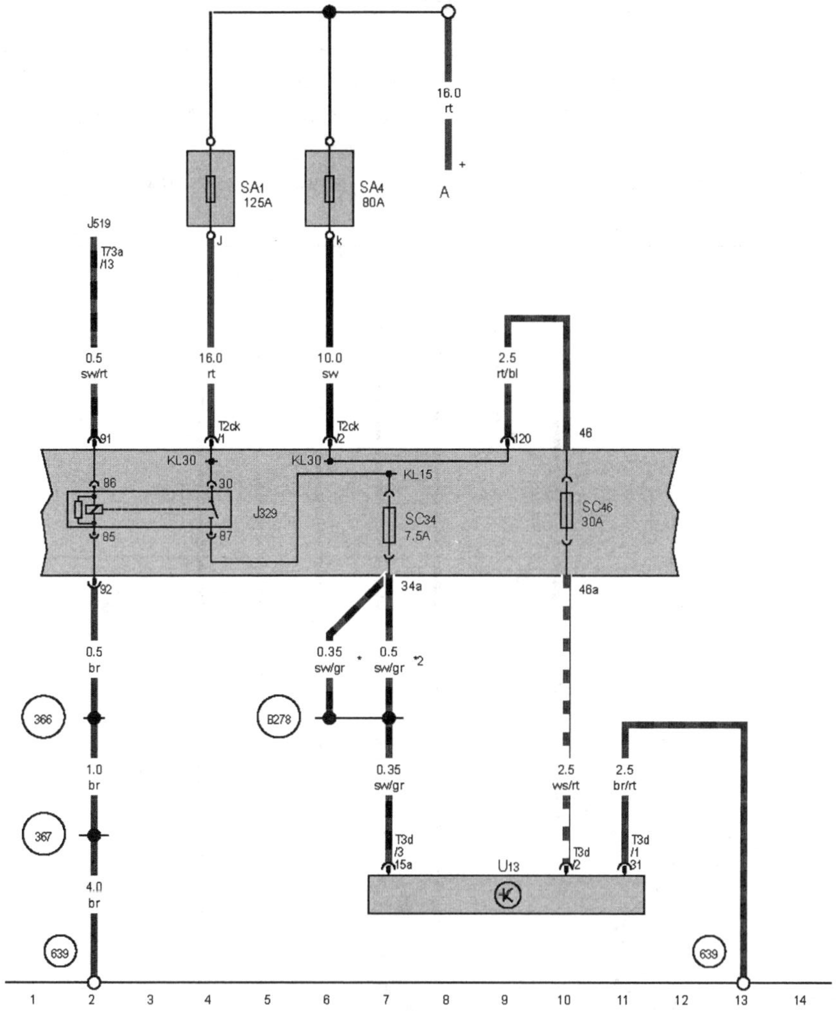

A-蓄电池 J329-接线端 15 供电继电器 J519-车载电网控制单元 SA1-保险丝架 A 上的保险丝 1 SA4-保险丝架 A 上的保险丝 4 SC34-保险丝架 C 上的保险丝 34 SC46-保险丝架 C 上的保险丝 46 T2ck-2 芯插头连接，黑色 T3d-3 芯插头连接，黑色 T73a-73 芯插头连接，黑色 U13-带插座的逆变器（12 ～ 230 V） 366-接地连接 1，在主导线束中 367-接地连接 2，在主导线束中 639-左 A 柱上的接地点 B278-正极连接 2（15a），在主导线束中 *-自 2017 年 6 月起 *2-截至 2017 年 6 月

收音机、右前高音扬声器、右前低音扬声器

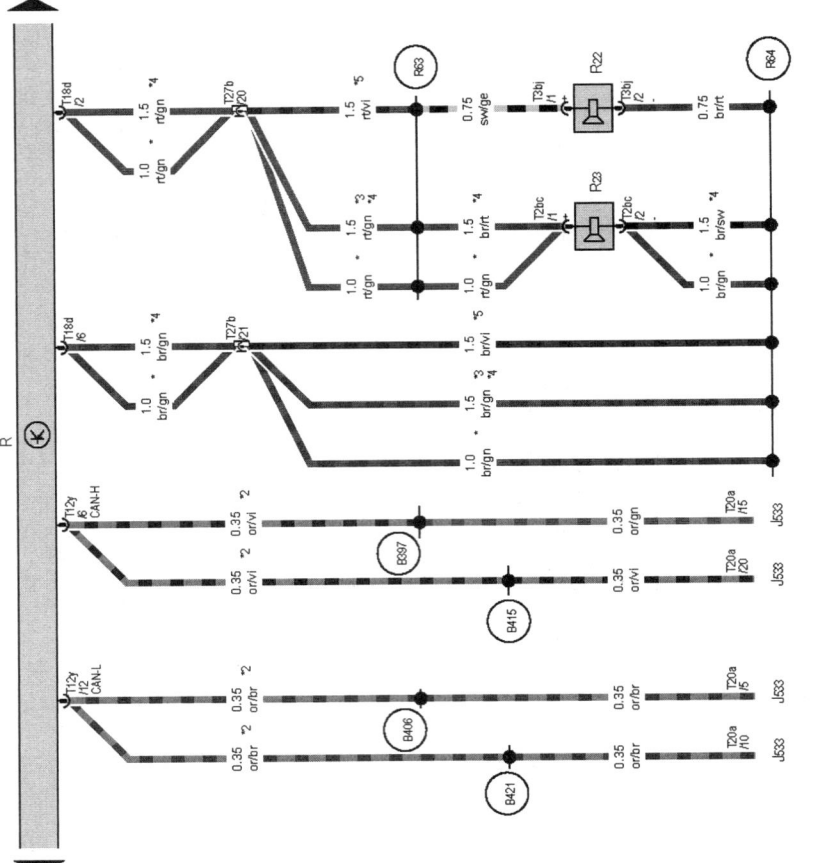

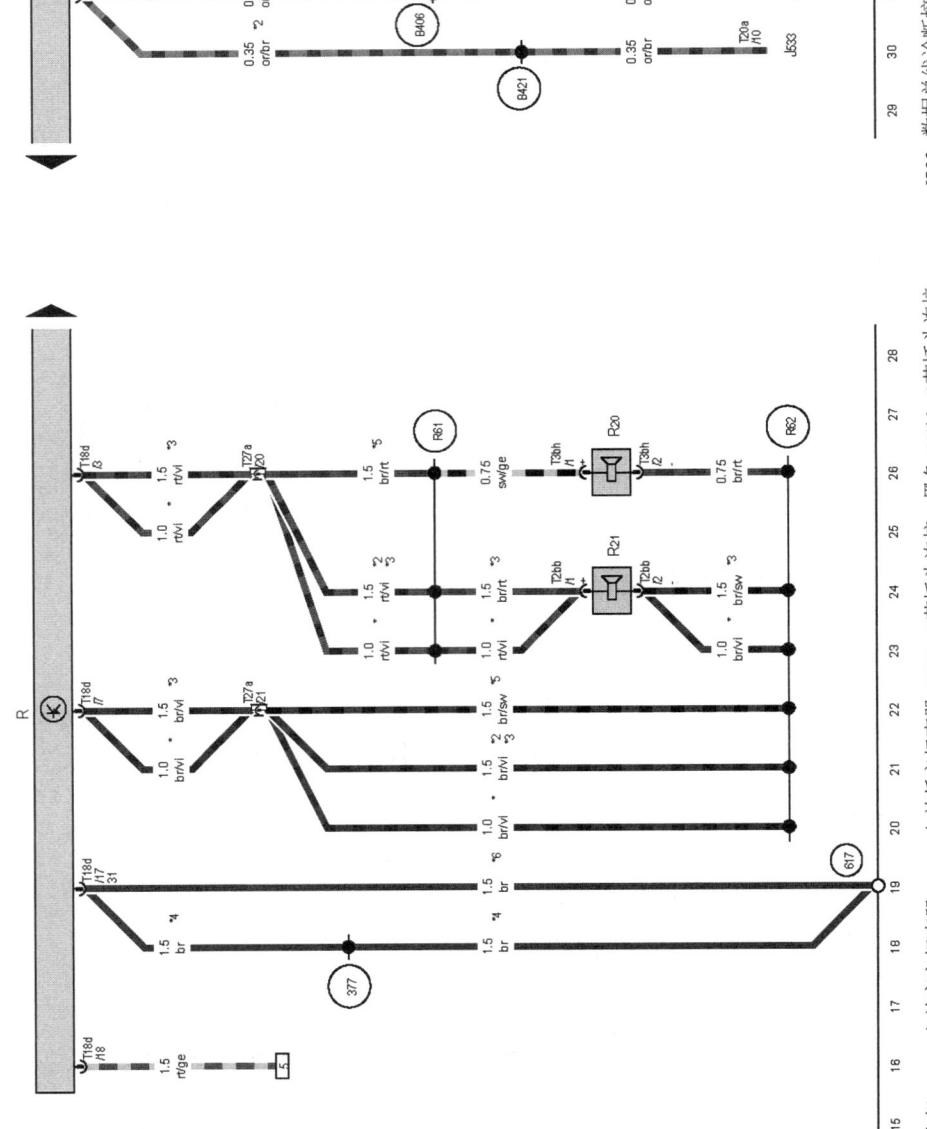

J533-数据总线诊断接口 R-收音机 R22-右前高音扬声器 R23-右前低音扬声器 T2bc-2芯插头连接 T2bc-2芯插头连接，黑色 T3bj-3芯插头连接，黑色 T12y-12芯插头连接，黑色 T18d-18芯插头连接，灰色 T20a-20芯插头连接，黑色 T27b-27芯插头连接（舒适CAN总线，High），在主导线束中 B397-连接1（舒适CAN总线，High），在主导线束中 B415-连接1（信息娱乐CAN总线，High），在主导线束中 B406-连接1（舒适CAN总线，Low），在主导线束中 R63-连接（正极，扬声器），在副驾驶员侧车门电缆导线束中 B421-连接1（信息娱乐CAN总线，Low），在主导线束中 R64-连接（负极，扬声器），在副驾驶员侧车门电缆导线束中 *1-自2017年6月起 *2-依汽车装备而定 *3-自2015年7月起 *4-截至2017年6月起 *5-截至2015年7月

图 2-4-115

R-收音机 R20-左前高音扬声器 R21-左前低音扬声器 T2bb-2芯插头连接，黑色 T3bh-3芯插头连接，黑色 T18d-18芯插头连接，黑色 T27a-27芯插头连接，左侧A柱上，黑色 377-接地连接12，在主导线束中 617-右侧A柱下部接地点2 R61-连接（正极，扬声器），在驾驶员侧车门电缆导线束中 R62-连接（负极，扬声器），在驾驶员侧车门电缆导线束中 *1-自2017年6月起 *2-自2015年7月起 *3-截至2017年6月 *4-自2015年1月起 *5-截至2015年7月 *6-截至2015年1月

图 2-4-114

R-收音机 R20-左前高音扬声器 R21-左前低音扬声器 T2bb-2芯插头连接，黑色

254

收音机、天线、右侧天线模块、负导线中的调频频率滤波器、正导线中的调频频率滤波器、可加热后窗玻璃

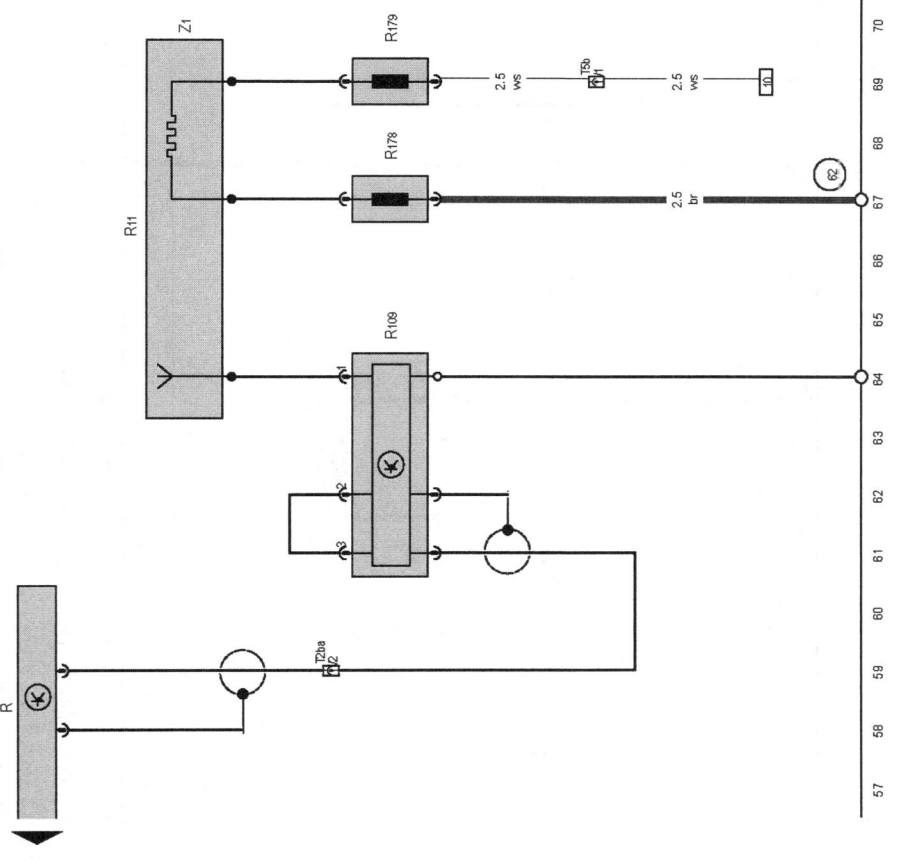

R-收音机 R11-天线 R109-右侧天线模块 R178-负导线中的调频频率滤波器 R179-正导线中的调频频率滤波器 T2ba-2芯插头连接，右侧C柱附近，白色 T5b-5芯插头连接，左侧C柱附近，棕色 Z1-可加热后窗玻璃 62-右侧C柱上的接地点

图 2-4-117

收音机、左后高音扬声器、左后低音扬声器、右后高音扬声器、右后低音扬声器

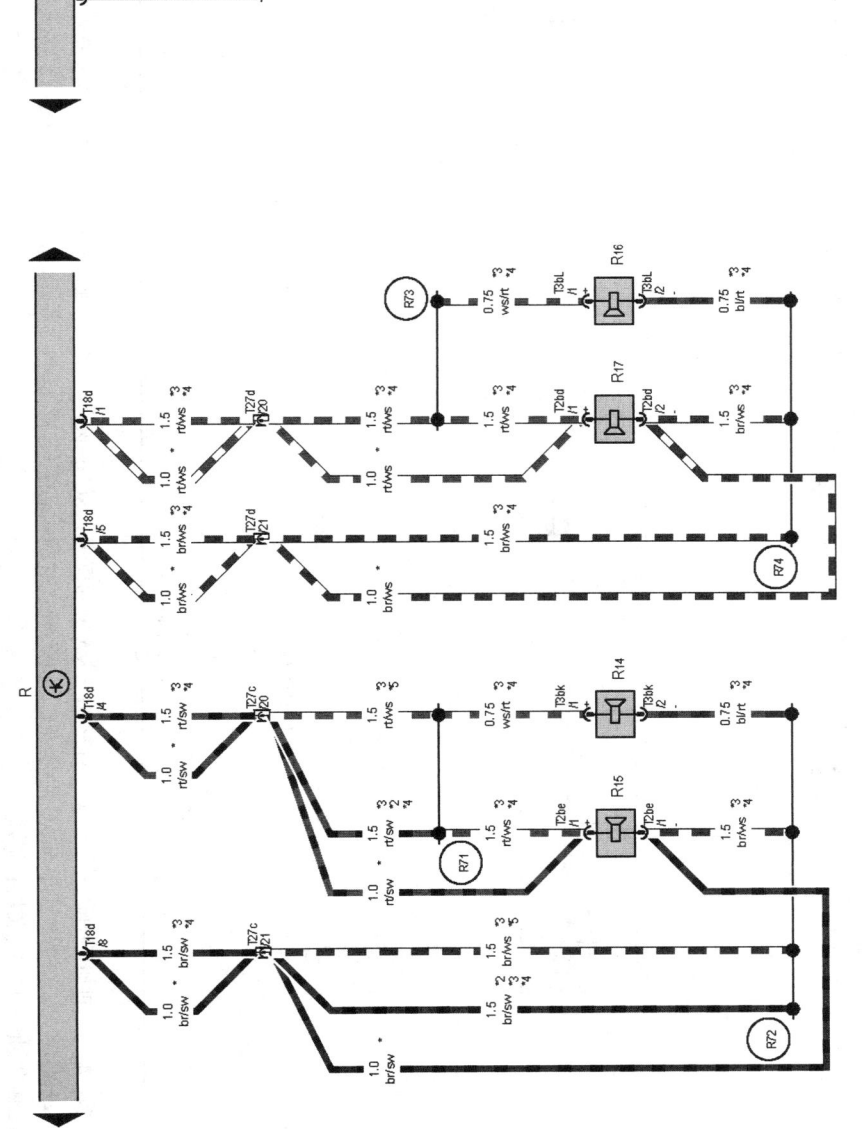

R-收音机 R14-左后高音扬声器 R15-左后低音扬声器 R16-右后高音扬声器 R17-右后低音扬声器 T2bd-2芯插头连接，黑色 T2be-2芯插头连接，黑色 T3bk-3芯插头连接，黑色 T3bL-3芯插头连接，黑色 T18d-18芯插头连接，黑色 T27c-27芯插头连接，左侧B柱上，黑色 T27d-27芯插头连接，右侧B柱上，黑色 R71-连接（正极、扬声器），在左后车门导线束中 R72-连接（负极、扬声器），在左后车门导线束中 R73-连接（正极、扬声器），在右后车门导线束中 R74-连接（负极、扬声器），在右后车门导线束中 *-自2017年6月起 *2-自2015年7月起 *3-仅用于带8个扬声器的汽车（8RM） *4-截至2017年6月 *5-截至2015年7月

图 2-4-116

255

数据总线诊断接口、电子通信信息设备 1 控制单元、电话话筒

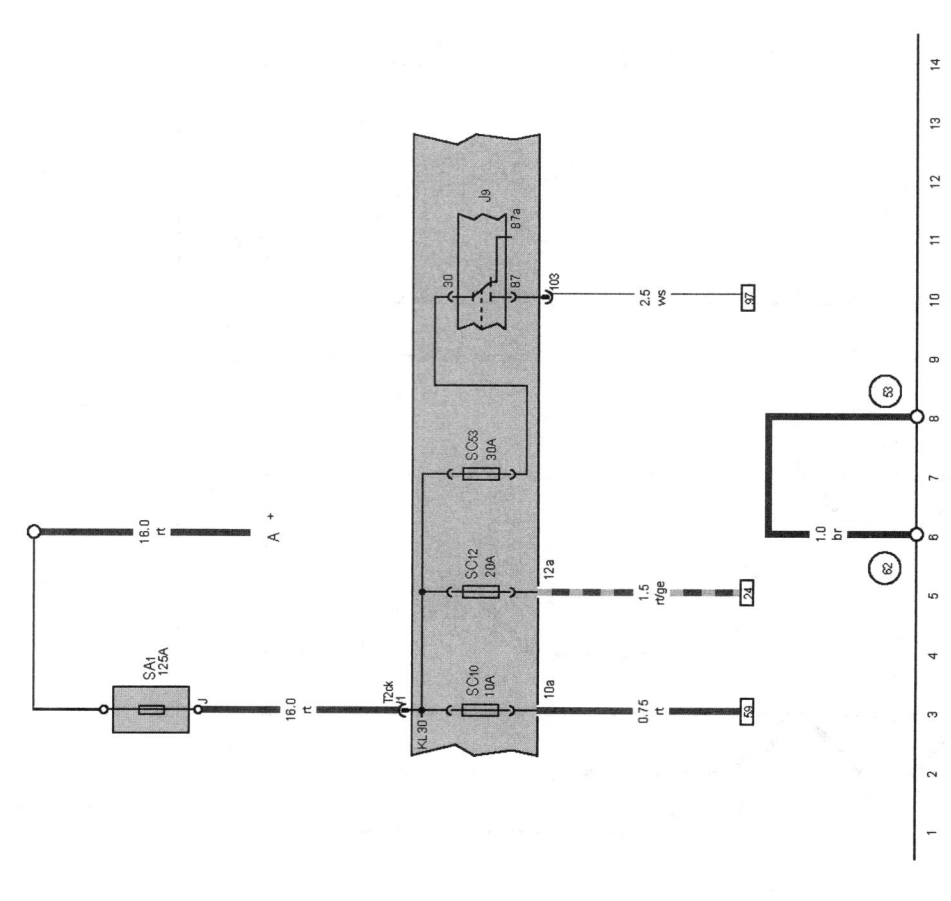

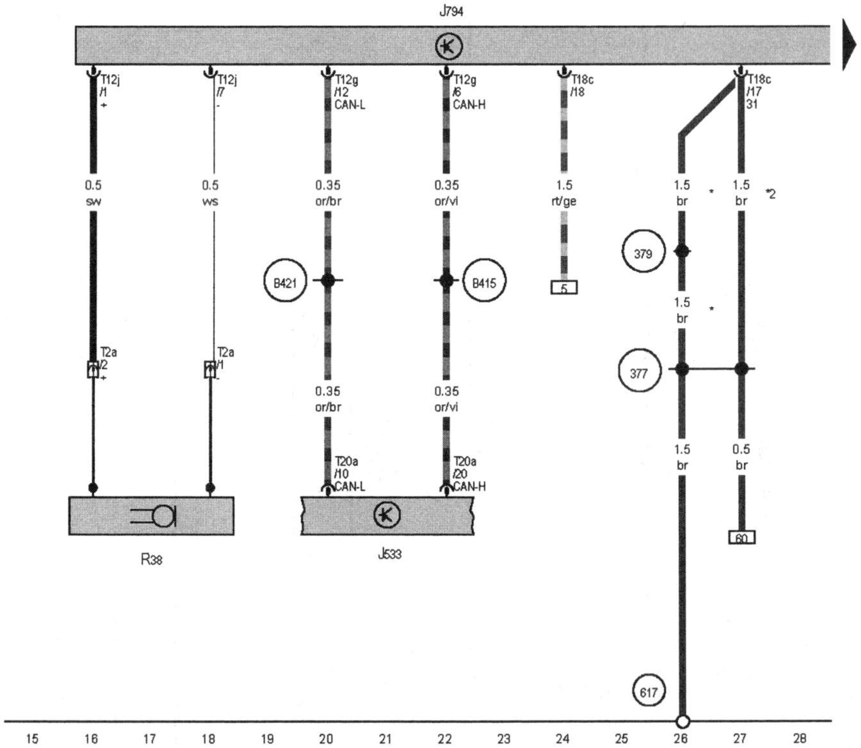

J533－数据总线诊断接口 J794－电子通信信息设备1控制单元 R38－电话话筒 T2a－2芯插头连接 T2g－12芯插头连接，灰色 T12g－12芯插头连接 T12c－12芯插头连接，蓝色 T18c－18芯插头连接，棕色 T20a－20芯插头连接 接，红色 377－接地连接12，在主导线束中 379－接地连接14，在主导线束中 617－右侧A柱下部接地点2 B415－连接1（信息娱乐CAN总线，High），在主导线束中 B421－连接1（信息娱乐CAN总线，Low），在 主导线束中 *－自2015年1月起 *2－截至2015年1月

图 2-4-119

可加热后窗玻璃继电器

A－蓄电池 J9－可加热后窗玻璃继电器 SA1－保险丝架A上的保险丝1 SC10－保险丝架C上的保险丝10 SC12－保险丝架C上的保险丝12 SC53－保险丝架C上的保险丝53 T2ck－2芯插头连接53 53－后备箱盖 中右侧C柱上的接地点 62－右侧C柱上的接地点

图 2-4-118

256

电子通信信息设备 1 控制单元、左后高音扬声器、左后低音扬声器、右后高音扬声器、右后低音扬声器

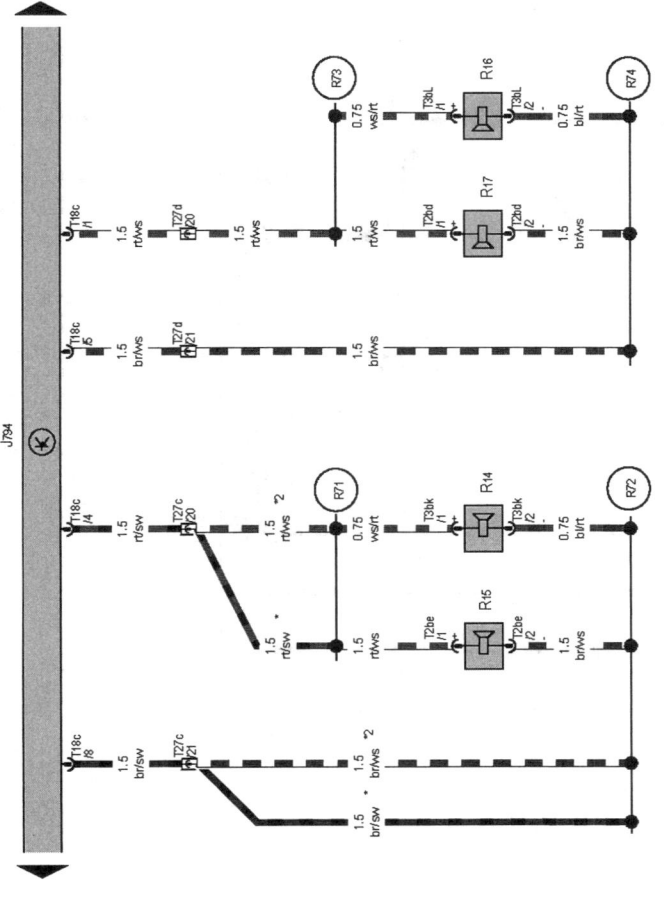

电子通信信息设备 1 控制单元、左前高音扬声器、左前低音扬声器、右前高音扬声器、右前低音扬声器

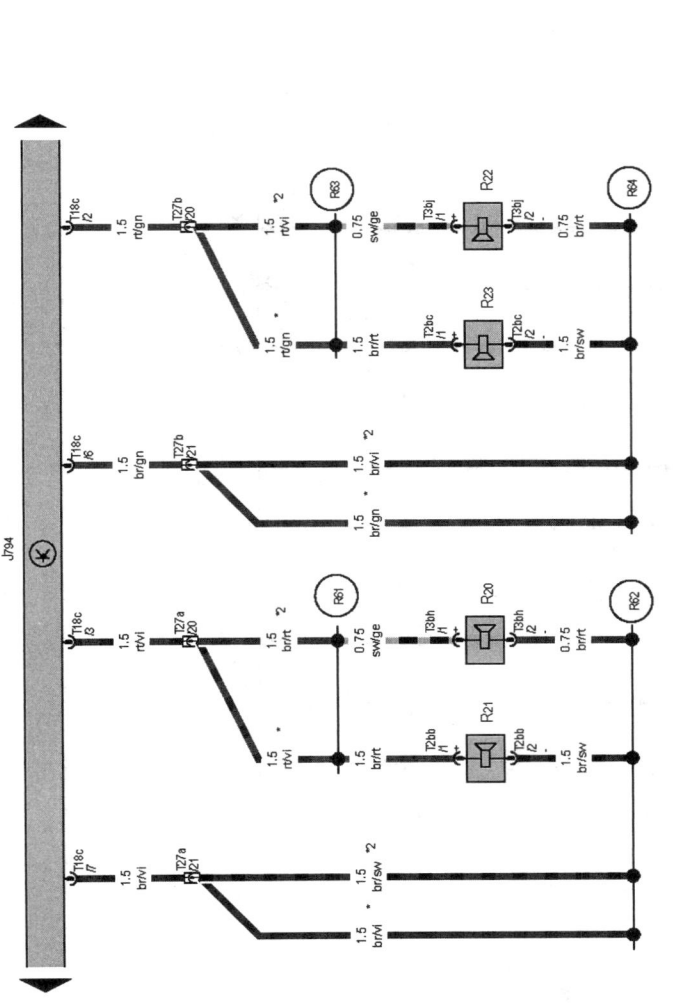

J794-电子通信信息设备1控制单元 R14-左后高音扬声器 R15-左后低音扬声器 R16-右后高音扬声器 R17-右后低音扬声器 T2bd-2芯插头连接 T2be-2芯插头连接，黑色 T3bk-3芯插头连接，黑色 T27d-27 T3bL-3芯插头连接 T18c-18芯插头连接 T27c-27芯插头连接，棕色 T27d-27芯插头连接，左侧B柱上，黑色 T27d-27 芯插头连接，右侧B柱上，黑色 R71-连接（正极，扬声器），在左后车门导线束中 R72-连接（负极，扬声器），右侧B柱上，黑色 R73-连接（正极，扬声器），在左后车门导线束中 R74-连接（负极，扬声器），在右后车门导线束中 *-自2015年7月起 *2-截至2015年7月

图 2-4-121

J794-电子通信信息设备1控制单元 R20-左前高音扬声器 R21-左前低音扬声器 R22-右前高音扬声器 R23-右前低音扬声器 T2bb-2芯插头连接，黑色 T2bc-2芯插头连接，黑色 T3bh-3芯插头连接，黑色 T27b-27 T3bj-3芯插头连接，黑色 T18c-18芯插头连接 T27a-27芯插头连接，棕色 T27b-27芯插头连接，左侧A柱上，黑色 T27b-27 芯插头连接，右侧A柱上，黑色 R61-连接（正极，扬声器），在驾驶员侧车门电缆导线束中 R62-连接 （负极，扬声器），在驾驶员侧车门电缆导线束中 R63-连接（正极，扬声器），在副驾驶员侧车门电缆导线束中 R64-连接（负极，扬声器），在副驾驶员侧车门电缆导线束中 *-自2015年7月起 *2-截至2015 年7月

图 2-4-120

多媒体系统操作单元、前部信息显示和操作单元控制单元的显示单元、电子通信信息设备1控制单元

电子通信信息设备1控制单元、USB接口支架、外部音频源接口

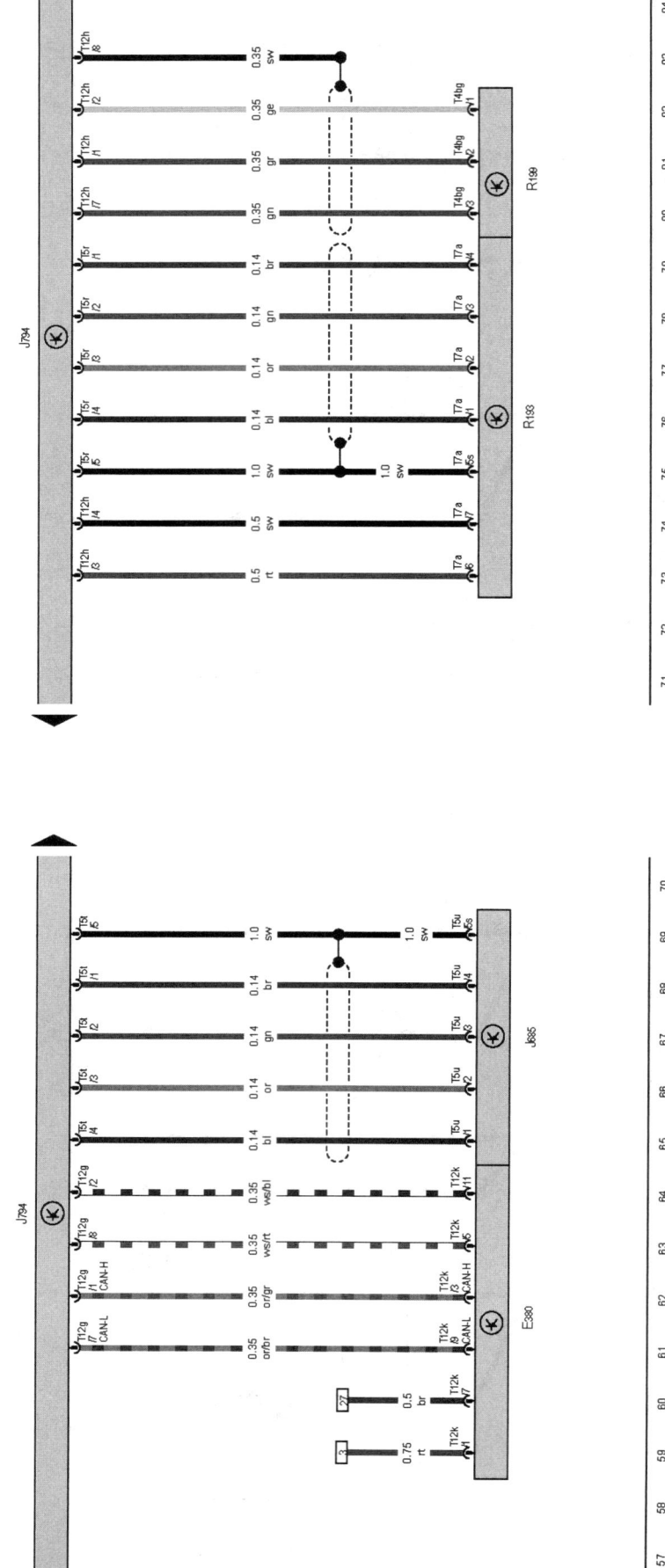

图 2-4-122

图 2-4-123

258

E380-多媒体系统操作单元 J685-前部信息显示和操作单元控制单元的显示单元 J794-电子通信信息设备1控制单元 T5t-5芯插头连接，黑色 T5u-5芯插头连接，黑色 T12g-12芯插头连接，白色 T12k-12芯插头连接，灰色 T12k-12芯插头连接，黑色

J794-电子通信信息设备1控制单元 R193-USB接口支架 R199-外部音频源接口 T4bg-4芯插头连接，黑色 T5r-5芯插头连接，棕色 T7a-7芯插头连接，白色 T12h-12芯插头连接，绿色

电子通信信息设备 1 控制单元、天线、GPS 天线、左侧天线模块、右侧天线模块、负导线中的调频频率滤波器、正导线中的调频频率滤波器、可加热后窗玻璃

可加热后窗玻璃继电器

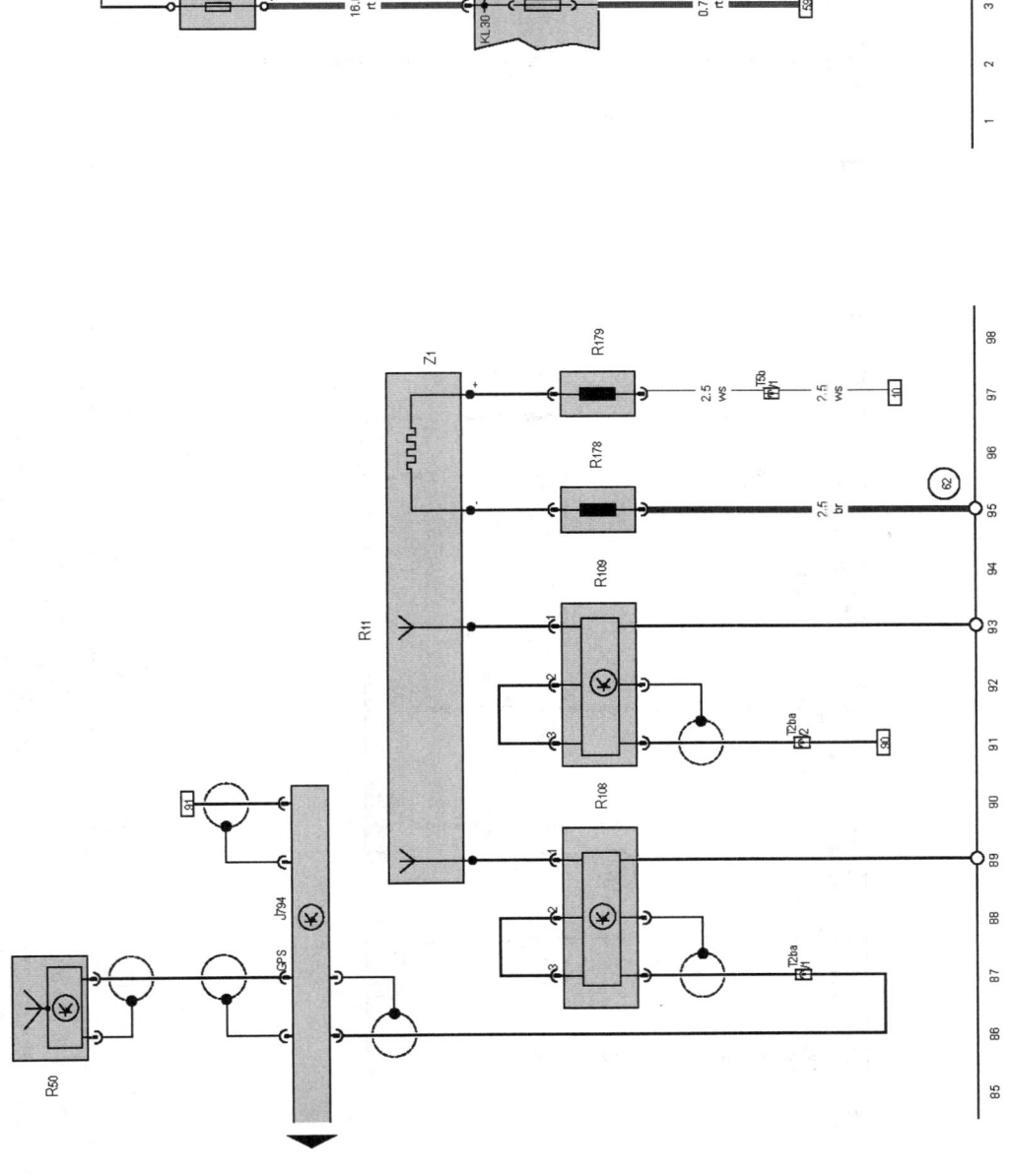

图 2-4-124

图 2-4-125

J794-电子通信信息设备1控制单元 R11-天线 R50-GPS天线 R108-左侧天线模块 R109-右侧天线模块 R178-负导线中的调频频率滤波器 R179-正导线中的调频频率滤波器 T2ba-2芯插头连接，右侧C柱附近，白色 T5b-5芯插头连接，左侧C柱附近，棕色 Z1-可加热后窗玻璃 62-右侧C柱上的接地点

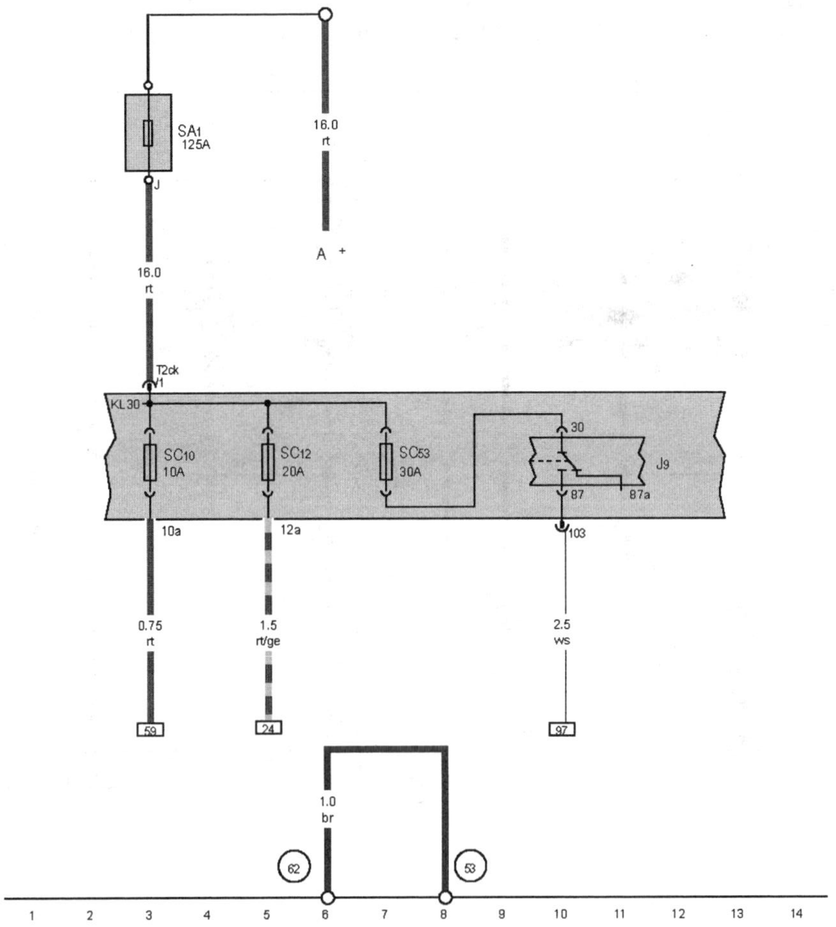

A-蓄电池 J9-可加热后窗玻璃继电器 SA1-保险丝架A上的保险丝1 SC10-保险丝架C上的保险丝10 SC12-保险丝架C上的保险丝12 SC53-保险丝架C上的保险丝53 T2ck-2芯插头连接，黑色 53-后备箱盖中右侧的接地点 62-右侧C柱上的接地点

电子通信信息设备 1 控制单元、左前高音扬声器、右前高音扬声器、左前低音扬声器、右前高音扬声器、右前低音扬声器

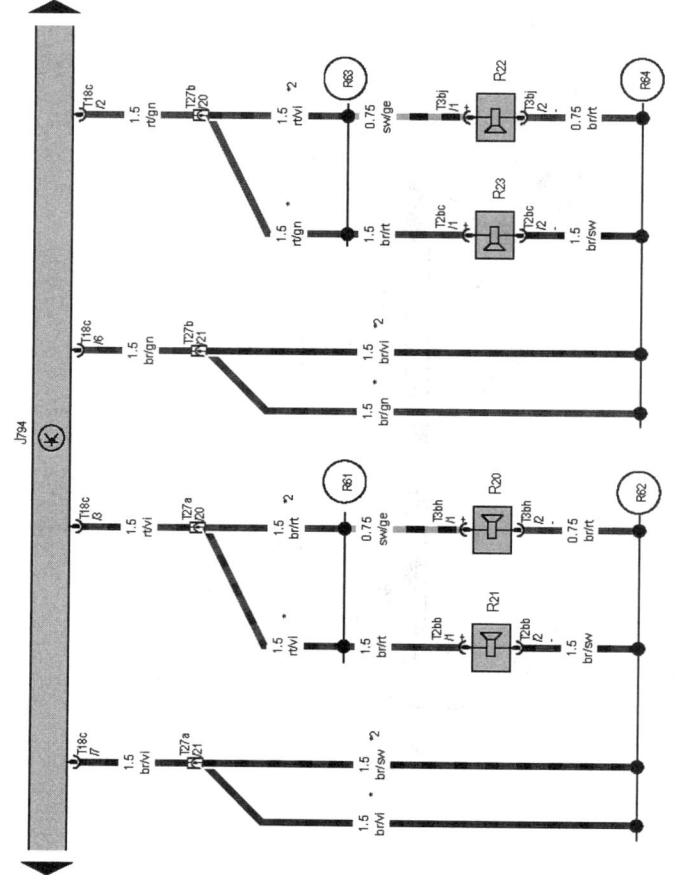

J794-电子通信信息设备1控制单元　R20-左前高音扬声器　R21-左前低音扬声器　R22-右前高音扬声器　R23-右前低音扬声器　T2bb-2芯插头连接　T2bc-2芯插头连接，黑色　T3bh-3芯插头连接，黑色　T3bi-3芯插头连接，黑色　T18c-18芯插头连接，黑色　T27a-27芯插头连接，左侧A柱上，黑色　T27b-27芯插头连接，右侧A柱上，黑色　R61-连接(正极，扬声器)，在驾驶员侧车门电缆导线束中　R62-连接(负极，扬声器)，在驾驶员侧车门电缆导线束中　R63-连接(正极，扬声器)，在副驾驶员侧车门电缆导线束中　R64-连接(负极，扬声器)，在副驾驶员侧车门电缆导线束中　*-自2015年7月起　*2-截至2015年7月

图 2-4-127

数据总线诊断接口、电子通信信息设备 1 控制单元、电话话筒

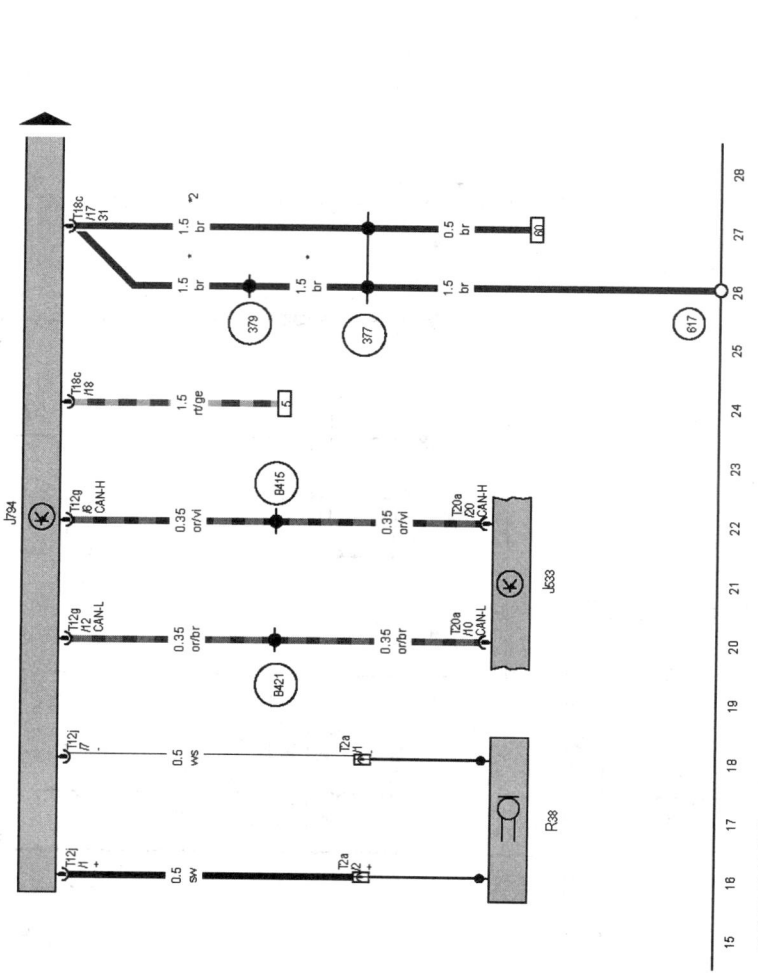

J533-数据总线诊断接口　J794-电子通信信息设备1控制单元　R38-电话话筒　T2a-2芯插头连接　T12g-12芯插头连接，灰色　T12j-12芯插头连接，黑色　T18c-18芯插头连接，蓝色　T20a-20芯插头连接，棕色　T20a-20芯插头连接　377-接地连接12，在主导线束中　379-接地连接14，在主导线束中　617-右侧A柱下部接地点2　B415-连接1(信息娱乐CAN总线，High)，在主导线束中　B421-连接1(信息娱乐CAN总线，Low)，在主导线束中　*-自2015年1月起　*2-截至2015年1月

图 2-4-126

电子通信信息设备 1 控制单元、左后高音扬声器、右后高音扬声器、右后低音扬声器

多媒体系统操作单元、前部信息显示和操作单元控制单元的显示单元、电子通信信息设备 1 控制单元

电子通信信息设备 1 控制单元、左后高音扬声器、右后高音扬声器、右后低音扬声器

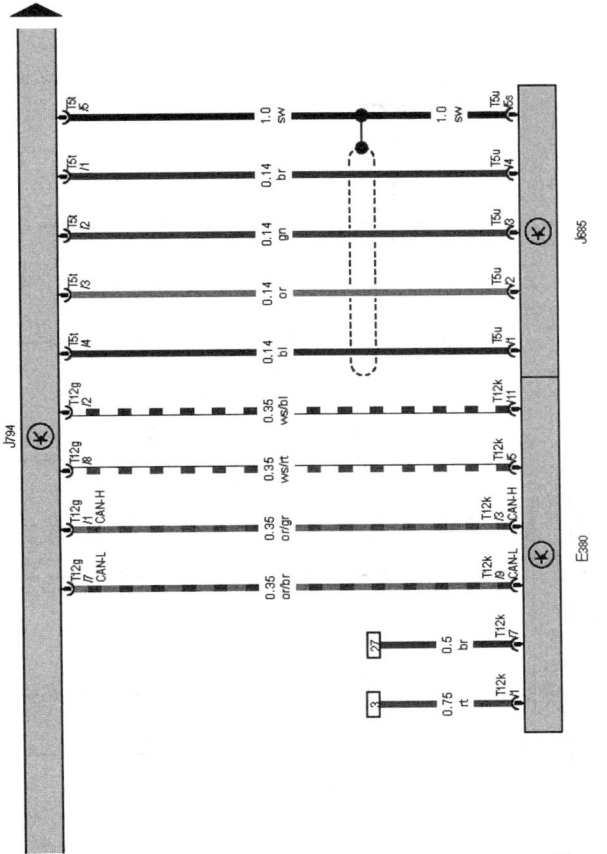

图 2-4-129

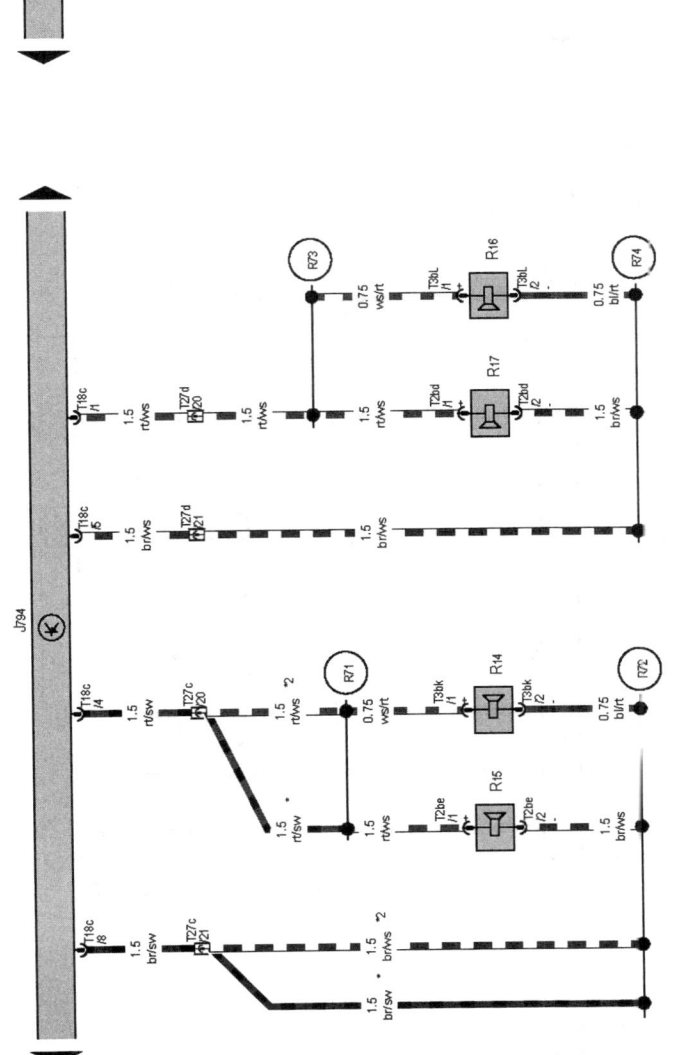

图 2-4-128

E380-多媒体系统操作单元 J685-前部信息显示和操作单元控制单元的显示单元 J794-电子通信信息设备 1 控制单元 T5r-5芯插头连接、黑色 T5u-5芯插头连接、黑色 T12g-12芯插头连接、白色 T12k-12芯插头连接、灰色 T12u-12芯插头连接、黑色

J794-电子通信信息设备1控制单元 R14-左后高音扬声器 R15-左后低音扬声器 R16-右后高音扬声器 R17-右后低音扬声器 T2bd-2芯插头连接、黑色 T2be-2芯插头连接、黑色 T3bk-3芯插头连接、黑色 T3bL-3芯插头连接、黑色 T18c-18芯插头连接、黑色 T27c-27芯插头连接、左侧B柱上、黑色 T27d-27芯插头连接、右侧B柱上、黑色 R71-连接（正极、扬声器）、在左后车门导线束中 R72-连接（负极、扬声器），在左后车门导线束中 R73-连接（正极、扬声器），在右后车门导线束中 R74-连接（负极、扬声器），在右后车门导线束中 *-自2015年7月起 *2-截至2015年7月

261

电子通信信息设备 1 控制单元、天线、左侧天线模块、右侧天线模块、负号线中的调频频率滤波器、正号线中的调频频率滤波器、可加热后窗玻璃

电子通信信息设备 1 控制单元、USB 接口支架、外部音频源接口

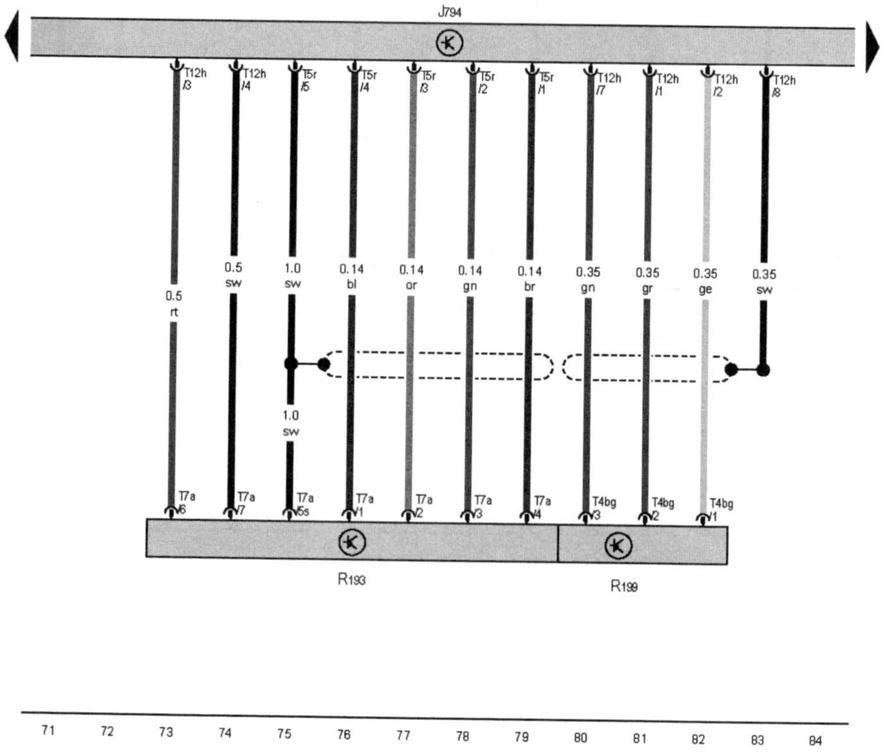

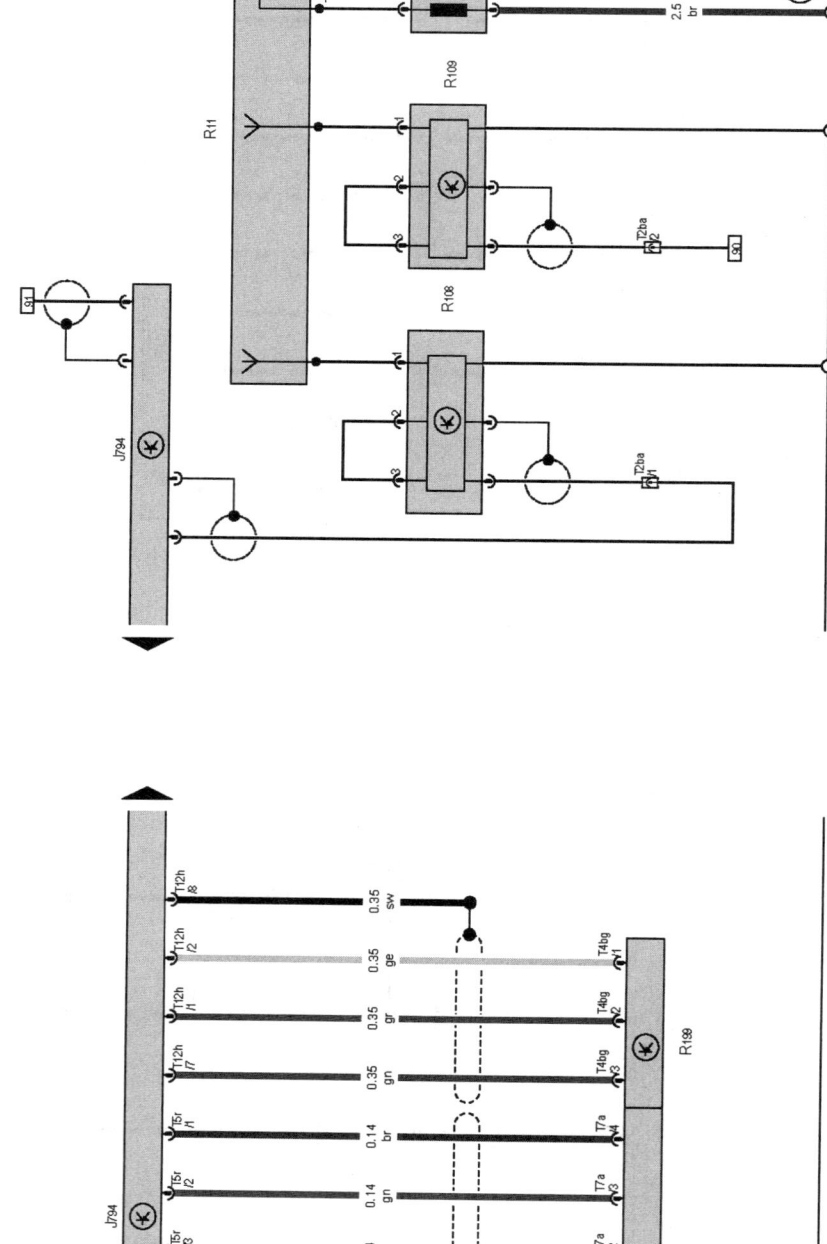

J794-电子通信信息设备1控制单元 R11-天线 R108-左侧天线模块 R109-右侧天线模块 R178-负号线中的调频频率滤波器 R179-正号线中的调频频率滤波器 T2ba-2芯插头连接，右侧C柱附近，白色 T5b-5芯插头连接，左侧C柱附近，棕色 Z1-可加热后窗玻璃 62-右侧C柱上的接地点

图 2-4-131

J794-电子通信信息设备1控制单元 R193-USB接口支架 R199-外部音频源接口 T4bg-4芯插头连接，黑色 T5r-5芯插头连接，棕色 T7a-7芯插头连接，白色 T12h-12芯插头连接，绿色

图 2-4-130

262

雨水与光线识别传感器、车载电网控制单元、自动防眩车内后视镜

接线端 15 供电继电器、车载电网控制单元

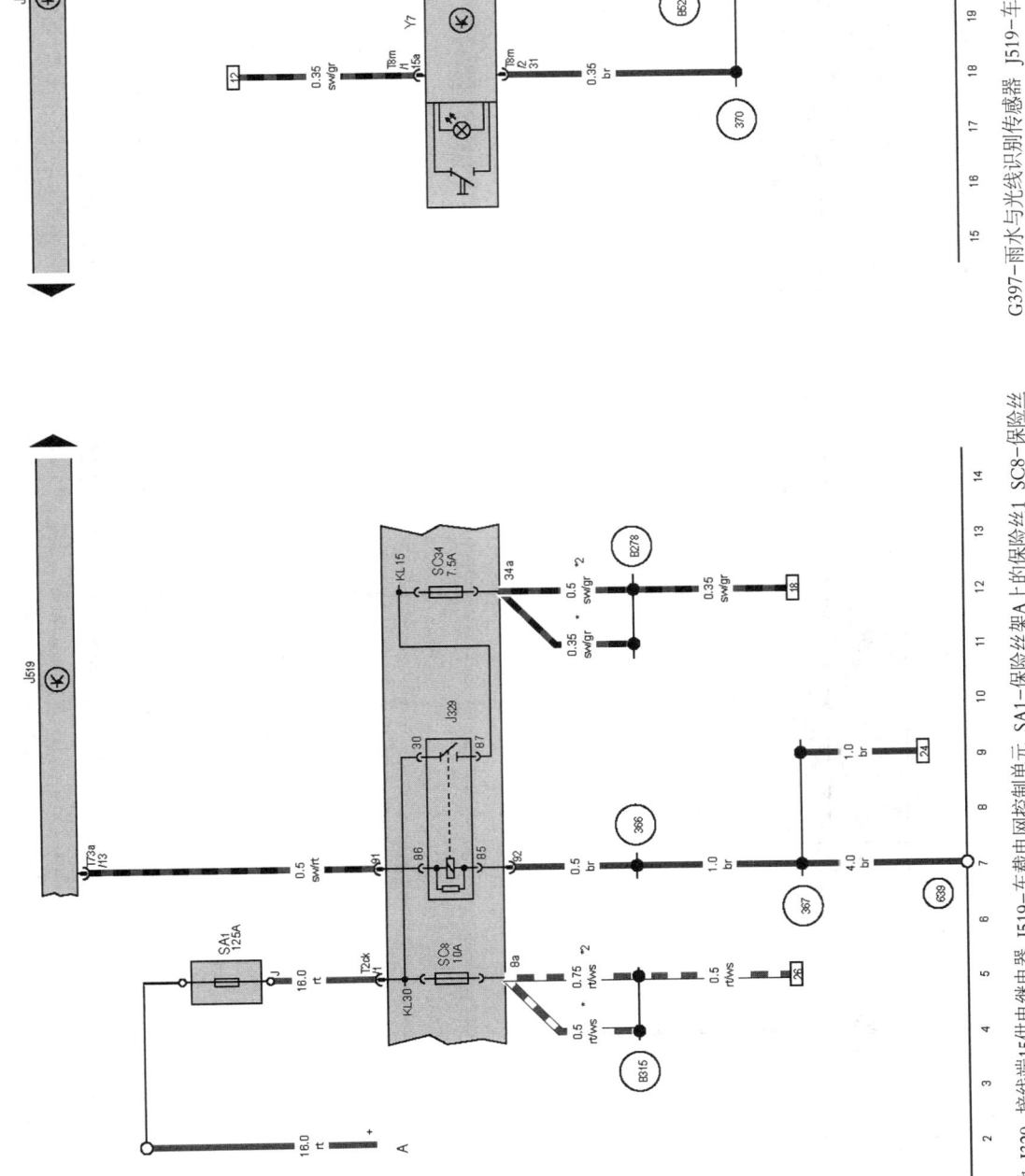

图 2-4-132

图 2-4-133

A-蓄电池 J329-接线端15供电继电器 J519-车载电网控制单元 SA1-保险丝架A上的保险丝1 SC8-保险丝架C上的保险丝8 SC34-保险丝架C上的保险丝34 T2ck-2芯插头连接，黑色 T73a-73芯插头连接，黑色 T73a-73芯插头连接，黑色 B278-正极连接2 366-接地连接1，在主导线束中 367-接地连接2，在主导线束中 639-左A柱上的接地点 B315-正极连接 *1-自2017年6月起 *2-截至2017年6月 (15a)，在主导线束中 B315-正极连接 (30a)，在主导线束中

G397-雨水与光线识别传感器 J519-车载电网控制单元 T3e-3芯插头连接，蓝色 T6a-6芯插头连接，蓝色 T8m-8芯插头连接，黑色 T73a-73芯插头连接，黑色 T73c-73芯插头连接，黑色 W1-前内灯 Y7-自动防眩车内后视镜 370-接地连接5，在主导线束中 B520-连接 (RF)，在主导线束中

263

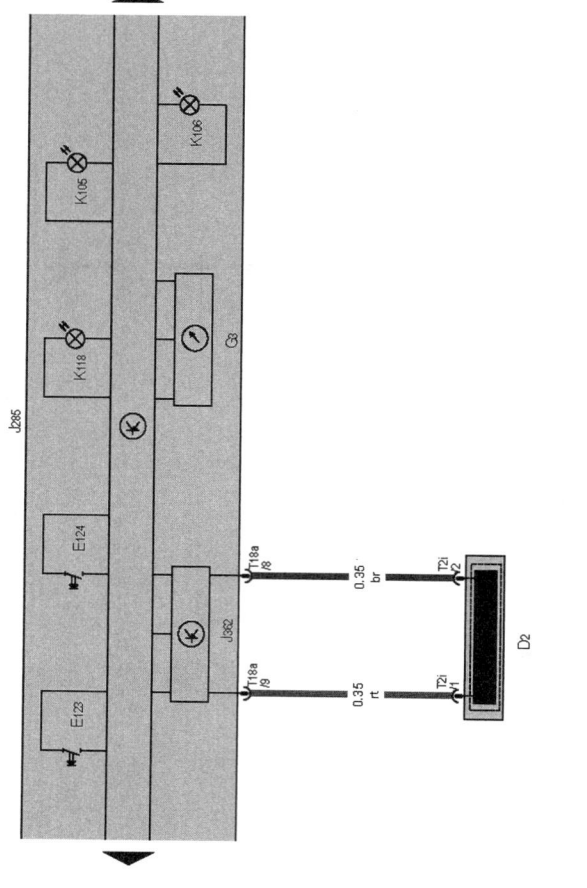

手制动器指示灯开关、组合仪表中的控制单元、手制动器指示灯

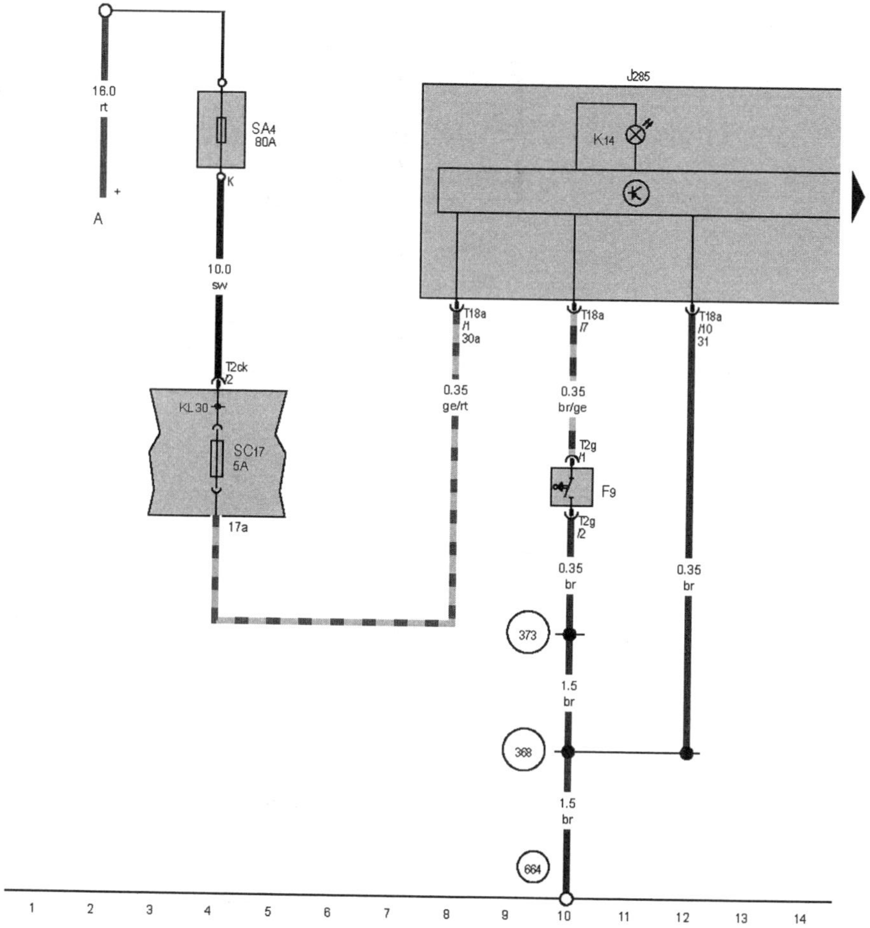

防盗锁止系统识读线圈、分行驶里程复位按钮、时钟调节按钮、冷却液温度表、组合仪表中的控制单元、防盗锁止系统控制单元、燃油表指示灯、清洗液不足指示灯、制动系统指示灯

图 2-4-134

A-蓄电池 F9-手制动器指示灯开关 J285-组合仪表中的控制单元 K14-手制动器指示灯 SA4-保险丝架A 上的保险丝4 SC17-保险丝架C上的保险丝17 T2ck-2芯插头连接 T2g-2芯插头连接，黑色 T18a-18芯插头连接，黑色 368-接地连接3，在主导线束中 373-接地连接8，在主导线束中 664-左侧仪表板后面的接地点

图 2-4-135

D2-防盗锁止系统识读线圈 E123-分行驶里程复位按钮 E124-时钟调节按钮 G3-冷却液温度表 J285-组合仪表中的控制单元 J362-防盗锁止系统控制单元 K105-燃油表指示灯 K106-清洗液不足指示灯 K118-制动系统指示灯 T2i-2芯插头连接，黑色 T18a-18芯插头连接，黑色

组合仪表中的控制单元、后雾灯指示灯、定速巡航装置指示灯、ABS指示灯、左侧转向信号灯指示灯、右侧转向信号灯指示灯、电子稳定程序和ASR指示灯、电子稳定程序和ASR指示灯2、数字时钟

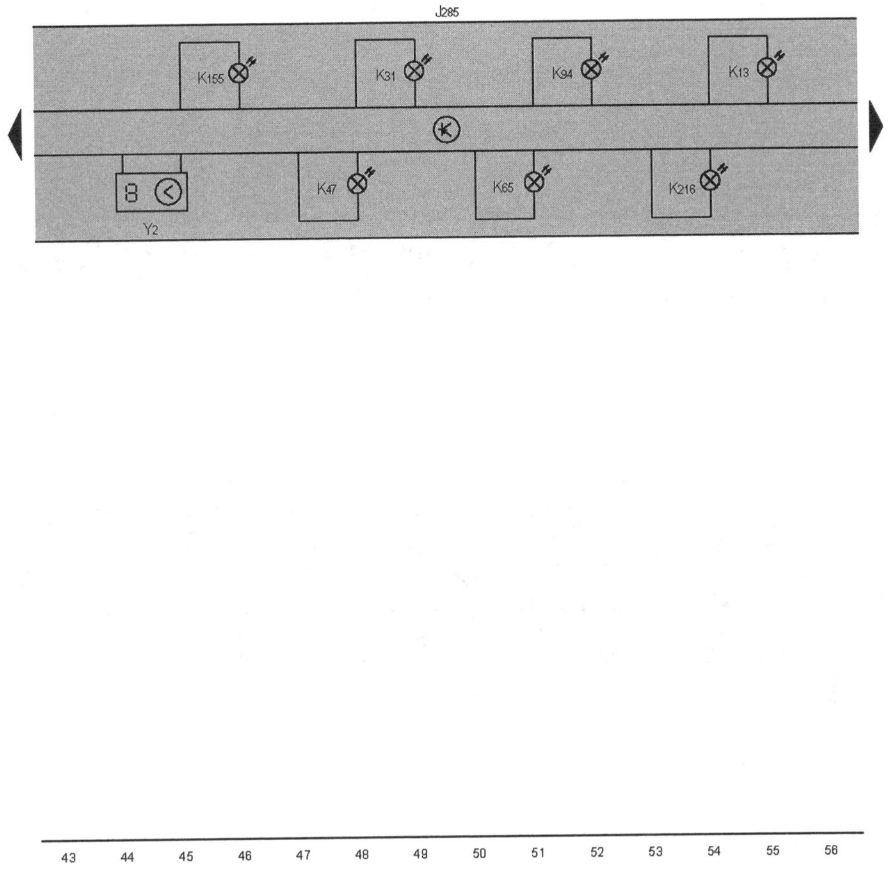

J285-组合仪表中的控制单元 K13-后雾灯指示灯 K31-定速巡航装置指示灯 K47-ABS指示灯 K65-左侧转向信号灯指示灯 K94-右侧转向信号灯指示灯 K155-电子稳定程序和ASR指示灯 K216-电子稳定程序和ASR指示灯2 Y2-数字时钟

图2-4-137

燃油表传感器、燃油表、多功能显示器、组合仪表中的控制单元、远光灯指示灯、发电机指示灯、机油压力指示灯、冷却液温温度和冷却液不足显示指示灯、机油油位指示灯

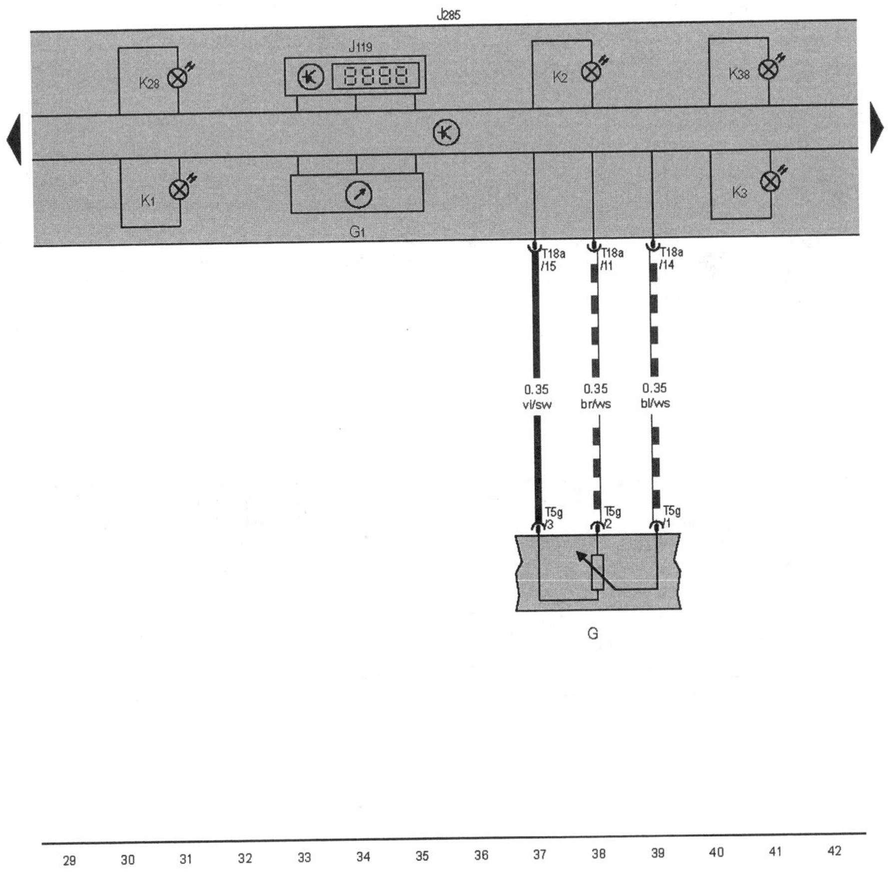

G-燃油表传感器 G1-燃油表 J119-多功能显示器 J285-组合仪表中的控制单元 K1-远光灯指示灯 K2-发电机指示灯 K3-机油压力指示灯 K28-冷却液温度和冷却液不足显示指示灯 K38-机油油位指示灯 T5g-5芯插头连接，黑色 T18a-18芯插头连接，黑色

图2-4-136

组合仪表中的控制单元、前雾灯指示灯、安全带警告指示灯、“红色三角形”（警告）标志指示灯、安全气囊指示灯、电子油门故障信号灯、机电式助力转向器指示灯、车门打开指示灯、灯泡失灵指示灯、行驶换道辅助系统控制灯、组合仪表照明灯泡

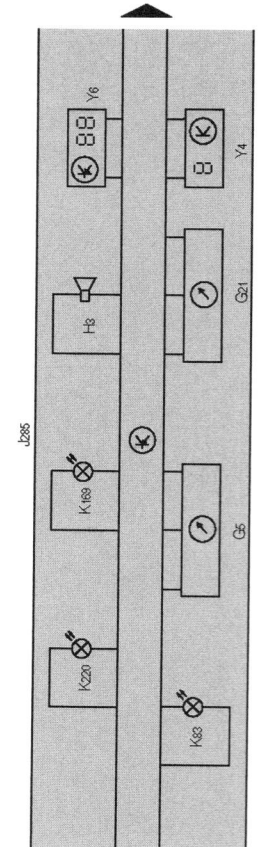

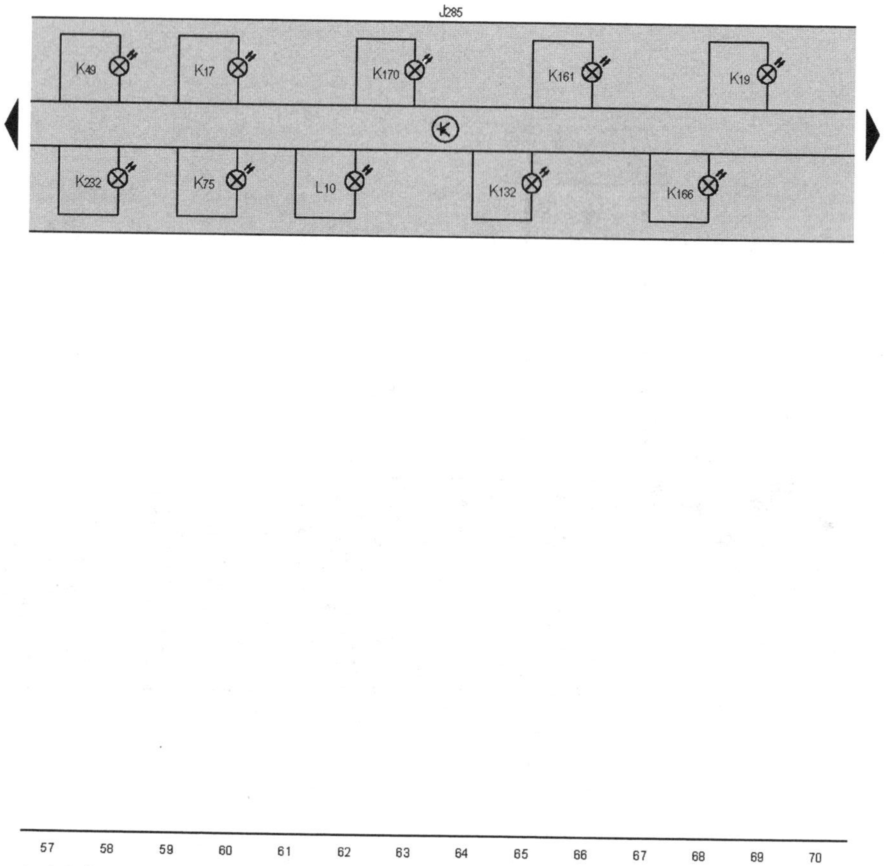

J285
K49
K17
K170
K161
K19
K232
K75
L10
K132
K166
57 58 59 60 61 62 63 64 65 66 67 68 69 70

J285–组合仪表中的控制单元 K17–前雾灯指示灯 K19–安全带警告指示灯 K49–“红色三角形”（警告）标志指示灯 K75–安全气囊指示灯 K132–电子油门故障信号灯 K161–机电式助力转向器指示灯 K166–车门打开指示灯 K170–灯泡失灵指示灯 K232–行驶换道辅助系统控制灯 L10–组合仪表照明灯泡

图 2–4–138

转速表、车速表、警报蜂鸣器和警报音、组合仪表中的控制单元、废气警告灯、选挡杆指示灯、轮胎压力监控显示指示灯、里程表、选挡杆位置显示

J285
K220
K169
H3
Y6
K83
G5
G21
Y4
71 72 73 74 75 76 77 78 79 80 81 82 83 84

G5–转速表 G21–车速表 H3–警报蜂鸣器和警报音 J285–组合仪表中的控制单元 K83–废气警告灯 K169–选挡杆指示灯 K220–轮胎压力监控显示指示灯 Y4–里程表 Y6–选挡杆位置显示

图 2–4–139

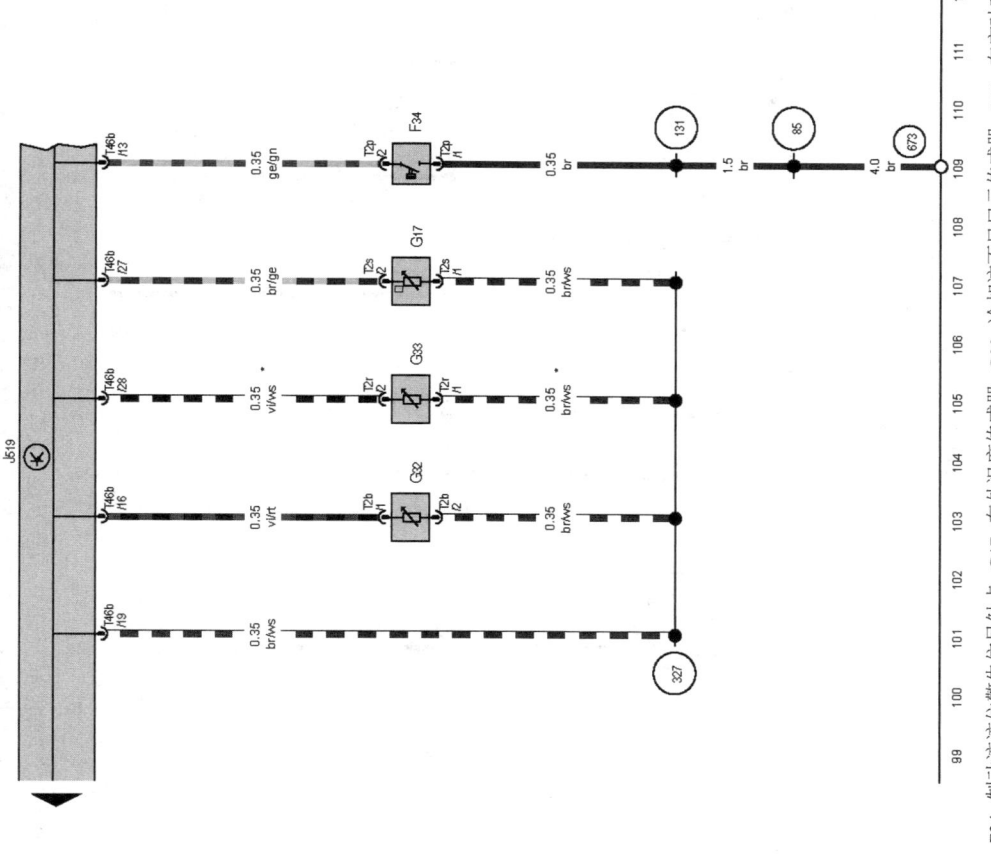

组合仪表中的控制单元、车载电网控制单元

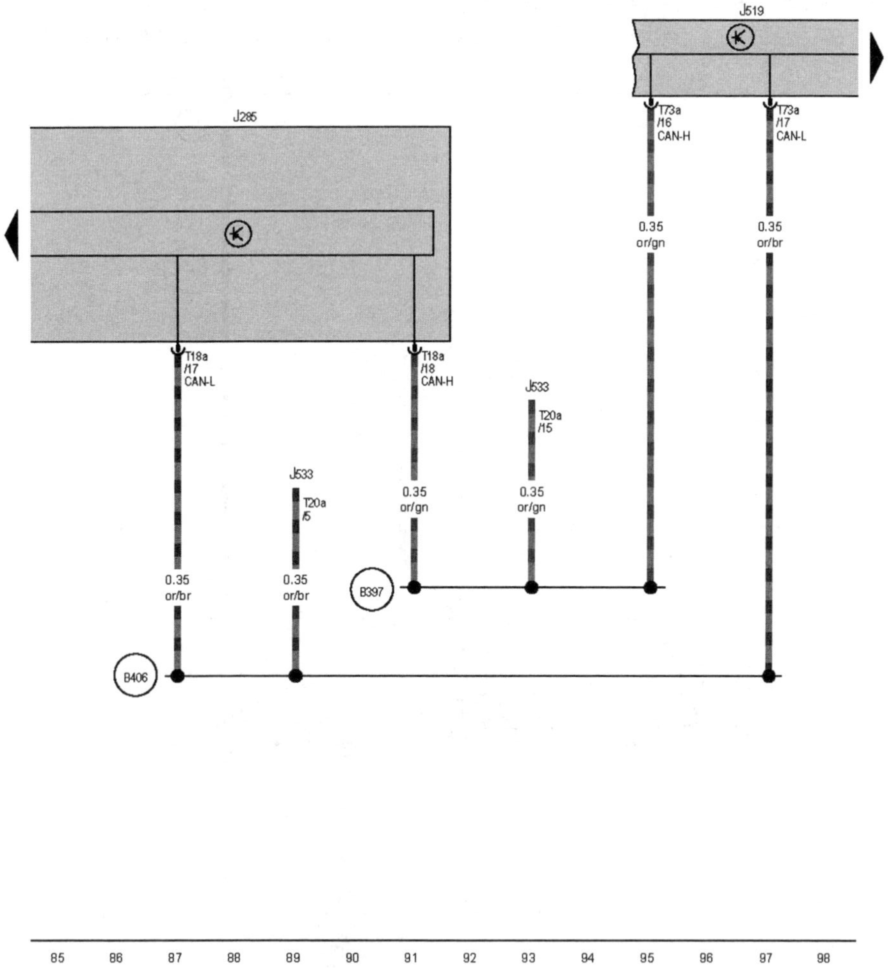

图 2-4-140

制动液位警告信号触点、车外温度传感器、冷却液不足显示传感器、车窗玻璃清洗液位传感器、车载电网控制单元

图 2-4-141

J285-组合仪表中的控制单元 J519-车载电网控制单元 J533-数据总线诊断接口 T18a-18芯插头连接，黑色 T20a-20芯插头连接，红色 T73a-73芯插头连接，黑色 B397-连接1（舒适CAN总线，High），在主导线束中 B406-连接1（舒适CAN总线，Low），在主导线束中

F34-制动液位警告信号触点 G17-车外温度传感器 G32-冷却液温度传感器 G33-冷却液不足显示传感器 G33-车窗玻璃清洗液位传感器 J519-车载电网控制单元 T2b-2芯插头连接 T2p-2芯插头连接，黑色 T2r-2芯插头连接，黑色 T2s-2芯插头连接，黑色 85-接地连接1，在发动机舱导线束中 131-接地连接2，在发动机舱导线束中 327-接地连接（传感器接地），在发动机舱导线束中 673-左前纵梁上的接地点3 *-仅用于带大灯清洗装置的汽车

数据总线诊断接口、诊断接口

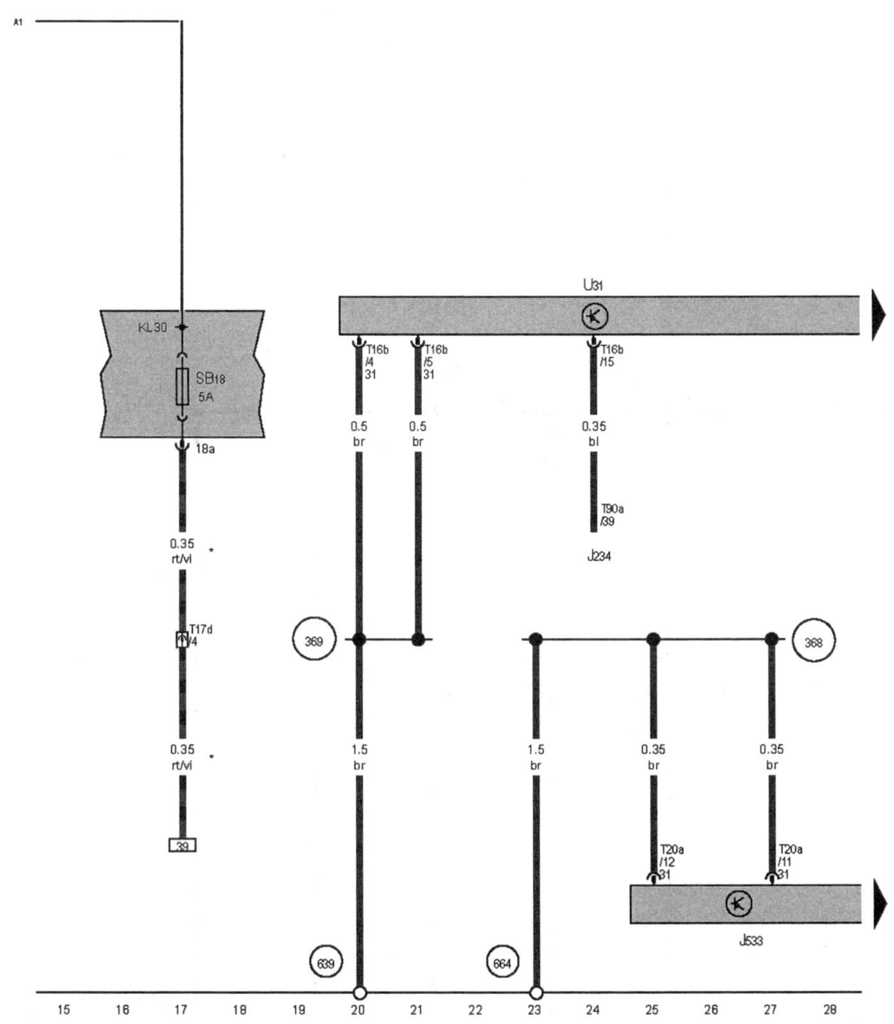

接线端 15 供电继电器

图 2-4-142

图 2-4-143

268

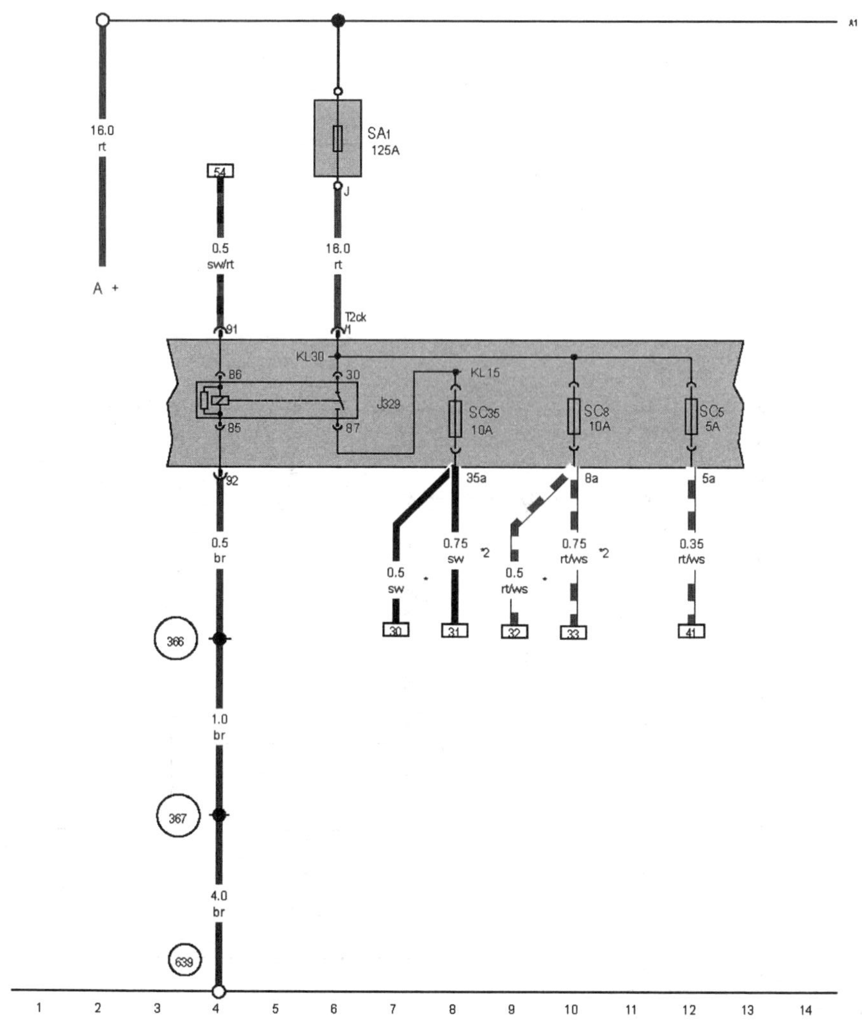

A-蓄电池 J329-接线端15供电继电器 SA1-保险丝架A上的保险丝1 SC5-保险丝架C上的保险丝5 SC8-保险丝架C上的保险丝8 SC35-保险丝架C上的保险丝35 T2ck-2芯插头连接，黑色 366-接地连接1，在主导线束中 367-接地连接2，在主导线束中 639-左侧A柱上的接地点 *-自2017年6月起 *2-截至2017年6月

J234-安全气囊控制单元 J533-数据总线诊断接口 SB18-保险丝架B上的保险丝18 T16b-16芯插头连接 T20a-20芯插头连接，蓝色 T90a-90芯插头连接，红色 T17d-17芯插头连接，左侧A柱下部 U31-诊断接口 368-接地连接3，在主导线束中 369-接地连接4，在主导线束中 639-左侧A柱上的接地点 664-左侧仪表板后面接地点 *-用于不带发动机自动启停系统的汽车

数据总线诊断接口、诊断接口　　　　　　　　　　　　　组合仪表中的控制单元、车载电网控制单元、数据总线诊断接口

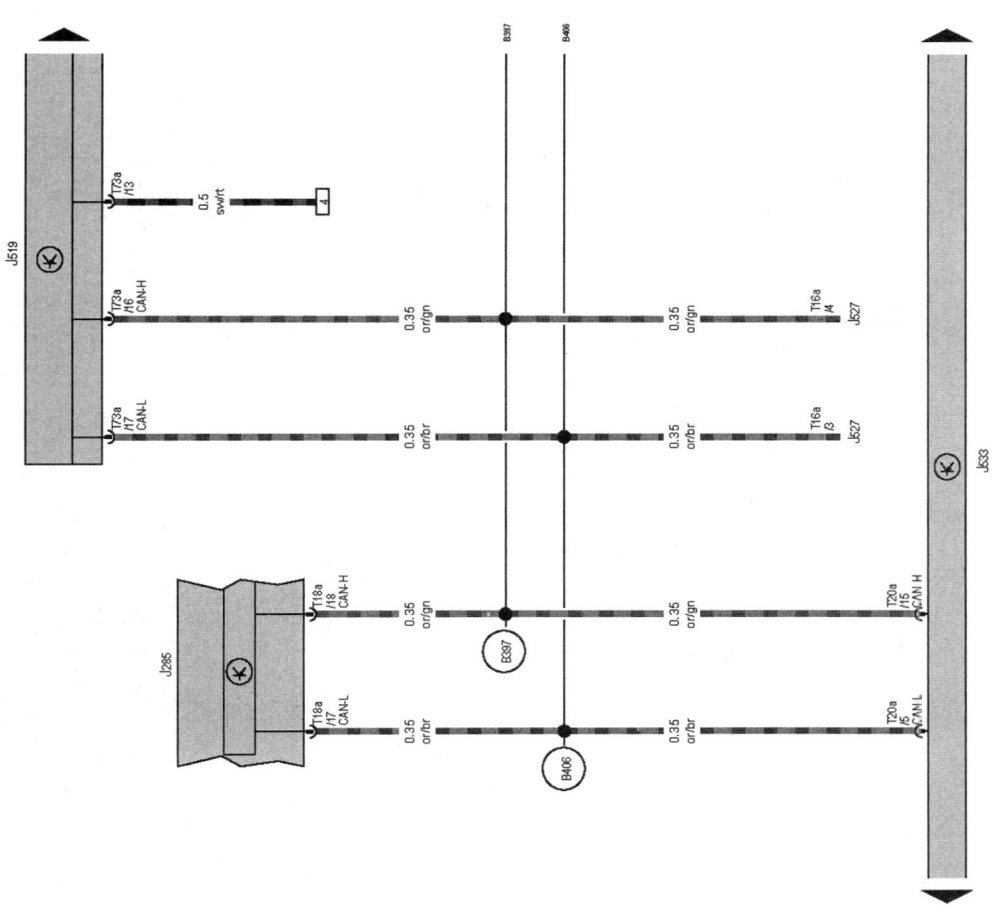

图 2-4-144

图 2-4-145

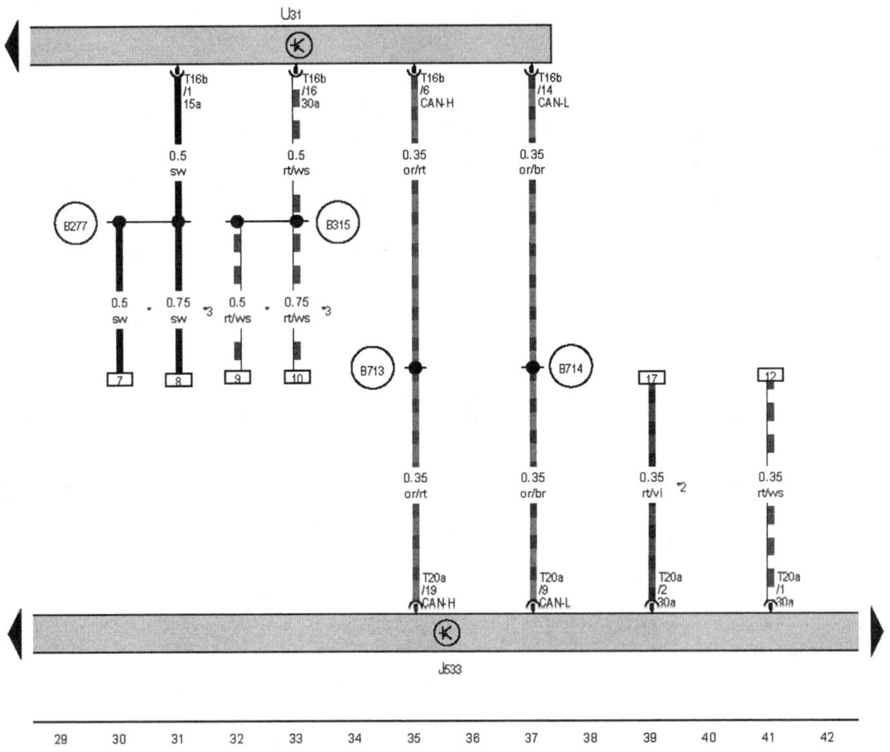

J533-数据总线诊断接口　T16b-16芯插头连接，黑色　T20a-20芯插头连接，红色　U31-诊断接口　B277-正极连接1（15a），在主导线束中　B315-正极连接1（30a），在主导线束中　B713-连接1（诊断CAN总线，High），在主导线束中　B714-连接1（诊断CAN总线，Low），在主导线束中　*1-自2017年6月起　*2-用于不带发动机自动启停系统的汽车　*3-截至2017年6月

J285-组合仪表中的控制单元　J519-车载电网控制单元　J527-转向柱电子装置控制单元　J533-数据总线诊断接口　T16a-16芯插头连接，黑色　T18a-18芯插头连接，黑色　T20a-20芯插头连接，黑色　T73a-73芯插头连接，红色　B397-连接1（舒适CAN总线，High），在主导线束中　B406-连接1（舒适CAN总线，Low），在主导线束中

269

车载电网控制单元、数据总线诊断接口

车载电网控制单元、数据总线诊断接口

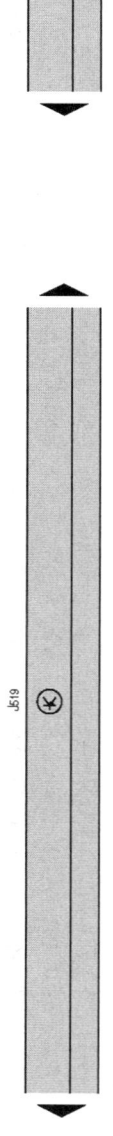

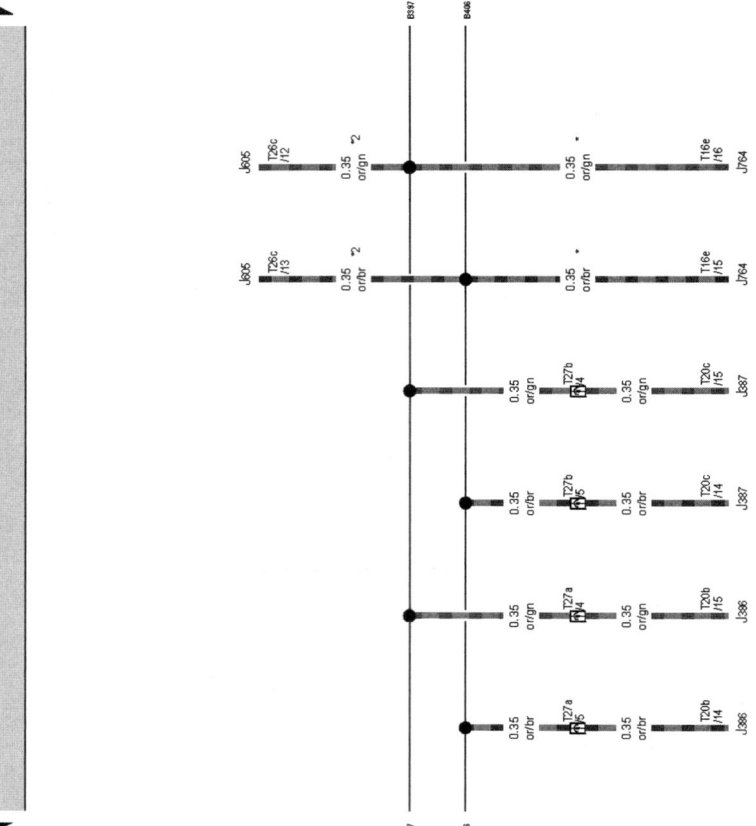

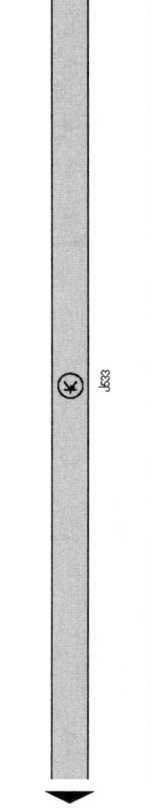

图 2-4-146

图 2-4-147

J255-全自动空调控制单元 J301-空调器控制单元 J519-车载电网控制单元 J533-数据总线诊断接口 R-收音机 T12y-12芯插头连接,灰色 T20e-20芯插头连接 T20y-20芯插头连接,黑色 B397-连接1(舒适CAN总线,High) B406-连接1(舒适CAN总线,Low),在主导线束中 *-用于带全自动空调的汽车 *2-用于带手动调节空调的汽车 *3-用于带收音机MIB-G入门型的汽车 *4-用于带收音机MIB-G标准型的汽车 *5-依汽车装备而定

J386-驾驶员侧车门控制单元 J387-副驾驶员侧车门控制单元 J519-车载电网控制单元 J533-数据总线诊断接口 J605-后备箱盖控制单元 J764-电子转向柱锁止装置控制单元 T16c-16芯插头连接,黑色 T20b-20芯插头连接,黑色 T20c-20芯插头连接,黑色 T26c-26芯插头连接,黑色 T27a-27芯插头连接,黑色 T27b-27芯插头连接,右侧A柱上,黑色 B397-连接1(舒适CAN总线,High),黑色 B406-连接1(舒适CAN总线,Low),在主导线束中 *-用于带进入及启动许可的汽车 *2-用于带后备箱盖关闭辅助功能的汽车

车载电网控制单元、数据总线诊断接口

车载电网控制单元、数据总线诊断接口

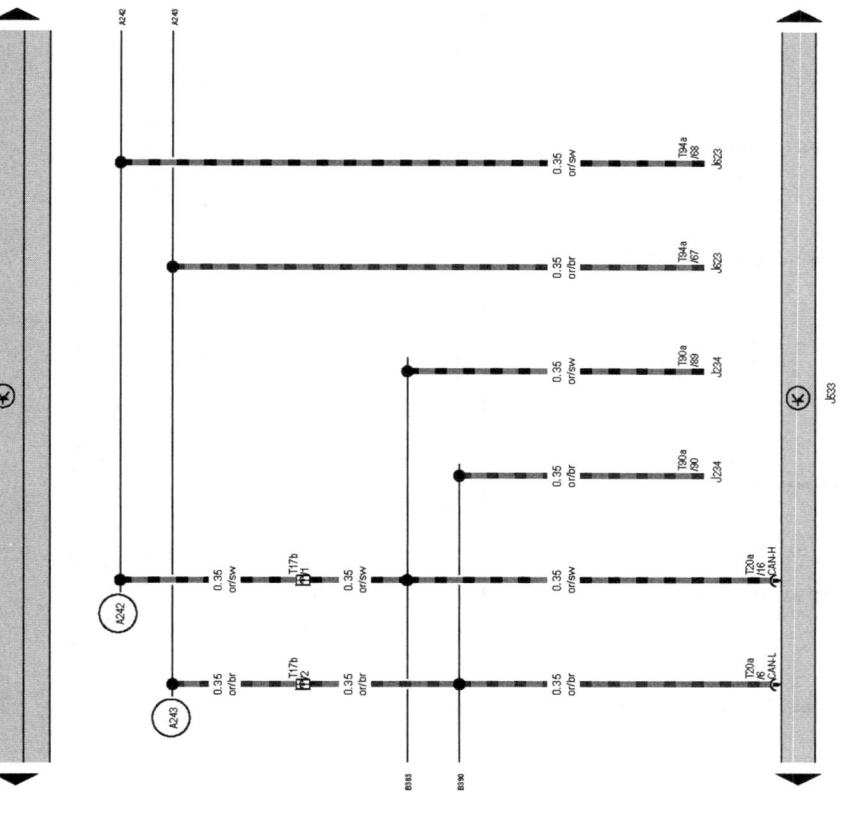

图 2-4-149

图 2-4-148

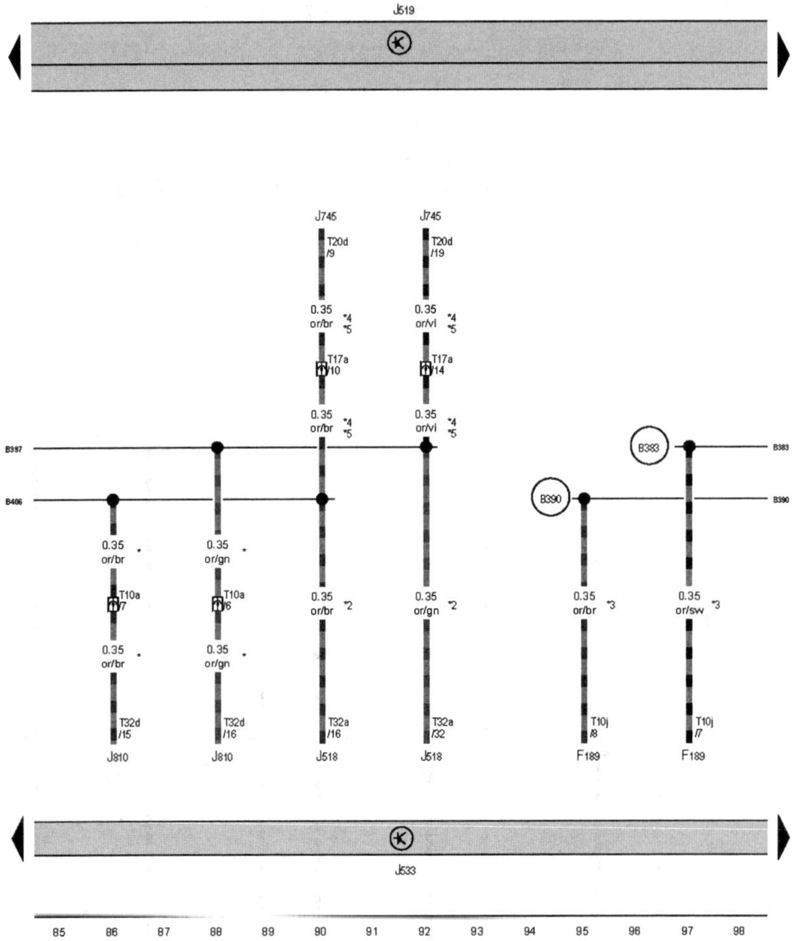

F189-Tiptronic 开关 J518-进入及启动许可控制单元 J519-车载电网控制单元 J533-数据总线诊断接口 J519-车载电网控制单元 J533-数据总线诊断接口 J623-发动机控制单元 T17b-17芯插头连接，左侧A柱下部，T20a-20芯插头连接，T94a-94芯J745-弯道灯和大灯照明距离调节控制单元 J810-驾驶员座椅调节控制单元 T10a-10芯插头连接，驾驶插头连接 棕色 T20a-20芯插头连接，黄色 T90a-90芯插头连接，红色 T90a-90芯插头连接，黄色 T94a-94芯 员座椅下方，黑色 T10j-10芯插头连接，黑色 T20d-20芯插 插头连接 黑色 A242-连接1（驱动CAN总线，High），A243-连接1（驱动CAN头连接，棕色 T32a-32芯插头连接，蓝色 T32d-32芯插头连接，灰色 B383-连接 1（驱动CAN总线，总线，Low），在发动机舱导线束中 B383-连接1（驱动CAN总线，High），在发动机舱导线束中 B390-连接1High），在主导线束中 B390-连接 1（驱动CAN总线，Low），在主导线束中 B397-连接 1（舒适CAN 总线，Low），在主导线束中 B390-连接1（驱动CAN总线，High），在主导线束中 B406-连接 1（舒适CAN总线，Low），在主导线束中 *1-用于带电动座椅（驱动CAN总线，Low），在主导线束中 总线，High），在主导线束中 *2-用于带进入及启动许可功能的汽车 *3-用于带双离合器变速器汽车 *4-用于带调节和记忆功能的汽车 *2-用于带进入及启动许可功能的汽车 *3-用于带双离合器变速器的汽车 *4-用于带自动大灯照明距离调节的汽车 *5-自2017年6月起 自动大灯照明距离调节的汽车 *5-用于带

271

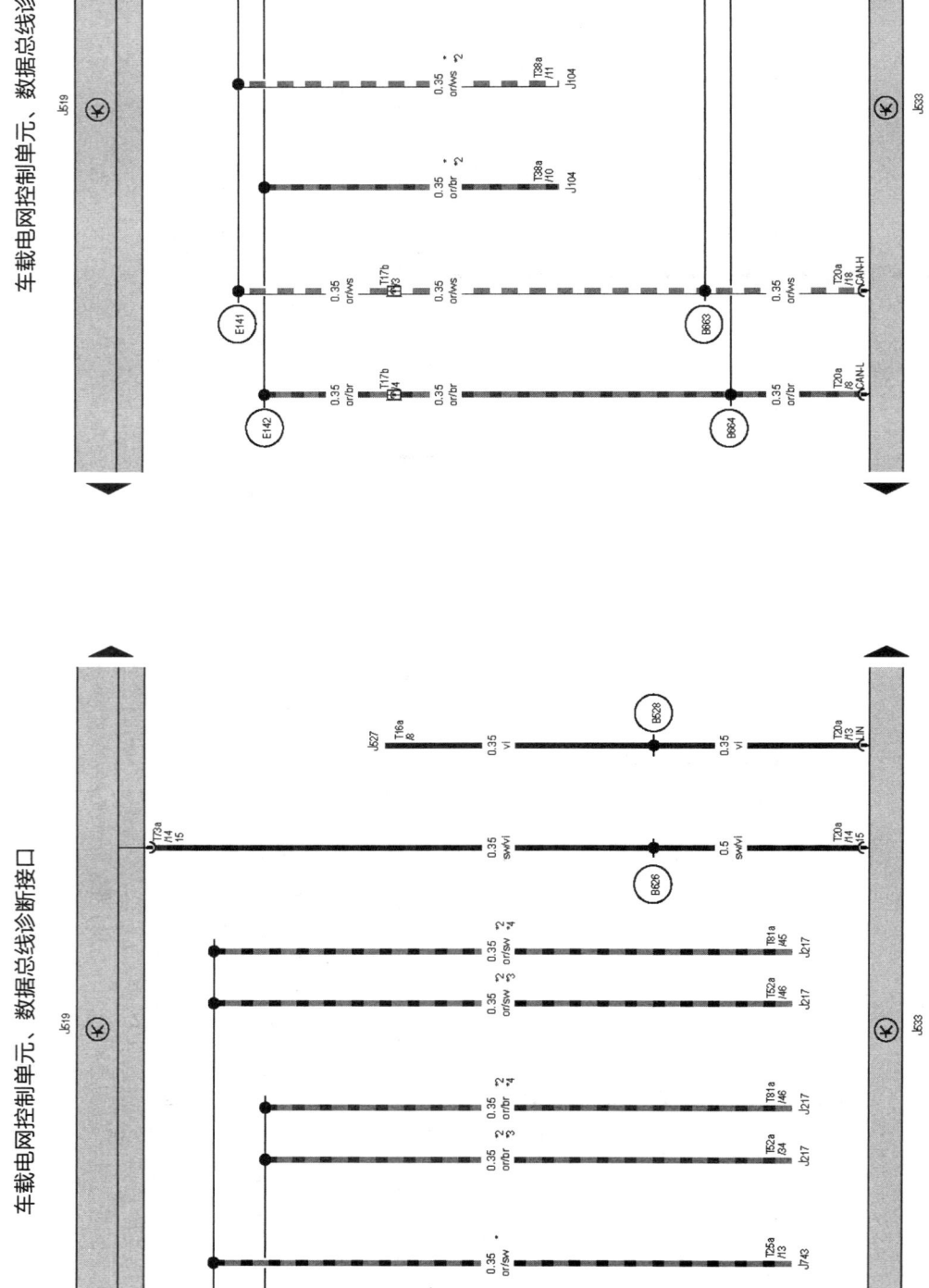

图 2-4-150

图 2-4-151

J217－自动变速器控制单元 J519－车载电网控制单元 J527－转向柱电子装置控制单元 J533－数据总线诊断接口 J743－双离合器变速器机电装置 T16a－16芯插头连接，黑色 T20a－20芯插头连接，红色 T25a－25芯插头连接，黑色 A242－连接，黑色 T52a－52芯插头连接，黑色 T73a－73芯插头连接，黑色 T81a－81芯插头连接，黑色 A242－连接1（驱动CAN总线，High），在发动机舱导线束中 A243－连接1（驱动CAN总线，Low），在发动机舱导线束中 B528－连接1（LIN 总线），在主导线束中 B626－正极连接2（15），在主导线束中 *－用于带双离合器变速器的汽车 *2－用于带自动变速器的汽车 *3－截至2017年6月 *4－自2017年6月起

J104－ABS控制单元 J500－助力转向控制单元 J519－车载电网控制单元 J533－数据总线诊断接口 T3an－3芯插头连接，黑色 T6j－6芯插头连接，发动机舱内左后部，黑色 T17b－17芯插头连接，左侧A柱下部，棕色 T20a－20芯插头连接，红色 T38a－38芯插头连接（底盘传感器CAN总线，High），在主导线束中 B664－连接（底盘传感器CAN总线，Low），在主导线束中 E141－连接（底盘传感器CAN总线，High），在发动机舱导线束中 E142－连接（底盘传感器CAN总线 Low），在发动机舱导线束中 B663－连接（底盘传感器CAN总线 High），在发动机舱导线束中 *－用于带制动防抱死系统（ABS）和电子稳定程序（ESP）的汽车 *2－用于带ABS的汽车

数据总线诊断接口

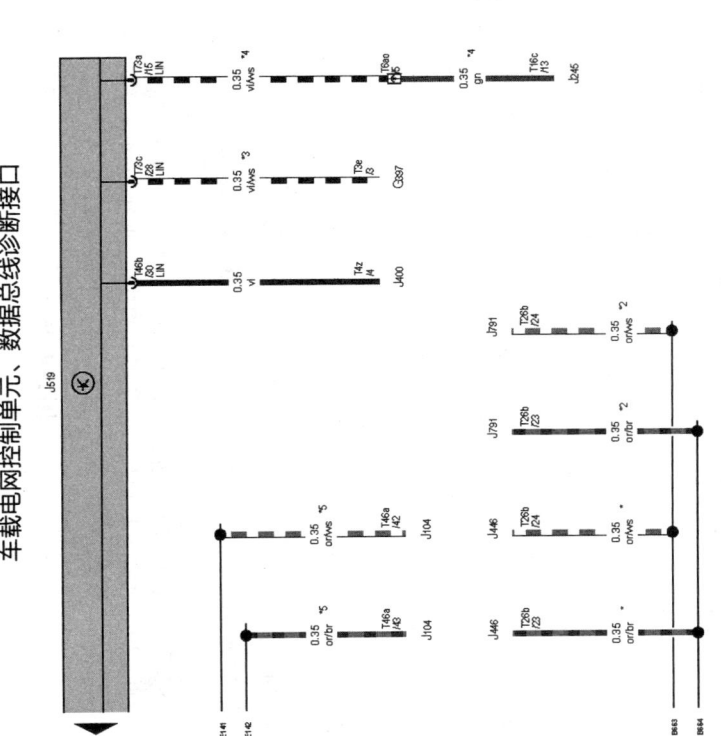

图 2-4-153

J533-数据总线诊断接口 J794-电子通信信息设备1控制单元 T4ca-4芯插头 T4ca-4芯插头 R189-倒车摄像头 R-收音机 T12g-12芯插头连接,灰色 T12y-12芯插头连接,连接,右侧C柱附近,黑色 T4cb-4芯插头连接,黑色 T4cb-4芯插头连接 B415-连接1(信息娱乐CAN总线,灰色 T20a-20芯插头连接 红色 B415-连接1(信息娱乐CAN总线,High) 在主导线束中 B421-连接1(信息娱乐CAN总线,Low),在主导线束中 *1-用于带倒车影像系统的汽车 *2-截至2017年6月 *3-依汽车装备而定

车载电网控制单元、数据总线诊断接口

图 2-4-152

G397-雨水与光线识别传感器 J104-ABS控制单元 J245-滑动天窗控制单元 J400-刮水器电机控制单元 J519-车载电网控制单元 J116-泊车雷达系统控制单元 J533-数据总线诊断接口 J791-泊车转向辅助系统控制单元 T3c-3芯插头连接,黑色 T4z-4芯插头连接,前部车内照明灯附近,控制单元 T6ao-6芯插头连接,黑色 T46a-46芯插头连接,黑色 T46b-46芯插头连接,黑色 T16c-16芯插头连接,黑色 T26b-26芯插头连接,黑色 B663-连接(底盘传感器CAN总线,连接,黑色 T73a-73芯插头连接,黑色 T73c-73芯插头连接,黑色 B664-连接(底盘传感器CAN总线,High),在主导线束中 High),在主导线束中 B664-连接 E141-连接(底盘传感器CAN总线,Low),在发动机舱感器CAN总线,High),在发动机舱导线束中 E142-连接(底盘传感器CAN总线,Low),在发动机舱导线束中 *1-依汽车装备而定 *2-用于配备泊车转向辅助系统的汽车 *3-用于带自动防眩车内后视镜的汽车 *4-用于带滑动/外翻式天窗的汽车 *5-用于带制动抱死系统(ABS)和电子稳定程序(ESP)的汽车

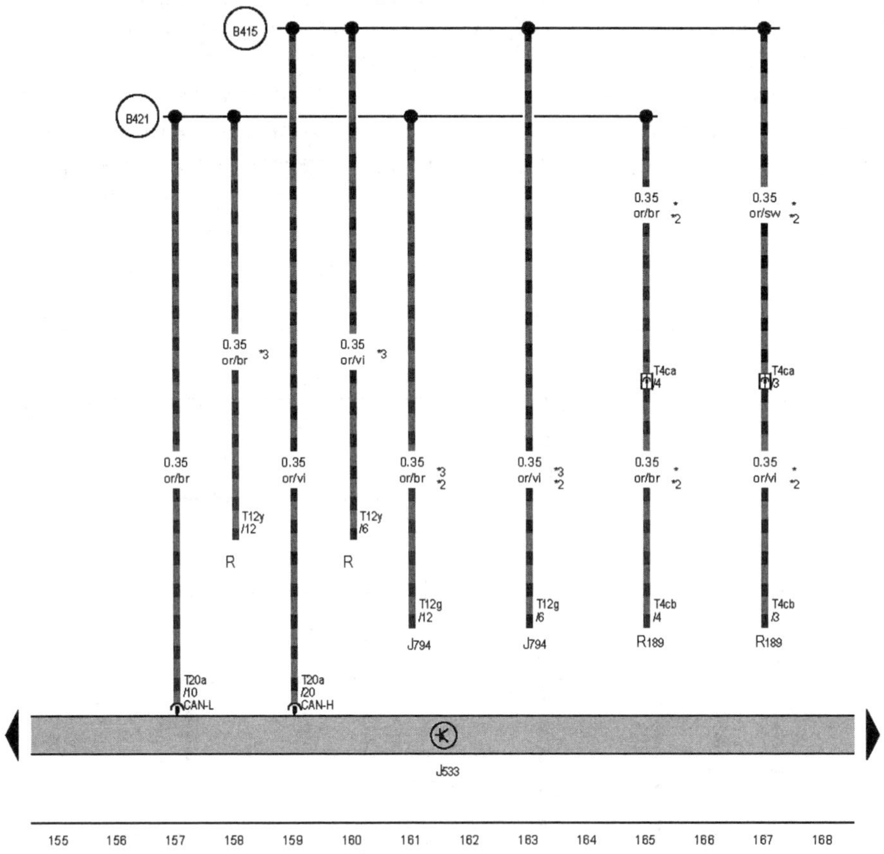

273

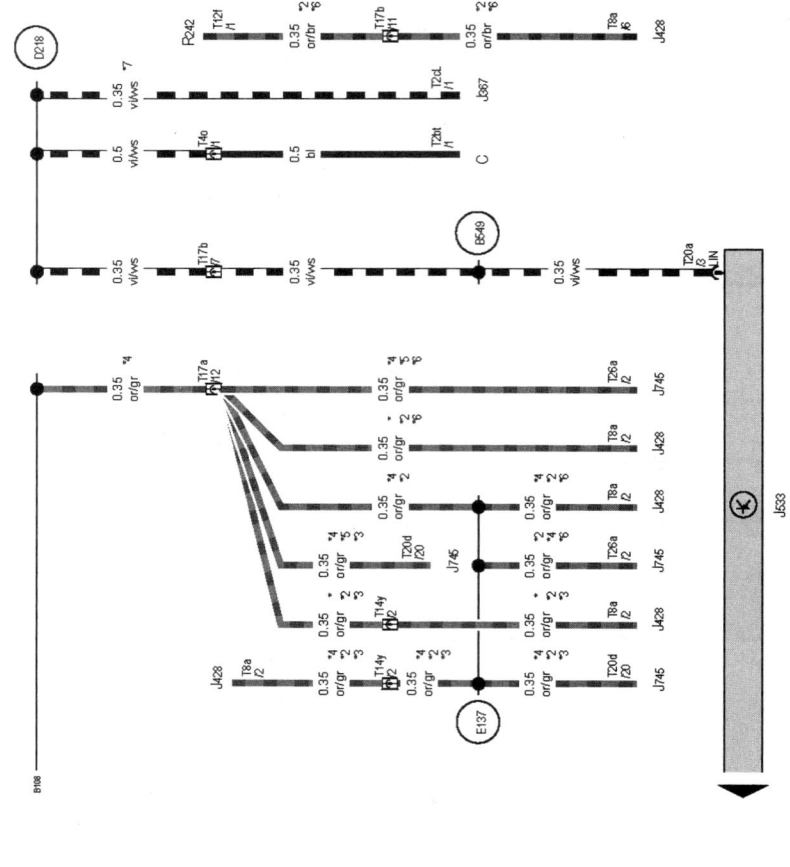

数据总线诊断接口

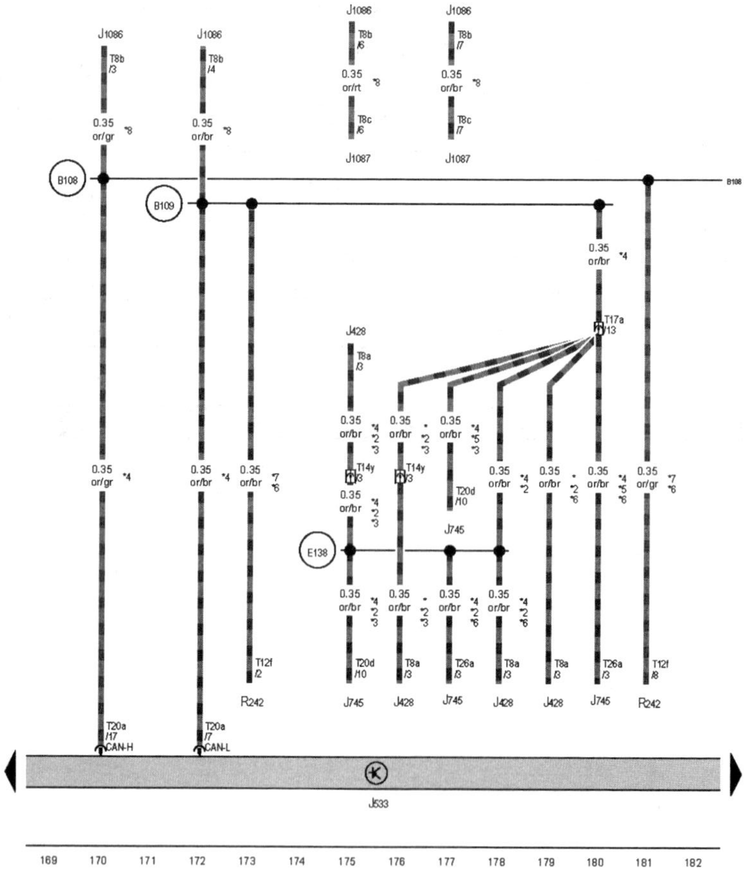

数据总线诊断接口

图 2-4-154

图 2-4-155

C-交流发电机 J367-蓄电池监控控制单元 J428-车距调节控制单元 J533-数据总线诊断接口 J745-弯道灯和大灯照明距离调节控制单元 R242-驾驶员辅助系统的前部摄像机 T2bt-2芯插头连接，黑色 T2cl-2芯插头连接，黑色 T4o-4芯插头连接，左前纵梁上，黑色 T8a-8芯插头连接，黑色 T12f-12芯插头连接，黑色 T14y-14芯插头连接，左侧A柱下部，黑色 T17a-17芯插头连接，左侧A柱下部，黑色 T17b-17芯插头连接，左侧A柱下部，棕色 T20a-20芯插头连接，红色 T20d-20芯插头连接 T26a-26芯插头连接，白色 B108-连接1（扩展CAN总线，High），在主导线束中 B549-连接2（LIN总线），在主导线 束中 D218-连接1（LIN总线），在主导线束中 E137-连接2（扩展CAN总线，High），在发动机舱导线束中 *-用于带自动大灯照明距离调节的汽车 *2-用于带自动车距控制（ADR）的汽车 *3-自2017年6月起 *4-用于不带自动大灯照明距离调节的汽车 *5-用于不带自动车距控制（ADR）的汽车 *6-截至2017年6月 *7-用于带发动机自动启停系统的汽车

J428-车距调节控制单元 J533-数据总线诊断接口 J745-弯道灯和大灯照明距离调节控制单元 J1086-盲区识别控制单元 J1087-盲区识别控制单元2 R242-驾驶员辅助系统的前部摄像机 T8a-8芯插头连接，黑色 T8b-8芯插头连接，黑色 T8c-8芯插头连接，黑色 T12f-12芯插头连接，黑色 T14y-14芯插头连接，左前保险杠内，黑色 T17a-17芯插头连接，左侧A柱下部，黑色 T20a-20芯插头连接，红色 T20d-20芯插头连接 T26a-26芯插头连接，棕色 B108-连接1（扩展CAN总线，High），在主导线束中 B109-连接1（扩展CAN总线，Low），在主导线束中 E138-连接2（扩展CAN总线，Low），在发动机舱导线束中 *-用于带自动大灯照明距离调节的汽车 *2-用于带自动车距控制（ADR）的汽车 *3-自2017年6月起 *4-用于不带自动大灯照明距离调节的汽车 *5-用于不带自动车距控制（ADR）的汽车 *6-截至2017年6月 *7-用于带驾驶辅助特殊装备的汽车 *8-用于带换道辅助系统的汽车

274

蓄电池、蓄电池监控控制单元

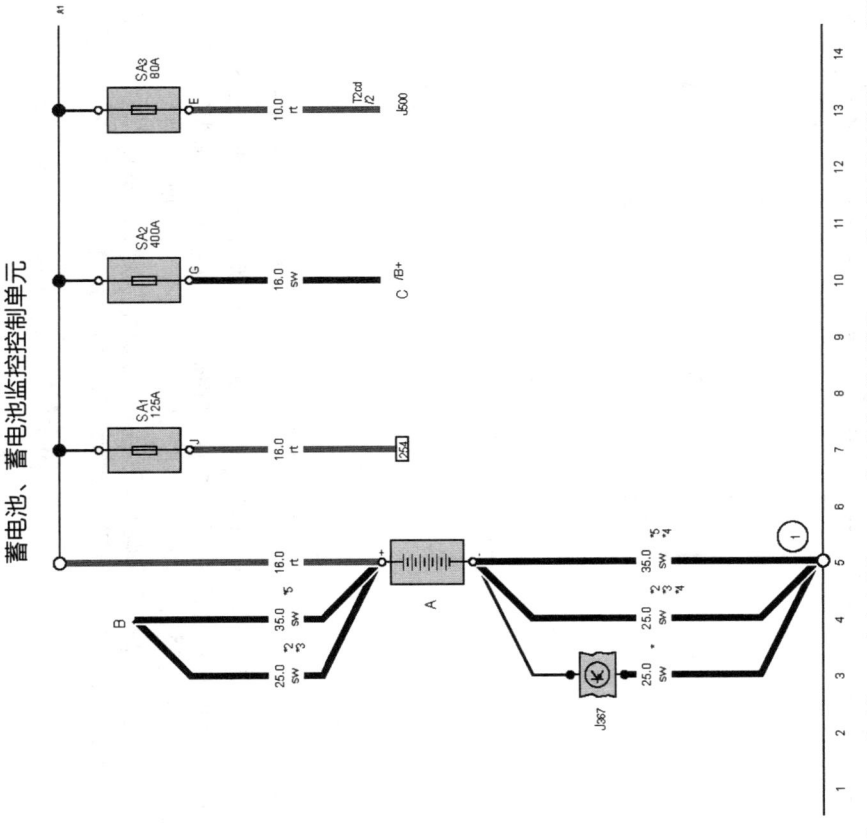

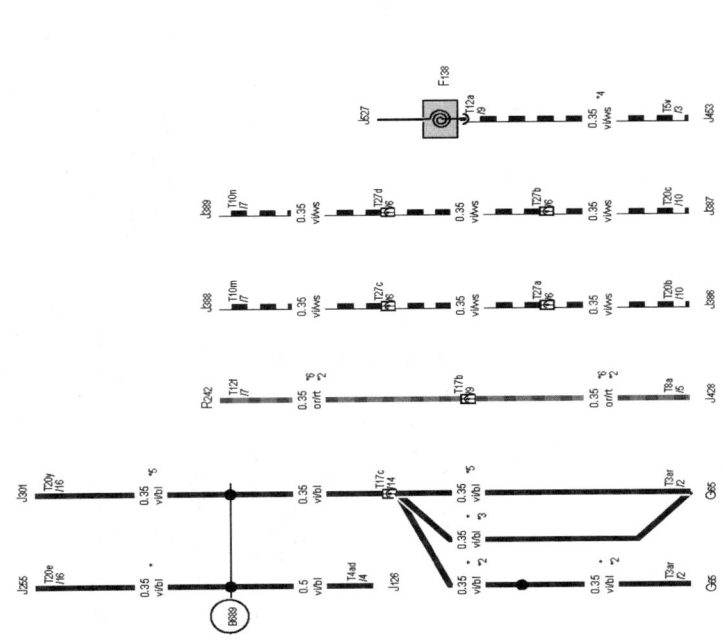

图 2-4-157

A-蓄电池 B-启动机 C-交流发电机 J367-蓄电池监控控制单元 J500-助力转向控制单元 SA1-保险丝架A上的保险丝1 SA2-保险丝架A上的保险丝2 SA3-保险丝架A上的保险丝3 T2cd-2芯插头连接，黑色 1-接地点，蓄电池-车身 *1-用于带发动机自动启停系统的汽车 *2-用于带双离合器变速器的汽车 *3-用于带手动变速器的汽车 *4-用于不带发动机自动启停系统的汽车 *5-用于带自动变速器的汽车

安全气囊卷簧和带滑环的复位环

图 2-4-156

F138-安全气囊卷簧和带滑环的复位环 G65-高压传感器 J126-新鲜空气鼓风机控制单元 J255-全自动空调控制单元 J301-全空调控制单元 J386-驾驶员侧车门控制单元 J387-副驾驶员侧车门控制单元 J388-左后车门控制单元 J389-右后车门控制单元 J428-车距调节控制单元 J453-多功能方向盘控制单元 J527-转向柱电子装置控制单元 R242-驾驶员辅助系统的前部摄像机 T3ar-3芯插头连接，黑色 T4ad-4芯插头连接，黑色 T5v-5芯插头连接，黑色 T8a-8芯插头连接，黑色 T10m-10芯插头连接，黑色 T10n-10芯插头连接，黑色 T12a-12芯插头连接，黄色 T12f-12芯插头连接，黑色 T17b-17芯插头连接，左侧A柱下部，黑色 T17c-17芯插头连接，左侧A柱下部，黑色 T20c-20芯插头连接，左侧A柱上，黑色 T20e-20芯插头连接，右侧A柱上，黑色 T20v-20芯插头连接，黑色 T27a-27芯插头连接，左侧B柱上，黑色 T27b-27芯插头连接，左侧B柱上，黑色 T27c-27芯插头连接，左侧B柱上，黑色 T27d-27芯插头连接，右侧B柱上，黑色 B689-正极连接29（30a），在主导线束中 *1-用于带全自动空调的汽车 *2-截至2017年6月 *3-自2017年6月起 *4-用于带多功能方向盘的汽车 *5-用于带手动调节空调的汽车 *6-用于带自动车距控制（ADR）的汽车

275

双音喇叭继电器、保险丝架 B

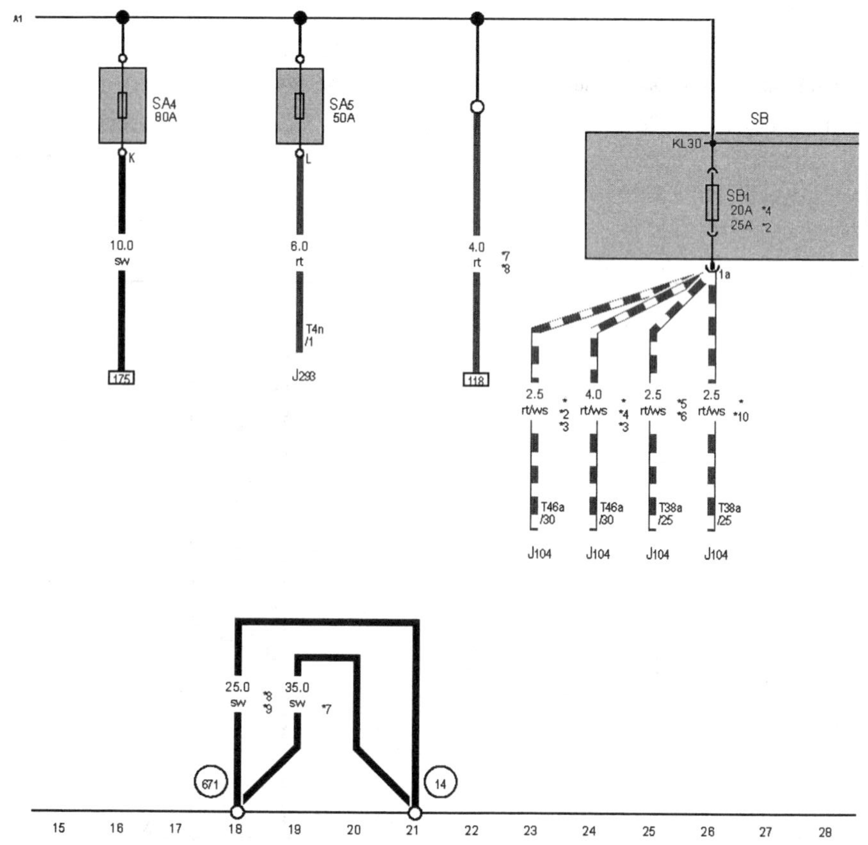

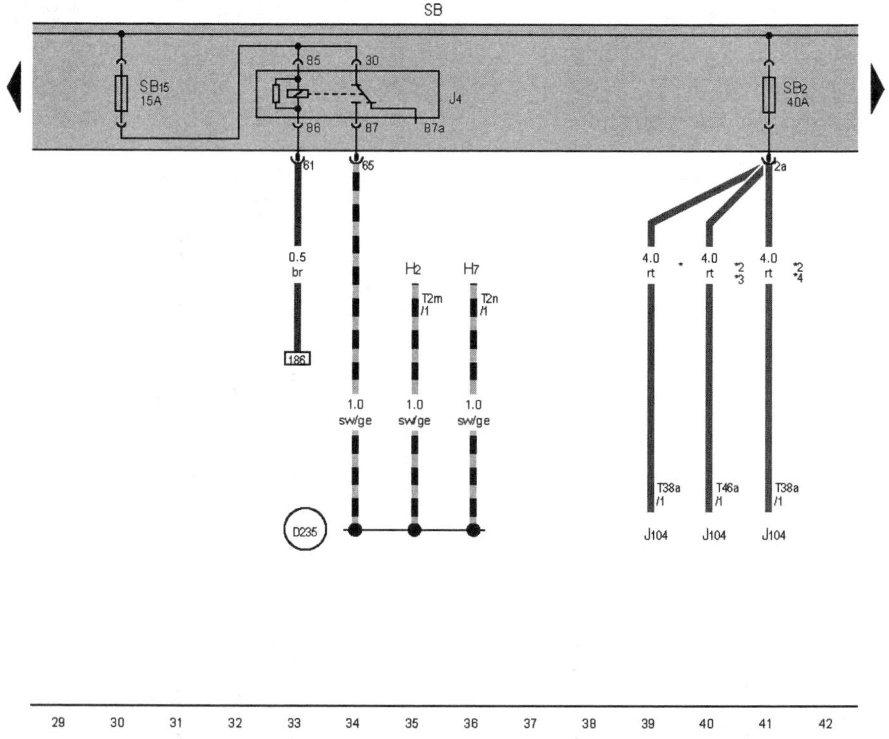

图 2-4-159

H2-高音扬声器 H7-低音扬声器 J4-双音喇叭继电器 J104-ABS控制单元 SB-保险丝架B SB2-保险丝架B上的保险丝2 SB15-保险丝架B上的保险丝15 T2m-2芯插头连接，黑色 T2n-2芯插头连接，黑色 T38a-38芯插头连接，黑色 T46a-46芯插头连接，黑色 D235-连接（双音喇叭），在发动机舱导线束中 *-用于ABS的汽车 *2-用于带制动防抱死系统（ABS）和电子稳定程序（ESP）的汽车 *3-用于带自动车距控制（ADR）的汽车 *4-用于不带自动车距控制（ADR）的汽车

保险丝架 B

图 2-4-158

J104-ABS控制单元 J293-散热器风扇控制单元 SB1-保险丝架B上的保险丝1 SA4-保险丝架A上的保险丝4 SA5-保险丝架A上的保险丝5 SB-保险丝架B T4n-4芯插头连接，黑色 T38a-38芯插头连接，黑色，棕色 T46a-46芯插头连接，黑色 14-变速器 671-左前纵梁上的接地点 1 *-用于带制动防抱死系统（ABS）和电子稳定程序（ESP）的汽车 *2-自2017年6月起 *3-用于带自动车距控制（ADR）的汽车 *4-截至2017年6月 *5-用于带ABS的汽车 *6-自2015年1月起 *7-用于带自动变速器的汽车 *8-用于带双离合器变速器的汽车 *9-用于带手动变速器的汽车 *10-用于不带自动车距控制（ADR）的汽车

276

主继电器、保险丝架 B

保险丝架 B

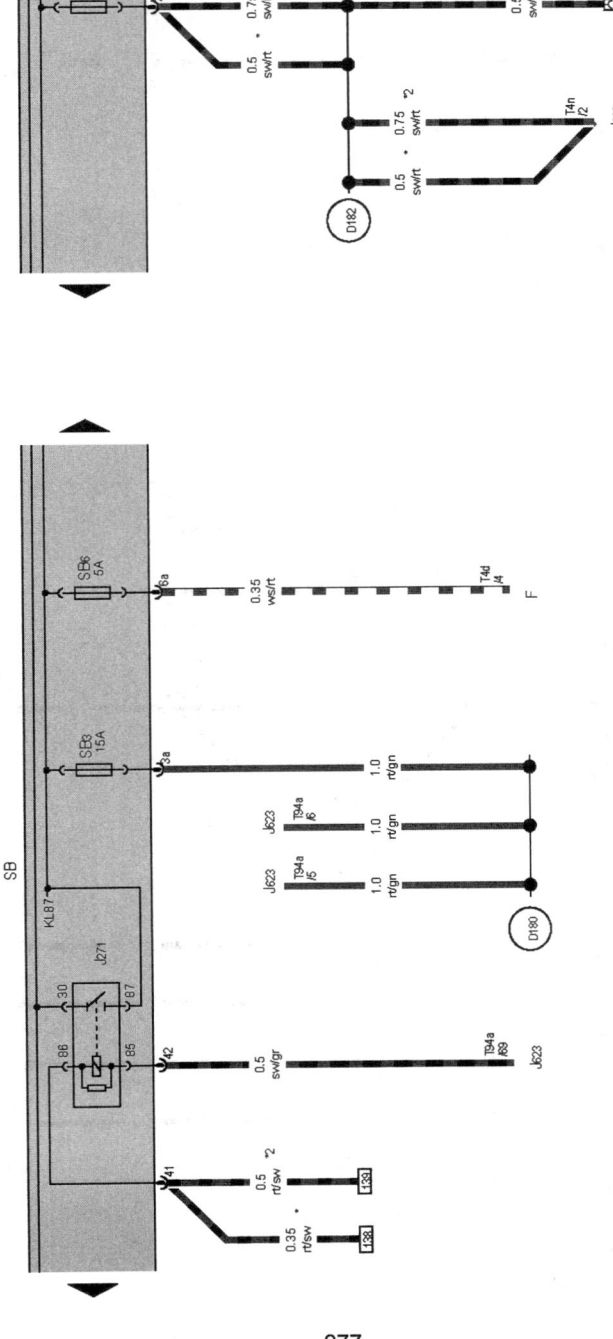

图 2-4-160

图 2-4-161

F-制动信号灯开关 J271-主继电器 J623-发动机控制单元 SB-保险丝架B SB3-保险丝架B上的保险丝3
SB6-保险丝架B上的保险丝6 T4d-4芯插头连接 T94a-94芯插头连接，黑色 D180-连接（87a），
在发动机舱导线束中 *-自2017年6月起 *2-截至2017年6月

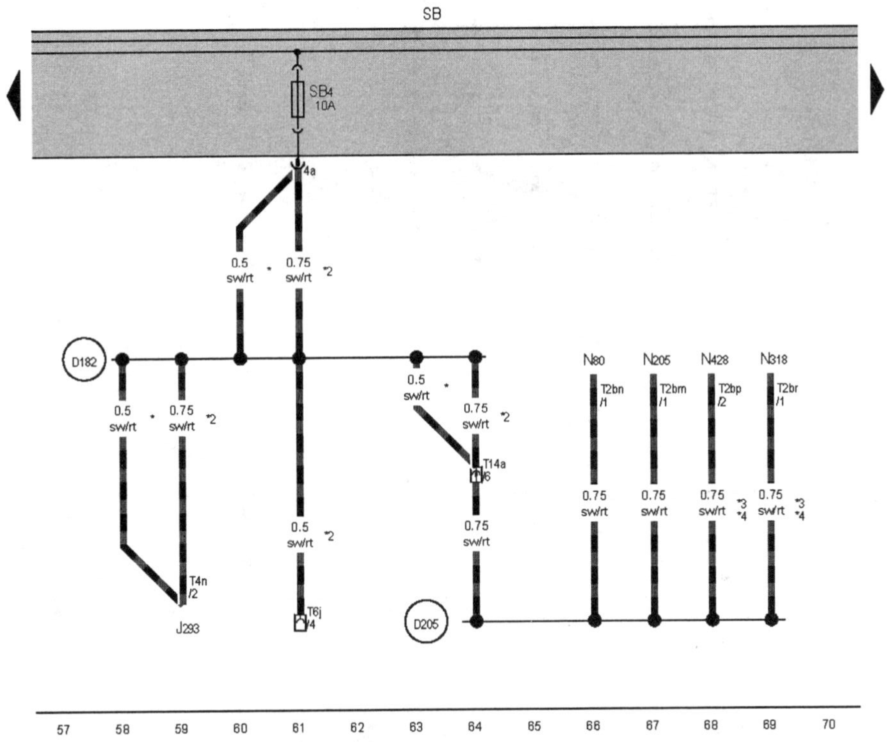

J293-散热器风扇控制单元 N80-活性炭罐电磁阀1 N205-凸轮轴调节阀1 N318-排气凸轮轴调节阀1
N428-机油压力调节阀 SB-保险丝架B SB4-保险丝架B上的保险丝4 T2bm-2芯插头连接，黑色 T2bn-2
芯插头连接，黑色 T2bp-2芯插头连接，黑色 T2br-2芯插头连接，黑色 T4n-4芯插头连接，黑色 T6j-6
芯插头连接，黑色 T14a-14芯插头连接，左前纵梁上，灰色 D182-连接3（87a），在发动机舱导线束中
D205-连接3（87a），在发动机顶预接线导线束中 *-自2017年6月起 *2-截至2017年6月 *3-用于带1.4L发
动机的汽车 *4-用于带1.2L发动机的汽车

277

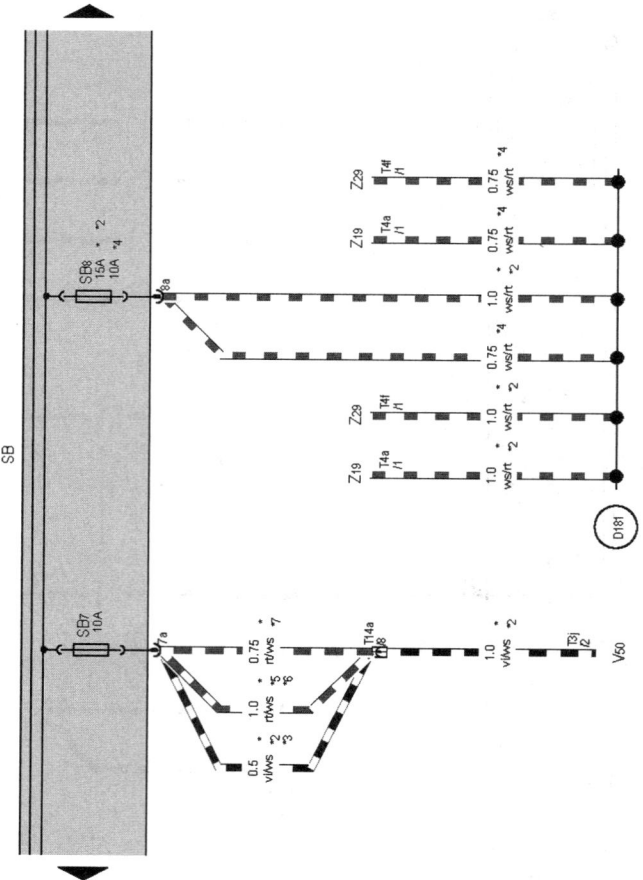

保险丝架 B

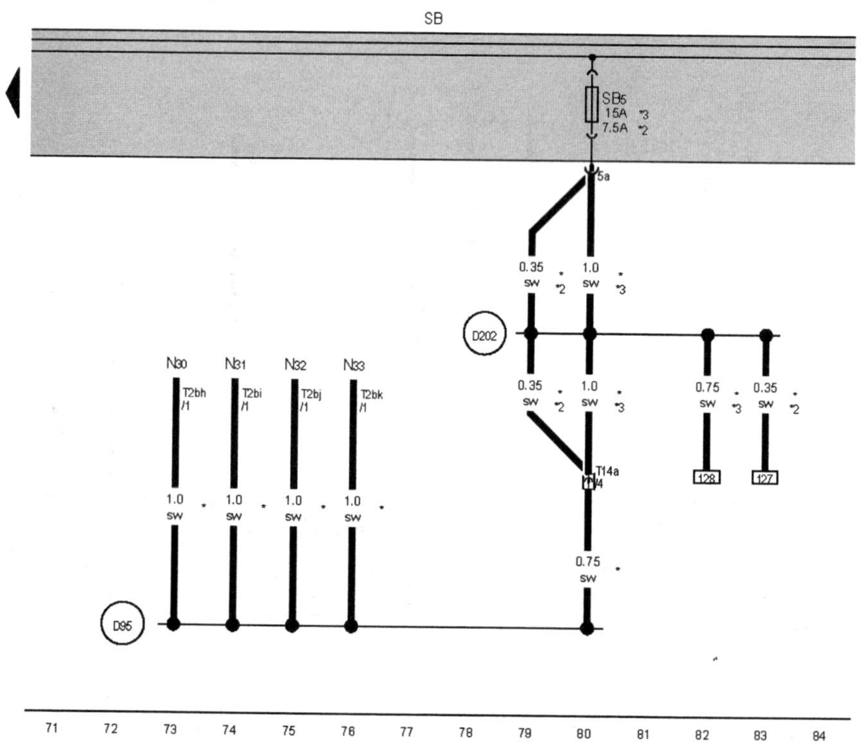

保险丝架 B

图 2-4-163

SB-保险丝架B SB7-保险丝架B上的保险丝7 SB8-保险丝架B上的保险丝8 T3j-3芯插头连接、黑色 T4a-4芯插头连接、棕色 T4f-4芯插头连接、黑色 T14a-14芯插头连接、左前纵梁上、灰色 V50-冷却液循环泵 Z19-氧传感器加热装置 Z29-尾气催化净化器后的氧传感器1加热装置 D181-连接2（87a），在发动机舱导线束中 *-用于带1.6L发动机的汽车 *2-用于带1.4L发动机的汽车 *3-自2017年6月起 *4-用于带1.2L发动机的汽车 *5-自2015年1月起 *6-截至2017年6月 *7-截至2015年1月

图 2-4-162

N30-气缸1喷油器 N31-气缸2喷油器 N32-气缸3喷油器 N33-气缸4喷油器 SB-保险丝架B SB5-保险丝架B上的保险丝5 T2bh-2芯插头连接、黑色 T2bi-2芯插头连接、黑色 T2bj-2芯插头连接、黑色 T2bk-2芯插头连接、黑色 T14a-14芯插头连接、左前纵梁上、灰色 D95-连接（喷油器），在发动机舱导线束中 D202-连接6（87a），在发动机舱导线束中 *-用于带1.6L发动机的汽车 *2-自2017年6月起 *3-截至2017年6月

278

保险丝架 B

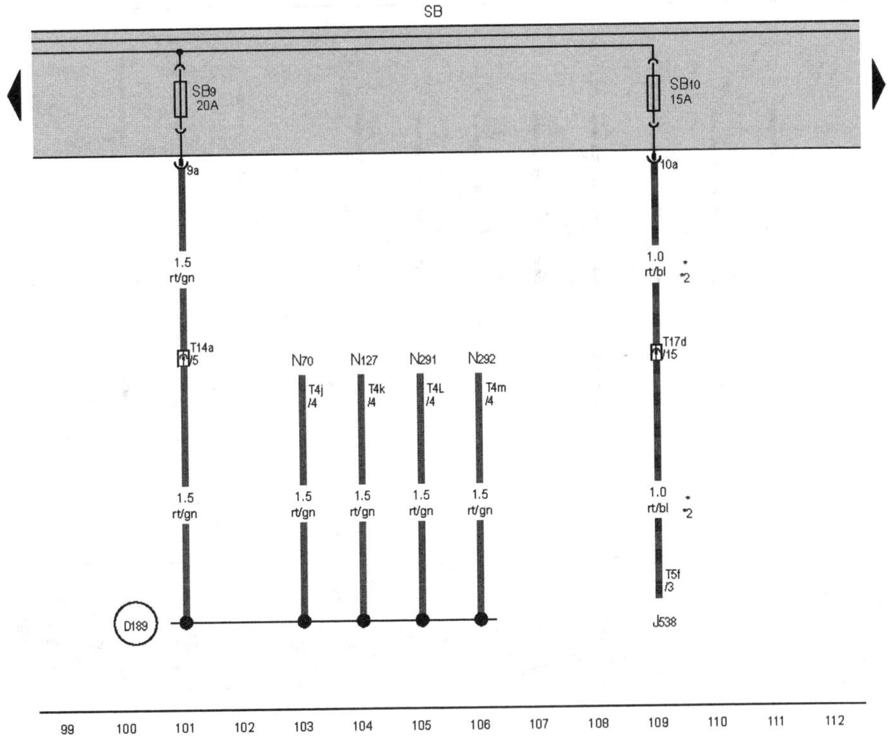

保险丝架 B

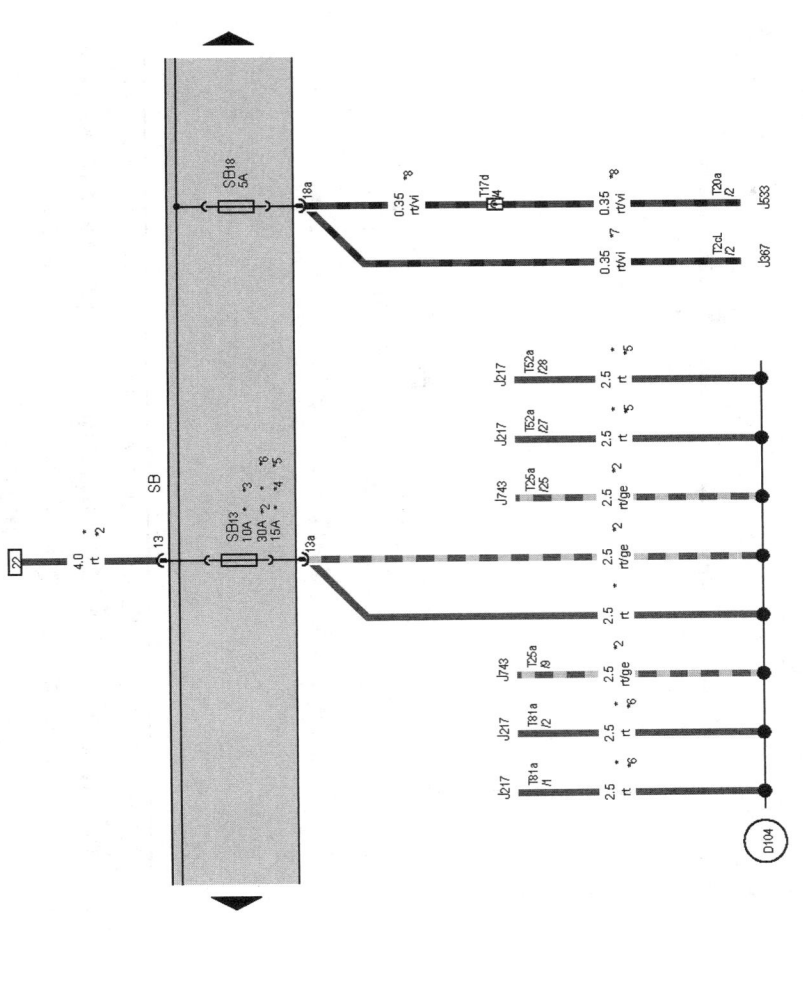

图 2-4-164

图 2-4-165

J538-燃油泵控制单元 N70-带功率输出级的点火线圈1 N127-带功率输出级的点火线圈2 N291-带功率输出级的点火线圈3 N292-带功率输出级的点火线圈4 SB-保险丝架B SB9-保险丝架B上的保险丝9 SB10-保险丝架B上的保险丝10 黑色 T4j-4芯插头连接，黑色 T4k-4芯插头连接，黑色 T4L-4芯插头连接，黑色 T4m-4芯插头连接，黑色 T5f-5芯插头连接，蓝色 T14a-14芯插头连接，黑色 T17d-17芯插头连接，左侧纵梁上，左前纵梁上，在发动机预接线导线束中 *-用于带1.4L发动机的汽车 *2-用于带1.2L发动机的汽车

J217-自动变速器控制单元 J367-蓄电池监控控制单元 J533-数据总线诊断接口 J743-双离合器变速器变速器机电装置 SB-保险丝架B SB13-保险丝架B上的保险丝13 SB18-保险丝架B上的保险丝18 T2cL-2芯插头连接 T17d-17芯插头连接，左侧A柱下部，蓝色 T20a-20芯插头连接，红色 T25a-25芯插头连接，黑色 T52a-52芯插头连接，黑色 T81a-81芯插头连接，黑色 T81a-81芯插头连接，左侧A柱下部，黑色 D104-正极连接2（30a），在发动机舱导线束中 *-自2016年1月 *4-自2016年1月束中 *2-用于带自动变速器的汽车 *3-截至2016年1月 *4-自2016年1月起 *5-截至2017年6月 *6-自2017年6月起 *7-用于带发动机自动启停系统的汽车 *8-用于不带发动机自动启停系统的汽车

启动机继电器 1、启动机继电器 2、保险丝架 B

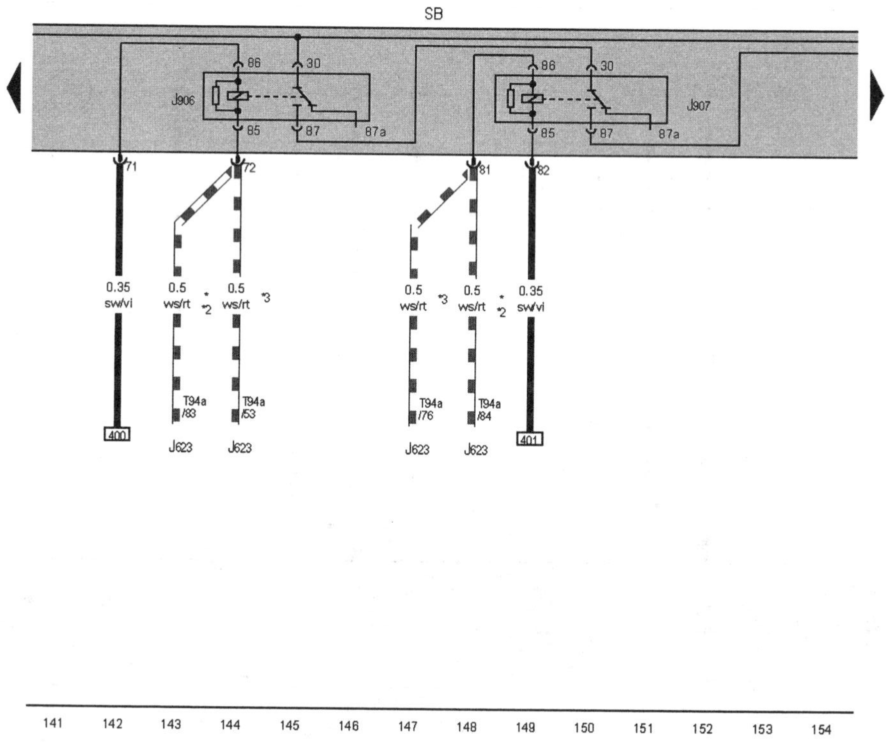

燃油泵继电器、保险丝架 B

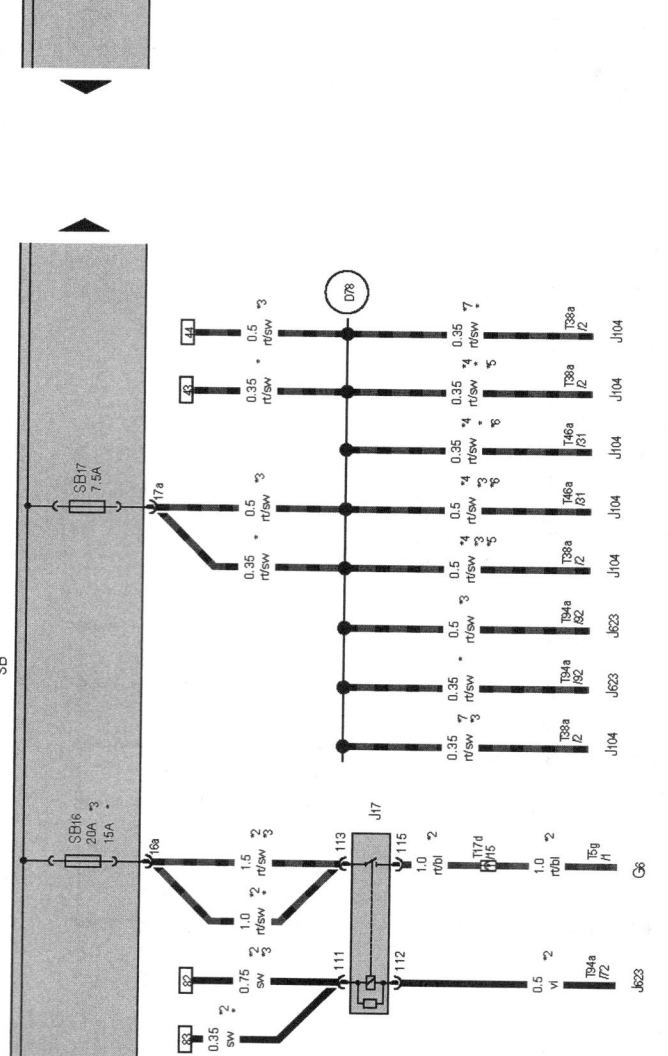

图 2-4-167

J623-发动机控制单元 J906-启动机继电器1 J907-启动机继电器2 SB-保险丝架B T94a-94芯插头连接，黑色 *-用于带1.4L发动机的汽车 *2-用于带1.2L发动机的汽车 *3-用于带1.6L发动机的汽车

图 2-4-166

G6-预供给燃油泵 J17-燃油泵继电器 J104-ABS控制单元 J623-发动机控制单元 SB-保险丝架B SB16-保险丝架B上的保险丝16 SB17-保险丝架B上的保险丝17 T5g-5芯插头连接，黑色 T17d-17芯插头连接，左侧A柱下部，蓝色 T38a-38芯插头连接，黑色 T46a-46芯插头连接，黑色 T94a-94芯插头连接，黑色 在发动机舱导线束中 *-自2017年6月起 *2-用于带1.6L发动机的汽车 *3-截至2017年6月 *4-用于带制动防抱死系统（ABS）和电子稳定程序（ESP）的汽车 *5-用于不带自动车距控制（ADR）的汽车 *6-用于自动车距控制（ADR）的汽车 *7-用于带 ABS的汽车

D78-正极连接1（30a），

保险丝架 C

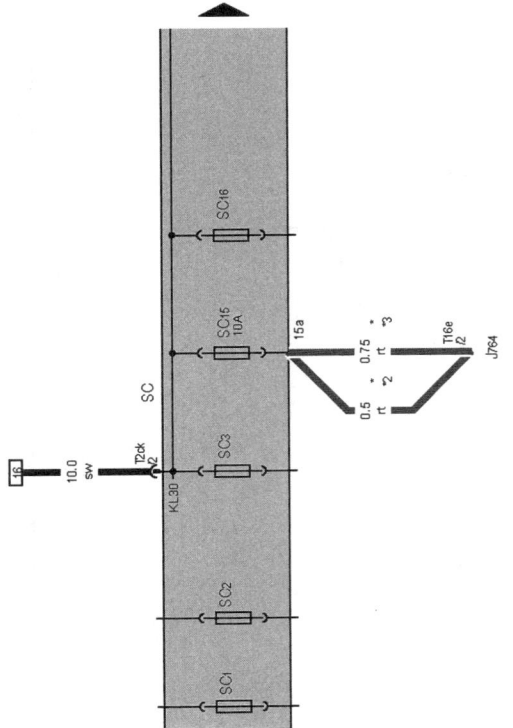

SC

J764-电子转向柱锁止装置控制单元　SC-保险丝架C　SC1-保险丝架C上的保险丝1　SC2-保险丝架C上的保险丝2　SC3-保险丝架C上的保险丝3　SC15-保险丝架C上的保险丝15　SC16-保险丝架C上的保险丝16　T2ck-2芯插头连接　T16e-16芯插头连接，黑色　*1-用于带进入及启动许可的汽车　*2-自2017年6月起　*3-截至2017年6月

图 2-4-169

保险丝架 B

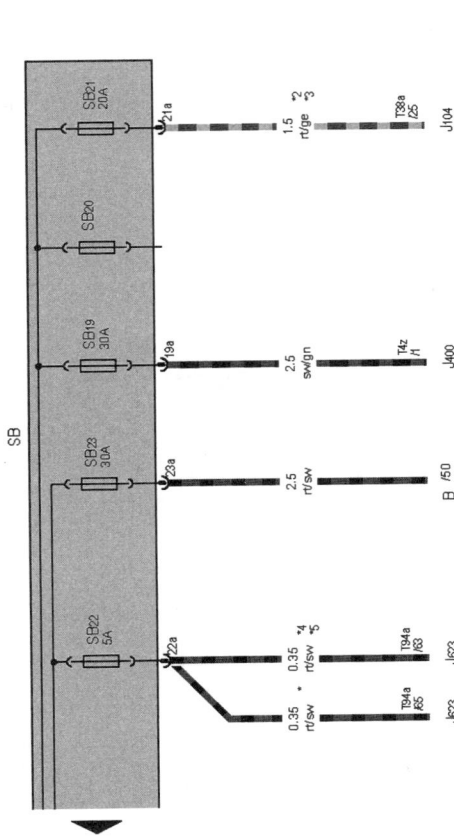

SB

B-启动机　J104-ABS控制单元　J400-刮水器电机控制单元　J623-发动机控制单元　SB-保险丝架B　SB19-保险丝架B上的保险丝19　SB20-保险丝架B上的保险丝20　SB21-保险丝架B上的保险丝21　SB22-保险丝架B上的保险丝22　SB23-保险丝架B上的保险丝23　T4z-4芯插头连接　T94a-94芯插头连接，黑色　*1-用于带1.6L发动机的汽车　*2-用于带ABS的汽车　*3-截至2015年1月　T38a-38芯插头连接，黑色，*4-用于带1.4L发动机的汽车　*5-用于带1.2L发动机的汽车

图 2-4-168

车载电网控制单元、保险丝架 C

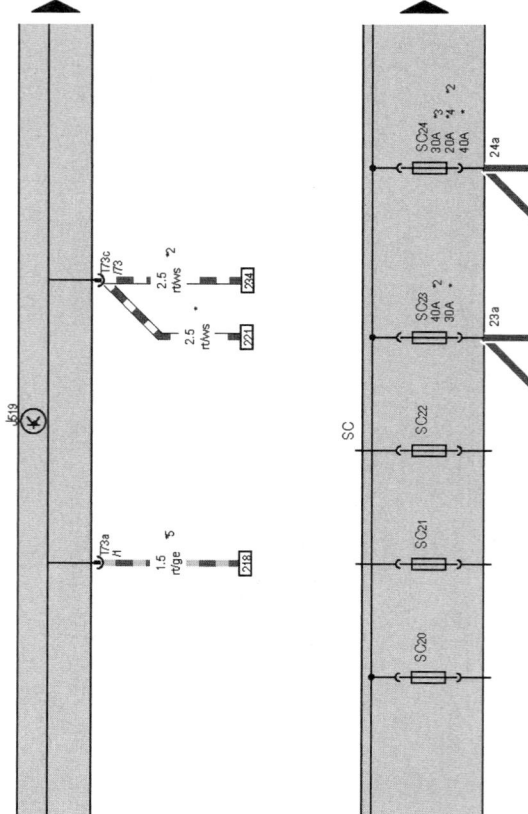

车载电网控制单元、保险丝架 C

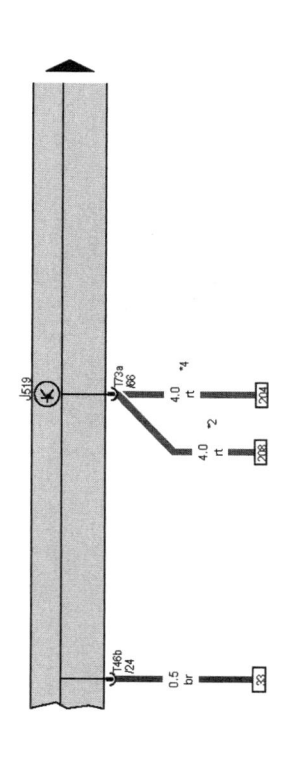

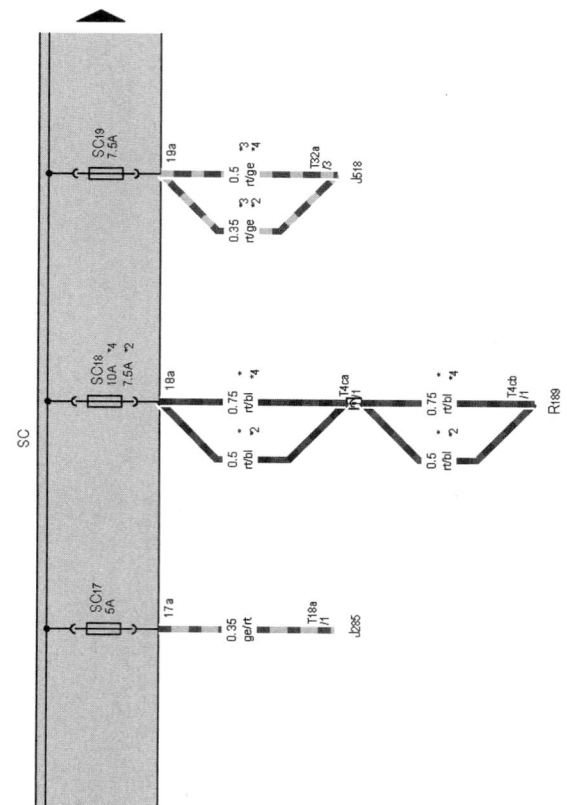

J285-组合仪表中的控制单元 J518-进入及启动许可控制单元 J519-车载电网控制单元 R189-倒车摄像头 SC-保险丝架 SC17-保险丝架C上的保险丝17 SC18-保险丝架C上的保险丝18 SC19-保险丝架C上的保险丝19 T4ca-4芯插头连接，右侧C柱附近，黑色 T4cb-4芯插头连接，黑色 T18a-18芯插头连接，黑色 T32a-32芯插头连接，蓝色 T46b-46芯插头连接，黑色 T73a-73芯插头连接，黑色 *-用于带倒车影像系统的汽车 *2-自2017年6月起 *3-用于带进入及启动许可的汽车 *4-截至2017年6月

图 2-4-170

J245-滑动天窗控制单元 J519-车载电网控制单元 SC-保险丝架C SC20-保险丝架C上的保险丝20 SC21-保险丝架C上的保险丝21 SC22-保险丝架C上的保险丝22 SC23-保险丝架C上的保险丝23 SC24-保险丝架C上的保险丝24 T6ao-6芯插头连接，前部车内照明灯附近，黑色 T16c-16芯插头连接，黑色 T73a-73芯插头连接，黑色 T73c-73芯插头连接，黑色 *-自2017年6月起 *2-截至2017年6月 *3-截至2015年1月 *4-自2015年1月起 *5-用于带座椅加热的汽车 *6-用于带滑动/外翻式天窗的汽车

图 2-4-171

车载电网控制单元、保险丝架 C

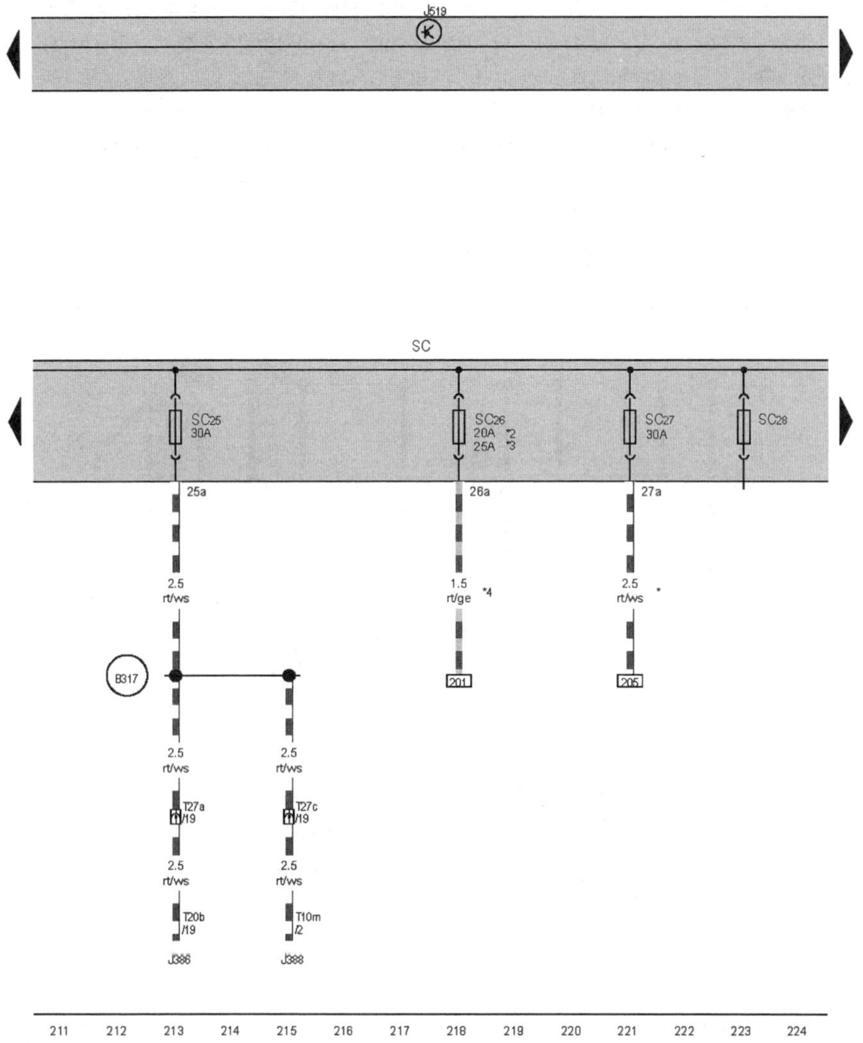

图 2-4-172

J388c-驾驶员侧车门控制单元 J388-左后车门控制单元 J519-车载电网控制单元 SC-保险丝架C SC25-保险丝架C上的保险丝25 SC26-保险丝架C上的保险丝26 SC27-保险丝架C上的保险丝27 SC28-保险丝架C上的保险丝28 T10m-10芯插头连接，黑色 T20b-20芯插头连接，黑色 T27a-27芯插头连接，左侧A柱上，黑色 T27c-27芯插头连接，左侧B柱上，黑色 B317-正极连接3（30a），在主导线束中 *2-自2017年6月起 *3-自2015年1月起 截至2015年1月 *4-用于带座椅加热的汽车

车载电网控制单元、保险丝架 C

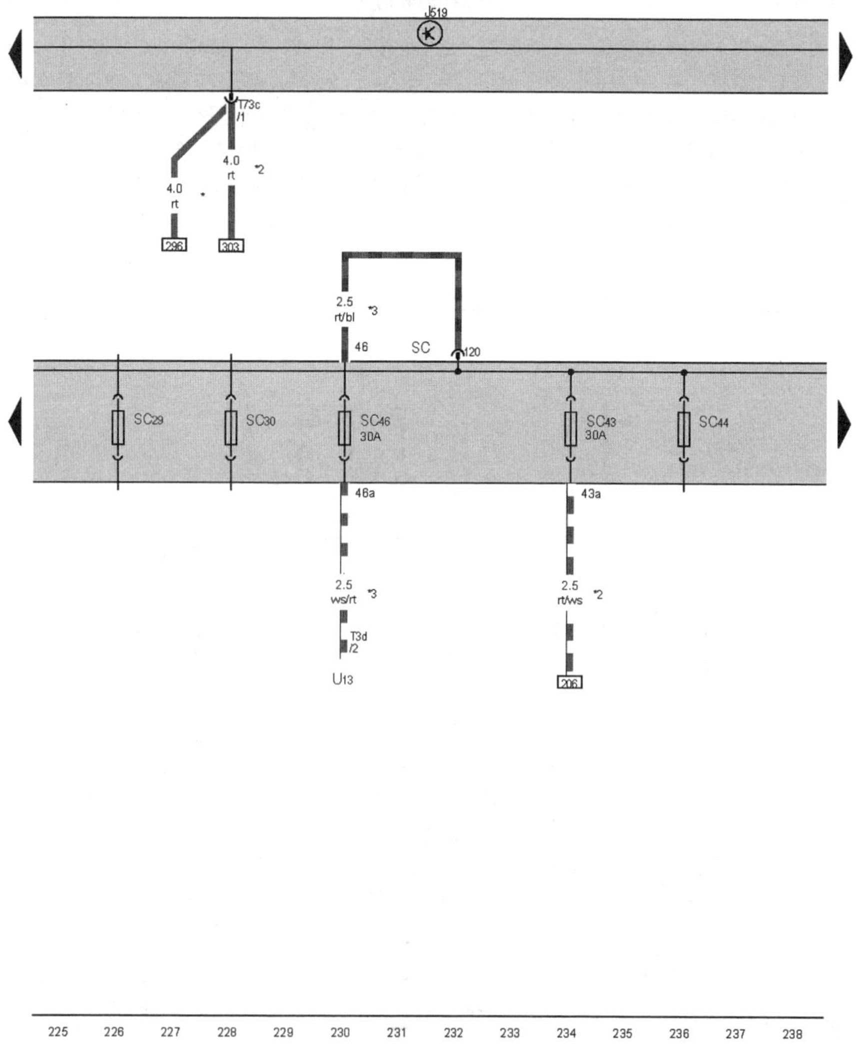

图 2-4-173

J519-车载电网控制单元 SC-保险丝架C SC29-保险丝架C上的保险丝29 SC30-保险丝架C上的保险丝30 SC43-保险丝架C上的保险丝43 SC44-保险丝架C上的保险丝44 SC46-保险丝架C上的保险丝46 T3d-3芯插头连接，黑色 T73c-73芯插头连接，黑色 U13-带插座的逆变器（12~230V） *-自2017年6月起 *2-截至2017年6月 *3-用于带12~230V/12~115V插座的逆变器的汽车

车载电网控制单元、插座继电器、保险丝架 C

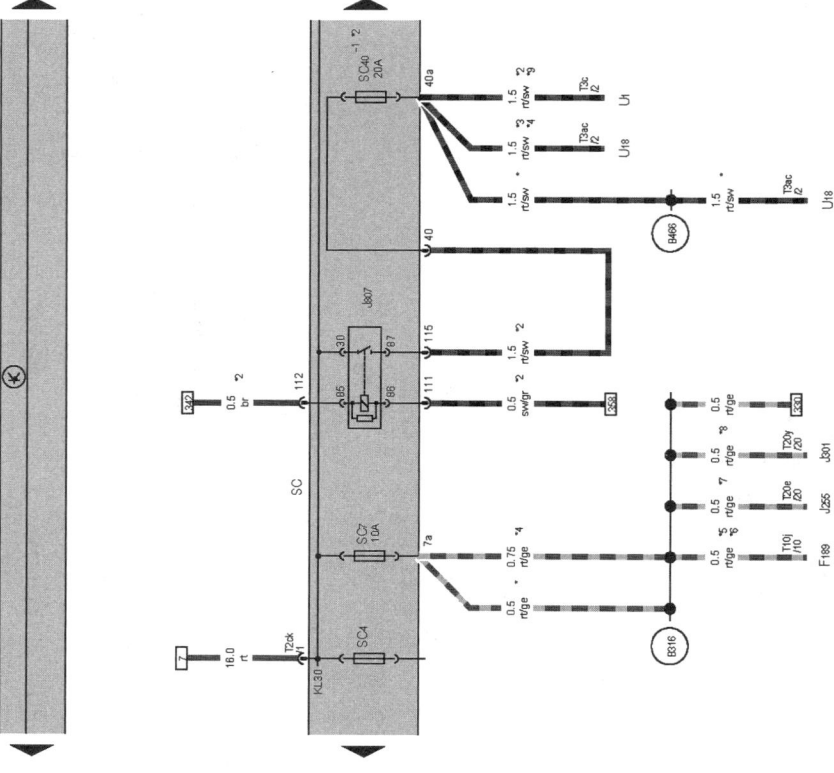

车载电网控制单元、保险丝架 C

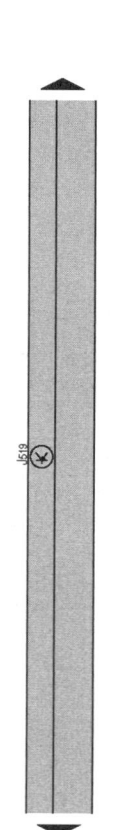

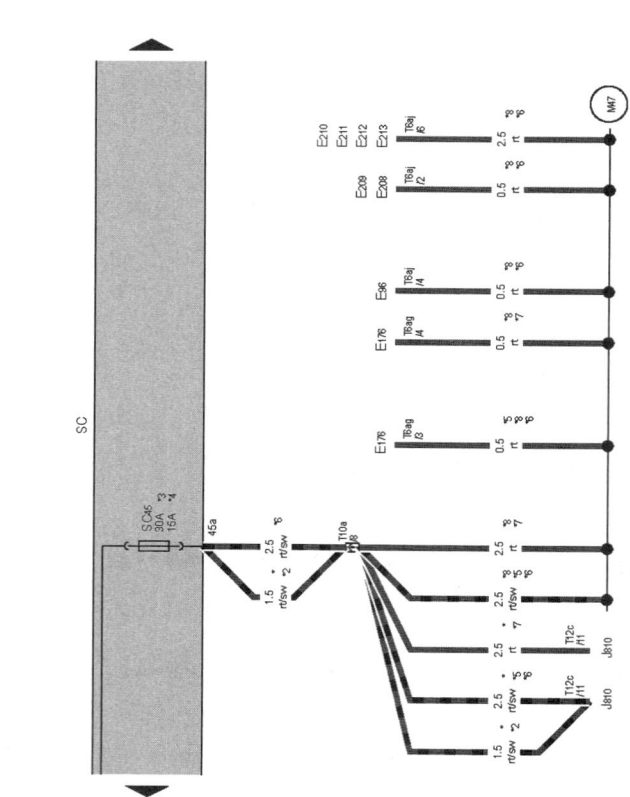

图 2-4-174

E96-驾驶员座椅靠背调节开关 E176-驾驶员座椅腰部支撑调节开关 E208-驾驶员座椅的前部高度上调按钮
E209-驾驶员座椅的前部高度下调按钮 E210-驾驶员座椅后部高度上调按钮 E211-驾驶员座椅的后部
高度下调按钮 E212-驾驶员座椅前后位置的前调按钮 E213-驾驶员座椅前后位置的后调按钮 J519-车载
电网控制单元 J810-驾驶员座椅调节控制单元 SC-保险丝架 C SC45-保险丝架 C 上的保险丝45 T6ag-6芯
插头连接，黑色 T6aj-6芯插头连接，黑色 T10a-10芯插头连接，黑色 T12c-12芯插头
连接，黑色 M47-连接7，在驾驶员座椅导线束中 *1-用于带驾驶员电动座椅调节和记忆功能的汽车
*2-自2017年6月起 *3-截至2015年1月 *4-自2015年1月起 *5-自2015年7月起 *6-截至2017年6月 *7-截
至2015年7月 *8-用于带驾驶员侧电动座椅调节的汽车

图 2-4-175

F189-Tiptronic开关 J255-全自动空调控制单元 J301-空调器控制单元 J519-车载电网控制单元 J807-插
座继电器 SC-保险丝架C SC4-保险丝架C上的保险丝4 SC7-保险丝架C上的保险丝7 SC40-保险丝架C
上的保险丝40 T2ck-2芯插头连接，黑色 T3ac-3芯插头连接，白色 T3c-3芯插头连接，白色 T10j-10
芯插头连接，黑色 T20c-20芯插头连接，黑色 T20y-20芯插头连接，黑色 U1-点烟器 U18-12V插座2
B316-正极连接2（30a），在主导线束中 B466-连接2，在主导线束中 *1-自2017年6月起 *2-依汽车装备
而定 *3-自2016年1月起 *4-截至2017年6月 *5-用于带自动变速器的汽车 *6-用于带双离合器变速器的
汽车 *7-用于带手动空调的汽车 *8-用于带全自动空调节空调的汽车 *9-截至2016年1月

284

车载电网控制单元、保险丝架 C

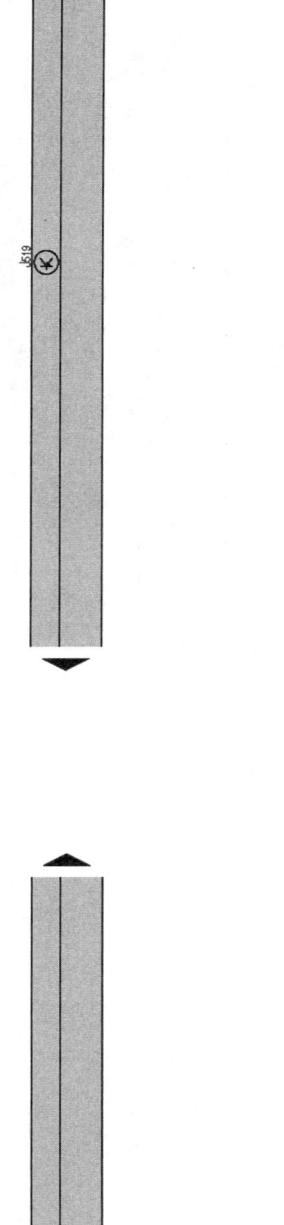

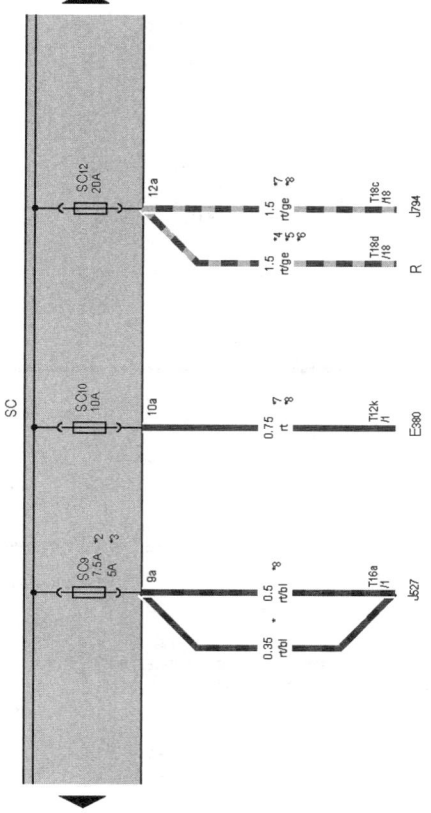

图 2-4-177

E380-多媒体系统操作单元 J519-车载电网控制单元 J527-转向柱电子装置控制单元 J794-电子通信信息设备1控制单元 R-收音机 SC-保险丝架C SC9-保险丝架C上的保险丝9 SC10-保险丝架C上的保险丝10 SC12-保险丝架C上的保险丝12 T12k-12芯插头连接 T16a-16芯插头连接，黑色 T18c-18芯插头连接，黑色 T18d-18芯插头连接，棕色 T20d-20芯插头连接，红色 *1-自2017年6月起 *2-截至2016年1月 *3-自2016年1月起 *4-用于带收音机MIB-G入门型的汽车 *5-用于带收音机MIB-G标准型的汽车 *6-用于带收音机MIB-G第2代标准型增强版的汽车 *7-依汽车装备而定 *8-截至2017年6月

车载电网控制单元、保险丝架 C

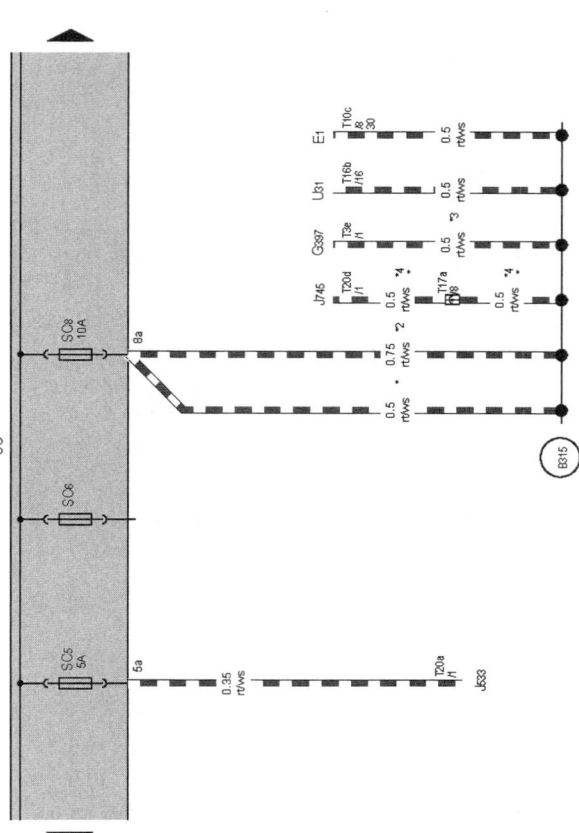

图 2-4-176

E1-车灯开关 G397-雨水与光线识别传感器 J519-车载电网控制单元 J533-数据总线诊断接口 J745-弯道灯和大灯照明距离调节控制单元 SC-保险丝架C SC5-保险丝架C上的保险丝5 SC6-保险丝架C上的保险丝6 SC8-保险丝架C上的保险丝8 T3e-3芯插头连接 T10c-10芯插头连接，黑色 T16b-16芯插头连接，红色 T17a-17芯插头连接，左侧A柱下部，左侧 T20a-20芯插头连接，黑色 T20d-20芯插头连接，红色 U31-诊断接口 B315-正极连接1（30a），在主导线束中 *1-自2017年6月起 *2-截至2017年6月 *3-用于带收音机MIB-G入门型的汽车 *4-用于带自动大灯照明距离调节的汽车

285

车载电网控制单元、保险丝架 C

保险丝架 C

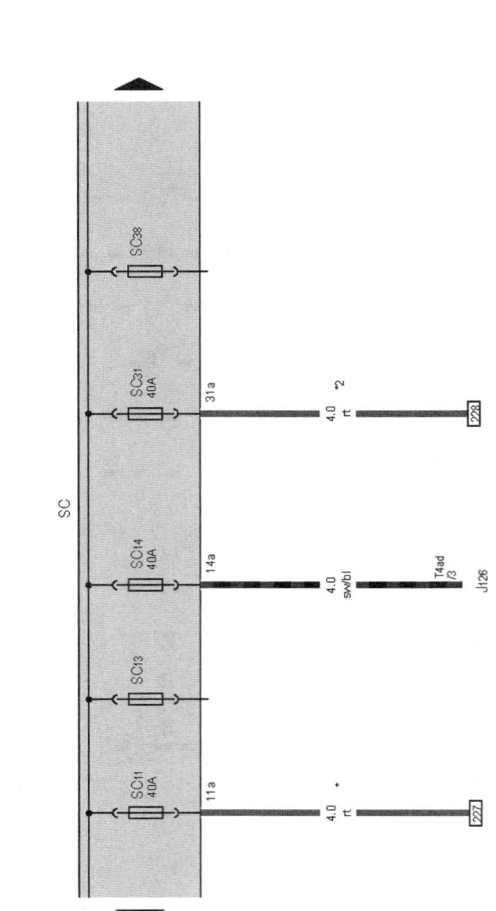

图 2-4-179

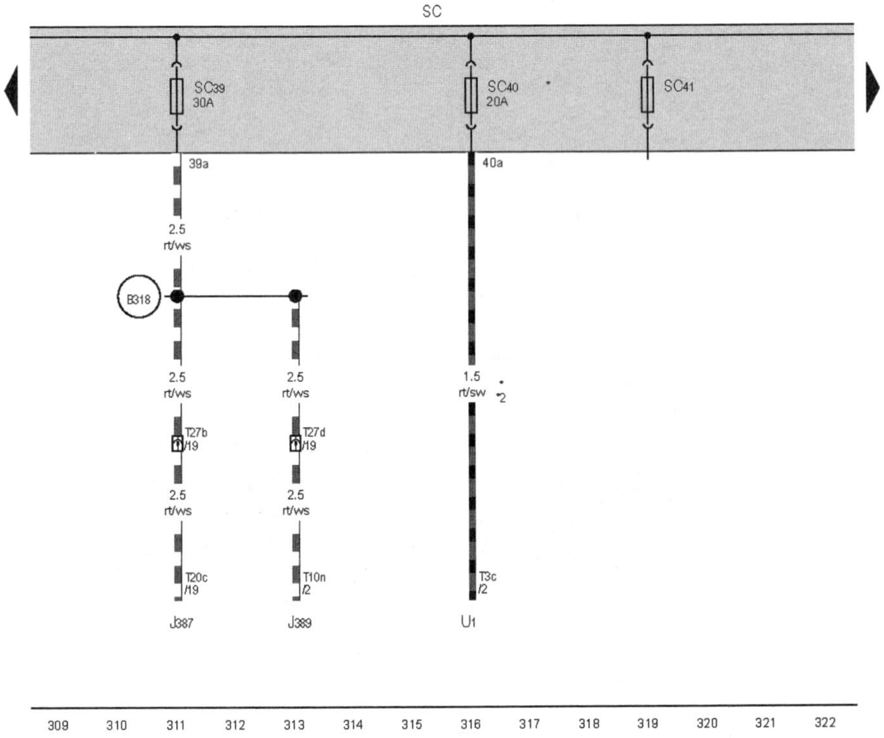

J387-副驾驶员侧车门控制单元 J389-右后车门控制单元 SC-保险丝架C SC39-保险丝架C上的保险丝39 SC40-保险丝架C上的保险丝40 SC41-保险丝架C上的保险丝41 T3c-3芯插头连接, 白色 T10n-10芯插头连接, 黑色 T20c-20芯插头连接, 黑色 T27b-27芯插头连接, 右侧A柱上, 黑色 T27d-27芯插头连接, 右侧A柱上, 黑色 U1-点烟器 B318-正极连接4 (30a), 在主导线线束中 *-依汽车装备而定 *2-截至2017年6月

图 2-4-178

J126-新鲜空气鼓风机控制单元 J519-车载电网控制单元 SC-保险丝架C SC11-保险丝架C上的保险丝11 SC13-保险丝架C上的保险丝13 SC14-保险丝架C上的保险丝14 SC31-保险丝架C上的保险丝31 SC38-保险丝架C上的保险丝38 T4ad-4芯插头连接, 黑色 T73a-73芯插头连接, 黑色 T73c-73芯插头连接, 黑色 *-自2017年6月起 *2-截至2017年6月

可加热后窗玻璃继电器、负导线中的调频频率滤波器、正导线中的调频频率滤波器、保险丝架 C、可加热热后窗玻璃

接线端 15 供电继电器、保险丝架 C

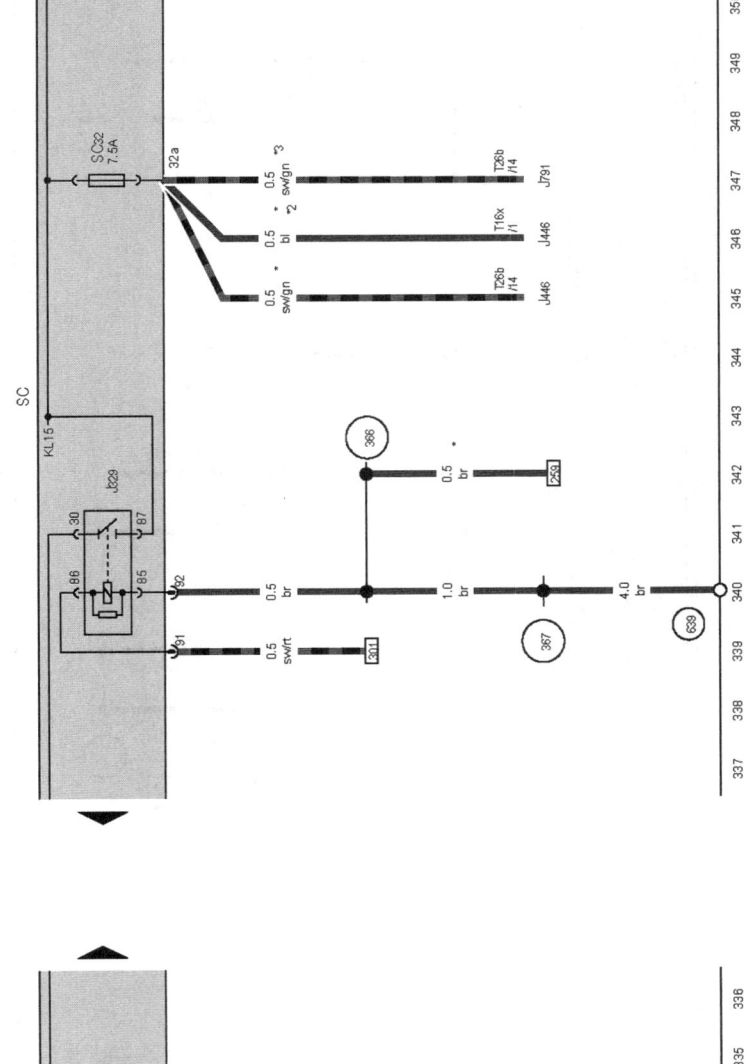

图 2-4-180

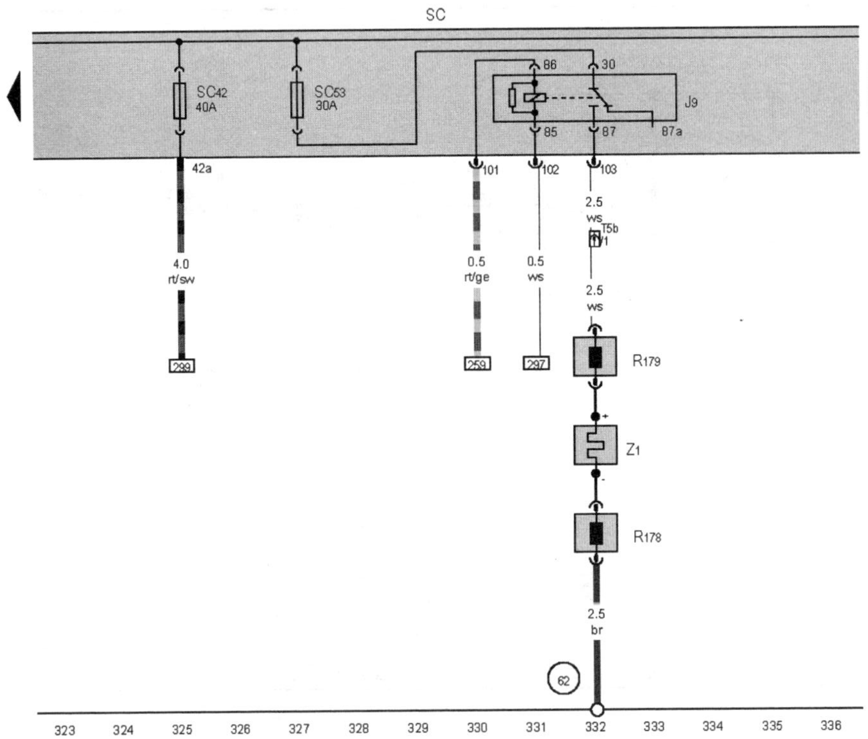

J9-可加热后窗玻璃继电器 R178-负导线中的调频频率滤波器 R179-正导线中的调频频率滤波器 SC-保险丝架C SC42-保险丝架C上的保险丝42 SC53-保险丝架C上的保险丝53 T5b-5芯插头连接，左侧C柱附近，棕色 Z1-可加热热后窗玻璃 62-右侧C柱上的接地点

图 2-4-181

J329-接线端15供电继电器 J446-泊车雷达系统控制单元 J791-泊车转向辅助系统控制单元 SC-保险丝架 C SC32-保险丝架C上的保险丝32 T16x-16芯插头连接 T26b-26芯插头连接，棕色 T26b-26芯插头连接，黑色 366-接地连接，黑色 366-左A柱上的接地点 367-接地连接2，在主导线束中 639-左A柱上的接地点 *-在A柱上的接地点 *2-依汽车装备而定 *3-用于配备泊车转向辅助系统的汽车 截至2017年6月

287

保险丝架 C

保险丝架 C

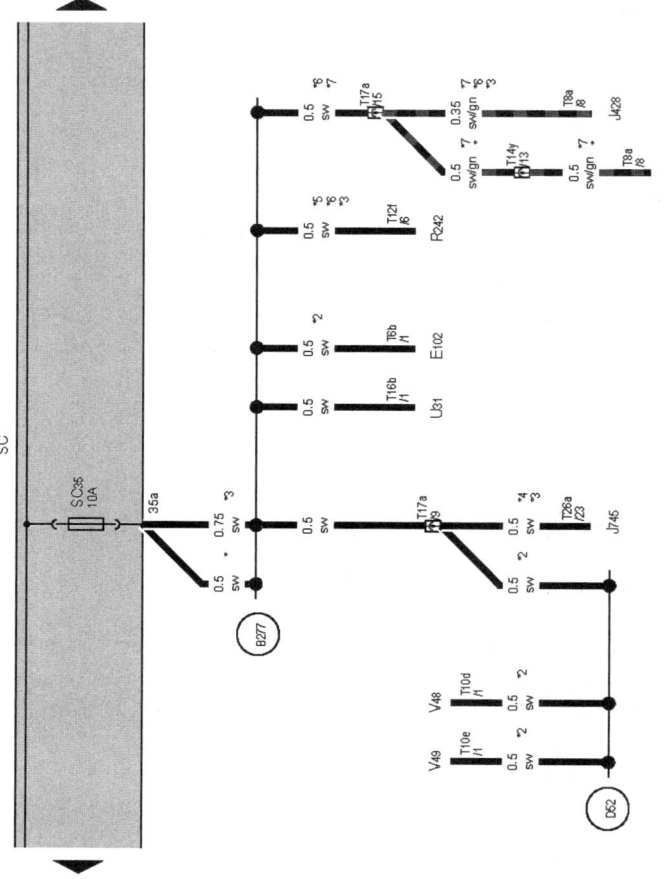

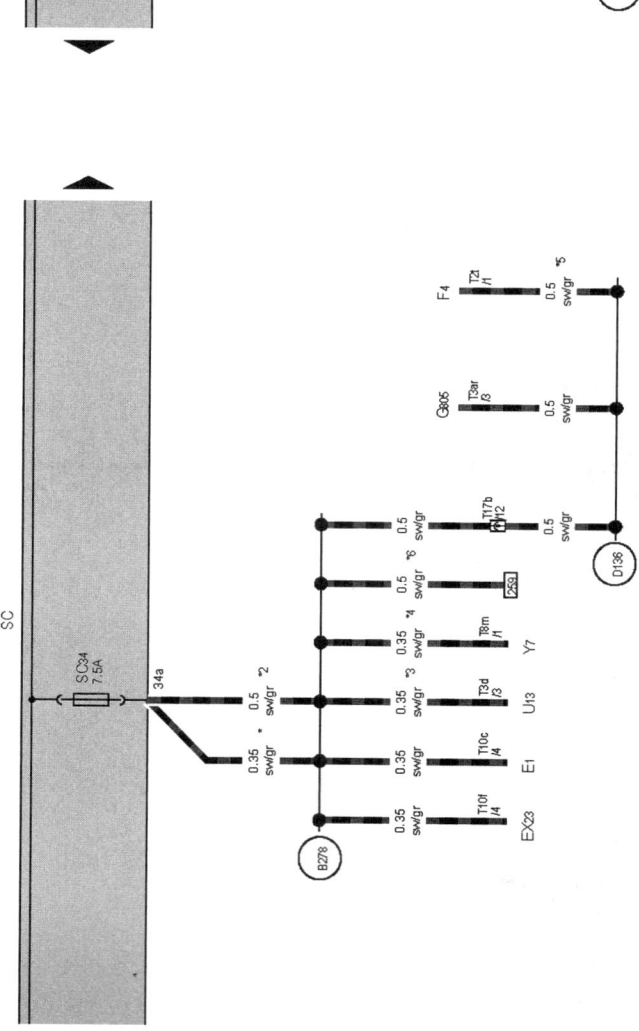

图 2-4-183

E102-大灯照明距离调节器 EX23-中控台开关 J428-车距调节控制单元 J745-弯道灯和大灯照明距离调节控制单元 R242-驾驶员辅助系统的前部摄像机 SC-保险丝架 C SC35-保险丝架C上的保险丝35 T6b-6芯插头连接，黑色 T8a-8芯插头连接，黑色 T10d-10芯插头连接，黑色 T10e-10芯插头连接，黑色 T12f-12芯插头连接，黑色 T14y-14芯插头连接，左前保险杠内，黑色 T16b-16芯插头连接，黑色 T17a-17芯插头连接，左侧A柱下部，黑色 T26a-26芯插头连接，白色 U31-诊断接口 V48-左侧大灯照明距离调节伺服电机 V49-右侧大灯照明距离调节伺服电机 B277-正极连接1 B278-正极连接1（15a），在主导线束中 D52-正极连接中 动机舱线导线束中 *-自2017年6月起 *2-用于带大灯照明距离调节特殊装备的汽车 *3-截至2017年6月 *4-用于带自动大灯照明距离调节的汽车 *5-用于带驾驶辅助特殊装备的汽车 *6-自2015年7月起 *7-用于带自动车距控制（ADR）的汽车

图 2-4-182

E1-车灯开关 EX23-中控台开关模块1 F4-倒车灯开关 G805-冷却循环液管路压力传感器 SC-保险丝架 C SC34-保险丝架C上的保险丝34 T2t-2芯插头连接 T3ar-3芯插头连接，黑色 T3d-3芯插头连接，黑色 T8m-8芯插头连接，黑色 T10c-10芯插头连接，黑色 T10f-10芯插头连接，红色 U13-带插座的逆变器（12～230V） Y7-自动防眩车内后视镜 B278-正极连接2（15a），左侧A柱下部，棕色 D136-正极连接2（15a），在主导线束中 *-自2017年6月起 *2-用于带自动防眩车内后视镜的汽车 *3-用于带12～230V/12～115V插座的逆变器的汽车 *4-用于带自动防眩车内后视镜的汽车 *5-用于带手动变速器的汽车 *6-依汽车装备而定

288

保险丝架 C

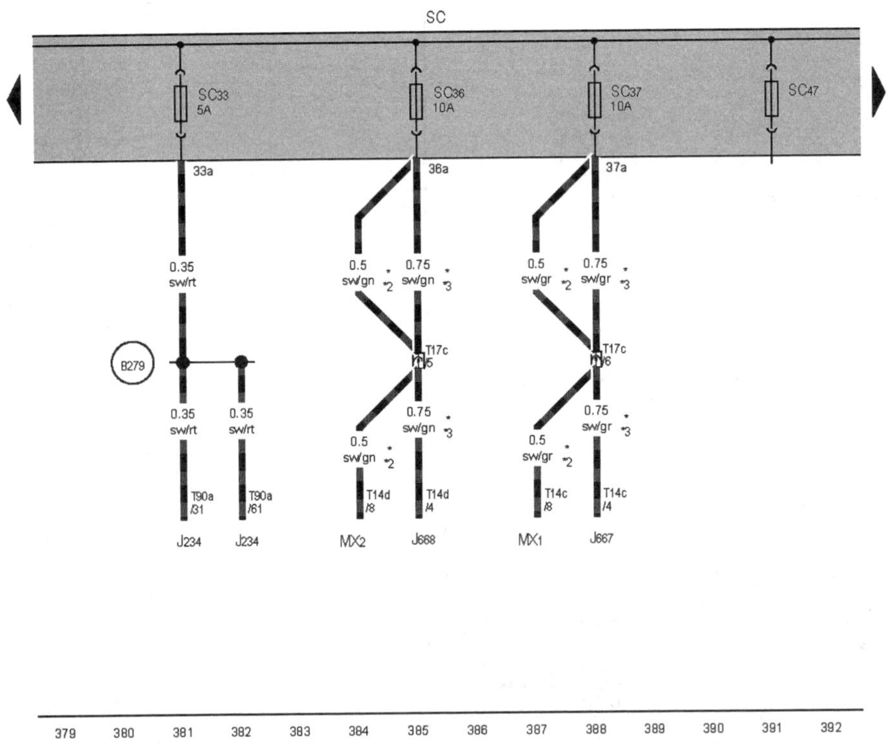

SC

保险丝架 C

SC

图 2-4-184

J234－安全气囊控制单元 J667－左侧大灯电源模块 J668－右侧大灯电源模块 MX1－左前大灯 MX2－右前大灯 SC－保险丝架C SC33－保险丝架C上的保险丝33 SC36－保险丝架C上的保险丝36 SC37－保险丝架C上的保险丝37 SC47－保险丝架C上的保险丝47 T14c－14芯插头连接，黑色 T14d－14芯插头连接，黑色 T17c－17芯插头连接，左侧A柱下部，红色 T90a－90芯插头连接，黄色 B279－正极连接3（15a），在主导线束中 *2－自2017年6月起 *3－截至2017年6月 *－用于带自动大灯照明距离调节的汽车

图 2-4-185

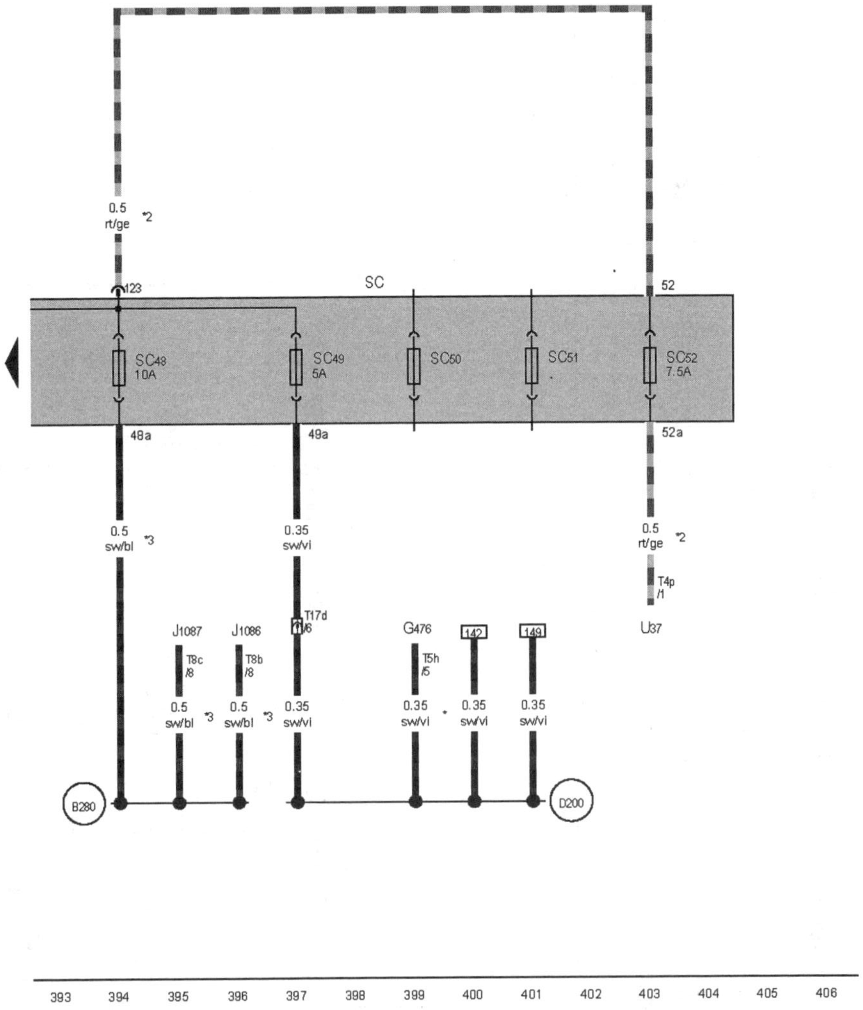

G476－离合器位置传感器 J1086－盲区识别控制单元 J1087－盲区识别控制单元2 SC－保险丝架C SC48－保险丝架C SC49－保险丝架C上的保险丝49 SC50－保险丝架C上的保险丝50 SC51－保险丝架C上的保险丝51 SC52－保险丝架C上的保险丝52 T4p－4芯插头连接，红色 T5h－5芯插头连接，黑色 T8b－8芯插头连接，黑色 T8c－8芯插头连接，黑色 T17d－17芯插头连接，左侧A柱下部，蓝色 U37－USB充电插座1 B280－正极连接4（15a），在主导线束中 D200－正极连接3（15a），在发动机舱内舱导线束中 *3－用于带换道辅助系统的汽车 *2－用于有USB充电插座的汽车 *－用于带手动变速器的汽车

第五节　基本装备

基本装备电路图（自 2014 年 1 月起）的图号和图名对照表见表 2-5-1。

表 2-5-1　基本装备电路图（自 2014 年 1 月起）的图号和图名对照表

图号	图名
图 2-5-1 ~ 图 2-5-37	基本装备

蓄电池、交流发电机、电压调节器、蓄电池监控控制单元

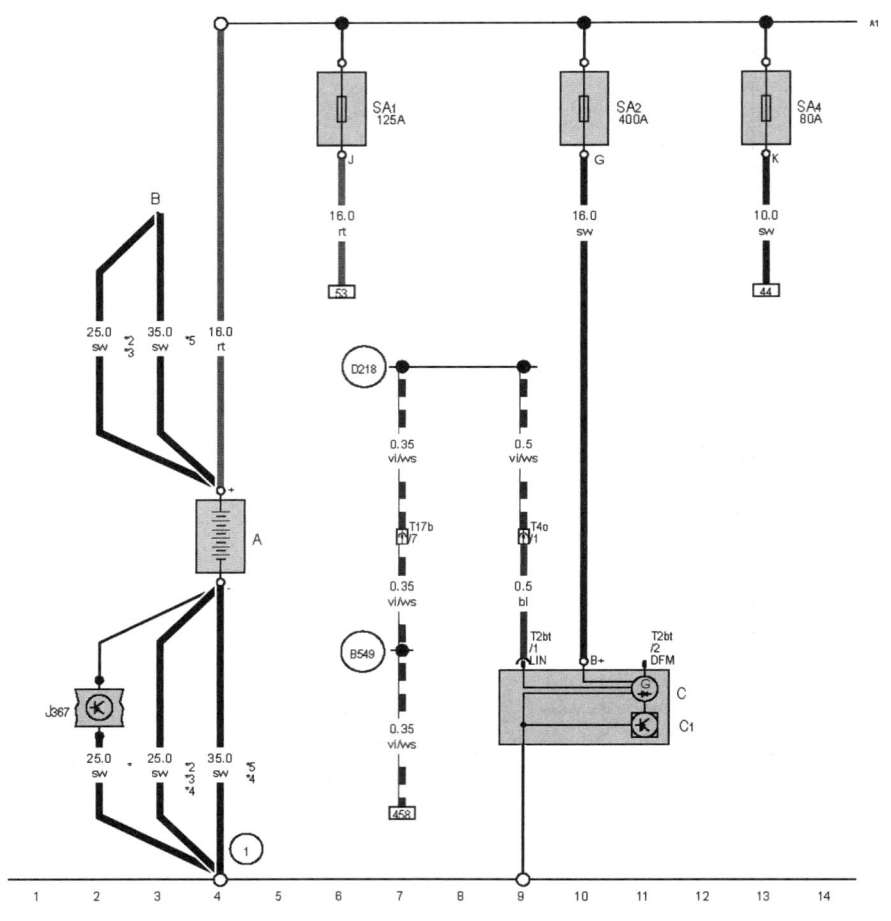

A-蓄电池　B-启动机　C-交流发电机　C1-电压调节器　J367-蓄电池监控控制单元　SA1-保险丝架A上的保险丝1　SA2-保险丝架A上的保险丝2　SA4-保险丝架A上的保险丝4　T2bt-2芯插头连接，黑色　T4o-4芯插头连接，左前纵梁上，黑色　T17b-17芯插头连接，左侧A柱下部，棕色　1-接地带，蓄电池-车身　B549-连接2（LIN 总线），在主导线束中　D218-连接1（LIN 总线），在发动机舱导线束中　*-用于带发动机自动启停系统的汽车　*2-用于带双离合器变速器的汽车　*3-用于带手动变速器的汽车　*4-用于不带发动机自动启停系统的汽车　*5-用于带自动变速器的汽车

图 2-5-1

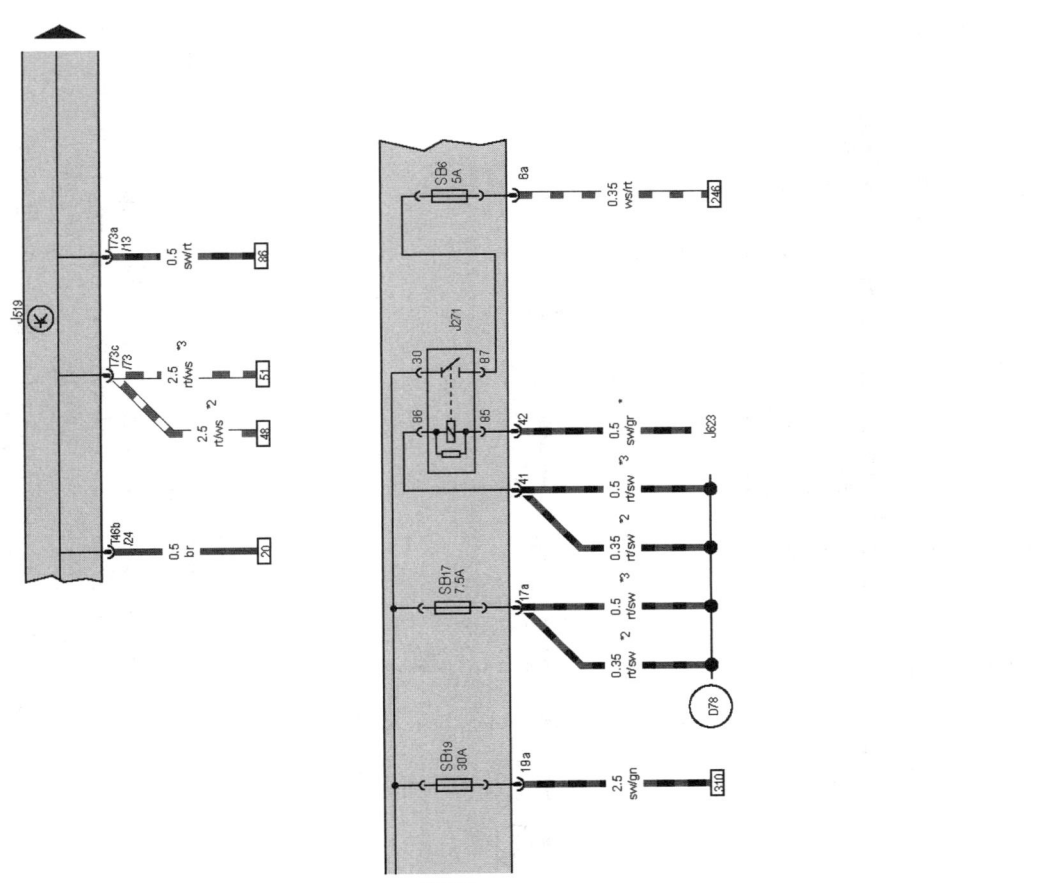

主继电器、车载电网控制单元

双音喇叭继电器

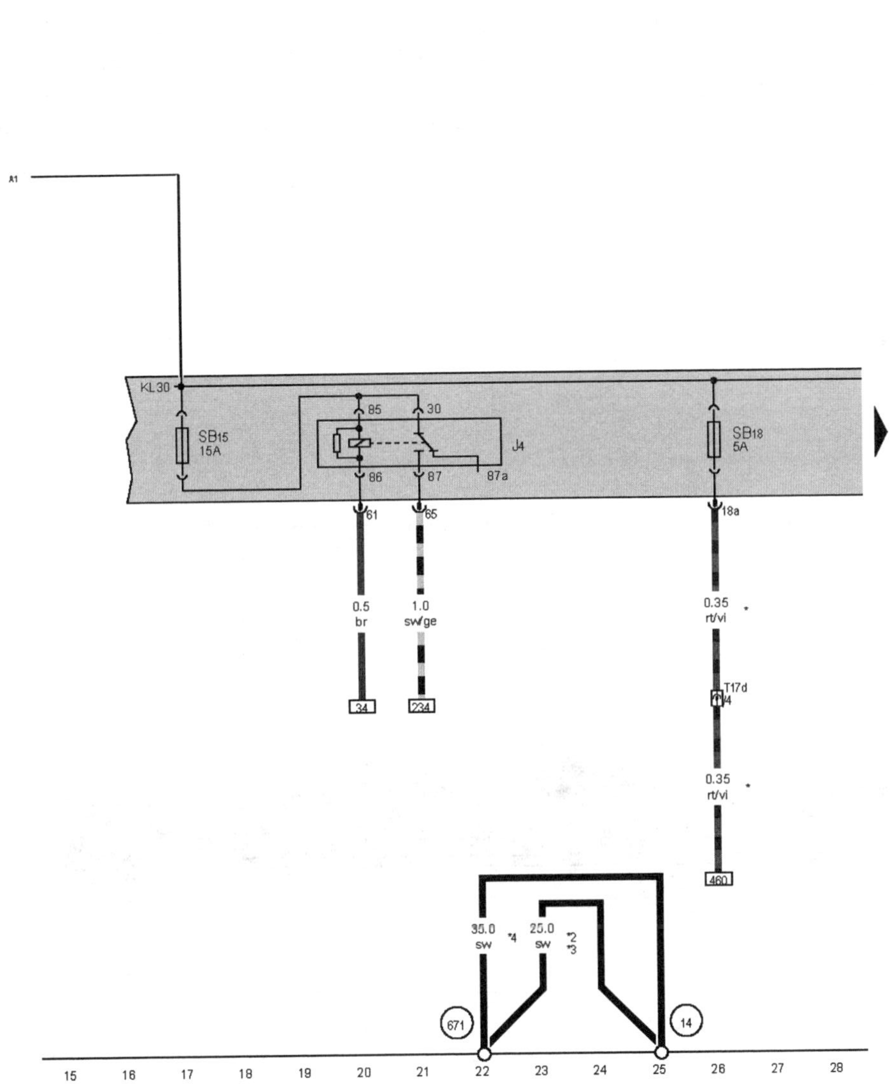

J271-主继电器 J519-车载电网控制单元 J623-发动机控制单元 SB6-保险丝架B上的保险丝6 SB17-保险丝架B上的保险丝17 SB19-保险丝架B上的保险丝19 T46b-46芯插头连接，黑色 T73a-73芯插头连接，黑色 T73c-73芯插头连接，黑色 D78-正极连接1（30a），在发动机舱导线束中 *-见发动机所适用的电路图 *2-自2017年6月起，黑色 *3-截至2017年6月

图 2-5-3

J4-双音喇叭继电器 SB15-保险丝架B上的保险丝15 SB18-保险丝架B上的保险丝18 T17d-17芯插头连接 SB17-保险丝架B上的保险丝17 671-左前纵梁上的接地点1 *-用于不带发动机自动启停系统的汽车 *2-用于带手动变速器的汽车 *3-用于带双离合器变速器的汽车 *4-用于带自动变速器的汽车 接，左侧A柱下部，蓝色 14-变速器上的接地点1

图 2-5-2

291

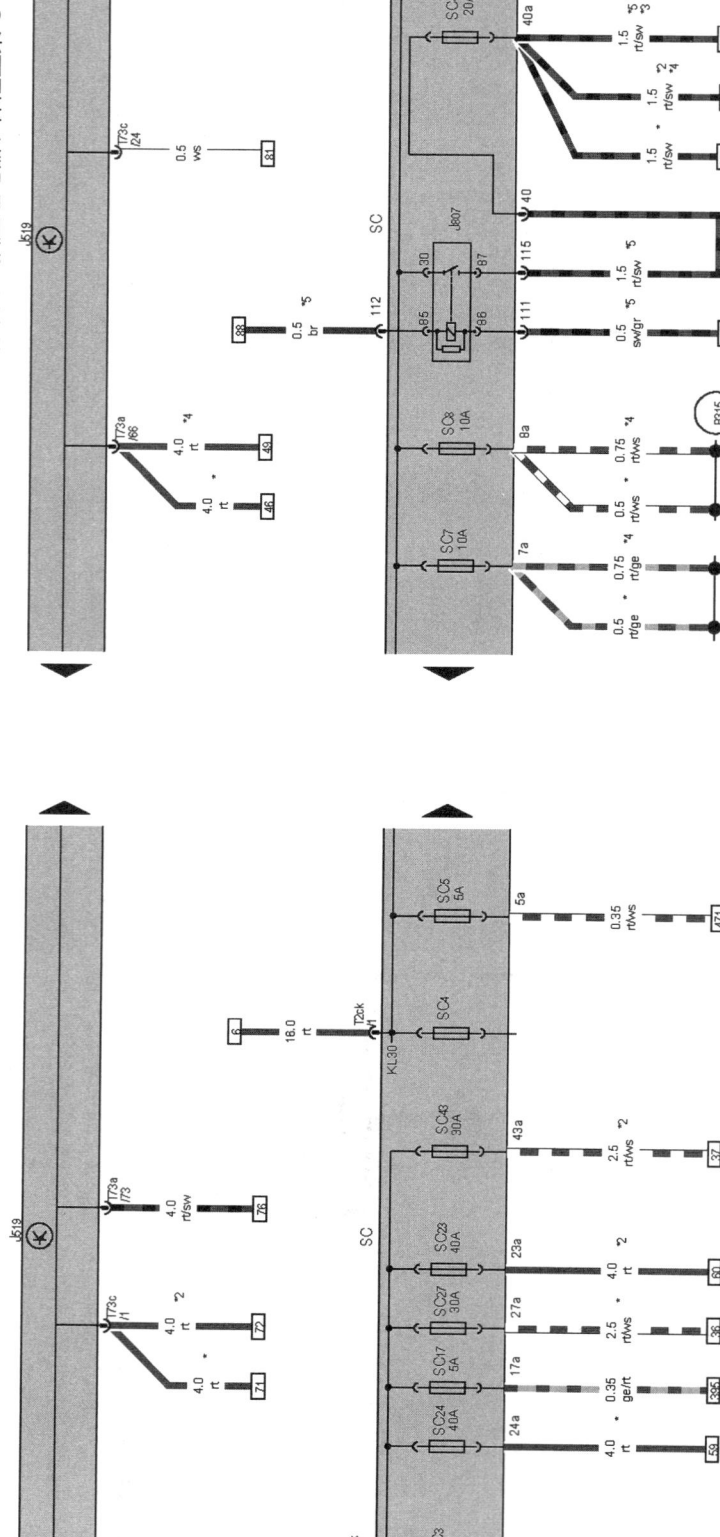

车载电网控制单元、保险丝架 C

图 2-5-4

车载电网控制单元、插座继电器、保险丝架 C

图 2-5-5

J519—车载电网控制单元 SC—保险丝架C SC3—保险丝架C上的保险丝3 SC4—保险丝架C上的保险丝4 SC5—保险丝架C上的保险丝5 SC17—保险丝架C上的保险丝17 SC23—保险丝架C上的保险丝23 SC24—保险丝架C上的保险丝24 SC27—保险丝架C上的保险丝27 SC43—保险丝架C上的保险丝43 T2ck—2芯插头连接 T73a—73芯插头连接，黑色 T73c—73芯插头连接，黑色 *—自2017年6月起 *2—截至2017年6月

J519—车载电网控制单元 J807—插座继电器 SC—保险丝架C SC7—保险丝架C上的保险丝7 SC8—保险丝架C上的保险丝8 SC9—保险丝架C上的保险丝9 SC40—保险丝架C上的保险丝40 T73a—73芯插头连接 T73c—73芯插头连接，黑色 B315—正极连接1（30a），在主导线束中 B316—正极连接2（30a），在主导线束中 *—自2017年6月起 *2—自2016年1月起 *3—截至2016年1月 *4—截至2017年6月 *5—依汽车装备而定

| 43 | 44 | 45 | 46 | 47 | 48 | 49 | 50 | 51 | 52 | 53 | 54 | 55 | 56 |

| 57 | 58 | 59 | 60 | 61 | 62 | 63 | 64 | 65 | 66 | 67 | 68 | 69 | 70 |

可加热后窗玻璃继电器、车载电网控制单元、保险丝架 C

接线端 15 供电继电器、车载电网控制单元、保险丝架 C

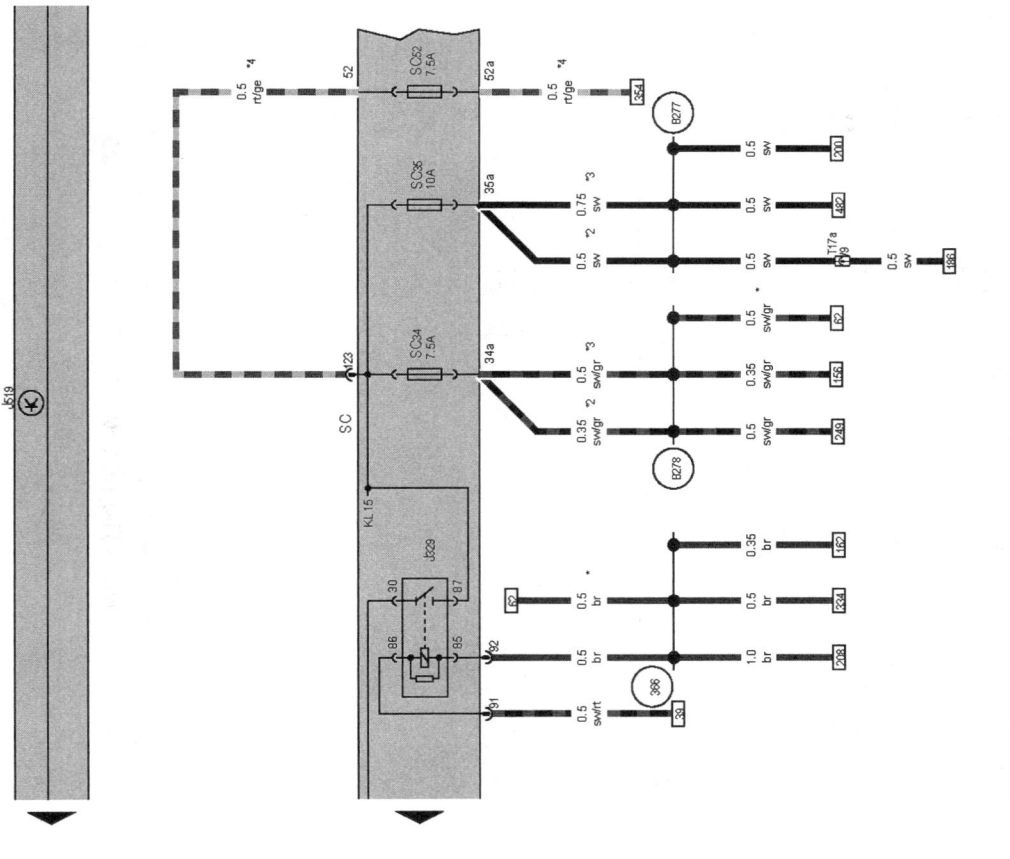

J329-接线端15供电继电器 J519-车载电网控制单元 SC-保险丝架C SC34-保险丝架C上的保险丝34 SC35-保险丝架C上的保险丝35 SC52-保险丝架C上的保险丝52 T17a-17芯插头连接、左侧A柱下部 色 366-接地连接1，在主导线束中 B277-正极连接1（15a），在主导线束中 B278-正极连接2（15a），在主导线束中 *-依汽车装备而定 *2-自2017年6月起 *3-截至2017年6月 *4-用于有USB充电插座的汽车

图 2-5-7

可加热后窗玻璃继电器、车载电网控制单元、负导线中的调频频率滤波器、正导线中的调
频频率滤波器、保险丝架 C、可加热后窗玻璃

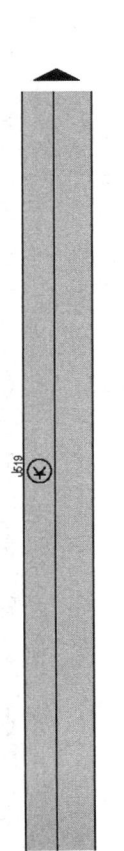

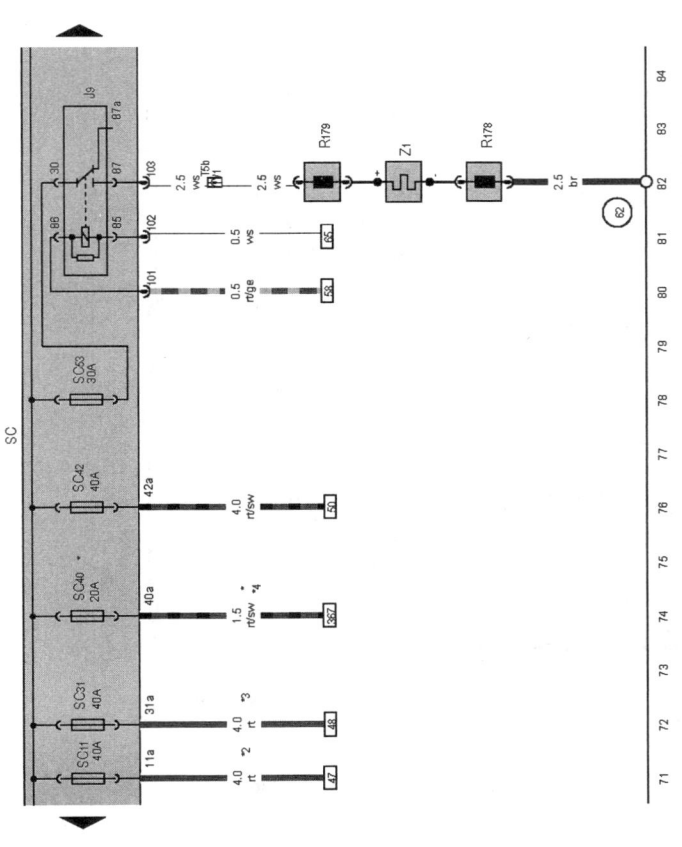

J9-可加热后窗玻璃继电器 J519-车载电网控制单元 R178-负导线中的调频频率滤波器 R179-正导线中的调频频率滤波器 SC-保险丝架C SC11-保险丝架C上的保险丝11 SC31-保险丝架C上的保险丝31 SC40-保险丝架C上的保险丝40 SC42-保险丝架C上的保险丝42 SC53-保险丝架C上的保险丝53 T5b-5芯插头连接，左侧C柱附近、左侧C柱上的接地点 62-右侧C柱上的接地点 Z1-可加热后窗玻璃 *-依汽车装备而定 *2-自2017年6月起 *3-截至2017年6月 *4-截至2016年1月

图 2-5-6

前窗玻璃刮水器开关、间歇式刮水器运行开关、车窗玻璃刮水器间歇运行调节器、车窗玻璃清洗泵开关（自动刮水/清洗装置和大灯清洗装置）、车载电网控制单元、转向柱电子装置控制单元

点火启动开关、多功能显示器调用按钮、多功能显示器存储开关、车载电网控制单元、转向柱电子装置控制单元

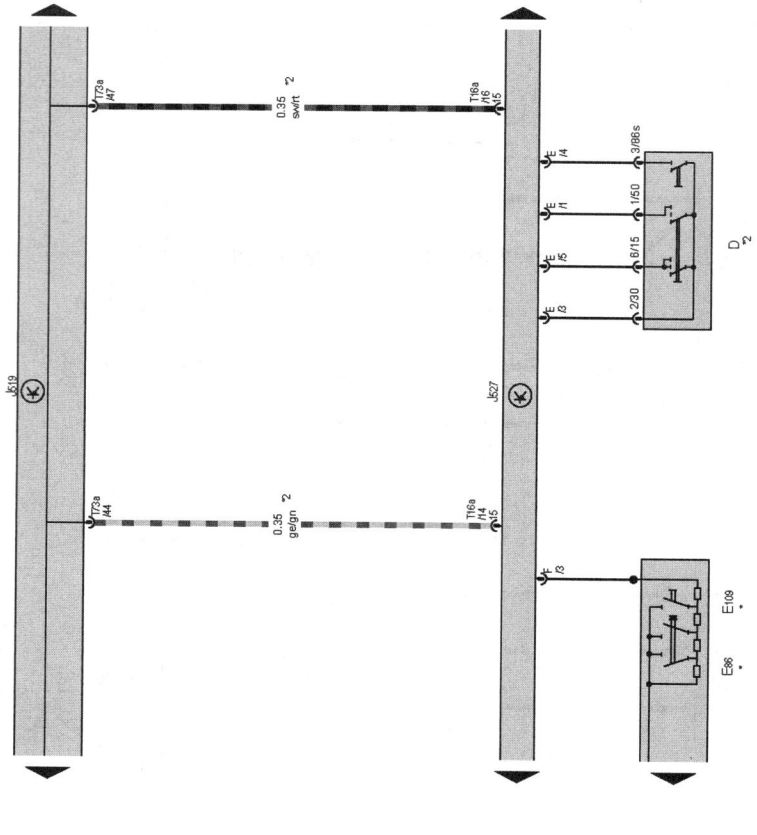

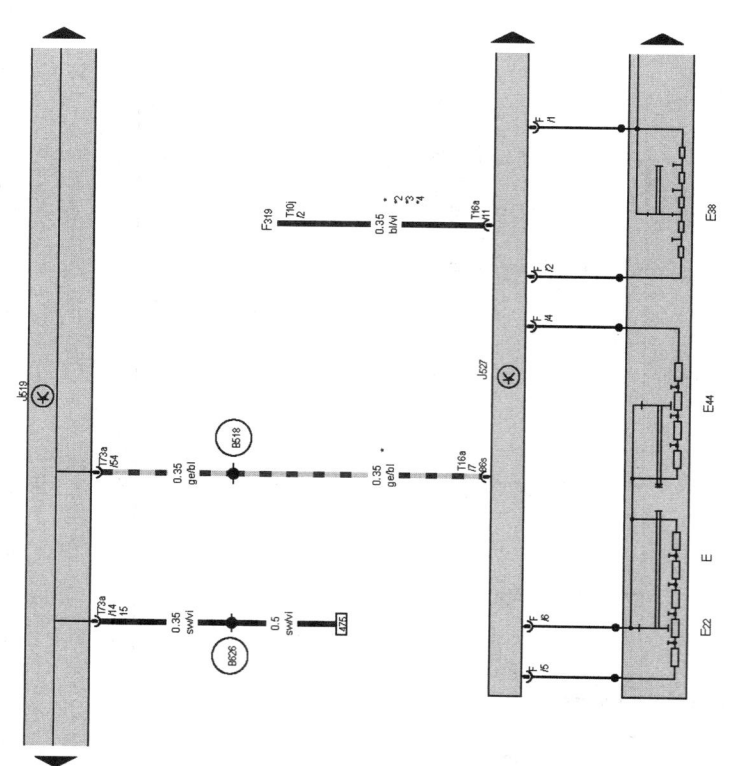

D-点火启动开关　E86-多功能显示器调用按钮　E109-多功能显示器存储开关　J519-车载电网控制单元　J527-转向柱电子装置控制单元　T16a-16芯插头连接，黑色　T73a~73芯插头连接，黑色　*-用于不带多功能方向盘的汽车　*2-用于不带进入及启动许可的汽车

图2-5-9

E-前窗玻璃刮水器开关　E22-间歇式刮水器运行开关　E38-车窗玻璃刮水器运行开关　E44-车窗玻璃刮水器间歇运行调节器　F319-转向柱挡位D锁止开关（自动刮水/清洗装置和大灯清洗装置）　J519-车载电网控制单元　J527-转向柱电子装置控制单元　T10j-10芯插头连接　T16a-16芯插头连接，黑色　T73a~73芯插头连接，黑色　B518-连接（86x），在主导线束中　B626-正极连接2（15），在主导线束中　*-用于不带进入及启动许可的汽车　*2-用于带自动变速器的汽车　*3-用于带双离合器变速器的汽车　*4-依汽车装备而定

图2-5-8

安全气囊卷簧和带滑环的复位环、信号喇叭、车载电网控制单元、转向柱电子装置控制单元

转向信号灯开关、手动远光灯功能和远光灯瞬时接通功能开关、车载电网控制单元、转向柱电子装置控制单元

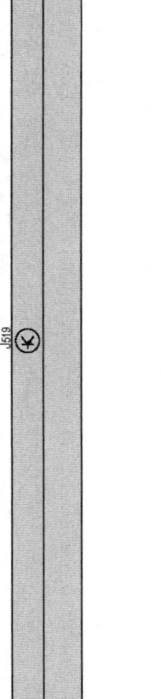

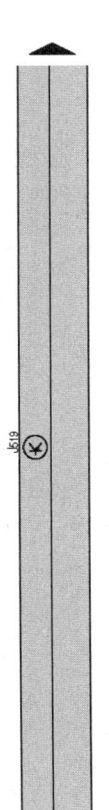

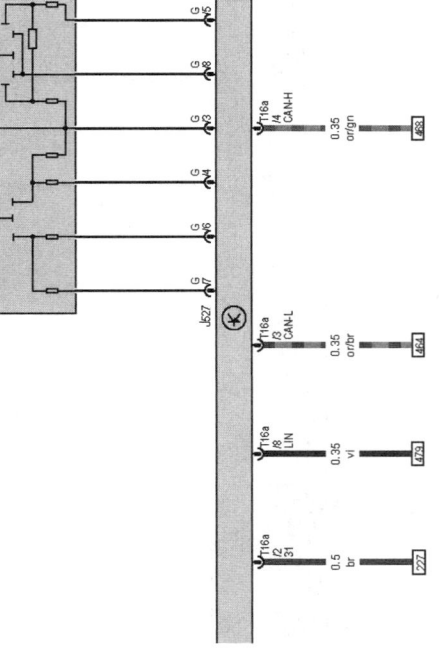

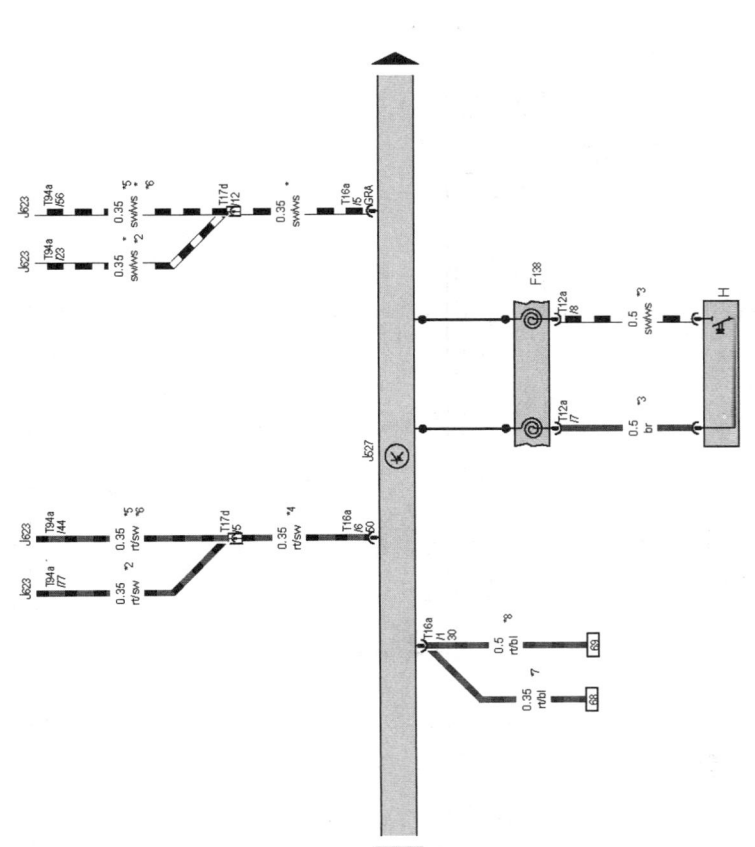

F138-安全气囊卷簧和带滑环的复位环 H-信号喇叭 J519-车载电网控制单元 J527-转向柱电子装置控制单元 J623-发动机控制单元 T12a-12芯插头连接，黄色 T16a-16芯插头连接，黑色 T17d-17芯插头连接 T94a-94芯插头连接，蓝色 左侧A柱下部，发动机舱 *1-用于带定速巡航装置的汽车 *2-用于带1.6L发动机的汽车 *3-用于不带方向盘的汽车 *4-用于不带进入及启动许可的汽车 *5-用于带1.4L发动机的汽车 *6-用于带1.2L发动机的汽车 *7-自2017年6月起 *8-截至2017年6月

图 2-5-10

E2-转向信号灯开关 E4-手动远光灯功能和远光灯瞬时接通功能开关 J519-车载电网控制单元 J527-转向柱电子装置控制单元 T16a-16芯插头连接，黑色

图 2-5-11

295

车载电网控制单元、左侧日间行车灯灯泡、左前大灯、左侧驻车示宽灯灯泡、左前转向信号灯灯泡、左侧近光灯灯泡、左侧远光灯灯泡、左侧大灯照明距离调节伺服电机

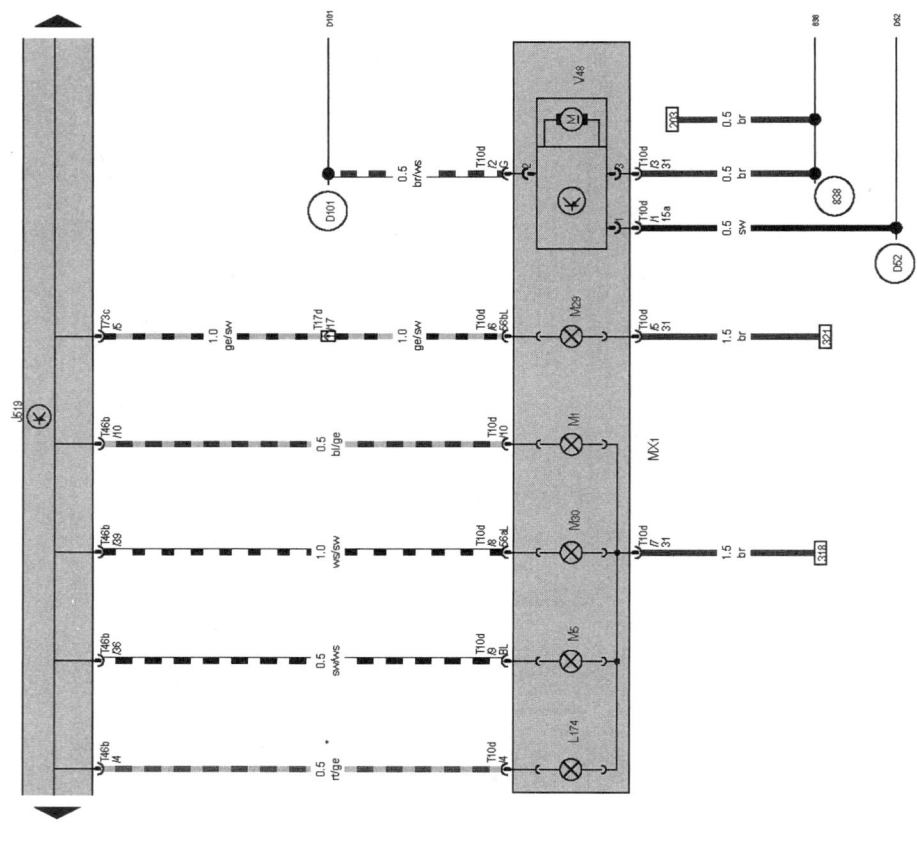

J519-车载电网控制单元 L174-左侧日间行车灯灯泡 MX1-左前大灯 M1-左侧驻车示宽灯灯泡 M5-左前转向信号灯灯泡 M29-左侧近光灯灯泡 M30-左侧远光灯灯泡 T10d-10芯插头连接 T17d-17芯插头连接 T46b-46芯插头连接 T73c-73芯插头连接 V48-左侧大灯照明距离调节伺服电机 838-接地连接20，在发动机舱导线束中 D52-正极连接（15a），在发动机舱导线束中 D101-连接1，在发动机舱导线束中 *-自2017年6月起

红色 T73a-73芯插头连接，黑色 蓝色 T73c-73芯插头连接，黑色 黑色

图 2-5-13

169　170　171　172　173　174　175　176　177　178　179　180　181　182

车灯开关、前雾灯和后雾灯开关、车载电网控制单元、大灯开关照明灯泡

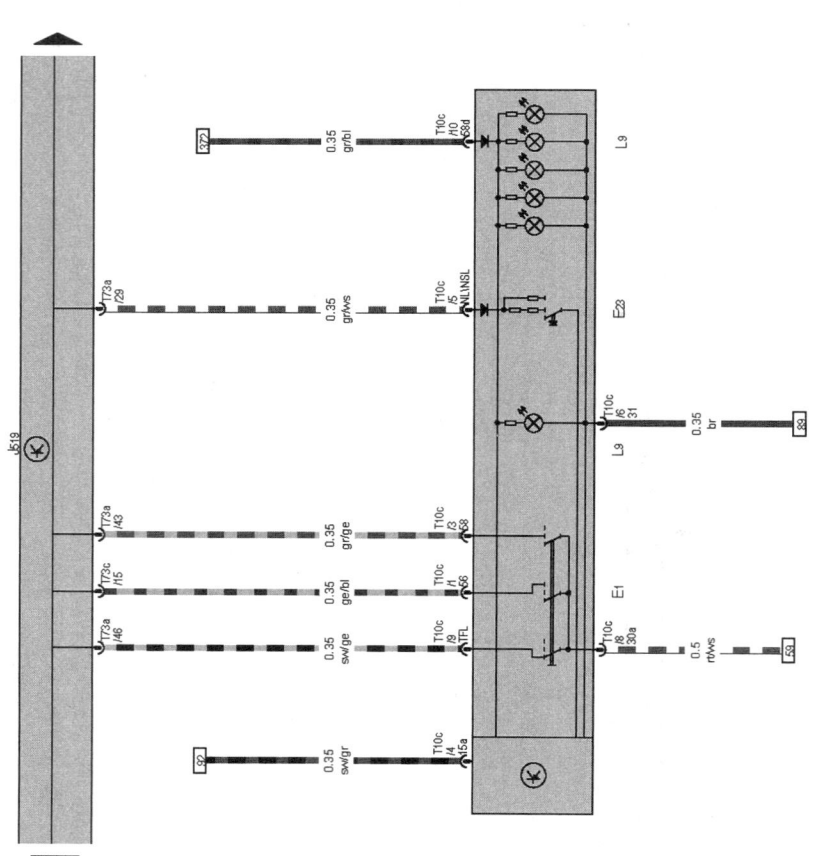

E1-车灯开关 E23-前雾灯和后雾灯开关 J519-车载电网控制单元 L9-大灯开关照明灯泡 T10c-10芯插头连接 T73a-73芯插头连接，黑色 T73c-73芯插头连接，黑色

图 2-5-12

155　156　157　158　159　160　161　162　163　164　165　166　167　168　181　182　183　184　185　186　187　188

大灯照明距离调节器、车载电网控制单元、大灯照明距离调节设置器照明灯泡
号灯灯泡

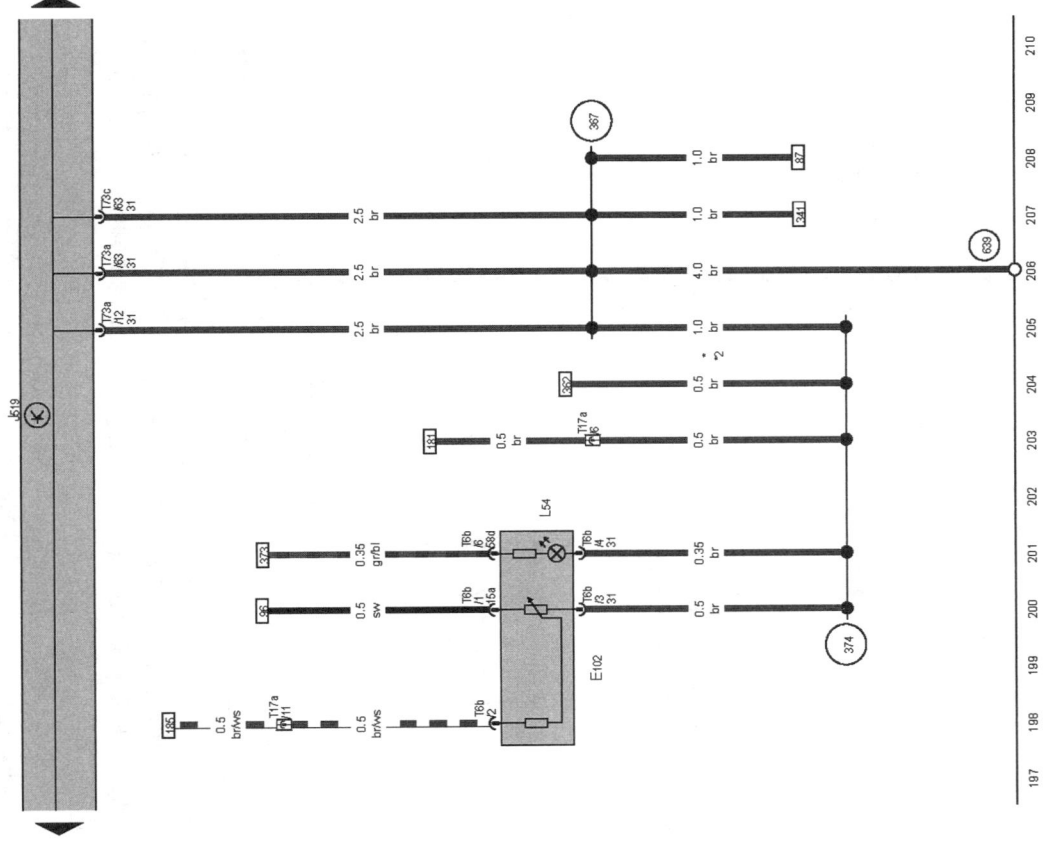

图 2-5-15

E102–大灯照明距离调节器 J519–车载电网控制单元 L54–大灯照明距离调节设置器照明灯泡 T6b–6芯插
头连接，黑色 T17a–17芯插头连接，左侧A柱下部，黑色 T73a–73芯插头连接，黑色 T73c–73芯插头连
接，黑色 367–接地连接2，在主导线束中 374–接地连接9，在主导线束中 639–左侧A柱上的接地点 *–用
于带脚空间照明的汽车 *2–自2015年7月起

车载电网控制单元、右侧日间行车灯灯泡、右前大灯、右侧驻车示宽灯灯泡、右前转向信
号灯灯泡、右侧近光灯灯泡、右侧远光灯灯泡、右侧大灯照明距离调节伺服电机

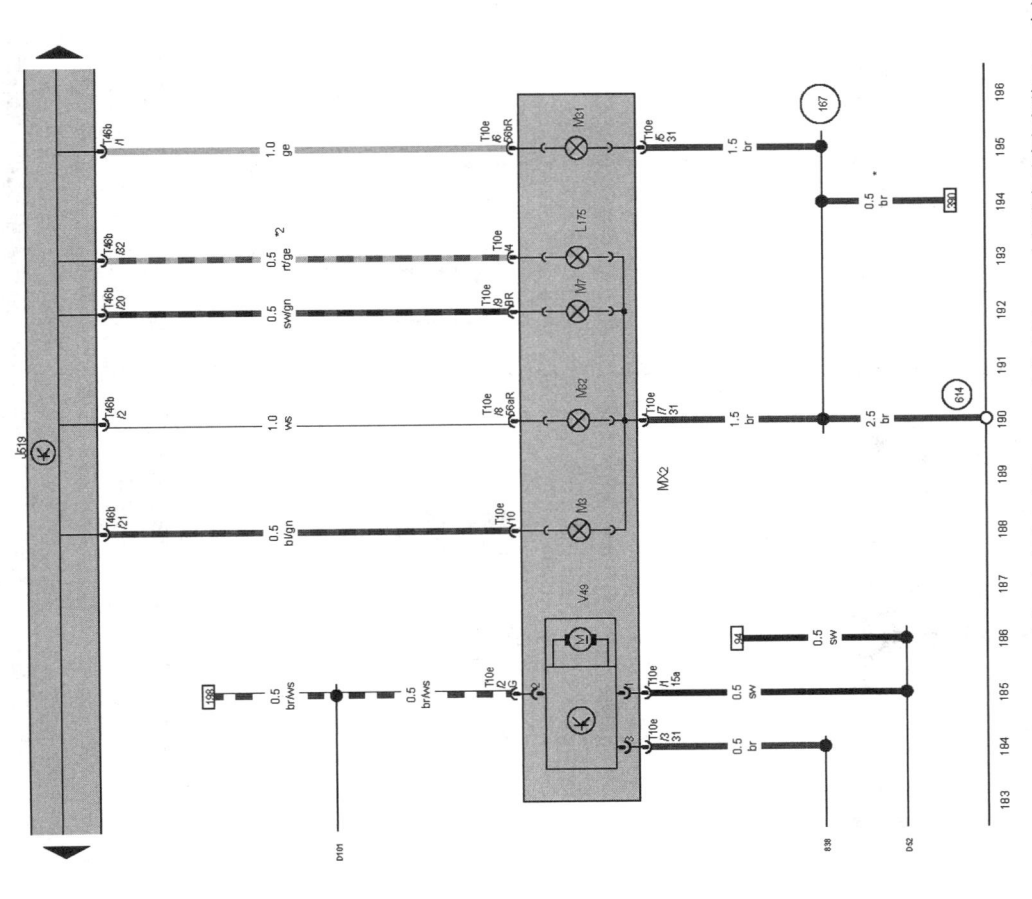

图 2-5-14

J519–车载电网控制单元 L175–右侧日间行车灯灯泡 MX2–右前大灯 M3–右侧驻车示宽灯灯泡 M7–右前
转向信号灯灯泡 M31–右侧近光灯灯泡 M32–右侧远光灯灯泡 T10e–10芯插头连接，黑色 T46b–46芯插
头连接，黑色 V49–右侧大灯照明距离调节伺服电机 167–接地连接4，在发动机舱导线束中 614–发动机
舱内右侧接地点2 838–接地连接20，在发动机舱导线束中 D52–正极连接（15a），在发动机舱导线束中
D101–连接1，在发动机舱导线束中 *–用于带发动机自动启停系统的汽车 *2–自2017年6月起

297

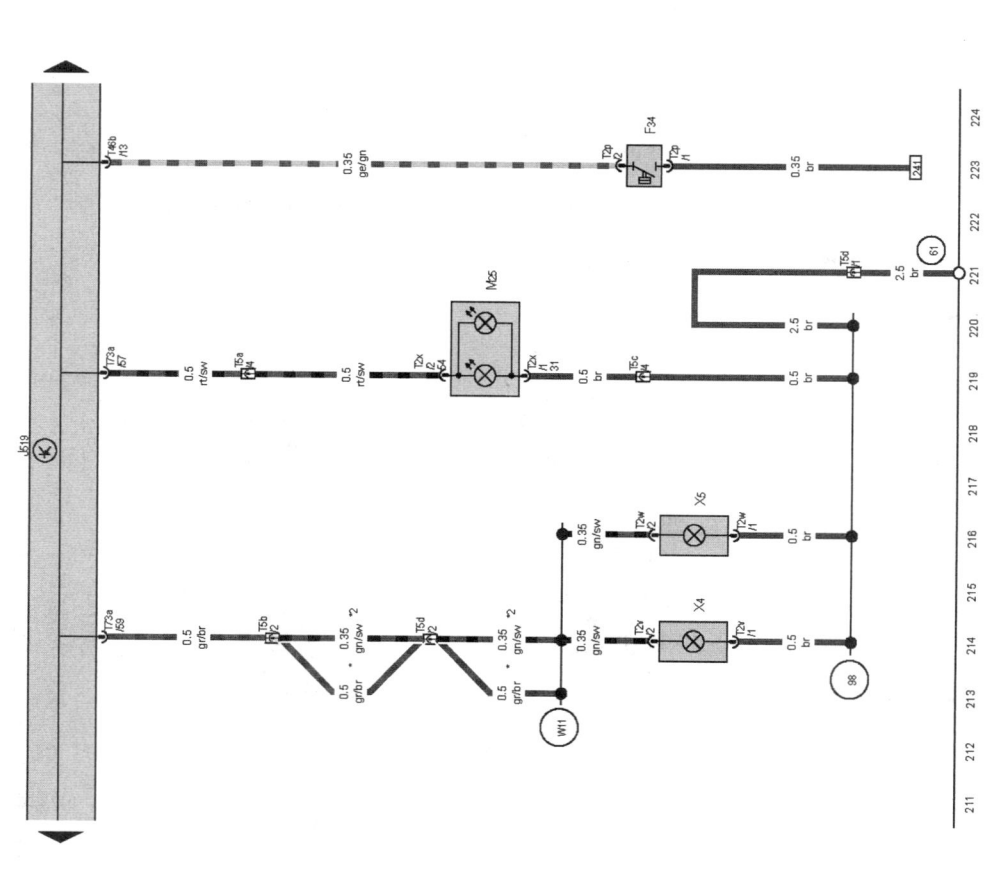

制动液液位警告信号触点、车载电网控制单元、高位制动信号灯单元、左侧牌照灯、右侧牌照灯

警报灯开关、高音扬声器、低音扬声器、车载电网控制单元、闪烁报警装置指示灯、开关照明灯泡

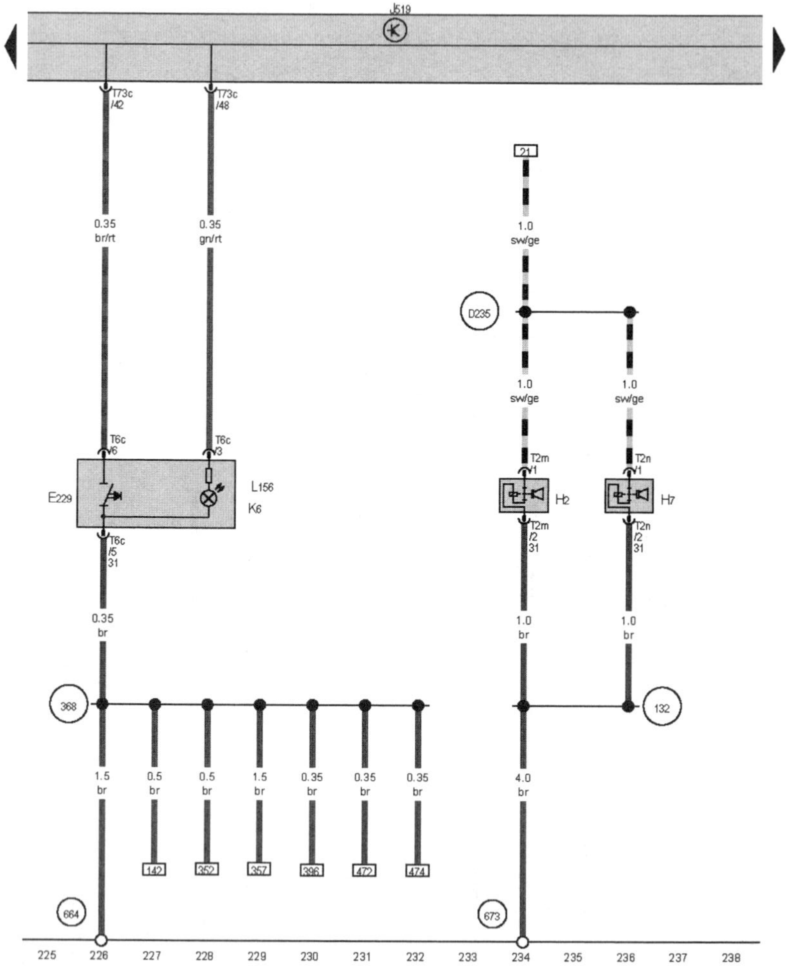

图2-5-16

F34—制动液液位警告信号触点 J519—车载电网控制单元 M25—高位制动信号灯灯泡 T2p—2芯插头连接，黑色 T2v—2芯插头连接，黑色 T2w—2芯插头连接，黑色 T2x—2芯插头连接，黑色 T5a—5芯插头连接，左侧C柱附近，黑色 T5b—5芯插头连接，左侧C柱附近，黑色 T5c—5芯插头连接，在后备箱盖内，棕色 T5d—5芯插头连接，在后备箱盖内，棕色 T46b—46芯插头连接，黑色 T73a—73芯插头连接，黑色 X4—左侧牌照灯 X5—右侧牌照灯 61—左侧C柱上的接地点 98—接地点 W11—后备箱盖号线束中的连接（58）*—自2017年6月起 *2—截至2017年6月

图2-5-17

E229—警报灯开关 H2—高音扬声器 H7—低音扬声器 J519—车载电网控制单元 K6—闪烁报警装置指示灯 L156—开关照明灯泡 T2m—2芯插头连接，黑色 T2n—2芯插头连接，黑色 T6c—6芯插头连接，黑色 T73c—73芯插头连接，黑色 132—接地连接，在发动机舱号线束中 368—接地点3，在主导线束中 664—左侧仪表板后面的接地点 673—左前纵梁上的接地点3 D235—连接（双音喇叭），在发动机舱号线束中

298

车载电网控制单元、左侧后雾灯灯泡、左侧尾灯、左侧尾灯灯泡、左后转向信号灯灯泡、
左侧倒车灯灯泡、左侧制动信号灯和尾灯灯泡、左侧制动尾灯灯泡

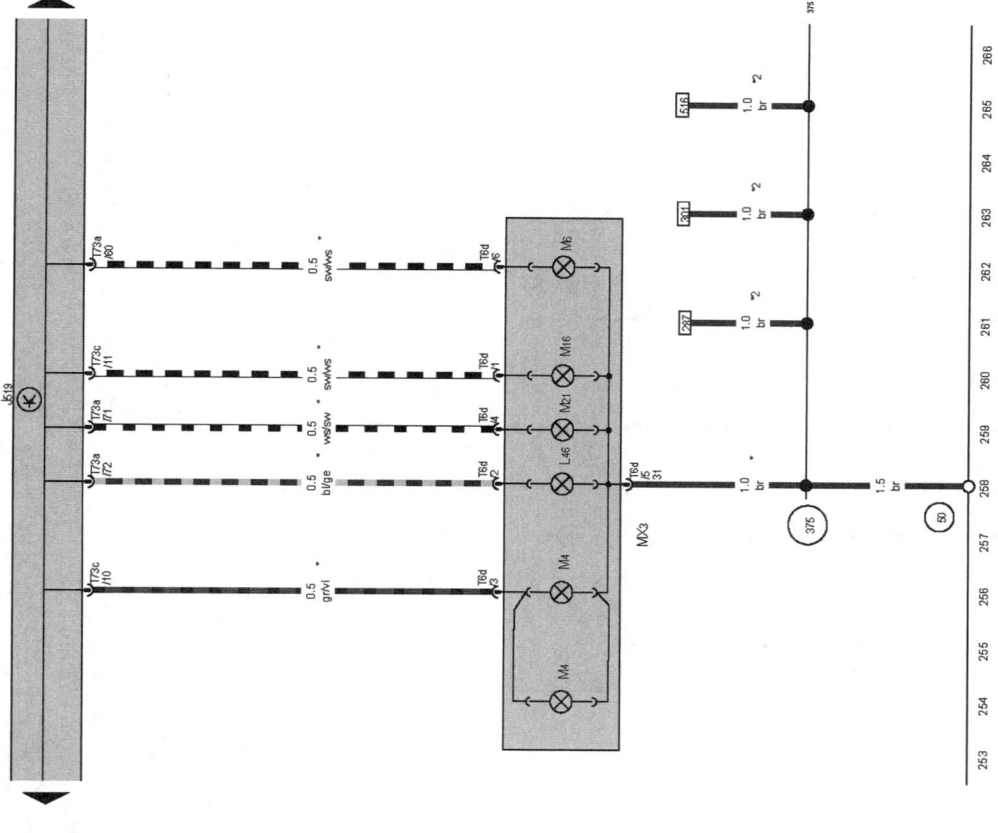

J519-车载电网控制单元 L46-左侧后雾灯灯泡 MX3-左侧尾灯 M4-左侧尾灯灯泡 M6-左后转向信号灯
灯泡 M16-左侧倒车灯灯泡 M21-左侧制动信号灯和尾灯灯泡 T6d-6芯插头连接，黑色 T73a-73芯插头
连接，黑色 T73c-73芯插头连接，黑色 50-后备箱内左侧的接地点 375-接地连接10，在主导线束中 *-
截至2017年6月 *2-自2017年6月起

图 2-5-19

制动信号灯开关、倒车灯开关、制动踏板开关、车载电网控制单元

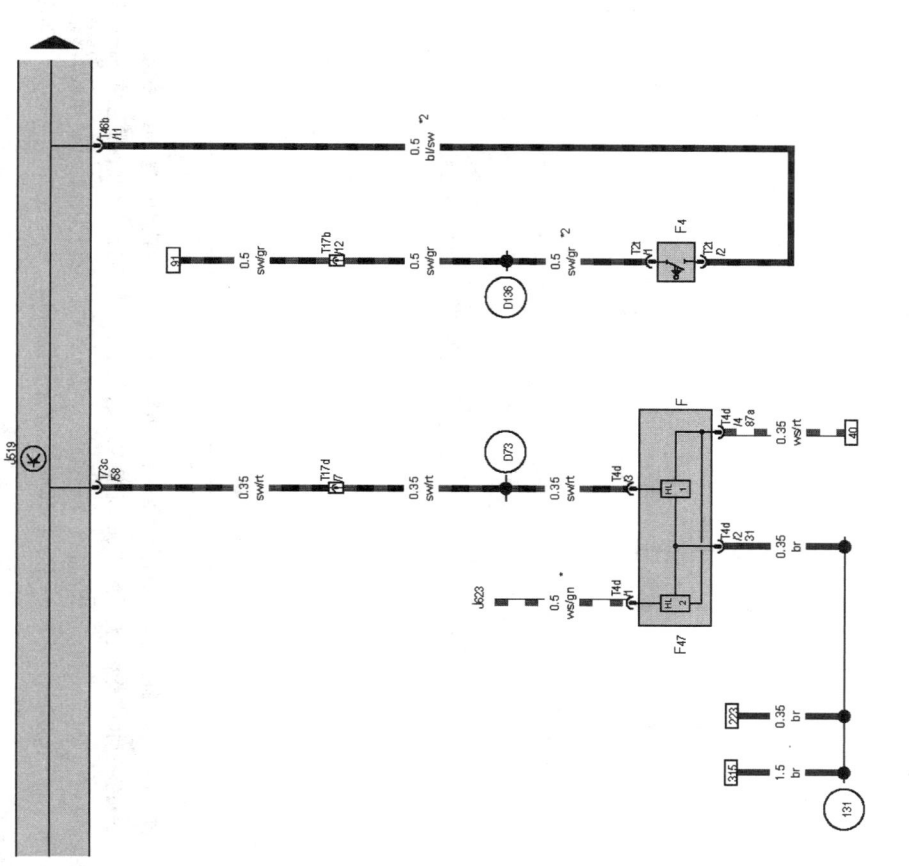

F-制动信号灯开关 F4-倒车灯开关 F47-制动踏板开关 J519-车载电网控制单元 J623-发动机控制单元
T2r-2芯插头连接，黑色 T4d-4芯插头连接，黑色 T17b-17芯插头连接，左侧A柱下部，棕色 T17d-17
芯插头连接，左侧A柱下部，蓝色 T46b-46芯插头连接，黑色 T73c-73芯插头连接，黑色 131-接地连接
2，在发动机舱导线束中 D73-正极连接（54），在发动机舱导线束中 D136-正极连接2（15a），在用于带手动变速器的汽车
机舱导线束中 *-见发动机所适用的电路图 *2-用于带手动变速器的汽车

图 2-5-18

299

车载电网控制单元、左侧尾灯、左侧尾灯灯泡、左侧转向信号灯灯泡、左后转向信号灯灯泡、左后制动信号灯灯泡、左侧制动信号灯泡、左侧倒车灯灯泡

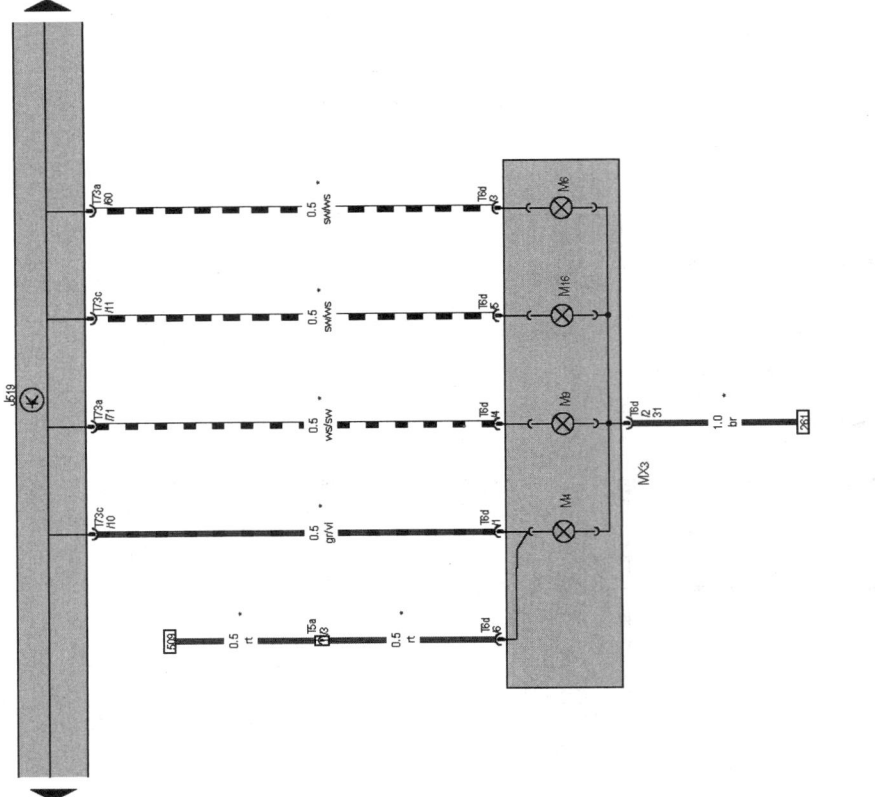

281	282	283	284	285	286	287	288	289	290	291	292	293	294

J519-车载电网控制单元 MX3-左侧尾灯 M4-左侧尾灯灯泡 M6-左后转向信号灯灯泡 M9-左侧制动信号灯灯泡 M16-左侧倒车灯灯泡 T5a-5芯插头连接,左侧C柱附近 T6d-6芯插头连接,黑色 T73a-73芯插头连接,黑色 T73c-73芯插头连接,黑色 *-自2017年6月起

图 2-5-21

车载电网控制单元、右侧尾灯、右侧尾灯灯泡、右侧转向信号灯灯泡、右侧倒车灯灯泡、右侧制动信号灯灯泡和尾灯灯泡

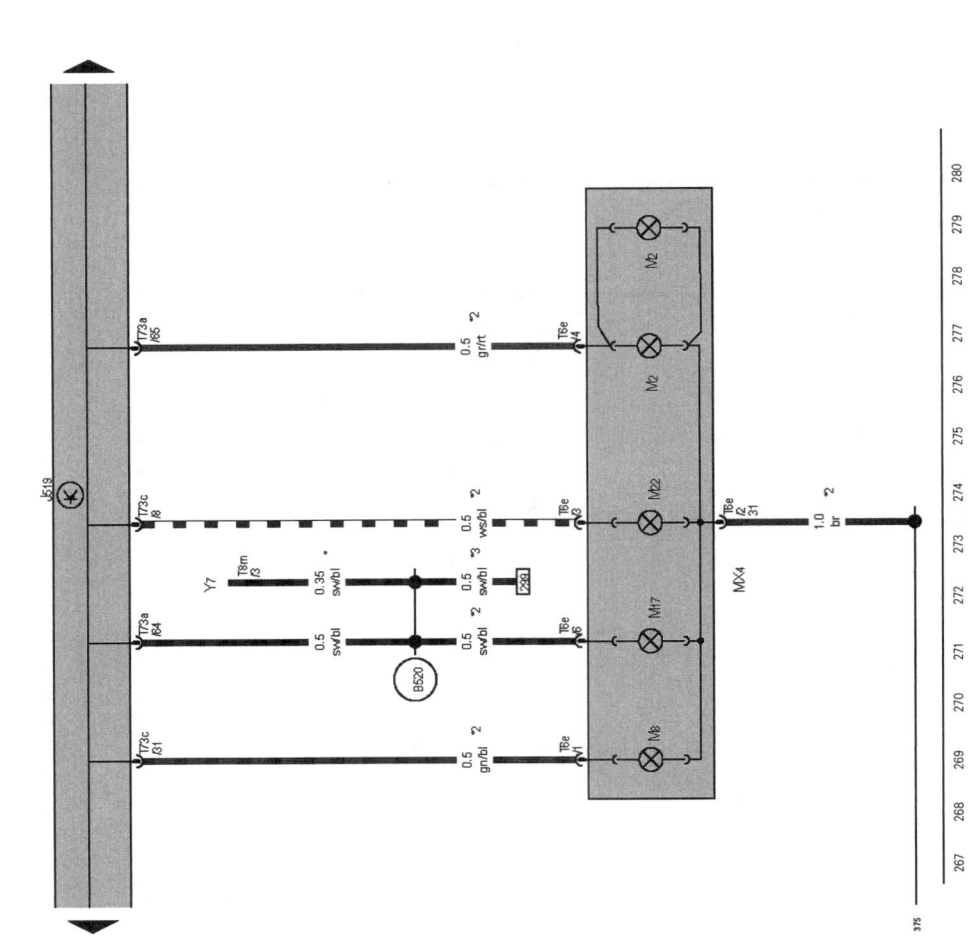

375

267	268	269	270	271	272	273	274	275	276	277	278	279	280

图 2-5-20

J519-车载电网控制单元 M2-右侧尾灯灯泡 MX4-右侧尾灯 M8-右后转向信号灯灯泡 M17-右侧倒车灯灯泡 M22-右侧尾灯灯泡 T6e-6芯插头连接 T8m-8芯插头连接,黑色 T73a-73芯插头连接,黑色 T73c-73芯插头连接,黑色 Y7-自动防眩车内后视镜 375-接地连接10,在主导线束中 B520-连接10,在主导线束中 *-用于带自动防眩车内后视镜的汽车 *2-截至2017年6月 *3-自2017年6月起

300

刮水器电机控制单元、车载电网控制单元、左侧前雾灯灯泡、右侧前雾灯灯泡、左侧静态弯道灯、右侧静态弯道灯、大灯清洗装置泵、驾驶员侧车窗玻璃刮水器电机

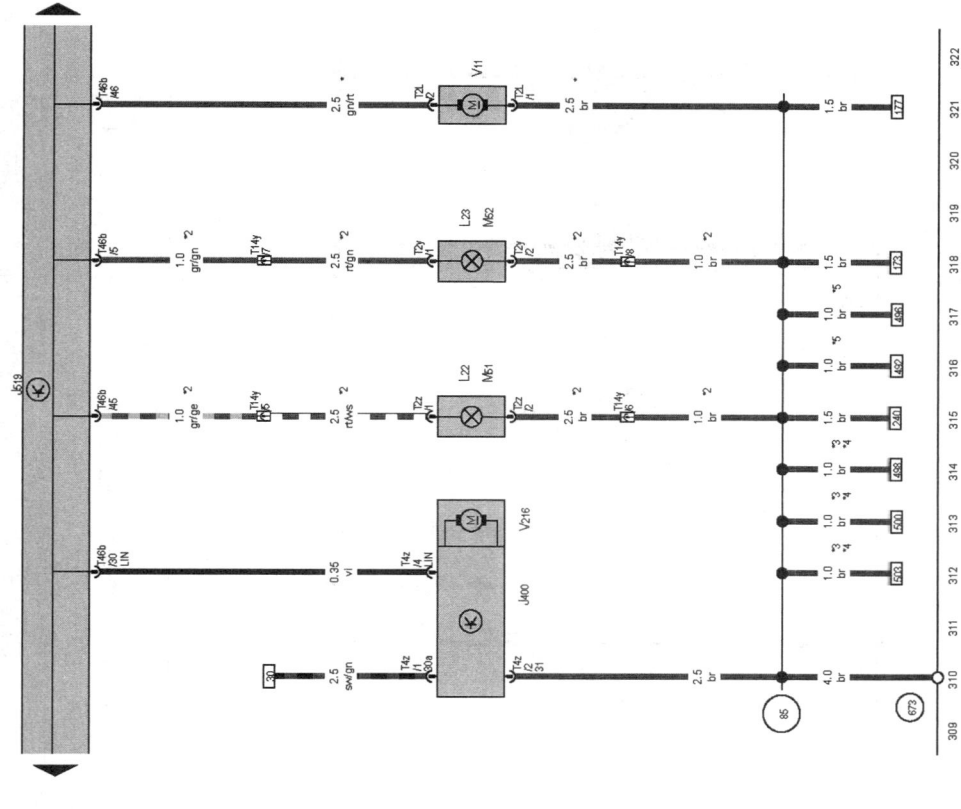

图 2-5-23

J400-刮水器电机控制单元 J519-车载电网控制单元 L22-左侧前雾灯灯泡 L23-右侧前雾灯灯泡 M51-左侧静态弯道灯 M52-右侧静态弯道灯 T2L-2芯插头连接，黑色 T2y-2芯插头连接，黑色 T2z-2芯插头连接，黑色 T4z-4芯插头连接，黑色 T14y-14芯插头连接，黑色 T46b-46芯插头连接，左前保险杠内，黑色 V11-大灯清洗装置泵 V216-驾驶员侧车窗玻璃刮水器电机 85-接地连接1，在发动机舱内线束中 673-左前纵梁上的接地点3 *-用于带大灯清洗装置的汽车 *2-截至2016年1月 *3-自2016年1月起 *4-截至2017年6月 *5-自2017年6月起

车载电网控制单元、右侧尾灯灯泡、右侧尾灯、右侧信号灯灯泡、右后转向信号灯灯泡、右侧制动信号灯灯泡、右侧倒车灯灯泡

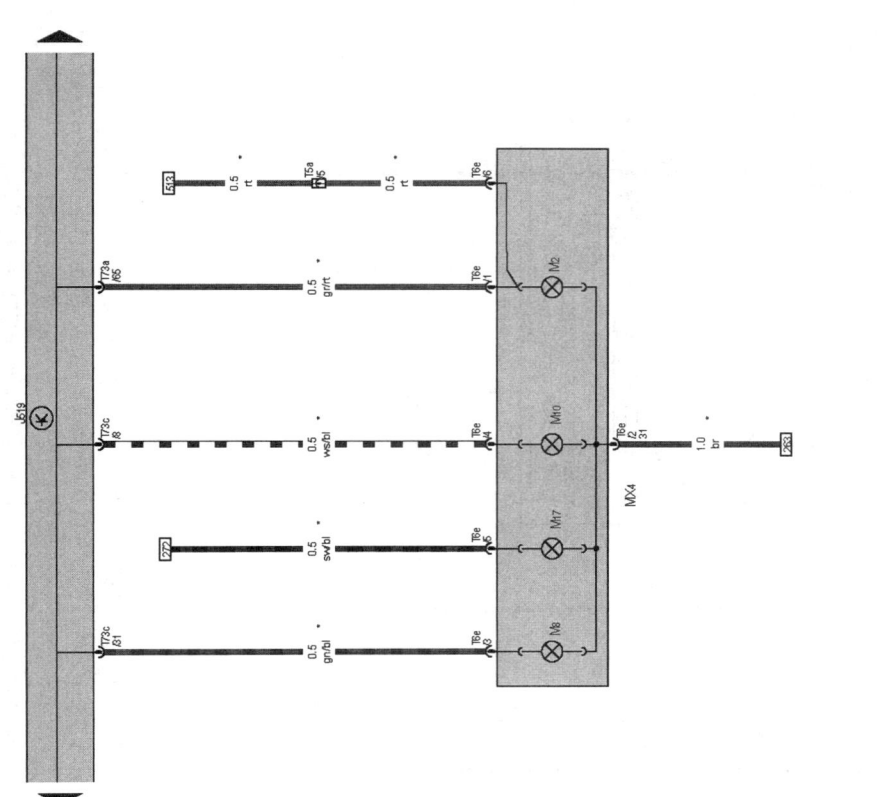

图 2-5-22

J519-车载电网控制单元 M2-右侧尾灯灯泡 MX4-右侧尾灯 M8-右后转向信号灯灯泡 M10-右侧制动信号灯灯泡 M17-右侧倒车灯灯泡 T5a-5芯插头连接，左侧C柱附近，黑色 T6e-6芯插头连接，黑色 T73a-73芯插头连接，黑色 T73c-73芯插头连接，黑色 *-自2017年6月起

301

车载电网控制单元、左后阀读灯、右后阀读灯、右侧后备箱照明、后部车内照明灯

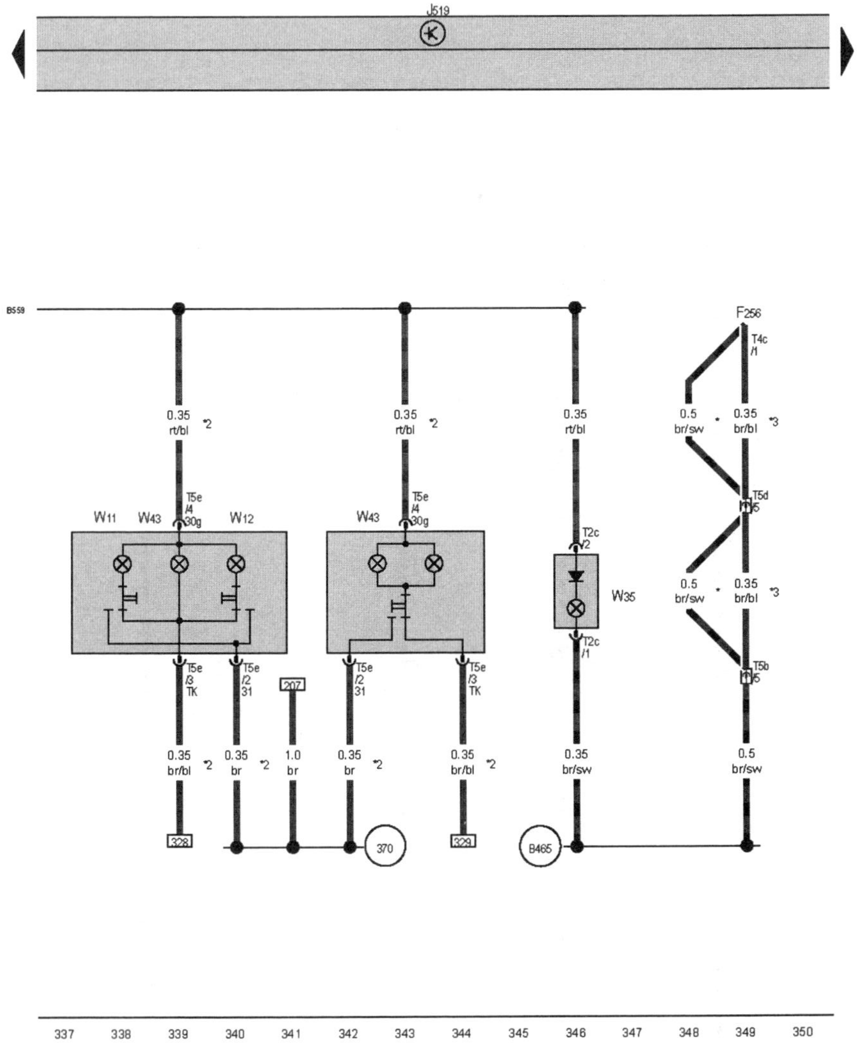

车载电网控制单元、中控台照明灯泡、开关照明灯泡、前后窗玻璃清洗泵、前内灯、副驾驶员侧阀读灯、驾驶员侧阀读灯

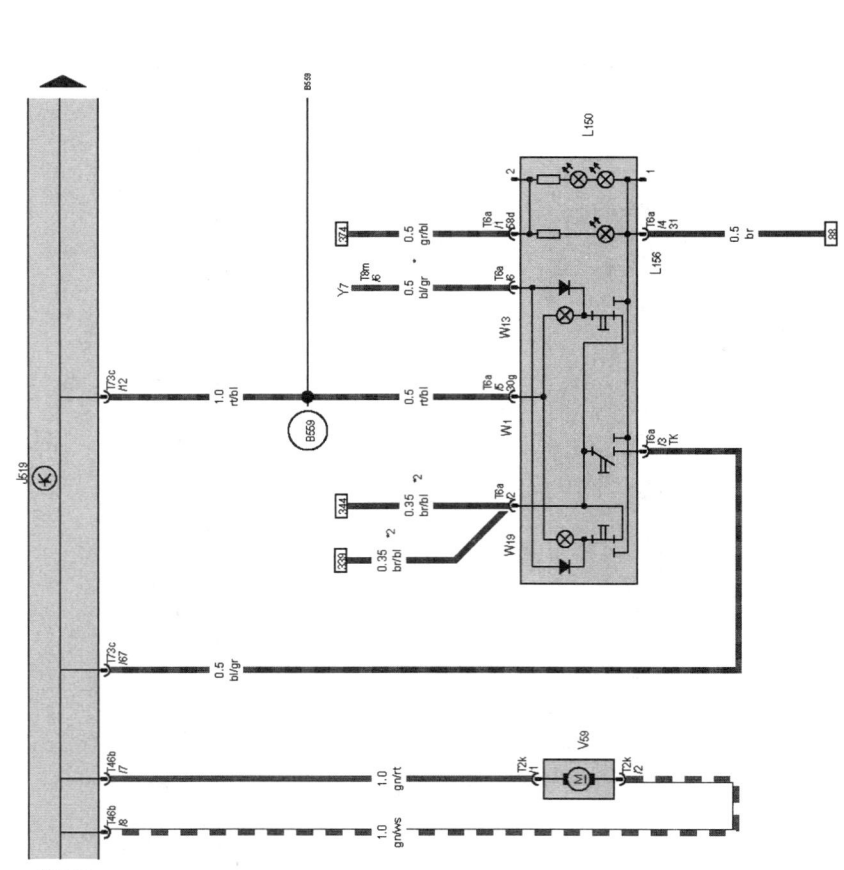

F256-后备箱盖闭锁单元 J519-车载电网控制单元 T2c-2芯插头连接，黑色 T4c-4芯插头连接，黑色 T5b-5芯插头连接，棕色 T5d-5芯插头连接，在后备箱盖内，左侧C柱附近 T5e-5芯插头连接，黑色 W11-左后阀读灯 W12-右后阀读灯 W35-右侧后备箱照明 W43-后部车内照明灯 370-接地连接5，在主导线束中 B465-连接1，在主导线束中 B559-正极连接1（30g），在主导线束中 *-自2017年6月起
*2-依汽车装备而定 *3-截至2017年6月

图 2-5-25

J519-车载电网控制单元 L150-中控台照明灯泡 L156-开关照明灯泡 T2k-2芯插头连接，黑色 T6a-6芯插头连接，黑色 T8m-8芯插头连接，蓝色 T46b-46芯插头连接，黑色 T73c-73芯插头连接，黑色 V59-前后窗玻璃清洗泵 W1-前内灯 W13-副驾驶员侧阀读灯 W19-驾驶员侧阀读灯 Y7-自动防眩车内后视镜 B465-连接1（30g），在主导线束中 B559-正极连接 1（30g），在主导线束中 *-用于带自动防眩车内后视镜的汽车 *2-依汽车装备而定

图 2-5-24

302

车载电网控制单元、插座照明灯泡、储物箱照明灯泡、插座、点烟器、12 V插座 2

车载电网控制单元、USB 充电插座 1、左侧脚部空间照明灯、右侧伸腿空间照明灯、左后脚部空间照明灯、右后脚部空间照明灯

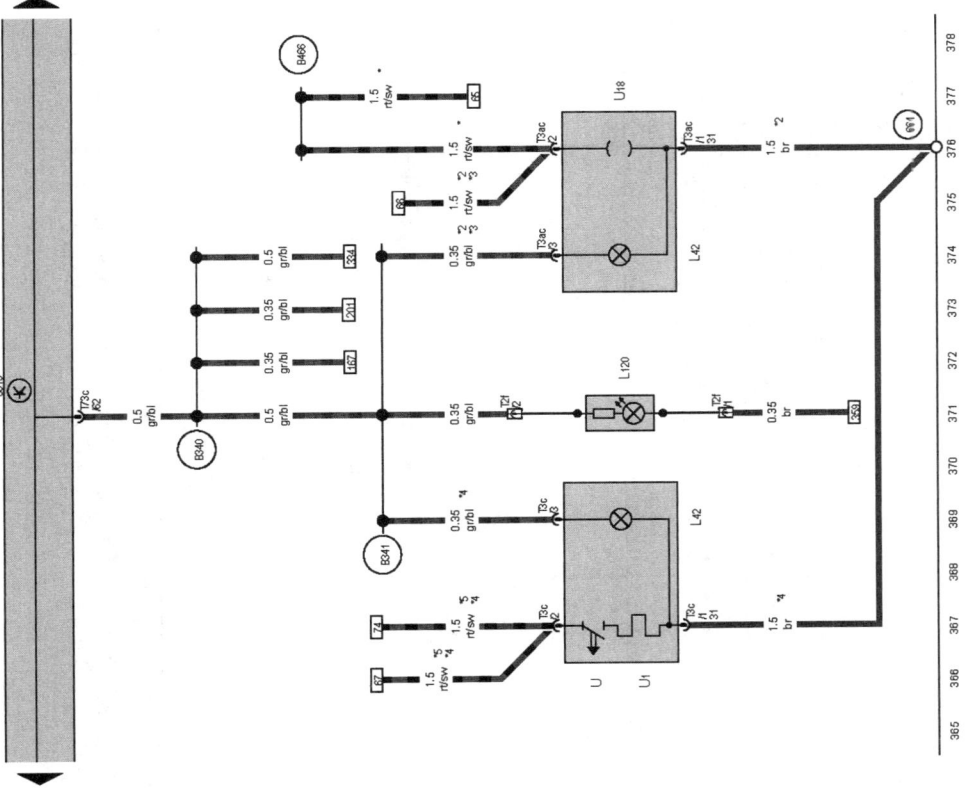

J519-车载电网控制单元 L42-插座照明灯泡 L120-储物箱照明灯泡 T2f-2芯插头连接，黑色 T3ac-3芯插头连接，白色 T3c-3芯插头连接，白色 T73c-73芯插头连接，黑色 U1-点烟器 U18-12V插座 2 664-左侧仪表板后面接地点 B340-连接1（58d），在主导线束中 B341-连接2（58d），在主导线束中 B466-连接2，在主导线束中 *1-自2016年1月起 *2-自2016年1月起 *3-截至2017年6月 *4-截至2016年1月 *5-依汽车装备而定

图 2-5-27

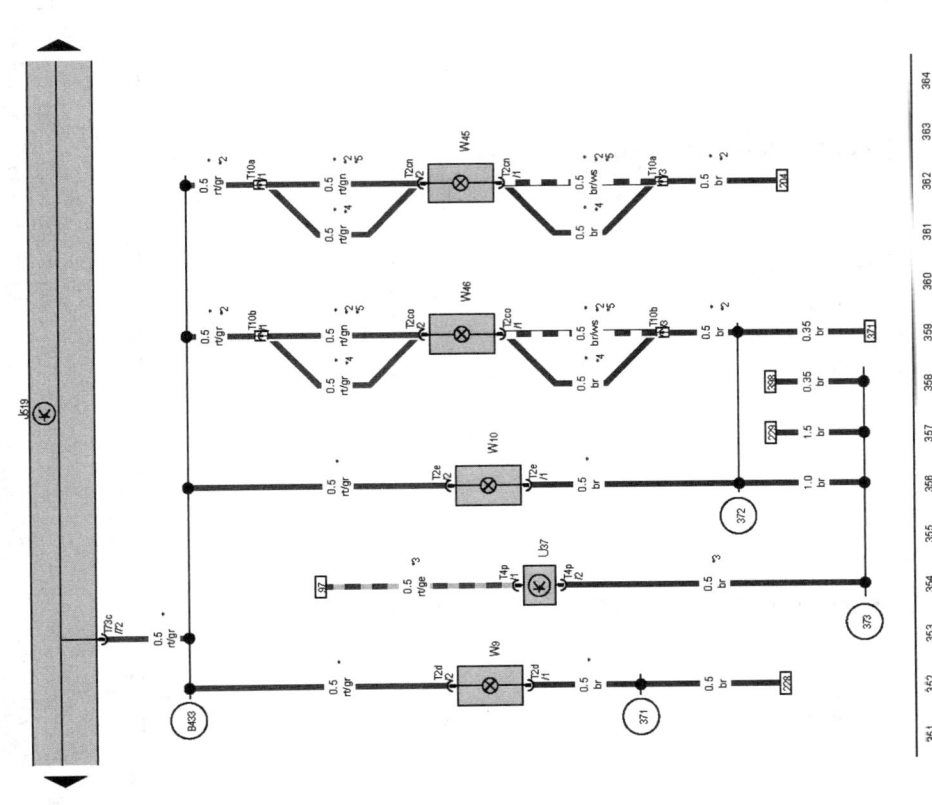

J519-车载电网控制单元 T2cm-2芯插头连接 T2co-2芯插头连接，黑色 T2d-2芯插头连接，黑色 T2e-2芯插头连接 T4p-4芯插头连接，副驾驶员座椅下方 T10a-10芯插头连接，红色 T10a-10芯插头连接，驾驶员座椅下方，黑色 T10b-10芯插头连接 T73c-73芯插头连接，黑色 U37-USB充电插座1 W9-左侧脚部空间照明灯 W10-右侧伸腿空间照明灯 W45-左后脚部空间照明灯 W46-右后脚部空间照明灯 371-接地 372-接地连接7，在主导线束中 373-接地连接8，在主导线束中 B433-连接 *1-用于带脚部空间照明的汽车 *2-自2015年7月起 *3-用于有USB充电插座空间照明），在2017年6月起，在主导线束中 *4-自2017年6月起 *5-截至2017年6月

图 2-5-26

防盗锁止系统识读线圈、手制动器指示灯开关、组合仪表中的控制单元、防盗锁止系统控制单元、车载电网控制单元、冷却液温度和冷却液不足显示指示灯、制动系统指示灯、数字时钟

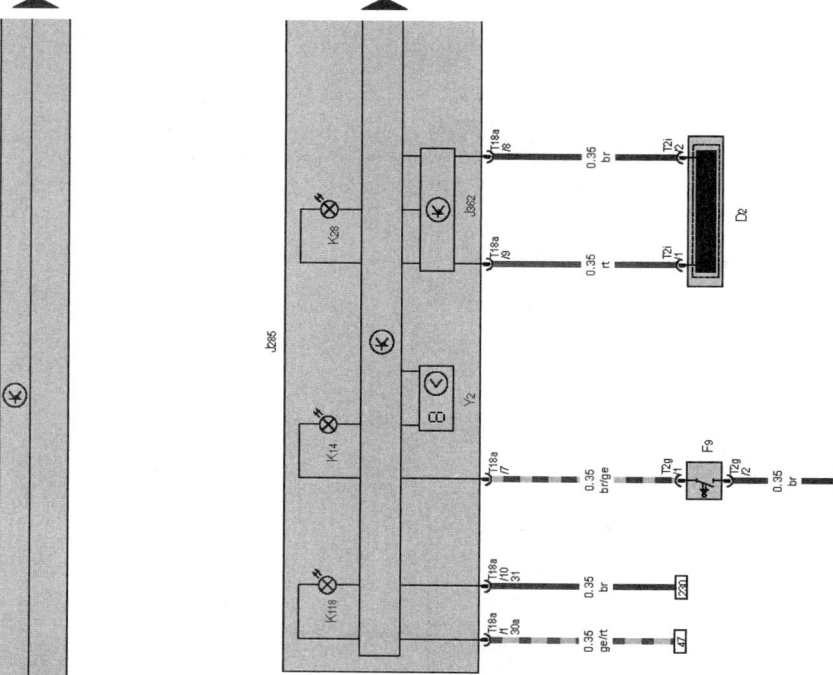

D2-防盗锁止系统识读线圈 F9-手制动器指示灯开关 J285-组合仪表中的控制单元 J362-防盗锁止系统控制单元 J519-车载电网控制单元 K14-手制动器指示灯 K28-冷却液温度和冷却液不足显示指示灯 K118-制动系统指示灯 T2g-2芯插头连接 T2i-2芯插头连接，黑色 T2r-2芯插头连接，黑色 T18a-18芯插头连接，黑色 Y2-数字时钟

图 2-5-29

发动机舱盖接触开关、车外温度传感器、冷却液不足显示传感器、车窗玻璃清洗液液位传感器、车载电网控制单元

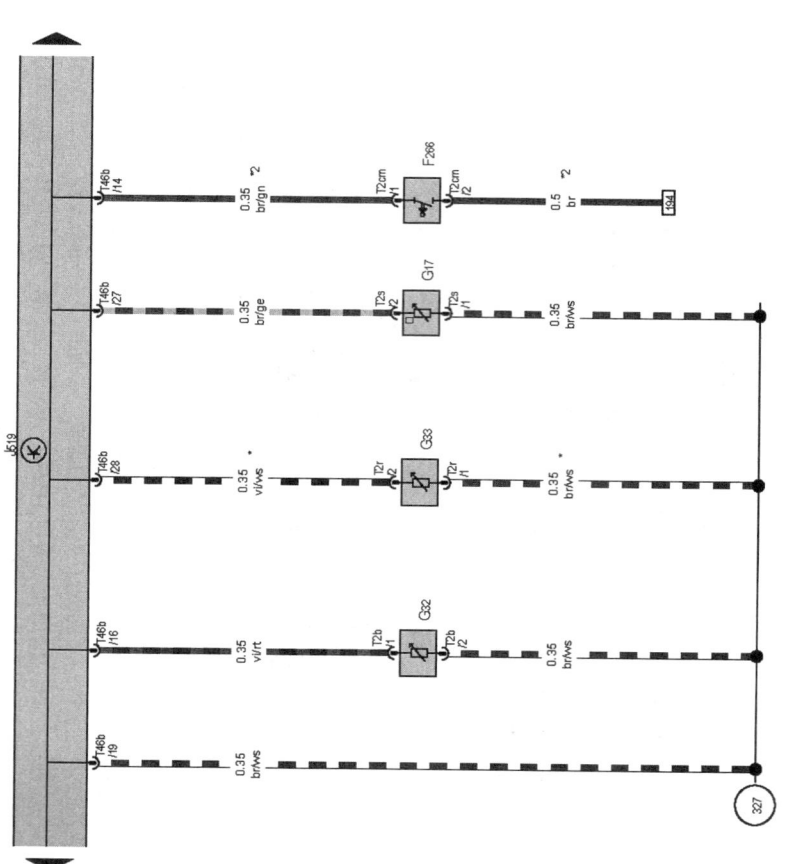

F266-发动机舱盖接触开关 G17-车外温度传感器 G32-冷却液温度传感器 G33-车窗玻璃清洗液液位传感器 J519-车载电网控制单元 T2b-2芯插头连接 T2cm-2芯插头连接，黑色 T2r-2芯插头连接，黑色 T46b-46芯插头连接，黑色 327-接地连接（传感器接地），在发动机舱导线束中 *-用于带大灯清洗装置的汽车 *2-用于带发动机自动启停系统的汽车

图 2-5-28

多功能显示器、组合仪表中的控制单元、车载电网控制单元、远光灯指示灯、发电机指示灯、ABS 指示灯、左侧转向信号灯指示灯、清洗液不足指示灯、电子稳定程序和 ASR 指示灯

机油油位指示灯、

组合仪表中的控制单元、车载电网控制单元、后雾灯指示灯、前雾灯指示灯、定速巡航装置指示灯、安全气囊指示灯、右侧转向信号灯指示灯、灯泡失灵指示灯、电子稳定程序和 ASR 指示灯 2、组合仪表照明灯泡

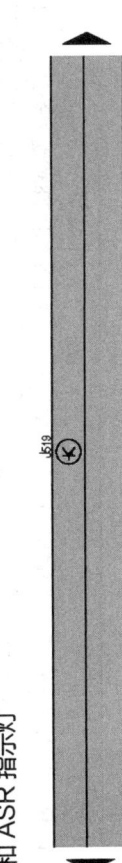

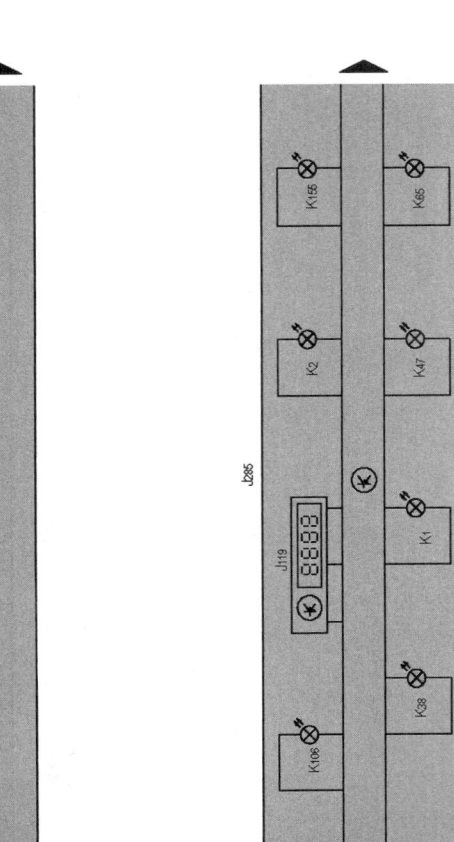

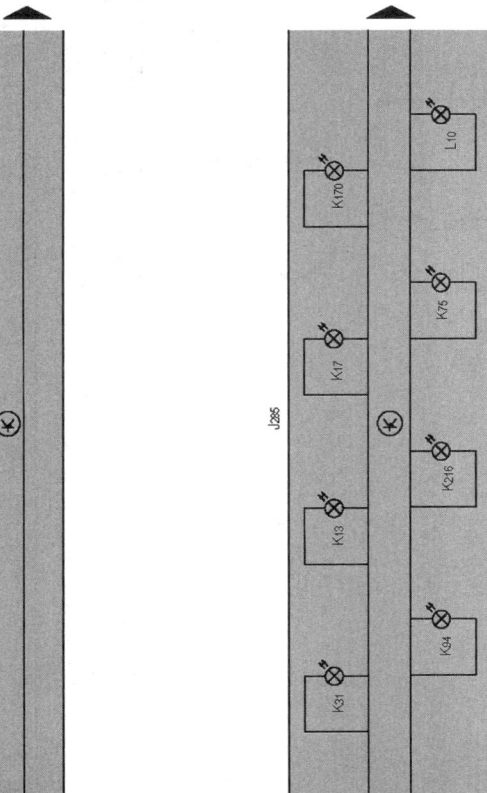

图 2-5-30

J119-多功能显示器 J285-组合仪表中的控制单元 J519-车载电网控制单元 K1-远光灯指示灯 K2-发电机指示灯 K47-ABS指示灯 K65-左侧转向信号灯指示灯 K106-清洗液不足指示灯 K155-电子稳定程序和ASR指示灯 K38-机油油位指示灯

407 408 409 410 411 412 413 414 415 416 417 418 419 420

图 2-5-31

J285-组合仪表中的控制单元 J519-车载电网控制单元 K13-后雾灯指示灯 K17-前雾灯指示灯 K31-定速巡航装置指示灯 K75-安全气囊指示灯 K94-右侧转向信号灯指示灯 K170-灯泡失灵指示灯 K216-电子稳定程序和ASR指示灯2 L10-组合仪表照明灯泡

421 422 423 424 425 426 427 428 429 430 431 432 433 434

组合仪表中的控制单元、车载电网控制单元、安全带警告指示灯、废气警告灯、电子油门
故障信号灯、机电式助力转向器指示灯、车门打开指示灯、选挡杆指示灯、轮胎压力监控
显示指示灯、车道保持辅助系统指示灯

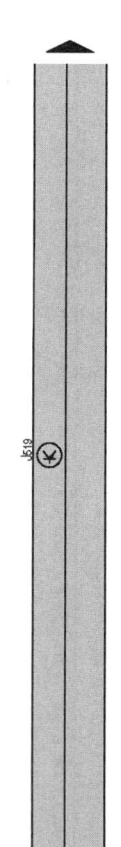

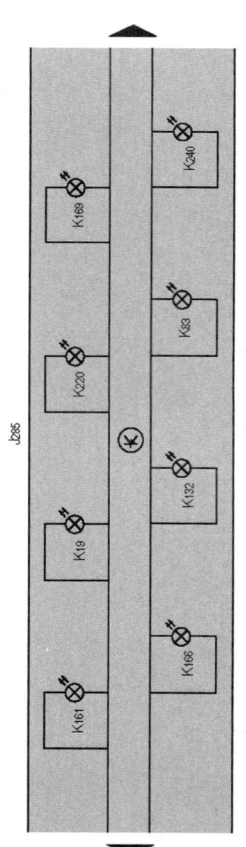

图 2-5-32

J285-组合仪表中的控制单元 J519-车载电网控制单元 K19-安全带警告指示灯 K83-废气警告灯 K132-
电子油门故障信号灯 K161-机电式助力转向器指示灯 K166-车门打开指示灯 K169-选挡杆指示灯
K220-轮胎压力监控显示指示灯 K240-车道保持辅助系统指示灯

转速表、车速表、警报蜂鸣器和警报音、组合仪表中的控制单元、车载电网控制单元、数
据总线诊断接口、里程表、选挡杆位置显示

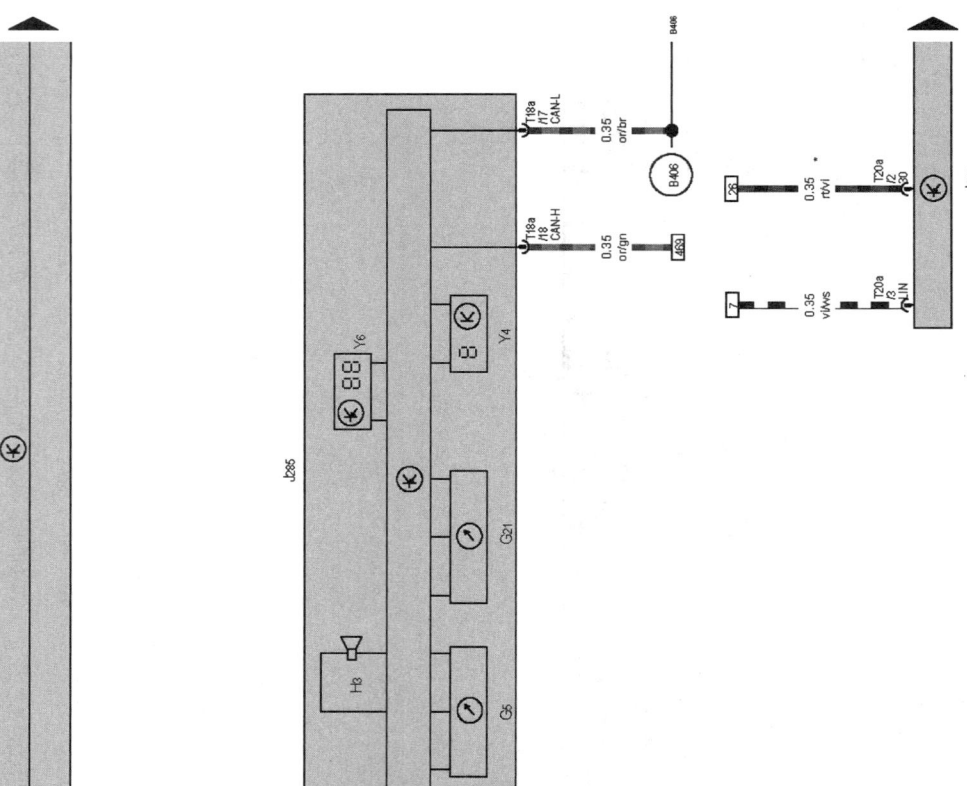

图 2-5-33

G5-转速表 G21-车速表 H3-警报蜂鸣器和警报音 J285-组合仪表中的控制单元 J519-车载电网控制单元
J533-数据总线诊断接口 T18a-18芯插头连接 T20a-20芯插头连接 Y4-里程表 Y6-选挡杆
位置显示 B406-连接1（舒适CAN总线，Low） 在主导线束中 *-用于不带发动机自动启停系统的汽车

306

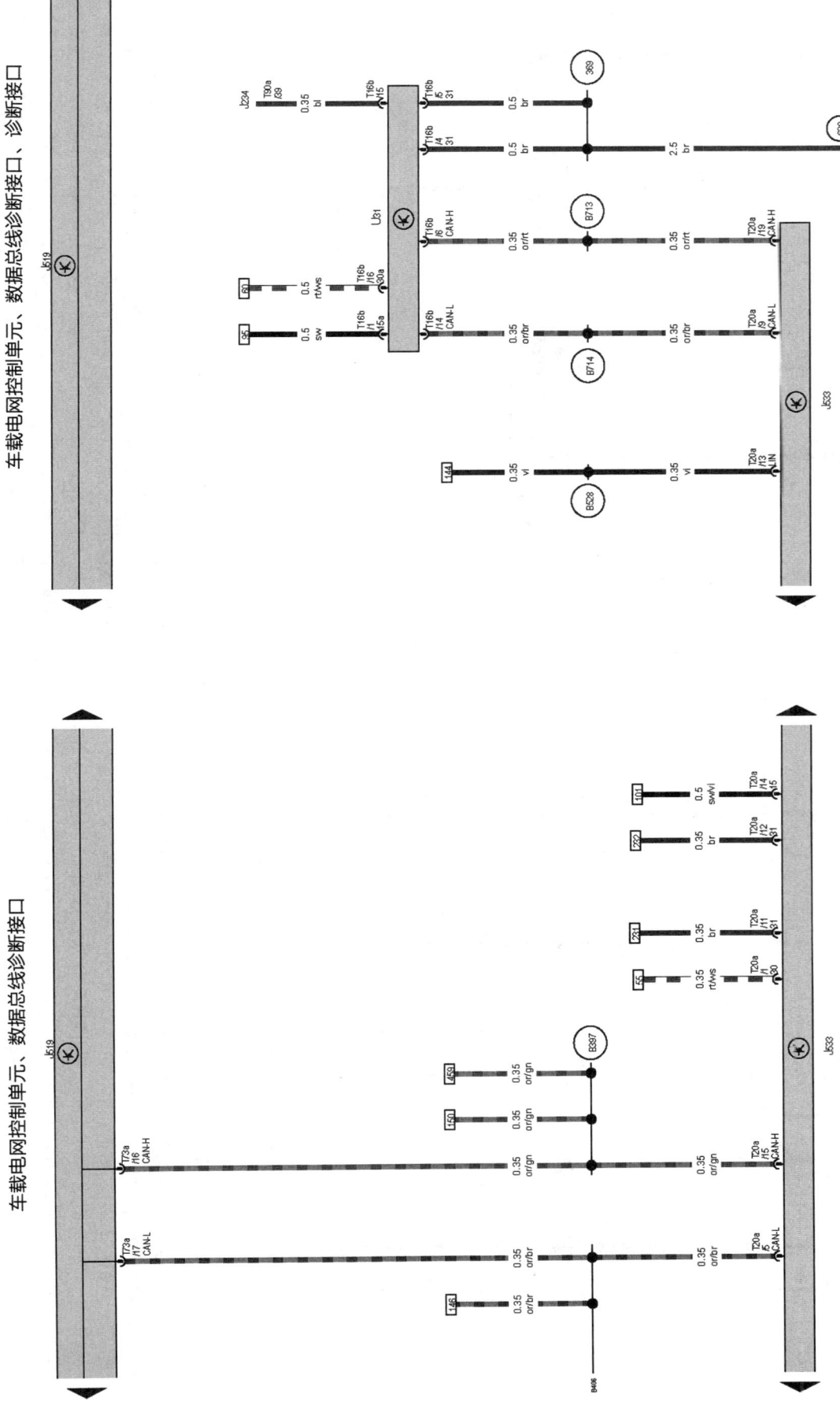

车载电网控制单元、数据总线诊断接口、诊断接口

图 2-5-35

J234-安全气囊控制单元 J519-车载电网控制单元 J533-数据总线诊断接口 T16b-16芯插头连接，黑色 T20a-20芯插头连接，红色 T90a-90芯插头连接，黄色 U31-诊断接口 369-接地连接4，在主导线束中 639-左A柱上的接地点 B528-连接1（LIN 总线），在主导线束中 B713-连接1（诊断 CAN 总线，High），在主导线束中 B714-连接1（诊断 CAN 总线，Low），在主导线束中

车载电网控制单元、数据总线诊断接口

图 2-5-34

J519-车载电网控制单元 J533-数据总线诊断接口 T20a-20芯插头连接 T73a-73芯插头连接，红色 B397-连接1（舒适 CAN 总线，High），在主导线束中 B406-连接1（舒适 CAN 总线，Low），在主导线束中

307

车载电网控制单元、左侧雾灯灯泡、右侧雾灯灯泡、右侧前雾灯灯泡、左侧前雾灯灯泡、左侧静态弯道灯、右侧静态弯道灯

车载电网控制单元、左侧雾灯灯泡、左侧后雾灯灯泡、左侧尾灯灯泡 2、左侧尾灯 2、右侧尾灯灯泡 2

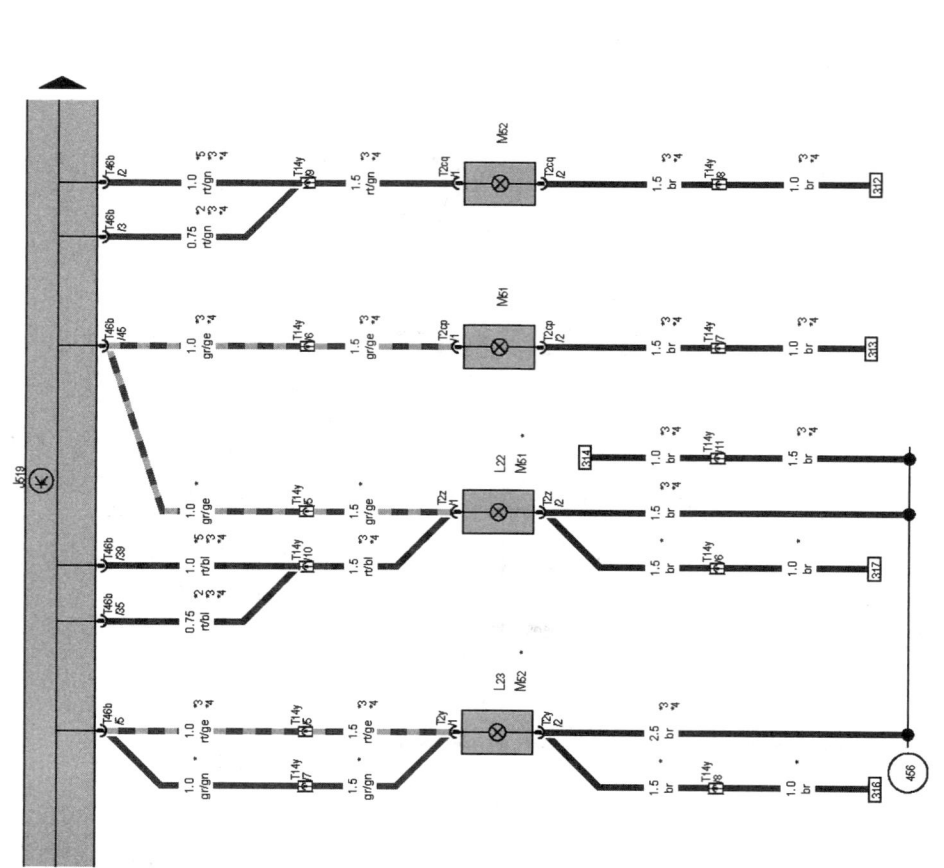

图 2-5-36

J519-车载电网控制单元 L22-左侧前雾灯灯泡 L23-右侧前雾灯灯泡 M51-左侧静态弯道灯 M52-右侧静态弯道灯 T2cp-2芯插头连接，黑色 T2cq-2芯插头连接，黑色 T2y-2芯插头连接，左侧静态弯道灯 T2z-2芯插头连接，黑色 T14y-14芯插头连接，左前保险杠内，左前保险杠内，黑色 T46b-46芯插头连接，黑色 456-接地连接，在前保险杠内 *1-自2017年6月起 *2-用于带大灯照明距离调节的汽车 *3-自2016年1月起 *4-截至2017年6月 *5-用于带自动大灯照明距离调节的汽车

图 2-5-37

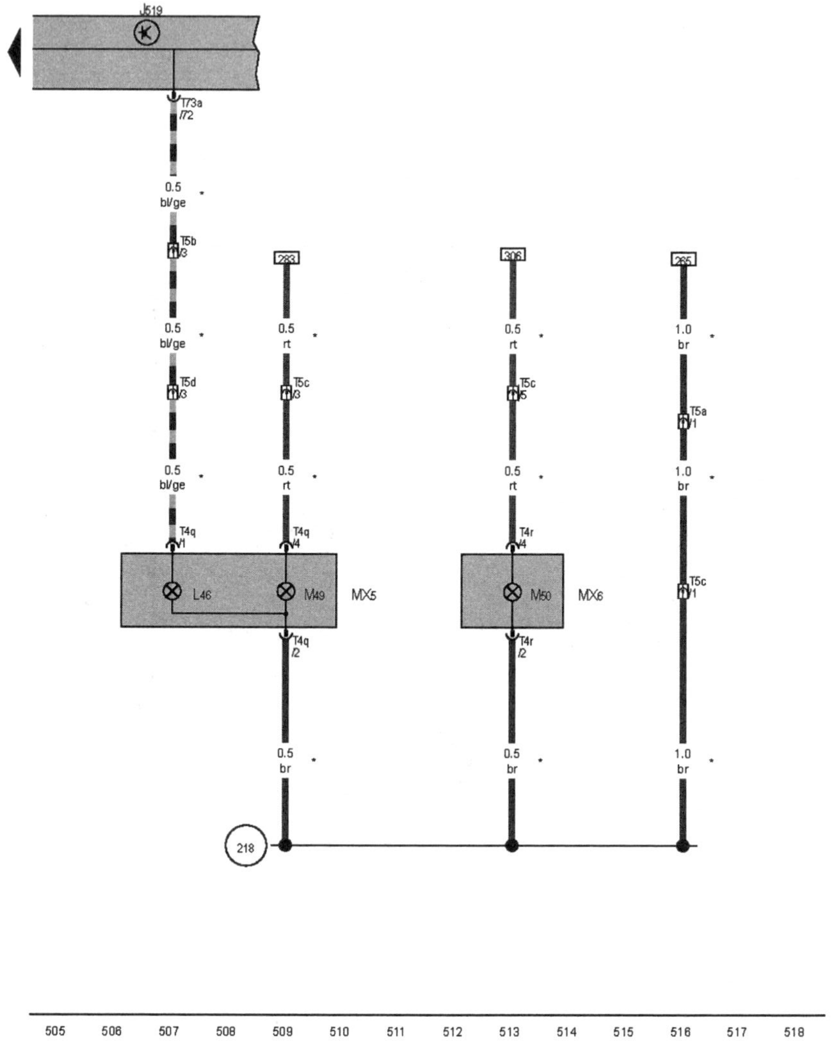

J519-车载电网控制单元 L46-左侧后雾灯灯泡 L47-左侧尾灯灯泡 MX5-左侧尾灯2 MX6-右侧尾灯2 M49-左侧尾灯灯泡2 M50-右侧尾灯灯泡2 T4q-4芯插头连接，黑色 T4r-4芯插头连接，左侧C柱附近，黑色 T5b-5芯插头连接，左侧C柱附近，黑色 T5c-5芯插头连接，在后备箱盖内，棕色 T5d-5芯插头连接，在后备箱盖内，棕色 T73a-73芯插头连接，黑色 218-接地连接，在后备箱盖导线束中 *1-自2017年6月起

第三章 明锐旅行车 NF PA（2厢）

第一节 发动机系统

发动机系统电路图的图号和图名对照表见表 3-1-1。

表 3-1-1　发动机系统电路图的图号和图名对照表

图号	图名
图 3-1-1 ～图 3-1-24	1.6L 汽油发动机（CSR、CSRA）电控系统电路图（自 2017 年 6 月起）
图 3-1-25 ～图 3-1-26	散热器风扇电路图（自 2017 年 6 月起）
图 3-1-27 ～图 3-1-53	带自动启停系统的 1.4 L 汽油发动机（CSS、CSRA）电控系统电路图（自 2017 年 6 月起）
图 3-1-54 ～图 3-1-81	带自动启停系统的 1.2L 汽油发动机（DJN、DJNA）系统电路图（自 2017 年 6 月起）

蓄电池、启动机、交流发电机、电压调节器

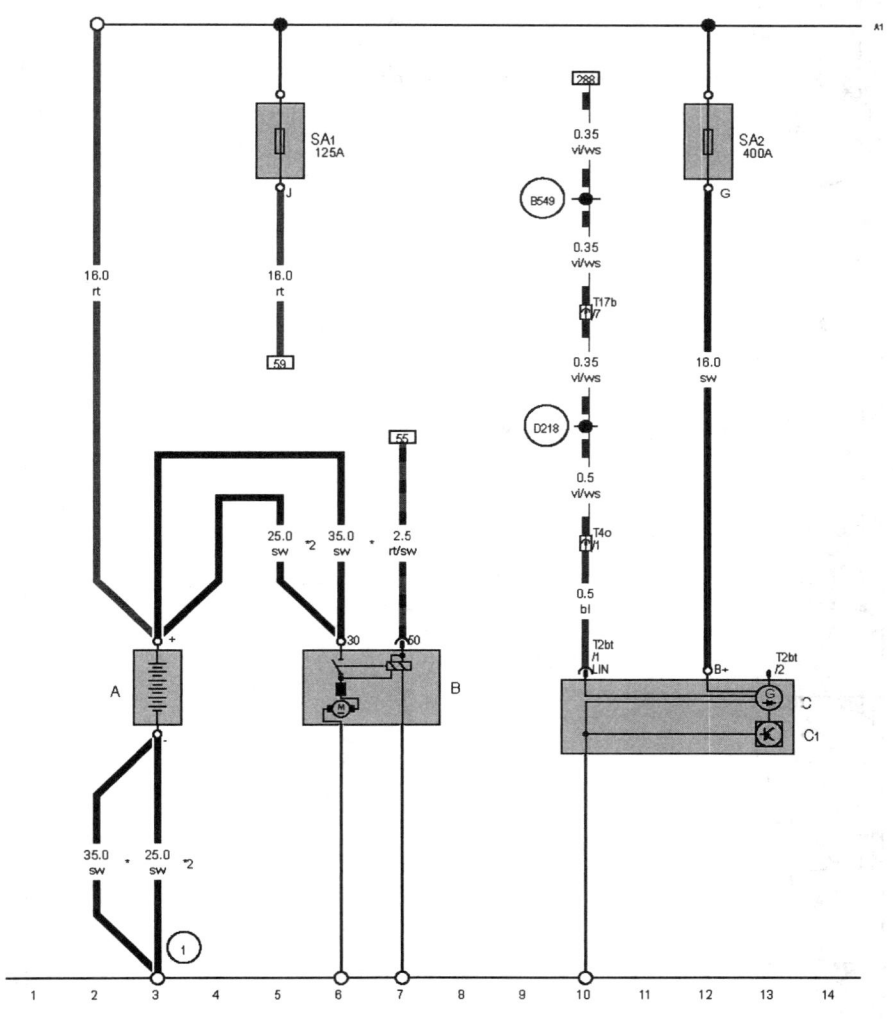

A-蓄电池 B-启动机 C-交流发电机 C1-电压调节器 SA1-保险丝架 A 上的保险丝1 SA2-保险丝架 A 上的保险丝2 T2bt-2芯插头连接，黑色 T4o-4芯插头连接，左前纵梁上，黑色 T17b-17芯插头连接，左侧 A 柱下部，棕色 1-接地带，蓄电池-车身 B549-连接 2（LIN 总线），在主导线束中 D218-连接 1（LIN 总线），在发动机舱导线束中 *-用于带自动变速器的汽车 *2-仅用于带手动变速器的汽车

图 3-1-1

保险丝架 B

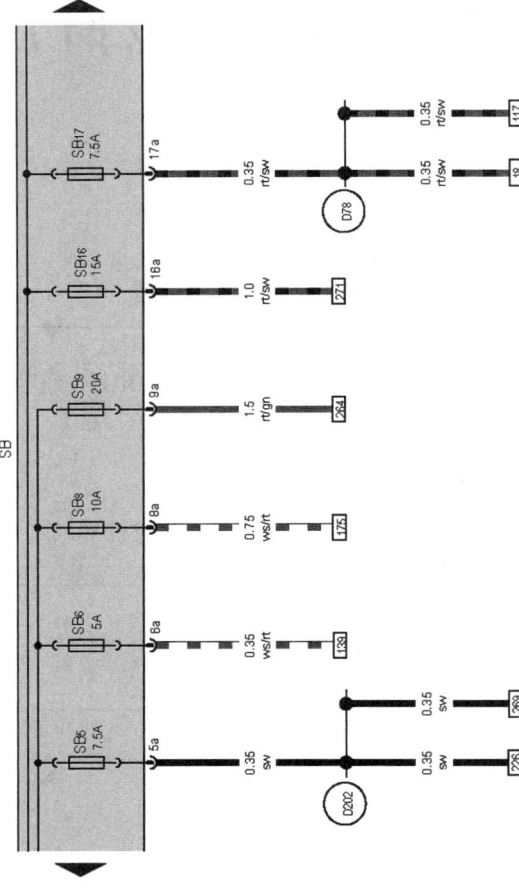

主继电器，保险丝架 B

保险丝架 B

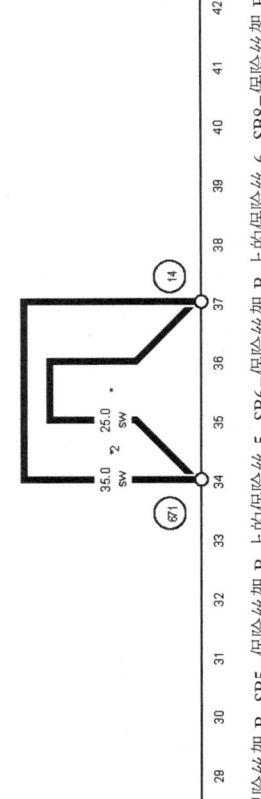

图 3-1-3

SB-保险丝架 B　SB5-保险丝架 B 上的保险丝 5　SB6-保险丝架 B 上的保险丝 6　SB8-保险丝架 B 上的保险丝 8　SB9-保险丝架 B 上的保险丝 9　SB16-保险丝架 B 上的保险丝 16　SB17-保险丝架 B 上的保险丝 17　14-变速器上的接地点　671-左前纵梁上的接地点 1　D78-正极连接 1（30a），在发动机舱导线束中　D202-连接 6（87a），在发动机舱导线束中　*-仅用于带手动变速器的汽车　*2-用于带自动变速器的汽车

图 3-1-2

J271-主继电器　SB-保险丝架 B　SB3-保险丝架 B 上的保险丝 3　SB4-保险丝架 B 上的保险丝 4　SB18-保险丝架 B 上的保险丝 18　T17d-17 芯插头连接，左侧 A 柱下部，蓝色　D180-连接 3（87a），在发动机舱导线束中　D182-连接 3（87a），在发动机舱导线束中

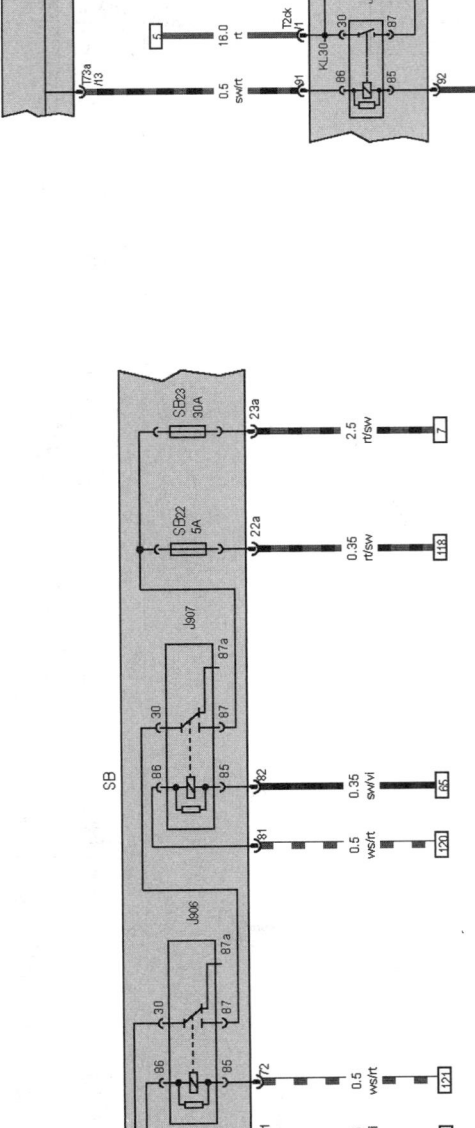

启动机继电器 1、启动机继电器 2、保险丝架 B

接线端 15 供电继电器、车载电网控制单元

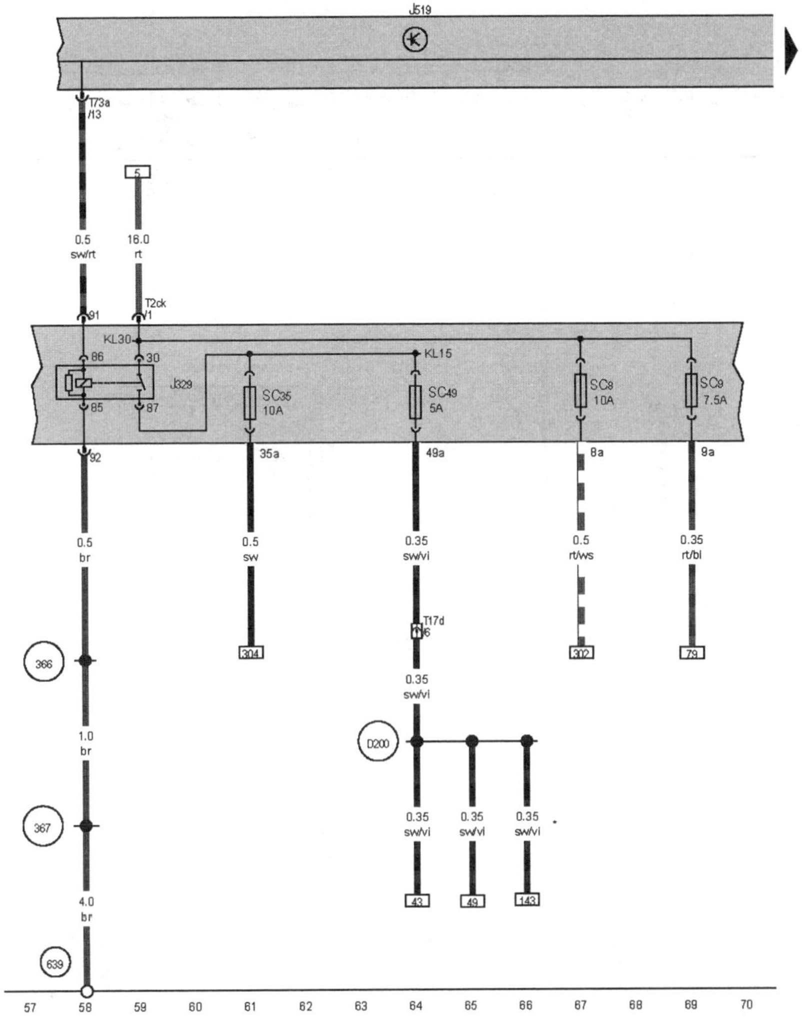

图 3-1-4

图 3-1-5

J906-启动机继电器 1 J907-启动机继电器 2 SB-保险丝架 B SB22-保险丝架 B 上的保险丝 22 SB23-保险丝架 B 上的保险丝 23

J329-接线端 15 供电继电器 J519-车载电网控制单元 SC8-保险丝架 C 上的保险丝 8 SC9-保险丝架 C 上的保险丝 9 SC35-保险丝架 C 上的保险丝 35 SC49-保险丝架 C 上的保险丝 49 T2ck-2芯插头连接 T17d-17芯插头连接，左侧 A 柱下部，蓝色 T73a-73芯插头连接，黑色 366-接地连接 1，在主导线束中 367-接地连接 2，在主导线束中 639-左 A 柱上的接地点 D200-正极连接 3（15a），在发动机舱导线束中 *-仅用于带手动变速器的汽车

冷却液不足显示传感器、车载电网控制单元、转向柱电子装置控制单元

点火启动开关、转向柱电子装置控制单元

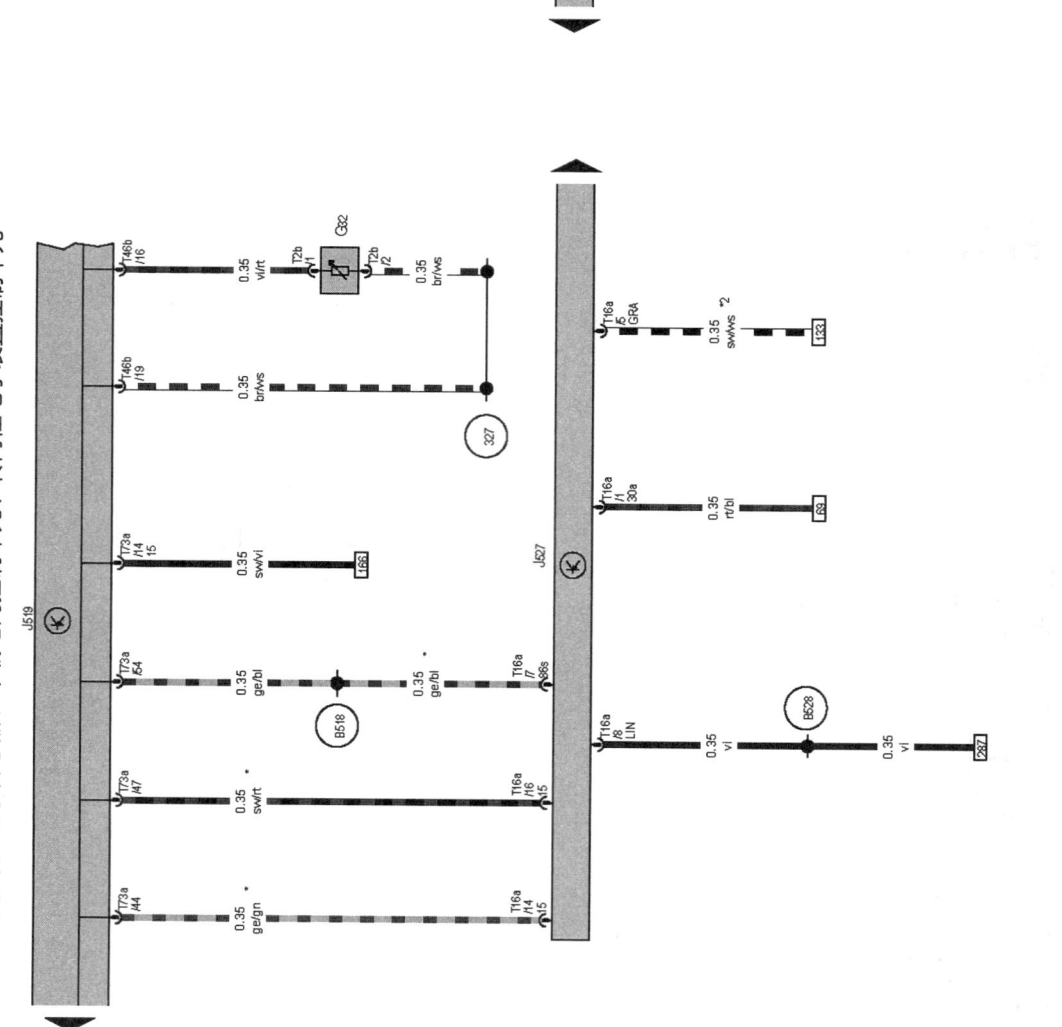

G32-冷却液不足显示传感器 J519-车载电网控制单元 J527-转向柱电子装置控制单元 T2b-2芯插头连接 T16a-16芯插头连接 T46b-46芯插头连接 T73a-73芯插头连接 327-接地连接，黑色 B518-连接（86s），在发动机舱导线束中 B528-连接 1（LIN 总线），在主导线束中 *-仅用于不带定速巡航装置的汽车 *2-仅用于带定速巡航装置的汽车

图 3-1-6

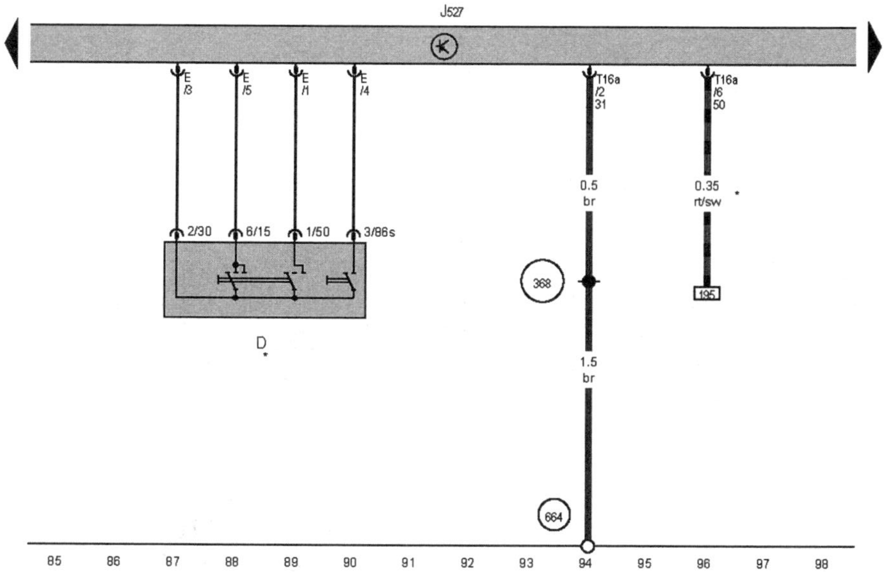

D-点火启动开关 J527-转向柱电子装置控制单元 T16a-16芯插头连接 T2b-2芯插头连接，黑色 368-接地连接 3、在主导线束中 664-左侧仪表板后面接地点 *-仅用于不带不带进入及启动许可的汽车

图 3-1-7

312

発動机控制单元

定速巡航装置开关、定速巡航装置设置按钮、转向柱电子装置控制单元

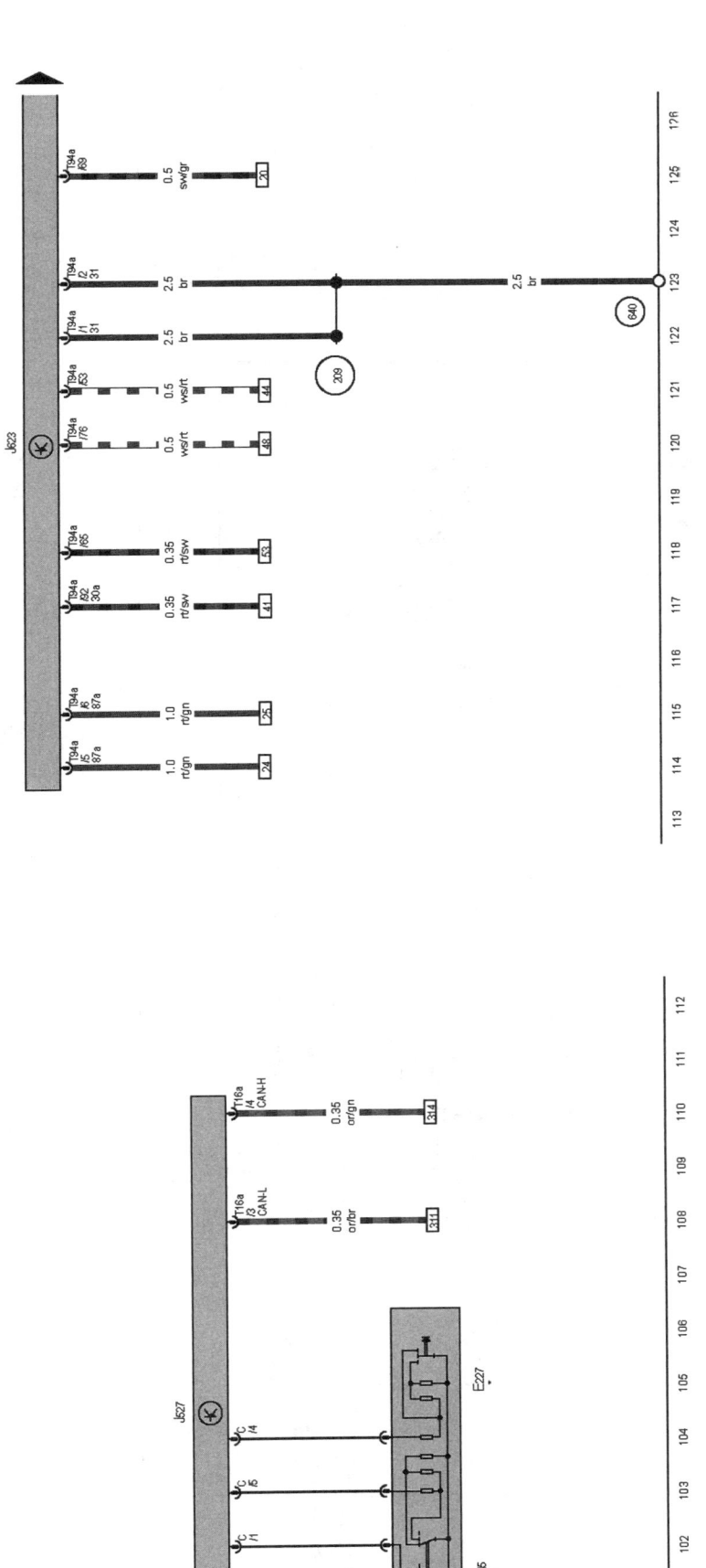

J623-发动机控制单元　T94a-94芯插头连接，黑色　209-接地连接 6，在发动机舱导线束中　640-发动机舱内左侧接地点 2

图 3-1-9

E45-定速巡航装置开关　E227-定速巡航装置设置按钮　J527-转向柱电子装置控制单元　T16a-16芯插头连接，黑色　*-仅用于带定速巡航装置的汽车

图 3-1-8

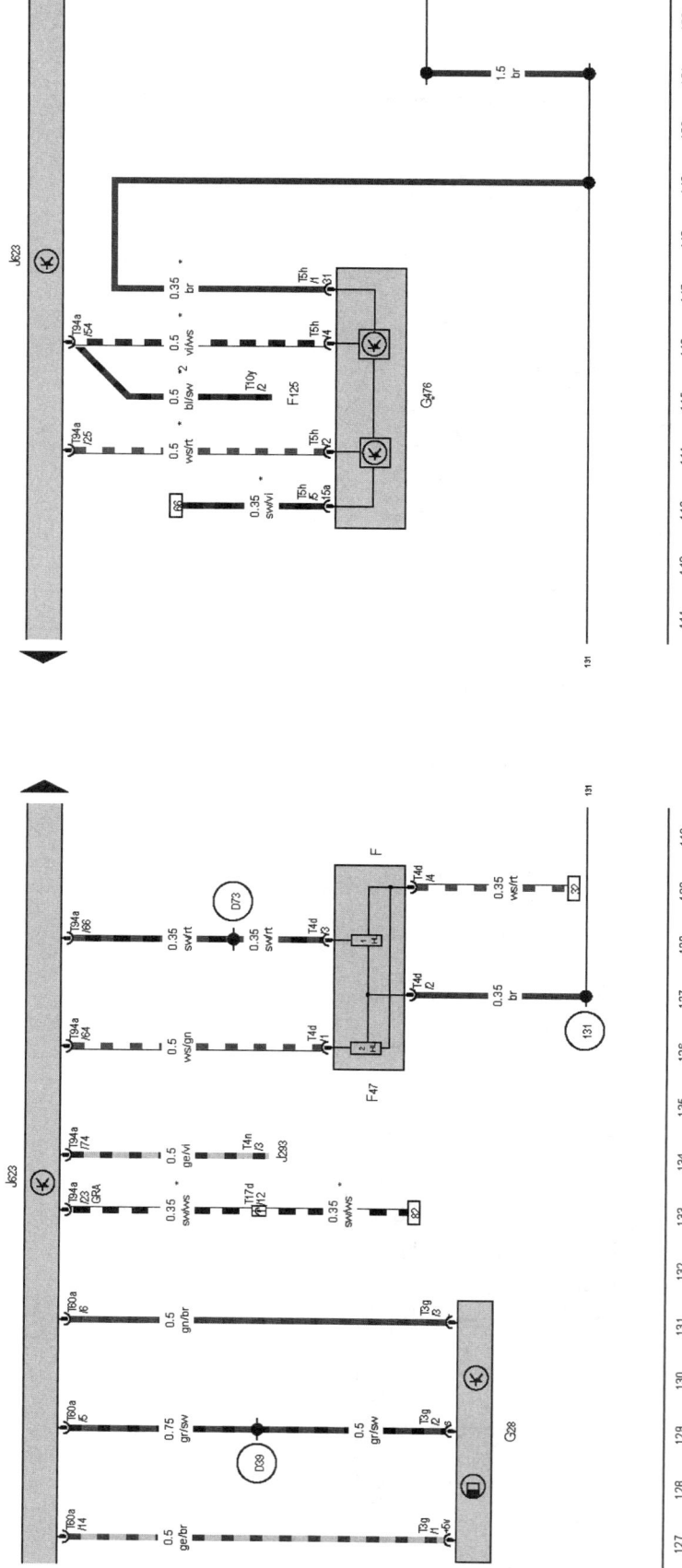

离合器位置传感器、发动机控制单元

图 3-1-11

F125-多功能开关 G476-离合器位置传感器 J623-发动机控制单元 T5h-5 芯插头连接、黑色 T10y-10 芯插头连接，黑色 T94a-94 芯插头连接，黑色 85-接地连接 131-接地连接 2，在发动机舱导线束中 673-左前纵梁上的接地点 3 *-仅用于带手动变速器的汽车 *2-用于带自动变速器的汽车

制动信号灯开关、制动踏板开关、发动机转速传感器、发动机控制单元

图 3-1-10

F-制动信号灯开关 F47-制动踏板开关 G28-发动机转速传感器 J293-散热器风扇控制单元 J623-发动机控制单元 T3g-3 芯插头连接 T4d-4 芯插头连接 T4n-4 芯插头连接 T17d-17 芯插头连接，黑色 T60a-60 芯插头连接，蓝色 T94a-94 芯插头连接，黑色 131-接地连接 D39-连接 1，在发动机舱导线束中 D73-正极连接（54），在发动机舱导线束中 *-仅用于带定速巡航装置的汽车

油门踏板位置传感器、油门踏板位置传感器 2、发动机控制单元

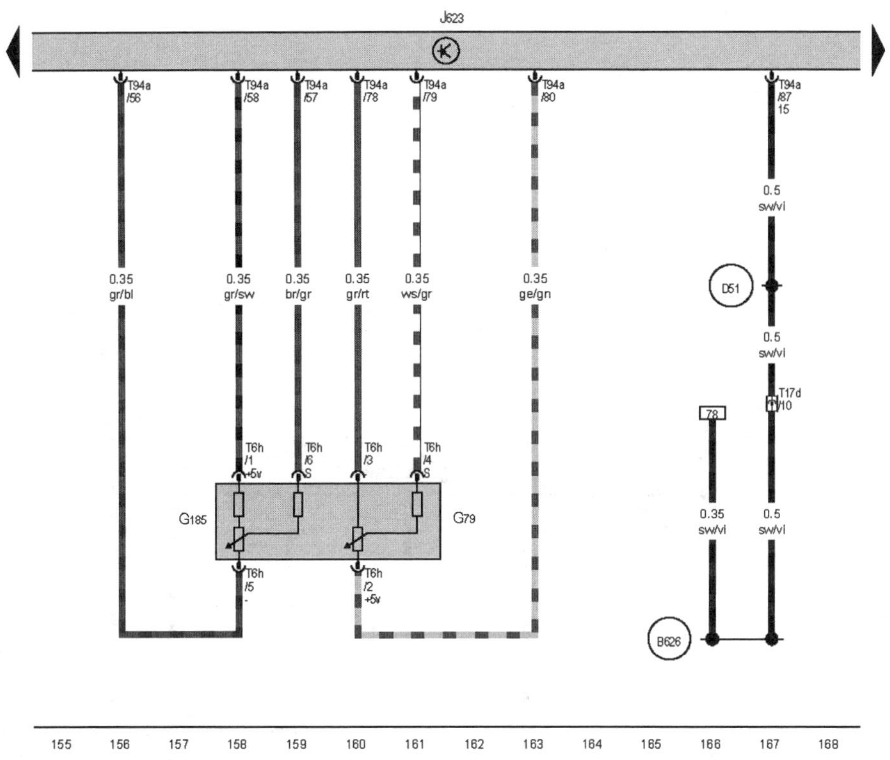

G79-油门踏板位置传感器 G185-油门踏板位置传感器 2 J623-发动机控制单元 T6h-6 芯插头连接，黑色 T17d-17 芯插头连接，左侧 A 柱下部，蓝色 T94a-94 芯插头连接，黑色 B626-正极连接 2（15），在主导线束中 D51-正极连接 1（15），在发动机舱导线束中

图 3-1-12

氧传感器、尾气催化净化器后的氧传感器，发动机控制单元、氧传感器加热装置、尾气催化净化器后的氧传感器 1 加热装置

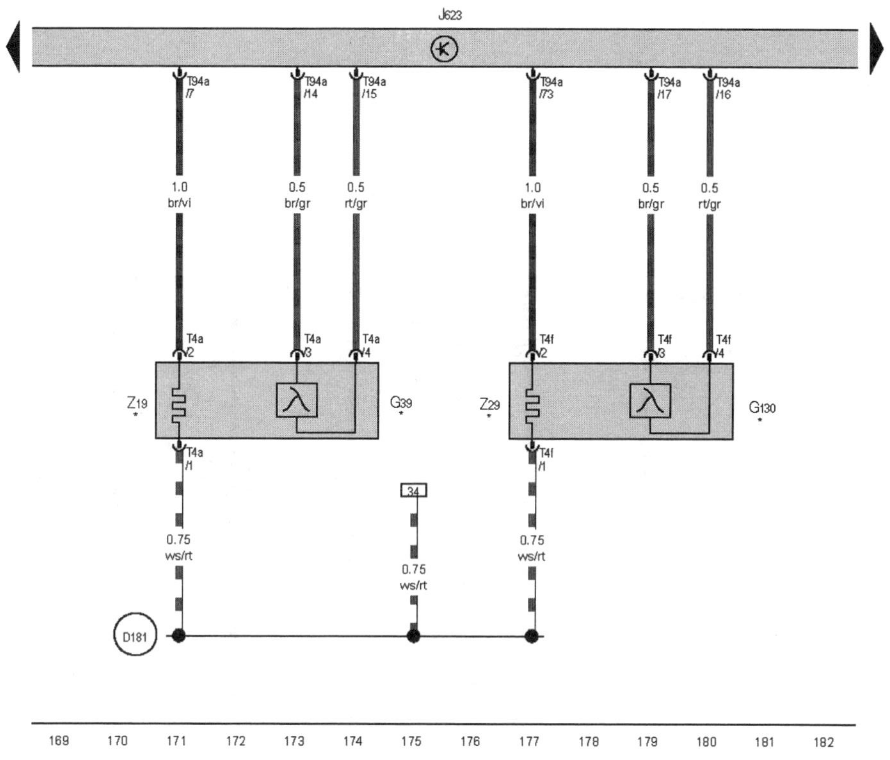

G39-氧传感器 G130-尾气催化净化器后的氧传感器 J623-发动机控制单元 T4a-4 芯插头连接，棕色 T4f-4 芯插头连接，黑色 T94a-94 芯插头连接，黑色 Z19-氧传感器加热装置 Z29-尾气催化净化器后的氧传感器 1 加热装置 D181-连接 2（87a），在发动机舱导线束中 *-已预先布线的部件

图 3-1-13

霍尔传感器、进气温度传感器、进气歧管压力传感器、发动机控制单元

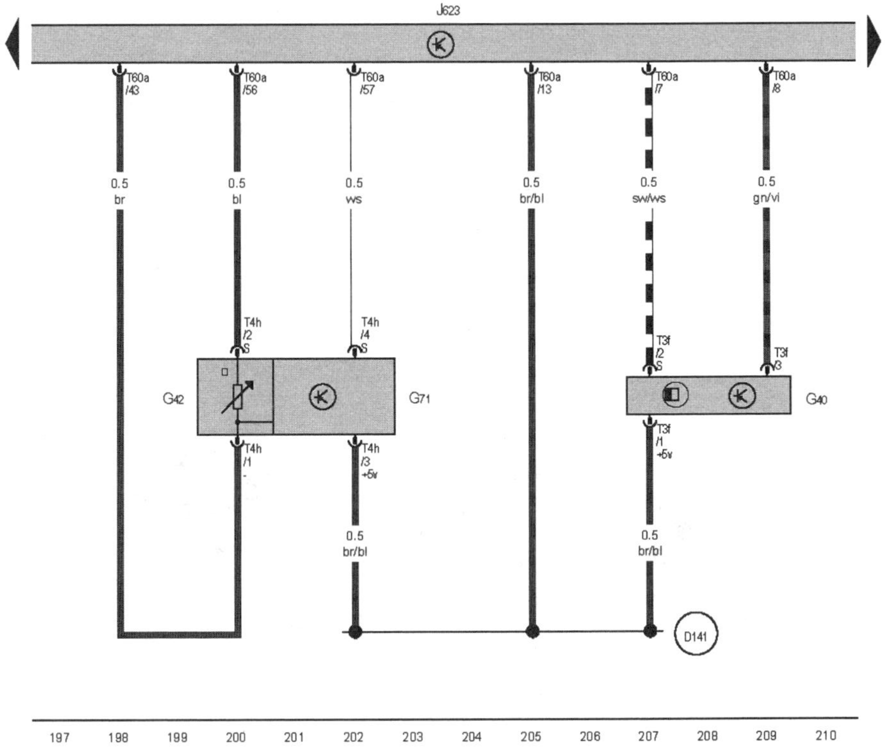

电控油门操纵机构的节气门驱动装置、电控油门操纵机构的节气门驱动装置角度传感器 1、
电控油门操纵机构的节气门驱动装置角度传感器 2、节气门控制单元、发动机控制单元

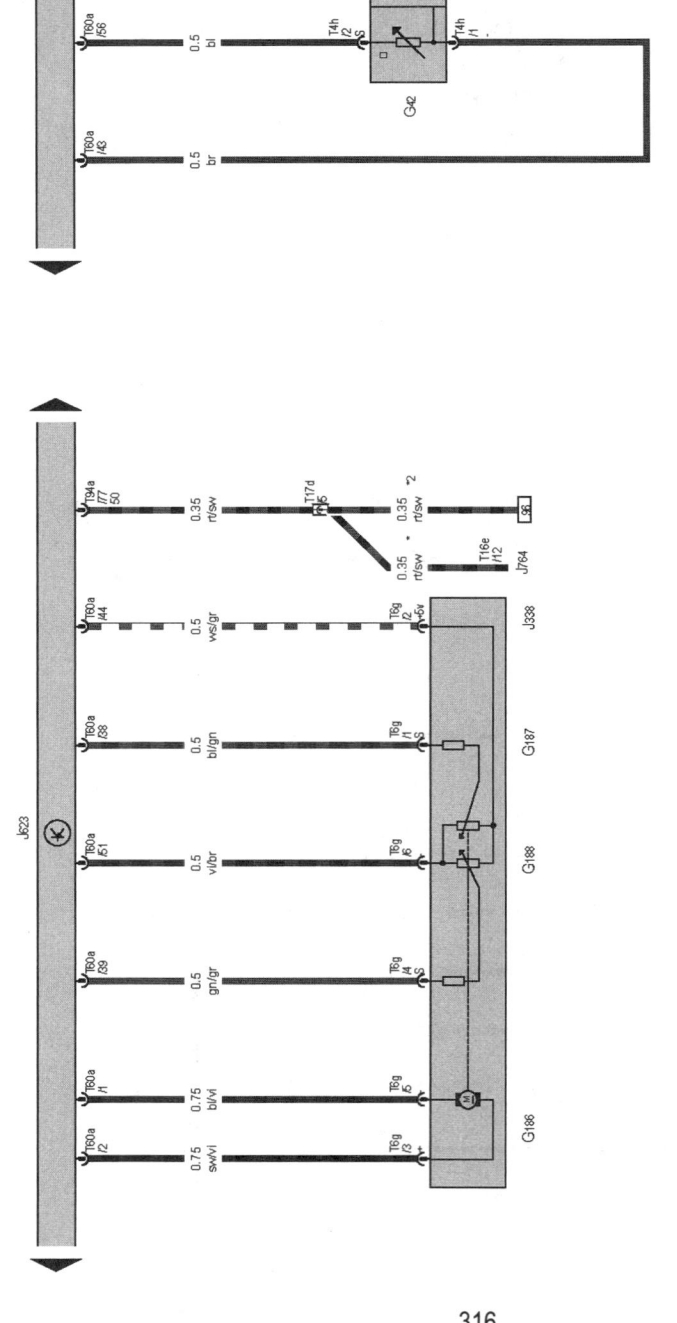

G40-霍尔传感器 G42-进气温度传感器 G71-进气歧管压力传感器 J623-发动机控制单元 T3f-3 芯插头
连接，黑色 T4h-4 芯插头连接，黑色 T60a-60 芯插头连接，黑色 D141-连接，黑色 J前部号
线束中

图 3-1-15

G186-电控油门操纵机构的节气门驱动装置 G187-电控油门操纵机构的节气门驱动装置角度传感器 1
G188-电控油门操纵机构的节气门驱动装置角度传感器 2 J338-节气门控制单元 J623-发动机控制单元
J764-电子转向柱锁止装置控制单元 T6g-6 芯插头连接，蓝色 T60a-60 芯插头连接，黑色 T16e-16 芯插
头连接，左侧 A 柱下部，蓝色 T60a-60 芯插头连接，黑色 T94a-94 芯插头连接，黑色 *-仅用于带进入
及启动许可的汽车 *2-仅用于不带进入及启动许可的汽车

图 3-1-14

爆震传感器 1、冷却液温度传感器、发动机控制单元、活性炭罐电磁阀 1、凸轮轴调节阀 1

爆震传感器 1、冷却液温度传感器、发动机控制单元、气缸 1 喷油器、气缸 2 喷油器、气缸 3 喷油器、气缸 4 喷油器

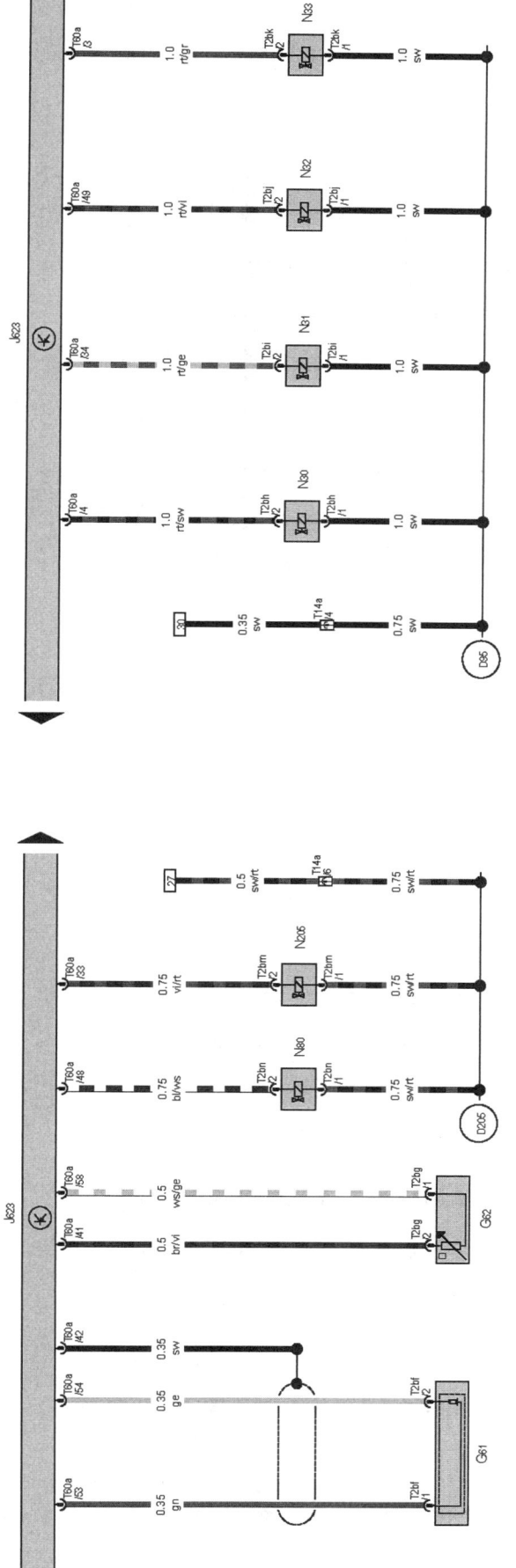

图 3-1-16

G61-爆震传感器 1　G62-冷却液温度传感器　J623-发动机控制单元　N80-活性炭罐电磁阀 1　N205-凸轮轴调节阀 1　T2bf-2 芯插头连接，黑色　T2bg-2 芯插头连接，黑色　T2bm-2 芯插头连接，黑色　T2bn-2 芯插头连接，黑色　T14a-14 芯插头连接，灰色　T60a-60 芯插头连接，黑色　D205-连接 3 芯插头连接，左前纵梁上，在发动机预接线束导线束中（87a），在发动机预接线束导线束中

图 3-1-17

J623-发动机控制单元　N30-气缸 1 喷油器　N31-气缸 2 喷油器　N32-气缸 3 喷油器　N33-气缸 4 喷油器　T2bh-2 芯插头连接，黑色　T2bi-2 芯插头连接，黑色　T2bj-2 芯插头连接，黑色　T2bk-2 芯插头连接，黑色　T14a-14 芯插头连接，灰色　T60a-60 芯插头连接，黑色　D95-连接（喷油器），在发动机舱导线束中

317

发动机控制单元、带功率输出级的点火线圈 3、带功率输出级的点火线圈 4、火花塞插头、火花塞插头、火花塞

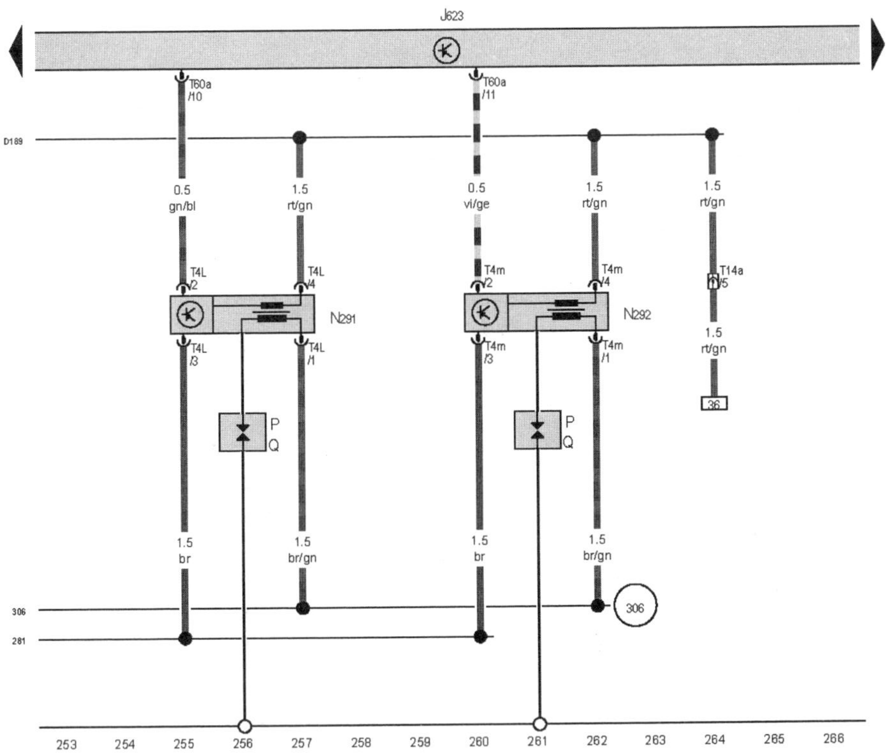

发动机控制单元、带功率输出级的点火线圈 1、带功率输出级的点火线圈 2、火花塞插头、火花塞插头、火花塞

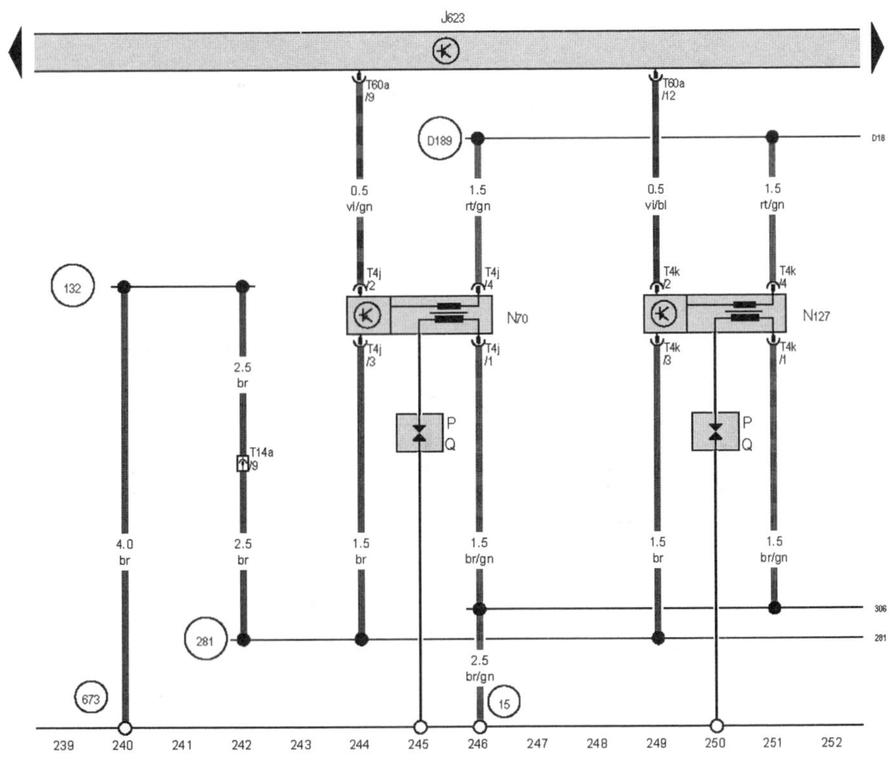

图 3-1-19

J623-发动机控制单元 N291-带功率输出级的点火线圈 3 N292-带功率输出级的点火线圈 4 P-火花塞插头 Q-火花塞 T4L-4 芯插头连接，黑色 T4m-4 芯插头连接，黑色 T14a-14 芯插头连接，黑色 T60a-60 芯插头连接，灰色 281-接地连接 1，在发动机预接线导线束中 306-接地连接，在发动机预接线导线束中 D189-连接（点火线圈），在发动机预接线导线束中

图 3-1-18

J623-发动机控制单元 N70-带功率输出级的点火线圈 1 N127-带功率输出级的点火线圈 2 P-火花塞插头 Q-火花塞 T4j-4 芯插头连接，黑色 T4k-4 芯插头连接，黑色 T14a-14 芯插头连接，黑色 T60a-60 芯插头连接，灰色 15-气缸盖上的接地点 132-气缸盖上的接地点（点火线圈） 306-接地连接，在发动机预接线导线束中 281-接地连接 1，在发动机预接线导线束中 673-左前纵梁上的接地点 3 D189-连接（87a），在发动机预接线导线束中

机油压力开关、燃油表传感器、预供给燃油泵、燃油泵继电器、发动机控制单元

数据总线诊断接口、发动机控制单元

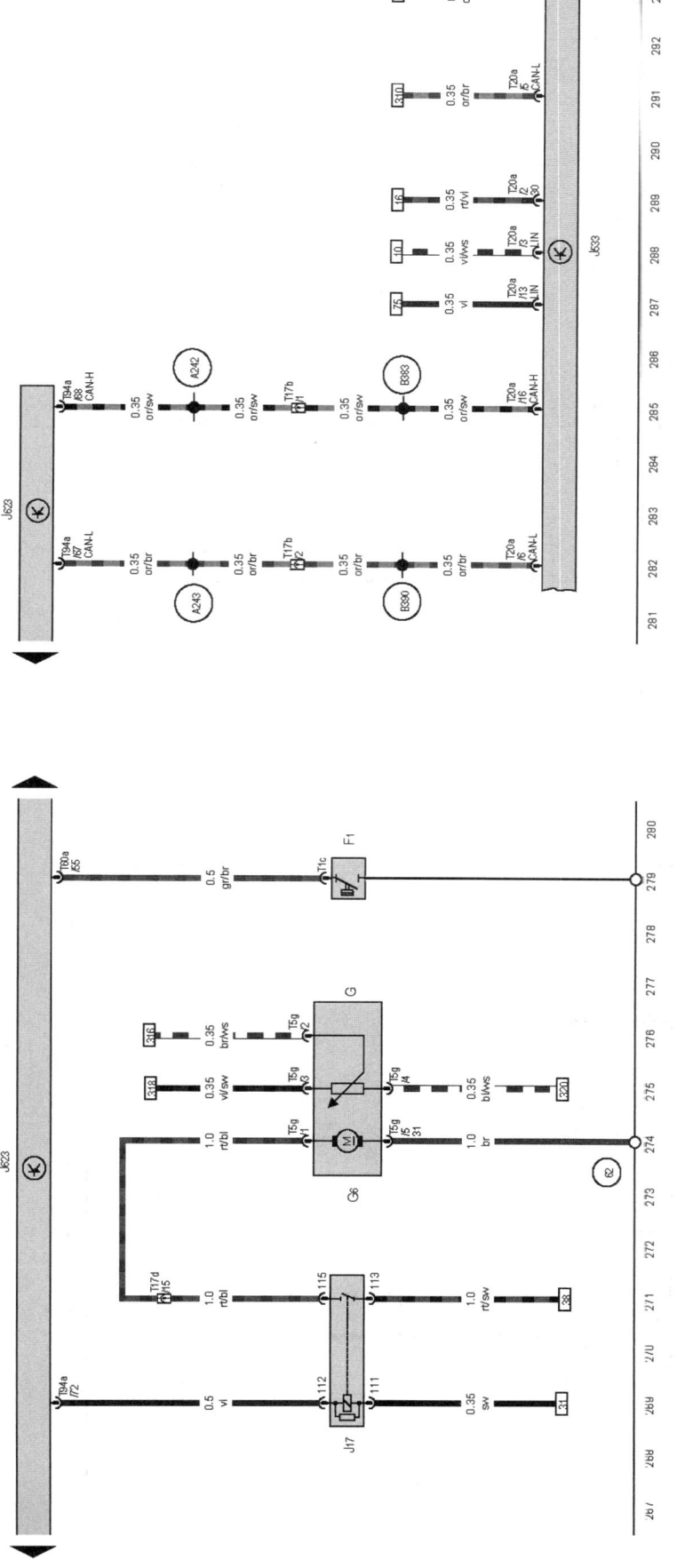

图 3-1-20

图 3-1-21

F1-机油压力开关 G-燃油表传感器 G6-预供给燃油泵 J17-燃油泵继电器 J623-发动机控制单元 T1c-1
芯插头连接，红色 T5g-5 芯插头连接 T17d-17 芯插头连接，左侧 A 柱下部，蓝色 T60a-60 芯插
头连接，黑色 T94a-94 芯插头连接，黑色 62-右侧 C 柱上的接地点

J533-数据总线诊断接口 J623-发动机控制单元 T17b-17 芯插头连接，左侧 A 柱下部，棕色 T20a-20 芯
插头连接，红色 T94a-94 芯插头连接，黑色 A242-连接 1 (驱动 CAN 总线，High)，在发动机舱导线
束中 A243-连接 1 (驱动 CAN 总线，Low)，在发动机舱导线束中 B383-连接 1 (驱动 CAN 总线，
High)，在主导线束中 B390-连接 1 (驱动 CAN 总线，Low)，在主导线束中

319

冷却液温度表、多功能显示器、组合仪表中的控制单元、发电机指示灯、定速巡航装置指示灯、燃油表指示灯

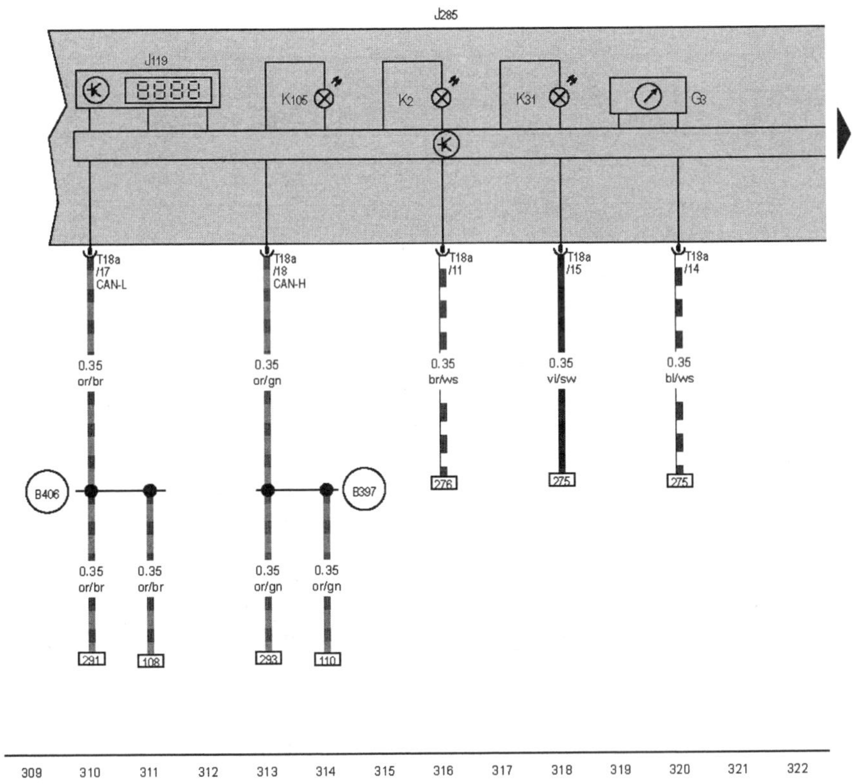

数据总线诊断接口、诊断接口

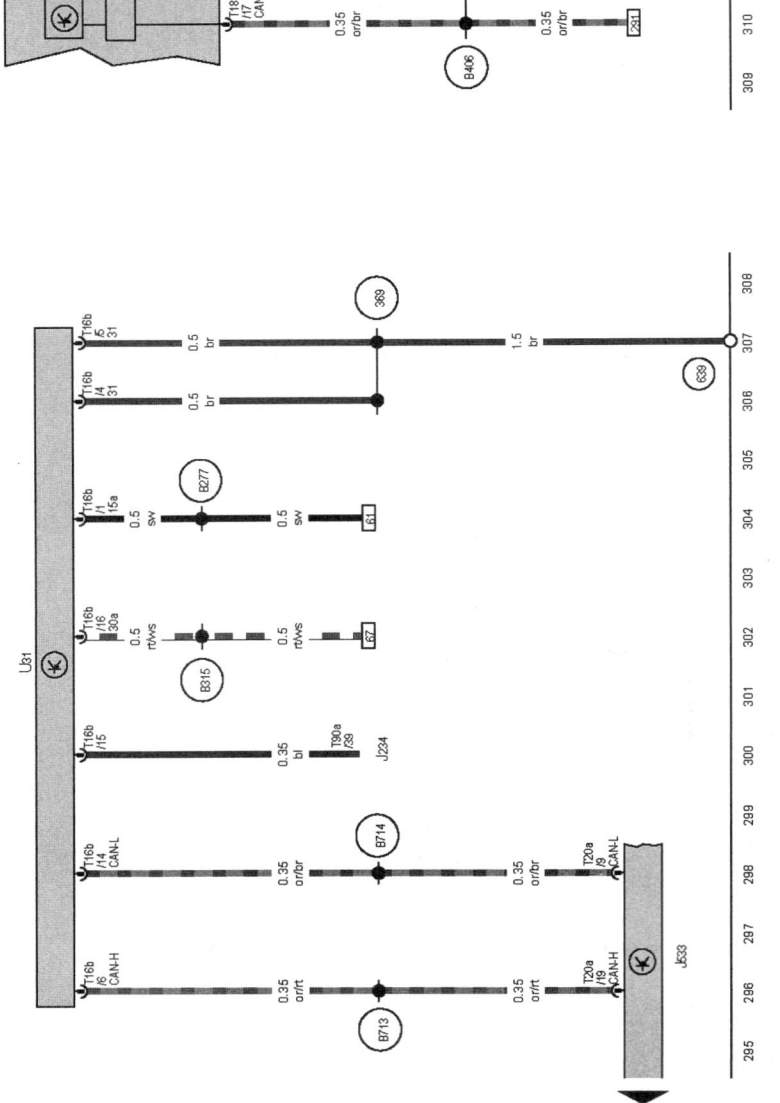

图 3-1-22

图 3-1-23

G3-冷却液温度表 J119-多功能显示器 J285-组合仪表中的控制单元 K2-发电机指示灯 K31-定速巡航装置指示灯 K105-燃油表指示灯 T18a-18 芯插头连接 黑色 B397-连接 1（舒适 CAN 总线，High），在主导线束中 B406-连接 1（舒适 CAN 总线，Low），在主导线束中

J234-安全气囊控制单元 J533-数据总线诊断接口 T16b-16 芯插头连接 黑色 T20a-20 芯插头连接 红色 T90a-90 芯插头连接 黄色 U31-诊断接口 369-接地连接 4，在主导线束中 639-左 A 柱上的接地点 B277-正极连接 1（15a），在主导线束中 B315-正极连接 1（30a），在主导线束中 B713-连接 1（诊断 CAN 总线，High），在主导线束中 B714-连接 1（诊断 CAN 总线，Low），在主导线束中

320

主继电器、散热器风扇控制单元

防盗锁止系统识读线圈、燃油表、转速表、车速表、组合仪表中的控制单元、防盗锁止系统控制单元、机油压力指示灯、冷却液温度和冷却液不足显示指示灯、机油油位指示灯、废气警告灯、电子油门故障信号灯、里程表

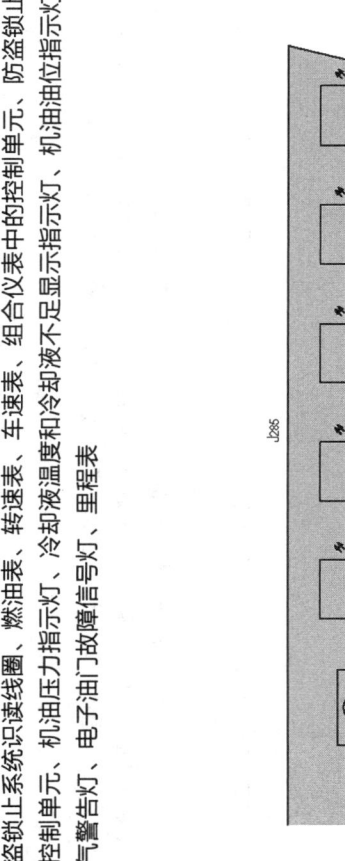

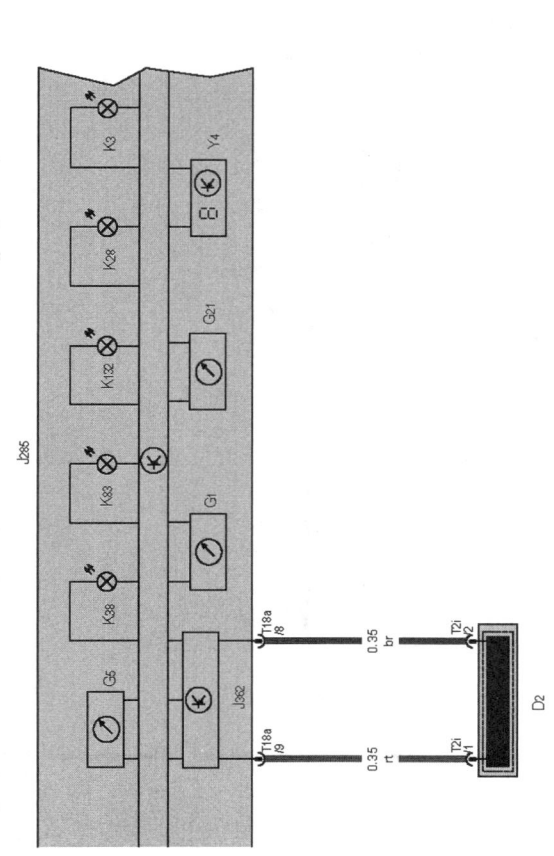

图 3-1-25

A-蓄电池 J271-主继电器 J293-散热器风扇控制单元 SB4-保险丝单元 B 上的保险丝 4 SA5-保险丝架 A 上的保险丝 5 T4n-4 芯插头连接，黑色 D182-连接 3（87a），在发动机舱导线束中

图 3-1-24

D2-防盗锁止系统识读线圈 G1-燃油表 G5-转速表 G21-车速表 J285-组合仪表中的控制单元 J362-防盗锁止系统控制单元 K3-机油压力指示灯 K28-冷却液温度和冷却液不足显示指示灯 K38-机油油位指示灯 K83-废气警告灯 K132-电子油门故障信号灯 T2i-2 芯插头连接，黑色 T18a-18 芯插头连接，黑色 Y4-里程表

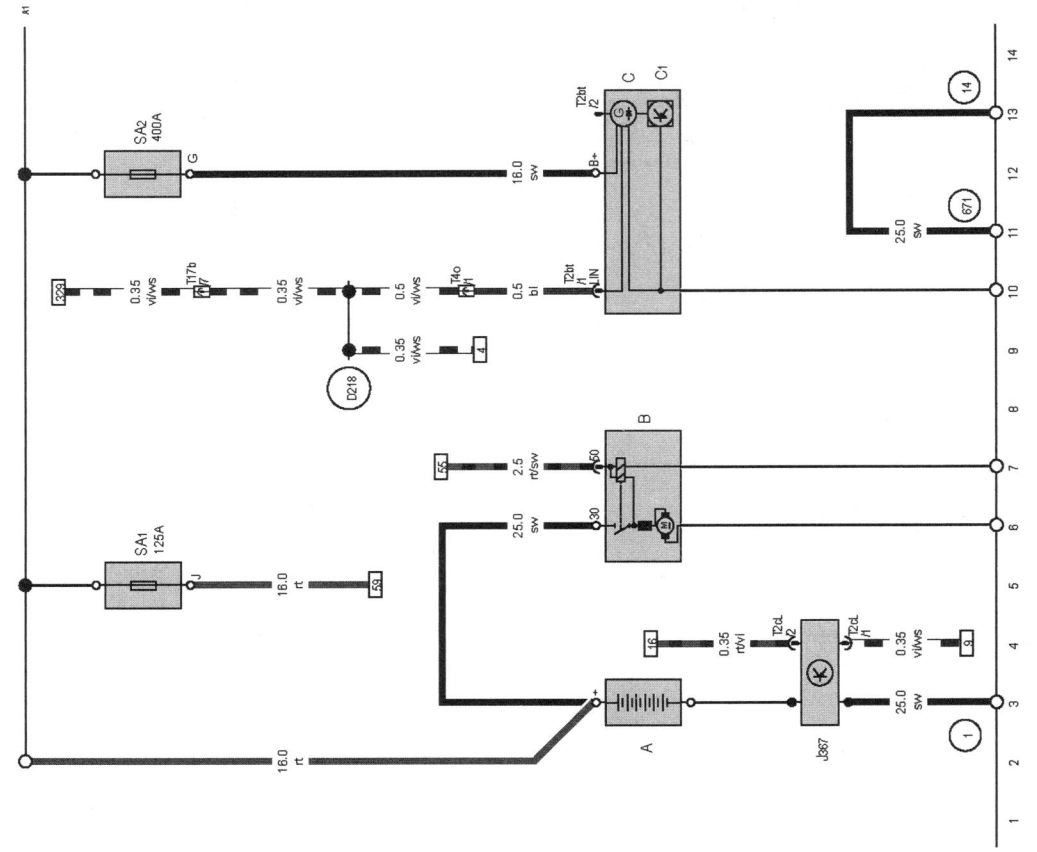

蓄电池、启动机、交流发电机、电压调节器、蓄电池监控控制单元

A-蓄电池 B-启动机 C-交流发电机 C1-电压调节器 J367-蓄电池监控控制单元 SA1-保险丝架 A 上的保险丝 1 SA2-保险丝架 A 上的保险丝 2 T2bt-2 芯插头连接，黑色 T2cL-2 芯插头连接，黑色 T4o-4 芯插头连接，黑色 T17b-17 芯插头连接，左侧 A 柱下部，左侧 A 柱下部，蓄电池-车身 14-变速器上的接地点 1 671-左前纵梁上的接地点 1 D218-连接 1（LIN 总线），在发动机舱导线束中

图 3-1-27

散热器出口处的冷却液温度传感器、散热器风扇控制单元、散热器风扇、发动机控制单元、散热器风扇

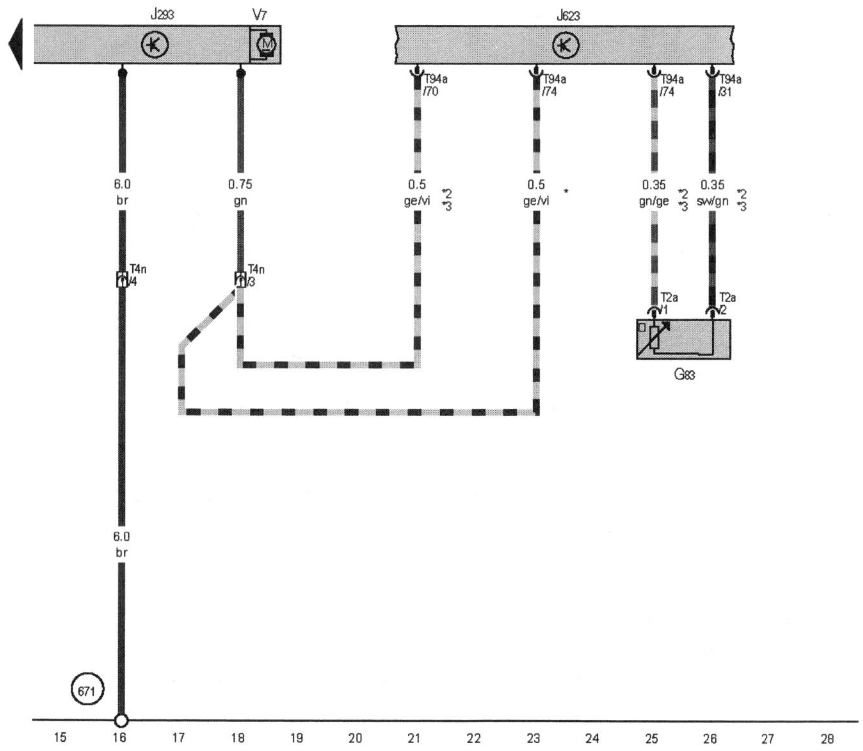

G83-散热器出口处的冷却液温度传感器 J293-散热器风扇控制单元 J623-发动机控制单元 T2a-2 芯插头连接，黑色 T4n-4 芯插头连接，黑色 T94a-94 芯插头连接，黑色 V7-散热器风扇 671-左前纵梁上的接地点 1 *-用于带 1.6L 发动机的汽车 *2-用于带 1.4L 发动机的汽车 *3-用于带 1.2L 发动机的汽车

图 3-1-26

322

保险丝架 B

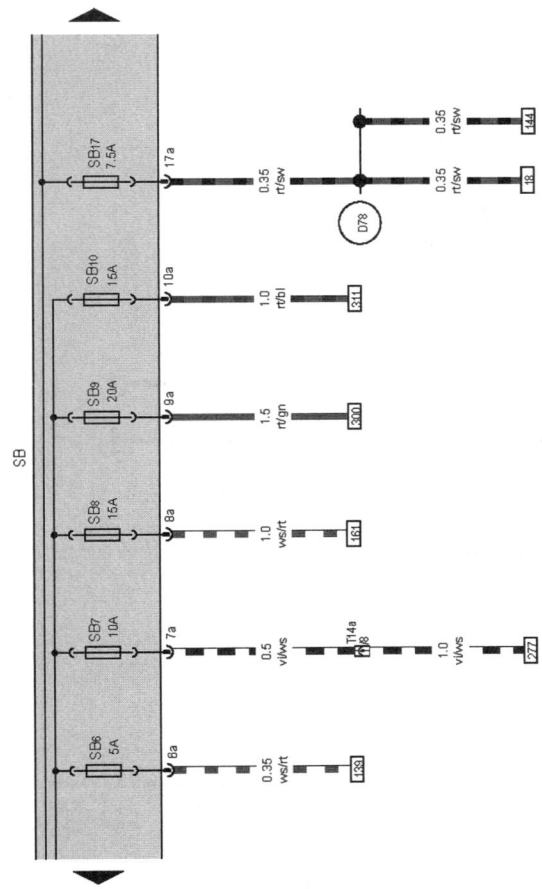

图 3-1-29

主继电器、保险丝架 B

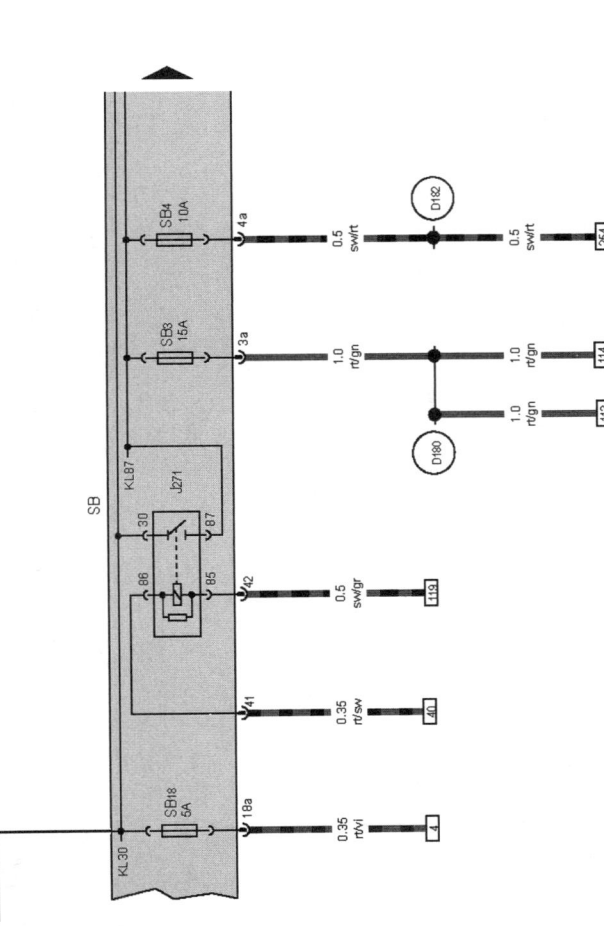

图 3-1-28

J271-主继电器 SB-保险丝架 B SB3-保险丝架 B 上的保险丝 3 SB4-保险丝架 B 上的保险丝 4 SB18-保险丝架 B 上的保险丝 18 D180-连接 (87a)，在发动机舱导线束中 D182-连接 3 (87a)，在发动机舱导线束中

SB-保险丝架 B SB6-保险丝架 B 上的保险丝 6 SB7-保险丝架 B 上的保险丝 7 SB8-保险丝架 B 上的保险丝 8 SB9-保险丝架 B 上的保险丝 9 SB10-保险丝架 B 上的保险丝 10 SB17-保险丝架 B 上的保险丝 17 T14a-14 芯插头连接，左前纵梁上，灰色 D78-正极连接 1 (30a)，在发动机舱导线束中

323

接线端 15 供电继电器、车载电网控制单元

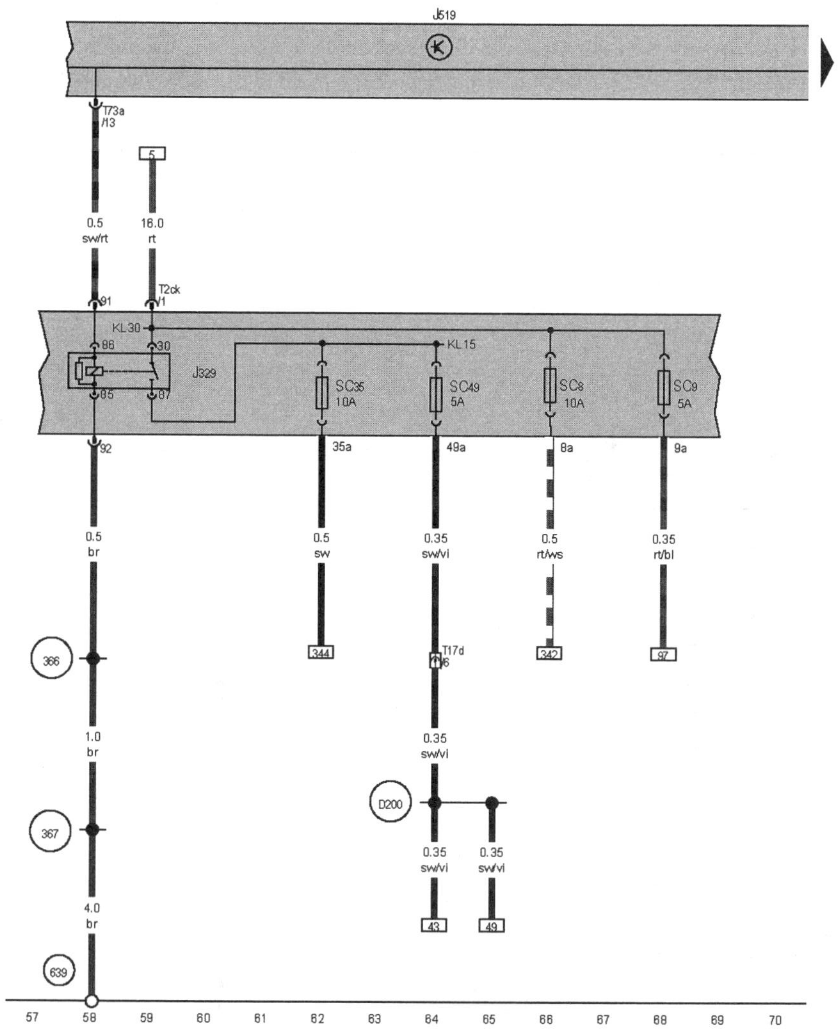

接线端 15 供电继电器 J519－车载电网控制单元 SC8－保险丝架 C 上的保险丝 8 SC9－保险丝架 C 上的保险丝 9 SC35－保险丝架 C 上的保险丝 35 SC49－保险丝架 C 上的保险丝 49 T2ck－2 芯插头连接，黑色 T17d－17 芯插头连接，左侧 A 柱下部，蓝色 T73a－73 芯插头连接，黑色 366－接地连接 1，在主导线束中 367－接地连接 2，在主导线束中 639－左 A 柱上的接地点 D200－正极连接 3（15a），在发动机舱导线束中

图 3-1-31

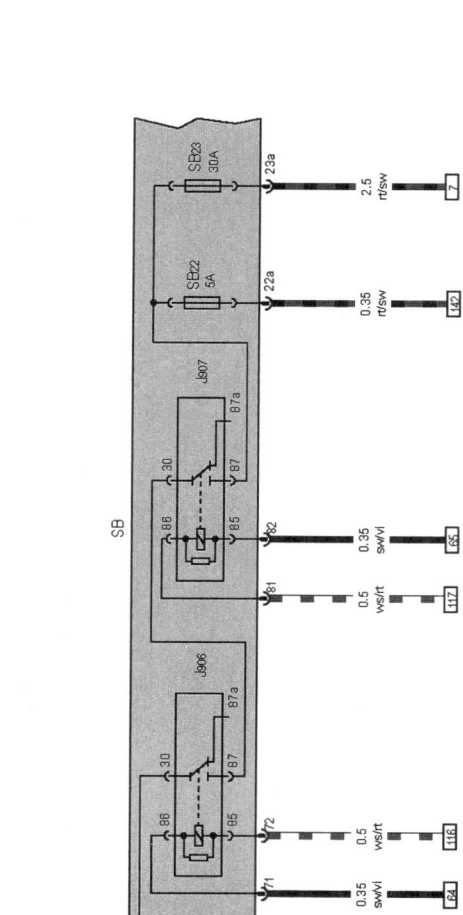

启动机继电器 1、启动机继电器 2、保险丝架 B

J906－启动机继电器 1 J907－启动机继电器 2 SB－保险丝架 B SB22－保险丝架 B 上的保险丝 22 SB23－保险丝架 B 上的保险丝 23

图 3-1-30

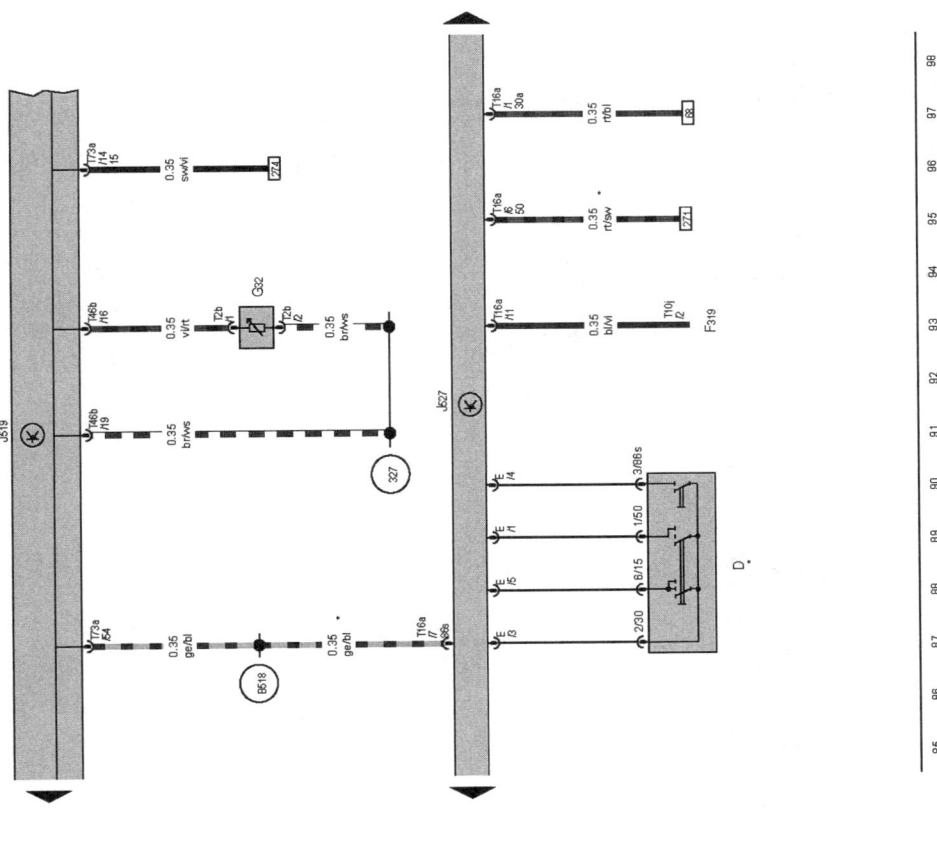

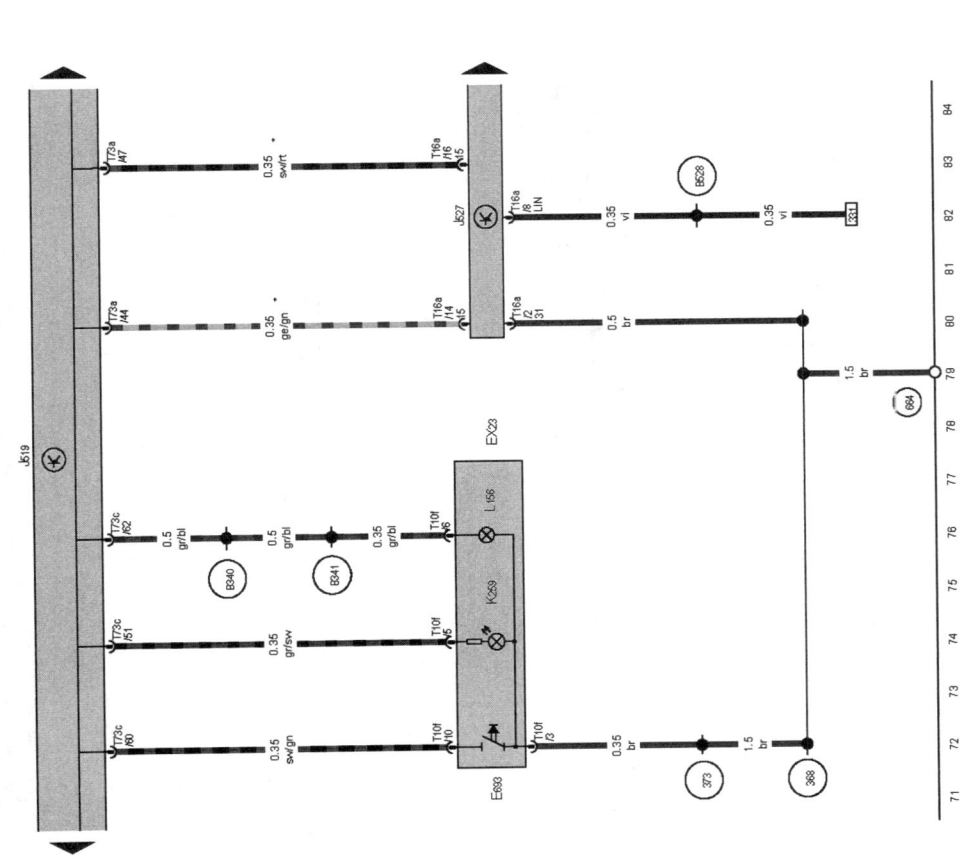

D-点火启动开关 F319-选挡杆挡位 P 锁止开关 G32-冷却液不足显示传感器 J519-车载电网控制单元 J527-转向柱电子装置控制单元 T2b-2 芯插头连接, 黑色 T10j-10 芯插头连接, 黑色 T16a-16 芯插头连接, 黑色 T16a-16 芯插头连接 (传感器接地), 在发接, 黑色 T46b-46 芯插头连接, 黑色 T73a-73 芯插头连接, 黑色 327-接地连接 动机舱导线束中 B518-连接 (86s), 在主导线束中 *-用于不带进入及启动许可的汽车

图 3-1-33

EX23-中控台开关模块 1 E693-启动/停止横式按钮 J519-车载电网控制单元 J527-转向柱电子装置控制单元 K259-启动/停止运行模式指示灯 L156-开关照明灯泡 T10f-10 芯插头连接, 黑色 T16a-16 芯插头连接 T73a-73 芯插头连接, 黑色 T73c-73 芯插头连接, 黑色 368-接地连接 3, 在主导线束中 373-接地连接 8, 在主导线束中 664-左侧仪表板后面接地点 B340-连接 1 (58d), 在主导线束中 B341-连接 2 (58d), 在主导线束中 B528-连接 1 (LIN 总线), 在主导线束中 *-用于不带进入及启动许可的汽车

图 3-1-32

325

散热器出口处的冷却液温度传感器、发动机控制单元

定速巡航装置开关、定速巡航装置设置按钮、转向柱电子装置控制单元

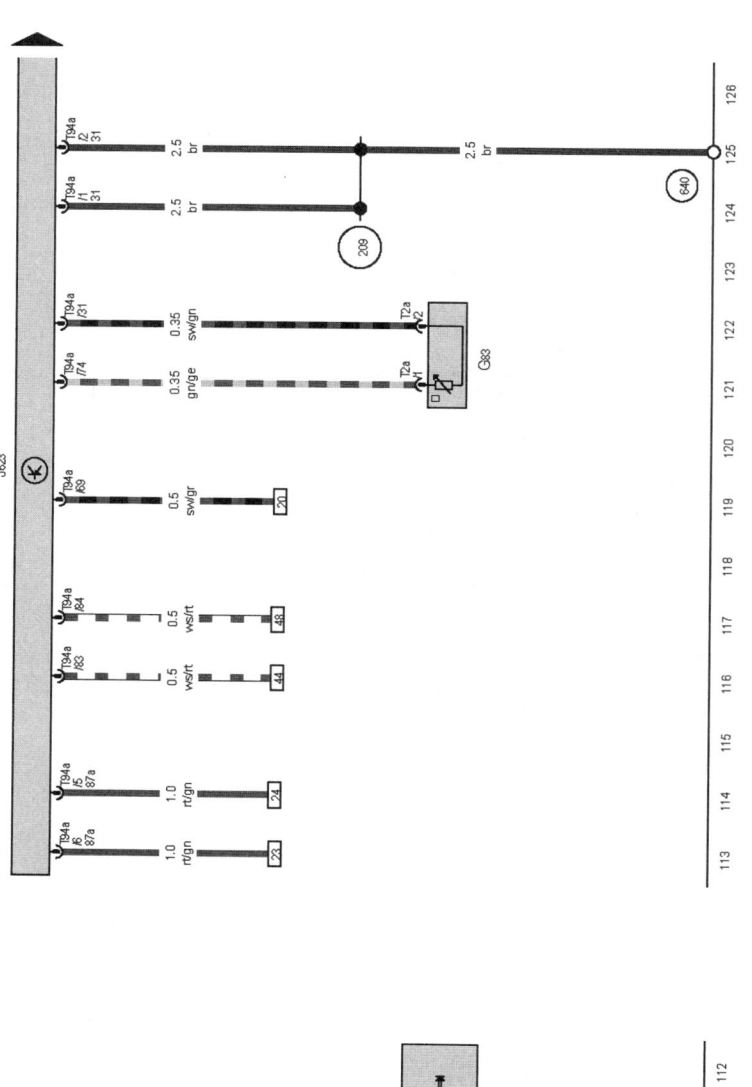

G83-散热器出口处的冷却液温度传感器 J623-发动机控制单元 T2a-2 芯插头连接、黑色 T94a-94 芯插头连接、黑色 209-接地连接 6、在发动机舱导线束中 640-发动机舱内左侧接地点 2

图 3-1-35

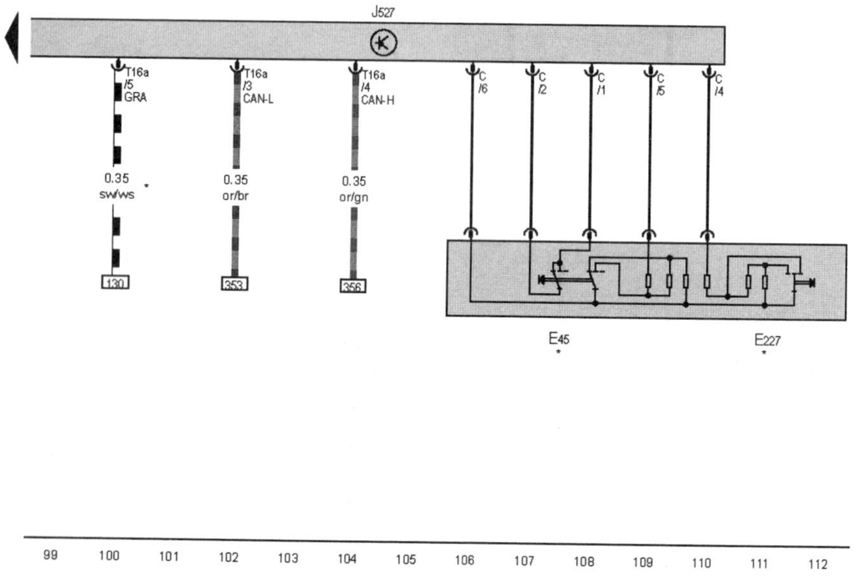

E45-定速巡航装置开关 E227-定速巡航装置设置按钮 J527-转向柱电子装置控制单元 T16a-16 芯插头连接、黑色 *-用于带定速巡航装置的汽车

图 3-1-34

326

油门踏板位置传感器、油门踏板位置传感器2、发动机控制单元

制动信号灯开关、制动踏板开关、发动机控制单元

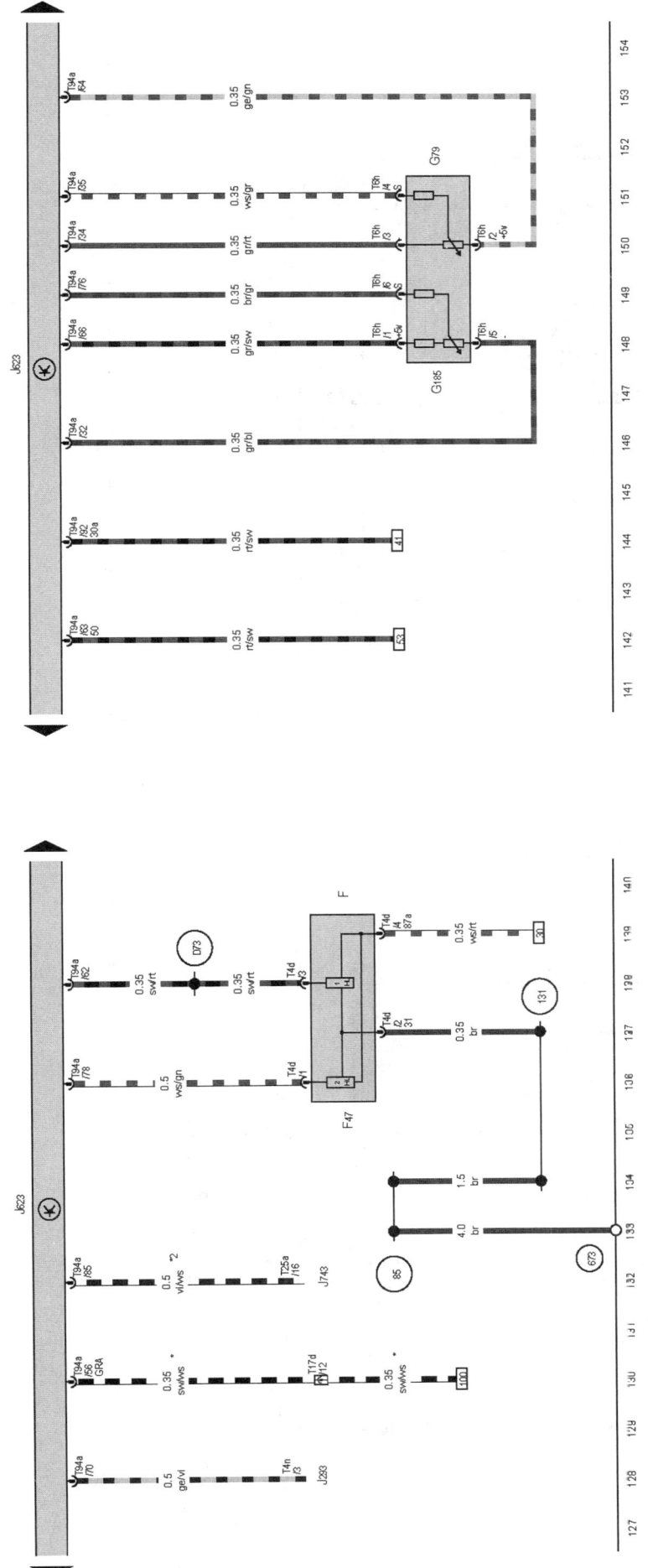

图 3-1-37

G79-油门踏板位置传感器 G185-油门踏板位置传感器 2 J623-发动机控制单元 T6h-6 芯插头连接，黑色
T94a-94 芯插头连接，黑色

图 3-1-36

F-制动信号灯开关 F47-制动踏板开关 J293-散热器风扇控制单元 J623-发动机控制单元 J743-双离合器
变速器机电装置 T4d-4 芯插头连接，黑色 T4n-4 芯插头连接，黑色 T17d-17 芯插头连接，左侧 A 柱下
部，蓝色 T25a-25 芯插头连接，黑色 T94a-94 芯插头连接，黑色 85-接地连接 1，在发动机舱号线束中
131-接地连接 2，在发动机舱号线束中 673-左前纵梁上的接地点 3 D73-正极连接（54），在发动机舱号
线束中 *-用于带定速巡航装置的汽车 *2-用于带双离合器变速器的汽车

327

氧传感器、尾气催化净化器后的氧传感器、发动机控制单元、氧传感器加热装置、尾气催化净化器后的氧传感器 1 加热装置

冷却液温度传感器、电控油门操纵机构的节气门驱动装置、电控油门操纵机构的节气门驱动装置角度传感器 1、电控油门操纵机构的节气门驱动装置角度传感器 2、节气门控制单元、发动机控制单元

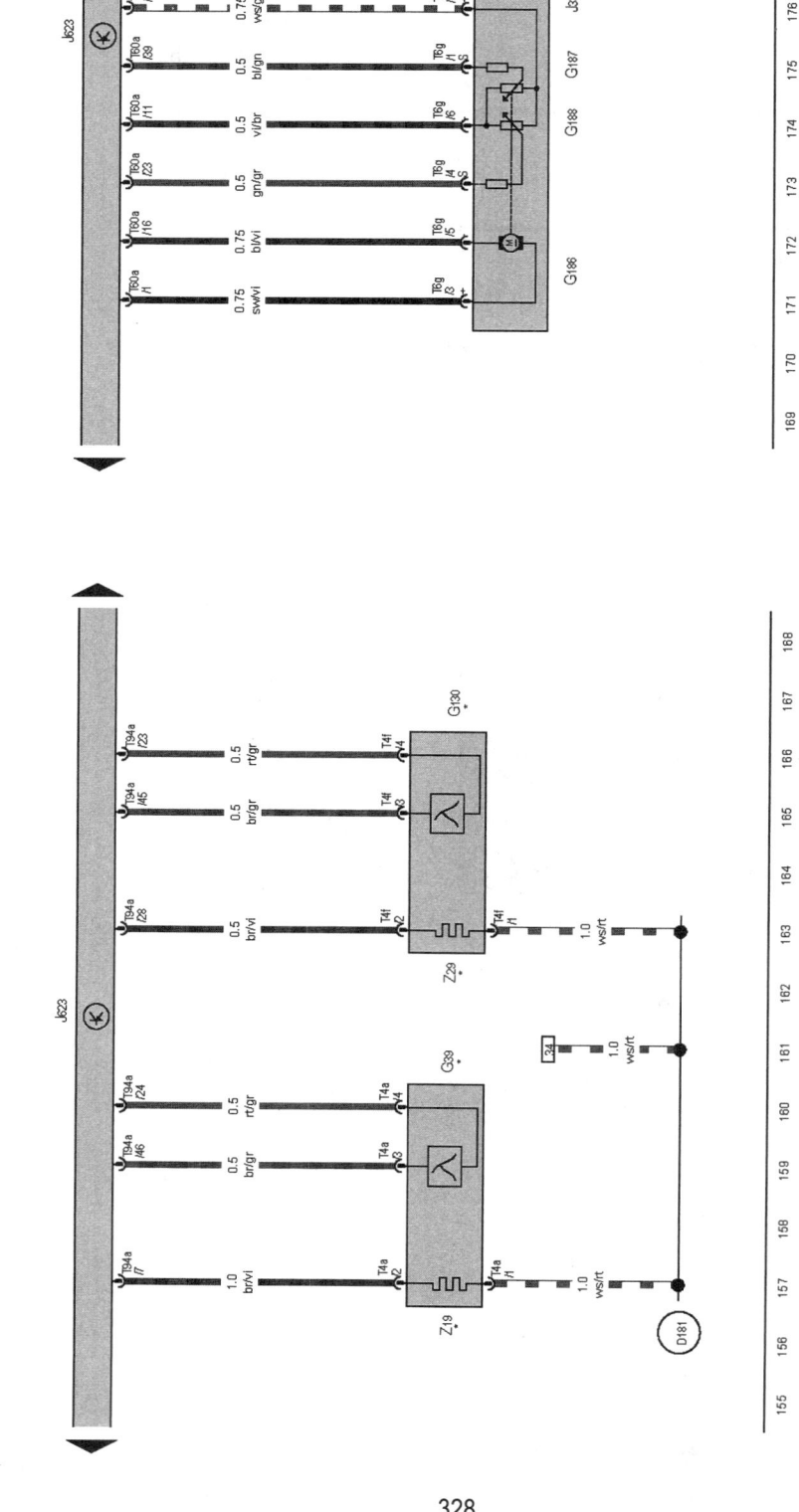

图 3-1-39

G62-冷却液温度传感器　G186-电控油门操纵机构的节气门驱动装置　G187-电控油门操纵机构的节气门驱动装置角度传感器 1　G188-电控油门操纵机构的节气门驱动装置角度传感器 2　J338-节气门控制单元　J623-发动机控制单元　T2bg-2 芯插头连接　黑色　T6g-6 芯插头连接，黑色　T60a-60 芯插头连接，黑色　283-接地连接 2，在发动机预接线导线束中

图 3-1-38

G39-氧传感器　G130-尾气催化净化器后的氧传感器　J623-发动机控制单元　T4a-4 芯插头连接，棕色　T4f-4 芯插头连接，黑色　T94a-94 芯插头连接，黑色　Z19-氧传感器加热装置　Z29-尾气催化净化器后的氧传感器 1 加热装置　D181-连接 2（87a），在发动机舱预接线束中　*-已预先布线的部件

328

发动机控制单元、气缸 1 喷油器、气缸 2 喷油器、气缸 3 喷油器、气缸 4 喷油器

爆震传感器 1、发动机控制单元、增压压力限制电磁阀、燃油压力调节阀

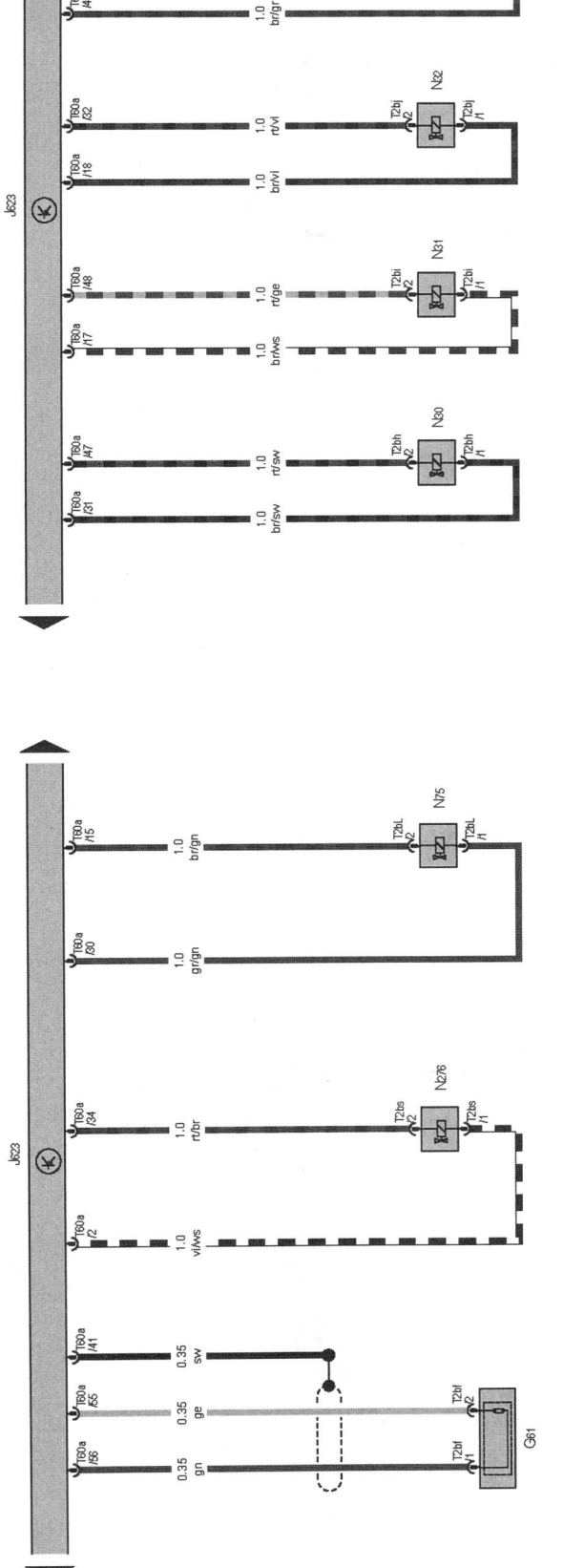

图 3-1-40

图 3-1-41

G61-爆震传感器 1 J623-发动机控制单元 N75-增压压力限制电磁阀 N276-燃油压力调节阀 T2bf-2 芯插头连接，黑色 T2bL-2 芯插头连接，黑色 T2bs-2 芯插头连接，黑色 T60a-60 芯插头连接，黑色

J623-发动机控制单元 N30-气缸 1 喷油器 N31-气缸 2 喷油器 N32-气缸 3 喷油器 N33-气缸 4 喷油器 T2bh-2 芯插头连接，黑色 T2bi-2 芯插头连接，黑色 T2bj-2 芯插头连接，黑色 T2bk-2 芯插头连接，黑色 T60a-60 芯插头连接，黑色

霍耳传感器、霍耳传感器 3、发动机控制单元

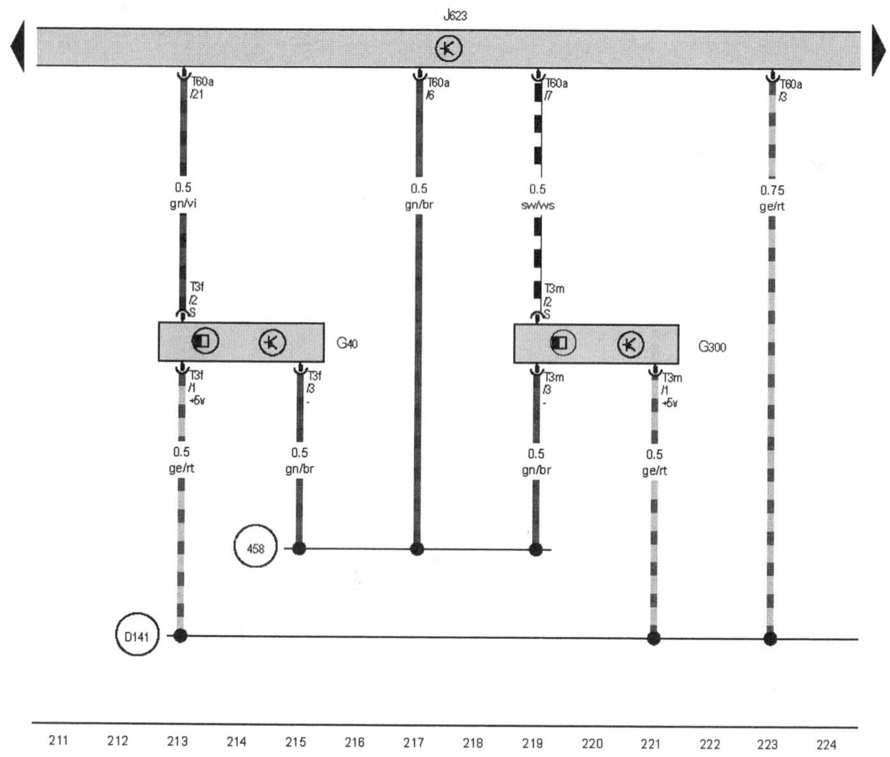

进气温度传感器、进气歧管压力传感器、燃油压力传感器、发动机控制单元

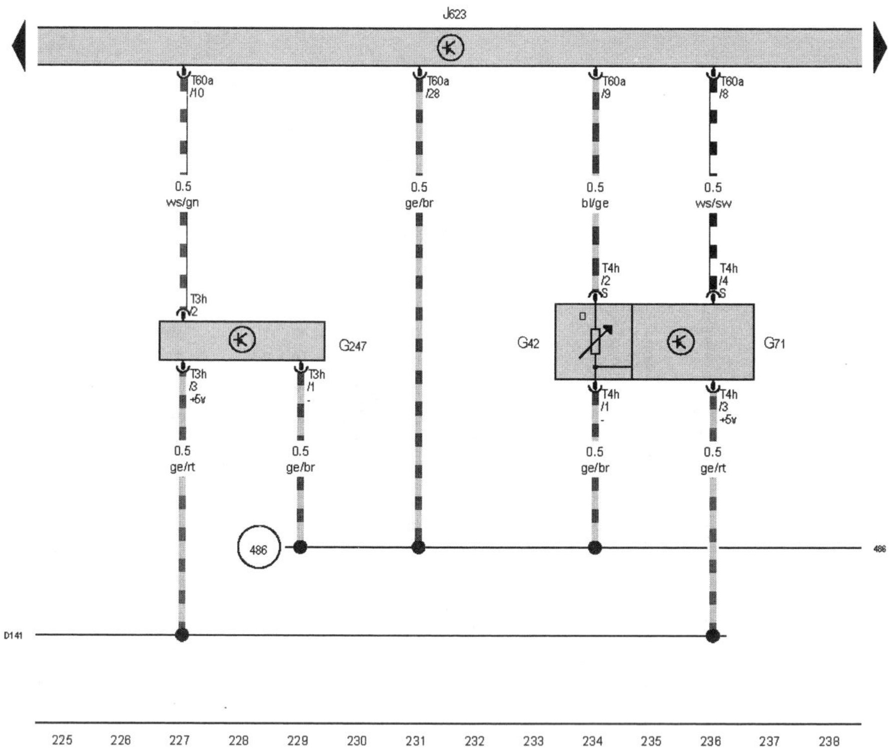

图 3-1-42

G40-霍耳传感器 G300-霍耳传感器 3 J623-发动机控制单元 T3f-3 芯插头连接，黑色 T3m-3 芯插头连接，黑色 T60a-60 芯插头连接，黑色 458-接地连接 3，在发动机预接线导线束中 D141-连接（5V），在发动机前部导线束中

图 3-1-43

G42-进气温度传感器 G71-进气歧管压力传感器 G247-燃油压力传感器 J623-发动机控制单元 T3h-3 芯插头连接，黑色 T4h-4 芯插头连接，黑色 T60a-60 芯插头连接，黑色 486-接地连接 4，在发动机预接线导线束中 D141-连接（5V），在发动机前部导线束中

330

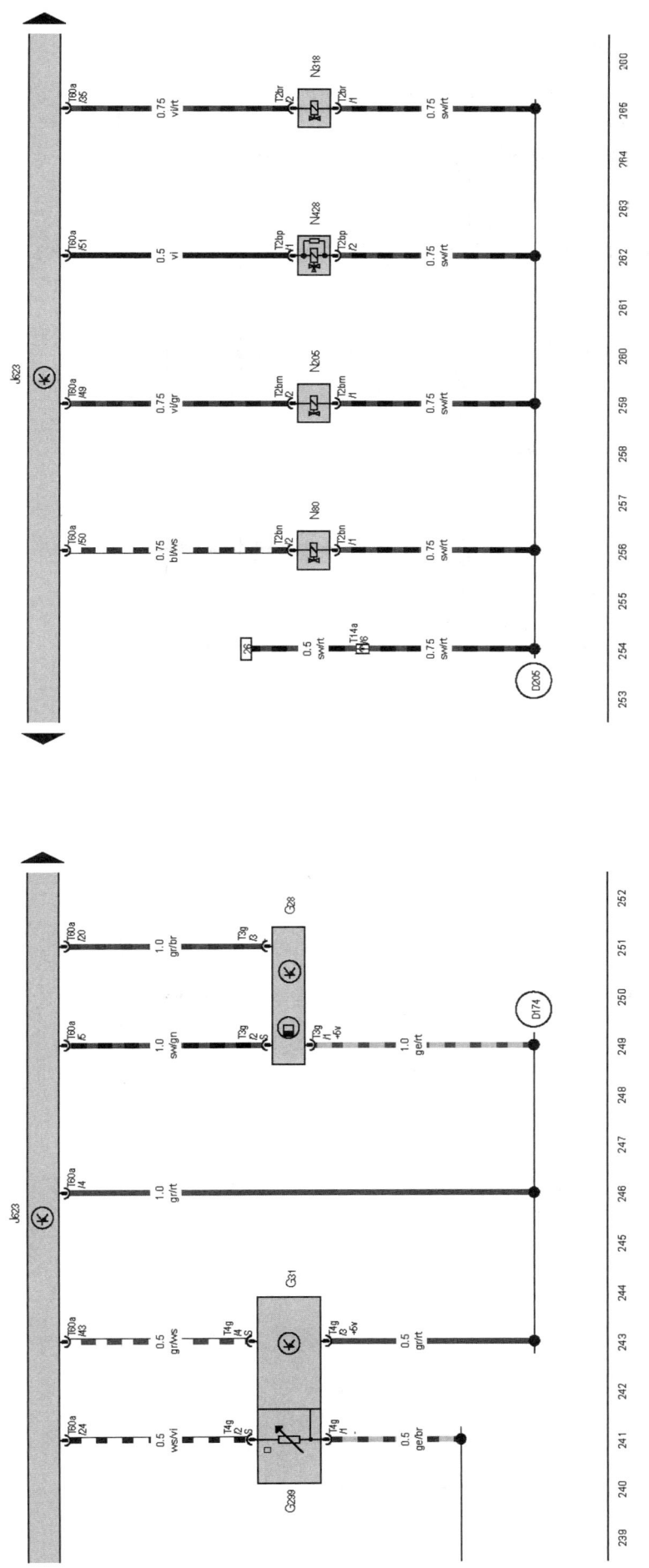

图 3-1-45

J623–发动机控制单元 N80–活性炭罐电磁阀 1 N205–凸轮轴调节阀 1 N428–排气凸轮轴调节阀 1 N318–排气凸轮轴调节阀 1 机油压力调节阀 T2bm–2 芯插头连接，黑色 T2bn–2 芯插头连接，黑色 T2bp–2 芯插头连接，黑色 T2br–2 芯插头连接，黑色 T14a–14 芯插头连接上，左前纵梁上，灰色 T60a–60 芯插头连接，黑色 D205–连接 3（87a），在发动机预接线导线束中

图 3-1-44

G28–发动机转速传感器 G31–增压压力传感器 G299–进气温度传感器 2 J623–发动机控制单元 T3g–3 芯插头连接，黑色 T4g–4 芯插头连接，黑色 T60a–60 芯插头连接，黑色 486–接地连接，黑色 T14a–14 芯插头连接上，在发动机预接线导线束中 D174–连接 2（5V），在发动机预接线导线束中

331

发动机控制单元、带功率输出级的点火线圈 1、带功率输出级的点火线圈 2、带功率输出级的点火线圈 3、火花塞插头、火花塞

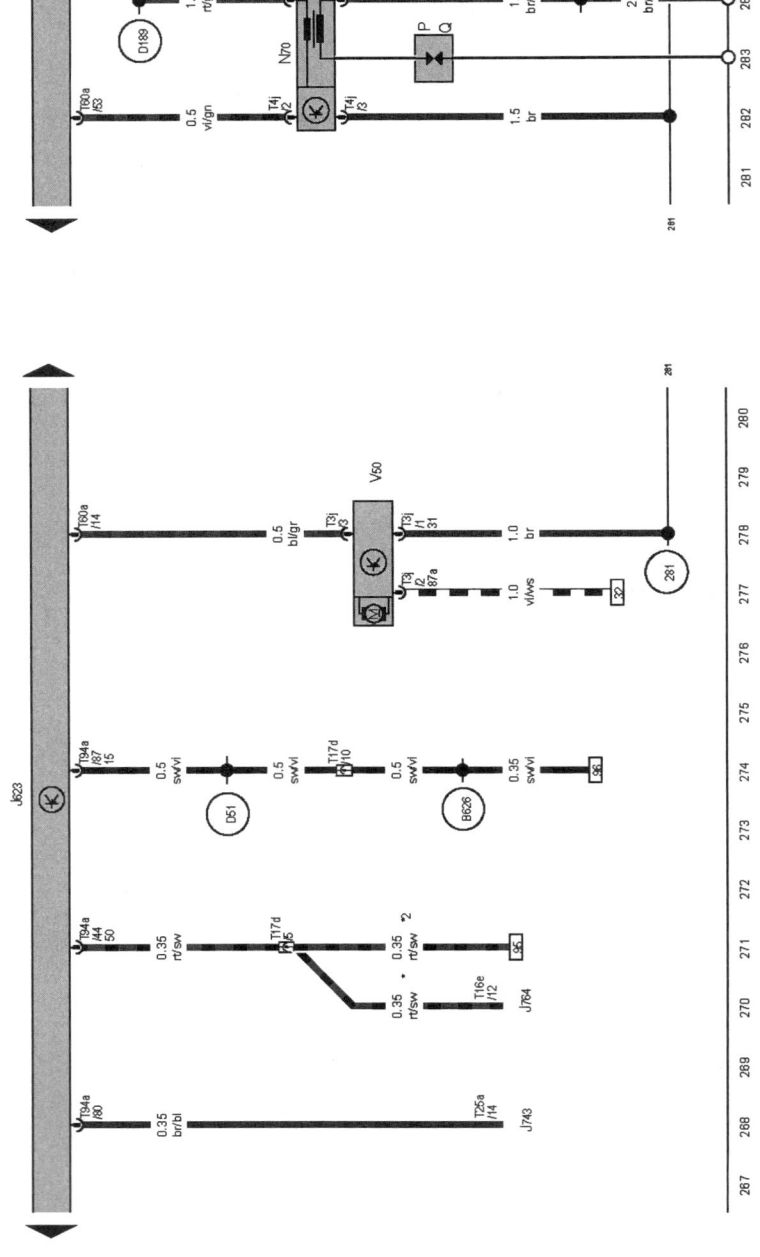

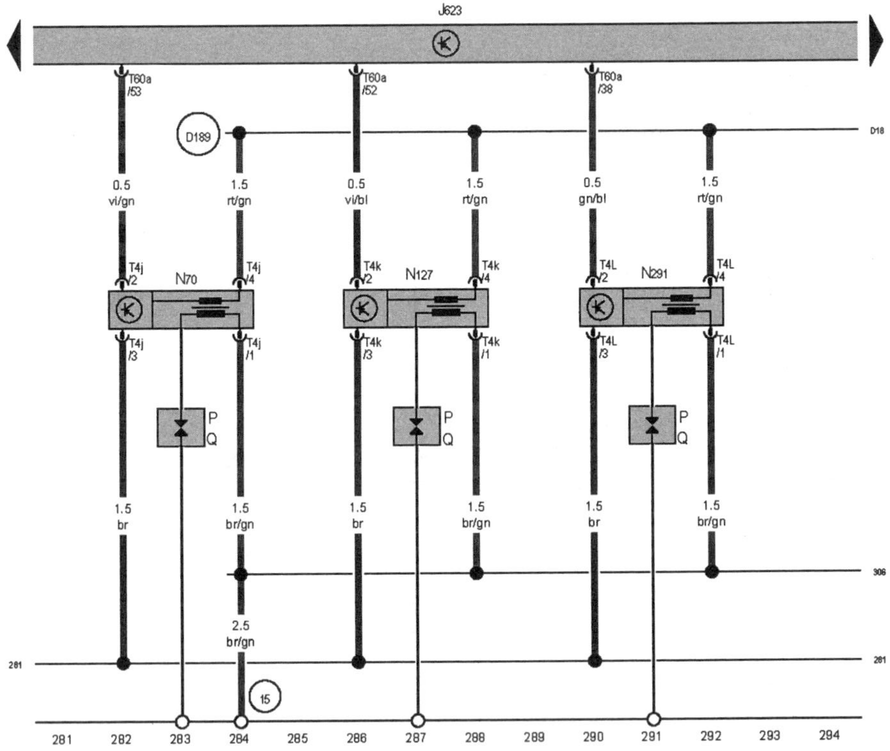

图 3-1-47

J623-发动机控制单元 N70-带功率输出级的点火线圈 1 N127-带功率输出级的点火线圈 2 N291-带功率输出级点火线圈 3 P-火花塞插头 Q-火花塞 T4j-4 芯插头连接，黑色 T4k-4 芯插头连接，黑色 T4L-4 芯插头连接，黑色 T60a-60 芯插头连接，黑色 15-气缸盖上的接地点 281-接地连接 1，在发动机预接线导线束中 306-接地连接（点火线圈），在发动机预接线导线束中 D189-连接 (87a)，在发动机预接线导线束中

发动机控制单元、冷却液循环泵

图 3-1-46

J623-发动机控制单元 J743-双离合器变速器机电装置 J764-电子转向柱锁止装置控制单元 T3j-3 芯插头连接，黑色 T16e-16 芯插头连接，黑色 T17d-17 芯插头连接，蓝色 T25a-25 芯插头连接，左侧 A 柱下部，黑色 T60a-60 芯插头连接，黑色 T94a-94 芯插头连接，黑色 V50-冷却液循环泵 281-接地连接 1，在发动机预接线导线束中 B626-正极连接 2 (15)，在主导线束中 D51-正极连接 1 (15)，在发动机舱导线束中 *1-用于带进入及启动许可的汽车 *2-用于不带进入及启动许可的汽车

332

机油压力开关、机油压力降低开关、发动机控制单元、带功率输出级的点火线圈 4、火花塞插头、火花塞

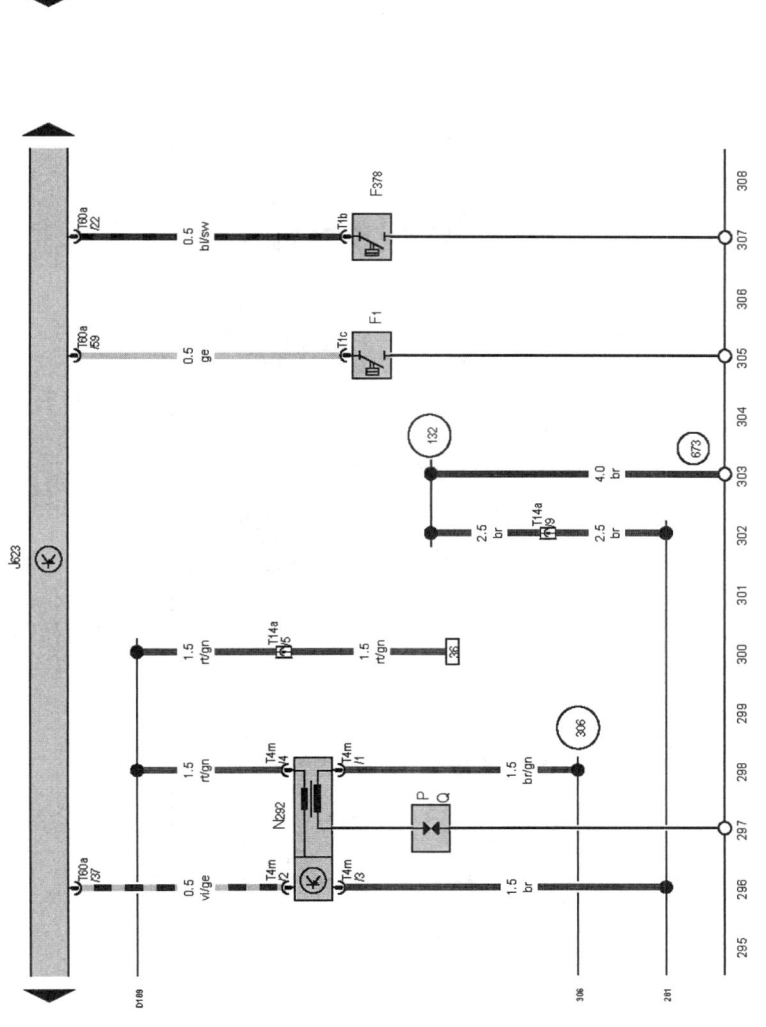

图 3-1-48

F1-机油压力开关 F378-机油压力降低开关 J623-发动机控制单元 N292-带功率输出级的点火线圈 4 P-火花塞插头 Q-火花塞 T1b-1 芯插头连接，黑色 T1c-1 芯插头连接，蓝色 T4m-4 芯插头连接，黑色 T14a-14 芯插头连接，左前纵梁上，灰色 T60a-60 芯插头连接，黑色 132-接地连接 3，在发动机舱导线束中 281-接地连接 1，在发动机预接线导线束中 306-接地连接（点火线圈），在发动机预接线导线束中 673-左前纵梁上的接地点 3 D189-连接（87a），在发动机预接线导线束中

燃油表传感器、预供给燃油泵、燃油泵控制单元、发动机控制单元

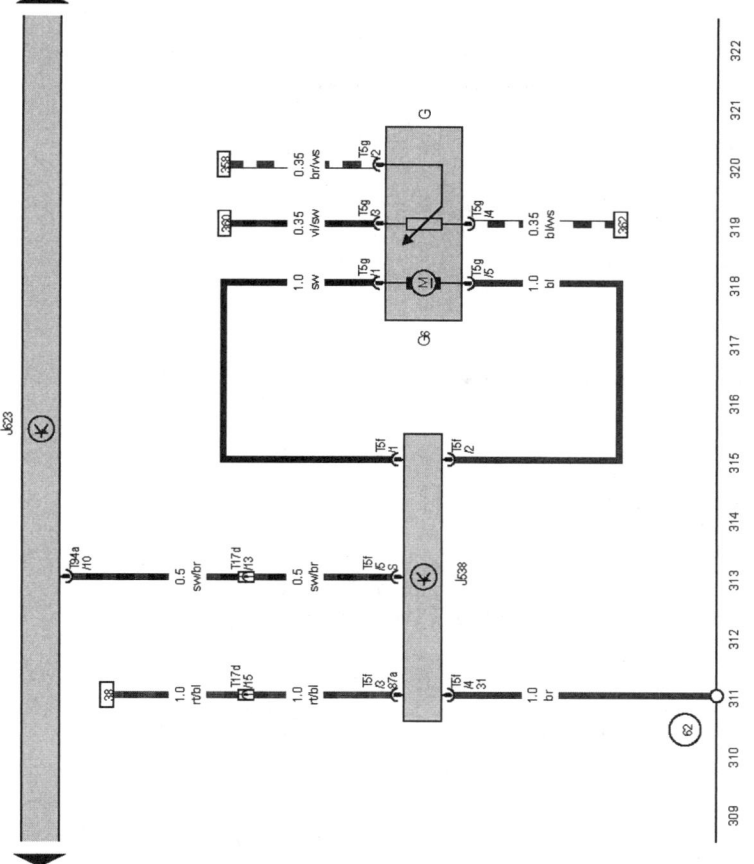

图 3-1-49

G-燃油表传感器 G6-预供给燃油泵 J538-燃油泵控制单元 J623-发动机控制单元 T5f-5 芯插头连接，黑色 T5g-5 芯插头连接，黑色 T17d-17 芯插头连接，黑色 T94a-94 芯插头连接，蓝色，A 柱下部，左侧 62-右侧 C 柱上的接地点

数据总线诊断接口、诊断接口

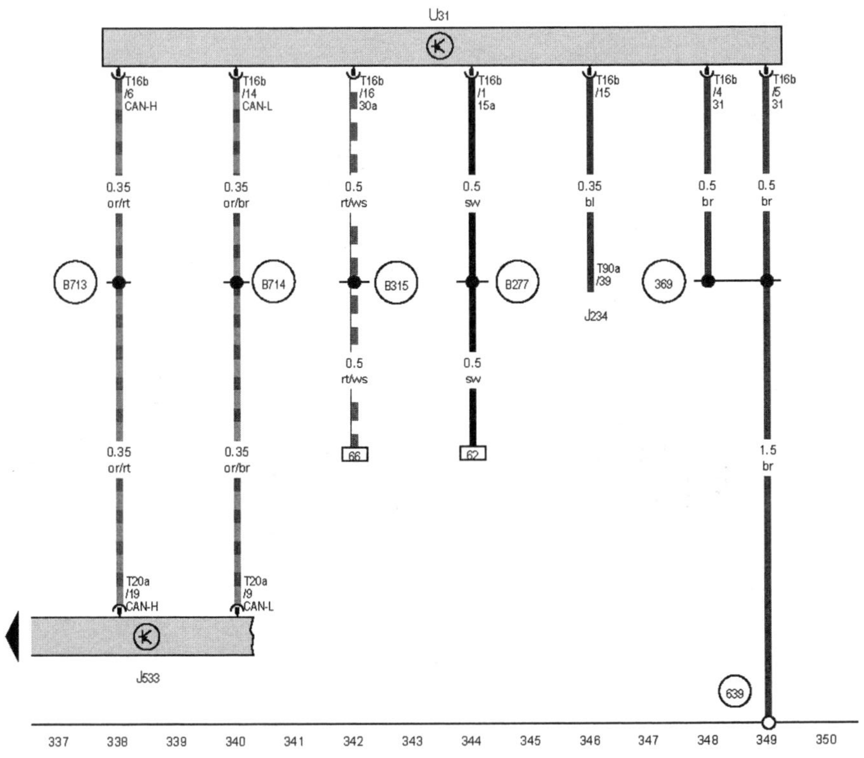

数据总线诊断接口、发动机控制单元

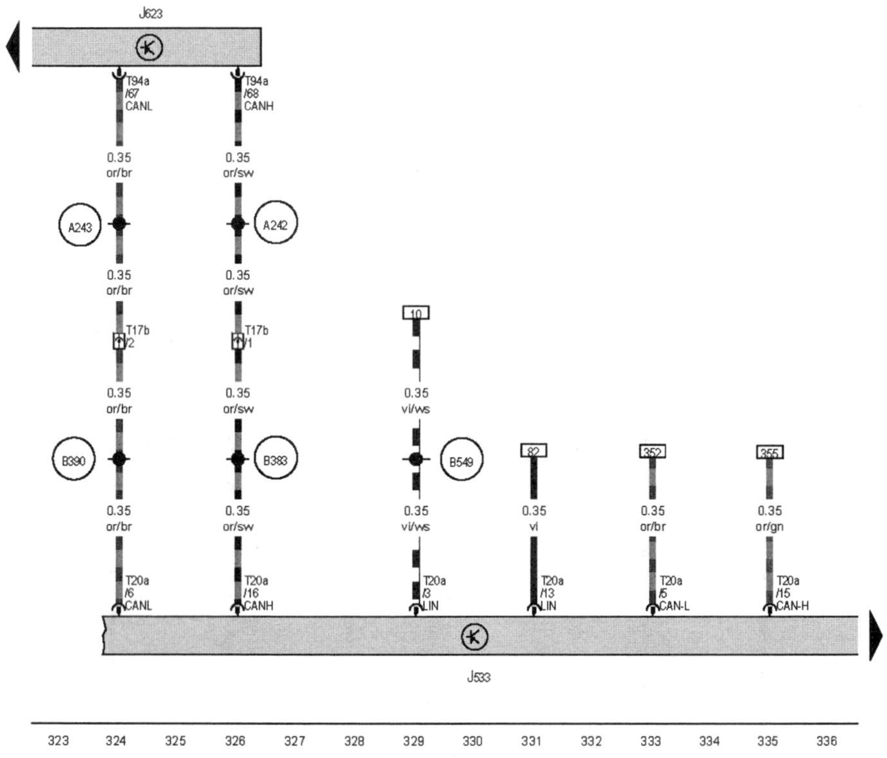

图 3-1-51

J234-安全气囊控制单元 J533-数据总线诊断接口 T16b-16 芯插头连接 T20a-20 芯插头连接，红色 T90a-90 芯插头连接 U31-诊断接口 369-接地连接 4，在主导线束中 639-左在 A 柱上的接地点 B315-正极连接 1（30a），在主导线束中 B713-连接 1（诊断 CAN 总线，High），在主导线束中 B714-连接 1（诊断 CAN 总线，Low），在主导线束中 B277-正极连接 1（15a），在主导线束中

图 3-1-50

J533-数据总线诊断接口 J623-发动机控制单元 T17b-17 芯插头连接 T20a-20 芯插头连接，黑色 T94a-94 芯插头连接，红色 A242-连接 1（驱动 CAN 总线，High），在发动机舱导线束中 A243-连接 1（驱动 CAN 总线，Low），在发动机舱导线束中 B383-连接 1（驱动 CAN 总线，High），在主导线束中 B390-连接 1（驱动 CAN 总线，Low），在主导线束中 B549-连接 2（LIN 总线），在主导线束中

燃油表、转速表、多功能显示器、组合仪表中的控制单元、发电机指示灯、燃油表指示灯

防盗锁止系统读识线圈、冷却液温度表、车速表、组合仪表中的控制单元、防盗锁止系统控制单元、机油压力指示灯、冷却液温度和冷却液不足显示指示灯、定速巡航装置指示灯、机油油位指示灯、废气警告灯、电子油门故障信号灯、里程表

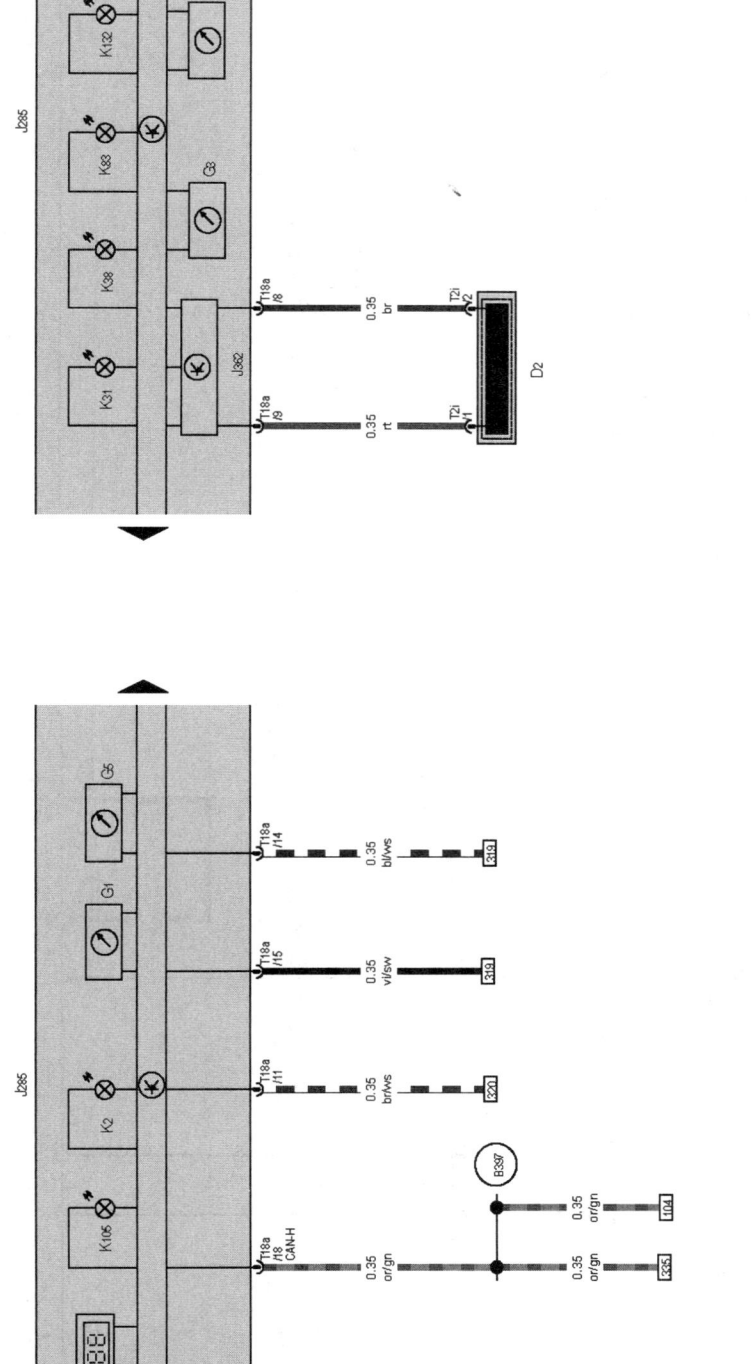

图 3-1-52

图 3-1-53

G1-燃油表 G5-转速表 J119-多功能显示器 J285-组合仪表中的控制单元 K2-发电机指示灯 K105-燃油表指示灯 T18a-18 芯插头连接，黑色 B397-连接 1（舒适 CAN 总线，High），在主导线束中 B406-连接 1（舒适 CAN 总线，Low），在主导线束中

D2-防盗锁止系统识读线圈 G3-冷却液温度表 G21-车速表 J285-组合仪表中的控制单元 J362-防盗锁止系统控制单元 K3-机油压力指示灯 K28-冷却液温度和冷却液不足显示指示灯 K31-定速巡航装置指示灯 K38-机油油位指示灯 K83-废气警告灯 K132-电子油门故障信号灯 T2i-2 芯插头连接，黑色 T18a-18 芯插头连接，黑色 Y4-里程表

335

主继电器、保险丝架 B

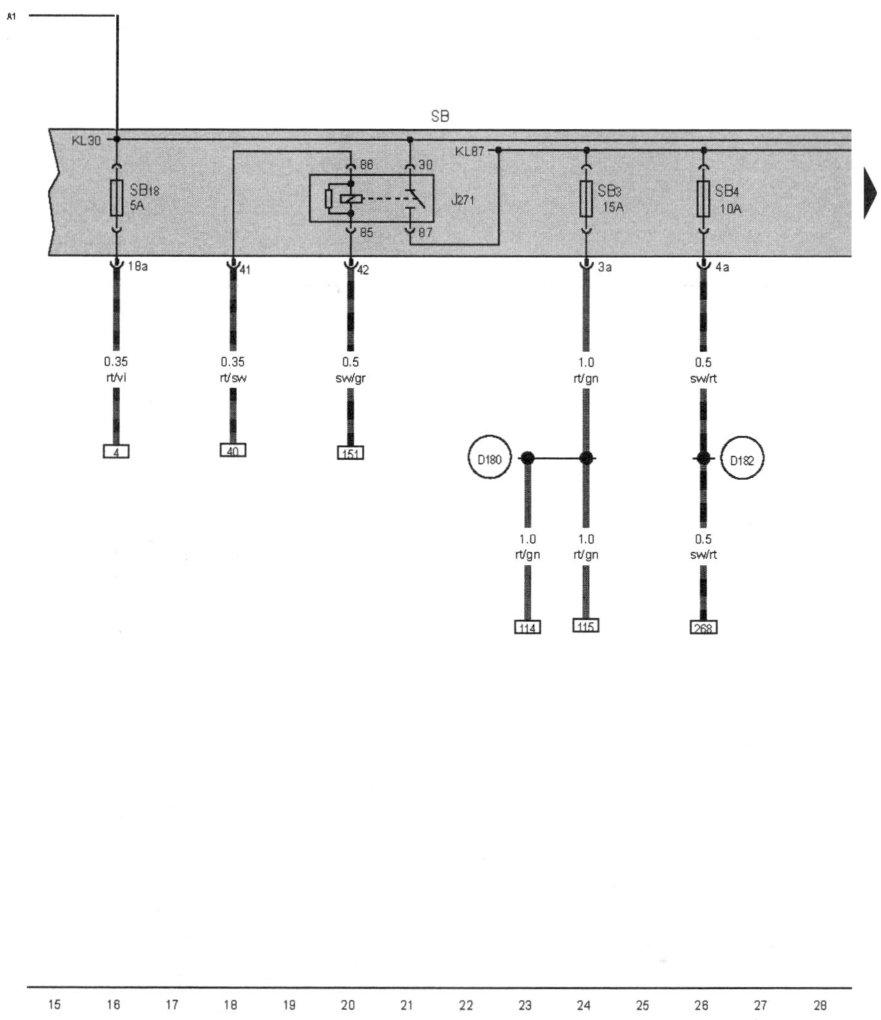

J271-主继电器　SB-保险丝架 B　SB3-保险丝架 B 上的保险丝 3　SB4-保险丝架 B 上的保险丝 4　SB18-保险丝架 B 上的保险丝 18　D180-连接 3 (87a)，在发动机舱导线束中　D182-连接 3 (87a)，在发动机舱导线束中

图 3-1-55

蓄电池、启动机、交流发电机、电压调节器、蓄电池监控控制单元

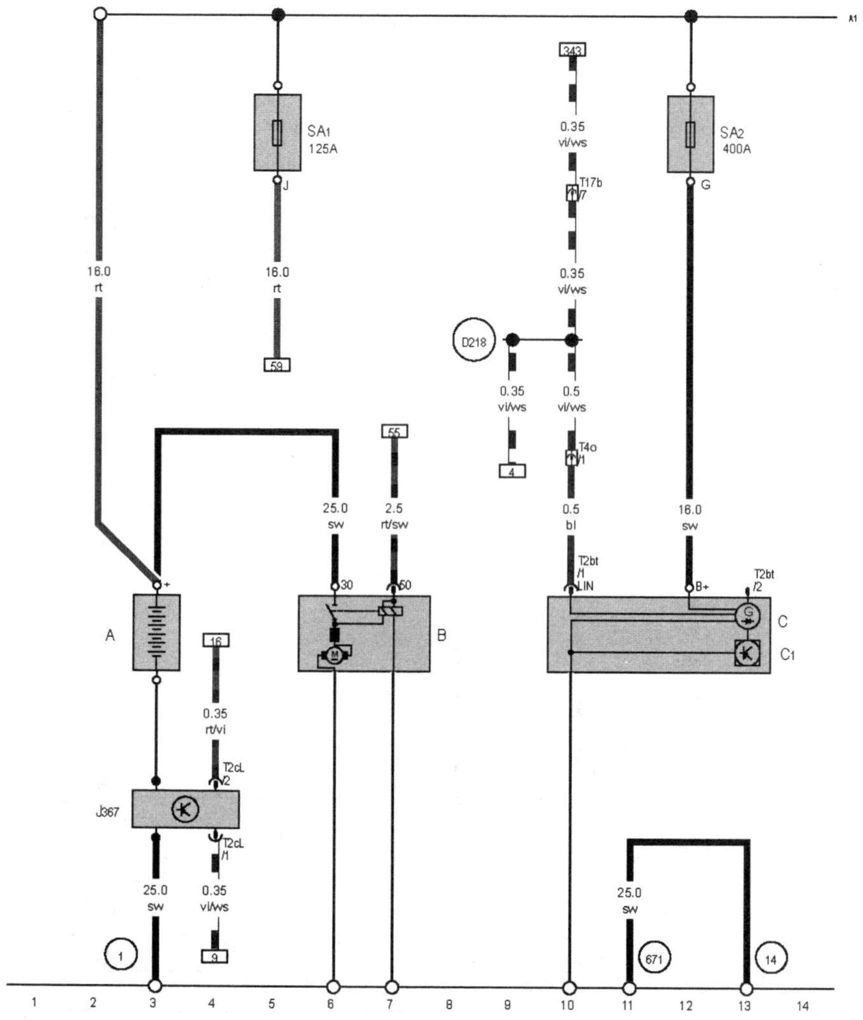

图 3-1-54

A-蓄电池　B-启动机　C-交流发电机　C1-电压调节器　J367-蓄电池监控控制单元　SA1-保险丝架 A 上的保险丝 1　SA2-保险丝架 A 上的保险丝 2　T2bt-2 芯插头连接，黑色　T2cL-2 芯插头连接，黑色　T4o-4 芯插头连接，黑色　T17b-17 芯插头连接，左侧 A 柱下部，棕色 A 柱下部，蓄电池-车身　1-接地线，左前纵梁上　671-左前纵梁上的接地点　1　D218-连接 1 (LIN 总线)，在发动机舱导线束中　14-变速器上的接地点

336

启动机继电器 1、启动机继电器 2、保险丝架 B

保险丝架 B

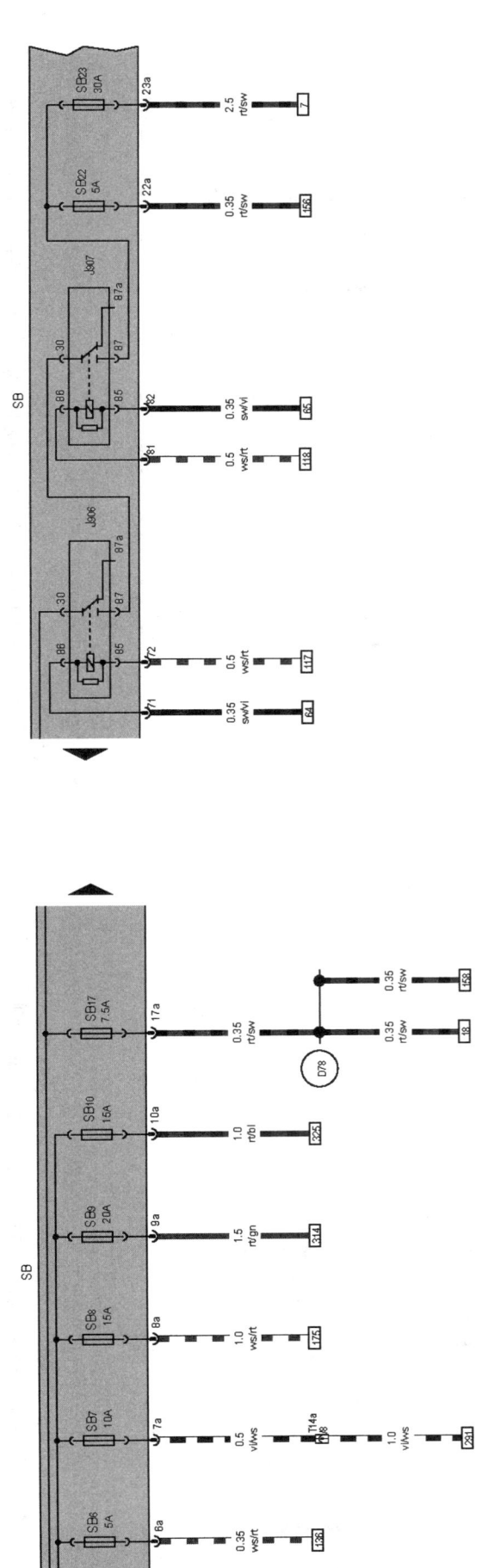

SB-保险丝架 B SB6-保险丝架 B 上的保险丝 6 SB7-保险丝架 B 上的保险丝 7 SB8-保险丝架 B 上的保险丝 8 SB9-保险丝架 B 上的保险丝 9 SB10-保险丝架 B 上的保险丝 10 SB17-保险丝架 B 上的保险丝 17 T14a-14 芯插头连接，左前纵梁上，灰色 D78-正极连接 1 (30a)，在发动机舱导线束中

图 3-1-56

J906-启动机继电器 1 J907-启动机继电器 2 SB-保险丝架 B SB22-保险丝架 B 上的保险丝 22 SB23-保险丝架 B 上的保险丝 23

图 3-1-57

中控台开关模块 1、启动 / 停止模式按钮、车载电网控制单元、转向柱电子装置控制单元、启动 / 停止运行模式指示灯、开关照明灯泡

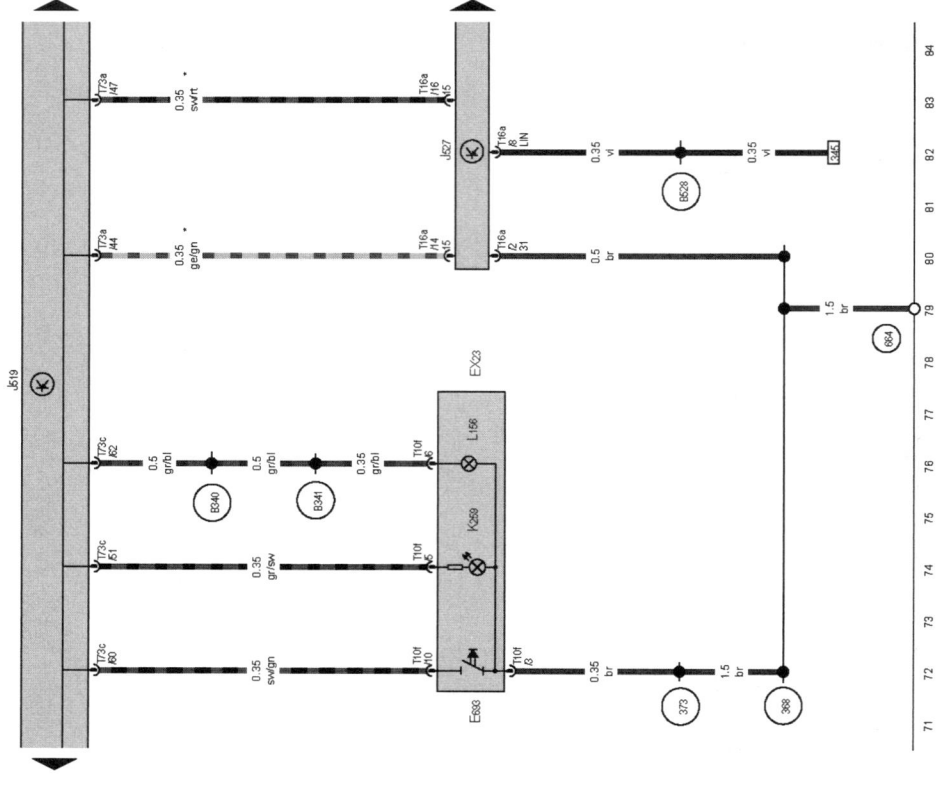

EX23-中控台开关模块 1 E693-启动 / 停止模式按钮 J519-车载电网控制单元 J527-转向柱电子装置控制单元 K259-启动 / 停止运行模式指示灯 L156-开关照明灯泡 T10f-10 芯插头连接 T16a-16 芯插头连接、黑色 T16a-16 芯插头连接、黑色 T10f-10 芯插头连接 T73a-73 芯插头连接、黑色 T73c-73 芯插头连接、黑色 368-接地连接 3、在主导线束中 373-接地连接 8、在主导线束中 664-左侧仪表板后面接地点 B340-连接 1 (58d)、在主导线束中 B341-连接 2 (58d)、在主导线束中 B528-连接 1 (LIN 总线)、在主导线束中 *-仅用于不带进入及启动许可的汽车

图 3-1-59

接线端 15 供电继电器、车载电网控制单元

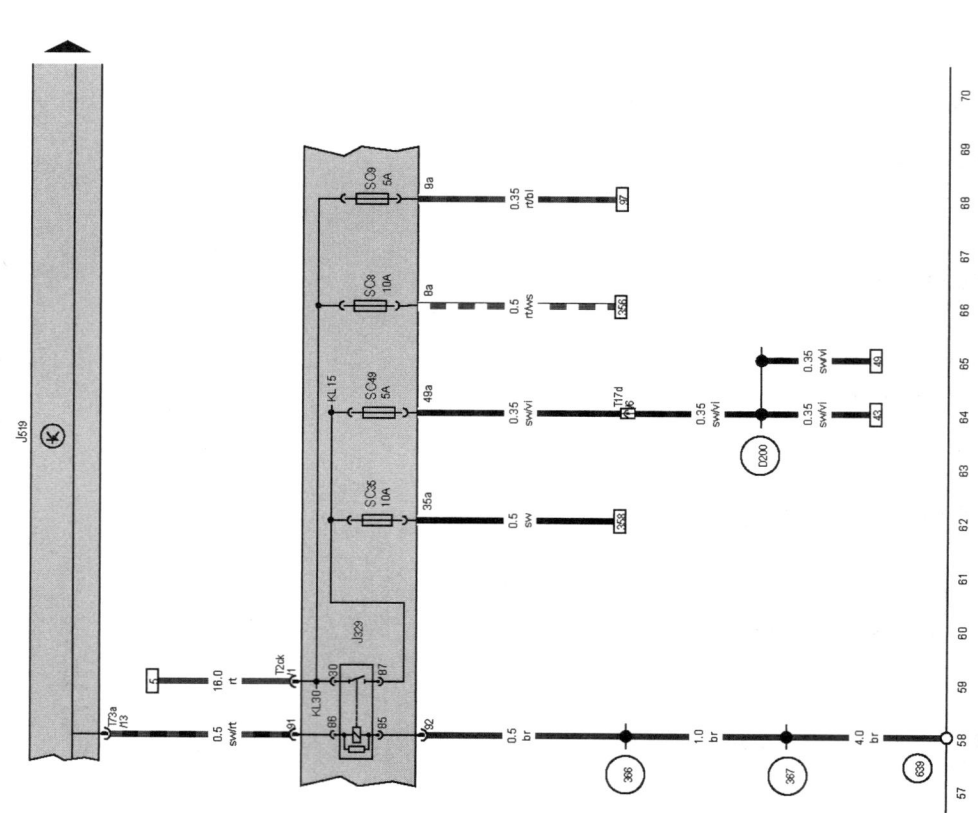

J329-接线端 15 供电继电器 J519-车载电网控制单元 SC8-保险丝架 C 上的保险丝 8 SC9-保险丝架 C 上的保险丝 9 SC35-保险丝架 C 上的保险丝 35 SC49-保险丝架 C 上的保险丝 49 T2ck-2 芯插头连接 T2ck-2 芯插头连接、黑色 T17d-17 芯插头连接、左侧 A 柱下部、蓝色 T73a-73 芯插头连接、黑色 366-接地连接 1、在主导线束中 367-接地连接 2、在主导线束中 639-左 A 柱上的接地点 D200-正极连接 3 (15a)、在发动机舱导线束中

图 3-1-58

338

点火启动开关、冷却液不足显示传感器、车载电网控制单元、转向柱电子装置控制单元

定速巡航装置开关、定速巡航装置设置按钮、转向柱电子装置控制单元

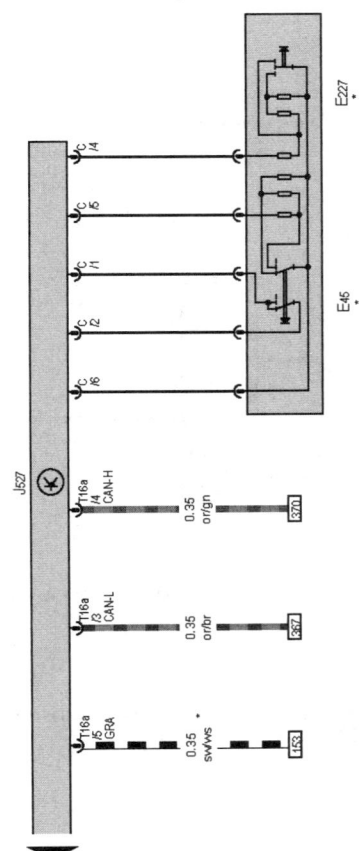

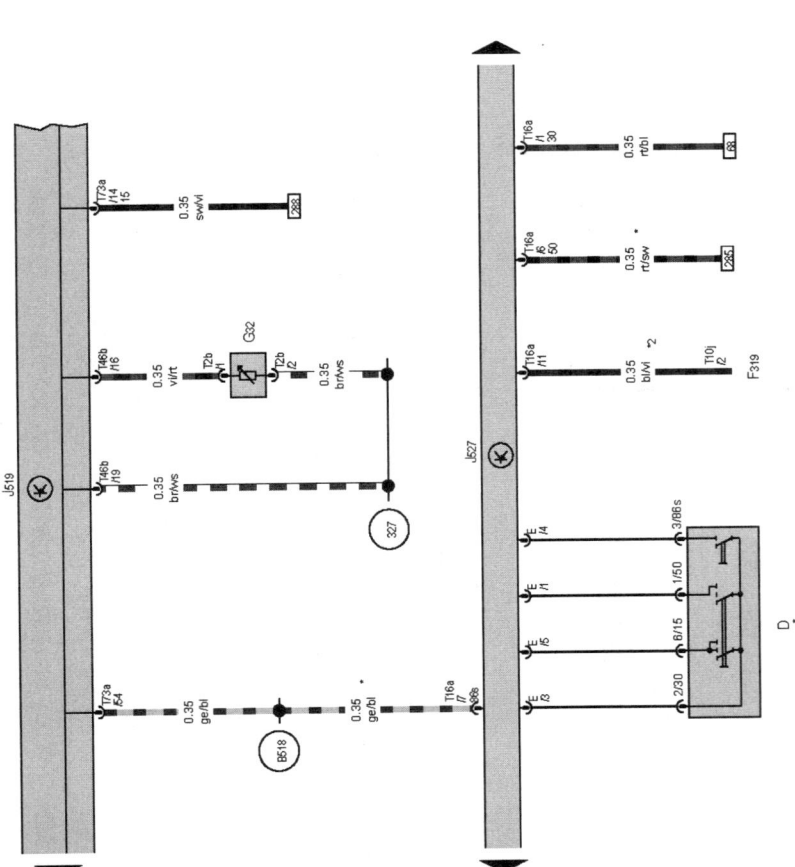

E45-定速巡航装置开关 E227-定速巡航装置设置按钮 J527-转向柱电子装置控制单元 T16a-16 芯插头连接 *-仅用于带定速巡航装置的汽车 黑色、黑色

图 3-1-61

D-点火启动开关 F319-选挡杆挡位 P 锁止开关 G32-冷却液不足液显示传感器 J519-车载电网控制单元 J527-转向柱电子装置控制单元 T2b-2 芯插头连接 T10j-10 芯插头连接 黑色 T16a-16 芯插头连接 黑色 T46b-46 芯插头连接 黑色 T73a-73 芯插头连接 黑色 327-接地连接 (传感器接地)，在发动机舱导线束中 B518-连接 (86s)，在主导线束中 *-仅用于不带进入及启动许可的汽车 *2-仅适用于带双离合器变速器的汽车

图 3-1-60

339

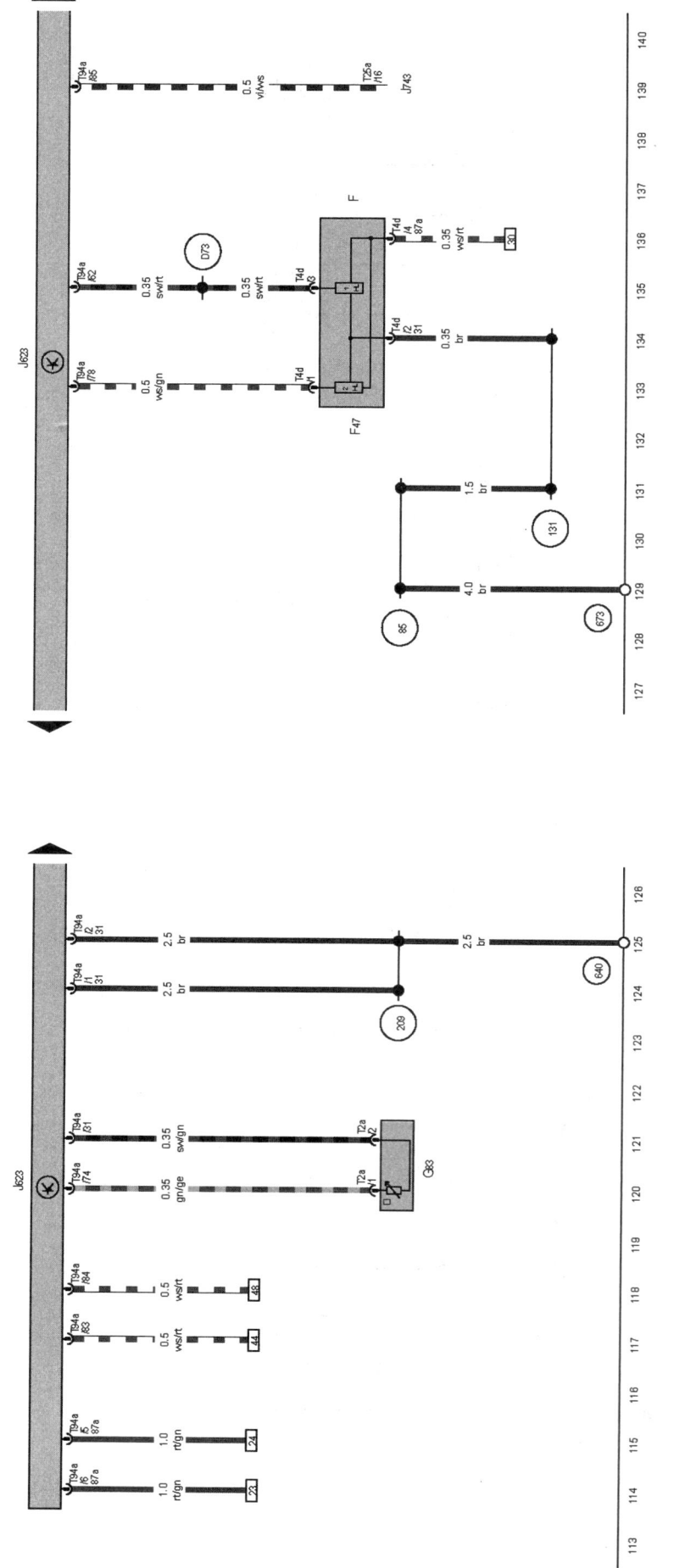

制动信号灯开关、制动踏板开关、发动机控制单元

散热器出口处的冷却液温度传感器、发动机控制单元

图 3-1-63

图 3-1-62

F-制动信号灯开关 F47-制动踏板开关 J623-发动机控制单元 J743-双离合器变速器机电装置 T4d-4 芯插头连接，黑色 T25a-25 芯插头连接，黑色 T94a-94 芯插头连接，黑色 85-接地连接 1，在发动机舱导线束中 131-接地连接 3 D73-正极连接（54），在发动机舱导线束中 673-左前纵梁上的接地点 3 D73-正极连接（54），在发动机舱导线束中

G83-散热器出口处的冷却液温度传感器 J623-发动机控制单元 T2a-2 芯插头连接，黑色 T94a-94 芯插头连接，黑色 209-接地连接 6，在发动机舱导线束中 640-发动机舱内左侧接地点 2

340

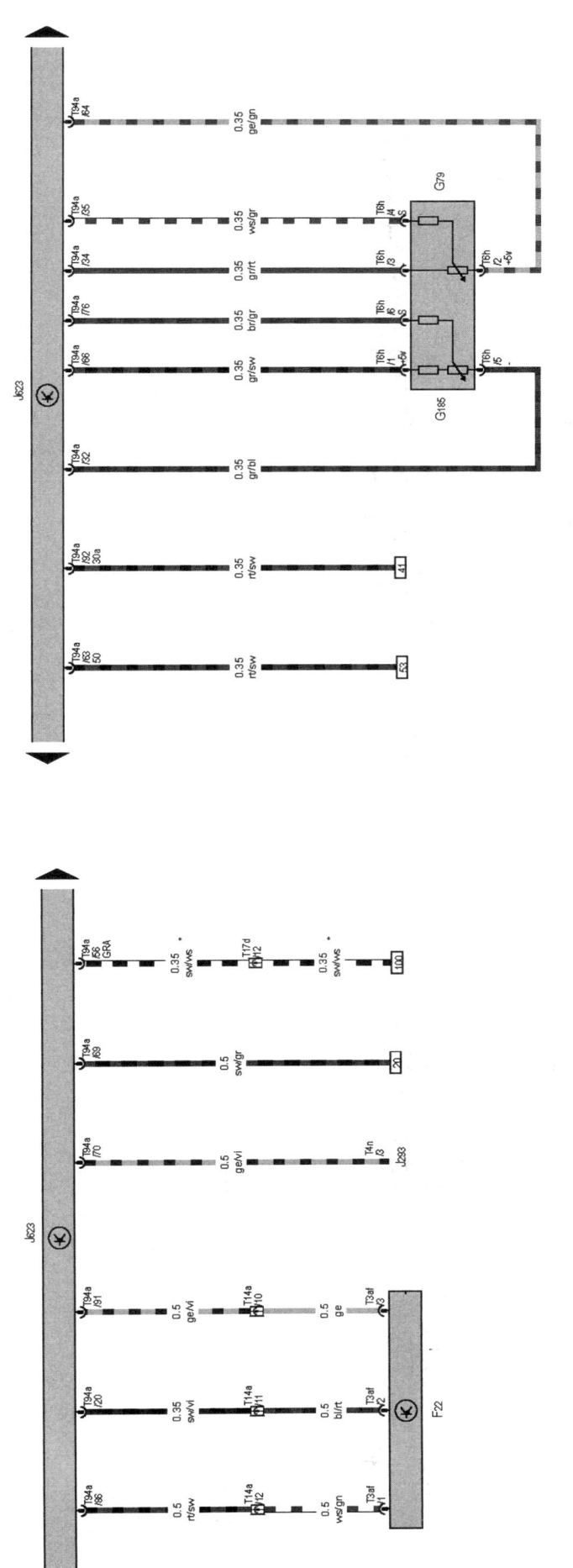

油门踏板位置传感器、油门踏板位置传感器 2、发动机控制单元

机油压力开关、发动机控制单元

G79-油门踏板位置传感器　G185-油门踏板位置传感器 2　J623-发动机控制单元　T6h-6 芯插头连接，黑色　T94a-94 芯插头连接，黑色

图 3-1-65

F22-机油压力开关　J293-散热器风扇控制单元　J623-发动机控制单元　T3af-3 芯插头连接，黑色　T4n-4 芯插头连接，黑色　T14a-14 芯插头连接，黑色　T17d-17 芯插头连接，灰色　左前纵梁上，左侧 A 柱下部，左侧　T94a-94 芯插头连接，黑色　*-仅用于带定速巡航装置的汽车

图 3-1-64

氧传感器、尾气催化净化器后的氧传感器、发动机控制单元、氧传感器加热装置、尾气催化净化器后的氧传感器加热装置 1 加热装置

冷却液温度传感器、电控油门操纵机构的节气门驱动装置、电控油门操纵机构的节气门驱动装置角度传感器 1、电控油门操纵机构的节气门驱动装置角度传感器 2、节气门控制单元、发动机控制单元

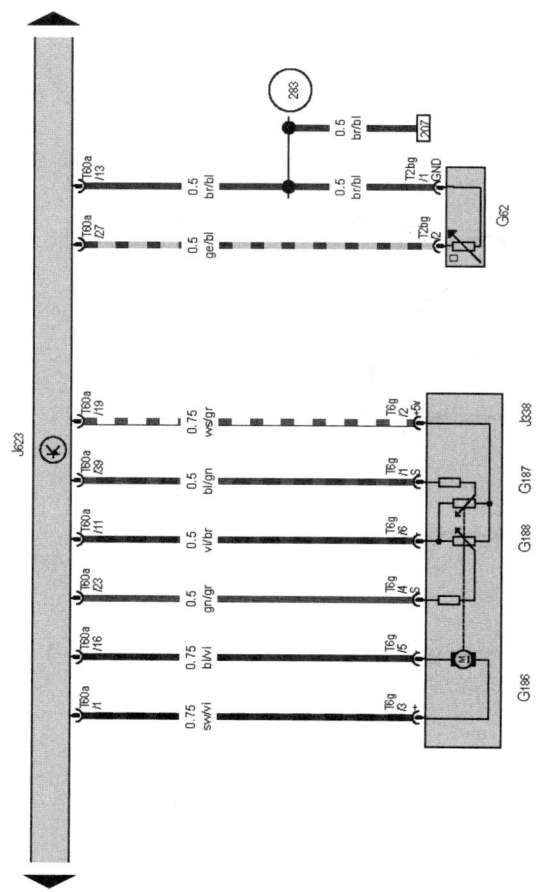

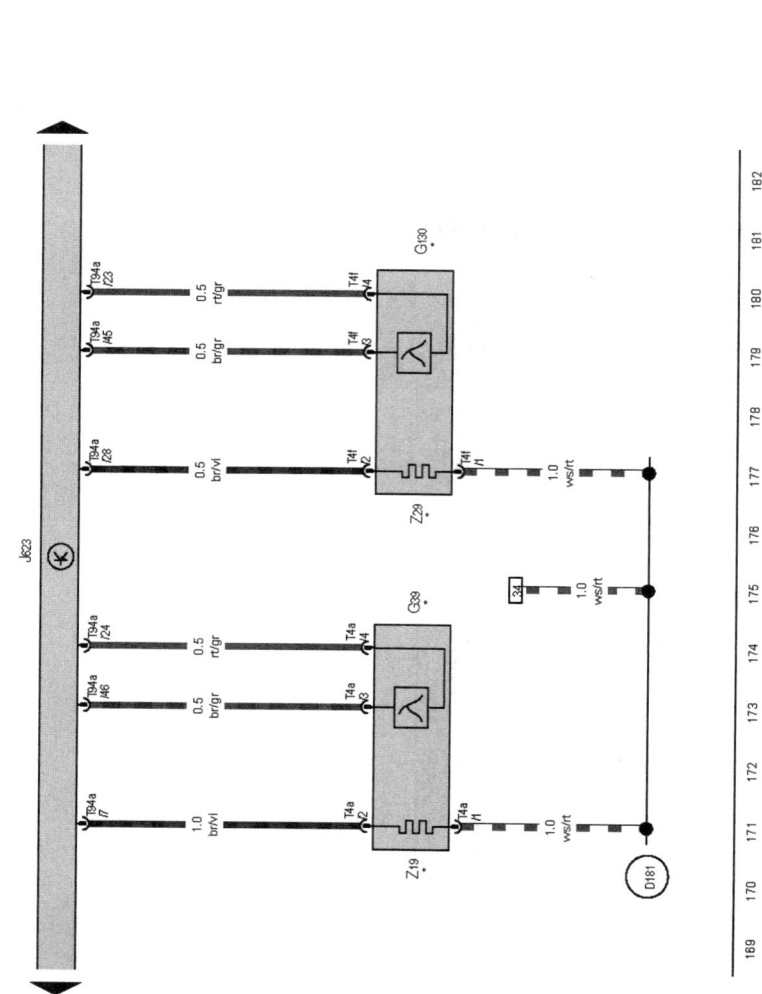

G62-冷却液温度传感器 G186-电控油门操纵机构的节气门驱动装置 G187-电控油门操纵机构的节气门驱动装置角度传感器 1 G188-电控油门操纵机构的节气门驱动装置角度传感器 2 J338-节气门控制单元 J623-发动机控制单元 T2bg-2 芯插头连接 T6g-6 芯插头连接,黑色 T60a-60 芯插头连接,黑色 283-接地连接 2,在发动机预接线导线束中

图 3-1-67

G39-氧传感器 G130-尾气催化净化器后的氧传感器 J623-发动机控制单元 T4a-4 芯插头连接,棕色 T4f-4 芯插头连接,黑色 T94a-94 芯插头连接,黑色 Z19-氧传感器加热装置 Z29-尾气催化净化器后的氧传感器 1 加热装置 D181-连接 2 (87a),在发动机舱导线束中 *-已预先布线的部件

图 3-1-66

発動机控制単元、气缸1喷油器、气缸2喷油器、气缸3喷油器、气缸4喷油器

爆震传感器1、发动机控制単元、燃油压力调节阀、增压压力调节器

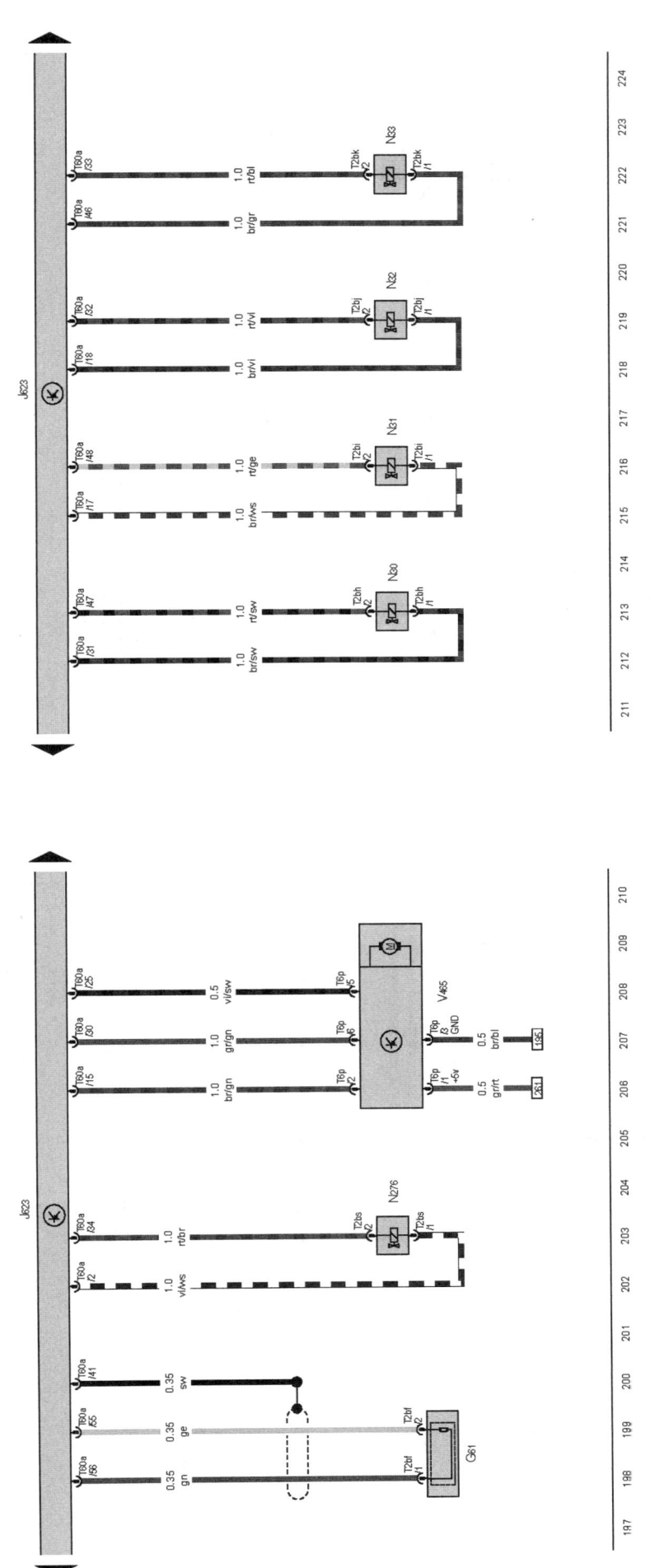

图3-1-69

J623-发动机控制单元 N30-气缸1喷油器 N31-气缸2喷油器 N32-气缸3喷油器 N33-气缸4喷油器 T2bh-2 芯插头连接，黑色 T2bi-2 芯插头连接，黑色 T2bj-2 芯插头连接，黑色 T2bk-2 芯插头连接，黑色 T60a-60 芯插头连接，黑色

图3-1-68

G61-爆震传感器1 J623-发动机控制单元 N276-燃油压力调节阀 T2bf-2 芯插头连接，黑色 T2bs-2 芯插头连接，黑色 T6p-6 芯插头连接，灰色 T60a-60 芯插头连接，黑色 V465-增压压力调节器

343

进气温度传感器、进气歧管压力传感器、燃油压力传感器、发动机控制单元

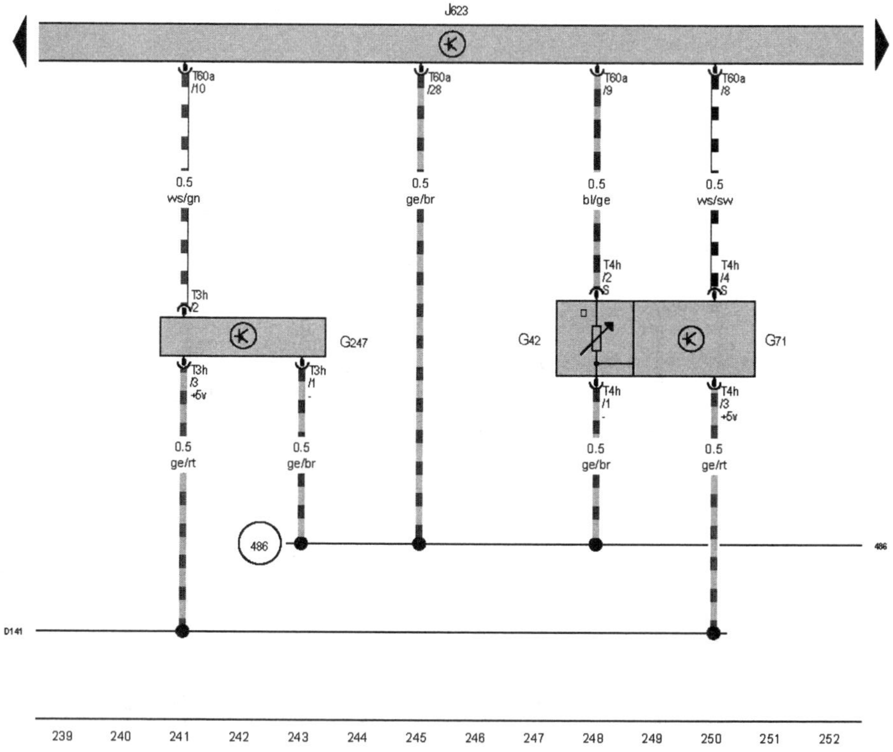

G42-进气温度传感器 G71-进气歧管压力传感器 G247-燃油压力传感器 J623-发动机控制单元 T3h-3 芯插头连接，黑色 T4h-4 芯插头连接，黑色 T60a-60 芯插头连接，黑色 486-接地连接 4，在发动机预接线导线束中 D141-连接（5V），在发动机前部导线束中

图 3-1-71

霍耳传感器、霍耳传感器 3、发动机控制单元

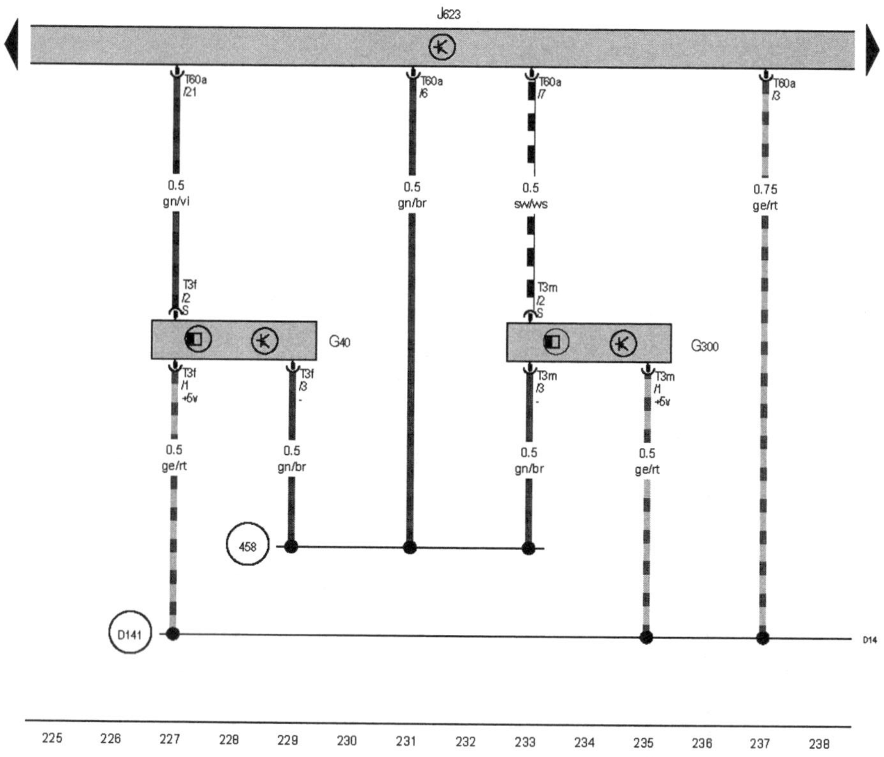

G40-霍耳传感器 G300-霍耳传感器 3 J623-发动机控制单元 T3f-3 芯插头连接，黑色 T3m-3 芯插头连接，黑色 T60a-60 芯插头连接，黑色 458-接地连接 3，在发动机预接线导线束中 D141-连接（5V），在发动机前部导线束中

图 3-1-70

发动机转速传感器、增压压力传感器、进气温度传感器 2、发动机控制单元

发动机控制单元、活性炭罐电磁阀 1、凸轮轴调节阀 1、排气凸轮轴调节阀 1、机油压力调节阀

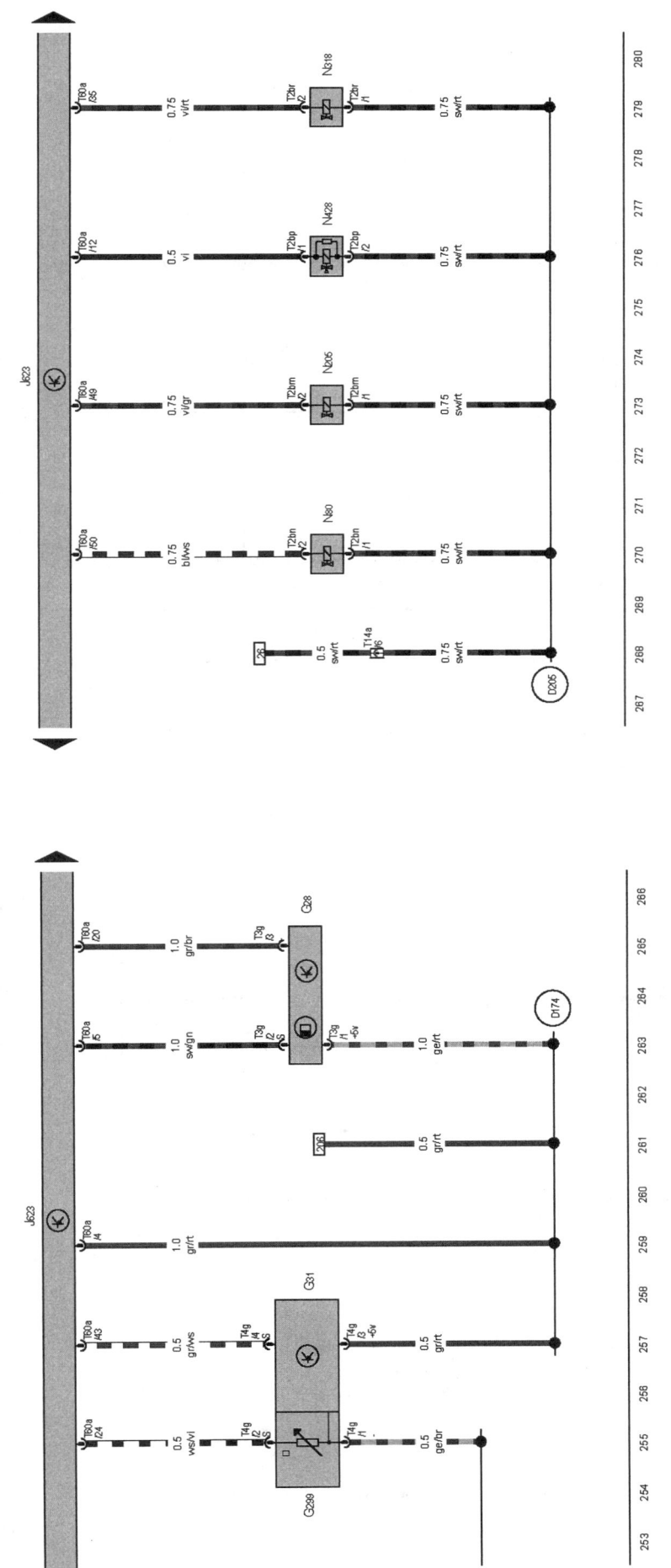

图 3-1-72

图 3-1-73

G28-发动机转速传感器 G31-增压压力传感器 G299-进气温度传感器 2 J623-发动机控制单元 T3g-3 芯插头连接，黑色 T4g-4 芯插头连接，黑色 T60a-60 芯插头连接，黑色 486-接地连接，黑色 D174-连接 2（5V），在发动机预接线导线束中

J623-发动机控制单元 N80-活性炭罐电磁阀 1 N205-凸轮轴调节阀 1 N318-排气凸轮轴调节阀 1 N428-机油压力调节阀 T2bm-2 芯插头连接，黑色 T2bn-2 芯插头连接，黑色 T2bp-2 芯插头连接，黑色 T2br-2 芯插头连接，黑色 T14a-14 芯插头连接，左前纵梁上，灰色 T60a-60 芯插头连接，黑色 D205-连接 3（87a），在发动机预接线导线束中

发动机控制单元、带功率输出级的点火线圈 1、带功率输出级点火线圈 2、带功率输出级的点火线圈 3、火花塞插头、火花塞

发动机控制单元、冷却液循环泵

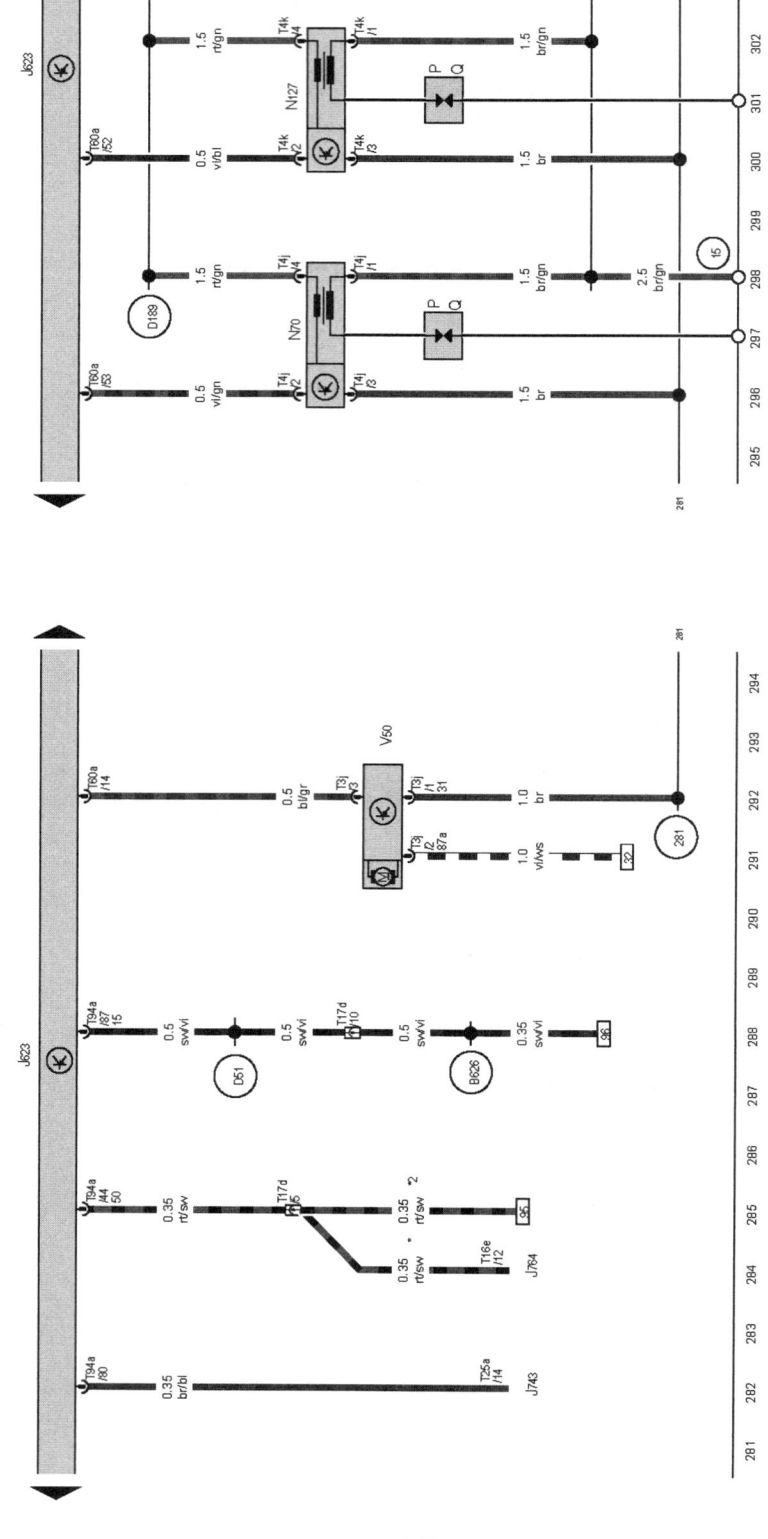

图 3-1-75

J623-发动机控制单元 N70-带功率输出级的点火线圈 1 N127-带功率输出级的点火线圈 2 N291-带功率输出级的点火线圈 3 P-火花塞插头 Q-火花塞插头 T4j-4 芯插头连接，黑色 T4k-4 芯插头连接，黑色 T4L-4 芯插头连接，黑色 T60a-60 芯插头连接 15-气缸盖上的接地点 281-接地连接 1，在发动机预接线导线束中 306-接地连接（点火线圈），在发动机预接线导线束中 D189-连接（87a），在发动机预接线导线束中

图 3-1-74

J623-发动机控制单元 J743-双离合器变速器机电装置 J764-电子转向柱锁止装置控制单元 T3j-3 芯插头连接，黑色 T16e-16 芯插头连接，黑色 T17d-17 芯插头连接，左侧 A 柱下部，蓝色 T25a-25 芯插头连接，黑色 T60a-60 芯插头连接，黑色 T94a-94 芯插头连接，黑色 V50-冷却液循环泵 281-接地连接 1，在发动机预接线导线束中 B626-正极连接 2（15），在主导线束中 D51-正极连接 1（15），在发动机舱导线束中 *-仅用于带进入及启动许可的汽车 *2-仅用于不带进入及启动许可的汽车

346

发动机控制单元、带功率输出级的点火线圈 4、火花塞插头、火花塞

燃油表传感器、预供给燃油泵、燃油泵控制单元、发动机控制单元

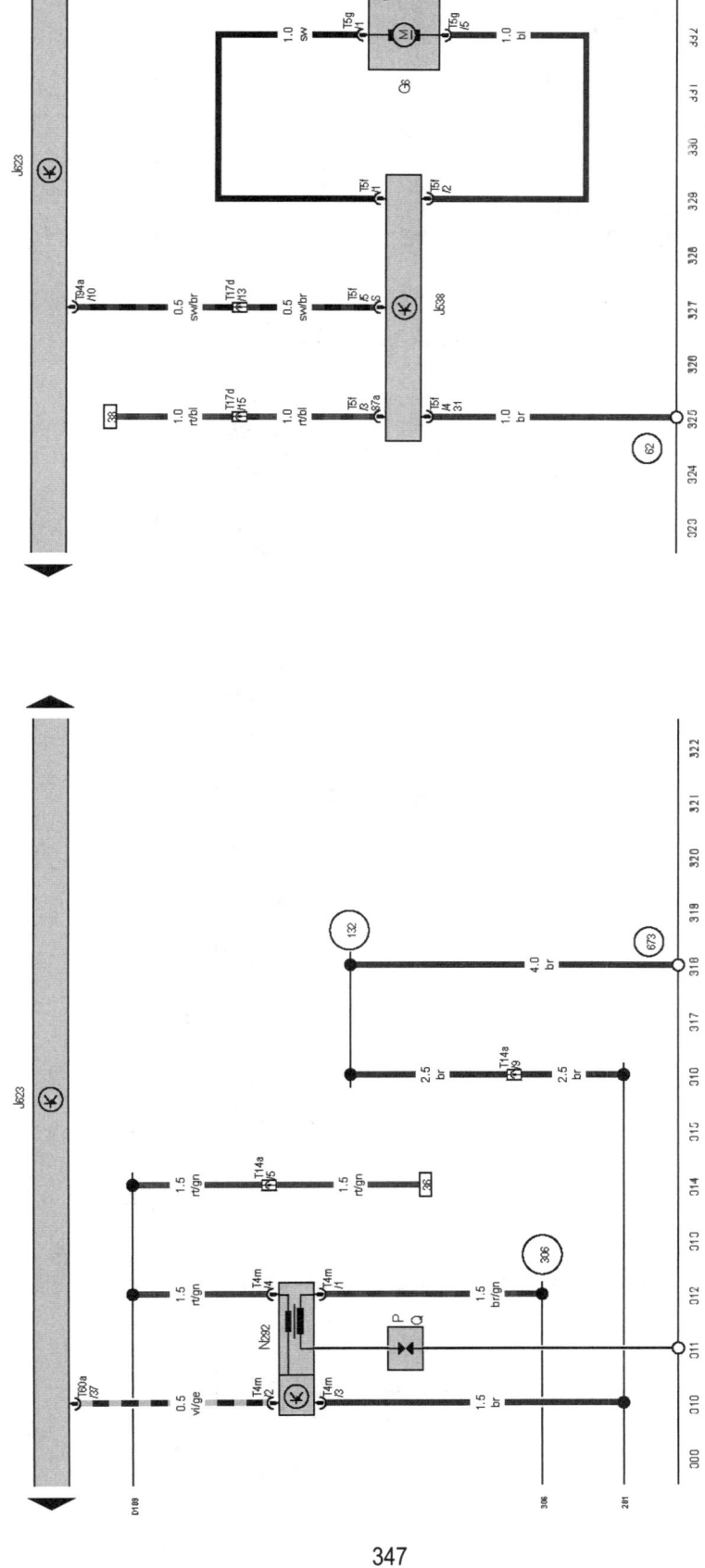

图 3-1-76

图 3-1-77

J623-发动机控制单元 N292-带功率输出级的点火线圈 4 P-火花塞插头 Q-火花塞 T4m-4 芯插头连接，
黑色 T14a-14 芯插头连接，左插头纵梁上，左前纵梁上，灰色 T60a-60 芯插头连接，黑色 132-接地连接 3，在发动机
舱导线束中 281-接地连接 1，在发动机预接线导线束中 306-接地连接（点火线圈），在发动机预接线导
线束中 673-左侧 C 柱上的接地点 3 D189-连接（87a），在发动机预接线导线束中

G-燃油表传感器 G6-预供给燃油泵 J538-燃油泵控制单元 J623-发动机控制单元 T5f-5 芯插头连接，
黑色 T5g-5 芯插头连接，黑色 T17d-17 芯插头连接，左侧 A 柱下部，蓝色 T94a-94 芯插头连接，黑色
62-右侧 C 柱上的接地点

347

数据总线诊断接口、诊断接口

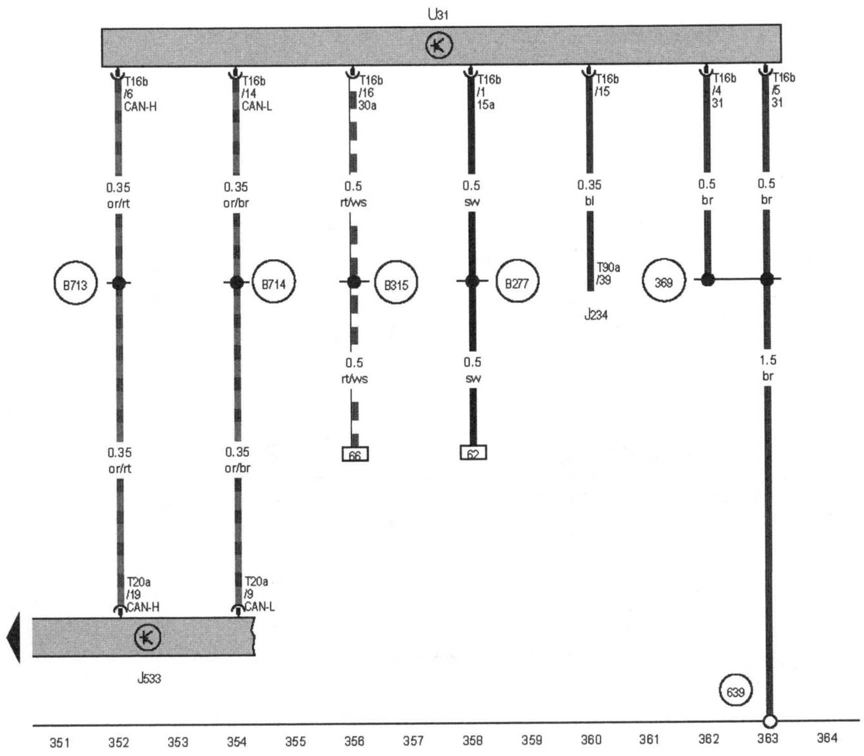

数据总线诊断接口、发动机控制单元

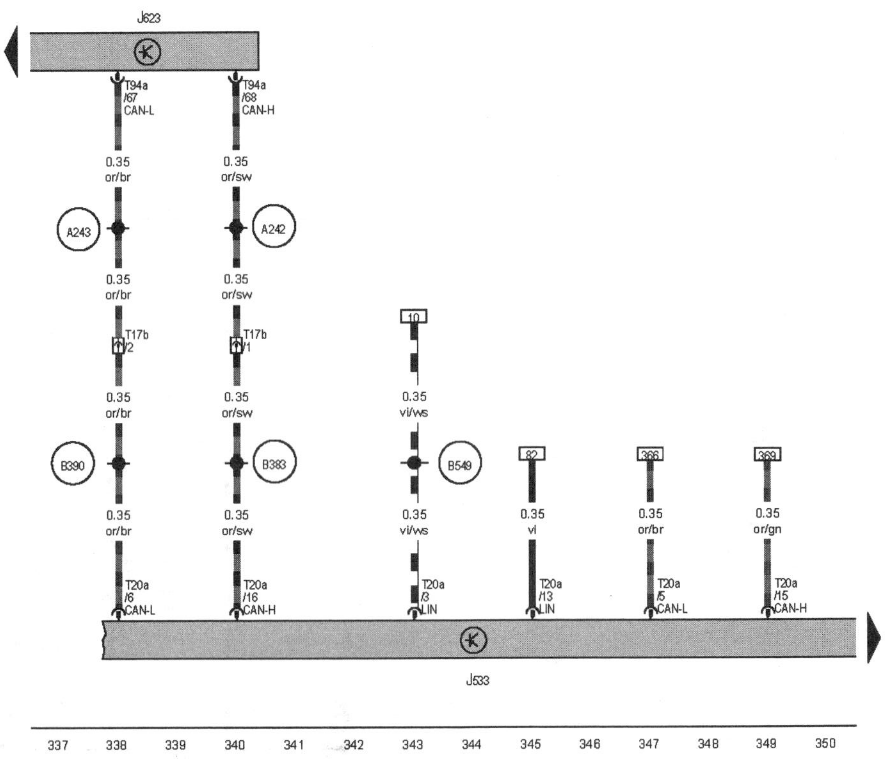

图 3-1-79

J234-安全气囊控制单元 J533-数据总线诊断接口 T16b-16 芯插头连接，黑色 T20a-20 芯插头连接，红色 T90a-90 芯插头连接 红色 U31-诊断接口 369-接地连接 4，在主导线束中 639-左 A 柱上的接地点 B315-正极连接 1（30a），在主导线束中 B713-连接 1（诊断 CAN 总线，Low），在主导线束中 B277-正极连接 1（15a），在主导线束中 B714-连接 1（诊断 CAN 总线，High），在主导线束中

图 3-1-78

J533-数据总线诊断接口 J623-发动机控制单元 T17b-17 芯插头连接，左侧 A 柱下部，棕色 T20a-20 芯插头连接，黑色 T94a-94 芯插头连接，红色 A242-连接 1（驱动 CAN 总线，High），在发动机舱导线束中 A243-连接 1（驱动 CAN 总线，Low），在发动机舱导线束中 B383-连接 1（驱动 CAN 总线，High），在主导线束中 B390-连接 1（驱动 CAN 总线，Low），在主导线束中 B549-连接 2（LIN 总线），在主导线束中

348

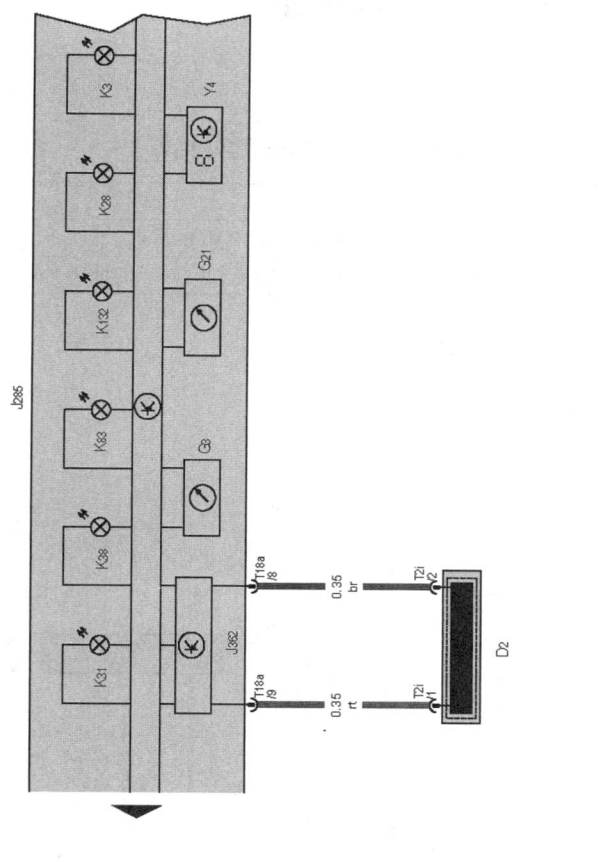

燃油表、转速表、多功能显示器、组合仪表中的控制单元、发电机指示灯、燃油表指示灯

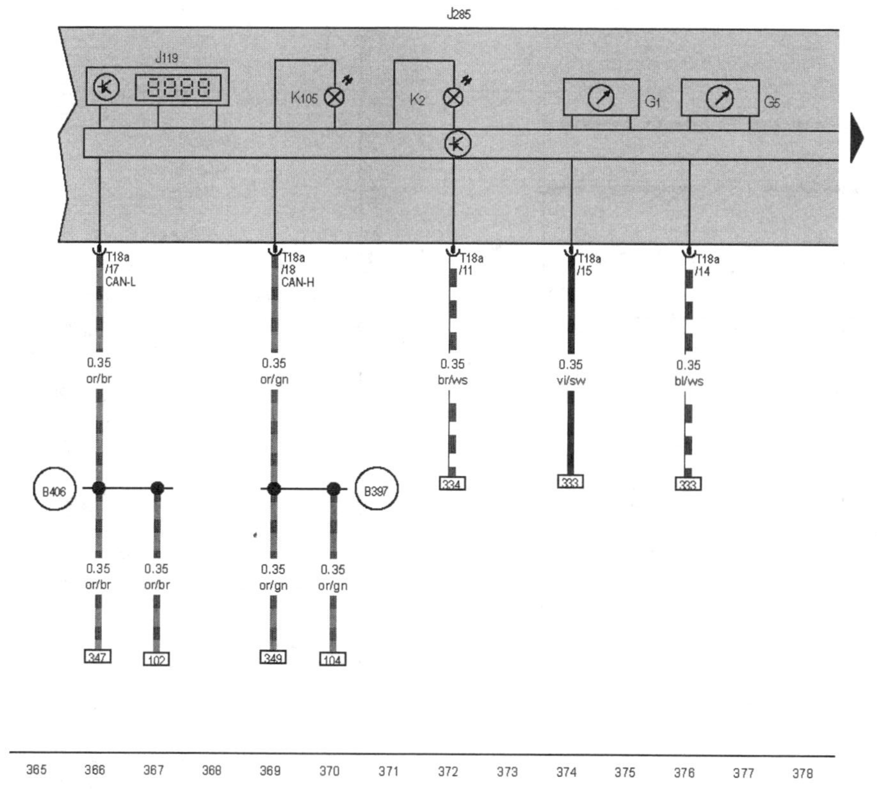

防盗锁止系统识读线圈、冷却液温度表、车速表、组合仪表中的控制单元、防盗锁止系统控制单元、机油压力指示灯、冷却液温度和冷却液不足显示指示灯、足速巡航装置指示灯、机油油位指示灯、废气警告灯、电子油门故障信号灯、里程表

G1-燃油表 G5-转速表 J119-多功能显示器 J285-组合仪表中的控制单元 K2-发电机指示灯 K105-燃油表指示灯 T18a-18 芯插头连接，黑色 B397-连接1（舒适 CAN 总线，High），在主导线束中 B406-连接1（舒适 CAN 总线，Low），在主导线束中

图 3-1-80

D2-防盗锁止系统识读线圈 G3-冷却液温度表 G21-车速表 J285-组合仪表中的控制单元 J362-防盗锁止系统控制单元 K3-机油压力指示灯 K28-冷却液温度和冷却液不足显示指示灯 K31-足速巡航装置指示灯 K38-机油油位指示灯 K83-废气警告灯 K132-电子油门故障信号灯 T2i-2 芯插头连接，黑色 T18a-18 芯插头连接，黑色 Y4-里程表

图 3-1-81

第二节 变速器系统

变速器系统电路图的图号和图名对照表见表 3-2-1。

表 3-2-1 变速器系统电路图的图号和图名对照表

图号	图名
图 3-2-1~图 3-2-9	6 挡自动变速器（自 2017 年 6 月起）
图 3-2-10~图 3-2-18	双离合器变速器 DSG（自 2017 年 6 月起）

自动变速器控制单元

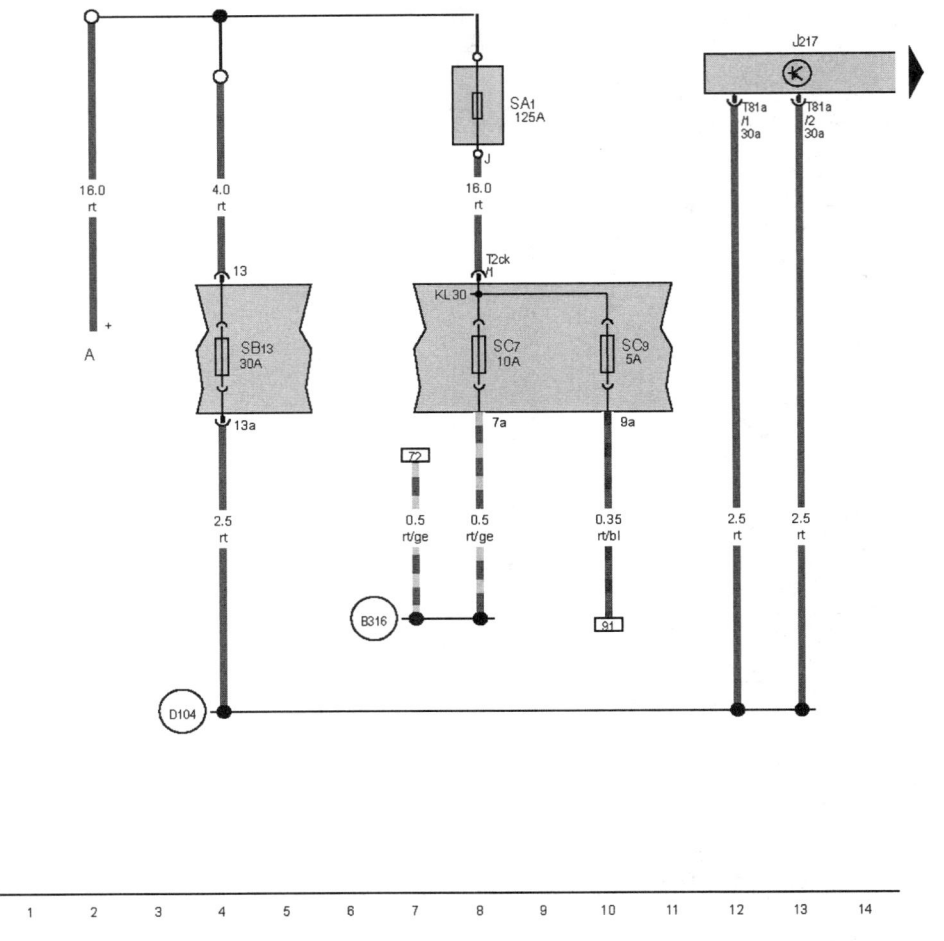

A-蓄电池 J217-自动变速器控制单元 SA1-保险丝架 A 上的保险丝 1 SC7-保险丝架 C 上的保险丝 7 SC9-保险丝架 C 上的保险丝 9 SB13-保险丝架 B 上的保险丝 13 T2ck-2 芯插头连接，黑色 T81a-81 芯插头连接，黑色 B316-正极连接 2（30a），在主导线束中 D104-正极连接 2（30a），在发动机舱导线束中

图 3-2-1

多功能开关、自动变速器控制单元

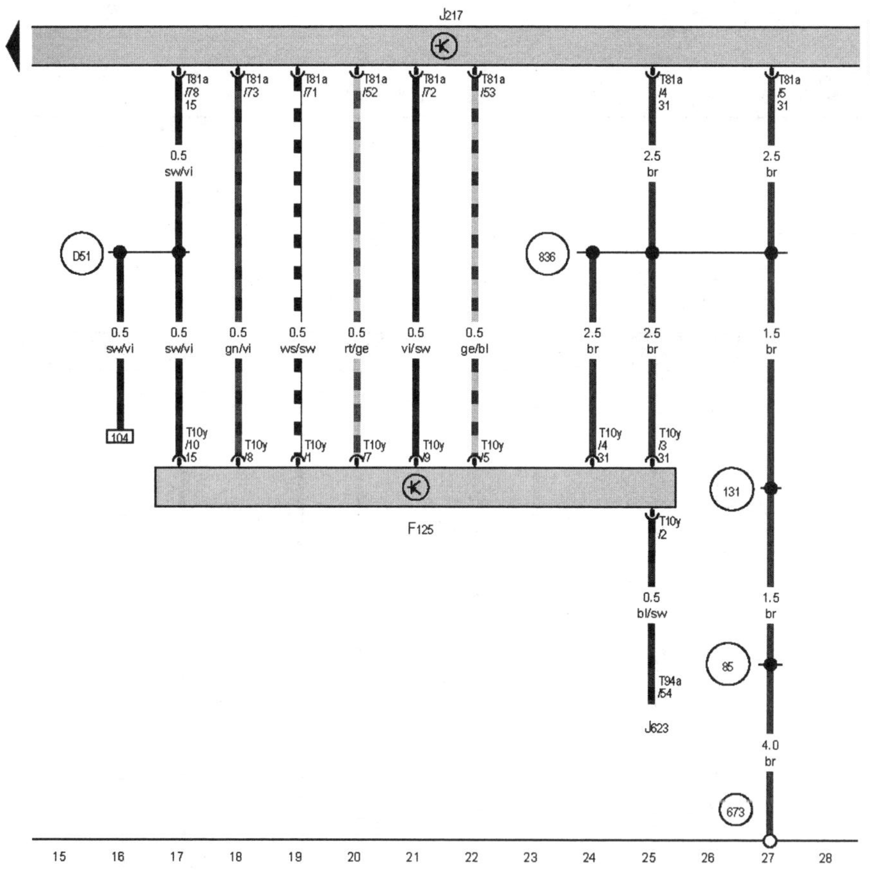

自动变速器控制单元、电磁阀 1、电磁阀 2、自动变速器压力调节阀 1、自动变速器压力调节阀 2、自动变速器压力调节阀 3、自动变速器压力调节阀 4、自动变速器压力调节阀 5

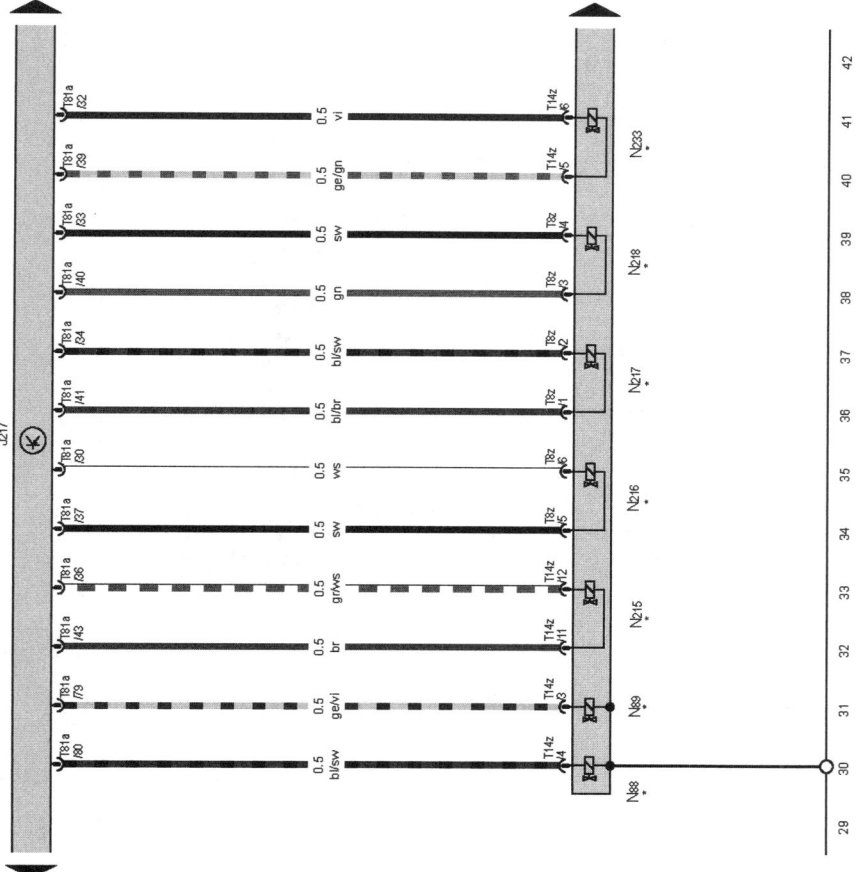

图 3-2-2

图 3-2-3

F125-多功能开关 J217-自动变速器控制单元 J623-发动机控制单元 T10y-10 芯插头连接、黑色 T81a-81 芯插头连接、黑色 T94a-94 芯插头连接、黑色 85-接地连接 1、在发动机舱导线束中 131-接地连接 2、在发动机舱导线束中 673-左前纵梁上的接地点 3 836-接地连接 18、在发动机舱导线束中 D51-正极连接 1（15）、在发动机舱导线束中

J217-自动变速器控制单元 N88-电磁阀 1 N89-电磁阀 2 N215-自动变速器压力调节阀 1 N216-自动变速器压力调节阀 2 N217-自动变速器压力调节阀 3 N218-自动变速器压力调节阀 4 N233-自动变速器压力调节阀 5 T8z-8 芯插头连接、黑色 T14z-14 芯插头连接、黑色 T81a-81 芯插头连接、黑色 *-已预先布线的部件

351

变速器油温度传感器、变速器输入转速传感器、变速器输出转速传感器、自动变速器控制
单元、自动变速器压力调节阀 7

Tiptronic 开关、选挡杆挡位 P 锁止开关、自动变速器控制单元、换挡杆锁磁铁

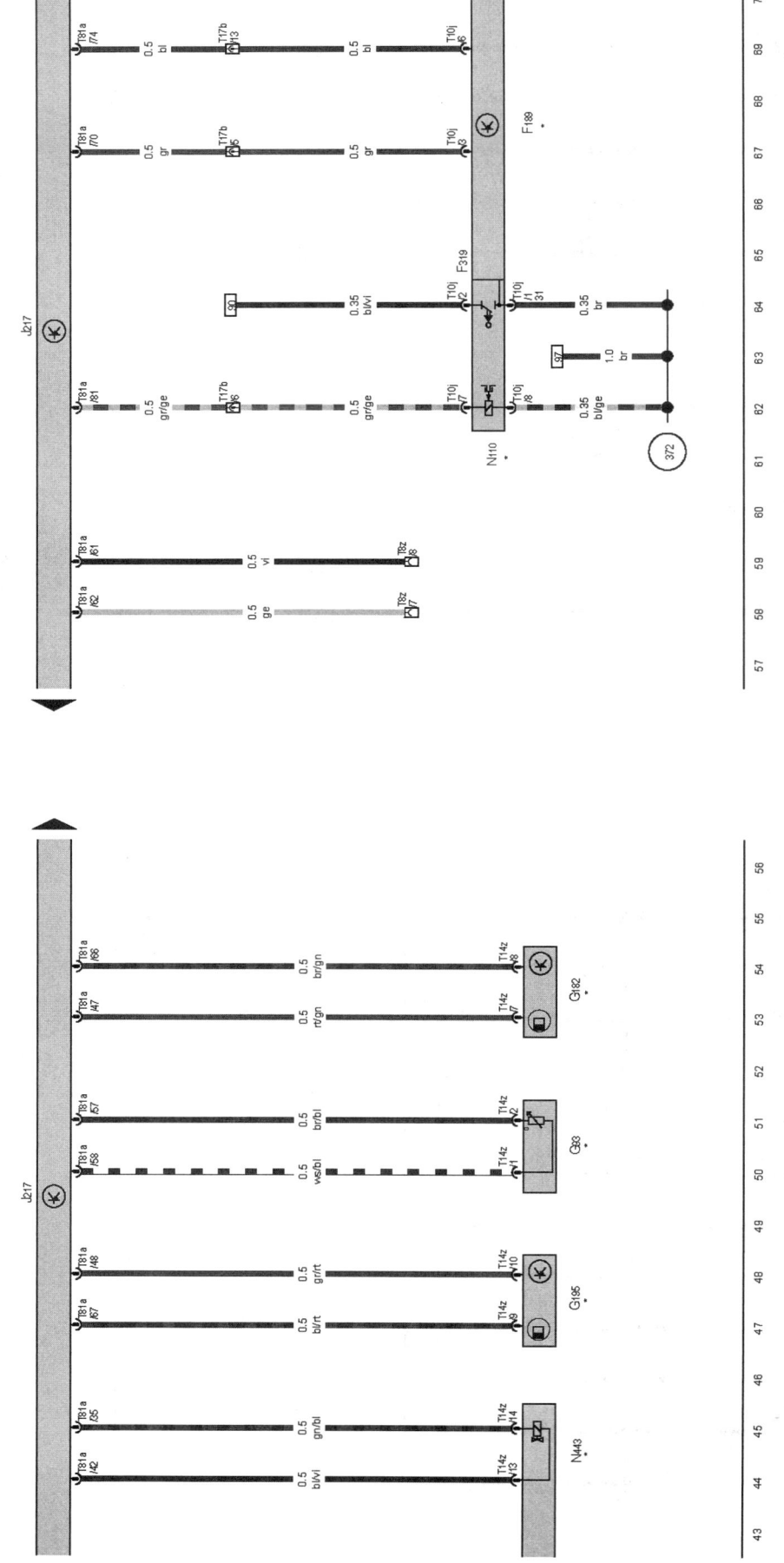

352

G93-变速器油温度传感器 G182-变速器输入转速传感器 G195-变速器输出转速传感器 J217-自动变速器
控制单元 N443-自动变速器压力调节阀 7 T14z-14 芯插头连接，黑色 T81a-81 芯插头连接，黑色 *-已
预先布线的部件

图 3-2-4

F189-Tiptronic 开关 F319-选挡杆挡位 P 锁止开关 J217-自动变速器控制单元 N110-换挡杆锁磁铁 T8z-
8 芯插头连接，黑色 T10j-10 芯插头连接，黑色 T17b-17 芯插头连接，左侧 A 柱下部，左侧 T81a-81
芯插头连接，黑色 372-接地连接 7，在主导线束中 *-已预先布线的部件

图 3-2-5

Tiptronic 开关、自动变速器控制单元、选杆位置 P/N 指示灯、排挡杆挡位指示照明灯

自动变速器控制单元、转向柱电子装置控制单元、点火钥匙防拔出锁磁铁

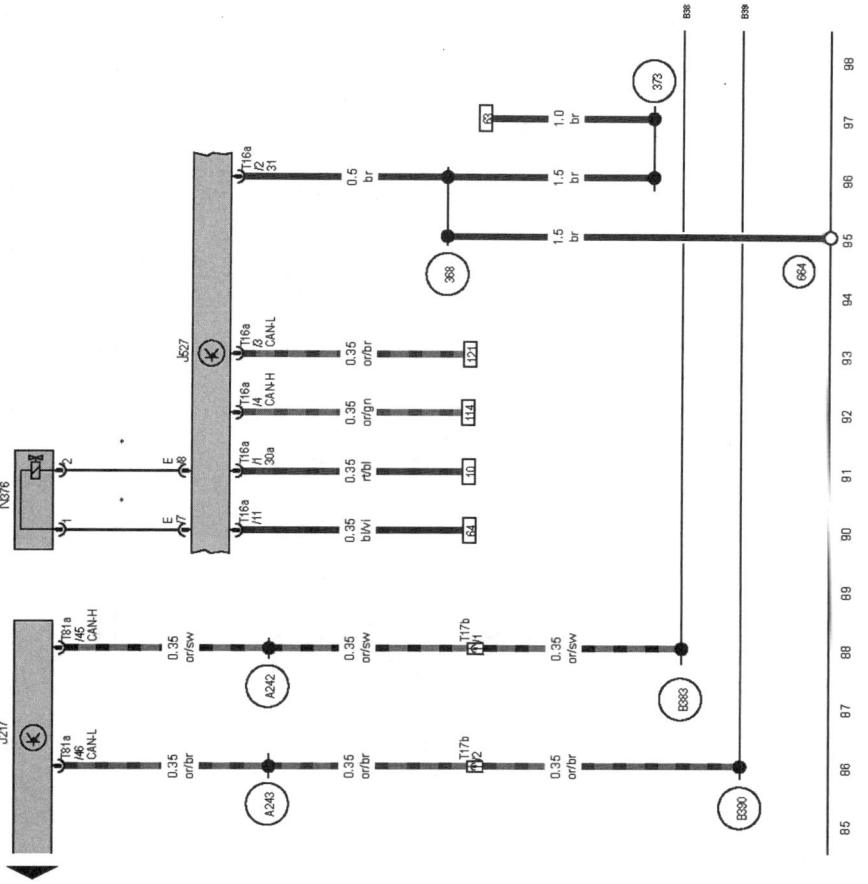

图 3-2-7

图 3-2-6

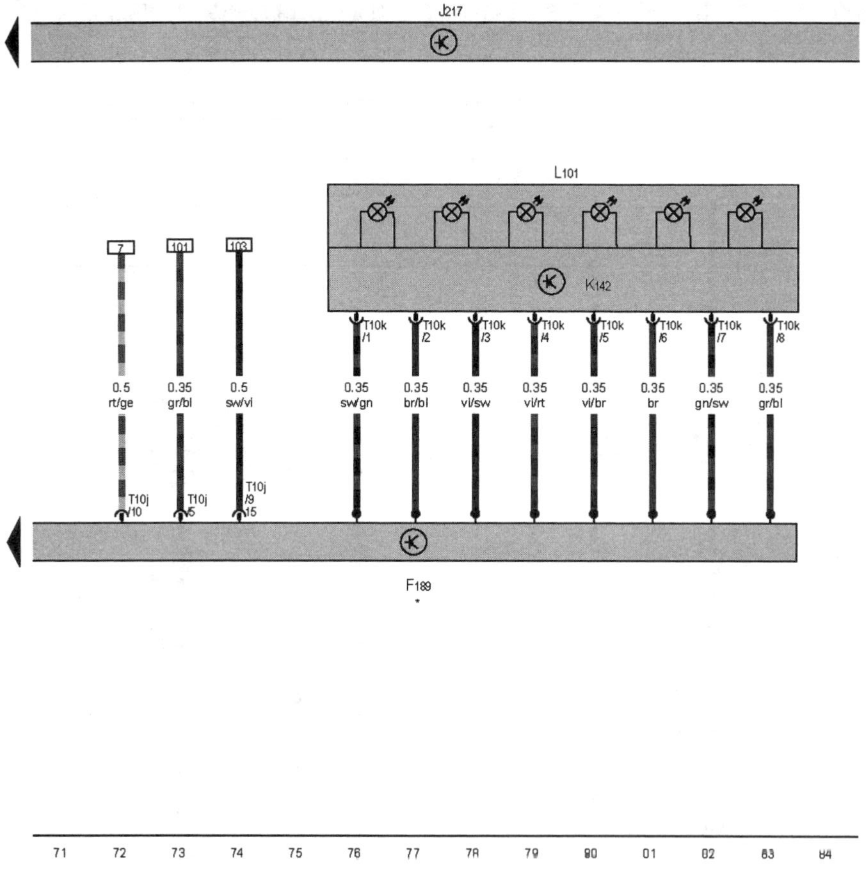

F189-Tiptronic 开关 J217-自动变速器控制单元 K142-选挡杆位置 P/N 指示灯 L101-排挡杆挡位指示照明灯 T10j-10 芯插头连接，黑色 T10k-10 芯插头连接，黑色 *-已预先布线的部件

J217-自动变速器控制单元 J527-转向柱电子装置控制单元 N376-点火钥匙防拔出锁磁铁 T16a-16 芯插头连接，黑色 T17b-17 芯插头连接，左侧 A 柱下部，棕色 T81a-81 芯插头连接，黑色 368-接地连接 3，在主导线束中 373-接地连接 8，在主导线束中 664-左侧仪表板后面接地点 A242-连接 1（驱动 CAN 总线，High），在发动机舱导线束中 A243-连接 1（驱动 CAN 总线，Low），在发动机舱导线束中 B383-连接 1（驱动 CAN 总线，High），在主导线束中 B390-连接 1（驱动 CAN 总线，Low），在主导线束中 *-用于不带进入及启动许可的汽车

組合儀表中的控制單元、數據總線診斷接口、選擋桿指示燈、選擋桿位置顯示

图 3-2-9

J285-組合儀表中的控制單元 J533-數據總線診斷接口 K169-選擋桿指示燈 T18a-18 芯插头连接 T20a-20 芯插头连接，红色 Y6-選擋桿位置顯示 B397-连接 1（舒适 CAN 总线，High），在主导线束中 B406-连接 1（舒适 CAN 总线，Low），在主导线束中

车载电网控制单元、数据总线诊断接口

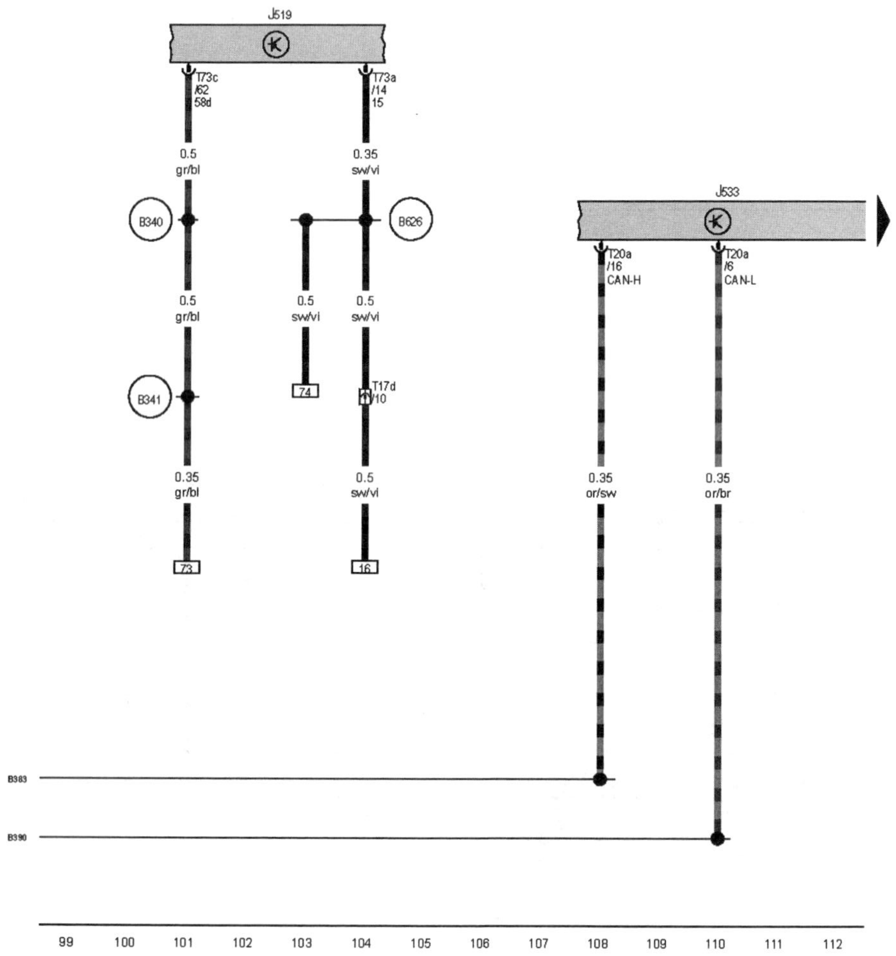

图 3-2-8

J519-车载电网控制单元 J533-数据总线诊断接口 T17d-17 芯插头连接，左侧 A 柱下部，蓝色 T20a-20 芯插头连接，红色 T73a-73 芯插头连接，黑色 T73c-73 芯插头连接，黑色 B340-连接 1（58d），在主导线束中 B341-连接 2（58d），在主导线束中 B383-连接 1（驱动 CAN 总线，High），在主导线束中 B390-连接 1（驱动 CAN 总线，Low），在主导线束中 B626-正极连接 2（15），在主导线束中

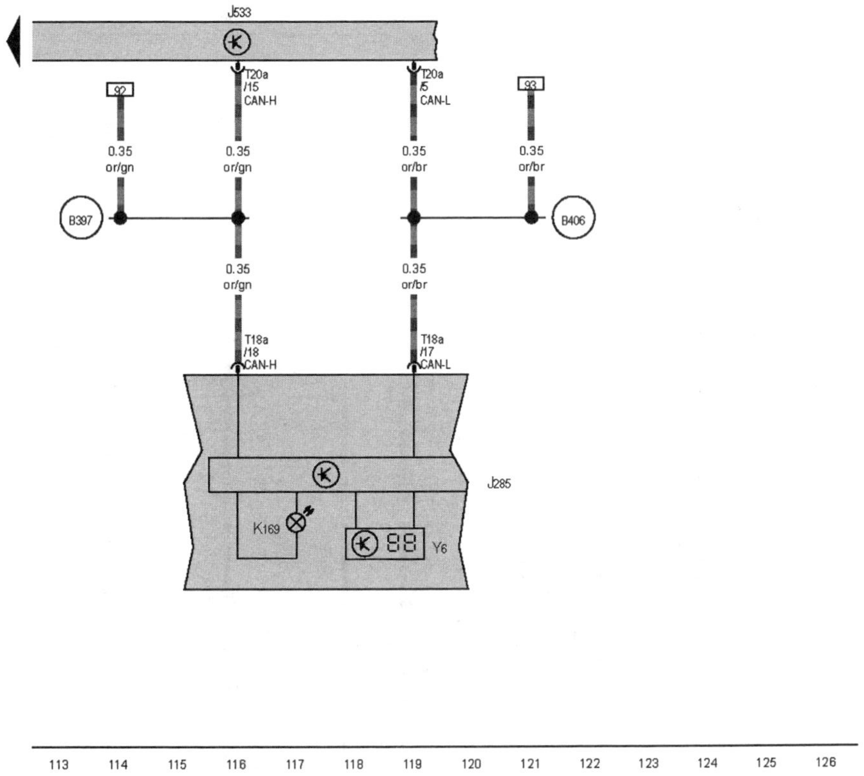

354

双离合器变速器机电装置、子变速器 1 中的阀门 1、子变速器 1 中的阀门 2、子变速器 2
中的阀门 1、液压泵电机

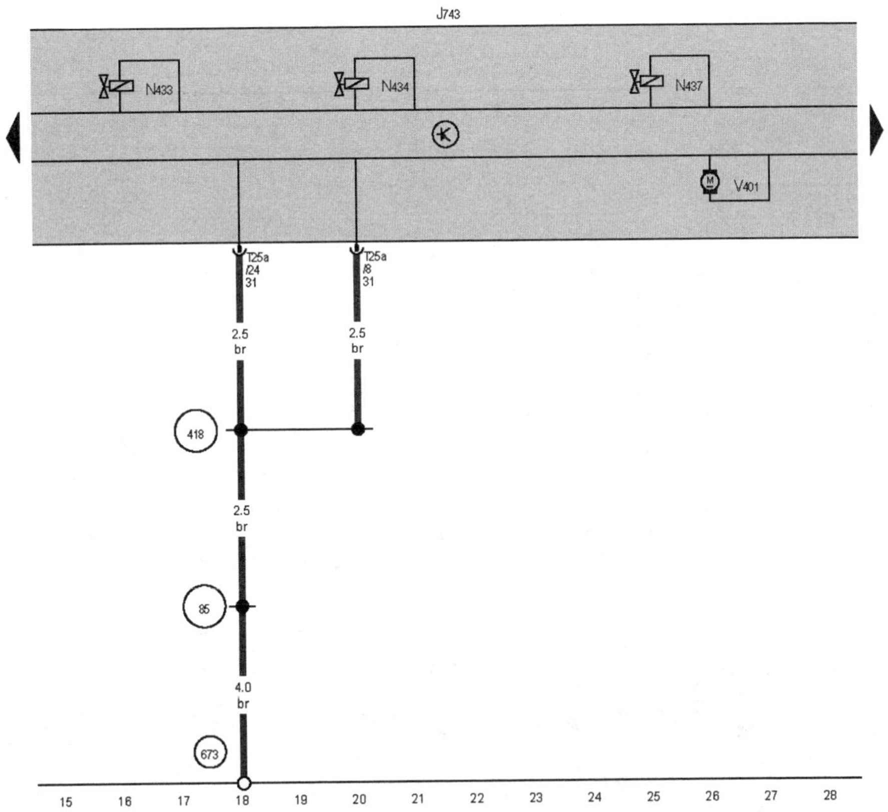

J743

N433   N434   N437

V401

T25a   T25a
/24   /8
31   31

2.5   2.5
br   br

2.5
br

4.0
br

418   85   673

15 16 17 18 19 20 21 22 23 24 25 26 27 28

J743-双离合器变速器机电装置 N433-子变速器 1 中的阀门 1 N434-子变速器 1 中的阀门 1 N437-子变
速器 2 中的阀门 1 T25a-25 芯插头连接，黑色 V401-液压泵电机 85-接地连接 1，在发动机舱导线束中
418-接地连接 10，在发动机舱导线束中 673-左前纵梁上的接地点 3

图 3-2-11

双离合器变速器机电装置

J743

SA1
125A

SC9
5A

SC7
10A

SB13
30A

T2ck
KL.30

18.0   16.0
rt   rt

4.0
rt

J

A

13   13a

7a

9a

T25a   T25a
/30a   /30a

2.5   2.5
rt/ge   rt/ge

2.5
rt/ge

0.5
rt/ge

0.5
rt/ge

0.35
rt/bl

D104   B316

1   2   3   4   5   6   7   8   9   10 11 12 13 14

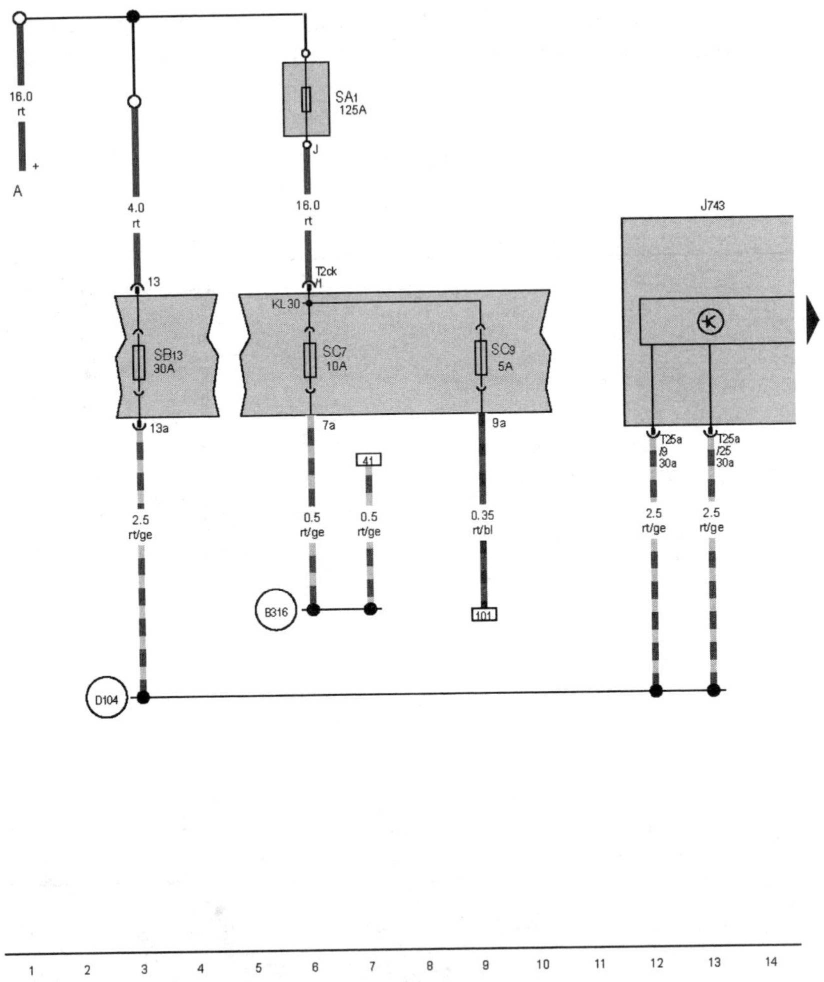

A-蓄电池 J743-双离合器变速器机电装置 SA1-保险丝架 A 上的保险丝1 SC7-保险丝架 C 上的保险丝 7
SC9-保险丝架 C 上的保险丝 9 SB13-保险丝架 B 上的保险丝 13 T2ck-2 芯插头连接，黑色 T25a-25 芯
插头连接，黑色 B316-正极连接 2（30a），在主导线束中 D104-正极连接 2（30a），在发动机舱导线束中

图 3-2-10

355

Tiptronic 开关、变速器液压传感器、离合器行程传感器 1、离合器行程传感器 2、双离合器变速器机电装置、选挡杆挡位指示照明灯、排挡杆挡位指示照明灯、子变速器 2 中的阀门 3、子变速器 2 中的阀门 4

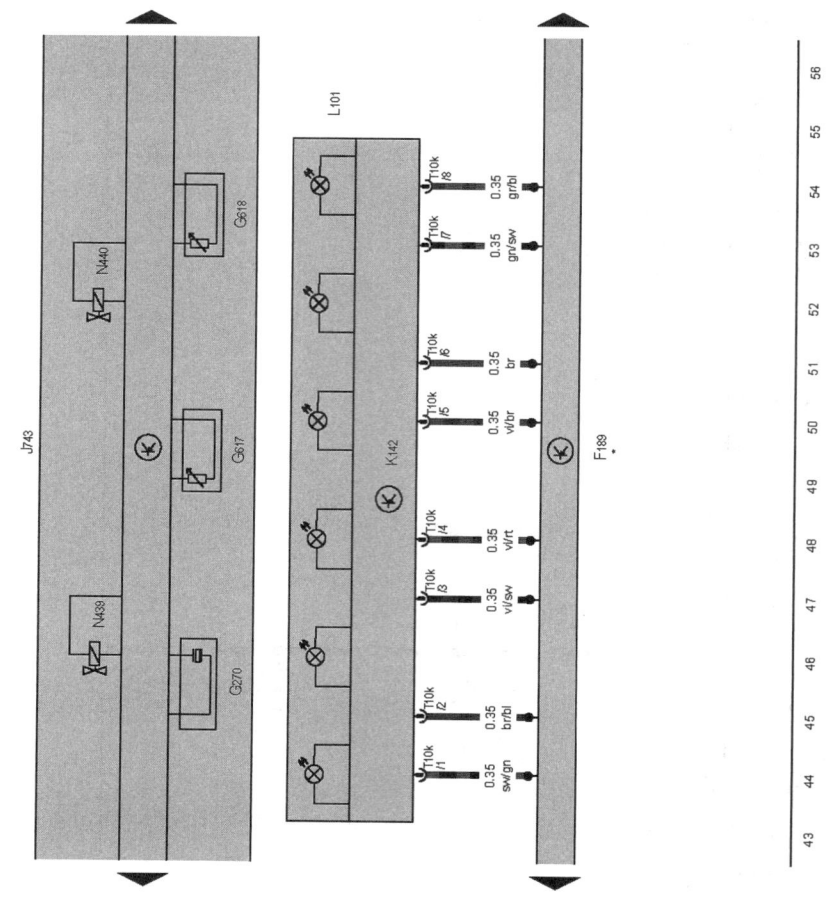

F189-Tiptronic 开关 G270-变速器液压传感器 G617-离合器行程传感器 1 G618-离合器行程传感器 2 J743-双离合器变速器机电装置 K142-选挡杆挡位 P/N 指示灯 L101-排挡杆挡位指示照明灯 N439-子变速器 2 中的阀门 3 N440-子变速器 2 中的阀门 4 T10k-10 芯插头连接，黑色 *-已预先布线的部件

图 3-2-13

Tiptronic 开关、选挡杆挡位 P 锁止开关、双离合器变速器机电装置、子变速器 1 中的阀门 3、子变速器 1 中的阀门 4、子变速器 2 中的阀门 2

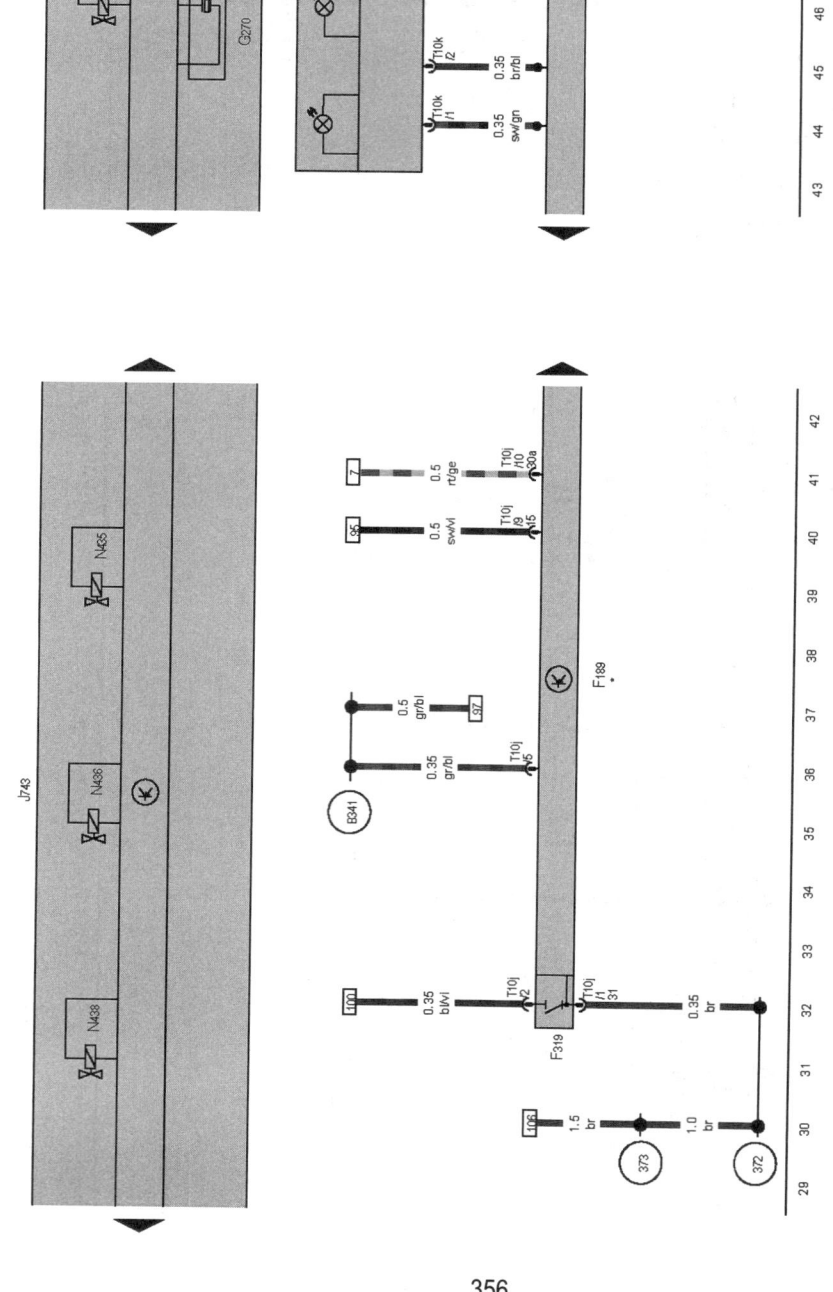

F189-Tiptronic 开关 F319-选挡杆挡位 P 锁止开关 J743-双离合器变速器机电装置 N435-子变速器 1 中的阀门 3 N436-子变速器 1 中的阀门 4 N438-子变速器 2 中的阀门 2 T10j-10 芯插头连接 2 T10k-10 芯插头连接，黑色 372-接地连接 7、在主导线束中 373-接地连接 8、在主导线束中 B341-连接 2 (58d)、在主导线束中 *-已预先布线的部件

图 3-2-12

Tiptronic 开关、换挡执行器行程传感器 1、换挡执行器行程传感器 2、换挡执行器行程传感器 3、控制单元温度传感器、双离合器变速器机电装置、换挡杆锁磁铁

换挡执行器行程传感器 4、变速器输入转速传感器 1、变速器输入转速传感器 2、变速器输入转速传感器 2、双离合器变速器机电装置

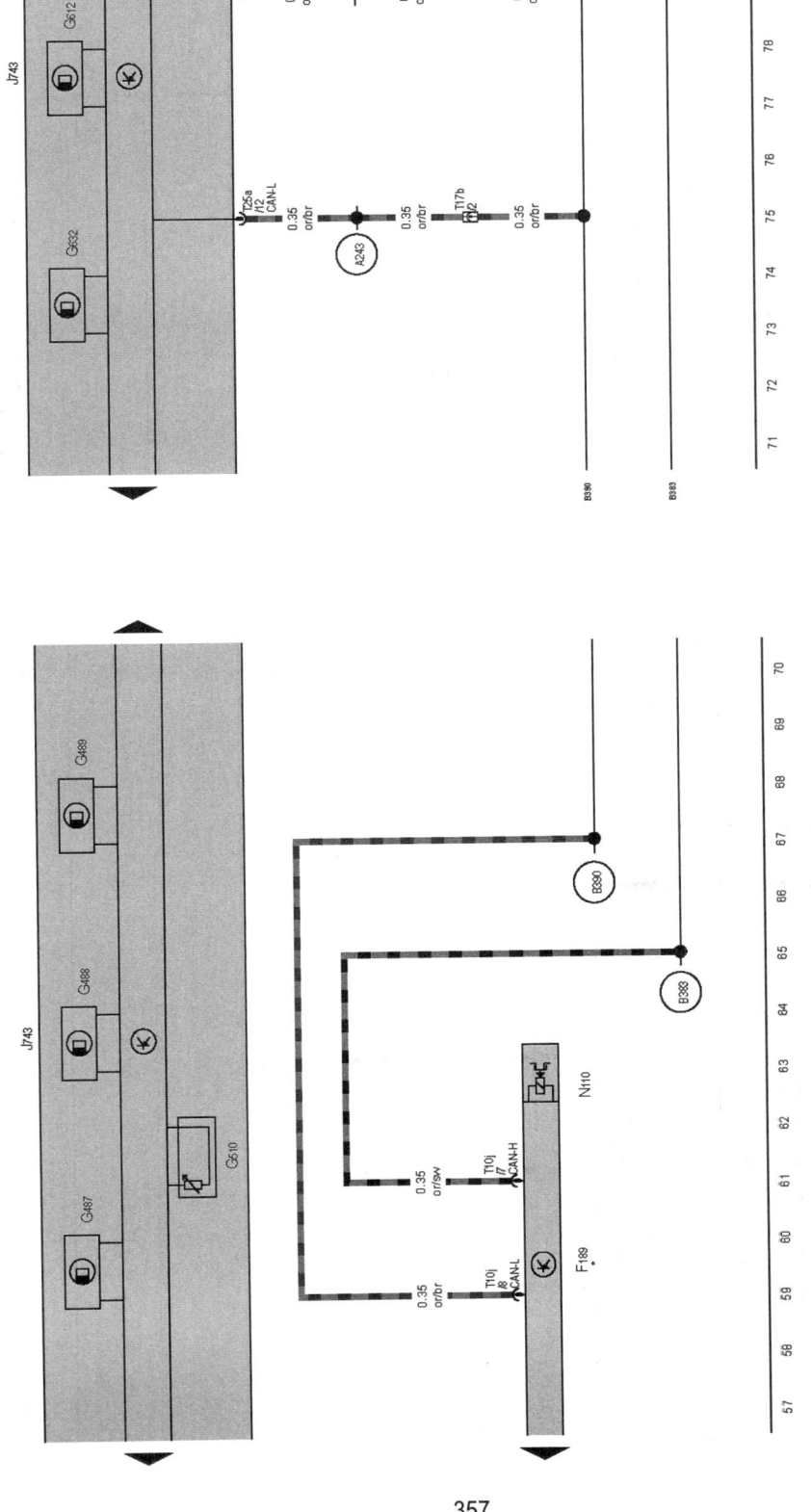

图3-2-14

图3-2-15

F189-Tiptronic 开关 G487-换挡执行器行程传感器 1 G488-换挡执行器行程传感器 2 G489-换挡执行器行程传感器 3 G510-控制单元温度传感器 J743-双离合器变速器机电装置 N110-换挡杆锁磁铁 T10j-10 芯插头连接 B383-连接 1（驱动 CAN 总线，High），在主导线束中 B390-连接 1（驱动 CAN 总线，Low），在主导线束中 *-已预先布线的部件

G490-换挡执行器行程传感器 4 G612-变速器输入转速传感器 1 G632-变速器输入转速传感器 2 J743-双离合器变速器机电装置 T17b-17 芯插头连接 T25a-25 芯插头连接 A242-连接 1（驱动 CAN 总线，Low），在发动机舱导线束中 A243-连接 1（驱动 CAN 总线，High），在发动机舱导线束中 B383-连接 1（驱动 CAN 总线，High），在主导线束中 B390-连接 1（驱动 CAN 总线，Low），在主导线束中

357

转向柱电子装置控制单元、数据总线诊断接口、点火钥匙防拔出锁磁铁

车载电网控制单元、双离合器变速器机电装置

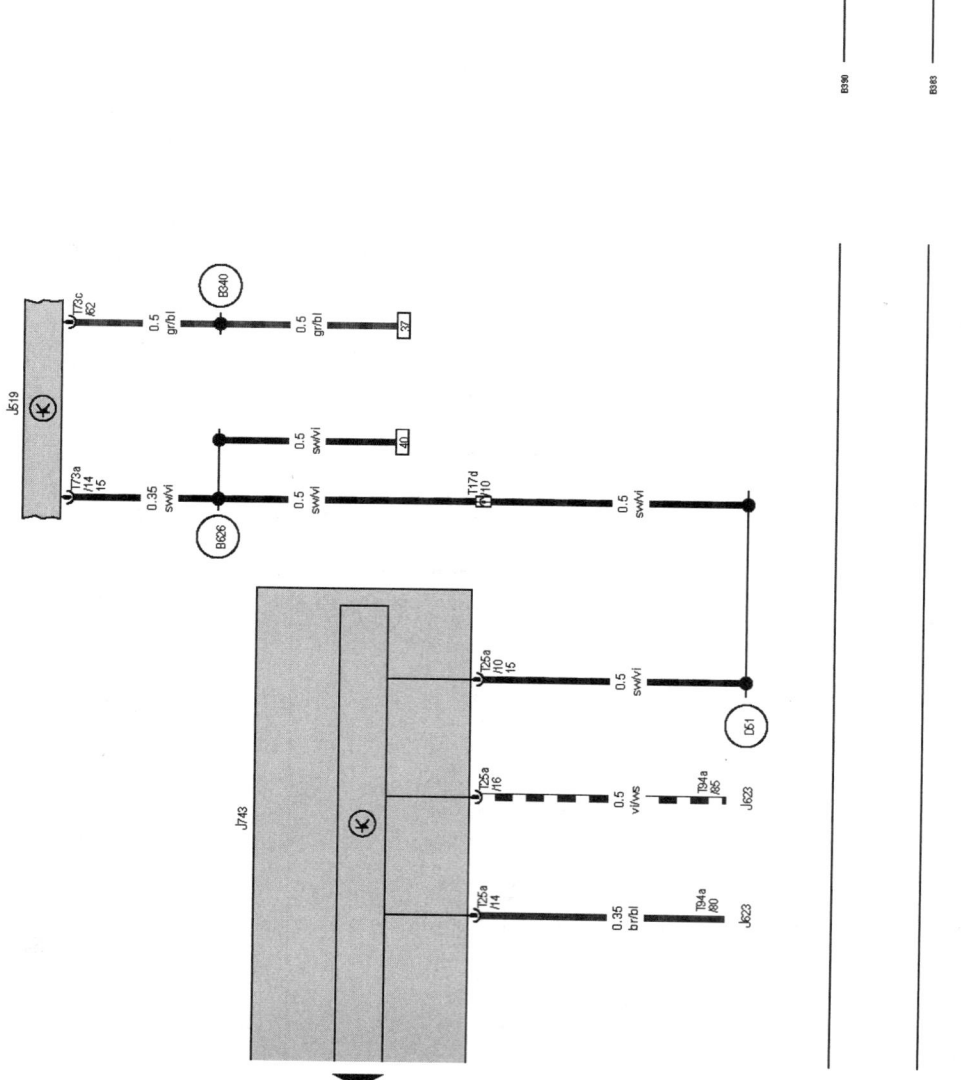

图 3-2-17

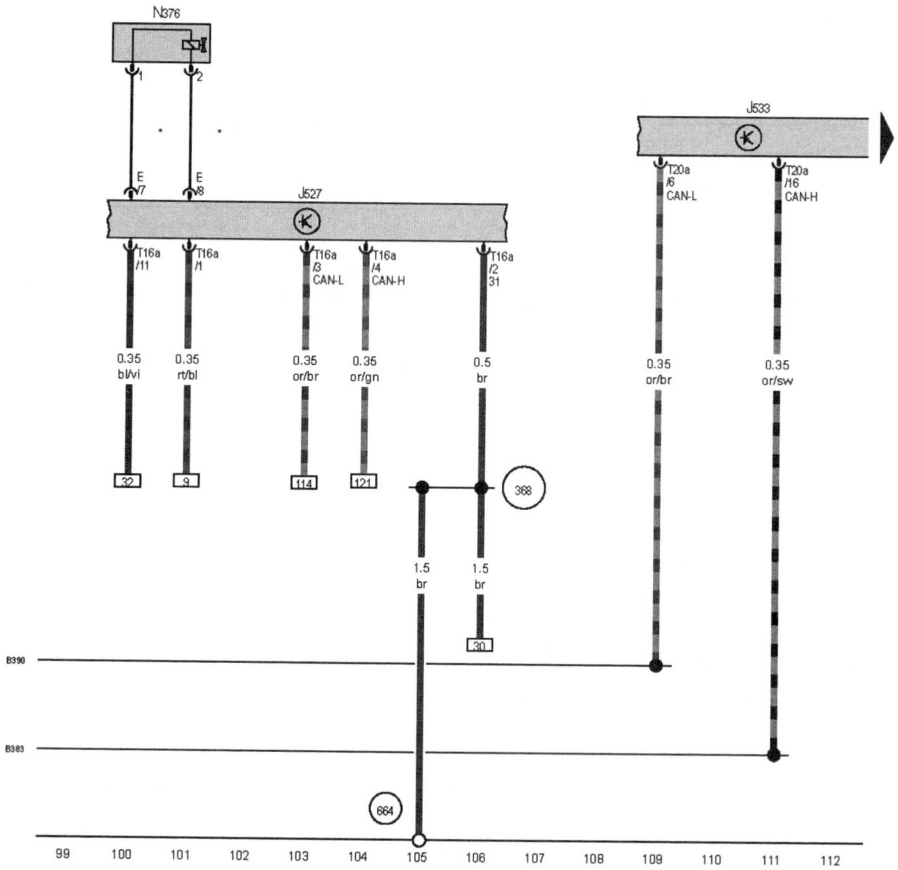

J527-转向柱电子装置控制单元 J533-数据总线诊断接口 N376-点火钥匙防拔出锁磁铁 T16a-16 芯插头连接，T20a-20 芯插头连接，红色 368-接地连接 3，在主导线束中 664-左侧仪表板后面接地点 B383-连接 1（驱动 CAN 总线，High），在主导线束中 B390-连接 1（驱动 CAN 总线，Low），在主导线束中 *-仅用于不带进入及启动许可的汽车

图 3-2-16

J519-车载电网控制单元 J623-发动机控制单元 J743-双离合器变速器机电装置 T17d-17 芯插头连接，左侧 A 柱下部，蓝色 T25a-25 芯插头连接，黑色 T73a-73 芯插头连接，黑色 T73c-73 芯插头连接，黑色 T94a-94 芯插头连接，黑色 B340-连接 1（58d），在主导线束中 B383-连接 1（驱动 CAN 总线，High），在主导线束中 B390-连接 1（驱动 CAN 总线，Low），在主导线束中 B626-正极连接 2（15），在主导线束中 D51-正极连接 1（15），在发动机舱导线束中

358

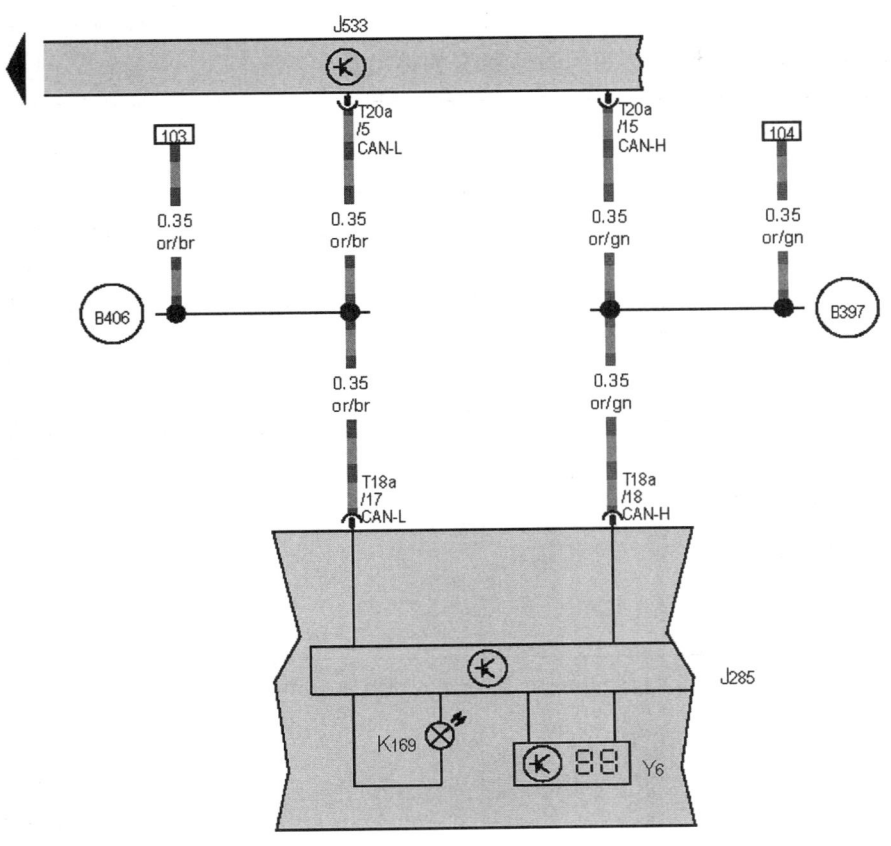

| 113 | 114 | 115 | 116 | 117 | 118 | 119 | 120 | 121 | 122 | 123 | 124 | 125 | 126 |

J285-组合仪表中的控制单元 J533-数据总线诊断接口 K169-选挡杆指示灯 T18a-18 芯插头连接，黑色 T20a-20 芯插头连接，红色 Y6-选挡杆位置显示 B397-连接 1（舒适 CAN 总线，High），在主导线束中 B406-连接 1（舒适 CAN 总线，Low），在主导线束中

图 3-2-18

第三节 底盘系统

底盘系统电路图的图号和图名对照表见表 3-3-1。

表 3-3-1 底盘系统电路图的图号和图名对照表

图号	图名
图 3-3-1～图 3-3-8	防抱死制动系统（ABS）（自 2017 年 6 月起）
图 3-3-9～图 3-3-17	防抱死制动系统（ABS）与电子稳定程序（ESP）（自 2017 年 6 月起）
图 3-3-18～图 3-3-24	防抱死制动系统（ABS）与电子稳定程序（ESP）（8T3）（自 2017 年 6 月起）
图 3-3-25～图 3-3-32	带泊车转向辅助系统（Park Assist）的泊车雷达系统（PDC）（自 2017 年 6 月起）
图 3-3-33～图 2-3-34	机电式助力转向器（自 2017 年 6 月起）
图 3-3-35～图 2-3-38	多功能方向盘（自 2017 年 6 月起）

接线端 15 供电继电器

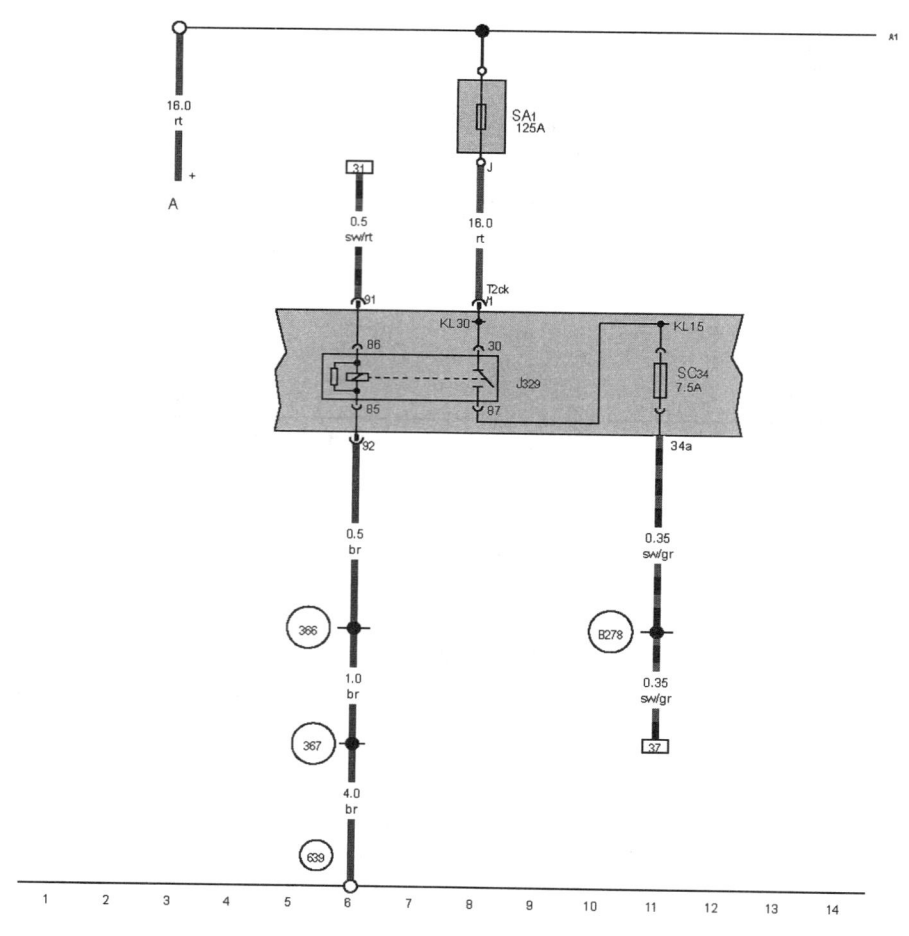

A-蓄电池 J329-接线端 15 供电继电器 SA1-保险丝架 A 上的保险丝1 SC34-保险丝架 C 上的保险丝 34 T2ck-2 芯插头连接，黑色 366-接地连接 1，在主导线束中 367-接地连接 2，在主导线束中 639-左 A 柱上的接地点 B278-正极连接 2（15a），在主导线束中

图 3-3-1

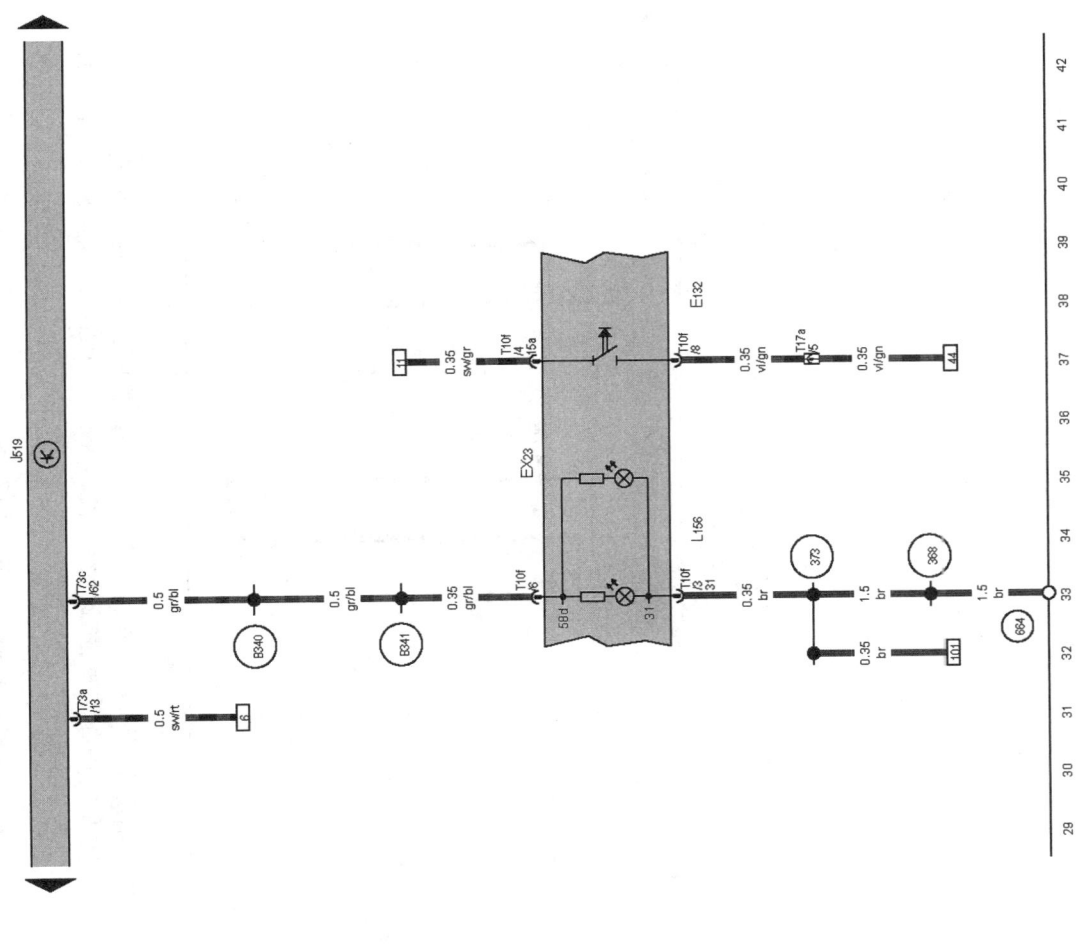

中控台开关模块 1、驱动防滑控制开关、车载电网控制单元、开关照明灯泡

制动液液位警告信号触点、车载电网控制单元

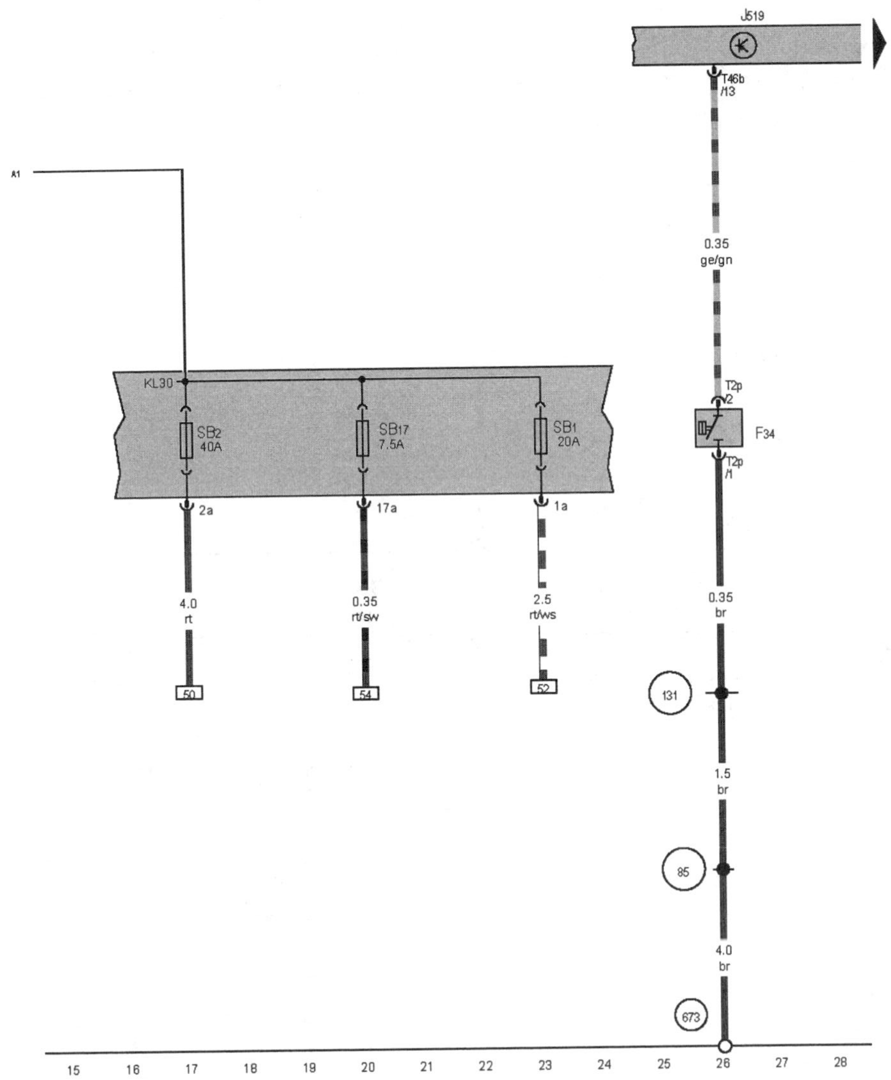

图 3-3-3

EX23-中控台开关模块 1 E132-驱动防滑控制开关 J519-车载电网控制单元 L156-开关照明灯泡 T10f-10 芯插头连接，黑色 T17a-17 芯插头连接，左侧 A 柱下部，黑色 T73a-73 芯插头连接，黑色 T73c-73 芯插头连接，黑色 368-接地连接 3，在主导线束中 373-接地连接 8，在主导线束中 664-左侧仪表板后面接地点 B340-连接 1（58d），在主导线束中 B341-连接 2（58d），在主导线束中

图 3-3-2

F34-制动液液位警告信号触点 J519-车载电网控制单元 SB1-保险丝架 B 上的保险丝 1 SB2-保险丝架 B 上的保险丝 2 SB17-保险丝架 B 上的保险丝 17 T2p-2 芯插头连接，黑色 T46b-46 芯插头连接，黑色 85-接地连接 1，在发动机舱导线束中 131-接地连接 2，在发动机舱导线束中 673-左前纵梁上的接地点 3

ABS 控制单元、车载电网控制单元、右前 ABS 进气阀、右前 ABS 排气阀、ABS 进气阀、ABS 液压泵

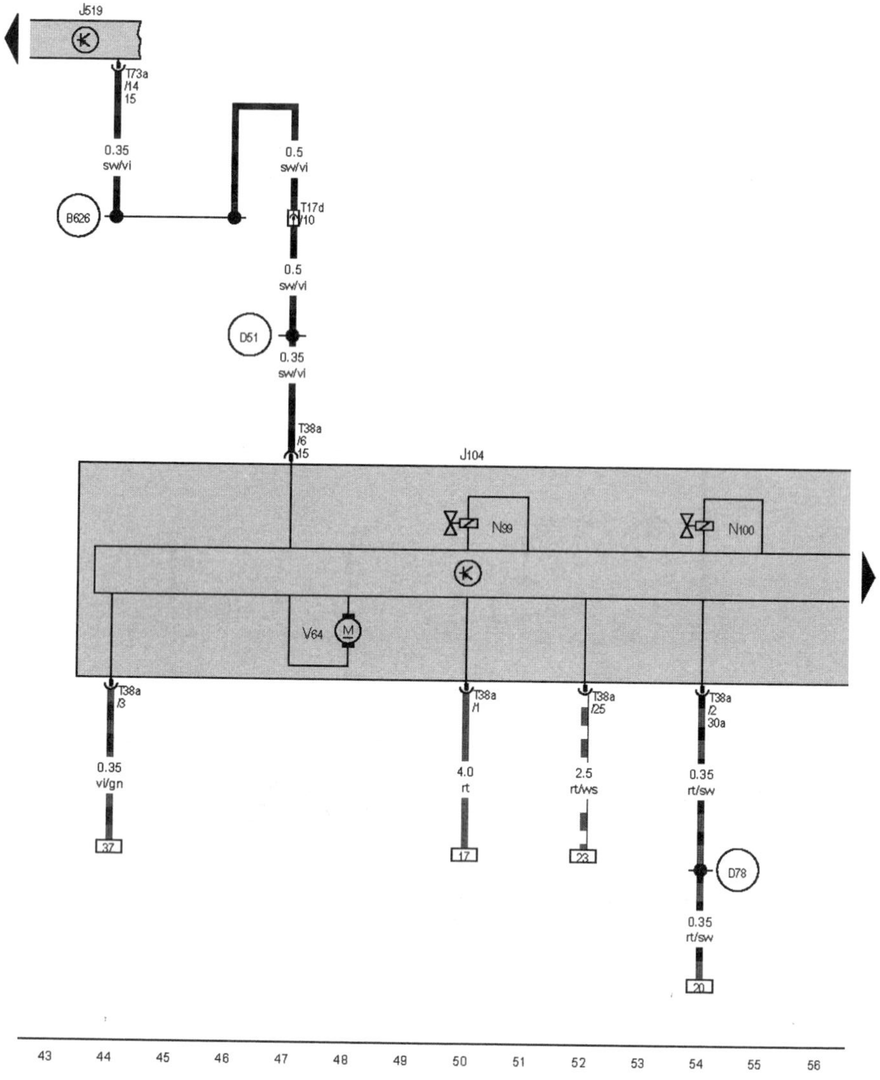

右前转速传感器、左前转速传感器、ABS 控制单元、左前 ABS 进气阀、左前 ABS 排气阀、右后 ABS 进气阀、左后 ABS 进气阀

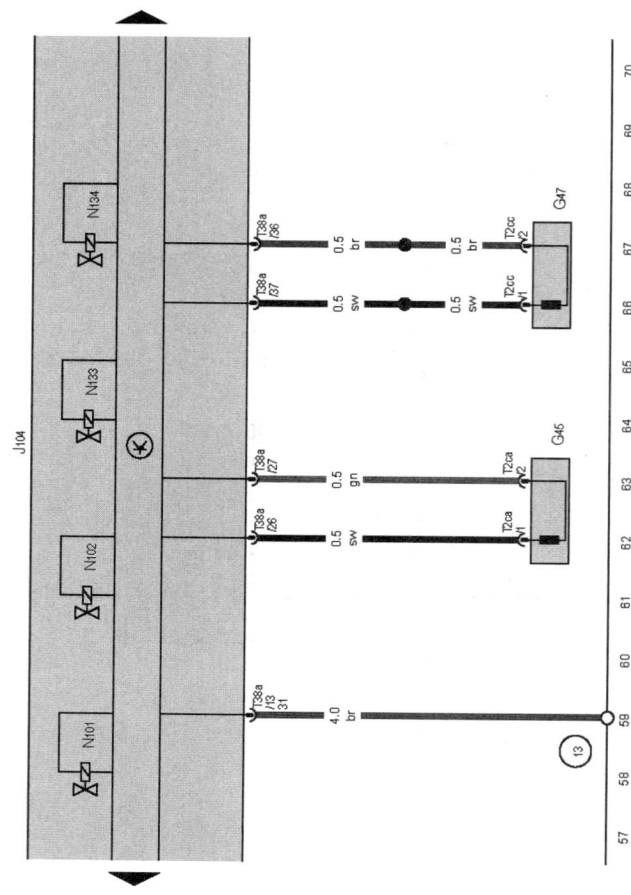

图 3-3-5

G45-右前转速传感器 G47-左前转速传感器 J104-ABS 控制单元 N101-左前 ABS 进气阀 N102-左前 ABS 排气阀 N133-右后 ABS 进气阀 N134-左后 ABS 进气阀 T2ca-2 芯插头连接 T2cc-2 芯插头连接，黑色 T38a-38 芯插头连接，黑色 13-发动机舱内右侧接地点

图 3-3-4

J104-ABS 控制单元 J519-车载电网控制单元 N99-右前 ABS 进气阀 N100-右前 ABS 排气阀 T17d-17 芯插头连接，左侧 A 柱下部，蓝色 T38a-38 芯插头连接，黑色 T73a-73 芯插头连接，黑色 V64-ABS 液压泵 B626-正极连接 2（15），在主导线束中 D51-正极连接 1（15），在发动机舱导线束中 D78-正极连接 1（30a），在发动机舱导线束中

右后转速传感器、左后转速传感器、ABS 控制单元、右后 ABS 排气阀、左后 ABS 排气阀

组合仪表中的控制单元、数据总线诊断接口、ABS 指示灯、制动系统指示灯

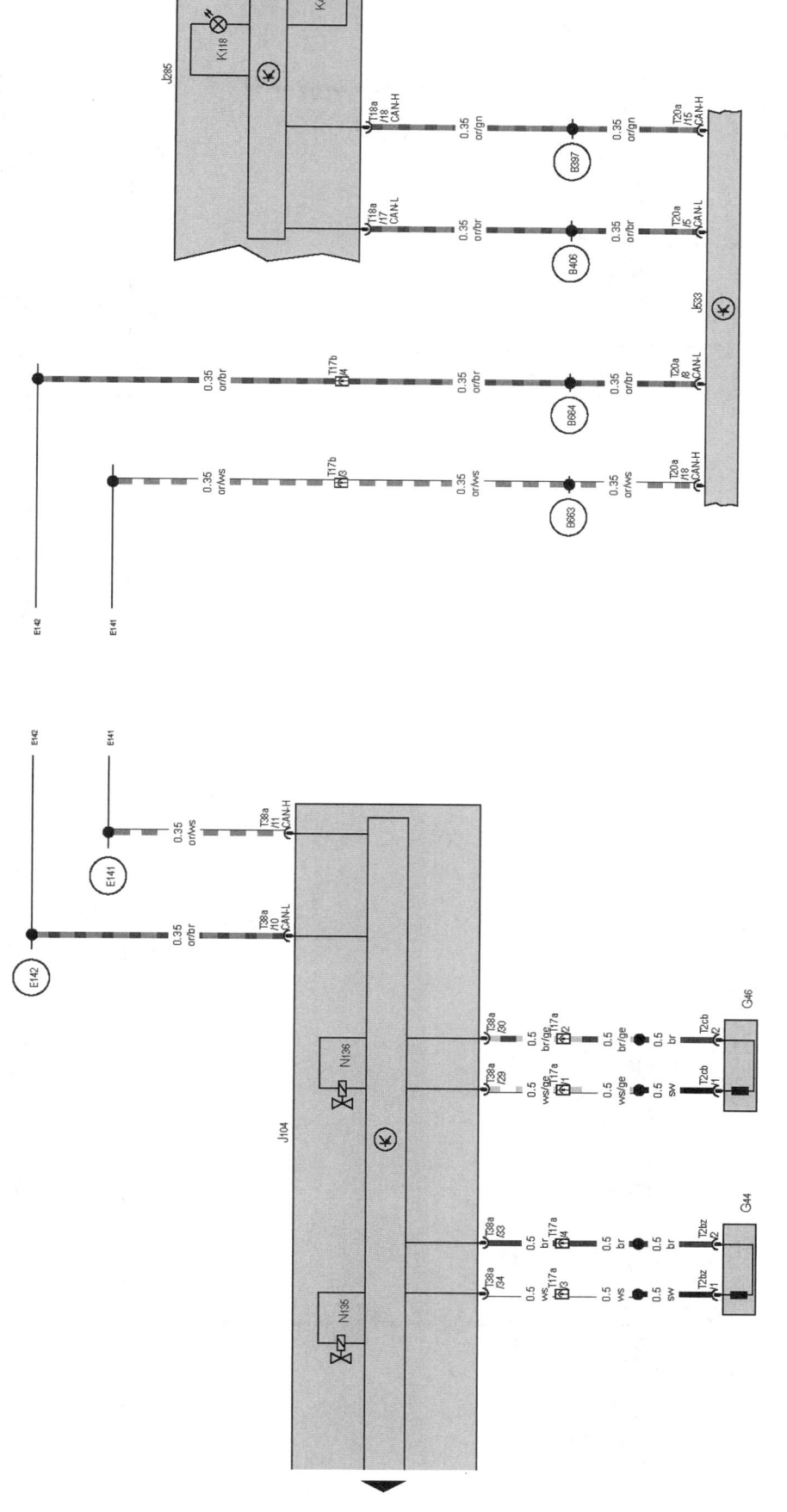

G44-右后转速传感器 G46-左后转速传感器 J104-ABS 控制单元 N135-右后 ABS 排气阀 N136-左后 ABS 排气阀 N136-左后 ABS 排气阀 T2bz-2 芯插头连接，黑色 T17a-17 芯插头连接，左侧 A 柱下部，黑色 T38-38 芯插头连接，黑色 E141-连接（底盘传感器 CAN 总线，High），在发动机舱导线束中 E142-连接（底盘传感器 CAN 总线，Low），在发动机舱导线束中

图 3-3-6

J285-组合仪表中的控制单元 J533-数据总线诊断接口 K47-ABS 指示灯 K118-制动系统指示灯 T17b-17 芯插头连接，左侧 A 柱下部，棕色 T18a-18 芯插头连接，黑色 T20a-20 芯插头连接，红色 B397-连接 1（舒适 CAN 总线，High），在主导线束中 B406-连接 1（舒适 CAN 总线，Low），在主导线束中 B663-连接（底盘传感器 CAN 总线，High），在主导线束中 B664-连接（底盘传感器 CAN 总线，Low），在主导线束中 E141-连接（底盘传感器 CAN 总线，High），在发动机舱导线束中 E142-连接（底盘传感器 CAN 总线，Low），在发动机舱导线束中

图 3-3-7

接线端 15 供电继电器

手制动器指示灯开关、组合仪表中的控制单元、手制动器指示灯、电子稳定程序和 ASR
指示灯、电子稳定程序和 ASR 指示灯 2、轮胎压力监控显示指示灯

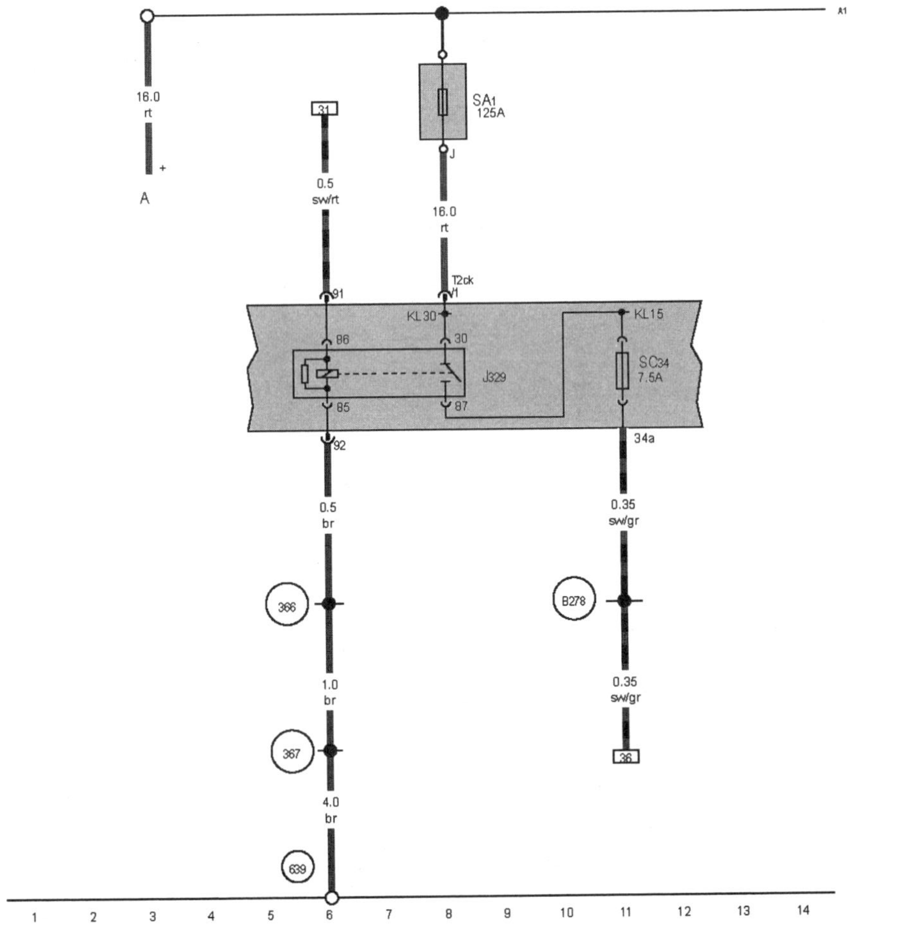

A-蓄电池 J329-接线端 15 供电继电器 SA1-保险丝架 A 上的保险丝1 SC34-保险丝架 C 上的保险丝 34
T2ck-2 芯插头连接，黑色 366-接地连接 1，在主导线束中 367-接地连接 2，在主导线束中 639-左 A 柱
上的接地点 B278-正极连接 2（15a），在主导线束中

图 3-3-9

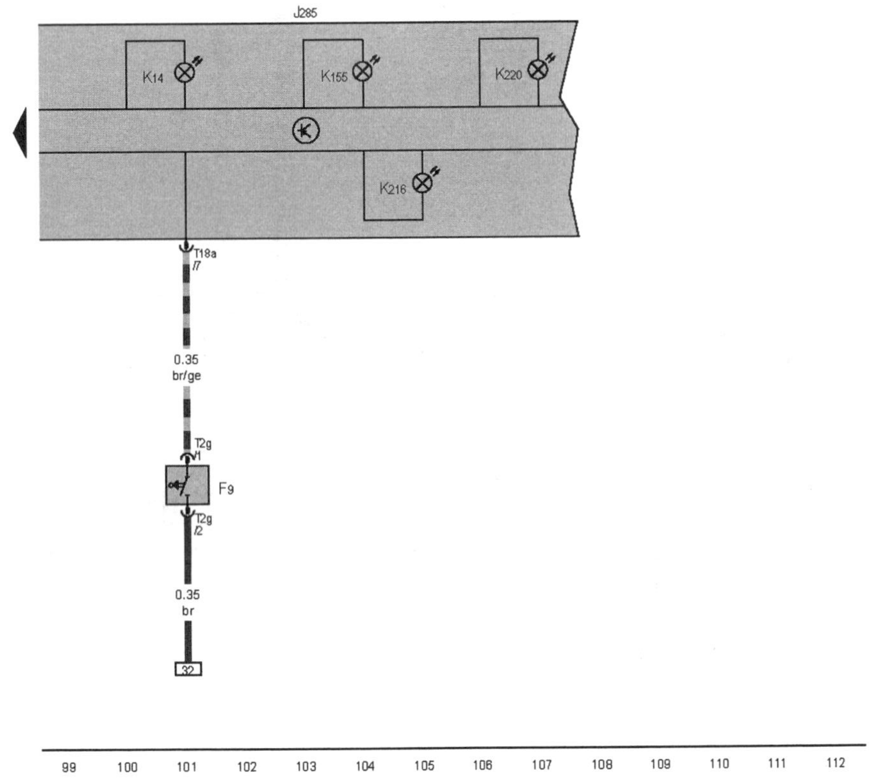

F9-手制动器指示灯开关 J285-组合仪表中的控制单元 K14-手制动器指示灯 K155-电子稳定程序和 ASR
指示灯 K216-电子稳定程序和 ASR 指示灯 2 K220-轮胎压力监控显示指示灯 T2g-2 芯插头连接，黑色
T18a-18 芯插头连接，黑色

图 3-3-8

364

中控台开关模块 1、轮胎压力监控按钮、ASR 和电子稳定程序按钮、车载电网控制单元、开关照明灯泡

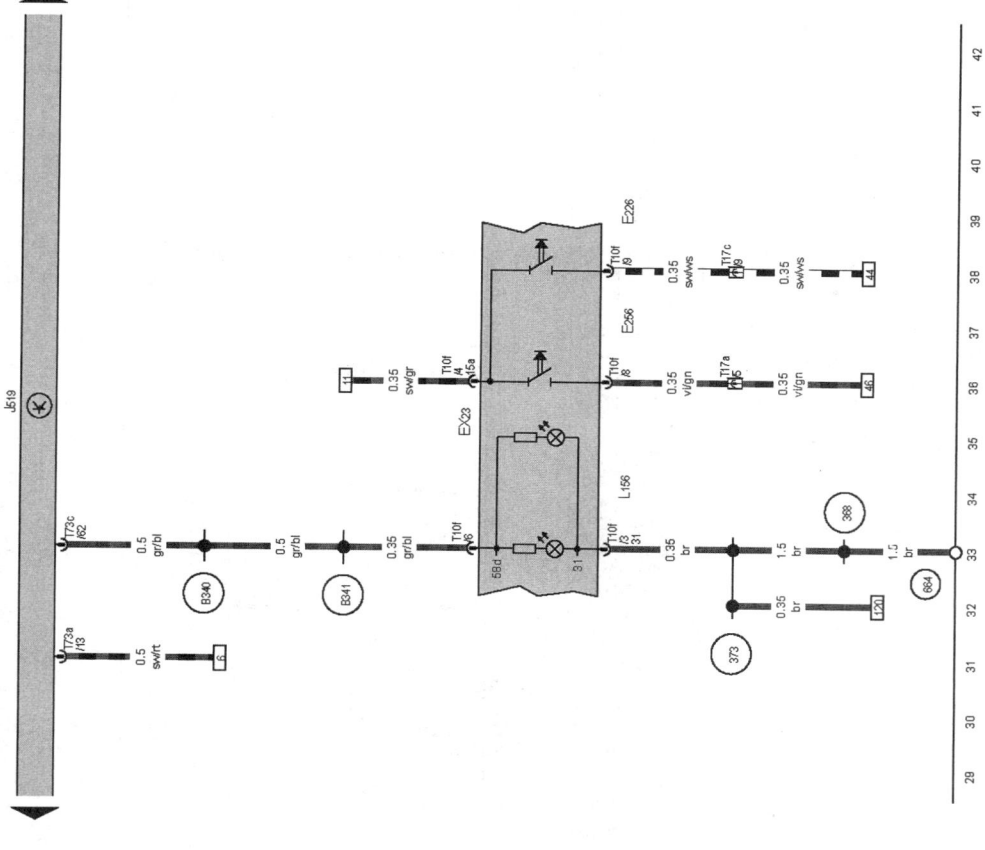

EX23-中控台开关模块 1 E226-轮胎压力监控按钮 E256-ASR 和电子稳定程序按钮 J519-车载电网控制单元 L156-开关照明灯泡 T10f-10 芯插头连接 T17a-17 芯插头连接，左侧 T17c-17 芯插头连接 A 柱下部，黑色 T17a-73 芯插头连接，红色 T73a-73 芯插头连接，黑色 T73c-73 芯插头连接，黑色 368-接地连接 3，在主导线束中 373-接地连接 8，在主导线束中 664-左侧仪表板后面接地点 B340-连接 1 接地连接 3，在主导线束中 B341-连接 2（58d），在主导线束中（58d），在主导线束中

图 3-3-11

制动液液位警告信号触点、车载电网控制单元

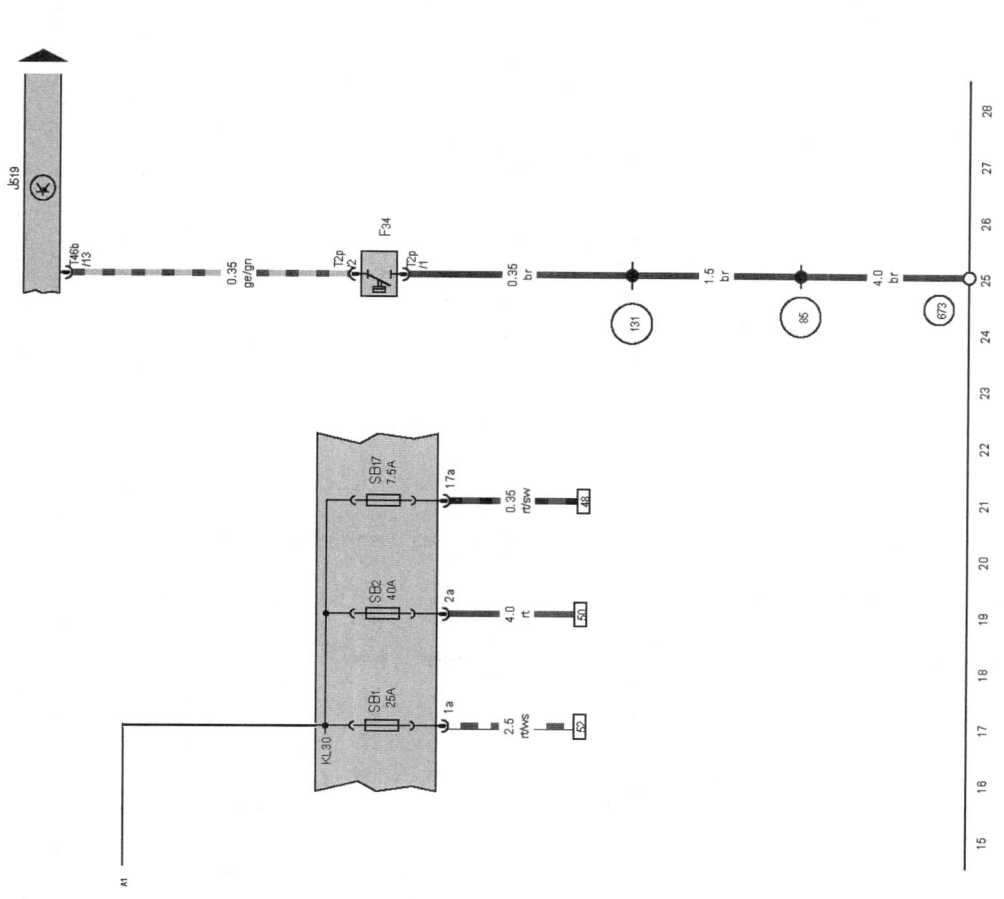

图 3-3-10

F34-制动液液位警告信号触点 J519-车载电网控制单元 SB1-保险丝架 B 上的保险丝 1 SB2-保险丝架 B 上的保险丝 2 SB17-保险丝架 B 上的保险丝 17 T2p-2 芯插头连接，黑色 T46b-46 芯插头连接，黑色 85-接地连接 1，在发动机舱导线束中 131-接地连接 2，在发动机舱导线束中 673-左前纵梁上的接地点 3

365

偏转率传感器、真空传感器、ABS 控制单元、右前 ABS 进气阀、右前 ABS 排气阀、左
前 ABS 进气阀、左前 ABS 排气阀

ABS 控制单元、车载电网控制单元、ABS 液压泵

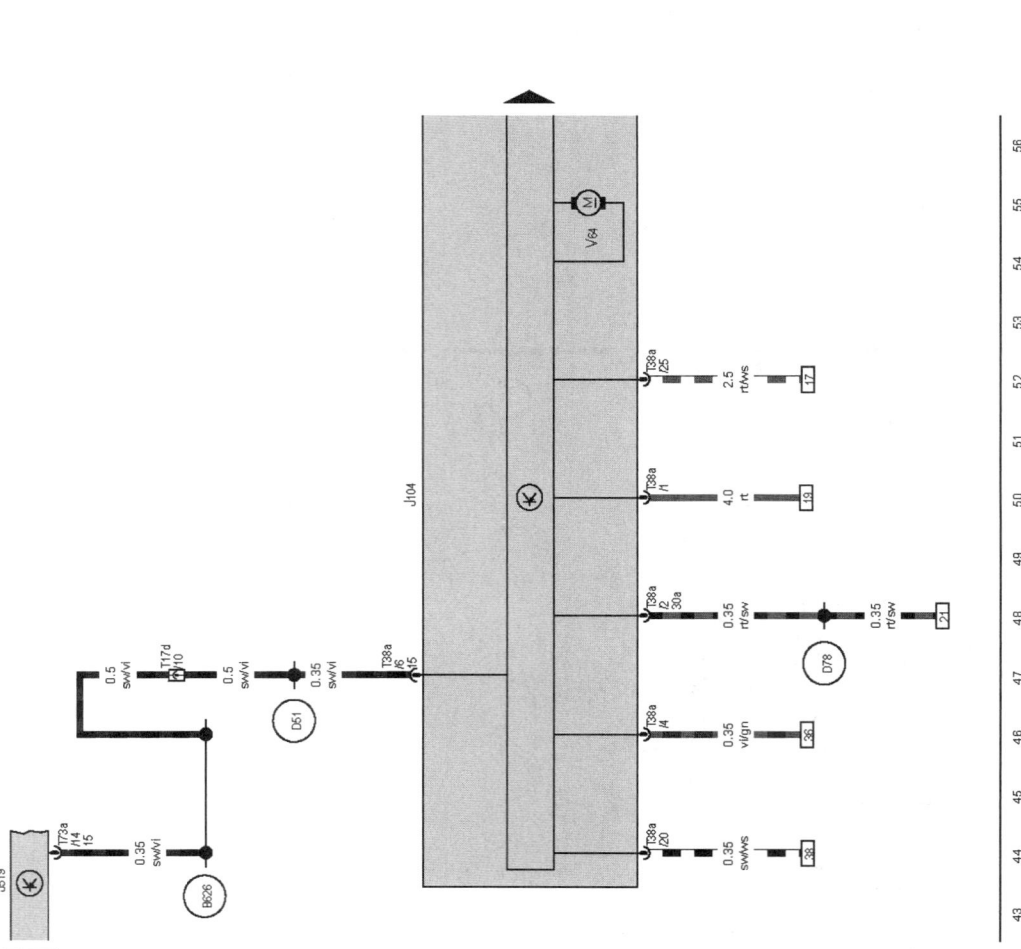

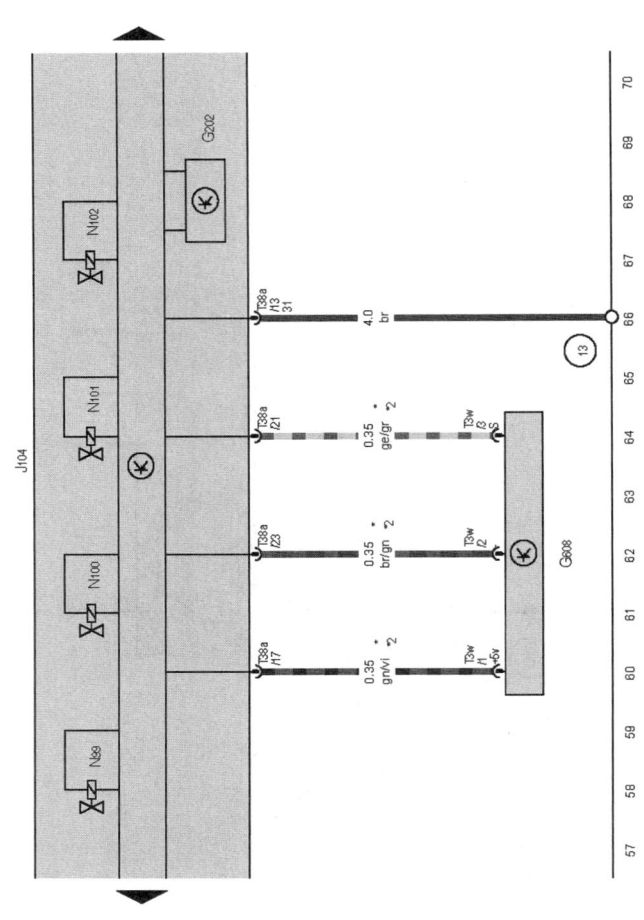

图 3-3-13

图 3-3-12

G202-偏转率传感器 G608-真空传感器 J104-ABS 控制单元 N99-右前 ABS 进气阀 N100-右前 ABS 排
气阀 N101-左前 ABS 进气阀 N102-左前 ABS 排气阀 T3w-3 芯插头连接、黑色 T38a-38 芯插头连接、
棕色 13-发动机舱内右侧接地点 *-仅适用于带双离合器变速器的汽车 *2-用于带自动变速器的汽车

J104-ABS控制单元 J519-车载电网控制单元 T17d-17 芯插头连接、左侧 A 柱下部、蓝色 T38a-38 芯
插头连接、棕色 T73a-73 芯插头连接、黑色 V64-ABS液压泵 B626-正极连接 2 (15)，在主导线束中
D51-正极连接 1 (15)，在发动机舱导线束中 D78-正极连接 1 (30a)，在发动机舱导线束中

右前转速传感器、左前转速传感器、横向加速度传感器、ABS 控制单元、右后 ABS 进气阀、左后 ABS 进气阀、右后 ABS 排气阀、左后 ABS 排气阀

右后转速传感器、左后转速传感器、ABS 控制单元、动态行驶控制转换阀 1、动态行驶控制转换阀 2、动态行驶控制高压转换阀 1、动态行驶控制高压转换阀 2

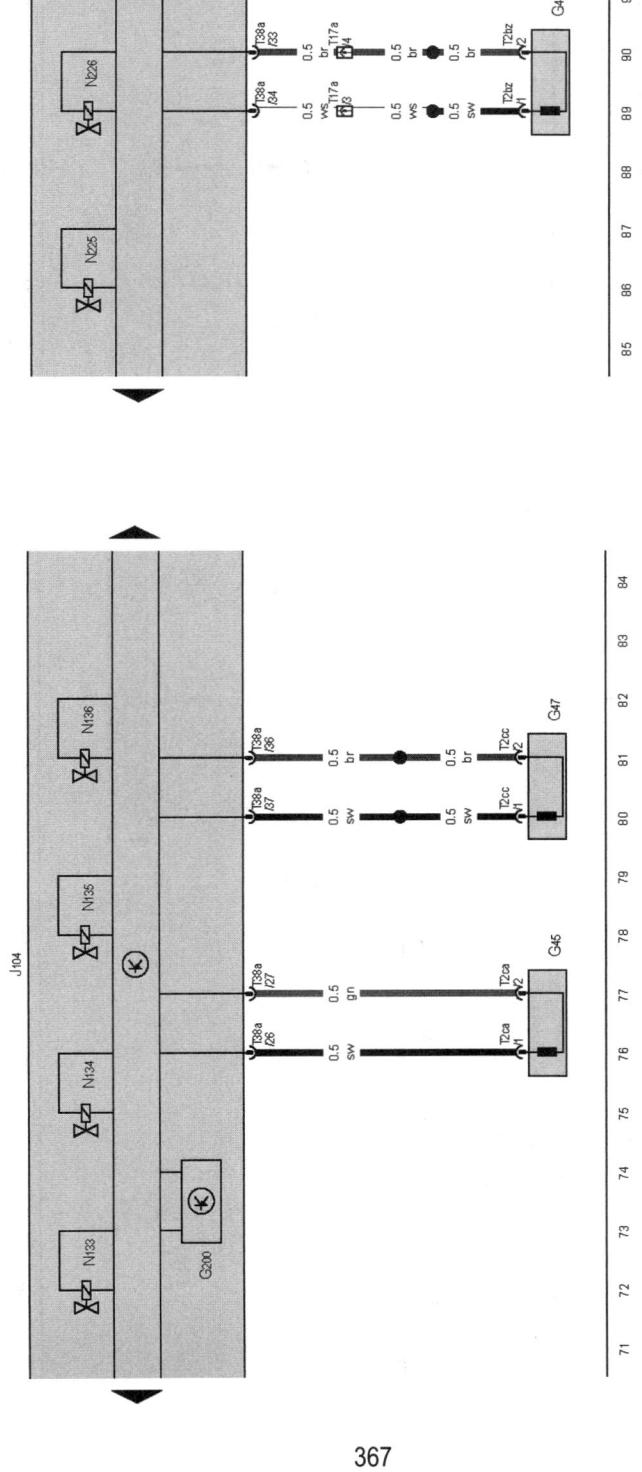

图 3-3-14

G45-右前转速传感器 G47-左前转速传感器 G200-横向加速度传感器 J104-ABS 控制单元 N133-右后 ABS 进气阀 N134-左后 ABS 进气阀 N135-右后 ABS 排气阀 N136-左后 ABS 排气阀 T2cc-2 芯插头连接、黑色 T38a-38 芯插头连接、黑色 T2ca-2 芯插头连接、棕色

图 3-3-15

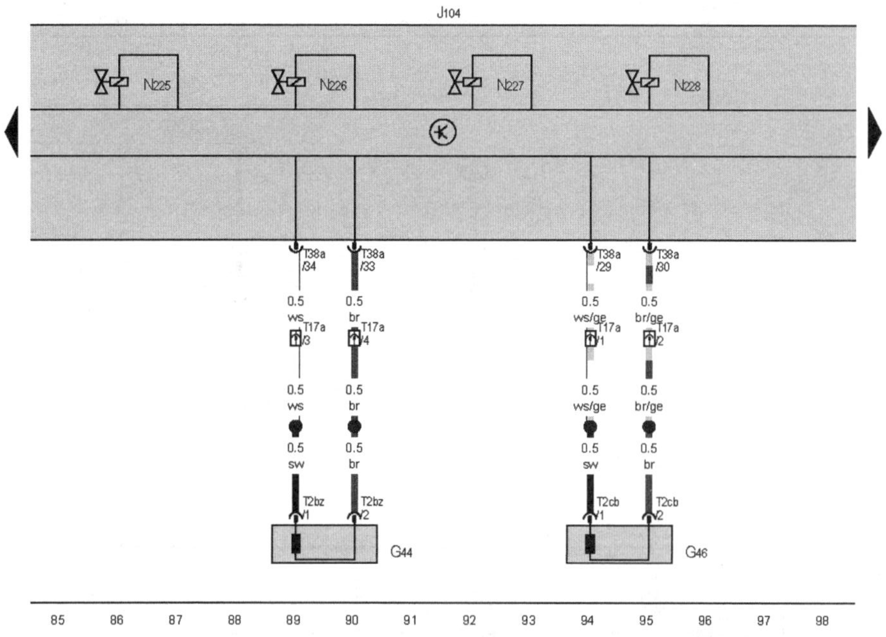

G44-右后转速传感器 G46-左后转速传感器 J104-ABS 控制单元 N225-动态行驶控制转换阀 1 N226-动态行驶控制转换阀 2 N227-动态行驶控制高压转换阀 1 N228-动态行驶控制高压转换阀 2 T2bz-2 芯插头连接、黑色 T2cb-2 芯插头连接、黑色 T17a-17 芯插头连接、黑色 T38a-38 芯插头连接、棕色

手制动器指示灯开关、组合仪表中的控制单元、数据总线诊断接口、手制动器指示灯、ABS 指示灯、制动系统指示灯、电子稳定程序和 ASR 指示灯、电子稳定程序和 ASR 指示灯 2、轮胎压力监控显示指示灯

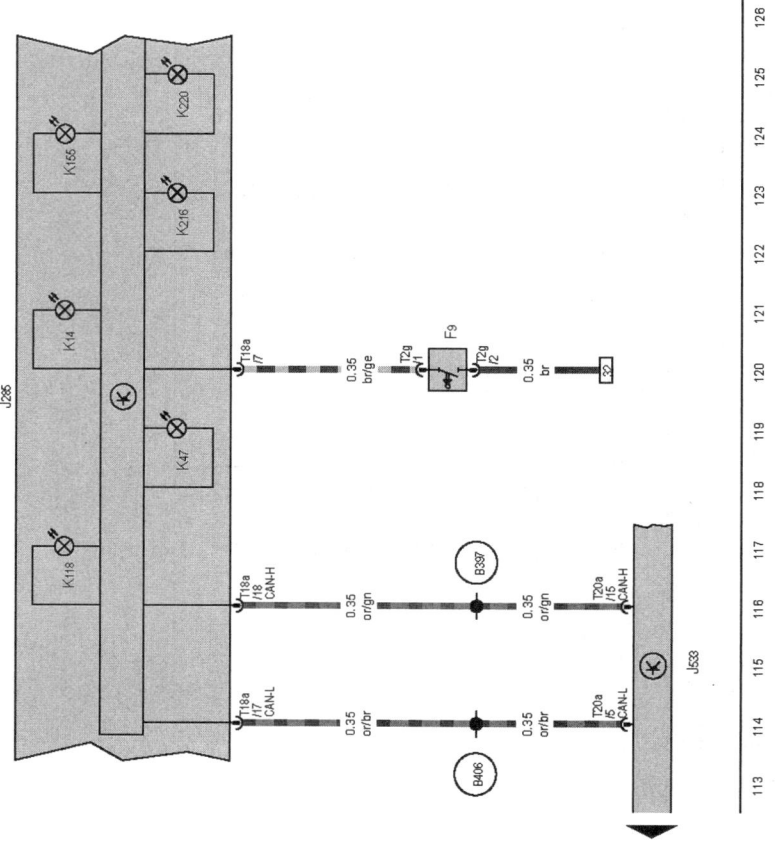

制动压力传感器 1、纵向加速度传感器、ABS 控制单元、数据总线诊断接口

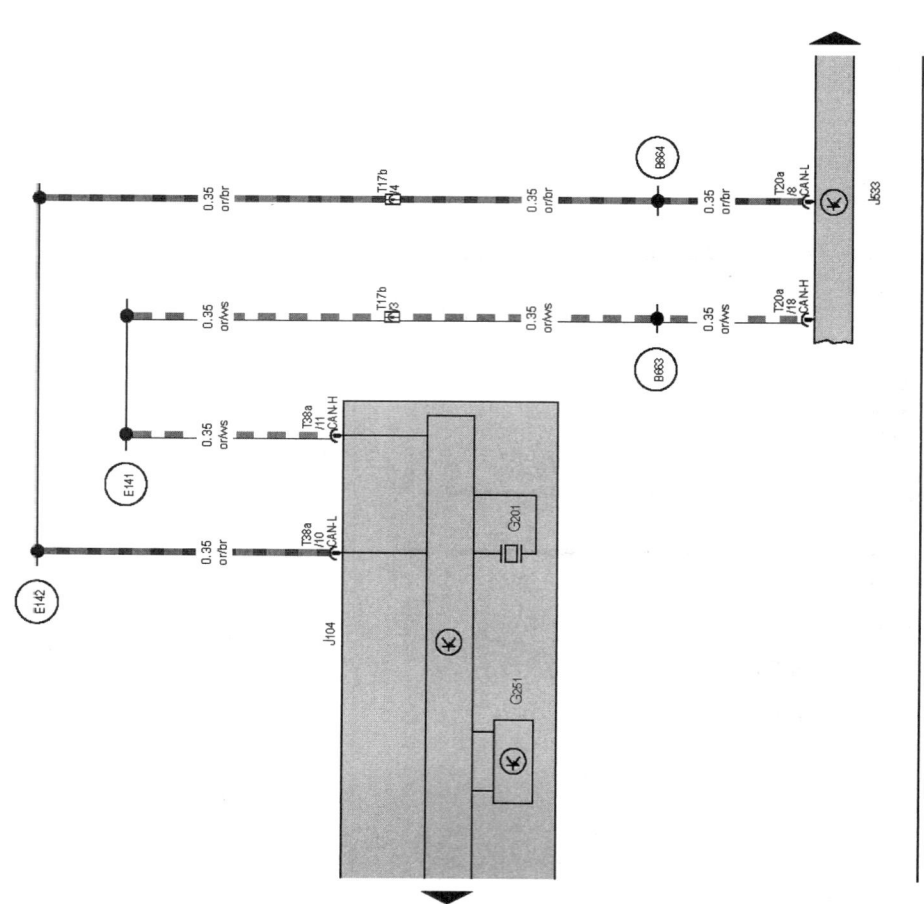

368

G201-制动压力传感器 1 G251-纵向加速度传感器 J104-ABS 控制单元 J533-数据总线诊断接口 T17b-17 芯插头连接、左侧 A 柱下部、棕色 T20a-20 芯插头连接、红色 T38a-38 芯插头连接、棕色 B663-连接（底盘传感器 CAN 总线，High），在主导线束中 B664-连接（底盘传感器 CAN 总线，Low），在主导线束中 E141-连接（底盘传感器 CAN 总线，High），在发动机舱导线束中 E142-连接（底盘传感器 CAN 总线，Low），在发动机舱导线束中

图 3-3-16

F9-手制动器指示灯开关 J285-组合仪表中的控制单元 J533-数据总线诊断接口 K14-手制动器指示灯 K47-ABS 指示灯 K118-制动系统指示灯 K155-电子稳定程序和 ASR 指示灯 K216-电子稳定程序和 ASR 指示灯 2 K220-轮胎压力监控显示指示灯 T2g-2 芯插头连接 T18a-18 芯插头连接、黑色 T20a-20 芯插头连接、红色 B397-连接 1（舒适 CAN 总线，High），在主导线束中 B406-连接 1（舒适 CAN 总线，Low），在主导线束中

图 3-3-17

中控台开关模块 1、轮胎压力监控按钮、ASR 和电子稳定程序按钮、制动液液位警告信号触点、车载电网控制单元、开关照明灯泡

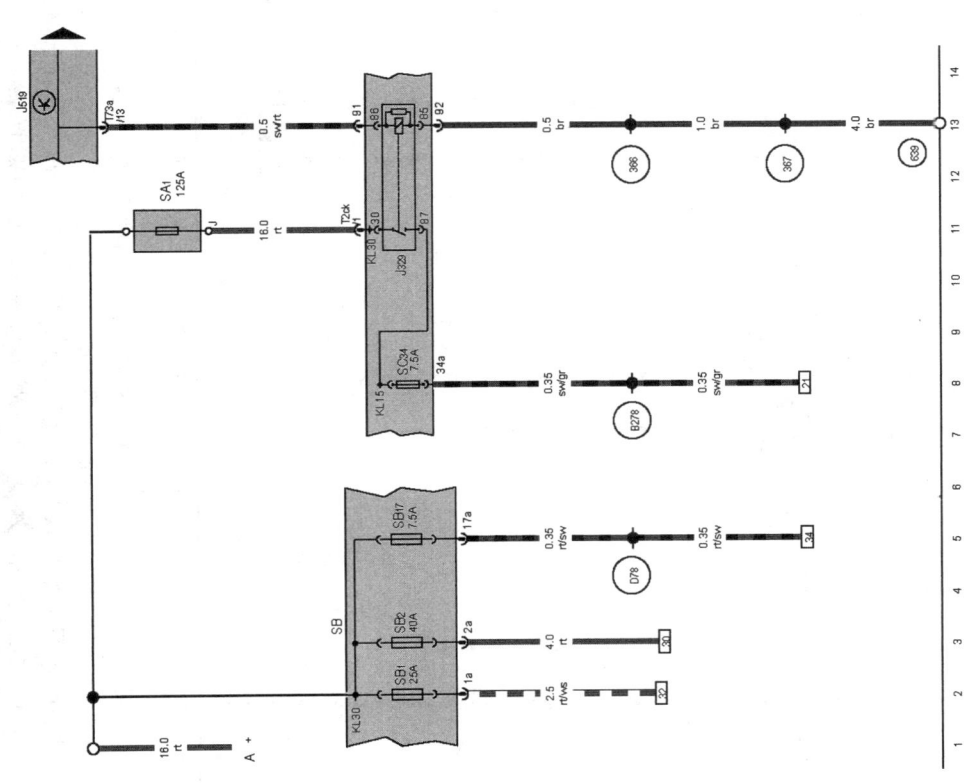

图 3-3-19

接线端 15 供电继电器、车载电网控制单元、保险丝架 B

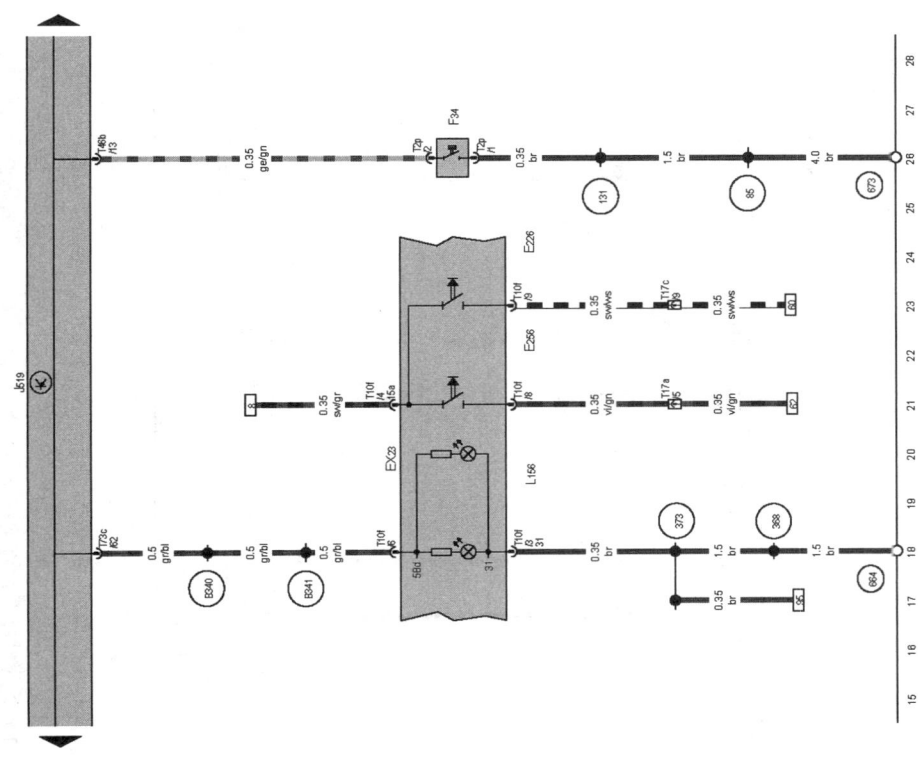

图 3-3-18

EX23-中控台开关模块 1 E226-轮胎压力监控按钮 E256-ASR 和电子稳定程序按钮 F34-制动液液位警告信号触点 J519-车载电网控制单元 L156-开关照明灯泡 T2p-2 芯插头连接 T10f-10 芯插头连接，黑色 T10f-17 芯插头连接，左侧 A 柱下部，红色 T46b-46 芯插头连接，黑色 T17a-17 芯插头连接，左侧 A 柱下部，黑色 T17c-17 芯插头连接，黑色 85-接地连接 1，在发动机舱导线束中 131-接地连接 2，芯插头连接，黑色 T73c-73 芯插头连接，黑色 368-接地连接 3，在主导线束中 373-接地连接 8，左导线束中 664-左侧仪表板在发动机舱导线束中 368-接地连接 3，在主导线束中 B340-连接 1（58d），在主导线束中 B341-连接 2（58d），在后面接地点 673-左前纵梁上的接地点 3 B340-连接 1（58d），在主导线束中主导线束中

A-蓄电池 J329-接线端 15 供电继电器 J519-车载电网控制单元 SA1-保险丝架 A 上的保险丝1 SB-保险丝架 B SB1-保险丝架 B 上的保险丝 1 SB2-保险丝架 B 上的保险丝 2 SB17-保险丝架 B 上的保险丝 17 丝架 B SC34-保险丝架 C 上的保险丝 34 T2ck-2 芯插头连接 T73a-73 芯插头连接，黑色 366-接地连接 SC34-保险丝架 C 上的保险丝 34 T2ck-2 芯插头连接 T73a-73 芯插头连接，黑色 366-接地连接 1，在主导线束中 367-接地连接 2，在主导线束中 639-左 A 柱上的接地点 B278-正极连接 2（15a），在主导线束中 D78-正极连接 1（30a），在发动机舱导线束中主导线束中

369

右后转速传感器、真空传感器、ABS 控制单元、车载电网控制单元、右前 ABS 进气阀、右前 ABS 进阀、右前 ABS 排气阀、左前 ABS 进气阀、左前 ABS 排气阀、ABS 液压泵

右前转速传感器、右后转速传感器、左前转速传感器、ABS 控制单元、车载电网控制单元、右后 ABS 进气阀、左后 ABS 进气阀、右后 ABS 排气阀、左后 ABS 排气阀

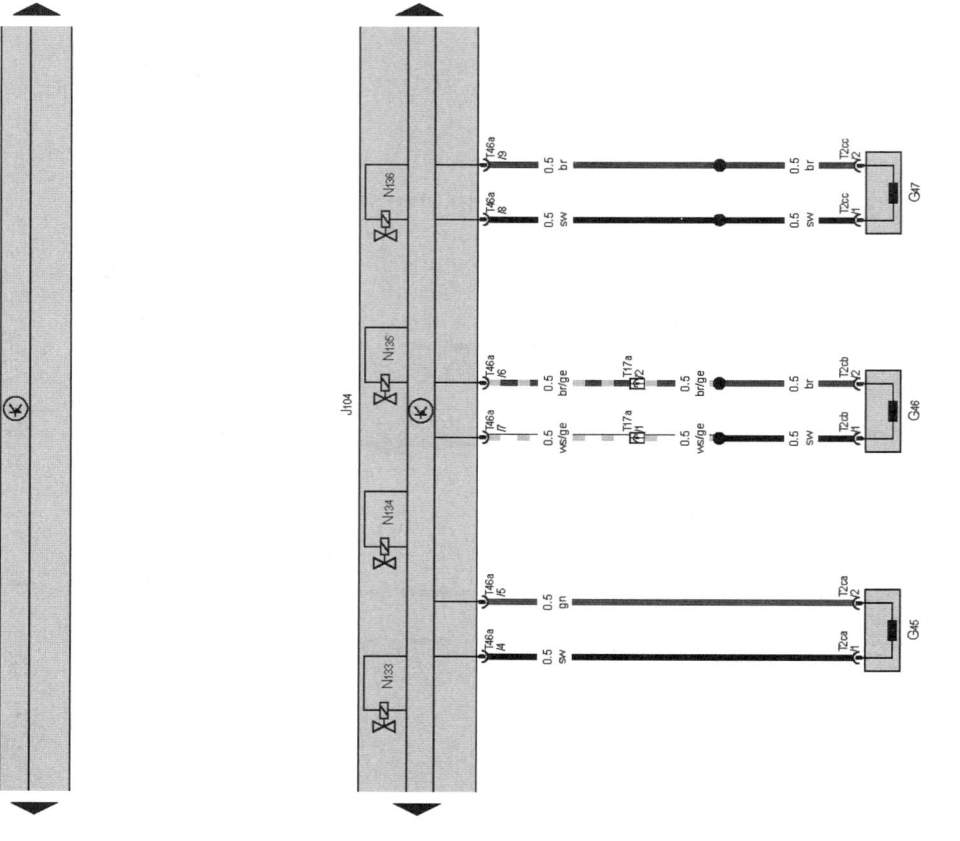

图 3-3-21

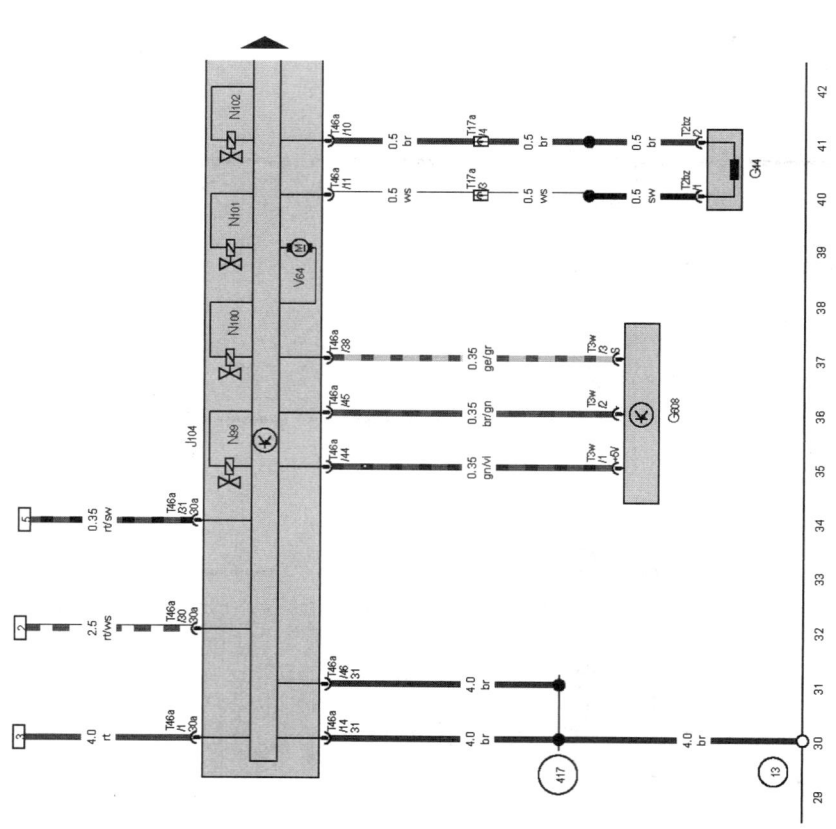

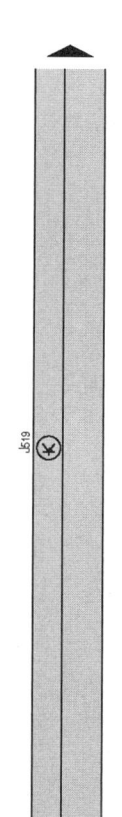

图 3-3-20

G45-右前转速传感器 G46-左后转速传感器 G47-左前转速传感器 J104-ABS 控制单元 J519-车载电网控制单元 N133-右后 ABS 进气阀 N134-左后 ABS 进气阀 N135-右后 ABS 排气阀 N136-左后 ABS 排气阀 T2ca-2 芯插头连接，黑色 T2cb-2 芯插头连接，黑色 T2cc-2 芯插头连接，黑色 T17a-17 芯插头连接，黑色 T46a-46 芯插头连接，左侧 A 柱下部，黑色

G44-右后转速传感器 G608-真空传感器 J104-ABS 控制单元 J519-车载电网控制单元 N99-右前 ABS 进气阀 N100-右前 ABS 进气阀 N101-左前 ABS 进气阀 N102-左前 ABS 排气阀 T2bz-2 芯插头连接，黑色 T3w-3 芯插头连接，黑色 T17a-17 芯插头连接，左侧 A 柱下部，黑色 T46a-46 芯插头连接，黑色 V64-ABS 液压泵 13-发动机舱内右侧接地点 417-接地连接 9，在发动机舱导线束中

370

ABS 控制单元、车载电网控制单元、动态行驶控制转换阀 1、动态行驶控制转换阀 2、动态行驶控制高压转换阀 1、动态行驶控制高压转换阀 2

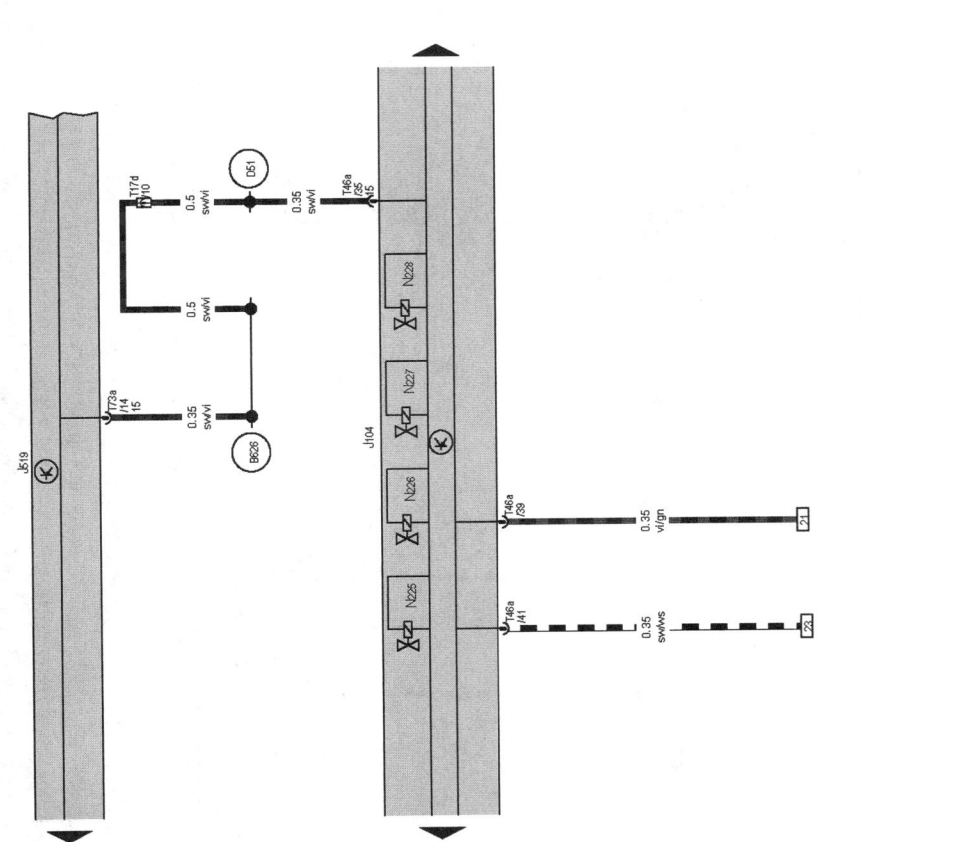

图 3-3-22

J104-ABS 控制单元 J519-车载电网控制单元 N225-动态行驶控制转换阀 1 N226-动态行驶控制转换阀 2 N227-动态行驶控制高压转换阀 1 N228-动态行驶控制高压转换阀 2 T17d-17 芯插头连接，左侧 A 柱下部，蓝色 T46a-46 芯插头连接，黑色 T73a-73 芯插头连接，黑色 B626-正极连接 2（15），在主导线束中 D51-正极连接 1（15），在发动机舱导线束

横向加速度传感器、制动压力传感器、偏转率传感器、纵向加速度传感器、ABS 控制单元、数据总线诊断接口

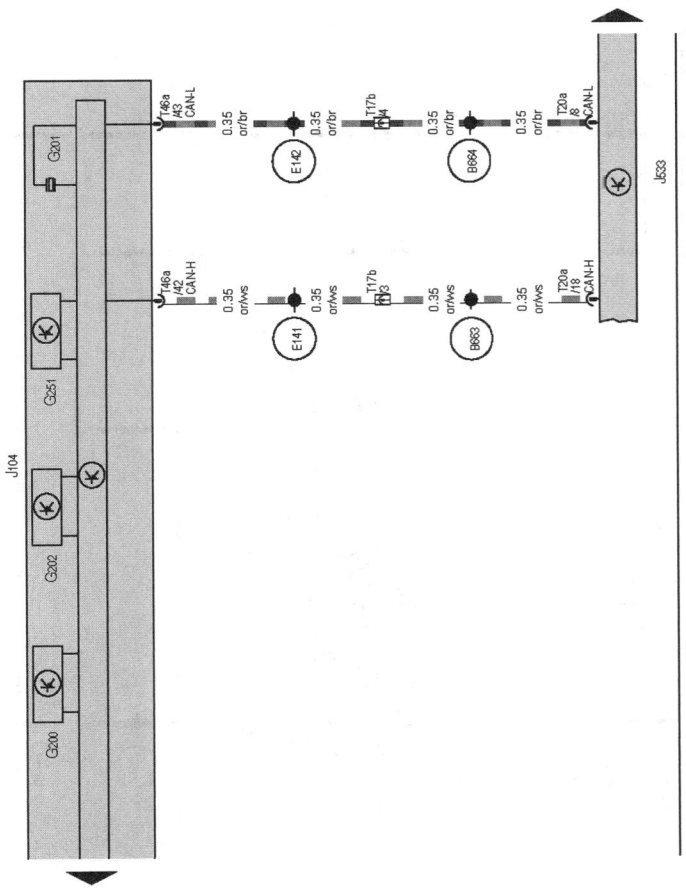

图 3-3-23

G200-横向加速度传感器 G201-制动压力传感器 1 G202-偏转率传感器 1 G251-纵向加速度传感器 J104-ABS 控制单元 J533-数据总线诊断接口 T17b-17 芯插头连接，左侧 A 柱下部，棕色 T20a-20 芯插头连接，红色 T46a-46 芯插头连接，黑色 B663-连接（底盘传感器 CAN 总线，High），在主导线束中 B664-连接（底盘传感器 CAN 总线，High），在发动机舱导线束中 E141-连接（底盘传感器 CAN 总线，Low），在主导线束中 E142-连接（底盘传感器 CAN 总线，Low），在发动机舱导线束中

手制动器指示灯开关、组合仪表中的控制单元、数据总线诊断接口、手制动器指示灯、ABS 指示灯、制动系统指示灯、电子稳定程序和 ASR 指示灯、电子稳定程序和 ASR 指示灯 2、轮胎压力监控显示指示灯

F9–手制动器指示灯开关 J285–组合仪表中的控制单元 J533–数据总线诊断接口 K14–手制动器指示灯 K47–ABS 指示灯 K118–制动系统指示灯 K155–电子稳定程序和 ASR 指示灯 K216–电子稳定程序和 ASR 指示灯 2 K220–轮胎压力监控显示指示灯 T2g–2 芯插头连接，黑色 T18a–18 芯插头连接，黑色 T20a–20 芯插头连接，红色 B397–连接 1（舒适 CAN 总线，High），在主导线束中 B406–连接 1（舒适 CAN 总线，Low），在主导线束中

图 3–3–24

接线端 15 供电继电器、车载电网控制单元、泊车转向辅助系统控制单元

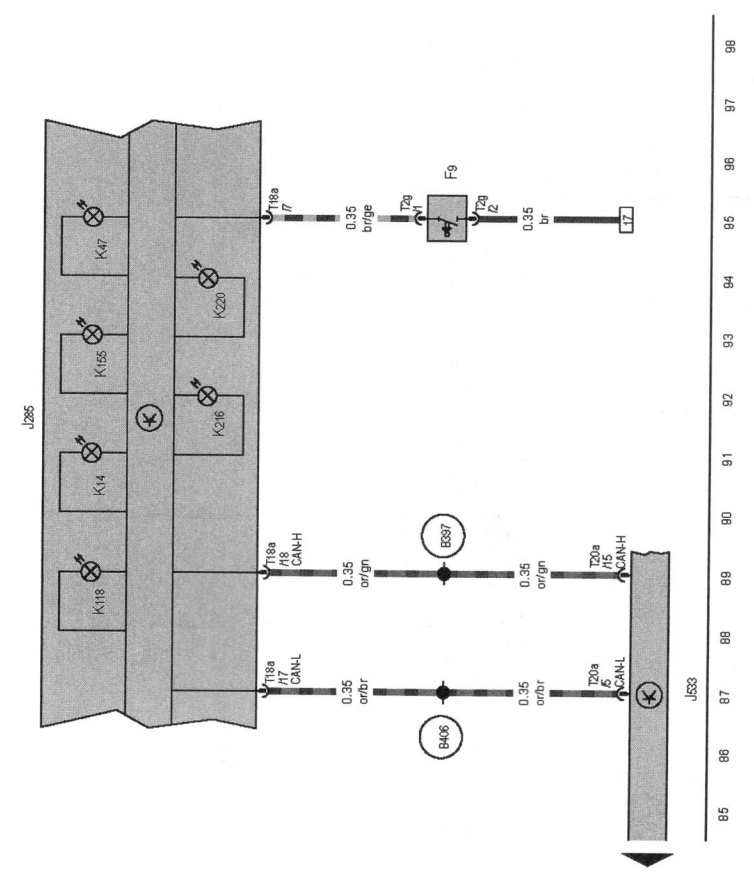

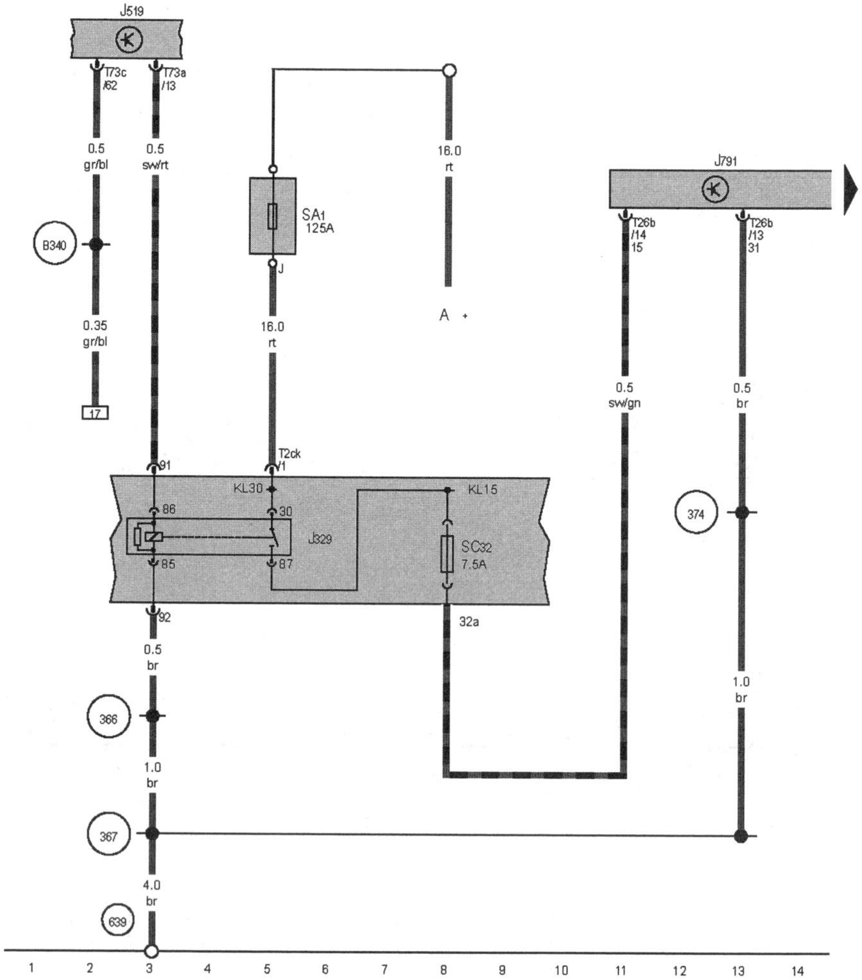

A–蓄电池 J329–接线端 15 供电继电器 J519–车载电网控制单元 J791–泊车转向辅助系统控制单元 SA1–保险丝架 A 上的保险丝1 SC32–保险丝架 C 上的保险丝 32 T2ck–2 芯插头连接，黑色 T26b–26 芯插头连接，黑色 T73a–73 芯插头连接，黑色 T73c–73 芯插头连接，黑色 366–接地连接 1，在主导线束中 367–接地连接 2，在主导线束中 374–接地连接 9，在主导线束中 639–左 A 柱上的接地点 B340–连接 1（58d），在主导线束中

图 3–3–25

中控台开关模块 2、泊车雷达系统按钮、泊车转向辅助系统按钮、泊车转向辅助系统控制单元、泊车雷达系统指示灯、泊车转向辅助系统指示灯、按钮照明灯泡

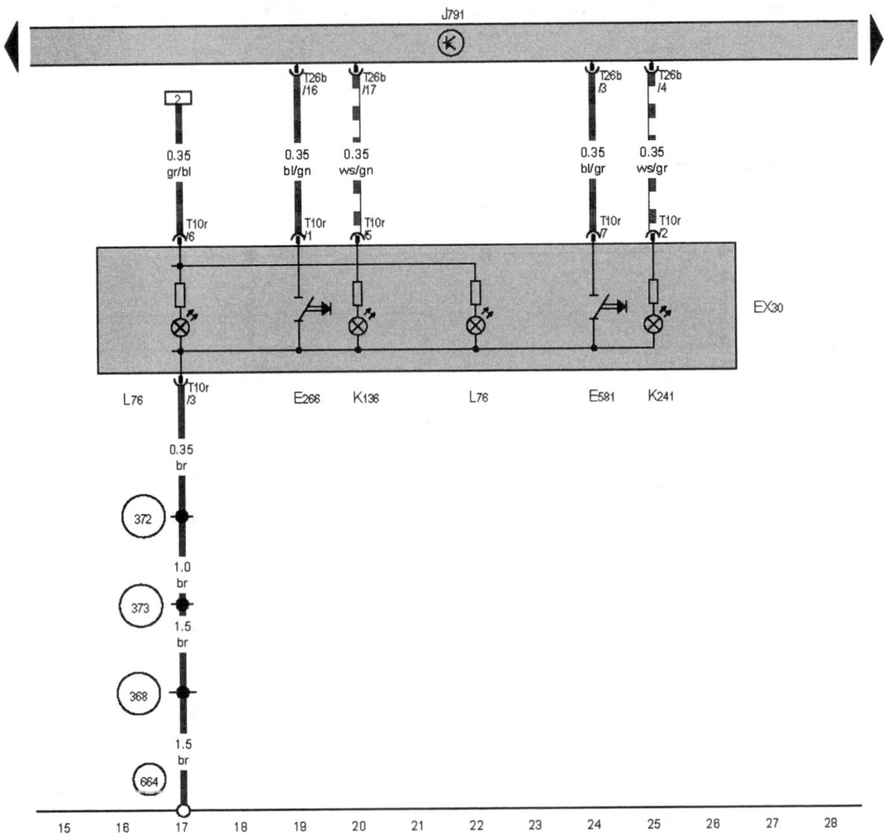

后部泊车雷达系统报警蜂鸣器、前部泊车雷达系统报警蜂鸣器、泊车转向辅助系统控制单元

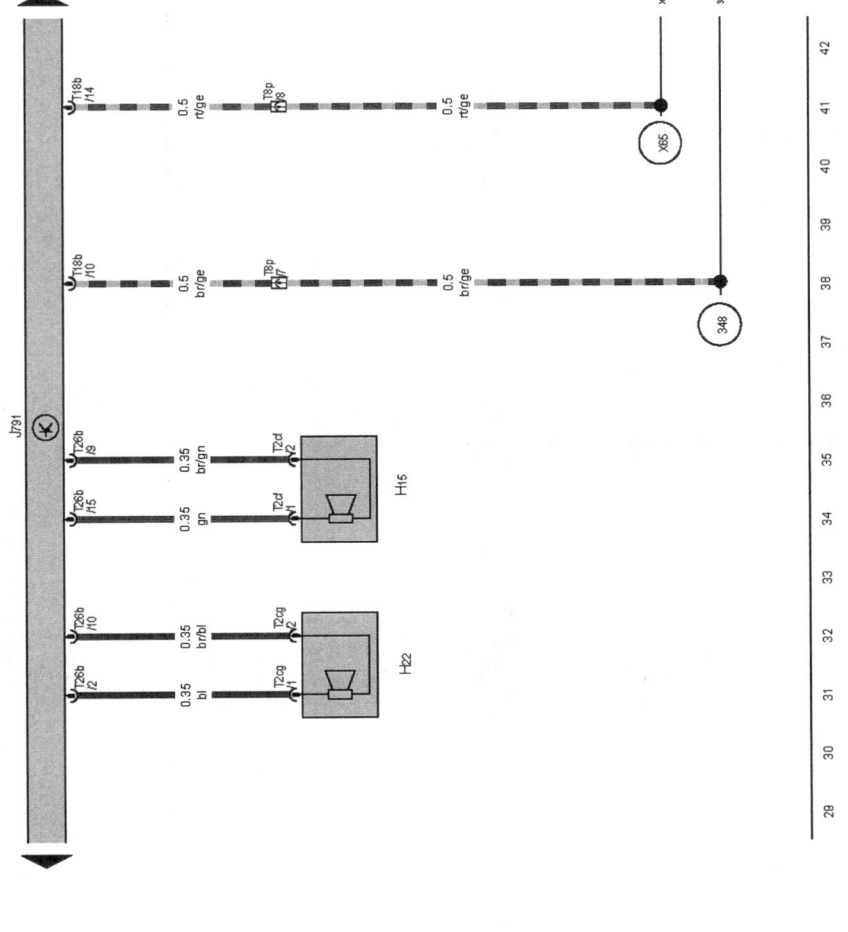

H15-后部泊车雷达系统报警蜂鸣器 H22-前部泊车雷达系统报警蜂鸣器 J791-泊车转向辅助系统控制单元 T2cf-2 芯插头连接，黑色 T2cg-2 芯插头连接，黑色 T8p-8 芯插头连接，左前保险杠内，黑色 T18b-18 芯插头连接，黑色 T26b-26 芯插头连接（泊车雷达系统），在前保险杠导线束中 348-接地连接，黑色 X65-连接（泊车雷达系统），在前保险杠导线束中

图 3-3-27

EX30-中控台开关模块 2 E266-泊车雷达系统按钮 E581-泊车转向辅助系统按钮 J791-泊车转向辅助系统控制单元 K136-泊车雷达系统指示灯 K241-泊车转向辅助系统指示灯 L76-按钮照明灯泡 T10r-10 芯插头连接，黑色 T26b-26 芯插头连接，红色 T26b-26 芯插头连接，黑色 368-接地连接 3，在主导线束中 372-接地连接 7，在主导线束中 373-接地连接 8，在主导线束中 664-左侧仪表板后面的接地点

图 3-3-26

右前中部泊车雷达系统传感器；泊车转向辅助系统的左前侧传感器，汽车左侧；泊车转向辅助系统的右前侧传感器，汽车右侧；泊车转向辅助系统控制单元

右前中部泊车雷达系统传感器、左前泊车雷达系统传感器、左前泊车雷达系统传感器、泊车转向辅助系统控制单元

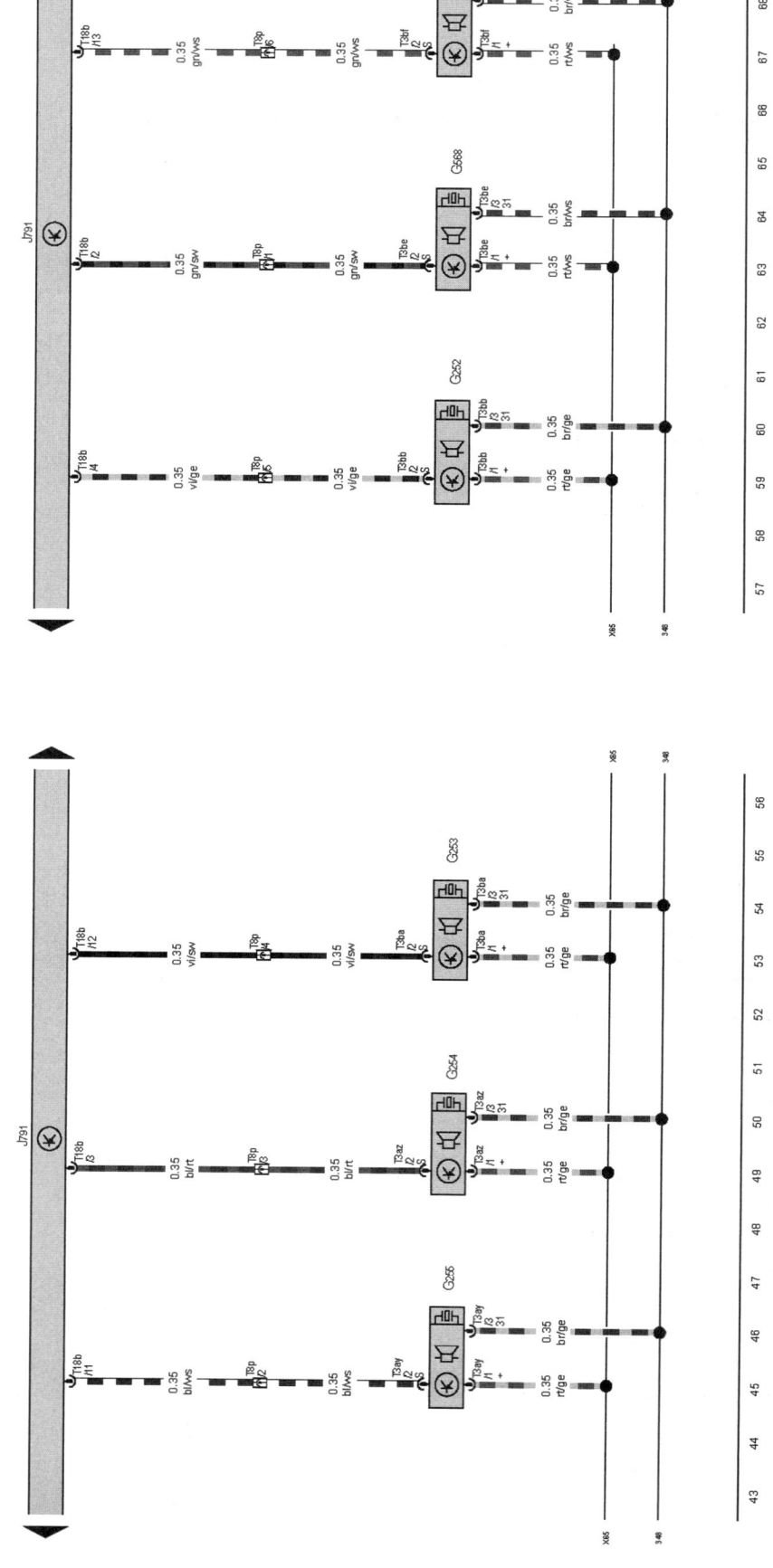

图 3-3-28

图 3-3-29

G252-右前泊车雷达系统传感器 G568-泊车转向辅助系统的左前侧传感器，汽车左侧 G569-泊车转向辅助系统的右前侧传感器，汽车右侧 J791-泊车转向辅助系统控制单元 T3bb-3 芯插头连接，黑色 T3be-3 芯插头连接，黑色 T3bf-3 芯插头连接，黑色 T8p-8 芯插头连接，黑色 T18b-18 芯插头连接，左前保险杠内，X65-连接（泊车雷达系统），在前保险杠导线束中

G253-右前中部泊车雷达系统传感器 G254-左前中部泊车雷达系统传感器 G255-左前泊车雷达系统传感器 J791-泊车转向辅助系统控制单元 T3ay-3 芯插头连接，黑色 T3az-3 芯插头连接，黑色 T3ba-3 芯插头连接，黑色 T8p-8 芯插头连接，黑色 T18b-18 芯插头连接，左前保险杠内，黑色 348-接地连接（泊车雷达系统），在前保险杠导线束中 X65-连接（泊车雷达系统），在前保险杠导线束中

374

左后泊车雷达系统传感器、左后中部泊车雷达系统传感器、泊车转向辅助系统传感器、泊车转向辅助系统控制单元

右后中部泊车雷达系统传感器、右后泊车雷达系统传感器、左后泊车转向辅助系统传感器、泊车转向辅助系统控制单元

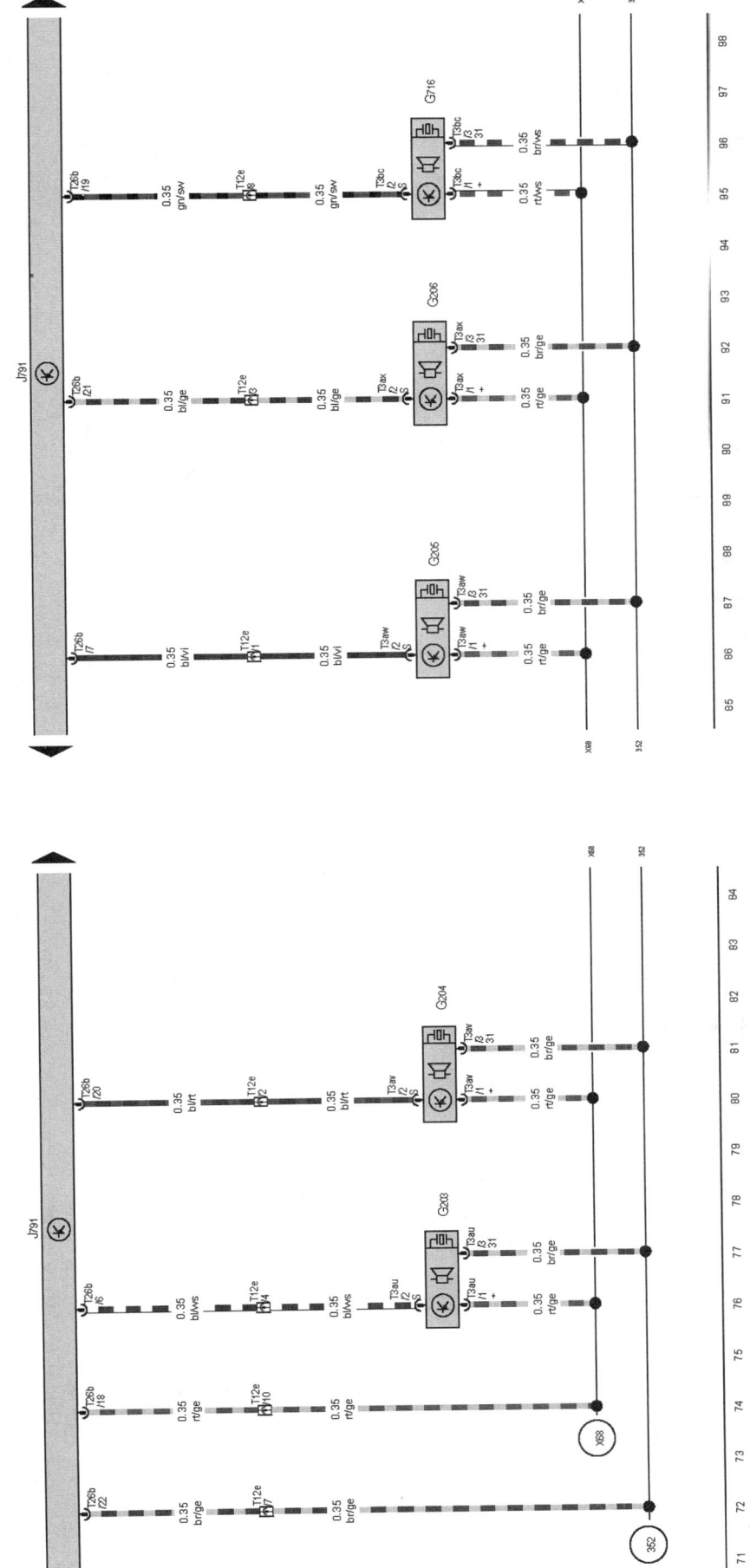

图 3-3-30

G203-左后泊车雷达系统传感器 G204-左后中部泊车雷达系统传感器 J791-泊车转向辅助系统控制单元 T3au-3 芯插头连接，黑色 T3av-3 芯插头连接，黑色 T12e-12 芯插头连接（泊车雷达系统），在后保险杠导线束中 X68-连接（泊车雷达系统），在后保险杠导线束中 T26b-26 芯插头连接，黑色 352-接地连接（泊车雷达系统），在后保险杠导线束中

图 3-3-31

G205-右后中部泊车雷达系统传感器 G206-右后泊车雷达系统传感器 G716-左后泊车转向辅助系统传感器 J791-泊车转向辅助系统控制单元 T3aw-3 芯插头连接，黑色 T3ax-3 芯插头连接，黑色 T3bc-3 芯插头连接，后部保险杠内，黑色 T26b-26 芯插头连接，黑色 T12e-12 芯插头连接（泊车雷达系统），在后保险杠导线束中 X68-连接（泊车雷达系统），在后保险杠导线束中 352-接地连接，黑色，在后保险杠导线束中

375

转向角传感器、转向扭矩传感器、助力转向控制单元、机电式伺服转向电机

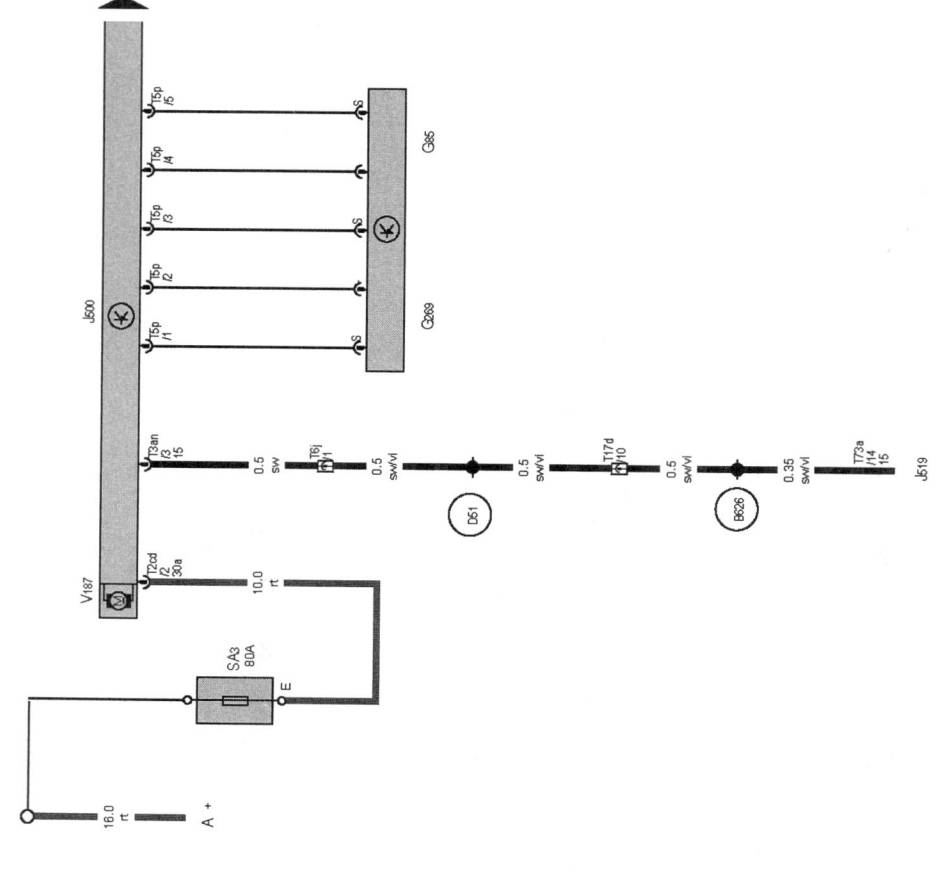

A—蓄电池 G85—转向角传感器 G269—转向扭矩传感器 J500—助力转向控制单元 J519—车载电网控制单元 SA3—保险丝架 A 上的保险丝3 T2cd—2 芯插头连接，黑色 T3an—3 芯插头连接，黑色 T5p—5 芯插头连接，黑色 T6j—6 芯插头连接，发动机舱内左后部，黑色 T17d—17 芯插头连接，左侧 A 柱下部，蓝色 T73a—73 芯插头连接，黑色 V187—机电式伺服转向电机 B626—正极连接 2（15），在主导线束中 D51—正极连接 1（15），在发动机舱导线束中

图 3-3-33

右后泊车转向辅助系统传感器、泊车转向辅助系统控制单元

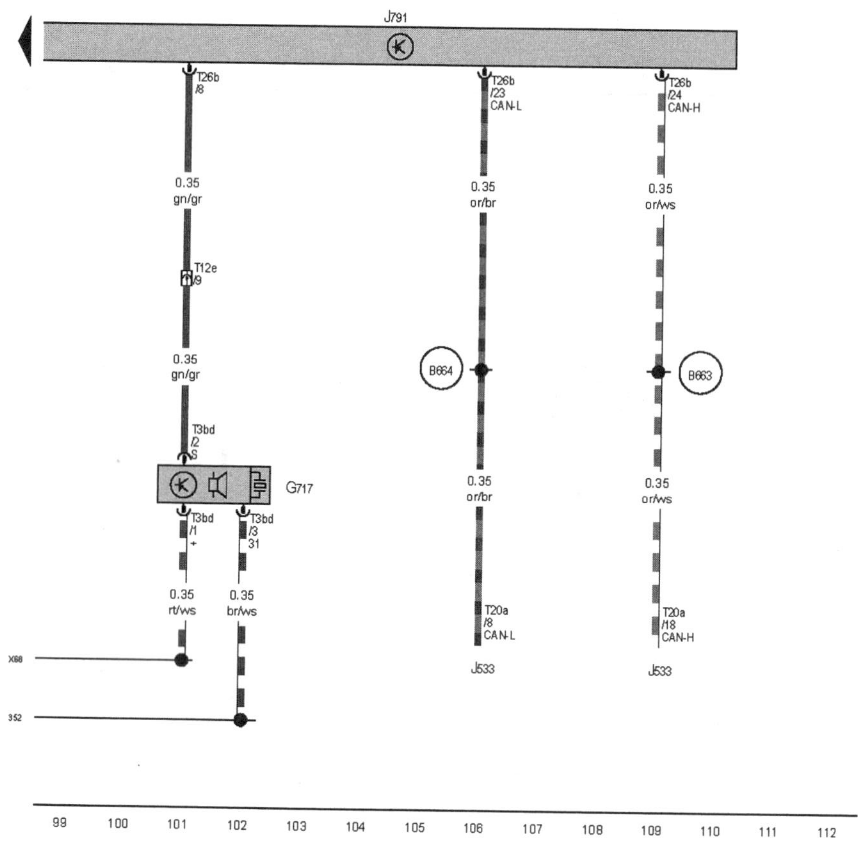

G717—右后泊车转向辅助系统传感器 J533—数据总线诊断接口 J791—泊车转向辅助系统控制单元 T3bd—3 芯插头连接，黑色 T12c—12 芯插头连接，后部保险杠内，黑色 T20a—20 芯插头连接，棕色 T26b—26 芯插头连接，黑色 352—接地连接（泊车雷达系统），在后保险杠导线束中 B663—连接（底盘传感器 CAN 总线，High），在主导线束中 B664—连接（底盘传感器 CAN 总线，Low），在主导线束中 X68—连接（泊车雷达系统），在后保险杠导线束中

图 3-3-32

376

安全气囊卷簧和带滑环的复位环、信号喇叭、多功能方向盘控制单元、转向柱电子装置控制单元

组合仪表中的控制单元、助力转向控制单元、数据总线诊断接口、机电式助力转向器指示灯

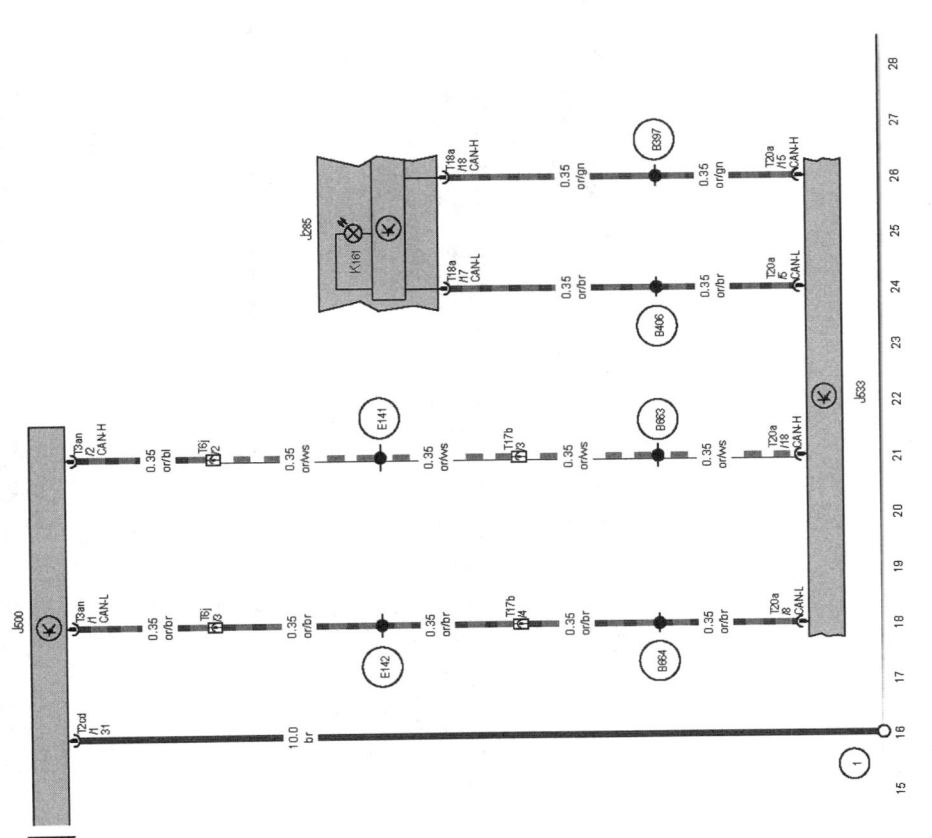

图3-3-35

J285-组合仪表中的控制单元 J500-助力转向控制单元 J533-数据总线诊断接口 K161-机电式助力转向器 K161-机电式助力转向器指示灯 T2cd-2 芯插头连接，黑色 T3an-3 芯插头连接，黑色 T6j-6 芯插头连接，发动机舱内左后部，黑色 T17b-17 芯插头连接，左侧 A 柱下部，棕色 T18a-18 芯插头连接，红色 T20a-20 芯插头连接，黑色

● 1-接地带，蓄电池-车身 B397-连接 1 (舒适 CAN 总线，High)，在主导线束中 B406-连接 1 (舒适 CAN 总线，Low)，在主导线束中 B663-连接 (底盘传感器 CAN 总线，High)，在主导线束中 B664-连接 (底盘传感器 CAN 总线，Low)，在主导线束中 E141-连接 (底盘传感器 CAN 总线，High)，在发动机舱导线束中 E142-连接 (底盘传感器 CAN 总线，Low)，在发动机舱导线束中

图3-3-34

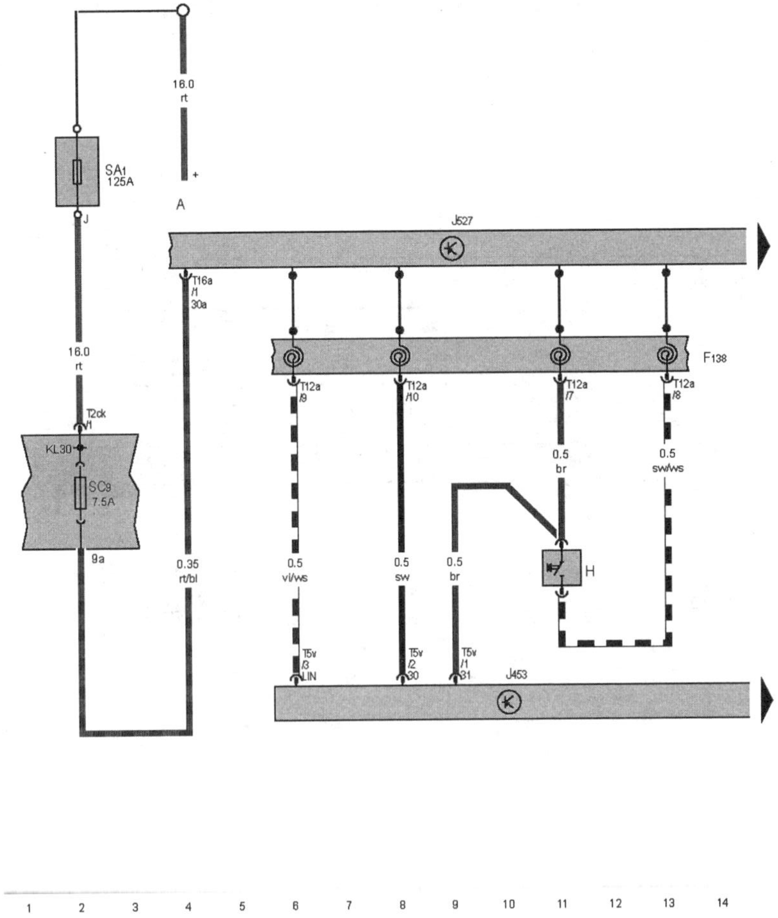

A-蓄电池 F138-安全气囊卷簧和带滑环精的复位环 H-信号喇叭 J453-多功能方向盘控制单元 J527-转向柱电子装置控制单元 SA1-保险丝架 A 上的保险丝 1 SC9-保险丝架 C 上的保险丝 9 T2ck-2 芯插头连接 T5v-5 芯插头连接，黑色 T12a-12 芯插头连接，黑色 T16a-16 芯插头连接，黄色

377

方向盘中的左侧多功能按钮、多功能方向盘控制单元、转向柱电子装置控制单元

方向盘中的右侧多功能按钮、多功能方向盘控制单元、转向柱电子装置控制单元

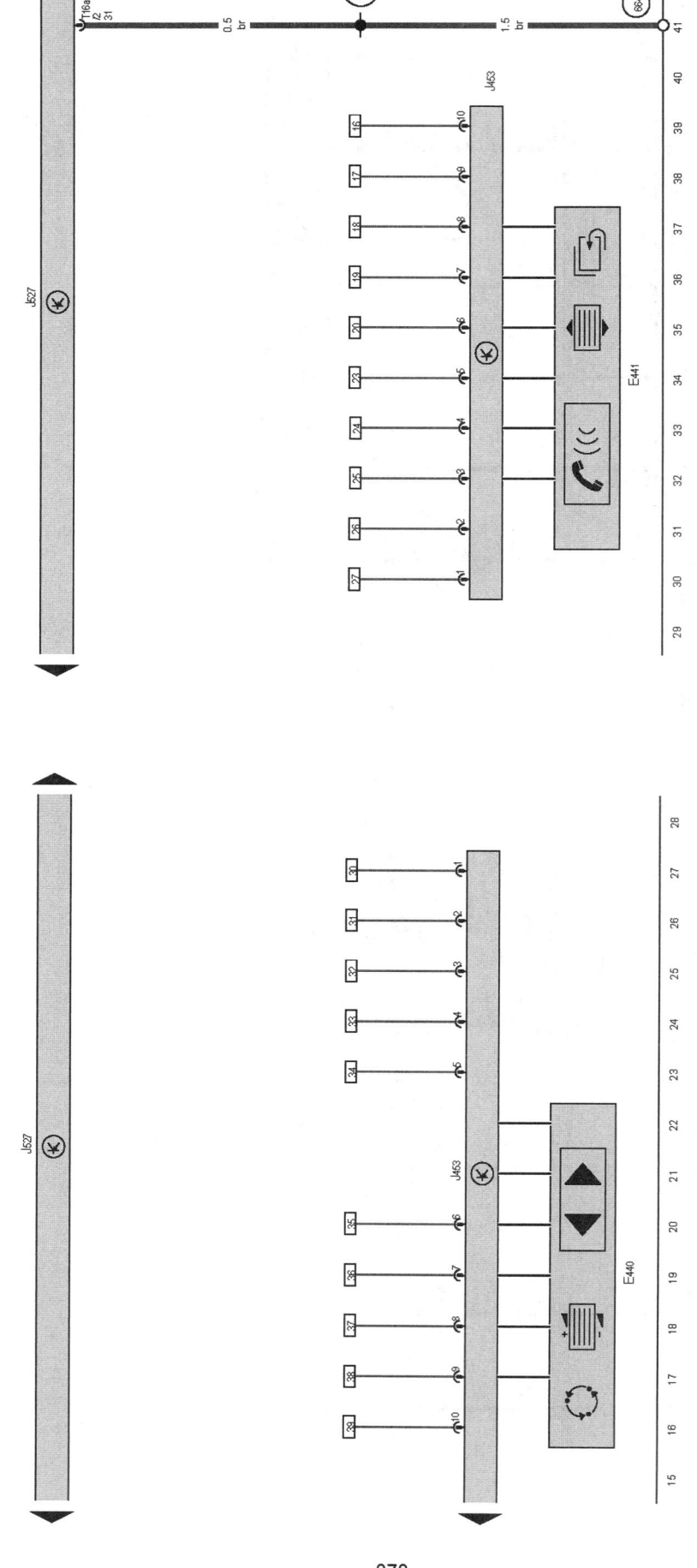

E440-方向盘中的左侧多功能按钮 J453-多功能方向盘控制单元 J527-转向柱电子装置控制单元

图3-3-36

E441-方向盘中的右侧多功能按钮 J453-多功能方向盘控制单元 J527-转向柱电子装置控制单元 T16a-16 芯插头连接 368-接地连接 3，在主导线束中 664-左侧仪表板后表板后面接地点

图3-3-37

378

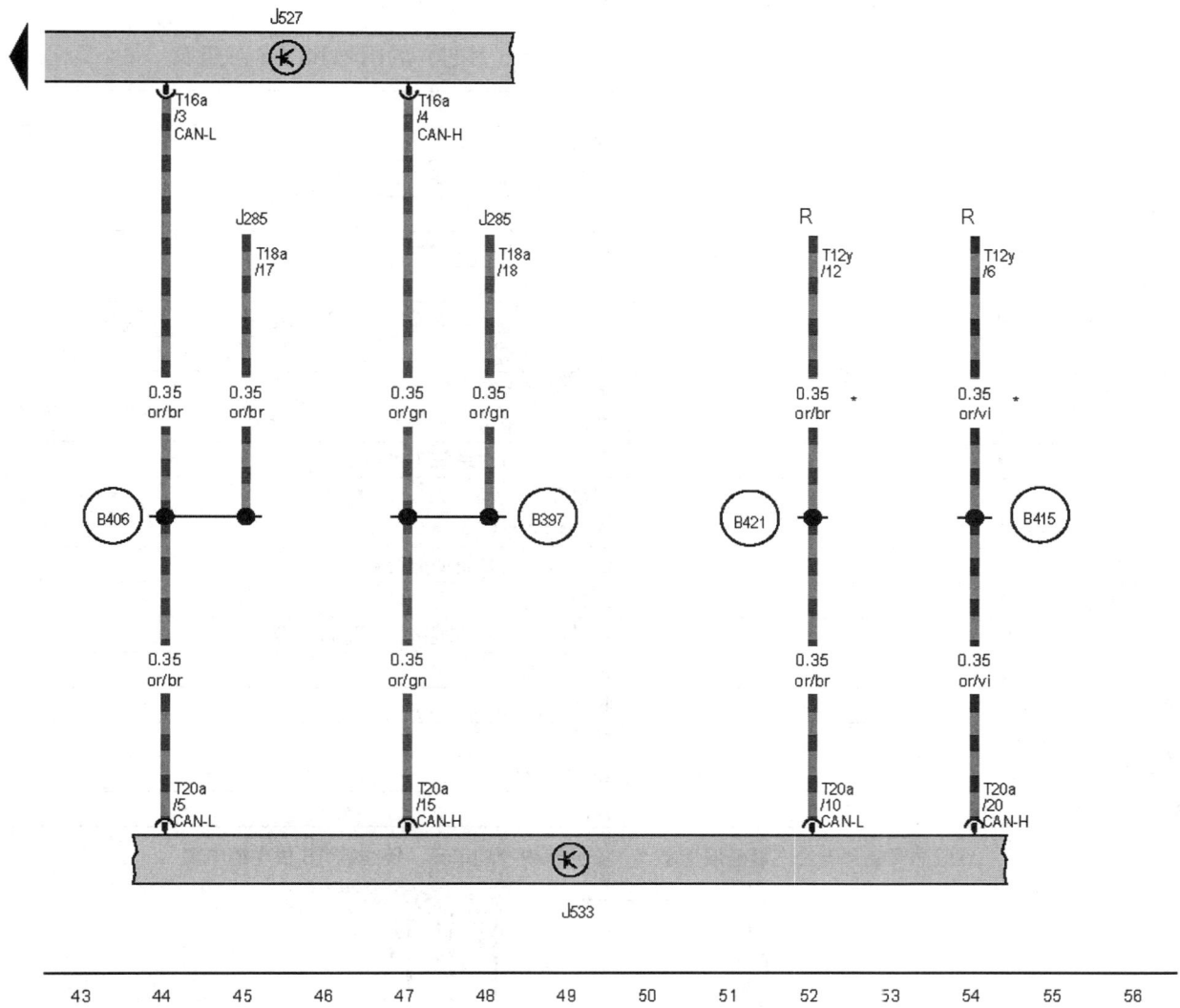

J285-组合仪表中的控制单元　J527-转向柱电子装置控制单元　J533-数据总线诊断接口　R-收音机　T12y-12 芯插头连接，灰色　T16a-16 芯插头连接，黑色　T18a-18 芯插头连接，黑色　T20a-20 芯插头连接，红色　B397-连接 1（舒适 CAN 总线，High），在主导线束中　B406-连接 1（舒适 CAN 总线，Low），在主导线束中　B415-连接 1（信息娱乐 CAN 总线，High），在主导线束中　B421-连接 1（信息娱乐 CAN 总线，Low），在主导线束中　*-用于带收音机 MIB-G 第 2 代标准型增强版的汽车

图 3-3-38

第四节　电气系统

电气系统电路图（自 2017 年 6 月起）的图号和图名对照表见表 3-4-1。

表 3-4-1　电气系统电路图（自 2017 年 6 月起）的图号和图名对照表

图号	图名
图 3-4-1~ 图 3-4-7	安全气囊系统
图 3-4-8~ 图 3-4-13	带手动调节的空调
图 3-4-14~ 图 3-4-22	全自动空调
图 3-4-23~ 图 3-4-33	进入及启动许可
图 3-4-34~ 图 3-4-50	舒适便捷系统
图 3-4-51~ 图 3-4-58	带记忆功能的座椅和后视镜调节装置
图 3-4-59~ 图 3-4-61	座椅加热装置
图 3-4-62~ 图 3-4-63	全景滑动天窗
图 3-4-64~ 图 3-4-68	电动后备箱盖
图 3-4-69~ 图 3-4-72	后部泊车雷达系统（PDC）
图 3-4-73~ 图 3-4-75	自动车距控制
图 3-4-76~ 图 3-4-78	换道辅助系统
图 3-4-79	倒车摄像机系统适配装置
图 3-4-80~ 图 3-4-91	LED 大灯
图 3-4-92~ 图 3-4-93	自动防眩车内后视镜、雨量传感器
图 3-4-94~ 图 3-4-101	组合仪表
图 3-4-102~ 图 3-4-105	收音机装置
图 3-4-106~ 图 3-4-119	数据总线联网
图 3-4-120	230V 插座
图 3-4-121~ 图 3-4-145	保险丝配置

驾驶员侧前部安全气囊碰撞传感器、安全气囊控制单元、接线端 15 供电继电器

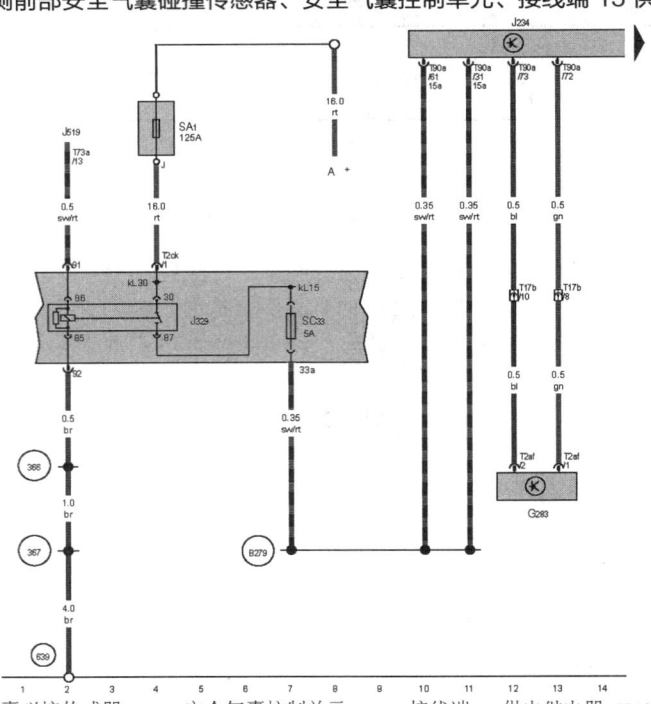

A-蓄电池　G283-驾驶员侧前部安全气囊碰撞传感器　J234-安全气囊控制单元　J329-接线端 15 供电继电器　J519-车载电网控制单元　SA1-保险丝架 A 上的保险丝1　SC33-保险丝架 C 上的保险丝 33　T2af-2 芯插头连接，黄色　T2ck-2 芯插头连接，黑色　T17b-17 芯插头连接，左侧 A 柱下部，棕色　T73a-73 芯插头连接，黑色　T90a-90 芯插头连接，黄色　366-接地连接 1，在主导线束中　367-接地连接 2，在主导线束中　639-左 A 柱上的接地点　B279-正极连接 3（15a），在主导线束中

图 3-4-1

380

驾驶员侧安全带开关、副驾驶员侧安全带开关、安全气囊卷簧和带清环的复位环、副驾驶员侧安全气囊和带清环的复位环、安全气囊控制单元、转向柱电子装置控制单元、驾驶员侧安全气囊引爆装置

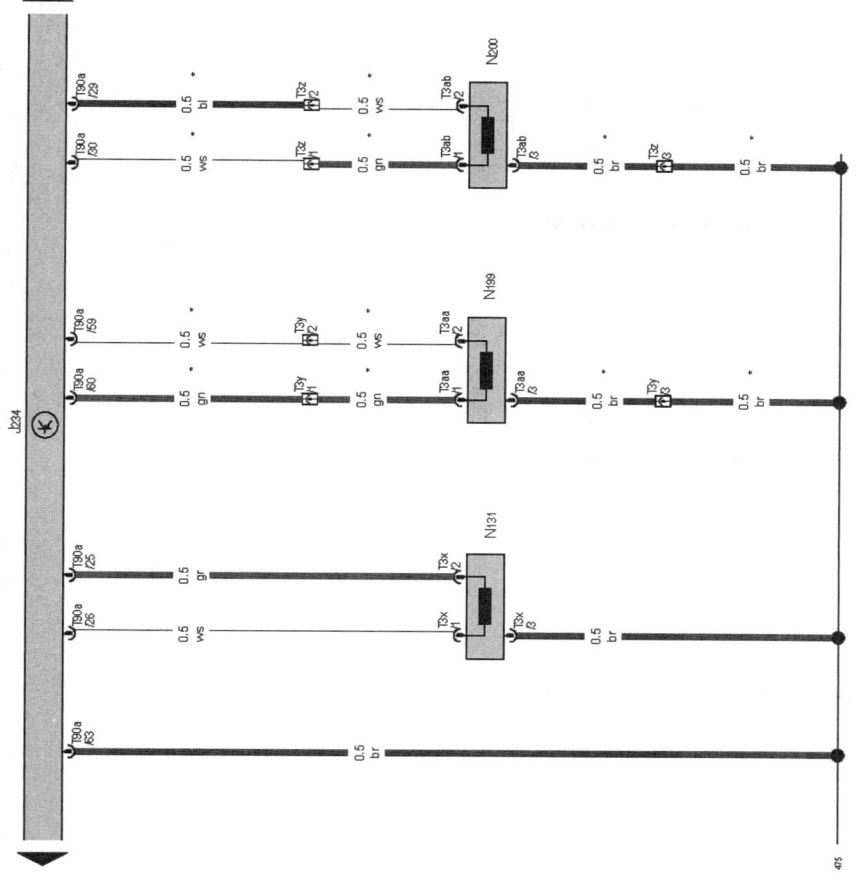

安全气囊控制单元、副驾驶员侧安全气囊引爆装置 1、驾驶员侧侧面安全气囊引爆装置、副驾驶员侧侧面安全气囊引爆装置、驾驶员侧侧面安全气囊引爆装置

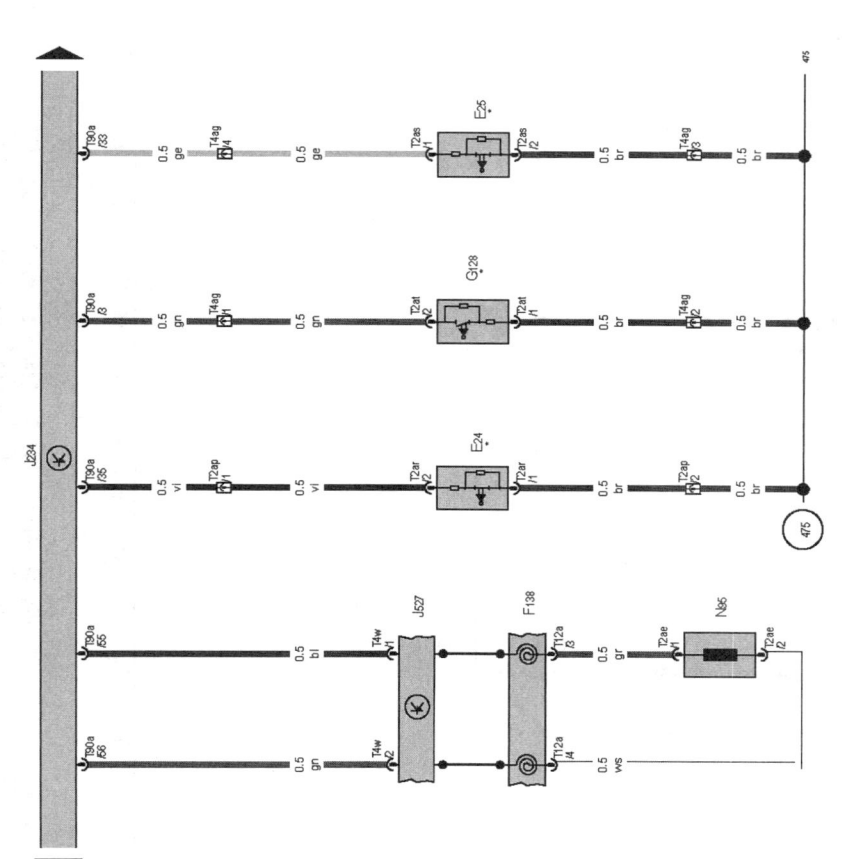

图 3-4-3

J234-安全气囊控制单元 N131-副驾驶员侧安全气囊引爆装置 1 N199-驾驶员侧侧面安全气囊引爆装置 N200-副驾驶员侧侧面安全气囊引爆装置 T3aa-3 芯插头连接，白色 T3ab-3 芯插头连接，白色 T3x-3 芯插头连接，黄色 T3y-3 芯插头连接，驾驶员座椅下方，黄色 T3z-3 芯插头连接，左前挡泥板下方，黄色 T90a-90 芯插头连接，黄色 475-接地连接（安全气囊），在主导线束中 *-仅用于带侧面安全气囊的汽车

图 3-4-2

E24-驾驶员侧安全带开关 E25-副驾驶员侧安全带开关 F138-安全气囊卷簧和带清环的复位环 G128-副驾驶员侧安全气囊卷簧和带清环的复位环 N95-驾驶员侧安全气囊控制单元 J234-安全气囊控制单元 J527-转向柱电子装置控制单元 N95-驾驶员侧安全气囊引爆装置 T2ac-2 芯插头连接，黄色 T2ap-2 芯插头连接，驾驶员座椅下方，黑色 T2ar-2 芯插头连接，黑色 T2as-2 芯插头连接，黑色 T2at-2 芯插头连接，蓝色 T4ag-4 芯插头连接，副驾驶员座椅下方，黑色 T4w-4 芯插头连接，黄色 T12a-12 芯插头连接，黄色 T90a-90 芯插头连接，黄色 475-接地连接（安全气囊），在主导线束中 *-已预先布线的部件

381

驾驶员侧头部安全气囊碰撞传感器、安全气囊控制单元、驾驶员侧安全带拉紧器引爆单元

驾驶员侧安全气囊碰撞传感器、安全气囊控制单元、驾驶员侧安全带拉紧器引爆装置1、副驾驶员侧安全带拉紧器引爆装置1

驾驶员侧侧面安全气囊碰撞传感器、副驾驶员侧侧面安全气囊碰撞传感器、安全气囊控制单元

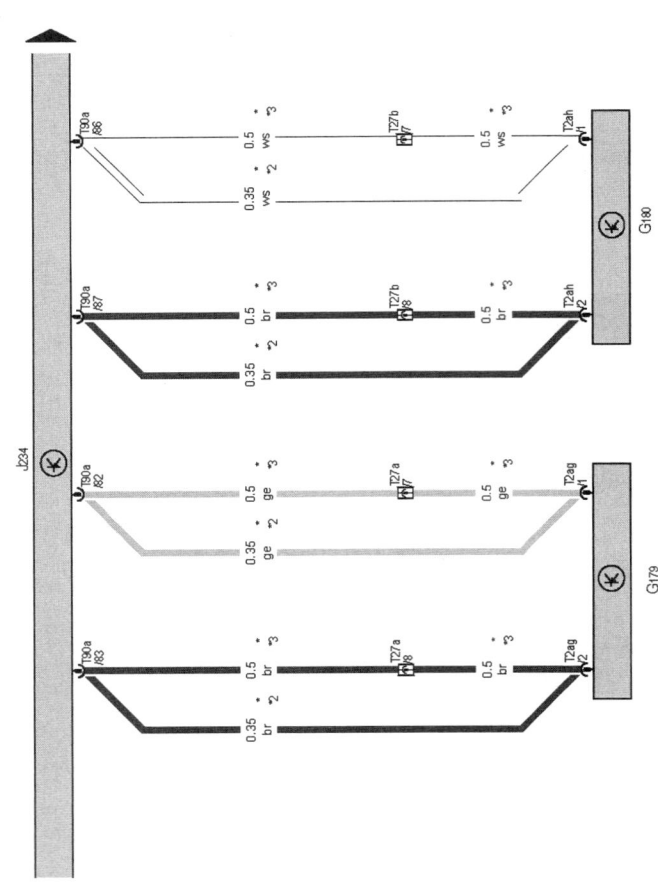

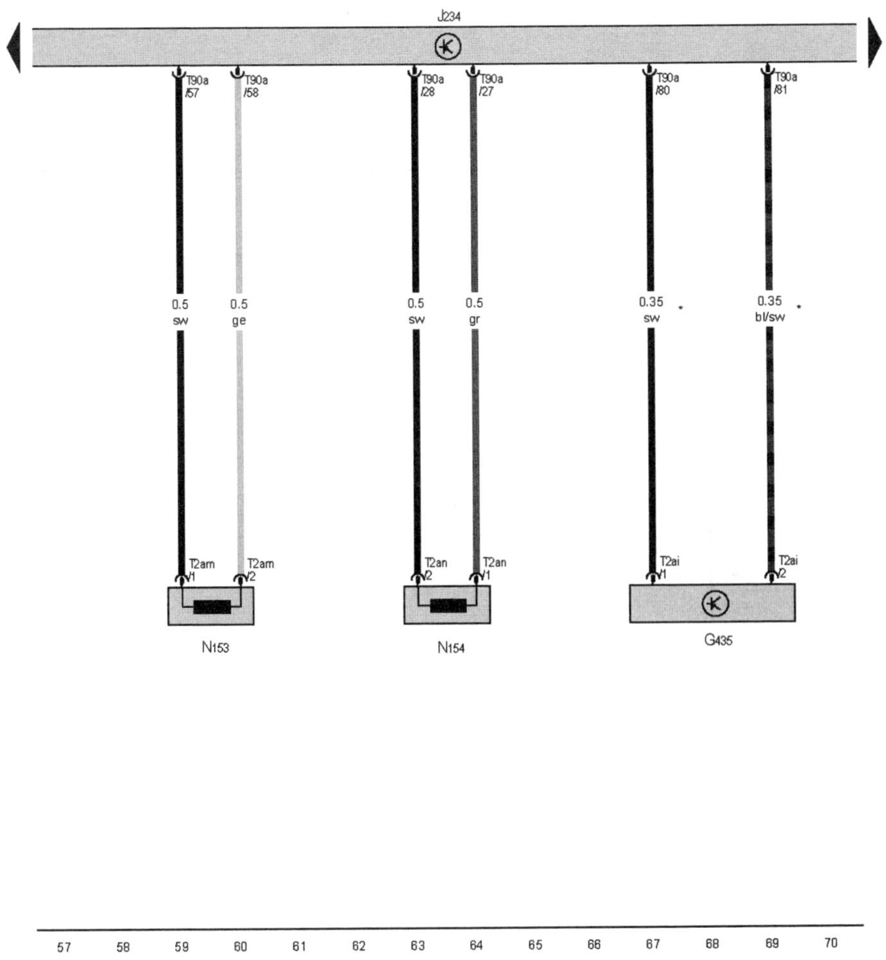

G435-驾驶员侧头部安全气囊碰撞传感器 J234-安全气囊控制单元 N153-驾驶员侧安全带拉紧器引爆装置1 N154-副驾驶员侧安全带拉紧器引爆装置1 T2ai-2芯插头连接，黄色 T2am-2芯插头连接，黄色 T2an-2芯插头连接，黄色 T90a-90芯插头连接，黄色 *-仅用于带头部安全气囊的汽车

图3-4-5

G179-驾驶员侧侧面安全气囊碰撞传感器 G180-副驾驶员侧侧面安全气囊碰撞传感器 J234-安全气囊控制单元 T2ag-2芯插头连接，黄色 T2ah-2芯插头连接，黄色 T27a-27芯插头连接，左侧 A柱上，黑色 T27b-27芯插头连接，右侧 A柱上，黑色 T90a-90芯插头连接，黄色 *2-仅用于不带头部安全气囊的汽车 *3-仅用于带头部侧面安全气囊的汽车

图3-4-4

副驾驶员侧头部安全气囊碰撞传感器、安全气囊控制单元、驾驶员侧头部安全气囊引爆装置、副驾驶员侧头部安全气囊引爆装置

安全气囊控制单元、组合仪表中的控制单元、数据总线诊断接口、安全带警告指示灯、安全气囊指示灯

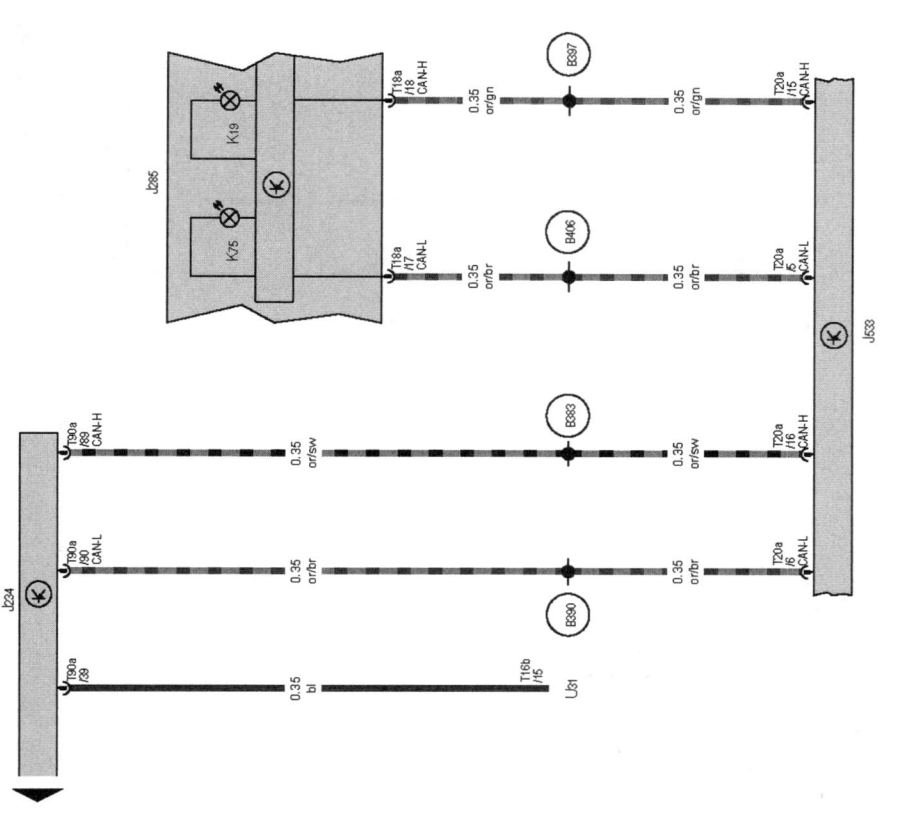
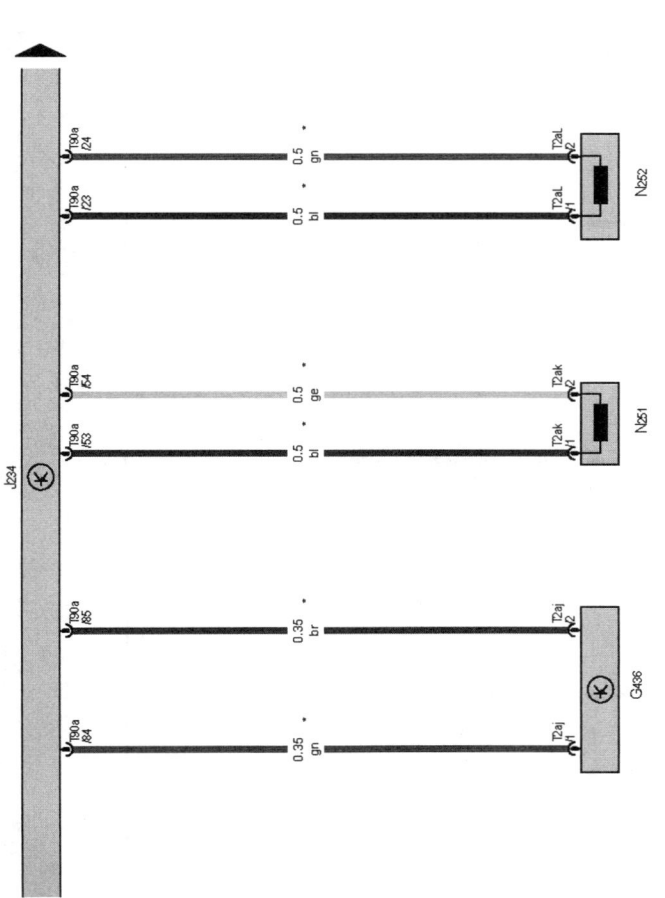
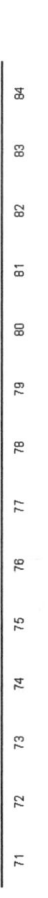

图3-4-7

J234-安全气囊控制单元 J285-组合仪表中的控制单元 J533-数据总线诊断接口 K19-安全带警告指示灯 K75-安全气囊指示灯 T16b-16 芯插头连接，黑色 T18a-18 芯插头连接，红色 T20a-20 芯插头连接，黑色 T90a-90 芯插头连接，黄色 U31-诊断接口 B383-连接1（驱动CAN总线，High），在主导线束中 B390-连接1（驱动CAN总线，Low），在主导线束中 B397-连接1（舒适CAN总线，High），在主导线束中 B406-连接1（舒适CAN总线，Low），在主导线束中

图3-4-6

G436-副驾驶员侧头部安全气囊碰撞传感器 J234-安全气囊控制单元 N251-驾驶员侧安全气囊引爆装置 N252-副驾驶员侧驾驶员侧头部安全气囊引爆装置 T2aj-2 芯插头连接，黄色 T2ak-2 芯插头连接，黄色 T2aL-2 芯插头连接，黄色 T90a-90 芯插头连接，黄色 *-仅用于带头部带头部安全气囊的汽车

新鲜空气鼓风机控制单元、空调器控制单元、车载电网控制单元、新鲜空气鼓风机。

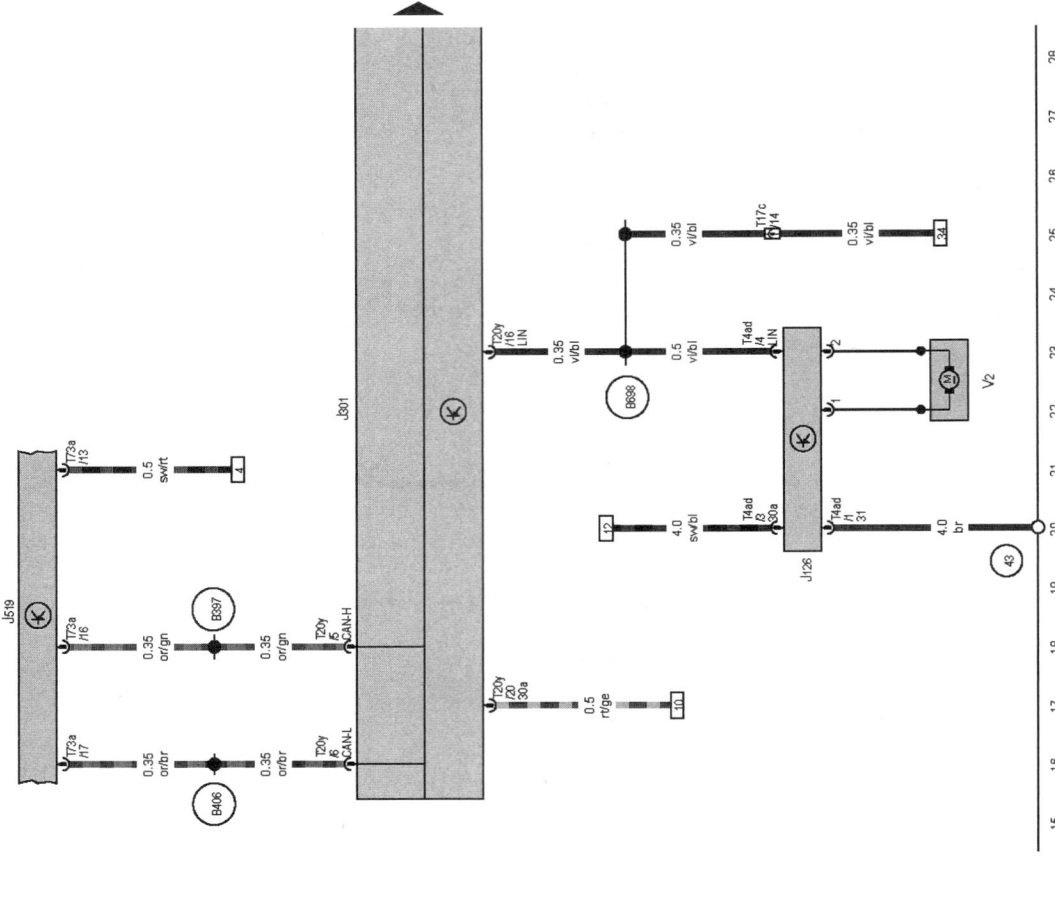

图 3-4-9

J126-新鲜空气鼓风机控制单元 J301-空调器控制单元 J519-车载电网控制单元 T4ad-4 芯插头连接，黑色 T17c-17 芯插头连接，左侧 A 柱下部，红色 T20y-20 芯插头连接，黑色 T73a-73 芯插头连接，黑色 V2-新鲜空气鼓风机 43-右侧 A 柱下部的接地点 B397-连接 1（舒适 CAN 总线，High），在主导线束中 B406-连接 1（舒适 CAN 总线，Low），在主导线束中 B698-连接 3（LIN 总线），在主导线束中

接线端 15 供电继电器

图 3-4-8

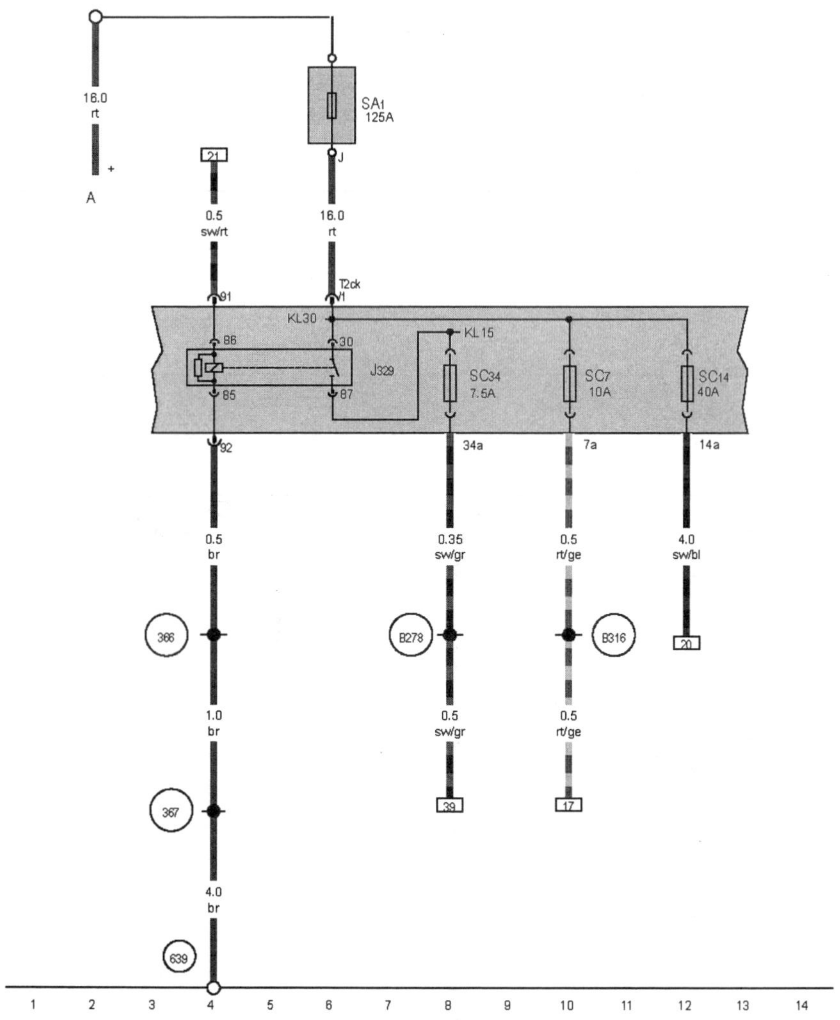

A-蓄电池 J329-接线端15供电继电器 SA1-保险丝电器 SC1-保险丝架 A 上的保险丝1 SC7-保险丝架 C 上的保险丝 7 SC14-保险丝架 C 上的保险丝 14 SC34-保险丝架 C 上的保险丝 34 T2ck-2 芯插头连接，黑色 366-接地连接 1，在主导线束中 367-接地连接 2，在主导线束中 639-左 A 柱上的接地点 B278-正极连接 2 B316-正极连接 2（30a），在主导线束中 B278-正极连接 2（15a），在主导线束中

384

新鲜空气鼓风机开关、温度选择旋钮电位计、冷却液循环管路压力传感器、空调器控制单元、空调器开关照明灯泡

新鲜空气和循环空气风门开关、空调器控制单元、可加热后窗玻璃指示灯、空调压缩机调节阀、车内空气循环风门伺服电机

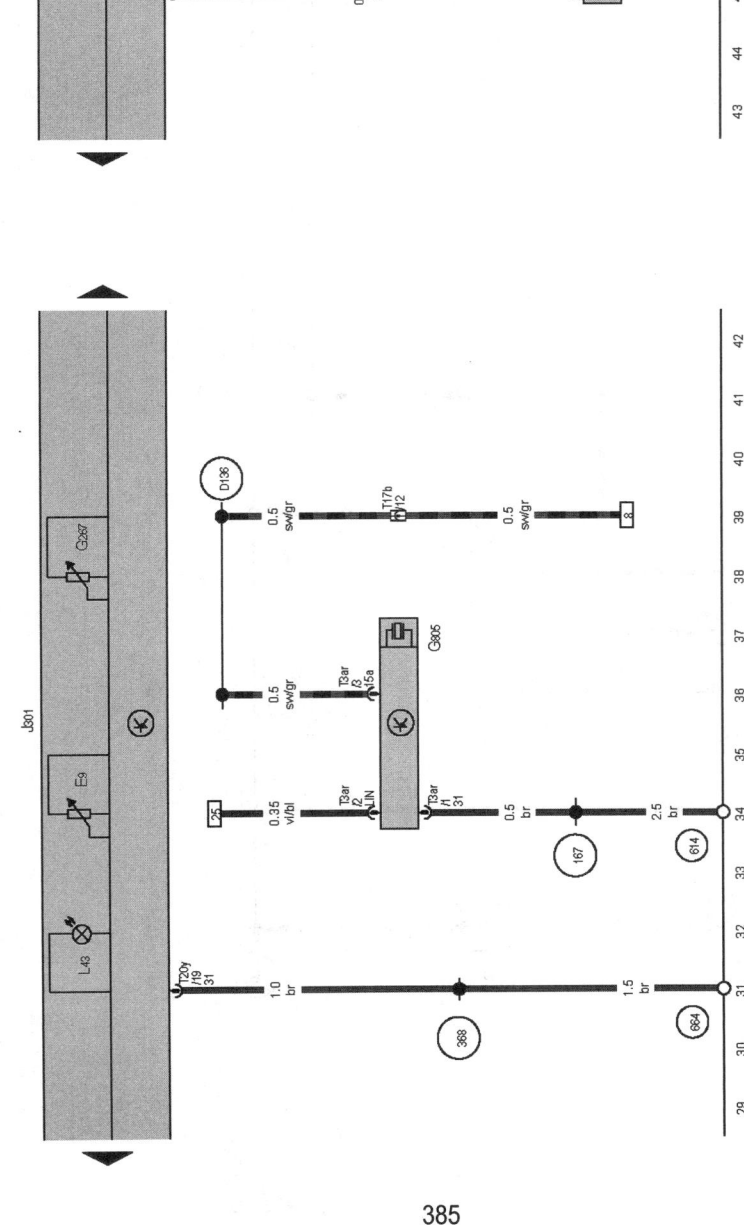

E9-新鲜空气鼓风机开关 G267-温度选择旋钮电位计 G805-冷却液循环管路压力传感器 J301-空调器控制单元 L43-空调器开关照明灯泡 T3ar-3 芯插头连接，左侧 A 柱下部，棕色 T20y-20 芯插头连接，黑色 T17b-17 芯插头连接，在主导线束中 167-接地连接 4，在发动机舱导线束中 368-接地连接 3，在主导线束中 614-发动机舱内右侧接地点 2 664-左侧仪表板内右侧接地点 D136-正极连接 2（15a），在发动机舱右侧表板后面接地点中

图 3-4-10

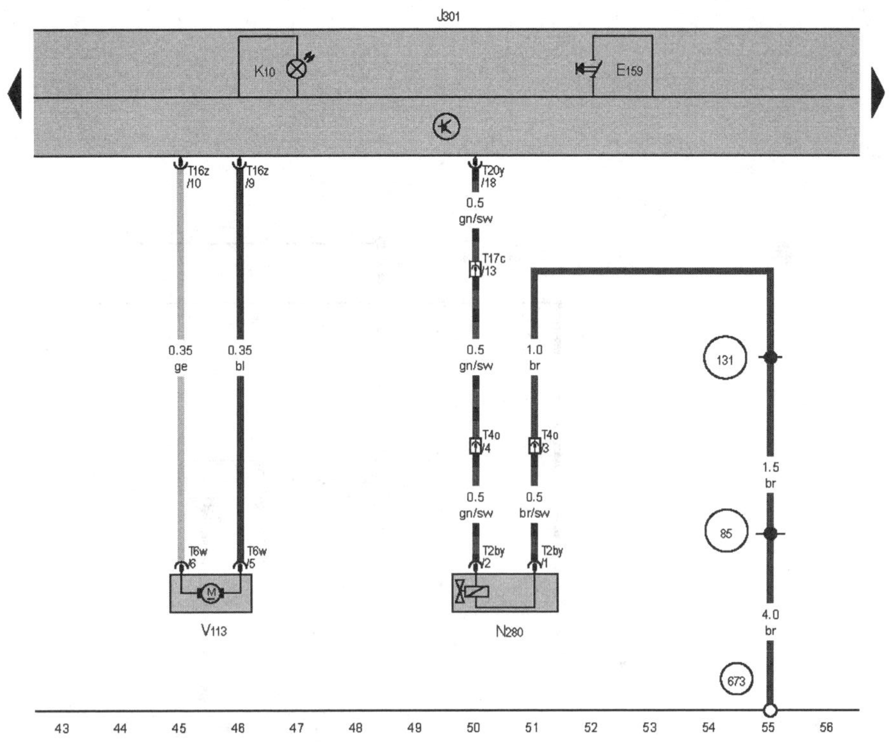

E159-新鲜空气和循环空气风门开关 J301-空调器控制单元 K10-可加热后窗玻璃指示灯 N280-空调压缩机调节阀 T2by-2 芯插头节阀 T4o-4 芯插头连接，左前纵梁上，黑色 T6w-6 芯插头连接，蓝色 T16z-16 芯插头连接，黑色 T17c-17 芯插头连接，红色 T20y-20 芯插头连接，黑色 V113-车内空气循环风门伺服电机 85-接地连接 1，在发动机舱导线束中 131-接地连接 2，在发动机舱导线束中 673-左前纵梁上的接地点 3

图 3-4-11

空调器开关、可加热后窗玻璃按钮、温度风门伺服电机电位计、蒸发器温度传感器、空调器控制单元、温度风门伺服电机

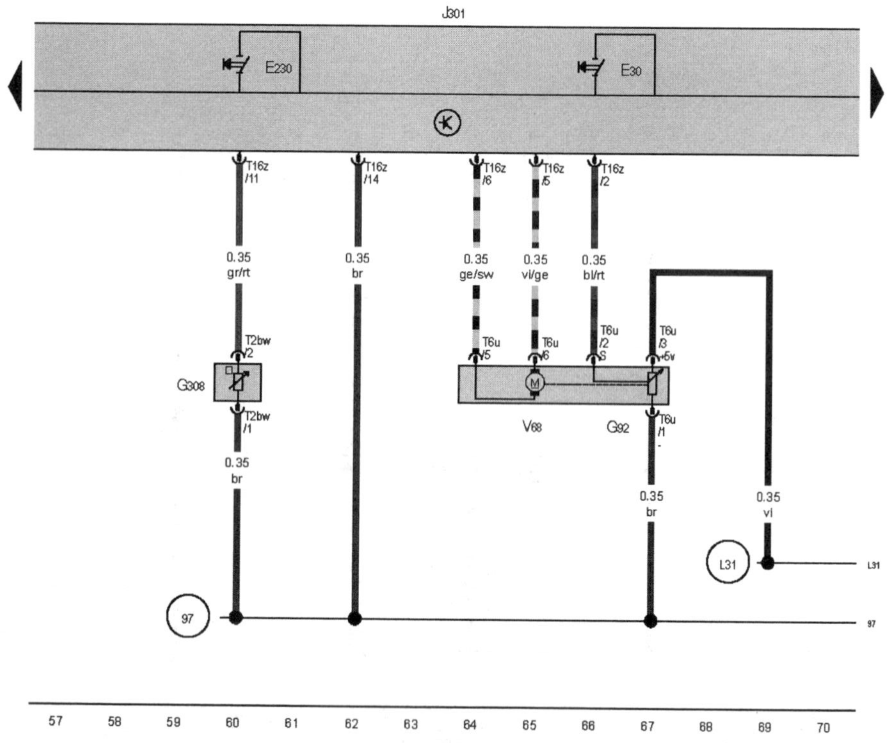

E30-空调器开关 E230-可加热后窗玻璃按钮 G92-温度风门伺服电机电位计 G308-蒸发器温度传感器 J301-空调器控制单元 T2bw-2 芯插头连接，黑色 T6u-6 芯插头连接，蓝色 T16z-16 芯插头连接，黑色 V68-温度风门伺服电机 97-接地连接 1，在空调器导线束中 L31-连接（5 V），在空调器导线束中

图 3-4-12

除霜器运行开关、气流分配风门伺服电机电位计、空调器控制单元、空调器指示灯、新鲜空气和车内空气循环运行模式指示灯、气流分配风门伺服电机

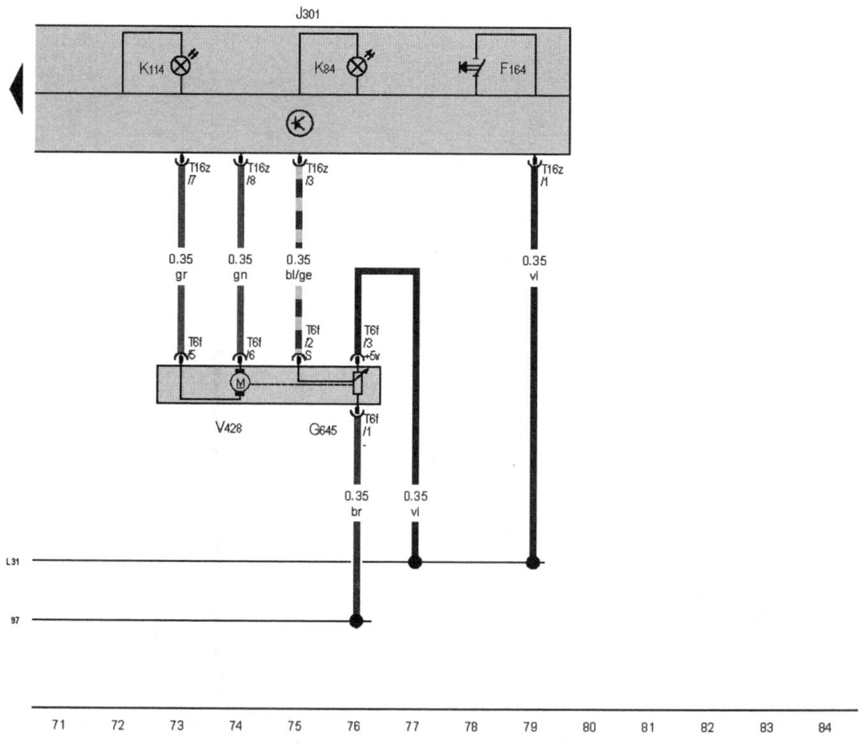

F164-除霜器运行开关 G645-气流分配风门伺服电机电位计 J301-空调器控制单元 K84-空调器指示灯 K114-新鲜空气和车内空气循环运行模式指示灯 T6f-6 芯插头连接，黑色 T16z-16 芯插头连接，黑色 V428-气流分配风门伺服电机 97-接地连接 1，在空调器导线束中 L31-连接（5 V），在空调器导线束中

图 3-4-13

新鲜空气鼓风机开关、新鲜空气鼓风机控制单元、全自动空调控制单元、车载电网控制单元、开关照明灯泡、新鲜空气鼓风机

接线端 15 供电继电器

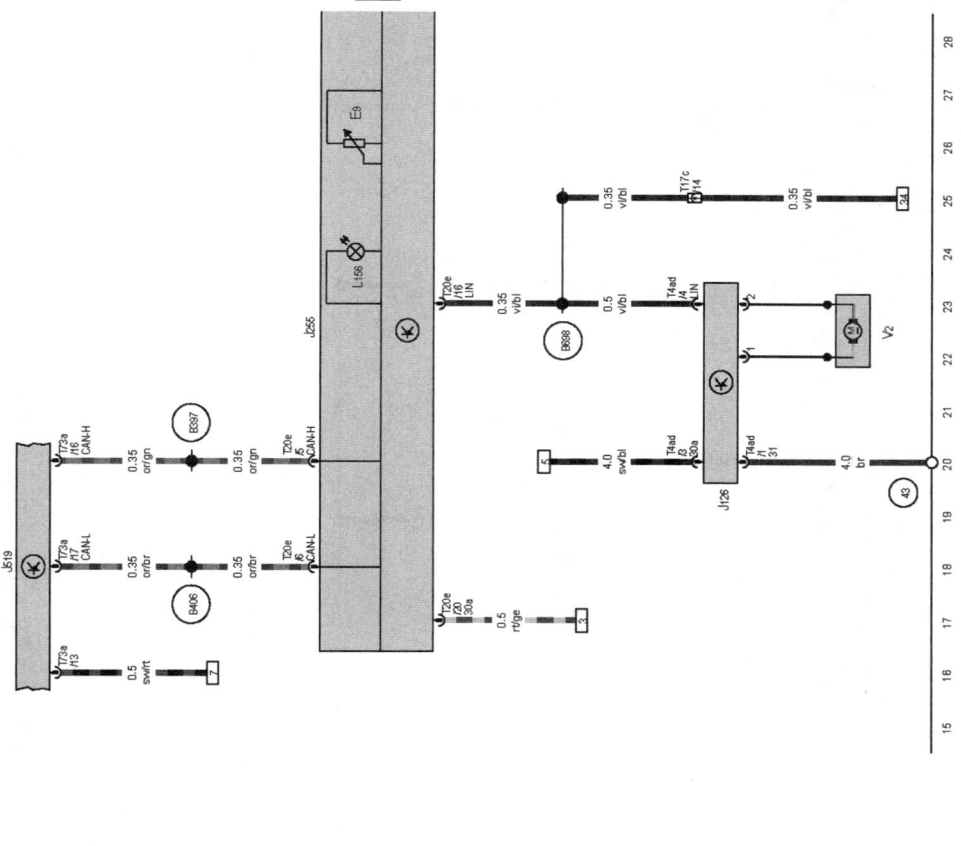

图 3-4-15

E9-新鲜空气鼓风机开关 J126-新鲜空气鼓风机控制单元 J255-全自动空调控制单元 J519-车载电网控制单元 L156-开关照明灯泡 T4ad-4 芯插头连接 T17c-17 芯插头连接，黑色 T20e-20 芯插头连接，黑色 T73a-73 芯插头连接，黑色 V2-新鲜空气鼓风机 43-右侧 A 柱下部接地点 B397-连接 1（舒适 CAN 总线，High），在主导线束中 B406-连接 1（舒适 CAN 总线，Low），在主导线束中 B698-连接 3（LIN 总线），在主导线束中

图 3-4-14

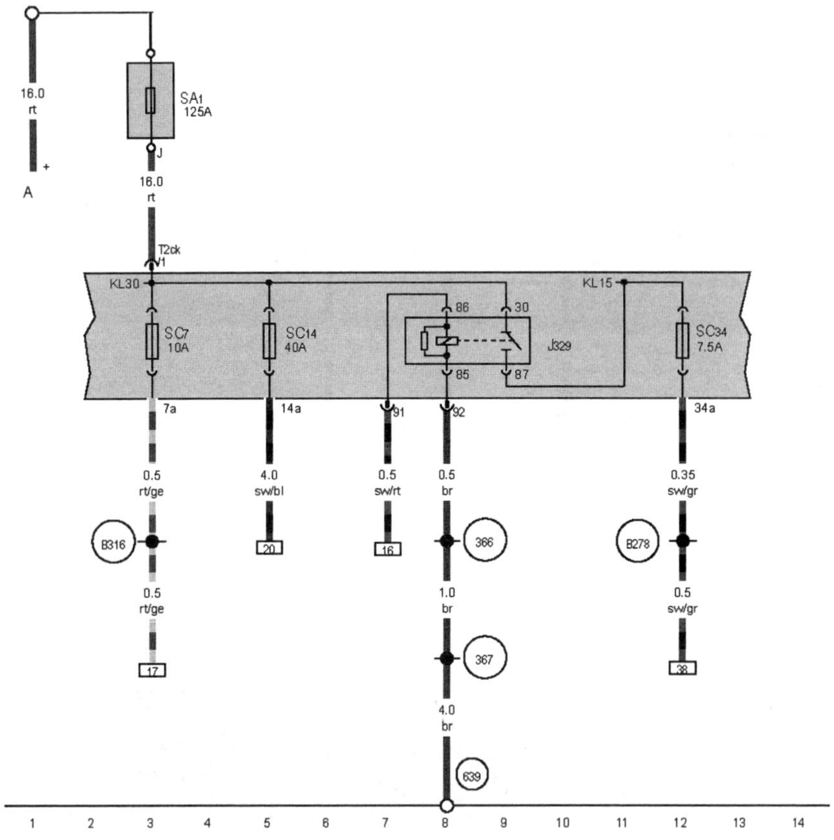

A-蓄电池 J329-接线端 15 供电继电器 SA1-保险丝座 A 上的保险丝 1 SC7-保险丝架 C 上的保险丝 7 SC14-保险丝架 C 上的保险丝 14 SC34-保险丝架 C 上的保险丝 34 T2ck-2 芯插头连接，黑色 366-接地连接 1，在主导线束中 367-接地连接 2，在主导线束中 639-左 A 柱上的接地点 B278-正极连接 2 B316-正极连接 2（30a），在主导线束中 B697-正极连接 2（15a），在主导线束中

空调器开关、新鲜空气和循环空气风门开关、可加热后窗玻璃按钮、冷却液循环管路压力传感器、全自动空调控制单元、可加热后窗玻璃指示灯

阳光照射光电传感器、日照光电传感器 2、左侧出风口温度传感器、右侧出风口温度传感器、全自动空调控制单元

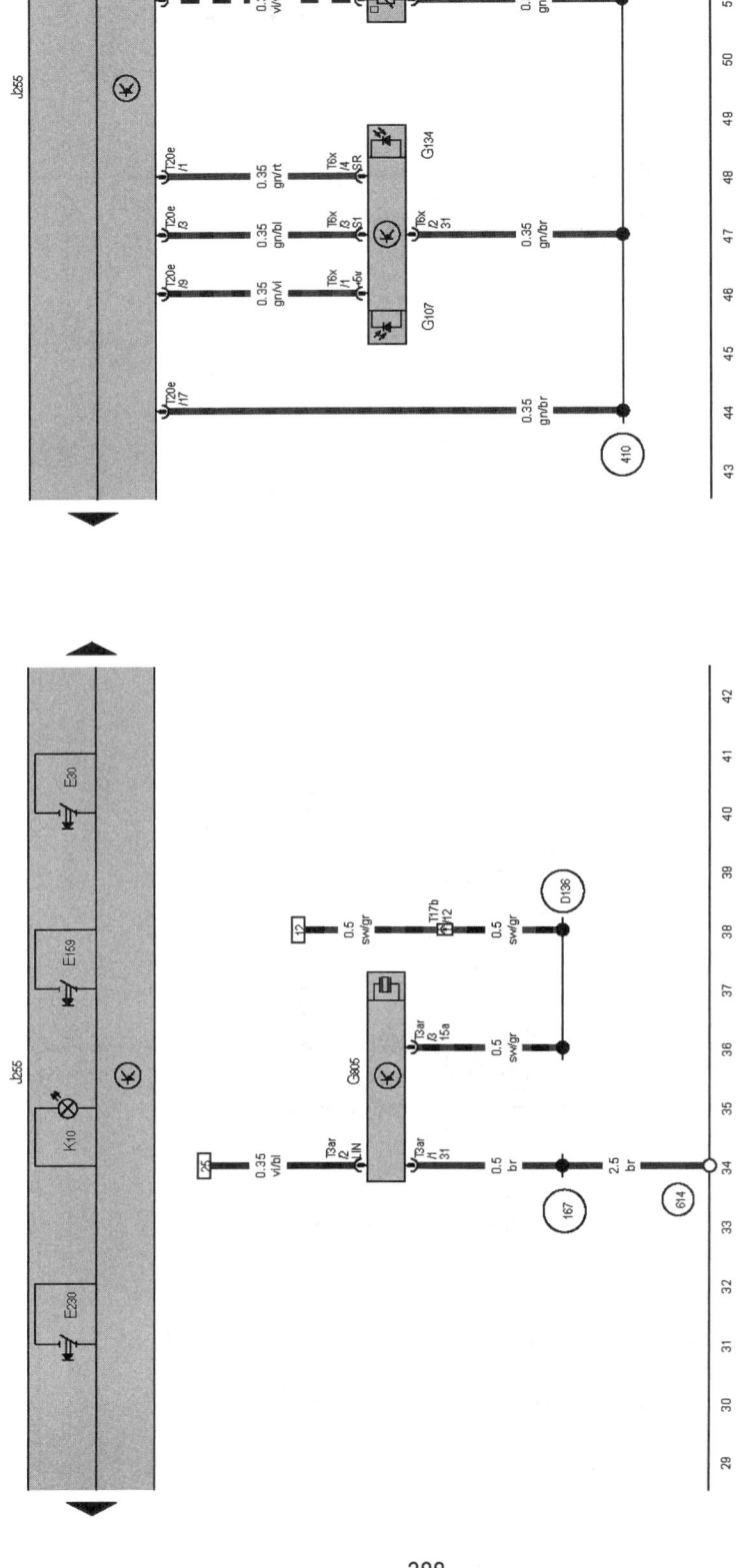

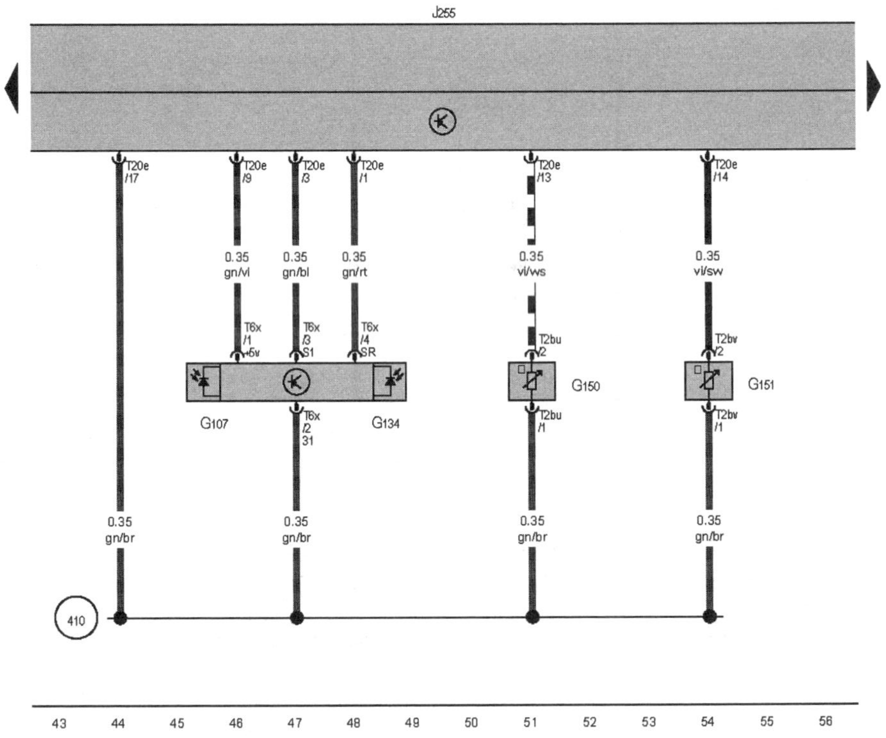

G107-阳光照射光电传感器 G134-日照光电传感器 G150-左侧出风口温度传感器 G151-右侧出风口温度传感器 J255-全自动空调控制单元 T2bu-2 芯插头连接，黑色 T6x-6 芯插头连接，黑色 T20e-20 芯插头连接，黑色 T2bv-2 芯插头连接，黑色 410-接地连接 1（传感器接地），在主导线束中

图 3-4-17

E30-空调器开关 G805-冷却液循环管路压力传感器 E159-新鲜空气和循环空气风门开关 E230-可加热后窗玻璃按钮 J255-全自动空调控制单元 K10-可加热后窗玻璃指示灯 T3ar-3芯插头连接，黑色 T17b-17芯插头连接，左侧A柱下部，左侧连接 167-接地连接4，在发动机舱导线束中 614-发动机舱内右侧接地点2 D136-正极连接2（15a），在发动机舱导线束中

图 3-4-16

左侧出风口温度调节器、右侧出风口温度调节器、全自动空调控制单元、新鲜空气和车内空气循环运行模式指示灯、空调压缩机调节阀

前部空调操作和显示单元、除霜器运行开关、仪表板温度传感器、脚空间出风口温度传感器、蒸发器温度传感器、全自动空调控制单元

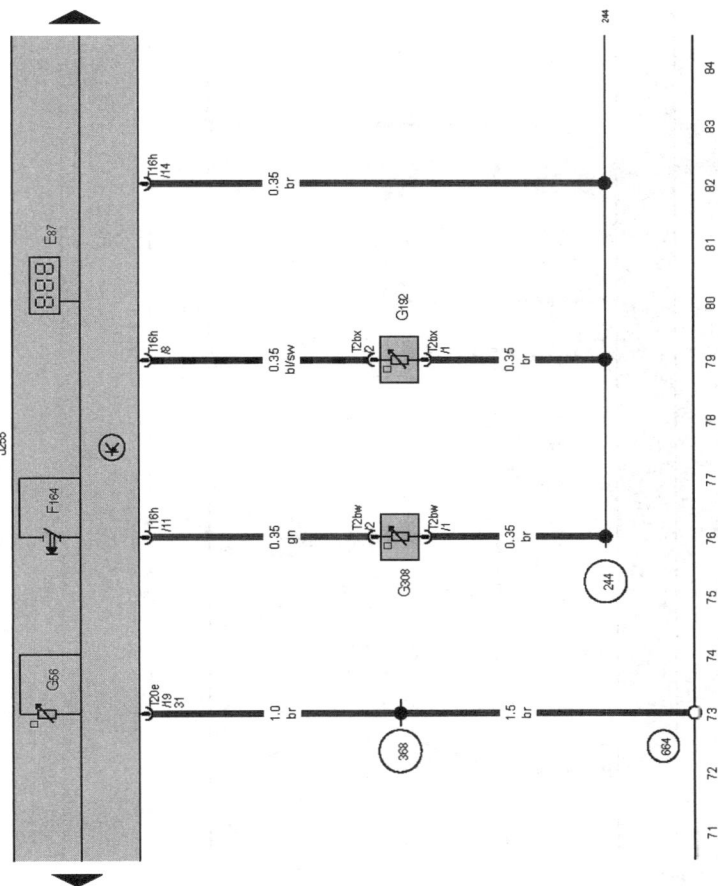

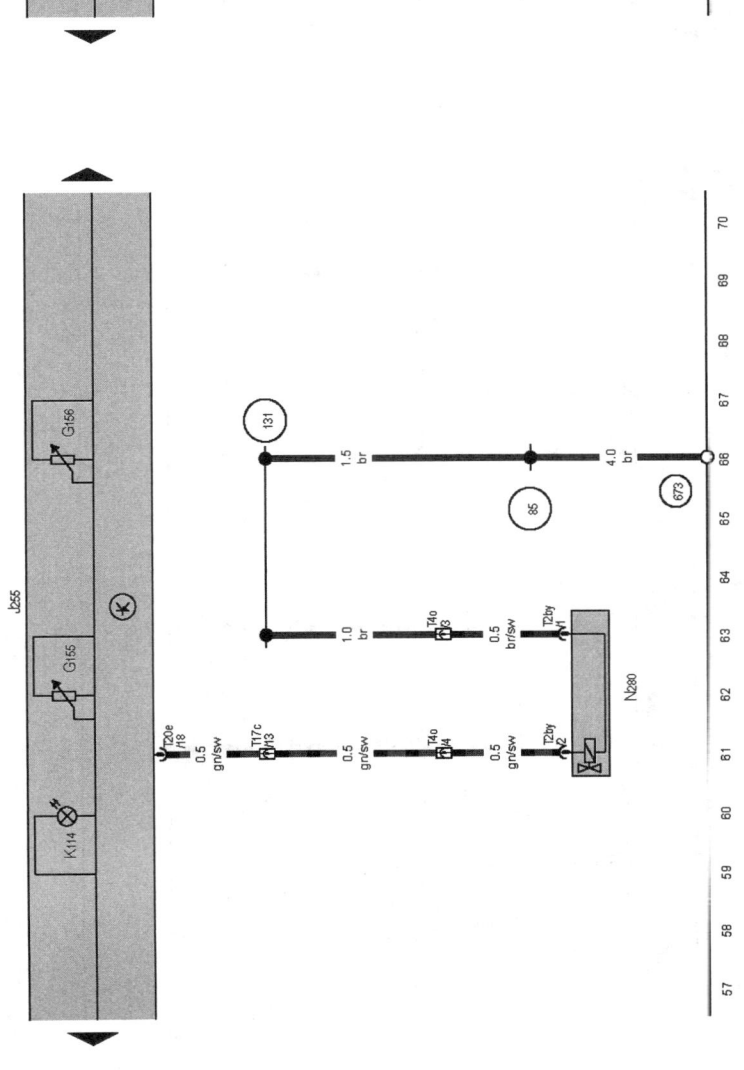

图 3-4-18

G155-左侧出风口温度调节器 G134-日照光电传感器2 G156-右侧出风口温度调节器 J255-全自动空调控制单元 K114-新鲜空气和车内空气循环运行模式指示灯 N280-空调压缩机调节阀 T2by-2 芯插头连接、黑色 T4o-4 芯插头连接、黑色 T17c-17 芯插头连接、黑色 T20e-20 芯插头连接、黑色 85-接地连接 1, 在发动机舱导线束中 131-接地连接 2, 左侧 A 柱下部, 左侧纵梁上, 左前纵梁上, 在前纵头连接、黑色 673-左前纵梁上的接地点 3

图 3-4-19

E87-前部空调操作和显示单元 F164-除霜器运行开关 G56-仪表板温度传感器 G192-脚部空间出风口温度传感器 G308-蒸发器温度传感器 J255-全自动空调控制单元 T2bw-2 芯插头连接、黑色 T2bx-2 芯插头连接、黑色 T16h-16 芯插头连接、黑色 T20e-20 芯插头连接、黑色 244-接地连接 (传感器接地)、头连接、黑色 368-接地连接 3, 在主导线束中 664-左侧仪表板后面接地点 在全自动空调导线束中

389

左侧温度风门伺服电机电位计、新鲜空气/车内空气循环/速滞压力风门伺服电机电位计、右侧温度风门伺服电机电位计、全自动空调控制单元、左侧温度风门伺服电机、新鲜空气/车内空气循环/速滞压力风门伺服电机

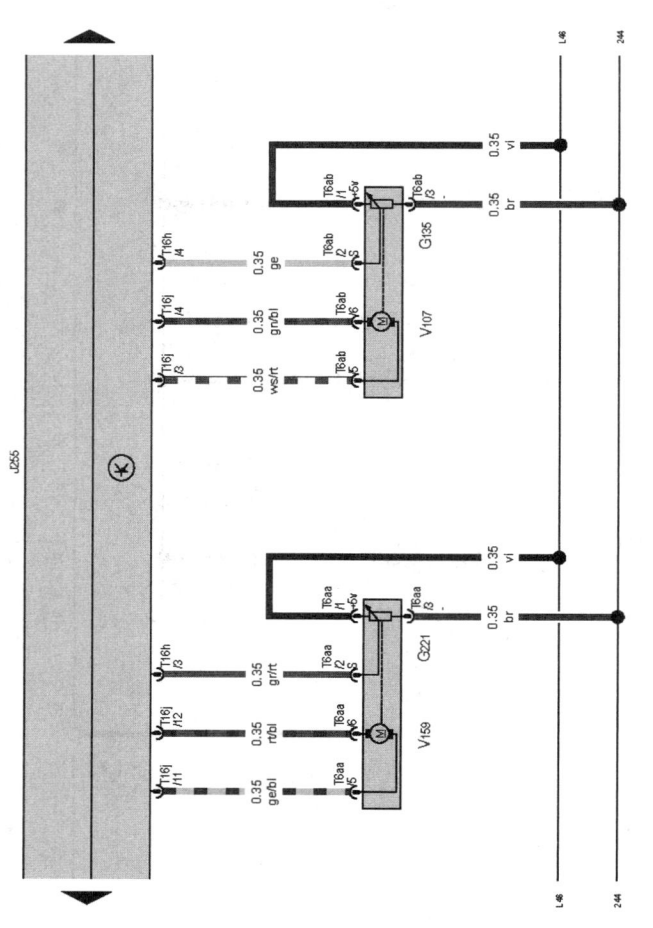

除霜风门伺服电机电位计、右侧温度风门伺服电机电位计、全自动空调控制单元、除霜风门伺服电机、右侧温度风门伺服电机

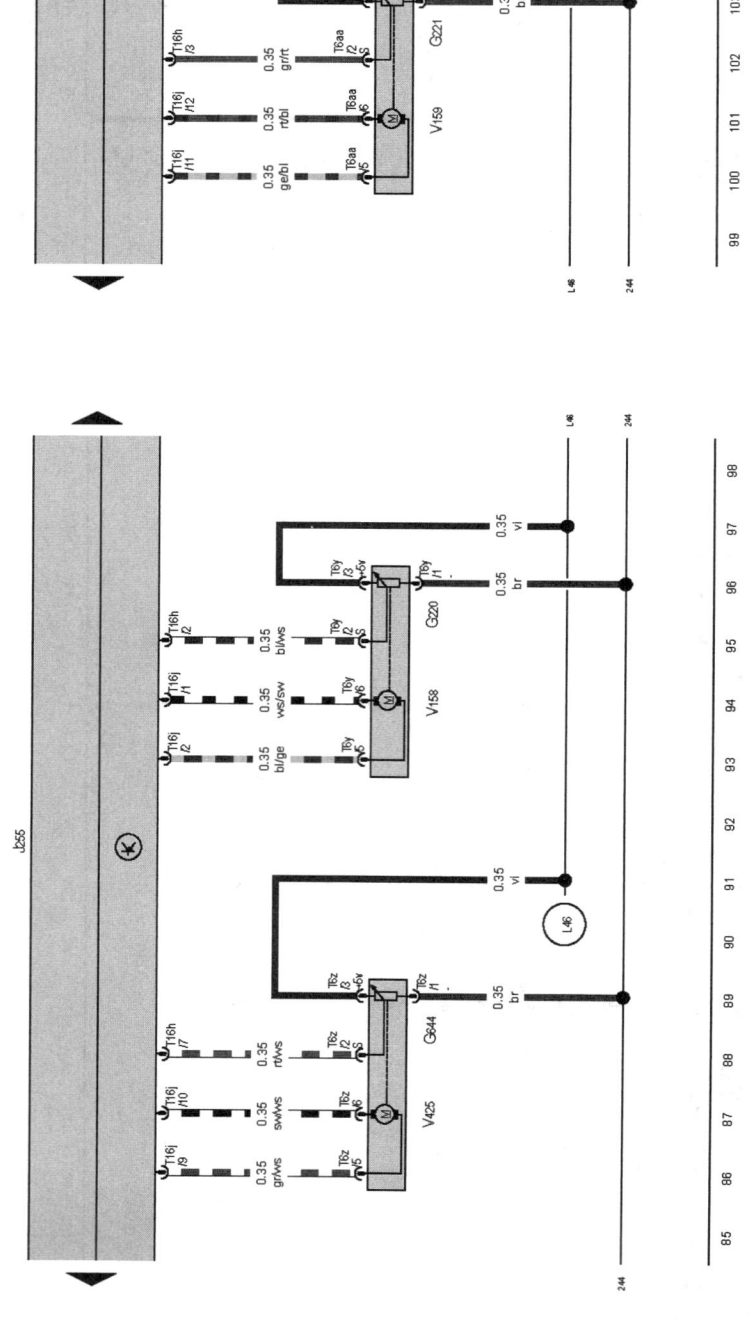

G220-左侧温度风门伺服电机电位计 G644-新鲜空气/车内空气循环/速滞压力风门伺服电机电位计 J255-全自动空调控制单元 T6y-6 芯插头连接，蓝色 T6z-6 芯插头连接，黑色 T16j-16 芯插头连接，棕色 V158-左侧温度风门伺服电机 V425-新鲜空气/车内空气循环/速滞压力风门伺服电机 244-接地地接 (传感器接地)，在全自动空调导线束中 L46-连接 (5 V)，在全自动空调操纵纵导线束中

图 3-4-20

G135-除霜风门伺服电机电位计 G221-右侧温度风门伺服电机电位计 J255-全自动空调控制单元 T6aa-6 芯插头连接，蓝色 T6ab-6 芯插头连接，黑色 T16j-16 芯插头连接，棕色 V107-除霜风门伺服电机 V159-右侧温度风门伺服电机 244-接地连接 (传感器接地)，在全自动空调导线束中 L46-连接 (5 V)，在全自动空调操纵纵导线束中

图 3-4-21

电子转向柱锁止装置控制单元

前部气流分配风门伺服电机电位计、全自动空调控制单元、前侧气流分配风门伺服电机

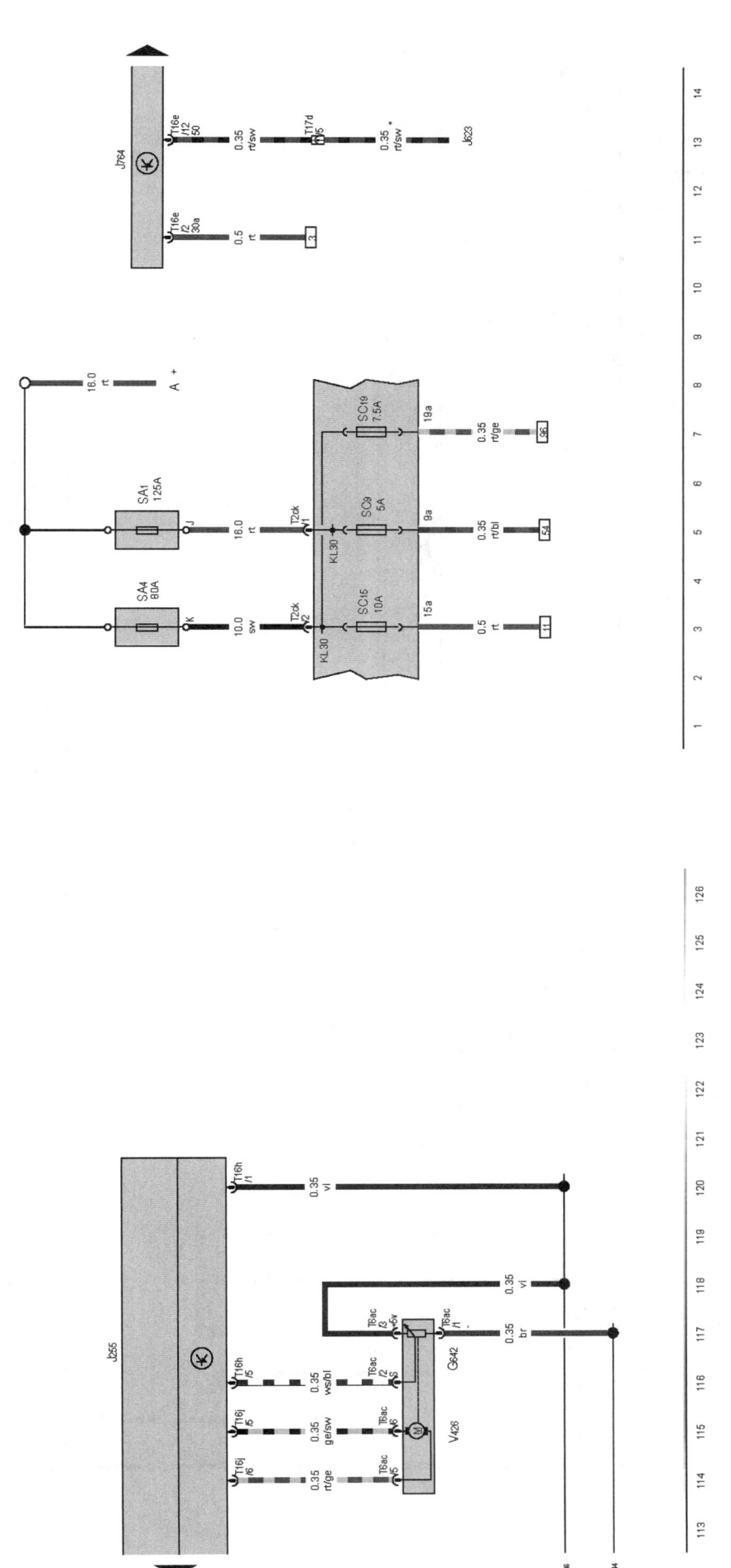

图3-4-23

A-蓄电池 J623-发动机控制单元 J764-电子转向柱锁止装置控制单元 SA1-保险丝架 A 上的保险丝1
SA4-保险丝架 A 上的保险丝4 SC9-保险丝架 C 上的保险丝9 SC15-保险丝架 C 上的保险丝15 SC19-保
险丝架 C 上的保险丝19 T2ck-2 芯插头连接，黑色 T16e-16 芯插头连接，黑色 T17d-17 芯插头连接，
左侧 A 柱下部，蓝色 *-见发动机所适用的电路图

图3-4-22

G642-前部气流分配风门伺服电机电位计 J255-全自动空调控制单元 T6ac-6 芯插头连接，蓝色 T16h-16
芯插头连接 T16j-16 芯插头连接，黑色 V426-前侧气流分配风门伺服电机 244-接地连接（传感
器接地），在全自动空调导线束中 L46-连接（5V），在全自动空调操纵纵导线束中

391

前窗玻璃刮水器开关、间歇式刮水器运行开关、车窗玻璃清洗泵开关（自动刮水/清洗装置和大灯清洗装置）、转向柱电子装置控制单元

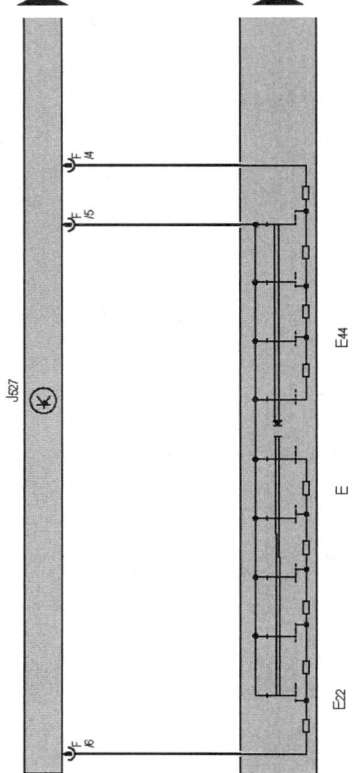

E—前窗玻璃刮水器开关 E22—间歇式刮水器运行开关 E44—车窗玻璃清洗泵开关（自动刮水/清洗装置和大灯清洗装置） J527—转向柱电子装置控制单元

图 3-4-25

启动装置按钮、车载电网控制单元、电子转向柱锁止装置控制单元、点火启动按钮照明灯泡、转向柱联锁执行元件

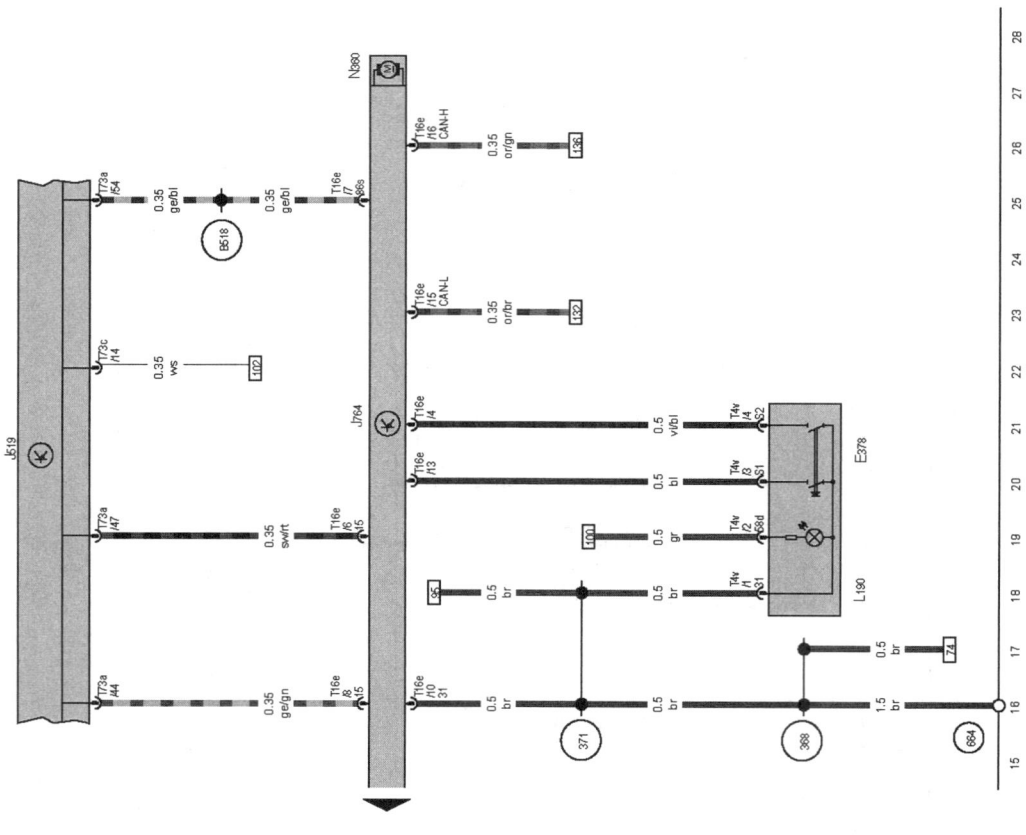

图 3-4-24

E378—启动装置按钮 J519—车载电网控制单元 J764—电子转向柱锁止装置控制单元 L190—点火启动按钮照明灯泡 N360—转向柱联锁执行元件 T4v—4 芯插头连接 T16e—16 芯插头连接 黑色 T73a—73 芯插头连接，黑色 T73c—73 芯插头连接，黑色 368—接地连接 3，在主导线束中 371—接地连接 6，在主导线束中 664—左侧仪表板后面接地点 B518—连接（86s），在主导线束中

392

车窗玻璃刮水器间歇运行调节器、安全气囊卷簧和带滑环的复位环、信号喇叭、转向柱电子装置控制单元

转向信号灯开关、手动远光灯功能和远光灯瞬时接通功能开关、转向柱电子装置控制单元

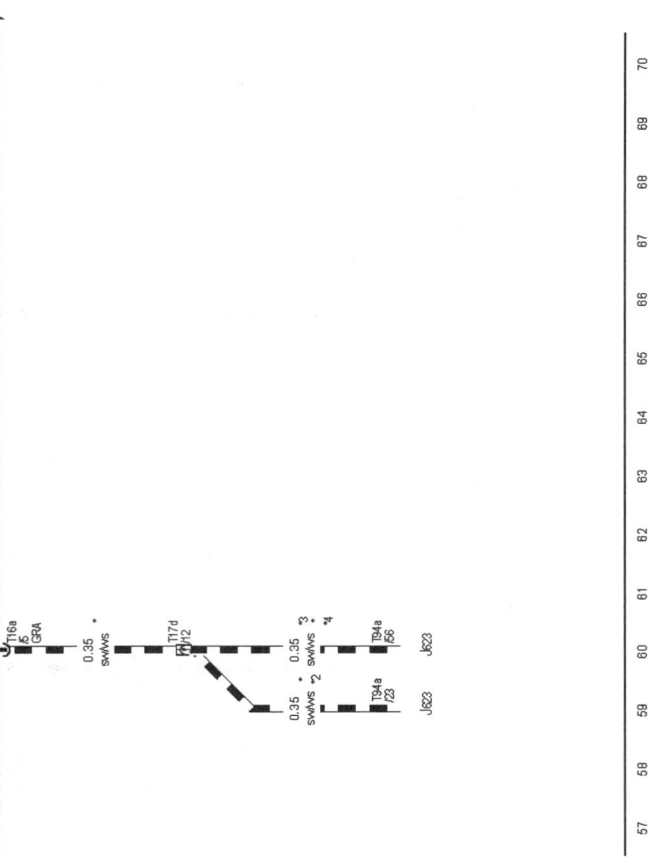

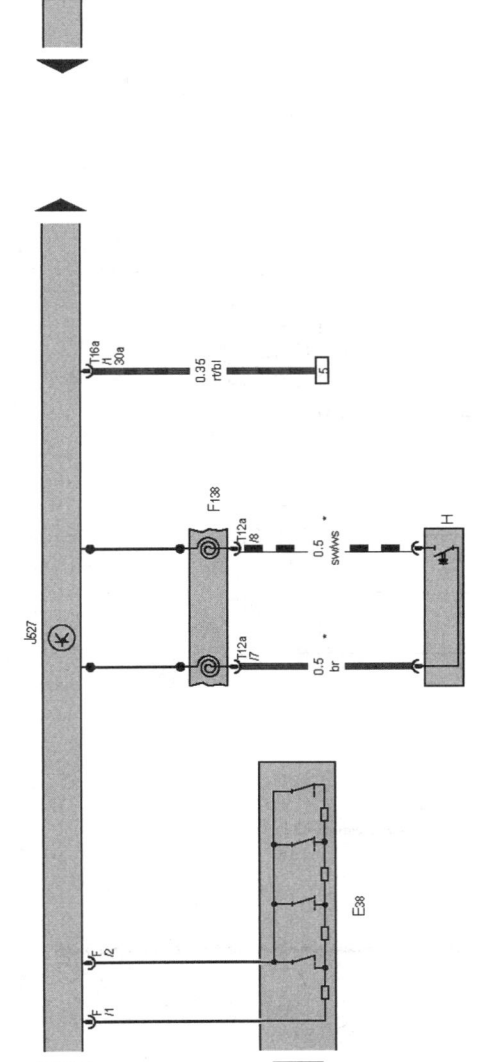

E38-车窗玻璃刮水器间歇运行调节器 F138-安全气囊卷簧和带滑环的复位环 H-信号喇叭 J527-转向柱电子装置控制单元 T12a-12 芯插头连接 T16a-16 芯插头连接，黄色 T12a-12 芯插头连接，黑色 *-仅用于不带多功能方向盘的汽车

图 3-4-26

E2-转向信号灯开关 E4-手动远光灯功能和远光灯瞬时接通功能开关 J527-转向柱电子装置控制单元 J623-发动机控制单元 T16a-16 芯插头连接，黑色 T17d-17 芯插头连接，左侧 A 柱下部，蓝色 T94a-94 芯插头连接，黑色 *-仅用于带定速巡航装置的汽车 *2-仅用于带 1.6 L 发动机的汽车 *3-仅用于带 1.4 L 发动机的汽车 *4-仅用于带 1.2 L 发动机的汽车

图 3-4-27

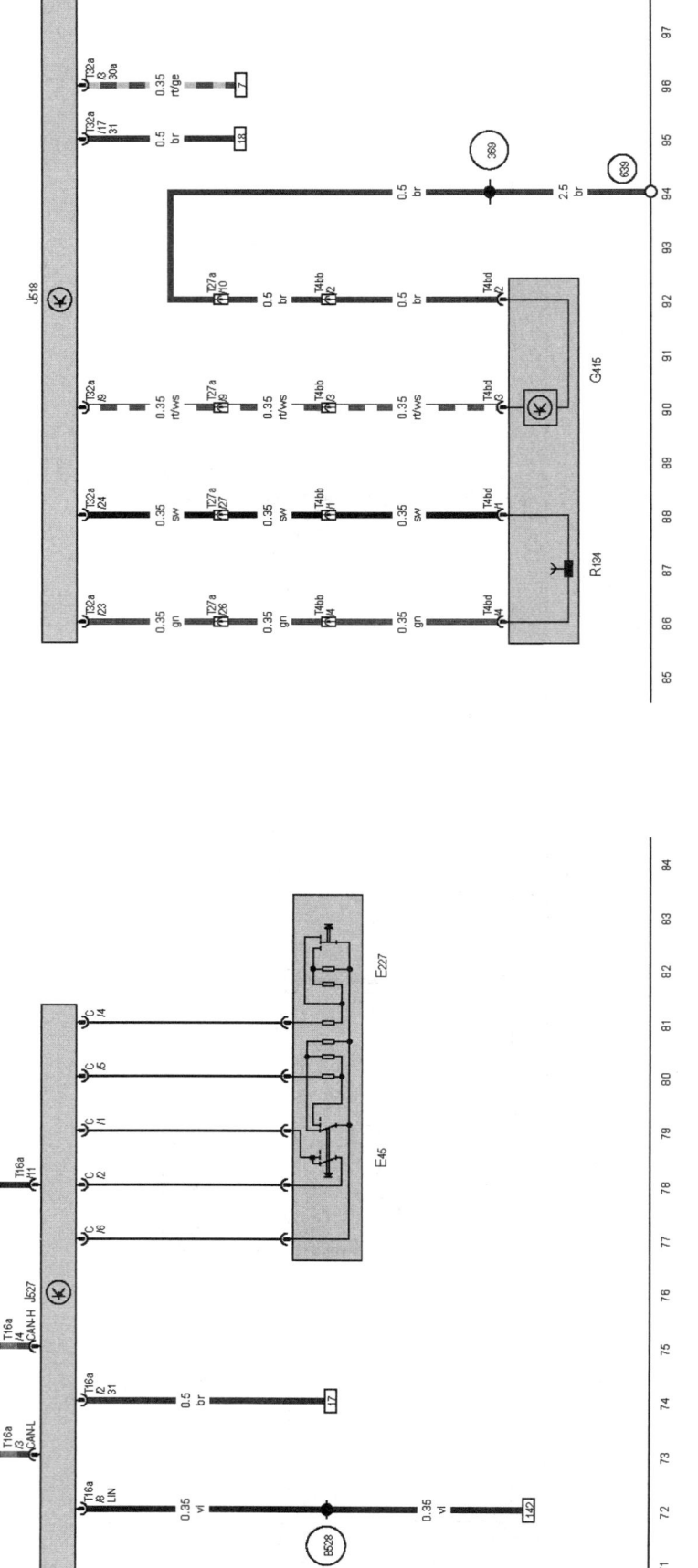

定速巡航装置开关、定速巡航装置设置按钮、转向柱电子装置控制单元

驾驶员侧车门外把手接触传感器、进入及启动许可控制单元、驾驶员侧进入及启动系统天线

图 3-4-28

图 3-4-29

E45-定速巡航装置开关 E227-定速巡航装置设置按钮 F319-选挡杆挡位 P 锁止开关 J527-转向柱电子装置控制单元 T10j-10 芯插头连接，黑色 T16a-16 芯插头连接，黑色 B528-连接 1（LIN 总线），在主导线束中

G415-驾驶员侧车门外把手接触传感器 J518-进入及启动许可控制单元 R134-驾驶员侧进入及启动系统天线 T4bb-4 芯插头连接，在驾驶员侧车门内，黑色 T4bd-4 芯插头连接，黑色 T27a-27 芯插头连接，左侧 A 柱上，黑色 T32a-32 芯插头连接，蓝色 369-接地连接 4，在主导线束中 639-左 A 柱上的接地点

副驾驶员侧车门外把手接触传感器、进入及启动系统天线、进入及启动许可控制单元、副驾驶员侧进入及启动系统天线

进入及启动许可控制单元、后备箱内进入及启动系统天线、车内空间进入及启动系统天线

1、车内空间进入及启动系统天线 2

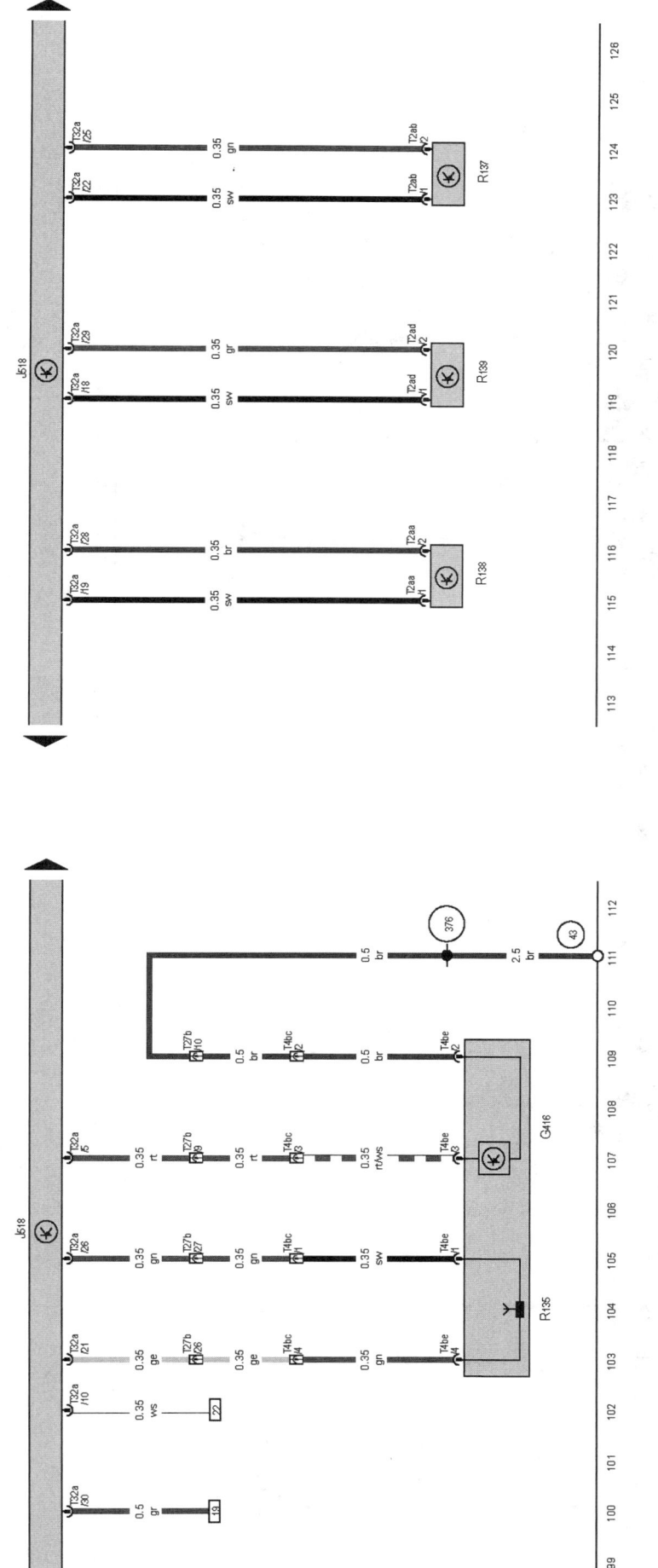

图 3-4-30

图 3-4-31

G416-副驾驶员侧车门外把手接触传感器 J518-进入及启动许可控制单元 R135-副驾驶员侧进入及启动系统天线 T4bc-4 芯插头连接，副驾驶员车门内，黑色 T27b-27 芯插头连接，右侧A柱上 T4be-4 芯插头连接，蓝色 43-右侧进入及启动系统天线 T32a-32 芯插头连接，黑色 43-右侧 A柱下部接地点 376-接地连接 11，在主导线束中

J518-进入及启动许可控制单元 R137-后备箱内进入及启动系统天线 R138-车内空间进入及启动系统天线 R139-车内空间进入及启动系统天线 2 T2aa-2 芯插头连接，黑色 T2ab-2 芯插头连接，黑色 T2ad-2 芯插头连接，黑色 T32a-32 芯插头连接，蓝色

防盗锁止系统识读线圈、多功能显示器、组合仪表中的控制单元、防盗锁止系统控制单元、数据总线诊断接口

进入及启动许可控制单元、后保险杠内进入及启动系统天线

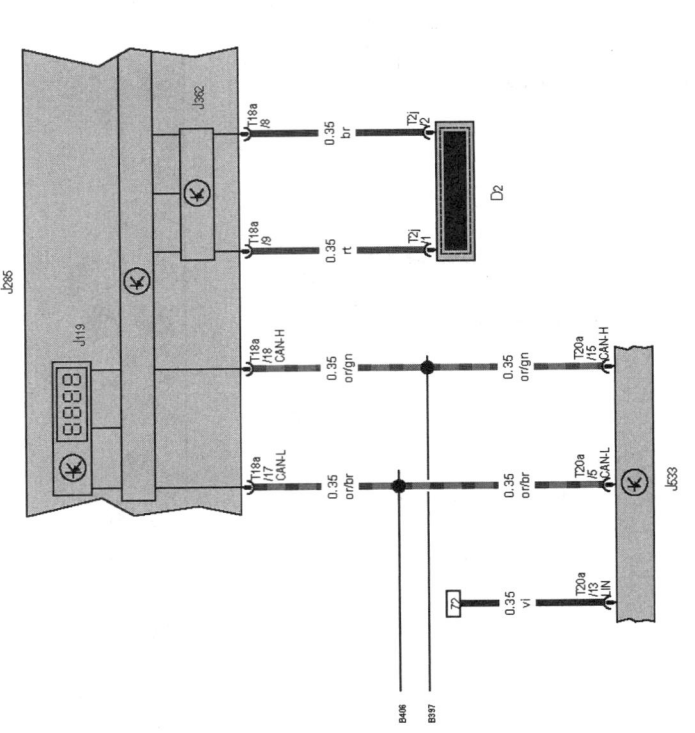

图 3-4-33

D2-防盗锁止系统识读线圈 J119-多功能显示器 J285-组合仪表中的控制单元 J362-防盗锁止系统控制单元 T2j-2 芯插头连接 T18a-18 芯插头连接，黑色 T20a-20 芯插头连接，黑色 J533-数据总线诊断接口 T2j-2 芯插头连接 CAN 总线，High）红色 B397-连接 1（舒适 CAN 总线，High），在主导线束中 B406-连接 1（舒适 CAN 总线，Low），在主导线束中

图 3-4-32

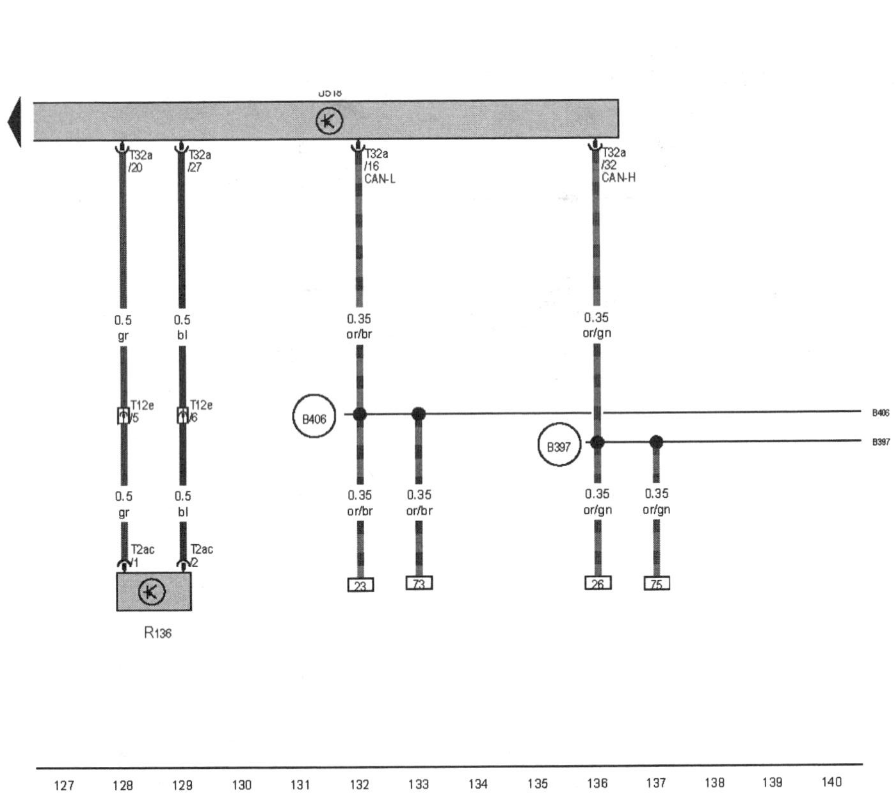

J518-进入及启动许可控制单元 R136-后保险杠内进入及启动系统天线 T2ac-2 芯插头连接，橙色 T12e-12 芯插头连接，后部保险杠内，棕色 T32a-32 芯插头连接 蓝色 B397-连接 1（舒适 CAN 总线，High），在主导线束中 B406-连接 1（舒适 CAN 总线，Low），在主导线束中

396

后部车窗升降器锁止开关、驾驶员车门中的后右车窗升降器开关、驾驶员车门中的前右车窗升降器开关、驾驶员车门中的车窗升降器操作单元、驾驶员侧前部车窗升降器按钮、驾驶员侧后部车窗升降器按钮、驾驶员侧车门控制单元、后部车窗升降器锁止指示灯、开关照明灯泡

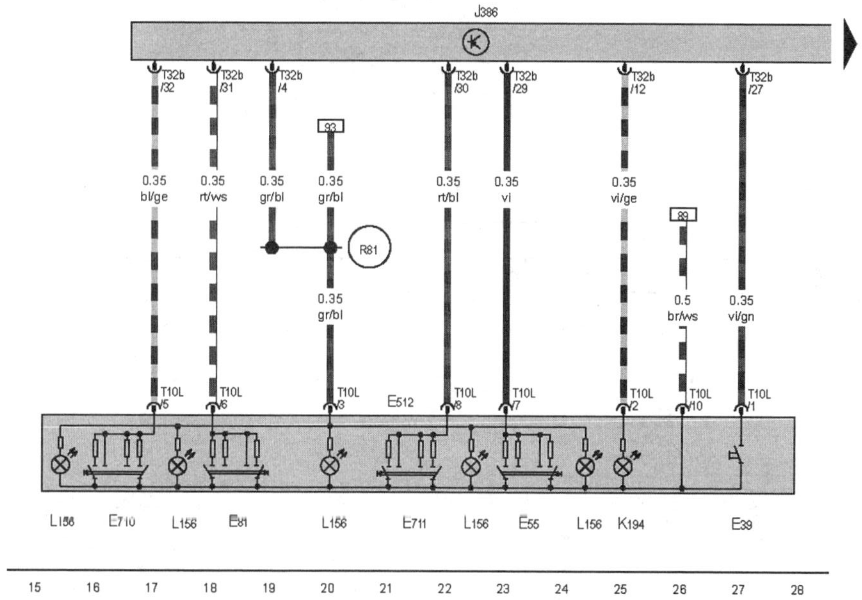

保险丝架 C

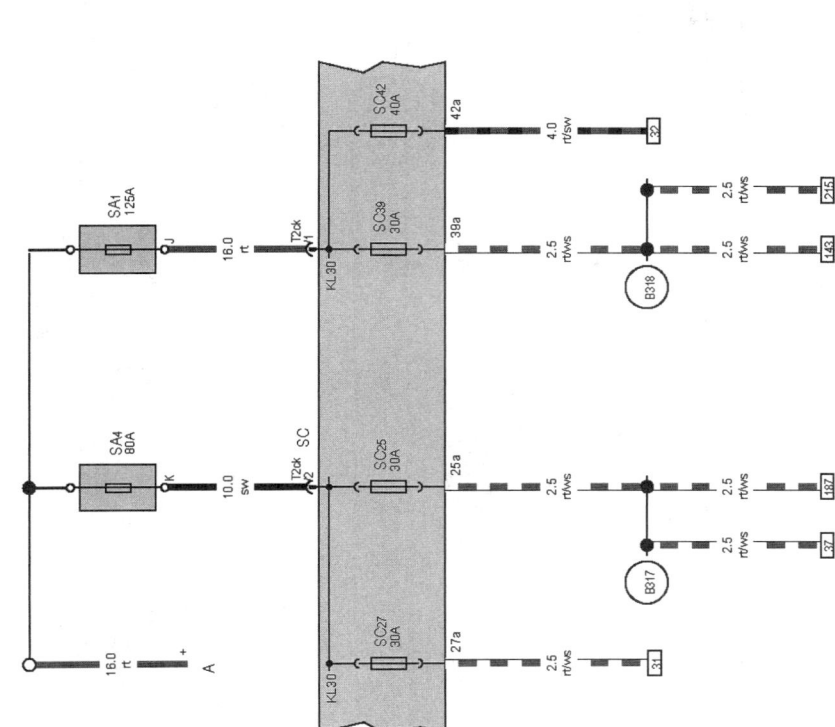

图 3-4-34

图 3-4-35

A-蓄电池 SA1-保险丝架 A 上的保险丝1 SA4-保险丝架 A 上的保险丝4 SC-保险丝架 C SC25-保险丝架 C 上的保险丝 25 SC27-保险丝架 C 上的保险丝 27 SC39-保险丝架 C 上的保险丝 39 SC42-保险丝架 C 上的保险丝 42 T2ck-2 芯插头连接，黑色 B317-正极连接 3 (30a)，在主导线束中 B318-正极连接 4 (30a)，在主导线束中

E39-后部车窗升降器锁止开关 E55-驾驶员车门中的后右车窗升降器开关 E81-驾驶员车门中的前右车窗升降器开关 E510-驾驶员侧前部车窗升降器按钮 E711-驾驶员侧后部车窗升降器按钮 E512-驾驶员车门中的车窗升降器操作单元 E710-驾驶员侧后部车窗升降器按钮 J386-驾驶员侧车门控制单元 K194-后部车窗升降器锁止指示灯 L156-开关照明灯泡 T10L-10 芯插头连接 T32b-32 芯插头连接，黑色 R81-连接 1 (58d)，在驾驶员侧车门电缆导线束中

397

中控台开关模块 1、驾驶员侧车内上锁按钮、驾驶员侧车门控制单元、车载电网控制单元、开关照明灯泡

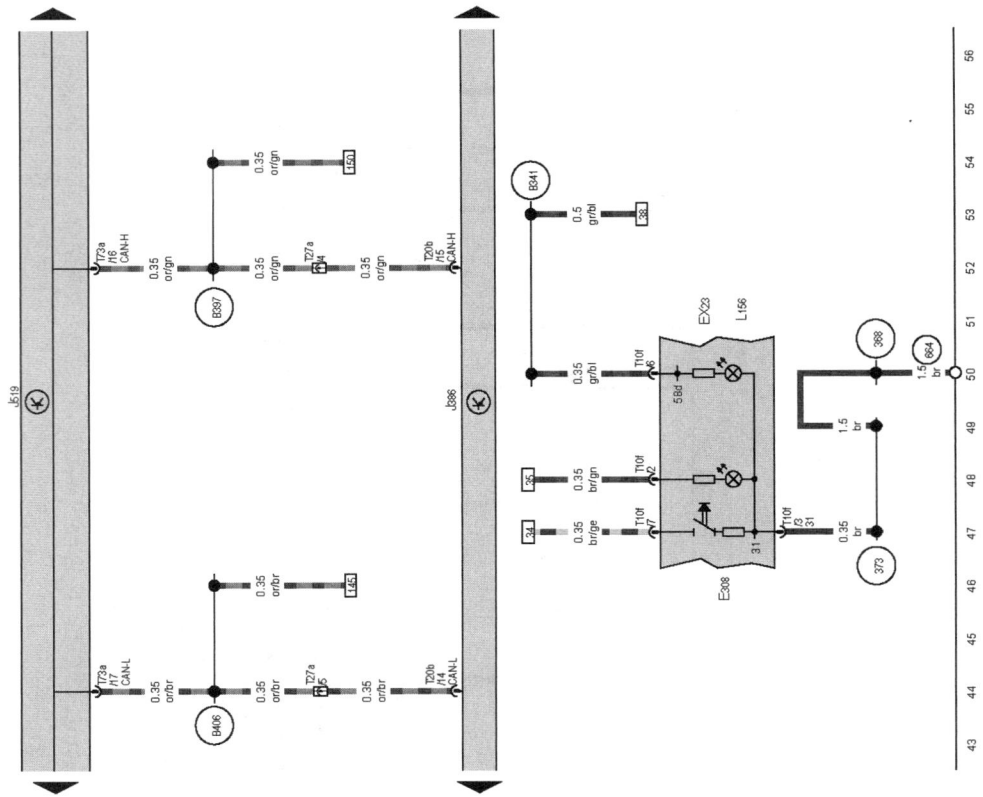

EX23-中控台开关模块 1 E308-驾驶员侧车内上锁按钮 J386-驾驶员侧车门控制单元 J519-车载电网控制单元 L156-开关照明灯泡 T10f-10 芯插头连接，黑色 T20b-20 芯插头连接，黑色 T27a-27 芯插头连接，黑色 T73a-73 芯插头连接，黑色 368-接地连接 3，在主导线束中 373-接地连接 8，在主导线束中 664-左侧仪表板后面接地点 B341-连接 2（58d），在主导线束中 B397-连接 1（舒适 CAN 总线，Low），在主导线束中 B406-连接 1（舒适 CAN 总线，High），在主导线束中

图 3-4-37

驾驶员侧车门控制单元、车载电网控制单元、驾驶员侧电动升降器电机

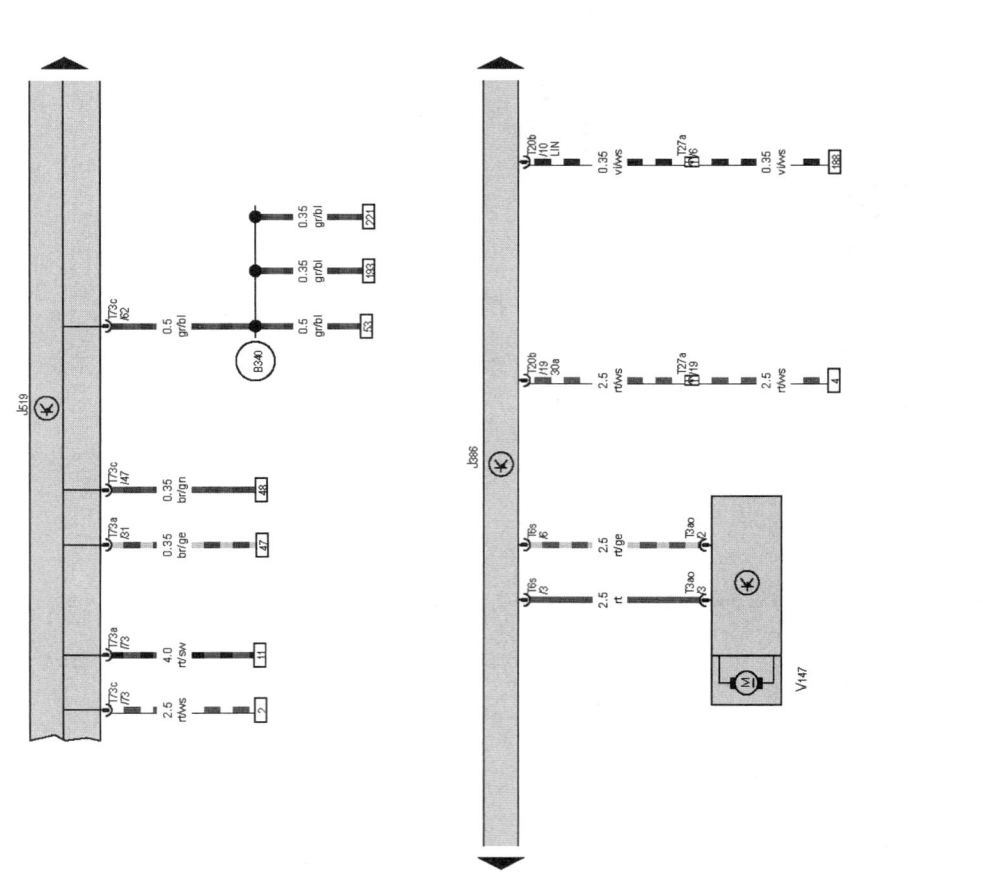

J386-驾驶员侧车门控制单元 J519-车载电网控制单元 T3ao-3 芯插头连接，蓝色 T6s-6 芯插头连接，黑色 T20b-20 芯插头连接，黑色 T27a-27 芯插头连接，左侧 A 柱上，黑色 T73a-73 芯插头连接，黑色 T73c-73 芯插头连接，黑色 V147-驾驶员侧电动升降器电机 B340-连接 1（58d），在主导线束中

图 3-4-36

驾驶员侧车门接触开关、驾驶员侧车门锁开关、驾驶员侧中央门锁开关、驾驶员侧中央门锁闭锁单元、驾驶员侧中央门锁、驾驶员侧车门控制单元、车载电网控制单元、驾驶员侧车门中央门锁电机、驾驶员侧车门内中央门锁Safe功能电机

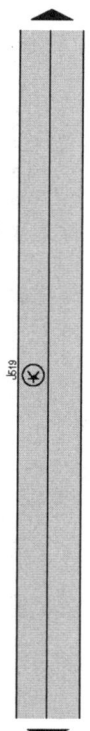

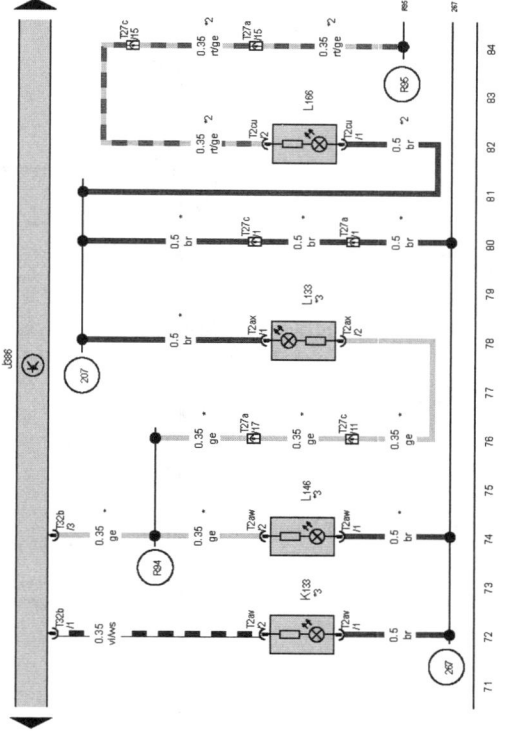

图 3-4-38

F2-驾驶员侧车门接触开关 F59-驾驶员侧中央门锁开关 F220-驾驶员侧中央门锁闭锁单元 J386-驾驶员侧车门控制单元 J519-车载电网控制单元 T8f-8 芯插头连接，黑色 T20b-20 芯插头连接，黑色 T27a-27 芯插头连接，左侧 A 柱上，黑色 V56-驾驶员侧中央门锁电机 V161-驾驶员侧车门内中央门锁Safe 功能电机 205-接地连接，在驾驶员侧车门电缆导线束中

驾驶员侧车门控制单元、车载电网控制单元、中央门锁 Safe 功能指示灯、左后侧车门把手照明灯泡、驾驶员侧车门内把手照明灯泡、左后车门环境照明灯泡

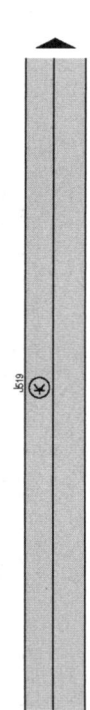

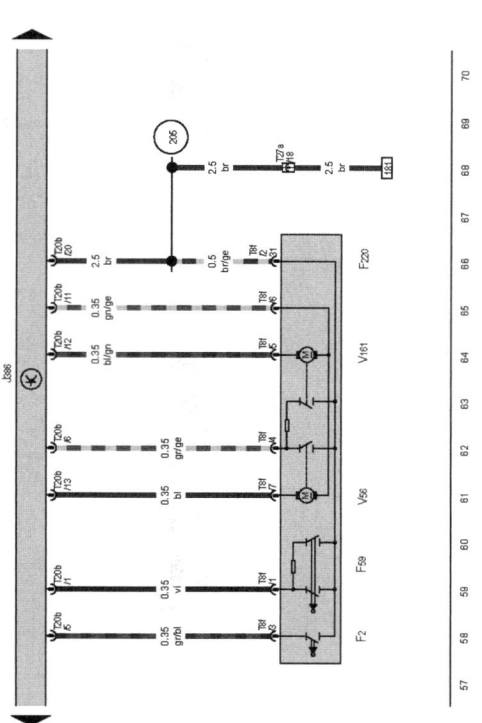

图 3-4-39

J386-驾驶员侧车门控制单元 J519-车载电网控制单元 K133-中央门锁 Safe 功能指示灯 L133-左后侧车门内把手照明灯泡 L146-驾驶员侧车门内把手照明灯泡 L166-左后车门环境照明灯泡 T2av-2 芯插头连接、黑色 T2aw-2 芯插头连接、黑色 T2ax-2 芯插头连接、黑色 T2c-2 芯插头连接、棕色 T27a-27 芯插头连接、左侧 A 柱上、黑色 T27c-27 芯插头连接、左侧 B 柱上、黑色 T32b-32 芯插头连接、蓝色 207-接地连接，在左后车门电缆导线束中 267-接地连接 2，在驾驶员侧车门电缆导线束中 R94-连接 1，在驾驶员侧车门电缆导线束中 R95-连接 2，在驾驶员侧车门电缆导线束中 R96-连接 1，在驾驶员侧车门电缆导线束中 *2-用于带氛围灯的汽车 *3-已预先布线的部件 *-依汽车装备而定

后视镜调节开关、后视镜调节转换开关、后视镜内折开关、车外后视镜加热按钮、后视镜内折开关、驾驶员
侧车门控制单元、车载电网控制单元、后视镜调节开关关照明灯泡、左前车门背景照明灯 1

驾驶员侧车门控制单元、车载电网控制单元、驾驶员侧外后视镜警告灯泡、驾驶员侧外后视镜调节电机、镜
镜调节电机 2、驾驶员侧后视镜内折电机、驾驶员侧后视镜调节电机、车外后视镜调节电机、驾驶员侧后视镜内的登
车照明灯、驾驶员侧可加热车外后视镜

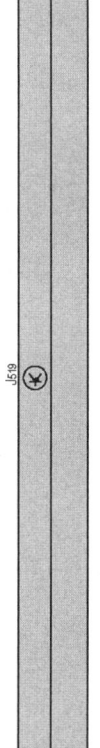

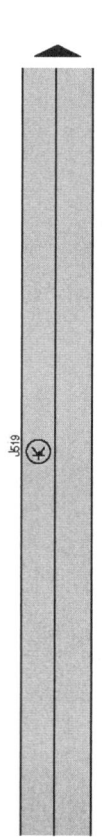

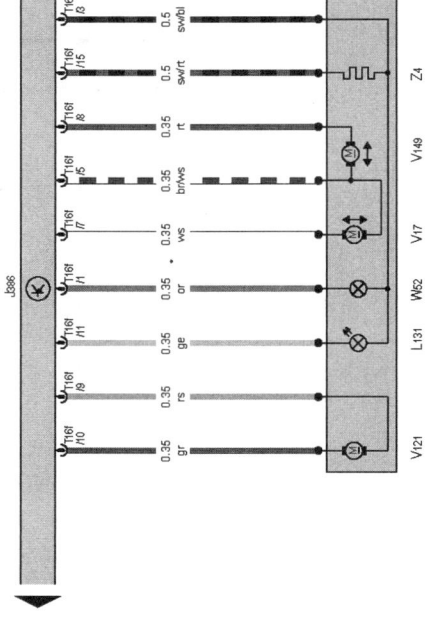

E43-后视镜调节开关 E48-后视镜调节转换开关 E231-车外后视镜加热开关 E263-后视镜内折按钮 J386-驾
驶员侧车门控制单元、J519-车载电网控制单元、L78-后视镜调节开关开关照明灯泡 L199-左前车门背景照明灯1
T2cs-2 芯插头连接、棕色 T6r-6 芯插头连接、棕色 T32b-32 芯插头连接、蓝色 267-接地连接 2、在驾驶
员侧车门电缆导线束中 R95-连接 2、在驾驶员侧车门电缆导线束中 *-用于带氛围灯的汽车

图 3-4-40

J386-驾驶员侧车门控制单元、J519-车载电网控制单元 L131-驾驶员侧外后视镜警告灯泡 T16f-16 芯插头 T16f-16 芯插头
连接、黑色 V17-驾驶员侧后视镜内折电机 2 V121-驾驶员侧后视镜调节电机 2 V149-驾驶员侧后视镜调
节电机 W52-车外后视镜调节电机 Z4-驾驶员侧可加热车外后视镜 *-依汽车装备而定

图 3-4-41

副驾驶员侧车门接触开关、副驾驶员侧中央车门锁闭锁单元、车载电网控制单元、副驾驶员侧车门控制单元、车载电网控制单元、副驾驶员侧中央车门锁电机、副驾驶员车门内中央门锁 Safe 功能电机

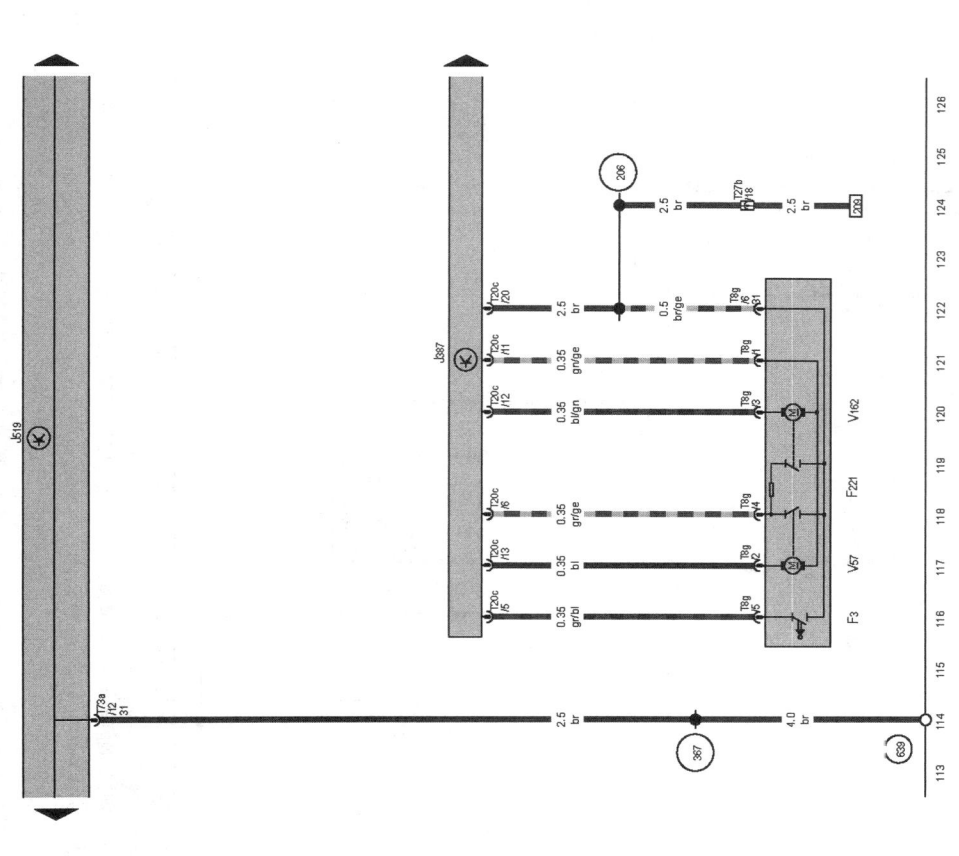

图 3-4-42

F3-副驾驶员侧车门接触开关 F221-副驾驶员侧中央车门锁闭锁单元 J519-车载电网控制单元 J387-副驾驶员侧车门控制单元 J519-车载电网控制单元 T8g-8 芯插头连接，黑色 T20c-20 芯插头连接，右侧 A 柱上，黑色 T27b-27 芯插头连接，黑色 T73a-73 芯插头连接，黑色 V57-副驾驶员侧车门中央门锁电机 V162-副驾驶员侧车门内中央门锁 Safe 功能电机 206-接地连接，在副驾驶员侧车门电缆导线束中 367-接地连接 2，在主导线束中 639-左在 A 柱上的接地点

副驾驶员侧车门内把手照明灯泡、车载电网控制单元、右后侧车门内把手照明灯泡、副驾驶员侧车门内把手照明灯泡、右后侧车门环境照明灯泡

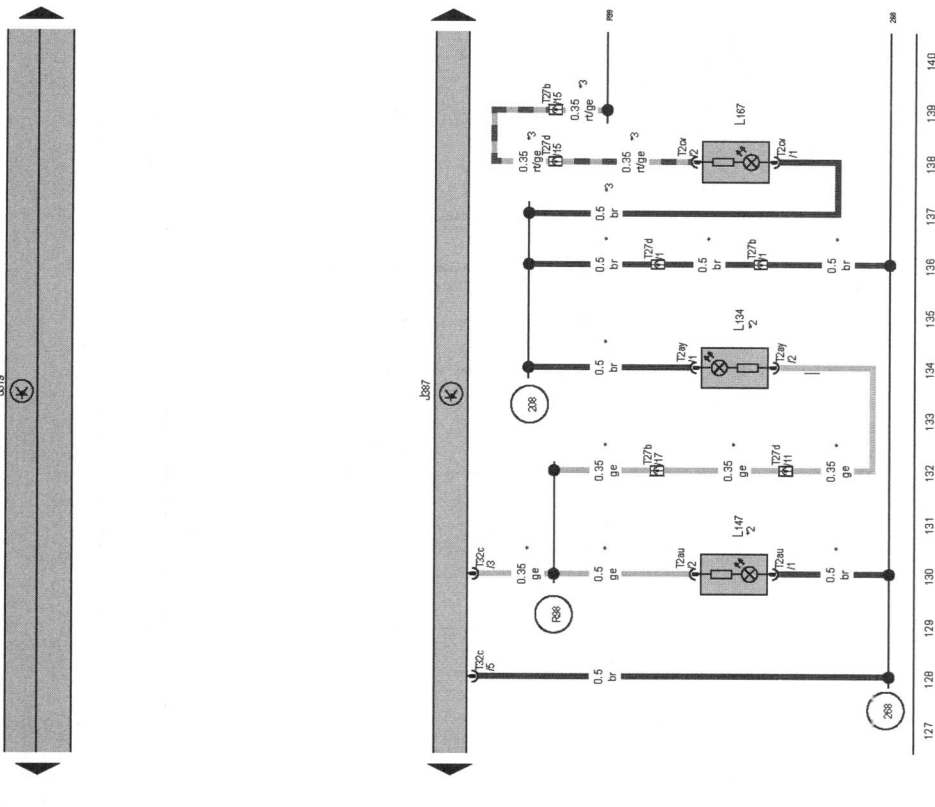

图 3-4-43

J387-副驾驶员侧车门控制单元 J519-车载电网控制单元 L134-右后侧车门内把手照明灯泡 L147-副驾驶员侧车门内把手照明灯泡 L167-右后侧车门环境照明灯泡 T2au-2 芯插头连接，黑色 T2ay-2 芯插头连接，黑色 T2cv-2 芯插头连接，棕色 T27b-27 芯插头连接，黑色 T27d-27 芯插头连接，右侧 B 柱上，黑色 T32c-32 芯插头连接，蓝色 208-接地连接，在右后车门电缆导线束中 268-接地连接，在副驾驶员侧车门电缆导线束中 R98-连接 1，在副驾驶员侧车门电缆导线束中 R99-连接 2，在副驾驶员侧车门电缆导线束中 *-依汽车装备而定 *2-已预先布线的部件 *3-用于带氛围灯的汽车

401

副驾驶员侧前部车窗升降器按钮、副驾驶员侧车门控制单元、车载电网控制单元、开关照明灯泡、右前车门背景照明灯 1、副驾驶员侧电动升降器电机。

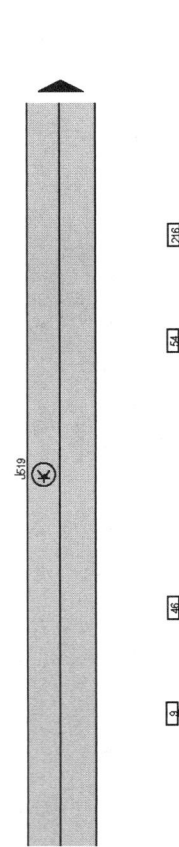

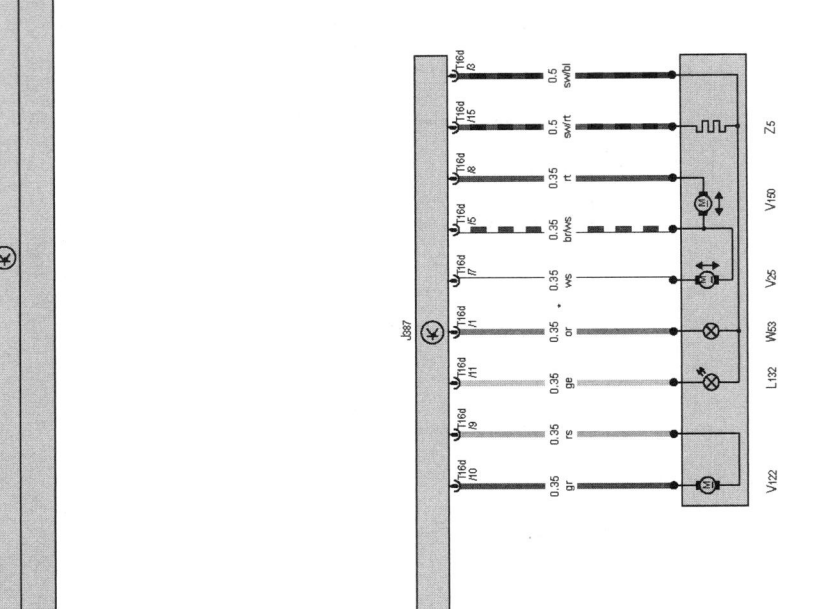

E716-副驾驶员侧前部车窗升降器按钮 J387-副驾驶员侧车门控制单元 J519-车载电网控制单元 L156-开关照明灯泡 L200-右前车门背景照明灯 1 T2ct-2 芯插头连接 T3ap-3 芯插头连接，蓝色 T4aa-4 芯照明灯泡 L200-右前车门背景照明灯 1 T2ct-2 芯插头连接 T3ap-3 芯插头连接，蓝色 T4aa-4 芯插头连接，黑色 T6t-6 芯插头连接，黑色 T20c-20 芯插头连接，黑色 T27b-27 芯插头连接，右侧 A 柱上，黑色 T32c-32 芯插头连接，蓝色 V148-副驾驶员侧电动升降器电机 268-接地连接 2，在副驾驶员侧车门电缆导线束中 R99-连接 2，在副驾驶员侧车门电缆导线束中 *-用于带氛围灯的汽车

图 3-4-44

副驾驶员侧车门控制单元、车载电网控制单元、副驾驶员侧车门控制单元、副驾驶员侧外后视镜警告灯泡、副驾驶员侧视镜调节电机、副驾驶员侧后视镜内折电机、副驾驶员侧后视镜调节电机、副驾驶员侧可加热车外外后视镜内的登车照明灯、副驾驶员侧可加热车外外后视镜

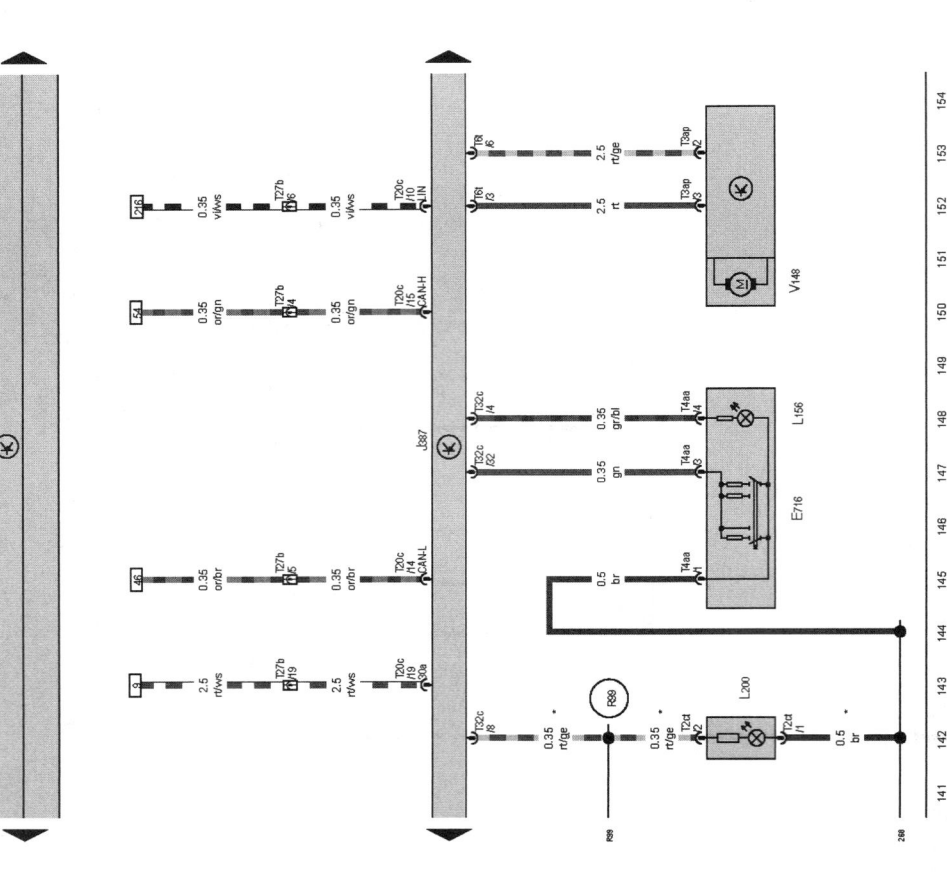

J387-副驾驶员侧车门控制单元 J519-车载电网控制单元 L132-副驾驶员侧外后视镜警告灯泡 V122-副驾驶员侧后视镜调节电机 2 V150-副驾驶员侧后视镜内折电机 V25-副驾驶员侧后视镜调节电机 W53-车外后视镜内的登车照明灯 Z5-副驾驶员侧可加热车外外后视镜 *-依汽车装备而定

图 3-4-45

左后车门接触开关、左后中央门锁闭锁单元、车载电网控制单元、左后车门闭锁单元、左车门内中央门锁锁闭单元、后车门内中央门锁 Safe 功能电机

左后车门内的车窗升降器开关、左后车门控制单元、车载电网控制单元、开关照明灯泡、驾驶员侧后部车窗升降器电机

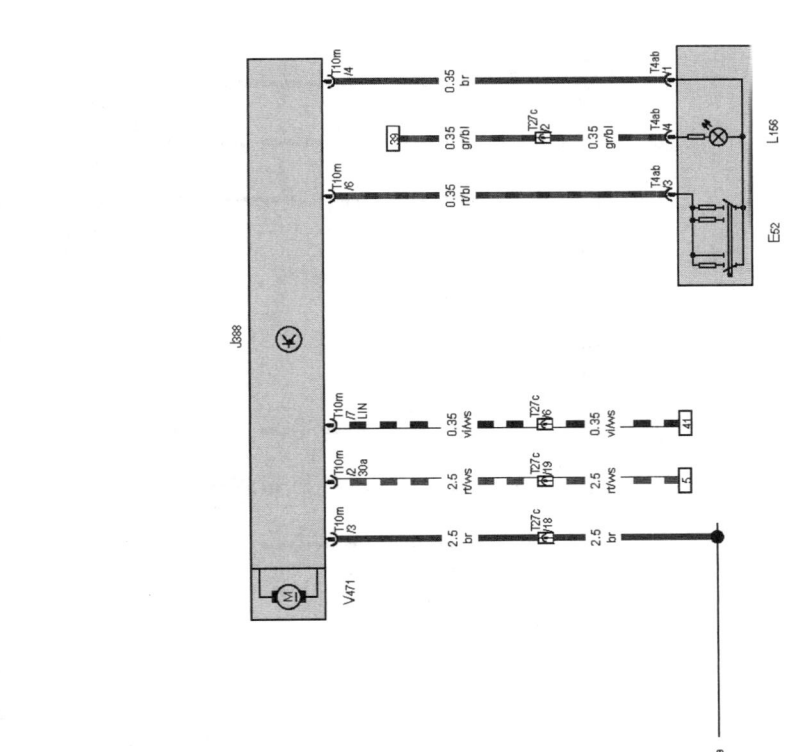

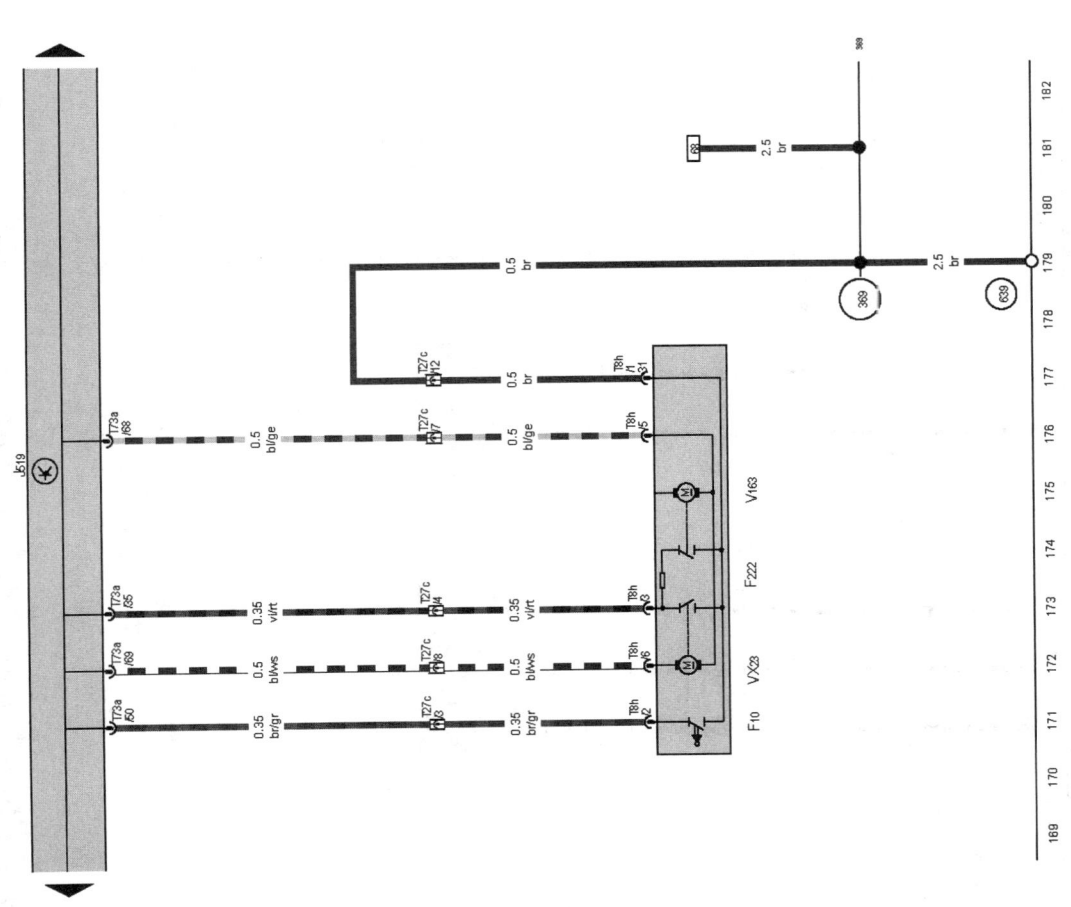

图 3-4-46

F10-左后车门接触开关 F222-左后中央门锁闭锁开关 J519-车载电网控制单元 T8h-8 芯插头连接，黑色 T27c-27 芯插头连接，左侧 B 柱上，黑色 T73a-73 芯插头连接，黑色 VX23-左后车门闭锁单元 V163-左后车门内中央门锁锁闭单元 功能电机 369-接地连接 4，在主导线束中 639-左 A 柱上的接地点

图 3-4-47

E52-左后车门内的车窗升降器开关 J388-左后车门控制单元 J519-车载电网控制单元 L156-开关照明灯泡 T4ab-4 芯插头连接、黑色 T10m-10 芯插头连接、黑色 T27c-27 芯插头连接、左侧 B 柱上，黑色 V471-驾驶员侧后部车窗升降器电机 369-接地连接 4，在主导线束中

右后车门接触开关、右后中央门锁闭锁单元、右后车门闭锁单元、车载电网控制单元、右后车门中央门锁闭锁 Safe 功能电机

副驾驶员侧后部车窗升降器按钮、右后车门控制单元、车载电网控制单元、开关照明灯泡、副驾驶员侧后部车窗升降器电机

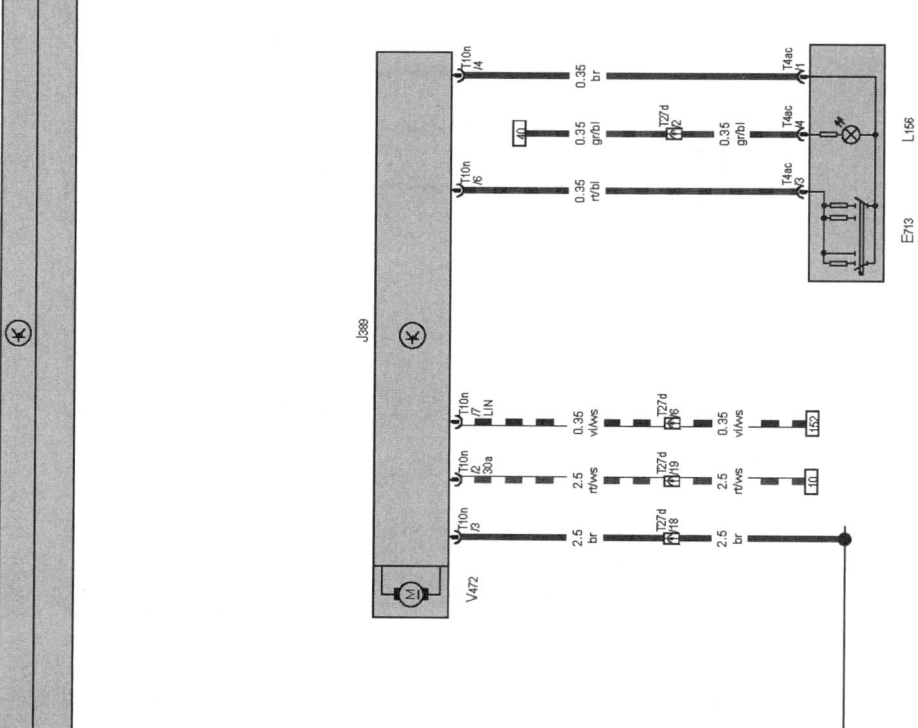

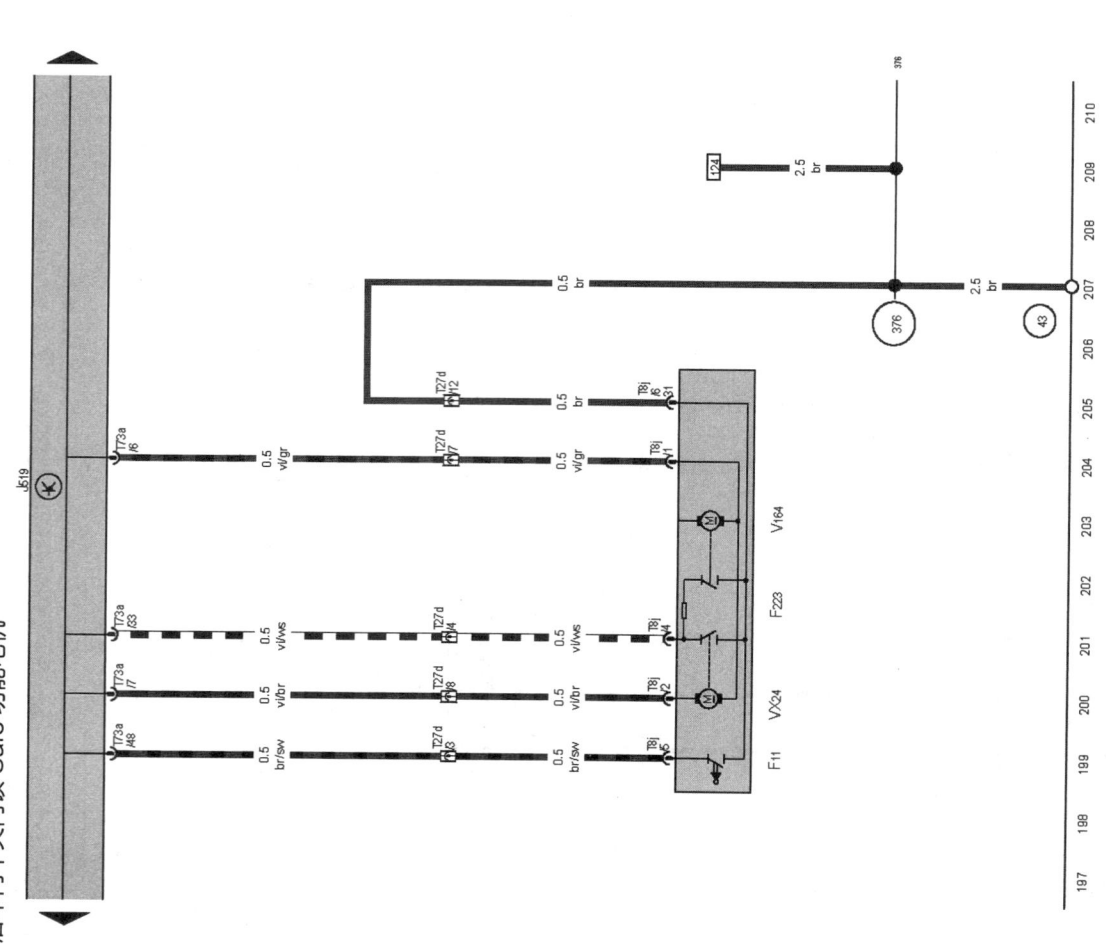

E713-副驾驶员侧后部车窗升降器按钮 J389-右后车门控制单元 J519-车载电网控制单元 L156-开关照明灯泡 T4ac-4 芯插头连接、黑色 T10n-10 芯插头连接、黑色 T27d-27 芯插头连接、黑色 右侧 B 柱上、黑色 V472-副驾驶员侧后部车窗升降器电机 376-接地连接 11、在主导线束中

图 3-4-49

F11-右后车门接触开关 F223-右后中央门锁闭锁单元 J519-车载电网控制单元 T8j-8 芯插头连接、黑色 T27d-27 芯插头连接、右侧 B 柱上、黑色 T73a-73 芯插头连接、黑色 VX24-右后车门闭锁单元 V164-右后车门中央门锁 Safe 功能电机 43-右侧 A 柱下部的接地点 376-接地连接 11、在主导线束中

图 3-4-48

驾驶员座椅调节控制单元

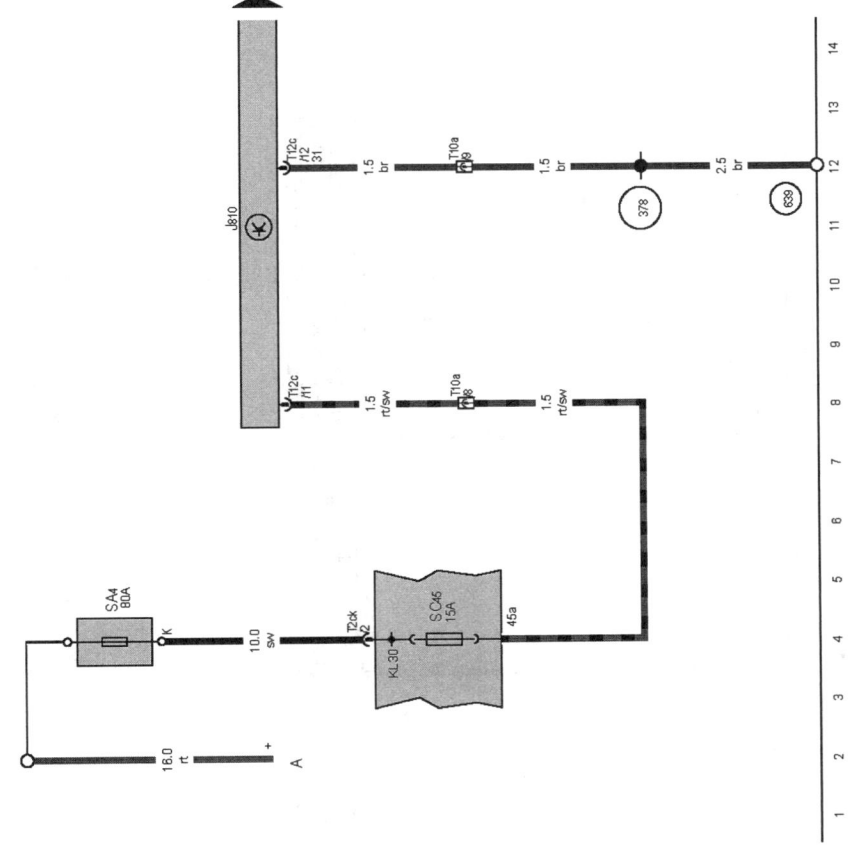

A–蓄电池 J810–驾驶员座椅调节控制单元 SA4–保险丝架 A 上的保险丝 SC45–保险丝架 C 上的保险丝
45 T2ck–2 芯插头连接 T10a–10 芯插头连接，驾驶员座椅下方，黑色 T12c–12 芯插头连接，黑色
378–接地连接 13，在主导线束中 639–左 A 柱上的接地点

图 3-4-51

后备箱盖把手中的解锁按钮、后备箱闭锁单元、车载电网控制单元、后备箱盖中央门锁
电机、油箱盖锁止装置电机

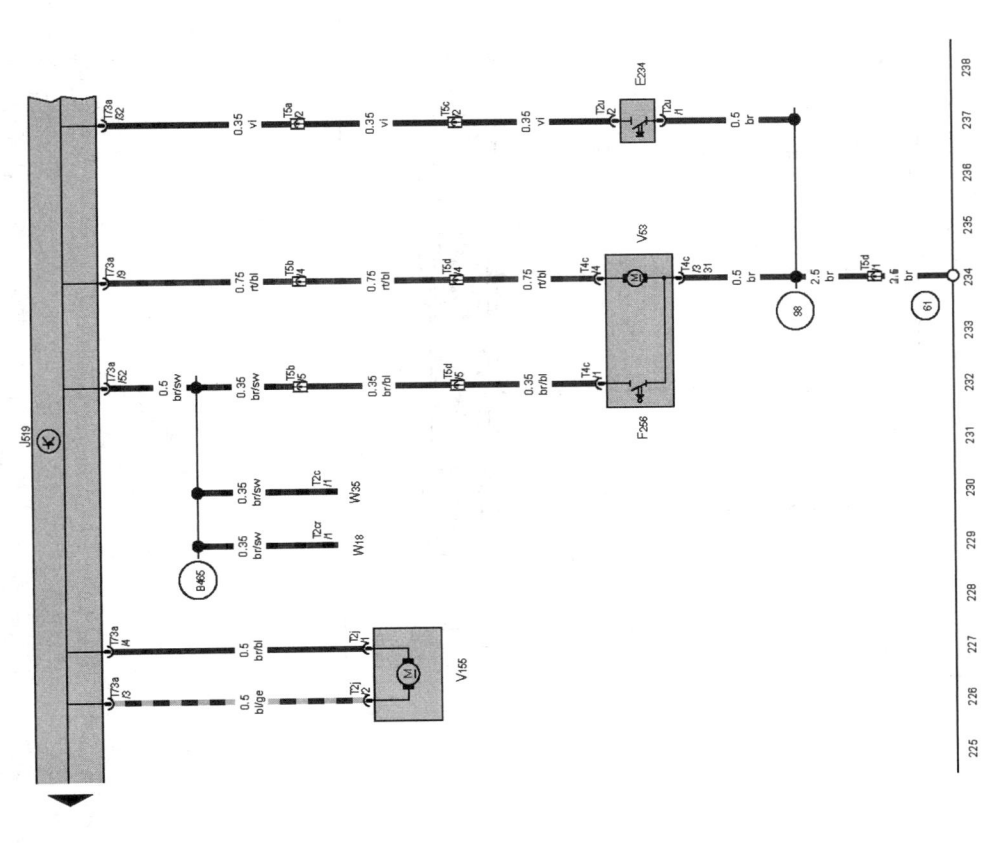

E234–后备箱盖把手中的解锁按钮 F256–后备箱闭锁单元 J519–车载电网控制单元 T2c–2 芯插头连
接，黑色 T2cr–2 芯插头连接，黑色 T2j–2 芯插头连接，黑色 T2u–2 芯插头连接，黑色 T4c–4 芯插头
连接，黑色 T5a–5 芯插头连接，左侧 C 柱附近，黑色 T5b–5 芯插头连接，左侧 C 柱附近，棕色 T5c–5
芯插头连接，在后备箱盖内，黑色 T5d–5 芯插头连接，在后备箱盖内，棕色 T73a–73 芯插头连接，黑色
V53–后备箱盖中央门锁电机 V155–油箱盖锁止装置电机 W18–左侧后备箱照明灯 W35–右侧后备箱照明
61–左侧 C 柱上的接地点 98–接地连接，在后备箱导线束中 B465–连接 1，在主导线束中

图 3-4-50

405

驾驶员座椅靠背调节开关、驾驶员座椅的前部高度上调按钮、驾驶员座椅的前部高度下调按钮、驾驶员座椅的后部高度上调按钮、驾驶员座椅的后部高度下调按钮、驾驶员座椅前后位置的前调按钮、驾驶员座椅前后位置的后调按钮、驾驶员座椅调节控制单元

带记忆功能的座椅按钮 1、带记忆功能的座椅按钮 2、带记忆功能的座椅按钮 3、座椅位置存储按钮、驾驶员座椅调节控制单元

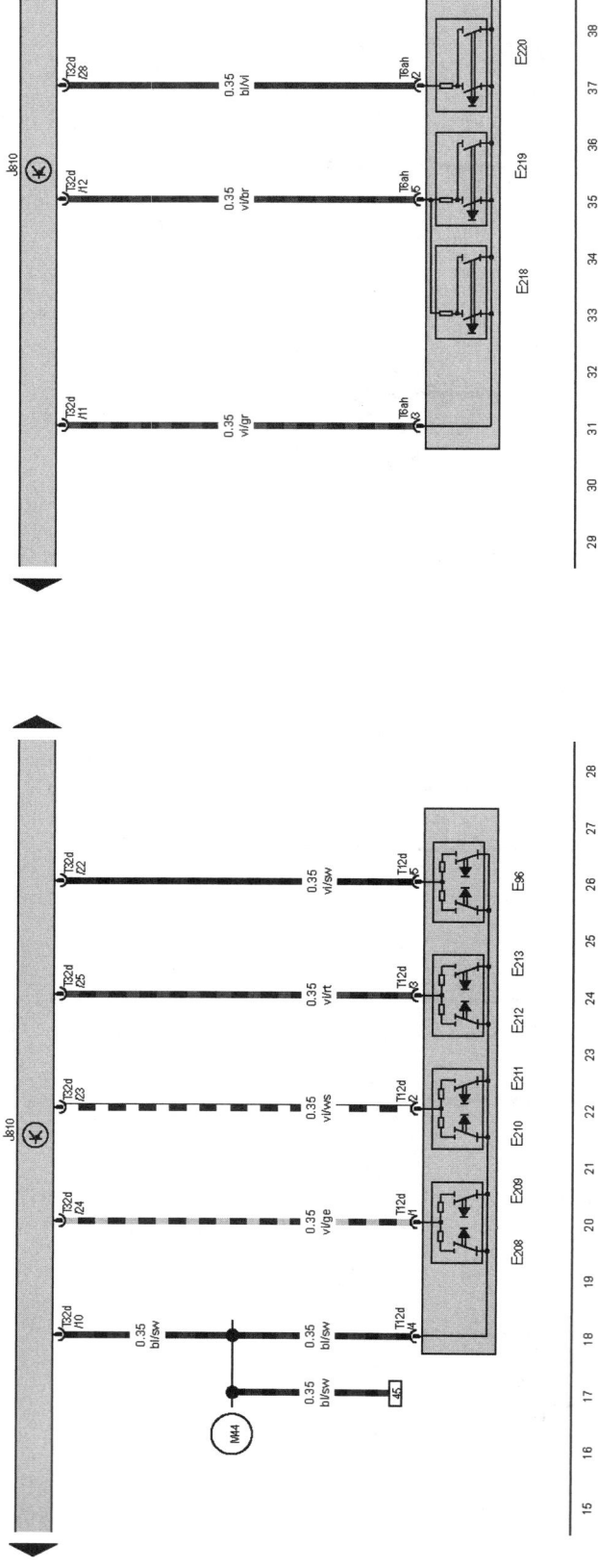

E218-带记忆功能的座椅按钮 1 E219-带记忆功能的座椅调节控制单元 E220-带记忆功能的座椅按钮 2 E220-带记忆功能的座椅按钮 3 E447-座椅位置存储按钮 J810-驾驶员座椅调节控制单元 T6ah-6 芯插头连接，黑色 T32d-32 芯插头连接，灰色

图 3-4-53

E96-驾驶员座椅靠背调节开关 E208-驾驶员座椅的前部高度上调按钮 E209-驾驶员座椅的前部高度下调按钮 E210-驾驶员座椅的后部高度上调按钮 E211-驾驶员座椅的后部高度下调按钮 E212-驾驶员座椅前后位置的前调按钮 E213-驾驶员座椅前后位置的后调按钮 J810-驾驶员座椅调节控制单元 T12d-12 芯插头连接，黑色 T32d-32 芯插头连接，灰色 M44-连接 4，在驾驶员侧座椅导线束中

图 3-4-52

驾驶员座椅调节控制单元、驾驶员座椅纵向调节电机、驾驶员座椅的后部高度调节电机、
驾驶员座椅靠背调节电机

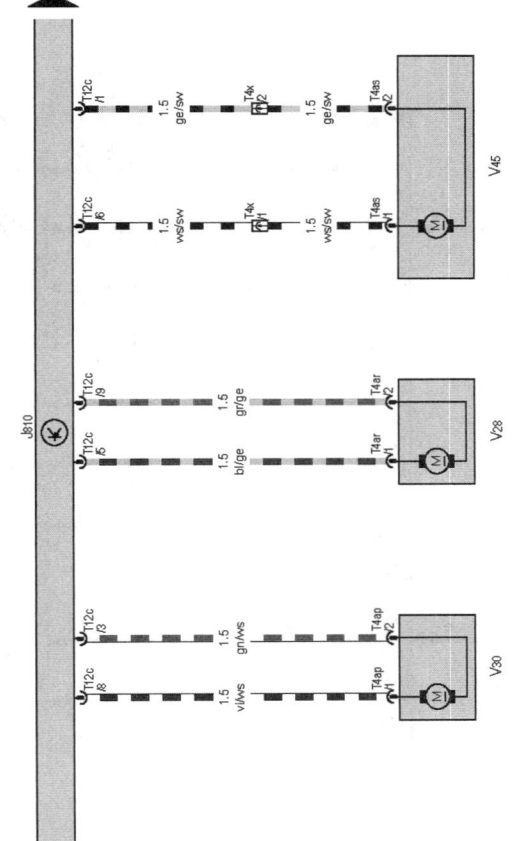

J810－驾驶员座椅调节控制单元 T4ap－4 芯插头连接，黑色 T4ar－4 芯插头连接，黑色 T4as－4 芯插头连接，黑色 T4x－4 芯插头连接，黑色，驾驶员座椅上，黑色 T12c－12 芯插头连接，黑色 V28－驾驶员座椅纵向调节电机 V30－驾驶员座椅的后部高度调节电机 V45－驾驶员座椅靠背调节电机

图 3-4-55

驾驶员腰部支撑调节开关、车载电网控制单元、驾驶员座椅调节控制单元、驾驶员座椅的
前部高度调节电机

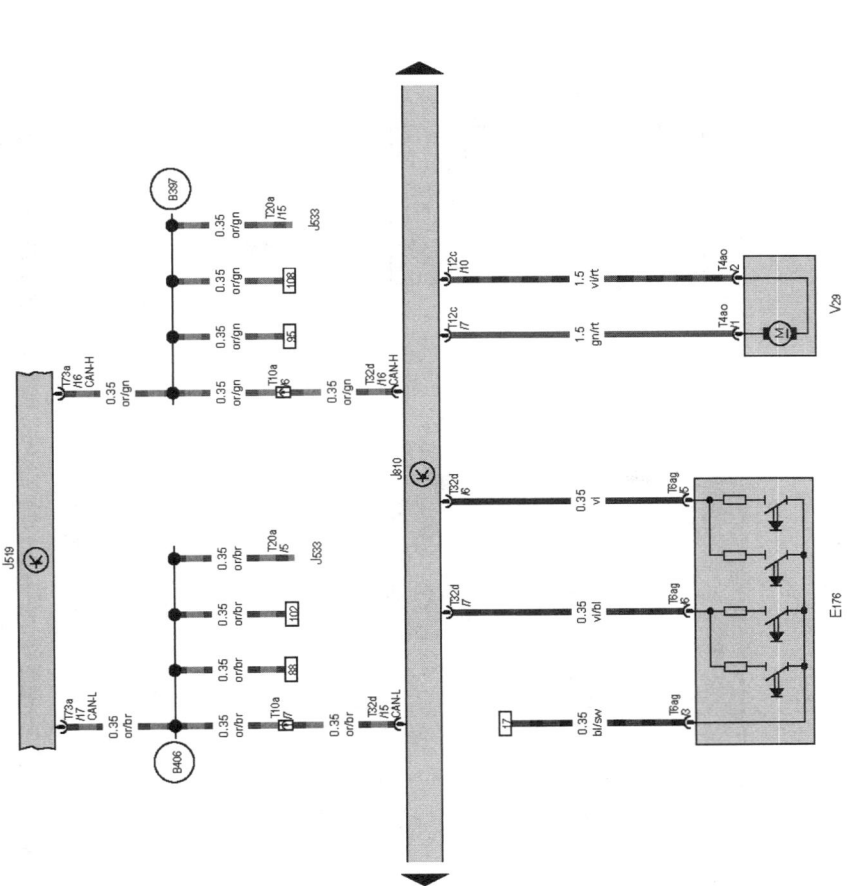

E176－驾驶员腰部支撑调节开关 J519－车载电网控制单元 J533－数据总线诊断接口 J810－驾驶员座椅调节控制单元 T4ao－4 芯插头连接，黑色 T6ag－6 芯插头连接，黑色 T10a－10 芯插头连接，驾驶员座椅下方 T12c－12 芯插头连接，黑色 T20a－20 芯插头连接，红色 T32d－32 芯插头连接，灰色 T73a－73 芯插头连接，黑色 V29－驾驶员座椅的前部高度调节电机 B397－连接 1（舒适 CAN 总线，High），在主导线束中 B406－连接 1（舒适 CAN 总线，Low），在主导线束中

图 3-4-54

腰部支撑高度调节传感器、腰部支撑前后调节传感器、驾驶员座椅调节控制单元、驾驶员座椅腰部支撑纵向调节电机、驾驶员座椅腰部支撑高度调节电机

驾驶员侧后视镜水平调节电位计、驾驶员侧后视镜垂直调节电位计、驾驶员侧后视镜内折电机、驾驶员侧后视镜调节电机2、驾驶员侧车门控制单元、驾驶员侧后视镜调节电机

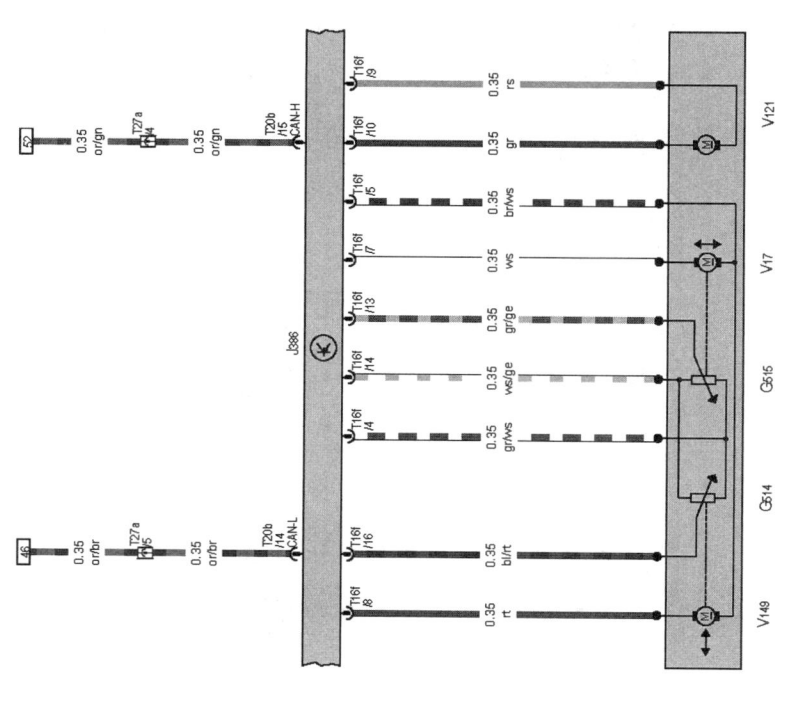

图 3-4-57

G514-驾驶员侧后视镜水平调节电位计 G515-驾驶员侧后视镜垂直调节电位计 J386-驾驶员侧车门控制单元 T16f-16 芯插头连接 T20b-20 芯插头连接，黑色 T27a-27 芯插头连接，黑色，左侧，A柱上，黑色 V17-驾驶员侧后视镜内折电机 V121-驾驶员侧后视镜调节电机2 V149-驾驶员侧后视镜调节电机

图 3-4-56

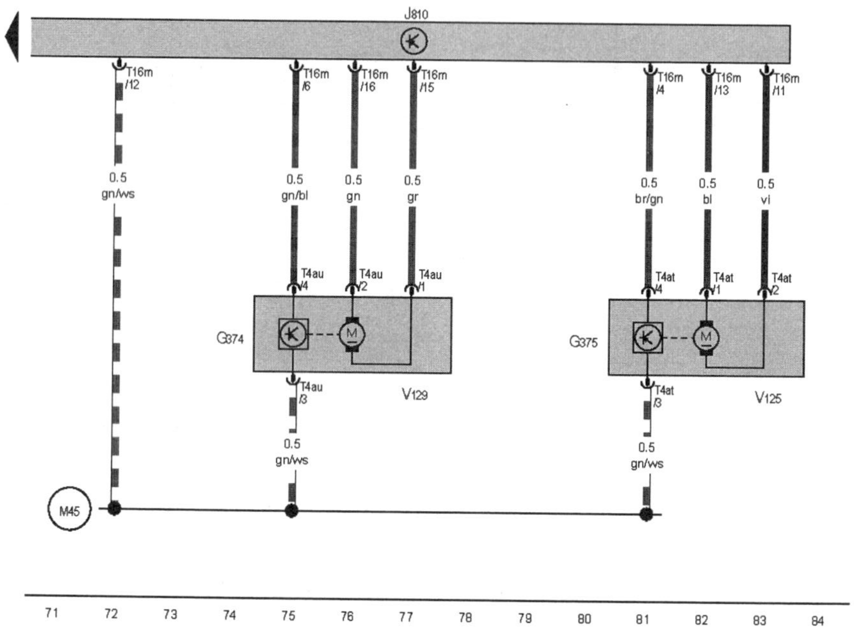

G374-腰部支撑高度调节传感器 G375-腰部支撑前后调节传感器 J810-驾驶员座椅调节控制单元 T4at-4 芯插头连接 T4au-4 芯插头连接 T16m-16 芯插头连接，黑色 V125-驾驶员座椅腰部支撑高度调节电机 V129-驾驶员座椅腰部支撑纵向调节电机 M45-连接5，在驾驶员座椅导线束中

可加热驾驶员侧后视镜调节器、可加热副驾驶员座椅调节器、全自动空调控制单元、车载电网
控制单元、可加热驾驶员座椅指示灯、可加热副驾驶员座椅指示灯

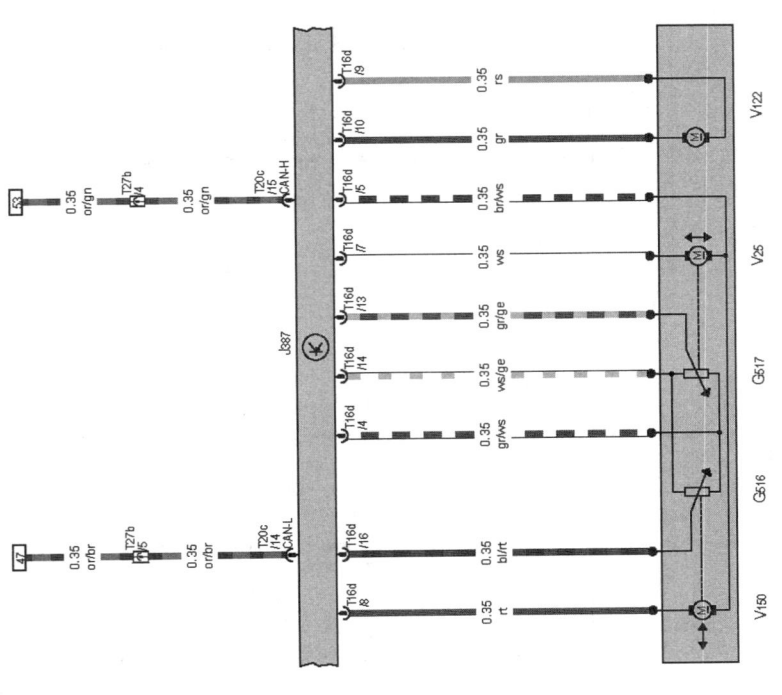

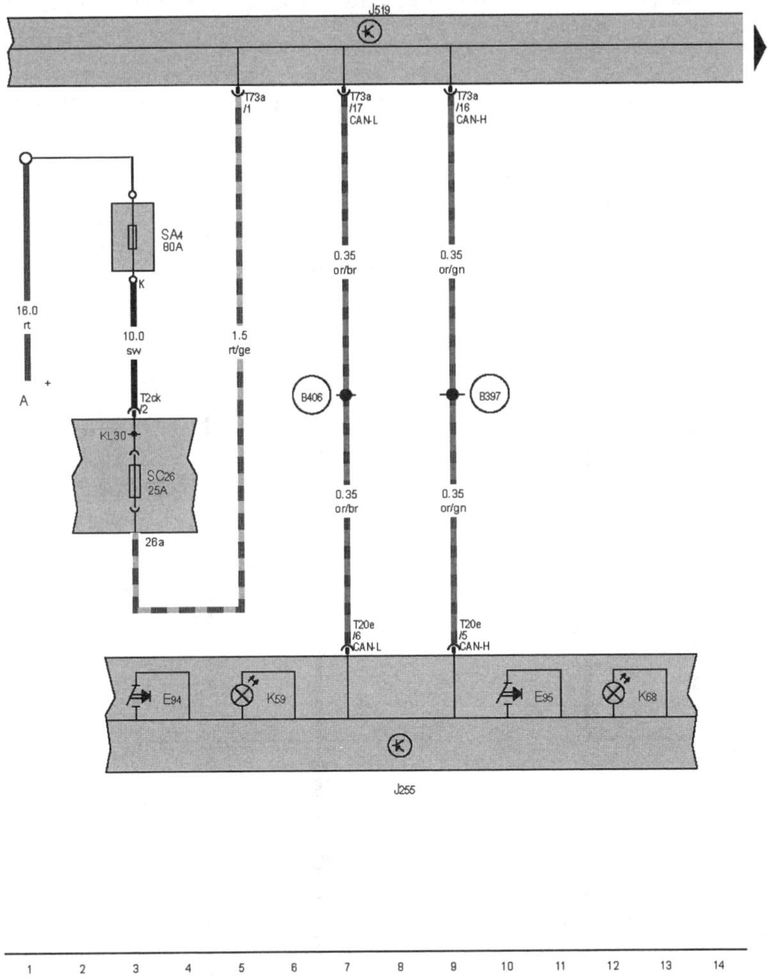

A-蓄电池　E94-可加热驾驶员座椅调节器　E95-可加热驾驶员座椅调节器　J255-全自动空调控制单元
J519-车载电网控制单元　K59-可加热驾驶员座椅指示灯　K68-可加热副驾驶员座椅指示灯　SA4-保险丝架
A上的保险丝4　SC26-保险丝架C上的保险丝26　T2ck-2芯插头连接　T20e-20芯插头连接，黑色
T73a-73芯插头连接，黑色　B397-连接1（舒适CAN总线，High），在主导线束中　B406-连接1（舒适
CAN总线，Low），在主导线束中

图 3-4-59

副驾驶员侧后视镜水平调节电位计、副驾驶员侧后视镜垂直调节电位计、副驾驶员侧车门
控制单元、副驾驶员侧后视镜调节电机2、副驾驶员侧后视镜镜内折电机、副驾驶员侧后视镜后视
镜调节电机

G516-副驾驶员侧后视镜水平调节电位计　G517-副驾驶员侧后视镜垂直调节电位计　J387-副驾驶员侧车门
控制单元　T16d-16芯插头连接　T20c-20芯插头连接，黑色　T27b-27芯插头连接，右侧A柱上，
黑色　V25-副驾驶员侧后视镜调节电机2　V122-副驾驶员侧后视镜镜内折电机　V150-副驾驶员侧后视镜调
节电机

图 3-4-58

右前座椅椅温温传感器、车载电网控制单元、可加热副驾驶员座椅、可加热副驾驶员座椅靠背

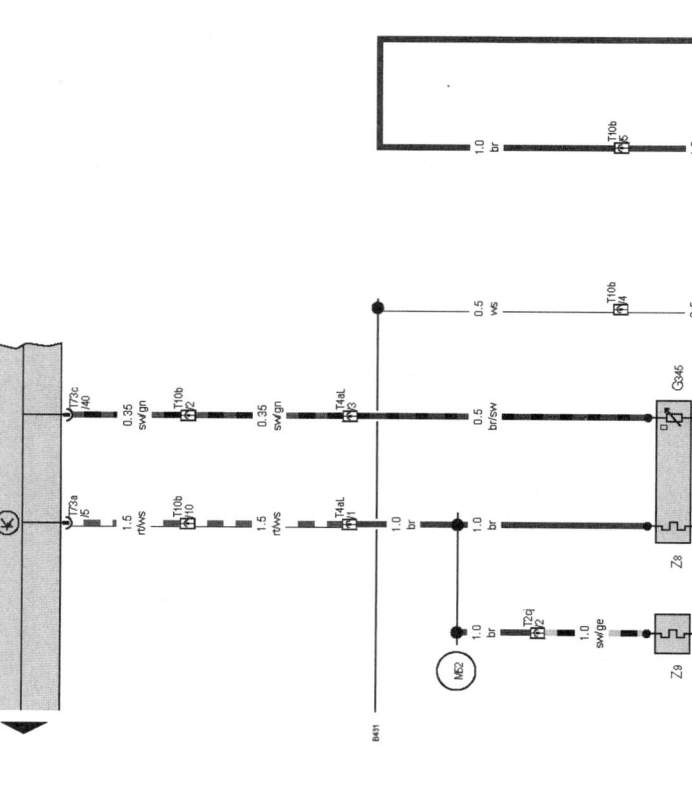

G345-右前座椅温温度传感器 J519-车载电网控制单元 T2cj-2 芯插头连接 T4aL-4 芯插头连接，黑色 T10b-10 芯插头连接，副驾驶员座椅下方，黑色 T73a-73 芯插头连接，黑色 T73c-73 芯插头连接，黑色 Z8-可加热副驾驶员座椅 Z9-可加热副驾驶员座椅靠背 43-右侧 A 柱下部的接地点 B431-连接（座椅加热），在主导线束中 M51-连接 1，在副驾驶员侧座椅导线束中 M52-连接 2，在副驾驶员侧座椅导线束中

图 3-4-61

左前座椅椅温温度传感器、车载电网控制单元、可加热驾驶员座椅、可加热驾驶员座椅靠背

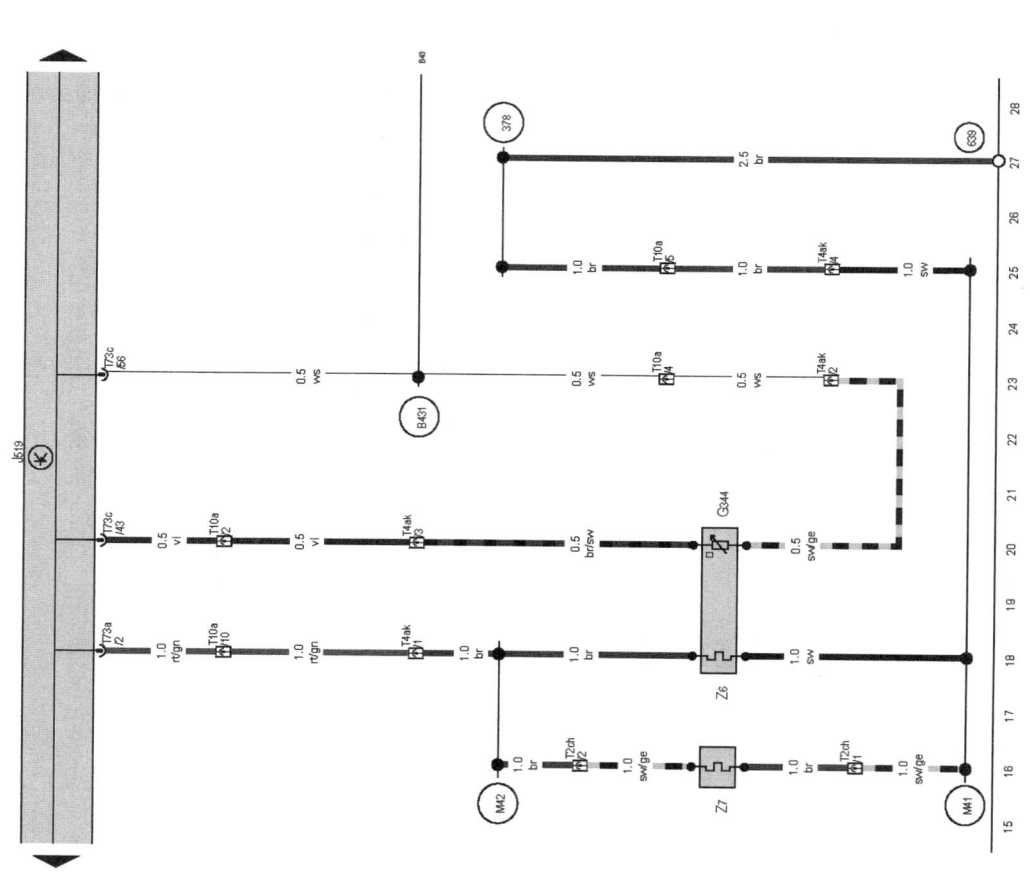

G344-左前座椅温度传感器 J519-车载电网控制单元 T2ch-2 芯插头连接 T4ak-4 芯插头连接，黑色 T10a-10 芯插头连接，驾驶员座椅下方，黑色 T73a-73 芯插头连接，黑色 T73c-73 芯插头连接，黑色 Z6-可加热驾驶员座椅 Z7-可加热驾驶员座椅靠背 378-接地连接 13，在主导线束中 639-左 A 柱上的接地点 B431-连接（座椅加热），在主导线束中 M41-连接 1，在驾驶员侧座椅导线束中 M42-连接 2，在驾驶员侧座椅导线束中

图 3-4-60

滑动天窗调节器、遮阳卷帘和滑动天窗按钮、滑动天窗控制单元、滑动天窗电机

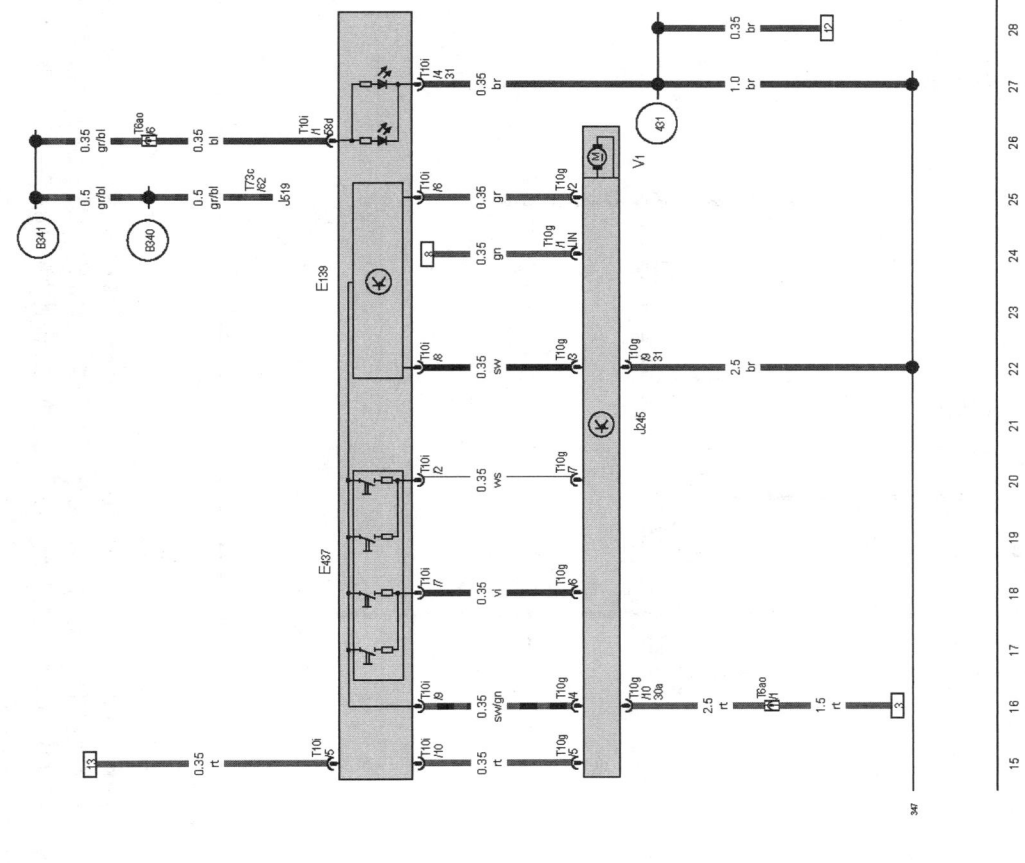

图 3-4-63

E139-滑动天窗调节器 E437-遮阳卷帘和滑动天窗按钮 J245-滑动天窗控制单元 J519-车载电网控制单元 T6ao-6 芯插头连接、前部车内照明灯附近、黑色 T10g-10 芯插头连接、黑色 T10i-10 芯插头连接、黑色 T73c-73 芯插头连接、黑色 V1-滑动天窗电机 347-接地连接 431-接地连接 2、在车顶导线束中 B340-连接 1（58d）、在主导线束中 B341-连接 2（58d）、在车顶导线束中

天窗卷帘控制单元、滑动天窗卷帘电机

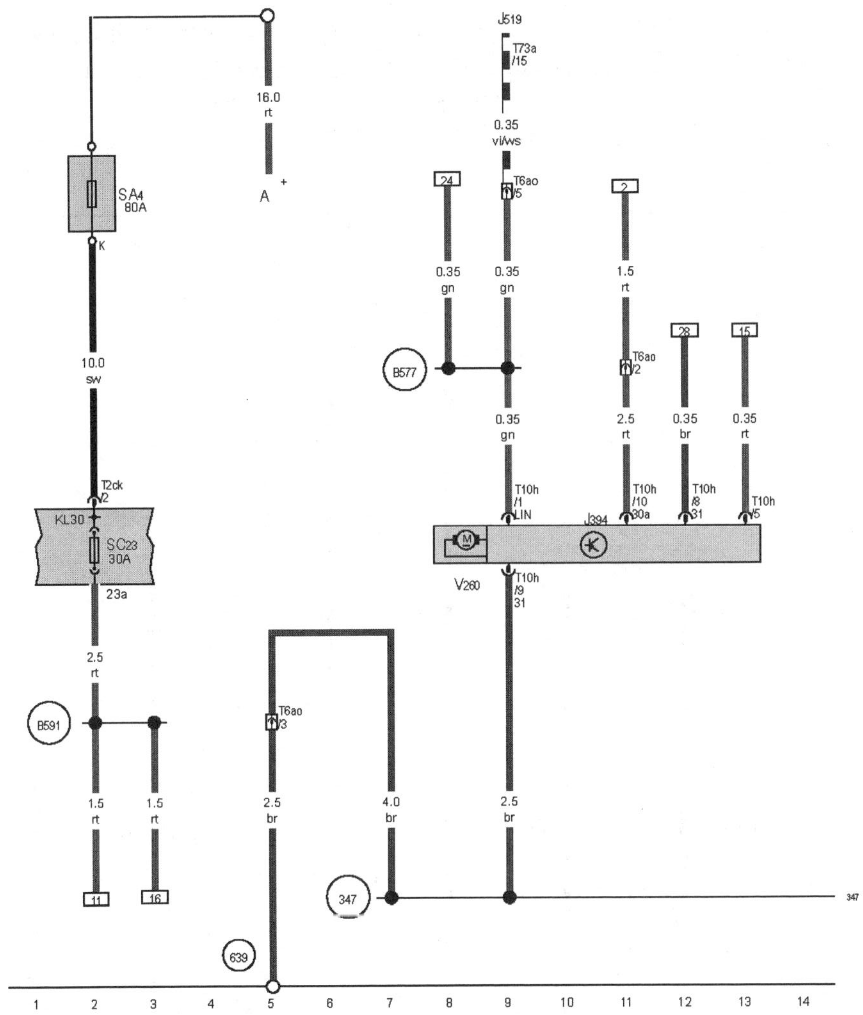

图 3-4-62

A-蓄电池 J394-天窗卷帘控制单元 J519-车载电网控制单元 SA4-保险丝架 A 上的保险丝 4 SC23-保险丝架 C 上的保险丝 23 T2ck-2 芯插头连接 T6ao-6 芯插头连接、前部车内照明灯附近、黑色 T10h-10 芯插头连接 T73a-73 芯插头连接、黑色 V260-滑动天窗卷帘电机 347-接地连接、在车顶导线束 10 芯插头连接、黑色 T73a-73 芯插头连接、黑色 V260-滑动天窗卷帘电机 347-接地连接、在车顶导线束 束中 639-左 A 柱上的接地点 B577-连接（LIN-Bus）、在主导线束中 B591-正极连接 1（30a）、在车顶导线束中

411

数据总线诊断接口、后备箱盖控制单元、保险丝架 C

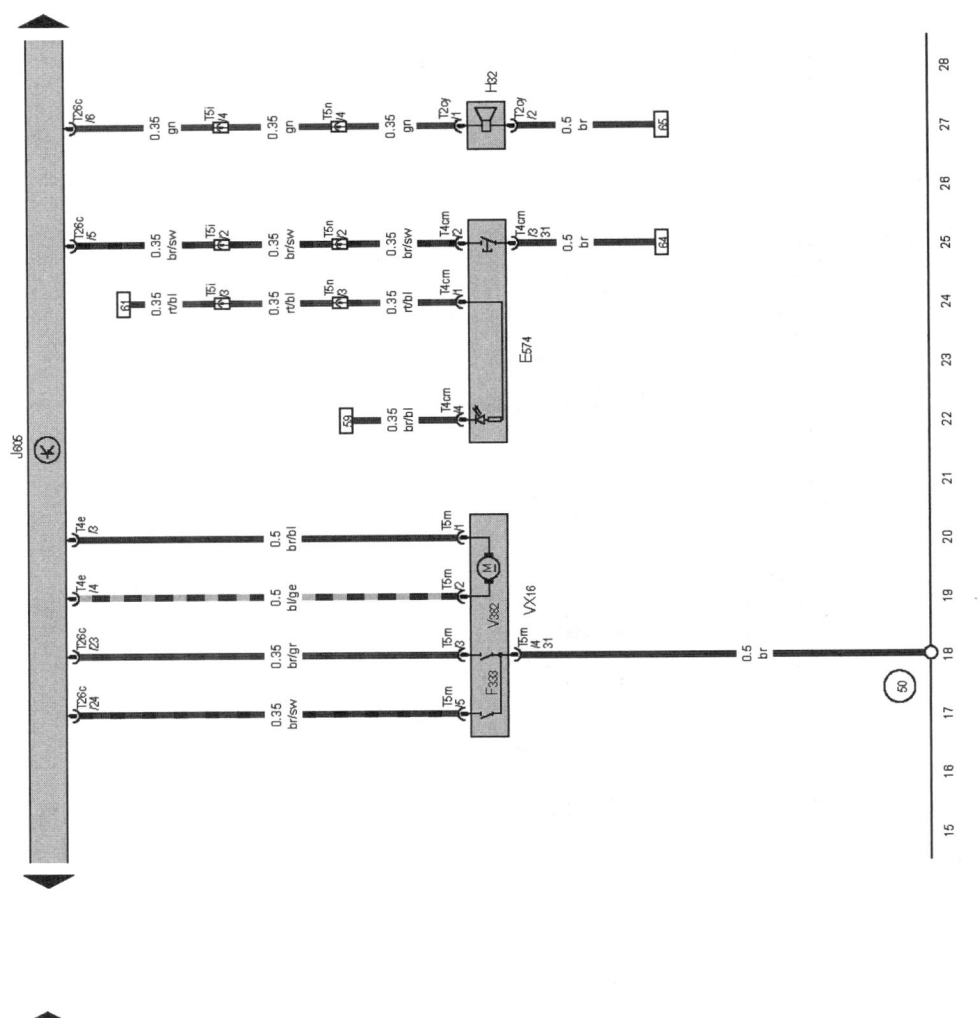

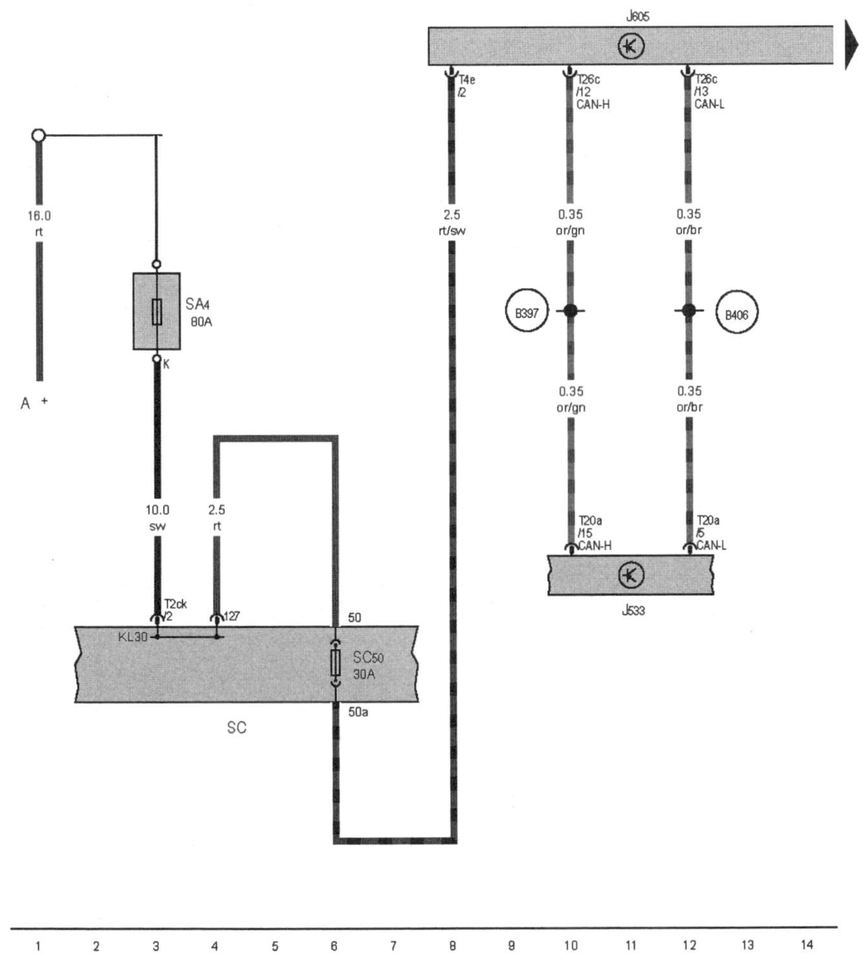

A-蓄电池　J533-数据总线诊断接口　J605-后备箱盖控制单元　SA4-保险丝架 A 上的保险丝4　SC-保险丝架 C　SC50-保险丝架 C 上的保险丝 50　T2ck-2 芯插头连接，黑色　T4e-4 芯插头连接，黑色　T20a-20 芯插头连接，红色　T26c-26 芯插头连接，黑色　B397-连接 1（舒适 CAN 总线，High），在主导线束中　B406-连接 1（舒适 CAN 总线，Low），在主导线束中

图 3-4-64

后备箱盖锁闭按钮、关闭辅助功能限位开关、后备箱已上锁、用于后备箱盖的警报蜂鸣器、后备箱盖控制单元、后备箱盖关闭辅助功能、后备箱盖关闭辅助装置电机

E574-后备箱盖锁闭按钮　F333-关闭辅助功能限位开关，后备箱已上锁　H32-用于后备箱盖的警报蜂鸣器　J605-后备箱盖控制单元　T2cy-2 芯插头连接，黑色　T4cm-4 芯插头连接，黑色　T4e-4 芯插头连接，黑色　T5i-5 芯插头连接，左侧 C 柱附近，粉色　T5m-5 芯插头连接，黑色　T5n-5 芯插头连接，在后备箱盖内，粉色　T26c-26 芯插头连接，黑色　VX16-后备箱盖关闭辅助功能　V382-后备箱盖关闭辅助装置电机　50-后备箱内左侧接地点

图 3-4-65

中控台开关模块 1、后备箱遥控开关锁按钮、电机 2 中的传感器、用于后备箱盖、车载电
网控制单元、后备箱盖控制单元、开关照明灯泡、后备箱盖电机 2

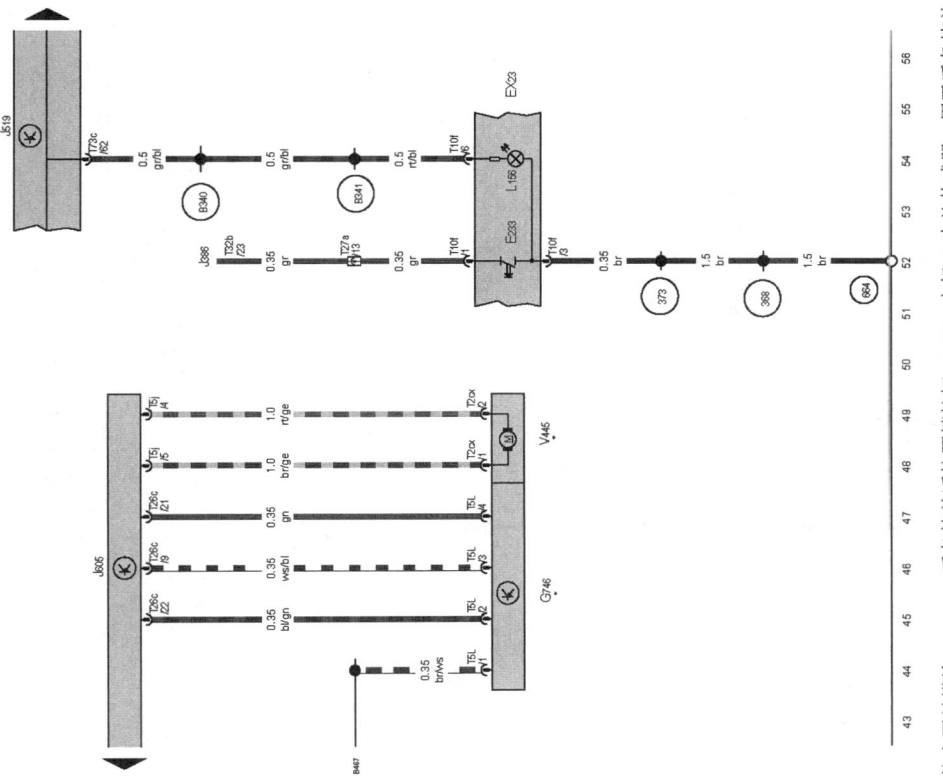

图 3-4-67

EX23-中控台开关模块 1 E233-后备箱盖遥控开锁按钮 G746-电机 2 中的传感器，用于后备箱盖，用于后备箱盖 J386-驾驶员侧车门控制单元 J519-车载电网控制单元 J605-后备箱盖控制单元 L156-开关照明灯泡 T2cx-2 芯插头连接，黑色 T5j-5 芯插头连接，黑色 T5L-5 芯插头连接，黑色 T10f-10 芯插头连接，黑色 T26c-26 芯插头连接，黑色 T27a-27 芯插头连接，左侧 A 柱上，黑色 T32b-32 芯插头连接，蓝色 T73c-73 芯插头连接，黑色 V445-后备箱盖电机 2 368-接地连接 3，在主导线束中 373-接地连接 8，在主导线束中 664-左侧仪表板后面接地点 B340-连接 1（58d），在主导线束中 B341-连接 2（58d），在主导线束中 B467-连接 3，在主导线束中 *-已预先布线的部件

电机 1 中的传感器，用于后备箱盖；后备箱盖控制单元；后备箱盖电机 1

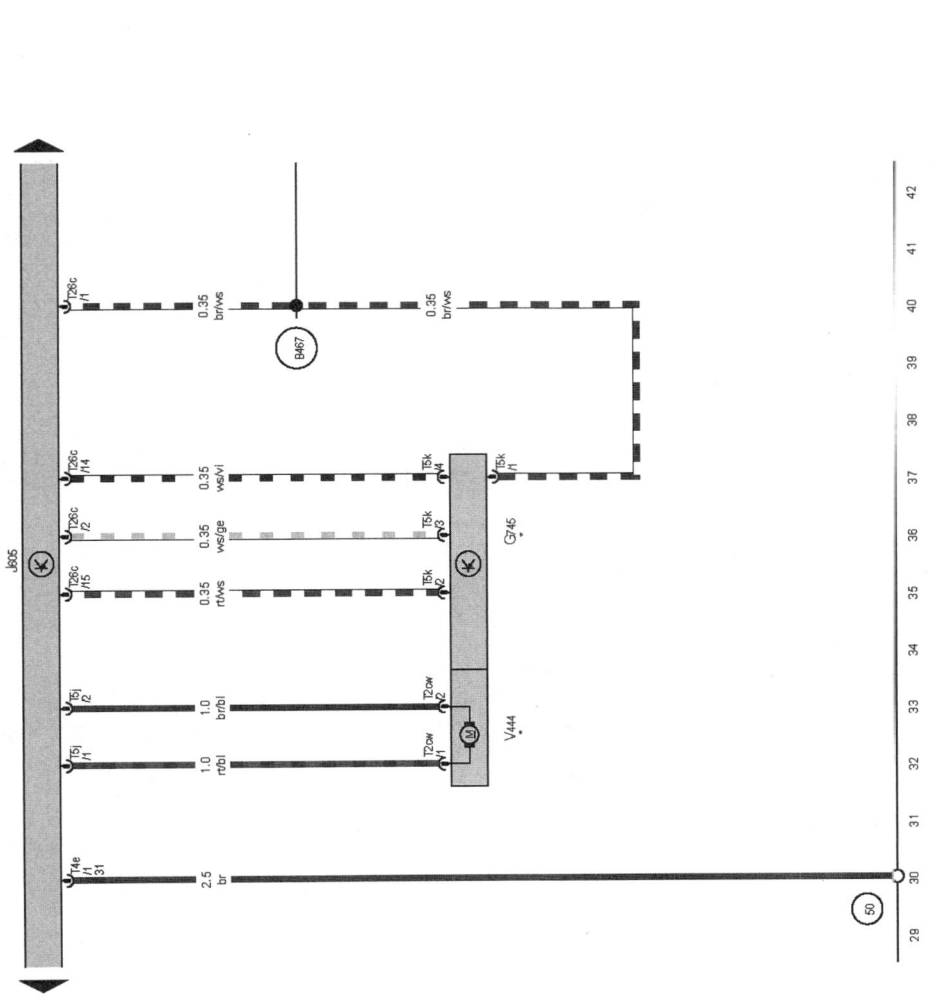

图 3-4-66

G745-电机 1 中的传感器，用于后备箱盖 J605-后备箱盖控制单元 T2cw-2 芯插头连接，黑色 T4e-4 芯插头连接，黑色 T5j-5 芯插头连接，黑色 T5k-5 芯插头连接，黑色 T26c-26 芯插头连接，黑色 V444-后备箱盖电机 1 50-后备箱内左侧接地点 B467-连接 3，在主导线束中 *-已预先布线的部件

413

后备箱盖把手中的解锁按钮、后备箱盖闭锁单元、车载电网控制单元、后备箱盖中央门锁电机

接线端 15 供电继电器、车载电网控制单元

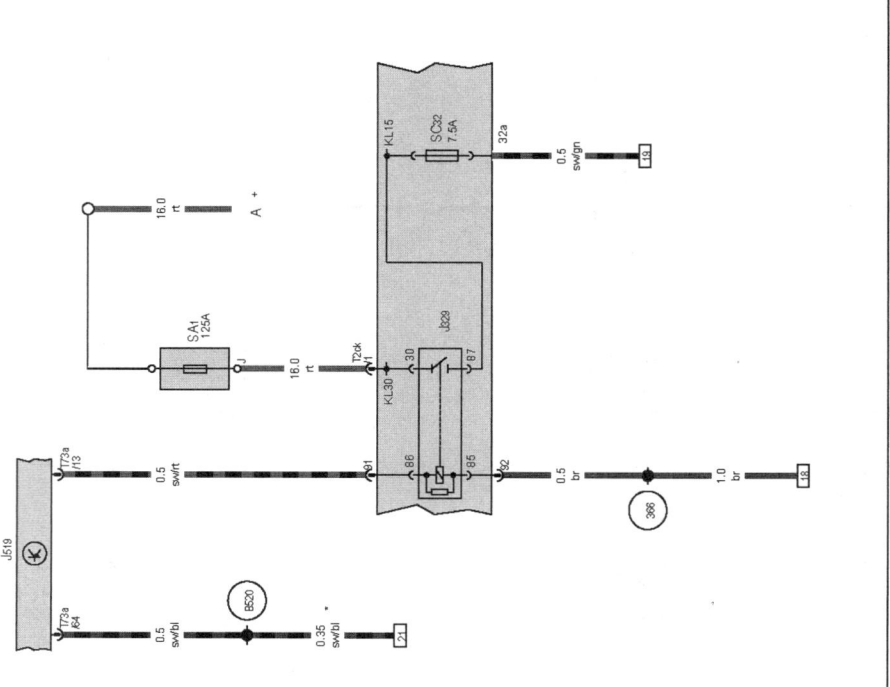

图 3-4-69

A-蓄电池 J329-接线端 15 供电继电器 J519-车载电网控制单元 SA1-保险丝架 A 上的保险丝1 SC32-保险丝架 C 上的保险丝 32 T2ck-2 芯插头连接 T73a-73 芯插头连接、黑色 366-接地连接、黑色 B520-连接 (RF)，在主导线束中 *-仅用于带泊车雷达系统、不带可视泊车系统的汽车

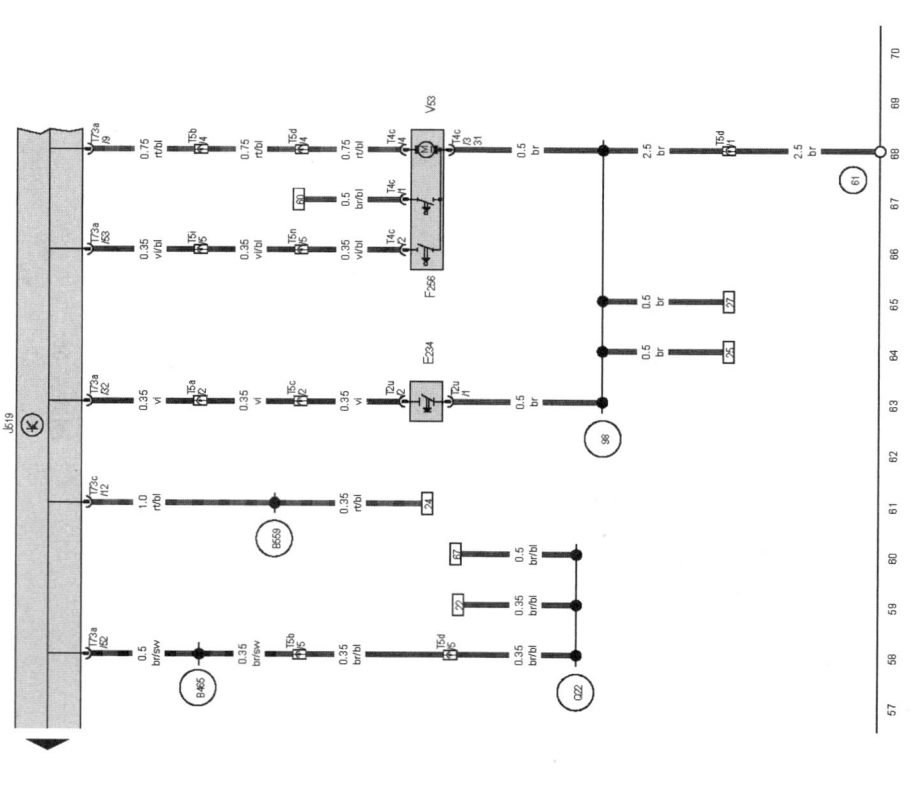

图 3-4-68

E234-后备箱盖把手中的解锁按钮 F256-后备箱盖闭锁单元 J519-车载电网控制单元 T2u-2 芯插头连接，黑色 T4c-4 芯插头连接，黑色 T5a-5 芯插头连接，左侧 C 柱附近 T5b-5 芯插头连接，左侧 C 柱附近，黑色 T5c-5 芯插头连接，在后备箱盖内，棕色 T5d-5 芯插头连接，在后备箱盖内，粉色 T5i-5 芯插头连接，左侧 C 柱附近，粉色 T5n-5 芯插头连接，在后备箱盖内，粉色 T73a-73 芯插头连接，黑色 T73c-73 芯插头连接，黑色 V53-后备箱盖中央门锁电机 61-左侧 C 柱上的接地点 98-左侧接地连接 1 (30g)，在主导线束中 Q22-连接，在后备箱盖导线束中 B465-连接 1，在主导线束中 B559-正极连接 1 (30g)，在主导线束中 Q22-连接 1，在后备箱导线束中

414

左后泊车雷达系统传感器、左后中部泊车雷达系统传感器、右后中部泊车雷达系统传感器、泊车雷达系统控制单元

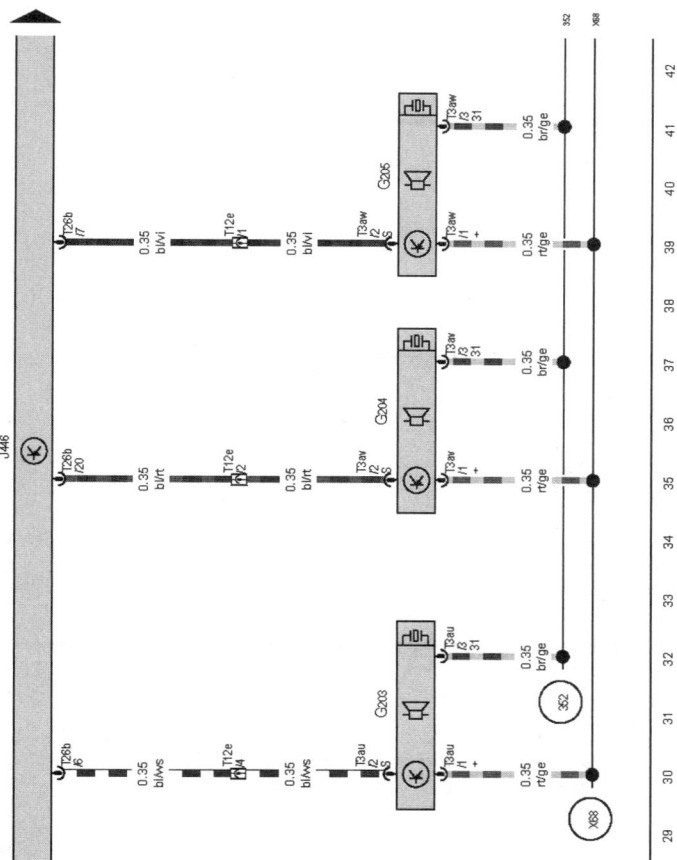

后部泊车雷达系统警报蜂鸣器、泊车雷达系统控制单元

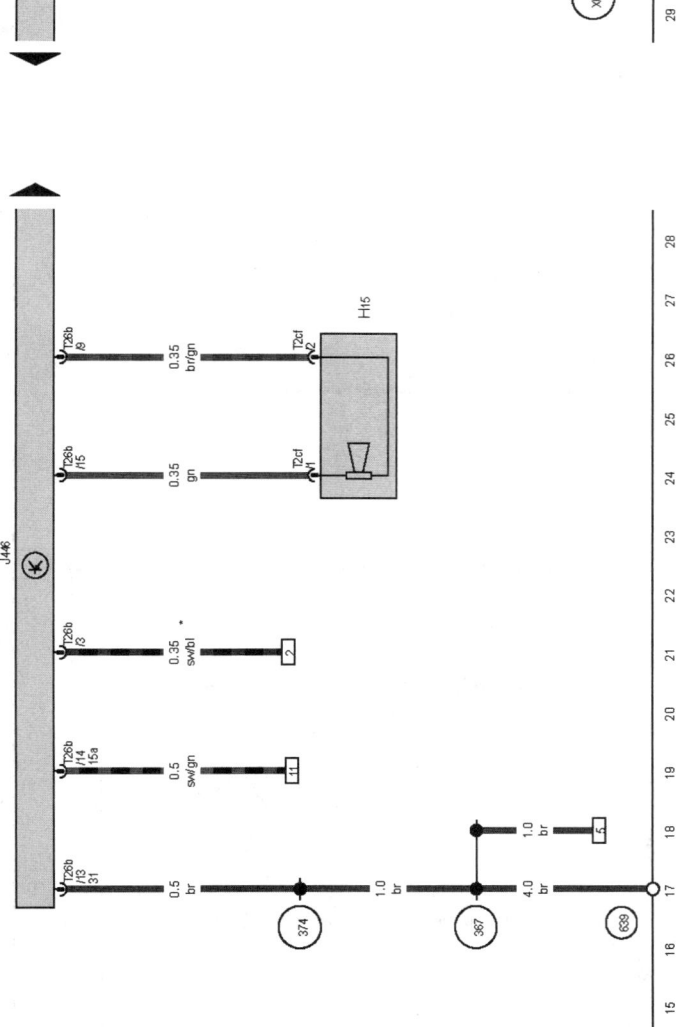

图 3-4-70

图 3-4-71

H15-后部泊车雷达系统警报蜂鸣器 J446-泊车雷达系统控制单元 T2cf-2 芯插头连接，黑色 T26b-26 芯插头连接，黑色 367-接地连接 2，在主导线束中 374-接地连接 9，在主导线束中 639-左 A 柱上的接地点 *-仅用于带泊车雷达系统、不带可视泊车雷达系统的汽车

G203-左后泊车雷达系统传感器 G204-左后中部泊车雷达系统传感器 G205-右后中部泊车雷达系统传感器 J446-泊车雷达系统控制单元 T3au-3 芯插头连接，黑色 T3av-3 芯插头连接，黑色 T3aw-3 芯插头连接，黑色 T12c-12 芯插头连接，棕色 T26b-26 芯插头连接，黑色 352-接地连接，黑色 X68-连接（泊车雷达系统），在后保险杠导线束中 接，在后保险杠导线束中 X68（泊车雷达系统），在后保险杠导线束中

415

接线端 15 供电继电器、车载电网控制单元

右后泊车雷达系统传感器、泊车雷达系统控制单元

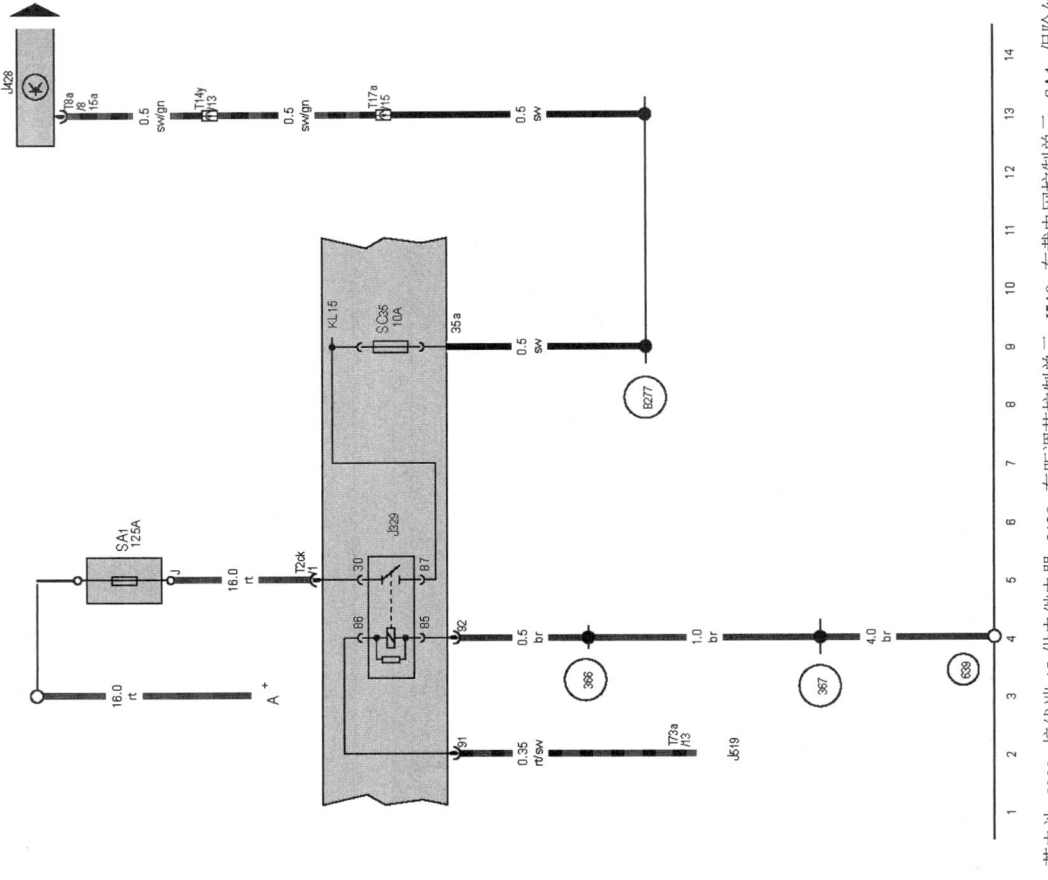

图 3-4-73

A—蓄电池 J329—接线端 15 供电继电器 J428—车距调节控制单元 J519—车载电网控制单元 SA1—保险丝架 A 上的保险丝1 SC35—保险丝架 C 上的保险丝 35 T2ck—2 芯插头连接、黑色 T8a—8 芯插头连接、黑色 T14y—14 芯插头连接、左前保险杠内、黑色 T17a—17 芯插头连接、左侧 A 柱下部、黑色 T73a—73 芯插头连接、黑色 366—接地连接 1、在主导线束中 367—接地连接 2、在主导线束中 639—左 A 柱上的接地点 B277—正极连接 1（15a）、在主导线束中

图 3-4-72

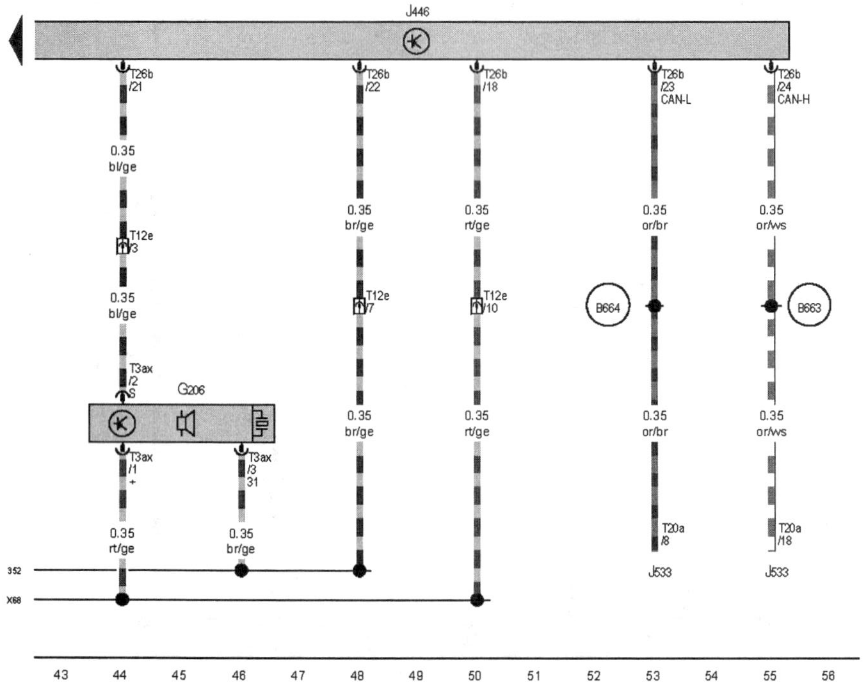

G206—右后泊车雷达系统传感器 J446—泊车雷达系统控制单元 J533—数据总线诊断接口 T3ax—3 芯插头连接、黑色 T12e—12 芯插头连接、后部保险杠内、棕色 T20a—20 芯插头连接、红色 T26b—26 芯插头连接、黑色 352—接地连接（泊车雷达系统）、在主导线束中 B663—连接（底盘传感器 CAN 总线、High）、在主导线束中 B664—连接（底盘传感器 CAN 总线、Low）、在主导线束中 X68—连接（泊车雷达系统）、在右后保险杠导线束中

定速巡航装置开关、定速巡航装置设置按钮、自动车距控制按钮、车速提高按钮、车速降低按钮、定速巡航装置暂时关闭按钮、转向柱电子装置控制单元

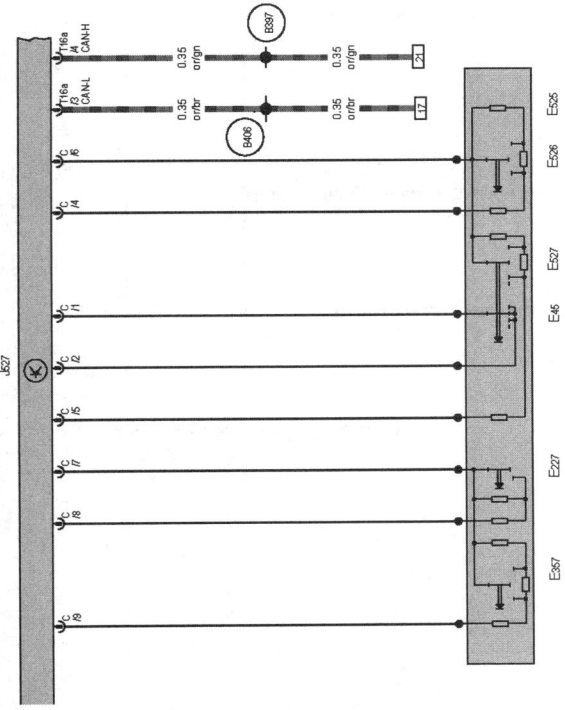

E45－定速巡航装置开关　E227－定速巡航装置设置按钮　E357－自动车距控制按钮　E525－车速提高按钮　E526－车速降低按钮　E527－定速巡航装置暂时关闭按钮　J527－转向柱电子装置控制单元　T16a－16 芯插头连接，黑色　B397－连接 1（舒适 CAN 总线，High），在主导线束中　B406－连接 1（舒适 CAN 总线，Low），在主导线束中

图 3-4-75

驾驶员辅助系统按钮、车距调节控制单元、转向柱电子装置控制单元、数据总线诊断接口

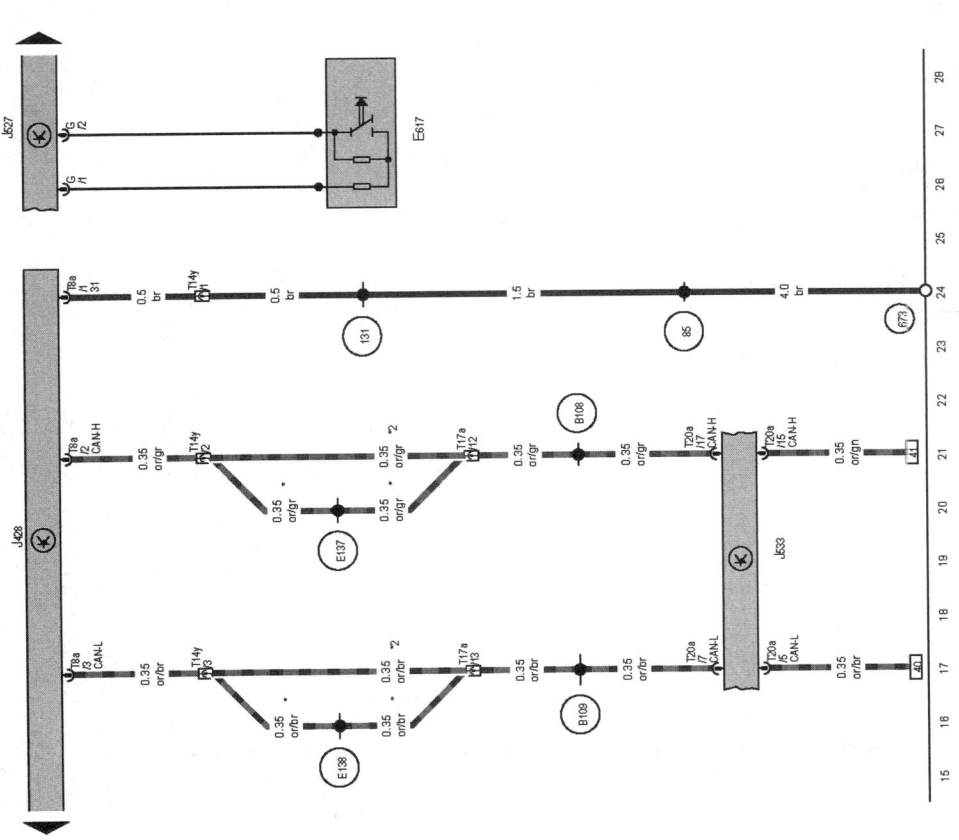

E617－驾驶员辅助系统按钮　J428－车距调节控制单元　J527－转向柱电子装置控制单元　J533－数据总线诊断接口　T8a－8 芯插头连接　T14y－14 芯插头连接，黑色　T17a－17 芯插头连接，左侧A柱下部，黑色　T20a－20 芯插头连接，红色　85－接地连接 1，在发动机舱导线束中　131－接地连接 2，在发动机舱导线束中　673－左前纵梁上的接地点 3　B108－连接 1（扩展 CAN 总线，High），在主导线束中　B109－连接 1（扩展 CAN 总线，Low），在主导线束中　E137－连接 2（扩展 CAN 总线，High），在发动机舱导线束中　E138－连接 2（扩展 CAN 总线，Low），在发动机舱导线束中　*2－仅用于不带自动大灯照明距离调节的汽车　*－用于带自动大灯照明距离调节的汽车

图 3-4-74

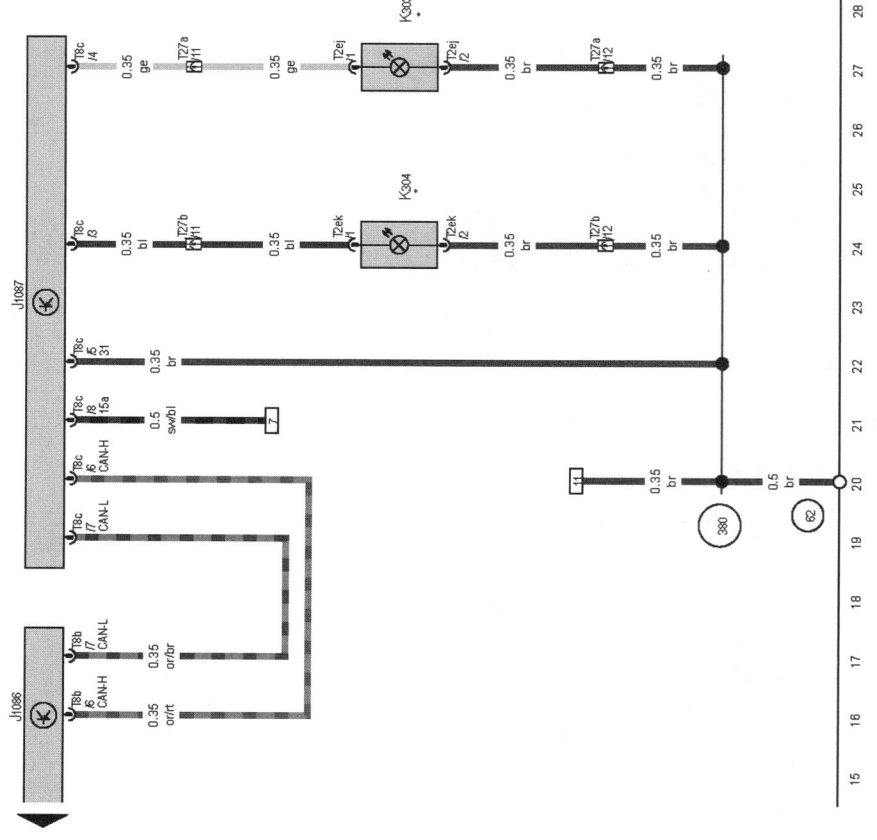

盲区识别控制单元、盲区识别控制单元 2、左侧车外后视镜中的盲区识别警告灯、右侧车外后视镜中的盲区识别警告灯

接线端 15 供电继电器、盲区识别控制单元

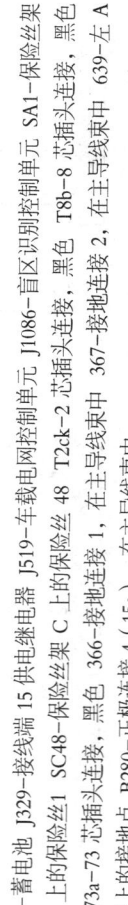

图 3-4-76

A-蓄电池 J329-接线端 15 供电继电器 J519-车载电网控制单元 J1086-盲区识别控制单元 SA1-保险丝架 A 上的保险丝1 SC48-保险丝架 C 上的保险丝 48 T2ck-2 芯插头连接，黑色 T8b-8 芯插头连接，黑色 T73a-73 芯插头连接，黑色 366-接地连接 1，在主导线束中 367-接地连接 2，在主导线束中 639-左 A 柱上的接地点 B280-正极连接 4 (15a)，在主导线束中

图 3-4-77

J1086-盲区识别控制单元 J1087-盲区识别控制单元 2 K303-左侧车外后视镜中的盲区识别警告灯 K304-右侧车外后视镜中的盲区识别警告灯 T2ej-2 芯插头连接，黑色 T2ek-2 芯插头连接，黑色 T8c-8 芯插头连接，黑色 T27a-27 芯插头连接，黑色 T27b-27 芯插头连接，左侧 A 柱上，黑色 62-右侧 C 柱上的接地点 380-接地连接 15，在主导线束中 *-已预先布线的部件

418

驾驶员辅助系统按钮、转向柱电子装置控制单元、数据总线诊断接口

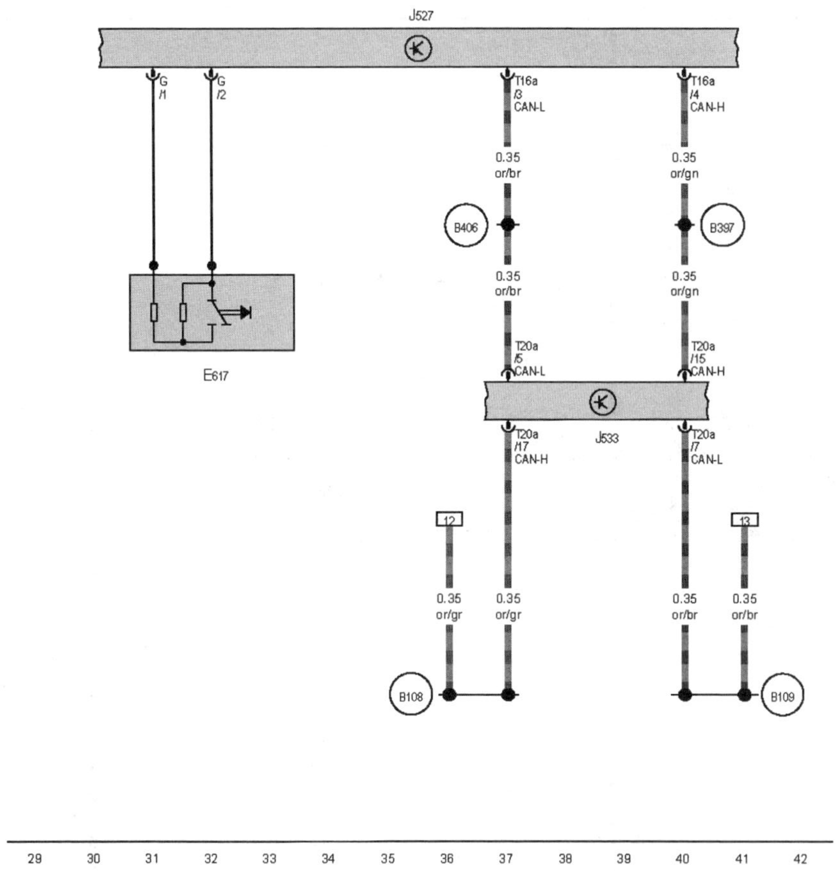

收音机、倒车摄像头

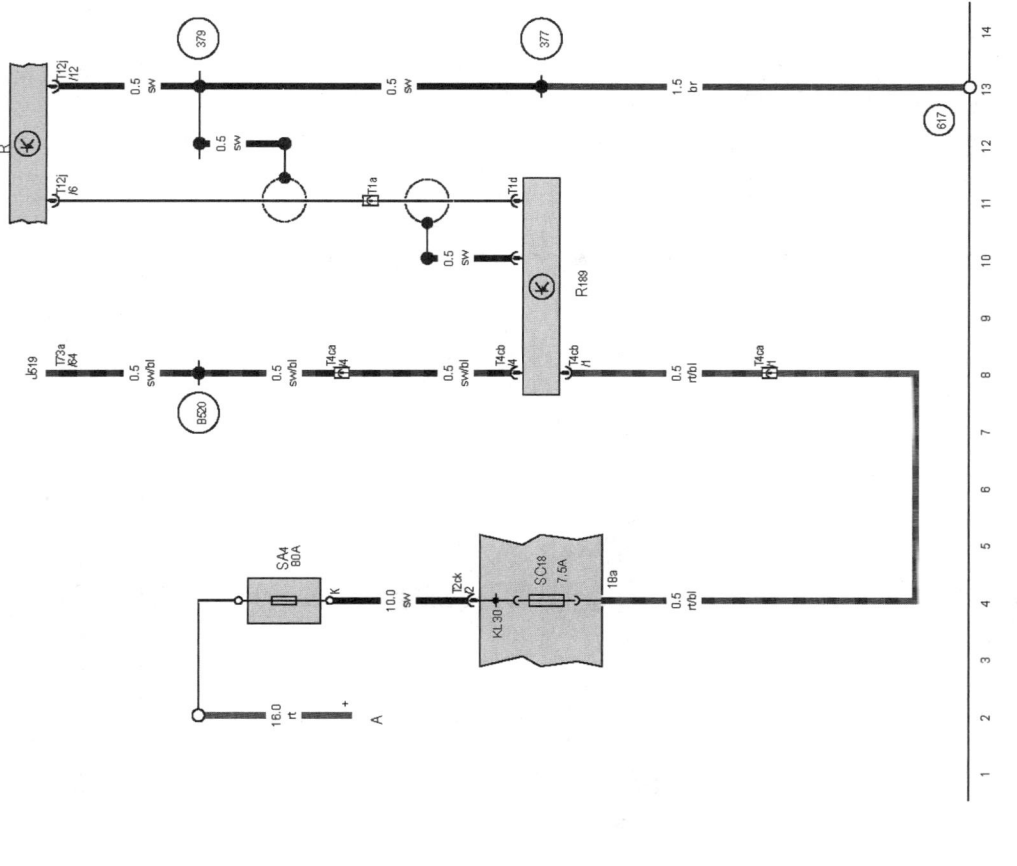

图 3-4-78

图 3-4-79

E617-驾驶员辅助系统按钮 J527-转向柱电子装置控制单元 J533-数据总线诊断接口 T16a-16 芯插头连接 T20a-20 芯插头连接 B108-连接 1（扩展 CAN 总线，High），在主导线束中 B109-连接 1（扩展 CAN 总线，High），在主导线束中 B397-连接 1（舒适 CAN 总线，High），在主导线束中 B406-连接 1（舒适 CAN 总线，Low），在主导线束中

说明：黑色 T20a-20 芯插头连接，红色 B108-连接 1（扩展 CAN 总线，Low），在主导线束中 B109-连接 1（扩展 CAN 总线，High），在主导线束中

A-蓄电池 J519-车载电网控制单元 R-收音机 R189-倒车摄像头 SA4-保险丝架 A 上的保险丝 4 SC18-保险丝架 C 上的保险丝 18 T1a-1 芯插头连接，右侧 C 柱附近 T1d-1 芯插头连接，灰色 T2ck-2 芯插头连接，黑色 T4ca-4 芯插头连接，右侧 C 柱附近 T4cb-4 芯插头连接，黑色 T12j-12 芯插头连接，蓝色 T73a-73 芯插头连接，黑色 377-接地连接 12，在主导线束中 379-接地连接 14，在主导线束中 617-右侧 A 柱下部接地点 2 B520-连接（RF），在主导线束中

419

雨水与光线识别传感器、车载电网控制单元

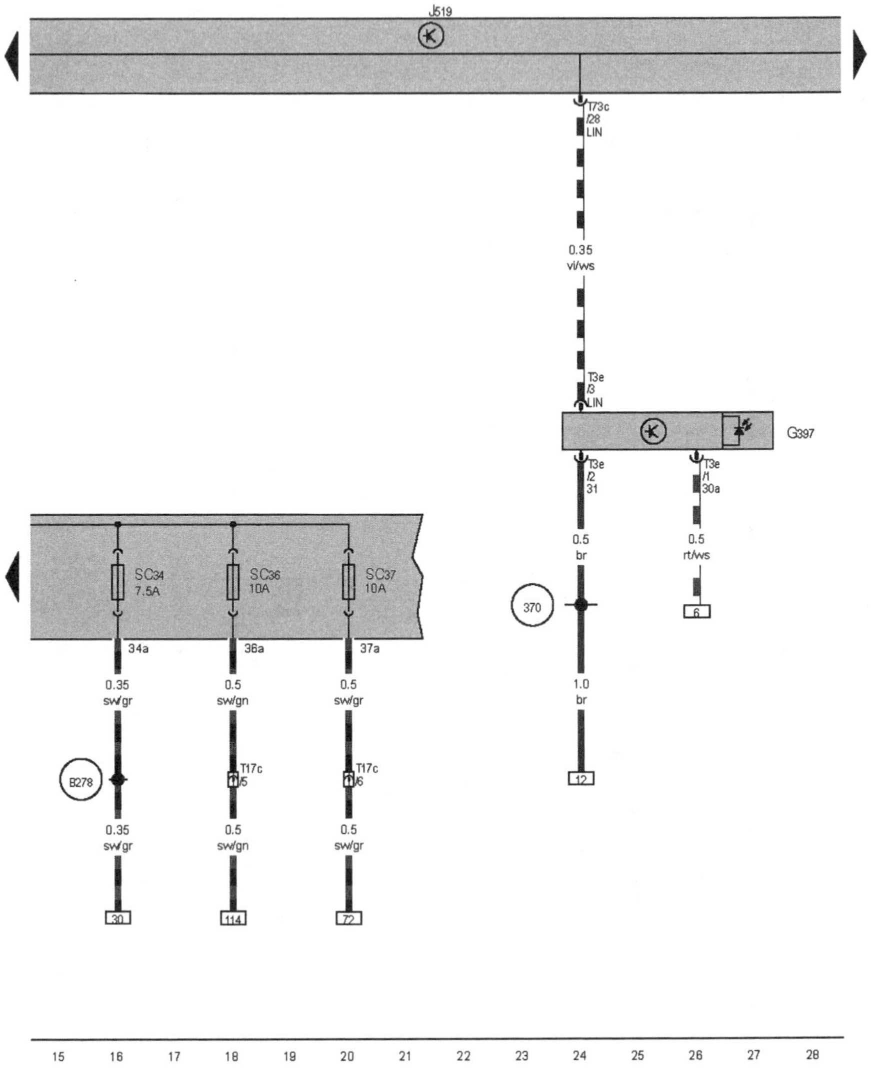

接线端 15 供电继电器、车载电网控制单元、保险丝架 A 上的保险丝 1

图 3-4-81

G397—雨水与光线识别传感器 J519—车载电网控制单元 SC34—保险
丝架 C 上的保险丝 34 SC36—保险丝架 C 上的保险丝 34 SC36—保险丝架 C 上的保险丝 34 SC34—保险丝
C 上的保险丝 36 SC37—保险丝架 C 上的保险丝 37 T3e—3 芯插头连接，黑色 T17c—17 芯插头连接，黑色 370—接地连接 5，在主导线束中 B278—正极连接 2（15a），
A 柱下部，红色 T73c—73 芯插头连接，红色 370—接地连接 5，在主导线束中
在主导线束中

图 3-4-80

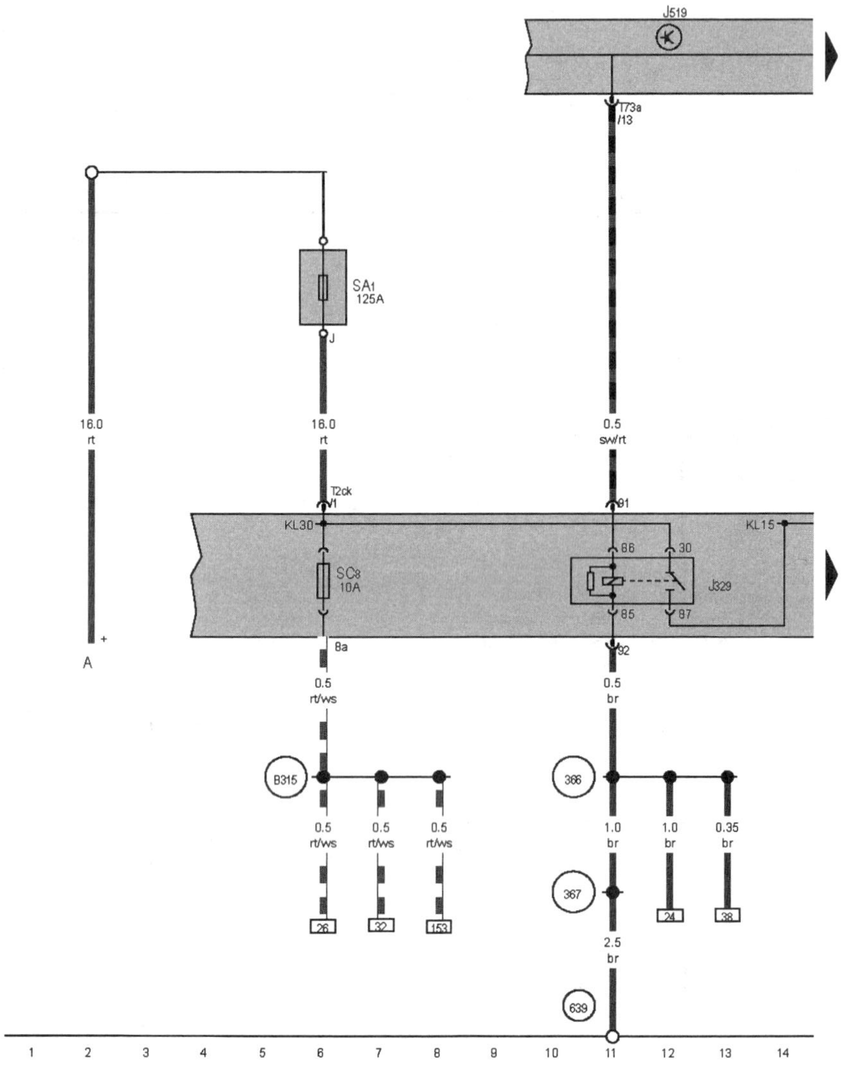

A—蓄电池 J329—接线端 15 供电继电器 J519—车载电网控制单元 SA1—保险丝架 A 上的保险丝 1 SC8—保险
丝架 C 上的保险丝 8 T2ck—2 芯插头连接，黑色 T73a—73 芯插头连接，黑色 366—接地连接 1，在主导线
束中 367—接地连接 2，在主导线束中 639—左 A 柱上的接地点 B315—正极连接 1（30a），在主导线束中

420

左后汽车高度传感器、左前汽车高度传感器、车载电网控制单元

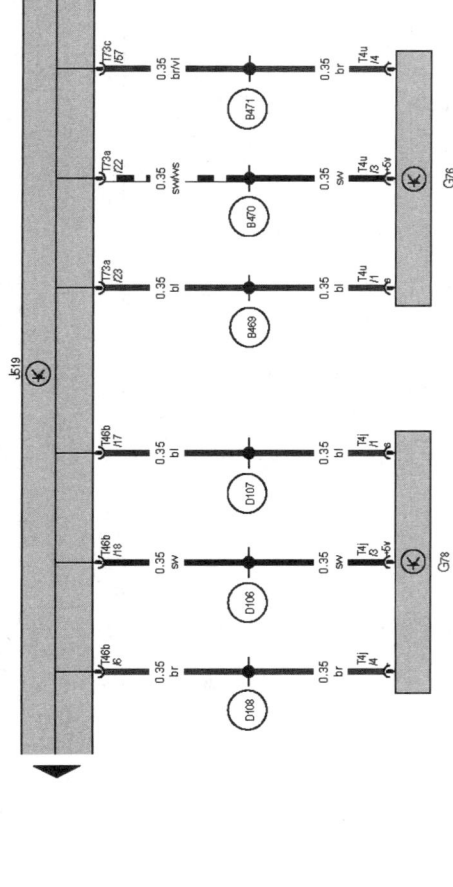

G76-左后汽车高度传感器 G78-左前汽车高度传感器 J519-车载电网控制单元 T4j-4 芯插头连接, 黑色 T4u-4 芯插头连接, 黑色 T46b-46 芯插头连接, 黑色 T73a-73 芯插头连接, 黑色 T73c-73 芯插头连接, 黑色 B469-连接 5, 在主导线束中 B470-连接 6, 在主导线束中 B471-连接 7, 在主导线束中 D107-连接 5, 在发动机舱导线束中 D108-连接 6, 在发动机舱导线 D106-连接 4, 在发动机舱导线束中 D107-连接 5, 在发动机舱导线束中 束中

图 3-4-83

车灯开关、后雾灯开关、车载电网控制单元、大灯开关照明灯泡

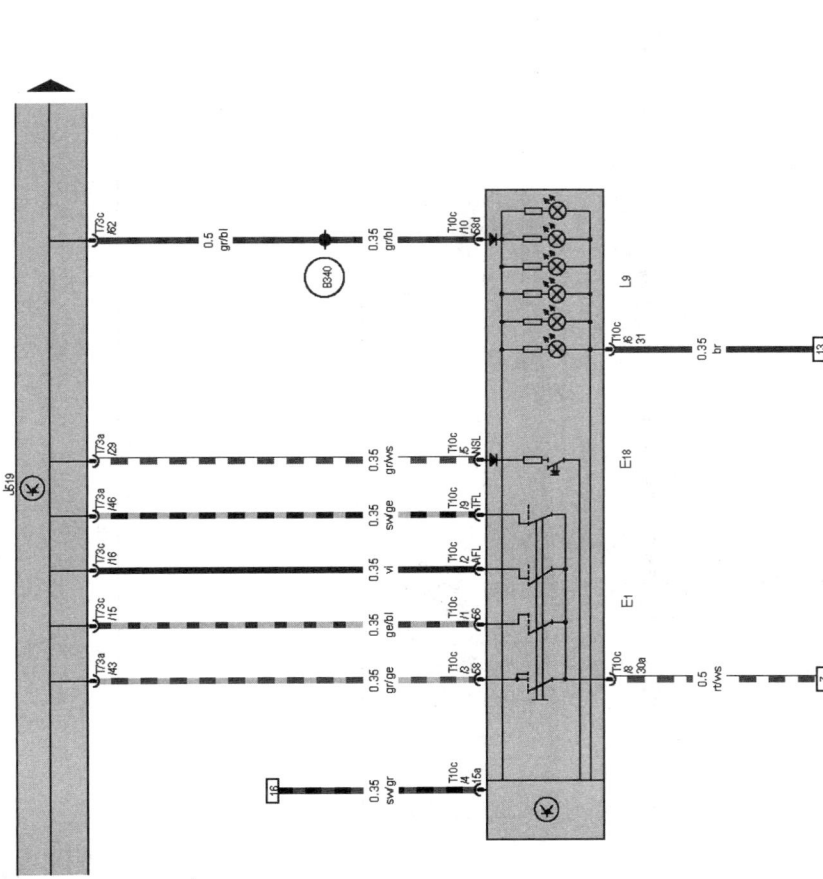

E1-车灯开关 E18-后雾灯开关 J519-车载电网控制单元 L9-大灯开关照明灯泡 T10c-10 芯插头连接, 红色 T73a-73 芯插头连接, 黑色 T73c-73 芯插头连接, 黑色 B340-连接 1 (58d), 在主导线束中

图 3-4-82

左侧 LED 大灯模块化电源 1、车载电网控制单元、左侧日间行车灯灯泡、左前大灯、左
前转向信号灯灯泡、左侧近光灯灯泡

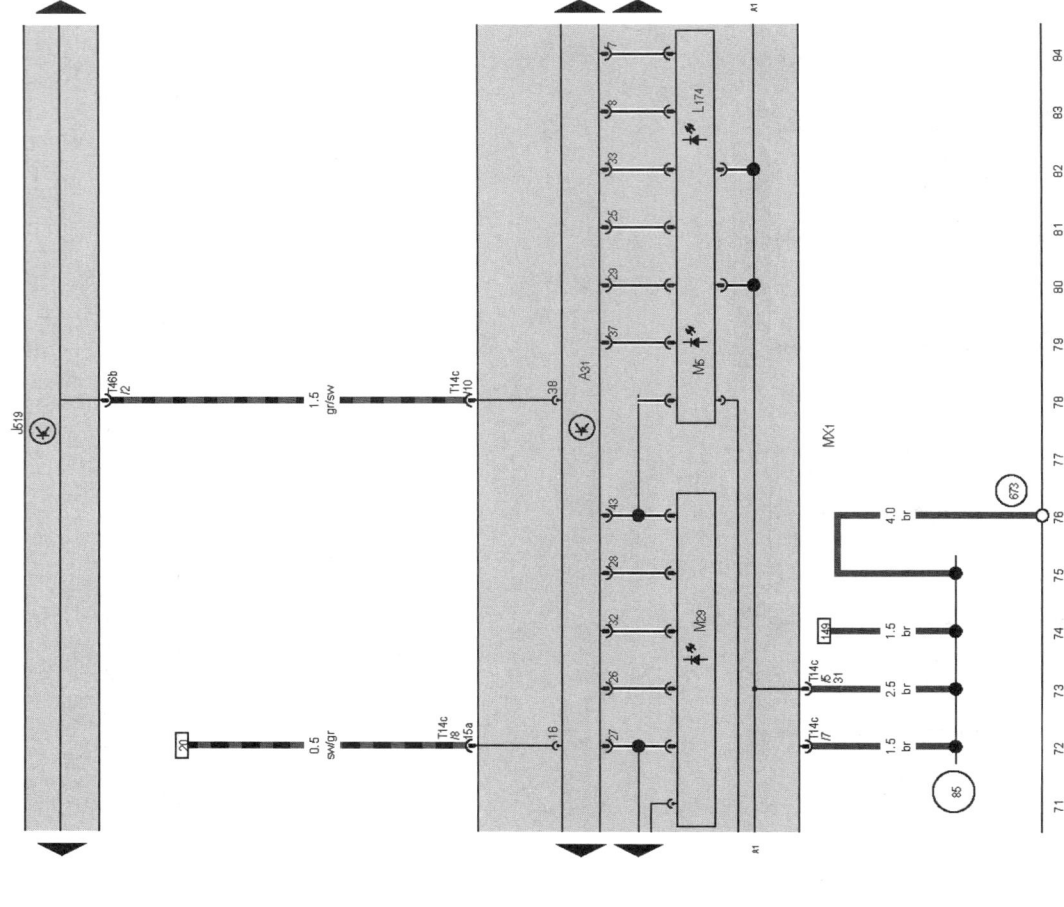

A31-左侧 LED 大灯模块化电源 1 J519-车载电网控制单元 L174-左侧日间行车灯灯泡 MX1-左前大灯
M5-左前转向信号灯灯泡 M29-左侧近光灯灯泡 T14c-14 芯插头连接,黑色 T46b-46 芯插头连接,黑色
85-接地连接 1,在发动机舱导线束中 673-左前纵梁上的接地点 3

图 3-4-85

左侧 LED 大灯模块化电源 1、车载电网控制单元、左前大灯、左侧大灯、左侧远光灯灯泡、左侧大
灯风扇

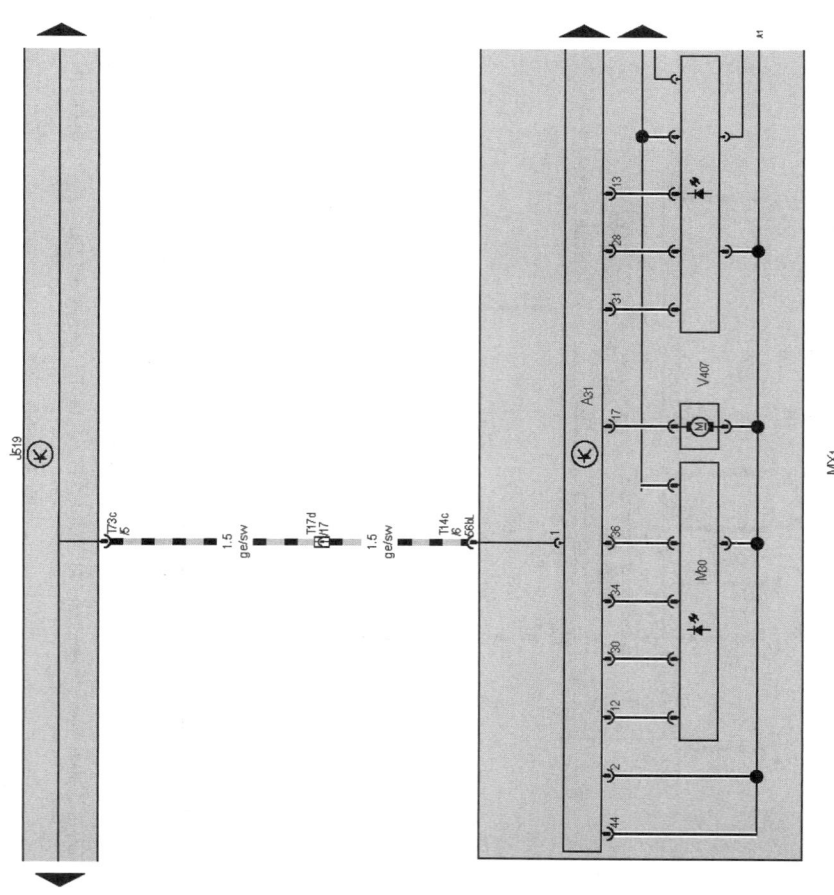

A31-左侧 LED 大灯模块化电源 1 J519-车载电网控制单元 MX1-左前大灯 M30-左侧远光灯灯泡 T14c-
14 芯插头连接,黑色 T17d-17 芯插头连接,左侧 A 柱下部,蓝色 T73c-73 芯插头连接,黑色 V407-左
侧大灯风扇

图 3-4-84

422

左侧 LED 大灯模块化电源 1、车载电网控制单元、左前大灯、左侧驻车示宽灯灯泡、左侧大灯照明距离调节伺服电机

右侧 LED 大灯模块化电源 1、车载电网控制单元、右前大灯、右侧远光灯灯泡、右侧大灯风扇

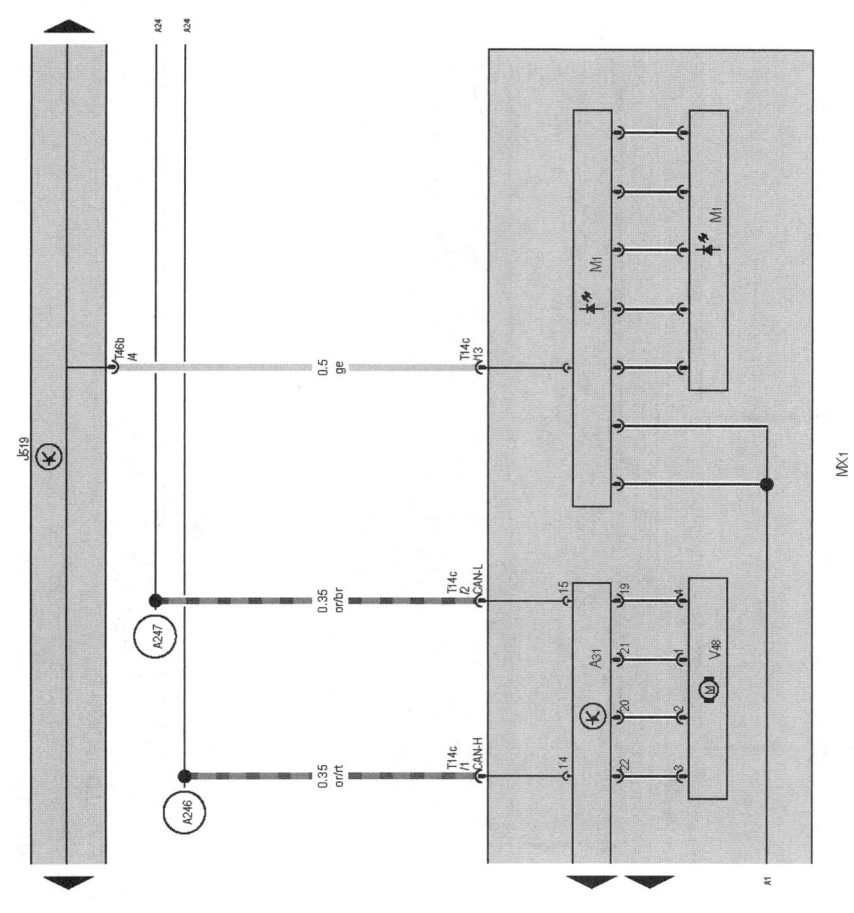

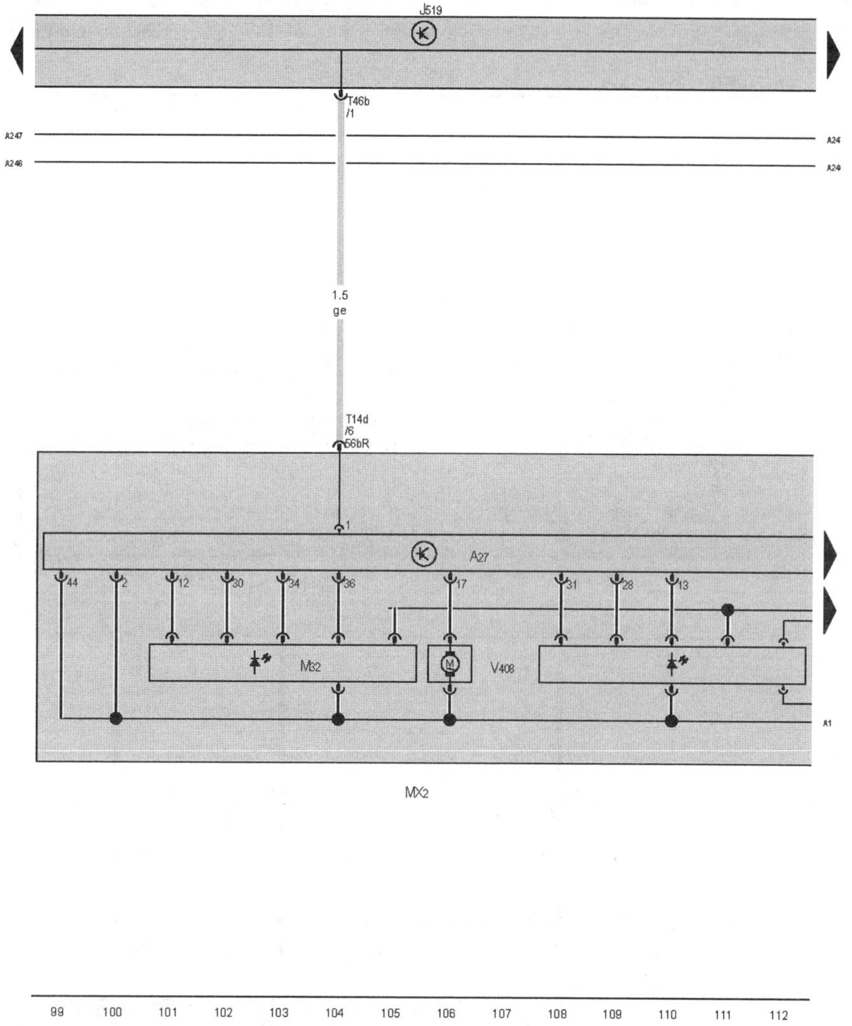

图 3-4-86

A31-左侧 LED 大灯模块化电源 1 J519-车载电网控制单元 MX1-左前大灯 M1-左侧驻车示宽灯灯泡 T14c-14 芯插头连接，黑色 T46b-46 芯插头连接，黑色 V48-左侧大灯照明距离调节伺服电机 A246-连接 1（CAN 总线，High），在发动机舱导线束中 A247-连接 1（CAN 总线，Low），在发动机舱导线束中

图 3-4-87

A27-右侧 LED 大灯模块化电源 1 J519-车载电网控制单元 MX2-右前大灯 M32-右侧远光灯灯泡 T14d-14 芯插头连接，黑色 T46b-46 芯插头连接，黑色 V408-右侧大灯风扇 A246-连接 1（CAN 总线，High），在发动机舱导线束中 A247-连接 1（CAN 总线，Low），在发动机舱导线束中

右侧 LED 大灯模块化电源 1、车载电网控制单元、右侧大灯、右侧日间行车灯灯泡、右前转向信号灯灯泡、右侧近光灯灯泡

右侧 LED 大灯模块化电源 1、车载电网控制单元、右侧大灯、右侧驻车示宽灯灯泡、右前大灯、右侧大灯照明距离调节伺服电机

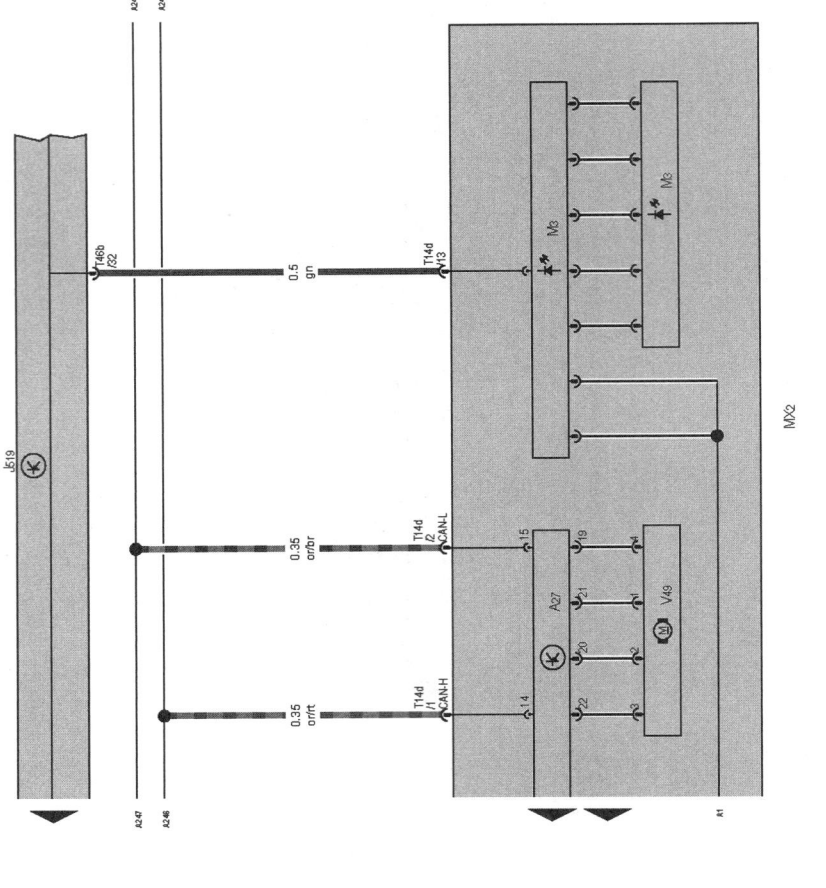

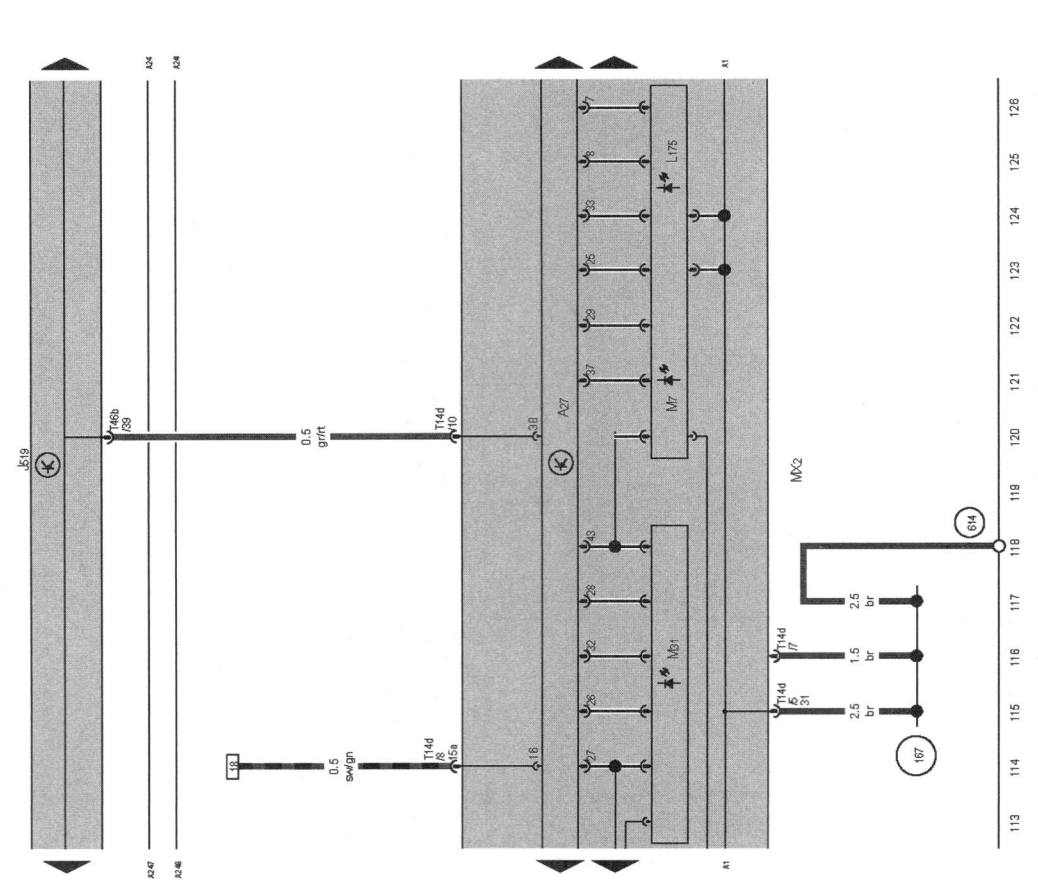

A27-右侧 LED 大灯模块化电源 1 J519-车载电网控制单元 L175-右侧日间行车灯灯泡 MX2-右前大灯 M7-右侧转向信号灯灯泡 M31-右侧近光灯灯泡 T14d-14 芯插头连接 T46b-46 芯插头连接，黑色 A246-连接 1 (CAN 总线，黑色 167-接地连接 4，在发动机舱导线束中 614-发动机舱内右侧接地点 2 A246-连接 1 (CAN 总线，Low)，在发动机舱导线束中 A247-连接 1 (CAN 总线，High)，在发动机舱导线束中

图 3-4-88

A27-右侧 LED 大灯模块化电源 1 J519-车载电网控制单元 MX2-右前大灯 M3-右侧驻车示宽灯 T14d-14 芯插头连接 T46b-46 芯插头连接，黑色 V49-右侧大灯照明距离调节伺服电机 A246-连接 1 (CAN 总线，Low)，在发动机舱导线束中 A247-连接 1 (CAN 总线，High)，在发动机舱导线束中

图 3-4-89

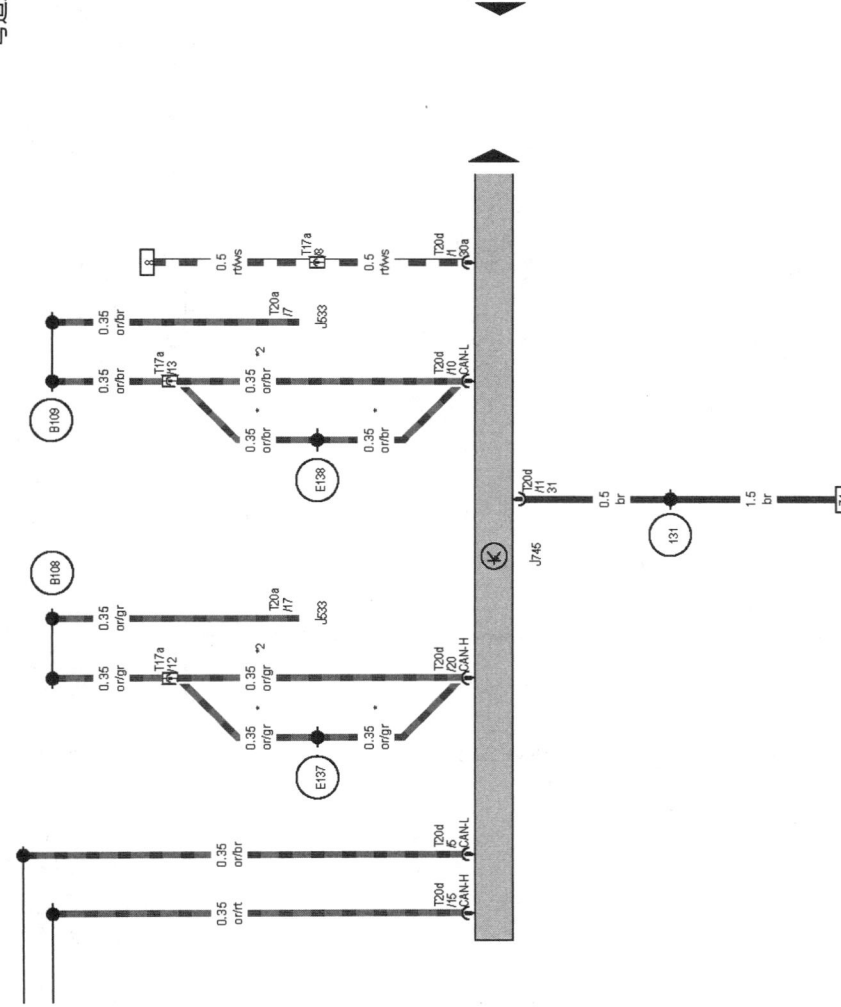

弯道灯和大灯照明距离调节控制单元

转向信号灯开关、手动远光灯功能和远光灯瞬时接通功能开关、转向柱电子装置控制单元、弯道灯和大灯照明距离调节控制单元

155 156 157 158 159 160 161 162 163 164 165 166 167 168

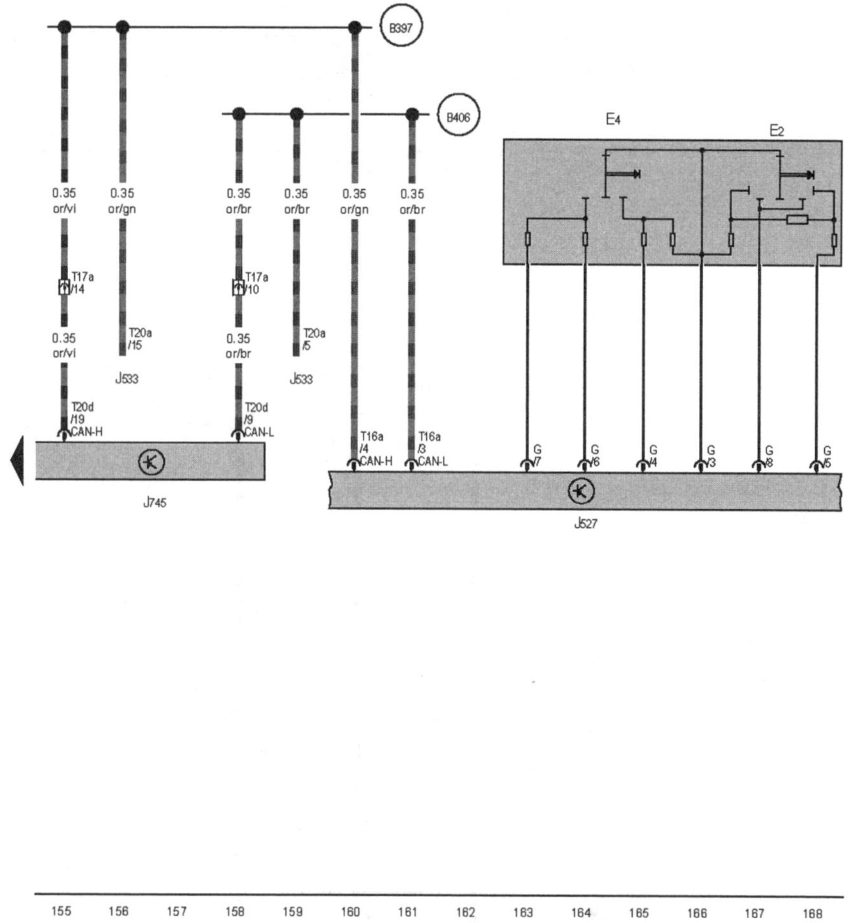

E2-转向信号灯开关 E4-手动远光灯功能和远光灯瞬时接通功能开关 J527-转向柱电子装置控制单元 J533-数据总线诊断接口 J745-弯道灯和大灯照明距离离调节控制单元 T16a-16芯插头连接，黑色 T17a-17芯插头连接，左侧A柱下部，黑色 T20a-20芯插头连接，红色 T20d-20芯插头连接，棕色 B397-连接1（舒适CAN总线，High），在主导线束中 B406-连接1（舒适CAN总线，Low），在主导线束中

图 3-4-91

141 142 143 144 145 146 147 148 149 150 151 152 153 154

J533-数据总线诊断接口 J745-弯道灯和大灯照明距离调节控制单元 T17a-17芯插头连接，左侧A柱下部，黑色 T20a-20芯插头连接，红色 T20d-20芯插头连接，棕色 131-接地连接，在发动机舱导线束中 A246-连接1（CAN总线，Low），在发动机舱导线束中 A247-连接1（CAN总线，High），在发动机舱导线束中 B108-连接1（扩展CAN总线，High），在主导线束中 B109-连接1（扩展CAN总线，Low），在主导线束中 E137-连接2（扩展CAN总线，Low），在发动机舱导线束中 E138-连接2（扩展CAN总线，High），在主导线束中 *1-用于不带自动车距控制（ADR）的汽车 *2-用于带自动车距控制（ADR）的汽车

图 3-4-90

雨水与光线识别传感器、车载电网控制单元、自动防眩车内后视镜

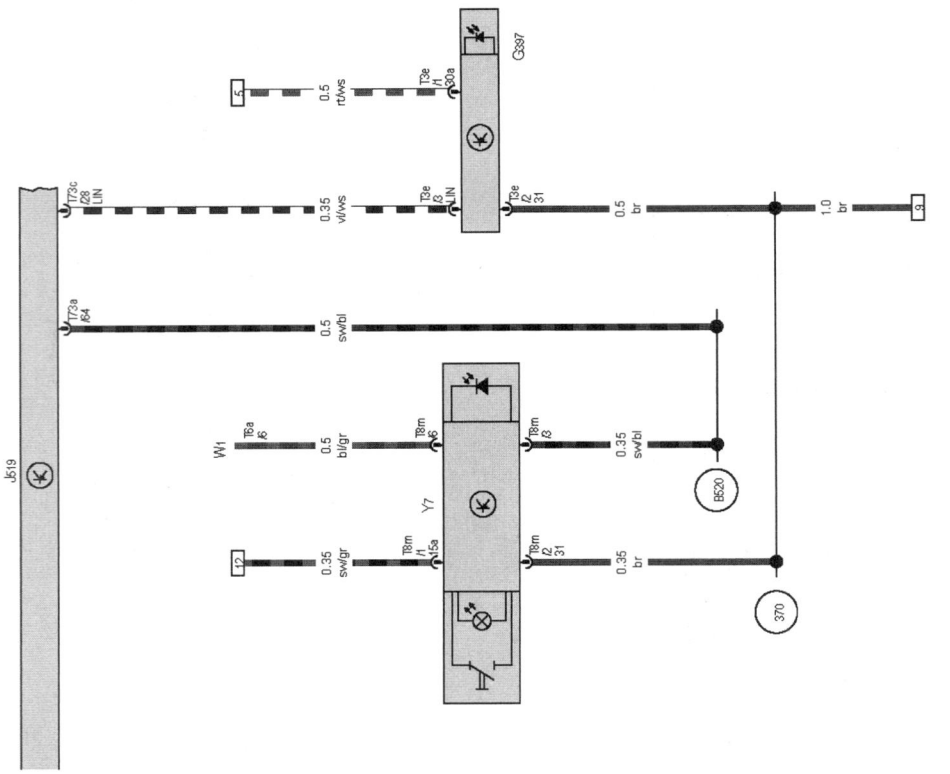

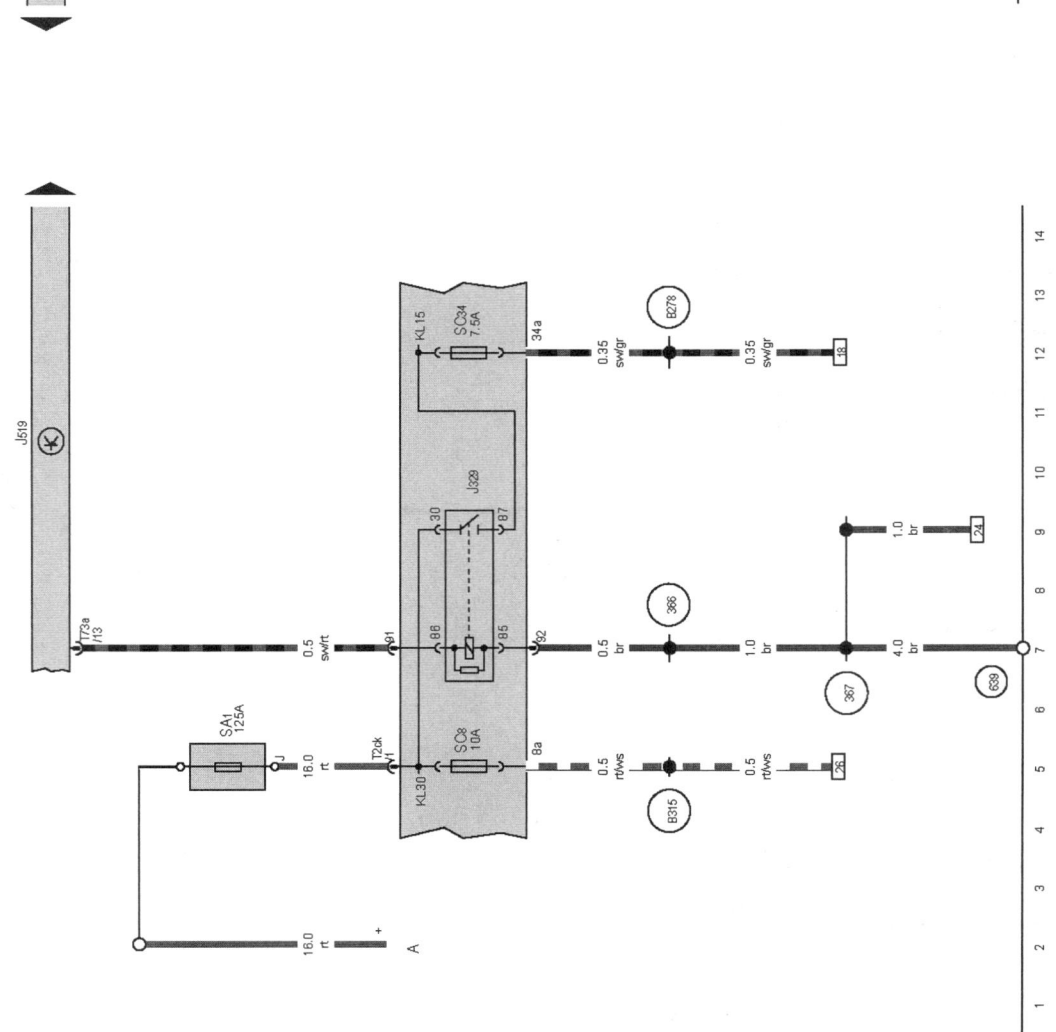

G397–雨水与光线识别传感器 J519–车载电网控制单元 T3e–3 芯插头连接，黑色 T6a–6 芯插头连接，蓝色 T8m–8 芯插头连接，黑色 T73a–73 芯插头连接，黑色 T73c–73 芯插头连接，黑色 W1–前内灯 Y7–自动防眩车内后视镜 370–接地连接 5，在主导线束中 B520–连接（RF），在主导线束中

图 3-4-93

接线端 15 供电继电器、车载电网控制单元

A–蓄电池 J329–接线端 15 供电继电器 J519–车载电网控制单元 SA1–保险丝架 A 上的保险丝 1 SC8–保险丝架 C 上的保险丝 8 SC34–保险丝架 C 上的保险丝 34 T2ck–2 芯插头连接，黑色 T73a–73 芯插头连接，黑色 366–接地连接 1，在主导线束中 367–接地连接 2，在主导线束中 639–左 A 柱上的接地点 B278–正极连接 2（15a），在主导线束中 B315–正极连接 1（30a），在主导线束中

图 3-4-92

426

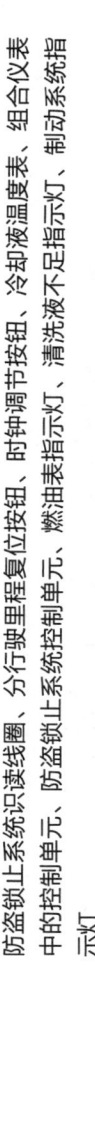

防盗锁止系统识读线圈、分行驶里程复位按钮、时钟调节按钮、冷却液温度表、组合仪表中的控制单元、防盗锁止系统控制单元、燃油表指示灯、清洗液不足指示灯、制动系统指示灯

防盗锁止系统识读线圈、分行驶里程复位按钮、时钟调节按钮、冷却液温度表、组合仪表中的控制单元、防盗锁止系统控制单元、燃油表指示灯、清洗液不足指示灯、制动系统指示灯

图 3-4-95

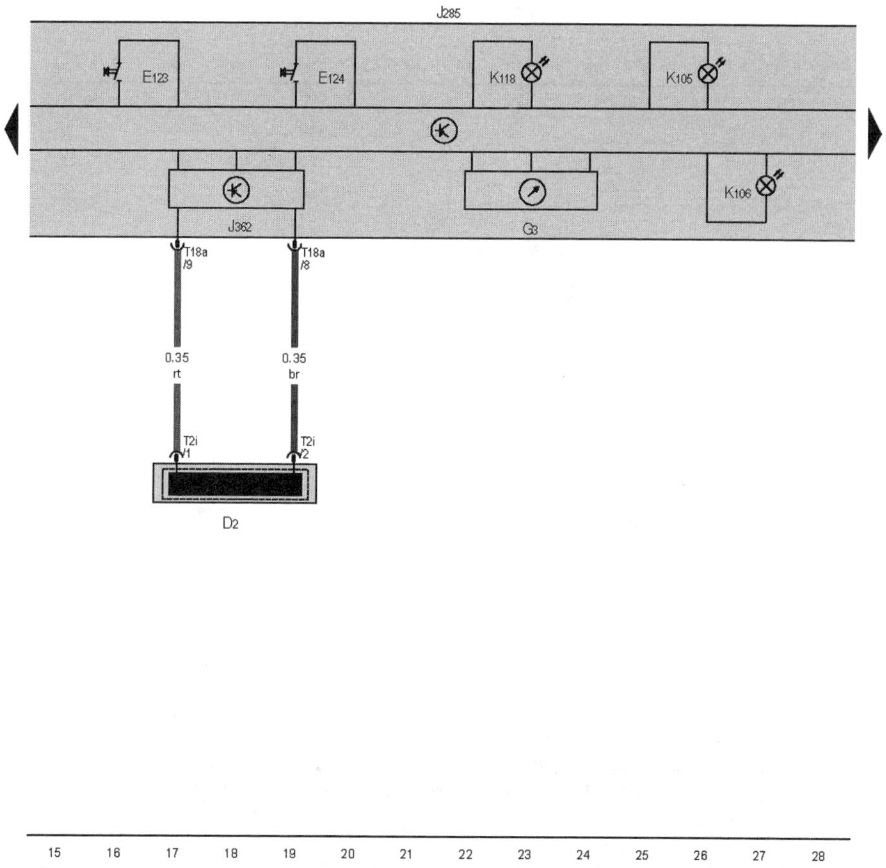

D2-防盗锁止系统识读线圈 E123-分行驶里程复位按钮 E124-时钟调节按钮 G3-冷却液温度表 J285-组合仪表中的控制单元 J362-防盗锁止系统控制单元 K105-燃油表指示灯 K106-清洗液不足指示灯 K118-制动系统指示灯 T2i-2 芯插头连接，黑色 T18a-18 芯插头连接，黑色

手制动器指示灯开关、组合仪表中的控制单元、手制动器指示灯

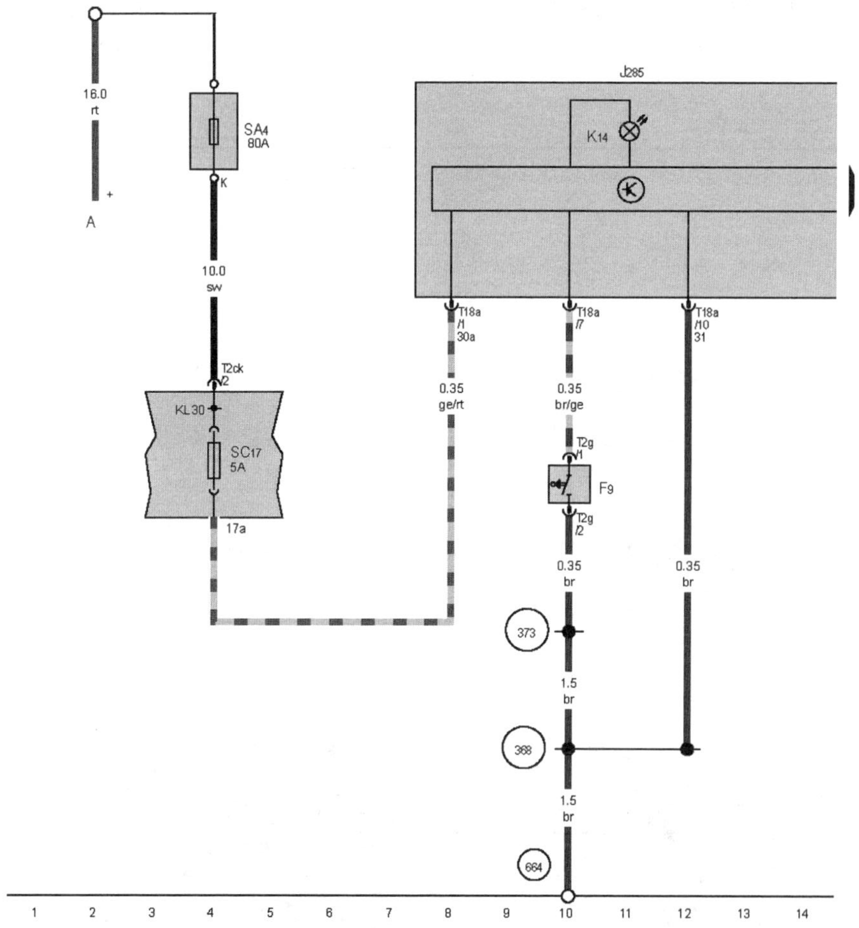

图 3-4-94

A-蓄电池 F9-手制动器指示灯开关 J285-组合仪表中的控制单元 K14-手制动器指示灯 SA4-保险丝架 A 上的保险丝4 SC17-保险丝架 C 上的保险丝 17 T2cK-2 芯插头连接，黑色 T2g-2 芯插头连接，黑色 T18a-18 芯插头连接，黑色 368-接地连接 3，在主导线束中 373-接地连接 8，在主导线束中 664-左侧仪表板后面接地点

427

左侧的竖排说明文字（图3-4-96 对应）：

燃油表传感器、燃油表、多功能显示器、组合仪表中的控制单元、远光灯指示灯、发电机指示灯、机油压力指示灯、冷却液温度和冷却液不足显示指示灯、机油油位指示灯

右侧的竖排说明文字（图3-4-97 对应）：

组合仪表中的控制单元、后雾灯指示灯、定速巡航装置指示灯、ABS 指示灯、左侧转向信号灯指示灯、右侧转向信号灯指示灯、电子稳定程序和 ASR 指示灯、电子稳定程序和 ASR 指示灯 2、数字时钟

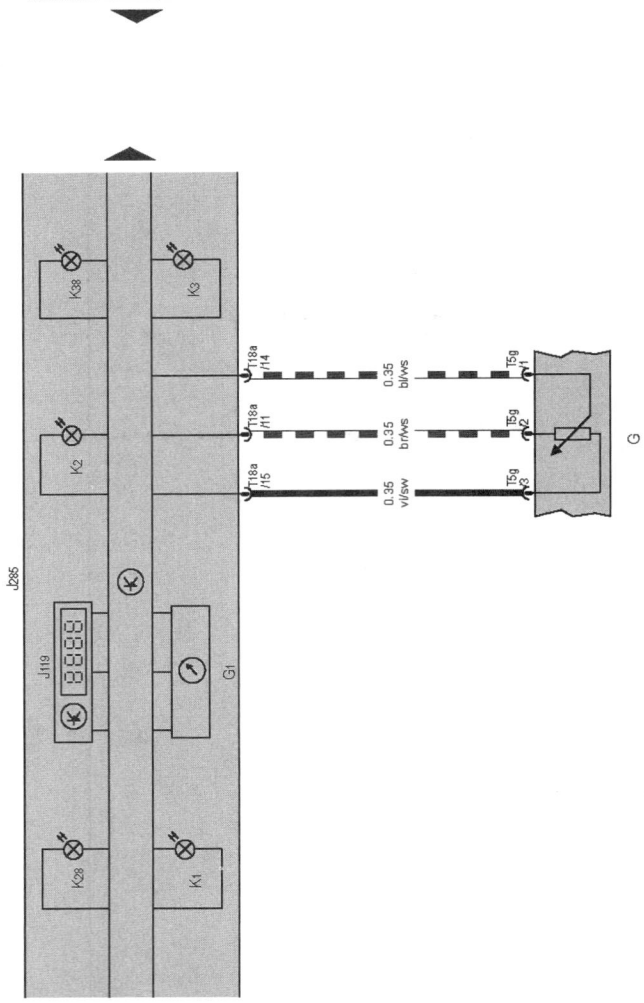

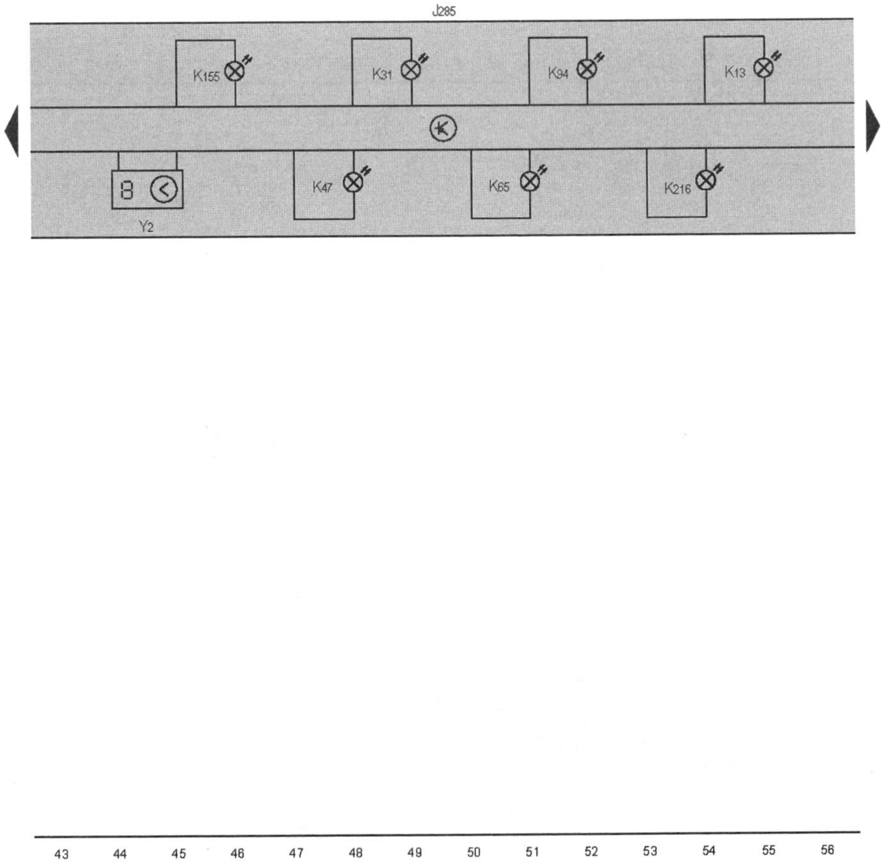

图 3-4-97

J285-组合仪表中的控制单元 K13-后雾灯指示灯 K31-定速巡航装置指示灯 K47-ABS 指示灯 K65-左侧转向信号灯指示灯 K94-右侧转向信号灯指示灯 K155-电子稳定程序和 ASR 指示灯 K216-电子稳定程序和 ASR 指示灯 2 Y2-数字时钟

图 3-4-96

G-燃油表传感器 G1-燃油表 J119-多功能显示器 J285-组合仪表中的控制单元 K1-远光灯指示灯 K2-发电机指示灯 K3-机油压力指示灯 K28-冷却液温度和冷却液不足显示指示灯 K38-机油油位指示灯 T5g-5 芯插头连接、黑色 T18a-18 芯插头连接、黑色

转速表、车速表、警报蜂鸣器和警报音、组合仪表中的控制单元、废气警告灯、选挡杆指示灯、轮胎压力监控显示指示灯、里程表、选挡杆位置显示

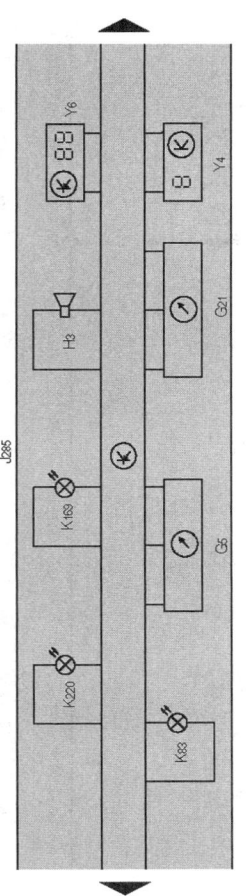

图 3-4-99

G5-转速表 G21-车速表 H3-警报蜂鸣器和警报音 J285-组合仪表中的控制单元 K83-废气警告灯 K169-选挡杆指示灯 K220-轮胎压力监控显示指示灯 Y4-里程表 Y6-选挡杆位置显示

组合仪表中的控制单元、前雾灯指示灯、安全带警告指示灯、"红色三角形"(警告)标志指示灯、安全气囊指示灯、电子油门故障信号灯、机电式助力转向器指示灯、车门打开指示灯、灯泡失灵指示灯、行驶换道辅助系统控制灯、组合仪表照明灯泡

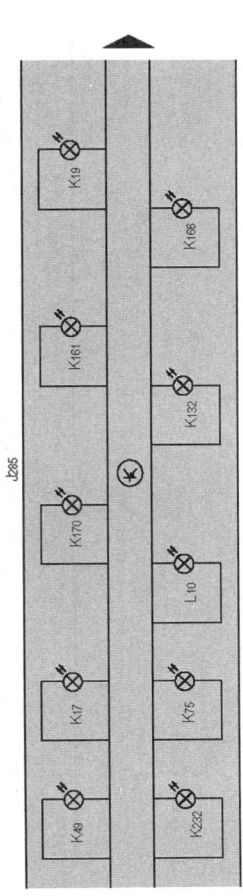

图 3-4-98

J285-组合仪表中的控制单元 K17-前雾灯指示灯 K19-安全带警告指示灯 K49-"红色三角形"(警告)标志指示灯 K75-安全气囊指示灯 K132-电子油门故障信号灯 K161-机电式助力转向器指示灯 K166-车门打开指示灯 K170-灯泡失灵指示灯 K232-行驶换道辅助系统控制灯 L10-组合仪表照明灯泡

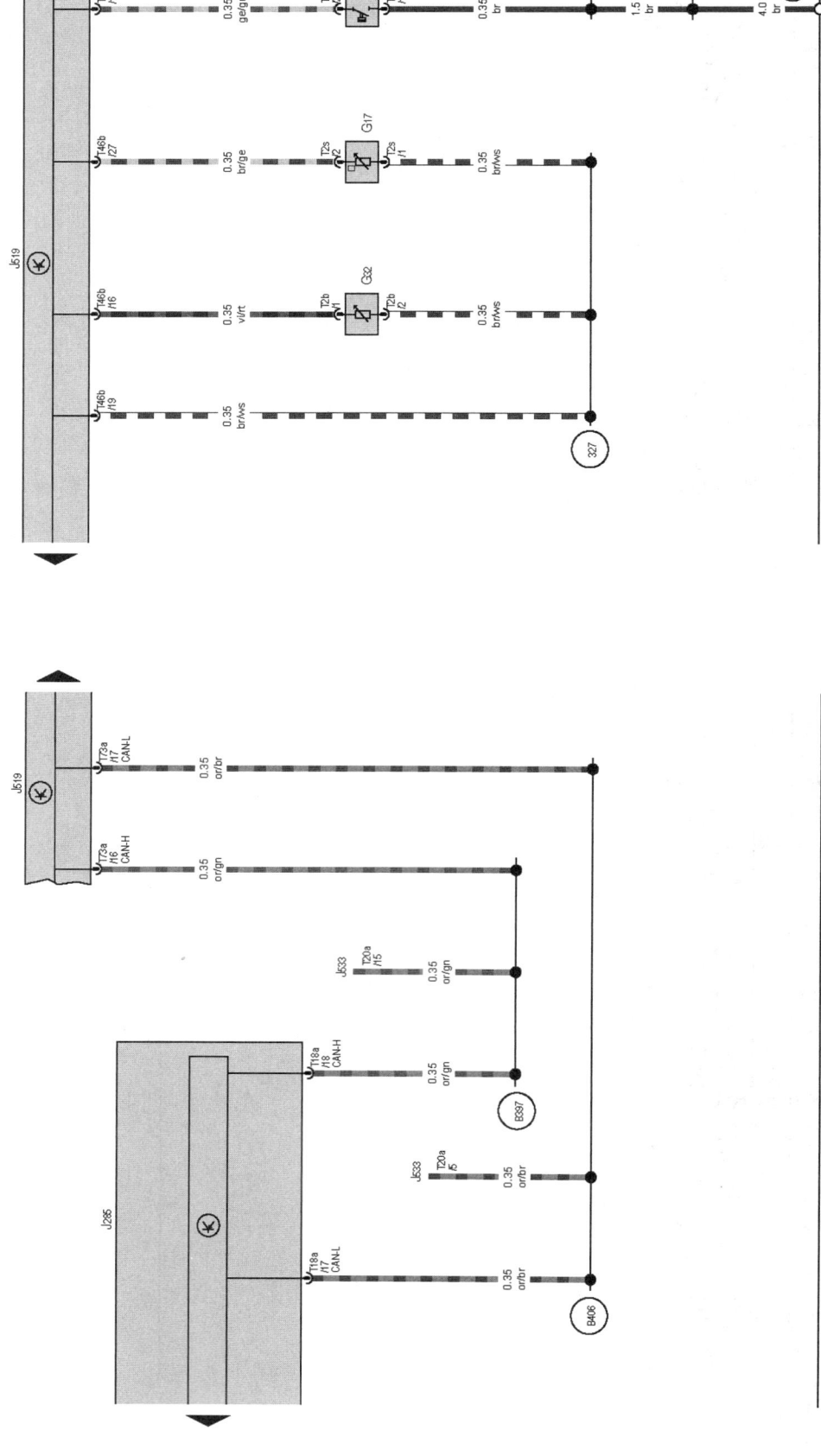

组合仪表中的控制单元、车载电网控制单元

制动液液位警告信号触点、车外温度传感器、冷却液不足显示传感器、车载电网控制单元

图 3-4-100

J285-组合仪表中的控制单元 J519-车载电网控制单元 J533-数据总线诊断接口 T18a-18 芯插头连接，黑色 T20a-20 芯插头连接，红色 T73a-73 芯插头连接，黑色 B397-连接 1（舒适 CAN 总线，High），在主导线束中 B406-连接 1（舒适 CAN 总线，Low），在主导线束中

图 3-4-101

F34-制动液液位警告信号触点 G17-车外温度传感器 G32-冷却液不足显示传感器 J519-车载电网控制单元 T2b-2 芯插头连接，黑色 T2p-2 芯插头连接，黑色 T2s-2 芯插头连接，黑色 T46b-46 芯插头连接，黑色 85-接地连接 1，在发动机舱导线束中 131-接地连接 2，在发动机舱导线束中 327-接地连接（传感器接地），在发动机舱导线束中 673-左前纵梁上的接地点 3

430

收音机、左前高音扬声器、左前低音扬声器、右前高音扬声器、右前低音扬声器

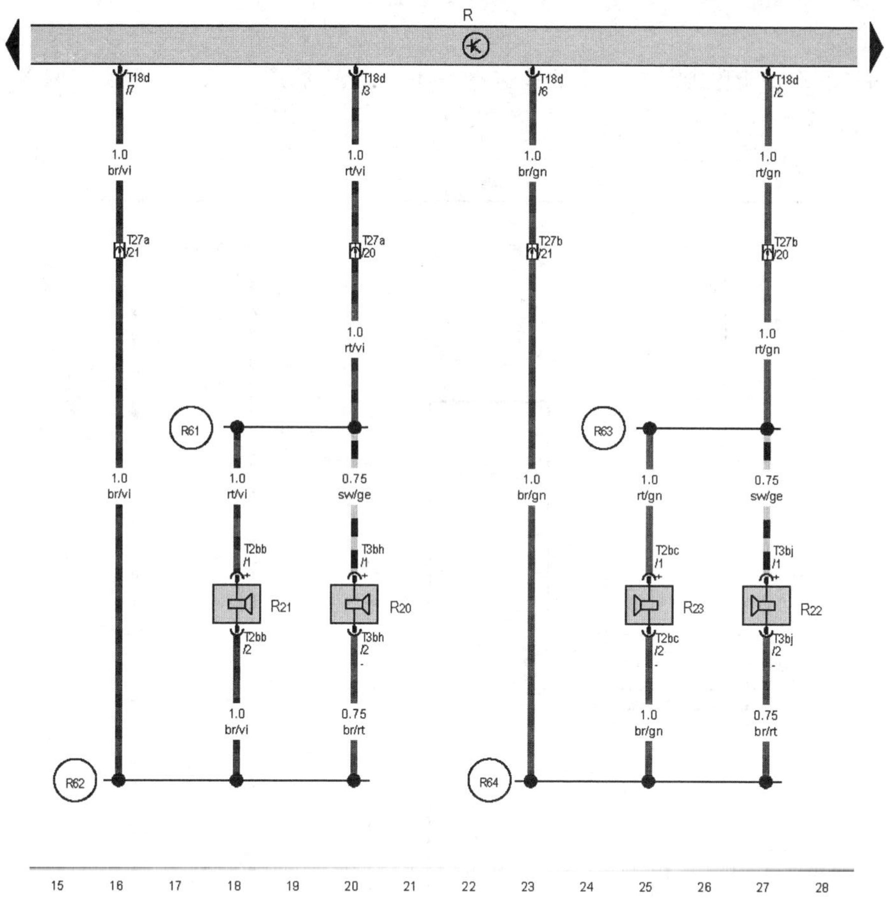

可加热后窗玻璃继电器、收音机

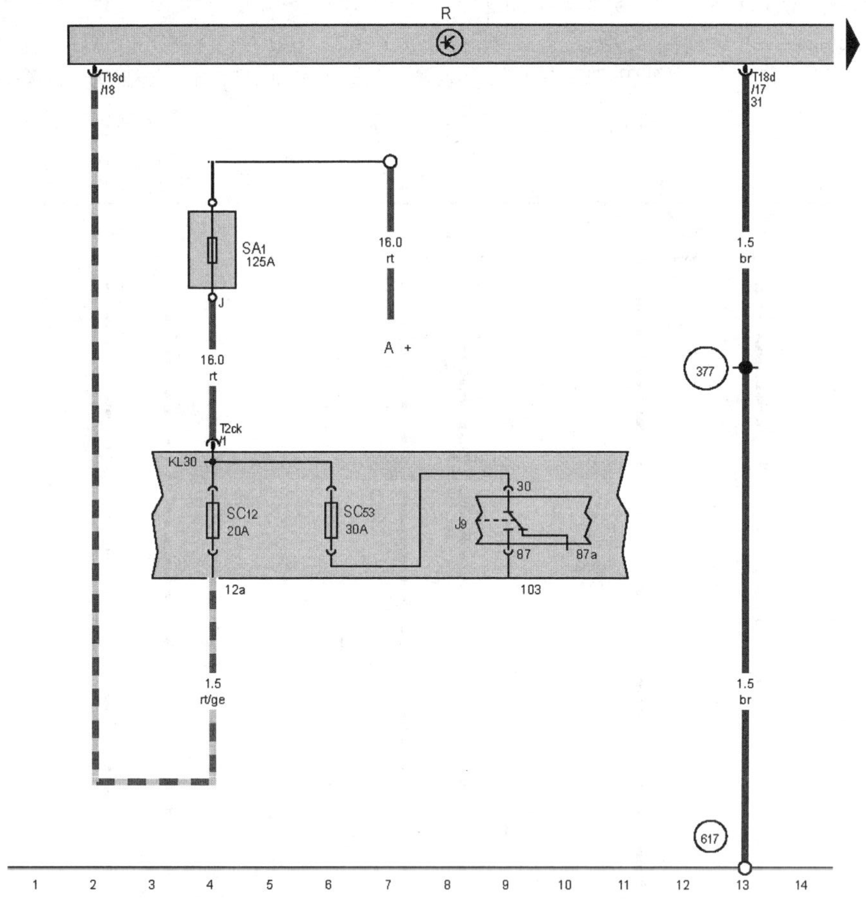

R-收音机 R20-左前高音扬声器 R21-左前低音扬声器 R22-右前高音扬声器 R23-右前低音扬声器 T2bb-2 芯插头连接，黑色 T2bc-2 芯插头连接，黑色 T3bh-3 芯插头连接，黑色 T3bj-3 芯插头连接，黑色 T18d-18 芯插头连接，左侧 A 柱上，黑色 T27a-27 芯插头连接，右侧 A 柱上，黑色 T27b-27 芯插头连接，右侧 A 柱上，黑色 R61-连接（正极，扬声器），在驾驶员侧车门电缆导线束中 R62-连接（负极，扬声器），在副驾驶员侧车门电缆导线束中 R63-连接（正极，扬声器），在副驾驶员侧车门电缆导线束中 R64-连接（负极，扬声器），在副驾驶员侧车门电缆导线束中

图 3-4-103

A-蓄电池 J9-可加热后窗玻璃继电器 R-收音机 SA1-保险丝架 A 上的保险丝1 SC12-保险丝架 C 上的保险丝 12 SC53-保险丝架 C 上的保险丝 53 T2ck-2 芯插头连接，黑色 T18d-18 芯插头连接，左侧 A 柱上，黑色 377-接地连接 12，在主导线束中 617-右侧 A 柱下面接地点 2

图 3-4-102

431

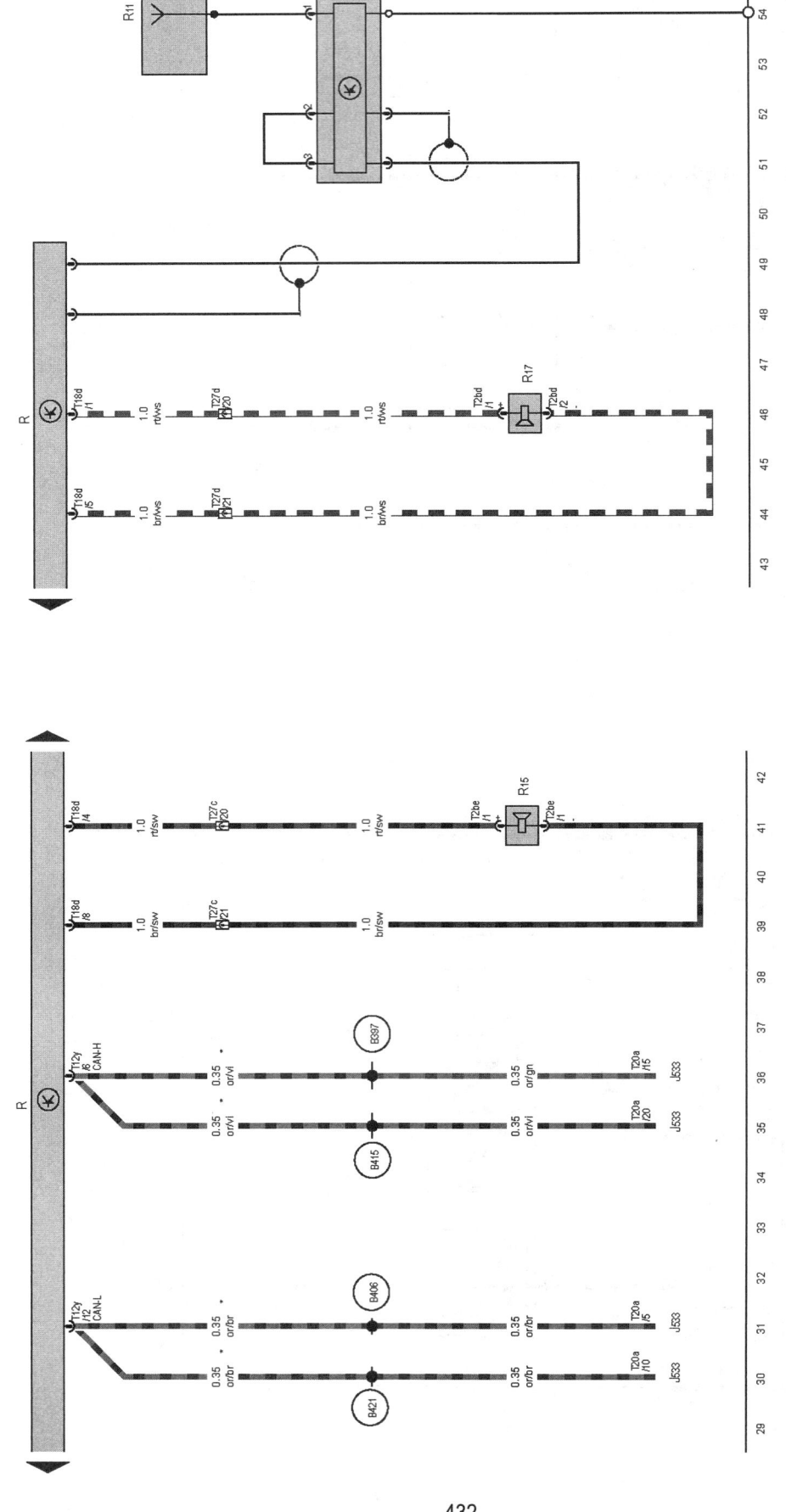

收音机、天线、右后低音扬声器、右侧天线模块

收音机、左后低音扬声器

图 3-4-105

图 3-4-104

R-收音机 R11-天线 R17-右后低音扬声器 R109-右侧天线模块 T2bd-2 芯插头连接，黑色 T18d-18 芯插头连接，黑色 T27d-27 芯插头连接，右侧 B 柱上，黑色

J533-数据总线诊断接口 R-收音机 R15-左后低音扬声器 T2be-2 芯插头连接，黑色 T12y-12 芯插头连接，黑色 T18d-18 芯插头连接，黑色 T20a-20 芯插头连接，黑色 T27c-27 芯插头连接，左侧 B 柱上，红色 B397-连接 1（舒适 CAN 总线，High），在主导线束中 B406-连接 1（舒适 CAN 总线，Low），在主导线束中 B415-连接 1（信息娱乐 CAN 总线，High），在主导线束中 B421-连接 1（信息娱乐 CAN 总线，Low），在主导线束中 *-依汽车装备而定

432

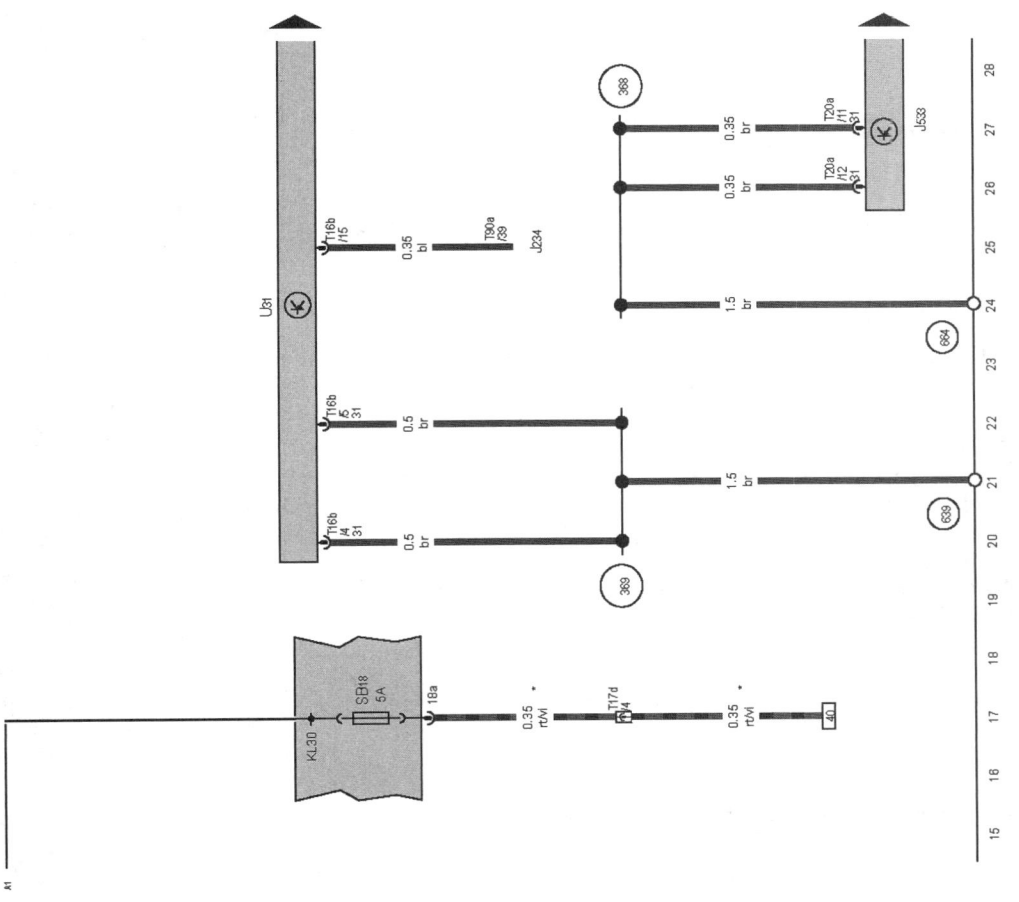

数据总线诊断接口、诊断接口

接线端 15 供电继电器

J234-安全气囊控制单元 J533-数据总线诊断接口 SB18-保险丝架 B 上的保险丝 18 T16b-16 芯插头连接 T17d-17 芯插头连接，左侧 A 柱下部，蓝色 T20a-20 芯插头连接，红色 T90a-90 芯插头连接，黑色 T17d-17 芯插头连接，左侧 A 柱下部，蓝色 T20a-20 芯插头连接，红色 T90a-90 芯插头连接，黄色 U31-诊断接口 368-接地连接 3，在主导线束中 369-接地连接 4，在主导线束中 639-左侧 A 柱上的接地点 664-左侧仪表板后面接地点 *-用于不带发动机自动启停系统的汽车

图 3-4-107

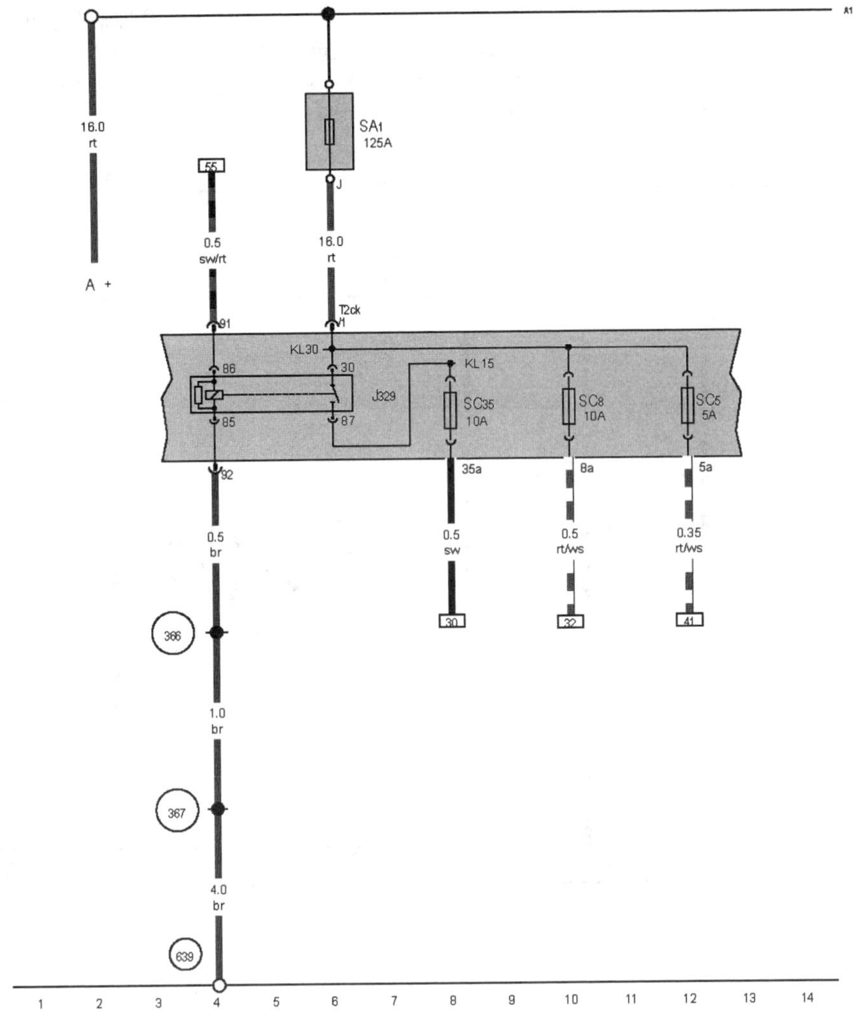

A-蓄电池 J329-接线端 15 供电继电器 SA1-保险丝架 A 上的保险丝1 SC5-保险丝架 C 上的保险丝 5 SC8-保险丝架 C 上的保险丝 8 SC35-保险丝架 C 上的保险丝 35 T2ck-2 芯插头连接 366-接地连接，在主导线束中 367-接地连接 2，在主导线束中 639-左侧 A 柱上的接地点

图 3-4-106

组合仪表中的控制单元、车载电网控制单元、数据总线诊断接口

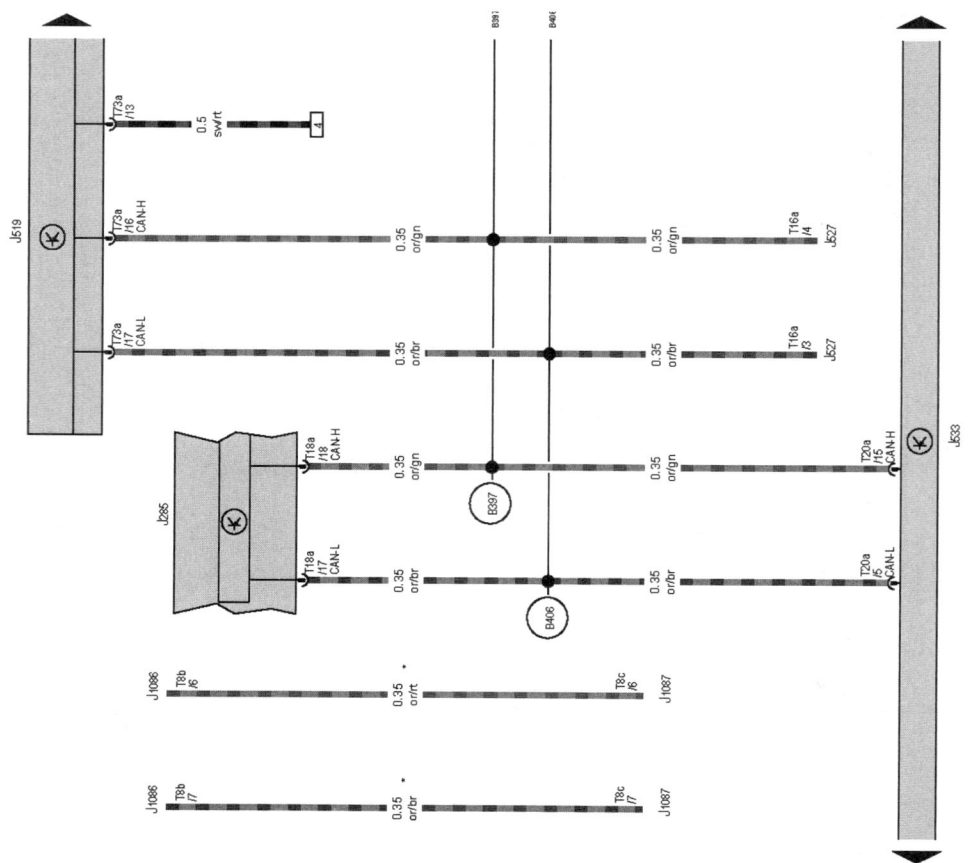

图 3-4-109

J285-组合仪表中的控制单元 J519-车载电网控制单元 J527-转向柱电子装置控制单元 J533-数据总线诊断接口 J1086-盲区识别控制单元 J1087-盲区识别控制单元 2 T8b-8 芯插头连接，黑色 T8c-8 芯插头连接，黑色 T16a-16 芯插头连接，黑色 T18a-18 芯插头连接，黑色 T20a-20 芯插头连接，黑色 T73a-73 芯插头连接，黑色 B397-连接 1（舒适 CAN 总线，High），在主导线束中 B406-连接 1（舒适 CAN 总线，Low），在主导线束中 *-用于带换道辅助系统的汽车

数据总线诊断接口、诊断接口

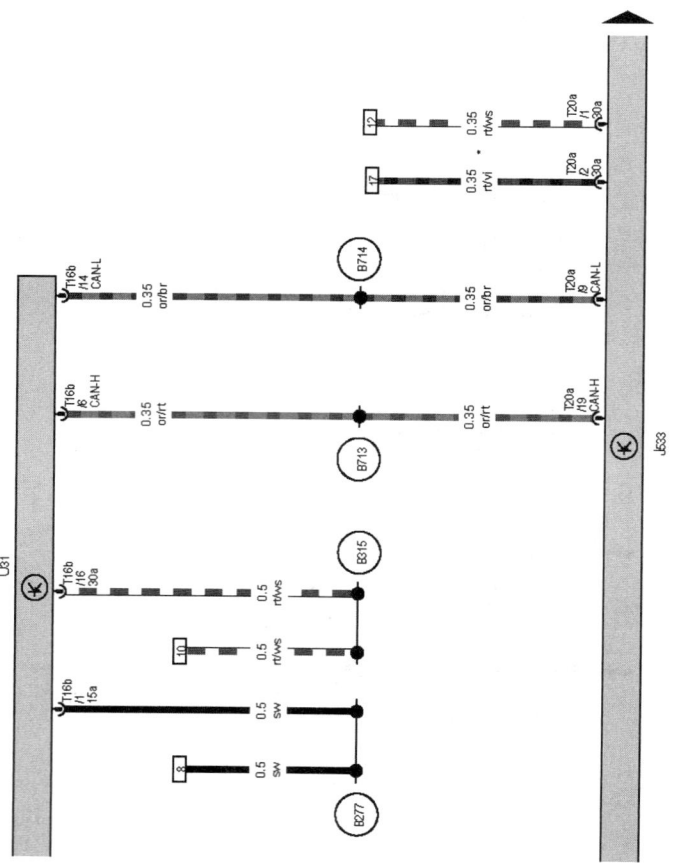

图 3-4-108

J533-数据总线诊断接口 T16b-16 芯插头连接，黑色 T20a-20 芯插头连接，黑色 U31-诊断接口 B277-正极连接 1（15a），在主导线束中 B315-正极连接 1（30a），在主导线束中 B713-连接 1（诊断 CAN 总线，High），在主导线束中 B714-连接 1（诊断 CAN 总线，Low），在主导线束中 *-用于不带发动机自动启停系统的汽车

434

空调器控制单元、车载电网控制单元、数据总线诊断接口

车载电网控制单元、数据总线诊断接口

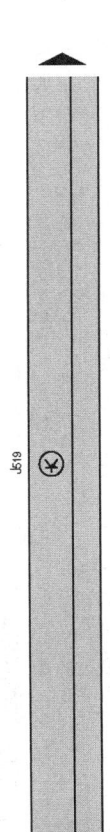

图 3-4-110

图 3-4-111

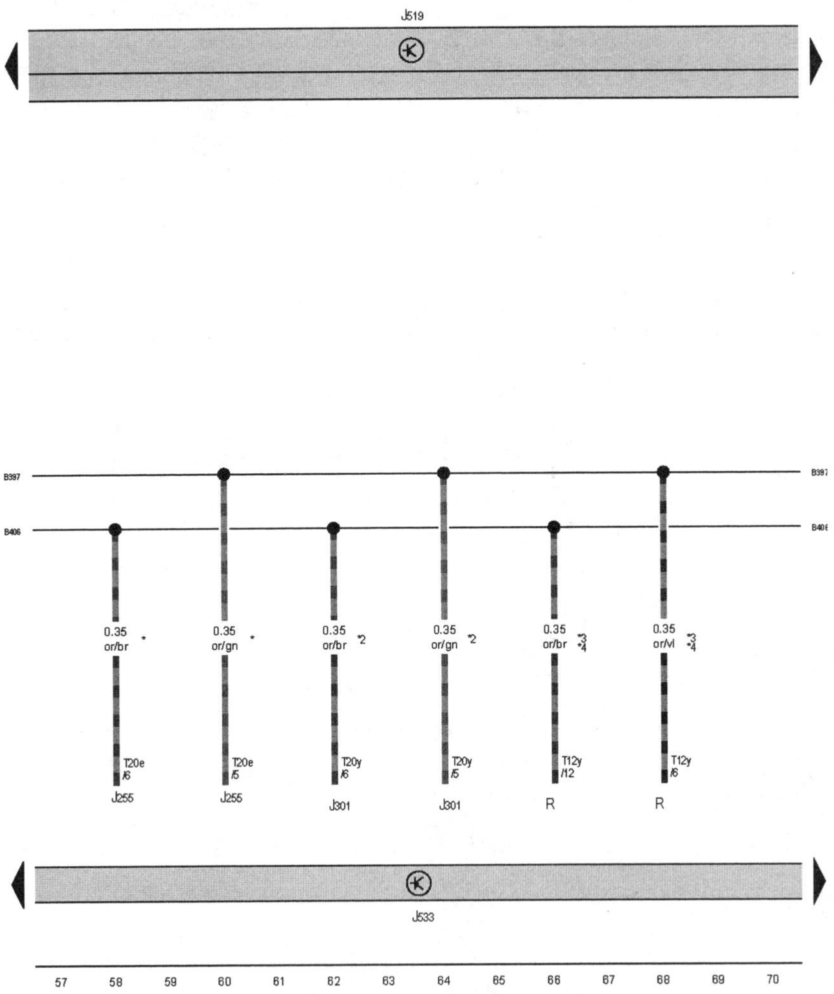

J255-全自动空调控制单元 J301-空调器控制单元 J519-车载电网控制单元 J533-数据总线诊断接口 R-收音机 T12y-12 芯插头连接, 灰色 T20c-20 芯插头连接, 黑色 T20y-20 芯插头连接, 黑色 B397-连接 1 (舒适 CAN 总线, High), 在主导线束中 B406-连接 1 (舒适 CAN 总线, Low), 在主导线束中 *-用于带收音机 MIB-G 入门型的汽车 *2-用于带手动调节空调的汽车 *3-用于带手动调节空调的汽车 *4-用于带全自动空调的汽车 依汽车装备而定

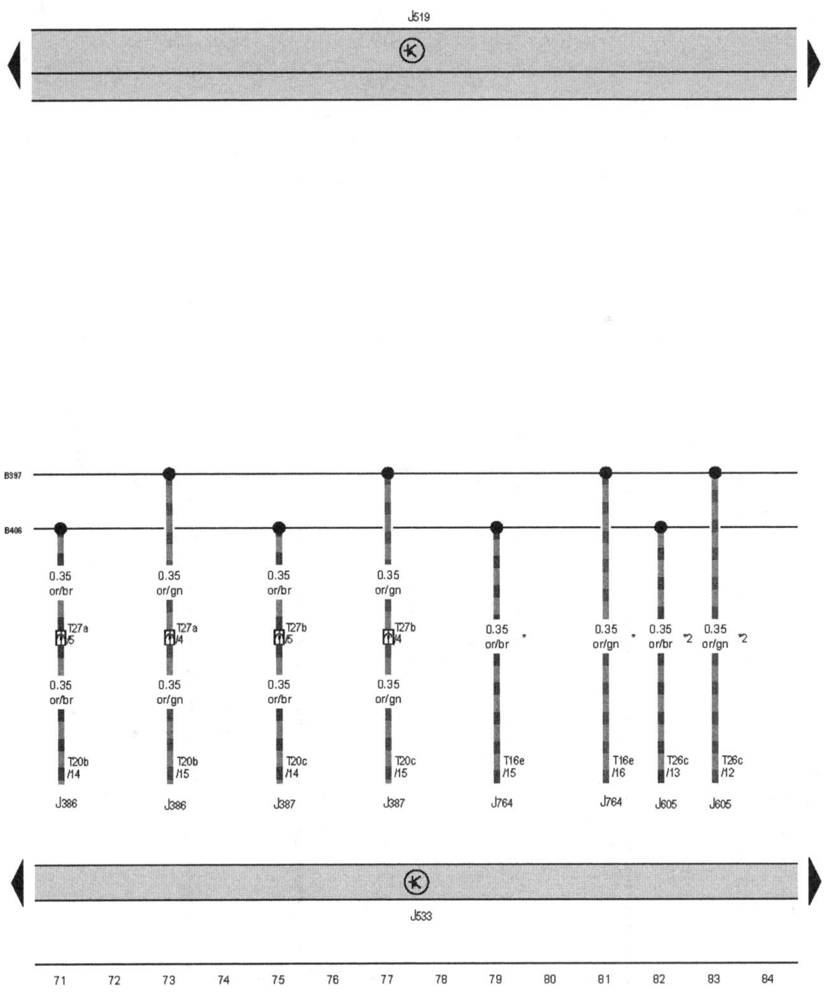

J386-驾驶员侧车门控制单元 J387-副驾驶员侧车门控制单元 J519-车载电网控制单元 J533-数据总线诊断接口 J605-后备箱盖控制单元 J764-电子转向柱锁止装置控制单元 T16e-16 芯插头连接 T20b-20 芯插头连接, 黑色 T20c-20 芯插头连接, 黑色 T26c-26 芯插头连接, 黑色 T27a-27 芯插头连接, 黑色 T27b-27 芯插头连接, 黑色 B397-连接 1 (舒适 CAN 总线, High), 在主导线束中 B406-连接 1 (舒适 CAN 总线, Low), 在主导线束中 *-用于带进入及启动许可功能的汽车 *2-用于带后备箱盖关闭辅助功能的汽车

车载电网控制单元、数据总线诊断接口

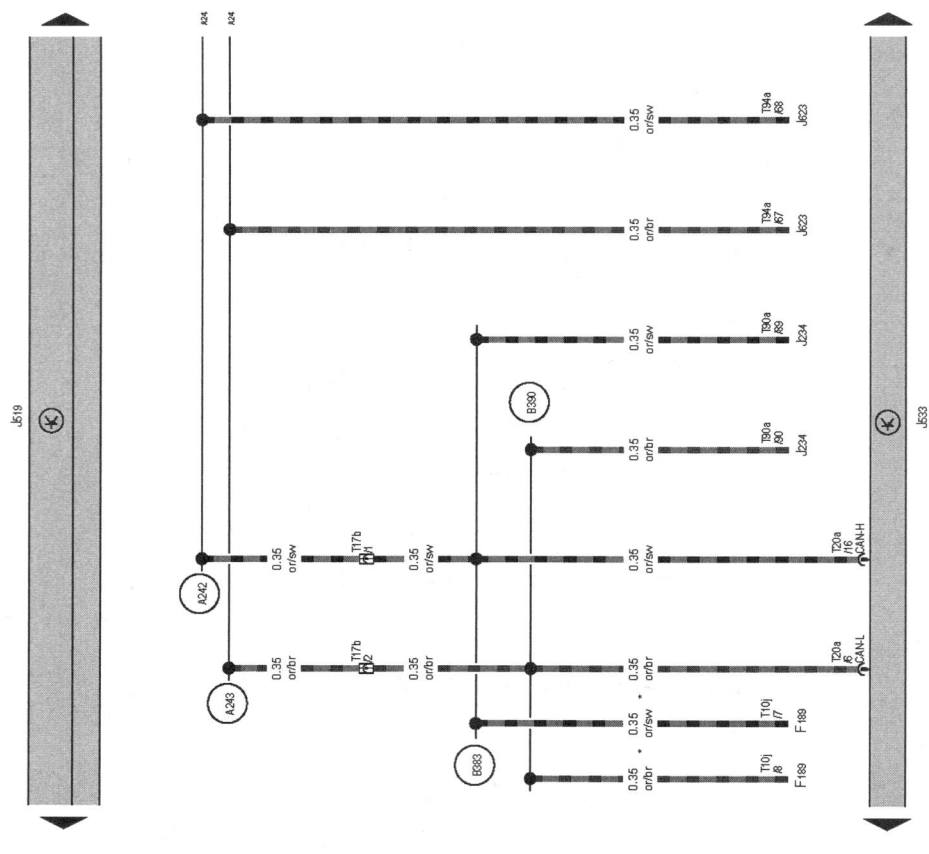

车载电网控制单元、数据总线诊断接口

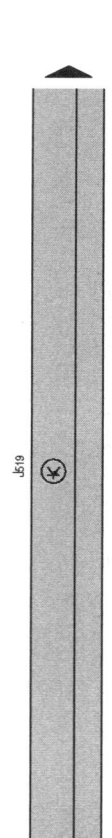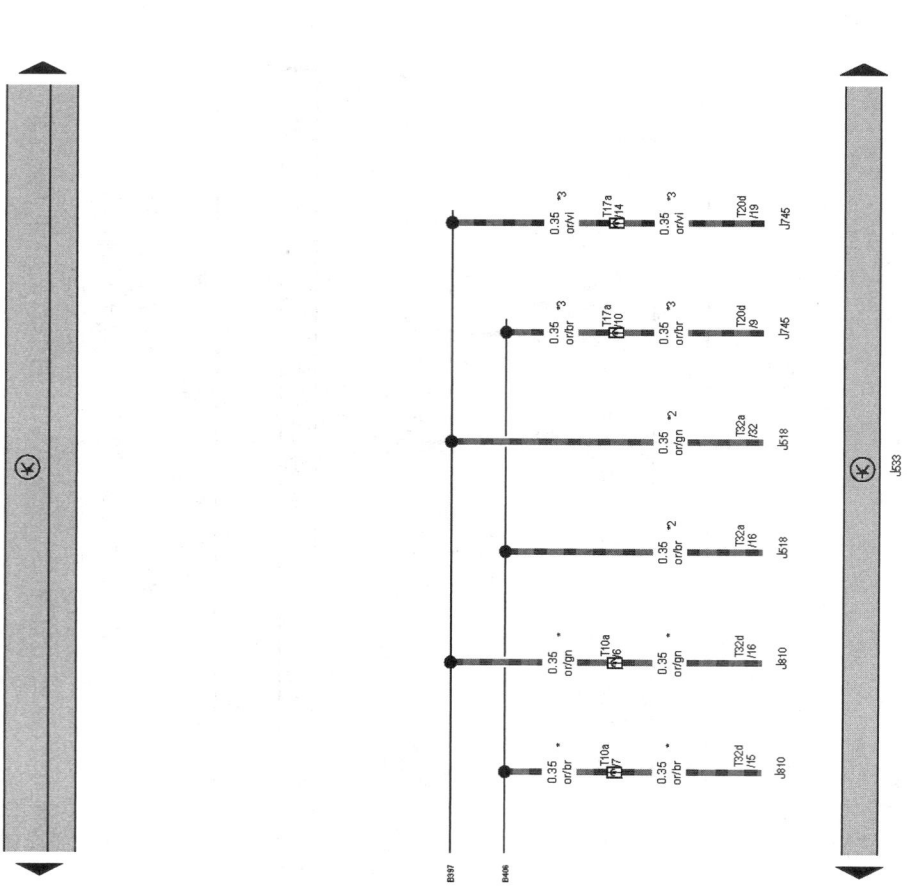

图 3-4-113

F189-Tiptronic 开关 J234-安全气囊控制单元 J519-车载电网控制单元 J533-数据总线诊断接口 J623-发动机控制单元 T10j-10 芯插头连接，黑色 T17b-17 芯插头连接，左侧 A 柱下部，T20a-20 芯插头连接，红色 T90a-90 芯插头连接，黄色 T94a-94 芯插头连接，黑色 A242-连接 1（驱动 CAN 总线，High），在发动机舱导线束中 A243-连接 1（驱动 CAN 总线，Low），在发动机舱导线束中 B383-连接1（驱动 CAN 总线，High），在主导线束中 B390-连接 1（驱动 CAN 总线，Low），在主导线束中 *-用于带双离合器变速器的汽车

图 3-4-112

J518-进入及启动许可控制单元 J519-车载电网控制单元 J533-数据总线诊断接口 J745-弯道灯和大灯照明距离调节控制单元 J810-驾驶员座椅调节控制单元 T10a-10 芯插头连接，驾驶员座椅下方，T17a-17 芯插头连接，左侧 A 柱下部，黑色 T20d-20 芯插头连接，棕色 T32a-32 芯插头连接，蓝色 T32d-32 芯插头连接，灰色 B397-连接 1（舒适 CAN 总线，High），在主导线束中 B406-连接 1（舒适 CAN 总线，Low），在主导线束中 *-用于带电动座椅调节和记忆功能的汽车 *2-用于带进入及启动许可的汽车 *3-用于带自动大灯照明距离调节的汽车

436

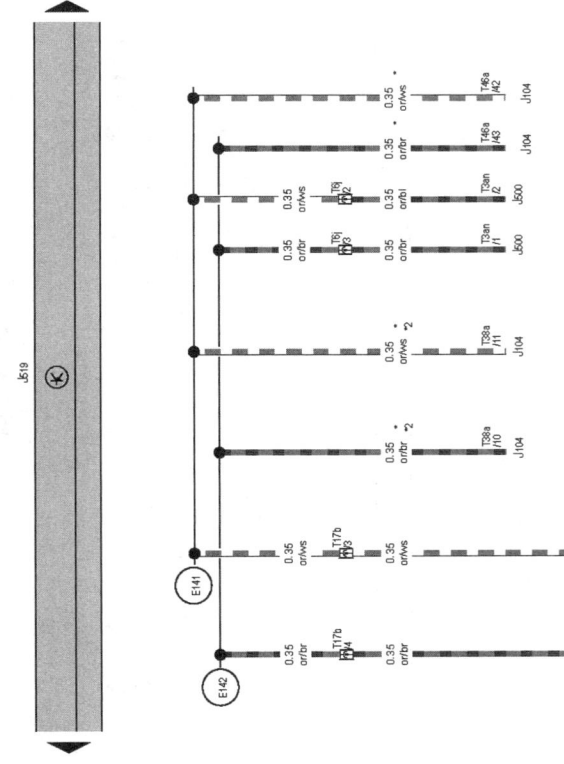

车载电网控制单元、数据总线诊断接口

图 3-4-114

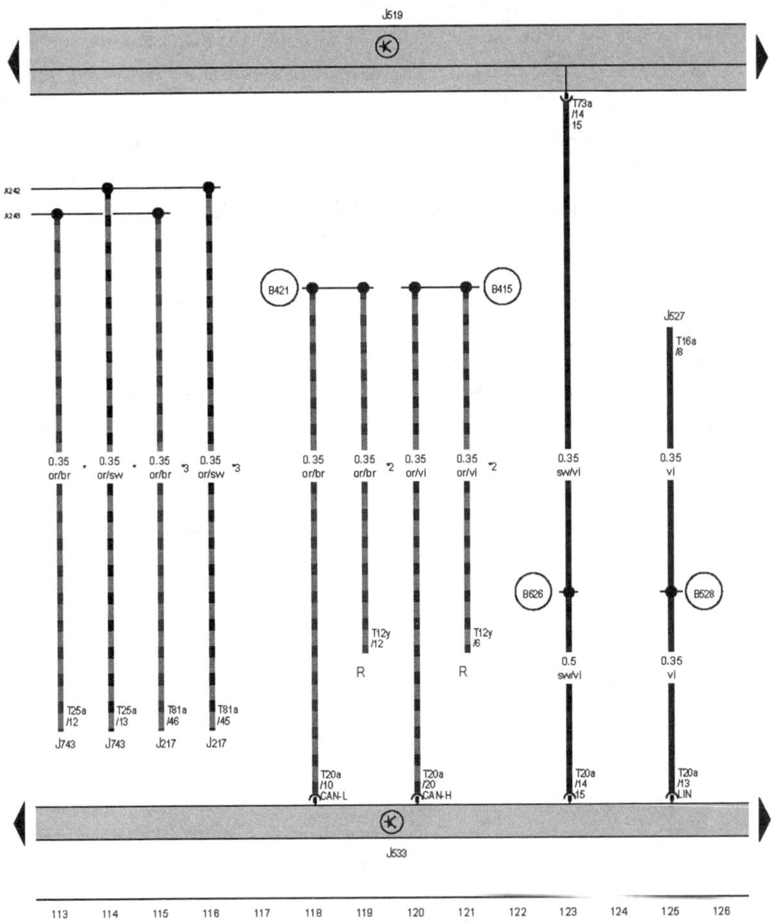

J217-自动变速器控制单元 J519-车载电网控制单元 J527-转向柱电子装置控制单元 J533-数据总线诊断接口 J743-双离合器变速器机电装置 R-收音机 T12y-12芯插头连接，灰色 T16a-16 芯插头连接，黑色 T20a-20 芯插头连接，红色 T25a-25 芯插头连接，黑色 T73a-73 芯插头连接，黑色 T81a-81 芯插头连接，黑色 A242-连接 1（驱动 CAN 总线，High），在发动机舱导线束中 A243-连接 1（驱动 CAN 总线，Low），在发动机舱导线束中 B415-连接 1（信息娱乐 CAN 总线，High），在主导线束中 B421-连接 1（信息娱乐 CAN 总线，Low），在主导线束中 B528-连接 1（LIN 总线），在主导线束中 B626-正极连接 2（15），在主导线束中 *-用于带双离合器变速器的汽车 *2-依汽车装备而定 *3-用于带自动变速器的汽车

车载电网控制单元、数据总线诊断接口

图 3-4-115

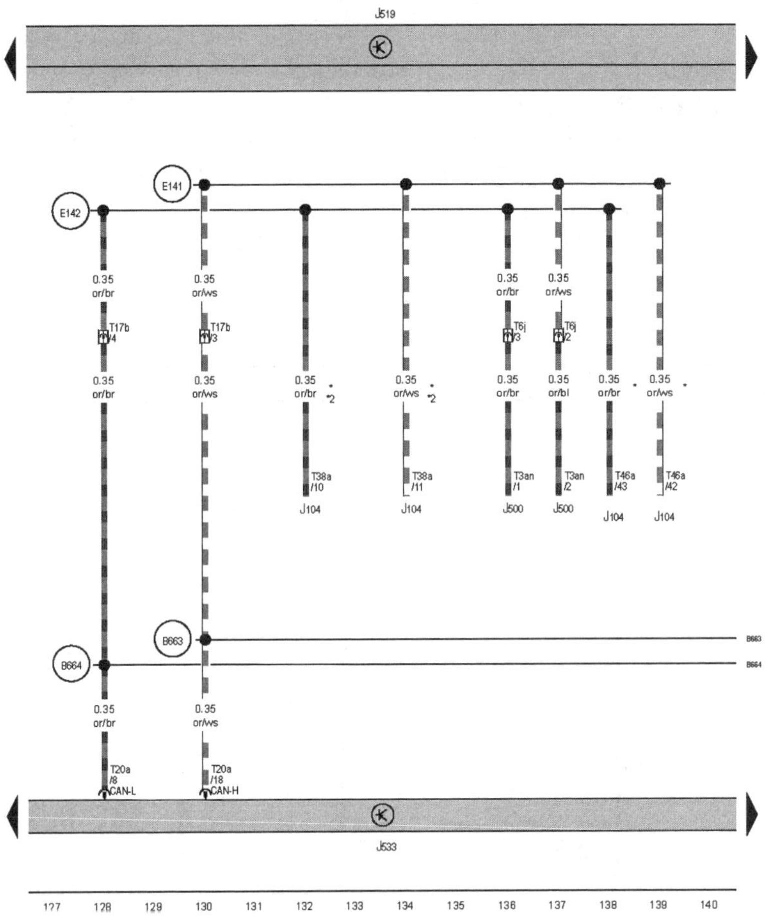

J104-ABS 控制单元 J500-助力转向控制单元 J519-车载电网控制单元 J533-数据总线诊断接口 T3an-3 芯插头连接，黑色 T6j-6 芯插头连接，发动机舱内左后部，左侧 A 柱下部，黑色 T17b-17 芯插头连接，左侧 A 柱下部，黑色 T20a-20 芯插头连接，红色 T38a-38 芯插头连接，棕色 T46a-46 芯插头连接，黑色 B663-连接（底盘传感器 CAN 总线，High），在主导线束中 B664-连接（底盘传感器 CAN 总线，Low），在主导线束中 E141-连接（底盘传感器 CAN 总线，High），在发动机舱导线束中 E142-连接（底盘传感器 CAN 总线，Low），在发动机舱导线束中 *-用于带制动防抱死系统（ABS）和电子稳定程序（ESP）的汽车 *2-用于带 ABS 的汽车

车载电网控制单元、数据总线诊断接口

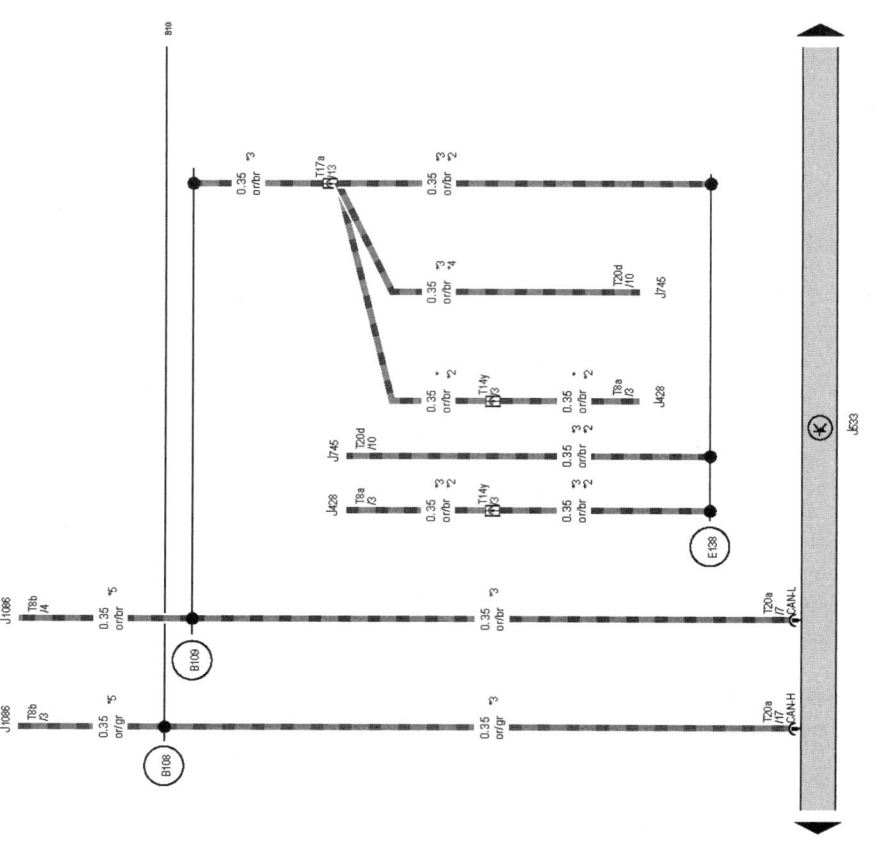

图 3-4-116

G397-雨水与光线识别传感器 J245-滑动天窗控制单元 J394-天窗卷帘控制单元 J400-刮水器电机控制单元 J519-车载电网系统控制单元 J533-数据总线诊断接口 J791-泊车转向辅助系统控制单元 T3e-3 芯插头连接，黑色 T4z-4 芯插头连接，黑色 T6ao-6 芯插头连接，前部车内照明灯附近，黑色 T10g-10 芯插头连接，黑色 T10h-10 芯插头连接，黑色 T26b-26 芯插头连接，黑色 T46b-46 芯插头连接，黑色 T73a-73 芯插头连接，黑色 T73c-73 芯插头连接，黑色 B577-连接（LIN-Bus），在车顶导线束中 B663-连接（底盘传感器 CAN 总线，High），在主导线束中 B664-连接（底盘传感器 CAN 总线，Low），在主导线束中 *1-用于带全景滑动天窗的汽车 *2-用于带泊车雷达系统（后）的汽车 *3-用于配备泊车转向辅助系统的汽车 *4-用于带自动防眩车内后视镜的汽车

数据总线诊断接口

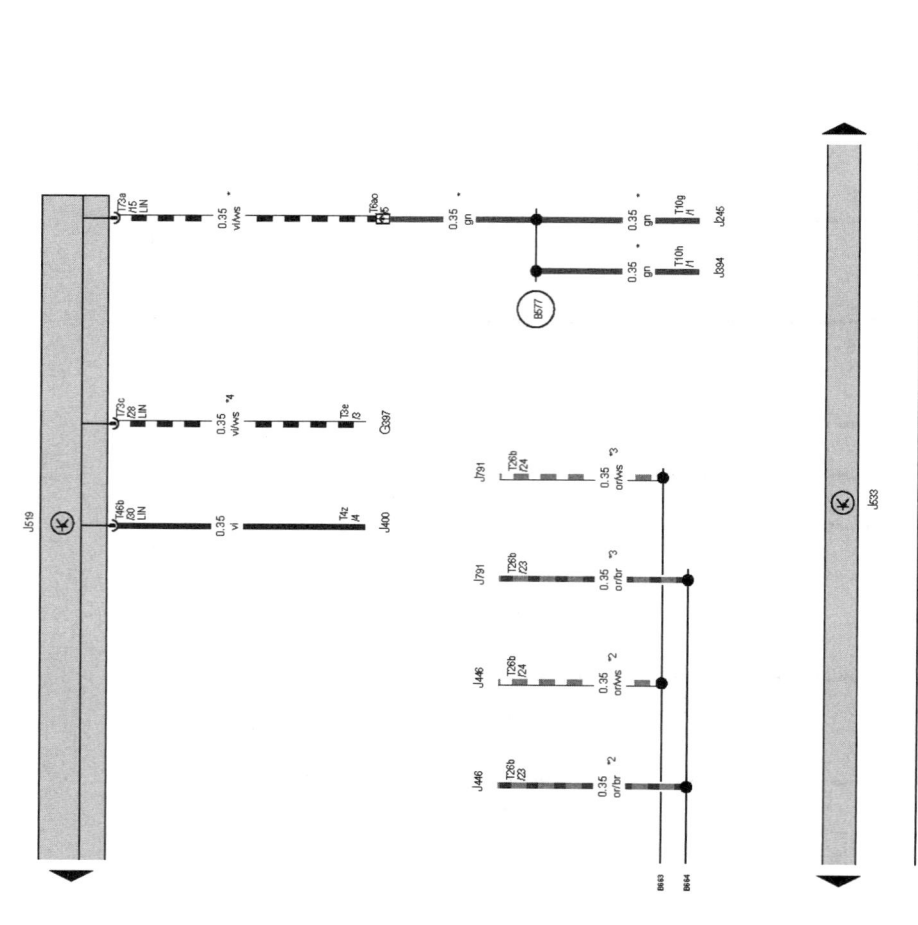

图 3-4-117

J428-车距调节控制单元 J533-数据总线诊断接口 J745-弯道灯和大灯照明距离调节控制单元 J1086-音区识别控制单元 T8a-8 芯插头连接，黑色 T8b-8 芯插头连接，黑色 T14y-14 芯插头连接，左前保险杠内，黑色 T17a-17 芯插头连接，左侧 A 柱下部，黑色 T20a-20 芯插头连接，红色 T20d-20 芯插头连接，黑色 B108-连接 1（扩展 CAN 总线，High），在主导线束中 B109-连接 1（扩展 CAN 总线，Low），在主导线束中 *1-用于不带自动大灯照明距离调节的汽车 *2-用于带自动车距控制（ADR）的汽车 *3-用于带换道辅助系统的汽车 *4-用于不带自动大灯照明距离调节的汽车 E138-连接 2（扩展 CAN 总线，Low），在发动机舱导线束中 *2-用于带自动车距控制（ADR）的汽车 *5-用于带换道辅助系统的汽车

438

安全气囊卷簧和带滑环的复位环

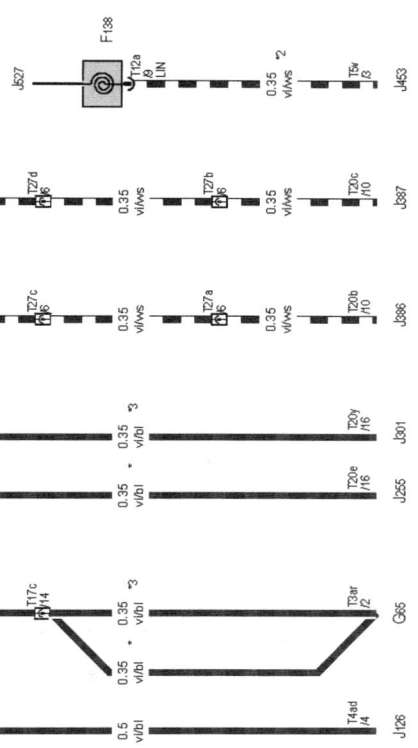

图 3-4-119

数据总线诊断接口

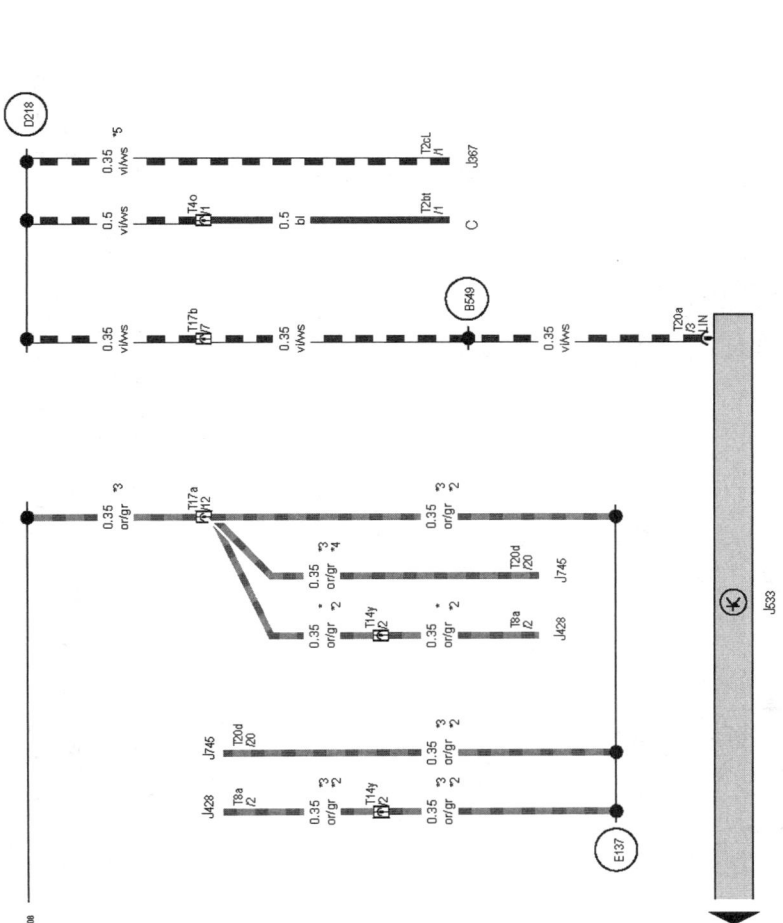

图 3-4-118

F138-安全气囊卷簧和带滑环的复位环 G65-高压传感器 J126-新鲜空气鼓风机控制单元 J255-全自动空调控制单元 J301-空调器控制单元 J386-驾驶员侧车门控制单元 J387-副驾驶员侧车门控制单元 J388-左后车门控制单元 J389-右后车门控制单元 J453-多功能方向盘控制单元 J527-转向柱电子装置控制单元 T3ar-3 芯插头连接,黑色 T4ad-4 芯插头连接,黑色 T5v-5 芯插头连接,黑色 T10m-10 芯插头连接,黑色 T10m-10 芯插头连接,黑色 T12a-12 芯插头连接,黄色 T17c-17 芯插头连接,左侧 A 柱下部,黑色 T20b-20 芯插头连接,黑色 T20c-20 芯插头连接,黑色 T20e-20 芯插头连接,黑色 T20y-20 芯插头连接,黑色 T27a-27 芯插头连接,左侧 A 柱上,黑色 T27b-27 芯插头连接,右侧 B 柱上,黑色 T27c-27 芯插头连接,左侧 B 柱上,黑色 T27d-27 芯插头连接,右侧 B 柱上,黑色 B689-正极连接 29 (30a),在主导线束中 节空气调节的汽车 *1-用于带自动空调汽车 *2-用于带全自动空调的汽车 *3-用于带多功能方向盘的汽车 *3-用于带手动调

C-交流发电机 J367-蓄电池监控控制单元 J428-车距调节控制单元 J533-数据总线诊断接口 J745-弯道灯和大灯照明距离调节控制单元 T2hr-2 芯插头连接,黑色 T2cL-2 芯插头连接,黑色 T4o-4 芯插头连接,左前纵梁上,黑色 T8a-8 芯插头连接,黑色 T14y-14 芯插头连接,左前保险杠内,黑色 T17a-17 芯插头连接,左侧 A 柱下部,黑色 T17b-17 芯插头连接,左侧 A 柱下部,棕色 T20a-20 芯插头连接,红色 T20d-20 芯插头连接,黑色 B108-连接 1 (扩展 CAN 总线,High),在主导线束中 B549-连接 2 (LIN 总线),在主导线束中 D218-连接 1 (LIN 总线),在发动机舱导线束中 E137-连接 2 (扩展 CAN 总线,High),在发动机舱导线束中 *1-用于带自动大灯照明距离调节的汽车 *2-用于带自动车距控制 (ADR) 的汽车 *3-用于带自动大灯照明距离调节的汽车 *4-用于不带自动车距控制 (ADR) 的汽车 *5-用于带发动机自动启停系统的汽车

439

蓄电池、蓄电池监控控制单元

接线端 15 供电继电器、带插座的逆变器（12～230 V）

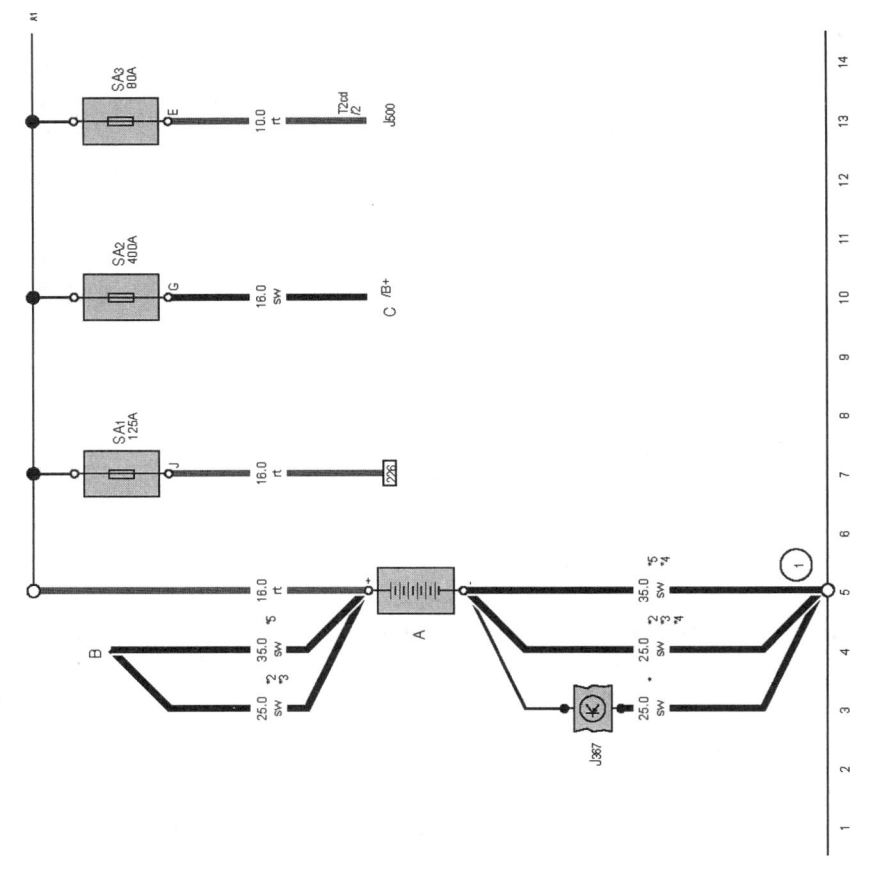

A-蓄电池 B-启动机 C-交流发电机 J367-蓄电池监控控制单元 J500-助力转向控制单元 SA1-保险丝架 A 上的保险丝1 SA2-保险丝架 A 上的保险丝2 SA3-保险丝架 A 上的保险丝3 T2cd-2 芯插头连接，黑色 1-接地带，蓄电池-车身 *-用于带发动机自动启停系统的汽车 *2-用于带双离合器变速器的汽车 *3-用于带手动变速器的汽车 *4-用于不带发动机自动启停系统的汽车 *5-用于带自动变速器的汽车

图3-4-121

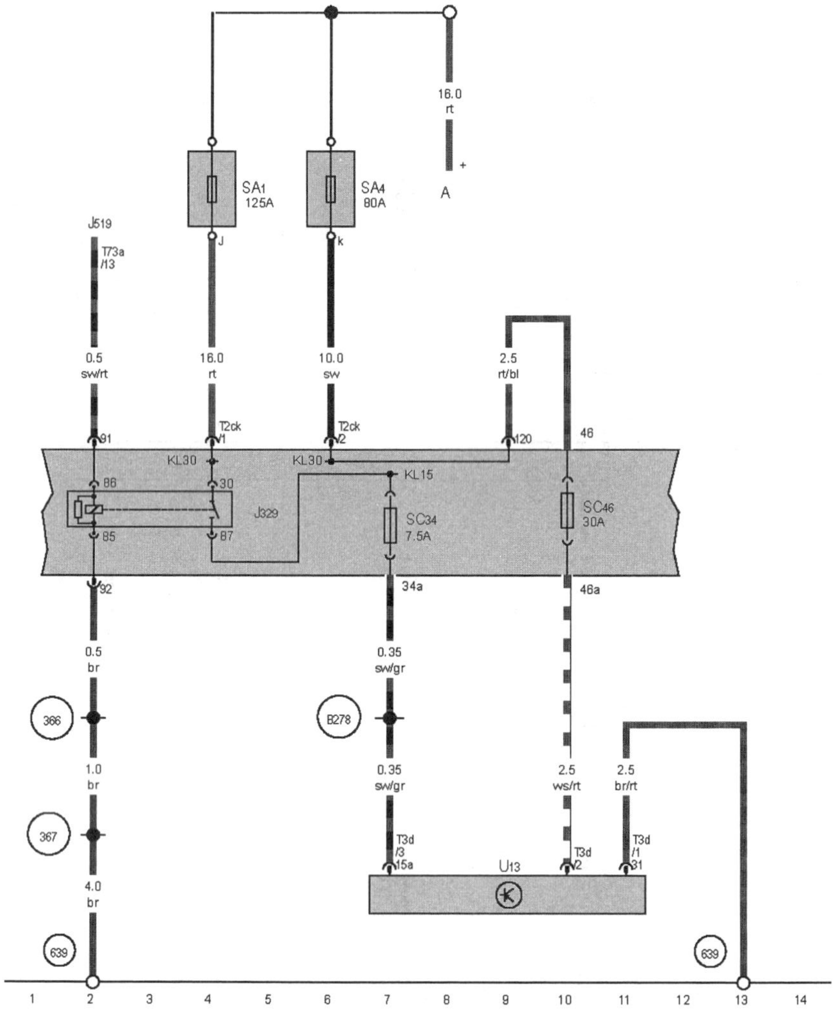

A-蓄电池 J329-接线端 15 供电继电器 J519-车载电网控制单元 SA1-保险丝架 A 上的保险丝1 SA4-保险丝架 A 上的保险丝4 SC34-保险丝架 C 上的保险丝 34 SC46-保险丝架 C 上的保险丝 46 T2ck-2 芯插头连接，黑色 T3d-3 芯插头连接，黑色 T73a-73 芯插头连接，黑色 U13-带插座的逆变器（12～230V）366-接地连接 1，在主导线束中 367-接地连接 2，在主导线束中 639-左 A 柱上的接地点 B278-正极连接 2（15a），在主导线束中

图3-4-120

保险丝架 B

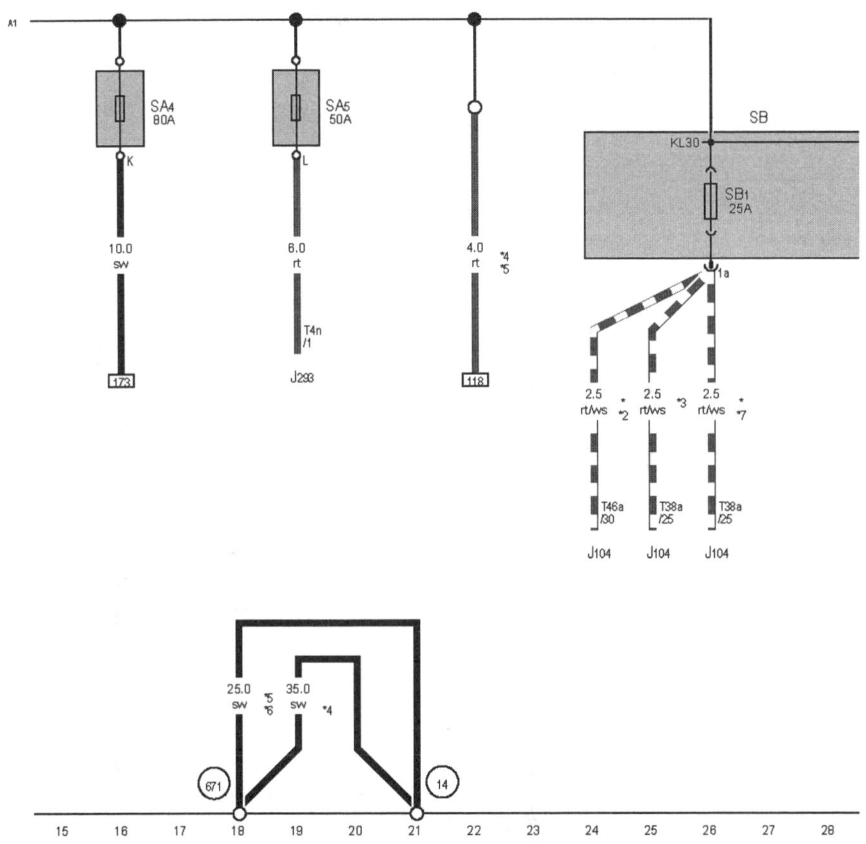

双音喇叭继电器、保险丝架 B

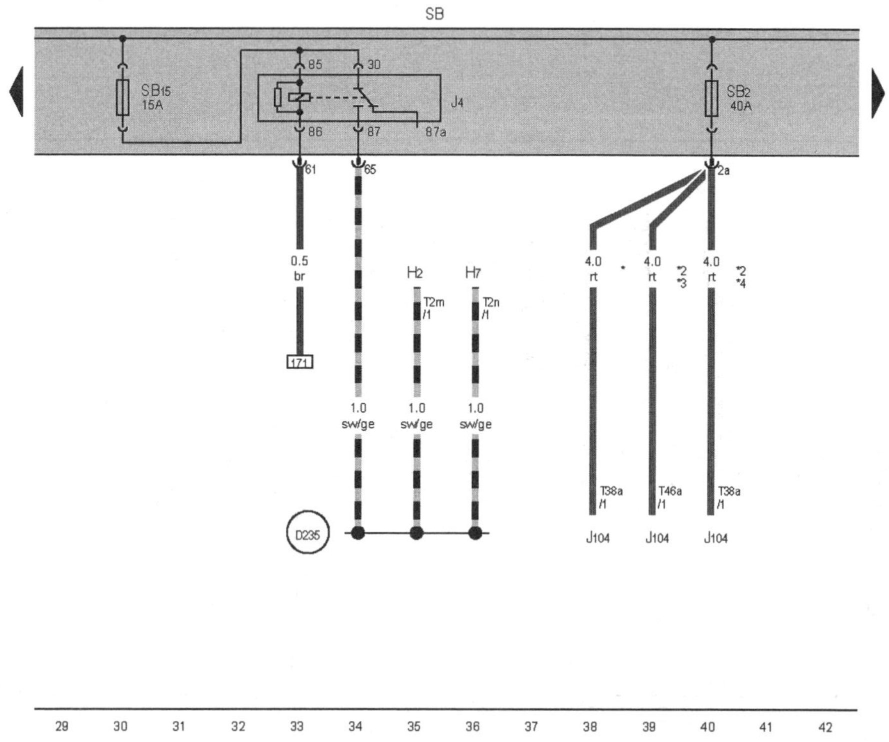

图 3-4-122

J104-ABS 控制单元 J293-散热器风扇控制单元 SB1-保险丝架 B 上的保险丝 1 SA4-保险丝架 A 上的保险丝 SA5-保险丝架 A 上的保险丝5 SB-保险丝架 B T4n-4 芯插头连接，黑色 T38a-38 芯插头连接，黑色，棕色 T46a-46 芯插头连接，黑色 14-变速器上的接地点 671-左前纵梁上的接地点 *1-用于带制动电子稳定程序 (ESP) 的汽车 *2-用于带自动车距控制 (ADR) 的汽车 *3-用于带双离合器变速器变速器的汽车 *4-用于带自动变速器的汽车 *5-用于带双离合器变速器的汽车 *6-用于带手动变速器变速器的汽车 *7-用于不带自动车距控制 (ADR) 的汽车

图 3-4-123

H2-高音扬声器 H7-低音扬声器 J4-双音喇叭继电器 J104-ABS 控制单元 SB-保险丝架 SB2-保险丝架 B SB2-保险丝架 B SB15-保险丝架 B 上的保险丝 2 SB15-保险丝架 B 上的保险丝 15 T2m-2 芯插头连接，黑色 T2n-2 芯插头连接，黑色 T38a-38 芯插头连接，黑色，棕色 T46a-46 芯插头连接，黑色 D235-连接（双音喇叭），在发动机舱导线束中 *-用于带 ABS 的汽车 *2-用于带制动防抱死系统 (ABS) 和电子稳定程序 (ESP) 的汽车 *3-用于带自动车距控制 (ADR) 的汽车 *4-用于不带自动车距控制 (ADR) 的汽车

主继电器、保险丝架 B

保险丝架 B

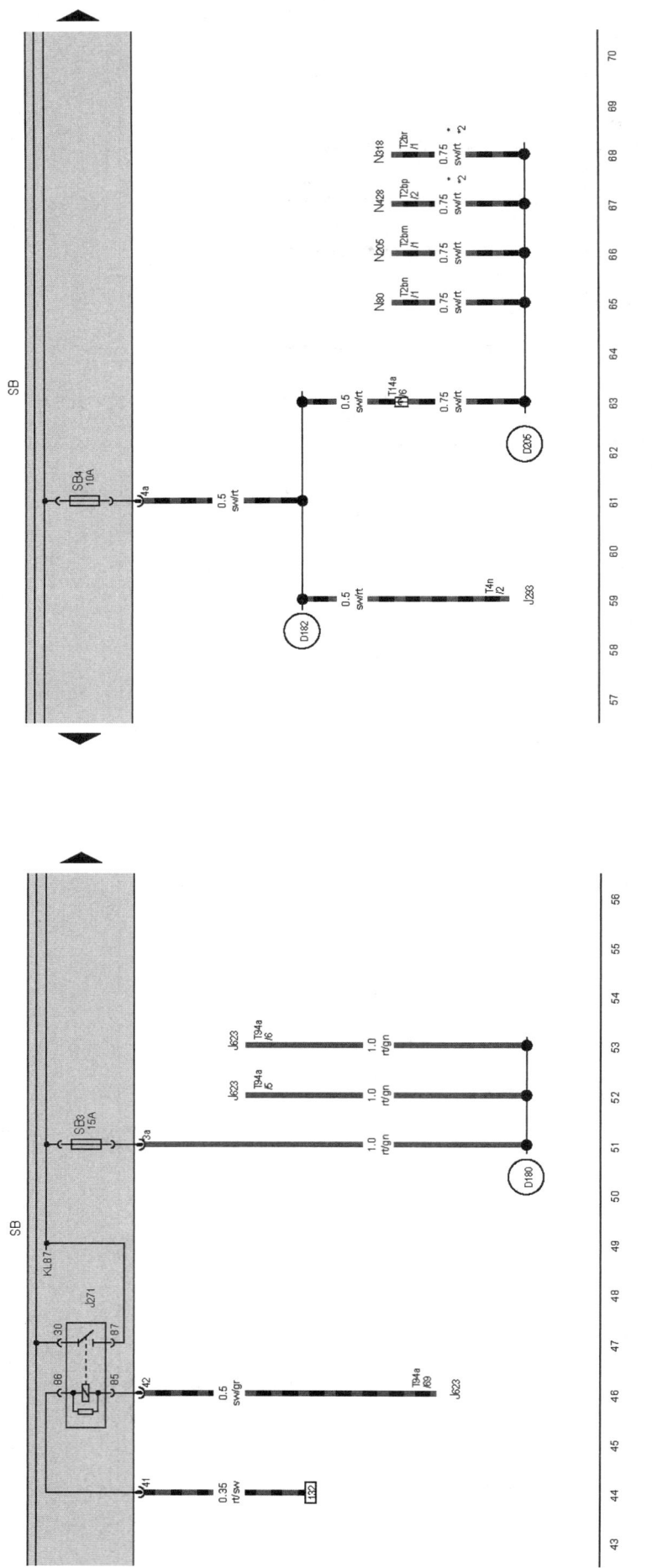

图 3-4-124

图 3-4-125

J271-主继电器 J623-发动机控制单元 SB-保险丝架 B SB3-保险丝架 B 上的保险丝 3 T94a-94 芯插头连接 D180-连接 (87a), 在发动机舱导线束中

J293-散热器风扇控制单元 N80-活性炭罐电磁阀 1 N205-凸轮轴调节阀 1 N318-排气凸轮轴调节阀 1 N428-机油压力调节阀 SB-保险丝架 B SB4-保险丝架 B 上的保险丝 4 T2bm-2 芯插头连接、黑色 T2bn-2 芯插头连接、黑色 T2bp-2 芯插头连接、黑色 T2br-2 芯插头连接、黑色 T4n-4 芯插头连接、黑色 T14a-14 芯插头连接、灰色 D182-连接 3 (87a), 在发动机舱导线束中 D205-连接 3 (87a), 在发动机预接线导线束中 *1-用于带 1.4 L 发动机的汽车 *2-用于带 1.2 L 发动机的汽车

442

保险丝架 B

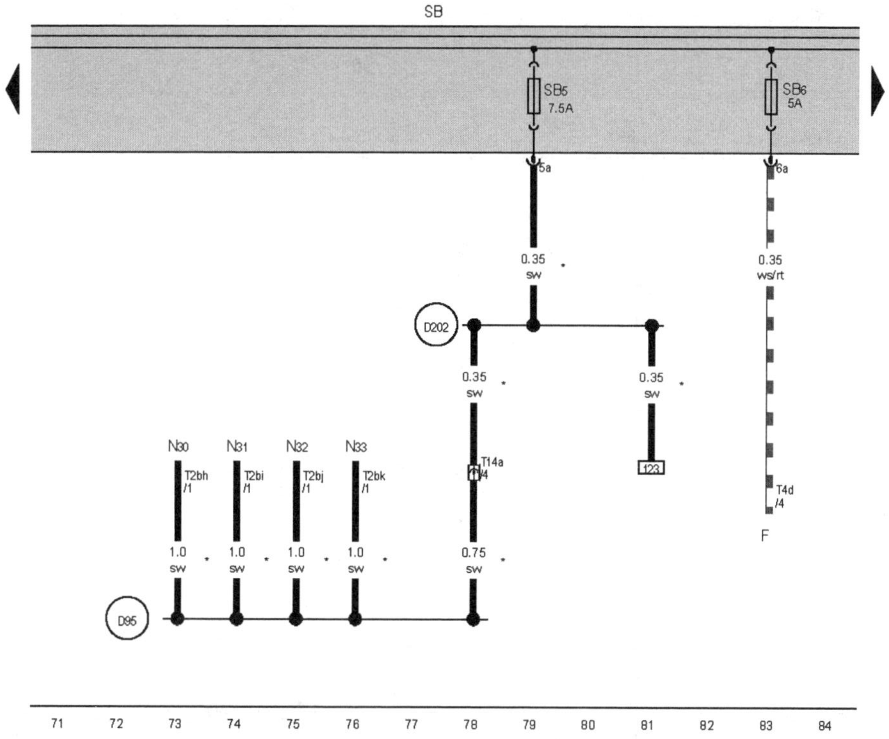

保险丝架 B

图 3-4-126

图 3-4-127

F-制动信号灯开关 N30-气缸 1 喷油器 N31-气缸 2 喷油器 N32-气缸 3 喷油器 N33-气缸 4 喷油器 SB-保险丝架 B SB5-保险丝架 B 上的保险丝 5 SB6-保险丝架 B 上的保险丝 6 T2bh-2 芯插头连接，黑色 T2bi-2 芯插头连接，黑色 T2bj-2 芯插头连接，黑色 T2bk-2 芯插头连接，黑色 T4d-4 芯插头连接，灰色 D95-连接（喷油器），在发动机舱导线束中 D202-连接 6 (87a)，在发动机舱导线束中 T14a-14 芯插头连接，左前纵梁上，*-用于带 1.6 L 发动机的汽车

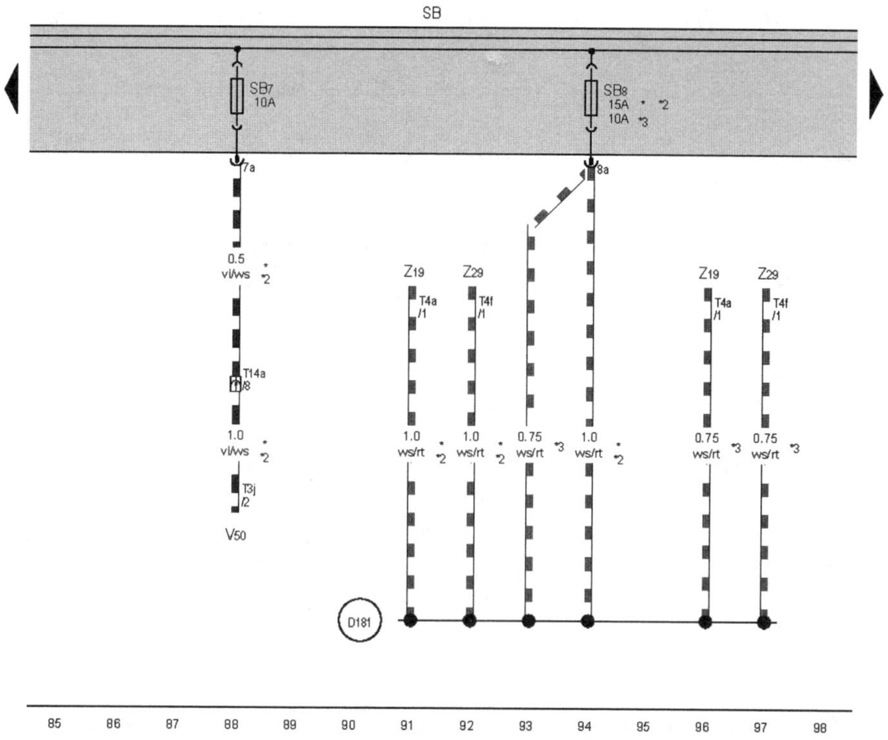

SB-保险丝架 B SB7-保险丝架 B 上的保险丝 7 SB8-保险丝架 B 上的保险丝 8 T3j-3 芯插头连接，黑色 T4a-4 芯插头连接，棕色 T4f-4 芯插头连接，黑色 T14a-14 芯插头连接，左前纵梁上，灰色 V50-冷却液循环泵 Z19-氧传感器加热装置 Z29-尾气催化净化器后的氧传感器 1 加热装置 D181-连接 2 (87a)，在发动机舱导线束中 *-用于带 1.4 L 发动机的汽车 *2-用于带 1.2 L 发动机的汽车 *3-用于带 1.6 L 发动机的汽车

443

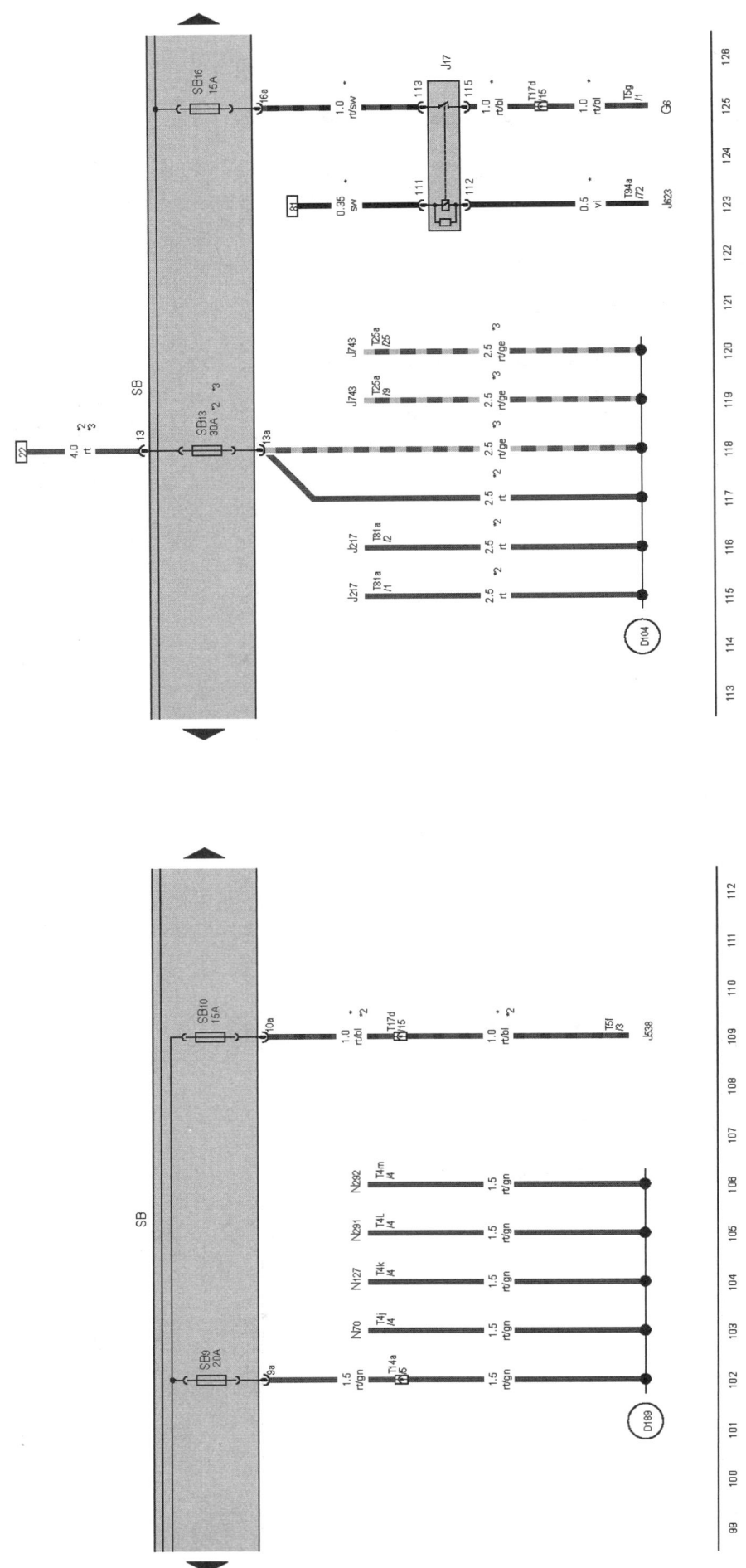

燃油泵继电器，保险丝架 B

SB16 15A

SB

SB13 30A

图 3-4-129

G6-预供给燃油泵 J17-燃油泵继电器 J217-自动变速器控制单元 J623-发动机控制单元 J743-双离合器变速器机电装置 SB-保险丝架 B SB13-保险丝架 B 上的保险丝 13 SB16-保险丝架 B 上的保险丝 16 T5g-5 芯插头连接，黑色 T17d-17 芯插头连接，左侧 A 柱下部，蓝色 T25a-25 芯插头连接，黑色 T81a-81 芯插头连接，黑色 T94a-94 芯插头连接，黑色 D104-正极连接，黑色 D104-正极连接 2 (30a)，在发动机舱导线束中 *-用于带1.6 L发动机的汽车 *2-用于带自动变速器的汽车 *3-用于带双离合器变速器的汽车

保险丝架 B

SB10 15A

SB

SB9 20A

图 3-4-128

J538-燃油泵控制单元 N70-带功率输出级的点火线圈 1 N127-带功率输出级的点火线圈 2 N291-带功率输出级的点火线圈 3 N292-带功率输出级的点火线圈 4 SB-保险丝架 B SB9-保险丝架 B 上的保险丝 9 SB10-保险丝架 B 上的保险丝 10 T4j-4 芯插头连接，黑色 T4k-4 芯插头连接，黑色 T4L-4 芯插头连接，黑色 T4m-4 芯插头连接，黑色 T5f-5 芯插头连接，黑色 T14a-14 芯插头连接，左前纵梁上，灰色 T17d-17 芯插头连接，左侧 A 柱下部，蓝色 D189-连接 (87a)，在发动机预接线导线束中 *-用于带 1.2 L发动机的汽车 *2-用于带 1.4 L发动机的汽车

444

保险丝架 B

启动机继电器 1、启动机继电器 2、保险丝架 B

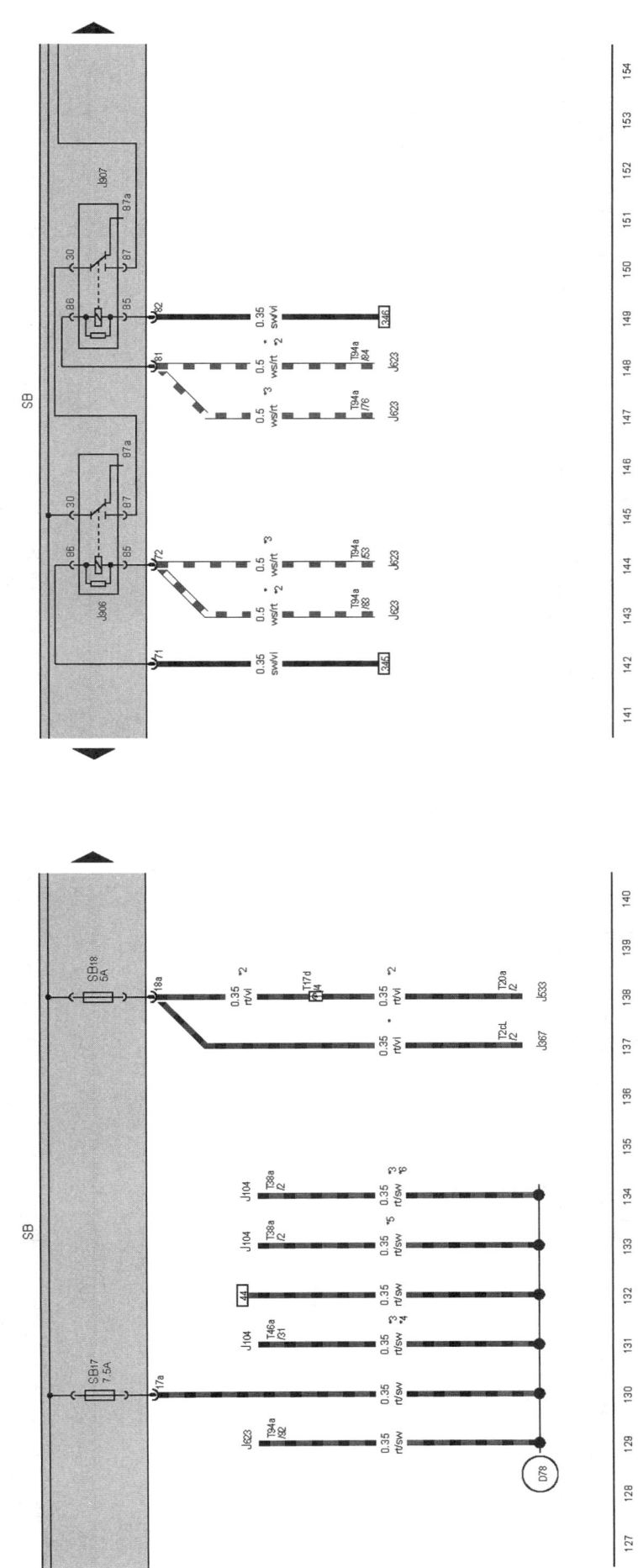

图 3-4-130

图 3-4-131

J104-ABS 控制单元 J367-蓄电池监控控制单元 J533-数据总线诊断接口 J623-发动机控制单元 SB-保险丝架 B SB17-保险丝架 B 上的保险丝 17 SB18-保险丝架 B 上的保险丝 18 T2cL-2 芯插头连接, 黑色, T17d-17 芯插头连接, 左侧 A 柱下部, 蓝色 T20a-20 芯插头连接, 红色 T38a-38 芯插头连接, 黑色, 棕色 T46a-46 芯插头连接, 黑色 T94a-94 芯插头连接, 黑色 D78-正极连接 1 (30a), 在发动机舱内防束中 *-用于带发动机自动启停系统的汽车 *2-用于不带发动机自动启停系统 (ESP) 的汽车 *3-用于带制动防抱死系统 (ABS) 和电子稳定程序 (ESP) 的汽车 *4-用于带自动车距控制 (ADR) 的汽车 *5-用于带ABS 的汽车 *6-用于不带自动车距控制 (ADR) 的汽车

J623-发动机控制单元 J906-启动机继电器 1 J907-启动机继电器 2 SB-保险丝架 B T94a-94 芯插头连接, 黑色 *-用于带 1.4 L 发动机的汽车 *2-用于带 1.2 L 发动机的汽车 *3-用于带 1.6 L 发动机的汽车

445

保险丝架 B

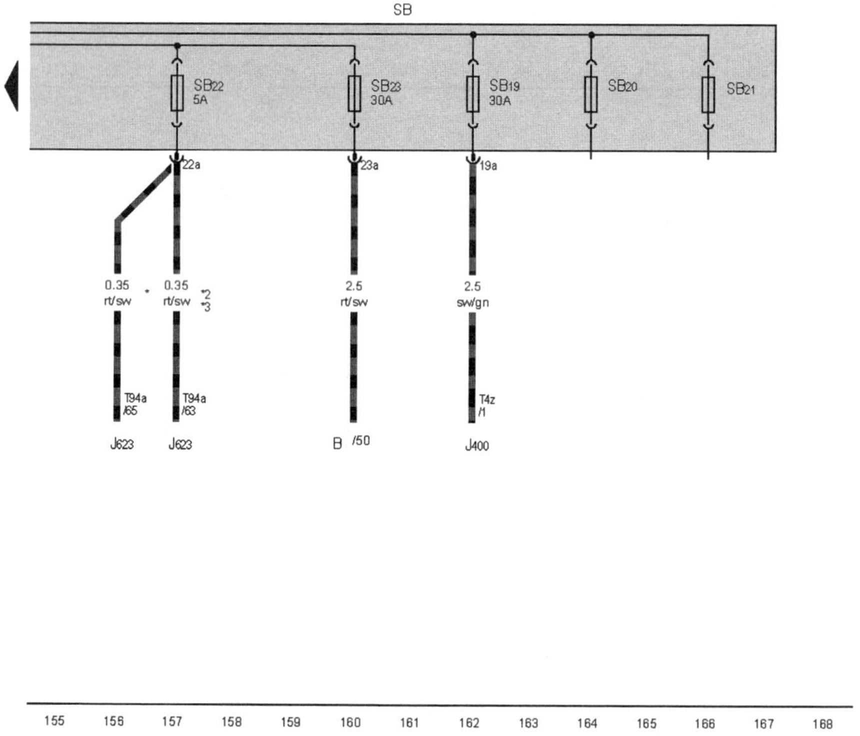

车载电网控制单元、保险丝架 C

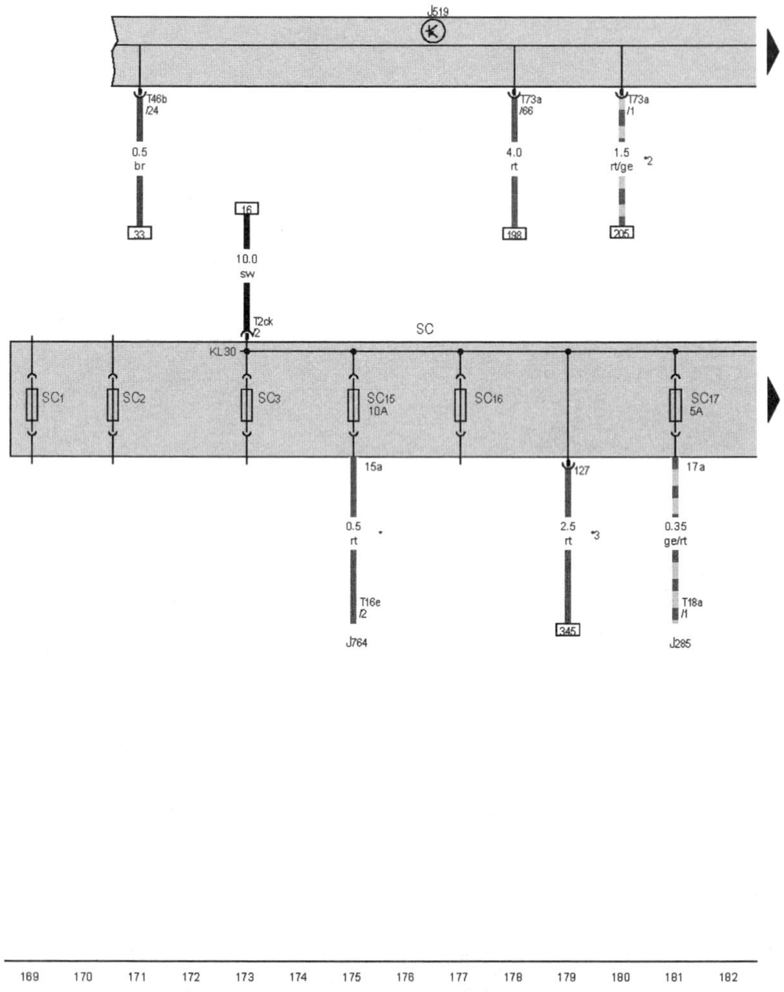

图 3-4-132

图 3-4-133

B-启动机 J400-刮水器电机控制单元 J623-发动机控制单元 SB-保险丝架 SB19-保险丝架 B 上的保险丝 19 SB20-保险丝架 B 上的保险丝 20 SB21-保险丝架 B 上的保险丝 21 SB22-保险丝架 B 上的保险丝 22 SB23-保险丝架 B 上的保险丝 23 T4z-4 芯插头连接，黑色 T94a-94 芯插头连接，黑色 *2-用于带 1.4 L 发动机的汽车 *3-用于带 1.2 L 发动机许可的汽车 *-用于带 1.6 L 发动机的汽车

J285-组合仪表中的控制单元 J519-车载电网控制单元 J623-发动机控制单元 J764-电子转向柱锁止装置控制单元 SC-保险丝架 C SC1-保险丝架 C 上的保险丝 1 SC2-保险丝架 C 上的保险丝 2 SC3-保险丝架 C 上的保险丝 3 SC15-保险丝架 C 上的保险丝 15 SC16-保险丝架 C 上的保险丝 16 SC17-保险丝架 C 上的保险丝 17 T2k-2 芯插头连接，黑色 T16e-16 芯插头连接，黑色 T18a-18 芯插头连接，黑色 T46b-46 芯插头连接，黑色 T73a-73 芯插头连接，黑色 *-用于带进入及启动许可的汽车 *2-用于带座椅加热的汽车 *3-用于带后备箱盖关闭辅助功能的汽车

车载电网控制单元，保险丝架 C

图 3-4-134

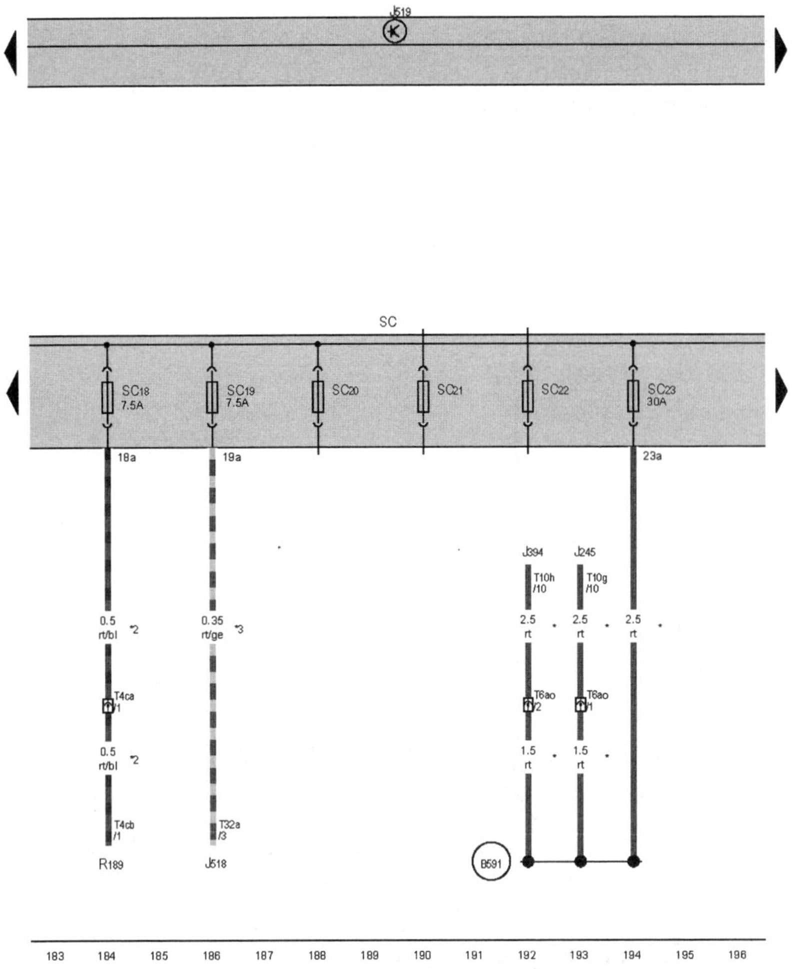

J245-滑动天窗控制单元 J394-天窗卷帘控制单元 J518-进入及启动许可控制单元 J519-车载电网控制单元 R189-倒车摄像头 SC-保险丝架 C SC18-保险丝架 C 上的保险丝 18 SC19-保险丝架 C 上的保险丝 19 SC20-保险丝架 C 上的保险丝 20 SC21-保险丝架 C 上的保险丝 21 SC22-保险丝架 C 上的保险丝 22 SC23-保险丝架 C 上的保险丝 23 T4ca-4 芯插头连接，右侧 C 柱附近，黑色 T4cb-4 芯插头连接，黑色 T6ao-6 芯插头连接，前部车内照明灯附近，黑色 T10g-10 芯插头连接，黑色 T10h-10 芯插头连接，黑色 T32a-32 芯插头连接，蓝色 B591-正极连接 1 (30a)，在车顶导线束中 *2-用于带倒车影像系统的汽车 *3-用于带进入及启动许可的汽车

车载电网控制单元，保险丝架 C

图 3-4-135

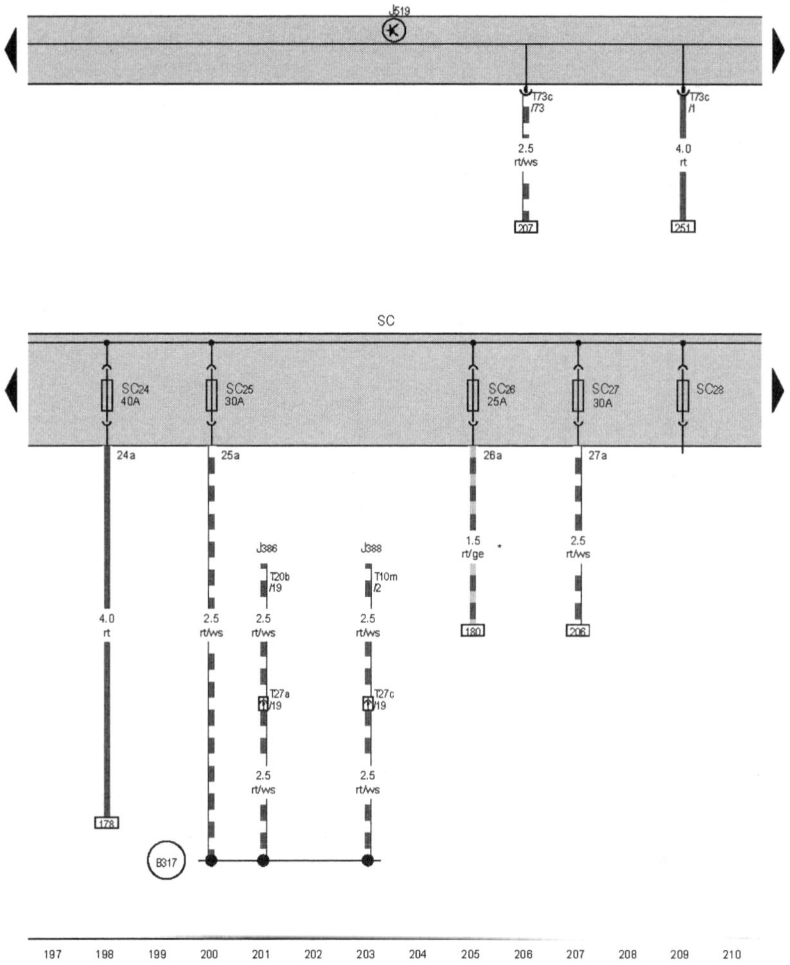

J386-驾驶员侧车门控制单元 J388-左后车门控制单元 J519-车载电网控制单元 SC-保险丝架 C SC24-保险丝架 C 上的保险丝 24 SC25-保险丝架 C 上的保险丝 25 SC26-保险丝架 C 上的保险丝 26 SC27-保险丝架 C 上的保险丝 27 SC28-保险丝架 C 上的保险丝 28 T10m-10 芯插头连接，黑色 T20b-20 芯插头连接，黑色 T27a-27 芯插头连接，左侧 A 柱上，黑色 T27c-27 芯插头连接，左侧 B 柱上，黑色 T73c-73 芯插头连接，黑色 B317-正极连接 3 (30a)，在主导线束中 *-用于带座椅加热的汽车

车载电网控制单元、保险丝架 C

车载电网控制单元、保险丝架 C

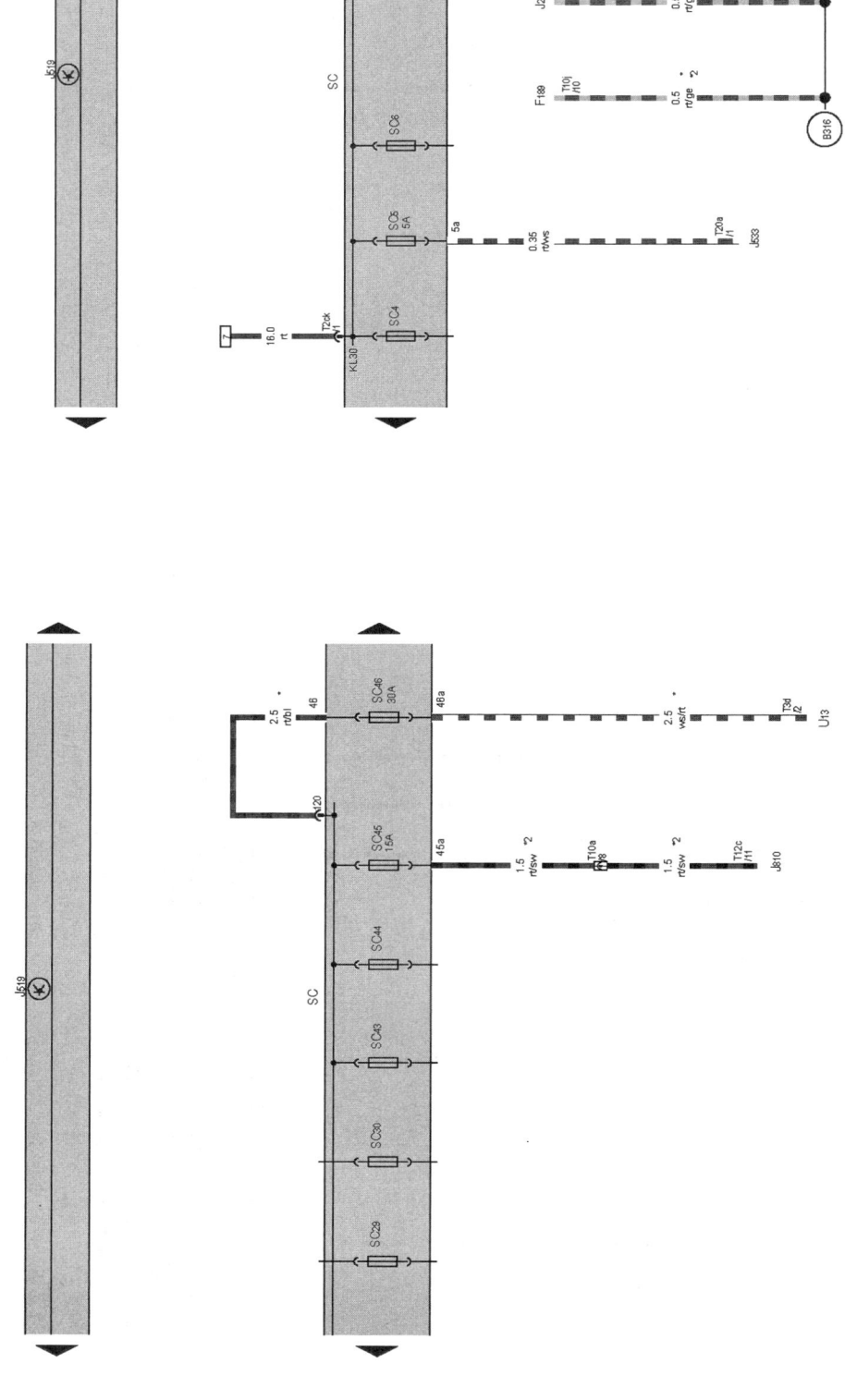

图 3-4-136

图 3-4-137

J519–车载电网控制单元 J810–驾驶员座椅调节控制单元 SC–保险丝架 C SC29–保险丝架 C 上的保险丝 29 SC30–保险丝架 C 上的保险丝 30 SC43–保险丝架 C 上的保险丝 43 SC44–保险丝架 C 上的保险丝44 SC45–保险丝架 C 上的保险丝 45 SC46–保险丝架 C 上的保险丝 46 T3d–3 芯插头连接，黑色 T10a–10 芯插头连接，驾驶员座椅下方，黑色 T12c–12 芯插头连接，黑色 U13–带插座的逆变器 (12～230 V)
*–用于带 12～230 V/12～115 V 插座的逆变器的汽车 *2–用于带驾驶员侧电动座椅调节功能的汽车

F189–Tiptronic 开关 J255–全自动空调控制单元 J301–空调器控制单元 J519–车载电网控制单元 J533–数据总线诊断接口 SC–保险丝架 C SC4–保险丝架 C 上的保险丝 4 SC5–保险丝架 C 上的保险丝 5 SC6–保险丝架 C 上的保险丝 6 SC7–保险丝架 C 上的保险丝 7 T2ck–2 芯插头连接，黑色 T10j–10 芯插头连接，黑色 T20a–20 芯插头连接，红色 T20e–20 芯插头连接，黑色 T20y–20 芯插头连接，黑色 B316–正极连接 2 (30a)，在主导线束中 *–用于带自动变速器的汽车 *2–用于带双离合器变速器的汽车 *3–用于带全自动空调的汽车 *4–用于带手动调节空调的汽车

车载电网控制单元、保险丝架 C

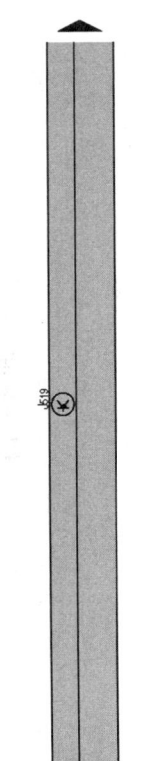

车载电网控制单元、保险丝架 C

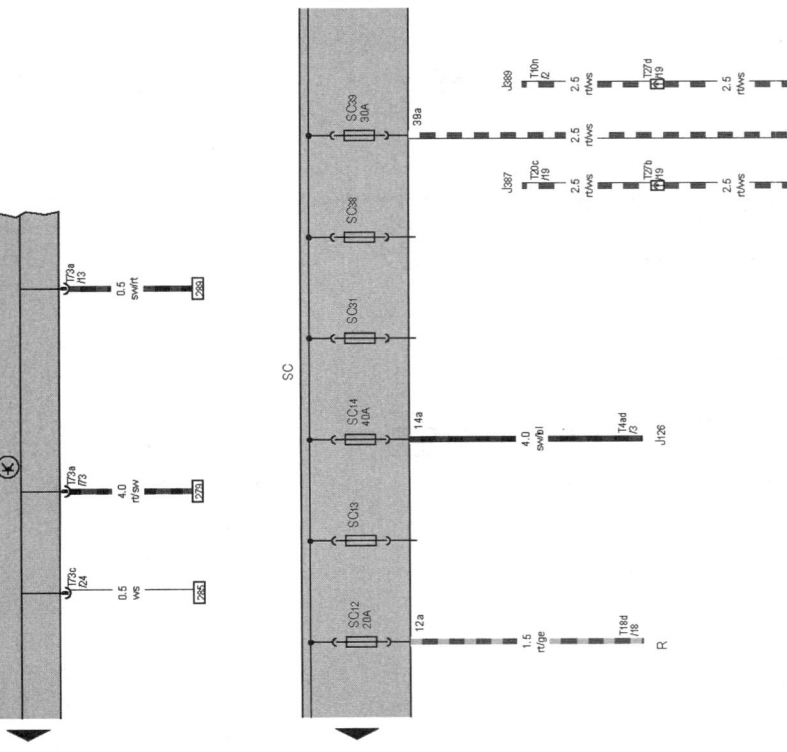

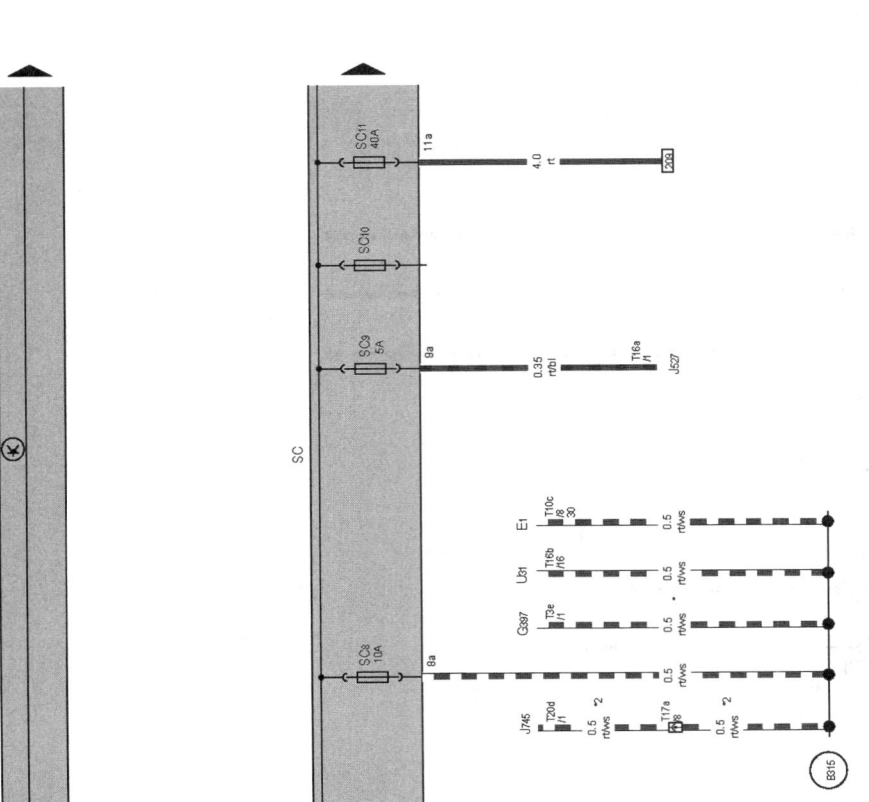

图 3-4-138

图 3-4-139

E1-车灯开关 G397-雨水与光线识别传感器 J519-车载电网控制单元 J527-转向柱电子装置控制单元 J745-弯道灯和大灯照明距离调节离调节控制单元 SC-保险丝架 SC8-保险丝架 C 上的保险丝 8 SC9-保险丝架 C 上的保险丝 9 SC10-保险丝架 C 上的保险丝 10 SC11-保险丝架 C 上的保险丝 11 T3e-3 芯插头连接 T10c-10 芯插头连接，红色 T16a-16 芯插头连接 T16b-16 芯插头连接，黑色 T17a-芯插头连接，黑色 T20c-20 芯插头连接，棕色 T20d-20 芯插头连接，棕色 U31-诊断接口 B315-正极连接口 B315-正极连接 1 17 芯插头连接，左侧 A 柱下部，黑色 *2-用于带自动防眩车内后视镜的汽车 *-用于带自动大灯照明距离调节离的汽车 (30a)，在主导线束中

车载电网单元 J519-车载电网控制单元 J389-一台后车门控制单元 J387-副驾驶员侧车门控制单元 J126-新鲜空气鼓风机控制单元 R-收音机 SC-保险丝架 SC12-保险丝架 C 上的保险丝 12 SC13-保险丝架 C 上的保险丝 13 SC14-保险丝架 C 上的保险丝 14 SC31-保险丝架 C 上的保险丝 31 SC38-保险丝架 C 上的保险丝 38 SC39-保险丝架 C 上的保险丝 39 T4ad-4 芯插头连接 T10n-10 芯插头连接，黑色 T18d-18 芯插头连接 T20c-20 芯插头连接，黑色 T27b-27 芯插头连接，右侧 A 柱上，黑色 T27d-27 芯插头连接，棕色 T73a-73 芯插头连接，黑色 T73c-73 芯插头连接，黑色 B318-正极连接 4 (30a)，在主导线束中

449

可加热后窗玻璃继电器、接线端 15 供电继电器、负导线中的调频频率滤波器、正导线中的调频频率滤波器、保险丝架 C、可加热后窗玻璃

插座继电器、保险丝架 C

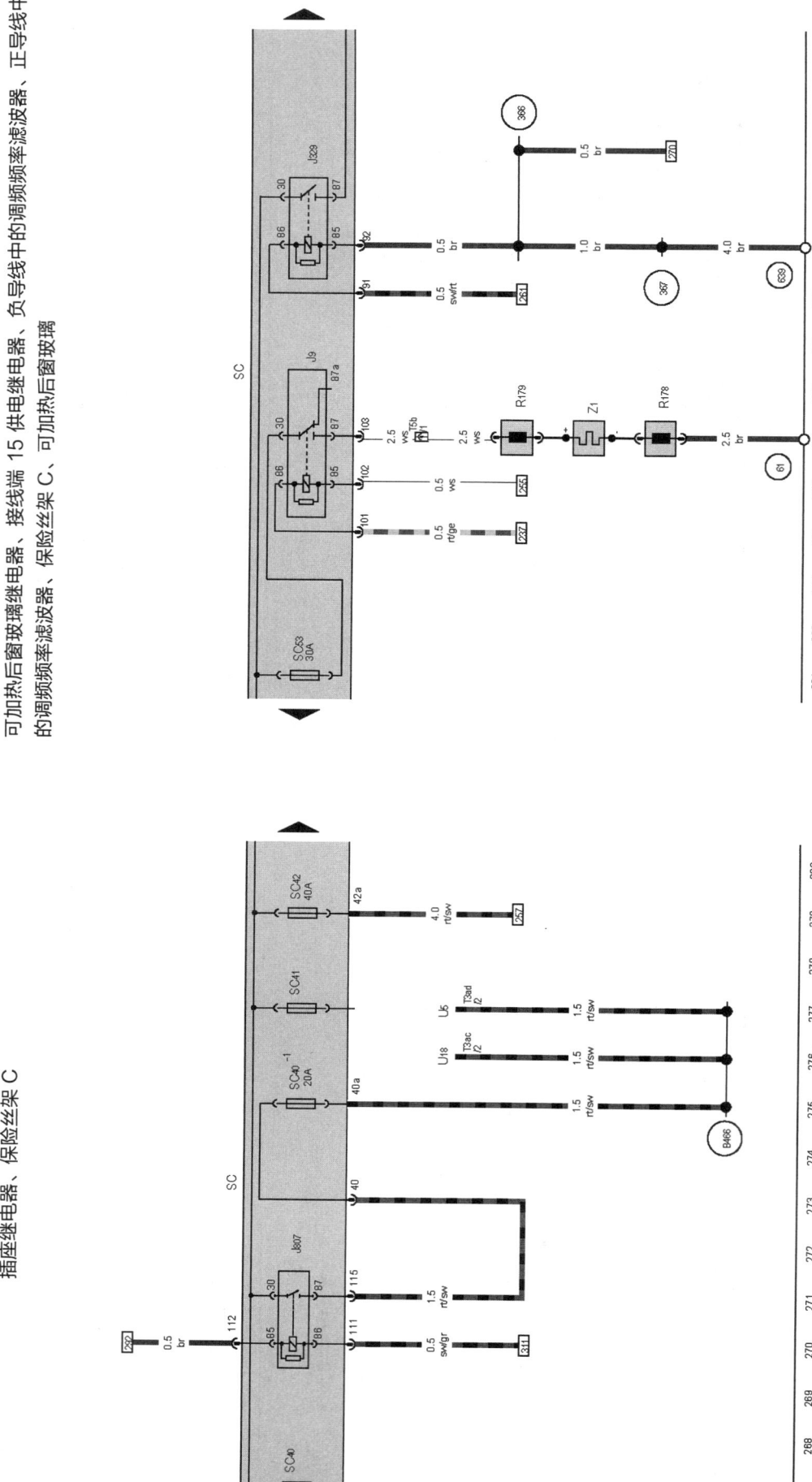

图 3-4-141

J9-可加热后窗玻璃继电器 J329-接线端 15 供电继电器 R178-负导线中的调频频率滤波器 R179-正导线中的调频频率滤波器 SC-保险丝架 C SC53-保险丝架 C 上的保险丝 53 T5b-5 芯插头连接、左侧 C 柱附近、棕色 Z1-可加热后窗玻璃 61-左侧 C 柱上的接地点 366-接地连接 1，在主导线束中 367-接地连接 2，在主导线束中 639-左 A 柱上的接地点

图 3-4-140

J807-插座继电器 SC-保险丝架 C SC40-保险丝架 C 上的保险丝 40 SC41-保险丝架 C 上的保险丝 41 SC42-保险丝架 C 上的保险丝 42 T3ac-3 芯插头连接、白色 T3ad-3 芯插头连接、白色 U5-12 V 插座 U18-12 V 插座 2 B466-连接 2，在主导线束中

450

保险丝架 C

保险丝架 C

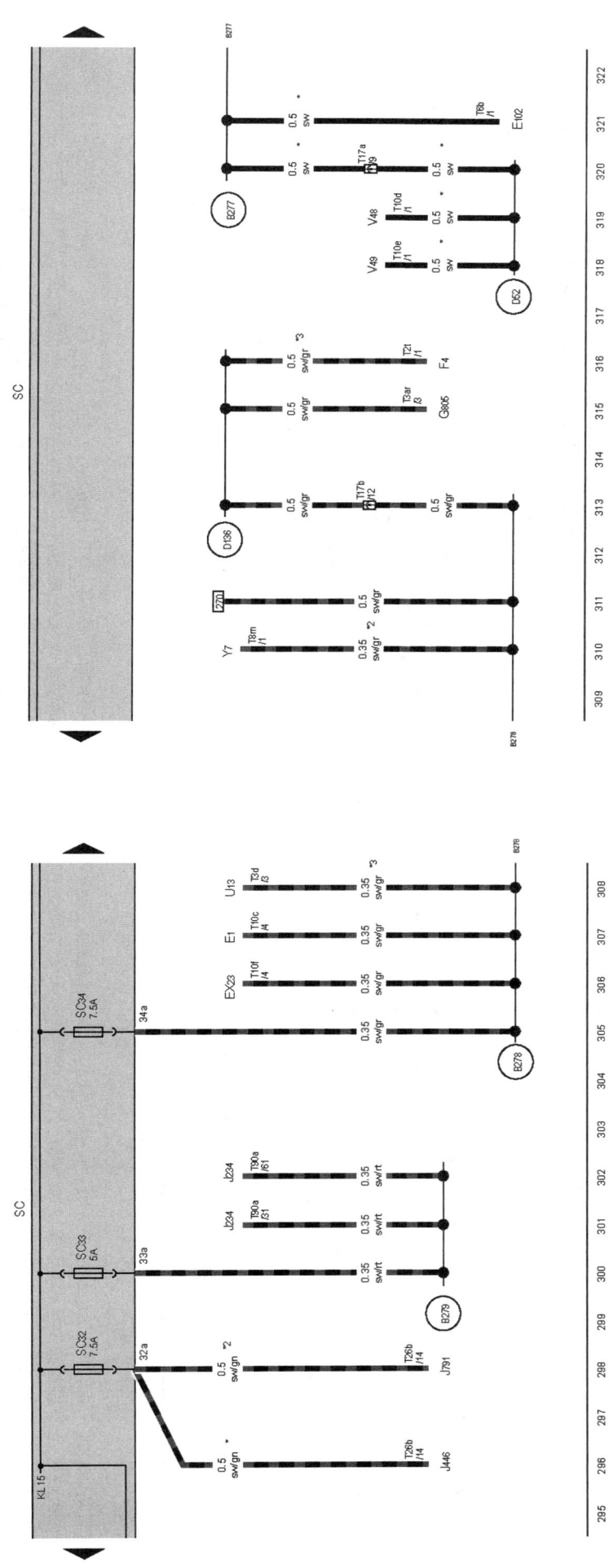

图 3-4-143

图 3-4-142

E102—大灯照明距离调节器 F4—倒车灯开关 G805—冷却液循环管路压力传感器 SC—保险丝架 C T2t—2 芯插头连接，黑色 T3ar—3 芯插头连接，黑色 T6b—6 芯插头连接，黑色 T8m—8 芯插头连接，黑色 T10d—10 芯插头连接，黑色 T10e—10 芯插头连接，黑色 T17a—17 芯插头连接，左侧 A 柱下部，黑色 T17b—17 芯插头连接，左侧 A 柱下部，棕色 V48—左侧大灯照明距离调节伺服电机 V49—右侧大灯照明距离调节伺服电机 Y7—自动防眩车内后视镜 B277—正极连接 1（15a），在主导线束中 B278—正极连接 2（15a），在主导线束中 D52—正极连接（15a），在发动机舱导线束中 D136—正极连接 2（15a），在发动机舱导线束中 *—用于带自动防眩车内后视镜的汽车 *2—用于带大灯照明距离调节的汽车 *3—用于带手动变速器的汽车

E1—车灯开关 EX23—中控台开关模块 1 J234—安全气囊控制单元 J446 泊车雷达系统控制单元 J791—泊车转向辅助系统控制单元 SC—保险丝架 C SC32—保险丝架 C 上的保险丝 32 SC33—保险丝架 C 上的保险丝 33 SC34—保险丝架 C 上的保险丝 34 T3d—3 芯插头连接，黑色 T10c—10 芯插头连接，黑色 T10f—10 芯插头连接，黑色 T26b—26 芯插头连接，黑色 T90a—90 芯插头连接，黄色 U13—带插座的逆变器（12～230 V）B278—正极连接 2（15a），在主导线束中 B279—正极连接 3（15a），在主导线束中 *—用于带泊车雷达系统的汽车 *2—用于配备泊车转向辅助系统的汽车 *3—用于带 12～230 V/12～115 V 插座的逆变器的汽车

451

保险丝架 C

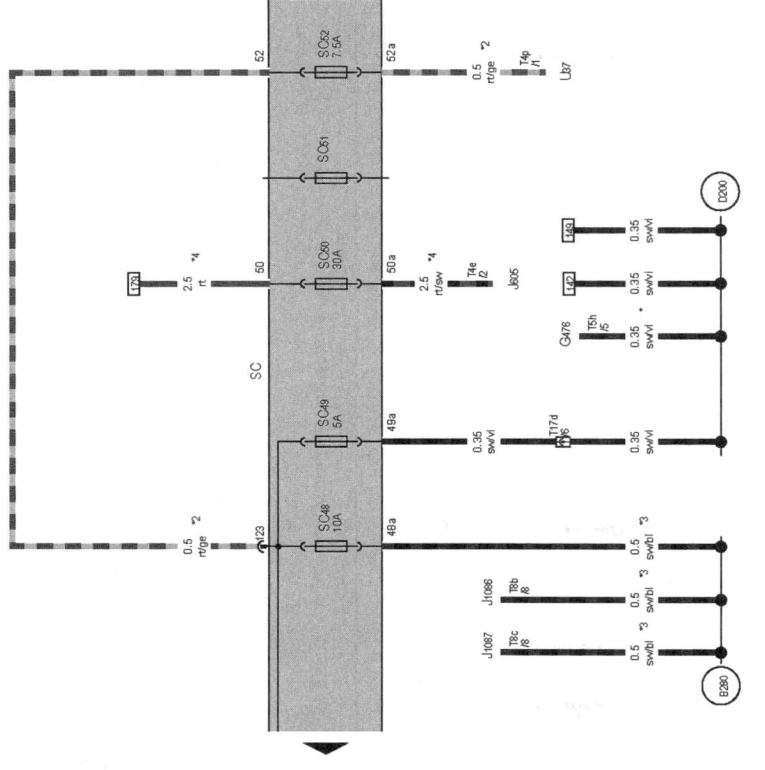

图 3-4-145

G476-离合器位置传感器 J605-后备箱盖控制单元 J1086-盲区识别控制单元 J1087-盲区识别控制单元 2
SC-保险丝架 C SC48-保险丝架 C 上的保险丝 48 SC49-保险丝架 C 上的保险丝 49 SC50-保险丝架 C
上的保险丝 50 SC51-保险丝架 C 上的保险丝 51 SC52-保险丝架 C 上的保险丝 52 T4e-4 芯插头连接,
黑色 T4p-4 芯插头连接, 红色 T5h-5 芯插头连接, 黑色 T8b-8 芯插头连接, 黑色 T8c-8 芯插头连接,
黑色 T17d-17 芯插头连接, 灰色 U37-USB 充电插座 1 B280-正极连接 4 (15a), 在主
导线束中 D200-正极连接 3 (15a), 在发动机舱导线束中 *1-用于带手动变速器的汽车 *2-用于有 USB
充电插座的汽车 *3-用于带后备箱盖开关的汽车 *4-用于带换道辅助系统的汽车

保险丝架 C

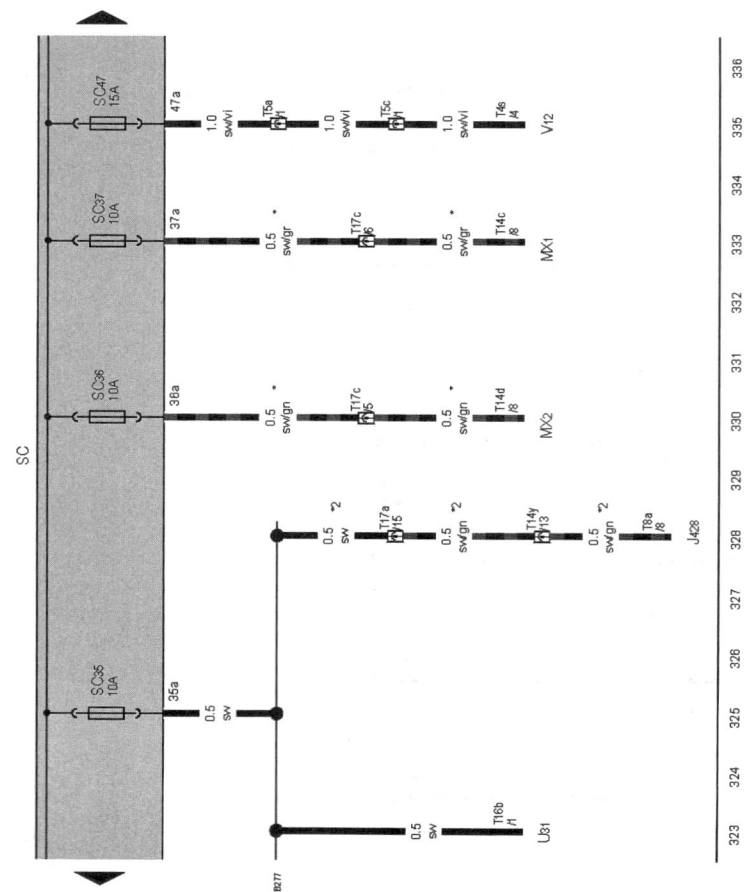

图 3-4-144

J428-车距调节控制单元 MX1-左前大灯 MX2-右前大灯 SC-保险丝架 C SC35-保险丝架 C 上的保险丝 35
SC36-保险丝架 C SC37-保险丝架 C 上的保险丝 37 SC47-保险丝架 C 上的保险丝 47 T4s-
4 芯插头连接, 黑色 T5a-5 芯插头连接, 左侧 C 柱附近, 黑色 T5c-5 芯插头连接, 在后备箱盖内, 黑色
T8a-8 芯插头连接, 黑色 T14c-14 芯插头连接, 黑色 T14d-14 芯插头连接, 黑色 T14y-14 芯插头连接,
左侧 A 柱下部, 黑色 T16b-16 芯插头连接, 黑色 T17a-17 芯插头连接, 左侧 A 柱下部, 黑色 T17c-17 芯
插头连接, 左侧 A 柱下部, 红色 U31-诊断接口 V12-后窗玻璃刮水器电机 B277-正极连接 1 (15a), 在主
导线束中 *-用于带自动大灯照明距离调节的汽车 *2-用于带自动车距控制 (ADR) 的汽车

452

第五节　基本装备

基本装备电路图（自 2017 年 6 月起）的图号和图名对照表见表 3-5-1。

表 3-5-1　基本装备电路图（自 2017 年 6 月起）的图号和图名对照表

图号	图名
图 3-5-1～图 3-5-33	基本装备

蓄电池、交流发电机、电压调节器、蓄电池监控控制单元

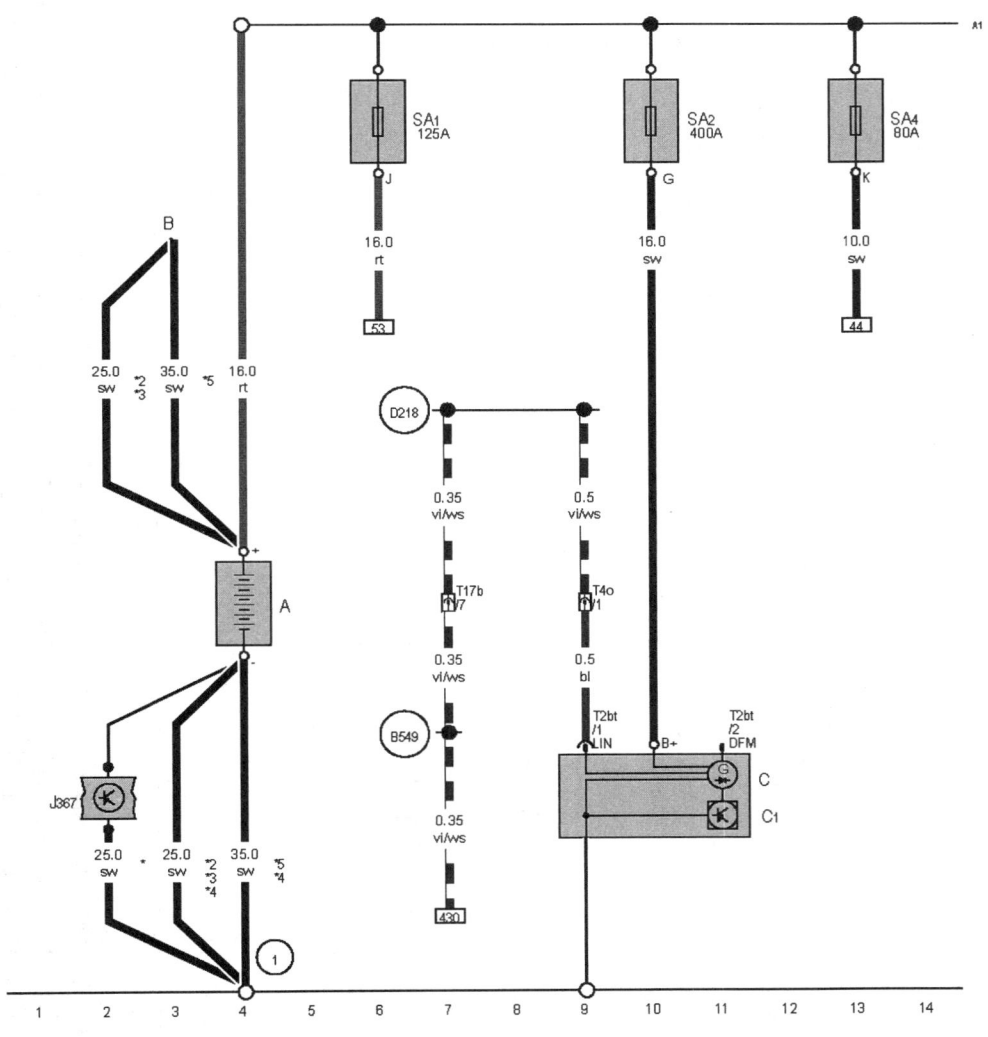

A-蓄电池　B-启动机　C-交流发电机　C1-电压调节器　J367-蓄电池监控控制单元　SA1-保险丝架 A 上的保险丝1　SA2-保险丝架 A 上的保险丝2　SA4-保险丝架 A 上的保险丝4　T2bt-2 芯插头连接，黑色　T4o-4 芯插头连接，左前纵梁上，黑色　T17b-17 芯插头连接，左侧 A 柱下部，棕色　1-接地带，蓄电池-车身　B549-连接 2（LIN 总线），在主导线束中　D218-连接 1（LIN 总线），在发动机舱导线束中　*-仅用于带自动启停系统的汽车　*2-仅适用于带双离合器变速器的汽车　*3-仅用于带手动变速器的汽车　*4-仅用于不带发动机自动启停系统的汽车　*5-用于带自动变速器的汽车

图 3-5-1

高音扬声器、低音扬声器、双音喇叭继电器

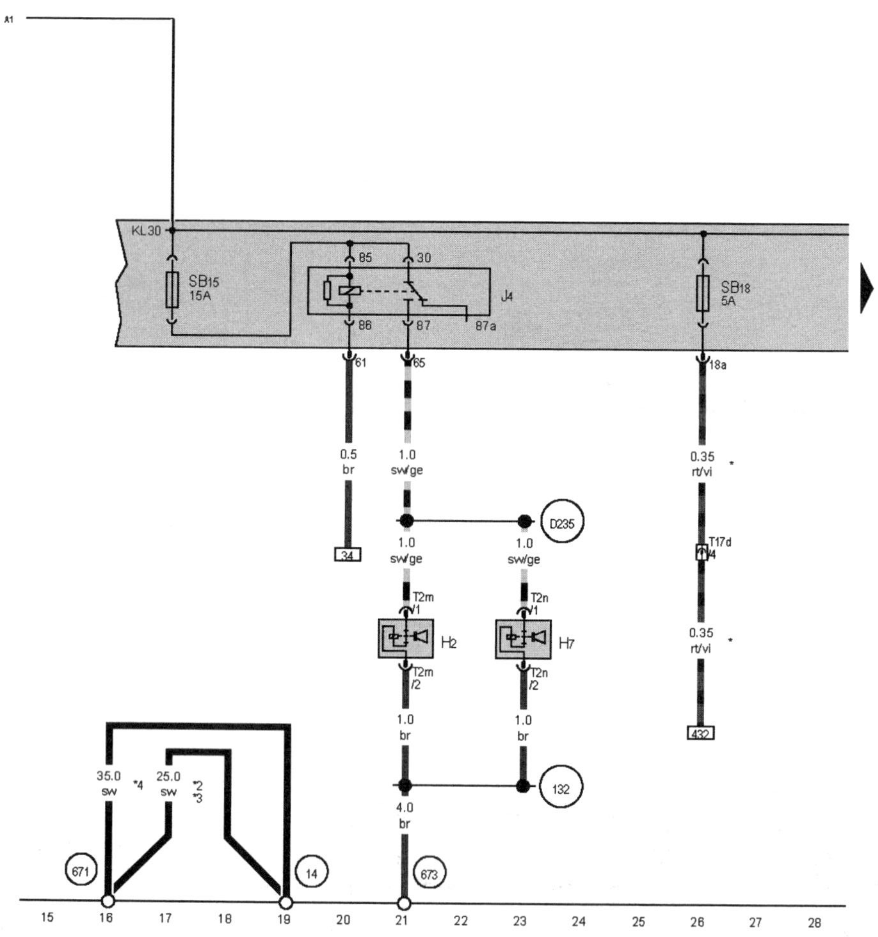

主继电器、车载电网控制单元

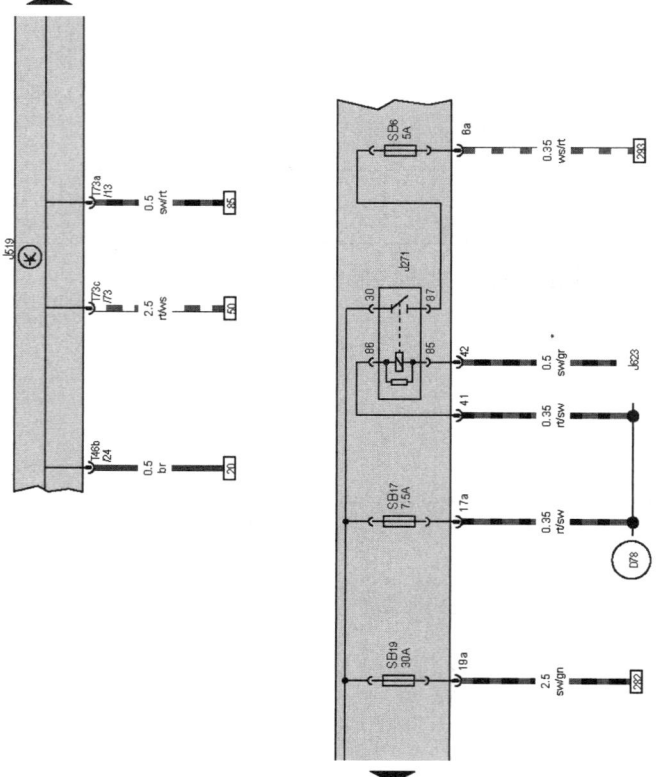

图 3-5-2

图 3-5-3

J271-主继电器 J519-车载电网控制单元 J623-发动机控制单元 SB6-保险丝架 B 上的保险丝 6 SB17-高保险丝架 B 上的保险丝 17 SB19-保险丝架 B 上的保险丝 19 T46b-46 芯插头连接，黑色 T73a-73 芯插头连接，黑色 T73c-73 芯插头连接，黑色 D78-正极连接 1（30a），在发动机舱导线束中 *-见发动机所适用的电路图

H2-高音扬声器 H7-低音扬声器 J4-双音喇叭继电器 SB15-保险丝架 B 上的保险丝 15 SB18-保险丝架 B 上的保险丝 18 T2m-2 芯插头连接，黑色 T2n-2 芯插头连接，黑色 T17d-17 芯插头连接，左侧 A 柱下部，蓝色 14-变速器上的接地点 3，在发动机舱导线束中 671-左前纵梁上的接地点 1 673-左前纵梁上的接地点 3 D235-连接（双音喇叭），在发动机舱导线束中 *-仅用于带发动机自动启停系统的汽车 *2-仅用于带手动变速器的汽车 *3-仅适用于带双离合器变速器的汽车 *4-用于带自动变速器的汽车

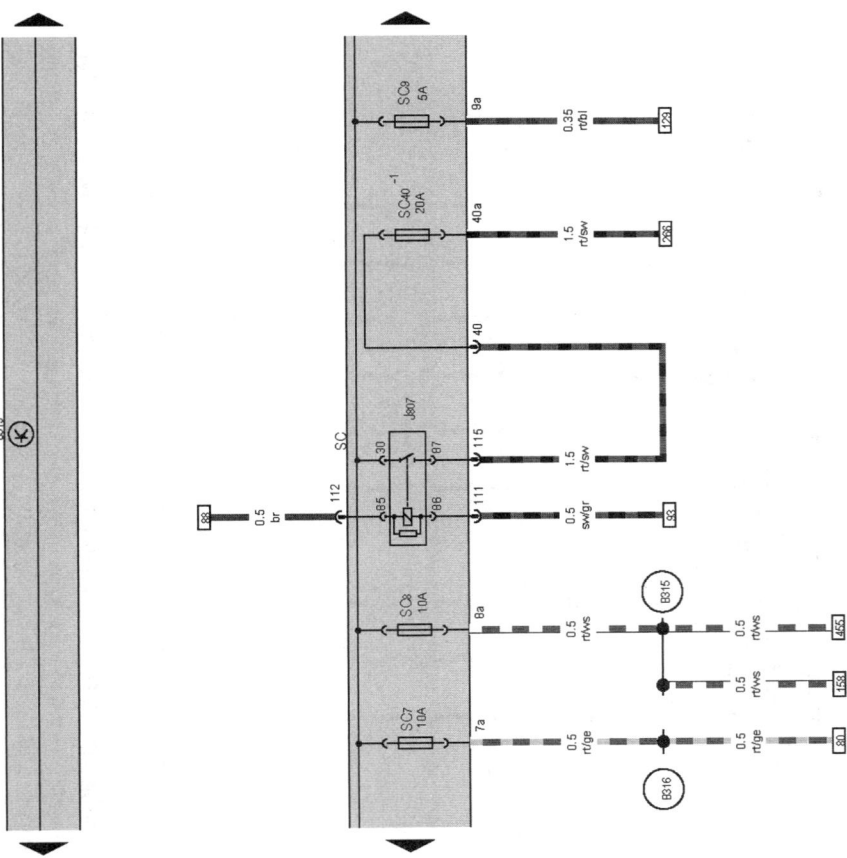

车载电网控制单元、保险丝架 C

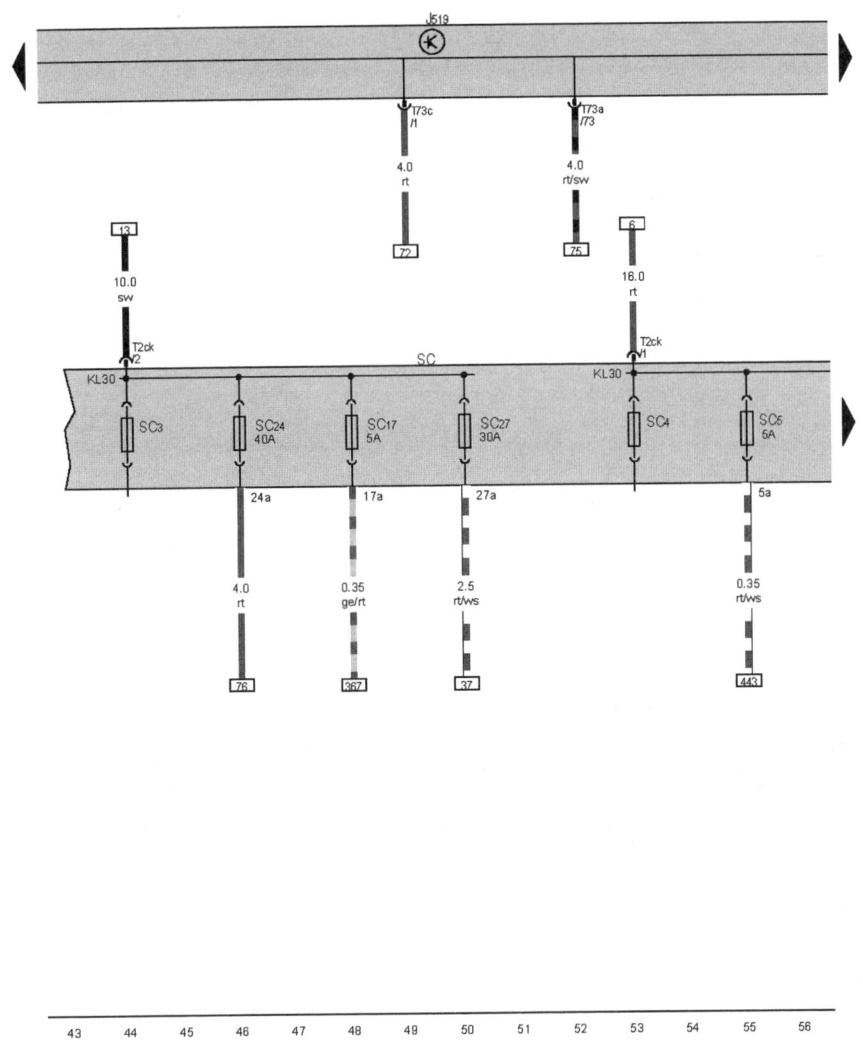

图 3-5-4

车载电网控制单元、插座继电器、保险丝架 C

图 3-5-5

J519–车载电网控制单元 SC–保险丝架 C SC3–保险丝架 C 上的保险丝 3 SC4–保险丝架 C 上的保险丝 4 SC5–保险丝架 C 上的保险丝 5 SC17–保险丝架 C 上的保险丝 17 SC24–保险丝架 C 上的保险丝 24 SC27–保险丝架 C 上的保险丝 27 T2ck–2 芯插头连接，黑色 T73a–73 芯插头连接，黑色 T73c–73 芯插头连接，黑色

J519–车载电网控制单元 J807–插座继电器 SC–保险丝架 C SC7–保险丝架 C SC8–保险丝架 C 上的保险丝 7 SC8–保险丝架 C 上的保险丝 9 SC40–保险丝架 C 上的保险丝 40 B315–正极连接 1 架 C 上的保险丝 8 SC9–保险丝架 C 上的保险丝 40 B316–正极连接 2 (30a)，在主导线束中 (30a)，在主导线束中 B316–正极连接 2 (30a)，在主导线束中

455

可加热后窗玻璃继电器、车载电网控制单元、保险丝架 C、可加热后窗玻璃　　　　接线端 15 供电继电器、车载电网控制单元、保险丝架 C

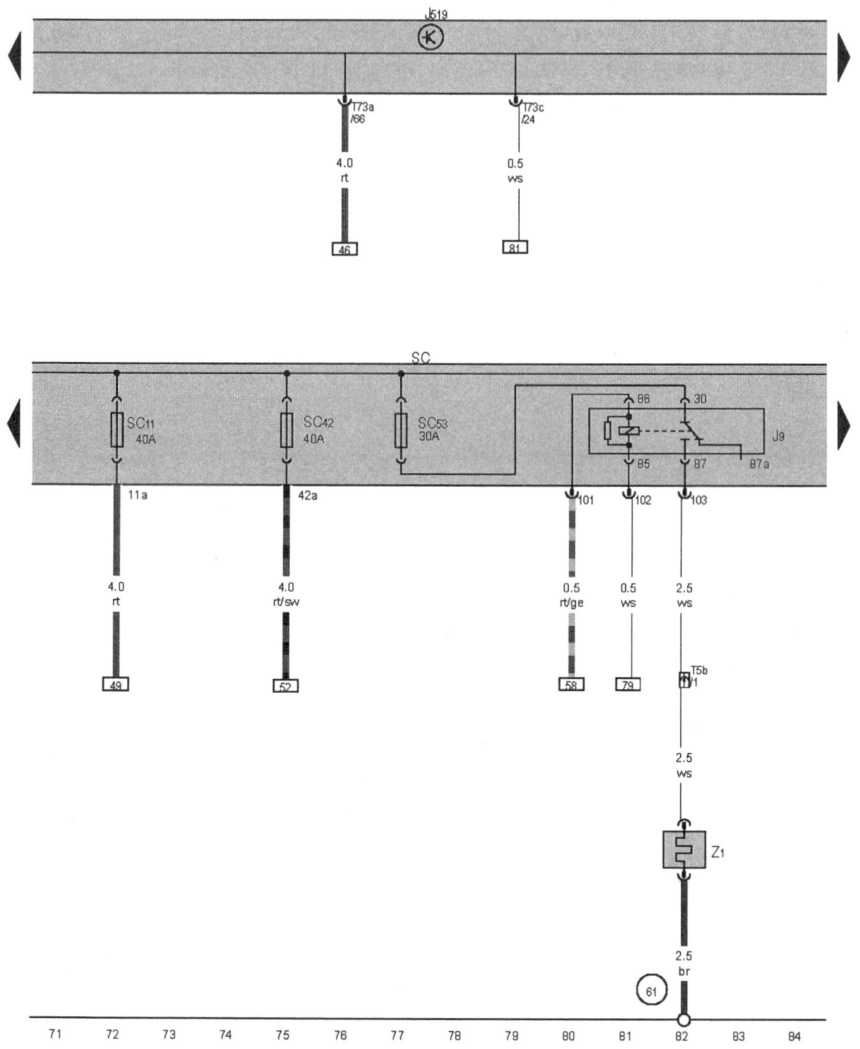

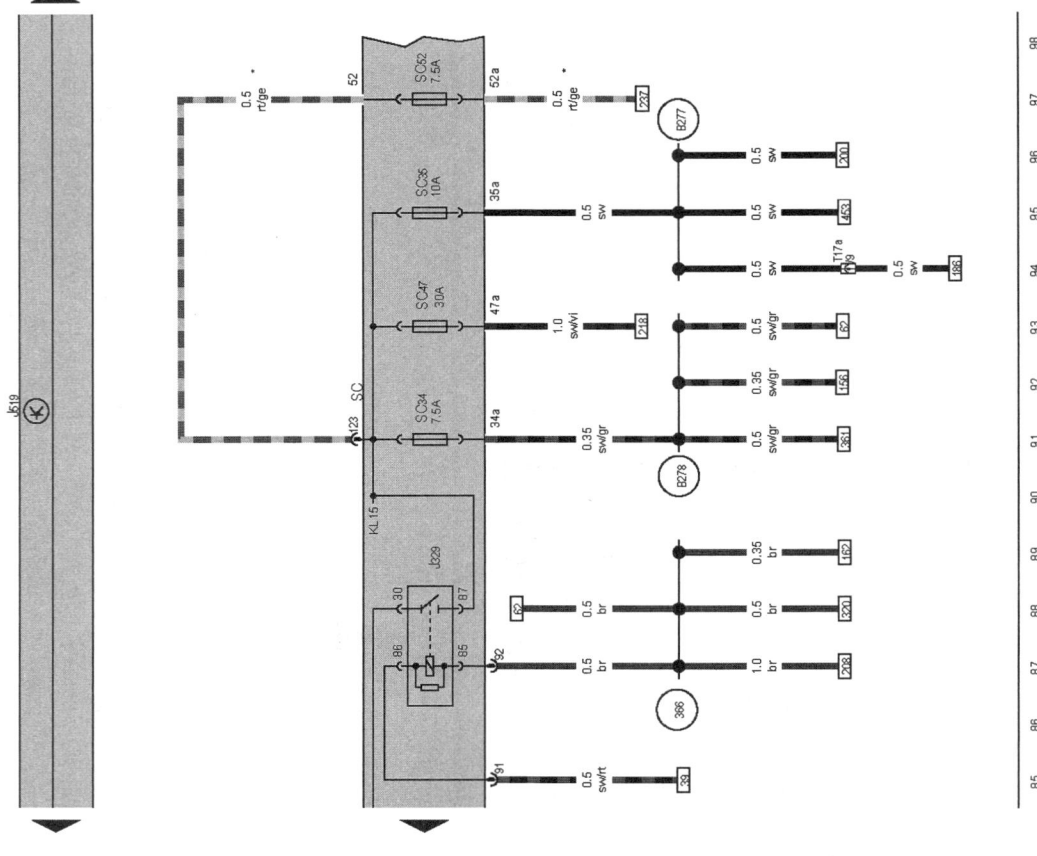

图 3-5-7

J329-接线端 15 供电继电器 J519-车载电网控制单元 SC-保险丝架 C SC34-保险丝架 C 上的保险丝 34 SC35-保险丝架 C 上的保险丝 35 SC47-保险丝架 C 上的保险丝 47 SC52-保险丝架 C 上的保险丝 52 T17a-17 芯插头连接，左侧 A 柱下部，黑色 366-接地连接，在主导线束中 B277-正极连接 1 (15a)，在主导线束中 B278-正极连接 2 (15a)，在主导线束中 *-用于有 USB 充电插座的汽车

图 3-5-6

J9-可加热后窗玻璃继电器 J519-车载电网控制单元 SC-保险丝架 C SC11-保险丝架 C 上的保险丝 11 SC42-保险丝架 C 上的保险丝 42 SC53-保险丝架 C 上的保险丝 53 T5b-5 芯插头连接，左侧 C 柱附近，左侧 C 柱上的 SC35-保险丝架 C 上的保险丝 35 棕色 T73a-73 芯插头连接，黑色 T73c-73 芯插头连接，黑色 Z1-可加热后窗玻璃 61-左侧 C 柱上的接地点

前窗玻璃刮水器开关、间歇式刮水器运行开关、车窗玻璃刮水器间歇运行调节器、车窗玻璃刮水器间歇运行调节器、多功能显示器调用按钮、车窗玻璃清洗装置（自动刮水/清洗装置和大灯清洗装置）、车载电网控制单元、转向电子装置控制单元

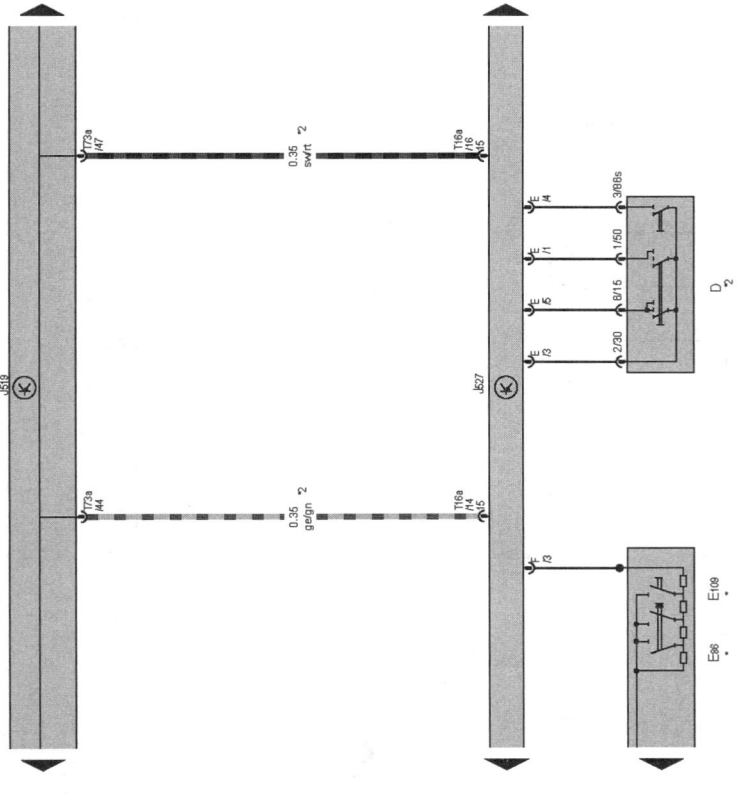

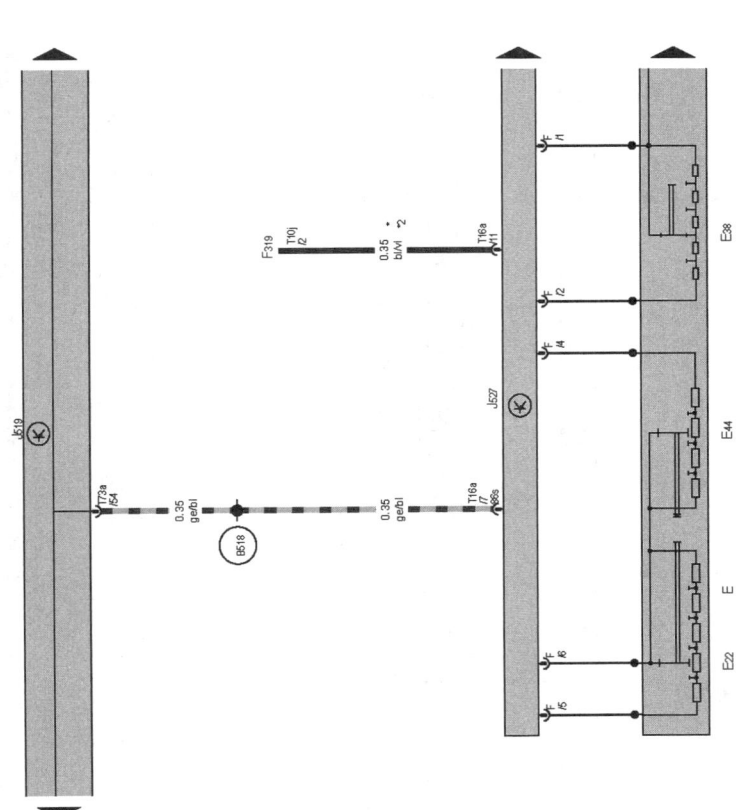

图 3-5-8

E-前窗玻璃刮水器开关　E22-间歇式刮水器运行开关　E38-车窗玻璃刮水器间歇运行调节器　E44-车窗玻璃刮水器间歇运行调节器（自动刮水/清洗装置和大灯清洗装置）　F319-选挡杆挡位 P 锁止开关　J519-车载电网控制单元　J527-转向柱电子装置控制单元　T10j-10 芯插头连接　T16a-16 芯插头连接，黑色　T73a-73 芯插头连接，黑色　B518-连接（86s），在主导线束中　*-用于带自动变速器的汽车　*2-仅适用于带双离合器变速器的汽车

点火启动开关、多功能显示器调用按钮、多功能显示器存储开关、车载电网控制单元、转向柱电子装置控制单元

D-点火启动开关　E86-多功能显示器调用按钮　E109-多功能显示器存储开关　J519-车载电网控制单元　J527-转向柱电子装置控制单元　T16a-16 芯插头连接　T73a-73 芯插头连接，黑色　*-仅用于不带进入及启动许可的汽车　*2-仅用于不带多功能方向盘的汽车

图 3-5-9

457

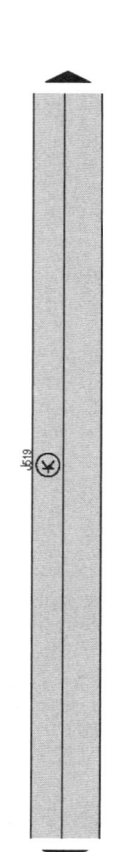

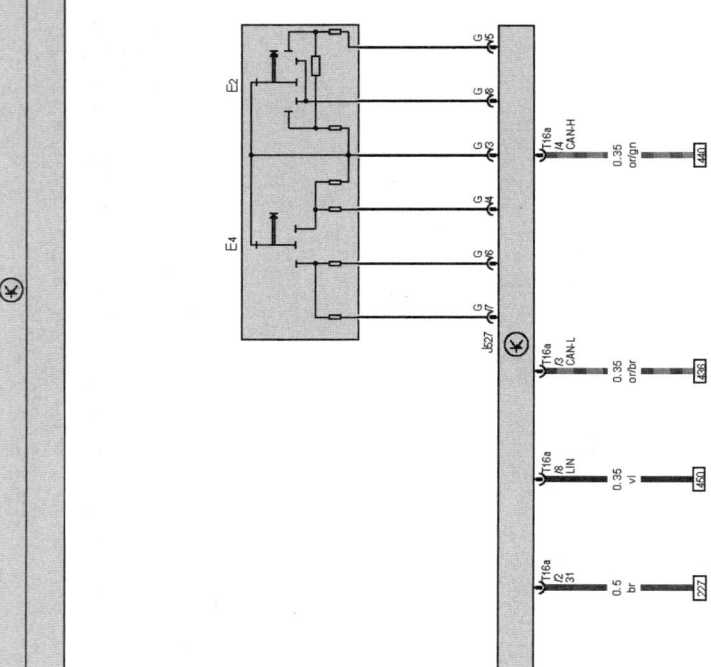

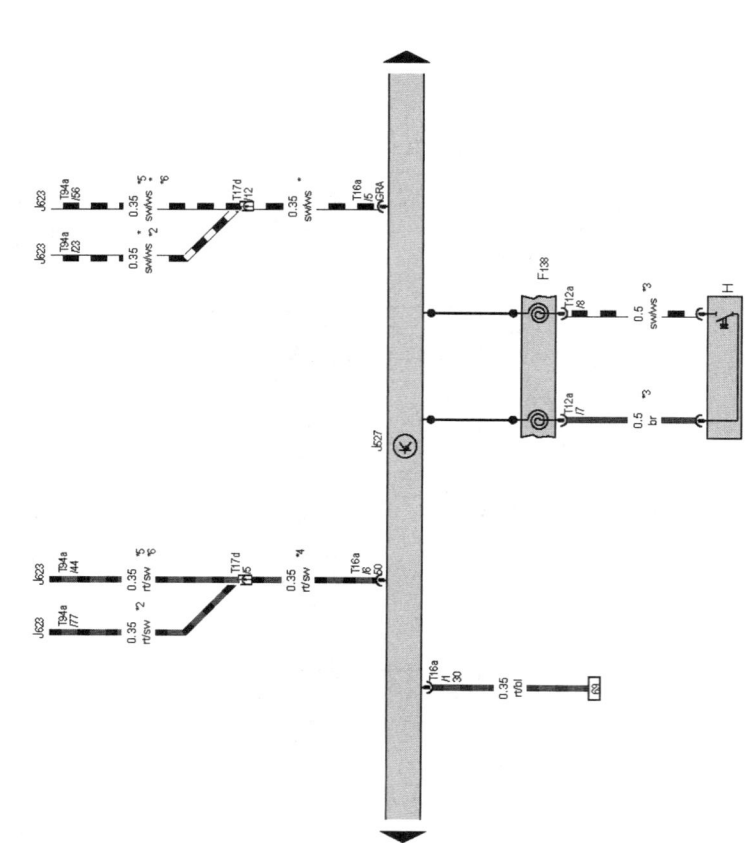

安全气囊卷簧和带滑环的复位环、信号喇叭、车载电网控制单元、转向柱电子装置控制单元

转向信号灯开关、手动远光灯功能和近光灯瞬时接通功能开关、车载电网控制单元、转向柱电子装置控制单元

图 3-5-10

F138-安全气囊卷簧和带滑环的复位环 H-信号喇叭 J519-车载电网控制单元 J527-转向柱电子装置控制单元 J623-发动机控制单元 T12a-12 芯插头连接 T16a-16 芯插头连接，黄色 T17d-17 芯插头连接，黑色 T94a-94 芯插头连接，蓝色 *2-仅用于带定速巡航装置的汽车 *3-仅用于带多功能方向盘的汽车 *4-仅用于带进入及启动许可的汽车 *5-仅用于带 1.6L 发动机的汽车 *6-仅用于带 1.2 L 发动机的汽车 1.4 L 发动机的汽车

图 3-5-11

E2-转向信号灯开关 E4-手动远光灯功能和近光灯瞬时接通功能开关 J519-车载电网控制单元 J527-转向柱电子装置控制单元 T16a-16 芯插头连接，黑色

车灯开关、前雾灯和后雾灯开关、车载电网控制单元、大灯开关照明灯泡

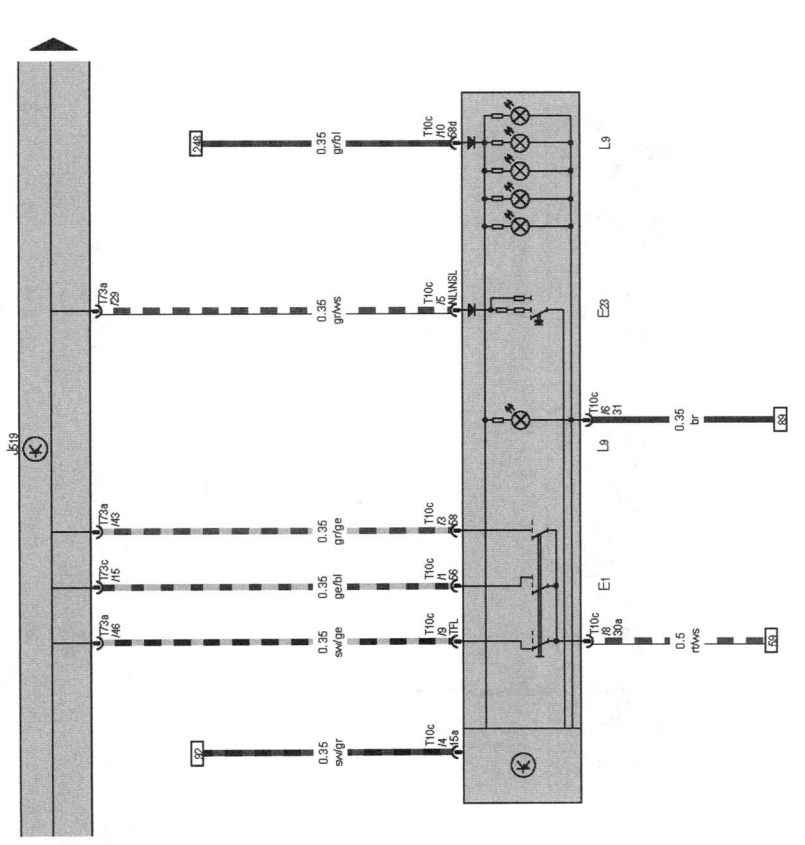

图 3-5-12

E1-车灯开关 E23-前雾灯和后雾灯开关 J519-车载电网控制单元 L9-大灯开关照明灯泡 T10c-10 芯插头连接，红色 T73a-73 芯插头连接，黑色 T73c-73 芯插头连接，黑色

车载电网控制单元、左侧日间行车灯灯泡、左侧驻车示宽灯灯泡、左前大灯、左前转向信号灯灯泡、左侧近光灯灯泡、左侧远光灯灯泡、左侧大灯照明距离调节伺服电机

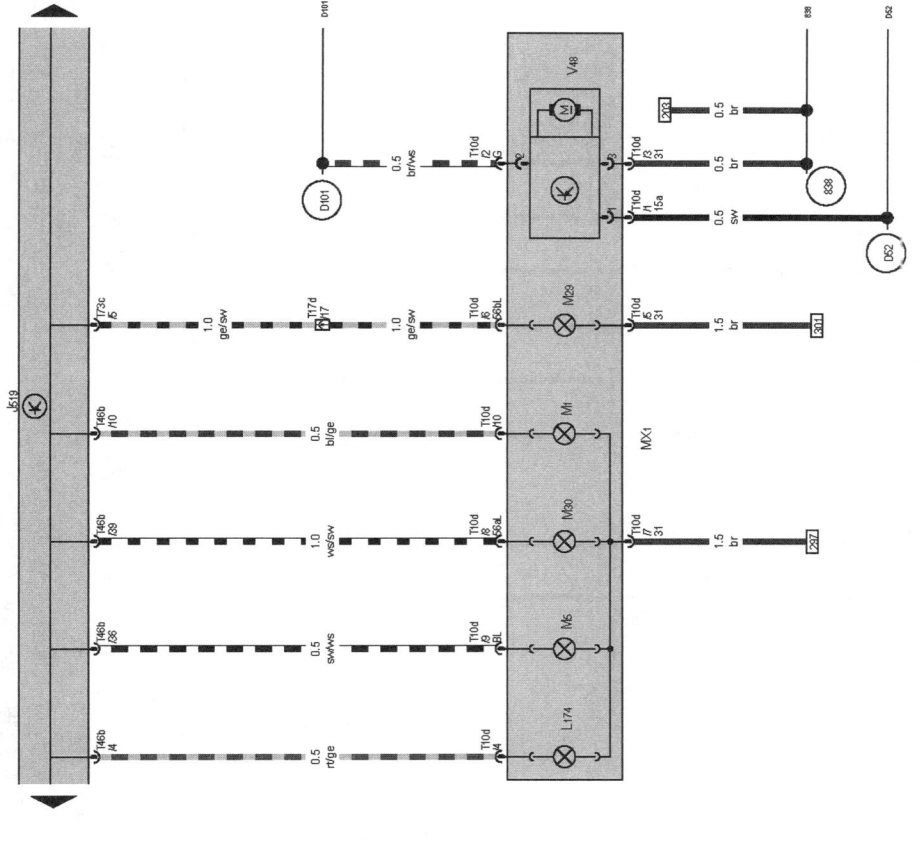

图 3-5-13

J519-车载电网控制单元 L174-左侧日间行车灯灯泡 M1-左侧驻车示宽灯灯泡 MX1-左侧大灯 M5-左前转向信号灯灯泡 M29-左侧近光灯灯泡 M30-左侧远光灯灯泡 T10d-10 芯插头连接，黑色 T17d-17 芯插头连接，左侧 A 柱下部，T46b-46 芯插头连接，蓝色 T73c-73 芯插头连接，黑色 V48-左侧大灯照明距离调节伺服电机 838-接地连接 20，在发动机舱导线束中 D52-正极连接 (15a)，在发动机舱导线束中 D101-连接 1，在发动机舱导线束中

459

大灯照明距离调节器、车载电网控制单元、大灯照明距离调节设置器照明灯泡

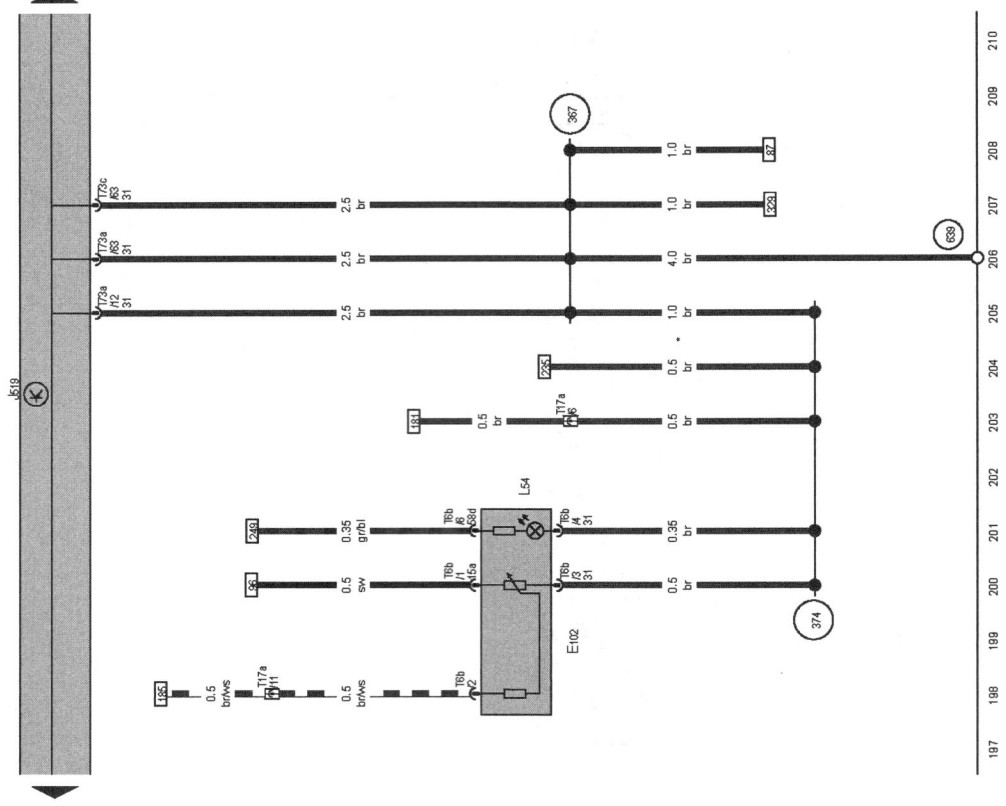

E102-大灯照明距离调节器 J519-车载电网控制单元 L54-大灯照明距离调节设置器照明灯泡 T6b-6 芯
插头连接，黑色 T17a-17 芯插头连接，左侧 A 柱下部，黑色 T73a-73 芯插头连接，黑色 T73c-73 芯插
头连接，黑色 367-接地连接 2，在主导线束中 374-接地连接 9，在主导线束中 639-左 A 柱上的接地点
*-仅用于带有脚部空间照明的汽车

图 3-5-15

车载电网控制单元、右侧日间行车灯灯泡、右前大灯、右侧驻车示宽灯灯泡、右前转向信
号灯灯泡、右侧近光灯灯泡、右侧大灯照明距离调节伺服电机

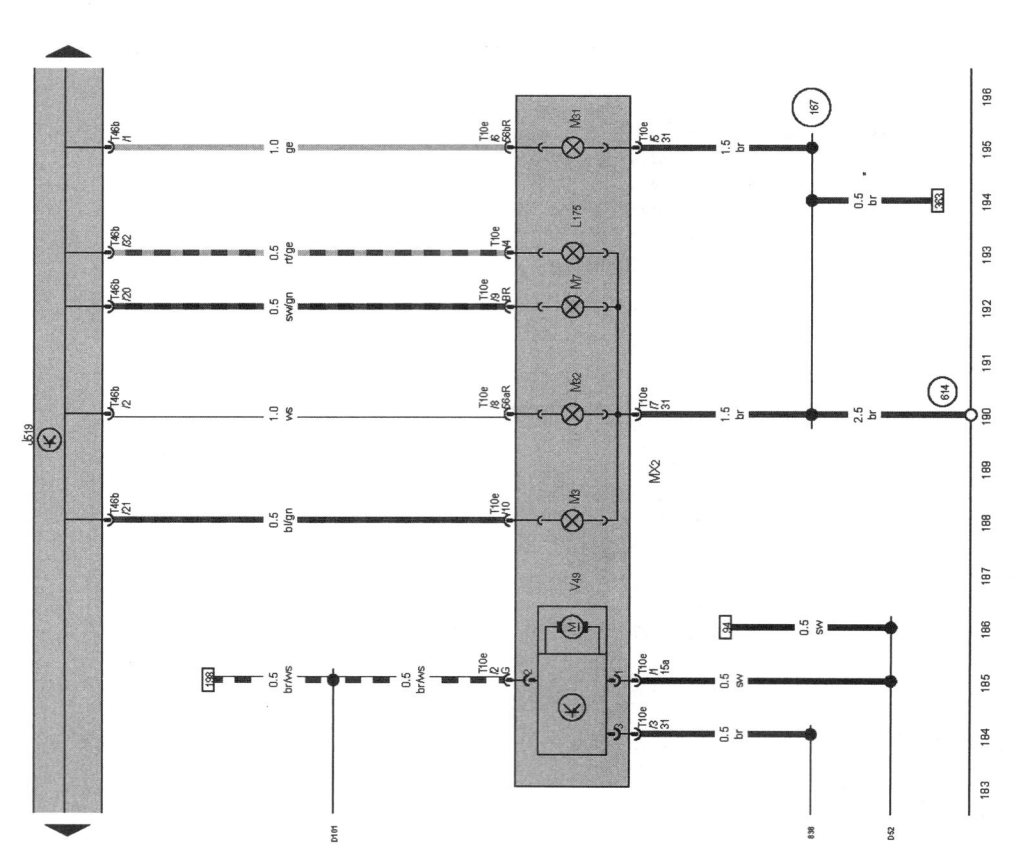

J519-车载电网控制单元 L175-右侧日间行车灯灯泡 M3-右侧驻车示宽灯灯泡 M7-右前
转向信号灯灯泡 M31-右侧近光灯灯泡 MX2-右前大灯 M32-右侧近光灯灯泡 T10e-10 芯插头连接，黑色 T46b-46 芯
插头连接，黑色 V49-右侧大灯照明距离调节伺服电机 167-接地连接 4，在发动机舱导线束中 614-发动
机舱内右侧接地点 2 838-接地连接 20，在发动机舱导线束中 D52-正极连接 (15a)，在发动机舱导线束
中 D101-连接 1，在发动机舱导线束中 *-仅用于带自动启停系统的汽车

图 3-5-14

460

警报灯开关、车载电网控制单元、闪烁报警装置指示灯、开关照明灯泡、USB 充电插座 1、
警报灯开关、车载电网控制单元、闪烁报警装置指示灯、开关照明灯泡、USB 充电插座 1、
左侧脚部空间照明灯、右后脚部空间照明灯

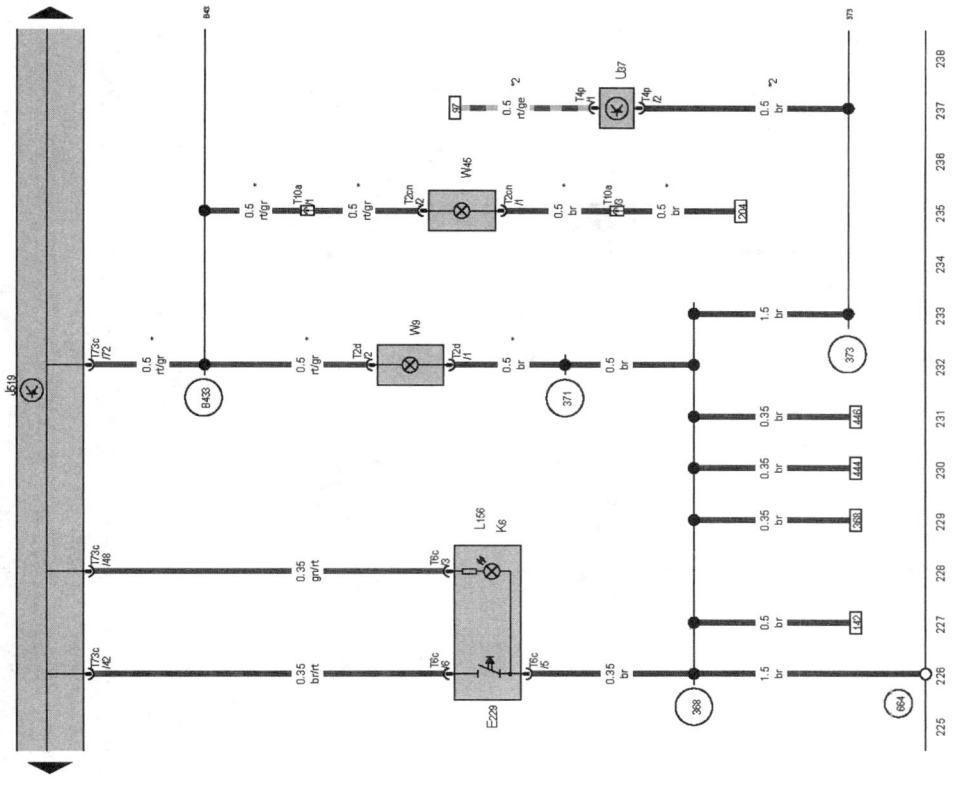

图 3-5-17

E229-警报灯开关 J519-车载电网控制单元 K6-闪烁报警装置指示灯 L156-开关照明灯泡 T2cn-2 芯插头连接，黑色 T2d-2 芯插头连接，黑色 T4p-4 芯插头连接，黑色 T6c-6 芯插头连接，红色 T10a-10 芯插头连接，黑色 驾驶员靠椅下方，黑色 T73c-73 芯插头连接，黑色 U37-USB 充电插座 1 W9-左侧脚部空间照明灯 W45-左后脚部空间照明灯 368-接地连接 3，在主导线束中 371-接地连接 6，在主导线束中 373-接地连接 8，在主导线束中 664-左侧仪表板后面的接地点 B433-连接（脚部空间照明），在主导线束中 *-仅用于带有脚部空间照明的汽车 *2-用于带有所有 USB 充电插座的汽车

车载电网控制单元、高位制动信号灯泡、后窗玻璃刮水器电机、左侧牌照灯、右侧牌
照灯

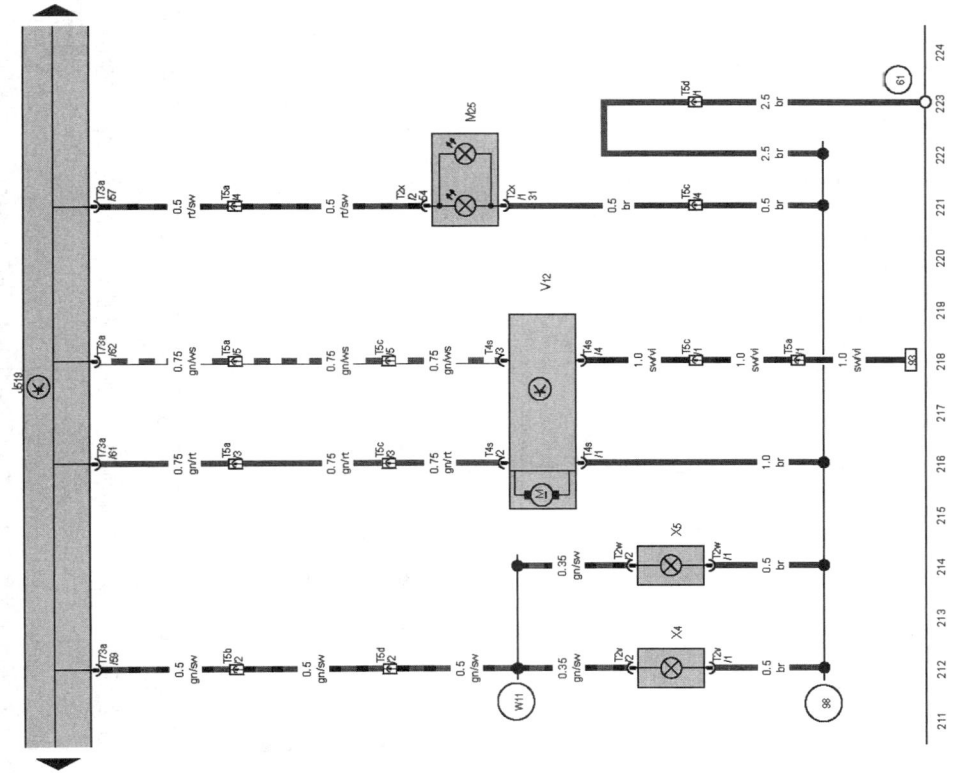

图 3-5-16

J519-车载电网控制单元 M25-高位制动信号灯泡 T2v-2 芯插头连接，黑色 T2w-2 芯插头连接，黑色 T2x-2 芯插头连接，黑色 T4s-4 芯插头连接，黑色 T5a-5 芯插头连接，左侧 C 柱附近，黑色 T5b-5 芯插头连接，左侧 C 柱附近，黑色 T5c-5 芯插头连接，在后备箱盖内，黑色 T5d-5 芯插头连接，在后备箱盖内，棕色 T73a-73 芯插头连接，黑色 V12-后窗玻璃刮水器电机 X4-左侧牌照灯 X5-右侧牌照灯 61-左侧 C 柱上的接地点 98-接地连接，在后备箱盖内 W11-后备箱盖导线束中 61-左侧 C 柱上的接地点 98-接地连接，在后备箱盖导线束中的连接（58）

461

车载电网控制单元、左侧后雾灯灯泡、左侧尾灯、左侧尾灯灯泡、左侧转向信号灯灯泡、左侧制动信号灯灯泡、左侧倒车灯灯泡、12 V 插座 2

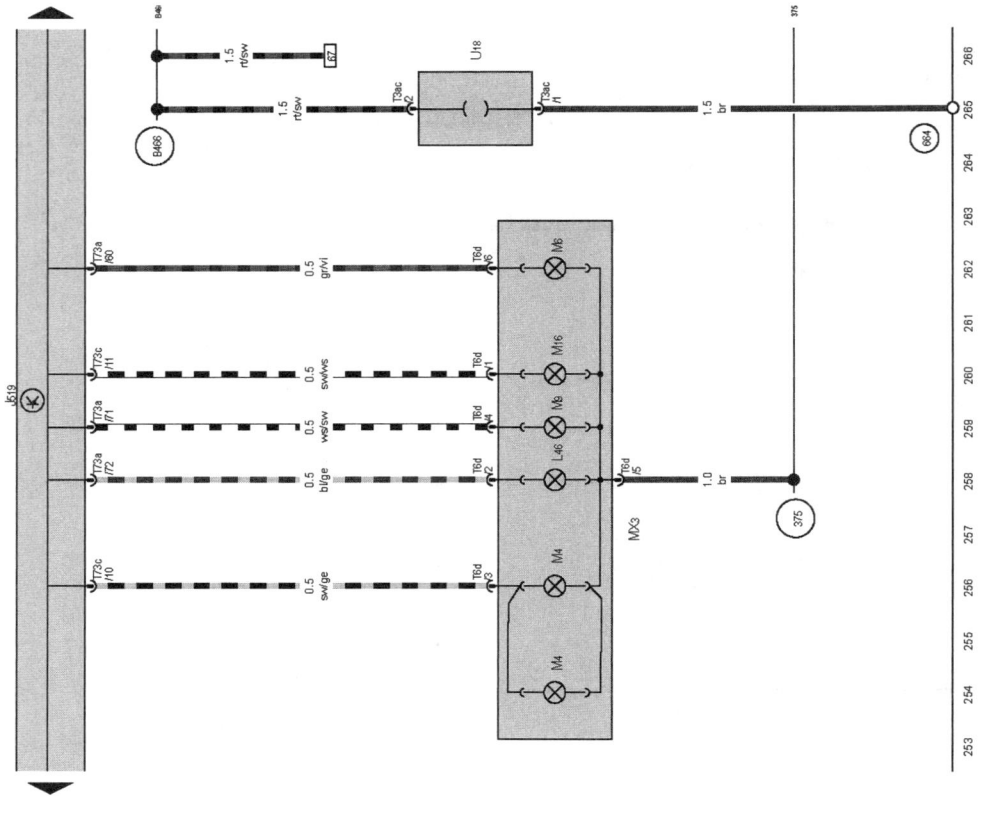

图 3-5-19

J519-车载电网控制单元 L46-左侧后雾灯灯泡 MX3-左侧尾灯 M4-左侧尾灯灯泡 M6-左侧转向信号灯灯泡 M9-左侧制动信号灯灯泡 M16-左侧倒车灯灯泡 T3ac-3 芯插头连接，白色 T6d-6 芯插头连接，黑色 T73a-73 芯插头连接，黑色 T73c-73 芯插头连接，黑色 U18-12 V 插座 2 375-接地连接 10，在主导线束中 664-左侧仪表板后面接地点 B466-连接 2，在主导线束中

车载电网控制单元、储物箱照明灯泡、右侧伸腿空间照明灯、右后脚部空间照明灯

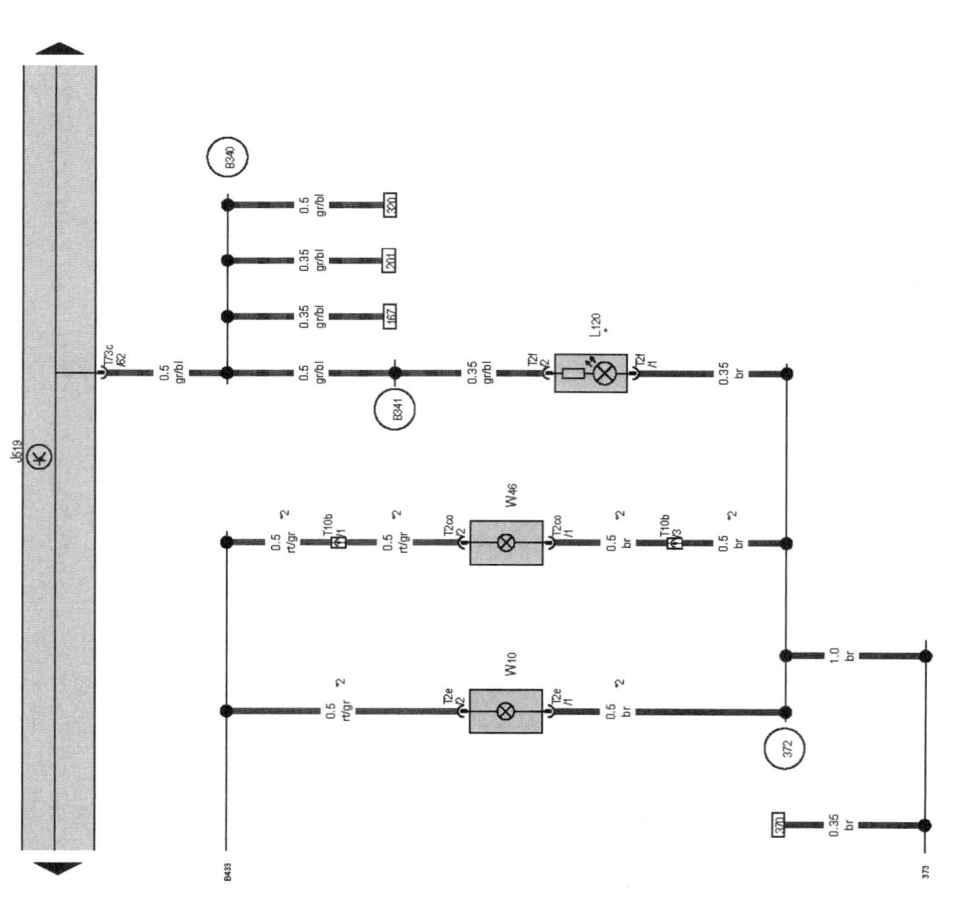

图 3-5-18

J519-车载电网控制单元 L120-储物箱照明灯泡 T2co-2 芯插头连接 T2e-2 芯插头连接，黑色 T2f-2 芯插头连接，黑色 T10b-10 芯插头连接，副驾驶员座椅下方，黑色 T73c-73 芯插头连接，黑色 W10-右侧伸腿空间照明灯 W46-右后脚部空间照明灯 372-接地连接 7，在主导线束中 373-接地连接 8，在主导线束中 B340-连接 1（58d），在主导线束中 B341-连接 2（58d），在主导线束中 B433-连接 ＊-仅用于带有脚部空间照明的部件 ＊2-仅用于带有脚部空间照明的汽车（脚部空间照明），在主导线束中 ＊-已预先布线的部件

462

制动信号灯开关、制动液位置警告信号触点、制动踏板开关、刮水器电机控制单元、车载电网控制单元、驾驶员侧车窗玻璃刮水器电机

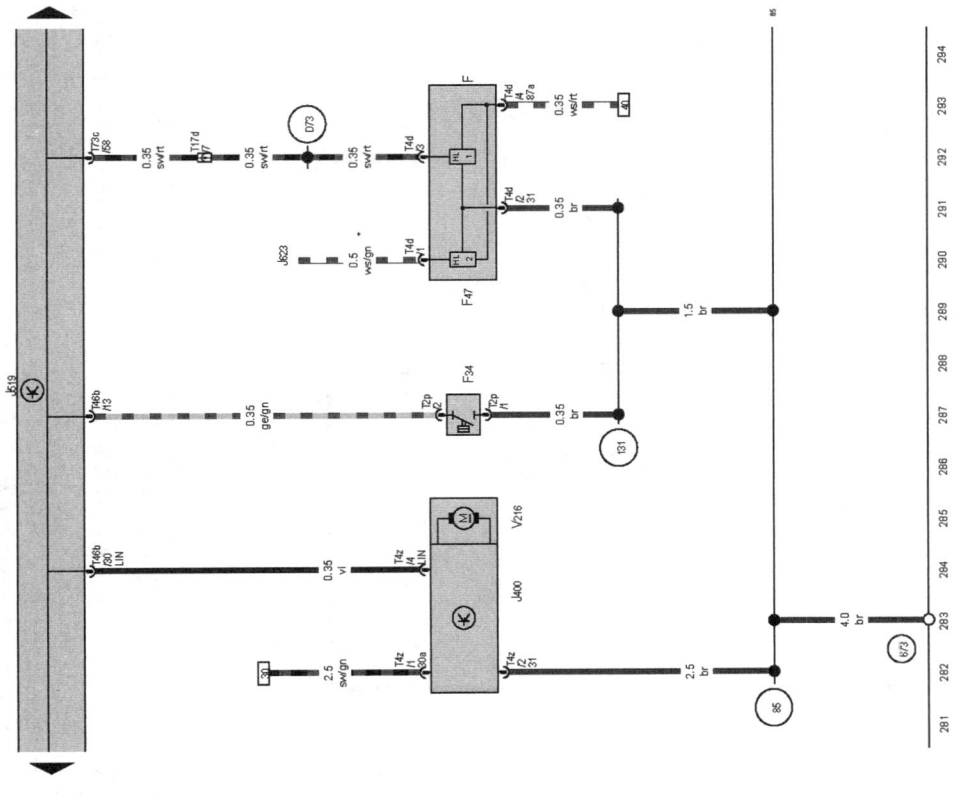

F-制动信号灯开关 F34-制动液位警告信号触点 F47-制动踏板开关 J400-刮水器电机控制单元 J519-车载电网控制单元 J623-发动机控制单元 T2p-2 芯插头连接，黑色 T4d-4 芯插头连接，黑色 T4z-4 芯插头连接，黑色 T17d-17 芯插头连接，左侧 A 柱下部，蓝色 T46b-46 芯插头连接，黑色 T73c-73 芯插头连接，黑色 V216-驾驶员侧车窗玻璃刮水器电机 85-接地连接 1，在发动机舱导线束中 131-接地连接 2，在发动机舱导线束中 673-左前纵梁上的接地点 3 D73-正极连接（54），在发动机舱导线束中 *-见发动机所适用的电路图

图 3-5-21

车载电网控制单元、右侧尾灯灯泡、右侧尾灯、右侧信号灯灯泡、右后转向信号灯灯泡、右侧制动信号灯灯泡、右侧倒车灯灯泡、12 V 插座

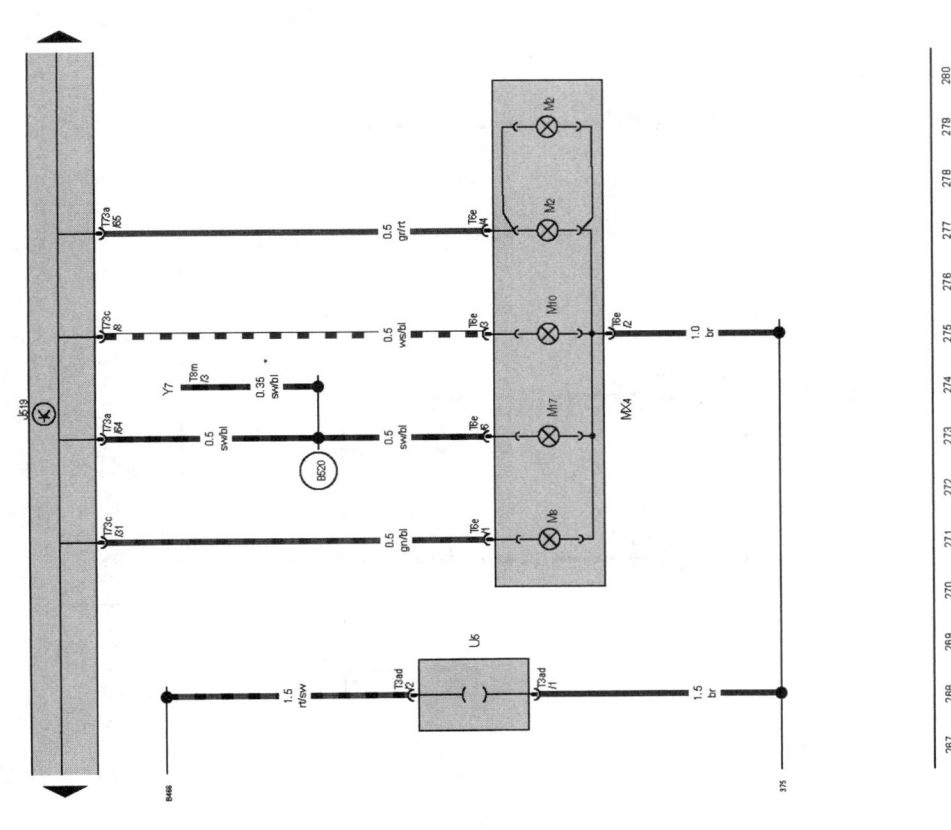

J519-车载电网控制单元 M2-右侧尾灯灯泡 MX4-右侧尾灯 M8-右后转向信号灯灯泡 M10-右侧制动信号灯灯泡 M17-右侧倒车灯灯泡 T3ad-3 芯插头连接，白色 T6e-6 芯插头连接，黑色 T8m-8 芯插头连接，黑色 T73a-73 芯插头连接，黑色 T73c-73 芯插头连接，黑色 Y7-自动防眩车内后视镜 U5-12 V 插座 Y7-自动防眩车内后视镜 375-接地连接 10，在主导线束中 B466-连接，在主导线束中 B520-连接（RF），在主导线束中 *-仅适用于带自动防眩的车内后视镜的汽车

图 3-5-20

463

车载电网控制单元、中控台照明灯泡、开关照明灯泡、前内灯、副驾驶员侧阅读灯、驾驶员侧阅读灯

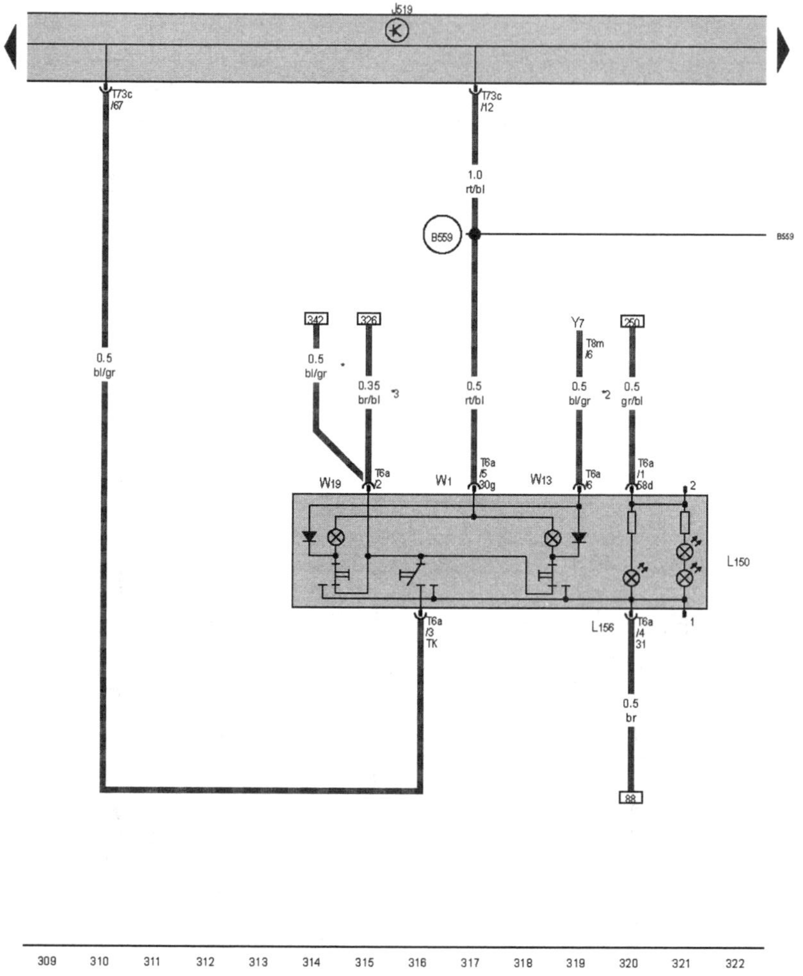

车载电网控制单元、左侧雾灯灯泡、右侧雾灯灯泡、左侧静态弯道灯、右侧静态弯道灯、前后窗玻璃清洗泵

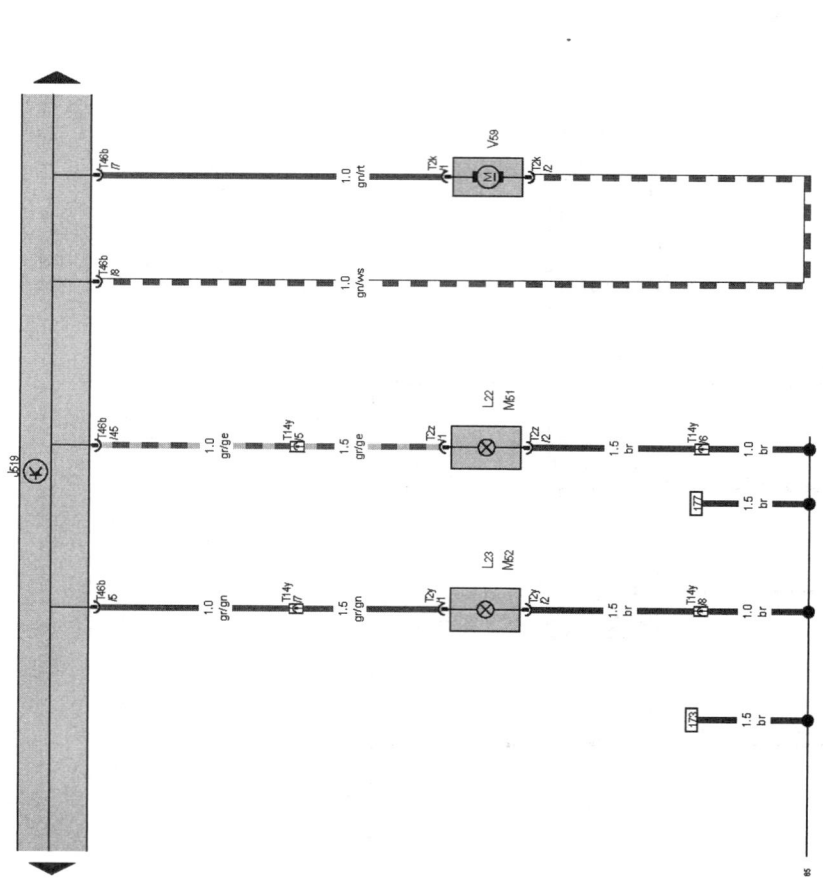

J519-车载电网控制单元 L150-中控台照明灯泡 L156-开关照明灯泡 T6a-6 芯插头连接 蓝色 T8m-8 芯插头连接，黑色 T73c-73 芯插头连接，黑色 W1-前内灯 W13-副驾驶员侧阅读灯 W19-驾驶员侧阅读灯 Y7-自动防眩车内后视镜 B559-正极连接 1（30g），在主导线束中 *1-仅用于带自动防眩车内后视镜的汽车 *2-仅用于带全景滑动天窗的汽车 *3-仅用于不带玻璃天窗的汽车

图 3-5-23

J519-车载电网控制单元 L22-左侧前雾灯灯泡 L23-右侧前雾灯灯泡 M51-左侧静态弯道灯 M52-右侧静态弯道灯 T2k-2 芯插头连接，黑色 T2y-2 芯插头连接，黑色 T2z-2 芯插头连接，黑色 T14y-14 芯插头连接，黑色 T46b-46 芯插头连接，黑色 V59-前后窗玻璃清洗泵 85-接地连接 1，在左前保险杠内，在主导线束中

图 3-5-22

464

车载电网控制单元、左后车内照明灯、右后车内照明灯

车载电网控制单元、左后阅读灯、右后阅读灯、右侧后备箱照明灯、后部车内照明灯

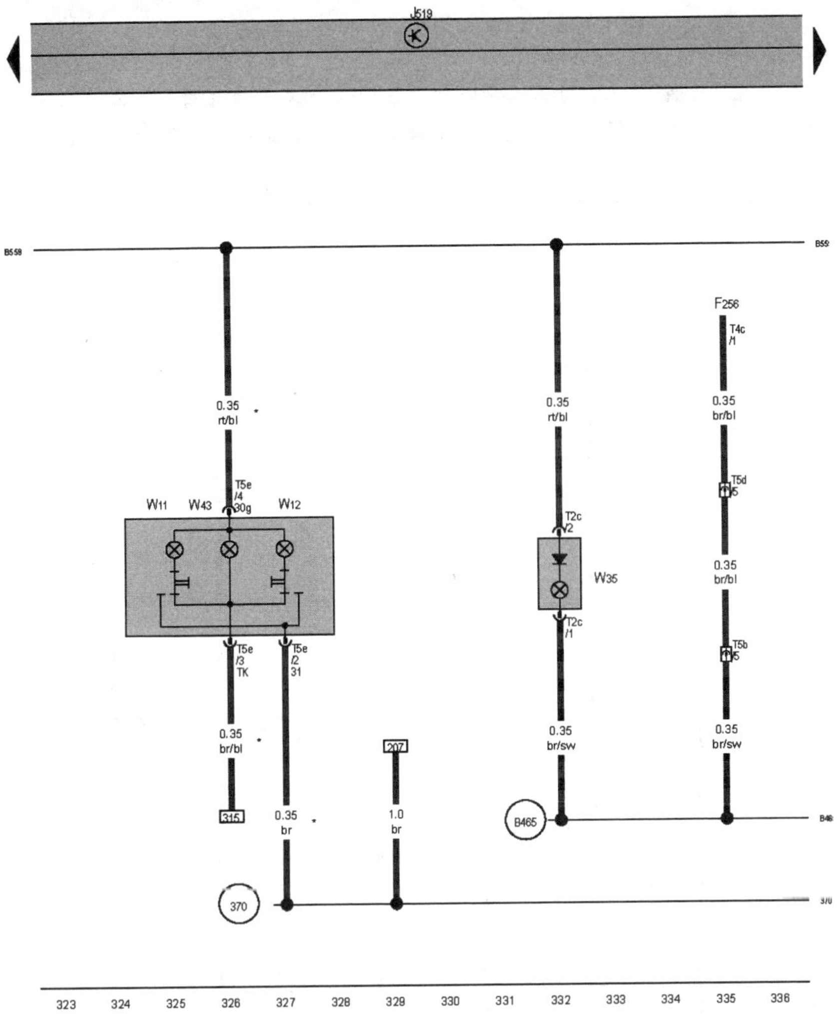

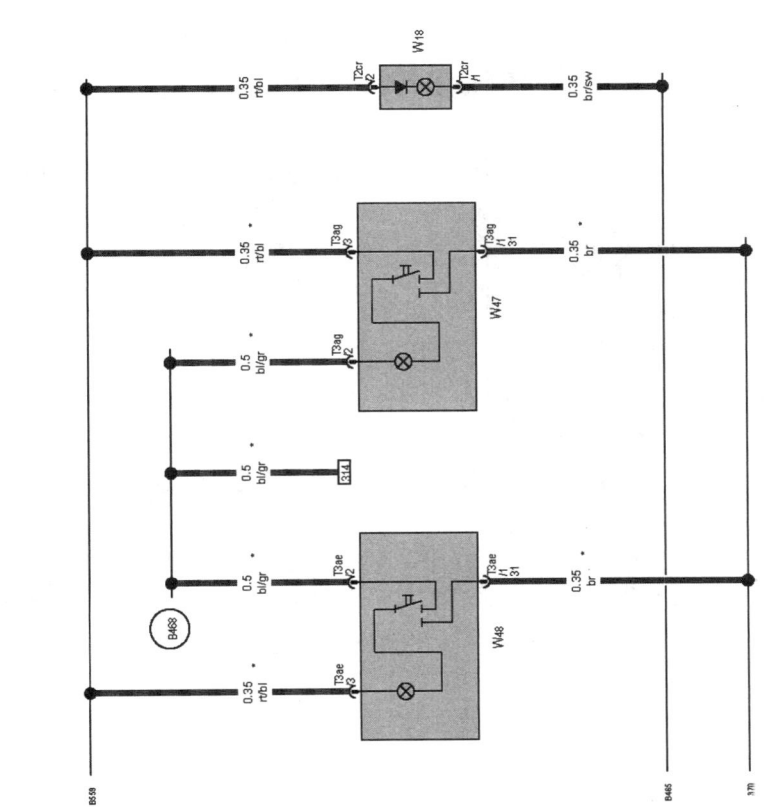

图 3-5-25

J519-车载电网控制单元 T2cr-2 芯插头连接，黑色 T3ae-3 芯插头连接，黑色 T3ag-3芯插头连接，黑色 W18-左侧后备箱照明灯 W47-左后车内照明灯 W48-右后车内照明灯 370-接地连接 5，在主导线束中 B465-连接 1，在主导线束中 B468-连接 4，在主导线束中 B559-正极连接 1（30g），在主导线束中 *-仅用于带全景滑动天窗的汽车

图 3-5-24

F256-后备箱盖闭锁单元 J519-车载电网控制单元 T2c-2 芯插头连接，黑色 T4c-4 芯插头连接，黑色 T5d-5 芯插头连接，在后备盖内，棕色 T5e-5 芯插头连接 T5b-5 芯插头连接，左侧 C柱附近，棕色 W12-右后阅读灯 W35-右侧后备箱照明灯 W43-后部车内照明灯 370-接地连接 5，在主导线束中 W11-左后阅读灯 B465-连接 1，在主导线束中 B559-正极连接 1（30g），在主导线束中 *-仅用于不带玻璃天窗的汽车

倒车灯开关、发动机舱盖接触开关、车外温度传感器、冷却液不足显示传感器、车载电网
控制单元

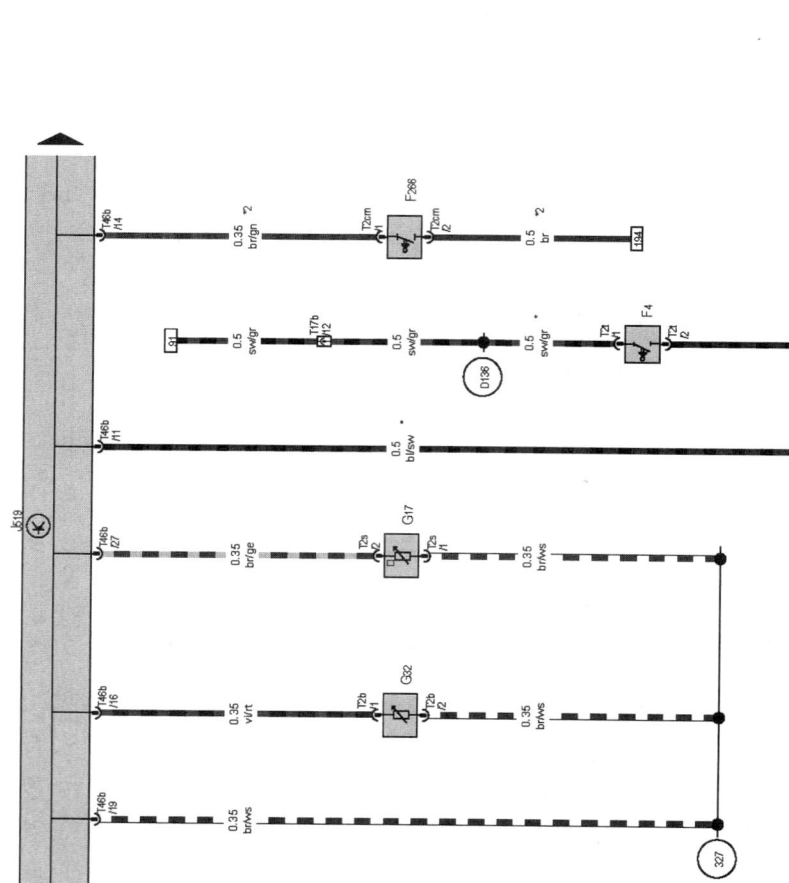

F4-倒车灯开关 F266-发动机舱盖盖接触开关 G17-车外温度传感器 G32-冷却液不足显示传感器 J519-车载电网控制单元 T2b-2 芯插头连接，黑色 T2cm-2 芯插头连接，黑色 T2s-2 芯插头连接，黑色 T2t-2芯插头连接，黑色 T17b-17 芯插头连接，左侧 A 柱下部，左侧 A 柱下部，左侧 A 柱下部，黑色 T46b-46 芯插头连接，黑色 327-接地连接（传感器接地），在发动机舱导线束中 D136-正极连接 2（15a），在发动机舱导线束中带手动变速器的汽车 *2-仅用于带自动启停系统的汽车

图 3-5-26

防盗锁止系统识读线圈、手制动器指示灯开关、组合仪表中的控制单元、防盗锁止系统控
制单元、车载电网控制单元、手制动器控制单元、冷却液温度和冷却液不足显示指示灯、制
动系统指示灯、数字时钟

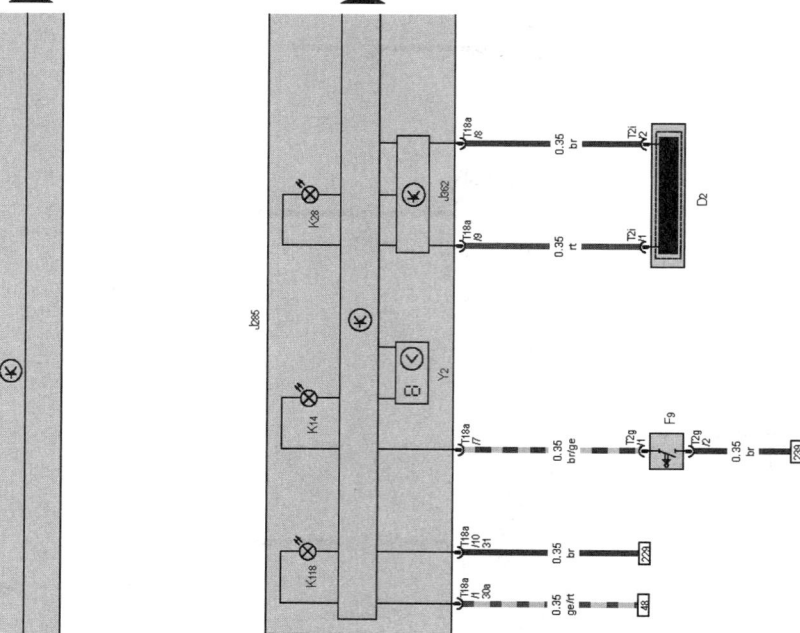

D2-防盗锁止系统识读线圈 F9-手制动器指示灯开关 J285-组合仪表中的控制单元 J362-防盗锁止系统控制单元 J519-车载电网控制单元 K14-手制动器指示灯 K28-冷却液温度和冷却液不足显示指示灯 K118-制动系统指示灯 T2g-2 芯插头连接 T2s-2 芯插头连接，黑色 T18a-18 芯插头连接，黑色 Y2-数字时钟

图 3-5-27

多功能显示器、组合仪表中的控制单元、车载电网控制单元、远光灯指示灯、发电机指示灯、机油油位指示灯、ABS指示灯、左侧转向信号灯指示灯、清洗液不足指示灯、电子稳定程序和ASR指示灯

组合仪表中的控制单元、车载电网控制单元、后雾灯指示灯、前雾灯指示灯、定速巡航装置指示灯、安全气囊指示灯、右侧转向信号灯指示灯、灯泡失灵指示灯、电子稳定程序和ASR指示灯2、组合仪表照明灯泡

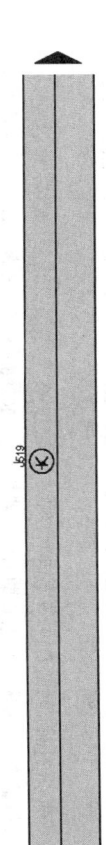

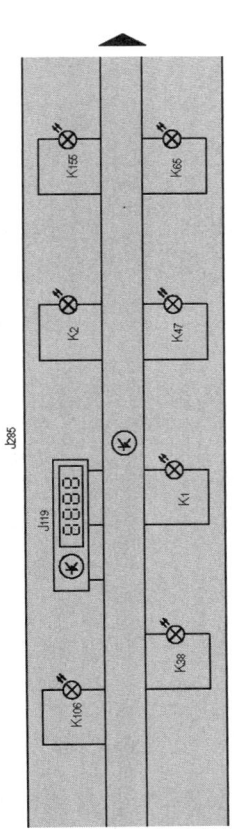

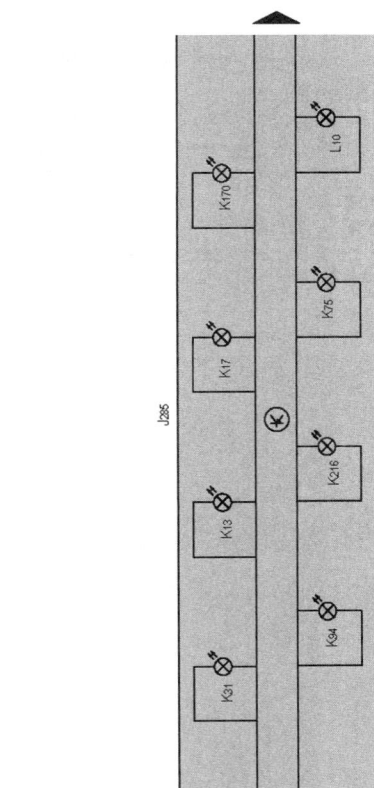

| 379 | 380 | 381 | 382 | 383 | 384 | 385 | 386 | 387 | 388 | 389 | 390 | 391 | 392 |

J119-多功能显示器 J285-组合仪表中的控制单元 J519-车载电网控制单元 K1-近光灯指示灯 K2-发电机指示灯 K38-机油油位指示灯 K47-ABS指示灯 K65-左侧转向信号灯指示灯 K106-清洗液不足指示灯 K155-电子稳定程序和ASR指示灯

图3-5-28

| 393 | 394 | 395 | 396 | 397 | 398 | 399 | 400 | 401 | 402 | 403 | 404 | 405 | 406 |

J285-组合仪表中的控制单元 J519-车载电网控制单元 K13-后雾灯指示灯 K17-前雾灯指示灯 K31-定速巡航装置指示灯 K75-安全气囊指示灯 K94-右侧转向信号灯指示灯 K170-灯泡失灵指示灯 K216-电子稳定程序和ASR指示灯2 L10-组合仪表照明灯泡

图3-5-29

组合仪表中的控制单元、车载电网控制单元、安全带警告指示灯、废气警告灯、电子油门故障信号灯、机电式助力转向器指示灯、车门打开指示灯、选挡杆指示灯、轮胎压力监控显示指示灯、车道保持辅助系统指示灯

转速表、车速表、警报蜂鸣器和警报音、组合仪表中的控制单元、车载电网控制单元、数据总线诊断接口、里程表、选挡杆位置显示

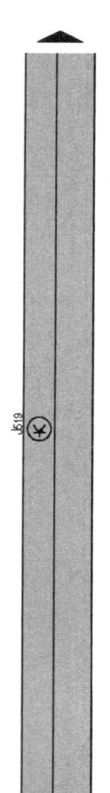

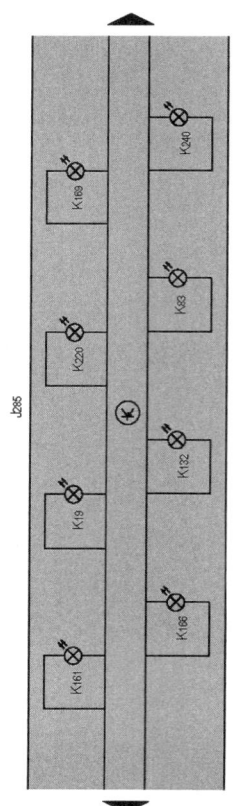

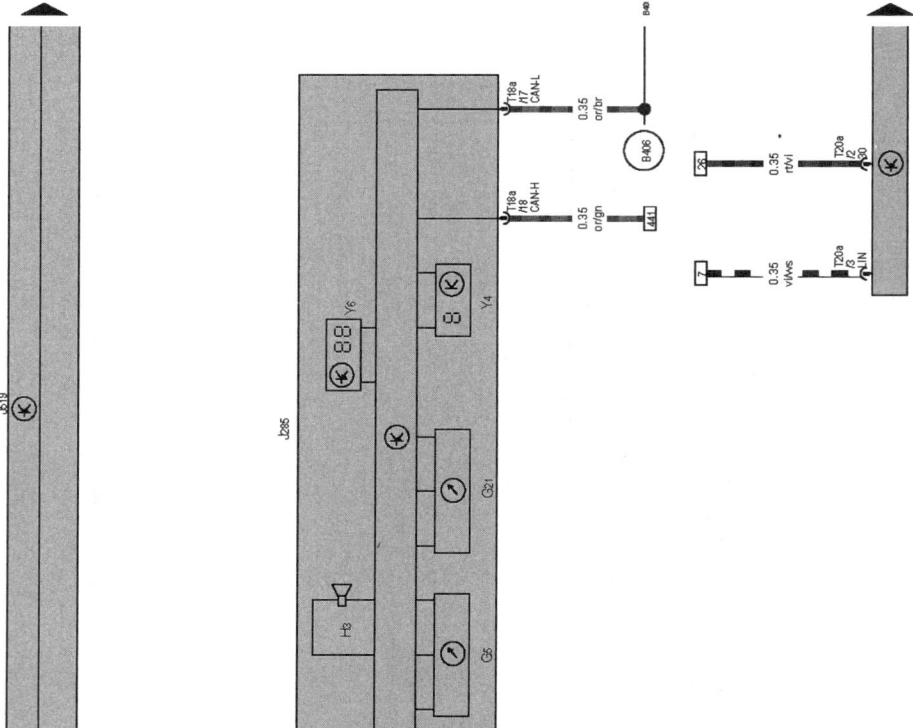

J285-组合仪表中的控制单元 J519-车载电网控制单元 K19-安全带警告指示灯 K83-废气警告灯 K132-电子油门故障信号灯 K161-机电式助力转向器指示灯 K166-车门打开指示灯 K169-选挡杆指示灯 K220-轮胎压力监控显示指示灯 K240-车道保持辅助系统指示灯

图 3-5-30

G5-转速表 G21-车速表 H3-警报鸣器和警报音 J285-组合仪表中的控制单元 J519-车载电网控制单元 J533-数据总线诊断接口 T18a-18 芯插头连接 T20a-20 芯插头连接 Y4-里程表 Y6-选挡杆位置显示 B406-连接 1(舒适 CAN 总线, Low),在主导线束中 *-仅用于不带发动机自动启停系统的汽车

图 3-5-31

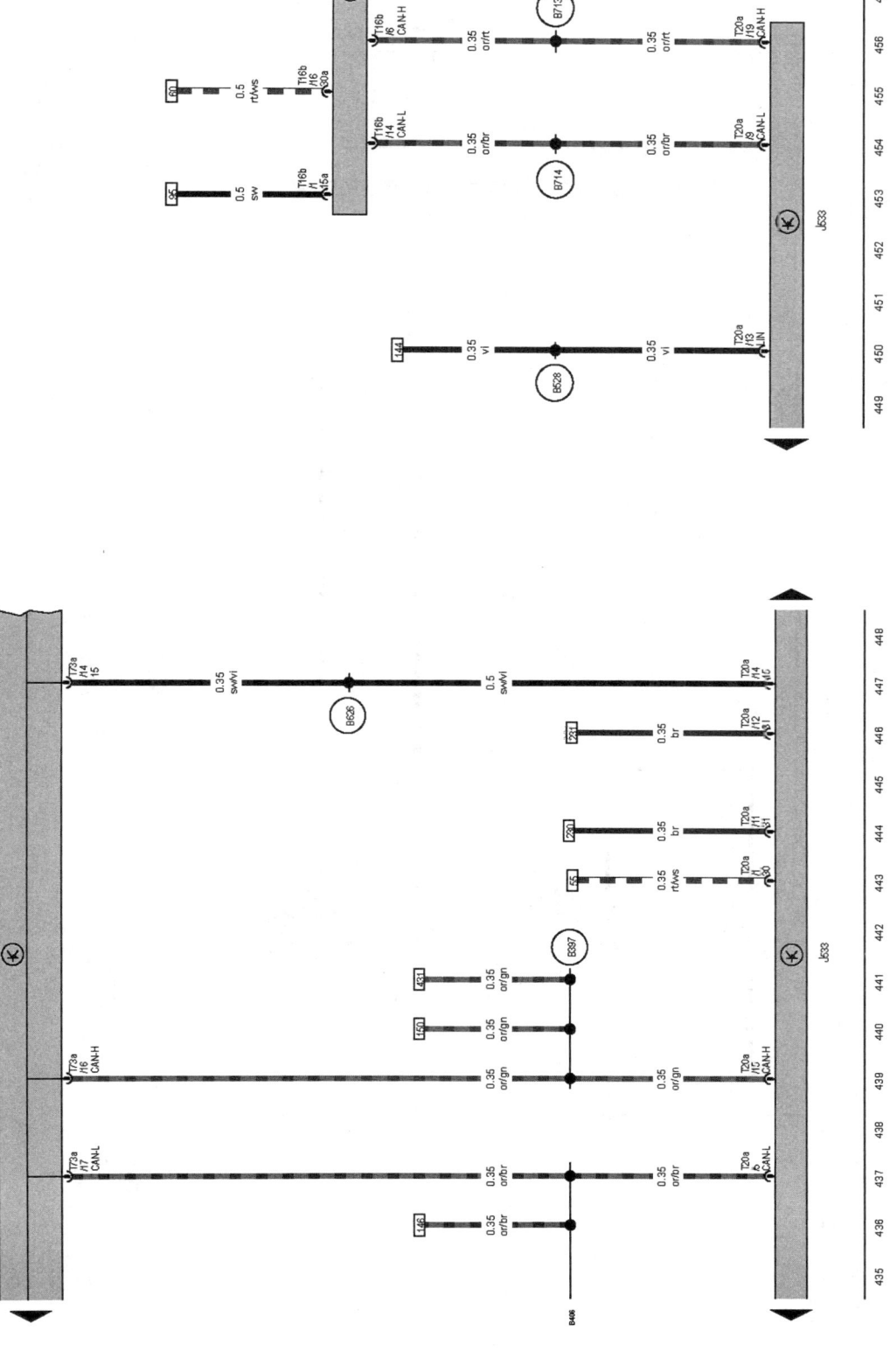

数据总线诊断接口、诊断接口

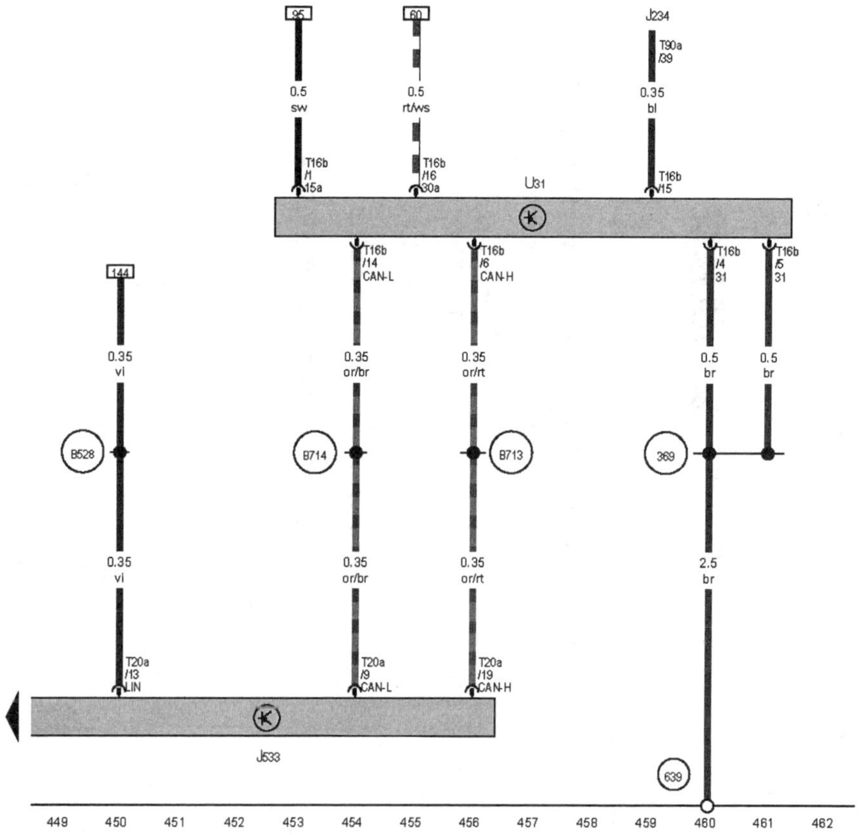

车载电网控制单元、数据总线诊断接口

J519–车载电网控制单元 J533–数据总线诊断接口 T20a–20 芯插头连接，红色 T73a–73 芯插头连接，黑色 B397–连接 1（舒适 CAN 总线，High），在主导线束中 B406–连接 1（舒适 CAN 总线，Low），在主导线束中 B626–正极连接 2（15），在主导线束中

图 3–5–32

J234–安全气囊控制单元 J533–数据总线诊断接口 T16b–16 芯插头连接，黑色 T20a–20 芯插头连接，黑色 T90a–90 芯插头连接，黄色 U31–诊断接口 369–接地连接 4，在主导线束中 639–左 A 柱上的接地点 B528–连接 1（LIN 总线），在主导线束中 B713–连接 1（诊断 CAN 总线，High），在主导线束中 B714–连接 1（诊断 CAN 总线，Low），在主导线束中

图 3–5–33

第四章　全新速派（Superb）

第一节　发动机系统

发动机系统电路图（自 2015 年 7 月起）的图号和图名对照表见表 4-1-1。

表 4-1-1　发动机系统电路图（自 2015 年 7 月起）的图号和图名对照表

图号	图名
图 4-1-1~ 图 4-1-29	1.4L 汽油发动机（CSSA、CSTA）电控系统电路图
图 4-1-30~ 图 4-1-31	散热器风扇电路图
图 4-1-32~ 图 4-1-61	带自动启停系统的 1.4 L 汽油发动机（CSSA、CSTA）电控系统电路图

蓄电池、启动电机、交流发电机、电压调节器

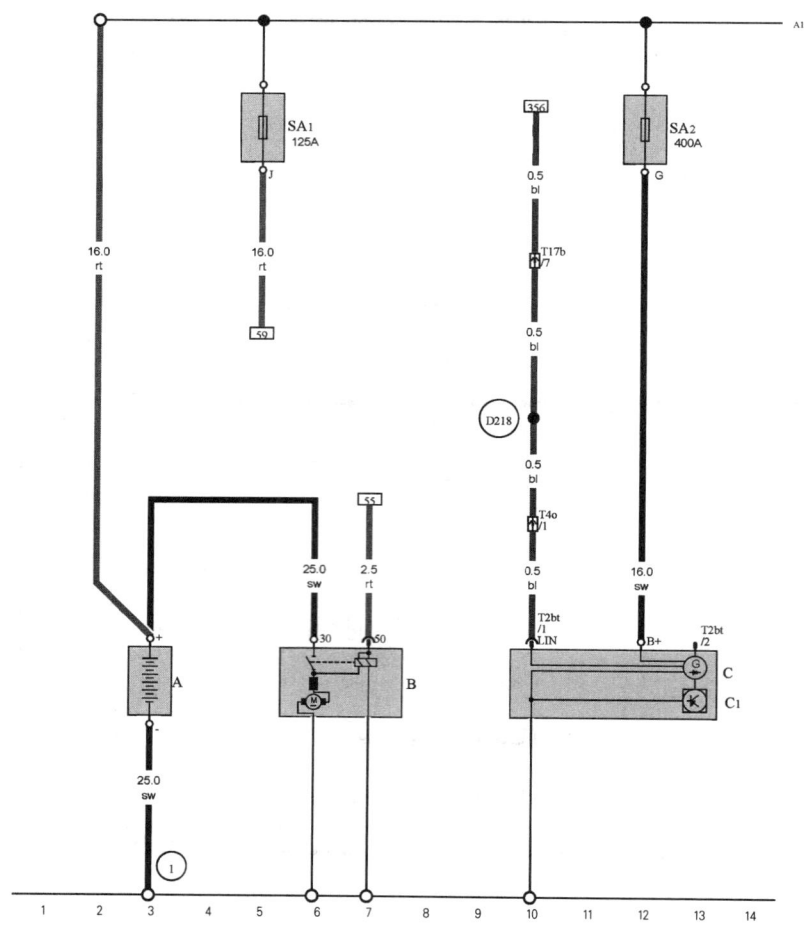

A-蓄电池　B-启动电机　C-交流发电机　C1-电压调节器　SA1-保险丝架 A 上的保险丝 1　SA2-保险丝架 A 上的保险丝 2　T2bt-2 芯插头连接　T4o-4 芯插头连接　T17b-17 芯插头连接　1-接地带，蓄电池-车身　D218-连接 1（LIN 总线），在发动机舱导线束中

图 4-1-1

保险丝架 B

主继电器、保险丝架 B

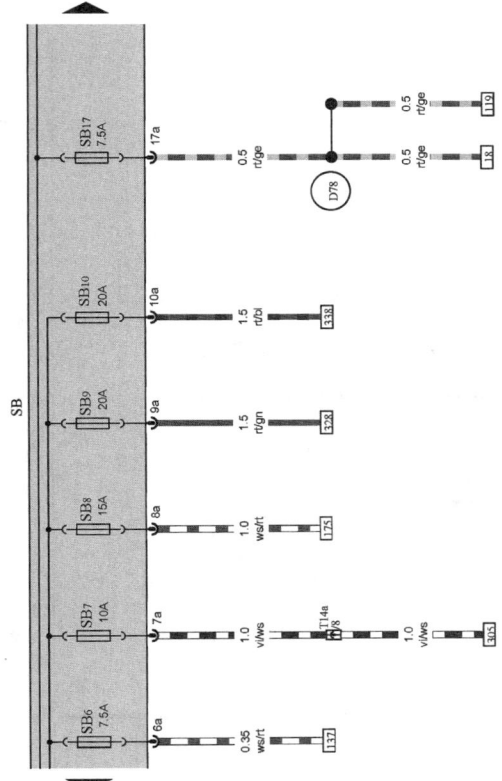

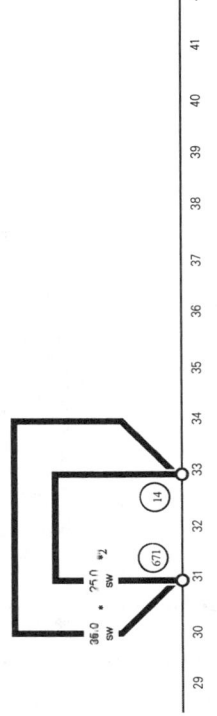

图 4-1-3

SB-保险丝架B　SB6-保险丝架B上的保险丝6　SB7-保险丝架B上的保险丝7　SB8-保险丝架B上的保险丝8
SB9-保险丝架B上的保险丝9　SB10-保险丝架B上的保险丝10　SB17-保险丝架B上的保险丝17　T14a-14芯
插头连接　14-变速器上的接地点，671-接地点，左前纵梁上　D78-正极连接1（30a），在发动机舱导线束
中　*-仅用于带手动变速器的汽车　*2-仅适用于带双离合器变速器的汽车

图 4-1-2

J271-主继电器　SB-保险丝架B　SB3-保险丝架B上的保险丝3　SB18-保险丝架B上的保险丝18　D180-连接
（87a），在发动机舱导线束中　D182-连接3（87a），在发动机舱导线束中

接线端 15 供电继电器、车载电网控制单元

启动机继电器 1、启动机继电器 2、保险丝架 B

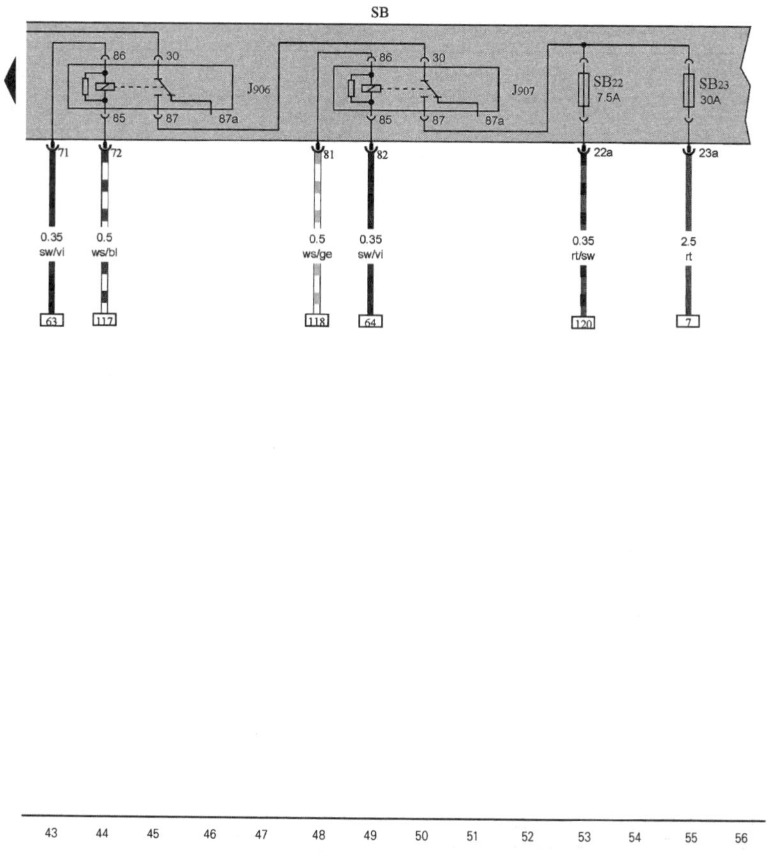

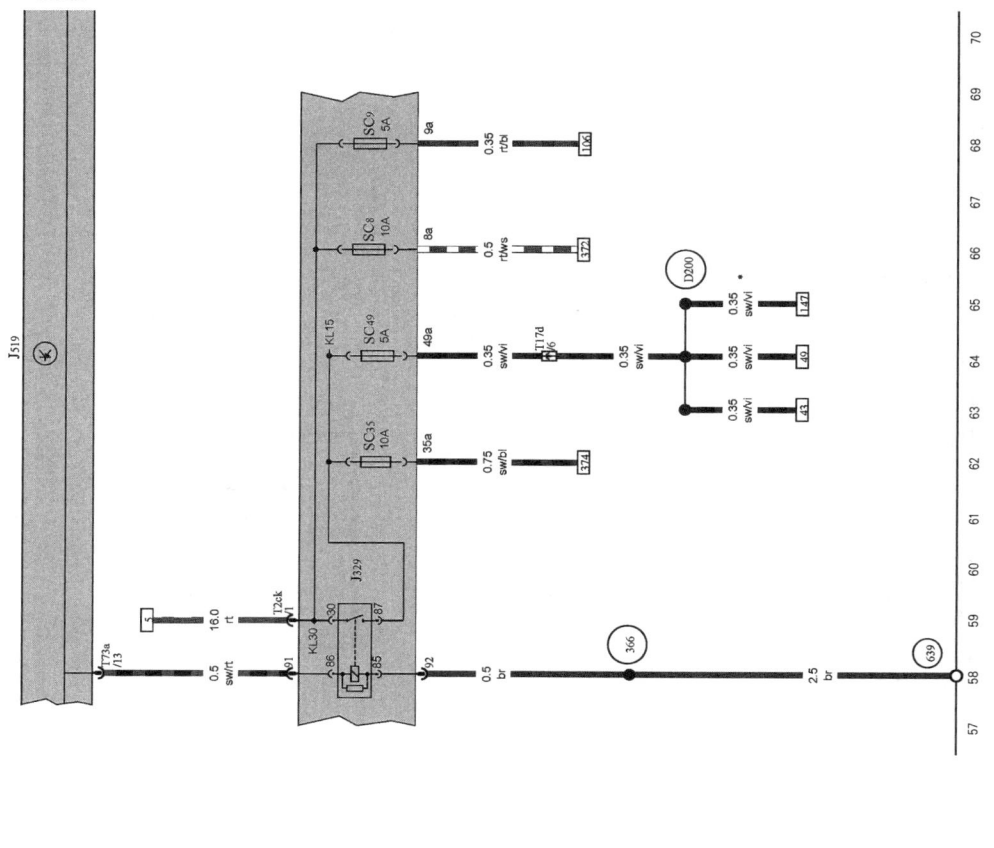

图 4-1-5

图 4-1-4

J329-接线端15供电继电器 J519-车载电网控制单元 SC8-保险丝架C上的保险丝8 SC9-保险丝架C上的保险丝9 SC35-保险丝架C上的保险丝35 SC49-保险丝架C上的保险丝49 T2ck-2芯插头连接 T17d-17芯插头连接 T73a-73芯插头连接 366-接地连接1，在主导线束中 639-接地点，在左侧A柱上 D200-正极连接3（15a），在发动机舱导线束中 *-仅用于带手动变速器的汽车

J906-启动机继电器1 J907-启动机继电器2 SB-保险丝架B SB22-保险丝架B上的保险丝22 SB23-保险丝架B上的保险丝23

定速巡航装置开关、GRA 设置按钮、转向柱电子装置控制单元

点火启动开关、冷却液不足显示传感器、车载电网控制单元、转向柱电子装置控制单元

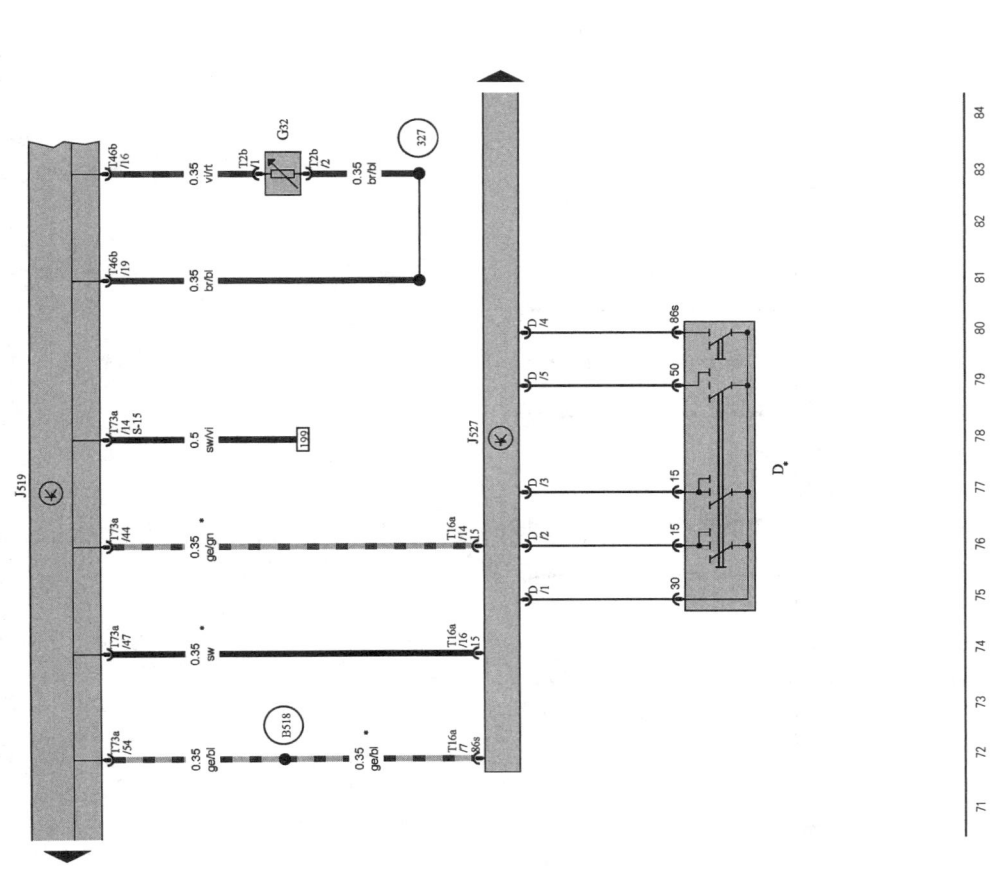

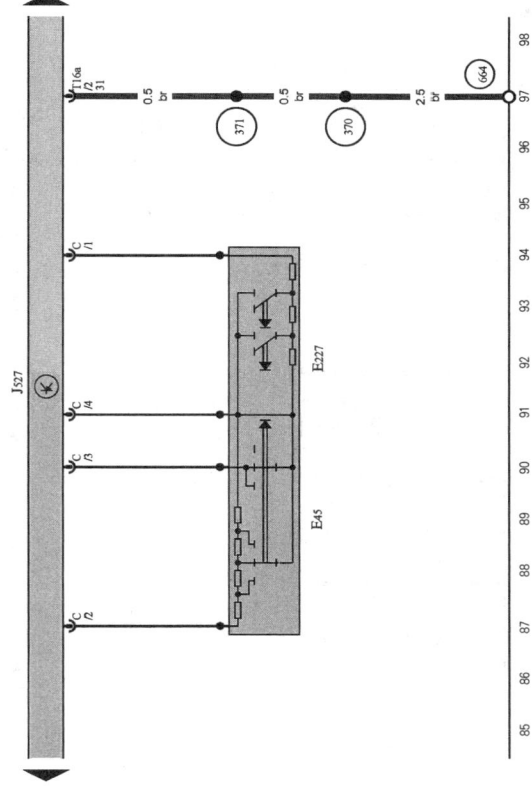

图 4-1-7

E45–定速巡航装置开关 E227–GRA设置按钮 J527–转向柱电子装置控制单元 T16a–16芯插头连接 370–接地连接5，在主导线束中 371–接地连接6，在主导线束中 664–左侧仪表板后面接地点

图 4-1-6

D–点火启动开关 G32–冷却液不足显示传感器 J519–车载电网控制单元 J527–转向柱电子装置控制单元 T2b–2芯插头连接 T16a–16芯插头连接 T46b–46芯插头连接 T73a–73芯插头连接 327–接地连接（传感器接地），在主导线束中 86s–连接（86s），在主导线束中 B518–连接（86s），在发动机舱导线束中 *–仅用于不带进入及启动许可的汽车

473

发动机控制单元

转向柱电子装置控制单元

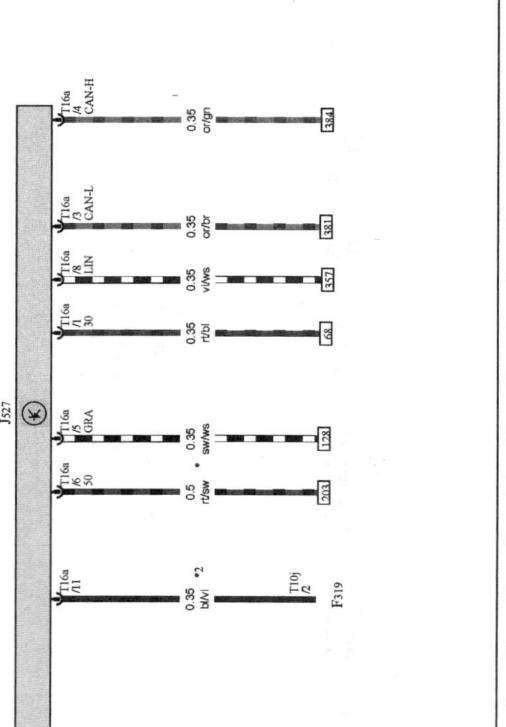

F319-选挡杆挡位P锁止开关 J527-转向柱电子装置控制单元 T10j-10芯插头连接 T16a-16芯插头连接 *-
仅用于不带进入及启动许可的汽车 *2-仅适用于带双离合器变速器的汽车

图 4-1-8

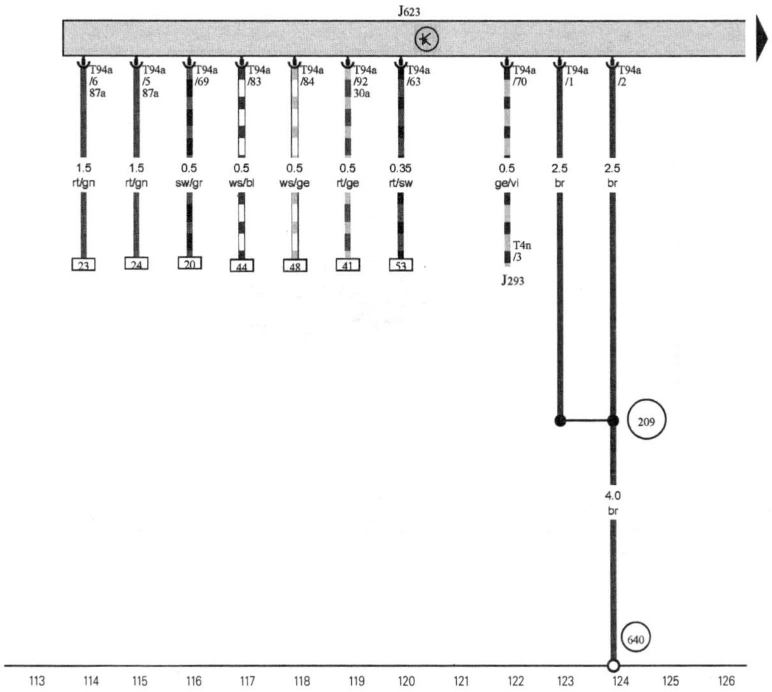

J293-散热器风扇控制单元 J623-发动机控制单元 T4n-4芯插头连接 T94a-94芯插头连接 209-接地连接
6，在发动机舱导线束中 640-接地点2，在发动机舱内左侧

图 4-1-9

474

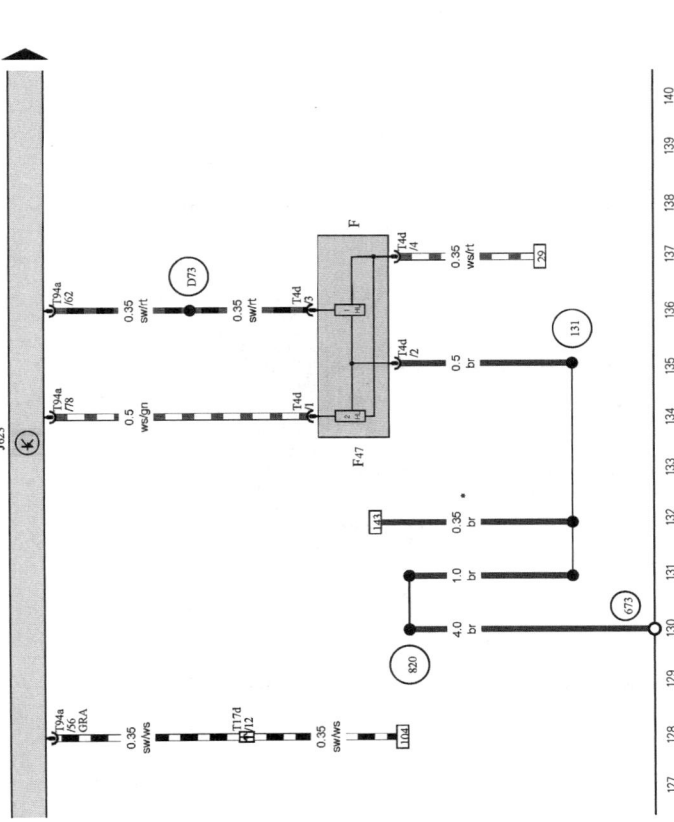

图 4-1-11

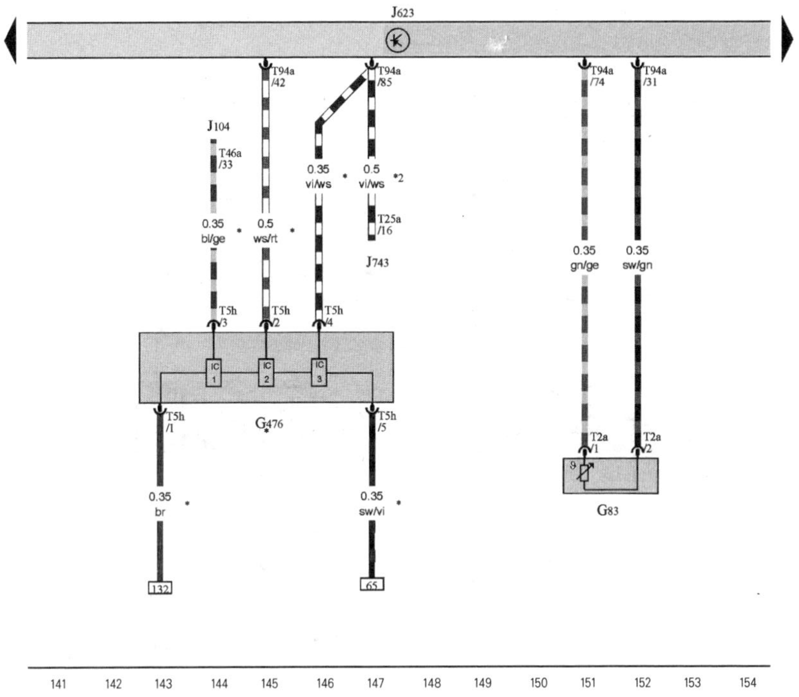

G83-散热器出口处的冷却液温度传感器　G476-离合器位置传感器　J104-ABS控制单元　J623-发动机控制单元　J743-双离合器变速器机电装置　T2a-2芯插头连接　T5h-5芯插头连接　T25a-25芯插头连接　T46a-46芯插头连接　T94a-94芯插头连接　*-仅适用于带双离合器变速器的汽车　*2-仅适用于带手动变速器的汽车

图 4-1-10

F-制动信号灯开关　F47-制动踏板开关　J623-发动机控制单元　T4d-4芯插头连接　T17d-17芯插头连接　T94a-94芯插头连接　131-接地连接2、接地连接3、左前纵梁上　673-接地连接中　820-接地连接　D73-正极连接（54）、在发动机舱导线束中　*-仅适用于带手动变速器的汽车　13、在发动机舱导线束中

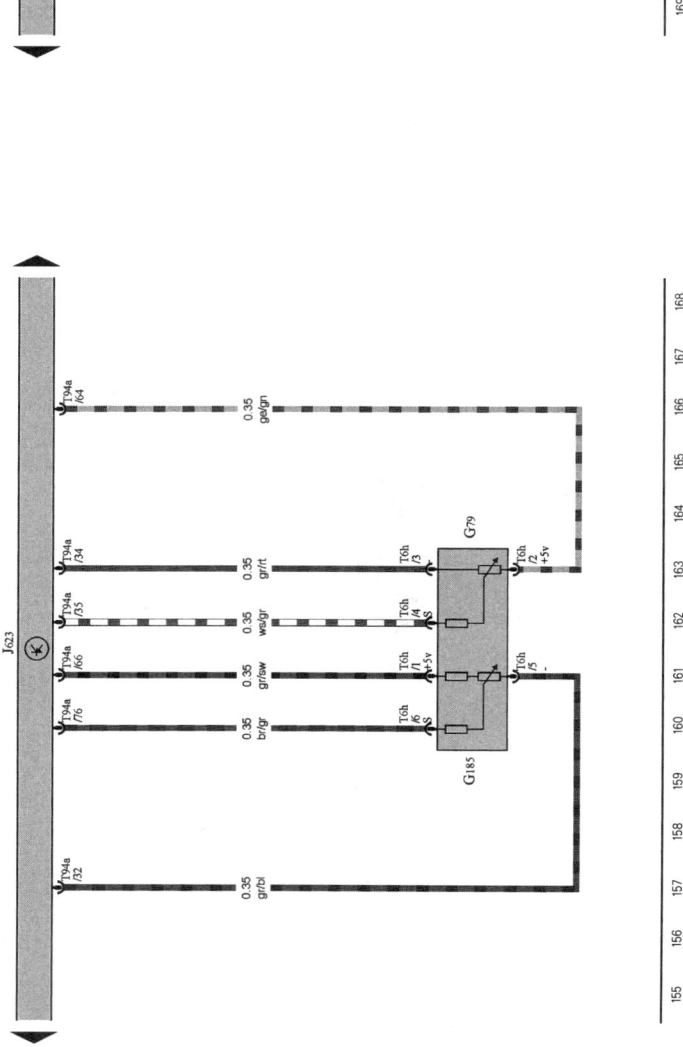

氧传感器、尾气催化净化器下游的传感器、氧传感器、氧传感器加热装置、尾气催化净化器后的氧传感器、尾气传感器加热装置 1 加热装置

油门踏板位置传感器、油门踏板位置传感器 2、发动机控制单元

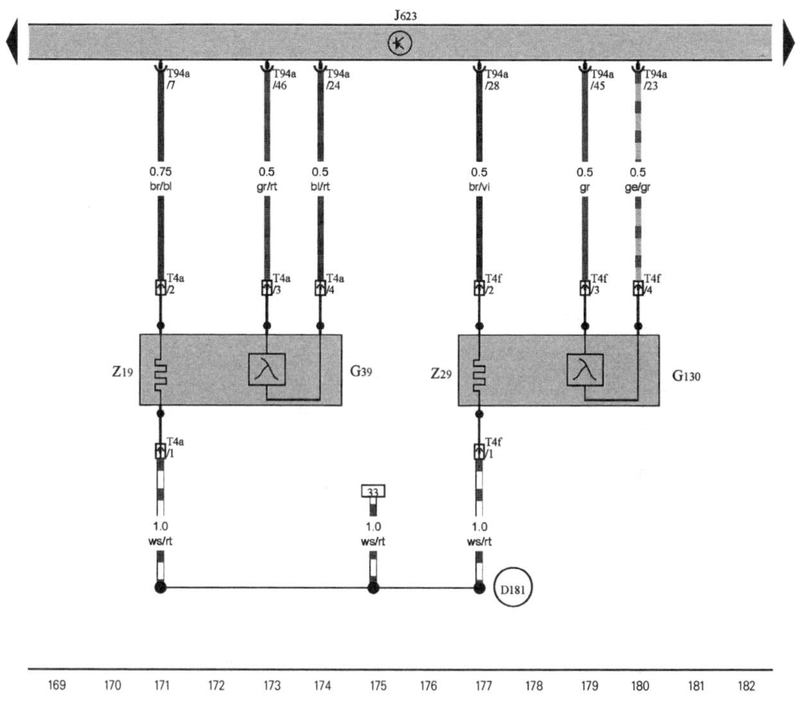

G39−氧传感器　G130−尾气催化净化器下游的氧传感器　J623−发动机控制单元　T4a−4
芯插头连接　T94a−94芯插头连接　Z19−氧传感器加热装置　Z29−尾气催化净化器后的氧传感器1加热装置
D181−连接2（87a），在发动机舱导线束中

图 4-1-13

G79−油门踏板位置传感器　G185−油门踏板位置传感器2　J623−发动机控制单元　T6h−6芯插头连接　T94a−
94芯插头连接

图 4-1-12

476

爆震传感器 1、发动机控制单元

电控油门操纵机构的节气门驱动装置、电控油门操纵机构的节气门驱动装置角度传感器

1、电控油门操纵机构的节气门驱动装置角度传感器 2、节气门控制单元、发动机控制单元

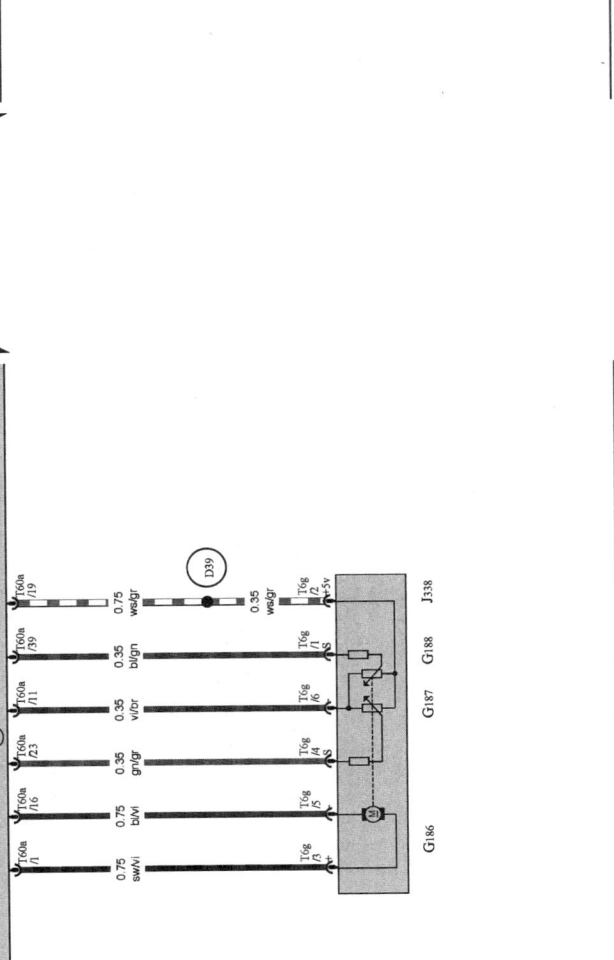

G186-电控油门操纵机构的节气门驱动装置　G187-电控油门操纵机构的节气门驱动装置角度传感器 1、G188-电控油门操纵机构的节气门驱动装置角度传感器 2　J338-节气门控制单元　J623-发动机控制单元　T6g-6芯插头连接　T60a-60芯插头连接　D39-连接点1，在发动机顶接线导线束中

图 4-1-14

G61-爆震传感器1　J518-进入及启动许可控制单元　J623-发动机控制单元　T2bf-2芯插头连接　T17d-17芯插头连接　T94a-94芯插头连接　T60a-60芯插头连接　B626-正极连接2（15），在主插头连接　T40a-40芯插头连接　D51-正极连接1（15），在发动机舱导线束中　*-仅用于带进入及启动许可的汽车　*2-仅用于不带进入及启动许可的汽车

图 4-1-15

477

发动机控制单元、气缸1喷油器、气缸2喷油器、气缸3喷油器、气缸4喷油器

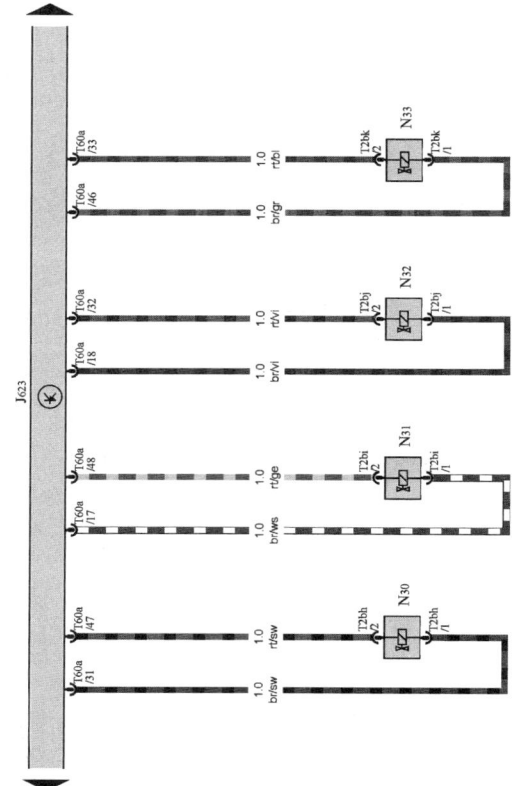

J623-发动机控制单元 N30-气缸1喷油器 N31-气缸2喷油器 N32-气缸3喷油器 N33-气缸4喷油器
T2bh-2芯插头连接 T2bi-2芯插头连接 T2bj-2芯插头连接 T2bk-2芯插头连接 T60a-60芯插头连接

图 4-1-17

冷却液温度传感器、增压压力调节位置传感器、发动机控制单元、增压调节器

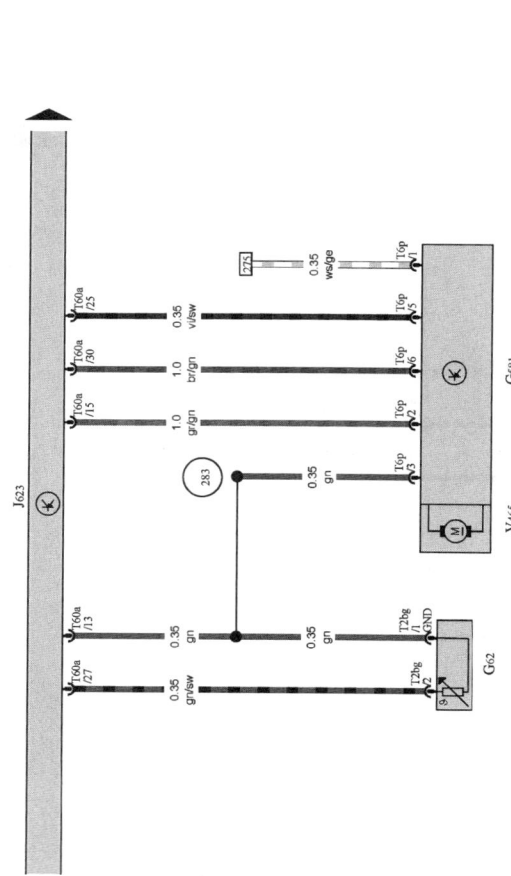

G62-冷却液温度传感器 G581-增压压力调节位置传感器 J623-发动机控制单元 T2bg-2芯插头连接
T6p-6芯插头连接 T60a-60芯插头连接 V465-增压调节器 283-接地连接2，在发动机预接线导线束中

图 4-1-16

进气温度传感器、进气管压力传感器、燃油压力传感器、发动机控制单元

霍耳传感器、霍耳传感器3、发动机控制单元

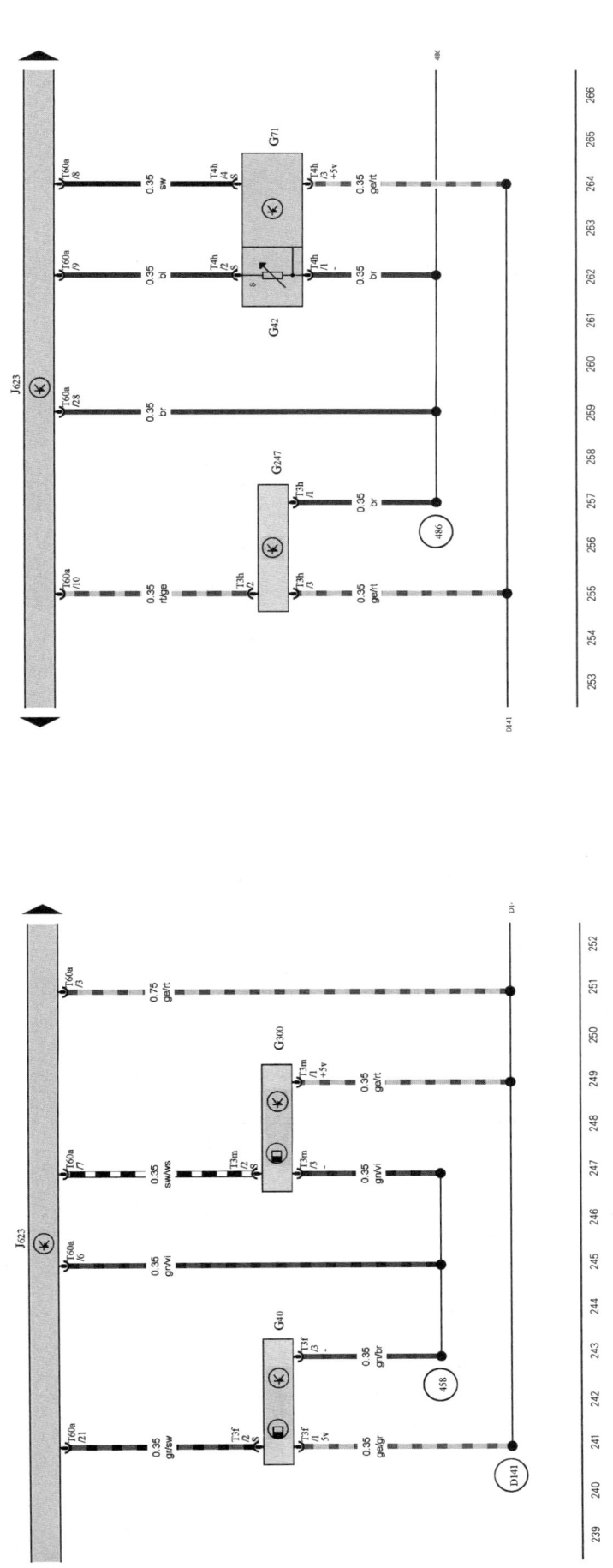

图 4-1-19

G42-进气温度传感器 G71-进气管压力传感器 G247-燃油压力传感器 J623-发动机控制单元 T3h-3芯插头连接 T4h-4芯插头连接 T60a-60芯插头连接 486-接地连接4，在发动机预接线导线束中 D141-连接（5V），在发动机预接线导线束中

图 4-1-18

G40-霍耳传感器 G300-霍耳传感器3 J623-发动机控制单元 T3f-3芯插头连接 T3m-3芯插头连接 T60a-60芯插头连接 458-接地连接3，在发动机预接线导线束中 D141-连接（5V），在发动机预接线导线束中

479

发动机控制单元、活性炭罐电磁阀 1、凸轮轴调节阀 1、排气凸轮轴调节阀 1、机油压力调节阀

发动机转速传感器、增压压力传感器、进气温度传感器 2、发动机控制单元

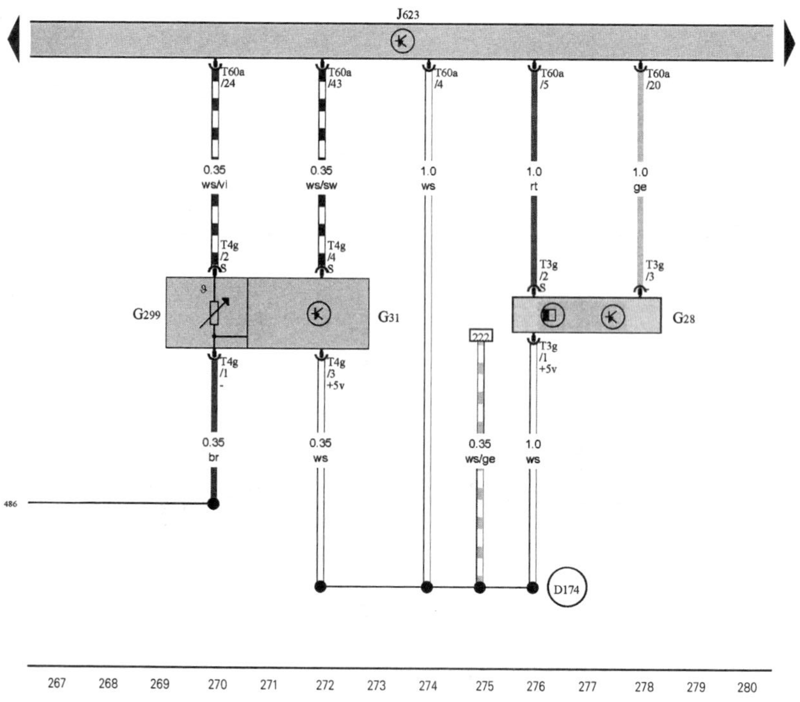

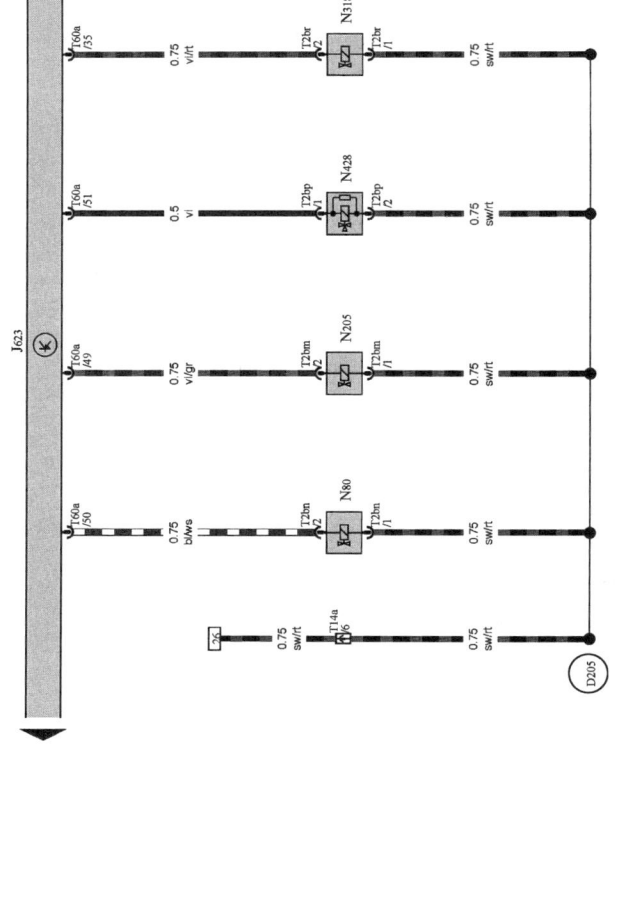

G28-发动机转速传感器 G31-增压压力传感器 G299-进气温度传感器2 J623-发动机控制单元 T3g-3芯插头连接 T4g-4芯插头连接 T60a-60芯插头连接 486-接地连接4，在发动机预接线导线束中 D174-连接2（5V），在发动机预接线导线束中

图 4-1-20

J623-发动机控制单元 N80-活性炭罐电磁阀1 N205-凸轮轴调节阀1 N318-排气凸轮轴调节阀1 N428-机油压力调节阀 T2bm-2芯插头连接 T2bn-2芯插头连接 T26bp-2芯插头连接 T2br-2芯插头连接 T14a-14芯插头连接 T60a-60芯插头连接 D205-连接3（87a），在发动机预接线导线束中

图 4-1-21

发动机控制单元、带功率输出级的点火线圈1、带功率输出级的点火线圈2、带功率输出级的点火线圈3、火花塞插头、火花塞

发动机控制单元、燃油压力调节阀、冷却液继续补给泵

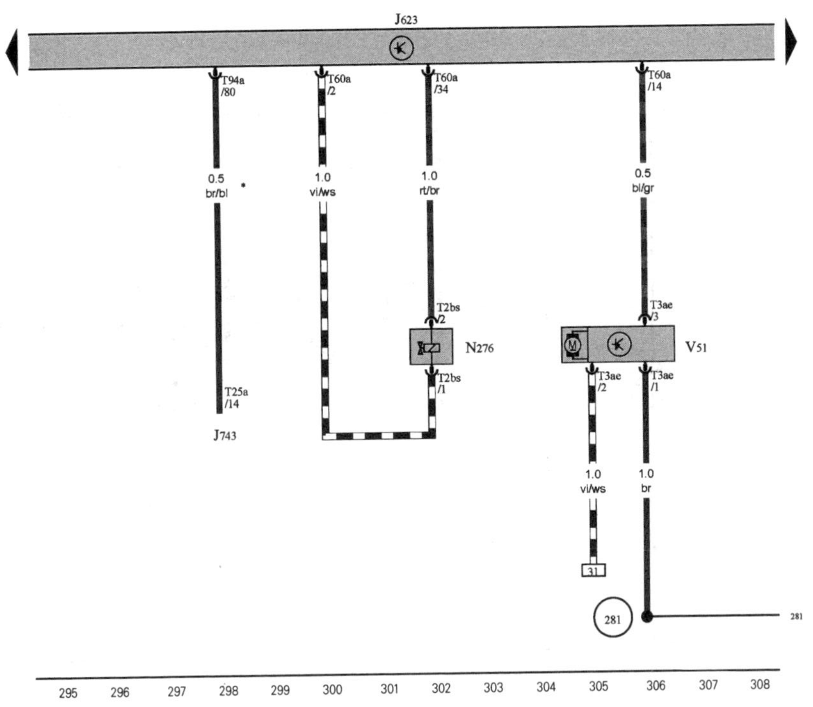

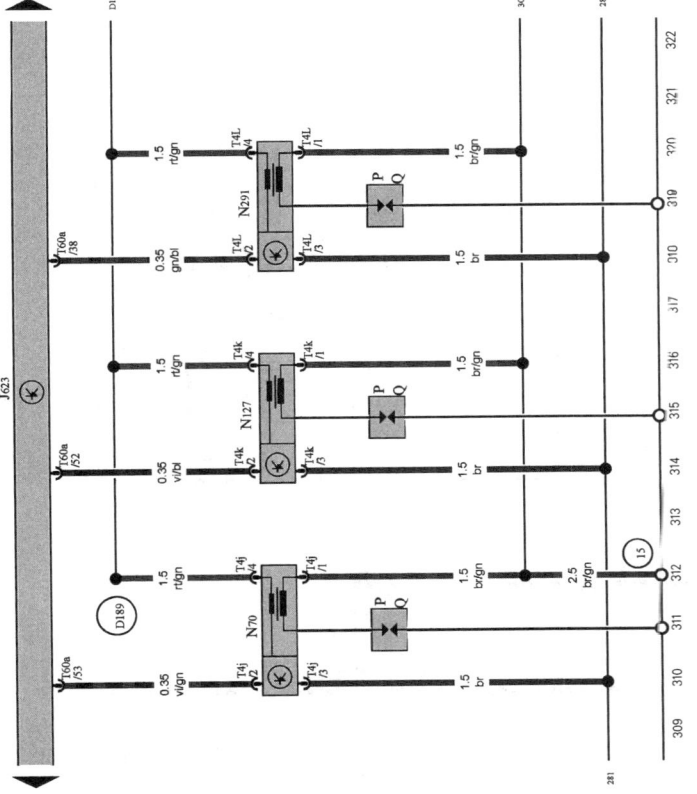

J623-发动机控制单元 J743-双离合器变速器变速器机电装置 N276-燃油压力调节阀 T2bs-2芯插头连接 T3ae-3芯插头连接 T25a-25芯插头连接 T60a-60芯插头连接 T94a-94芯插头连接 V51-冷却液继续补给泵 281-接地连接1、在发动机预接线导线束中 *-仅适用于带双离合器变速器变速器的汽车

图 4-1-22

J623-发动机控制单元 N70-带功率输出级的点火线圈1 N127-带功率输出级的点火线圈2 N291-带功率输出级的点火线圈3 P-火花塞插头3 Q-火花塞插座 T4j-4芯插头连接 T4k-4芯插头连接 T4L-4芯插头连接 T60a-60芯插头连接 15-气缸盖上的接地点 281-接地连接1，在发动机顶接线导线束中 306-接地连接 T60a-60芯插头连接 15-气缸盖上的接地点 281-接地连接1，在发动机顶接线导线束中 D189-连接（87a），在发动机顶接线导线束中（点火线圈），在发动机顶接线导线束中

图 4-1-23

481

油压开关、油压传感器、发动机控制单元、带功率输出级的点火线圈4、火花塞插头、火花塞

燃油存量传感器、预供给燃油泵、燃油泵控制单元、发动机控制单元

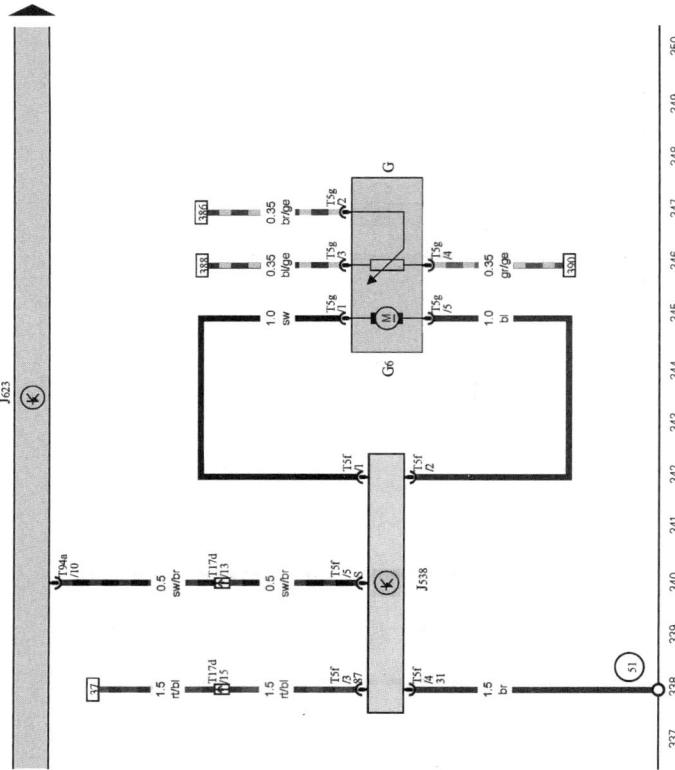

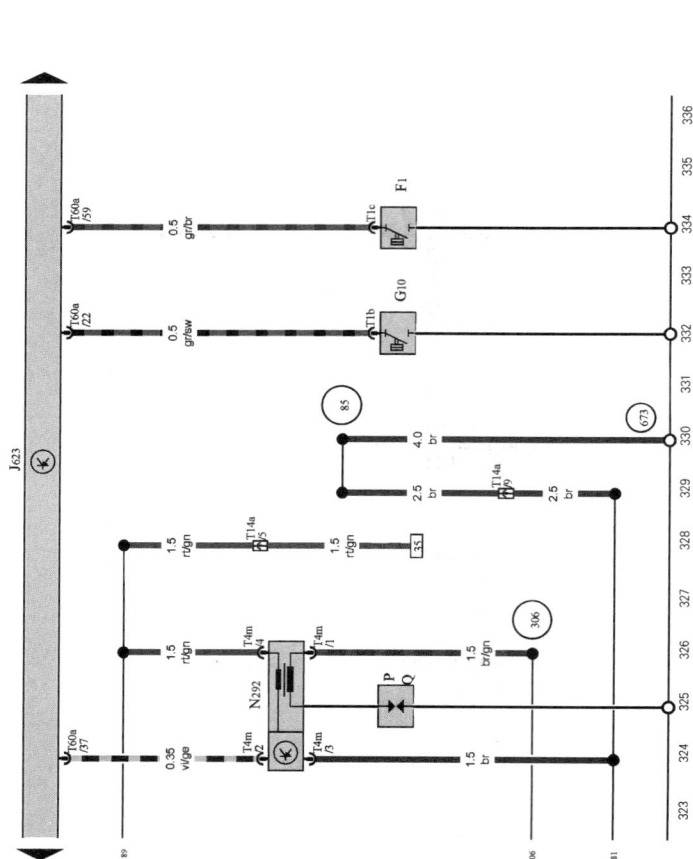

G-燃油存量传感器　G6-预供给燃油泵　J538-燃油泵控制单元　J623-发动机控制单元　T5f-5芯插头连接
T5g-5芯插头连接　T17d-17芯插头连接　T94a-94芯插头连接　51-后备箱内右侧接地点

图 4-1-25

F1-油压开关　G10-油压传感器　J623-发动机控制单元　N292-带功率输出级的点火线圈4　P-火花塞插头
Q-火花塞　T1b-1芯插头连接　T1c-1芯插头连接　T4m-4芯插头连接　T14a-14芯插头连接　T60a-60芯插
头连接　85-接地线1，在发动机舱导线束中　281-接地连接　306-接地连接
（点火线圈），在发动机预接线导线束中　673-接地点3，左前纵梁上　D189-连接（87a），在发动机预接
线导线束中

图 4-1-24

数据总线诊断接口、诊断接口

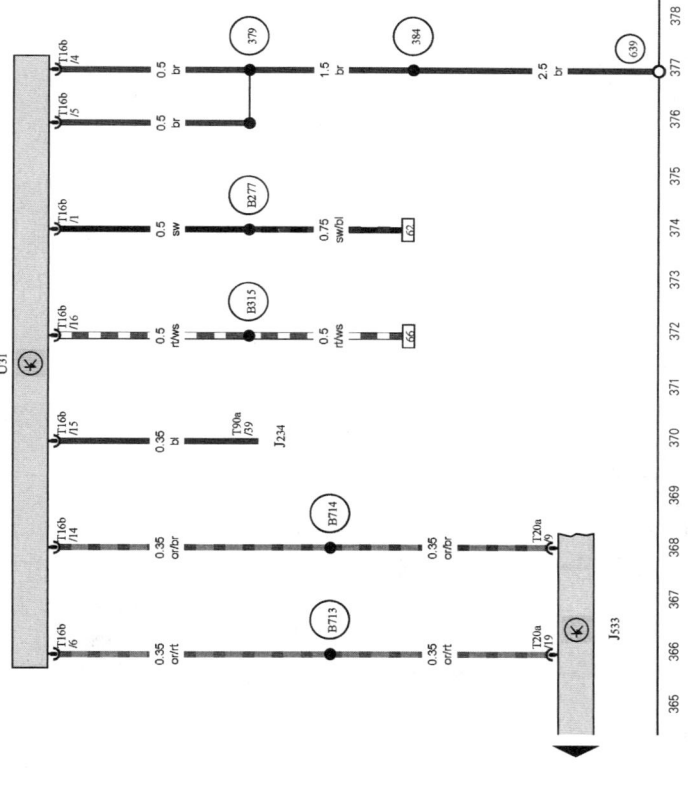

图4-1-27

J234-安全气囊控制单元 J533-数据总线诊断接口 T16b-16芯插头连接 T20a-20芯插头连接 T90a-90芯插头连接 U31-诊断接口 379-诊断接口连接4,在主导线线束中 384-接地连接19,在主导线束中 639-接地点,在左侧A柱上 B277-正极连接1（15a）,在主导线束中 B315-正极连接1（30a）,在主导线线束中 B713-连接1（诊断系统CAN总线,High）,在主导线束中 B714-连接1（诊断系统CAN总线,Low）,在主导线束中

数据总线诊断接口、发动机控制单元

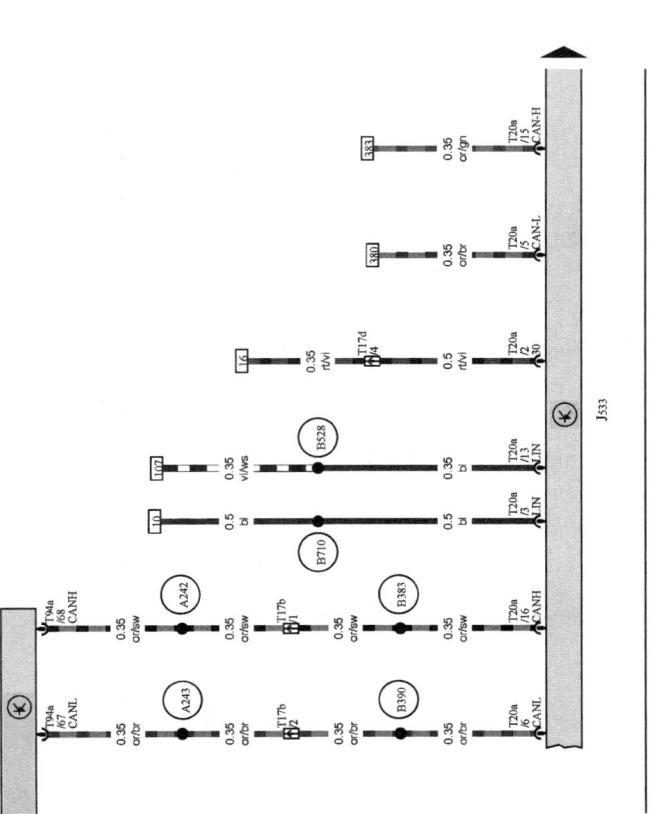

图4-1-26

J533-数据总线诊断接口 J623-发动机控制单元 T17b-17芯插头连接单元 T17d-17芯插头连接 T20a-20芯插头连接 T94a-94芯插头连接 A242-连接1（驱动系统CAN总线,High）,在发动机舱导线束中 A243-连接1（驱动系统CAN总线,Low）,在发动机舱导线束中 B383-连接1（驱动系统CAN总线,High）,在主导线线束中 B390-连接1（驱动系统CAN总线,Low）,在主导线线束中 B528-连接1（LIN总线）,在主导线线束中 B710-连接5（LIN总线）,在主导线束中

483

燃油储备显示、转速表、多功能显示器、仪表板中的控制单元、发电机指示灯、燃油存量指示灯

防盗锁止系统识读线圈、冷却液液温表、车速表、仪表板中的控制单元、防盗锁止系统控制单元、机油压力指示灯、冷却液温度和冷却液液不足显示指示灯、GRA 指示灯、废气警告灯、电子油门故障信号灯、里程表

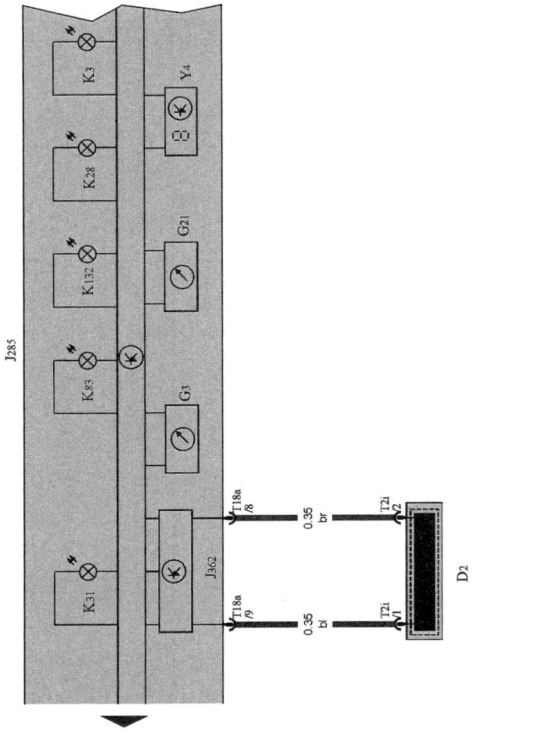

图 4-1-29

D2-防盗锁止系统识读线圈 G3-冷却液液温表 G21-车速表 J285-仪表板中的控制单元 J362-防盗锁止系统控制单元 K3-机油压力指示灯 K28-冷却液温度和冷却液液不足显示指示灯 K31-GRA指示灯 K83-废气警告灯 K132-电子油门故障信号灯 T2i-2芯捅头连接 T18a-18芯捅头连接 Y4-里程表

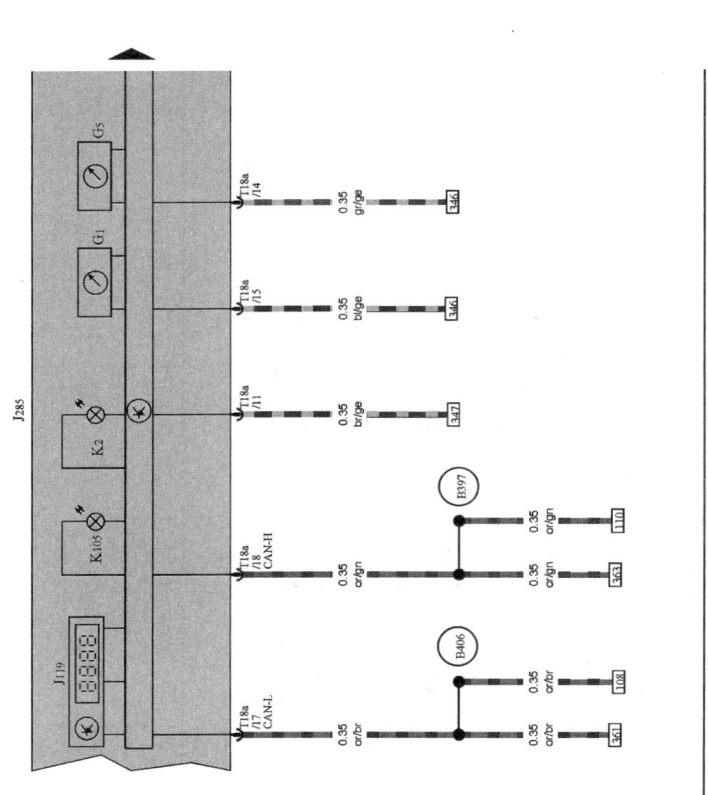

图 4-1-28

G1-燃油储备显示 G5-转速表 J119-多功能显示器 J285-仪表板中的控制器 K2-发电机指示灯 K105-燃油存量指示灯 T18a-18芯捅头连接 B397-连接1（舒适/便捷系统CAN总线，High），在主导线束中 B406-连接1（舒适/便捷系统CAN总线，Low），在主导线束中

484

散热器出口处的冷却液温度传感器、散热器风扇控制单元、发动机控制单元、散热器风扇

主继电器、散热器风扇控制单元

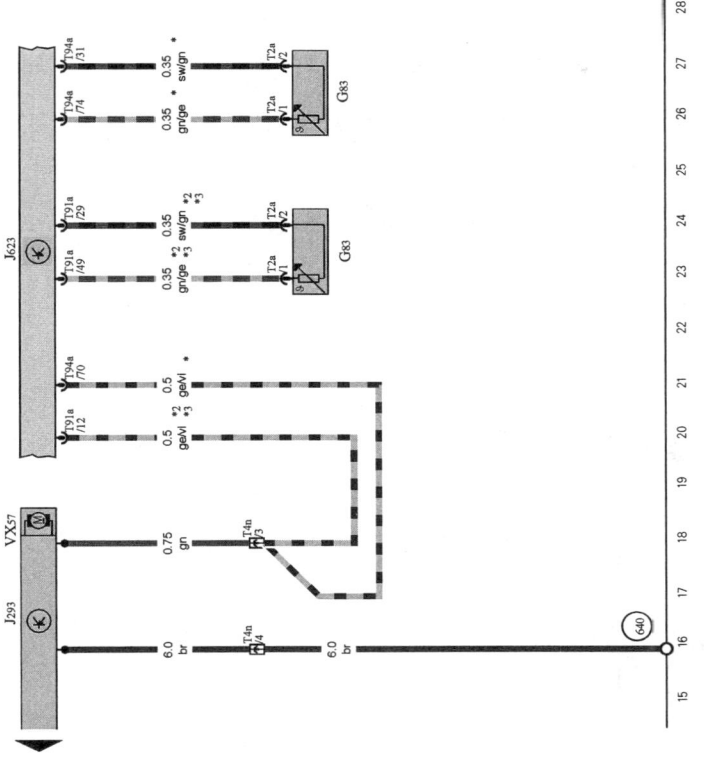

图 4-1-30

图 4-1-31

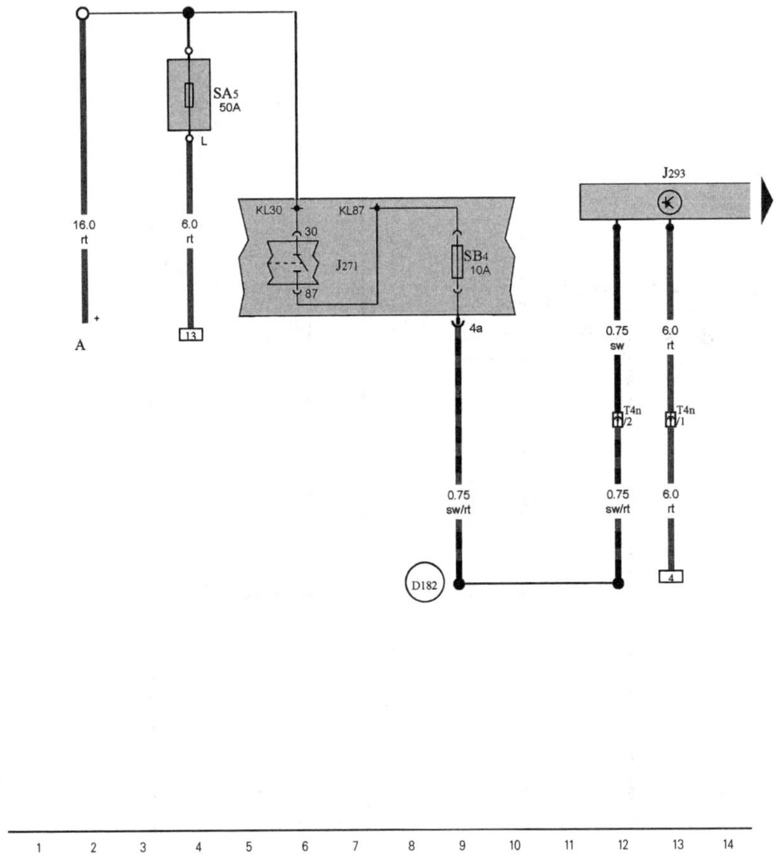

A-蓄电池 J271-主继电器 J293-散热器风扇控制单元 SB4-保险丝架B上的保险丝4 SA5-保险丝架A上的保险丝5 T4n-4芯插头连接 D182-连接3（87a），在发动机舱导线束中

G83-散热器出口处的冷却液温度传感器 J293-散热器风扇控制单元 J623-发动机控制单元 T2a-2芯插头 T2a-2芯插头连接 T4n-4芯插头连接 T91a-91芯插头连接 T94a-94芯插头连接 VX57-散热器风扇 640-接地点2，在连接 VX57-散热器风扇连接 发动机舱内左侧 *-仅用于带1.4L发动机的汽车 *2-仅用于带1.8L发动机的汽车 *3-仅用于带2.0L发动机的汽车

485

主继电器、保险丝架 B

蓄电池、启动机、交流发电机、电压调节器、蓄电池监控控制单元

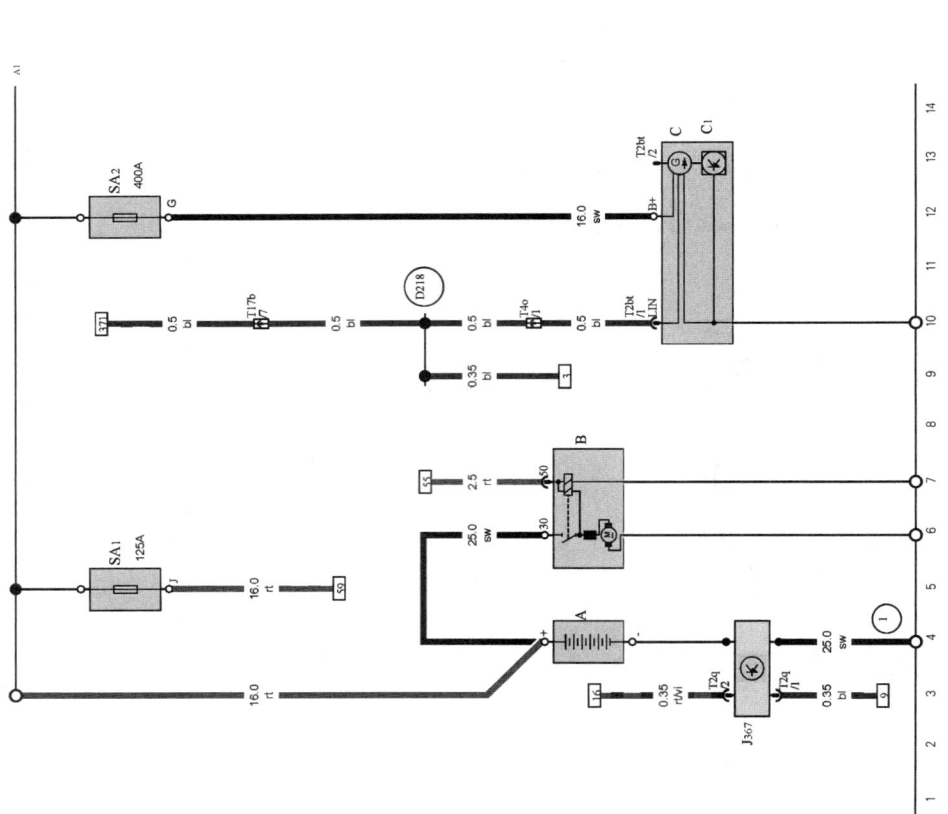

图 4-1-33

图 4-1-32

A-蓄电池 B-启动机 C-交流发电机 C1-电压调节器 J367-蓄电池监控控制单元 SA1-保险丝架A上的保险丝1 SA2-保险丝架A上的保险丝2 T2bt-2芯插头连接 T2q-2芯插头连接 T4o-4芯插头连接 T17b-17芯插头连接 1-接地带，蓄电池-车身 D218-连接1（LIN总线），在发动机舱导线束中

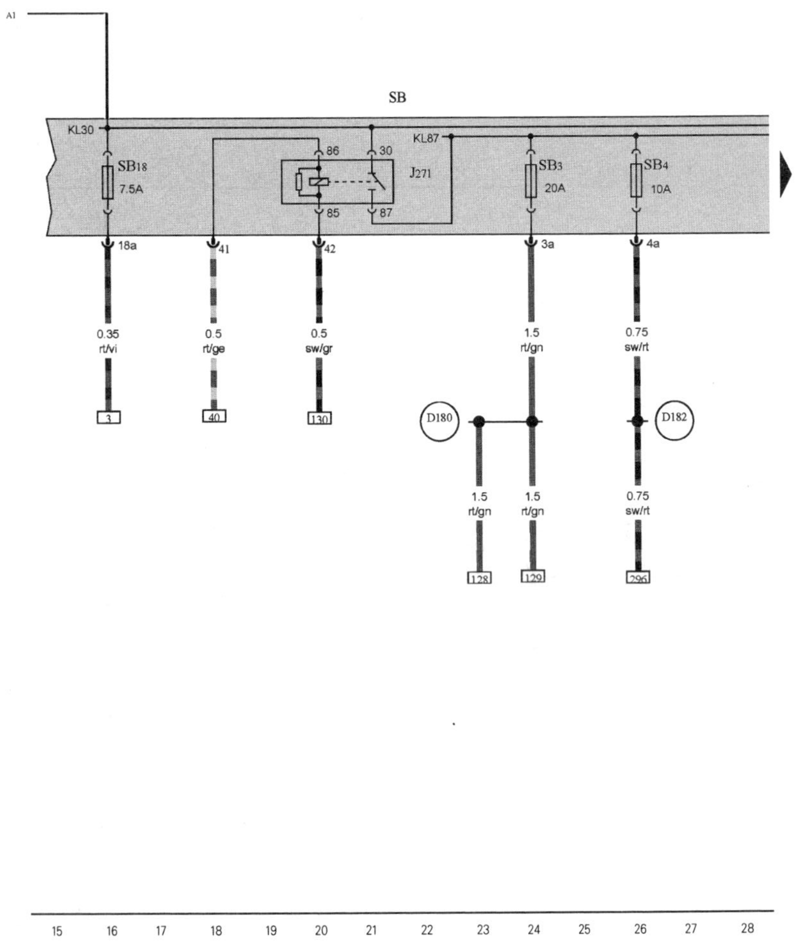

J271-主继电器 SB-保险丝架B SB3-保险丝架B上的保险丝3 SB4-保险丝架B上的保险丝4 SB18-保险丝架B上的保险丝18 D180-连接（87a），D182-连接3（87a），在发动机舱导线束中

486

启动机继电器 1、启动机继电器 2、保险丝架 B

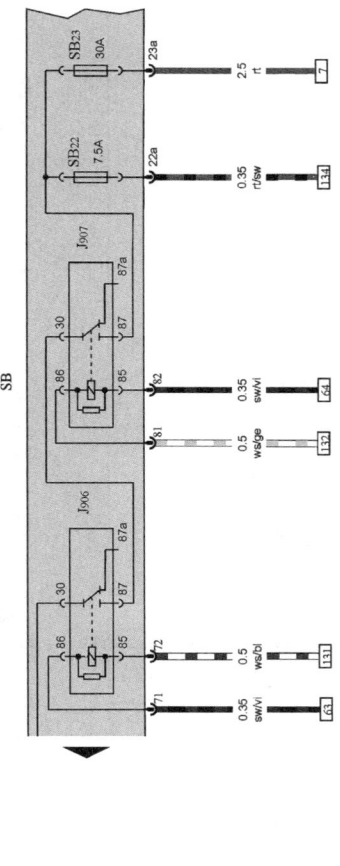

保险丝架 B

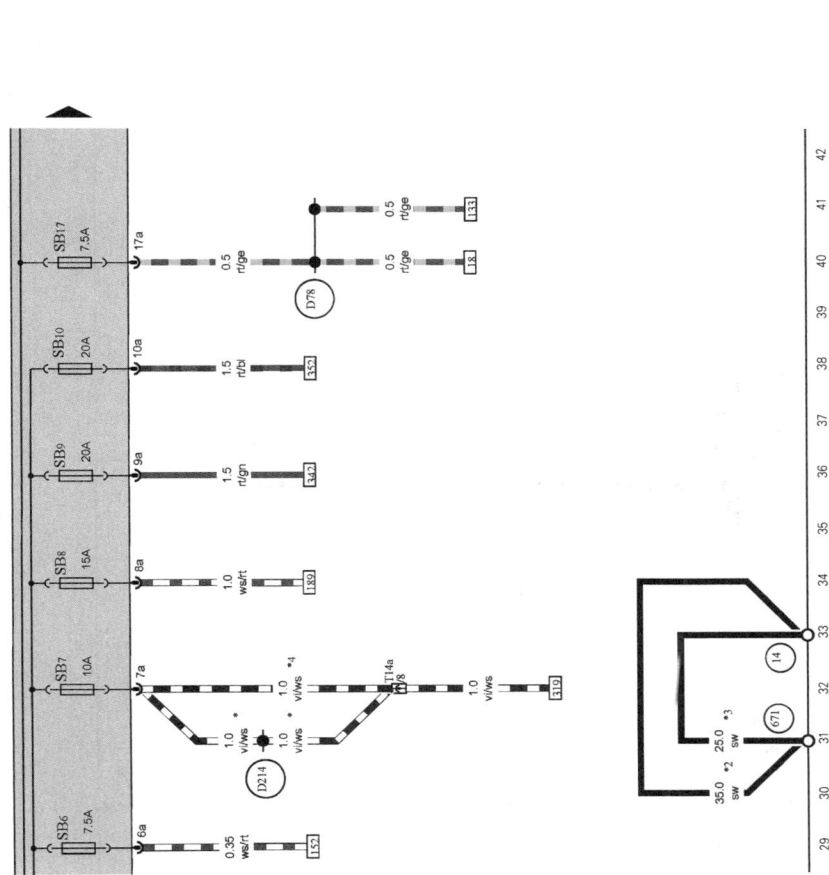

图 4-1-34

SB-保险丝架B SB6-保险丝架B上的保险丝6 SB7-保险丝架B上的保险丝7 SB8-保险丝架B上的保险丝8 SB9-保险丝架B上的保险丝9 SB10-保险丝架B上的保险丝10 SB17-保险丝架B上的保险丝17 T14a-14芯插头连接 14-变速器上的接地点 671-左前纵梁上的接地点 D78-正极连接1(30a),在发动机舱导线束中 D214-连接8(87a),在发动机舱导线束中 *-自2017年7月起 *2-用于带手动变速器的汽车 *3-用于带双离合器变速器的汽车 *4-截至2017年7月

J906-启动机继电器1 J907-启动机继电器2 SB-保险丝架B SB22-保险丝架B上的保险丝22 SB23-保险丝架B上的保险丝23

图 4-1-35

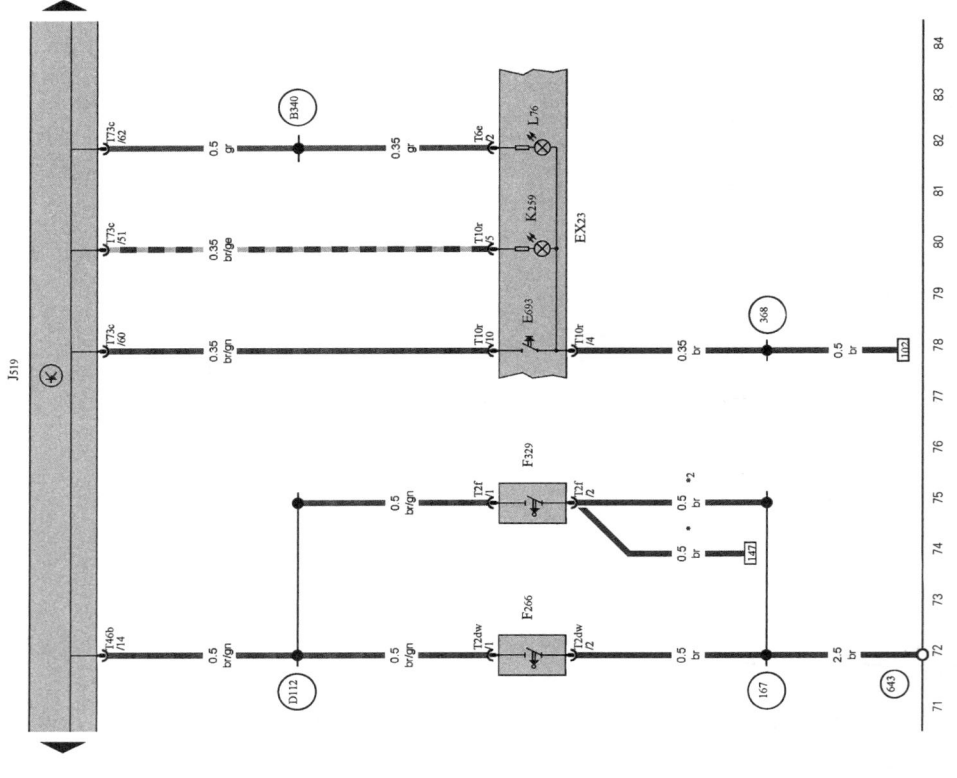

中控台开关模块 1、启动/停止模式按钮、发动机舱盖接触开关、发动机舱盖接触开关 2、车载电网控制单元、启动/停止运行模式指示灯、按钮照明灯泡

EX23-中控台开关模块1 E693-启动/停止模式按钮 F266-发动机舱盖接触开关 F329-发动机舱盖接触开关2 J519-车载电网控制单元 K259-启动/停止运行模式按钮 L76-按钮照明灯泡 T2dw-2芯插头连接 T2f-2芯插头连接 T6e-6芯插头连接 T10r-10芯插头连接 T73c-73芯插头连接 T46b-46芯插头连接 接地连接4,在主导线束中 368-接地连接3,在主导线束中 643-发动机舱内右侧接地点3 B340-连接1(58d),在发动机舱导线束中 D112-连接10,在发动机舱导线束中 *1-自2017年7月起 *2-截至2017年7月

图 4-1-37

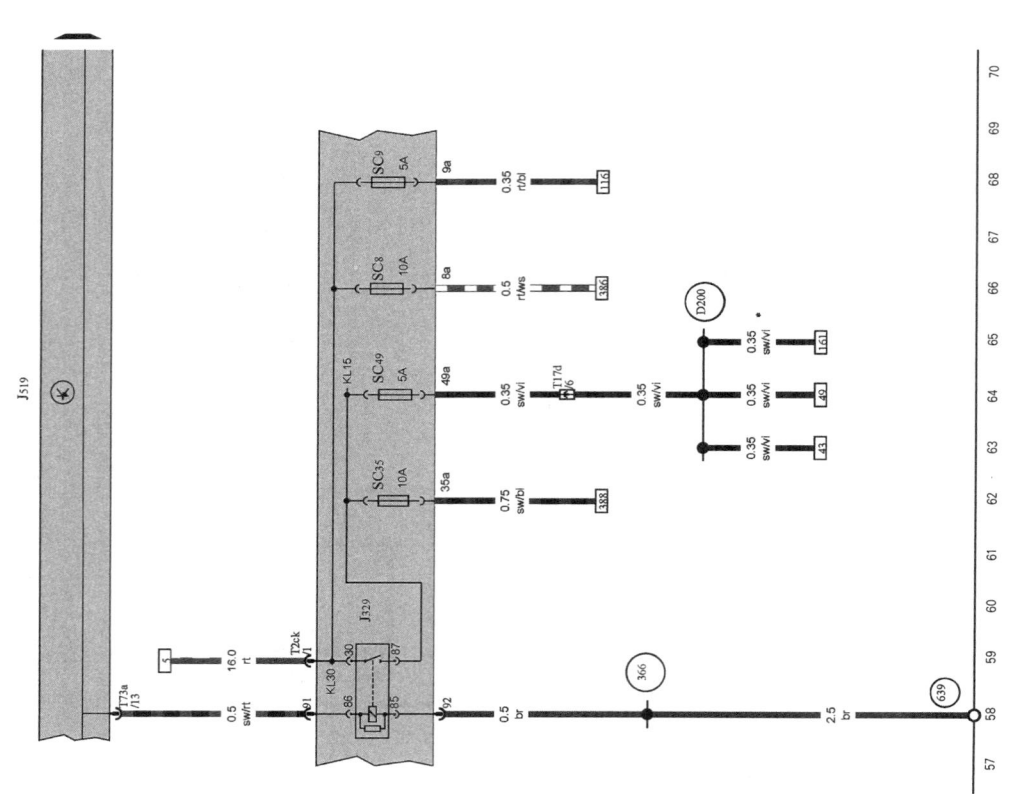

接线端 15 供电继电器、车载电网控制单元

J329-接线端15供电继电器 J519-车载电网控制单元 SC8-保险丝架C上的保险丝8 SC9-保险丝架C上的保险丝9 SC35-保险丝架C上的保险丝35 SC49-保险丝架C上的保险丝49 T2ck-2芯插头连接 T17d-17芯插头连接 T73a-73芯插头连接 366-接地连接1,在主导线束中 639-左A柱上的接地点 D200-正极连接3 (15a),在发动机舱导线束中 *-用于带手动变速器的汽车

图 4-1-36

点火启动开关、冷却液不足显示传感器、车载电网控制单元、转向柱电子装置控制单元

定速巡航装置开关、定速巡航装置设置按钮、转向柱电子装置控制单元

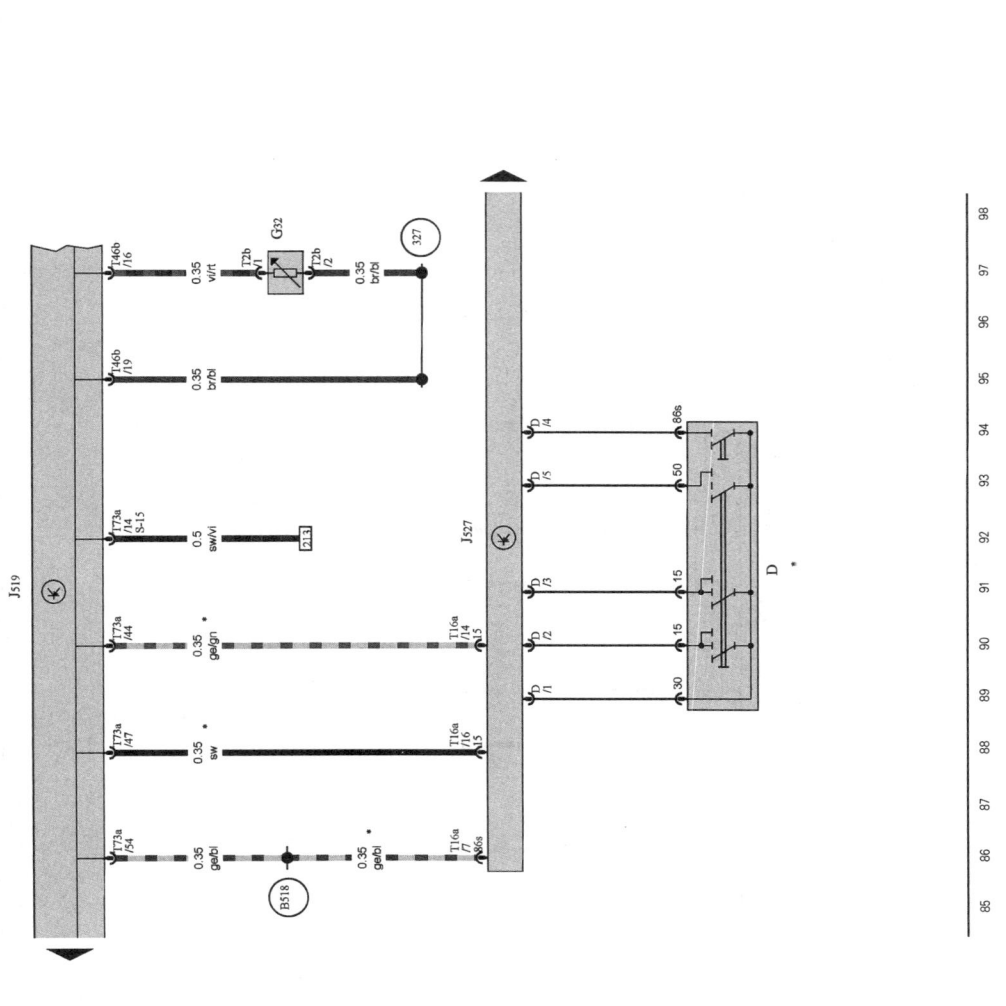

图 4-1-38

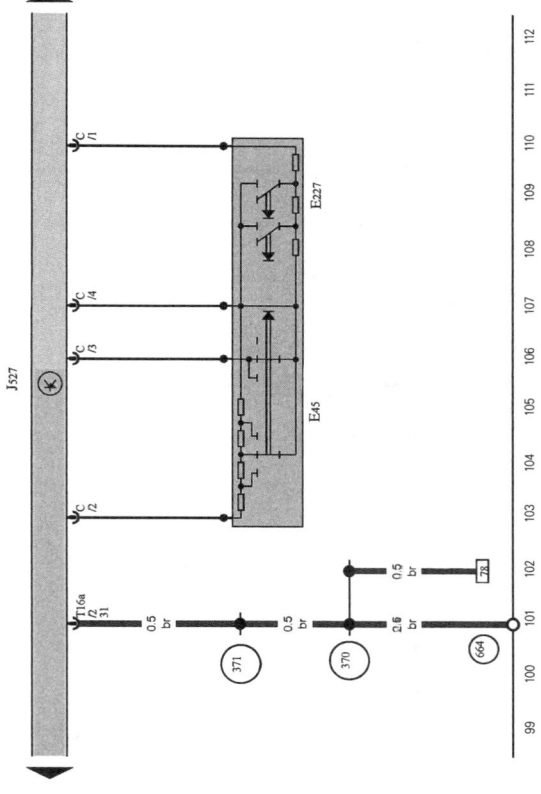

图 4-1-39

D-点火启动开关 G32-冷却液不足显示传感器 J519-车载电网控制单元 J527-转向柱电子装置控制单元 T2b-2芯插头连接 T16a-16芯插头连接 T46b-46芯插头连接 T73a-73芯插头连接 T73a-73芯插头连接 327-接地连接（传感器接地），在主导线束中 B518-连接（86s），在主导线束中 *-用于不带进入及启动许可的汽车

E45-定速巡航装置开关 E227-定速巡航装置设置按钮 J527-转向柱电子装置控制单元 T16a-16芯插头连接 接 370-接地连接5，在主导线束中 371-接地连接6，在主导线束中 664-左侧仪表板后面接地点

489

发动机控制单元

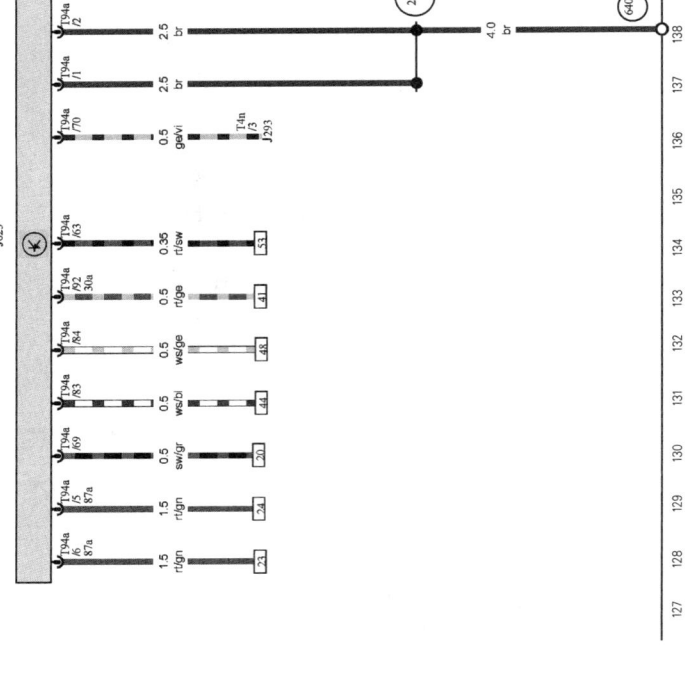

转向柱电子装置控制单元

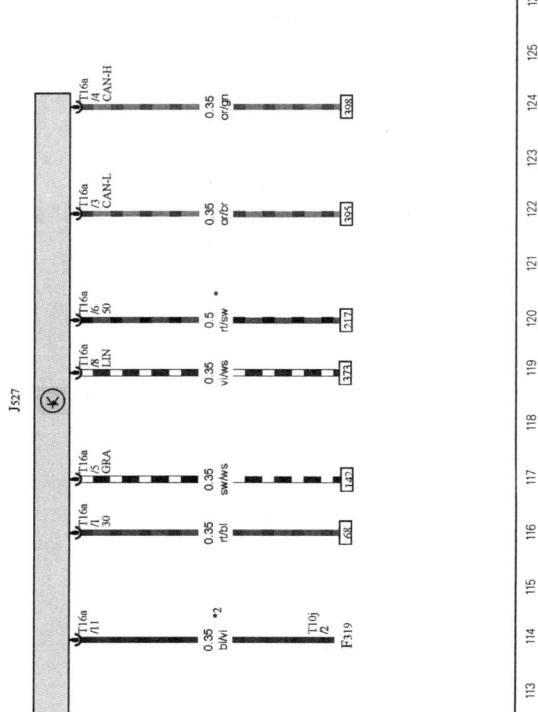

F319-选挡杆挡位P锁止开关 J527-转向柱电子装置控制单元 T10j-10芯插头连接 T16a-16芯插头连接 *-
用于不带进入及启动许可的汽车 *2-用于带双离合器变速器的汽车

图 4-1-40

J293-散热器风扇控制单元 J623-发动机控制单元 T4n-4芯插头连接 T94a-94芯插头连接 209-接地连接
6, 在发动机舱导线束中 640-发动机舱内左侧接地点2

图 4-1-41

490

散热器出口处的冷却液温度传感器、离合器位置传感器、发动机控制单元

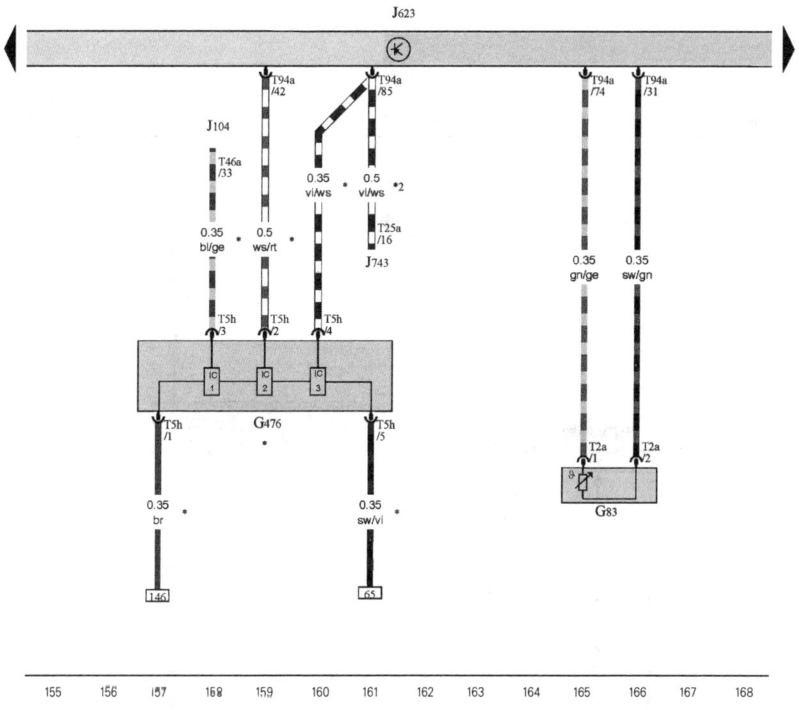

制动信号灯开关、制动踏板开关、发动机控制单元

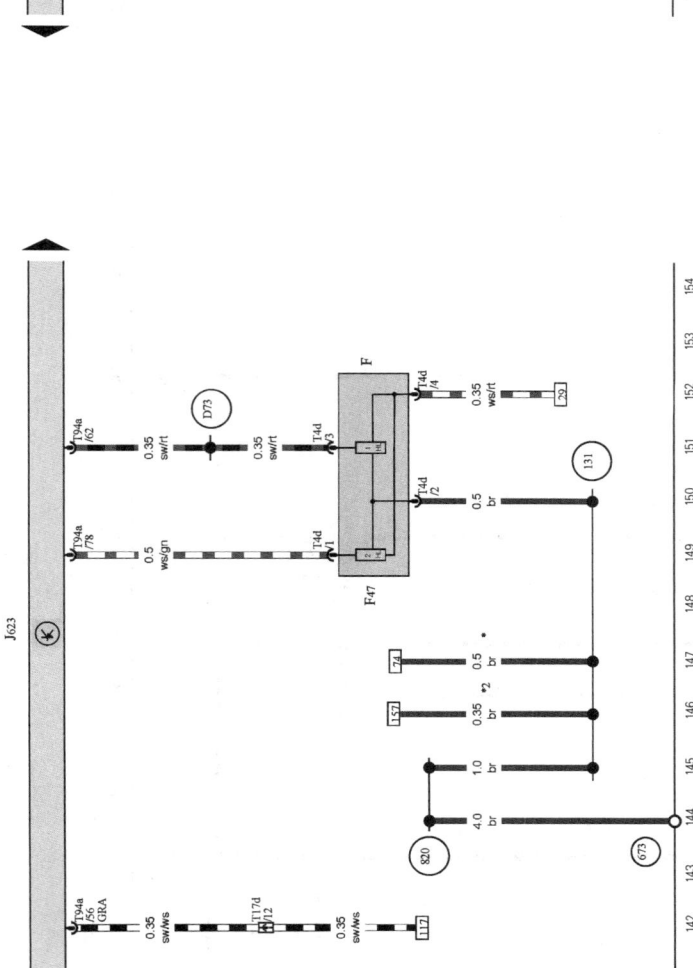

G83-散热器出口处的冷却液温度传感器 G476-离合器位置传感器 J104-ABS控制单元 J623-发动机控制单元 J743-双离合器变速器机电装置 T2a-2芯插头连接 T5h-5芯插头连接 T25a-25芯插头连接 T46a-46芯插头连接 T94a-94芯插头连接 *-用于带手动变速器的汽车 *2-用于带双离合器变速器的汽车

图 4-1-43

F-制动信号灯开关 F47-制动踏板开关 J623-发动机控制单元 T4d-4芯插头连接 T17d-17芯插头连接 T94a-94芯插头连接 131-接地连接2，在发动机舱导线束中 673-左前纵梁上的接地点3 820-接地连接 13，在发动机舱导线束中 D73-正极连接（54） *-自2017年7月起 *2-用于带手动变速器的汽车

图 4-1-42

491

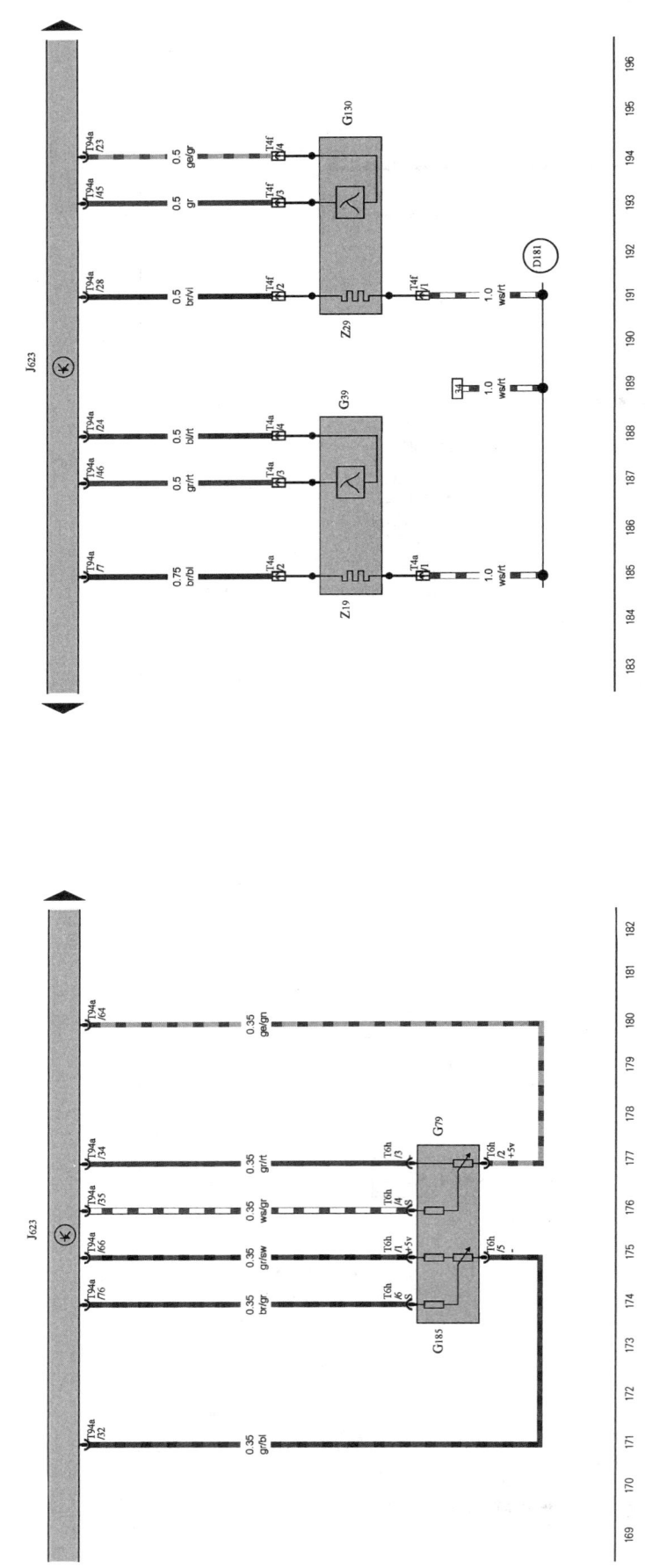

氧传感器、尾气催化净化器后的氧传感器、发动机控制单元、氧传感器加热装置、尾气催化净
化器后的氧传感器 1 加热装置

油门踏板位置传感器、油门踏板位置传感器 2、发动机控制单元

G79-油门踏板位置传感器 G185-油门踏板位置传感器2 J623-发动机控制单元 T6h-6芯插头连接 T94a-
94芯插头连接

图 4-1-44

G39-氧传感器 G130-尾气催化净化器后的氧传感器 J623-发动机控制单元 T4a-4芯插头连接 T4f-4芯
插头连接 T94a-94芯插头连接 Z19-氧传感器加热装置 Z29-尾气催化净化器后的氧传感器1加热装置
D181-连接2（87a），在发动机舱导线束中

图 4-1-45

爆震传感器 1、发动机控制单元

电控油门操纵机构的节气门驱动装置、电控油门操纵机构的节气门驱动装置角度传感器 1、
电控油门操纵机构的节气门驱动装置角度传感器 2、变速器空挡位置传感器、节气门控制
单元、发动机控制单元

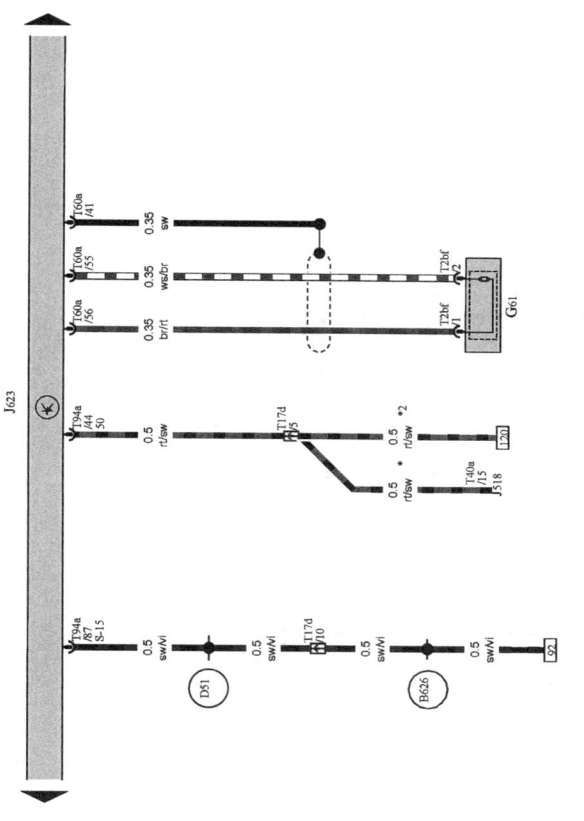

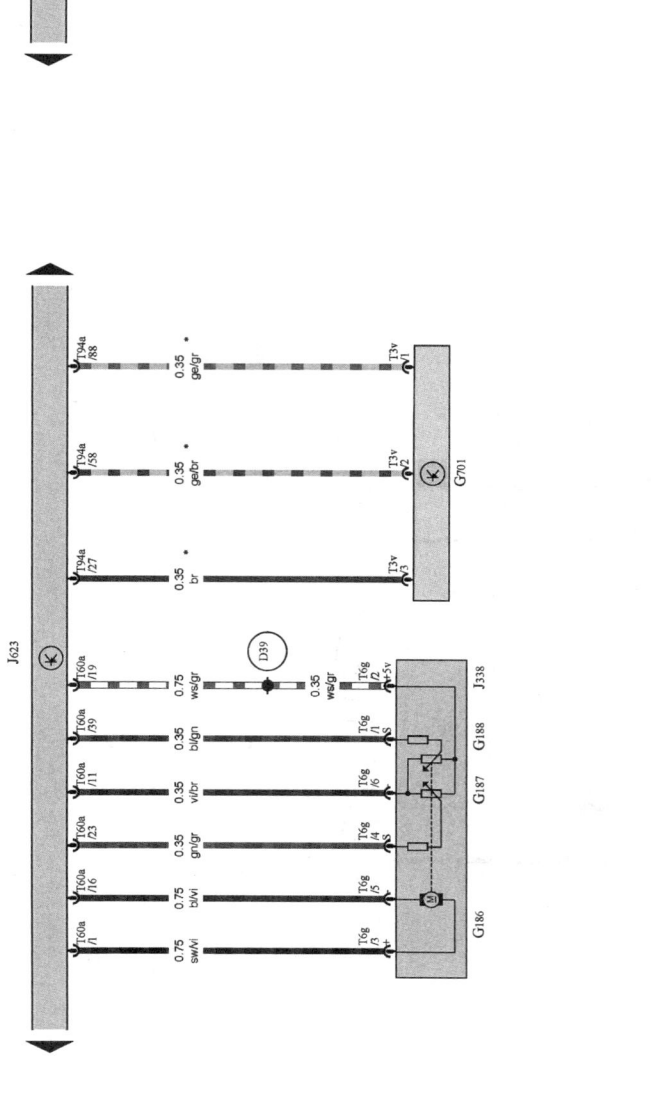

图 4-1-47

G61-爆震传感器1 J518-进入及启动许可控制单元 J623-发动机控制单元 T2bf-2芯插头连接 T17d-17芯
插头连接 T40a-40芯插头连接 T60a-60芯插头连接 T94a-94芯插头连接 B626-正极连接2 (15) ，在主
导线束中 D51-正极连接1 (15) ，在发动机舱导线束中 *-用于带进及启动许可的汽车 *2-用于不带进
入及启动许可的汽车

G186-电控油门操纵机构的节气门驱动装置 G187-电控油门操纵机构的节气门驱动装置角度传感器1
G188-电控油门操纵机构的节气门驱动装置角度传感器2 G701-变速器空挡位置传感器 J338-节气门控制
单元 J623-发动机控制单元 T3v-3芯插头连接 T6g-6芯插头连接 T60a-60芯插头连接 T94a-94芯插头连接
D39-连接1，在发动机预接线导线束中 *-用于带手动变速器的汽车

图 4-1-46

发动机控制单元、气缸1喷油器、气缸2喷油器、气缸3喷油器、气缸4喷油器

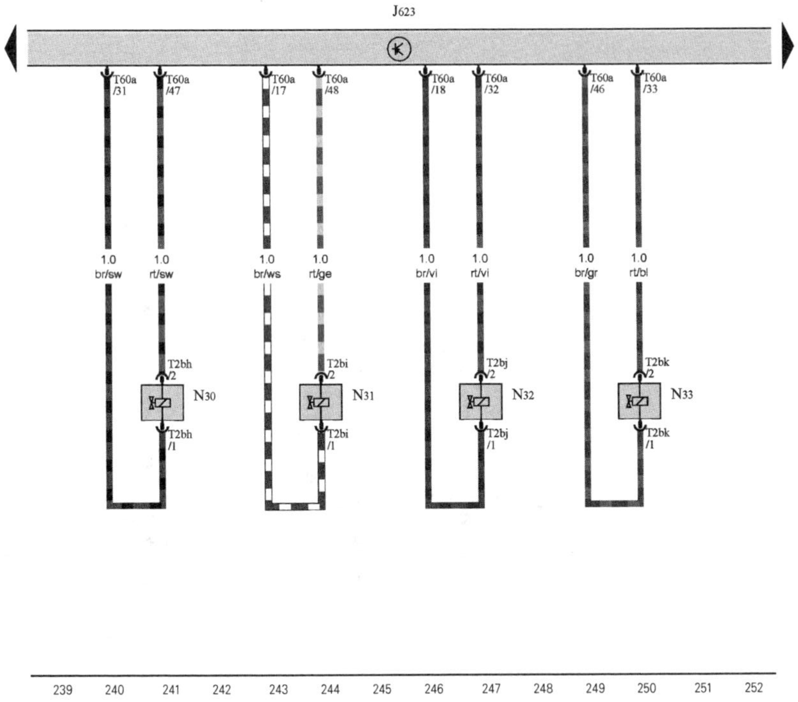

冷却液温度传感器、增压压力调节位置传感器、发动机控制单元、增压压力调节器

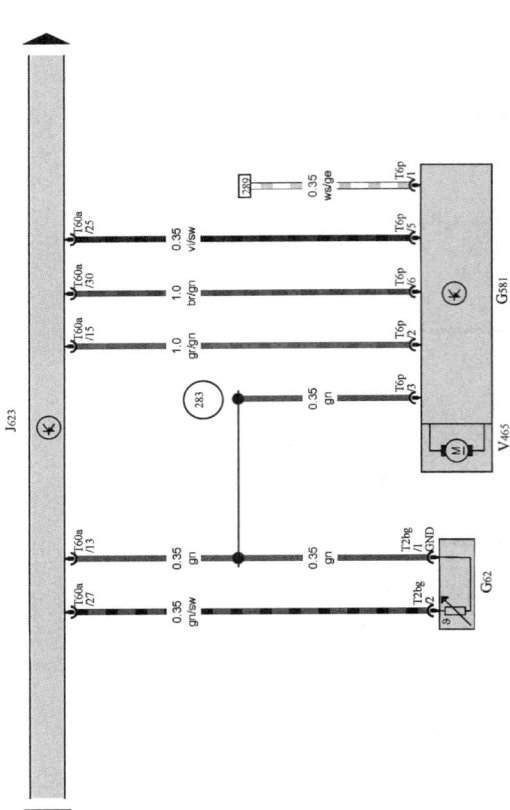

图 4-1-49

J623-发动机控制单元　N30-气缸1喷油器　N31-气缸2喷油器　N32-气缸3喷油器　N33-气缸4喷油器
T2bh-2芯插头连接　T2bi-2芯插头连接　T2bj-2芯插头连接　T2bk-2芯插头连接　T60a-60芯插头连接

图 4-1-48

G62-冷却液温度传感器　G581-增压压力调节位置传感器　J623-发动机控制单元　T2bg-2芯插头连接
T6p-6芯插头连接　T60a-60芯插头连接　V465-增压压力调节器　283-接地连接2，在发动机预接线导束中

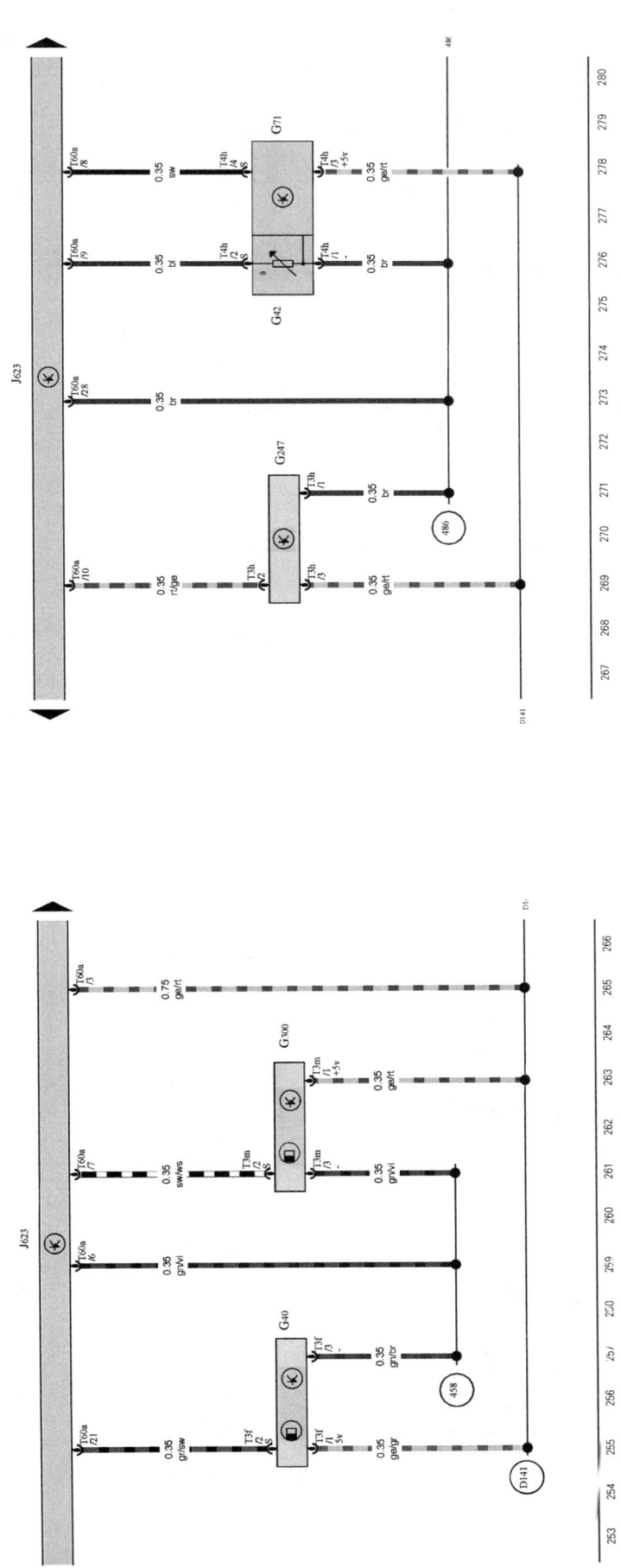

进气温度传感器、进气歧管压力传感器、燃油压力传感器、发动机控制单元

霍耳传感器、霍耳传感器 3、发动机控制单元

G42-进气温度传感器 G71-进气歧管压力传感器 G247-燃油压力传感器 J623-发动机控制单元 T3h-3芯插头连接 T4h-4芯插头连接 T60a-60芯插头连接 486-接地连接4，在发动机顶部预接线导线束中 D141-连接 (5V)，在发动机前部导线束中

图 4-1-51

G40-霍耳传感器 G300-霍耳传感器3 J623-发动机控制单元 T3f-3芯插头连接 T3m-3芯插头连接 T60a-60芯插头连接3，在发动机顶部预接线导线束中 D141-连接 (5V)，在发动机前部导线束中 458-接地连接3，在发动机顶部预接线导线束中

图 4-1-50

495

发动机控制单元、活性炭罐电磁阀 1、凸轮调节阀 1、排气凸轮轴调节阀 1、机油压力调节阀

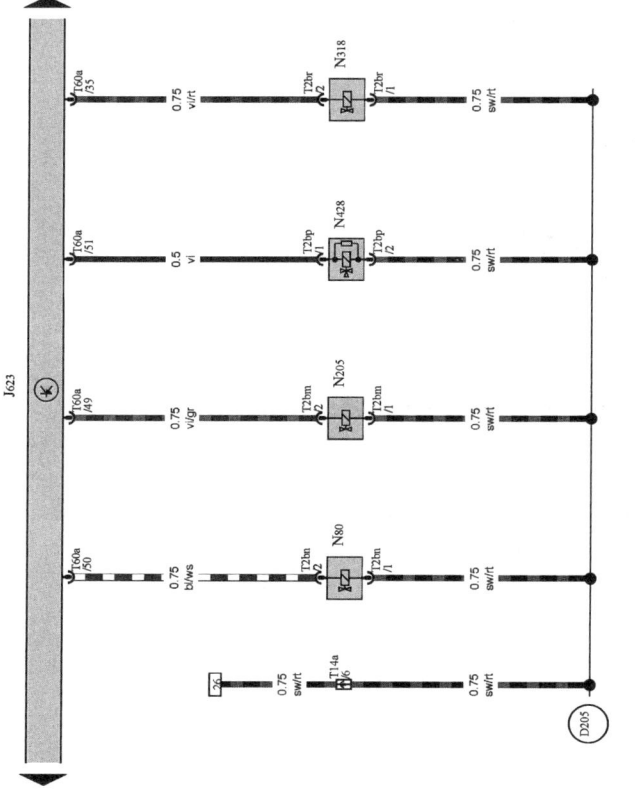

发动机控制单元、增压压力传感器、进气温度传感器、发动机转速传感器、发动机控制单元

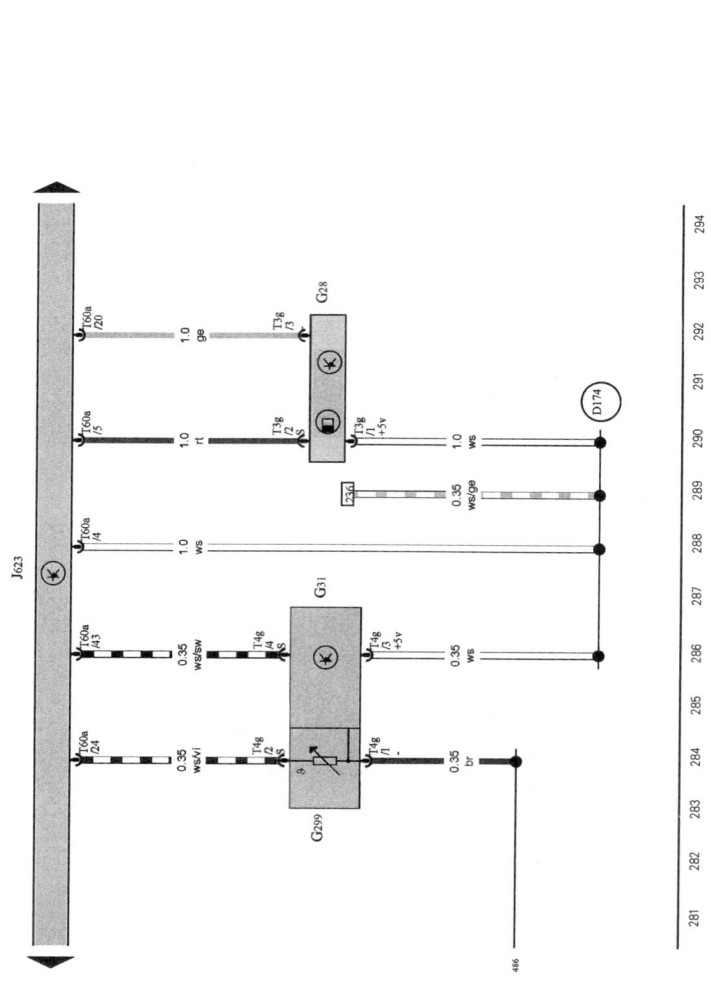

图 4-1-52

G28-发动机转速传感器 G31-增压压力传感器 G299-进气温度传感器2 J623-发动机控制单元 T3g-3芯插头连接 T4g-4芯插头连接 T60a-60芯插头连接 486-接地连接4，在发动机顶接线导线束中 D174-连接2（5V），在发动机顶接线导线束中

J623-发动机控制单元 N80-活性炭罐电磁阀1 N205-凸轮轴调节阀1 N318-排气凸轮轴调节阀1 N428-机油压力调节阀 T2bm-2芯插头连接 T2bn-2芯插头连接 T2bp-2芯插头连接 T14a-14芯插头连接 T60a-60芯插头连接 D205-连接3（87a），在发动机顶接线导线束中

图 4-1-53

496

发动机控制单元、带功率输出级的点火线圈 1、带功率输出级点火线圈 2、带功率输出级的点火线圈 3、火花塞插头、火花塞

发动机控制单元、燃油压力调节阀、冷却液继续补给泵

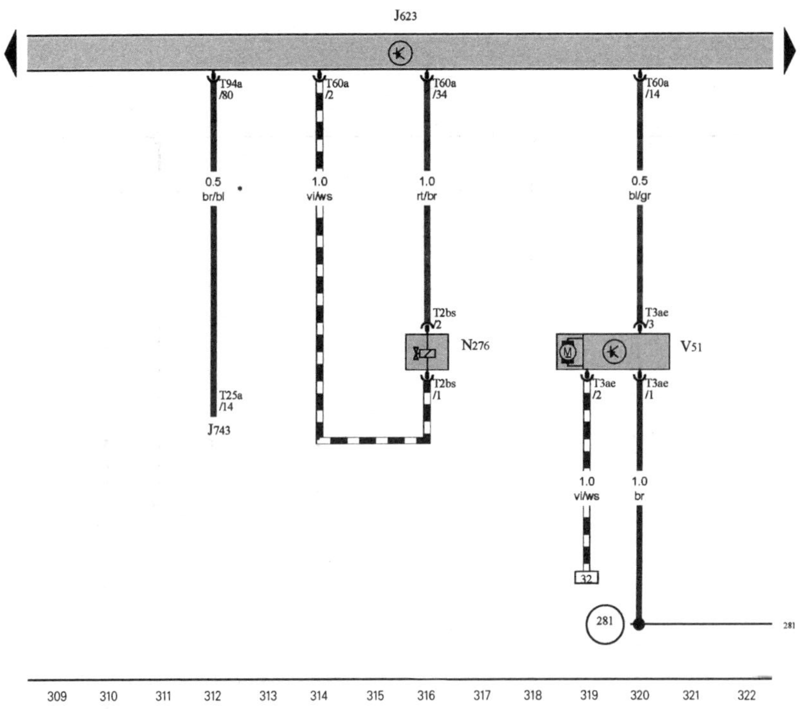

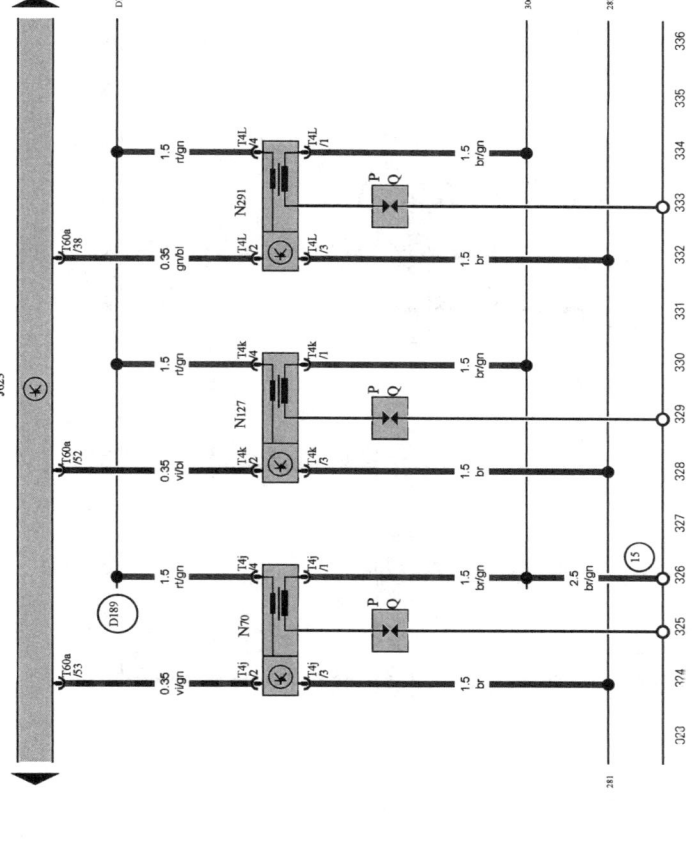

图 4-1-55

J623-发动机控制单元 N70-带功率输出级的点火线圈1 N127-带功率输出级的点火线圈2 N291-带功率输出级的点火线圈3 P-火花塞插头 Q-火花塞 T4j-4芯插头连接 T4k-4芯插头连接 T4L-4芯插头连接 T60a-60芯插头连接 15-气缸盖上的接地点 281-接地连接 在发动机预接线导线束中 306-接地连接 在发动机预接线导线束中 (点火线圈)，在发动机预接线导线束中 D189-连接（87a），在发动机预接线导线束中

图 4-1-54

J623-发动机控制单元 J743-双离合器变速器机电装置 N276-燃油压力调节阀 T2bs-2芯插头连接 T3ae-3芯插头连接 T25a-25芯插头连接 T60a-60芯插头连接 T94a-94芯插头连接 V51-冷却液继续补给泵 281-接地连接 在发动机预接线导线束中 *-用于带双离合器变速器变速器的汽车

机油压力开关、机油压力传感器、发动机控制单元、带功率输出级的点火线圈4、火花塞插头、火花塞

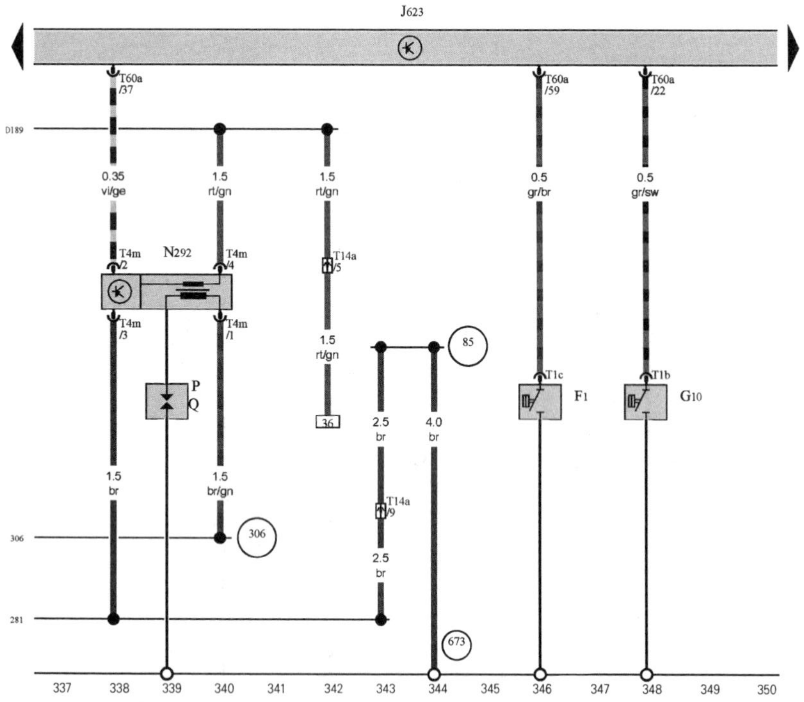

燃油表传感器、预供给燃油泵、预供给燃油泵、燃油泵控制单元、发动机控制单元

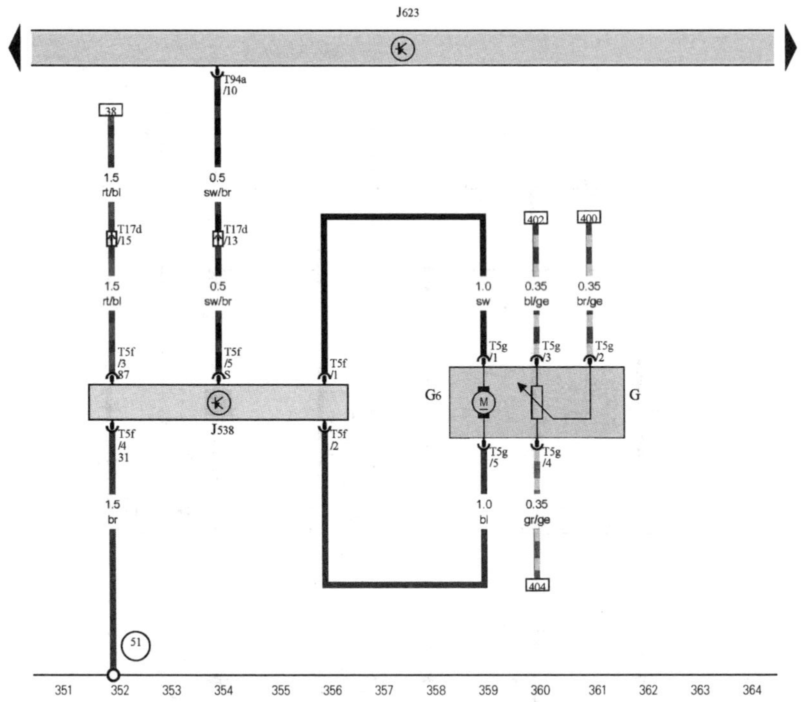

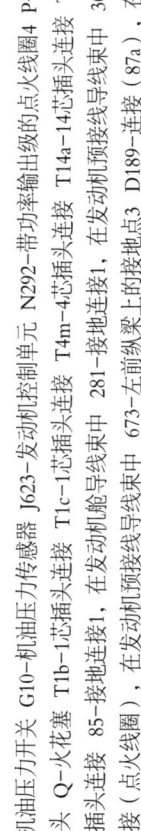

G-燃油表传感器 G6-预供给燃油泵 J538-燃油泵控制单元 J623-发动机控制单元 T5f-5芯插头连接 T5g-5芯插头连接 T17d-17芯插头连接 T94a-94芯插头连接 51-后备箱内右侧接地点

图4-1-57

F1-机油压力开关 G10-机油压力传感器 J623-发动机控制单元 N292-带功率输出级的点火线圈4 P-火花塞插头 Q-火花塞 T1b-1芯插头连接 T1c-1芯插头连接 T4m-4芯插头连接 T14a-14芯插头连接 T60a-60芯插头连接 85-接地连接 281-接地连接1,在发动机舱导线束中 306-接地连接(点火线圈),在发动机预接线导线束中 673-左前纵梁上的接地点(87a),在发动机预接线导线束中 D189-连接3 接地点3

图4-1-56

数据总线诊断接口、诊断接口

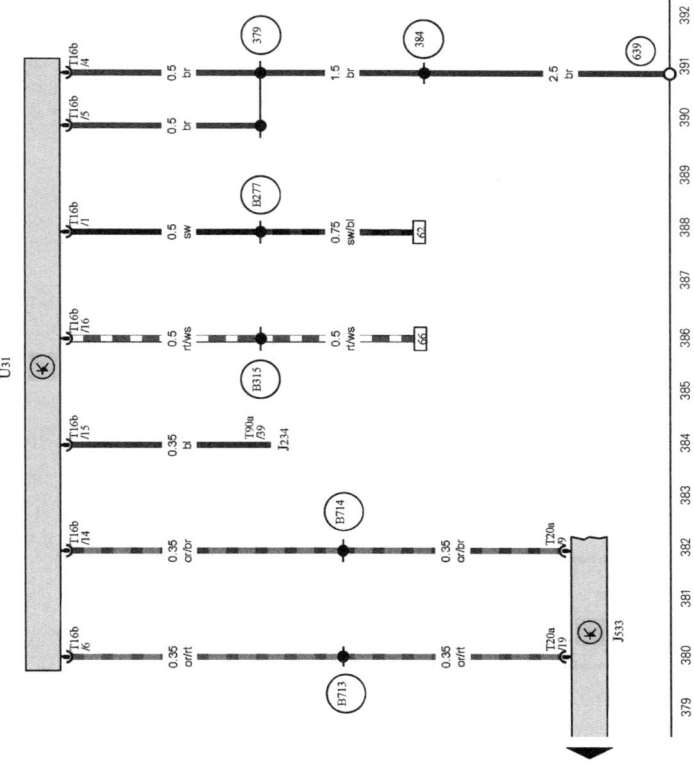

J234-安全气囊控制单元 J533-数据总线诊断接口 T16b-16芯插头连接 T20a-20芯插头连接 T90a-90芯插头连接 U31-诊断接口 379-诊断接口 384-接地连接19，在主导线束中 639-左A柱上头连接 B277-正极连接1（15a），在主导线束中 B315-正极连接1（30a），在主导线束中 B713-连接1的接地点 B277-正极连接1（15a），在主导线束中 B315-正极连接1（30a），在主导线束中 B713-连接1（诊断CAN总线，High），在主导线束中 B714-连接1（诊断CAN总线，Low），在主导线束中

图 4-1-59

数据总线诊断接口、发动机控制单元

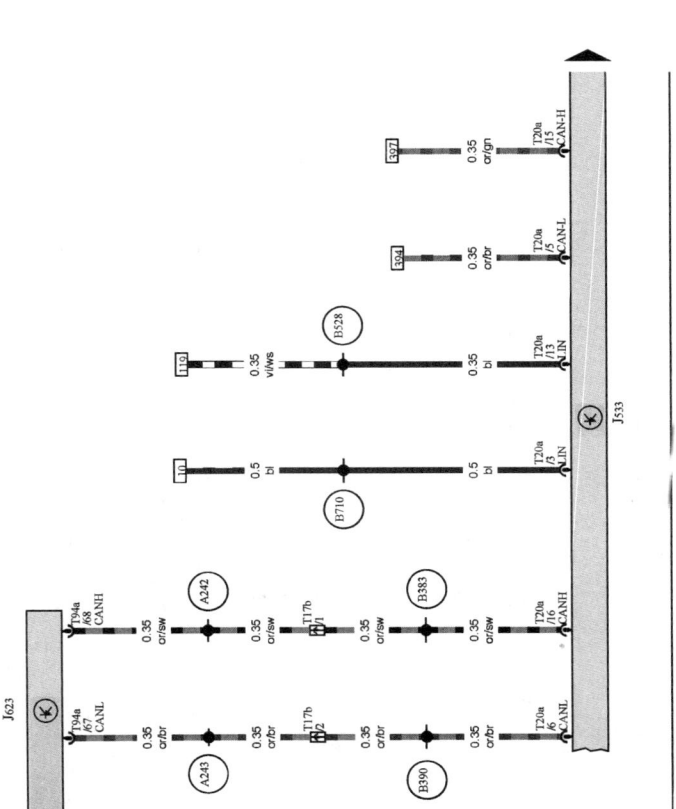

J533-数据总线诊断接口 J623-发动机控制单元 T17b-17芯插头连接 T94a-94芯插头连接 T20a-20芯插头连接 A242-连接1（驱动CAN总线，High），在发动机舱导线束中 A243-连接1（驱动CAN总线，Low），在发动机舱导线束中 B383-连接1（驱动CAN总线，High），在主导线束中 B390-连接1（驱动CAN总线，Low），在主导线束中 B528-连接1（LIN总线），在主导线束中 B710-连接5（LIN总线），在主导线束中

图 4-1-58

499

燃油表、转速表、多功能显示器、组合仪表中的控制单元、发电机指示灯、燃油表指示灯

G1-燃油表 G5-转速表 J119-多功能显示器 J285-组合仪表中的控制单元 K2-发电机指示灯 K105-燃油表指示灯 T18a-18芯插头连接 B397-连接1（舒适CAN总线，High），在主导线束中 B406-连接1（舒适CAN总线，Low），在主导线束中

图 4-1-60

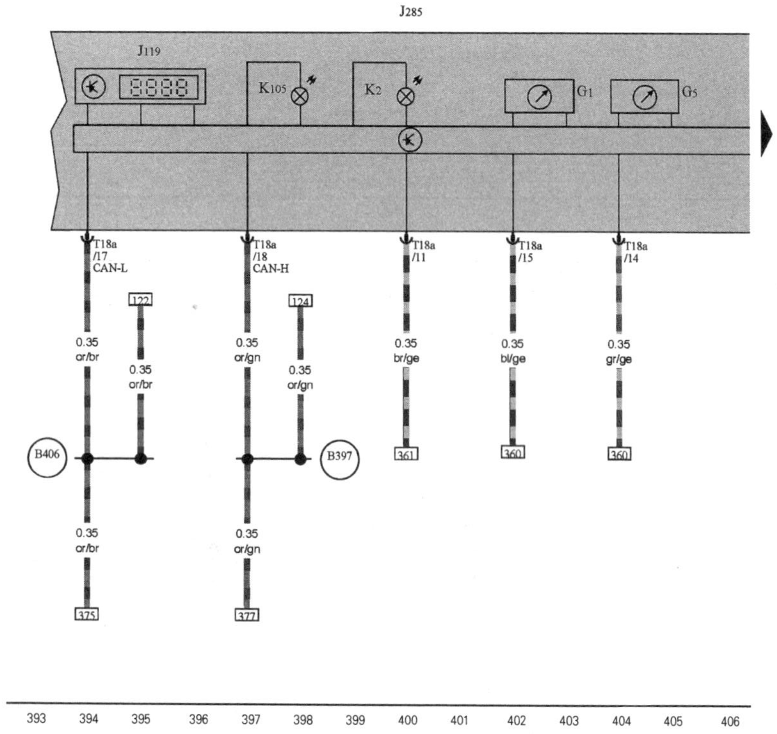

防盗锁止系统识读线圈、冷却液温度表、车速表、组合仪表中的控制单元、防盗锁止系统控制单元、机油压力指示灯、冷却液温度和冷却液不足显示指示灯、定速巡航装置指示灯、废气警告灯、电子油门故障信号灯、里程表

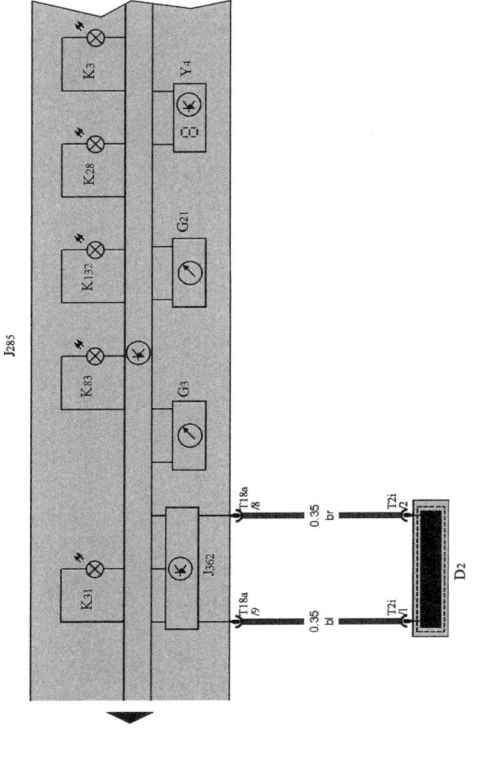

D2-防盗锁止系统识读线圈 G3-冷却液温度表 G21-车速表 J285-组合仪表中的控制单元 J362-防盗锁止系统控制单元 K3-机油压力指示灯 K28-冷却液温度和冷却液不足显示指示灯 K31-定速巡航装置指示灯 K83-废气警告灯 K132-电子油门故障信号灯 T2i-2芯插头连接 T18a-18芯插头连接 Y4-里程表

图 4-1-61

第二节　变速器系统

变速器系统电路图（自 2015 年 7 月起）的图号和图名对照表见表 4-2-1。

表 4-2-1　变速器系统电路图（自 2015 年 7 月起）的图号和图名对照表

图号	图名
图 4-2-1~图 4-2-9	7 挡双离合器变速器 0DE（S tronic）
图 4-2-10~图 4-2-18	双离合器变速器 0CW

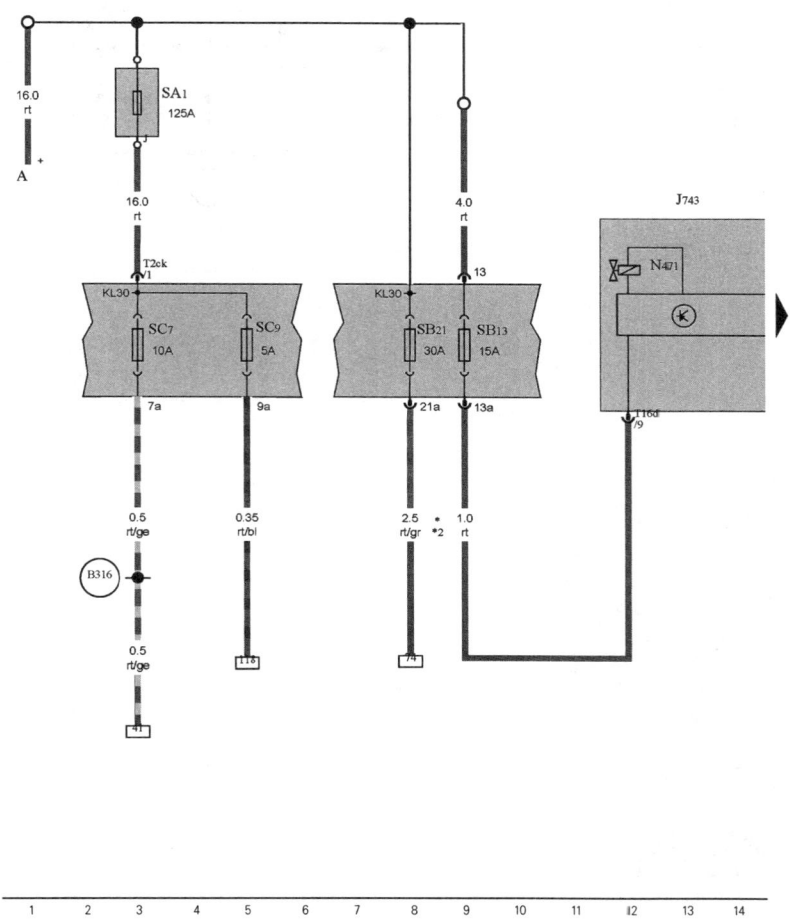

双离合器变速器机电装置、冷却油阀门

A-蓄电池　J743-双离合器变速器机电装置　N471-冷却油阀门　SA1-保险丝架A上的保险丝1　SC7-保险丝架C上的保险丝7　SC9-保险丝架C上的保险丝9　SB13-保险丝架B上的保险丝13　SB21-保险丝架B上的保险丝21　T2ck-2芯插头连接　T16d-16芯插头连接　B316-正极连接2（30a），在主导线束中　*-用于带2.0L发动机的汽车　*2-适用于排放标准C6

图 4-2-1

双离合器变速器机电装置、子变速器 1 中的阀门 1、子变速器 2
中的阀门 1、子变速器 1 中的阀门 2、子变速器 2
中的阀门 1、主压力阀门、液压泵电机

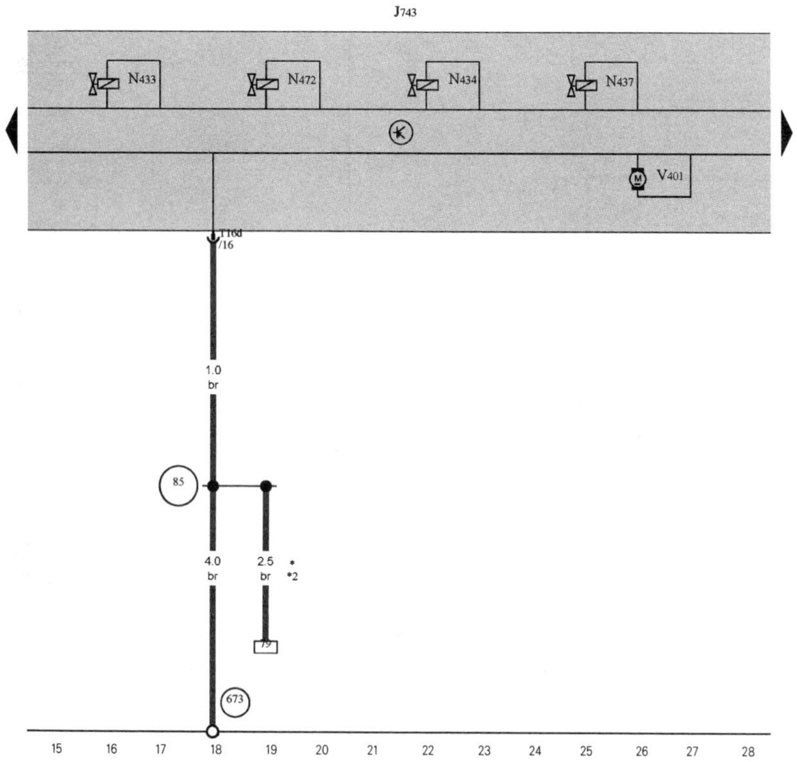

Tiptronic 开关、选挡杆挡位 P 锁止开关、双离合器变速器机电装置、子变速器 1 中的
阀门 3、子变速器 1 中的阀门 4、子变速器 2 中的阀门 2

图 4-2-2

图 4-2-3

502

J743-双离合器变速器机电装置　N433-子变速器 1 中的阀门 1　N434-子变速器 1 中的阀门 2　N437-子变速器
2 中的阀门 1　N472-主压力阀门　T16d-16 芯插头连接　V401-液压泵电机　85-接地连接 1、在发动机舱导线
束中 370-接地连接 3　*-用于带 2.0L 发动机的汽车　*2-适用于排放标准 C6

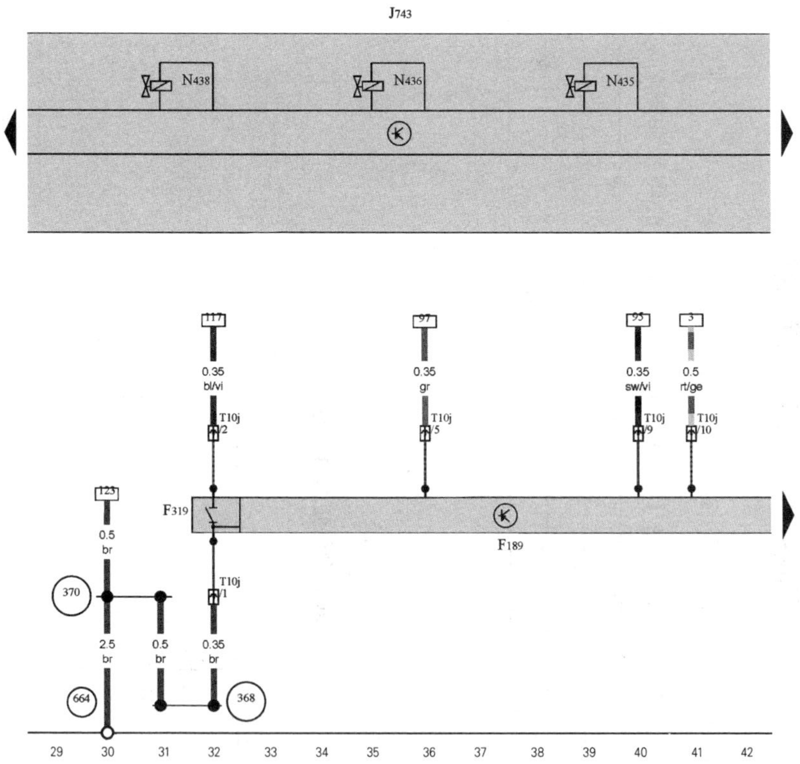

F189-Tiptronic 开关　F319-选挡杆挡位 P 锁止开关　J743-双离合器变速器机电装置　N435-子变速器 1 中的阀
门 3　N436-子变速器 1 中的阀门 4　N438-子变速器 2 中的阀门 2　T10j-10 芯插头连接　368-接地连接 3、在主
导线束中 370-接地连接 5、在主导线束中 664-左侧仪表板后面接地点

Tiptronic 开关、双离合器变速器机电装置、选挡杆位置 P/N 指示灯、排挡杆挡位指示照明灯、子变速器 2 中的阀门 3、子变速器 2 中的阀门 4

Tiptronic 开关、变速器油温温度传感器、换挡执行器行程传感器、换挡执行器行程传感器 1、换挡执行器行程传感器 2、换挡执行器行程传感器 3、离合器温温度传感器、控制单元温度传感器、双离合器变速器机电装置、换挡杆锁磁铁

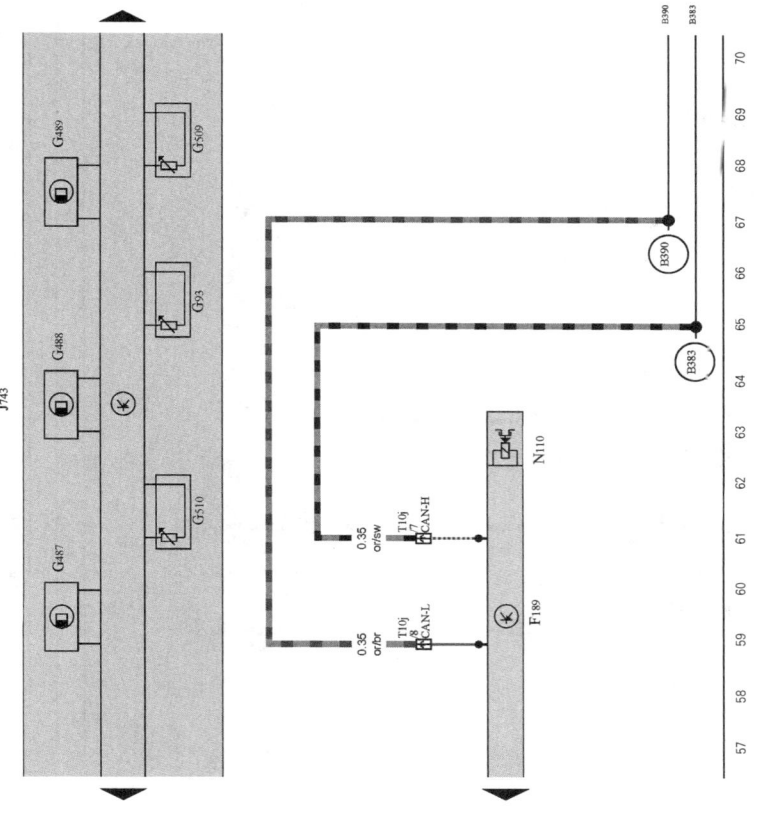

F189-Tiptronic开关 G93-变速器油温温度传感器 G487-换挡执行器行程传感器1 G488-换挡执行器行程传感器2 G489-换挡执行器行程传感器3 G509-离合器温温度传感器 G510-控制单元温度传感器 J743-双离合器变速器机电装置 N110-换挡杆锁磁铁 T10j-10芯插头连接 B383-连接1（驱动CAN总线,High），在主导线束中 B390-连接1（驱动CAN总线,Low），在主导线束中

图 4-2-5

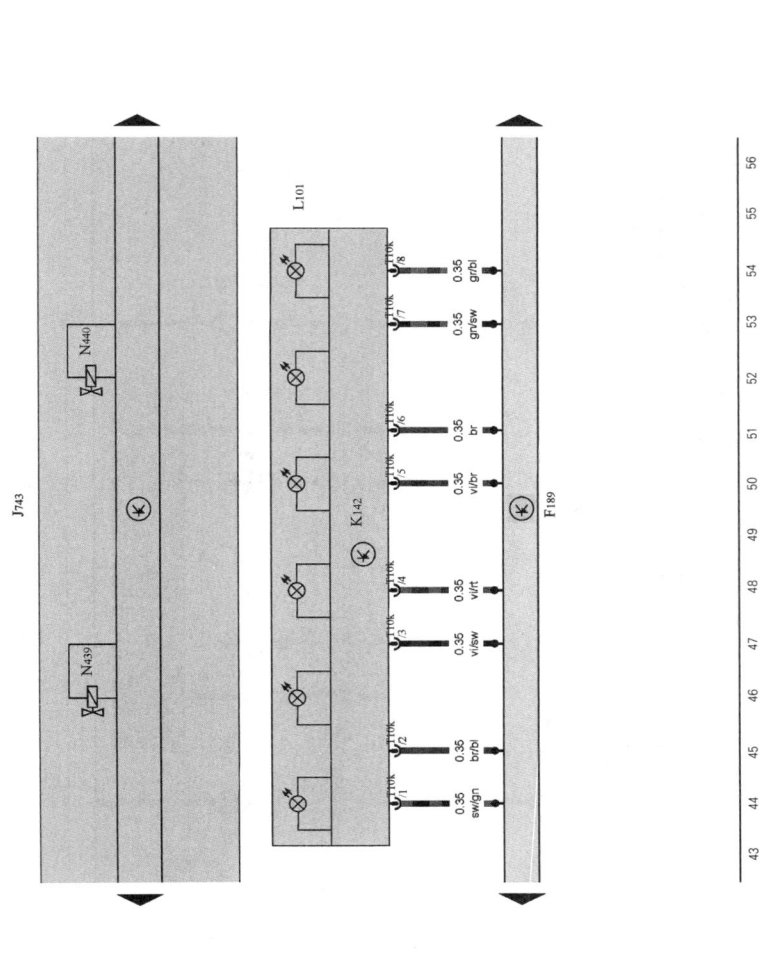

F189-Tiptronic开关 J743-双离合器变速器机电装置 K142-选挡杆位置P/N指示灯 L101-排挡杆挡位指示照明灯 N439-子变速器2中的阀门3 N440-子变速器2中的阀门4 T10k-10芯插头连接

图 4-2-4

变速器输入转速传感器、换挡执行器行程传感器 4、变速器输入转速传感器 2、离合器行
程传感器 1、双离合器变速器机电装置、

离合器行程传感器 2、变速器输入转速传感器 1、车载电网控制单元、双离合器变速器机
电装置

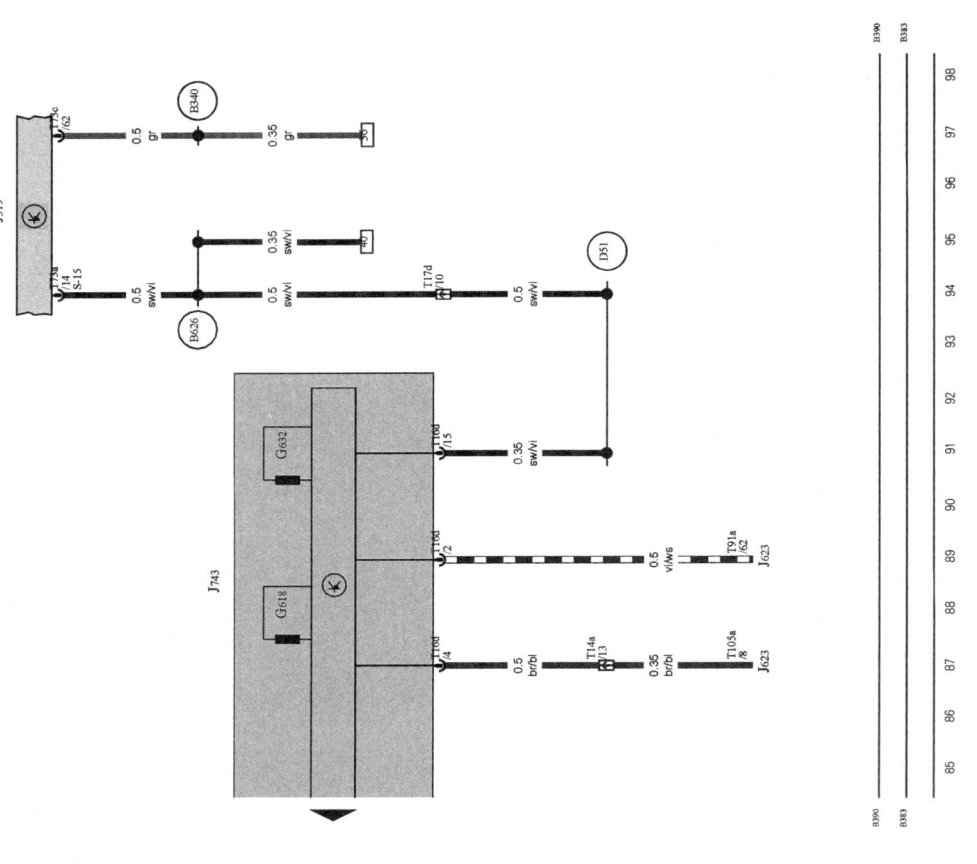

图 4-2-7

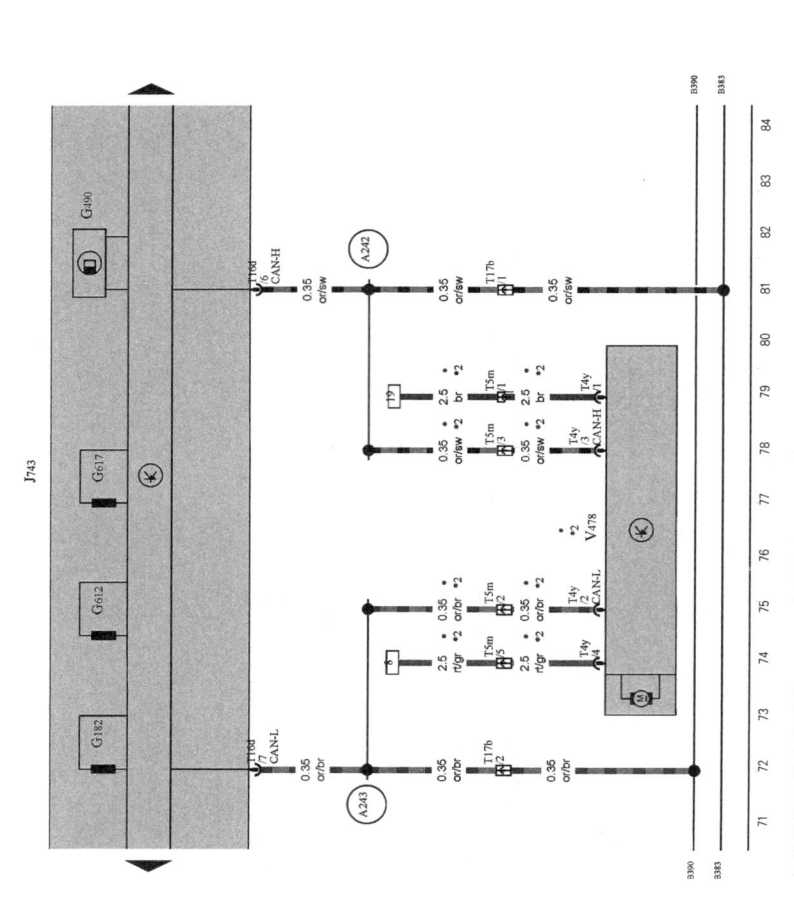

图 4-2-6

G182-变速器输入转速传感器1 J743-双离合器变速器行程传感器4 G612-变速器输入转速传感器2 G617-离
合器行程传感器1 J743-双离合器变速器机电装置 T4y-4芯插头连接 T16d-16芯插头连接 T5m-5芯插头连接 T17b-17芯插头连接 V478-变速器油冷却泵 A242-连接1 (驱动CAN总线, High), 在发动机舱导
线束中 A243-连接1 (驱动系统CAN总线, Low), 在发动机舱导线束中 B383-连接1 (驱动CAN总线,
High), 在主导线束中 B390-连接1 (驱动CAN总线, Low), 在主导线束中 *-用于带2.0L发动机的汽
车 *2-适用于排放标准C6

G618-离合器行程传感器2 G632-变速器输入转速传感器1 J519-车载电网控制单元 J623-发动机控制单元
J743-双离合器变速器机电装置 T14a-14芯插头连接 T16d-16芯插头连接 T17d-17芯插头连接 T73a-73
芯插头连接 T73c-73芯插头连接 T91a-91芯插头连接 T105a-105芯插头连接 B340-连接1 (58d), 在主
导线束中 B383-连接1 (驱动CAN总线, High), 在主导线束中 B390-连接1 (驱动CAN总线, Low),
在主导线束中 B626-正极连接2 (15), 在主导线束中 D51-正极连接1 (15), 在发动机舱导线束中

504

転向柱电子装置控制单元、点火钥匙防拔出接口锁磁铁

组合仪表中的控制单元、数据总线诊断接口、选挡指示灯、选挡杆位置显示

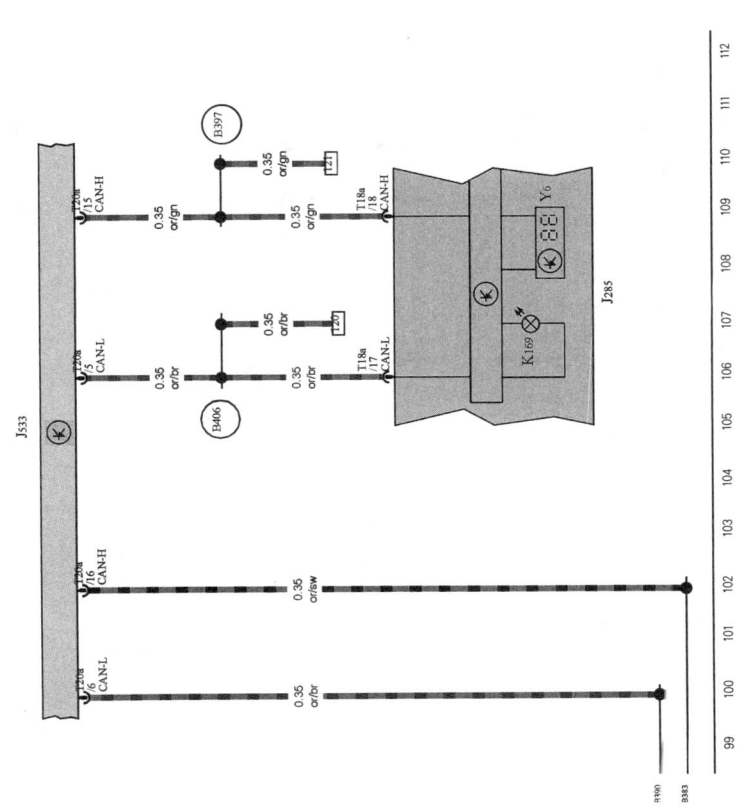

J285-组合仪表中的控制单元 J533-数据总线诊断接口 K169-选挡杆指示灯 T18a-18芯插头连接 T20a-20 芯插头连接 Y6-选挡杆位置显示 B383-连接1（驱动CAN总线，High），在主导线束中 B390-连接1（驱动CAN总线，Low），连接1（舒适CAN总线，High），在主导线束中 B397-连接1（舒适CAN总线，High），在主导线束中 B406-连接1（舒适CAN总线，Low），在主导线束中

图 4-2-8

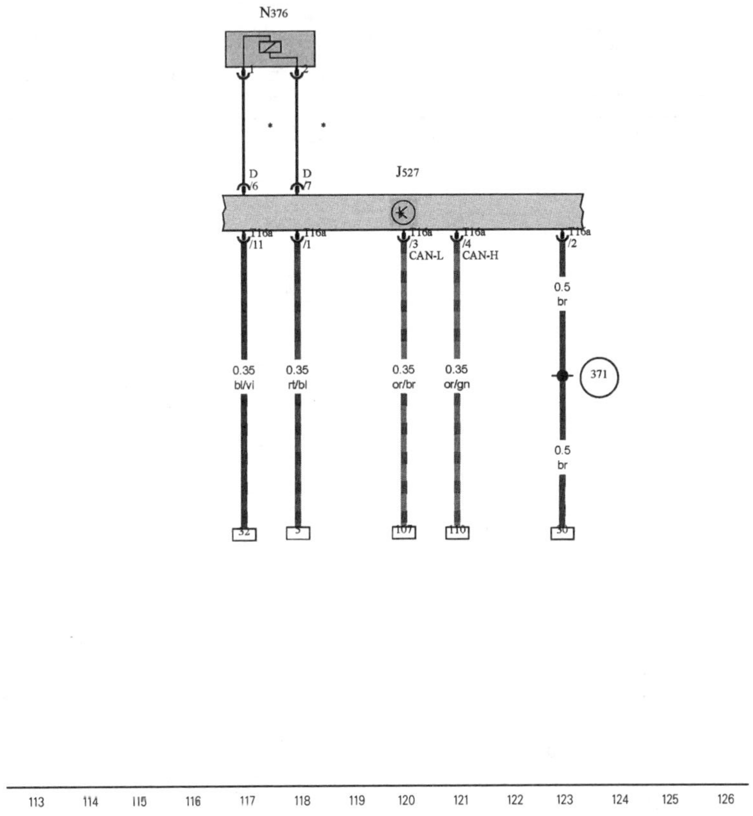

J527-转向柱电子装置控制单元 N376-点火钥匙防拔出接口锁磁铁 T16a-16芯插头连接 T20a-20 芯插头连接 371-接地连接6，在主导线束中 *-用于不带进入及启动许可的汽车

图 4-2-9

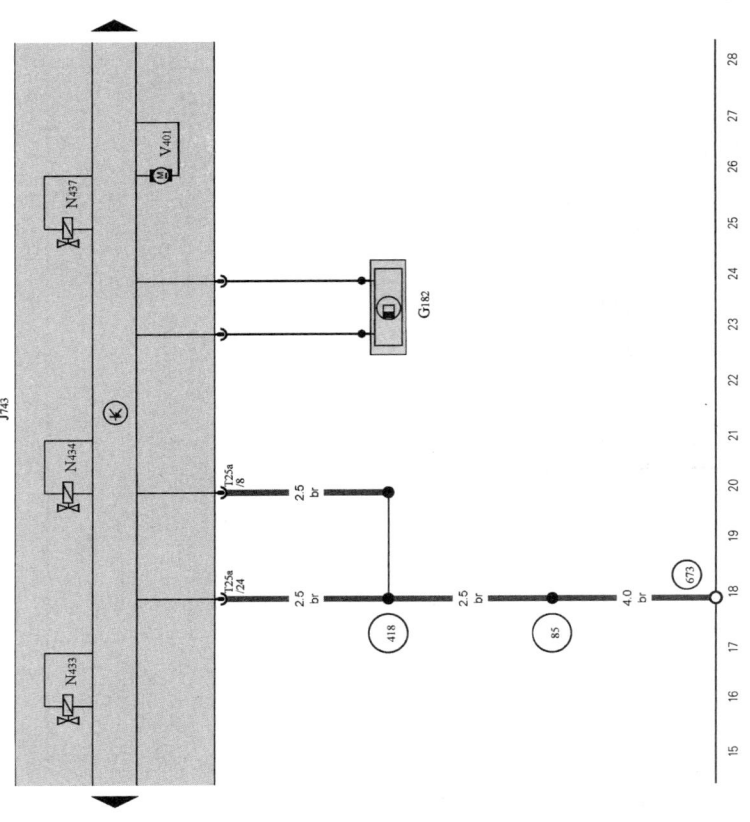

变速器输入转速传感器、双离合器变速器机电装置、子变速器机电装置、子变速器 1 中的阀门 1、子变速器 1 中的阀门 2、子变速器 2 中的阀门 1、液压泵电机

双离合器变速器机电装置

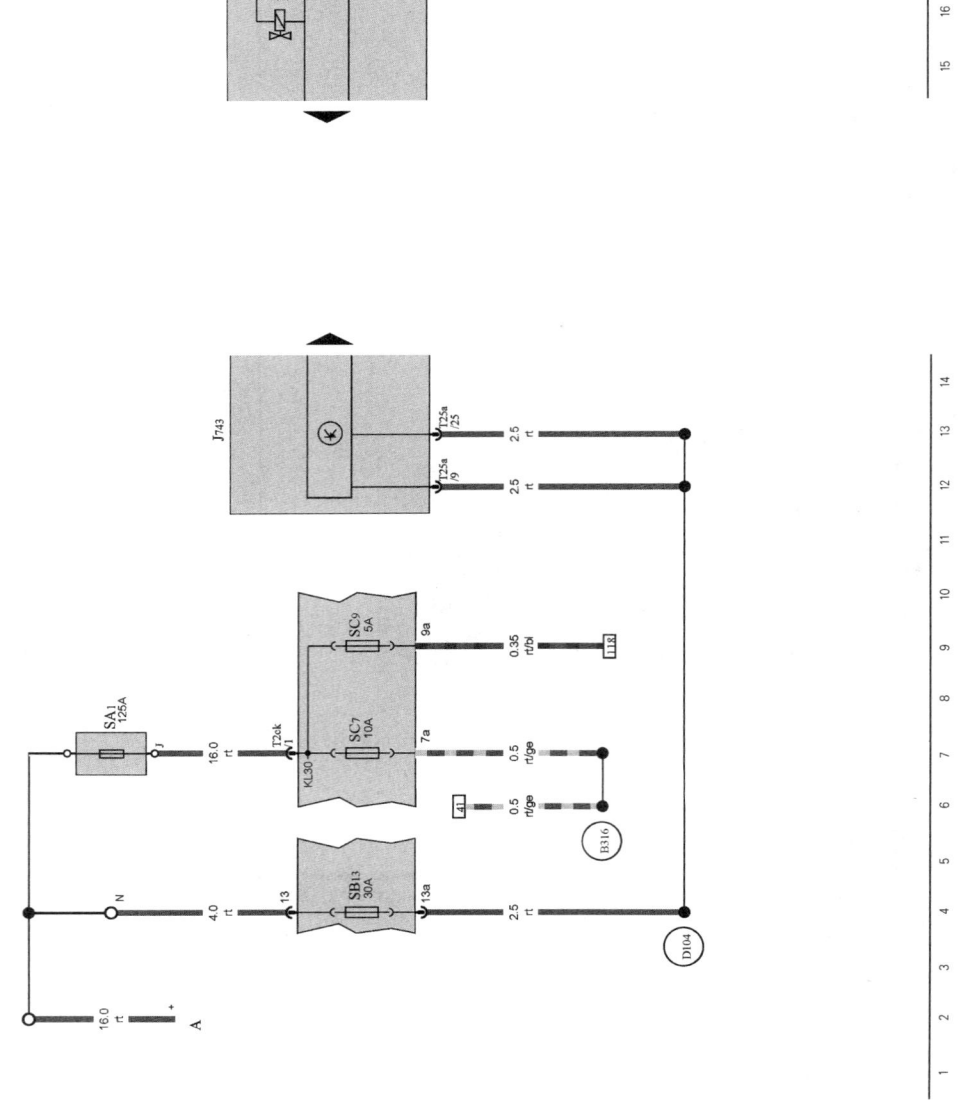

图 4-2-11

G182-变速器输入转速传感器 J743-双离合器变速器机电装置 N433-子变速器1中的阀门11 N434-子变速器1中的阀门12 N437-子变速器2中的阀门11 T25a-25芯插头连接 V401-液压泵电机 85-接地连接1、在发动机舱导线束中 418-接地连接10、在发动机舱导线束中 673-接地点3、左前纵梁上

图 4-2-10

A-蓄电池 J743-双离合器变速器机电装置 SA1-保险丝架A上的保险丝1 SC7-保险丝架C上的保险丝7 SC9-保险丝架C上的保险丝9 SB13-保险丝架B上的保险丝13 T2ck-2芯插头连接 T25a-25芯插头连接 B316-正极连接2（30a），在主导线束中 D104-正极连接2（30a），在发动机舱导线束中

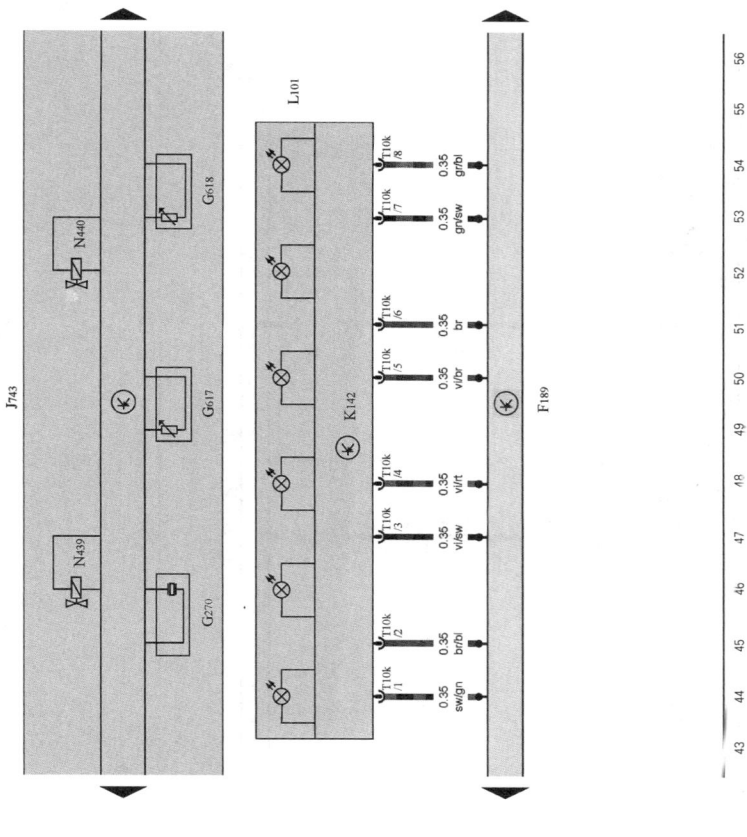

Tiptronic 开关、变速器液压传感器、离合器行程传感器 1、离合器行程传感器 2、双离合器变速器机电装置、选挡杆挡位指示照明灯、排挡杆挡位指示照明灯、子变速器 2 中的阀门 3、子变速器 2 中的阀门 4

F189-Tiptronic开关 G270-变速器液压传感器 G617-离合器行程传感器1 G618-离合器行程传感器2 J743-双离合器变速器机电装置 K142-选挡杆挡位置P/N指示灯 L101-排挡杆挡位指示照明灯 N439-子变速器2中的阀门3 N440-子变速器2中的阀门4 T10k-10芯插头连接

图 4-2-13

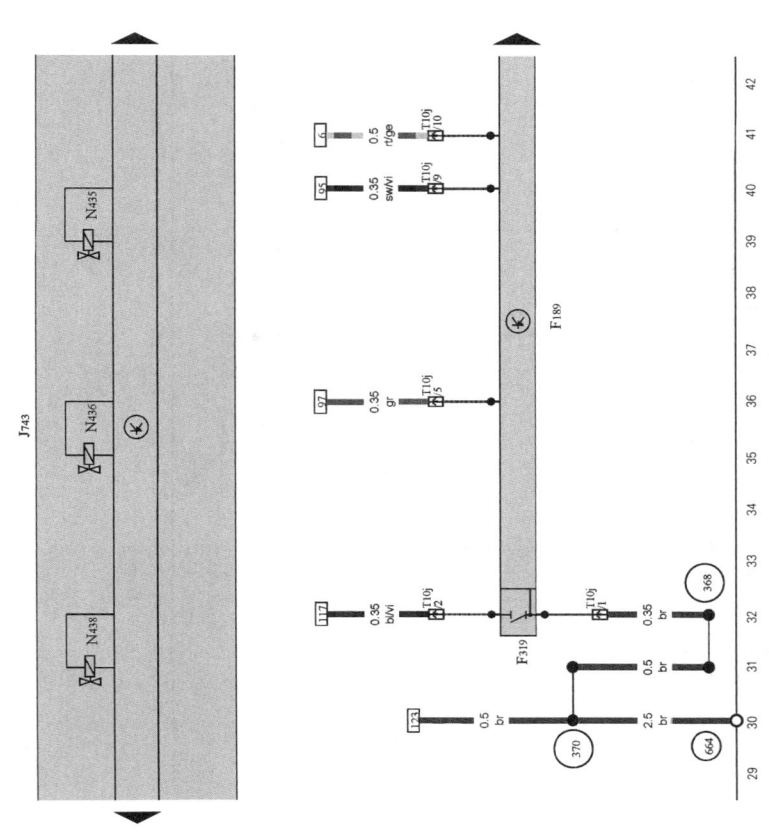

Tiptronic 开关、选挡杆挡位 P 锁止开关、双离合器变速器机电装置、子变速器 1 中的阀门 3、子变速器 1 中的阀门 4、子变速器 2 中的阀门 2

F189-Tiptronic开关 F319-选挡杆挡位P锁止开关 J743-双离合器变速器机电装置 N435-子变速器1中的阀门3 N436-子变速器1中的阀门4 N438-子变速器2中的阀门2 T10j-10芯插头连接 368-接地连接3、在主导线束中 370-接地连接5、在主导线束中 664-左侧仪表板后面接地点

图 4-2-12

507

Tiptronic 开关、换挡执行器行程传感器 1、换挡执行器行程传感器 2、换挡执行器行程传感器 3、控制单元温度传感器、双离合器变速器机电装置、换挡杆锁电磁铁

换挡执行器行程传感器 4、变速器输入转速传感器 2、变速器输入转速传感器 1、双离合器变速器机电装置

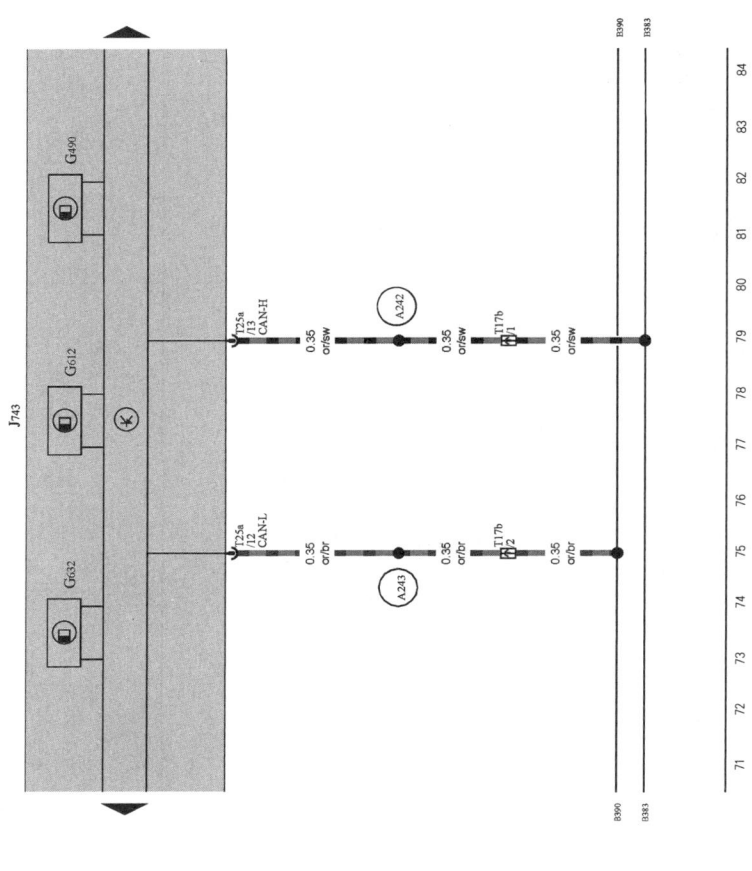

图 4-2-15

G490-换挡执行器行程传感器 4　G612-变速器输入转速传感器 2　G632-变速器输入转速传感器 1　J743-双离合器变速器机电装置　T17b-17芯插头连接　T25a-25芯插头连接　A242-连接 1（驱动系统CAN总线，High），在发动机舱导线束中　B383-连接 1（驱动系统CAN总线，Low），在主导线束中　A243-连接 1（驱动系统CAN总线，High），在发动机舱导线束中　B390-连接 1（驱动系统CAN总线，Low），在主导线束中

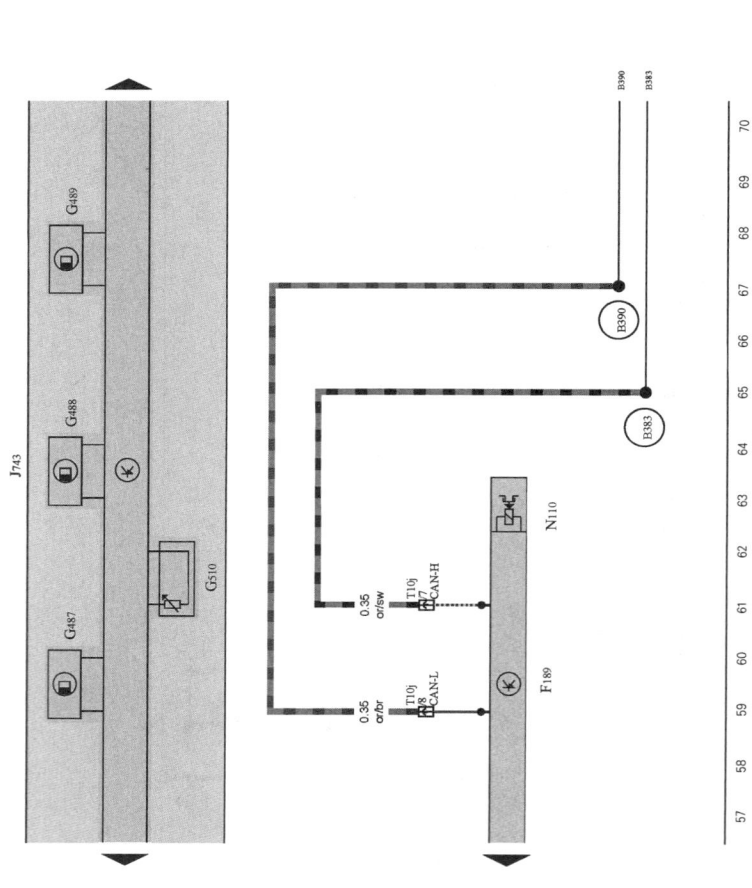

图 4-2-14

F189-Tiptronic 开关　G487-换挡执行器行程传感器 1　G488-换挡执行器行程传感器 2　G489-换挡执行器行程传感器 3　G510-控制单元温度传感器　J743-双离合器变速器机电装置　N110-换挡杆锁电磁铁　T10j-10 芯插头连接　B383-连接 1（驱动系统CAN总线，High），在主导线束中　B390-连接 1（驱动系统CAN总线，Low），在主导线束中

仪表板中的控制单元、数据总线诊断接口、选挡指示灯、选挡杆位置显示

车载电网控制单元、双离合器变速器机电装置

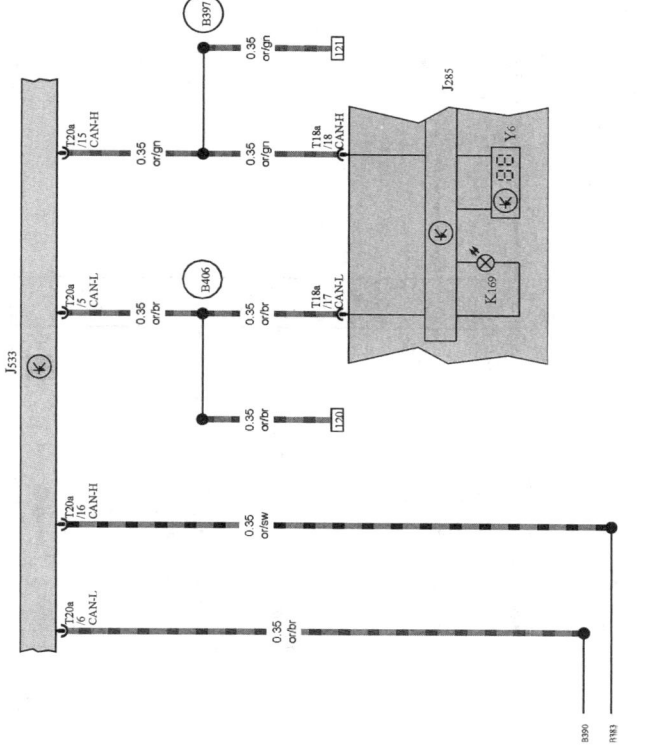

图 4-2-17

图 4-2-16

J285-仪表板中的控制单元　J533-数据总线诊断接口　K169-选挡杆指示灯　Y6-选挡杆位置显示　B383-连接1（驱动系统CAN总线，High），在主导线束中　B390-连接1（驱动系统CAN总线，Low），在主导线束中　B397-连接1（舒适/便捷系统CAN总线，High），在主导线束中　B406-连接1（舒适/便捷系统CAN总线，Low），在主导线束中　T20a-20芯插头连接　T18a-18芯插头连接

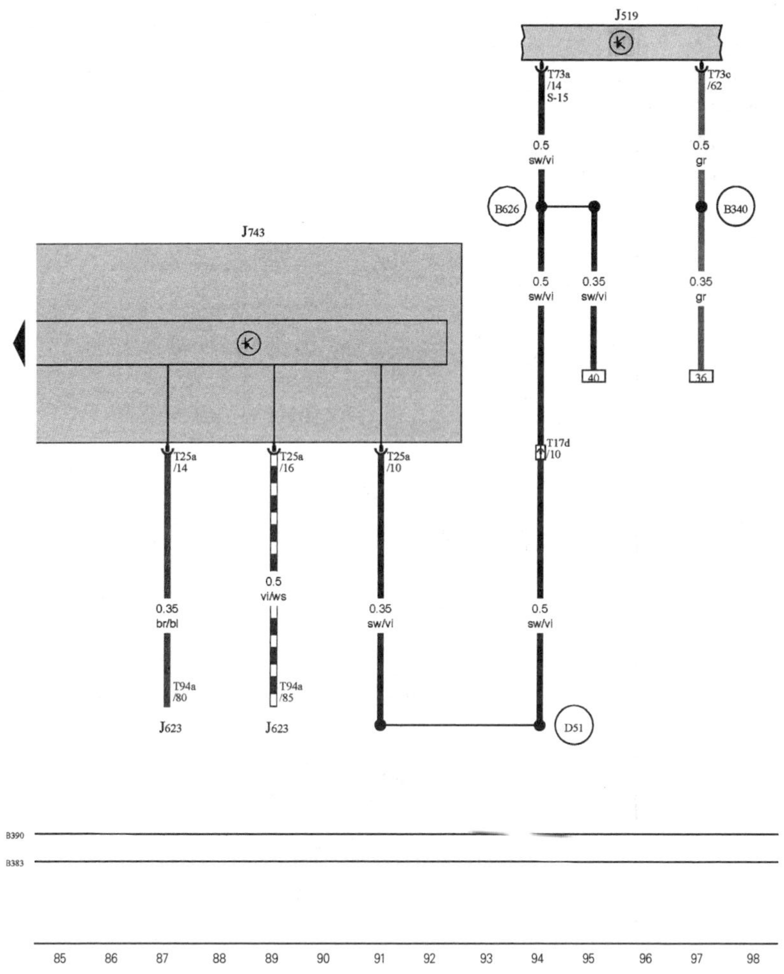

J519-车载电网控制单元　J623-发动机控制单元　J743-双离合器变速器机电装置　T17d-17芯插头连接　T25a-25芯插头连接　T73a-73芯插头连接　T73c-73芯插头连接　T94a-94芯插头连接　B340-连接1（58d），在主导线束中　B383-连接1（驱动系统CAN总线，High），在主导线束中　B390-连接1（驱动系统CAN总线，Low），在主导线束中　B626-正极连接2（15），在主导线束中　D51-正极连接1（15），在发动机舱导线束中

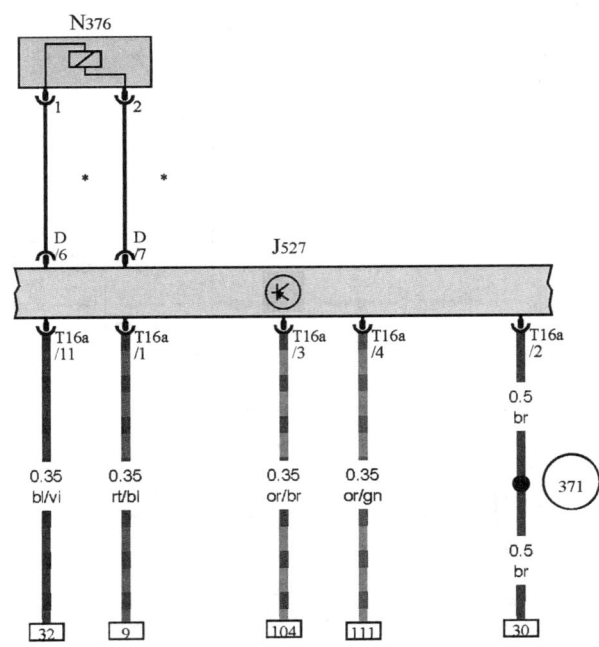

113　114　115　116　117　118　119　120　121　122　123　124　125　126

J527-转向柱电子装置控制单元　N376-点火钥匙防拔出锁电磁铁　T16a-16芯插头连接　371-接地连接6，在主导线束中　*-仅用于不带进入及启动许可的汽车

图 4-2-18

第三节　底盘系统

底盘系统电路图（自 2015 年 7 月起）的图号和图名对照表见表 4-3-1。

表 4-3-1　底盘系统电路图（自 2015 年 7 月起）的图号和图名对照表

图号	图名
图 4-3-1~ 图 4-3-2	电控机械式助力转向器
图 4-3-3~ 图 4-3-11	防抱死制动系统（ABS）与电子稳定程序（ESP）
图 4-3-12~ 图 4-3-15	多功能方向盘

转向角传感器、转向扭矩传感器、转向辅助控制单元、电控机械式伺服转向电机

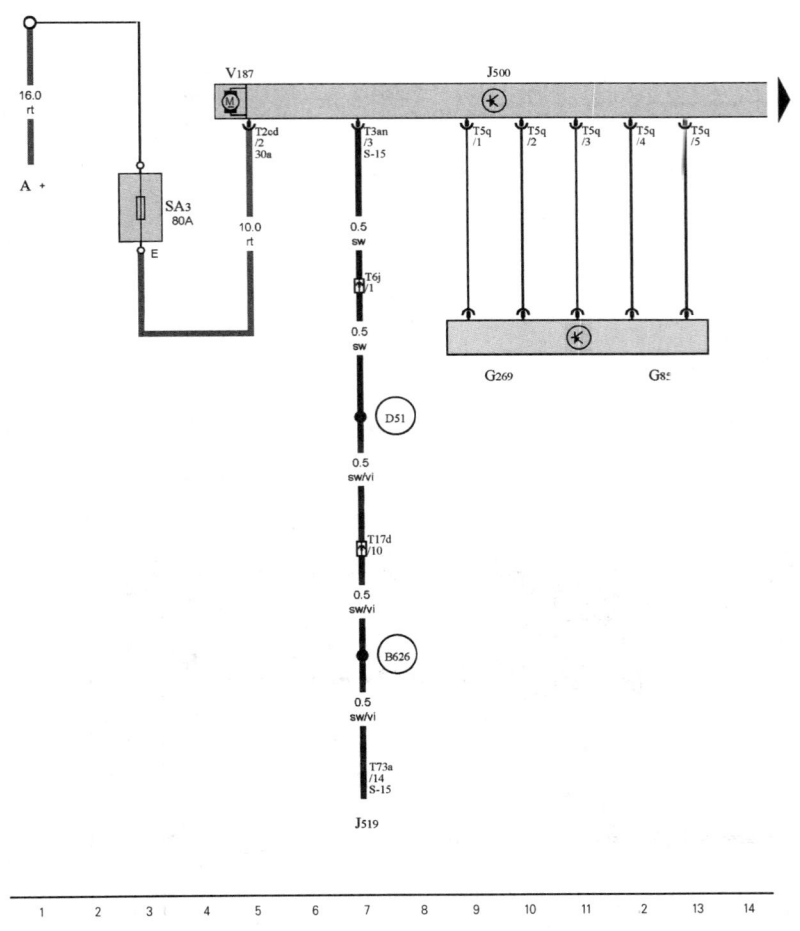

A-蓄电池　G85-转向角传感器　G269-转向扭矩传感器　J500-转向辅助控制单元　J519-车载电网控制单元　SA3-保险丝架A上的保险丝3　T2cd-2芯插头连接　T3an-3芯插头连接　T5q-5芯插头连接　T6j-6芯插头连接　T17d-17芯插头连接　T73a-73芯插头连接　V187-电控机械式伺服转向电机　B626-正极连接2（15），在主导线束中　D51-正极连接1（15），在发动机舱导线束中

图 4-3-1

511

仪表板中的控制单元、转向辅助控制单元、数据总线诊断接口、电控机械式助力转向器指示灯

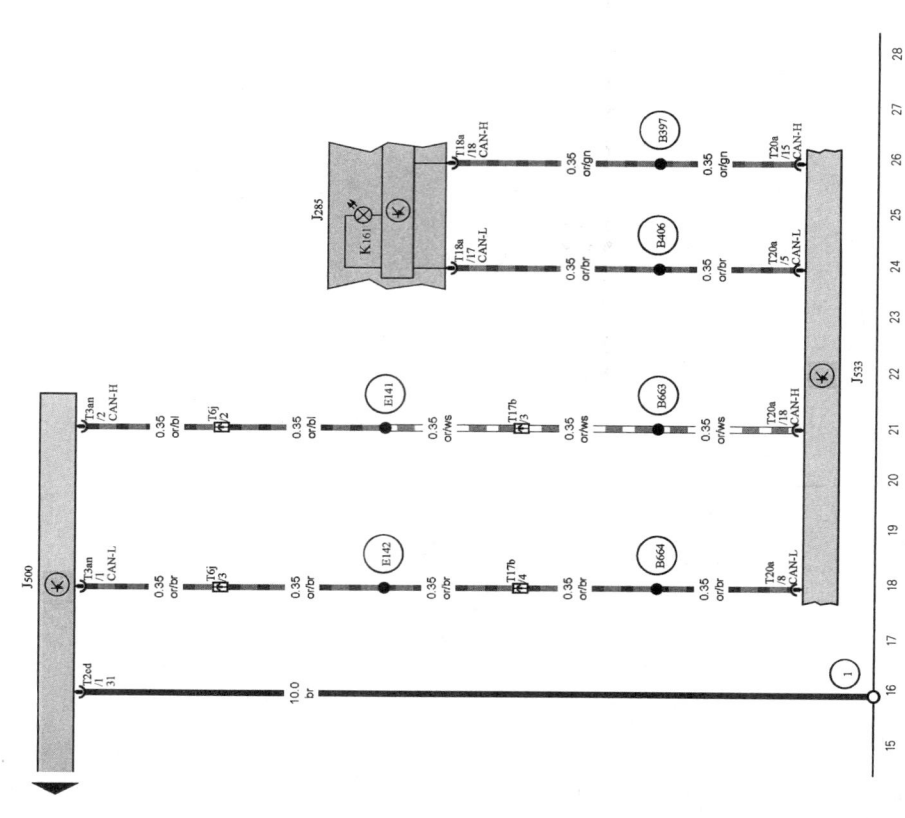

J285-仪表板中的控制单元 J500-转向辅助控制单元 J533-数据总线诊断接口 K161-电控机械式助力转向器指示灯 T2cd-2芯插头连接 T3an-3芯插头连接 T6j-6芯插头连接 T17b-17芯插头连接 T18a-18芯插头连接 T20a-20芯插头连接 1-接地点 1 B397-连接1(舒适/便捷系统CAN总线,High),在主导线束中 B406-连接1(舒适/便捷系统CAN总线,Low),在主导线束中 B663-连接(底盘传感器CAN总线,Low),在主导线束中 B664-连接(底盘传感器CAN总线,High),在主导线束中 E141-连接(底盘传感器CAN总线,Low),在发动机舱导线束中 E142-连接(底盘传感器CAN总线,High),在发动机舱导线束中

图4-3-2

接线端15供电继电器、车载电网控制单元

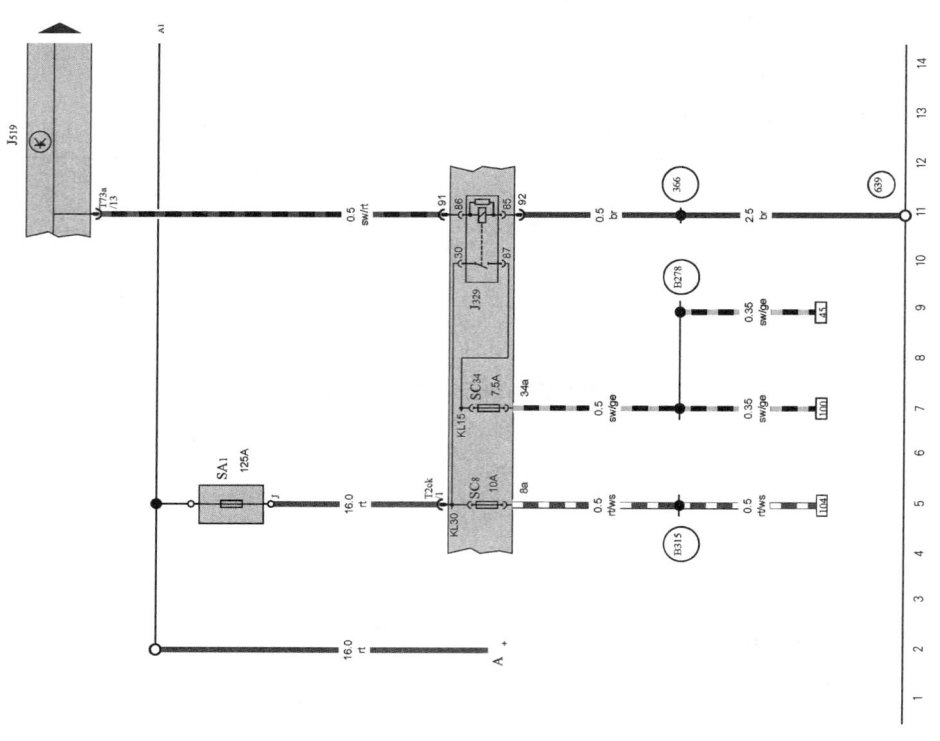

A-蓄电池 J329-接线端15供电继电器 J519-车载电网控制单元 SA1-保险丝架A上的保险丝1 SC8-保险丝架C上的保险丝8 SC34-保险丝架C上的保险丝34 T2ck-2芯插头连接 T73a-73芯插头连接 366-接地连接1,在主导线束中 639-左柱上的接地点(15a) B278-正极连接2(15a) B315-正极连接1(30a),在主导线束中

图4-3-3

ABS 控制单元、车载电网控制单元、右前 ABS 进气阀、右前 ABS 进气阀、右前 ABS 排气阀

制动液位警告信号触点、车载电网控制单元、保险丝架 B

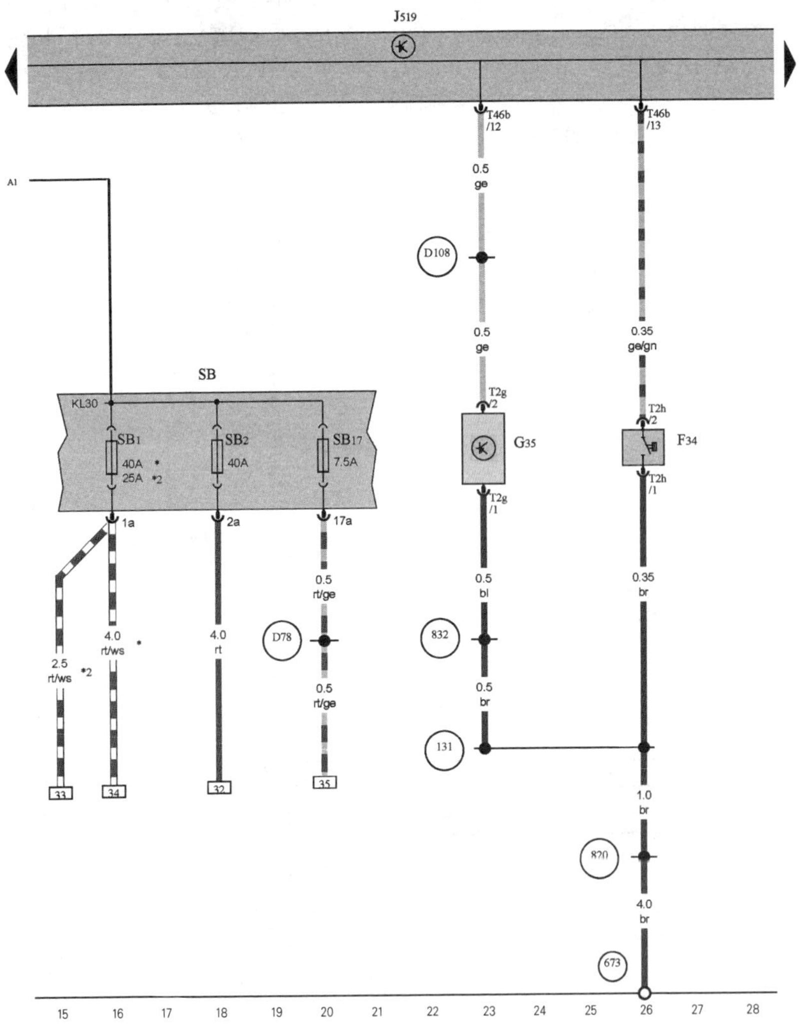

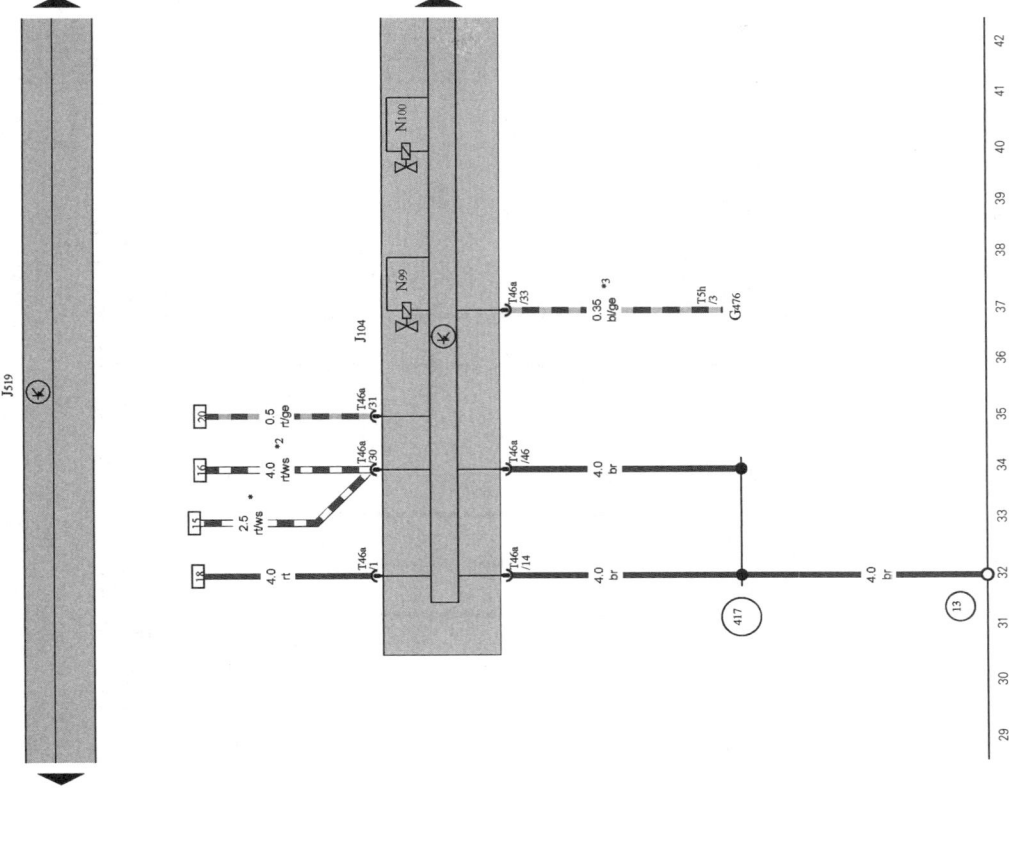

图 4-3-5

G476-离合器位置传感器 J104-ABS控制单元 J519-车载电网控制单元 N99-右前ABS进气阀 N100-右前ABS进气阀
ABS排气阀 T5h-5芯插头连接 T46a-46芯插头连接 13-发动机舱内右侧接地点 417-接地连接9，在发动
机舱导线束中 *-自2017年7月起 *2-截至2017年7月 *3-用于带手动变速器的汽车

图 4-3-4

F34-制动液位警告信号触点 G35-右前制动摩擦片磨损传感器 J519-车载电网控制单元 SB-保险丝架B
SB1-保险丝架B上的保险丝1 SB2-保险丝架B上的保险丝2 SB17-保险丝架B上的保险丝17 T2g-2芯插头
连接 T2h-2芯插头连接 T46b-46芯插头连接 131-接地连接2，在发动机舱导线束中 673-左前纵梁上的
接地点3 820-接地连接13，在发动机舱导线束中 832-接地连接14，在发动机舱导线束中 D78-正极连接1
(30a)，在发动机舱导线束中 D108-连接6，在发动机舱导线束中 *-截至2017年7月 *2-自2017年7月起

右后转速传感器、真空传感器、ABS 控制单元、 左前 ABS 进气阀、
左前 ABS 排气阀、ABS 液压泵

中控台开关模块 1、轮胎压力监控按钮、ABS 控制单元、车载电网控制单元、按钮照明灯泡

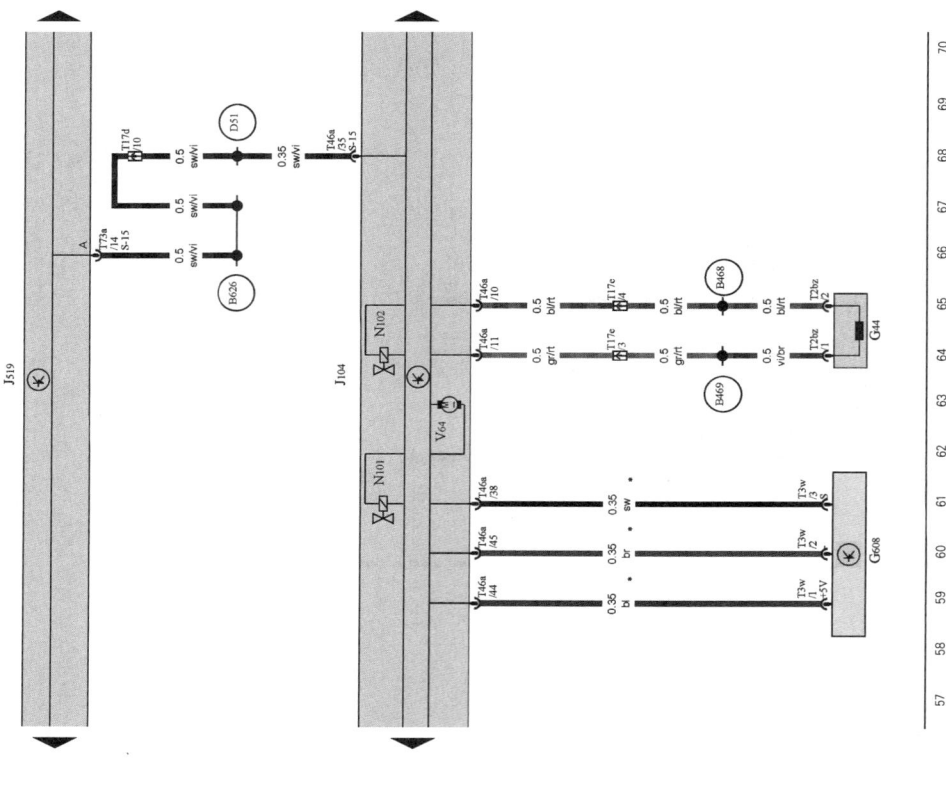

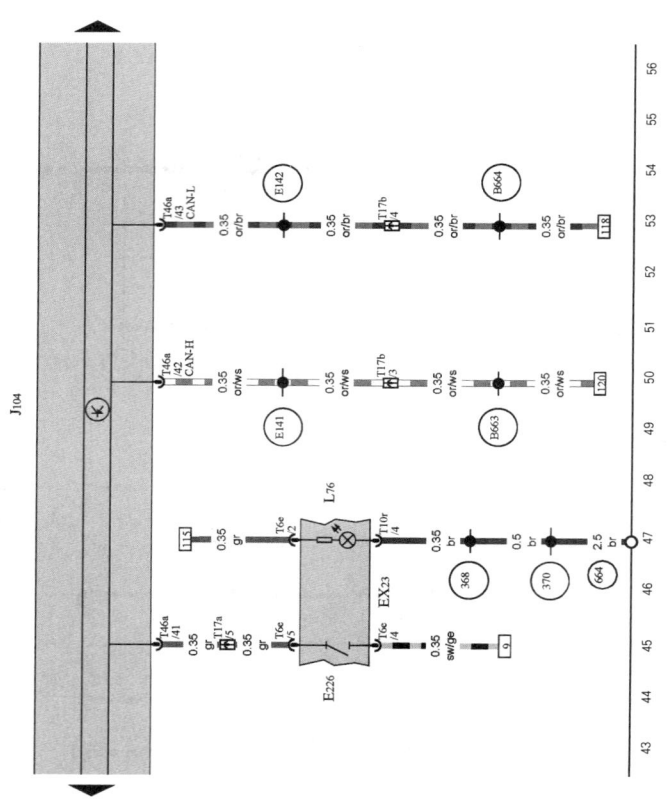

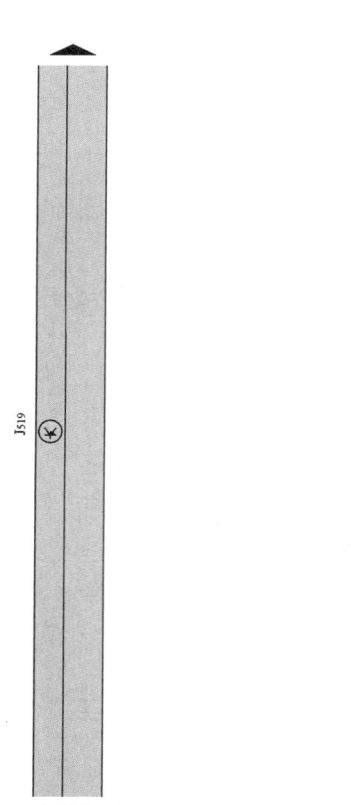

图 4-3-7

G44-右后转速传感器 G608-真空传感器 J104-ABS控制单元 J519-车载电网控制单元 N101-左前ABS进
气阀 N102-左前ABS排气阀 T2bz-2芯插头连接 T3w-3芯插头连接 T17d-17芯插头连接 T17e-17芯插头
连接 T46a-46芯插头连接 T73a-3芯插头连接 V64-ABS液压泵 B468-连接4、在主导线束中 B469-连接
5、在主导线束中 B626-正极连接2（15），在主导线束中 D51-正极连接1（15），在发动机舱导线束中
气阀 N102-左前ABS排气阀 T2bz-2芯插头连接 T3w-3芯插头连接 T17d-17芯插头连接 T17e-17芯插头
5-依汽车装备而定

图 4-3-6

EX23-中控台开关模块1 E226-轮胎压力监控按钮 J104-ABS控制单元 J519-车载电网控制单元 L76-按
钮照明灯泡 T6e-6芯插头连接 T10r-10芯插头连接 T17a-17芯插头连接 T17b-17芯插头连接 T46a-46
芯插头连接 368-接地连接3，在主导线束中 370-接地连接5，在主导线束中 664-左侧仪表板后面接地点
B663-连接（底盘传感器CAN总线，High），在主导线束中 B664-连接（底盘传感器CAN总线，Low），
在主导线束中 E141-连接（底盘传感器CAN总线，High），在发动机舱导线束中 E142-连接（底盘传感
器CAN总线，Low），在发动机舱导线束中

514

右前转速传感器、左后转速传感器、左前转速传感器、ABS 控制单元、车载电网控制单元、右后 ABS 进气阀、左后 ABS 进气阀、右后 ABS 排气阀、左后 ABS 排气阀

ABS 控制单元、车载电网控制单元、动态行驶控制转换阀 2、动态行驶控制转换阀 1、动态行驶控制高压转换阀 1、动态行驶控制高压转换阀 2、左侧驻车电机、右侧驻车电机

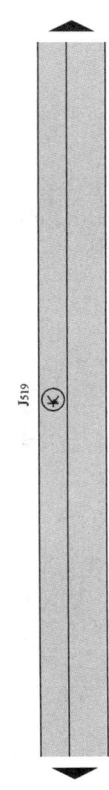
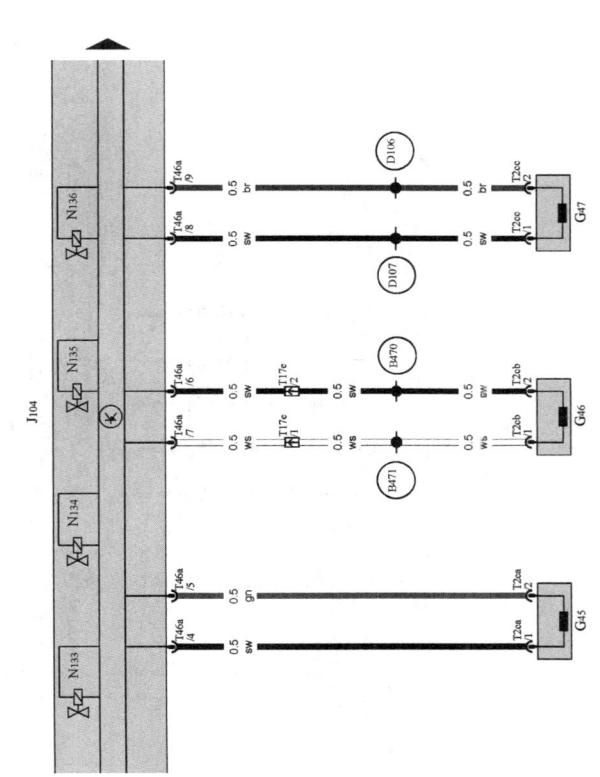
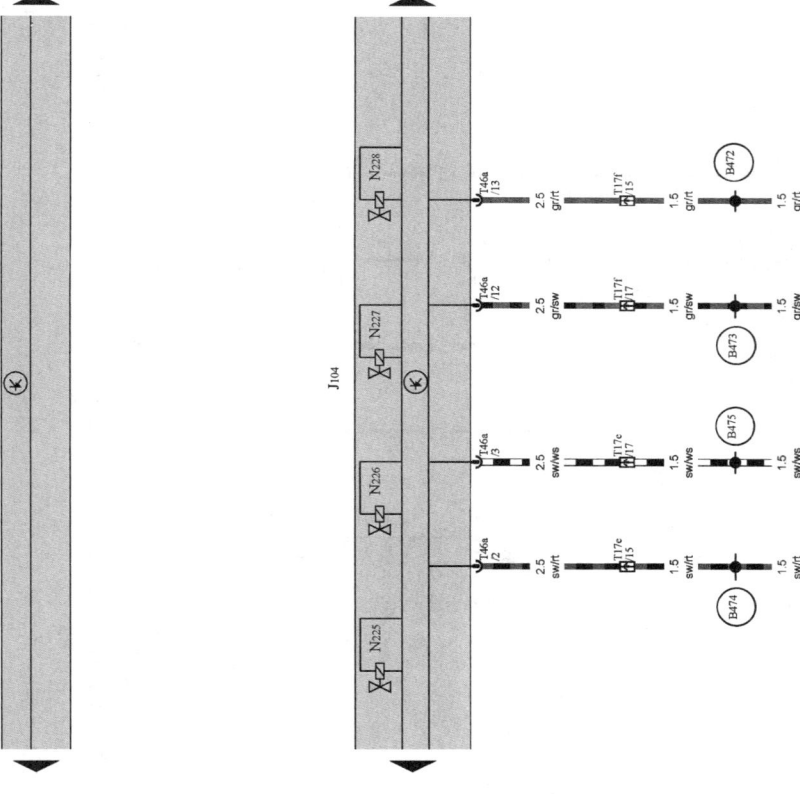

G45-右前转速传感器 G46-左后转速传感器 G47-左前转速传感器 J104-ABS控制单元 J519-车载电网控制单元 N133-右后ABS进气阀 N134-左后ABS进气阀 N135-右后ABS排气阀 N136-左后ABS排气阀 T2ca-2芯插头连接 T2cb-2芯插头连接 T2cc-2芯插头连接 T17e-17芯插头连接 T46a-46芯插头连接 B470-连接4，在发动机舱导线束中 D106-连接7，在主导线束中 D107-连接8，在主导线束中 B471-连接6，在发动机舱导线束中 B470-连接5，在发动机舱导线束中

图 4-3-8

J104-ABS控制单元 J519-车载电网控制单元 N225-动态行驶控制转换阀1 N226-动态行驶控制转换阀2 N227-动态行驶控制高压转换阀1 N228-动态行驶控制高压转换阀2 T2df-2芯插头连接 T2dg-2芯插头连接 T17e-17芯插头连接 T46a-46芯插头连接 V282-左侧驻车电机 V283-右侧驻车电机 B472-连接8，在主导线束中 B473-连接9，在主导线束中 B474-连接10，在主导线束中 B475-连接11，在主导线束中

图 4-3-9

机电式驻车制动器按钮、AUTO HOLD 按钮、横向加速度传感器、制动压力传感器 1、偏转率传感器、纵向加速度传感器、ABS 控制单元、车载电网控制单元、机电式驻车制动器控制单元、机电式驻车制动器指示灯、AUTO HOLD 指示灯

组合仪表中的控制单元、车载电网控制单元、数据总线诊断接口、驻车制动系统指示灯、驻车制动器指示灯、电子稳定程序和 ASR 指示灯、ABS 指示灯、制动系统指示灯、驻车制动器指示灯、电子稳定程序和 ASR 指示灯、电动驻车制动器和手制动器故障指示灯、电子稳定程序和 ASR 指示灯 2、轮胎压力监控显示指示灯、开关照明灯泡

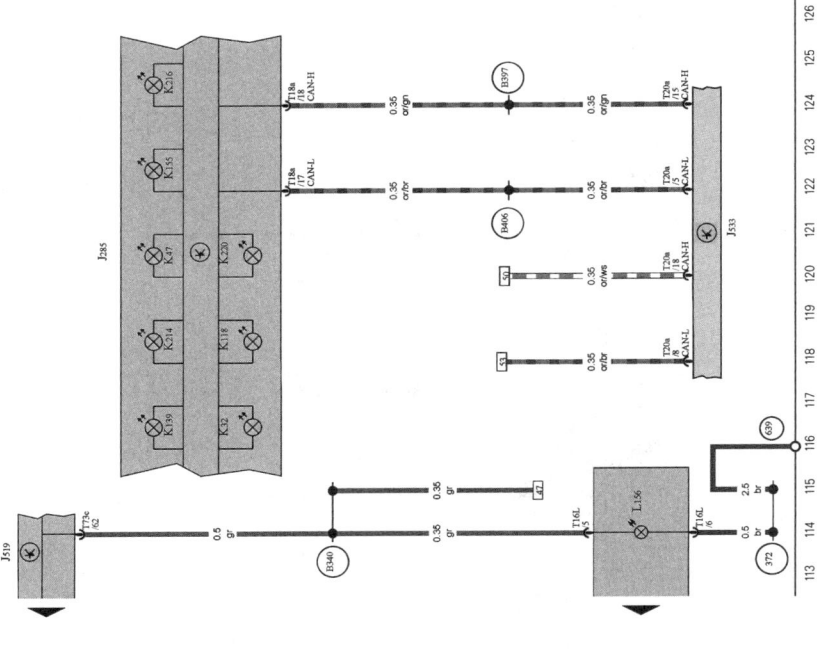

图 4-3-11

J285-组合仪表中的控制单元 J519-车载电网控制单元 J533-数据总线诊断接口 K32-制动摩擦片指示灯 K47-ABS指示灯 K118-制动系统指示灯 K139-驻车制动器指示灯 K155-电子稳定程序和ASR指示灯 K214-电动驻车制动器和手制动器故障指示灯 K216-电子稳定程序和ASR指示灯2 K220-轮胎压力监控显示指示灯 L156-开关照明灯泡 T16L-16芯插头连接 T18a-18芯插头连接 T20a-20芯插头连接 T73c-73芯插头连接 372-接地连接7、在主导线束中 639-左A柱上的接地点 B340-连接1(58d)、在主导线束中 B397-连接1(舒适CAN总线、High)、在主导线束中 B406-连接1(舒适CAN总线、Low)、在主导线束中

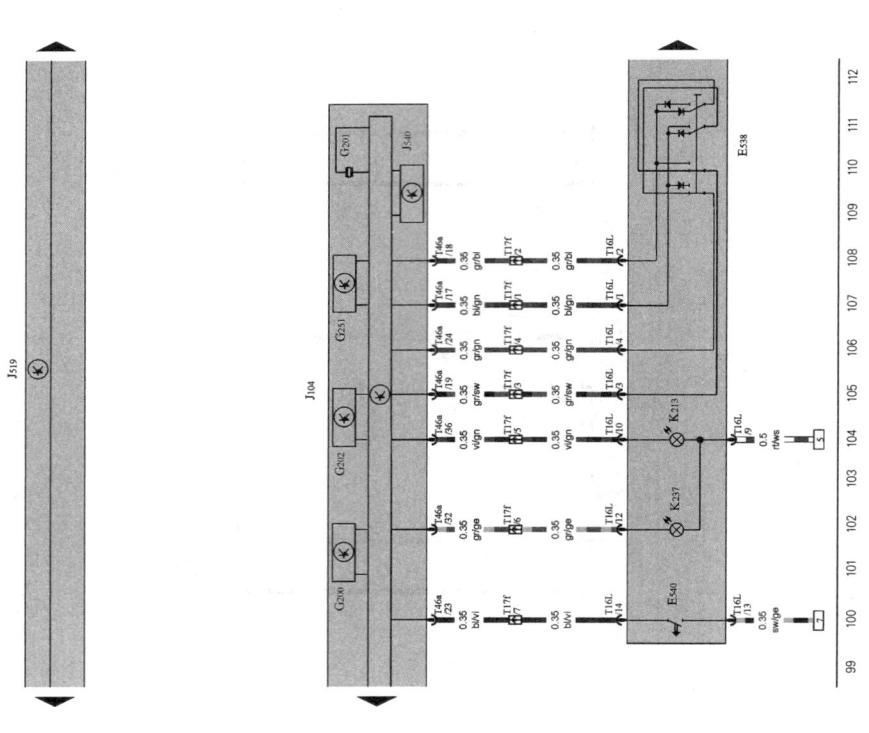

图 4-3-10

E538-机电式驻车制动器按钮 E540-AUTO HOLD按钮 G200-横向加速度传感器 G201-制动压力传感器 1 G202-偏转率传感器 G251-纵向加速度传感器 J104-ABS控制单元 J519-车载电网控制单元 J540-机电式驻车制动器控制单元 K213-机电式驻车制动器指示灯 K237-AUTO HOLD指示灯 T16L-16芯插头连接 T17f-17芯插头连接 T46a-46芯插头连接

516

安全气囊卷簧和带滑环的复位环、信号喇叭、多功能方向盘控制单元、转向柱电子装置控制单元

方向盘中的左侧多功能按钮、多功能方向盘控制单元、转向柱电子装置控制单元

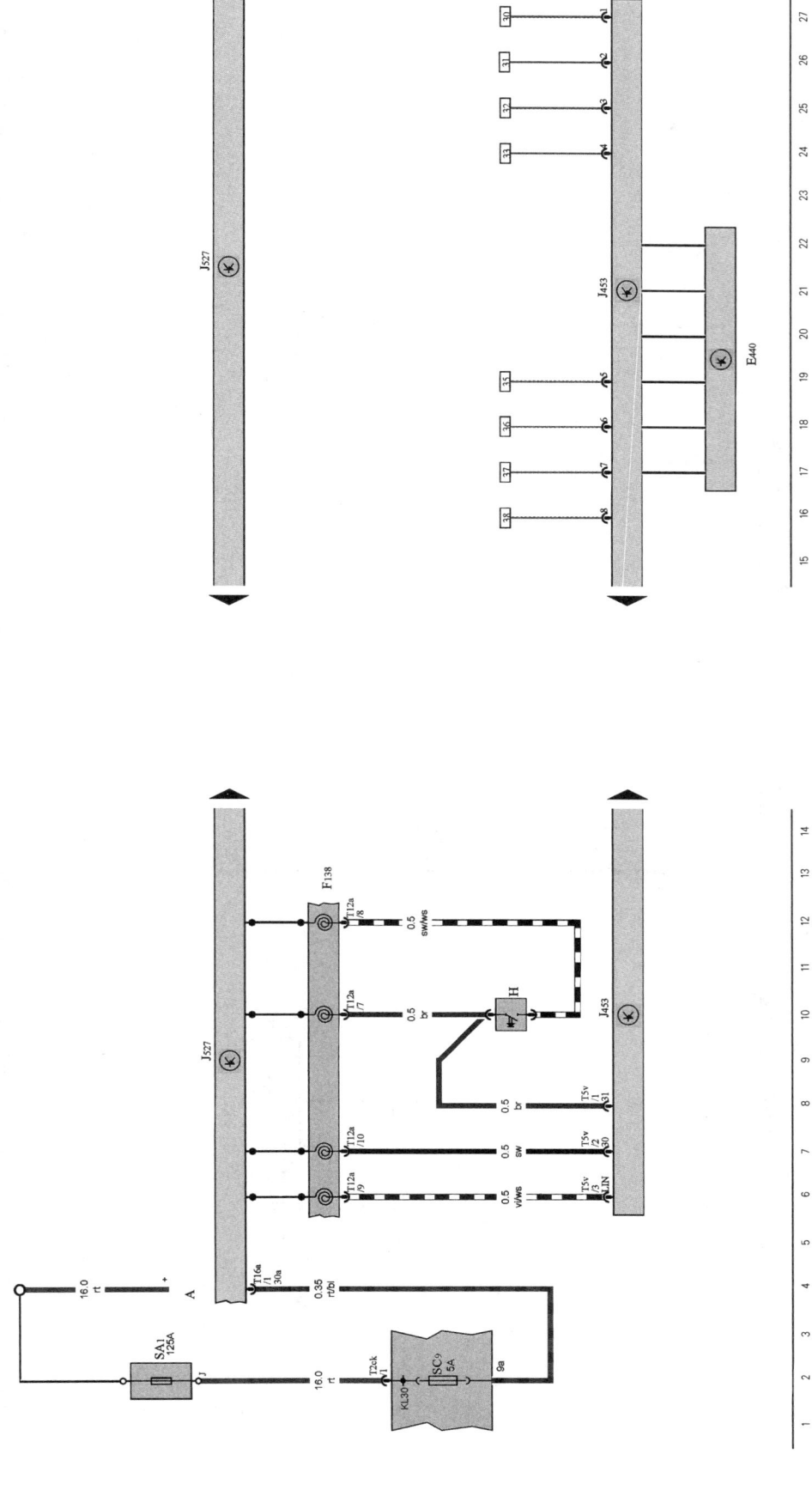

图 4-3-12

图 4-3-13

A-蓄电池　F138-安全气囊卷簧和带滑环的复位环　H-信号喇叭　J453-多功能方向盘控制单元　J527-转
向柱电子装置控制单元　SA1-保险丝架A上的保险丝1　SC9-保险丝架C上的保险丝9　T2ck-2芯插头连接
T5V-5芯插头连接　T12a-12芯插头连接　T16a-16芯插头连接

E440-方向盘中的左侧多功能按钮　J453-多功能方向盘控制单元　J527-转向柱电子装置控制单元

517

方向盘中的右侧多功能按钮、多功能方向盘控制单元、转向柱电子装置控制单元

转向柱电子装置控制单元、数据总线诊断接口

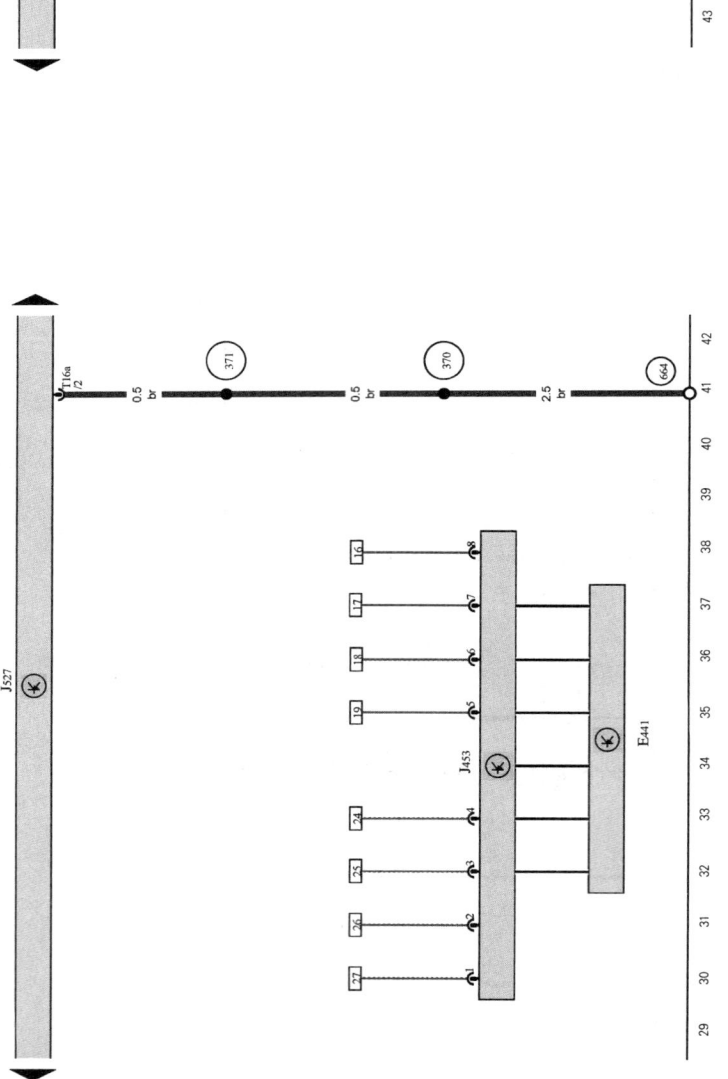

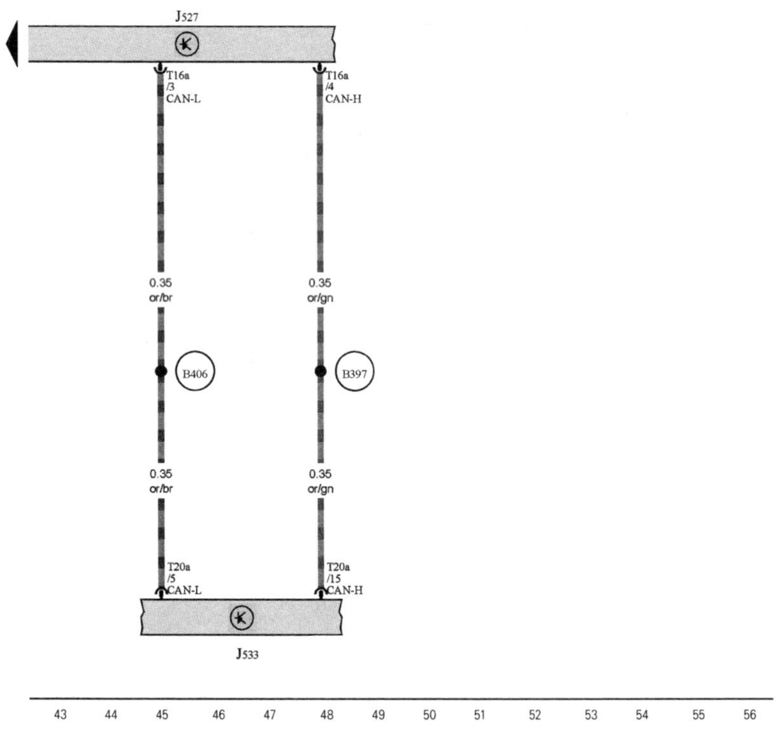

E441-方向盘中的右侧多功能按钮 J453-多功能方向盘控制单元 J527-转向柱电子装置控制单元 T16a-16 芯插头插接头 370-接地连接5，在主导线束中 371-接地连接6，在主导线束中 664-左侧仪表板后面接地点

图4-3-14

J527-转向柱电子装置控制单元 J533-数据总线诊断接口 T16a-16芯插头插接头连接 B397-连接1（舒适/便捷系统CAN总线，High），在主导线束中 T20a-20芯插头插接头连接 B406-连接1（舒适/便捷系统CAN总线，Low），在主导线束中

图4-3-15

518

第四节　电气系统

电气系统电路图（自 2015 年 7 月起）的图号和图名对照表见表 4-4-1。

表 4-4-1　电气系统电路图（自 2015 年 7 月起）的图号和图名对照表

图号	图名
图 4-4-1～图 4-4-10	安全气囊系统
图 4-4-11～图 4-4-16	带手动调节的空调
图 4-4-17～图 4-4-25	全自动空调
图 4-4-26～图 4-4-37	进入及启动许可
图 4-4-38～图 4-4-64	舒适便捷系统
图 4-4-65～图 4-4-76	带记忆功能的座椅和后视镜调节装置
图 4-4-77～图 4-4-83	电动座椅调节装置，不带记忆功能
图 4-4-84～图 4-4-90	座椅加热装置
图 4-4-91～图 4-4-93	座椅通风
图 4-4-94～图 4-4-95	电动滑动天窗
图 4-4-96～图 4-4-102	电动后备箱盖
图 4-4-103～图 4-4-106	车道保持辅助系统
图 4-4-107～图 4-4-108	倒车摄像机系统适配装置
图 4-4-109～图 4-4-112	驾驶员辅助系统的前部摄像机
图 4-4-113～图 4-4-120	驻车距离报警（PDC）
图 4-4-121～图 4-4-125	自动车距控制
图 4-4-126～图 4-4-128	自动防眩车内及车外后视镜
图 4-4-129～图 4-4-138	带自动大灯照明距离调节功能的气体放电大灯
图 4-4-139～图 4-4-143	收音机
图 4-4-144～图 4-4-150	收音机－导航系统
图 4-4-151～图 4-4-155	音响系统
图 4-4-156～图 4-4-171	数据总线联网
图 4-4-172～图 4-4-173	230 V 插座
图 4-4-174～图 4-4-182	组合仪表
图 4-4-183～图 4-4-214	保险丝配置

接线端 15 供电继电器

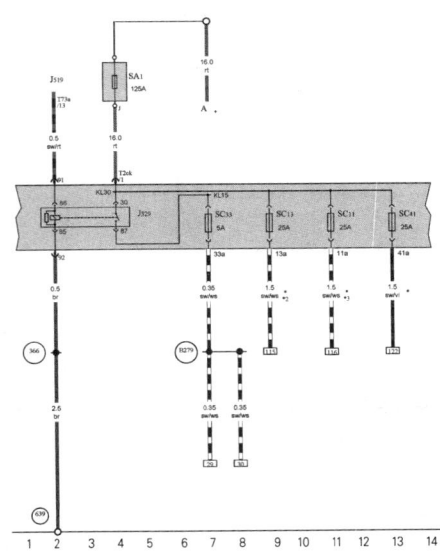

A-蓄电池　J329-接线端15供电继电器　J519-车载电网控制单元　SA1-保险丝架A上的保险丝1　SC11-保险丝架C上的保险丝11　SC13-保险丝架C上的保险丝13　SC33-保险丝架C上的保险丝33　SC41-保险丝架C上的保险丝41　T2ck-2芯插头连接　T73a-73芯插头连接　366-接地连接1，在主导线束中　639-左A柱上的接地点　B279-正极连接3（15a），在主导线束中　*-用于带可逆安全带拉紧器的汽车　*2-自2017年7月起　*3-截至2017年7月

图 4-4-1

安全气囊卷簧和带滑带带带环的复位环、前部安全气囊碰撞传感器、安全气囊控制单元、转向柱电子装置控制单元、驾驶员侧安全气囊引爆装置、驾驶员侧膝部安全气囊引爆装置

安全气囊控制单元

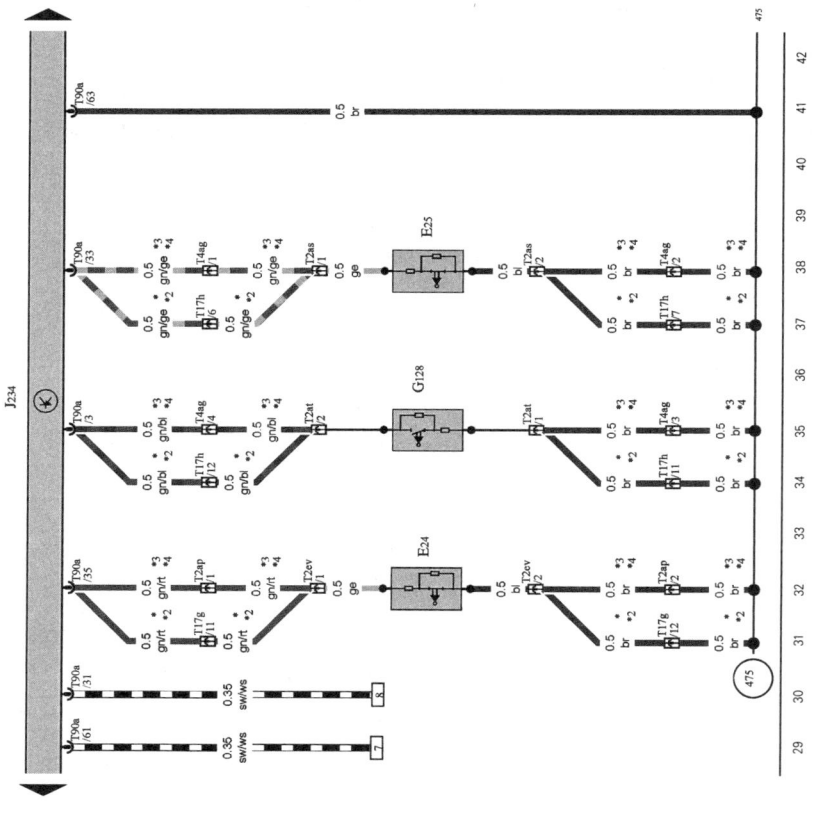

图 4-4-2

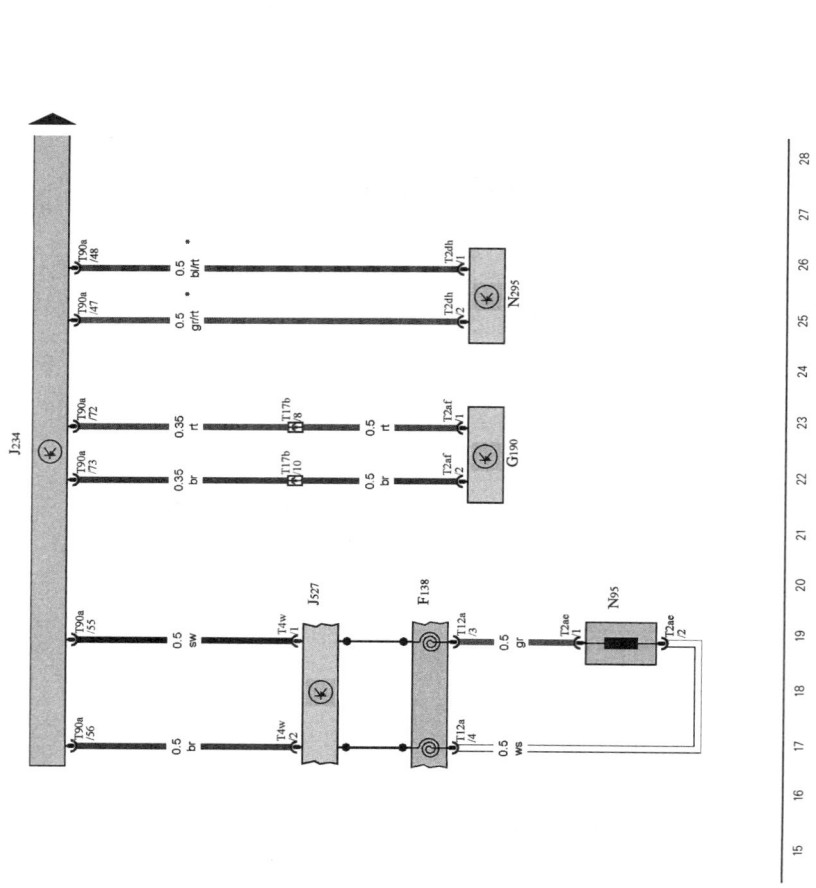

图 4-4-3

驾驶员侧安全带开关、副驾驶员侧安全带开关、副驾驶员侧座椅占用传感器、安全气囊控制单元

E24-驾驶员侧安全带开关 E25-副驾驶员侧安全带开关 G128-副驾驶员侧座椅占用传感器 J234-安全气囊控制单元 T2ap-2芯插头连接 T2as-2芯插头连接 T2at-2芯插头连接 T2ev-2芯插头连接 T4ag-4芯插头连接 T17g-17芯插头连接 T17h-17芯插头连接 T90a-90芯插头连接 475-接地连接 *1-用于带座椅加热的汽车 *2-用于不带座椅加热的汽车 *3-自2017年7月起 *4-依汽车装备而定

F138-安全气囊卷簧和带滑带带环的复位环 G190-前部安全气囊碰撞传感器 J234-安全气囊控制单元 J527-转向柱电子装置控制单元 N95-驾驶员侧安全气囊引爆装置 N295-驾驶员侧膝部安全气囊引爆装置 T2ac-2芯插头连接 T2af-2芯插头连接 T2dh-2芯插头连接 T4w-4芯插头连接 T12a-12芯插头连接 T17b-17芯插头连接 T90a-90芯插头连接 *-用于带驾驶员侧膝部安全气囊的汽车

520

安全气囊控制单元、副驾驶员侧安全气囊引爆装置 1、驾驶员侧侧面安全气囊引爆装置、副驾驶员侧侧面安全气囊引爆装置

安全气囊控制单元、驾驶员侧后部安全带拉紧器引爆装置、驾驶员侧后部侧面安全气囊引爆装置、副驾驶员侧后部侧面安全气囊引爆装置

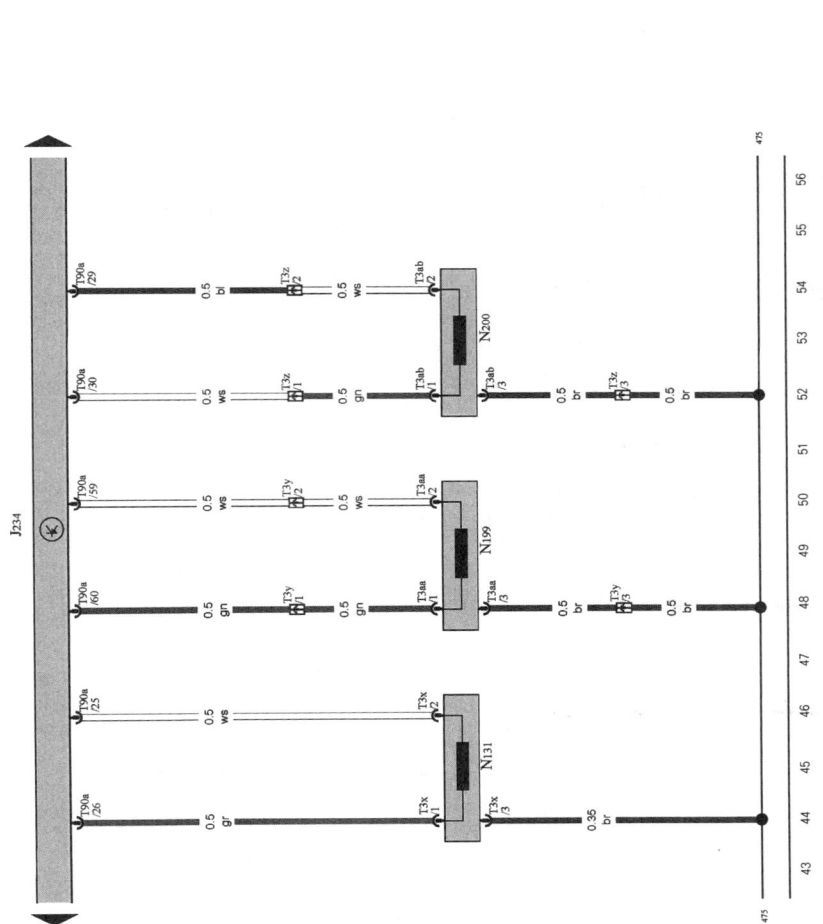

图 4-4-5

J234-安全气囊控制单元 N196-驾驶员侧后部安全带拉紧器引爆装置 N201-驾驶员侧后部侧面安全气囊引爆装置 N202-副驾驶员侧后部侧面安全气囊引爆装置 T2ct-2芯插头连接 T2et-2芯插头连接 T3ac-3芯插头连接 T3ad-3芯插头连接 T90a-90芯插头连接 475-接地连接（安全气囊），在主导线束中 *-用于带后排侧面安全气囊的汽车 *2-用于带后部安全带拉紧器的汽车

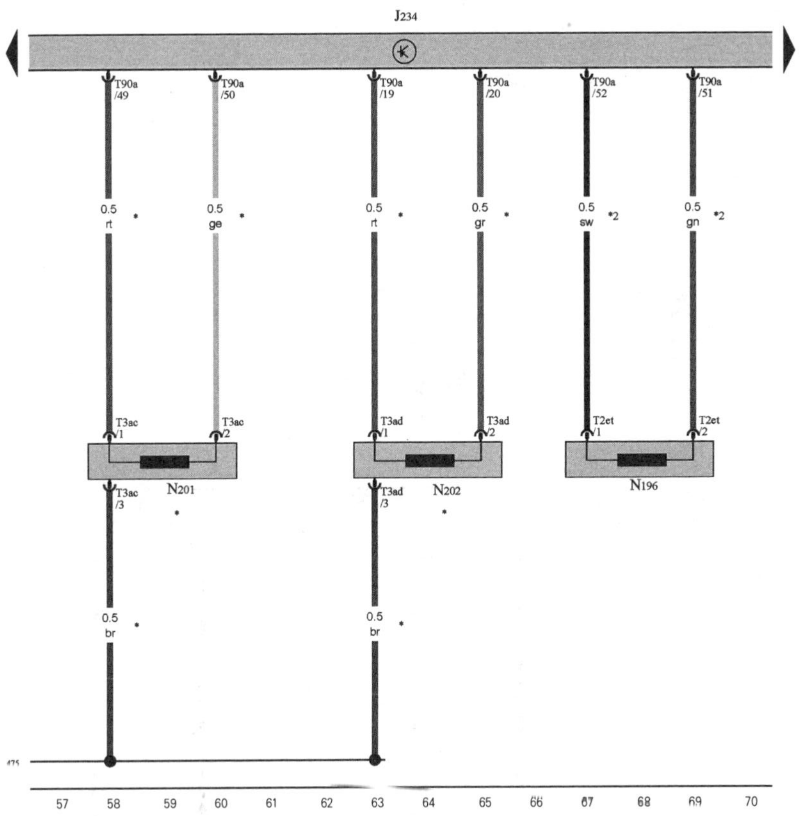

图 4-4-4

J234-安全气囊控制单元 N131-副驾驶员侧安全气囊引爆装置 N199-驾驶员侧侧面安全气囊引爆装置 N200-副驾驶员侧侧面安全气囊引爆装置 T3aa-3芯插头连接 T3ab-3芯插头连接 T3x-3芯插头连接 T3y-3芯插头连接 T3z-3芯插头连接 T90a-90芯插头连接 475-接地连接（安全气囊），在主导线束中

驾驶员侧侧面安全气囊碰撞传感器、副驾驶员侧侧面安全气囊碰撞传感器、安全气囊控制
单元、副驾驶员侧后部安全带拉紧器引爆装置

驾驶员侧头部安全气囊碰撞传感器、副驾驶员侧头部安全气囊碰撞传感器、安全气囊控制
单元、驾驶员侧安全带拉紧器引爆装置 1

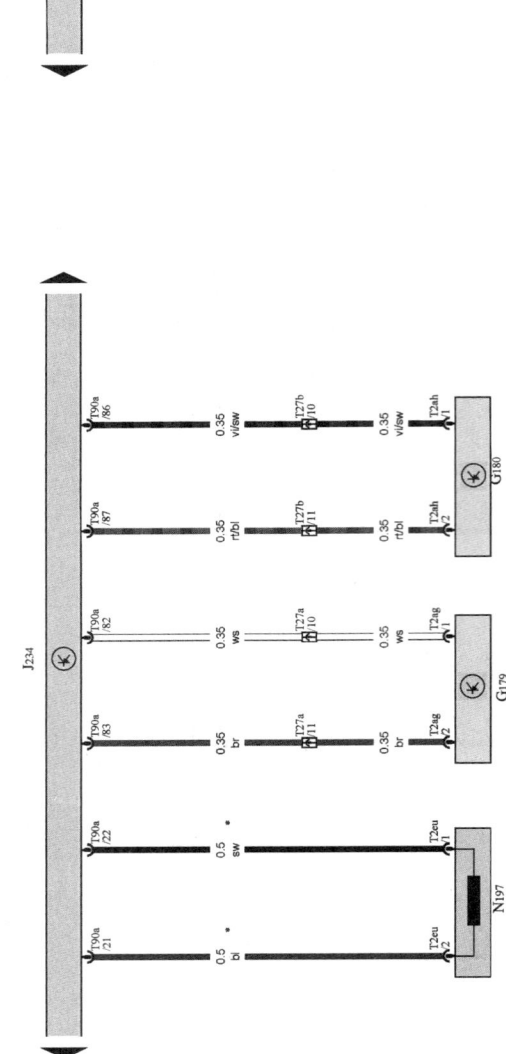

G179–驾驶员侧侧面安全气囊碰撞传感器 G180–副驾驶员侧侧面安全气囊碰撞传感器 J234–安全气囊控制
单元 N197–副驾驶员侧后部安全带拉紧器引爆装置 T2ag–2芯插头连接 T2ah–2芯插头连接 T2eu–2芯插
头连接 T27a–27芯插头连接 T27b–27芯插头连接 T90a–90芯插头连接 *–用于带后部安全带拉紧器的汽
车

图 4-4-6

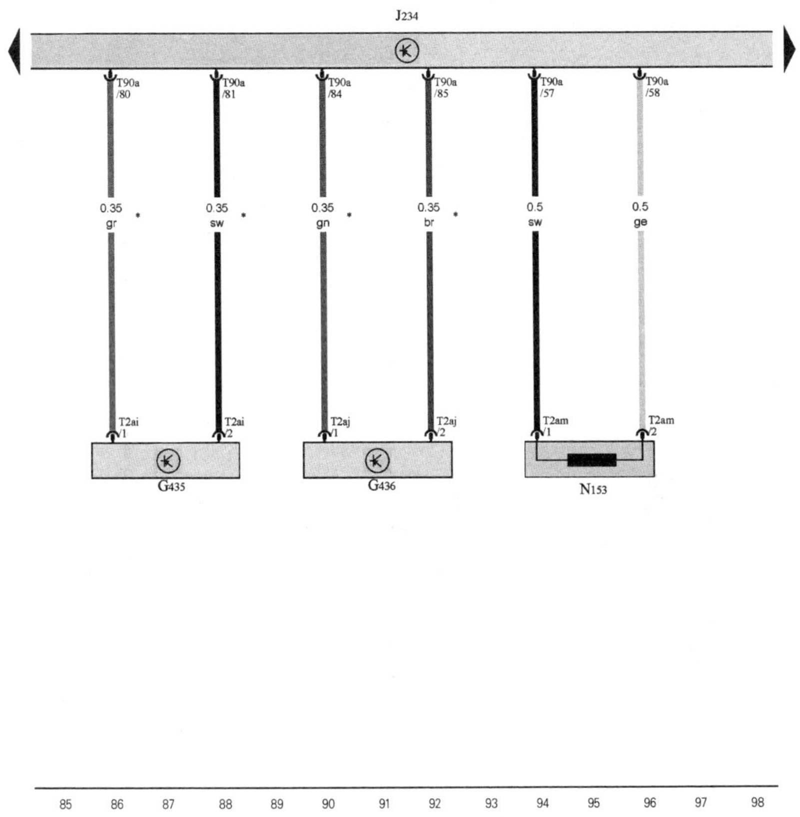

G435–驾驶员侧头部安全气囊碰撞传感器 G436–副驾驶员侧头部安全气囊碰撞传感器 J234–安全气囊控制
单元 N153–驾驶员侧安全带拉紧器引爆装置 1 T2ai–2芯插头连接 T2aj–2芯插头连接 T2am–2芯插头连接
T90a–90芯插头连接 *–用于带头部安全气囊的汽车

图 4-4-7

安全气囊控制单元、左前安全带拉紧器控制单元、右前安全带拉紧器控制单元、驾驶员侧安全带拉紧器控制单元、副驾驶员侧安全带拉紧器控制单元、驾驶员侧安全带拉紧器引爆装置 1、副驾驶员侧安全带拉紧器引爆装置 1

安全气囊控制单元、副驾驶员侧安全带拉紧器引爆装置 1、驾驶员侧头部安全气囊引爆装置 1、驾驶员侧头部安全气囊引爆装置、副驾驶员侧头部安全气囊引爆装置

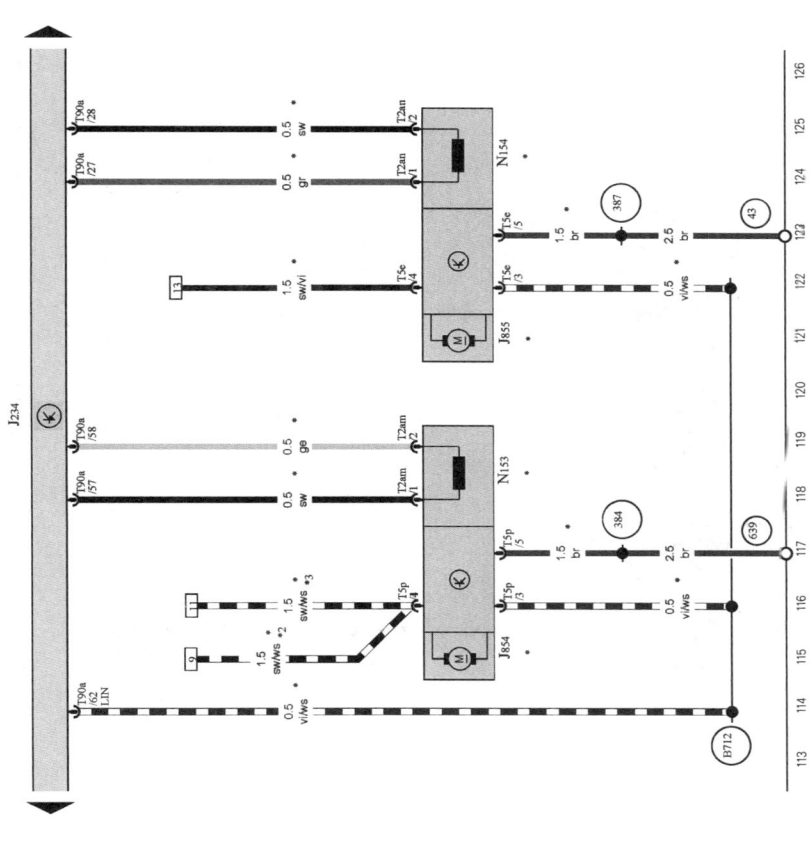

J234-安全气囊控制单元 J854-左前安全带拉紧器控制单元 J855-右前安全带拉紧器控制单元 N153-驾驶员侧安全带拉紧器控制单元 N154-副驾驶员侧安全带拉紧器控制单元 T2am-2芯插头连接 T2an-2芯插头连接 T5e-5芯插头连接 T5p-5芯插头连接 T90a-90芯插头连接 43-右侧A柱下部接地点 384-接地连接19,在主导线束中 387-接地连接22,在主导线束中 639-左侧A柱上的接地点 B712-连接7(LIN总线),在主导线束中 *-用于带可逆安全带拉紧器的汽车 *2-自2017年7月起 *3-截至2017年7月

图 4-4-9

J234-安全气囊控制单元 N154-副驾驶员侧安全带拉紧器引爆装置 1 N251-驾驶员侧头部安全气囊引爆装置 1 N252-副驾驶员侧头部安全气囊引爆装置 T2ak-2芯插头连接 T2aL-2芯插头连接 T2an-2芯插头连接 T90a-90芯插头连接 *-用于带头部安全气囊的汽车

图 4-4-8

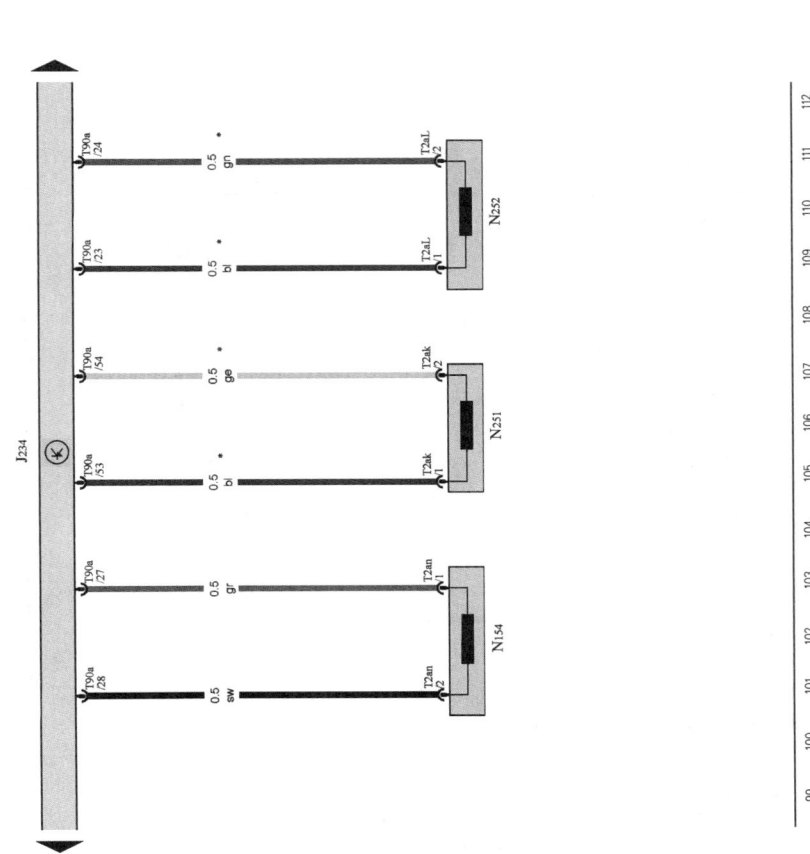

523

安全气囊控制单元、组合仪表中的控制单元、数据总线诊断接口、安全警告指示灯、安全气囊指示灯

接线端 15 供电继电器

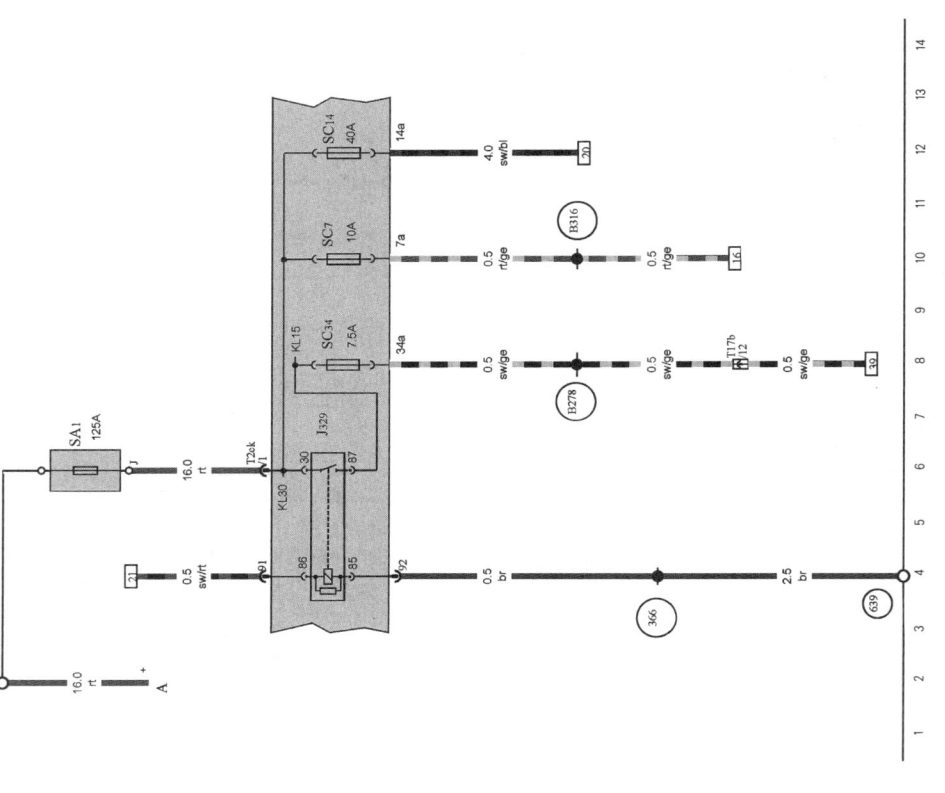

图 4-4-11

A-蓄电池 J329-接线端15供电继电器 SA1-保险丝座A上的保险丝1 SC7-保险丝座C上的保险丝7 SC14-保险丝座C上的保险丝14 SC34-保险丝座C上的保险丝34 T2c k-2芯插头连接 T17b-17芯插头连接 366-接地连接1，在主导线束中 639-左A柱上的接地点 B278-正极连接2（15a），在主导线束中 B316-正极连接2（30a），在主导线束中

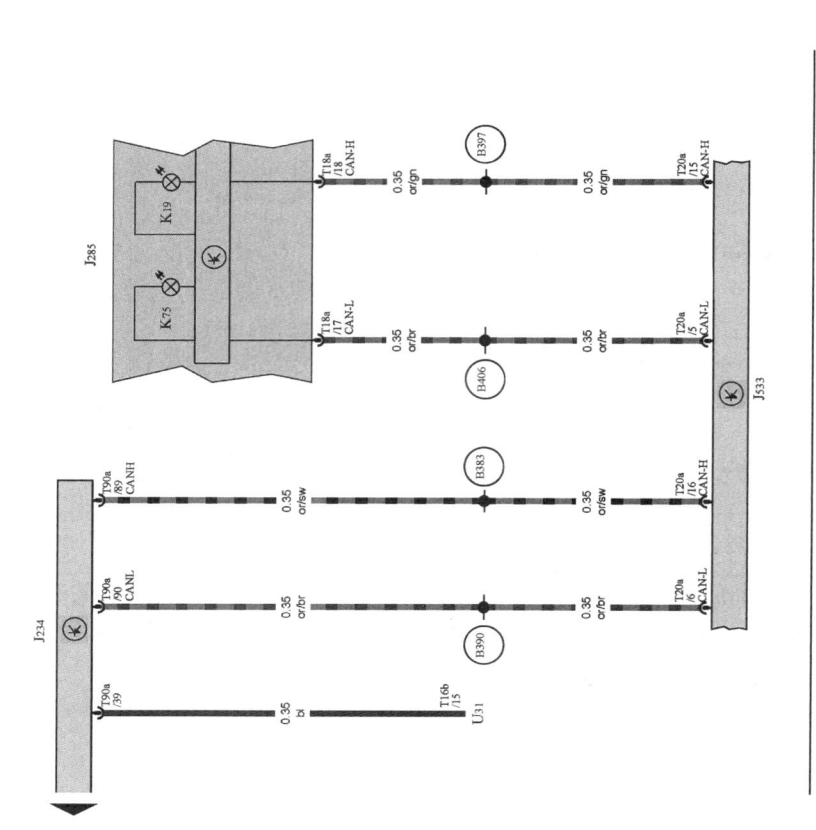

图 4-4-10

J234-安全气囊控制单元 J285-组合仪表中的控制单元 J533-数据总线诊断接口 K19-安全带警告指示灯 K75-安全气囊指示灯 T16b-16芯插头连接 T18a-18芯插头连接 T20a-20芯插头连接 T90a-90芯插头连接 U31-诊断接口 B383-连接1（驱动CAN总线，High），在主导线束中 B390-连接1（驱动系统CAN总线，Low），在主导线束中 B397-连接1（舒适CAN总线，High），在主导线束中 B406-连接1（舒适CAN总线，Low），在主导线束中

524

新鲜空气鼓风机控制单元、空调器控制单元、车载电网控制单元、新鲜空气鼓风机

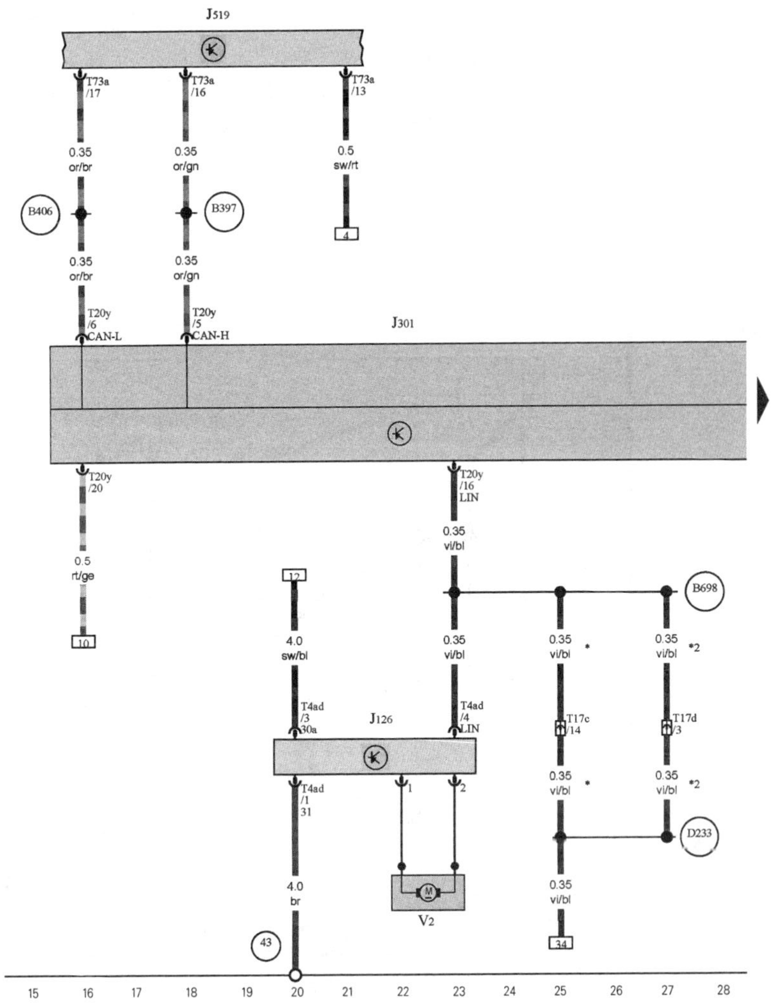

新鲜空气鼓风机开关、温度选择旋钮电位计、冷却液循环管路压力传感器、空调器控制单元、空调器开关照明灯泡

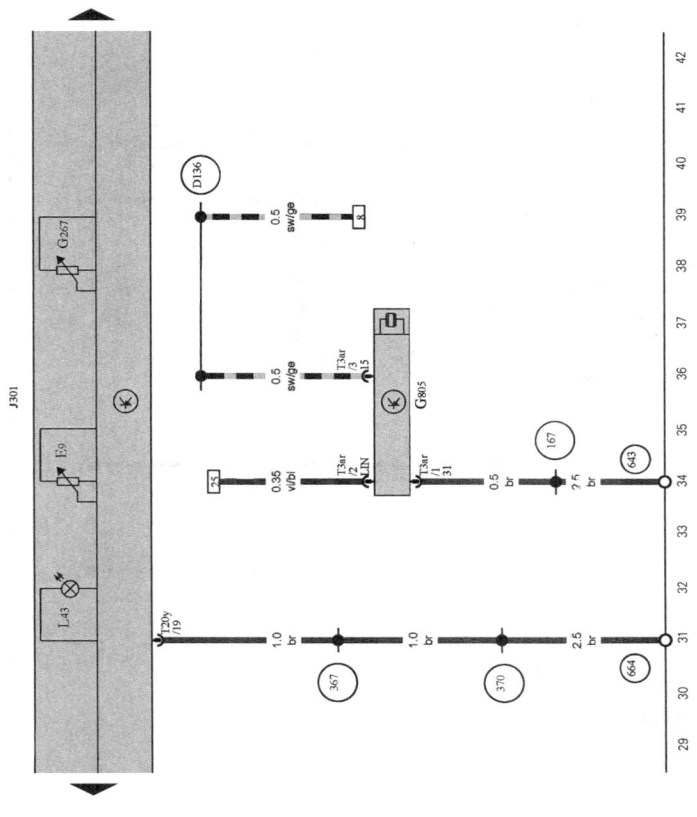

图4-4-13

E9-新鲜空气鼓风机开关 G267-温度选择旋钮电位计 G805-冷却液循环管路压力传感器 J301-空调器控制单元 L43-空调器开关照明灯泡 T20y-20芯插头连接 T3ar-3芯插头连接 167-接地连接 643-发动机舱导线束中 370-接地连接2,接地连接 在主导线束中 367-接地连接2,接地连接 370-接地连接 在主导线束中 643-发动机舱内右侧接地点3 664-左侧(仪表板后面接地点 D136-正极连接2(15a),在发动机舱导线束中

图4-4-12

J126-新鲜空气鼓风机控制单元 J301-空调器控制单元 J519-车载电网控制单元 T4ad-4芯插头连接 T17c-17芯插头连接 T17d-17芯插头连接 T20y-20芯插头连接 T3ar-3芯插头连接 43-新鲜空气鼓风机 V2-新鲜空气鼓风机 B406-连接1(舒适CAN总线,High),在主导线束中 B406-连接1(舒适CAN总线,High),在主导线束中 B397-连接1(舒适CAN总线,High),在主导线束中 B698-连接3(LIN总线),在主导线束中 D233-连接2(LIN总线),在发动机舱导线束中 *-截至2017年7月 *2-自2017年7月起

525

新鲜空气和循环空气风门开关、空调器控制单元、可加热后窗玻璃指示灯、空调压缩机调节阀、车内空气循环风门伺服电机

空调器开关、可加热后窗玻璃按钮、温度风门电机电位计、蒸发器温度传感器、空调器控制单元、温度风门伺服电机

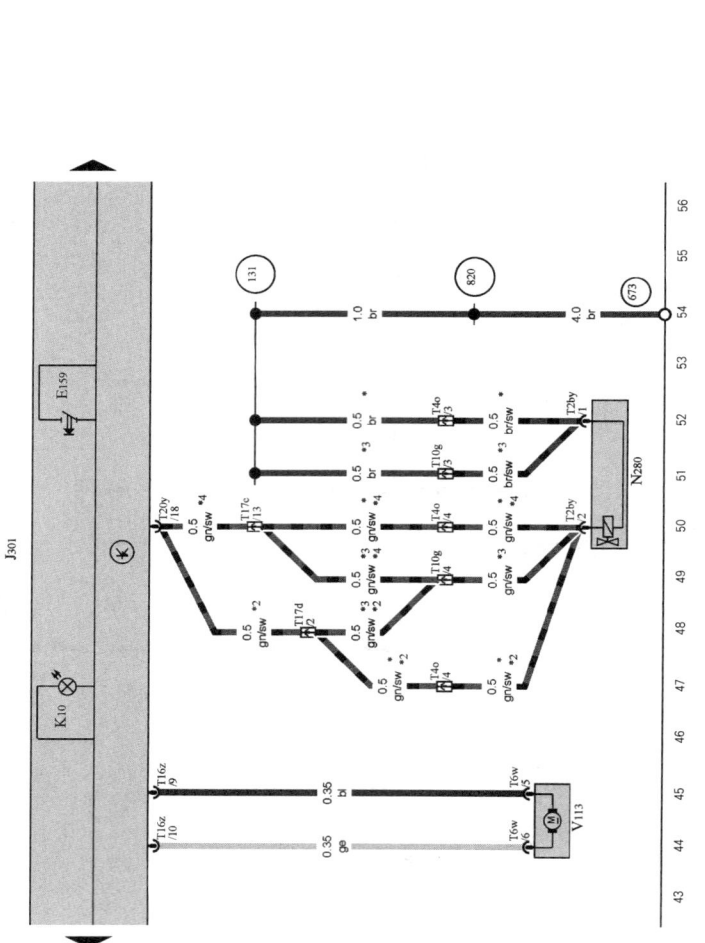

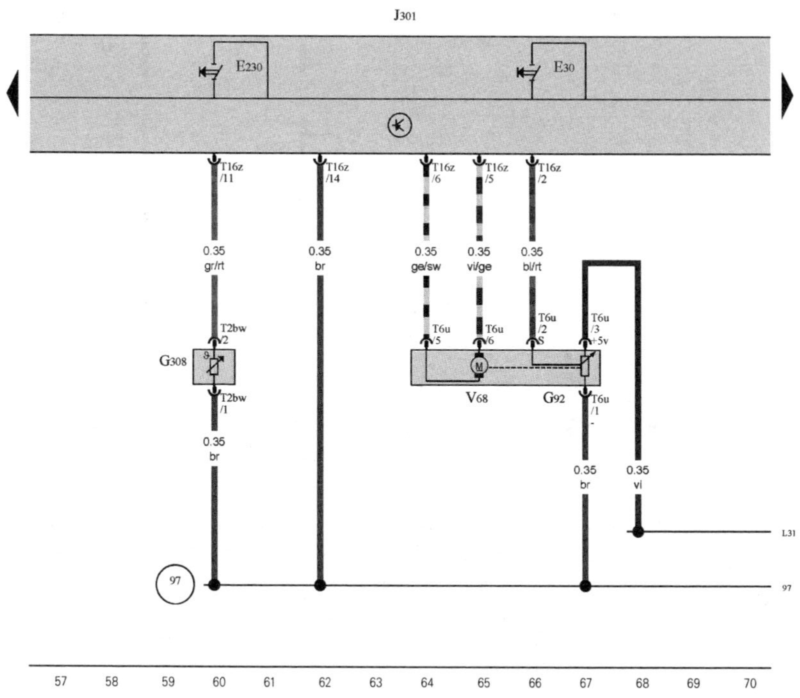

E159-新鲜空气和循环空气风门开关 J301-空调器控制单元 K10-可加热后窗玻璃指示灯 N280-空调压缩机调节阀 T2by-2芯插头连接 T4o-4芯插头连接 T6w-6芯插头连接 T10g-10芯插头连接 T16z-16芯插头连接 T17c-17芯插头连接 T17d-17芯插头连接 T20g-20芯插头连接 V113-车内空气循环风门伺服电机 131-接地连接2，在发动机舱导线束中 673-左前纵梁上的接地点3 820-接地连接13，在发动机舱导线束中 *-用于带1.4L发动机的汽车 *2-自2017年7月起 *3-用于带1.8L发动机的汽车 *4-截至2017年7月

图4-4-14

E30-空调器开关 E230-可加热后窗玻璃按钮 G92-温度风门伺服电机电位计 G308-蒸发器温度传感器 J301-空调器控制单元 T2bw-2芯插头连接 T6u-6芯插头连接 T16z-16芯插头连接 V68-温度风门伺服电机 97-接地连接，在空调器导线束中 L31-连接(5V)，在空调器导线束中

图4-4-15

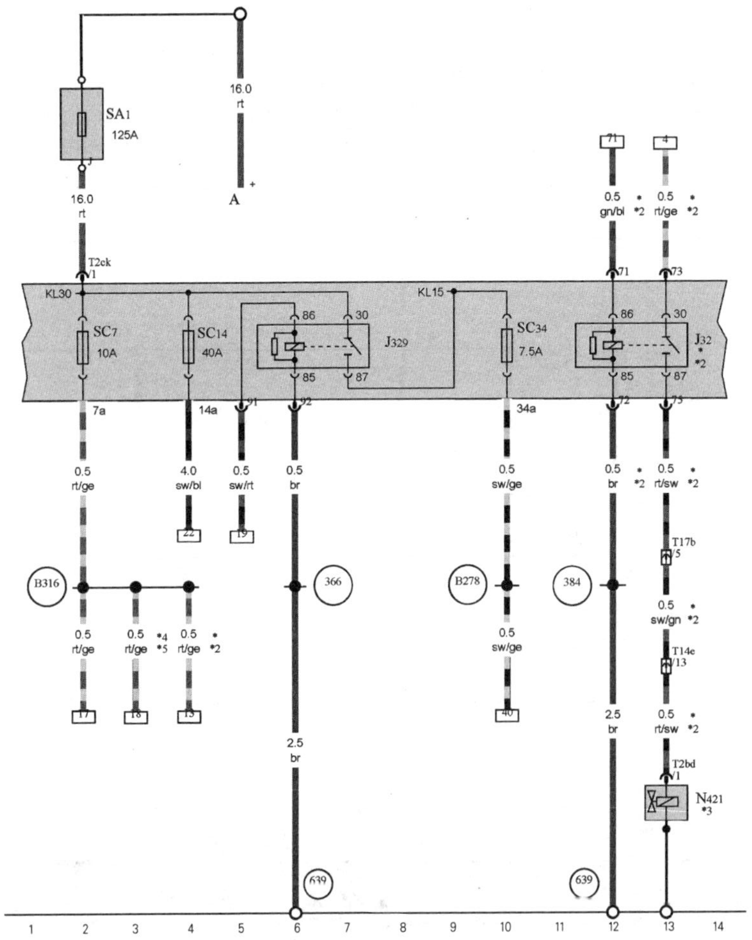

除霜器运行开关、气流分配风门伺服电机电位计、空调器控制单元、空调器指示灯、新鲜空气和车内空气循环运行模式指示灯、气流分配风门伺服电机

F164–除霜器运行开关 G645–气流分配风门伺服电机电位计 J301–空调器控制单元 K84–空调器指示灯 K114–新鲜空气和车内空气循环运行模式指示灯 T6f–6芯插头连接 T16z–16芯插头连接 V428–气流分配风门伺服电机 97–接地连接1，在空调器导线束中 L31–连接（5V），在空调器导线束中

图 4–4–16

空调器继电器、接线端 15 供电继电器、压缩机电磁离合器

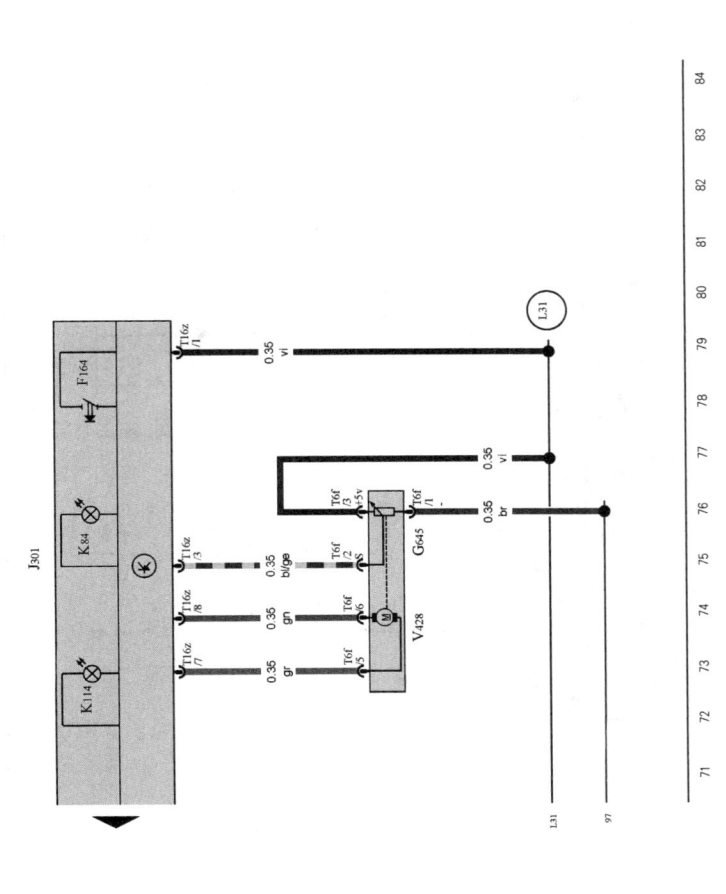

A–蓄电池 J32–空调器继电器 J329–接线端15供电继电器 N421–压缩机电磁离合器 SA1–保险丝架A上的保险丝1 SC7–保险丝架C上的保险丝7 SC14–保险丝架C上的保险丝14 SC34–保险丝架C上的保险丝34 T2bd–2芯插头连接 T2ck–2芯插头连接 T14e–14芯插头连接 T17b–17芯插头连接 366–接地连接1，在主导线束中 384–接地连接19，在主导线束中 639–左A柱上的接地点 B278–正极连接2（15a），在主导线束中 B316–正极连接2（30a），在主导线束中 *–用于带2.0L发动机的汽车 *2–适用于排放标准C6 *3–已预先布线的部件 *4–用于后部带有全自动空调操作与显示单元的汽车 *5–依汽车装备而定

图 4–4–17

新鲜空气鼓风机开关、后部空调操作和显示单元、新鲜空气和循环空气风门开关、可加热后窗玻璃按钮、空气质量传感器、制
控制单元、车载电网控制单元、开关照明灯泡、全自动空调控制单元、新鲜空气鼓风机 冷剂循环回路压力传感器、全自动空调控制单元、可加热后窗玻璃指示灯

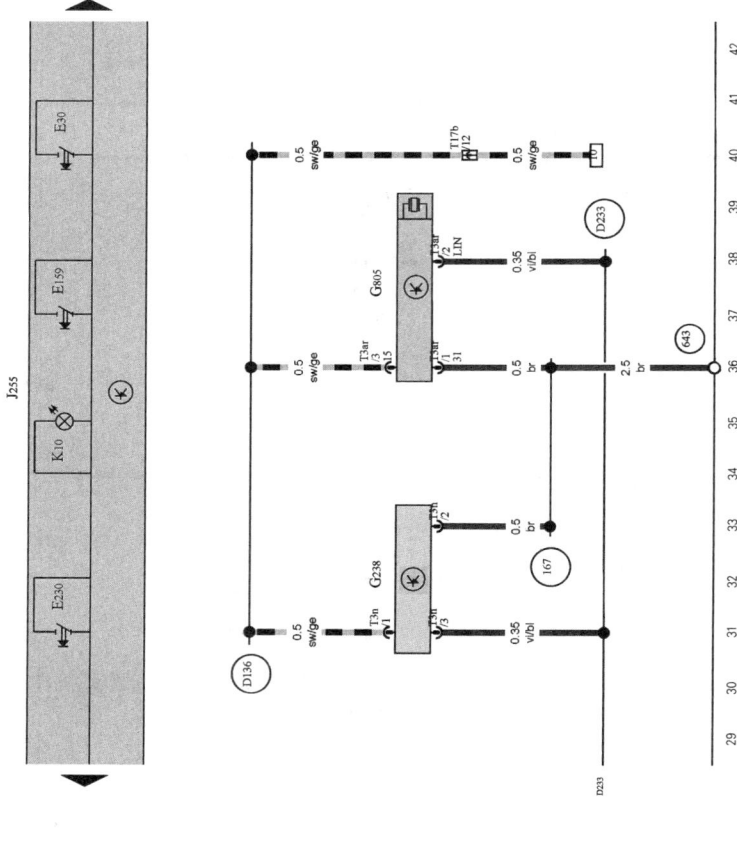

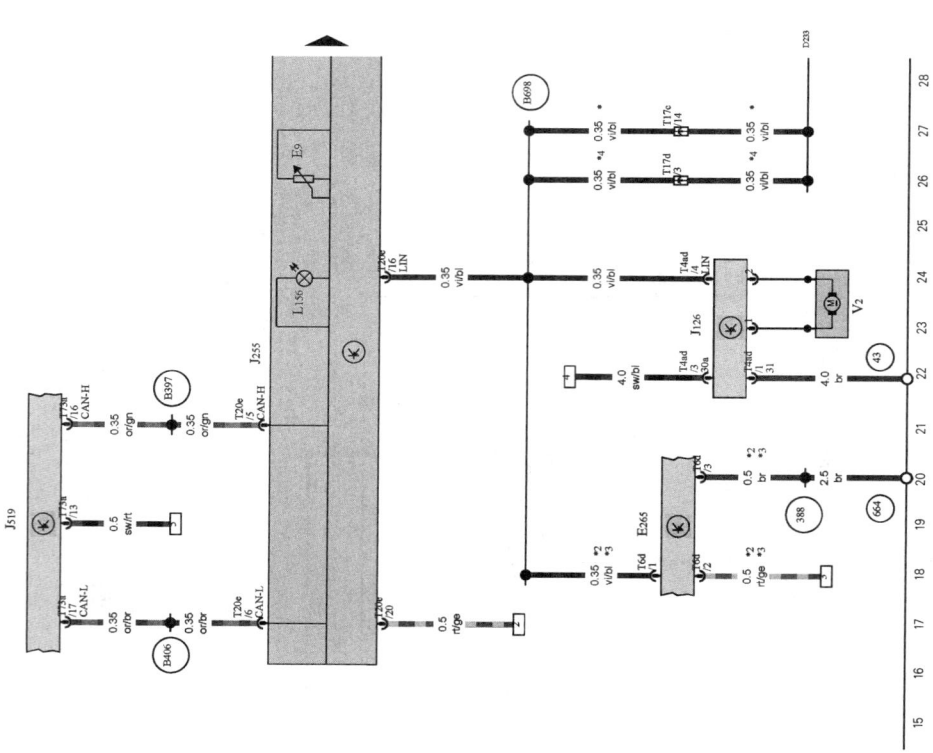

E9-新鲜空气鼓风机开关 E265-后部空调操作和显示单元 J126-新鲜空气鼓风机控制单元 J255-全自动空 E30-空调器开关 E159-新鲜空气和循环空气风门开关 E230-可加热后窗玻璃按钮 G238-空气质量传感器
调控制单元 J519-车载电网控制单元 L156-开关照明灯泡 T4ad-4芯插头连接 T6d-6芯插头连接 T17c- G805-制冷剂循环回路压力传感器 J255-全自动空调控制单元 K10-可加热后窗玻璃指示灯 T3ar-3芯插头
17芯插头连接 T17d-17芯插头连接 T20e-20芯插头连接 T73a-73芯插头连接 V2-新鲜空气鼓风机 43- 连接 T3n-3芯插头连接 T17b-17芯插头连接 167-接地连接4,在发动机舱内右 643-发动机舱内右
右侧A柱下部的接地点 388-接地连接23,在主导线束中 664-左侧仪表板后面接地点 B397-连接1(舒适 侧接地点,3 D136-正极连接2(15a),在发动机舱导线束中 D233-连接2(LIN总线),在发动机舱导线
CAN总线,High),在主导线束中 B406-连接1(舒适CAN总线,Low),在主导线束中 B698-连接3 束中
(LIN总线),在主导线束中 D233-连接2(LIN总线),在发动机舱导线束中 *-截至2017年7月 *2-用
于后部带有全自动空调操作与显示单元的汽车 *3-依汽车装备而定 *4-自2017年7月起

图4-4-18 **图4-4-19**

528

阳光照射光电传感器、日照光电传感器 2、左侧出风口温度传感器、右侧出风口温度传感器、后部出风口温度传感器、全自动空调控制单元

左侧出风口温度调节器、右侧出风口温度调节器、全自动空调控制单元、新鲜空气和车内空气循环运行模式指示灯、空调压缩机调节阀

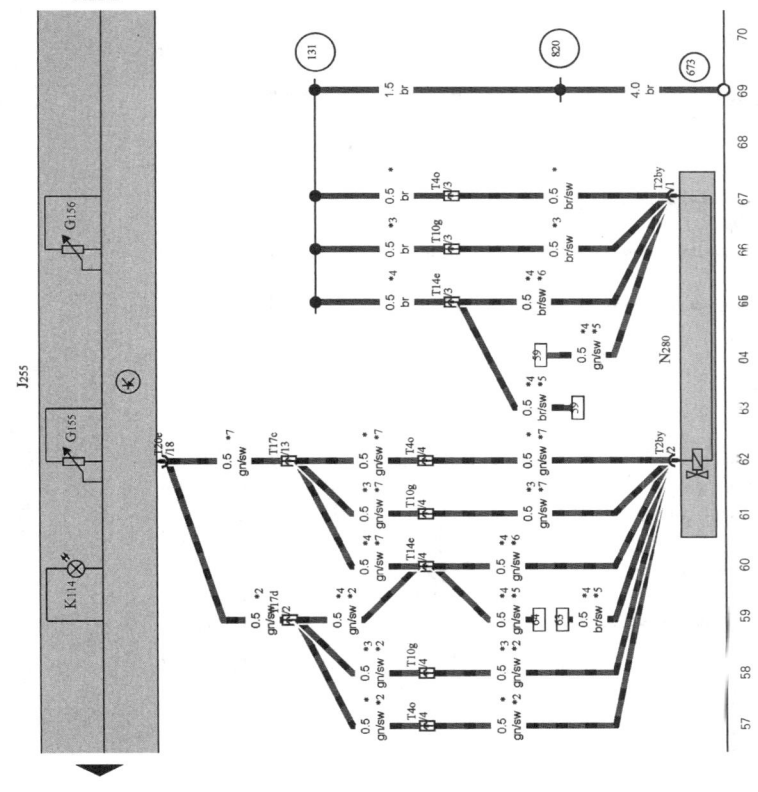

图 4-4-21

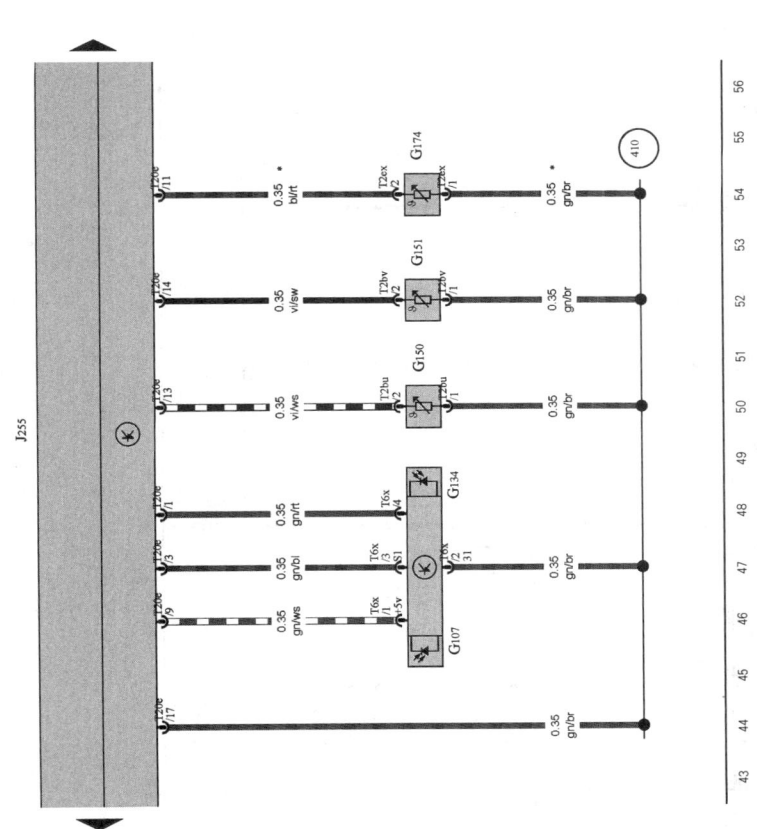

图 4-4-20

G155-左侧出风口温度调节器 G156-右侧出风口温度调节器 J255-全自动空调控制单元 K114-新鲜空气和车内空气循环运行模式指示灯 N280-空调压缩机调节阀 T2by-2芯插头连接 T4o-4芯插头连接 T10g-10芯插头连接 T14e-14芯插头连接 T17c-17芯插头连接 T17d-17芯插头连接 T20e-20芯插头连接 131-接地连接2，在发动机舱导线束中 673-左前纵梁上的接地点3 820-接地连接13，在发动机舱导线束中 *-用于带1.4L发动机的汽车 *2-自2017年7月起 *3-用于带1.8L发动机的汽车 *4-用于带2.0L发动机的汽车 *5-适用于排放标准C6 *6-适用于排放标准C5 *7-截至2017年7月

G107-阳光照射光电传感器 G134-日照光电传感器 G150-左侧出风口温度传感器2 G150-左侧出风口温度传感器 G151-右侧出风口温度传感器 G174-后部出风口温度传感器 J255-全自动空调控制单元 T2bu-2芯插头连接 T2bv-2芯插头连接 T2ex-2芯插头连接 T6x-6芯插头连接 T20e-20芯插头连接 410-接地连接1（传感器接地），在主导线束中 *-用于后部带有全自动空调操作与显示单元的汽车

前部空调操作和显示单元、除霜器运行开关、仪表板温度传感器、脚部空间出风口温度传感器、蒸发器温度传感器、全自动空调控制单元

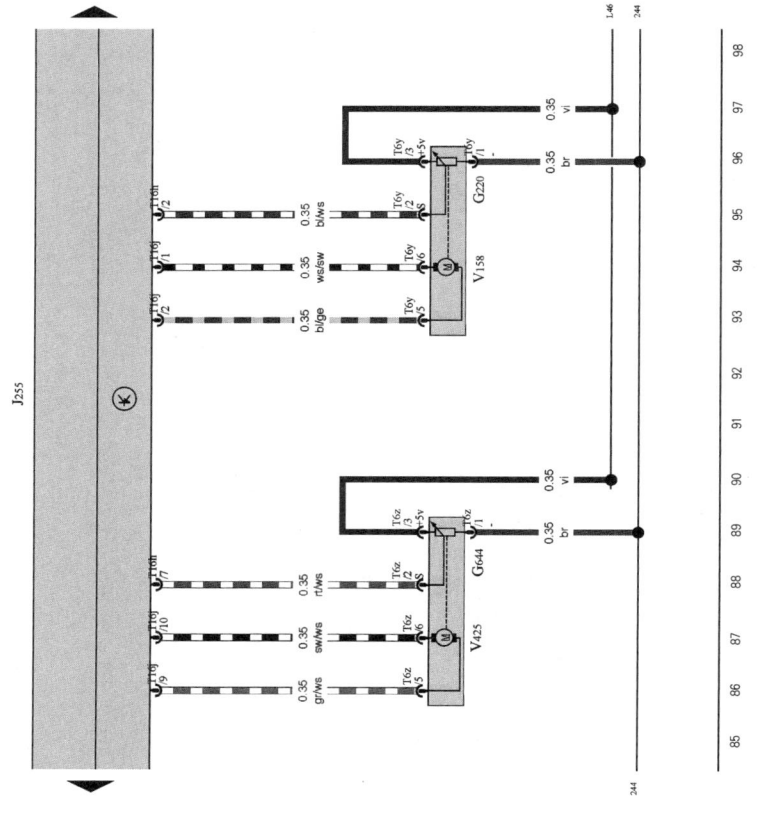

左侧温度风门伺服电机电机电位计、新鲜空气/车内空气循环/速滞压力风门伺服电机电机电位计、全自动空调控制单元、左侧温度风门伺服电机、新鲜空气/车内空气循环/速滞压力风门伺服电机

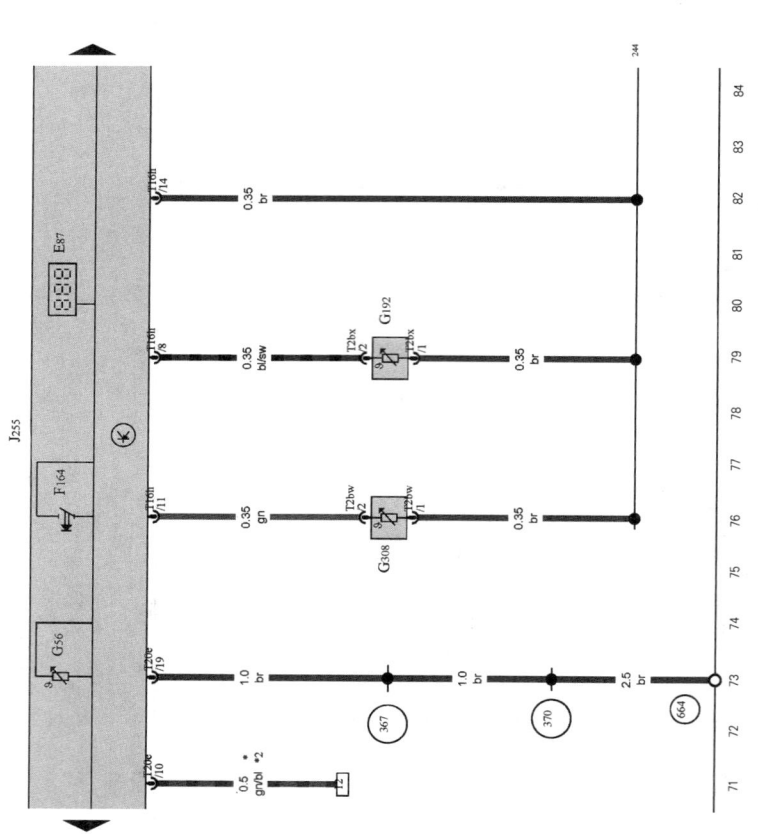

E87-前部空调操作和显示单元 F164-除霜器运行开关 G56-仪表板温度传感器 G192-脚部空间出风口温度传感器 G308-蒸发器温度传感器 J255-全自动空调控制单元 T2bw-2芯插头连接 T2bx-2芯插头连接 T16h-16芯插头连接 T20e-20芯插头连接 244-接地连接 367-在主导线束中 370-接地连接5、在主导线束中 664-左侧仪表板后面接地点 *2-适用于排放标准C6

图 4-4-22

G220-左侧温度风门伺服电机电机电位计 G644-新鲜空气/车内空气循环/速滞压力风门伺服电机电机电位计 J255-全自动空调控制单元 T6y-6芯插头连接 T6z-6芯插头连接 T16h-16芯插头连接 T16j-16芯插头连接 244-接地连接 V158-左侧温度风门伺服电机 V425-新鲜空气/车内空气循环/速滞压力风门伺服电机 L46-连接(5V)、在全自动空调操纵导线束中 244-接地连接(传感器接地)、在全自动空调导线束中

图 4-4-23

530

除霜风门伺服电机电位计、右侧温度风门伺服电机电位计、全自动空调控制单元、除霜风门伺服电机、右侧温度风门伺服电机

后部温度风门伺服电机电位计、前部气流分配风门伺服电机电位计、全自动空调控制单元、后部温度风门伺服电机、前侧气流分配风门伺服电机。

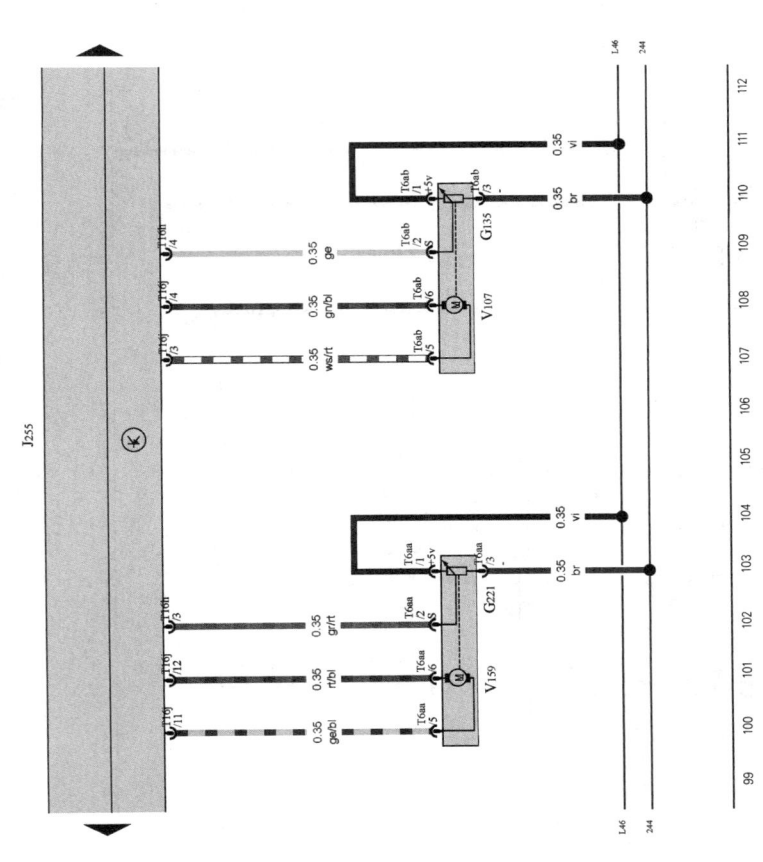

G135-除霜风门伺服电机电位计 G221-右侧温度风门伺服电机电位计 J255-全自动空调控制单元 T6aa-6芯插头连接 T6ab-6芯插头连接 T16h-16芯插头连接 T16j-16芯插头连接 V107-除霜风门伺服电机 V159-右侧温度风门伺服电机 L46-连接 244-接地连接(传感器接地),在全自动空调导线束中 *-在全自动空调操纵导线束中(5V),在全自动空调操纵导线束中

图4-4-24

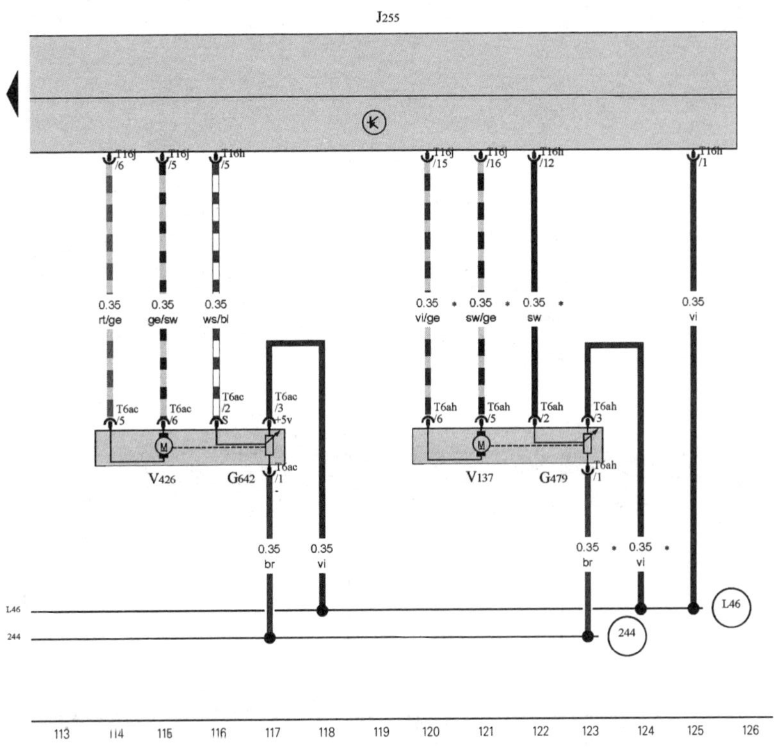

G479-后部温度风门伺服电机电位计 G642-前部气流分配风门伺服电机电位计 J255-全自动空调控制单元 T6ac-6芯插头连接 T6ah-6芯插头连接 T16h-16芯插头连接 T16j-16芯插头连接 V137-后部温度风门伺服电机 V426-前侧气流分配风门伺服电机 244-接地连接(传感器接地),在全自动空调导线束中 L46-连接(5V),在全自动空调操纵导线束中 *-用于后部带有全自动空调操作与显示单元的汽车

图4-4-25

挡风玻璃刮水器开关、间歇式刮水器运行开关、车窗玻璃刮水器间歇运行调节器、车窗玻璃清洗泵开关（自动刮水/清洗装置和大灯清洗装置）、转向柱电子装置控制单元

转向柱联锁作动器

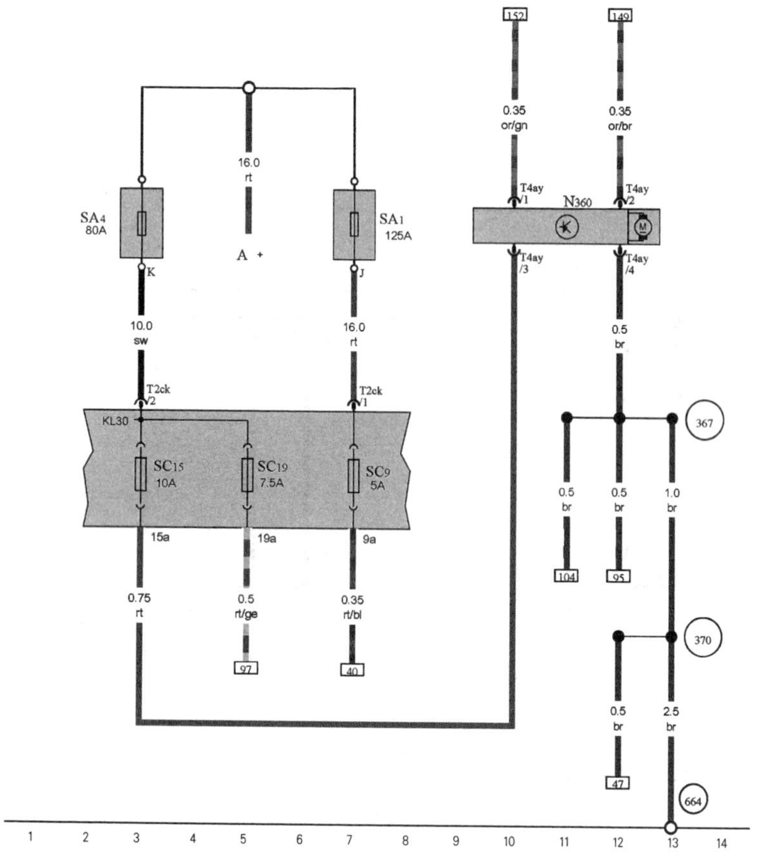

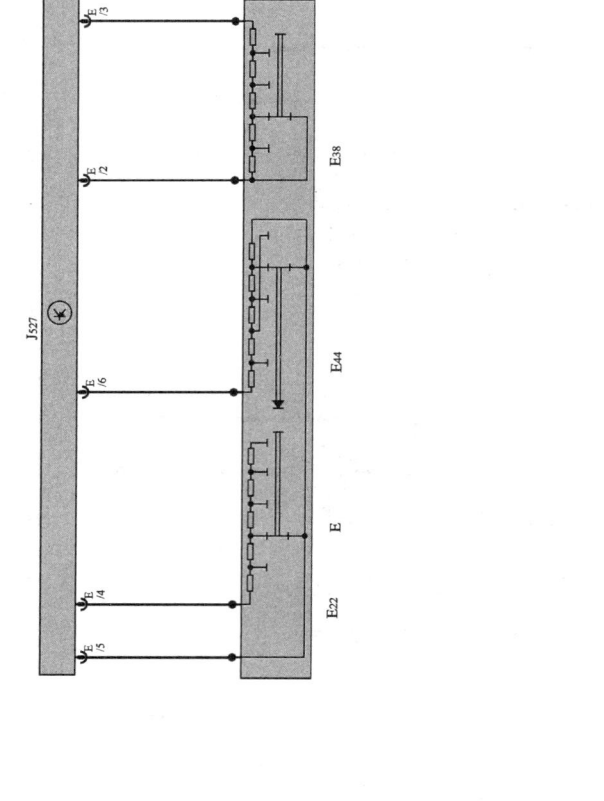

图4-4-27

E-挡风玻璃刮水器开关　E22-间歇式刮水器运行开关　E38-车窗玻璃刮水器间歇运行调节器　E44-车窗玻璃清洗泵开关（自动刮水/清洗装置和大灯清洗装置）　J527-转向柱电子装置控制单元

图4-4-26

A-蓄电池　N360-转向柱联锁作动器　SA1-保险丝架A上的保险丝1　SA4-保险丝架A上的保险丝4　SC9-保险丝架C上的保险丝9　SC15-保险丝架C上的保险丝15　SC19-保险丝架C上的保险丝19　T2ck-2芯插头连接　T4ay-4芯插头连接　367-接地连接2，在主导线束中　370-接地连接5，在主导线束中　664-左侧仪表板后面接地点

转向柱电子装置控制单元

定速巡航装置开关、GRA 设置按钮、自动车距控制按钮、车速提高按钮、车速降低按钮、
GRA 暂时关闭按钮、安全气囊卷簧和带滑环的复位环、信号喇叭、转向柱电子装置控制
单元

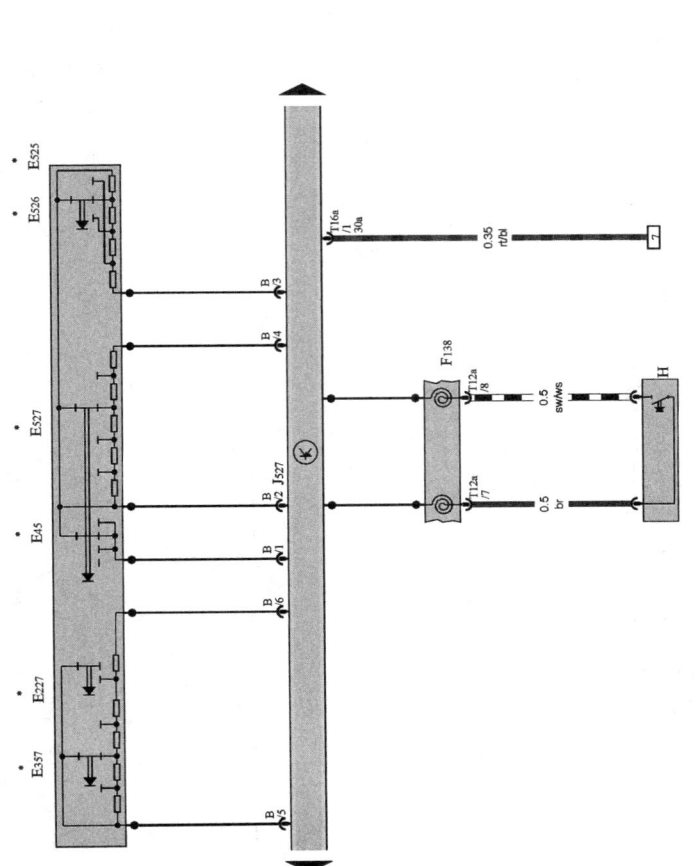

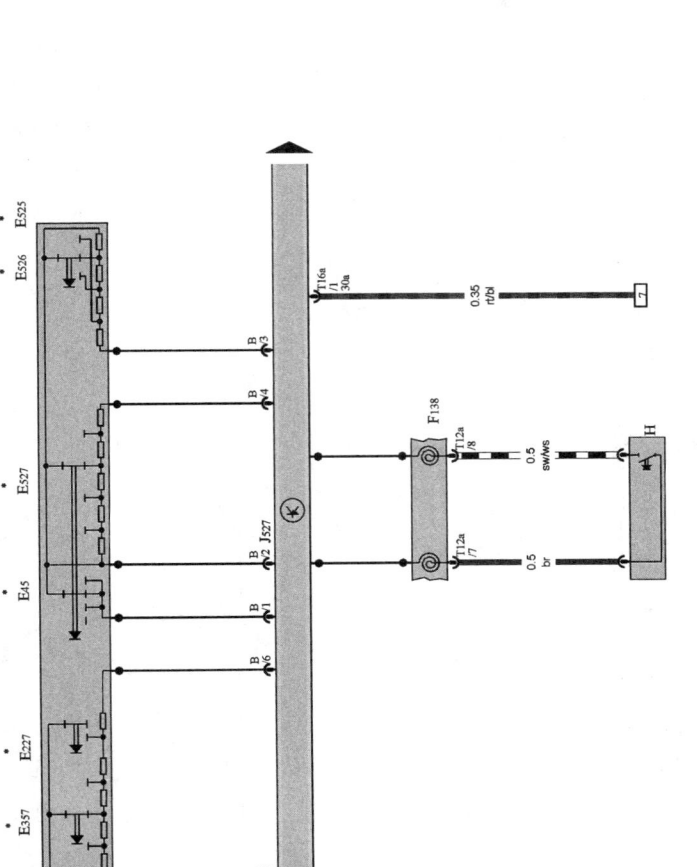

图 4-4-28

图 4-4-29

E45-定速巡航装置开关 E227-GRA 设置按钮 E357-自动车距控制按钮 E525-车速提高按钮 E526-车速
降低按钮 E527-GRA 暂时关闭按钮 F138-安全气囊卷簧和带滑环的复位环 H-信号喇叭 J527-转向柱电
子装置控制单元 T12a-12 芯插头连接 T16a-16 芯插头连接 *-仅用于带自动车距控制 (ADR) 的汽车

J527-转向柱电子装置控制单元 J623-发动机控制单元 T16a-16 芯插头连接 T17d-17 芯插头连接 371-接
地连接6, 在主导线束中 B528-连接1 (LIN总线), 在主导线束中 *-见发动机所适用的电路图

533

定速巡航装置开关、GRA 设置按钮、驾驶员辅助系统按钮、转向柱电子装置控制单元

转向信号灯开关、手动防眩目功能和远光灯瞬时接通功能开关、转向柱电子装置控制单元

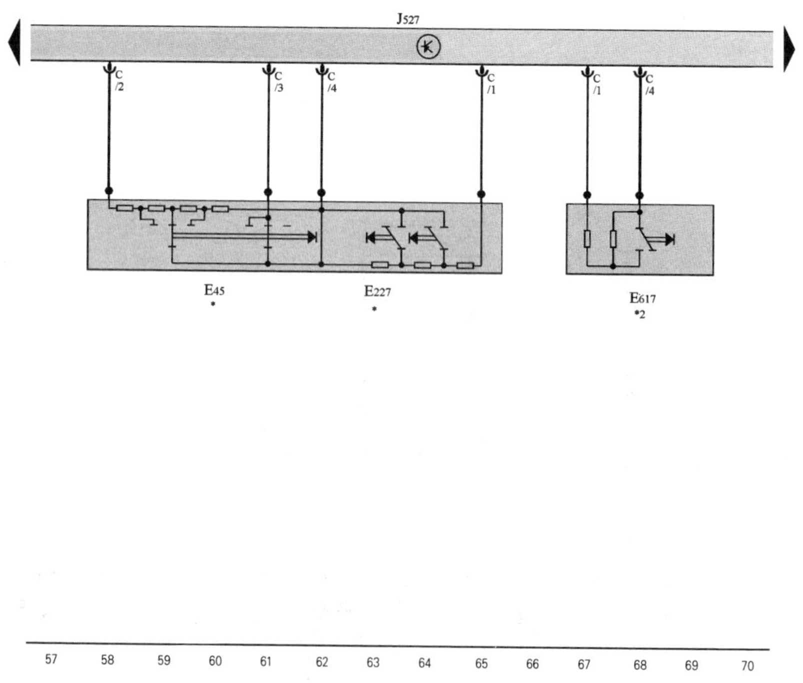

E45－定速巡航装置开关　E227－GRA设置按钮　E617－驾驶员辅助系统按钮　J527－转向柱电子装置控制单元
*－仅用于不带自动车距控制（ADR）的汽车　*2－仅用于带自动车距控制（ADR）的汽车

图 4-4-30

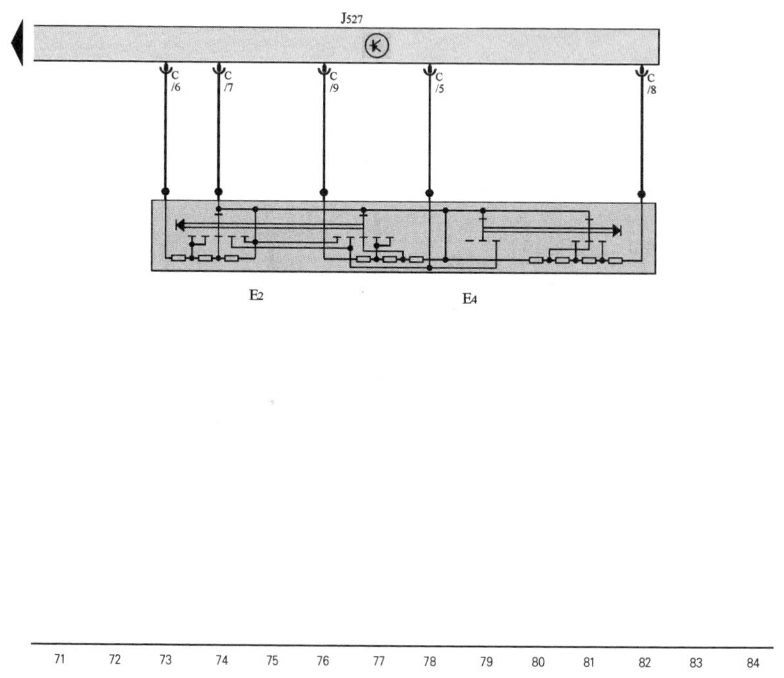

E2－转向信号灯开关　E4－手动防眩目功能和远光灯瞬时接通功能开关　J527－转向柱电子装置控制单元

图 4-4-31

534

驾驶员侧车门外把手接触传感器、进入及启动许可控制单元、驾驶员侧进入及启动系统天线

启动装置按钮、进入及启动许可控制单元、车载电网控制单元、点火启动按钮照明装置灯泡天线

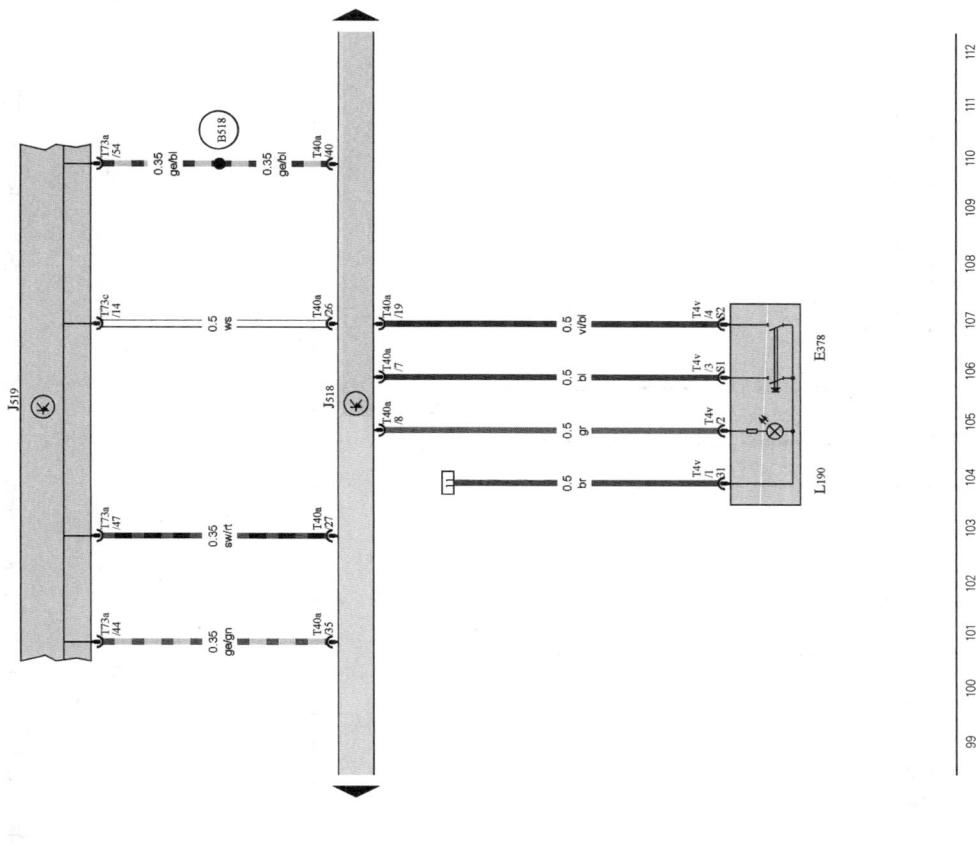

E378-启动装置按钮 J518-进入及启动许可控制单元 J519-车载电网控制单元 L190-点火启动按钮照明装置灯泡 T4v-4芯插头连接 T40a-40芯插头连接 T73a-73芯插头连接 T73c-73芯插头连接 B518-连接（86s），在主导线束中

图 4-4-33

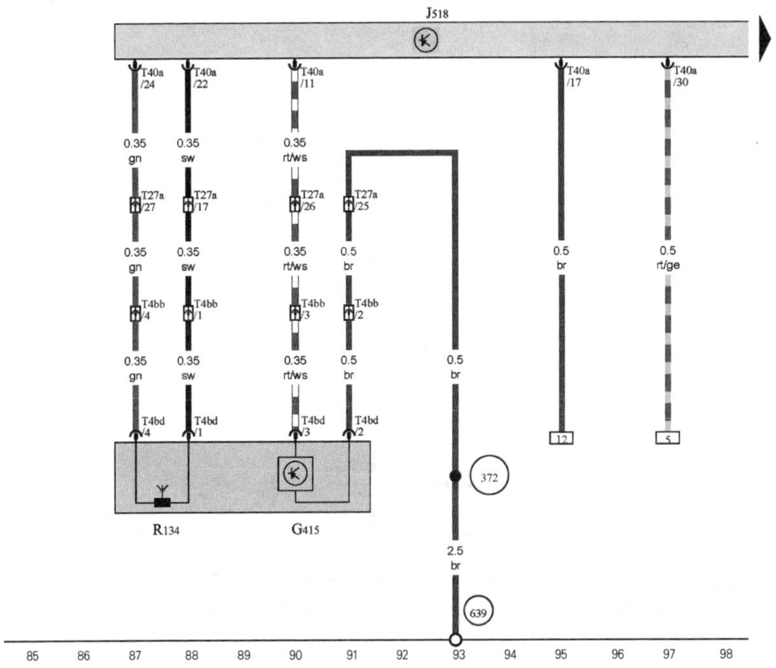

G415-驾驶员侧车门外把手接触传感器 J518-进入及启动许可控制单元 R134-驾驶员侧进入及启动系统天线 T4bb-4芯插头连接 T4bd-4芯插头连接 T27a-27芯插头连接 T40a-40芯插头连接 372-接地连接7，在主导线束中 639-接地点，在左侧A柱上

图 4-4-32

副驾驶员侧车门外把手接触传感器、进入及启动许可控制单元、副驾驶员侧进入及启动系统天线

进入及启动许可控制单元、后部保险杠内进入及启动系统天线、车内空间进入及启动系统天线、右后侧进入及启动许可天线

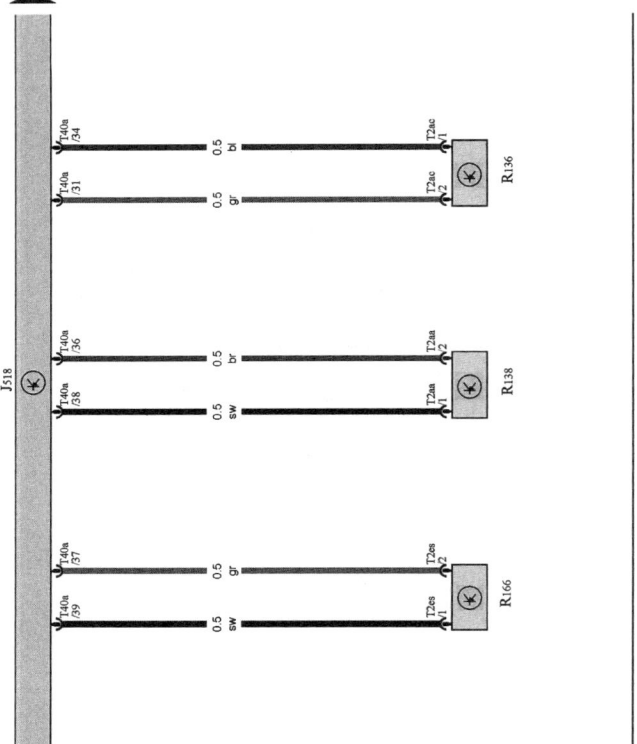

图 4-4-35

J518-进入及启动许可控制单元 R136-后部保险杠内进入及启动系统天线 R138-车内空间进入及启动系统天线 R166-右后侧进入及启动许可天线 T2aa-2芯插头连接 T2ac-2芯插头连接 T2es-2芯插头连接 T40a-40芯插头连接

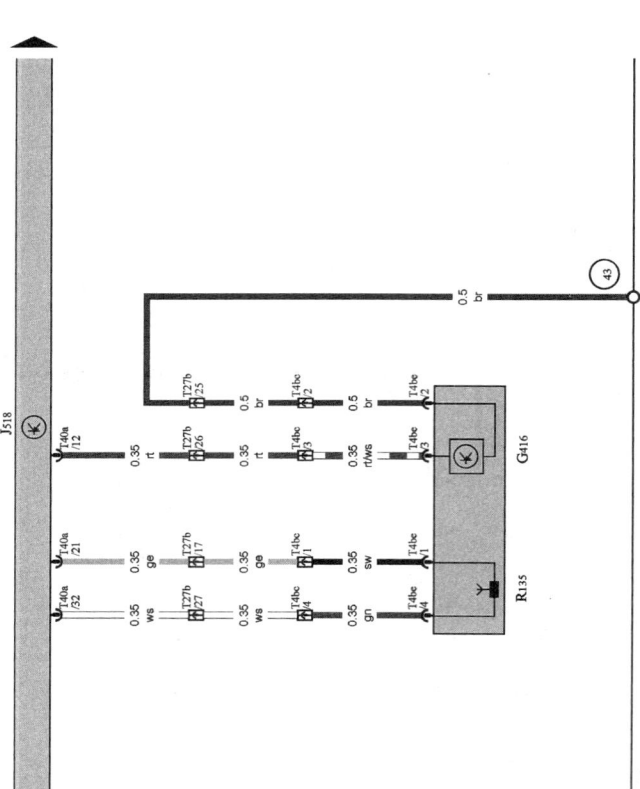

图 4-4-34

G416-副驾驶员侧车门外把手接触传感器 J518-进入及启动许可控制单元 R135-副驾驶员侧进入及启动系统天线 T4bc-4芯插头连接 T4be-4芯插头连接 T27b-27芯插头连接 T40a-40芯插头连接 43-接地点，右侧A柱下部

536

防盗锁止系统识读线圈、多功能显示器、仪表板中的控制单元、防盗锁止系统控制单元、数据总线诊断接口

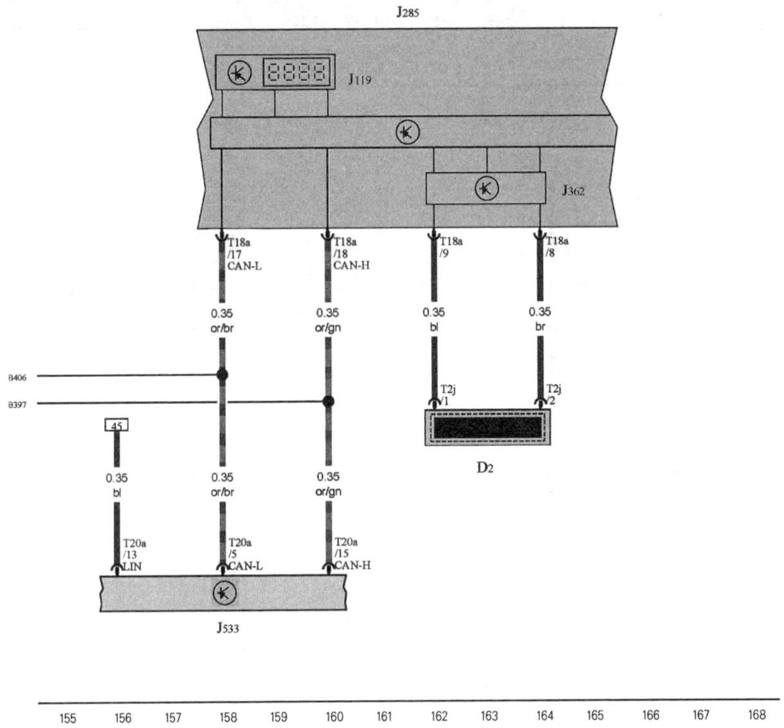

进入及启动许可控制单元、左后侧进入及启动许可天线

D2-防盗锁止系统识读线圈 J119-多功能显示器 J285-仪表板中的控制单元 J362-防盗锁止系统控制单元 J533-数据总线诊断接口 T2j-2芯插头诊断接口 T18a-18芯插头连接 T20a-20芯插头连接 B397-连接1（舒适/便捷系统CAN总线，Low），在主导线束中 B406-连接1（舒适/便捷系统CAN总线，High），在主导线束中

图 4-4-37

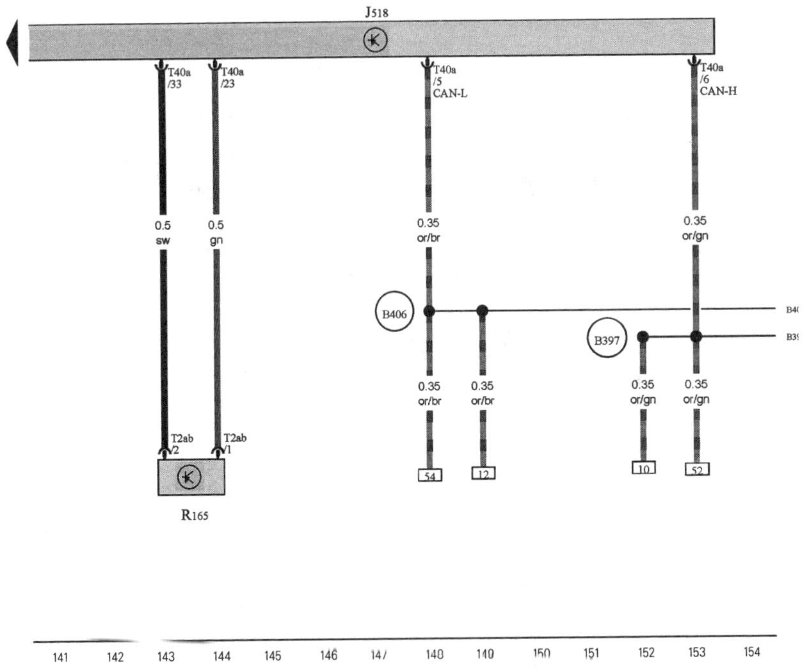

J518 进入及启动许可控制单元 R165-左后侧进入及启动许可天线 T2ab-2芯插头连接 T40a-40芯插头连接 B397-连接1（舒适/便捷系统CAN总线，Low），在主导线束中 B406-连接1（舒适/便捷系统CAN总线，High），在主导线束中

图 4-4-36

中控台开关模块 1、后备箱开锁开关、中央门锁按钮、车载电网控制单元、按钮照明灯泡、开关照明灯泡

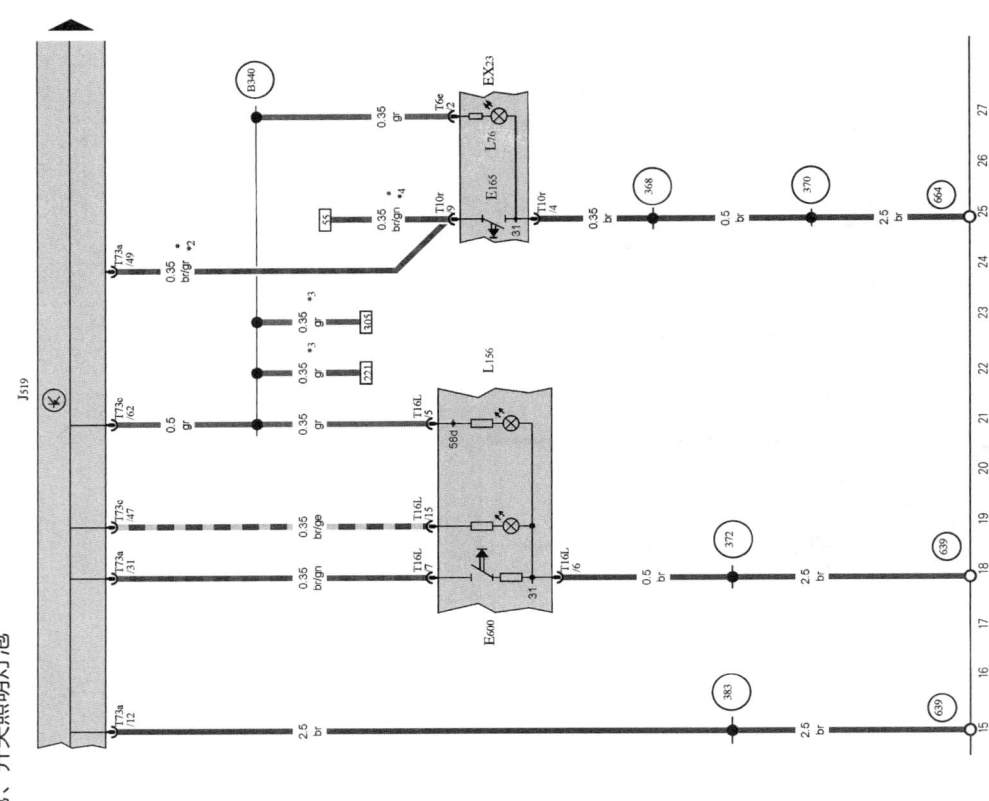

图 4-4-39

EX23-中控台开关模块1 E165-后备箱盖开锁开关 J519-车载电网控制单元 L76-按钮照明灯泡 L156-开关照明灯泡 T6c-6芯插头连接 T10r-10芯插头连接 T16L-16芯插头连接 T73a-73芯插头连接 T73c-73芯插头连接 368-接地连接5、在主导线束中 370-接地连接 372-接地连接7、在主导线束中 383-接地连接18、在主导线束中 639-左侧A柱上的接地点 664-左侧(仪表板后面接地点 B340-连接1(58d)、用于带后备箱盖关闭辅助功能的汽车 *2-自2017年7月起 *3-用于不带进入及启动许可的汽车 *4-截至2017年7月 E600-中央门锁按钮

保险丝架 C

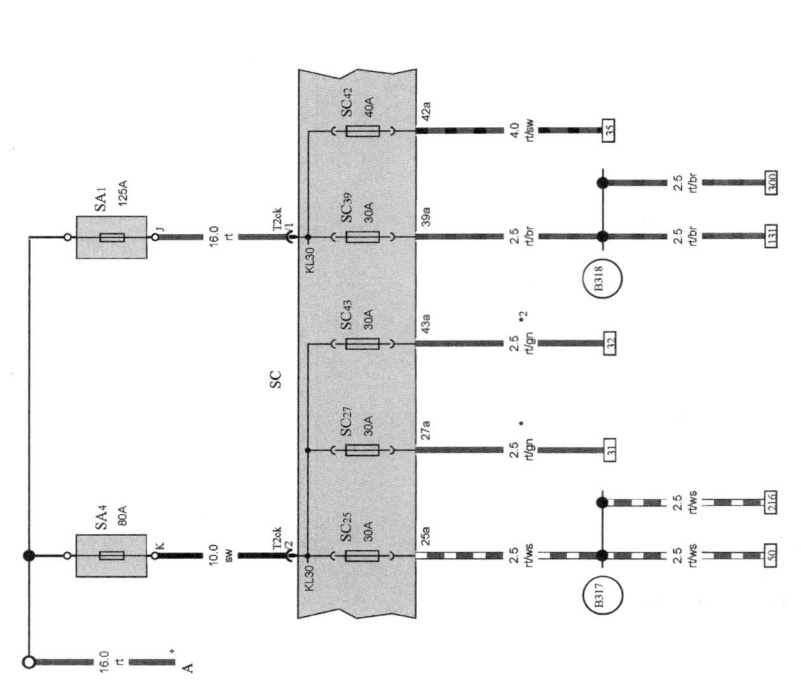

图 4-4-38

A-蓄电池 SA1-保险丝架A上的保险丝1 SA4-保险丝架A上的保险丝4 SC-保险丝C SC25-保险丝架C上的保险丝25 SC27-保险丝架C上的保险丝27 SC39-保险丝架C上的保险丝39 SC42-保险丝架C上的保险丝42 SC43-保险丝架C上的保险丝43 T2ck-2芯插头连接 B317-正极3连接3(30a)、在主导线束中 B318-正极连接4(30a)、在主导线束中 *-自2017年7月起 *2-截至2017年7月

538

驾驶员侧车门控制单元、车载电网控制单元、驾驶员侧电动升降器电机

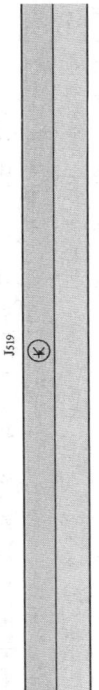

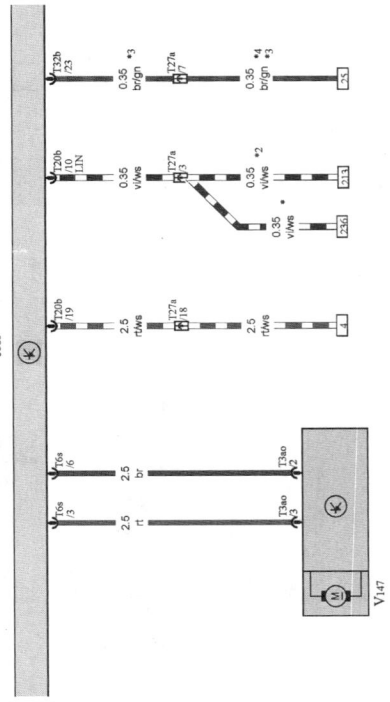

J386-驾驶员侧车门控制单元 J519-车载电网控制单元 T3ao-3芯插头连接 T6s-6芯插头连接 T20b-20芯插头连接 T27a-27芯插头连接 T32b-32芯插头连接 V147-驾驶员侧电动升降器电机 *-用于带进入及启动许可的汽车 *2-用于不带进入及启动许可的汽车 *3-截至2017年7月 *4-用于带后备箱盖关闭辅助功能的汽车

图4-4-41

后部车窗升降器锁止开关；驾驶员车门的车窗升降器操作单元；驾驶员侧前部车窗升降器操作单元；驾驶员侧后部车窗升降器按钮，在驾驶员车门中；副驾驶员侧后部车窗升降器按钮，在驾驶员车门中；驾驶员侧车门控制单元；车载电网控制单元；副驾驶员侧车窗升降器按钮，在驾驶员车门中；驾驶员侧车门控制单元；后部车窗升降器锁止指示灯；开关照明灯泡

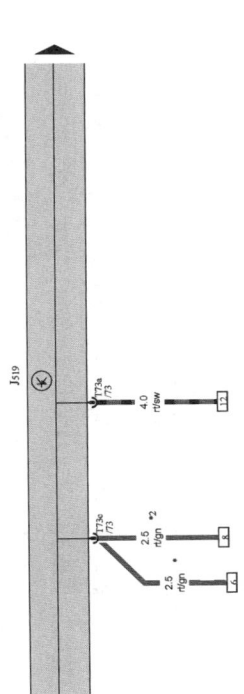

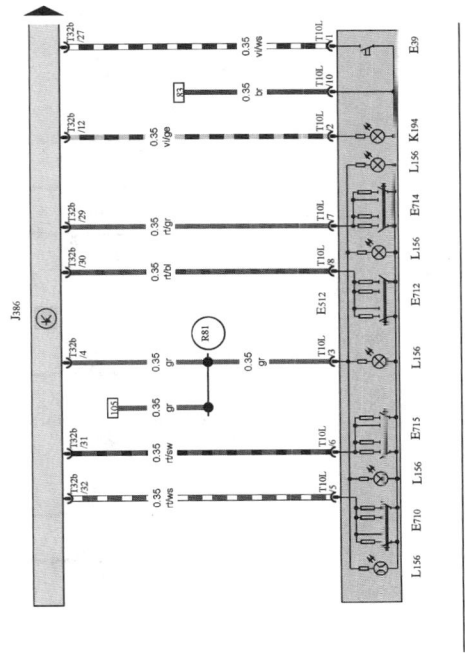

E39-后部车窗升降器锁止开关 E512-驾驶员车门中的车窗升降器操作单元 E710-驾驶员侧前部车窗升降器操作单元 E712-驾驶员侧后部车窗升降器按钮，在驾驶员车门中 E714-副驾驶员侧前部车窗升降器按钮，在驾驶员车门中 E715-副驾驶员侧后部车窗升降器按钮，在驾驶员车门中 J386-驾驶员侧车门控制单元 J519-车载电网控制单元 K194-后部车窗升降器锁止指示灯 L156-开关照明灯泡 T10L 10-芯插头连接 T32b-32芯插头连接 T73a-73芯插头连接 T73c-73芯插头连接 R81-连接 R81-连接（58d），在驾驶员侧车门电缆导线束中 *-自2017年7月起 *2-截至2017年7月

图4-4-40

驾驶员侧车门控制单元、车载电网控制单元、中央门锁Safe功能指示灯、驾驶员侧车门
内把手照明灯泡、左前车门背景照明灯1、左前车门背景照明灯2

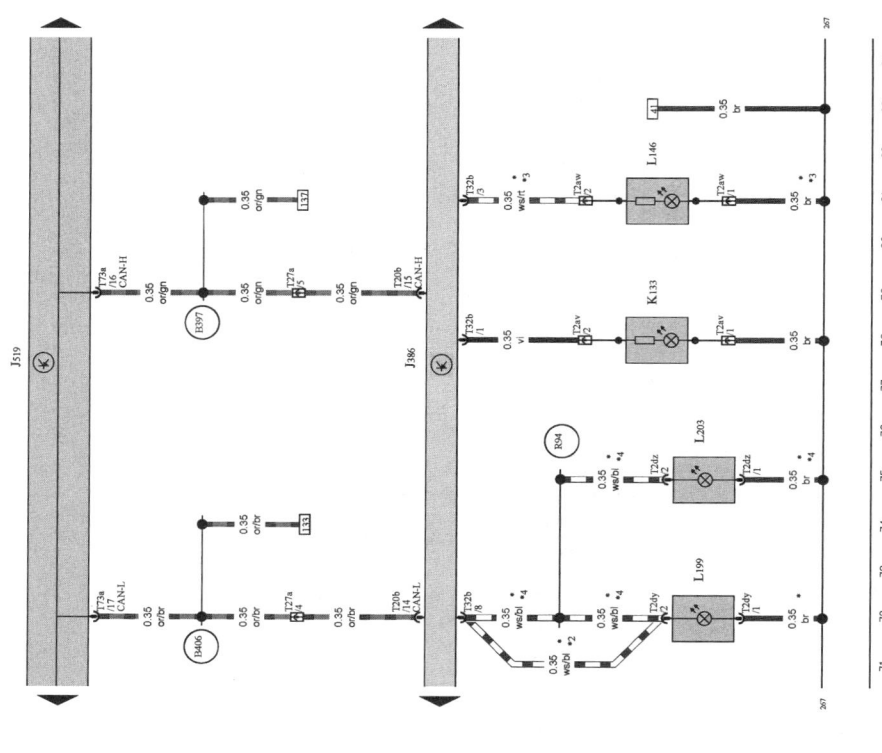

驾驶员侧车门接触开关、驾驶员侧中央门锁开关、驾驶员侧车门控制单元、车载电网控制
单元、驾驶员侧车门闭锁单元

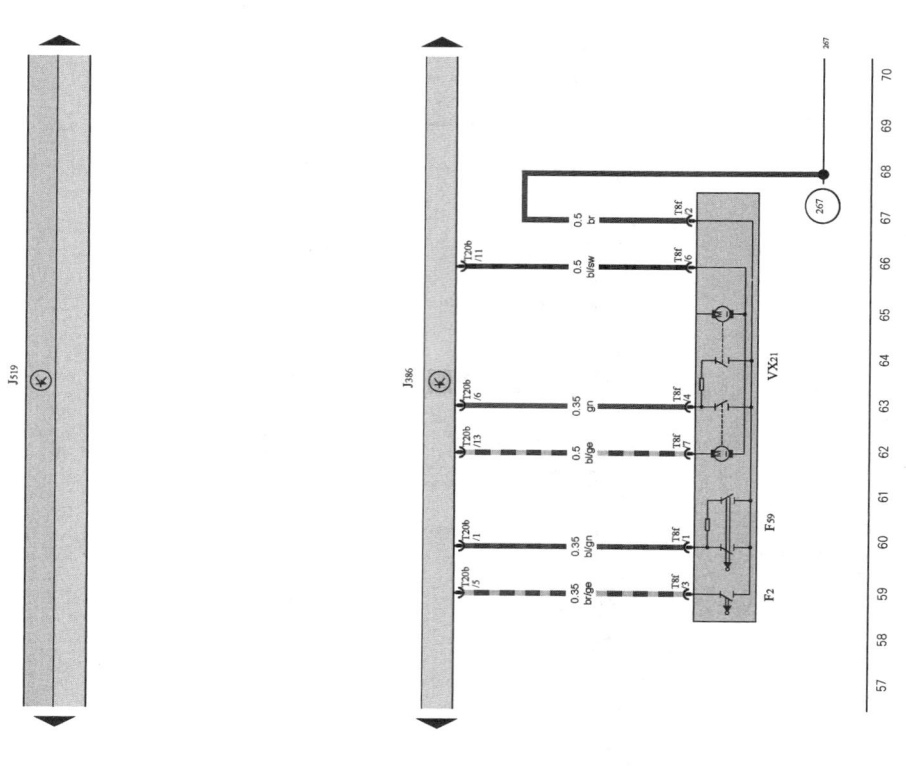

图 4-4-42

F2-驾驶员侧车门接触开关 F59-驾驶员侧中央门锁开关 J386-驾驶员侧车门控制单元 J519-车载电网控
制单元 T8f-8芯插头连接 T20b-20芯插头连接 VX21-驾驶员车门闭锁单元 267-接地连接2，在驾驶员侧
车门电缆导线束中

J386-驾驶员侧车门控制单元 J519-车载电网控制单元 K133-中央门锁Safe功能指示灯 L146-驾驶员侧车门
内把手照明灯泡 L199-左前车门背景照明灯1 L203-左前车门背景照明灯2 T2aw-2芯插头连接 T2av-2芯插
头连接 T2dy-2芯插头连接 T2dz-2芯插头连接 T20b-20芯插头连接 T27a-27芯插头连接 T32b-32芯插头
连接 T73a-73芯插头连接 267-接地连接2，在驾驶员侧车门电缆导线束中 B397-连接1（舒适CAN总线，
High），在主导线束中 B406-连接1（舒适CAN总线，Low），在主导线束中 R94-连接1，在驾驶员侧车门
电缆导线束中 *-用于带氙围灯型号2的汽车 *2-自2017年7月起 *3-用于带氙围灯型号1的汽车 *4-截至
2017年7月

图 4-4-43

540

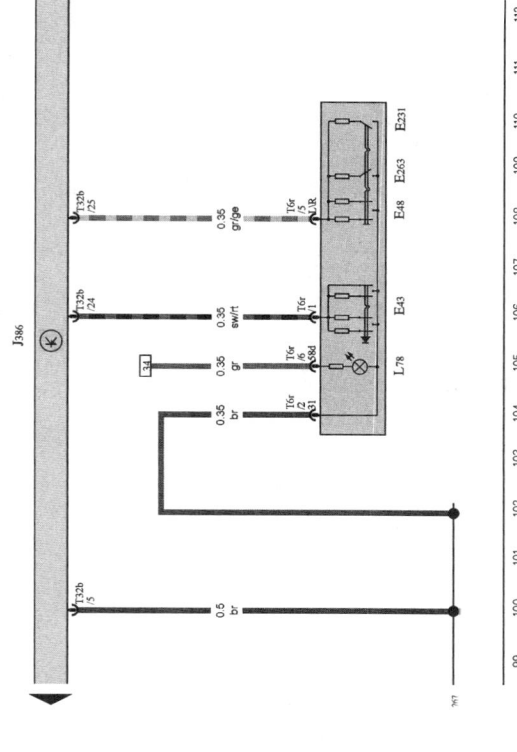

后视镜调节开关、后视镜调节转换开关、后视镜内折开关、驾驶员侧车门控制单元、车载电网控制单元、车外后视镜加热按钮、后视镜调节开关照明灯泡

E43-后视镜调节开关 E48-后视镜调节转换开关 E231-车外后视镜加热按钮 E263-后视镜内折开关
J386-驾驶员侧车门控制单元 J519-车载电网控制单元 L78-后视镜调节开关照明灯泡 T6r-6芯插头连接
T32b-32芯插头连接 267-接地连接2, 在驾驶员侧车门电缆导线束中

图4-4-45

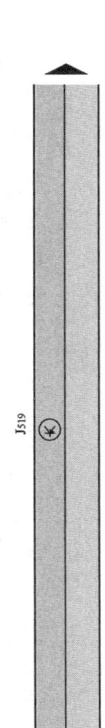

驾驶员侧车门控制单元、车载电网控制单元、左前登车照明灯、左前登车护条背景照明的、光导管

J386-驾驶员侧车门控制单元 J519-车载电网控制单元 T32b-32芯插头连接 T2aq-2芯插头连接 T2dk-2芯插头连接 T20b-20芯插头连接 T27a-27芯插头连接 W31-左前登车照明灯 W67-左前登车护条背景照明的光导管 267-接地连接2, 在驾驶员侧车门电缆导线束中 379-接地连接14, 在主导线束中 384-接地连接19, 在主导线束中 639-左A柱上的接地点 R56-连接（登车照明灯）, 在驾驶员侧车门电缆导线束中
*-用于带氛围灯型号2的汽车 *2-用于带氛围灯型号1的汽车

图4-4-44

驾驶员侧车门控制单元；车载电网控制单元；驾驶员侧外后视镜警告灯泡；驾驶员侧车外后视镜；驾驶员侧后视镜调节电机2；驾驶员侧后视镜内折电机；驾驶员侧视镜调节电机；车外后视镜内的登车照明灯，驾驶员侧；驾驶员侧可加热车外后视镜

副驾驶员侧车门控制单元、副驾驶员侧车门控制单元、车载电网控制单元、副驾驶员侧车门接触开关、副驾驶员侧车门控制单元、车载电网控制单元、副驾驶员侧车门闭锁单元

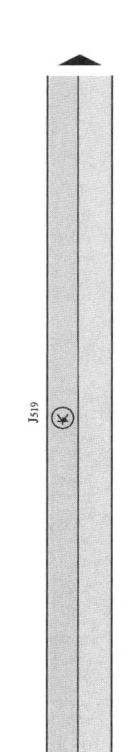

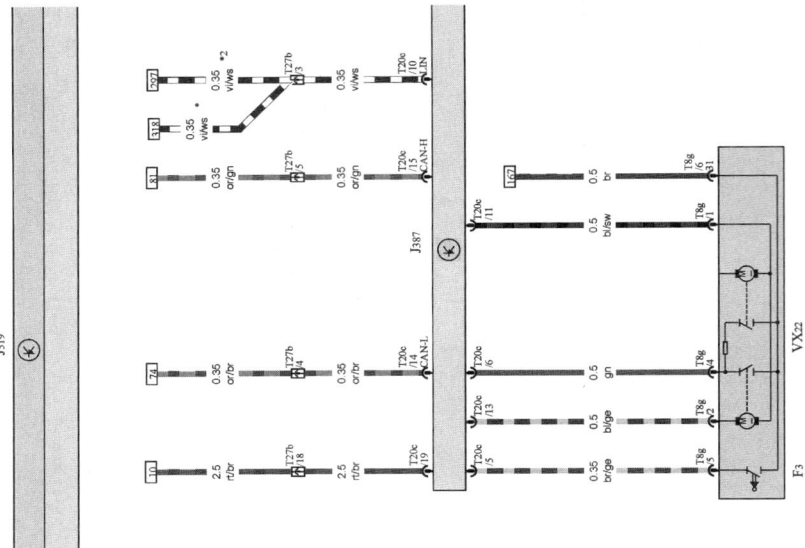

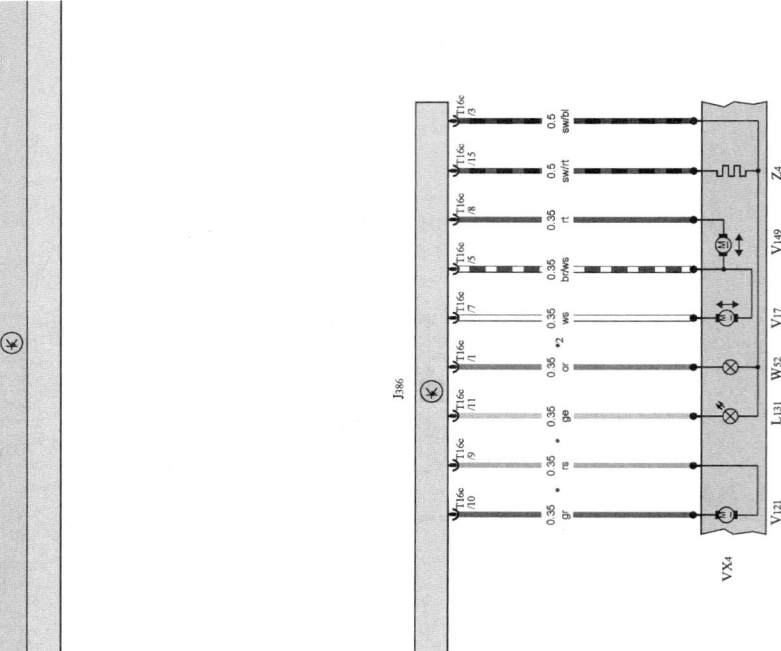

J386-驾驶员侧车门控制单元 J519-车载电网控制单元 L131-驾驶员侧外后视镜警告灯泡 T16c-16芯插头连接 VX4-驾驶员侧车外后视镜 V17-驾驶员侧后视镜调节电机 V149-驾驶员侧后视镜内折电机2 V121-驾驶员侧后视镜调节电机2 V121-驾驶员侧后视镜内折电机 W52-车外后视镜内的登车照明灯，驾驶员侧 Z4-驾驶员侧可加热车外后视镜
*-用于带后视镜折叠机构的汽车 *2-依汽车装备而定

图 4-4-46

F3-副驾驶员侧车门接触开关 J387-副驾驶员侧车门控制单元 J519-车载电网控制单元 T8g-8芯插头连接 T20c-20芯插头连接 T27b-27芯插头连接 VX22-副驾驶员侧车门闭锁单元 *-用于带进入及启动许可的汽车 *2-用于不带进入及启动许可的汽车

图 4-4-47

542

副驾驶员侧车门控制单元、车载电网控制单元、右前登车照明灯、右前登车护条背景照明的光导管

副驾驶员侧车门控制单元、车载电网控制单元、副驾驶员侧车门内把手照明灯泡、右前车门把手照明灯泡、副驾驶员侧车门背景照明灯 1、右前车门背景照明灯 2

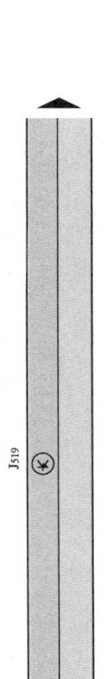

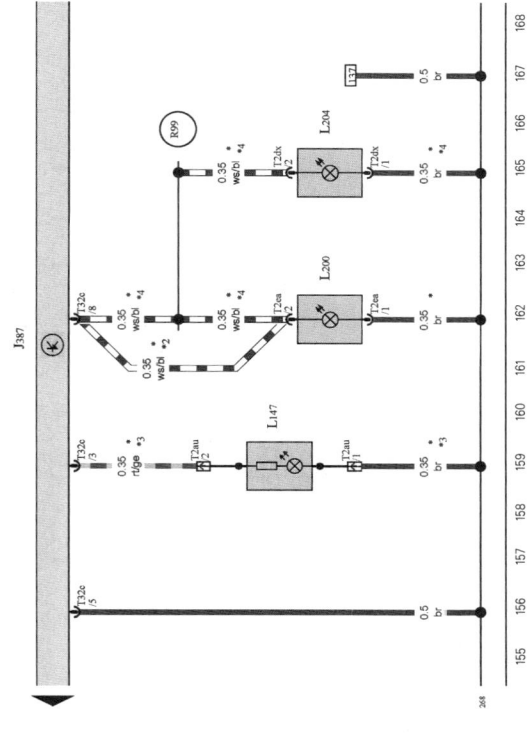

图 4-4-48

图 4-4-49

J387-副驾驶员侧车门控制单元 J519-车载电网控制单元 T2ao-2芯插头连接 T2dp-2芯插头连接 T20c-20芯插头连接 T27b-27芯插头连接 T32c-32芯插头连接 W32-右前登车照明灯 W68-右前登车护条背景照明灯 43-右侧A柱下部的接地点 268-接地连接2、在副驾驶员侧车门电缆导线束中 387-接地连接22、在主导线束中 R57-连接（登车照明灯）、在副驾驶员侧车门电缆导线束中 *-用于带氛围灯型号2的汽车 *2-用于带氛围灯型号2的汽车

J387-副驾驶员侧车门控制单元 J519-车载电网控制单元 L147-副驾驶员侧车门内把手照明灯泡 L200-右前车门背景照明灯1 L204-右前车门背景照明灯2 T2au-2芯插头连接 T2dx-2芯插头连接 T2ea-2芯插头连接 T32c-32芯插头连接 268-接地连接 R99-连接2、在副驾驶员侧车门电缆导线束中 *-用于带氛围灯型号1的汽车 *2-自2017年7月起 *3-用于带氛围灯型号2的汽车 *4-车门电缆导线束中 截至2017年7月

副驾驶员侧前部车窗升降器按钮、副驾驶员侧车门控制单元、车载电网控制单元、开关照明灯泡、副驾驶员侧电动升降器电机

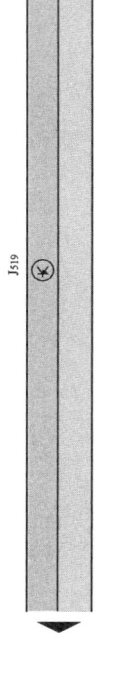

副驾驶员侧车门控制单元；车载电网控制单元；副驾驶员侧外后视镜警告灯泡；副驾驶员侧外后视镜；副驾驶员侧后视镜调节电机 2；副驾驶员侧后视镜内的登车照明灯；车外后视镜调节电机；副驾驶员侧；副驾驶员侧可加热车外后视镜

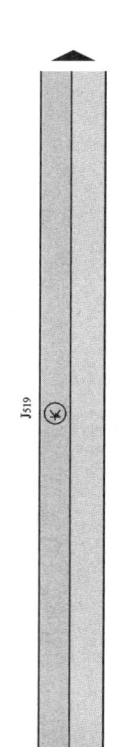

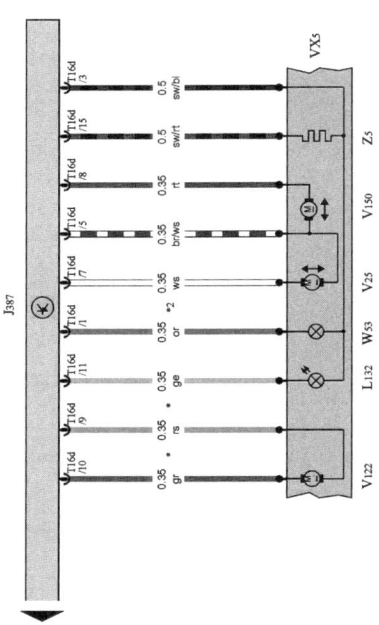

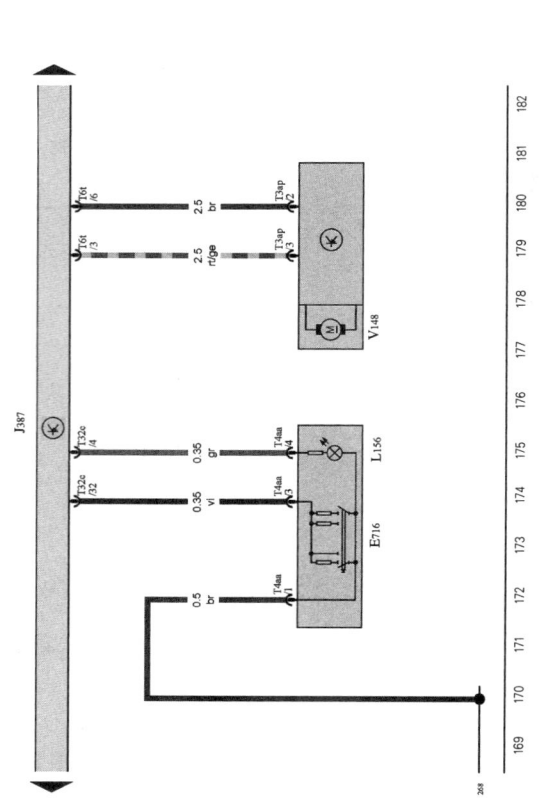

J387–副驾驶员侧车门控制单元 J519–车载电网控制单元 L132–副驾驶员侧外后视镜警告灯泡 T16d–16芯插头连接 VX5–副驾驶员侧车外后视镜 V25–副驾驶员侧后视镜调节电机2 V122–副驾驶员侧后视镜调节电机 V150–副驾驶员侧后视镜内的登车照明灯 W53–车外后视镜调节电机 Z5–副驾驶员侧可加热车外后视镜 *–用于带后视镜折叠机构的汽车 *2–依汽车装备而定

图 4-4-51

E716–副驾驶员侧前部车窗升降器按钮 J387–副驾驶员侧车门控制单元 J519–车载电网控制单元 L156–开关照明灯泡 T3ap–3芯插头连接 T4aa–4芯插头连接 T6r–6芯插头连接 T32c–32芯插头连接 V148–副驾驶员侧电动升降器电机 268–接地连接2，在副驾驶员侧车门电缆导线束中

图 4-4-50

544

左后车门接触开关、车载电网控制单元、左后车门控制单元、车载电网控制单元、开关照明灯泡、开关照明灯泡、驾驶员后侧后部车窗升降器按钮、左后车门控制单元、车载电网控制单元、驾驶员后侧后部车窗升降电机

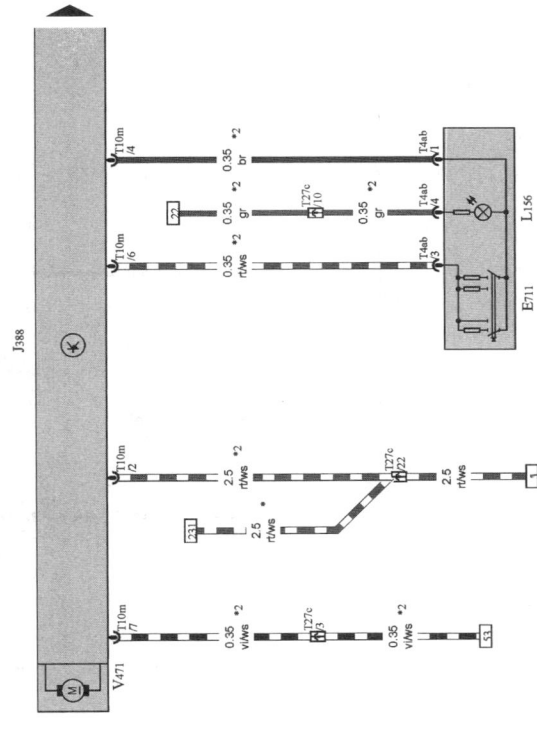

左后车门接触开关、车载电网控制单元、左后车门闭锁单元

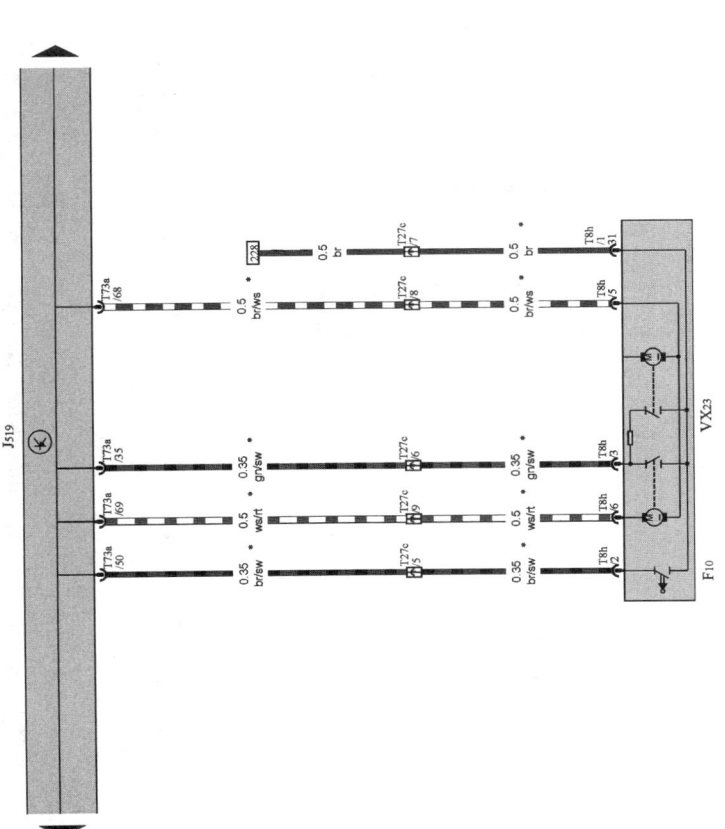

E711-驾驶员后侧后部车窗升降器按钮 J388-左后车门控制单元 J519-车载电网控制单元 L156-开关照明灯泡 T4ab-4芯插头连接 T10m-10芯插头连接 T27c-27芯插头连接 V471-驾驶员后侧后部车窗升降器电机 *-用于带进入及启动许可的汽车 *2-用于不带进入及启动许可的汽车

图 4-4-53

F10-左后车门接触开关 J519-车载电网控制单元 T8h-8芯插头连接 T27c-27芯插头连接 T73a-73芯插头连接 VX23-左后车门闭锁单元 *-用于不带进入及启动许可的汽车

图 4-4-52

左后车门控制单元、车载电网控制单元、驾驶员侧后部车窗升降器电机

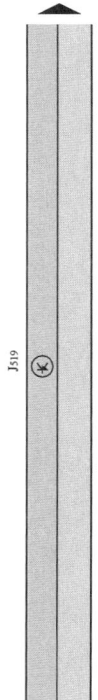

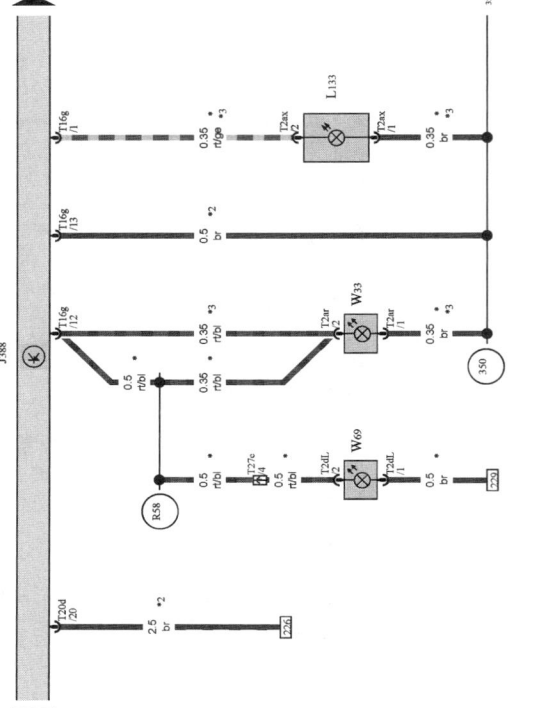

图 4-4-54

J388-左后车门控制单元 J519-车载电网控制单元 T3a-3芯插头连接 T6k-6芯插头连接 T10m-10芯插头
连接 T20d-20芯插头连接 T27c-27芯插头连接 V471-驾驶员侧后部车窗升降器电机 77-左侧B柱下方的接
地点 382-接地连接17，在主导线束中 *-用于带进入及启动许可的汽车 *2-用于不带进入及启动许可的
汽车 *3-用于带氛围灯型号2的汽车

左后车门控制单元、车载电网控制单元、左后侧车门内把手照明灯泡、左后登车照明灯、
左后登车护条背景照明的光导管

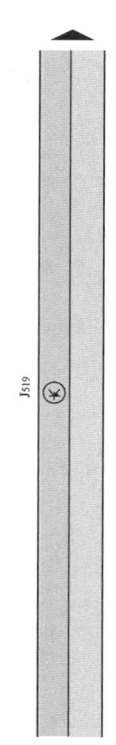

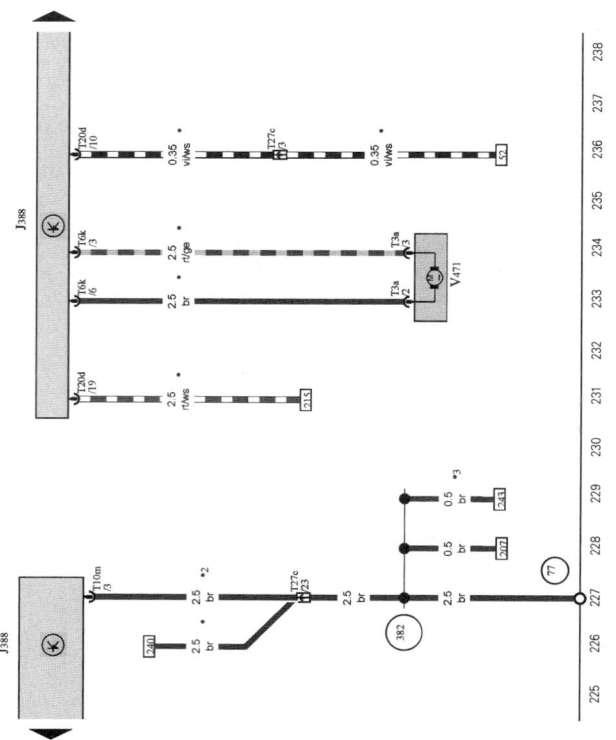

图 4-4-55

J388-左后车门控制单元 J519-车载电网控制单元 L133-左后侧车门内把手照明灯泡 T2ar-2芯插头连接
T2ax-2芯插头连接 T2dL-2芯插头连接 T16g-16芯插头连接 T20d-20芯插头连接 T27c-27芯插头连接
W33-左后登车照明灯 W69-左后登车护条背景照明的光导管 350-接地连接2，在左后车门电缆导线束中
R58-连接（登车照明灯），在左后车门电缆导线束中 *-用于带氛围灯型号2的汽车 *2-用于带进入及启
动许可的汽车 *3-用于带氛围灯型号1的汽车

546

左后车门接触开关、左后车门控制单元、车载电网控制单元、左后车门闭锁单元

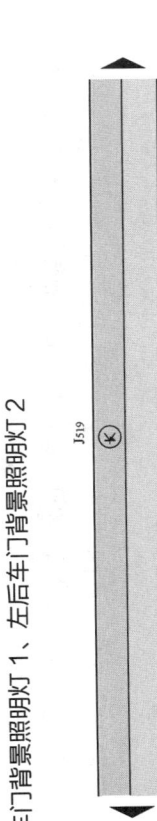

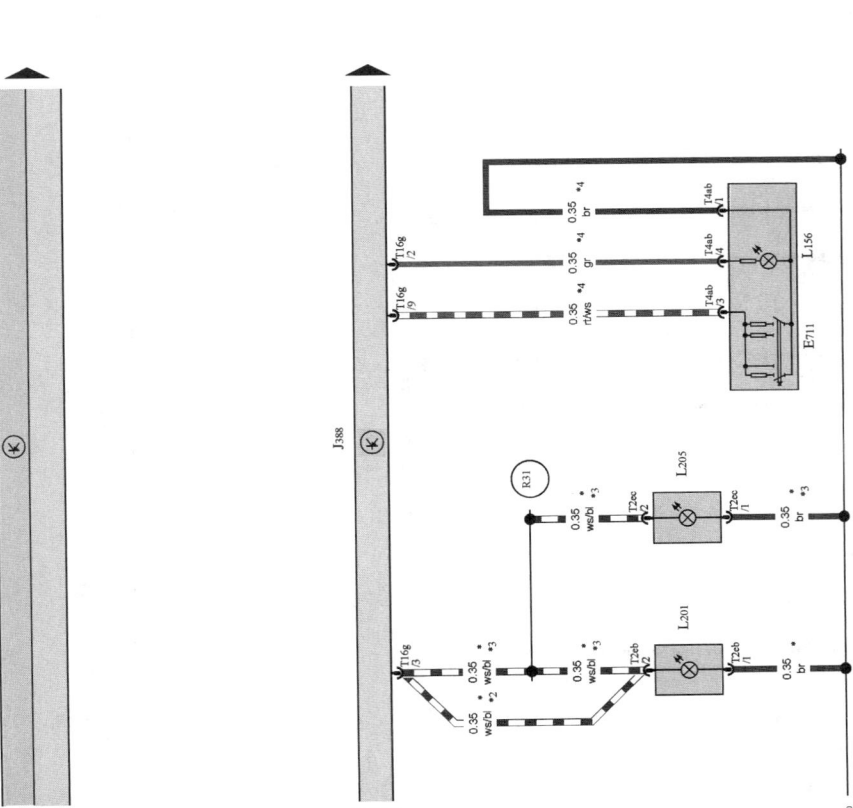

267　268　269　270　271　272　273　274　275　276　277　278　279　280

F10-左后车门闭锁单元　J388-左后车门控制单元　J519-车载电网控制单元　T8h-8芯插头连接　T20d-20芯
插头连接　VX23-左后车门闭锁单元　*-用于带进入及启动许可的汽车

图 4-4-57

驾驶员侧后车窗升降器按钮、左后车门控制单元、车载电网控制单元、开关照明灯泡、
左后车门背景照明灯 1、左后车门背景照明灯 2

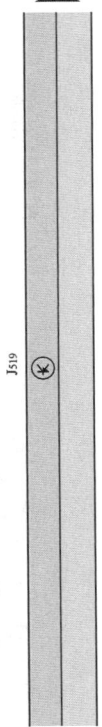

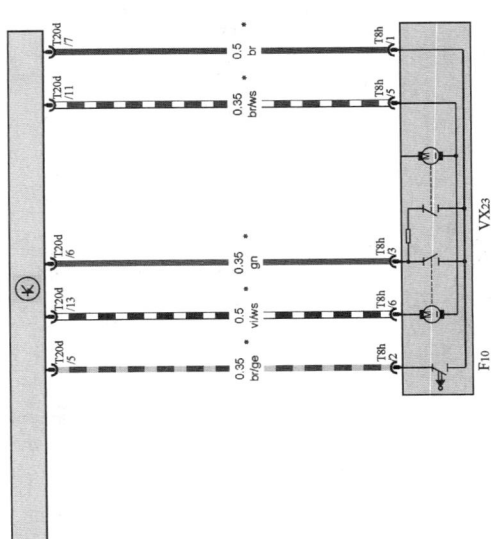

253　254　255　256　257　258　259　260　261　262　263　264　265　266

E711-驾驶员侧后部车窗升降器按钮　J388-左后车门控制单元　J519-车载电网控制单元　L156-开关照明
灯泡　L201-左后车门背景照明灯1　L205-左后车门背景照明灯2　T2eb-2芯插头连接　T2ec-2芯插头连接
T4ab-4芯插头连接　T16g-16芯插头连接　350-接地连接　R31-连接1，在左后
车门电缆导线束中　*2-自2017年7月起　*3-截至2017年7月　*4-用于带进入
及启动许可的汽车

图 4-4-56

547

右后车门接触开关、车载电网控制单元、右后车门闭锁单元、右后车门闭锁单元、油箱盖锁止装置电机

副驾驶员侧后部车窗升降器按钮、右后车门控制单元、车载电网控制单元、开关照明灯泡、副驾驶员侧后部车窗升降器电机

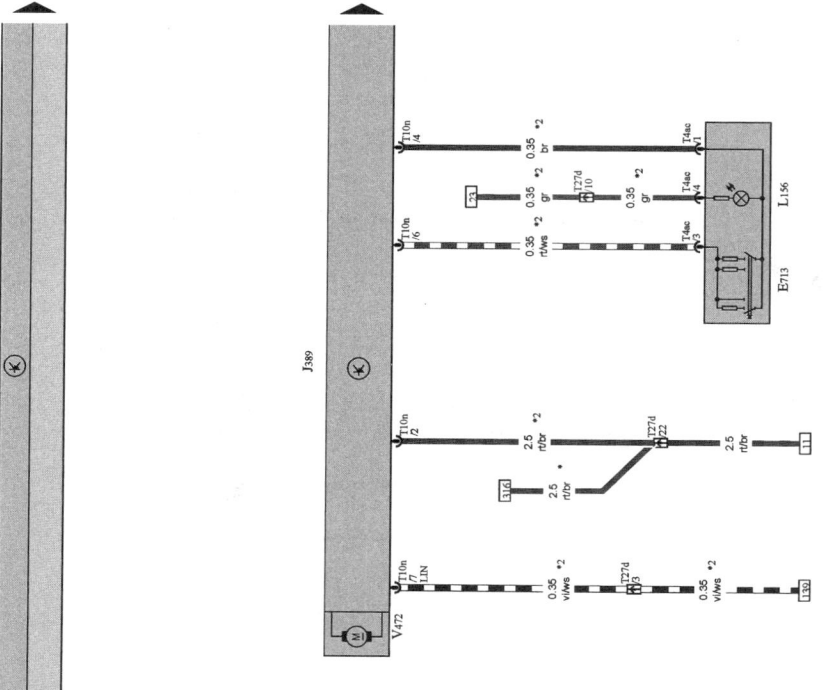

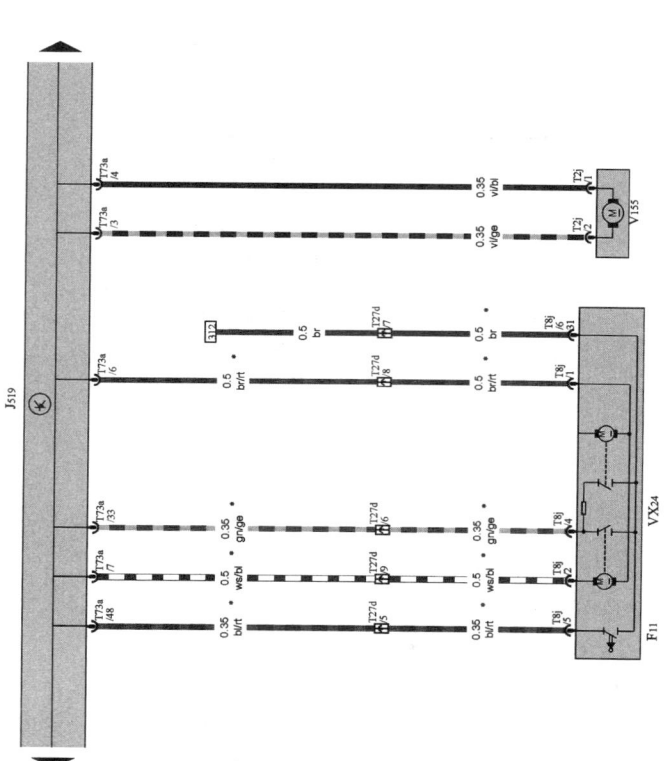

图 4-4-59

E713-副驾驶员侧后部车窗升降器按钮 J389-右后车门控制单元 J519-车载电网控制单元 L156-开关照明灯泡 T4ac-4芯插头连接 T10n-10芯插头连接 T27d-27芯插头连接 V472-副驾驶员侧后部车窗电机 *-用于带进入及启动许可的汽车 *2-用于不带进入及启动许可的汽车

图 4-4-58

F11-右后车门接触开关 J519-车载电网控制单元 T2j-2芯插头连接 T8j-8芯插头连接 T27d-27芯插头连接 T73a-73芯插头连接 VX24-右后车门闭锁单元 V155-油箱盖锁止装置电机 *-用于不带进入及启动许可的汽车 *2-用于带进入及启动许可的汽车

548

右后车门控制单元、车载电网控制单元、右后侧车门内把手照明灯泡、右后登车照明灯、
右后侧车门门把手照明灯泡、右后登车护条背景照明的光导管

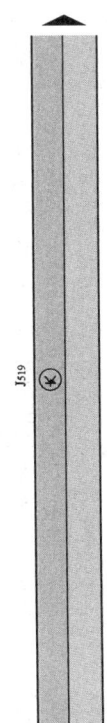

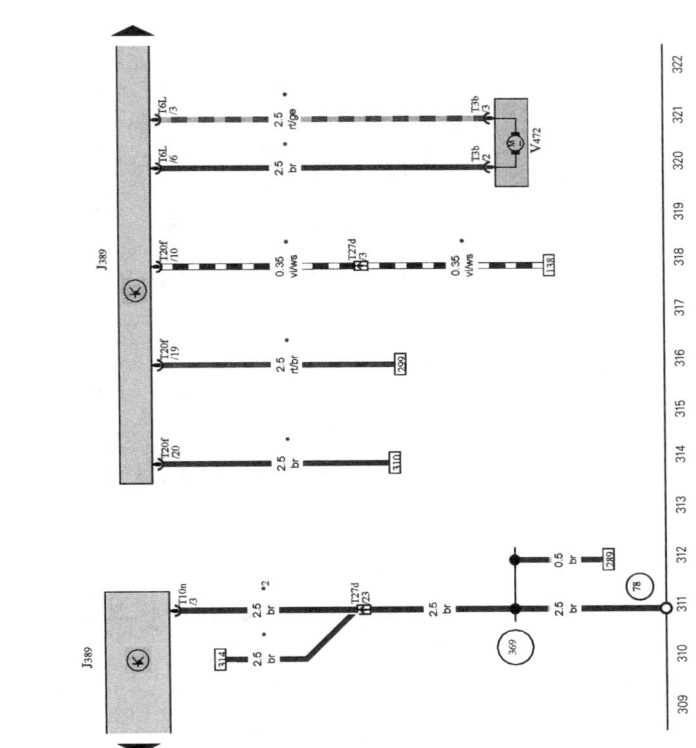

J389-右后车门控制单元 J519-车载电网控制单元 L134-右后侧车门内把手照明灯泡 T2ad-2芯插头连接
T2ay-2芯插头连接 T2eL-2芯插头连接 T16k-16芯插头连接 T27d-27芯插头连接 W34-右后登车照明灯
W70-右后登车护条背景照明的光导管 351-接地连接2，右后车门电缆导线束中 R59-连接（登车照明
灯），右后车门电缆导线束中 *-用于带氛围灯型号2的汽车 *2-用于带氛围灯型号1的汽车 *3-用于带
进入及启动许可的汽车

图 4-4-61

右后车门控制单元、车载电网控制单元、副驾驶员侧后部车窗升降器电机

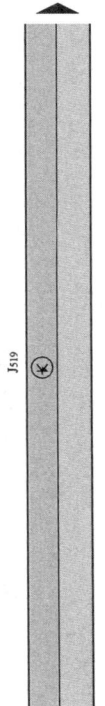

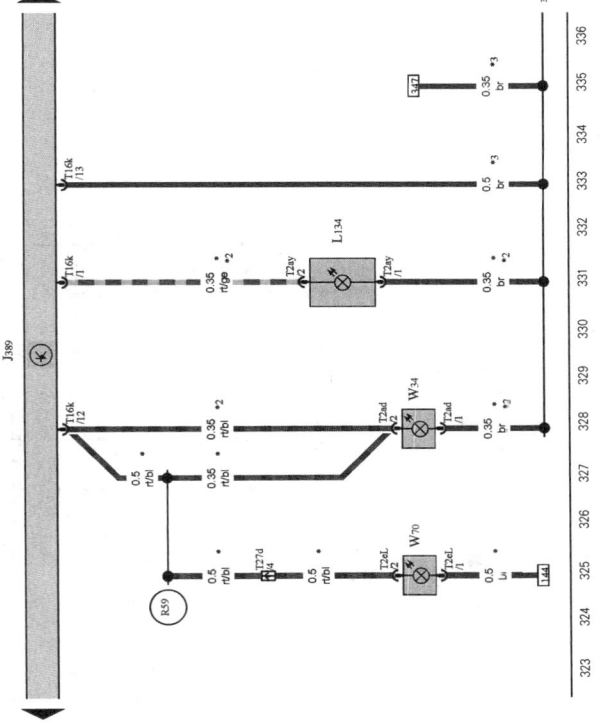

J389-右后车门控制单元 J519-车载电网控制单元 T3b-3芯插头连接 T6L-6芯插头连接 T10m-10芯插头
连接 T27d-27芯插头连接 V472-副驾驶员侧后部车窗升降器电机 78-右侧B柱下部接地点 369-接地连接
4，在主导线束中 *-用于带进入及启动许可的汽车 *2-用于不带进入及启动许可的汽车

图 4-4-60

549

右后车门接触开关、右后车门控制单元、车载电网控制单元、右后车门闭锁单元

副驾驶员侧后部车窗升降器按钮、右后车门控制单元、车载电网控制单元、开关照明灯泡、右后车门背景照明灯 1、右后车门背景照明灯 2

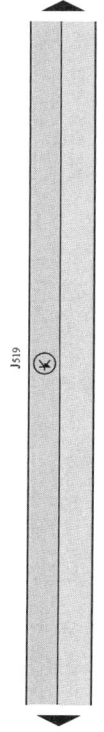

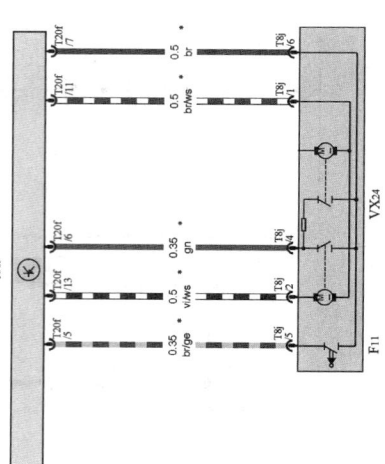

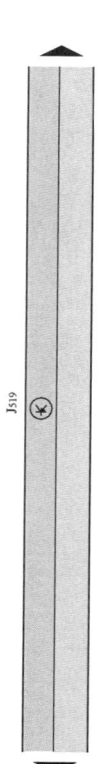

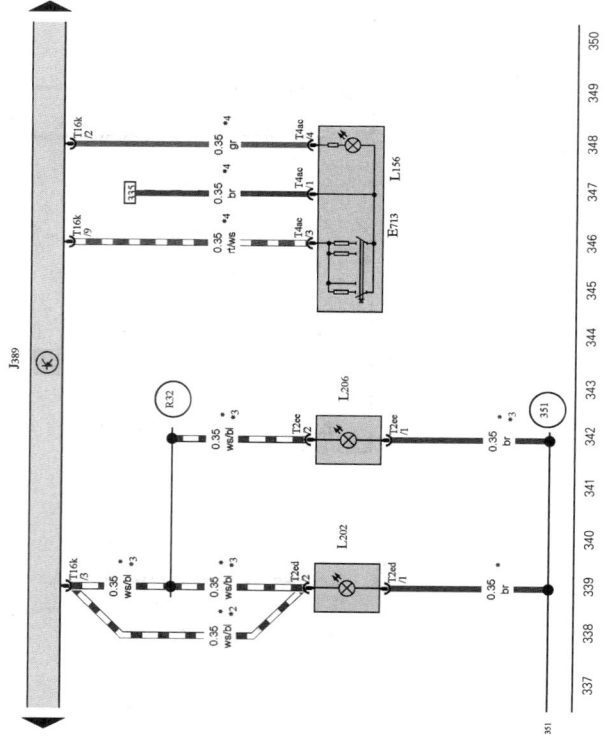

F11–右后车门接触开关　J389–右后车门控制单元　J519–车载电网控制单元　T8j–8芯插头连接　T20f–20芯插头连接　VX24–右后车门闭锁单元　*–用于带进入及启动许可的汽车

图 4-4-63

E713–副驾驶员侧后部车窗升降器按钮　J389–右后车门控制单元　J519–车载电网控制单元　L156–开关照明灯泡　L202–右后车门背景照明灯1　L206–右后车门背景照明灯2　T2ed–2芯插头连接　T2ee–2芯插头连接　T4ac–4芯插头连接　T16k–16芯插头连接　351–接地连接，右后车门电缆导线束中　R32–连接2，在右后车门电缆导线束中　*–用于带氛围灯型号2的汽车　*2–自2017年7月起　*3–截至2017年7月　*4–用于带进入及启动许可的汽车

图 4-4-62

550

驾驶员腰部支撑调节开关、驾驶员座椅调节控制单元

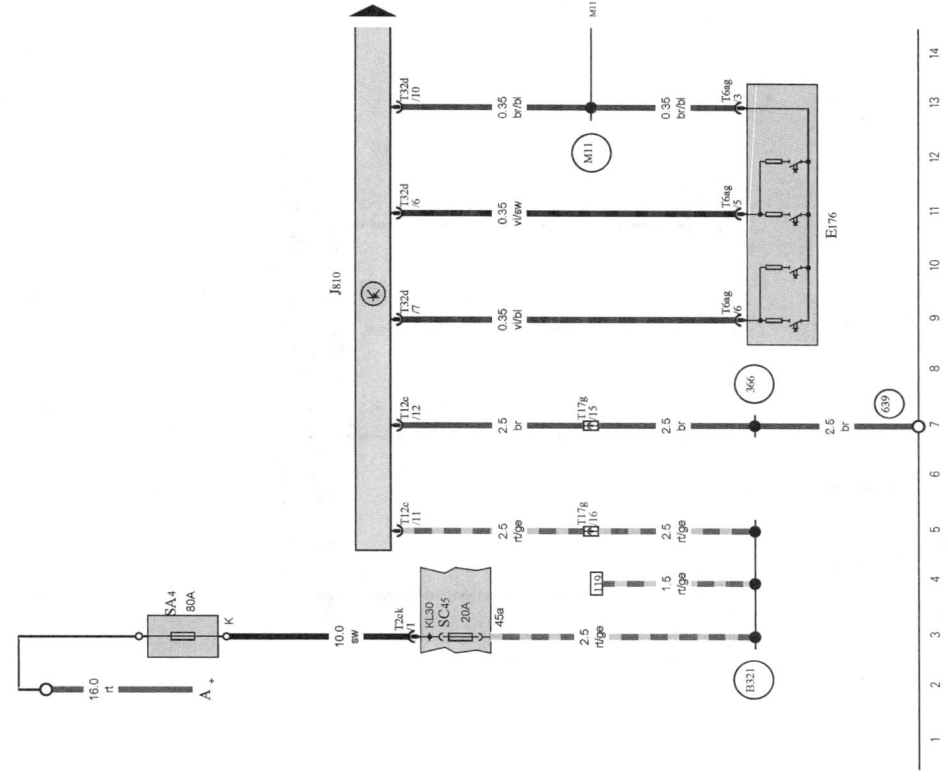

A-蓄电池 E176-驾驶员座椅调节控制单元 J810-驾驶员座椅调节控制单元 SA4-保险丝架A上的保险丝4
SC45-保险丝架C上的保险丝45 T2ck-2芯插头连接 T6ag-6芯插头连接 T12c-12芯插头连接 T17g-17芯
插头连接 T32d-32芯插头连接 366-接地连接1, 在主导线束中 639-左柱A柱上的接地点 B321-正极连接7
(30a), 在驾驶员侧座椅调节导线束中 T32d、T6ag、M11-连接2, 在驾驶员侧座椅调节导线束中

图4-4-65

后备箱盖闭锁单元、车载电网控制单元、后备箱盖中央门锁电机

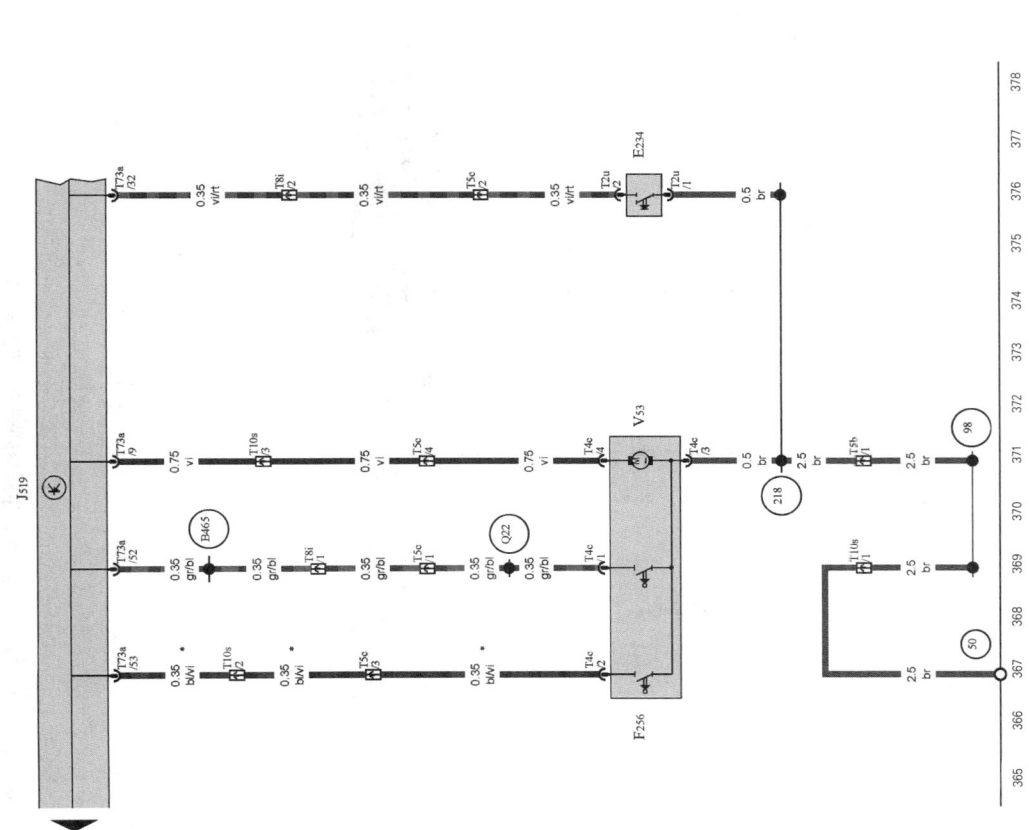

E234-后备箱盖把手中的解锁按钮 F256-后备箱闭锁单元 J519-车载电网控制单元 T2u-2芯插头连接
T4c-4芯插头连接 T5b-5芯插头连接 T5c-5芯插头连接 T8i-8芯插头连接 T10s-10芯插头连接 T73a-73
芯插头连接 V53-后备箱盖中央门锁电机 50-后备箱内左侧接地点 98-接地连接 在后备箱盖导线束中
218-接地连接1, 在后备箱盖导线束中 B465-连接1, 在主导线束中 Q22-连接1, 在后备箱盖导线束中
*-用于带后备箱盖关闭辅助功能的汽车

图4-4-64

551

带记忆功能的座椅按钮 1、带记忆功能的座椅按钮 2、带记忆功能的座椅按钮 3、座椅位置存储按钮、驾驶员座椅调节控制单元

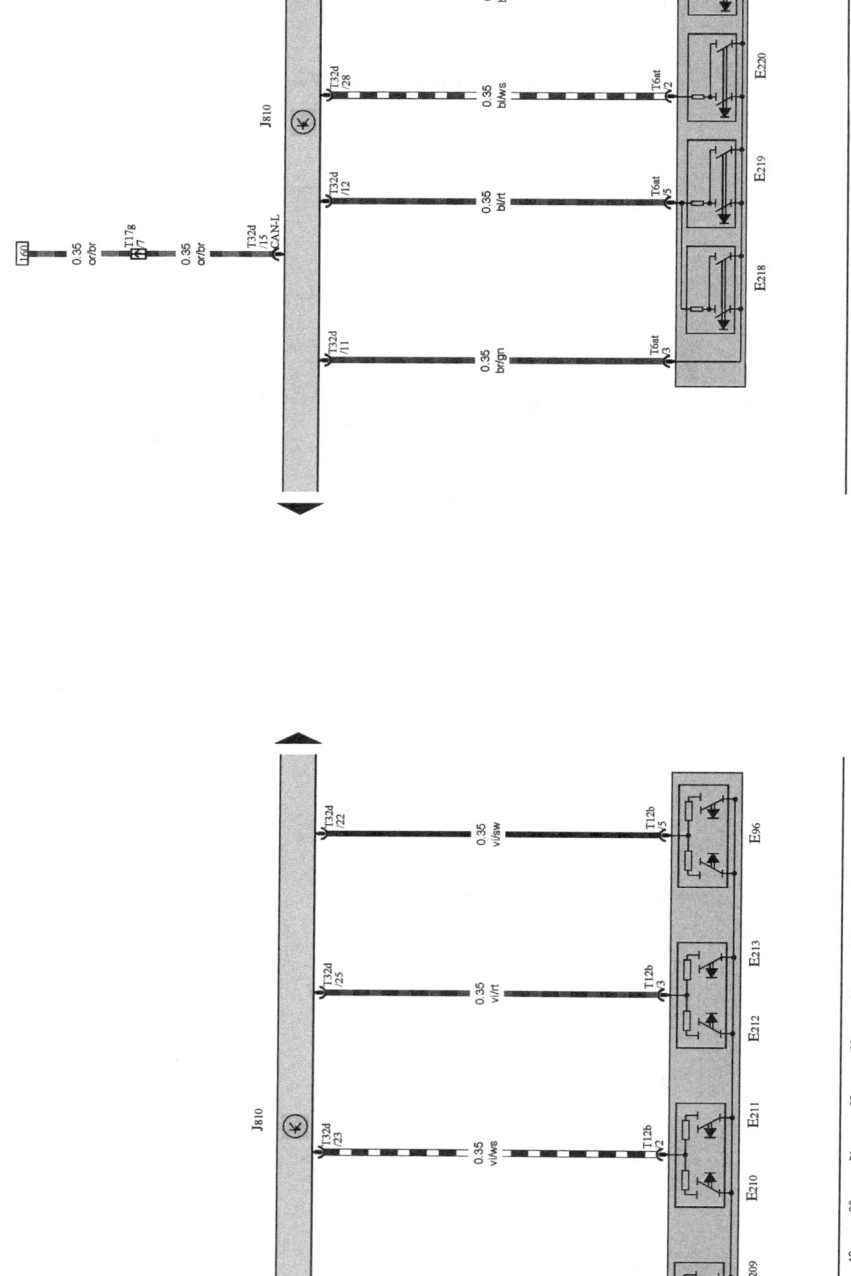

驾驶员座椅靠背调节开关、驾驶员座椅的前部高度上调按钮、驾驶员座椅的前部高度下调按钮、驾驶员座椅的后部高度上调按钮、驾驶员座椅的后部高度下调按钮、驾驶员座椅前后位置的前调按钮、驾驶员座椅前后位置的后调按钮、驾驶员座椅调节控制单元

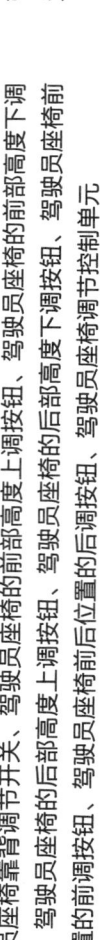

E218-带记忆功能的座椅按钮1 E219-带记忆功能的座椅按钮2 E220-带记忆功能的座椅按钮3 E447-座椅位置存储按钮 J810-驾驶员座椅调节控制单元 T6at-6芯插头连接 T17g-17芯插头连接 T32d-32芯插头连接

图 4-4-67

E96-驾驶员座椅靠背调节开关 E208-驾驶员座椅的前部高度上调按钮 E209-驾驶员座椅的前部高度下调按钮 E210-驾驶员座椅的后部高度上调按钮 E211-驾驶员座椅的后部高度下调按钮 E212-驾驶员座椅前后位置的前调按钮 E213-驾驶员座椅前后位置的后调按钮 J810-驾驶员座椅调节控制单元 T12b-12芯插头连接 T32b-32芯插头连接 M11-连接2,在驾驶员侧座椅调节导线束中

图 4-4-66

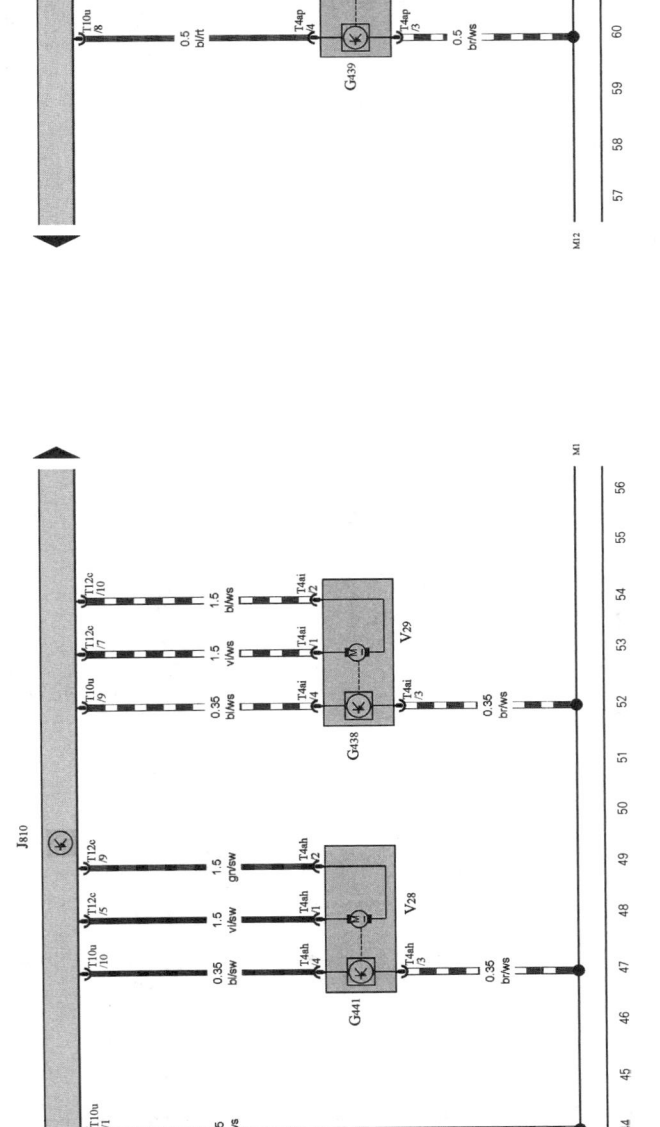

纵向调节电机、驾驶员座椅的前部高度调节电机

前部座椅高度调节传感器、座椅前后调节传感器、驾驶员座椅调节控制单元、驾驶员座椅

部高度调节电机、驾驶员座椅靠背调节电机

后部座椅高度调节传感器、靠背调节传感器、驾驶员座椅调节控制单元、驾驶员座椅的后

图 4-4-68

G438-前部座椅高度调节传感器 G441-座椅前后调节传感器 J810-驾驶员座椅调节控制单元 T4ah-4芯插头连接 T4ai-4芯插头连接 T10u-10芯插头连接 T12c-12芯插头连接 V28-驾驶员座椅纵向调节电机 V29-驾驶员座椅侧向调节电机 M12-连接3，在驾驶员侧座椅调节导线束中

图 4-4-69

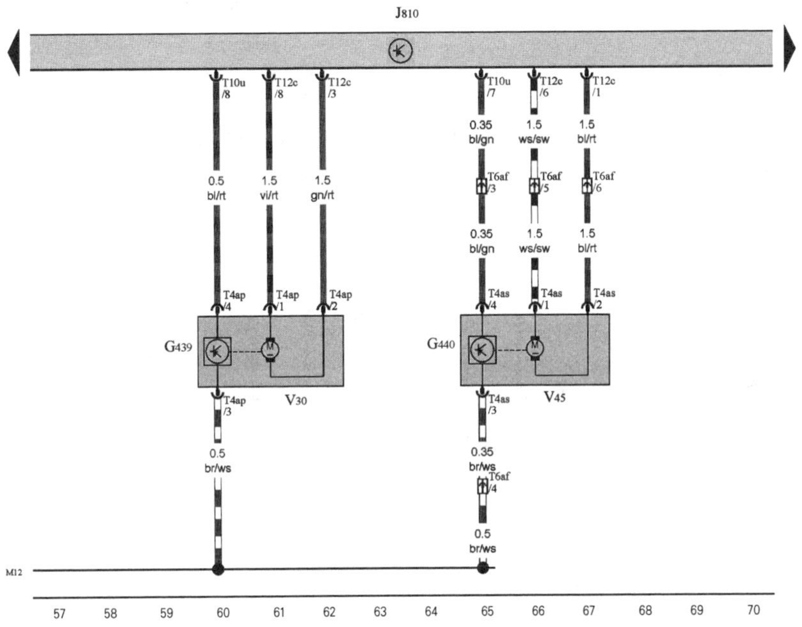

G439-后部座椅高度调节传感器 G440-靠背调节传感器 J810-驾驶员座椅调节控制单元 T4ap-4芯插头连接 T4as-4芯插头连接 T6af-6芯插头连接 T10u-10芯插头连接 T12c-12芯插头连接 V30-驾驶员座椅纵向调节电机 V45-驾驶员座椅靠背调节电机 M12-连接3，在驾驶员侧座椅调节导线束中

553

副驾驶员腰部支撑高度调节传感器、腰部支撑前后调节传感器、驾驶员座椅调节控制单元、驾驶员座椅腰部支撑纵向调节电机、驾驶员座椅腰部支撑高度调节电机

副驾驶员腰部支撑调节开关、副驾驶员座椅腰部支撑纵向调节电机、副驾驶员座椅腰部支撑高度调节电机

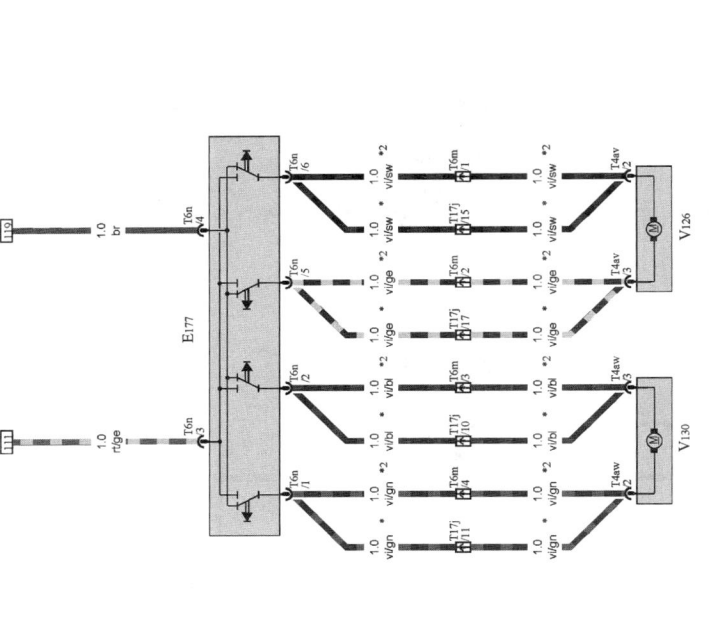

图 4-4-71

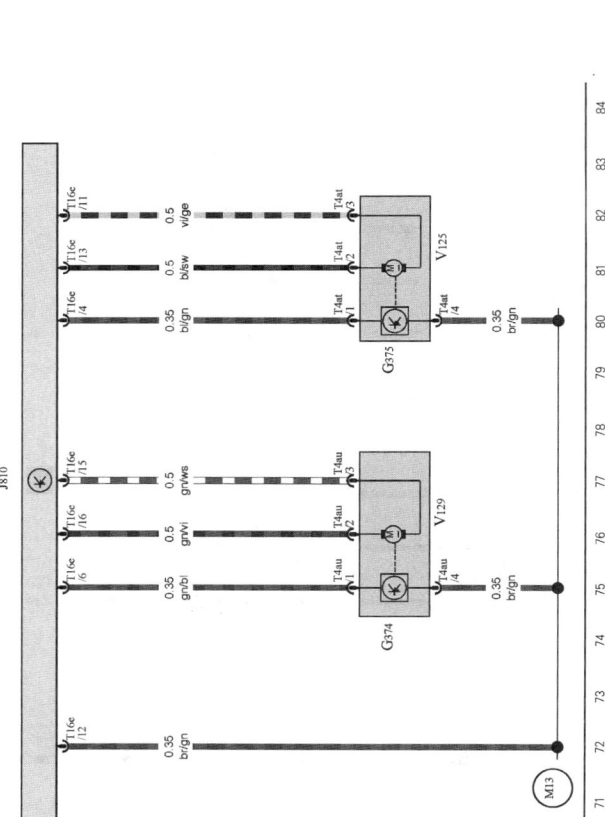

图 4-4-70

E177-副驾驶员腰部支撑调节开关 T4av-4芯插头连接 T4aw-4芯插头连接 T6m-6芯插头连接 T6n-6芯插头连接 T17j-17芯插头连接 V126-副驾驶员座椅腰部支撑纵向调节电机 V130-副驾驶员座椅腰部支撑高度调节电机 *-自2017年7月起 *2-截至2017年7月

G374-腰部支撑高度调节传感器 G375-腰部支撑前后调节传感器 J810-驾驶员座椅调节控制单元 T4at-4芯插头连接 T4au-4芯插头连接 T16c-16芯插头连接 V125-驾驶员座椅腰部支撑纵向调节电机 V129-驾驶员座椅腰部支撑高度调节电机 M13-连接4,在驾驶员侧座椅调节导线束中

554

副驾驶员座椅的前部高度调节开关、 副驾驶员座椅靠背调节开关、 副驾驶员座椅纵向调节开关、 副驾驶员座椅的后部高度调节开关、 副驾驶员座椅的后部高度调节电机

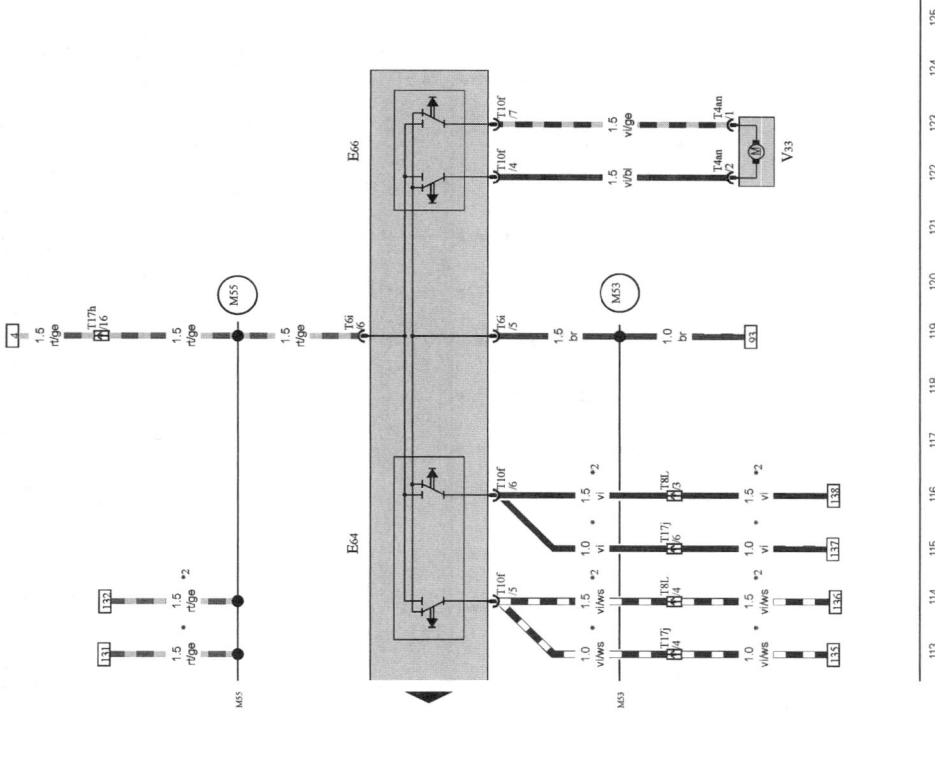

图 4-4-73

E64-副驾驶员座椅纵向调节开关 E66-副驾驶员座椅的后部高度调节开关 T4an-4芯插头连接 T6i-6芯插头连接 T8L-8芯插头连接 T10f-10芯插头连接 T17h-17芯插头连接 T17j-17芯插头连接 V33-副驾驶员座椅的后部高度调节电机 M53-连接3, 在副驾驶员侧座椅导线束中 M55-连接5, 在副驾驶员侧座椅导线束中 *-自2017年7月起 *2-截至2017年7月

副驾驶员座椅的前部高度调节开关、 副驾驶员座椅靠背调节开关、 副驾驶员座椅的前部高度调节电机

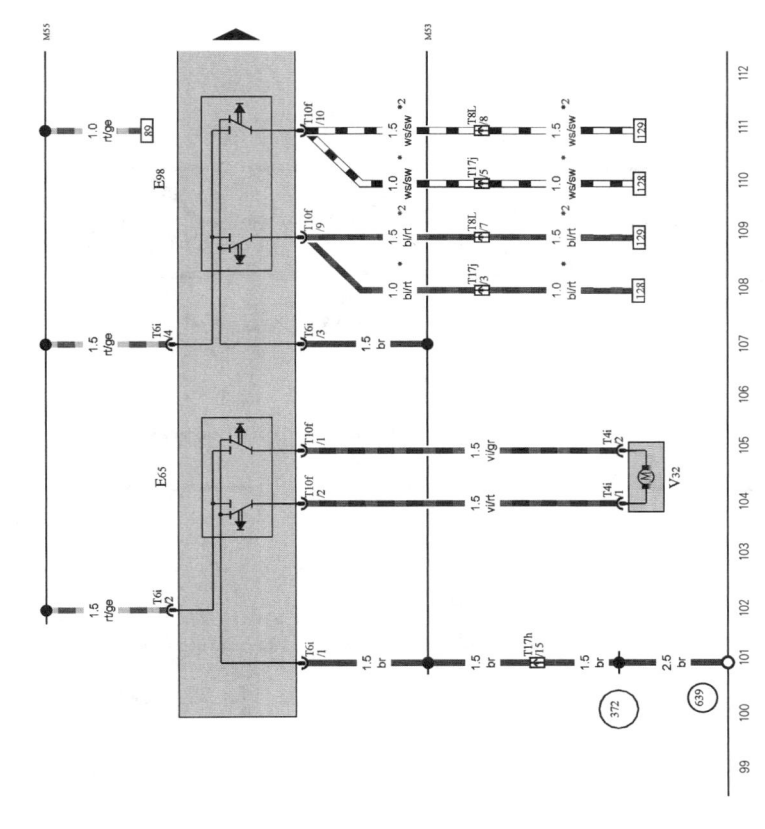

图 4-4-72

E65-副驾驶员座椅的前部高度调节开关 E98-副驾驶员座椅靠背调节开关 T4i-4芯插头连接 T6i-6芯插头连接 T8L-8芯插头连接 T10f-10芯插头连接 T17h-17芯插头连接 T17j-17芯插头连接 V32-副驾驶员座椅的前部高度调节电机 372-接地连接7, 在主导线束中 639-左前A柱上的接地点 M53-连接3, 在副驾驶员侧座椅导线束中 M55-连接5, 在副驾驶员侧座椅导线束中 *-自2017年7月起 *2-截至2017年7月

555

后部扶手中的副驾驶员座椅前后位置调节开关、后部扶手中的副驾驶员座椅的靠背调节开
关、副驾驶员座椅纵向调节电机、副驾驶员座椅靠背调节电机

驾驶员车门控制单元、驾驶员侧后视镜调节电机 2、驾驶员侧视镜内折电机、驾驶员
侧后视镜调节电机

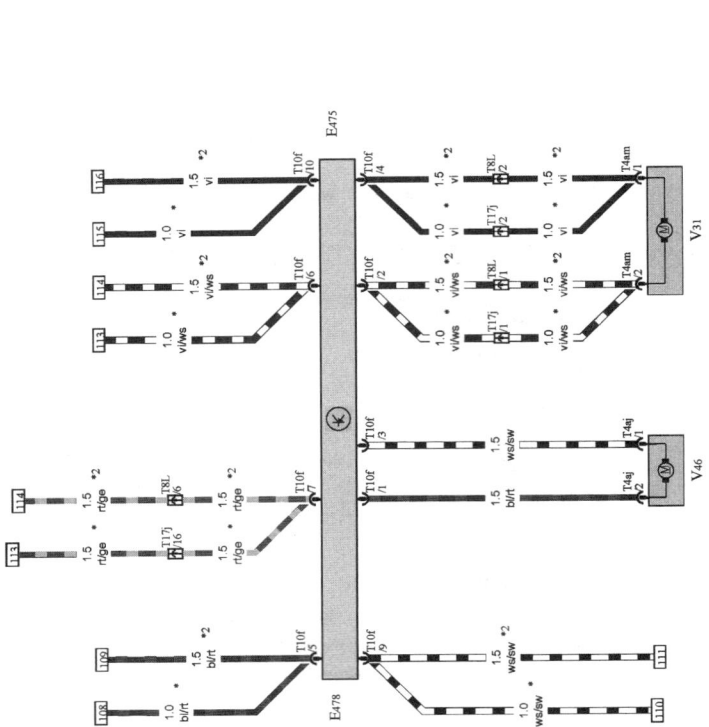

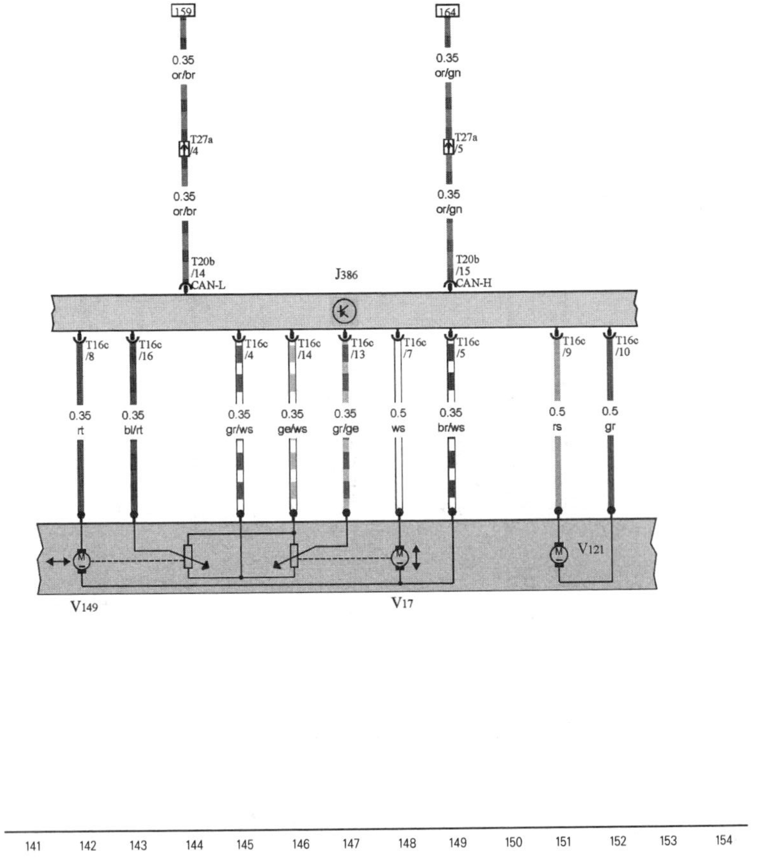

J386-驾驶员侧车门控制单元 T16c-16芯插头连接 T20b-20芯插头连接 T27a-27芯插头连接 V17-驾驶员
侧后视镜调节电机2 V121-驾驶员侧后视镜内折电机 V149-驾驶员侧后视镜调节电机

图 4-4-75

E475-后部扶手中的副驾驶员座椅前后位置调节开关 E478-后部扶手中的副驾驶员座椅的靠背调节开
关 T4aj-4芯插头连接 T4am-4芯插头连接 T8L-8芯插头连接 T10f-10芯插头连接 T17j-17芯插头连接
V31-副驾驶员座椅纵向调节电机 V46-副驾驶员座椅靠背调节电机 *-自2017年7月起 *2-截至2017年7月

图 4-4-74

驾驶员腰部支撑调节开关、驾驶员座椅腰部支撑纵向调节电机、驾驶员座椅腰部支撑高度调节电机

驾驶员腰部支撑调节开关、驾驶员座椅腰部支撑纵向调节电机、驾驶员座椅腰部支撑高度调节电机

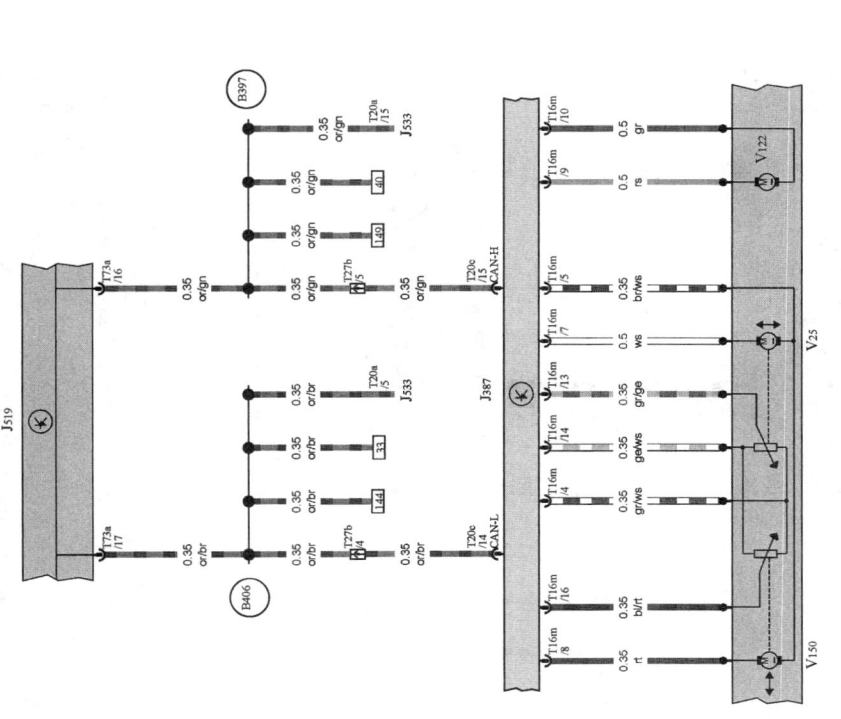

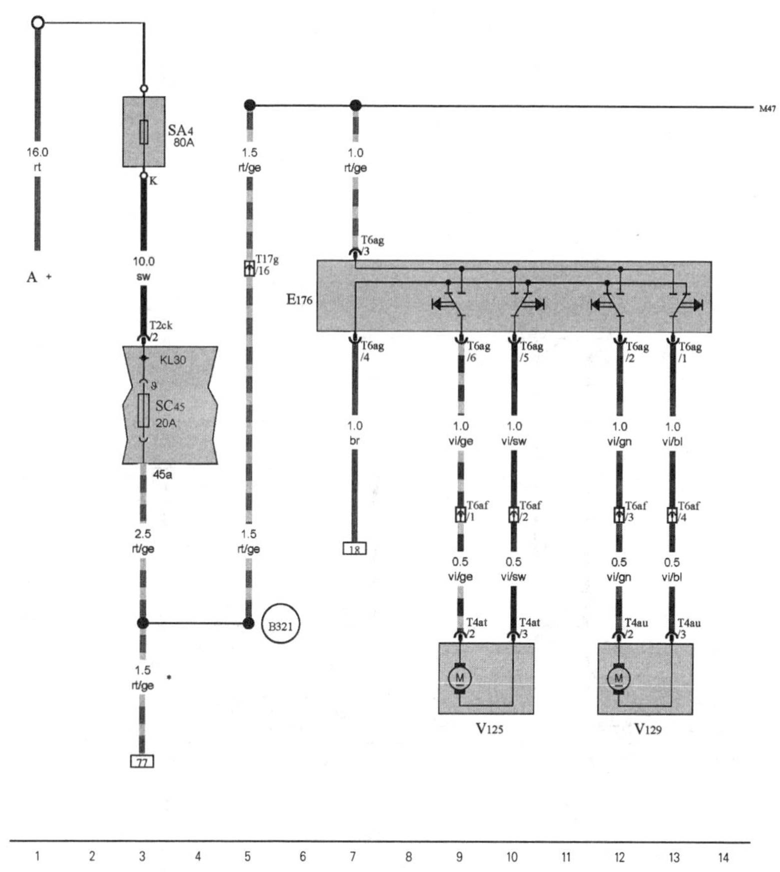

A-蓄电池 E176-驾驶员腰部支撑调节开关 SA4-保险丝架A上的保险丝4 SC45-保险丝架C上的保险丝45 T2ck-2芯插头连接 T4at-4芯插头连接 T4au-4芯插头连接 T6af-6芯插头连接 T6ag-6芯插头连接 T17g-17芯插头连接 V125-驾驶员座椅腰部支撑纵向调节电机 V129-驾驶员座椅腰部支撑高度调节电机 B321-驾驶员座椅腰部支撑高度调节电机 正极连接7（30a），在主导线束中 M47-连接7，在驾驶员座椅信号线束中 *-电动可调式驾驶员和副驾驶员座椅

图4-4-77

副驾驶员车门控制单元、车载电网控制单元、副驾驶员侧后视镜调节电机2、副驾驶员侧后视镜内折电机、副驾驶员侧后视镜调节电机

J387-副驾驶员侧车门控制单元 J519-车载电网控制单元 J533-数据总线诊断接口 T16m-16芯插头连接 T20a~20芯插头连接 T20c~20芯插头连接 T27b~27芯插头连接 T73a~73芯插头连接 V25-副驾驶员侧后视镜调节电机2 V122-副驾驶员侧后视镜调节电机2 V150-副驾驶员侧后视镜内折电机 B397-连接1（舒适CAN总线，High），在主导线束中 B406-连接1（舒适CAN总线，Low），在主导线束中

图4-4-76

557

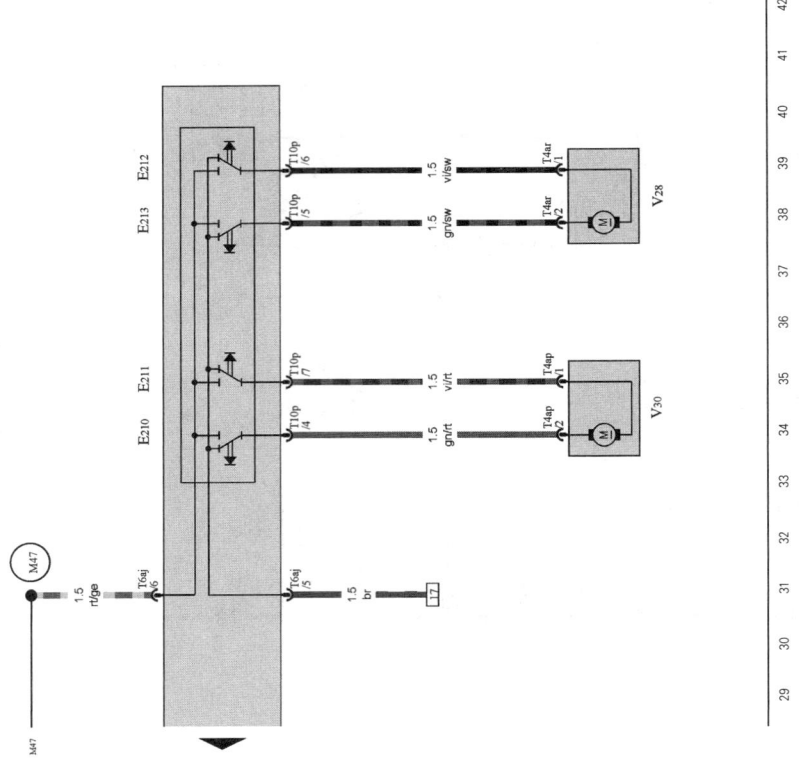

驾驶员座椅的后部高度上调按钮、驾驶员座椅的后部高度下调按钮、驾驶员座椅前后位置的前调按钮、驾驶员座椅的后部高度调节电机、驾驶员座椅纵向椅节电机、驾驶员座椅后部高度调节电机

驾驶员座椅靠背调节开关、驾驶员座椅的前部高度上调按钮、驾驶员座椅的前部高度下调按钮、驾驶员座椅前部高度调节电机、驾驶员座椅靠背调节电机

E210–驾驶员座椅的后部高度下调按钮 E211–驾驶员座椅的后部高度上调按钮 E212–驾驶员座椅前后位置的前调按钮 E213–驾驶员座椅前后位置的后调按钮 T4ap–4芯插头连接 T4ar–4芯插头连接 T6aj–6芯插头连接 T10p–10芯插头连接 V28–驾驶员座椅纵向调节电机 V30–驾驶员座椅的后部高度调节电机 M47–连接7, 在驾驶员侧座椅导线束中

图 4-4-79

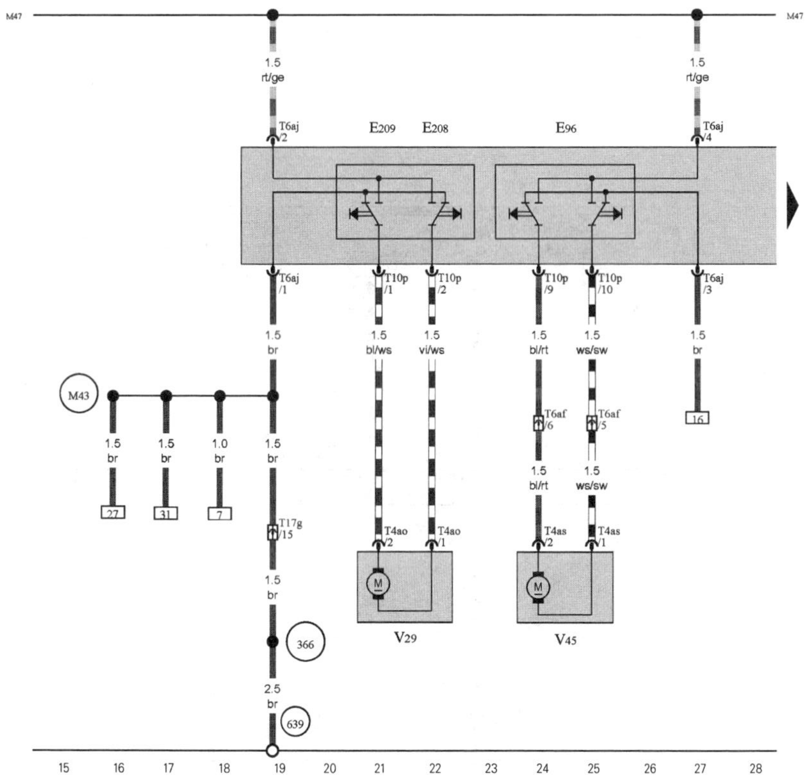

E96–驾驶员座椅靠背调节开关 E208–驾驶员座椅的前部高度上调按钮 E209–驾驶员座椅的前部高度下调按钮 T4ao–4芯插头连接 T4as–4芯插头连接 T6af–6芯插头连接 T6aj–6芯插头连接 T10p–10芯插头连接 V29–驾驶员座椅的前部高度调节电机 V45–驾驶员座椅靠背调节电机 366–接驾驶员座椅靠背调节电机 T17g–17芯插头连接 M43–连接3, 在左侧A柱上 639–接地点, 在左侧A柱上 M47–连接7, 在驾驶员侧座椅导线束中 1, 在主导线束中 驾驶员侧座椅导线束中

图 4-4-78

副驾驶员座椅的前部高度调节开关、副驾驶员座椅靠背调节开关、副驾驶员座椅的前部高度调节电机。

副驾驶员座椅腰部支撑调节开关、副驾驶员座椅腰部支撑纵向调节电机、副驾驶员座椅腰部支撑高度调节电机。

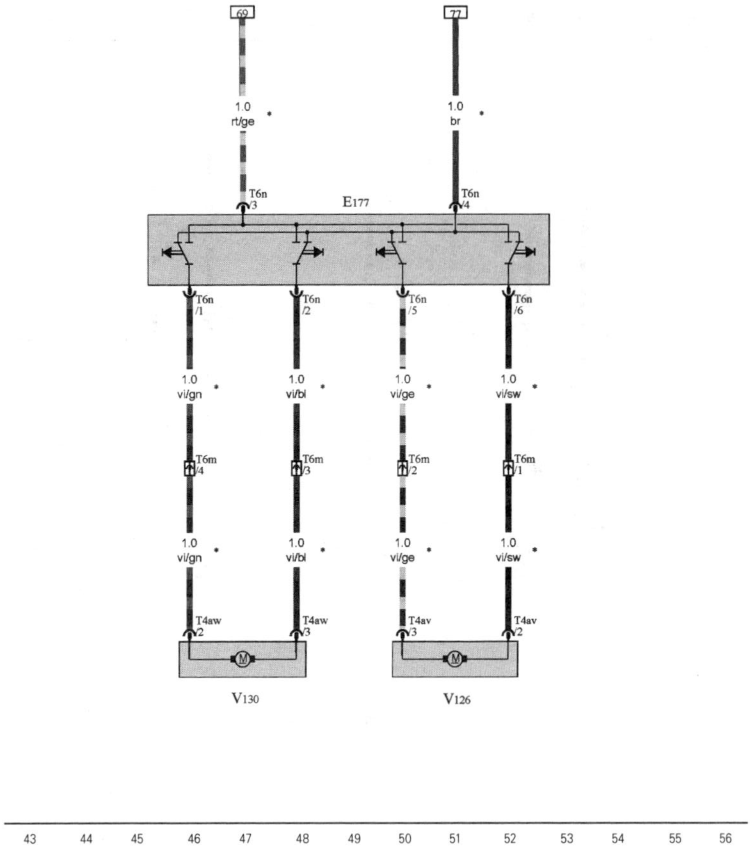

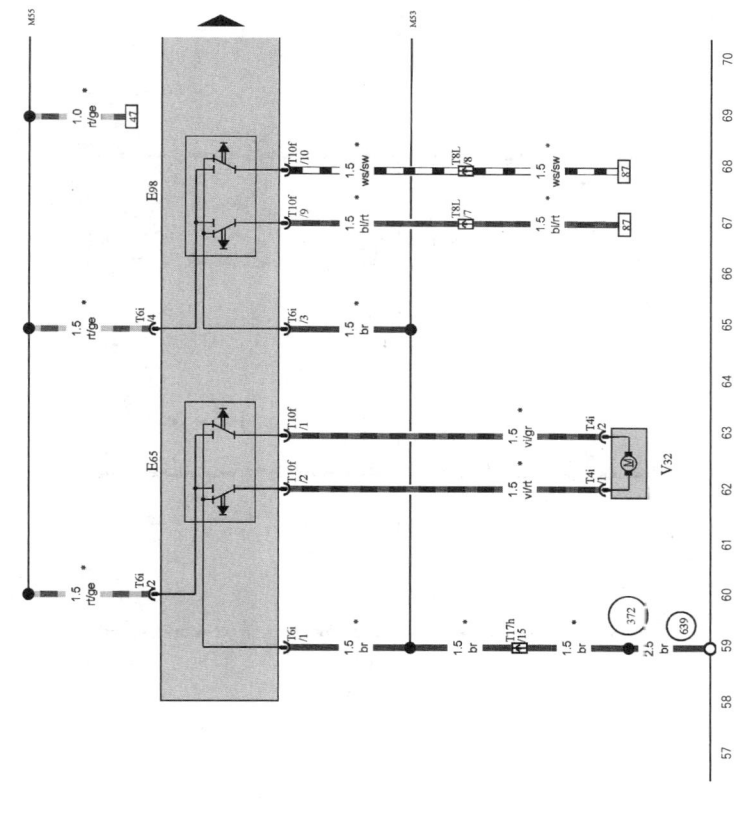

图 4-4-81

E65-副驾驶员座椅的前部高度调节开关 E98-副驾驶员座椅靠背调节开关 T4i-4芯插头连接 T6i-6芯插头连接 T6l-6芯插头连接 T8L-8芯插头连接 T10f-10芯插头连接 T17h-17芯插头连接 V32-副驾驶员座椅的前部高度调节电机 372-接地连接7,在主导线束中 639-接地点,在左侧A柱上 M53-连接3,在副驾驶员侧座椅导线束中 M55-连接5,在副驾驶员侧座椅导线束中和副驾驶员座椅导线束中 *-电动可调式驾驶员和副驾驶员座椅

图 4-4-80

E177-副驾驶员座椅腰部支撑调节开关 T4av-4芯插头连接 T4aw-4芯插头连接 T6m-6芯插头连接 T6n-6芯插头连接 V126-副驾驶员座椅腰部支撑纵向调节电机 V130-副驾驶员座椅腰部支撑高度调节电机 *-电动可调式驾驶员和副驾驶员座椅

副驾驶员座椅纵向调节开关、副驾驶员座椅的后部高度调节开关、副驾驶员座椅的后部高度调节电机

E64–副驾驶员座椅纵向调节开关 E66–副驾驶员座椅的后部高度调节开关 T4an–4芯插头连接 T6i–6芯插头连接 T8L–8芯插头连接 T10f–10芯插头连接 T17h–17芯插头连接 V33–副驾驶员座椅的后部高度调节电机 M53–连接3，在副驾驶员侧座椅导线束中 M55–连接5，在副驾驶员侧座椅导线束中 *–电动可调式驾驶员和副驾驶员座椅

图 4–4–82

后部扶手中的副驾驶员座椅前后位置调节开关、后部扶手中的副驾驶员座椅的靠背调节开关、副驾驶员座椅纵向调节电机、副驾驶员座椅靠背调节电机

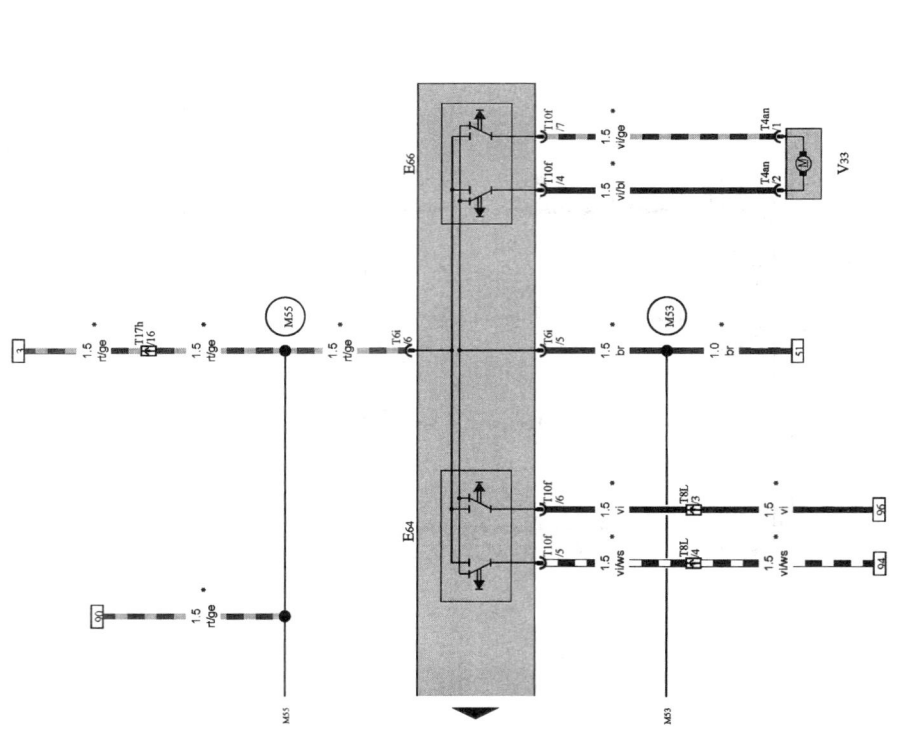

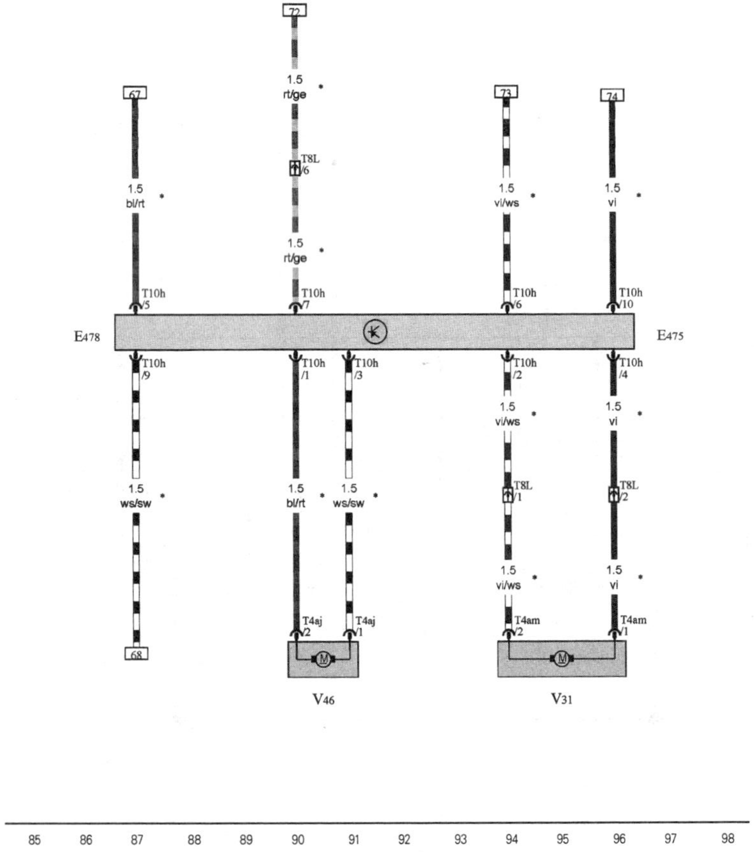

E475–后部扶手中的副驾驶员座椅前后位置调节开头 E478–后部扶手中的副驾驶员座椅的靠背调节开关 T4aj–4芯插头连接 T4am–4芯插头连接 T8L–8芯插头连接 T10h–10芯插头连接 V31–副驾驶员座椅纵向调节电机 V46–副驾驶员座椅靠背调节电机 *–电动可调式驾驶员和副驾驶员座椅

图 4–4–83

可加热驾驶员座椅调节器、可加热副驾驶员座椅调节器、全自动空调控制单元、车载电网
控制单元、可加热驾驶员座椅指示灯、可加热副驾驶员座椅指示灯

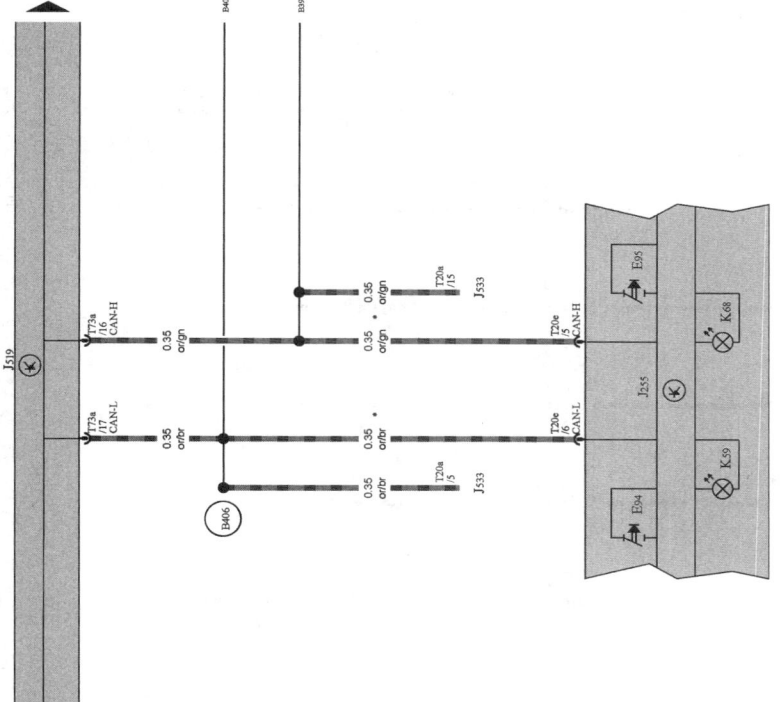

图 4-4-85

E94－可加热驾驶员座椅调节器 E95－可加热副驾驶员座椅调节器 J255－全自动空调控制单元 J519－车载
电网控制单元 J533－数据总线诊断接口 K59－可加热驾驶员座椅指示灯 K68－可加热副驾驶员座椅指示灯
T20a－20芯插头连接 T20e－20芯插头连接 T73a－73芯插头连接 B397－连接1（舒适/便捷系统CAN总线，
High），在主导线束中 B406－连接1（舒适/便捷系统CAN总线，Low），在主导线束中 *－仅用于带全自
动空调的汽车

车载电网控制单元

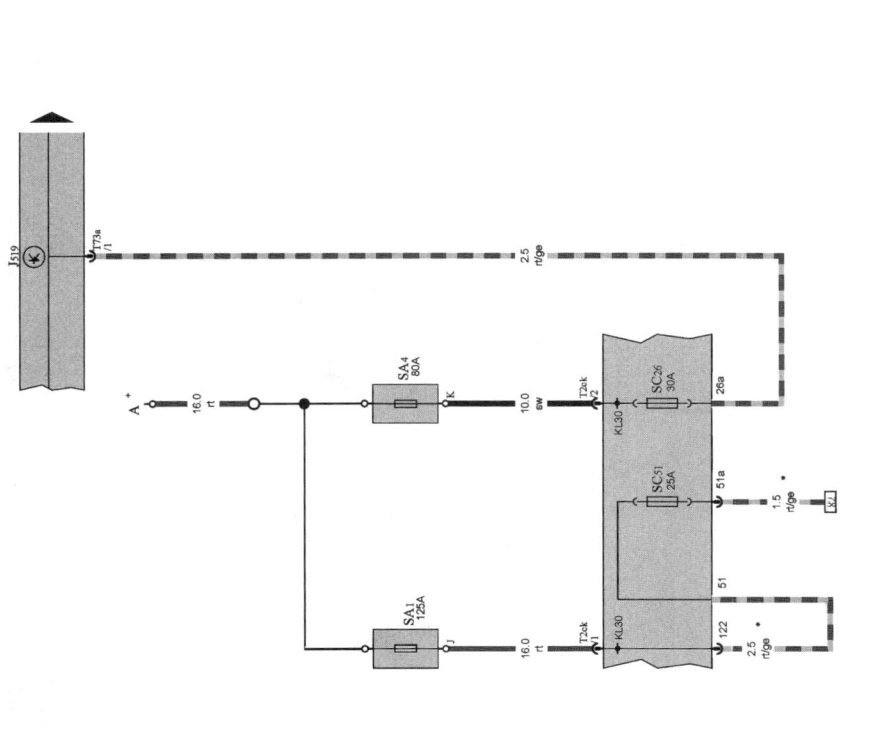

图 4-4-84

A－蓄电池 J519－车载电网控制单元 SA1－保险丝架A上的保险丝1 SA4－保险丝架A上的保险丝4 SC26－保
险丝架C上的保险丝26 SC51－保险丝架C上的保险丝51 T2ck－2芯插头连接 T2k－2芯插头连接 T73a－73芯插头连接 *－仅用
于带可加热后座椅的汽车

可加热驾驶员座椅调节器、可加热副驾驶员座椅调节器、空调器控制
单元、可加热驾驶员座椅指示灯、
可加热驾驶员座椅指示灯、可加热副驾驶员座椅指示灯

左前座椅温度传感器、车载电网控制单元、可加热驾驶员座椅、可加热驾驶员座椅、可加热驾驶员座椅靠背

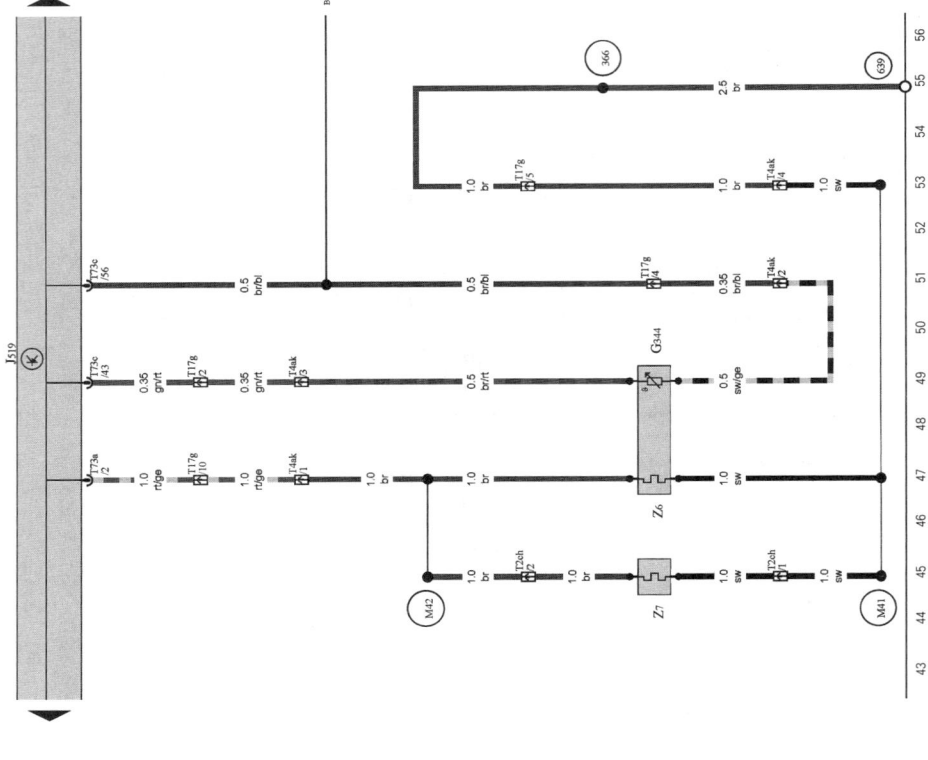

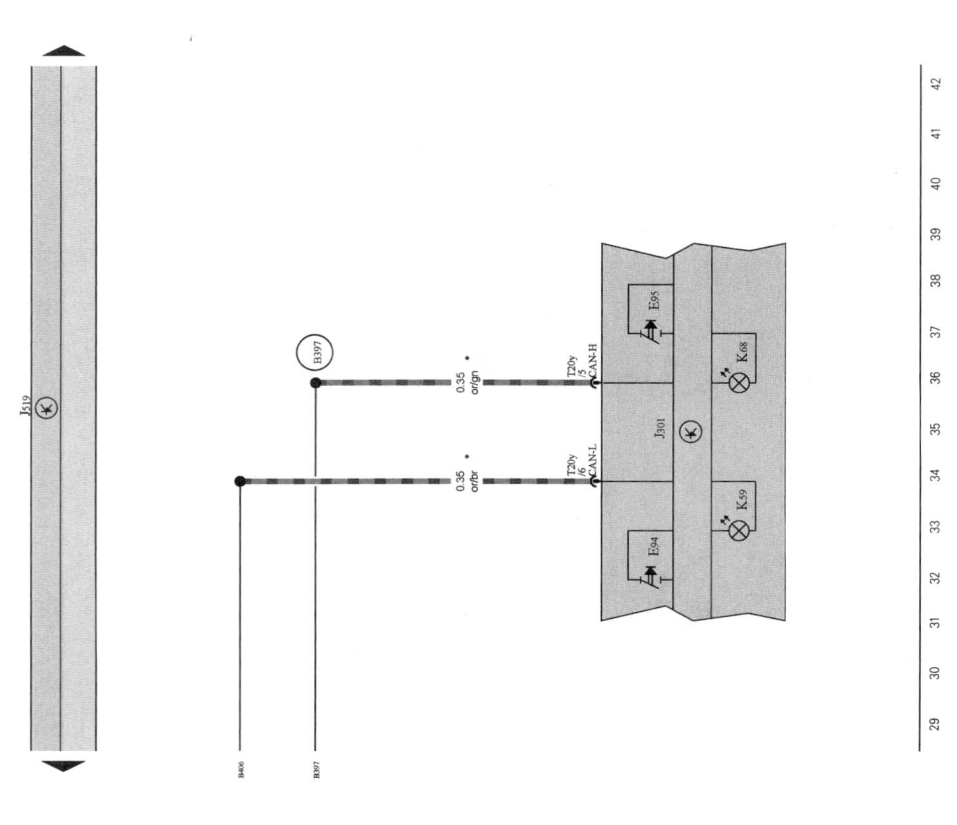

E94-可加热驾驶员座椅调节器 E95-可加热副驾驶员座椅调节器 J301-空调器控制单元 J519-车载电网控制单元 K59-可加热驾驶员座椅指示灯 K68-可加热副驾驶员座椅指示灯 T20y-20芯插头连接 B397-连接1（舒适/便捷系统CAN总线，High），在主导线束中 B406-连接1（舒适/便捷系统CAN总线，Low），在主导线束中 *-仅用于带有手动调节空调器的汽车

图 4-4-86

G344-左前座椅温度传感器 J519-车载电网控制单元 T2ch-2芯插头连接 T4ak-4芯插头连接 T17g-17芯插头连接 T73a~73芯插头连接 T73c~73芯插头连接 Z6-可加热驾驶员座椅 Z7-可加热驾驶员座椅靠背 366-接地连接1，在主导线束中 639-接地点，在左侧A柱上 B431-连接（座椅加热），在主导线束中 M41-连接1，在驾驶员侧座椅导线束中 M42-连接2，在驾驶员侧座椅导线束中

图 4-4-87

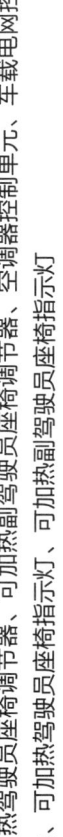

左后可加热座椅座椅调节开关、后部空调操作和显示单元、左侧后座温度传感器、左侧可加热后座椅、可加热左侧左侧后座椅靠背

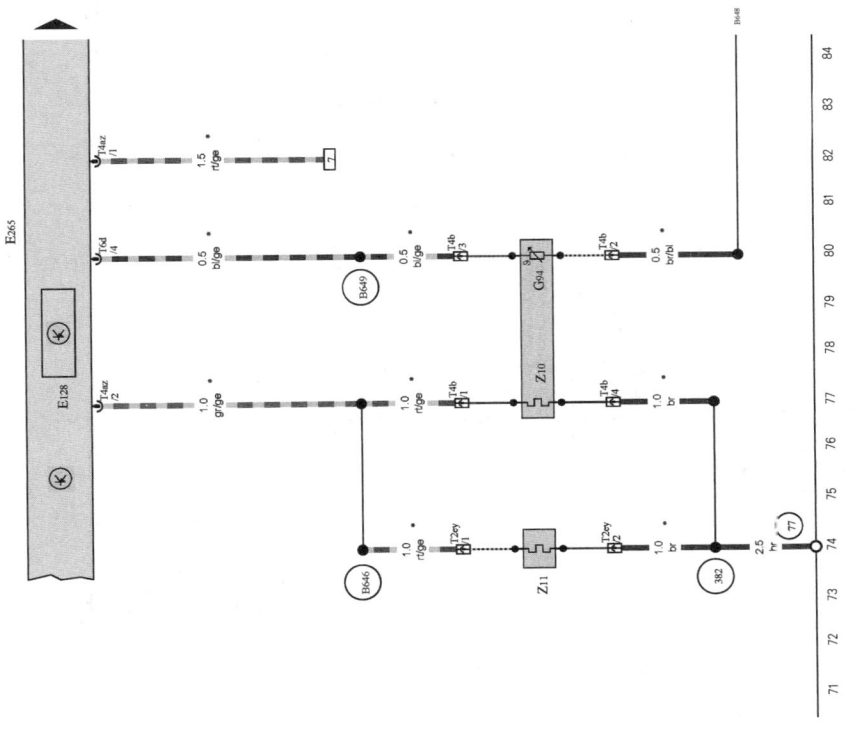

图 4-4-89

右前座椅温度传感器、车载电网控制单元、可加热副驾驶员座椅、可加热副驾驶员座椅靠背

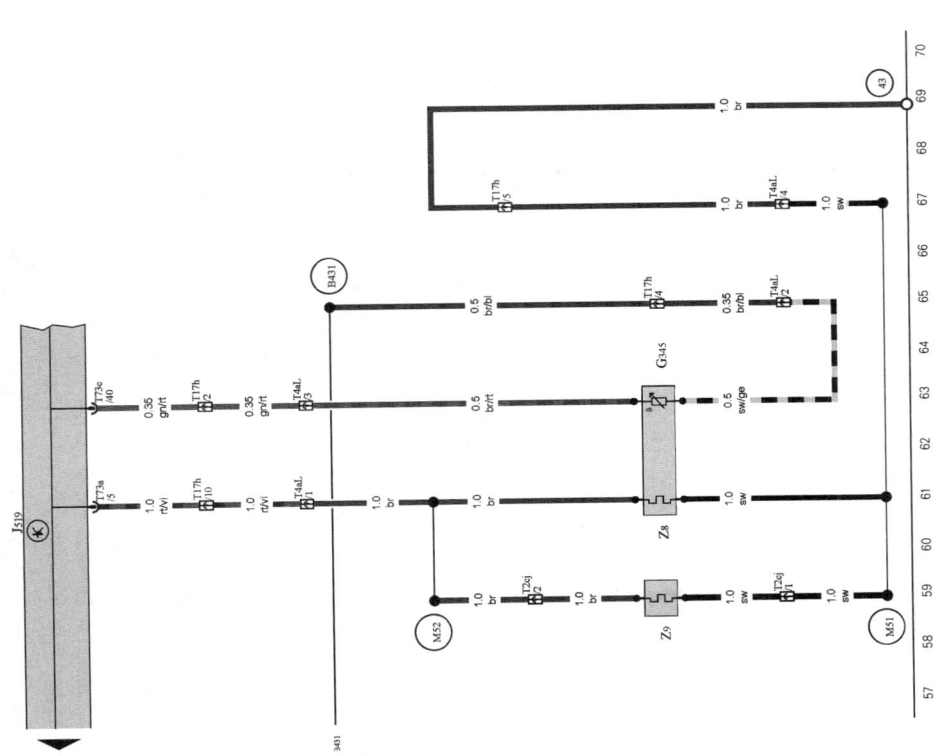

图 4-4-88

E128-左后可加热座椅靠椅调节开关 E265-后部空调操作和显示单元 G94-左侧后座椅温度传感器 T2ey-2芯插头连接 T4az-4芯插头连接 T4b-4芯插头连接 T6d-6芯插头连接 Z10-左侧可加热后座椅 Z11-可加热左侧后座椅靠背 77-左侧B柱下的接地点 382-接地点17，在主导线束中 B646-连接3 (座椅加热) ，在主导线束中 B648-连接5 (座椅加热) ，在主导线束中 B649-连接6 (座椅加热) ，在主导线束中 *-仅用于带可加热后座椅的汽车

G345-右前座椅温度传感器 J519-车载电网控制单元 T2cj-2芯插头连接 T4aL-4芯插头连接 T17h-17芯插头连接 T73a-73芯插头连接 T73c-73芯插头连接 Z8-可加热副驾驶员座椅 Z9-可加热副驾驶员座椅靠背 43-接地点，右侧A柱下部 B431-连接1，在副驾驶员侧座椅导线束中 M51-连接1，在副驾驶员侧座椅导线束中 M52-连接2，在副驾驶员侧座椅导线束中

563

右后可加热座椅调节开关、后部空调操作和显示单元、右后座椅温度传感器、右侧可加热后座椅、可加热右侧后座椅靠背

保险丝架 C

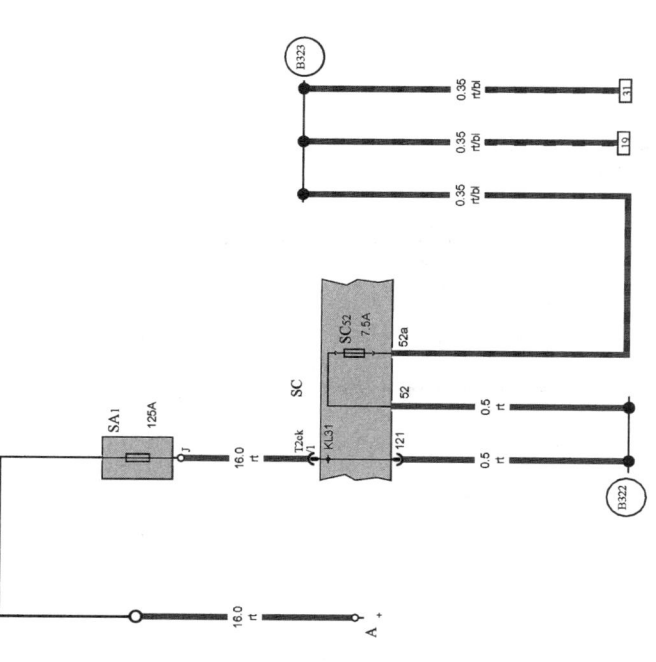

A-蓄电池　SA1-保险丝架A上的保险丝1　SC-保险丝架C　SC52-保险丝架C上的保险丝52　T2ck-2芯插头
连接　B322-正极连接8（30a），在主导线束中　B323-正极连接9（30a），在主导线束中

图 4-4-91

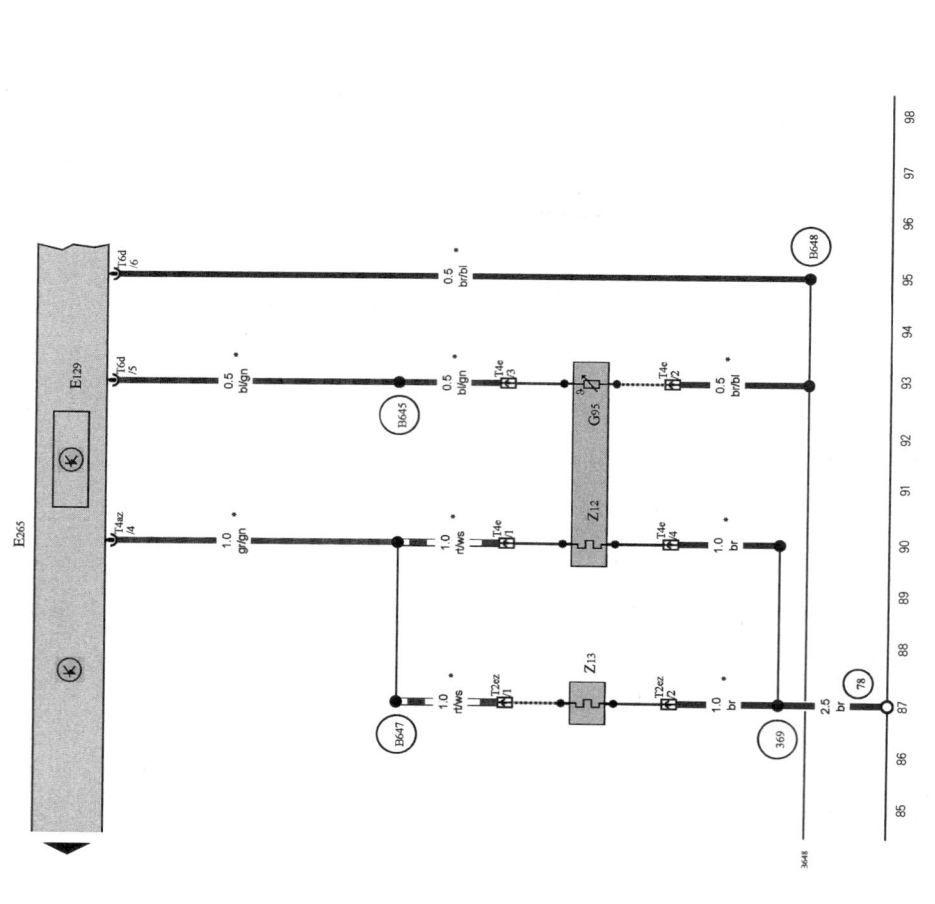

E129-右后可加热座椅调节开关　E265-后部空调操作和显示单元　G95-右后座椅温度传感器　T2ez-2芯插
头连接　T4az-4芯插头连接　T4e-4芯插头连接　T6d-6芯插头连接　Z12-右侧可加热后座椅　Z13-可加热右
侧后座椅靠背　78-右侧B柱下部接地点　369-接地连接4，在主导线束中　B645-连接2（座椅加热），在主
导线束中　B647-连接4（座椅加热），在主导线束中　B648-连接5（座椅加热），在主导线束中　*-仅用于
带可加热后座椅的汽车

图 4-4-90

564

副驾驶员座椅靠背风扇、副驾驶员座椅坐垫风扇

驾驶员座椅靠背风扇、驾驶员座椅坐垫风扇

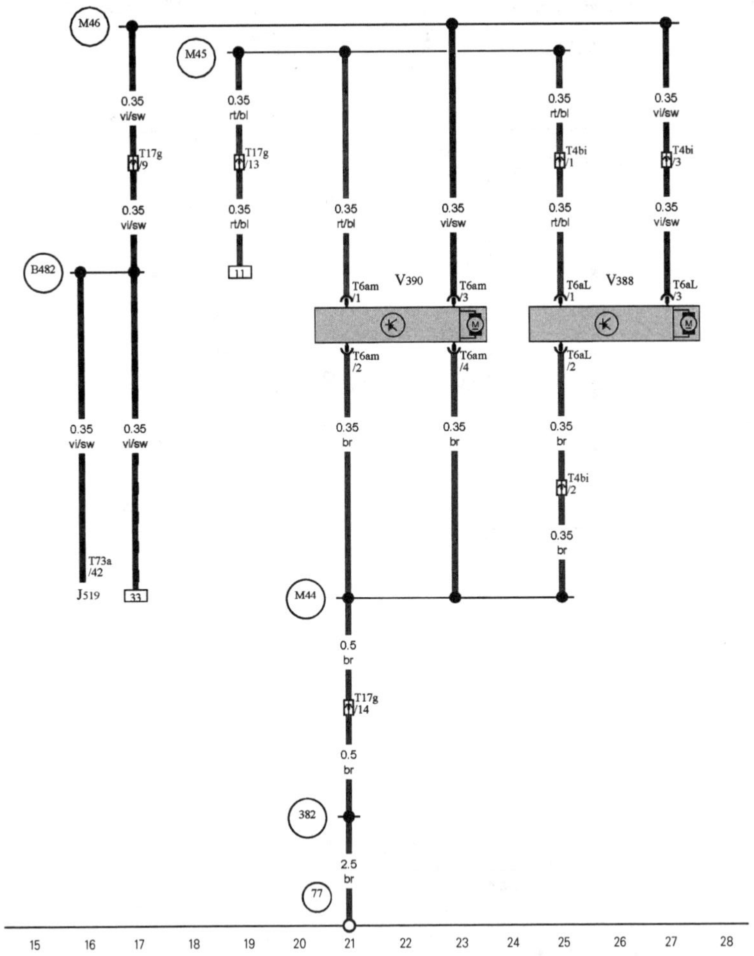

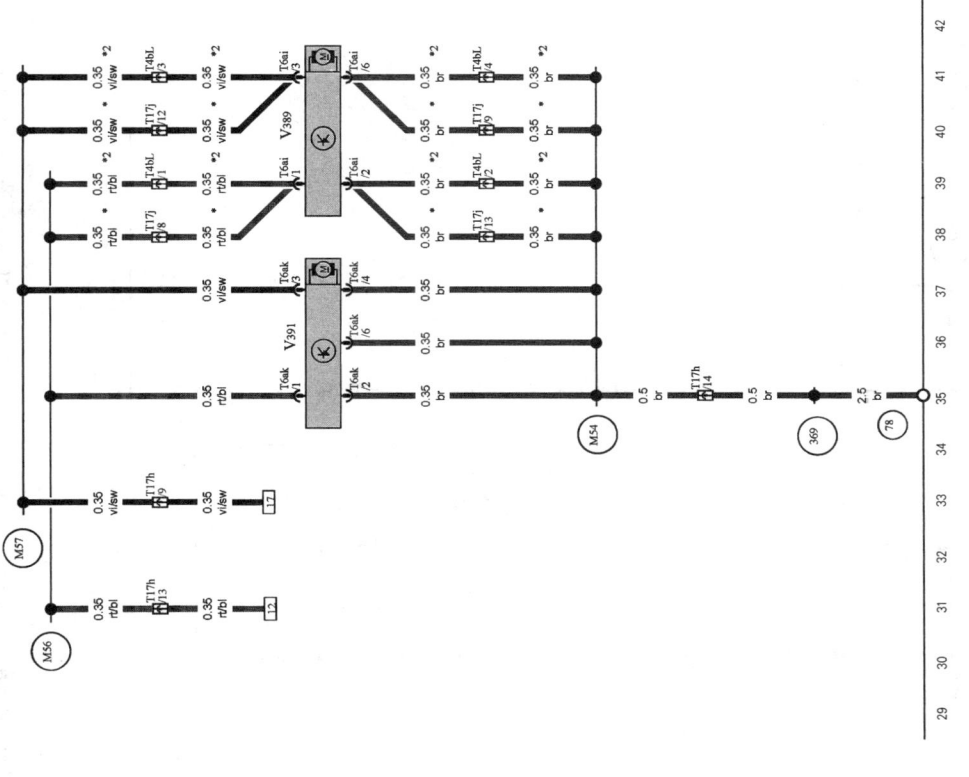

图 4-4-93

图 4-4-92

T4bL-4芯插头连接 T6ai-6芯插头连接 T6ak-6芯插头连接 T17h-17芯插头连接 T17j-17芯插头连接 V389-副驾驶员座椅靠背风扇 V391-副驾驶员座椅坐垫风扇 78-右侧接地点 369-接地连接4，在主导线束中 M54-连接6，在副驾驶员侧座椅导线束中 M56-连接6，在副驾驶员侧座椅导线束中 M57-连接7，在副驾驶员侧座椅导线束中 *-自2017年7月起 *2-截至2017年7月

J519-车载电网控制单元 T4bi-4芯插头连接 T6aL-6芯插头连接 T6am-6芯插头连接 T17g-17芯插头连接 V388-驾驶员座椅靠背风扇 V390-驾驶员座椅坐垫风扇 77-左侧B柱下的接地点 382-接地连接17，在主导线束中 B482-连接18，在主导线束中 M44-连接4，在驾驶员侧座椅导线束中 M45-连接5，在驾驶员侧座椅导线束中 M46-连接6，在驾驶员侧座椅导线束中

滑动天窗开关，滑动天窗控制单元

前部滑动天窗电机的霍耳传感器，滑动天窗控制单元，滑动天窗电机

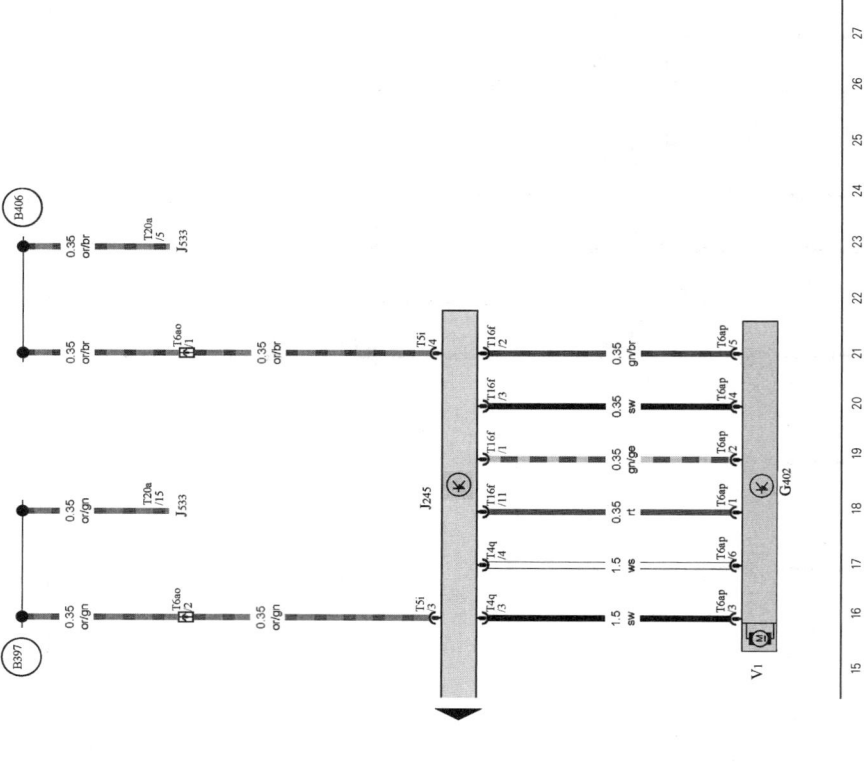

图 4-4-95

G402-前部滑动天窗电机的霍耳传感器 J245-滑动天窗控制单元 T4q-4芯插头连接 T5i-5芯插头连接 T6ao-6芯插头连接 T6ap-6芯插头连接 T16f-16芯插头连接 T20a-20芯插头连接 V1-滑动天窗电机 B397-连接1（舒适CAN总线，High），在主导线束中 B406-连接1（舒适CAN总线，Low），在主导线束中

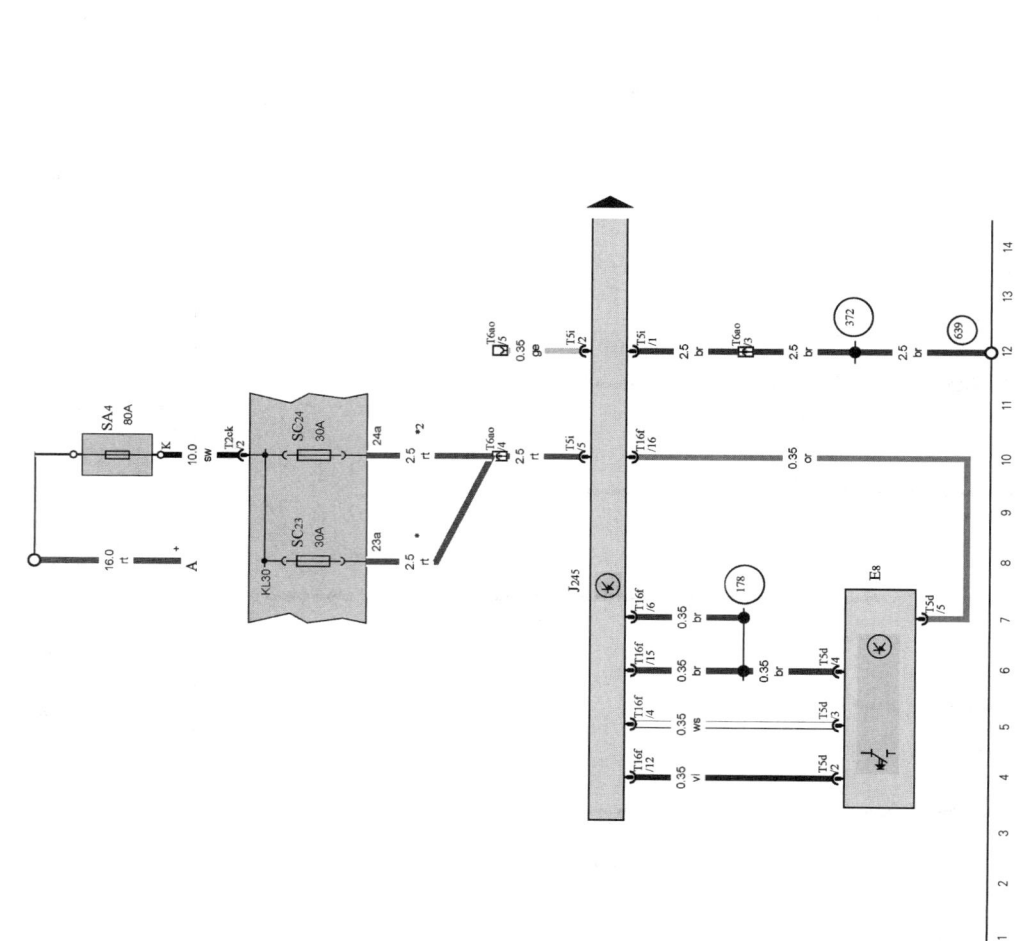

图 4-4-94

A-蓄电池 E8-滑动天窗开关 J245-滑动天窗控制单元 SA4-保险丝架A上的保险丝4 SC23-保险丝架C上的保险丝23 SC24-保险丝架C上的保险丝24 T2c-2芯插头连接 T2k-2芯插头连接 T5d-5芯插头连接 T5i-5芯插头连接 T6ao-6芯插头连接 T16f-16芯插头连接 178-接地连接 178-接地连接，在滑动天窗导线束中 372-接地连接7，在主导线束中 639-左柱A上的接地点 *-自2017年7月起 *2-截至2017年7月

566

后备箱盖锁闭按钮、关闭辅助功能限位开关、后备箱已上锁、后备箱控制单元、后备箱盖关闭辅助装置电机

后备箱盖关闭辅助功能、关闭辅助功能限位开关、后备箱已上锁、后备箱盖控制单元、后备箱

数据总线诊断接口、后备箱盖控制单元

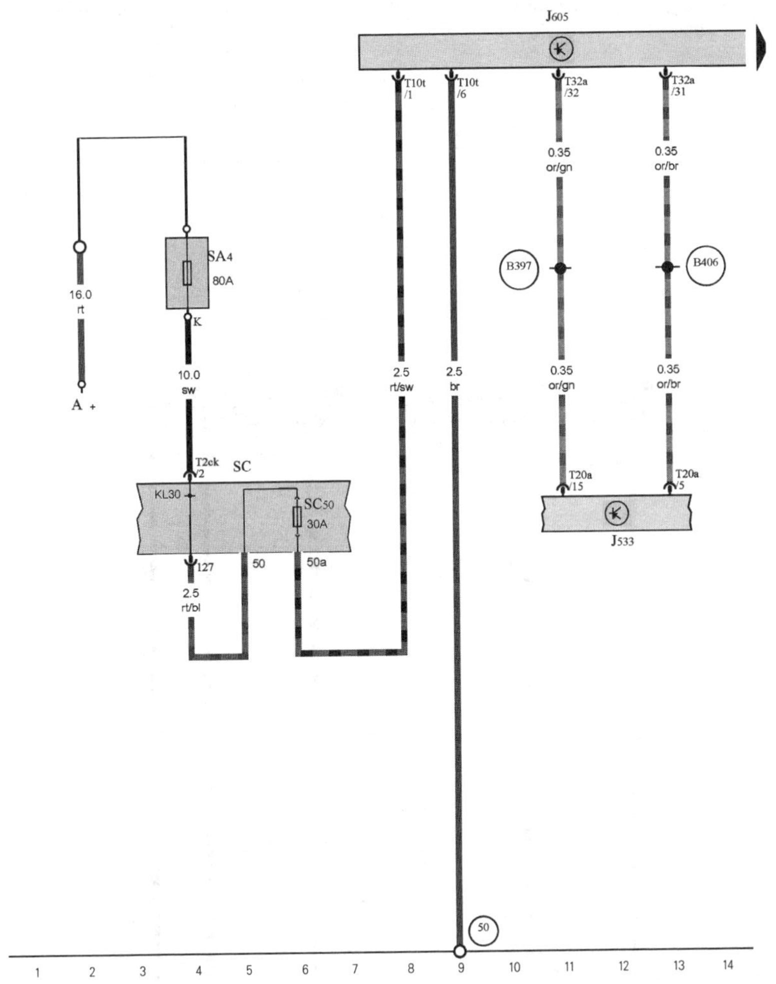

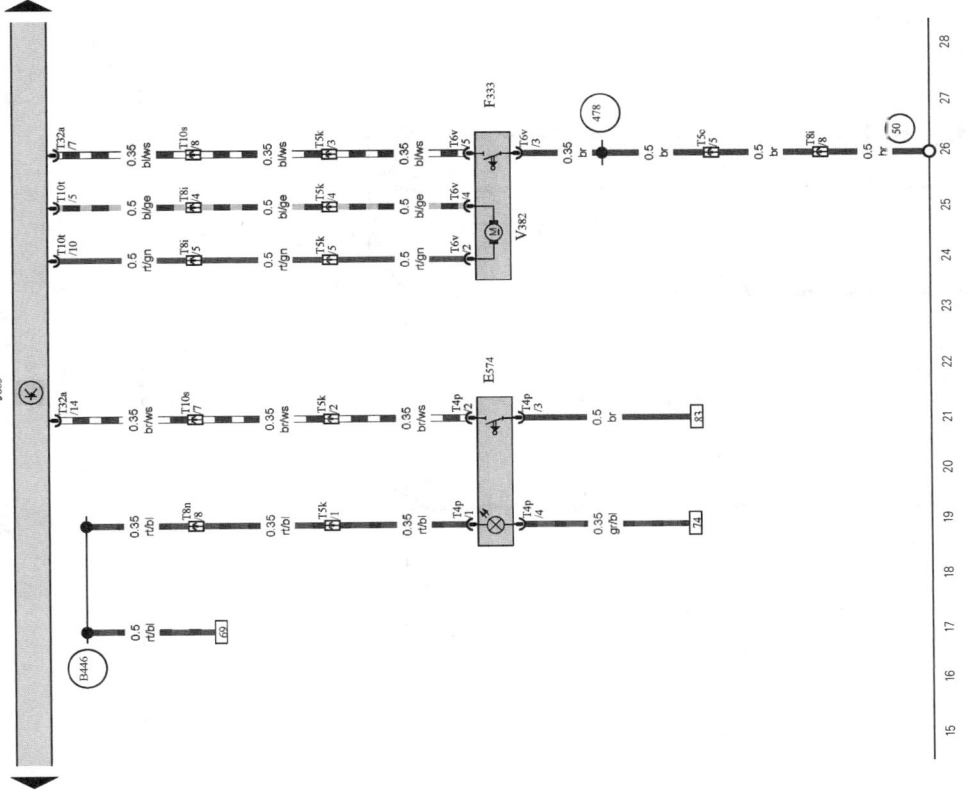

图 4-4-96

图 4-4-97

E574-后备箱盖锁闭按钮 F333-关闭辅助功能限位开关、后备箱已上锁 J605-后备箱盖控制单元 T4p-4芯插头连接 T5k-5芯插头连接 T5c-5芯插头连接 T6v-6芯插头连接 T8i-8芯插头连接 T8n-8芯插头连接 T10t-10芯插头连接 T10s-10芯插头连接 T10r-10芯插头连接 T32a-32芯插头连接 V382-后备箱盖关闭辅助装置电机 50-后备箱盖号线束中 478-接地连接3，在后备箱盖号线束中 B446-连接（强制降档开关）、在后备箱盖内左侧线束中

A-蓄电池 J533-数据总线诊断接口 J605-后备箱盖控制单元 SA4-保险丝架A上的保险丝4 SC-保险丝架C SC50-保险丝架C上的保险丝50 T2ck-2芯插头连接 T10t-10芯插头连接 T20a-20芯插头连接 T32a-32芯插头连接 50-后备箱内左侧接地点 B397-连接1（舒适CAN总线，High），在主导线束中 B406-连接1（舒适CAN总线，Low），在主导线束中

567

电机 2 中的传感器、用于后备箱盖、后备箱盖控制单元、后备箱电机 2

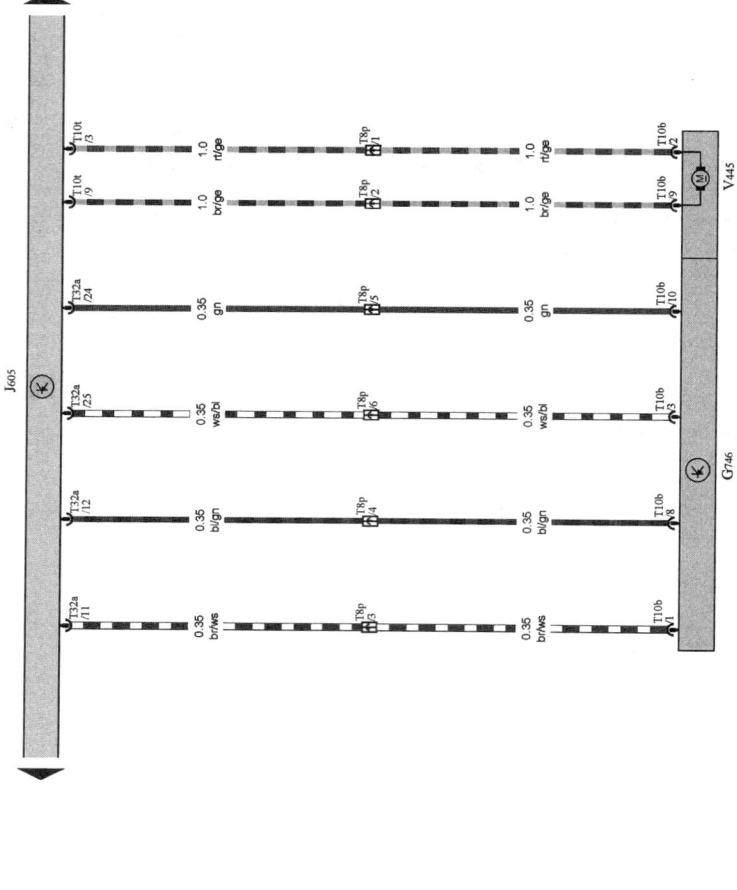

G746-电机2中的传感器、用于后备箱、J605-后备箱盖控制单元 T8p-8芯插头连接 T10b-10芯插头连接
T10t-10芯插头连接 T32a-32芯插头连接 V445-后备箱电机2

图 4-4-99

电机 1 中的传感器、用于后备箱盖、后备箱盖控制单元、后备箱电机 1

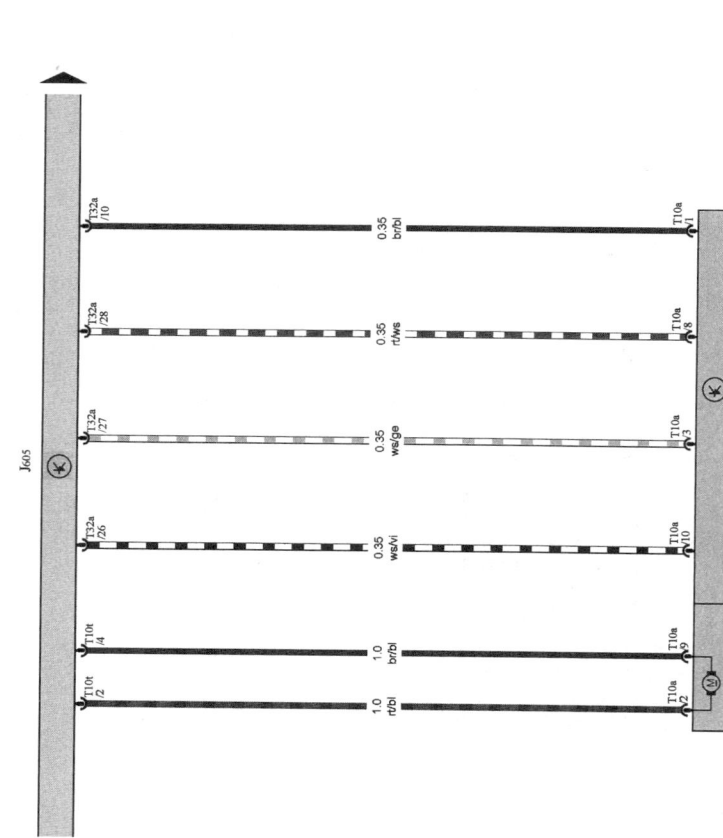

G745-电机1中的传感器、用于后备箱盖、后备箱盖 J605-后备箱盖控制单元 T10a-10芯插头连接 T10t-10芯插头连
接 T32a-32芯插头连接 V444-后备箱电机1

图 4-4-98

后备箱盖把手中的解锁按钮、后备箱闭锁单元、车载电网控制单元、后备箱盖中央门锁电机。

中控台开关模块1、后备箱盖开关、用于后备箱盖的警报蜂鸣器、驾驶员侧车门控制单元、车载电网控制单元、后备箱盖控制单元、按钮照明灯泡

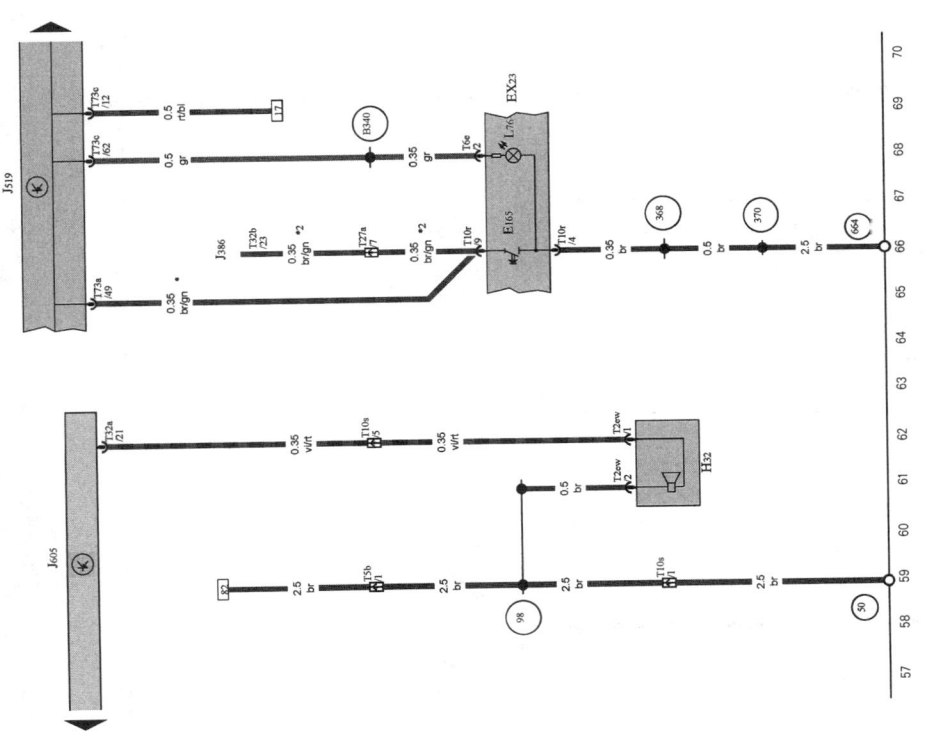

图 4-4-101

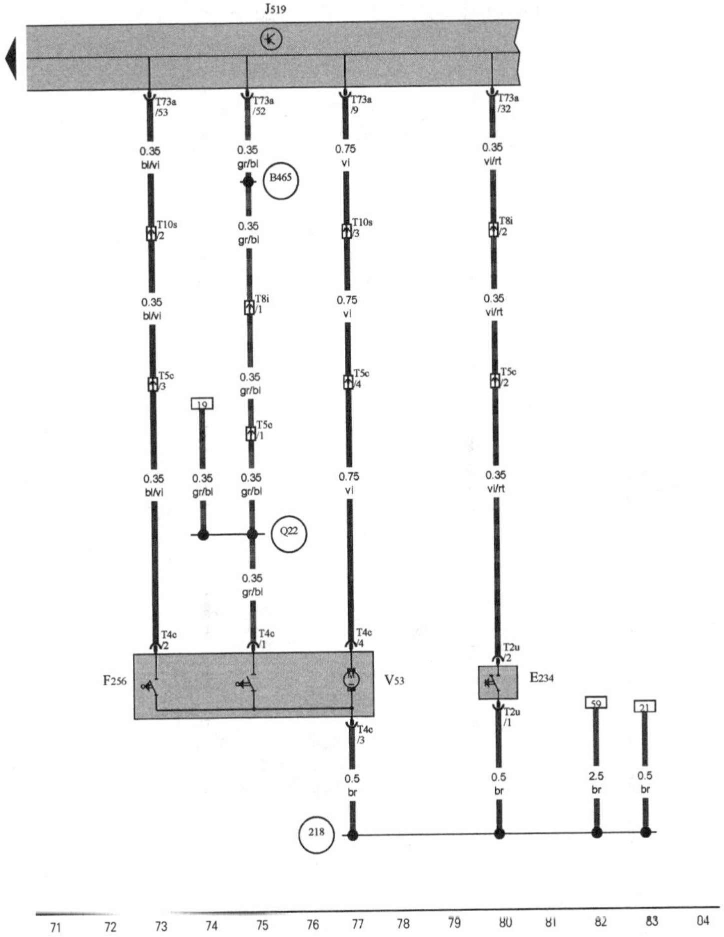

E234-后备箱盖把手中的解锁按钮 F256-后备箱闭锁单元 J519-车载电网控制单元 T2u-2芯插头连接 T4c-4芯插头连接 T5c-5芯插头连接 T8i-8芯插头连接 T10s-10芯插头连接 T73a-73芯插头连接 V53-后备箱盖中央门锁电机 218-接地连接1，在后备箱导线束中 B465-连接1，在主导线束中 Q22-连接1，在后备箱导线束中

图 4-4-100

EX23-中控台开关模块1 E165-后备箱盖开锁开关 H32-用于后备箱盖的警报蜂鸣器 J386-驾驶员侧车门控制单元 J519-车载电网控制单元 J605-后备箱盖控制单元 L76-按钮照明灯泡 T2ew-2芯插头连接 T6e-6芯插头连接 T10r-10芯插头连接 T27a-27芯插头连接 T73c-73芯插头连接 T73a-73芯插头连接 50-后备箱内左侧接 T32a-32芯插头连接 T32b-32芯插头连接 T73a-73芯插头连接 368-接地连接3，在主导线束中 370-接地连接5，在主导线束中 地点，车载电网接地 98-接地连接，在后备箱导线束中 664-左侧仪表板后面接地点 B340-连接1（58d），在主导线束中 *-自2017年7月起 *2-截至2017年7月

后备箱盖打开传感器、后备箱盖开启装置的传感器2、进入及启动许可控制单元、后备箱
盖开启装置控制单元

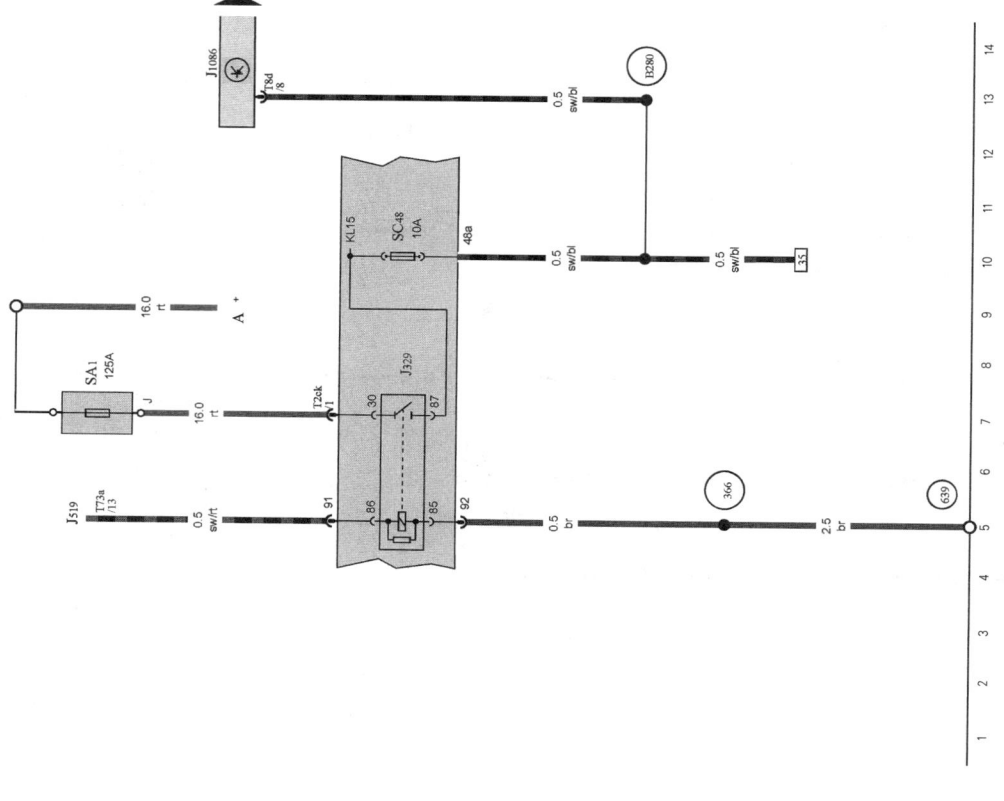

接线端 15 供电继电器、盲区识别控制单元

A-蓄电池 J329-接线端15供电继电器 J519-车载电网控制单元 J1086-盲区识别控制单元 SA1-保险丝架A
上的保险丝1 SC48-保险丝架C上的保险丝48 T2ck-2芯插头连接 T8d-8芯插头连接 T73a-73芯插头连接
366-接地连接1，在左侧A柱上 B280-正极连接4（15a），在主导线束中
639-接地点 在主导线束中

图 4-4-103

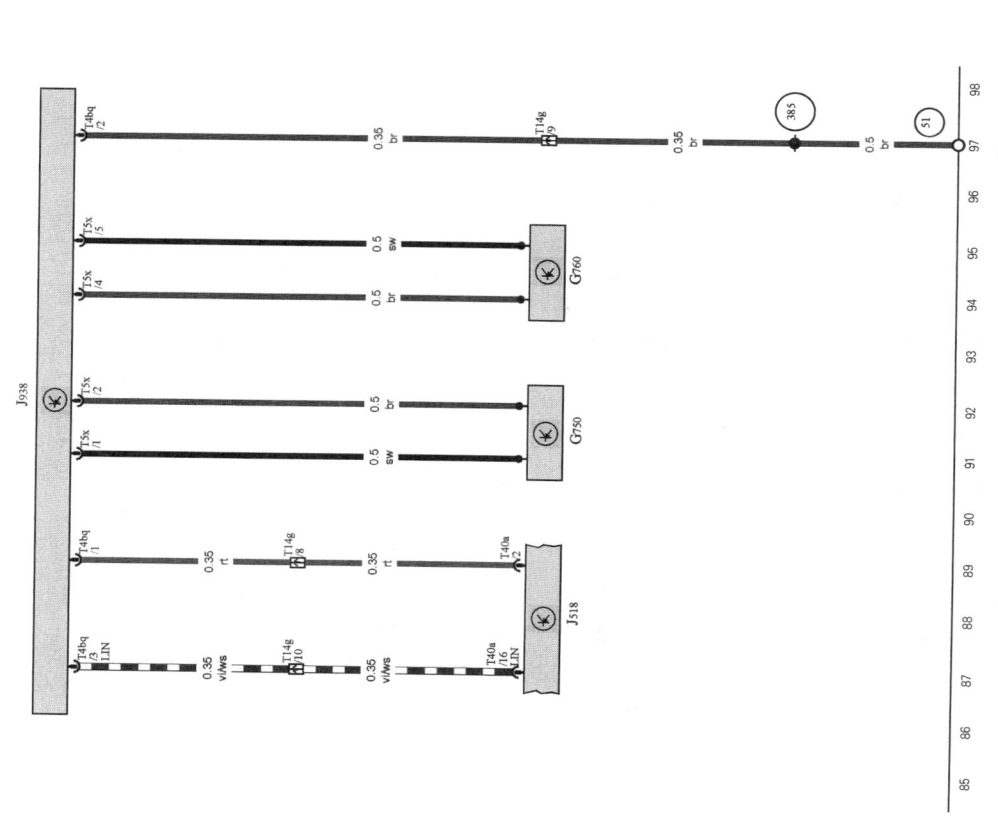

G750-后备箱盖打开传感器 G760-后备箱盖开启装置的传感器2 J518-进入及启动许可控制单元 J938-后
备箱盖开启装置控制单元 T4bq-4芯插头连接 T5x-5芯插头连接 T14g-14芯插头连接 T40a-40芯插头连
接 51-后备箱内右侧接地点 385-接地连接20，在主导线束中

图 4-4-102

570

盲区识别控制单元、盲区识别控制单元2、左侧车外后视镜中的盲区识别警告灯、右侧车外后视镜中的盲区识别警告灯

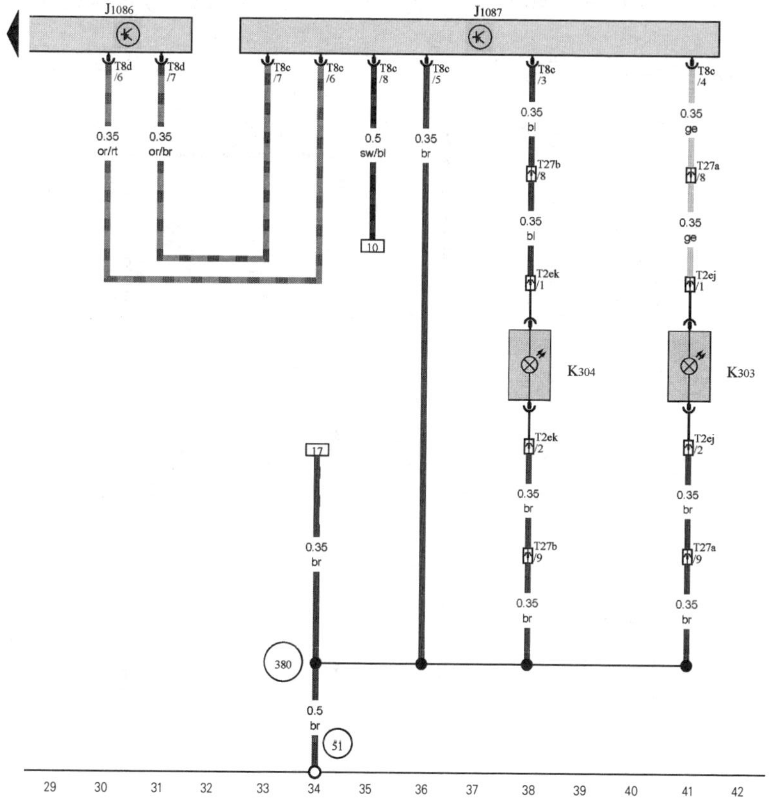

盲区识别控制单元、驾驶员辅助系统的前部摄像机

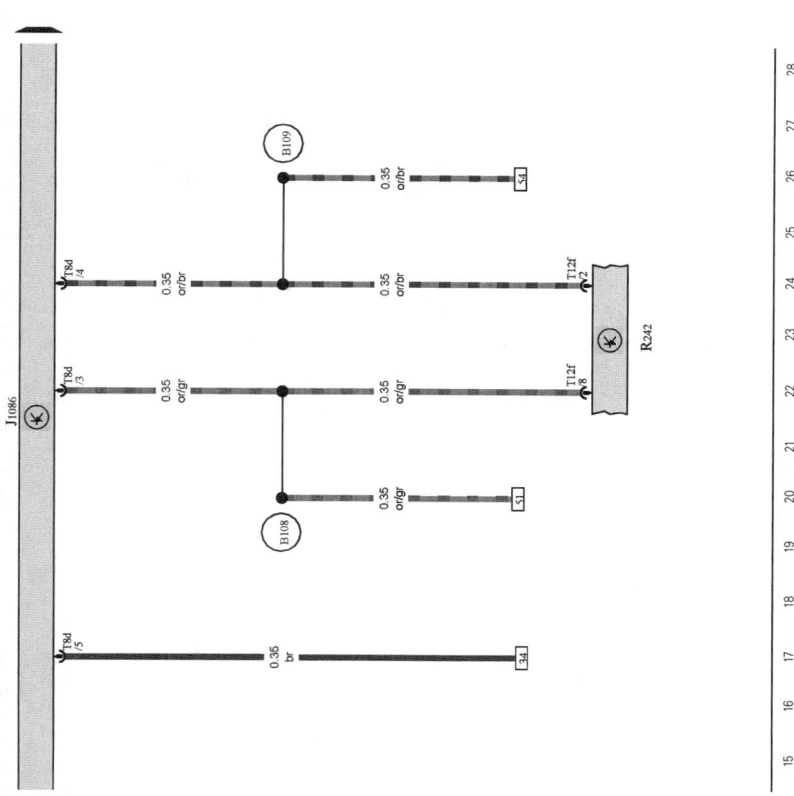

图 4-4-105

J1086-盲区识别控制单元 J1087-盲区识别控制单元2 K303-左侧车外后视镜中的盲区识别警告灯 K304-右侧车外后视镜中的盲区识别警告灯 T2ej-2芯插头连接 T2ek-2芯插头连接 T8c-8芯插头连接 T8d-8芯插头连接 T27a-27芯插头连接 T27b-27芯插头连接 51-后备箱内右侧接地点 380-接地连接15，在主导线束中

图 4-4-104

J1086-盲区识别控制单元 R242-驾驶员辅助系统的前部摄像机 T8d-8芯插头连接 T12f-12芯插头连接 B108-连接1（扩展型CAN总线，High），在主导线束中 B109-连接1（扩展型CAN总线，Low），在主导线束中

571

倒车摄像头

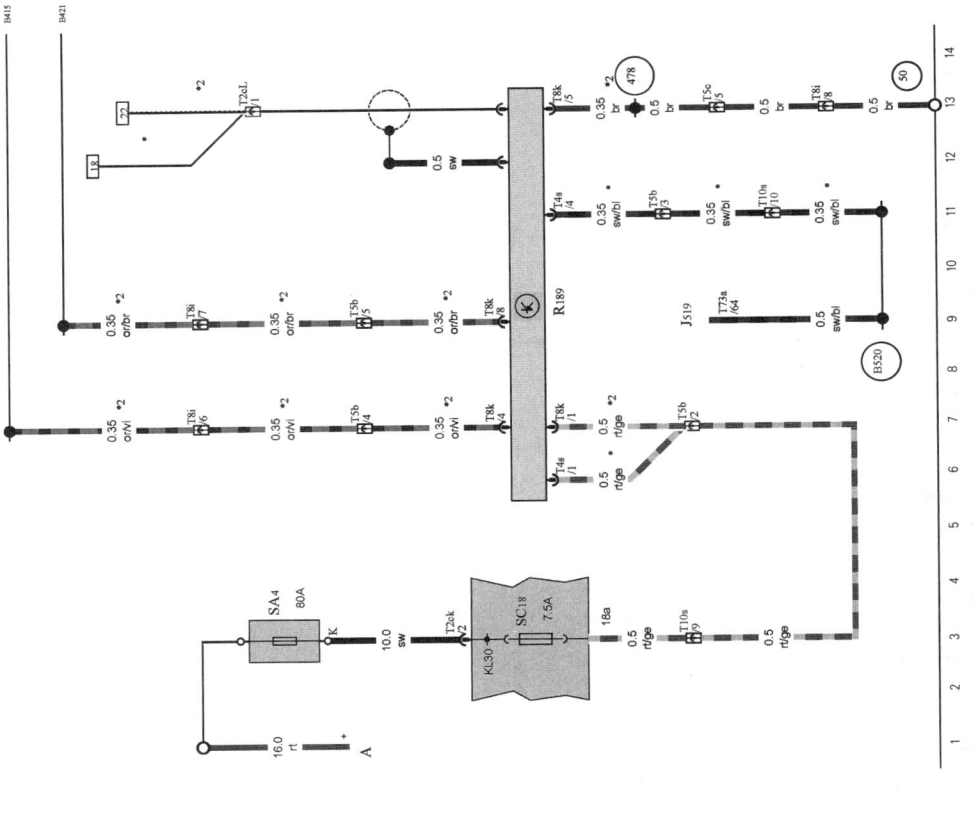

A-蓄电池 J519-车载电网控制单元 R189-倒车摄像头 SA4-保险架A上的保险丝4 SC18-保险丝架C上的保险丝18 T2ck-2芯插头连接 T2cL-2芯插头连接 T4s-4芯插头连接 T5b-5芯插头连接 T5c-5芯插头连接 T8i-8芯插头连接 T8k-8芯插头连接 T10s-10芯插头连接 T73a-73芯插头连接 50-后备箱内左侧接地点 478-接地连接3，在后备箱置导线束中 B415-连接1（信息娱乐CAN总线，High），在主导线束中 B520-连接 B421-连接1（信息娱乐CAN总线，Low），在主导线束中 B520-连接（RF），在主导线束中 *-用于不带导航系统的汽车 *2-用于带导航系统的汽车

图 4-4-107

驾驶员辅助系统按钮、转向柱电子装置控制单元、数据总线诊断接口

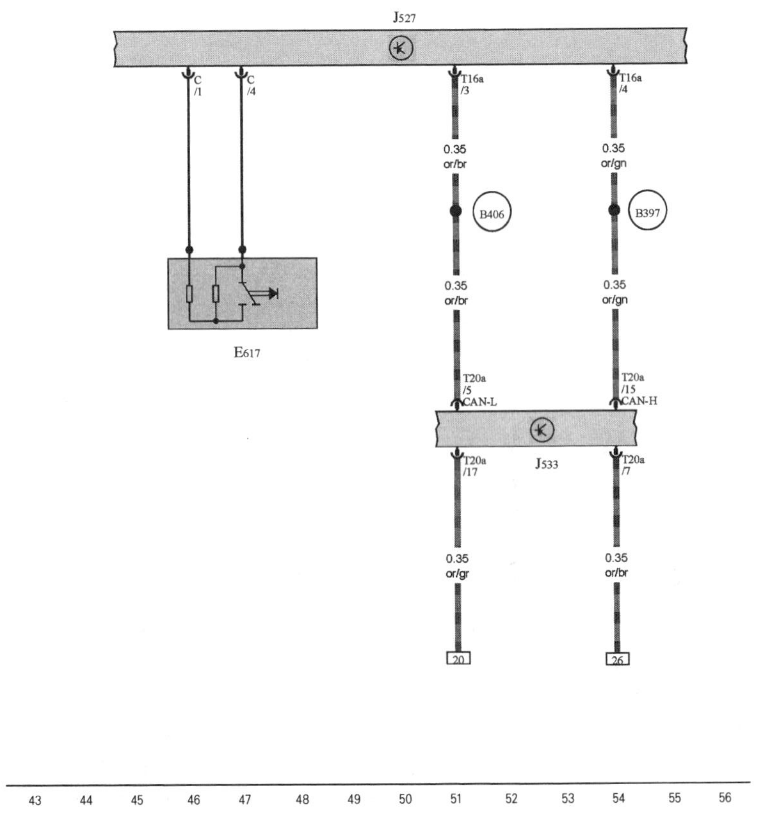

E617-驾驶员辅助系统按钮 J527-转向柱电子装置控制单元 J533-数据总线诊断接口 T16a-16芯插头连接 T20a-20芯插头连接 B397-连接1（舒适/便捷系统CAN总线，High），在主导线束中 B406-连接1（舒适/便捷系统CAN总线，Low），在主导线束中

图 4-4-106

572

接线端 15 供电继电器

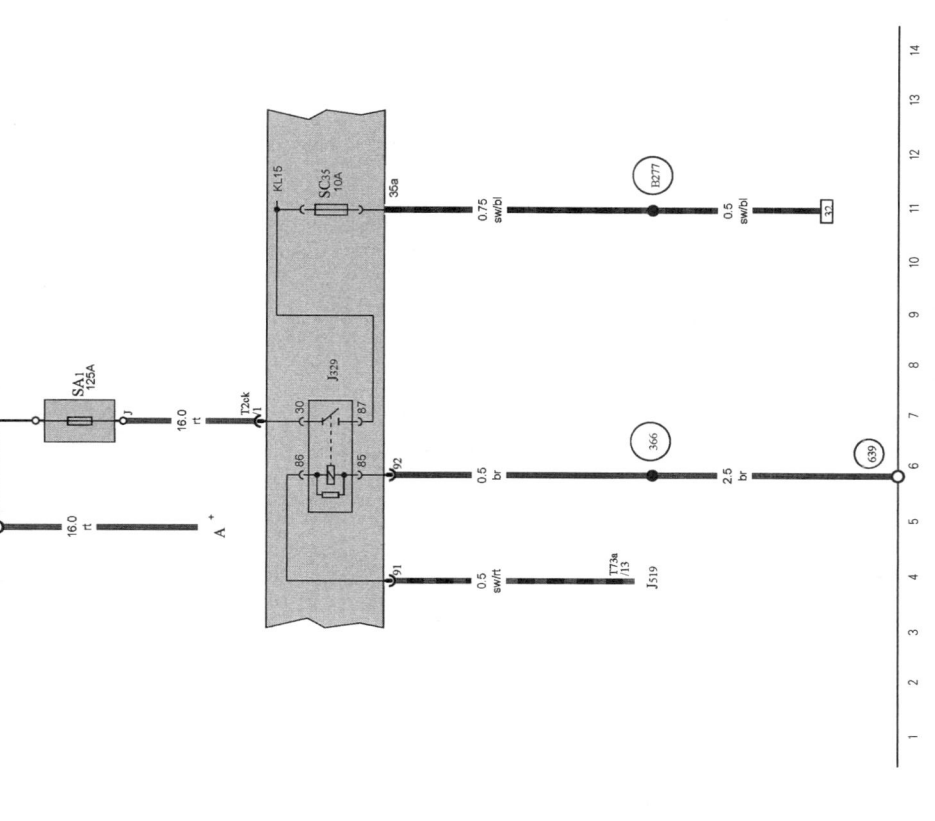

图 4-4-109

A-蓄电池 J329-接线端15供电继电器 J519-车载电网控制单元 SA1-保险丝架A上的保险丝1 SC35-保险丝架C上的保险丝35 T2ck-2芯插头连接 T73a-73芯插头连接 366-接地连接1，在主导线束中 639-接地点，在左侧A柱 B277-正极连接1（15a），在主导线束中

前部信息显示和操作单元控制单元的显示单元、电子通信信息设备 1 控制单元、收音机

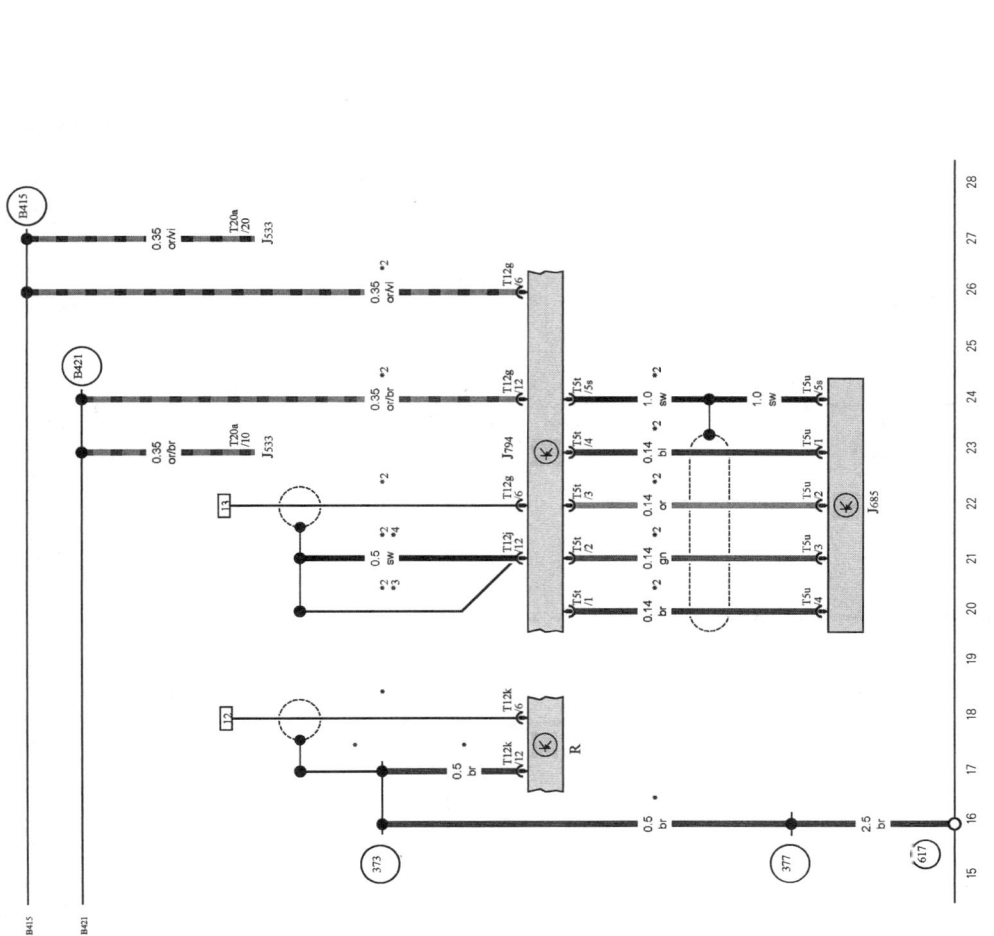

图 4-4-108

J533-数据总线诊断接口 J685-前部信息显示和操作单元控制单元的显示单元 J794-电子通信信息设备1控制单元 J519-车载电网控制单元 SA1-保险丝架A上的保险丝1 SC35-保险丝架C上的保险丝35 T2ck-2芯插头连接 T5r-5芯插头连接 T5u-5芯插头连接 T12g-12芯插头连接 T12j-12芯插头连接 T12k-12芯插头连接 T20a-20芯插头连接 373-接地连接 373-接地连接8，在主导线束中 377-接地连接12，在主导线束中 617-右侧A柱下部接地点2 B415-连接1（信息娱乐CAN总线，High），在主导线束中 B421-连接1（信息娱乐CAN总线，Low），在主导线束中 *-用于不带导航系统的汽车 *2-用于带导航系统的汽车 *3-自2017年7月起 *4-截至2017年7月

573

数据总线诊断接口、驾驶员辅助系统的前部摄像机、用于前部传感系统的玻璃加热装置

车距调节控制单元、驾驶员辅助系统的前部摄像机

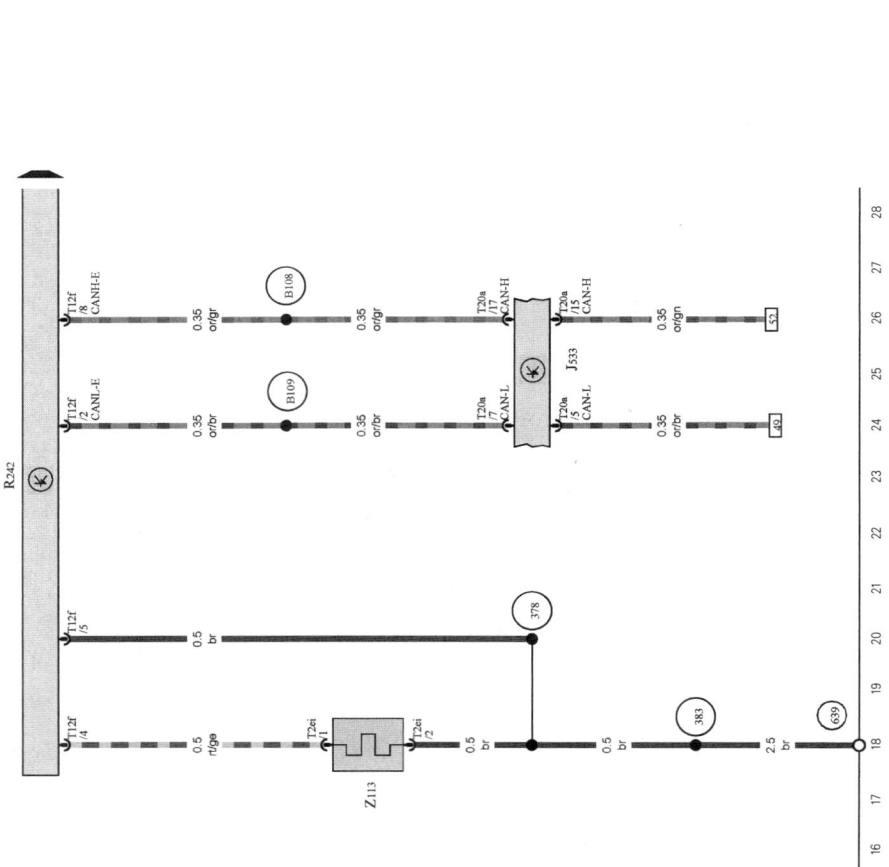

图4-4-110

J533-数据总线诊断接口　R242-驾驶员辅助系统的前部摄像机　T2ei-2芯插头连接　T12f-12芯插头连接　T12f-12芯插头连接
T20a-20芯插头连接　Z113-用于前部传感系统的玻璃加热装置　378-接地连接13，在主导线束中　383-接
地连接18，在主导线束中　639-接地点，在左侧A柱上　B108-连接1（扩展型CAN总线，High），在主导
线束中　B109-连接1（扩展型CAN总线，Low），在主导线束中

图4-4-111

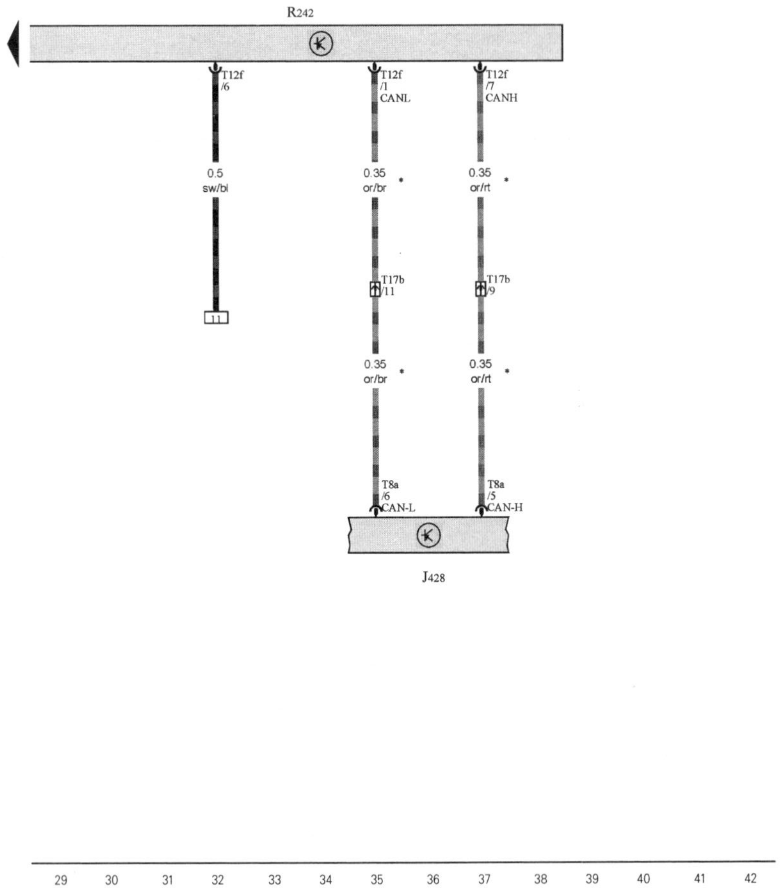

J428-车距调节控制单元　R242-驾驶员辅助系统的前部摄像机　T8a-8芯插头连接　T12f-12芯插头连接
T17b-17芯插头连接 *-仅用于带自动车距控制（ADR）的汽车

接线端15供电继电器、车载电网控制单元、驻车辅助系统控制单元

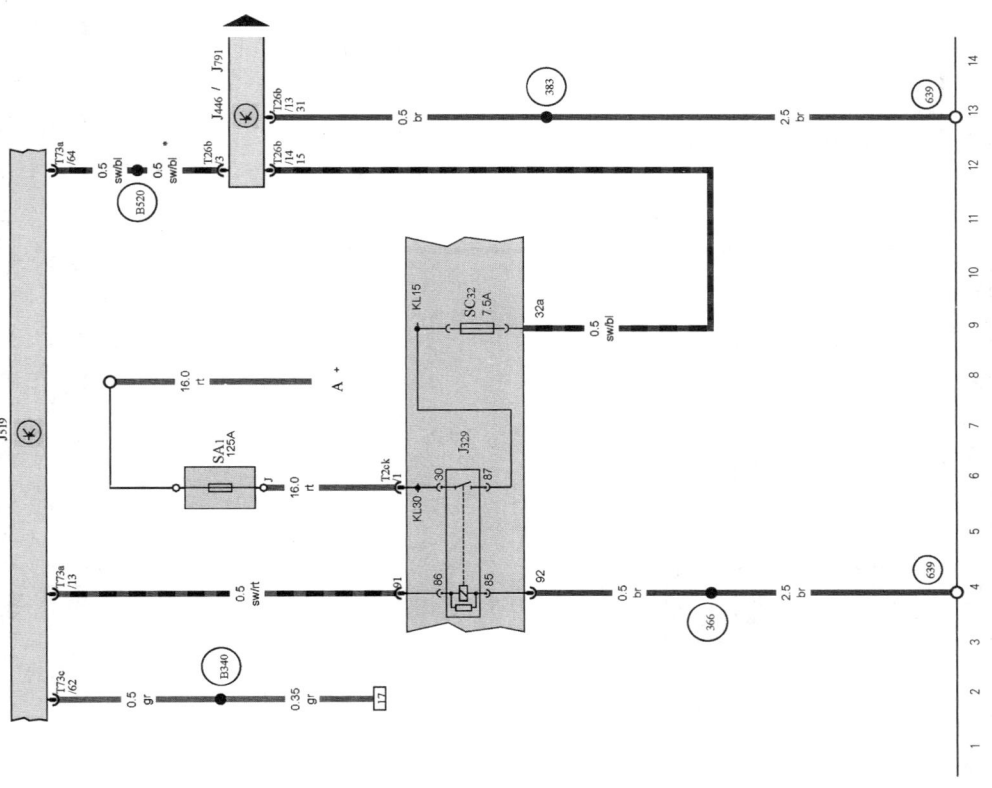

图 4-4-113

A-蓄电池 J329-接线端15供电继电器 J446-驻车距离报警控制单元 J519-车载电网控制单元 J791-驻车辅助系统控制单元 SA1-保险丝座A上的保险丝1 SC32-保险丝架C上的保险丝32 T2ck-2芯插头连接 T26b-26芯插头连接 T73a-73芯插头连接 T73c-73芯插头连接 366-接地连接，在主导线束中 383-接地连接 18，在主导线束中 639-接地点，在左侧A柱上 B340-连接1（58d），在主导线束中 B520-连接（RF），在主导线束中 *-仅用于带驻车距离报警（后）的汽车

驾驶员辅助系统按钮、转向柱电子装置控制单元

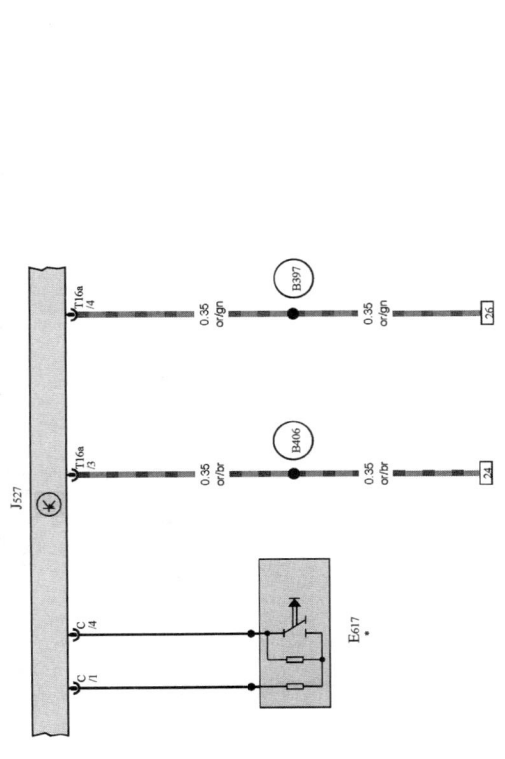

图 4-4-112

E617-驾驶员辅助系统按钮 J527-转向柱电子装置控制单元 T16a-16芯插头连接 B397-连接1 B406-连接1 系统CAN总线，High），在主导线束中 B397-连接1（舒适/便捷系统CAN总线，Low），在主导线束中 *-仅用于带自动车距控制（ADR）的汽车

575

后部驻车距离报警蜂鸣器、前部驻车距离报警蜂鸣器、驻车辅助系统控制单元

中控台开关模块1、驻车距离报警按钮、驻车辅助系统按钮、驻车辅助系统控制单元、驻车辅助系统控制单元、驻车距离报警指示灯、驻车转向辅助系统指示灯、按钮照明灯泡

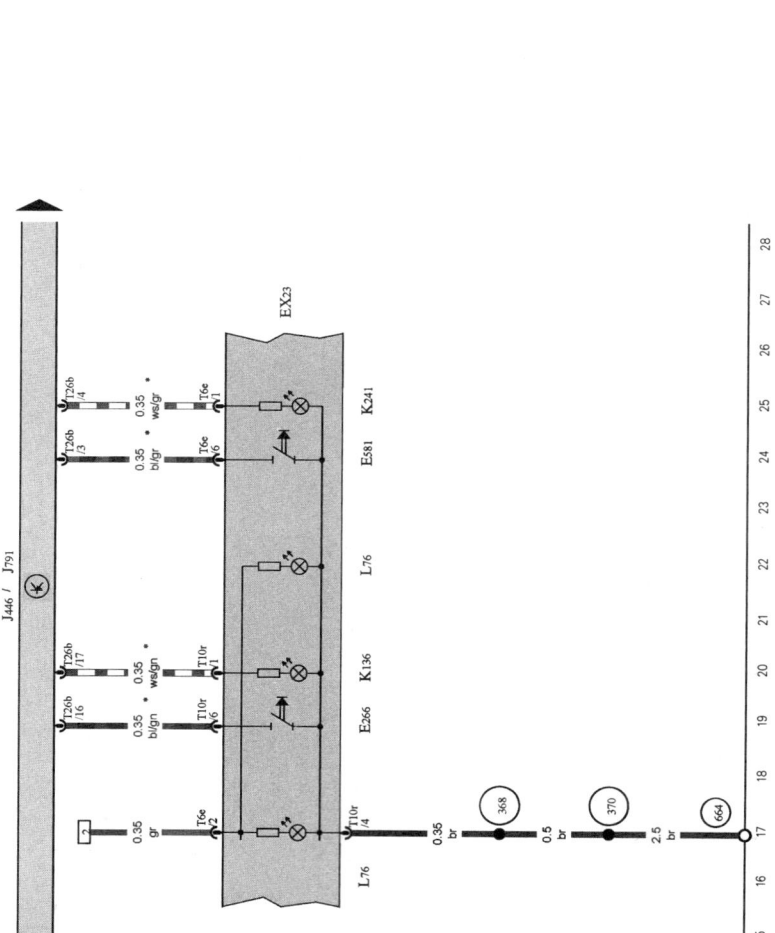

H15-后部驻车距离报警蜂鸣器 H22-前部驻车距离报警蜂鸣器 J446-驻车距离报警控制单元 J791-驻车辅助系统控制单元 T2cf-2芯插头连接 T2cg-2芯插头连接 T14f-14芯插头连接 T18b-18芯插头连接 T26b-26芯插头连接 348-接地连接 X65-连接，在前保险杠导线束里中 X65-连接（驻车距离报警），在前保险杠导线束中 *-仅用于带驻车转向辅助系统的汽车

图 4-4-115

EX23-中控台开关模块1 E266-驻车距离报警按钮 E581-驻车辅助系统按钮 J446-驻车距离报警控制单元 J791-驻车辅助系统控制单元 K136-驻车距离报警指示灯 K241-驻车转向辅助系统指示灯 L76-按钮照明灯泡 T6e-6芯插头连接 T10r-10芯插头连接 T26b-26芯插头连接 368-接地连接3，在主导线束中 370-接地连接5，在主导线束中 664-左侧仪表板后面接地点 *-仅用于带驻车转向辅助系统的汽车

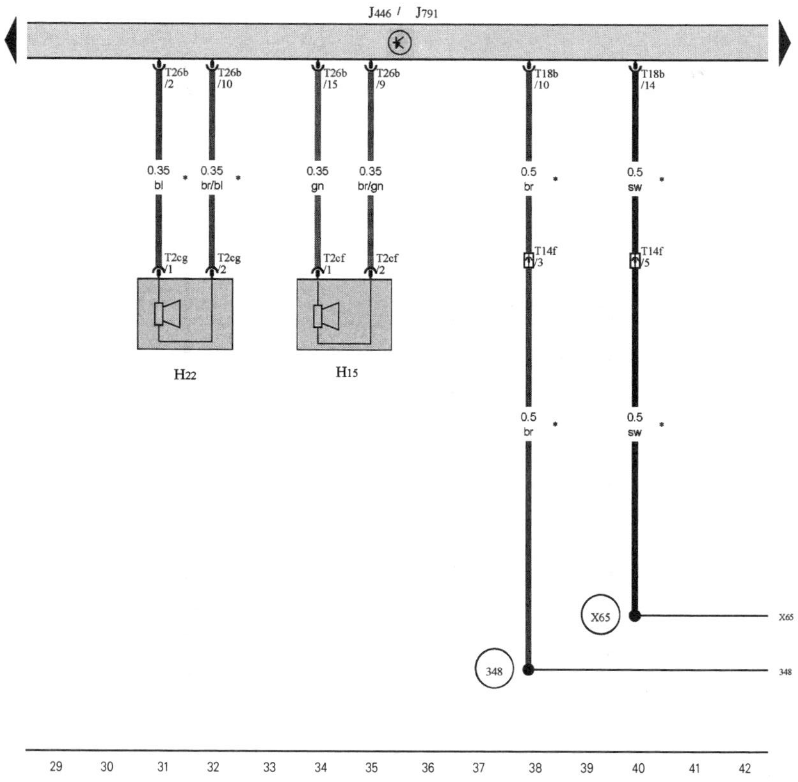

图 4-4-114

右前车距离报警传感器；驻车转向辅助系统的左侧传感器，汽车左侧；驻车转向辅助
右前车距离报警传感器；驻车转向辅助系统的左侧传感器，汽车左侧；驻车转向辅助
系统的右前侧传感器，汽车右侧；驻车辅助系统控制单元

右前中部驻车距离报警传感器、左前中部驻车距离报警传感器、左前驻车距离报警传感器、
右前中部驻车距离报警传感器、左前中部驻车距离报警传感器、左前驻车距离报警传感器、
驻车辅助系统控制单元

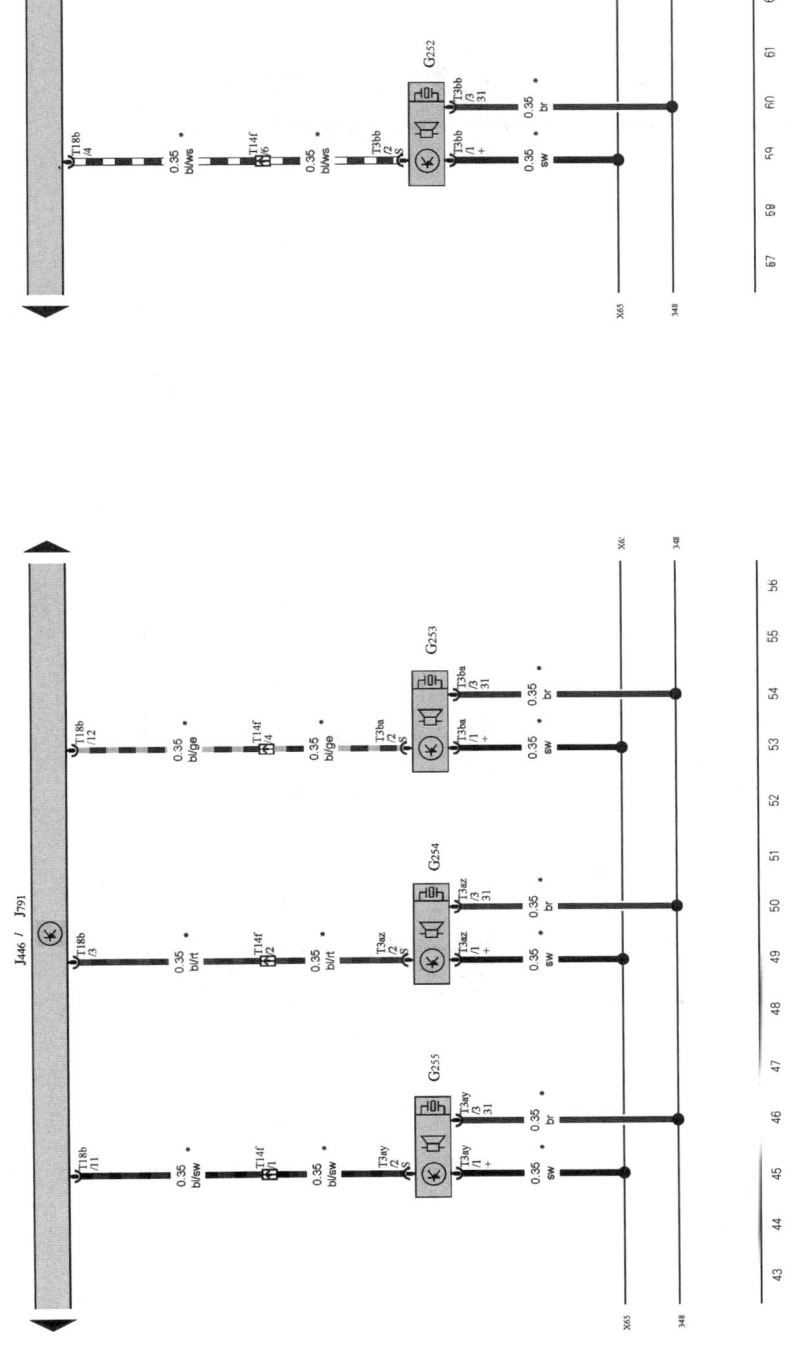

G253-右前中部驻车距离报警传感器　G254-左前中部驻车距离报警传感器　G255-左前驻车距离报警传
感器　J446-驻车距离报警控制单元　J791-驻车辅助系统控制单元　T3ay-3芯插头连接　T3az-3芯插头连接
T3ba-3芯插头连接　T14f-14芯插头连接　T18b-18芯插头连接　348-接地连接　（驻车距离报警），在前保险
杠导线束中　X65-连接（驻车距离报警），在前保险杠导线束中　*-仅用于带驻车转向辅助系统的汽车

图 4-4-116

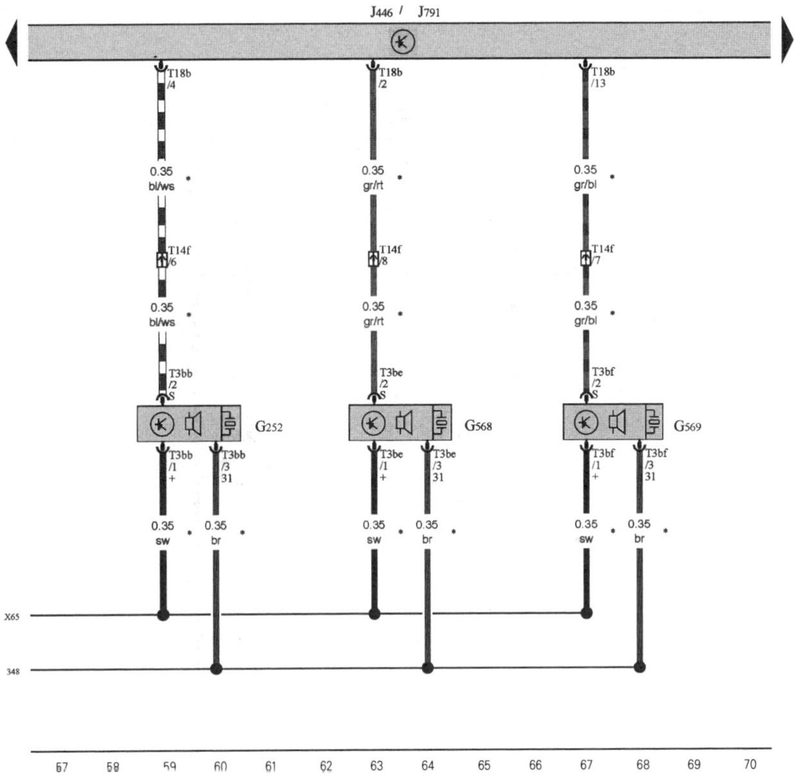

G252-右前驻车距离报警传感器　G568-驻车转向辅助系统的左前侧传感器，汽车左侧　G569-驻车转向辅
助系统的右前侧传感器，汽车右侧　J446-驻车距离报警控制单元　J791-驻车辅助系统控制单元　T3bb-3芯
插头连接　T3be-3芯插头连接　T3bf-3芯插头连接　T14f-14芯插头连接　T18b-18芯插头连接　348-接地连
接（驻车距离报警），在前保险杠导线束中　X65-连接（驻车距离报警），在前保险杠导线束中　*-仅用
于带驻车转向辅助系统的汽车

图 4-4-117

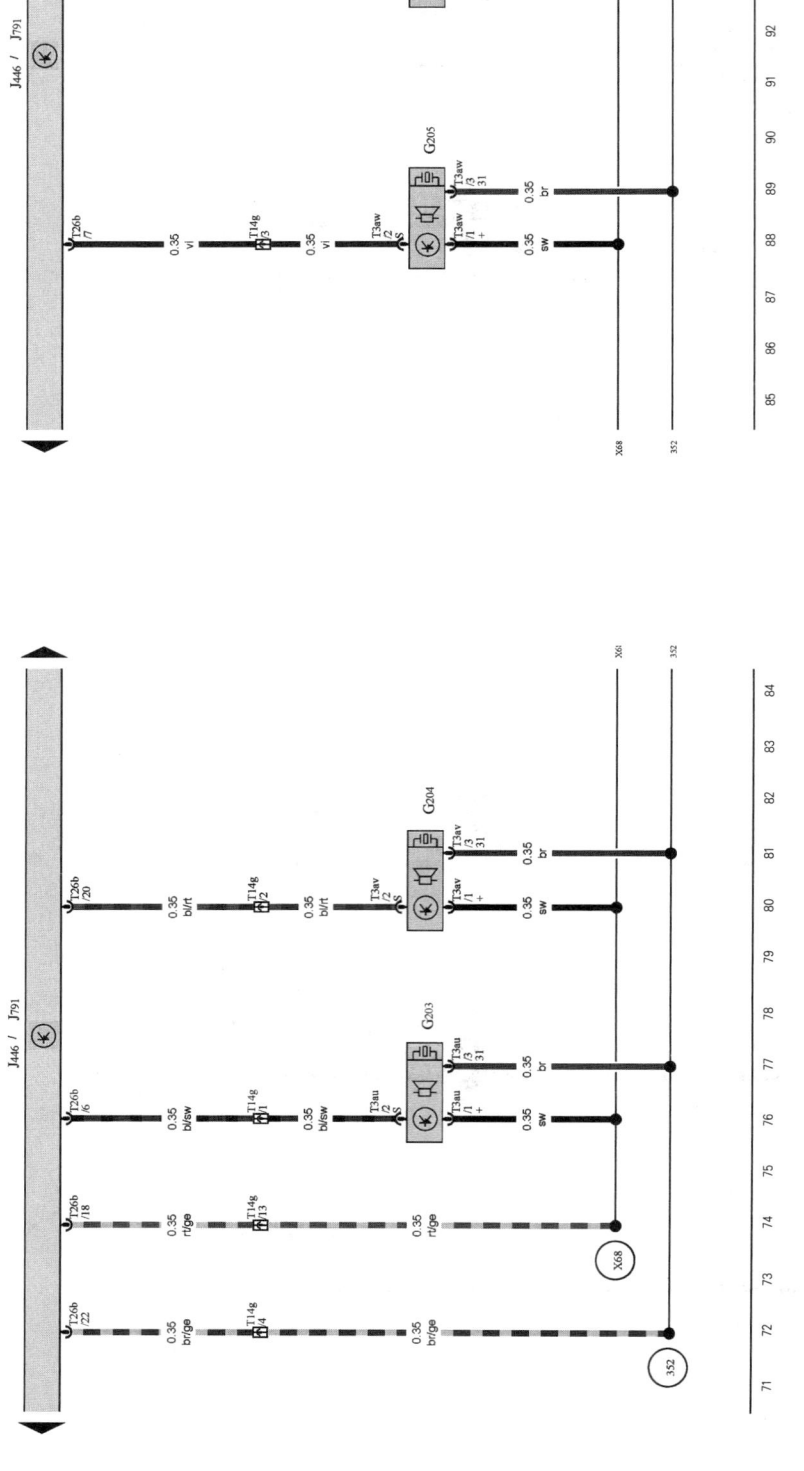

图 4-4-118

图 4-4-119

G203-左后驻车距离报警传感器 G204-左后中部驻车距离报警传感器 J446-驻车距离报警传感器 J791-驻车辅助系统控制单元 T3au-3芯插头连接 T3av-3芯插头连接 T14g-14芯插头连接 T26b-26芯插头连接 X68-连接（驻车距离报警），在后保险杠导线束中 352-接地连接（驻车距离报警），在后保险杠导线束中

G205-右后中部驻车距离报警传感器 G206-右后驻车距离报警传感器 J446-驻车距离报警传感器 J791-驻车辅助系统控制单元 T3aw-3芯插头连接 T3ax-3芯插头连接 T14g-14芯插头连接 T26b-26芯插头连接 X68-连接（驻车距离报警），在后保险杠导线束中 352-接地连接（驻车距离报警），在右保险杠导线束中

接线端 15 供电继电器

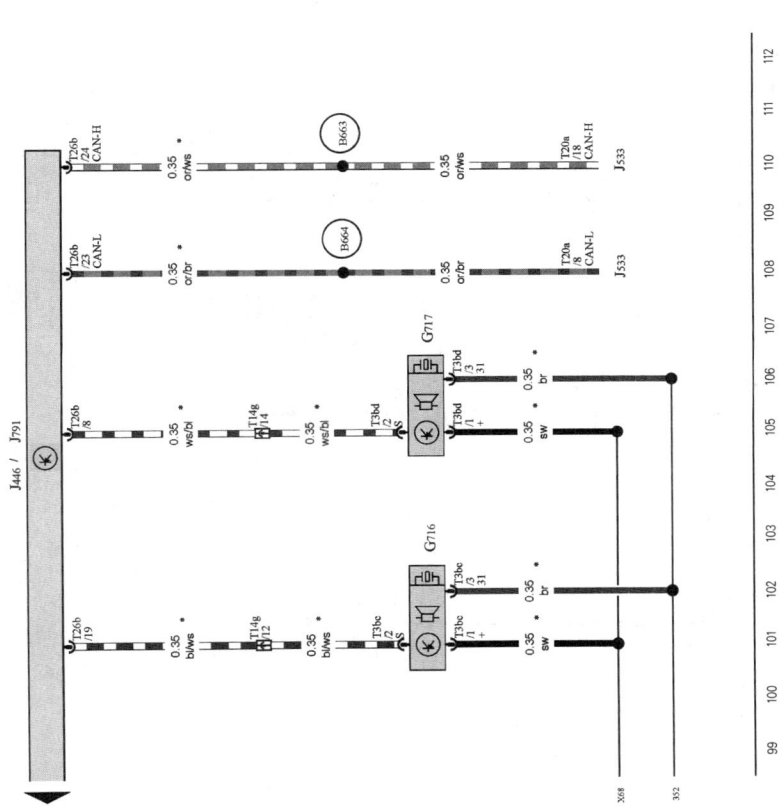

A-蓄电池 J329-接线端15供电继电器 J519-车载电网控制单元 SA1-保险丝架A上的保险丝1 SC35-保险丝架C上的保险丝35 T2ck-2芯插头连接 T73a-73芯插头连接 T73a-73芯插头连接1，在主导线束中 366-接地连接1，在主导线束中 639-接地点，在左侧A柱上 B277-正极连接1（15a）

图 4-4-121

左后驻车转向辅助系统传感器、右后驻车转向辅助系统控制单元

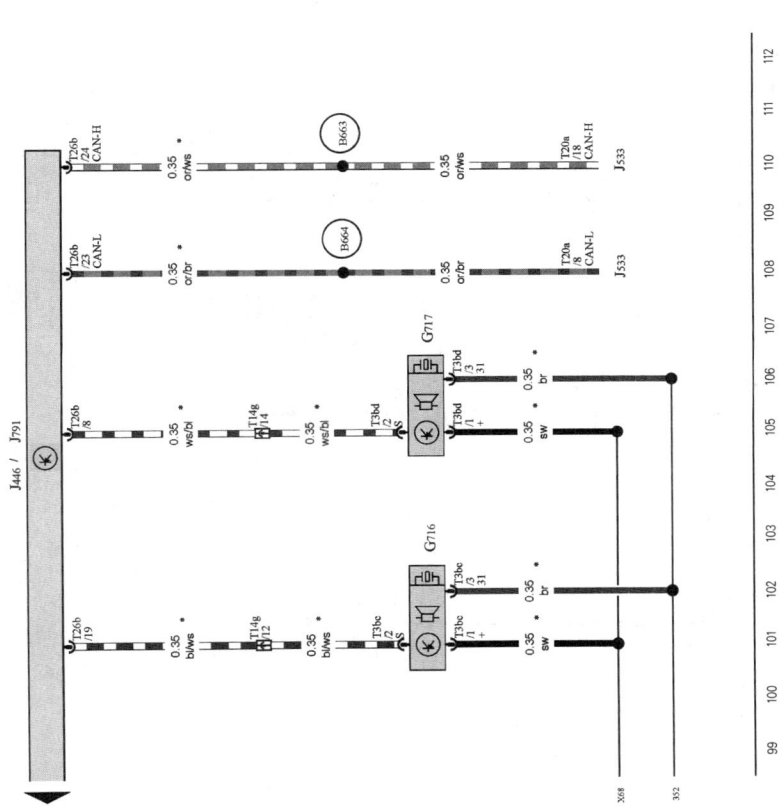

图 4-4-120

G716-左后驻车转向辅助系统传感器 G717-右后驻车转向辅助系统传感器 J446-驻车距离报警控制单元 J519-车载电网控制单元 J791-驻车辅助系统控制单元 T3bc-3芯插头连接（驻车距离报警） T3bd-3芯插头连接 T14g-14芯插头连接 J533-数据总线诊断接口 T20a-20芯插头连接 T26b-26芯插头连接 352-接地连接 B664-连接（底盘传感器CAN总线，Low），在主导线束中 B663-连接（底盘传感器CAN总线，High），在主导线束中 B664-连接（底盘传感器CAN总线，X68-连接 *-仅用于带驻车转向辅助系统的汽车

车距调节控制单元、驾驶员辅助系统的前部摄像机

数据总线诊断接口、驾驶员辅助系统的前摄像机、用于前部传感系统的玻璃加热装置

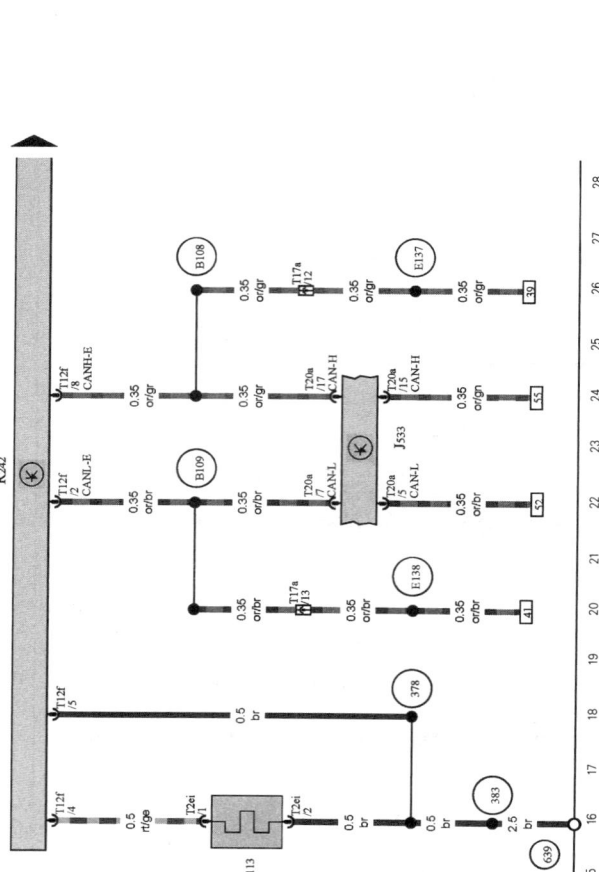

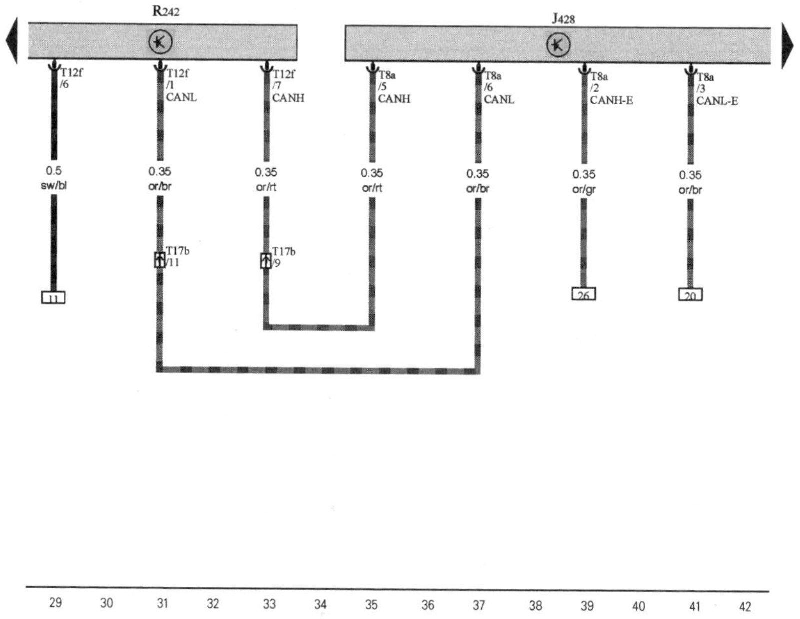

J428-车距调节控制单元 R242-驾驶员辅助系统的前部摄像机 T8a-8芯插头连接 T12f-12芯插头连接
T17a-17芯插头连接 T17b-17芯插头连接

图4-4-123

J533-数据总线诊断接口 R242-驾驶员辅助系统的前部摄像机 T2ei-2芯插头连接 T12f-12芯插头连接
T17a-17芯插头连接 T20a-20芯插头连接 Z113-用于前部传感系统的玻璃加热装置 378-接地连接13，在
主导线束中 383-接地连接18，在主导线束中 639-接地连接18，在主导线束中 B108-连接1（扩展型CAN总
线，High），在主导线束中 B109-连接1（扩展型CAN总线，Low），在主导线束中 E137-连接2（扩展型
CAN总线，High），在发动机舱导线束中 E138-连接2（扩展型CAN总线，Low），在发动机舱导线束中

图4-4-122

580

定速巡航装置开关、GRA 设置按钮、自动车距控制按钮、车速提高按钮、车速降低按钮、GRA 暂时关闭按钮、转向柱电子装置控制单元

驾驶员辅助系统按钮、车距调节控制单元、转向柱电子装置控制单元

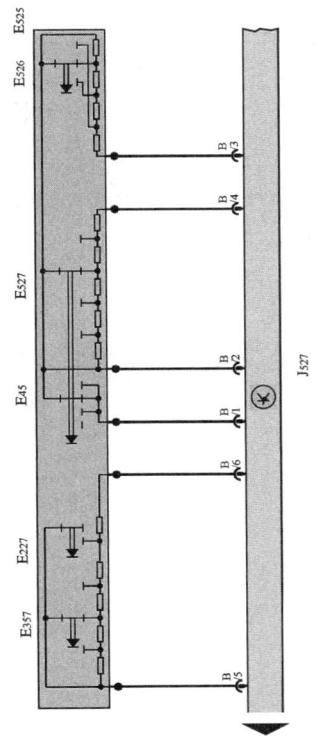

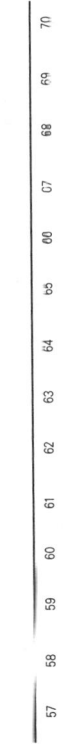

图 4-4-125

E45-定速巡航装置开关 E227-GRA设置按钮 E357-自动车距控制按钮 E525-车速提高按钮 E526-车速降低按钮 E527-GRA暂时关闭按钮 J527-转向柱电子装置控制单元

图 4-4-124

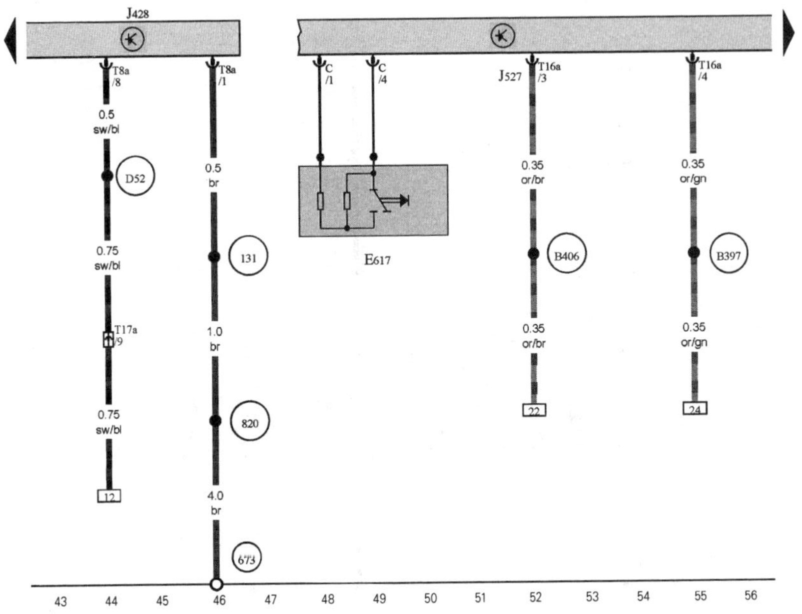

E617-驾驶员辅助系统按钮 J428-车距调节控制单元 J527-转向柱电子装置控制单元 T8a-8芯插头连接 T16a-16芯插头连接 T17a-17芯插头连接 131-接地连接2, 在发动机舱导线束中 673-接地点3, 左前纵梁上 820-接地连接13, 在发动机舱导线束中 B397-连接1 (舒适/便捷系统CAN总线, High), 在主导线束中 B406-连接1 (舒适/便捷系统CAN总线, Low), 在主导线束中 D52-正极连接 (15a), 在发动机舱导线束中

581

雨水与光线识别传感器、车载电网控制单元、自动防眩车内后视镜

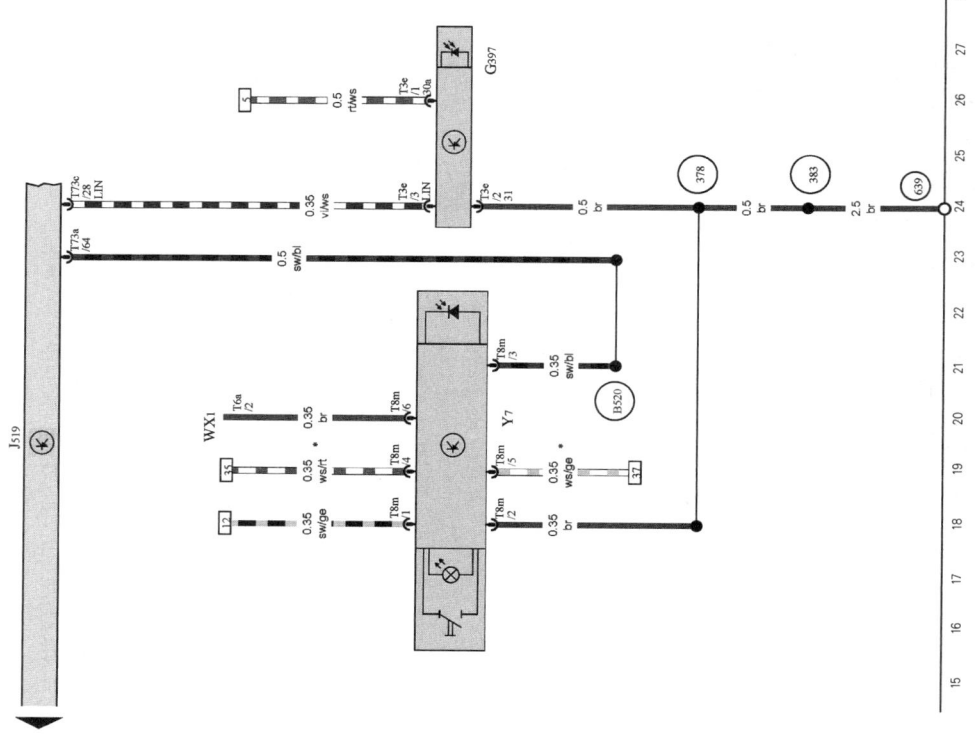

接线端 15 供电继电器、车载电网控制单元

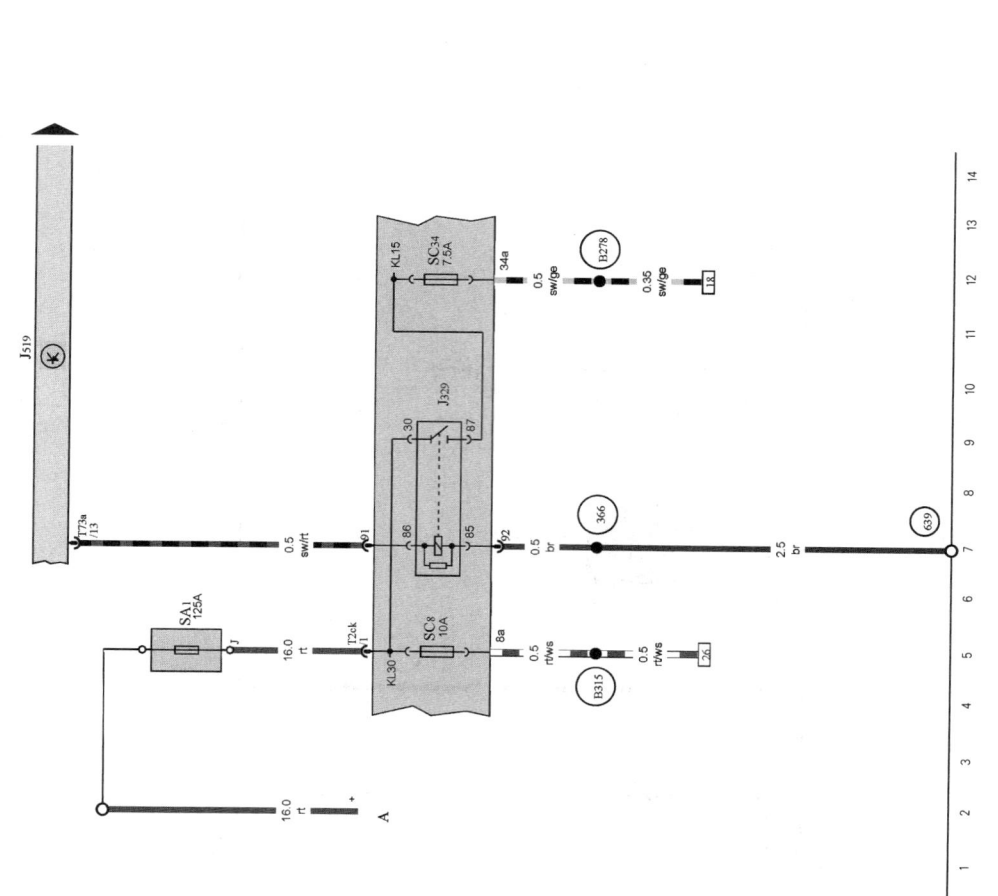

图 4-4-127

G397-雨水与光线识别传感器 J519-车载电网控制单元 T3c-3芯插头连接 T6a-6芯插头连接 T8m-8芯插头连接 T73a~73c-73芯插头连接 WX1-前部车内照明灯 Y7-自动防眩车内后视镜 378-1, 在导线束中 383-接地连接18, 在主导线束中 639-接地点, 在左侧A柱上 B520-连接头连接 T73a~73芯插头连接 378-接地连接13, 在主导线束中 (RF), 在导线束中 *-仅用于带有自动防眩车外后视镜的汽车

图 4-4-126

A-蓄电池 J329-接线端15供电继电器 J519-车载电网控制单元 SA1-保险丝架A上的保险丝1 SC8-保险丝架C上的保险丝8 SC34-保险丝架C上的保险丝34 T2ck-2芯插头连接 T73a~73芯插头连接 366-接地连接1, 在导线束中 639-接地点, 在左侧A柱上 B278-正极连接2 (15a), 在主导线束中 B315-正极连接1 (30a), 在主导线束中

582

车载电网控制单元

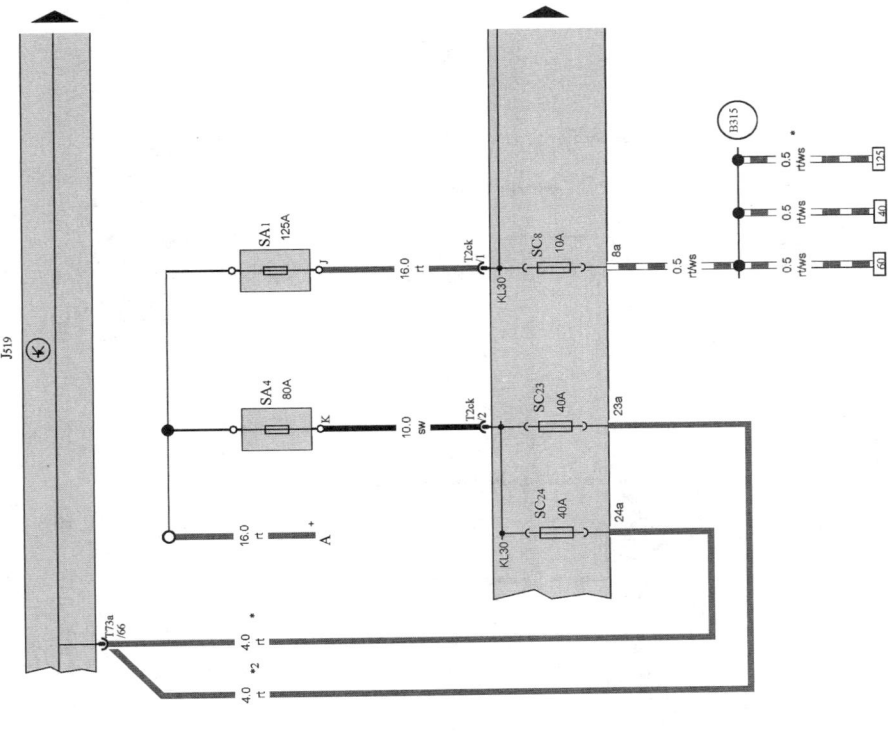

A-蓄电池 J519-车载电网控制单元 SA1-保险丝座A上的保险丝1 SA4-保险丝座A上的保险丝4 SC8-保险丝
座C上的保险丝8 SC23-保险丝座C上的保险丝23 SC24-保险丝座C上的保险丝24 T2ck-2芯插头连接 T73a-
73芯插头连接 B315-正极连接1（30a），在主导线束中 *-自2017年7月起 *2-截至2017年7月

图 4-4-129

驾驶员侧车外后视镜、副驾驶员侧车外后视镜、驾驶员侧自动防眩车外后视镜、副驾驶员
侧自动防眩车外后视镜

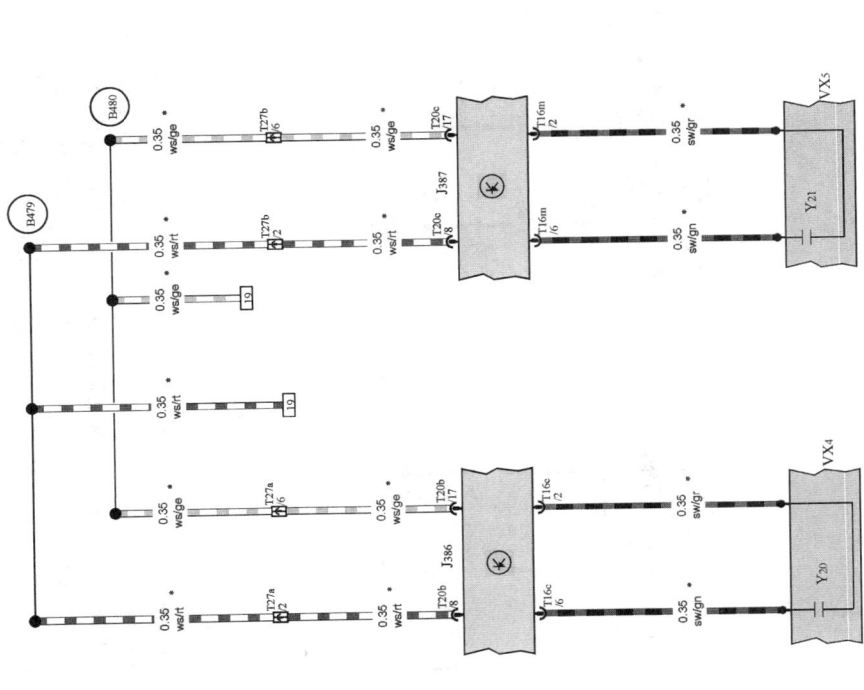

J386-驾驶员侧车门控制单元 J387-副驾驶员侧车门控制单元 T16c-16芯插头连接 T16m-16芯插头连接
T20b-20芯插头连接 T20c-20芯插头连接 T27a-27芯插头连接 T27b-27芯插头连接 VX4-驾驶员侧车外
后视镜 VX5-副驾驶员侧车外后视镜 Y20-驾驶员侧自动防眩车外后视镜 Y21-副驾驶员侧自动防眩车外
后视镜 B479-连接15，在主导线束中 B480-连接16，在主导线束中 *-仅用于带有自动防眩车外后视镜的
汽车

图 4-4-128

583

左后汽车高度传感器、雨水与光线识别传感器、车载电网控制单元

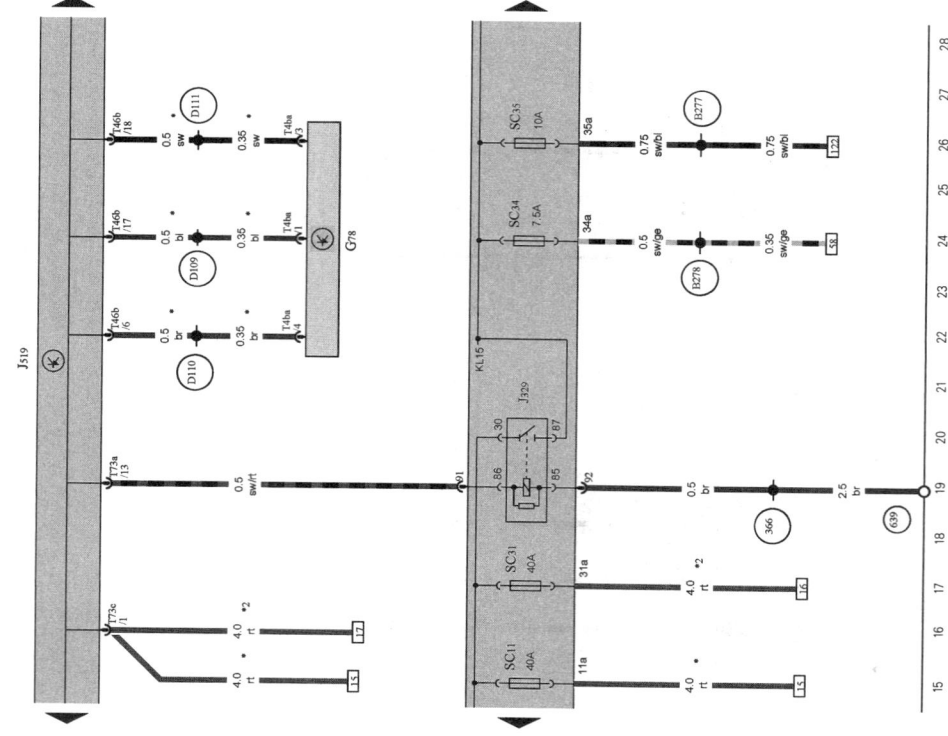

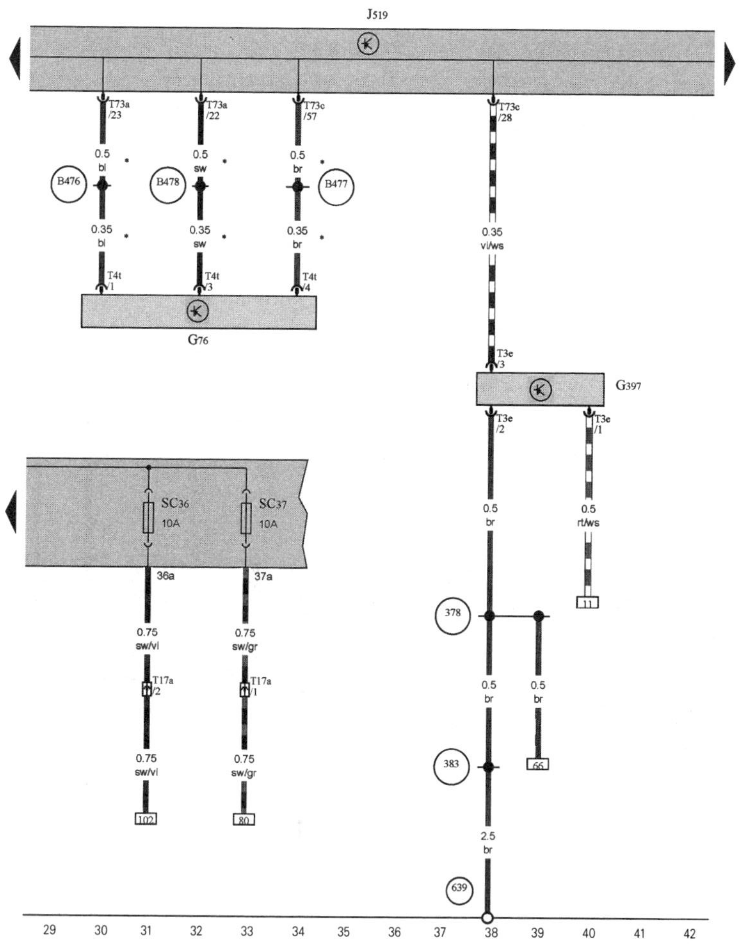

G76-左后汽车高度传感器 G397-雨水与光线识别传感器 J519-车载电网控制单元 SC36-保险丝架C上的保险丝36 SC37-保险丝架C上的保险丝37 T3e-3芯插头连接 T4t-4芯插头连接 T17a-17芯插头连接 T73a-73芯插头连接 T73c-73芯插头连接 378-接地连接13, 在主导线束中 383-接地连接18, 在主导线束中 639-左侧A柱上的接地点 B476-连接12, 在主导线束中 B477-连接13, 在主导线束中 B478-连接14, 在主导线束中 *-自2017年7月起

图 4-4-131

左前汽车高度传感器、接线端15供电继电器、车载电网控制单元

G78-左前汽车高度传感器 J329-接线端15供电继电器 J519-车载电网控制单元 SC11-保险丝架C上的保险丝11 SC31-保险丝架C上的保险丝31 SC34-保险丝架C上的保险丝34 SC35-保险丝架C上的保险丝35 T4ba-4芯插头连接 T46b-46芯插头连接 T73a-73芯插头连接 T73c-73芯插头连接 366-接地连接1, 在主导线束中 639-左侧A柱上的接地点 B277-正极连接1 (15a) , 在主导线束中 B278-正极连接2 (15a) , 在主导线束中 D109-连接7, 在发动机舱导线束中 D110-连接8, 在发动机舱导线束中 D111-连接9, 在发动机舱导线束中 *-自2017年7月起 *2-截至2017年7月

图 4-4-130

车灯开关、前雾灯和后雾灯开关、车载电网控制单元、大灯开关照明灯泡

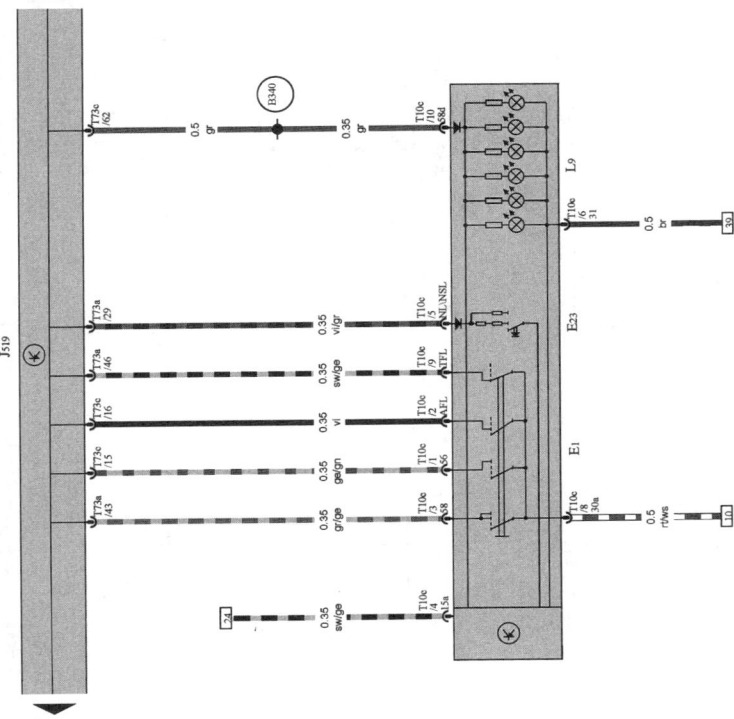

E1-车灯开关 E23-前雾灯和后雾灯开关 J519-车载电网控制单元 L9-大灯开关照明灯泡 T10c-10芯插头
连接 T73a-73芯插头连接 T73c-73芯插头连接 B340-连接1 (58d)，在主导线束中
图4-4-133

转向信号灯开关、手动远光灯功能和远光灯瞬时接通功能开关、转向
车载电网控制单元、转向
柱电子装置控制单元

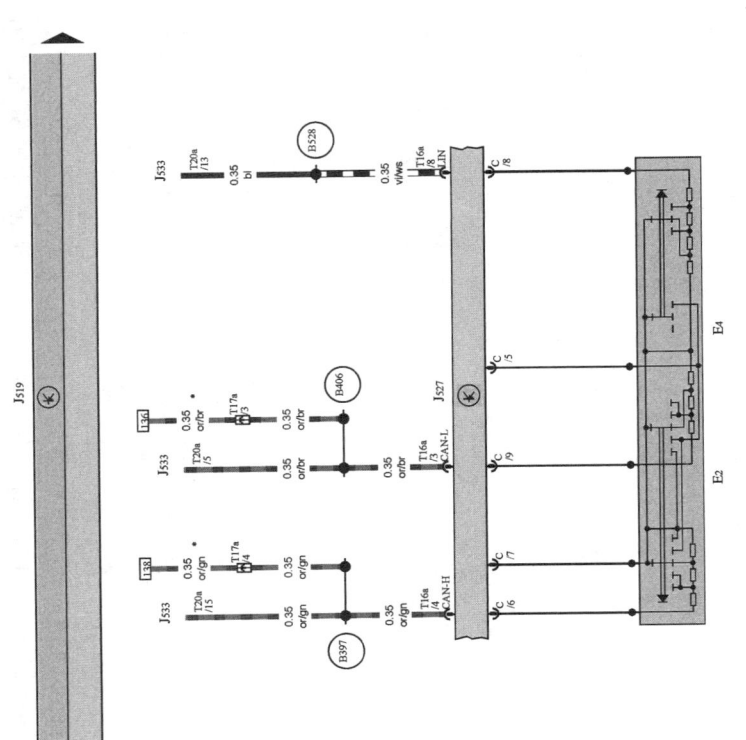

E2-转向信号灯开关 E4-手动远光灯功能和远光灯瞬时接通功能开关 J519-车载电网控制单元 J527-转向
柱电子装置控制单元 J533-数据总线诊断接口 T16a-16芯插头连接 T17a-17芯插头连接 T20a-20芯插头
连接 B397-连接1 (舒适CAN总线, High)，在主导线束中 B406-连接1 (舒适CAN总线, Low)，在主
导线束中 B528-连接1 (LIN总线)，在主导线束中 *-自2017年7月起
图4-4-132

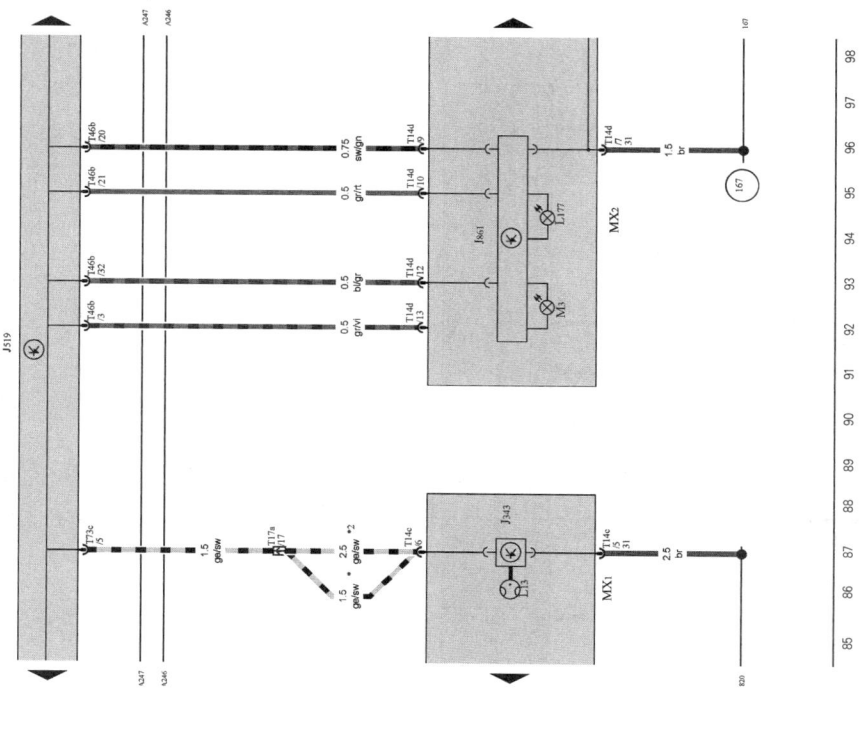

左侧气体放电灯泡控制单元、车载电网控制单元、右侧日间行车灯和驻车示宽灯控制单元、右侧气体放电灯泡、左侧气体放电灯泡、日间行车灯和驻车示宽灯右侧光电管模体、左前大灯、右前大灯、右侧驻车示宽灯灯泡

J343-左侧气体放电灯泡控制单元 J519-车载电网控制单元 J861-右侧日间行车灯和驻车示宽灯控制单元 L13-左侧气体放电灯泡 L177-右侧气体放电灯泡 M3-右侧驻车示宽灯灯泡 MX1-左前大灯 MX2-右前大灯 T14c-14芯插头连接 T14d-14芯插头连接 T17a-17芯插头连接 T46b-46芯插头连接 T73c-73芯插头连接 167-接地连接4, 在发动机舱导线束中 820-接地连接13, 在发动机舱导线束中 A246-连接1（CAN总线, High）, 在发动机舱导线束中 A247-连接1（CAN总线, Low）, 在发动机舱导线束中 *-自2017年7月起 *2-截至2017年7月

图 4-4-135

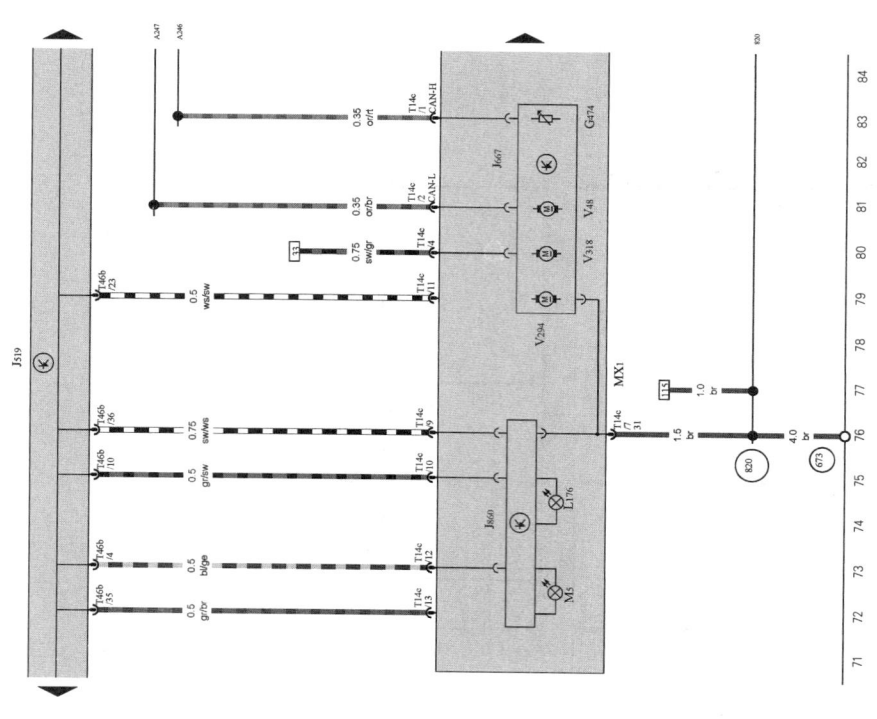

左摆动模式定位传感器、车载电网控制单元、左侧大灯电源模块、左侧日间行车灯和驻车示宽灯控制单元、左侧大灯和驻车示宽灯左侧光电管模体、左前大灯、左前转向信号灯灯泡、左侧大灯照明距离调节伺服电机、左侧动态弯道灯伺服电机、左近光灯防眩目、左侧动态弯道灯伺服电机

G474-左摆动模式定位传感器 J519-车载电网控制单元 J667-左侧大灯电源模块 J860-左侧日间行车灯和驻车示宽灯控制单元 L176-日间行车灯和驻车示宽灯左侧光电管模体 MX1-左前大灯 M5-左前转向信号灯灯泡 L13-左侧气体放电灯泡 T14c-14芯插头连接 T46b-46芯插头连接 V48-左侧大灯照明距离调节伺服电机 V294-左近光灯防眩目 V318-左侧动态弯道灯伺服电机 673-左侧动态弯道灯伺服电机 820-接地连接13, 在发动机舱导线束中 A246-连接1（CAN总线, High）, 在发动机舱导线束中 A247-连接1（CAN总线, Low）, 在发动机舱导线束中

图 4-4-134

586

左前汽车高度传感器、弯道灯和大灯照明距离调节控制单元

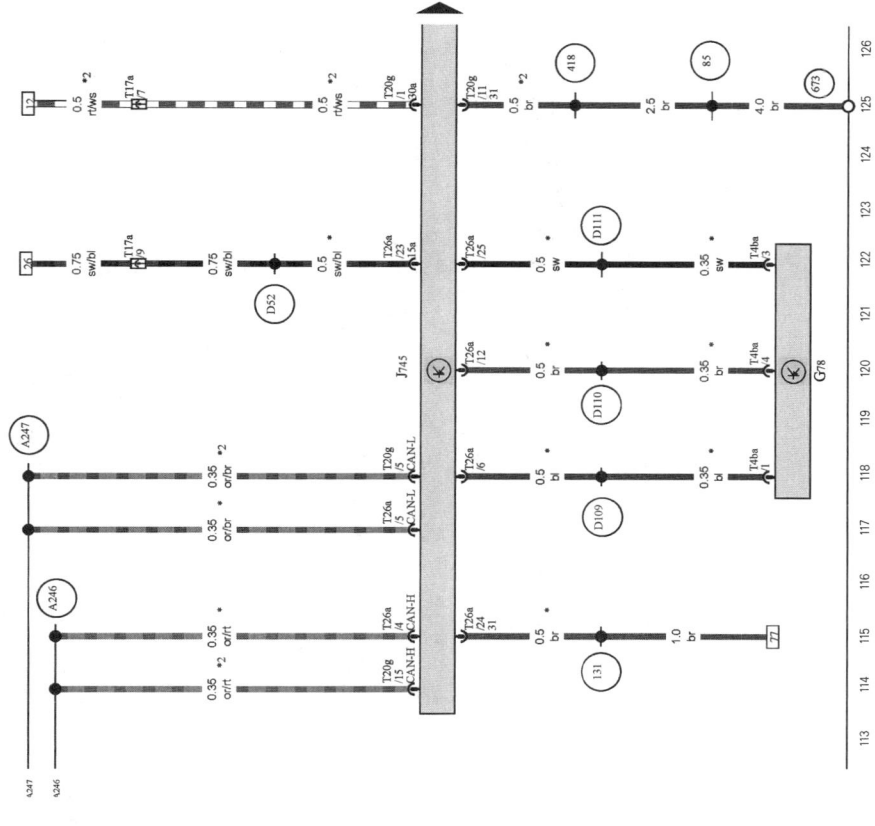

图 4-4-137

G78-左前汽车高度传感器 J745-弯道灯和大灯照明距离调节控制单元 T4ba-4芯插头连接 T17a-17芯插头连接 T4ba-4芯插头连接 T17a-17芯插头连接 T26a-26芯插头连接 85-接地连接1，在发动机舱导线束中 131-接地连接2，在发动机舱导线束中 418-接地连接10，在发动机舱导线束中 673-左前纵梁上的接地点3 A246-连接1（CAN总线，High），在发动机舱导线束中 A247-连接1（CAN总线，Low），在发动机舱导线束中 D52-正极连接（15a），在发动机舱导线束中 D109-连接7，在发动机舱导线束中 D110-连接8，在发动机舱导线束中 D111-连接9，在发动机舱导线束中 *-截至2017年7月 *2-自2017年7月起

右摆动模式定位传感器、右侧气体放电灯泡控制单元、车载电网控制单元、右侧大灯电源模块、右侧气体放电灯泡、右前大灯、右侧大灯照明距离调节伺服电机、右侧动态弯道灯伺服电机、右近光灯防眩目遮蔽

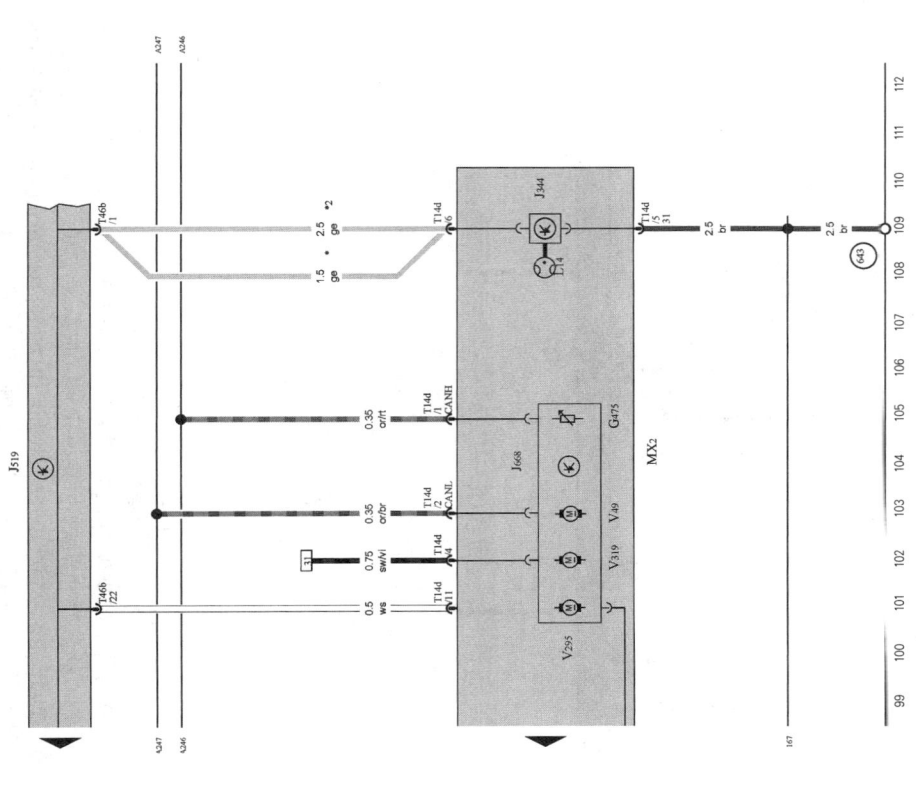

图 4-4-136

G475-右摆动模式定位传感器 J344-右侧气体放电灯泡控制单元 J519-车载电网控制单元 J668-右侧大灯电源模块 L14-右侧气体放电灯泡 MX2-右前大灯 T14d-14芯插头连接 T46b-46芯插头连接 V49-右侧大灯照明距离调节伺服电机 V295-右近光灯防眩目遮蔽 V319-右侧动态弯道灯伺服电机 167-接地连接4，在发动机舱导线束中 643-发动机舱内右侧接地点3 A246-连接1（CAN总线，High），在发动机舱导线束中 A247-连接1（CAN总线，Low），在发动机舱导线束中 *-自2017年7月起 *2-截至2017年7月

587

左后汽车高度传感器、弯道灯和大灯照明距离调节控制单元

可加热后窗玻璃继电器

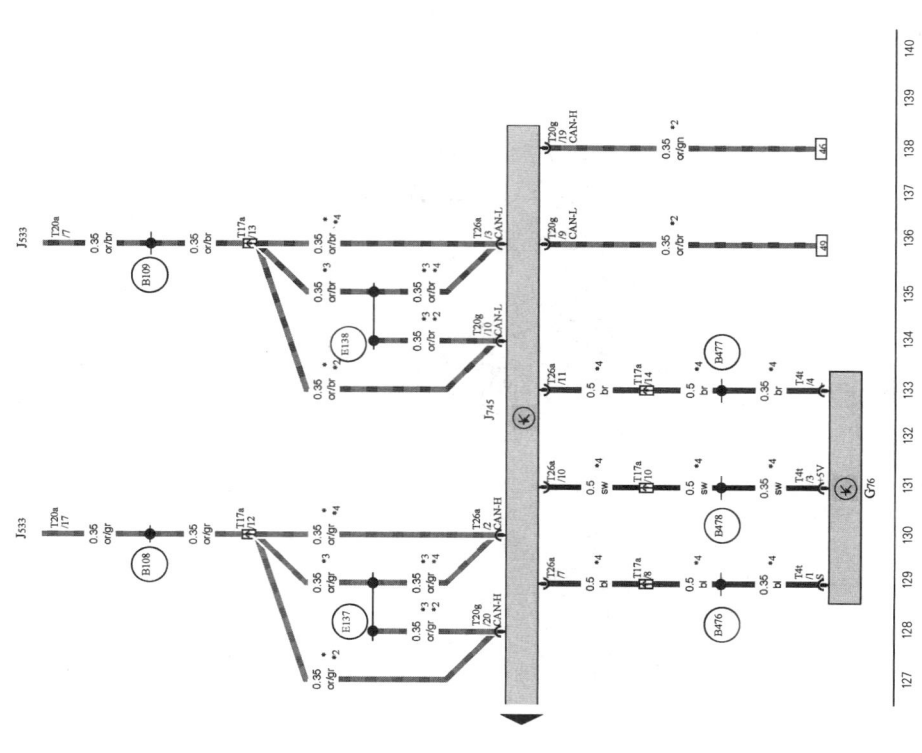

图 4-4-138

图 4-4-139

G76–左后汽车高度传感器 J533–数据总线诊断接口 J745–弯道灯和大灯照明距离调节控制单元 T4t–4芯
插头连接 T17a–17芯插头连接 T20a–20芯插头连接 T20g–20芯插头连接 T26a–26芯插头连接 B108–连接
1（扩展CAN总线，High），在主导线束中 B109–连接1（扩展CAN总线，Low），在主导线束中 B476–
连接12，在主导线束中 B477–连接13，在主导线束中 B478–连接14，在主导线束中 E137–连接2（扩展
CAN总线，High），在发动机舱导线束中 E138–连接2（扩展CAN总线，Low），在发动机舱导线束中
*–用于带自动车距控制（ADR）的汽车 *2–自2017年7月起 *3–用于带自动车距控制（ADR）的汽车
*4–截至2017年7月

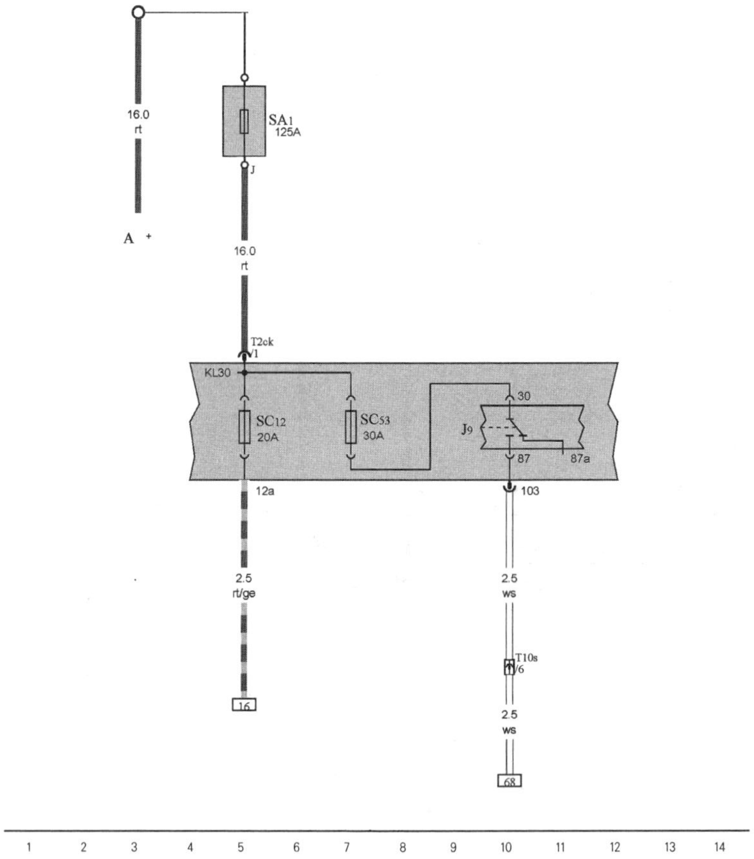

A–蓄电池 J9–可加热后窗玻璃继电器 SA1–保险丝架A上的保险丝1 SC12–保险丝架C上的保险丝12
SC53–保险丝架C上的保险丝53 T2ck–2芯插头连接 T10s–10芯插头连接

588

收音机、右前高音喇叭、右前低音喇叭

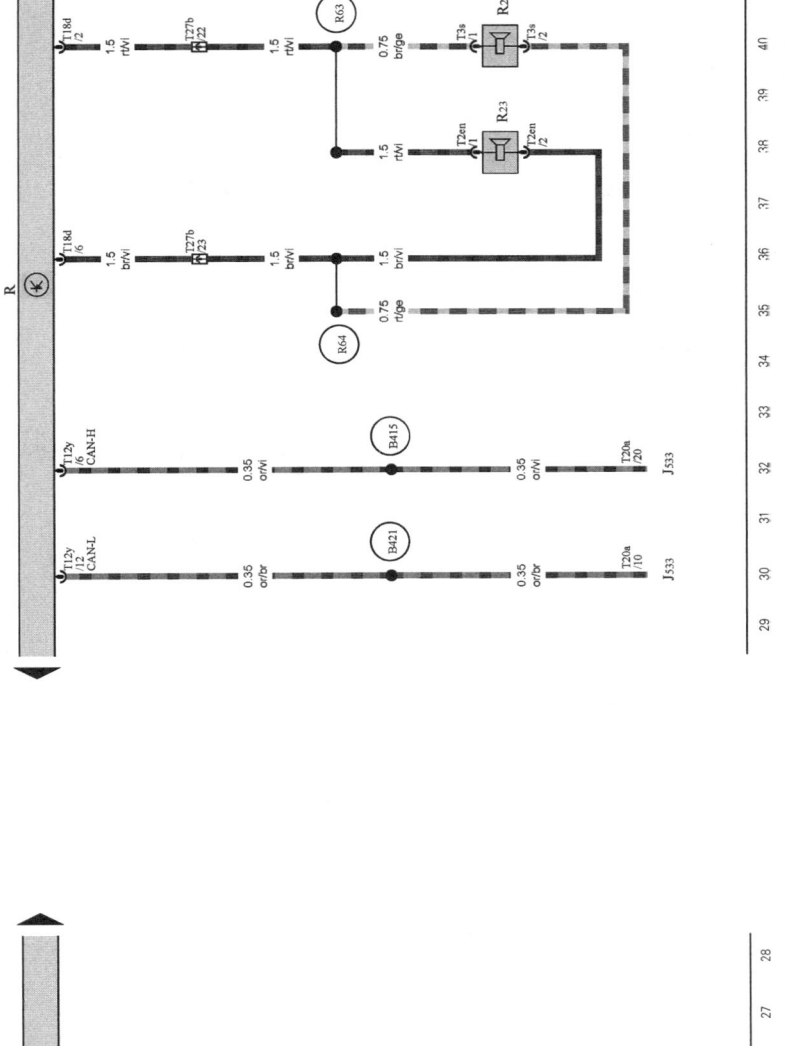

图 4-4-141

收音机、左前高音喇叭、左前低音喇叭

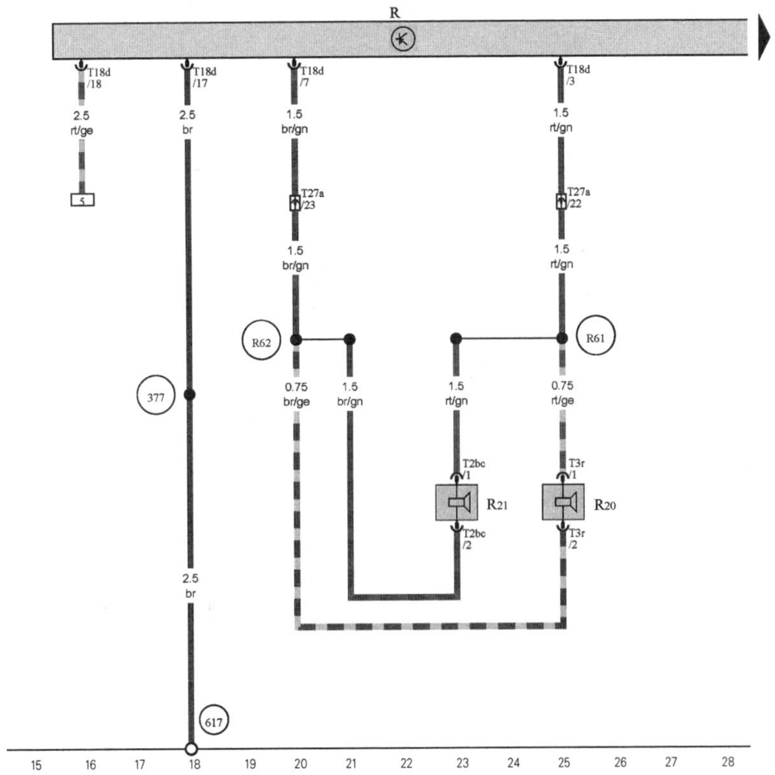

图 4-4-140

J533-数据总线诊断接口 R-收音机 R22-右前高音喇叭 R23-右前低音喇叭 T2en-2芯插头连接 T3s-3芯插头连接 T18d-18芯插头连接 T12y-12芯插头连接 T20a-20芯插头连接 T27b-27芯插头连接 B415-连接1(信息娱乐系统CAN总线,High),在主导线束中 B421-连接1(信息娱乐系统CAN总线,Low),在主导线束中 R63-连接(正极,扬声器),在副驾驶员侧车门电缆导线束中 R64-连接(负极,扬声器),在副驾驶员侧车门电缆导线束中

R-收音机 R20-左前高音喇叭 R21-左前低音喇叭 T2bc-2芯插头连接 T3r-3芯插头连接 T18d-18芯插头连接 T12y-12芯插头连接 T27a-27芯插头连接 377-接地连接12,在主导线束中 617-右侧A柱下部接地点2 R61-连接(正极,扬声器),在驾驶员侧车门电缆导线束中 R62-连接(负极,扬声器),在驾驶员侧车门电缆导线束中

589

收音机、左后高音喇叭、左后低音喇叭、右后高音喇叭、右后低音喇叭

R-收音机 R14-左后高音喇叭 R15-左后低音喇叭 R16-右后高音喇叭 R17-右后低音喇叭 T2ep-2芯插头连接 T2eq-2芯插头连接 T3t-3芯插头连接 T3u-3芯插头连接 T18d-18芯插头连接 T27c-27芯插头连接 T27d-27芯插头连接 R71-连接（正极，扬声器），在左后车门导线束中 R72-连接（负极，扬声器），在左后车门导线束中 R73-连接（正极，扬声器），在右后车门导线束中 R74-连接（负极，扬声器），在右后车门导线束中

图 4-4-142

收音机、天线、右侧天线模块、负导线中的调频频率分滤器、正导线中的调频频率分滤器、可加热后窗玻璃

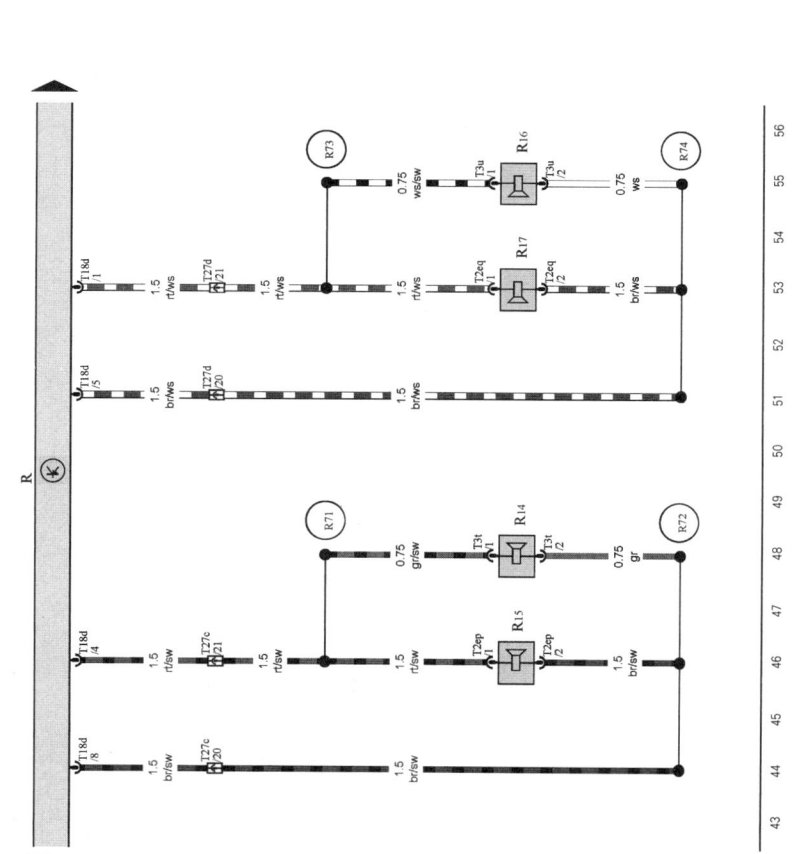

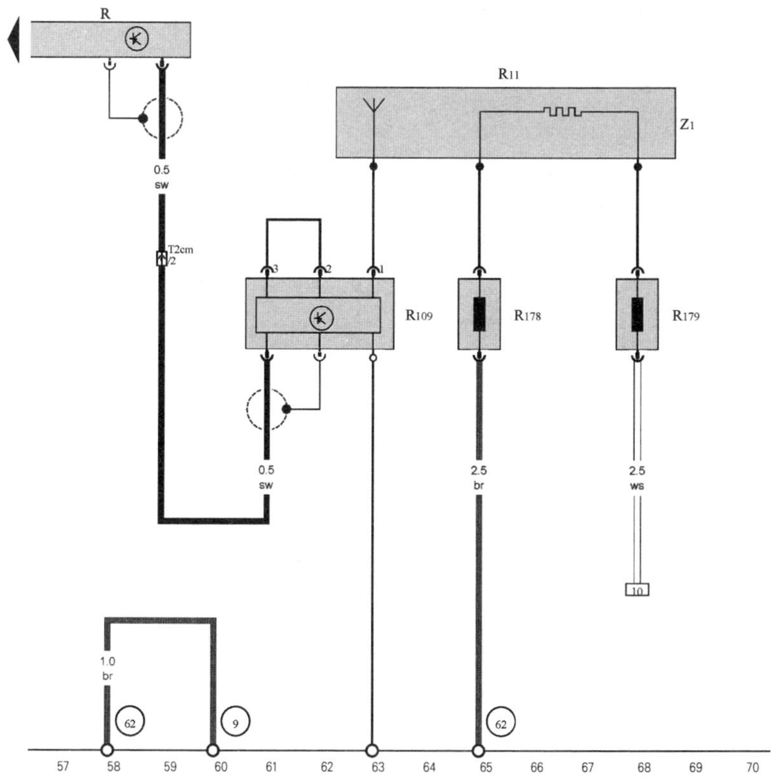

R-收音机 R11-天线 R109-右侧天线模块 R178-负导线中的调频频率分滤器 R179-正导线中的调频频率分滤器 T2cm-2芯插头连接 Z1-可加热后窗玻璃 9-接地带，后备箱盖-车顶 62-右侧C柱上的接地点

图 4-4-143

数据总线诊断接口、电子通信信息设备 1 控制单元、电话筒

图 4-4-145

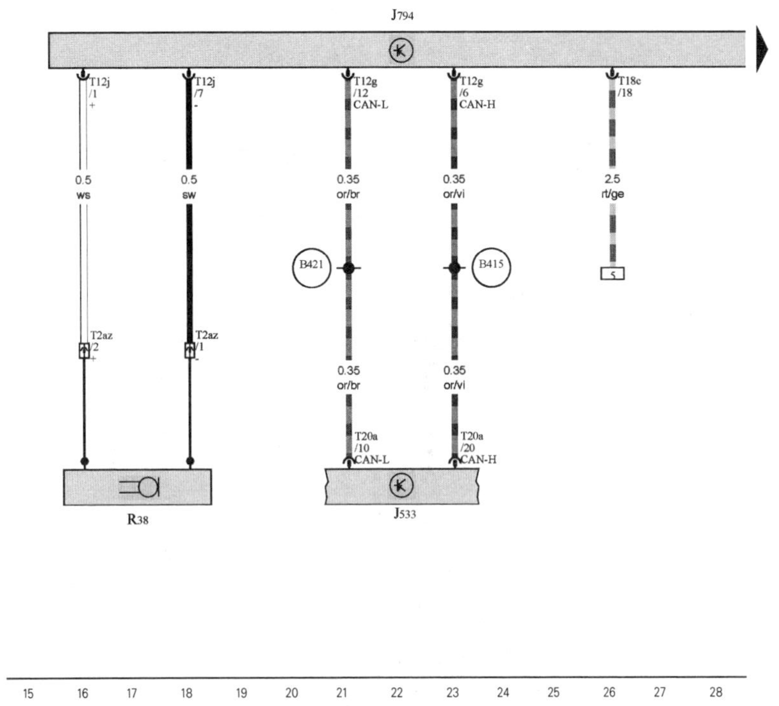

J533-数据总线诊断接口 J794-电子通信信息设备1控制单元 R38-电话筒 T2az-2芯插头连接 T12g-12
芯插头连接 T12j-12芯插头连接 T18c-18芯插头连接 T20a-20芯插头连接 B415-连接1（信息娱乐CAN
总线，High），在主导线束中 B421-连接1（信息娱乐CAN总线，Low），在主导线束中

可加热后窗玻璃继电器

图 4-4-144

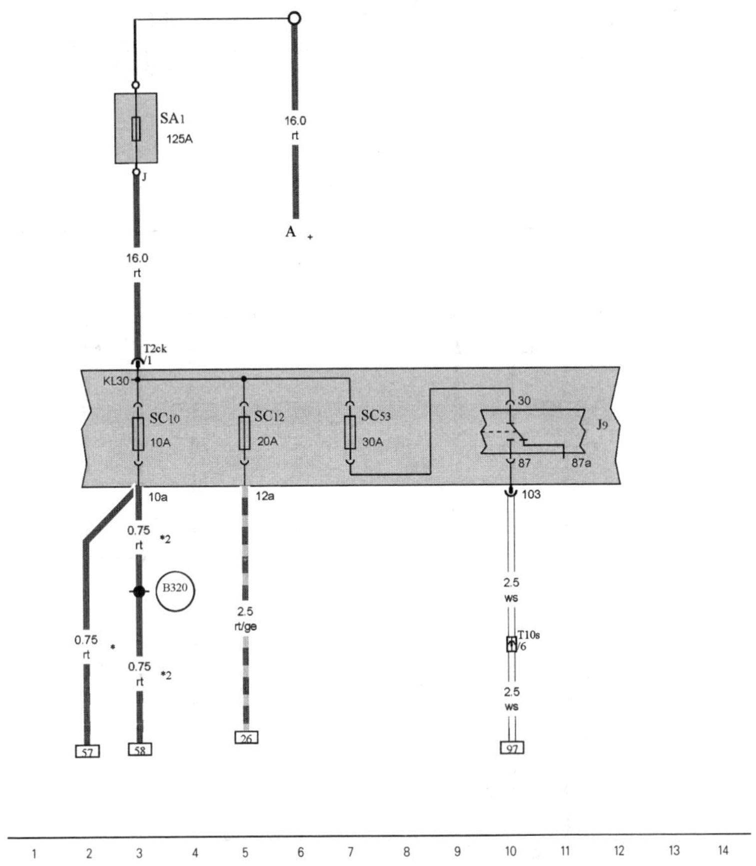

A-蓄电池 J9-可加热后窗玻璃继电器 SA1-保险丝架A上的保险丝1 SC10-保险丝架C上的保险丝10
SC12-保险丝架C上的保险丝12 SC53-保险丝架C上的保险丝53 T2ck-2芯插头连接 T10s-10芯插头连接
B320-正极连接6（30a），在主导线束中 *-自2017年7月起 *2-截至2017年7月

591

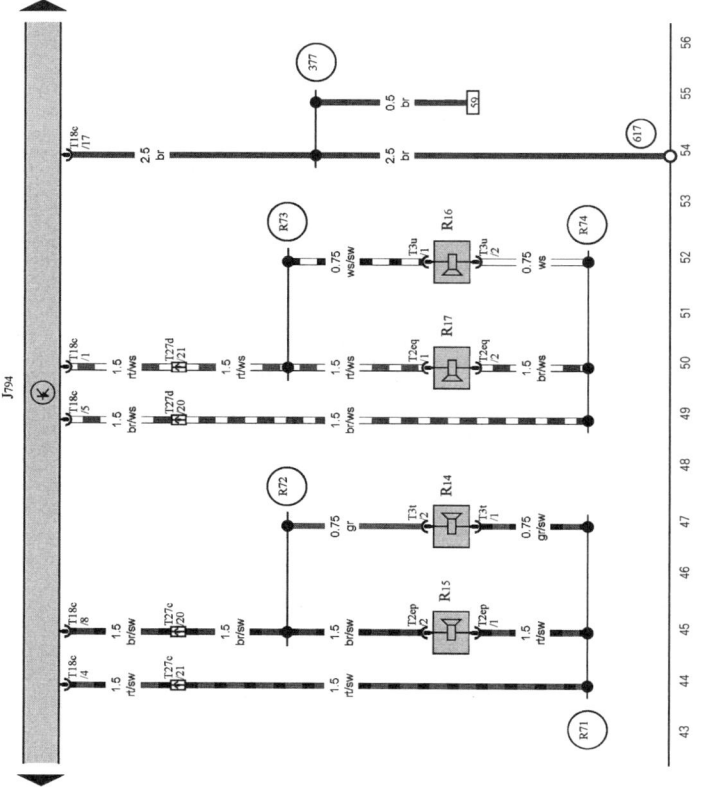

电子通信信息设备 1 控制单元、左前高音扬声器、左前低音扬声器、右前高音扬声器、右前低音扬声器

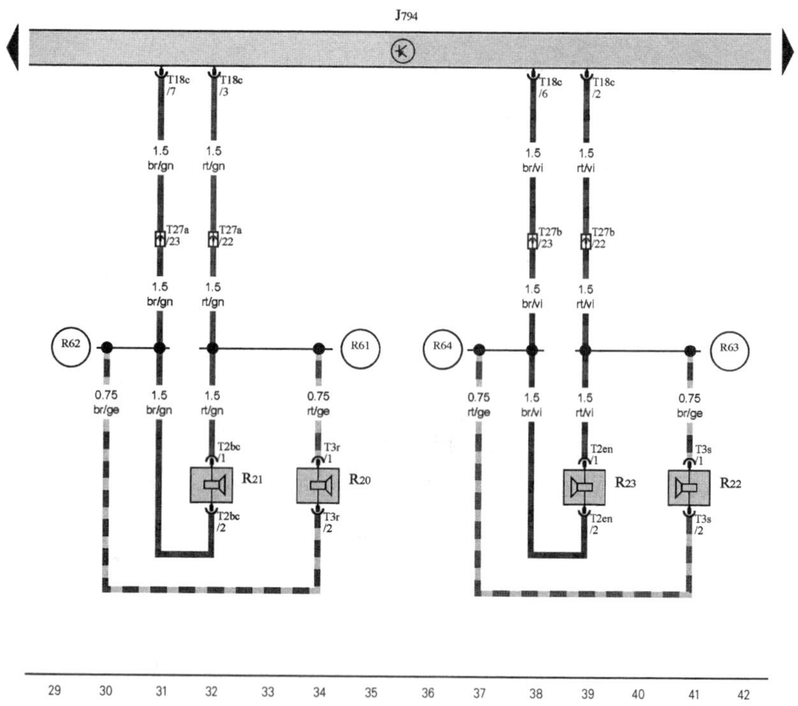

电子通信信息设备 1 控制单元、左后高音扬声器、左后低音扬声器、右后高音扬声器、右后低音扬声器

图 4-4-146

J794-电子通信信息设备1控制单元 R20-左前高音扬声器 R21-左前低音扬声器 R22-右前高音扬声器 R23-右前低音扬声器 T2bc-2芯插头连接 T2en-2芯插头连接 T3r-3芯插头连接 T3s-3芯插头连接 T18c-18芯插头连接 T27a-27芯插头连接 T27b-27芯插头连接 R61-连接（正极、扬声器），在驾驶员侧车门电缆导线束中 R62-连接（负极、扬声器），在驾驶员侧车门电缆导线束中 R63-连接（正极、扬声器），在副驾驶员侧车门电缆导线束中 R64-连接（负极、扬声器），在副驾驶员侧车门电缆导线束中

图 4-4-147

J794-电子通信信息设备1控制单元 R14-左后高音扬声器 R15-左后低音扬声器 R16-右后高音扬声器 R17-右后低音扬声器 T2bc-2芯插头连接 T2en-2芯插头连接 T2ep-2芯插头连接 T2eq-2芯插头连接 T3r-3芯插头连接 T3u-3芯插头连接 T18c-18芯插头连接 T27c-27芯插头连接 T27d-27芯插头连接 377-接地连接12、在主导线束中 617-在主导线束中 侧A柱下部搭地点2 R71-连接（正极、扬声器），在左后车门导线束中 R72-连接（负极、扬声器），在左后车门导线束中 R73-连接（正极、扬声器），在右后车门导线束中 R74-连接（负极、扬声器），在右后车门导线束中

电子通信信息设备 1 控制单元、USB 接口支架、外部音频源接口

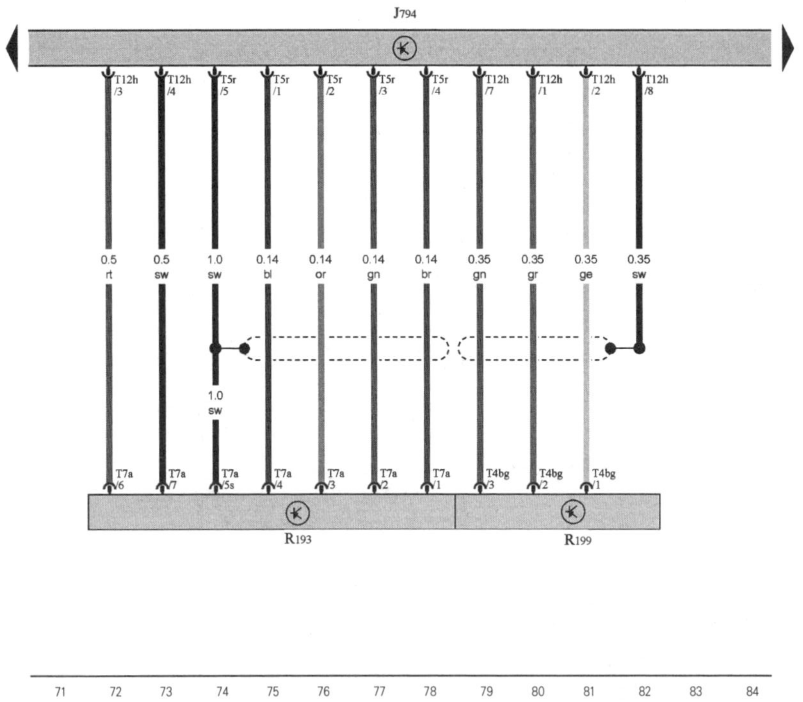

多媒体系统操作单元、前部信息显示和操作单元控制单元的显示单元、电子通信信息设备 1 控制单元

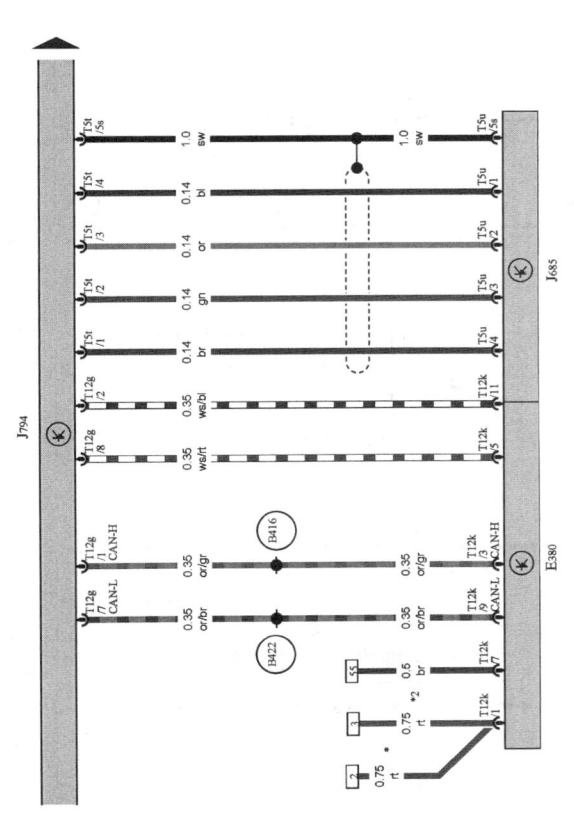
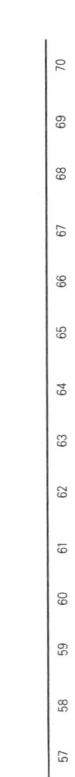

图 4-4-149

J794-电子通信信息设备1控制单元 R193-USB接口支架 R199-外部音频源接口
T5r-5芯插头连接 T7a-7芯插头连接 T12h-12芯插头连接
T5u-5芯插头连接 B416-连接2 T12g-12芯插头连接 T12k-12芯插头连接

图 4-4-148

E380-多媒体系统操作单元 J685-前部信息显示和操作单元控制单元的显示单元 J794-电子通信信息设备
1控制单元 T5r-5芯插头连接 T5u-5芯插头连接 T12g-12芯插头连接 T12k-12芯插头连接
（信息娱乐CAN总线，High），在主导线束中 B422-连接2（信息娱乐CAN总线，Low），在主导线束中
*-自2017年7月起 *2-截至2017年7月

电子通信信息设备 1 控制单元、功率放大器

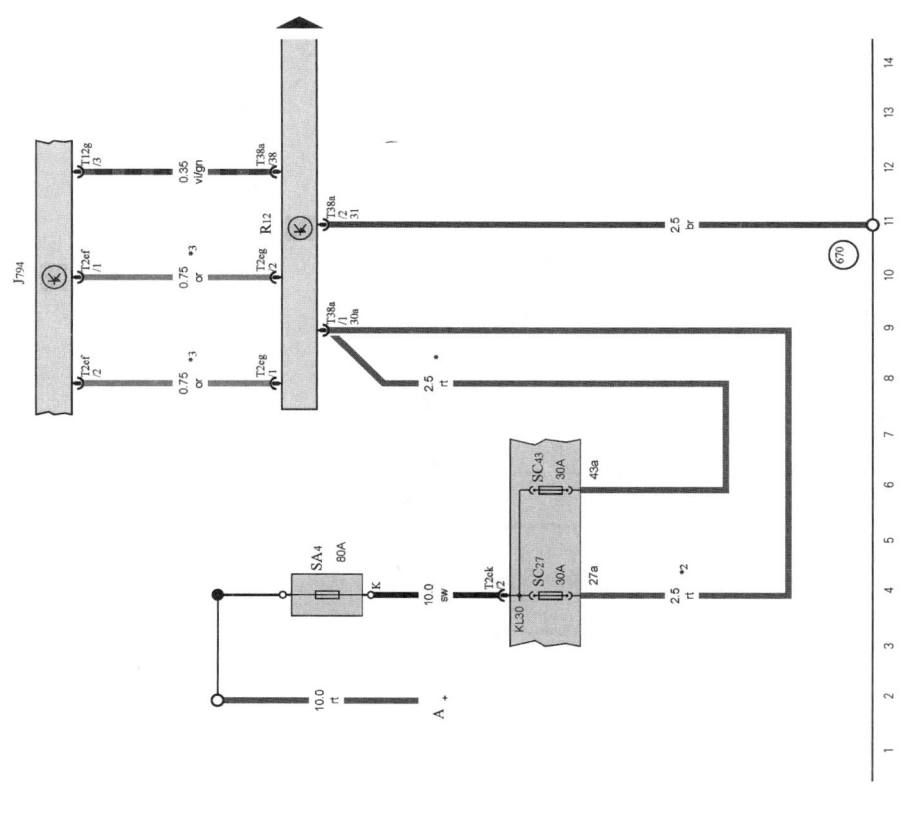

A-蓄电池 J794-电子通信信息设备1控制单元 R12-功率放大器 SA4-保险丝架A上的保险丝4 SC27-保险
丝架C上的保险丝27 SC43-保险丝架C上的保险丝43 T2ck-2芯插头连接 T2ef-2芯插头连接 T2eg-2芯插
头连接 T12g-12芯插头连接 T38a-38芯插头连接 670-左侧A柱上的接地点 *-自2017年7月起 *2-截至
2017年7月 *3-光纤（LWL）

图 4-4-151

电子通信信息设备 1 控制单元、天线、GPS 天线、左侧天线模块、右侧天线模块、负导
线中的调频频率滤波器、正导线中的调频频率滤波器、可加热后窗玻璃

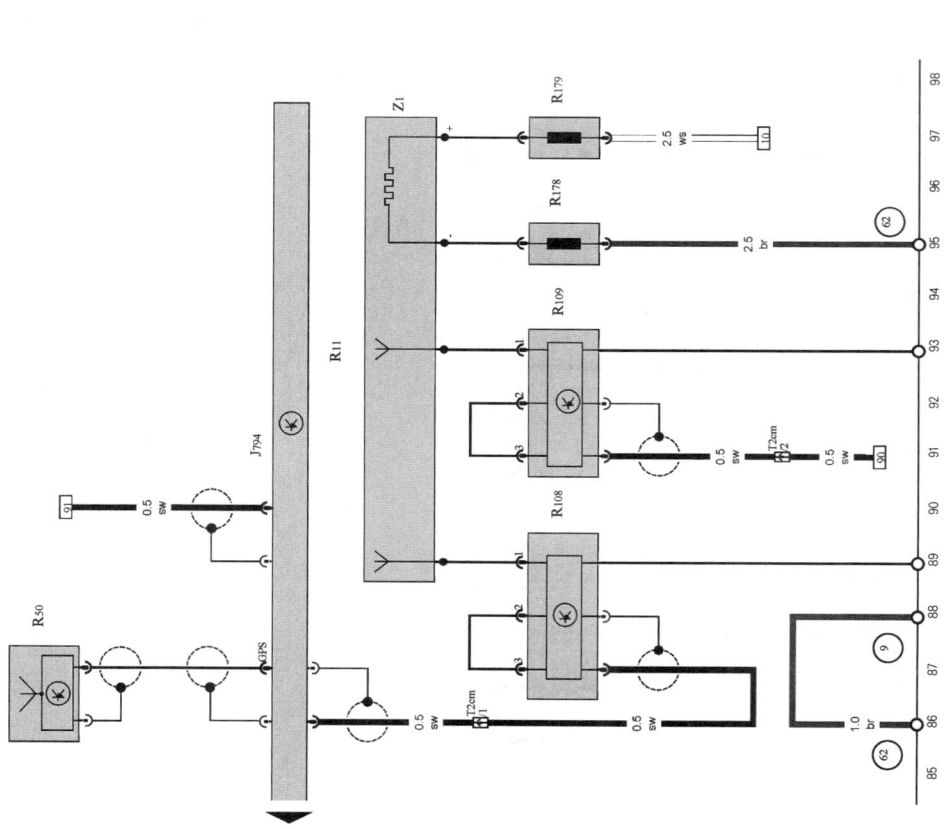

J794-电子通信信息设备1控制单元 R11-天线 R50-GPS天线 R108-左侧天线模块 R109-右侧天线模块
R178-负导线中的调频频率滤波器 R179-正导线中的调频频率滤波器 T2cm-2芯插头连接 Z1-可加热后
窗玻璃 9-接地带，后备箱盖-车顶 62-右侧C柱上的接地点

图 4-4-150

594

功率放大器、左前高音扬声器、左前低音扬声器、左前中音扬声器

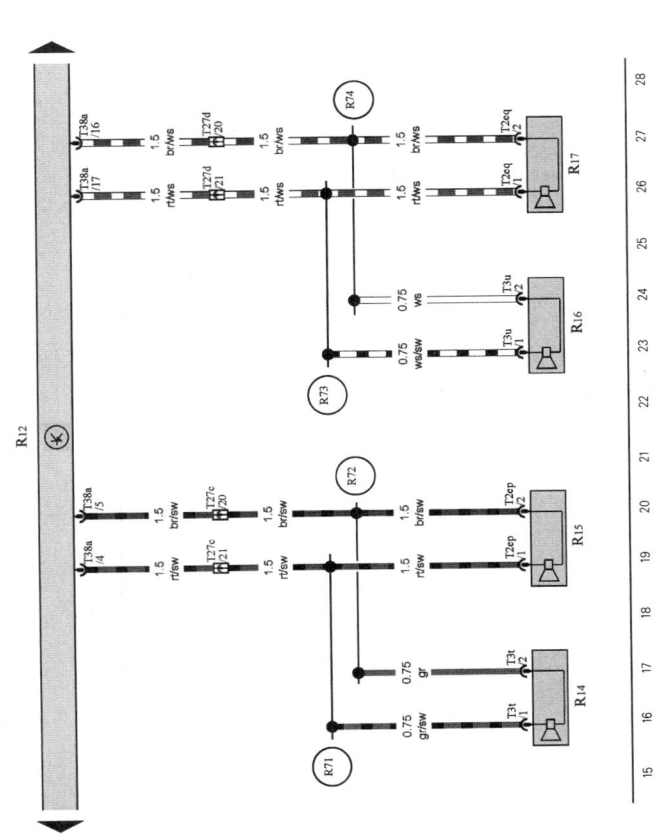

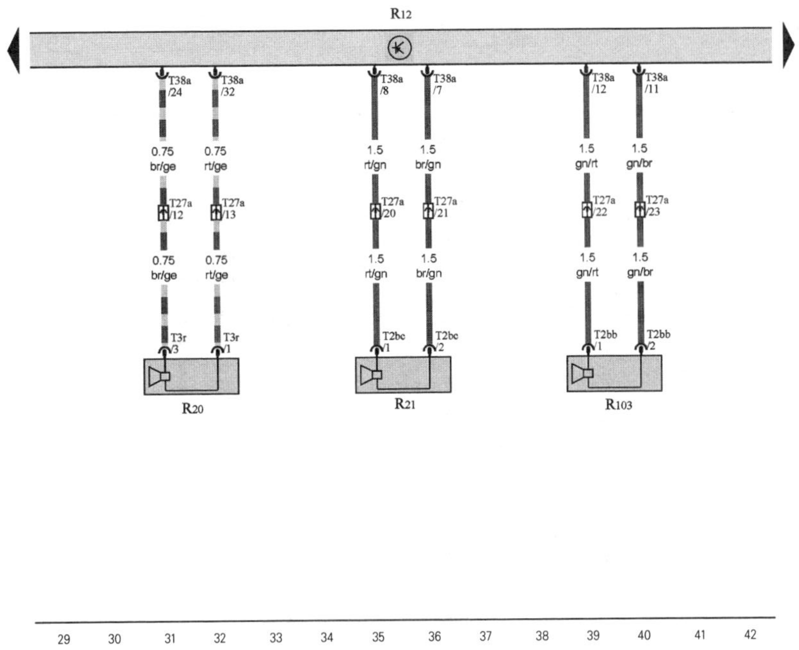

R12-功率放大器 R14-左后高音扬声器 R15-左后低音扬声器 R16-右后高音扬声器 R17-右后低音扬声器 R20-左前高音扬声器 R21-左前低音扬声器 R103-左前中音扬声器 T2bb-2芯插头连接 T2bc-2芯插头连接 T3r-3芯插头连接 T27a-27芯插头连接 T38a-38芯插头连接

图 4-4-153

功率放大器、左后高音扬声器、左后低音扬声器、右后高音扬声器、右后低音扬声器

R12-功率放大器 R14-左后高音扬声器 R15-左后低音扬声器 R16-右后高音扬声器 R17-右后低音扬声器 T2ep-2芯插头连接 T2eq-2芯插头连接 T3t-3芯插头连接 T3u-3芯插头连接 T27c-27芯插头连接 T27d-27芯插头连接 T38a-38芯插头连接 R71-连接(正极、扬声器)，在左后车门导线束中 R72-连接(负极、扬声器)，在左后车门导线束中 R73-连接(正极、扬声器)，在右后车门导线束中 R74-连接(负极、扬声器)，在右后车门导线束中

图 4-4-152

595

功率放大器、中央扬声器、重低音

功率放大器、右前高音扬声器、右前低音扬声器、右前中音扬声器

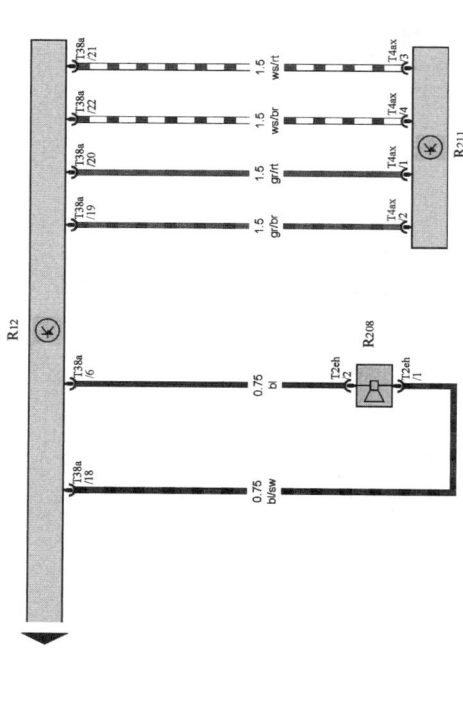

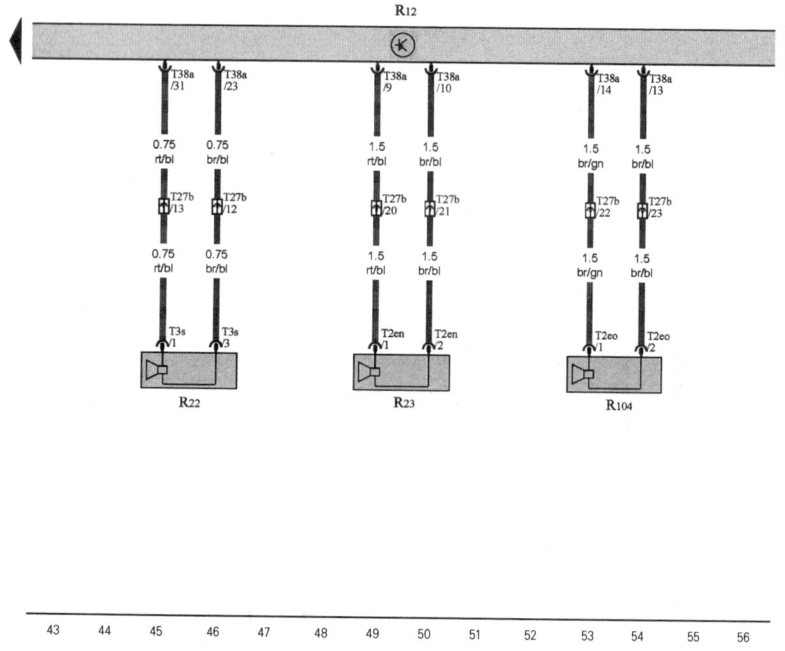

图 4-4-155

R12-功率放大器 R208-中央扬声器 R211-重低音 T2eh-2芯插头连接 T4ax-4芯插头连接 T38a-38芯插头连接

R12-功率放大器 R208-中央扬声器 R211-重低音 T2eh-2芯插头连接 T4ax-4芯插头连接 T38a-38芯插头连接 T4ax-4芯插头连接 T38a-38芯插头连接

图 4-4-154

R12-功率放大器 R22-右前高音扬声器 R23-右前低音扬声器 R104-右前中音扬声器 T2en-2芯插头连接 T3s-3芯插头连接 T27b-27芯插头连接 T38a-38芯插头连接 T2eo-2芯插头连接

数据总线诊断接口、诊断接口

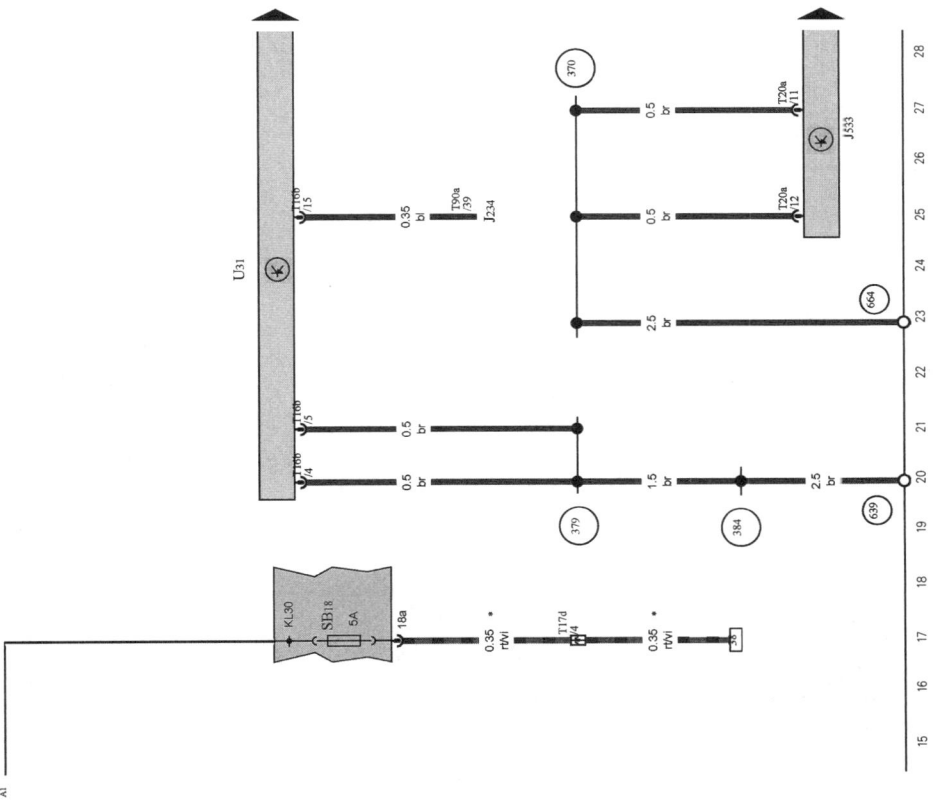

J234-安全气囊控制单元 J533-数据总线诊断接口 SB18-保险架B上的保险丝18 T16b-16芯插头连接 T17d-17芯插头连接 T20a-20芯插头连接 T90a-90芯插头连接 U31-诊断接口 370-接地连接5, 在主导线束中 379-接地连接14, 在主导线束中 384-接地连接19, 在主导线束中 384-接地连接19, 在主导线束中 639-左A柱上的接地点 664-左侧仪表板后面的接地点 *-用于不带发动机自动启停系统的汽车

图 4-4-157

接线端 15 供电继电器

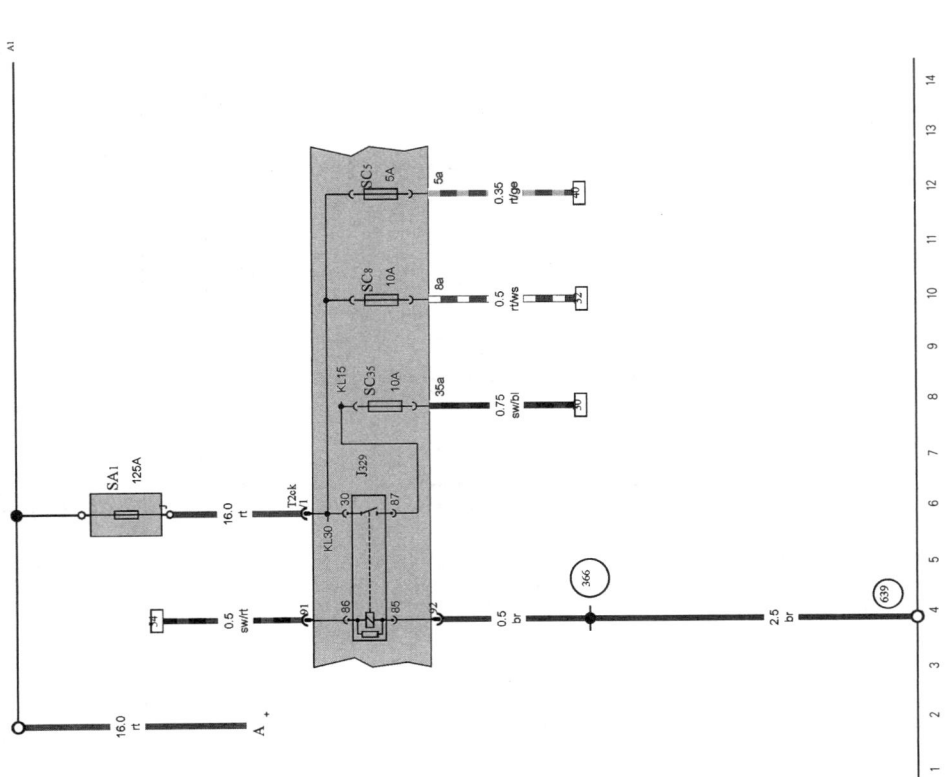

A-蓄电池 J329-接线端15供电继电器 SA1-保险丝架A上的保险丝1 SC5-保险丝架C上的保险丝5 SC8-保险丝架C上的保险丝8 SC35-保险丝架C上的保险丝35 T2ck-2芯插头连接 366-接地连接1, 在主导线束中 639-左A柱上的接地点

图 4-4-156

597

组合仪表中的控制单元、车载电网控制单元、数据总线诊断接口

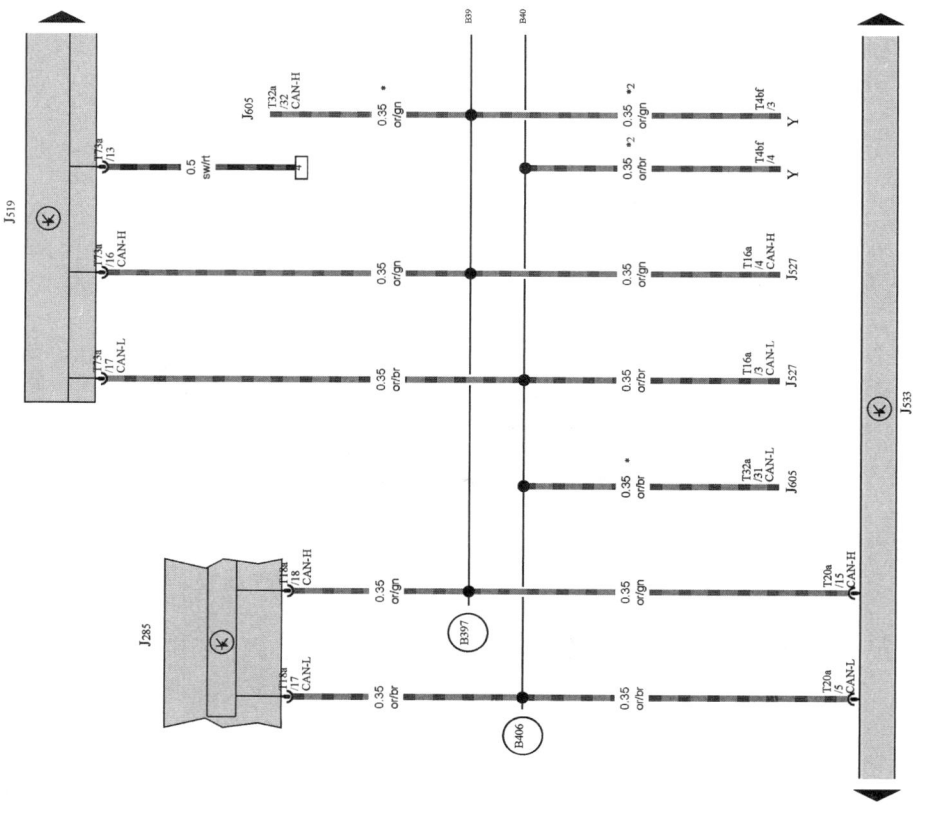

图 4-4-159

J285-组合仪表中的控制单元 J519-车载电网控制单元 J527-转向柱电子装置控制单元 J533-数据总线诊断接口 J605-后备箱盖控制单元 T4b/4-4芯插头连接 T16a-16芯插头连接 T18a-18芯插头连接 T20a-20芯插头连接 T32a-32芯插头连接 T73a-73芯插头连接 Y-时钟 B397-连接1（舒适CAN总线，High），在主导线束中 B406-连接1（舒适CAN总线，Low），在主导线束中 *-用于带后备箱盖关闭辅助功能的汽车 *2-依汽车装备而定

数据总线诊断接口、诊断接口

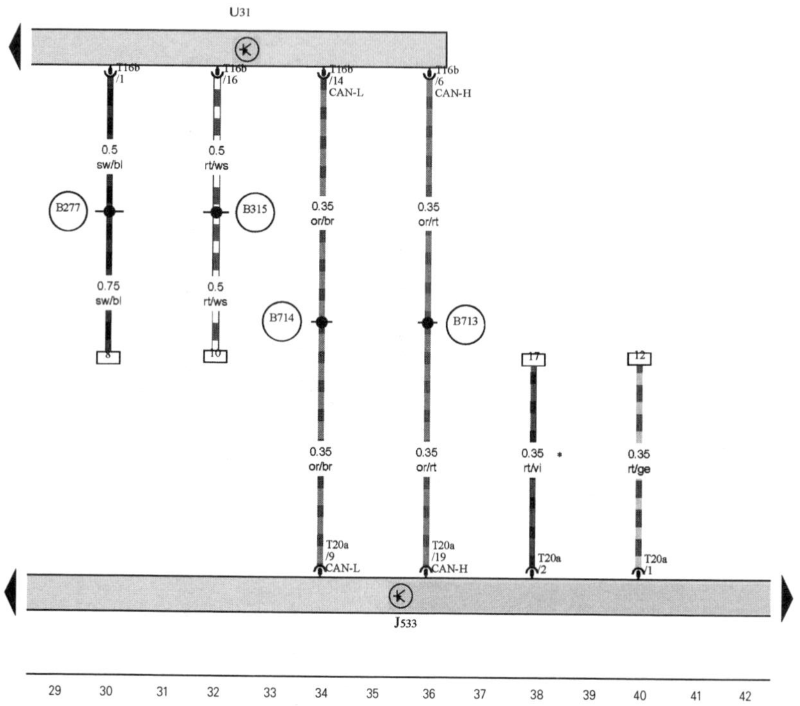

图 4-4-158

J533-数据总线诊断接口 T16b-16芯插头连接 T20a-20芯插头连接 U31-诊断接口 B277-正极连接1（15a），在主导线束中 B315-正极连接1（30a），在主导线束中 B713-连接1（诊断CAN总线，High），在主导线束中 B714-连接1（诊断CAN总线，Low），在主导线束中 *-用于不带发动机自动启停系统的汽车

车载电网控制单元、数据总线诊断接口

滑动天窗控制单元、车载电网控制单元、数据总线诊断接口

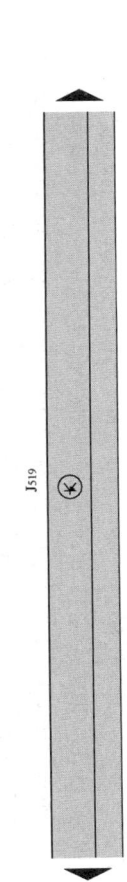

图 4-4-160

图 4-4-161

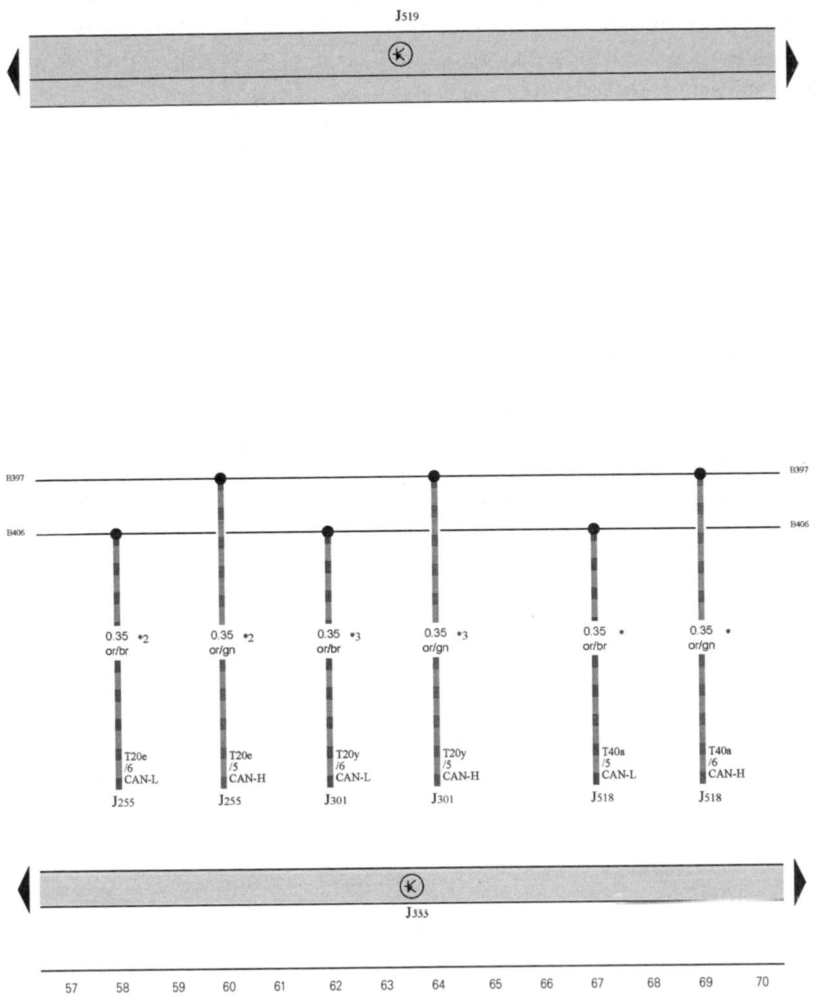

J255-全自动空调控制单元 J301-空调器控制单元 J518-进入及启动许可控制单元 J519-车载电网控制单元 J533-数据总线诊断接口 T20e-20芯插头连接 T20y-20芯插头连接 T40a-40芯插头连接 B397-连接1（舒适CAN总线，High），在主导线束中 B406-连接1（舒适CAN总线，Low），在主导线束中 *-用于带进入及启动许可的汽车 *2-用于带手动调节空调的汽车 *3-用于带手动/全自动空调节空调的汽车

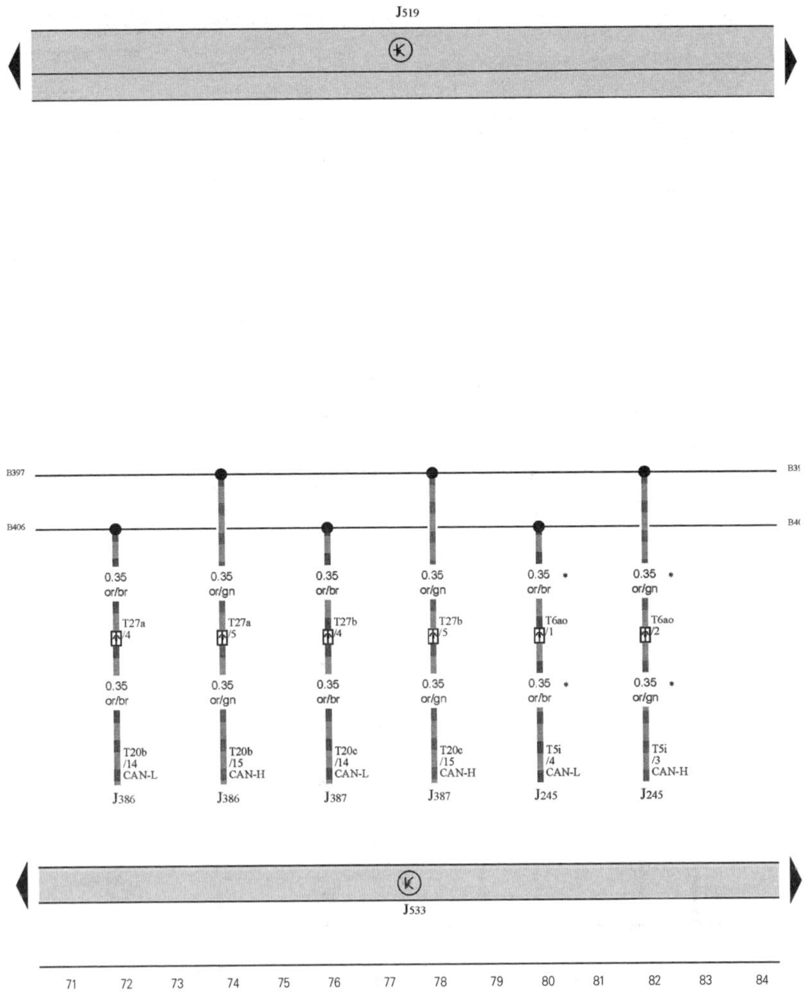

J245-滑动天窗控制单元 J386-驾驶员侧车门控制单元 J387-副驾驶员侧车门控制单元 J519-车载电网控制单元 J533-数据总线诊断接口 T5i-5芯插头连接 T6ao-6芯插头连接 T20b-20芯插头连接 T20c-20芯插头连接 T27a-27芯插头连接 T27b-27芯插头连接 B397-连接1（舒适CAN总线，High），在主导线束中 B406-连接1（舒适CAN总线，Low），在主导线束中 *-用于带滑动/外翻式天窗的汽车

车载电网控制单元、数据总线诊断接口

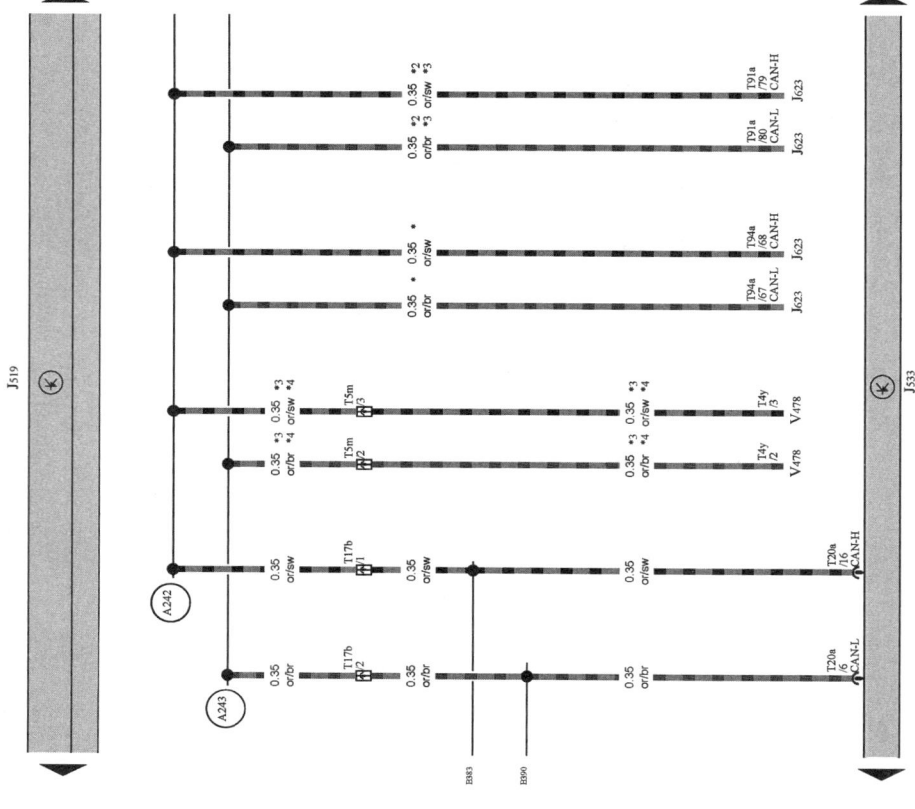

图 4-4-163

J519-车载电网控制单元 J533-数据总线诊断接口 J623-发动机控制单元 T4y-4芯插头连接 T5m-5芯插头连接 T17b-17芯插头连接 T20a-20芯插头连接 T91a-91芯插头连接 V478-变速器油冷却泵 A242-连接1（驱动CAN总线，High），在发动机舱导线束中 A243-连接1（驱动CAN总线，Low），在发动机舱导线束中 B383-连接1（驱动CAN总线，High），在主导线束中 B390-连接1（驱动CAN总线，Low），在主导线束中 *-用于带1.4L发动机的汽车 *2-用于带1.8L发动机的汽车 *3-用于带2.0L发动机的汽车 *4-适用于排放标准C6

车载电网控制单元、数据总线诊断接口

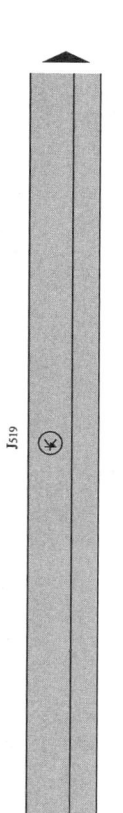

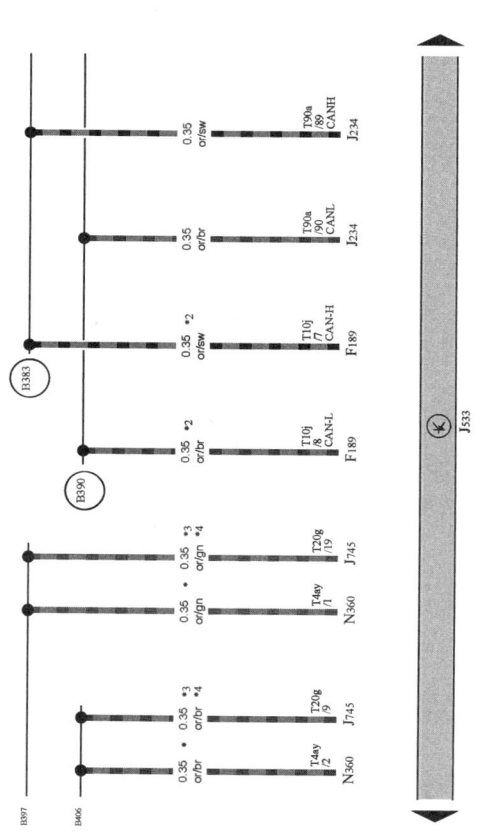

图 4-4-162

F189-Tiptronic开关 J234-安全气囊控制单元 J519-车载电网控制单元 J533-数据总线诊断接口 J745-弯道灯和大灯照明距离调节控制单元 N360-转向柱联锁执行元件 T4ay-4芯插头连接 T10j-10芯插头连接 T20g-20芯插头连接 T90a-90芯插头连接 B383-连接1（驱动CAN总线，High），在主导线束中 B390-连接1（驱动CAN总线，Low），在主导线束中 B397-连接1（舒适CAN总线，High），在主导线束中 B406-连接1（舒适CAN总线，Low），在主导线束中 *-用于带进入及启动许可的汽车 *2-用于带双离合器变速器的汽车 *3-用于带自动大灯照明距离调节的汽车 *4-自2017年7月起

车载电网控制单元、数据总线诊断接口

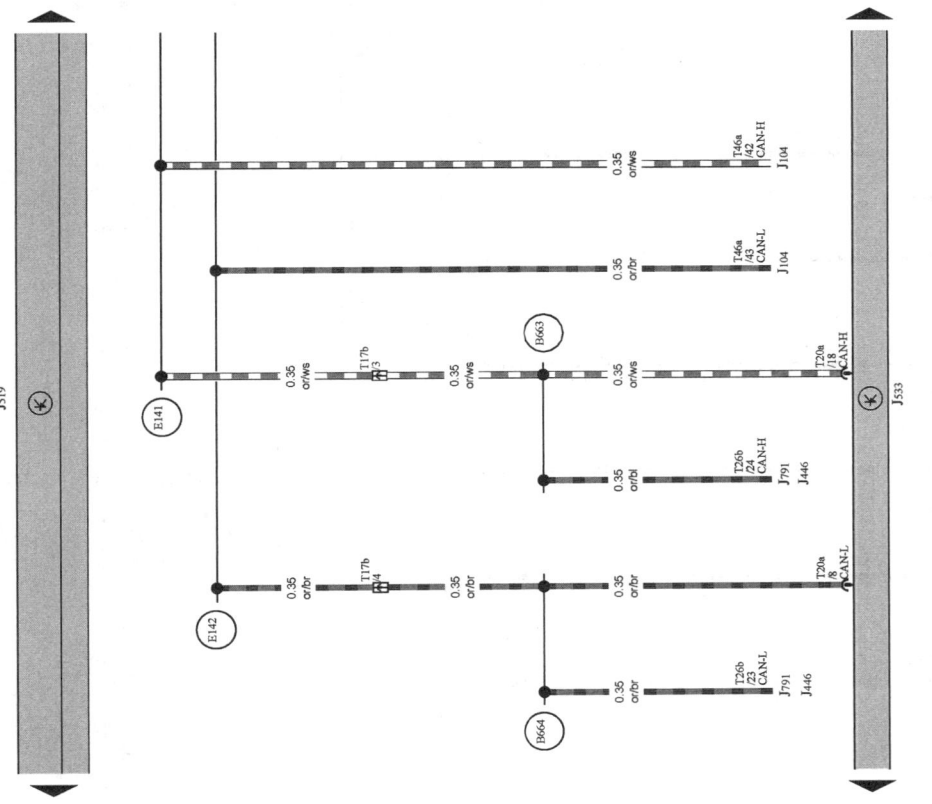

图 4-4-165

车载电网控制单元、数据总线诊断接口

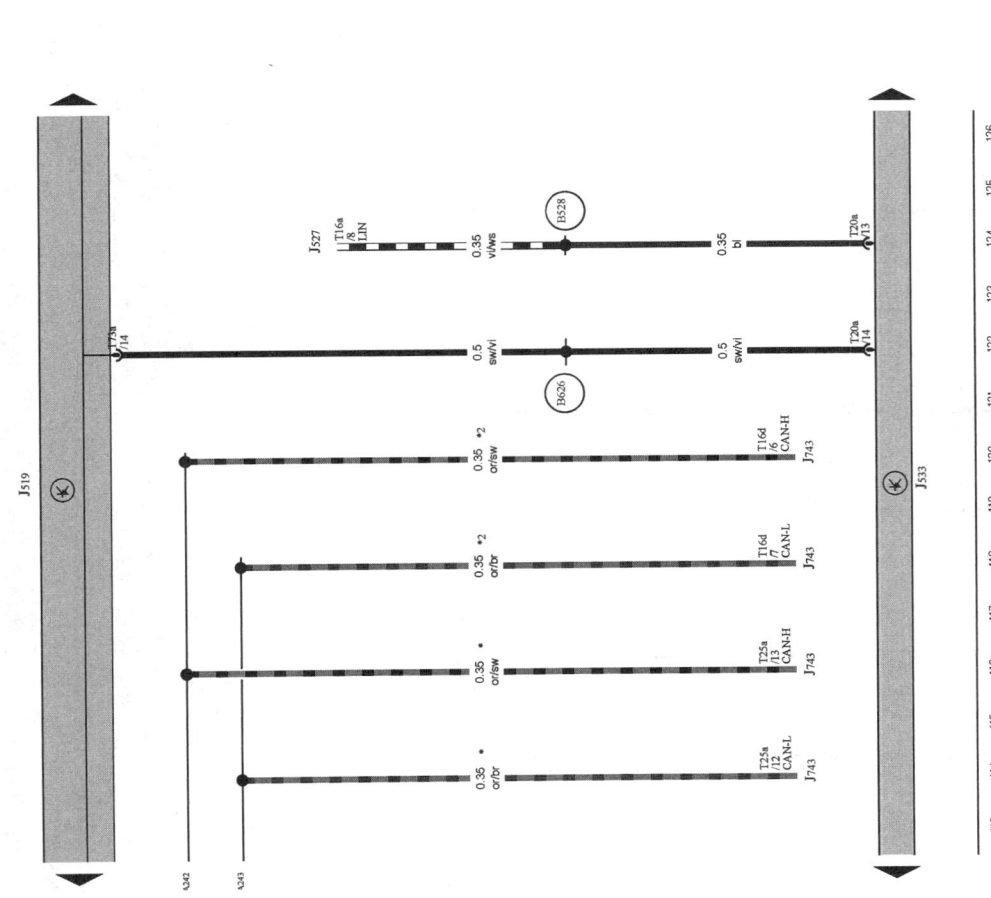

图 4-4-164

J104-ABS控制单元 J446-泊车雷达系统控制单元 J519-车载电网控制单元 J533-数据总线诊断接口 J791-泊车转向辅助系统控制单元 T17b-17芯插头连接 T20a-20芯插头连接 T26b-26芯插头连接 T46a-47芯插头连接 B663-连接（底盘传感器CAN总线，High），在主导线束中 B664-连接（底盘传感器CAN总线，Low），在主导线束中 E141-连接（底盘传感器CAN总线，High），在发动机舱导线束中 E142-连接（底盘传感器CAN总线，Low），在发动机舱导线束中

J519-车载电网控制单元 J527-转向柱电子装置控制单元 J533-数据总线诊断接口 J743-双离合器变速器机电装置 T16a-16芯插头连接 T16d-16芯插头连接 T20a-20芯插头连接 T25a-25芯插头连接 T73a-73芯插头连接 A242-连接1（驱动CAN总线，High），在发动机舱导线束中 A243-连接1（驱动CAN总线，Low），在发动机舱导线束中 B528-连接1（LIN总线），在主导线束中 B626-正极连接2（15），在主导线束中 *-用于带双离合器变速器0CW的汽车 *2-用于带双离合器变速器0DE的汽车

数据总线诊断接口

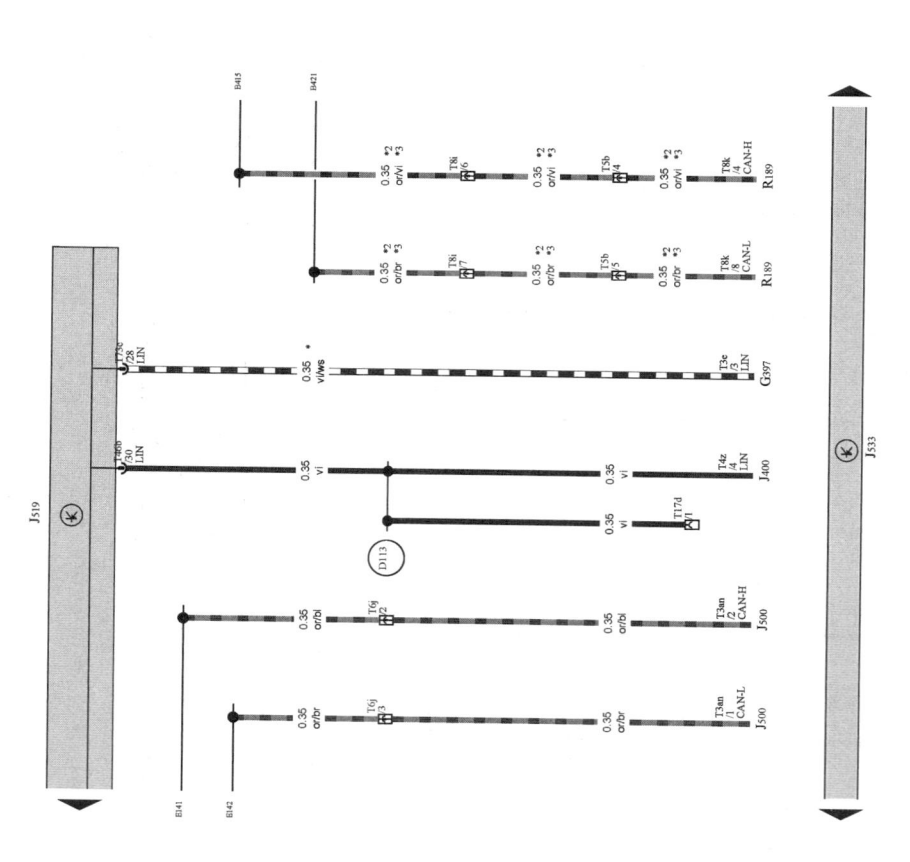

图 4-4-167

J533-数据总线诊断接口 J794-电子通信信息设备1控制单元 R-收音机 T12g-12芯插头连接 T12y-12芯插头连接 T20a-20芯插头连接 B415-连接1（信息娱乐CAN总线，High），在主导线束中 B421-连接1（信息娱乐CAN总线，Low），在主导线束中收音机导航系统的汽车 *2-用于不带导航系统的汽车 *-用于带收音机导航系统的汽车

车载电网控制单元、数据总线诊断接口

图 4-4-166

G397-雨水与光线识别传感器 J400-刮水器电机控制单元 J500-助力转向控制单元 J519-车载电网控制单元 R189-倒车摄像头 J533-数据总线诊断接口 T3am-3芯插头连接 T3e-3芯插头连接 T4z-4芯插头连接 T5b-5芯插头连接 T6j-6芯插头连接 T8i-8芯插头连接 T8k-8芯插头连接 T17d-17芯插头连接 T46b-46芯插头连接 T73c-73芯插头连接 B415-连接1（信息娱乐CAN总线，High），在主导线束中 B421-连接1（信息娱乐CAN总线，Low），在主导线束中 D113-连接11，在发动机舱导线束中 E141-连接（底盘传感器CAN总线，High），在发动机舱导线束中 E142-连接（底盘传感器CAN总线，Low），在发动机舱导线束中 *-用于带回家照明功能的汽车 *2-用于带倒车影像系统的汽车 *3-用于带导航系统的汽车

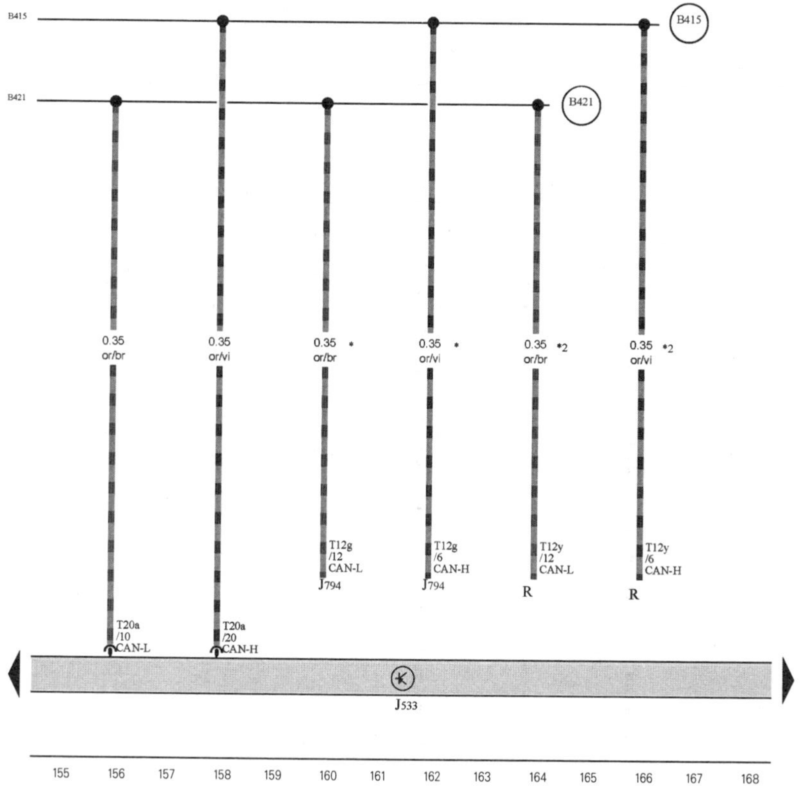

602

数据总线诊断接口

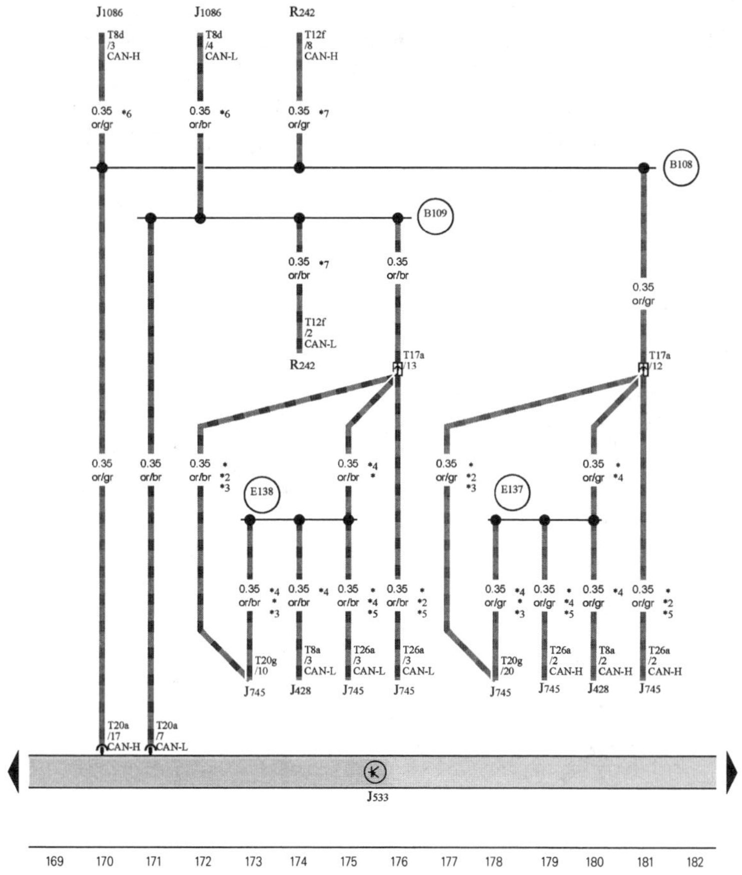

数据总线诊断接口

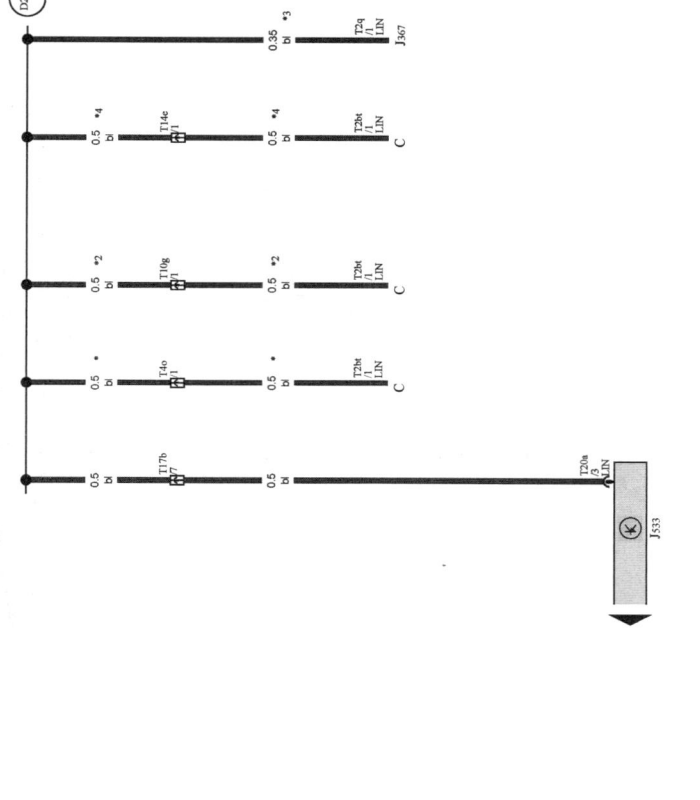

图 4-4-169

图 4-4-168

C-交流发电机 J367-蓄电池监控控制单元 J533-数据总线诊断接口 T2q-2芯插头连
接 T4o-4芯插头连接 T10g-10芯插头连接 T14e-14芯插头连接 T17b-17芯插头连接 T20a-20芯插头连
接 D218-连接1（LIN总线），在发动机舱导线束中 *-用于带1.4L发动机的汽车 *2-用于带1.8L发动机的
汽车 *3-用于带发动机自动启停系统的汽车 *4-用于带2.0L发动机的汽车

J428-车距调节控制单元 J533-数据总线诊断接口 J745-弯道灯和大灯照明距离调节控制单元 J1086-盲区
识别控制单元 R242-驾驶员辅助系统的前部摄像头 T8a-8芯插头连接 T8d-8芯插头连接 T12f-12芯插
头连接 T17a-17芯插头连接 T20a-20芯插头连接 T20g-20芯插头连接 T26a-26芯插头连接 B108-连接1
（扩展CAN总线，High），在主导线束中 B109-连接1（扩展CAN总线，Low），在主导线束中 E137-连
接2（扩展CAN总线，High），在发动机舱导线束中 E138-连接2（扩展CAN总线，Low），在发动机舱
导线束中 *-用于带自动大灯照明距离调节的汽车 *2-用于不带自动车距控制（ADR）的汽车 *3-自2017
年7月起 *4-用于带自动车距控制（ADR）的汽车 *5-截至2017年7月 *6-用于带车道保持辅助系统的汽
车 *7-用于带驾驶辅助特殊装备的汽车

603

安全气囊卷簧和带滑环的复位环

图 4-4-171

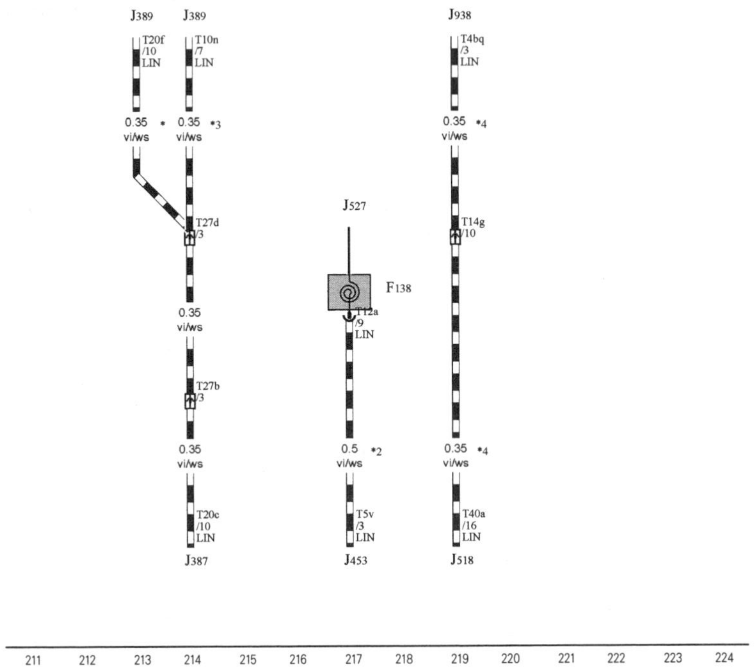

F138-安全气囊卷簧和带滑环的复位环 J387-副驾驶员侧车门控制单元 J389-右后车门控制单元 J453-多功能方向盘控制单元 J518-进入及启动许可控制单元 J527-转向柱电子装置控制单元 J938-后备箱盖开启装置控制单元 T4bq-4芯插头连接 T5v-5芯插头连接 T10m-10芯插头连接 T12a-12芯插头连接 T14g-14芯插头连接 T20c-20芯插头连接 T20f-20芯插头连接 T27b-27芯插头连接 T27d-27芯插头连接 T40a-40芯插头连接 *-用于带进入及启动许可的汽车 *2-用于带多功能方向盘的汽车 *3-用于不带进入及启动许可的汽车 *4-用于带后备箱盖关闭辅助功能的汽车

后部空调操作和显示单元

图 4-4-170

E265-后部空调操作和显示单元 G238-空气质量传感器 G805-制冷剂循环回路压力传感器 J126-新鲜空气鼓风机控制单元 J255-全自动空调控制单元 J301-空调器控制单元 J386-驾驶员侧车门控制单元 J388-左后车门控制单元 T3ar-3芯插头连接 T3n-3芯插头连接 T4ad-4芯插头连接 T6d-6芯插头连接 T10m-10芯插头连接 T17c-17芯插头连接 T17d-17芯插头连接 T20b-20芯插头连接 T20d-20芯插头连接 T20e-20芯插头连接 T20y-20芯插头连接 T27a-20芯插头连接 T20c-27芯插头连接 B698-连接3（LIN总线），在发动机舱导线束中 *-用于带进入及启动许可的汽车 *5-用于带后部带有全自动空调的汽车 *6-用于不带进入及启动许可的汽车 *7-自2017年7月起 D233-连接2（LIN总线），在主导线束中 D233-连接2（LIN总线）*2-用于带全自动空调的汽车 *3-用于带手动调节空调的汽车 *4-截至2017年7月 动空调操作与显示单元的汽车

604

带插座的逆变器（12~230V）

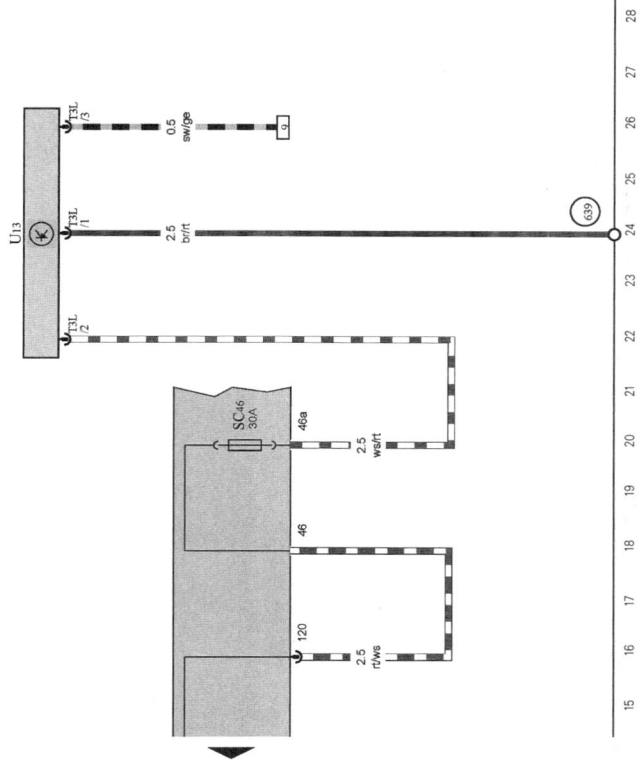

接线端 15 供电继电器

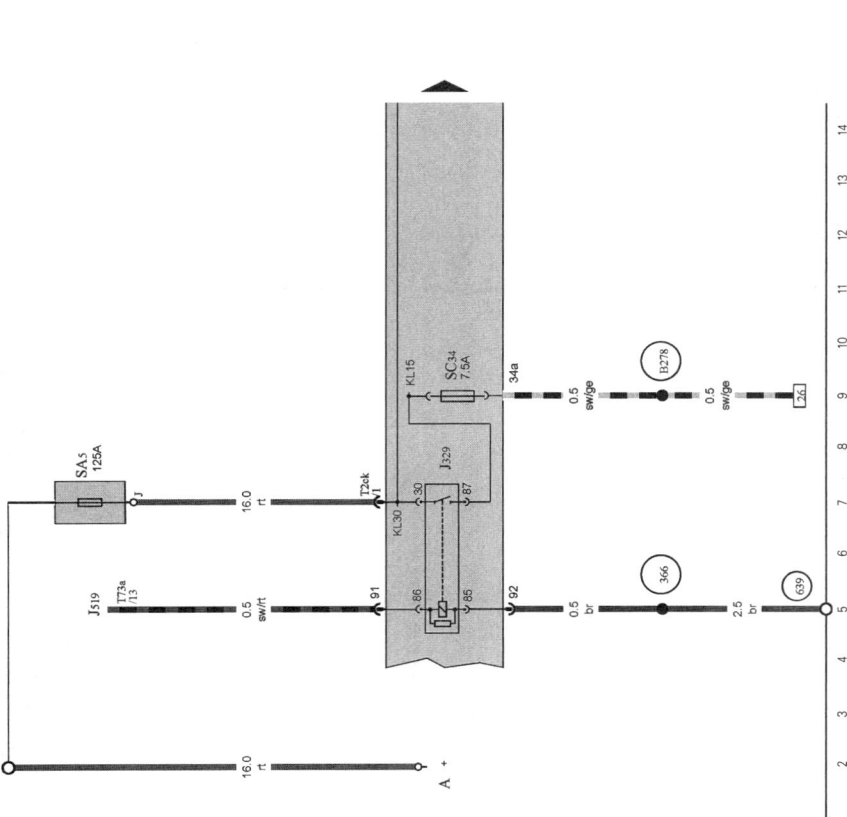

SC46-保险丝架C上的保险丝46　T3L-3芯插头连接　U13-带插座的逆变器（12~230V）　639-接地点，在左侧A柱上

图 4-4-173

A-蓄电池　J329-接线端15供电继电器　J519-车载电网控制单元　SA5-保险丝架A上的保险丝5　SC34-保险丝架C上的保险丝34　T2ck-2芯插头连接　T73a-73芯插头连接　T73a-73芯插头连接　366-接地连接1，在主导线束中　639-接地点，在左侧A柱上　B278-正极连接2（15a），在主导线束中

图 4-4-172

605

组合仪表中的控制单元、"红色三角形"（警告）标志指示灯、驻车制动器指示灯、电动驻车制动器和手制动器故障指示灯

防盗锁止系统识读线圈、分行驶里程复位按钮、时钟调节按钮、冷却液温度表、组合仪表中的控制单元、防盗锁止系统控制单元、燃油表指示灯、清洗液不足指示灯、制动系统指示灯

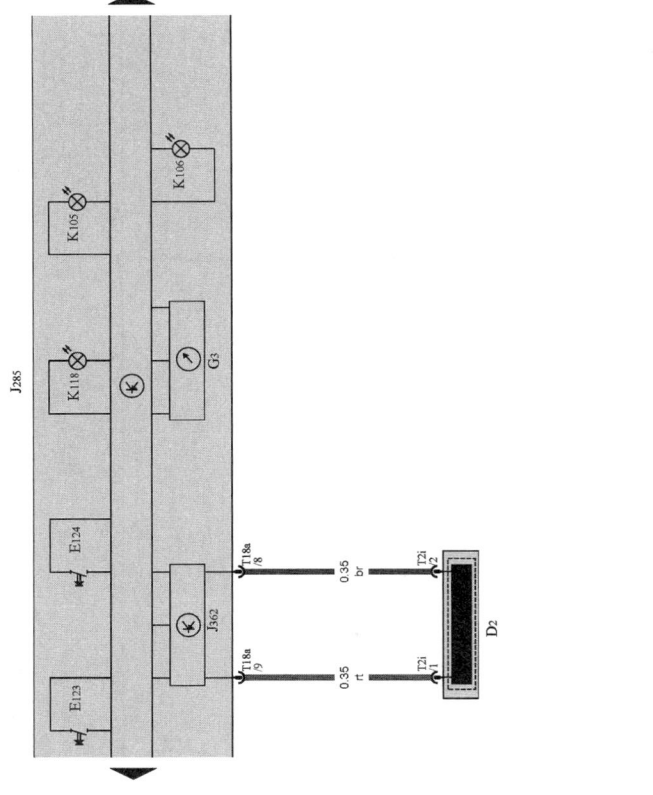

D2-防盗锁止系统识读线圈　E123-分行驶里程复位按钮　E124-时钟调节按钮　G3-冷却液温度表　J285-组合仪表中的控制单元　K362-防盗锁止系统控制单元　K105-燃油表指示灯　K106-清洗液不足指示灯　K118-制动系统指示灯　T2i-2芯插头连接　T18a-18芯插头连接

图 4-4-175

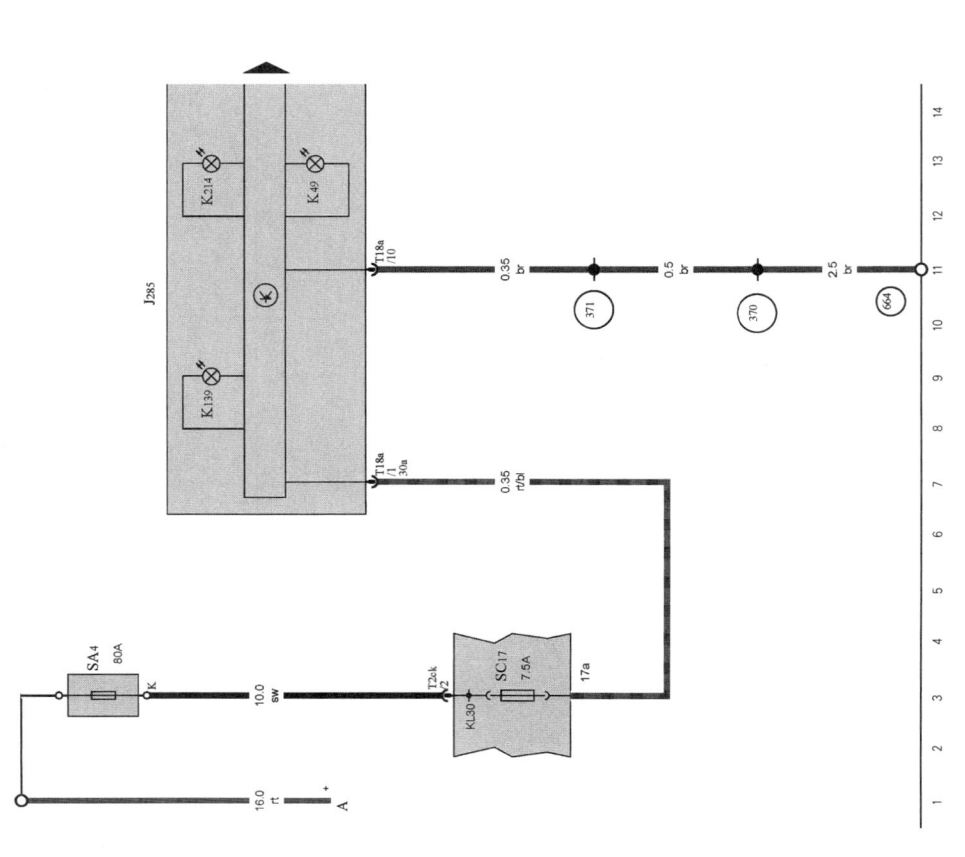

A-蓄电池　J285-组合仪表中的控制单元　K49-"红色三角形"（警告）标志指示灯　K139-驻车制动器指示灯　K214-电动驻车制动器和手制动器故障指示灯　SA4-保险丝座A上的保险丝4　SC17-保险丝架C上的保险丝17　T2ck-2芯插头连接　T18a-18芯插头连接　370-接地连接5、在主导线束中　371-接地连接6、在主导线束中　664-左侧仪表板后面的接地点

图 4-4-174

组合仪表中的控制单元、后雾灯指示灯、定速巡航装置指示灯、ABS指示灯、左侧转向信号灯指示灯、右侧转向信号灯指示灯、电子稳定程序和ASR指示灯、电子稳定程序和ASR指示灯2、数字时钟

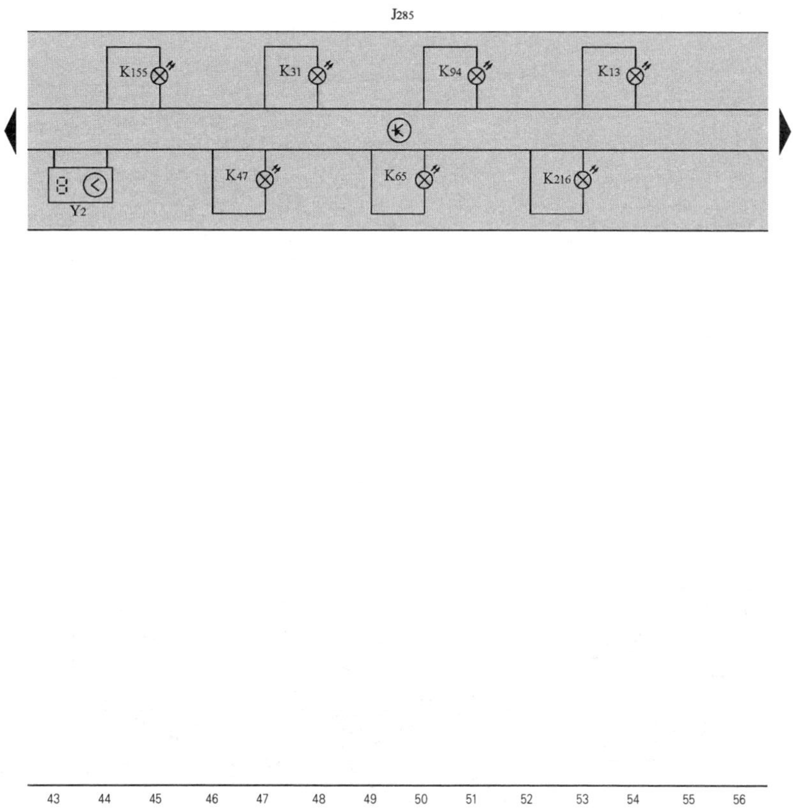

燃油表传感器、燃油表、多功能显示器、组合仪表中的控制单元、远光灯指示灯、发电机指示灯、机油压力指示灯、冷却液温度和冷却液不足显示指示灯

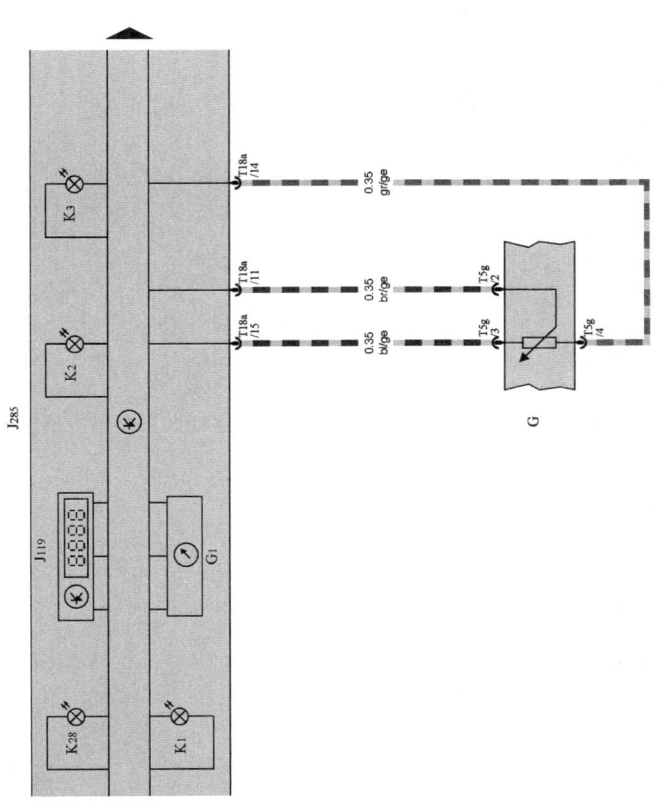

J285-组合仪表中的控制单元 K13-后雾灯指示灯 K31-定速巡航装置指示灯 K47-ABS指示灯 K65-左侧转向信号灯指示灯 K94-右侧转向信号灯指示灯 K155-电子稳定程序和ASR指示灯 K216-电子稳定程序和ASR指示灯2 Y2-数字时钟

图 4-4-177

G-燃油表传感器 G1-燃油表 J119-多功能显示器 J285-组合仪表中的控制单元 K1-远光灯指示灯 K2-发电机指示灯 K3-机油压力指示灯 K28-冷却液温度和冷却液不足显示指示灯 T5g-5芯插头连接 T18a-18芯插头连接

图 4-4-176

组合仪表中的控制单元、前雾灯指示灯、安全带警告指示灯、制动摩擦片指示灯、安全气囊指示灯、电子油门故障信号灯、机电式助力转向器指示灯、灯泡失灵指示灯、行驶换道辅助系统控制灯、组合仪表照明灯泡

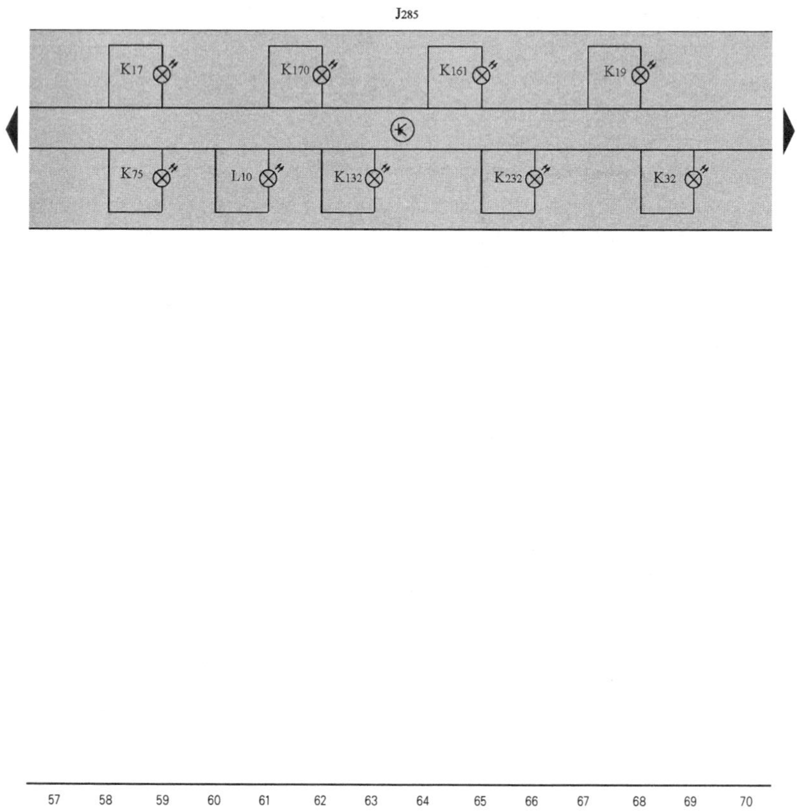

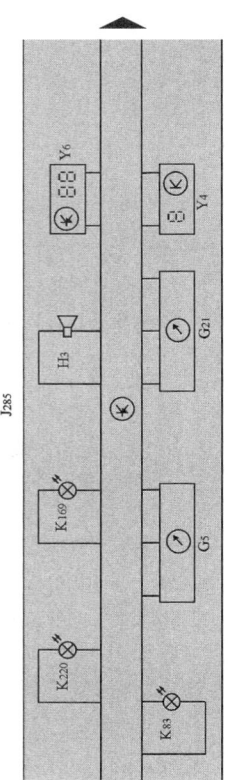

J285
K17
K170
K161
K19
K75
L10
K132
K232
K32
57 58 59 60 61 62 63 64 65 66 67 68 69 70

J285–组合仪表中的控制单元 K17–前雾灯指示灯 K19–安全带警告指示灯 K32–制动摩擦片指示灯 K75–安全气囊指示灯 K132–电子油门故障信号灯 K161–机电式助力转向器指示灯 K170–灯泡失灵指示灯 K232–行驶换道辅助系统控制灯 L10–组合仪表照明灯泡

图 4–4–178

转速表、车速表、警报蜂鸣器和警报音、组合仪表中的控制单元、废气警告灯、选挡杆指示灯、轮胎压力监控显示指示灯、里程表、选挡杆位置显示

J285
K220
K169
H3
Y6
K83
G5
G21
Y4
71 72 73 74 75 76 77 78 79 80 81 82 83 84

G5–转速表 G21–车速表 H3–警报蜂鸣器和警报音 J285–组合仪表中的控制单元 K83–废气警告灯 K169–选挡杆指示灯 K220–轮胎压力监控显示指示灯 Y4–里程表 Y6–选挡杆位置显示

图 4–4–179

组合仪表中的控制单元、车载电网控制单元、车道保持辅助系统指示灯

车外温度传感器、冷却液不足显示传感器、车窗玻璃清洗液液位传感器、车载电网控制单元

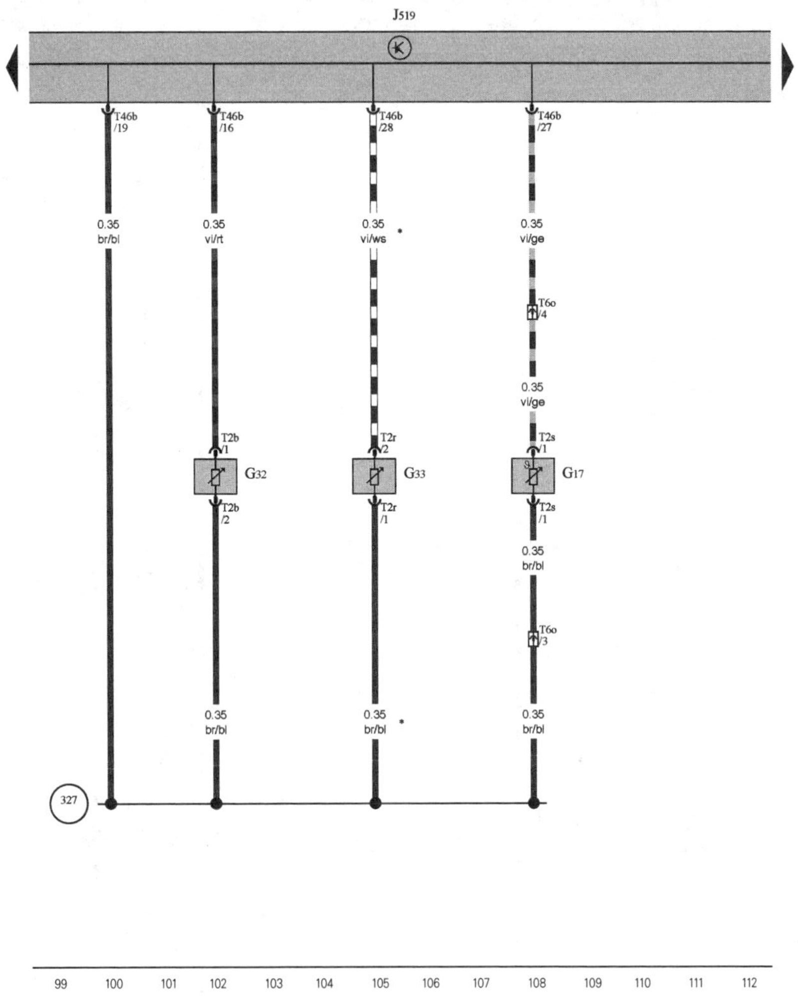

图4-4-181

G17-车外温度传感器 G32-冷却液不足显示传感器 G33-车窗玻璃清洗液液位传感器 J519-车载电网控制单元 T46b-46芯插头连接 T6o-6芯插头连接 T2s-2芯插头连接 T2b-2芯插头连接 T2r-2芯插头连接 327-接地连接（传感器接地），在发动机舱导线束中 *-用于带大灯清洗装置的汽车

图4-4-180

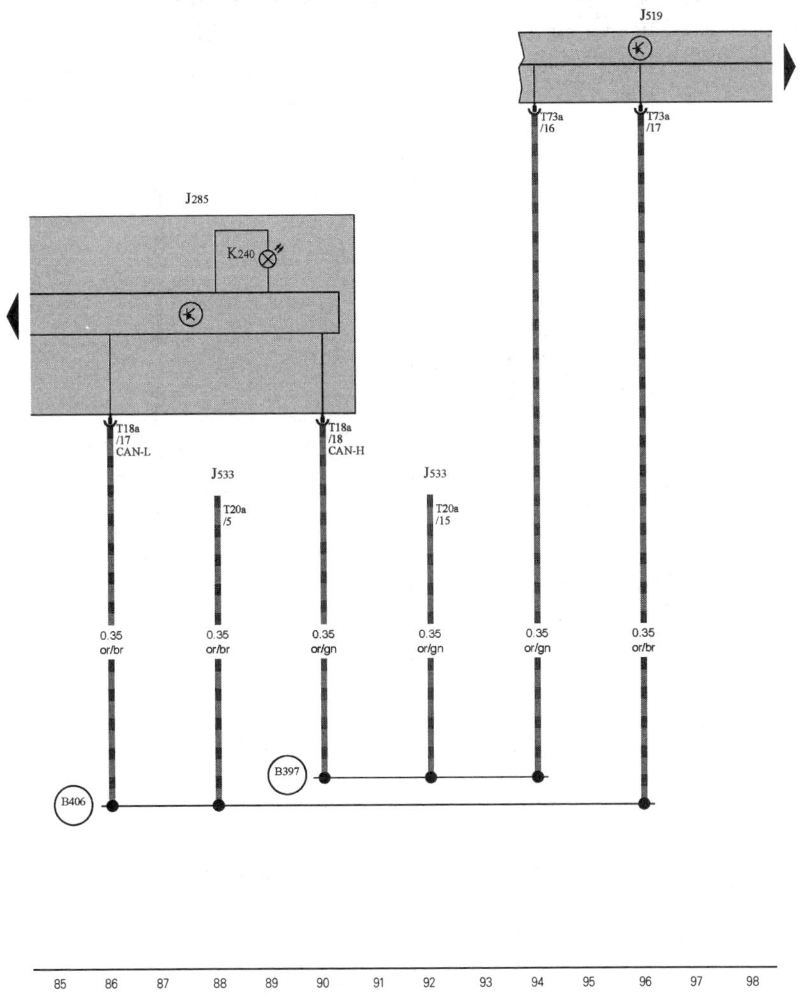

J285-组合仪表中的控制单元 J519-车载电网控制单元 J533-数据总线诊断接口 K240-车道保持辅助系统指示灯 T18a-18芯插头连接 T20a-20芯插头连接 T73a-73芯插头连接 B397-连接1（舒适CAN总线，High），在主导线束中 B406-连接1（舒适CAN总线，Low），在主导线束中

蓄电池、蓄电池监控控制单元

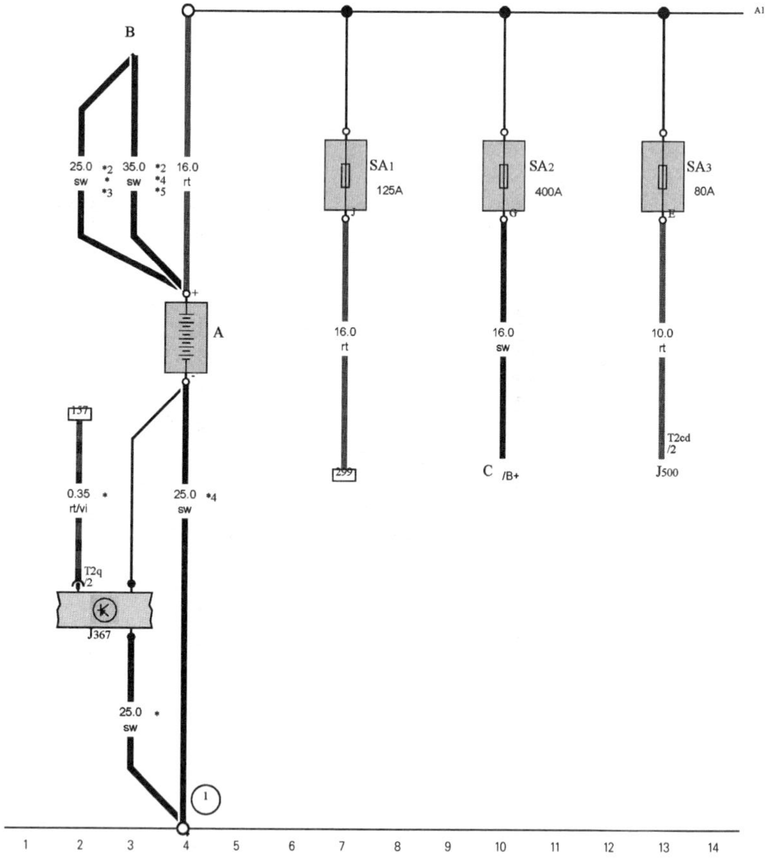

制动液液位警告信号触点、发动机舱盖接触开关、发动机舱盖接触开关2、右前制动摩擦片磨损传感器、车载电网控制单元

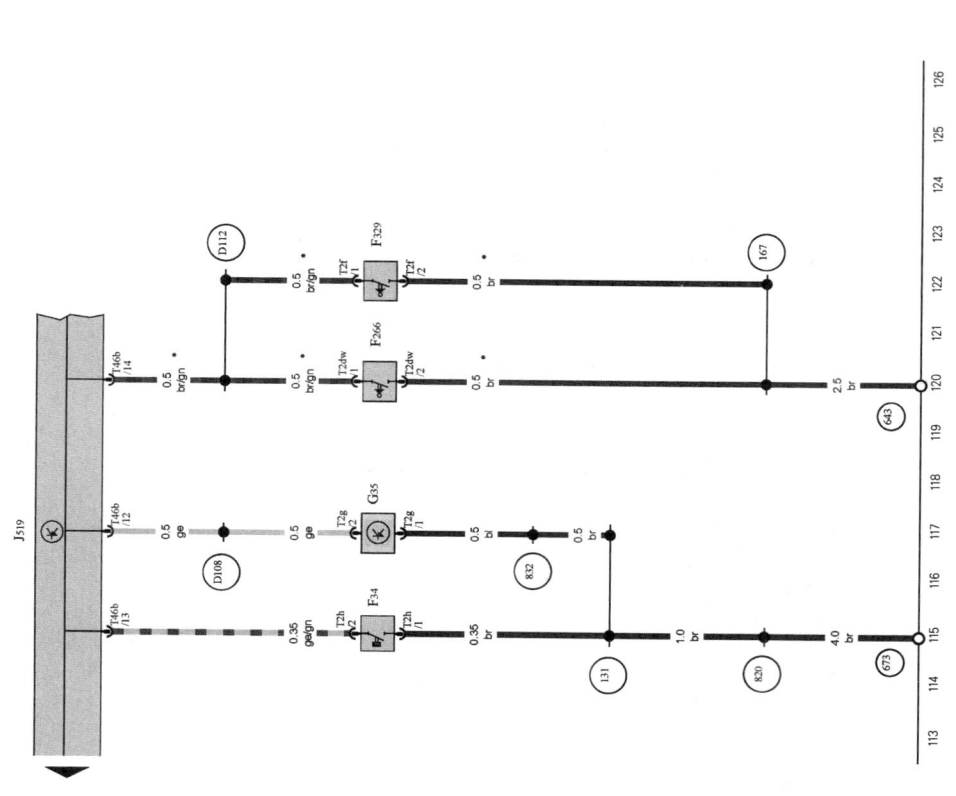

图4-4-183

A-蓄电池 B-启动机 C-交流发电机 J367-蓄电池监控控制单元 J500-助力转向控制单元 SA1-保险丝架A上的保险丝1 SA2-保险丝架A上的保险丝2 SA3-保险丝架A上的保险丝3 T2cd-2芯插头连接 T2q-2芯插头连接 *2-用于带发动机自动启停系统的汽车 *3-用于带1.8L发动机的汽车 *4-用于不带发动机自动启停系统的汽车 *5-用于带2.0L发动机的汽车 1-接地连接 *3-用于带1.4L发动机的汽车

图4-4-182

F34-制动液液位警告信号触点 F266-发动机舱盖接触开关 F329-发动机舱盖接触开关2 G35-右前制动摩擦片磨损传感器 J519-车载电网控制单元 T2dw-2芯插头连接 T2f-2芯插头连接 T2g-2芯插头连接 T2h-2芯插头连接 T46b-46芯插头连接 131-接地连接2，在发动机舱导线束中 167-接地连接2，在发动机舱导线束中 643-在发动机舱导线束中 673-左前纵梁上的接地点3 820-接地连接13，在发动机舱导线束中 832-接地连接14，在发动机舱导线束中 D108-连接6，在发动机舱导线束中 D112-连接10，在发动机舱导线束中 *-用于带发动机自动启停系统的汽车

双音喇叭继电器、保险丝架 B

保险丝架 B

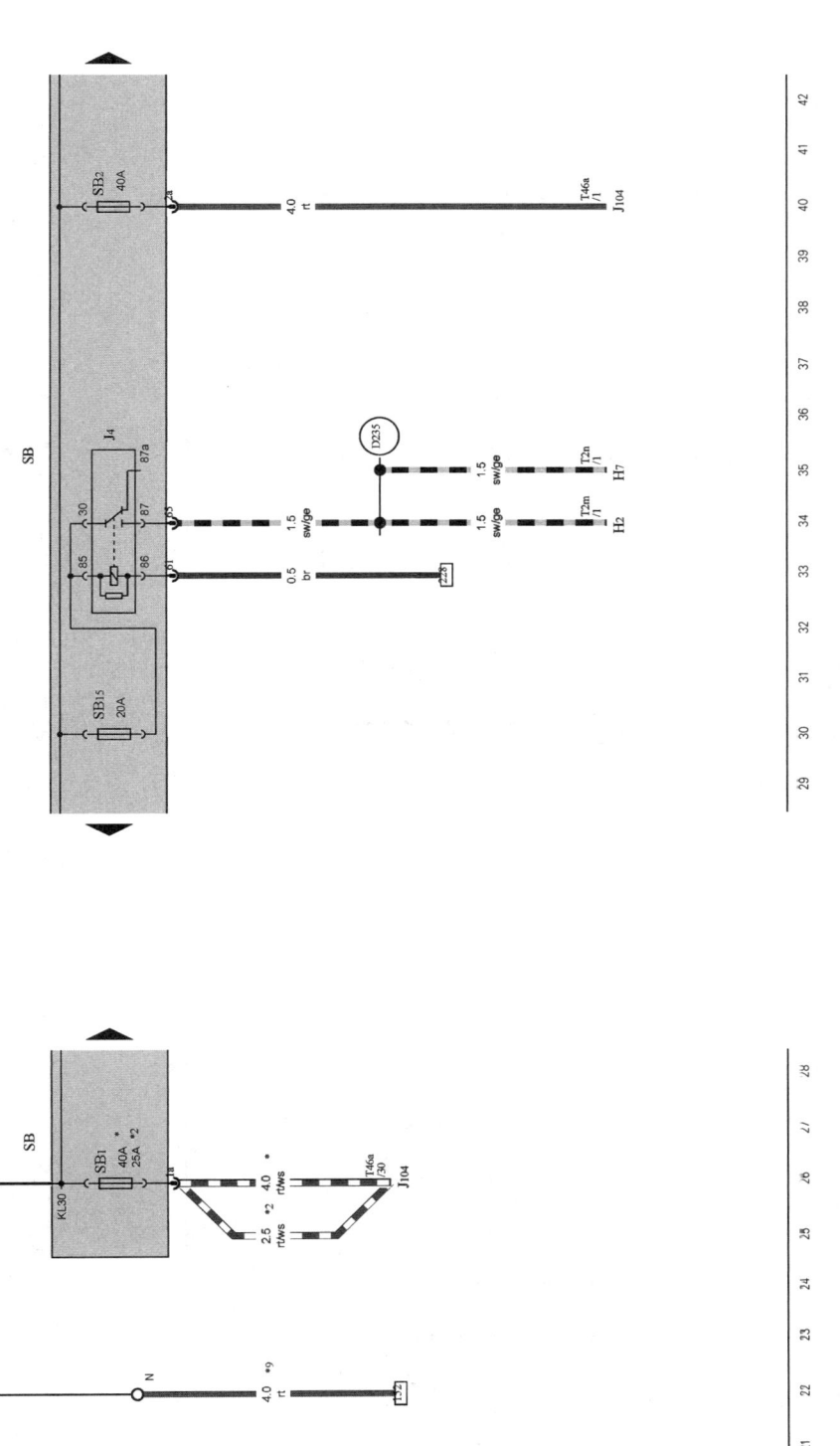

图 4-4-185

H2-高音扬声器 H7-低音扬声器 J4-双音喇叭继电器 J104-ABS控制单元 SB-保险丝架
B上的保险丝2 SB15-保险丝架B上的保险丝15 T2m-2芯插头连接 T2n-2芯插头连接 T46a-46芯插头连接
D235-连接（双音喇叭），在发动机舱导线束中

图 4-4-184

J104-ABS控制单元 J293-散热器风扇控制单元 SB-保险丝架B SB1-保险丝架B上的保险丝1 SA4-保险
丝架A上的保险丝4 SA5-保险丝架A上的保险丝5 T4n-4芯插头连接 T46a-46芯插头连接 *-截至2017年7月 *2-自2017年7月起 *3-用于带1.8L发动机的汽车 *4-
地点 671-左前纵梁上的接地点1 *-用于不带发动机自动启停系统的汽车 *5-用于带2.0L发动机的汽车 *6-用于带手动变速器的汽车 *7-用
用于不带发动机自动启停系统的汽车 *8-用于带1.4L发动机的汽车 *9-用于带双离合器变速器的汽车
于带发动机自动启停系统的汽车

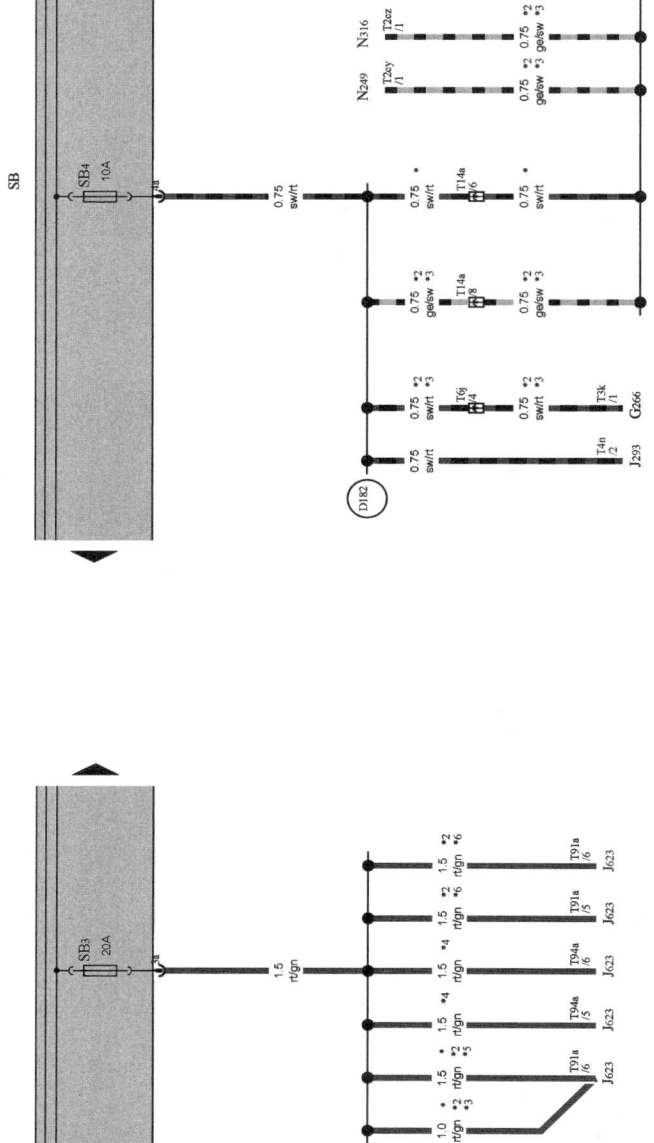

主继电器，保险丝架 B

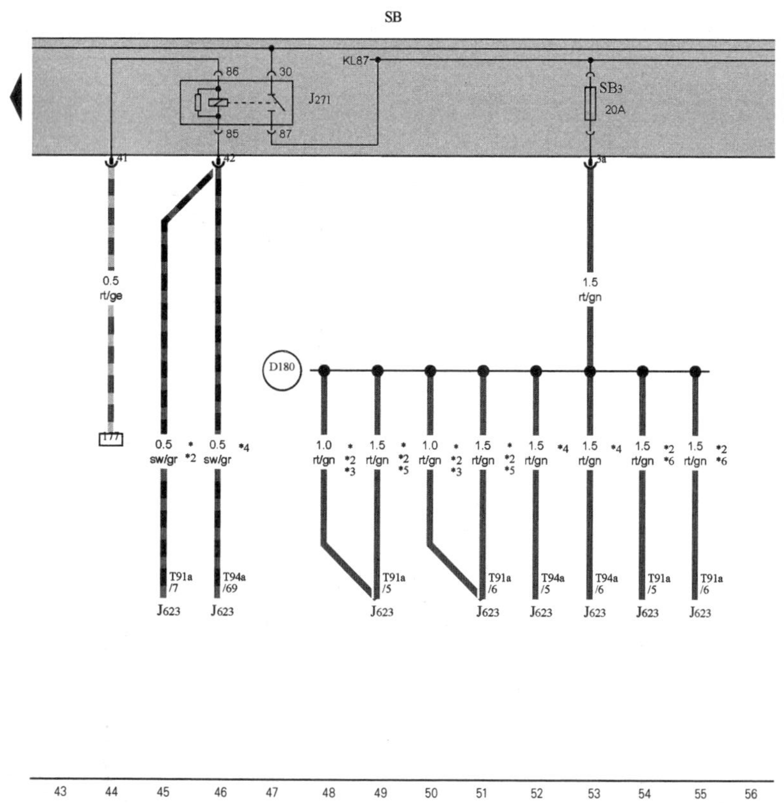

保险丝架 B

图 4-4-186

图 4-4-187

J271-主继电器　J623-发动机控制单元　SB-保险丝架B　SB3-保险丝架B上的保险丝3　T91a-91芯插头连接
T94a-94芯插头连接　D180-连接（87a），在发动机1.8L发动机的汽车　＊-用于带1.8L发动机舱导线束中　＊2-用于带
2.0L发动机的汽车　＊3-自2017年7月起　＊4-用于带1.4L发动机的汽车　＊5-截至2017年7月　＊6-适用于排放标
准C6

G266-机油油位和机油温度传感器　J293-散热器风扇控制单元　N249-涡轮增压器循环空气阀　N316-进气
歧管风门阀门　N428-机油压力调节阀　N522-活塞冷却喷嘴控制阀　SB-保险丝架B　SB4-保险丝架B上的
保险丝4　T2bp-2芯插头连接　T2cy-2芯插头连接　T2cz-2芯插头连接　T2da-2芯插头连接　T3k-3芯插头连
接　T4n-4芯插头连接　T6j-6芯插头连接　T14a-14芯插头连接　D182-连接3（87a），在发动机1.4L发动机的汽车
D205-连接3（87a），在发动机舱线束中　＊-用于带1.8L发动机舱导线束中　＊2-用于带1.8L发动机的汽车　＊3-用于带2.0L发动机的汽车

612

保险丝架 B

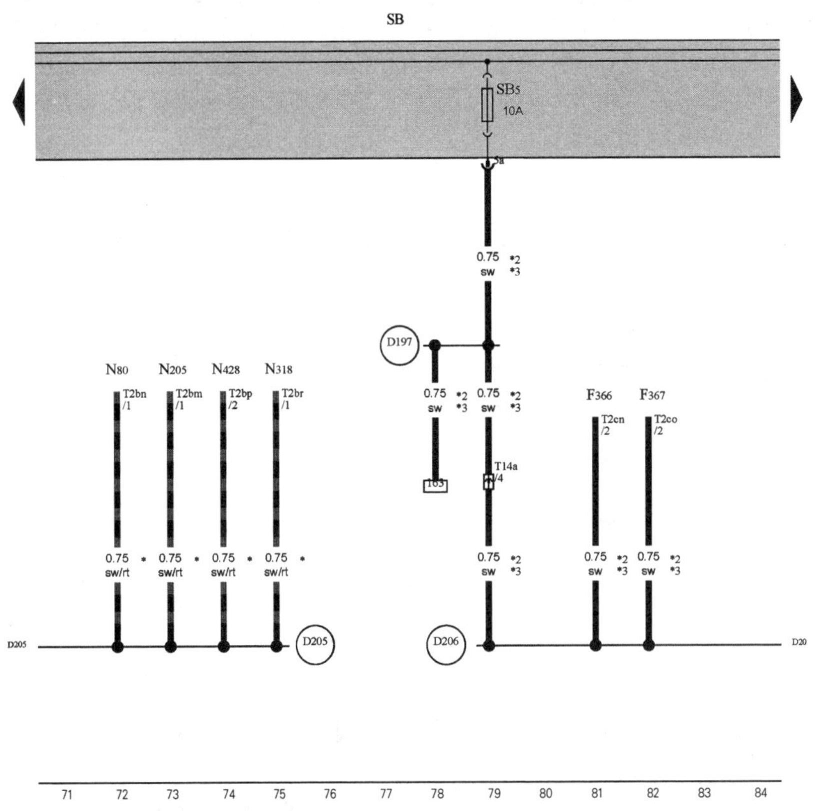

SB

保险丝架 B

SB

图 4-4-188

图 4-4-189

F366-凸轮轴调节元件1 F367-凸轮轴调节元件2 N80-活性炭罐电磁阀1 N205-凸轮轴调节阀1 N318-排气凸轮轴调节阀1 N428-机油压力调节阀 SB-保险丝架 SB5-保险丝架B上的保险丝5 T2bm-2芯插头连接 T2bn-2芯插头连接 T2bp-2芯插头连接 T2br-2芯插头连接 T2cn-2芯插头连接 T2co-2芯插头连接 T14a-14芯插头连接 D197-连接5（87a），在发动机舱导线束中 D205-连接3（87a），在发动机预接线导线束中 D206-连接4（87a），在发动机预接线导线束中 *-用于带1.4L发动机的汽车 *2-用于带1.8L发动机的汽车 *3-用于带2.0L发动机的汽车

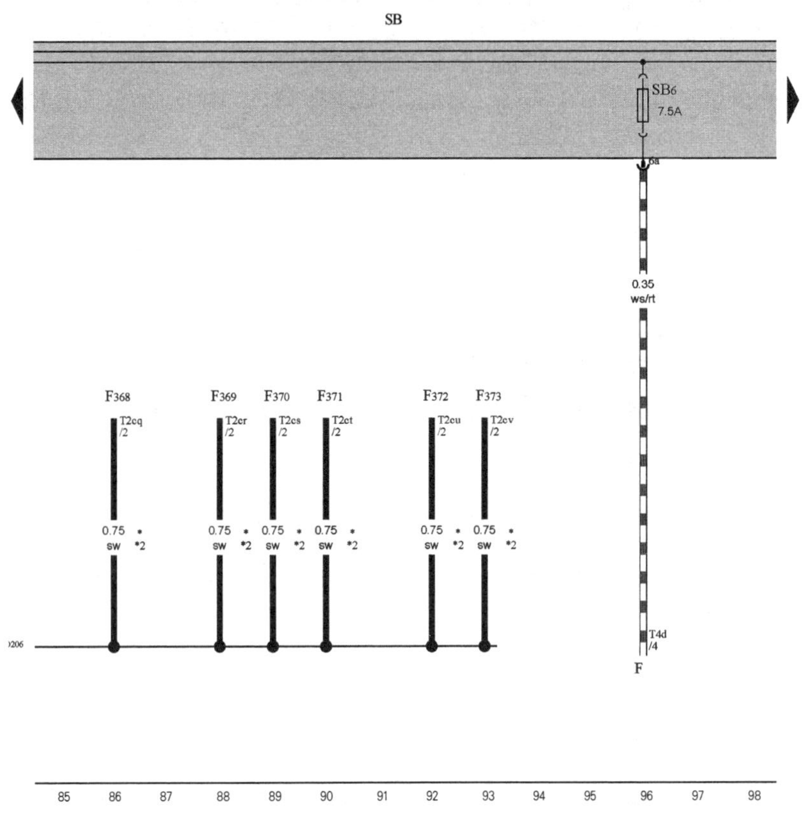

F-制动信号灯开关 F368-凸轮轴调节元件3 F369-凸轮轴调节元件4 F370-凸轮轴调节元件5 F371-凸轮轴调节元件6 F372-凸轮轴调节元件7 F373-凸轮轴调节元件8 SB-保险丝架 SB6-保险丝架B上的保险丝6 T2cq-2芯插头连接 T2cr-2芯插头连接 T2cs-2芯插头连接 T2ct-2芯插头连接 T2cu-2芯插头连接 T2cv-2芯插头连接 T4d-4芯插头连接 D206-连接4（87a）在发动机预接线导线束中 *-用于带1.8L发动机的汽车 *2-用于带2.0L发动机的汽车

613

保险丝架 B

保险丝架 B

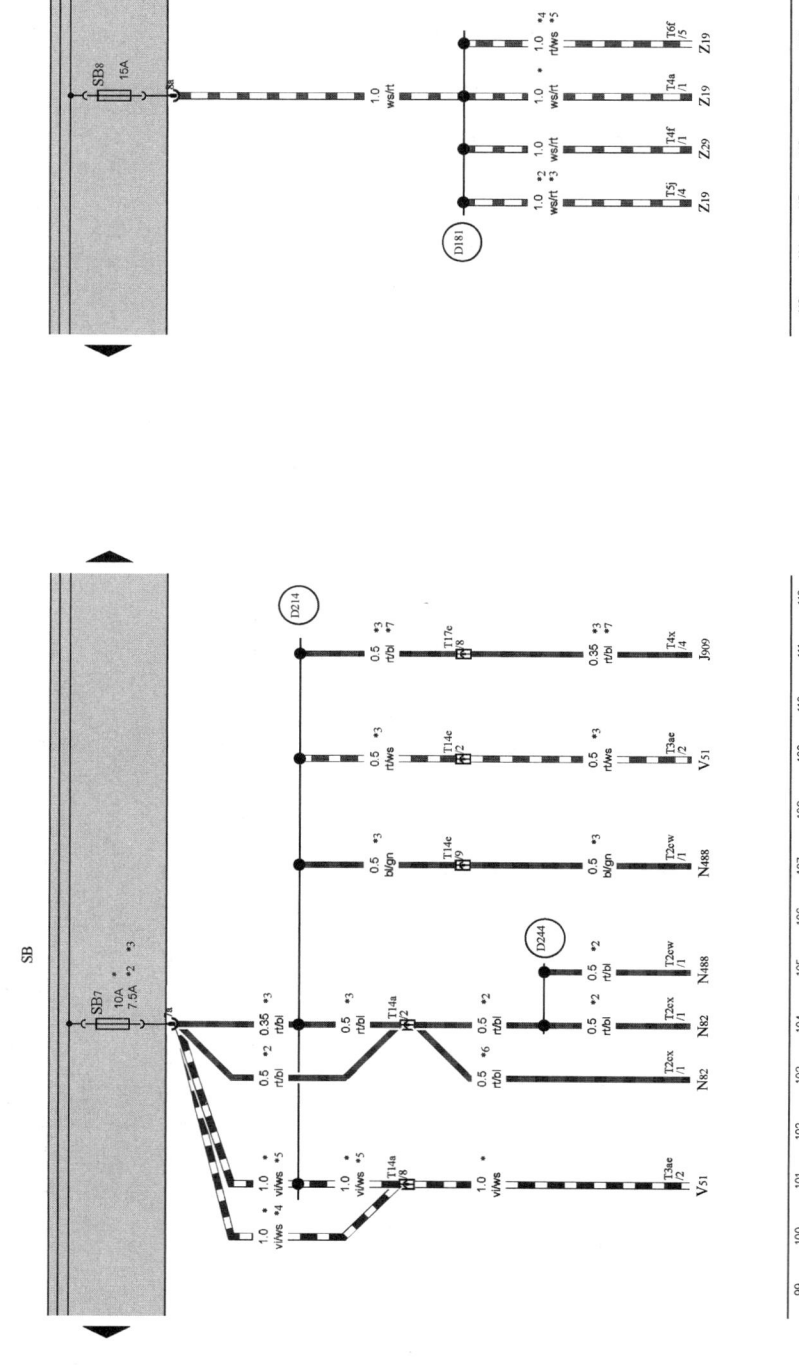

图4-4-190

J909-油箱泄漏诊断控制单元 N82-冷却液截止阀 N488-变速器冷却液阀 SB-保险丝架 SB7-保险丝架B上的保险丝7 T2cw-2芯插头连接 T2cx-2芯插头连接 T3ae-3芯插头连接 T4x-4芯插头连接 T14a-14芯插头连接 T14e-14芯插头连接 T17e-17芯插头连接 V51-冷却液继续补给泵 D214-连接8（87a），D244-连接5（87a），在发动机舱信号线束中 *-用于带1.4L发动机的汽车 *2-用于带2.0L发动机的汽车 *3-用于带发动机型号代码CUGA的汽车 *4-截至2017年7月 *5-自2017年7月 *6-用于带发动机型号代码CUGA的汽车 *7-适用于排放标准C6

图4-4-191

N70-带功率输出级的点火线圈1 N127-带功率输出级的点火线圈2 N291-带功率输出级的点火线圈3 N292-带功率输出级的点火线圈4 SB-保险丝架 SB8-保险丝架B上的保险丝8 SB9-保险丝架B上的保险丝9 T4a-4芯插头连接 T4f-4芯插头连接 T4j-4芯插头连接 T4k-4芯插头连接 T4L-4芯插头连接 T4m-4芯插头连接 T5j-5芯插头连接 T6f-6芯插头连接 T14a-14芯插头连接 Z19-氧传感器加热装置 Z29-尾气催化净化器后的氧传感器1加热装置 D181-连接2（87a），D189-连接（87a），在发动机舱信号线束中 D189-连接 *-用于带1.4L发动机的汽车 *2-用于带1.4L发动机的汽车 *3-用于带发动机型号代码CUGA的汽车 *4-用于带2.0L发动机的汽车 *5-适用于排放标准C6

保险丝架 B

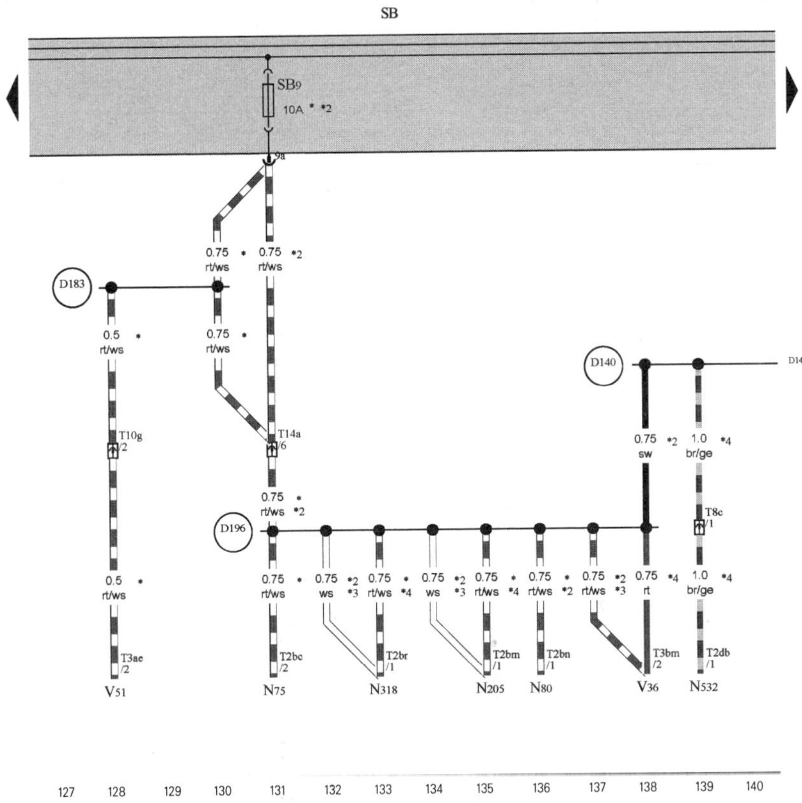

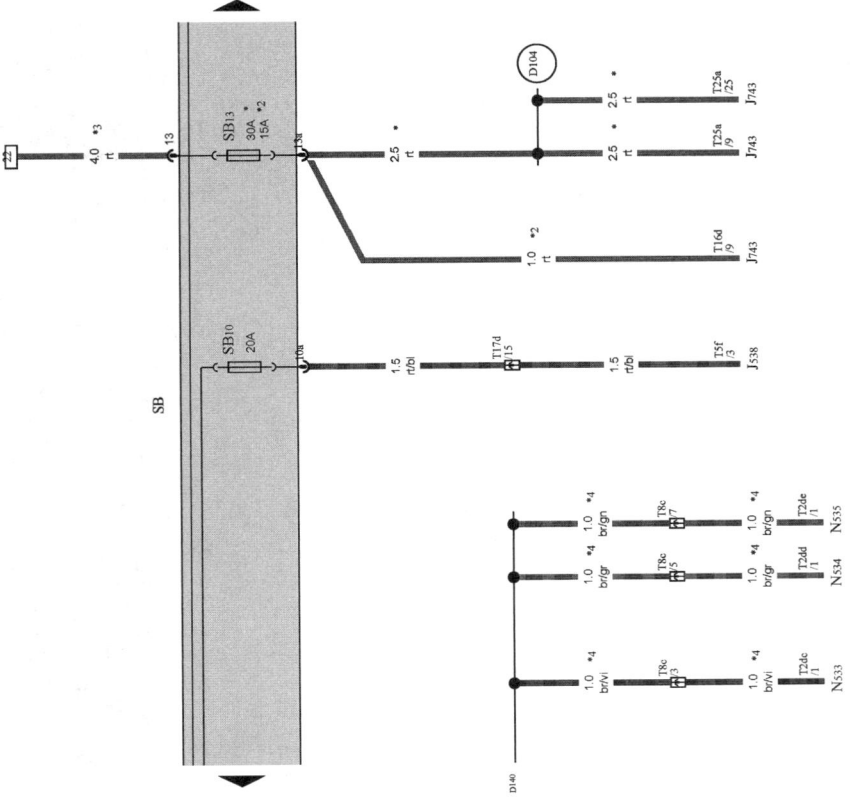

保险丝架 B

141 142 143 144 145 146 147 148 149 150 151 152 153 154

J538-燃油泵控制单元 J743-双离合器变速器机电装置 N533-气缸2喷油器2 N534-气缸3喷油器2 N535-气缸4喷油器2 SB-保险丝架B SB10-保险丝架B上的保险丝10 SB13-保险丝架B上的保险丝13 T2dc-2芯插头连接 T2dd-2芯插头连接 T2de-2芯插头连接 T5f-5芯插头连接 T8c-8芯插头连接 T16d-16芯插头连接 T17d-17芯插头连接 T25a-25芯插头连接 D104-正极连接2（30a），在发动机舱导线束中 D140-连接（喷油器），在发动机舱预接电缆导线束中 *1-用于带双离合器变速器0CW的汽车 *2-用于带双离合器变速器的汽车 *3-用于带发动机型号代码CUGA的汽车 *4-用于带双离合器变速器IDE的汽车

图 4-4-193

127 128 129 130 131 132 133 134 135 136 137 138 139 140

N75-增压压力限制电磁阀 N80-活性炭罐电磁阀 N205-凸轮轴调节阀1 N318-排气凸轮轴调节阀1 N532-气缸1喷油器2 SB-保险丝架B SB9-保险丝架B上的保险丝9 T2bc-2芯插头连接 T2bm-2芯插头连接 T2br-2芯插头连接 T2db-2芯插头连接 T3ae-3芯插头连接 T3bm-3芯插头连接 T10g-10芯插头连接 T14a-14芯插头连接 V36-水泵 V51-冷却液继续补给泵 D140-连接（喷油器），在发动机舱预接电缆导线束中 D183-连接4（87a），在发动机舱导线束中 D196-连接2（87a），在发动机预接线导线束中 *1-用于带1.8L发动机的汽车 *2-用于带2.0L发动机的汽车 *3-适用于排放标准C6 *4-用于带发动机型号代码CUGA的汽车

图 4-4-192

保险丝架 B

SB

发动机部件供电继电器、保险丝架 B

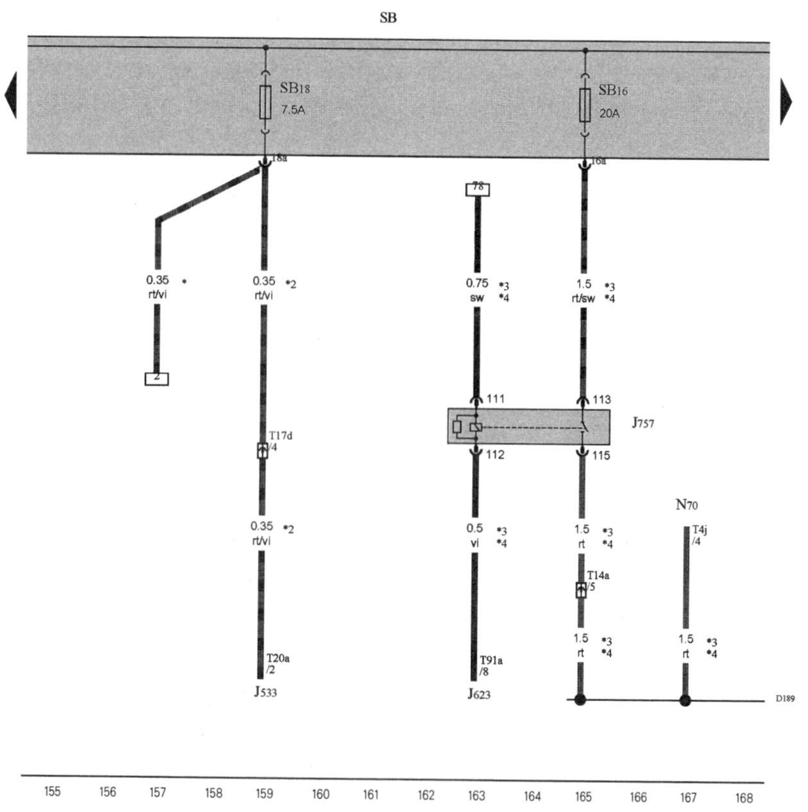

SB

图 4-4-195

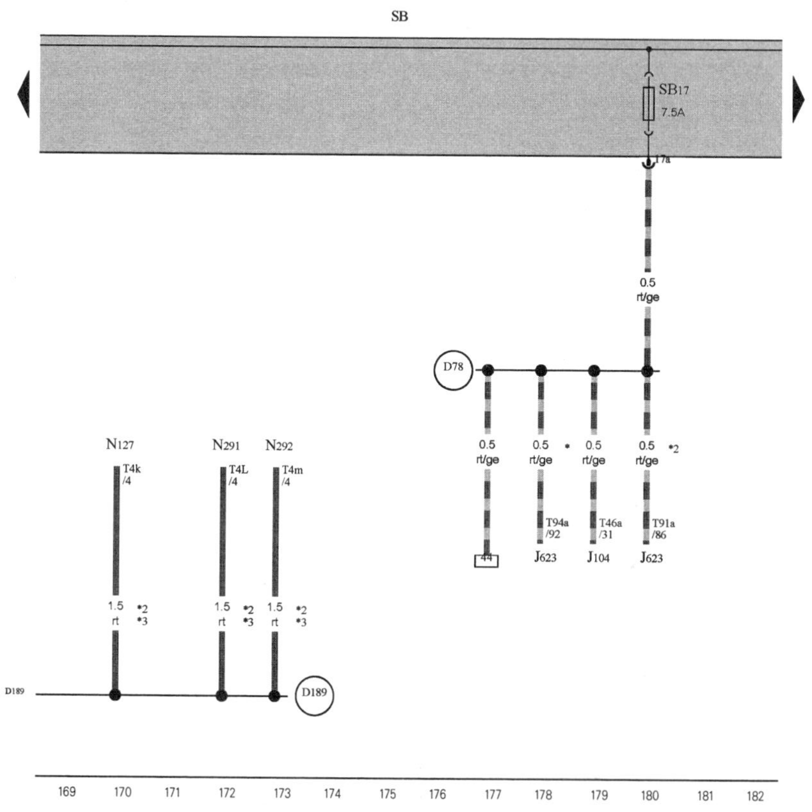

J104-ABS控制单元 J623-发动机控制单元 N127-带功率输出级的点火线圈2 N291-带功率输出级的点火线圈3 N292-带功率输出级的点火线圈4 SB-保险丝架B SB17-保险丝架B上的保险丝17 T4k-4芯插头连接 T4L-4芯插头连接 T4m-4芯插头连接 T46a-46芯插头连接 T91a-91芯插头连接 T94a-94芯插头连接 D78-正极连接1（30a），在发动机舱导线束中 D189-连接（87a），在发动机预接线导线束中 *-用于带1.4L发动机的汽车 *2-用于带1.8L发动机的汽车 *3-用于带2.0L发动机的汽车

图 4-4-194

J533-数据总线诊断接口 J623-发动机控制单元 J757-发动机部件供电继电器 N70-带功率输出级的点火线圈1 SB-保险丝架B SB16-保险丝架B上的保险丝16 SB18-保险丝架B上的保险丝18 T4j-4芯插头连接 T14a-14芯插头连接 T17d-17芯插头连接 T20a-20芯插头连接 T91a-91芯插头连接 D189-连接（87a），在发动机预接线导线束中 *-用于带发动机自动启停系统的汽车 *2-用于不带发动机自动启停系统的汽车 *3-用于带1.8L发动机的汽车 *4-用于带2.0L发动机的汽车

616

保险丝架 B

启动机继电器 1、启动机继电器 2、保险丝架 B

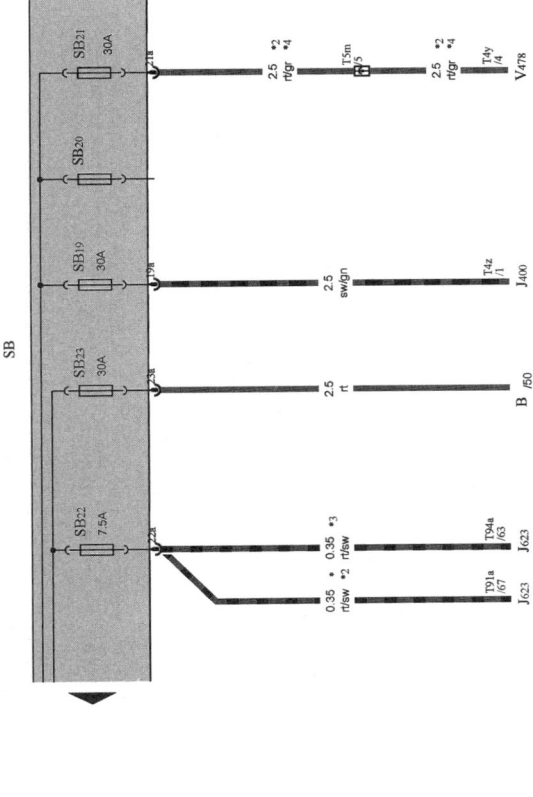

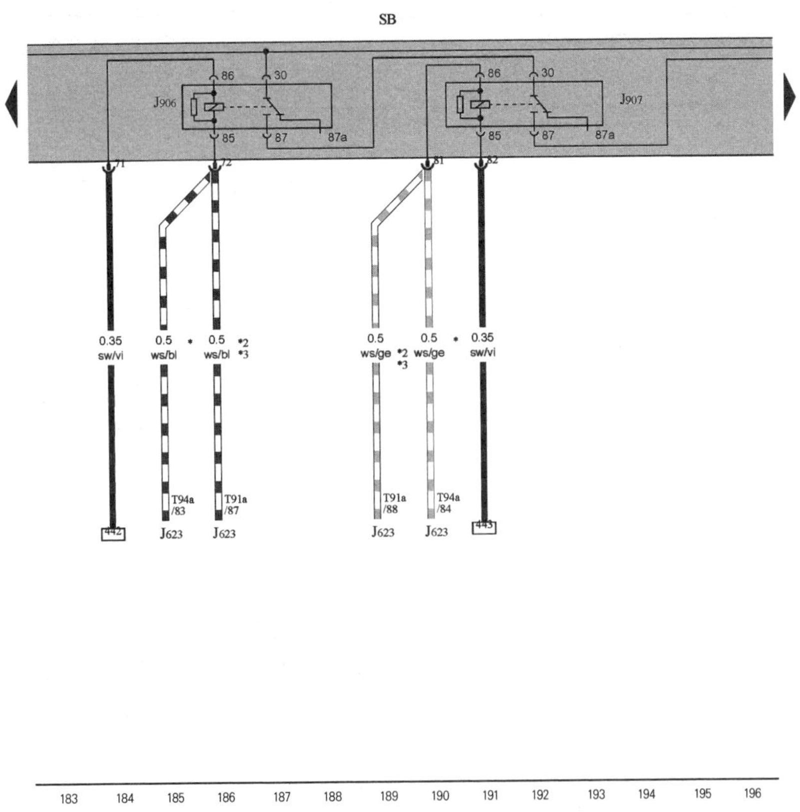

J623-发动机控制单元 J906-启动机继电器1 J907-启动机继电器2 SB-保险丝架B T91a-91芯插头连接B T94a-94芯插头连接 *-用于带1.4L发动机的汽车 *2-用于带1.8L发动机的汽车 *3-用于带2.0L发动机的汽车

图 4-4-196

B-启动机 J400-刮水器电机控制单元 J623-发动机控制单元 SB-保险丝架B SB19-保险丝架B上的保险丝19 SB20-保险丝架B上的保险丝20 SB21-保险丝架B上的保险丝21 SB22-保险丝架B上的保险丝22 SB23-保险丝架B上的保险丝23 T4y-4芯插头连接 T4z-4芯插头连接 T5m-5芯插头连接 T91a-91芯插头连接 T94a-94芯插头连接 V478-变速器油冷却泵 *-用于带1.8L发动机的汽车 *2-用于带2.0L发动机的汽车 *3-用于带1.4L发动机的汽车 *4-适用于排放标准C6

图 4-4-197

车载电网控制单元、保险丝架 C

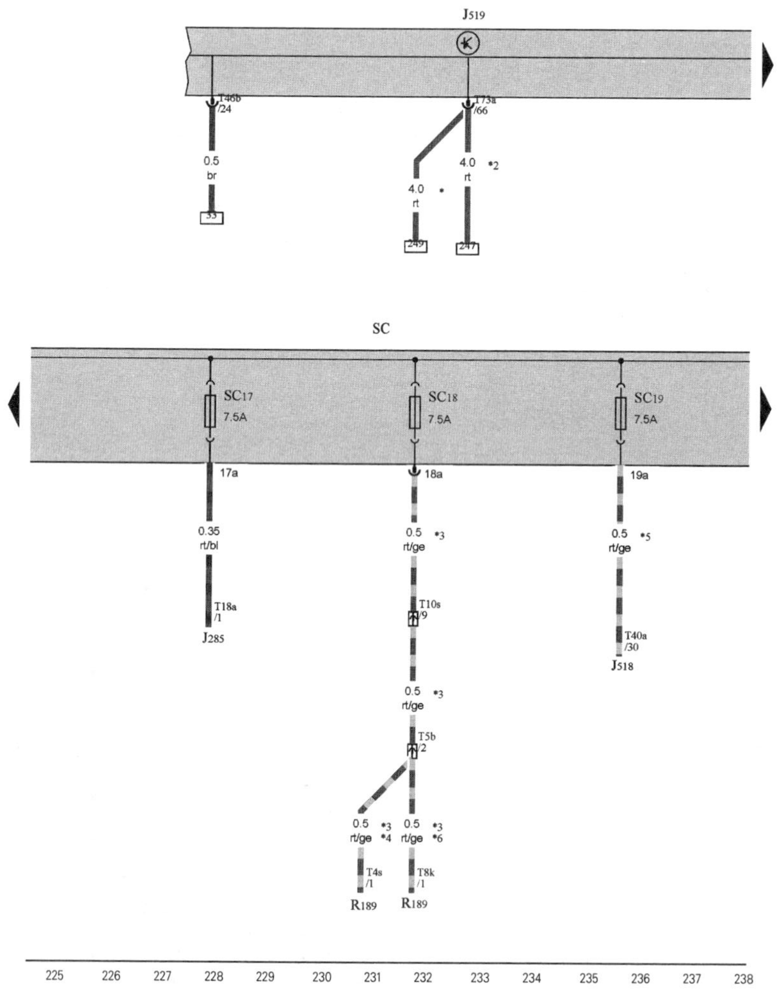

图 4-4-199

保险丝架 C

图 4-4-198

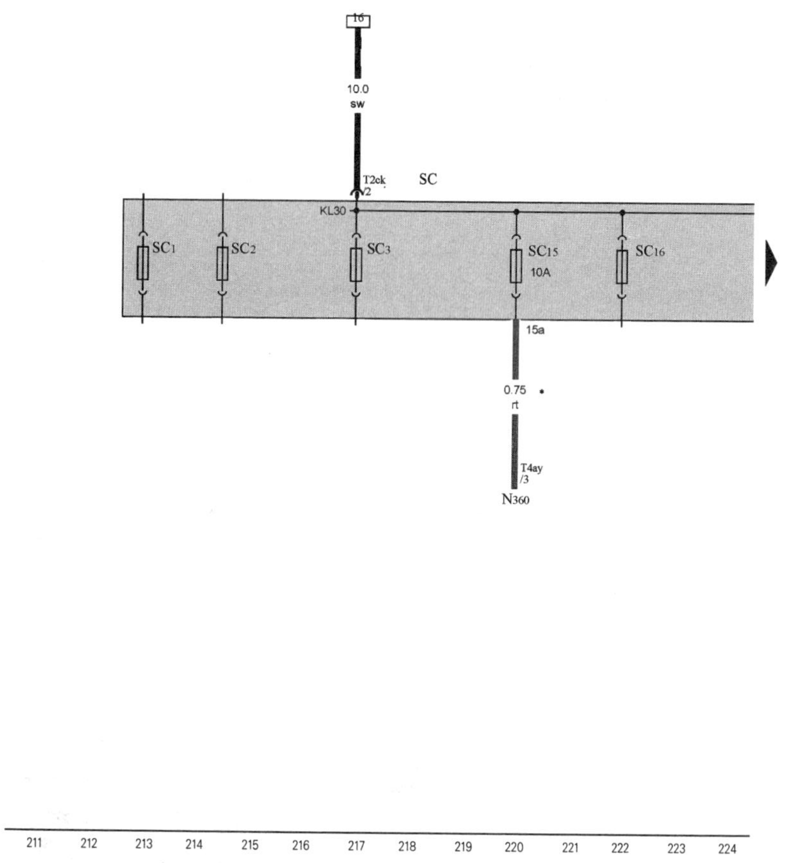

N360-转向柱联锁执行元件 SC-保险丝架C SC1-保险丝架C上的保险丝1 SC2-保险丝架C上的保险丝2 SC3-保险丝架C上的保险丝3 SC15-保险丝架C上的保险丝15 SC16-保险丝架C上的保险丝16 T2ck-2芯插头连接 T4ay-4芯插头连接 *-用于带进入及启动许可的汽车

J285-组合仪表中的控制单元 J518-进入及启动许可控制单元 J519-车载电网控制单元 R189-倒车摄像头 SC-保险丝架C SC17-保险丝架C上的保险丝17 SC18-保险丝架C上的保险丝18 SC19-保险丝架C上的保险丝19 T4s-4芯插头连接 T5b-5芯插头连接 T8k-8芯插头连接 T10s-10芯插头连接 T18a-18芯插头连接 T40a-40芯插头连接 T46b-46芯插头连接 T73a-73芯插头连接 *1-截至2017年7月 *2-自2017年7月起 *3-用于带倒车影像系统的汽车 *4-用于不带导航系统的汽车 *5-用于带进入及启动许可的汽车 *6-用于带导航系统的汽车

618

车载电网控制单元、保险丝架 C

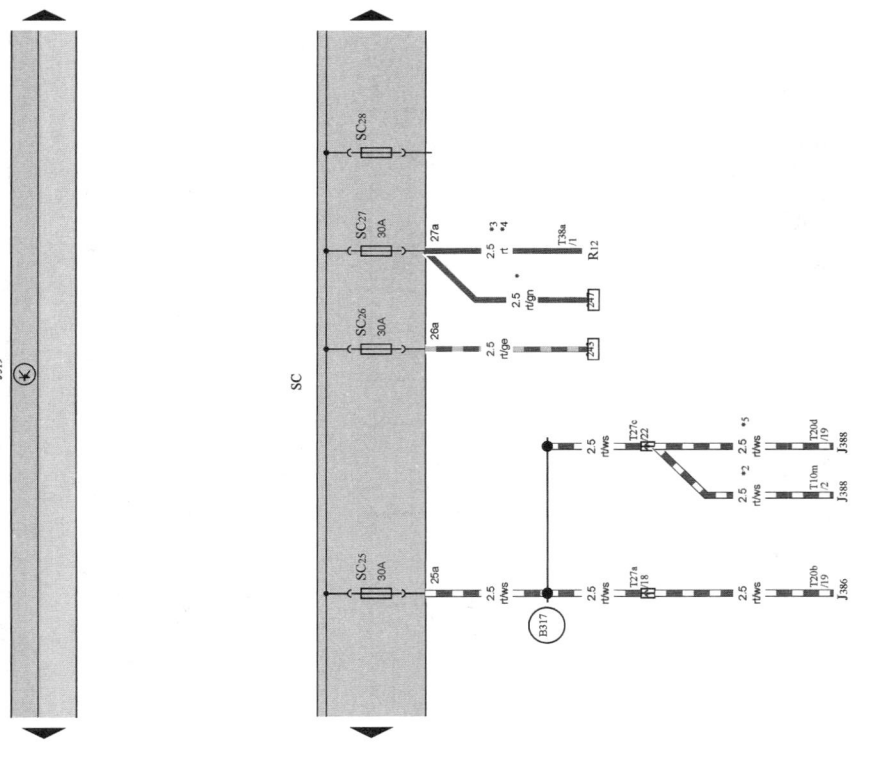

图 4-4-201

J386-驾驶员侧车门控制单元 J388-左后车门控制单元 J519-车载电网控制单元 R12-功率放大器 SC-保险丝架 C SC25-保险丝架 C 上的保险丝 25 SC26-保险丝架 C 上的保险丝 26 SC27-保险丝架 C 上的保险丝 27 SC28-保险丝架 C 上的保险丝 28 T10m-10芯插头连接 T20b-20芯插头连接 T20d-20芯插头连接 T27a-27 芯插头连接 T27c-27芯插头连接 T38a-38芯插头连接 B317-正极连接3（30a），在主导线束中 *1-自2017 年7月起 *2-用于不带进入及启动许可的汽车 *3-用于带音响系统的汽车 *4-截至2017年7月 *5-用于带 进入及启动许可的汽车

车载电网控制单元、保险丝架 C

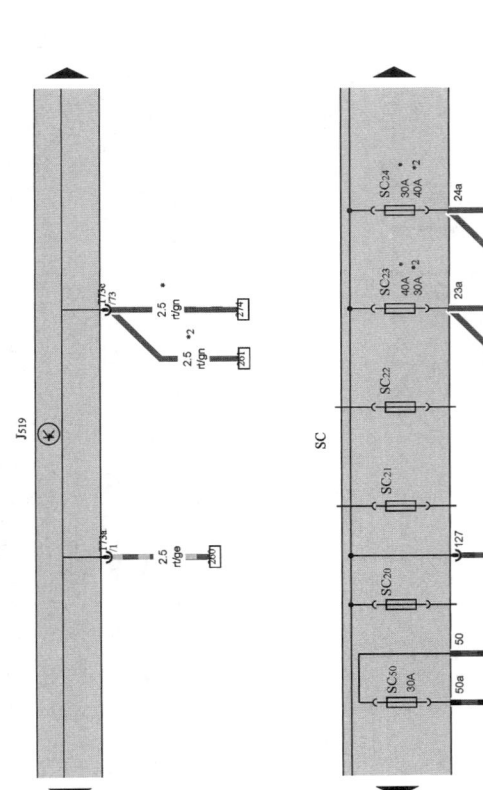
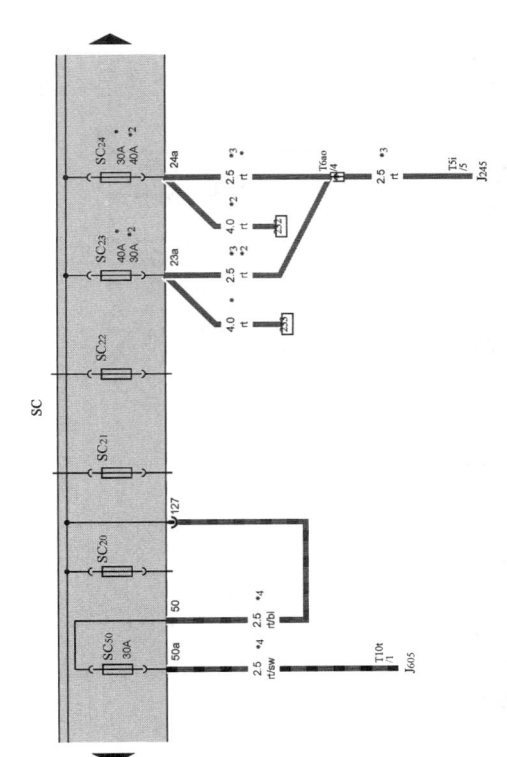

图 4-4-200

J245-滑动天窗控制单元 J519-车载电网控制单元 J605-后备箱盖控制单元 SC-保险丝架 C SC20-保险丝架 C SC20-保险丝架 C 上的保险丝20 SC21-保险丝架 C 上的保险丝21 SC22-保险丝架 C 上的保险丝22 SC23-保险丝架 C 上的保险丝23 SC24-保险丝架 C 上的保险丝24 SC50-保险丝架 C 上的保险丝50 T5i-5芯插头连接 T6ao-6芯插头连接 T10t-10芯插头连接 T73a-73芯插头连接 T73c-73芯插头连接 *1-自2017年7月起 *2-自2017年7月起 *3-用于带滑动/外翻式天窗的汽车 *4-用于带后备箱盖关闭辅助功能的汽车

车载电网控制单元、保险丝架 C

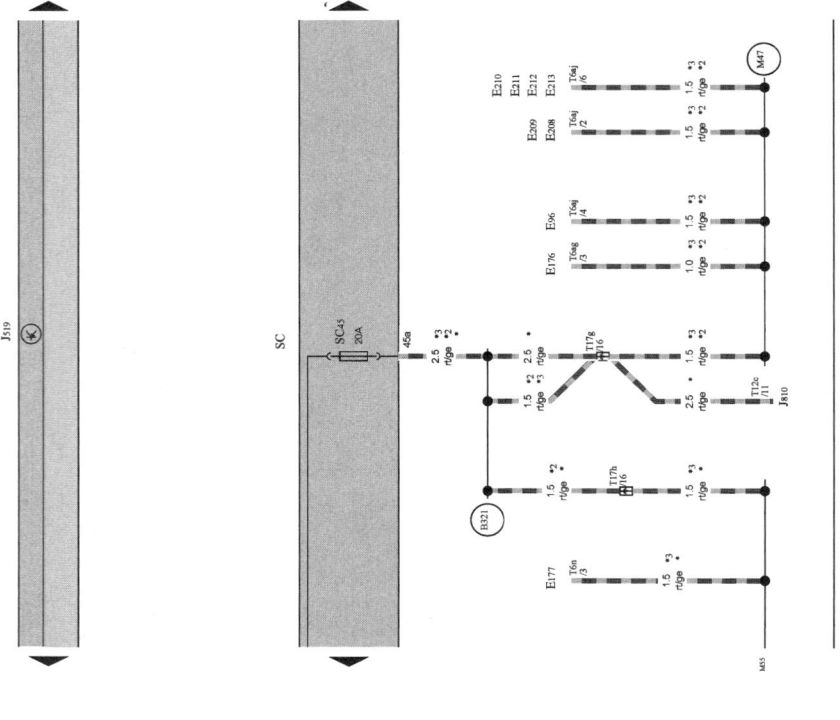

图 4-4-203

E96-驾驶员座椅靠背调节开关　E176-驾驶员腰部支撑调节开关　E177-副驾驶员腰部支撑调节开关　E208-
驾驶员座椅的前部高度上调按钮　E209-驾驶员座椅的前部高度下调按钮　E210-驾驶员座椅的后部高度上
调按钮　E211-驾驶员座椅的后部高度下调按钮　E212-驾驶员座椅前位置的前调按钮　E213-驾驶员座椅
前位置的后调按钮　J519-车载电网控制单元　J810-驾驶员座椅调节控制单元　SC-保险丝架 C　SC45-
保险丝架 C 上的保险丝 45　T6ag-6芯插头连接　T6aj-6芯插头连接　T6n-6芯插头连接　T12c-12芯插头连接
T17g-17芯插头连接　T17h-17芯插头连接　B321-正极连接　B321-正极连接7（30a），在主导线束中　M47-连接7，在驾驶
员侧座椅导线束中　M55-连接5，在副驾驶员侧座椅导线束中　*-用于带电动座椅调节和记忆功能的汽车　*3-电动可调式驾驶员座椅

车载电网控制单元、保险丝架 C

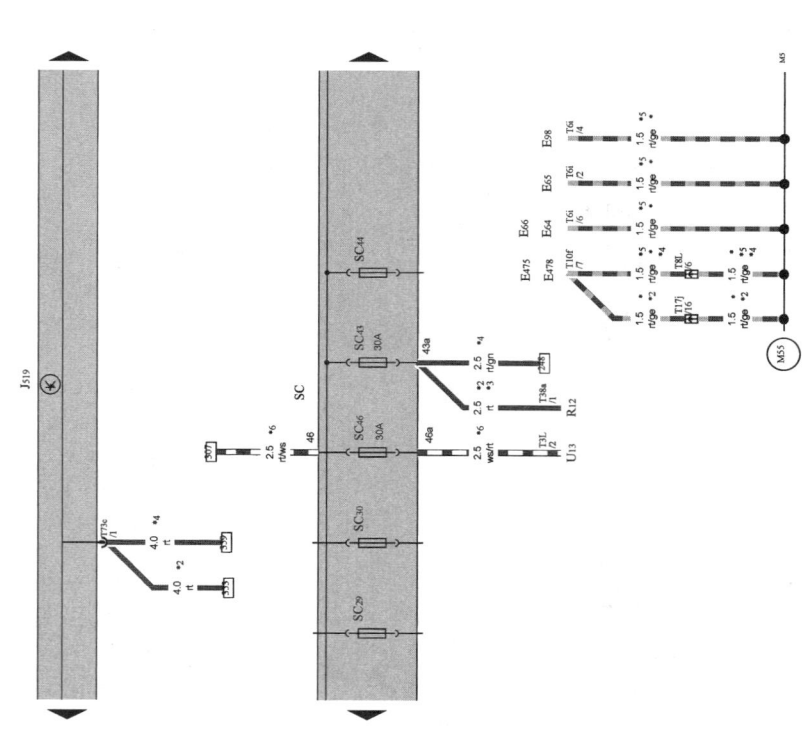

图 4-4-202

E64-副驾驶员座椅纵向调节开关　E65-副驾驶员座椅靠背调节开关　E66-副驾驶员座椅的后部高度
调节开关　E98-副驾驶员座椅靠背调节开关　E475-后部扶手中的副驾驶员座椅前后位置调节开关　E478-
后部扶手中的副驾驶员座椅靠背调节开关　J519-车载电网控制单元　R12-功率放大器　SC-保险丝架 C
SC29-保险丝架 C 上的保险丝 29　SC30-保险丝架 C 上的保险丝 30　SC43-保险丝架 C 上的保险丝 43　SC44-保
险丝架 C 上的保险丝 44　SC46-保险丝架 C 上的保险丝 46　T3L-3芯插头连接　T8L-8芯插
头连接　T10f-10芯插头连接　T17j-17芯插头连接　T38a-38芯插头连接　T73c-73芯插头连接　U13-带插座
的逆变器（12~230V）　M55-连接5，在副驾驶员侧座椅导线束中　*-用于带电动座椅调节和记忆功能的汽
车　*2-自2017年7月起　*3-用于带音响系统的汽车　*4-截至2017年7月　*5-电动可调式驾驶员和副驾驶员
座椅　*6-用于带12~230V/12~115V插座的汽车

车载电网控制单元、保险丝架 C

车载电网控制单元、保险丝架 C

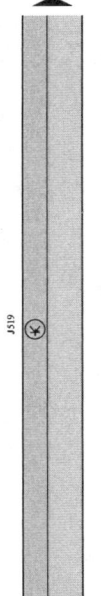
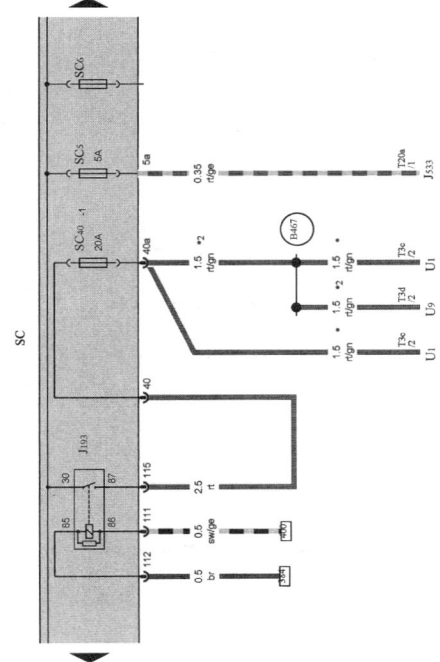
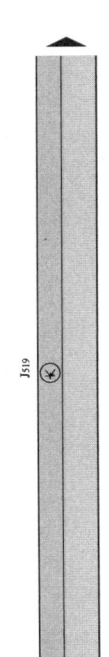
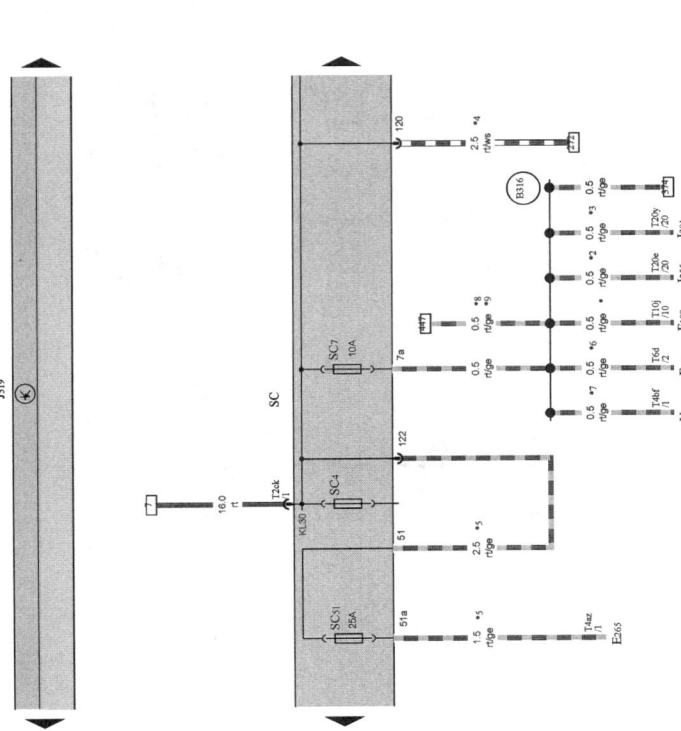

| 295 | 296 | 297 | 298 | 299 | 300 | 301 | 302 | 303 | 304 | 305 | 306 | 307 | 308 |

图 4-4-204

| 309 | 310 | 311 | 312 | 313 | 314 | 315 | 316 | 317 | 318 | 319 | 320 | 321 | 322 |

图 4-4-205

E265–后部空调操作和显示单元 F189–Tiptronic开关 J255–全自动空调控制单元 J301–空调器控制单元 J519–车载电网控制单元 SC–保险丝架C SC4–保险丝架C上的保险丝4 SC7–保险丝架C上的保险丝7 SC51–保险丝架C上的保险丝51 T2ck–2芯插头连接 T4az–4芯插头连接 T4bf–4芯插头连接 T6d–6芯插头连接 T10j–10芯插头连接 T20e–20芯插头连接 T20y–20芯插头连接 Y–时钟 B316–正极连接2（30a），

在主导线束中 *–用于带双离合器变速器的汽车 *2–用于带全自动空调的汽车 *3–用于手动调节空调的汽车 *4–用于带12~230V/12~115V插座的逆变器的汽车 *5–用于带后座椅加热后座椅的汽车 *6–用于后部带有全自动空调操作与显示单元的汽车 *7–依汽车装备而定 *8–用于带2.0L发动机的汽车 *9–适用于排放标准C6

J193–点烟器继电器 J519–车载电网控制单元 J533–数据总线诊断接口 SC–保险丝架C SC5–保险丝架C上的保险丝5 SC6–保险丝架C上的保险丝6 SC40–保险丝架C上的保险丝40 T3c–3芯插头连接 T3d–3芯插头连接 T20a–20芯插头连接 U9–后部点烟器 U1–点烟器 B467–连接3，在主导线束中 *–自2017年7月起 *2–截至2017年7月

621

车载电网控制单元、保险丝架 C

车载电网控制单元、保险丝架 C

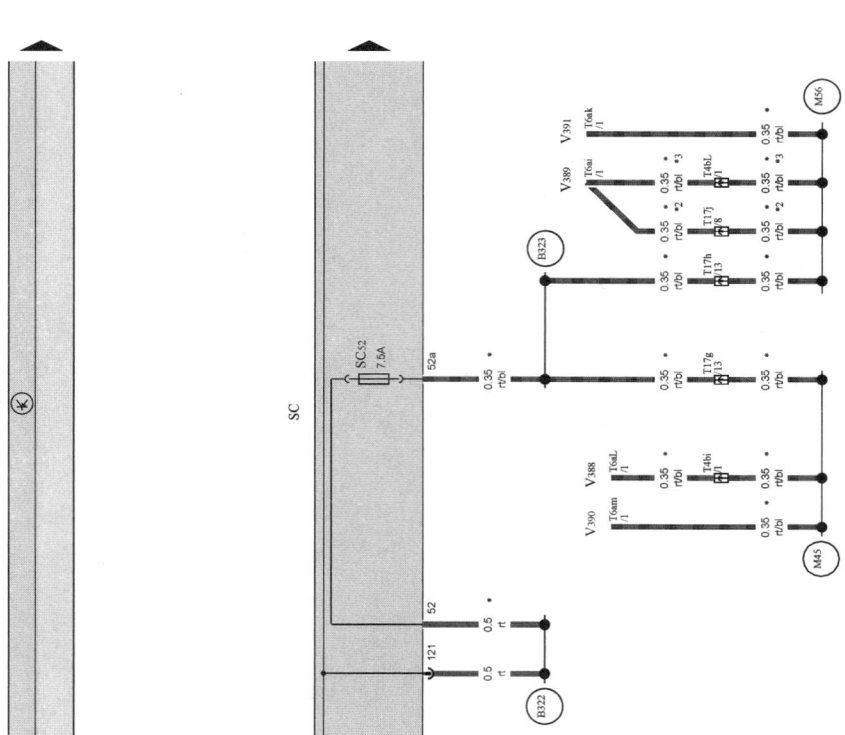

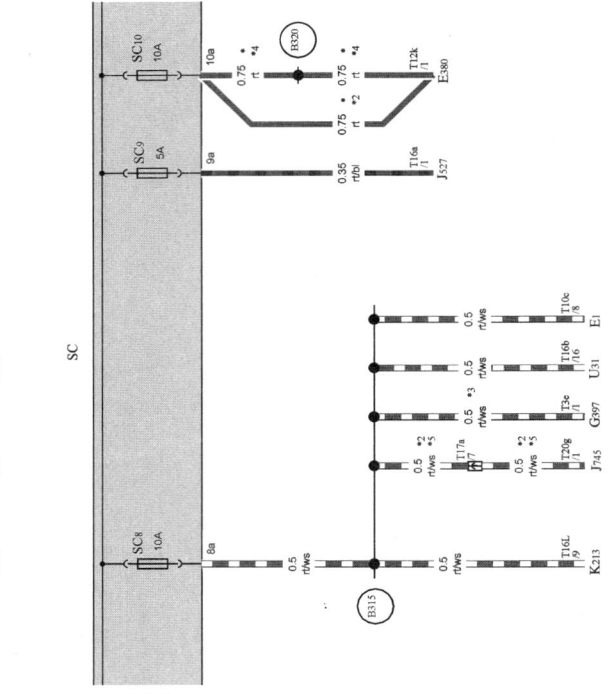

图 4-4-206

图 4-4-207

J519－车载电网控制单元 SC－保险丝架 C SC52－保险丝架 C 上的保险丝52 T4bi－4芯插头连接 T4bL－4芯插头连接 T6ai－6芯插头连接 T6ak－6芯插头连接 T6aL－6芯插头连接 T6am－6芯插头连接 T17gr－17芯插头连接 T17h－17芯插头连接 T17j－17芯插头连接 V388－驾驶员座椅坐垫风扇 V389－副驾驶员座椅靠背风扇 V390－驾驶员座椅坐垫风扇 V391－副驾驶员座椅靠背风扇 B322－正极连接8（30a），在主导线线束中 B323－正极连接9（30a），在主导线线束中 M45－连接5，在驾驶员侧座椅导线束中 M56－连接6，在副驾驶员侧座椅导线束中 *－用于带座椅通风的汽车 *2－自2017年7月起 *3－截至2017年7月

E1－车灯开关 E380－多媒体系统操作单元 G397－雨水与光线识别传感器 J519－车载电网控制单元 J527－转向柱电子装置控制单元 J745－弯道灯和大灯照明距离调节控制单元 K213－机电式驻车制动器指示灯 SC－保险丝架 C SC8－保险丝架 C 上的保险丝8 SC9－保险丝架 C 上的保险丝9 SC10－保险丝架 C 上的保险丝10 T3e－3芯插头连接 T10c－10芯插头连接 T12k－12芯插头连接 T16a－16芯插头连接 T16b－16芯插头连接 T16L－16芯插头连接 T17a－17芯插头连接 T20g－20芯插头连接 T73a－73芯插头连接 T73c－73芯插头连接 B315－正极连接1（30a），在主导线束中 B320－正极连接6（30a），在主导线束中 U31－诊断接口 *－用于导航系统的汽车 *2－自2017年7月起 *3－用于带自动防眩车内后视镜的汽车 *4－截至2017年7月 *5－用于带自动大灯照明距离调节的汽车

622

保险丝架 C

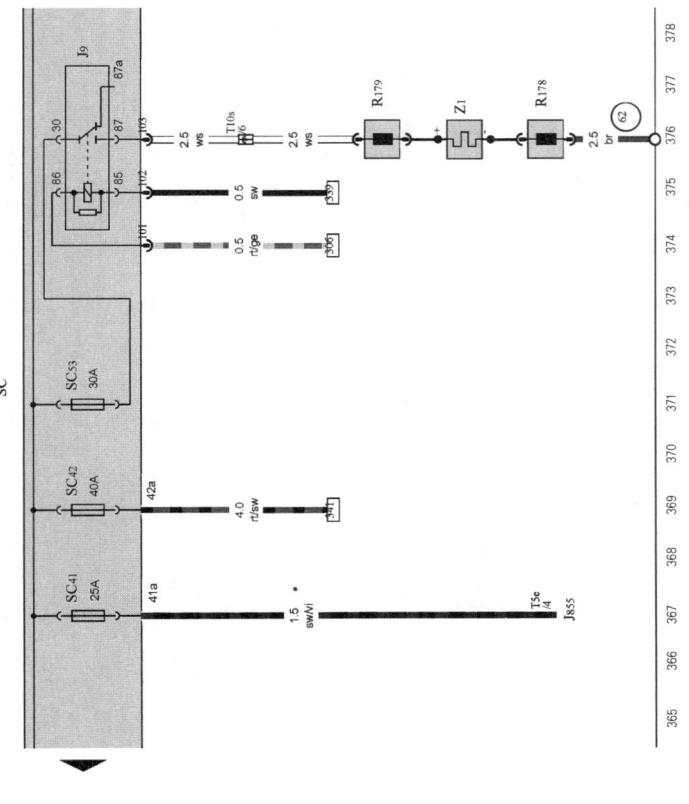

可加热后窗玻璃继电器、负导线中的调频率滤波器、正导线中的调频率滤波器、保险丝架 C、可加热后窗玻璃

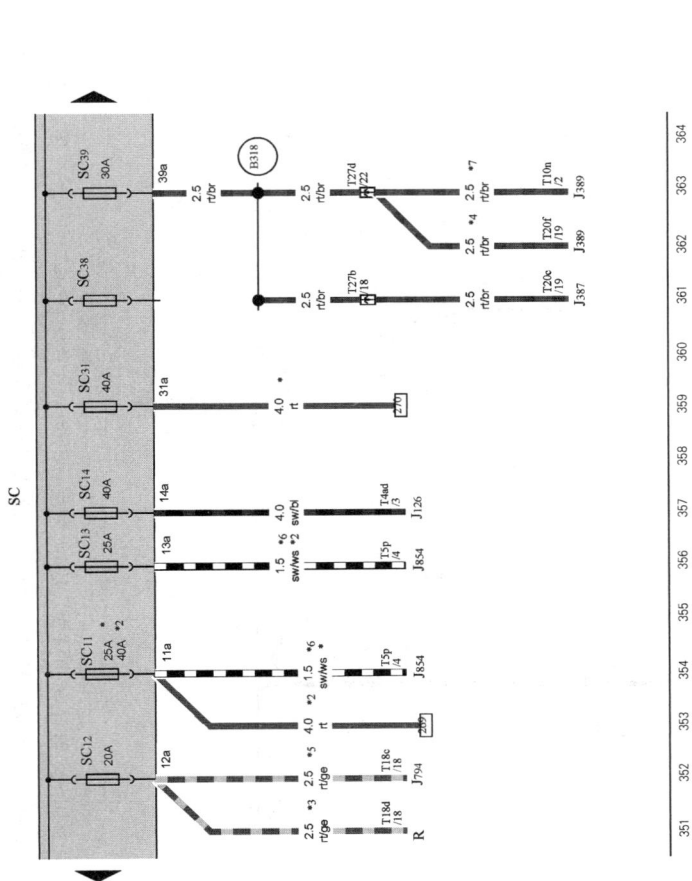

图 4-4-209

J9-可加热后窗玻璃继电器 J855-右前安全带拉紧器控制单元 R179-正导线中的调频率滤波器 SC-保险丝架C SC41-保险丝架C上的保险丝41 SC42-保险丝架C上的保险丝42 SC43-保险丝架C上的保险丝43 T5e-5芯插头连接 T10s-10芯插头连接 Z1-可加热后窗玻璃 62-右侧C柱上的接地点 *-依汽车装备而定

图 4-4-208

J126-新鲜空气鼓风机控制单元 J387-副驾驶员侧车门控制单元 J389-右后车门控制单元 J794-电子通信信息设备1控制单元 J854-左前安全带拉紧器控制单元 R-收音机 SC-保险丝架C SC11-保险丝架C上的保险丝11 SC12-保险丝架C上的保险丝12 SC13-保险丝架C上的保险丝13 SC14-保险丝架C上的保险丝14 SC31-保险丝架C上的保险丝31 SC38-保险丝架C上的保险丝38 SC39-保险丝架C上的保险丝39 T4ad-4芯插头连接 T5p-5芯插头连接 T10n-10芯插头连接 T18c-18芯插头连接 T18d-18芯插头连接 T20c-20芯插头连接 T20f-20芯插头连接 T27b-27芯插头连接 T27d-27芯插头连接 B318-正极连接4 (30a)、芯插头连接 B318-正极连接4 (30a)、

在主导线束中 *-截至2017年7月 *2-自2017年7月起 *3-用于带收音机系统的汽车 *4-用于带进入及启动许可的汽车 *5-用于带导航系统的汽车 *6-用于带收音机MIB-G第2代标准型增强版的汽车 *7-用于带进入及启动许可的汽车及增强版的汽车 于不带进入及启动许可的汽车

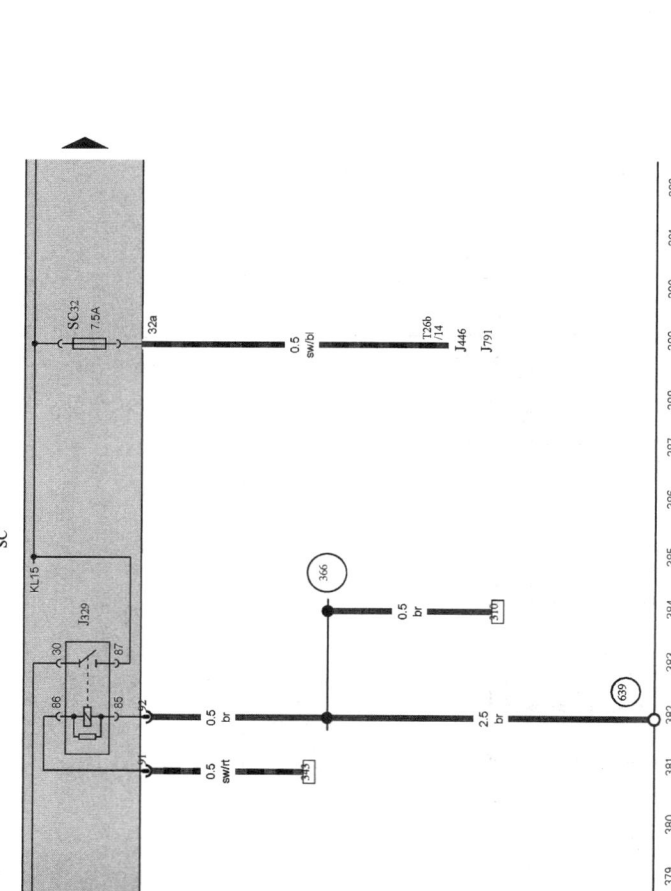

保险丝架 C

SC

保险丝架 C

SC34
7.5A

34a

0.5
sw/ge

B278

0.5 *3
sw/ge
T3L
/3
U13

0.35
sw/ge
T6e
/4
E226

0.35
sw/ge
T16L
/13
E540

0.35
sw/ge
T10c
/4
E1

0.35 *
sw/ge
T8m
Y7

0.5
sw/ge
J171

0.5
sw/ge
T17b
/12

0.5
sw/ge

G805
T3ar
/3
0.5
sw/ge

F4
T2t
/1
0.5 *2
sw/ge

G238
T3n
/1
0.5 *4
sw/ge

D136

393 394 395 396 397 398 399 400 401 402 403 404 405 406

图 4-4-211

E1－车灯灯开关 E226－轮胎压力监控按钮 E540－AUTO HOLD按钮 F4－倒车灯开关 G238－空气质量传感器 G805－制冷剂循环回路压力传感器 SC－保险丝架C SC34－保险丝架C上的保险丝34 T2t－2芯插头连接 T3ar－3芯插头连接 T3L－3芯插头连接 T3n－3芯插头连接 T6e－6芯插头连接 T8m－8芯插头连接 T10c－10芯插头连接 T16L－16芯插头连接 T17b－17芯插头连接 U13－带插座的逆变器（12~230V） Y7－自动防眩车内后视镜 B278－正极连接2（15a），在主导线束中 D136－正极连接2（15a），在发动机舱导线束中 *－用于带自动防眩车内后视镜的汽车 *2－用于带手动变速器的汽车 *3－用于带带12~230V/12~115V插座的逆变器的汽车 *4－用于带全自动空调的汽车

接线端 15 供电继电器、保险丝架 C

SC

KL15

J329

30   87

86   85

0.5
sw/rt
505

0.5
br

639

2.5
br

0.5
br
310

366

SC32
7.5A

32a

0.5
sw/bl
T26b
/14
J446
J791

379 380 381 382 383 384 385 386 387 388 389 390 391 392

图 4-4-210

J329－接线端15供电继电器 J446－泊车雷达系统控制单元 J791－泊车转向辅助系统控制单元 SC－保险丝架C SC32－保险丝架C上的保险丝32 T26b－26芯插头连接 366－接地连接1，在主导线束中 639－左A柱上的接地点

保险丝架 C

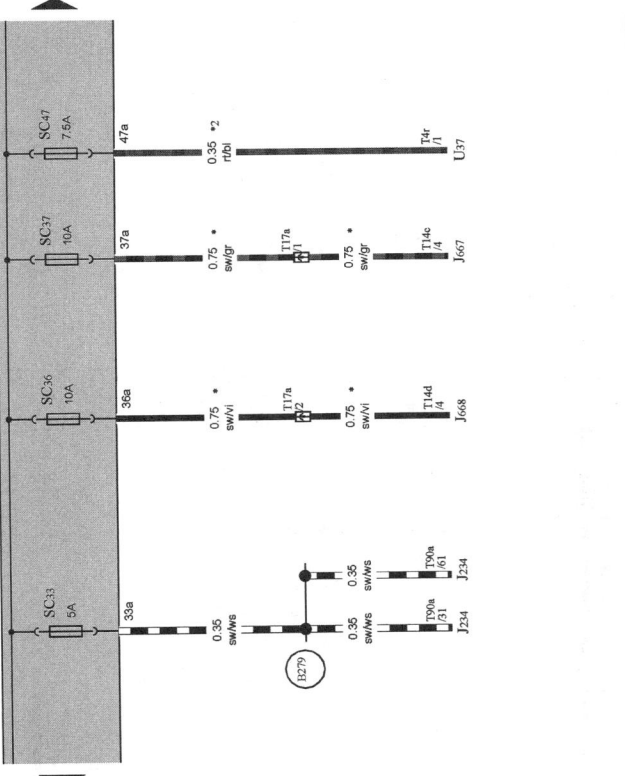

SC

图 4-4-213

J234-安全气囊控制单元 J667-左侧大灯电源模块 J668-右侧大灯电源模块 SC-保险丝架C SC33-保险丝架C上的保险丝33 SC36-保险丝架C上的保险丝36 SC37-保险丝架C上的保险丝37 SC47-保险丝架C上的保险丝47 T4r-4芯插头连接 T14c-14芯插头连接 T14d-14芯插头连接 T17a-17芯插头连接 T90a-90芯插头连接 U37-USB充电插座1 B279-正极连接3 (15a)，在主导线束中 *2-用于带自动大灯照明距离调节的汽车 *2-自2017年7月起

保险丝架 C

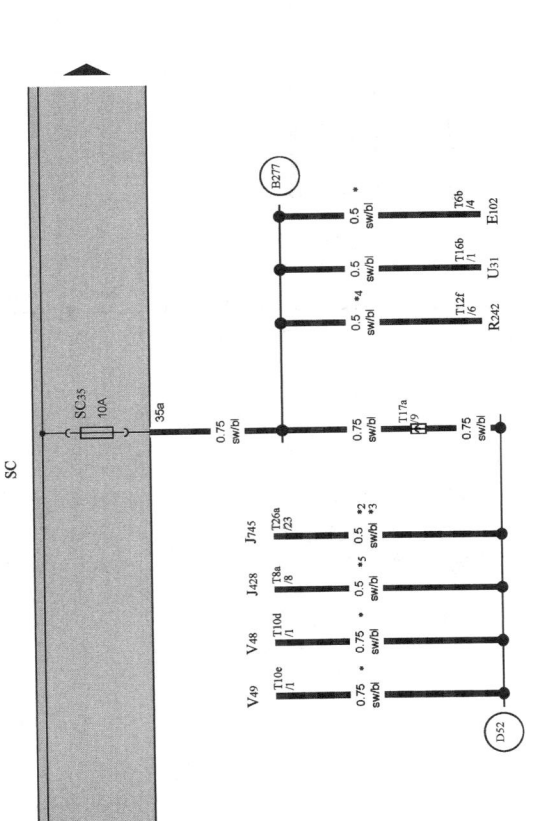

SC

图 4-4-212

E102-大灯照明距离调节器 J428-车距调节控制单元 J745-弯道灯和大灯照明距离调节控制单元 R242-驾驶员辅助系统的前部摄像头 SC-保险丝架C SC35-保险丝架C上的保险丝35 T6b-6芯插头连接 T8a-8芯插头连接 T10d-10芯插头连接 T10e-10芯插头连接 T12f-12芯插头连接 T16b-16芯插头连接 T17a-17芯插头连接 T26a-26芯插头连接 U31-诊断接口 V48-左侧大灯照明距离调节 V49-右侧大灯照明距离调节伺服电机 B277-正极连接 D52-正极连接 (15a)，在主导线束中 *-用于带大灯照明距离调节的汽车 *2-用于带自动大灯照明距离调节的汽车 *3-截至2017年7月 *4-用于带驾驶员辅助特殊装备的汽车 *5-用于带自动车距控制 (ADR) 的汽车

625

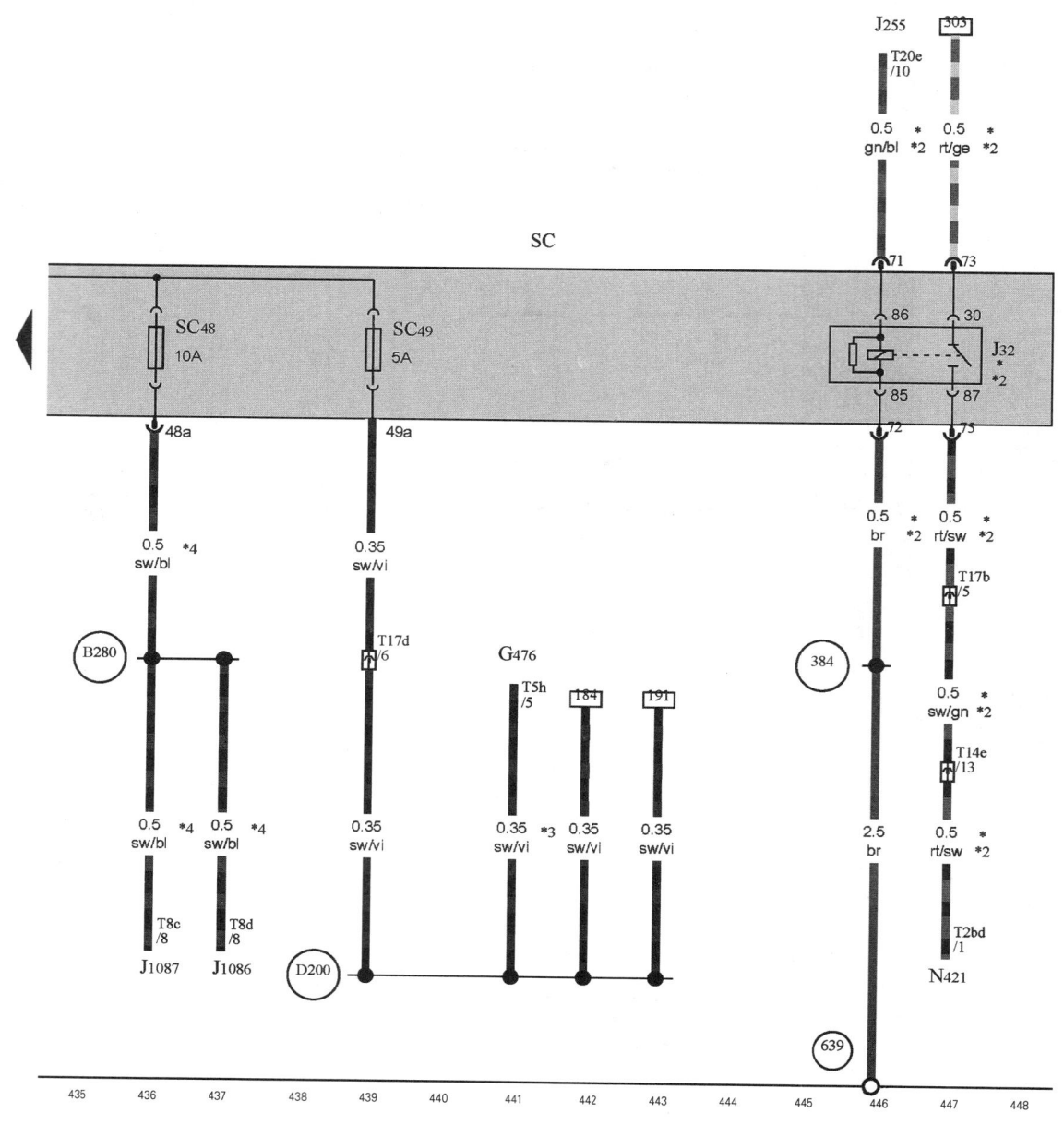

G476-离合器位置传感器 J32-空调器继电器 J255-全自动空调控制单元 J1086-盲区识别控制单元 J1087-盲区识别控制单元2 N421-压缩机电磁离合器 SC-保险丝架C SC48-保险丝架C上的保险丝48 SC49-保险丝架C上的保险丝49 T2bd-2芯插头连接 T5h-5芯插头连接 T8c-8芯插头连接 T8d-8芯插头连接 T14e-14芯插头连接 T17b-17芯插头连接 T17d-17芯插头连接 T20e-20芯插头连接 384-接地连接19，在主导线束中 639-左A柱上的接地点 B280-正极连接4（15a），在主导线束中 D200-正极连接3（15a），在发动机舱导线束中 *-用于带2.0L发动机的汽车 *2-适用于排放标准C6 *3-用于带手动变速器的汽车 *4-用于带车道保持辅助系统的汽车

图 4-4-214

第五节　基本装备

基本装备电路图（自 2015 年 7 月起）的图号和图名对照表见表 4-5-1。

表 4-5-1　基本装备电路图（自 2015 年 7 月起）的图号和图名对照表

图号	图名
图 4-5-1~图 4-5-39	基本装备

蓄电池、蓄电池监控控制单元

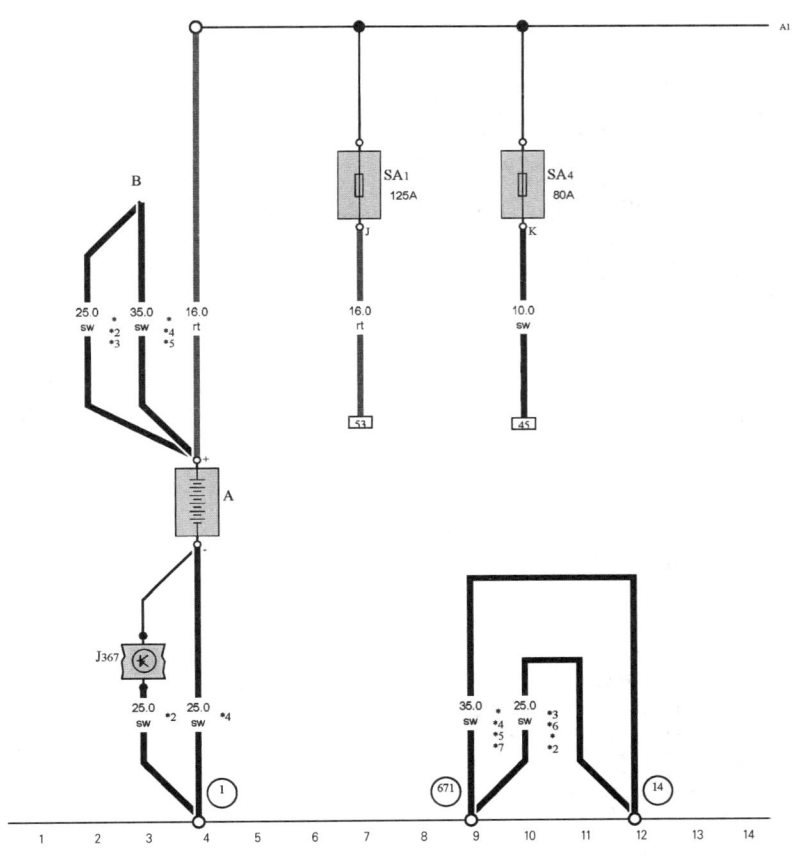

A-蓄电池　B-启动机　J367-蓄电池监控控制单元　SA1-保险丝架A上的保险丝1　SA4-保险丝架A上的保险丝4　1-接地带，蓄电池-车身　14-变速器上的接地点　671-左前纵梁上的接地点1　*-用于带1.8L发动机的汽车　*2-用于带发动机自动启停系统的汽车　*3-用于带1.4L发动机的汽车　*4-用于不带发动机自动启停系统的汽车　*5-用于带2.0L发动机的汽车　*6-用于带双离合器变速器的汽车　*7-用于带手动变速器的汽车

图 4-5-1

主继电器、车载电网控制单元

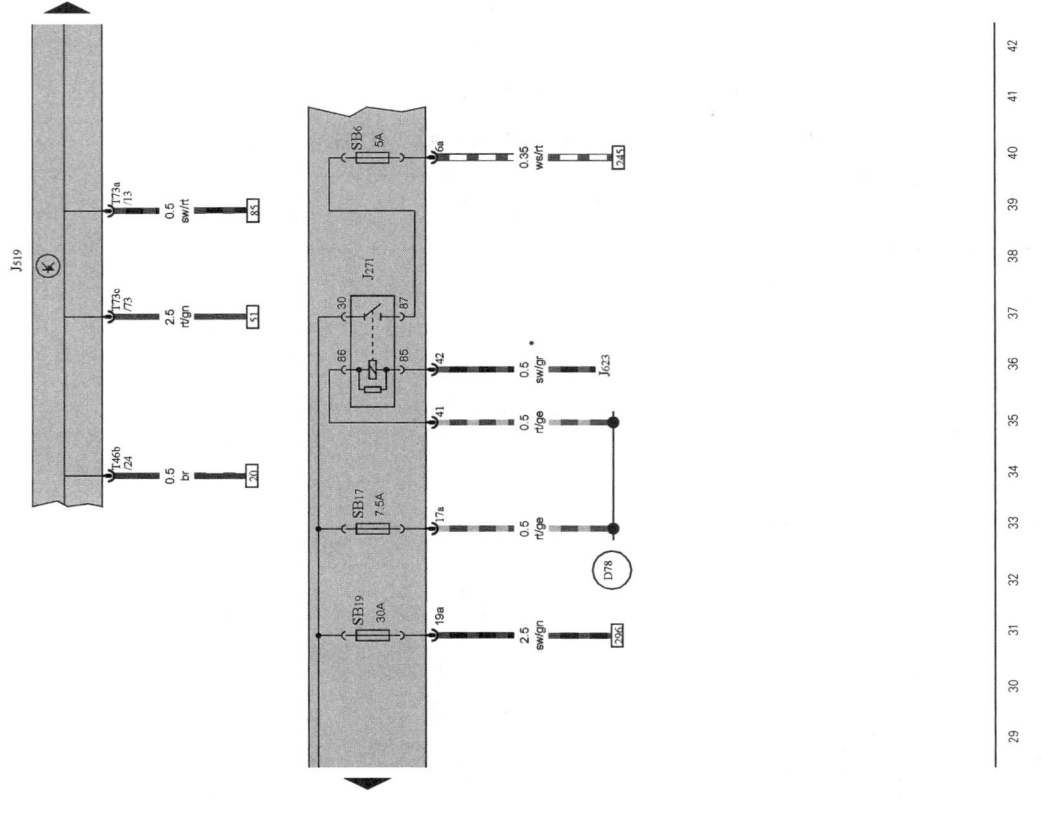

高音扬声器、低音扬声器、双音喇叭继电器

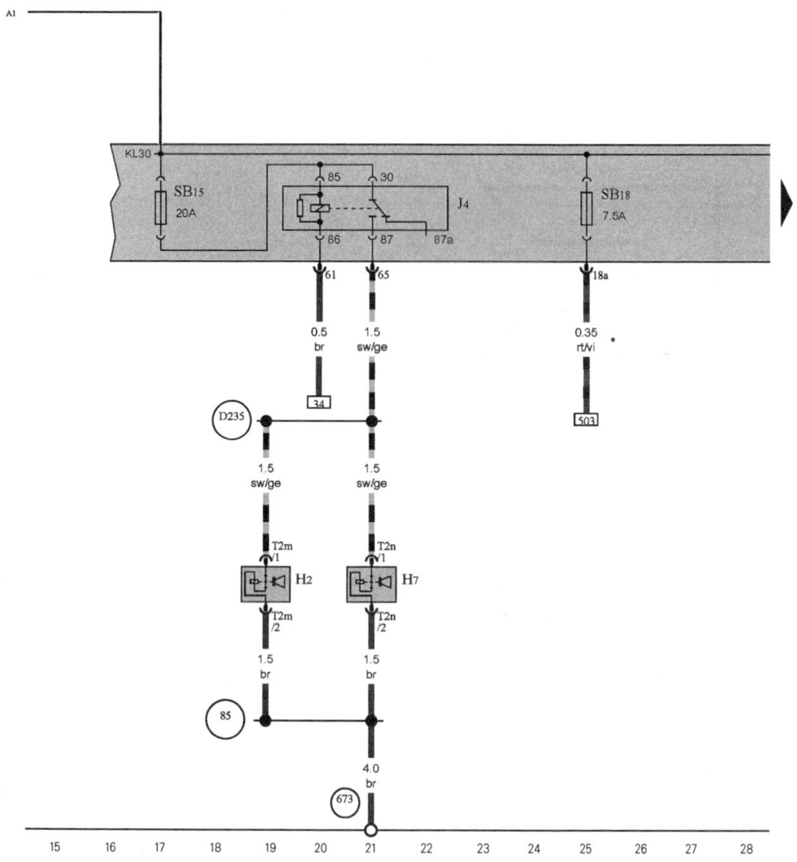

H2-高音扬声器 H7-低音扬声器 J4-双音喇叭继电器 SB15-保险丝架B上的保险丝15 SB18-保险丝架B上的保险丝18 T2m-2芯插头连接 T2n-2芯插头连接 85-接地连接1, 在发动机舱导线束中 673-左前纵梁上的接地点3 D235-连接（双音喇叭）, 在发动机舱导线束中 *-用于不带发动机自动启停系统的汽车

图4-5-2

J271-主继电器 J519-车载电网控制单元 J623-发动机控制单元 SB6-保险丝架B上的保险丝6 SB17-保险丝架B上的保险丝17 SB19-保险丝架B上的保险丝19 T46b-46芯插头连接 T73a-73芯插头连接 T73c-73芯插头连接 D78-正极连接1（30a）, 在发动机舱导线束中 *-见发动机所适用的电路图

图4-5-3

628

点烟器继电器、车载电网控制单元、保险丝架 C

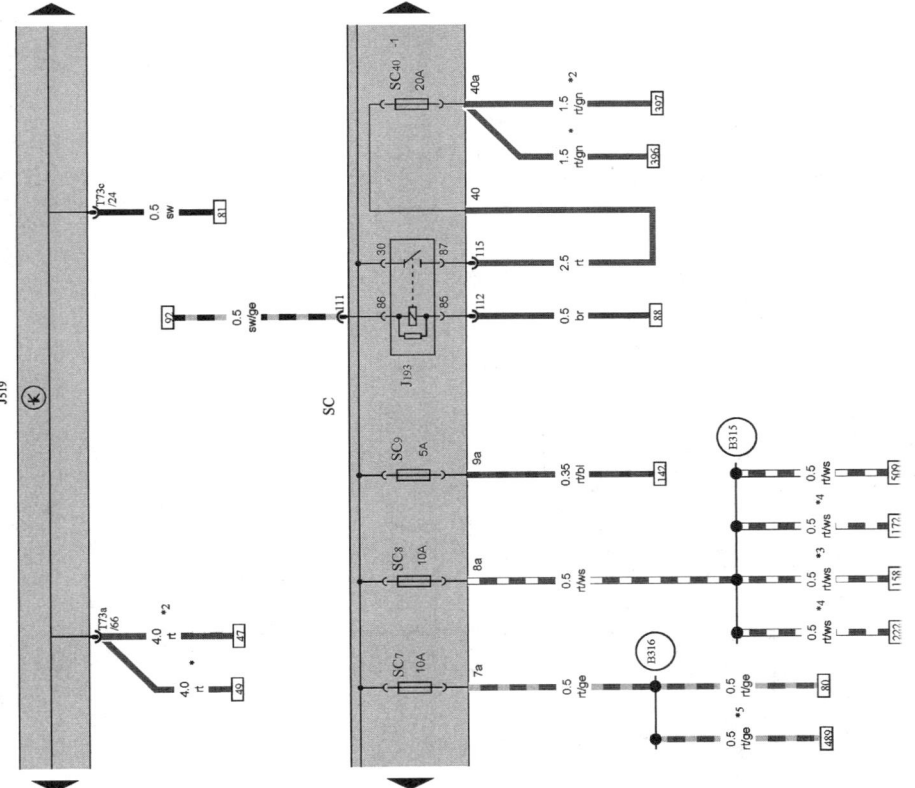

车载电网控制单元、保险丝架 C

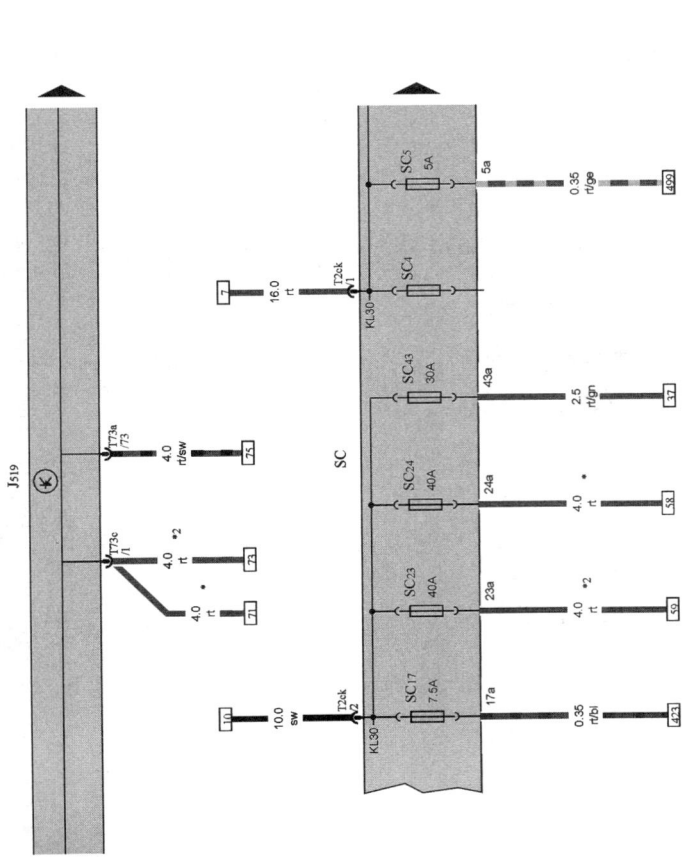

图 4-5-4

J519-车载电网控制单元 SC-保险丝架 C SC4-保险丝架 C 上的保险丝 4 SC5-保险丝架 C 上的保险丝 5
SC17-保险丝架 C 上的保险丝 17 SC23-保险丝架 C 上的保险丝 23 SC24-保险丝架 C 上的保险丝 24 SC43-
保险丝架 C 上的保险丝 43 T2ck-2芯插头连接 T73a-73芯插头连接 T73c-73芯插头连接 *1-自2017年7月起
*2-截至2017年7月

图 4-5-5

J193-点烟器继电器 J519-车载电网控制单元 SC-保险丝架 C SC7-保险丝架 C 上的保险丝 7 SC8-保险
丝架 C 上的保险丝 8 SC9-保险丝架 C 上的保险丝 9 SC40-保险丝架 C 上的保险丝 40 T73a-73芯插头连接
T73c-73芯插头连接 B315-正极连接 B316-正极连接 B315-正极连接1（30a），B316-正极连接2（30a），在主导线束中
T73c-73芯插头连接 *1-自2017年7月起 *2-截至2017年7月 *3-用于不带回家照明功能的汽车 *4-用于带回家照明功能的汽车
*5-依汽车装备而定

629

可加热后窗玻璃继电器、车载电网控制单元、负导线中的调频频率滤波器、正导线中的调频频率滤波器、保险丝架 C、可加热后窗玻璃

接线端 15 供电继电器、车载电网控制单元、保险丝架 C

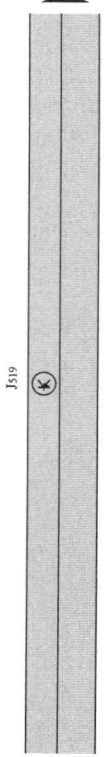

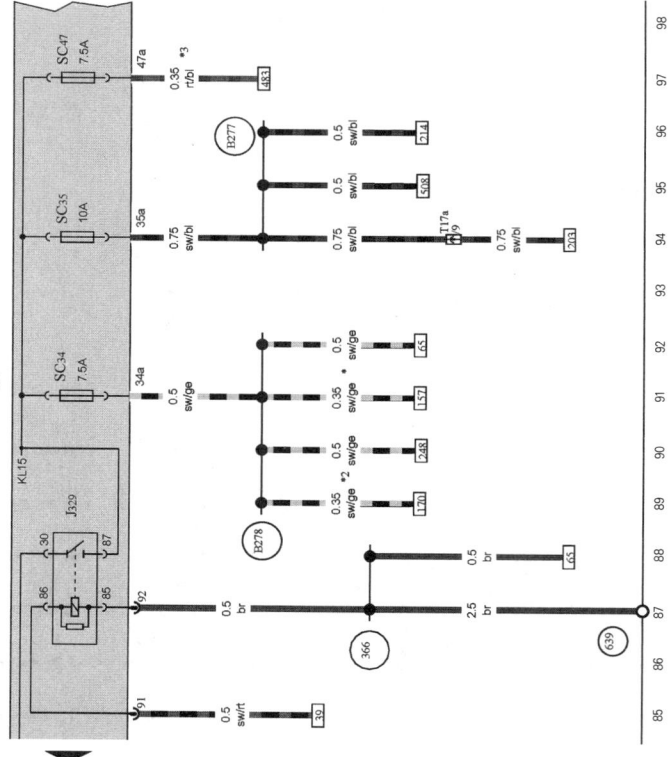

J329-接线端15供电继电器 J519-车载电网控制单元 SC-保险丝架 C SC34-保险丝架 C 上的保险丝34 SC35-保险丝架 C 上的保险丝35 SC47-保险丝架 C 上的保险丝47 T17a-17芯插头连接 366-接地连接1，在主导线束中 639-左A柱上的接地点 B277-正极连接1（15a），在主导线束中 B278-正极连接2（15a），在主导线束中 *-用于不带回家照明功能的汽车 *2-用于带回家照明功能的汽车 *3-自2017年7月起

图 4-5-7

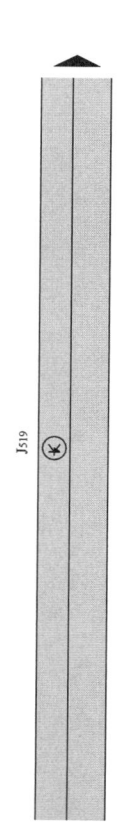

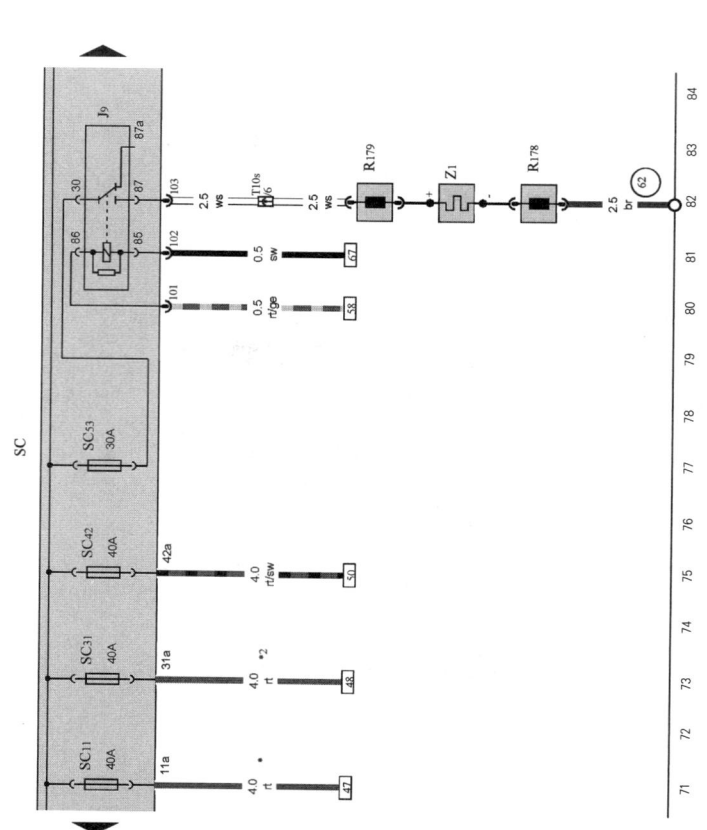

J9-可加热后窗玻璃继电器 J519-车载电网控制单元 R178-负导线中的调频频率滤波器 R179-正导线中的调频频率滤波器 SC-保险丝架 C SC11-保险丝架 C 上的保险丝11 SC31-保险丝架 C 上的保险丝31 SC42-保险丝架 C 上的保险丝42 SC53-保险丝架 C 上的保险丝53 T10s-10芯插头连接 Z1-可加热后窗玻璃 62-右侧C柱上的接地点 *-自2017年7月起 *2-截至2017年7月

图 4-5-6

630

前窗玻璃刮水器开关、间歇式刮水器运行开关、车窗玻璃刮水器间歇运行调节器、车窗玻璃清洗泵开关（自动刮水/清洗装置和大灯清洗装置）、车载电网控制单元、转向柱电子装置控制单元

点火启动开关、多功能显示器调用按钮、多功能显示器存储开关、车载电网控制单元、转向柱电子装置控制单元

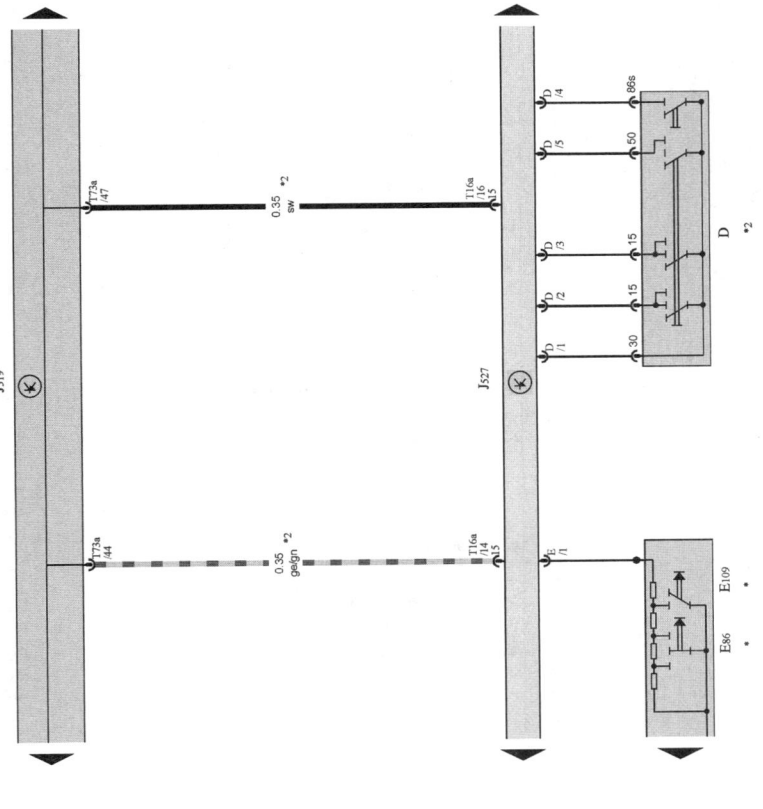

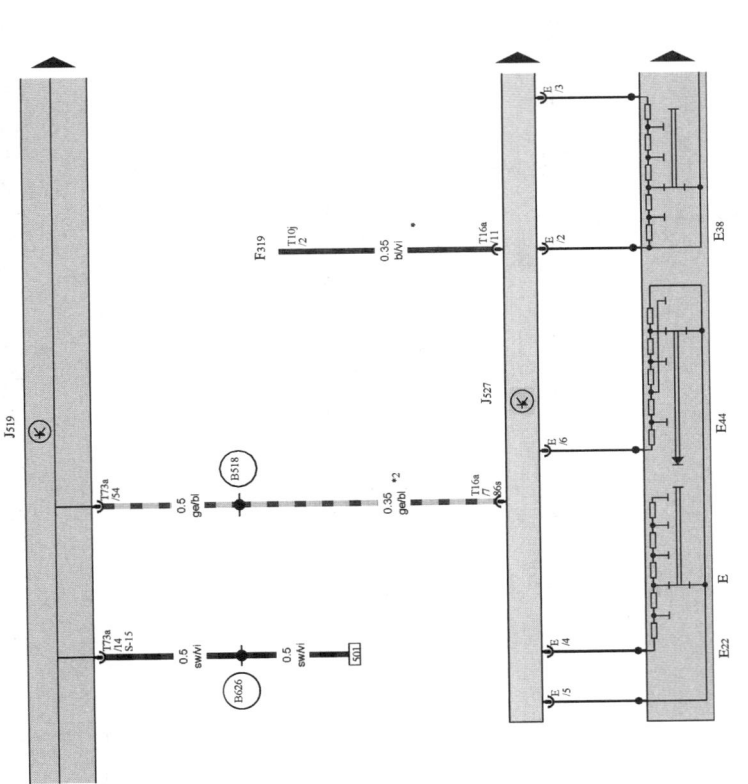

E－前窗玻璃刮水器开关　E22－间歇式刮水器运行开关　E38－车窗玻璃刮水器间歇运行调节器　E44－车窗玻璃清洗泵开关（自动刮水/清洗装置和大灯清洗装置）　F319－选挡杆挡位P锁止开关　J519－车载电网控制单元　J527－转向柱电子装置控制单元　T10j－10芯插头连接　T16a－16芯插头连接　T73a－73芯插头连接　B518－连接（86s），在主导线束中　B626－正极连接2（15），在主导线束中　*－用于带进入及启动许可的汽车　*2－用于带双离合器变速器的汽车

图4-5-8

D－点火启动开关　E86－多功能显示器调用按钮　E109－多功能显示器存储按钮　J519－车载电网控制单元　J527－转向柱电子装置控制单元　T16a－16芯插头连接　T73a－73芯插头连接　*－用于不带多功能方向盘的汽车　*2－用于不带进入及启动许可的汽车

图4-5-9

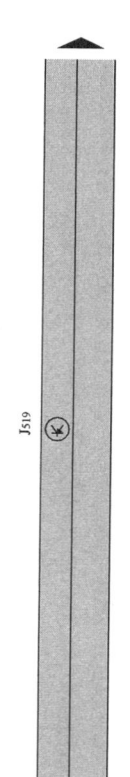

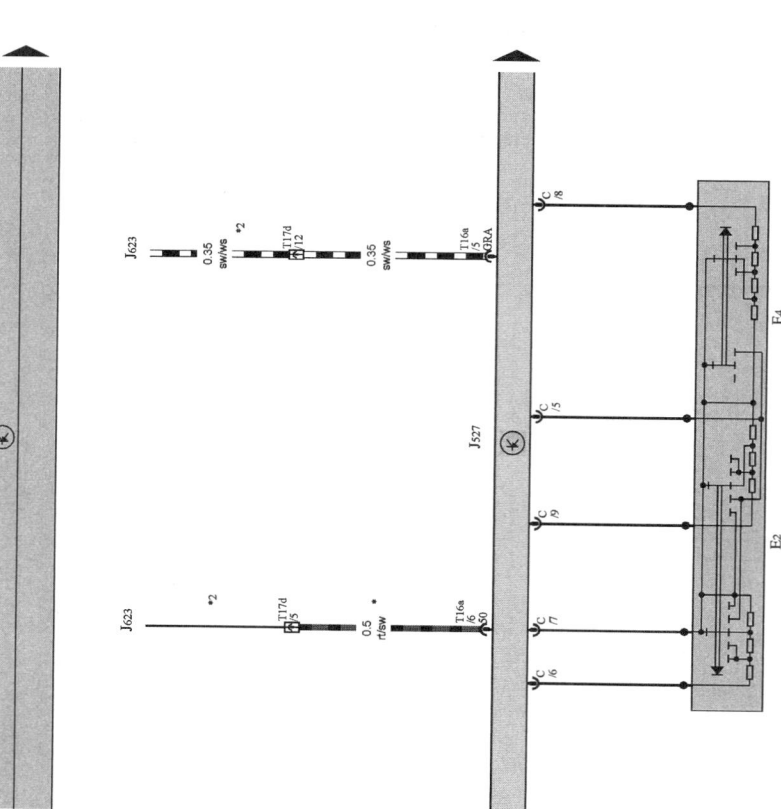

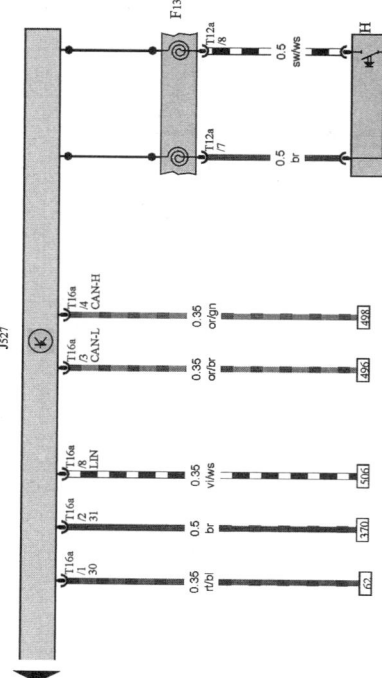

转向信号灯开关、手动远光灯功能和远光灯瞬间接通功能开关、车载电网控制单元、转向柱电子装置控制单元

安全气囊卷簧和带滑环的复位环、信号喇叭、车载电网控制单元、转向柱电子装置控制单元

图 4-5-11

F138-安全气囊卷簧和带滑环的复位环 H-信号喇叭 J519-车载电网控制单元 J527-转向柱电子装置控制单元 T12a-12芯插头连接 T16a-16芯插头连接

图 4-5-10

E2-转向信号灯开关 E4-手动远光灯功能和远光灯瞬间接通功能开关 J519-车载电网控制单元 J527-转向柱电子装置控制单元 J623-发动机控制单元 T16a-16芯插头连接 T17d-17芯插头连接 *-用于不带进入及启动许可的汽车 *2-见发动机所适用的电路图

车灯开关、车载电网控制单元

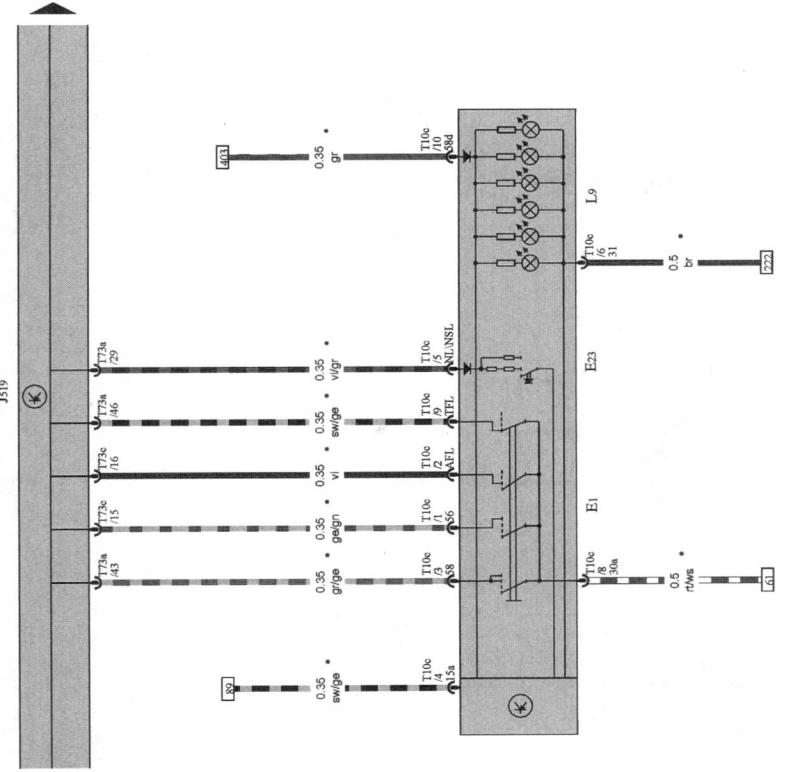

图 4-5-13

E1—车灯开关 E23—前雾灯和后雾灯开关 J519—车载电网控制单元 L9—大灯开关照明灯泡 T10c—10芯插头
连接 T73a—73芯插头连接 T73c—73芯插头连接 *—用于带回家照明功能的汽车

车灯开关、前雾灯和后雾灯开关、车载电网控制单元、大灯开关照明灯泡

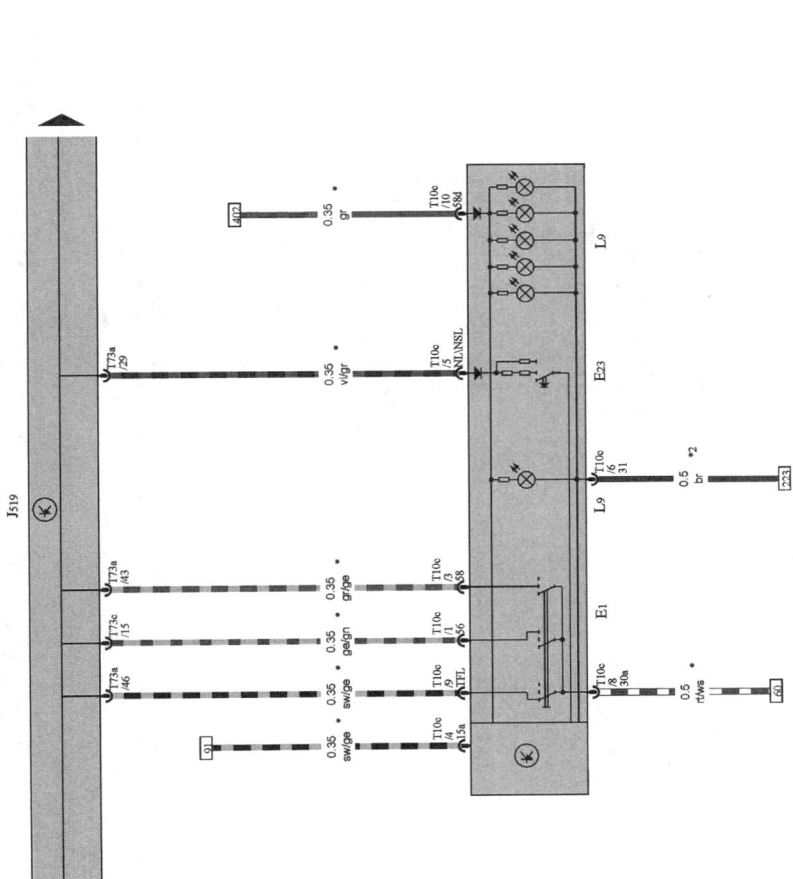

图 4-5-12

E1—车灯开关 E23—前雾灯和后雾灯开关 J519—车载电网控制单元 L9—大灯开关照明灯泡 T10c—10芯插头
连接 T73a—73芯插头连接 T73c—73芯插头连接 *—用于不带回家照明功能的汽车 *2—用于带回家照明功
能的汽车

右侧气体放电大灯预接装置、车载电网控制单元、右侧气体放电灯泡、右侧大灯、右侧驻车示宽灯灯泡、右前转向信号灯泡、右侧大灯照明距离调节伺服电机、右近光灯防眩遮蔽

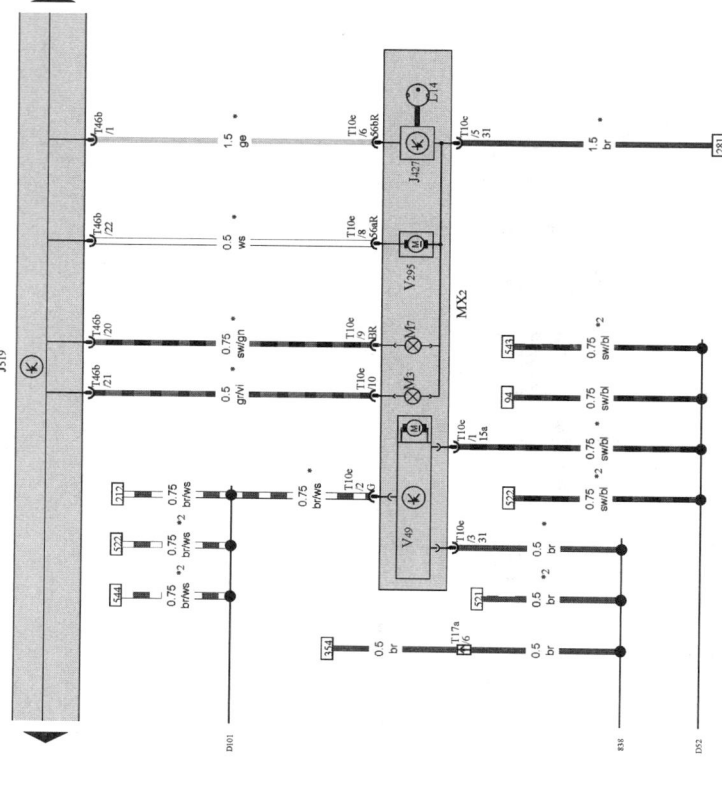

图 4-5-15

J427-右侧气体放电大灯预接装置 J519-车载电网控制单元 L14-右侧气体放电灯泡 MX2-右前大灯 M3-右侧驻车示宽灯灯泡 M7-右前转向信号灯泡 T10e-10芯插头连接 T17a-17芯插头连接 T46b-46芯插头连接 V49-右侧大灯照明距离调节伺服电机 V295-右近光灯防眩遮蔽 838-接地连接20, 在发动机舱导线束中 D52-正极连接 (15a), 在发动机舱导线束中 D101-连接1, 在发动机舱导线束中 *-截至2017年7月 *2-自2017年7月起

左侧气体放电大灯预接装置、车载电网控制单元、左侧气体放电灯泡、左侧驻车示宽灯灯泡、左前大灯、左前转向信号灯泡、左侧大灯照明距离调节伺服电机、左近光灯防眩遮蔽

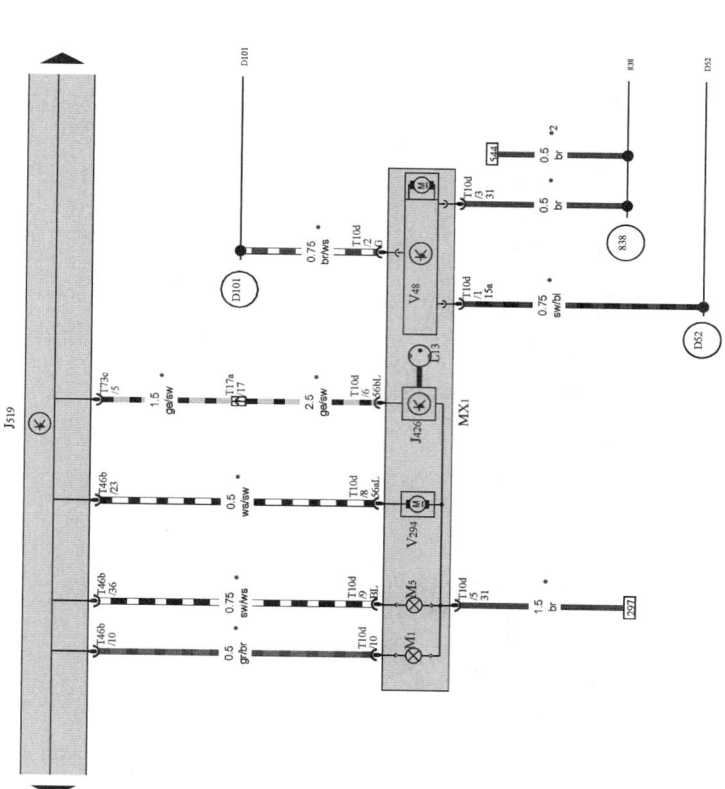

图 4-5-14

J426-左侧气体放电大灯预接装置 J519-车载电网控制单元 L13-左侧气体放电灯泡 M1-左侧驻车示宽灯灯泡 MX1-左前大灯 M5-左前转向信号灯泡 T10d-10芯插头连接 T46b-46芯插头连接 T73c-73芯插头连接 V48-左侧大灯照明距离调节伺服电机 V294-左近光灯防眩遮蔽 838-接地连接20, 在发动机舱导线束中 D52-正极连接 (15a), 在发动机舱导线束中 D101-连接1, 在发动机舱导线束中 *-截至2017年7月 *2-自2017年7月起

634

闪烁报警灯开关、车载电网控制单元、闪烁报警装置指示灯、开关照明灯泡、高位制动信号灯泡、左侧牌照灯、右侧牌照灯

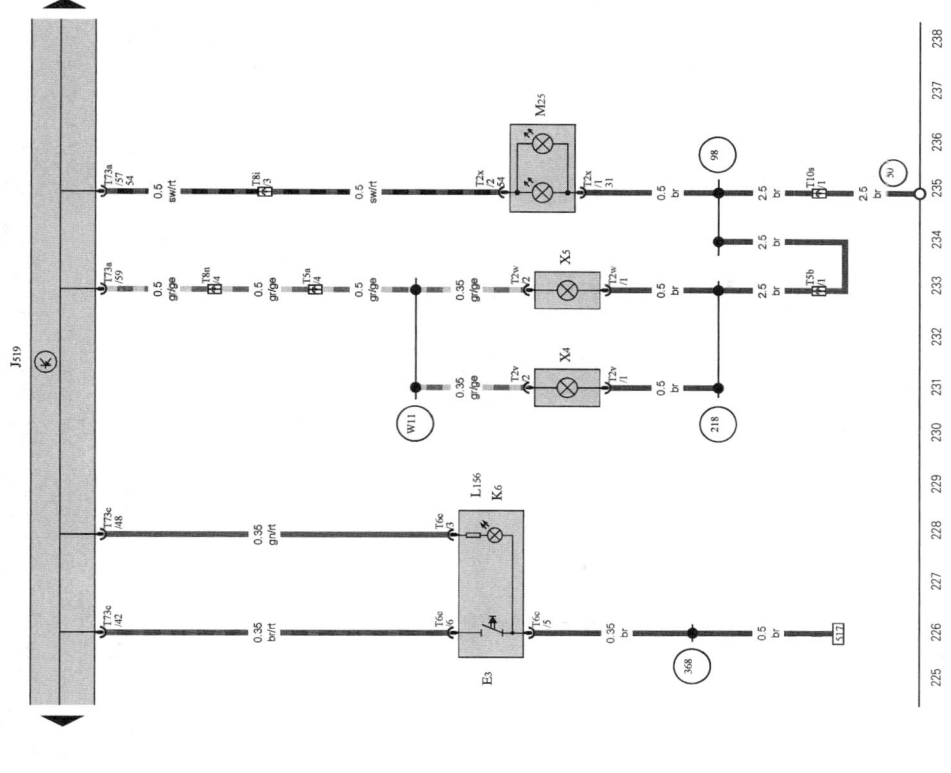

图 4-5-17

E3-闪烁报警装置 J519-车载电网控制单元 K6-闪烁报警装置指示灯 L156-开关照明灯泡 M25-高位制动信号灯泡 T2v-2芯插头连接 T2w-2芯插头连接 T2x-2芯插头连接 T5a-5芯插头连接 T5b-5芯插头连接 T6c-6芯插头连接 T8i-8芯插头连接 T8n-8芯插头连接 T10a-10芯插头连接 T73a-73芯插头连接 T73c-73芯插头连接 X4-左侧牌照灯 X5-右侧牌照灯 50-后备箱内左侧牌照灯 98-接地连接 T73c-73芯插头连接地点 50-后备箱内左侧牌照灯 50-接地连接3、在主导线束中 W11-后备箱号线束导线 盖导线束中 218-接地连接1、在后备箱盖号线束中 368-接地连接3、在主导线束中 束中的连接（58）

大灯照明距离调节器、雨水与光线识别传感器、车载电网控制单元、大灯照明距离调节设置器照明灯泡

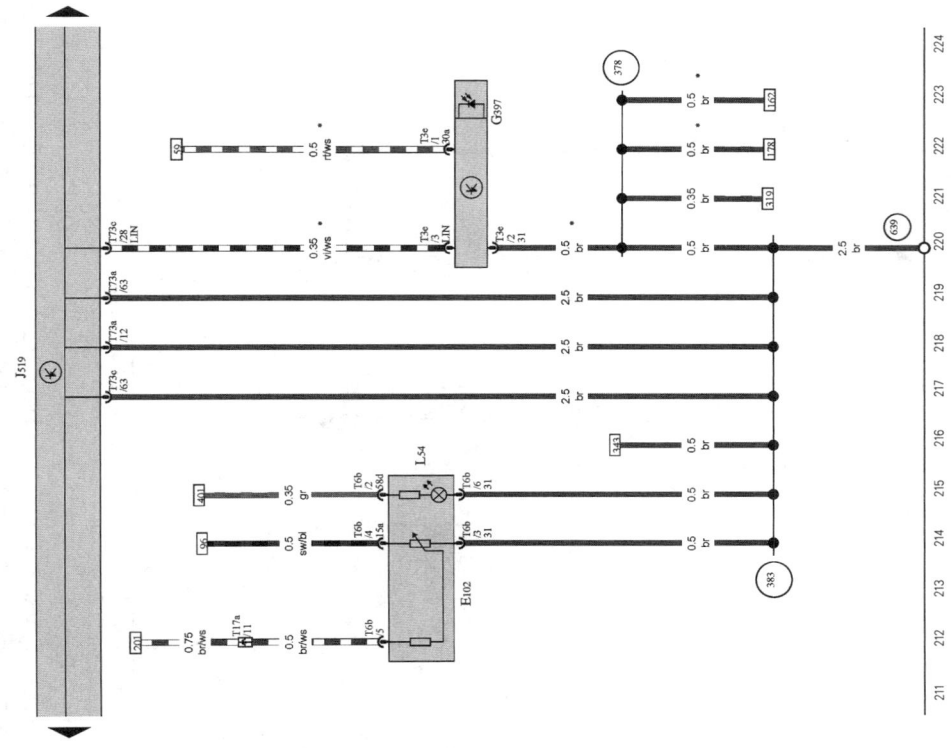

图 4-5-16

E102-大灯照明距离调节器 G397-雨水与光线识别传感器 J519-车载电网控制单元 L54-大灯照明距离调节照明灯泡 T3e-3芯插头连接 T6b-6芯插头连接 T17a-17芯插头连接 T73a-73芯插头连接 T73c-73芯插头连接 378-接地连接13、在主导线束中 383-接地连接18、在主导线束中 639-左A柱上的接地点 *-用于带回家照明功能的汽车

车载电网控制单元、左侧尾灯、左侧尾灯灯泡、左后转向信号灯灯泡、左侧制动信号灯灯泡、左侧倒车灯灯泡

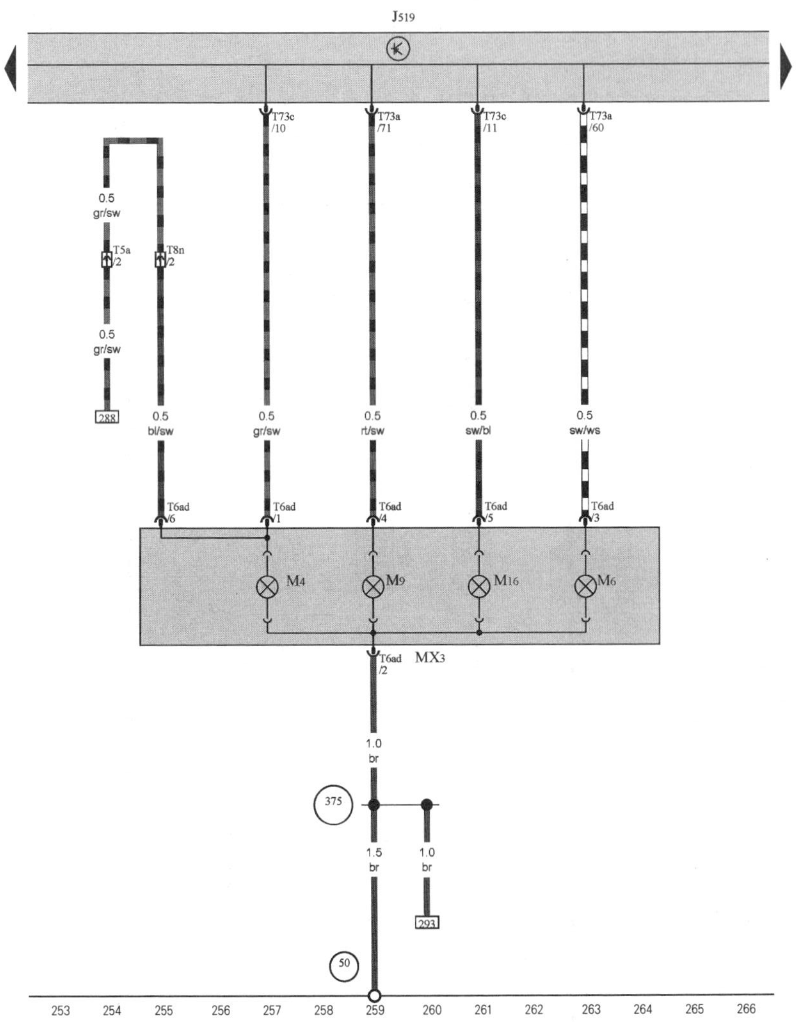

制动信号灯开关、倒车灯开关、制动踏板开关、车载电网控制单元

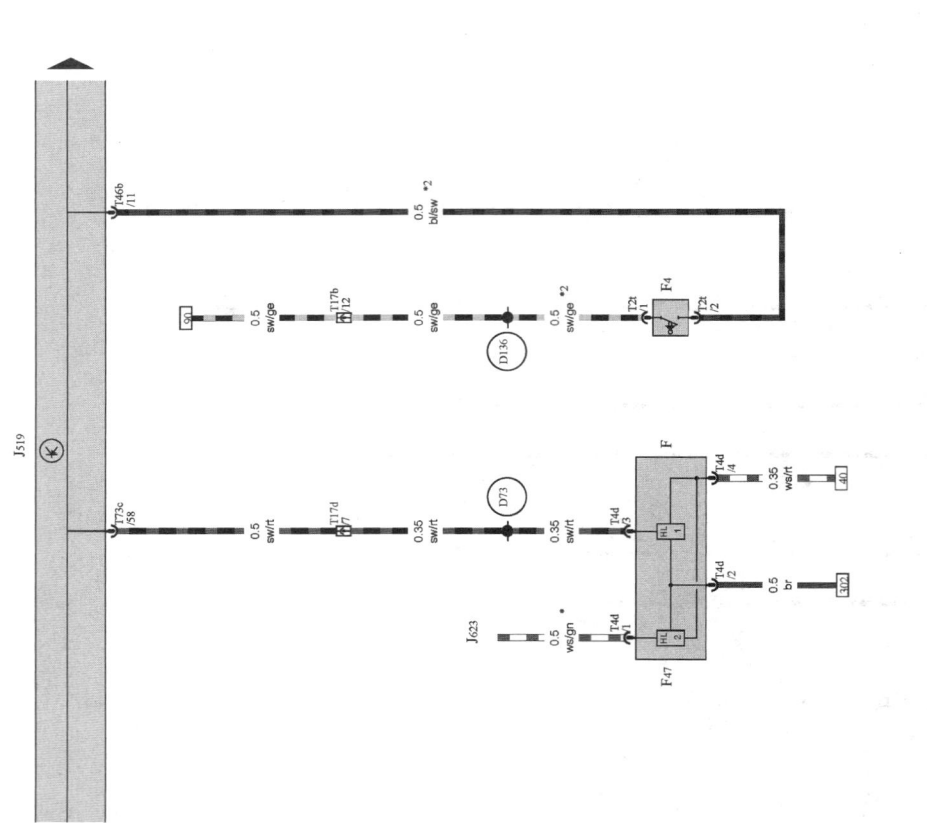

图 4-5-19

J519-车载电网控制单元 MX3-左侧尾灯 M4-左侧尾灯灯泡 M6-左后转向信号灯灯泡 M9-左侧制动信号灯灯泡 M16-左侧倒车灯灯泡 T5a-5芯插头连接 T6ad-6芯插头连接 T8n-8芯插头连接 T73a-73芯插头连接 T73c-73芯插头连接 50-后备箱内左侧接地点 375-接地连接10,在主导线束中

图 4-5-18

F-制动信号灯开关 F4-倒车灯开关 F47-制动踏板开关 J519-车载电网控制单元 J623-发动机控制单元 T2t-2芯插头连接 T4d-4芯插头连接 T17b-17芯插头连接 T17d-17芯插头连接 T46b-46芯插头连接 T73c-73芯插头连接 D73-正极连接 (54) 、D136-正极连接2 (15a) ,在发动机舱导线束中 *2-用于带手动变速器的汽车 *-见发动机所适用的电路图 *2-用于带手动变速器的汽车

636

车载电网控制单元、左侧后雾灯灯泡、左侧尾灯 2、左侧尾灯灯泡、右侧尾灯 2、右侧尾灯灯泡 2、右侧
尾灯灯泡 2、左侧喷嘴加热电阻、右侧喷嘴加热电阻

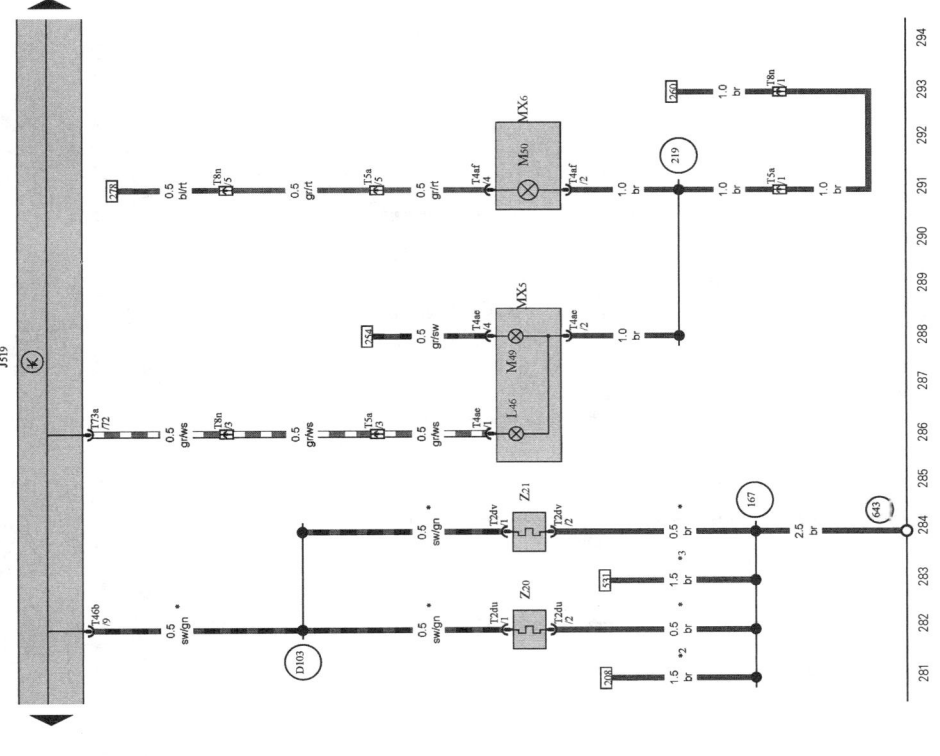

图 4-5-21

J519-车载电网控制单元 L46-左侧后雾灯灯泡 MX5-左侧尾灯2 M49-左侧尾灯灯泡
2 M50-右侧尾灯灯泡2 T2dv-2芯插头连接 T4ae-4芯插头连接 T4af-4芯插头连接
T5a-5芯插头连接 T8n-8芯插头连接 T46b-46芯插头连接 T73a-73芯插头连接 Z20-左侧喷嘴加热电
阻 Z21-右侧喷嘴加热电阻 167-接地连接4，在发动机舱导线束中 219-接地连接2，在后备箱盖导线束中
643-发动机舱内右侧接地点3 D103-连接3，在发动机舱导线束中 *-用于带可加热式喷嘴的汽车 *2-载
至2017年7月 *3-自2017年7月起

车载电网控制单元、右侧尾灯灯泡、右侧尾灯、右后转向信号灯灯泡、右侧制动信号
灯灯泡、右侧倒车灯灯泡

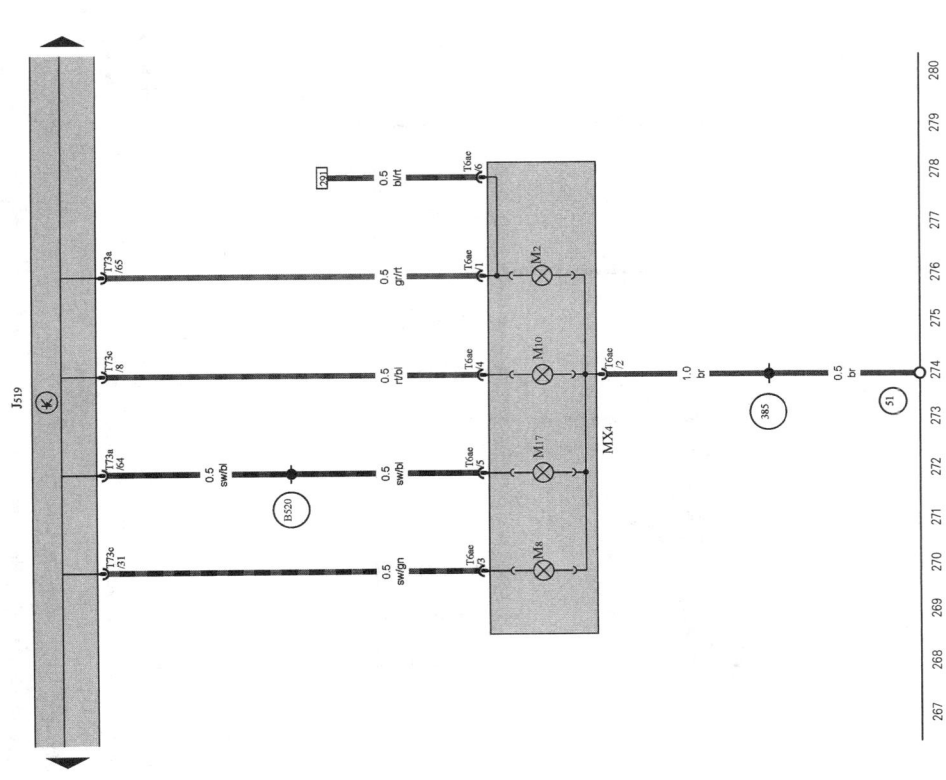

图 4-5-20

J519-车载电网控制单元 M2-右侧尾灯灯泡 MX4-右侧尾灯 M8-右后转向信号灯灯泡 M10-右侧制动信
号灯灯泡 M17-右侧倒车灯灯泡 T6ae-6芯插头连接 T73a-73芯插头连接 T73c-73芯插头连接 51-后备
箱内右侧接地点 385-接地连接20，在主导线束中 B520-连接（RF），在主导线束中

637

刮水器电机控制单元、车载电网控制单元、车窗玻璃清洗泵、前内灯

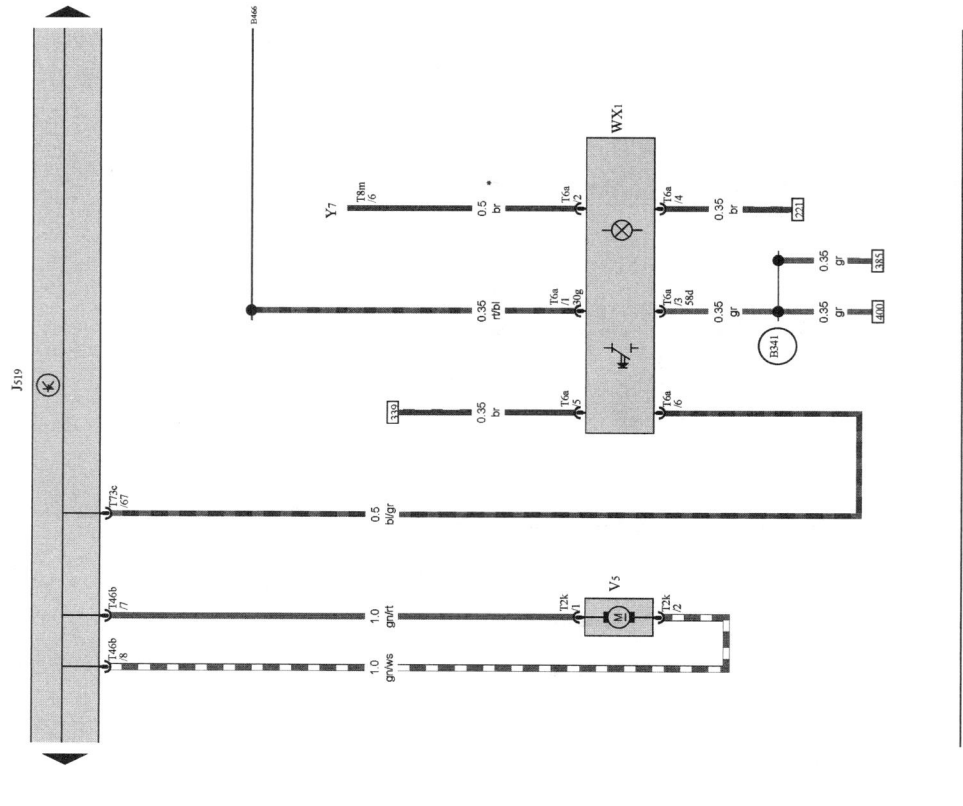

图 4-5-23

J519-车载电网控制单元 T2k-2芯插头连接 T6a-6芯插头连接 T8m-8芯插头连接 T46b-46芯插头连接
T73c-73芯插头连接 V5-车窗玻璃清洗泵 WX1-前内灯 Y7-自动防眩车内后视镜 B341-连接2（58d），
在主导线束中 B466-连接2，在主导线束中 *-用于带自动防眩车内后视镜的汽车

刮水器电机控制单元、车载电网控制单元、右侧前雾灯灯泡、左侧静
态弯道灯、右侧静态弯道灯、大灯清洗装置泵、驾驶员侧车窗玻璃刮水器电机

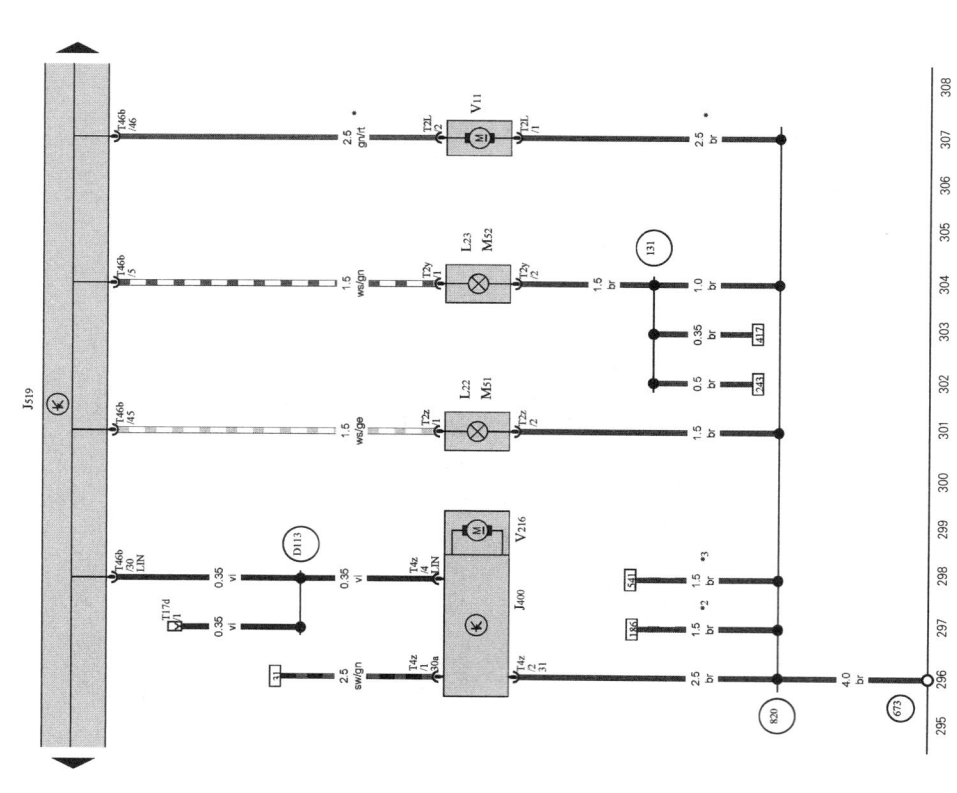

图 4-5-22

J400-刮水器电机控制单元 J519-车载电网控制单元 L22-左侧前雾灯灯泡 L23-右侧前雾灯灯泡 M51-左
侧静态弯道灯 M52-右侧静态弯道灯 T2L-2芯插头连接 T2y-2芯插头连接 T2z-2芯插头连接 T4z-4芯
插头连接 T17d-17芯插头连接 T46b-46芯插头连接 V11-大灯清洗装置泵 V216-驾驶员侧车窗玻璃刮水
器电机 131-接地连接2，在发动机舱导线束中 673-左前纵梁上的接地点3 820-接地连接13，在发动机舱
导线束中 D113-连接11，在发动机舱导线束中 *-用于带大灯清洗装置的汽车 *2-截至2017年7月 *3-自
2017年7月起

后部车内

驾驶员侧化妆镜接触开关、副驾驶员侧化妆镜接触开关、车载电网控制单元、后部车内
照明灯、副驾驶员侧带照明功能的化妆镜、驾驶员侧带照明功能的化妆镜

车载电网控制单元、手电筒、手电筒充电座、左侧后备箱照明灯、右侧后备箱照明灯

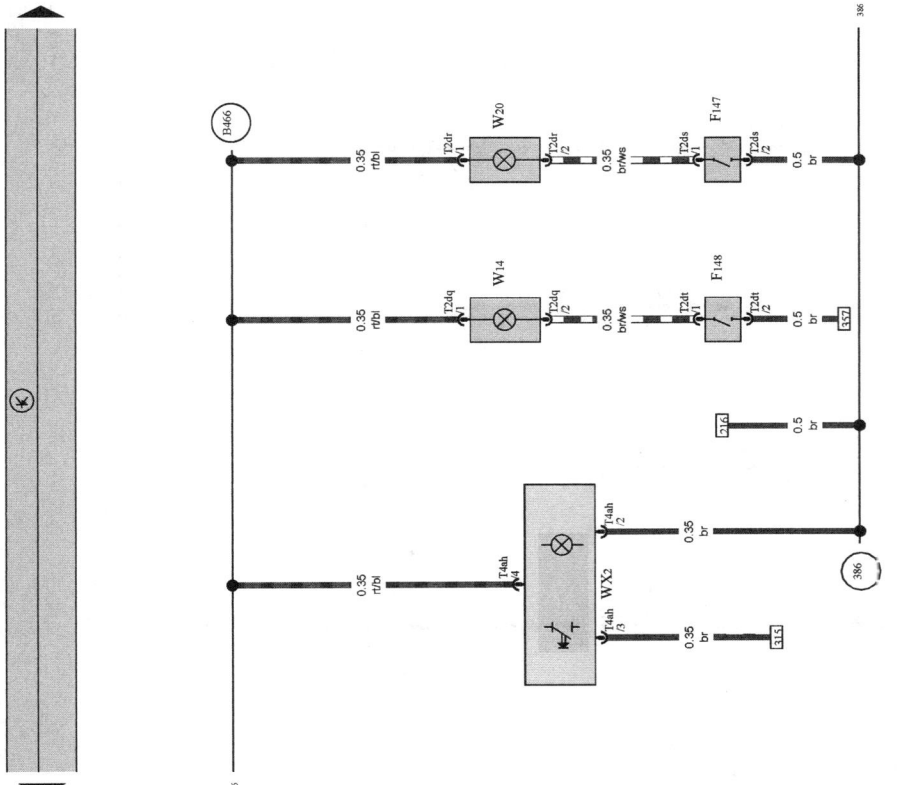

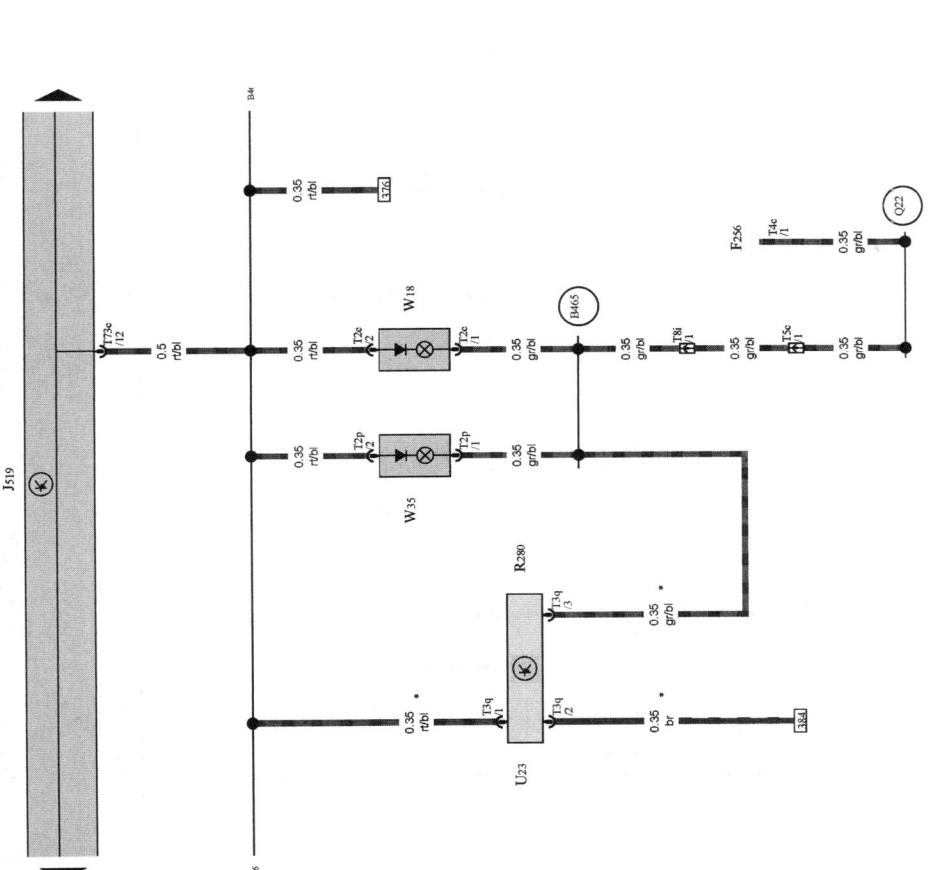

图 4-5-25

F147—驾驶员侧化妆镜接触开关 F148—副驾驶员侧化妆镜接触开关 J519—车载电网控制单元 T2dq—2芯插
头连接 T2dr—2芯插头连接 T2ds—2芯插头连接 T2dt—2芯插头连接 T4ah—4芯插头连接 WX2—后部车内照
明灯 W14—副驾驶员侧带照明功能的化妆镜 W20—驾驶员侧带照明功能的化妆镜 386—接地连接21，在主
导线束中 B466—连接2，在主导线束中

图 4-5-24

F256—后备箱盖闭锁单元 J519—车载电网控制单元 R280—手电筒 T2c—2芯插头连接 T2p—2芯插头连接
T3q—3芯插头连接 T4c—4芯插头连接 T5c—5芯插头连接 T8i—8芯插头连接 T73c—73芯插头连接 U23—手
电筒充电座 W18—左侧后备箱照明灯 W35—右侧后备箱照明灯 B465—连接1，在主导线束中 B466—连接
2，在主导线束中 Q22—连接1，在后备箱盖导线束中 *—依汽车装备而定

639

车载电网控制单元、左侧仪表板出风口照明灯泡、中间仪表板出风口照明灯泡、右侧仪
表板出风口照明灯泡、后座中间出风口照明灯

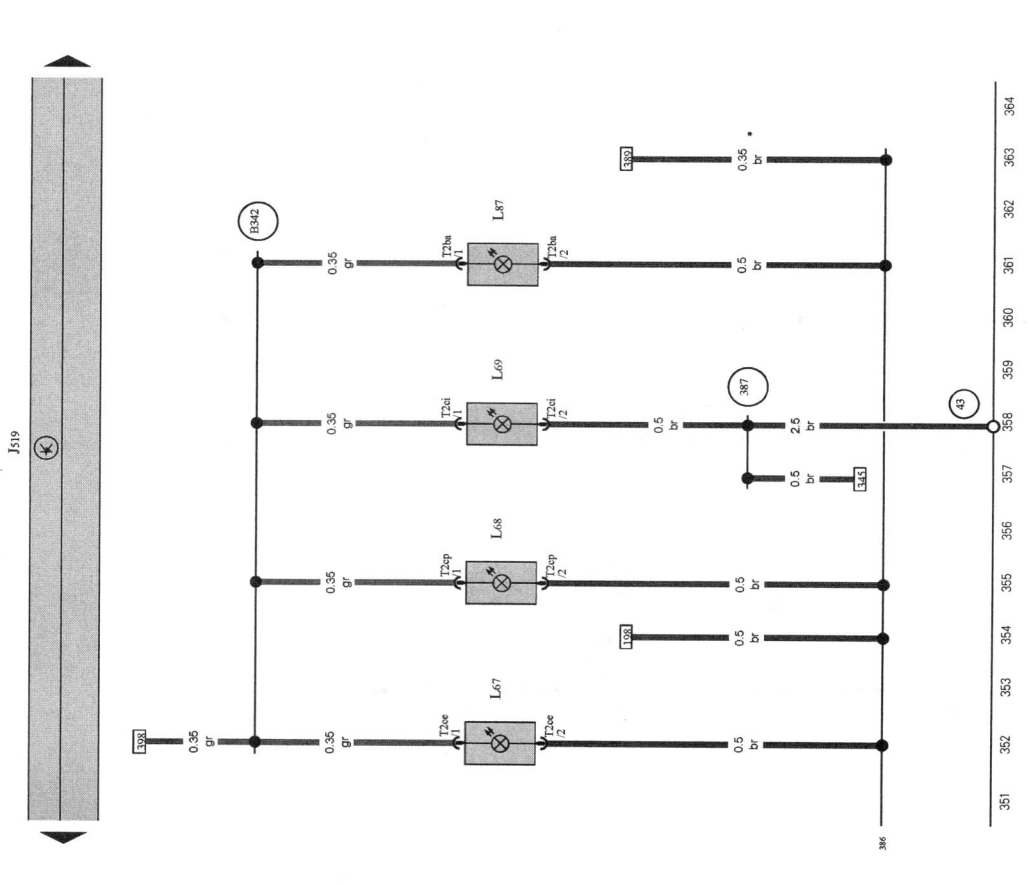

J519-车载电网控制单元 L67-左侧仪表板出风口照明灯泡 L68-中间仪表板出风口照明灯泡 L69-右侧仪
表板出风口照明灯泡 L87-后座中间出风口照明灯 T2ba-2芯插头连接 T2ce-2芯插头连接 T2ci-2芯插头
连接 T2cp-2芯插头连接 43-右侧A柱下部的接地点 386-接地连接21，在主导线束中 387-接地连接22，
在主导线束中 B342-连接3 (58d)，在主导线束中 *-用于带脚部空间照明的汽车

图 4-5-26

手套箱照明灯开关、车载电网控制单元、手套箱照明灯、副驾驶员侧背景照明光导管、驾
驶员侧环境照明光导管

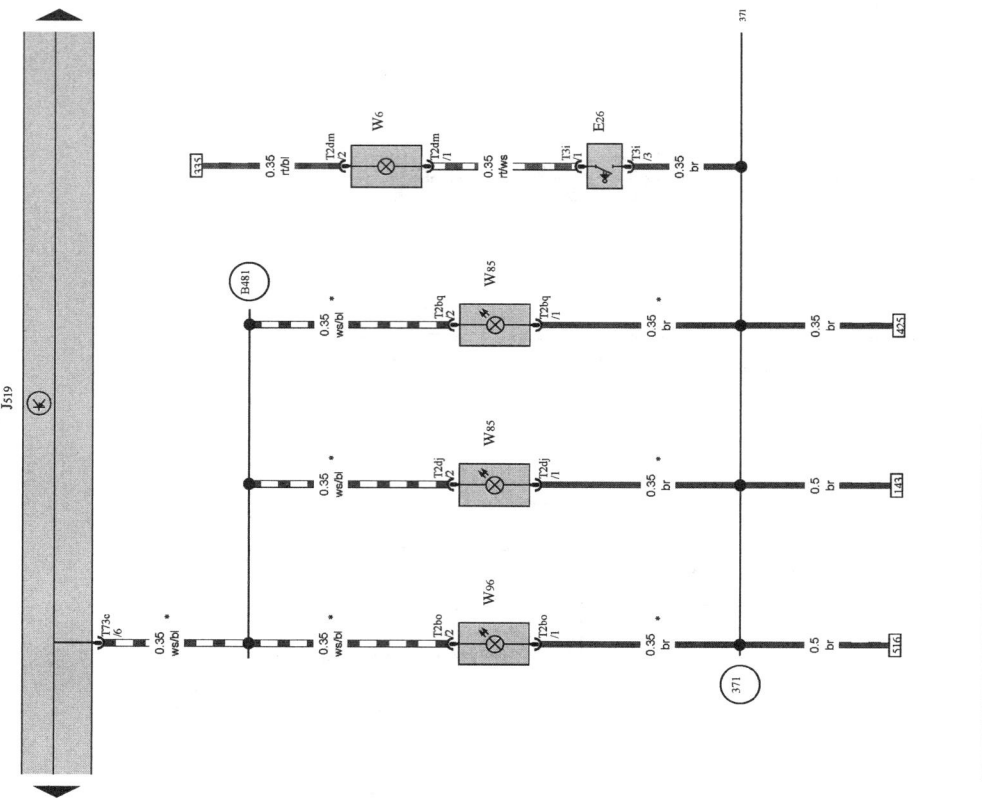

E26-手套箱照明灯 J519-车载电网控制单元 T2dj-2芯插头连接 T2dm-2芯插头连接 T2bo-2芯插头连接 T2bq-2芯插头连接 T2dj-2芯插
连接 T2dm-2芯插头连接 T3i-3芯插头连接 T73c-73芯插头连接 W6-手套箱照明灯 W85-副驾驶员侧
背景照明光导管 W96-驾驶员侧环境照明光导管 371-接地连接6，在主导线束中 B481-连接17，在主导
线束中 *-用于带氛围灯型号的汽车

图 4-5-27

640

车载电网控制单元、储物箱照明灯泡、左侧脚部空间照明灯、右侧脚部空间照明灯、左后脚部空间照明灯、右后脚部空间照明灯

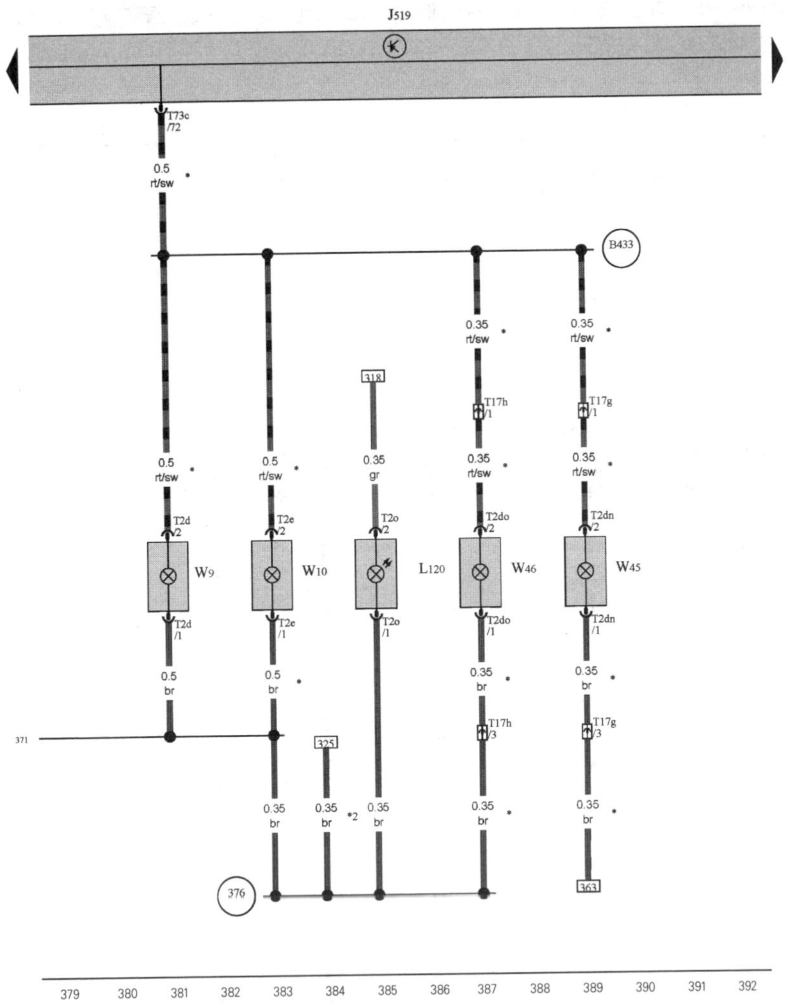

车载电网控制单元、插座照明灯泡、插座、点烟器、后部点烟器

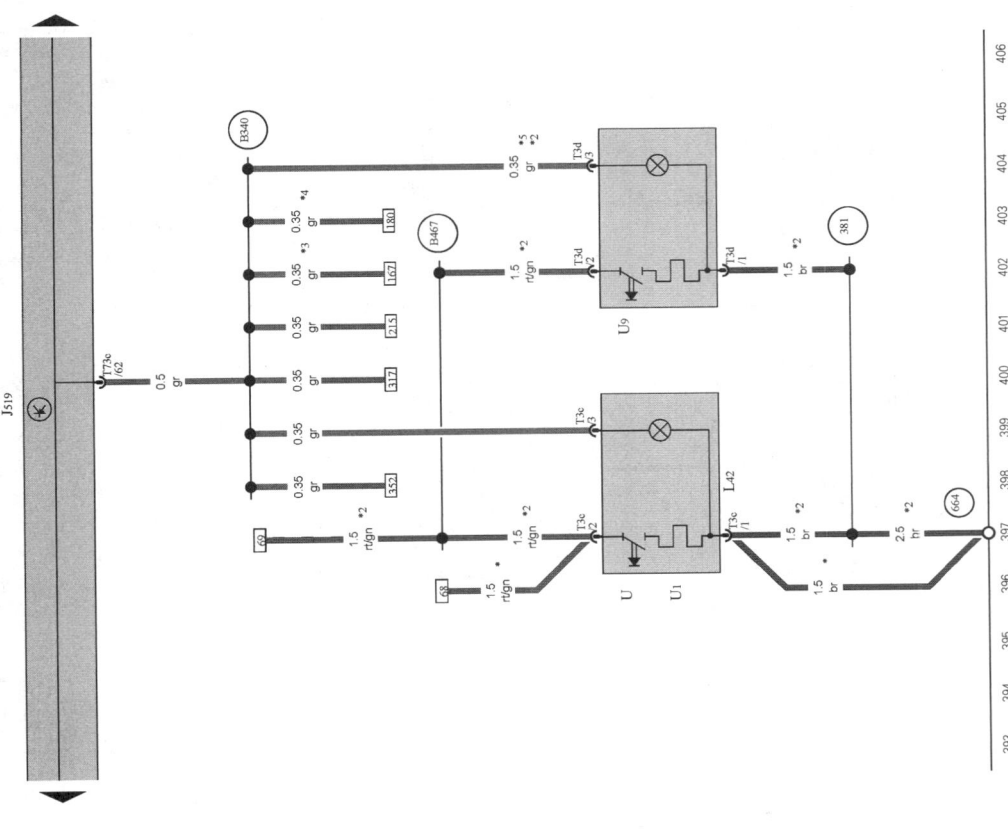

J519-车载电网控制单元 L120-储物箱照明灯泡 T2d-2芯插头连接 T2dn-2芯插头连接 T2do-2芯插头连接 T2e-2芯插头连接 T2o-2芯插头连接 T17g-17芯插头连接 T17h-17芯插头连接 T73c-73芯插头连接 W9-左侧脚部空间照明灯 W10-右侧脚部空间照明灯 W45-左后脚部空间照明灯 W46-右后脚部空间照明灯 371-接地连接6，在主导线束中 376-接地连接11，在主导线束中 B433-连接（脚部空间照明），在主导线束中 *-用于带脚部空间照明的汽车 *2-依汽车装备而定

图 4-5-28

J519-车载电网控制单元 L42-插座照明灯泡 T3c-3芯插头连接 T3d-3芯插头连接 T73c-73芯插头连接 U-插座 U1-点烟器 U9-后部点烟器 381-接地连接16，在主导线束中 664-左侧仪表板后面的接地点 B340-连接1（58d），在主导线束中 B467-连接3，在主导线束中 *-自2017年7月起 *2-截至2017年7月 *3-用于不带回家照明功能的汽车 *4-用于带回家照明功能的汽车 *5-截至2016年1月

图 4-5-29

制动液液位警告信号触点、车外温度传感器、车窗玻璃清洗液液位传感器、车载电网控制单元

防盗锁止系统识读线圈、组合仪表中的控制单元、防盗锁止系统控制单元、冷却液温度和冷却液不足显示指示灯、制动系统指示灯、电动驻车制动器和手制动器故障指示灯、数字时钟

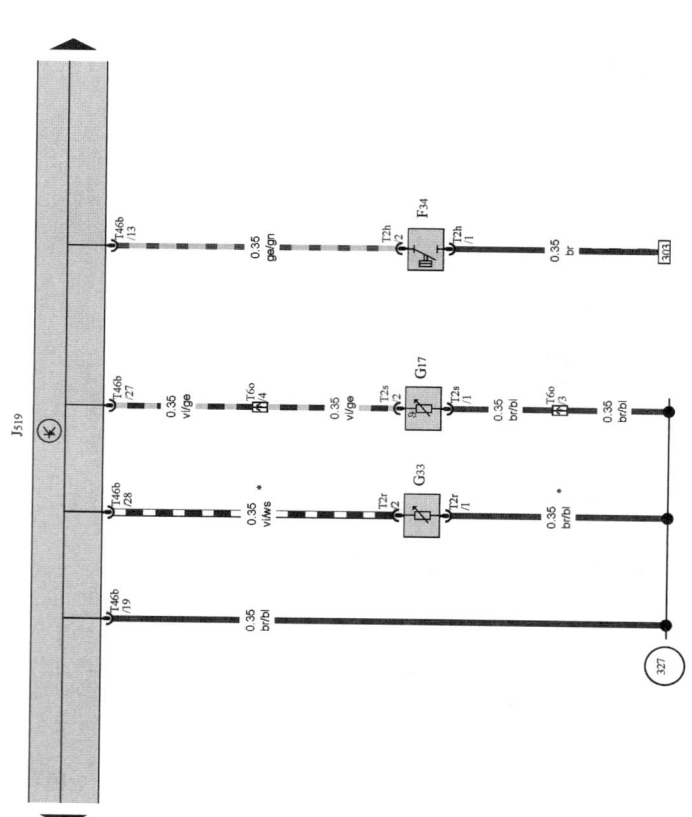

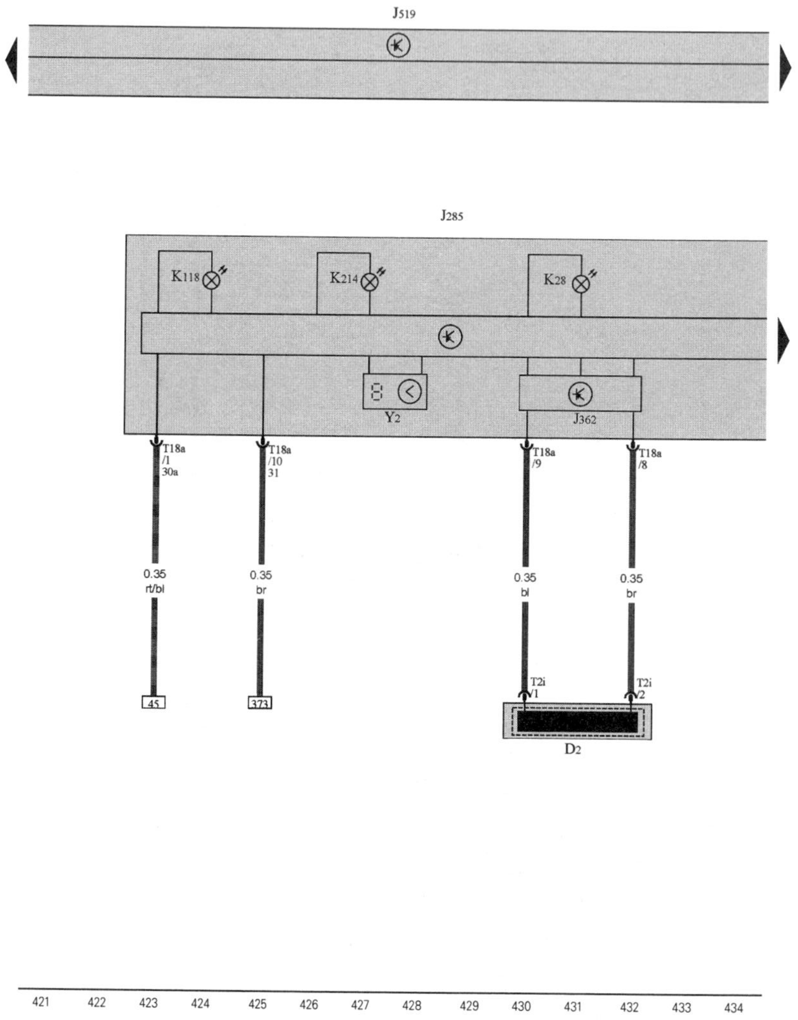

图 4-5-31

D2-防盗锁止系统识读线圈 J285-组合仪表中的控制单元 J362-防盗锁止系统控制单元 J519-车载电网控制单元 K28-冷却液温度和冷却液不足显示指示灯 K118-制动系统指示灯 K214-电动驻车制动器和手制动器故障指示灯 T2i-2芯插头连接 T18a-18芯插头连接 Y2-数字时钟

图 4-5-30

F34-制动液液位警告信号触点 G17-车外温度传感器 G33-车窗玻璃清洗液液位传感器 J519-车载电网控制单元 T2h-2芯插头连接 T2r-2芯插头连接 T2s-2芯插头连接 T6o-6芯插头连接 T46b-46芯插头连接 327-接地连接（传感器接地），在发动机舱导线束中 *-用于带大灯清洗装置的汽车

多功能显示器、组合仪表中的控制单元、车载电网控制单元、远光灯指示灯、发电机指示灯、机油压力指示灯、ABS指示灯、左侧转向信号灯指示灯、清洗液不足指示灯、电子稳定程序和ASR指示灯、行驶换道辅助系统控制灯

组合仪表中的控制单元、车载电网控制单元、后雾灯指示灯、前雾灯指示灯、定速巡航装置指示灯、安全气囊指示灯、右侧转向信号灯指示灯、灯泡失灵指示灯、电子稳定程序和ASR指示灯2、组合仪表照明灯泡

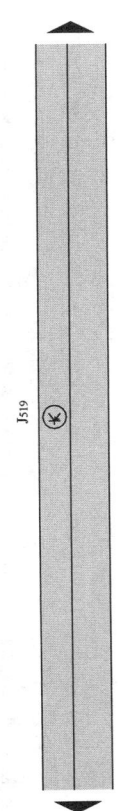

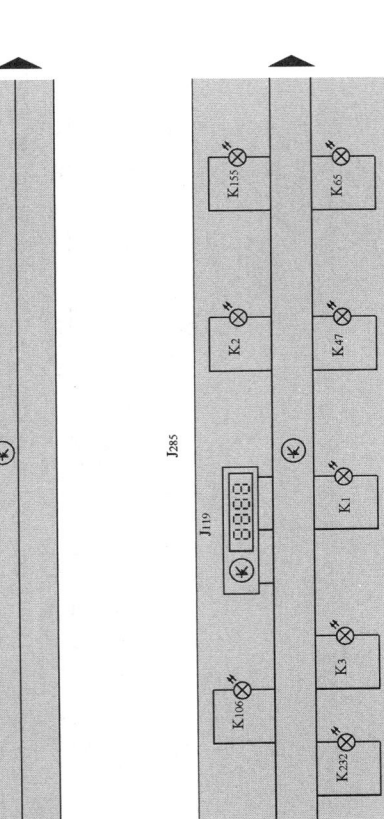

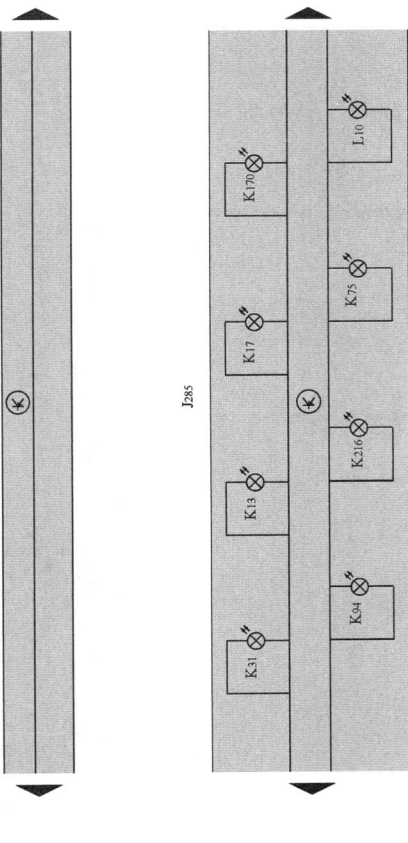

J285-组合仪表中的控制单元 J519-车载电网控制单元 K13-后雾灯指示灯 K17-前雾灯指示灯 K31-定速巡航装置指示灯 K75-安全气囊指示灯 K94-右侧转向信号灯指示灯 K170-灯泡失灵指示灯 K216-电子稳定程序和ASR指示灯2 L10-组合仪表照明灯泡

图4-5-33

449 450 451 452 453 454 455 456 457 485 459 460 461 462

J119-多功能显示器 J285-组合仪表中控制单元 J519-车载电网控制单元 K1-远光灯指示灯 K2-发电机指示灯 K3-机油压力指示灯 K47-ABS指示灯 K65-左侧转向信号灯指示灯 K106-清洗液不足指示灯 K155-电子稳定程序和ASR指示灯 K232-行驶换道辅助系统控制灯

图4-5-32

435 436 437 438 439 440 441 442 443 444 445 446 447 448

组合仪表中的控制单元、车载电网控制单元、安全带警告指示灯、制动摩擦片指示灯、"红色三角形"（警告）标志指示灯、废气警告灯、电子油门故障信号灯、驻车制动器指示灯、机电式助力转向器指示灯、选挡杆指示灯、轮胎压力监控显示指示灯、车道保持辅助系统指示灯

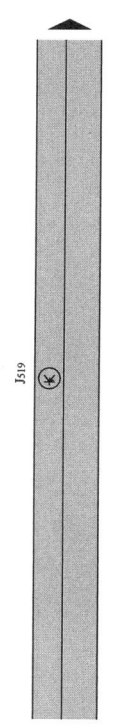
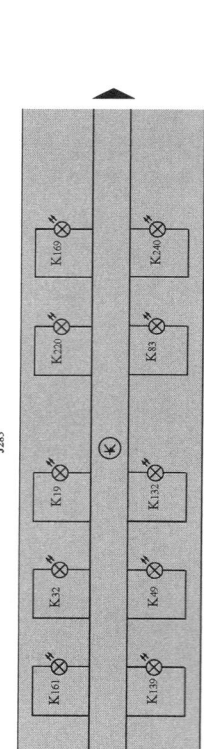

J285-组合仪表中的控制单元 J519-车载电网控制单元 K19-安全带警告指示灯 K32-制动摩擦片指示灯 K49-"红色三角形"（警告）标志指示灯 K83-废气警告灯 K132-电子油门故障信号灯 K139-驻车制动器指示灯 K161-机电式助力转向器指示灯 K169-选挡杆指示灯 K220-轮胎压力监控显示指示灯 K240-车道保持辅助系统指示灯

图 4-5-34

组合仪表中的控制单元、车载电网控制单元、转速表、车速表、警报蜂鸣器和警报音、组合仪表中的控制单元、车载电网控制单元、USB充电插座1、时钟、里程表、选挡杆位置显示

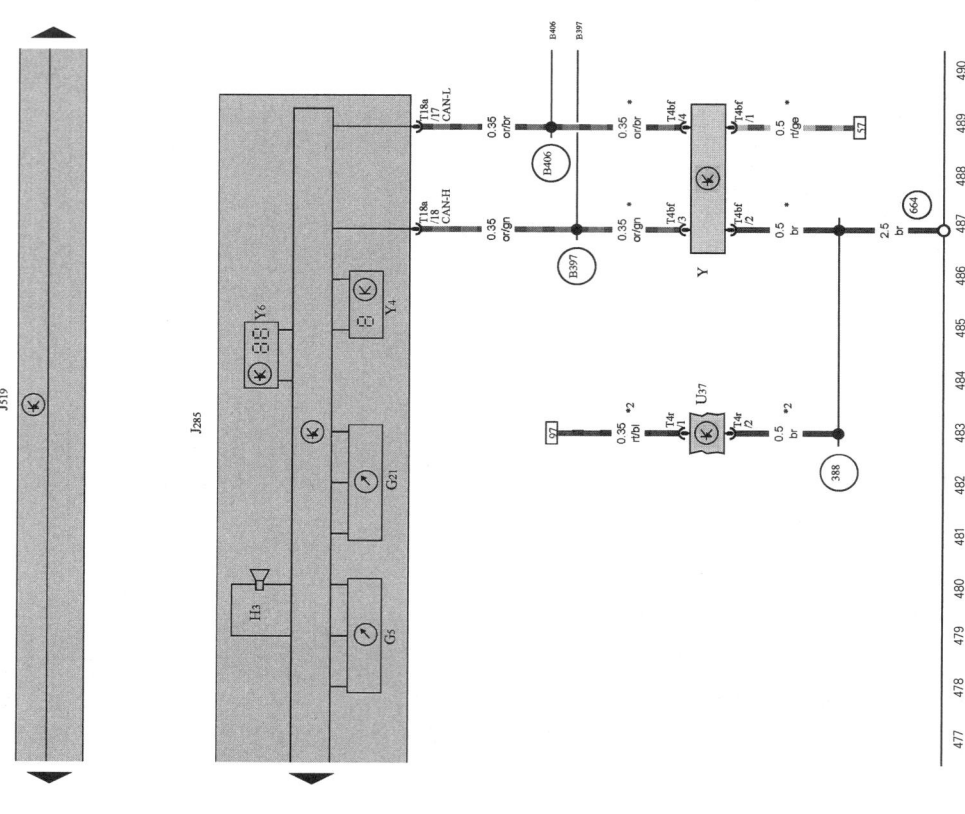

G5-转速表 G21-车速表 H3-警报蜂鸣器和警报音 J285-组合仪表中的控制单元 J519-车载电网控制单元 Y-时钟 Y4-里程表 Y6-选挡杆位置显示 T4bf-4芯插头连接 T4r-4芯插头连接 T18a-18芯插头连接 U37-USB充电插座1 Y6-选挡杆位置显示 388-接地显示 664-左侧仪表板后面的接地点 B397-连接1（舒适CAN总线，High），在主导线束中 B406-连接1（舒适CAN总线，Low），在主导线束中 *-依汽车装备而定 *2-自2017年7月起

图 4-5-35

车载电网控制单元、数据总线诊断接口

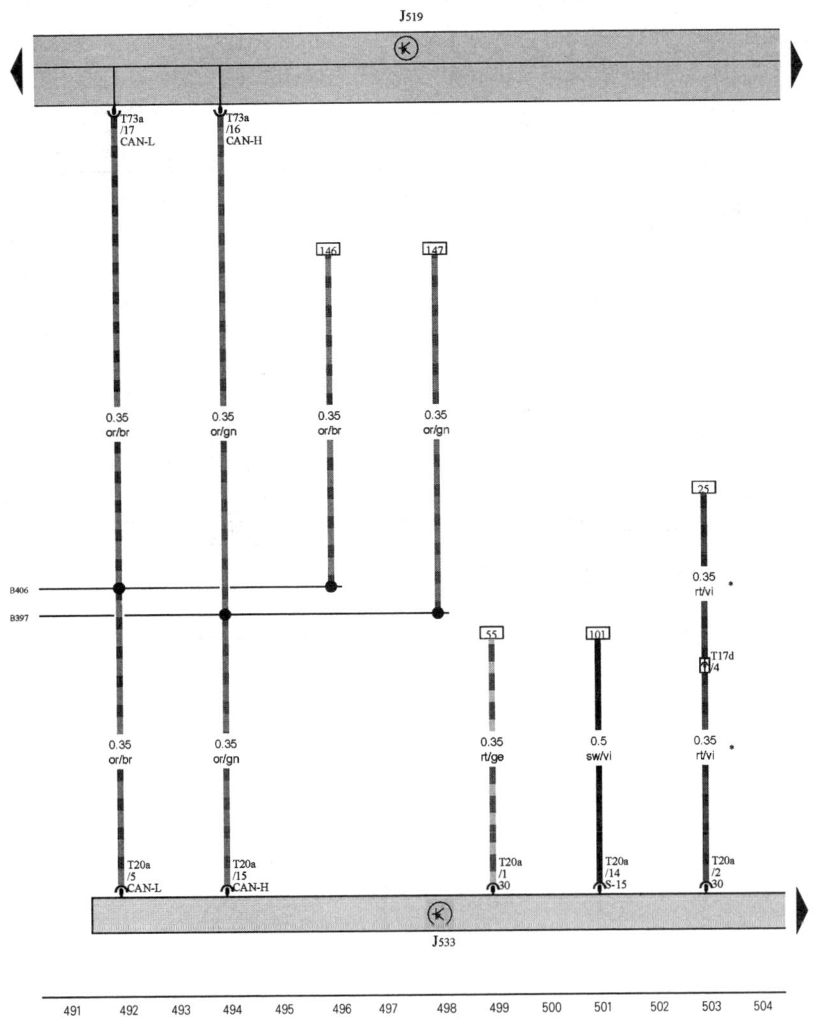

车载电网控制单元、数据总线诊断接口、诊断接口

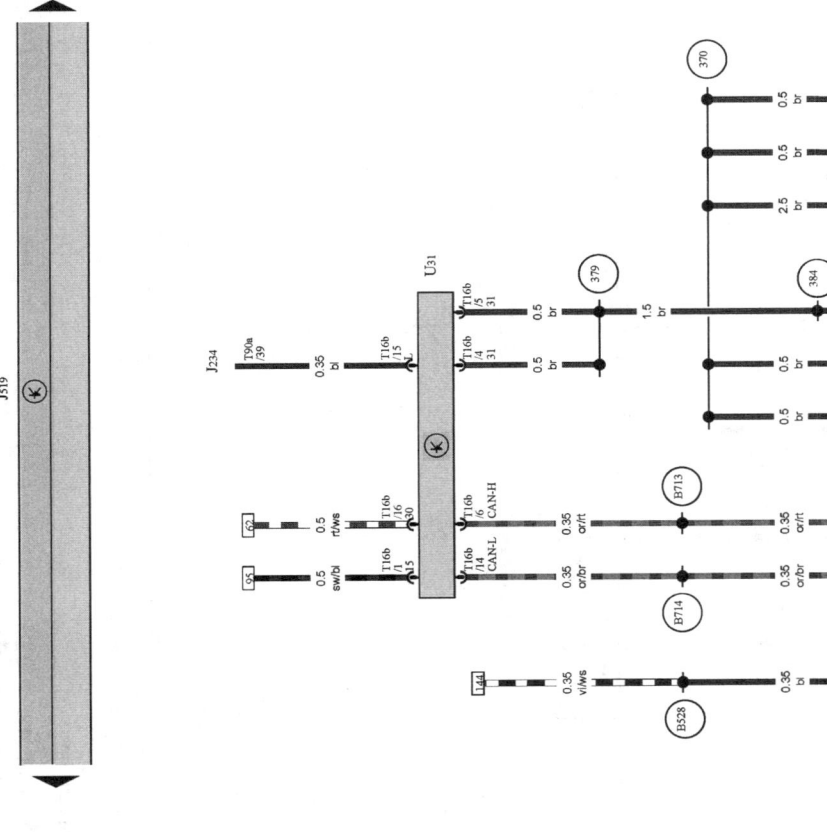

图 4-5-36

图 4-5-37

J519-车载电网控制单元 J533-数据总线诊断接口 T17d-17芯插头连接 T20a-20芯插头连接 T73a-73芯插头连接 B397-连接1（舒适CAN总线，High），在主导线束中 B406-连接1（舒适CAN总线，Low），在主导线束中 *-用于不带发动机自动启停系统的汽车

J234-安全气囊控制单元 J519-车载电网控制单元 J533-数据总线诊断接口 T16b-16芯插头连接 T20a-20芯插头连接 T90a-90芯插头连接 U31-诊断接口 370-接地连接14，在主导线束中 379-接地连接5，在主导线束中 384-接地连接19，在主导线束中 639-左侧A柱上的接地 664-左侧仪表板后面的接地点 B528-连接1（LIN总线），在主导线束中 B713-连接1（CAN总线，High），在主导线束中 B714-连接1（诊断CAN总线，Low），在主导线束中

645

车载电网控制单元、左侧驻车示宽灯灯泡、左侧大灯、左前转向信号灯灯泡、左侧近光灯灯泡、左侧远光灯灯泡、左侧大灯照明距离调节伺同服电机

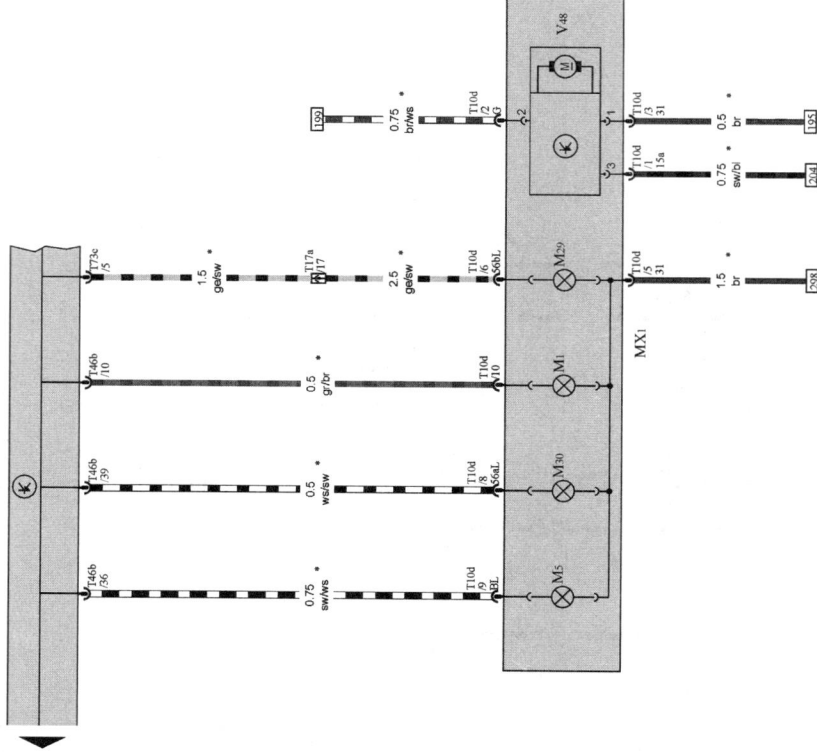

车载电网控制单元、右前大灯、右侧驻车示宽灯灯泡、右侧近光灯灯泡、右侧远光灯灯泡、右侧大灯照明距离调节伺服电机、右前转向信号灯灯泡、右侧近光灯灯泡

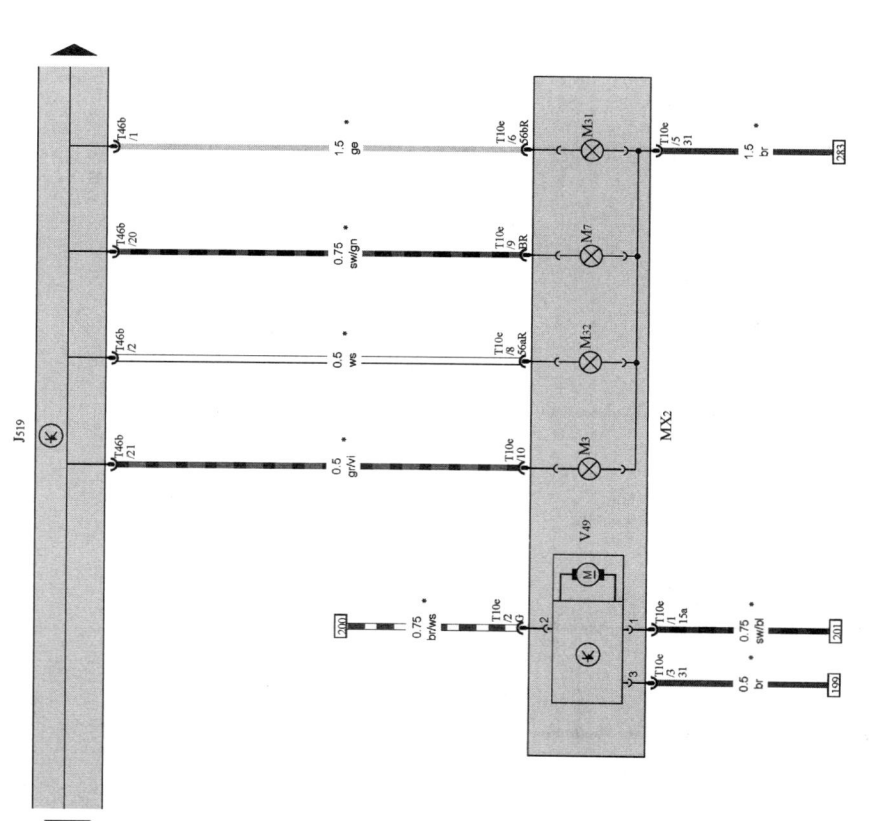

J519-车载电网控制单元 M1-左侧驻车示宽灯灯泡 M5-左前转向信号灯灯泡 M29-左侧近光灯灯泡 M30-左侧远光灯灯泡 T10a-10芯插头连接 T17a-17芯插头连接 T46b-46芯插头连接 T73c-73芯插头连接 V48-左侧大灯照明距离调节伺服电机 *-自2017年7月起

图 4-5-39

J519-车载电网控制单元 MX2-右前大灯 M3-右侧驻车示宽灯灯泡 M7-右前转向信号灯灯泡 M31-右侧近光灯灯泡 M32-右侧远光灯灯泡 T10e-10芯插头连接 T46b-46芯插头连接 V49-右侧大灯照明距离调节伺服电机 *-自2017年7月起

图 4-5-38

第五章　柯米克（Kamiq）

第一节　发动机系统

发动机系统电路图的图号和图名对照表见表 5-1-1。

表 5-1-1　发动机系统电路图的图号和图名对照表

图号	图名
图 5-1-1~图 5-1-28	1.5L 汽油发动机（DLX、DLXA、DLXC）电控系统电路图（自 2018 年 3 月起）
图 5-1-29	散热器风扇电路图（自 2018 年 3 月起）
图 5-1-30~图 5-1-57	1.5L 汽油发动机（DLX、DLXA）电控系统电路图（自 2018 年 7 月起）

蓄电池、启动机、蓄电池监控控制单元

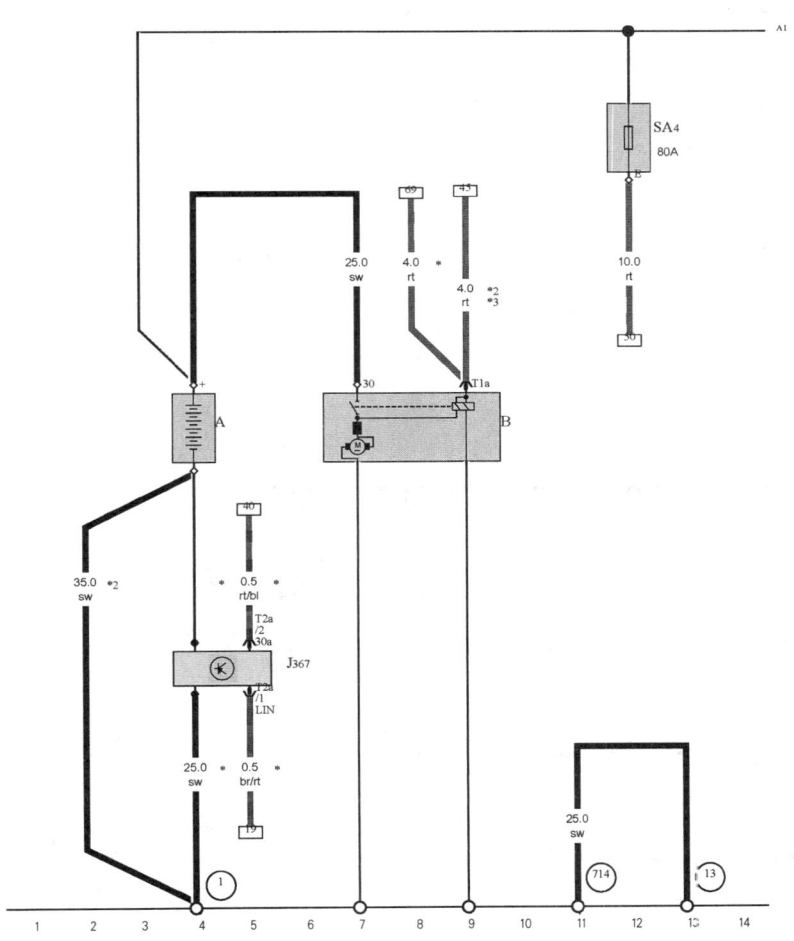

A-蓄电池　B-启动机　J367-蓄电池监控控制单元　SA4-保险丝架A上的保险丝4　T1a-1芯插头连接，黑色　T2a-2芯插头连接，黑色　1-接地带，蓄电池-车身　13-发动舱内右侧的接地点　714-发动机上右侧的接地点　*-用于带发动机自动启停系统的汽车　*2-用于不带发动机自动启停系统的汽车　*3-用于不带进入及启动许可的汽车

图 5-1-1

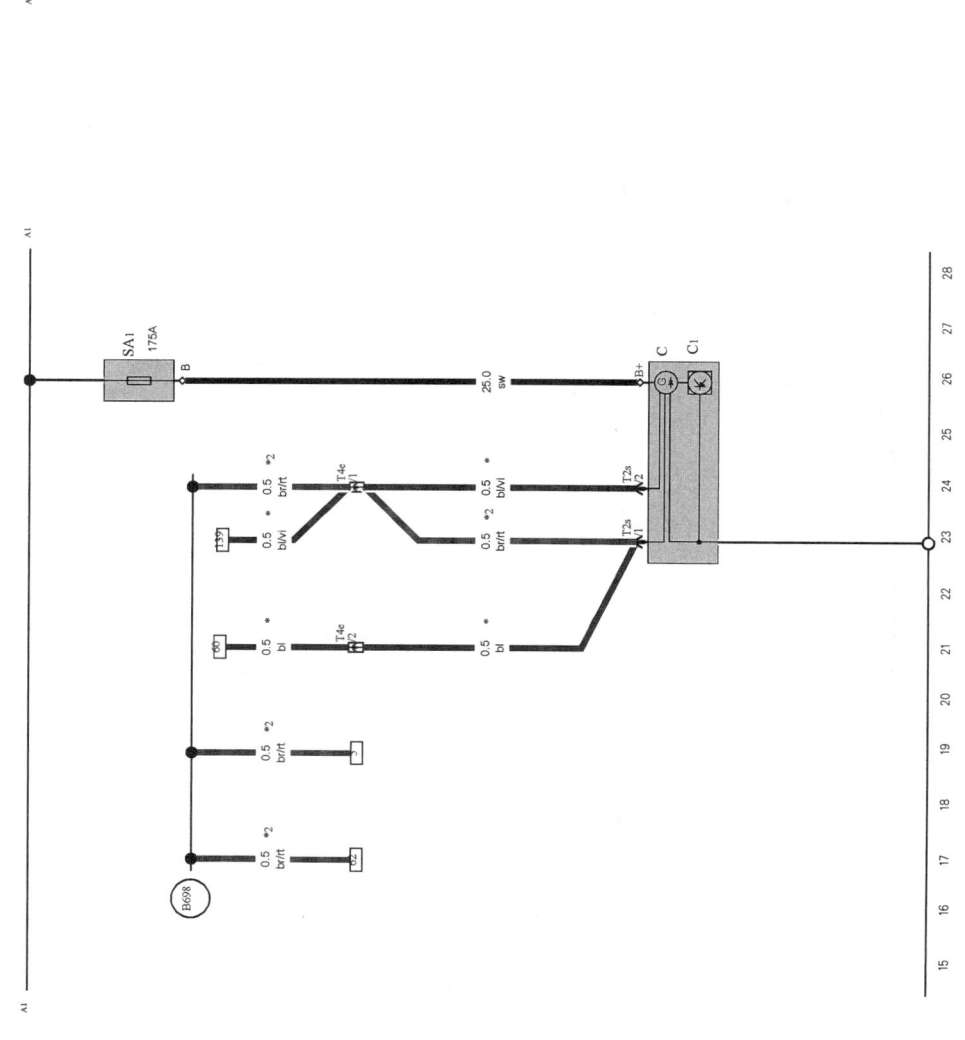

主继电器、保险丝架 B

SB

SB5 10A

SB3 30A

SB2 10A

B317

B315

J271

B320

B319

SA3 110A

B318

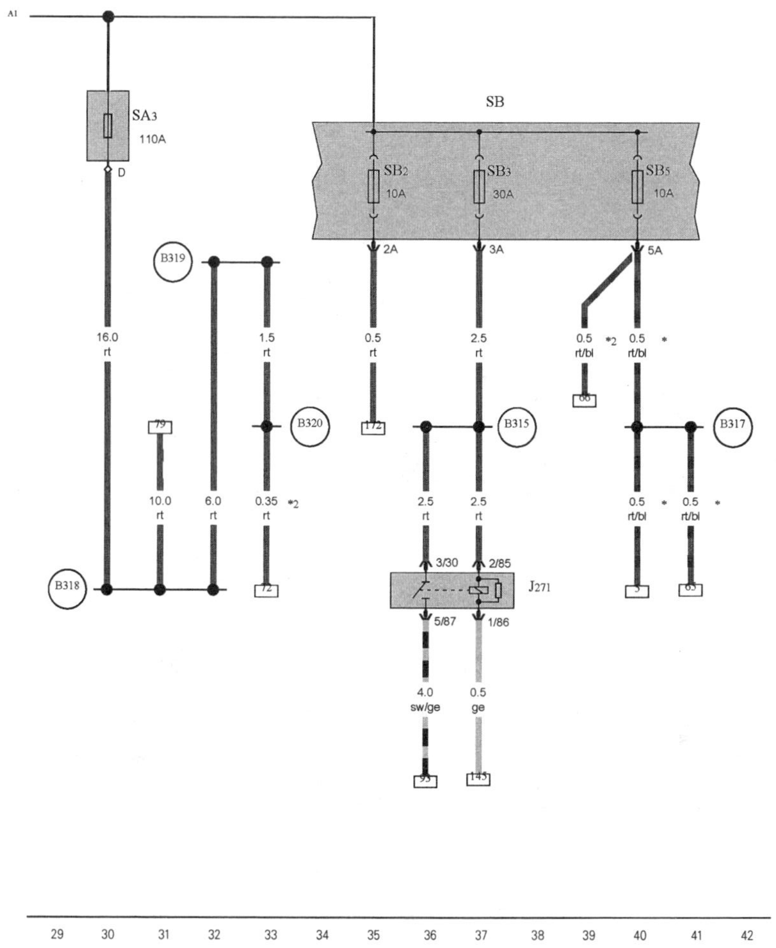

J271—主继电器　SA3—保险丝架A上的保险丝3　SB—保险丝架B　SB2—保险丝架B上的保险丝2　SB3—保险丝
架B上的保险丝3　SB5—保险丝架B上的保险丝5　B315—正极连接1（30a），在主导线束中　B317—正极连接3
（30a），在主导线束中　B318—正极连接4（30a），在主导线束中　B319—正极连接5（30a），在主导线束
中　B320—正极连接6（30a），在主导线束中　*-用于带发动机自动启停系统的汽车　*2-用于不带发动机自
动启停系统的汽车

图 5-1-3

交流发电机、电压调节器

SA1 175A

B698

图 5-2

C—交流发电机　C1—电压调节器　SA1—保险丝架A上的保险丝1　T2s—2芯插头连接　T4e—4芯插头连
接，发动机舱内左前，黑色　B698—连接3（LIN总线），在主导线束中　*-用于带发动机自动启停系统的
汽车　*2-用于不带发动机自动启停系统的汽车

648

车载电网控制单元、启动机继电器 1、启动机继电器 2、保险丝架 C

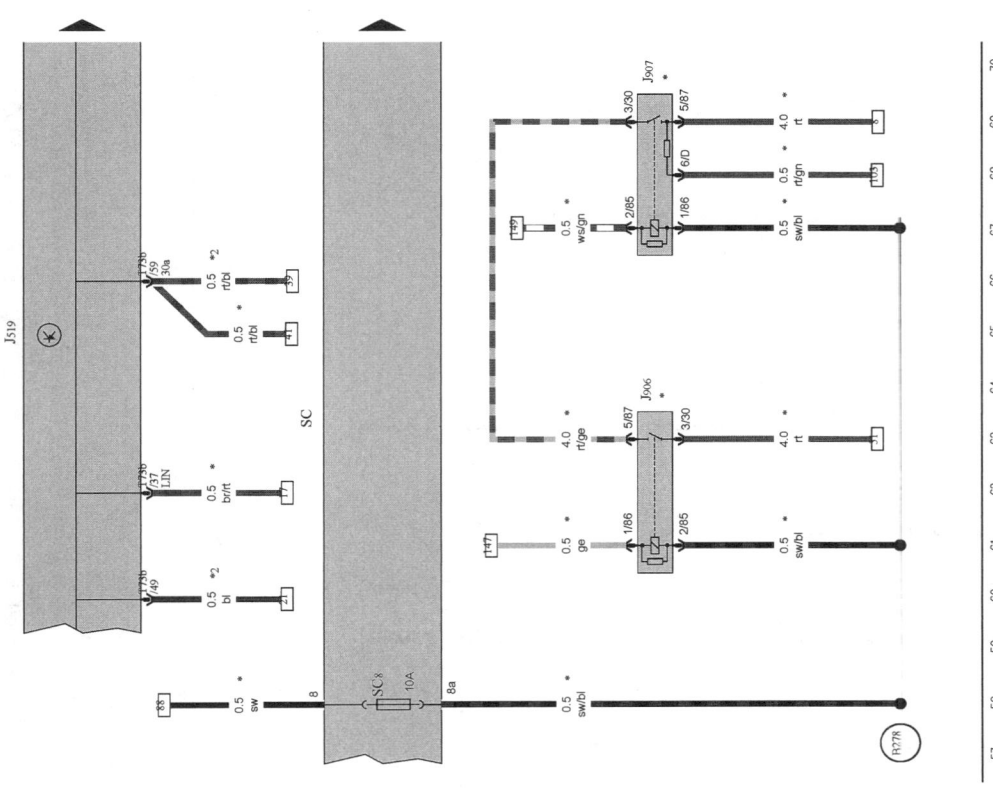

点火启动开关、接线端 15 供电继电器

图 5-1-5

J519–车载电网控制单元 J906–启动机继电器1 J907–启动机继电器2 SC–保险丝架2 SC8–保险丝架C
保险丝8 T73b–73芯插头连接，白色 B278–正极连接2（15a），在主导线束中 *2–用于带发动机自动启停
系统的汽车 *–用于不带发动机自动启停系统的汽车

图 5-1-4

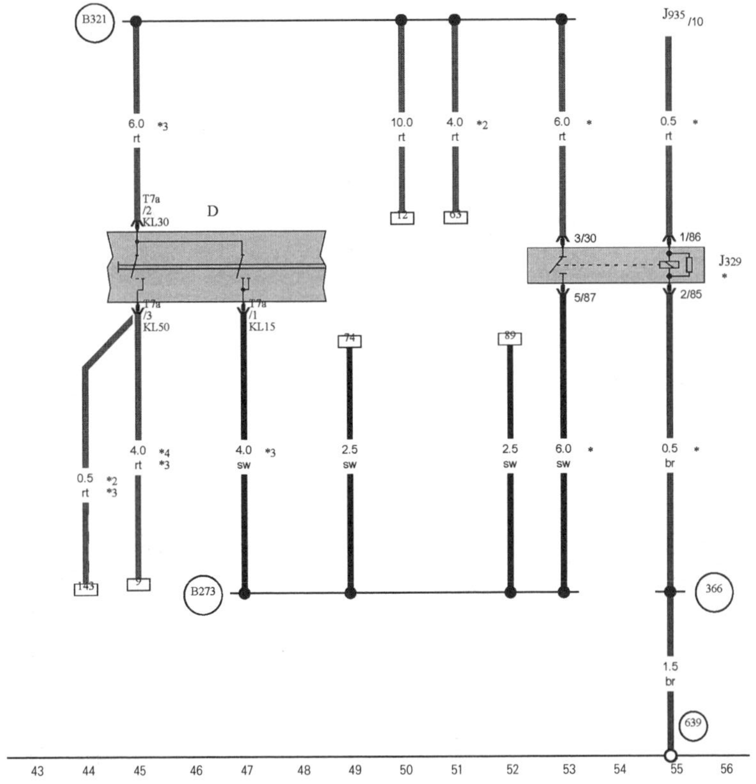

D–点火启动开关 J329–接线端15供电继电器 J935–转换器盒 T7a–7芯插头连接，黑色 366–接地连接1，
在主导线束中 639–左A柱上的接地点 B273–正极连接（15），在主导线束中 B321–正极连接7（30a），
在主导线束中 *–用于带进入及启动许可的汽车 *2–用于带发动机自动启停系统的汽车 *3–用于不带进入
及启动许可的汽车 *4–用于不带发动机自动启停系统的汽车

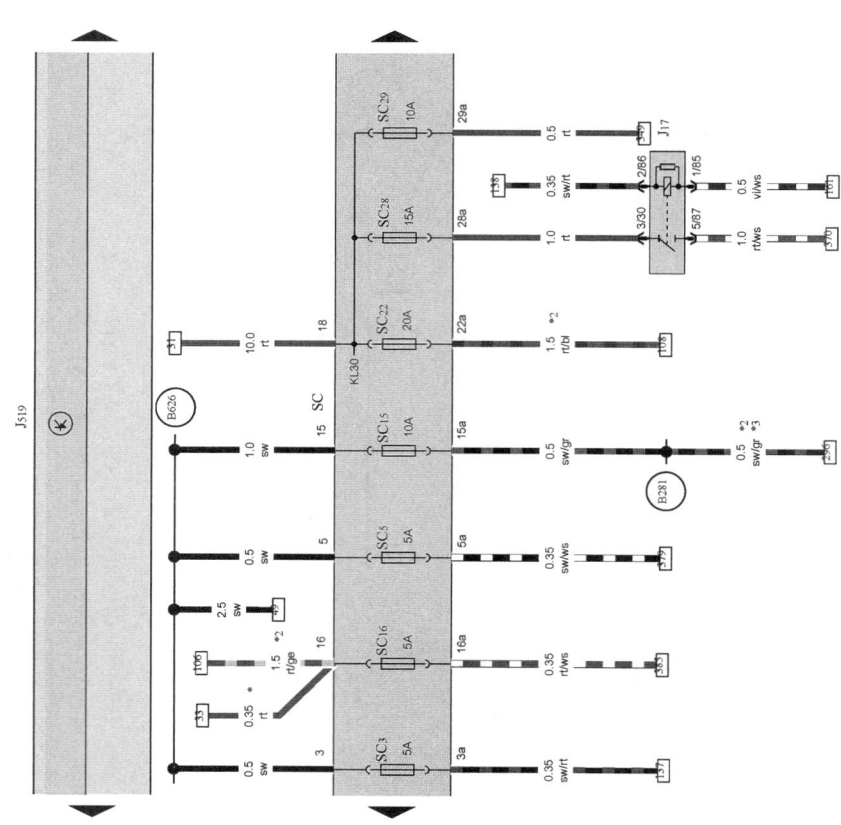

车载电网控制单元，保险丝架 C

图 5-1-7

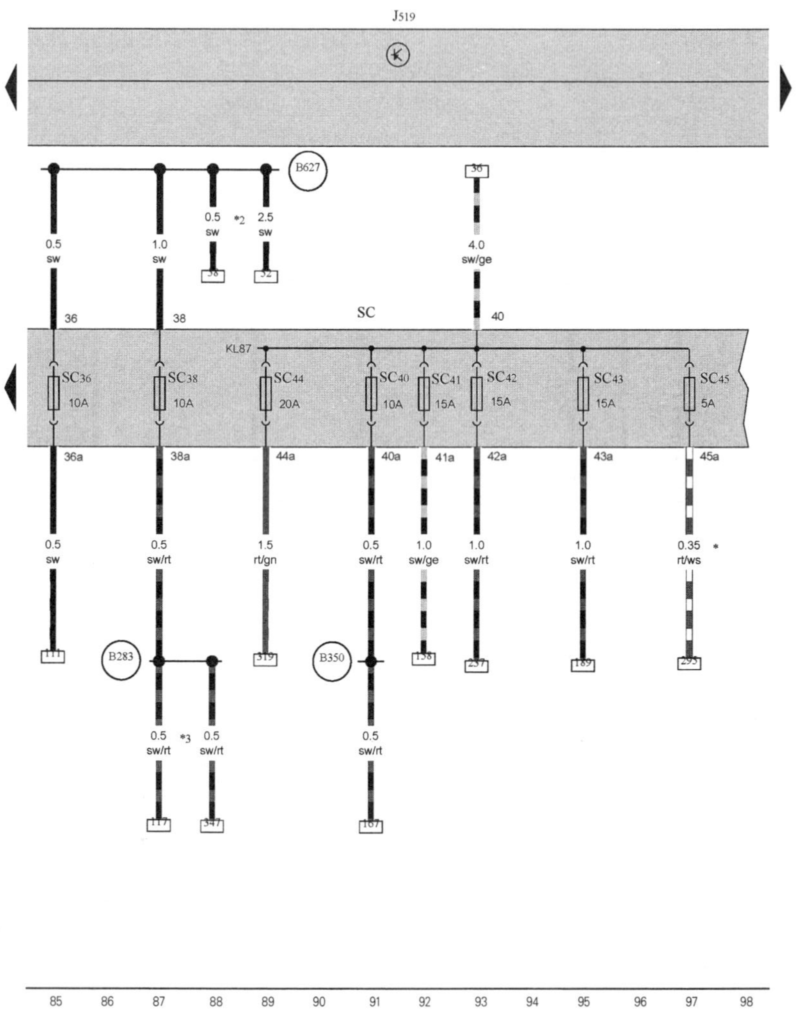

J519－车载电网控制单元 SC－保险丝架C SC36－保险丝架C上的保险丝36 SC38－保险丝架C上的保险丝38 SC40－保险丝架C上的保险丝40 SC41－保险丝架C上的保险丝41 SC42－保险丝架C上的保险丝42 SC43－保险丝架C上的保险丝43 SC44－保险丝架C上的保险丝44 SC45－保险丝架C上的保险丝45 B283－正极连接7（15a），在主导线束中 B350－正极连接1（87a），在主导线束中 B627－正极连接3（15），在主导线束中 *－自2018年5月起 *2－用于带发动机自动启停系统的汽车 *3－用于带定速巡航装置的汽车

燃油泵继电器，车载电网控制单元，保险丝架 C

图 5-1-6

J17－燃油泵继电器 J519－车载电网控制单元 SC－保险丝架C SC3－保险丝架C上的保险丝3 SC5－保险丝架C上的保险丝5 SC15－保险丝架C上的保险丝15 SC16－保险丝架C上的保险丝16 SC22－保险丝架C上的保险丝22 SC28－保险丝架C上的保险丝28 SC29－保险丝架C上的保险丝29 B281－正极连接5（15a），在主导线束中 B626－正极连接2（15），在主导线束中 *－用于不带发动机自动启停系统的汽车 *2－用于带发动机自动启停系统的汽车 *3－截至2018年5月

650

左侧转向柱开关、定速巡航装置开关、定速巡航装置设置按钮、车载电网控制单元、发动机控制单元

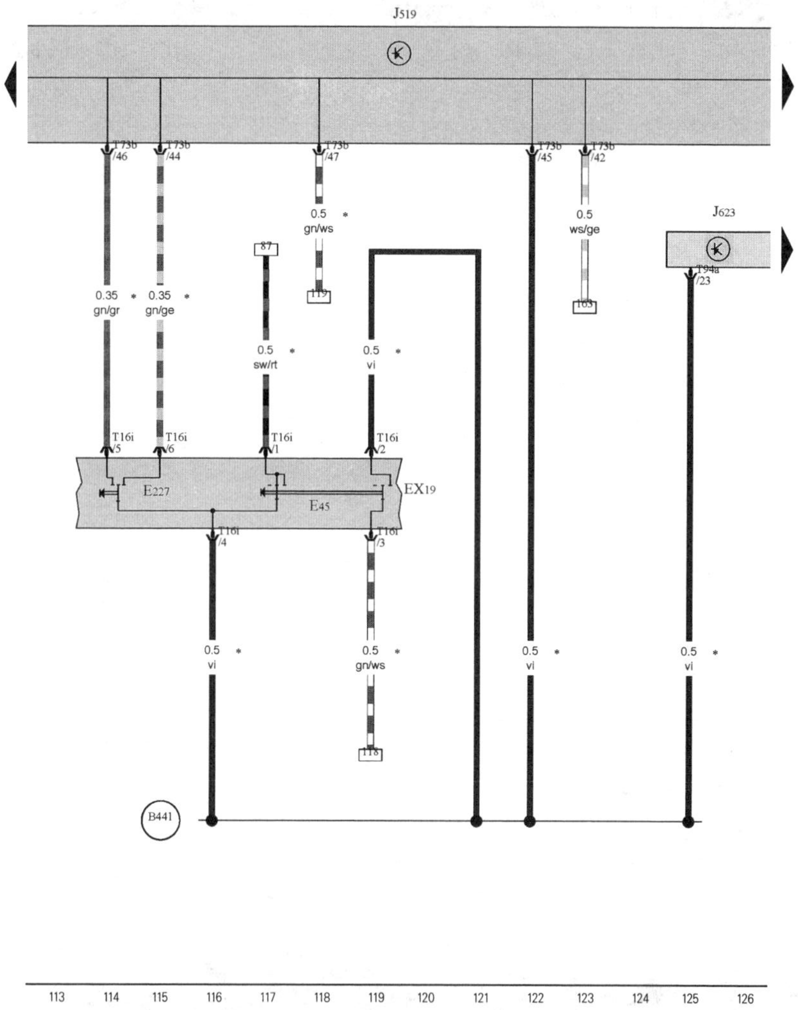

车载电网控制单元、稳压器

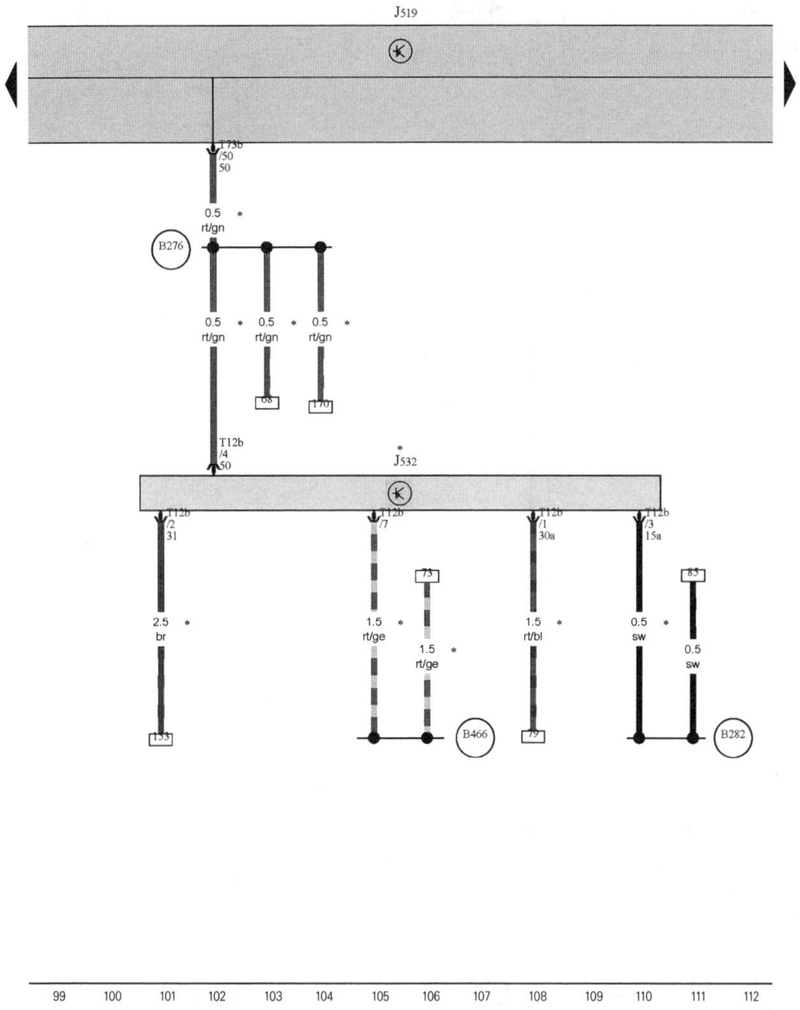

J519

J532

J623

EX19

E45

E227

B441

B276

B282

B466

图 5-1-9

EX19-左侧转向柱开关 E45-定速巡航装置开关 E227-定速巡航装置设置按钮 J519-车载电网控制单元 J623-发动机控制单元 T16i-16芯插头连接，黑色 T73b-73芯插头连接，白色 T94a~94芯插头连接，黑色 B441-连接（GRA），在主导线束中 *-用于带定速巡航装置的汽车

图 5-1-8

J519-车载电网控制单元 J532-稳压器 T12b-12芯插头连接，黑色 T73b-73芯插头连接，白色 B276-正极连接（50），在主导线束中 B282-正极连接6（15a），在主导线束中 B466-连接2，在主导线束中 *-用于带发动机自动启停系统的汽车

离合器位置传感器、车载电网控制单元、发动机控制单元

车载电网控制单元、发动机控制单元

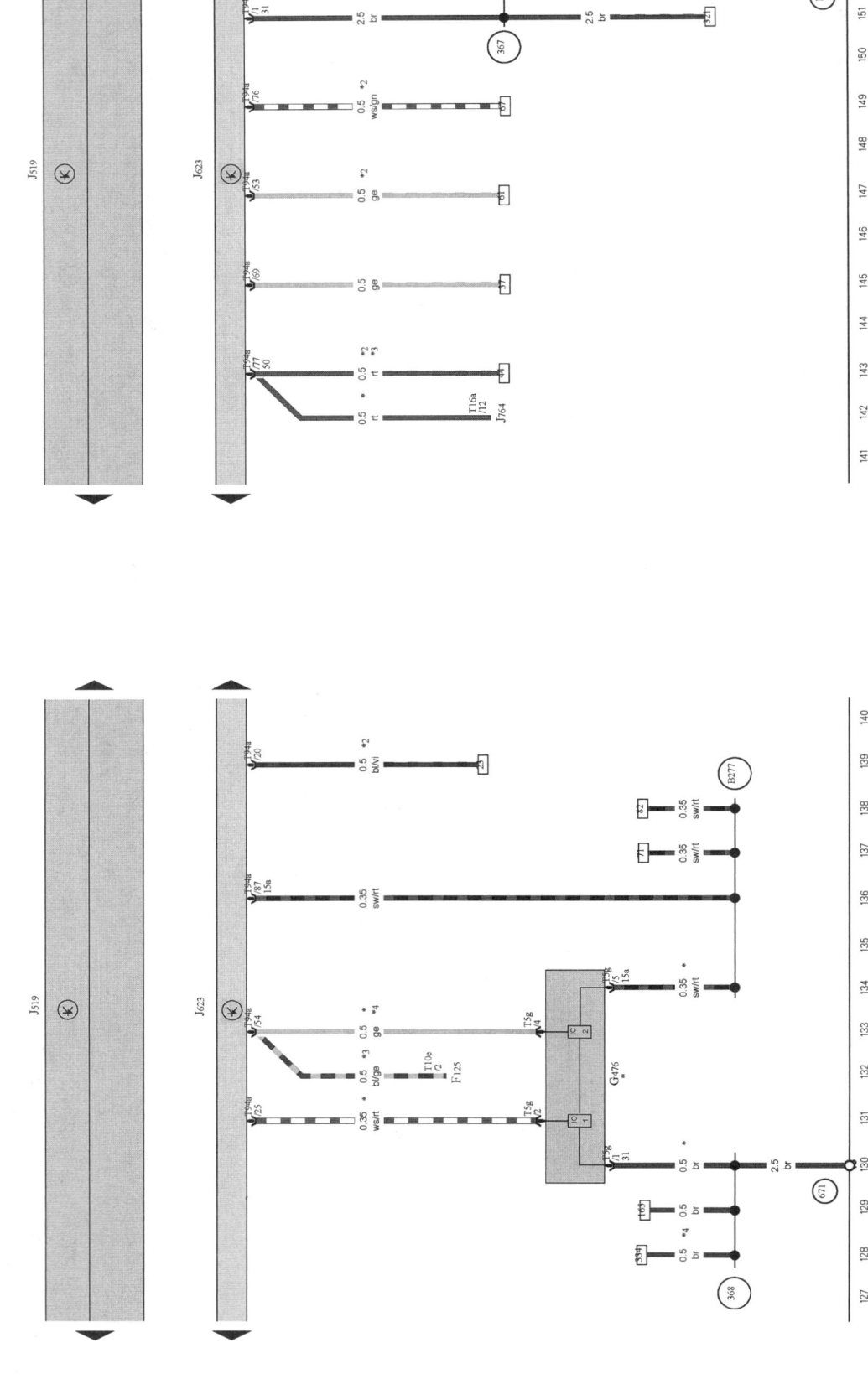

图 5-1-10

图 5-1-11

F125-多功能开关 G476-离合器位置传感器 J519-车载电网控制单元 J623-发动机控制单元 T5g-5芯插头连接，黑色 T10e-10芯插头连接，黑色 T94a-94芯插头连接，黑色 368-接地连接3，在主导线束中 671-左前纵梁上的接地点1 B277-正极连接1（15a），在主导线束中 *-用于带自动变速器的汽车 *2-用于不带发动机自动启停系统的汽车 *3-用于带自动变速器的汽车 *4-用于带发动机自动启停系统的汽车

J519-车载电网控制单元 J623-发动机控制单元 J764-电子转向柱锁止装置控制单元 T16a-16芯插头连接，黑色 T94a-94芯插头连接，黑色 367-接地连接2，在主导线束中 10-排水槽内的接地点 *-用于带进入及启动许可的汽车 *2-用于带发动机自动启停系统的汽车 *3-用于不带进入及启动许可的汽车

652

制动信号灯开关、制动踏板开关、车载电网控制单元、发动机控制单元

加速踏板模块、加速踏板位置传感器、加速踏板位置传感器 2、车载电网控制单元、发动机控制单元

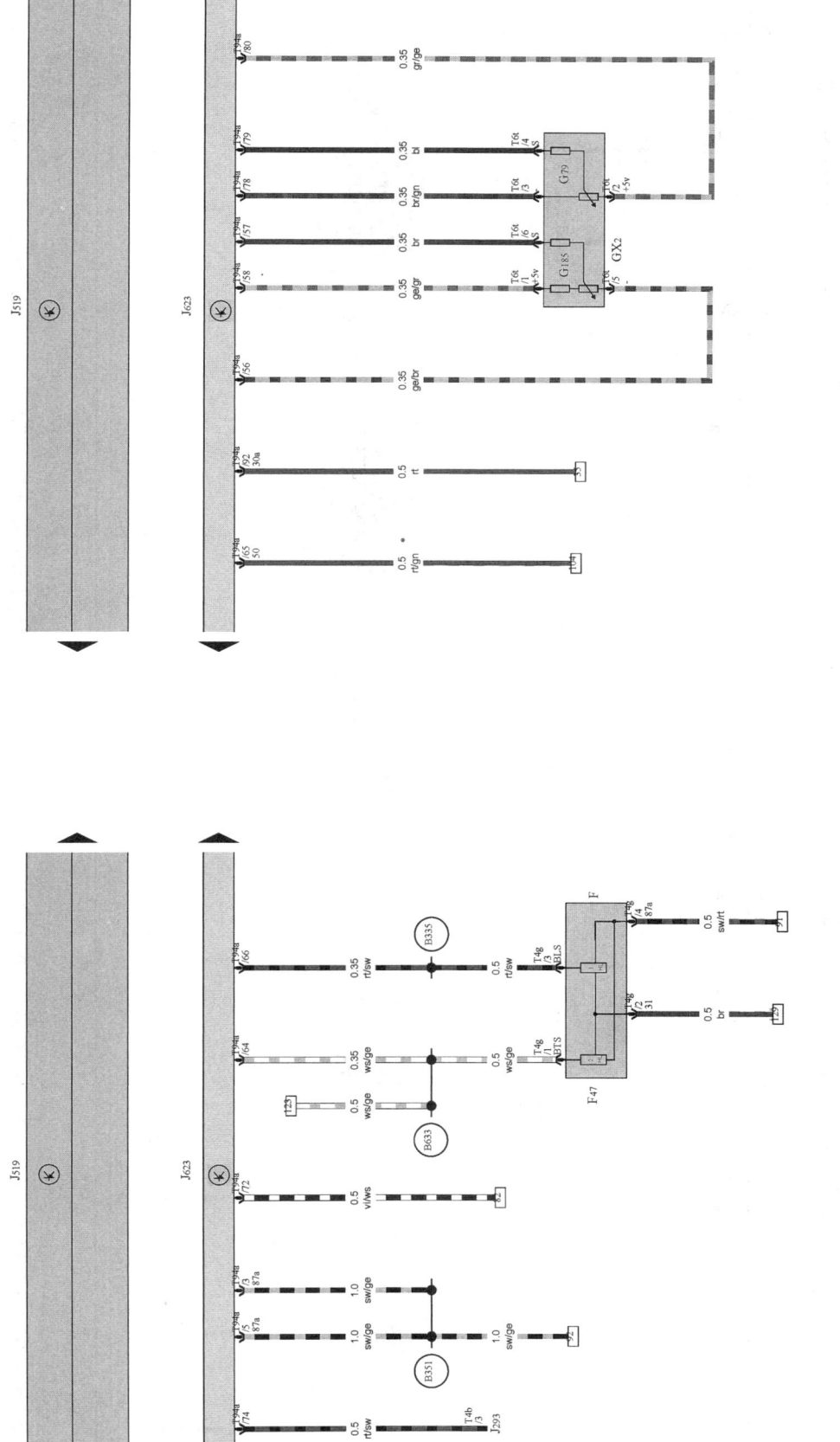

图 5-1-12

图 5-1-13

F-制动信号灯开关 F47-制动踏板开关 J293-散热器风扇控制单元 J519-车载电网控制单元 J623-发动机控制单元 T4b-4芯插头连接，黑色 T94a-94芯插头连接，黑色 T4g-4芯插头连接，黑色 B335-连接1（54），制单元 T4b-4芯插头连接，黑色 T94a-94芯插头连接，黑色 B351-正极连接2（87a），在主导线束中 B633-连接（制动踏板开关），在主导线束中 在主导线束中 B351-正极连接2（87a），在主导线束中

GX2-加速踏板模块 G79-加速踏板位置传感器 G185-加速踏板位置传感器 2 J519-车载电网控制单元 J623-发动机控制单元 T6t-6芯插头连接 T94a-94芯插头连接，黑色 *-用于带发动机自动启停系统的汽车

653

尾气催化净化器后的氧传感器 1、尾气催化净化器前的氧传感器 1、氧传感器、尾气催化净化器后的氧传感器、车载电网控制单元、发动机控制单元、氧传感器加热装置、尾气催化净化器后的氧传感器 1 加热装置

发动机转速传感器、电控油门操纵机构的节气门驱动装置、电控油门操纵机构的节气门驱动装置角度传感器 1、电控油门操纵机构的节气门驱动装置角度传感器 2、节气门控制单元、车载电网控制单元、发动机控制单元

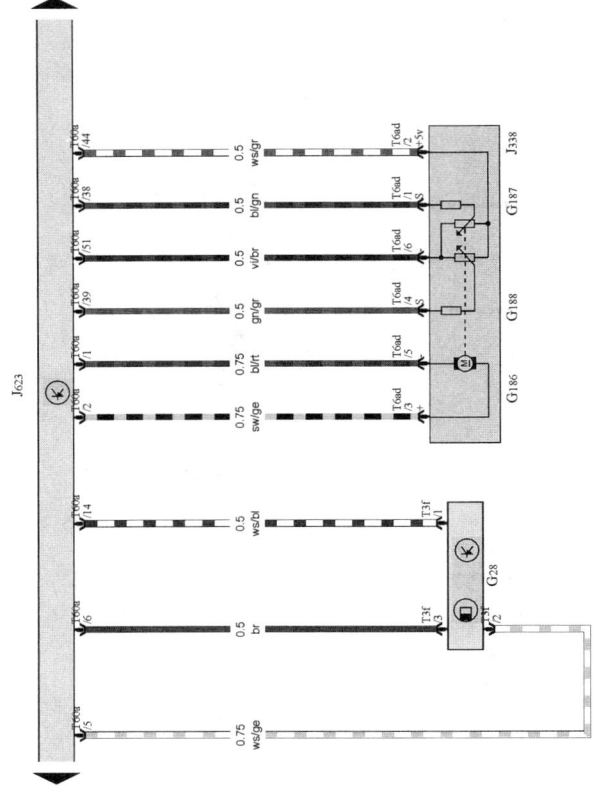

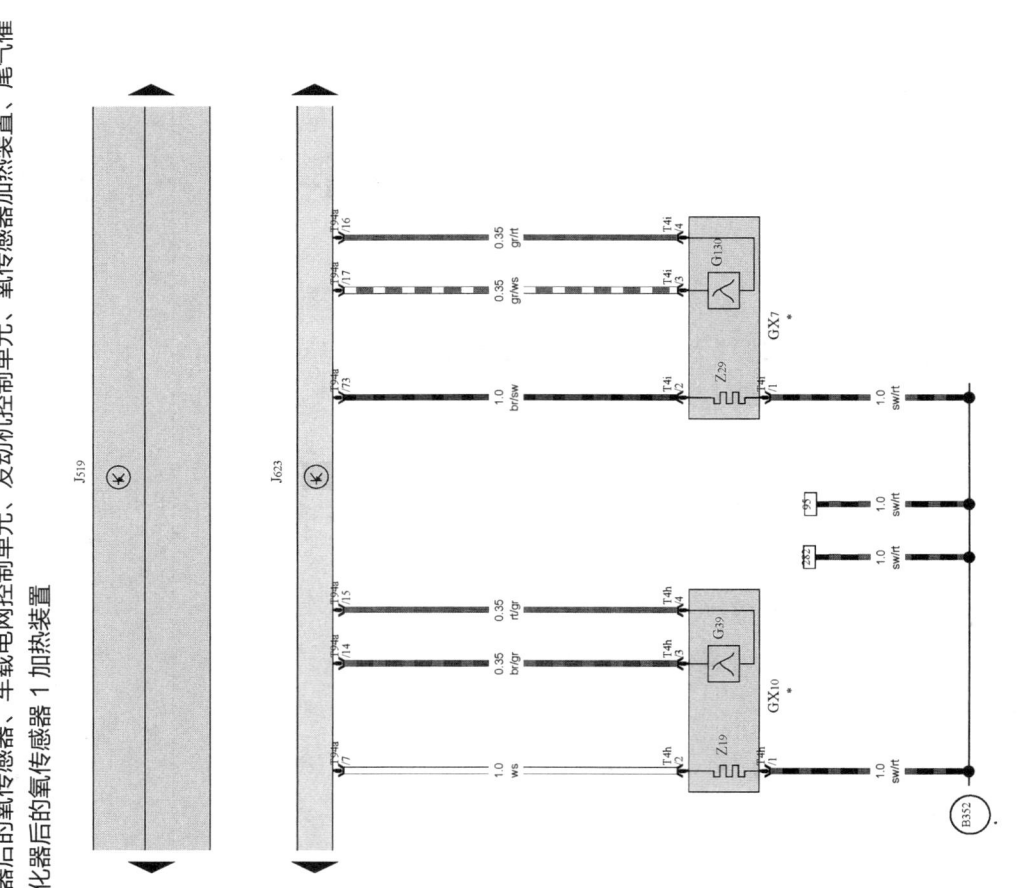

GX7-尾气催化净化器后的氧传感器 1 GX10-尾气催化净化器前的氧传感器 1 G39-氧传感器 G130-尾气催化净化器后的氧传感器 J519-车载电网控制单元 J623-发动机控制单元 T4h-4芯插头连接，棕色 T4i-4芯插头连接，黑色 T94a-94芯插头连接，黑色 Z19-氧传感器加热装置 Z29-尾气催化净化器后的氧传感器 1 加热装置 B352-正极连接3 (87a)，在主导线束中 *-已预先布线的部件

图 5-1-14

G28-发动机转速传感器 G186-电控油门操纵机构的节气门驱动装置 G187-电控油门操纵机构的节气门驱动装置角度传感器1 G188-电控油门操纵机构的节气门驱动装置角度传感器2 J338-节气门控制单元 J519-车载电网控制单元 J623-发动机控制单元 T3f-3芯插头连接，黑色 T6ad-6芯插头连接，黑色 T60a-60芯插头连接，黑色

图 5-1-15

爆震传感器 1、冷却液温度传感器、车载电网控制单元、发动机控制单元

气缸 4 喷油器

车载电网控制单元、发动机控制单元、气缸 1 喷油器、气缸 2 喷油器、气缸 3 喷油器、气

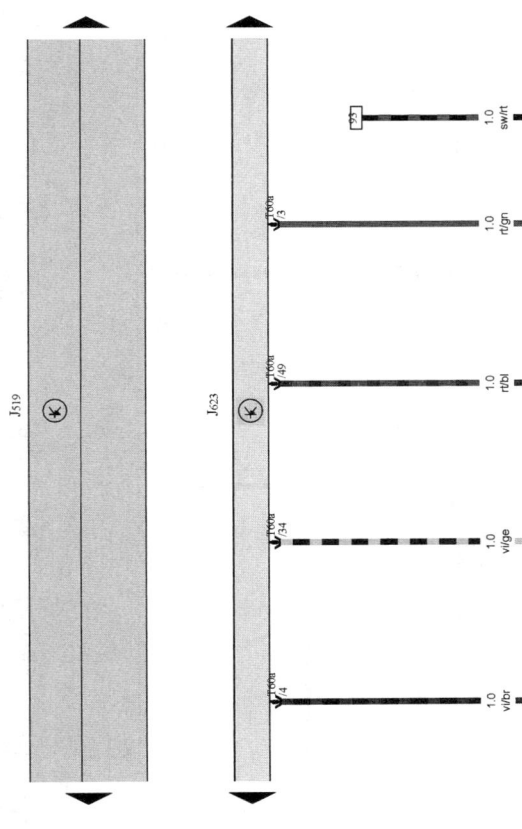

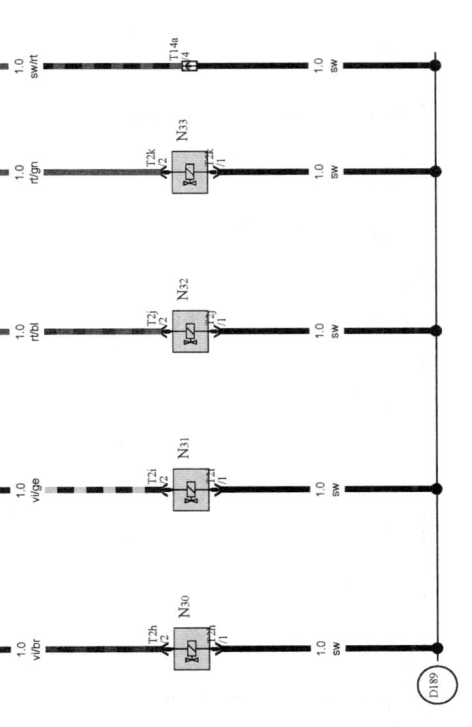

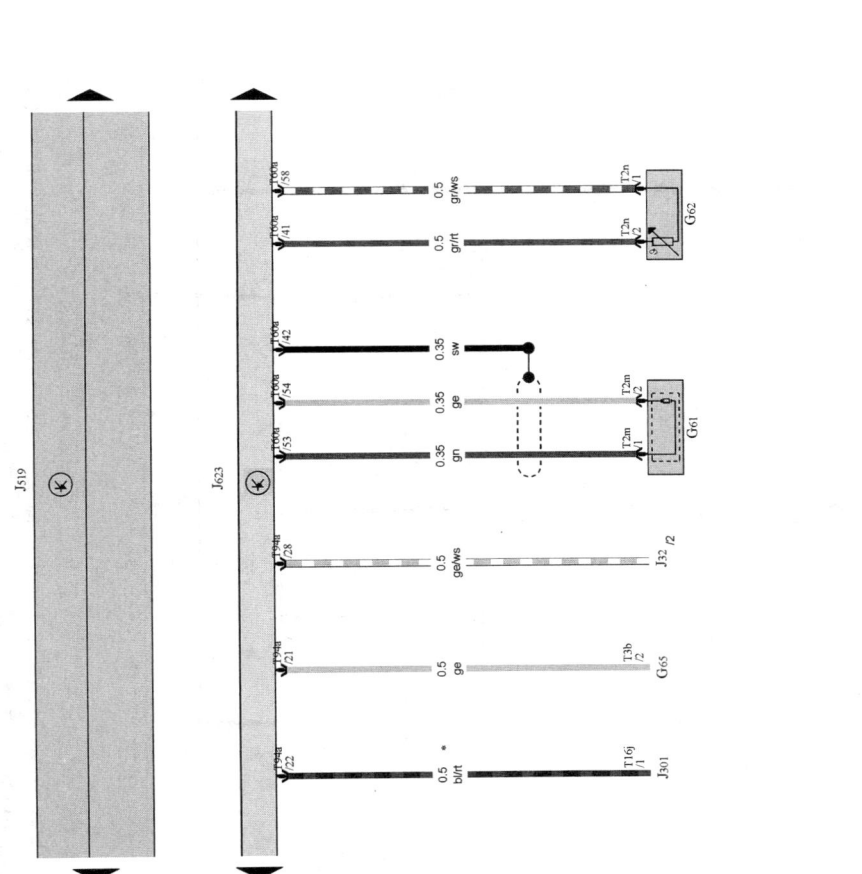

G61-爆震传感器1 G62-冷却液温度传感器 G65-高压传感器 J32-空调器继电器 J301-空调器控制单元 J623-发动机控制单元 J519-车载电网控制单元 T2h-2芯插头连接,黑色 T2m-2芯插头连接,黑色 T2n-2芯插头连接,黑色 T3b-3芯插头连接,黑色 T16j-16芯插头连接,黑色 T60a-60芯插头连接,黑色 T94a-94芯插头连接,黑色 *-用于带手动调节空调的汽车

图 5-1-16

J519-车载电网控制单元 J623-发动机控制单元 N30-气缸1喷油器 N31-气缸2喷油器 N32-气缸3喷油器 N33-气缸4喷油器 T2h-2芯插头连接,黑色 T2j-2芯插头连接,黑色 T2k-2芯插头连接,黑色 T14a-14芯插头连接,黑色 T60a-60芯插头连接,灰色 D189-连接芯插头连接,在发动机舱内左前,黑色 D189-连接(87a),在发动机预接线导线束中

图 5-1-17

655

霍耳传感器、霍耳传感器3、车载电网控制单元、发动机控制单元

进气温度传感器、进气歧管压力传感器、变速器空挡位置传感器、车载电网控制单元、发动机控制单元

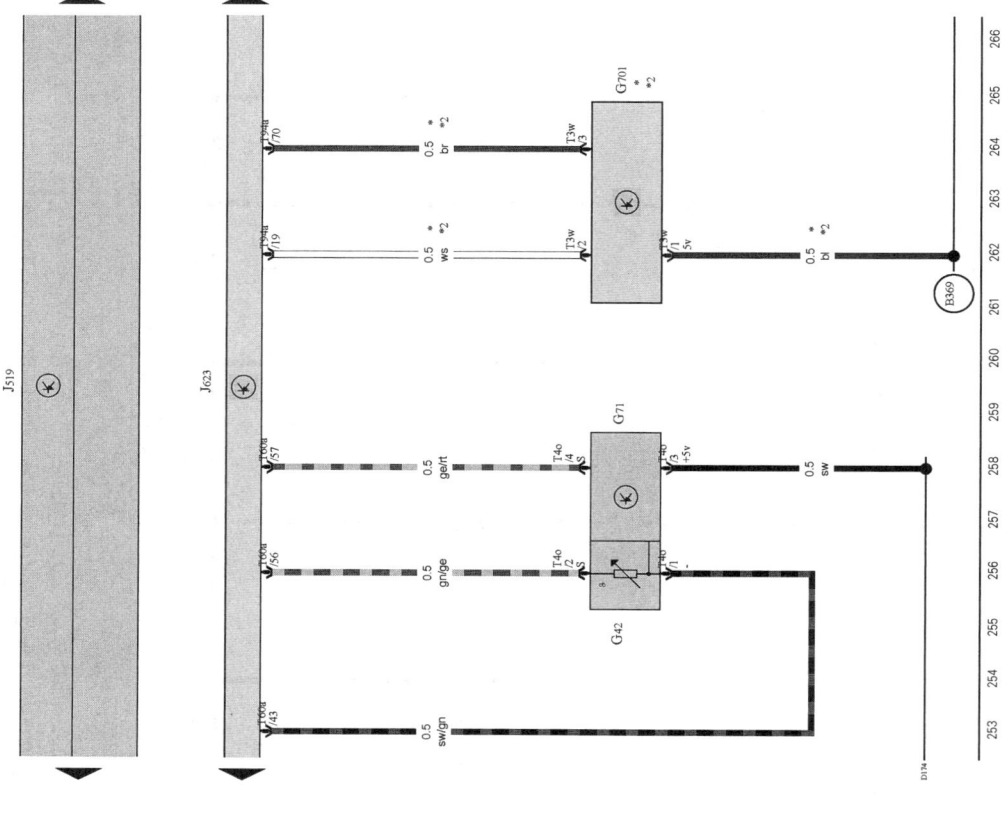

图5-1-19

G42-进气温度传感器 G71-进气歧管压力传感器 G701-变速器空挡位置传感器 J519-车载电网控制单元 J623-发动机控制单元 T3w-3芯插头连接，黑色 T4o-4芯插头连接，黑色 T60a-60芯插头连接，黑色 T94a-94芯插头连接，黑色 B369-连接2（5V），在主导线束中 D174-连接2（5V），在发动机预接线导线束中 *-用于带手动变速器的汽车 *2-用于带发动机自动启停系统的汽车

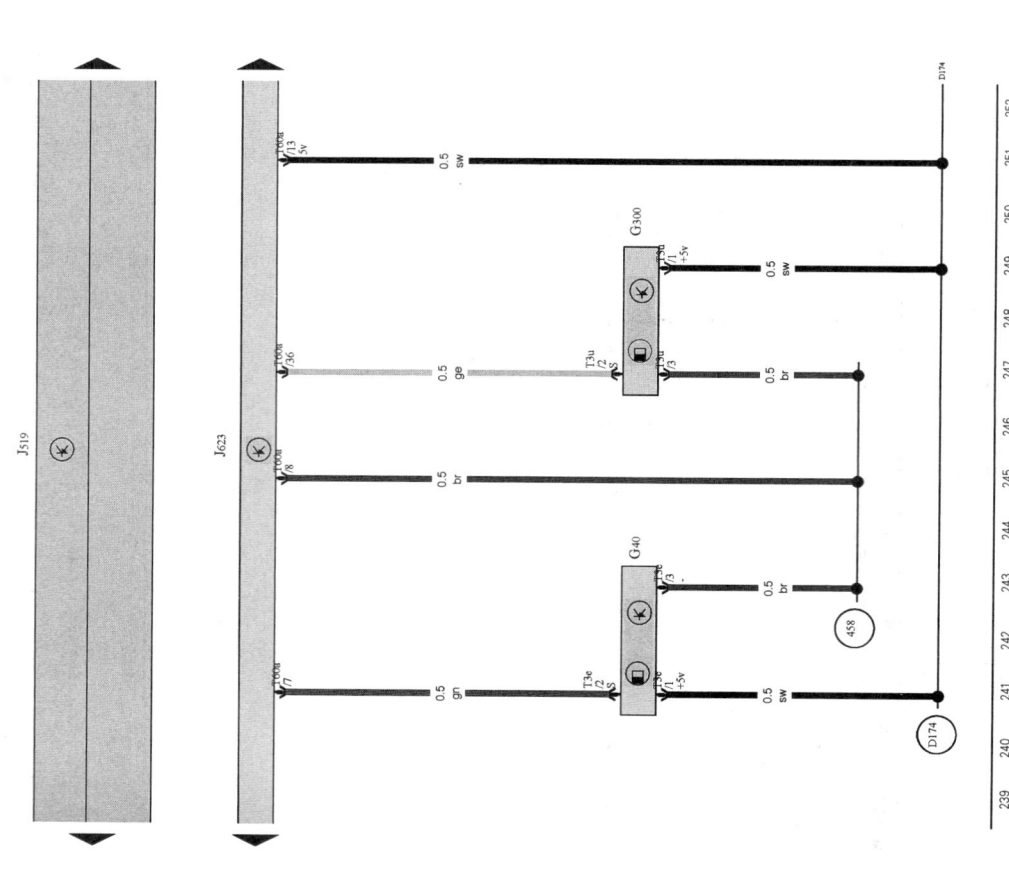

图5-1-18

G40-霍耳传感器 G300-霍耳传感器3 J519-车载电网控制单元 J623-发动机控制单元 T3c-3芯插头连接 T3e-3芯插头连接 T3u-3芯插头连接，黑色 T60a-60芯插头连接，黑色 458-接地连接，在发动机预接线导线束中 D174-连接2（5V），在发动机预接线导线束中

机油压力开关、制动助力压力传感器、车载电网控制单元、发动机控制单元

车载电网控制单元、发动机控制单元、活性炭罐电磁阀 1、凸轮轴调节阀 1、排气凸轮轴调节阀 1、机油压力调节阀

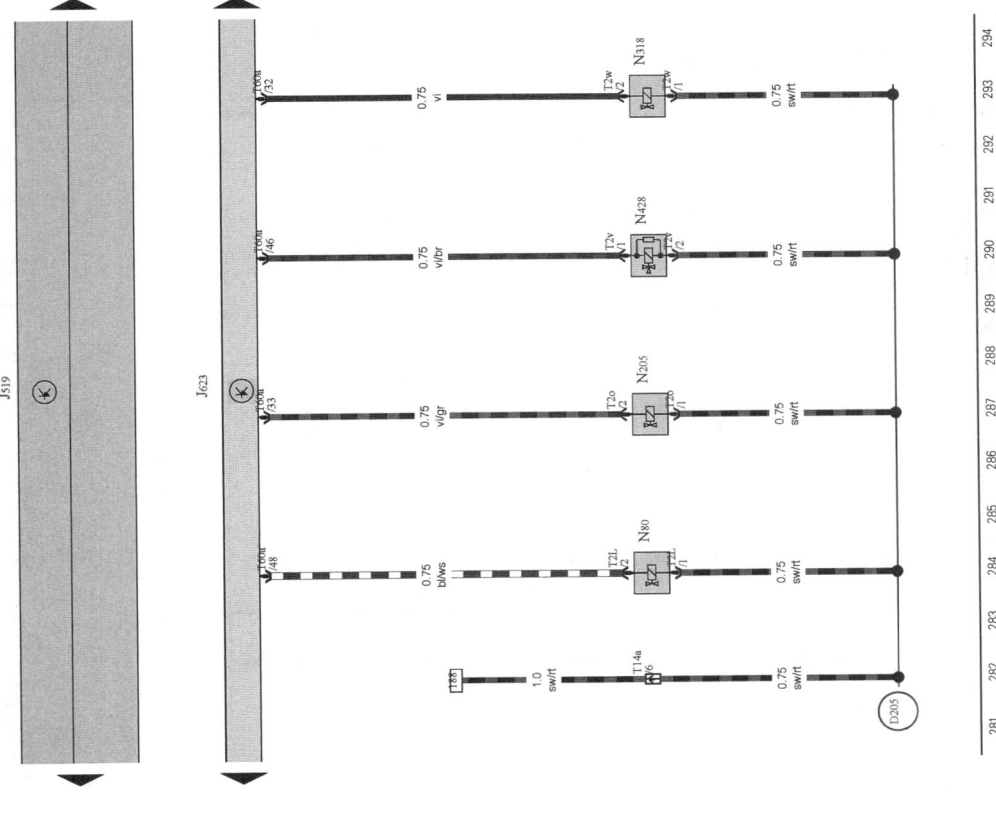

图 5-1-21

J519-车载电网控制单元 J623-发动机控制单元 N80-活性炭罐电磁阀1 N205-凸轮轴调节阀1 N318-排气凸轮轴调节阀1 N428-机油压力调节阀 T2L-2芯插头连接,黑色 T2o-2芯插头连接,黑色 T2v-2芯插头连接,黑色 T14a-14芯插头连接,黑色 T60a-60芯插头连接,灰色 D205-连接3(87a),在发动机预线线导线束中

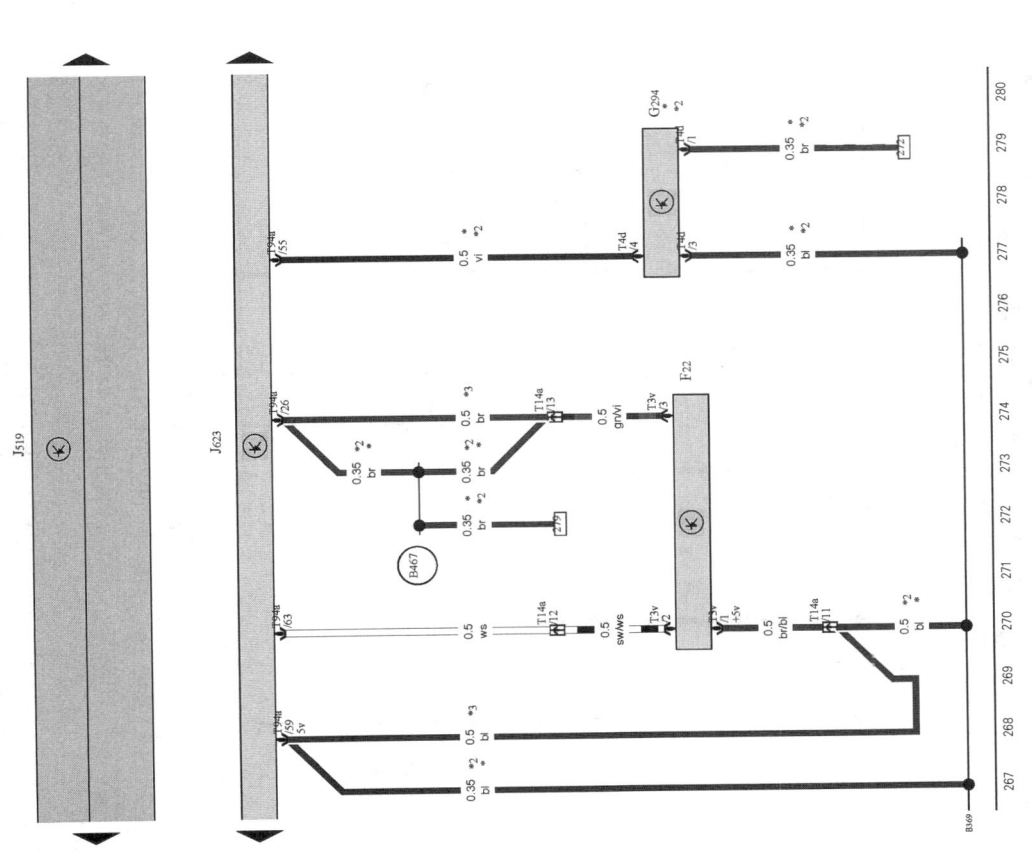

图 5-1-20

F22-机油压力开关 G294-制动助力压力传感器 J519-车载电网控制单元 J623-发动机控制单元 T3v-3芯插头连接 T4d-4芯插头连接,黑色 T14a-14芯插头连接,黑色 T94a-94芯插头连接,灰色 B369-连接1(5V),在主导线线束中 B467-连接3,在主导线束中 D205-连接3(87a),在发动机预线线导线束中 *2-用于带自动变速器的汽车 *3-依汽车装备而定 *2-用于带手动变速器的汽车 *3-依汽车装备而定

657

中部仪表板开关模块、启动/停止模式按钮、车载电网控制单元、发动机控制单元、启动/
停止运行模式指示灯、带功率输出级的点火线圈 1、带功率输出级的点火线圈 2、火花塞
插头、火花塞

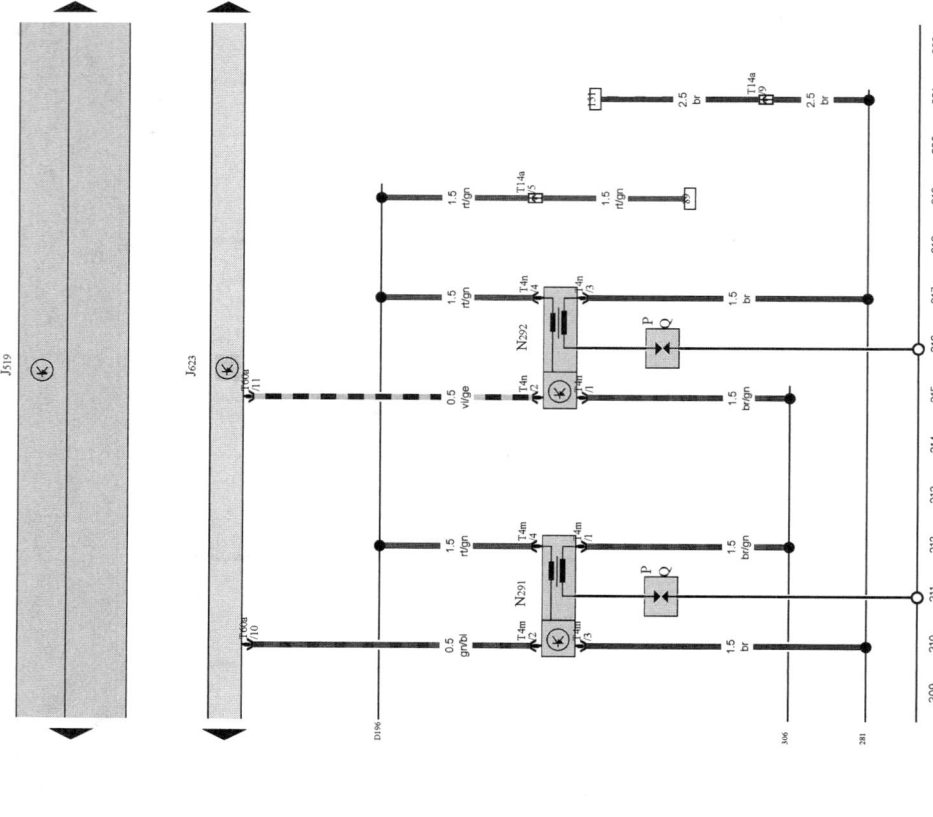

车载电网控制单元、发动机控制单元、带功率输出级的点火
线圈 3、带功率输出级的点火线圈 4、火花塞插头、火花塞

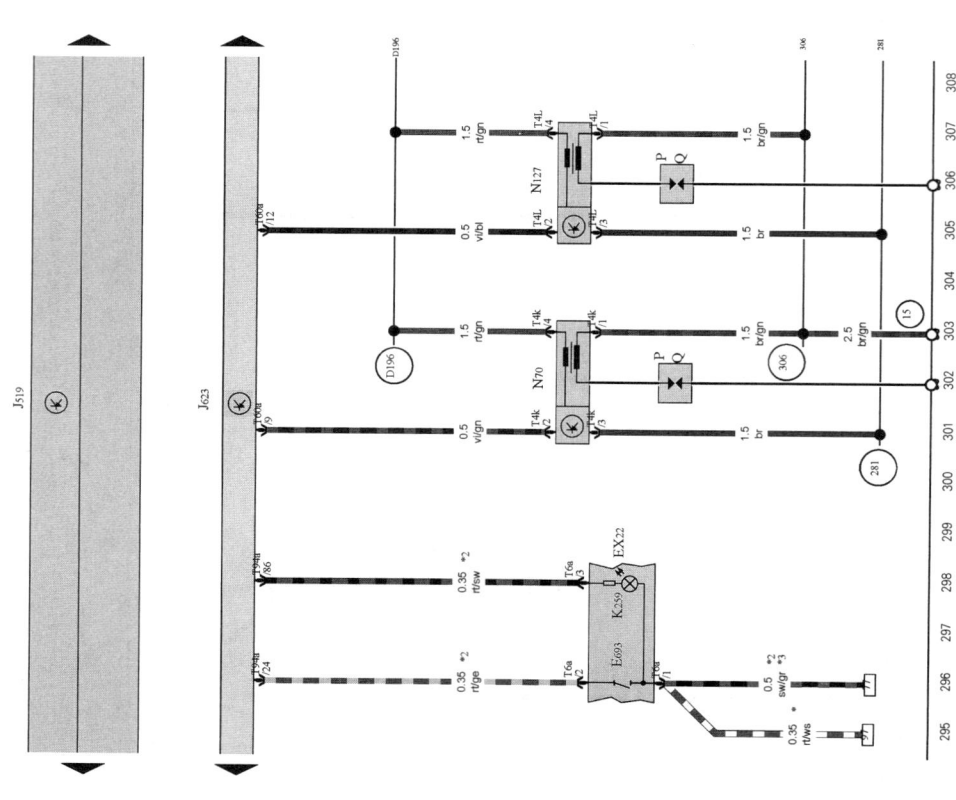

图 5-1-22

图 5-1-23

EX22-中部仪表板开关模块 E693-启动/停止模式按钮 J519-车载电网控制单元 J623-发动机控制单元
K259-启动/停止运行模式指示灯 N70-带功率输出级的点火线圈1 N127-带功率输出级的点火线圈2 P-
火花塞插头 Q-火花塞 T4k-4芯插头连接 T4L-4芯插头连接 黑色 T6a-6芯插头连接 黑色
T60a-60芯插头连接 黑色 T94a-94芯插头连接 黑色 15-气缸盖上的接地点 281-接地连接1、在发动机
预接线导线束中 306-接地连接（点火线圈），在发动机顶预接线导线束中 D196-连接2（87a），在发动机
预接线导线束中 *1-自2018年5月起 *2-用于带发动机自动启停系统的汽车 *3-截至2018年5月

J519-车载电网控制单元 J623-发动机控制单元 N291-带功率输出级的点火线圈3 N292-带功率输出级的
点火线圈4 P-火花塞插头 Q-火花塞 T4m-4芯插头连接 黑色 T4n-4芯插头连接，黑色 T14a-14芯插
头连接，发动机舱内之前、灰色 T60a-60芯插头连接，黑色 281-接地连接1、在发动机顶预接线导线束中
306-接地连接（点火线圈），在发动机顶预接线导线束中 D196-连接2（87a），在发动机顶预接线导线束中

658

发动机舱盖接触开关、车载电网控制单元、发动机控制单元

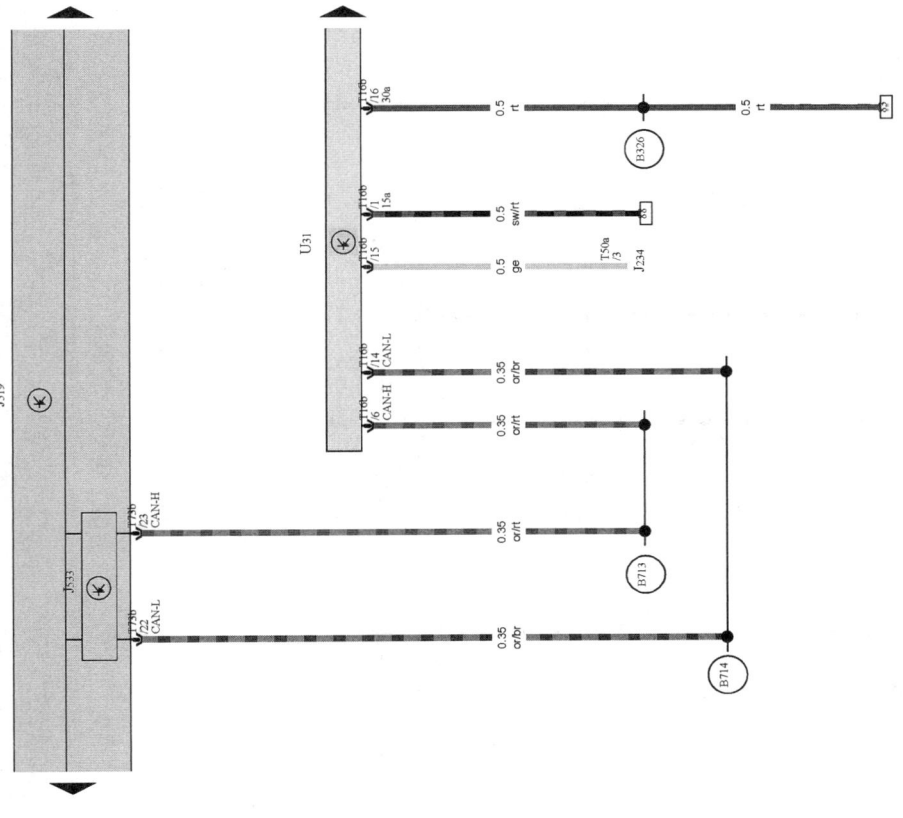

车载电网控制单元、数据总线诊断接口、诊断接口

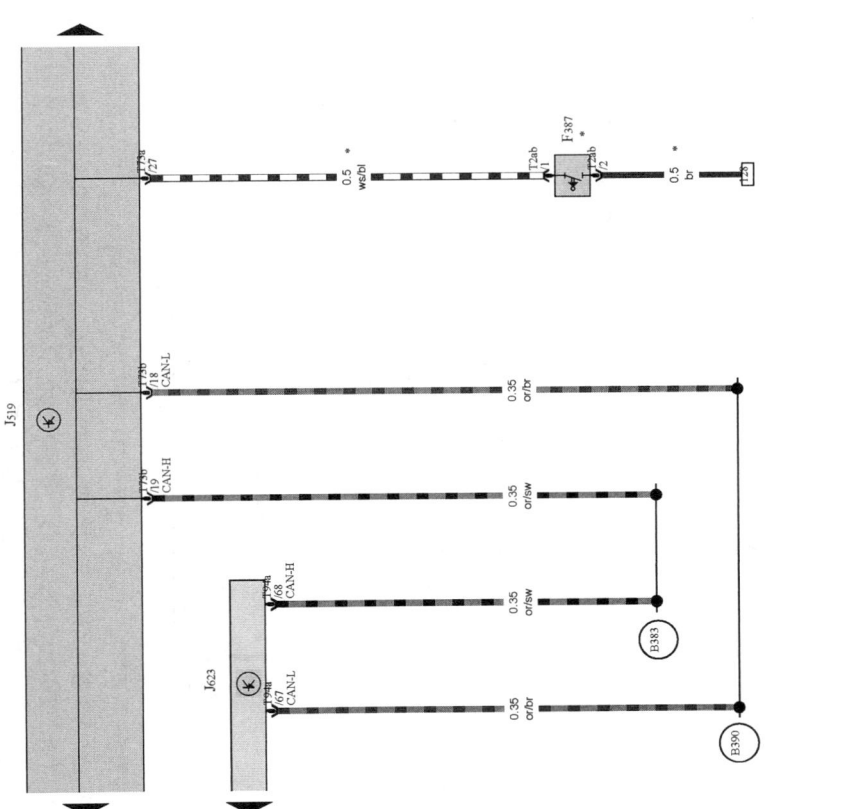

图5-1-24

图5-1-25

F387-发动机舱盖接触开关 J519-车载电网控制单元 J623-发动机控制单元 T2a b-2芯插头连接,黑色
T73b-73芯插头连接,黑色 T73a-73芯插头连接,白色 T94a-94芯插头连接,黑色 B383-连接1（驱动
CAN总线,High），在主导线束中 B390-连接1（驱动CAN总线,Low），在主导线束中 *-用于带发动
机自动起停系统的汽车

J234-安全气囊控制单元 J519-车载电网控制单元 J533-数据总线诊断接口 T16b-16芯插头连接,黑色
T50a-50芯插头连接,黄色 T73b-73芯插头连接,白色 U31-诊断接口 B326-正极连接12（30a），在主
导线束中 B713-连接1（驱动CAN总线,High），在主导线束中 B714-连接1（驱动CAN总线,Low），
在主导线束中

659

燃油表传感器、燃油表、转速表、预供给燃油泵、冷却液不足显示传感器、多功能显示器、
组合仪表中的控制单元、发电机指示灯、燃油表指示灯

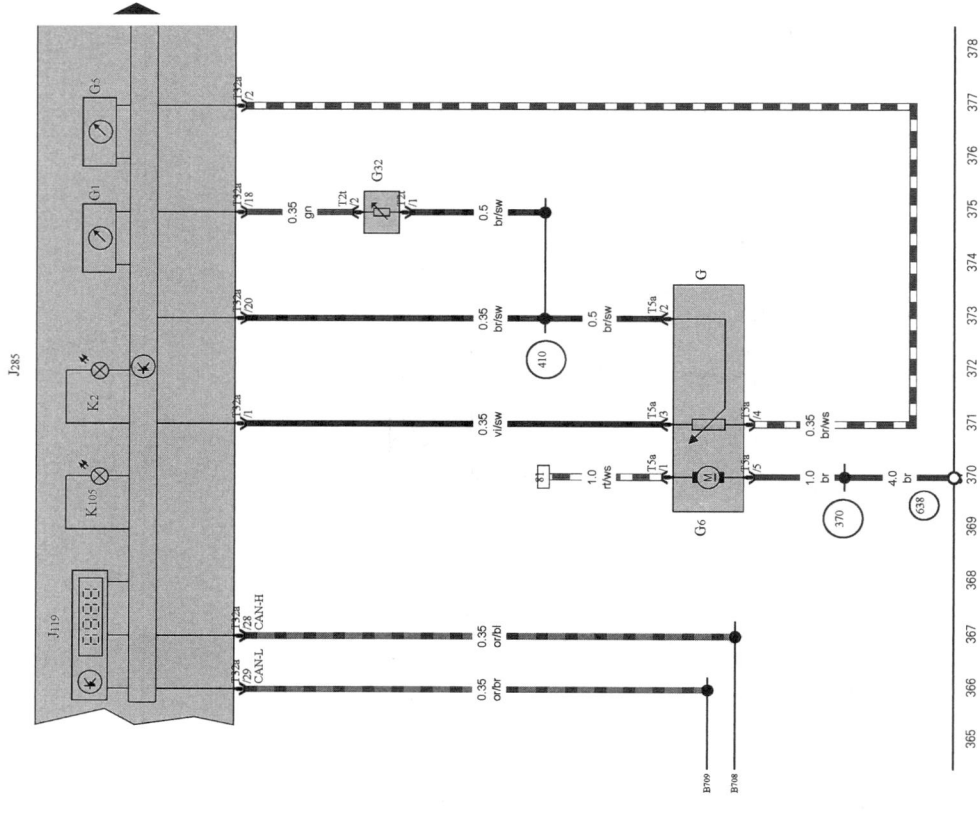

G—燃油表传感器 G1—燃油表 G5—转速表 G6—预供给燃油泵 G32—冷却液不足显示传感器 J119—多功能
显示器 J285—组合仪表中的控制单元 K2—发电机指示灯 K105—燃油表指示灯 T2r-2芯插头连接，黑色
T5a-5芯插头连接，黑色 T32a-32芯插头连接，蓝色 370—接地连接5，在主导线束中 410—接地连接1（传
感器接地），在主导线束中 638—台A柱上的接地点 B708—连接1（组合仪表CAN总线，High），在主导
线束中 B709—连接1（组合仪表CAN总线，Low），在主导线束中

图 5-1-27

车载电网控制单元、诊断接口

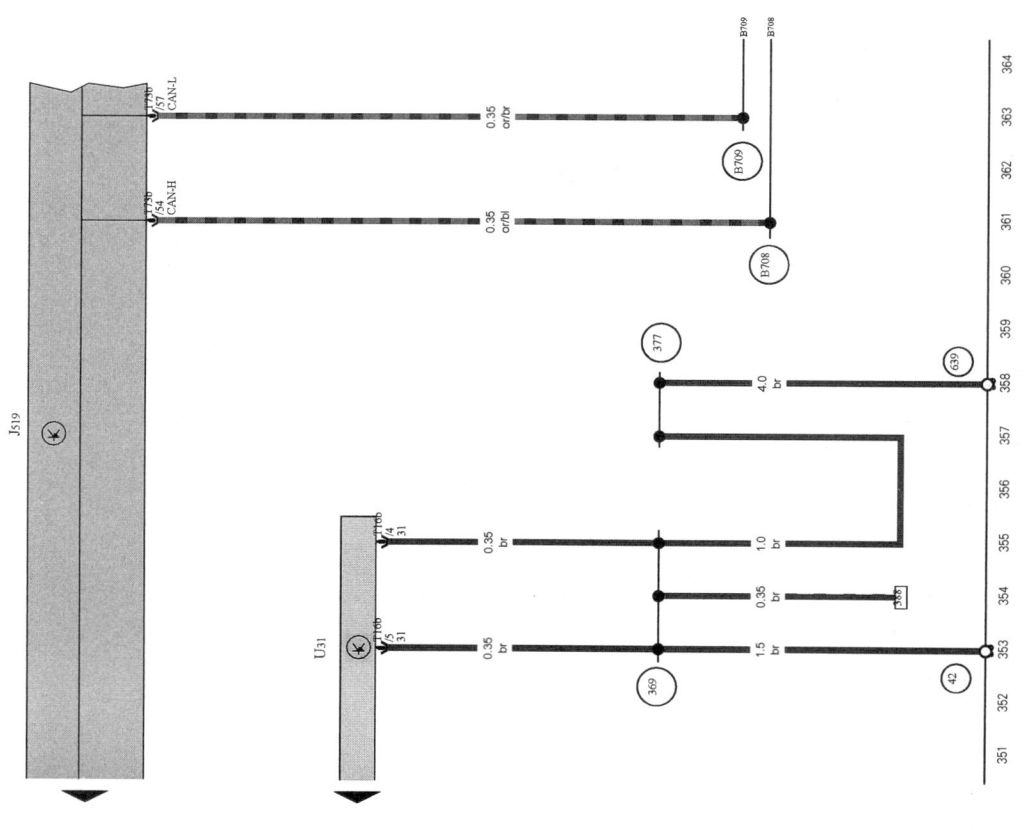

图 5-1-26

J519—车载电网控制单元 T16b—16芯插头连接，黑色 T73b—73芯插头连接，白色 U31—诊断接口 42—转向
柱旁边的接地点 369—接地连接4，在主导线束中 377—接地连接12，在主导线束中 639—左A柱上的接地点
B708—连接1（组合仪表CAN总线，High），在主导线束中 B709—连接1（组合仪表CAN总线，Low），在
主导线束中

散热器风扇、发动机控制单元、散热器风扇控制单元、散热器风扇、主继电器、防盗锁止系统识读线圈

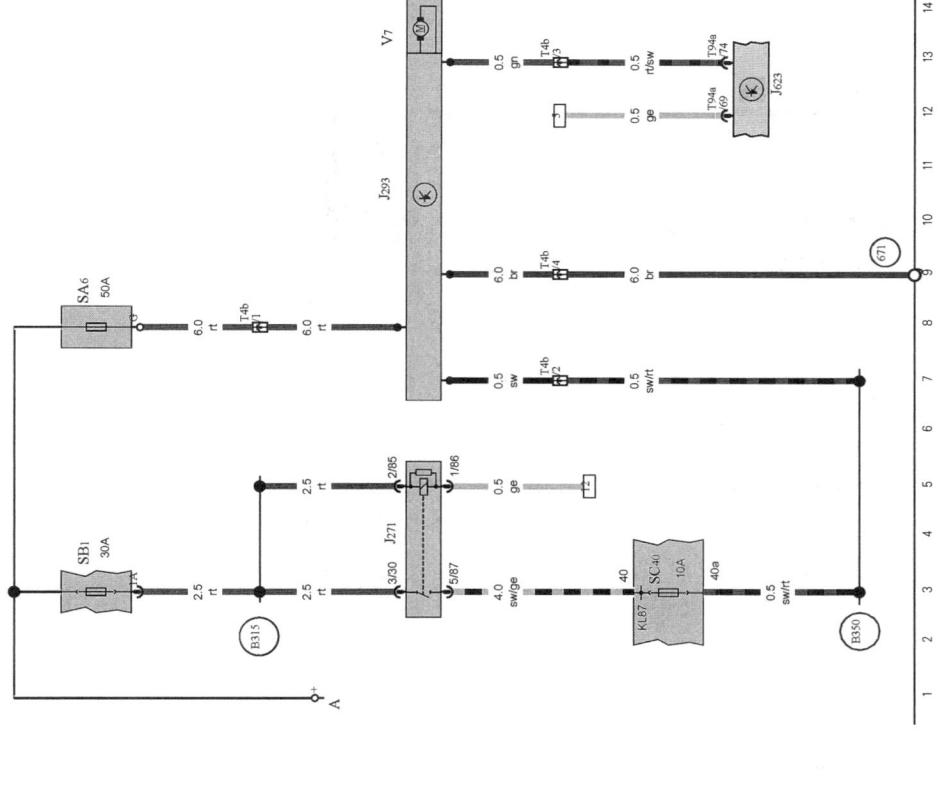

图 5-1-29

A-蓄电池 J271-主继电器 J293-散热器风扇控制单元 J623-发动机控制单元 SB1-保险丝架B上的保险丝1 SA6-保险丝架A上的保险丝6 SC40-保险丝架C上的保险丝40 T4b-4芯插头连接 T94a-94芯插头连接，黑色 T94a-94芯插头连接，黑色 V7-散热器风扇 671-左前纵梁上的接地点1 B315-正极连接1（30a），在主导线束中 B350-正极连接1（87a），在主导线束中

里程表、电子油门故障信号灯、废气警告灯、机油油位指示灯、控制单元、机油压力指示灯、冷却液温度和冷却液不足显示指示灯、定速巡航装置指示灯、防盗锁止系统控制单元、冷却液温度表、车速表、组合仪表中的控制单元、防盗锁止系统

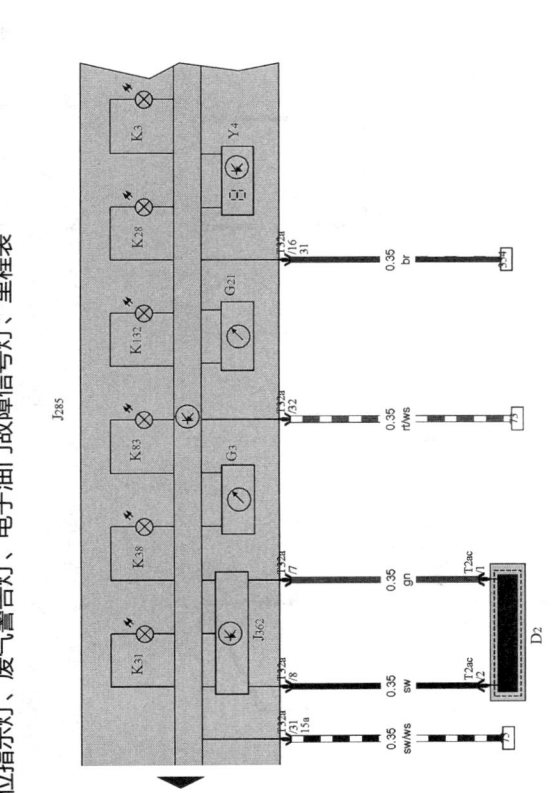

图 5-1-28

D2-防盗锁止系统识读线圈 G3-冷却液温度表 G21-车速表 J285-组合仪表 J362-防盗锁止系统控制单元 J285-组合仪表中的控制单元 J362-防盗锁止系统控制单元 K3-机油压力指示灯 K28-冷却液温度和冷却液不足显示指示灯 K31-定速巡航装置指示灯 K38-机油油位指示灯 K83-废气警告灯 K132-电子油门故障信号灯 T2ac-2芯插头连接 T32a-32芯插头连接，黑色 Y4-里程表

交流发电机、电压调节器

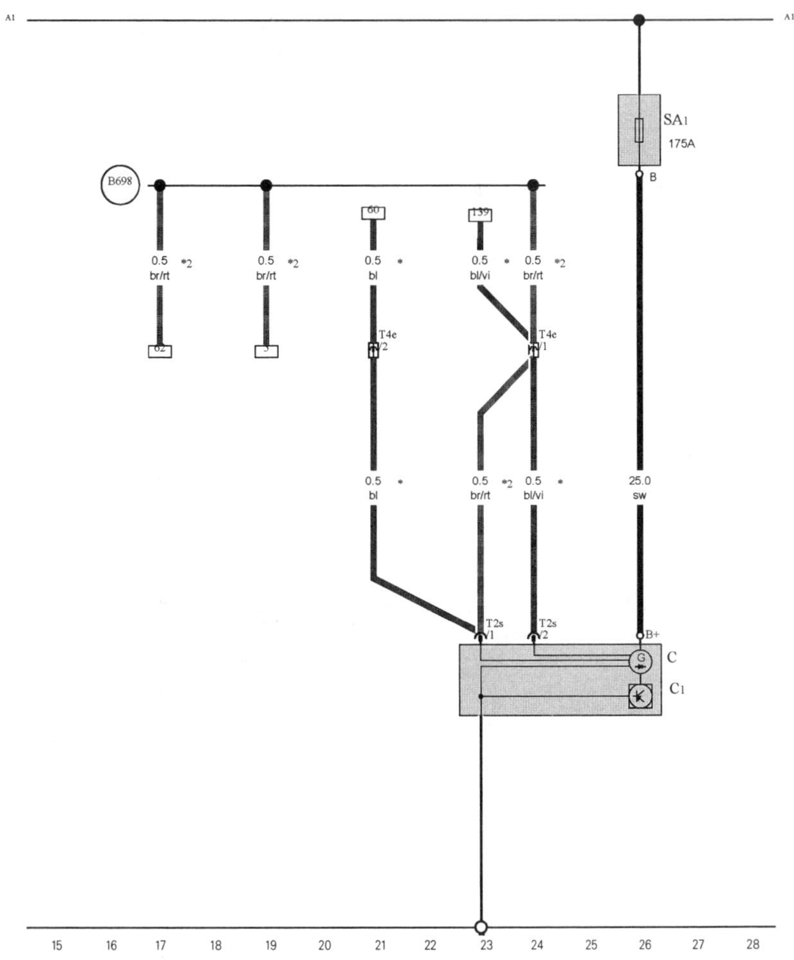

图 5-1-31

C-交流发电机 C1-电压调节器 SA1-保险丝架A上的保险丝1 T2a-2芯插头连接，黑色 T4e-4芯插头连接，黑色
T2a-2芯插头连接，黑色 B698-连接3（LIN总线），在主导线束中 *-用于不带发动机自动启停系统的
接，发动机舱内左前，黑色 B698-连接3（LIN总线），在主导线束中 *-用于不带发动机自动启停系统的
汽车 *2-用于带发动机自动启停系统的汽车

蓄电池、启动机、蓄电池监控控制单元

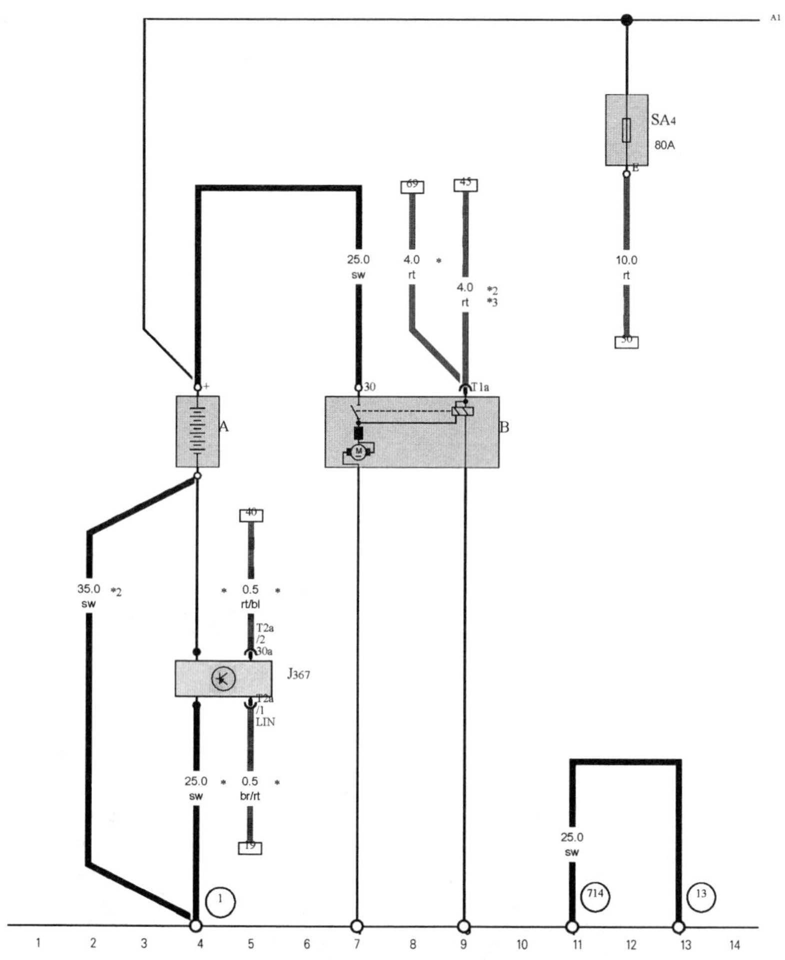

图 5-1-30

A-蓄电池 B-启动机 J367-蓄电池监控控制单元 SA4-保险丝架A上的保险丝4 T1a-1芯插头连接，黑色
T2a-2芯插头连接，黑色 13-发动机舱内右侧接地点 714-发动机舱内右侧接地点
*-用于带发动机自动启停系统的汽车 蓄电池-车身 13-发动机舱内右侧接地点 714-发动机舱内右侧接地点
*-用于带发动机自动启停系统的汽车 *2-用于不带发动机自动启停系统的汽车 *3-用于不带发动机进入及启动
许可的汽车

662

点火启动开关、接线端 15 供电继电器

主继电器、保险丝架 B

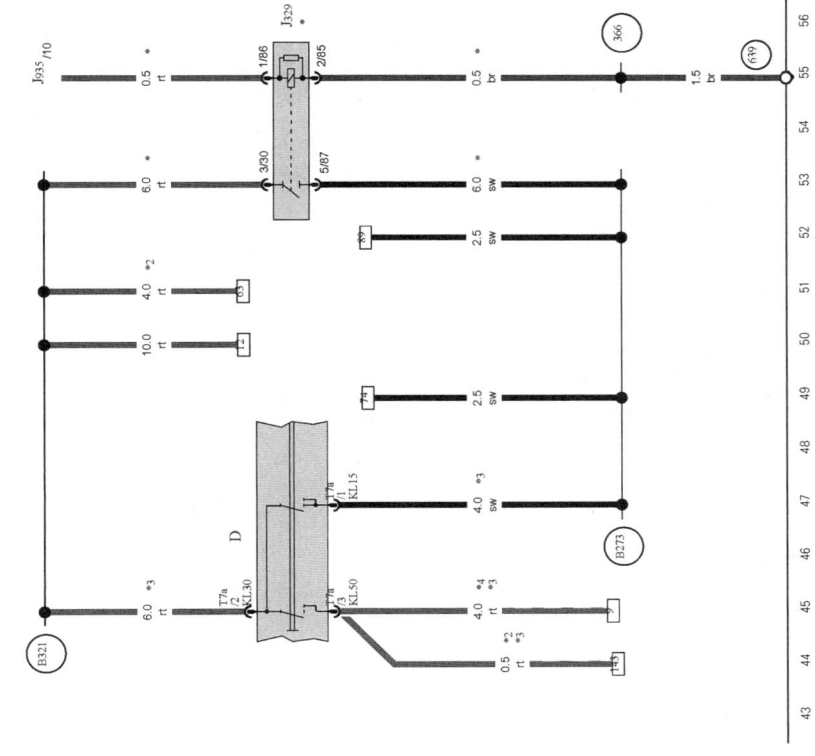

D-点火启动开关　J329-接线端15供电继电器　J935-转换器盒　T7a-7芯插头连接，黑色　366-接地连接1，在主导线束中　639-左A柱上的接地点　B273-正极连接（15），在主导线束中　B321-正极连接7（30a），在主导线束中　*-用于带进入及启动许可的汽车　*2-用于带发动机自动启停系统的汽车　*3-用于不带进入及启动许可的汽车　*4-用于不带发动机自动启停系统的汽车

图 5-1-33

J271-主继电器　SA3-保险丝架A上的保险丝3　SB-保险丝架B　SB2-保险丝架B上的保险丝2　SB3-保险丝架B上的保险丝3　SB5-保险丝架B上的保险丝5　B315-正极连接5　B317-正极连接3（30a），在主导线束中　B318-正极连接4（30a），在主导线束中　B319-正极连接5（30a），在主导线束中　B320-正极连接6（30a），在主导线束中　*-用于带发动机自动启停系统的汽车　*2-用于不带发动机自动启停系统的汽车

图 5-1-32

燃油泵继电器、车载电网控制单元、保险丝架 C

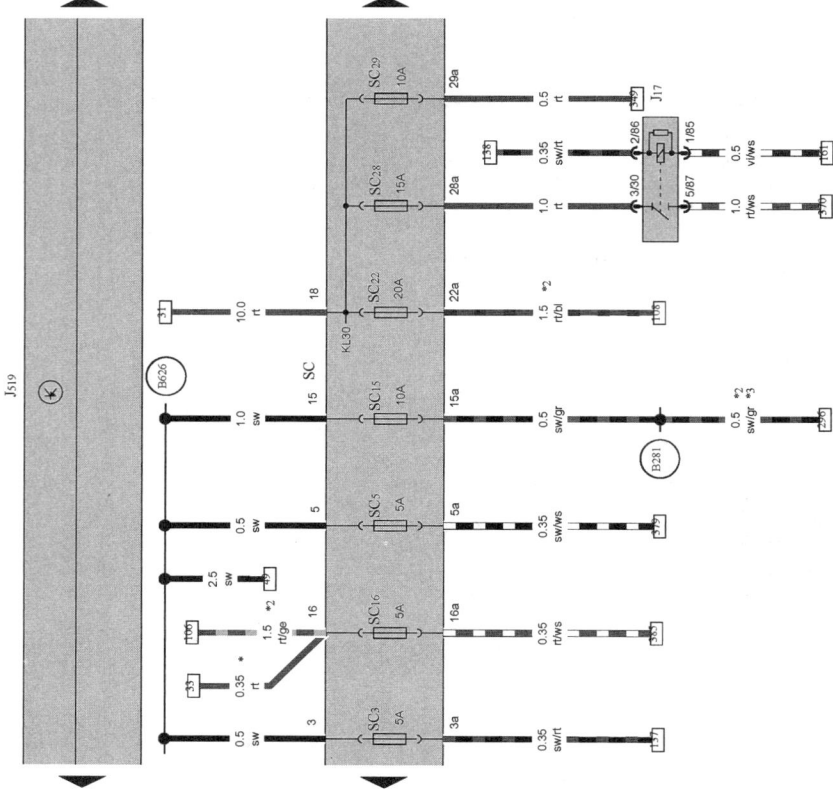

车载电网控制单元、启动机继电器 1、启动机继电器 2、保险丝架 C

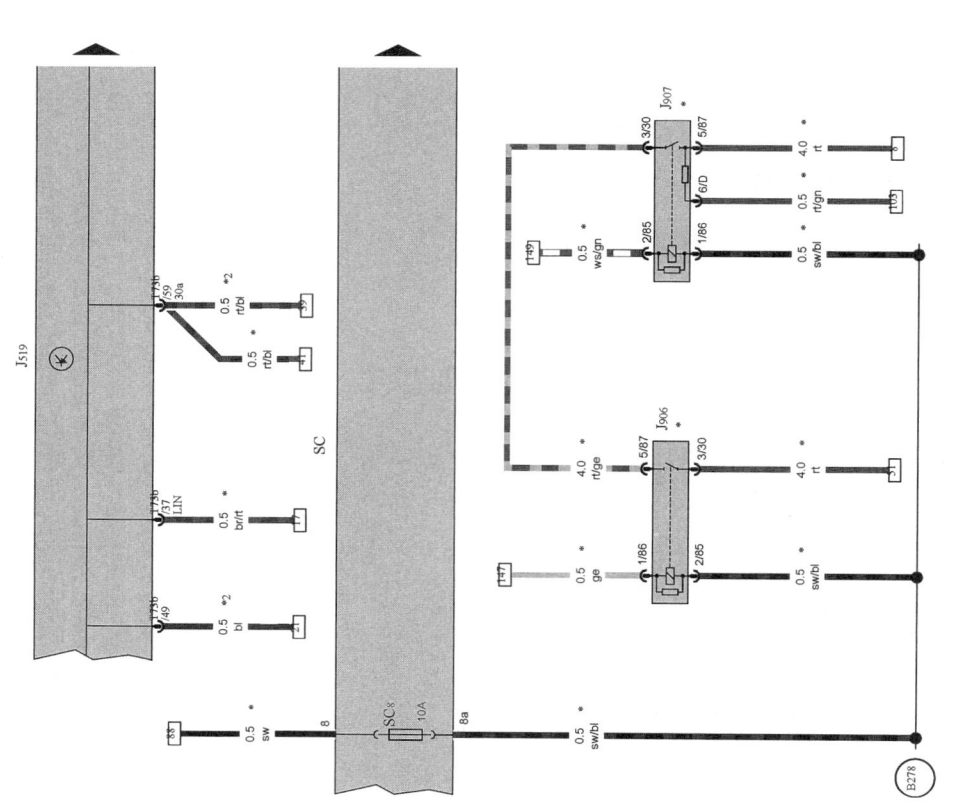

图 5-1-34

J519-车载电网控制单元 J906-启动机继电器1 J907-启动机继电器2 SC-保险丝架C SC8-保险丝架C上的保险丝8 T73b-73芯插头连接，白色 B278-正极连接2（15a），在主导线束中 *-用于不带发动机自动启停系统的汽车 *2-用于不带发动机自动启停系统的汽车

J17-燃油泵继电器 J519-车载电网控制单元 SC-保险丝架C SC3-保险丝架C上的保险丝3 SC5-保险丝架C上的保险丝5 SC15-保险丝架C上的保险丝15 SC16-保险丝架C上的保险丝16 SC22-保险丝架C上的保险丝22 SC28-保险丝架C上的保险丝28 SC29-保险丝架C上的保险丝29 B281-正极连接5（15a），在主导线束中 B626-正极连接2（15），在主导线束中 *-用于不带发动机自动启停系统的汽车 *2-用于带发动机自动启停系统的汽车 *3-截至2018年5月

图 5-1-35

车载电网控制单元、稳压器

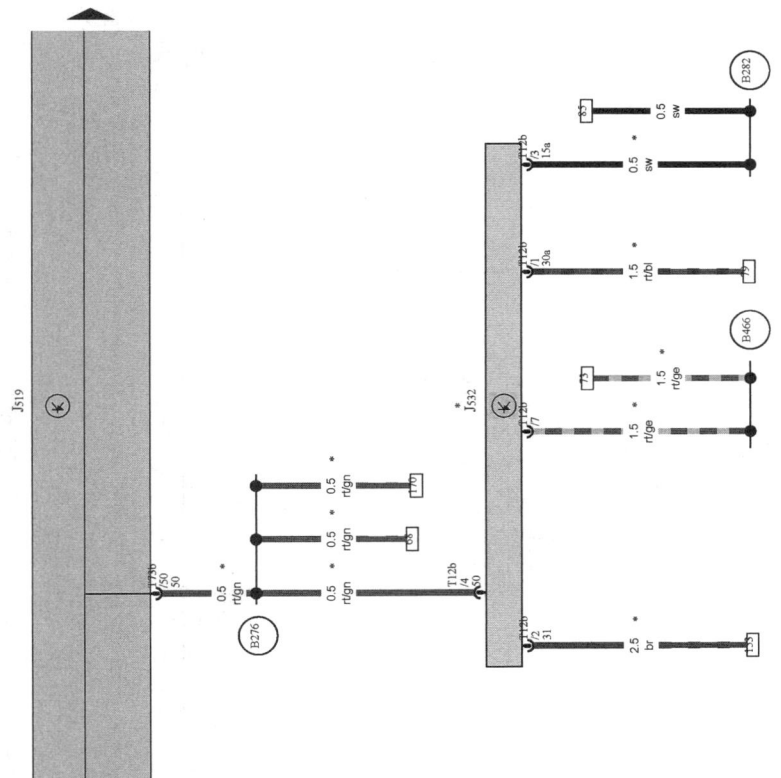

车载电网控制单元、保险丝架C

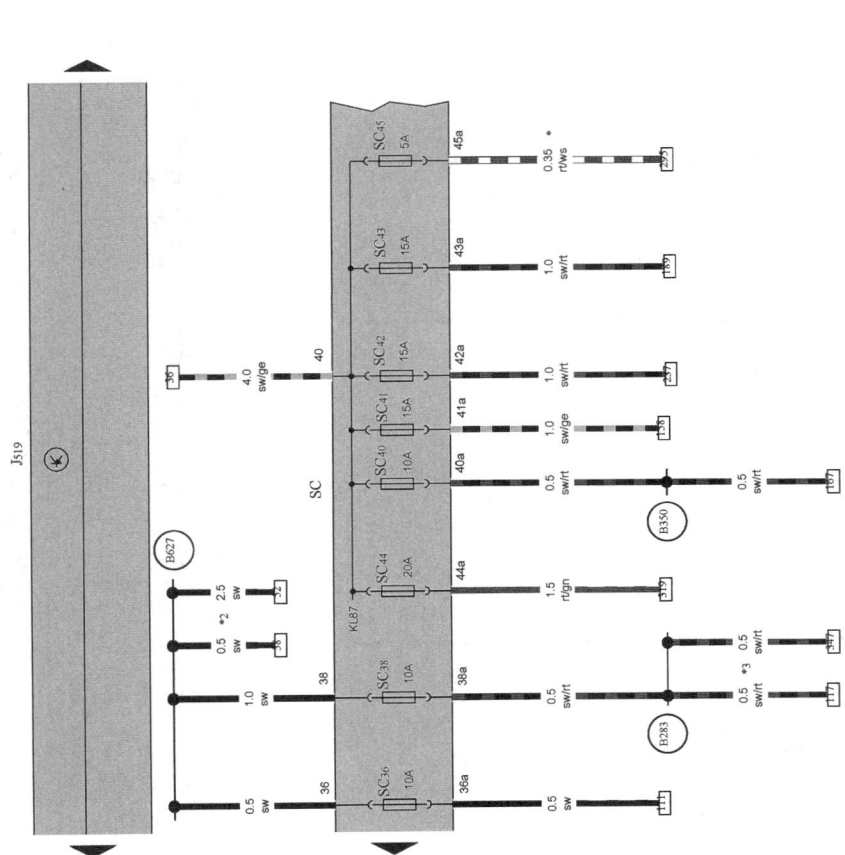

665

J519－车载电网控制单元 J532－稳压器 T12b－12芯插头连接，黑色 T73b－73芯插头连接，白色 B276－正极连接（50），在主导线束中 B282－正极连接6（15a），在主导线束中 B466－连接2，在主导线束中 *－用于带发动机自动启停系统的汽车

图 5-1-37

J519－车载电网控制单元 SC－保险丝架C SC36－保险丝架C上的保险丝36 SC38－保险丝架C上的保险丝38 SC40－保险丝架C上的保险丝40 SC41－保险丝架C上的保险丝41 SC42－保险丝架C上的保险丝42 SC43－保险丝架C上的保险丝43 SC44－保险丝架C上的保险丝44 SC45－保险丝架C上的保险丝45 B283－正极连接7 （15a），在主导线束中 B350－正极连接1（87a），在主导线束中 B627－正极连接3（15），在主导线束中 *－自2018年5月起 *2－用于带发动机自动启停系统的汽车 *3－用于带定速巡航装置的汽车

图 5-1-36

左侧转向柱开关、定速巡航装置传感器、车载电网控制单元、发动机控制单元

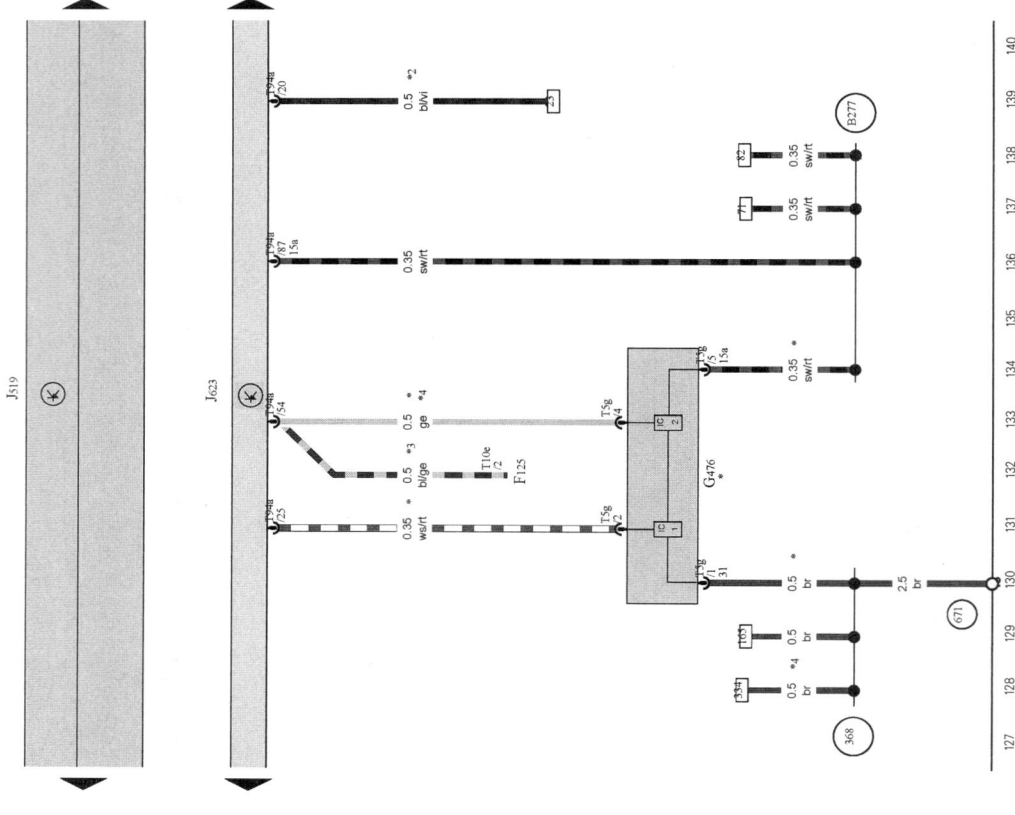

图 5-1-39

F125-多功能开关 G476-离合器位置传感器 J519-车载电网控制单元 J623-发动机控制单元 T5g-5芯插头连接，黑色 T10e-10芯插头连接，黑色 T94a-94芯插头连接，黑色 368-接地连接，在主导线束中 671-左前纵梁上的接地点1 B277-正极连接1（15a） *-在主导线束中 *-用于带手动变速器的汽车 *2-用于不带发动机自动启停系统的汽车 *3-用于带自动变速器的汽车 *4-用于带发动机自动启停系统的汽车

左侧转向柱开关、定速巡航装置开关、定速巡航装置设置按钮、车载电网控制单元、发动机控制单元

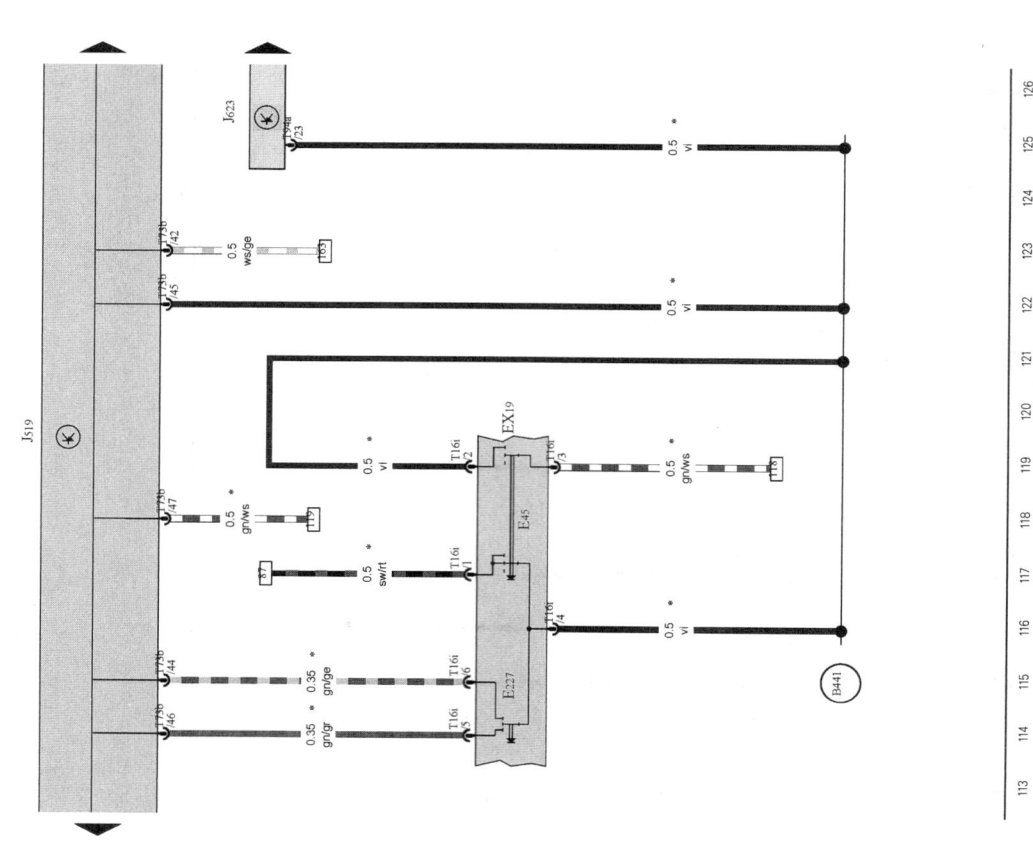

图 5-1-38

EX19-左侧转向柱开关 E45-定速巡航装置开关 E227-定速巡航装置设置按钮 J519-车载电网控制单元 J623-发动机控制单元 T16i-16芯插头连接，黑色 T73b-73芯插头连接，黑色 T94a-94芯插头连接，白色 B441-连接（GRA），在主导线束中 *-用于带定速巡航装置的汽车

666

车载电网控制单元、发动机控制单元

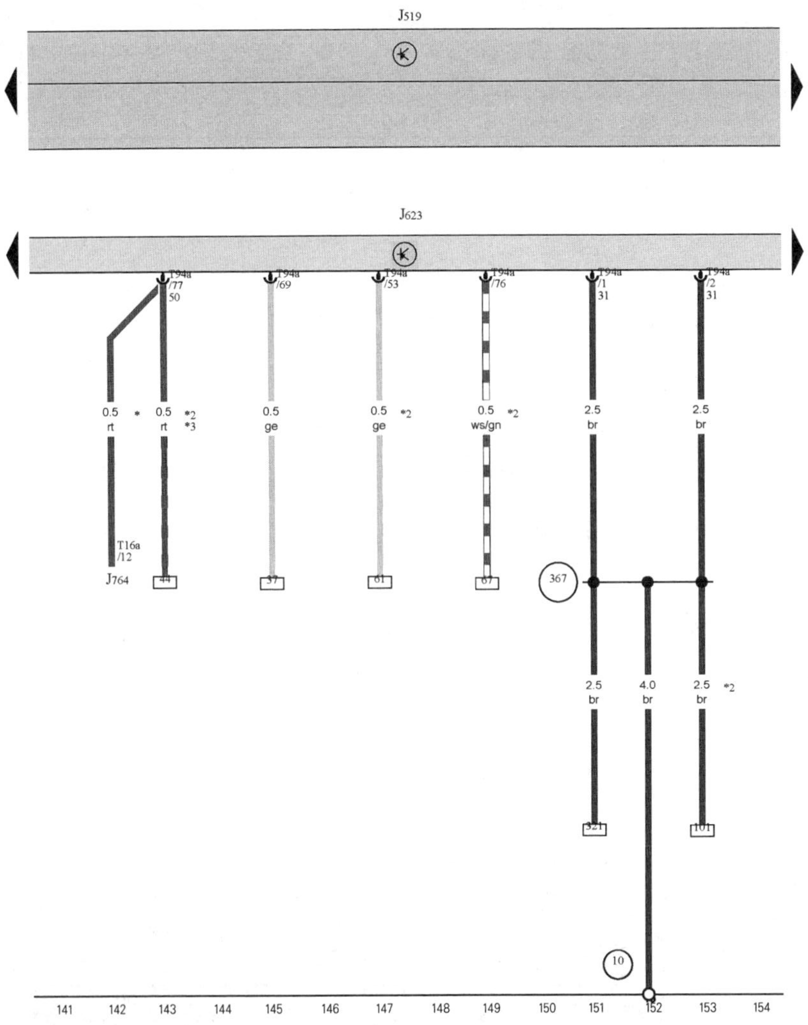

J519-车载电网控制单元 J623-发动机控制单元 J764-电子转向柱锁止装置控制单元 T16a-16芯插头连接，黑色 T94a-94芯插头连接，黑色 10-排水槽内的接地点 367-接地连接2，在主导线束中 *-用于带进入及启动许可的汽车 *2-用于带发动机自动启停系统的汽车 *3-用于不带进入及启动许可的汽车

图 5-1-40

制动信号灯开关、制动踏板开关、车载电网控制单元、发动机控制单元

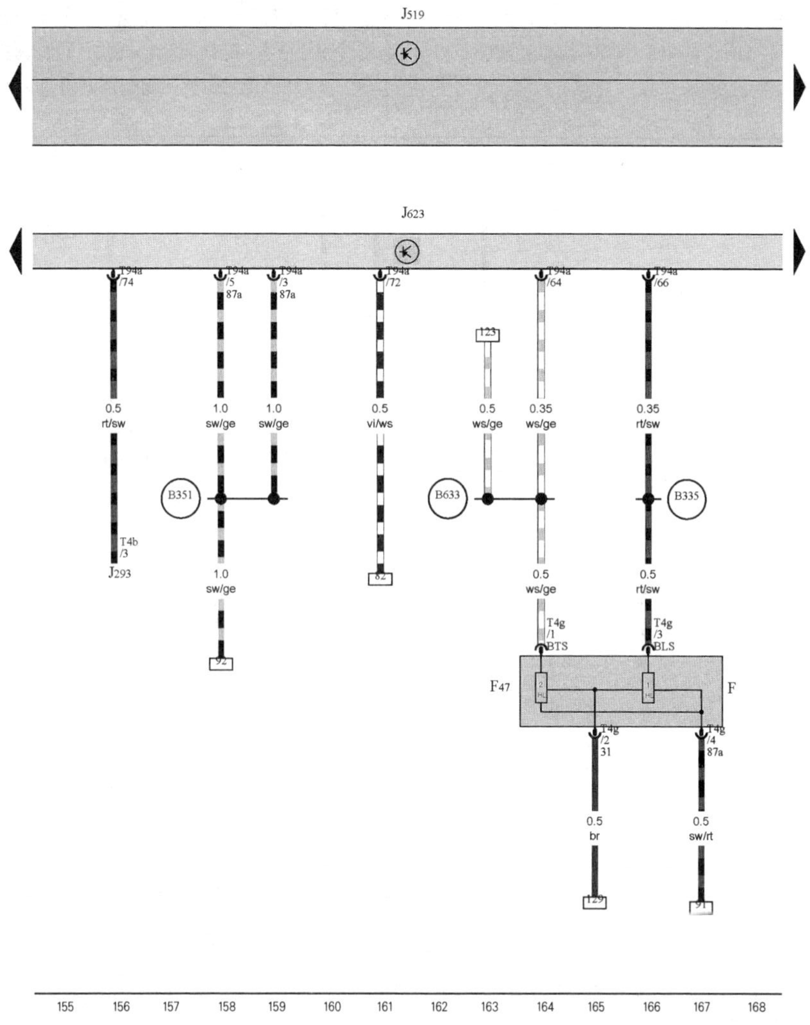

F-制动信号灯开关 F47-制动踏板开关 J293-散热器风扇控制单元 J519-车载电网控制单元 J623-发动机控制单元 T4b-4芯插头连接，黑色 T4g-4芯插头连接，黑色 T94a-94芯插头连接，黑色 B335-连接5（54），在主导线束中 B351-正极连接2（87a），在主导线束中 B633-连接（制动踏板开关），在主导线束中

图 5-1-41

尾气催化净化器后的氧传感器 1、尾气催化器前的氧传感器 1、氧传感器、尾气催化
净化器后的氧传感器、车载电网控制单元、发动机控制单元、氧传感器加热装置、尾气催
化化净化器后的氧传感器 1 加热装置

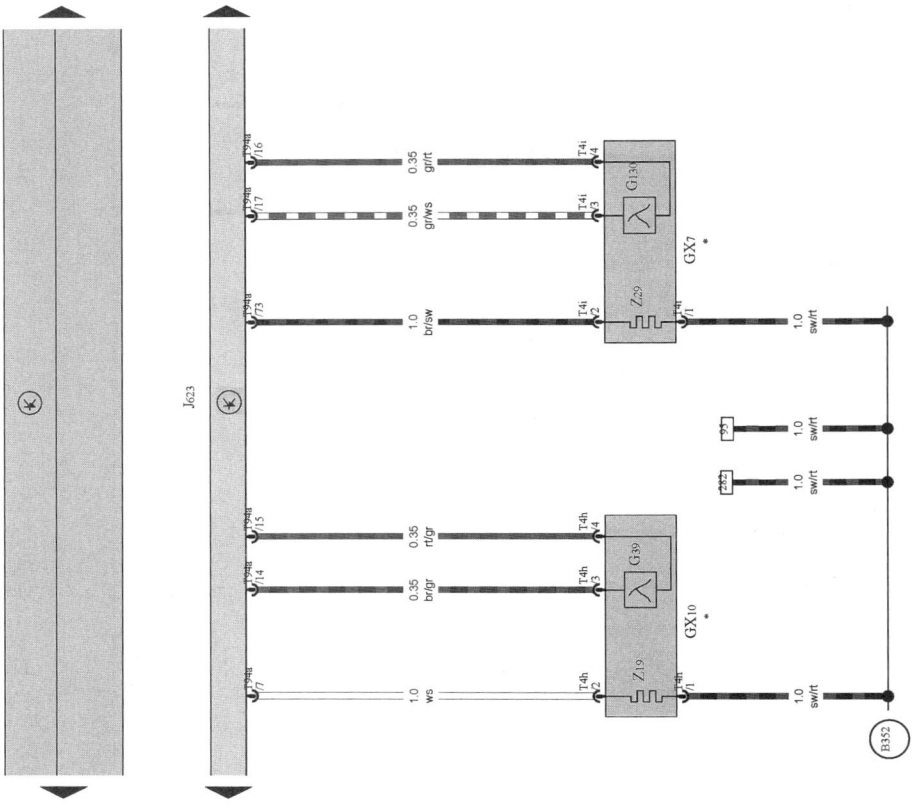

图 5-1-43

GX7-尾气催化净化器后的氧传感器 1 GX10-尾气催化净化器前的氧传感器 1 G39-氧传感器 G130-氧传感器 G130-尾气催化净化器后的氧传感器、车载电网控制单元 J623-发动机控制单元 T4h-4芯插头连接 T4i-4芯插头连接 Z19-氧传感器加热装置 Z29-尾气催化净化器后的氧传感器1加热装置 B352-正极连接3（87a），在主导线束中 *-已预先布线的部件 黑色 T94a-94芯插头连接，黑色

加速踏板模块、加速踏板位置传感器、加速踏板位置传感器 2、车载电网控制单元、发动
机控制单元

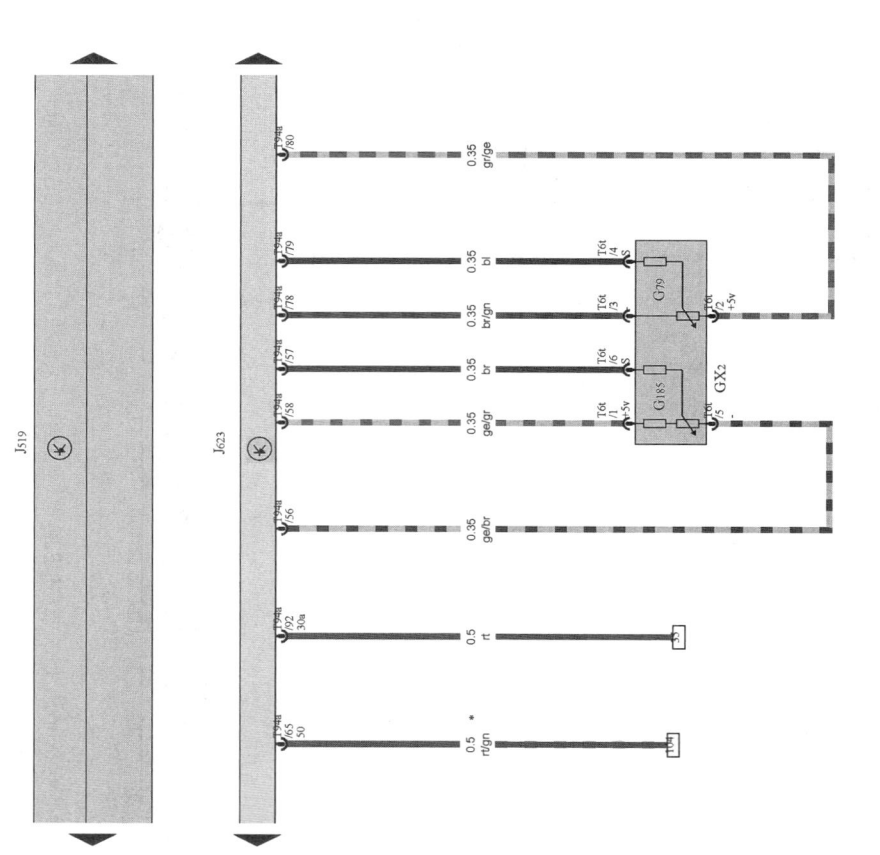

图 5-1-42

GX2-加速踏板模块 G79-加速踏板位置传感器 G185-加速踏板位置传感器 2 J519-车载电网控制单元 J623-发动机控制单元 T6t-6芯插头连接 T94a-94芯插头连接，黑色 黑色 *-用于带发动机自动启停系统的汽车

668

发动机转速传感器、电控油门操纵机构的节气门驱
动装置角度传感器 1、电控油门操纵机构的节气门驱
元、车载电网控制单元、发动机控制单元

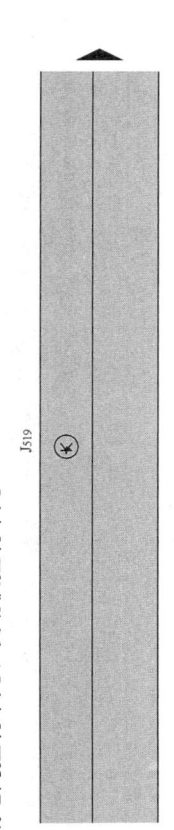

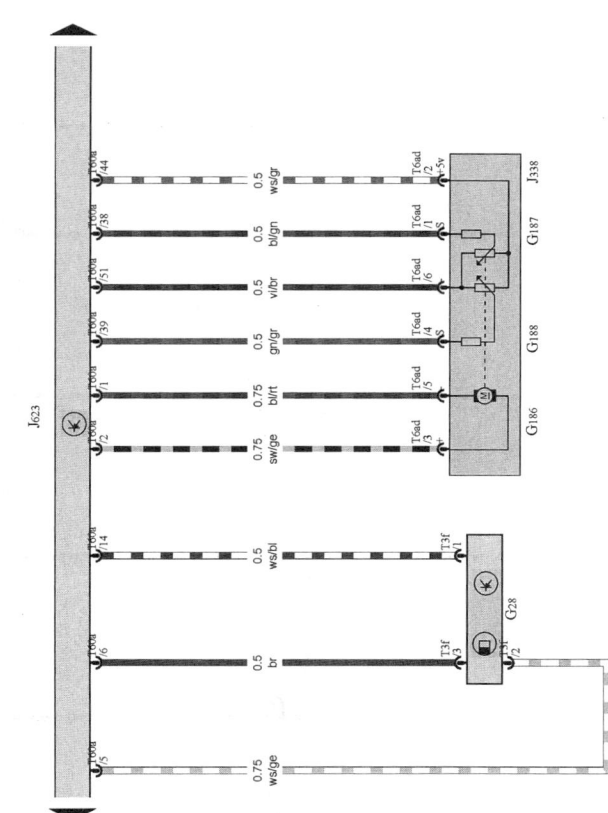

G28-发动机转速传感器 G186-电控油门操纵机构的节气门驱动装置 G187-电控油门操纵机构的节气门驱
动装置角度传感器1 G188-电控油门操纵机构的节气门驱动装置角度传感器2 J338-节气门控制单元 J519-
车载电网控制单元 J623-发动机控制单元 T3f-3芯插头连接，黑色 T6ad-6芯插头连接，黑色 T60a-60芯
插头连接，黑色

图 5-1-44

爆震传感器 1、冷却液温度传感器、车载电网控制单元、发动机控制单
元、发动机控制单元

G61-爆震传感器 1 G62-冷却液温度传感器 G65-高压传感器 J32-空调器控制单
元 J519-车载电网控制单元 J623-发动机控制单元 T2m-2芯插头连接，黑色 T2n-2芯插头连接，黑色
T3b-3芯插头连接，黑色 T16j-16芯插头连接，黑色 T60a-60芯插头连接，黑色 T94a-94芯插头连接，
黑色 *-用于带手动调节空调的汽车

图 5-1-45

车载电网控制单元、发动机控制单元、气缸 1 喷油器、气缸 2 喷油器、气缸 3 喷油器、气
缸 4 喷油器

霍耳传感器、霍耳传感器 3、车载电网控制单元、发动机控制单元

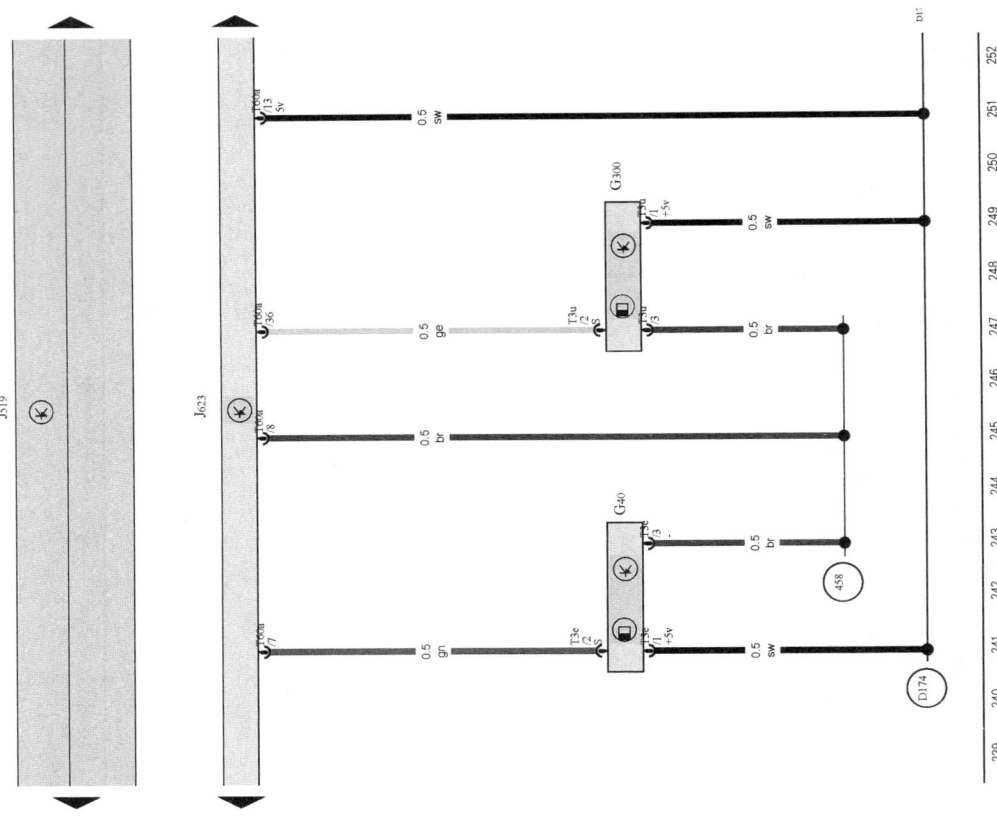

图 5-1-47

G40-霍耳传感器 G300-霍耳传感器 3 J519-车载电网控制单元 J623-发动机控制单元 T3e-3 芯插头连
接，黑色 T3u-3 芯插头连接，黑色 T60a-60 芯插头连接，黑色 458-接地连接，在发动机顶接线导线束
中 D174-连接 2（5V），在发动机预接线导线束中

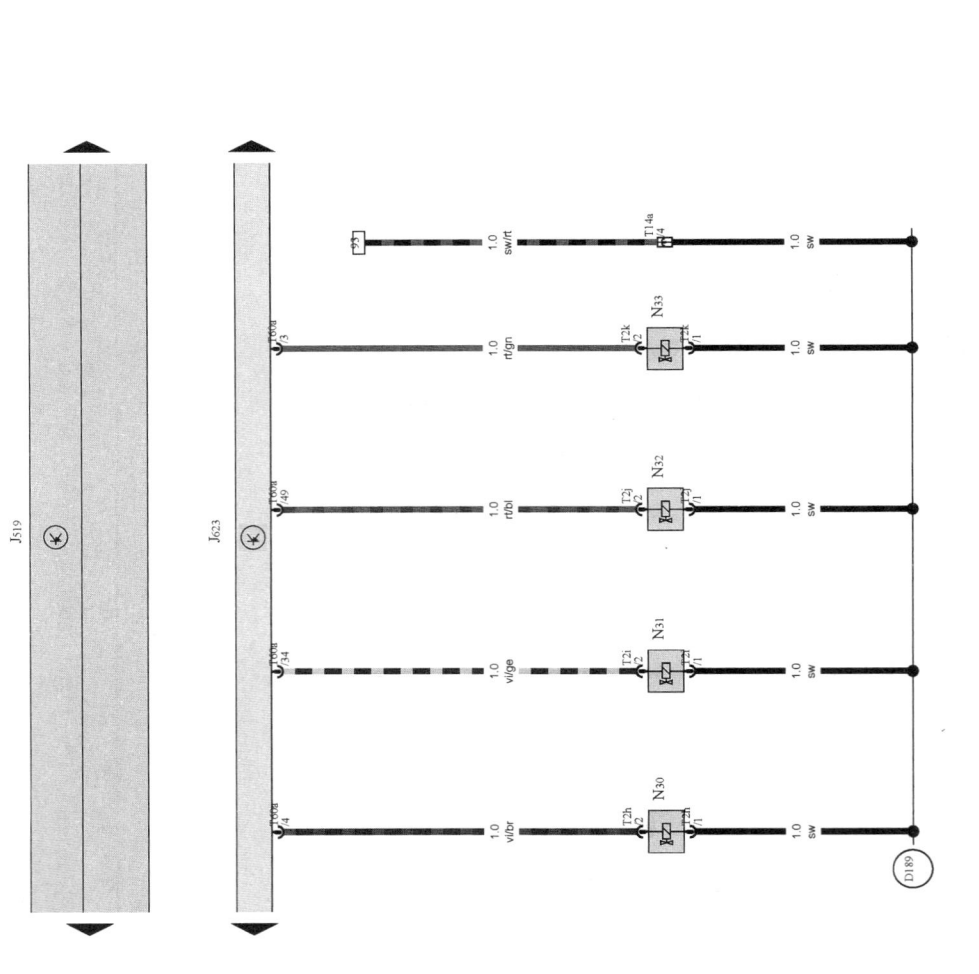

图 5-1-46

J519-车载电网控制单元 J623-发动机控制单元 N30-气缸 1 喷油器 N31-气缸 2 喷油器 N32-气缸 3 喷油器
N33-气缸 4 喷油器 T2h-2 芯插头连接，黑色 T2i-2 芯插头连接，黑色 T2j-2 芯插头连接，黑色 T2k-2
芯插头连接，黑色 T14a-14 芯插头连接，发动机舱内左前，灰色 T60a-60 芯插头连接，黑色 D189-连接
（87a），在发动机预接线导线束中

机油压力开关、制动助力压力传感器、车载电网控制单元、发动机控制单元

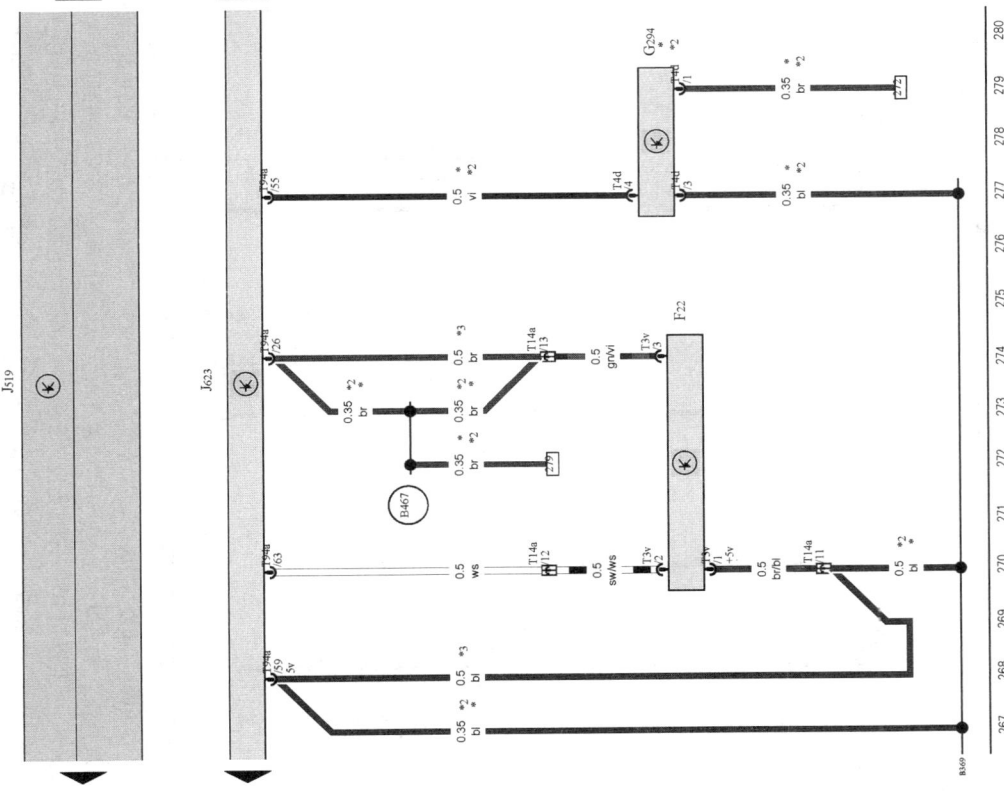

进气温度传感器、进气歧管压力传感器、变速器空挡位置传感器、车载电网控制单元、发动机控制单元

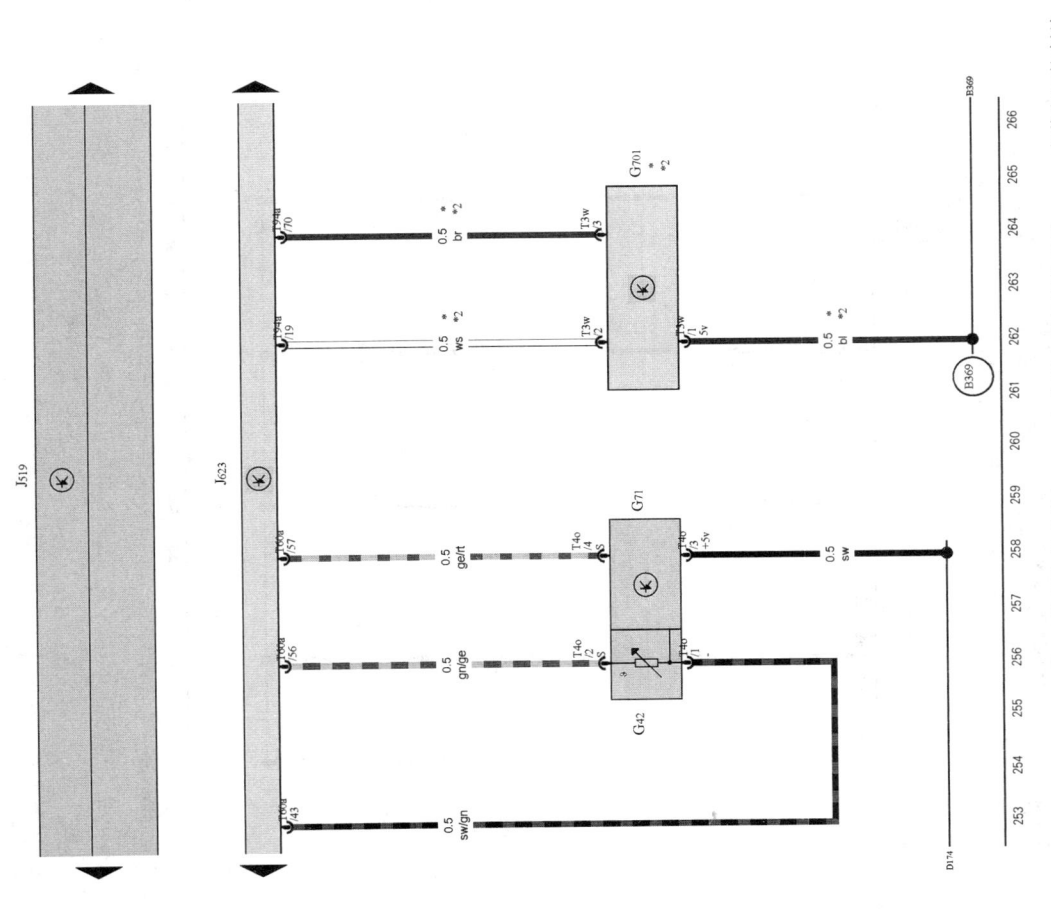

F22-机油压力开关 G294-制动助力压力传感器 J519-车载电网控制单元 J623-发动机控制单元 T3v-3芯插头连接，黑色 T4d-4芯插头连接，发动机舱内左前 T94a-94芯插头连接，灰色 T94a-94芯插头连接，发动机舱内左前，黑色 T14a-14芯插头连接 B369-连接1（5V），在主导线束中 B467-连接3，在主导线束中 *-用于带发动机自动启停系统的汽车 *2-用于带手动变速器的汽车 *3-依汽车装备而定

图 5-1-49

G42-进气温度传感器 G71-进气歧管压力传感器 G701-变速器空挡位置传感器 J519-车载电网控制单元 J623-发动机控制单元 T3v-3芯插头连接，黑色 T4o-4芯插头连接，黑色 T60a-60芯插头连接，黑色 T94a-94芯插头连接 B369-连接1（5V），在主导线束中 D174-连接2（5V），在主导线束中发动机预接线导线束中 *-用于带发动机自动启停系统的汽车 *2-用于带手动变速器的汽车

图 5-1-48

671

車載電網控制單元、發動機控制單元、活性炭罐控制單元、凸輪軸調節閥 1、排氣凸輪軸調節閥 1、機油壓力調節閥

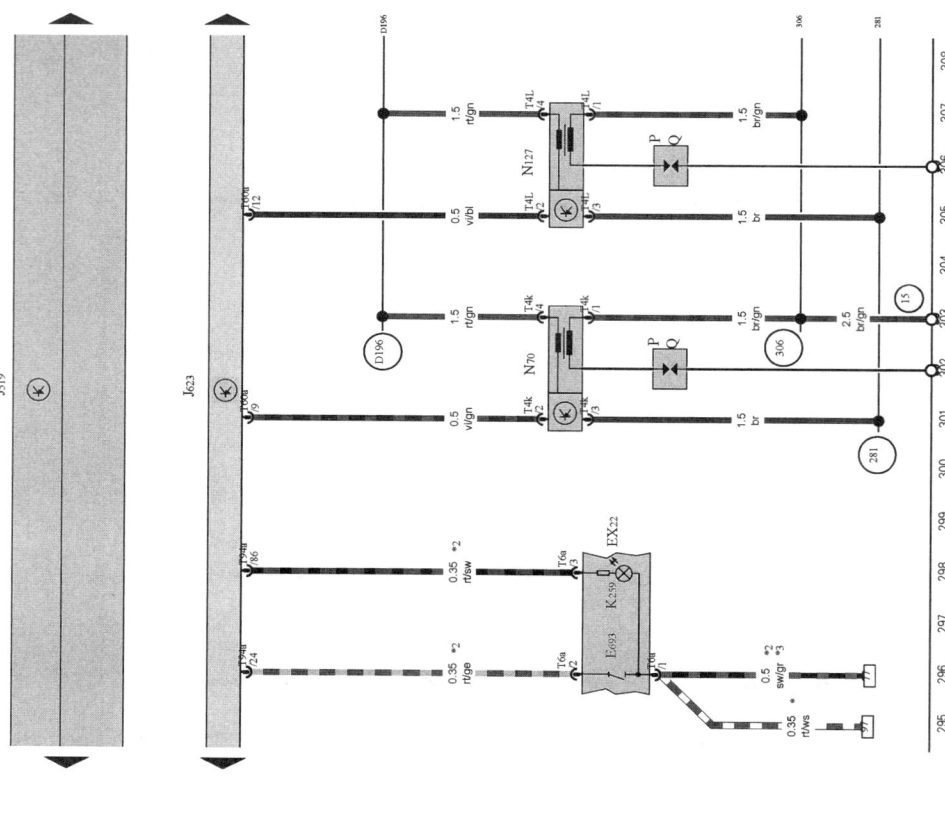

中部儀表板開關模塊、啟動／停止模式按鈕、車載電網控制單元、發動機控制單元、帶功率輸出級的點火線圈 1、帶功率輸出級的點火線圈 2、火花塞插頭、火花塞

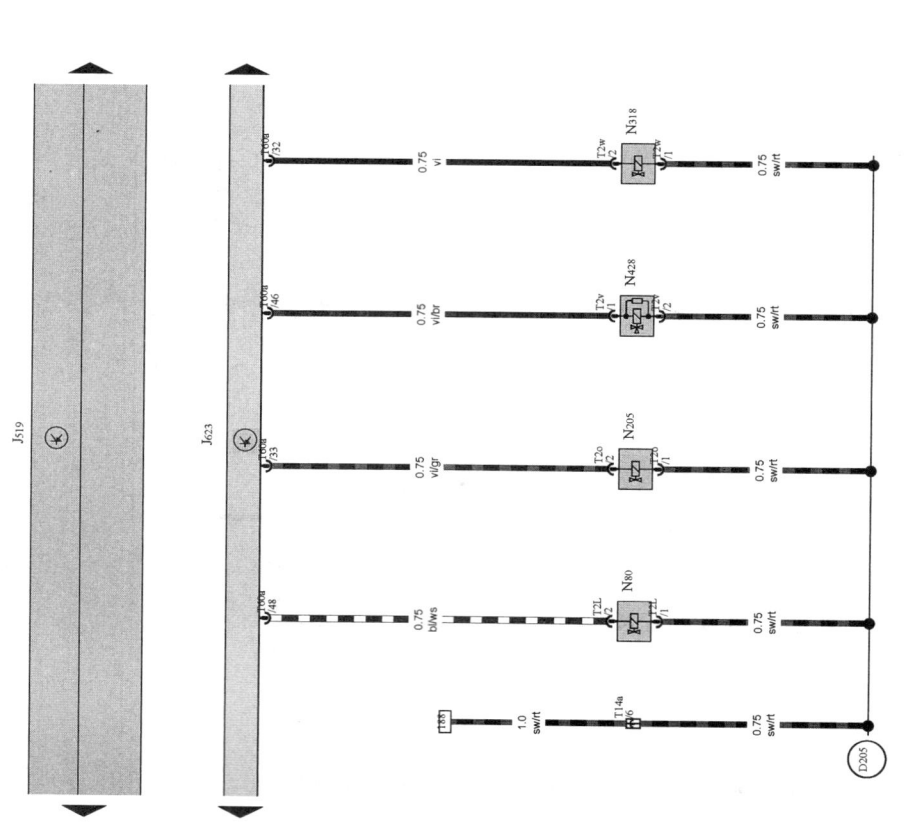

J519－車載電網控制單元 J623－發動機控制單元 N80－活性炭罐電磁閥1 N205－凸輪軸調節閥1 N318－排氣凸輪軸調節閥1 N428－機油壓力調節閥 T2L－2芯插頭連接 T2o－2芯插頭連接 T2v－2芯插頭連接 T2w－2芯插頭連接 T14a－14芯插頭連接 T60a－60芯插頭連接 D205－連接3（87a），在發動機艙內左前，發動機艙內左前，發動機預接線導線束中

黑色 T2w－2芯插頭連接，黑色 T14a－14芯插頭連接，黑色 T2o－2芯插頭連接，黑色 T60a－60芯插頭連接，灰色 T60a－60芯插頭連接，黑色 D205－連接3（87a），在發動機預接線導線束中

圖 5－1－50

EX22－中部儀表板開關模塊 E693－啟動／停止模式按鈕 J519－車載電網控制單元 J623－發動機控制單元 K259－啟動／停止運行模式指示燈 N70－帶功率輸出級的點火線圈1 N127－帶功率輸出級的點火線圈2 P－火花塞插頭 Q－火花塞 T4k－4芯插頭連接，黑色 T4L－4芯插頭連接，黑色 T6a－6芯插頭連接，黑色 T60a－60芯插頭連接，黑色 T94a－94芯插頭連接，黑色 15－氣缸蓋 306－接地連接（點火線圈），在發動機預接線導線束中 D196－連接2（87a），在發動機

預接線導線束中 306－接地連接，點 281－接地連接1，在發動機

預接線導線束中 *－自2018年5月起 *2－用於帶功率輸出級點火線圈的汽車 *3－用於帶發動機自動啟停系統的汽車 *3－截至2018年5月

圖 5－1－51

672

车载电网控制单元、发动机控制单元、发动机控制单元、带功率输出级的点火线圈3、带功率输出级的点火线圈4、火花塞插头、火花塞

发动机舱盖接触开关、车载电网控制单元、发动机控制单元、发动机控制单元

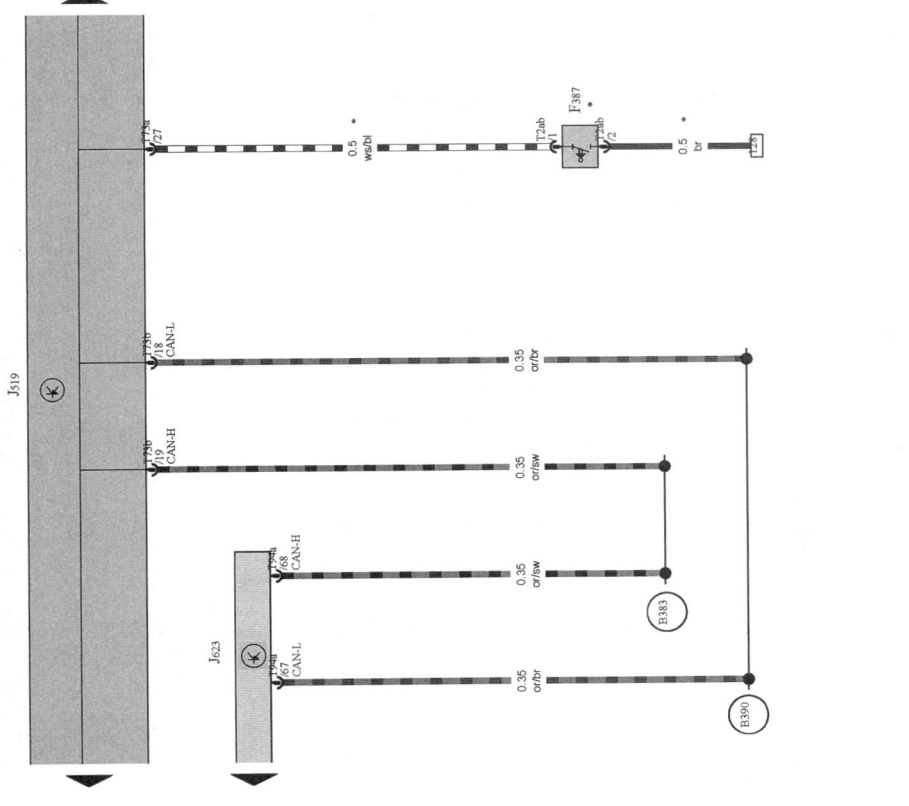

图5-1-53

F387-发动机舱盖接触开关 J519-车载电网控制单元 J623-发动机控制单元 T2ab-2芯插头连接、黑色 T73a-73芯插头连接、黑色 T73b-73芯插头连接、黑色 T94a-94芯插头连接、白色 B383-连接1（驱动CAN总线、High）、在主导线束中 B390-连接1（驱动CAN总线、Low）、在主导线束中 *-用于带发动机自动启停系统的汽车

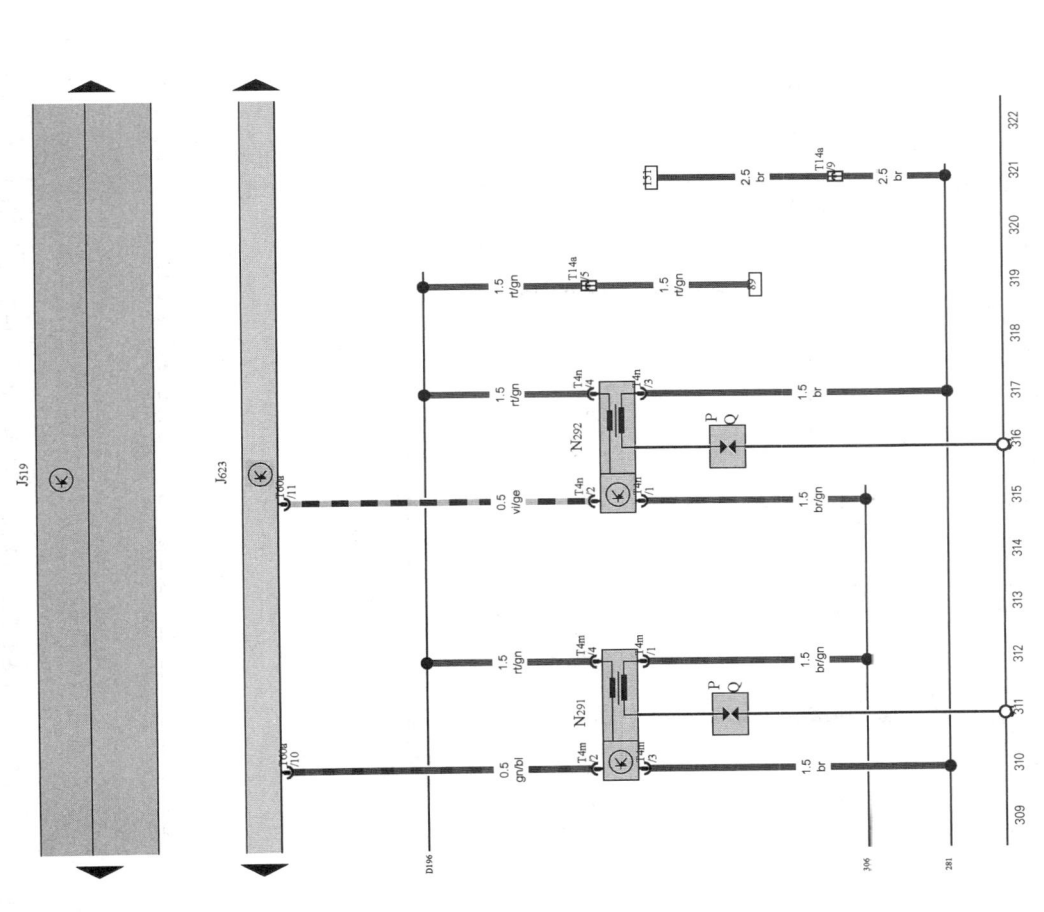

图5-1-52

J519-车载电网控制单元 J623-发动机控制单元 N291-带功率输出级的点火线圈3 N292-带功率输出级的点火线圈4 P-火花塞插头 Q-火花塞 T4m-4芯插头连接、黑色 T4n-4芯插头连接、黑色 T14a-14芯插头连接 T60a-60芯插头连接、灰色 281-接地连接，在发动机预接线导线束中 306-接地连接（点火线圈），在发动机预接线导线束中 396-发动机舱内左前，在发动机预接线导线束中 D196-连接2（87a），用于带发动机自动启停系统的汽车

车载电网控制单元、数据总线诊断接口、诊断接口　　　　　车载电网控制单元、诊断接口

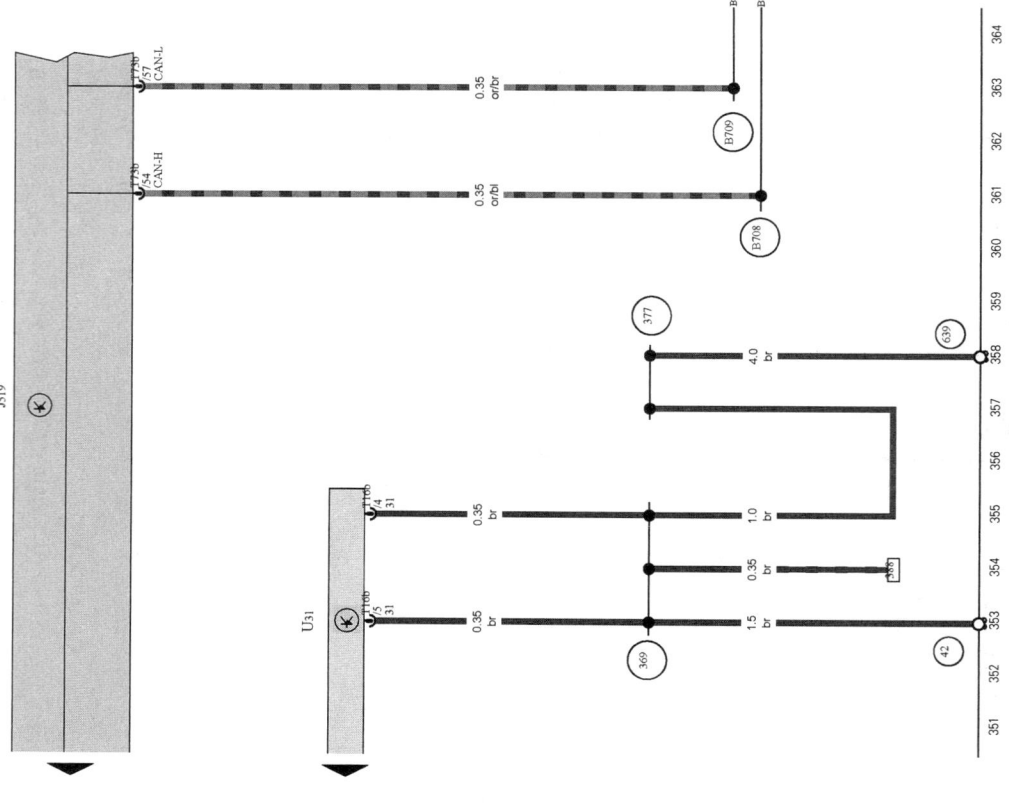

图 5-1-54　　　　　　　　　　　　　　　　　　　　　图 5-1-55

J234-安全气囊控制单元 J519-车载电网控制单元 J533-数据总线诊断接口 T16b-16芯插头连接，黑色
T50a-50芯插头连接，黄色 T73b-73芯插头连接，白色 U31-诊断接口 B326-正极连接12（30a），在主
导线束中 B713-连接1（诊断CAN总线，High），在主导线束中 B714-连接1（诊断CAN总线，Low），
在主导线束中

J519-车载电网控制单元 T16b-16芯插头连接，黑色 T73b-73芯插头连接，白色 U31-诊断接口 42-转向
柱旁边的接地点 369-接地连接4，在主导线束中 377-接地连接12，在主导线束中 639-左A柱上的接地点
B708-连接1（组合仪表CAN总线，High），在主导线束中 B709-连接1（组合仪表CAN总线，Low），在
主导线束中

674

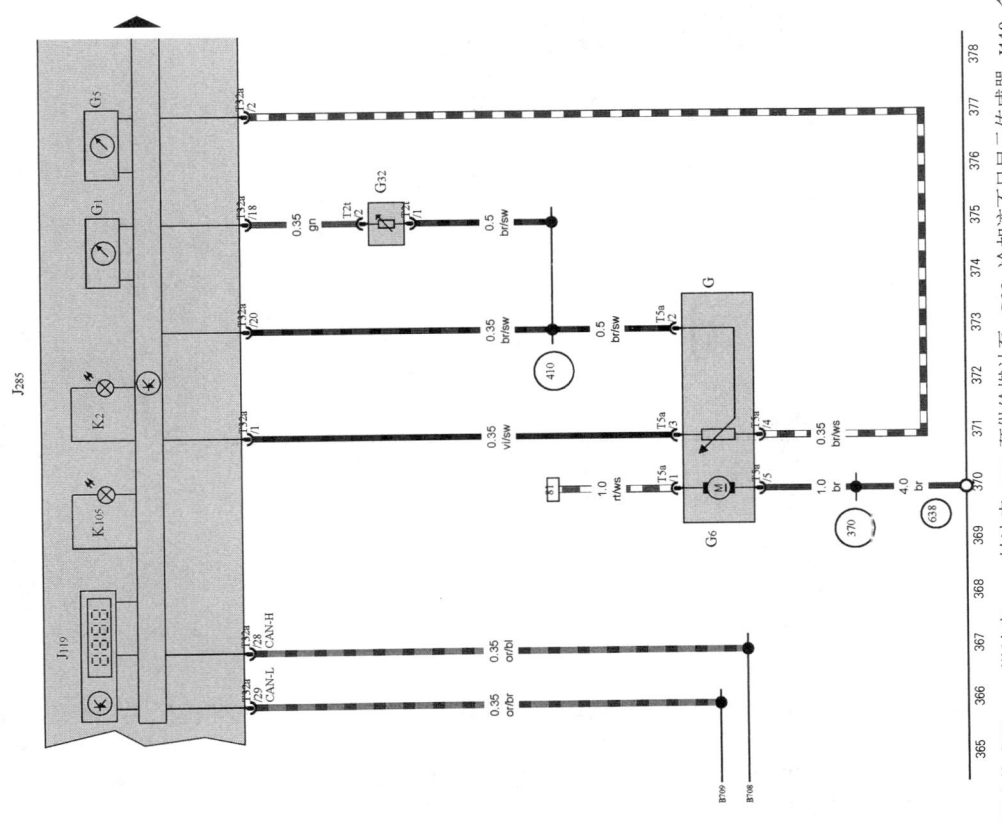

防盗锁止系统传感器、燃油表、转速表、预供给燃油泵、冷却液不足显示传感器、多功能显示器、组合仪表中的控制单元、发电机指示灯、燃油表指示灯

G-燃油表传感器 G1-燃油表 G5-转速表 G6-预供给燃油泵 G32-冷却液不足显示传感器 J119-多功能显示器 J285-组合仪表中的控制单元 K2-发电机指示灯 K105-燃油表指示灯 T2r-2芯插头连接，黑色 T5a-5芯插头连接 T32a-32芯插头连接 370-接地连接，蓝色 B708-连接1（组合仪表CAN总线，High），在主导线束中 B709-连接1（组合仪表CAN总线，Low），在主导线束中

365	366	367	368	369	370	371	372	373	374	375	376	377	378

图 5-1-56

防盗锁止系统识别读线圈、冷却液温度表、车速表、组合仪表中的控制单元、防盗锁止系统控制单元、机油压力指示灯、冷却液温度和冷却液不足显示指示灯、定速巡航装置指示灯、机油油位指示灯、废气警告灯、电子油门故障信号灯、里程表

D2-防盗锁止系统识别读线圈 G3-冷却液压力指示圈 G21-车速表 J285-组合仪表中的控制单元 J362-防盗锁止系统控制单元 K3-机油压力指示灯 K28-冷却液温度和冷却液不足显示指示灯 K31-定速巡航装置指示灯 K38-机油油位指示灯 K83-废气警告灯 K132-电子油门故障信号灯 T2ac-2芯插头连接，黑色 T32a-32芯插头连接，蓝色 Y4-里程表

379	380	381	382	383	384	385	386	387	388	389	390	391	392

图 5-1-57

第二节　变速器系统

变速器系统电路图（自 2018 年 3 月起）的图号和图名对照表见表 5-2-1。

表 5-2-1　变速器系统电路图（自 2018 年 3 月起）的图号和图名对照表

图号	图名
图 5-2-1～图 5-2-9	自动变速器

保险丝架 C

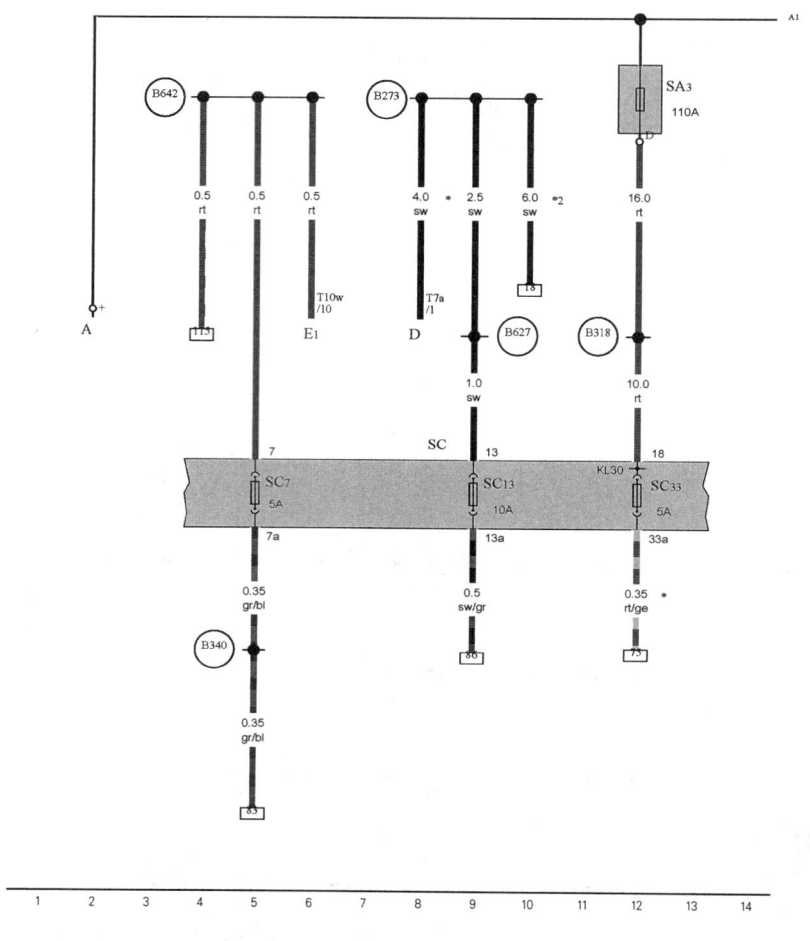

A-蓄电池　D-点火启动开关　E1-车灯开关　SA3-保险丝架A上的保险丝3　SC-保险丝架C　SC7-保险丝架C上的保险丝7　SC13-保险丝架C上的保险丝13　SC33-保险丝架C上的保险丝33　T7a-7芯插头连接，黑色　T10w-10芯插头连接，黑色　B273-正极连接（15），在主导线束中　B318-正极连接4（30a），在主导线束中　B340-连接1（58d），在主导线束中　B627-正极连接3（15），在主导线束中　B642-正极连接（58），在主导线束中　*-用于不带进入及启动许可的汽车　*2-用于带进入及启动许可的汽车

图 5-2-1

676

多功能开关、自动变速器控制单元

自动变速器控制单元、接线端15供电继电器

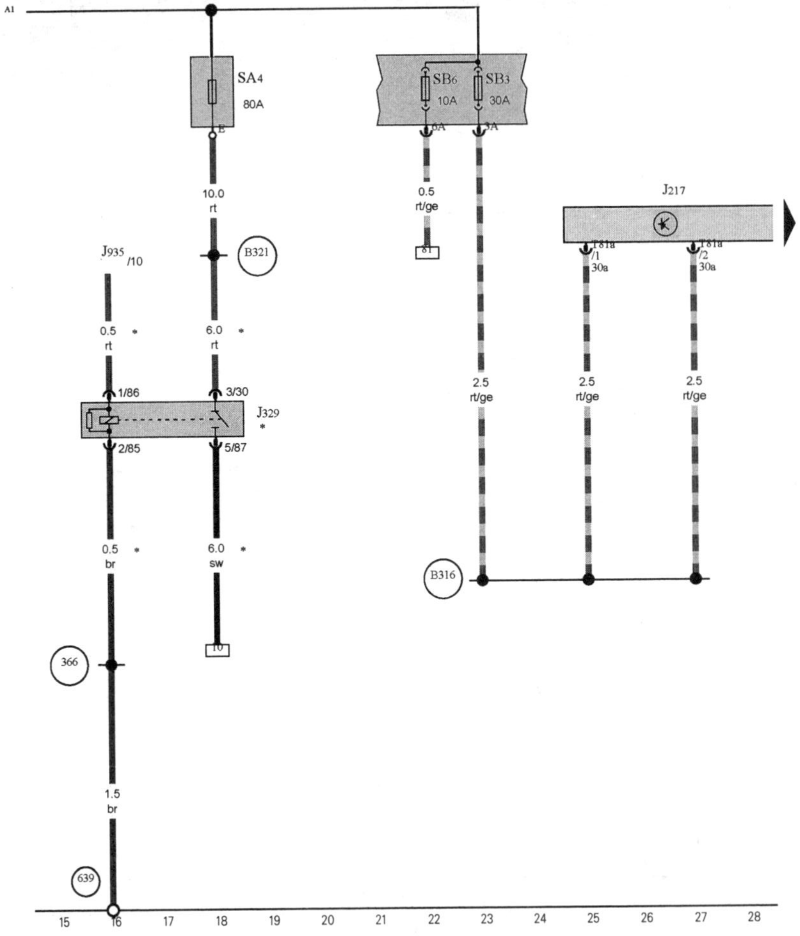

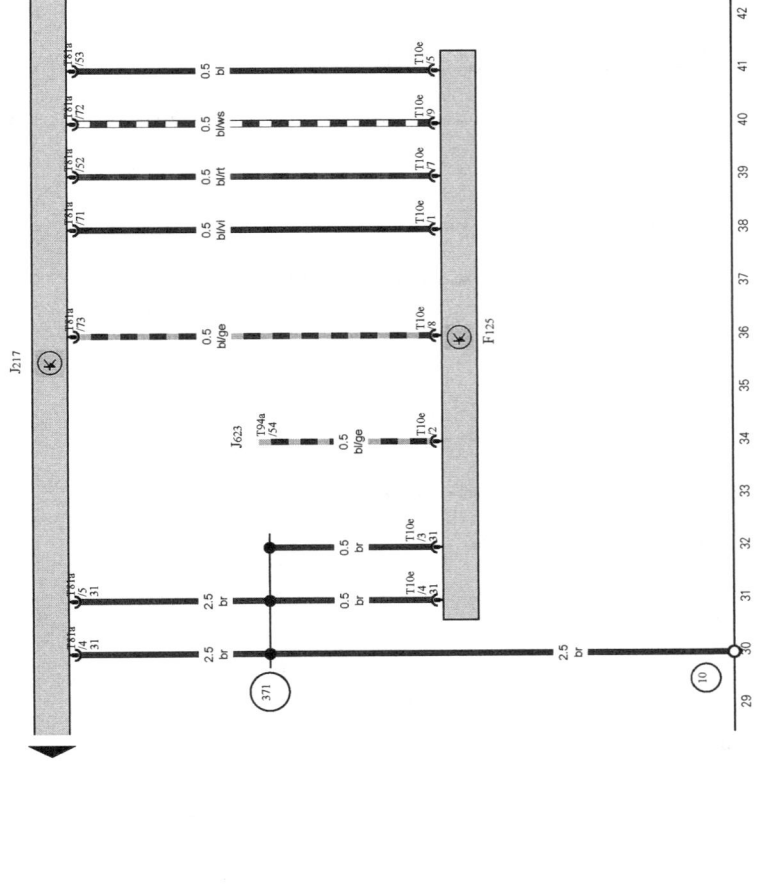

图 5-2-3

图 5-2-2

F125-多功能开关 J217-自动变速器控制单元 J623-发动机控制单元 T10e-10芯插头连接，黑色 T81a-81 芯插头连接，黑色 T94a-94芯插头连接，黑色 10-排水槽内的接地点 371-接地连接6，在主导线束中

J217-自动变速器控制单元 J329-接线端15供电继电器 J935-转换器盒 SB3-保险丝盒B上的保险丝3 SA4- 保险丝架A上的保险丝4 SB6-保险丝架B上的保险丝6 T81a-81芯插头连接6 T81a-81芯插头连接，黑色 366-接地连接1，在主 导线束中 639-左A柱上的接地点 B316-正极连接2（30a），在主导线束中 B321-正极连接7（30a），在 主导线束中 *-用于带进入及启动许可的汽车

677

自动变速器控制单元、电磁阀 1、电磁阀 2、自动变速器压力调节阀 1、自动变速器压力调节阀 2、自动变速器压力调节阀 3

变速器油温度传感器、变速器输入转速传感器、自动变速器控制单元、自动变速器压力调节阀 4、自动变速器压力调节阀 5、自动变速器压力调节阀 7

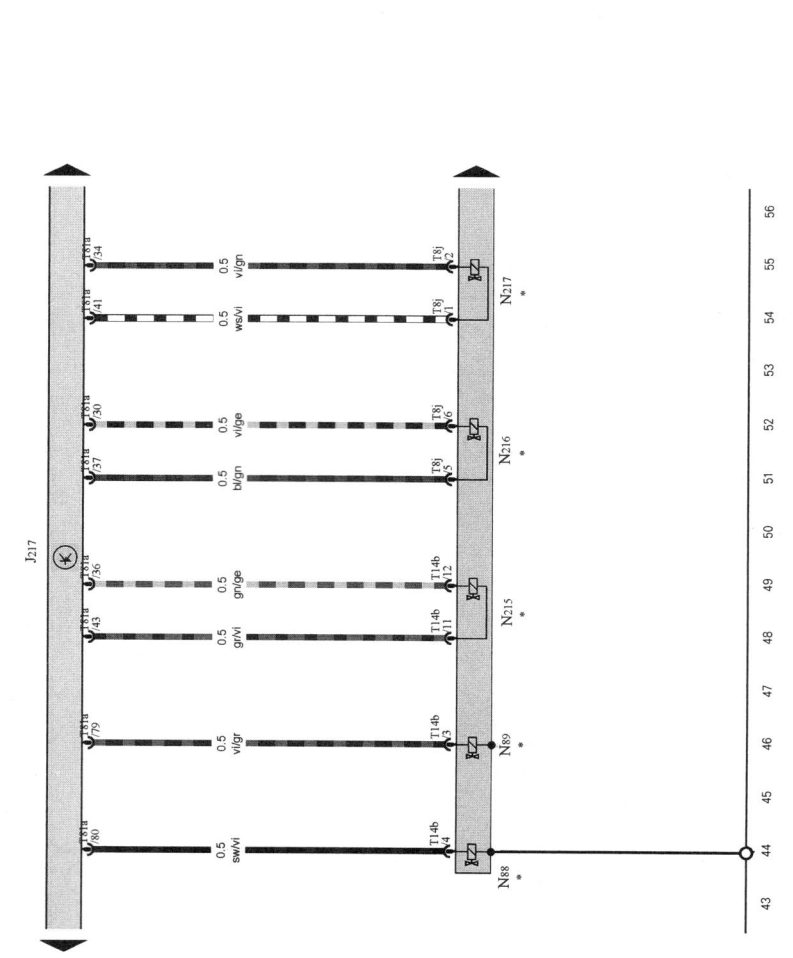

J217-自动变速器控制单元 N88-电磁阀1 N89-电磁阀2 N215-自动变速器压力调节阀1 N216-自动变速器压力调节阀2 N217-自动变速器压力调节阀3 T8j-8芯插头连接 T14b-14芯插头连接，黑色 T81a-81芯插头连接，黑色 *=已预先布线的部件

图 5-2-4

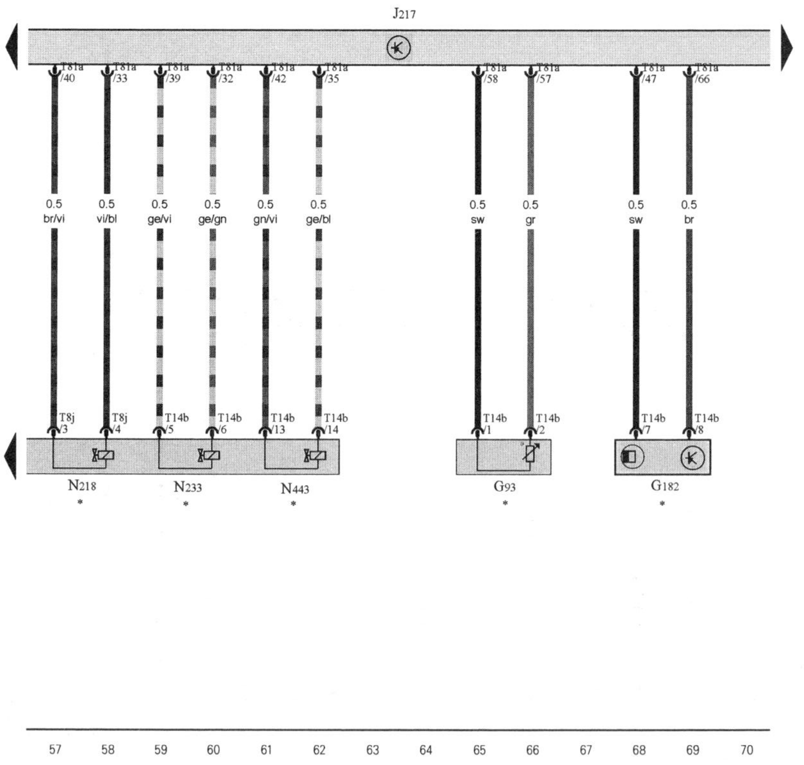

G93-变速器油温度传感器 G182-变速器输入转速传感器 J217-自动变速器控制单元 N218-自动变速器压力调节阀7 N233-自动变速器压力调节阀4 N443-自动变速器压力调节阀5 T8j-8芯插头连接 T14b-14芯插头连接 T81a-81芯插头连接，黑色 *=已预先布线的部件

图 5-2-5

Tiptronic 开关、自动变速器控制单元、选挡杆位置 P/N 指示灯、排挡杆挡位指示照明灯

Tiptronic 开关、选挡杆挡位 P 锁止开关、自动变速器控制单元、换挡杆锁磁铁、点火钥匙防拔出锁磁铁

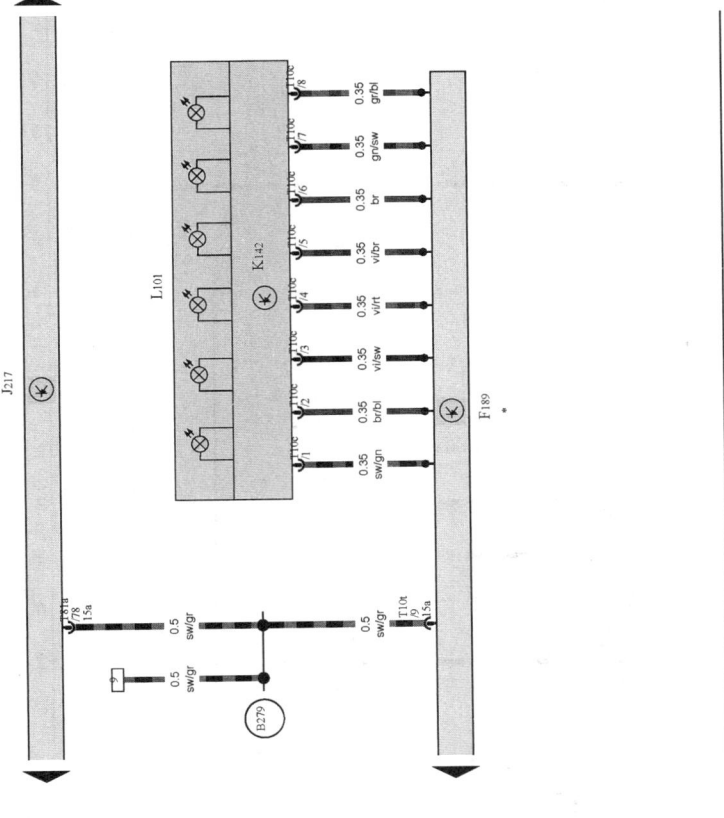

图 5-2-7

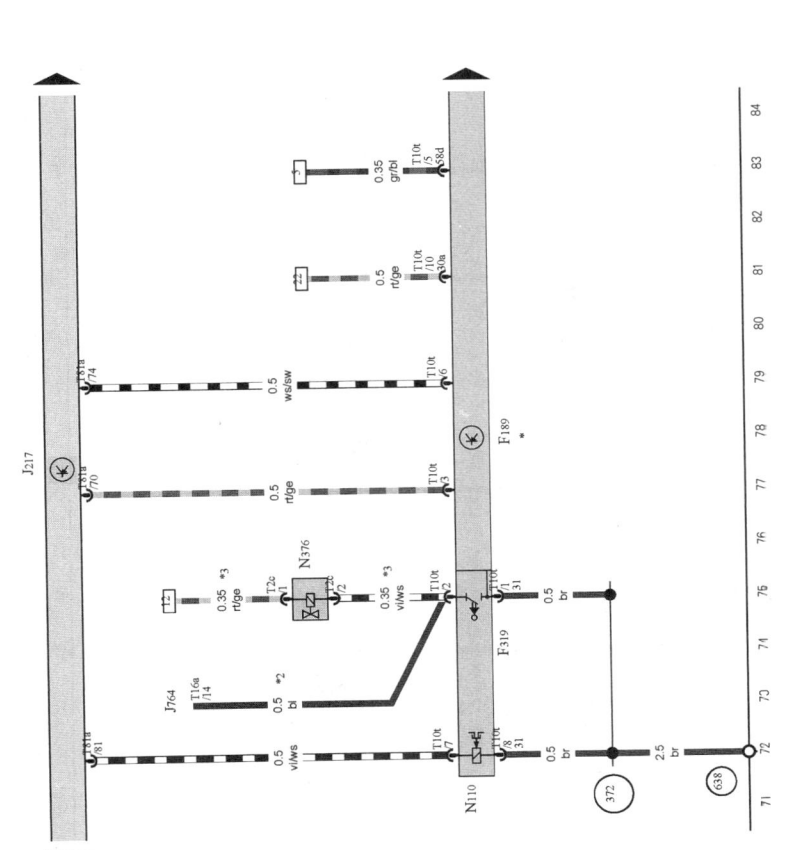

图 5-2-6

F189-Tiptronic开关 J217-自动变速器控制单元 K142-选挡杆位置P/N指示灯 L101-排挡杆挡位指示照明灯 K142-选挡杆位置P/N指示灯 T10c-10芯插头连接 T10t-10芯插头连接，黑色 T81a-81芯插头连接3 灯 T10c-10芯插头连接，黑色 T10t-10芯插头连接，黑色 T81a-81芯插头连接，黑色 B279-正极连接3 (15a)，在主导线束中 *-已预先布线的部件

F189-Tiptronic开关 F319-选挡杆挡位P锁止开关 J217-自动变速器控制单元 J764-电子转向柱锁止装置控制单元 N110-换挡杆锁磁铁 N376-点火钥匙防拔出锁磁铁 T2c-2芯插头连接 T10t-10芯插头连接，黑色 T16a-16芯插头连接，黑色 T81a-81芯插头连接，黑色 372-接地连接7，在主导线束中 638-右接，黑色 T16a-16芯插头连接，黑色 T81a-81芯插头连接，黑色 372-接地连接，黑色 638-右接，在主导线束中 A柱上的接地点 *-已预先布线的部件 *2-用于带进入及启动许可的汽车 *3-用于不带进入及启动许可的汽车

679

变速器输出转速传感器、自动变速器控制单元、变速器电动泵 2

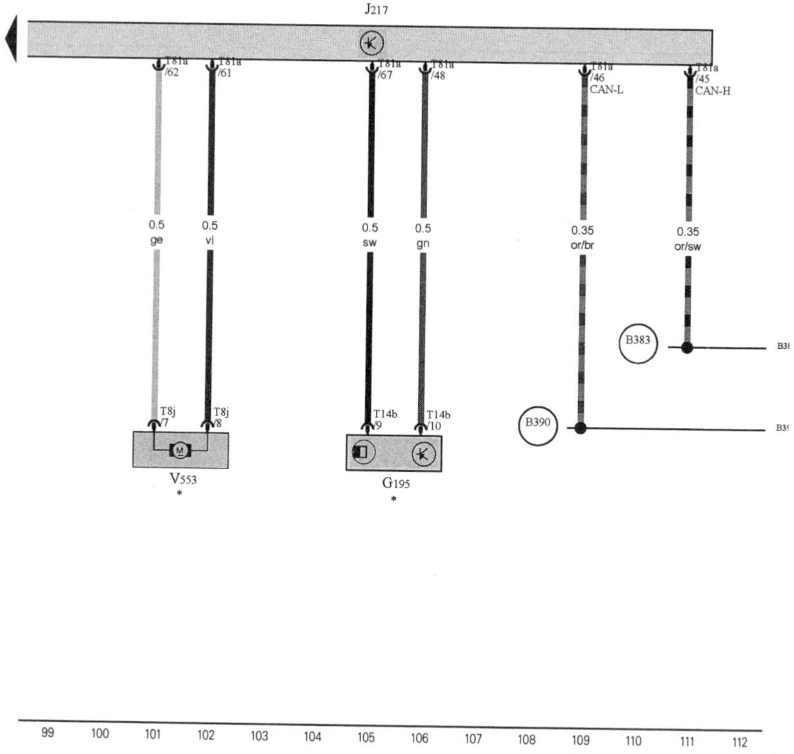

组合仪表中的控制单元、车载电网控制单元、选挡杆指示灯、选挡杆位置显示

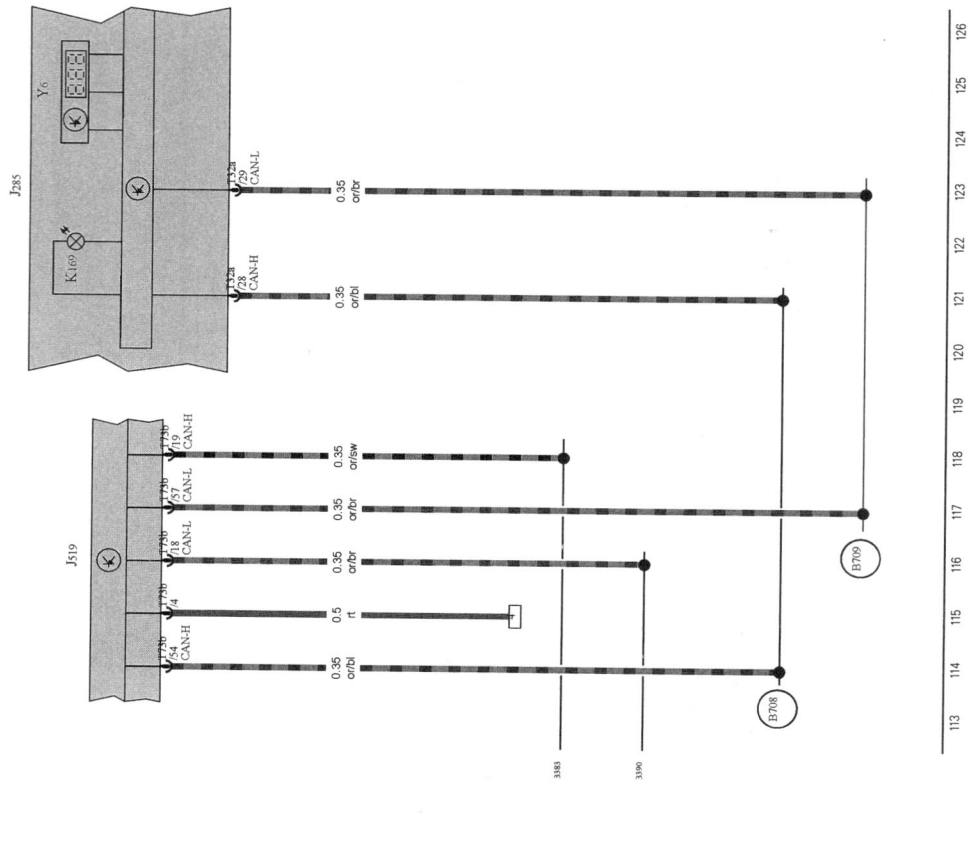

图 5-2-8

图 5-2-9

G195-变速器输出转速传感器 J217-自动变速器控制单元 T8j-81芯插头连接，黑色 T81a-81芯插头连接，黑色 V553-变速器电动泵2 B383-连接1（驱动CAN总线，High），在主导线束中 B390-连接1（驱动CAN总线，Low），在主导线束中 *-已预先布线的部件

J285-组合仪表中的控制单元 J519-车载电网控制单元 K169-选挡杆指示灯 T32a-32芯插头连接，蓝色 T73b-73芯插头连接，白色 Y6-选挡杆位置显示 B383-连接1（驱动CAN总线，High），在主导线束中 B390-连接1（驱动CAN总线，Low），在主导线束中 B708-连接1（组合仪表CAN总线，High），在主导线束中 B709-连接1（组合仪表CAN总线，Low），在主导线束中

680

第三节　底盘系统

底盘系统电路图（自 2018 年 3 月起）的图号和图名对照表见表 5-3-1。

表 5-3-1　底盘系统电路图（自 2018 年 3 月起）的图号和图名对照表

图号	图名
图 5-3-1~ 图 5-3-6	防抱死制动系统（ABS）
图 5-3-7~ 图 5-3-14	防抱死制动系统（ABS）与电子稳定程序（ESP）
图 5-3-15~ 图 5-3-18	机电式助力转向器
图 5-3-19~ 图 5-3-22	多功能方向盘

保险丝架 C

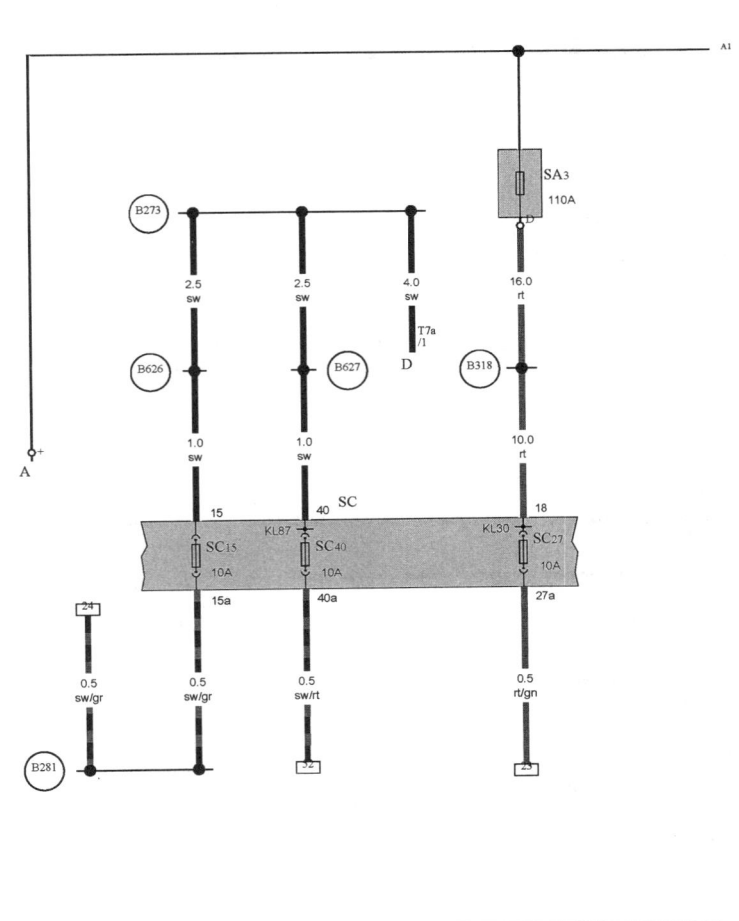

A-蓄电池　D-点火启动开关　SA3-保险丝架A上的保险丝3　SC-保险丝架C　SC15-保险丝架C上的保险丝15　SC27-保险丝架C上的保险丝27　SC40-保险丝架C上的保险丝40　T7a-7芯插头连接，黑色　B273-正极连接（15），在主导线束中　B281-正极连接5（15a），在主导线束中　B318-正极连接4（30a），在主导线束中　B626-正极连接2（15），在主导线束中　B627-正极连接3（15），在主导线束中

图 5-3-1

右后转速传感器、右前转速传感器、左后转速传感器、左前转速传感器、ABS 控制单元、右后 ABS 进气阀、左后 ABS 进气阀、右后 ABS 排气阀、左后 ABS 排气阀

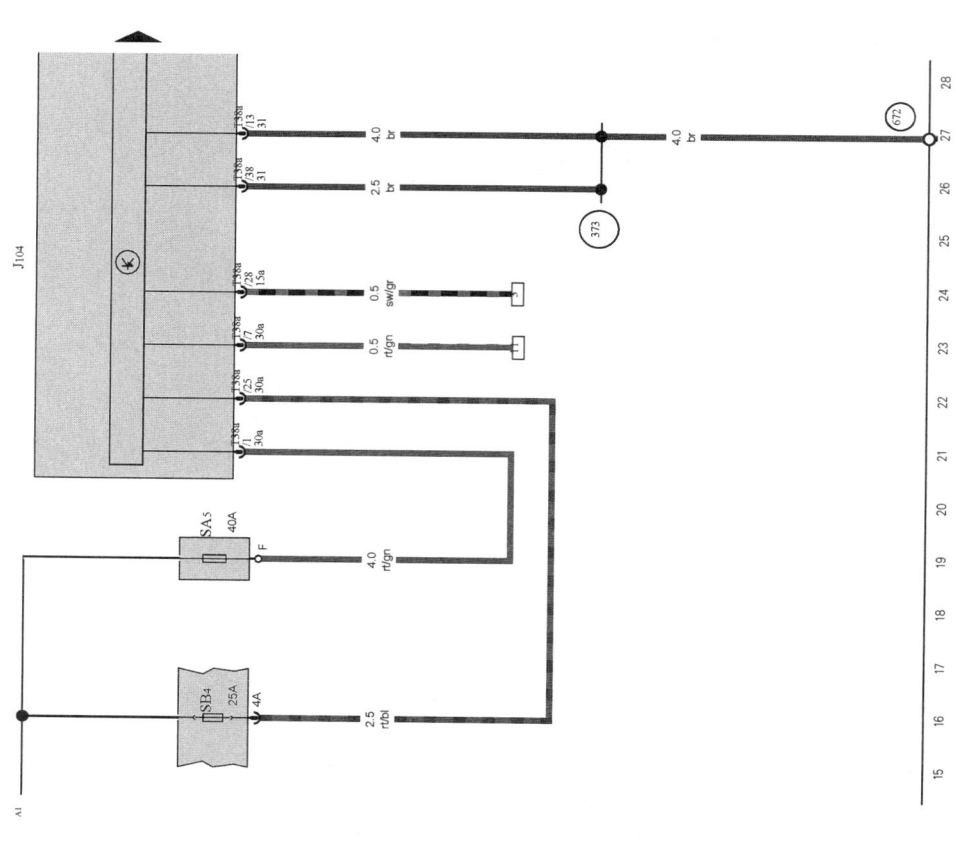

ABS 控制单元

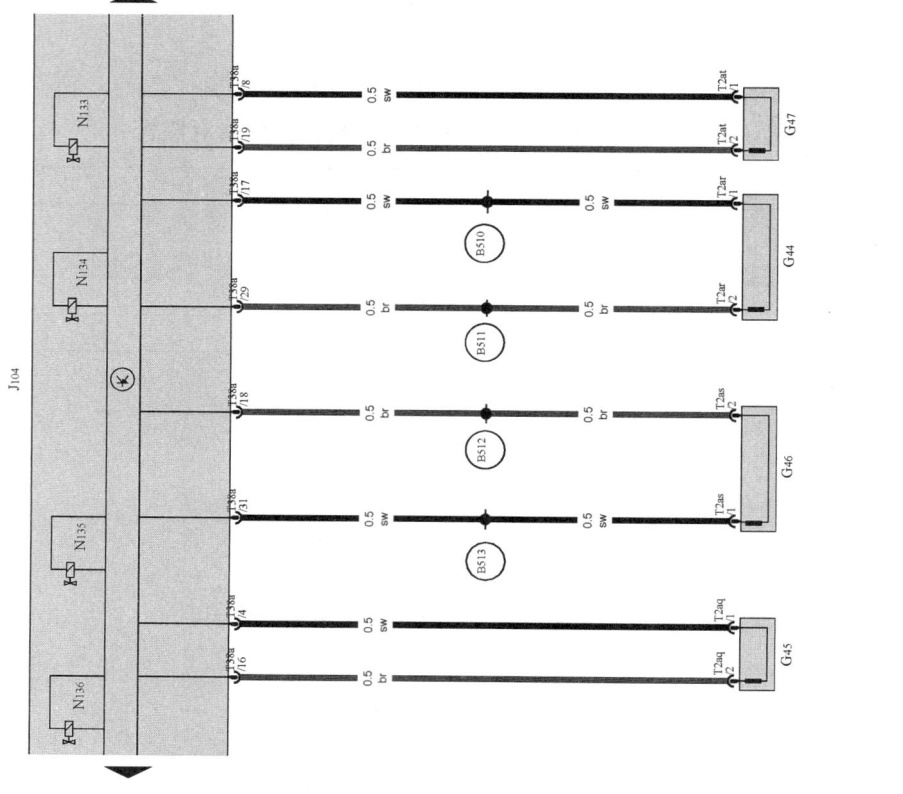

图 5-3-2

图 5-3-3

J104-ABS控制单元 SB4-保险丝架B上的保险丝4 SA5-保险丝架A上的保险丝5 T38a-38芯插头连接,黑色 373-接地连接8,在主导线束中 672-左前纵梁上的接地点2

G44-右后转速传感器 G45-右前转速传感器 G46-左后转速传感器 G47-左前转速传感器 J104-ABS控制单元 N133-右后ABS进气阀 N134-左后ABS进气阀 N135-右后ABS排气阀 N136-左后ABS排气阀 T2aq-2芯插头连接,黑色 T2ar-2芯插头连接,黑色 T2as-2芯插头连接,黑色 T2at-2芯插头连接,黑色 T38a-38芯插头连接,黑色 B510-连接1(后右转速传感器),在车舱内导线束中 B511-连接2(后右转速传感器),在车舱内导线束中 B512-连接1(后左转速传感器),在车舱内导线束中 B513-连接2(后左转速传感器),在车舱内导线束中

682

制动信号灯开关、制动踏板开关、ABS控制单元、右前 ABS 进气阀、右前 ABS 排气阀、
左前 ABS 进气阀、左前 ABS 排气阀

制动压力传感器 1、ABS 控制单元、车载电网控制单元、动态行驶控制转换阀 1、动态行
驶控制转换阀 2、动态行驶控制高压转换阀 1、动态行驶控制高压转换阀 2、ABS 回流泵

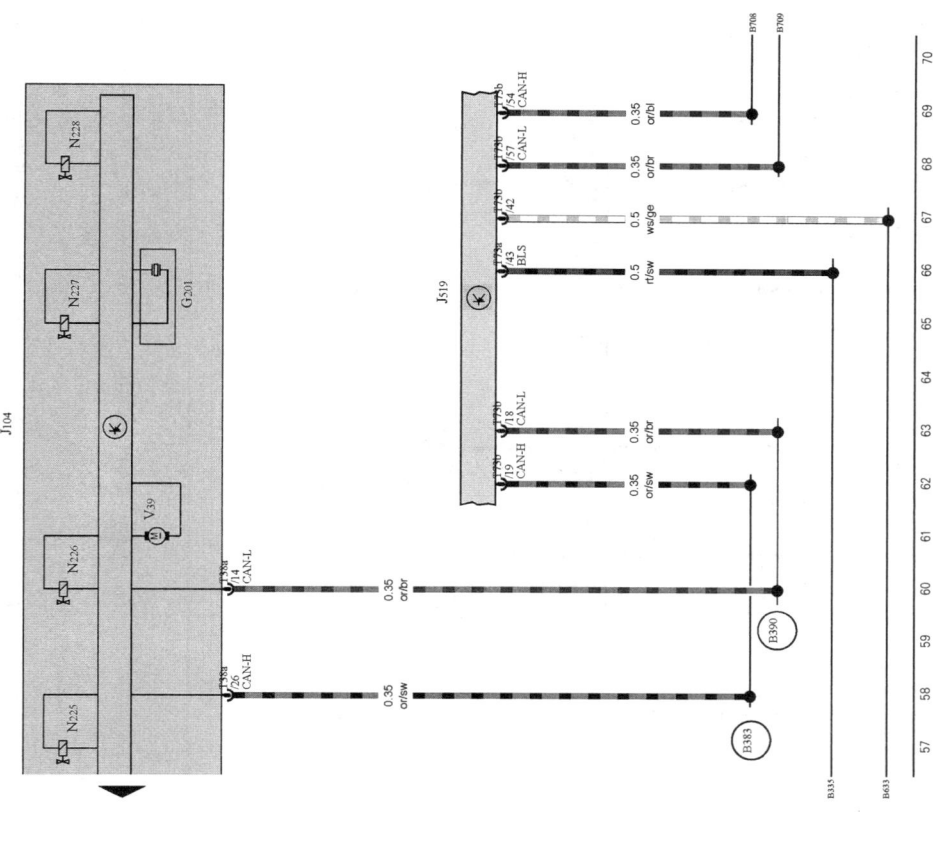

图 5-3-5

G201-制动压力传感器1 J104-ABS控制单元 J519-车载电网控制单元 N225-动态行驶控制转换阀1
N226-动态行驶控制转换阀2 N227-动态行驶控制转换阀1 N228-动态行驶控制高压转换阀2 T38a-
38芯插头连接 黑色 T73a-73芯插头连接 黑色 T73b-73芯插头连接 白色 V39-ABS回流泵 B335-
连接5（54），在主导线束中 B383-连接1（驱动CAN总线，High），在主导线束中 B390-连接1（驱动
CAN总线，Low），在主导线束中 B633-连接（制动踏板开关），在主导线束中 B708-连接1（组合仪表
CAN总线，High），在主导线束中 B709-连接1（组合仪表CAN总线，Low），在主导线束中

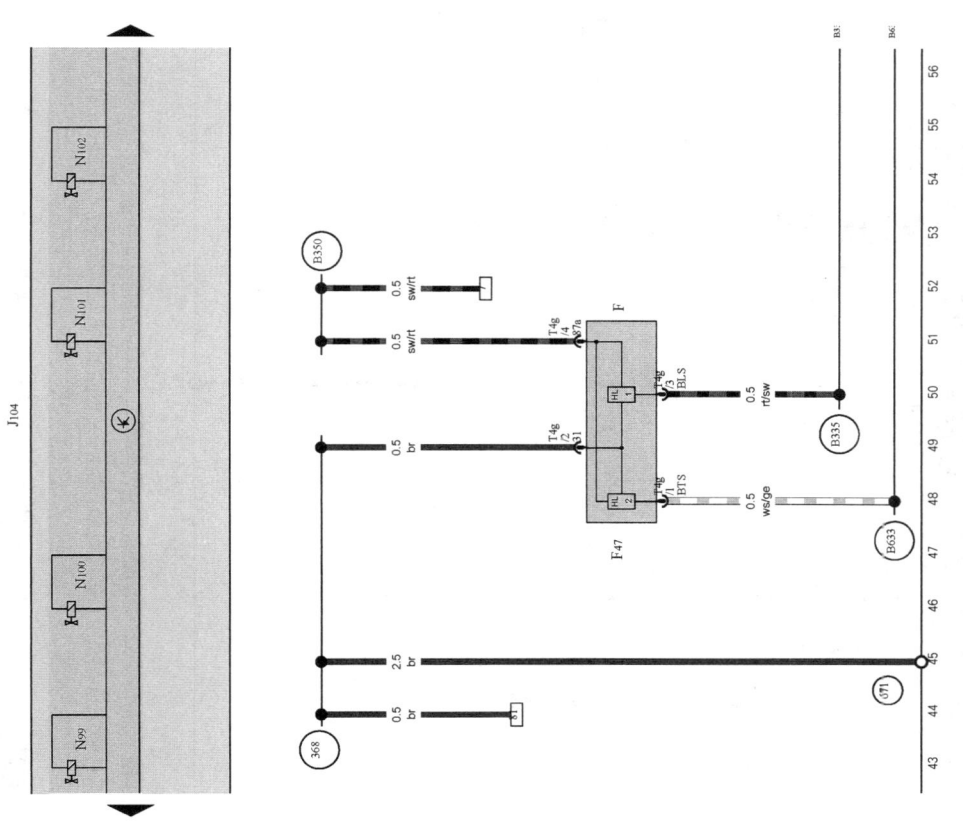

图 5-3-4

F-制动信号灯开关 F47-制动踏板开关 J104-ABS控制单元 N99-右前ABS进气阀 N100-右前ABS排气阀
N101-左前ABS进气阀 N102-左前ABS排气阀 T4g-4芯插头连接3，在主导线束中
671-左前纵梁上的接地点1 B335-连接5（54），在主导线束中 B350-正极连接1（87a），在主导线束中
B633-连接（制动踏板开关），在主导线束中 368-接地连接3，黑色 368-左前纵梁上的接地点1

683

手制动器指示灯开关、制动液液位警告信号触点、警报蜂鸣器和警报报音、组合仪表中的控制单元、ABS 指示灯、制动系统指示灯

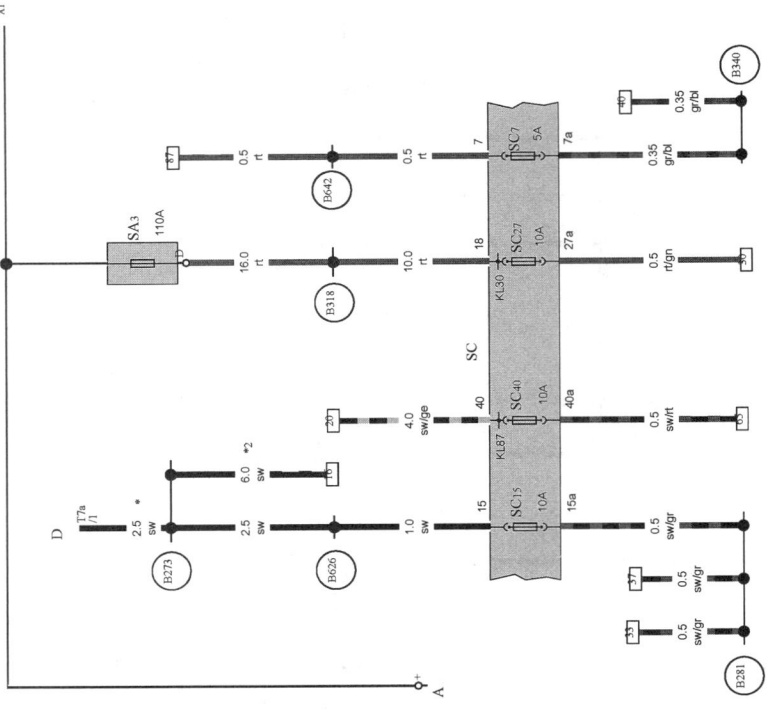

保险丝架 C

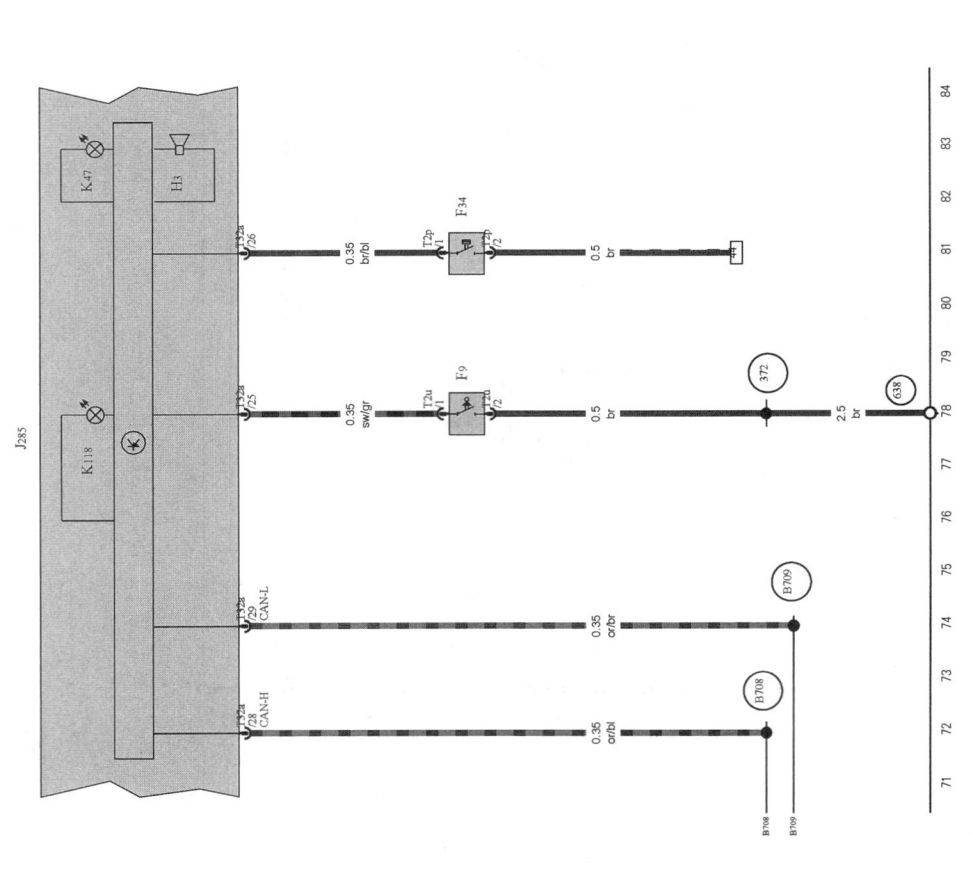

F9-手制动器指示灯开关 F34-制动液位警告信号触点 H3-警报蜂鸣器和警报报音 J285-组合仪表中的控制单元 K47-ABS指示灯 K118-制动系统指示灯 T2p-2芯插头连接 T2u-2芯插头连接，黑色 T32-32芯插头连接，黑色 372-接地点 638-右A柱上的接地点 B708-连接1（组合仪表CAN总线，High），在主导线束中 B709-连接1（组合仪表CAN总线，Low），在主导线束中

图 5-3-6

A-蓄电池 D-点火启动开关 SA3-保险丝架A上的保险丝3 SC-保险丝架C SC7-保险丝架C上的保险丝7 SC15-保险丝架C上的保险丝15 SC27-保险丝架C上的保险丝27 SC40-保险丝架C上的保险丝40 T7a-7芯插头连接，黑色 B273-正极连接（15），在主导线束中 B281-正极连接5（15a），在主导线束中 B318-正极连接4（30a），在主导线束中 B340-连接1（58d），在主导线束中 B626-正极连接2（15），在主导线束中 B642-正极连接（58），在主导线束中 *-用于不带进入及启动许可的汽车 *2-用于带进入及启动许可的汽车

图 5-3-7

684

中部仪表板开关模块、轮胎压力监控按钮、ASR 和电子稳定程序按钮、ABS 控制单元、按钮照明灯泡

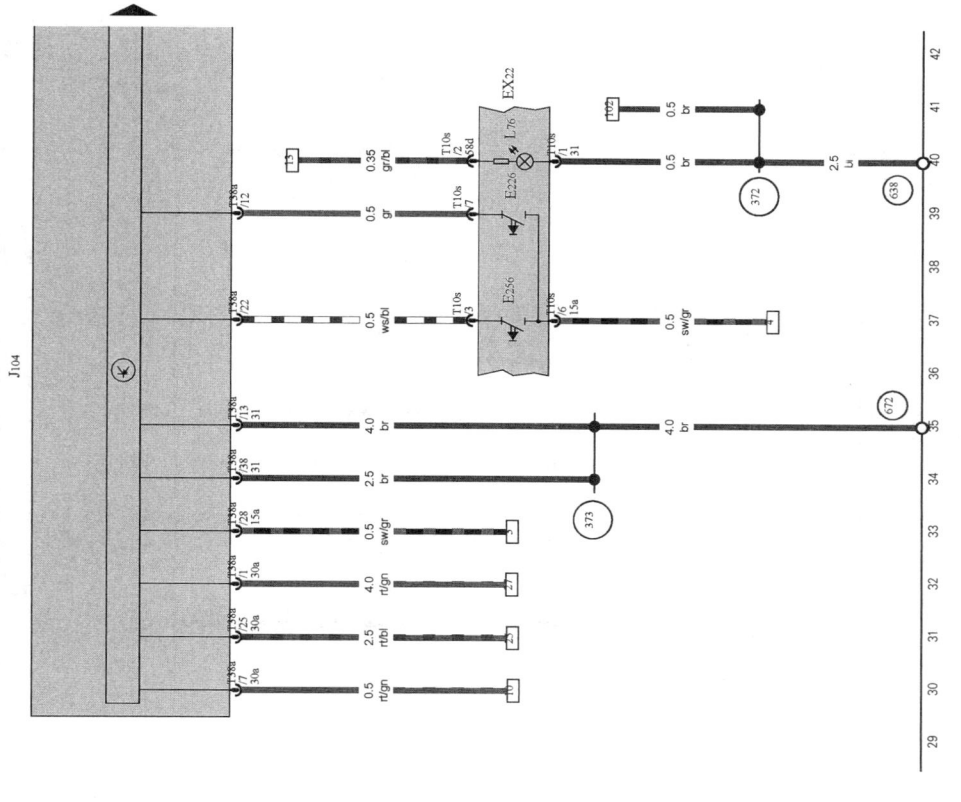

EX22-中部仪表板开关模块 E226-轮胎压力监控按钮 E256-ASR 和电子稳定程序按钮 J104-ABS 控制单元 L76-按钮照明灯泡 T10s-10 芯插头连接 T38a-38 芯插头连接，黑色 372-接地连接7，在主导线束中 373-接地连接8，在主导线束中 638-右A柱上的接地点 672-左前纵梁上的接地点2

图 5-3-9

主继电器、接线端 15 供电继电器

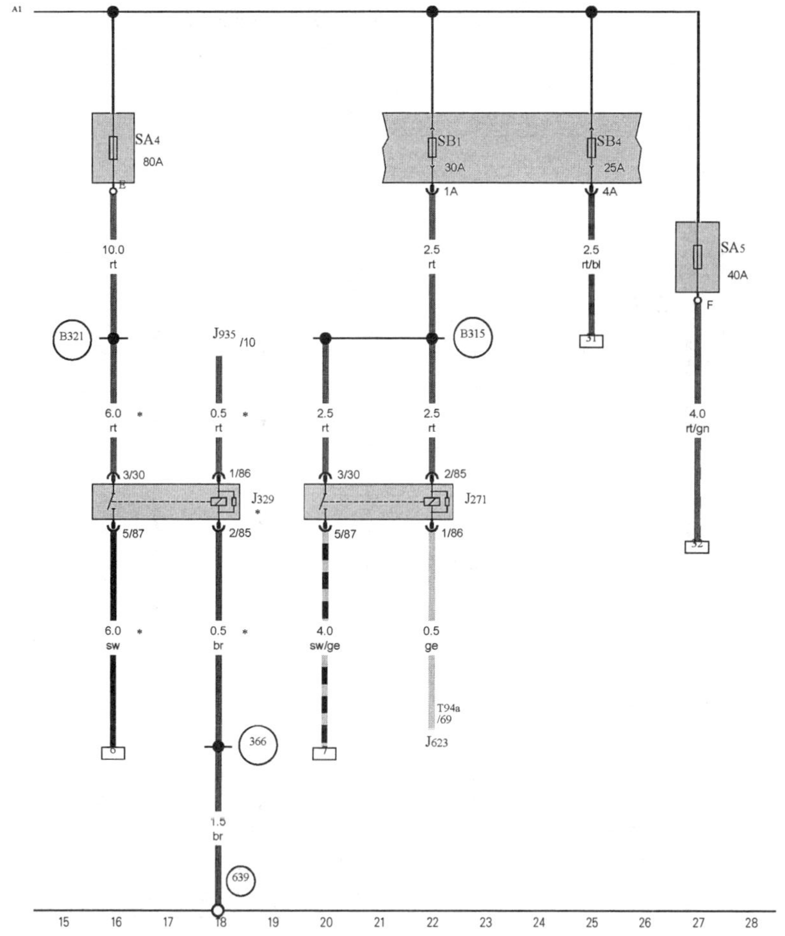

J271-主继电器 J329-接线端15供电继电器 J623-发动机控制单元 J935-转换器盒 SB1-保险丝架B上的保险丝1 SA4-保险丝架A上的保险丝4 SB4-保险丝架B上的保险丝4 SA5-保险丝架A上的保险丝5 T94a-94 芯插头连接 366-接地连接1，在主导线束中 639-左A柱上的接地点 B315-正极连接1（30a），在主导线束中 B321-正极连接7（30a），在主导线束中 *-用于带进入及启动许可的汽车

图 5-3-8

右后转速传感器、右前转速传感器、左后转速传感器、左前转速传感器、ABS 控制单元、
右后 ABS 进气阀、左后 ABS 进气阀、右后 ABS 排气阀、左后 ABS 排气阀

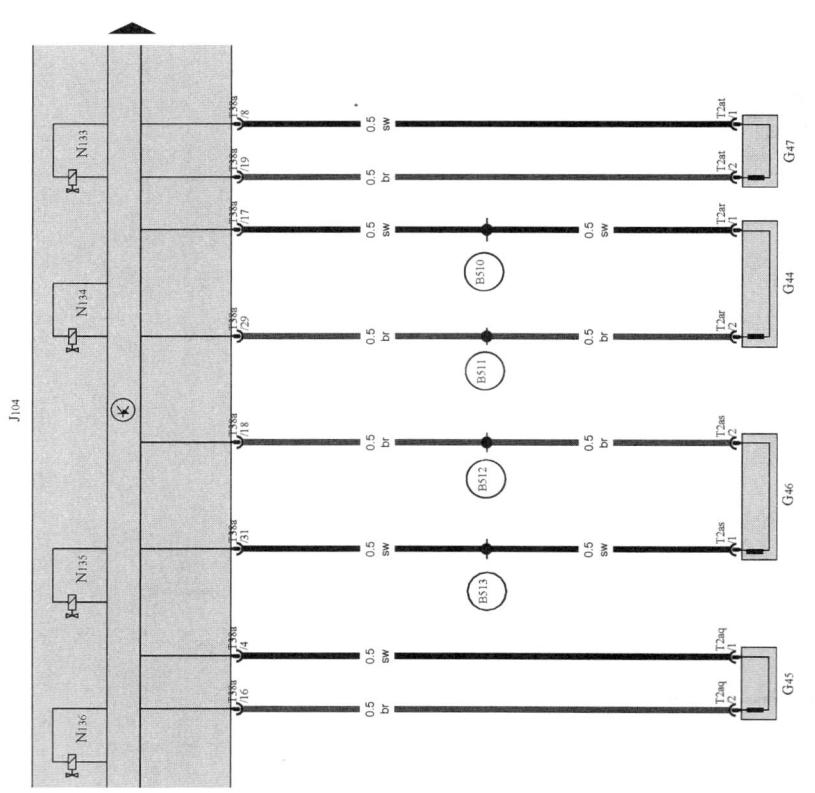

图 5-3-10

G44-右后转速传感器　G45-右前转速传感器　G46-左后转速传感器　G47-左前转速传感器　J104-ABS控制单元　N133-右后ABS进气阀　N134-左前ABS进气阀　N135-右前ABS进气阀　N136-左后ABS排气阀　T2aq-2芯插头连接，黑色　T2ar-2芯插头连接，黑色　T2as-2芯插头连接，黑色　T2at-2芯插头连接，黑色　T38a-38芯插头连接，黑色　B510-连接1（后右转速传感器），在车舱内导线束中　B511-连接2（后右转速传感器），在车舱内导线束中　B512-连接1（后左转速传感器），在车舱内导线束中　B513-连接2（后左转速传感器），在车舱内导线束中

制动信号灯开关、制动踏板开关、横向加速度传感器、偏转率传感器、纵向加速度传感器、
电子稳定程序传感器单元、ABS 控制单元、右前 ABS 进气阀、右前 ABS 排气阀、左前
ABS 进气阀、左前 ABS 排气阀

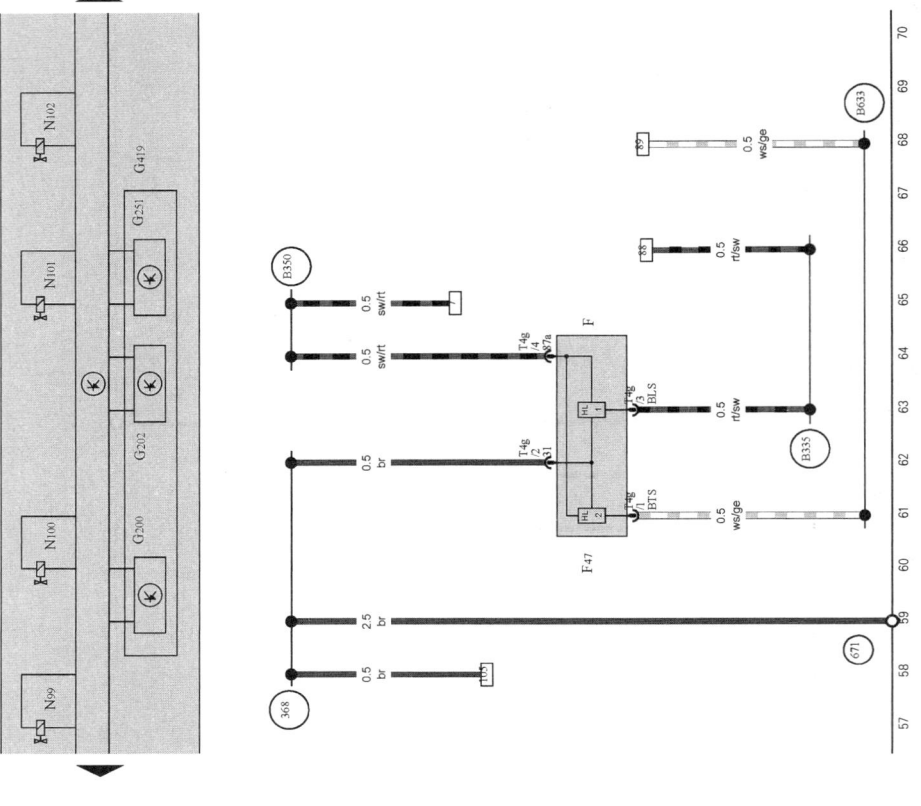

图 5-3-11

F-制动信号灯开关　F47-制动踏板开关　G200-横向加速度传感器　G202-偏转率传感器　G251-纵向加速度传感器　G419-电子稳定程序传感器单元　J104-ABS控制单元　N99-右前ABS进气阀　N100-右前ABS排气阀　N101-左前ABS进气阀　N102-左前ABS排气阀　T4g-4芯插头连接，黑色　368-接地连接3，在主导线束中　671-左前纵梁上的接地点1　B335-连接5（54），在主导线束中　B350-正极连接1（87a），在主导线束中　B633-连接（制动踏板开关），在主导线束中

686

制动压力传感器 1、真空传感器、ABS 控制单元、动态行驶控制阀 1、动态行驶控制转换阀 1、动态行驶控制高压转换阀 1、动态行驶控制高压转换阀 2、ABS 回流泵
转换阀 2、动态行驶控制高压转换阀 1、

组合仪表中的控制单元、车载电网控制单元、电子稳定程序和 ASR 指示灯

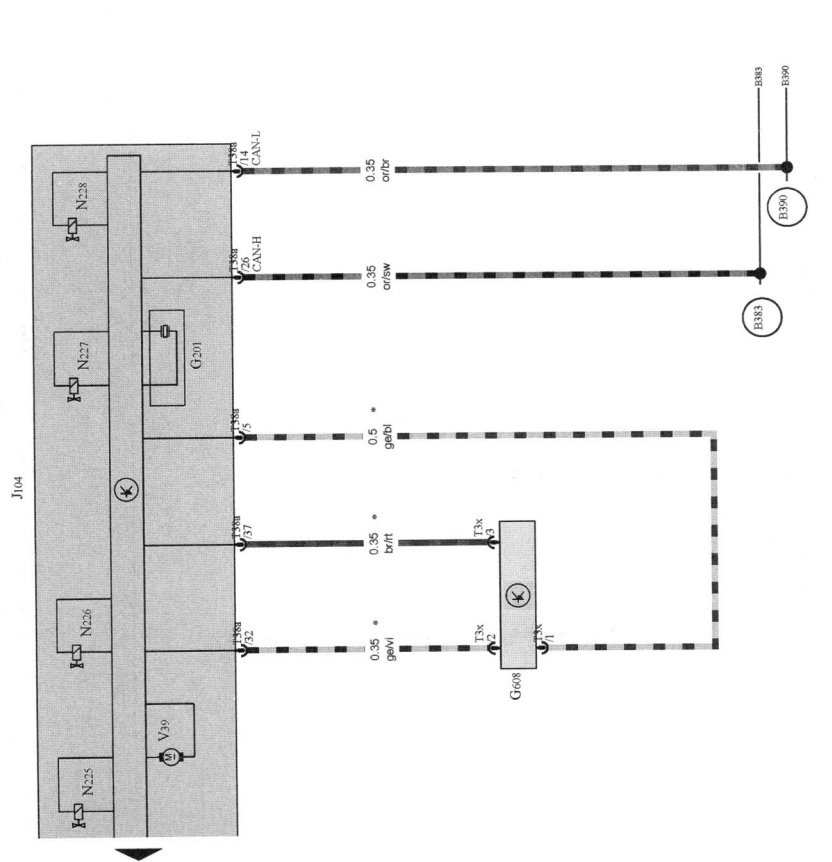

图 5-3-12

G201-制动压力传感器1 G608-真空传感器 J104-ABS控制单元 N225-动态行驶控制转换阀1 N226-动态行驶控制转换阀2 N227-动态行驶控制高压转换阀1 N228-动态行驶控制高压转换阀2 T3x-3芯插头连接，黑色 T38a-38芯插头连接，棕色 V39-ABS回流泵 B383-连接1（驱动CAN总线，High），在主导线束中 B390-连接1（驱动CAN总线，Low），在主导线束中 *-用于带自动变速器的汽车

图 5-3-13

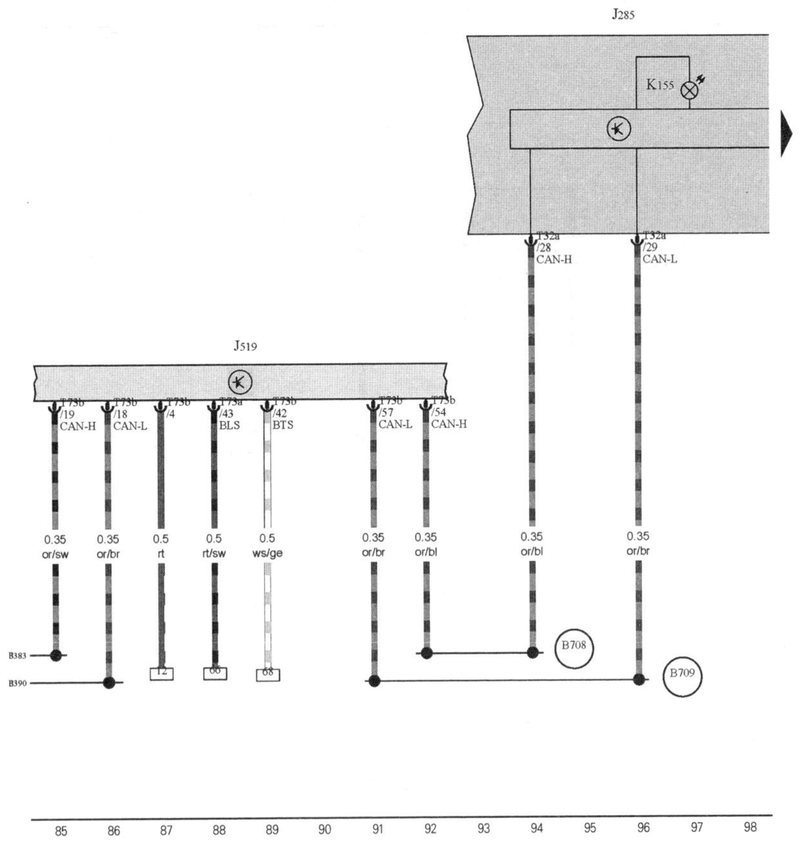

J285-组合仪表中的控制单元 J519-车载电网控制单元 K155-电子稳定程序和ASR指示灯 T32a-32芯插头连接，蓝色 T73a-73芯插头连接，黑色 T73b-73芯插头连接，白色 B383-连接1（驱动CAN总线，High），在主导线束中 B390-连接1（驱动CAN总线，Low），在主导线束中 B708-连接1（组合仪表CAN总线，High），在主导线束中 B709-连接1（组合仪表CAN总线，Low），在主导线束中

接线端 15 供电继电器、转换器盒

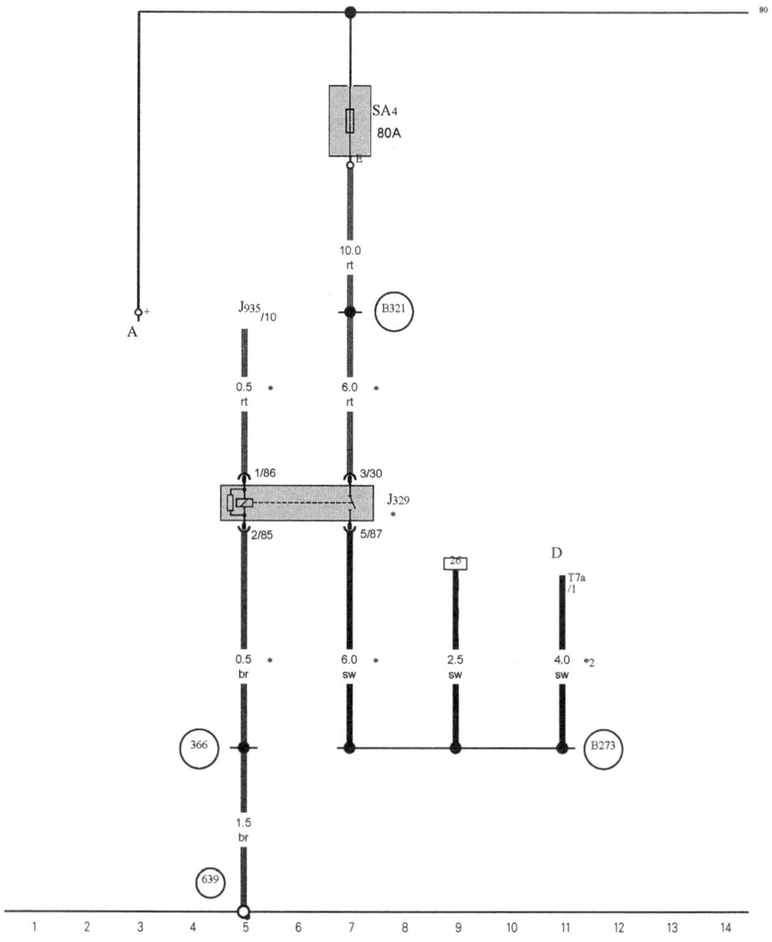

A-蓄电池　D-点火启动开关　J329-接线端15供电继电器　J935-转换器盒　SA4-保险丝架A上的保险丝
4　T7a-7芯插头连接　366-接地连接1，在主导线束中　639-左A柱上的接地点　B273-正极连接
(15)，在主导线束中　B321-正极连接7 (30a)，在主导线束中　B273-正极连接　*2-用
于不带进入及启动许可的汽车　*-用于带进入及启动许可的汽车　*2-用

图 5-3-15

手制动器指示灯开关、制动液位警告信号触点、警报蜂鸣器和警报音、组合仪表中的控
制单元、ABS指示灯、制动系统指示灯、轮胎压力监控显示指示灯

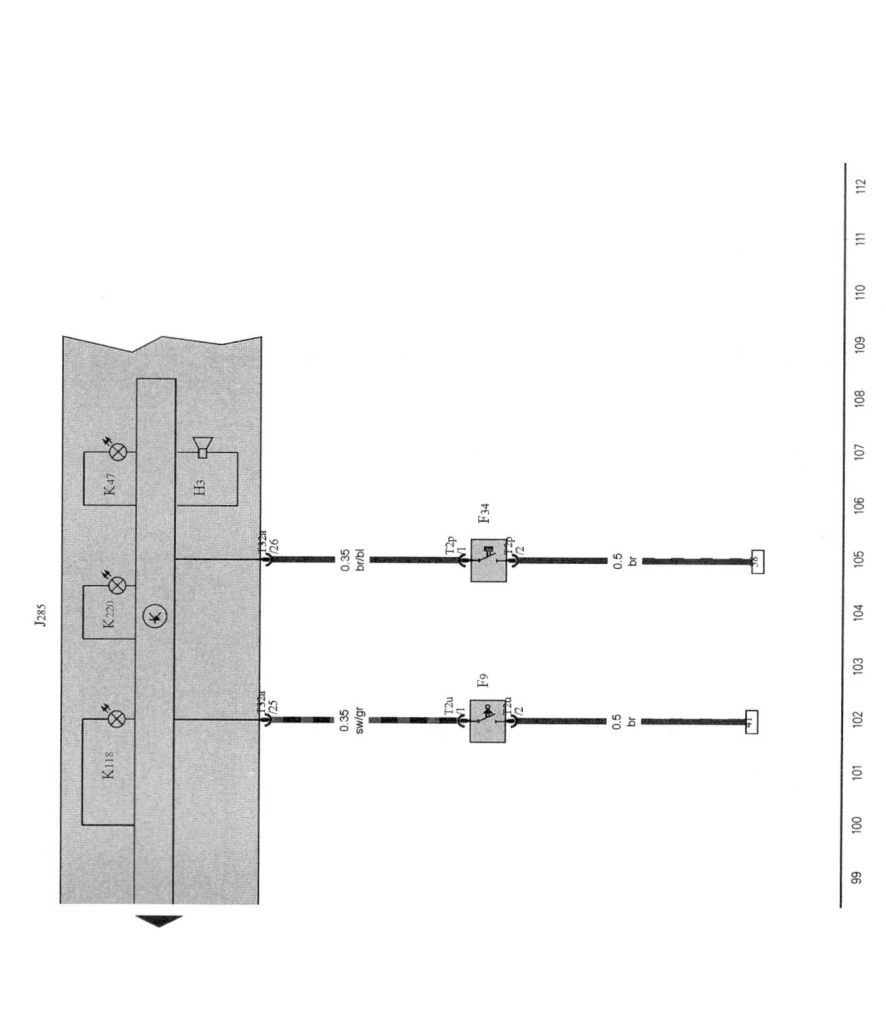

F9-手制动器指示灯开关　F34-制动液位警告信号触点　H3-警报蜂鸣器和警报音　J285-组合仪表中的控
制单元　K47-ABS指示灯　K118-制动系统指示灯　K220-轮胎压力监控显示指示灯　T2p-2芯插头连接　T2u-2芯插头连接，黑
色　T32a-32芯插头连接，蓝色

图 5-3-14

转向电机转速传感器、助力转向控制单元、机电式伺服转向电机

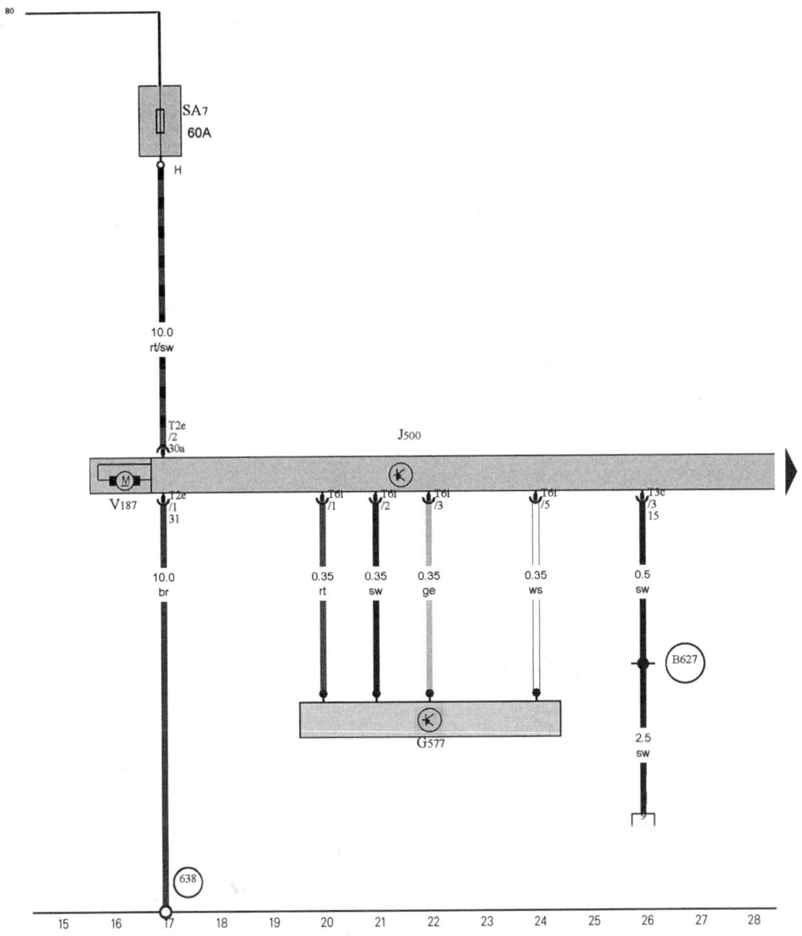

转向扭矩传感器、助力转向控制单元

图 5-3-16

图 5-3-17

G577-转向电机转速传感器 J500-助力转向控制单元 SA7-保险丝架A上的保险丝7 T2e-2芯插头连接，黑色 T6i-6芯插头连接，黑色，在主导线束中 V187-机电式伺服转向电机 638-台车A柱上的接地点 B627-正极连接3（15），在主导线束中

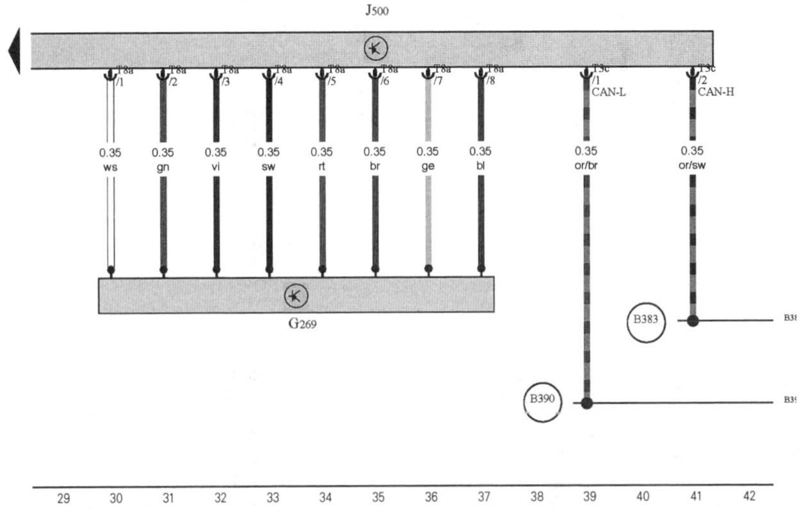

G269-转向扭矩传感器 J500-助力转向控制单元 T3c-3芯插头连接，黑色 T8a-8芯插头连接，白色 B383-连接1（驱动CAN总线，High），在主导线束中 B390-连接1（驱动CAN总线，Low），在主导线束中

保险丝架 A 上的保险丝 3

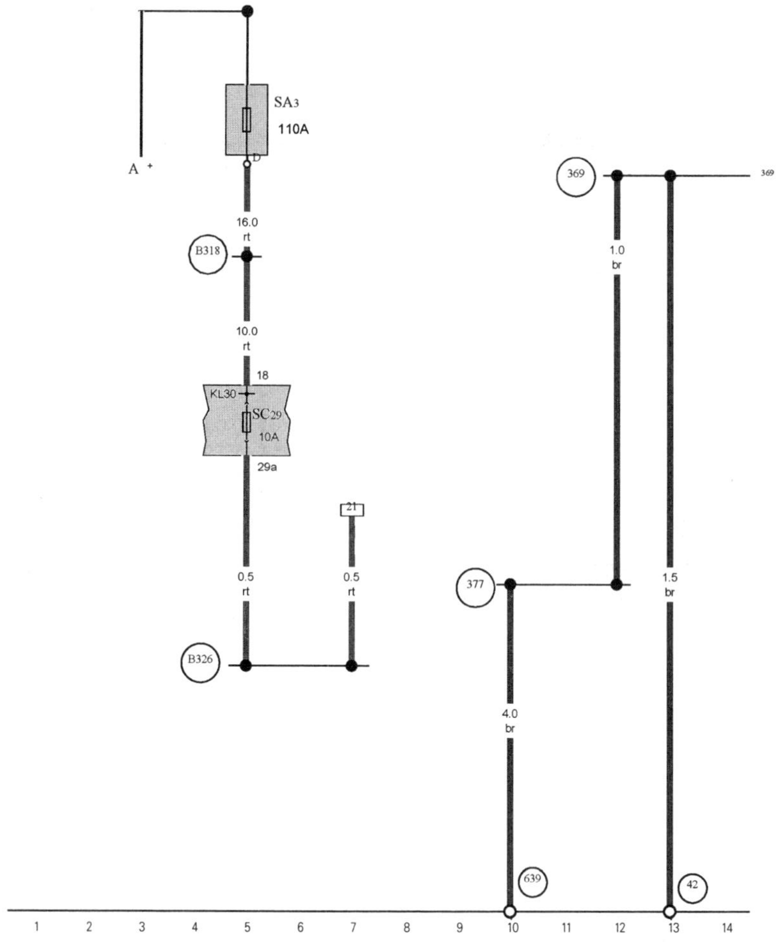

A－蓄电池　SA3－保险丝架A上的保险丝3　SC29－保险丝架C上的保险丝29　42－转向柱旁边的接地点　369－接地连接4，在主导线束中　377－接地连接12，在主导线束中　639－左A柱上的接地点　B318－正极连接4（30a），在主导线束中　B326－正极连接12（30a），在主导线束中

图 5-3-19

组合仪表中的控制单元、车载电网控制单元、机电式助力转向器指示灯

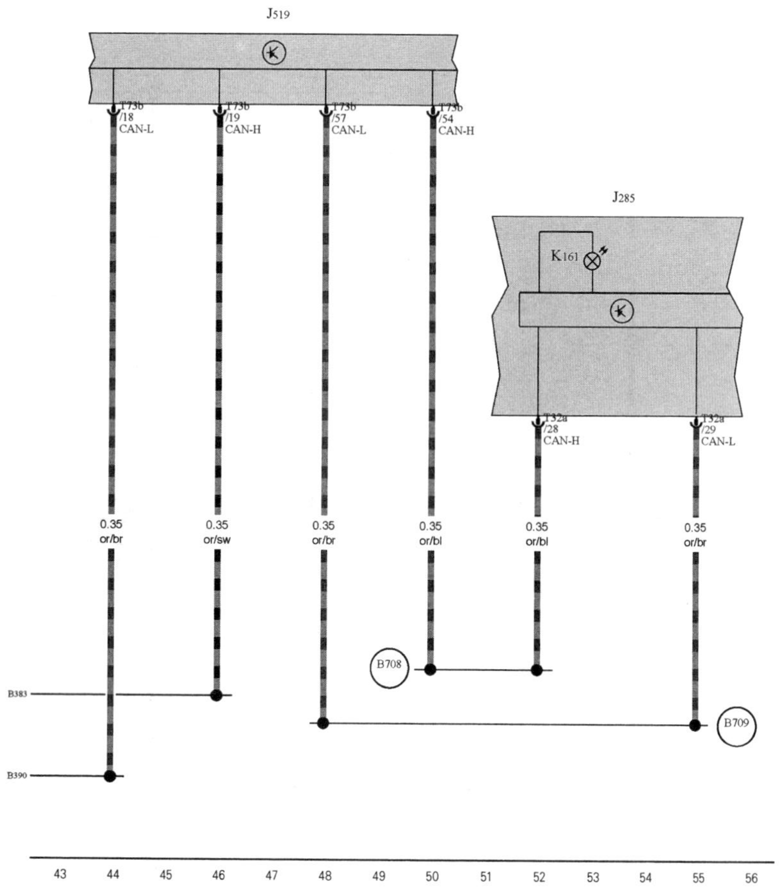

J285－组合仪表中的控制单元　J519－车载电网控制单元　K161－机电式助力转向器指示灯　T32a－32芯插头连接，蓝色　T73b－73芯插头连接，白色　B383－连接1（驱动CAN总线，High），在主导线束中　B390－连接1（驱动CAN总线，Low），在主导线束中　B708－连接1（组合仪表CAN总线，High），在主导线束中　B709－连接1（组合仪表CAN总线，Low），在主导线束中

图 5-3-18

690

方向盘中的左侧多功能按钮、安全气囊卷簧和带滑环的复位环、信号喇叭、多功能方向盘

多功能方向盘控制单元

控制单元

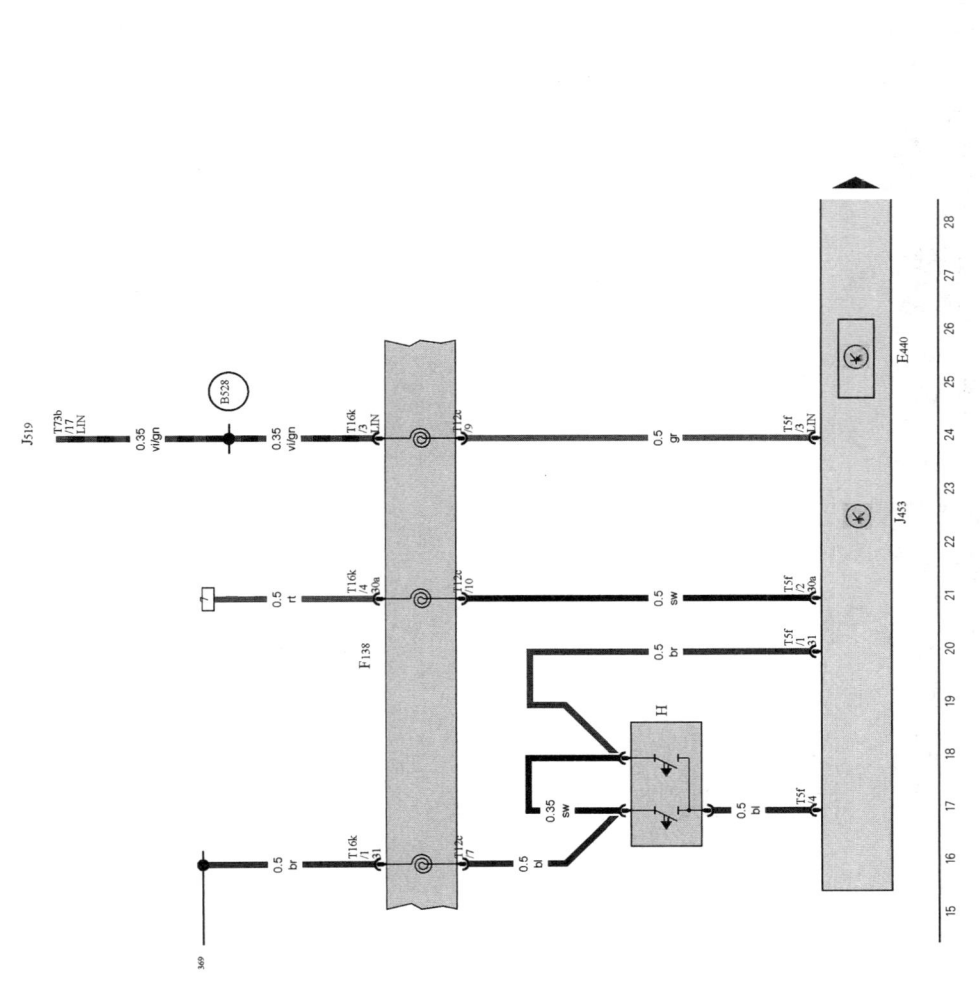

图5-3-20

图5-3-21

E440-方向盘中的左侧多功能按钮 F138-安全气囊卷簧和带滑环的复位环 H-信号喇叭 J453-多功能方向
盘控制单元 J519-车载电网控制单元 T5f-5芯插头连接 T12c-12芯插头连接 T16k-16芯插
头连接 黑色 T73b-73芯插头连接 白色 369-接地连接4，在主导线束中 B528-连接1（LIN总线），在
主导线束中

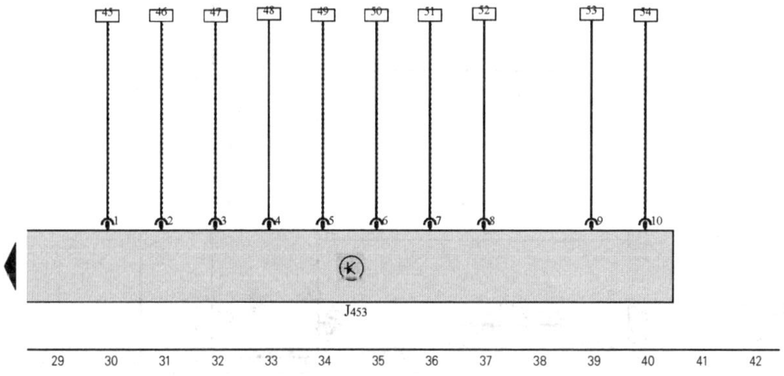

J453-多功能方向盘控制单元

691

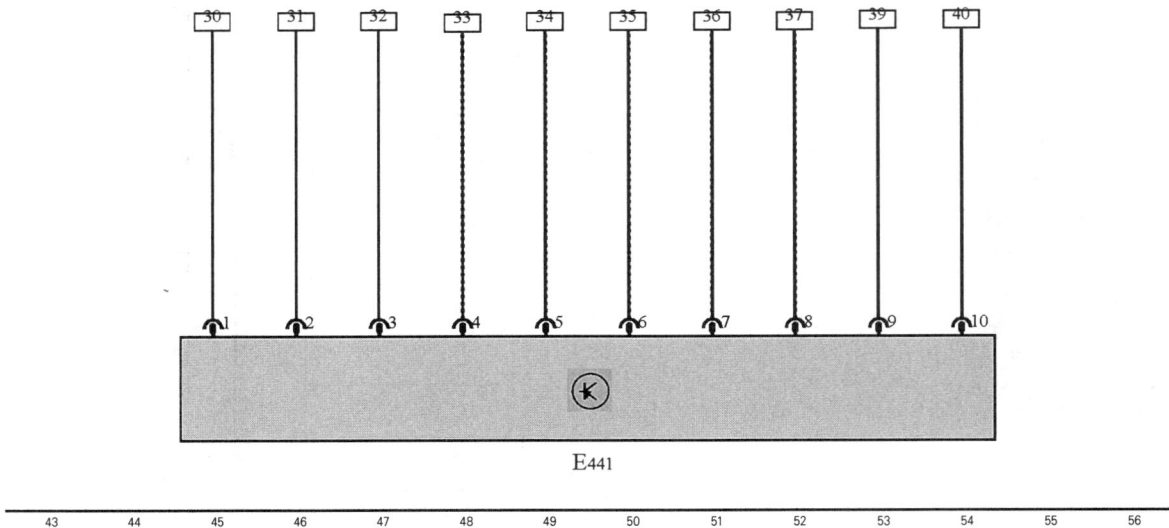

E441-方向盘中的右侧多功能按钮

图 5-3-22

第四节　电气系统

电气系统电路图（自 2018 年 3 月起）的图号和图名对照表见表 5-4-1。

表 5-4-1　电气系统电路图（自 2018 年 3 月起）的图号和图名对照表

图号	图名
图 5-4-1～图 5-4-7	安全气囊系统
图 5-4-8～图 5-4-16	全自动空调
图 5-4-17～图 5-4-23	带手动调节的空调
图 5-4-24～图 5-4-28	进入及启动许可
图 5-4-29～图 5-4-45	舒适便捷系统
图 5-4-46	电动滑动天窗
图 5-4-47	倒车摄像头系统适配装置
图 5-4-48～图 5-4-51	后部泊车雷达系统（PDC）
图 5-4-52～图 5-4-56	收音机 - 导航系统
图 5-4-57～图 5-4-62	数据总线联网
图 5-4-63～图 5-4-69	组合仪表
图 5-4-70～图 5-4-94	保险丝配置

安全气囊卷簧和带滑环的复位环、安全气囊控制单元、接线端 15 供电继电器、驾驶员侧安全气囊引爆装置、保险丝架 C

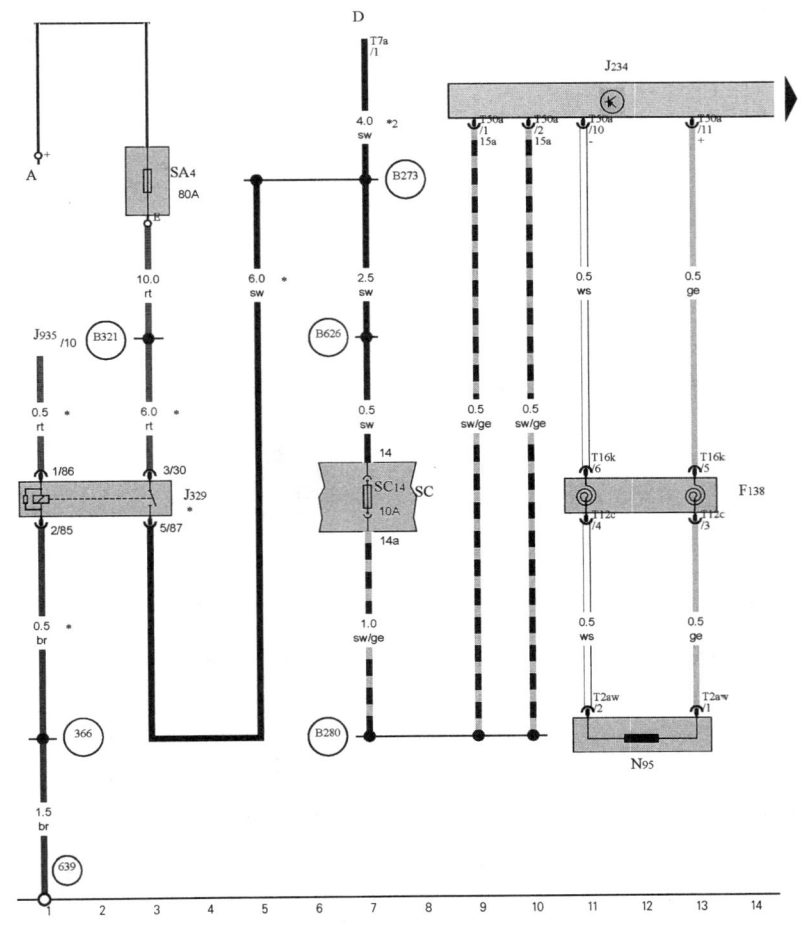

A-蓄电池　D-点火启动开关　F138-安全气囊卷簧和带滑环的复位环　J234-安全气囊控制单元　J329-接线端15供电继电器　J935-转换器盒　N95-驾驶员侧安全气囊引爆装置　SA4-保险丝架A上的保险丝4　SC-保险丝架C　SC14-保险丝架C上的保险丝14　T2aw-2芯插头连接，黄色　T7a-7芯插头连接，黑色　T12c-12芯插头连接，黄色　T16k-16芯插头连接，黑色　T50a-50芯插头连接，黄色　366-接地连接1，在主导线束中　639-左A柱上的接地点　B273-正极连接（15），在主导线束中　B280-正极连接4（15a），在主导线束中　B321-正极连接7（30a），在主导线束中　B626-正极连接2（15），在主导线束中　*-用于带进入及启动许可的汽车　*2-用于不带进入及启动许可的汽车

图 5-4-1

前部安全气囊碰撞传感器、安全气囊控制单元、副驾驶员侧安全气囊引爆装置、副驾驶员侧侧面安全气囊碰撞传感器、副驾驶员侧侧面安全气囊引爆装置、安全气囊控制单元、驾驶员侧侧面安全气囊碰撞传感器、副驾驶员侧侧面安全气囊引爆装置、安全气囊控制单元、驾驶员侧安全气囊引爆装置1、驾驶员侧侧面安全气囊引爆装置

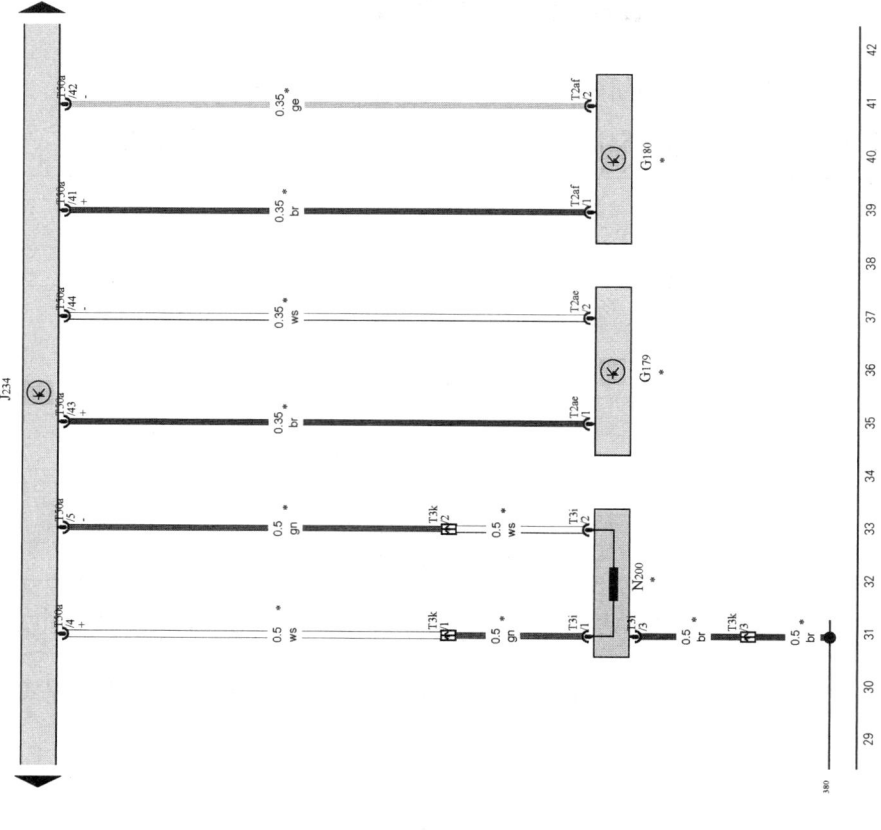

图 5-4-2

图 5-4-3

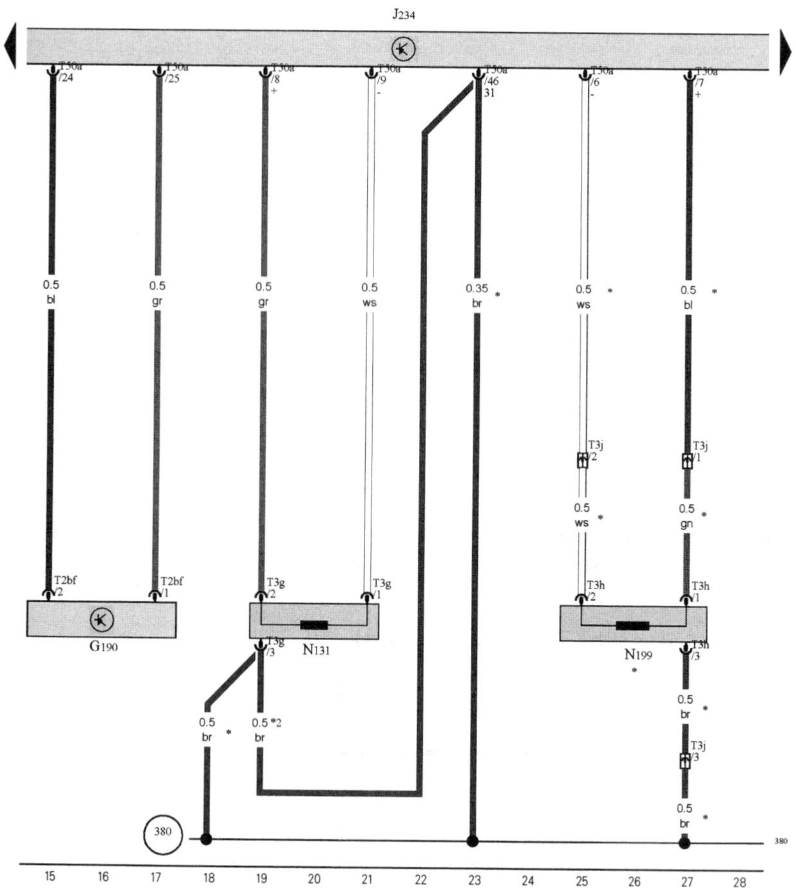

G190-前部安全气囊碰撞传感器 J234-安全气囊控制单元 N131-副驾驶员侧安全气囊引爆装置1 N199-驾驶员侧侧面安全气囊引爆装置 T2bf-2芯插头连接，黄色 T3g-3芯插头连接，黄色 T3h-3芯插头连接，白色 T3j-3芯插头连接，黄色 T50a-50芯插头连接，黄色 380-接地连接15，在主导线束中 *-用于带侧面安全气囊的汽车 *2-用于不带侧面安全气囊的汽车

G179-驾驶员侧侧面安全气囊碰撞传感器 G180-副驾驶员侧侧面安全气囊碰撞传感器 J234-安全气囊控制单元 N200-副驾驶员侧侧面安全气囊引爆装置 T2ae-2芯插头连接，黄色 T2af-2芯插头连接，黄色 T3i-3芯插头连接，白色 T3k-3芯插头连接，副驾驶员座椅下方，黄色 T50a-50芯插头连接，黄色 380-接地连接15，在主导线束中 *-用于带侧面安全气囊的汽车

694

驾驶员侧头部安全气囊碰撞传感器、副驾驶员侧安全带开关、副驾驶员侧安全带开关、中间后部安全带开关、副驾驶员侧座椅占用传感器、安全气囊控制单元

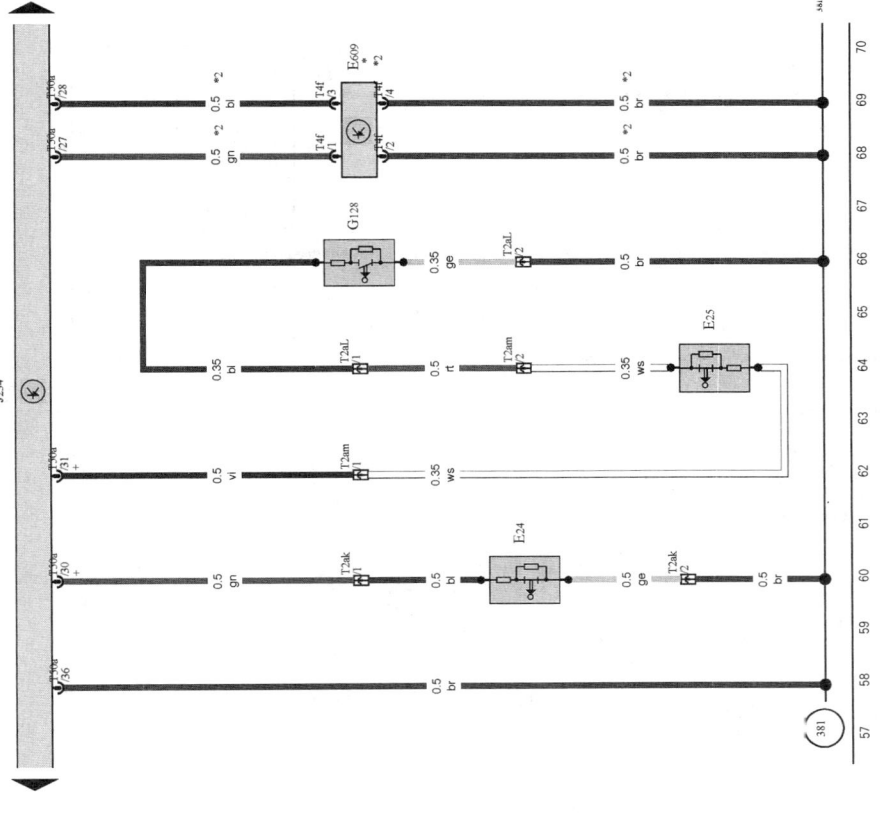

E24-驾驶员侧头部安全带开关 E25-副驾驶员侧安全带开关 E609-中间后部安全带开关 G128-副驾驶员侧座椅占用传感器 J234-安全气囊控制单元 T2a-2芯插头连接，黑色 T2aL-2芯插头连接，蓝色 T2am-2芯插头连接，黑色 T4f-4芯插头连接，黑色 T50a-50芯插头连接，黄色 381-接地连接16，在主导线束中 *-已预先布线的部件 *2-用于带后部安全带拉紧器的汽车

图5-4-5

驾驶员侧头部安全气囊碰撞传感器、副驾驶员侧安全气囊碰撞传感器、副驾驶员侧头部安全气囊引爆装置、驾驶员侧头部安全气囊引爆装置、驾驶员侧头部安全气囊引爆装置单元、驾驶员侧安全气囊引爆装置、副驾驶员侧安全气囊引爆装置

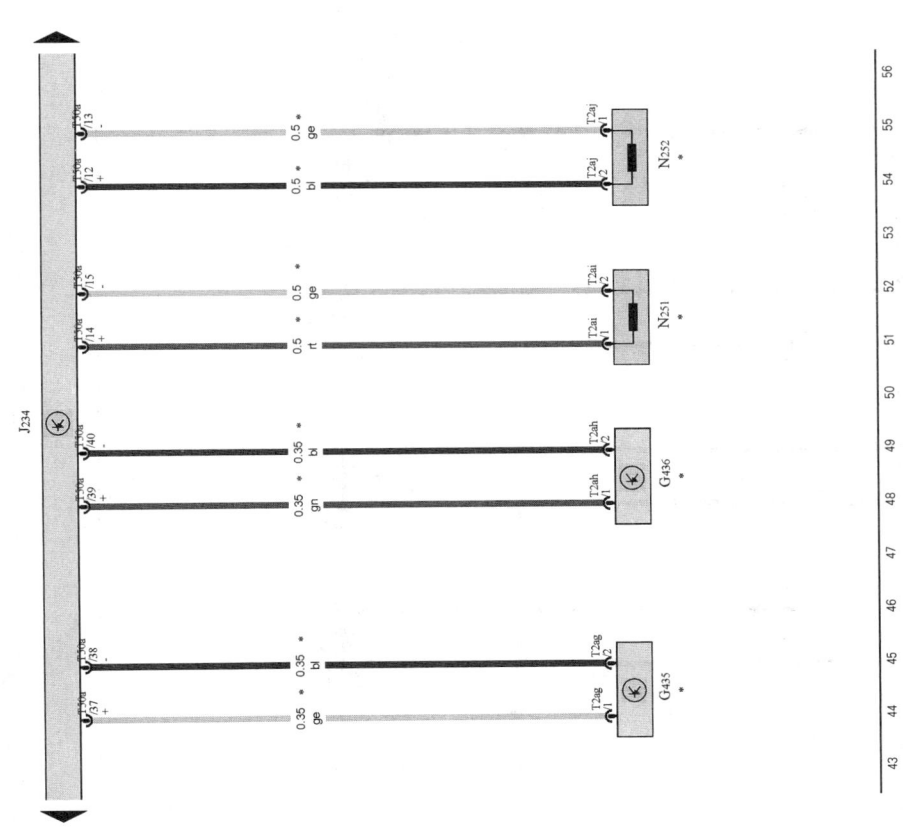

G435-驾驶员头部侧部安全气囊碰撞传感器 G436-副驾驶员侧部安全气囊碰撞传感器 J234-安全气囊控制单元 N251-驾驶员侧头部安全气囊引爆装置 N252-副驾驶员侧头部安全气囊引爆装置 T2ag-2芯插头连接，黑色 T2ah-2芯插头连接，黑色 T2ai-2芯插头连接，黄色 T2aj-2芯插头连接，黄色 T50a-50芯插头连接，黄色 *-用于带头部安全气囊的汽车

图5-4-4

695

副驾驶员侧后部安全带开关、安全气囊控制单元、驾驶员侧安全带拉紧器引爆装置 1、副驾驶员侧安全带拉紧器引爆装置 1、驾驶员侧安全带拉紧器引爆装置 1、驾驶员侧后部安全带拉紧器引爆装置

安全气囊控制单元、组合仪表中的控制单元、车载电网控制单元、安全带警告指示灯、安全气囊指示灯

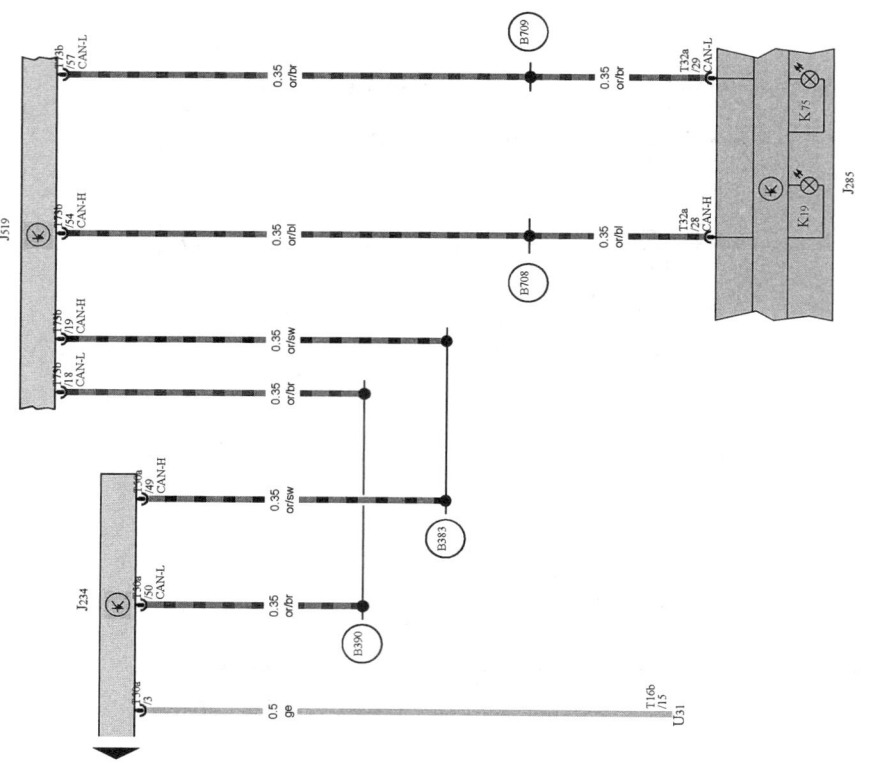

安全气囊控制单元、组合仪表中的控制单元、车载电网控制单元、安全带警告指示灯、安全带警告指示灯、安全气囊指示灯

J234-安全气囊控制单元 J285-组合仪表中的控制单元 J519-车载电网控制单元 K19-安全带警告指示灯 K75-安全气囊指示灯 T16b-16芯插头连接 T32a-32芯插头连接，黑色 T50a-50芯插头连接，蓝色 T73b-73芯插头连接，白色 U31-诊断接口 B383-连接1（驱动CAN总线，High），在主导线束中 B390-连接1（驱动CAN总线，Low），在主导线束中 B708-连接1（组合仪表CAN总线，High），在主导线束中 B709-连接1（组合仪表CAN总线，Low），在主导线束中

图 5-4-7

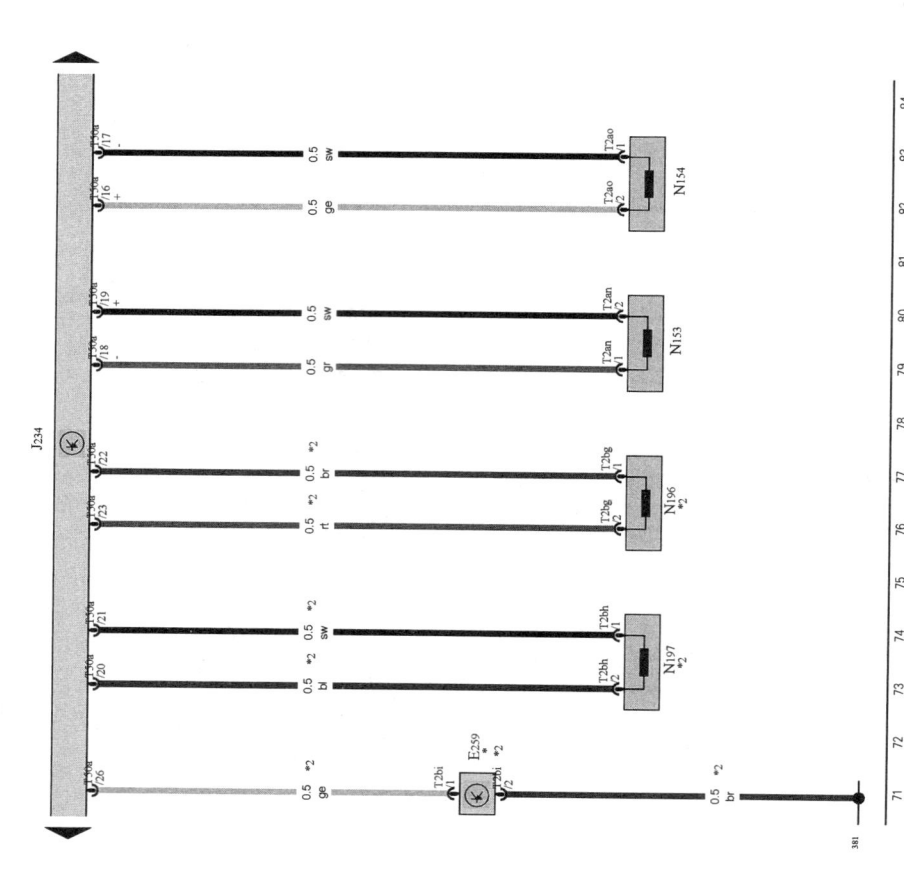

副驾驶员侧后部安全带开关、安全气囊控制单元、驾驶员侧安全带拉紧器引爆装置 1、副驾驶员侧安全带拉紧器引爆装置 1、驾驶员侧安全带拉紧器引爆装置 1、驾驶员侧后部安全带拉紧器引爆装置

E259-副驾驶员侧后部安全带开关 J234-安全气囊控制单元 N153-驾驶员侧安全带拉紧器引爆装置1 N154-副驾驶员侧安全带拉紧器引爆装置1 N196-驾驶员侧后部安全带拉紧器引爆装置 N197-副驾驶员侧后部安全带拉紧器引爆装置 T2an-2芯插头连接 T2ao-2芯插头连接，黄色 T2bg-2芯插头连接，黄色 T2bh-2芯插头连接，黑色 T50a-50芯插头连接，黄色 381-接地连接 16，在主导线束中 *-已预先布线的部件 *2-用于带后部安全带拉紧器的汽车

图 5-4-6

696

点火启动开关；接线端 15 供电继电器；接线端 75

供电继电器 1，接线端 75

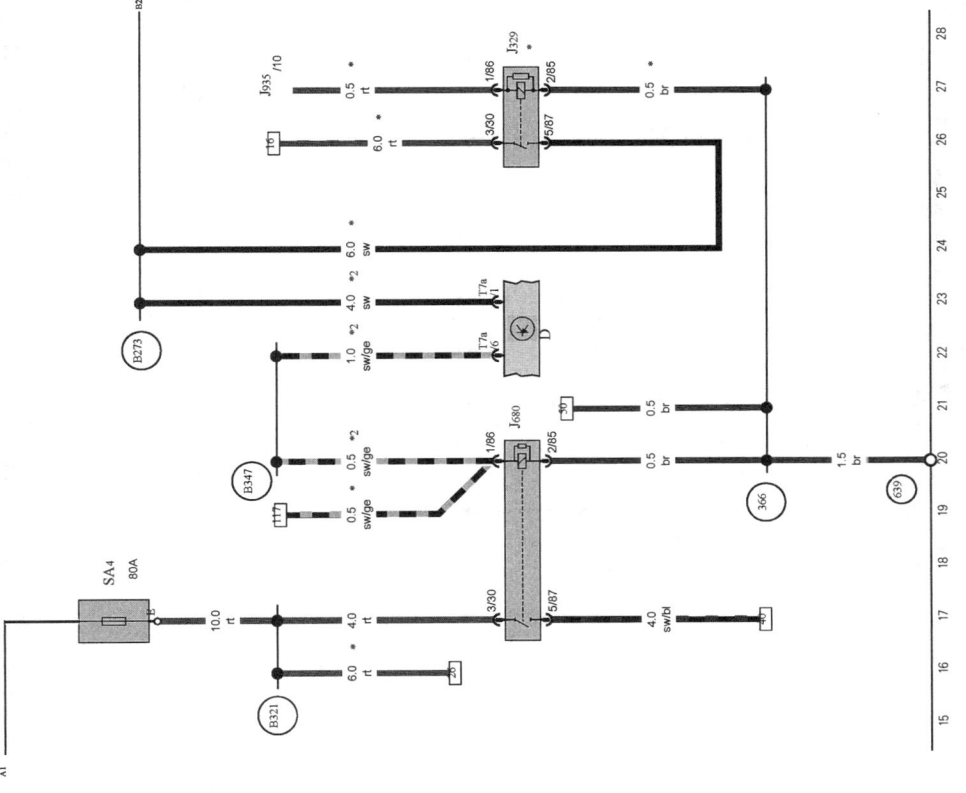

D−点火启动开关 J329−接线端15供电继电器 J680−供电继电器1，接线端75 J935−转换器盒 SA4−保险丝
架A上的保险丝4 T7a−7芯插头连接，黑色 366−接地连接1，在主导线束中 639−左A柱上的接地点 B273−
正极连接7（30a），在主导线束中 B321−正极连接7（30a），在主导线束中 B347−连接2（75），在主导线
束中 *−用于带进入及启动许可的汽车 *2−用于不带进入及启动许可的汽车

图 5-4-9

主继电器

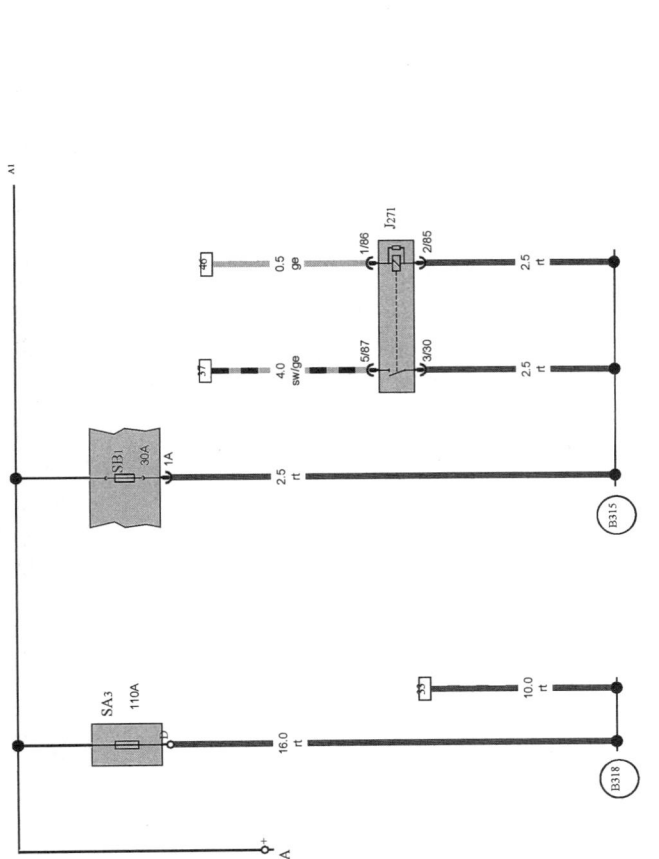

图 5-4-8

A−蓄电池 J271−主继电器 SB1−保险丝架B上的保险丝1 SA3−保险丝架A上的保险丝3 B315−正极连接1
（30a），在主导线束中 B318−正极连接4（30a），在主导线束中

697

高压传感器、空调器继电器、发动机控制单元、空调器电磁离合器

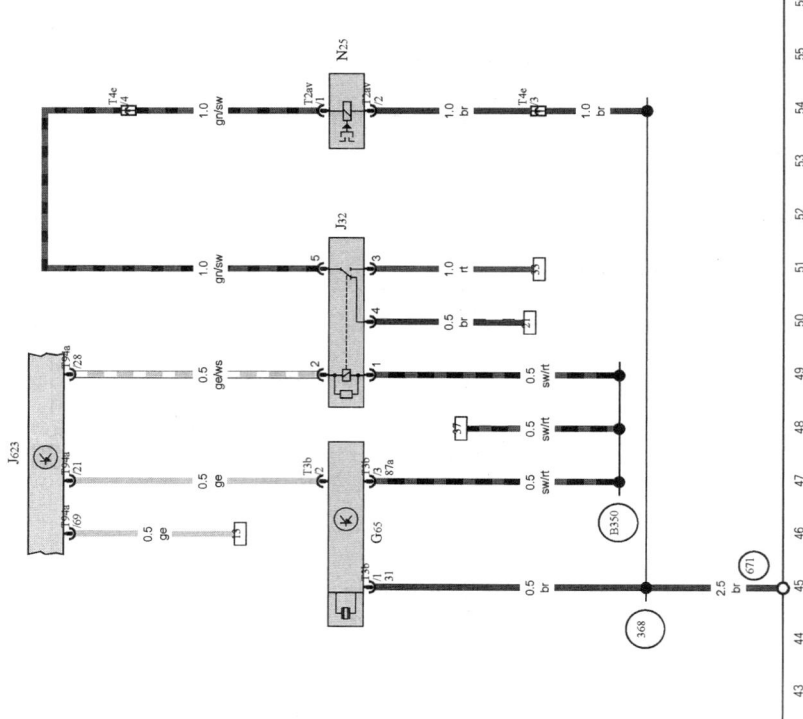

图 5-4-11

G65-高压传感器 J32-空调器继电器 J623-发动机控制单元 N25-空调器电磁离合器 T2av-2芯插头连接 接、黑色 T3b-3芯插头连接、黑色 T4e-4芯插头连接、黑色 T94a-94芯插头连接、黑色 发动机舱内左前，黑色 671-左前纵梁上的接地点1 B350-正极连接1 (87a)，在主导线束中 368-接地连接3，在主导线束中

保险丝架 C

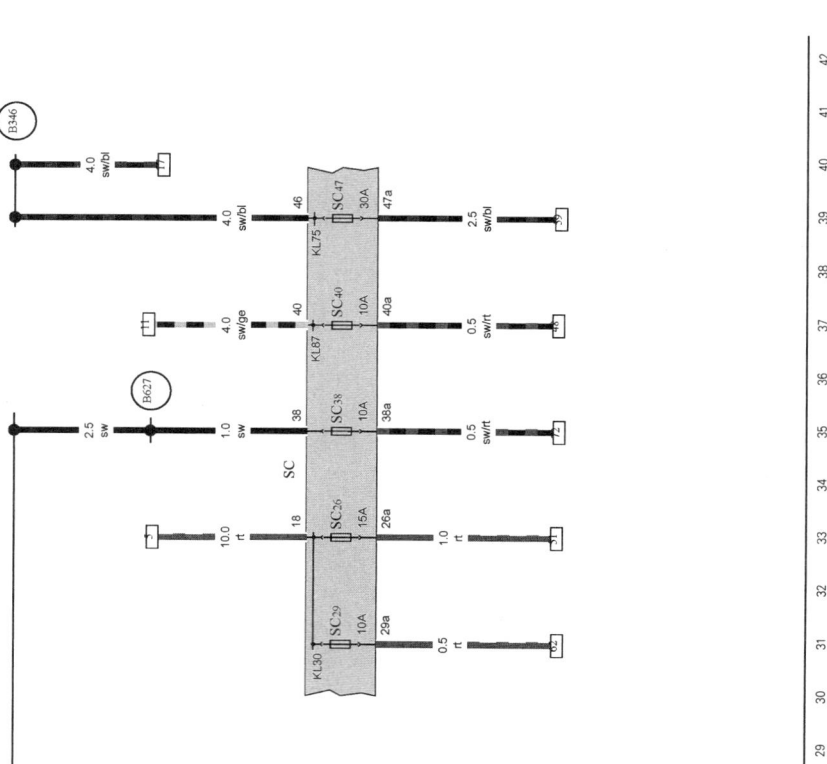

图 5-4-10

SC-保险丝架C SC26-保险丝架C上的保险丝26 SC29-保险丝架C上的保险丝29 SC38-保险丝架C上的保险丝38 SC40-保险丝架C上的保险丝40 SC47-保险丝架C上的保险丝47 B273-正极连接1 (75)，在主导线束中 B346-连接1 (75)，在主导线束中 B627-正极连接3 (15)，在主导线束中

698

前部空调操作和显示单元、仪表板温度传感器、阳光照射光电传感器、温度选择旋钮电位计、全自动空调控制单元、新鲜空气和车内空气循环运行模式指示灯

空调器开关、可加热驾驶员座椅调节器、可加热副驾驶员座椅调节器、新鲜空气进气道温度传感器、左侧脚部空间出风口温度传感器、蒸发器出风口温度传感器、全自动空调控制单元、空调器指示灯

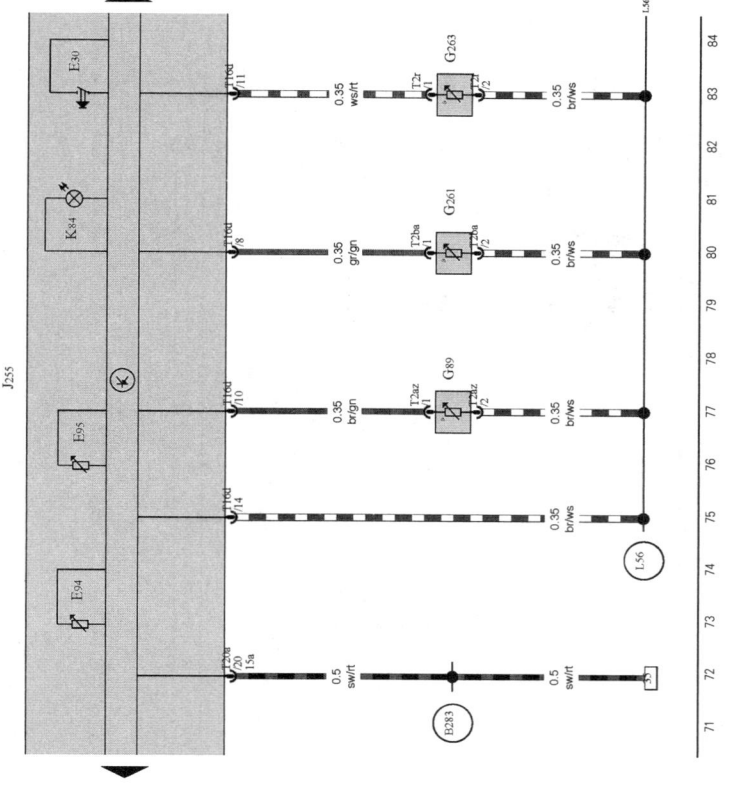

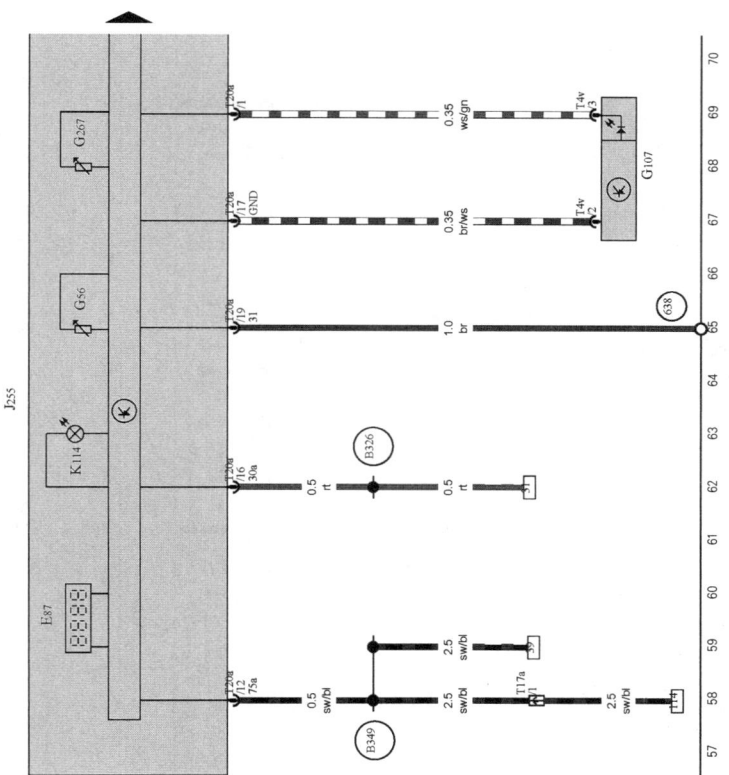

E30-空调器开关 E94-可加热驾驶员座椅调节器 E95-可加热副驾驶员座椅调节器 G89-新鲜空气进气道温度传感器 G261-左侧脚部空间出风口温度传感器 G263-蒸发器出风口温度传感器 J255-全自动空调控制单元 K84-空调器指示灯 T2az-2芯插头连接，黑色 T2ba-2芯插头连接，黑色 T2r-2芯插头连接，黑色 T16d-16芯插头连接，黑色 T20a-20芯插头连接，黑色 B283-正极连接7（15a），在主导线束中 L56-连接（传感器），在全自动空调纵向装置导线束中

图 5-4-13

E87-前部空调操作和显示单元 G56-仪表板温度传感器 G107-阳光照射光电传感器 G267-温度选择旋钮电位计 J255-全自动空调控制单元 K114-新鲜空气和车内空气循环运行模式指示灯 T4v-4芯插头连接，黑色 T17a-17芯插头连接，右侧仪表板内，黑色 T20a-20芯插头连接，黑色 638-右A柱上的接地点 B326-正极连接12（30a），在主导线束中 B349-连接2（75a），在主导线束中

图 5-4-12

新鲜空气和循环空气风门开关、温度风门伺服电机电位计、脚部空间和除霜风门运行开关、除霜器运行开关、温度风门伺服电机电位计、全自动空调控制单元、脚部空间风门伺服电机、温度风门伺服电机、除霜风门伺服电机

可加热后窗玻璃开关、中央风门伺服电机电位计、空气内循环风门伺服电机电位计、全自中央风门伺服电机电位计、空气内循环风门伺服电机电位计、按钮照明灯泡、中央风动空调控制单元、可加热后窗玻璃指示灯、数字显示器照明灯泡、按钮照明灯泡、中央风门伺服电机、新鲜空气风门和车内车内空气循环风门伺服电机

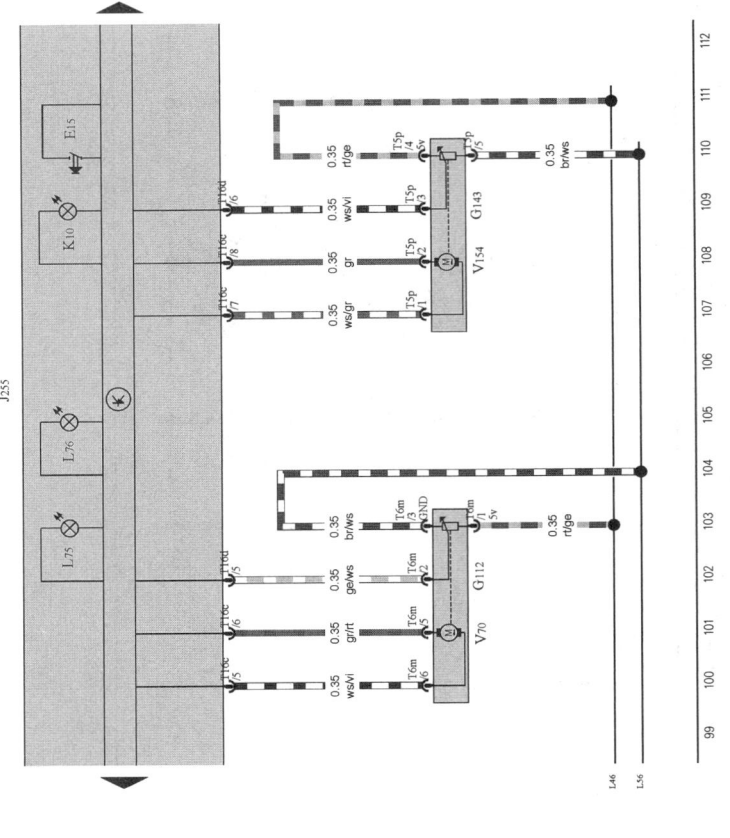

E15－可加热后窗玻璃开关 G112－中央风门伺服电机电位计 G143－空气内循环风门伺服电机电位计 J255－全自动空调控制单元 K10－可加热后窗玻璃指示灯 L75－数字显示器照明灯泡 L76－按钮照明灯泡 T5p－5芯插头连接，黑色 T6m－6芯插头连接，黑色 T16c－16芯插头连接，蓝色 T16d－16芯插头连接，棕色 T16d－16芯插头连接 V70－中央风门伺服电机 V154－新鲜空气风门和车内车内空气循环风门伺服电机 L46－连接（5V），在全自动空调操纵导线束中 L56－连接（传感器），在全自动空调操纵装置导线束中

图 5-4-15

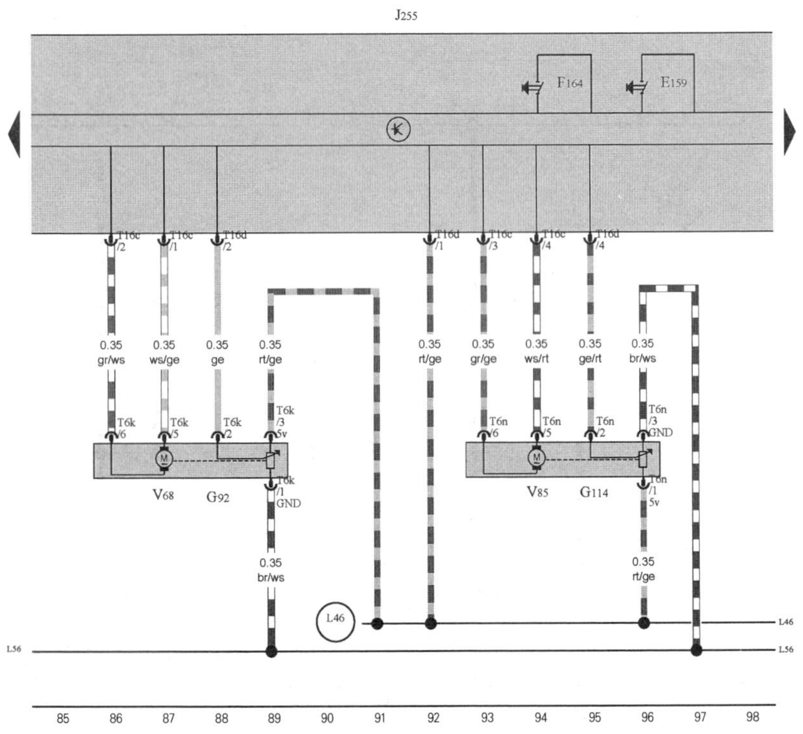

E159－新鲜空气和循环空气风门开关 F164－除霜器运行开关 G92－温度风门伺服电机电位计 G114－脚部空间和循环空气风门伺服电机电位计 J255－全自动空调控制单元 T6k－6芯插头连接，蓝色 T6n－6芯插头连接，蓝色 T16c－16芯插头连接，棕色 T16d－16芯插头连接，黑色 V68－温度风门伺服电机 V85－脚部空间风门伺服电机 L46－连接（5V），在全自动空调操纵导线束中 L56－连接（传感器），在全自动空调操纵装置导线束中

图 5-4-14

新鲜空气鼓风机开关、新鲜空气鼓风机控制单元、全自动空调控制单元、车载电网控制单元、新鲜空气鼓风机指示灯、新鲜空气鼓风机

供电继电器 1，接线端 75

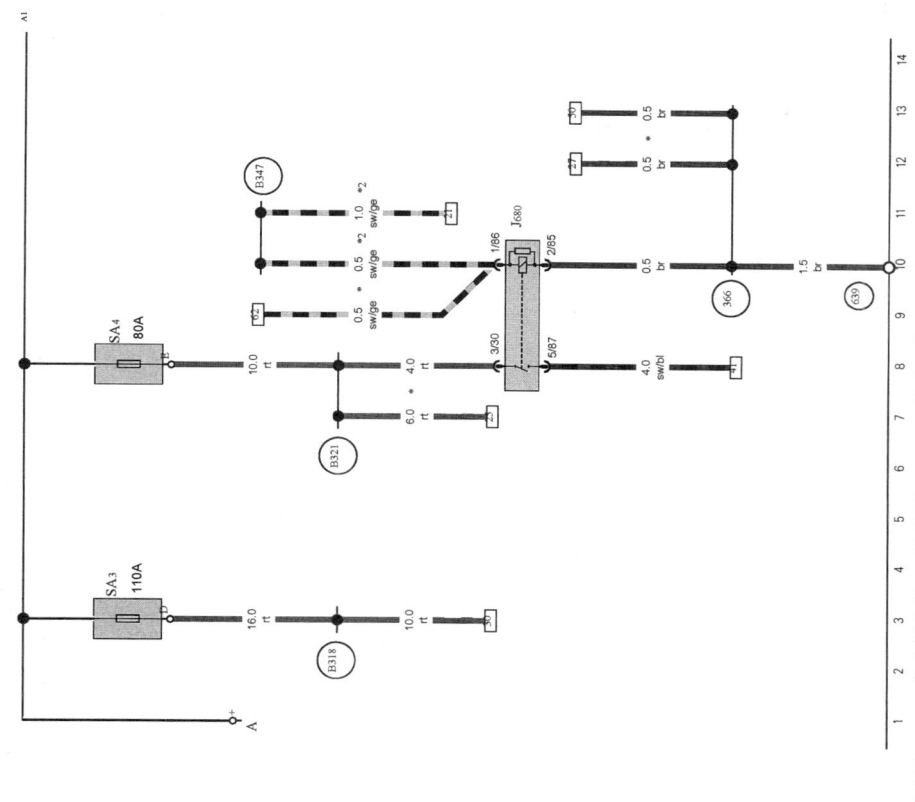

图 5-4-17

A-蓄电池 J680-供电继电器1，接线端75 B318-正极连接4（30a），在主导线束中 B321-
366-接地连接1，在主导线束中 639-左A柱上的接地点 B347-连接2（75），在主导线束中的汽车
正极连接7（30a），在主导线束中 B347-连接2（75），在主导线束中的汽车
*2-用于不带进入及启动许可的汽车

SA3-保险丝丝A上的保险丝3 SA4-保险丝架A上的保险丝4
SA4-保险丝架A上的保险丝4

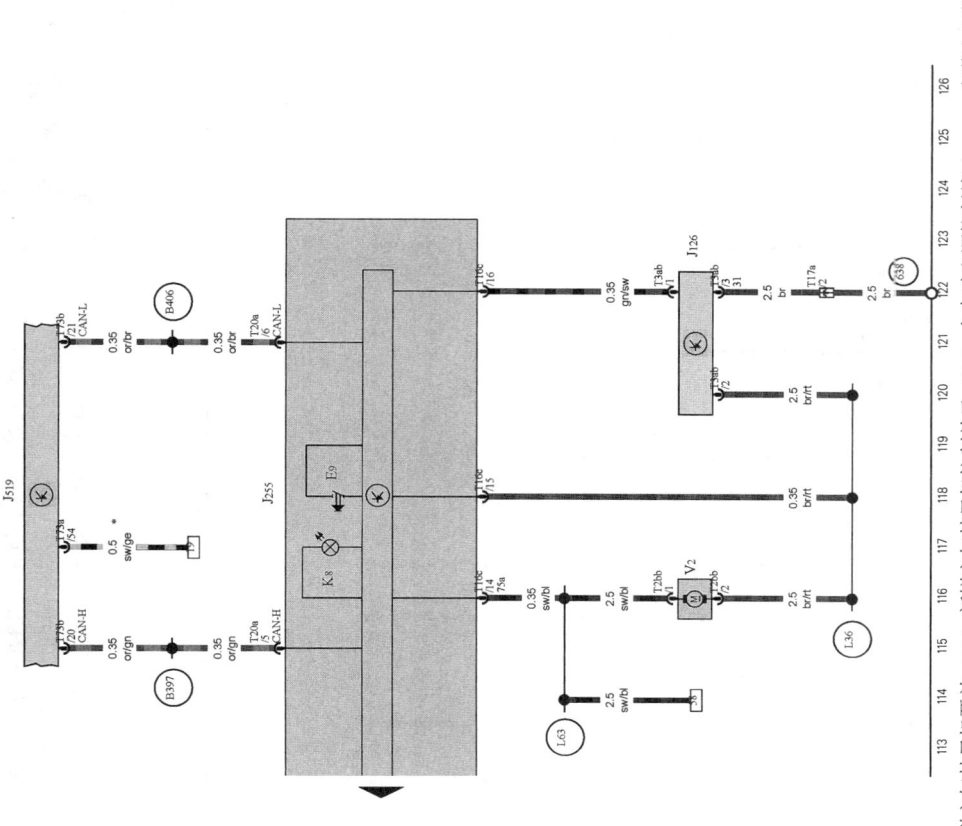

图 5-4-16

E9-新鲜空气鼓风机 J126-新鲜空气鼓风机开关 J255-全自动空调控制单元 J519-车载电网控制
单元 K8-新鲜空气鼓风机指示灯 T2bb-2芯插头连接 T3ab-3芯插头连接，黑色 T16c-16芯插头连
接，棕色 T17a-17芯插头连接，右侧仪表板内，黑色 T20a-20芯插头连接，黑色 T73a-73芯插头连接，
黑色 T73b-73芯插头连接，白色 V2-新鲜空气鼓风机 638-右A柱上的接地点 B397-连接1（舒适CAN总
线，High），在主导线束中 B406-连接1（舒适CAN总线，Low），在主导线束中 L36-连接1，在全自动
空调操纵装置的导线束中 L63-正极连接（Xa），在全自动空调操纵装置导线束中 *-用于带进入及启动
许可的汽车

701

保险丝架 C

点火启动开关、主继电器、接线端 15 供电继电器

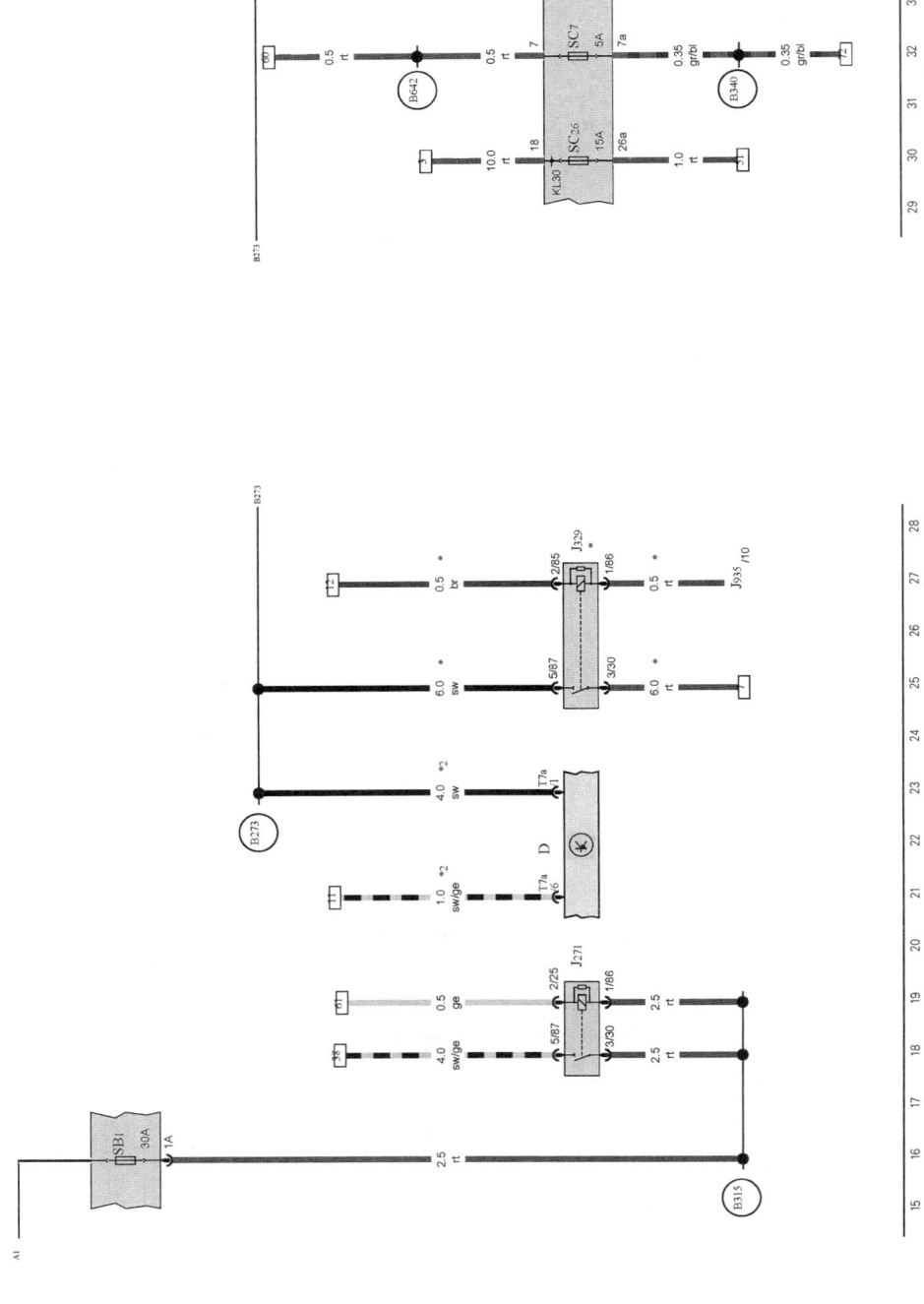

图 5-4-19

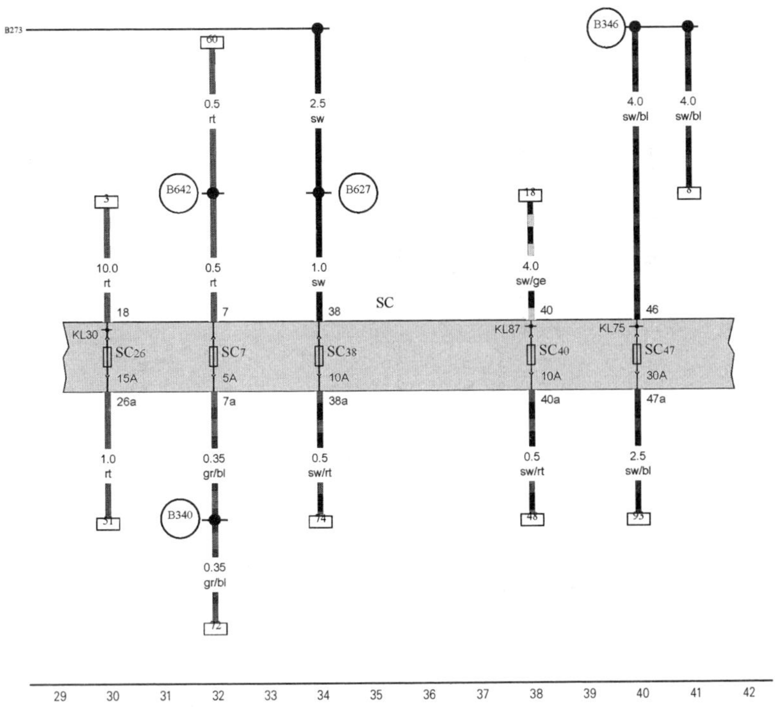

SC-保险丝架C SC7-保险丝架C上的保险丝7 SC26-保险丝架C上的保险丝26 SC38-保险丝架C上的保险丝38 SC40-保险丝架C上的保险丝40 SC47-保险丝架C上的保险丝47 B273-正极连接(15),在主导线束中 B340-连接1(58d),在主导线束中 B346-连接1(75),在主导线束中 B627-正极连接3(15),在主导线束中 B642-正极连接(58),在主导线束中

图 5-4-18

D-点火启动开关 J271-主继电器 J329-接线端15供电继电器 J935-转换器盒 SB1-保险丝架B上的保险丝1 T7a-7芯插头连接,黑色 B273-正极连接(15),在主导线束中 B315-正极连接1(30a),在主导线束中 *-用于带进入及启动许可的汽车 *2-用于不带进入及启动许可的汽车

702

高压传感器、空调器继电器、空调器电磁离合器

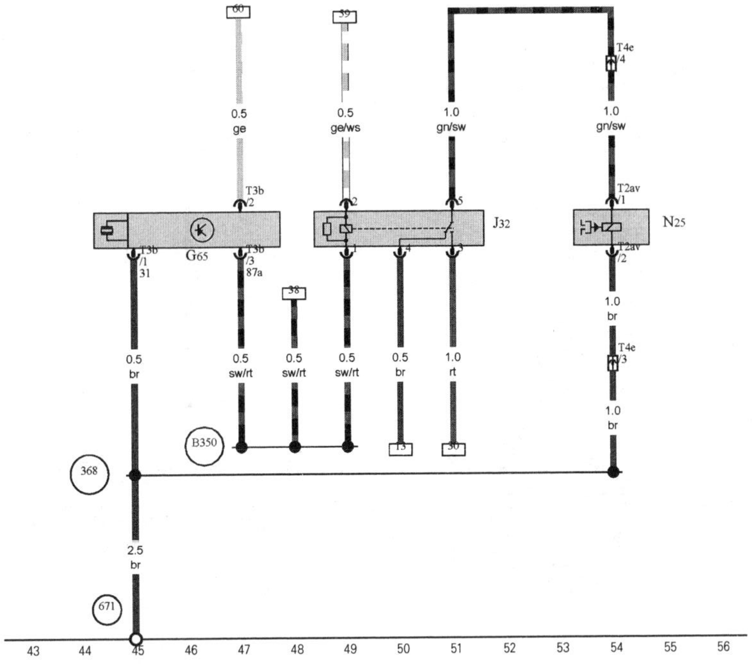

可加热后窗玻璃开关、空调器控制单元、车载电网控制单元、发动机控制单元、可加热后窗玻璃指示灯、新鲜空气调节系统照明灯泡、车内空气循环风门伺服电机

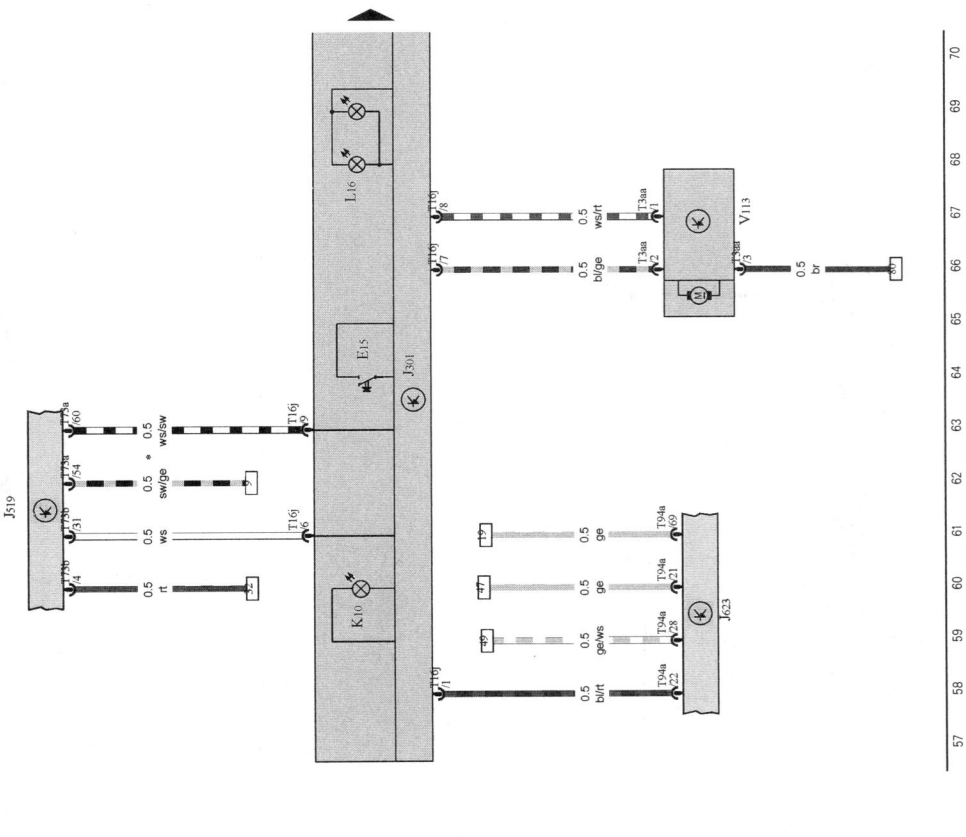

图5-4-21

E15-可加热后窗玻璃开关 J301-空调控制单元 J519-车载电网控制单元 J623-发动机控制单元 K10-可加热后窗玻璃指示灯 L16-新鲜空气调节系统照明灯泡 T3aa-3芯插头连接 T16j-16芯插头连接，黑色 T73a-73芯插头连接，黑色 T73b-73芯插头连接，白色 T94a-94芯插头连接，黑色 V113-车内空气循环风门伺服电机 *-用于带进入及启动许可的汽车

图5-4-20

G65-高压传感器 J32-空调器继电器 N25-空调器电磁离合器 T2av-2芯插头连接，黑色 T3b-3芯插头连接，黑色 T4e-4芯插头连接，发动机舱内左前，黑色 368-接地连接3，在主导线束中 671-左前纵梁上的接地点1 B350-正极连接1（87a），在主导线束中

新鲜空气鼓风机开关、新鲜空气鼓风机串联电阻

空调器开关、空调器控制单元、空调器指示灯、新鲜空气鼓风机

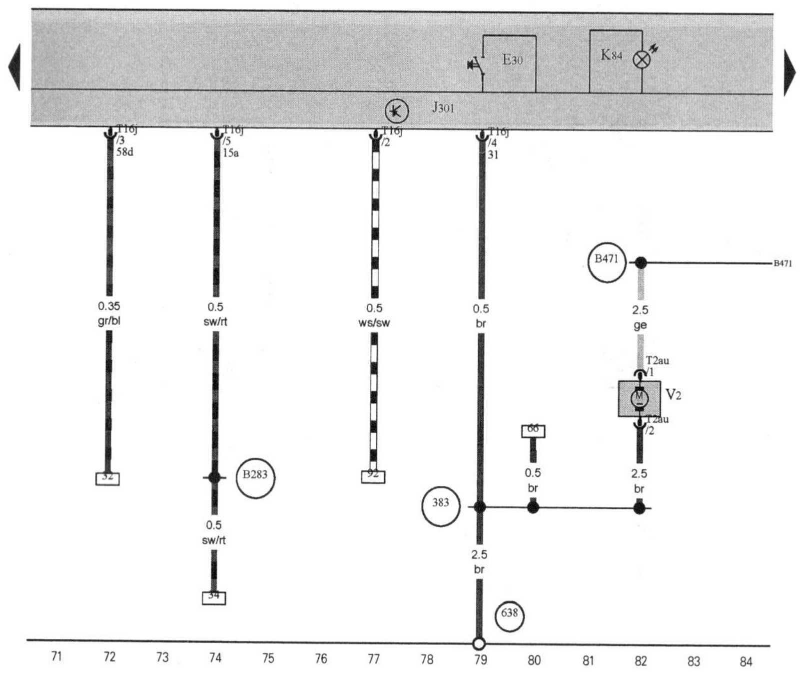

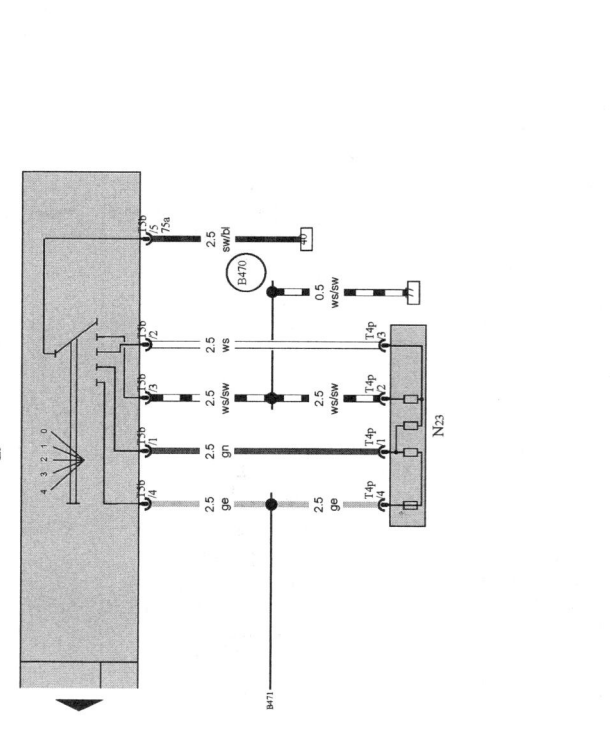

E9-新鲜空气鼓风机开关 N23-新鲜空气鼓风机串联电阻 T4p-4芯插头连接，黑色 T5b-5芯插头连接，
黑色 B470-连接6，在主导线束中 B471-连接7，在主导线束中

图 5-4-23

E30-空调器开关 J301-空调器控制单元 K84-空调器指示灯 T2au-2芯插头连接 T16j-16芯插头连
接，黑色 V2-新鲜空气鼓风机 383-接地连接18，在主导线束中 638-右A柱上的接地点 B283-正极连接7
(15a)，在主导线束中 B471-连接7，在主导线束中

图 5-4-22

704

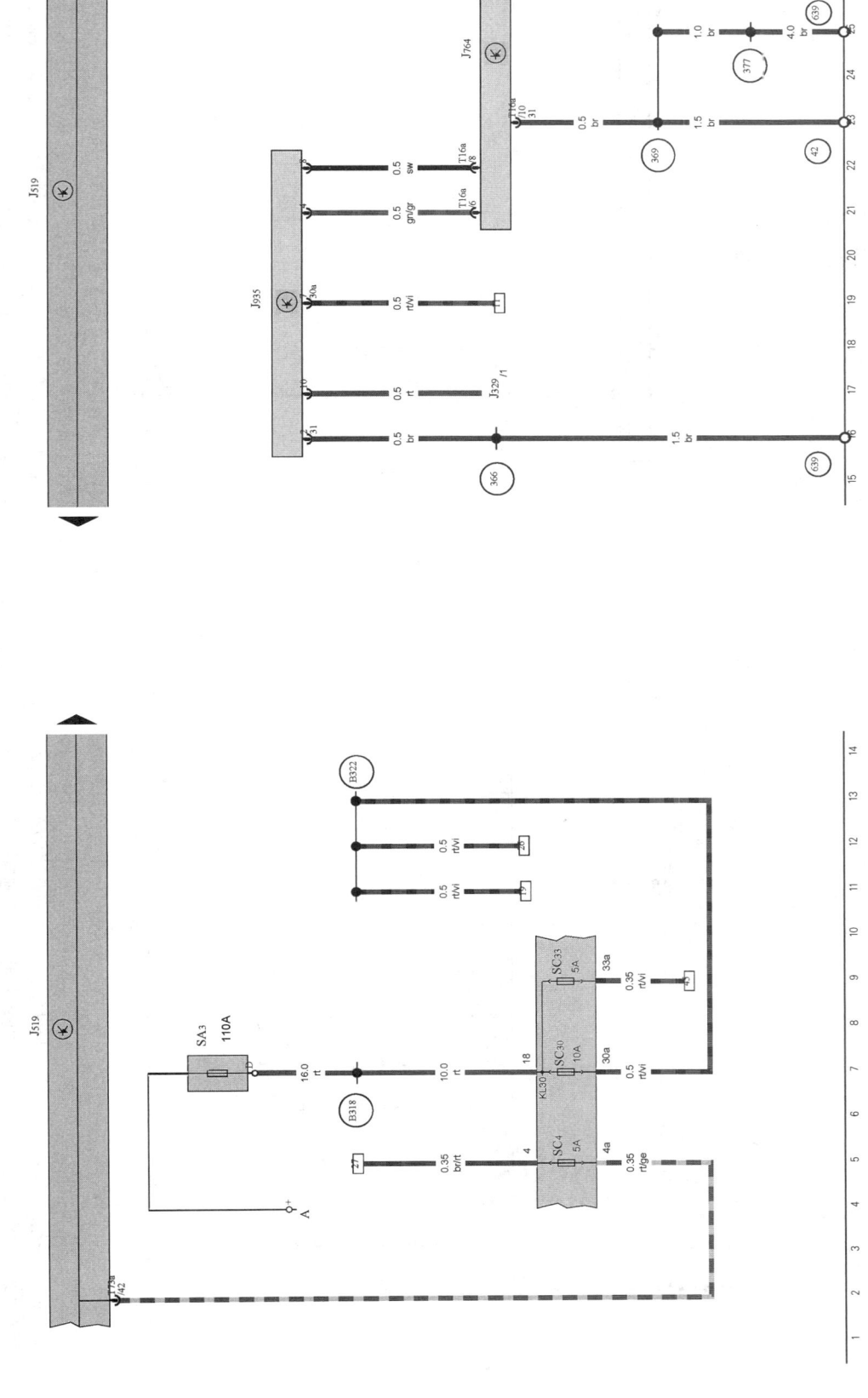

车载电网控制单元、电子转向柱锁止装置控制单元、转换器盒

车载电网控制单元

图 5-4-25

图 5-4-24

J329-接线端15供电继电器 J519-车载电网控制单元 J764-电子转向柱锁止装置控制单元 J935-转换器盒 42-转向柱旁边的接地点 366-接地连接1，在主导线束中 369-接地连接4，在主导线束中 377-接地连接12，在主导线束中 639-左在A柱上的接地点 T16a-16芯插头连接，黑色

A-蓄电池 J519-车载电网控制单元 SA3-保险丝架A上的保险丝3 SC4-保险丝架C上的保险丝4 SC30-保险丝架C上的保险丝30 SC33-保险丝架C上的保险丝33 T73a-73芯插头连接，黑色 B318-正极连接4 B322-正极连接8 (30a)，在主导线束中 (30a)，在主导线束中

705

启动装置按钮、车载电网控制单元、电子转向柱锁止装置控制单元、点火启动按钮照明灯泡、转向柱联锁执行元件

进入及启动许可控制单元、车载电网控制单元、车内空间进入及启动系统天线 1、车内空间进入及启动系统天线 2

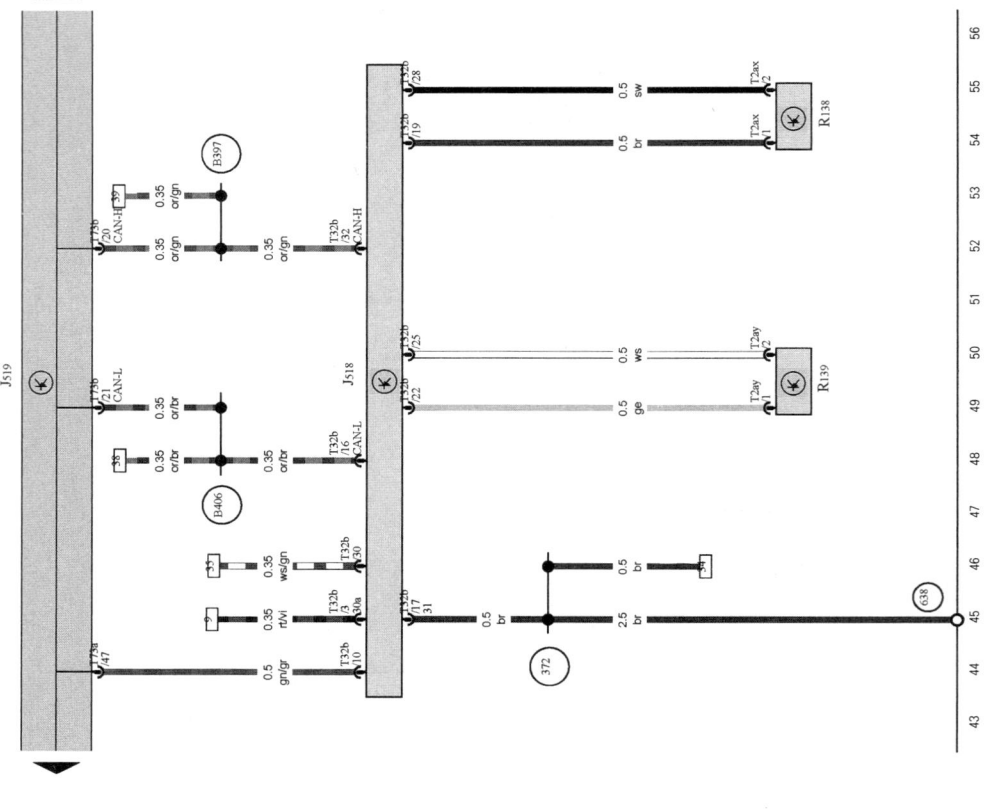

图 5-4-27

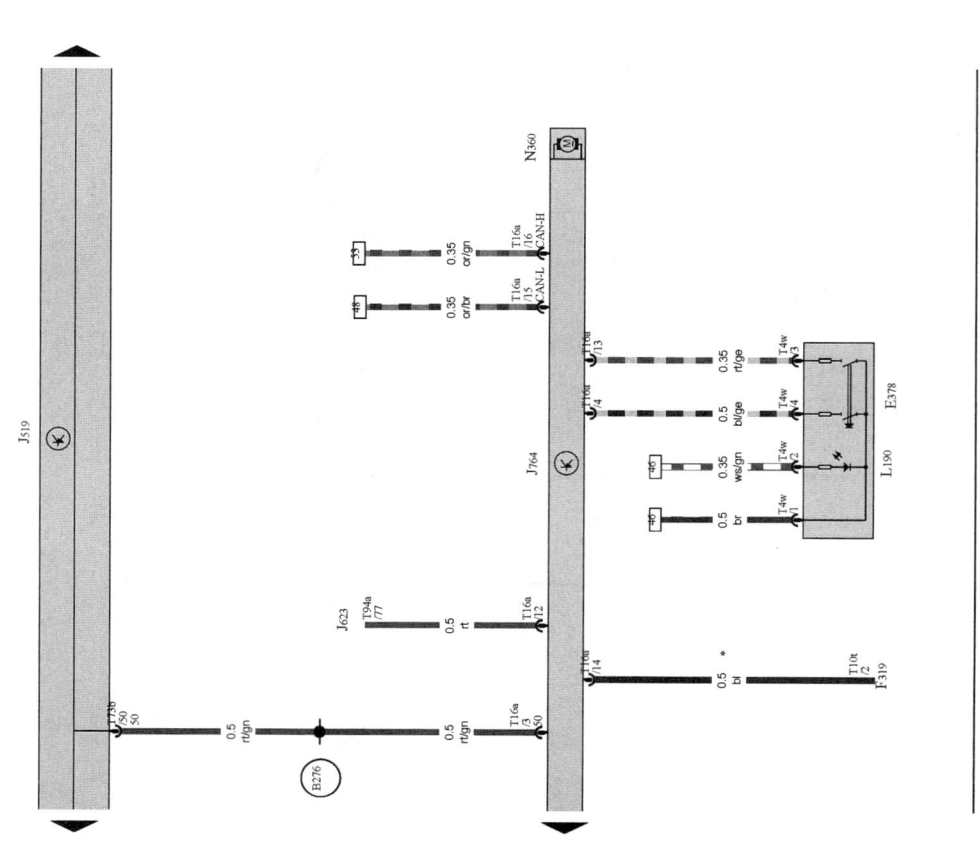

图 5-4-26

E378-启动装置按钮 F319-选挡杆挡位P锁止开关 J519-车载电网控制单元 J623-发动机控制单元 J764-电子转向柱锁止装置控制单元 L190-点火启动按钮照明灯泡 N360-转向柱联锁执行元件 T4w-4芯插头连接、黑色 T10t-10芯插头连接、黑色 T16a-16芯插头连接、黑色 T73b-73芯插头连接、黑色 T94a-94芯插头连接、黑色 B276-正极连接（50），在主导线束中 *-用于带自动变速器的汽车

J518-进入及启动许可控制单元 J519-车载电网控制单元 R138-车内空间进入及启动系统天线1 R139-车内空间进入及启动系统天线2 T2ax-2芯插头连接、黑色 T2ay-2芯插头连接、黑色 T32b-32芯插头连接、黑色 T73b-73芯插头连接、黑色 372-接地连接7，在主导线束中 638-右A柱上的接地点 B397-连接1（舒适CAN总线，High），在主导线束中 B406-连接1（舒适CAN总线，Low），在主导线束中

706

防盗锁止系统识读线圈、多功能显示器、组合仪表中的控制单元、防盗锁止系统控制单元、
车载电网控制单元

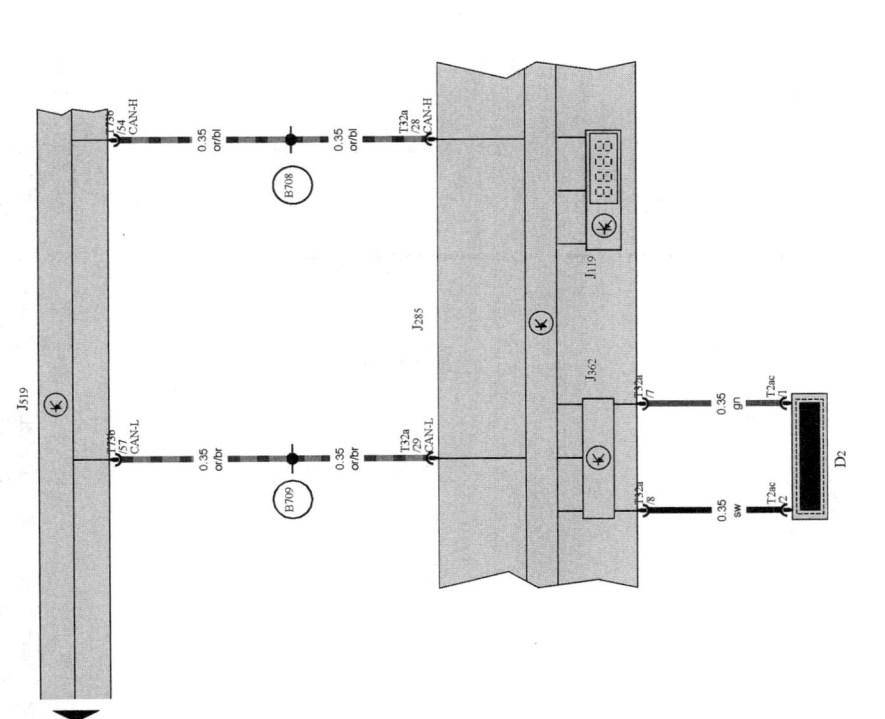

图5-4-28

D2-防盗锁止系统识读线圈 J119-多功能显示器 J285-组合仪表显示器 J362-防盗锁止系统控制
单元 J519-车载电网控制单元 T2ac-2芯插头连接，黑色 T32a-32芯插头连接，蓝色 T73b-73芯插头连
接 B708-连接1（组合仪表CAN总线，High），在主导线束中 B709-连接1（组合仪表CAN总线，
Low），在主导线束中

中部仪表板开关模块、中央门锁按钮、车载电网控制单元、驾驶员侧车内联锁指示灯、按
钮照明灯泡、保险丝架C

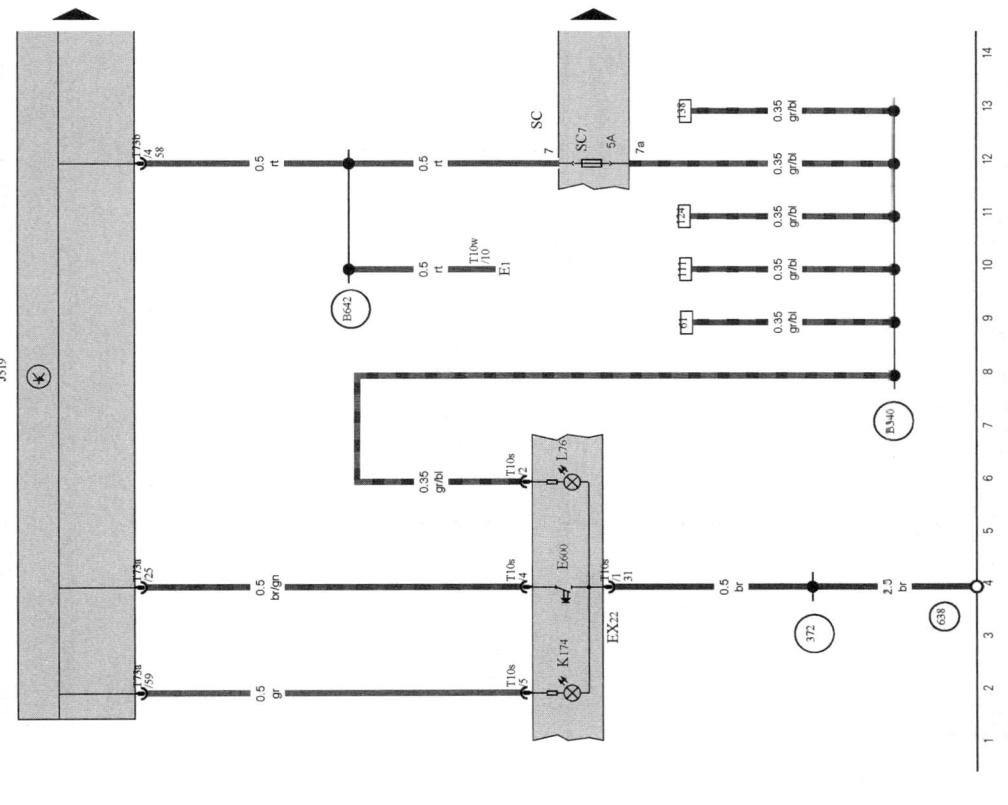

图5-4-29

E1-车灯开关 EX22-中部仪表板开关模块 E600-中央门锁按钮 K174-驾驶员侧
车内联锁指示灯 L76-按钮照明灯泡 SC-保险丝架C SC7-保险丝架C上的保险丝7 T10s-10芯插头连接，
黑色 T10w-10芯插头连接 T73a-73芯插头连接，黑色 T73b-73芯插头连接，白色 372-接地连接
7，在主导线束中 638-右A柱上的接地点 B340-连接1（58d），在主导线束中 B642-正极连接（58），
在主导线束中

707

车载电网控制单元、保险丝架 C

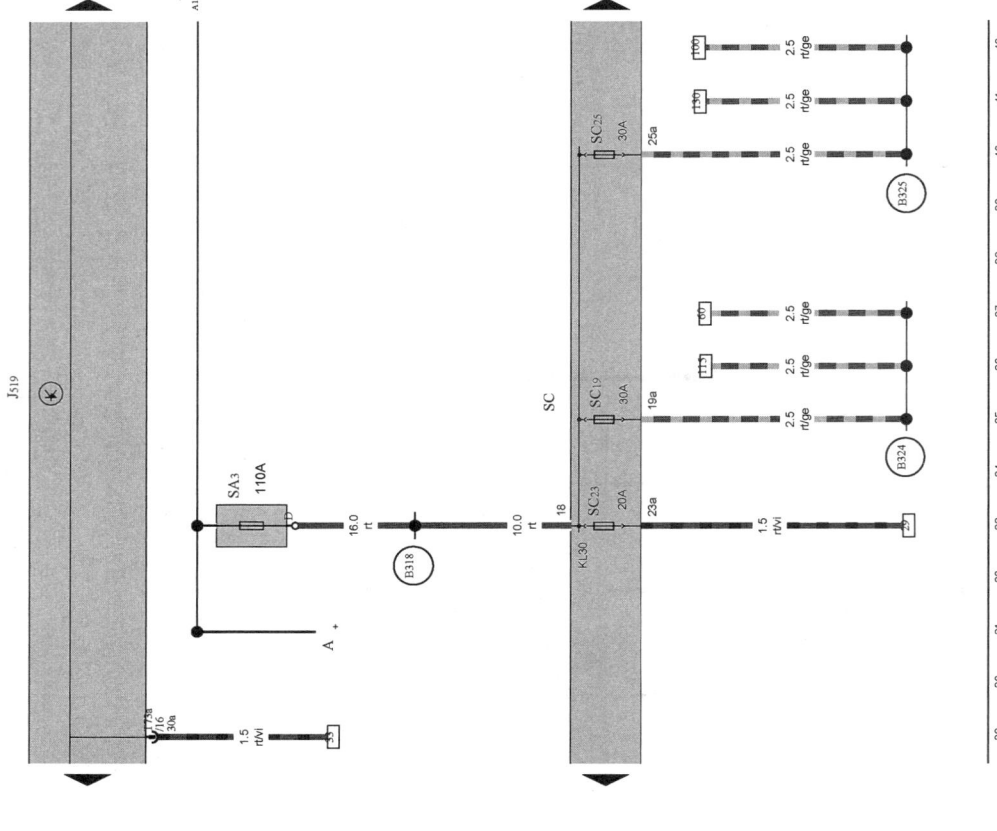

图 5-4-31

A–蓄电池 J519–车载电网控制单元 SA3–保险丝架 A 上的保险丝3 SC–保险丝架 C SC19–保险丝架 C 上的保险丝3 SC23–保险丝19 SC23–保险丝架 C 上的保险丝23 SC25–保险丝23 SC25–保险丝架 C 上的保险丝25 T73a–73芯插头 连接器 B318–正极连接4（30a），在主导线束中 B324–正极连接10（30a），在主导线束中 B325–正极连接11（30a），在主导线束中

点火启动开关、车载电网控制单元、保险丝架 C

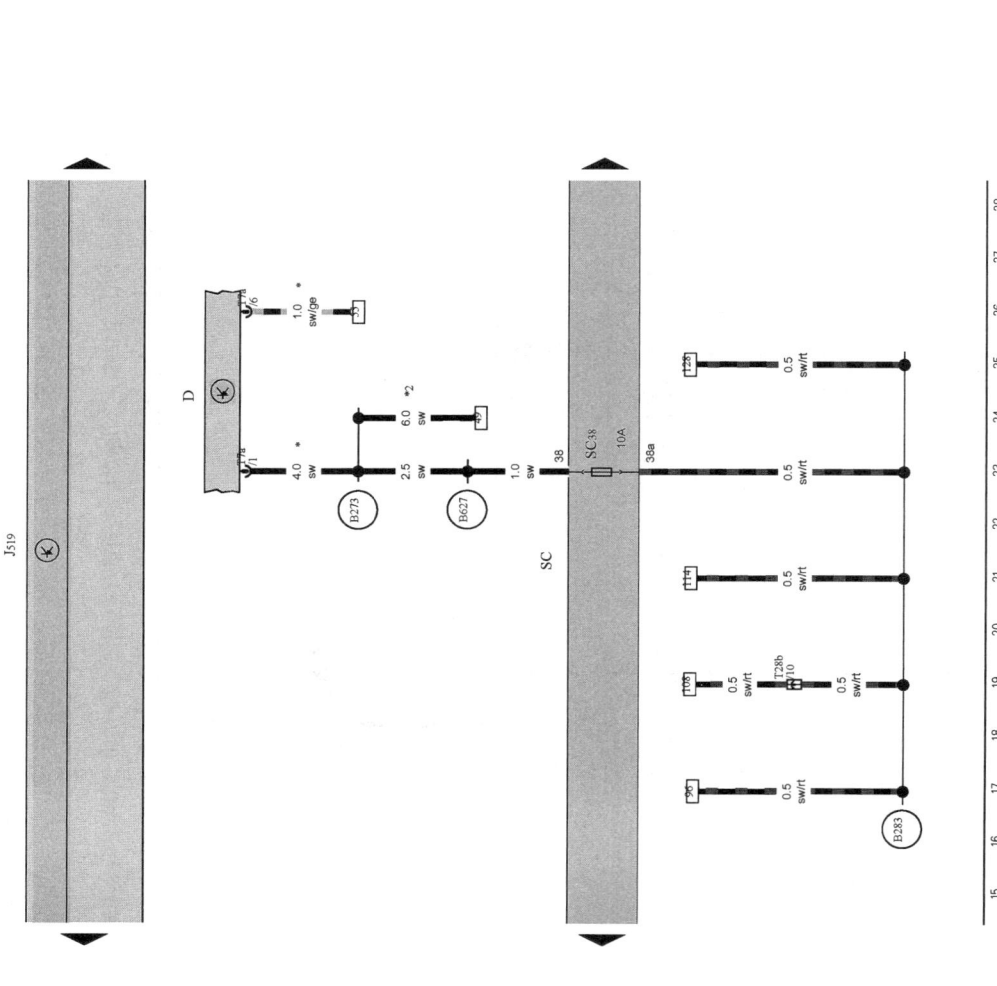

图 5-4-30

D–点火启动开关 J519–车载电网控制单元 SC–保险丝架 C SC38–保险丝架 C 上的保险丝38 T7a–7芯插头 连接，黑色 T28b–28芯插头连接，右侧 A 柱上，黑色 B273–正极 连接7（15a），在主导线束中 B627–正极连接3（15），在主导线束中 B283–正极 连接3（15），在主导线束中 *–用于不带进入及启动许可的汽 车 *2–用于带进入及启动许可的汽车

708

接线端 15 供电继电器；车载电网控制单元；供电继电器 1，接线端 75；保险丝架 C

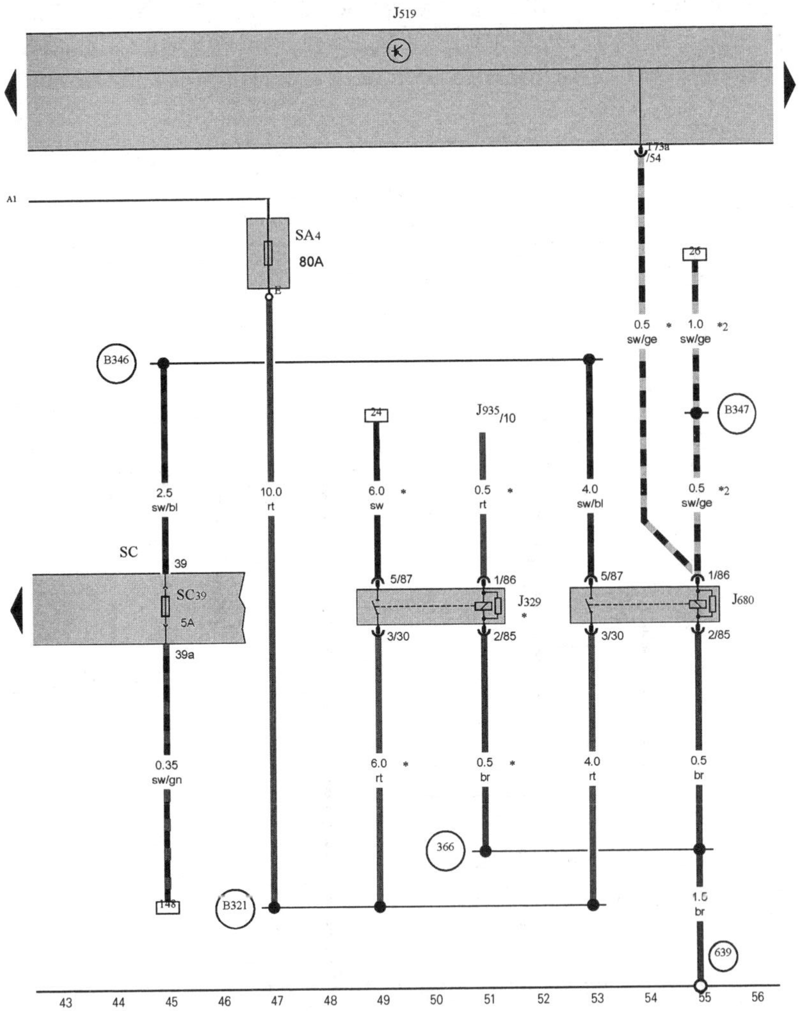

前左车窗升降器、驾驶员车门中的车窗升降器中央开关、驾驶员侧车门控制单元、车载电网控制单元、车窗升降器开关照明灯泡、驾驶员侧电动升降器电机

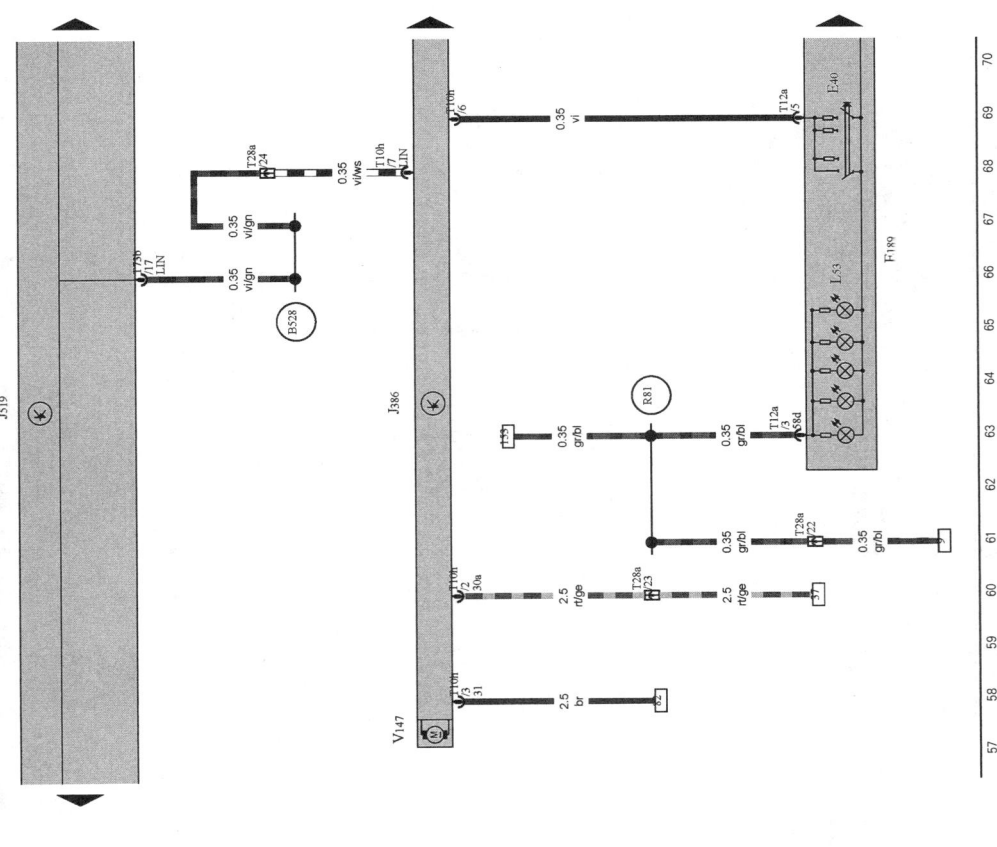

图 5-4-32

J329-接线端15供电继电器 J519-车载电网控制单元 J680-供电继电器1，接线端75 J935-转换器盒 SA4-保险丝架A上的保险丝4 SC-保险丝架C SC39-保险丝架C上的保险丝39 T73a-73芯插头连接、黑色 366-接地连接1，在主导线束中 639-左侧A柱上的接地点 B321-正极连接 B346-连接1 (75)，在主导线束中 B347-连接2 (75)，在主导线束中 *-用于带进入及启动许可的汽车 *2-用于不带进入及启动许可的汽车

图 5-4-33

E40-前左车窗升降器 E189-驾驶员车门中的车窗升降器中央开关 J386-驾驶员侧车门控制单元 J519-车载电网控制单元 L53-车窗升降器开关照明灯泡 T10h-10芯插头连接、黑色 T12a-12芯插头连接、黑色 T28a-28芯插头连接、左侧A上、黑色 T73b-73芯插头连接、白色 V147-驾驶员侧电动升降器电机 R81-连接1 (58d)，在驾驶员侧车门电缆导线束中 B528-连接1 (LIN总线)，在主导线束中

后部车窗升降器锁止开关、驾驶员车门中的车窗升降器中央开关、驾驶员侧车门控制单元、
车载电网控制单元、中央门锁 Safe 功能指示灯

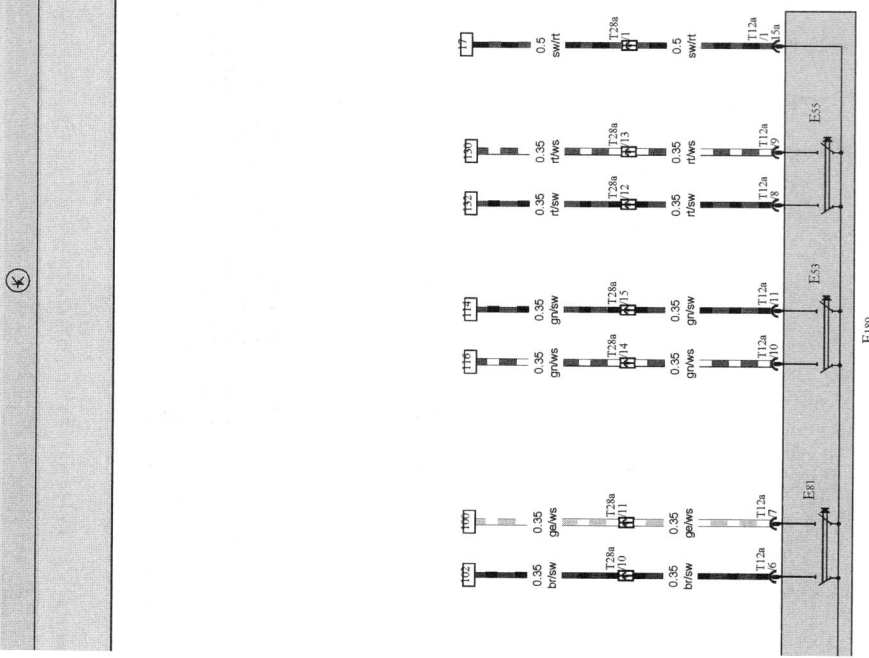

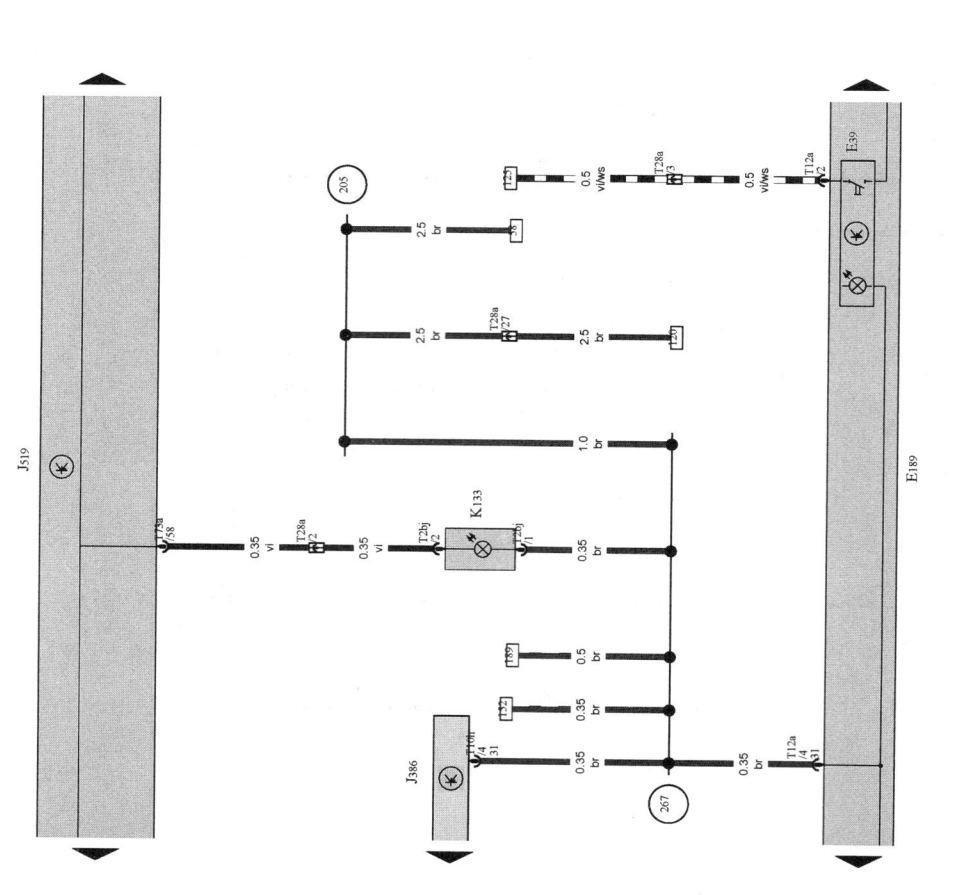

图 5-4-34

E39-后部车窗升降器锁止开关 E189-驾驶员车门中的车窗升降器中央开关 J386-驾驶员侧车门控制单元 J519-车载电网控制单元 K133-中央门锁 Safe 功能指示灯 T2bj-2芯插头连接 T10h-10芯插头连接 黑色 T12a-12芯插头连接 黑色 T28a-28芯插头连接，左侧A柱上，黑色 T73a-73芯插头连接，黑色 205-接地连接，在驾驶员侧车门电缆导线束中 267-接地连接2，在驾驶员侧车门电缆导线束中

驾驶员车门中的后左车窗升降器开关、驾驶员车门中的后右车窗升降器开关、驾驶员车门中的前右车窗升降器开关、驾驶员车门中的车窗升降器中央开关、车载电网控制单元

图 5-4-35

E53-驾驶员车门中的后左车窗升降器开关 E55-驾驶员车门中的后右车窗升降器开关 E81-驾驶员车门中的前右车窗升降器开关 E189-驾驶员车门中的车窗升降器中央开关 J519-车载电网控制单元 T12a-12芯插头连接，黑色 T28a-28芯插头连接，左侧A柱上，黑色

710

左后车门内的车窗升降器开关、左后车门控制单元、车载电网控制单元、车窗升降器开关
照明灯泡、左后车窗升降器电机

副驾驶员车门中的车窗升降器开关、副驾驶员车门控制单元、车载电网控制单元、车窗
升降器开关照明灯泡、副驾驶员侧电动升降器电机

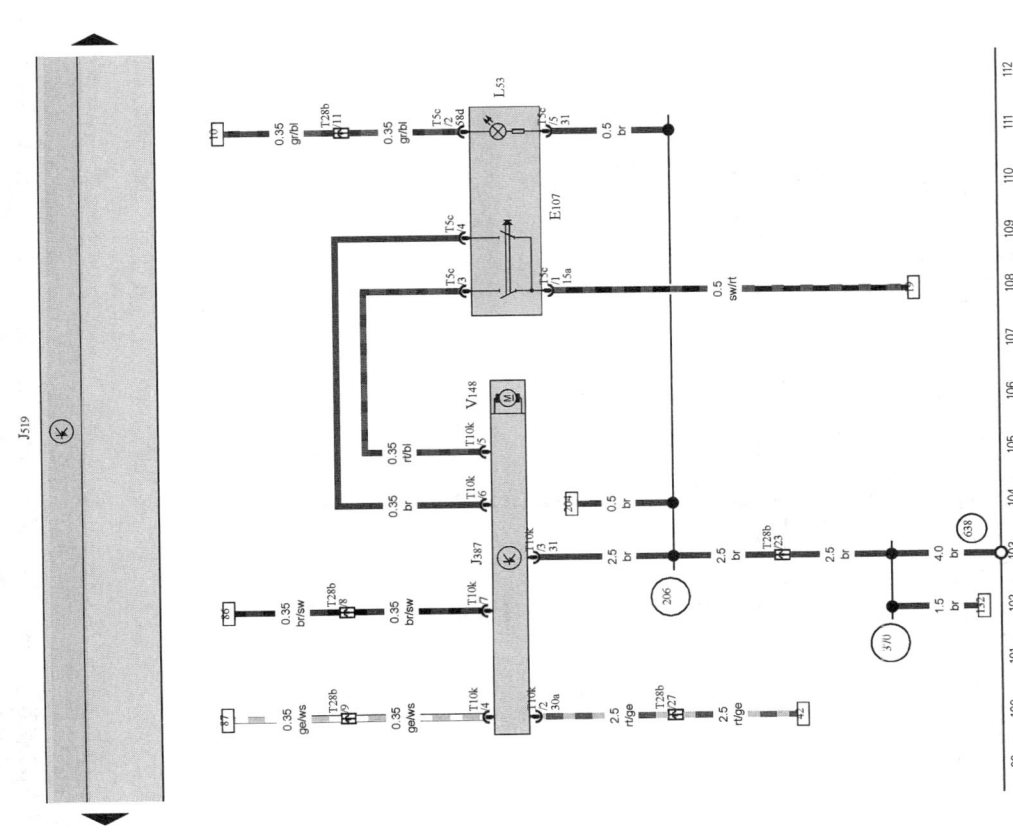

车外后视镜调节、后视镜调节开关、后视镜调节转换开关、车载电网控制单元、后视镜调节开关照明灯泡

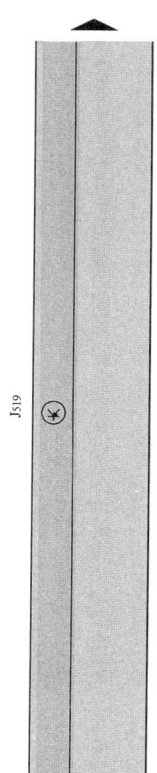

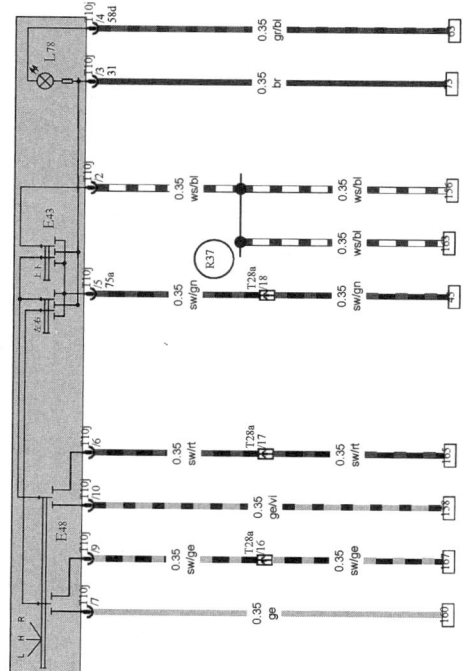

EX11-车外后视镜调节 E43-后视镜调节开关 E48-后视镜调节转换开关 J519-车载电网控制单元 L78-后视镜调节开关照明灯泡 T10j-10芯插头连接 T28a-28芯插头连接，黑色 R37-连接1
(车窗升降器)，在驾驶员侧车门电缆导线束中

图5-4-39

右后车门车窗升降器开关、右后车门控制单元、车载电网控制单元、车窗升降器开关照明灯泡、后右车窗升降器电机

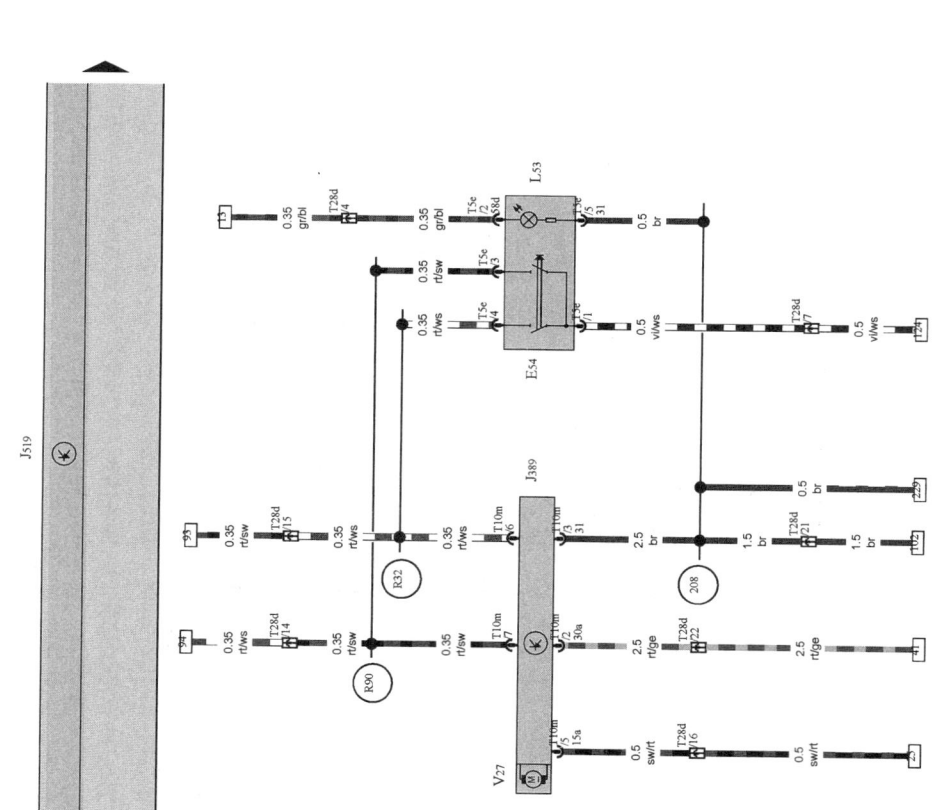

E54-右后车门车窗升降器开关 J389-右后车门控制单元 J519-车载电网控制单元 L53-车窗升降器开关照明灯泡 T5e-5芯插头连接 T10m-10芯插头连接，黑色 T28d-28芯插头连接，右侧B柱上，黑色
V27-后右车窗升降器电机 208-接地连接，在右后车门电缆导线束中 R32-连接2，在右后车门电缆导线束中 R90-连接1，在右后车门电缆导线束中

图5-4-38

车载电网控制单元、驾驶员侧侧车外后视镜、副驾驶员侧侧车外后视镜、驾驶员侧侧后视镜调节电机2、副驾驶员侧侧后视镜调节电机、驾驶员侧侧后视镜调节电机、副驾驶员侧侧后视镜调节电机。

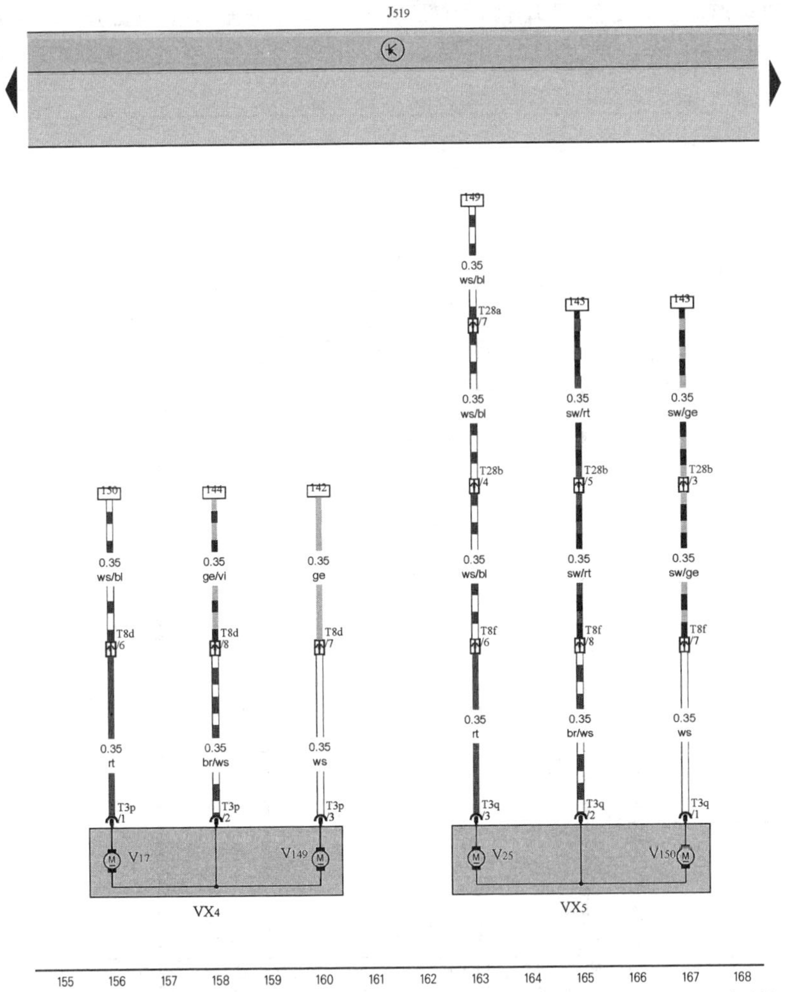

后备箱把手中的解锁按钮、后备箱盖闭锁单元、车载电网控制单元、后备箱盖中央门锁电机。

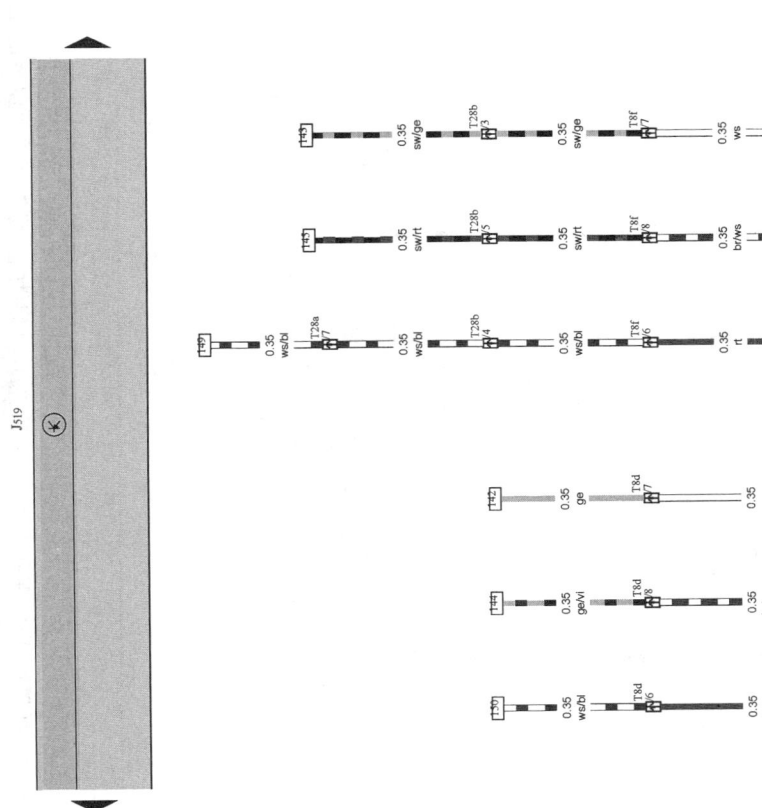

图5-4-40

J519-车载电网控制单元 T3p-3芯插头连接，黑色 T3q-3芯插头连接，在驾驶员侧车门内，黑色 T8d-8芯插头连接，在驾驶员侧车门内，黑色 T8f-8芯插头连接，副驾驶员侧车门内，黑色 T28a-28芯插头连接，左侧A柱上，黑色 T28b-28芯插头连接，右侧A柱上，黑色 VX4-驾驶员侧车外后视镜 VX5-副驾驶员侧车外后视镜 V17-驾驶员侧后视镜调节电机2 V25-副驾驶员侧后视镜调节电机2 V149-驾驶员侧后视镜调节电机 V150-副驾驶员侧后视镜调节电机

图5-4-41

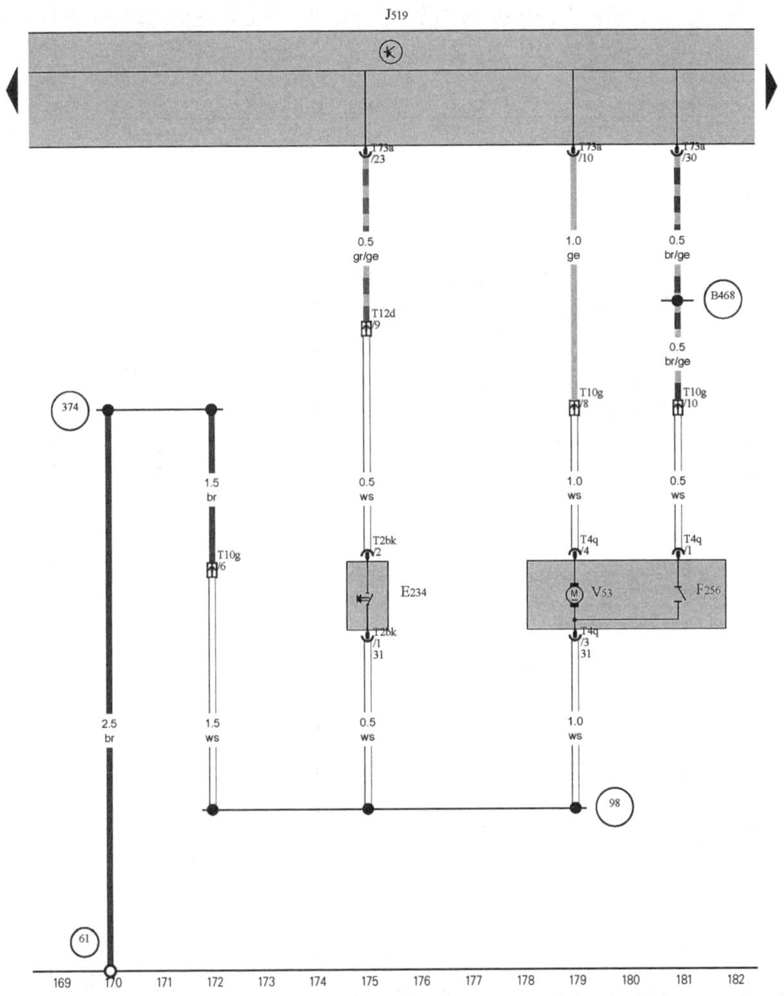

E234-后备箱盖把手中的解锁按钮 F256-后备箱盖闭锁单元 J519-车载电网控制单元 T2bk-2芯插头连接，黑色 T4q-4芯插头连接，左侧C柱附近，蓝色 T10g-10芯插头连接，黑色 T12d-12芯插头连接，左侧C柱附近，黑色 T73a-73芯插头连接，黑色 V53-后备箱盖中央门锁电机 61-左侧C柱上的接地点 98-接地连接，在后备箱导线束中 374-接地连接9，在主导线束中 B468-连接4，在主导线束中

副驾驶员侧车门接触开关、副驾驶员侧车门锁开关、车载电网控制单元、副驾驶员侧中央门锁闭锁单元、副驾驶员侧中央门锁闭锁单元、车载电网控制单元、副驾驶员车门闭锁单元、副驾驶员车门中央门锁电机、油箱盖锁止装置电机

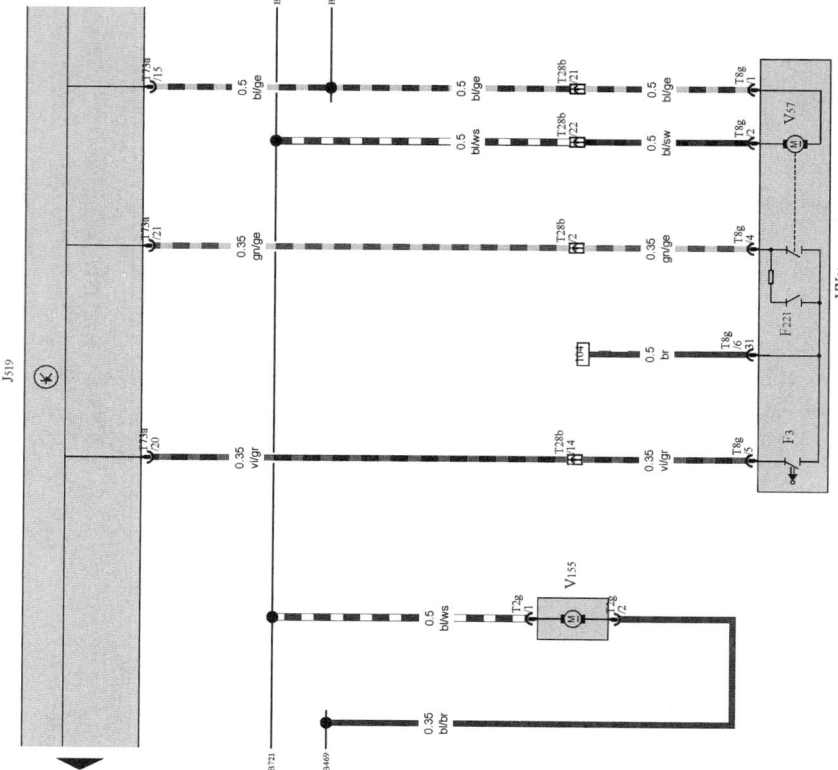

F3-副驾驶员侧车门接触开关 F221-副驾驶员侧中央门锁闭锁单元 J519-车载电网控制单元 T2g-2芯插头连接，黑色 T8g-8芯插头连接，右侧A柱上，黑色 T28b-28芯插头连接，黑色 T73a-73芯插头连接，黑色 VX22-副驾驶员车门闭锁单元 V57-副驾驶员车门中央门锁电机 V155-油箱盖锁止装置电机 B469-连接5，在主导线束中 B720-连接1（中央门锁），在主导线束中 B721-连接2（中央门锁），在主导线束中

图 5-4-43

驾驶员侧车门接触开关、驾驶员侧车门锁开关、驾驶员侧中央门锁闭锁单元、车载电网控制单元、驾驶员侧中央门锁闭锁单元、驾驶员车门闭锁单元、驾驶员车门中央门锁电机

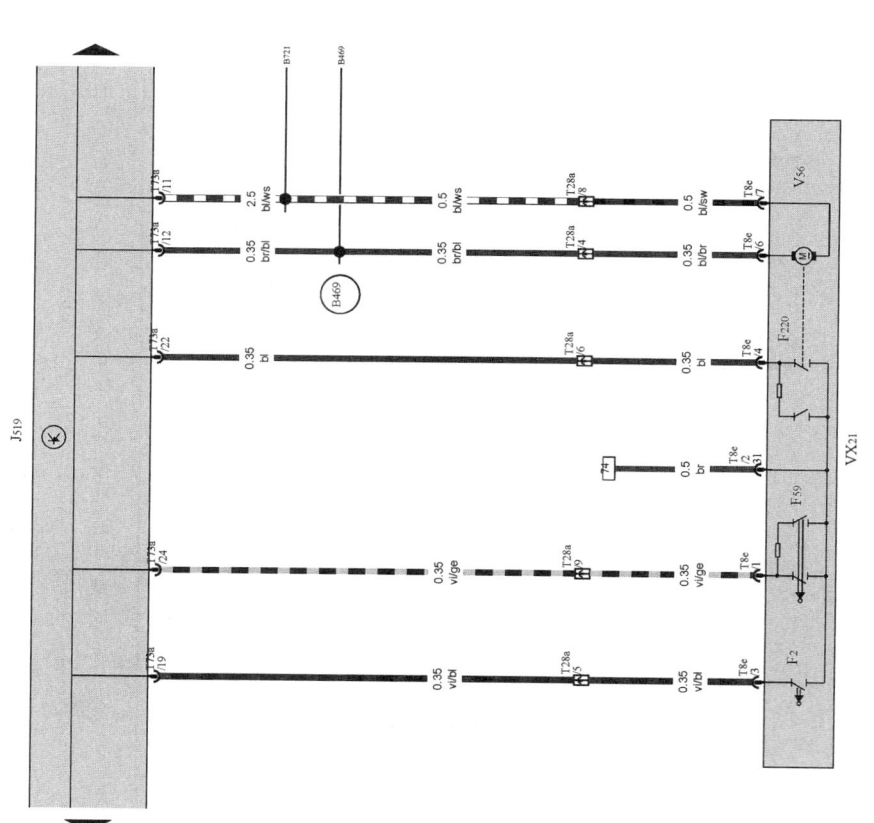

F2-驾驶员侧车门接触开关 F59-驾驶员侧中央门锁开关 F220-驾驶员侧中央门锁闭锁单元 J519-车载电网控制单元 T8e-8芯插头连接 T28a-28芯插头连接，左侧A柱上，黑色 T73a-73芯插头连接，黑色 VX21-驾驶员车门闭锁单元 V56-驾驶员车门中央门锁电机 B469-连接5，在主导线束中 B721-连接2（中央门锁），在主导线束中

图 5-4-42

714

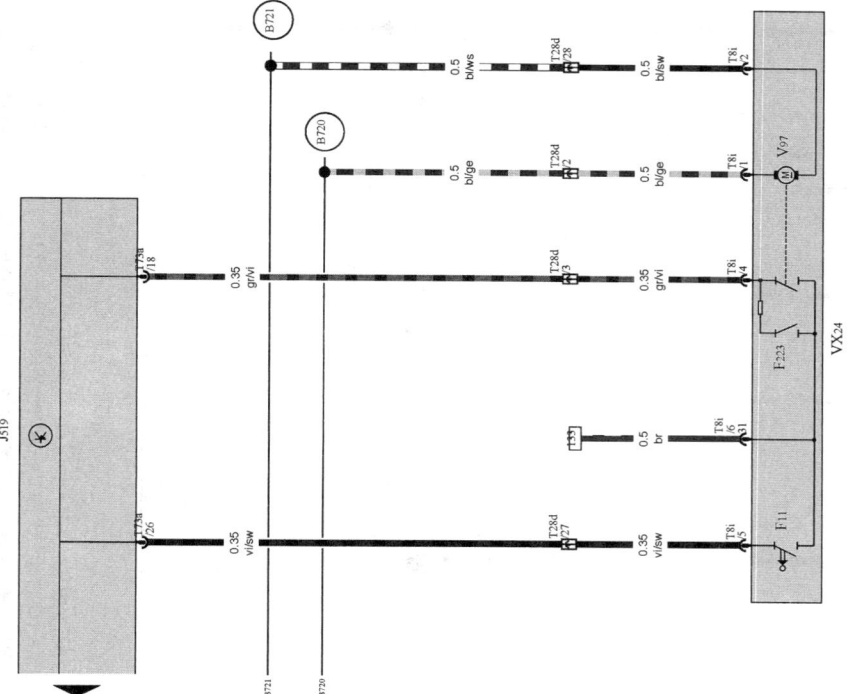

图 5-4-45

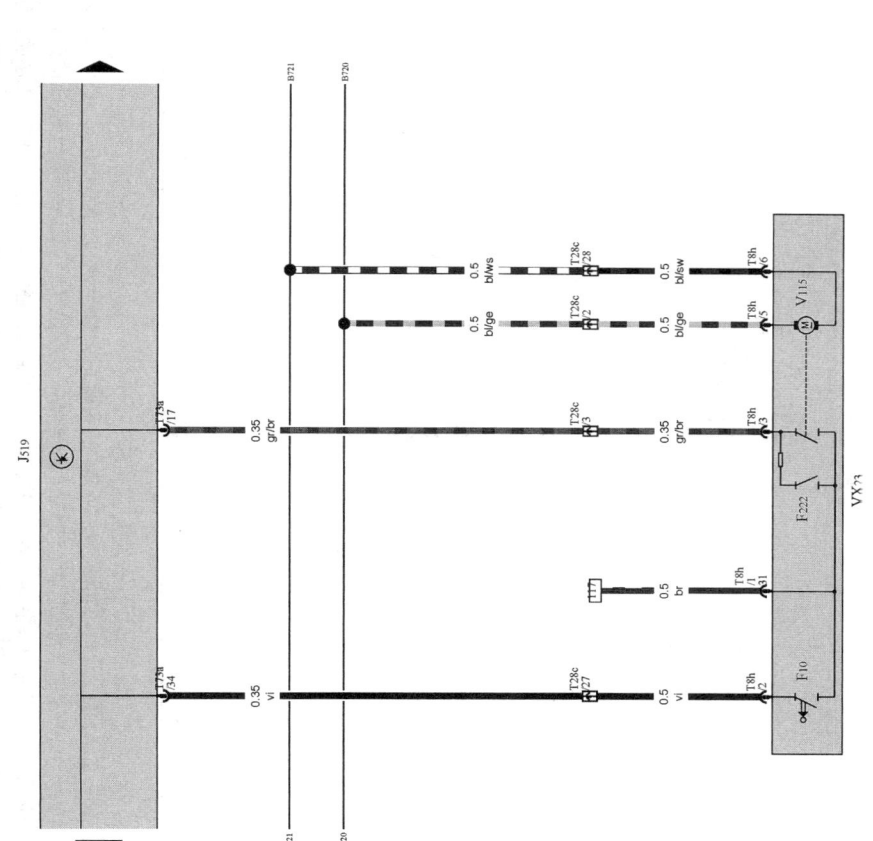

图 5-4-44

F11-右后车门接触开关 F223-右后中央门锁闭锁单元 F519-车载电网控制单元 T8i-8芯插头连接，黑色 T28d-28芯插头连接，黑色 T73a-73芯插头连接，黑色 VX24-右后车门闭锁单元 V97-右后车门中央门锁电机 B720-连接1（中央门锁），在主导线束中 B721-连接2（中央门锁），在主导线束中

F10-左后车门接触开关 F222-左后中央门锁闭锁单元 J519-车载电网控制单元 T8h-8芯插头连接，黑色 T28c-28芯插头连接，左侧B柱上，黑色 T73a-73芯插头连接，黑色 VX23-左后车门闭锁单元 V115-左后车门中央门锁电机 B720-连接1（中央门锁），在主导线束中 B721-连接2（中央门锁），在主导线束中

收音机及导航系统带显示单元的控制单元、倒车摄像头

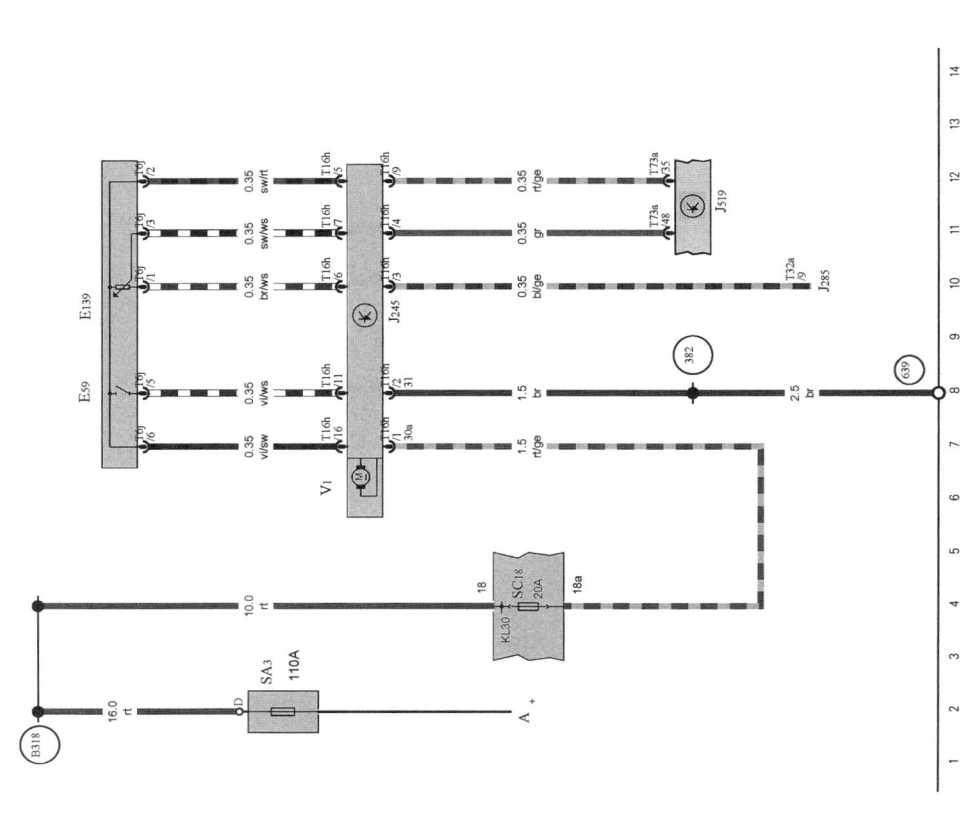

A-蓄电池 J503-收音机及导航系统带显示单元的控制单元 J519-车载电网控制单元 R189-倒车摄像头 SA3-保险丝架A上的保险丝3 SC34-保险丝架A上的保险丝34 T1b-1芯插头连接，右侧C柱附近，灰色 T4z-4芯插头连接，黑色 T10f-10芯插头连接，右侧C柱附近，蓝色 T12c-12芯插头连接，蓝色 T73b-73 芯插头连接，白色 43-右侧A柱下部的接地点 384-接地连接19，在主导线束中 385-接地连接20，在主导 线束中 B318-正极连接4（30a），在导线束中 B520-连接（RF），在主导线束中

图 5-4-47

滑动天窗上升和下降开关、滑动天窗调节器、滑动天窗控制单元、车载电网控制单元、保
险丝架 A 上的保险丝 3、滑动天窗电机

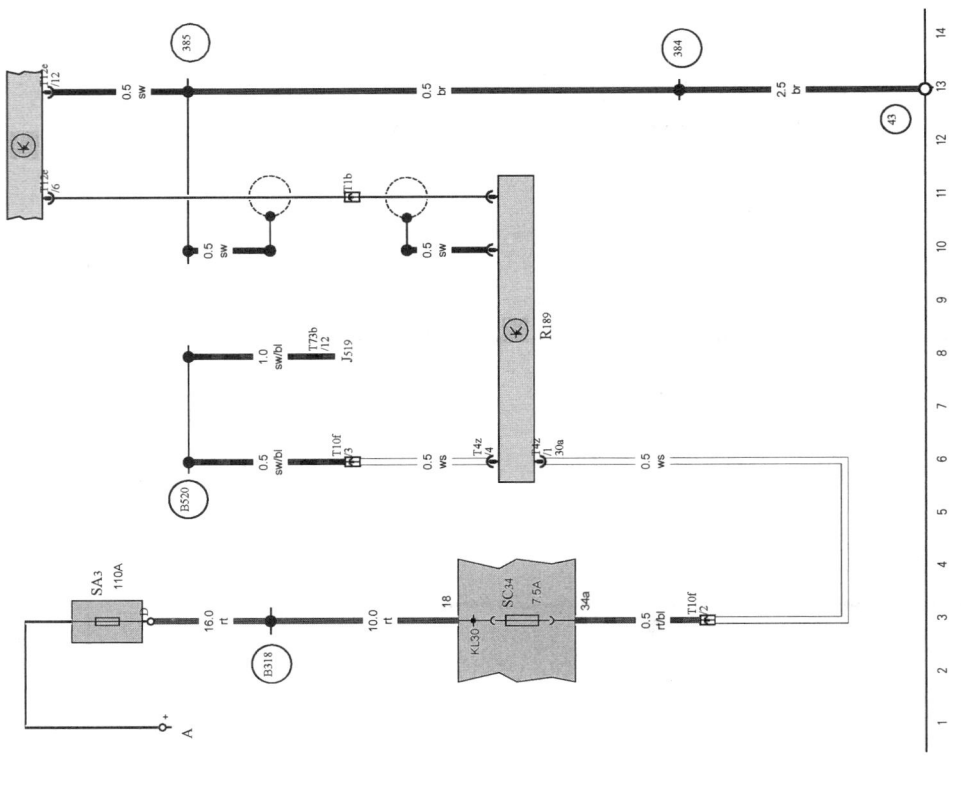

A-蓄电池 E59-滑动天窗上升和下降开关 E139-滑动天窗调节器 J245-滑动天窗控制单元 J285-组合仪 表中的控制单元 J519-车载电网控制单元 SA3-保险丝架A上的保险丝3 SC18-保险丝架C上的保险丝 18 T6j-6芯插头连接 T16h-16芯插头连接 T32a-32芯插头连接 T73a-73芯插头连 接 V1-滑动天窗电机 382-接地连接17，在主导线束中 639-左侧A柱上的接地点 B318-正极连接4 （30a），在主导线束中

图 5-4-46

716

后部泊车雷达系统警报蜂鸣器、泊车雷达系统控制单元

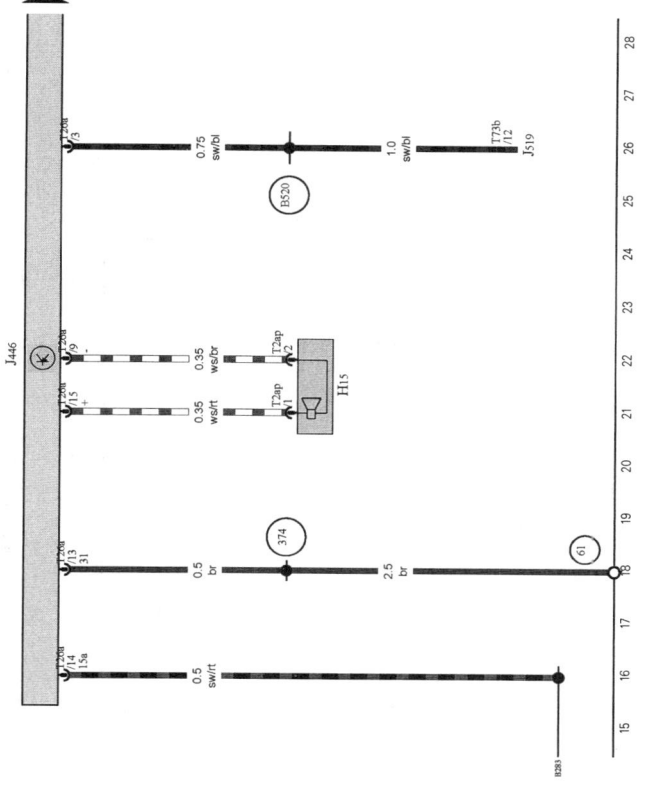

H15-后部泊车雷达系统警报蜂鸣器 J446-泊车雷达系统控制单元 J519-车载电网控制单元 T2ap-2芯插头
连接、黑色 T26a-26芯插头连接 T73b-73芯插头连接、黑色 T73b~73芯插头连接 T74-接地地
接9，在主导线束中 B283-正极连接7 (15a)，在主导线束中 B520-连接 (RF)，在主导线束中

图5-4-49

接线端15供电继电器

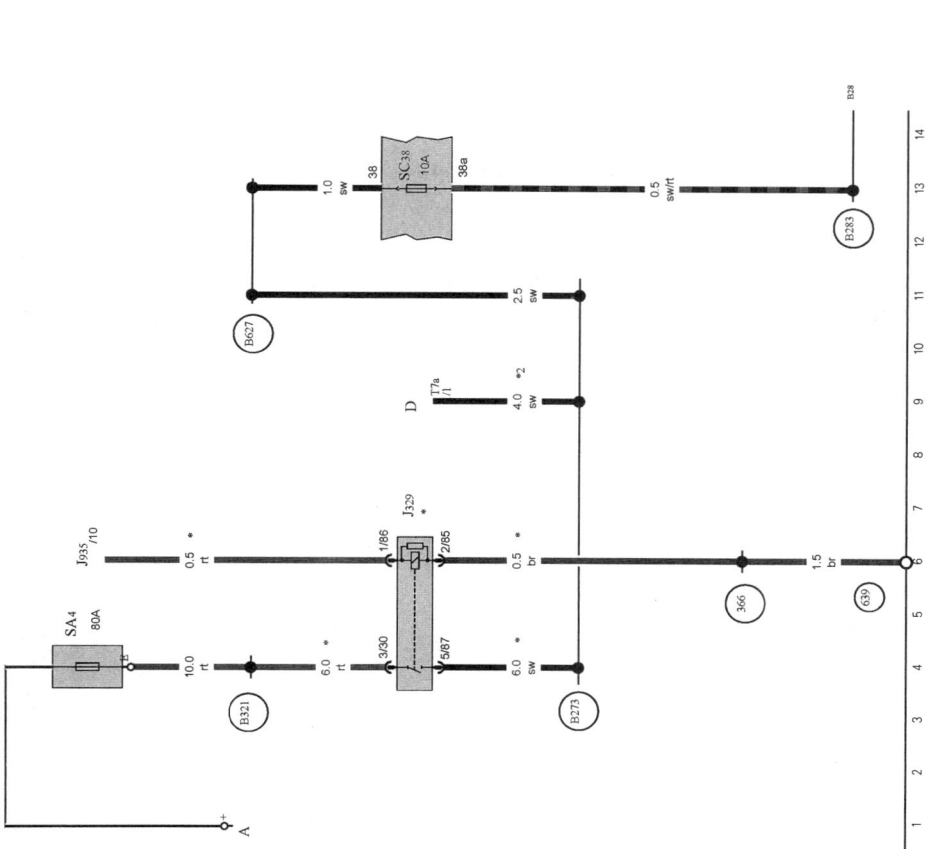

A-蓄电池 D-点火启动开关 J329-接线端15供电继电器 J935-转换器盒 SA4-保险丝架A上的保险丝
SC38-保险丝架C上的保险丝38 T7a-7芯插头连接、黑色 366-接地连接1，在主导线束中 639-左A柱上的
接地点 B273-正极连接 (15)，在主导线束中 B283-正极连接7 (15a)，在主导线束中 B321-正极连接7
(30a)，在主导线束中 B627-正极连接3 (15)，在主导线束中 *-用于带进入及启动许可的汽车 *2-用
于不带进入及启动许可的汽车

图5-4-48

717

左后泊车雷达系统传感器、左后中部泊车雷达系统传感器、泊车雷达系统控制单元

右后中部泊车雷达系统传感器、右后泊车雷达系统传感器、泊车雷达系统控制单元

图 5-4-50

图 5-4-51

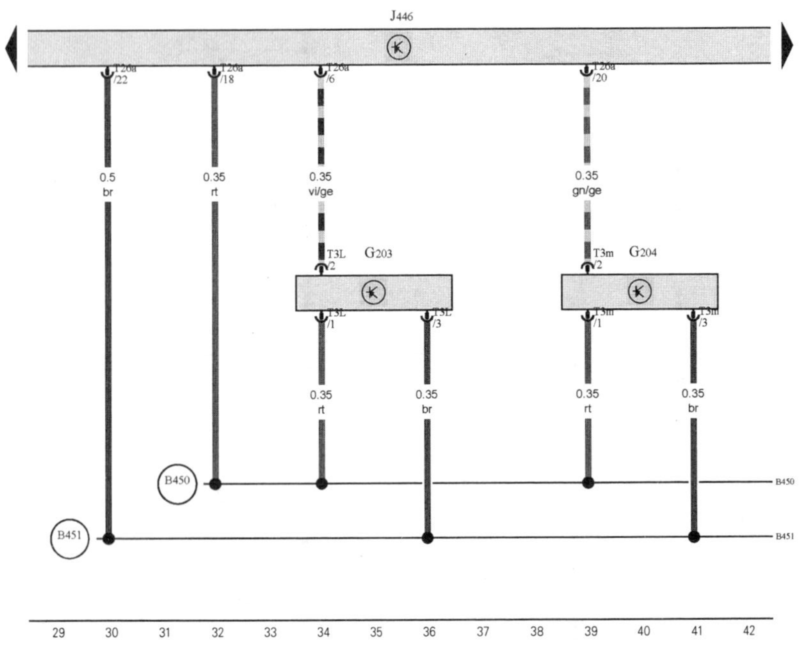

G203－左后泊车雷达系统传感器　G204－左后中部泊车雷达系统传感器　J446－泊车雷达系统控制单元　T3L－3芯插头连接，黑色　T3m－3芯插头连接，黑色　T26a－26芯插头连接，黑色　B450－连接1（PDC），在主导线束中　B451－连接2（PDC），在主导线束中

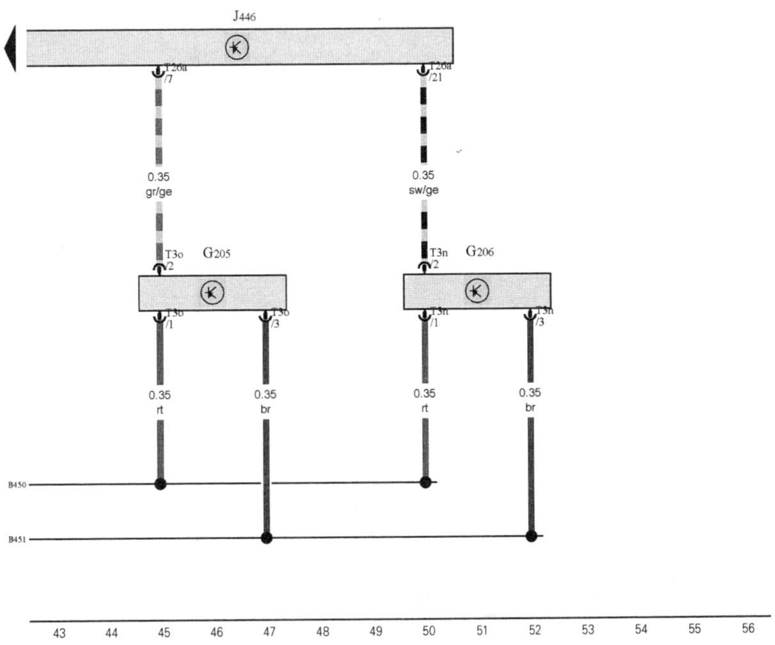

G205－右后中部泊车雷达系统传感器　G206－右后泊车雷达系统传感器　J446－泊车雷达系统控制单元　T3n－3芯插头连接，黑色　T3o－3芯插头连接，黑色　T26a－26芯插头连接，黑色　B450－连接1（PDC），在主导线束中　B451－连接2（PDC），在主导线束中

718

收音机及导航系统带显示单元的控制单元、左前扬声器、左前高音扬声器、右前扬声器、右前高音扬声器

收音机及导航系统带显示单元的控制单元、保险丝架C

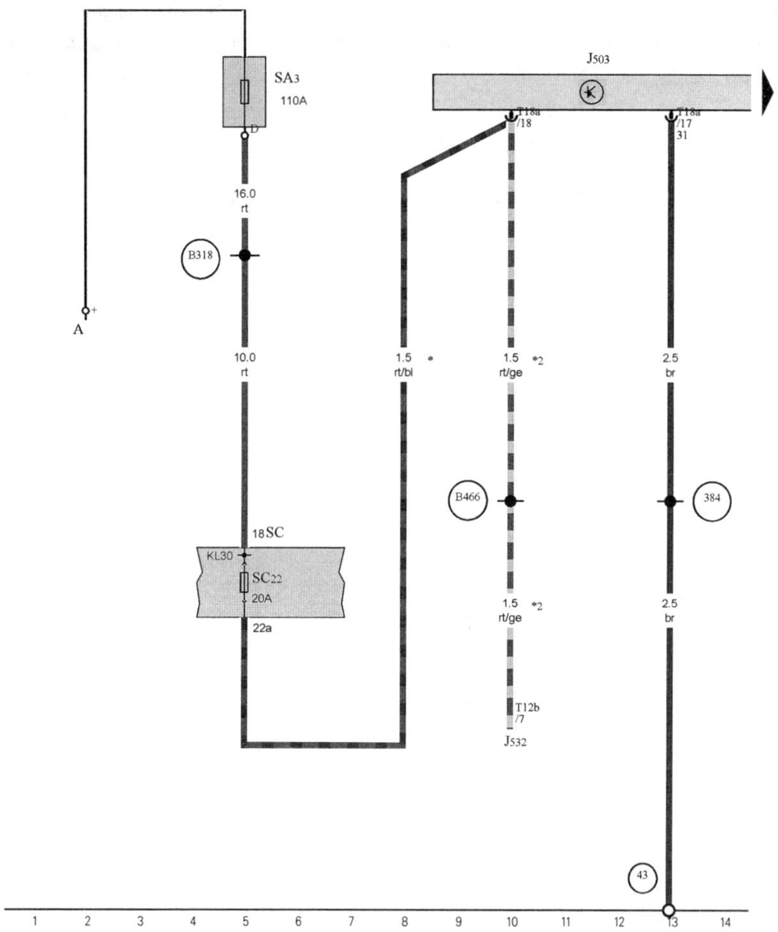

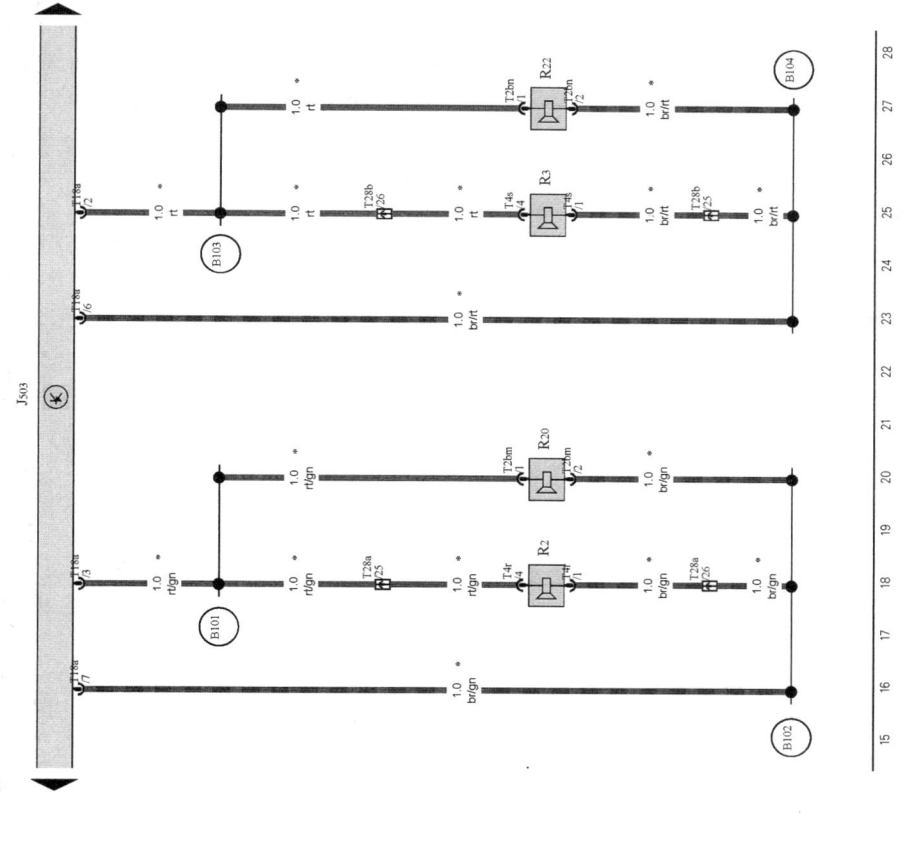

图 5-4-53

J503-收音机及导航系统带显示单元的控制单元 R2-左前扬声器 R3-右前扬声器 R20-左前高音扬声器 R22-右前高音扬声器 T2bm-2芯插头连接，黑色 T4r-4芯插头连接，黑色 T4s-4芯插头连接，右侧A柱上，黑色 T18a-18芯插头连接 T28a-28芯插头连接 T28b-28芯插头连接 黑色 B101-连接（正极、左前侧扬声器），在主导线束中 B102-连接（负极、扬声器），在主导线束中 B103-连接（正极，扬声器），在主导线束中 B104-连接（负极，扬声器），在主导线束中 *-用于带6个无源扬声器装备的汽车

图 5-4-52

A-蓄电池 J503-收音机及导航系统带显示单元的控制单元 J532-稳压器 SA3-保险丝架A上的保险丝3 SC-保险丝架C SC22-保险丝架C上的保险丝22 T12b-12芯插头连接 T18a-18芯插头连接 43-右侧A柱下部的接地点 384-接地连接点19，在主导线束中 B318-正极插头连接4（30a），在主导线束中 B466-连接2，在主导线束中 *-用于不带发动机自动启停系统的汽车 *2-用于带发动机自动启停系统的汽车

719

收音机及导航系统带显示单元的控制单元、车载电网控制单元、左前扬声器、内部话筒

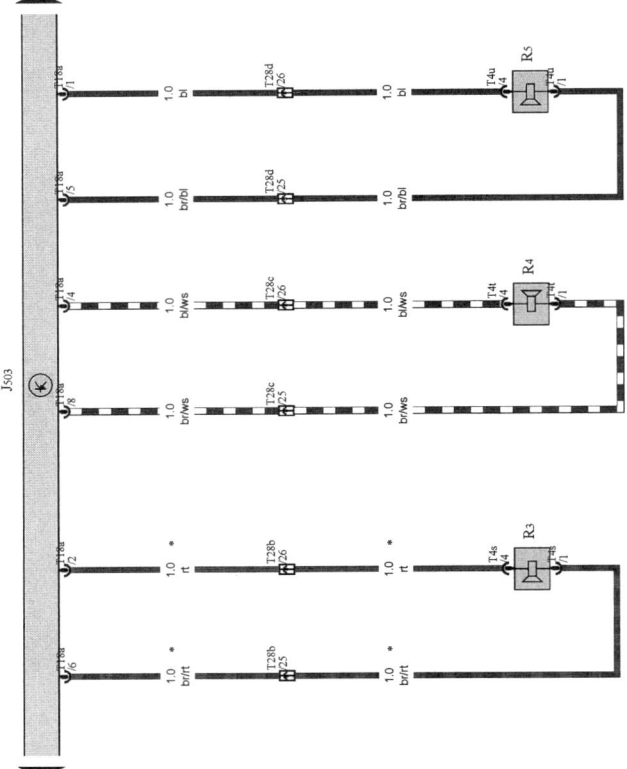

图 5-4-54

收音机及导航系统带显示单元的控制单元、右前扬声器、左后扬声器、右后扬声器

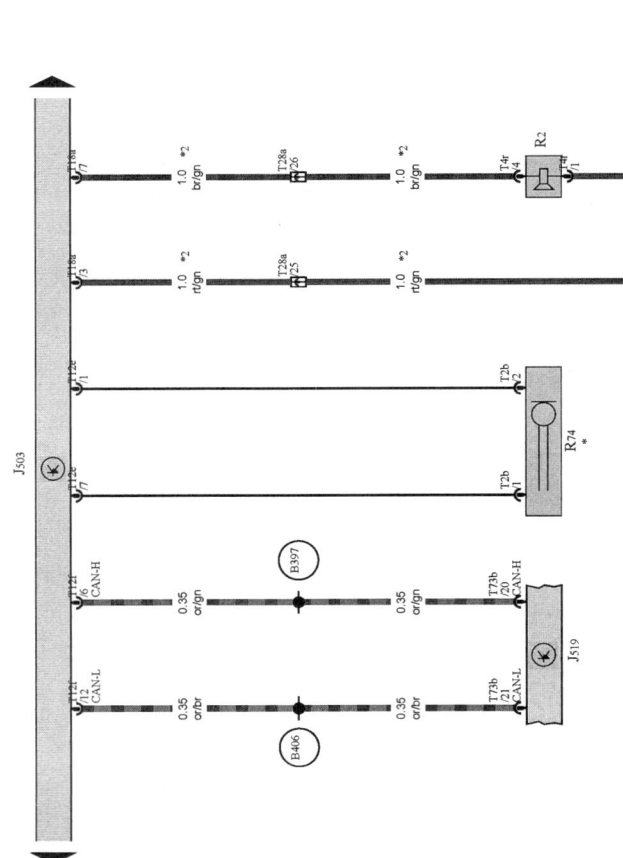

图 5-4-55

J503-收音机及导航系统带显示单元的控制单元 J519-车载电网控制单元 R2-左前扬声器 R74-内部话筒 T2b-2芯插头连接，黑色 T4r-4芯插头连接，黑色 T12e-12芯插头连接，蓝色 T12f-12芯插头连接，灰色 T18a-18芯插头连接 T28a-28芯插头连接，左侧A柱上，黑色 T73b-73芯插头连接，白色 B397-连接1（舒适CAN总线，High），在主导线束中 B406-连接1（舒适CAN总线，Low），在主导线束中 *-已预先布线的部件 *2-用于带4个扬声器的汽车（8RE）

J503-收音机及导航系统带显示单元的控制单元 R3-右前扬声器 R4-左后扬声器 R5-右后扬声器 T4s-4芯插头连接，黑色 T4t-4芯插头连接，黑色 T4u-4芯插头连接 T18a-18芯插头连接 T28b-28芯插头连接 T28c-28芯插头连接，右侧B柱上，黑色 T28d-28芯插头连接，右侧B柱上，黑色 *-用于带4个扬声器的汽车（8RE）

720

接线端 15 供电继电器、保险丝架 A 上的保险丝 3、保险丝架 A 上的保险丝 4

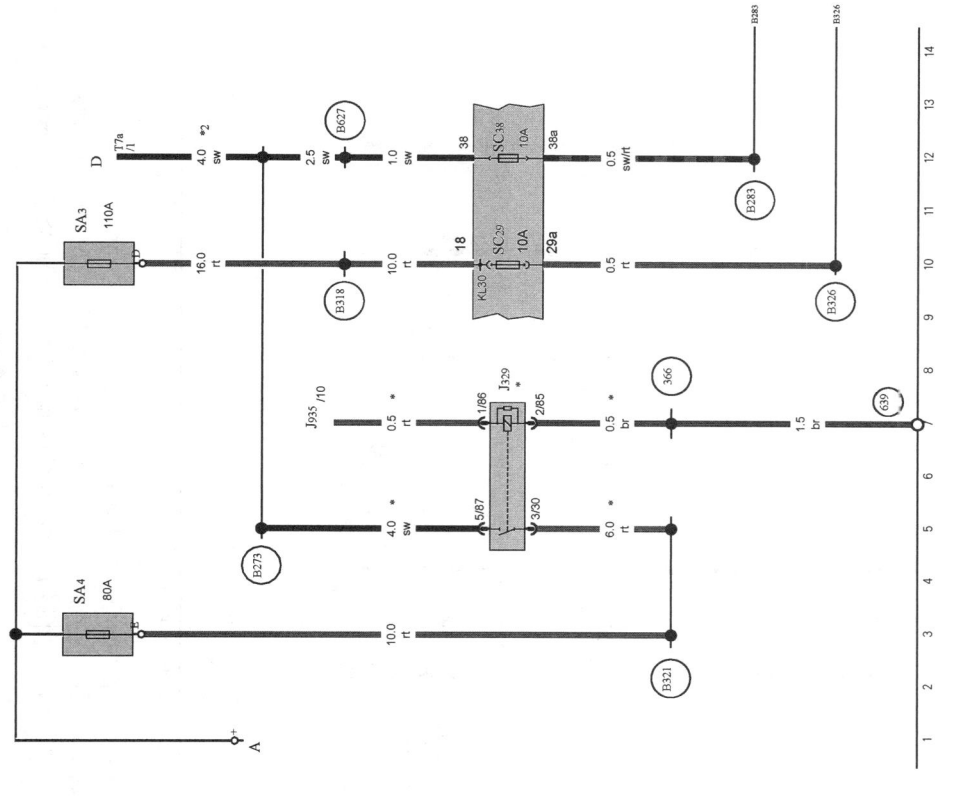

A-蓄电池 D-点火启动开关 J329-接线端15供电继电器 J935-转换器盒 SA3-保险丝架A上的保险丝3
SA4-保险丝架A上的保险丝4 SC29-保险丝架C上的保险丝29 SC38-保险丝架C上的保险丝38 T7a-7芯插
头连接、黑色 366-接地连接1，在主导线束中 639-左A柱上的接地点 B273-正极连接（15），在主导线束
中 B283-正极连接7（15a），在主导线束中 B318-正极连接4（30a），在主导线束中 B321-正极连接7
（30a），在主导线束中 B326-正极连接12（30a），在主导线束中 B627-正极连接3（15），在主导线束
中 *-用于带进入及启动许可的汽车 *2-用于不带进入及启动许可的汽车

图 5-4-57

收音机及导航系统带显示单元的控制单元、天线、GPS 天线

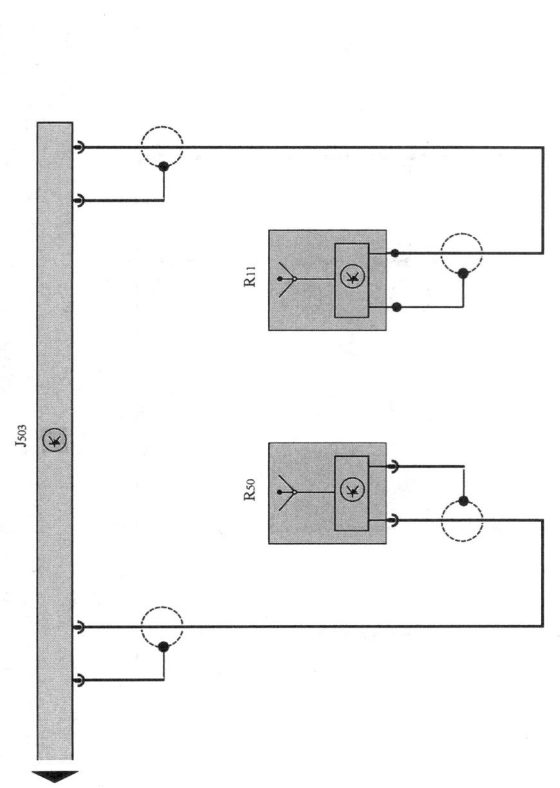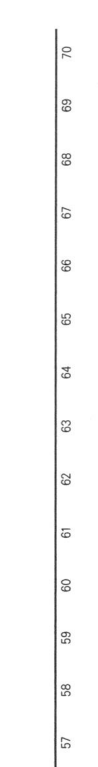

J503-收音机及导航系统带显示单元的控制单元 R11-天线 R50-GPS天线

图 5-4-56

721

车载电网控制单元、数据总线诊断接口、诊断接口

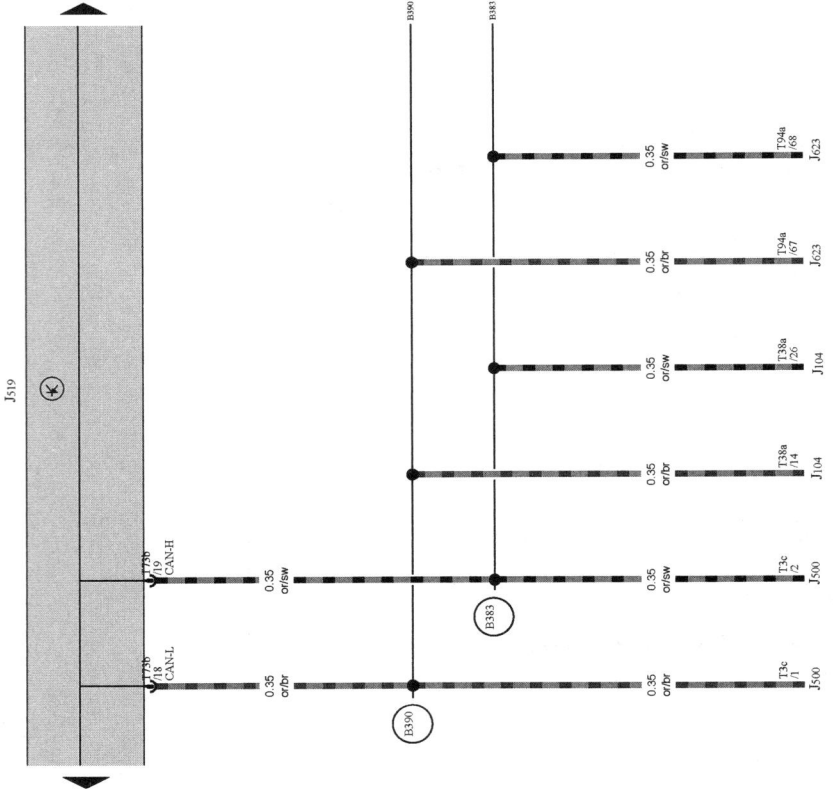

图 5-4-58

车载电网控制单元

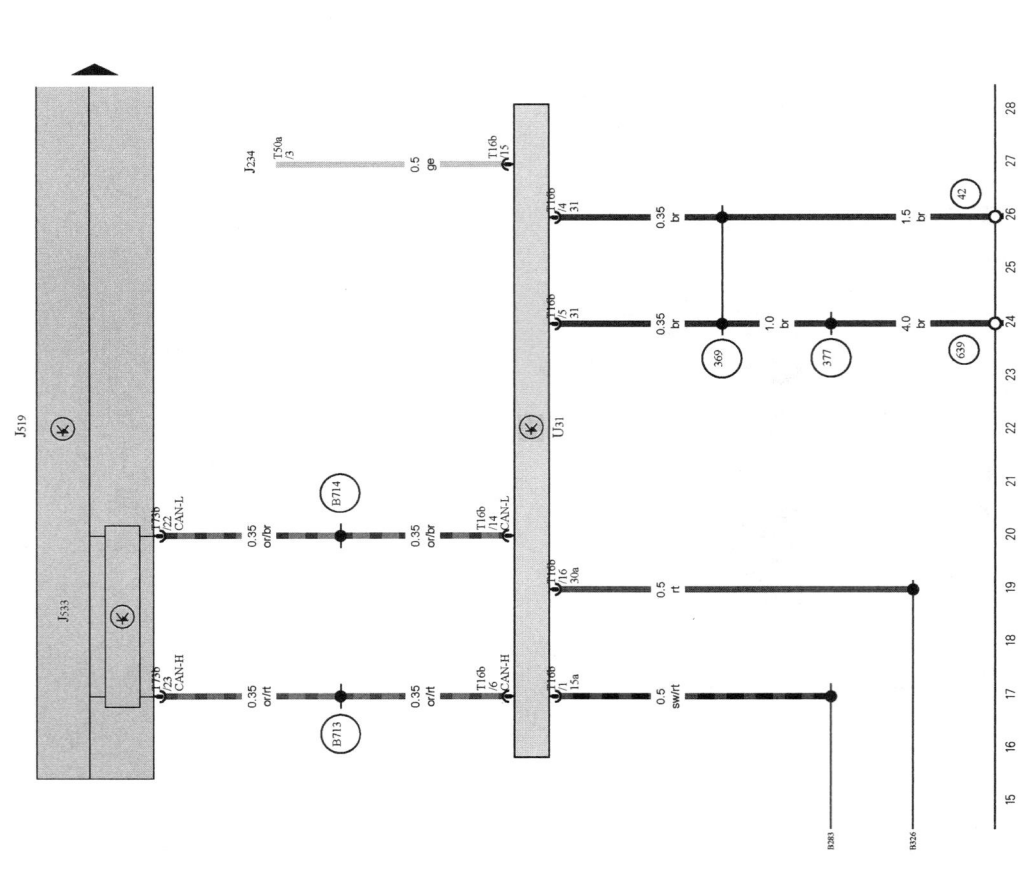

图 5-4-59

J234-安全气囊控制单元 J-519车载电网控制单元 J533-数据总线诊断接口 T16b-16芯插头连接，黑色 T50a-50芯插头连接，黄色 T73b-73插头连接，白色 U31-诊断接口 42-转向柱旁边的接地点 369-接地连接4，在主导线束中 377-接地连接12，在主导线束中 639-左A柱上的接地点 B283-正极连接7（15a），在主导线束中 B326-正极连接12（30a），在主导线束中 B713-连接1（诊断CAN总线，High），在主导线束中 B714-连接1（诊断CAN总线，Low），在主导线束中

J104-ABS控制单元 J500-助力转向控制单元 J519-车载电网控制单元 J623-发动机控制单元 T3c-3芯插头连接，黑色 T38a-38芯插头连接，黑色 T73b-73芯插头连接，白色 T94a-94芯插头连接，黑色 B383-连接1（驱动CAN总线，High），在主导线束中 B390-连接1（驱动CAN总线，Low），在主导线束中

722

车载电网控制单元

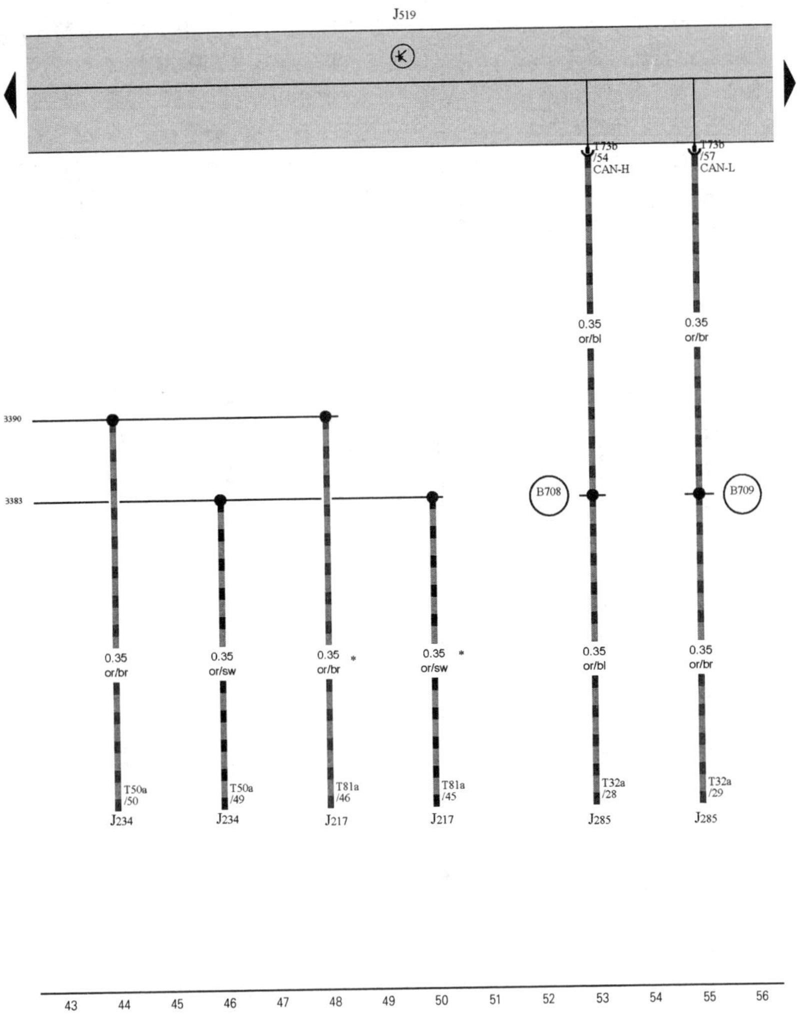

车载电网控制单元

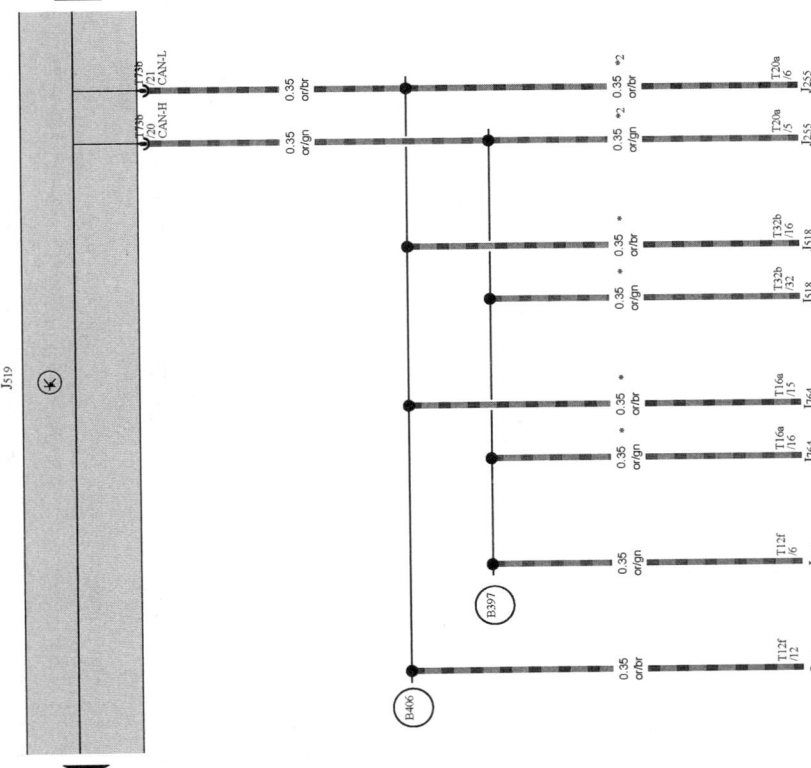

图5-4-60

J217-自动变速器控制单元　J234-安全气囊控制单元　J285-组合仪表中的控制单元　J519-车载电网控制单元　T32a-32芯插头连接，蓝色　T50a-50芯插头连接，黄色　T73b-73芯插头连接，白色　T81a-81芯插头连接，白色　B383-连接1（驱动CAN总线，High），在主导线束中　B390-连接1（驱动CAN总线，Low），在主导线束中　B708-连接1（组合仪表CAN总线，High），在主导线束中　B709-连接1（组合仪表CAN总线，Low），在主导线束中　*-用于带自动变速器的汽车

图5-4-61

J255-全自动空调控制单元　J503-收音机及导航系统带显示单元的控制单元　J518-进入及启动许可控制单元　J519-车载电网控制单元　J764-电子转向柱锁止装置控制单元　T12f-12芯插头连接，灰色　T16a-16芯插头连接，蓝色　T20a-20芯插头连接，黑色　T32b-32芯插头连接，白色　B397-连接1（舒适CAN总线，High），在主导线束中　B406-连接1（舒适CAN总线，Low），在主导线束中　*-用于带入及启动许可的汽车　*2-用于带全自动空调器的汽车

723

保险丝架 C

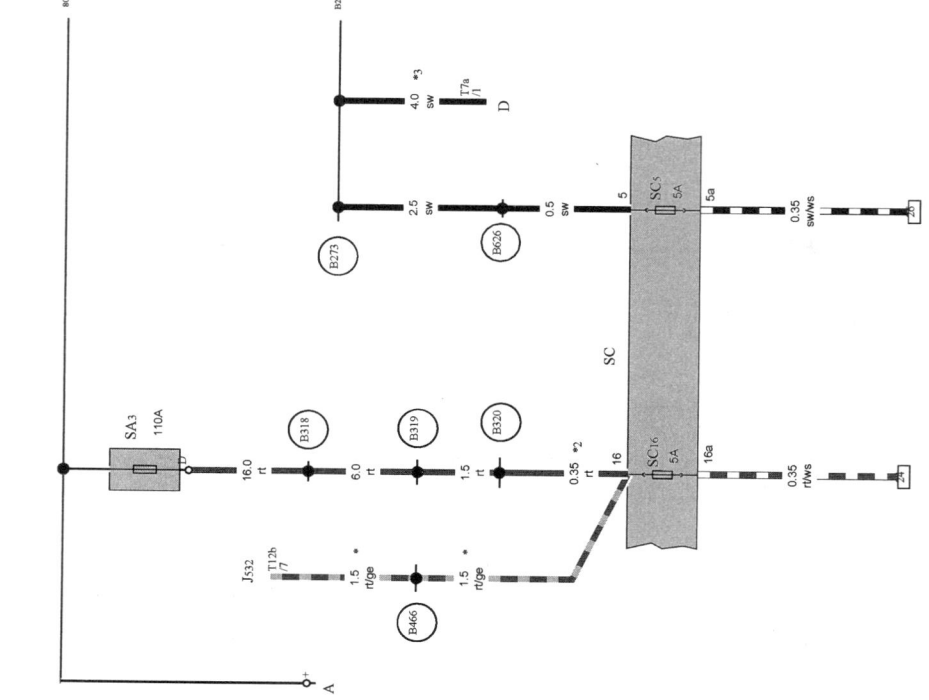

A-蓄电池 D-点火启动开关 J532-稳压器 SA3-保险丝架 A上的保险丝16 SC16-保险丝架 C上的保险丝5 SC16-保险丝架 C上的保险丝5 T7a-7芯插头连接，黑色 T12b-12芯插头连接，黑色 SC-保险线架C SC5-保险丝架 C上的保险丝5 SC16-保险丝架 C上的保险丝16 T7a-7芯插头连接，黑色 T12b-12芯插头连接，黑色 B273-正极连接（15），在主导线束中 B318-正极连接4（30a），在主导线束中 B319-正极连接5（30a），在主导线束中 B320-正极连接6（30a），在主导线束中 B466-连接2，在主导线束中 B626-正极连接2（15），在主导线束中 *-用于不带发动机自动启停系统的汽车 *2-用于不带进入及启动许可的汽车 *3-用于不带发动机自动启停系统的汽车

图 5-4-63

安全气囊卷簧和带滑环的复位环、车载电网控制单元

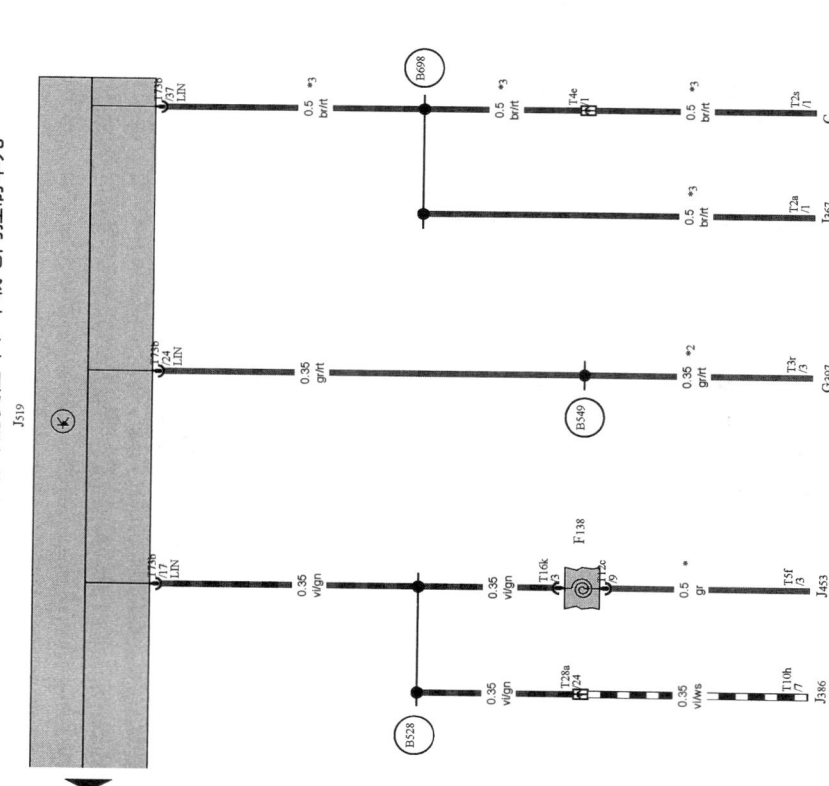

C-交流发电机 F138-安全气囊卷簧和带滑环的复位环 G397-雨水与光线识别传感器 J367-蓄电池监控控制单元 J386-驾驶员侧车门控制单元 J453-多功能方向盘控制单元 J519-车载电网控制单元 T2a-2芯插头连接，黑色 T2s-2芯插头连接，黑色 T3r-3芯插头连接，黑色 T4e-4芯插头连接，发动机舱内左前，黑色 T5f-5芯插头连接，黑色 T10h-10芯插头连接，黑色 T12c-12芯插头连接，黑色 T16k-16芯插头连接，黑色 T28a-28芯插头连接，左侧A柱上，黑色 T73b-73芯插头连接，黑色 B528-连接1（LIN总线）、在主导线束中 B549-连接2（LIN总线），在主导线束中 B698-连接3（LIN总线），在主导线束中 *-用于带多功能方向盘的汽车 *2-用于带回家照明功能的汽车 *3-用于带发动机自动启停系统的汽车

图 5-4-62

724

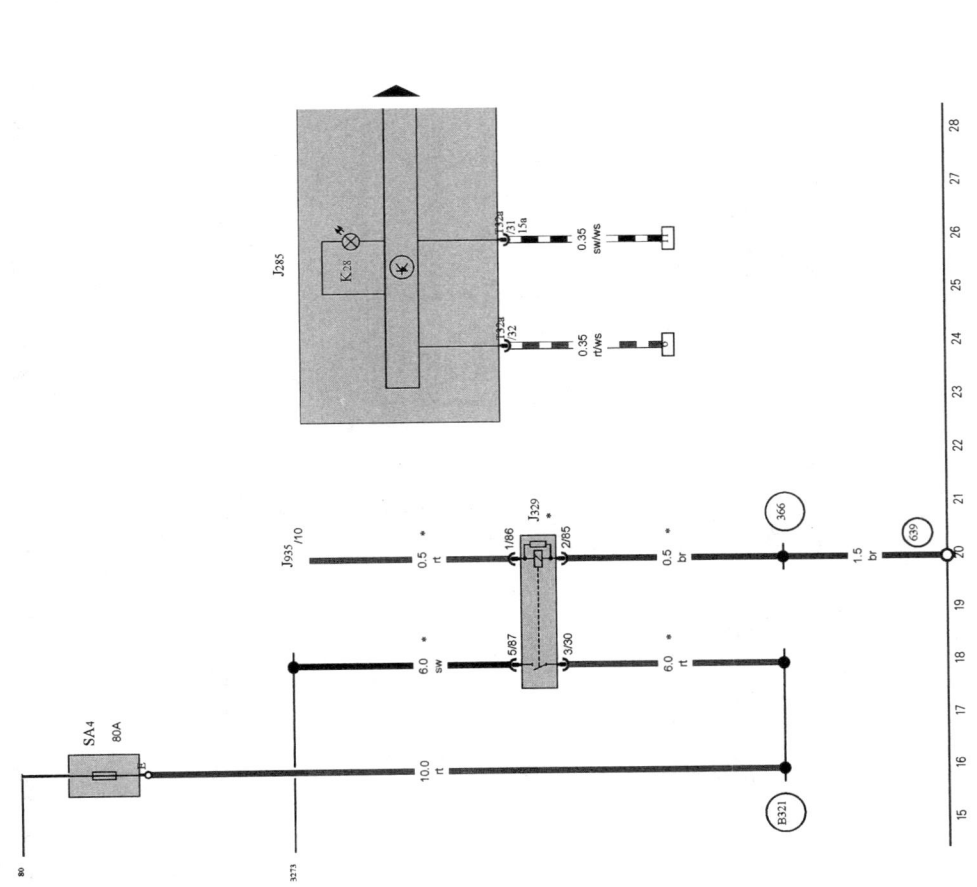

组合仪表中的控制单元、接线端 15 供电继电器、冷却液温度和冷却液不足显示指示灯

燃油表传感器、车外温度传感器、冷却液不足显示传感器、组合仪表中的控制单元、后雾灯指示灯、安全气囊指示灯、废气警告灯、电子油门故障信号灯、电子稳定程序和 ASR 指示灯、机电式助力转向器指示灯

图 5-4-65

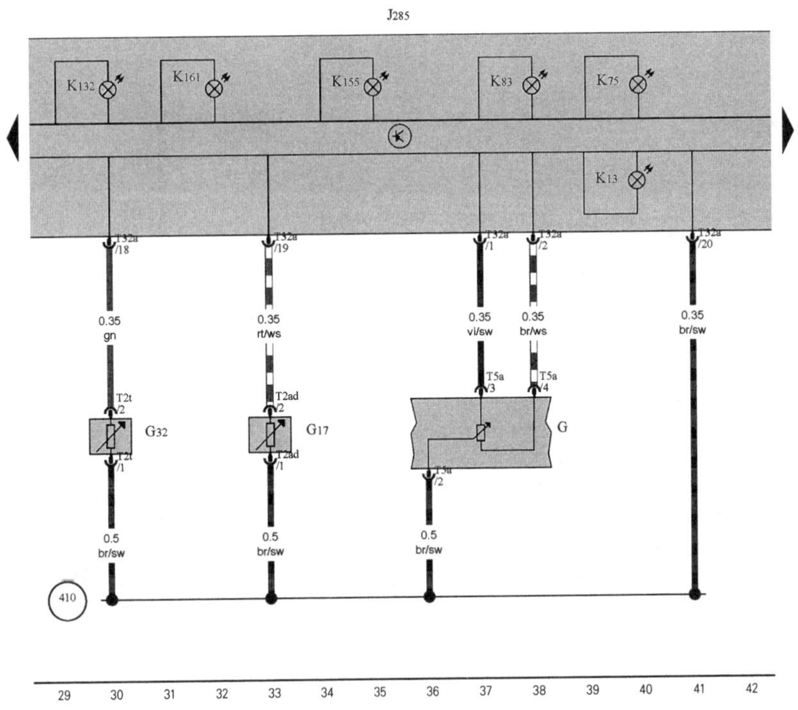

G-燃油表传感器　G17-车外温度传感器　G32-冷却液不足显示传感器　J285-组合仪表中的控制单元　K13-后雾灯指示灯　K75-安全气囊指示灯　K83-废气警告灯　K132-电子油门故障信号灯　K155-电子稳定程序和 ASR 指示灯　K161-机电式助力转向器指示灯　T2ad-2 芯插头连接　T2t-2 芯插头连接，黑色　T32a-32 芯插头连接，黑色　T5a-5 芯插头连接，蓝色　410-接地连接 1（传感器接地），在导线束中

图 5-4-64

J285-组合仪表中的控制单元　J329-接线端 15 供电继电器　J935-转换器盒　K28-冷却液温度和冷却液不足显示指示灯　SA4-保险丝架 A 上的保险丝 4　T32a-32 芯插头连接　366-接地连接 1，在主导线束中　639-左 A 柱上的接地点　B273-正极连接（15），在主导线束中　B321-正极连接 7（30a），在主导线束中　*-用于带进入及启动许可的汽车

725

制动液位警告信号触点、转速表、车速表、组合仪表中的控制单元、制动系统指示灯、后备箱盖打开指示灯、选挡杆指示灯、灯泡失灵指示灯、轮胎压力监控显示指示灯、组合仪表照明灯泡、数字时钟

防盗锁止系统识读线圈、警报蜂鸣器和警报、组合仪表中的控制单元、防盗锁止系统控制单元、远光灯指示灯、机油压力指示灯、安全带警告指示灯、定速巡航装置指示灯、左侧转向信号灯指示灯、右侧转向信号灯指示灯

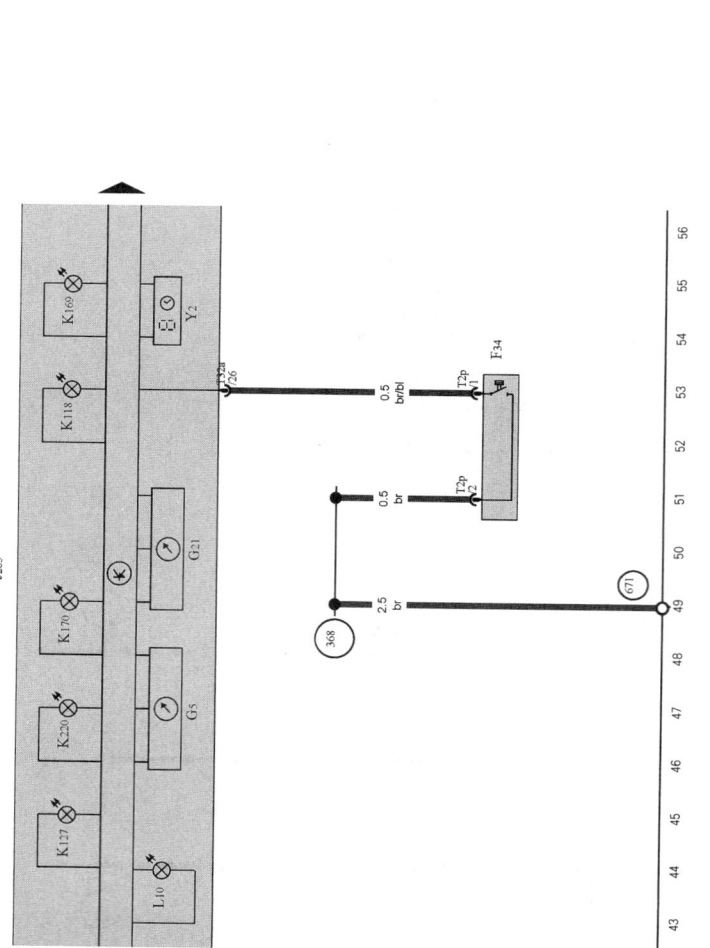

图 5-4-67

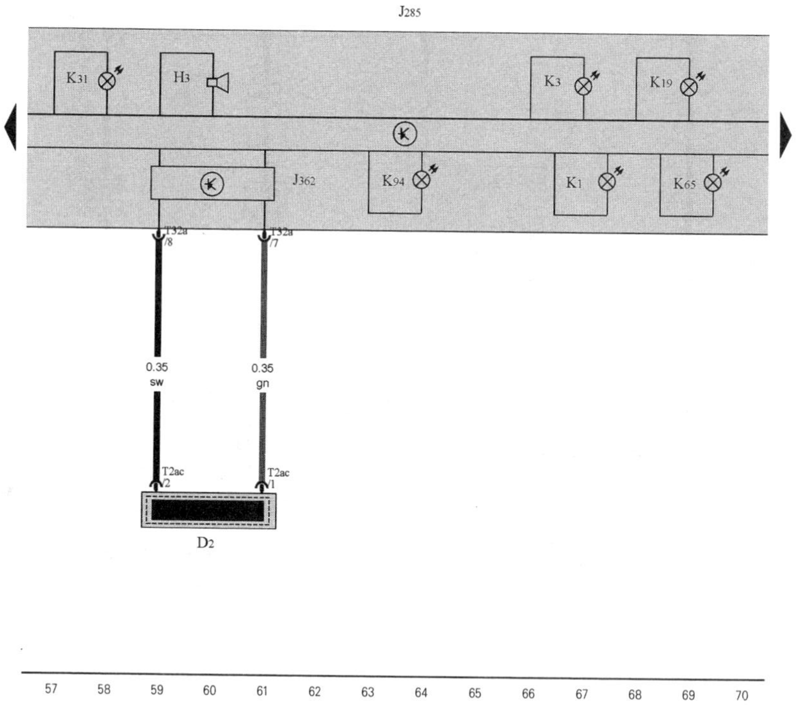

D2-防盗锁止系统识读线圈 H3-警报蜂鸣器和警报 J285-组合仪表中的控制单元 J362-防盗锁止系统控制单元 K1-远光灯指示灯 K3-机油压力指示灯 K19-安全带警告指示灯 K31-定速巡航装置指示灯 K65-左侧转向信号灯指示灯 K94-右侧转向信号灯指示灯 T2ac-2芯捅头连接,黑色 T32a-32芯捅头连接,蓝色

图 5-4-66

F34-制动液液位警告信号触点 G5-转速表 G21-车速表 J285-组合仪表中的控制单元 K118-制动系统指示灯 K127-后备箱盖打开指示灯 K169-选挡杆指示灯 K170-灯泡失灵指示灯 K220-轮胎压力监控显示指示灯 L10-组合仪表照明灯泡 T2p-2芯捅头连接,黑色 T32a-32芯捅头连接,蓝色 Y2-数字时钟 368-接地连接,在主导线束中 671-左前纵梁上的接地点1

Reset（复位）按钮、时钟调节按钮、手制动器指示灯开关、燃油表、组合仪表中的控制单元、车载电网控制单元、ABS指示灯、选挡杆位置显示

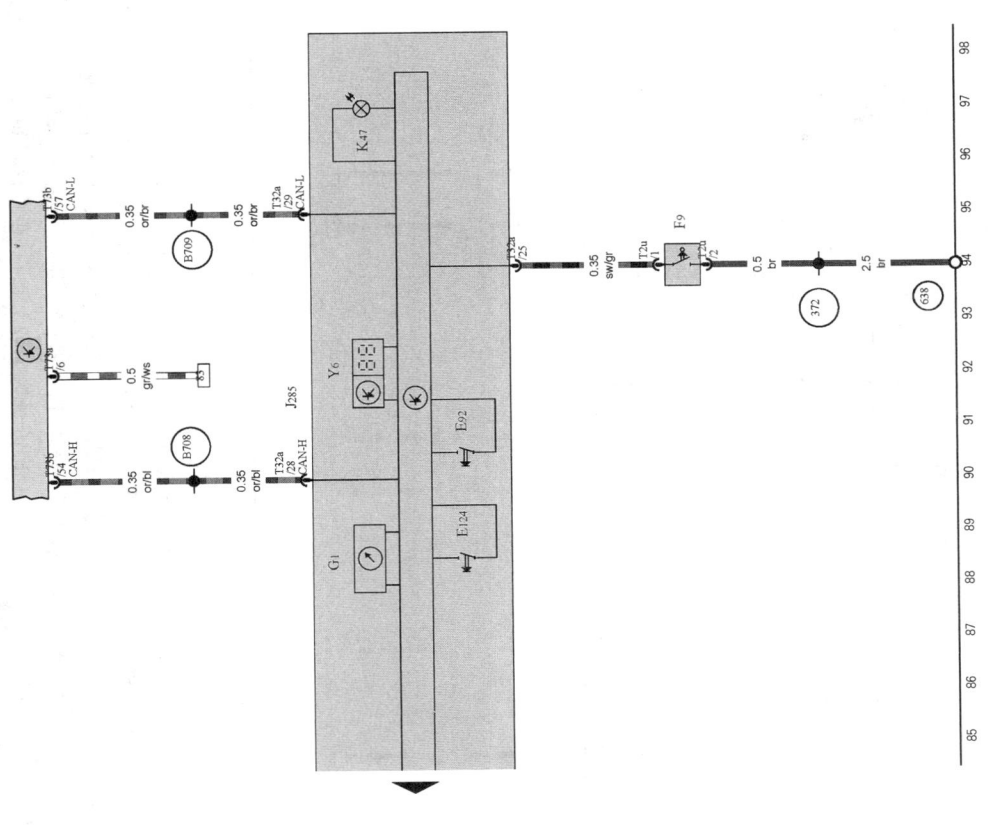

图 5-4-69

E92-Reset（复位）按钮 E124-时钟调节单元 F9-手制动器指示灯开关 G1-燃油表 J285-组合仪表中的控制单元 J519-车载电网控制单元 K47-ABS指示灯 T2u-2芯插头连接 T32a-32芯插头连接、蓝色 T32n-32芯插头连接、黑色 T73a-73芯插头连接 T73b-73芯插头连接 白色 Y6-选挡杆位置显示 372-接地连接7、在主导线束中 638-右A柱上的接地点 B708-连接1（组合仪表CAN总线、High），在主导线束中 B709-连接1（组合仪表CAN总线、Low），在主导线束中

多功能显示器调用按钮、多功能显示器、多功能显示器存储开关、多功能显示器、组合仪表中的控制单元、组合仪表中的控制单元、发电机指示灯、燃油表指示灯、车门打开指示灯、里程表

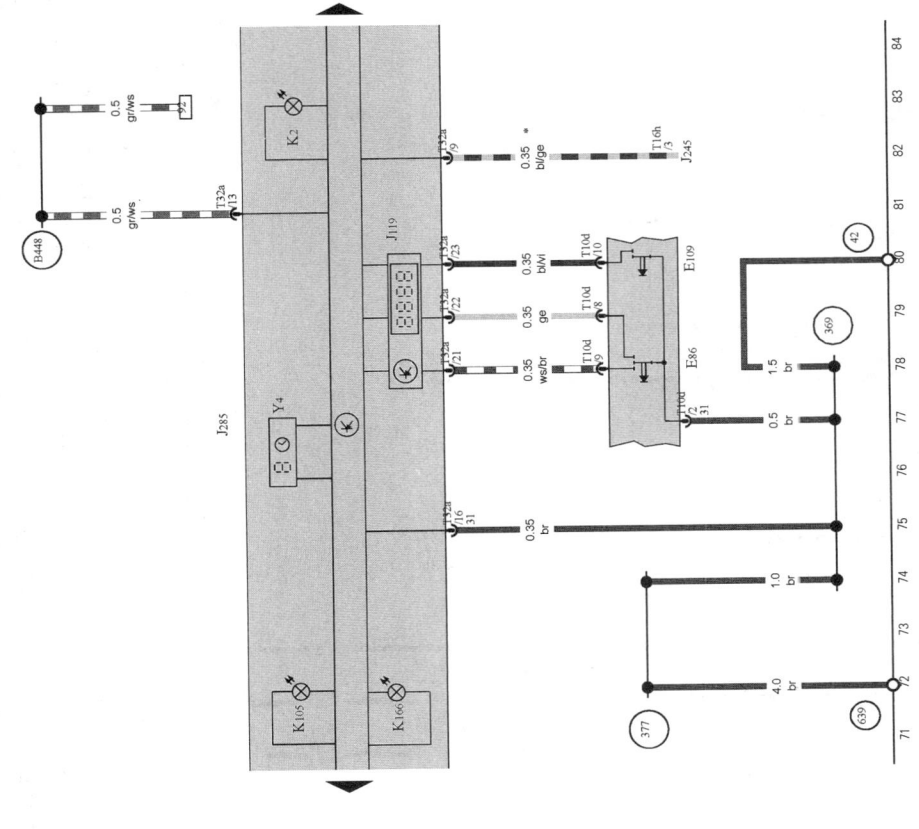

图 5-4-68

E86-多功能显示器调用按钮 E109-多功能显示器 J119-多功能显示器存储开关 J245-滑动天窗控制单元 J285-组合仪表中的控制单元 K2-发电机指示灯 K105-燃油表指示灯 K166-车门打开指示灯 T10d-10芯插头连接、黑色 T16h-16芯插头连接、黑色 T32a-32芯插头连接、蓝色 Y4-里程表 42-转向柱旁边的接地点 B448-连接 369-接地连接4、在主导线束中 377-接地连接12、在主导线束中 639-左A柱上的接地点 B448-连接（后雾灯），在主导线束中 *-用于带折叠式滑动天窗的汽车

727

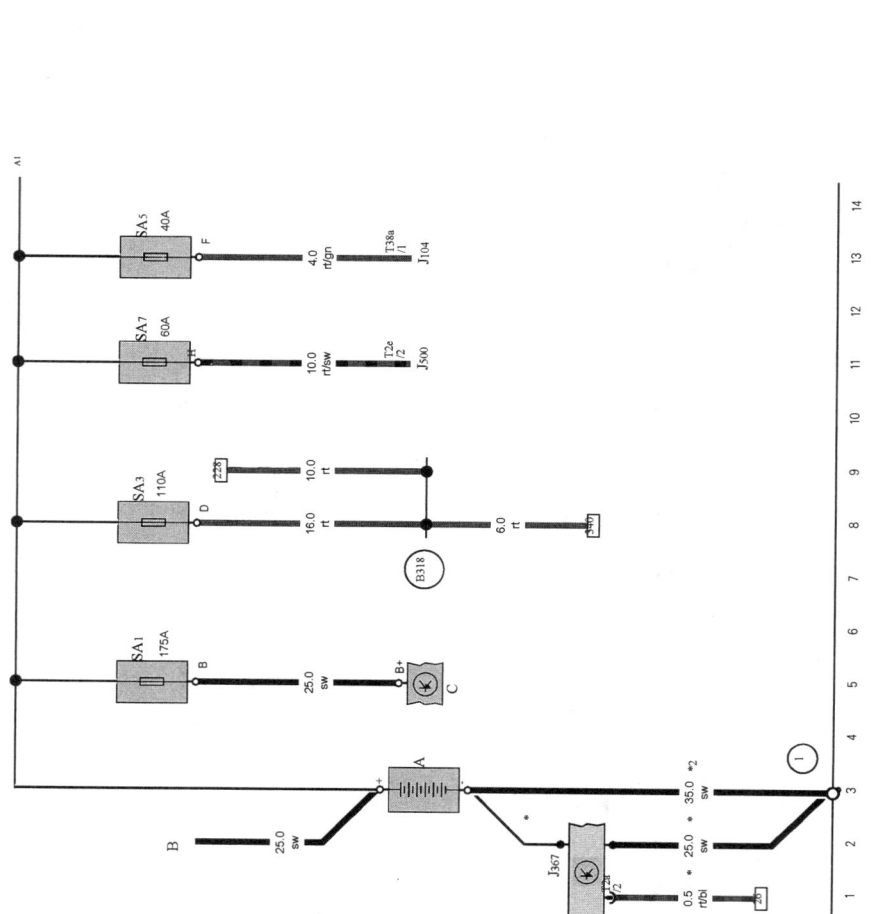

主继电器、保险丝架 B

图 5-4-71

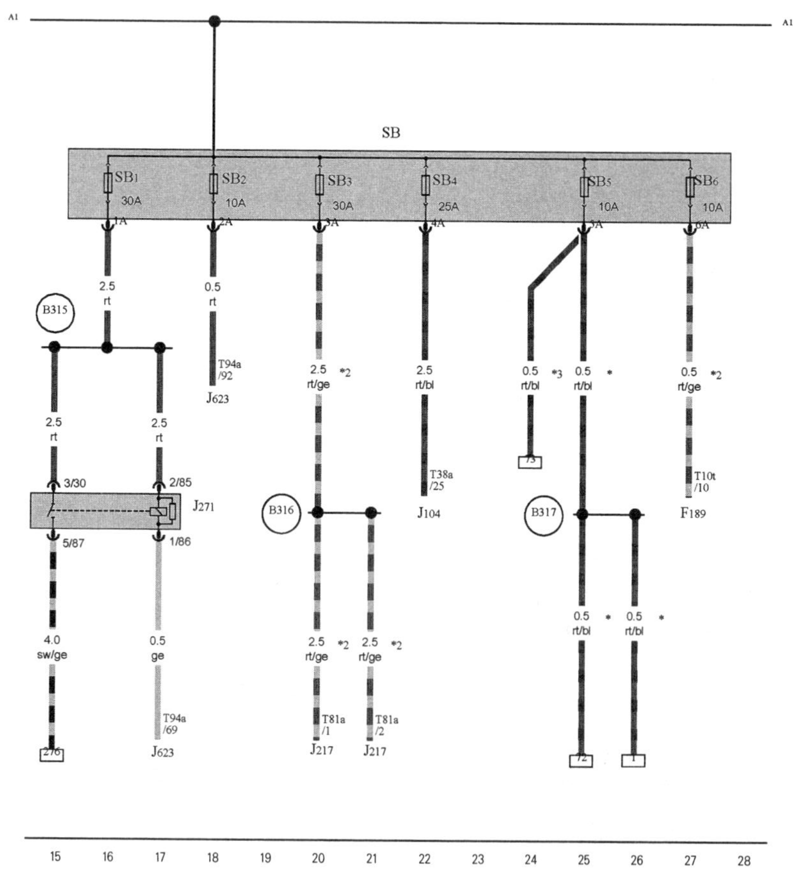

F189–Tiptronic开关 J104–ABS控制单元 J217–自动变速器控制单元 J271–主继电器 J623–发动机控制单元 SB–保险丝架B SB1–保险丝架B上的保险丝1 SB2–保险丝架B上的保险丝2 SB3–保险丝架B上的保险丝3 SB4–保险丝架B上的保险丝4 SB5–保险丝架B上的保险丝5 SB6–保险丝架B上的保险丝6 T10t–10芯插头连接，黑色 T38a–38芯插头连接，黑色 T81a–81芯插头连接，棕色 T94a–94芯插头连接，黑色 B315–正极连接1（30a），在主导线束中 B316–正极连接2（30a），在主导线束中 B317–正极连接3（30a），在主导线束中 *–用于带发动机自动启停系统的汽车 *2–用于不带自动变速器的汽车 *3–用于不带发动机自动启停系统的汽车

蓄电池、交流发电机、蓄电池监控控制单元

图 5-4-70

A–蓄电池 B–启动机 C–交流发电机 J104–ABS控制单元 J367–蓄电池监控控制单元 J500–助力转向控制单元 SA1–保险丝架A上的保险丝1 SA3–保险丝架A上的保险丝3 SA5–保险丝架A上的保险丝5 SA7–保险丝架A上的保险丝7 T2a–2芯插头连接 T38a–38芯插头连接，黑色 1–接地带，蓄电池–车身 B318–正极连接4（30a），在主导线束中 *–用于带发动机自动启停系统的汽车 *2–用于不带发动机自动启停系统的汽车

728

接线端15 供电继电器；车载电网控制单元；供电继电器1，接线端75

转换器盒

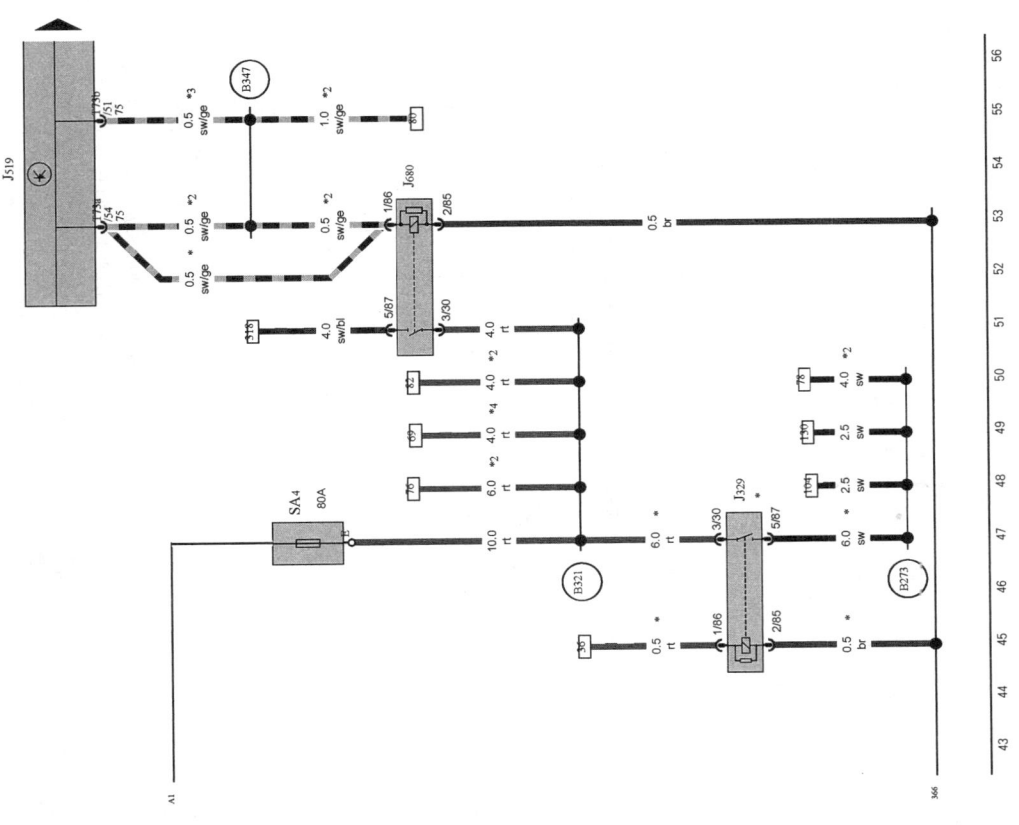

图 5-4-73

J329-接线端15供电继电器 J519-车载电网控制单元 J680-供电继电器1，接线端75 SA4-保险丝架A上的
保险丝4 T73a-73芯插头连接，黑色 T73b-73芯插头连接，白色 366-接地连接1，在主导线束中 B273-正
极连接（15），在主导线束中 B321-正极连接7（30a），在主导线束中 B347-连接2（75），在主导线束
中 *-用于带进入及启动许可的汽车 *2-用于不带进入及启动许可的汽车 *3-用于不带发动机自动启停系
统的汽车 *4-用于带发动机自动启停系统的汽车

图 5-4-72

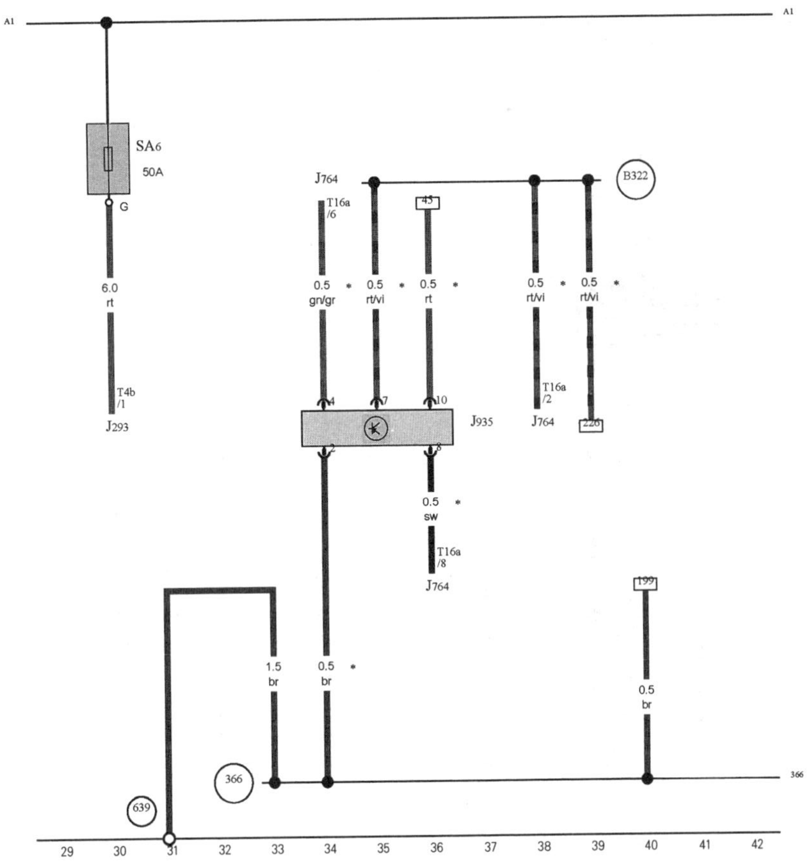

J293-散热器风扇控制单元 J764-电子转向柱锁止装置控制单元 J935-转换器盒 SA6-保险丝架A上的保险
丝6 T4b-4芯插头连接，黑色 T16a-16芯插头连接，黑色 366-接地连接1，在主导线束中 639-左侧A柱上
的接地点 B322-正极连接8（30a），在主导线束中 *-用于带进入及启动许可的汽车

729

点火启动开关、车载电网控制单元

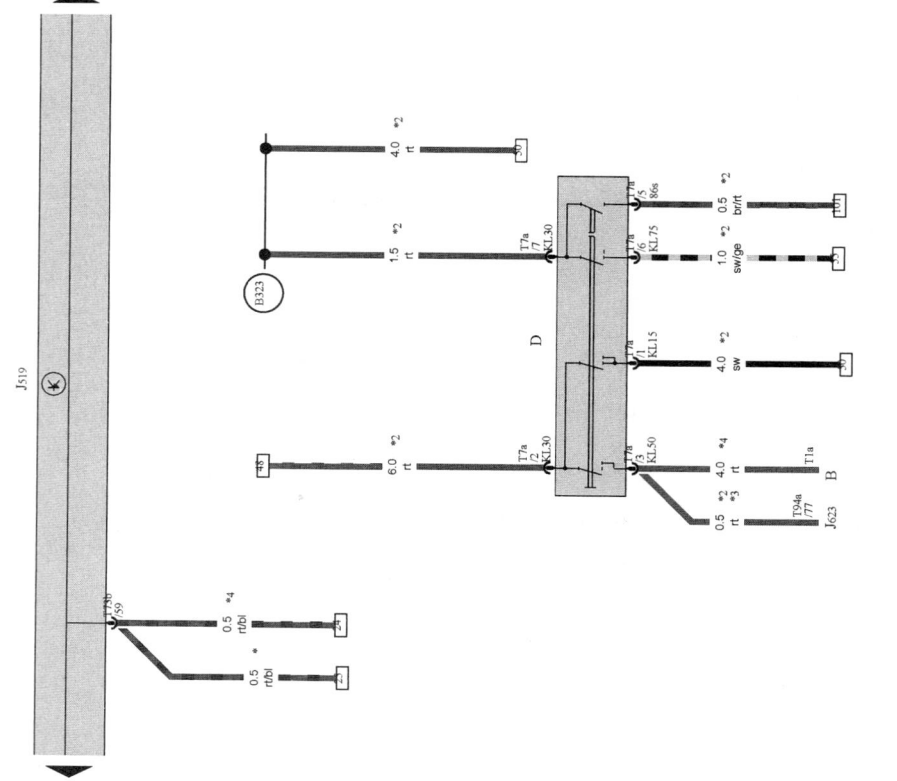

车载电网控制单元、启动机继电器 1、启动机继电器 2

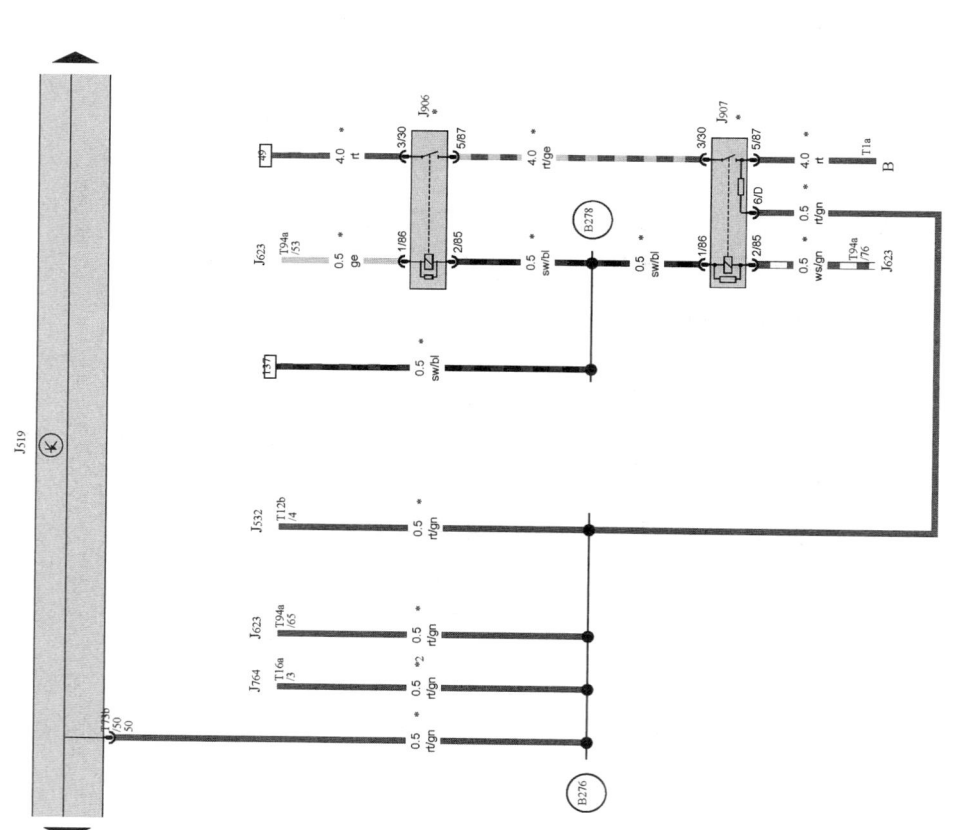

图 5-4-74

B-启动机 J519-车载电网控制单元 J532-稳压器 J623-发动机控制单元 J764-电子转向柱锁止装置控制单元 J906-启动机断电器1 J907-启动机继电器2 T1a-1芯插头连接 T12b-12芯插头连接,黑色 T16a-16芯插头连接,黑色 T73b-73芯插头连接,白色 T94a-94芯插头连接,白色 B276-正极连接,黑色 B278-正极连接 (15a),在主导线束中 *-用于带发动机自动启停系统的汽车 *2-用于带进入及启动许可的汽车

图 5-4-75

B-启动机 D-点火启动开关 J519-车载电网控制单元 J623-发动机控制单元 T1a-1芯插头连接,黑色 T7a-7芯插头连接,黑色 T73b-73芯插头连接,黑色 T94a-94芯插头连接,白色 B323-正极连接 (30a),在主导线束中 *-用于带发动机自动启停系统的汽车 *2-用于不带进入及启动许可的汽车 *3-用于带自动变速器的汽车 *4-用于不带发动机自动启停系统的汽车

730

车载电网控制单元、保险丝架 C

车载电网控制单元、保险丝架 C

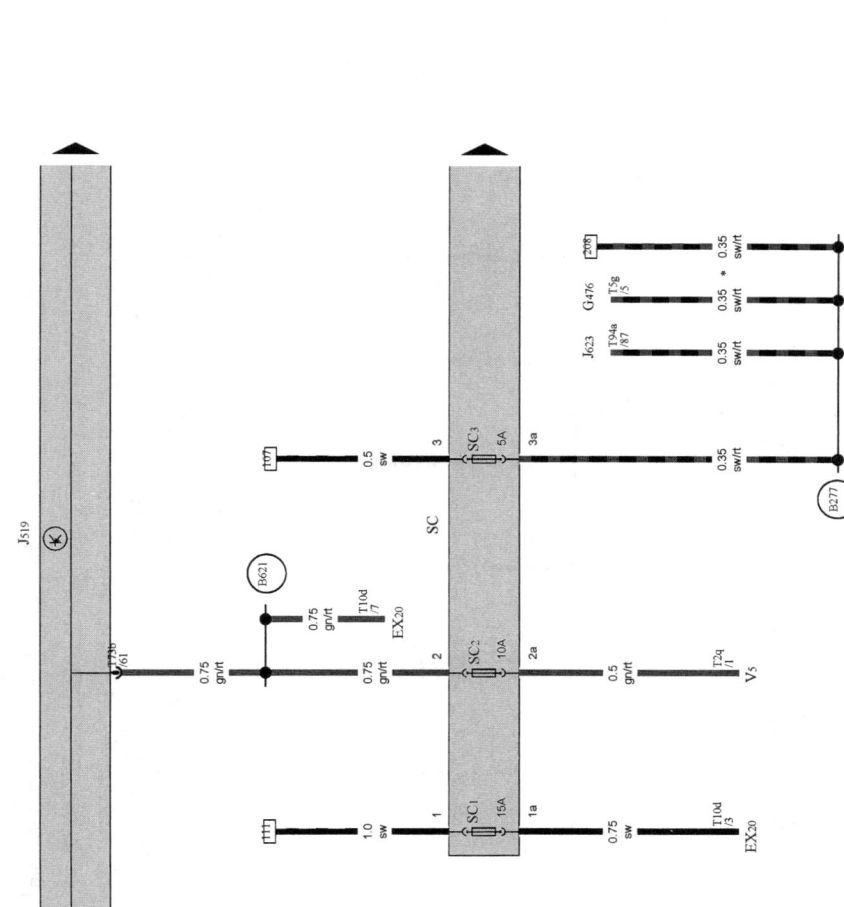

图 5-4-77

图 5-4-76

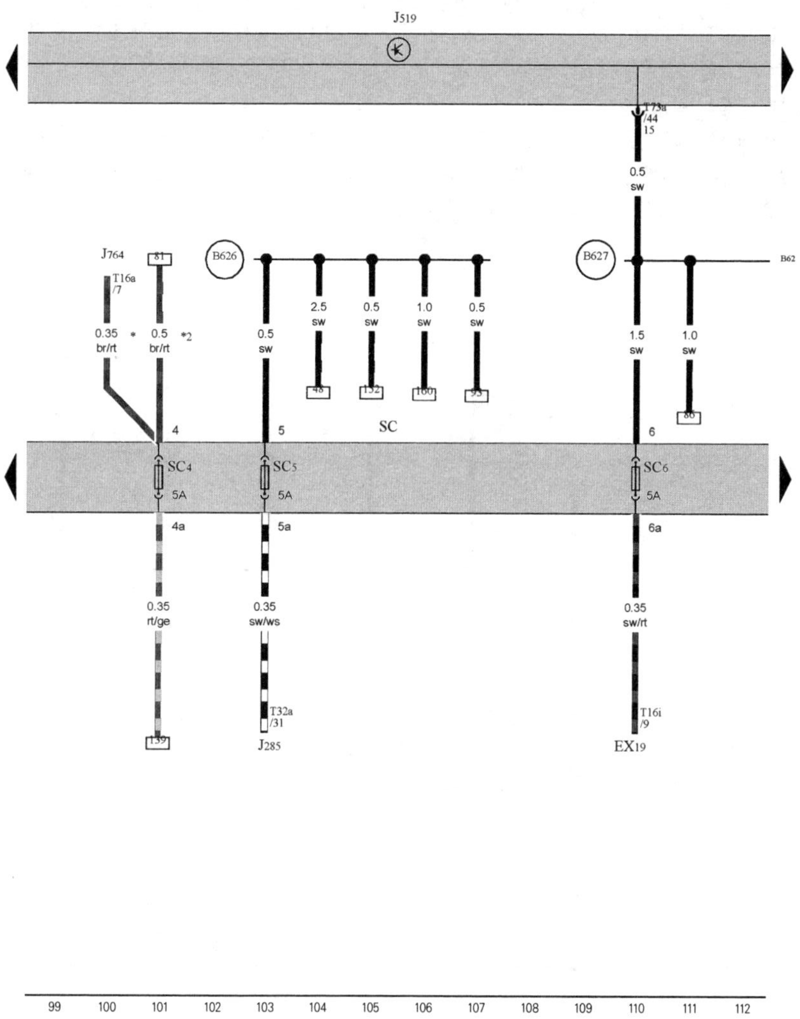

EX19-左侧转向柱开关 J285-组合仪表中的控制单元 J519-车载电网控制单元 J764-电子转向柱锁止装置控制单元 SC-保险丝架C SC4-保险丝架C上的保险丝4 SC5-保险丝架C上的保险丝5 SC6-保险丝架C上的保险丝6 T16a-16芯插头连接，黑色 T16i-16芯插头连接，黑色 T32a-32芯插头连接，蓝色 T73a-73a芯插头连接，黑色 B626-正极连接2 (15)，在主导线束中 B627-正极连接3 (15)，在主导线束中 *-用于带进入及启动许可的汽车 *2-用于不带进入及启动许可的汽车

EX20-右侧转向柱开关 G476-离合器位置传感器 J519-车载电网控制单元 J623-发动机控制单元 SC-保险丝架C SC1-保险丝架C上的保险丝1 SC2-保险丝架C上的保险丝2 SC3-保险丝架C上的保险丝3 T2q-2芯插头连接，黑色 T5g-5芯插头连接，黑色 T10d-10 芯插头连接，黑色 T73b-73芯插头连接，白色 T94a-94芯插头连接，黑色 V5-车窗玻璃清洗泵 B277-正极连接1 (15a)，在主导线束中 B621-连接1 (53c)，在主导线束中 *-用于带手动变速器的汽车

车载电网控制单元、保险丝架 C

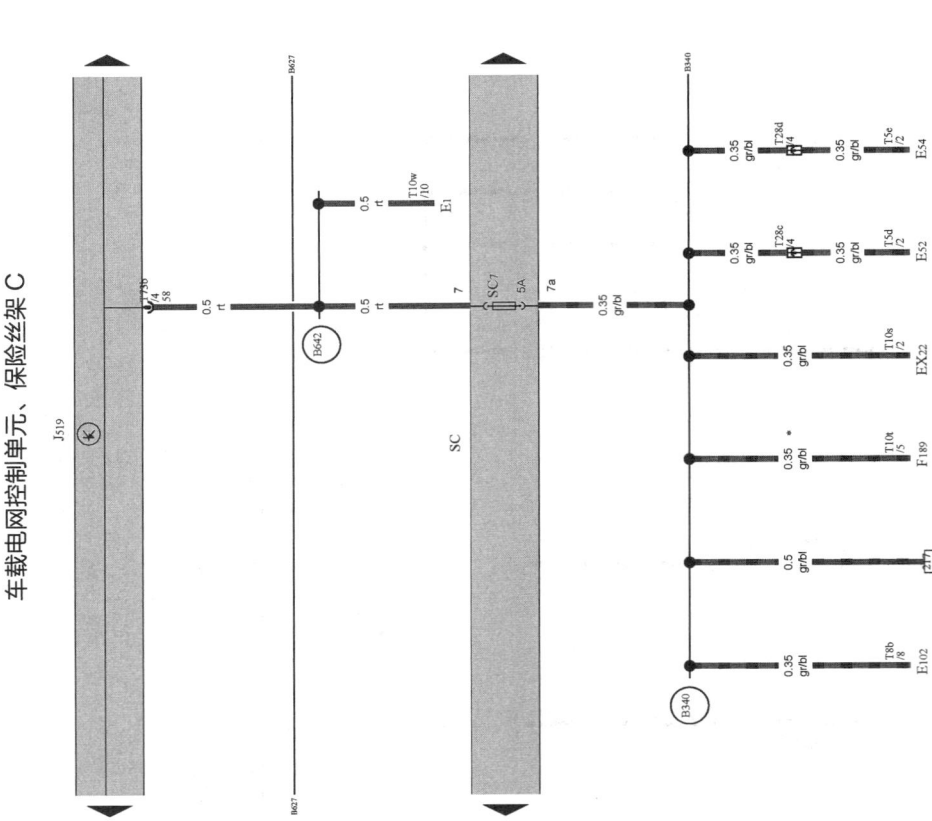

车载电网控制单元、保险丝架 C

图 5-4-78

图 5-4-79

E1-车灯开关 EX22-中部仪表板灯泡开关模块 E52-左后车门内的车窗升降器开关 E54-右后车门车窗升降器开关 J301-空调器控制单元 J500-助力转向控制单元 J519-车载电网控制单元 F189-Tiptronic开关 F189-大灯照明距离调节器 E102-大灯照明距离调节器 SC-保险丝架C SC7-保险丝架C保险丝7 T5d-5芯插头连接, 黑色 T5e-5芯插头连接, 黑色 T8b-8芯插头连接, 黑色 T10s-10芯插头连接, 黑色 T10t-10芯插头连接, 黑色 T10w-10芯插头连接, 左侧B柱上, 黑色 T28c-28芯插头连接, 黑色 T28d-28芯插头连接, 右侧B柱上, 黑色 T73b-73芯插头连接, 白色 B340-连接(58), 在主导线束中 B627-正极连接3(15), 在主导线束中 B642-正极连接(58), 在主导线束中 *-用于带自动变速器的汽车

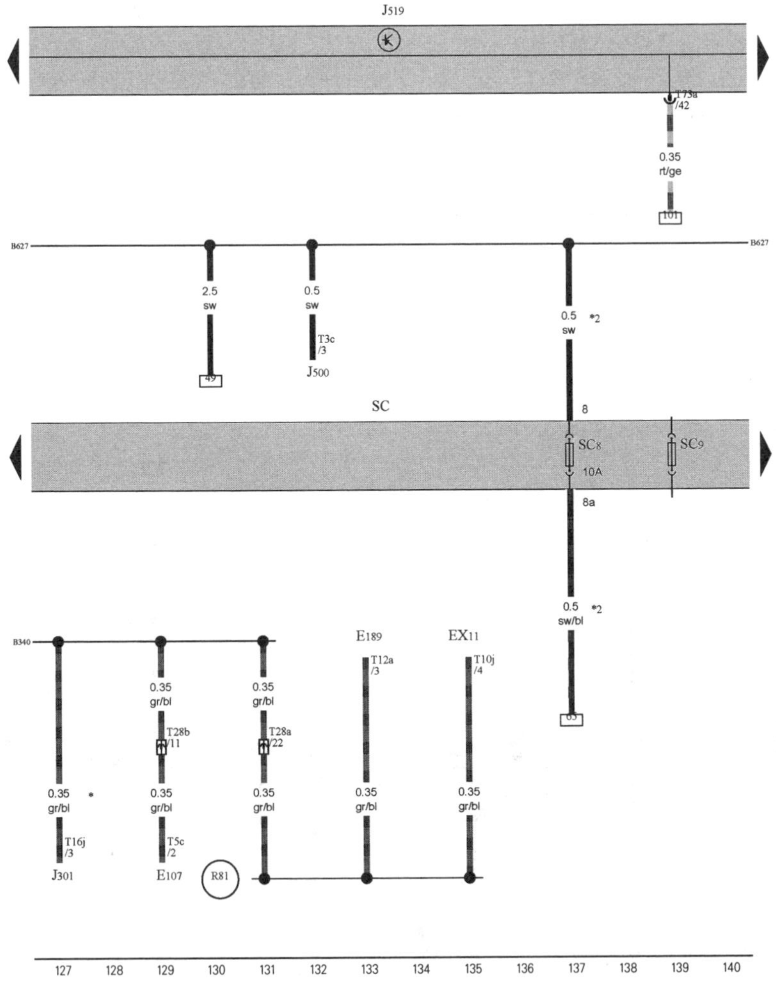

EX11-车外后视镜调节 E107-副驾驶员车门内的车窗升降器开关 E189-驾驶员车门中的车窗升降器开关 J301-空调器控制单元 J500-助力转向控制单元 J519-车载电网控制单元 SC-保险丝架C SC8-保险丝架C上的保险丝8 SC9-保险丝架C上的保险丝9 T3c-3芯插头连接, 黑色 T5c-5芯插头连接, 黑色 T10j-10芯插头连接, 黑色 T12a-12芯插头连接, 黑色 T16j-16芯插头连接, 黑色 T28a-28芯插头连接, 黑色 T28b-28芯插头连接, 左侧A柱上, 黑色 T73a-73芯插头连接, 右侧A柱上, 黑色 B340-连接, 黑色 B627-正极连接3(15), 在主导线束中 R81-连接1(58d), 在驾驶员侧车门电缆导线束中 *-用于带手动调节空调的汽车 *2-用于带发动机自动启停系统的汽车

732

安全气囊控制单元、车载电网控制单元、保险丝架 C

车载电网控制单元、保险丝架 C

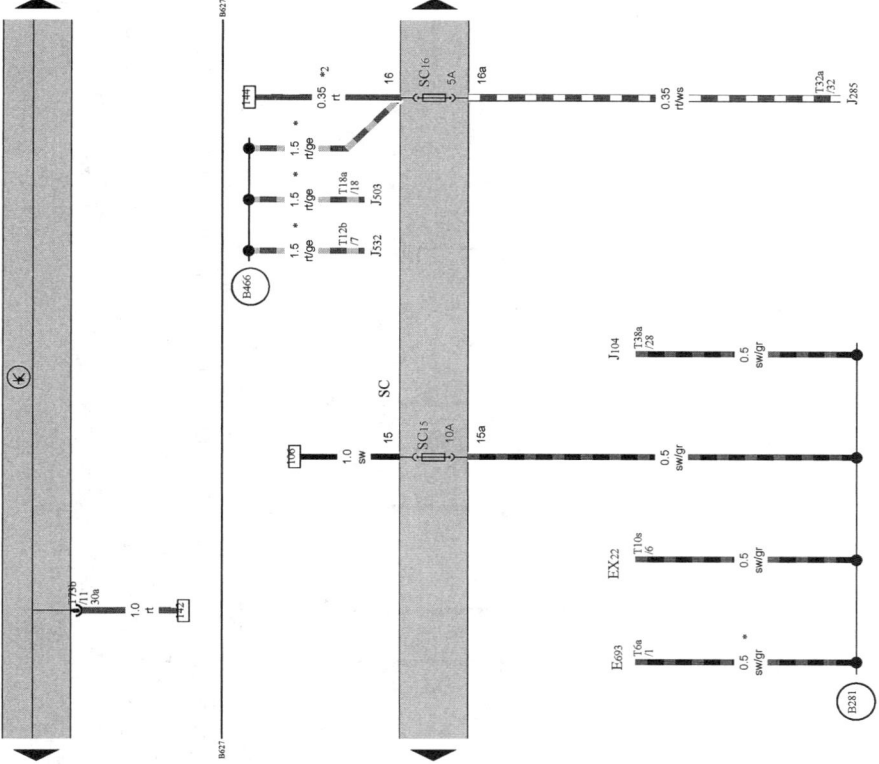

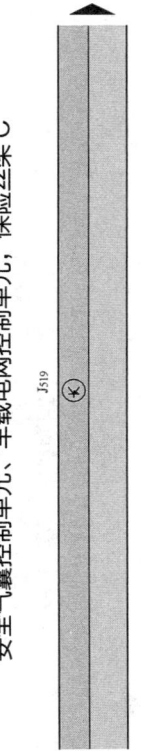
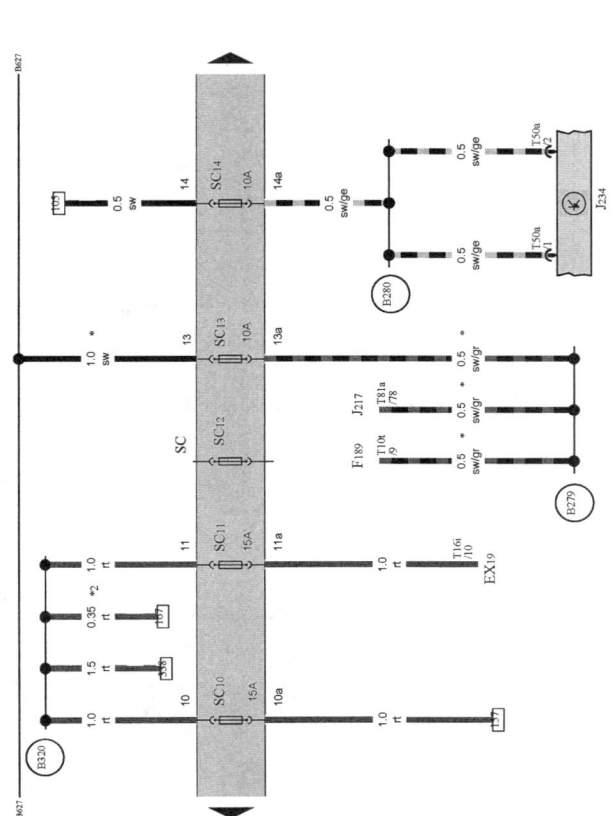

EX19-左侧转向柱开关 F189-Tiptronic开关 J217-自动变速器控制单元 J234-安全气囊控制单元 J519-车载电网控制单元 SC-保险丝架C SC10-保险丝架C上的保险丝10 SC11-保险丝架C上的保险丝11 SC12-保险丝架C上的保险丝12 SC13-保险丝架C上的保险丝13 SC14-保险丝架C上的保险丝14 T10t-10芯插头连接,黑色 T16i-16芯插头连接,黑色 T50a-50芯插头连接,黄色 T81a-81芯插头连接,黑色 B279-正极连接3(15a),在主导线束中 B280-正极连接4(15a),在主导线束中 B320-正极连接6(30a),在主导线束中 B627-正极连接3(15),在主导线束中 *-用于带自动变速器的汽车 *2-用于不带发动机自动启停系统的汽车

图 5-4-80

EX22-中部仪表板开关模块 E693-启动/停止模式控钮 J104-ABS控制单元 J285-组合仪表中的控制单元 J503-收音机及导航系统带显示单元的控制单元 J519-车载电网控制单元 J532-稳压器 SC-保险丝架C SC15-保险丝架C上的保险丝15 SC16-保险丝架C上的保险丝16 T6a-6芯插头连接,黑色 T10s-10芯插头连接,黑色 T12b-12芯插头连接,黑色 T18a-18芯插头连接,蓝色 T32a-32芯插头连接,蓝色 T38a-38芯插头连接,黑色 T73b-73芯插头连接,棕色 B281-正极连接5(15a),在主导线束中 B466-连接2,在主导线束中 B627-正极连接3(15),在主导线束中 *-用于带发动机自动启停系统的汽车 *2-用于不带发动机自动启停系统的汽车

图 5-4-81

733

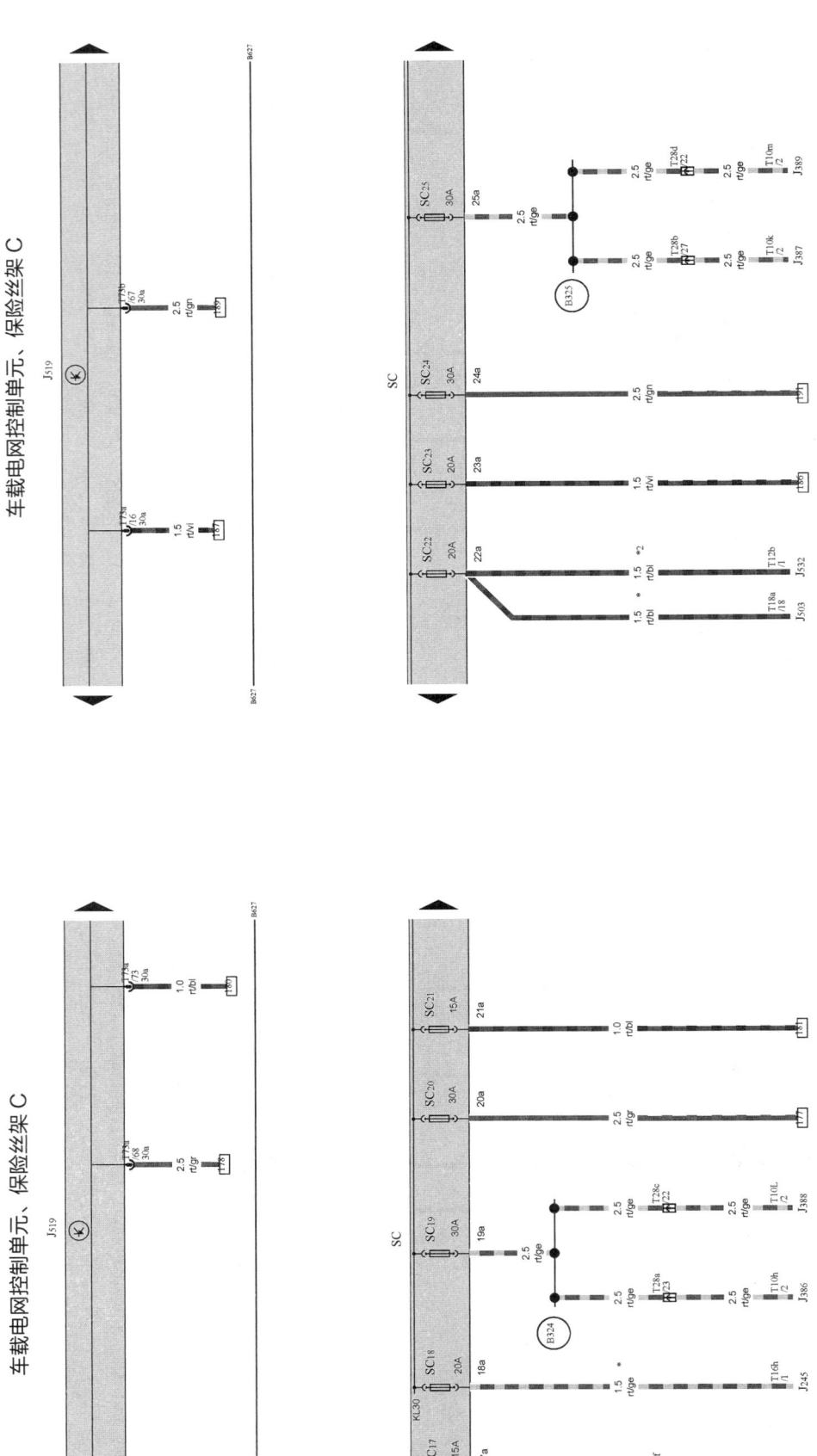

车载电网控制单元、保险丝架 C

车载电网控制单元、保险丝架 C

图 5-4-82

图 5-4-83

J245-滑动天窗控制单元　J386-驾驶员侧车门控制单元　J388-左后车门控制单元　J519-车载电网控制单元　SC-保险丝架C　SC17-保险丝架C上的保险丝17　SC18-保险丝架C上的保险丝18　SC19-保险丝架C上的保险丝19　SC20-保险丝架C上的保险丝20　SC21-保险丝架C上的保险丝21　T4j-4芯插头连接，黑色　T10f-10芯插头连接，右侧C柱附近，蓝色　T10h-10芯插头连接，黑色　T10L-10芯插头连接，黑色　T16h-16芯插头连接，黑色　T28a-28芯插头连接，右侧A柱上，黑色　T28c-28芯插头连接，左侧B柱上，黑色　T73a-73芯插头连接，在主导线束中　B324-正极连接10（30a），黑色　V12-后窗玻璃刮水器电机　B627-正极连接3（15），在主导线束中　*-用于带折叠式滑动天窗的汽车

J387-副驾驶员侧车门控制单元　J389-右后车门控制单元　J503-收音机及导航系统带显示单元的控制单元　J519-车载电网控制单元　J532-稳压器　SC-保险丝架C　SC22-保险丝架C上的保险丝22　SC23-保险丝架C上的保险丝23　SC24-保险丝架C上的保险丝24　SC25-保险丝架C上的保险丝25　T10k-10芯插头连接，棕色　T10m-10芯插头连接，黑色　T12b-12芯插头连接，黑色　T18a-18芯插头连接　T28d-28芯插头连接，右侧A柱上，黑色　T28d-28芯插头连接，黑色　T73a-73芯插头连接，黑色　T73b-73芯插头连接，白色　B325-正极连接11（30a），在主导线束中　B627-正极连接3（15），在主导线束中　*-用于不带发动机自动启停系统的汽车　*2-用于带发动机自动启停系统的汽车

734

安全气囊卷簧和带滑环的复位环、车载电网控制单元、保险丝架 C

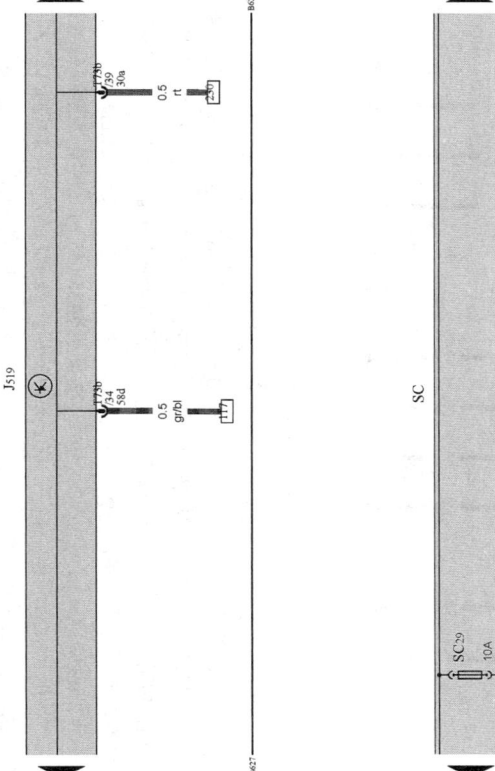

燃油泵继电器、空调器继电器、车载电网控制单元、保险丝架 C

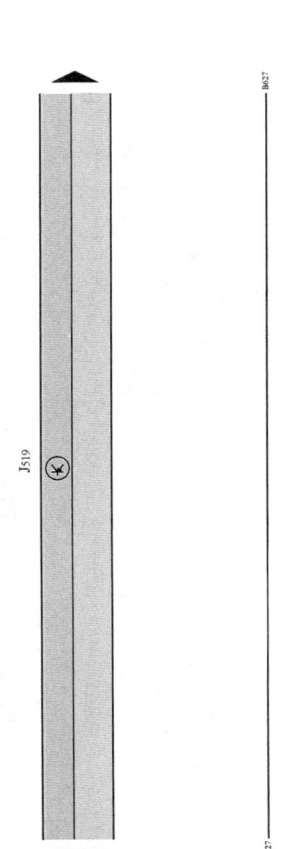

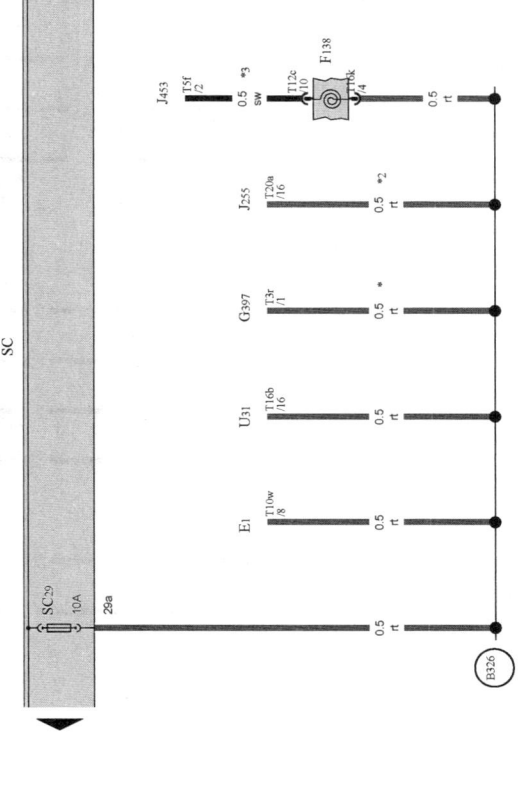

图 5-4-85

E1-车灯开关 F138-安全气囊卷簧和带滑环的复位环 G397-雨水与光线识别传感器 J255-全自动空调控制单元 J453-多功能方向盘控制单元 J519-车载电网控制单元 SC-保险丝架 SC29-保险丝架C上的保险丝29 T3r-3芯插头连接、黑色 T5f-5芯插头连接、黑色 T10w-10芯插头连接、黑色 T12c-12芯插头连接、黑色 T16b-16芯插头连接、黑色 T16k-16芯插头连接、黑色 T20a-20芯插头连接、黑色 T73b-73c芯插头连接、黑色 B326-正极接口 B627-正极连接3（15），在主导线连接 U31-诊断接口 *-用于带回家照明功能的汽车 *2-用于带全自动空调的汽车 *3-用于带多功能方向盘的汽车

图 5-4-84

G6-预供给燃油泵 J17-燃油泵继电器 J32-空调器继电器 J104-ABS控制单元 J519-车载电网控制单元 J623-发动机控制单元 N25-空调器电磁离合器 SC-保险丝架 SC26-保险丝架C上的保险丝26 SC27-保险丝架C上的保险丝27 SC28-保险丝架C上的保险丝28 T2av-2芯插头连接 T4e-4芯插头连接、黑色 T5a-5芯插头连接、黑色 T38a-38芯插头连接、黑色 T94a-94芯插头连接、黑色、棕色 B627-正极连接3（15），在主导线束中

车载电网控制单元、保险丝架 C

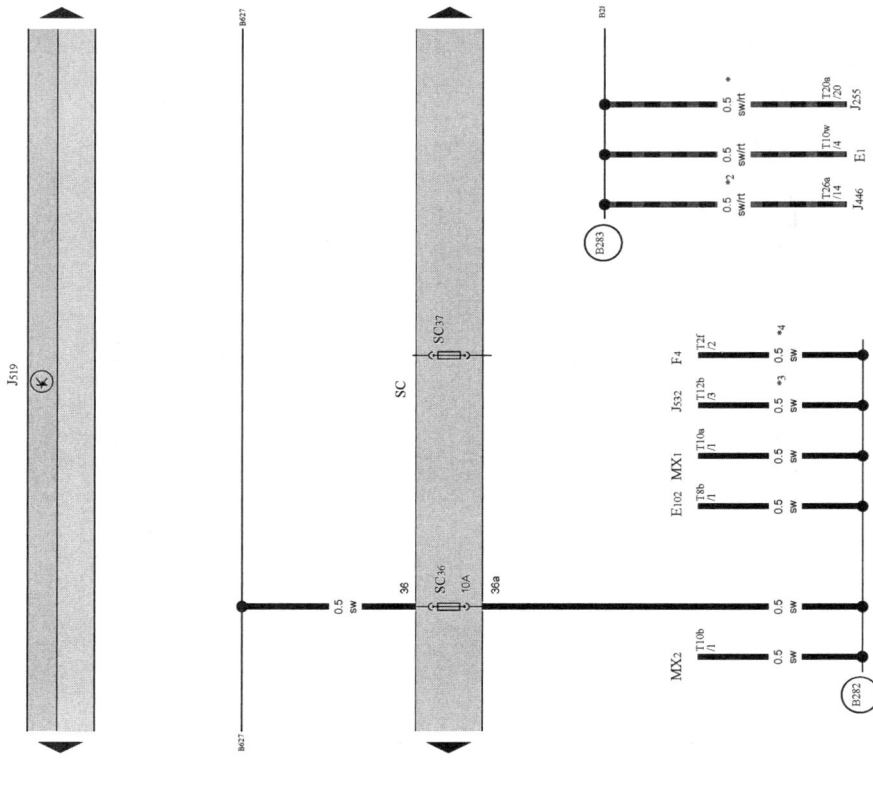

车载电网控制单元、保险丝架 C

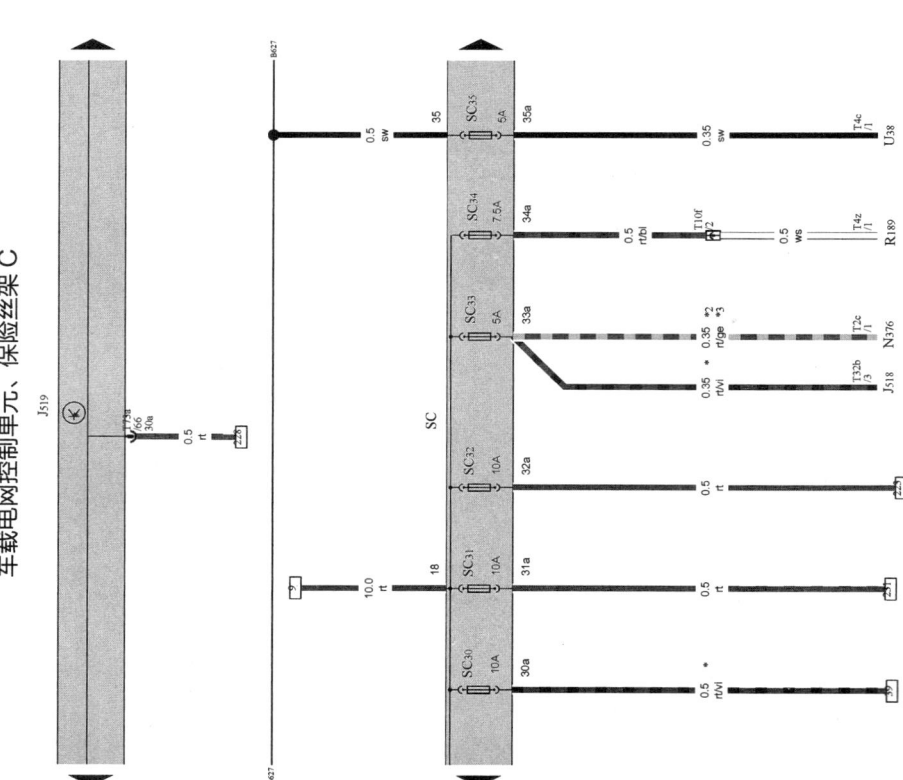

图 5-4-86

图 5-4-87

J518-进入及启动许可控制单元 J519-车载电网控制单元 N376-点火钥匙防拔出锁磁铁 R189-倒车摄像头 SC-保险丝架C SC30-保险丝架C上的保险丝30 SC31-保险丝架C上的保险丝31 SC32-保险丝架C上的保险丝32 SC33-保险丝架C上的保险丝33 SC34-保险丝架C上的保险丝34 SC35-保险丝架C上的保险丝35 T2c-2芯插头连接、黑色 T4c-4芯插头连接、黑色 T4z-4芯插头连接、红色 T10f-10芯插头连接、黑色 T10f-10芯插头连接、黑色 U38-USB充电插座2 B627-正极连接3（15），在主导线束中 *-用于带进入及启动许可的汽车 *2-用于不带进入及启动许可的汽车 *3-用于带自动变速器的汽车

E1-车灯开关 E102-大灯照明距离调节器 F4-倒车灯开关 J255-全自动空调控制单元 J446-泊车雷达系统控制单元 J519-车载电网控制单元 J532-稳压器 MX1-左前大灯 MX2-右前大灯 SC-保险丝架C SC36-保险丝架C上的保险丝36 SC37-保险丝架C上的保险丝37 T2f-2芯插头连接、黑色 T8b-8芯插头连接、黑色 T10a-10芯插头连接、黑色 T10b-10芯插头连接、黑色 T10w-10芯插头连接、黑色 T12b-12芯插头连接、黑色 T20a-20芯插头连接、黑色 T26a-26芯插头连接、黑色 B282-正极连接6（15a），在主导线中 *-用于带发动机自动启停系统的汽车 *2-用于泊车雷达系统（后）的汽车 *3-用于带自动变速器的汽车 *4-用于带手动变速器的汽车

736

车载电网控制单元、保险丝架 C

J519

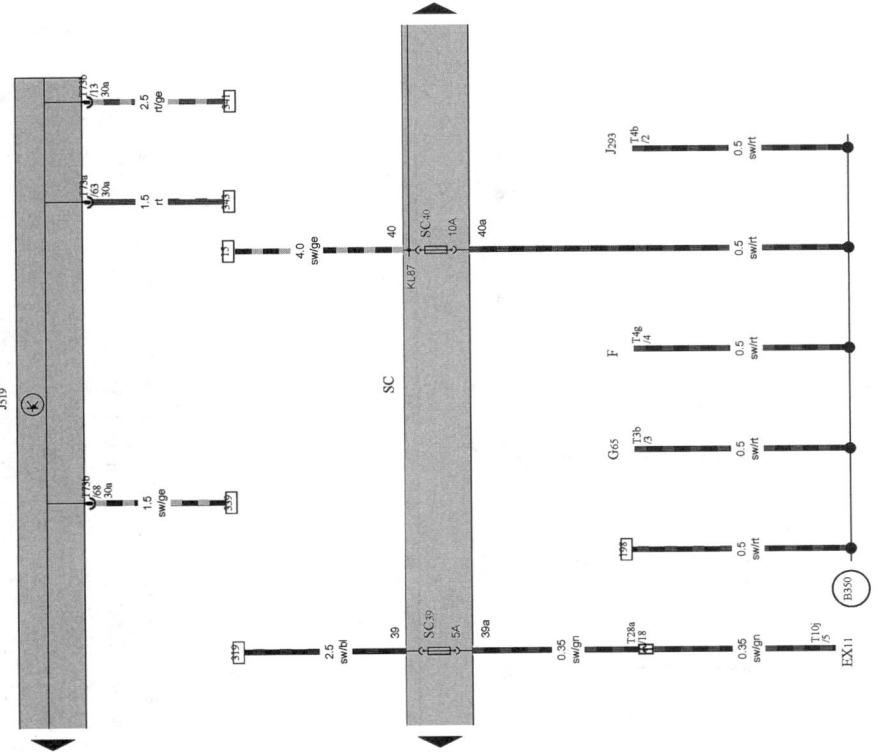

267 268 269 270 271 272 273 274 2/b 2/b 277 278 279 280

EX11-车外后视镜调节　F-制动信号灯开关　G65-高压传感器　J293-散热器风扇控制单元　J519-车载电网控制单元　SC-保险丝架C　SC39-保险丝架C上的保险丝39　SC40-保险丝架C上的保险丝40　T3b-3芯插头控制单元，黑色，T4b-4芯插头连接，黑色，T4g-4芯插头连接，黑色，T10j-10芯插头连接，黑色，T28a-28芯插头连接，黑色，B350-正极连接1连接，黑色，T73a-73芯插头连接，黑色，T73b-73芯插头连接，白色A柱上，左侧A柱上，黑色，T73b-73芯插头连接，左侧A柱上，在主导线束中插头连接（87a），在主导线束中

图 5-4-89

车载电网控制单元、保险丝架 C

J519

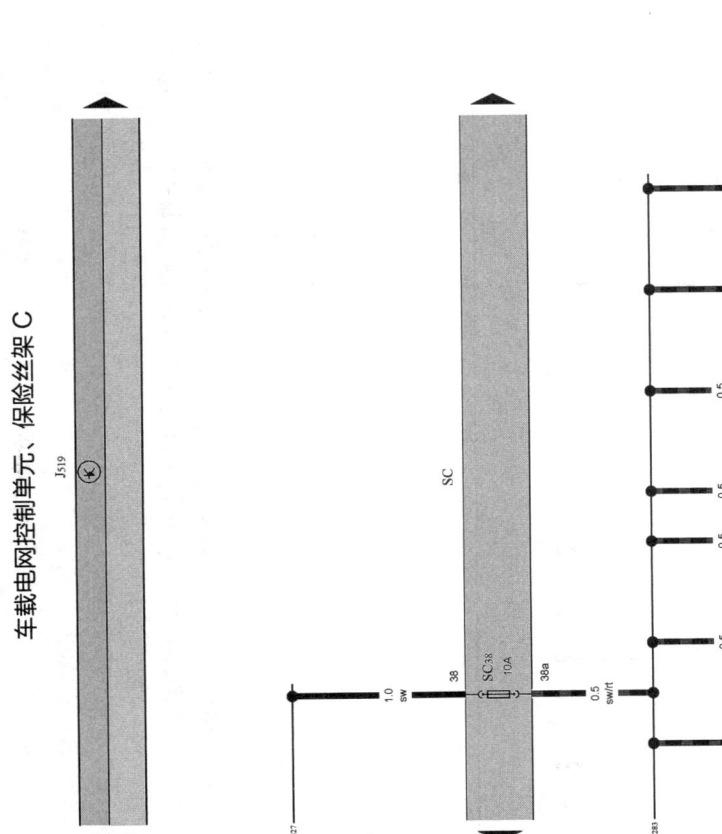

253 254 255 256 257 258 259 260 261 262 263 264 265 266

EX19-左侧转向柱开关　E107-副驾驶员车门中的车窗升降器开关　E189-驾驶员车门中的车窗升降器中夹开关　J301-空调器控制单元　J388-左后车门控制单元　J389-右后车门控制单元　J519-车载电网控制单元　SC-保险丝架C　SC38-保险丝架C上的保险丝38　T5c-5芯插头连接，黑色　T10L-10芯插头连接，黑色，T10m-10芯插头连接，黑色　T12a-12芯插头连接，黑色　T16b-16芯插头连接，黑色　T16i-16芯插头连接，黑色，T16j-16芯插头连接，黑色　T28a-28芯插头连接，左侧A柱上，黑色　T28b-28芯插头连接，右侧A柱上，黑色　U31-诊断接口　B283-正极连接7（15a），在主导线束中　B627-正极连接3（15），在主导线束中　*-用于带定速巡航装置的汽车　*2-用于带手动调节空调的汽车

图 5-4-88

737

保险丝架 C

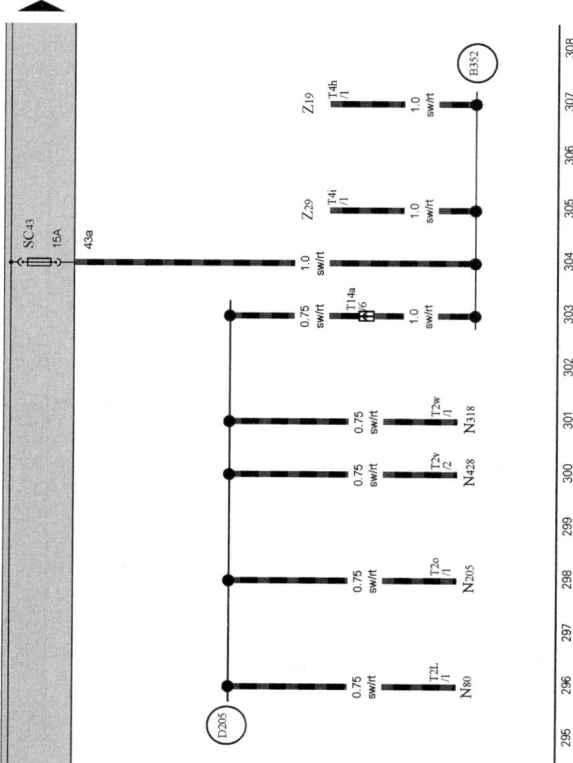

保险丝架 C

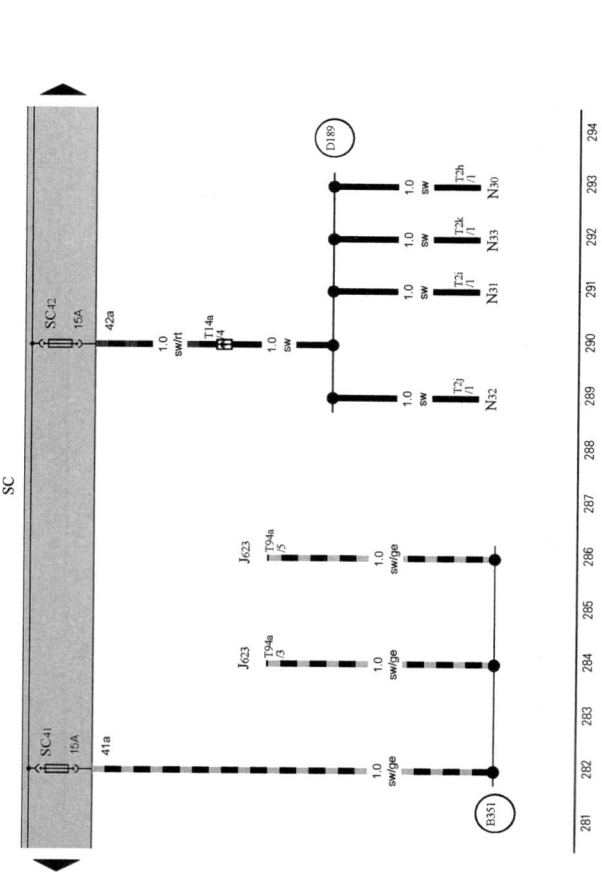

J623-发动机控制单元 N30-气缸1喷油器 N31-气缸2喷油器 N32-气缸3喷油器 N33-气缸4喷油器 SC-保险丝架C SC41-保险丝架C上的保险丝41 SC42-保险丝架C上的保险丝42 T2h-2芯插头连接，黑色 T2i-2芯插头连接，黑色 T2j-2芯插头连接，黑色 T2k-2芯插头连接，黑色 T14a-14芯插头连接，黑色 T94a-94芯插头连接，灰色 B351-正极连接2 (87a)，发动机舱内左前，在主导线束中 D189-连接2 (87a)。在发动机预接线导线束中

图 5-4-90

N80-活性炭罐电磁阀1 N205-凸轮轴调节阀1 N318-排气凸轮轴调节阀1 N428-机油压力调节阀 SC-保险丝架C SC43-保险丝架C上的保险丝43 T2L-2芯插头连接，黑色 T2o-2芯插头连接，黑色 T2v-2芯插头连接，黑色 T2w-2芯插头连接，黑色 T4h-4芯插头连接，棕色 T4i-4芯插头连接，黑色 T14a-14芯插头连接，黑色 Z19-氧传感器加热装置 Z29-尾气催化净化器后的氧传感器1加热装置 B352-正极连接3 (87a)，在主导线束中 D205-连接3 (87a)，在发动机预接线导线束中

图 5-4-91

738

保险丝架 C

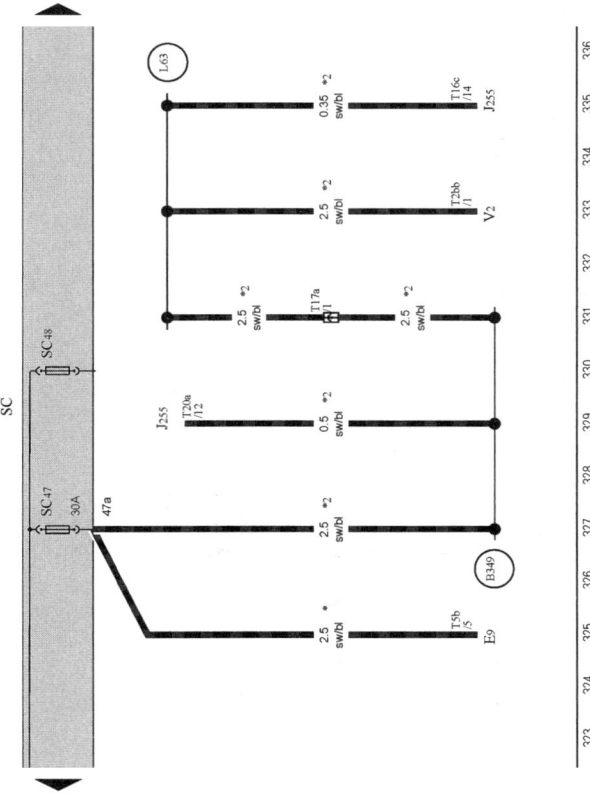

图 5-4-93

E9−新鲜空气鼓风机开关 J255−全自动空调控制单元 SC−保险丝架C SC47−保险丝架C上的保险丝47
SC48−保险丝架C上的保险丝48 T2bb−2芯插头连接，黑色 T5b−5芯插头连接，黑色 T16c−16芯插头
连接，棕色 T17a−17芯插头连接，右侧仪表板内，白色 T20a−20芯插头连接，黑色 V2−新鲜空气鼓风机
B349−连接2（75a）， 在主导线束中 L63−正极连接（Xa）， 在全自动空调操纵装置导线束中 ＊−用于带手
动调节空调的汽车 ＊2−用于带全自动空调的汽车

保险丝架 C

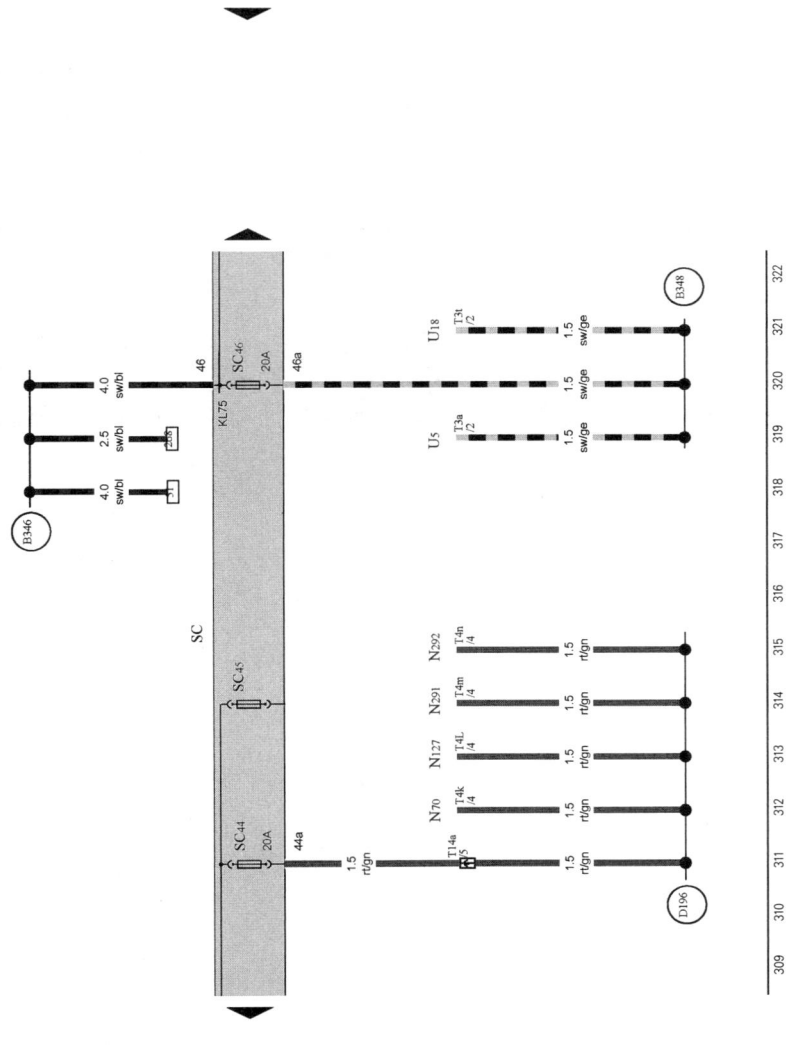

图 5-4-92

N70−带功率输出级的点火线圈1 N127−带功率输出级的点火线圈2 N291−带功率输出级的点火线圈3
N292−带功率输出级的点火线圈4 SC−保险丝架C SC44−保险丝架C上的保险丝44 SC45−保险丝架C上的
保险丝45 SC46−保险丝架C上的保险丝46 T3a−3芯插头连接，白色 T3t−3芯插头连接，白色 T4k−4芯插
头连接，黑色 T4L−4芯插头连接，黑色 T4m−4芯插头连接，黑色 T4n−4芯插头连接，黑色 T14a−4芯插
头连接，灰色 U5−12V插座 U18−12V插座 B346−连接1（75），在主导线束中 B348−
连接1（75a），在主导线束中 D196−连接2（87a），在发动机顶预接线导线束中

739

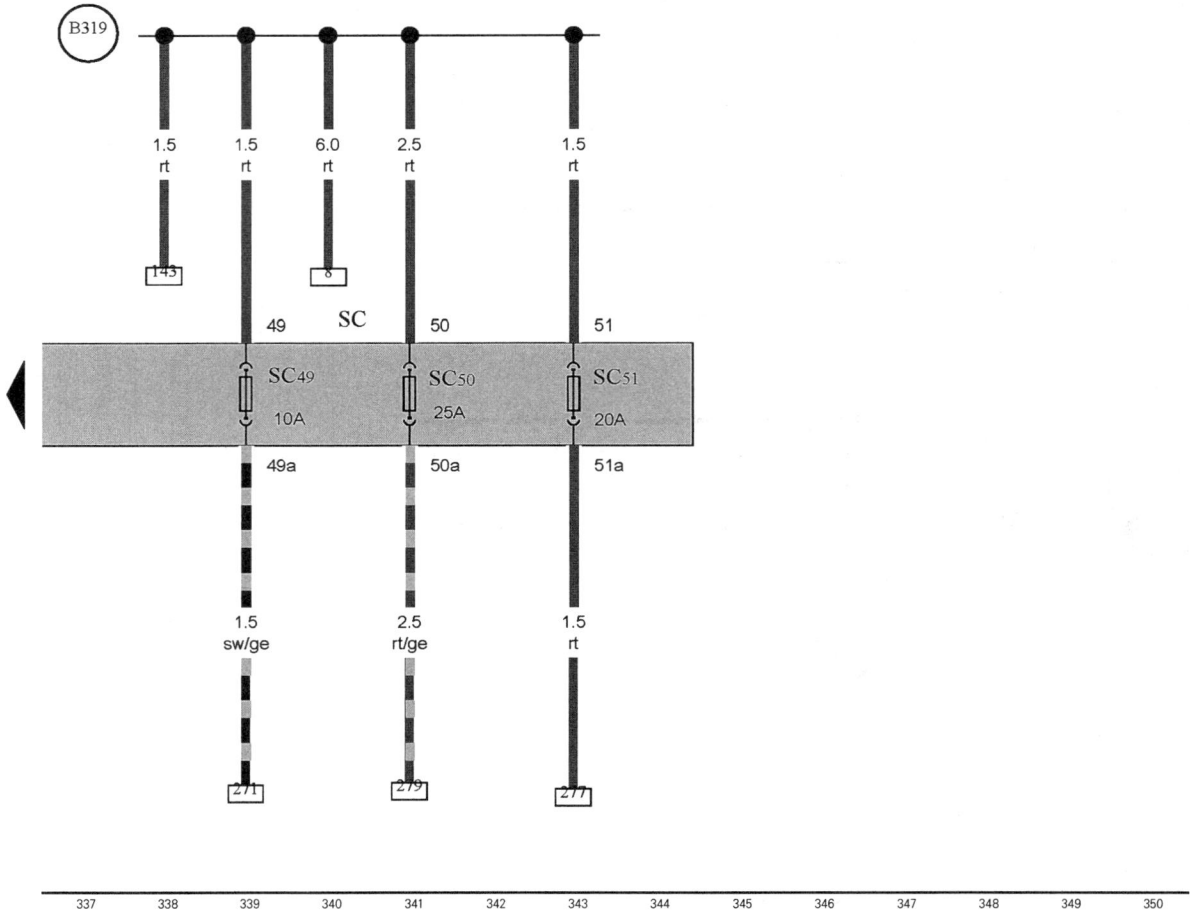

SC-保险丝架C SC49-保险丝架C上的保险丝49 SC50-保险丝架C上的保险丝50 SC51-保险丝架C上的保险丝51 B319-正极连接5（30a），在主导
线束中

图 5-4-94

第五节　基本装备

基本装备电路图（自 2018 年 3 月起）的图号和图名对照表见表 5-5-1。

蓄电池、交流发电机、电压调节器、蓄电池监控控制单元、车载电网控制单元

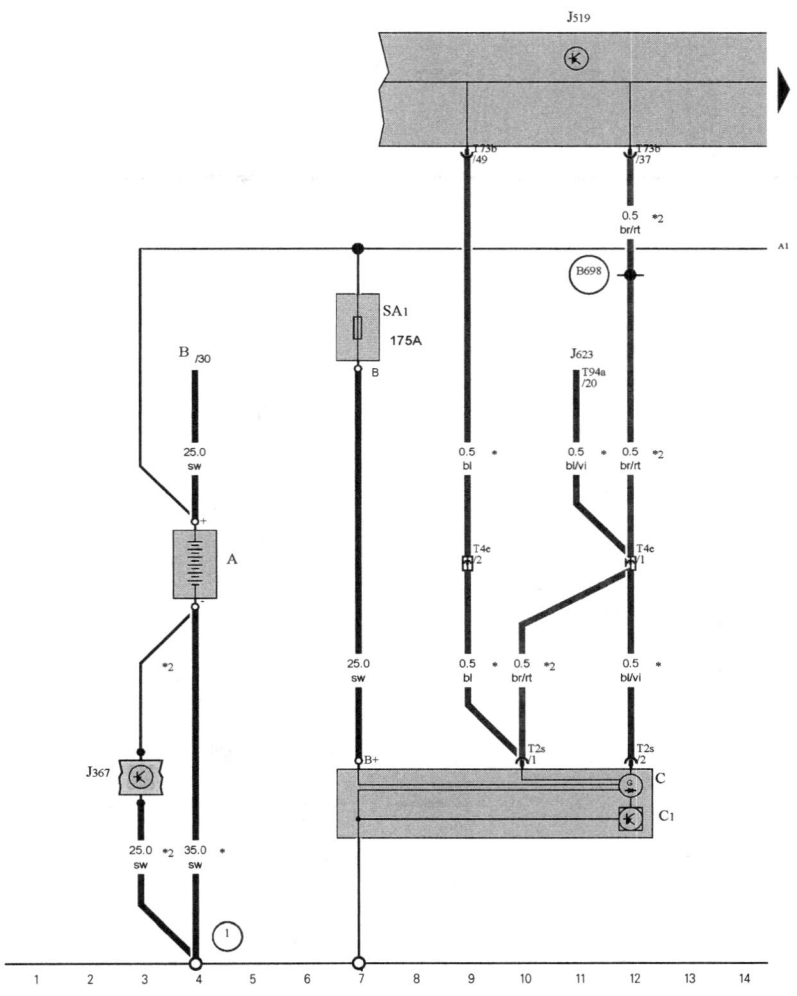

A-蓄电池　B-启动机　C-交流发电机　C1-电压调节器　J367-蓄电池监控控制单元　J519-车载电网控制单元　J623-发动机控制单元　SA1-保险丝架A上的保险丝1　T2s-2芯插头连接，黑色　T4e-4芯插头连接，发动机舱内左前，黑色　T73b-73芯插头连接，白色　T94a-94芯插头连接，黑色　1-接地带，蓄电池-车身　B698-连接3（LIN总线），在主导线束中　*-用于不带发动机自动启停系统的汽车　*2-用于带发动机自动启停系统的汽车

图 5-5-1

车载电网控制单元、保险丝架 C

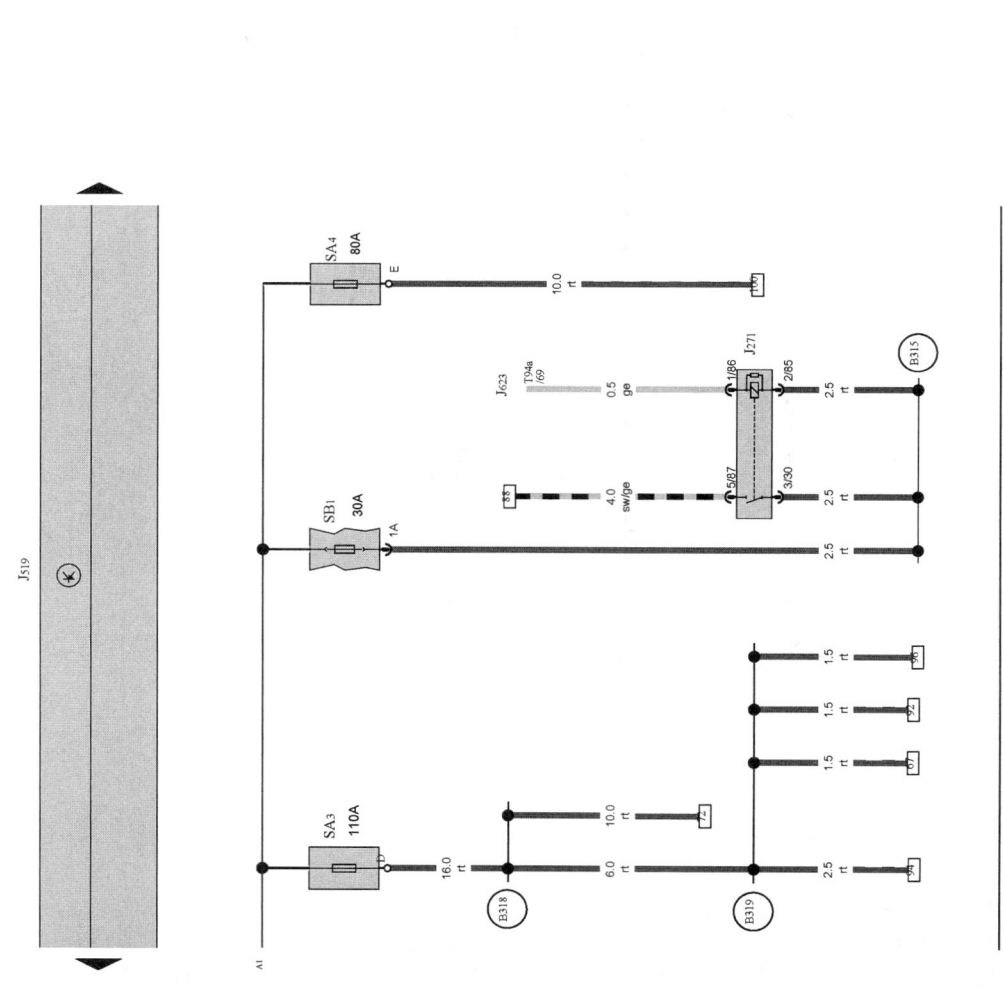

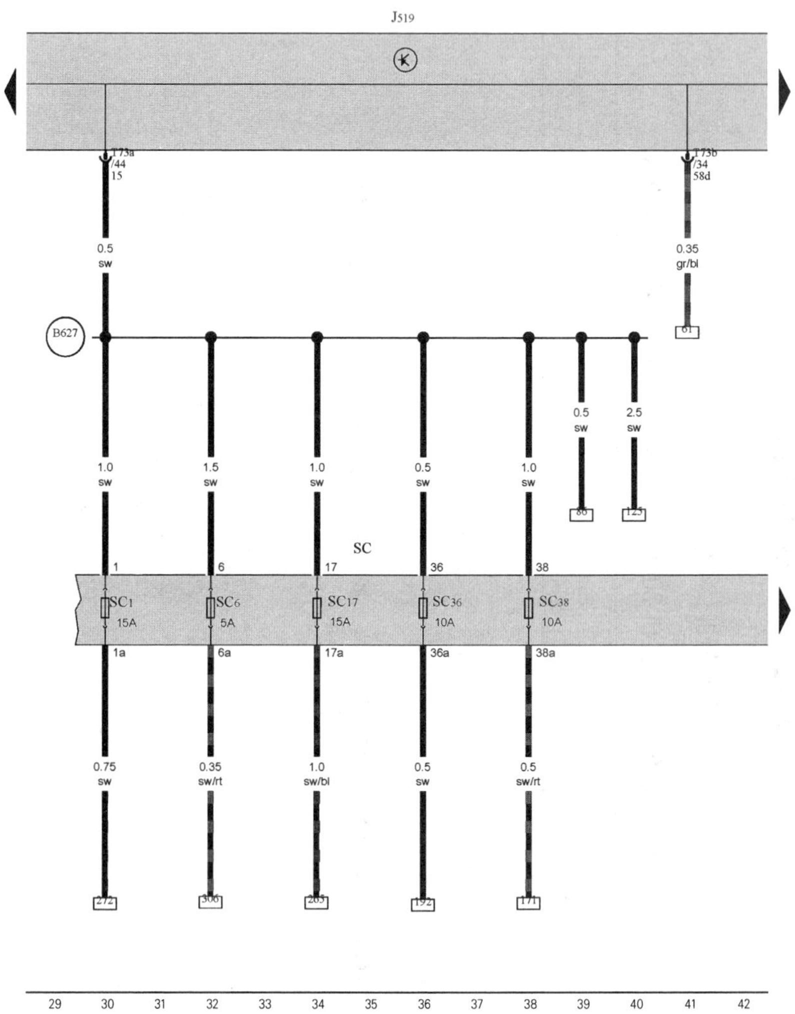

图 5-5-3

J519–车载电网控制单元 SC–保险丝架C SC1–保险丝架C上的保险丝1 SC6–保险丝架C上的保险丝6
SC17–保险丝架C上的保险丝17 SC36–保险丝架C上的保险丝36 SC38–保险丝架C上的保险丝38 T73a–73
芯插头连接，黑色 T73b–73芯插头连接，白色 B627–正极连接3（15），在主导线束中

主继电器、车载电网控制单元

图 5-5-2

J271–主继电器 J519–车载电网控制单元 J623–发动机控制单元 SB1–保险丝架B上的保险丝1 SA3–保险丝
架A上的保险丝3 SA4–保险丝架A上的保险丝4 T94a–94芯插头连接，黑色 B315–正极连接1（30a），在
主导线束中 B318–正极连接4（30a），在主导线束中 B319–正极连接5（30a），在主导线束中

742

车载电网控制单元、保险丝架 C

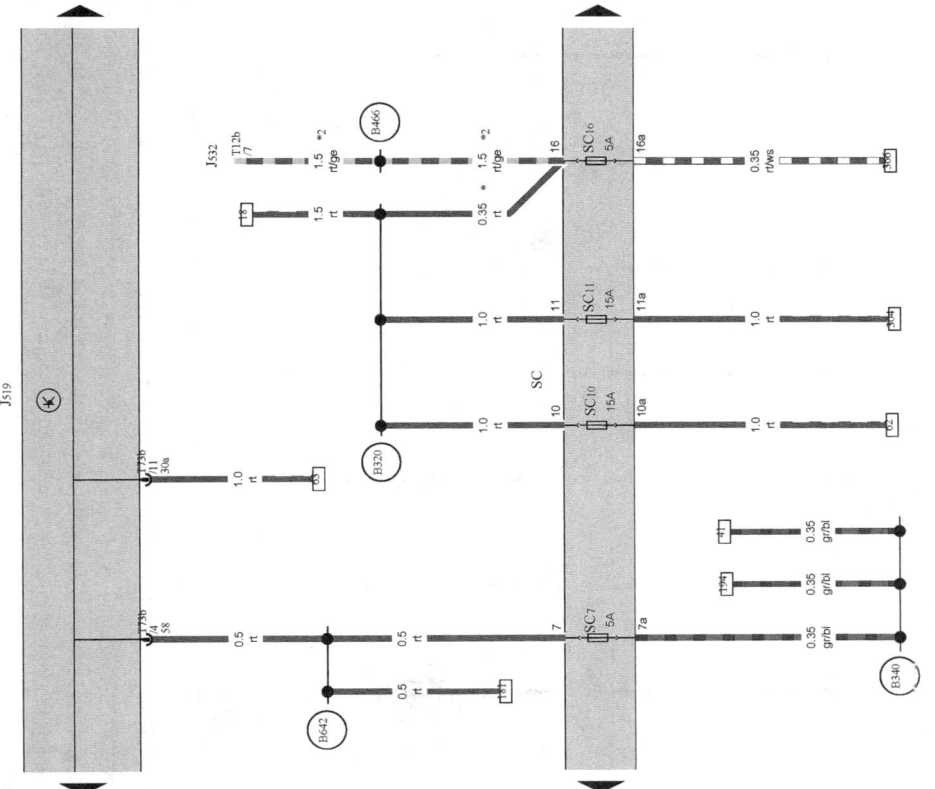

图 5-5-5

车载电网控制单元、保险丝架 C、车窗玻璃清洗泵

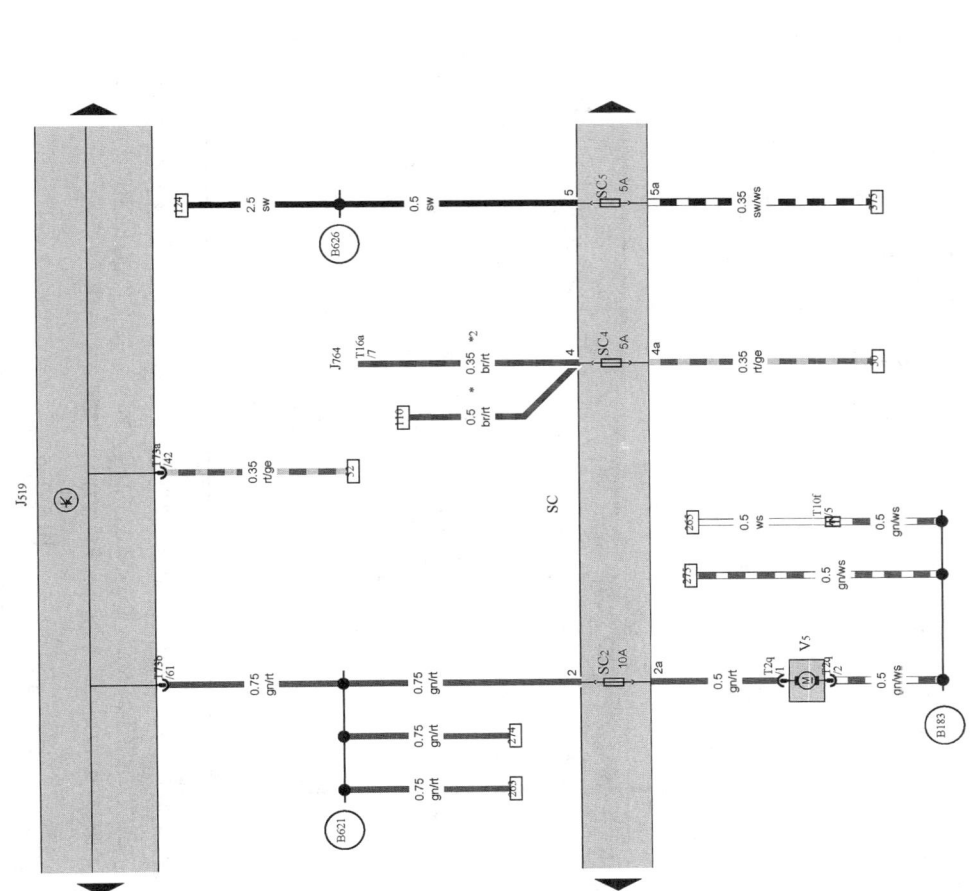

图 5-5-4

车载电网控制单元、保险丝架 C、USB 充电插座 2

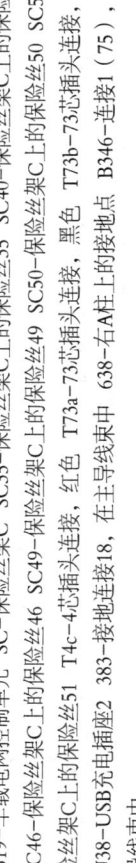

车载电网控制单元、保险丝架 C

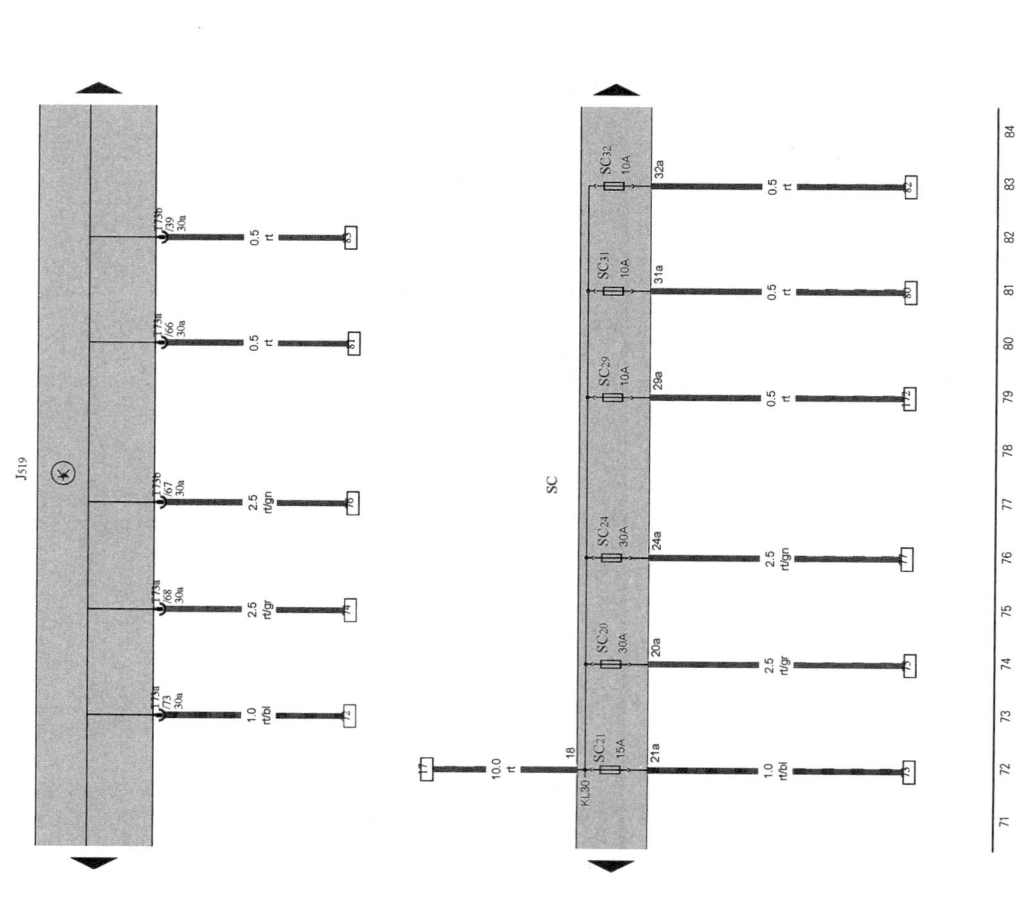

J519—车载电网控制单元 SC—保险丝架 C SC35—保险丝架 C 上的保险丝35 SC40—保险丝架 C 上的保险丝40
SC46—保险丝架 C 上的保险丝46 SC49—保险丝架 C 上的保险丝49 SC50—保险丝架 C 上的保险丝50 SC51—保
险丝架 C 上的保险丝51 T4c—4芯插头连接,红色 T73a—73芯插头连接,黑色 T73b—73芯插头连接,白色
U38—USB充电插座2 383—接地连接18,在主导线束中 638—右A柱上的接地点 B346—连接1(75),在主
导线束中

图 5-5-7

J519—车载电网控制单元 SC—保险丝架 C SC20—保险丝架 C 上的保险丝20 SC21—保险丝架 C 上的保险丝21
SC24—保险丝架 C 上的保险丝24 SC29—保险丝架 C 上的保险丝29 SC31—保险丝架 C 上的保险丝31 SC32—保
险丝架 C 上的保险丝32 T73a—73芯插头连接,黑色 T73b—73芯插头连接,白色

图 5-5-6

744

接线端 15 供电继电器；车载电网控制单元；供电继电器 1，接线端 75

点火启动开关、车载电网控制单元

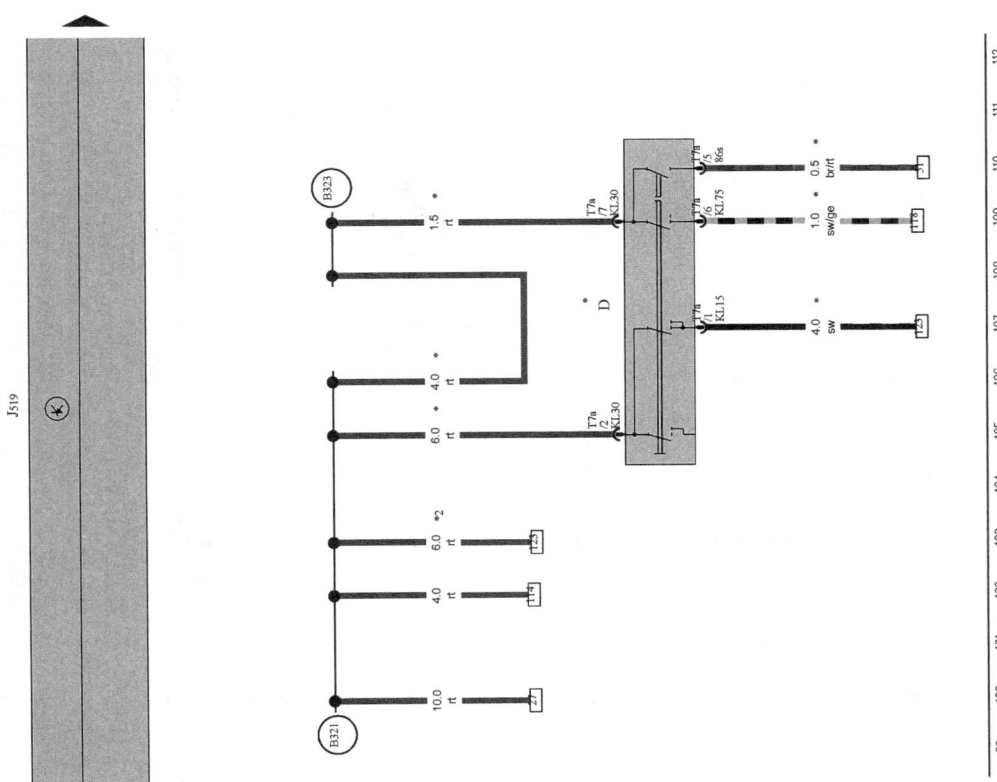

图 5-5-9

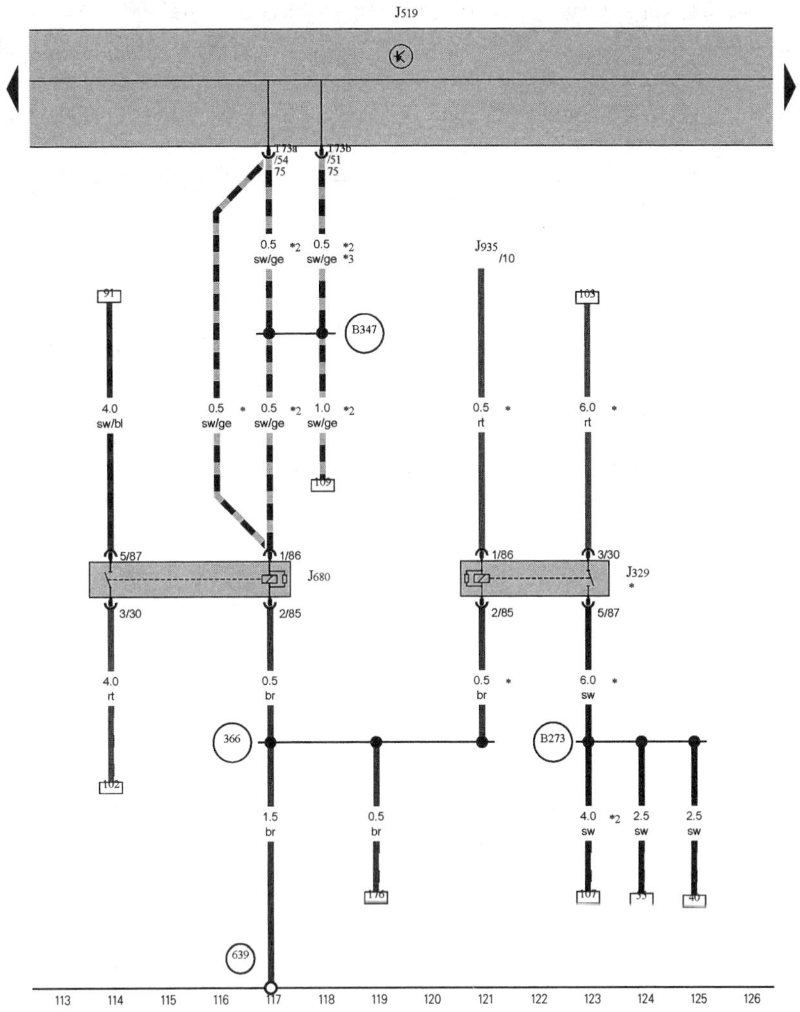

J329－接线端15供电继电器 J519－车载电网控制单元 J680－供电继电器1，接线端75 J935－转换器盒 T73a－73芯插头连接 T73b－73芯插头连接 白色 366－接地连接1，在主导线束中 639－左A柱上的接地点 B273－正极连接 (15)，在主导线束中 B347－连接2 (75)，在主导线束中 *－用于带进入及启动许可的汽车 *2－用于不带进入及启动许可的汽车 *3－用于不带发动机自动启停系统的汽车

图 5-5-8

D－点火启动开关 J519－车载电网控制单元 T7a－7芯插头连接 B321－正极连接7 (30a)，在主导线束中 B323－正极连接9 (30a)，在主导线束中 *－用于不带进入及启动许可的汽车 *2－用于带进入及启动许可的汽车

745

雨水与光线识别传感器、车载电网控制单元、驾驶员外侧后视镜警告灯泡

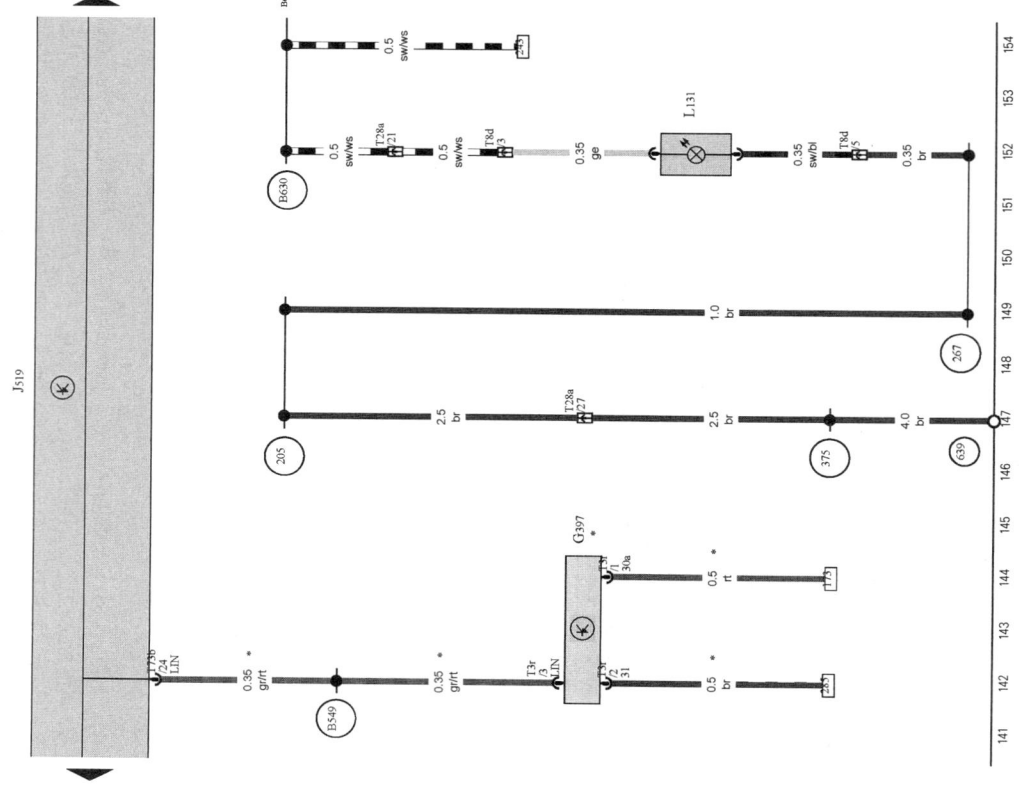

图 5-5-11

G397-雨水与光线识别传感器 J519-车载电网控制单元 L131-驾驶员侧外后视镜警告灯泡 T3r-3芯插头连接 T28a-28芯插头连接 T8d-8芯插头连接，白色 T73b-73芯插头连接，黑色 G397-雨水与光线识别传感器 J519-车载电网控制单元 L131-驾驶员侧外后视镜警告灯泡 T3r-3芯插头连接，黑色 T8d-8芯插头连接，白色 205-接地连接，在驾驶员侧车门内，T28a-28芯插头连接，左侧A柱上，T73b-73芯插头连接，在驾驶员车门电缆导线束中 267-接地连接2，在驾驶员侧车门电缆导线束中 375-接地连接10，在主导线束中 639-左侧A柱上的接地点 B549-连接2（LIN总线），在主导线束中 B630-正极连接（左转向信号灯），在主导线束中 *-用于带回家照明功能的汽车

安全气囊卷簧和带滑环的复位环、信号喇叭、车载电网控制单元

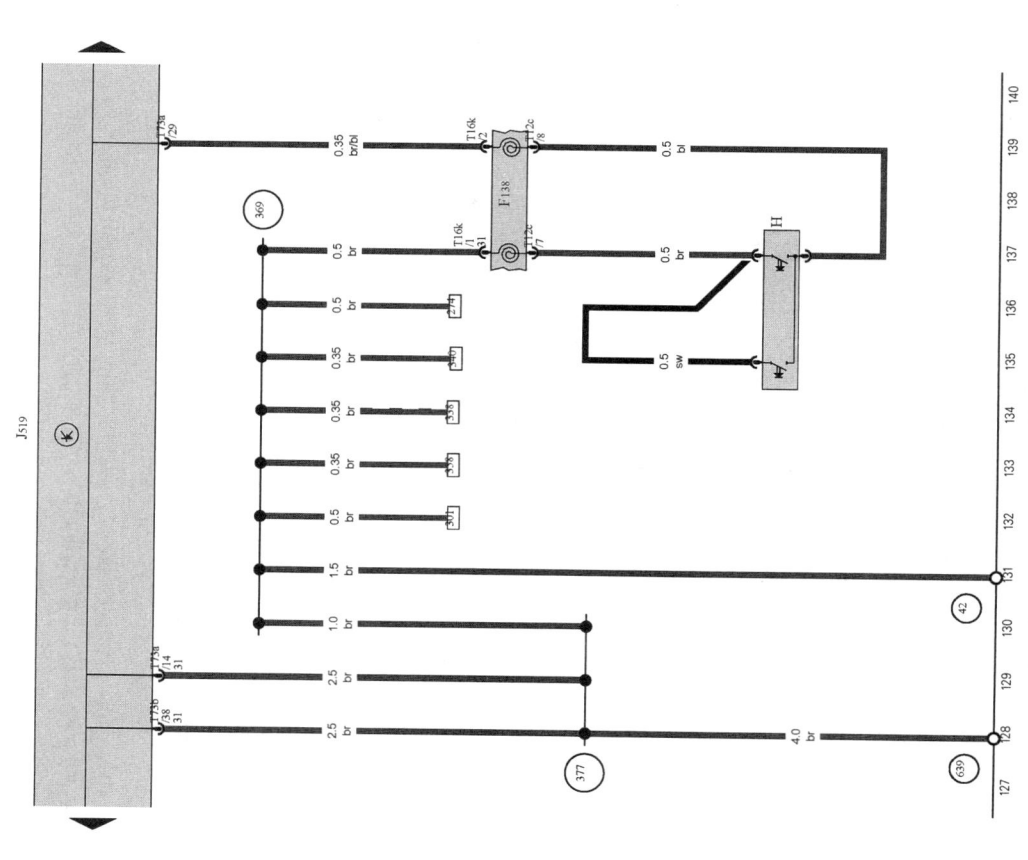

图 5-5-10

F138-安全气囊卷簧和带滑环的复位环 H-信号喇叭 J519-车载电网控制单元 T12c-12芯插头连接，黄色 T16k-16芯插头连接，黑色 T73a-73芯插头连接，黑色 T73b-73芯插头连接 42-转向柱旁边的接地点 369-接地连接4，在主导线束中 377-接地连接12，在主导线束中 639-左侧A柱上的接地点

746

车网电网控制单元、左侧日间行车灯灯泡、左侧驻车灯灯泡、左侧驻车示宽灯灯泡、左前大灯、左前转向信号灯灯泡、左侧近光灯灯泡、左侧远光灯灯泡、左侧大灯照明距离调节伺服电机

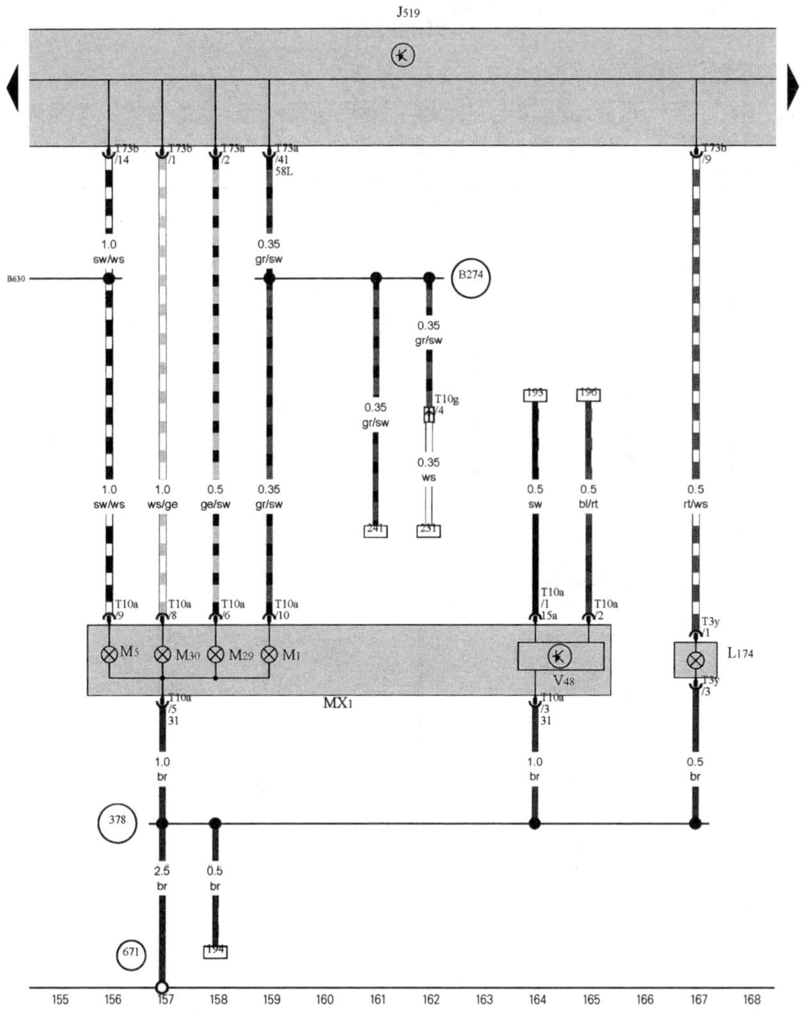

车灯开关、后雾灯开关、车载电网控制单元、大灯开关照明灯泡
车载电网控制单元、左侧日间行车灯灯泡、左侧驻车示宽灯灯泡、大灯开关照明灯泡

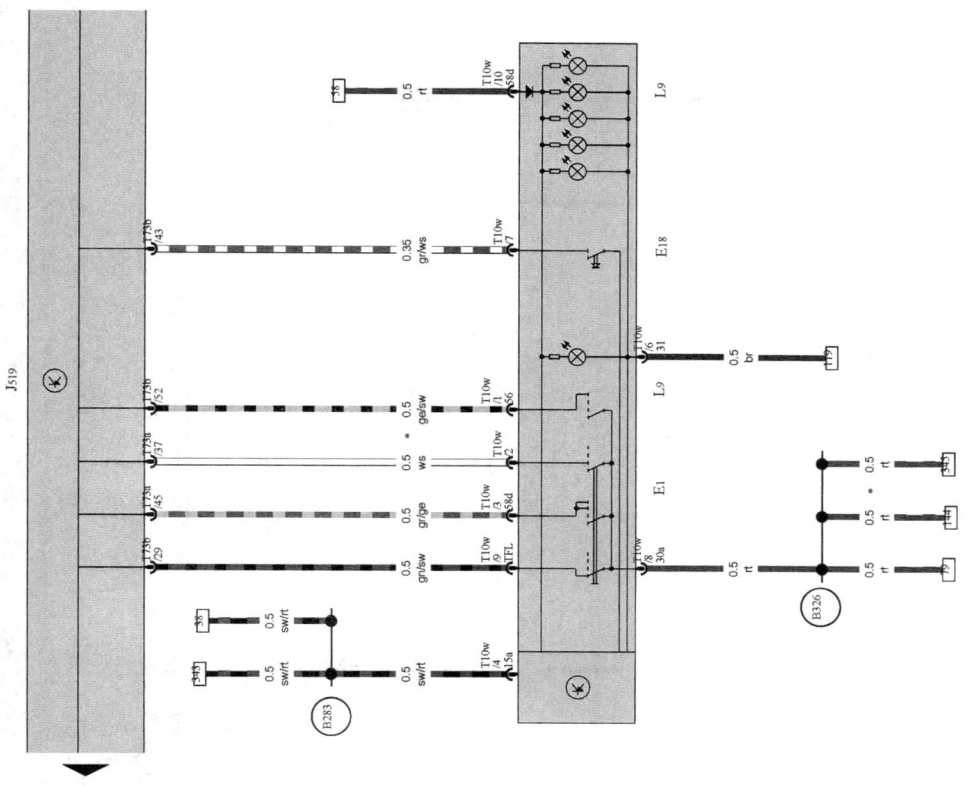

J519-车载电网控制单元 L174-左侧日间行车灯灯泡 M1-左侧驻车灯灯泡 MX1-左前大灯 M5-左前转向信号灯灯泡 M29-左侧近光灯灯泡 M30-左侧远光灯灯泡 T3y-3芯插头连接，蓝色 T10a-10芯插头连接，黑色 T10g-10芯插头连接，左侧C柱附近，蓝色 T73a-73芯插头连接，黑色 T73b-73芯插头连接点1 B274-正极连接（58L），在主导线束中 B630-正极连接（左转向信号灯），在主导线束中接，白色 V48-左侧大灯照明距离调节伺服电机 378-接地连接13，在主导线束中 671-左前纵梁上的接地

图 5-5-12

E1-车灯开关 E18-后雾灯开关 J519-车载电网控制单元 L9-大灯开关照明灯泡 T10w-10芯插头连接 T73a-73芯插头连接，黑色 T73b-73芯插头连接，黑色 B283-正极连接7（15a），在主导线束中 B326-正极连接12（30a），在主导线束中 *-用于带回家照明功能的汽车

图 5-5-13

高音扬声器、车载电网控制单元、右侧日间行车灯灯泡、右前大灯、右侧驻车示宽灯灯泡、
右前转向信号灯灯泡、右侧近光灯灯泡、右侧远光灯灯泡、右侧大灯照明距离调节伺服电机

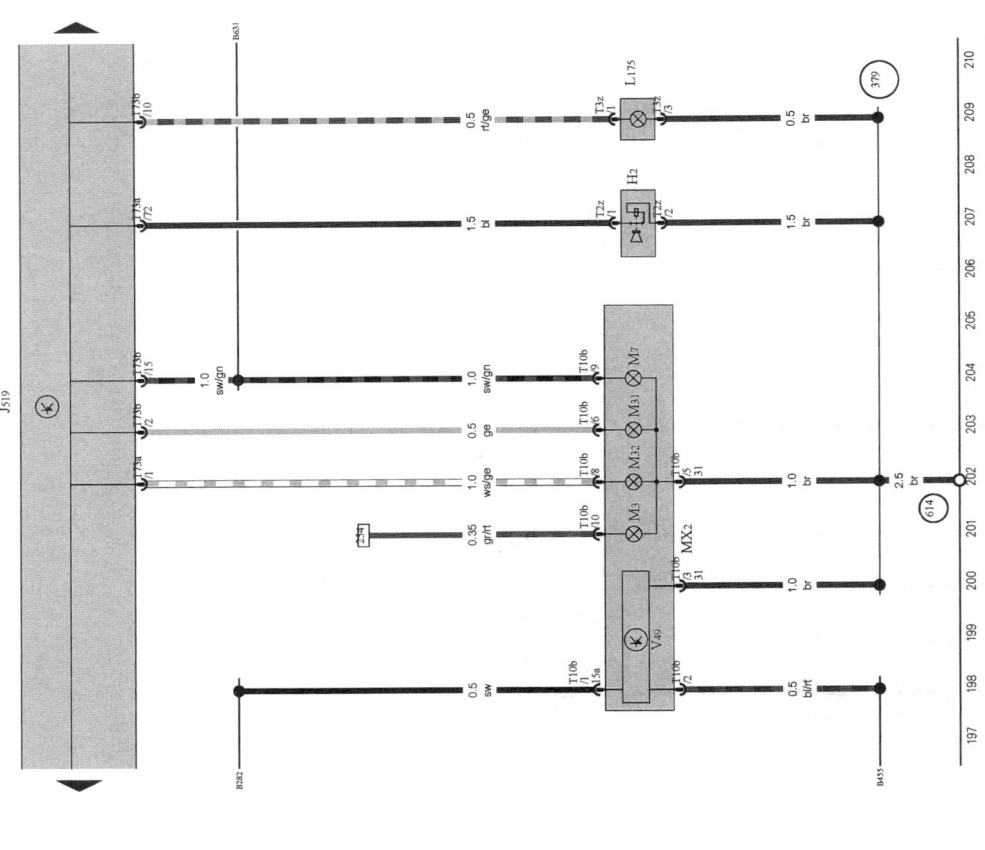

图 5-5-15

H2-高音扬声器 J519-车载电网控制单元 L175-右侧日间行车灯灯泡 MX2-右前大灯 M3-右侧驻车灯
灯灯泡 M7-右前转向信号灯灯泡 M31-右侧近光灯灯泡 M32-右侧远光灯灯泡 T2z-2芯插头连接，黑色
T3z-3芯插头连接，蓝色 T10b-10芯插头连接，黑色 T73a-73芯插头连接，黑色 T73b-73芯插头连接，
白色 V49-右侧大灯照明距离调节伺服电机 379-接地连接14，在主导线束中 614-发动机舱内右侧接地点
2 B282-正极连接6（15a），在主导线束中 B455-连接（LWR），在主导线束中 B631-正极连接（右转
向信号灯），在主导线束中

大灯照明距离调节器、倒车灯开关、车载电网控制单元、大灯照明距离调节设置器器照明灯泡

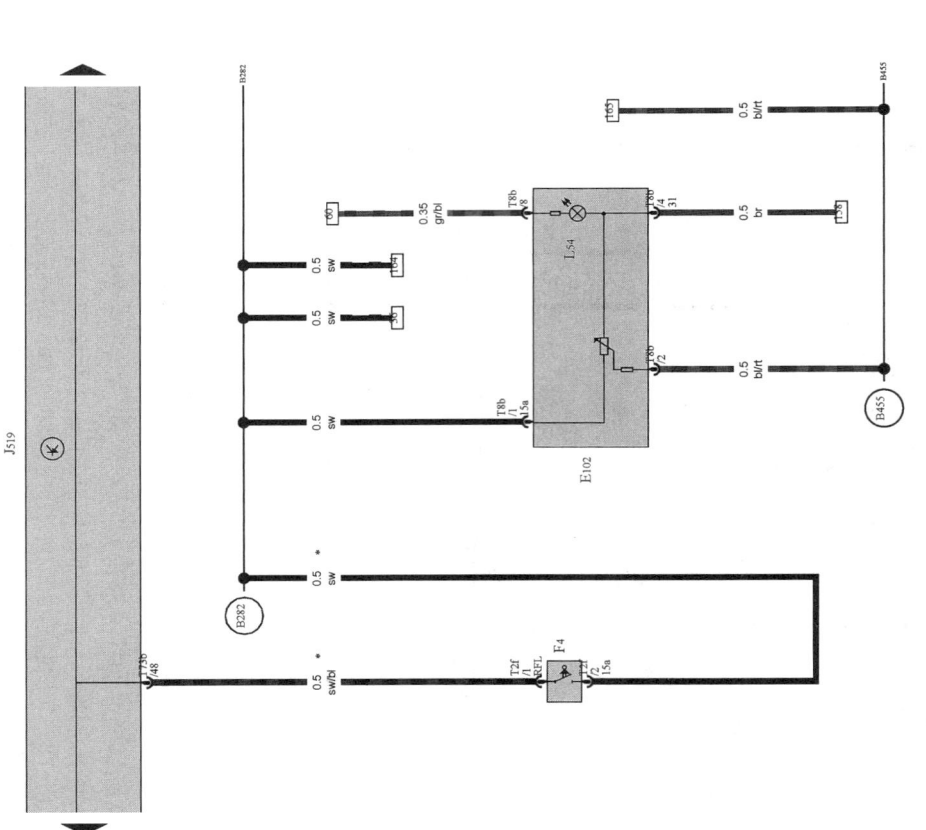

图 5-5-14

E102-大灯照明距离调节器 F4-倒车灯开关 J519-车载电网控制单元 L54-大灯照明距离调节设置器器照
明灯泡 T2f-2芯插头连接，黑色 T8b-8芯插头连接，黑色 T73b-73芯插头连接，白色 B282-正极连接6
（15a），在主导线束中 B455-连接（LWR），在主导线束中 *-用于带手动变速器的汽车

748

车载电网控制单元、左侧制动灯灯泡、左侧后雾灯灯泡、左侧尾灯灯泡 2、高位制动信号灯灯泡、左侧尾灯灯泡 2、左侧牌照灯、右侧牌照灯

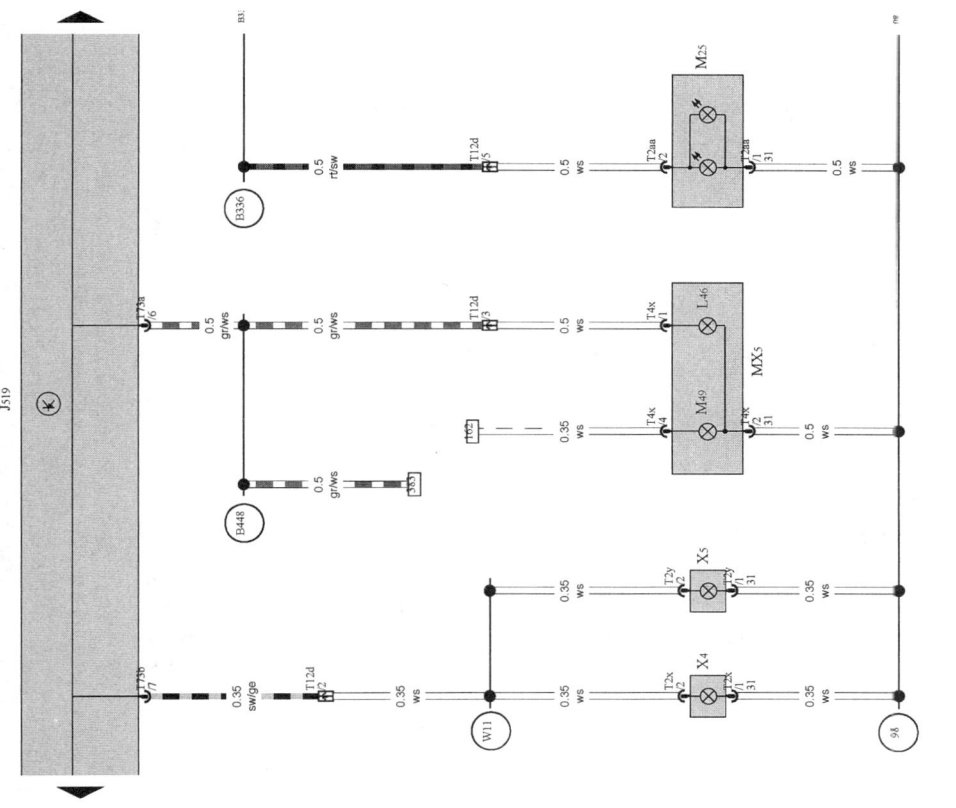

| 225 | 226 | 227 | 228 | 229 | 230 | 231 | 232 | 233 | 234 | 235 | 236 | 237 | 238 |

图 5-5-17

J519-车载电网控制单元 L46-左侧后雾灯灯泡 MX5-左侧尾灯灯泡 M49-左侧尾灯灯泡2 M25-高位制动信号灯灯泡 T2aa-2芯插头连接、黑色 T2x-2芯插头连接、黑色 T2y-2芯插头连接、黑色 T4x-芯插头连接、黑色 T73a-73芯插头连接、黑色 T73b-73芯插头连接、黑色 T12d-12芯插头连接、左侧C柱附近 X4-左侧牌照灯 X5-右侧牌照灯 98-接地连接 在后备箱盖导线束中 B336-连接2（54）、在主导线束中 B448-连接（后雾灯）、在主导线束中 W11-后备箱盖导线束中的连接（58）

车载电网控制单元、副驾驶员侧外后视镜警告灯泡、车窗玻璃刮水器电机

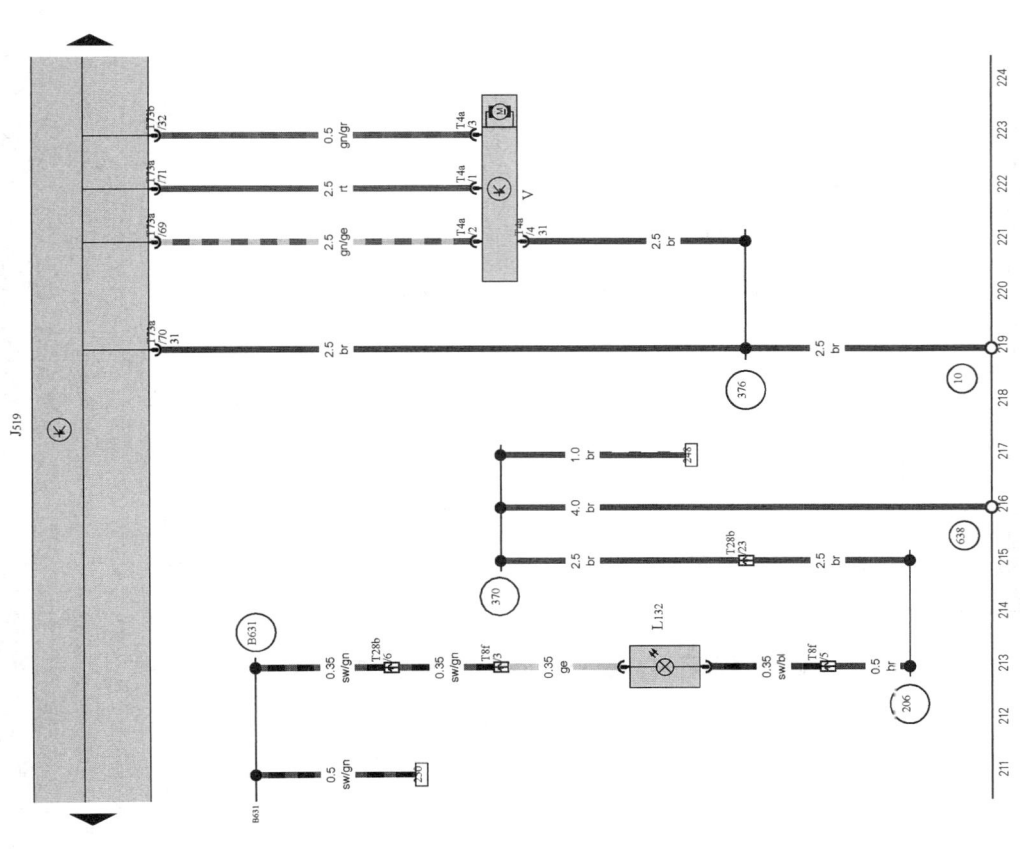

| 211 | 212 | 213 | 214 | 215 | 216 | 217 | 218 | 219 | 220 | 221 | 222 | 223 | 224 |

图 5-5-16

J519-车载电网控制单元 L132-副驾驶员侧外后视镜警告灯泡 T4a-4芯插头连接 T8f-8芯插头连接、黑色 T28b-28芯插头连接、黑色 T73a-73芯插头连接、黑色 T73b-73芯插头连接、黑色 V-车窗玻璃刮水器电机 10-排水槽内接地点 206-接地连接 在副驾驶员侧车门、副驾驶员侧车门内、右侧A柱上、左侧A柱连接、在前驾驶员侧车门电缆导线束中 370-接地连接5、在主导线束中 376-接地连接11、在主导线束中 638-右侧A柱上的接地点 B631-正极连接（右转向信号灯）、在主导线束中

749

车载电网控制单元、右侧倒车灯灯泡、右侧尾灯灯泡 2、后窗玻璃刮水器电机、可加热后窗玻璃

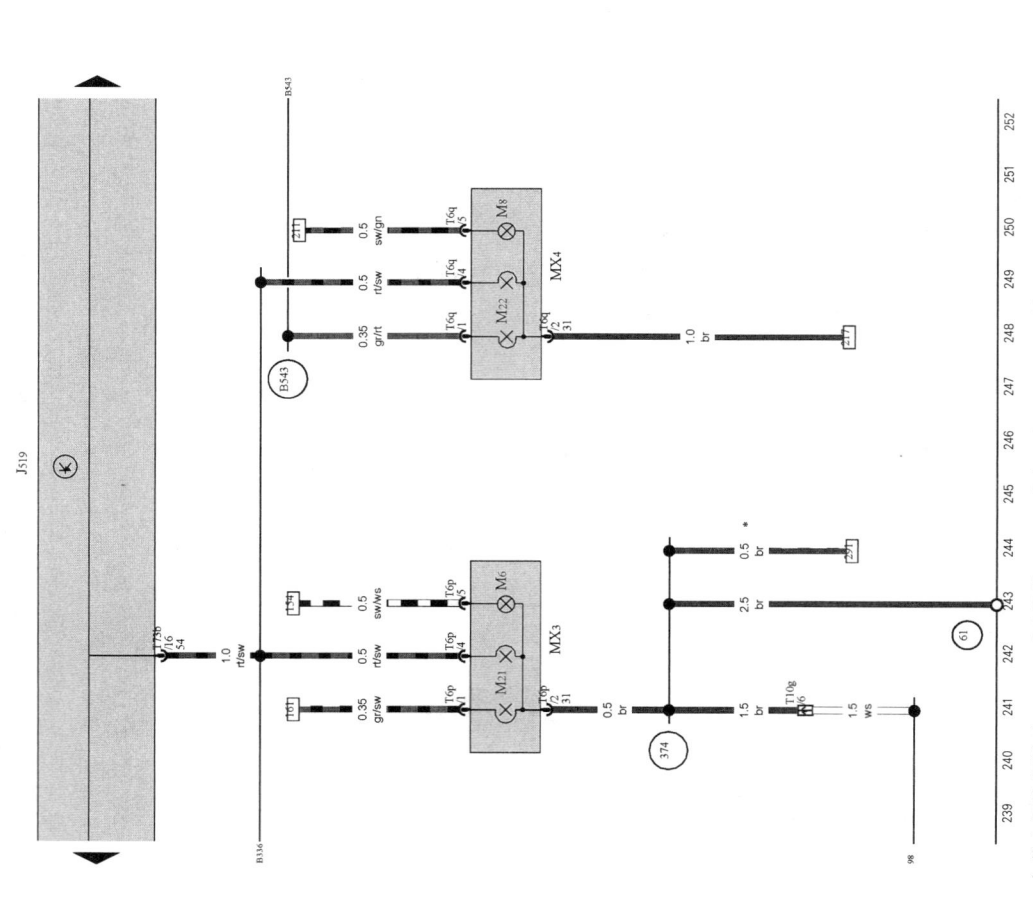

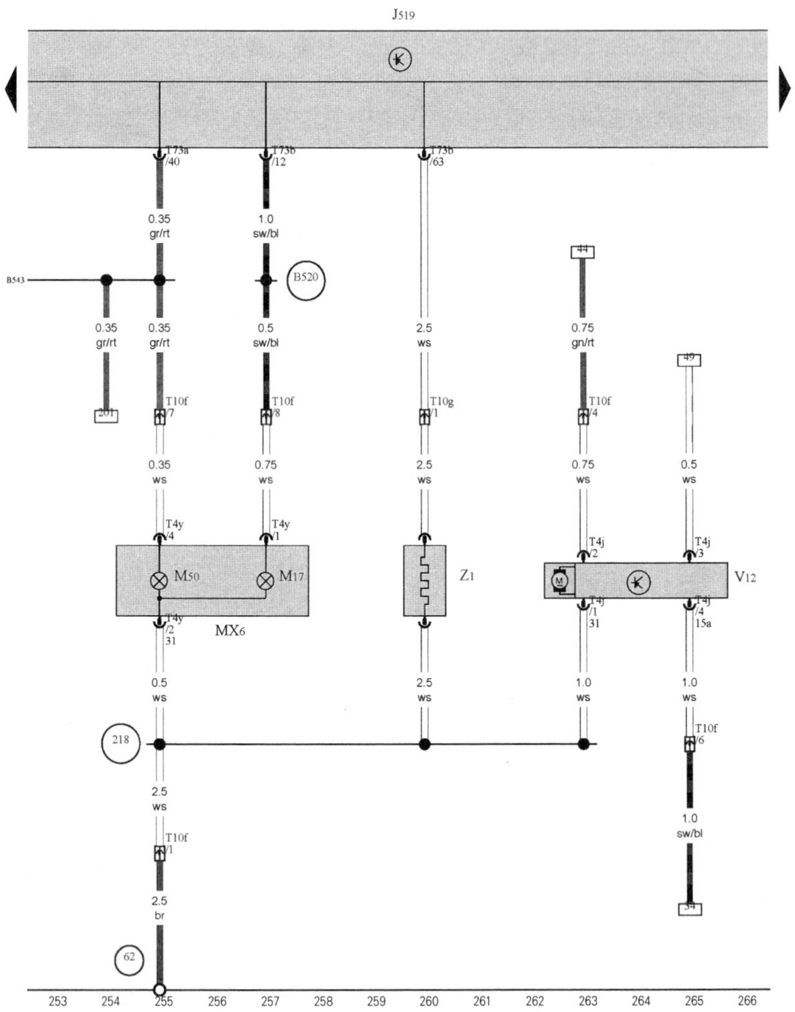

J519-车载电网控制单元 MX6-右侧尾灯 M17-右侧倒车灯灯泡 M50-右侧尾灯灯泡 2 T4j-7芯插头连接 T4y-4芯插头连接 T10f-10芯插头连接 右侧C柱附近、蓝色 T10g-10芯插头连接 蓝色 V12-后窗玻璃刮水器电机 Z1-可加热后窗玻璃 T73a-73芯插头连接 黑色 T73b-73芯插头连接 白色 V12-后窗玻璃刮水器电机 Z1-可加热后窗玻璃 62-右侧C柱上的接地点 218-接地点 218-接地点 左侧C柱附近、白色 62-右侧C柱上的接地点 218-接地点 左侧C柱上的接地点 62-右侧玻璃 218-接地点 在后备箱盖导线束中 B520-连接 在主导线束中 B543-正极连接（58R）在主导线束中

图 5-5-19

车载电网控制单元、左侧尾灯、右侧尾灯、左侧转向信号灯灯泡、右后转向信号灯灯泡、左制动信号灯和尾灯灯泡、右侧制动信号灯和尾灯灯泡

J519-车载电网控制单元 MX3-左侧尾灯 MX4-右侧尾灯 M6-左后转向信号灯灯泡 M8-右后转向信号灯灯泡 M21-左侧制动信号灯和尾灯灯泡 M22-右侧制动信号灯和尾灯灯泡 T6p-6芯插头连接 黑色 T6q-6芯插头连接 黑色 T10g-10芯插头连接 黑色 T73b-73芯插头连接 蓝色 T73b-73芯插头连接 白色 61-左侧C柱上的接地点 98-接地点 在后备箱盖导线束中 374-接地点连接9、在主导线束中 B336-连接2 左侧C柱上的接地点 98-接地点 在后备箱盖导线束中 374-接地点连接9、在主导线束中 B336-连接2 （54）、在主导线束中 B543-正极连接（58R）、在主导线束中 *-用于带后部阅读灯的汽车

图 5-5-18

右侧转向柱开关、后窗玻璃刮水器开关、车窗玻璃刮水器间歇运行调节器、车窗玻璃清洗
泵开关（自动刮水/清洗装置和大灯清洗装置）、多功能显示器调用按钮、多功能显示器
存储开关、车载电网控制单元

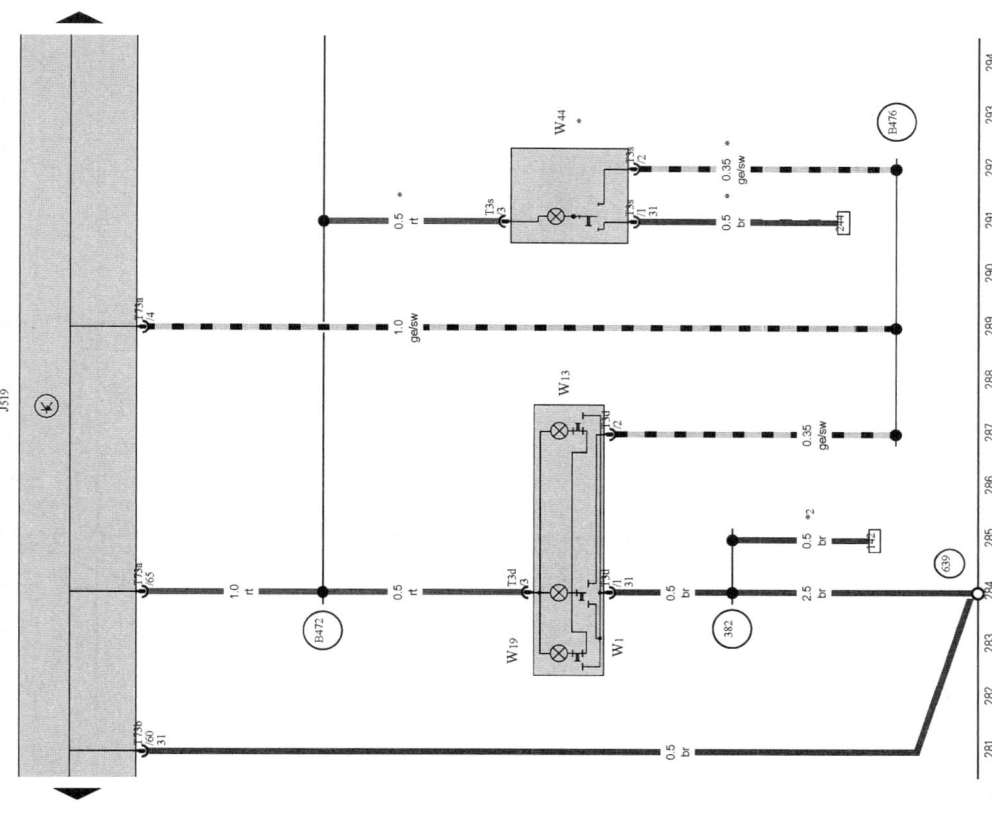

车载电网控制单元、前内灯、副驾驶员侧阅读灯、驾驶员侧阅读灯、中间后部阅读灯

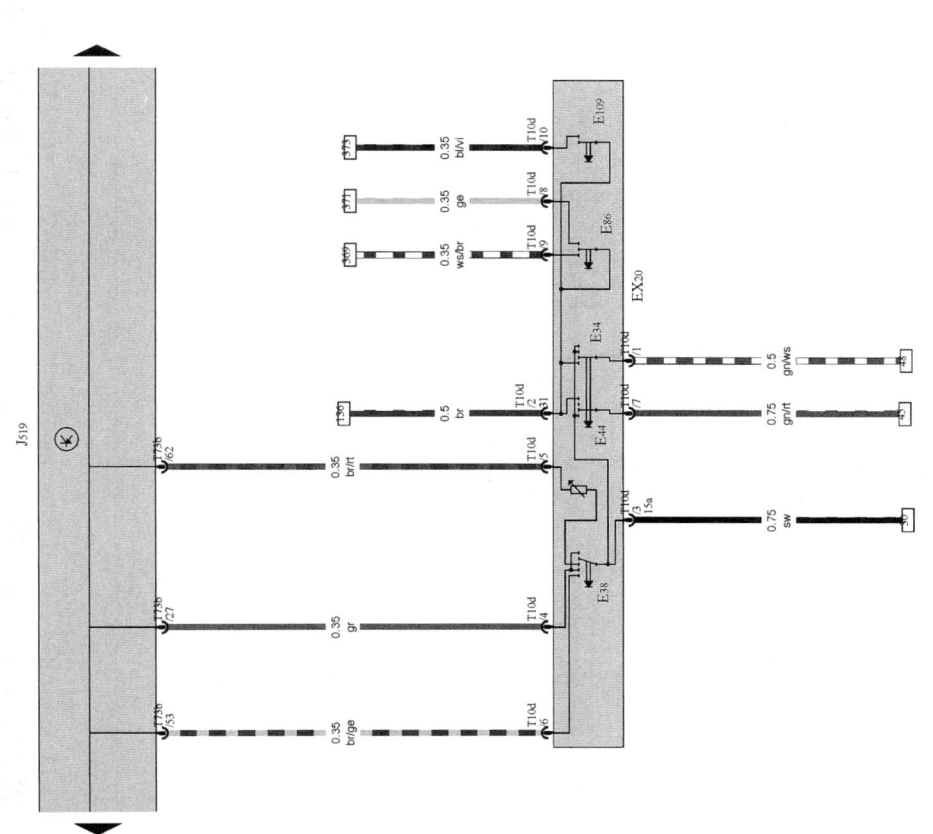

EX20-右侧转向柱开关 E34-后窗玻璃刮水器开关 E38-车窗玻璃刮水器间歇运行调节器 E44-车窗玻璃清洗
泵开关（自动刮水/清洗装置和大灯清洗装置）E86-多功能显示器调用按钮 E109-多功能显示器存储
开关 J519-车载电网控制单元 T10d-10芯插头连接，黑色 T73b-73芯插头连接，白色

图 5-5-20

J519-车载电网控制单元 T3d-3芯插头连接，黑色 T3s-3芯插头连接，黑色 T73a-73芯插头连接，黑色
T73b-73芯插头连接，白色 W1-前内灯 W13-副驾驶员侧阅读灯 W19-驾驶员侧阅读灯 W44-中间后部
阅读灯 382-接地连接17，在主导线束中 639-左A柱上的接地点，B472-连接8，在主导线束中 B476-连接
12，在主导线束中 *-用于带后部阅读灯的汽车 *2-用于带回家照明功能的汽车

图 5-5-21

751

转向信号灯开关、手动远光灯功能和远光灯瞬时接通功能开关、左侧转向柱开关、车载电
网控制单元、后备箱照明灯

闪烁报警灯开关、中部仪表板开关模块、车载电网控制单元、闪烁报警装置指示灯、12V
插座、12V插座 2

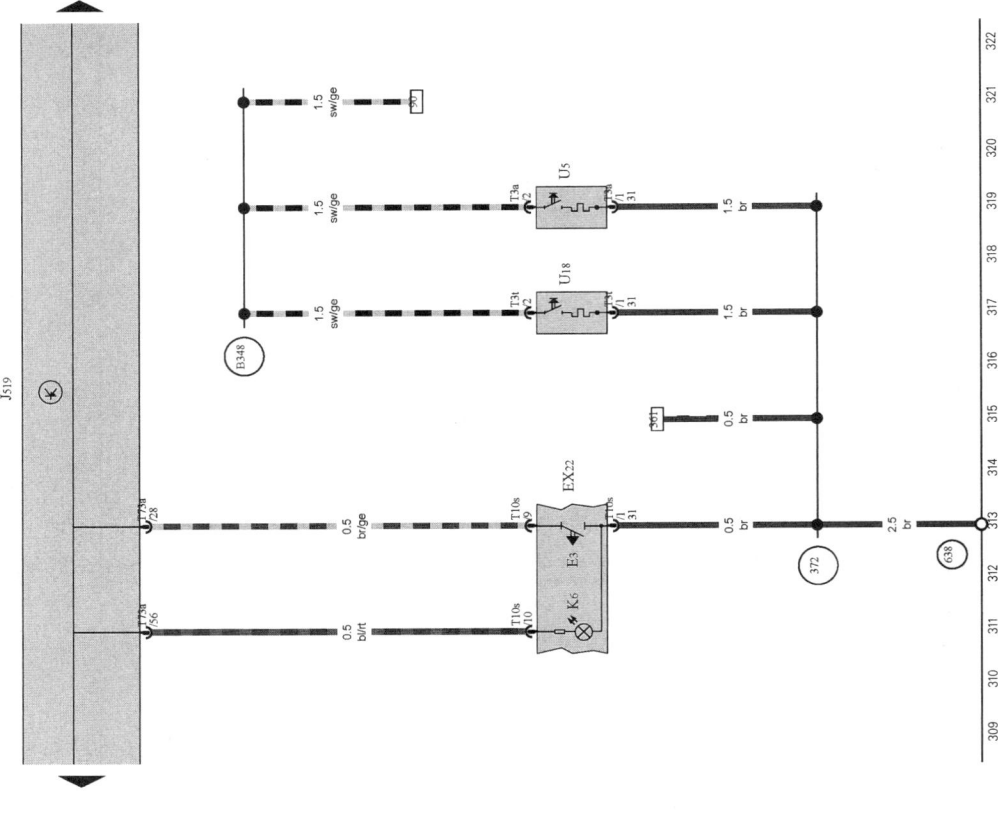

图 5-5-23

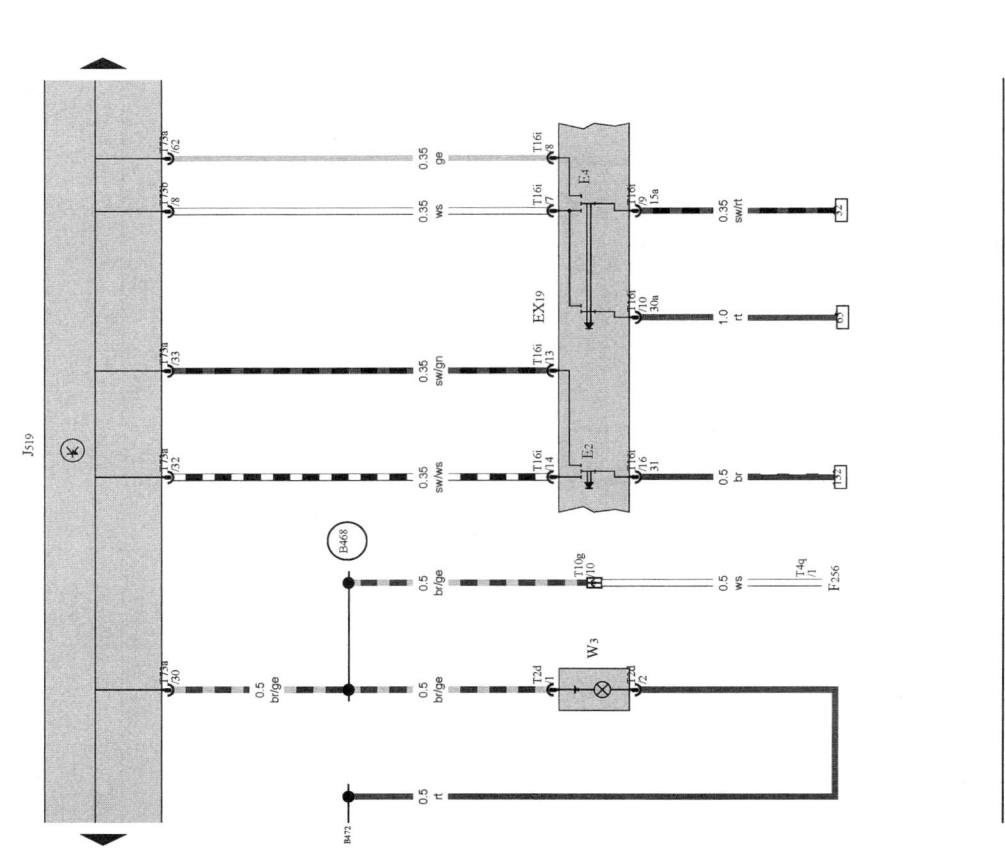

图 5-5-22

E2-转向信号灯开关、E4-手动远光灯功能和远光灯瞬时接通功能开关、EX19-左侧转向柱开关、F256-后备
箱盖开关、J519-车载电网控制单元、T2d-2芯插头连接、白色、T3r-3芯插头连接、黑色、T10g-10芯插
头连接、白色、T16i-16芯插头连接、蓝色、T73a-73芯插头连接、黑色、T73b-73芯插头连
接、左侧C柱附近、W3-后备箱照明灯、B468-连接4、在主导线束中、B472-连接8、在主导线束中

E3-闪烁报警灯开关、EX22-中部仪表板开关模块、J519-车载电网控制单元、K6-闪烁报警装置指示灯
T3a-3芯插头连接、白色、T3t-3芯插头连接、白色、T10s-10芯插头连接、黑色、T73a-73芯插头连接、黑
色、U5-12V插座、U18-12V插座 2、372-接地连接7、在主导线束中 638-右A柱上的接地点 B348-连接1
（75a），在主导线束中

车载电网控制单元、数据总线诊断接口、诊断接口

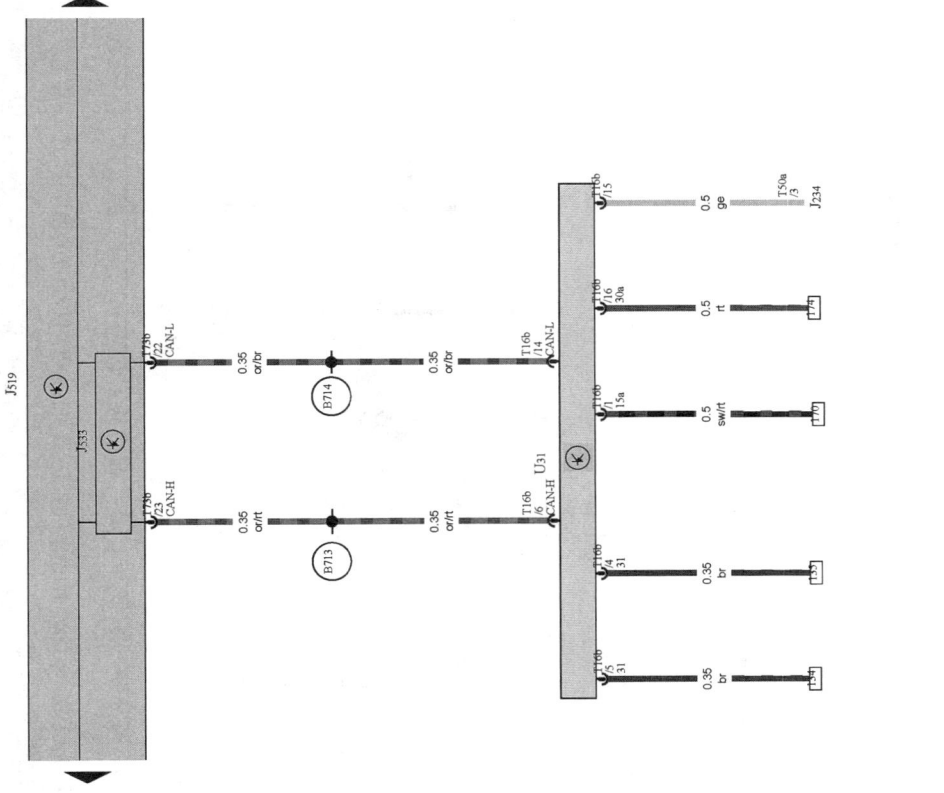

图 5-5-25

制动信号灯开关、制动踏板开关、车载电网控制单元

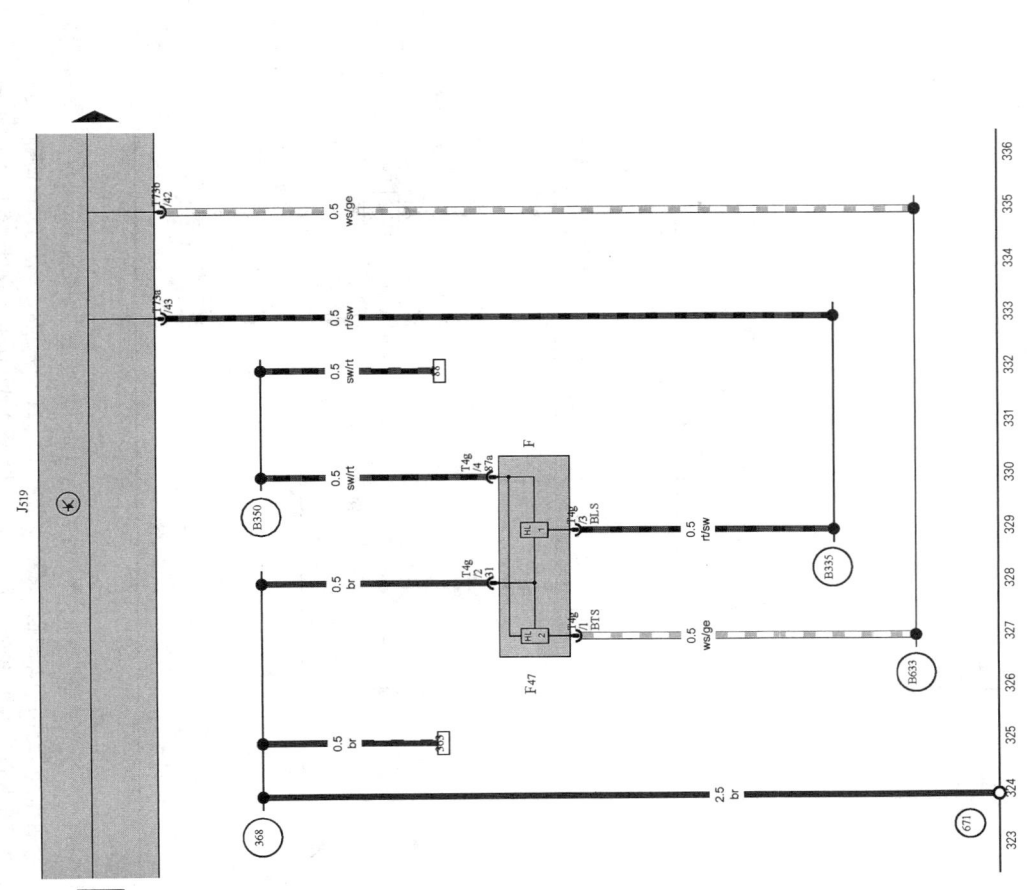

图 5-5-24

F-制动信号灯开关 F47-制动踏板开关 J519-车载电网控制单元 T4g-4芯插头连接，黑色 T73a-73芯插头连接 黑色 T73b-73芯插头连接 白色 368-接地连接 671-左前纵梁上的接地点 在主导线束中接地连接3，在主导线束中 B335-连接1（54），在主导线束中 B350-连接1（87a），在主导线束中 B633-连接（制动踏板开关），在主导线束中

J234-安全气囊控制单元 J519-车载电网控制单元 J533-数据总线诊断接口 T16b-16芯插头连接，黑色 T50a-50芯插头连接，黄色 T73b-73芯插头连接，白色 U31-诊断接口 B713-连接1（诊断CAN总线，High），在主导线束中 B714-连接1（诊断CAN总线，Low），在主导线束中

753

手制动器指示灯开关、制动液位警告信号触点、组合仪表中的控制单元、车载电网控制单元、制动系统指示灯

防盗锁止系统识读线圈、多功能显示器、组合显示器、组合仪表中的控制单元

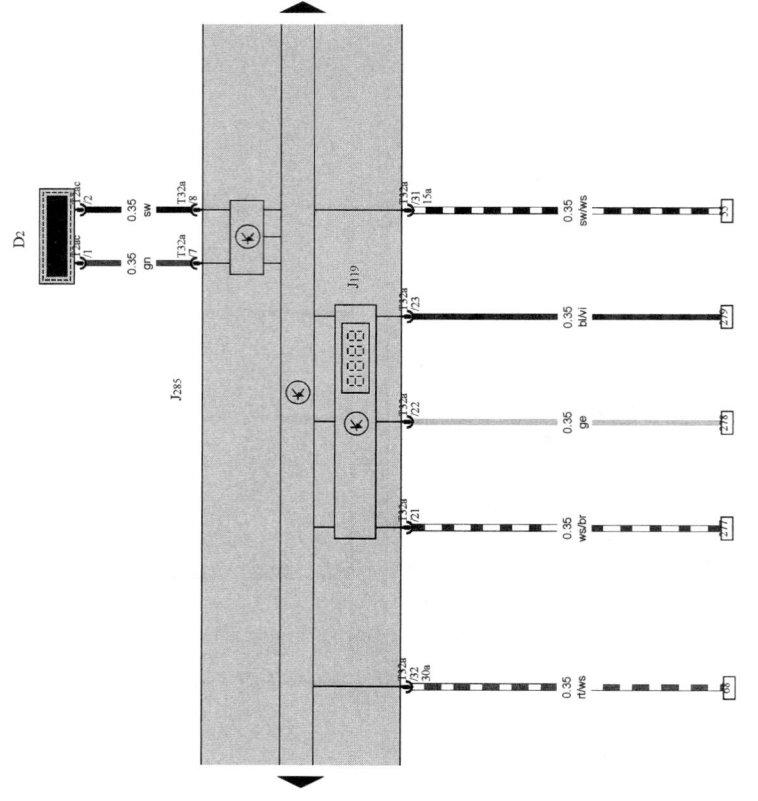

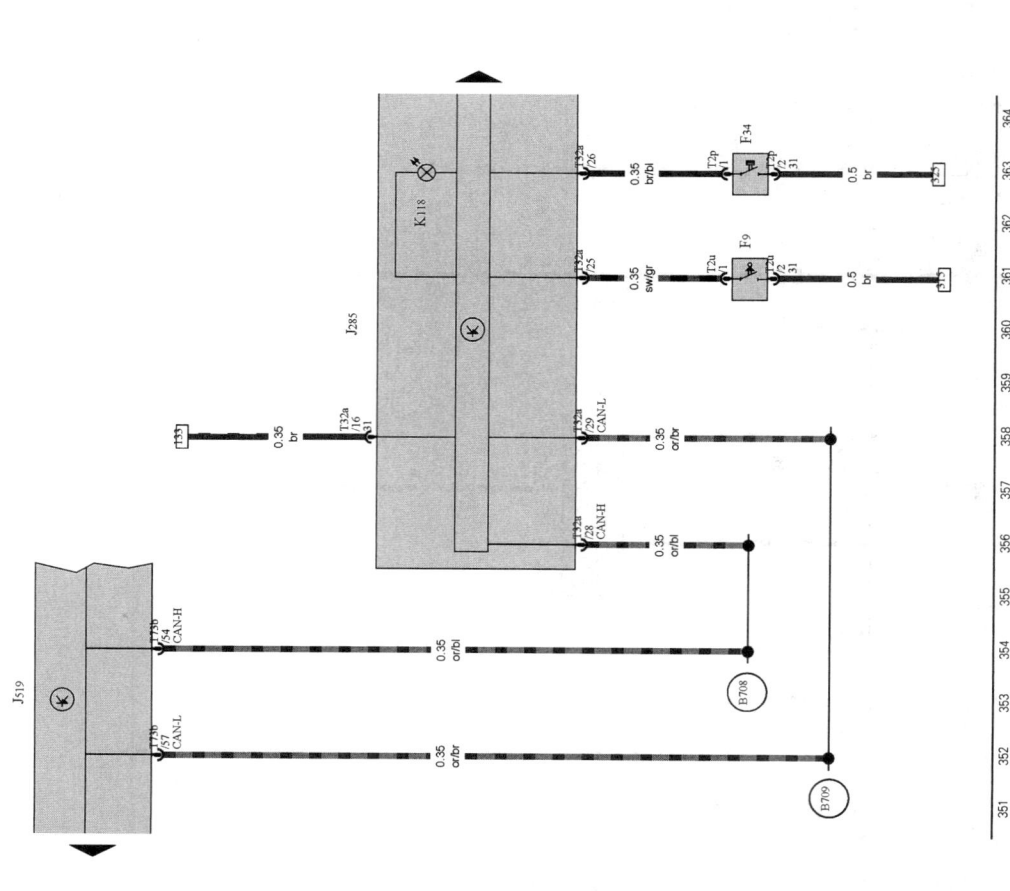

F9-手制动器指示灯开关　F34-制动液位警告位信号触点　J285-组合仪表中的控制单元　J519-车载电网控制单元　K118-制动系统指示灯　T2p-2芯插头连接　T2u-2芯插头连接，黑色　T32a-32芯插头连接，蓝色　T73b-73芯插头连接，白色　B708-连接1（组合仪表CAN总线，High），在主导线束中　B709-连接1（组合仪表CAN总线，Low），在主导线束中

图 5-5-26

D2-防盗锁止系统识读线圈　J119-多功能显示器　J285-组合仪表中的控制单元　T2ac-2芯插头连接　T32a-32芯插头连接，蓝色

图 5-5-27

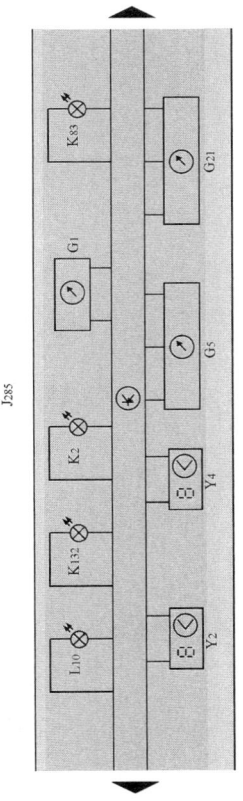

燃油表、转速表、车速表、组合仪表中的控制单元、发电机指示灯、废气警告灯、电子油门故障信号灯、组合仪表照明灯泡、数字时钟、里程表

G1-燃油表 G5-转速表 G21-车速表 J285-组合仪表中的控制单元 K2-发电机指示灯 K83-废气警告灯 K132-电子油门故障信号灯 L10-组合仪表照明灯泡 Y2-数字时钟 Y4-里程表

图5-5-29

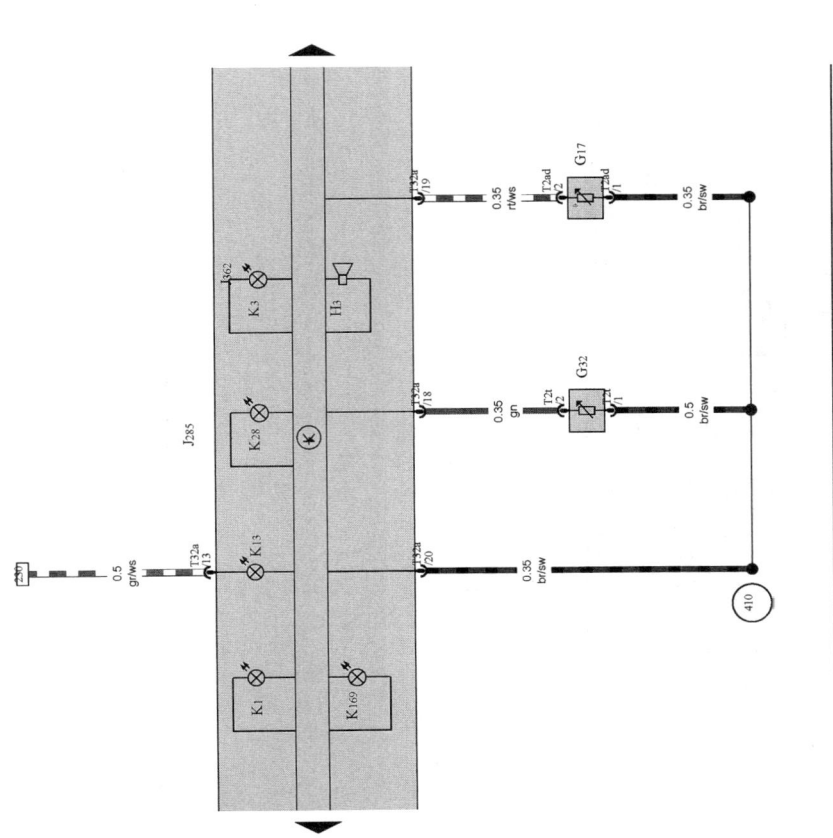

车外温度传感器、冷却液不足显示传感器、警报蜂鸣器和警报音、组合仪表中的控制单元、防盗锁止系统控制单元、远光灯指示灯、机油压力指示灯、后雾灯指示灯、冷却液温度和冷却液不足显示指示灯、选挡杆指示灯

G17-车外温度传感器 G32-冷却液不足显示传感器 H3-警报蜂鸣器和警报音 J285-组合仪表中的控制单元 J362-防盗锁止系统控制单元 K1-近光灯指示灯 K3-机油压力指示灯 K13-后雾灯指示灯 K28-冷却液温度和冷却液不足显示指示灯 K169-选挡杆指示灯 T2ad-2芯插头连接，黑色 T2r-2芯插头连接，黑色 T32a-32芯插头连接，蓝色 410-接地连接1（传感器接地），在主导线束中

图5-5-28

Reset（复位）按钮、时钟调节按钮、组合仪表中的控制单元、左侧转向信号灯指示灯、安全气囊指示灯、右侧转向信号灯指示灯、燃油表指示灯、后备箱盖打开指示灯、电子稳定程序和ASR指示灯、机电式助力转向器指示灯、灯泡失灵指示灯、选挡杆位置显示

组合仪表中的控制单元、安全带警告指示灯、定速巡航装置指示灯、ABS指示灯、车门打开指示灯

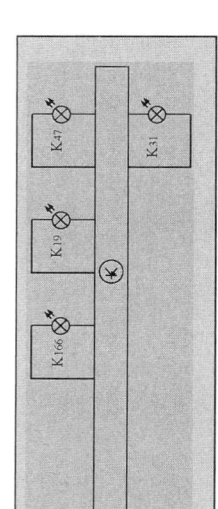

| 421 | 422 | 423 | 424 | 425 | 426 | 427 | 428 | 429 | 430 | 431 | 432 | 433 | 434 |

图 5-5-31

J285-组合仪表中的控制单元 K19-安全带警告指示灯 K31-定速巡航装置指示灯 K47-ABS指示灯 K166-车门打开指示灯

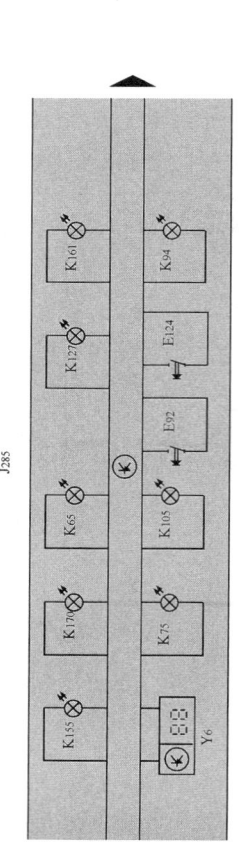

| 407 | 408 | 409 | 410 | 411 | 412 | 413 | 414 | 415 | 416 | 417 | 418 | 419 | 420 |

图 5-5-30

E92-Reset（复位）按钮 E124-时钟调节按钮 J285-组合仪表中的控制单元 K65-左侧转向信号灯指示灯 K75-安全气囊指示灯 K94-右侧转向信号灯指示灯 K105-燃油表指示灯 K127-后备箱盖打开指示灯 K155-电子稳定程序和ASR指示灯 K161-机电式助力转向器指示灯 K170-灯泡失灵指示灯 Y6-选挡杆位置显示

第六章　柯珞克（Karoq）

第一节　发动机系统

发动机系统电路图（自 2017 年 12 月起）的图号和图名对照表见表 6-1-1。

表 6-1-1　发动机系统电路图（自 2017 年 12 月起）的图号和图名对照表

图号	图名
图 6-1-1~图 6-1-2	散热器风扇电路图
图 6-1-3~图 6-1-29	带自动启停系统的 1.4 L 汽油发动机（CSS、CSSA）电控系统电路图

主继电器、散热器风扇控制单元

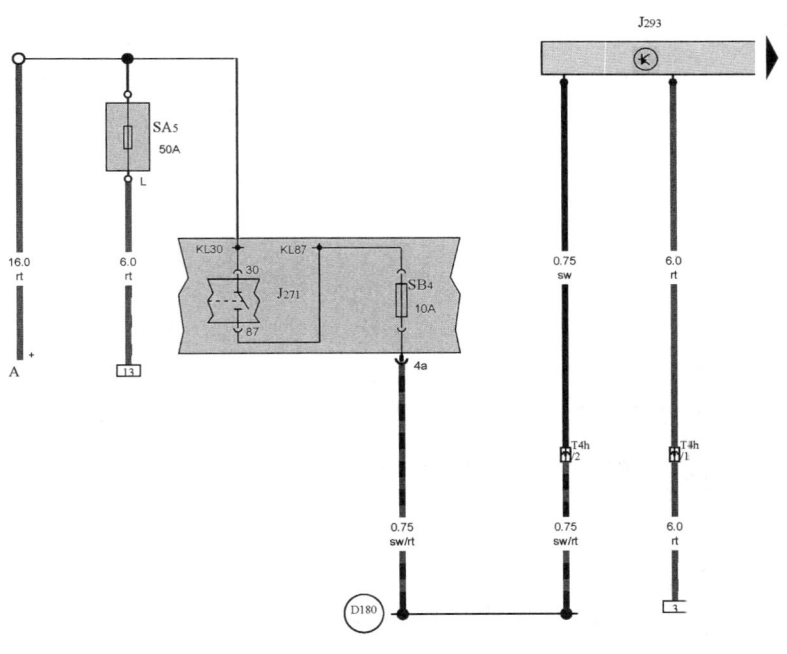

A-蓄电池　J271-主继电器　J293-散热器风扇控制单元　SB4-保险丝架B上的保险丝4　SA5-保险丝架A上的保险丝5　T4h-4芯插头连接，黑色　D180-连接（87a），在发动机舱导线束中

图6-1-1

蓄电池、启动起、交流发电机、电压调节器、蓄电池监控控制单元

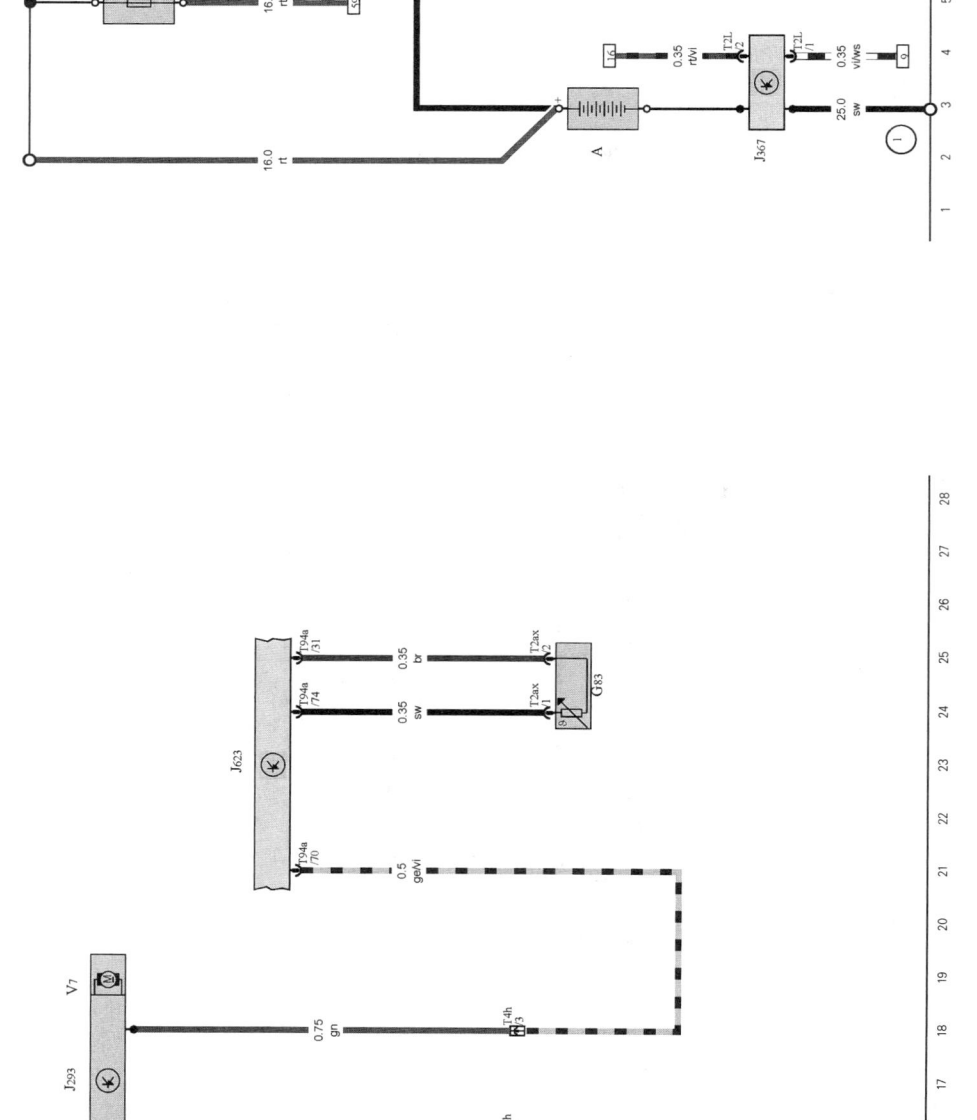

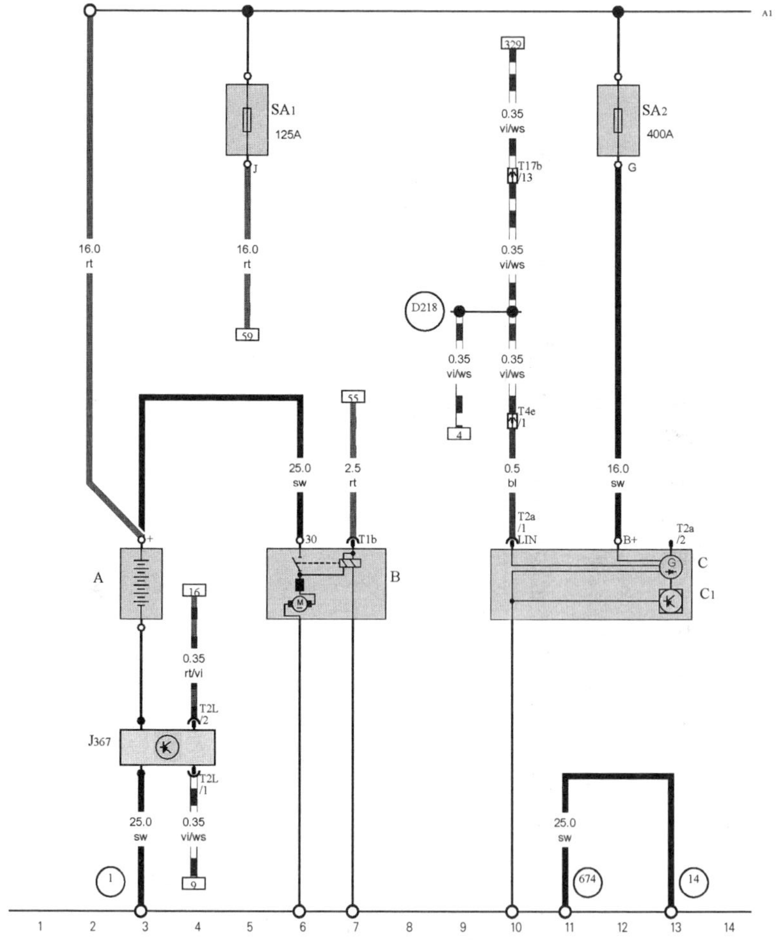

A-蓄电池 B-启动机 C-交流发电机 C1-电压调节器 J367-蓄电池监控控制单元 SA1-保险丝架A上的保险丝1 SA2-保险丝架A上的保险丝2 T1b-1芯插头连接 黑色 T2a-2芯插头连接 黑色 T2L-2芯插头连接 接线站内，左侧A柱，棕色 1-接地，黑色 T4e-4芯插头连接，左前纵梁上。黑色 T17b-17芯插头连接 接线站内，左侧A柱，棕色 1-接地，蓄电池-车身 14-变速器上的接地点4 D218-连接1（LIN总线），在发动机舱导线束中

图 6-1-3

散热器出口处的冷却液温度传感器、散热器风扇控制单元、发动机控制单元、散热器风扇

图 6-1-2

G83-散热器出口处的冷却液温度传感器 J293-散热器风扇控制单元 J623-发动机控制单元 T2ax-2芯插头连接，黑色 T4h-4芯插头连接，黑色 T94a-94芯插头连接，黑色 V7-散热器风扇 671-左前纵梁上的接地点1

758

保险丝架 B

SB

SB17 7.5A 17a — 0.35 rt/sw —(D104)— 0.35 rt/sw — T14d
                              0.5 rt/sw — T18
SB10 15A 10a — 1.0 rt/bl — T117
SB9 20A 9a — 1.5 sw/bl — T300
SB8 15A 8a — 1.0 ws/rt — T161
SB7 10A 7a — 0.75 rt/ws — T14a T18
                          1.0 vi/ws — T277
SB6 5A 6a — 0.35 ws/rt — T139

| 29 | 30 | 31 | 32 | 33 | 34 | 35 | 36 | 37 | 38 | 39 | 40 | 41 | 42 |

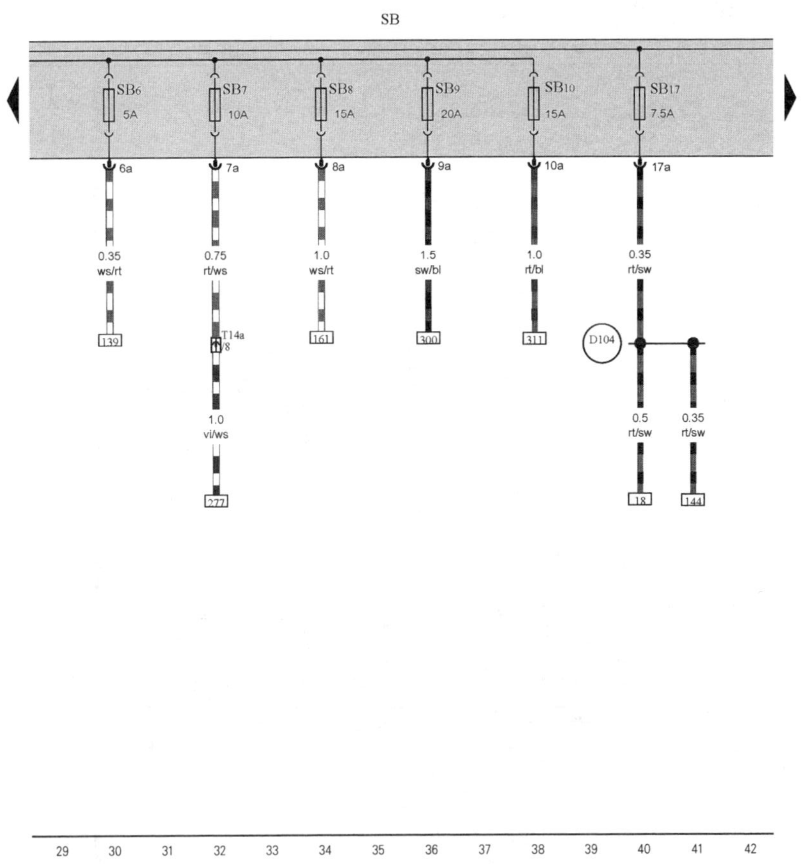

SB–保险丝架B SB6–保险丝架B上的保险丝6 SB7–保险丝架B上的保险丝7 SB8–保险丝架B上的保险丝8
SB9–保险丝架B上的保险丝9 SB10–保险丝架B上的保险丝10 SB17–保险丝架B上的保险丝17 T14a–14芯
插头连接，左前纵梁上，灰色 D104–正极连接2（30a），在发动机舱导线束中

图 6-1-5

主继电器，保险丝架 B

SB

SB4 10A 4a —(D180)— 0.75 sw/rt — T54
SB3 15A 3a —(D182)— 1.0 rt/gn — T114
                      1.0 rt/gn — T113
KL87
J271 30 87
      86 85 42 — 0.5 sw/gr — T119
              41 — 0.5 rt/sw — T40
SB18 5A 18a — 0.35 rt/vi — T4
KL30
A1

| 15 | 16 | 17 | 18 | 19 | 20 | 21 | 22 | 23 | 24 | 25 | 26 | 27 | 28 |

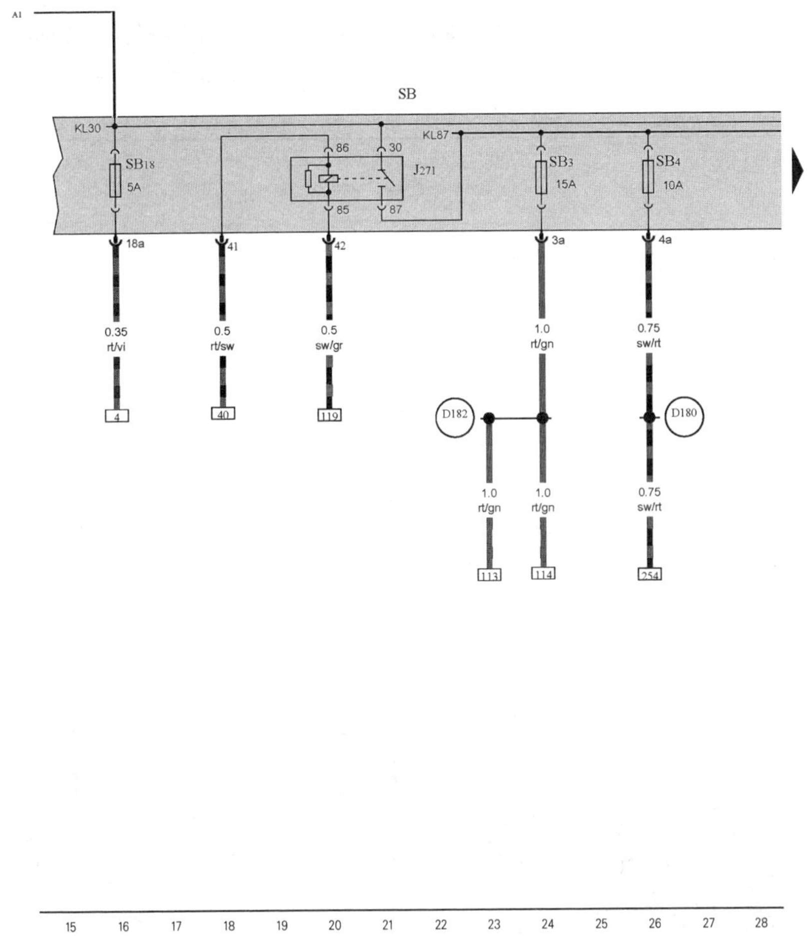

J271–主继电器 SB–保险丝架B SB3–保险丝架B上的保险丝3 SB4–保险丝架B上的保险丝4 SB18–保险丝
架B上的保险丝18 D180–连接（87a）, 在发动机舱导线束中 D182–连接3（87a）, 在发动机舱导线束中

图 6-1-4

接线端 15 供电继电器、车载电网控制单元

启动机继电器 1、启动机继电器 2、保险丝架 B

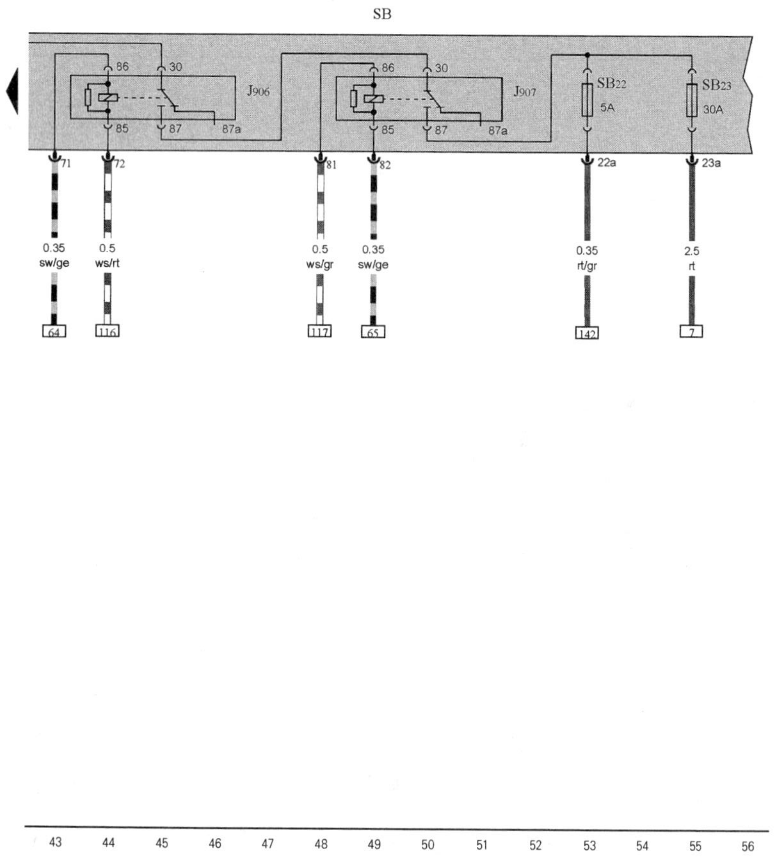

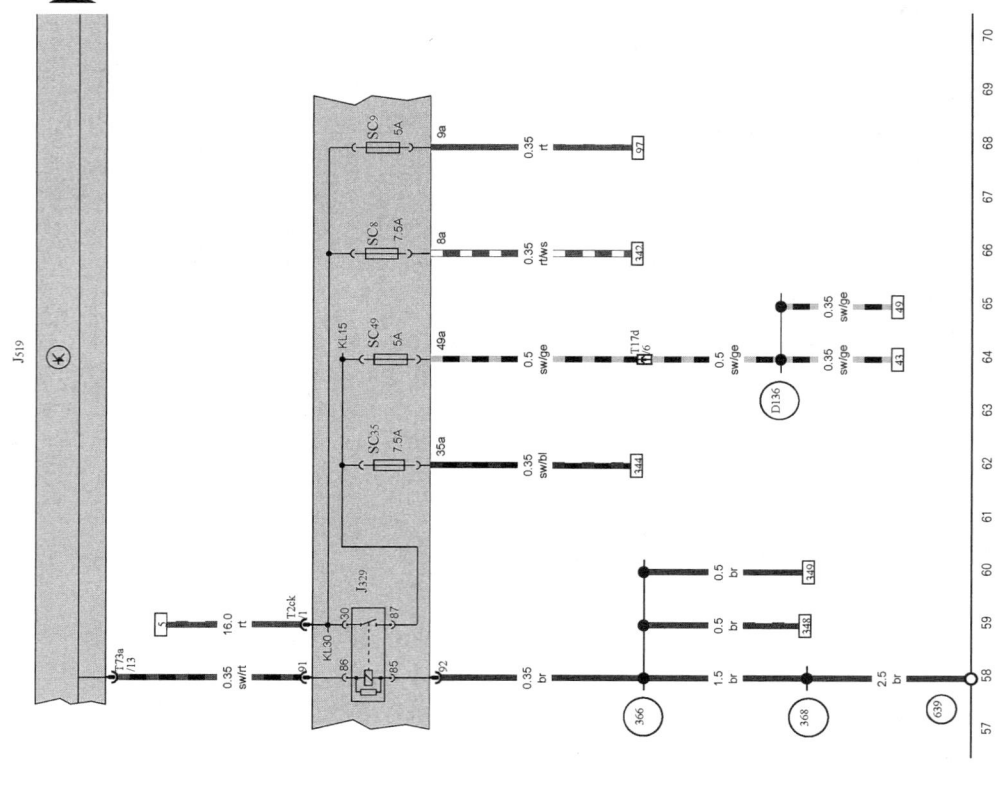

图 6-1-7

图 6-1-6

J329-接线端15供电继电器 J519-车载电网控制单元 SC8-保险丝架C上的保险丝8 SC9-保险丝架C上的保险丝9 SC35-保险丝架C上的保险丝35 SC49-保险丝架C上的保险丝49 T2ck-2芯捅头连接、黑色 T17d-17芯捅头连接、接线站内、左侧A柱、左侧A柱 T73a-73芯捅头连接1、在主导线束中 366-接地连接1、在主导线束中 368-接地连接3、在主导线束中 639-左侧A柱上的接地点 D136-正极连接2 (15a)、在发动机舱导线束中

J906-启动机继电器1 J907-启动机继电器2 SB-保险丝架B SB22-保险丝架B上的保险丝22 SB23-保险丝架B上的保险丝23

760

点火启动开关、冷却液不足显示传感器、车载电网控制单元、转向柱电子装置控制单元

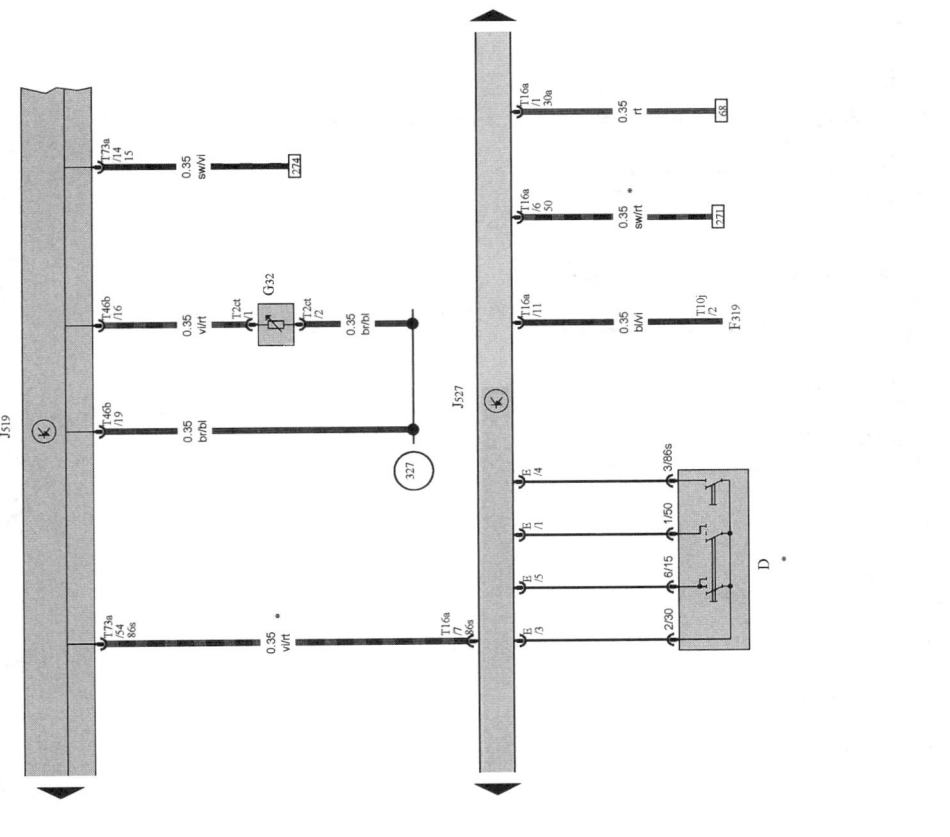

D-点火启动开关 F319-选挡杆挡位P锁止开关 G32-冷却液不足显示传感器 J519-车载电网控制单元
J527-转向柱电子装置控制单元 T2ct-2芯插头连接 T10j-10芯插头连接 T16a-16芯插头连接 黑色
接，黑色 T46b-46芯插头连接，黑色 T73a-73芯插头连接，黑色 327-接地连接（传感器接地），在发动
机舱导线束中 *-用于不带进入及启动许可的汽车

图 6-1-9

中控台开关模块 1、启动 / 停止模式按钮、车载电网控制单元、转向柱电子装置控制单元、
启动 / 停止运行模式指示灯、开关照明灯泡

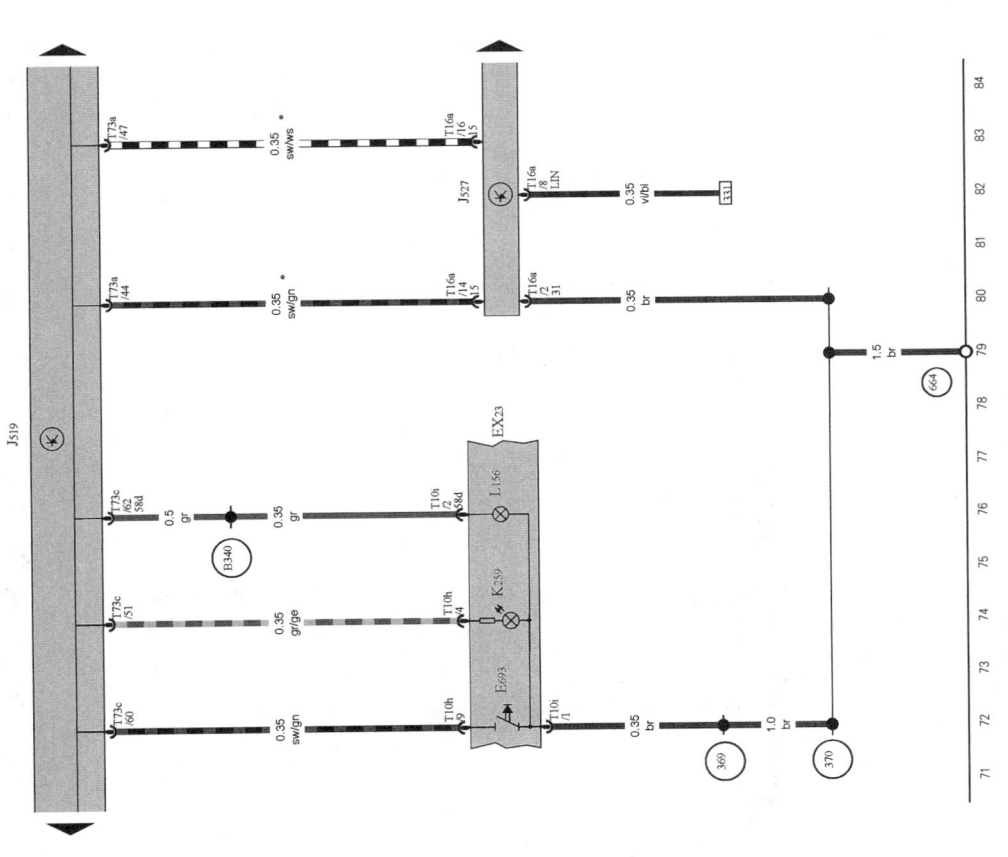

EX23-中控台开关模块1 E693-启动/停止模式按钮 J519-车载电网控制单元 J527-转向柱电子装置控制
单元 K259-启动/停止运行模式指示灯 L156-开关照明灯泡 T10h-10芯插头连接，红色 T10i-10芯插
头连接，黑色 T16a-16芯插头连接，黑色 T73a-73芯插头连接，黑色 T73c-73芯插头连接，黑色 369-
接连接4，在主导线束中 370-接地连接5，在主导线束中 664-左侧仪表板后面的接地点 B340-连接1
（58d），在主导线束中 *-用于不带进入及启动许可的汽车

图 6-1-8

761

散热器出口处的冷却液温度传感器、发动机控制单元

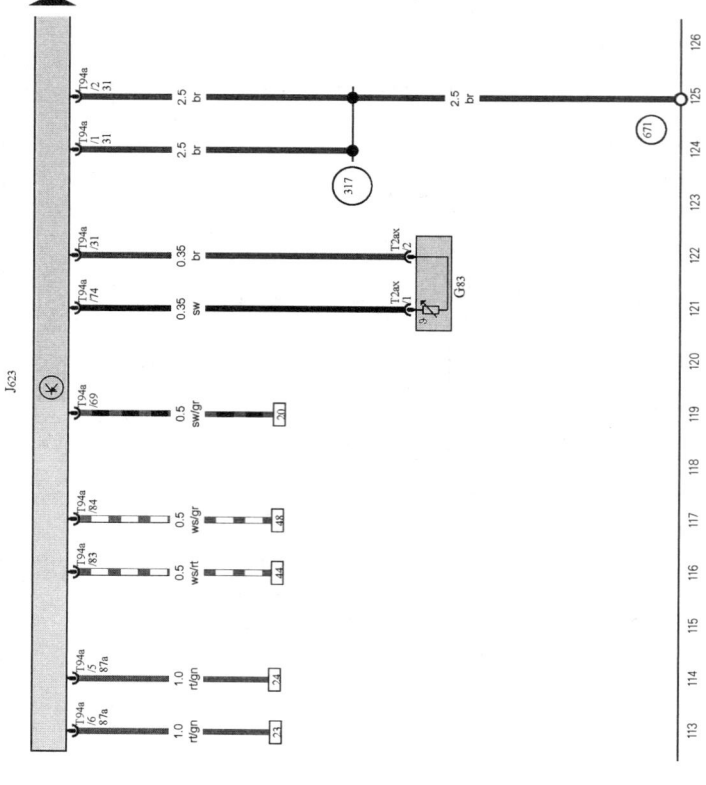

G83-散热器出口处的冷却液温度传感器 J623-发动机控制单元 T2ax-2芯插头连接、黑色 T94a-94芯插头连接、黑色 317-接地连接7、在发动机舱导线束中 671-左前纵梁上的接地点1

图6-1-11

定速巡航装置开关、定速巡航装置设置按钮、转向柱电子装置控制单元

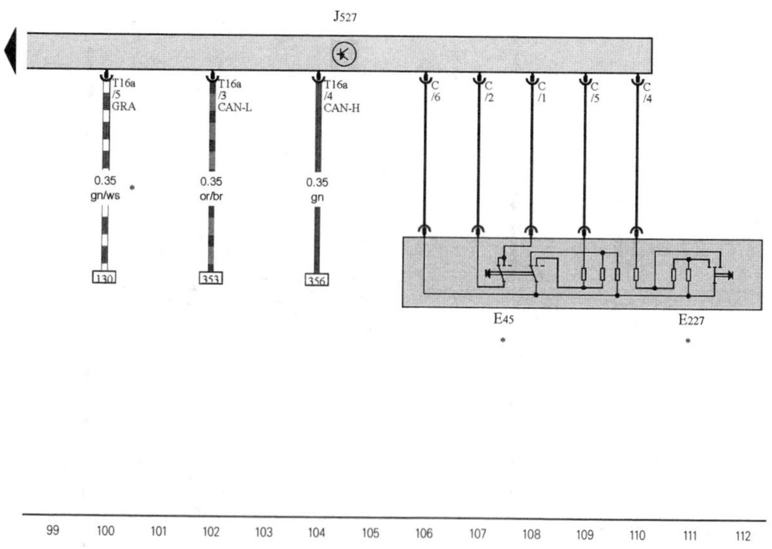

E45-定速巡航装置开关 E227-定速巡航装置设置按钮 J527-转向柱电子装置控制单元 T16a-16芯插头连接、黑色 *-用于带定速巡航装置的汽车

图6-1-10

油门踏板位置传感器、油门踏板位置传感器 2、发动机控制单元

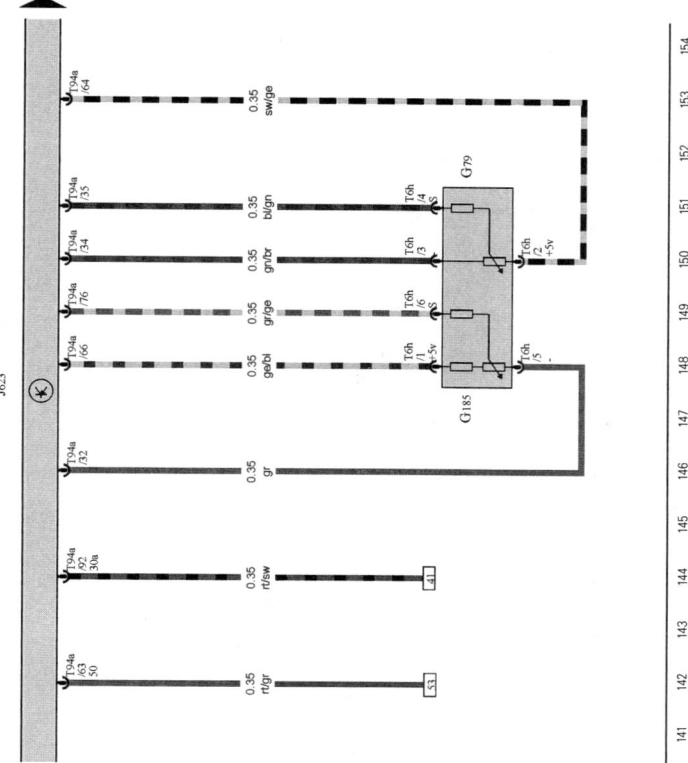

G79-油门踏板位置传感器　G185-油门踏板位置传感器2　J623-发动机控制单元　T6h-6芯插头连接、黑色
T94a-94芯插头连接、黑色

图 6-1-13

制动信号灯开关、制动踏板开关、发动机控制单元

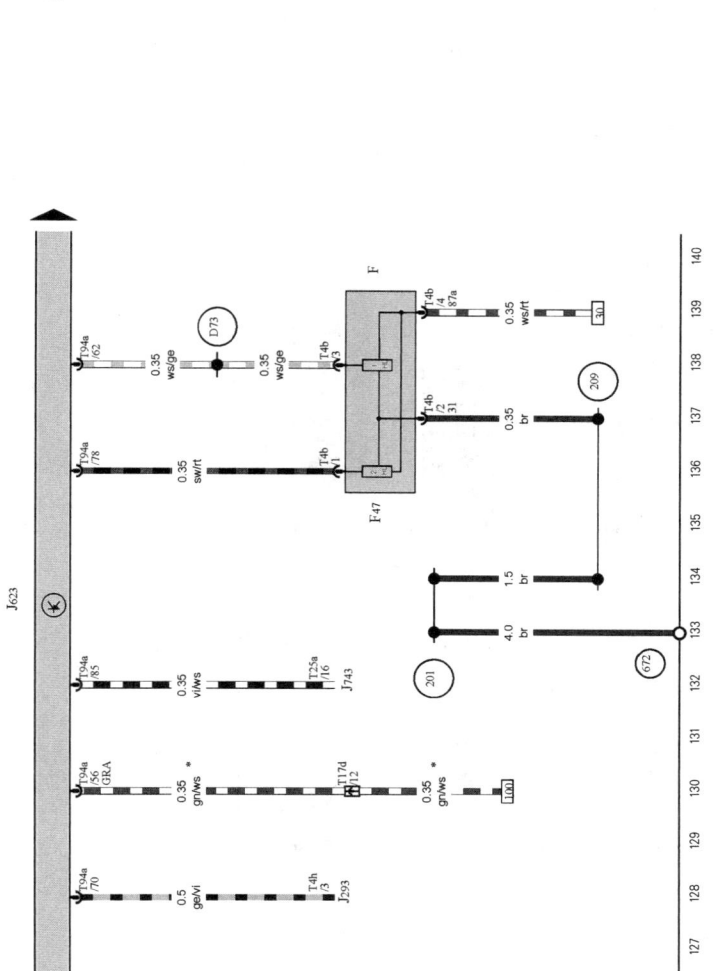

图 6-1-12

F-制动信号灯开关　F47-制动踏板开关　J293-散热器风扇控制单元　J623-发动机控制单元　J743-双离合器
变速器机电装置　T4b-4芯插头连接、黑色　T4h-4芯插头连接、黑色　T17d-17芯插头连接、左
侧A柱、接线站内，黑色　T25a-25芯插头连接，黑色　T94a-94芯插头连接，黑色　201-接地连接5，在发动机舱导线束
中　209-接地连接6，在发动机舱导线束中　672-左前纵梁上的接地点2　D73-正极连接（54），在发动机舱
号线束中　*-用于带定速巡航装置的汽车

763

氧传感器、尾气催化净化器后的氧传感器、发动机控制单元、氧传感器加热装置、尾气催化净化器后的氧传感器 1 加热装置

冷却液温度传感器、电控油门操纵机构的节气门驱动装置、电控油门操纵机构的节气门驱动装置角度传感器 1、电控油门操纵机构的节气门驱动装置角度传感器 2、节气门控制单元、发动机控制单元

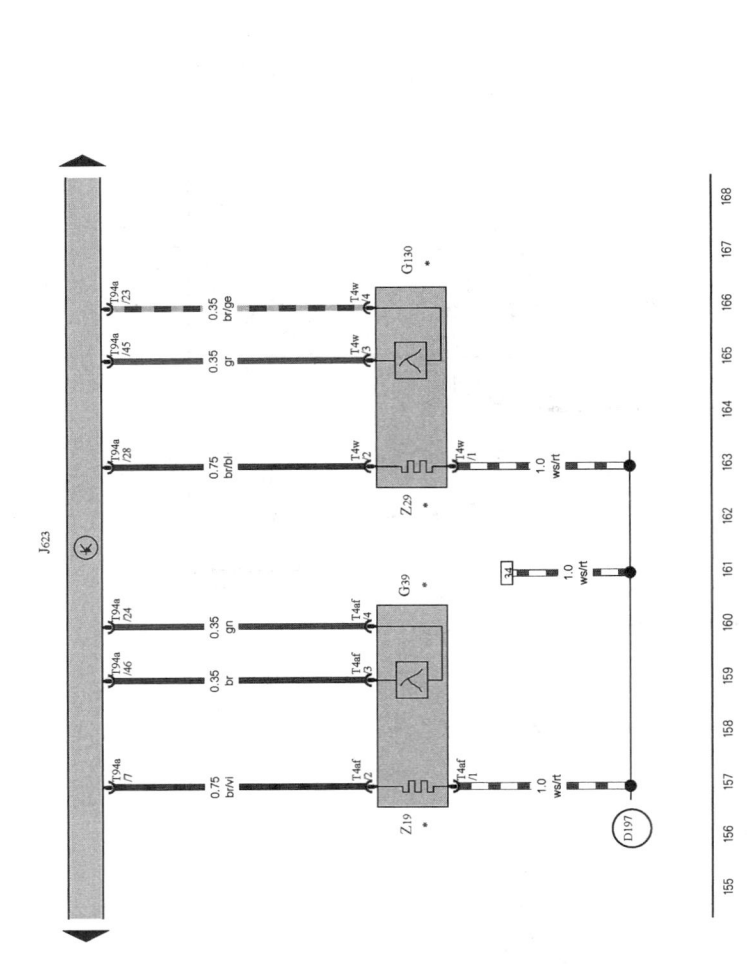

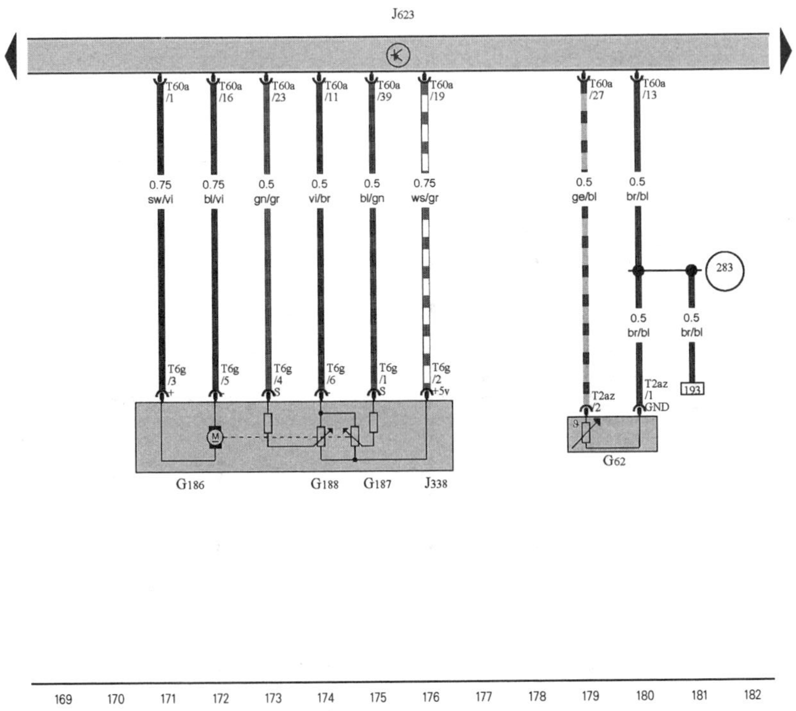

图 6-1-15

G62-冷却液温度传感器 G186-电控油门操纵机构的节气门驱动装置 G187-电控油门操纵机构的节气门驱动装置角度传感器 1 G188-电控油门操纵机构的节气门驱动装置角度传感器 2 J338-节气门控制单元 J623-发动机控制单元 T2az-2芯插头连接，黑色 T6g-6芯插头连接，黑色 T60a-60芯插头连接，黑色 283-接地连接 2，在发动机预接线导线束中

图 6-1-14

G39-氧传感器 G130-尾气催化净化器后的氧传感器 J623-发动机控制单元 T4af-4芯插头连接，棕色 T4w-4芯插头连接，黑色 T94a-94芯插头连接，黑色 Z19-氧传感器加热装置 Z29-尾气催化净化器后的氧传感器加热装置 D197-连接5（87a），在发动机舱导线束中 *-已预先布线的部件

发动机控制单元、气缸 1 喷油器、气缸 2 喷油器、气缸 3 喷油器、气缸 4 喷油器

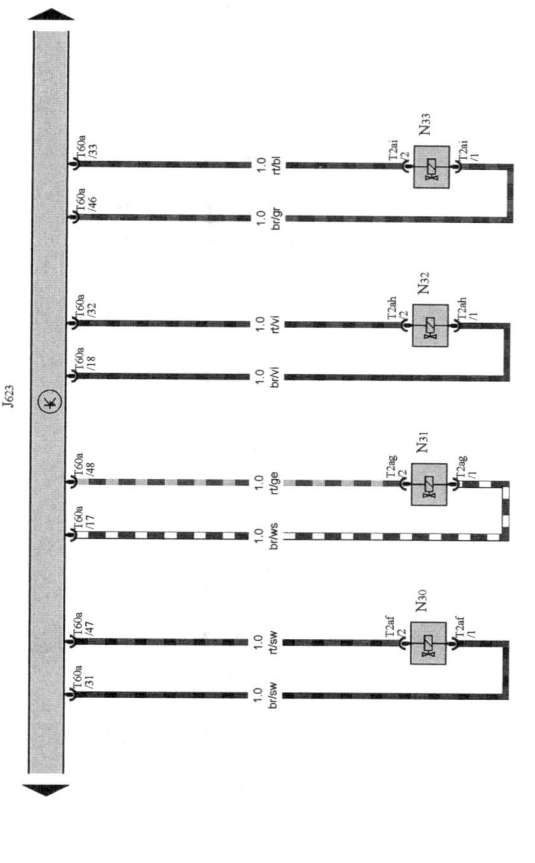

J623－发动机控制单元　N30－气缸1喷油器　N31－气缸2喷油器　N32－气缸3喷油器　N33－气缸4喷油器
T2af－2芯插头连接，黑色　T2ag－2芯插头连接，黑色　T2ah－2芯插头连接，黑色　T2ai－2芯插头连接，黑色
T60a－60芯插头连接，黑色

图 6-1-17

爆震传感器 1、发动机控制单元、燃油压力调节阀、增压压力调节器

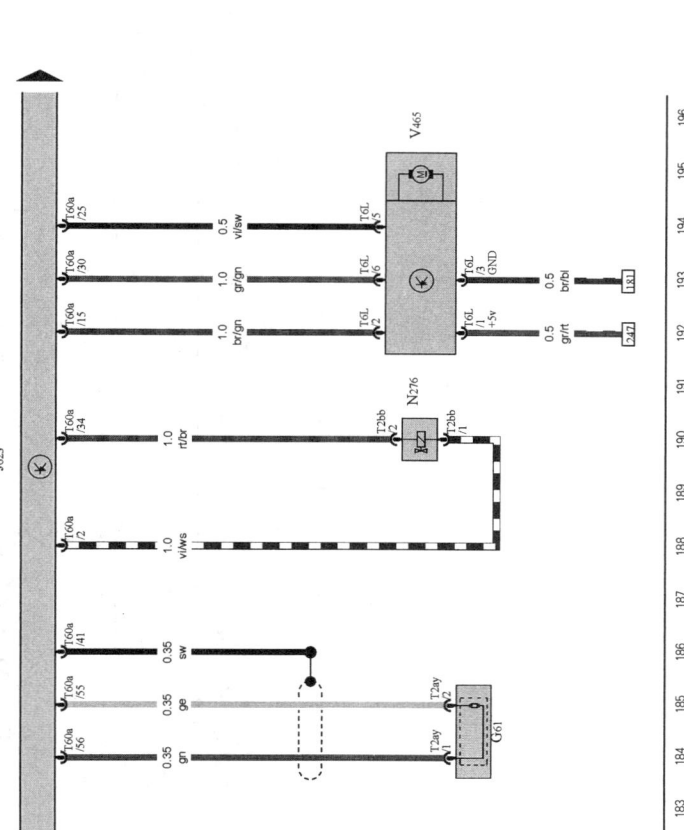

G61－爆震传感器1　J623－发动机控制单元　N276－燃油压力调节阀　T2ay－2芯插头连接，黑色　T2bb－2芯插
头连接，黑色　T6L－6芯插头连接，灰色　T60a－60芯插头连接，黑色　V465－增压压力调节器

图 6-1-16

765

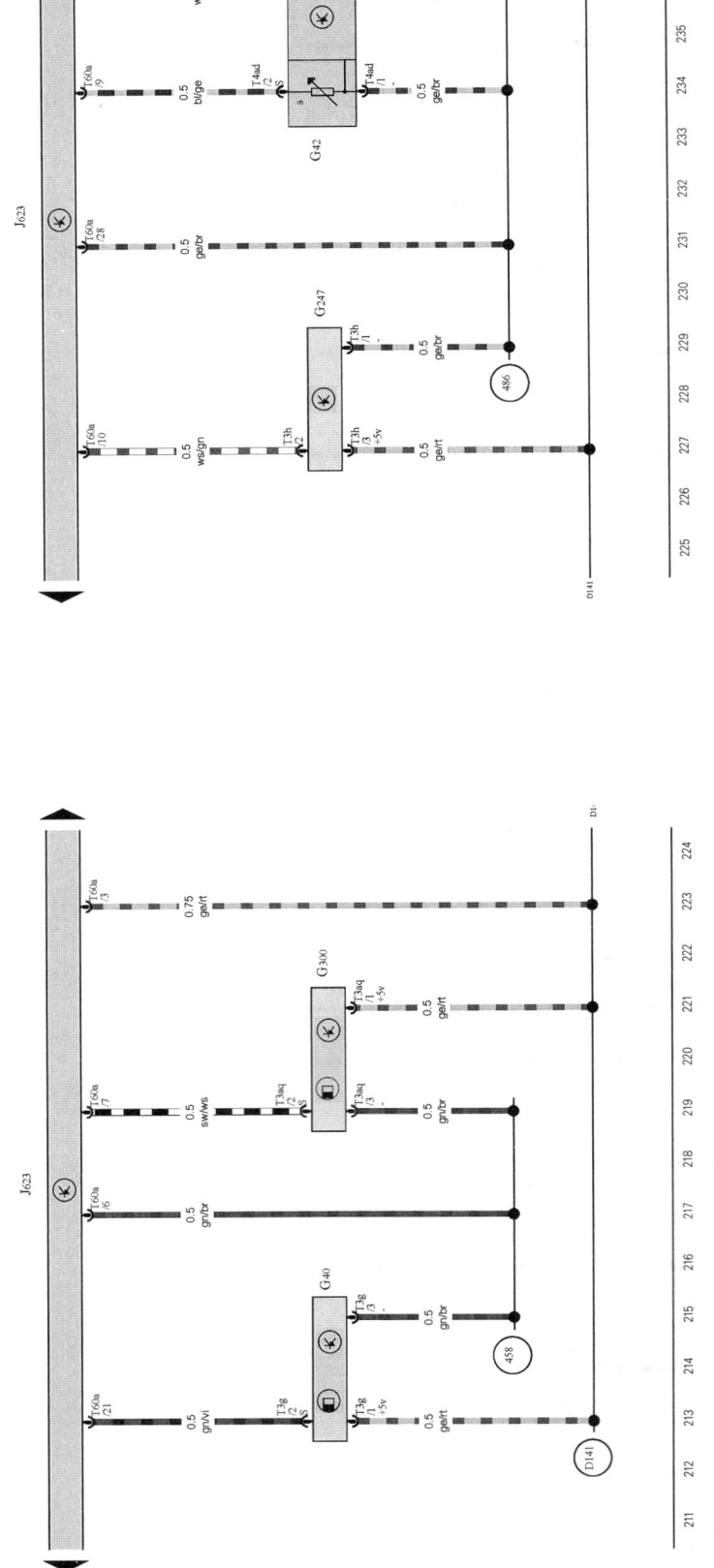

霍耳传感器、霍耳传感器3、发动机控制单元

进气温度传感器、进气歧管压力传感器、燃油压力传感器、发动机控制单元

G40−霍耳传感器 G300−霍耳传感器3 J623−发动机控制单元 T3aq−3芯插头连接，黑色 T3g−3芯插头连接，黑色 T60a−60芯插头连接，黑色 458−接地连接，黑色 458−接地连接3，在发动机预接线导线束中 D141−连接（5V），在发动机前部导线束中

图6−1−18

G42−进气温度传感器 G71−进气歧管压力传感器 G247−燃油压力传感器 J623−发动机控制单元 T3h−3芯插头连接，黑色 T4ad−4芯插头连接，黑色 T60a−60芯插头连接，黑色 486−接地连接4，在发动机预接线导线束中 D141−连接（5V），在发动机前部导线束中

图6−1−19

766

发动机转速传感器、增压压力传感器、进气温度传感器2、发动机控制单元

发动机控制单元、活性炭罐电磁阀1、凸轮轴调节阀1、凸轮轴调节阀1、排气凸轮轴调节阀1、机油压力调节阀

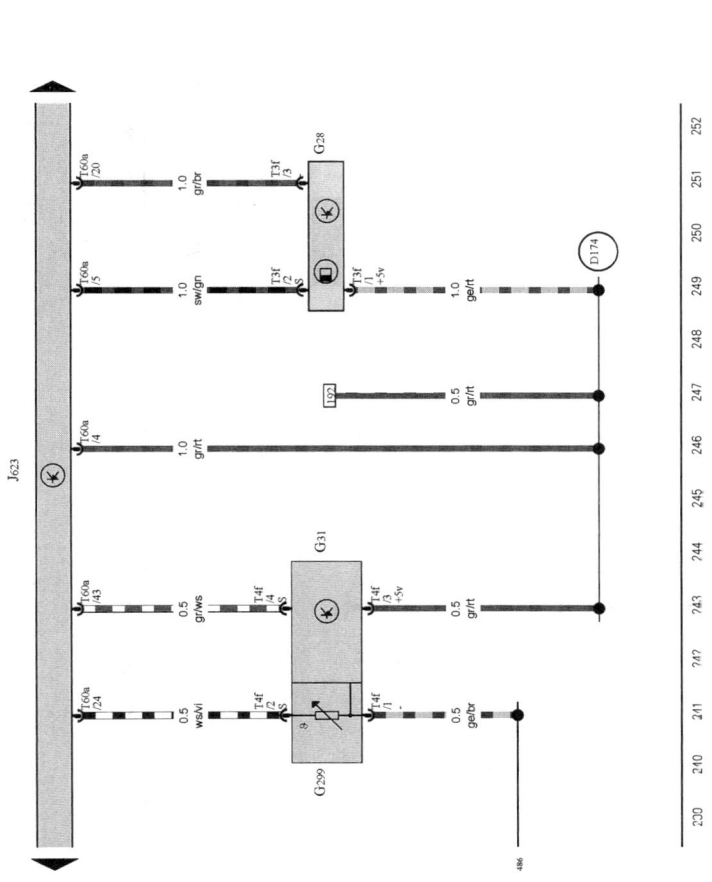

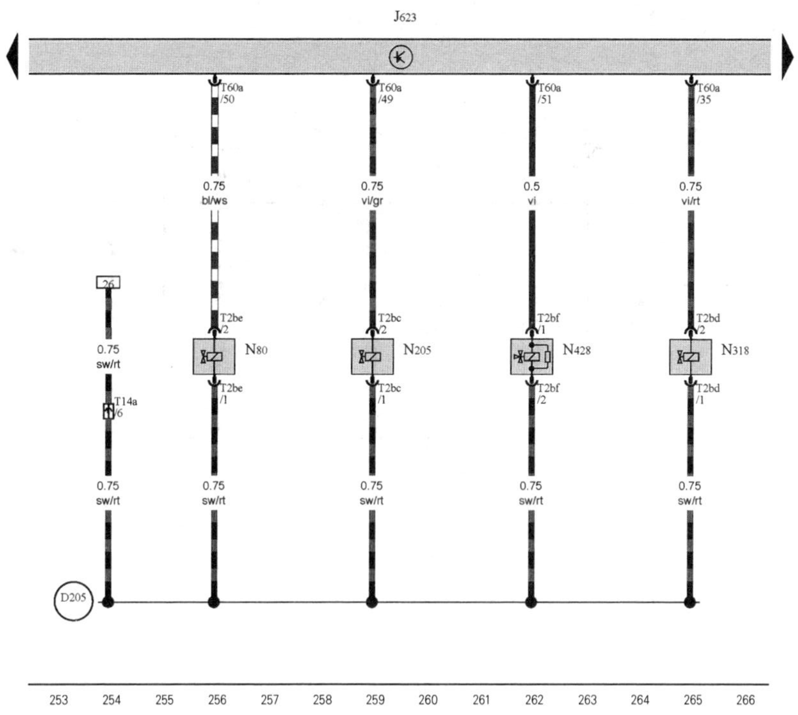

G28-发动机转速传感器 G31-增压压力传感器 G299-进气温度传感器2 J623-发动机控制单元 T3f-3芯插头连接，黑色 T4f-4芯插头连接，黑色 T60a-60芯插头连接，黑色 486-接地连接4，在发动机顶接线导线束中 D174-连接2（5V），在发动机顶接线导线束中

图6-1-20

J623-发动机控制单元 N80-活性炭罐电磁阀1 N205-凸轮轴调节阀1 N318-排气凸轮轴调节阀1 N428-机油压力调节阀 T2bc-2芯插头连接，黑色 T2bd-2芯插头连接，黑色 T2be-2芯插头连接，黑色 T2bf-2芯插头连接，黑色 T14a-14芯插头连接，灰色 T60a-60芯插头连接，黑色 D205-连接3芯插头连接，黑色 左前纵梁上，（87a），在发动机顶接线导线束中

图6-1-21

发动机控制单元、带功率输出级的点火线圈 1、带功率输出级的点火线圈 2、带功率输出级的点火线圈 3、火花塞插头、火花塞

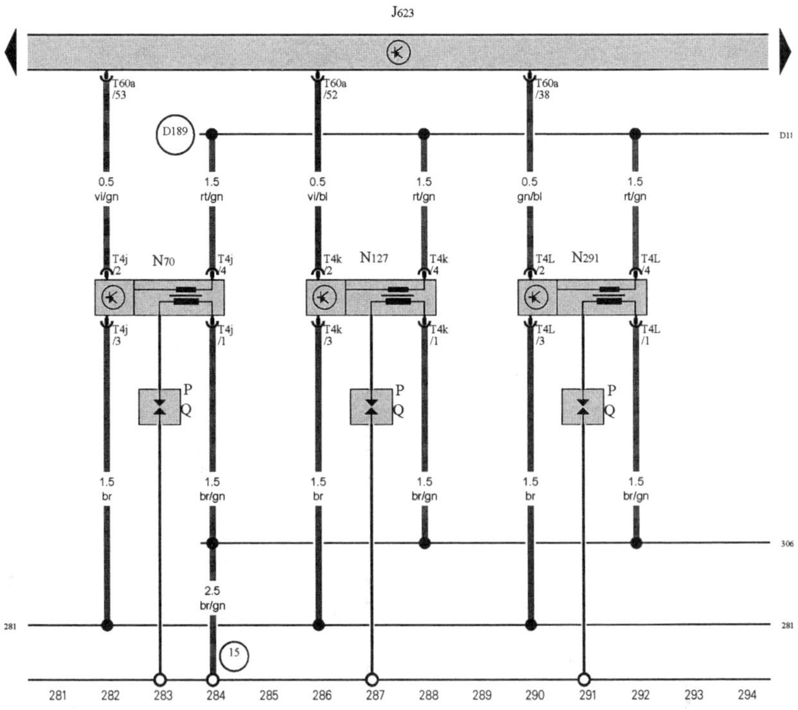

发动机控制单元、冷却液循环泵

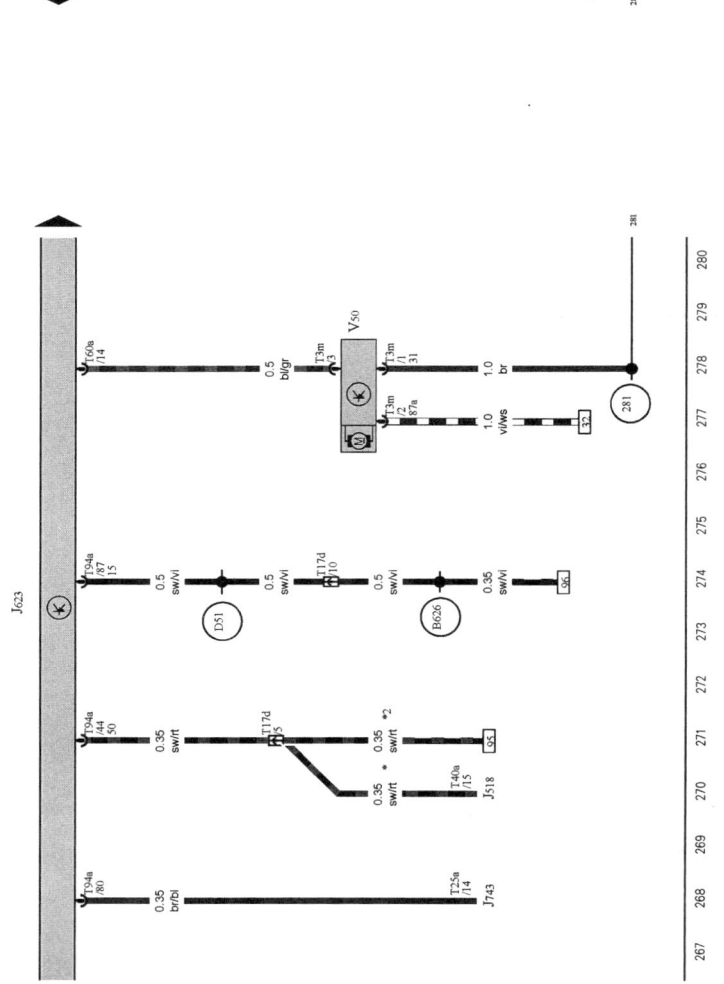

图 6-1-23

图 6-1-22

J623-发动机控制单元 N70-带功率输出级的点火线圈1 N127-带功率输出级的点火线圈2 N291-带功率输出级的点火线圈3 P-火花塞插头 Q-火花塞 T4j-4芯插头连接，黑色 T4k-4芯插头连接，黑色 T4L-4芯插头连接，黑色 T60a-60芯插头连接，黑色 15-气缸盖上的接地点 281-接地连接，黑色 306-接地连接（点火线圈），在主导线束中 D189-连接（87a），在发动机预接线导线束中 D11-连接，在发动机预接线导线束中

J518-进入及启动许可控制单元 J623-发动机控制单元 J743-双离合器变速器机电装置 T3m-3芯插头连接 T17d-17芯插头连接，左侧A柱内，蓝色 T25a-25芯插头连接，黑色 T40a-40芯插头连接，黑色 T60a-60芯插头连接，黑色 T94a-94芯插头连接，黑色 V50-冷却液循环泵 281-接地连接 1，在发动机预接线导线束中 B626-正极连接 2（15），在主导线束中 D51-正极连接 1（15），在发动机舱导线束中 *-用于带进入及启动许可的汽车 *2-用于不带进入及启动许可的汽车

768

机油压力开关、机油压力降低开关、发动机控制单元、带功率输出级的点火线圈4、火花
塞插头、火花塞

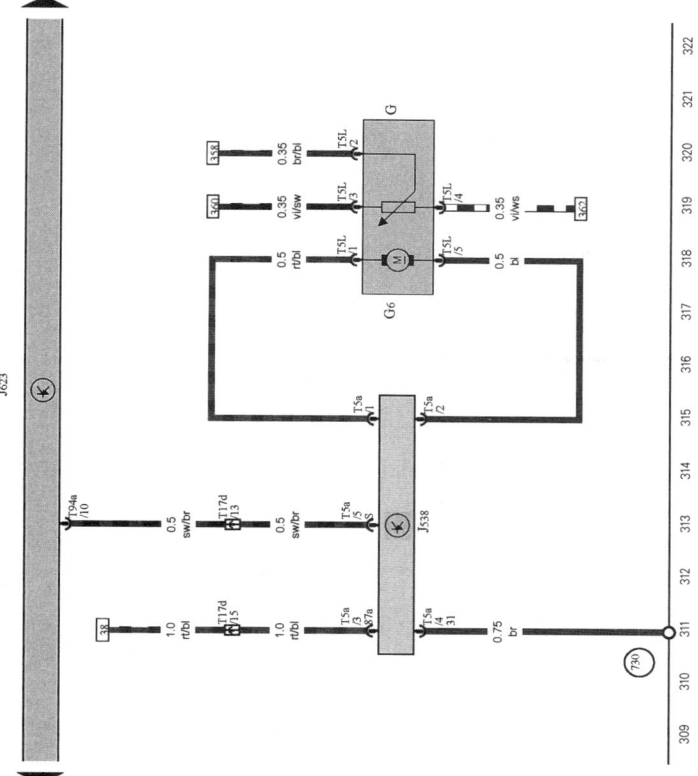

燃油表传感器、预供给燃油泵、燃油泵控制单元、发动机控制单元

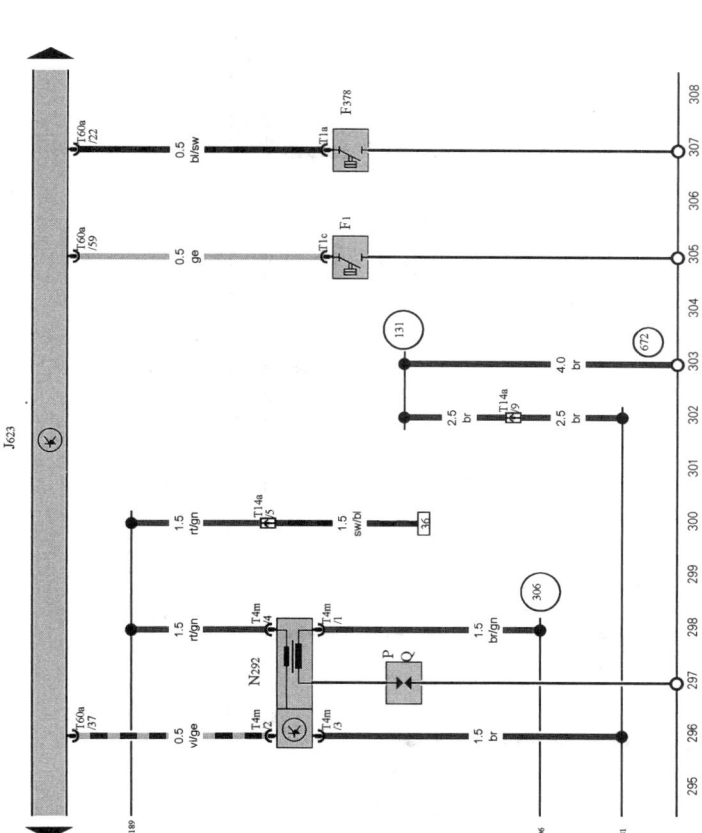

G-燃油表传感器 G6-预供给燃油泵 J538-燃油泵控制单元 J623-发动机控制单元 T5a-5芯插头连接 T5c-5芯插头连接 T5L-5芯插头连接 T17d-17芯插头连接 T94a-94芯插头连接
色 T5L-5芯插头连接, 黑色 T17d-17芯插头连接, 接线站内, 左侧A柱, 蓝色 T94a-94芯插头连接, 黑
色 730-右后轮草上的接地点1

图 6-1-25

F1-机油压力开关 F378-机油压力降低开关 J623-发动机控制单元 N292-带功率输出级的点火线圈4 P-
火花塞插头 Q-火花塞 T1a-1芯插头连接, 黑色 T1c-1芯插头连接, 蓝色 T4m-4芯插头连接, 黑色
T14a-14芯插头连接, 灰色 T60a-60芯插头连接, 黑色 131-接地连接, 在发动机舱导线束
束中 281-接地连接1, 在发动机顶部接线导线束中 306-接地连接(点火线圈), 在发动机顶部接线导线束中
672-左前纵梁上的接地点2 D189-连接(87a), 在发动机顶部接线导线束中

图 6-1-24

769

数据总线诊断接口、诊断接口

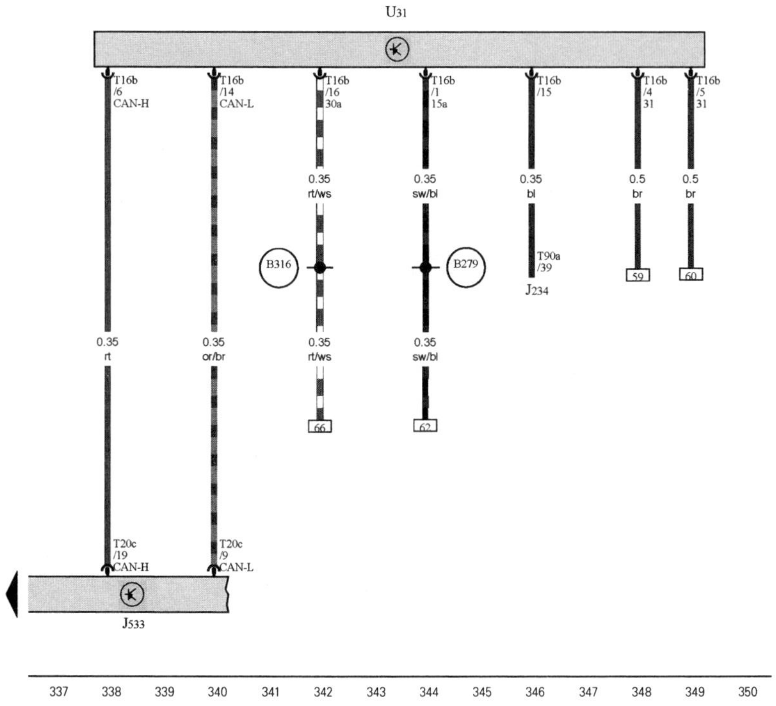

数据总线诊断接口、发动机控制单元

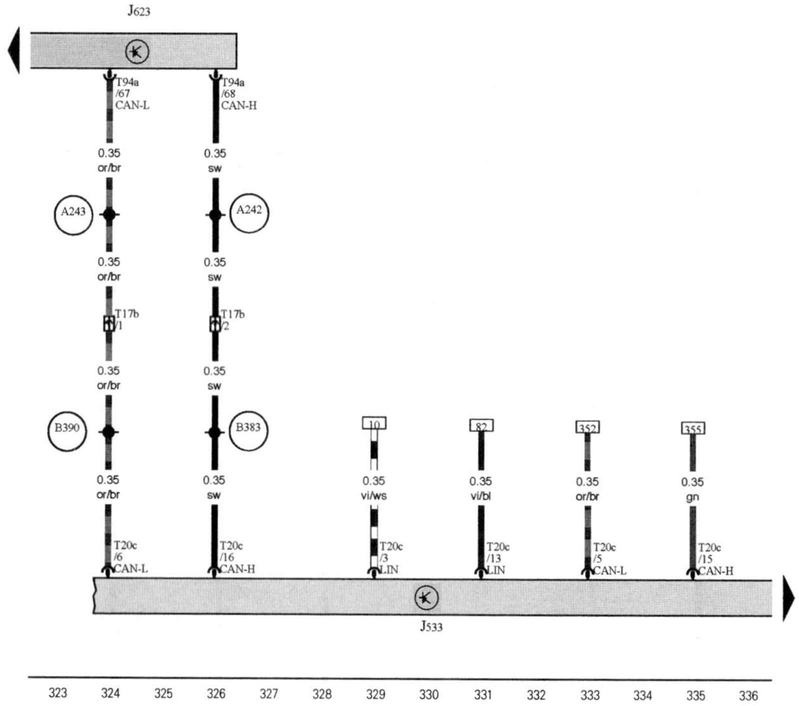

图 6-1-27

图 6-1-26

J234-安全气囊控制单元 J533-数据总线诊断接口 U31-诊断接口 B279-正极连接3（15a），在主导线束中 B316-正极连接2（30a），在主导线束中 T16b-16芯插头连接，黑色 T20c-20芯插头连接，黑色 T90a-90芯插头连接，黄色

J533-数据总线诊断接口 J623-发动机控制单元 T17b-17芯插头连接，接线站内，左侧A柱，棕色 T20c-20芯插头连接，黑色 T94a-94芯插头连接，黑色 A242-加接1（驱动CAN总线，High），在发动机舱导线束中 A243-连接1（驱动CAN总线，Low），在发动机舱导线束中 B383-连接1（驱动CAN总线，High），在主导线束中 B390-连接1（驱动CAN总线，Low），在主导线束中

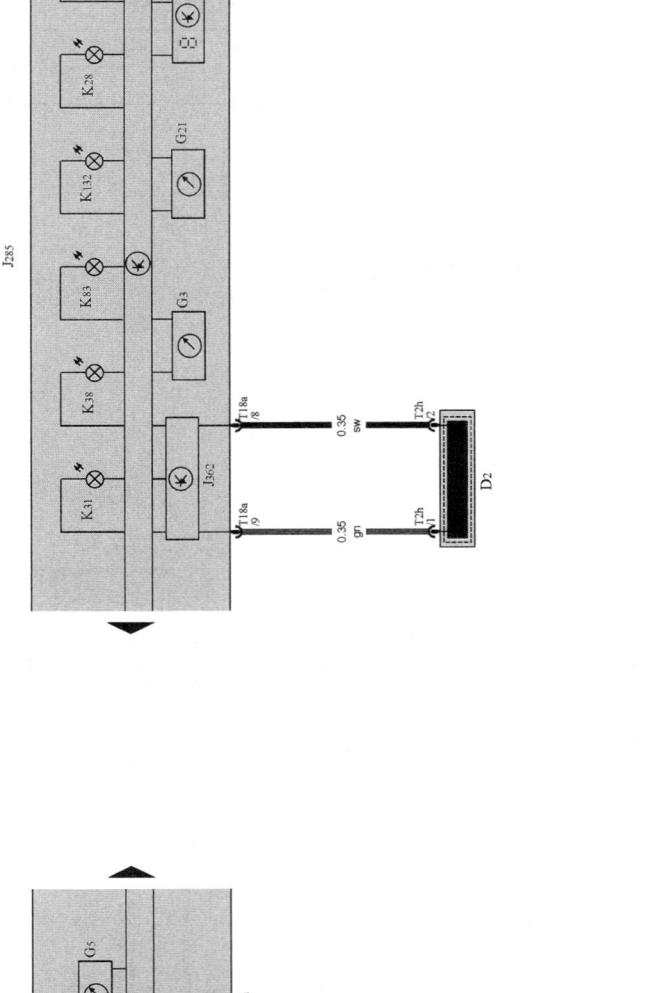

燃油表、转速表、多功能显示器、组合仪表中的控制单元、发电机指示灯、燃油表指示灯

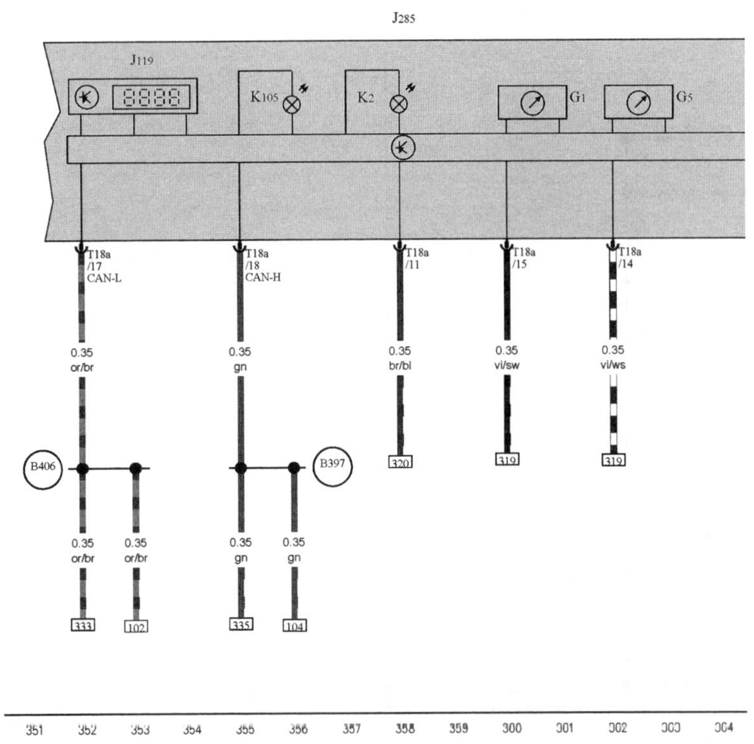

G1-燃油表 G5-转速表 J119-多功能显示器 J285-组合仪表中的控制单元 K2-发电机指示灯 K105-燃油表指示灯 T18a-18芯插头连接，黑色 B397-连接1（舒适CAN总线，High），在主导线束中 B406-连接1（舒适CAN总线，Low），在主导线束中

图 6-1-28

防盗锁止系统识读线圈、冷却液温度表、车速表、组合仪表中的控制单元、防盗锁止系统控制单元、机油压力指示灯、冷却液温度和冷却液不足显示指示灯、定速巡航装置指示灯、机油油位指示灯、废气警告灯、电子油门故障信号灯、里程表

D2-防盗锁止系统识读线圈 G3-冷却液温度表 G21-车速表 J285-组合仪表中的控制单元 J362-防盗锁止系统控制单元 K3-机油压力指示灯 K28-冷却液温度和冷却液不足显示指示灯 K31-定速巡航装置指示灯 K38-机油油位指示灯 K83-废气警告灯 K132-电子油门故障信号灯 T2h-2芯插头连接，黑色 T18a-18芯插头连接，黑色 Y4-里程表

图 6-1-29

第二节 变速器系统

变速器系统电路图（自2017年12月起）的图号和图名对照表见表6-2-1。

表6-2-1 变速器系统电路图（自2017年12月起）的图号和图名对照表

图号	图名
图6-2-1~图6-2-9	双离合器变速器 DSG

双离合器变速器机电装置

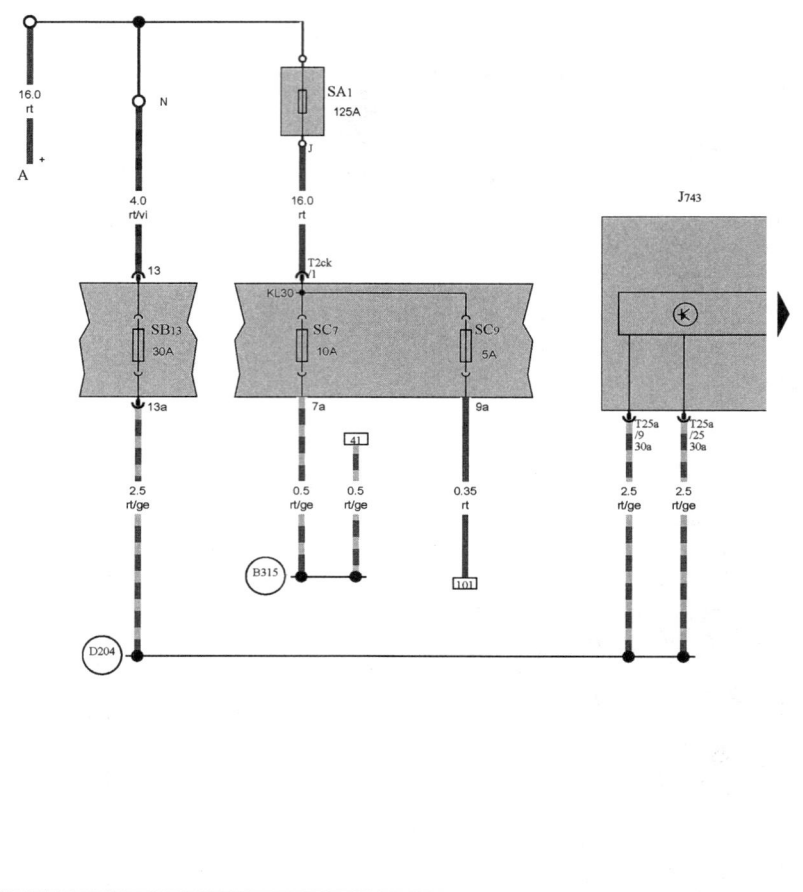

A-蓄电池 J743-双离合器变速器机电装置 SA1-保险丝架A上的保险丝1 SC7-保险丝架C上的保险丝7 SC9-保险丝架C上的保险丝9 SB13-保险丝架B上的保险丝13 T2ck-2芯插头连接，黑色 T25a-25芯插头连接，黑色 B315-正极连接1（30a），在主导线束中 D204-正极连接4（30a），在发动机舱导线束中

图 6-2-1

772

双离合器变速器机电装置、子变速器 1 中的阀门 1、子变速器 2 中的阀门 1、子变速器 2 中的阀门 2、子变速器 2 中的阀门 4、N438-子变速器 2 中的阀门 3、液压泵电机

Tiptronic 开关、选挡杆挡位 P 锁止开关、双离合器变速器机电装置、子变速器 1 中的阀门 3、子变速器 1 中的阀门 4、子变速器 2 中的阀门 2

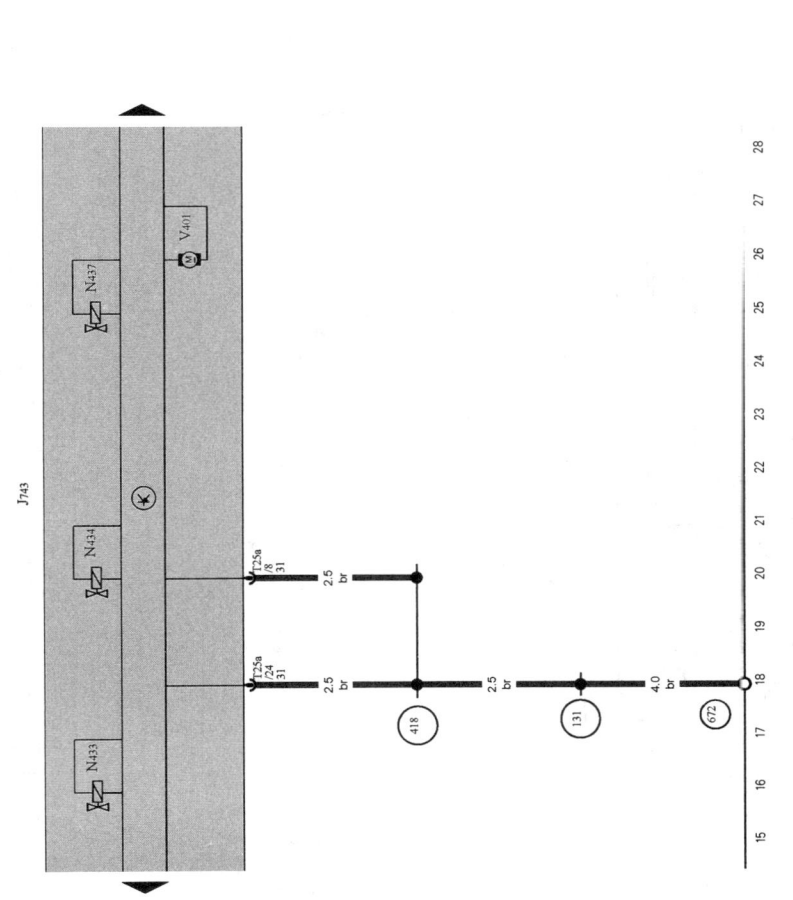

图 6-2-2

图 6-2-3

J743-双离合器变速器机电装置 N433-子变速器1中的阀门1 N434-子变速器1中的阀门2 N437-子变速器2中的阀门1 中的阀门1 T25a-25芯插头连接，黑色 V401-液压泵电机 131-接地连接2，在发动机舱导线束中 418-接地连接10，在发动机舱导线束中 672-左前纵梁上的接地点2

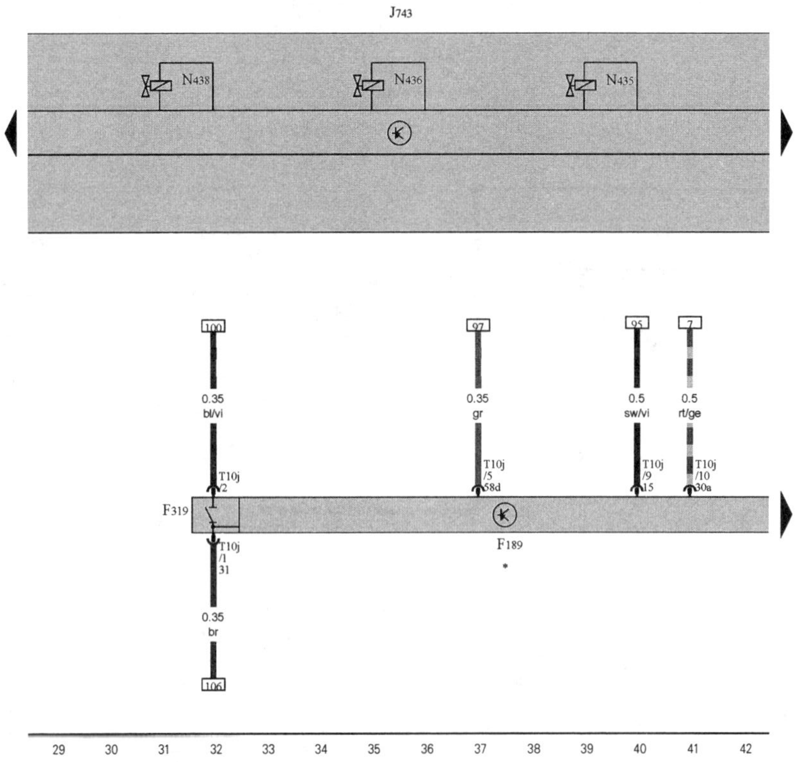

F189-Tiptronic开关 F319-选挡杆挡位P锁止开关 J743-双离合器变速器机电装置 N435-子变速器1中的阀门3 N436-子变速器1中的阀门4 N438-子变速器2中的阀门3 T10j-10芯插头连接，黑色 *-已孤先布线的部件

773

Tiptronic 开关、变速器液压传感器、离合器行程传感器 1、离合器行程传感器 2、双离合器变速器机电装置、选挡杆挡位置 P/N 指示灯、排挡杆挡位指示照明灯、子变速器 2 中的阀门 3、子变速器 2 中的阀门 4

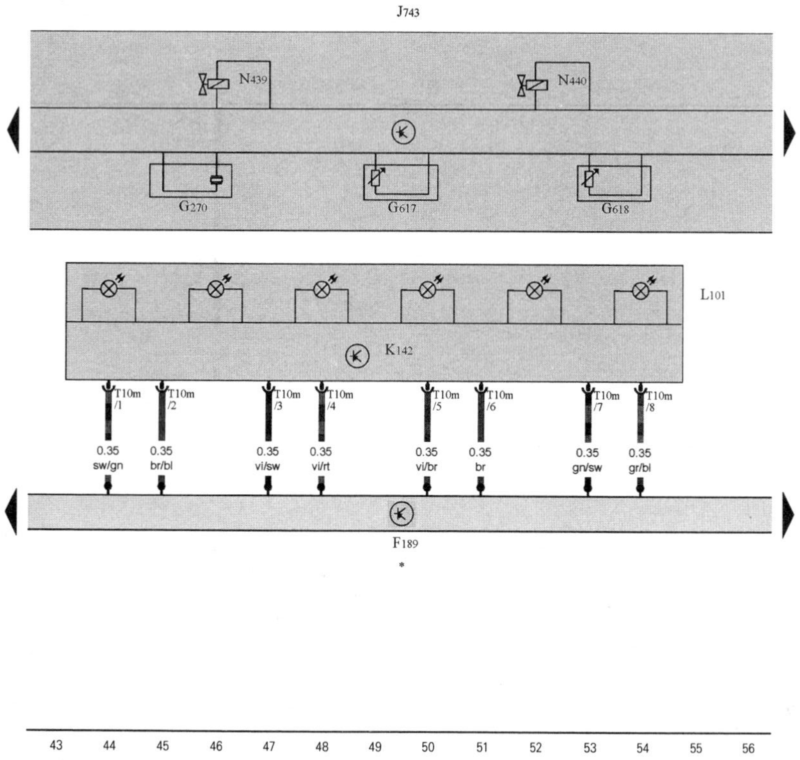

Tiptronic 开关、换挡执行器行程传感器 1、换挡执行器行程传感器 2、换挡执行器行程传感器 3、控制单元温度传感器、双离合器变速器机电装置、换挡杆锁磁铁

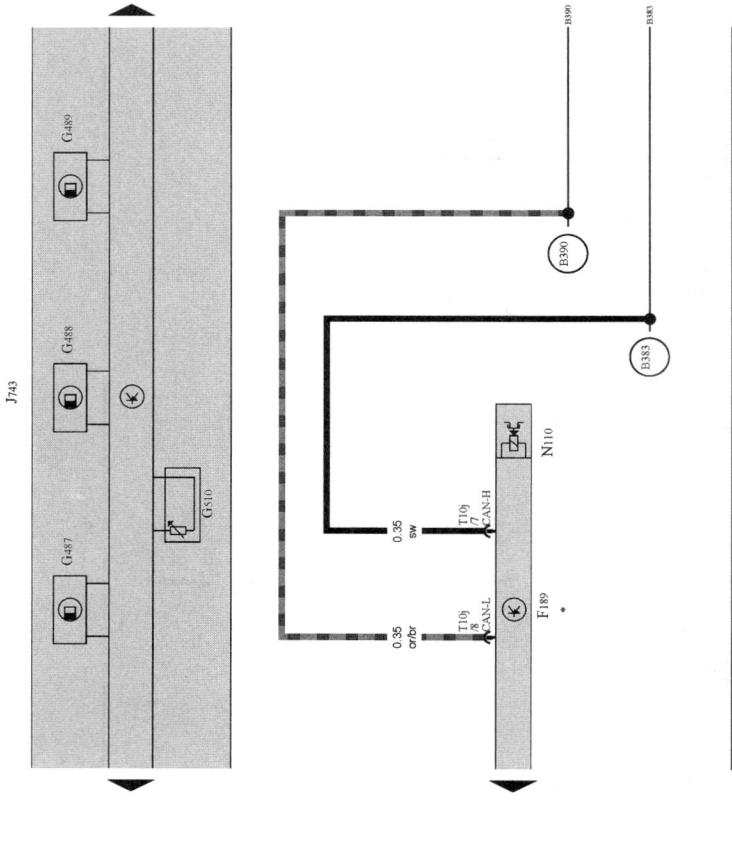

F189-Tiptronic开关 G270-变速器液压传感器 G617-离合器行程传感器1 G618-离合器行程传感器2 J743-双离合器变速器机电装置 K142-选挡杆挡位置P/N指示灯 L101-排挡杆挡位指示灯 N439-子变速器2中的阀门3 N440-子变速器2中的阀门4 T10m-10芯涌头连接 黑色 *-已预先布线的部件

图 6-2-4

F189-Tiptronic开关 G487-换挡执行器行程传感器1 G488-换挡执行器行程传感器2 G489-换挡执行器行程传感器3 G510-控制单元温度传感器 J743-双离合器变速器 N110-换挡杆锁磁铁 T10j-10芯插头连接 B383-连接1（驱动CAN总线，Low），在主导线束中 B390-连接1（驱动CAN总线，High），在主导线束中 黑色 *-已预先布线的部件

图 6-2-5

车载电网控制单元、发动机控制单元、双离合器变速器机电装置

换挡执行器行程传感器4、变速器输入转速传感器2、变速器输入转速传感器1、双离合器变速器机电装置

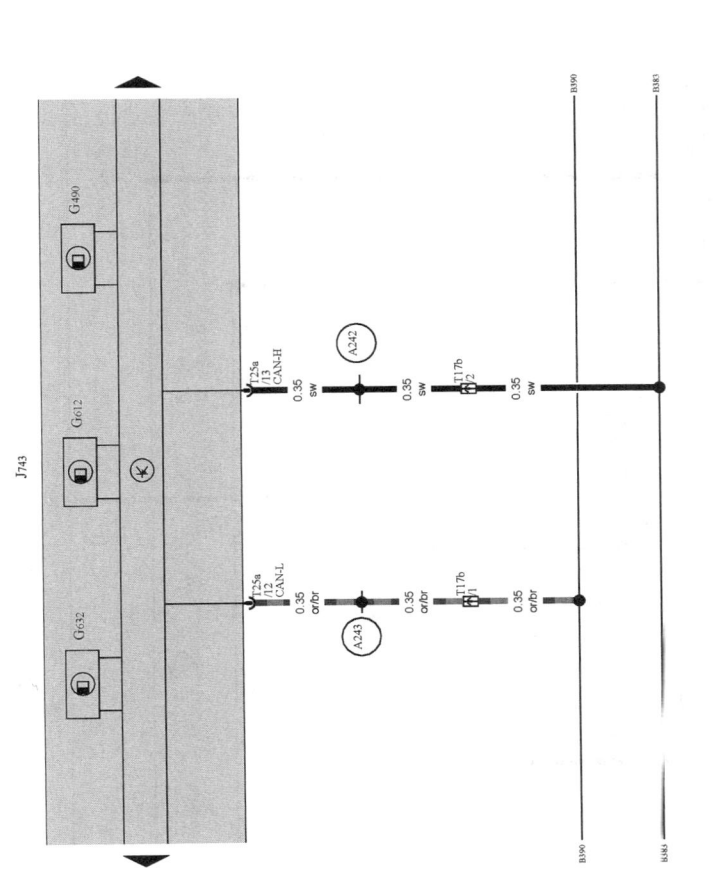

图6-2-7

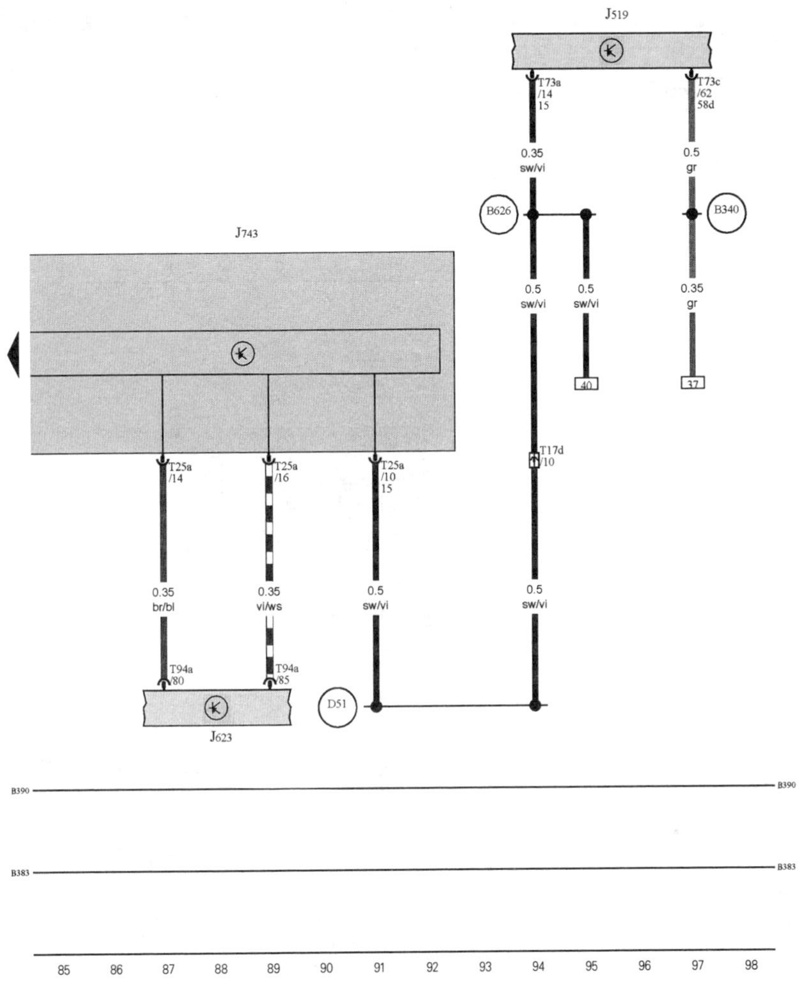

J519-车载电网控制单元 J623-发动机控制单元 J743-双离合器变速器机电装置 T17d-17芯插头连接，接线站内，左侧A柱，蓝色 T25a-25芯插头连接，黑色 T73a-73芯插头连接，黑色 T73c-73芯插头连接，黑色 T94a-94芯插头连接，黑色 B340-连接1（58d），在主导线束中 B383-连接1（驱动CAN总线，Low），在主导线束中 B390-连接1（驱动CAN总线，High），在主导线束中 B626-正极连接2（15），在主导线束中 D51-正极连接1（15），在发动机舱导线束中

图6-2-6

G490-换挡执行器行程传感器4 G612-变速器输入转速传感器2 G632-变速器输入转速传感器1 J743-双离合器变速器机电装置 T17b-17芯插头连接，接线站内，左侧A柱，黑色 T25a-25芯插头连接，黑色 A242-连接1（驱动CAN总线，High），在发动机舱导线束中 A243-连接1（驱动CAN总线，Low），在发动机舱导线束中 B383-连接1（驱动CAN总线，Low），在主导线束中 B390-连接1（驱动CAN总线，High），在主导线束中

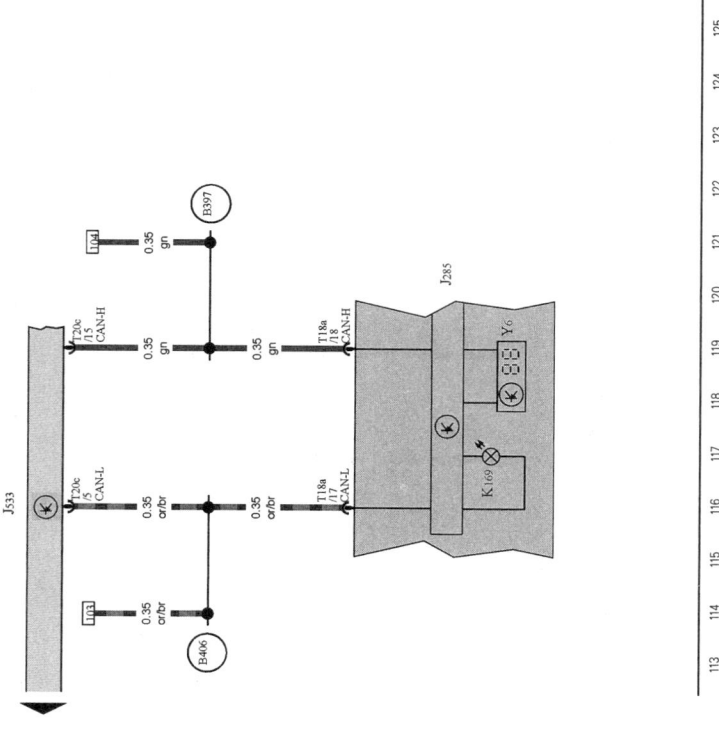

转向柱电子装置控制单元、数据总线诊断接口、点火钥匙防拔出锁磁铁

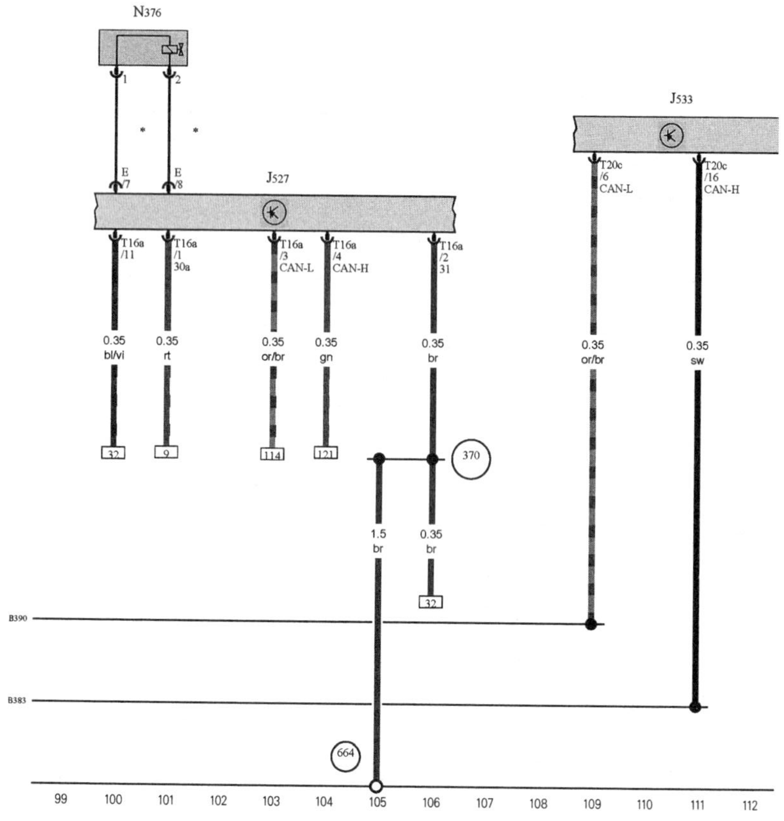

J527-转向柱电子装置控制单元 J533-数据总线诊断接口 N376-点火钥匙防拔出锁磁铁 T16a-16芯插头连接，黑色 T20c-20芯插头连接，黑色 370-接地连接5，在主导线束中 664-左侧仪表板后面的接地点 B383-连接1（驱动CAN总线，High），在主导线束中 B390-连接1（驱动CAN总线， Low），在主导线束中 *-用于不带进入及启动许可的汽车

图 6–2–8

仪表中的控制单元、数据总线诊断接口、选挡杆指示灯、选挡杆位置显示

J285-组合仪表中的控制单元 J533-数据总线诊断接口 K169-选挡杆指示灯 T18a-18芯插头连接，黑色 T20c-20芯插头接，黑色 Y6-选挡杆位置显示 B397-连接1（舒适CAN总线，High），在主导线束中 B406-连接1（舒适CAN总线， Low），在主导线束中

图 6–2–9

第三节 底盘系统

底盘系统电路图（自 2017 年 12 月起）的图号和图名对照表见表 6-3-1。

接线端 15 供电继电器

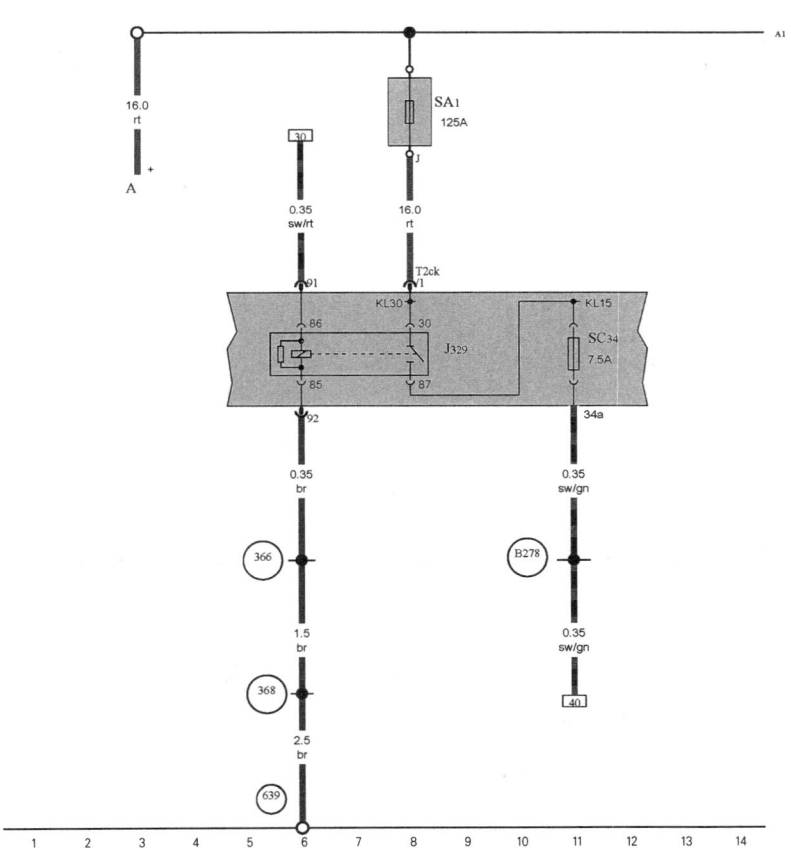

A-蓄电池 J329-接线端15供电继电器 SA1-保险丝架A上的保险丝1 SC34-保险丝架C上的保险丝34 T2ck-2芯插头连接，黑色 366-接地连接1，在主导线束中 368-接地连接3，在主导线束中 639-左A柱上的接地点 B278-正极连接2（15a），在主导线束中

图 6-3-1

制动液液位警告信号触点、车载电网控制单元

中控台开关模块 1、轮胎压力监控按钮、驾驶风格选择开关模块、车载电网控制单元、驾驶风格选择指示灯、开关照明灯泡

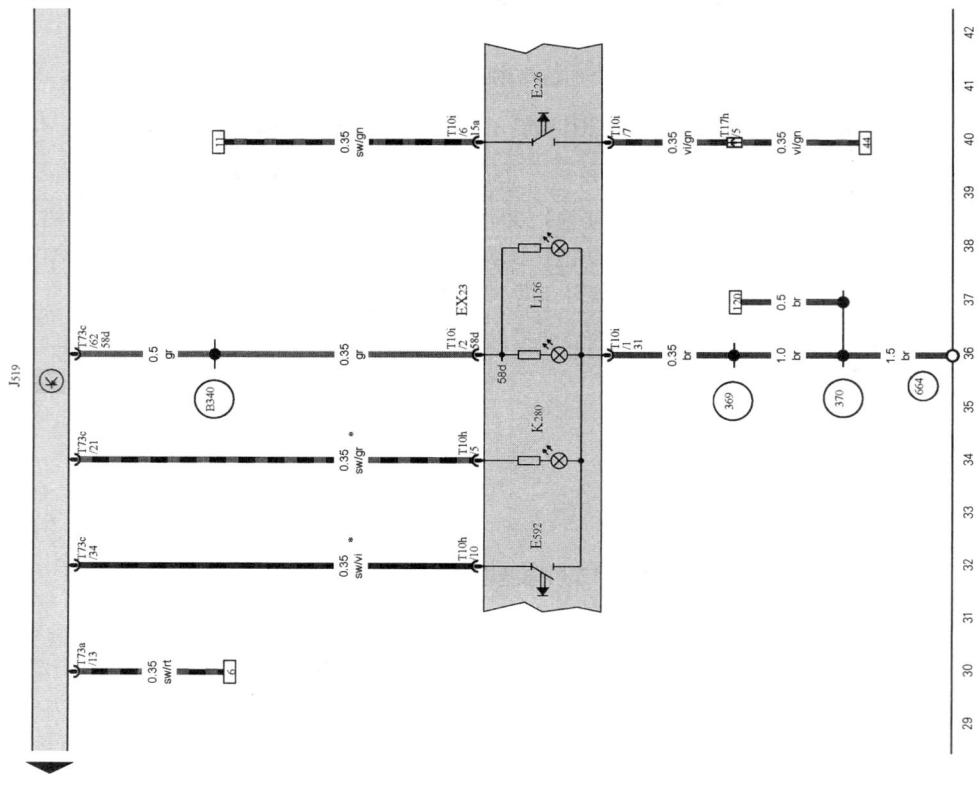

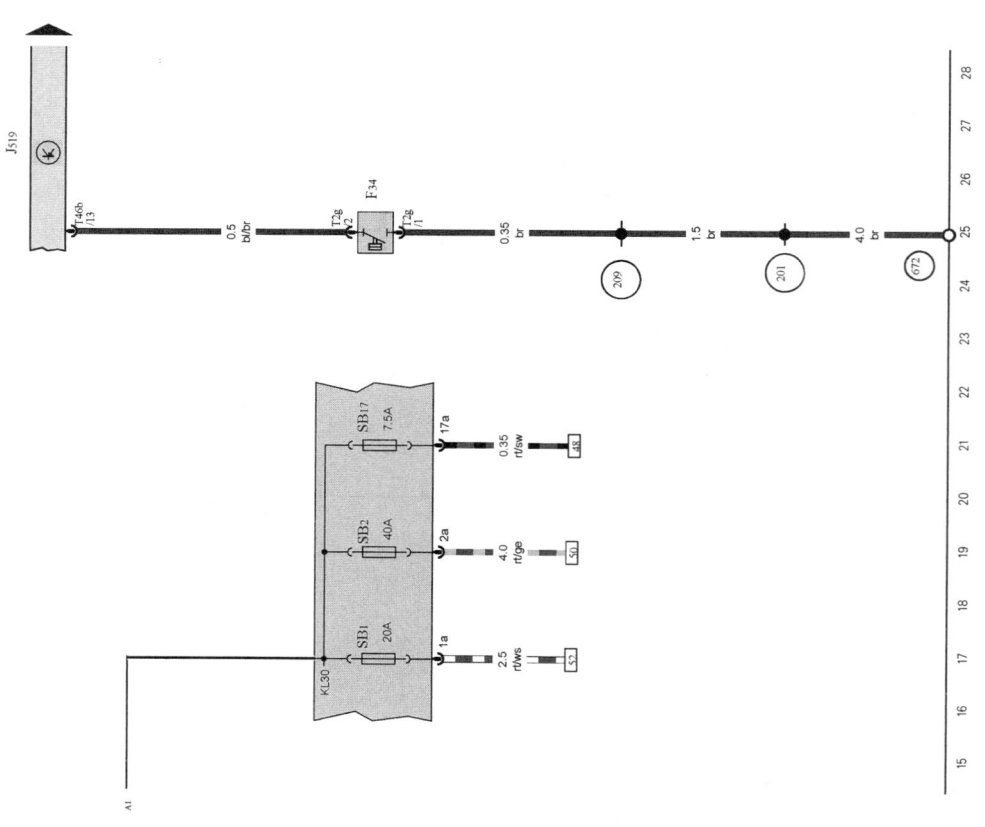

图 6-3-2

图 6-3-3

F34-制动液液位警告信号触点 J519-车载电网控制单元 SB1-保险丝架B上的保险丝1 SB2-保险丝架B上的保险丝2 SB17-保险丝架B上的保险丝17 T2g-2芯插头连接 T46b-46芯插头连接，黑色 201-接地连接5，在发动机舱导线束中 209-接地连接6，在发动机舱导线束中 672-左前纵梁上的接地点2

EX23-中控台开关模块1 E226-轮胎压力监控按钮 E592-驾驶风格选择开关模块 J519-车载电网控制单元 K280-驾驶风格选择指示灯 L156-开关照明灯泡 T10h-10芯插头连接，红色 T10i-10芯插头连接，黑色 T17h-17芯插头连接，连接站内，A柱右侧，棕色 T73a-73芯插头连接，黑色 T73c-73芯插头连接，黑色 369-接地连接4，在主导线束中 370-接地连接5，在主导线束中 664-左侧仪表板后面的接地点 B340-连接1 (58d)，在主导线束中 *-用于带驾驶模式选择操作单元的汽车

778

偏转率传感器、真空传感器、ABS 控制单元、右前 ABS 进气阀、右前 ABS 排气阀、左前 ABS 进气阀、左前 ABS 排气阀

ABS 控制单元、车载电网控制单元、ABS 液压泵

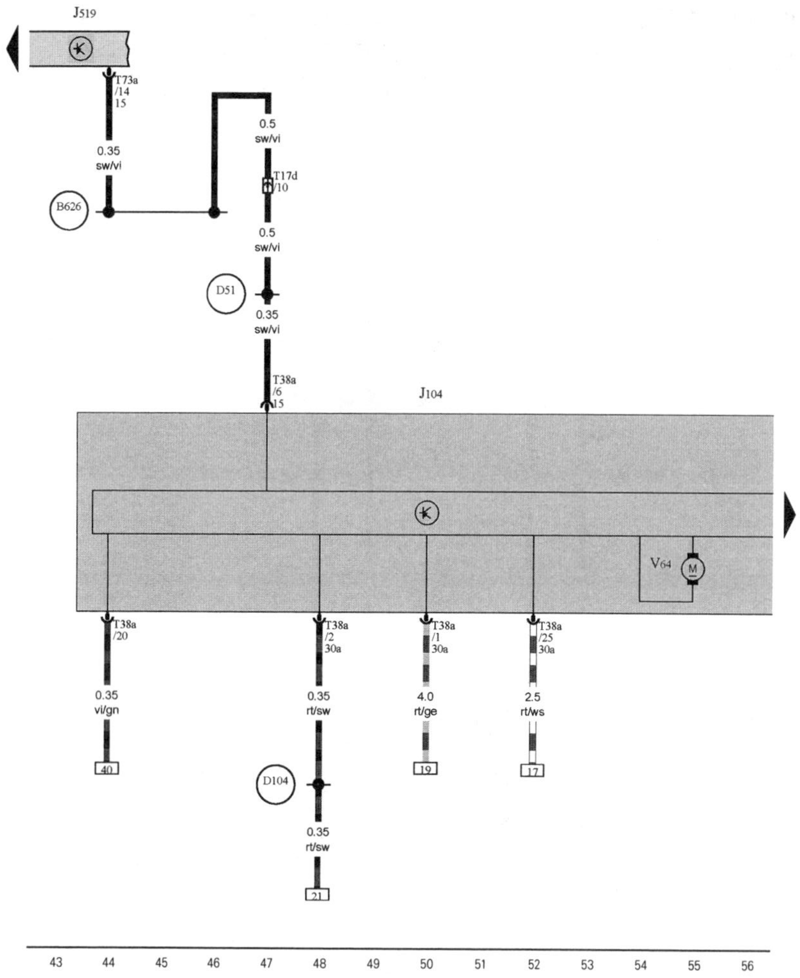

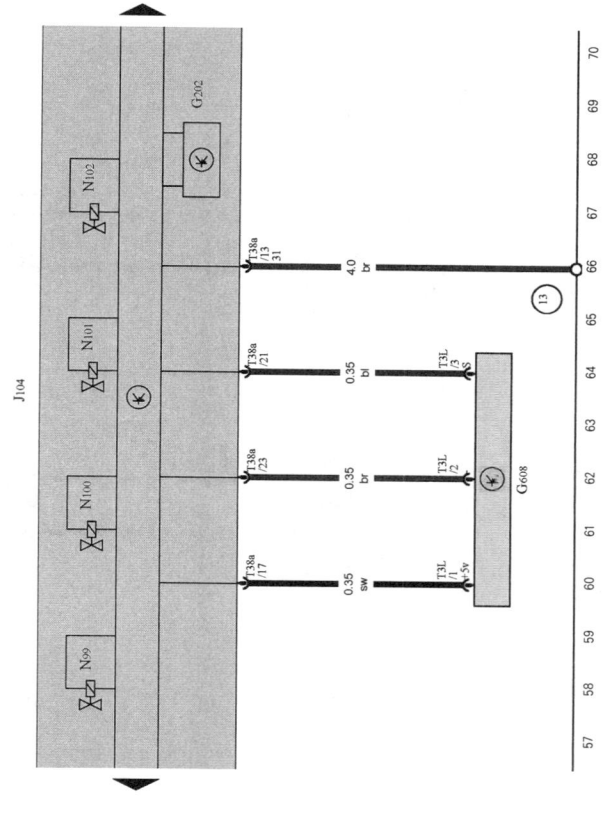

图 6-3-5

G202-偏转率传感器 G608-真空传感器 J104-ABS控制单元 N99-右前ABS进气阀 N100-右前ABS排气阀 N101-左前ABS进气阀 N102-左前ABS排气阀 T3L-3芯插头连接，黑色 T38a-38芯插头连接，棕色 13-发动机舱内右侧接地点

图 6-3-4

J104-ABS控制单元 J519-车载电网控制单元 T17d-17芯插头连接，接线站内，左侧A柱 T38a-38芯插头连接 V64-ABS液压泵 B626-正极连接2（15），在主导线束中 T73a-73芯插头连接，黑色 D104-正极连接2（30a），在发动机舱导线束中 D51-正极连接1（15），在发动机舱导线束中

779

右后转速传感器、左后转速传感器、ABS 控制单元、动态行驶控制转换阀 1、动态行驶控制转换阀 1、动态行驶控制转换阀 2、动态行驶控制高压转换阀 2

右前转速传感器、左前转速传感器、横向加速度传感器、ABS 控制单元、右后 ABS 进气阀、右后 ABS 进气阀、左后 ABS 进气阀、右后 ABS 排气阀、左后 ABS 排气阀

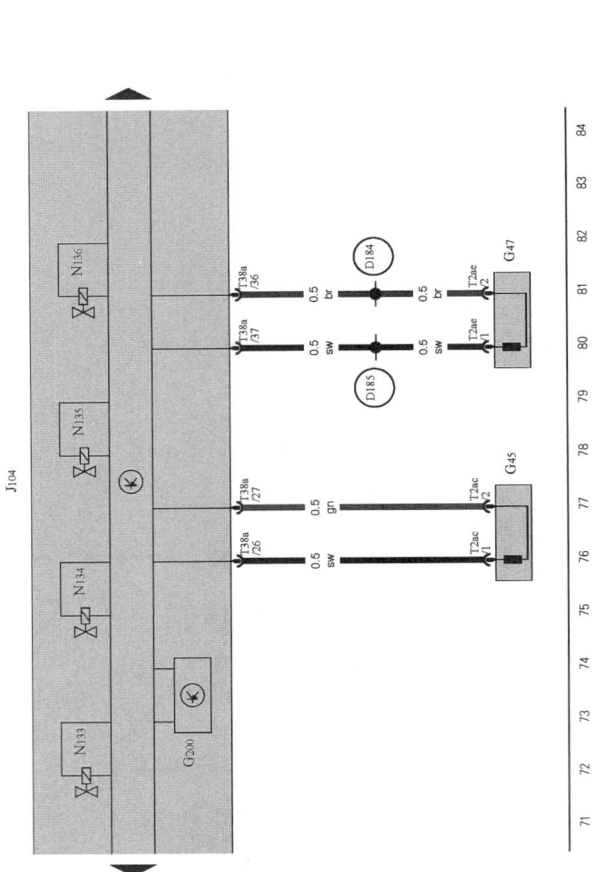

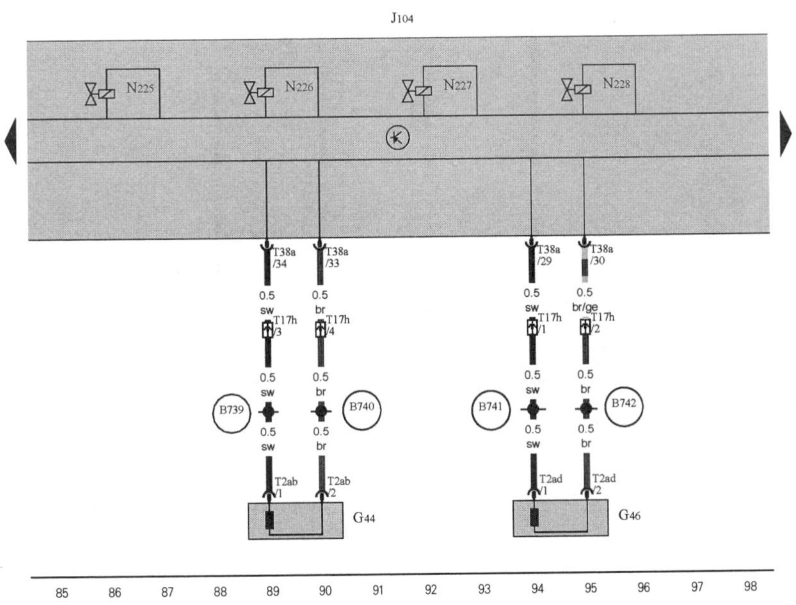

G44-右后转速传感器 G46-左后转速传感器 J104-ABS控制单元 N225-动态行驶控制转换阀1 N226-动态行驶控制转换阀1 N227-动态行驶控制高压转换阀1 N228-动态行驶控制高压转换阀2 T2ab-2芯插头连接 T2ab-2芯插头连接 T17h-17芯插头连接 T38a-38芯插头连接 黑色 T2ad-2芯插头连接,连接站内,A柱右侧,棕色 T38a-38芯插头连接 黑色 B739-连接(右后转速传感器+),在主导线束中 B740-连接(右后转速传感器-),在主导线束中 B741-连接(左后转速传感器+),在主导线束中 B742-连接(左后转速传感器-),在主导线束中

图 6-3-7

G45-右前转速传感器 G47-左前转速传感器 G200-横向加速度传感器 J104-ABS控制单元 N133-右后ABS进气阀 N134-左后ABS进气阀 N135-右后ABS排气阀 N136-左后ABS排气阀 T2ac-2芯插头连接 T2ae-2芯插头连接 黑色 T2ae-2芯插头连接,黑色 T38a-38芯插头连接,黑色 D184-连接(左前转速传感器+),在发动机舱导线束中 D185-连接(左前转速传感器-),在发动机舱导线束中

图 6-3-6

制动压力传感器 1、纵(向)加速度传感器、ABS 控制单元、数据总线诊断接口

手制动器指示灯开关、组合仪表中的控制单元、数据总线诊断接口、手制动器指示灯、ABS 指示灯、制动系统指示灯、电子稳定程序和 ASR 指示灯、电子稳定程序和 ASR 指示灯 2、轮胎压力监控显示指示灯

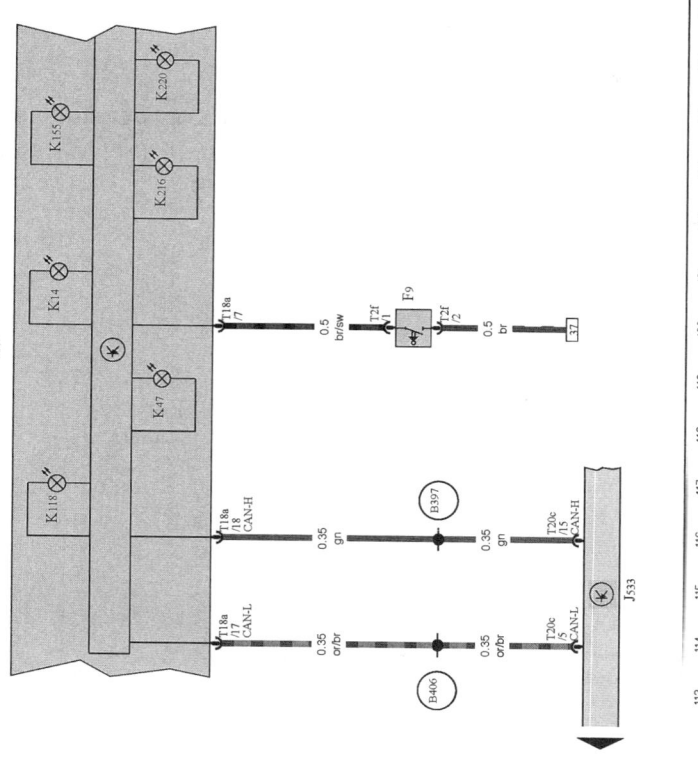

图 6-3-9

F9-手制动器指示灯开关 J285-组合仪表中的控制单元 J533-数据总线诊断接口 K14-手制动器指示灯 K47-ABS指示灯 K118-制动系统指示灯 K155-电子稳定程序和ASR指示灯 K216-电子稳定程序和ASR指示灯2 K220-轮胎压力监控显示指示灯 T2f-2芯插头连接 T18a-18芯插头连接，黑色 T20c-20芯插头连接，黑色 B397-连接1（舒适CAN总线，High），在主导线束中 B406-连接1（舒适CAN总线，Low），在主导线束中

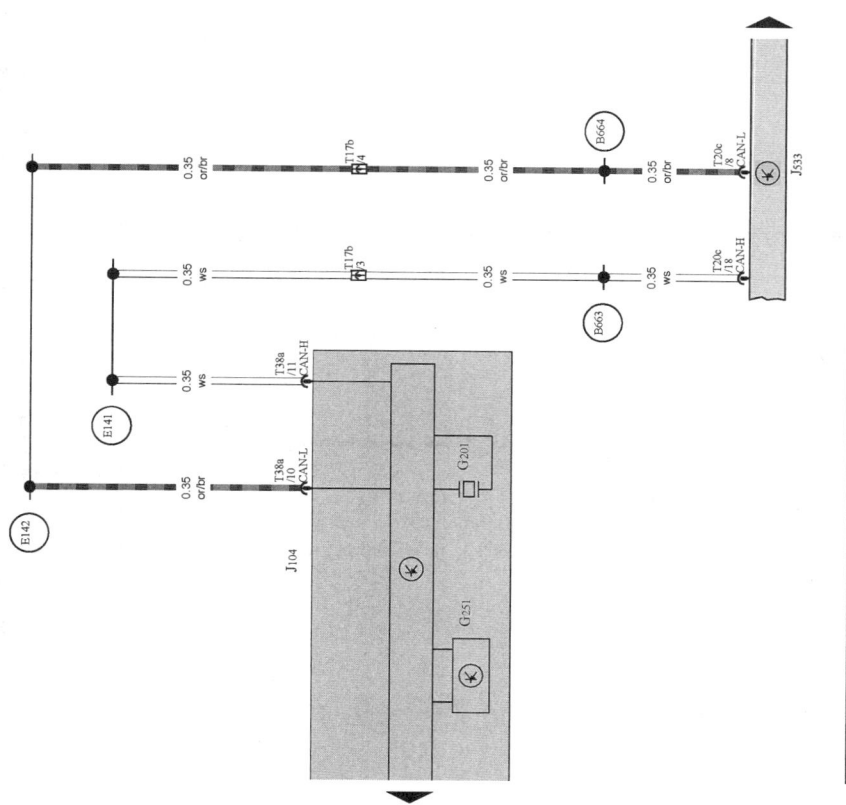

图 6-3-8

G201-制动压力传感器1 G251-纵(向)加速度传感器 J104-ABS控制单元 J533-数据总线诊断接口 T17b-17芯插头连接，左侧A柱，接线站内，左侧A柱连接 T20c-20芯插头连接，棕色 B663-连接（底盘传感器CAN总线，High），在主导线束中 T38a-38芯插头连接，黑色 T20c-20芯插头连接，棕色 B664-连接（底盘传感器CAN总线，Low），在主导线束中 E141-连接（底盘传感器CAN总线，High），在发动机舱导线束中 E142-连接（底盘传感器CAN总线，Low），在发动机舱导线束中

制动液液位警信号触点、车载电网控制单元、保险丝架 B

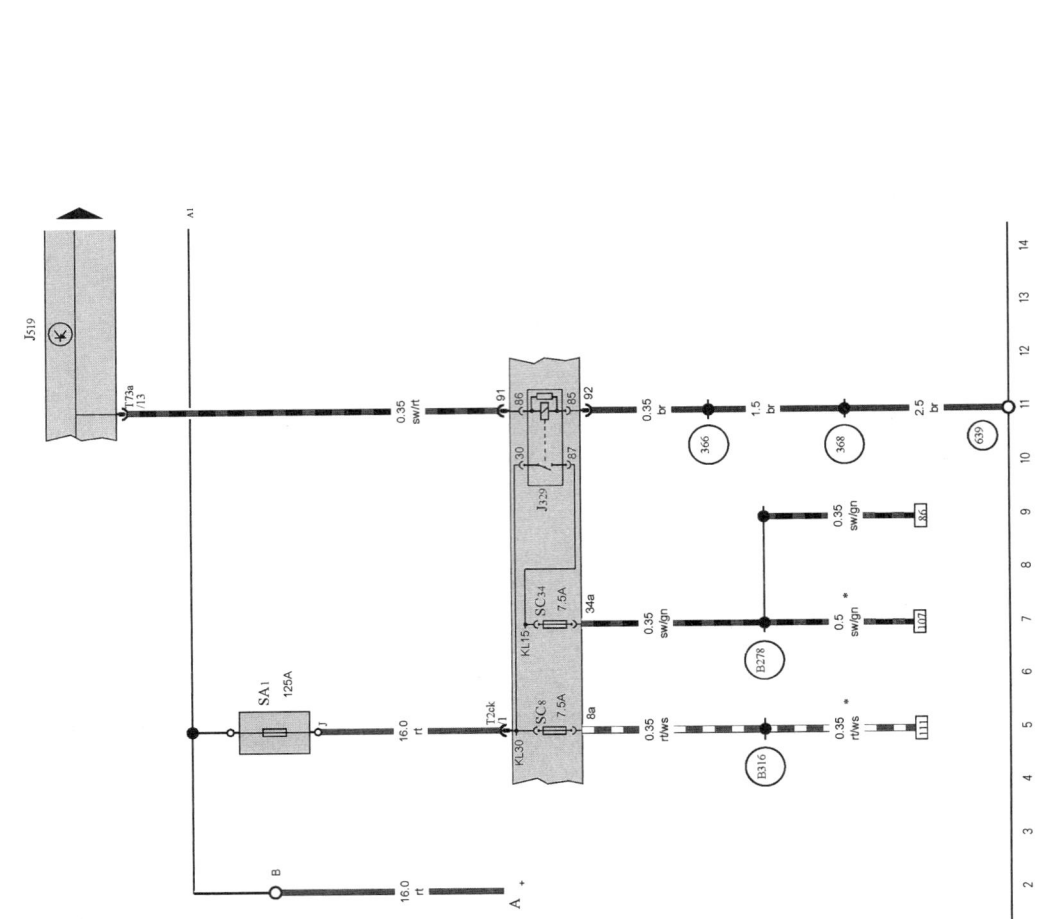

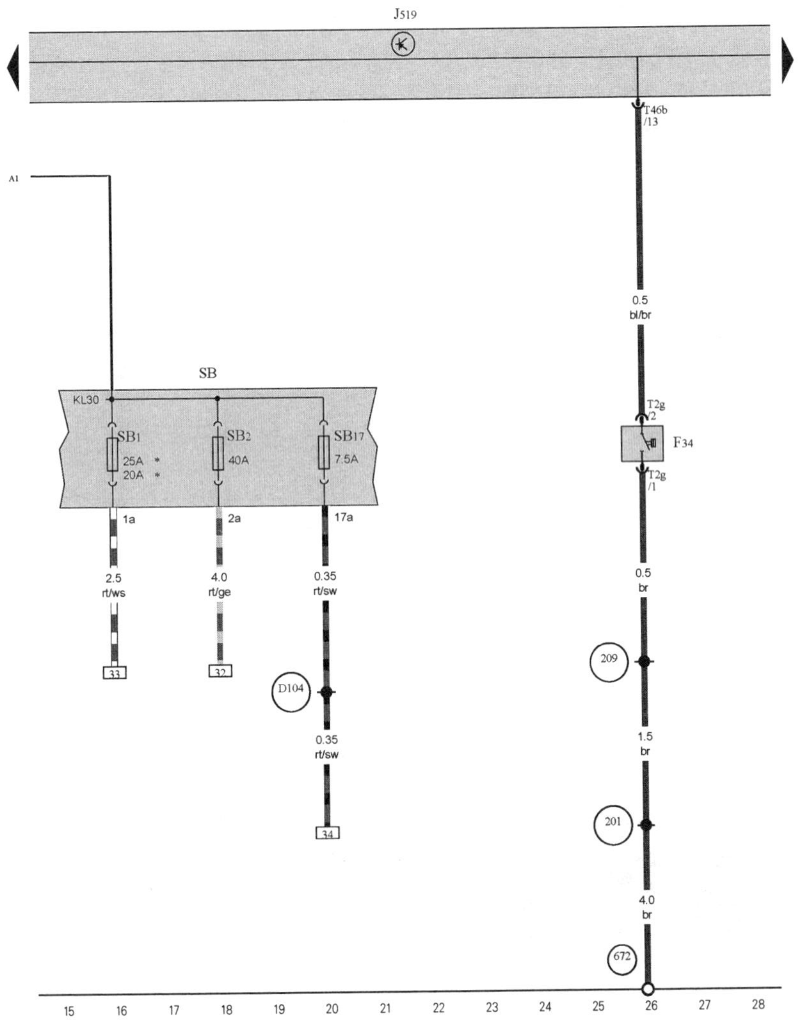

接线端 15 供电继电器、车载电网控制单元、保险丝架 A 上的保险丝 1

F34-制动液液位警告信号触点 J519-车载电网控制单元 SB-保险丝架B SB1-保险丝架B 上的保险丝1
SB2-保险丝架B 上的保险丝2 SB17-保险丝架B上的保险丝17 T2g-2芯插头连接，黑色 T46b-46芯插头连
接，黑色 201-接地连接5，在发动机舱导线束中 209-接地连接6，在发动机舱导线束中 672-左前纵梁上
的接地点2 D104-正极连接2（30a），在发动机舱导线束中 *-依汽车装备而定

图 6-3-11

A-蓄电池 J329-接线端15供电继电器 J519-车载电网控制单元 SA1-保险丝架A 上的保险丝1 SC8-保险丝
架C上的保险丝8 SC34-保险丝架C 上的保险丝34 T2ck-2芯插头连接，黑色 T73a-73芯插头连接，黑色
366-接地连接1，在主导线束中 368-接地连接3，在主导线束中 639-左A柱上的接地点 B278-正极连接2
（15a），在主导线束中 B316-正极连接2（30a），在主导线束中 *-依汽车装备而定

图 6-3-10

782

真空传感器、ABS 控制单元、ABS 控制单元、车载电网控制单元、左前 ABS 进气阀、左前 ABS 排气阀、右后 ABS 进气阀、ABS 液压泵

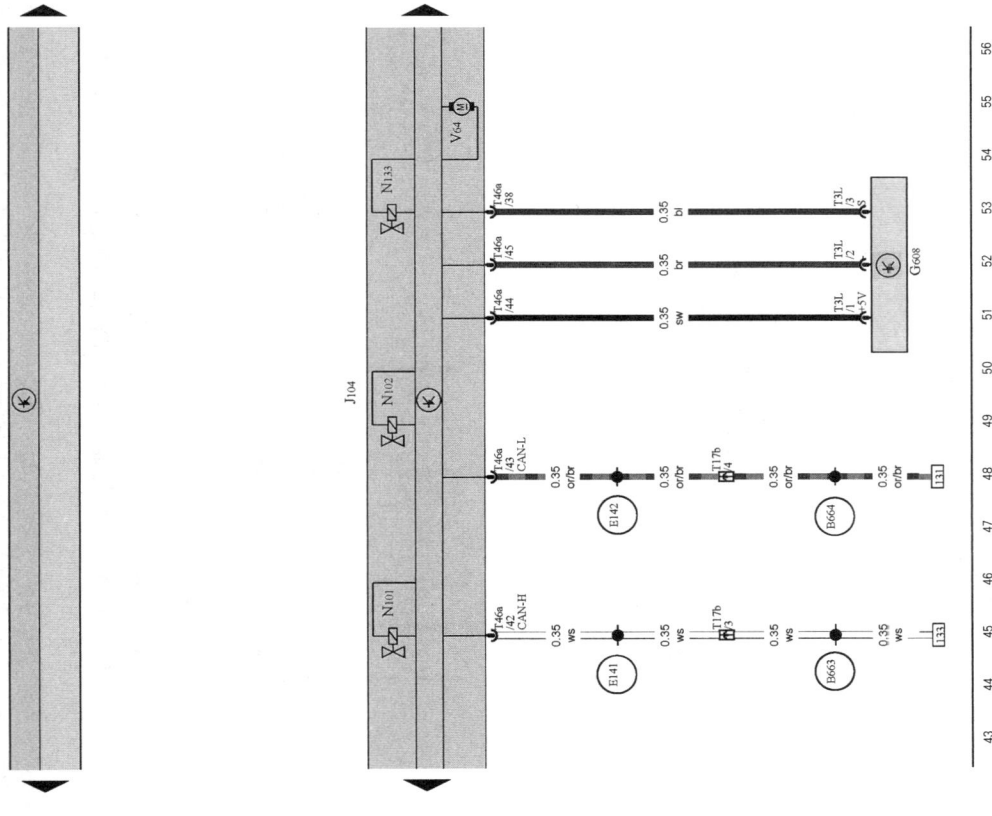

ABS 控制单元、车载电网控制单元、右前 ABS 进气阀、右前 ABS 排气阀

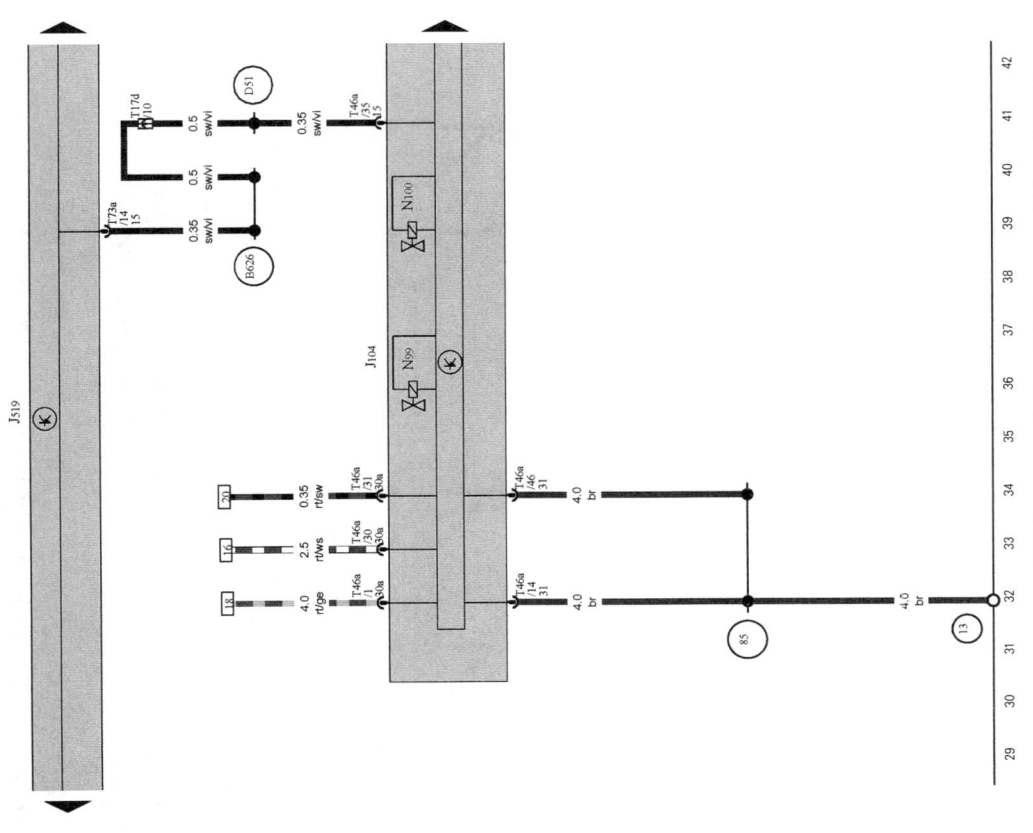

G608-真空传感器 J104-ABS控制单元 J519-车载电网控制单元 N101-左前ABS进气阀 N102-左前ABS排气阀 N133-右后ABS进气阀 T3L-3芯插头连接 T17b-17芯插头连接，黑色 T46a-46芯插头连接，黑色 V64-ABS液压泵 B663-连接（底盘传感器CAN总线，High），在主导线束中 B664-连接（底盘传感器CAN总线，Low），在主导线束中 E141-连接（底盘传感器CAN总线，High），在发动机舱导线束中 E142-连接（底盘传感器CAN总线，Low），在发动机舱导线束中

图 6-3-13

J104-ABS控制单元 J519-车载电网控制单元 N99-右前ABS进气阀 N100-右前ABS排气阀 T17d-17芯插头连接，左侧A柱，接线站内，左侧A柱，棕色 T46a-46芯插头连接，黑色 T73a-73芯插头连接，黑色 13-发动机舱内右侧的接地点，85-接地连接1，在发动机舱导线束中 B626-正极连接2（15），在主导线束中 D51-正极连接1（15），在发动机舱导线束中

图 6-3-12

783

右后转速传感器、左后转速传感器、ABS 控制单元、车载电网控制单元、左右 ABS
进气阀、右后 ABS 排气阀、左右 ABS 排气阀

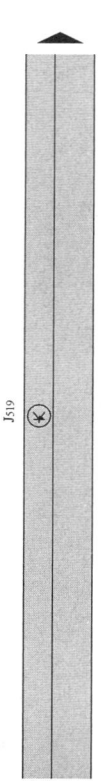

右前转速传感器、ABS 控制单元、车载电网控制单元、动态行驶控制转换阀、动态行驶
控制转换阀 2、动态行驶控制高压转换阀 1、左侧驻车电机、右侧驻车电机

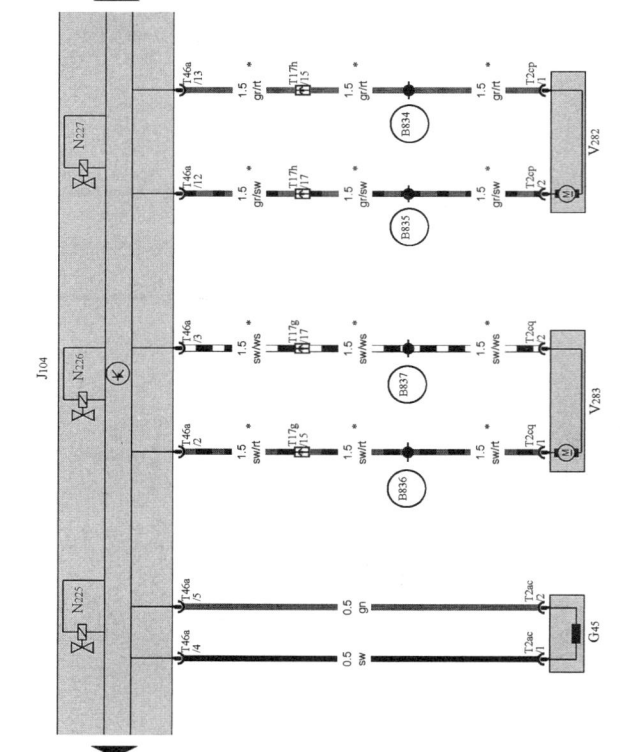

G45-右前转速传感器 J104-ABS控制单元 J519-车载电网控制单元 N225-动态行驶控制转换阀 N226-
动态行驶控制转换阀2 N227-动态行驶控制高压转换阀1 T2ac-2芯插头连接,黑色 T2cp-2芯插头连接,
黑色 T2cq-2芯插头连接,黑色 T17g-17芯插头连接,连接站内,A柱右侧,黑色 T17h-17芯插头连接,
连接站内,A柱右侧,棕色 T46a-46芯插头连接,黑色 V282-左侧驻车电机 V283-右侧驻车电机 B834-
连接1(驻车电机),在主导线束中 B835-连接2(驻车电机),在主导线束中 B836-连接3(驻车电
机),在主导线束中 B837-连接4(驻车电机),在主导线束中 *-依汽车装备而定

图 6-3-15

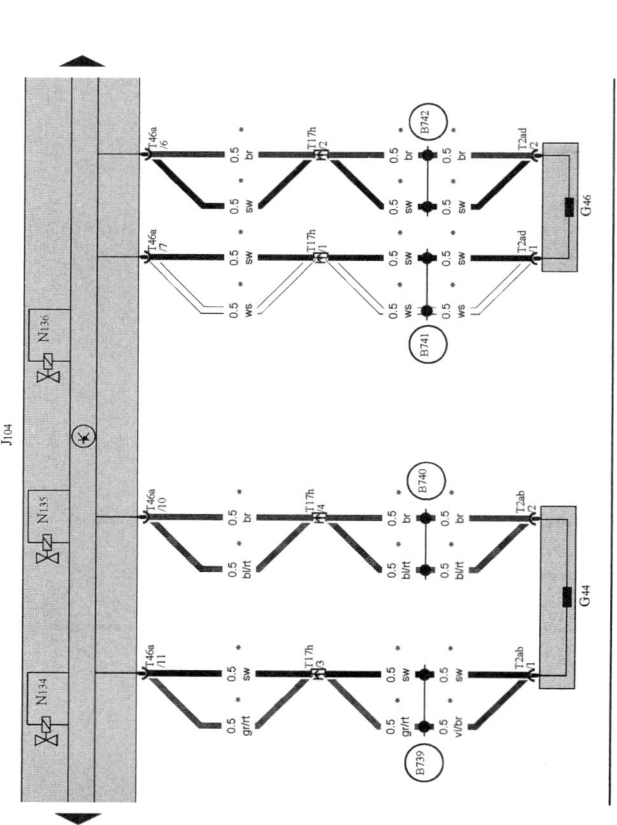

G44-右后转速传感器 G46-左后转速传感器 J104-ABS控制单元 J519-车载电网控制单元 N134-左后ABS
进气阀 N135-右后ABS排气阀 N136-左后ABS排气阀 T2ab-2芯插头连接,黑色 T2ad-2芯插头连接,黑
色 T17h-17芯插头连接,黑色 T46a-46芯插头连接,黑色 B739-连接(右后转速传感器+),在主导线
束中 B740-连接(右后转速传感器-),在主导线束中 B741-连接(右后转速传感器+),在主导线
束中 B742-连接(右后转速传感器-),在主导线束中 *-依汽车装备而定

图 6-3-14

784

中控台开关模块 1、轮胎压力监控按钮、驾驶风格选择开关模块、偏转
率传感器、ABS 控制单元、车载电网控制单元、驾驶风格选择指示灯、偏转
率传感器、ABS 控制单元、车载电网控制单元、开关照明灯泡、
动态行驶控制高压转换阀 2

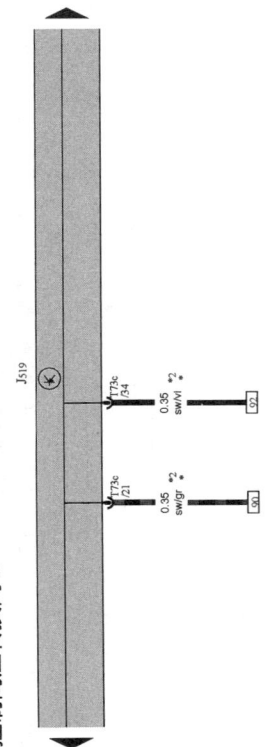

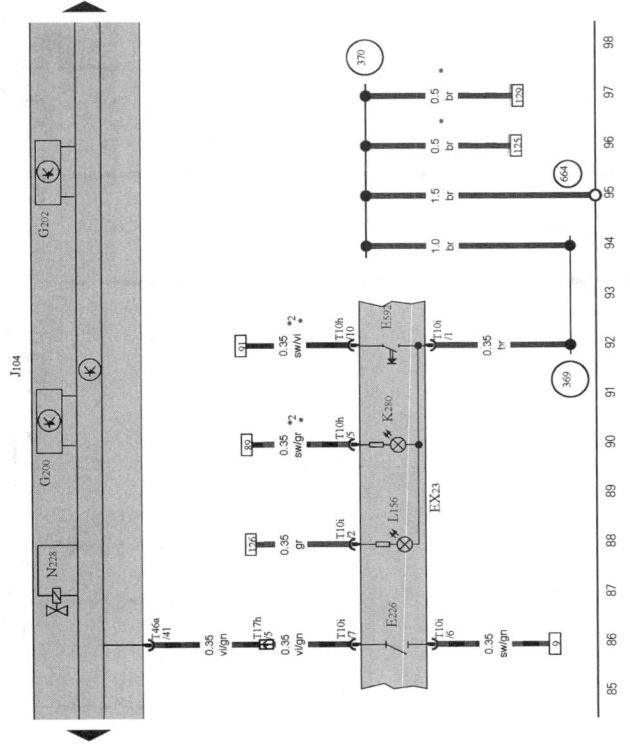

图 6-3-16

EX23-中控台开关模块1 E226-轮胎压力监控按钮 E592-驾驶风格选择开关模块 G200-横向加速度传感
器 G202-偏转率传感器 J104-ABS控制单元 J519-车载电网控制单元 K280-驾驶风格选择指示灯 L156-
开关照明灯泡 N228-动态行驶控制高压转换阀2 T10h-10芯插头连接,红色 T10i-10芯插头连接,黑色
T17h-17芯插头连接,黑色 T73c-73芯插头连接,黑色 T46a-46芯插头连接,棕色 T2ae-2芯插头连接,黑色
369-接地连接4,在主导线束中 370-接地连接5,在主导线束中 664-左侧仪表板后面的接地点 *-依汽车
装备而定 *2-用于带驾驶模式选择操作单元的汽车

AUTO HOLD 按钮、左前转速传感器、制动压力传感器、纵向加速度传感器、ABS 控
制单元、车载电网控制单元、机电式驻车制动控制单元、机电式驻车制动器指示灯、
AUTO HOLD 指示灯

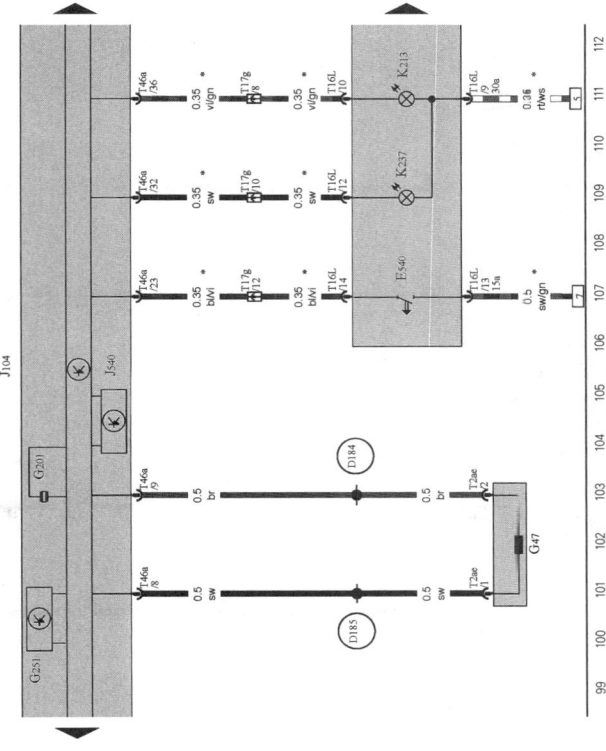

图 6-3-17

E540-AUTO HOLD按钮 G47-左前转速传感器 G201-制动压力传感器 G251-纵向加速度传感器 J104-
ABS控制单元 J519-车载电网控制单元 J540-机电式驻车制动器控制单元 K213-机电式驻车制动器指示灯
K237-AUTO HOLD指示灯 T2ae-2芯插头连接,黑色 T16L-16芯插头连接,棕色 T17gr-17芯插头连接,
连接站内,A柱右侧,黑色 T46a-46芯插头连接,黑色 D184-连接(左前转速传感器+),在发动机舱导
线束中 D185-连接(左前转速传感器-),在发动机舱导线束中 *-依汽车装备而定

785

手制动器指示灯开关、组合仪表中的控制单元、数据总线诊断接口、ABS指示灯、制动系统指示灯、电子稳定程序和ASR指示灯、电动驻车制动器和手制动器故障指示灯、电子稳定程序和ASR指示灯2、轮胎压力监控显示指示灯

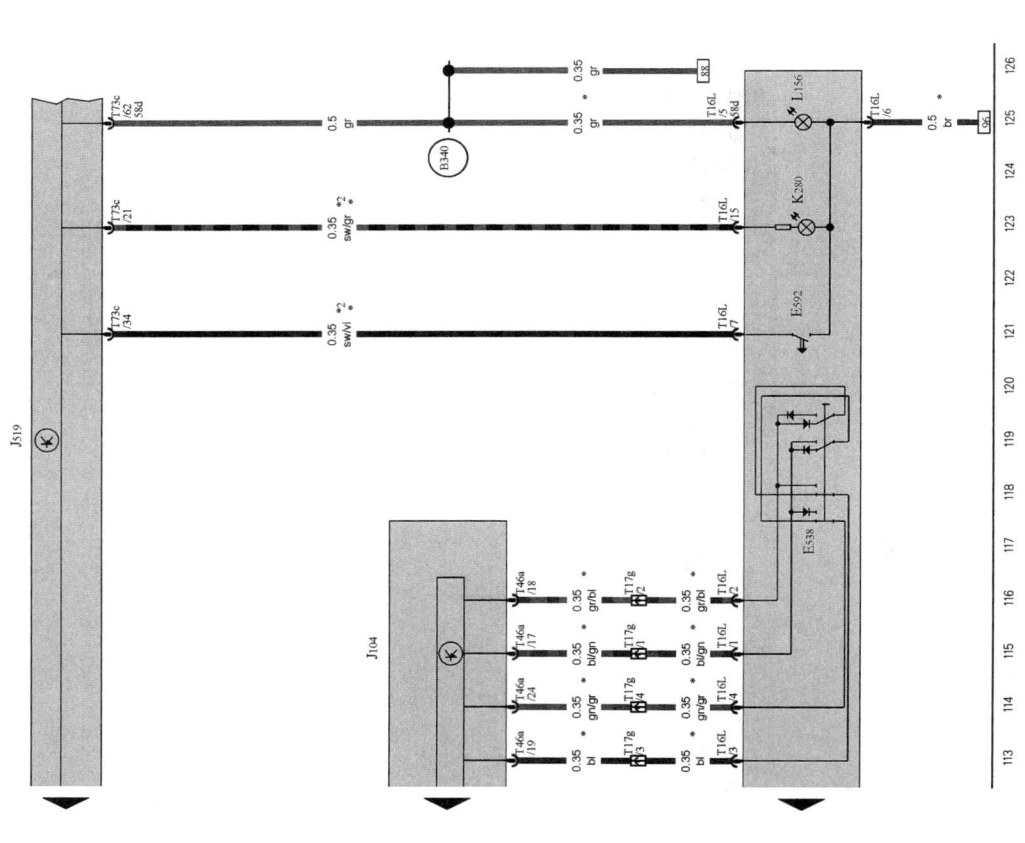

图6-3-19

F9-手制动器指示灯开关 J285-组合仪表中的控制单元 J533-数据总线诊断接口 K47-ABS指示灯 K118-制动系统指示灯 K155-电子稳定程序和ASR指示灯 K214-电动驻车制动器和手制动器故障指示灯 K216-电子稳定程序和ASR指示灯2 K220-轮胎压力监控显示指示灯 T2f-2芯插头连接 T18a-18芯插头连接，黑色 T20c-20芯插头连接，黑色 B397-连接 黑色 B406-连接1（舒适CAN总线，High），在主导线束中 B406-连接1（舒适CAN总线，Low），在主导线束中 *-依汽车装备而定

机电式驻车制动器按钮、驾驶风格选择开关模块、ABS控制单元、车载电网控制单元、驾驶风格选择指示灯、开关照明灯泡

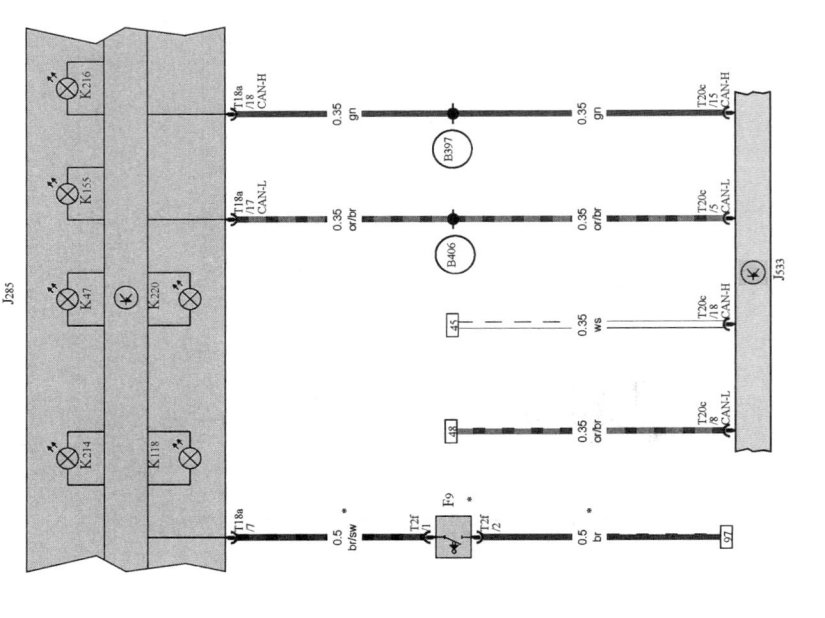

图6-3-18

E538-机电式驻车制动器按钮 E592-驾驶风格选择开关模块 J104-ABS控制单元 J519-车载电网控制单元 L156-开关照明灯泡 T16L-16芯插头连接 T17g-17芯插头连接，棕色 T73c-73芯插头连接，黑色 T46a-46芯插头连接，黑色 B340-连接1（58d），在站内，A柱右侧 B340-连接1(58d)，在主导线束中 *-依汽车装备而定 *2-用于带驾驶模式选择操作单元的汽车

转向角传感器、转向扭矩传感器、助力转向控制单元、机电式伺服转向电机

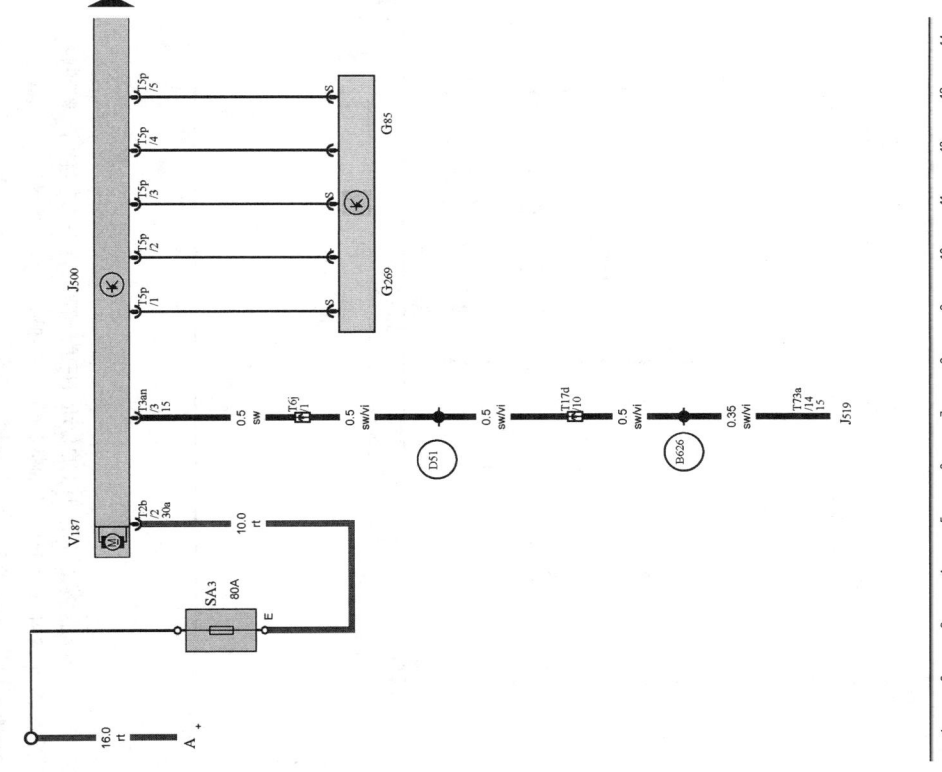

图 6-3-20

A-蓄电池 G85-转向角传感器 G269-转向扭矩传感器 J500-助力转向控制单元 J519-车载电网控制单元 SA3-保险丝架A上的保险丝3 T2b-2芯插头连接 T3an-3芯插头连接，蓝色 T5p-5芯插头连接，黑色 T73a-色 T6j-6芯插头连接，发动机舱内左后部，接线站内，左侧A柱，黑色 T17d-17芯插头连接，左侧A柱，蓝色 T73a-73芯插头连接，黑色 V187-机电式伺服转向电机 B626-正极连接2（15），在主导线束中 D51-正极连接1（15），在发动机舱导线束中

组合仪表中的控制单元、助力转向控制单元、数据总线诊断接口、机电式助力转向指示灯

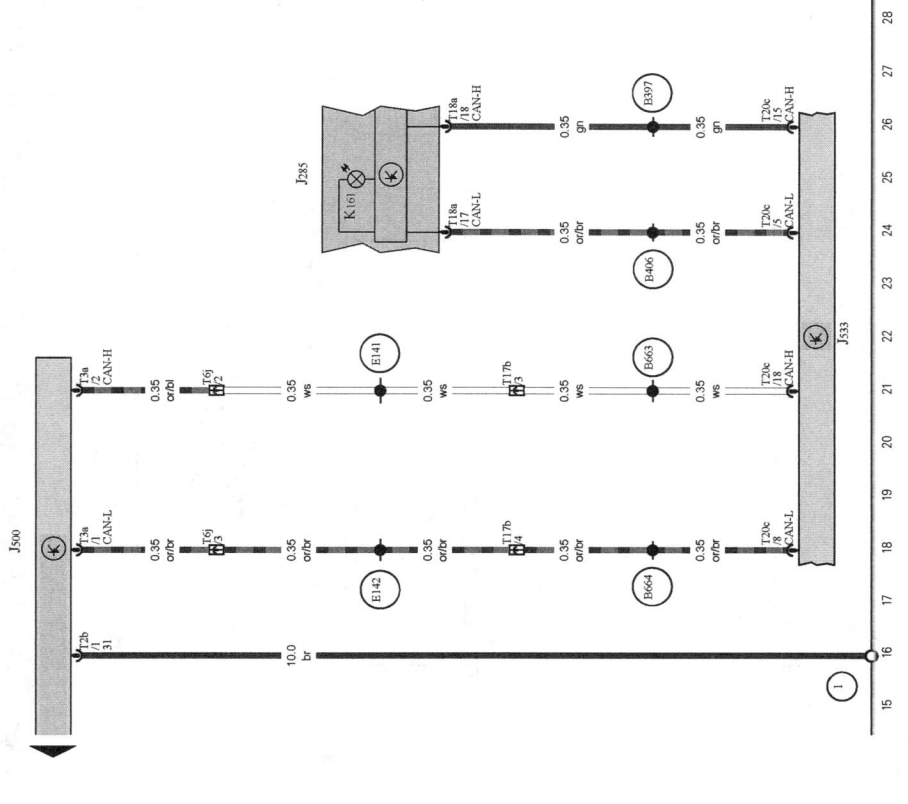

图 6-3-21

J285-组合仪表中的控制单元 J500-助力转向控制单元 J533-数据总线诊断接口 K161-机电式助力转向指示灯 T2b-2芯插头连接 T3a-3芯插头连接，黑色 T6j-6芯插头连接，发动机舱内左后部，黑色 T17b-17芯插头连接，接线站内，左侧A柱，黑色 T18a-18芯插头连接，黑色 T20c-20芯插头连接，黑色 B397-1-接地带，蓄电池-车身 B397-连接1（舒适CAN总线，High），在主导线束中 B406-连接1（舒适CAN总线，Low），在主导线束中 B663-连接（底盘传感器CAN总线，High），在主导线束中 B664-连接（底盘传感器CAN总线，Low），在主导线束中 E141-连接（底盘传感器CAN总线，High），在发动机舱导线束中 E142-连接（底盘传感器CAN总线，Low），在发动机舱导线束中

787

安全气囊卷簧和带滑环的复位环、信号喇叭、多功能方向盘控制单元、转向柱电子装置控制单元

方向盘中的左侧多功能按钮、多功能方向盘控制单元、转向柱电子装置控制单元

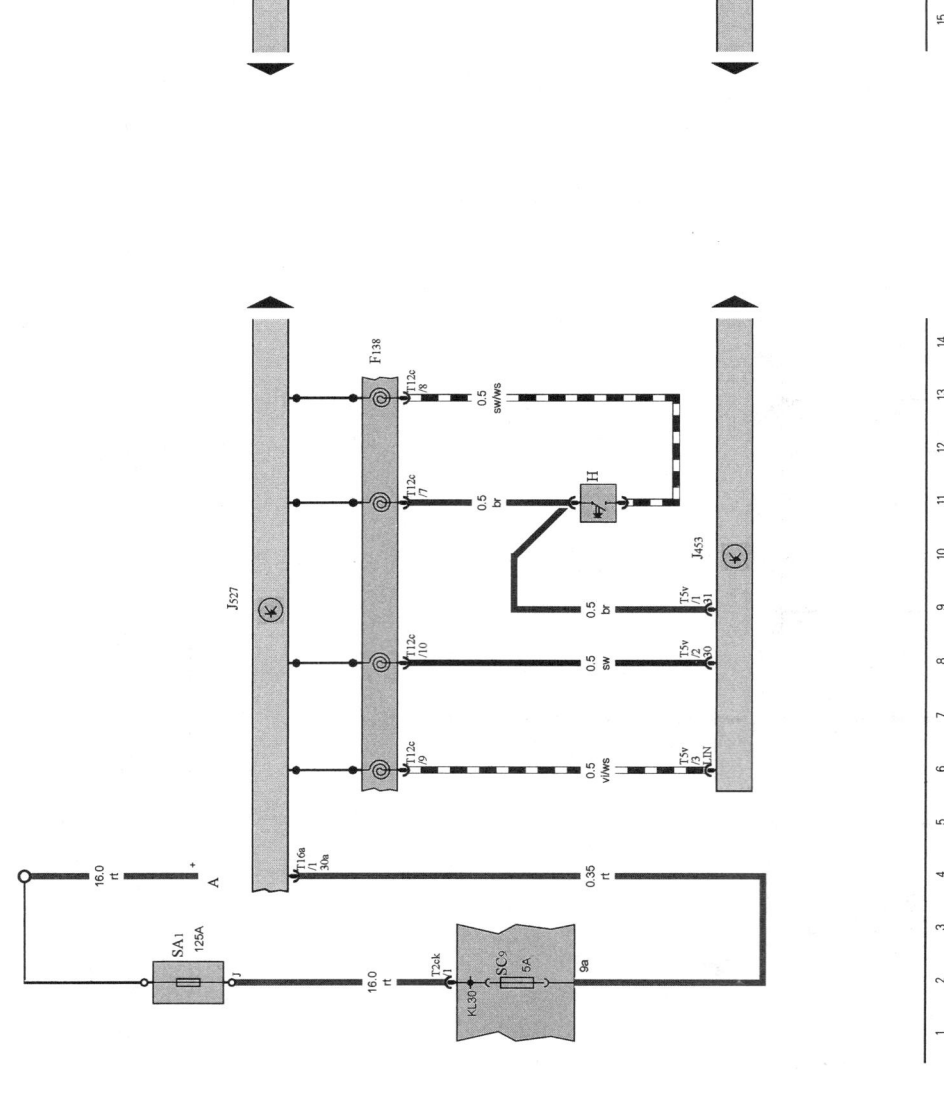

A–蓄电池 F138–安全气囊卷簧和带滑环的复位环 H–信号喇叭 J453–多功能方向盘控制单元 J527–转向柱电子装置控制单元 SA1–保险丝架A上的保险丝1 SC9–保险丝架C上的保险丝9 T2ck–2芯插头连接，黑色 T5v–5芯插头连接，黑色 T12c–12芯插头连接，黑色 T16a–16芯插头连接，黄色 黑色

图 6-3-22

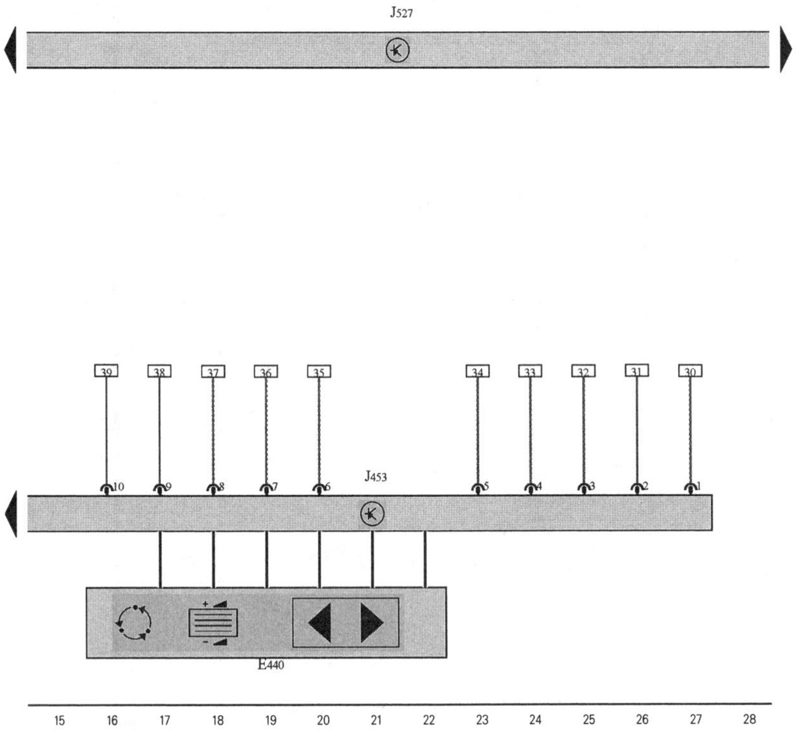

E440–方向盘中的左侧多功能按钮 J453–多功能方向盘控制单元 J527–转向柱电子装置控制单元

图 6-3-23

788

方向盘中的右侧多功能按钮、多功能方向盘控制单元、转向柱电子装置控制单元

组合仪表中的控制单元、转向柱电子装置控制单元、数据总线诊断接口、电子通信设备1控制单元、收音机

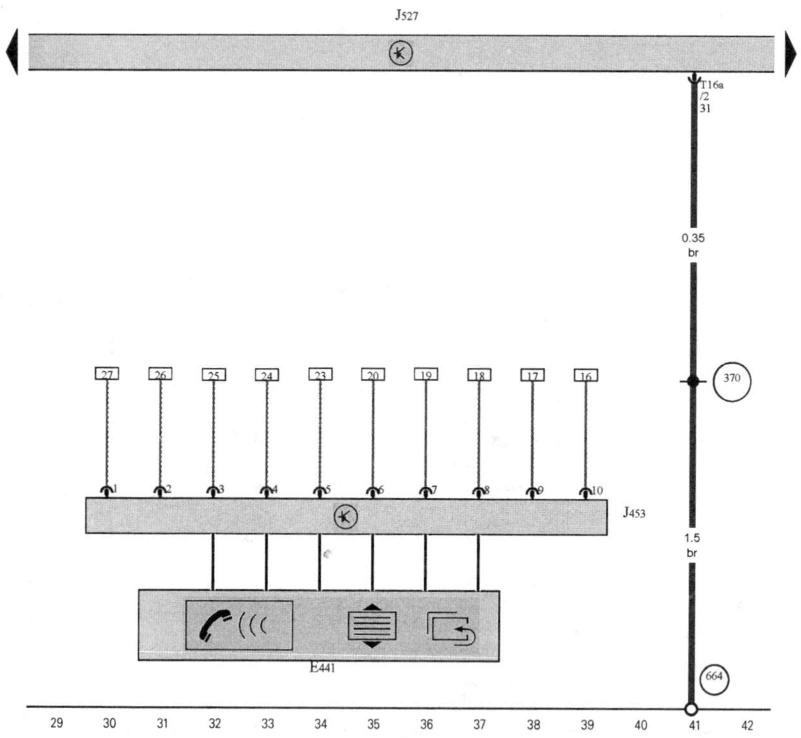

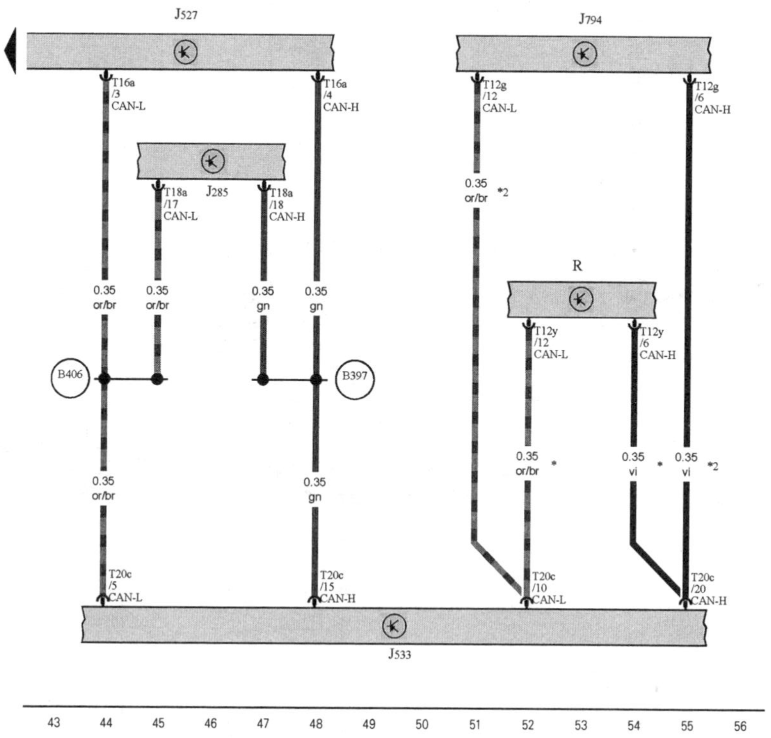

E441-方向盘中的右侧多功能按钮 J453-多功能方向盘控制单元 J527-转向柱电子装置控制单元 T16a-16芯插头连接 370-接地连接5，在主导线束中 664-左侧仪表板后面接地点

图6-3-24

J285-组合仪表中的控制单元 J527-转向柱电子装置控制单元 J794-电子通信设备1控制单元 J533-数据总线诊断接口 R-收音机 T12g-12芯插头连接，灰色 T12y-12芯插头连接，灰色 T16a-16芯插头连接，黑色 T18a-18芯插头连接，黑色 T20c-20芯插头连接，黑色 B397-连接1（舒适CAN总线，High），在主导线束中 B406-连接1（舒适CAN总线，Low），在主导线束中 *-用于不带导航系统的汽车 *2-用于带导航系统的汽车

图6-3-25

第四节 电气系统

电气系统电路图（自 2017 年 12 月起）的图号和图名对照表见表 6-4-1。

表 6-4-1　电气系统电路图（自 2017 年 12 月起）的图号和图名对照表

图号	图名
图 6-4-1~图 6-4-10	安全气囊系统
图 6-4-11~图 6-4-15	带手动调节的空调
图 6-4-16~图 6-4-23	全自动空调
图 6-4-24~图 6-4-34	进入及启动许可
图 6-4-35~图 6-4-49	舒适便捷系统
图 6-4-50~图 6-4-52	可加热座椅
图 6-4-53~图 6-4-55	电动座椅调节装置，不带记忆功能
图 6-4-56	全景滑动天窗
图 6-4-57~图 6-4-64	泊车雷达系统（PDC）
图 6-4-65~图 6-4-66	倒车摄像头系统适配装置
图 6-4-67~图 6-4-69	换道辅导系统
图 6-4-70~图 6-4-72	自动车距控制
图 6-4-73~图 6-4-83	LED 大灯
图 6-4-84~图 6-4-90	收音机 - 导航系统
图 6-4-91~图 6-4-95	收音机装置
图 6-4-96~图 6-4-106	数据总线联网
图 6-4-107~图 6-4-108	自动防眩车内后视镜、雨量传感器
图 6-4-109~图 6-4-116	组合仪表
图 6-4-117~图 6-4-137	保险丝配置

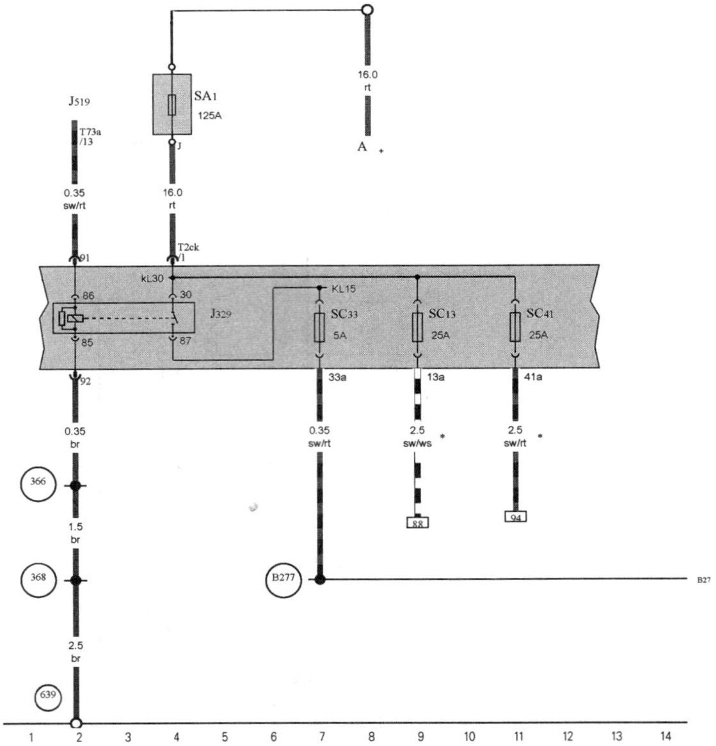

A-蓄电池　J329-接线端15供电继电器　J519-车载电网控制单元　SA1-保险丝架A上的保险丝1　SC13-保险丝架C上的保险丝13　SC33-保险丝架C上的保险丝33　SC41-保险丝架C上的保险丝41　T2ck-2芯插头连接，黑色　T73a-73芯插头连接，黑色　366-接地连接1，在主导线束中　368-接地连接3，在主导线束中　639-左A柱上的接地点　B277-正极连接1（15a），在主导线束中　*-用于带可逆安全带拉紧器的汽车

图 6-4-1

安全气囊卷簧和带滑环的复位环、前部安全气囊碰撞传感器、安全气囊控制单元、转向柱电子装置控制单元、驾驶员侧安全气囊引爆装置

安全气囊卷簧和带滑环的复位环、前部安全气囊碰撞传感器、安全气囊控制单元、转向柱电子装置控制单元、驾驶员侧安全气囊引爆装置

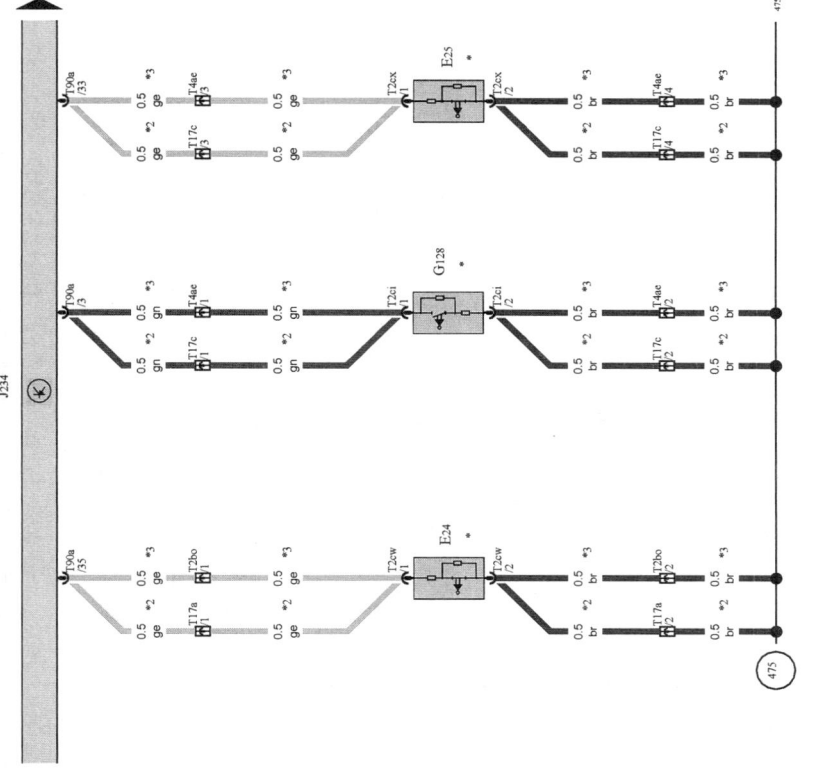

驾驶员侧安全带开关、副驾驶员侧安全带开关、副驾驶员座椅占用传感器、安全气囊控制单元

E24-驾驶员侧安全带开关 E25-副驾驶员侧安全带开关 G128-副驾驶员座椅占用传感器 J234-安全气囊控制单元 T2bo-2芯插头连接、驾驶员座椅下方,黑色 T2ci-2芯插头连接、蓝色 T2cw-2芯插头连接、黑色 T4ae-4芯插头连接、副驾驶员座椅下方,黑色 T17a-17芯插头连接、驾驶员座椅下方,红色 T90a-90芯插头连接、黄色 475-接地连接 (安全气囊),红色 T17c-17芯插头连接、副驾驶员座椅下方,红色 *-已预布线 在主导线束中 *2-用于带座椅加热的汽车 *3-用于不带座椅加热的汽车

图6-4-3

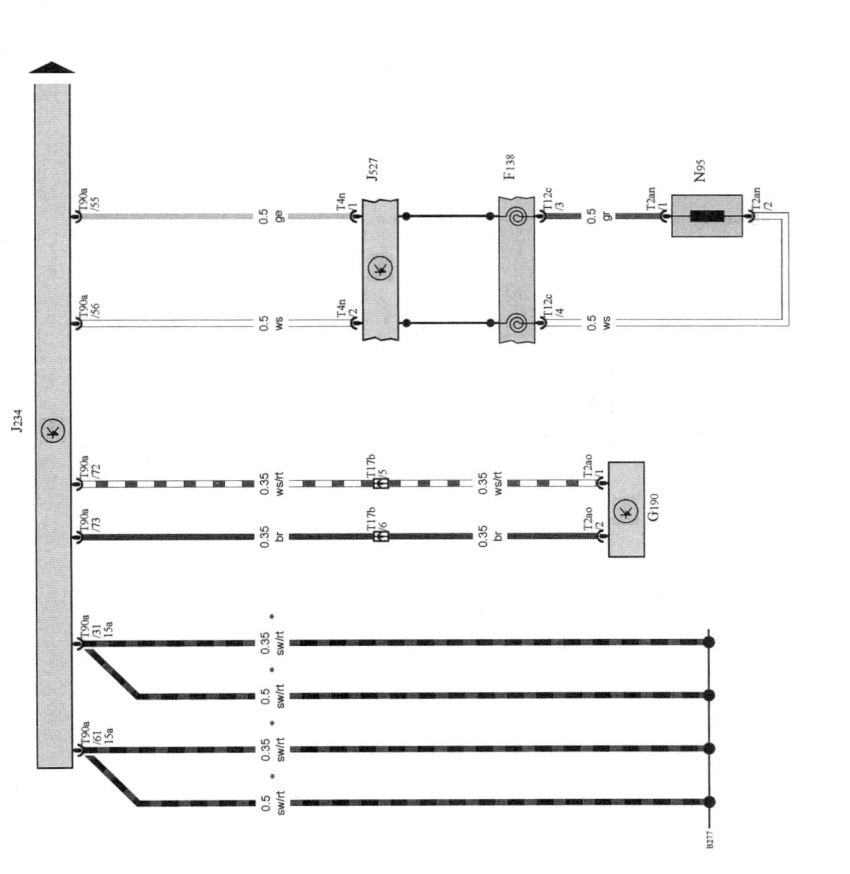

F138-安全气囊卷簧和带滑环的复位环 G190-前部安全气囊碰撞传感器 J234-安全气囊控制单元 J527-转向柱电子装置控制单元 N95-驾驶员侧安全气囊引爆装置 T2an-2芯插头连接、黄色 T2ao-2芯插头连接、黄色 T4n-4芯插头连接、黄色 T12c-12芯插头连接、黄色 T17b-17芯插头连接、接线站内,左侧A柱、棕色 T90a-90芯插头连接、黄色 B277-正极接点1 (15a), 在主导线束中 *-依汽车备而定

图6-4-2

791

安全气囊控制单元、副驾驶员侧安全气囊引爆装置、驾驶员侧侧面安全气囊引爆装置、副驾驶员侧安全气囊引爆装置1、副驾驶员侧侧面安全气囊引爆装置

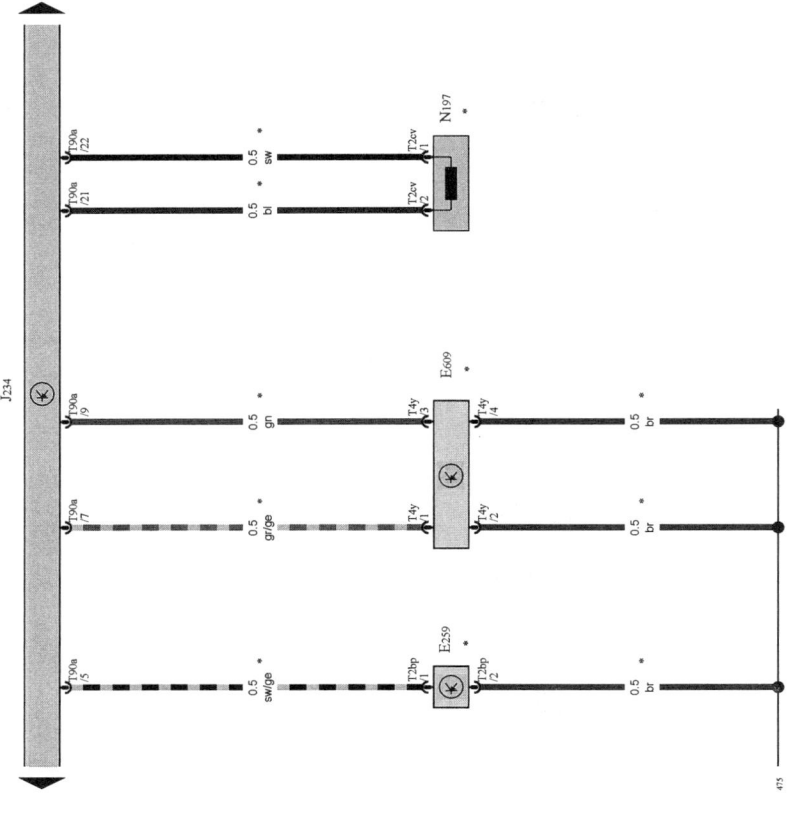

副驾驶员侧后部安全带开关、中间后部安全带开关、安全气囊控制单元、副驾驶员侧后部安全带拉紧器引爆装置

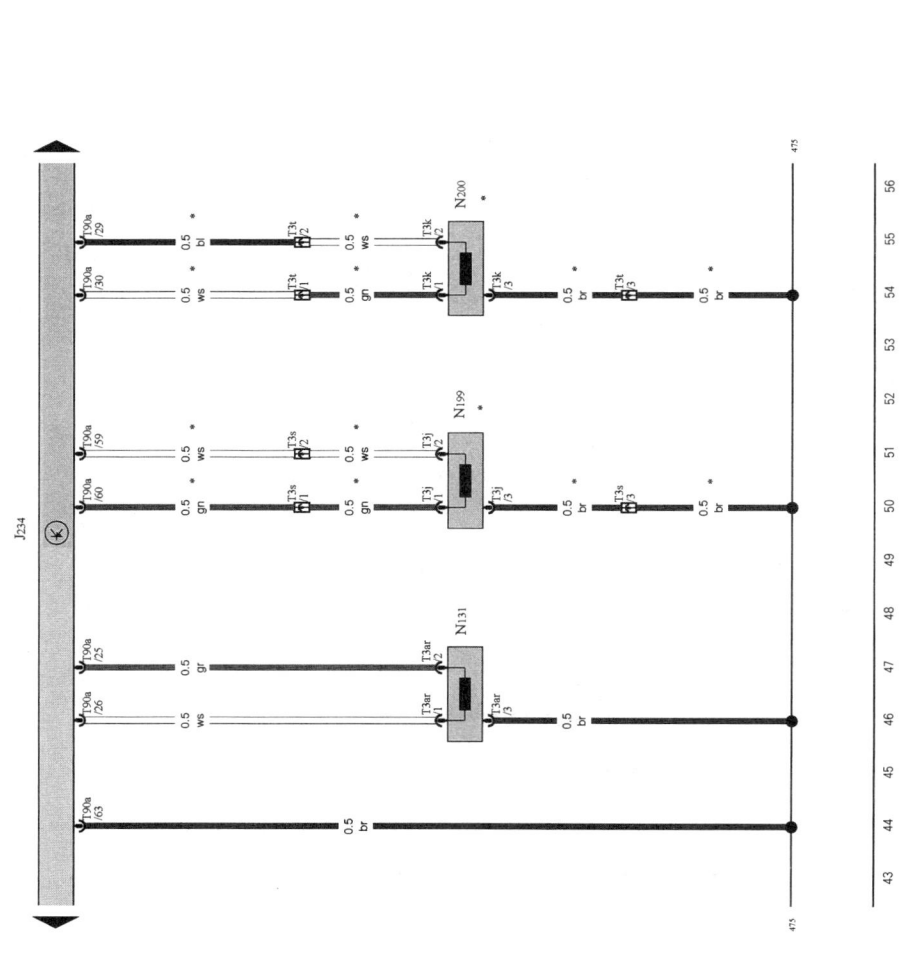

图 6-4-4

图 6-4-5

J234-安全气囊控制单元 N131-副驾驶员侧安全气囊引爆装置1 N199-驾驶员侧侧面安全气囊引爆装置 N200-副驾驶员侧侧面安全气囊引爆装置 T3ar-3芯插头连接，黄色 T3j-3芯插头连接，黄色 T3k-3芯插头连接，黄色 T3s-3芯插头连接，黄色 T3t-3芯插头连接，黄色 驾驶员座椅下方，副驾驶员座椅下方，黄色 475-接地连接（安全气囊），在主导线束中 T90a-90芯插头连接，黄色 *-用于带侧面安全气囊的汽车

E259-副驾驶员后部侧安全带开关 E609-中间后部安全带开关 J234-安全气囊控制单元 N197-副驾驶员侧后部安全带拉紧器引爆装置 T2bp-2芯插头连接，黑色 T2cv-2芯插头连接，黄色 T4y-4芯插头连接，黄色 475-接地连接（安全气囊），在主导线束中 T90a-90芯插头连接，黄色 *-用于带后部侧安全带拉紧器的汽车

792

安全气囊控制单元、左前安全带拉紧器控制单元、右前安全带拉紧器控制单元、驾驶员侧
驾驶员侧侧面安全气囊碰撞传感器、副驾驶员侧侧面安全气囊碰撞传感器、安全气囊控制
安全带拉紧器引爆装置 1、副驾驶员侧安全带拉紧器引爆装置 1
单元、驾驶员侧后部安全带拉紧器引爆装置

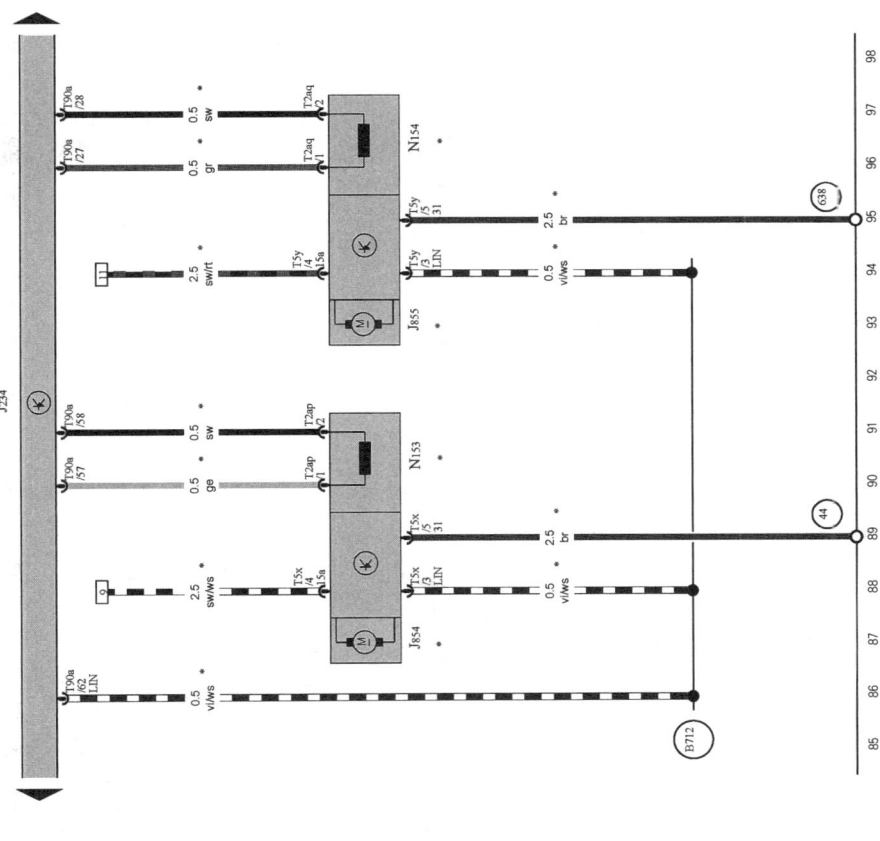

图 6-4-7

J234-安全气囊控制单元 J854-左前安全带拉紧器控制单元 J855-右前安全带拉紧器控制单元 N153-驾驶员侧安全带拉紧器引爆装置 1 N154-副驾驶员侧安全带拉紧器引爆装置 1 T2ap-2芯插头连接 N153-右前安全带拉紧器控制单元 T2aq-2芯插头连接，黄色 T5x-5芯插头连接，白色 T5y-5芯插头连接，白色 T90a-90芯插头连接 T2aq-2芯插头连接，黄色 44-左侧A柱下部接地点 638-右侧A柱上的接地点 B712-连接7（LIN总线），在主导线束中 *-用于带可逆 44-左侧A柱下部接地点 638-右侧A柱上的接地点 B712-连接7（LIN总线），在主导线束中 *-用于带可逆安全带拉紧器的汽车

驾驶员侧侧面安全气囊碰撞传感器、副驾驶员侧侧面安全气囊碰撞传感器、安全气囊控制
单元、驾驶员侧后部安全带拉紧器引爆装置

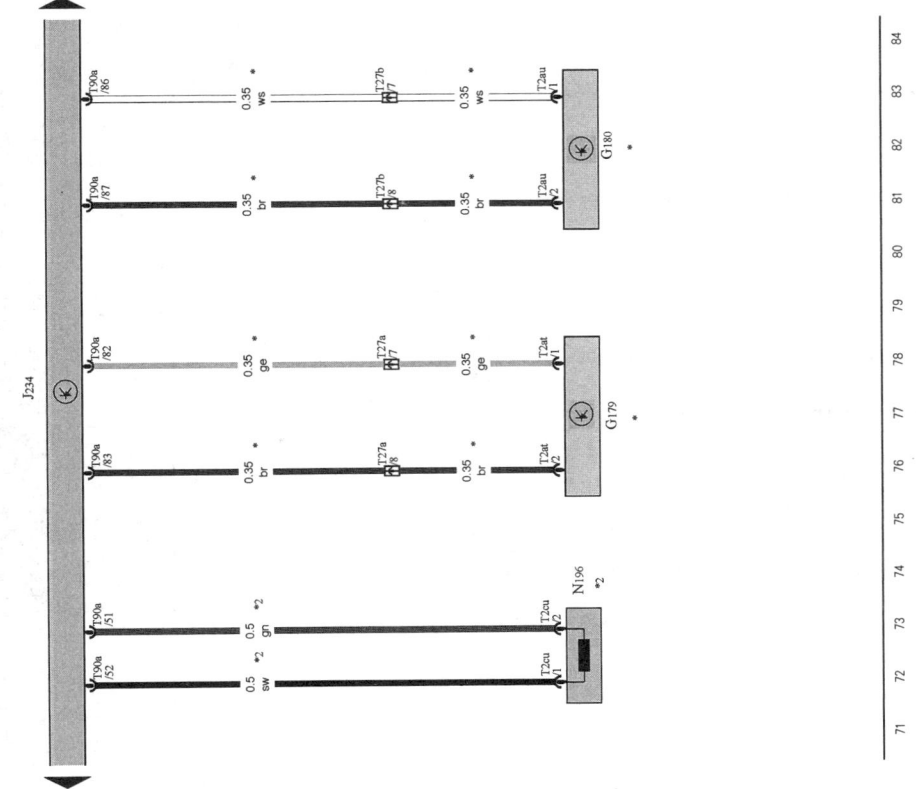

图 6-4-6

G179-驾驶员侧侧面安全气囊碰撞传感器 G180-副驾驶员侧侧面安全气囊碰撞传感器 J234-安全气囊控制单元 N196-驾驶员侧后部安全带拉紧器引爆装置 T2at-2芯插头连接，黄色 T2au-2芯插头连接，黄色 T2cu-2芯插头连接，黄色 T27a-27芯插头连接，左侧A柱上，左侧A柱上 T27b-27芯插头连接，右侧A柱上，黑色 T90a-90芯插头连接，黄色 *-用于带侧面安全气囊的汽车 *2-用于带后部安全带拉紧器的汽车

副驾驶员侧头部安全气囊碰撞传感器、安全气囊控制单元、驾驶员侧头部安全气囊引爆装置、副驾驶员侧头部安全气囊引爆装置

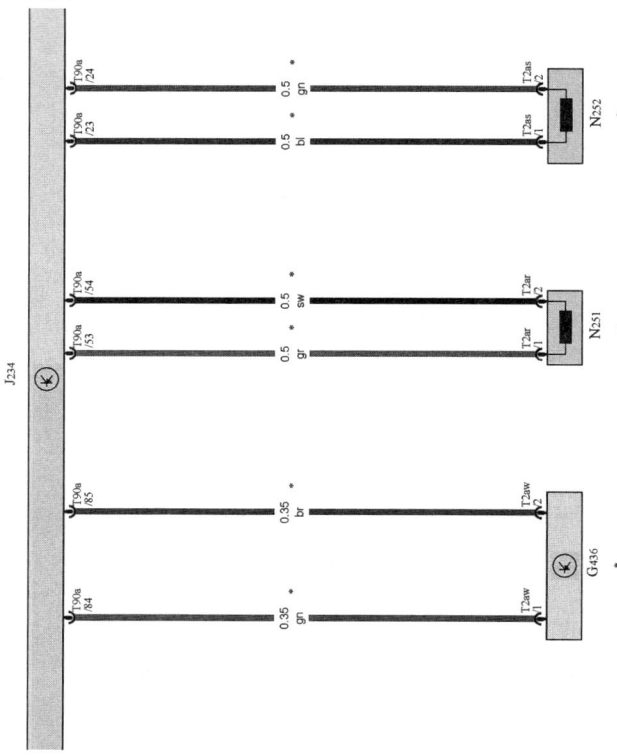
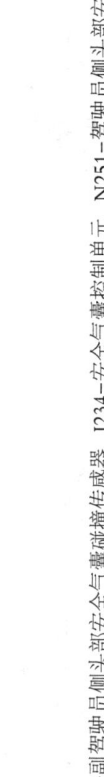

G436-副驾驶员侧头部安全气囊碰撞传感器 J234-安全气囊控制单元 N251-驾驶员侧头部安全气囊引爆装置 N252-副驾驶员侧头部安全气囊引爆装置 T2ar-2芯插头连接，黄色 T2as-2芯插头连接，黄色 T2aw-2芯插头连接，黄色 T90a-90芯插头连接，黄色 *-用于带头部安全气囊的汽车

图 6-4-9

驾驶员侧头部安全气囊碰撞传感器、安全气囊控制单元、驾驶员侧安全带拉紧器引爆装置1、副驾驶员侧安全带拉紧器引爆装置

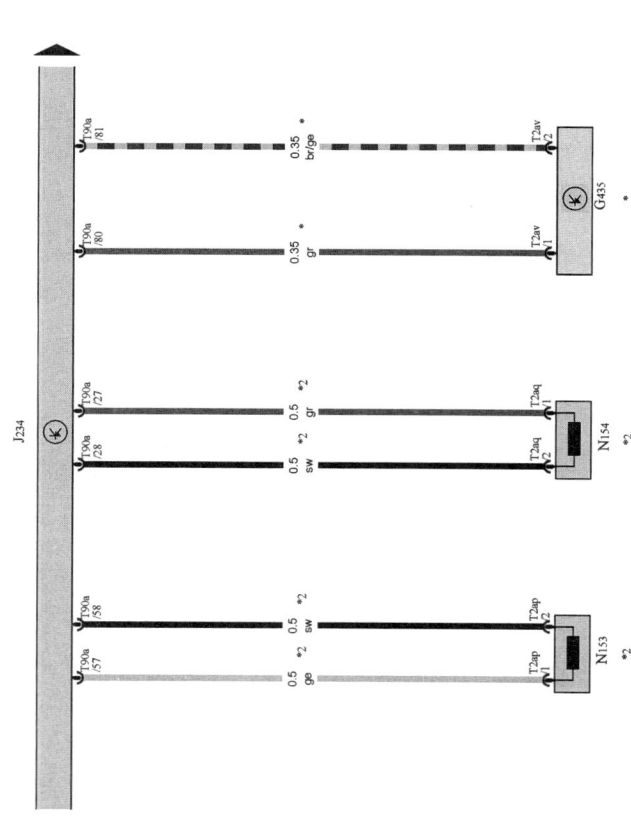

G435-驾驶员侧头部安全气囊碰撞传感器 J234-安全气囊控制单元 N153-驾驶员侧安全带拉紧器引爆装置1 N154-副驾驶员侧安全带拉紧器引爆装置1 T2ap-2芯插头连接，黄色 T2aq-2芯插头连接，黄色 T2av-2芯插头连接，黄色 T90a-90芯插头连接，黄色 *-用于带头部安全气囊的汽车 *2-用于带安全带拉紧器的汽车

图 6-4-8

空调器继电器、接线端 15 供电继电器、压缩机电磁离合器

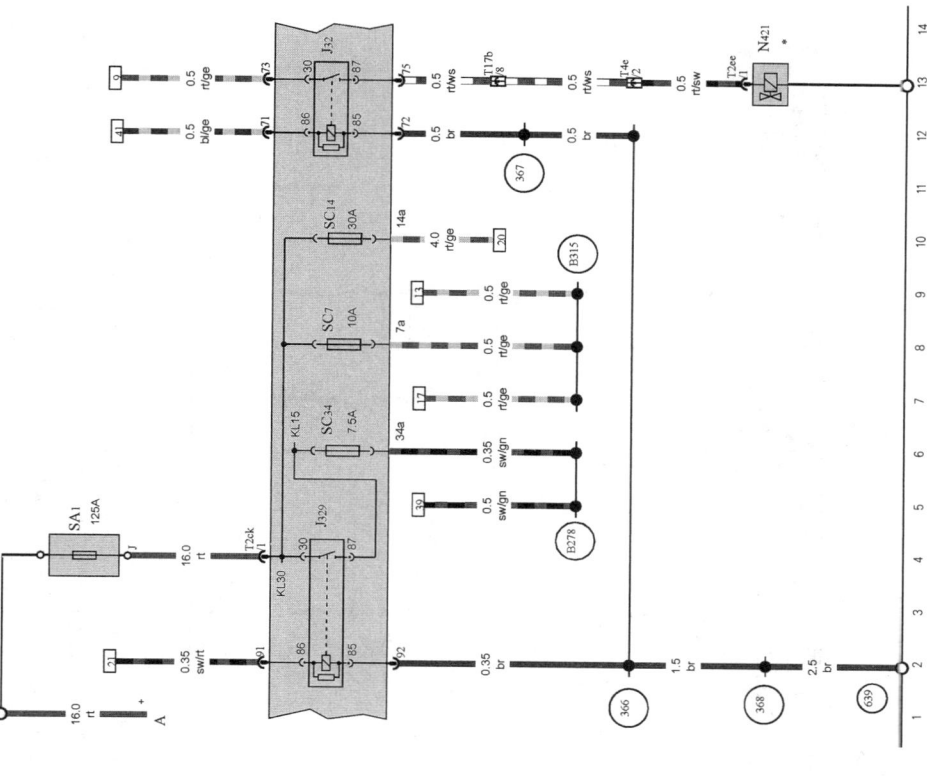

图6-4-11

A－蓄电池 J32－空调器继电器 J329－接线端15供电继电器 N421－压缩机电磁离合器 SA1－保险丝架A上的保险丝1 SC7－保险丝架C上的保险丝7 SC14－保险丝架C上的保险丝14 SC34－保险丝架C上的保险丝34 T2ck－2芯插头连接 T2ee－2芯插头连接 T4e－4芯插头连接，棕色 T4e－4芯插头连接，左前纵梁上，黑色 T17b－17芯插头连接，接线站内，左侧A柱，棕色 366－接地连接1，在主导线束中 367－接地连接2，在主导线束中 B315－正极连接3，在主导线束中 639－左A柱上的接地点 B278－正极连接2 (15a)，在主导线束中 B315－368－接地连接3，在主导线束中 639－左A柱上的接地点 B278－正极连接2 (15a)，在主导线束中 B315－正极连接1 (30a)，在主导线束中 *－已预先布线的部件

安全气囊控制单元、组合仪表中的控制单元、数据总线诊断接口、安全带警告指示灯、安全气囊指示灯

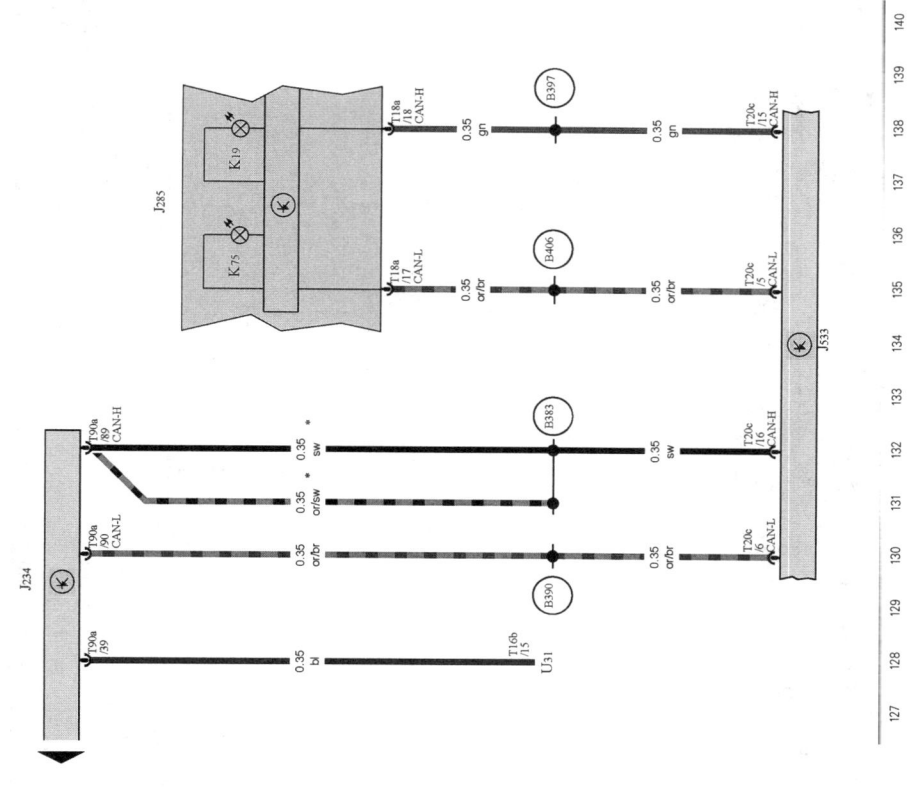

图6-4-10

J234－安全气囊控制单元 J285－组合仪表中的控制单元 J533－数据总线诊断接口 K19－安全带警告指示灯 K75－安全气囊指示灯 T16b－16芯插头连接 T18a－18芯插头连接，黑色 T20c－20芯插头连接，黑色 T90a－90芯插头连接，黄色 U31－诊断接口 B383－连接1 (驱动CAN总线，High)，在主导线束中 B390－连接1 (驱动CAN总线，Low)，在主导线束中 B397－连接1 (舒适CAN总线，High)，在主导线束中 B406－连接1 (舒适CAN总线，Low)，在主导线束中 *－依汽车装备而定

795

新鲜空气和循环空气风门开关、温度选择旋钮电位计、制冷剂循环回路压力传感器、空调器控制单元、可加热后窗玻璃指示灯

新鲜空气鼓风机开关、新鲜空气鼓风机控制单元、空调器控制单元、车载电网控制单元、空调器开关照明灯泡、新鲜空气鼓风机

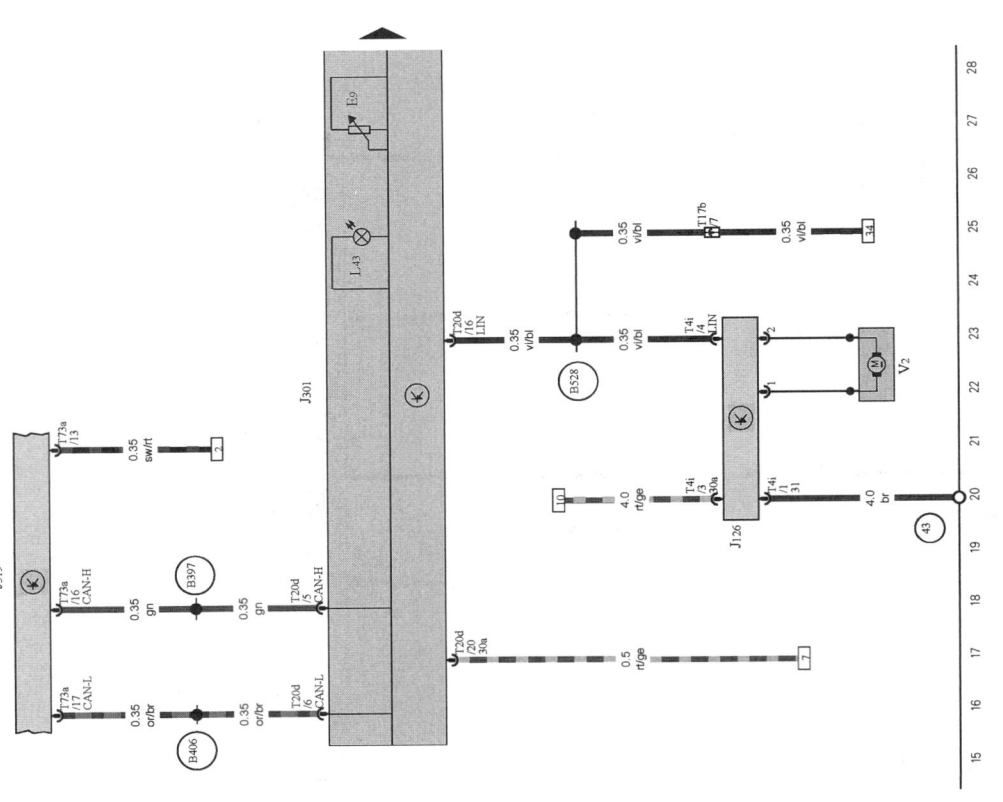

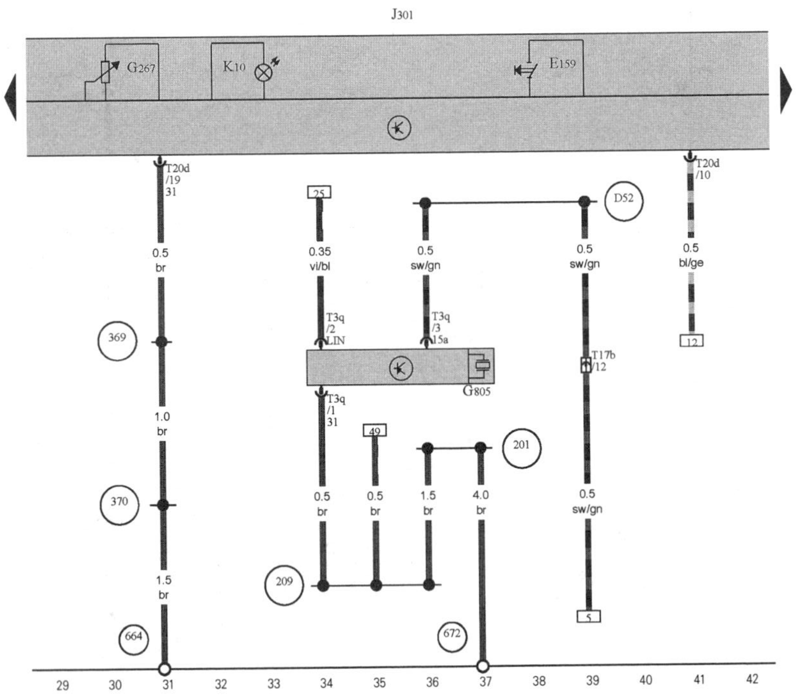

E159–新鲜空气和循环空气风门开关 G267–温度选择旋钮电位计 G805–制冷剂循环回路压力传感器 J301–空调器控制单元 K10–可加热后窗玻璃指示灯 T3q–3芯插头连接，黑色 T17b–17芯插头连接，接线站内，左侧A柱 T20d–20芯插头连接 209–接地连接 在发动机舱导线束中 664–左侧仪表 6，在发动机舱导线束中 369–接地连接4，在主导线束中 370–接地连接5，在主导线束中 板后面接地点 672–左前纵梁上的接地点2 D52–正极连接（15a），在发动机舱导线束中

图 6-4-13

E9–新鲜空气鼓风机开关 J126–新鲜空气鼓风机控制单元 J301–空调器控制单元 J519–车载电网控制单元 L43–空调器开关照明灯泡 T4i–4芯插头连接 T17b–17芯插头连接，接线站内，左侧A柱 T20d–20芯插头连接 T73a–73芯插头连接，黑色 V2–新鲜空气鼓风机 43–右侧A柱下部的接地点 B397–连接1（舒适CAN总线，High），在主导线束中 B406–连接1（舒适CAN总线，Low），在主导线束中 B528–连接1（LIN总线），在主导线束中

图 6-4-12

空调器开关、可加热后窗玻璃按钮、蒸发器温度传感器、空调器控制单元、空调压缩机调节阀、车内空气循环风门伺服电机

除霜器运行开关、温度风门伺服电机电位计、气流分配风门伺服电机电位计、空调器控制单元、空调器指示灯、新鲜空气和车内空气循环运行模式指示灯、温度风门伺服电机、气流分配风门伺服电机

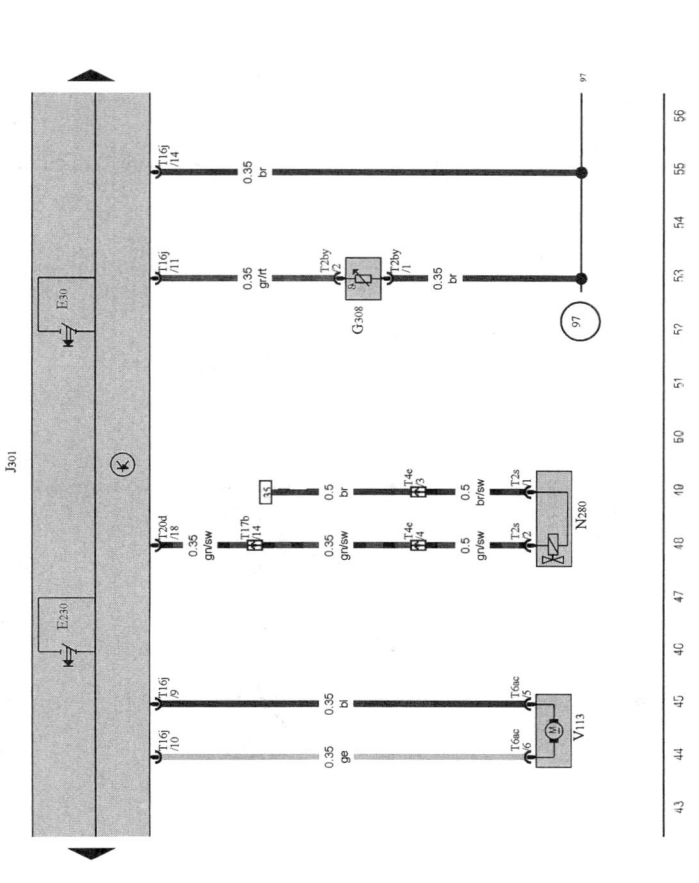

F164-除霜器运行开关 G92-温度风门伺服电机电位计 G645-气流分配风门伺服电机电位计 J301-空调器控制单元 K84-空调器指示灯 K114-新鲜空气和车内空气循环运行模式指示灯 T6ad-6芯插头连接，蓝色 T6ae-6芯插头连接，蓝色 T16j-16芯插头连接，黑色 V68-温度风门伺服电机 V428-气流分配风门伺服电机 97-接地连接1，在空调器导线束中 L31-连接（5V），在空调器导线束中

图 6-4-15

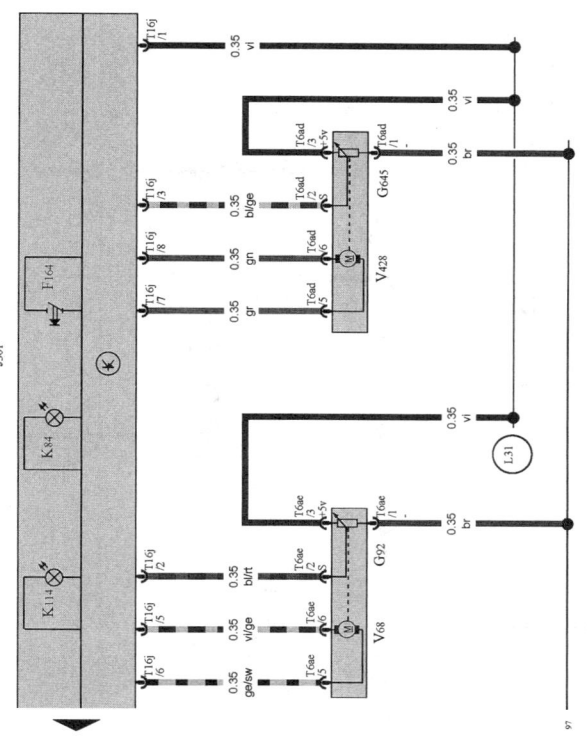

E30-空调器开关 E230-可加热后窗玻璃按钮 G308-蒸发器温度传感器 J301-空调器控制单元 N280-空调压缩机调节阀 T2by-2芯阀 T2by-2芯插头连接，黑色 T2s-2芯插头连接，左前纵梁上，黑色 T4e-4芯插头连接，左前纵梁上，黑色 T6ac-6芯插头连接，蓝色 T16j-16芯插头连接，黑色 T17b-17芯插头连接，接线站内，左侧A柱，棕色 T20d-20芯插头连接，黑色 V113-车内空气循环风门伺服电机 97-接地连接1，在空调器导线束中

图 6-4-14

新鲜空气鼓风机开关、 新鲜空气鼓风机控制单元、 全自动空调控制单元、 车载电网控制
单元、 开关照明灯泡、 新鲜空气鼓风机

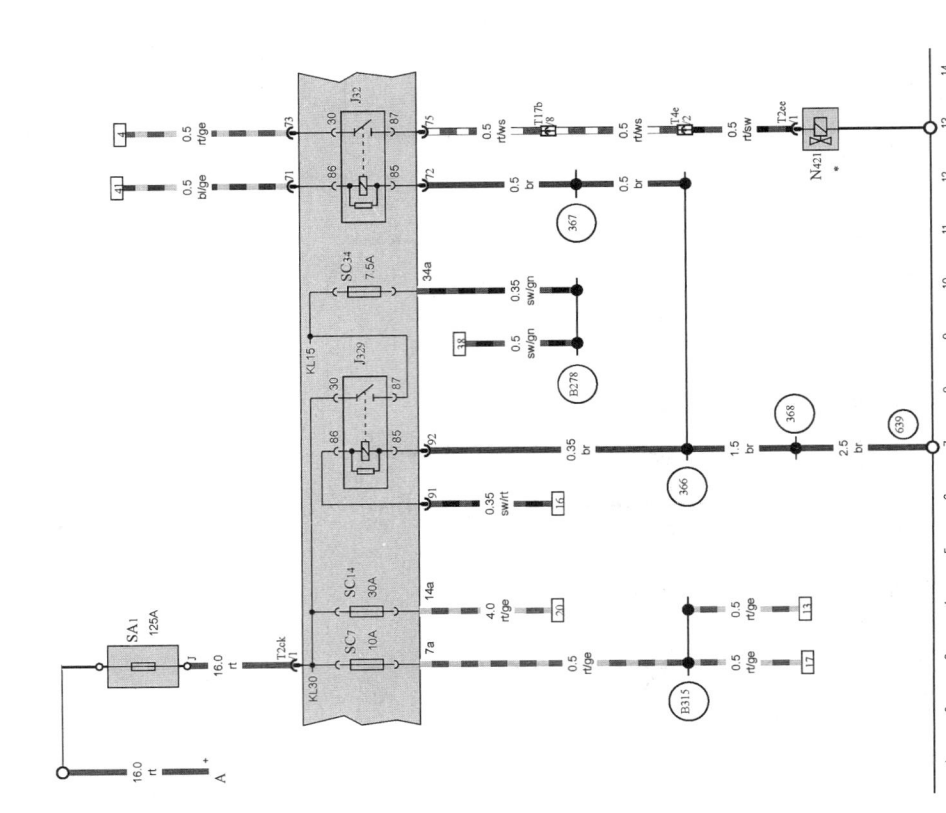

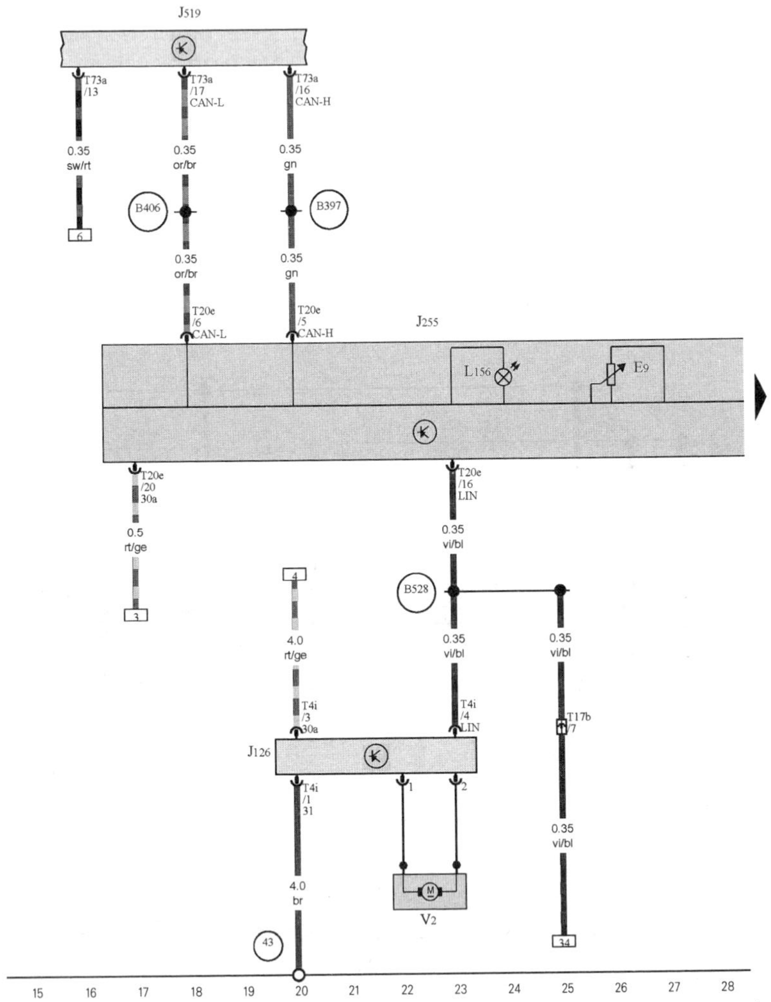

图 6-4-17

E9-新鲜空气鼓风机开关 J126-新鲜空气鼓风机控制单元 J255-全自动空调控制单元 J519-车载电网控制单元 L156-开关照明灯泡 T4i-4芯插头连接, 接线站内, 左侧A柱, 棕色 T17b-17芯插头连接, 黑色 T20e-20芯插头连接, 黑色 T73a~73芯插头连接, 黑色 V2-新鲜空气鼓风机 43-右侧A柱下部接地点 B397-连接1 (舒适CAN总线, High) , 在主导线束中 B406-连接1 (舒适CAN总线, Low) , 在主导线束中 B528-连接1 (LIN总线) , 在主导线束中

空调器继电器、 接线端 15 供电继电器、 压缩机电磁离合器

图 6-4-16

A-蓄电池 J32-空调器继电器 J329-接线端15供电继电器 N421-压缩机电磁离合器 SA1-保险丝架 A 上的保险丝1 SC7-保险丝架C上的保险丝7 SC14-保险丝架C上的保险丝14 SC34-保险丝架C上的保险丝 34 T2ck-2芯插头连接, 黑色 T2ee-2芯插头连接, 黑色 T4e-4芯插头连接, 棕色 T17b-17 芯插头连接, 接线站内, 左侧A柱 366-接地连接1, 在主导线束中 367-接地连接2, 在主导线束中 368-接地连接3, 在主导线束中 639-左侧A柱上的接地点 B278-正极连接2 (15a) , 在主导线束中 B315-正极连接1 (30a) , 在主导线束中 *-已预先布线的部件

798

空调器开关、新鲜空气和循环空气风门开关、可加热后窗玻璃按钮、制冷剂循环回路压力
传感器、全自动空调控制单元、可加热后窗玻璃指示灯

阳光照射光电传感器、日照光电传感器 2、左侧出风口温度传感器、右侧出风口温度传
感器、全自动空调控制单元

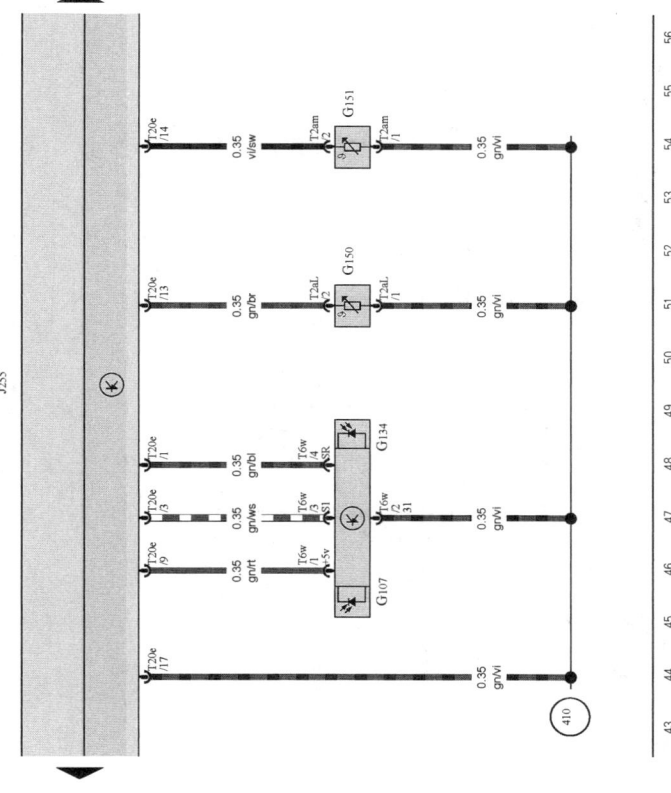

图 6-4-19

G107-阳光照射光电传感器 G134-日照光电传感器 G150-左侧出风口温
度传感器 J255-全自动空调控制单元 T2aL-2芯插头连接，黑色 T6w-6芯插
头连接，黑色 T20e-20芯插头连接，黑色 410-接地连接1（传感器接地），在主导线束中

G107-阳光照射光电传感器 G134-日照光电传感器 G150-左侧出风口温度传感器 G151-右侧出风口温度传感器
度传感器 J255-全自动空调控制单元 T2aL-2芯插头连接，黑色 T2am-2芯插头连接，黑色 T6w-6芯插
头连接，黑色 T20e-20芯插头连接，黑色 410-接地连接1（传感器接地），在主导线束中

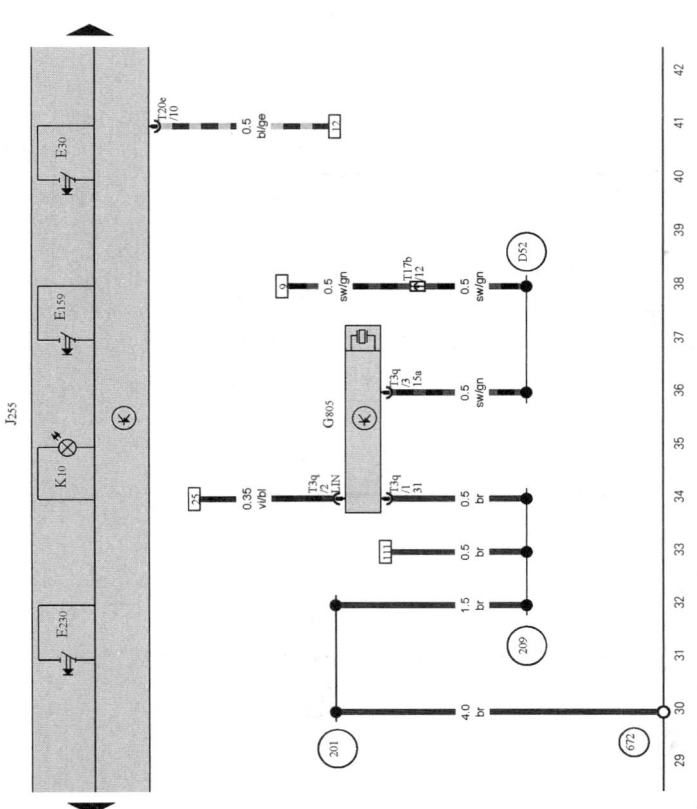

图 6-4-18

E30-空调器开关 E159-新鲜空气和循环空气风门开关 E230-可加热后窗玻璃按钮 G805-制冷剂循环回路
压力传感器 J255-全自动空调控制单元 K10-可加热后窗玻璃指示灯 T3q-3芯插头连接，黑色 T17b-17
芯插头连接，接线站内，左侧A柱，棕色 T20e-20芯插头连接，黑色 201-接地连接5，在发动机舱导线束
中 209-接地连接6，在发动机舱导线束中 672-左前纵梁上的接地点2 D52-正极连接（15a），在发动机
舱导线束中

799

左侧出风口温度调节器、右侧出风口温度调节器、脚部空间出风口温度传感器、蒸发器温度传感器、全自动空调控制单元、新鲜空气和车内空气循环运行模式指示灯

G155–左侧出风口温度调节器 G156–右侧出风口温度调节器 G192–脚部空间出风口温度传感器 G308–蒸发器温度传感器 J255–全自动空调控制单元 K114–新鲜空气和车内空气循环运行模式指示灯 T2bv–2芯插头连接，黑色 T2ca–2芯插头连接，黑色 T16k–16芯插头连接，黑色 T20e–20芯插头连接，黑色 244–接地连接（传感器接地），在全自动空调导线束中 369–接地连接4，在主导线束中 370–接地连接5，在主导线束中 664–左侧仪表板后面接地点

图 6–4–20

前部空调操作和显示单元、除霜器运行开关、仪表板温度传感器、左侧温度风门伺服电机电位计、新鲜空气 / 车内空气循环 / 速滞压力风门伺服电机电位计、全自动空调控制单元、左侧温度风门伺服电机、新鲜空气 / 车内空气循环 / 速滞压力风门伺服电机

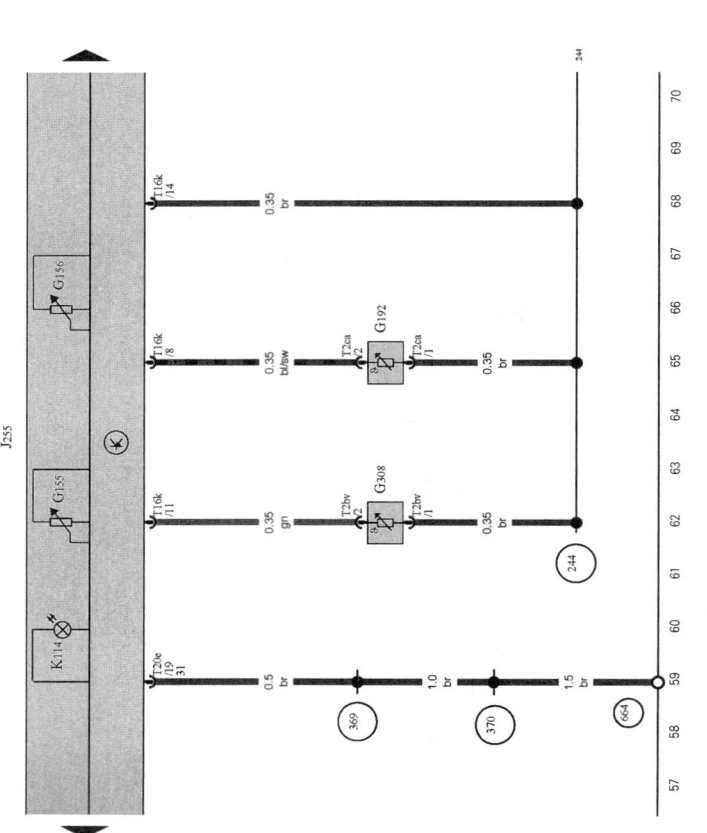

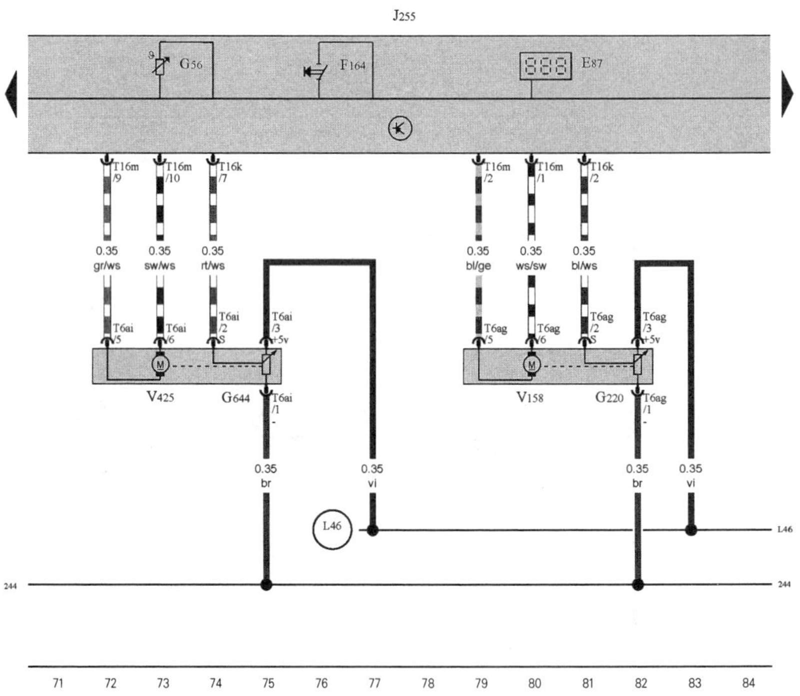

E87–前部空调操作和显示单元 F164–除霜器运行开关 G56–仪表板温度传感器 G220–左侧温度风门伺服电机电位计 G644–新鲜空气/车内空气循环/速滞压力风门伺服电机电位计 J255–全自动空调控制单元 T6ag–6芯插头连接，蓝色 T6ai–6芯插头连接，蓝色 T16k–16芯插头连接，黑色 T16m–16芯插头连接，棕色 V158–左侧温度风门伺服电机 V425–新鲜空气/车内空气循环/速滞压力风门伺服电机 244–接地连接（传感器接地），在全自动空调导线束中 L46–连接（5V），在全自动空调操纵导线束中

图 6–4–21

除霜风门伺服电机电位计、右侧温度风门伺服电机电位计、全自动空调控制单元、除霜风门伺服电机、右侧温度风门伺服电机

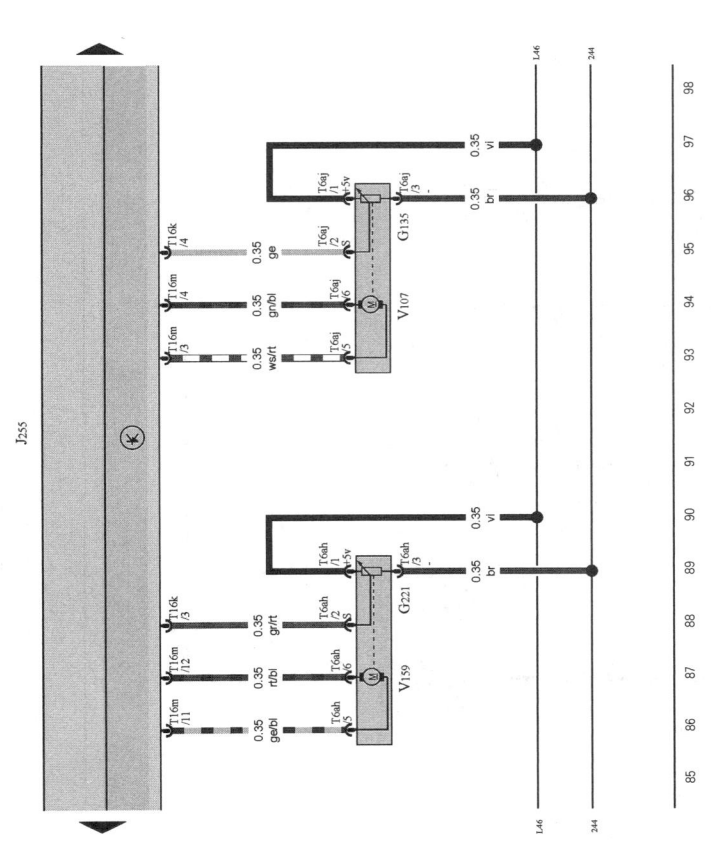

G135–除霜风门伺服电机电位计 G221–右侧温度风门伺服电机电位计 J255–全自动空调控制单元 T6ah–6芯插头连接，蓝色 T6aj–6芯插头连接，蓝色 T16k–16芯插头连接，黑色 T16m–16芯插头连接，棕色 V107–除霜风门伺服电机 V159–右侧温度风门伺服电机 244–接地连接（传感器接地），在全自动空调导线束中 L46–连接（5V），在全自动空调操纵导线束中

图 6-4-22

前部气流分配风门伺服电机电位计、全自动空调控制单元、空调压缩机调节阀、前侧气流分配风门伺服电机

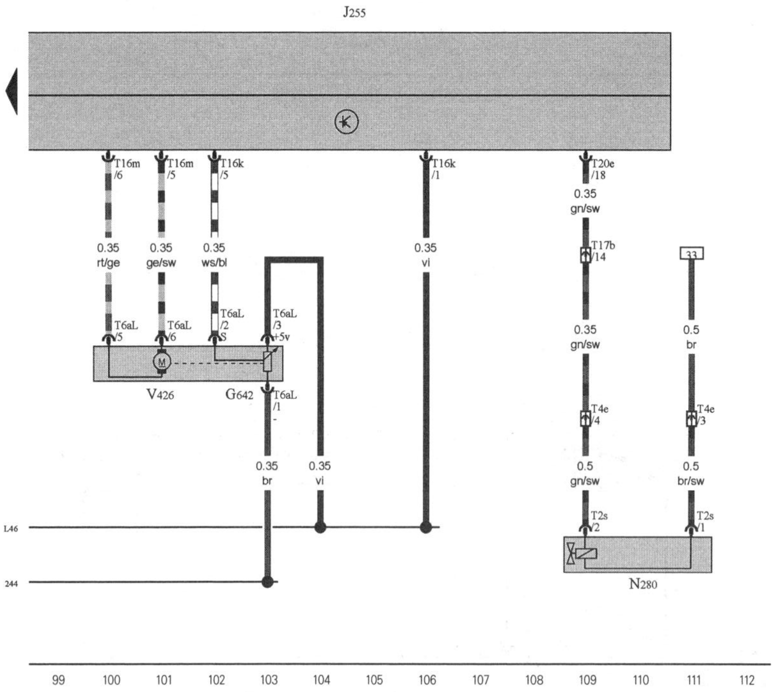

G642–前部气流分配风门伺服电机电位计 J255–全自动空调控制单元 N280–空调压缩机调节阀 T2s–2芯插头连接，黑色 T4e–4芯插头连接，左前纵梁上，黑色 T6aL–6芯插头连接，蓝色 T16k–16芯插头连接，黑色 T16m–16芯插头连接，棕色 T17b–17芯插头连接，接线站内，左侧A柱，棕色 T20e–20芯插头连接，黑色 V426–前侧气流分配风门伺服电机 244–接地连接（传感器接地），在全自动空调导线束中 L46–连接（5V），在全自动空调操纵导线束中

图 6-4-23

前窗玻璃刮水器开关、间歇式刮水器运行开关、后窗玻璃刮水器开关、车窗玻璃刮水器间歇运行调节器、车窗玻璃清洗泵开关（自动刮水/清洗装置和大灯清洗装置）、转向柱电子装置控制单元

转向柱联锁执行元件

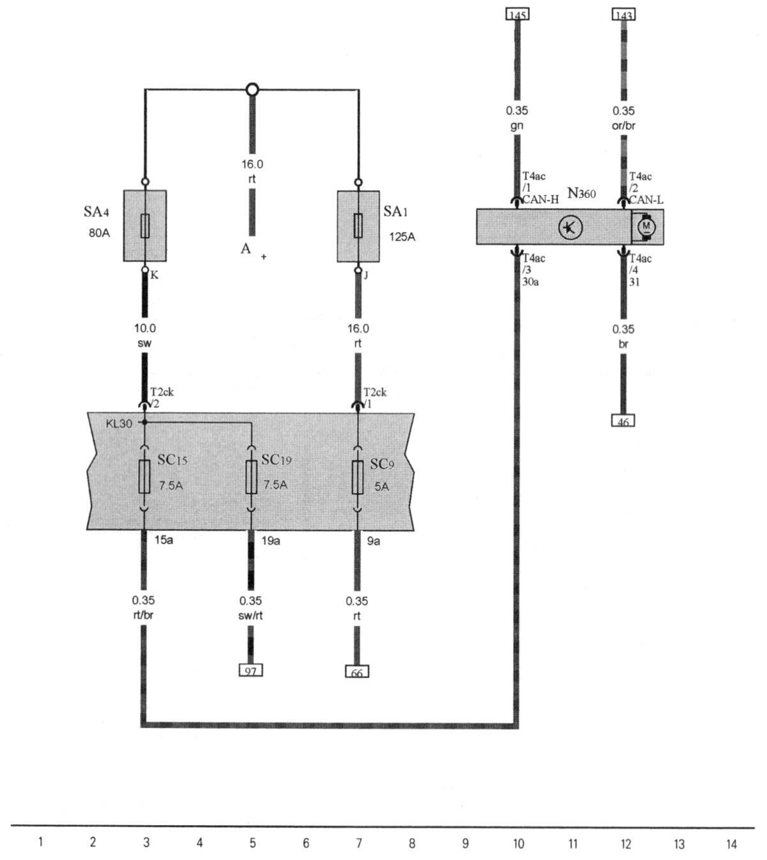

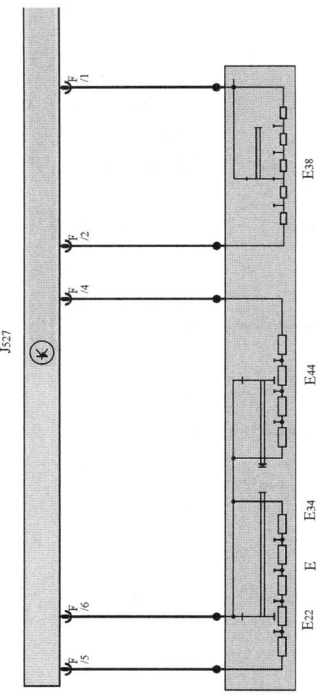

图 6-4-24

图 6-4-25

15　16　17　18　19　20　21　22　23　24　25　26　27　28

1　2　3　4　5　6　7　8　9　10　11　12　13　14

A-蓄电池　N360-转向柱联锁执行元件　SA1-保险丝架A上的保险丝1　SA4-保险丝架A上的保险丝4　SC9-保险丝架C上的保险丝9　SC15-保险丝架C上的保险丝15　SC19-保险丝架C上的保险丝19　T2ck-2芯插头连接　T4ac-4芯插头连接，黑色

E-前窗玻璃刮水器开关　E22-间歇式刮水器运行开关　E34-后窗玻璃刮水器开关　E38-车窗玻璃刮水器间歇运行调节器　E44-车窗玻璃清洗泵开关（自动刮水/清洗装置和大灯清洗装置）　J527-转向柱电子装置控制单元

黑色

定速巡航装置开关、定速巡航装置设置按钮、自动车距控制按钮、车速提高按钮、车速降
低按钮、定速巡航装置暂时关闭按钮、转向柱电子装置控制单元

转向柱电子装置控制单元

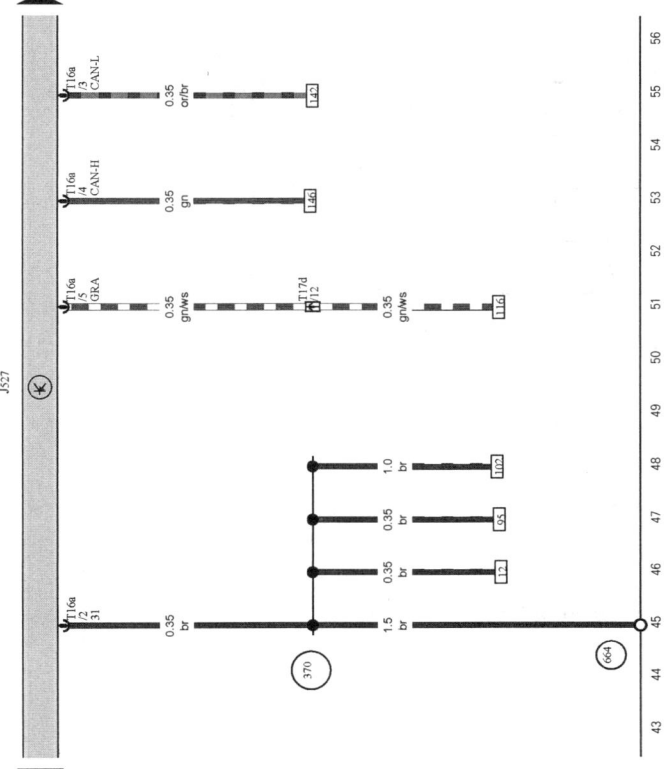

图 6-4-26

图 6-4-27

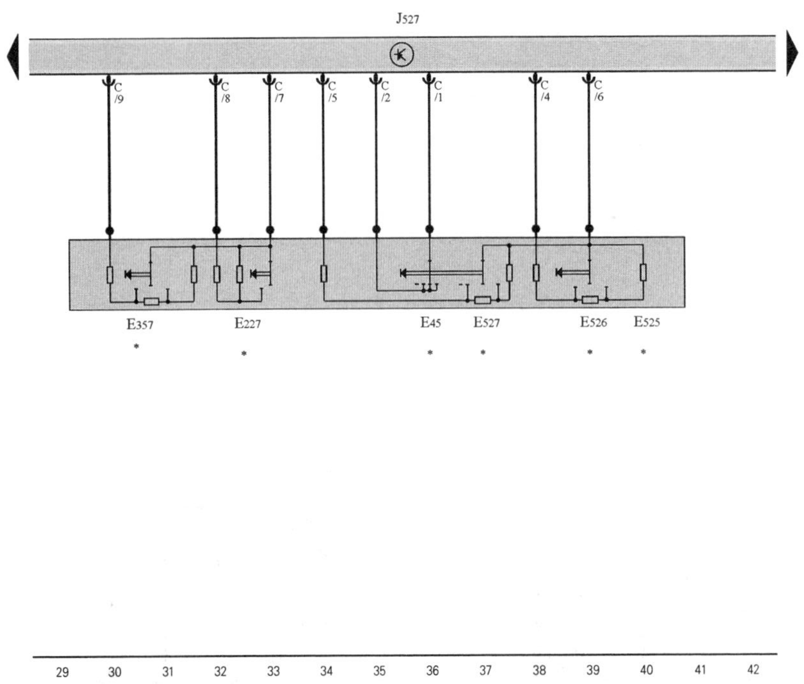

E45-定速巡航装置开关 E227-定速巡航装置设置按钮 E357-自动车距控制按钮 E525-车速提高按钮
E526-车速降低按钮 E527-定速巡航装置暂时关闭按钮 J527-转向柱电子装置控制单元 *-用于带自动车
距控制（ADR）的汽车

J527-转向柱电子装置控制单元 T16a-16芯插头连接、黑色 T17d-17芯插头连接、接线站内、左侧A柱、
蓝色 370-接地连接、在主导线束中 664-左侧仪表板后面接地点

803

转向信号灯开关、手动远光灯功能和远光灯瞬时接通功能开关、安全气囊卷簧和带滑环的复位环、信号喇叭、转向柱电子装置控制单元

安全气囊卷簧和带滑环的

定速巡航装置开关、定速巡航装置设置按钮、转向柱电子装置控制单元

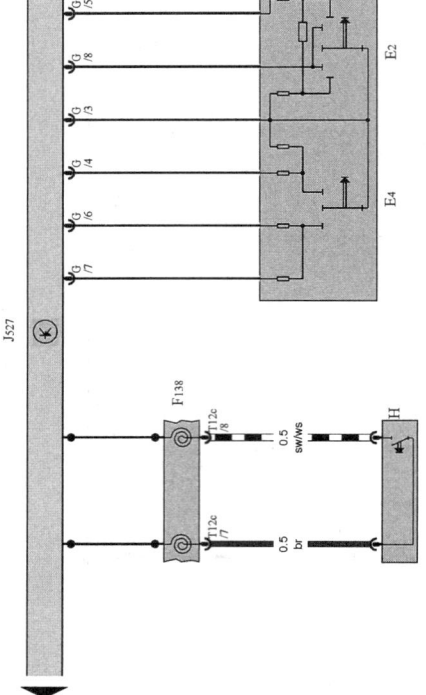

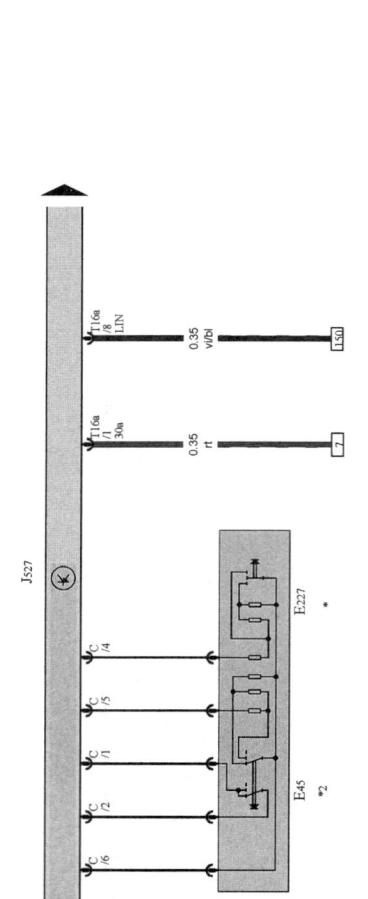

71	72	73	74	75	76	77	78	79	80	81	82	83	84

E2-转向信号灯开关 E4-手动远光灯功能和远光灯瞬时接通功能开关 F138-安全气囊卷簧和带滑环的复位环 H-信号喇叭 J527-转向柱电子装置控制单元 T12c-12芯插头连接、黄色

图6-4-29

57	58	59	60	61	62	63	64	65	66	67	68	69	70

E45-定速巡航装置开关 E227-定速巡航装置设置按钮 J527-转向柱电子装置控制单元 T16a-16芯插头连接、黑色 *-用于不带自动车距控制（ADR）的汽车 *2-用于带定速巡航装置的汽车

图6-4-28

驾驶员侧车门外把手接触传感器、进入及启动许可控制单元、 驾驶员侧进入及启动系统天线

启动装置按钮、进入及启动许可控制单元、车载电网控制单元、点火启动按钮照明灯泡

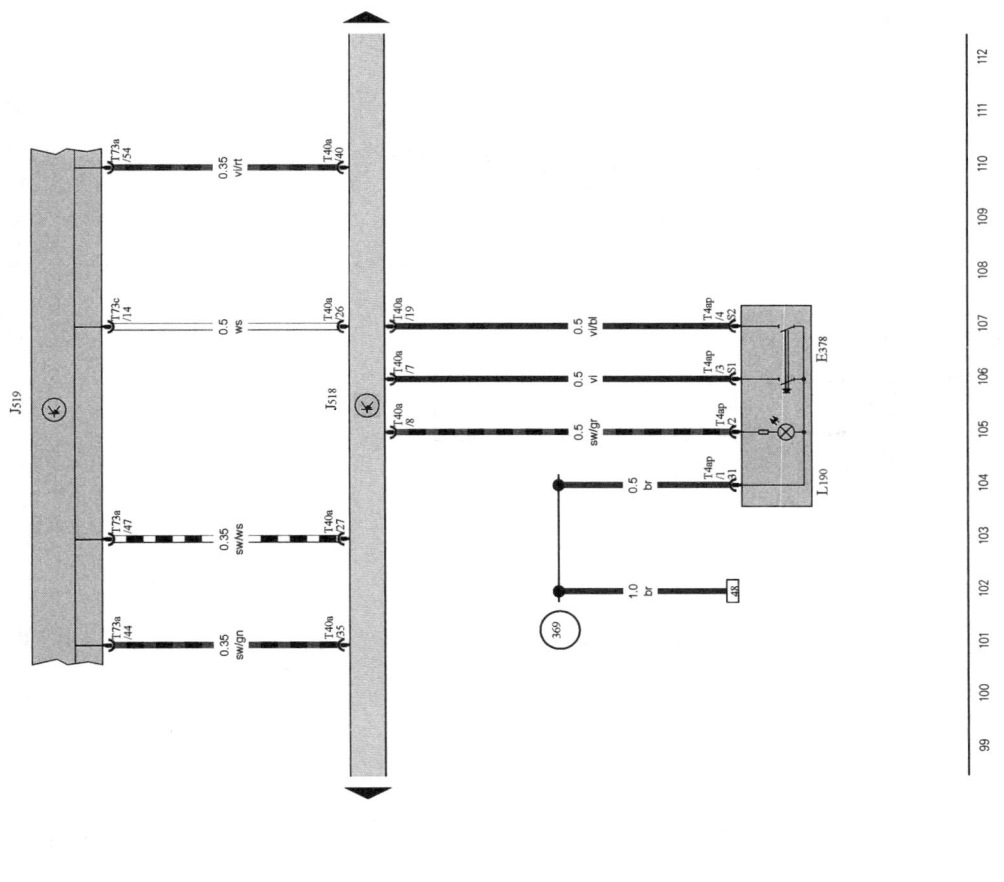

图 6-4-30

图 6-4-31

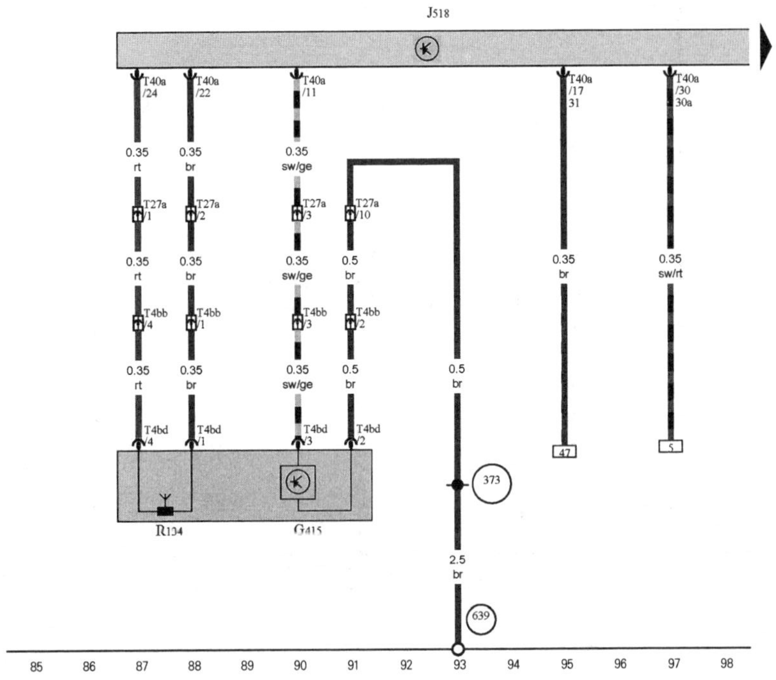

G415-驾驶员侧车门外把手接触传感器 J518-进入及启动许可控制单元 R134-驾驶员侧进入及启动系统天线 T4bb-4芯插头连接，在驾驶员侧车门内，黑色 T4bd-4芯插头连接，左侧A柱上，黑色 T27a-27芯插头连接，在驾驶员侧车门内，黑色 T40a-40芯插头连接，在主导线束8，黑色 373-接地连接8，黑色 639-左A柱上的接地点

E378-启动装置按钮 J518-进入及启动许可控制单元 J519-车载电网控制单元 L190-点火启动按钮照明灯泡 T4ap-4芯插头连接，黑色 T40a-40芯插头连接，黑色 T73a-73芯插头连接，黑色 T73c-73芯插头连接，黑色 369-接地连接4，在主导线束中

805

副驾驶员侧车门外把手接触传感器、进入及启动许可控制单元、发动机控制单元、副驾驶员侧进入及启动系统天线

进入及启动许可控制单元、后保险杠内进入及启动系统天线、车内空间进入及启动系统天线 1、车内空间进入及启动系统天线 2

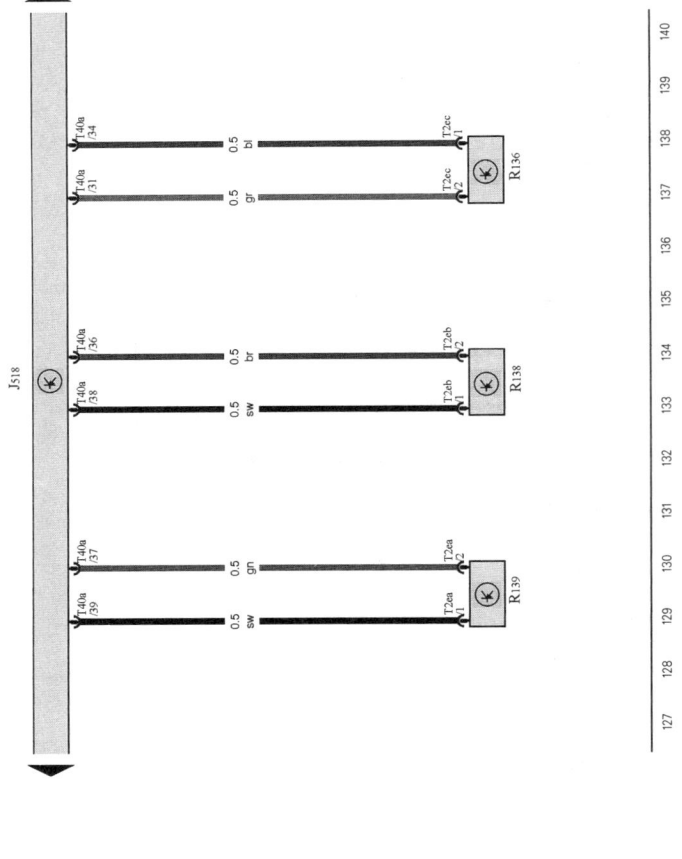

 图6-4-32

图6-4-33

G416-副驾驶员侧车门外把手接触传感器，J518-进入及启动许可控制单元，J623-发动机控制单元，R135-副驾驶员侧进入及启动系统天线 T4bc-4芯插头连接，副驾驶员车门内，黑色 T4be-4芯插头连接，黑色 T17d-17芯插头连接，左侧A柱，右侧A柱上，蓝色 T27b-27芯插头连接，右侧A柱，黑色 T40a-40芯插头连接，黑色 T94a-94芯插头连接，黑色 374-接地连接9，在主导线束中 638-右A柱上的接地点

J518-进入及启动许可控制单元 R136-后保险杠内进入及启动系统天线 R138-车内空间进入及启动系统天线 1 R139-车内空间进入及启动系统天线 2 T2ea-2芯插头连接，黑色 T2eb-2芯插头连接，黑色 T2ec-2芯插头连接，棕色 T40a-40芯插头连接，黑色

806

防盗锁止系统识读线圈、多功能显示器、组合仪表中的控制单元、防盗锁止系统控制单元、进入及启动许可控制单元、数据总线诊断接口

保险丝架C

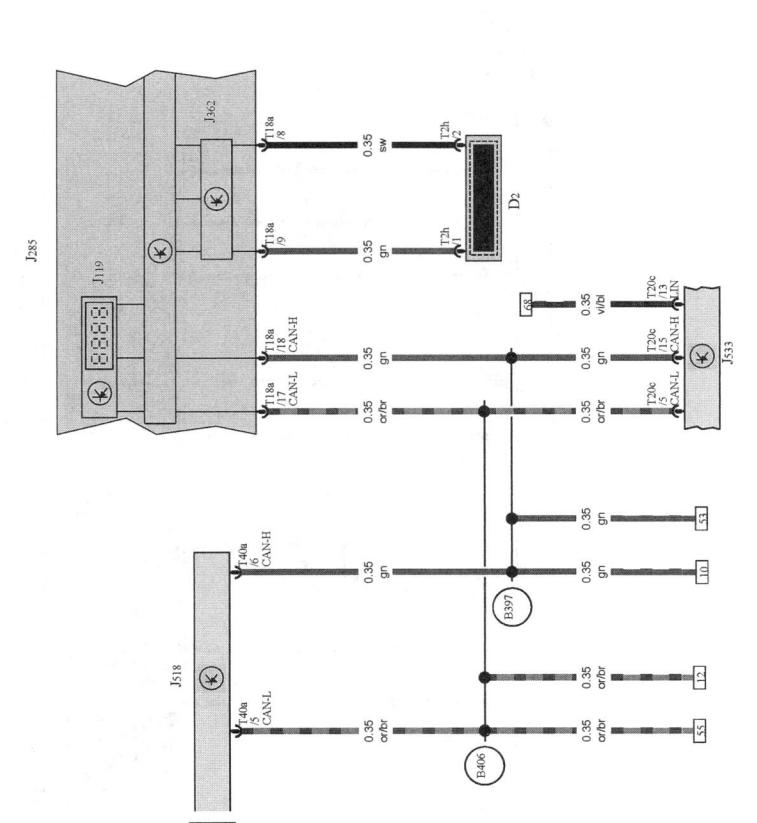

图6-4-34

D2-防盗锁止系统识读线圈 J119-多功能显示器 J285-组合仪表中的控制单元 J362-防盗锁止系统控制单元 J518-进入及启动许可控制单元 J533-数据总线诊断接口 T2h-2芯插头连接 T18a-18芯插头连接，黑色 T20c-20芯插头连接，黑色 T40a-40芯插头连接，黑色 B397-40连接1（舒适CAN总线，High），在主导线束中 B406-连接1（舒适CAN总线，Low），在主导线束中

图6-4-35

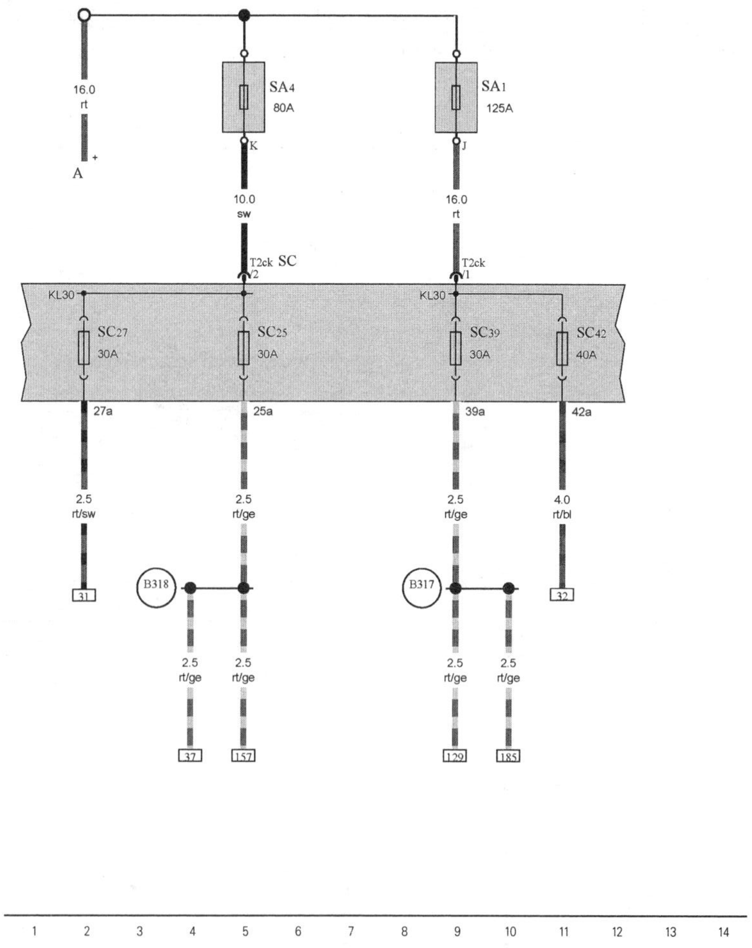

A-蓄电池 SA1-保险丝架A上的保险丝1 SA4-保险丝架A上的保险丝4 SC-保险丝架C 上的保险丝25 SC27-保险丝架C上的保险丝27 SC39-保险丝架C上的保险丝39 SC42-保险丝架C上的保险丝42 T2ck-2芯插头连接，黑色 B317-正极连接3（30a） B318-正极连接4（30a），在主导线束中 B318-正极连接4（30a），在主导线束中

驾驶员侧车门控制单元、车载电网控制单元、驾驶员侧电动升降器电机

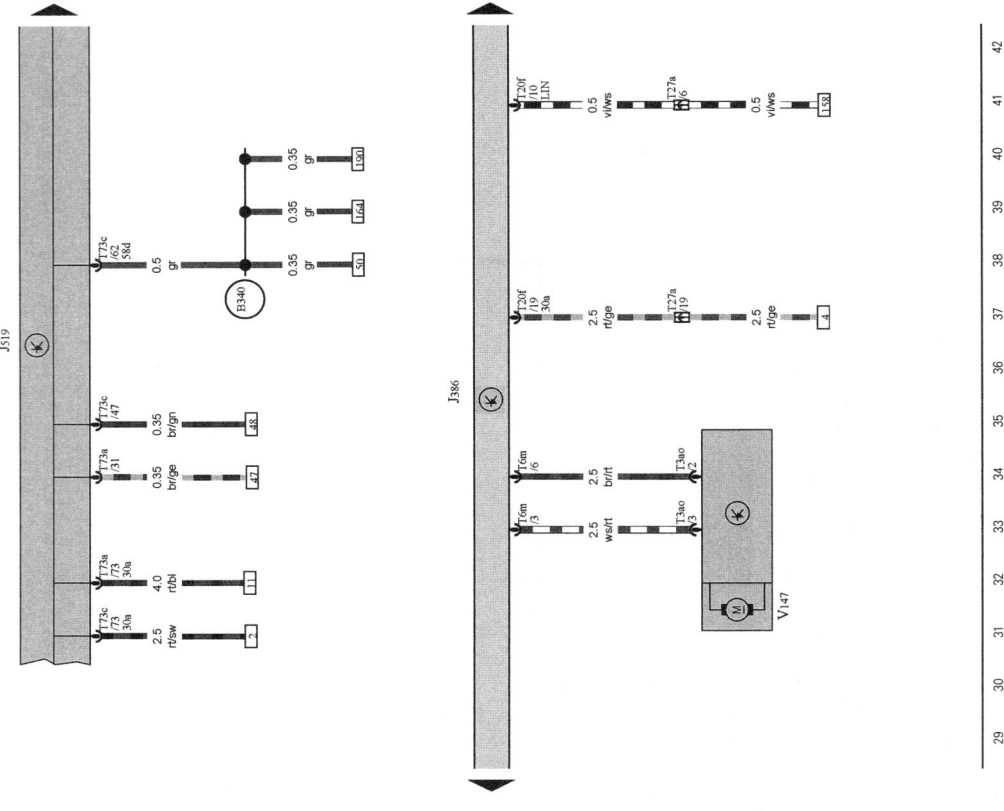

J386-驾驶员侧车门控制单元 J519-车载电网控制单元 T3ao-3芯插头连接，蓝色 T6m-6芯插头连接，黑色 T20f-20插头连接，黑色 T27a-27芯插头连接，左侧A柱上，黑色 T73a-73芯插头连接，黑色 T73c-73芯插头连接，黑色 V147-驾驶员侧电动升降器电机 B340-连接1（58d），在主导线束中

图 6-4-37

后部车窗升降器锁止开关、前左车窗升降器、驾驶员车门中的后左车窗升降器开关、驾驶员车门中的后右车窗升降器开关、驾驶员车门中央窗升降器中央开关、驾驶员侧车门控制单元、后部车窗升降器锁止指示灯、开关照明灯泡

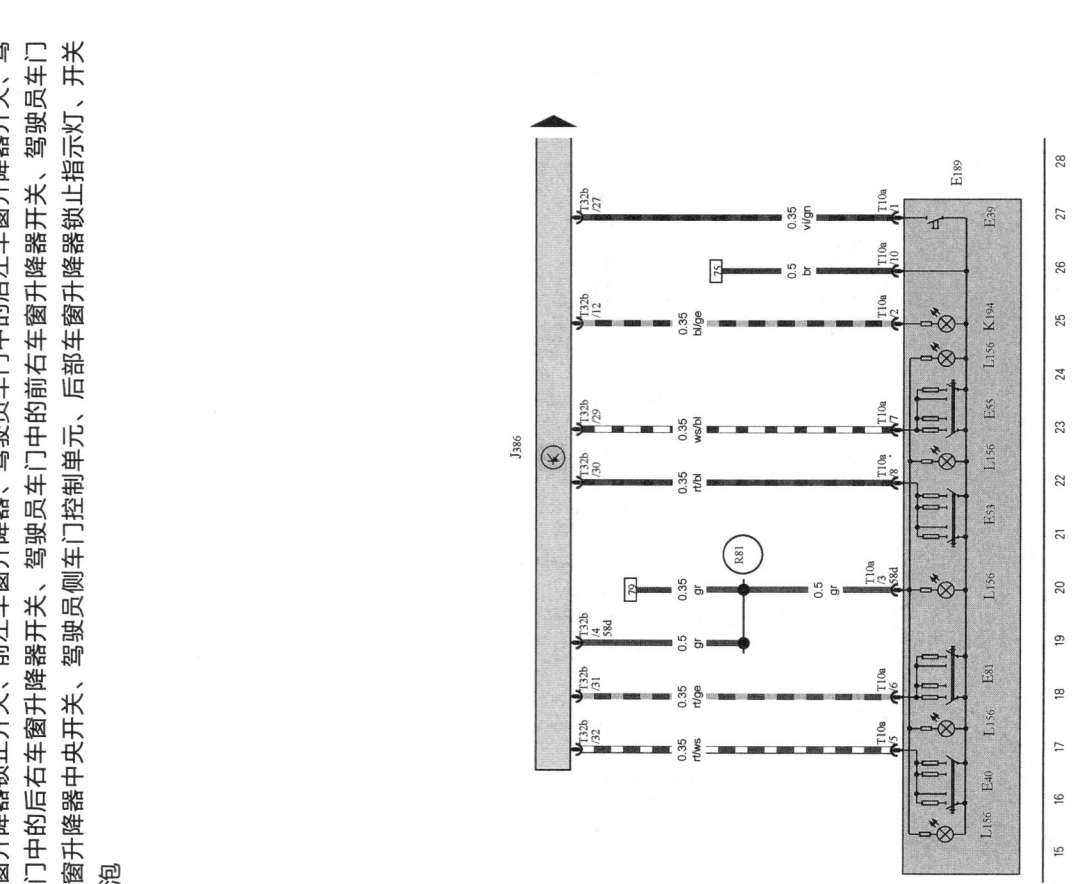

E39-后部车窗升降器锁止开关 E40-前左车窗升降器 E53-驾驶员车门中的后左车窗升降器开关 E55-驾驶员车门中的后右车窗升降器开关 E81-驾驶员车门中的前右车窗升降器开关 E189-驾驶员车门中的车窗升降器中央开关 J386-驾驶员侧车门控制单元 K194-后部车窗升降器锁止指示灯 L156-开关照明灯泡 T10a-10芯插头连接 T32b-32芯插头连接，黑色 R81-连接1（58d），在驾驶员侧车门电缆号线束中

图 6-4-36

808

中控台开关模块1、驾驶员侧车内上锁按钮、驾驶员侧车门控制单元、车载电网控制单元、开关照明灯泡

驾驶员侧车门接触开关、驾驶员侧车门锁开关、驾驶员侧中央门锁闭锁单元、驾驶员侧中央门锁闭锁单元、车门控制单元、车载电网控制单元、驾驶员车门闭锁单元、驾驶员车门中央门锁电机、驾驶员车门内中央门锁Safe功能电机

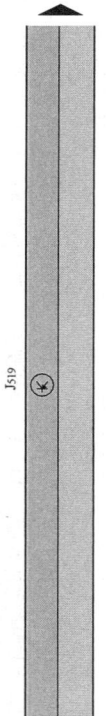
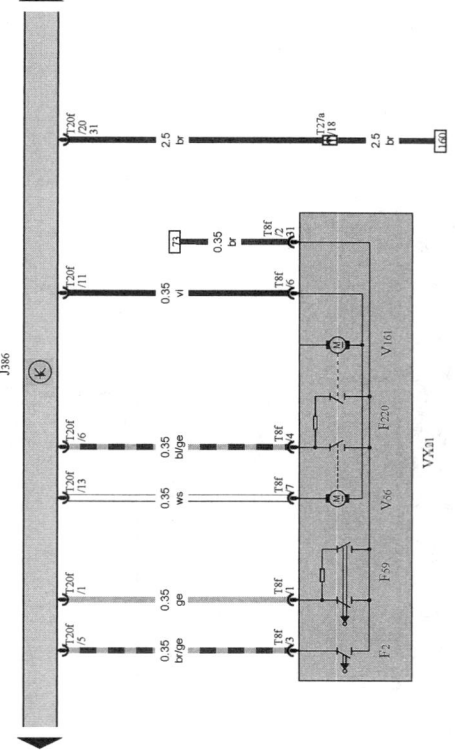
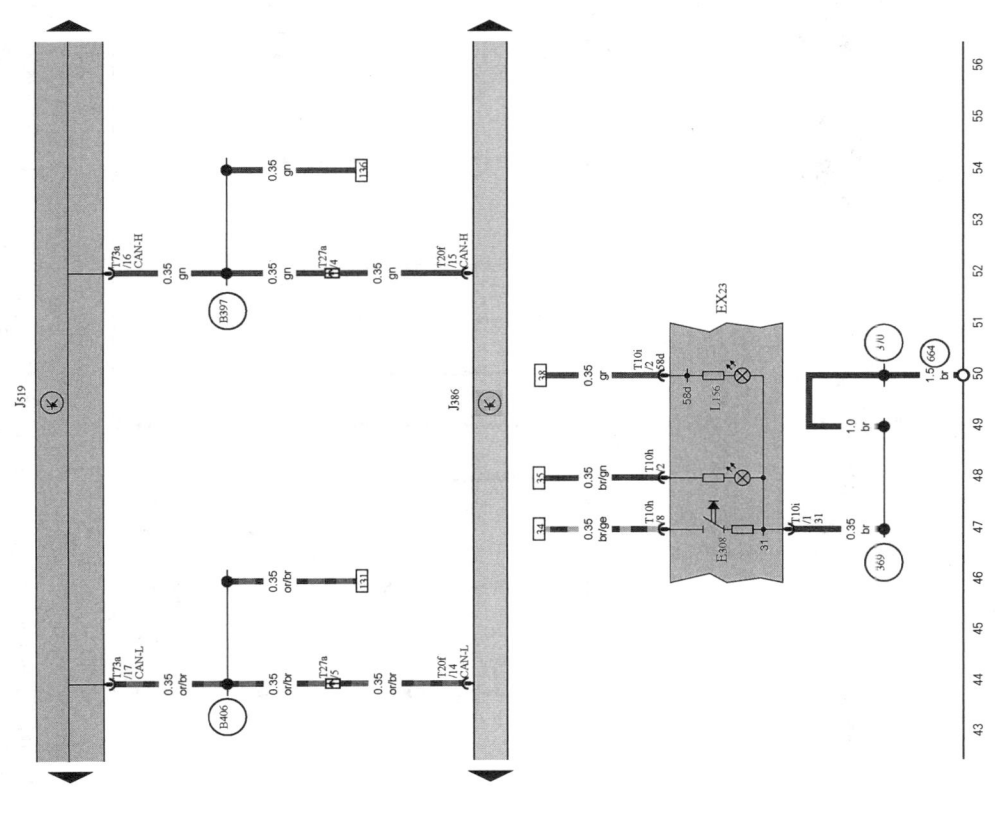

EX23-中控台开关模块1 E308-驾驶员侧车内上锁按钮 J386-驾驶员侧车门控制单元 J519-车载电网控制单元 L156-开关照明灯泡 T10h-10芯插头连接，红色 T10i-10芯插头连接，黑色 T20f-20芯插头连接，黑色 T27a-27芯插头连接，左侧A柱上，黑色 T73a-73芯插头连接，左侧A柱上，黑色 369-接地连接4，在主导线束中 370-接地连接5，在主导线束中 664-左侧仪表板后面接地点 B397-连接1（舒适CAN总线，High），在主导线束中 B406-连接1（舒适CAN总线，Low），在主导线束中

图6-4-38

F2-驾驶员侧车门接触开关 F59-驾驶员侧中央门锁开关 F220-驾驶员侧中央门锁闭锁单元 J386-驾驶员侧车门控制单元 J519-车载电网控制单元 T8f-8芯插头连接，黑色 T20f-20芯插头连接，黑色 T27a-27芯插头连接，左侧A柱上，黑色 V56-驾驶员车门中央门锁电机 V161-驾驶员车门内中央门锁Safe功能电机 VX21-驾驶员车门闭锁单元

图6-4-39

驾驶员侧车门控制单元；车载电网控制单元；驾驶员侧后视镜警告灯泡；驾驶员侧外后视镜警告灯泡；驾驶员侧后视
镜调节电机 2；驾驶员侧后视镜内折电机；驾驶员侧后视镜调节电机；车外后视镜调节电机；车外后视镜内的登
车照明灯，驾驶员侧；驾驶员侧可加热车外后视镜

后视镜调节开关、后视镜调节转换开关、车外后视镜加热按钮、后视镜内折开关、驾驶员
侧车门控制单元、车载电网控制单元、中央门锁 Safe 功能指示灯、后视镜调节开关开关照明
灯泡

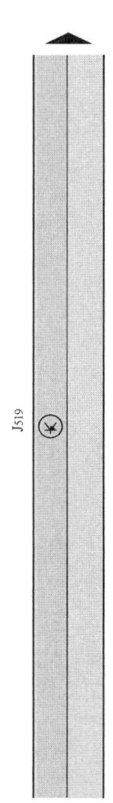

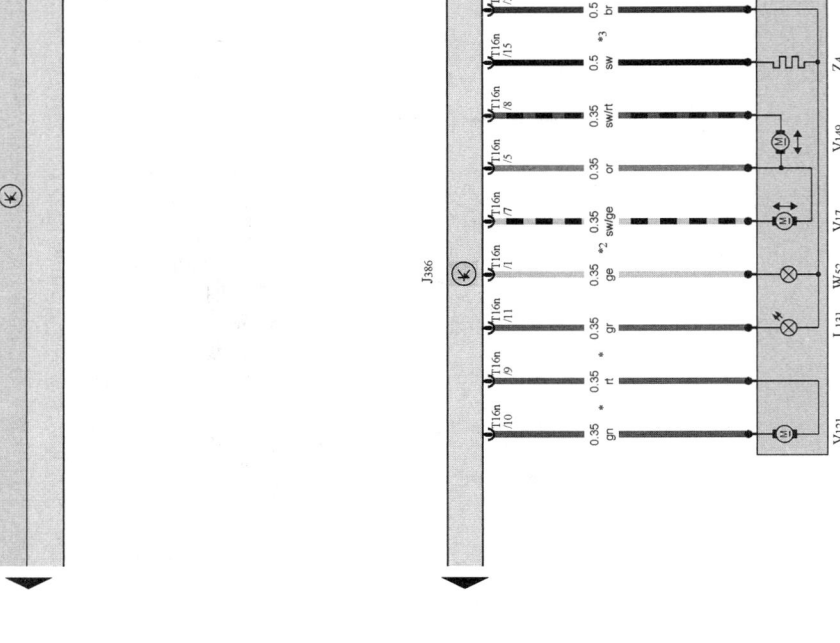

E43-后视镜调节开关 E48-后视镜调节转换开关 E231-车外后视镜加热按钮 E263-后视镜内折开关
J386-驾驶员侧车门控制单元 J519-车载电网控制单元 K133-中央门锁 Safe 功能指示灯 L78-后视镜调节指示灯
关照明灯泡 T2t-2芯插头连接，黑色 T6k-6芯插头连接，黑色 T27a-27芯插头连接，棕色 T32b-32芯插头连接，左侧 A 柱上，黑色
T32b-32芯插头连接，在驾驶员侧车门电缆导线束中 267-接地连接2，蓝色 *-已预先布线的部件

图 6-4-40

J386-驾驶员侧车门控制单元 J519-车载电网控制单元 L131-驾驶员侧外后视镜警告灯泡 T16n-16芯插头
连接，黑色 V17-驾驶员侧后视镜调节电机2 V121-驾驶员侧后视镜内折电机 V149-驾驶员侧后视镜调节
电机 W52-车外后视镜内的登车照明灯，驾驶员侧 Z4-驾驶员侧可加热车外后视镜 *-用于带电动折叠式
车外后视镜的汽车 *2-依汽车装备而定 *3-用于带车外后视镜加热装置的汽车

图 6-4-41

副驾驶员侧车门接触开关、副驾驶员侧中央门锁闭锁单元、副驾驶员车门控制单元、车载电网控制单元、副驾驶员侧车门闭锁单元、副驾驶员车门中央门锁电机、副驾驶员车门内中央门锁 Safe 功能电机

副驾驶员车门中的车窗升降器开关、副驾驶员侧车门控制单元、车载电网控制单元、开关照明灯泡、副驾驶员侧电动升降器电机

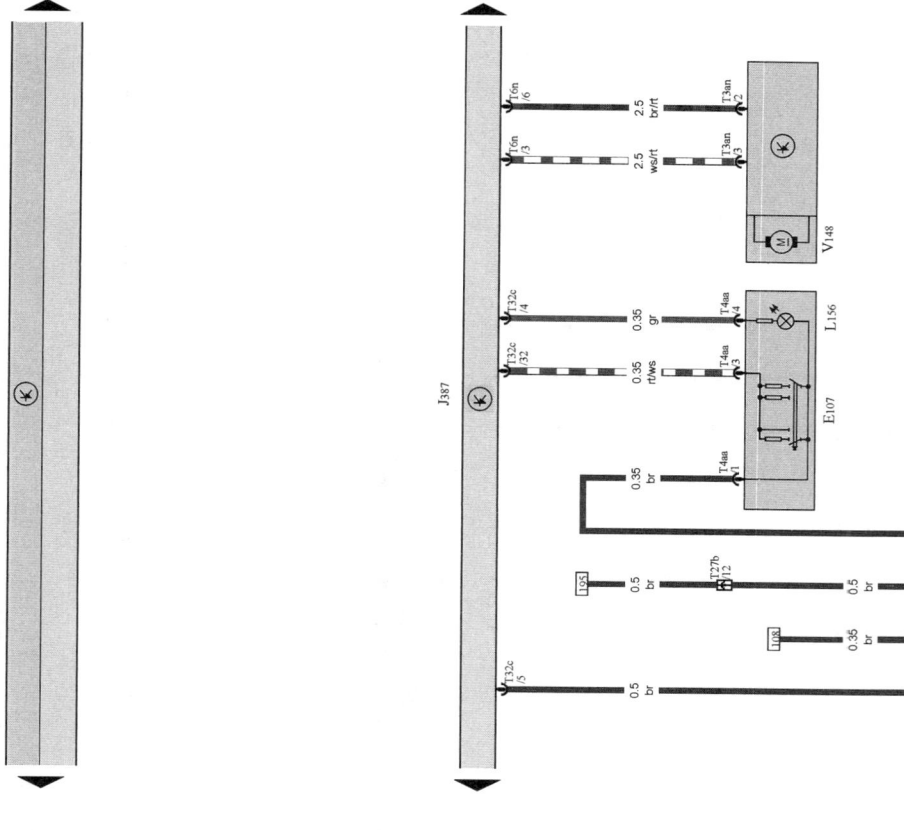

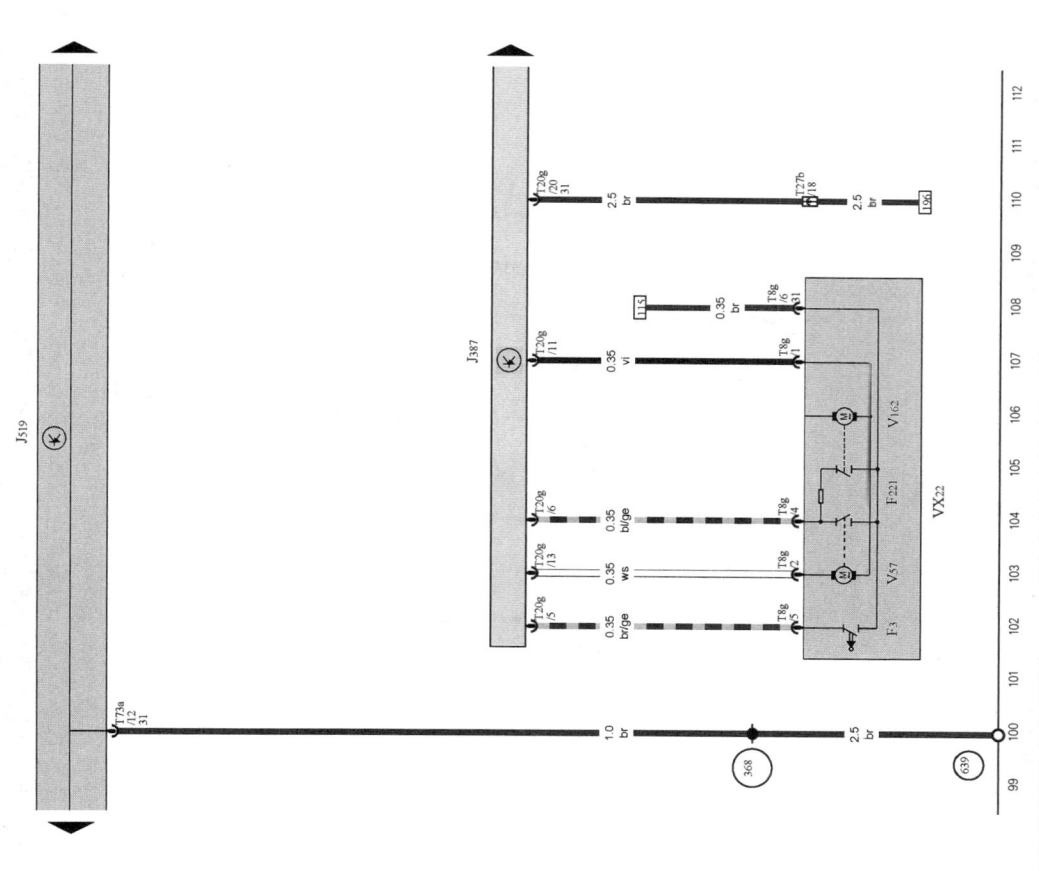

图 6-4-42

图 6-4-43

F3－副驾驶员侧车门接触开关 F221－副驾驶员侧中央门锁闭锁单元 J387－副驾驶员侧车门控制单元 J519－车载电网控制单元 T8g－8芯插头连接 T20g－20芯插头连接，黑色 T27b－27芯插头连接，黑色 T73a－73芯插头连接，黑色 VX22－副驾驶员车门闭锁单元 V57－副驾驶员车门中央门锁电机 V162－副驾驶员车门内中央门锁Safe功能电机 368－接地连接3，在主导线束中 639－左侧A柱上的接地点

E107－副驾驶员车门中的车窗升降器开关 J387－副驾驶员侧车门控制单元 J519－车载电网控制单元 L156－开关照明灯泡 T3an－3芯插头连接 T4aa－4芯插头连接，蓝色 T6n－6芯插头连接，黑色 T27b－27芯插头连接，黑色 T32c－32芯插头连接，蓝色 V148－副驾驶员侧电动升降器电机 268－接地连接2，在副驾驶员侧车门电缆导线束中

副驾驶员侧车门控制单元;车载电网控制单元;副驾驶员侧外后视镜警告灯泡;副驾驶员侧后视镜内折电机;副驾驶员侧后视镜调节电机;副驾驶员侧后视镜内的登车照明灯,副驾驶员侧;车外后视镜内可加热车外后视镜

左后车门接触开关、左后中央门锁闭锁单元、车载电网控制单元、左车门闭锁单元、左后车门闭锁单元、左后车门内中央门锁Safe功能电机

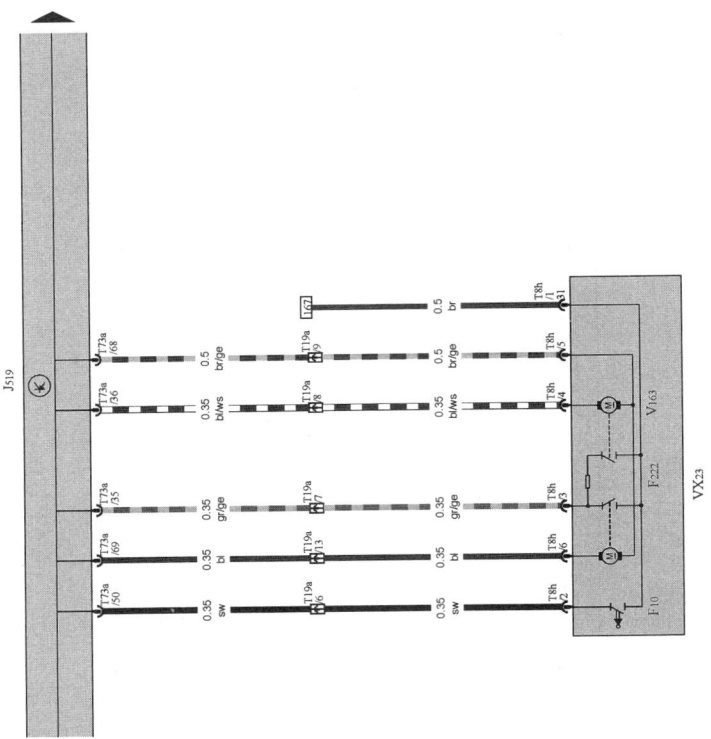

图 6-4-45

F10-左后车门接触开关 F222-左后中央门锁闭锁单元 J519-车载电网控制单元 T8h-8芯插头连接,黑色 T19a-19芯插头连接,黑色 T73a-73芯插头连接,黑色 VX23-左后门闭锁单元 V163-左后车门内中央门锁Safe功能电机

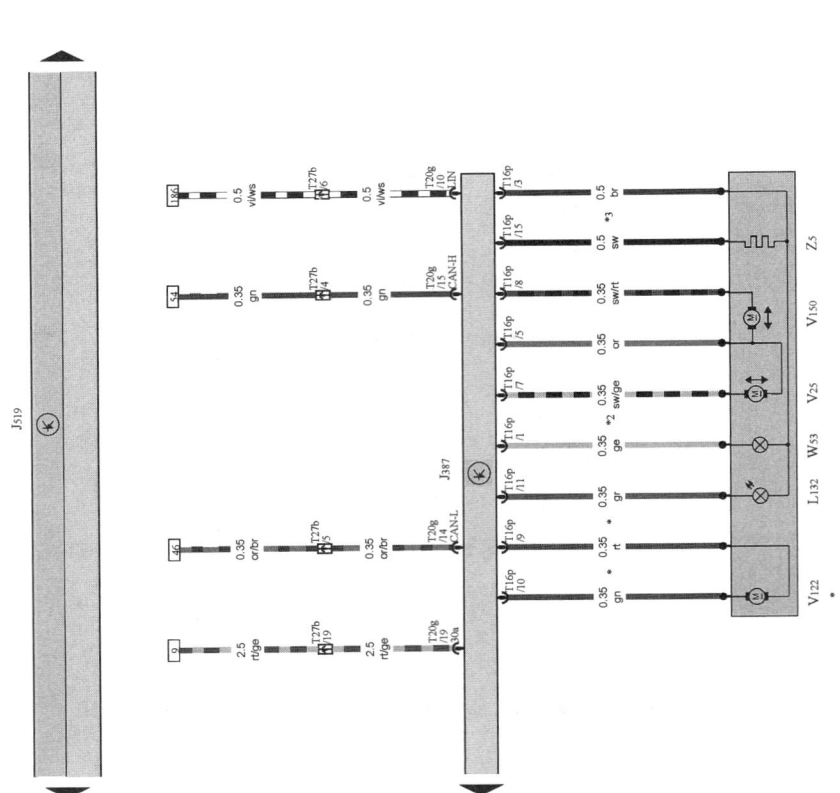

图 6-4-44

J387-副驾驶员侧车门控制单元 J519-车载电网控制单元 L132-副驾驶员侧外后视镜警告灯泡 T16p-16芯插头连接,黑色 T20g-20芯插头连接,黑色 T27b-27芯插头连接,黑色 V122-副驾驶员侧后视镜内折电机 V150-副驾驶员侧后视镜调节电机 W53-车外后视镜内的登车照明灯 Z5-副驾驶员侧 *2-依汽车装备而定 *3-用于带车外后视镜加热装置的汽车 *-用于带电动折叠式车外后视镜的汽车

右后车门接触开关、右后中央门锁闭锁单元、车载电网控制单元、右后车门闭锁单元、右后车门闭锁单元、右后车门中央门锁 Safe 功能电机。

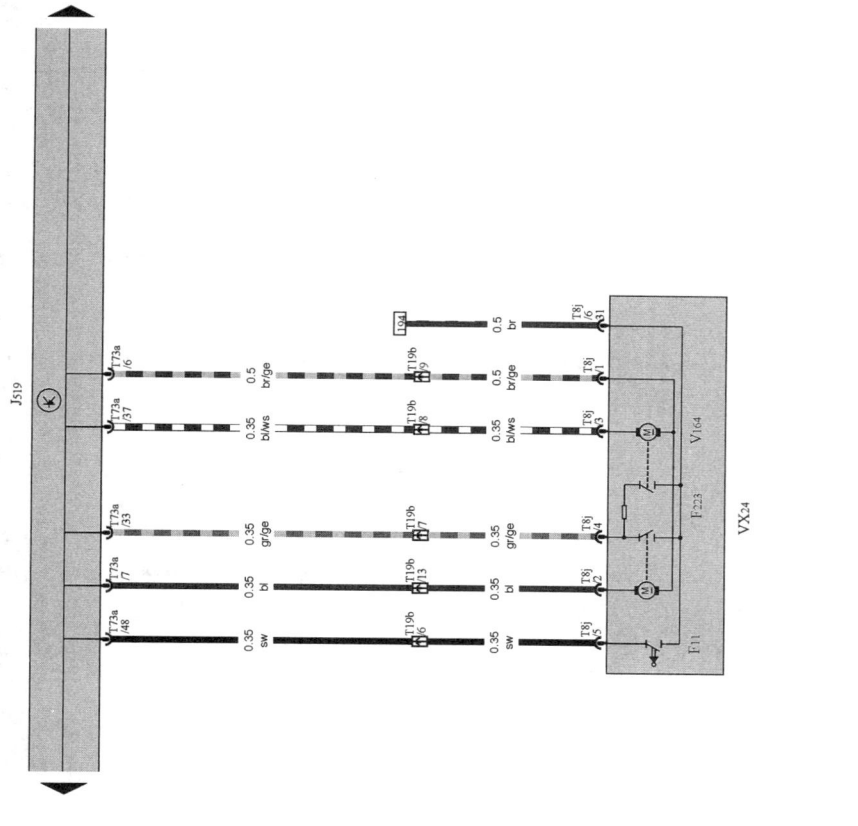

图 6-4-47

F11-右后车门接触开关 F223-右后中央门锁闭锁单元 J519-车载电网控制单元 T8j-8芯插头连接，黑色 T19b-19芯插头连接，黑色 T19a-73芯插头连接，右侧B柱上，黑色 T73a-73芯插头连接，黑色 VX24-右后车门闭锁单元 V164-右后车门中央门锁Safe功能电机

左后车门内的车窗升降器开关、左后车门控制单元、车载电网控制单元、开关照明灯泡、驾驶员侧后部车窗升降器电机。

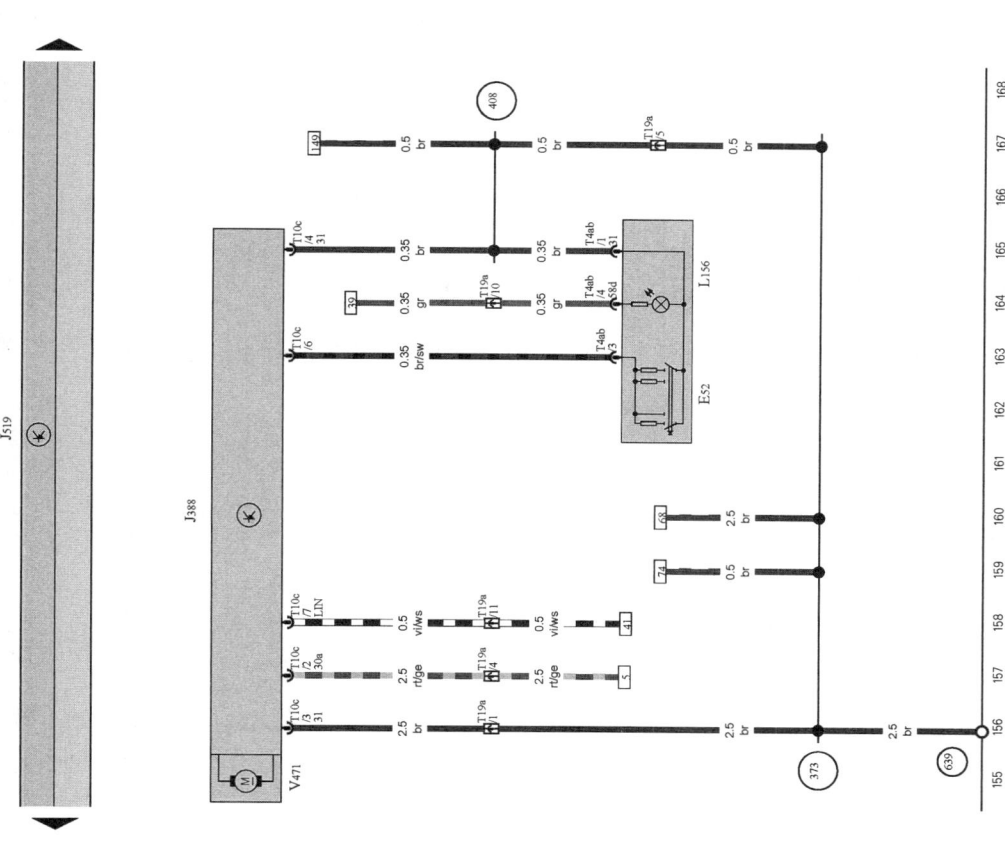

图 6-4-46

E52-左后车门内的车窗升降器开关、J388-左后车门控制单元、J519-车载电网控制单元 L156-开关照明灯泡 T4ab-4芯插头连接，黑色 T10c-10芯插头连接，黑色 T19a-19芯插头连接，左侧B柱上，黑色 V471-驾驶员侧后部车窗升降器电机 373-接地连接3，在主导线束中 408-接地连接8，在左后车门电缆导线束中 639-左A柱上的接地点

后备箱盖车窗升降器开关、右后车门控制单元、车载电网控制单元、开关照明灯泡、副驾驶员侧后部车窗升降器电机

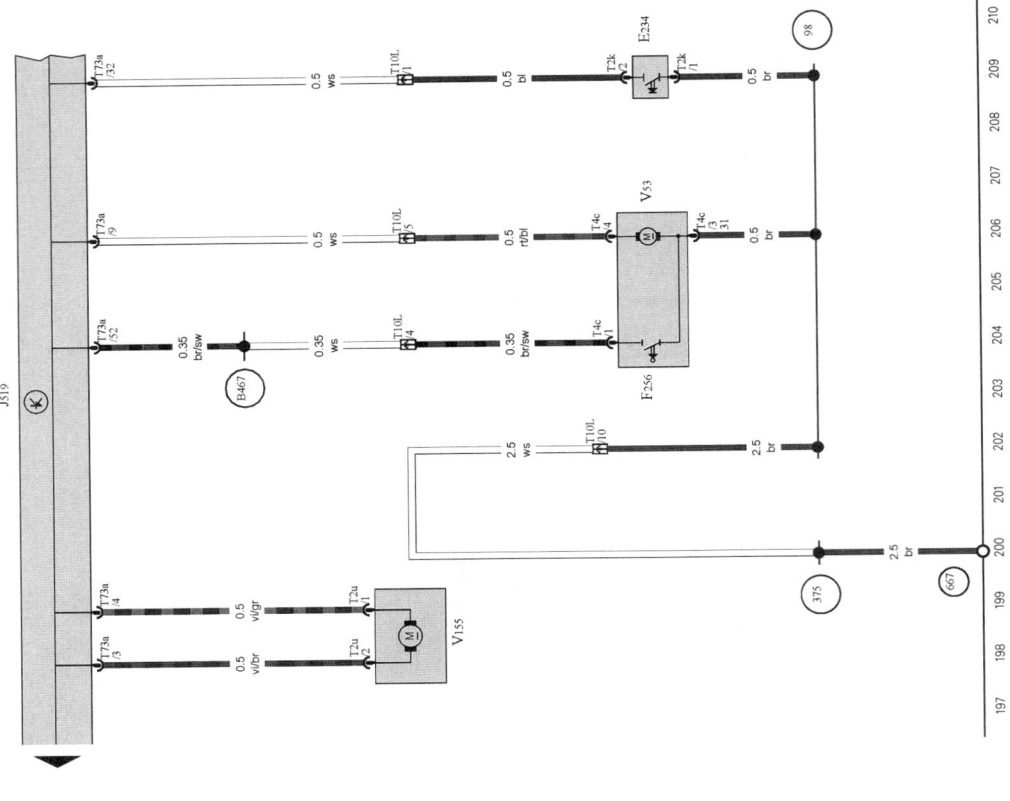

后备箱盖把手中的解锁按钮、后备箱盖闭锁单元、车载电网控制单元、后备箱盖中央门锁电机、油箱盖锁止装置电机

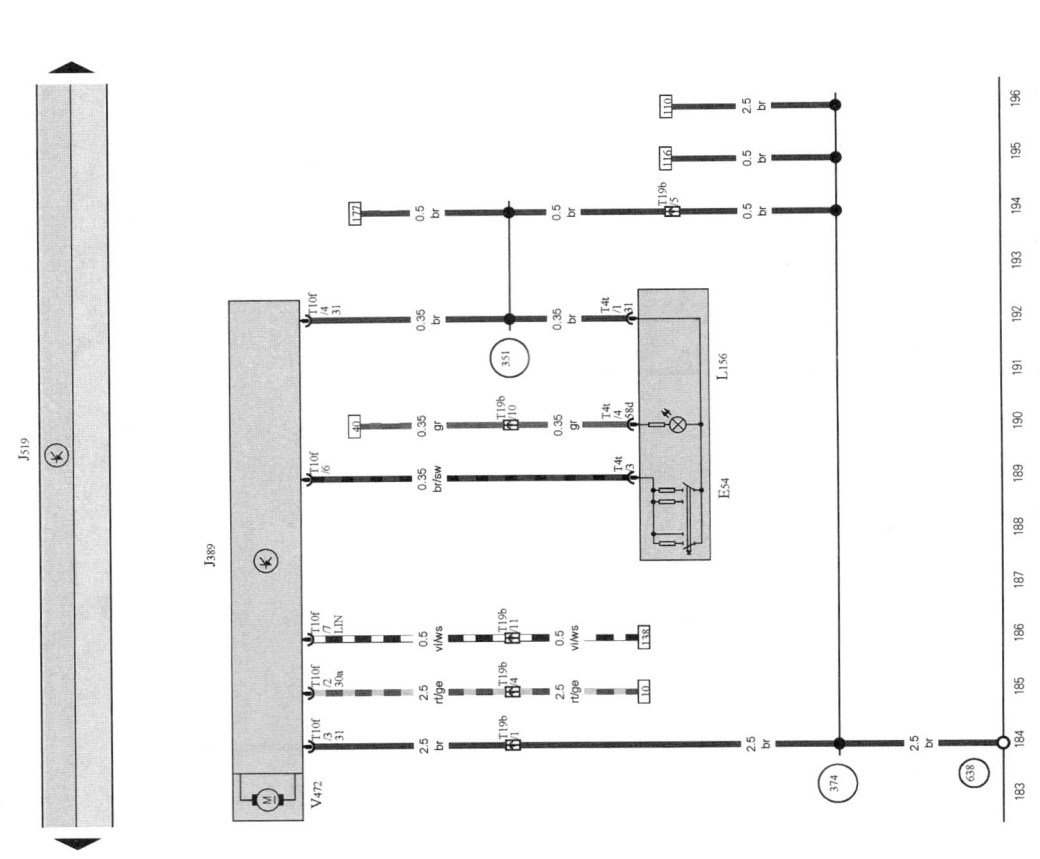

图 6-4-49

E234-后备箱把手中的解锁按钮 F256-后备箱盖闭锁单元 J519-车载电网控制单元 T2k-2芯插头连接、黑色 T2u-2芯插头连接、棕色 T73a-73芯插头连接、黑色 T4c-4芯插头连接、黑色 T10L-10芯插头连接、车顶连接拉盘上、黑色 V53-后备箱盖中央门锁电机 V155-油箱盖锁止装置电机 98-接地连接、在后备箱盖导线束中 667-在车顶中央连接10、在主导线束中 375-接地连接3、在主导线束中 B467-连接3、在主导线束中

图 6-4-48

E54-后备箱车门窗升降器开关 J389-右后车门控制单元 J519-车载电网控制单元 L156-开关照明灯泡 T4t-4芯插头连接、黑色 T10f-10芯插头连接、黑色 T19b-19芯插头连接、黑色 V472-副驾驶员侧后部车窗升降器电机 351-接地连接9、在右后车门电缆导线束中 374-接地连接2、在主导线束中 638-右A柱上的接地点

814

可加热驾驶员座椅调节器、可加热副驾驶员座椅调节器、全自动空调控制单元、车载电网
控制单元、可加热驾驶员座椅指示灯、可加热副驾驶员座椅指示灯

左侧座椅温度传感器、车载电网控制单元、可加热驾驶员座椅、可加热驾驶员座椅靠背

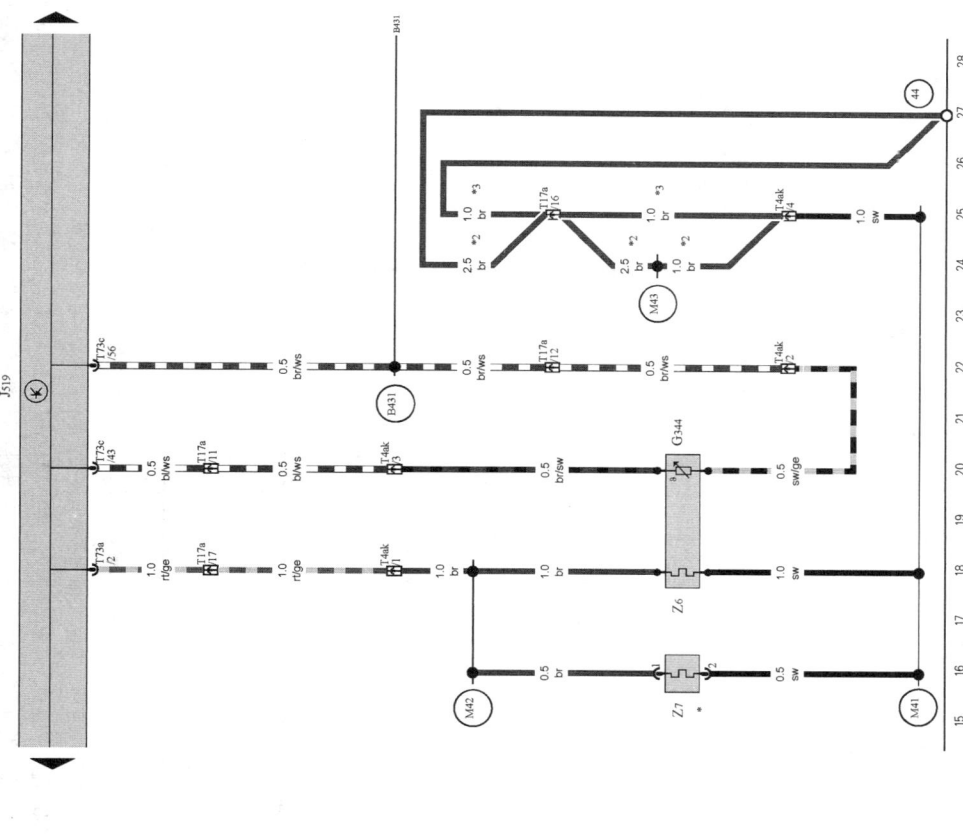

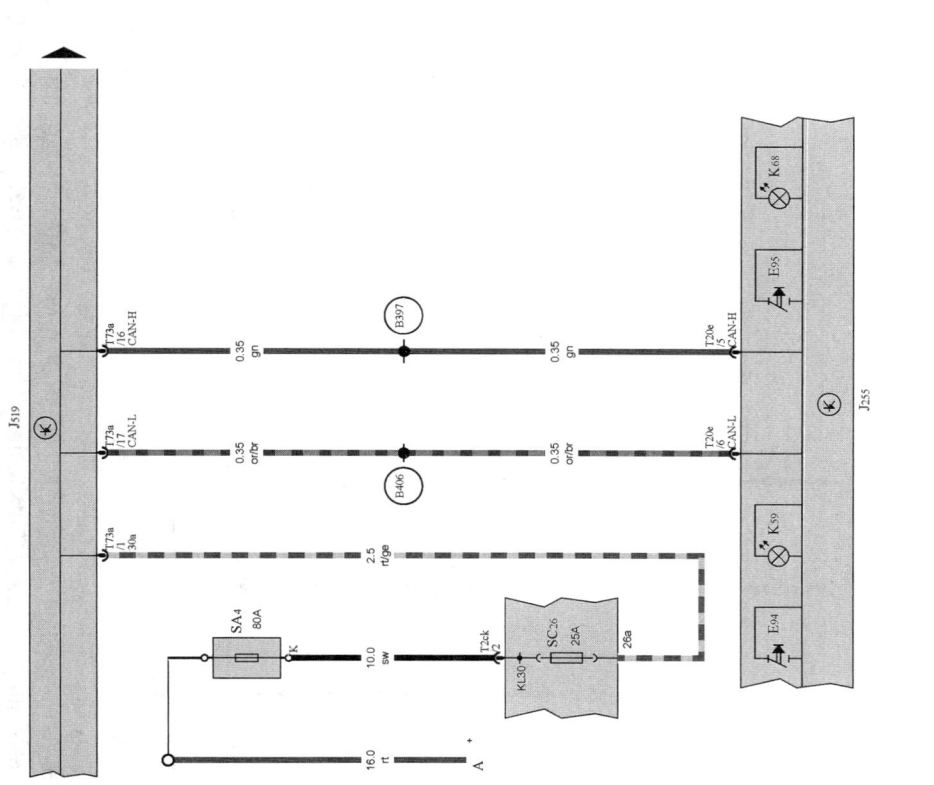

图 6-4-50

图 6-4-51

A-蓄电池 E94-可加热驾驶员座椅调节器 E95-可加热副驾驶员座椅调节器 J255-全自动空调控制单元 J519-车载电网控制单元 K59-可加热驾驶员座椅指示灯 K68-可加热副驾驶员座椅指示灯 SA4-保险丝 J519上的保险丝4 SC26-保险丝架C上的保险丝26 T2ck-2芯插头连接 黑色 T20e-20芯插头连接,在主导线束中 色 T73a-73芯插头连接 黑色 B397-连接1(舒适CAN总线,High)、在主导线束中 B406-连接1(舒适 CAN总线,Low),在主导线束中

G344-左前座椅温度传感器 J519-车载电网控制单元 T4ak-4芯插头连接,黑色 T17a-17芯插头连接,驾驶员座椅下方、可加热驾驶员座椅靠背、红色 T73a-73芯插头连接,黑色 Z6-可加热驾驶员座椅 Z7-可加热驾驶员座椅靠背 44-左侧A柱下部的接地点 B431-连接1,在主导线束中 M41-连接1、在驾驶员侧座椅导线束中 M42-连接1、在驾驶员侧座椅导线束中 M43-连接3、在驾驶员侧座椅导线束中 *1-已预先布线的部件 *2-用于带驾驶员侧电动座椅调节的汽车 *3-用于不带驾驶员侧电动座椅调节的汽车

815

驾驶员腰部支撑调节开关、驾驶员座椅腰部支撑纵向调节电机、驾驶员座椅腰部支撑高度支撑高度调节电机

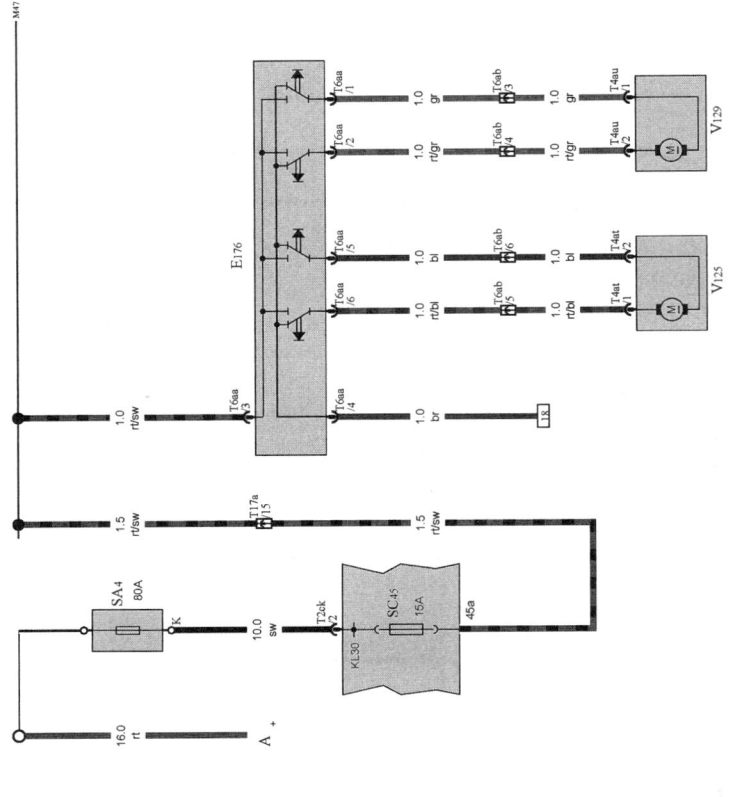

A-蓄电池 E176-驾驶员腰部支撑调节开关 SA4-保险丝架A上的保险丝4 SC45-保险丝架C上的保险丝45 T2ck-2芯插头连接，黑色 T4at-4芯插头连接，黑色 T4au-4芯插头连接，黑色 T6aa-6芯插头连接，红色 V125-驾驶员座椅腰部支撑纵向调节电机 T6ab-6芯插头连接，驾驶员座椅内，黑色 T17a-17芯插头连接，驾驶员座椅下方，驾驶员座椅导线束 V129-驾驶员座椅腰部支撑高度调节电机 M47-连接7，在驾驶员侧座椅导线束 椅腰部支撑纵向调节电机 中

图 6-4-53

右前座椅温度传感器、车载电网控制单元、可加热副驾驶员座椅、可加热副驾驶员座椅靠背

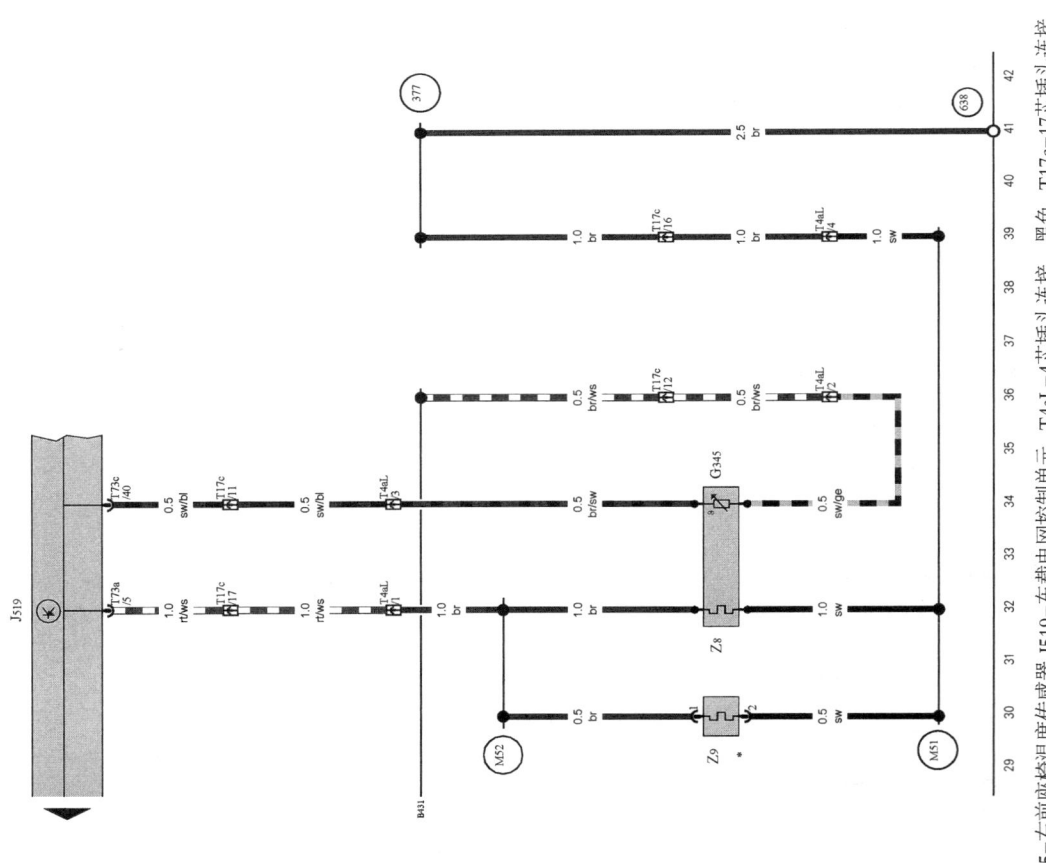

G345-右前座椅温度传感器 J519-车载电网控制单元 T4aL-4芯插头连接，副 T17c-17芯插头连接，副 驾驶员座椅下方，红色 T73a-73芯插头连接，黑色 T73c-73芯插头连接，黑色 Z8-可加热副驾驶员座椅 Z9-可加热副驾驶员座椅靠背 377-接地连接12，在主导线束中 638-右A柱上的接地点 B431-连接1，在副驾驶员侧座椅导线束中 M51-连接1，在副驾驶员侧座椅导线束中 M52-连接2，在副驾驶员侧座椅导线束 加热），在主导线束中 中 *-已预先布线的部件

图 6-4-52

左前座椅调节操作单元、驾驶员座椅靠背调节开关、驾驶员座椅的前部高度上调按钮、驾驶员座椅靠背调节开关、驾驶员座椅的前部高度下调按钮、驾驶员座椅的前部高度调节电机、驾驶员座椅靠背调节电机

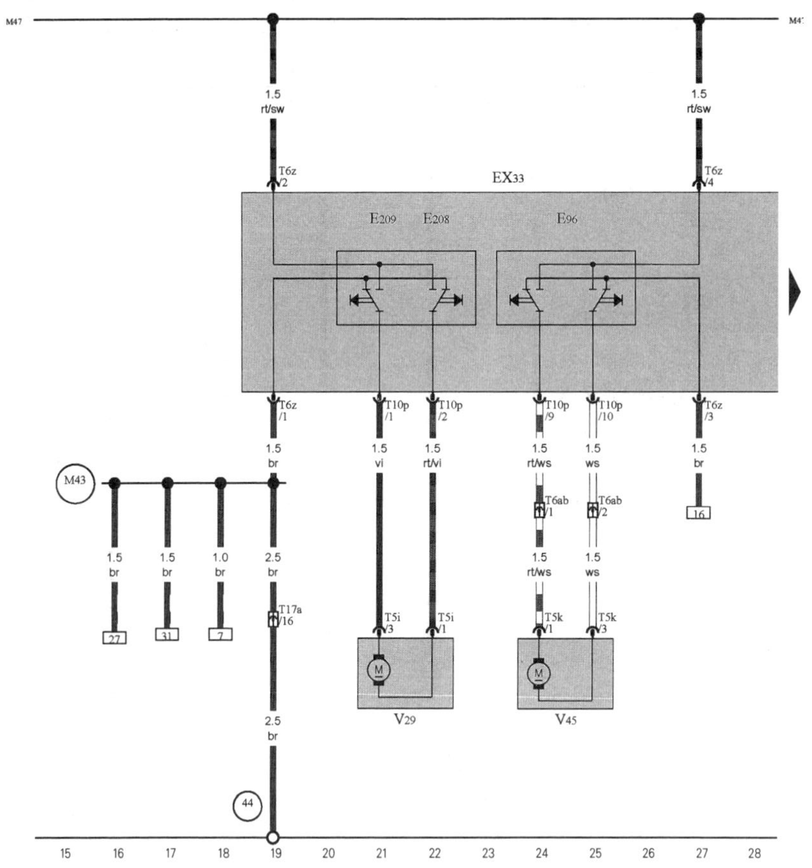

左前座椅调节操作单元、驾驶员座椅的后部高度上调按钮、驾驶员座椅的后部高度下调按钮、驾驶员座椅前后位置的后调按钮、驾驶员座椅纵向调节电机、驾驶员座椅的后部高度调节电机

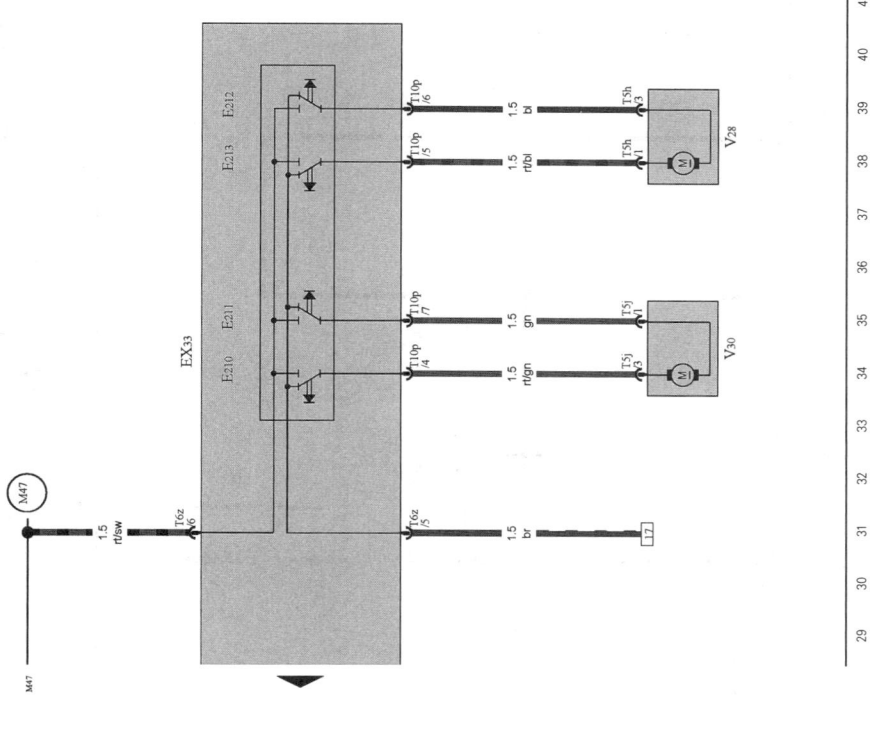

图 6-4-54

图 6-4-55

EX33-左前座椅调节操作单元 E96-驾驶员座椅靠背调节开关 E208-驾驶员座椅的前部高度上调按钮 E209-驾驶员座椅的前部高度下调按钮 T5i-5芯插头连接，棕色 T5k-5芯插头连接，棕色 T6ab-6芯插头连接，黑色 T6z-6芯插头连接，棕色 T10p-10芯插头连接，黑色 T17a-17芯插头连接，驾驶员座椅下方，红色 V29-驾驶员座椅的前部高度调节电机 V45-驾驶员座椅靠背调节电机 44-左侧A柱下部接地点 M43-连接3，在驾驶员侧座椅导线束中 M47-连接7，在驾驶员侧座椅导线束中

EX33-左前座椅调节操作单元 E210-驾驶员座椅前后位置的后调按钮 E211-驾驶员座椅的后部高度上调按钮 E212-驾驶员座椅的后部高度下调按钮 E213-驾驶员座椅前后位置的后调按钮 T5h-5芯插头连接，棕色 T5j-5芯插头连接，棕色 T6z-6芯插头连接，黑色 T10p-10芯插头连接，黑色 V28-驾驶员座椅纵向调节电机 V30-驾驶员座椅的后部高度调节电机 M47-连接7，在驾驶员侧座椅导线束中

数据总线诊断接口、玻璃天窗、保险丝架C

接线端15 供电继电器、泊车雷达系统控制单元、车载电网控制单元、泊车转向辅助系统控制单元

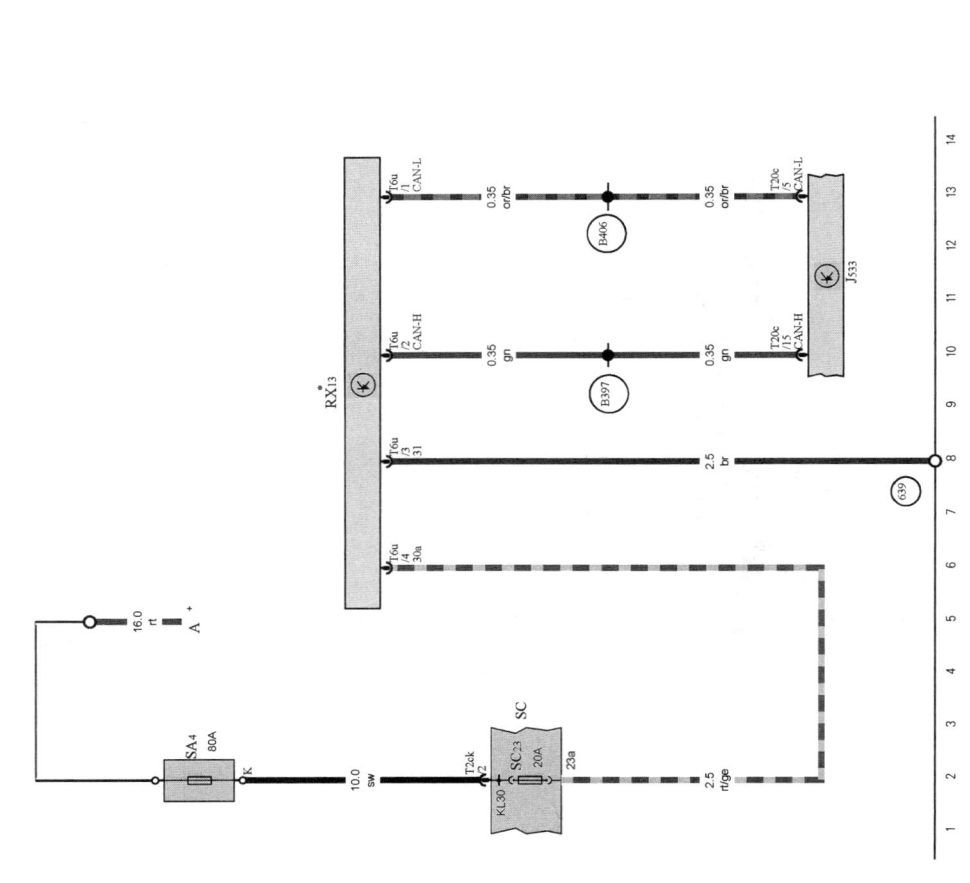

图6-4-57

图6-4-56

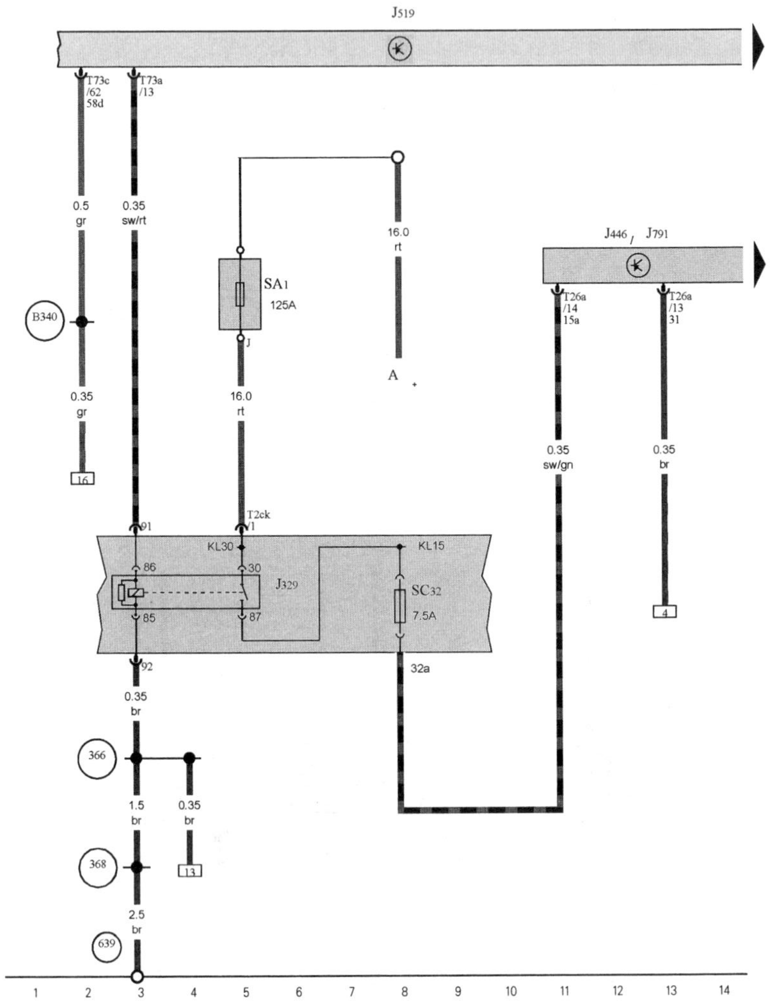

A-蓄电池 J329-接线端15供电继电器 J446-泊车雷达系统控制单元 J519-车载电网控制单元 J791-泊车转向辅助系统控制单元 SA1-保险丝架A上的保险丝1 SC32-保险丝架C上的保险丝32 T2ck-2芯插头连接，黑色 T26a-26芯插头连接，黑色 T73a-73芯插头连接，黑色 T73c-73芯插头连接，黑色 366-接地连接1、在主导线束中 368-接地连接3、在主导线束中 639-左A柱上的接地点 B340-连接1（58d）、在主导线束中

A-蓄电池 J533-数据总线诊断接口 RX13-玻璃天窗 SA4-保险丝架A上的保险丝4 SC-保险丝架C SC23-保险丝架C上的保险丝23 T2ck-2芯插头连接 T20c-20芯插头连接，黑色 T6u-6芯插头连接，黑色 B397-连接1（舒适CAN总线，High），在主导线束中 B406-连接1（舒适CAN总线，Low），在主导线束中 639-左A柱上的接地点 *-已预先布线的部件

中控台开关模块 1、泊车雷达系统警报蜂鸣器、前部泊车雷达系统警报蜂鸣器、泊车雷达系统控制单元、
后部泊车雷达系统警报蜂鸣器、泊车转向辅助系统控制单元、泊车雷达系统控制单元、泊车转向辅助系统控制单
元、车载电网控制单元、泊车转向辅助系统控制单元、泊车雷达系统指示灯、泊车转向辅助系统控制单元

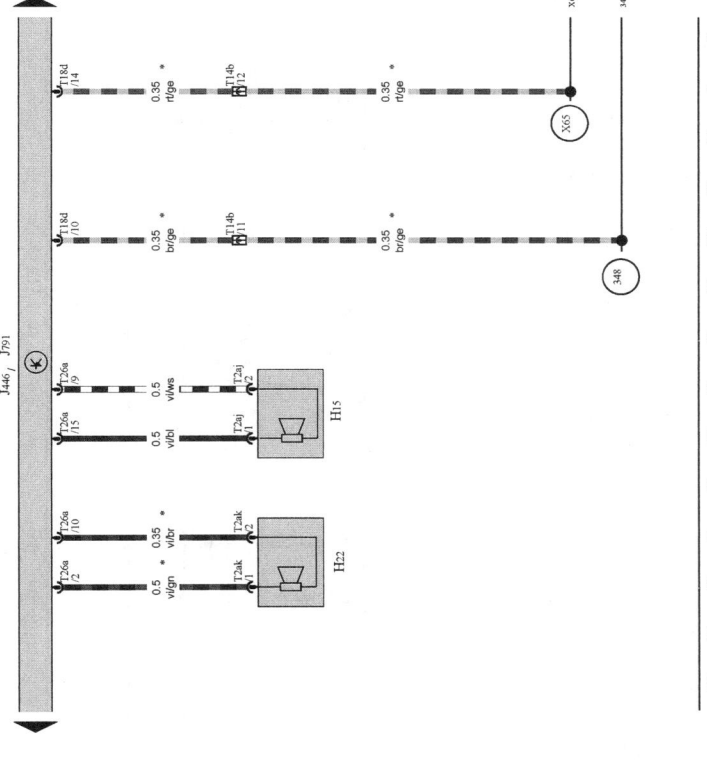

H15-后部泊车雷达系统警报蜂鸣器 H22-前部泊车雷达系统警报蜂鸣器 J446-泊车雷达系统控制单元
J791-泊车转向辅助系统控制单元 T2aj-2芯插头连接、黑色 T2ak-2芯插头连接、黑色 T14b-14芯插头连
接、左前保险杠内，黑色 T18d-18芯插头连接，黑色 T26a-26芯插头连接，黑色 348-接地连接（泊车雷
达系统），在前保险杠导线束中 X65-连接（泊车雷达系统），在前保险杠导线束中 *-用于配备泊车转
向辅助系统的汽车

图6-4-59

中控台开关模块 1、泊车雷达系统按钮、泊车转向辅助系统控制单
元、车载电网控制单元、泊车转向辅助系统控制单元、泊车转向辅
助系统控制单元、泊车雷达系统指示灯、泊车雷达系统指示灯、泊车转向辅
助系统指示灯、按钮照明灯泡、开关照明灯泡

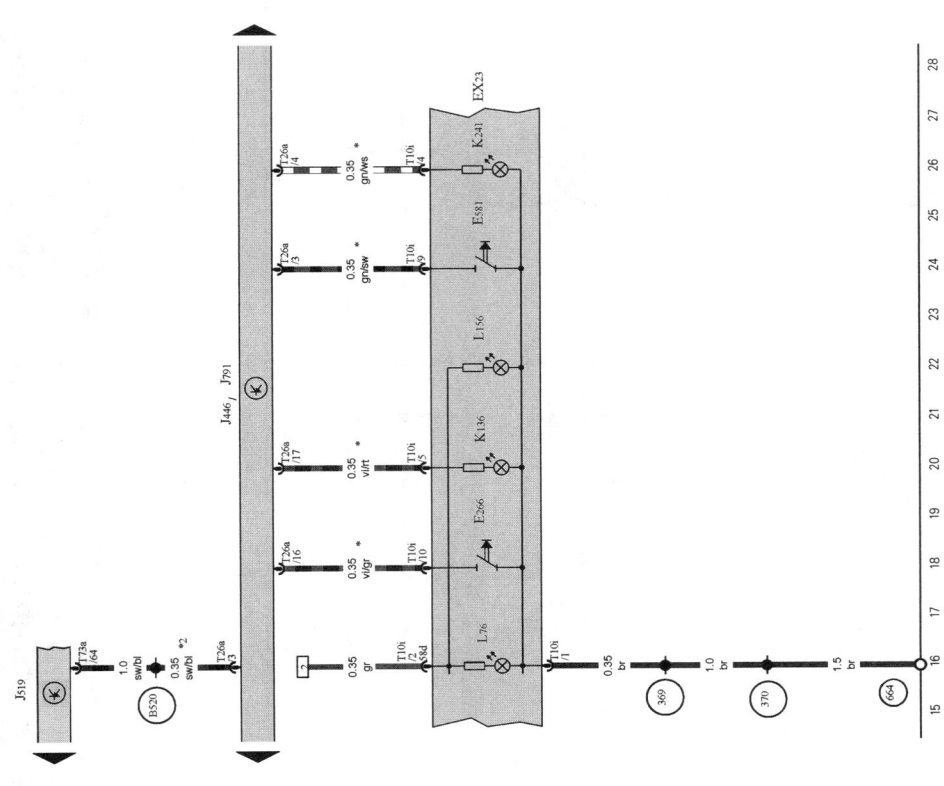

EX23-中控台开关模块1 E266-泊车雷达系统按钮 E581-泊车转向辅助系统按钮 J446-泊车雷达系统控制
单元 J519-车载电网控制单元 J791-泊车转向辅助系统控制单元 K136-泊车雷达系统指示灯 K241-泊车
转向辅助系统指示灯 L76-按钮照明灯泡 L156-开关照明灯泡 T10i-10芯插头连接，黑色 T26a-26芯插
头连接，黑色 T73a-73芯插头连接，黑色 369-接地连接4，在主导线束中 370-接地连接5，在主导线束
中 664-左侧仪表板后面接地点 B520-连接（RF），在主导线束中 *-用于配备泊车转向辅助系统的汽车
*2-用于带泊车雷达系统（后）的汽车

图6-4-58

819

左前中部泊车雷达系统传感器、左前部泊车雷达系统传感器、左前泊车雷达系统传感器、泊车雷达系统控制单元、泊车转向辅助系统控制单元

右前泊车雷达系统传感器；泊车转向辅助系统的右前侧传感器，汽车左侧；泊车转向辅助系统的右前侧传感器，汽车左侧；泊车转向辅助系统控制单元

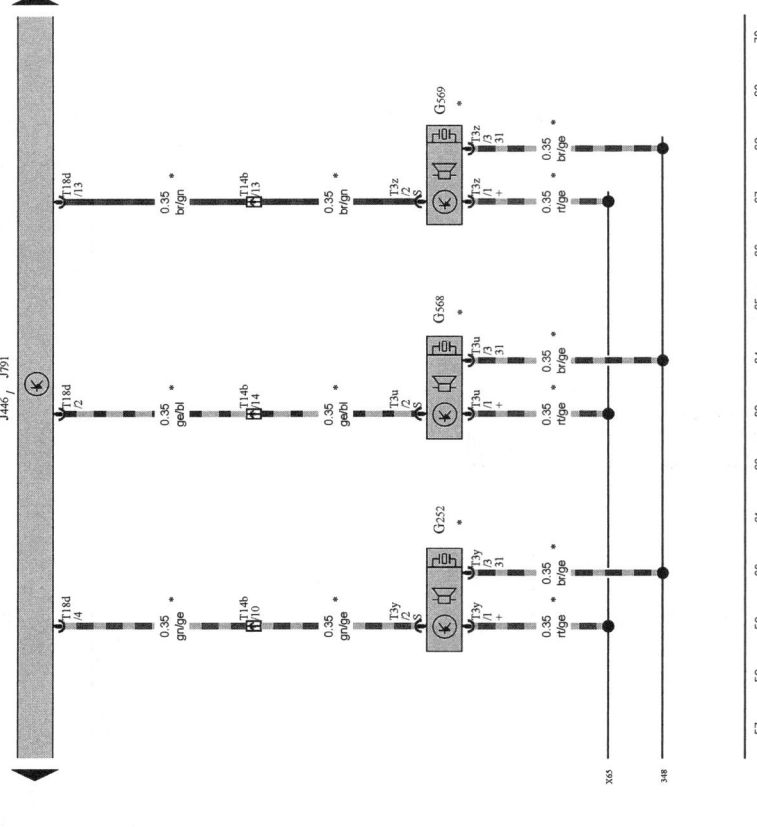

G253-左前中部泊车雷达系统传感器 G254-左前部泊车雷达系统传感器 G255-左前泊车雷达系统传感器 J446-泊车雷达系统控制单元 J791-泊车转向辅助系统控制单元 T3v-3芯插头连接，黑色 T3w-3芯插头连接，黑色 T3x-3芯插头连接，黑色 T14b-14芯插头连接，黑色 T18d-18芯插头连接，黑色 X65-连接（泊车雷达系统），在前保险杠导线束中 348-接地连接（泊车雷达系统），在前保险杠导线束中 *-用于配备泊车转向辅助系统的汽车

图 6-4-60

G252-右前泊车雷达系统传感器 G568-泊车转向辅助系统的左前侧传感器，汽车左侧 G569-泊车转向辅助系统的右前侧传感器，汽车左侧 J446-泊车雷达系统控制单元 J791-泊车转向辅助系统控制单元 T3u-3芯插头连接，黑色 T3z-3芯插头连接，黑色 T14b-14芯插头连接，黑色 T18d-18芯插头连接，黑色 348-接地连接（泊车雷达系统），在前保险杠导线束中 X65-连接（泊车雷达系统），在前保险杠导线束中 *-用于配备泊车转向辅助系统的汽车

图 6-4-61

820

左后泊车雷达系统传感器、左后中部泊车雷达系统传感器、泊车雷达系统控制单元、泊车雷达系统控制单元、转向辅助系统控制单元

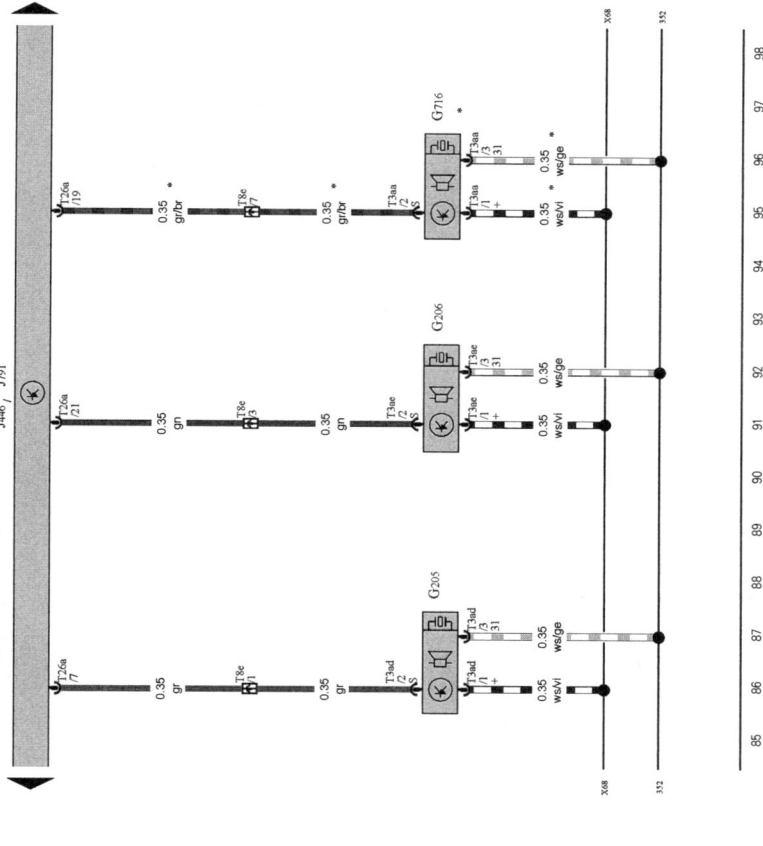

右后中部泊车雷达系统传感器、右后泊车雷达系统传感器、右后泊车雷达系统控制单元、左右泊车转向辅助系统传感器、左右泊车转向辅助系统传感器、泊车雷达系统控制单元、泊车转向辅助系统控制单元

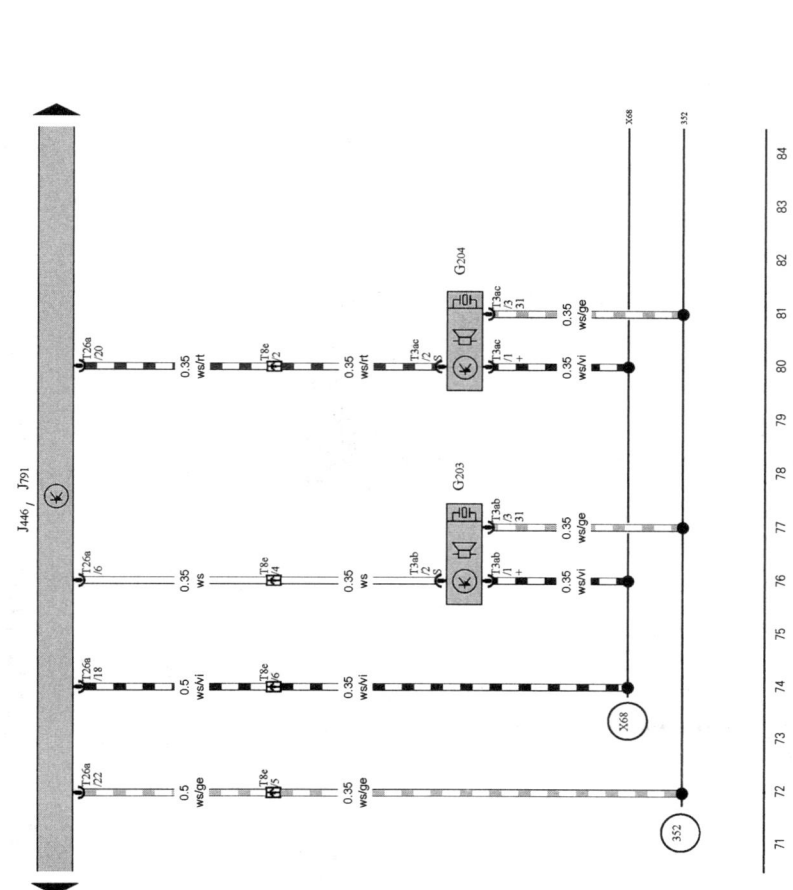

G203-左后泊车雷达系统传感器 G204-左后中部泊车雷达系统传感器 J446-泊车雷达系统传感器 J791-泊车雷达系统控制单元 J791-泊车雷达系统控制单元 J446-泊车雷达系统控制单元 T3ab-3芯插头连接，黑色 T3ac-3芯插头连接，左泊车转向辅助系统控制单元 T3ab-3芯插头连接，黑色 T8e-8芯插头连接，左后保险杠内，黑色 T26a-26芯插头连接，黑色 352-接地连接（泊车雷达系统），在后保险杠导线束中 X68-连接（泊车雷达系统），在后保险杠导线束中

图 6-4-62

G205-右后中部泊车雷达系统传感器 G206-右后泊车雷达系统传感器 G716-左后车转向辅助系统传感器 J791-泊车雷达系统控制单元 T3ad-3芯插头连接，黑色 T3ad-3芯插头连接，黑色 T3aa-3芯插头连接，黑色 T8e-8芯插头连接，右后保险杠内，黑色 T26a-26芯插头连接，黑色 T26a-26芯插头连接，黑色 352-接地连接（泊车雷达系统），在后保险杠导线束中 X68-连接（泊车雷达系统），在后保险杠导线束中 *-用于配备泊车转向辅助系统的汽车

图 6-4-63

右后泊车转向辅助系统传感器、泊车辅助系统控制单元、数据总线诊断接口、泊车转向辅助系统控制单元

倒车摄像头

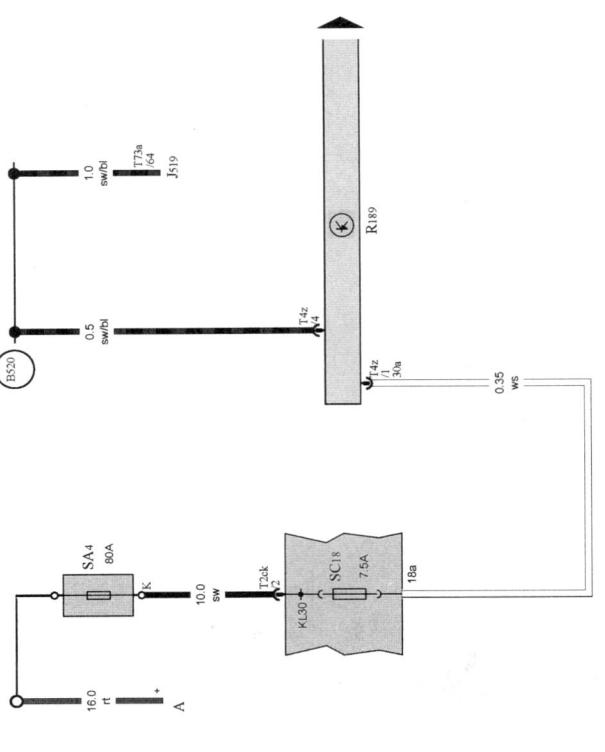

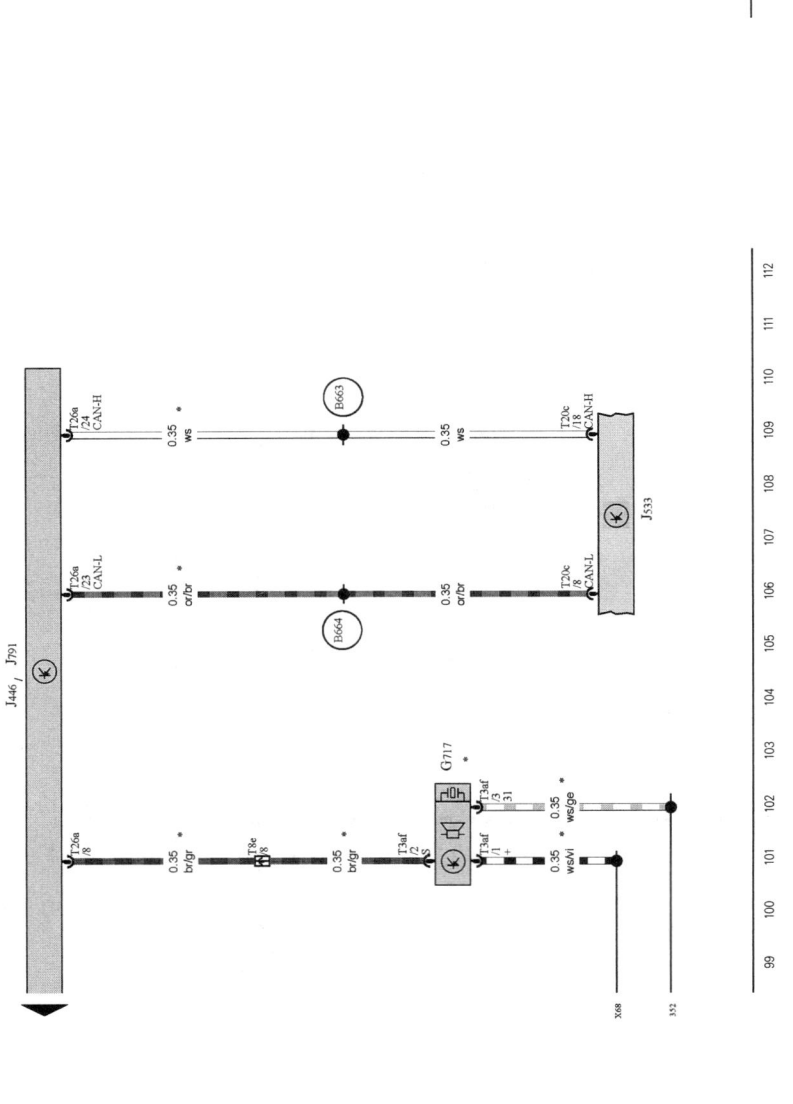

A-蓄电池 J519-车载电网控制单元 R189-倒车摄像头 SA4-保险丝架A上的保险丝4 SC18-保险丝架C上的保险丝18 T2ck-2芯插头连接，黑色 T4z-4芯插头连接，黑色 T73a-73芯插头连接，黑色 B520-连接（RF），在主导线束中

图6-4-65

G717-右后泊车转向辅助系统传感器 J446-泊车雷达系统控制单元 J533-数据总线诊断接口 J791-泊车转向辅助系统控制单元 T3af-3芯插头连接，黑色 T8e-8芯插头连接，左后保险杠内，黑色 T20c-20芯插头连接，红色 T26a-26芯插头连接，黑色 352-接地连接，在主导线束中 B663-连接（底盘传感器CAN总线，High），在主导线束中 B664-连接（底盘传感器CAN总线，Low），在主导线束中 X68-连接（泊车雷达系统），在后保险杠线号束中 *-用于配备泊车转向辅助系统的汽车

图6-4-64

接线端 15 供电继电器、盲区识别控制单元

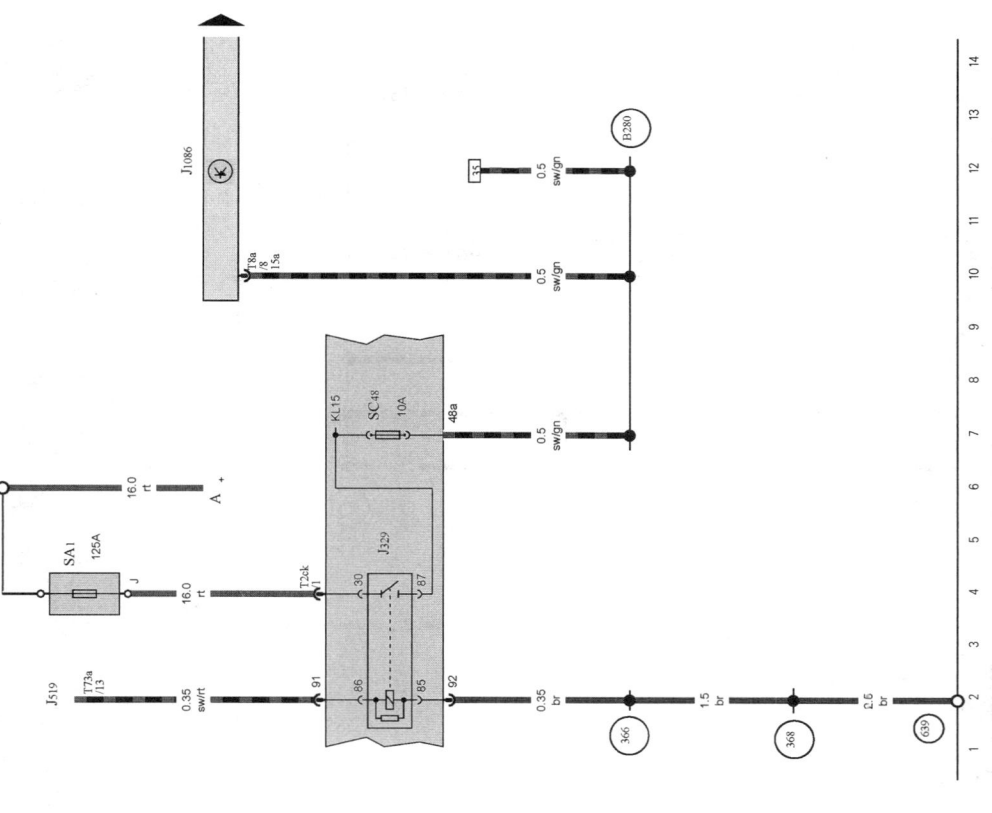

A－蓄电池 J329－接线端15供电继电器 J519－车载电网控制单元 J1086－盲区识别控制单元 SA1－保险丝架A
上的保险丝1 SC48－保险丝架C上的保险丝48 T2ck－2芯插头连接、黑色 T8a－8芯插头连接、黑色 T73a－
73芯插头连接、黑色 366－接地连接1、在主导线束中 368－接地连接3、在主导线束中 639－左A柱上的接
地点 B280－正极连接4（15a），在主导线束中

图 6-4-67

前部信息显示和操作单元控制单元、电子通信信息设备 1 控制单元、收音机、
倒车摄像头

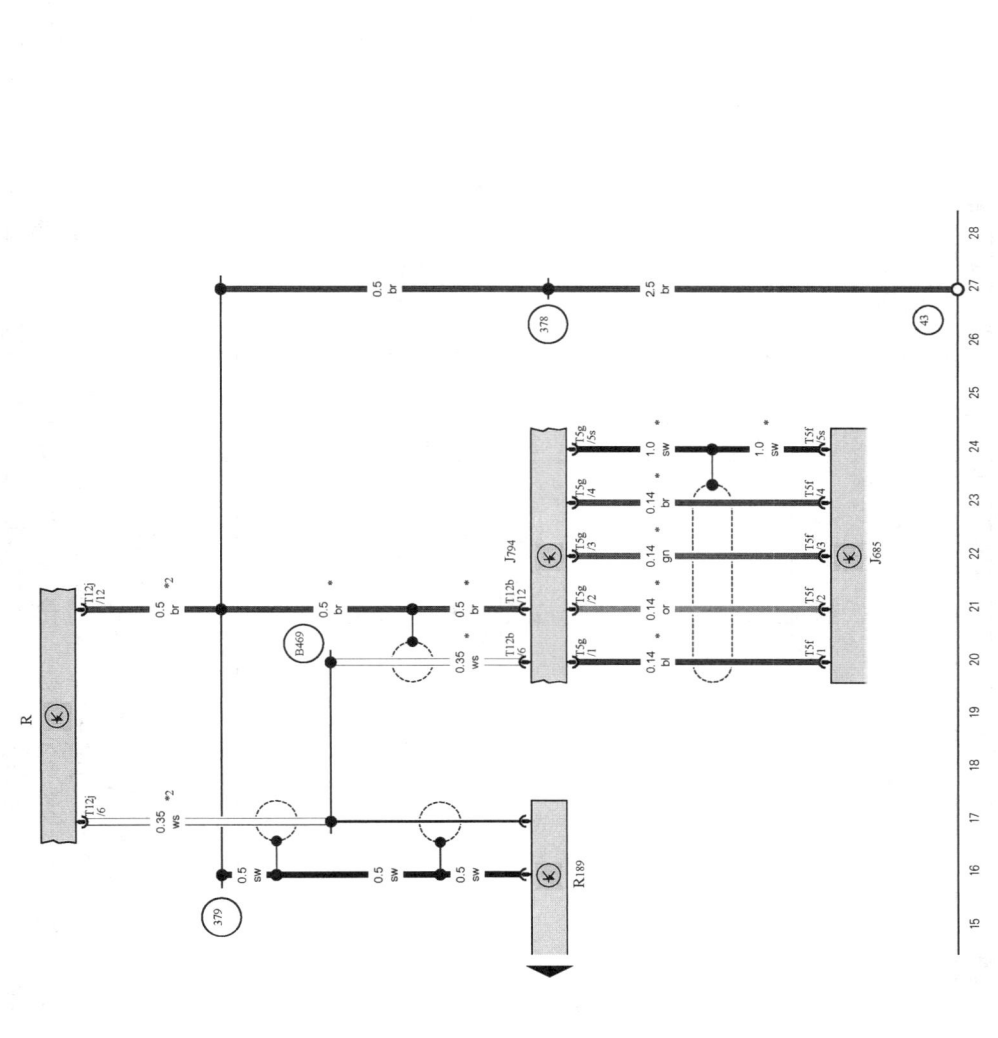

J685－前部信息显示和操作单元控制单元的显示单元 J794－电子通信信息设备1控制单元 R－收音机 R189－
倒车摄像头 T5f－5芯插头连接、蓝色 T5g－5芯插头连接、蓝色 T12b－12芯插头连接、蓝色 T12j－12芯
插头连接、黑色 43－右侧A柱下部接地点 378－接地连接13、在主导线束中 379－接地连接14、在主导线束
中 B469－连接5、在主导线束中 *－用于带导航系统的汽车 *2－用于不带导航系统的汽车

图 6-4-66

823

盲区识别控制单元、盲区识别控制单元2、左侧车外后视镜中的盲区识别警告灯、右侧车外后视镜中的盲区识别警告灯

转向柱电子装置控制单元、数据总线诊断接口、盲区识别控制单元

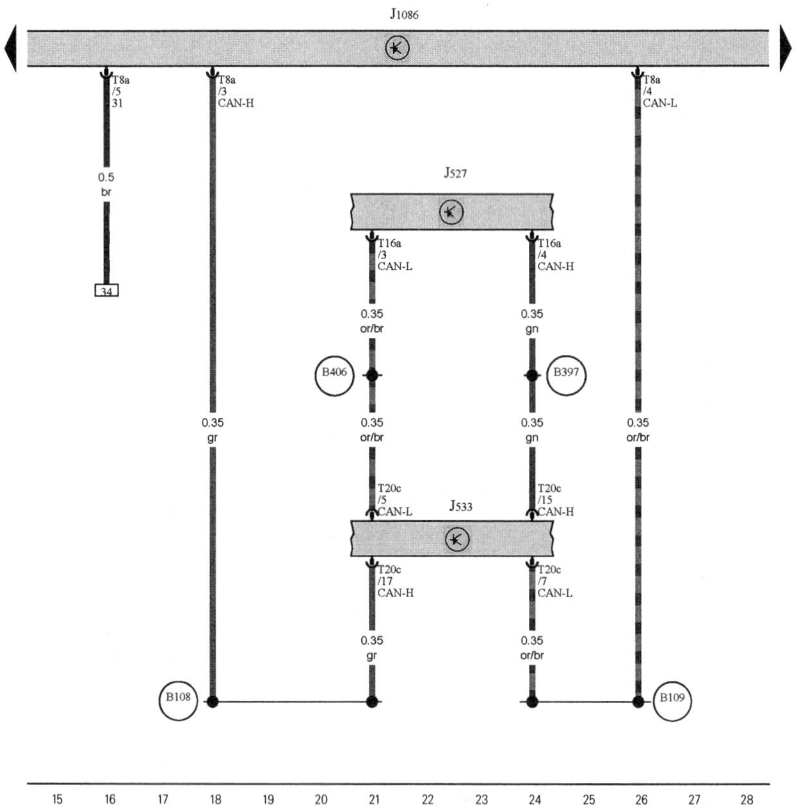

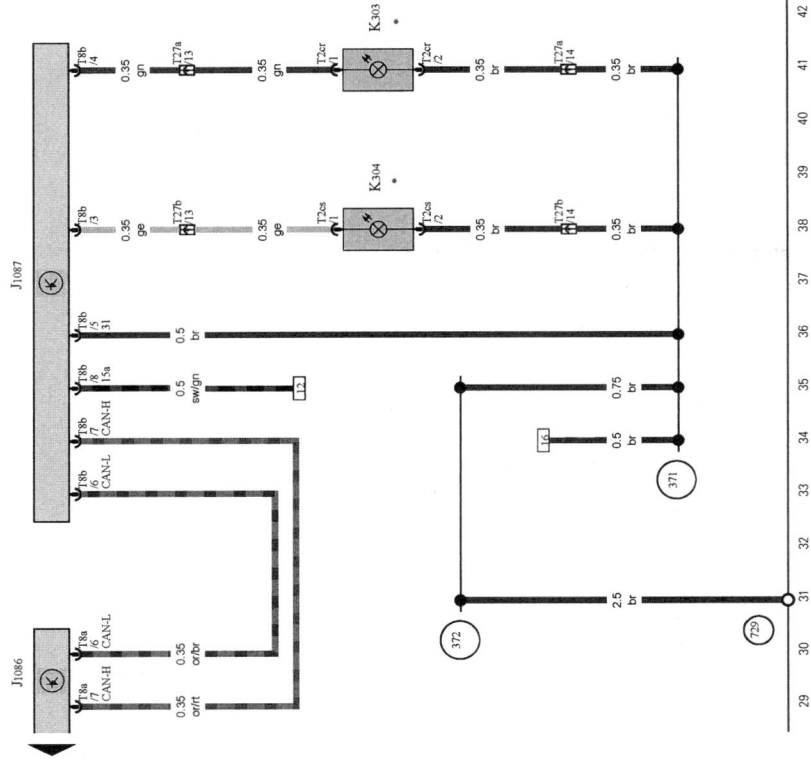

J1086-盲区识别控制单元 J1087-盲区识别控制单元2 K303-左侧车外后视镜中的盲区识别警告灯 K304-右侧车外后视镜中的盲区识别警告灯 T2cr-2芯插头连接，黑色 T2cs-2芯插头连接，黑色 T8a-8芯插头连接，黑色 T8b-8芯插头连接，黑色 T27a-27芯插头连接，左侧A柱上，黑色 T27b-27芯插头连接，右侧A柱上，黑色 371-接地连接6，在主导线束中 372-接地连接7，在主导线束中 729-左后轮罩上的接地点 *-已预先布线的部件

图 6-4-69

J527-转向柱电子装置控制单元 J533-数据总线诊断接口 J1086-盲区识别控制单元 T8a-8芯插头连接，黑色 T16a-16芯插头连接，黑色 T20c-20芯插头连接，黑色 B108-连接1（扩展CAN总线，High），在主导线束中 B109-连接1（扩展CAN总线，Low），在主导线束中 B397-连接1（舒适CAN总线，High），在主导线束中 B406-连接1（舒适CAN总线，Low），在主导线束中

图 6-4-68

接线端 15 供电继电器、车距调节控制单元

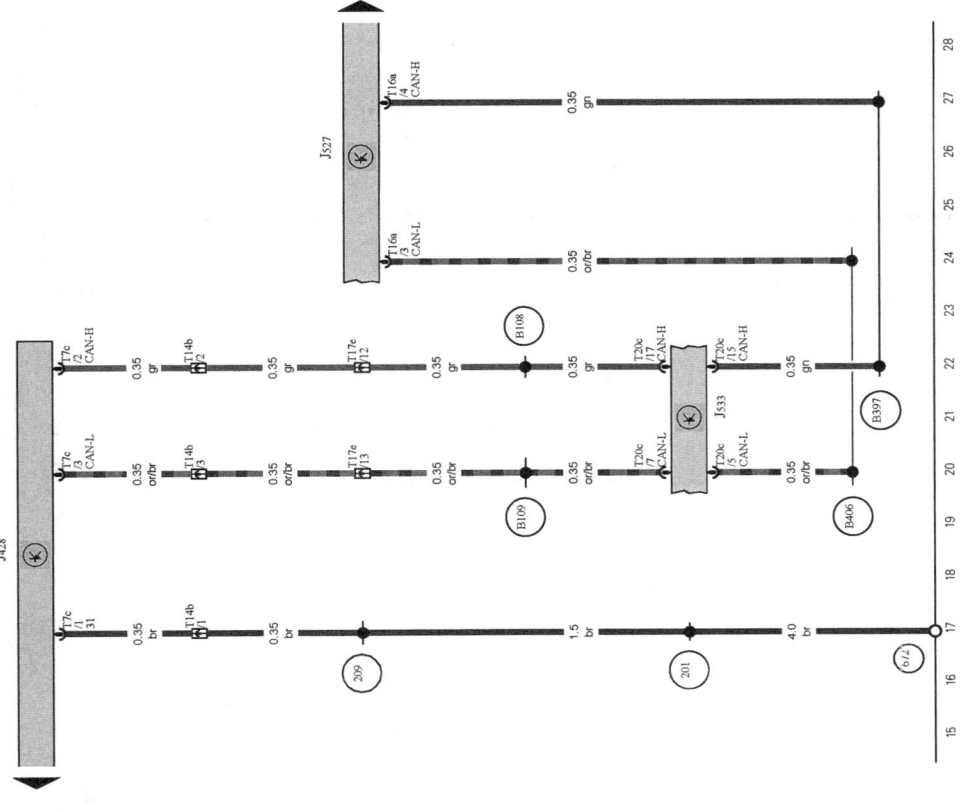

图 6-4-70

A—蓄电池 J329—接线端15供电继电器 J428—车距调节控制单元 J519—车载电网控制单元 SA1—保险丝架A 上的保险丝1 SC35—保险丝架C上的保险丝35 T2ck—2芯插头连接、黑色 T7c—7芯插头连接、黑色 T14b—14芯插头连接、左前保险杠内、黑色 T17e—17芯插头连接、接线站内、左侧A柱、白色 T73a—73芯插头连接 B279—接、黑色 366—接地连接1、在主导线束中 368—接地连接3、在主导线束中 639—左A柱上的接地点 639—左A柱上的接地点、正极连接3（15a），在主导线束中

车距调节控制单元、转向柱电子装置控制单元、数据总线诊断接口

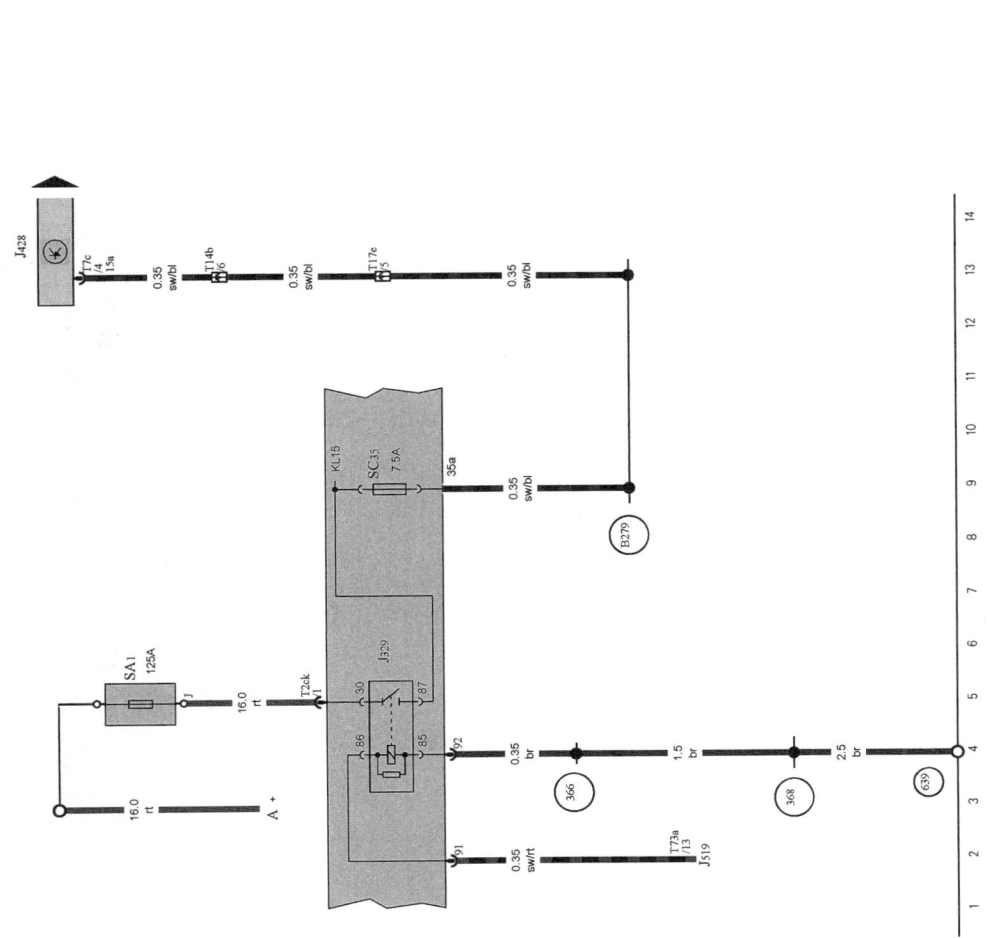

图 6-4-71

J428—车距调节控制单元 J527—转向柱子电子装置控制单元 J533—数据总线诊断接口 T7c—7芯插头连接、黑色 T14b—14芯插头连接、左前保险杠内、黑色 T16a—16芯插头连接、黑色 T17e—17芯插头连接、接线站内、左侧A柱、白色 T20c—20芯插头连接、在发动机舱导线束中 209—接地连接6、在发动机舱导线束中 672—左前纵梁上的接地点2 B108—连接1（扩展CAN总线、High），在主导线束中 B109—连接1（扩展CAN总线、Low），在主导线束中 B406—连接1（舒适CAN总线、Low），在主导线束中 B397—连接1（舒适CAN总线、High），在主导线束中

825

定速巡航装置开关、定速巡航装置设置按钮、自动车距控制按钮、车速提高按钮、车速降低按钮、定速巡航装置暂时关闭按钮、转向柱电子装置控制单元

接线端 15 供电继电器、车载电网控制单元、保险丝架 A 上的保险丝 1、保险丝架 A 上的保险丝 4

定速巡航装置开关、定速巡航装置设置按钮、自动车距控制按钮、保险丝架 A 上的保险丝 1、保险丝架 A 上的

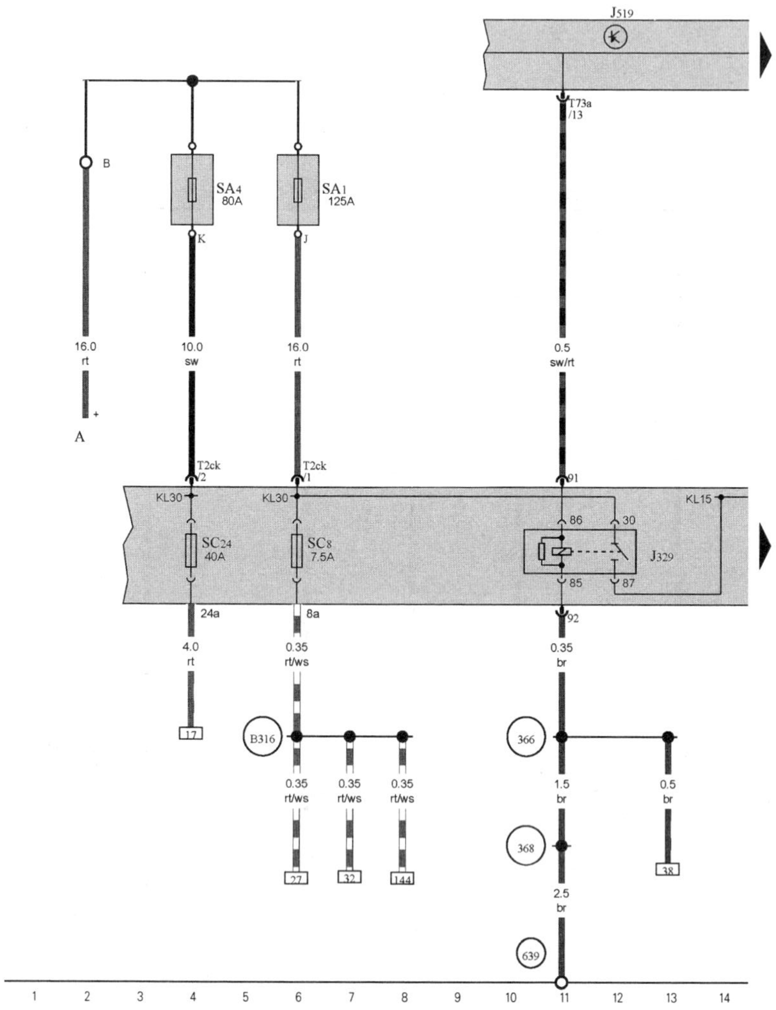

A-蓄电池 J329-接线端15供电继电器 J519-车载电网控制单元 SA1 保险丝架A上的保险丝1 SA4-保险丝架A上的保险丝4 SC8-保险丝架C上的保险丝8 SC24-保险丝架C上的保险丝24 T2ck-2芯插头连接 T73a-73芯插头连接，黑色 366-接地连接1，在主导线束中 368-接地连接3，在主导线束中 639-左前A柱上的接地点 B316-正极连接2（30a），在主导线束中

图 6-4-73

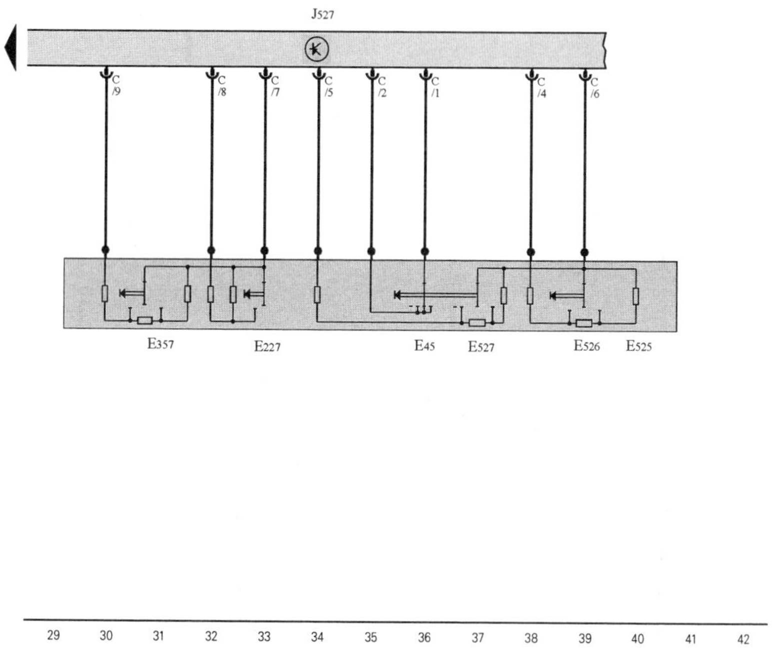

E45-定速巡航装置开关 E227-定速巡航装置设置按钮 E357-自动车距控制按钮 E525-车速提高按钮 E526-车速降低按钮 E527-定速巡航装置暂时关闭按钮 J527-转向柱电子装置控制单元

图 6-4-72

左后汽车高度传感器、雨水与光线识别传感器、车载电网控制单元

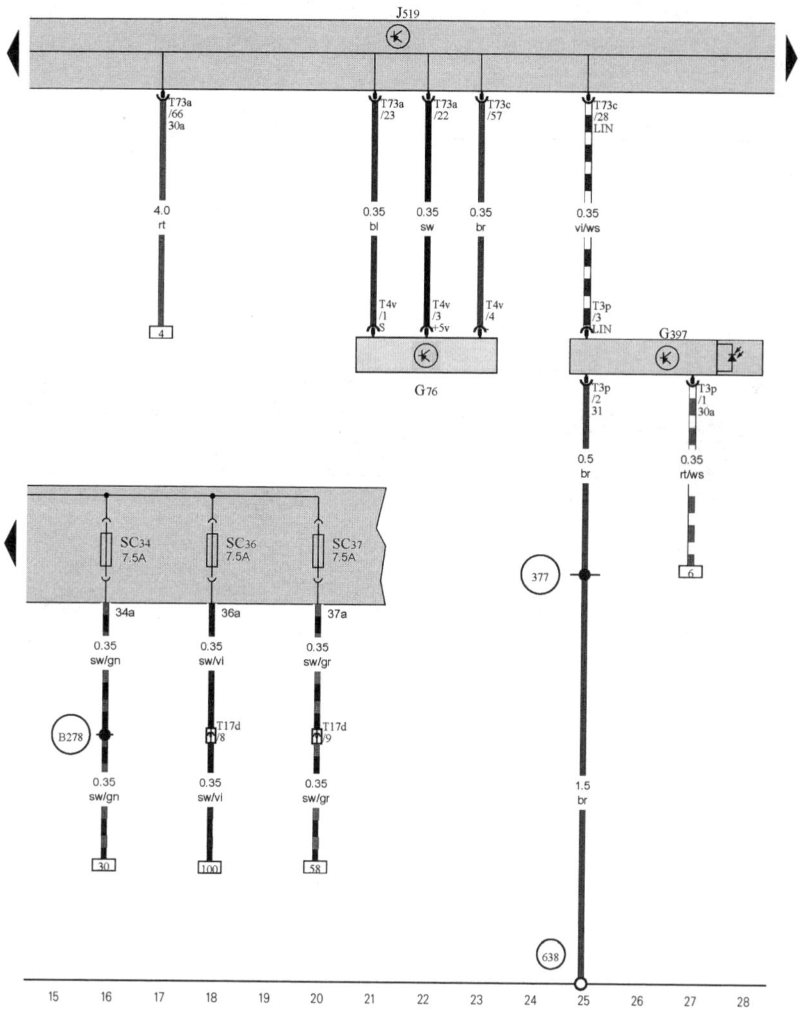

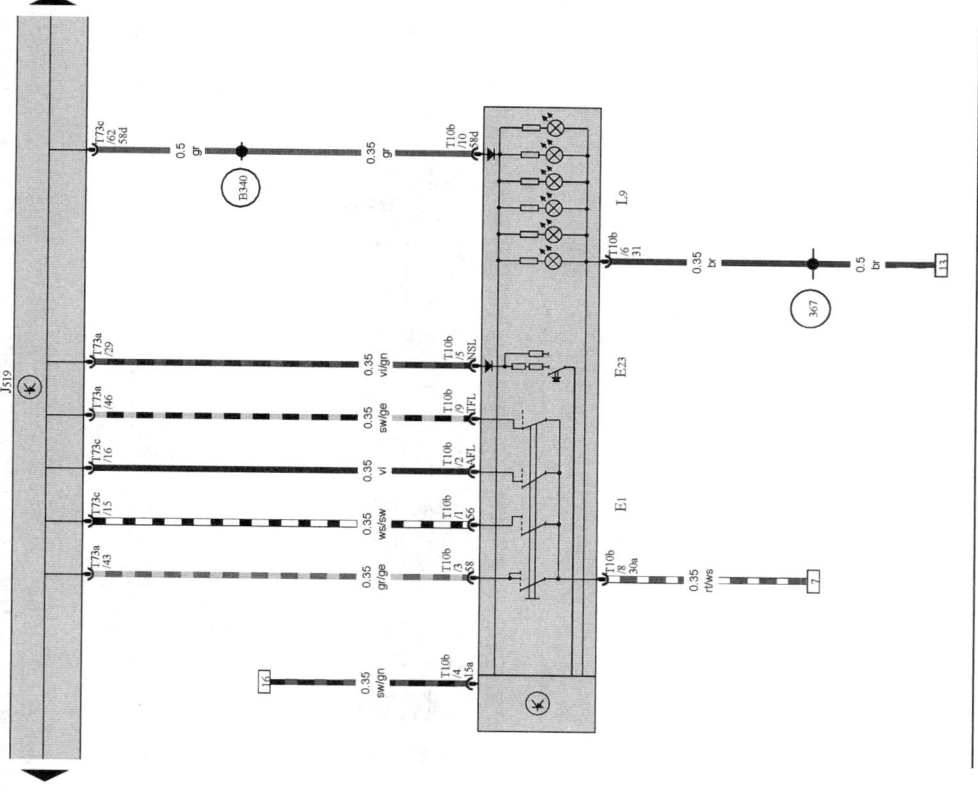

G76-左后汽车高度传感器　G397-雨水与光线识别传感器　J519-车载电网控制单元　SC34-保险丝架C上的保险丝34　SC36-保险丝架C上的保险丝36　SC37-保险丝架C上的保险丝37　T3p-3芯插头连接，黑色　T4v-4芯插头连接，黑色　T17d-17芯插头连接，接线站内，左侧A柱，蓝色　T73a-73芯插头连接，黑色　T73c-73芯插头连接，黑色　377-接地连接12，在主导线束中　638-右A柱上的接地点　B278-正极连接2（15a），在主导线束中

图 6-4-74

车灯开关、前雾灯和后雾灯开关、车载电网控制单元、大灯开关照明灯泡

E1-车灯开关　E23-前雾灯和后雾灯开关　J519-车载电网控制单元　L9-大灯开关照明灯泡　T10b-10芯插头连接，红色　T73a-73芯插头连接，黑色　T73c-73芯插头连接，黑色　367-接地连接2，在主导线束中　B340-连接1（58d），在主导线束中

图 6-4-75

左侧 LED 大灯模块化电源 1、车载电网控制单元、左侧日间行车灯灯泡、左前大灯、左侧前转向信号灯灯泡、左侧近光灯灯泡

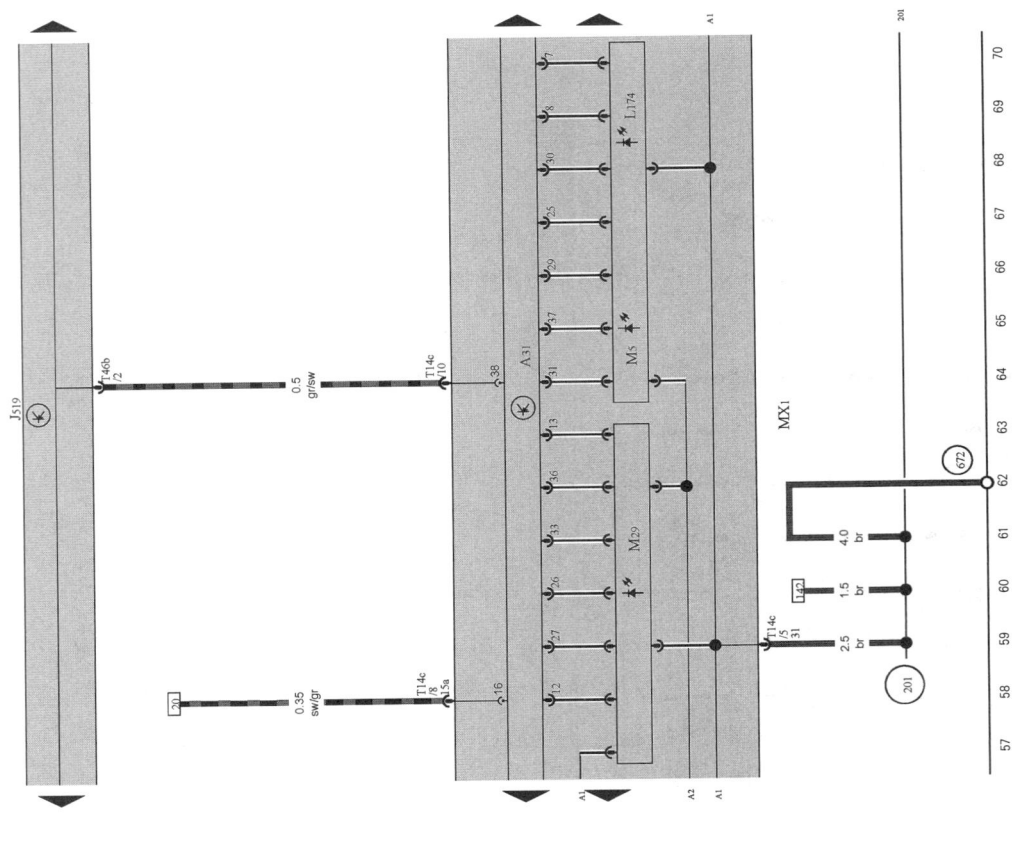

A31-左侧LED大灯模块化电源1 J519-车载电网控制单元 L174-左侧日间行车灯灯泡 MX1-左前大灯
M5-左前转向信号灯灯泡 M29-左侧近光灯灯泡 T14C-14芯插头连接 T14b-46芯插头连接、黑色
201-接地连接5，在发动机舱导线束中 672-左前纵梁上的接地点2

图 6-4-77

左侧 LED 大灯模块化电源 1、车载电网控制单元、左前大灯、左侧远光灯灯泡、左侧静态弯道灯

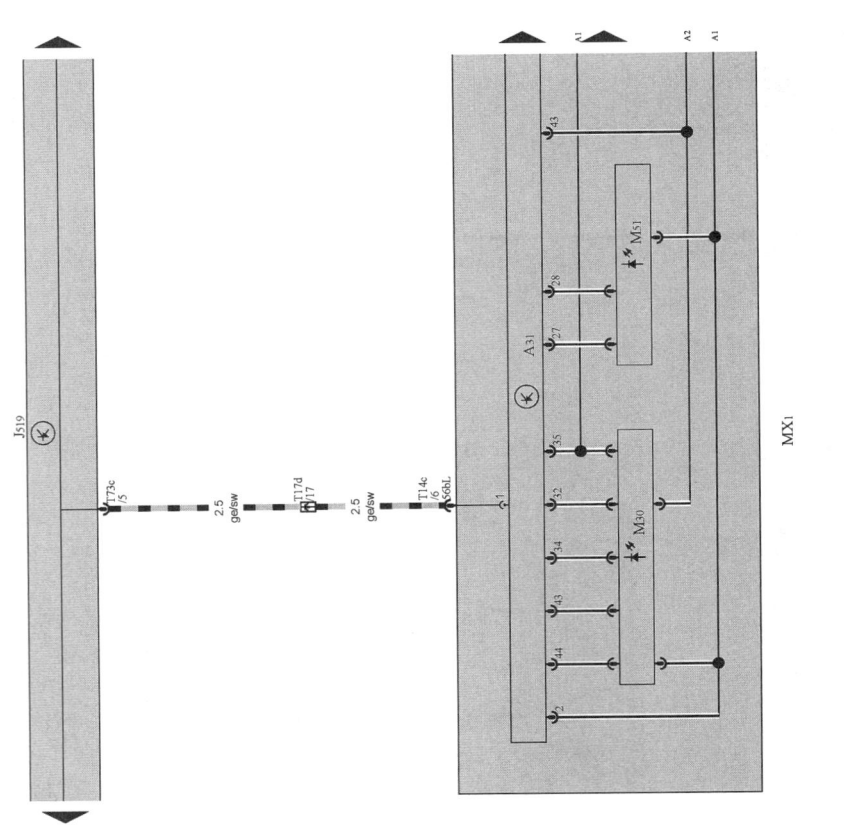

A31-左侧LED大灯模块化电源1 J519-车载电网控制单元 MX1-左前大灯 M30-左侧远光灯灯泡 M51-左侧静态弯道灯 T14C-14芯插头连接 T17d-17芯插头连接、黑色 T73c-73芯插头连接、蓝色 T73c-73芯插头连接、黑色

图 6-4-76

左侧 LED 大灯模块化电源 1、左侧大灯辅助功能电源模块、车载电网控制单元、左侧前
雾灯灯泡、左侧弯道灯灯泡、左侧驻车示宽灯灯泡、左前大灯、左侧大灯照明距离调节伺
服电机

右侧 LED 大灯模块化电源 1、车载电网控制单元、右前大灯、右侧远光灯灯泡、右侧静
态弯道灯

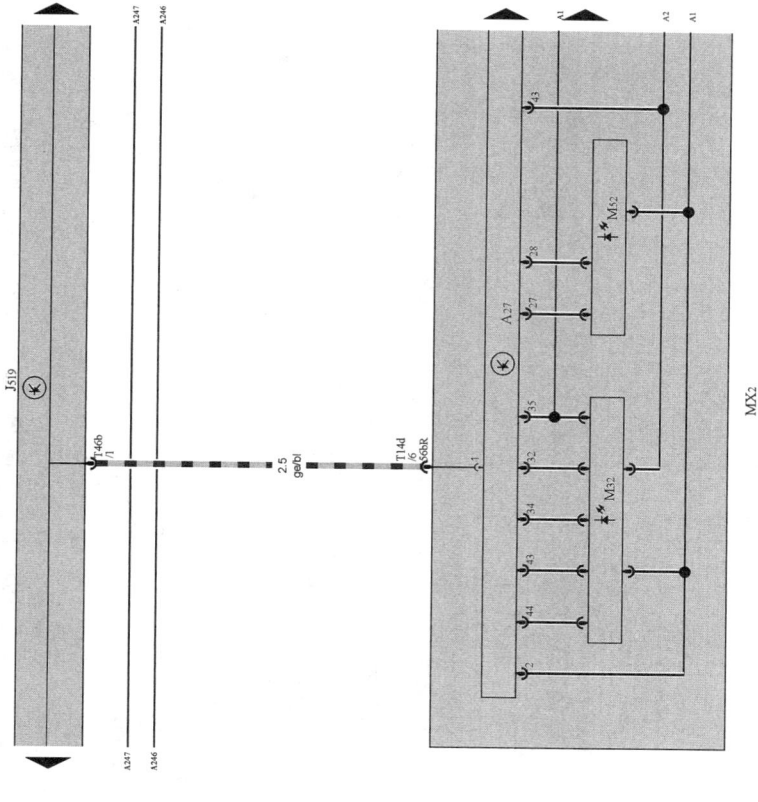

图 6-4-78

图 6-4-79

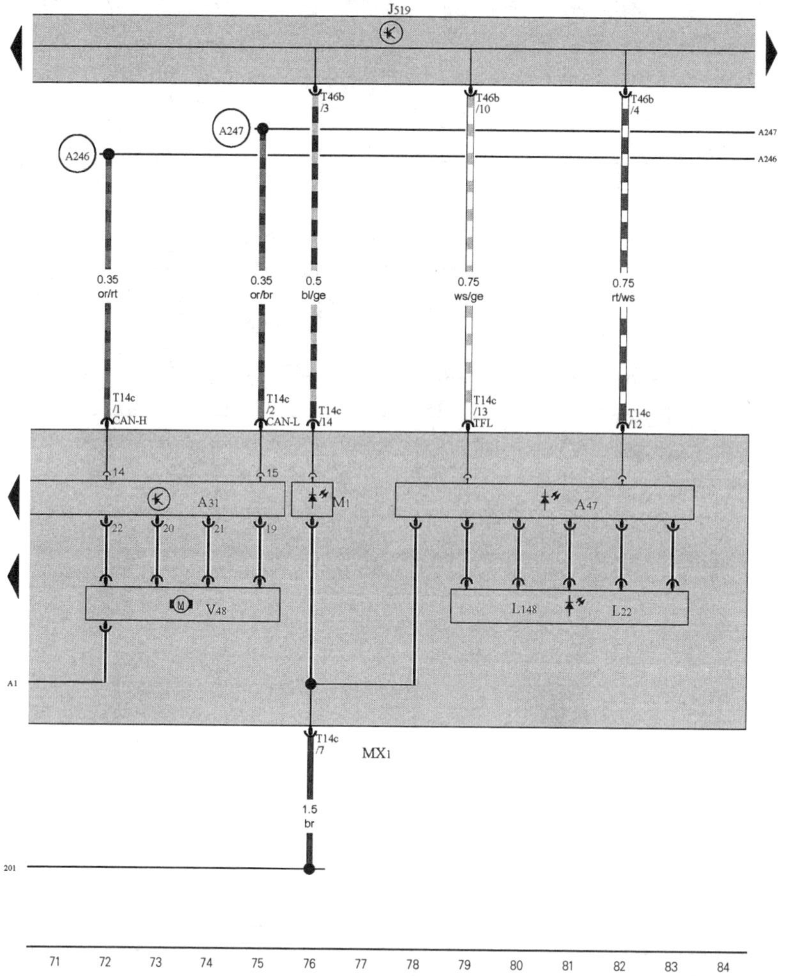

A31-左侧LED大灯模块化电源1 A47-左侧大灯辅助功能电源模块 J519-车载电网控制单元 L22-左侧前
雾灯灯泡 L148-左侧弯道灯灯泡 M1-左侧驻车示宽灯灯泡 MX1-左前大灯 T14c-14芯插头连接，黑色
T46b-46芯插头连接，黑色 V48-左侧大灯照明距离调节伺服电机 201-接地连接5，在发动机舱导线束中
A246-连接1（CAN总线，High），在发动机舱导线束中 A247-连接1（CAN总线，Low），在发动机舱
导线束中

A27-右侧LED大灯模块化电源1 J519-车载电网控制单元 MX2-右前大灯 M32-右侧远光灯灯泡 M52-
右侧静态弯道灯 T14d-14芯插头连接 T46b-46芯插头连接，黑色 A246-连接1（CAN总线，
High），在发动机舱导线束中 A247-连接1（CAN总线，Low），在发动机舱导线束中

829

右侧 LED 大灯模块化电源 1、车载电网控制单元、右侧日间行车灯灯泡、右前大灯、右前转向信号灯灯泡、右侧近光灯灯泡

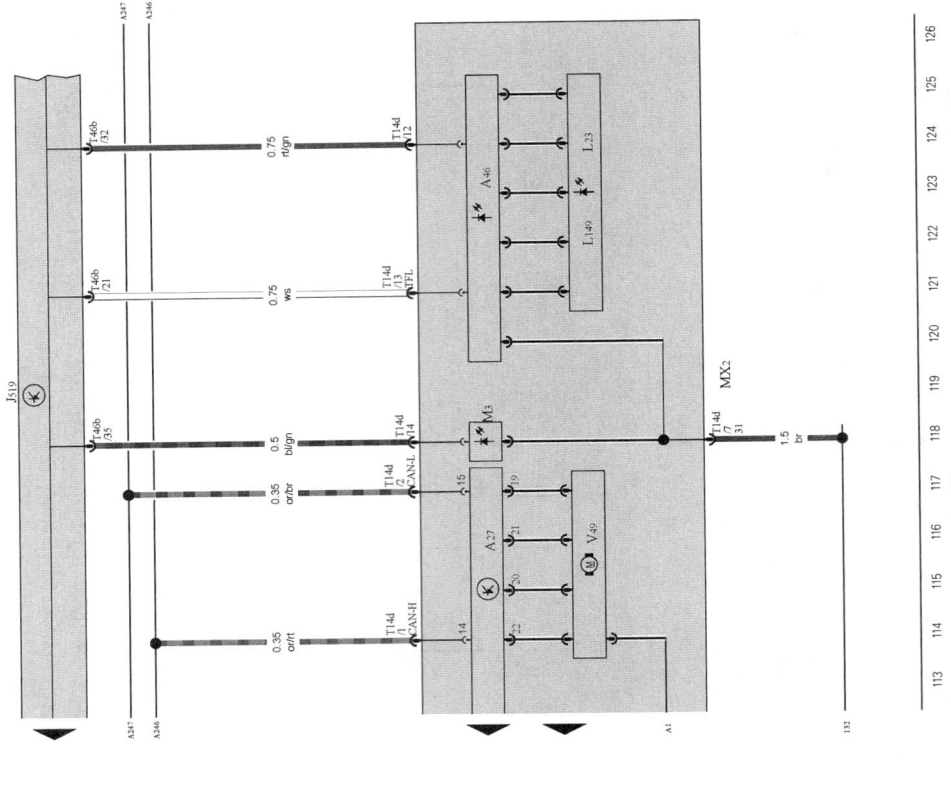

右侧 LED 大灯模块化电源 1、右侧大灯辅助功能电源模块、车载电网控制单元、右侧前雾灯灯泡、右侧弯道灯灯泡、右前大灯、右侧驻车示宽灯灯泡、右侧大灯照明距离调节伺服电机

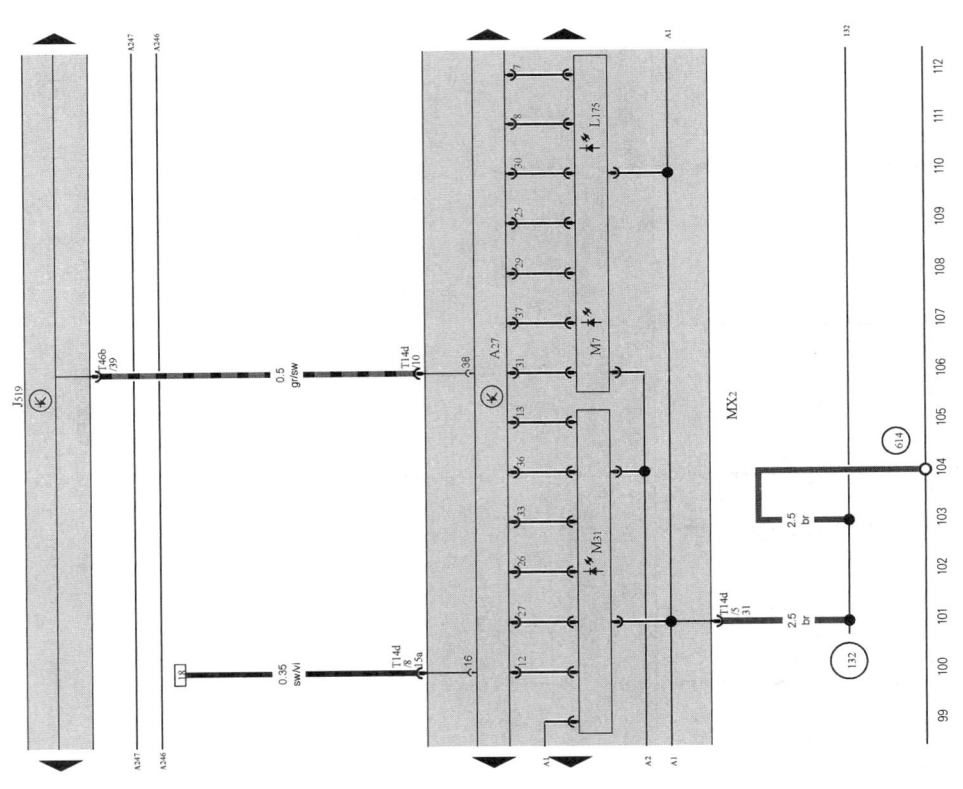

A27-右侧LED大灯模块化电源1 J519-车载电网控制单元 L175-右侧日间行车灯灯泡 MX2-右前大灯 M7-右前转向信号灯灯泡 M31-右侧近光灯灯泡 T14d-14芯插头连接 T14d-14芯插头连接 黑色 T46b-46芯插头连接 黑色 132-接地连接3，在发动机舱导线束中 614-发动机舱内右侧接地点2 A246-连接1（CAN总线，High）、在发动机舱导线束中 A247-连接1（CAN总线，Low），在发动机舱导线束中

图 6-4-80

A27-右侧LED大灯模块化电源1 A46-右侧大灯辅助功能电源模块 J519-车载电网控制单元 L23-右侧前雾灯灯泡 L149-右侧弯道灯灯泡 MX2-右前大灯 M3-右侧驻车示宽灯灯泡 T14d-14芯插头连接 T46b-46芯插头连接 黑色 V49-右侧大灯照明距离调节伺服电机 132-接地连接3，在发动机舱导线束中 A246-连接1（CAN总线，High），在发动机舱导线束中 A247-连接1（CAN总线，Low），在发动机舱导线束中

图 6-4-81

830

转向信号灯开关、手动远光灯功能和远光灯瞬时接通功能开关、转向柱电子装置控制单元

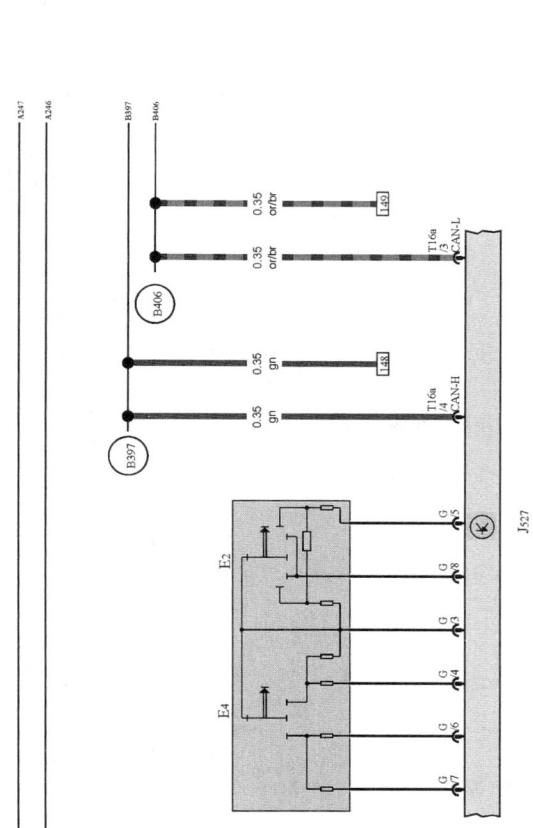

图6-4-82

E2-转向信号灯开关　E4-手动远光灯功能和远光灯瞬时接通功能开关　J527-转向柱电子装置控制单元　T16a-16芯插头连接　A246-连接1（CAN总线，High），在发动机舱导线束中　A247-连接11（CAN总线，Low），在发动机舱导线束中　B397-连接1（舒适CAN总线，High），在主导线束中　B406-连接1（舒适CAN总线，Low），在主导线束中

数据总线诊断接口、弯道灯和大灯照明距离调节控制单元

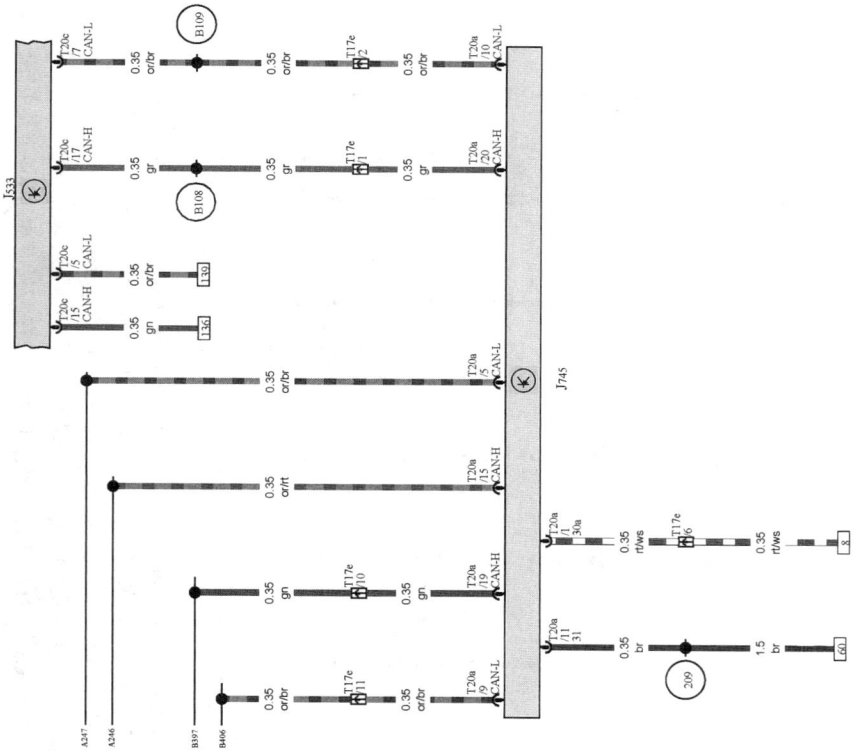

图6-4-83

J533-数据总线诊断接口　J745-弯道灯和大灯照明距离调节控制单元　T17e-17芯插头连接　接线站内，左侧A柱，白色　T20a-20芯插头连接，棕色　T20c-20芯插头连接，红色　209-接地连接，在发动机舱导线束中　A246-连接1（CAN总线，High），在发动机舱导线束中　A247-连接1（CAN总线，Low），在发动机舱导线束中　B108-连接1（扩展CAN总线，High），在主导线束中　B109-连接1（扩展CAN总线，Low），在主导线束中　B397-连接1（舒适CAN总线，High），在主导线束中　B406-连接1（舒适CAN总线，Low），在主导线束中

831

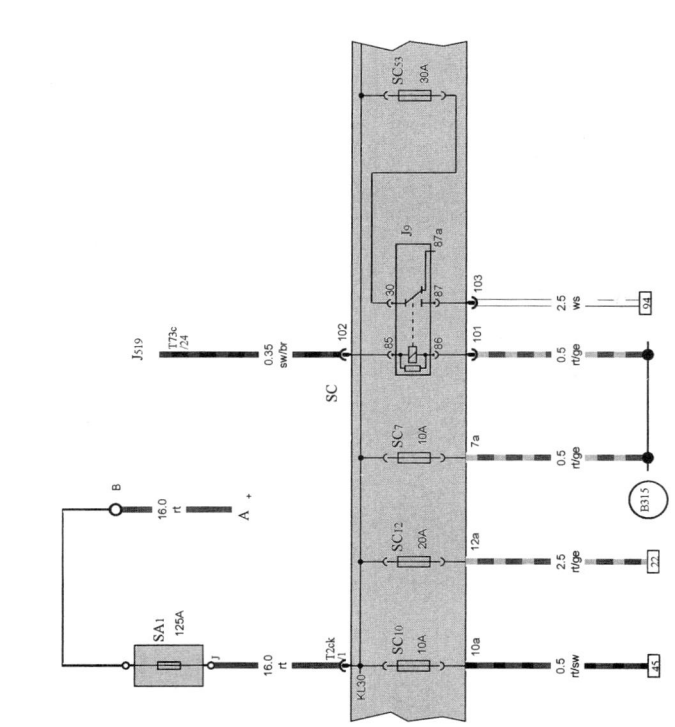

电子通信信息设备 1 控制单元、左前高音扬声器、右前高音扬声器、前左中低音扬声器、前右中低音扬声器

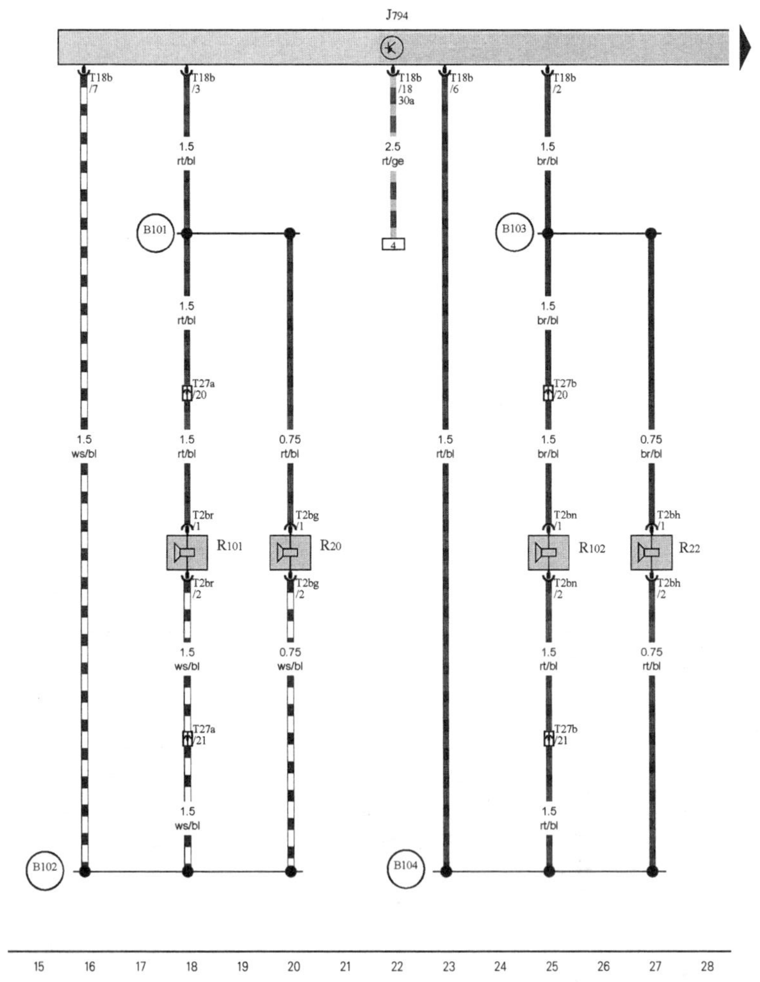

图 6-4-85

J794-电子通信信息设备1控制单元　R20-左前高音扬声器　R22-右前高音扬声器　R101-前左中低音扬声器　R102-前右高音扬声器　T2bg-2芯插头连接，黑色　T2bh-2芯插头连接，黑色　T2bn-2芯插头连接，黑色　T2br-2芯插头连接，右侧A柱上，黑色　T27a~27芯插头连接，左侧A柱上，黑色　T27b-27芯插头连接，右侧A柱上，黑色　T18b-18芯插头连接，黑色　B101-连接（正极，左前侧扬声器），在主导线束中　B102-连接（负极，扬声器），在主导线束中　B103-连接（正极，扬声器），在主导线束中　B104-连接（负极，扬声器），在主导线束中

可加热后窗玻璃继电器、保险丝架 A 上的保险丝 1、保险丝架 C

图 6-4-84

A-蓄电池　J9-可加热后窗玻璃继电器　J519-车载电网控制单元　SA1-保险丝架A上的保险丝1　SC-保险丝架C　SC7-保险丝架C上的保险丝7　SC10-保险丝架C上的保险丝10　SC12-保险丝架C上的保险丝12　SC53-保险丝架C上的保险丝53　T2ck-2芯插头连接，黑色　T73c-73芯插头连接，黑色　T27b-27芯插头连接　B315-正极连接1（30a），在主导线束中

832

前部信息显示和操作单元控制单元的显示单元、电子通信信息设备 1 控制单元、电子通信信息设备 1 控制单元

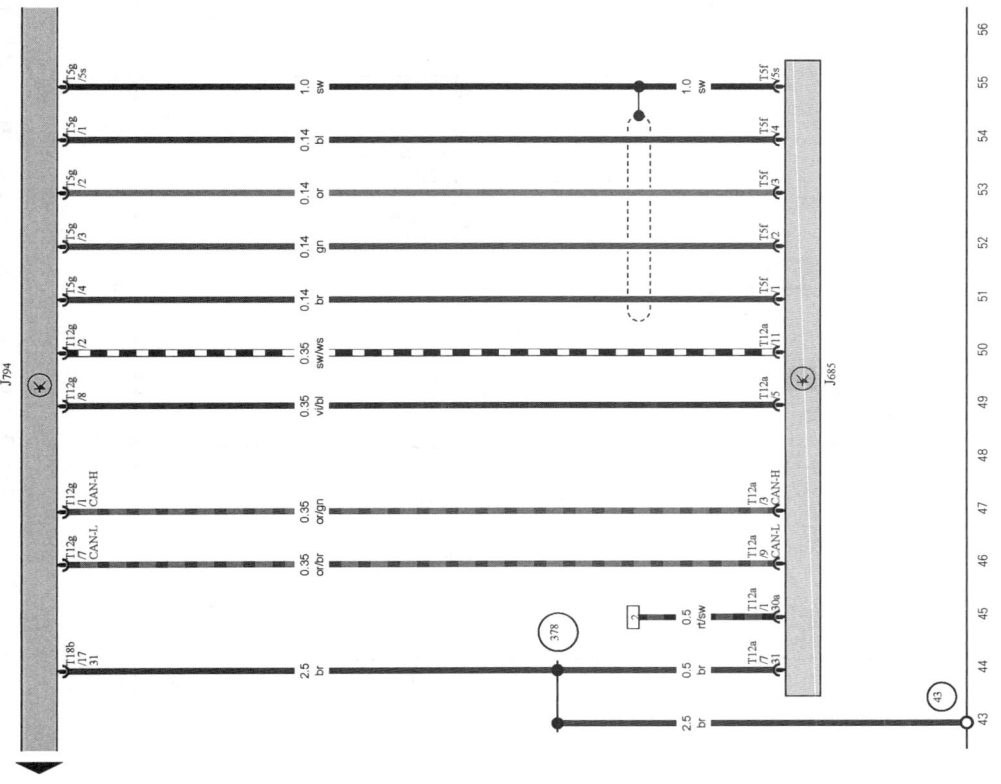

J685-前部信息显示和操作单元控制单元的显示单元 J794-电子通信信息设备1控制单元 T5f-5芯插头连接 T5g-5芯插头连接 蓝色 T12a-12芯插头连接，浅紫色 T12g-12芯插头连接，黑色 T18b-18芯插头连接，灰色 43-右侧A柱下部接地点 378-接地连接13，在主导线束中插头连接 图 6-4-87

数据总线诊断接口、电子通信信息设备 1 控制单元、内部话筒、左后中低音扬声器、右后中低音扬声器

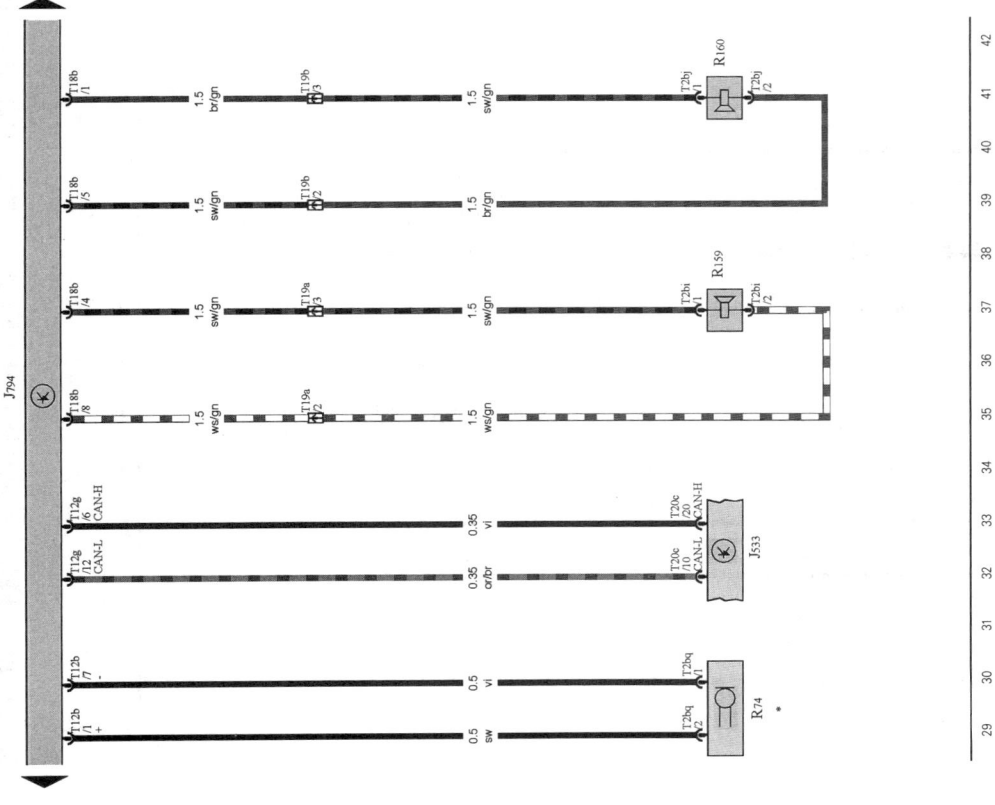

J533-数据总线诊断接口 J794-电子通信信息设备1控制单元 R74-内部话筒 R159-左后中低音扬声器 R160-右后中低音扬声器 T2bi-2芯插头连接，黑色 T2bj-2芯插头连接，黑色 T2bq-2芯插头连接，黑色 T12b-12芯插头连接，蓝色 T12g-12芯插头连接，黑色 T18b-18芯插头连接，灰色 T19a-19芯插头连接，左侧B柱上，黑色 T19b-19芯插头连接，右侧B柱上，黑色 T20c-20芯插头连接，黑色 *-已预先布线的部件 图 6-4-86

833

电子通信信息设备 1 控制单元、GPS 天线、左侧天线模块、右侧天线模块

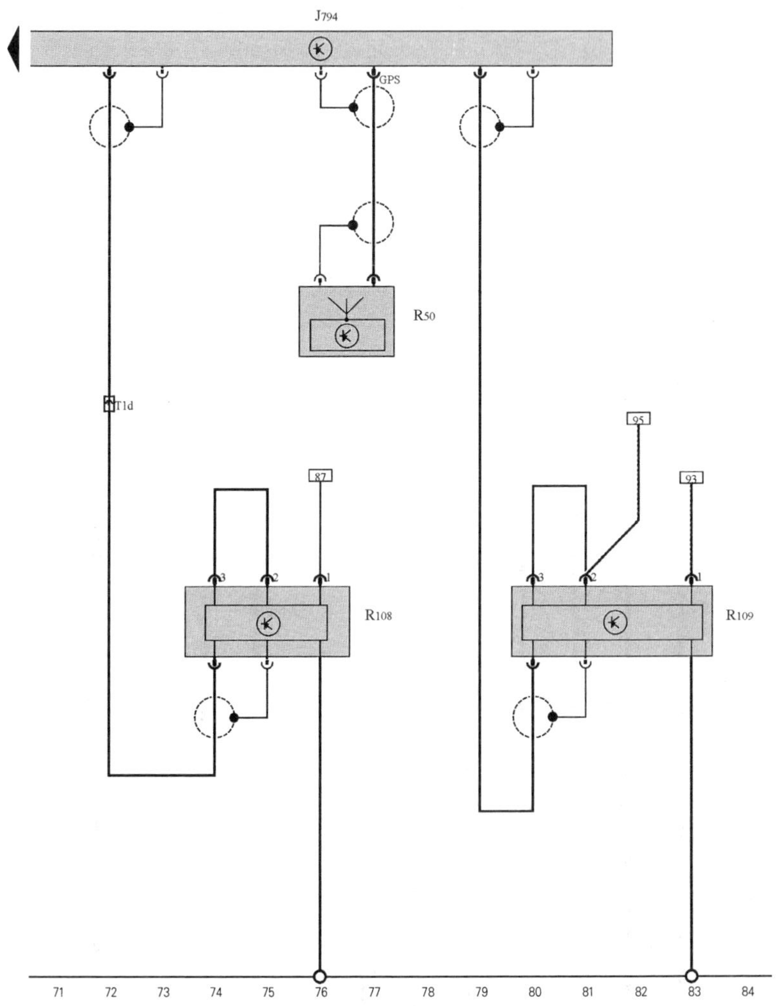

J794-电子通信信息设备1控制单元 R50-GPS天线 R108-左侧天线模块 R109-右侧天线模块 T1d-1芯插头连接 头连接，车顶连接位置上，淡紫色

图 6-4-89

电子通信信息设备 1 控制单元、USB 接口支架、外部音频源接口

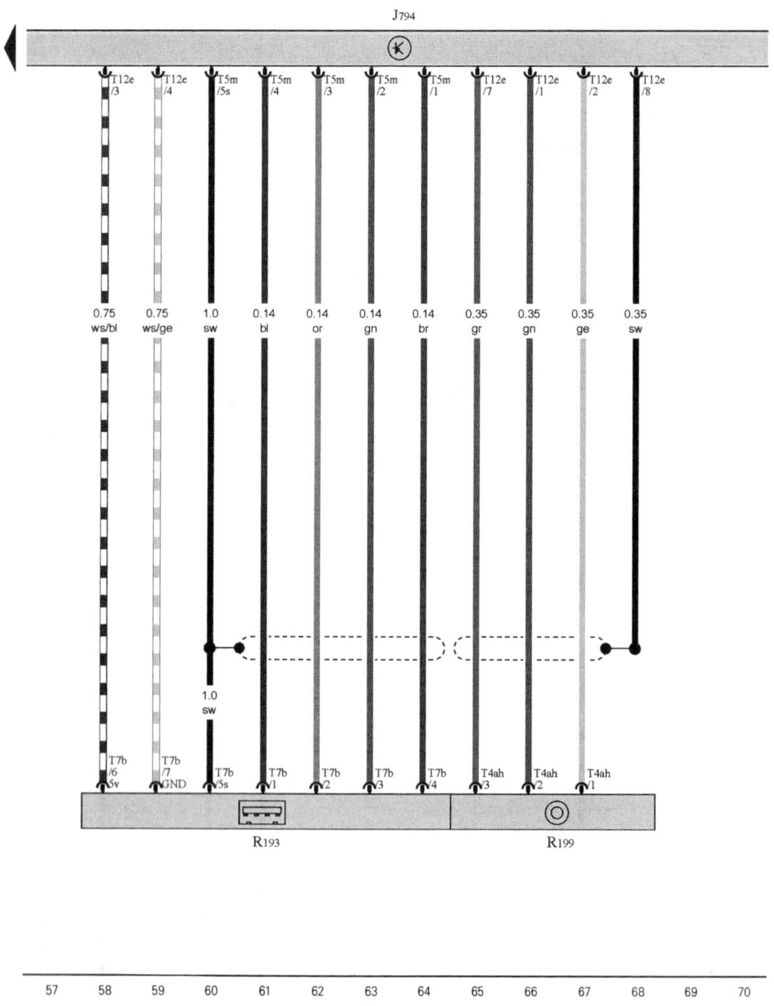

J794-电子通信信息设备1控制单元 R193-USB接口支架 R199-外部音频源接口 T4ah-4芯插头连接，黑 色 T5m-5芯插头连接，黄色 T7b-7芯插头连接，绿色 T12e-12芯插头连接，绿色

图 6-4-88

834

可加热后窗玻璃继电器、收音机

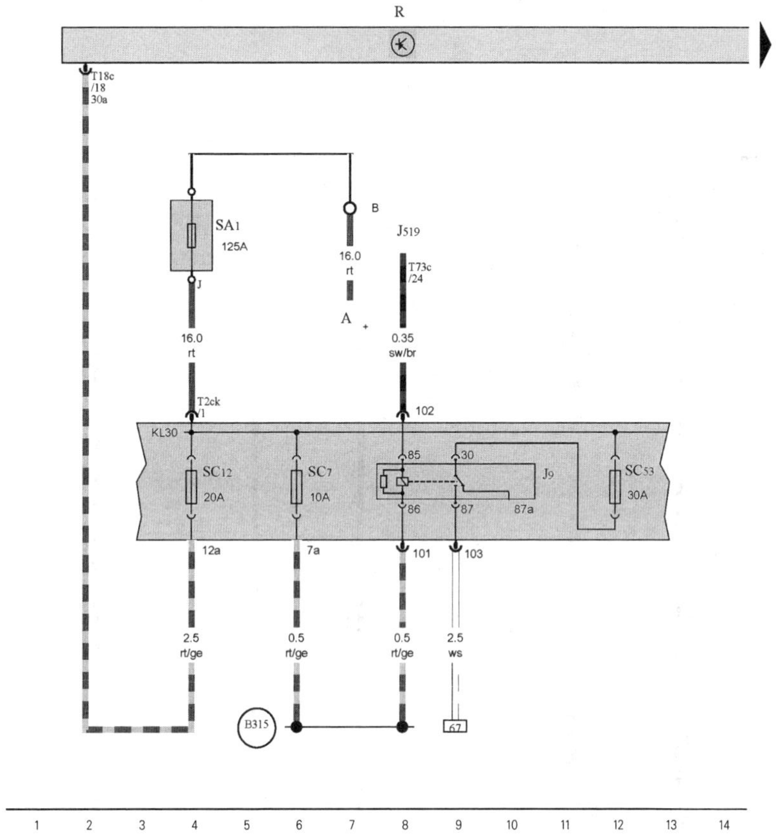

天线、调幅（AM）滤波器、负导线中的调频频率滤波器、正导线中的调频频率滤波器、可加热后窗玻璃

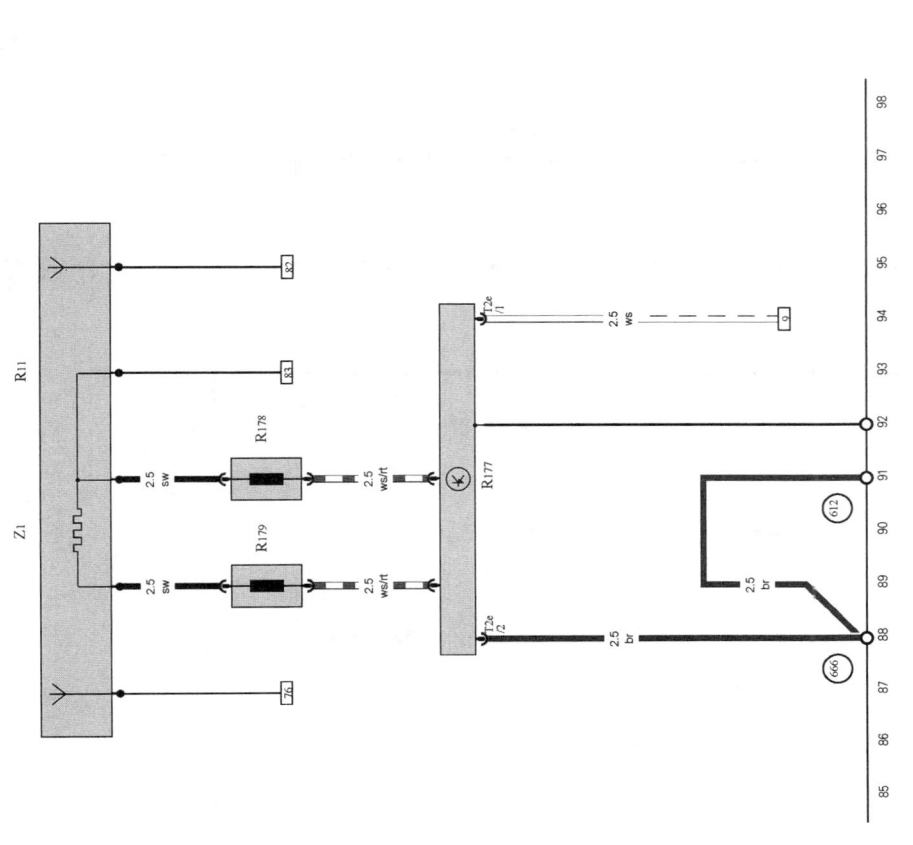

图 6-4-91

A－蓄电池　J9－可加热后窗玻璃继电器　J519－车载电网控制单元　R－收音机　SA1－保险丝架A上的保险丝1　SC7－保险丝架C上的保险丝7　SC12－保险丝架C上的保险丝12　SC53－保险丝架C上的保险丝53　T2ck－2芯插头连接，黑色　T73c－73芯插头连接　B315－正极连接1（30a），在主导线束中

图 6-4-90

R11－天线　R177－调幅（AM）滤波器　R178－负导线中的调频频率滤波器　R179－正导线中的调频频率滤波器　Z1－可加热后窗玻璃　612－后备箱盖中间接地点　666－在车顶后右的接地点　T2e－2芯插头连接，黑色　T18c－18芯插头连接，黑色

835

数据总线诊断接口、收音机、左后中低音声器

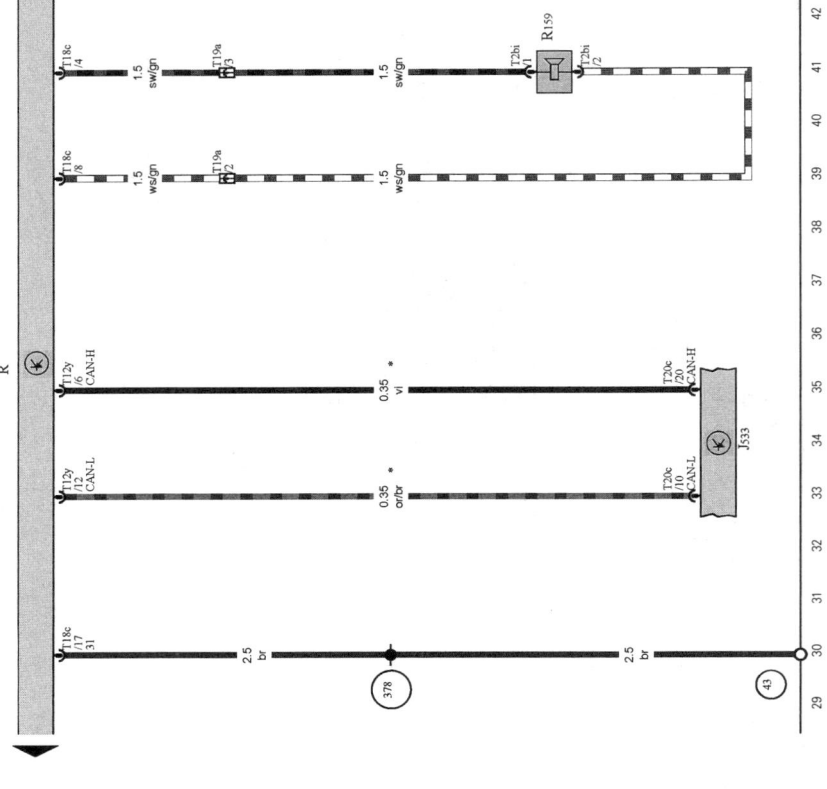

图 6-4-93

J533—数据总线诊断接口　R—收音机　R159—左后中低音声器　T2bi—2芯插头连接，黑色　T12y—12芯插头连接，灰色　T18c—18芯插头连接　T19a—19芯插头连接，左侧B柱上，黑色　T20c—20芯插头连接，黑色　T2bh—2芯插头连接，左侧A柱下部接地点13，在主导线束中　43—右侧A柱下部接地点　378—接地连接13，在主导线束中　*—依汽车装备而定

收音机、左前高音声器、右前高音声器、前左中低音声器、前右中低音声器

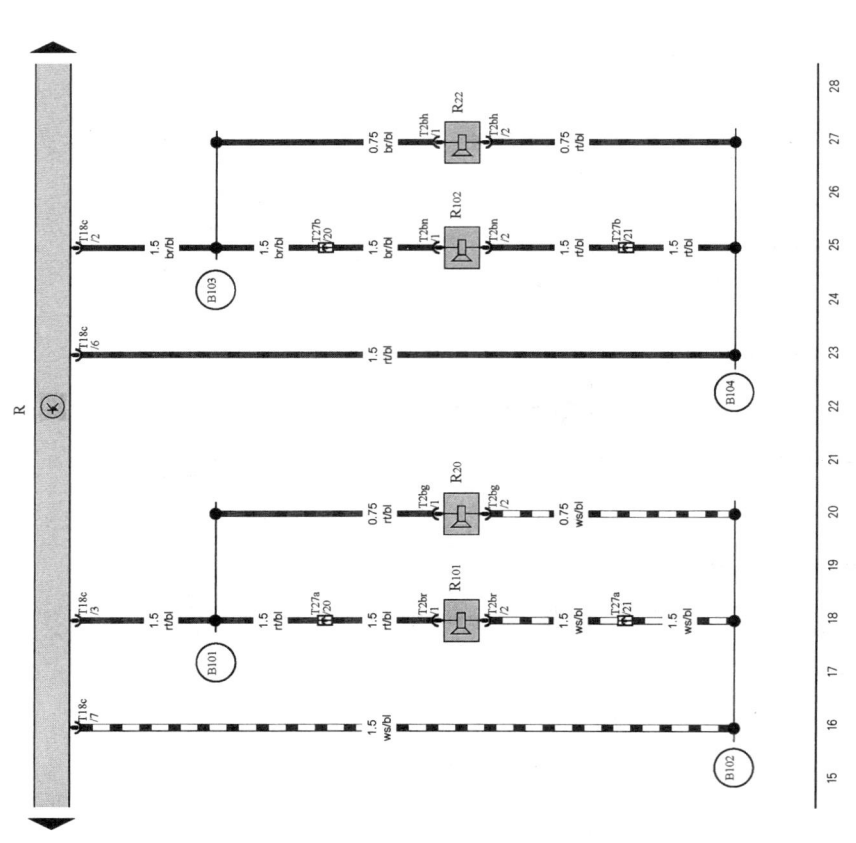

图 6-4-92

R—收音机　R20—左前高音声器　R22—右前高音声器　R101—前左中低音声器　R102—前右中低音声器　T2bg—2芯插头连接，黑色　T2bh—2芯插头连接，黑色　T2bn—2芯插头连接，黑色　T2br—2芯插头连接，黑色　T18c—18芯插头连接　T27a—27芯插头连接，左侧A柱上，黑色　T27b—27芯插头连接，右侧A柱上，黑色　B101—连接（正极，左前侧扬声器），在主导线束中　B102—连接（负极，扬声器），在主导线束中　B103—连接（正极，扬声器），在主导线束中　B104—连接（负极，扬声器），在主导线束中

天线、调幅（AM）滤波器、负导线中的调频频率滤波器、正导线中的调频频率滤波器、可加热后窗玻璃

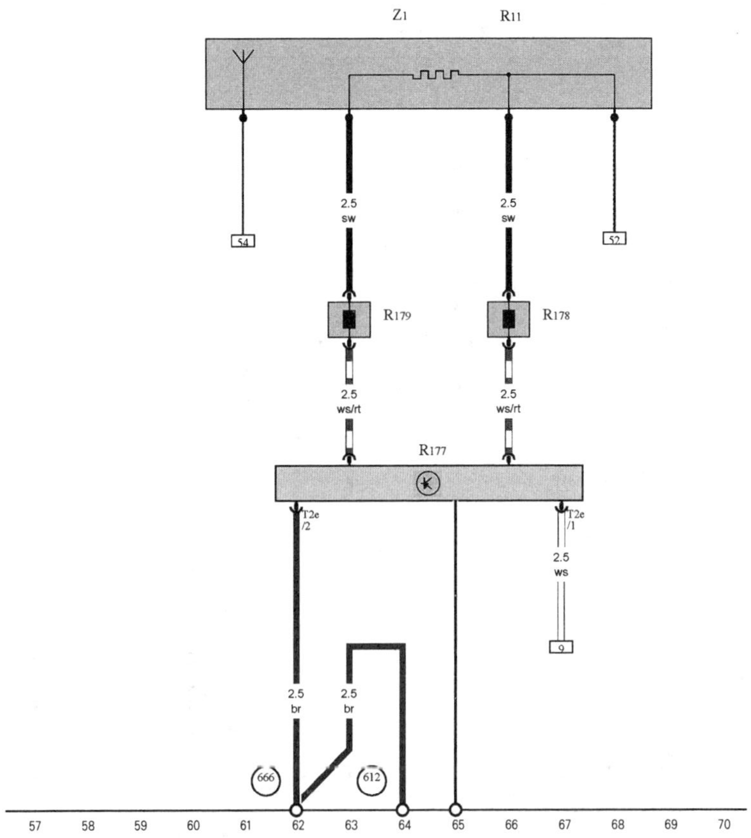

收音机、右侧天线模块、右后中低音扬声器

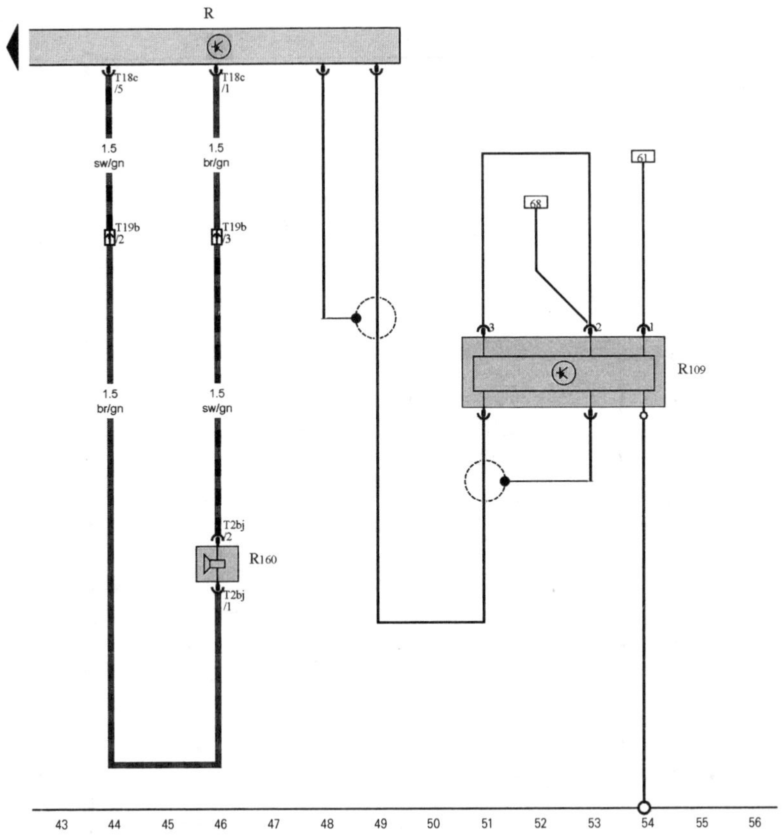

图6-4-95

R11-天线 R177-调幅（AM）滤波器 R178-负导线中的调频频率滤波器 R179-正导线中的调频频率滤波器 T2e-2芯插头连接，黑色 Z1-可加热后窗玻璃 612-后备箱盖中间接地点 666-在车顶后后接地点

图6-4-94

R-收音机 R109-右侧天线模块 R160-右后中低音扬声器 T2bj-2芯插头连接器 T2bj-2芯插头连接，黑色 T18c-18芯插头连接 T19b-19芯插头连接，右侧B柱上，黑色

837

数据总线诊断接口、诊断接口

接线端15供电继电器、诊断接口

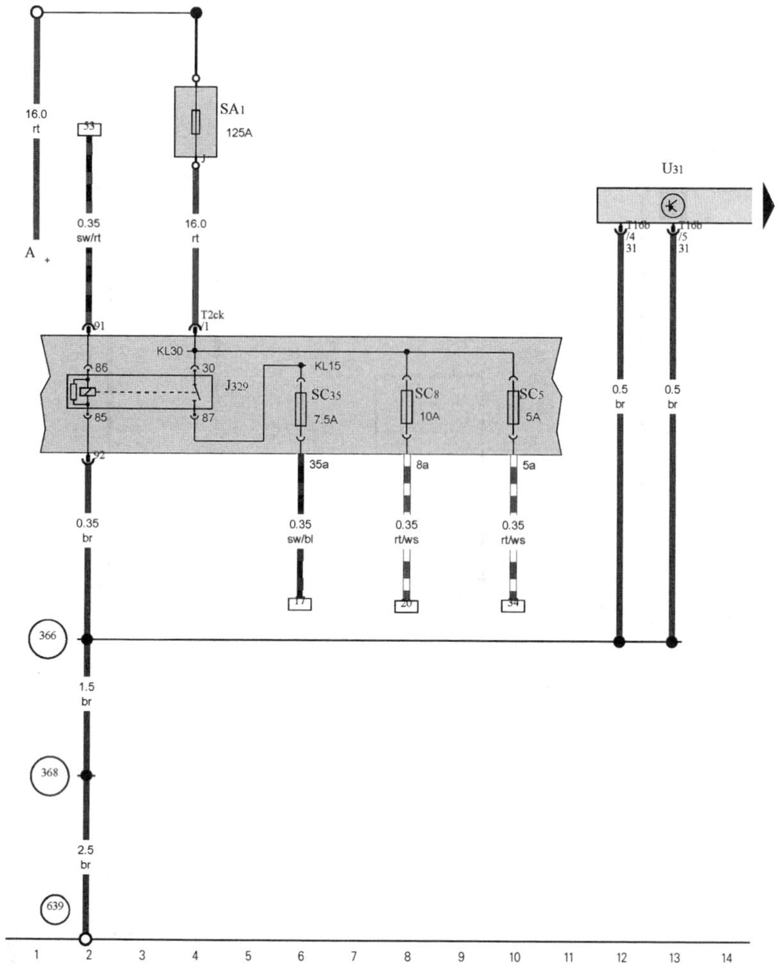

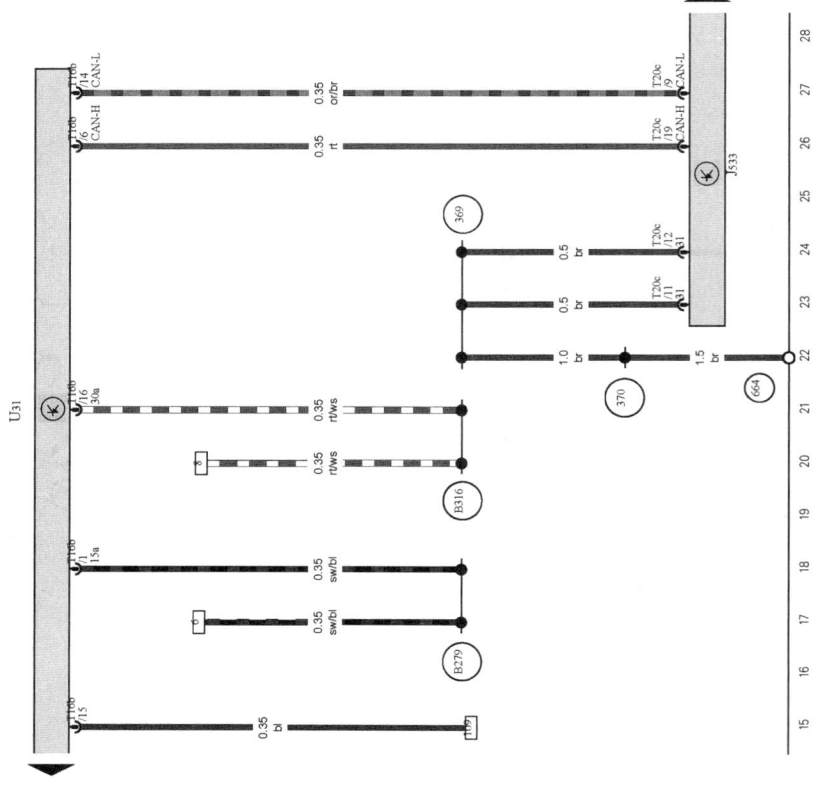

J533-数据总线诊断接口 T16b-16芯插头连接，黑色 T20c-20芯插头连接，黑色 U31-诊断接口 369-接地连接4，在主导线束中 370-接地连接5，在主导线束中 664-左侧仪表板后面接地点 B316-正极连接3（15a），在主导线束中 B279-正极连接2（30a），在主导线束中

图6-4-97

图6-4-96

A-蓄电池 J329-接线端15供电继电器 SA1-保险丝架A上的保险丝1 SC5-保险丝架C上的保险丝5 SC8-保险丝架C上的保险丝8 SC35-保险丝架C上的保险丝35 T2ck-2芯插头连接，黑色 T16b-16芯插头连接，黑色 U31-诊断接口 366-接地连接1，在主导线束中 368-接地连接3，在主导线束中 639-左A柱上的接地点

838

安全气囊卷簧和带滑环的复位环、组合仪表中的控制单元、转向柱电子装置控制单元、数据总线诊断接口

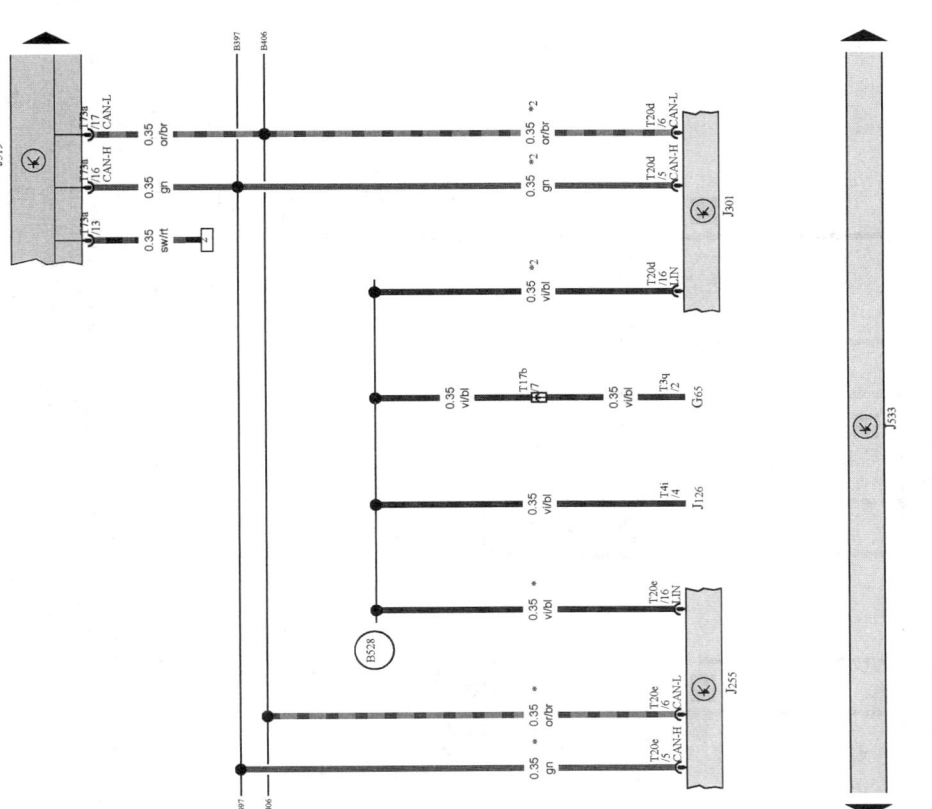

图 6-4-98

F138-安全气囊卷簧和带滑环的复位环 J285-组合仪表中的控制单元 J527-转向柱电子装置控制单元 J533-数据总线诊断接口 T5v-5芯插头连接，黑色 T12c-12芯插头连接，黄色 T16a-16芯插头连接，黑色 T18a-18芯插头连接，黑色 T20c-20芯插头连接，黑色 B406-连接1（舒适CAN总线，Low），在主导线束中 B397-连接1（舒适 CAN总线，High），在主导线束中 *-用于带多功能方向盘的汽车

全自动空调控制单元、空调器控制单元、车载电网控制单元、数据总线诊断接口

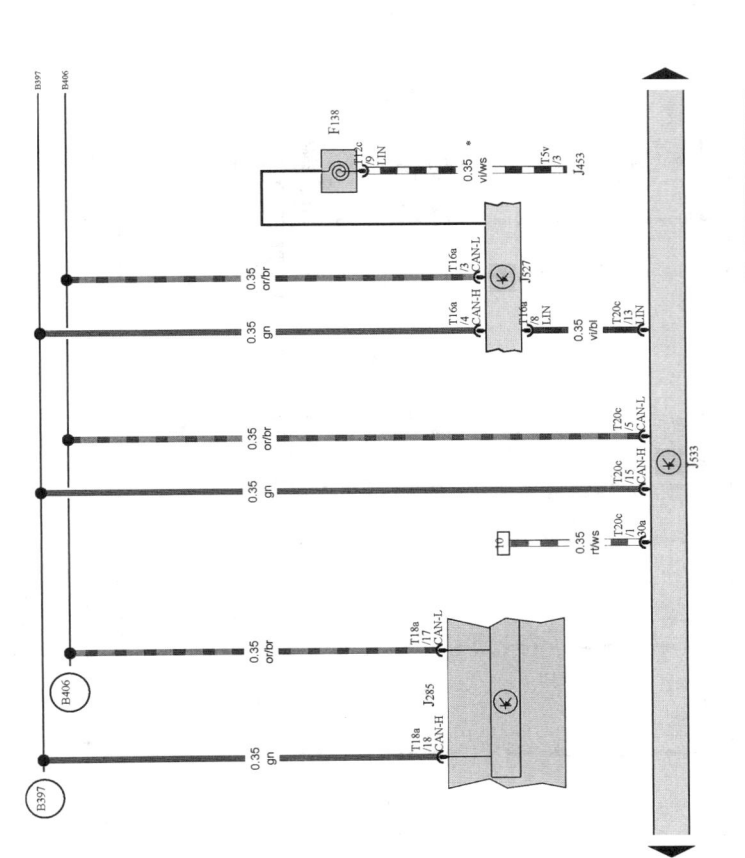

图 6-4-99

G65-高压传感器 J126-新鲜空气鼓风机控制单元 J255-全自动空调控制单元 J301-空调器控制单元 J519-车载电网控制单元 J533-数据总线诊断接口 T3q-3芯插头连接，黑色 T4i-4芯插头连接，黑色 T17b-17芯插头连接，接线站内，左侧A柱，棕色 T20c-20芯插头连接，黑色 T20d-20芯插头连接，黑色 T73a-73芯插头连接，黑色 B397-连接1（舒适CAN总线，High），在主导线束中 B406-连接1（舒适CAN总线，Low），在主导线束中 B528-连接1（LIN总线），在主导线束中 *-用于带全自动空调的汽车 *2-用于带手动调节空调的汽车

839

驾驶员侧车门控制单元、副驾驶员侧车门控制单元、车载电网控制单元、数据总线诊断
接口、玻璃天窗

进入及启动许可控制单元、车载电网控制单元、数据总线诊断接口、转向柱联锁执行元件

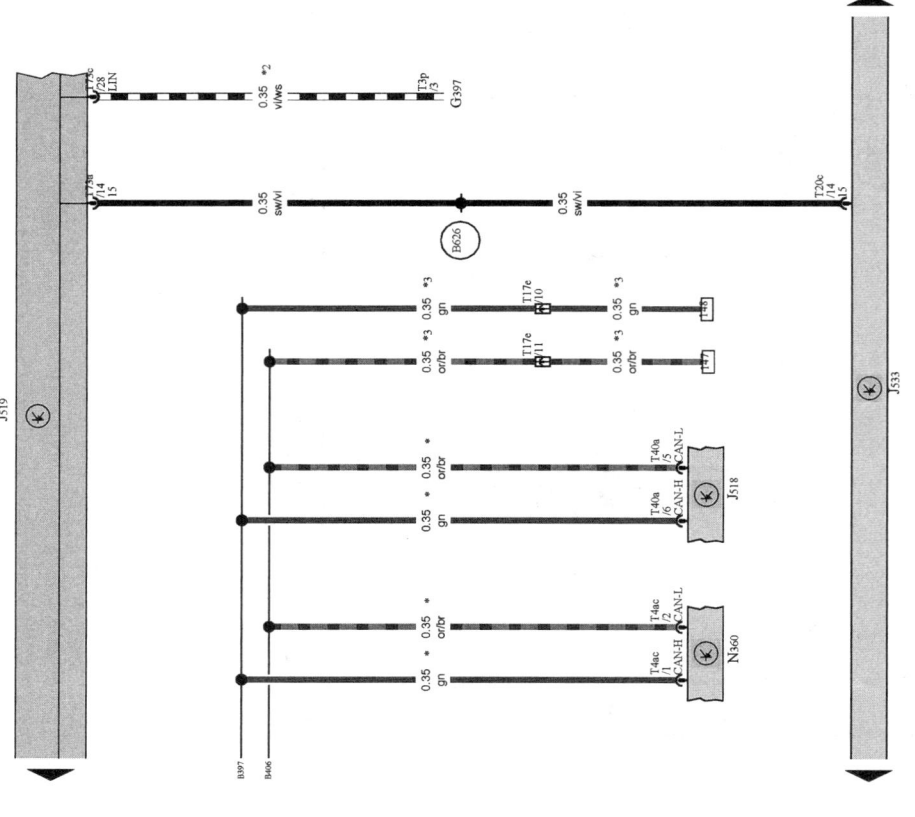

图 6-4-101

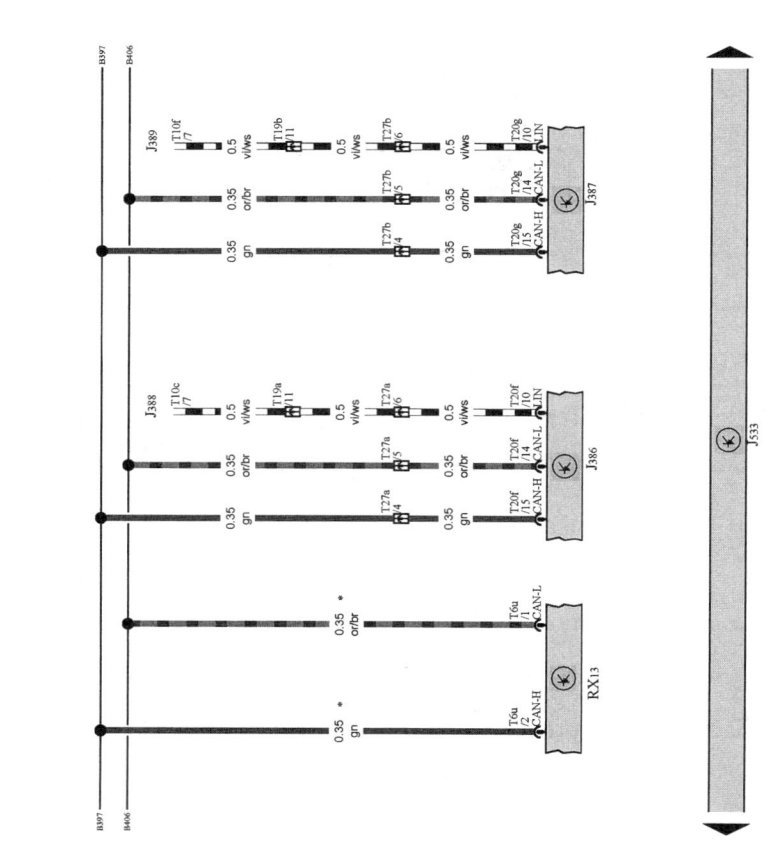

图 6-4-100

J386-驾驶员侧车门控制单元 J387-副驾驶员侧车门控制单元 J388-左后车门控制单元 J389-右后车门控制单元 J519-车载电网控制单元 RX13-数据总线诊断接口 T6u-6芯插头连接 T10c-10芯插头连接、黑色 T10f-10芯插头连接、黑色 T19a-19芯插头连接、左侧B柱上、黑色 T19b-19芯插头连接、右侧B柱上、黑色 T20f-20芯插头连接、黑色 T20g-20芯插头连接、黑色 T27a-27芯插头连接、右侧A柱上、黑色 T27b-27芯插头连接、左侧A柱上、黑色 B397-连接1(舒适CAN总线、High)，在主导线束中 B406-连接1(舒适CAN总线、Low)，在主导线束中 *-用于带全景滑动天窗的汽车

G397-雨水与光线识别传感器 J518-进入及启动许可控制单元 J519-车载电网控制单元 J533-数据总线诊断接口 N360-转向柱联锁执行元件 T3p-3芯插头连接 T4ac-4芯插头连接、黑色 T17e-17芯插头连接、接线站内、左侧A柱、白色 T20c-20芯插头连接、黑色 T40a-40芯插头连接、黑色 T73a-73芯插头连接、黑色 T73c-73芯插头连接、黑色 B397-连接1(舒适CAN总线、High)，在主导线束中 B406-连接1(舒适CAN总线、Low)，在主导线束中 B626-正极连接2(15)，在主导线束中 *-用于带进入及启动许可的汽车 *2-用于带自动防眩车内后视镜的汽车 *3-用于带自动大灯照明距离调节的汽车

840

数据总线诊断接口、安全气囊控制单元、数据总线诊断接口

Tiptronic 开关、安全气囊控制单元、数据总线诊断接口

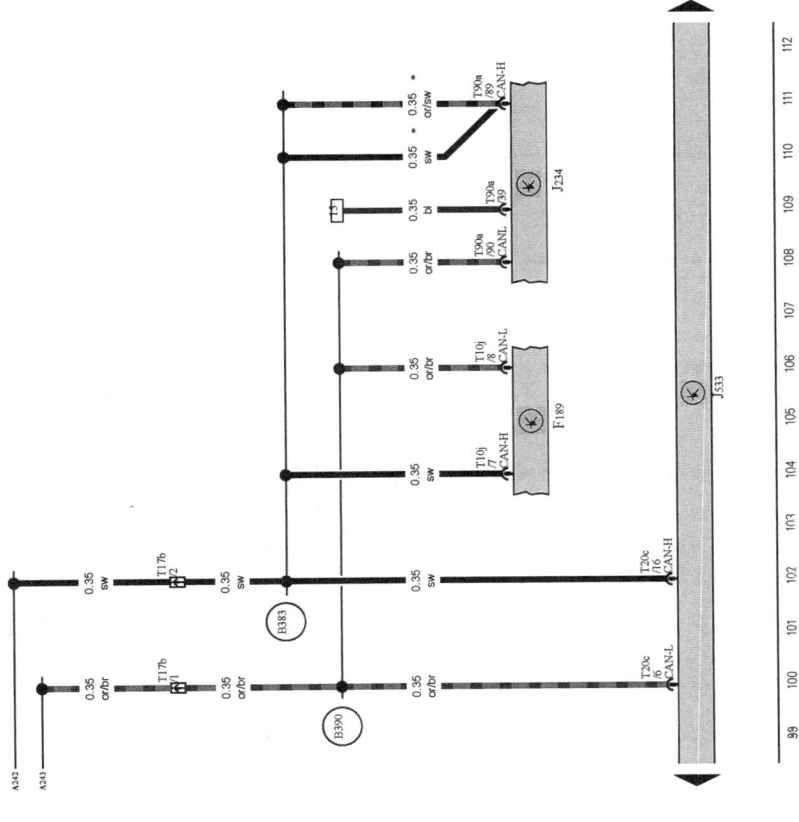

F189-Tiptronic开关 J234-安全气囊控制单元 J533-数据总线诊断接口 T10j-10芯插头连接，黑色 T17b-17芯插头连接，接线站内，左侧A柱 T20c-20芯插头连接，棕色 T90a-90芯插头连接，黑色 T90j-90芯插头连接，黑色 A242-连接1（驱动CAN总线，Low），在发动机舱导线束中 A243-连接1（驱动CAN总线，High），在主导线束中 B383-连接1（驱动CAN总线，High），在发动机舱导线束中 B390-连接1（驱动CAN总线，Low），在主导线束中 *-依汽车装备而定

图 6-4-103

数据总线诊断接口、发动机控制单元、双离合器变速器机电装置、电子通信信息设备 1 控制单元、收音机

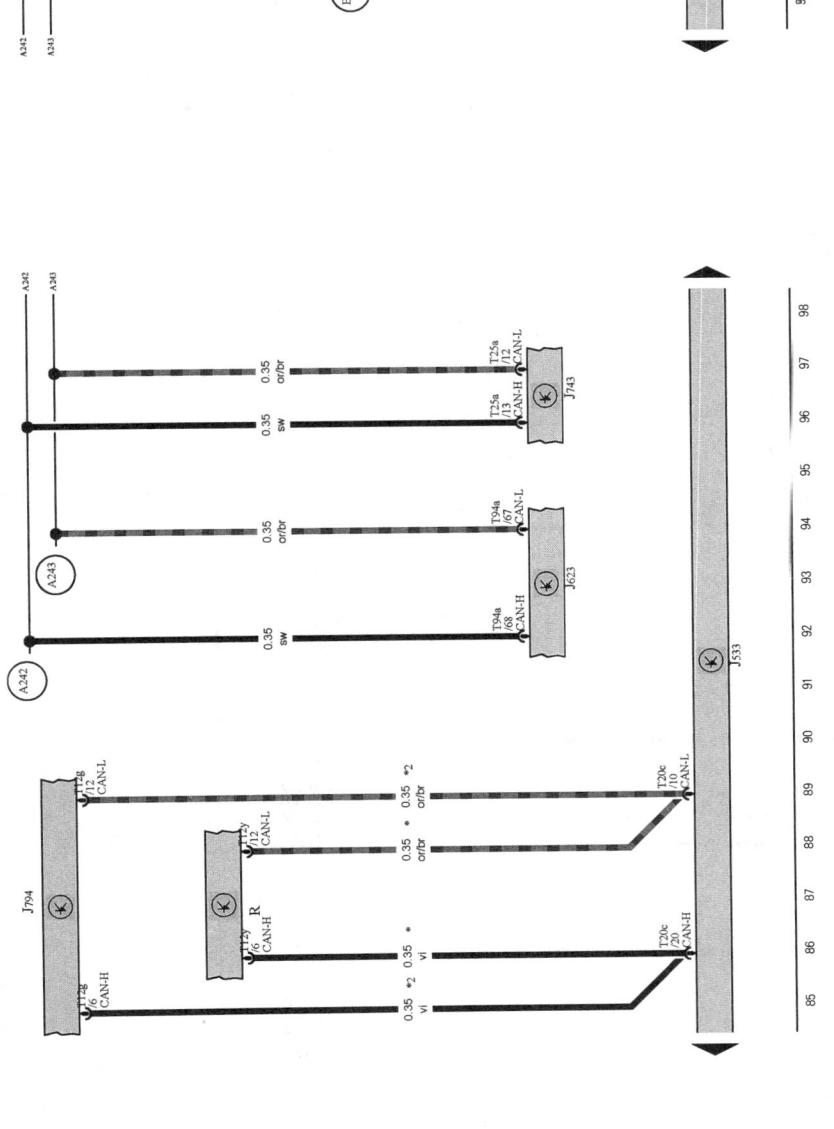

J533-数据总线诊断接口 J623-发动机控制单元 J743-双离合器变速器机电装置 J794-电子通信信息设备1控制单元 R-收音机 T12g-12芯插头连接，灰色 T12y-12芯插头连接，灰色 T20c-20芯插头连接，黑色 T25a-25芯插头连接，黑色 T94a-94芯插头连接，黑色 A242-连接1（驱动CAN总线，Low），在发动机舱导线束中 A243-连接1（驱动CAN总线，High），在主导线束中 *-用于带导航系统的汽车 *2-用于不带导航系统的汽车

图 6-4-102

ABS 控制单元、助力转向控制单元、数据总线诊断接口

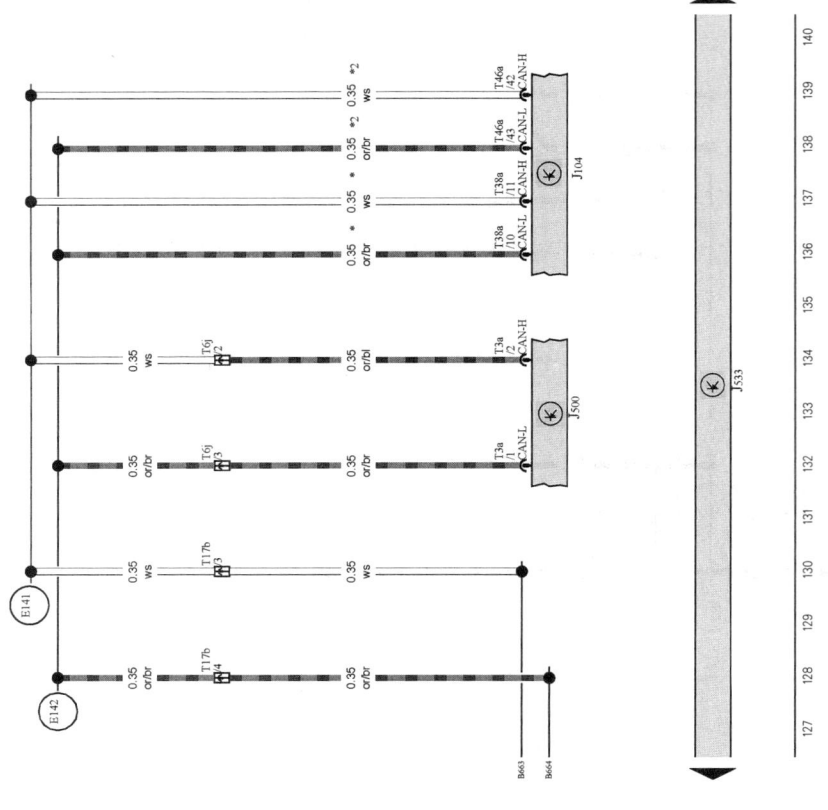

数据总线诊断接口、泊车转向辅助系统控制单元

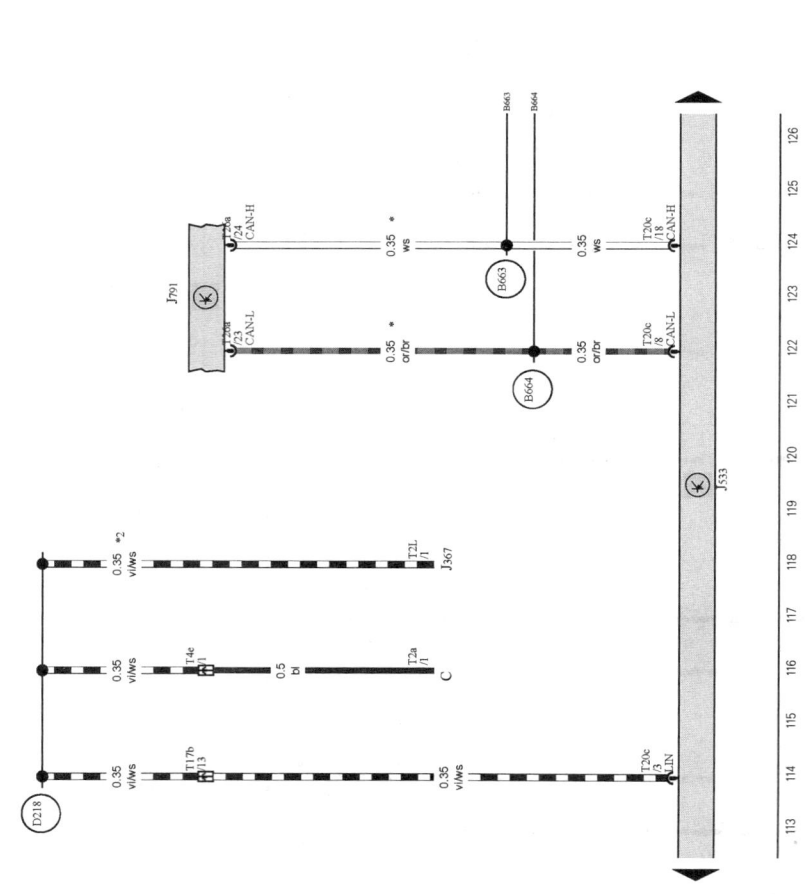

图 6-4-104

J104-ABS控制单元 J500-助力转向控制单元 J533-数据总线诊断接口 T3a-3芯插头连接，黑色 T6j-6芯插头连接，发动机舱内左后部，黑色 T17b-17芯插头连接，接线站内，左侧A柱，棕色 T38a-38芯插头连接，接线站内，发动机舱内左后部，黑色 T46a-46芯插头连接，棕色 B663-连接（盘传感器CAN总线，High），在主导线束中 B664-连接（底盘传感器CAN总线，Low），在主导线束中 E141-连接（底盘传感器CAN总线，High），在发动机舱导线束中 E142-连接（底盘传感器CAN总线，Low），在发动机舱导线束中 *-用于带自动车距控制（ADR）的汽车 *2-用于带自动车距控制（ADR）的汽车

图 6-4-105

C-交流发电机 J367-蓄电池监控控制单元 J533-数据总线诊断接口 J791-泊车转向辅助系统控制单元 T2a-2芯插头连接，黑色 T2L-2芯插头连接，黑色 T4e-4芯插头连接，左前纵梁上，左侧A柱，棕色 T17b-17芯插头连接，接线站内，左侧A柱，黑色 T20c-20芯插头连接，棕色 T26a-26芯插头连接，黑色 B663-连接（底盘传感器CAN总线，High），在主导线束中 B664-连接（底盘传感器CAN总线，Low），在主导线束中 D218-连接1（LIN总线），在发动机舱导线束中 *-用于配备泊车转向辅助系统的汽车 *2-用于带发动机自动启停系统的汽车

842

接线端 15 供电继电器、车载电网控制单元

车距调节控制单元、数据总线诊断接口、弯道灯和大灯照明距离调节控制单元、盲区识别控制单元、盲区识别控制单元 2

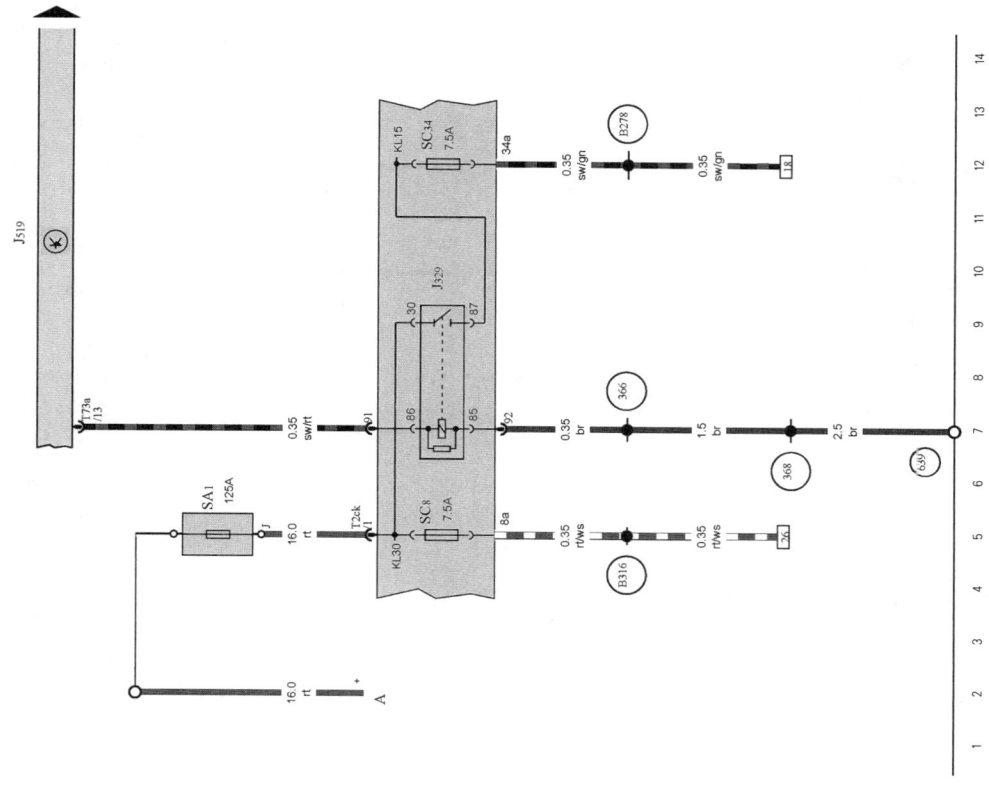

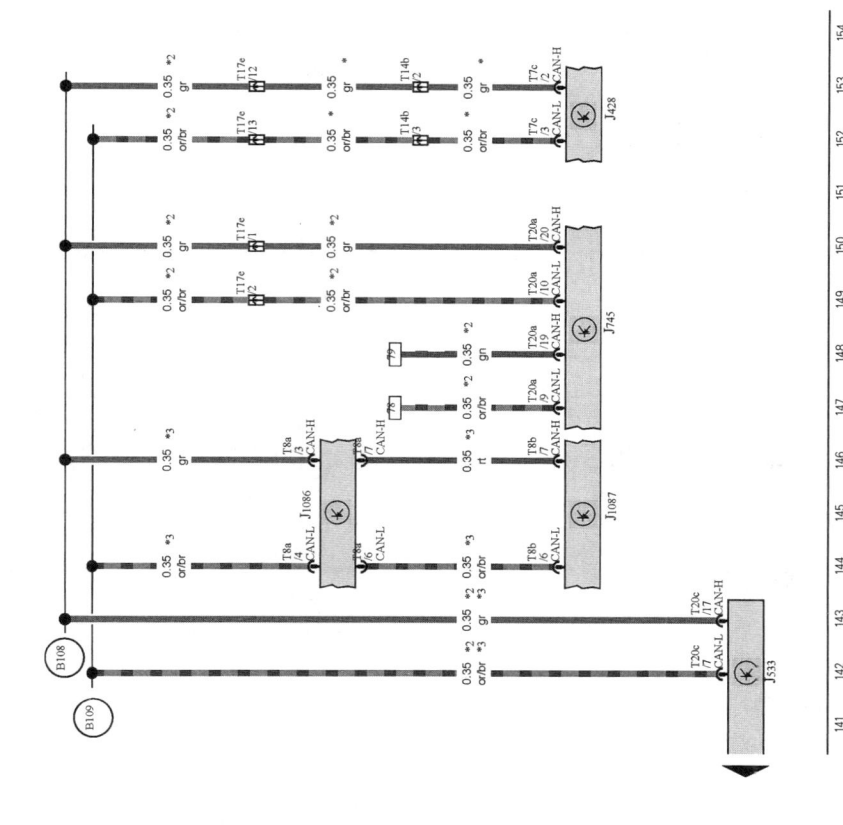

图 6-4-107

A-蓄电池 J329-接线端15供电继电器 J519-车载电网控制单元 SA1-保险丝架A上的保险丝1 SC8-保险丝架C上的保险丝8 SC34-保险丝架C上的保险丝34 T2ck-2芯插头连接，黑色 T73a-73芯插头连接，黑色 T2ck-2芯插头连接，黑色 366-接地连接1，在主导线束中 368-接地连接3，在主导线束中 639-左侧A柱上的接地点 B278-正极连接2 366-接地连接1，在主导线束中 368-接地连接3，在主导线束中 639-左侧A柱上的接地点 B278-正极连接2 (15a)，在主导线束中 B316-正极连接2 (30a)，在主导线束中

图 6-4-106

J428-车距调节控制单元 J533-数据总线诊断接口 J745-弯道灯和大灯照明距离调节控制单元 J1086-盲区识别控制单元 J1087-盲区识别控制单元2 T7c-7芯插头连接 T8a-8芯插头连接，黑色 T8b-8芯插头连接，黑色 T14b-14芯插头连接，黑色 T17e-17芯插头连接，黑色 T20a-20芯插头连接，左前保险杠内，接线端内，左侧A柱，白色 T20c-20芯插头连接，黑色 B108-连接1 (扩展CAN总线，High)，在主导线束中 B109-连接1 (扩展CAN总线，Low)，在主导线束中 *-用于带自动车距控制 (ADR) 的汽车 *2-用于带自动大灯照明距离调节的汽车 *3-用于带换道辅助系统的汽车

843

手制动器指示灯开关、组合仪表中的控制单元、手制动器指示灯

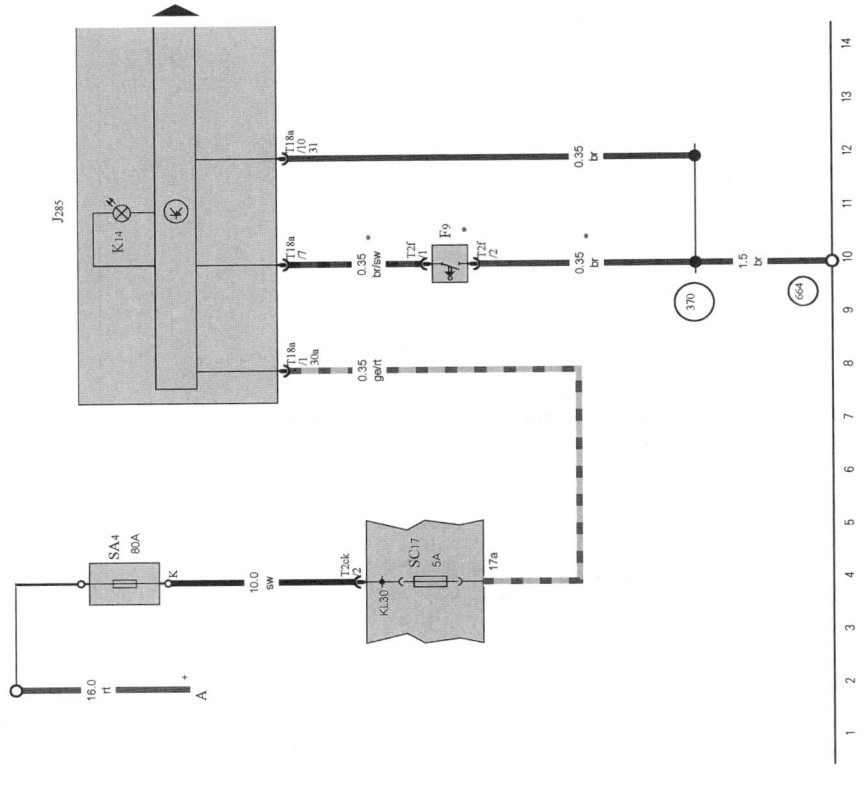

A-蓄电池 F9-手制动器指示灯开关 J285-组合仪表中的控制单元 K14-手制动器指示灯 SA4-保险丝架A
上的保险丝4 SC17-保险丝架C上的保险丝17 T2ck-2芯插头连接 T2f-2芯插头连接、黑色 T18a-
18芯插头连接、黑色 T18a/10芯插头连接、黑色 664-左侧仪表板后面接地点 370-接地连接 *-依汽车装备而定

图 6-4-109

雨水与光线识别传感器、车载电网控制单元、自动防眩车内后视镜

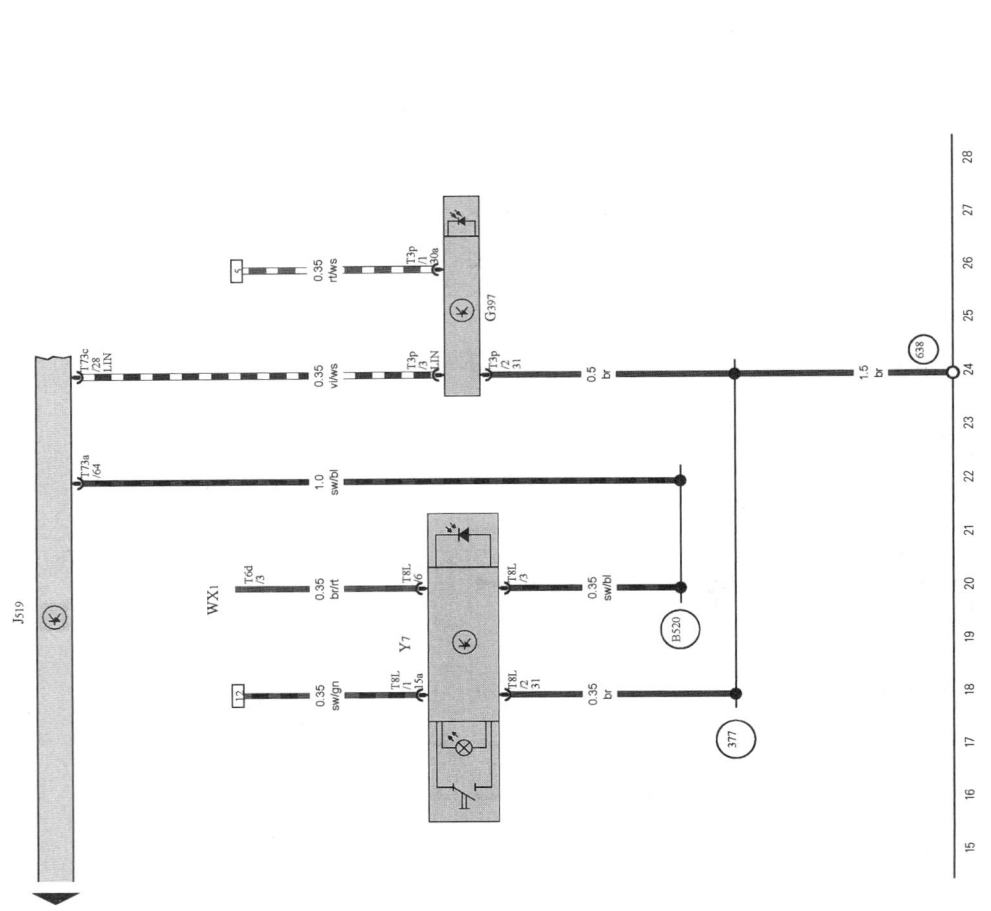

G397-雨水与光线识别传感器 J519-车载电网控制单元 T3p-3芯插头连接、黑色 T6d-6芯插头连接、蓝
色 T8L-8芯插头连接、黑色 T73a-73芯插头连接、黑色 T73c-73芯插头连接、黑色 WX1-前内灯 Y7-
自动防眩车内后视镜 377-接地连接12、在主导线束中 638-右A柱上的接地点 B520-连接（RF）、在主导
线束中

图 6-4-108

844

防盗锁止系统识读线圈、分行驶里程复位按钮、时钟调节按钮、冷却液温度表、组合仪表中的控制单元、防盗锁止系统控制单元、燃油表指示灯、制动系统指示灯

燃油表传感器、燃油表、多功能显示器、组合仪表中的控制单元、远光灯指示灯、发电机指示灯、机油压力指示灯、冷却液温度和冷却液位不足显示指示灯、机油油位指示灯

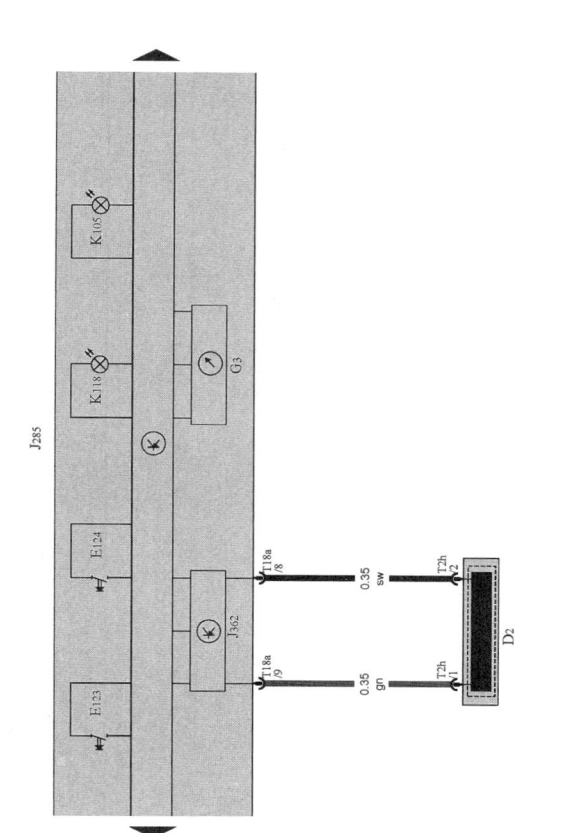

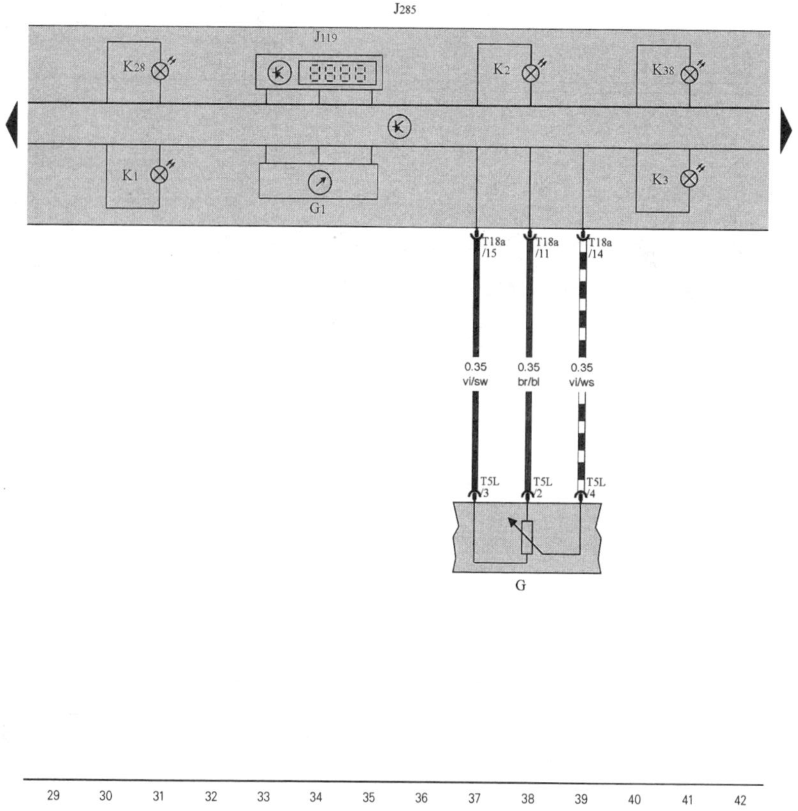

图6-4-111

G-燃油表传感器 G1-燃油表 J119-多功能显示器 J285-组合仪表中的控制单元 K1-远光灯指示灯 K2-发电机指示灯 K3-机油压力指示灯 K28-冷却液温度和冷却液位不足显示指示灯 K38-机油油位指示灯 T5L-5芯插头连接，黑色 T18a-18芯插头连接，黑色

图6-4-110

D2-防盗锁止系统识读线圈 E123-分行驶里程复位按钮 E124-时钟调节按钮 G3-冷却液温度表 J285-组合仪表中的控制单元 J362-防盗锁止系统控制单元 K105-燃油表指示灯 K118-制动系统指示灯 T2h-2芯插头连接，黑色 T18a-18芯插头连接，黑色

组合仪表中的控制单元、前雾灯指示灯、安全带警告指示灯、"红色三角形"（警告）标志指示灯、安全气囊指示灯、电子油门故障信号灯、机电式助力转向器指示灯、灯泡失灵指示灯、行驶换道辅助系统控制灯、组合仪表照明灯泡

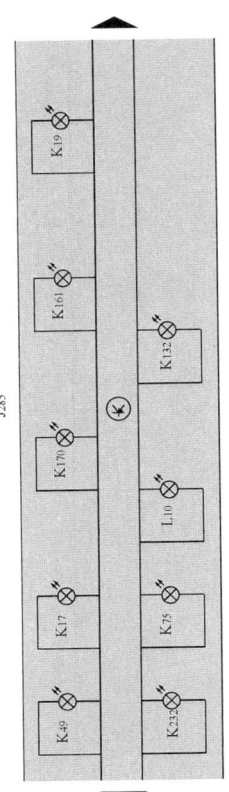

图 6-4-113

J285-组合仪表中的控制单元 K17-前雾灯指示灯 K19-安全带警告指示灯 K49-"红色三角形"（警告）标志指示灯 K75-安全气囊指示灯 K132-电子油门故障信号灯 K161-机电式助力转向器指示灯 K170-灯泡失灵指示灯 K232-行驶换道辅助系统控制灯 L10-组合仪表照明灯泡

组合仪表中的控制单元、后雾灯指示灯、定速巡航装置指示灯、ABS 指示灯、左侧转向信号灯指示灯、右侧转向信号灯指示灯、电子稳定程序和 ASR 指示灯、电子稳定程序和 ASR 指示灯 2、数字时钟

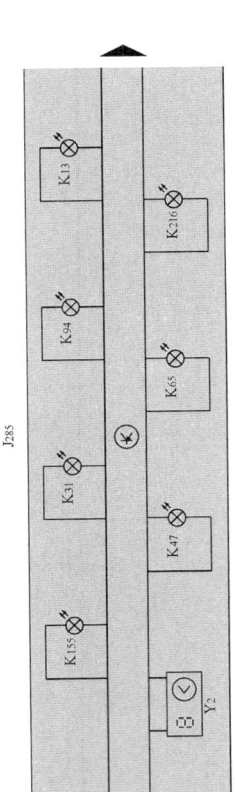

图 6-4-112

J285-组合仪表中的控制单元 K13-后雾灯指示灯 K31-定速巡航装置指示灯 K47-ABS指示灯 K65-左侧转向信号灯指示灯 K94-右侧转向信号灯指示灯 K155-电子稳定程序和ASR指示灯 K216-电子稳定程序和ASR指示灯2 K2-数字时钟

转速表、车速表、警报蜂鸣器和警报音、组合仪表中的控制单元、废气警告灯、选挡杆
指示灯、轮胎压力监控显示指示灯、里程表、选挡杆位置显示

组合仪表中的控制单元、车载电网控制单元、数据总线诊断接口

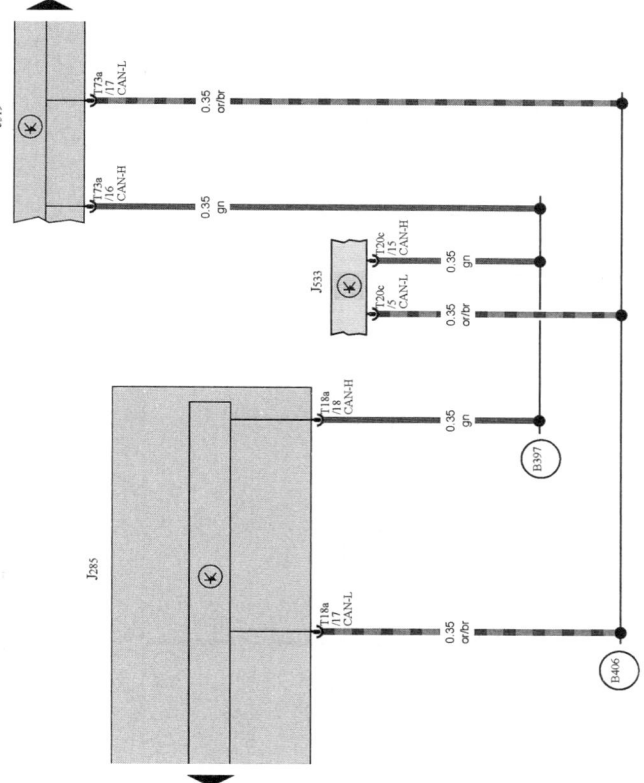

J285-组合仪表中的控制单元 J519-车载电网控制单元 J533-数据总线诊断接口 T18a-18芯插头连接 T73a-73芯插头连接，黑色 T20c-20芯插头连接，黑色 B397-连接1（舒适CAN总线，High），在主导线束中 B406-连接1（舒适CAN总线，Low），在主导线束中

图6-4-115

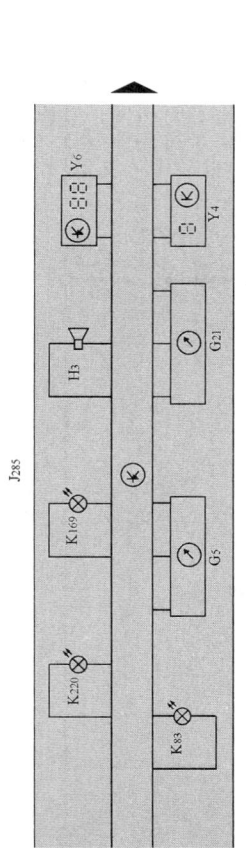

G5-转速表 G21-车速表 H3-警报蜂鸣器和警报音 J285-组合仪表中的控制单元 K83-废气警告灯 K169-选挡杆指示灯 K220-轮胎压力监控显示指示灯 Y4-里程表 Y6-选挡杆位置显示

图6-4-114

制动液液位警告信号触点、车外温度传感器、冷却液不足显示传感器、车载电网控制单元

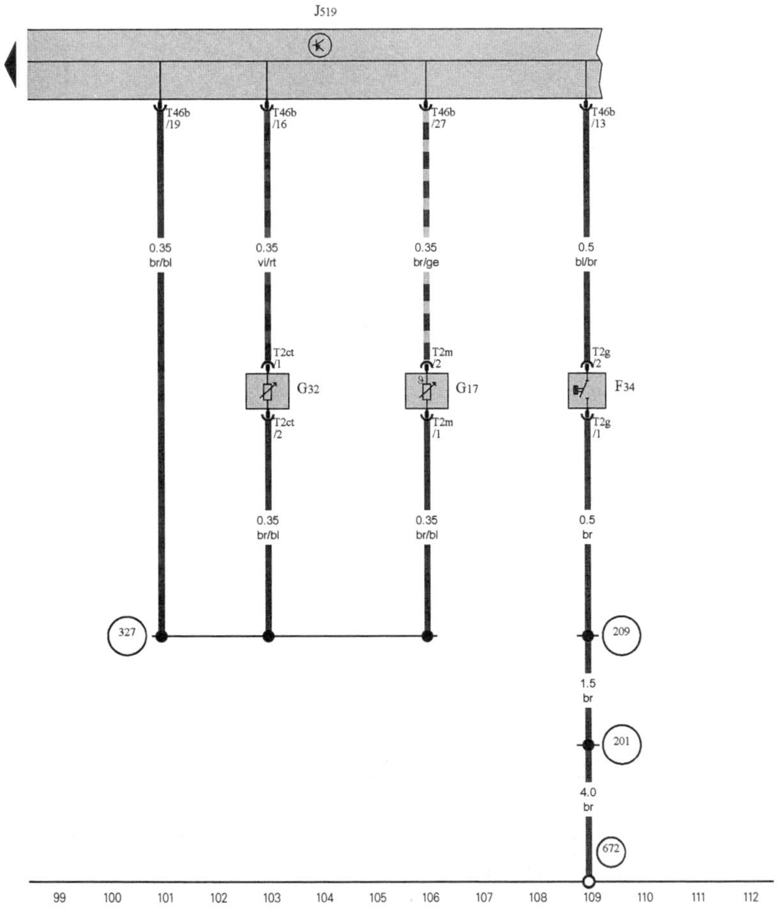

蓄电池、蓄电池监控控制单元、保险丝架 A 上的保险丝 1、保险丝架 A 上的保险丝 2、保险架 A 上的保险丝 3

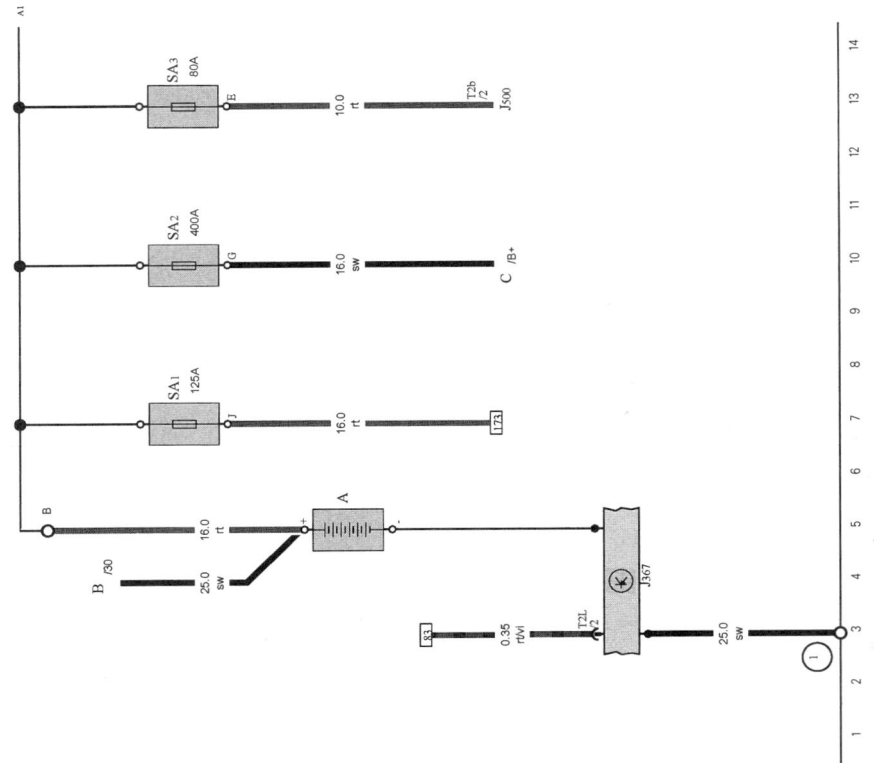

图 6-4-117

A-蓄电池 B-启动机 C-交流发电机 J367-蓄电池监控控制单元 J500-助力转向控制单元 SA1-保险丝架 A 上的保险丝1 SA2-保险丝架 A 上的保险丝2 SA3-保险丝架 A 上的保险丝3 T2b-2芯插头连接 T2L-2芯插头连接，黑色，黑色连接，蓄电池-车身

图 6-4-116

F34-制动液液位警告信号触点 G17-车外温度传感器 G32-冷却液不足显示传感器 J519-车载电网控制单元 T2g-2芯插头连接，黑色 T2ct-2芯插头连接，黑色 T2m-2芯插头连接，黑色 T46b-46芯插头连接，黑色 201-接地连接5，在发动机舱导线束中 209-接地连接6，在发动机舱导线束中 327-接地连接（传感器接地），在发动机舱导线束中 672-左前纵梁上的接地点2

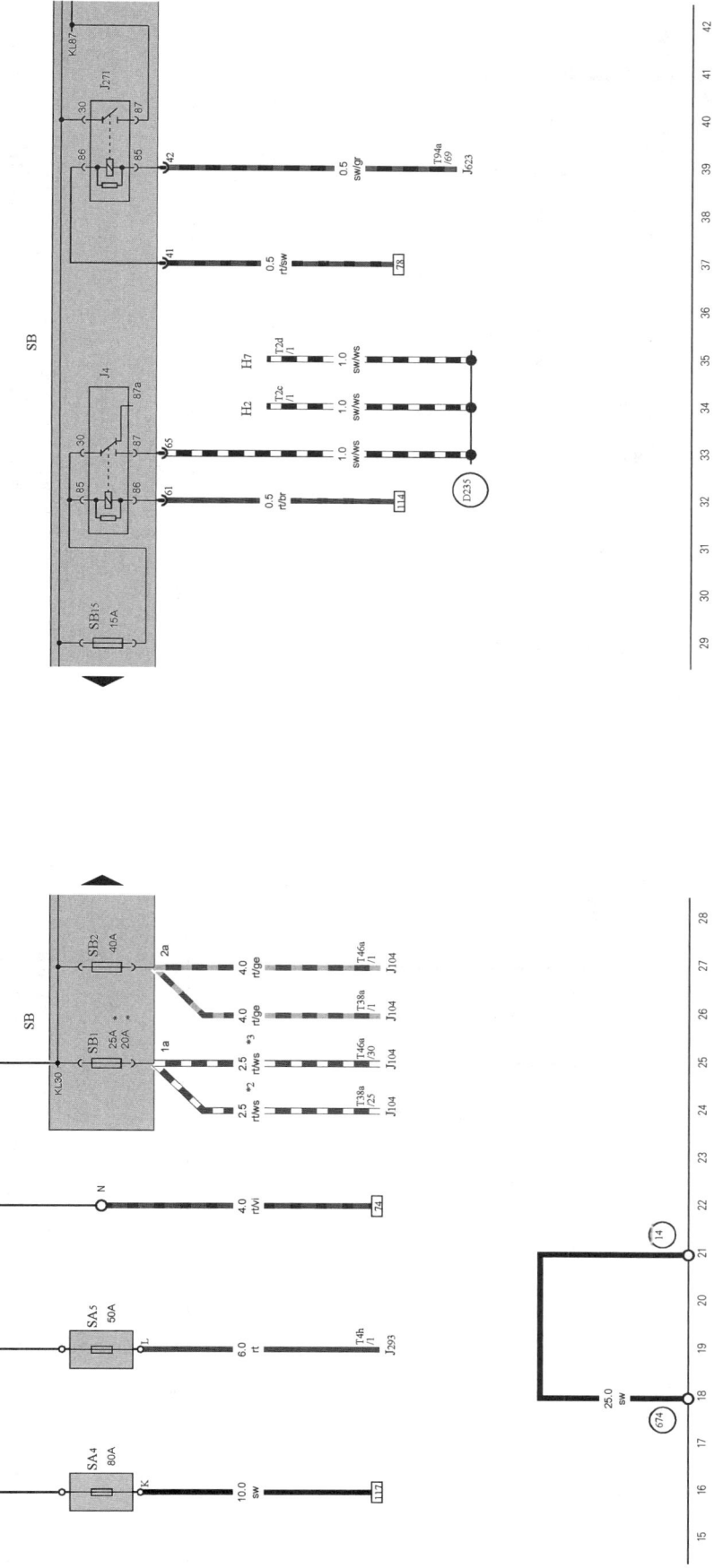

双音喇叭继电器、主继电器、保险架 B

保险丝架 B、保险丝架 A 上的保险丝 4、保险架 A 上的保险丝 5

图 6-4-119

图 6-4-118

H2-高音扬声器 H7-低音扬声器 J4-双音喇叭继电器 J271-主继电器 J623-发动机控制单元 SB-保险丝架B SB15-保险丝架B上的保险丝15 T2c-2芯插头连接 T2d-2芯插头连接，黑色 T94a-94芯插头连接，黑色 D235-连接（双音喇叭），在发动机舱导线束中

J104-ABS控制单元 J293-散热器风扇控制单元 SB-保险丝架 SB1-保险丝架B上的保险丝1 SB2-保险丝架B上的保险丝2 SA4-保险丝架A上的保险丝4 SA5-保险丝架A上的保险丝5 T4h-4芯插头连接，黑色 T46a-46芯插头连接，黑色 T38a-38芯插头连接 14-变速器上接地点 674-左前纵梁上的接地点4 *-依汽车装备而定 *2-用于不带自动车距控制（ADR）的汽车 *3-用于带自动车距控制（ADR）的汽车

849

保险丝架 B

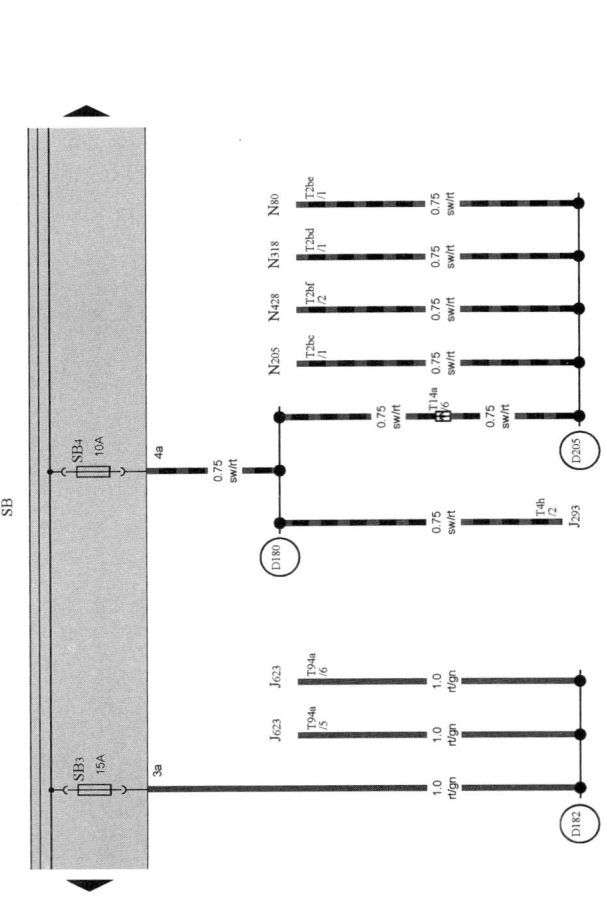

J293-散热器风扇控制单元 J623-发动机控制单元 N80-活性炭罐电磁阀1 N205-凸轮轴调节阀1 N318-排气凸轮轴调节阀1 N428-机油压力调节阀 SB-保险丝架B SB3-保险丝架B上的保险丝3 SB4-保险丝架B上的保险丝4 T2bc-2芯插头连接、黑色 T2bd-2芯插头连接、黑色 T2be-2芯插头连接、黑色 T2bf-2芯插头连接、黑色 T4h-4芯插头连接、黑色 T14a-14芯插头连接、左前纵梁上、灰色 T94a-94芯插头连接、黑色 D180-连接 (87a)、在发动机舱导线束中 D182-连接3 (87a)、在发动机舱导线束中 D205-连接3 (87a)、在发动机预接线导线束中

图6-4-120

保险丝架 B

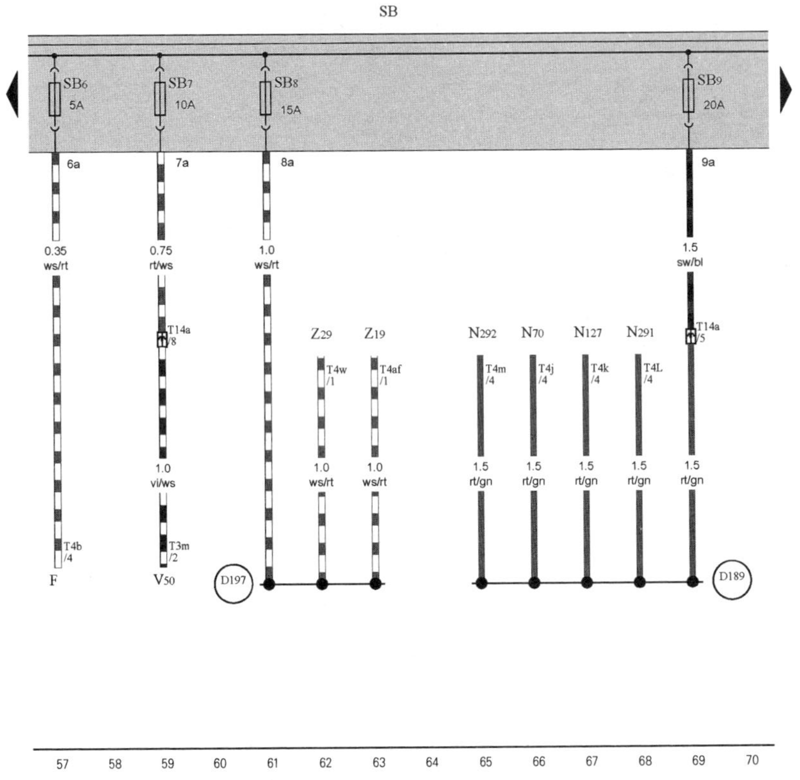

F-制动信号灯开关 N70-带功率输出级的点火线圈1 N127-带功率输出级的点火线圈2 N291-带功率输出级的点火线圈3 N292-带功率输出级的点火线圈4 SB-保险丝架B SB6-保险丝架B上的保险丝6 SB7-保险丝架B上的保险丝7 SB8-保险丝架B上的保险丝8 SB9-保险丝架B上的保险丝9 T3m-3芯插头连接、黑色 T4af-4芯插头连接、棕色 T4b-4芯插头连接、黑色 T4j-4芯插头连接、黑色 T4k-4芯插头连接、黑色 T4L-4芯插头连接、黑色 T4m-4芯插头连接、黑色 T4w-4芯插头连接、黑色 T14a-14芯插头连接、黑色 左前纵梁上、灰色 V50-冷却液循环泵 Z19-氧传感器加热装置 Z29-尾气催化器后的氧气传感器1加热装置 D189-连接5 (87a)、在发动机舱导线束中 D197-连接5 (87a)、在发动机预接线导线束中

图6-4-121

刮水器电机继电器 1、刮水器电机继电器 2、车载电网控制单元、保险丝架 B

保险丝架 B

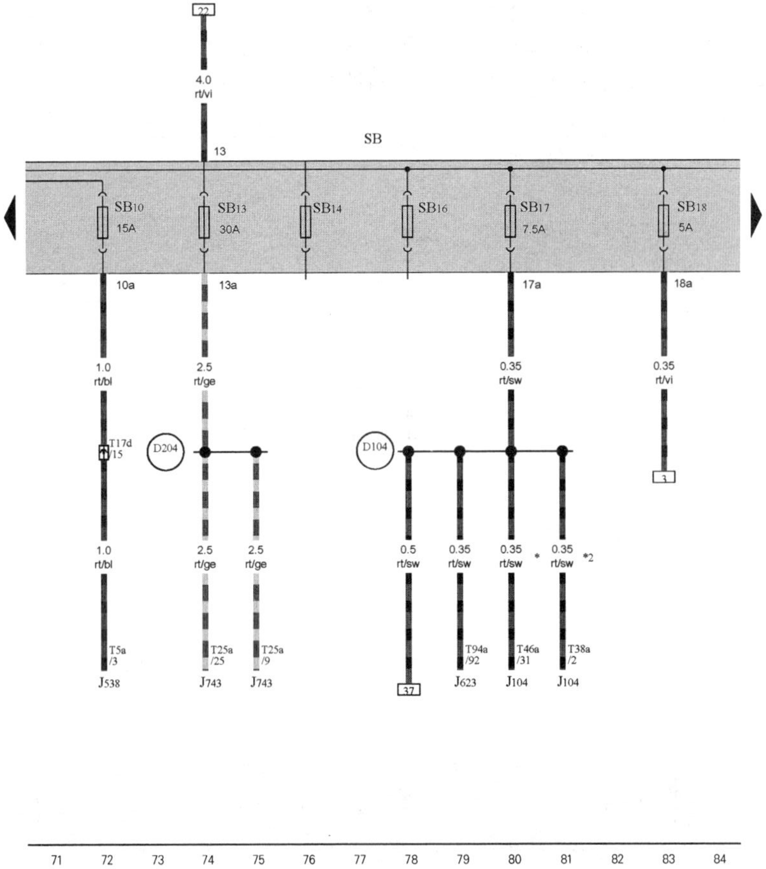

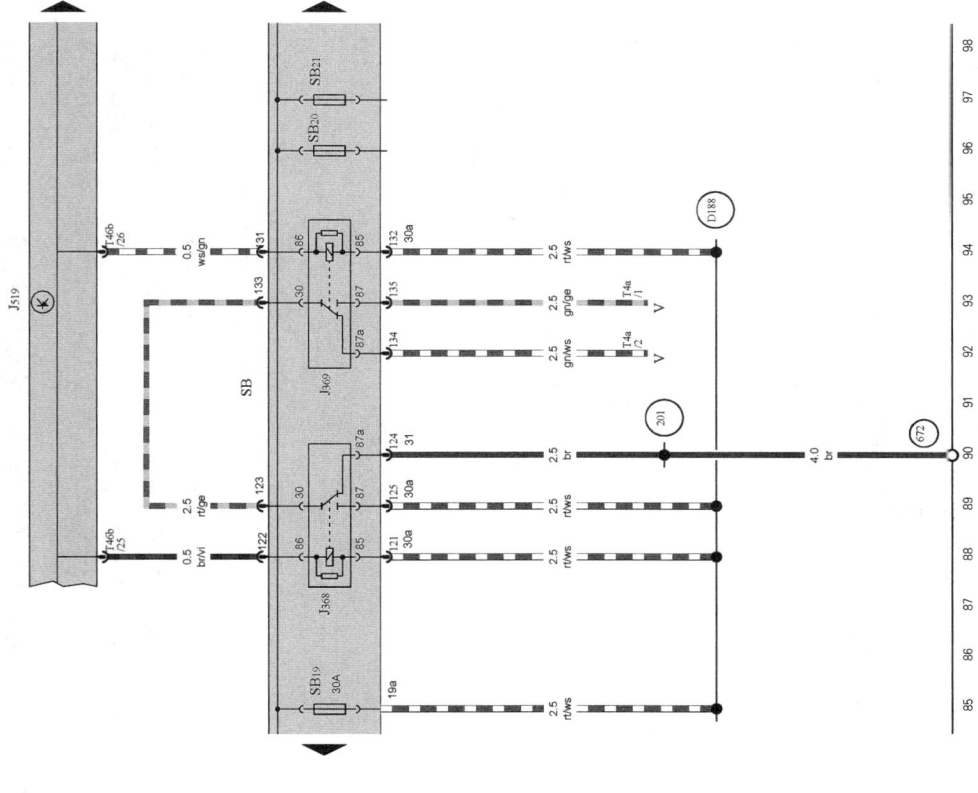

J104-ABS控制单元 J538-燃油泵控制单元 J623-发动机控制单元 J743-双离合器变速器机电装置 SB-保险丝架B SB10-保险丝架B上的保险丝10 SB13-保险丝架B上的保险丝13 SB14-保险丝架B上的保险丝14 SB16-保险丝架B上的保险丝16 SB17-保险丝架B上的保险丝17 SB18-保险丝架B上的保险丝18 T5a-5芯插头连接，黑色 T17d-17芯插头连接，接线站内，左侧A柱，蓝色 T25a-25芯插头连接，黑色 T38a-38芯插头连接 T46a-46芯插头连接，棕色 T94a-94芯插头连接，黑色 D104-正极连接2（30a），在发动机舱导线束中 D204-正极连接4（30a），在发动机舱导线束中 *-用于带自动车距控制（ADR）的汽车 *2-用于不带自动车距控制（ADR）的汽车

图 6-4-122

J368-刮水器电机继电器1 J369-刮水器电机继电器2 J519-车载电网控制单元 SB-保险丝架B SB19-保险丝架B上的保险丝19 SB20-保险丝架B上的保险丝20 SB21-保险丝架B上的保险丝21 T4a-4芯插头连接，黑色 T46b-46芯插头连接5，在发动机舱导线束中 672-左前纵梁上的搭铁点2 D188-正极连接3（30a），在发动机舱导线束中 201-接地连接，在发动机舱导线束中 V-车窗玻璃刮水器电机

图 6-4-123

851

车载电网控制单元、保险丝架 C

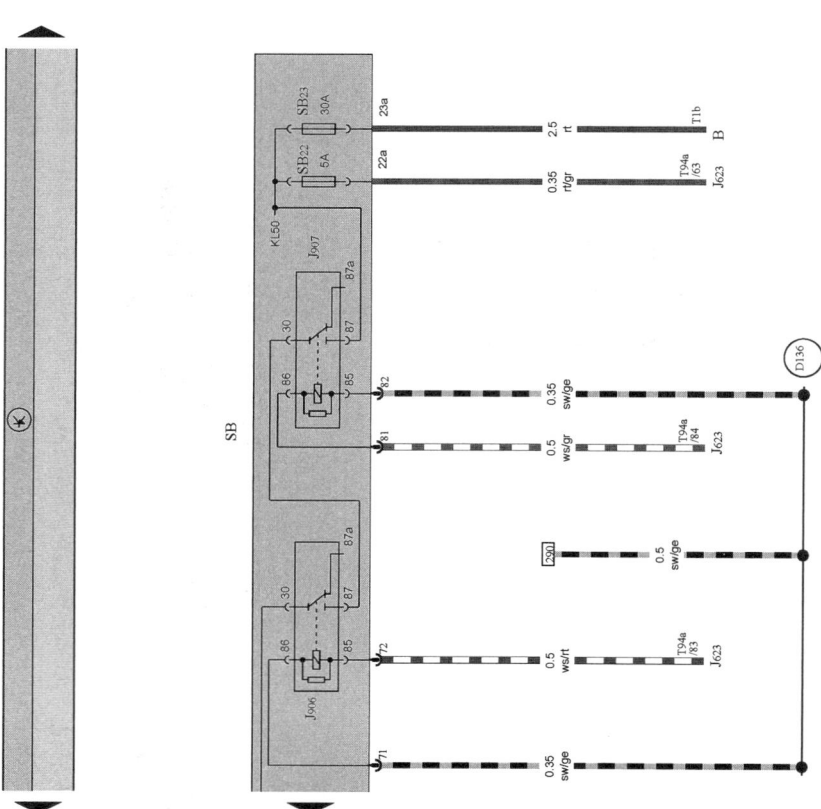

车载电网控制单元、启动机继电器 1、启动机继电器 2、保险丝架 B

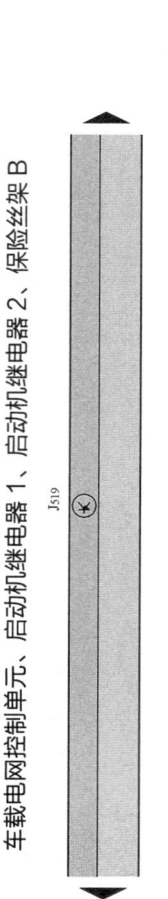

图 6-4-124

图 6-4-125

B-启动机　J519-车载电网控制单元　J623-发动机控制单元　J906-启动机继电器 1　J907-启动机继电器 2
SB-保险丝架 B　SB22-保险丝架 B 上的保险丝 22　SB23-保险丝架 B 上的保险丝 23　T1b-1 芯插头连接，黑色
T94a-94 芯插头连接，黑色　D136-正极连接 2（15a），在发动机舱导线束中

J285-组合仪表中的控制单元　J519-车载电网控制单元　N360-转向柱联锁执行元件　R189-倒车摄像头
SC-保险丝架 C　SC1-保险丝架 C 上的保险丝 1　SC2-保险丝架 C 上的保险丝 2　SC3-保险丝架 C 上的保险丝
3　SC15-保险丝架 C 上的保险丝 15　SC16-保险丝架 C 上的保险丝 16　SC17-保险丝架 C 上的保险丝 17　SC18-
保险丝架 C 上的保险丝 18　T2ck-2 芯插头连接，黑色　T4ac-4 芯插头连接，黑色　T4z-4 芯插头连接，黑色
T18a-18 芯插头连接，黑色　T46b-46 芯插头连接，黑色　T73a-73 芯插头连接，黑色　*-用于带座椅加热的汽车
统的汽车　*2-用于带进入及启动许可的汽车　*3-用于带倒车影像系

852

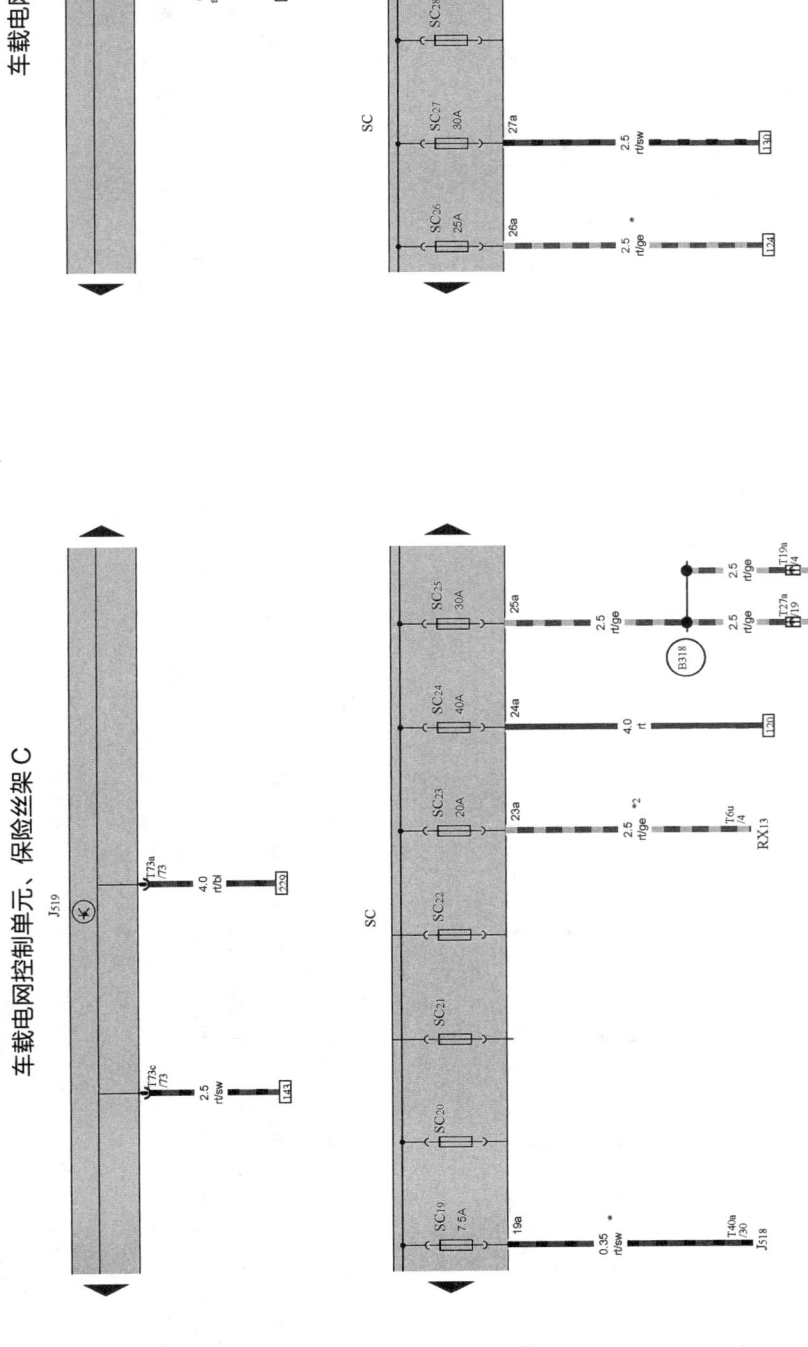

车载电网控制单元、保险丝架 C

J519

车载电网控制单元、保险丝架 C

J519

图 6-4-126

图 6-4-127

J386-驾驶员侧车门控制单元 J388-左右后车门控制单元 J518-进入及启动许可控制单元 J519-车载电网控制单元 J519-车载电网控制单元 SC-保险丝架 C SC19-保险丝架 C 上的保险丝19 SC20-保险丝架 C 上的保险丝20 制单元 RX13-玻璃天窗 SC-保险丝架 C SC21-保险丝架 C 上的保险丝21 SC22-保险丝架 C 上的保险丝22 SC23-保险丝架 C 上的保险丝23 SC24-保险丝架 C 上的保险丝24 SC25-保险丝架 C 上的保险丝25 T6u-6芯插头连接,黑色 T10c-10芯插头连接,黑色 T19a-19芯插头连接,左侧B柱上,黑色 T20f-20芯插头连接,黑色 T27a-27芯插头连接,左侧A柱上,黑色 T40a-40芯插头连接,黑色 T73a-73芯插头连接,黑色 T73c-73芯插头连接,黑色 B318-正极连接4(30a),在主导线束中 *-用于带进入及启动许可的汽车 *2-用于带全景滑动天窗的汽车

J519-车载电网控制单元 SC-保险丝架 C SC26-保险丝架 C 上的保险丝26 SC27-保险丝架 C 上的保险丝27 SC28-保险丝架 C 上的保险丝28 SC29-保险丝架 C 上的保险丝29 SC30-保险丝架 C 上的保险丝30 SC43-保险丝架 C 上的保险丝43 SC44-保险丝架 C 上的保险丝44 T73a-73芯插头连接,黑色 T73c-73芯插头连接,黑色 *-用于带座椅加热的汽车

空调器继电器、保险丝架 C

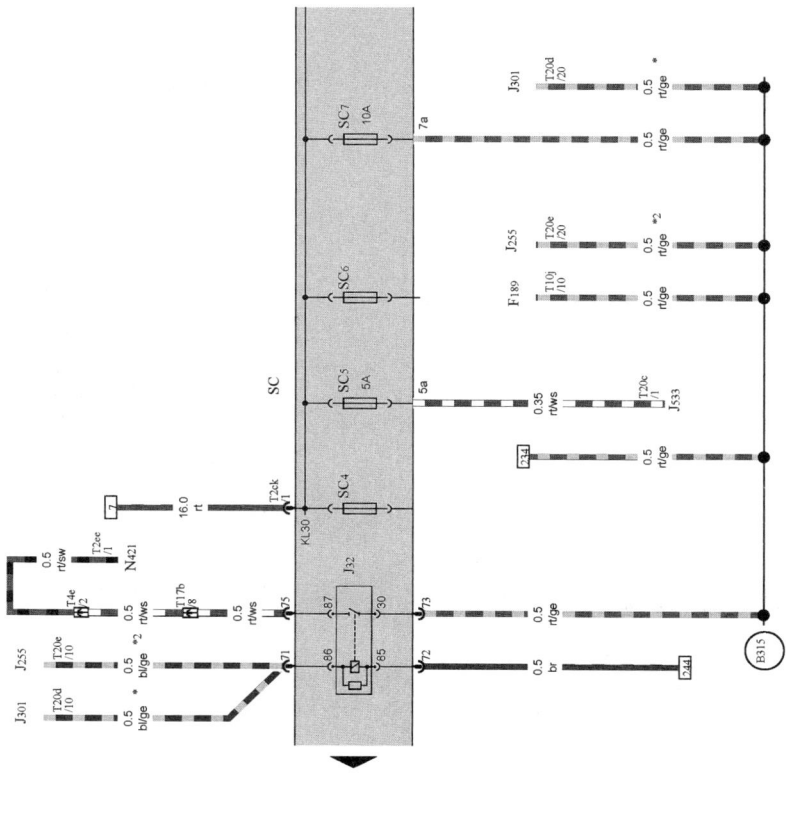

| | | | | | | | | | | | | | |
|169|170|171|172|173|174|175|176|177|178|179|180|181|182|

F189-Tiptronic开关 J32-空调器继电器 J255-全自动空调控制单元 J301-空调控制单元 J533-数据总线诊断接口 N421-压缩机电磁离合器 SC-保险丝架 C SC4-保险丝架C上的保险丝4 SC5-保险丝架C上的保险丝5 SC6-保险丝架C上的保险丝6 SC7-保险丝架C上的保险丝7 T2ck-2芯插头连接 T2ee-2芯插头连接，棕色 T4e-4芯插头连接，左前纵梁上，黑色 T10j-10芯插头连接，黑色 T17b-17芯插头连接，接线站内，左侧A柱，棕色 T20c-20芯插头连接，黑色 T20d-20芯插头连接，黑色 T20e-20芯插头连接，黑色 B315-正极连接1（30a），在主导线束中 *-用于带电动调节风门空调的汽车 *2-用于带全自动空调的汽车

图 6-4-129

保险丝架 C

| | | | | | | | | | | | | | |
|155|156|157|158|159|160|161|162|163|164|165|166|167|168|

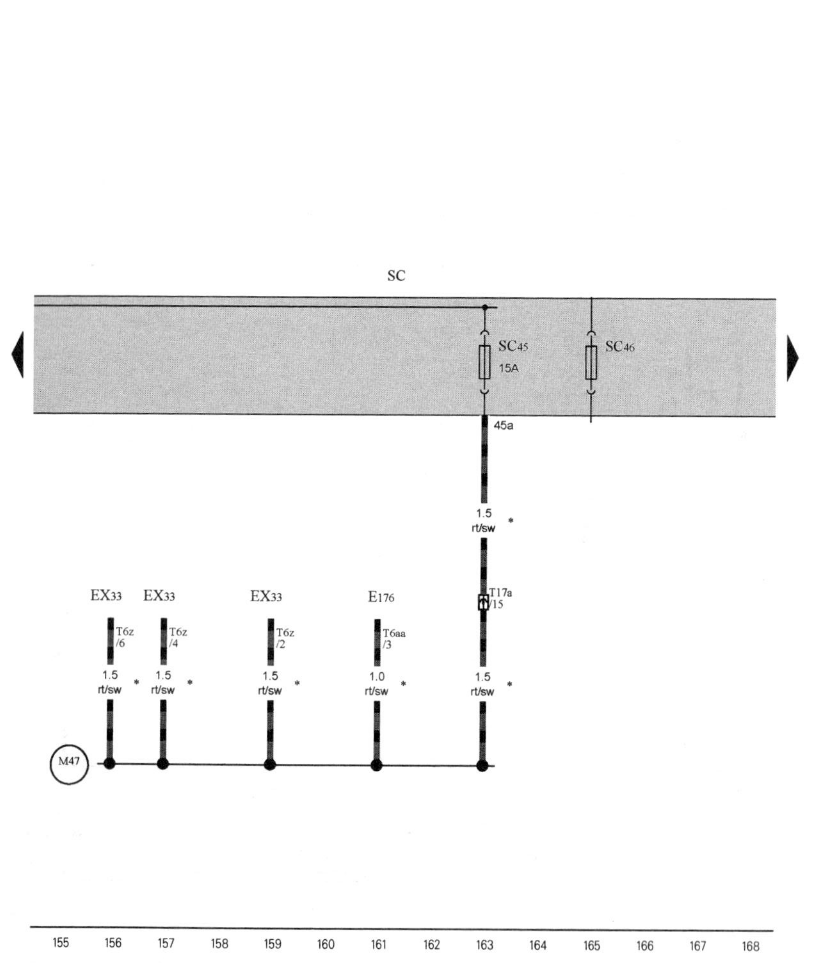

EX33-左前座椅调节操作单元 E176-驾驶员座椅调节开关 SC-保险丝架C SC45-保险丝架C上的保险丝45 SC46-保险丝架C上的保险丝46 T6aa-6芯插头连接，黑色 T6z-6芯插头连接，黑色 T17a-17芯插头连接，红色 M47-连接7，在驾驶员侧座椅导线束中 *-用于带驾驶员侧电动座椅调节的汽车

图 6-4-128

854

保险丝架 C

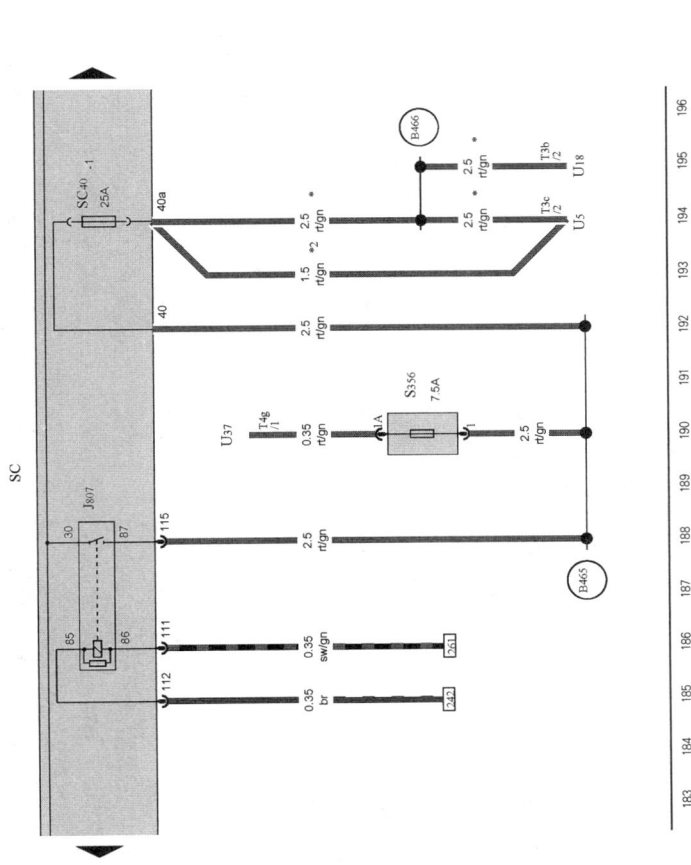

插座继电器、保险丝架 C

保险丝架 C

SC

图 6-4-131

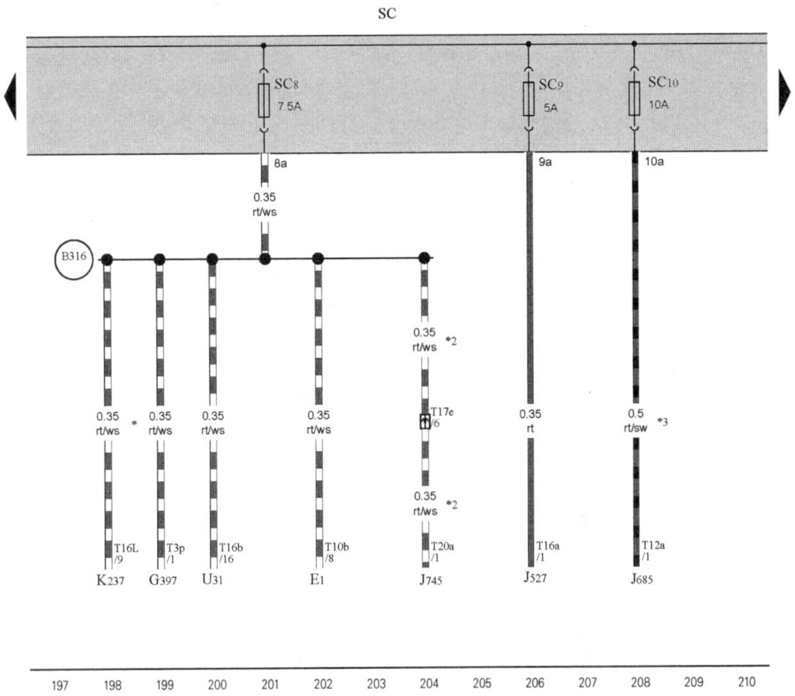

E1-车灯开关　G397-雨水与光线识别传感器　J527-转向柱电子装置控制单元　J685-前部信息显示和操作单元控制单元的显示单元　J745-弯道灯和大灯照明距离调节控制单元　K237-AUTO HOLD指示灯　SC-保险丝架C　SC8-保险丝架C上的保险丝8　SC9-保险丝架C上的保险丝9　SC10-保险丝架C上的保险丝10　T3p-3芯插头连接，黑色　T10b-10芯插头连接，红色　T12a-12芯插头连接，黑色　T16a-16芯插头连接，黑色　T16b-16芯插头连接，黑色　T16L-16芯插头连接　T17e-17芯插头连接，接线站内，左侧A柱，白色　T20a-20芯插头连接，棕色　U31-诊断接口　B316-正极连接2 (30a) ，在主导线束中　*-依汽车装备而定　*2-用于带自动大灯照明距离调节的汽车　*3-用于带导航系统的汽车

J807-插座继电器　SC40-保险丝架C上的保险丝40　S356-USB充电插座保险丝　SC-保险丝架C　T3b-3芯插头连接，白色　T3c-3芯插头连接，白色　T4g-4芯插头连接　U5-12V插座　U18-12V插座2　U37-USB充电插座1　B465-连接1，在主导线束中　B466-连接2，在主导线束中　*-用于带后备箱内12V插座的汽车　*2-用于带前部12V插座的汽车

图 6-4-130

可加热后窗玻璃继电器、保险丝架 C

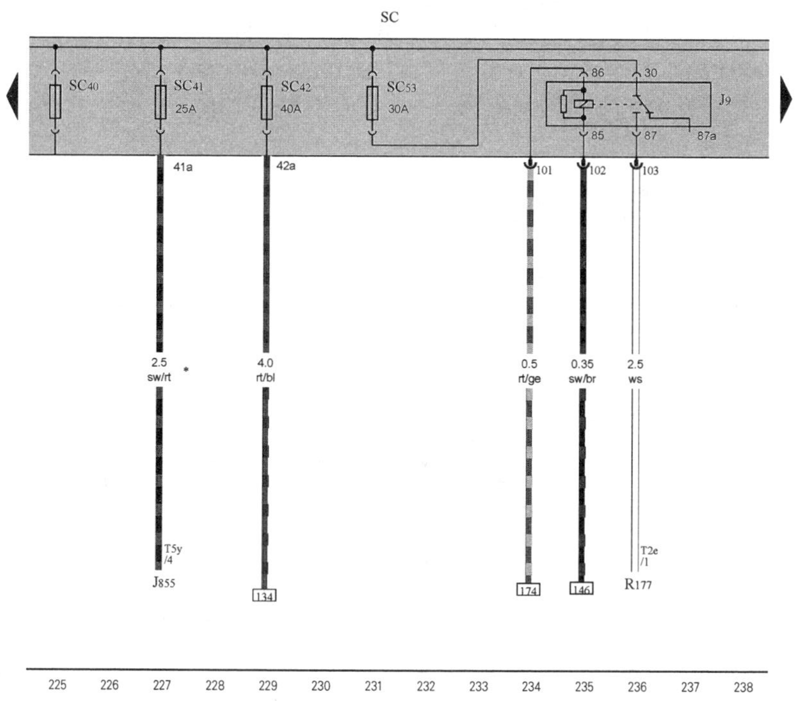

保险丝架 C

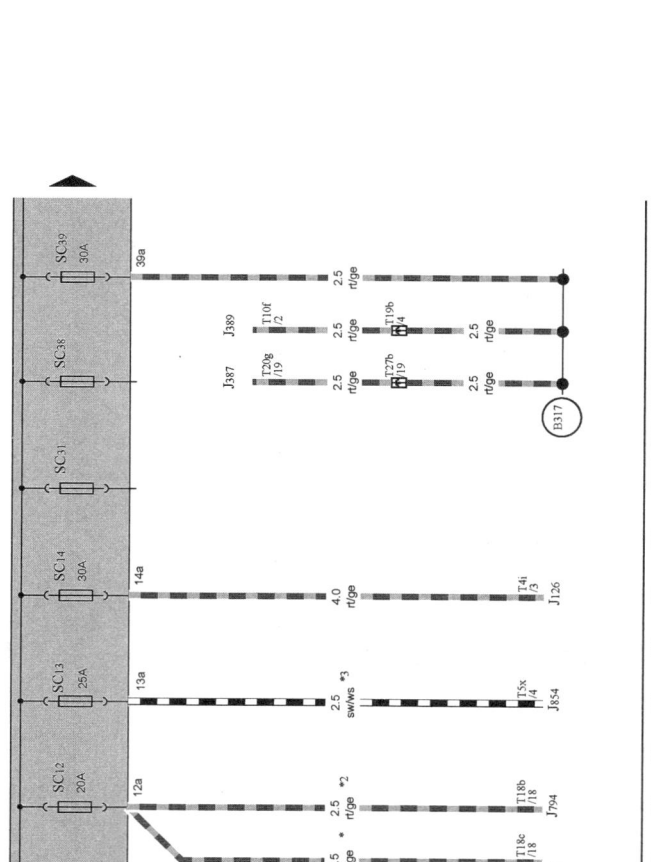

图 6-4-133

图 6-4-132

J9-可加热后窗玻璃继电器 J855-右前安全带拉紧器控制单元 R177-调幅（AM）滤波器 SC-保险丝架C SC40-保险丝架C上的保险丝40 SC41-保险丝架C上的保险丝41 SC42-保险丝架C上的保险丝42 SC53-保险丝架C上的保险丝53 T2e-2芯插头连接、黑色 T5y-5芯插头连接、白色 *-用于带可逆安全带拉紧器的汽车

J126-新鲜空气鼓风机控制单元 J387-副驾驶员侧车门控制单元 J389-右后车门控制单元 J794-电子通信信息设备1控制单元 J854-左前安全带拉紧器控制单元 R-收音机 SC-保险丝架C SC11-保险丝架C上的保险丝11 SC12-保险丝架C上的保险丝12 SC13-保险丝架C上的保险丝13 SC14-保险丝架C上的保险丝14 SC31-保险丝架C上的保险丝31 SC38-保险丝架C上的保险丝38 SC39-保险丝架C上的保险丝39 T4i-4芯插头连接、黑色 T5x-5芯插头连接、白色 T10f-10芯插头连接、黑色 T18b-18芯插头连接 T18c-18芯插头连接 T19b-19芯插头连接、右侧B柱上、黑色 T20g-20芯插头连接、右侧A柱上、黑色 B317-正极连接3（30a），在主导线束中 *-用于不带导航系统的汽车 *2-用于带导航系统的汽车 *3-用于带可逆安全带拉紧器的汽车

接线端 15 供电继电器、保险丝架 C

保险丝架 C

保险丝架 C

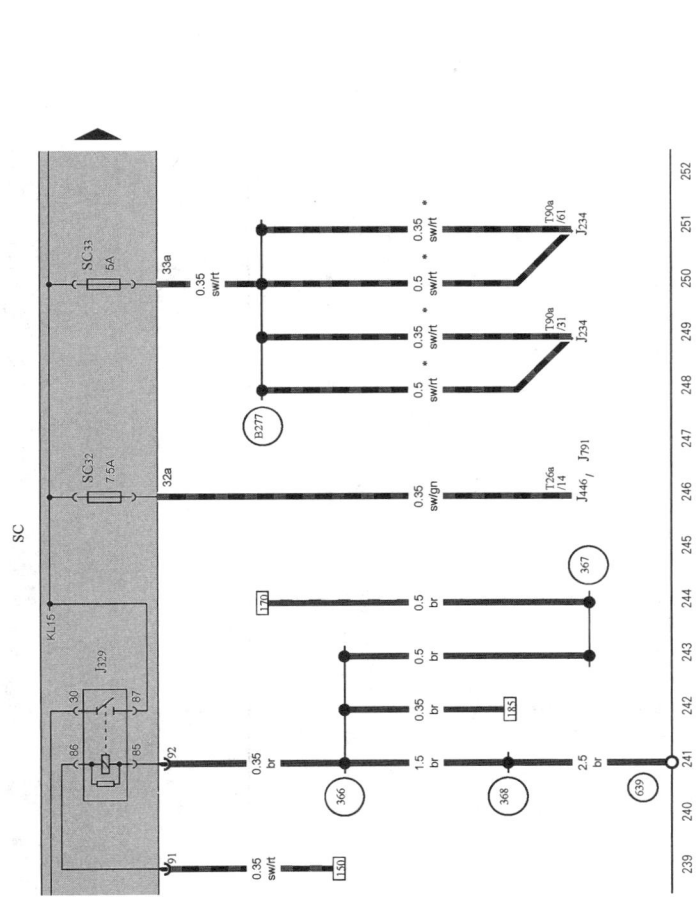

图 6-4-134

图 6-4-135

J234-安全气囊控制单元 J329-接线端15供电继电器 J446-泊车雷达系统控制单元 J791-泊车转向辅助系统控制单元 SC-保险丝架C SC32-保险丝架C上的保险丝32 SC33-保险丝架C上的保险丝33 T26a-26芯插头连接，黑色 T90a-90芯插头连接，黄色 366-接地连接，在主导线束中 367-接地连接，在主导线束中 368-接地连接3，在主导线束中 639-左侧A柱上的接地点 B277-正极连接1（15a），在主导线束中 *-依汽车装备而定

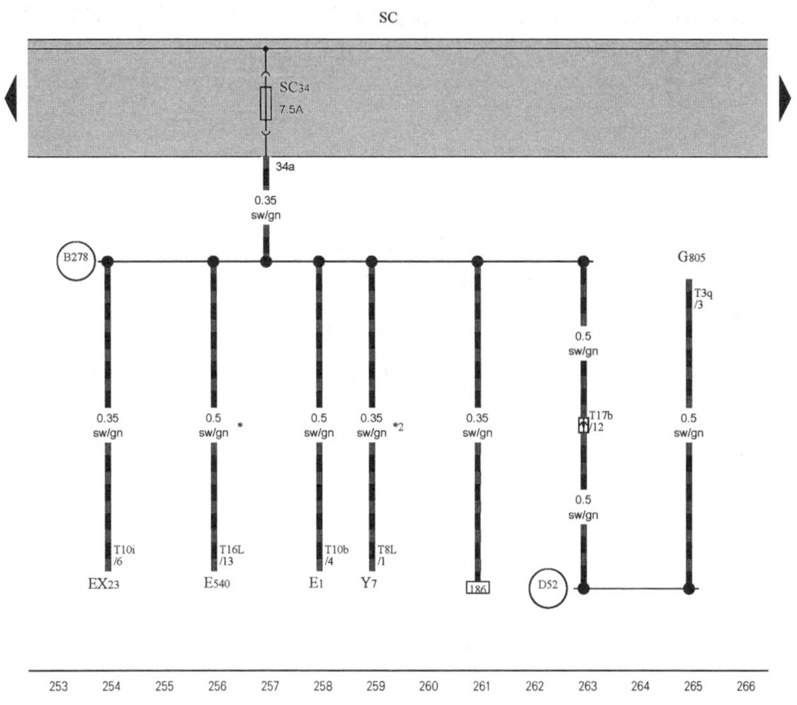

E1-车灯开关 EX23-中控台开关模块1 E540-AUTO HOLD按钮 G805-制冷剂循环回路压力传感器 SC-保险丝架C SC34-保险丝架C上的保险丝34 T3q-3芯插头连接 T8L-8芯插头连接，黑色 T10b-10芯插头连接，红色 T10i-10芯插头连接，黑色 T16L-16芯插头连接，棕色 T17b-17芯插头连接 B278-正极连接2（15a），在主导线束中 D52-正极连接内，左侧A柱，在主导线束中 Y7-自动防眩车内后视镜 *-依汽车装备而定 *2-用于带自动防眩车内后视镜的汽车（15a），在发动机舱导线束中 *-

保险丝架C

SC

保险丝架C

SC

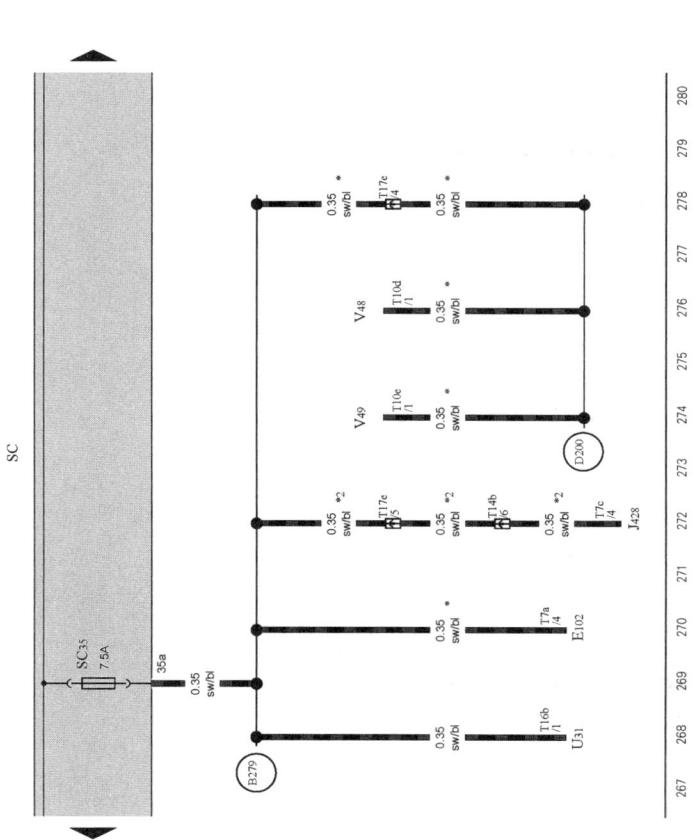

图 6-4-136

图 6-4-137

E102-大灯照明距离调节器 J428-车距调节控制单元 SC-保险丝架C SC35-保险丝架C上的保险丝35 T7a-7芯插头连接，黑色 T7c-7芯插头连接，黑色 T10d-10芯插头连接，黑色 T10e-10芯插头连接，黑色 T14b-14芯插头连接，左前保险杠内，黑色 T16b-16芯插头连接，黑色 T17c-17芯插头连接，黑色 U31-诊断接口 V48-左侧大灯照明距离调节伺服电机 V49-右侧大灯照明距离调节伺服电机 B279-正极连接3（15a），在主导线束中 D200-正极连接3（15a），接线站内，白色A柱，左侧A柱 *-用于带自动车距控制（ADR）的汽车 *2-用于带大灯照明距离调节的汽车

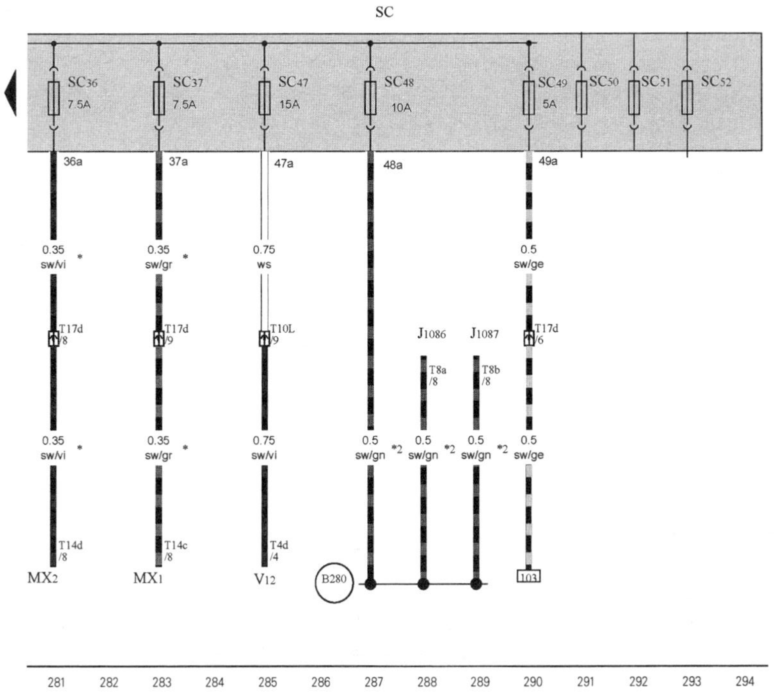

J1086-盲区识别控制单元 J1087-盲区识别控制单元2 MX1-左前大灯 MX2-右前大灯 SC-保险丝架C SC36-保险丝架C上的保险丝36 SC37-保险丝架C上的保险丝37 SC47-保险丝架C上的保险丝47 SC48-保险丝架C上的保险丝48 SC49-保险丝架C上的保险丝49 SC50-保险丝架C上的保险丝50 SC51-保险丝架C上的保险丝51 SC52-保险丝架C上的保险丝52 T4d-4芯插头连接，黑色 T8a-8芯插头连接，黑色 T8b-8芯插头连接，黑色 T14c-14芯插头连接，棕色 T14d-14芯插头连接，黑色 T10L-10芯插头连接，车顶连接位置上，车顶连接，黑色 T17d-17芯插头连接，接线站内，左侧A柱 V12-后窗玻璃刮水器电机 B280-正极连接4（15a），在主导线束中 *-用于带自动大灯照明距离调节的汽车 *2-用于带车道保持辅助系统的汽车

858

第五节 基本装备

基本装备电路图（自2017年12月起）的图号和图名对照表见表6-5-1。

表6-5-1 基本装备电路图（自2017年12月起）的图号和图名对照表

图号	图名
图6-5-1～图6-5-32	基本装备

蓄电池、交流发电机、电压调节器、蓄电池监控控制单元

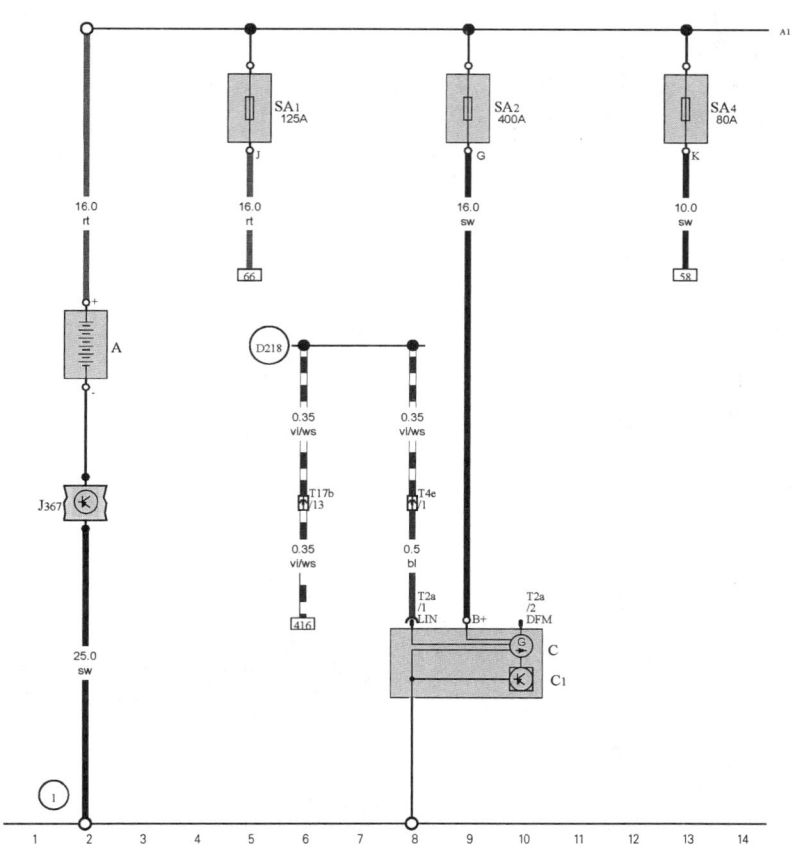

A-蓄电池 C-交流发电机 C1-电压调节器 J367-蓄电池监控控制单元 SA1-保险丝架A上的保险丝1 SA2-保险丝架A上的保险丝2 SA4-保险丝架A上的保险丝4 T2a-2芯插头连接，黑色 T4e-4芯插头连接，左前纵梁上，黑色 T17b-17芯插头连接，接线站内，左侧A柱，棕色 1-接地带，蓄电池-车身 D218-连接1（LIN总线），在发动机舱导线束中

图 6-5-1

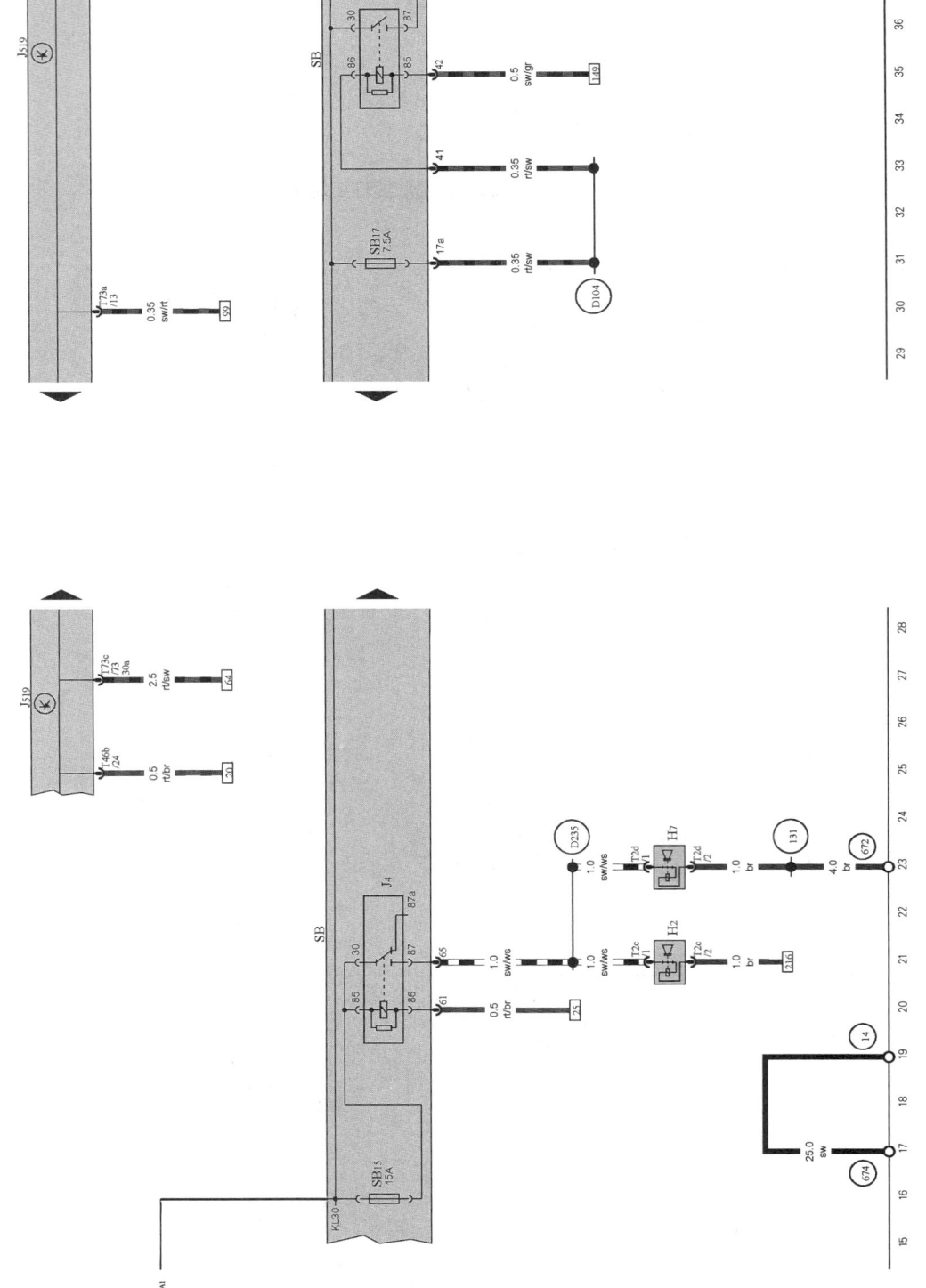

高音扬声器、低音扬声器、车载电网控制单元、保险丝架 B

主继电器、车载电网控制单元、保险丝架 B

高音扬声器、低音扬声器、双音喇叭继电器、车载电网控制单元、保险丝架 B

图 6-5-2

图 6-5-3

H2-高音扬声器 H7-低音扬声器 J4-双音喇叭继电器 J519-车载电网控制单元 SB-保险丝架 SB15-保险丝架 B 上的保险丝15 T2c-2芯插头连接，黑色 T2d-2芯插头连接，黑色 T46b-46芯插头连接，黑色 T73c-73芯插头连接，黑色 14-变速器上的接地点 131-接地连接2，在发动机舱导线束中 672-左前纵梁上的接地点2 674-左前纵梁上的接地点4 D235-连接（双音喇叭），在发动机舱导线束中

J271-主继电器 J519-车载电网控制单元 SB-保险丝架 SB6-保险丝架 B 上的保险丝6 SB17-保险丝架 B 上的保险丝17 T73a-73芯插头连接，黑色 T73c-73芯插头连接，黑色 D104-正极连接2（30a），在发动机舱导线束中

860

车载电网控制单元、保险丝架 C

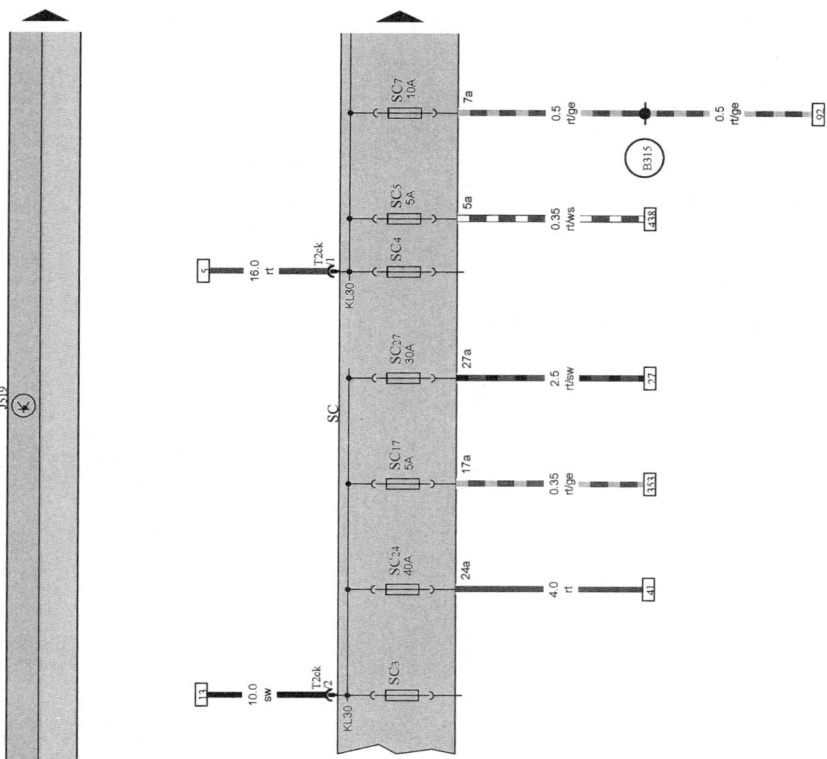

J519-车载电网控制单元 SC-保险丝架C SC3-保险丝架C上的保险丝3 SC4-保险丝架C上的保险丝4 SC5-保险丝架C上的保险丝5 SC7-保险丝架C上的保险丝7 SC17-保险丝架C上的保险丝17 SC24-保险丝架C上的保险丝24 SC27-保险丝架C上的保险丝27 T2ck-2芯插头连接，黑色 B315-正极连接1（30a），在主导线束中

图 6-5-5

刮水器电机继电器 1、刮水器电机继电器 2、车载电网控制单元、保险丝架 B

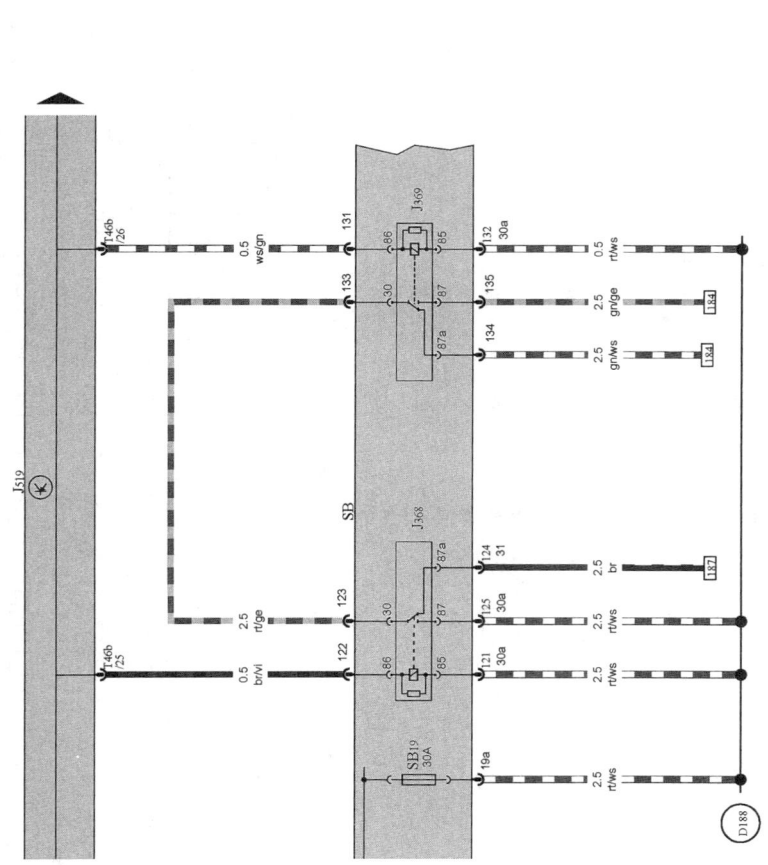

J368-刮水器电机继电器1 J369-刮水器电机继电器2 J519-车载电网控制单元 SB-保险丝架B SB19-保险丝架B上的保险丝19 T46b-46芯插头连接 D188-正极连接3（30a），在发动机舱导线束中

图 6-5-4

861

可加热后窗玻璃继电器、车载电网控制单元、调幅（AM）滤波器、负导线中的调频频率
滤波器、正导线中的调频频率滤波器、保险丝架 C、可加热后窗玻璃

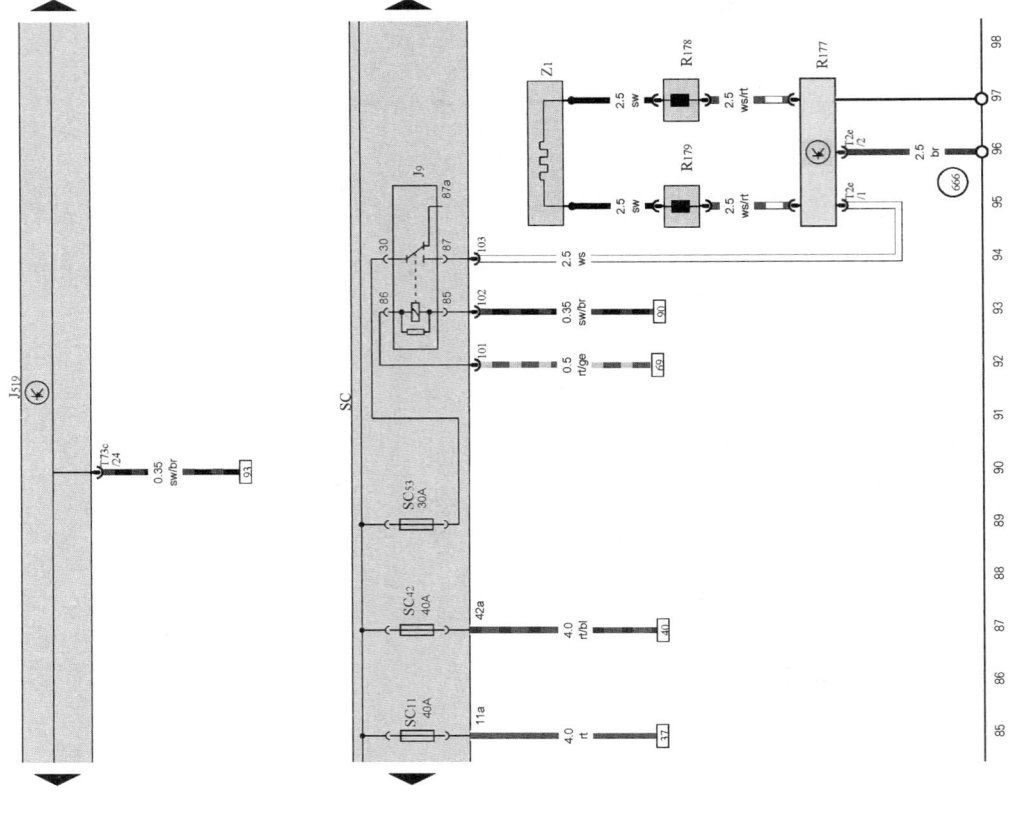

图 6-5-7

J9-可加热后窗玻璃继电器 J519-车载电网控制单元 R177-调幅（AM）滤波器 R178-负导线中的调频频率滤波器 R179-正导线中的调频频率滤波器 SC-保险丝架 SC11-保险丝架C上的保险丝11 SC42-保险丝架C上的保险丝42 SC53-保险丝架C上的保险丝53 T2e-2芯插头连接 T73c-73芯插头连接、黑色 Z1-可加热后窗玻璃 666-在车顶后右的接地点

车载电网控制单元、插座继电器、保险丝架 C

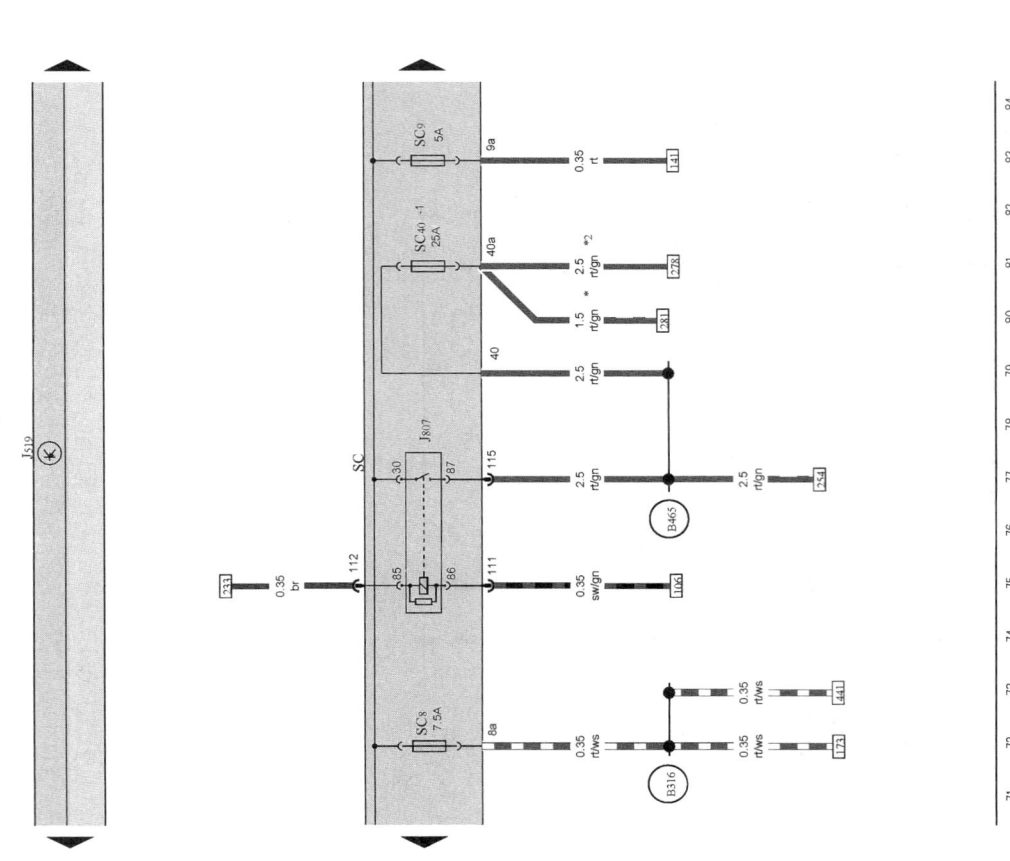

图 6-5-6

J519-车载电网控制单元 J807-插座继电器 SC-保险丝架 SC8-保险丝架C上的保险丝8 SC9-保险丝架C上的保险丝9 SC40-保险丝架C上的保险丝40 B316-正极连接2（30a），在主导线束中 B465-连接1，在主导线束中 *-用于带前部12V插座的汽车 *2-用于带后备箱内12V插座的汽车

前窗玻璃刮水器开关、间歇式刮水器运行开关、后窗玻璃刮水器开关、车窗玻璃刮水器间歇运行调节器、车窗玻璃清洗泵开关（自动刮水／清洗装置和大灯清洗装置）、车载电网控制单元、转向柱电子装置控制单元

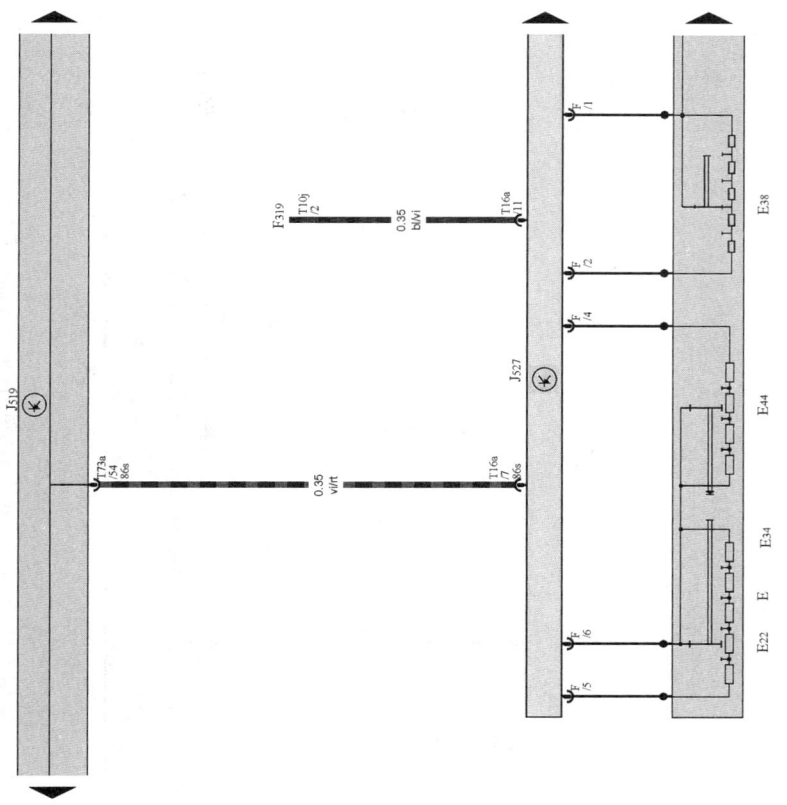

图 6-5-9

E-前窗玻璃刮水器开关 E22-间歇式刮水器运行开关 E34-后窗玻璃刮水器开关 E38-车窗玻璃刮水器间歇运行调节器 E44-车窗玻璃清洗泵开关（自动刮水／清洗装置和大灯清洗装置） F319-选挡杆挡位P锁止开关 J519-车载电网控制单元 J527-转向柱电子装置控制单元 T10j-10芯插头连接，黑色 T16a-16芯插头连接，黑色 T73a-73芯插头连接，黑色

接线端 15 供电继电器、车载电网控制单元、保险丝架 C

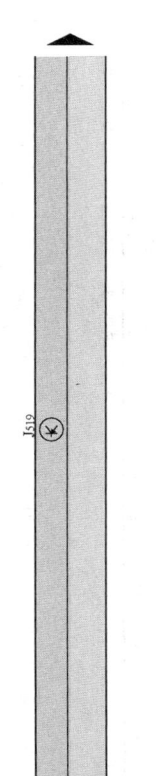

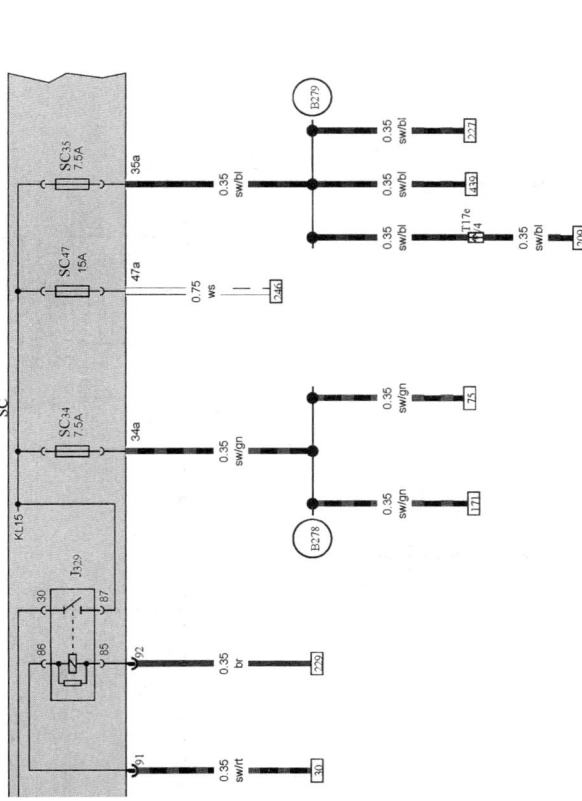

图 6-5-8

J329-接线端15供电继电器 J519-车载电网控制单元 SC-保险丝架 SC34-保险丝架C上的保险丝34 SC35-保险丝架C上的保险丝35 SC47-保险丝架C上的保险丝47 T17e-17芯插头连接，接线站内，左侧A柱 B278-正极连接2（15a），在主导线束中 B279-正极连接3（15a），在主导线束中 白色，黑色

863

点火启动开关、多功能显示器调用按钮、多功能显示器存储开关、车载电网控制单元、转
向柱电子装置控制单元

安全气囊卷簧和带滑环的复位环、信号喇叭、车载电网控制单元、转向柱电子装置控制单元、
发动机控制单元

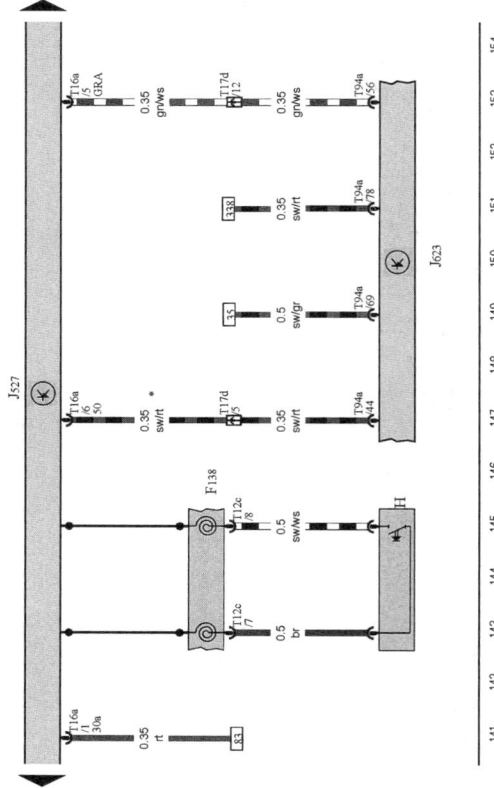

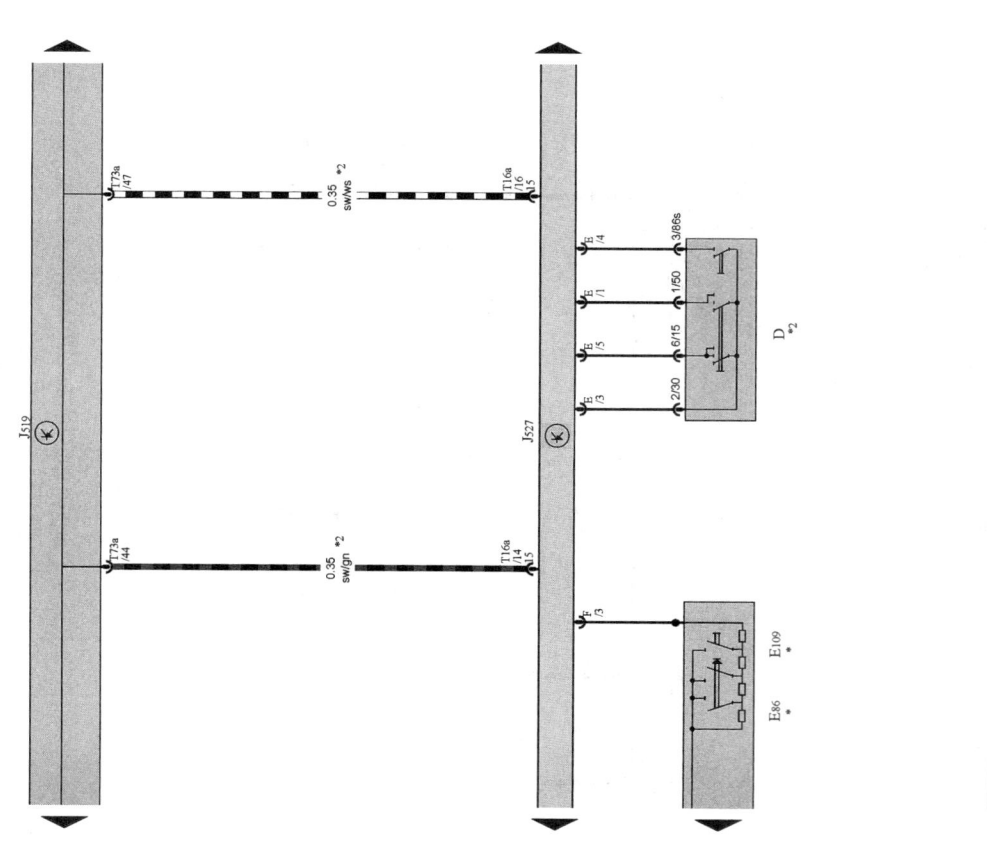

D-点火启动开关 E86-多功能显示器调用按钮 E109-多功能显示器存储开关 J519-车载电网控制单元
J527-转向柱电子装置控制单元 T16a-16芯插头连接，黑色 T73a-73芯插头连接，黑色 *2-用于不带多功
能方向盘的汽车 *2-用于不带进入及启动许可的汽车

图 6-5-10

F138-安全气囊卷簧和带滑环的复位环 H-信号喇叭 J519-车载电网控制单元 J527-转向柱电子装置控制
单元 J623-发动机控制单元 T12c-12芯插头连接，黄色 T16a-16芯插头连接，黑色 T17d-17芯插头连
接，接线站内，左侧A柱，蓝色 T94a-94芯插头连接，黑色 *-用于不带进入及启动许可的汽车

图 6-5-11

转向信号灯开关、前雾灯和后雾灯开关、车载电网控制单元、大灯开关照明灯泡

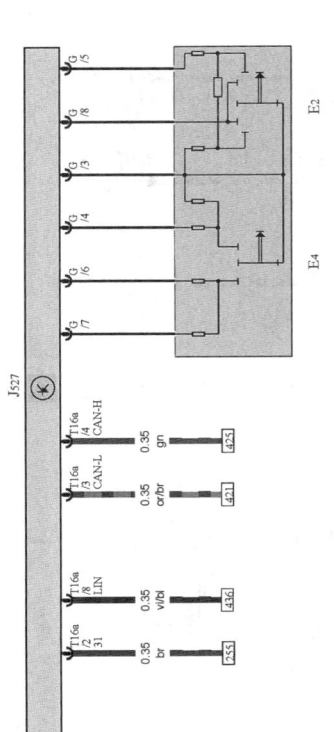

E1-车灯开关 E23-前雾灯和后雾灯开关 J519-车载电网控制单元 L9-大灯开关照明灯泡 T10b-10芯插头 T73c-73芯插头连接，红色 T73a-73芯插头连接，黑色 T73c-73芯插头连接，黑色 B340-连接1（58d)，在主导线束中
*-用于带回家照明功能的汽车 *2-用于带全景滑动天窗的汽车

图 6-5-13

转向信号灯开关、手动远光灯功能和远光灯瞬时接通功能开关、车载电网控制单元、转向柱电子装置控制单元

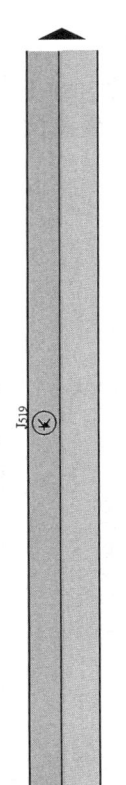

E2-转向信号灯开关 E4-手动远光灯功能和远光灯瞬时接通功能开关 J519-车载电网控制单元 J527-转向柱电子装置控制单元 T16a-16芯插头连接，黑色

图 6-5-12

车载电网控制单元、左侧日间行车灯灯泡、左前大灯、左侧近光灯灯泡、左侧驻车示宽灯灯泡、左前转向信号灯灯泡、车窗玻璃刮水器电机。

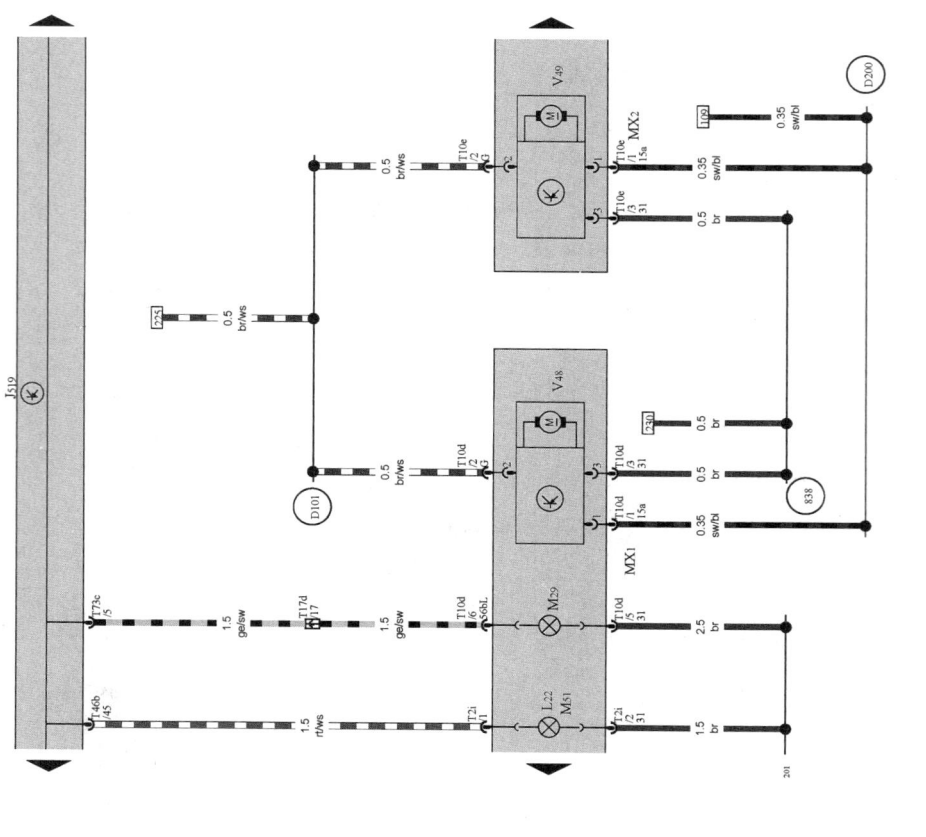

图 6-5-14

J519-车载电网控制单元 L174-左侧日间行车灯灯泡 MX1-左前大灯 M1-左侧驻车示宽灯灯泡 M5-左前转向信号灯灯泡 M30-左侧近光灯灯泡 T4a-4芯插头连接、黑色 T10d-10芯插头连接、黑色 T46b-46芯插头连接、黑色 V-车窗玻璃刮水器电机 201-接地连接5、在发动机舱导线束中 672-左前纵梁上的接地点2

车载电网控制单元、左侧前雾灯灯泡、左前大灯、右前大灯、左侧近光灯灯泡、左侧静态弯道灯、左侧大灯照明距离调节伺服电机、右侧大灯照明距离调节伺服电机。

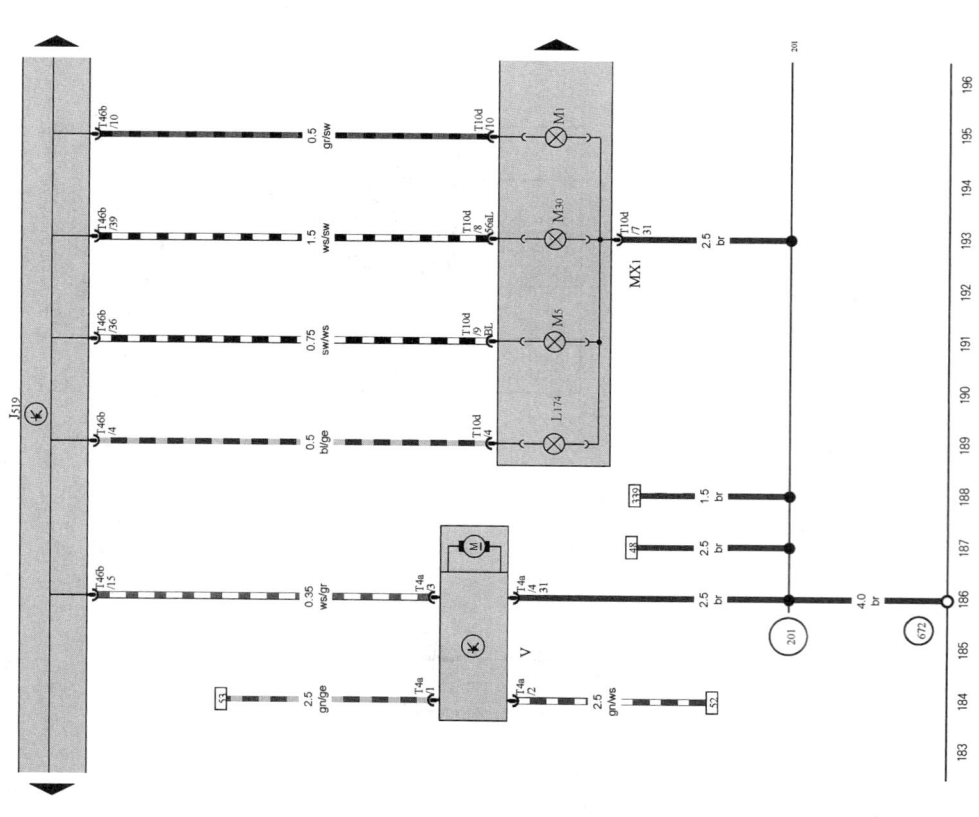

图 6-5-15

J519-车载电网控制单元 L22-左侧前雾灯灯泡 MX1-左前大灯 MX2-右前大灯 M29-左侧近光灯灯泡 M51-左侧静态弯道灯 T2-2芯插头连接、黑色 T10d-10芯插头连接、黑色 T10e-10芯插头连接、黑色 T17d-17芯插头连接、接线站内、左侧A柱 T46b-46芯插头连接、蓝色 T73c-73芯插头连接、黑色 V48-左侧大灯照明距离调节伺服电机 V49-右侧大灯照明距离调节伺服电机 201-接地连接5、在发动机舱导线束中 838-接地连接20、在发动机舱导线束中 D101-连接1、在发动机舱导线束中 D200-正极连接3（15a）、在发动机舱导线束中

发动机舱盖接触开关、车载电网控制单元、右侧前雾灯灯泡、右侧日间行车灯灯泡、右前大灯、右侧驻车示宽灯灯泡、右前转向信号灯灯泡、右侧近光灯灯泡、右侧远光灯灯泡、右侧静态弯道灯

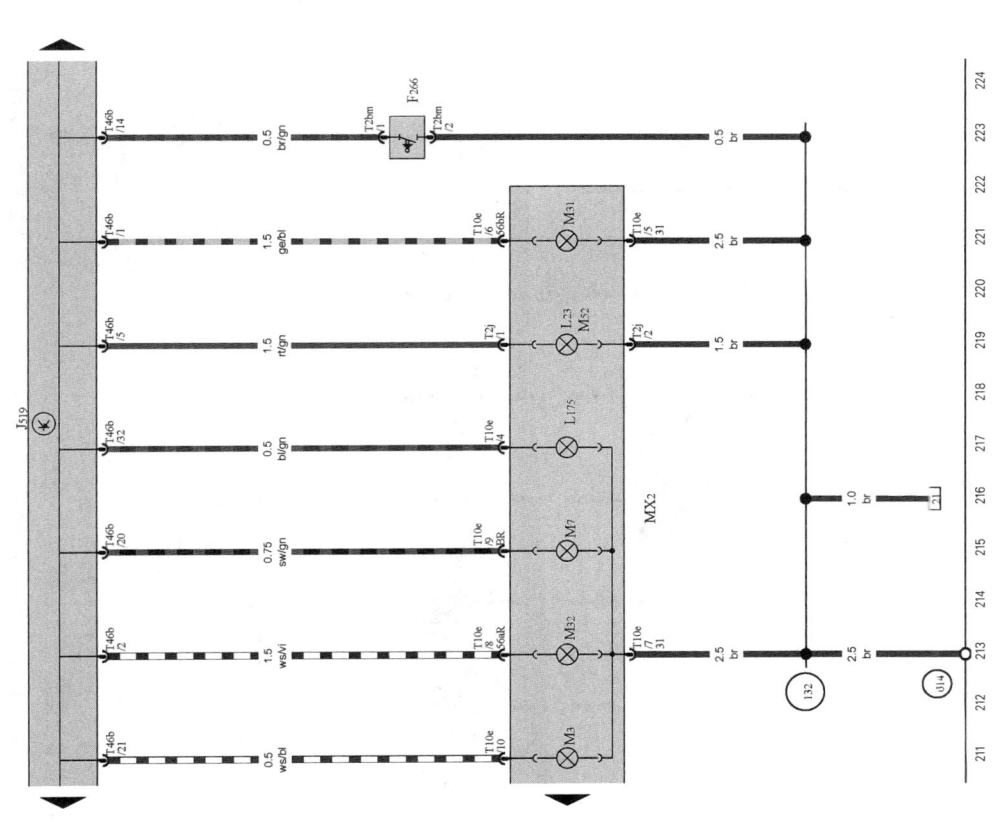

大灯照明距离调节器、车载电网控制单元、大灯照明距离调节设置照明灯泡

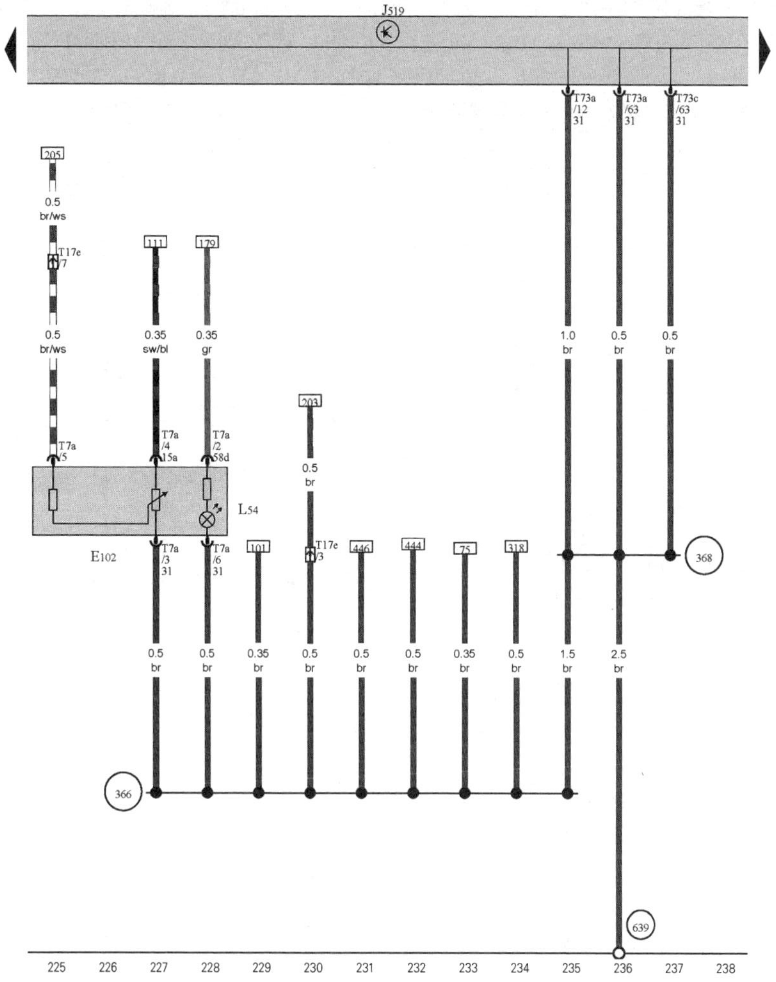

F266-发动机舱盖接触开关 J519-车载电网控制单元 L23-右侧前雾灯灯泡 L175-右侧日间行车灯灯泡 MX2-右前大灯 M3-右侧驻车示宽灯灯泡 M7-右前转向信号灯灯泡 M31-右侧近光灯灯泡 M32-右侧远光灯灯泡 M52-右侧静态弯道灯 T2b-2芯插头连接 T2bm-2芯插头连接, 黑色 T10e-10芯插头连接, 黑色 T46b-46芯插头连接, 黑色 132-接地连接3, 在发动机舱导线束中 614-发动机舱内右侧接地点2

图 6-5-16

E102-大灯照明距离调节器 J519-车载电网控制单元 L54-大灯照明距离调节设置器照明灯泡 T7a-7芯插头连接, 黑色 T17e-17芯插头连接, 接线站内, 左侧A柱, 白色 T73a-73芯插头连接, 黑色 T73c-73芯插头连接, 黑色 366-接地连接1, 在主导线束中 368-接地连接3, 在主导线束中 639-左侧A柱上的接地点

图 6-5-17

867

中控台开关模块 1、警报灯开关、车载电网控制单元、闪烁报警装置指示灯、开关照明
灯泡、USB 充电插座 1、左侧脚部空间照明灯、右侧伸腿空间照明灯

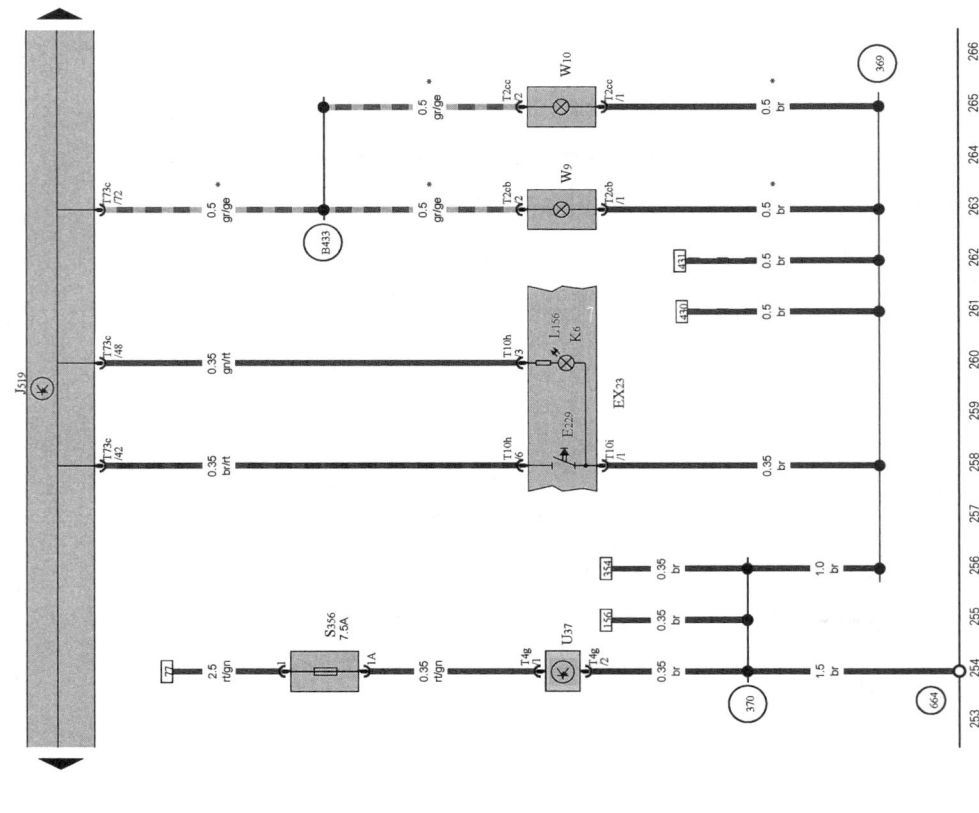

EX23-中控台开关模块1 E229-警报灯开关 J519-车载电网控制单元 K6-闪烁报警装置指示灯 L156-开
关照明灯泡 S356-USB充电插座保险丝 T2cb-2芯插头连接，黑色 T2cc-2芯插头连接，黑色 T4g-4芯插
头连接，黑色 T10h-10芯插头连接，红色 T10i-10芯插头连接，黑色 T73c-73芯插头连接，黑色 U37-
USB充电插座1 W9-左侧脚部空间照明灯 W10-右侧伸腿空间照明灯 369-接地连接4，在主导线束中
370-接地连接5，在主导线束中 664-左侧仪表板后面接地点 B433-连接（脚部空间照明），在主导线束
中 *-用于带脚部空间照明的汽车

图6-5-19

车载电网控制单元、高位制动信号灯泡、左侧尾灯灯泡 2、后窗玻璃刮水器电机、左侧
牌照灯、右侧牌照灯

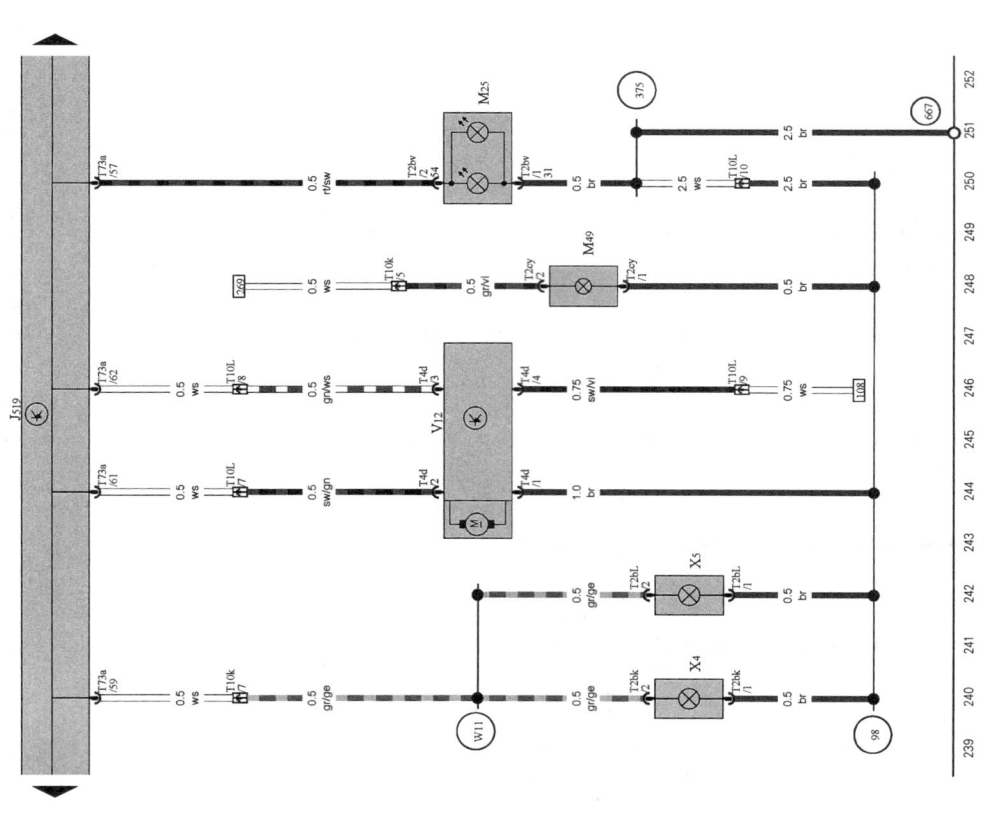

J519-车载电网控制单元 M25-高位制动信号灯泡 M49-左侧尾灯灯泡2 T2bk-2芯插头连接，黑色
T2bL-2芯插头连接，黑色 T2bv-2芯插头连接，黑色 T2cy-2芯插头连接，黑色 T4d-4芯插头连接，黑
色 T10k-10芯插头连接，车顶连接位置上，黑色 T10L-10芯插头连接，车顶连接位置上，棕色 T73a-73
芯插头连接，黑色 V12-后窗玻璃刮水器电机 X4-左侧牌照灯 X5-右侧牌照灯 98-接地连接，在后备箱
盖后右侧的接地点 375-接地连接10，在主导线束中 667-在车顶接地点 W11-后备箱盖导线束中的连接
（58）

图6-5-18

868

车载电网控制单元、右侧后雾灯灯泡、右侧尾灯、右后转向信号灯灯泡、右侧制动信号灯灯泡、右侧倒车灯灯泡、右侧尾灯灯泡 2、12V 插座

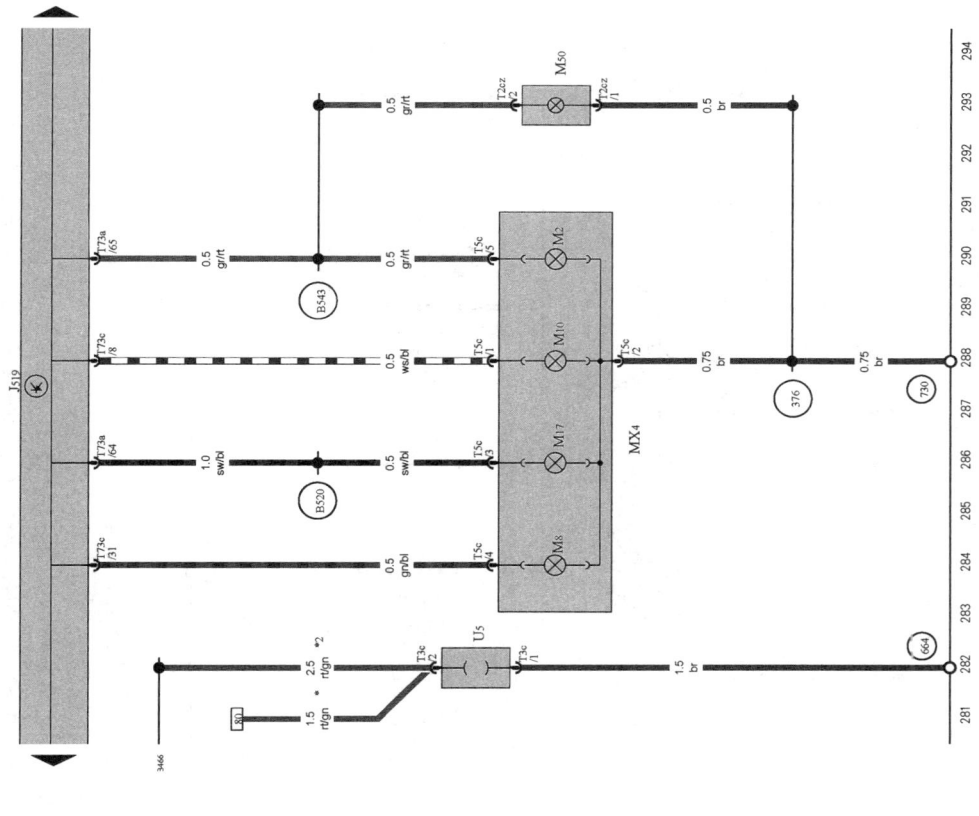

图 6-5-21

J519—车载电网控制单元 M2—右侧尾灯灯泡 MX4—右侧尾灯泡 M8—右后转向信号灯灯泡 M10—右侧制动信号灯灯泡 M17—右侧倒车灯灯泡 M50—右侧后雾灯灯泡 T2cz—2芯插头连接 T2czz—2芯插头连接 T3c—3芯插头连接，黑色 T5c—5芯插头连接，黑色 T73a—73芯插头连接，黑色 T73c—73芯插头连接，黑色 U5—12V插座 376—2 接地连接11、在主导线束中 664—右侧仪表板后面接地点 730—右后轮罩上的接地点 B466—连接2、在主导线束中 B520—连接（RF）、在主导线束中 B543—正极连接（58R）、在主导线束中 *—用于带前部12V插座的汽车 *2—用于带后备箱内12V插座的汽车

车载电网控制单元、左侧后雾灯灯泡、左侧尾灯、左后转向信号灯灯泡、左侧制动信号灯灯泡、左侧倒车灯灯泡、左侧尾灯灯泡、12V 插座 2

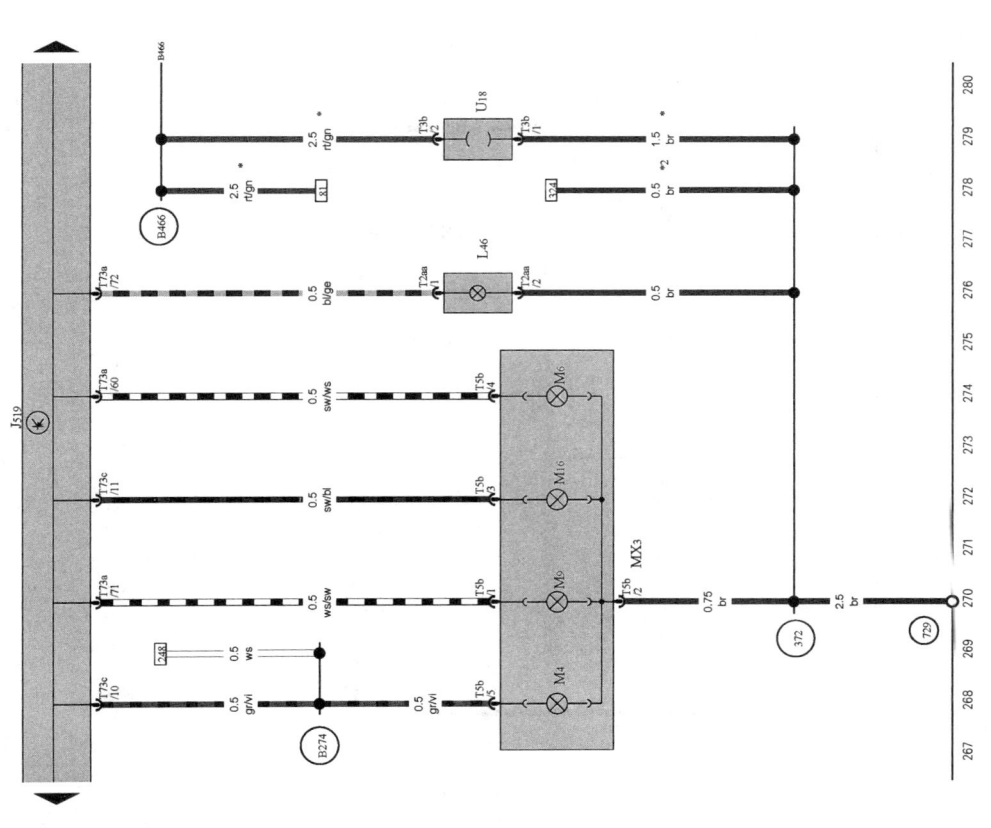

图 6-5-20

J519—车载电网控制单元 L46—左侧后雾灯灯泡 MX3—左侧尾灯泡 M4—左侧尾灯 M6—左后转向信号灯灯泡 M9—左侧制动信号灯灯泡 M16—左侧倒车灯灯泡 T2aa—2芯插头连接 T3b—3芯插头连接，黑色 T5b—5芯插头连接，黑色 T73a—73芯插头连接，黑色 T73c—73芯插头连接，黑色 U18—12V插座 2 372—接地连接7、在主导线束中 729—左后备箱内12V插座的汽车 B274—正极连接（58L）、在主导线束中 B466—连接2、在主导线束中 *—用于带后备箱内12V插座的汽车 *2—依汽车装备而定

869

车载电网控制单元、前内灯、左后阅读灯、右后阅读灯

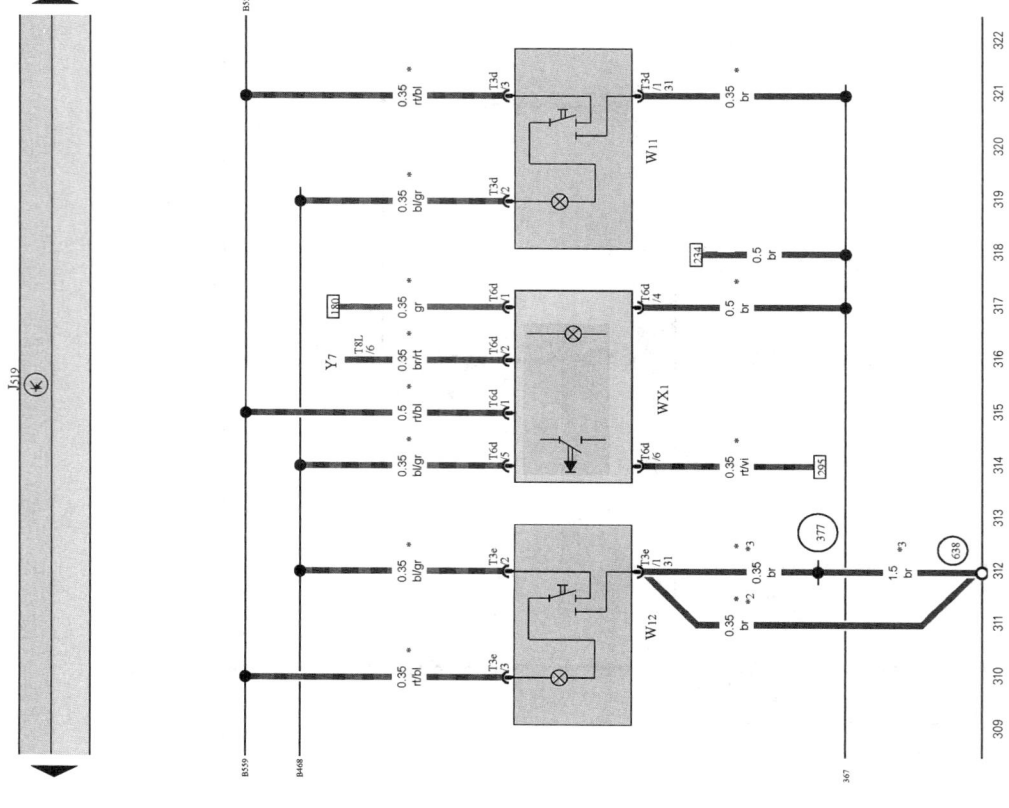

图 6-5-23

J519-车载电网控制单元 T3d-3芯插头连接，黑色 T3e-3芯插头连接，黑色 T6d-6芯插头连接，黑色 T8L-8芯插头连接，黑色 WX1-左后阅读灯 W12-右后阅读灯 Y7-自动防眩车内后视镜 367-接地连接2，在主导线束中 377-接地连接1（30g），在主导线束中 638-右A柱上的接地点 B468-连接4，在主导线束中 B559-正极连接1（30g），在主导线束中 *-用于带全景滑动天窗的汽车 *2-不带雨量传感器的回家照明功能 *3-带雨量传感器的回家照明功能

车载电网控制单元、前内灯、后部车内照明灯

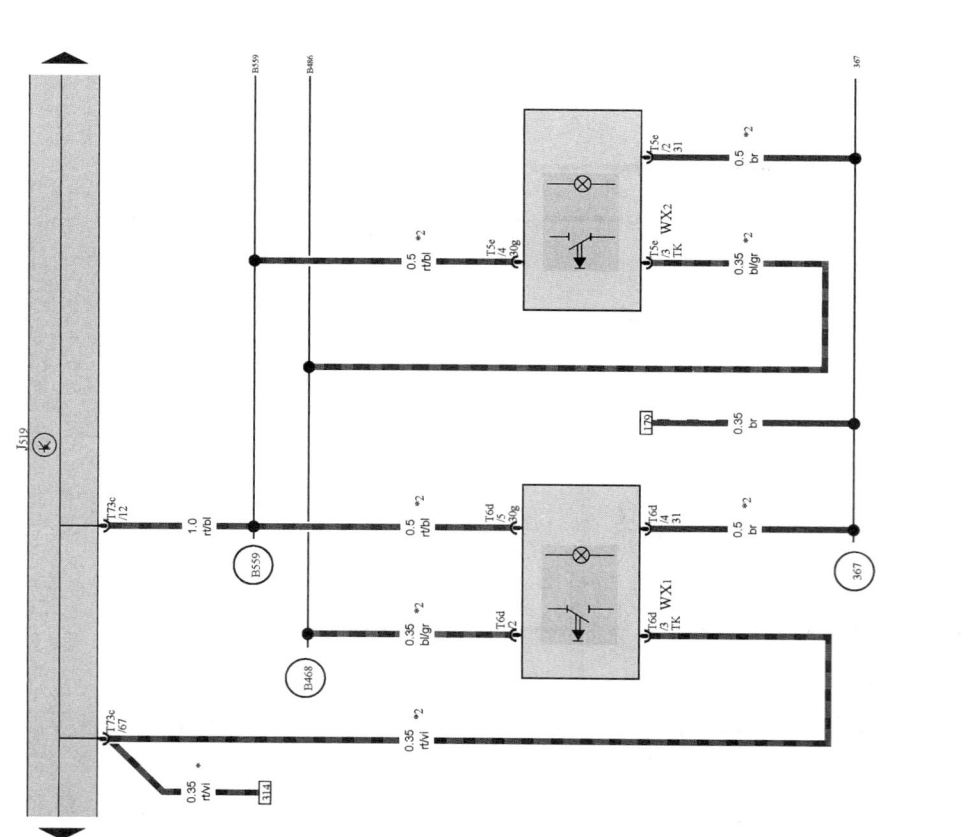

图 6-5-22

J519-车载电网控制单元 T5e-5芯插头连接，黑色 T73c-73芯插头连接，蓝色 T6d-6芯插头连接，黑色 WX2-后部车内照明灯 WX1-前车内照明灯 367-接地连接2，在主导线束中 B468-连接4，在主导线束中 B559-正极连接1（30g），在主导线束中 *-用于带全景滑动天窗的汽车 *2-用于不带玻璃天窗的汽车

制动信号灯开关、制动踏板开关、车外温度传感器、冷却液不足显示传感器、车载电网控制单元

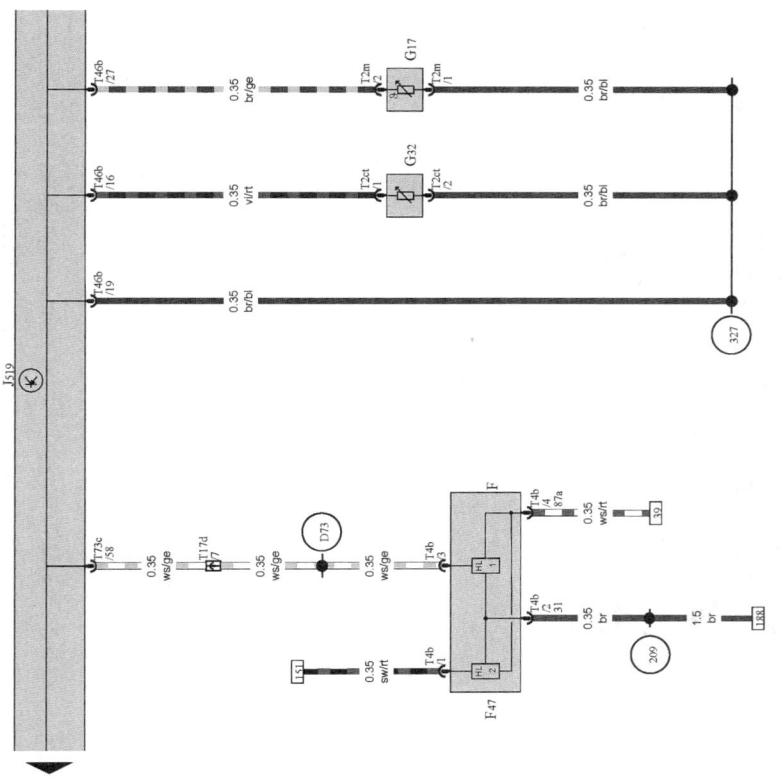

337 338 339 340 341 342 343 344 345 346 347 348 349 350

F-制动信号灯开关 F47-制动踏板开关 G17-车外温度传感器 G32-冷却液不足显示传感器 J519-车载电网控制单元 T2ct-2芯插头连接 黑色 T2m-2芯插头连接 黑色 T4b-4芯插头连接 黑色 T17d-17芯插头连接，左侧A柱，接线站内，左侧A柱 T46b-46芯插头连接，蓝色 T73c-73芯插头连接，黑色 209-接地连接6，在发动机舱导线束中 327-接地连接（传感器接地），在发动机舱导线束中 D73-正极连接（54），在发动机舱导线束中

图6-5-25

车载电网控制单元、手电筒、手电筒充电座、前后窗玻璃清洗泵、右侧后备箱照明

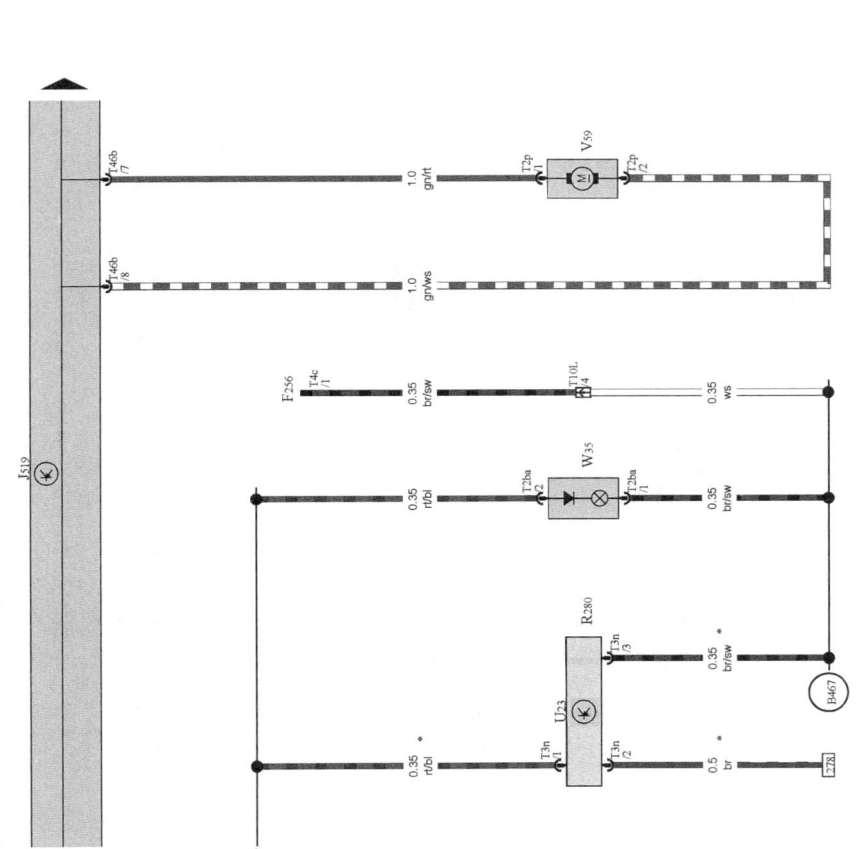

323 324 325 326 327 328 329 330 331 332 333 334 335 336

F256-后备箱盖闭锁单元 J519-车载电网控制单元 R280-手电筒 T2ba-2芯插头连接，黑色 T2p-2芯插头连接，黑色 T3n-3芯插头连接，黑色 T4c-4芯插头连接，黑色 T10L-10芯插头连接，车顶连接位置上，黑色 T46b-46芯插头连接，蓝色 U23-手电筒充电座 V59-前后窗玻璃清洗泵 W35-右侧后备箱照明 B467-连接3，在主导线束中 B559-正极连接1（30g），在主导线束中 *-依汽车装备而定

图6-5-24

871

防盗锁止系统识读线圈、组合仪表中的控制单元、防盗锁止系统控制单元、车载电网控制单元、冷却液温度和冷却液不足显示指示灯、制动系统指示灯、数字时钟、手制动器指示灯、

多功能显示器、组合仪表中的控制单元、车载电网控制单元、远光灯指示灯、发电机指示灯、机油油位指示灯、ABS指示灯、左侧转向信号灯指示灯、电子稳定程序和ASR指示灯

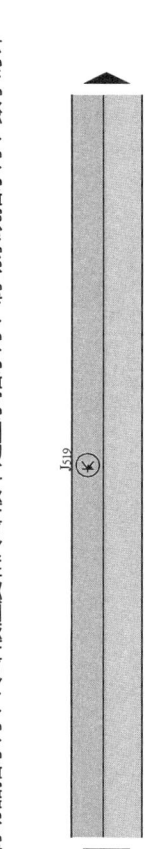

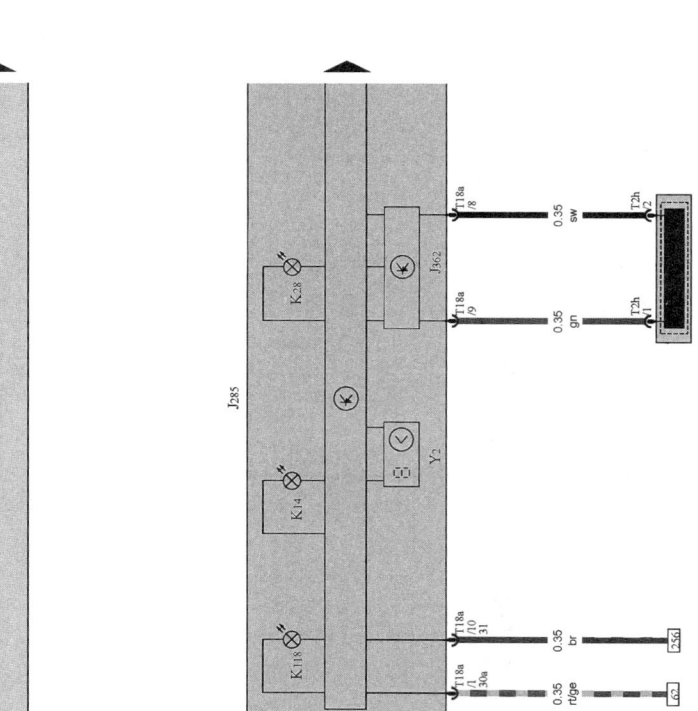

351	352	353	354	355	356	357	358	359	360	361	362	363	364

图6-5-26

D2-防盗锁止系统识读线圈 J285-组合仪表中的控制单元 J362-防盗锁止系统控制单元 J519-车载电网控制单元 K14-手制动器指示灯 K28-冷却液温度和冷却液不足显示指示灯 K118-制动系统指示灯 T2h-2芯插头连接，黑色 T18a-18芯插头连接，黑色 Y2-数字时钟

365	366	367	368	369	370	371	372	373	374	375	376	377	378

图6-5-27

J119-多功能显示器 J285-组合仪表中的控制单元 J519-车载电网控制单元 K1-远光灯指示灯 K2-发电机指示灯 K38-机油油位指示灯 K47-ABS指示灯 K65-左侧转向信号灯指示灯 K155-电子稳定程序和ASR指示灯

组合仪表中的控制单元、车载电网控制单元、后雾灯指示灯、前雾灯指示灯、定速巡航装置指示灯、安全气囊指示灯、右侧转向信号灯指示灯、灯泡失灵指示灯、电子稳定程序和ASR指示灯2、组合仪表照明灯泡

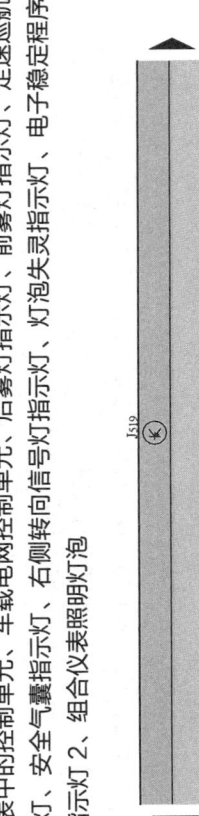

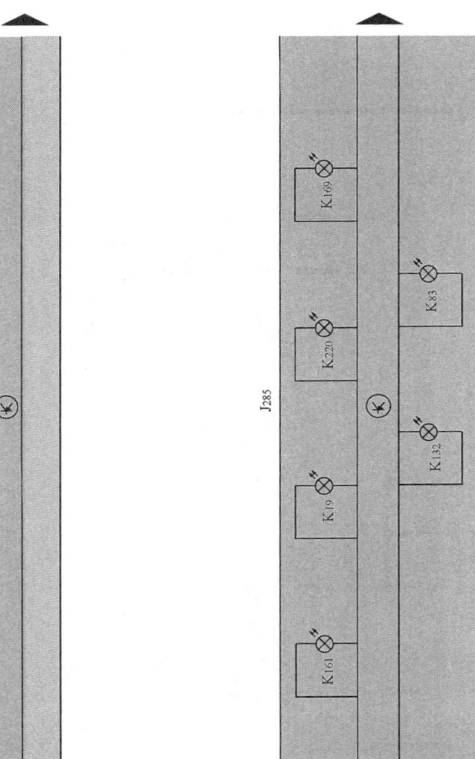

379　380　381　382　383　384　385　386　387　388　389　390　391　392

J285-组合仪表中的控制单元 J519-车载电网控制单元 K13-后雾灯控制单元 K17-前雾灯指示灯 K31-定速巡航装置指示灯 K75-安全气囊指示灯 K94-右侧转向信号灯指示灯 K170-灯泡失灵指示灯 K216-电子稳定程序和ASR指示灯2 L10-组合仪表照明灯泡

图 6-5-28

组合仪表中的控制单元、车载电网控制单元、安全带警告指示灯、废气警告灯、电子油门故障信号灯、机电式助力转向器指示灯、选挡杆指示灯、轮胎压力监控显示指示灯

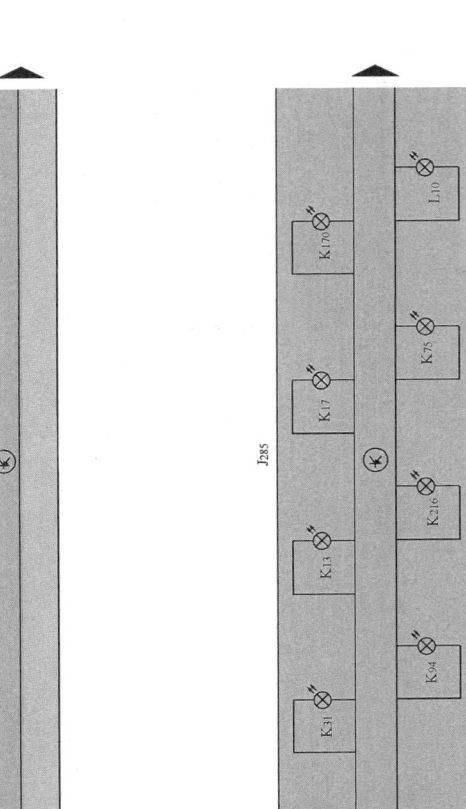

393　394　395　396　397　398　399　400　401　402　403　404　405　406

J285-组合仪表中的控制单元 J519-车载电网控制单元 K19-安全带警告指示灯 K83-废气警告灯 K132-电子油门故障信号灯 K161-机电式助力转向器指示灯 K169-选挡杆指示灯 K220-轮胎压力监控显示指示灯

图 6-5-29

转速表、车速表、警报蜂鸣器和警报音、组合仪表中的控制单元、车载电网控制单元、数
据总线诊断接口、里程表、选挡杆位置显示

车载电网控制单元、数据总线诊断接口

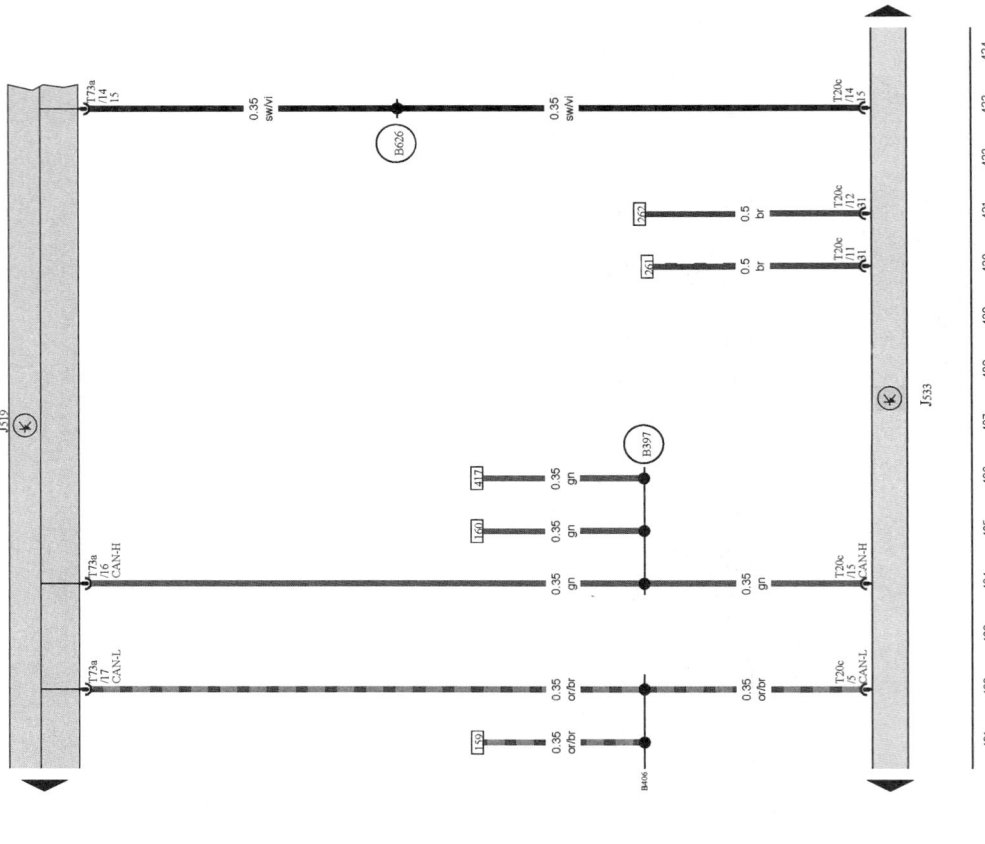

图6-5-31

J519-车载电网控制单元 J533-数据总线诊断接口 T20c-20芯插头连接，黑色 T73a-73芯插头连接，黑色
B397-连接1（舒适CAN总线，High），在主导线束中 B406-连接1（舒适CAN总线，Low），在主导线束
中 B626-正极连接2（15），在主导线束中

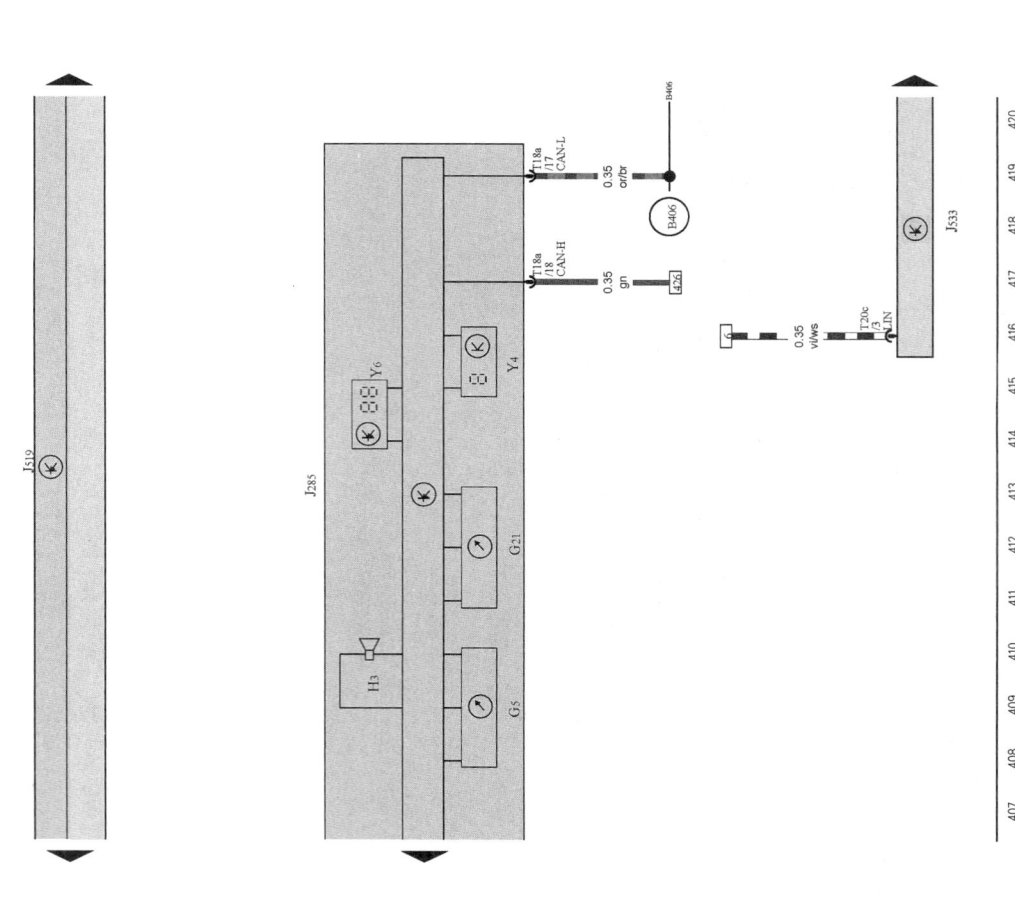

图6-5-30

G5-转速表 G21-车速表 H3-警报蜂鸣器和警报音 J285-组合仪表中的控制单元 J519-车载电网控制单元
J533-数据总线诊断接口 J18a-18芯插头连接 T20c-20芯插头连接，黑色 Y4-里程表 Y6-选挡杆
位置显示 B406-连接1（舒适CAN总线，Low），在主导线束中

874

数据总线诊断接口、诊断接口

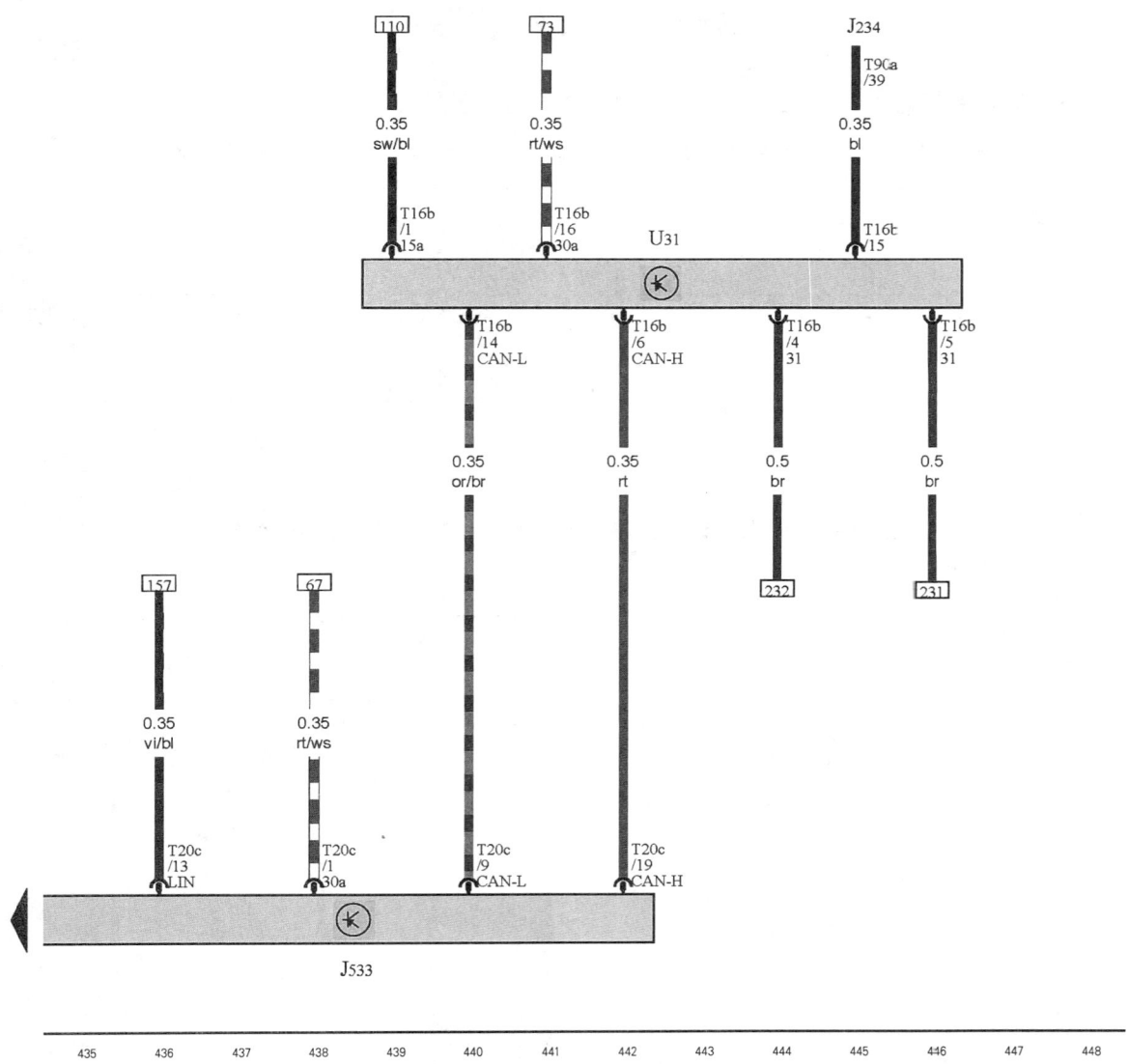

435 436 437 438 439 440 441 442 443 444 445 446 447 448

J234-安全气囊控制单元 J533-数据总线诊断接口 T16b-16芯插头连接，黑色 T20c-20芯插头连接，黑色 T90a-90芯插头连接，黄色 U31-诊断接口

图 6-5-32

875

第七章　柯迪亚克（Kodiaq）

第一节　发动机系统

发动机系统电路图（自 2017 年 2 月起）的图号和图名对照表见表 7-1-1。

表 7-1-1　发动机系统电路图（自 2017 年 2 月起）的图号和图名对照表

图号	图名
图 7-1-1～图 7-1-33	带自动启停系统的 1.8L 汽油发动机（CUF、CUFA）电控系统电路图
图 7-1-34～图 7-1-67	带自动启停系统的 2.0L 汽油发动机（DBF、DBFA）电控系统电路图
图 7-1-68～图 7-1-70	散热器风扇

蓄电池、启动机、蓄电池监控控制单元、保险丝架 A 上的保险丝 1

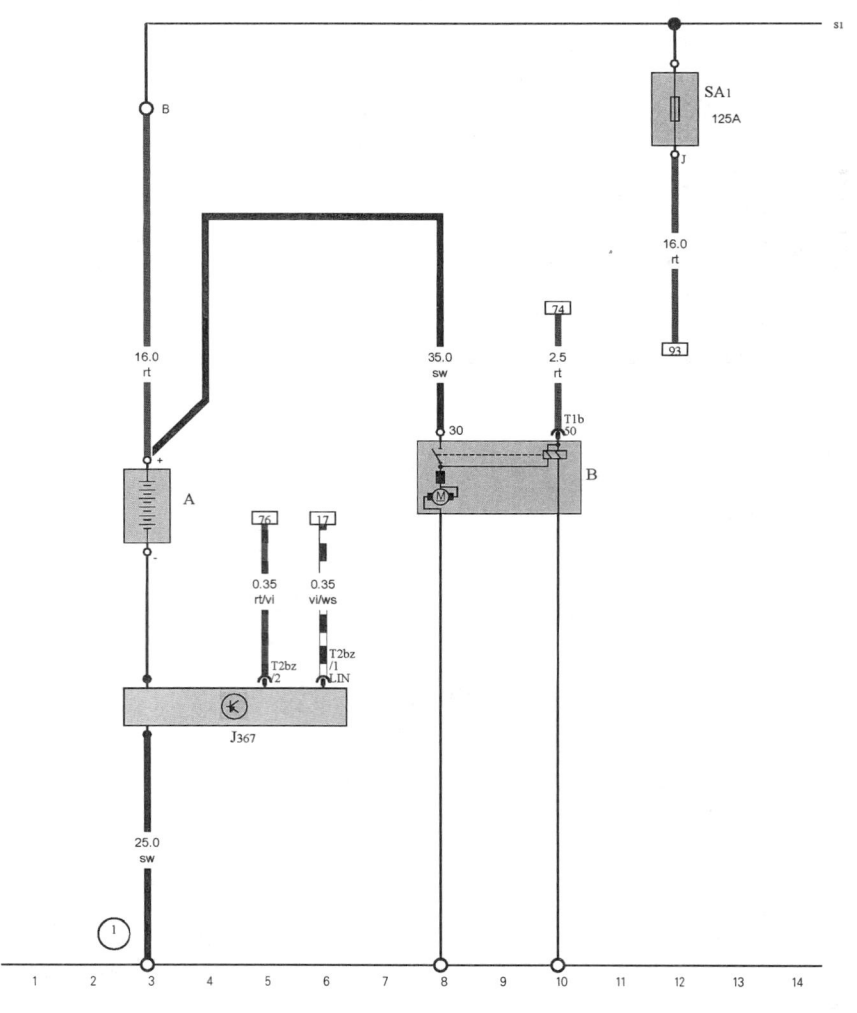

A-蓄电池　B-启动机　J367-蓄电池监控控制单元　SA1-保险丝架A上的保险丝1　T1b-1芯插头连接，黑色　T2bz-2芯插头连接，黑色　1-接地带，蓄电池-车身

图 7-1-1

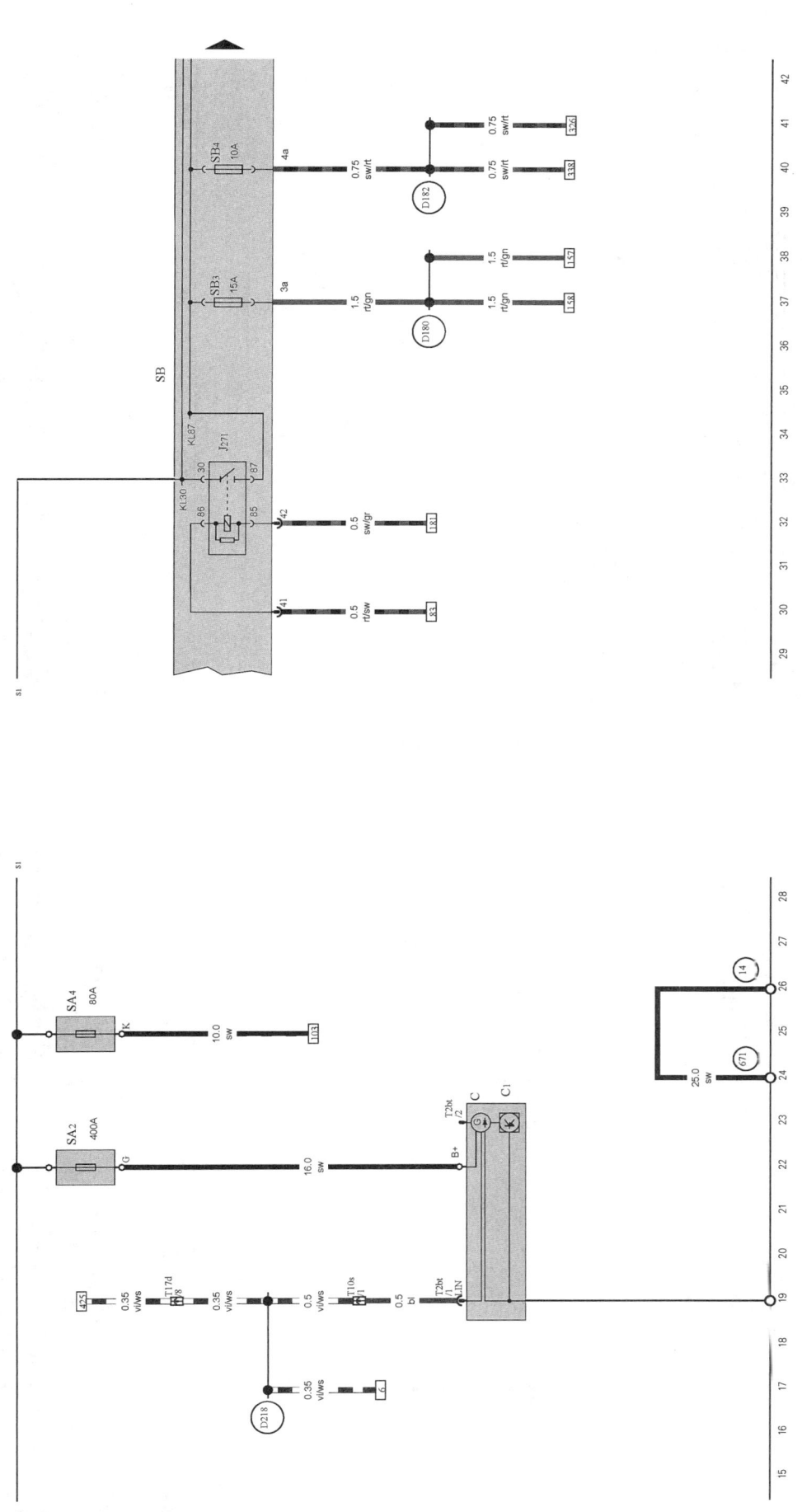

交流发电机、电压调节器、保险丝架 A 上的保险丝 2、保险丝架 A 上的保险丝 4

主继电器、保险丝架 B

C-电流发电机 C1-电压调节器 SA2-保险丝架A上的保险丝2 SA4-保险丝架A上的保险丝4 T2bt-2芯插头连接，黑色 T10s-10芯插头连接，发动机舱内左前，左侧A柱，接线站内，接线站内，黑色 T17d-17芯插头连接，黑色 D218-连接1（LIN总线），在发动机舱导线束中蓝色 14-变速器上的接地点 671-左前纵梁上的接地点1（LIN总线），在发动机舱导线束中

图7-1-2

J271-主继电器 SB-保险丝架B SB3-保险丝架B上的保险丝3 SB4-保险丝架B上的保险丝4 D180-连接（87a），在发动机舱导线束中 D182-连接3（87a），在发动机舱导线束中

图7-1-3

877

启动机继电器 1、启动机继电器 2、保险丝架 B

保险丝架 B

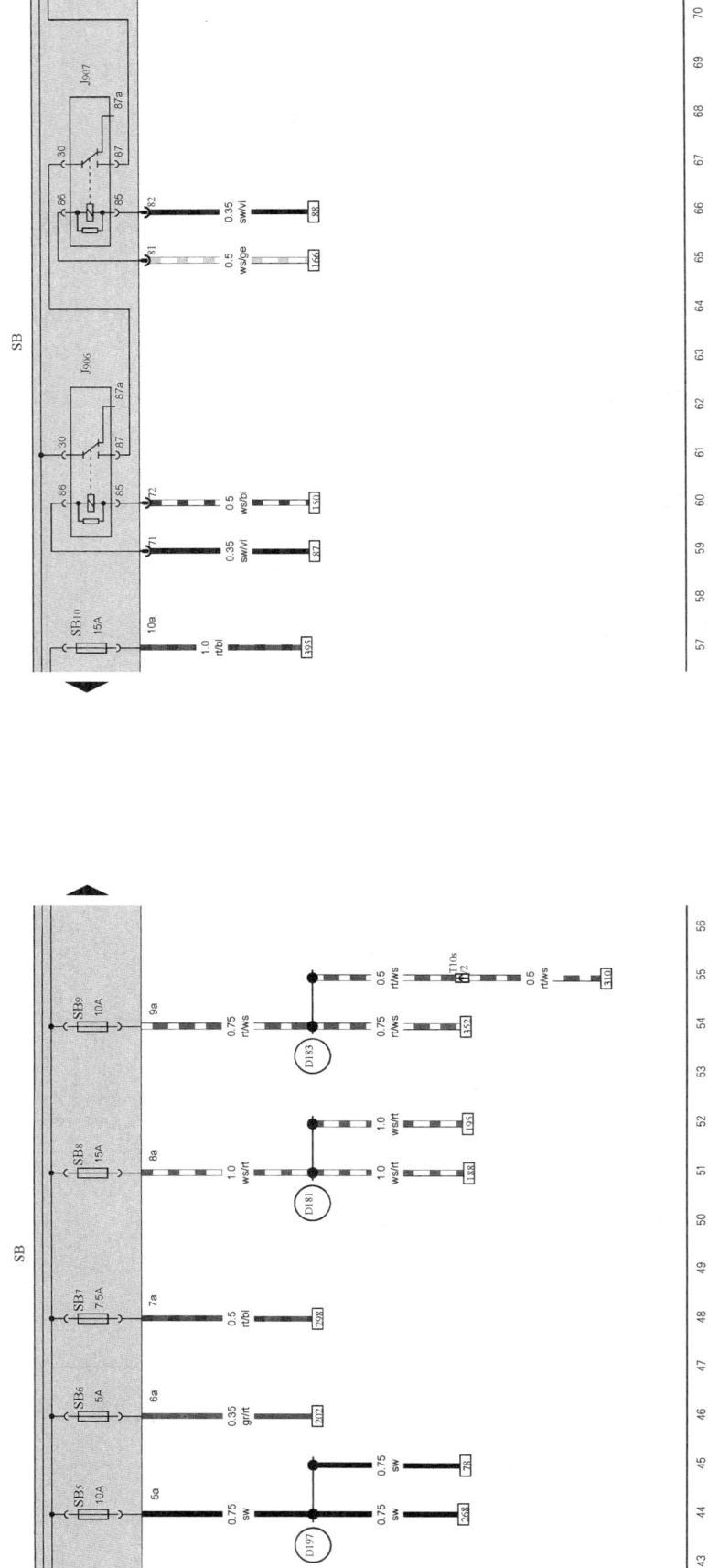

图 7-1-4

图 7-1-5

SB–保险丝架B　SB5–保险丝架B上的保险丝5　SB6–保险丝架B上的保险丝6　SB7–保险丝架B上的保险丝7　SB8–保险丝架B上的保险丝8　SB9–保险丝架B上的保险丝9　T10s–10芯插头连接，发动机舱内左前，黑色　D181–连接2（87a），在发动机舱导线束中　D183–连接4（87a），在发动机舱导线束中　D197–连接5（87a），在发动机舱导线束中

J906–启动机继电器1　J907–启动机继电器2　SB–保险丝架B　SB10–保险丝架B上的保险丝10

878

接线端 15 供电继电器、车载电网控制单元、保险丝架 C

发动机部件供电继电器、保险丝架 B

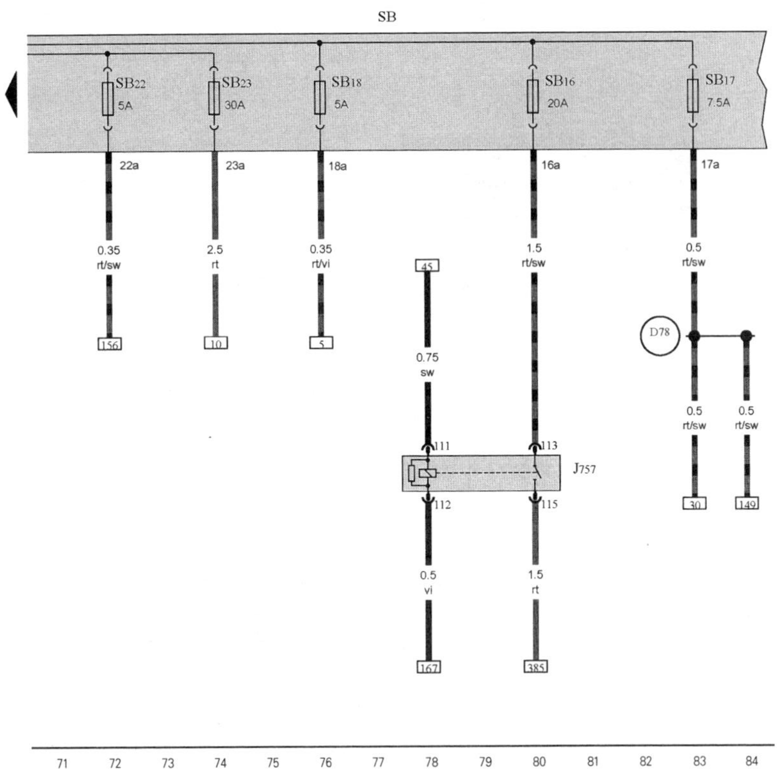

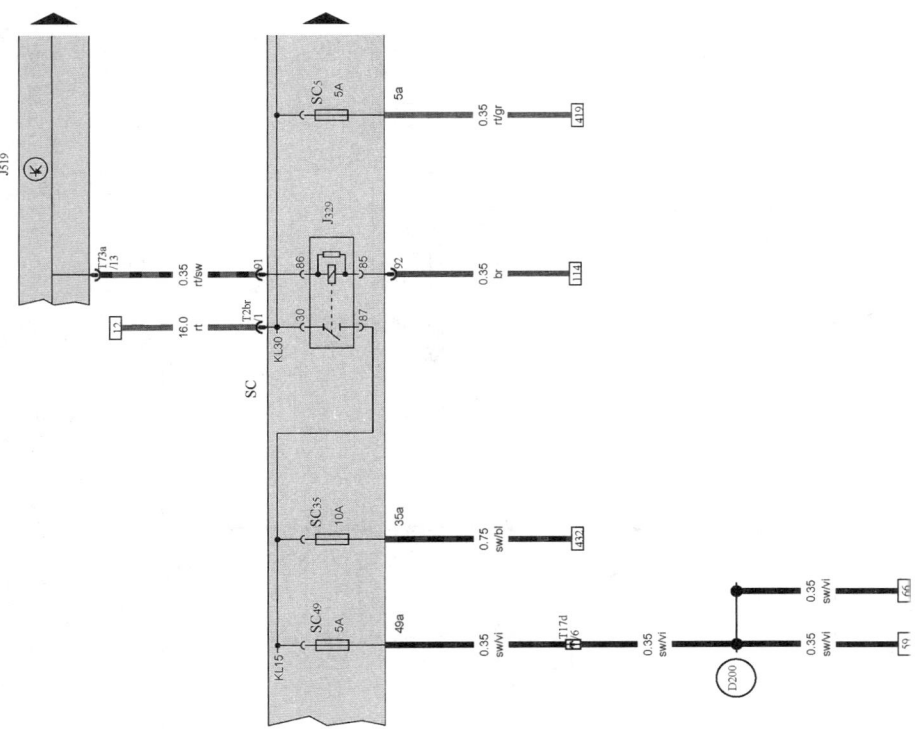

图 7-1-7

图 7-1-6

J329–接线端15供电继电器 J519–车载电网控制单元 SC–保险丝架C SC5–保险丝架C上的保险丝5 SC35–保险丝架C上的保险丝35 SC49–保险丝架C上的保险丝49 T2br–2芯插头连接 T17d–17芯插头连接，黑色 T73a–73芯插头连接，蓝色 T73a–73芯插头连接3（15a），在发动机舱导线束接，接线站内，左侧A柱 D200–正极连接3（15a），在发动机舱导线束中

J757–发动机部件供电继电器 SB–保险丝架B SB16–保险丝架B上的保险丝16 SB17–保险丝架B上的保险丝17 SB18–保险丝架B上的保险丝18 SB22–保险丝架B上的保险丝22 SB23–保险丝架B上的保险丝23 D78–正极连接1（30a），在发动机舱导线束中

879

定速巡航装置开关、定速巡航装置设置按钮、车载电网控制单元、转向柱电子装置控制单元

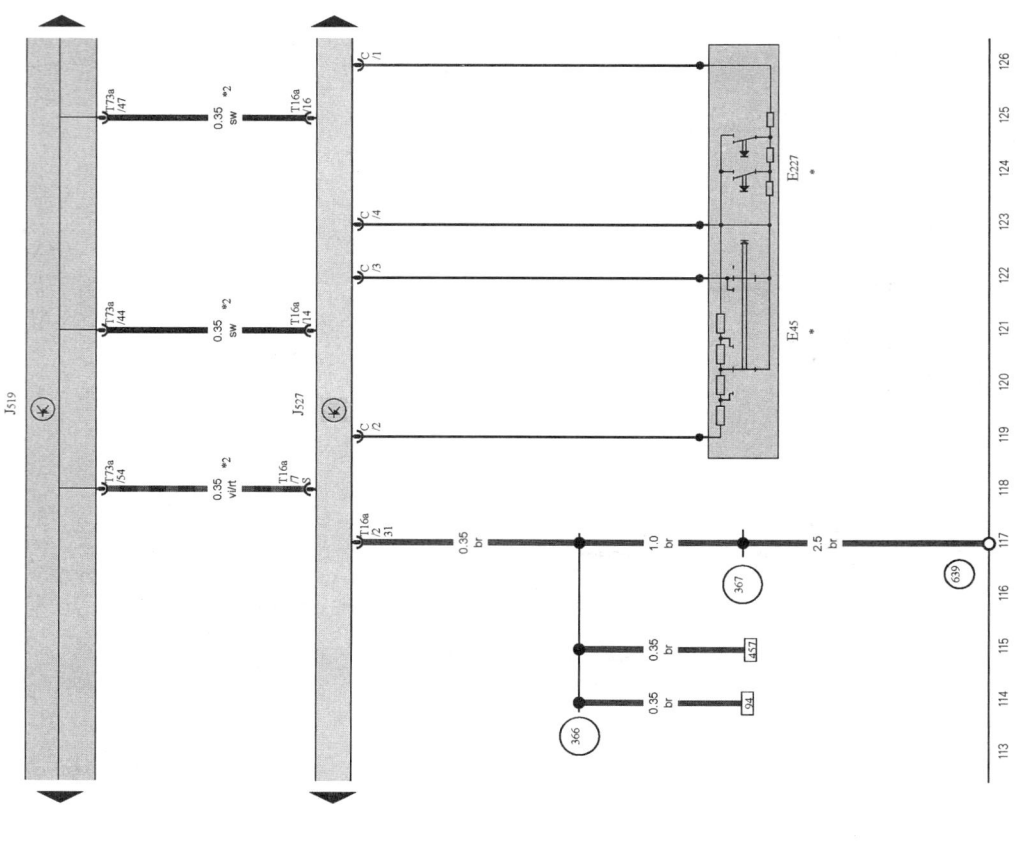

E45-定速巡航装置开关 E227-定速巡航装置设置按钮 J519-车载电网控制单元 J527-转向柱电子装置控制单元 SC-保险丝架C SC8-保险丝架C上的保险丝17 SC9-保险丝架C上的保险丝18 T16a-16芯插头连接，黑色 T37a-73芯插头连接，黑色 T37a-73芯插头连接，黑色 366-接地连接1，在主导线束中 367-接地连接2，在主导线束中 639-左A柱上的接地点 *-仅用于不带接地点 *2-仅用于不带自动车距控制（ADR）的汽车 *2-仅用于不带进入及启动许可的汽车

图 7-1-9

点火启动开关、车载电网控制单元、转向柱电子装置控制单元、保险丝架C

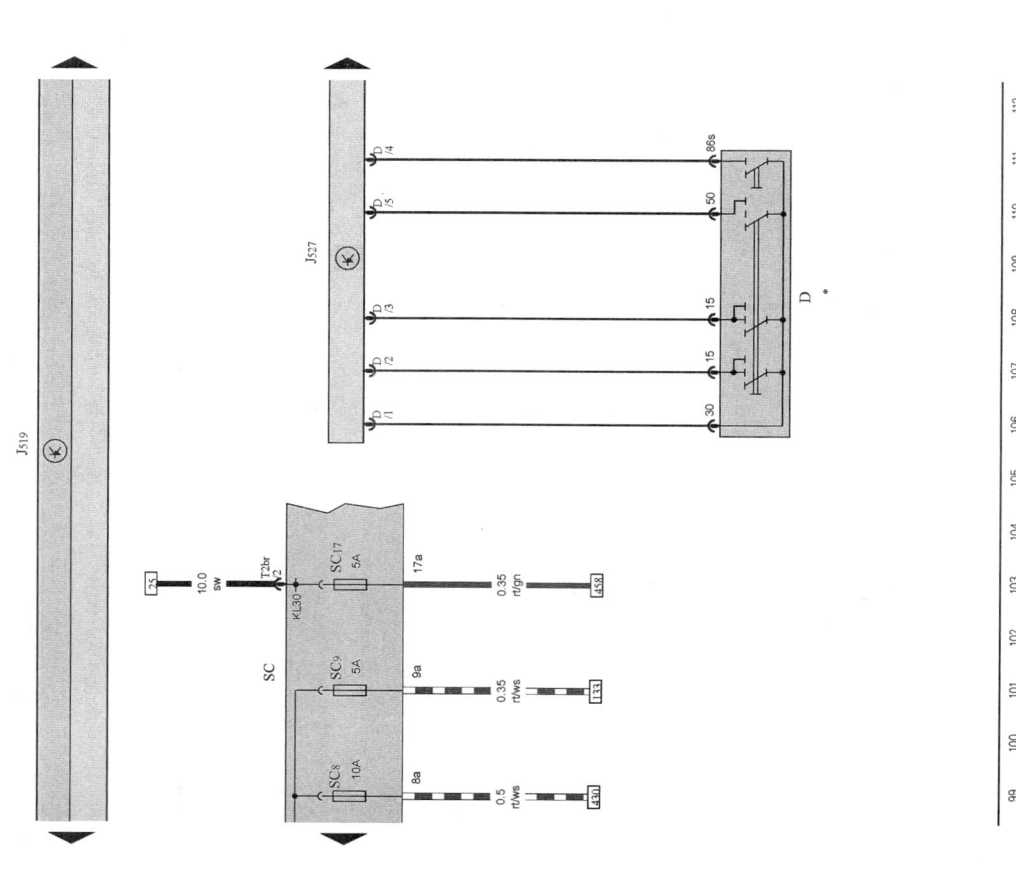

D-点火启动开关 J519-车载电网控制单元 J527-转向柱电子装置控制单元 SC-保险丝架C SC8-保险丝架C SC17-保险丝架C上的保险丝17 SC8-保险丝架C上的保险丝8 SC9-保险丝架C上的保险丝9 T2br-2芯插头连接，黑色 *-仅用于不带进入及启动许可的汽车

图 7-1-8

中控台开关模块 1、启动/停止模式按钮、车载电网控制单元、发动机控制单元、启动/停止运行模式指示灯、开关照明灯泡、燃油压力调节阀

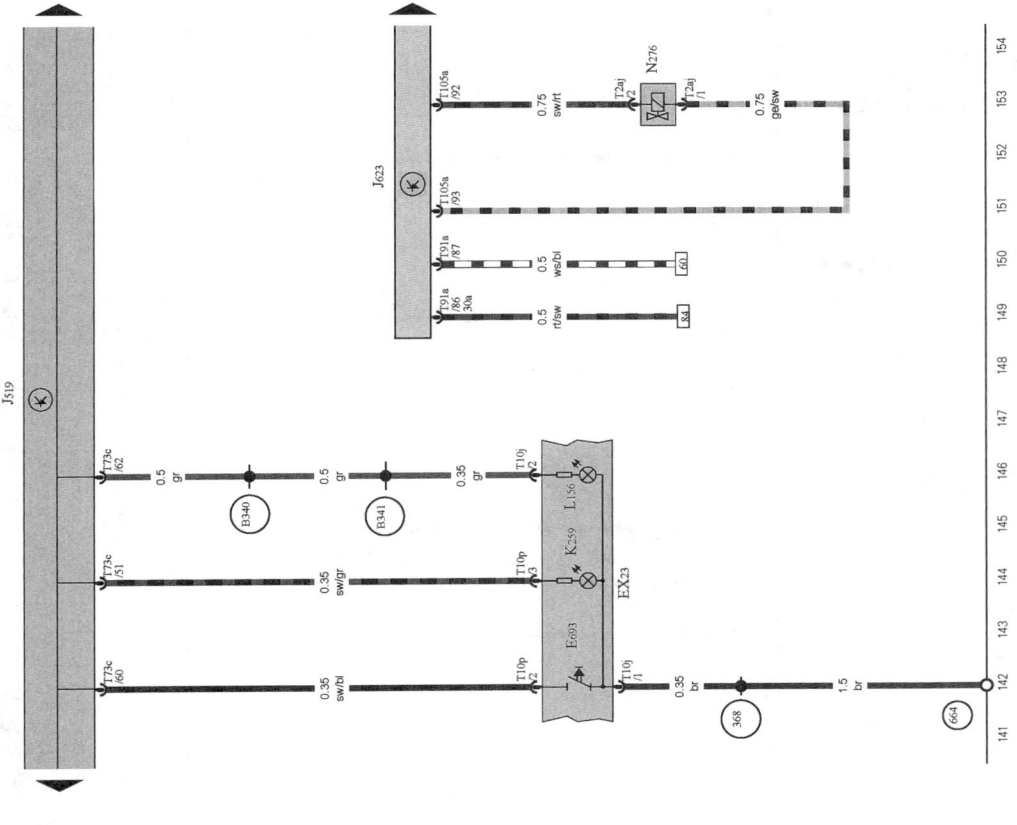

EX23-中控台开关模块1 E693-启动/停止模式按钮 J519-车载电网控制单元 J623-发动机控制单元 K259-启动/停止模式指示灯 L156-开关照明灯泡 N276-燃油压力调节阀 T2aj-2芯插头连接,黑色 T10j-10芯插头连接,黑色 T10p-10芯插头连接,黑色 T73c-73芯插头连接,红色 T91a-91芯插头连接,黑色 T105a-105芯插头连接,黑色 368-接地连接3,在主导线束中 664-左侧仪表板后面接地点 B340-连接1(58d),在主导线束中 B341-连接2(58d),在主导线束中

图 7-1-11

冷却液不足显示传感器、车载电网控制单元、转向柱电子装置控制单元

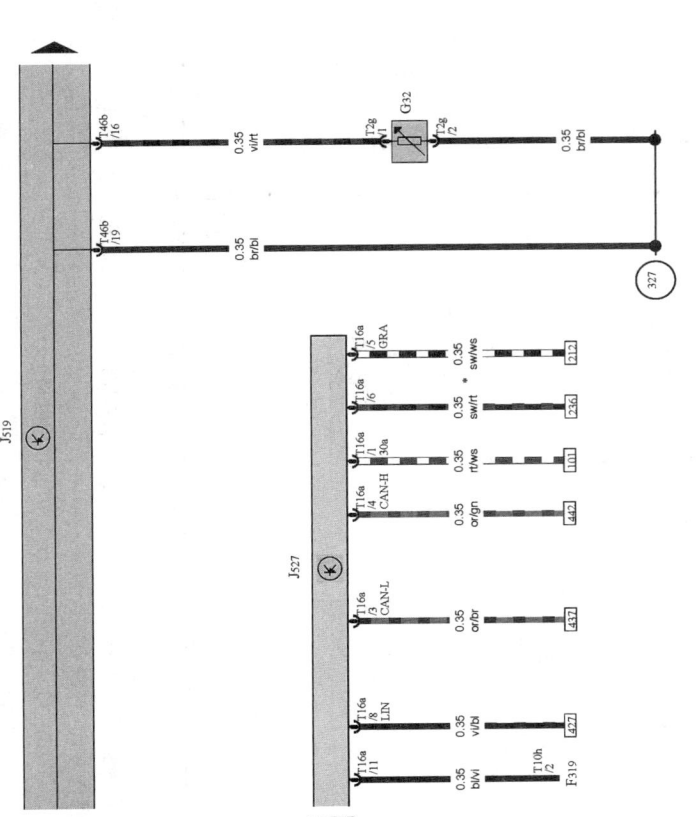

F319-选挡杆挡位P锁止开关 G32-冷却液不足显示传感器 J519-车载电网控制单元 J527-转向柱电子装置控制单元 T2g-2芯插头连接,黑色 T10h-10芯插头连接,黑色 T16a-16芯插头连接,黑色 T46b-46芯插头连接,黑色 T16a-16芯导线束中 327-接地连接(传感器接地),在发动机舱导线束中 *-仅用于不带进入及启动许可的汽车

图 7-1-10

霍耳传感器、散热器出口处的冷却液温度传感器、车载电网控制单元、发动机控制单元

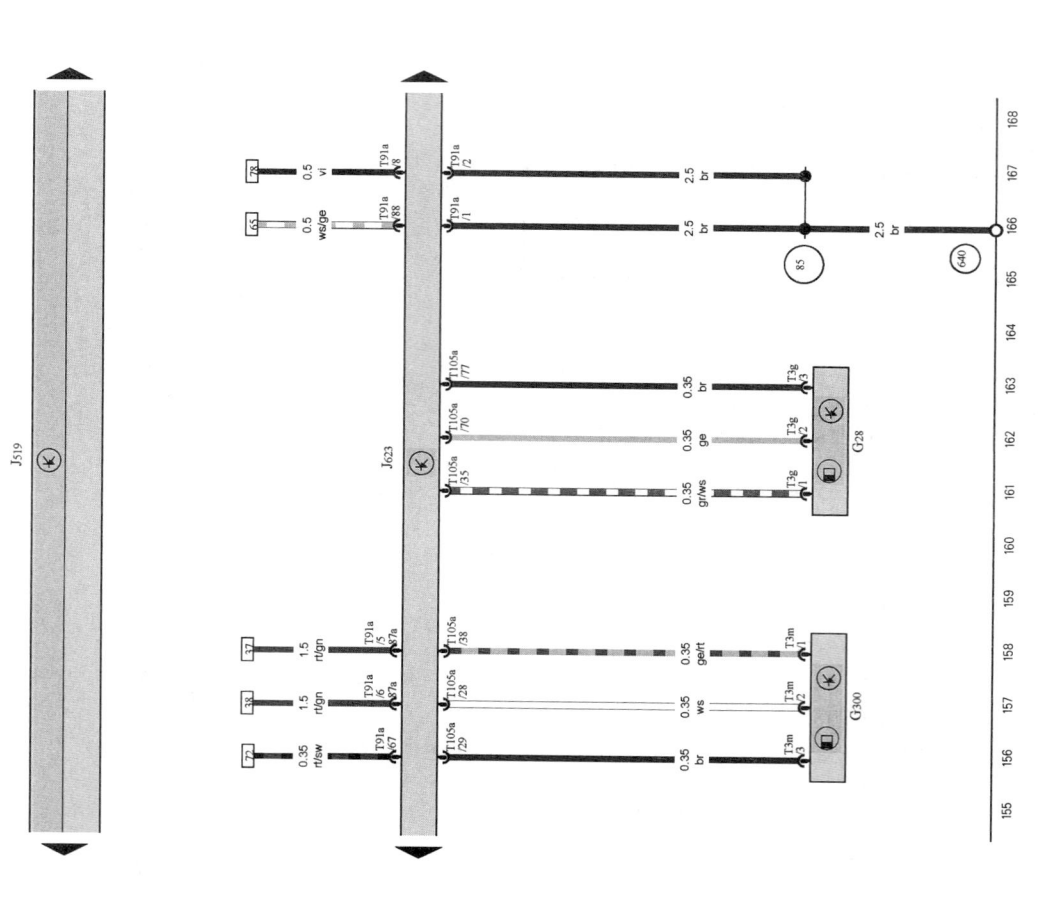

发动机转速传感器、霍耳传感器3、车载电网控制单元、发动机控制单元

G28-发动机转速传感器 G300-霍耳传感器3 J519-车载电网控制单元 J623-发动机控制单元 T3g-3芯插头连接，黑色 T3m-3芯插头连接，黑色 T91a-91芯插头连接，黑色 T105a-105芯插头连接，黑色 85-接地连接1，在发动机舱导线线束中 640-发动机舱内左侧接地点2

图7-1-12

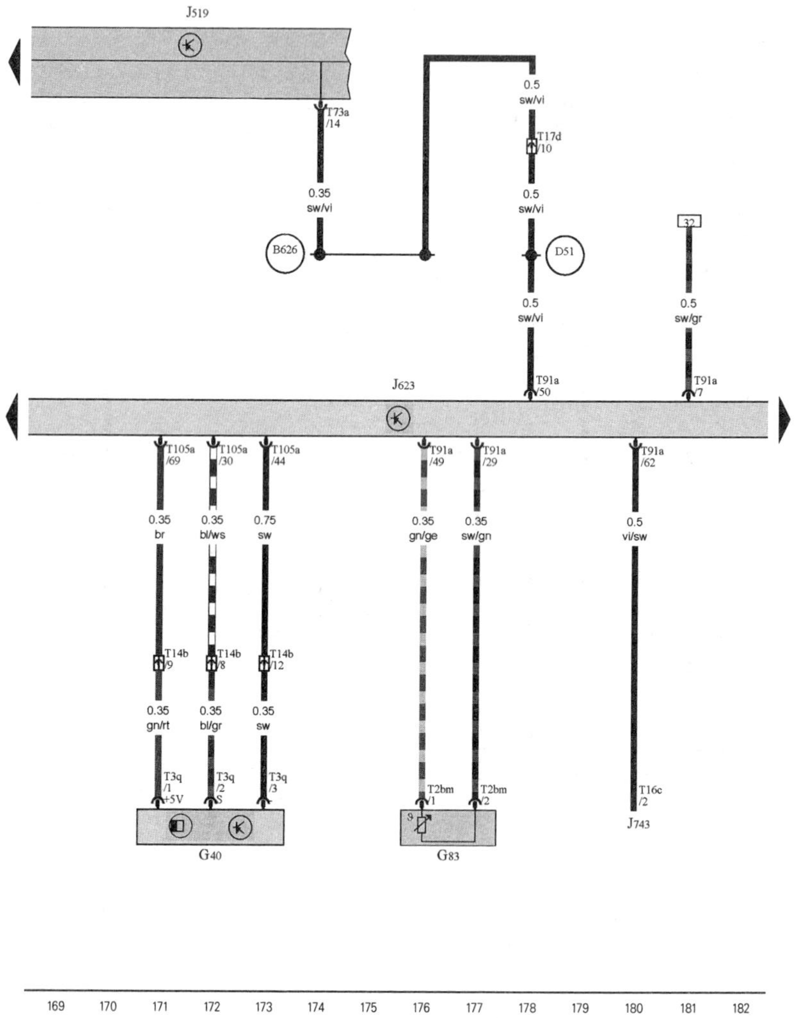

G40-霍耳传感器 G83-散热器出口处的冷却液温度传感器 J519-车载电网控制单元 J623-发动机控制单元 T2bm-2芯插头连接，黑色 T3q-3芯插头连接，黑色 T14b-14芯插头连接，黑色 T16c-16芯插头连接，黑色 T17d-17芯插头连接，接线站内，左侧A柱，蓝色 T73a-73芯插头连接，黑色 T91a-91芯插头连接，黑色 T105a-105芯插头连接，黑色 B626-正极连接2 D51-正极连接1（15），在主导线线束中（15），在发动机舱导线线束中

图7-1-13

882

氧传感器、尾气催化净化器后的氧传感器、发动机控制单元、氧传感器加热装置、尾气催化净化器后的氧传感器、发动机控制单元、氧传感器加热装置、尾气催化净化器后的氧传感器加热装置 1 加热装置

制动信号灯开关、制动踏板开关、发动机控制单元

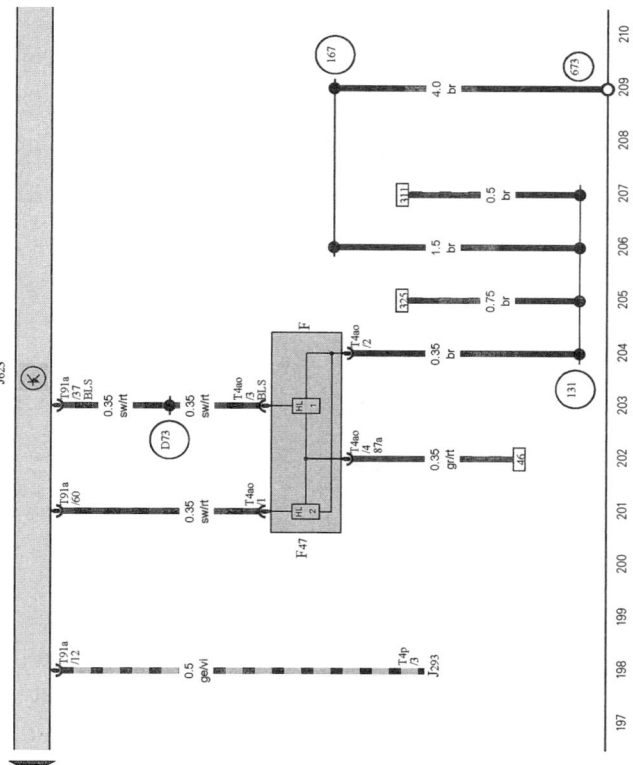

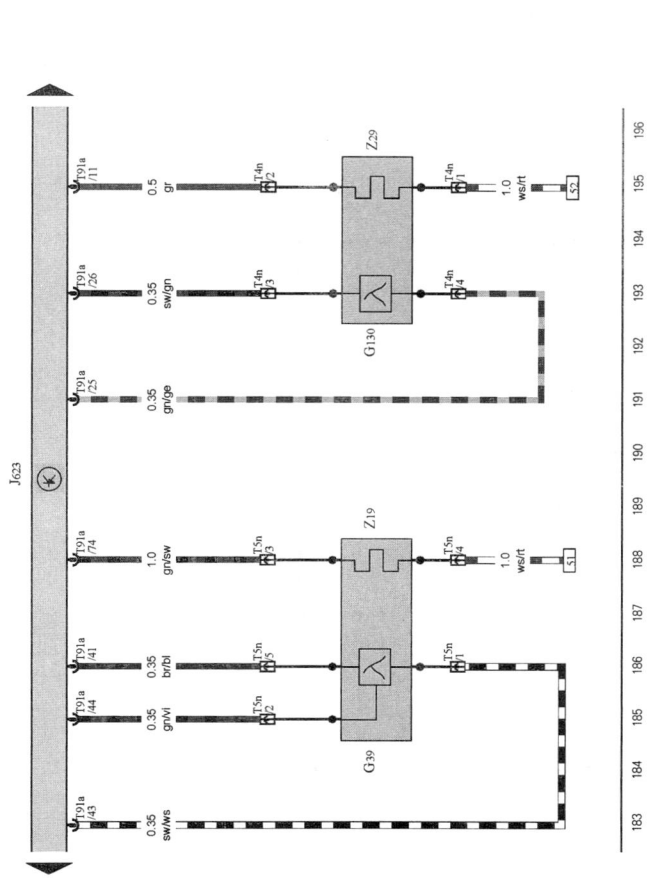

图 7-1-14

G39-氧传感器 G130-尾气催化净化器后的氧传感器 J623-发动机控制单元 T4n-4芯插头连接, 黑色 T5n-5芯插头连接, 黑色 T91a-91芯插头连接, 黑色 Z19-氧传感器加热装置 Z29-尾气催化净化器后的氧传感器1加热装置

图 7-1-15

F-制动信号灯开关 F47-制动踏板开关 J293-散热器风扇控制单元 J623-发动机控制单元 T4ao-4芯插头连接, 黑色 T4p-4芯插头连接, 黑色 T91a-91芯插头连接, 黑色 131-接地连接2, 在发动机舱导线束中 167-接地连接4, 在发动机舱导线束中 673-左前纵梁上的接地点3 D73-正极连接 (54) , 在发动机舱导线束中

883

电控油门操纵机构的节气门驱动装置、电控油门操纵机构的节气门驱动装置角度传感器
电控油门操纵机构的节气门驱动装置角度传感器 2、节气门控制单元、发动机控制单元
1、电控油门操纵机构的节气门驱动装置角度传感器、节气门控制单元、发动机控制单元

油门踏板位置传感器、油门踏板位置传感器 2、发动机控制单元

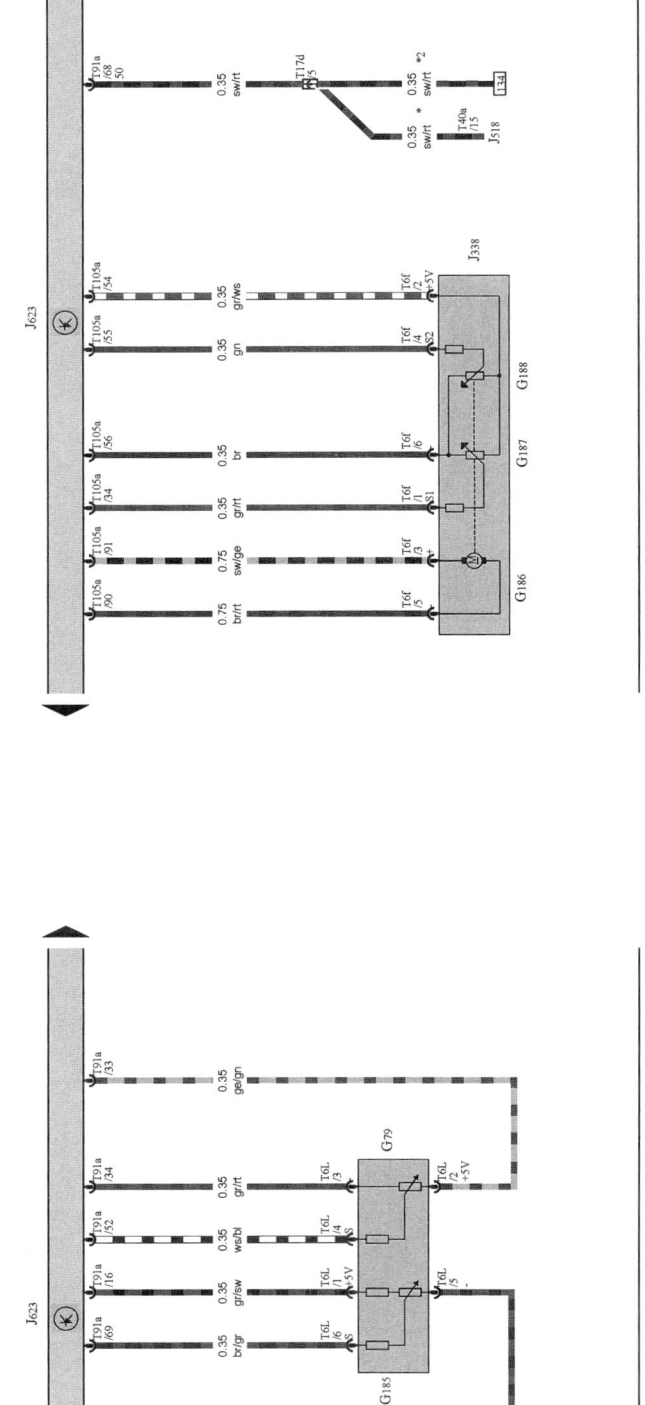

图 7-1-17

图 7-1-16

G186-电控油门操纵机构的节气门驱动装置 G187-电控油门操纵机构的节气门驱动装置 1 G188-电控油门操纵机构的节气门驱动装置 2 J338-节气门控制单元 J518-进入及启动许可控制单元 J623-发动机控制单元 T6f-6芯插头连接，黑色 T17d-17芯插头连接，接线站内，左侧A柱，蓝色 T40a-40芯插头连接，黑色 T91a-91芯插头连接，黑色 T105a-105芯插头连接，黑色 *-仅用于带进入及启动许可的汽车 *2-仅用于不带进入及启动许可的汽车

G79-油门踏板位置传感器 G185-油门踏板位置传感器2 J623-发动机控制单元 T6L-6芯插头连接，黑色 T17d-17芯插头连接，接线站内，左侧A柱，蓝色 T91a-91芯插头连接，黑色

发动机控制单元、气缸 2 喷油器、气缸 3 喷油器、气缸 4 喷油器

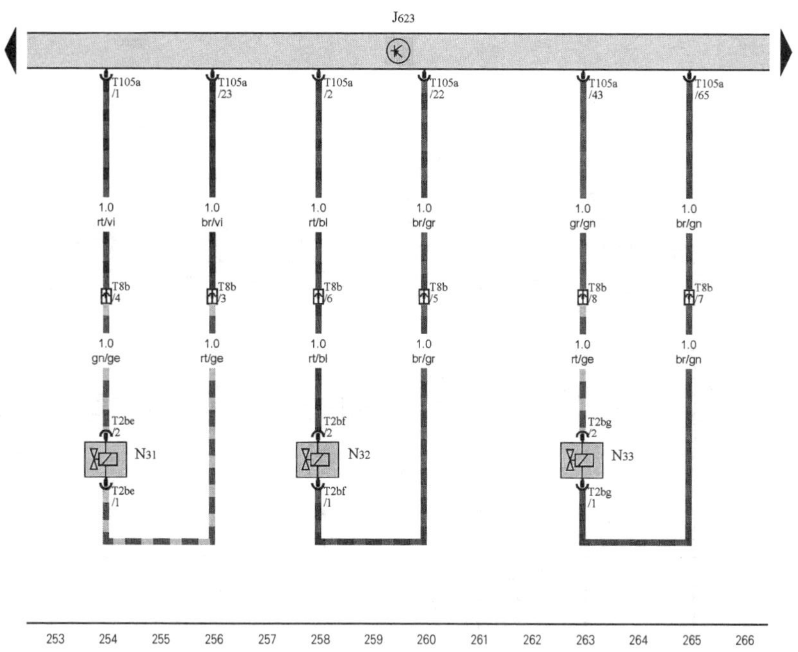

爆震传感器 1、进气歧管风门电位计、发动机控制单元、气缸 1 喷油器

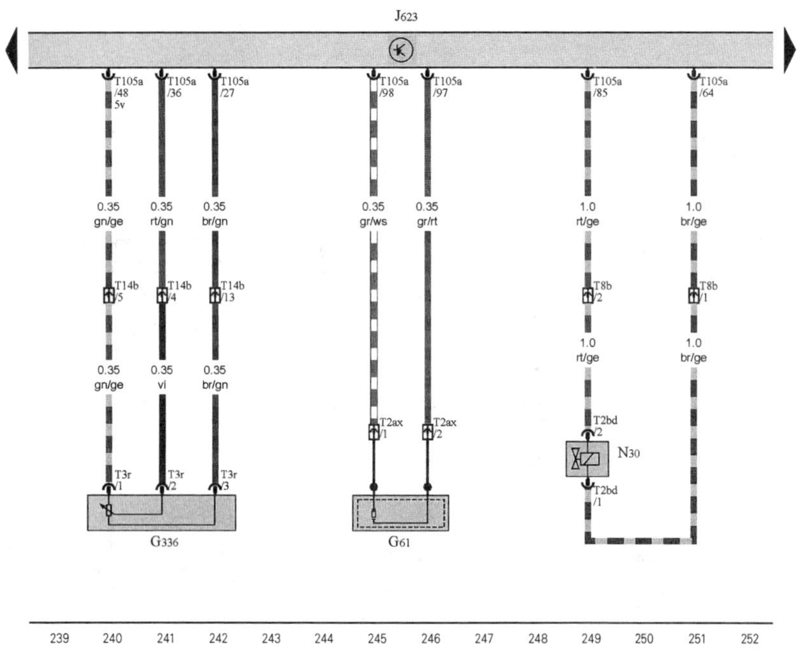

J623－发动机控制单元 N31－气缸2喷油器 N32－气缸3喷油器 N33－气缸4喷油器 T2ax－2芯插头连接，黑色 T2bf－2芯插头连接，黑色 T2be－2芯插头连接，进气歧管上，黑色 T2bg－2芯插头连接，进气歧管上，黑色 T8b－8芯插头连接，黑色 T105a－105芯插头连接，黑色

图 7-1-19

G61－爆震传感器1 G336－进气歧管风门电位计 J623－发动机控制单元 N30－气缸1喷油器 T2ax－2芯插头连接，黑色 T2bd－2芯插头连接，黑色 T3r－3芯插头连接，黑色 T8b－8芯插头连接，进气歧管上，黑色 T14b－14芯插头连接，进气歧管上，黑色 T105a－105芯插头连接，黑色

图 7-1-18

凸轮轴调节元件 1、凸轮轴调节元件 2、凸轮轴调节元件 3、凸轮轴调节元件 4、凸轮轴调节节元件 5、发动机控制单元

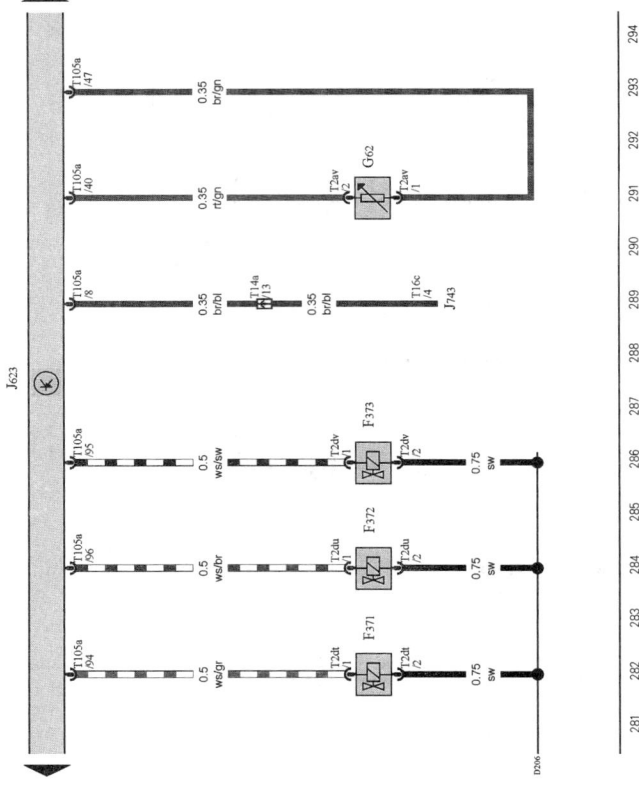

凸轮轴调节元件 6、凸轮轴调节元件 7、凸轮轴调节元件 8、冷却液温度传感器、发动机控制单元

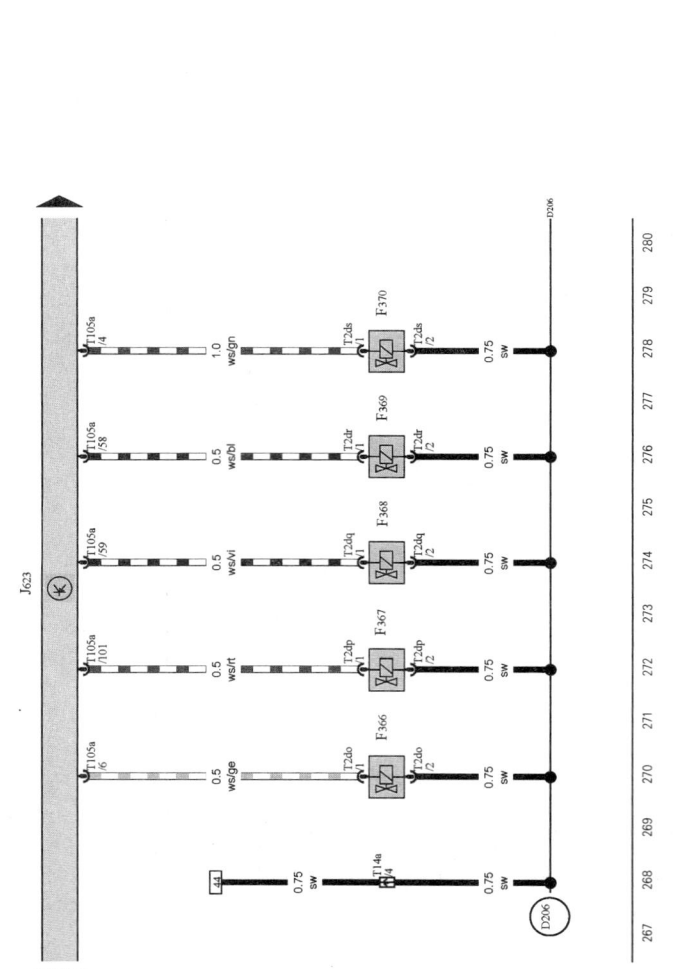

图 7-1-20

F366-凸轮轴调节元件1 F367-凸轮轴调节元件2 F368-凸轮轴调节元件3 F369-凸轮轴调节元件4 F370-凸轮轴调节元件5 J623-发动机控制单元 T2do-2芯插头连接，黑色 T2dp-2芯插头连接，黑色 T2dq-2芯插头连接，黑色 T2ds-2芯插头连接，黑色 T14a-14芯插头连接，发动机舱内左前，灰色 T105a-105芯插头连接，黑色 D206-连接4（87a），在发动机预接线导线束中

图 7-1-21

F371-凸轮轴调节元件6 F372-凸轮轴调节元件7 F373-凸轮轴调节元件8 G62-冷却液温度传感器 J623-发动机控制单元 J743-双离合器变速箱机电装置 T2av-2芯插头连接，黑色 T2dt-2芯插头连接，黑色 T2du-2芯插头连接，黑色 T2dv-2芯插头连接，黑色 T14a-14芯插头连接，发动机舱内左前，灰色 T16c-16芯插头连接，黑色 T105a-105芯插头连接，黑色 D206-连接4（87a），在发动机预接线导线束中

进气温度传感器、进气歧管压力传感器、发动机控制单元、冷却液继续补给泵

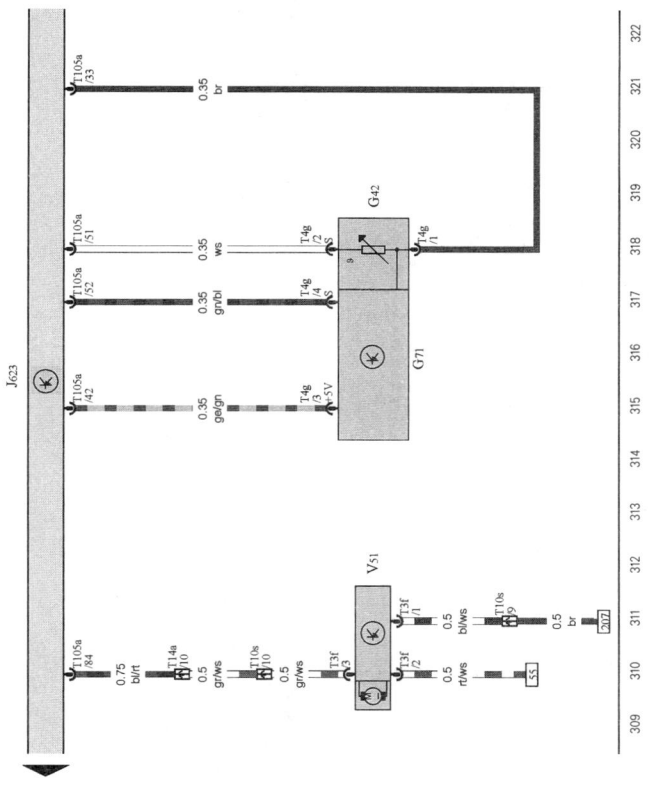

G42-进气温度传感器 G71-进气歧管压力传感器 J623-发动机控制单元 T3f-3芯插头连接，黑色 T4g-4芯插头连接，发动机舱内左前，黑色 T10s-10芯插头连接，发动机舱内左前，黑色 T14a-14芯插头连接，发动机舱内左前，灰色 T105a-105芯插头连接，黑色 V51-冷却液继续补给泵

图7-1-23

燃油压力传感器、发动机控制单元、冷却液断流阀、变速器冷却液阀

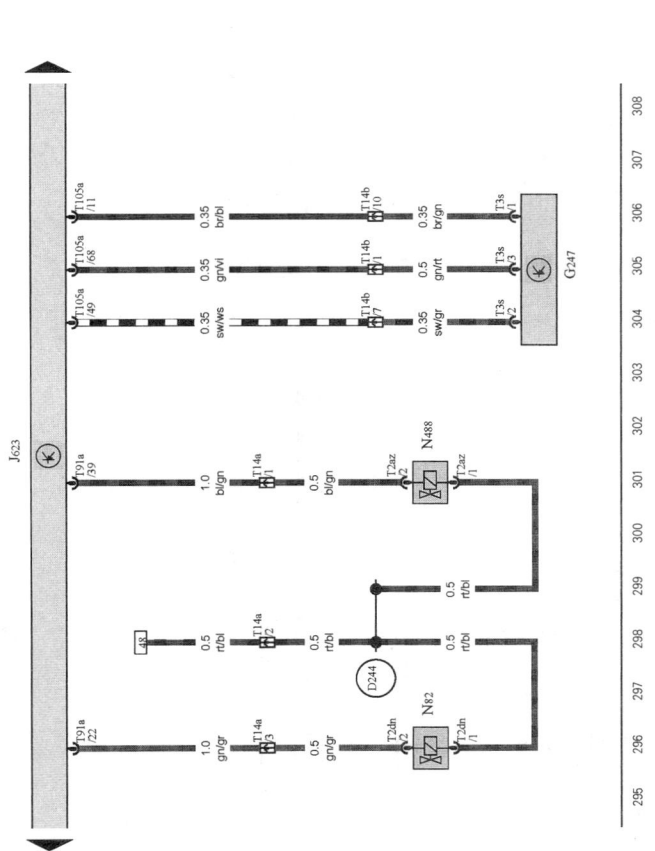

G247-燃油压力传感器 J623-发动机控制单元 N82-冷却液断流阀 N488-变速器冷却液阀 T2az-2芯插头连接，黑色 T2dn-2芯插头连接，黑色 T3s-3芯插头连接，黑色 T14a-14芯插头连接，发动机舱内左前，灰色 T14b-14芯插头连接，进气歧管上，黑色 T91a-91芯插头连接，黑色 T105a-105芯插头连接，黑色 D244-连接5（87a），在发动机预接线导线束中

图7-1-22

887

增压压力传感器、机油油位和机油温度传感器、进气温度传感器2、发动机控制单元

发动机控制单元、涡轮增压器循环空气阀、进气歧管风门阀门、机油压力调节阀、活塞冷却喷嘴控制阀

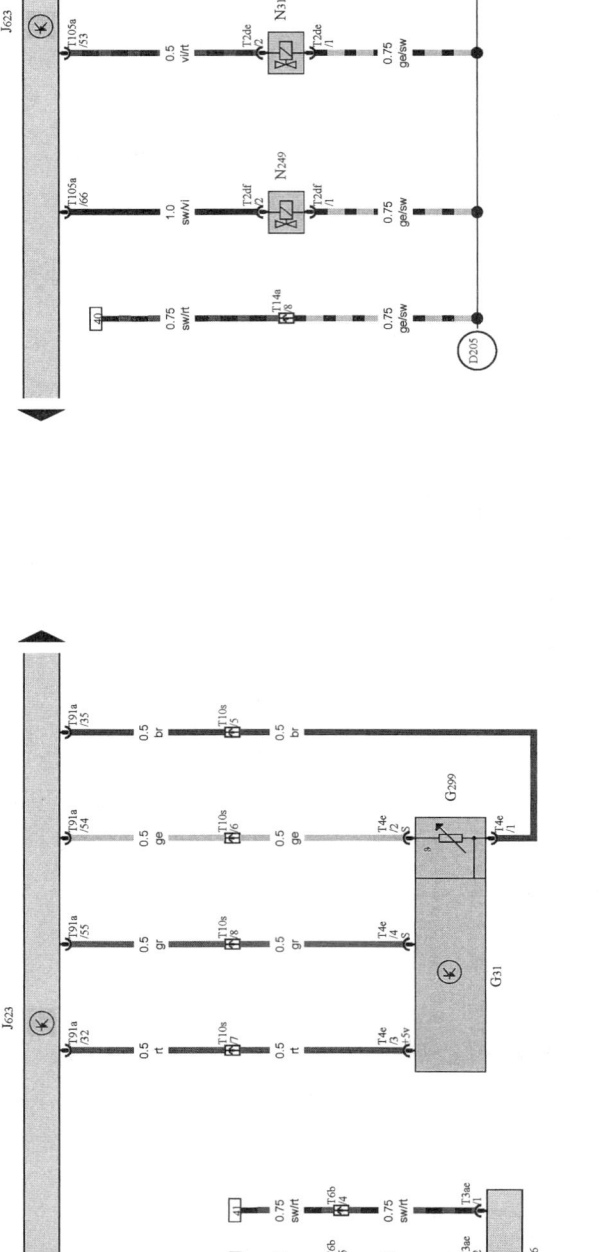

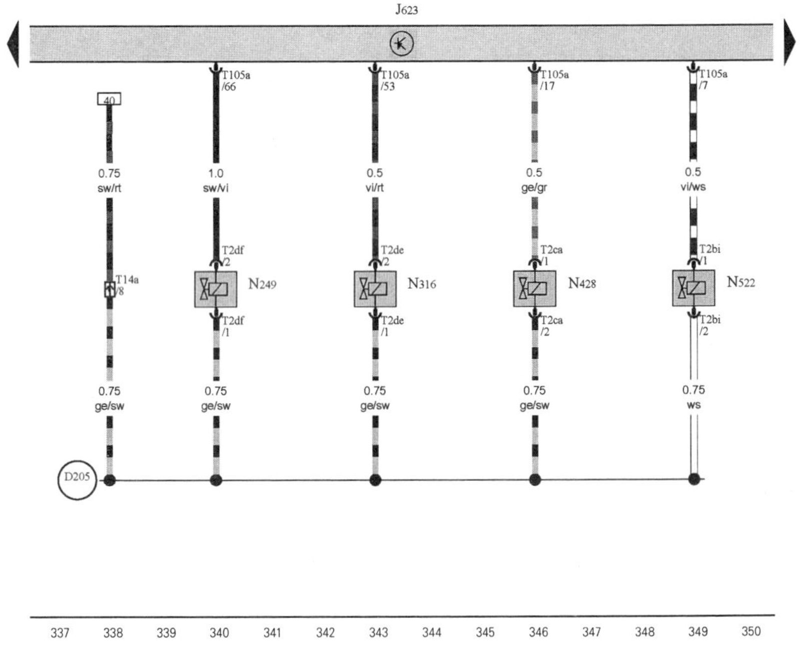

G31-增压压力传感器 G266-机油油位和机油温度传感器 G299-进气温度传感器2 J623-发动机控制单元 T3ae-3芯插头连接，黑色 T4e-4芯插头连接，黑色 T6b-6芯插头连接，发动机舱内左后部，黑色 T10s-10芯插头连接，发动机舱内左前，黑色 T14a-14芯插头连接，发动机舱内左前，黑色 T91a-91芯插头连接，黑色 T105a-105芯插头连接，黑色

图7-1-24

J623-发动机控制单元 N249-涡轮增压器循环空气阀 N316-进气歧管风门阀门 N428-机油压力调节阀 N522-活塞冷却喷嘴控制阀 T2bi-2芯插头连接，黑色 T2ca-2芯插头连接，黑色 T2de-2芯插头连接，黑色 T2df-2芯插头连接，发动机舱内左前，黑色 T14a-14芯插头连接，发动机舱内左前，灰色 T105a-105芯插头连接，发动机预接线导束中 D205-连接3（87a），在发动机预接线导束中

图7-1-25

发动机控制单元、带功率输出级的点火线圈 1、带功率输出级的点火线圈 2、带功率输出级的点火线圈 3、火花塞插头、火花塞

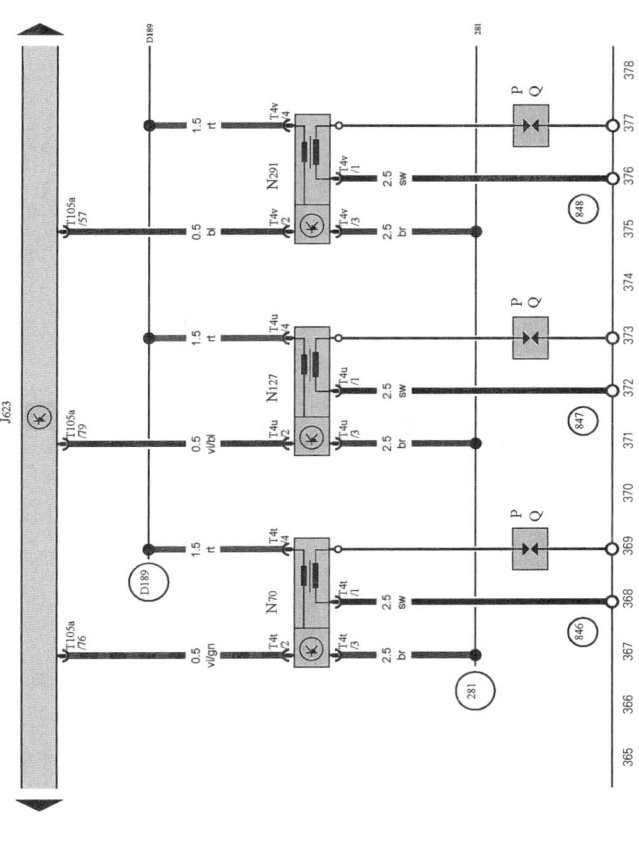

J623-发动机控制单元　N70-带功率输出级的点火线圈1　N127-带功率输出级的点火线圈2　N291-带功率输出级的点火线圈3　P-火花塞插头　Q-火花塞　T4t-4芯插头连接，黑色　T4u-4芯插头连接，黑色　T4v-4芯插头连接，黑色　T105a-105芯插头连接，黑色　281-接地连接1，在发动机预接线导线束中　846-点火线圈1上的接地点　847-点火线圈2上的接地点　848-点火线圈3上的接地点　D189-连接（87a），在发动机预接线导线束中

图 7-1-27

发动机控制单元、增压压力限制电磁阀、活性炭罐电磁阀 1、凸轮轴调节阀 1、排气门凸轮轴调节阀 1

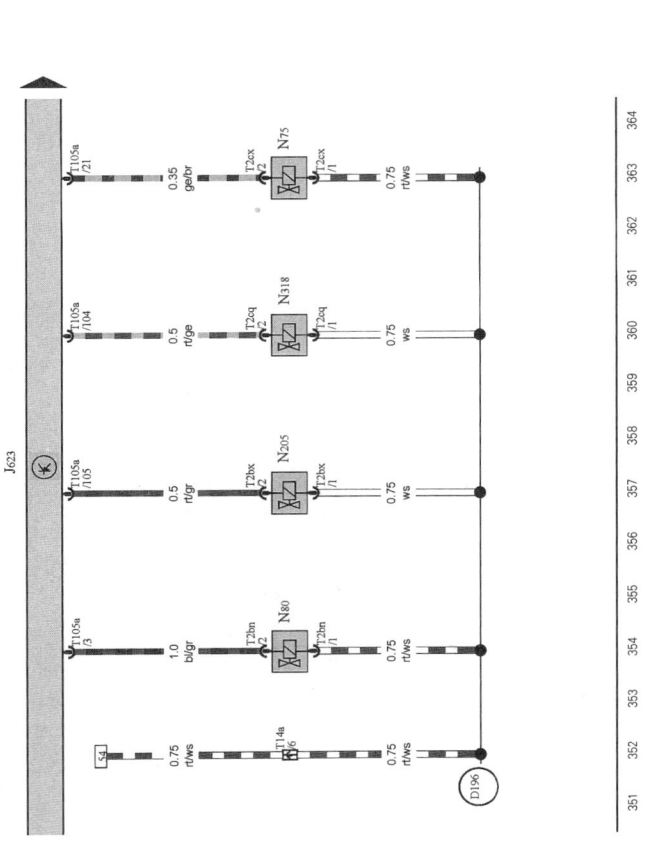

J623-发动机控制单元　N75-增压压力限制电磁阀　N80-活性炭罐电磁阀1　N205-凸轮轴调节阀1　N318-排气门凸轮轴调节阀1　T2bn-2芯插头连接，黑色　T2bx-2芯插头连接，黑色　T2cq-2芯插头连接，黑色　T2cx-2芯插头连接，黑色　T14a-14芯插头连接，灰色　T105a-105芯插头连接，黑色　D196-连接2（87a），在发动机预接线导线束中

图 7-1-26

889

发动机控制单元、带功率输出级的点火线圈 4、火花塞插头、火花塞

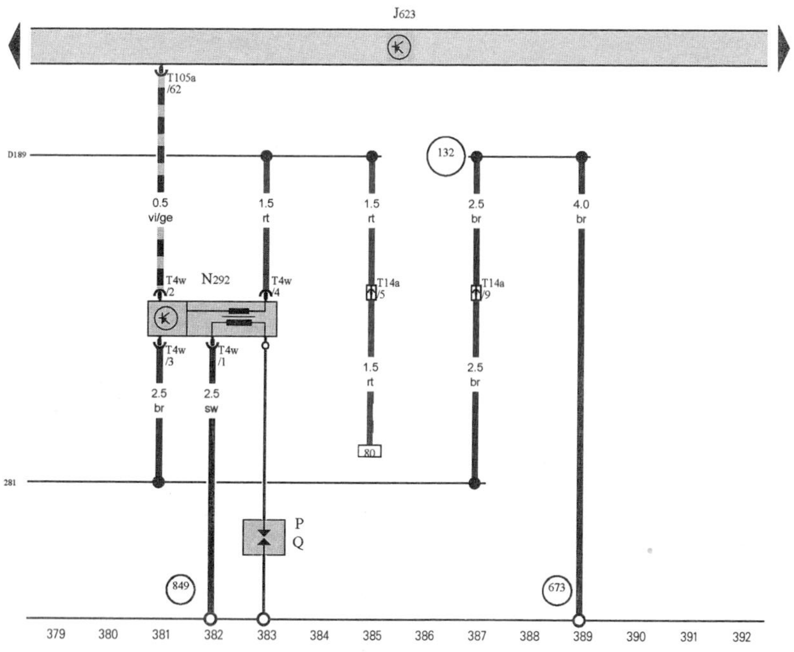

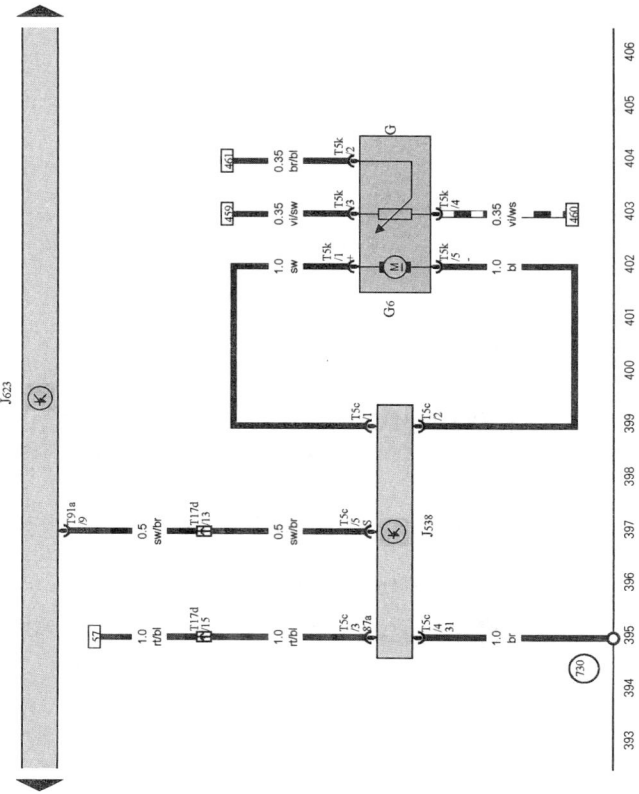

燃油表传感器、预供给燃油泵、燃油泵控制单元、发动机控制单元

图 7-1-28

图 7-1-29

J623-发动机控制单元 N292-带功率输出级的点火线圈4 P-火花塞插头 Q-火花塞 T4w-4芯插头连接、在发动机舱内左前 T14a-14芯插头连接、发动机舱内左前，黑色 T105a-105芯插头连接，黑色 132-接地连接3、在发动机顶部接线导线束中 281-接地连接1、在发动机顶部接线导线束中 673-左前纵梁上的接地点3 849-点火线圈4上的接地点 D189-连接 (87a) ，在发动机预接线导线束中

G-燃油表传感器 G6-预供给燃油泵 J538-燃油泵控制单元 J623-发动机控制单元 T5c-5芯插头连接 T5k-5芯插头连接、黑色 T17d-17芯插头连接，黑色 T91a-91芯插头连接，蓝色 A柱，左侧站内，接线站内，接线站内 730-右后轮罩上的接地点1

890

机油压力开关; 机油压力降低开关; 机油压力开关, 3挡; 数据总线诊断接口; 发动机控制单元

数据总线诊断接口, 诊断接口

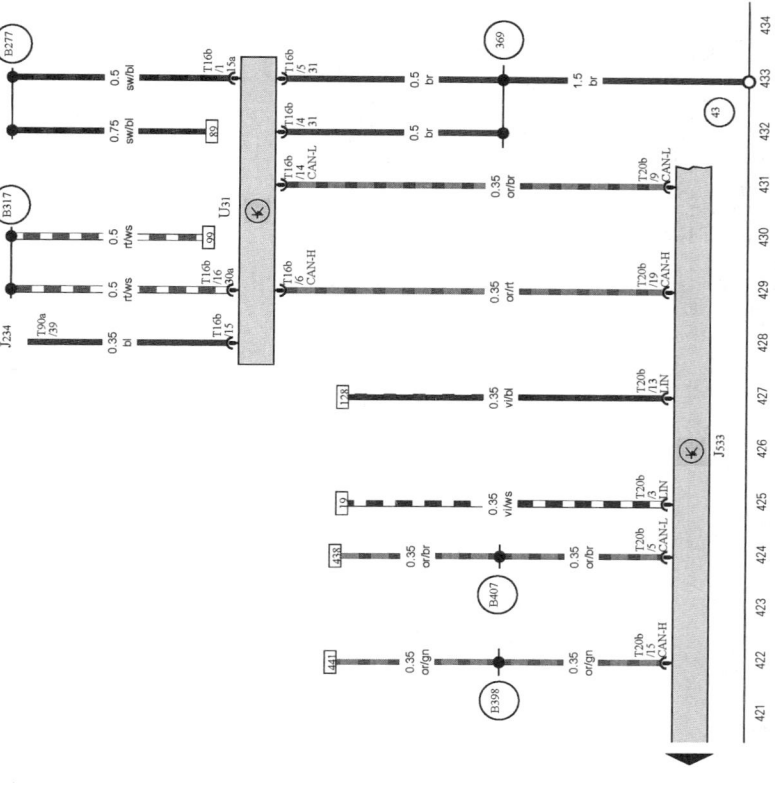

图 7-1-31

J234-安全气囊控制单元 J533-数据总线诊断接口 T16b-16芯插头连接, 红色 T90a-90芯插头连接, 黄色 U31-诊断接口 43-右侧A柱下部的接地点 369-接地连接4, 在主导线束中 B277-正极连接3 (30a), 在主导线束中 B317-正极连接1 (15a), 在主导线束中 B407-连接2 (舒适CAN总线, Low), 在主导线束中 B398-连接2 (舒适CAN总线, High), 在主导线束中

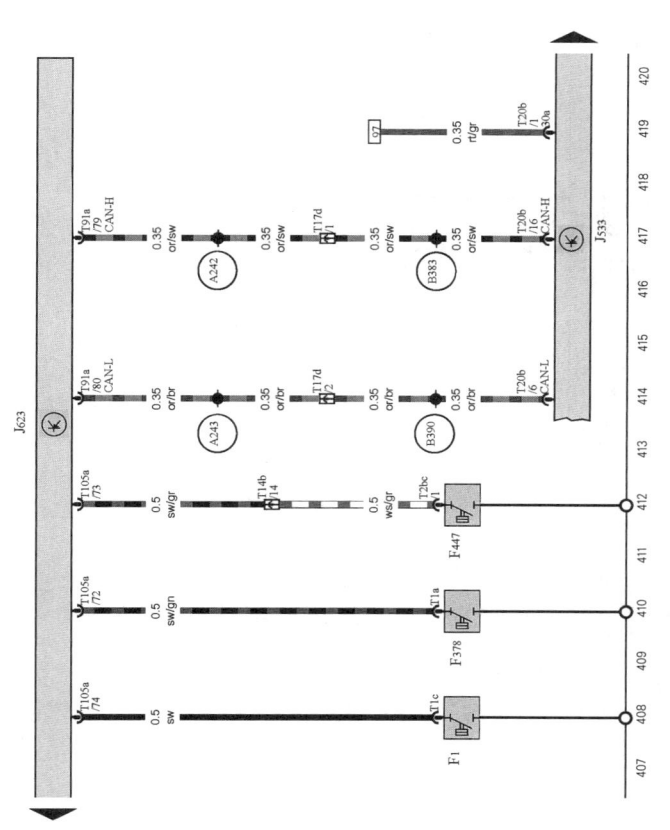

图 7-1-30

F1-机油压力开关 F378-机油压力降低开关 F447-机油压力开关, 3挡 J533-数据总线诊断接口 J623-发动机控制单元 T1a-1芯插头连接, 黑色 T1c-1芯插头连接, 蓝色 T2bc-2芯插头连接, 黑色 T14b-14芯插头连接, 黑色 T17d-17芯插头连接, 黑色 T20b-20芯插头连接, 红色 T105a-105芯插头连接, 黑色 A242-连接1 (驱动CAN总线, High), 在发动机舱导线束中 A243-连接1 (驱动CAN总线, Low), 在发动机舱导线束中 B390-连接1 (驱动CAN总线, Low), 在发动机舱导线束中 B383-连接1 (驱动CAN总线, High), 在发动机舱导线束中

891

防盗锁止系统识读线圈、燃油表、冷却液温度表、转速表、多功能显示器、组合仪表中的
控制单元、防盗锁止系统控制单元、发电机指示灯、机油油位指示灯、燃油表指示灯

车速表、组合仪表中的控制单元、机油压力指示灯、冷却液温度和冷却液不足显示指示灯、
定速巡航装置指示灯、废气警告灯、电子油门故障信号灯、里程表

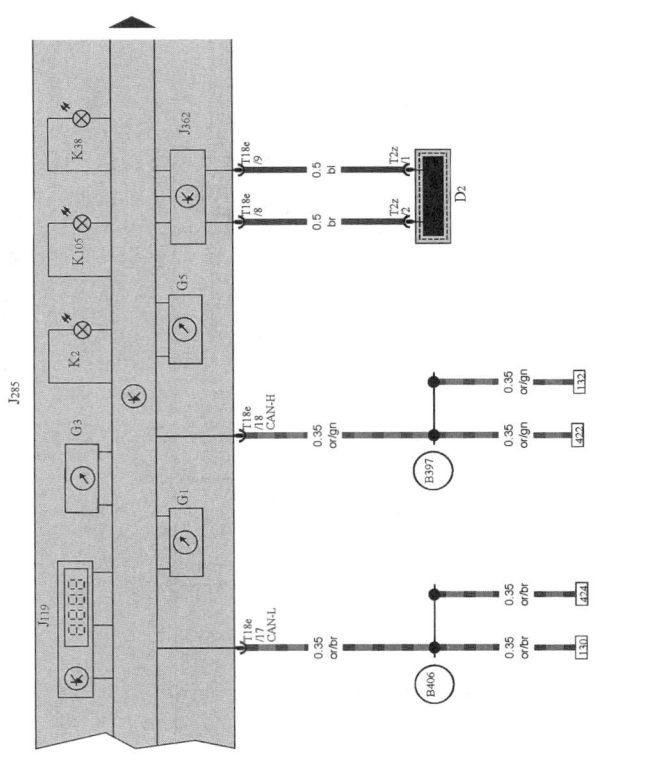

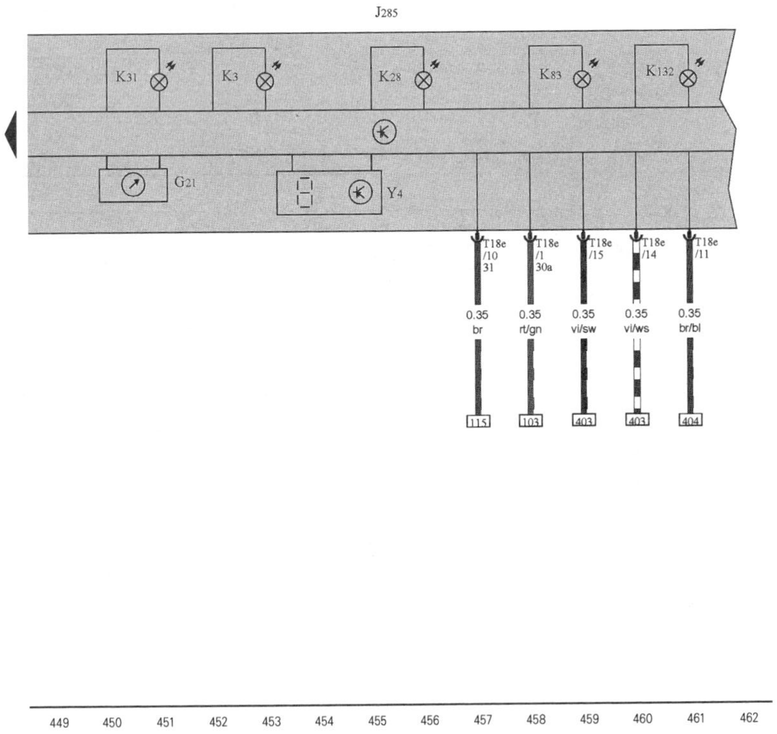

G21-车速表 J285-组合仪表中的控制单元 K3-机油压力指示灯 K28-冷却液温度和冷却液不足显示指示
灯 K31-定速巡航装置指示灯 K83-废气警告指示灯 K132-电子油门故障信号灯 T18e-18芯插头连接，黑色
Y4-里程表

图7-1-33

D2-防盗锁止系统识读线圈 G1-燃油表 G3-冷却液温度表 G5-转速表 J119-多功能显示器 J285-组合仪
表中的控制单元 J362-防盗锁止系统控制单元 K2-发电机指示灯 K38-机油油位指示灯 K105-燃油表指
示灯 T2z-2芯插头连接，黑色 T18e-18芯插头连接，黑色 B397-连接1（舒适CAN总线，High），在主
导线束中 B406-连接1（舒适CAN总线，Low），在主导线束中

图7-1-32

蓄电池、启动机、交流发电机、电压调节器、蓄电池监控控制单元

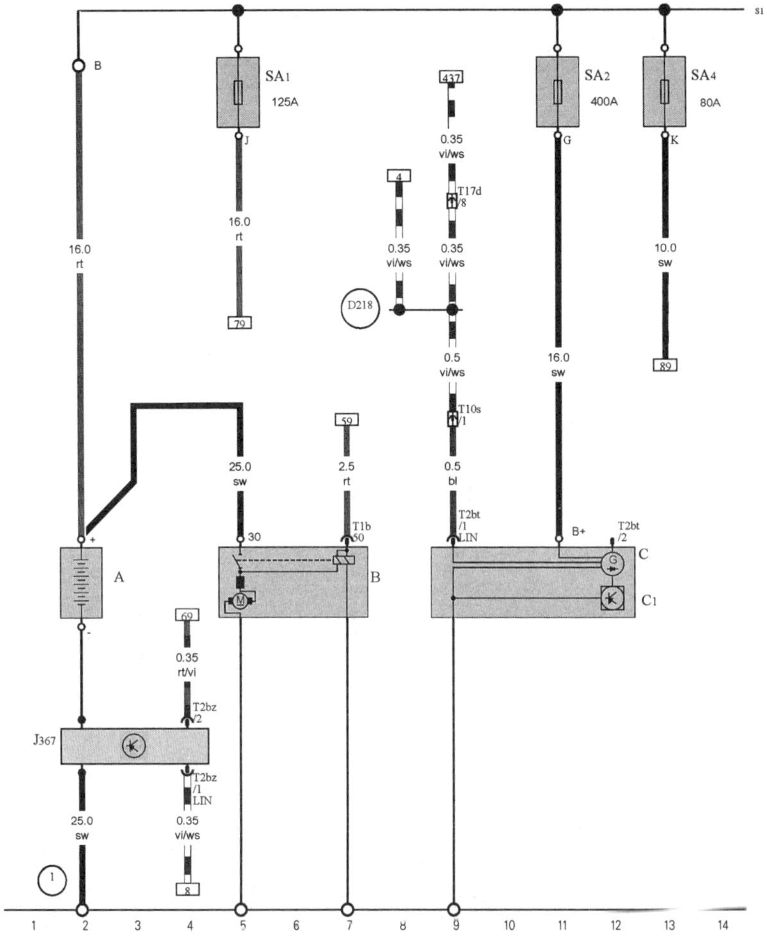

主继电器、保险丝架 B

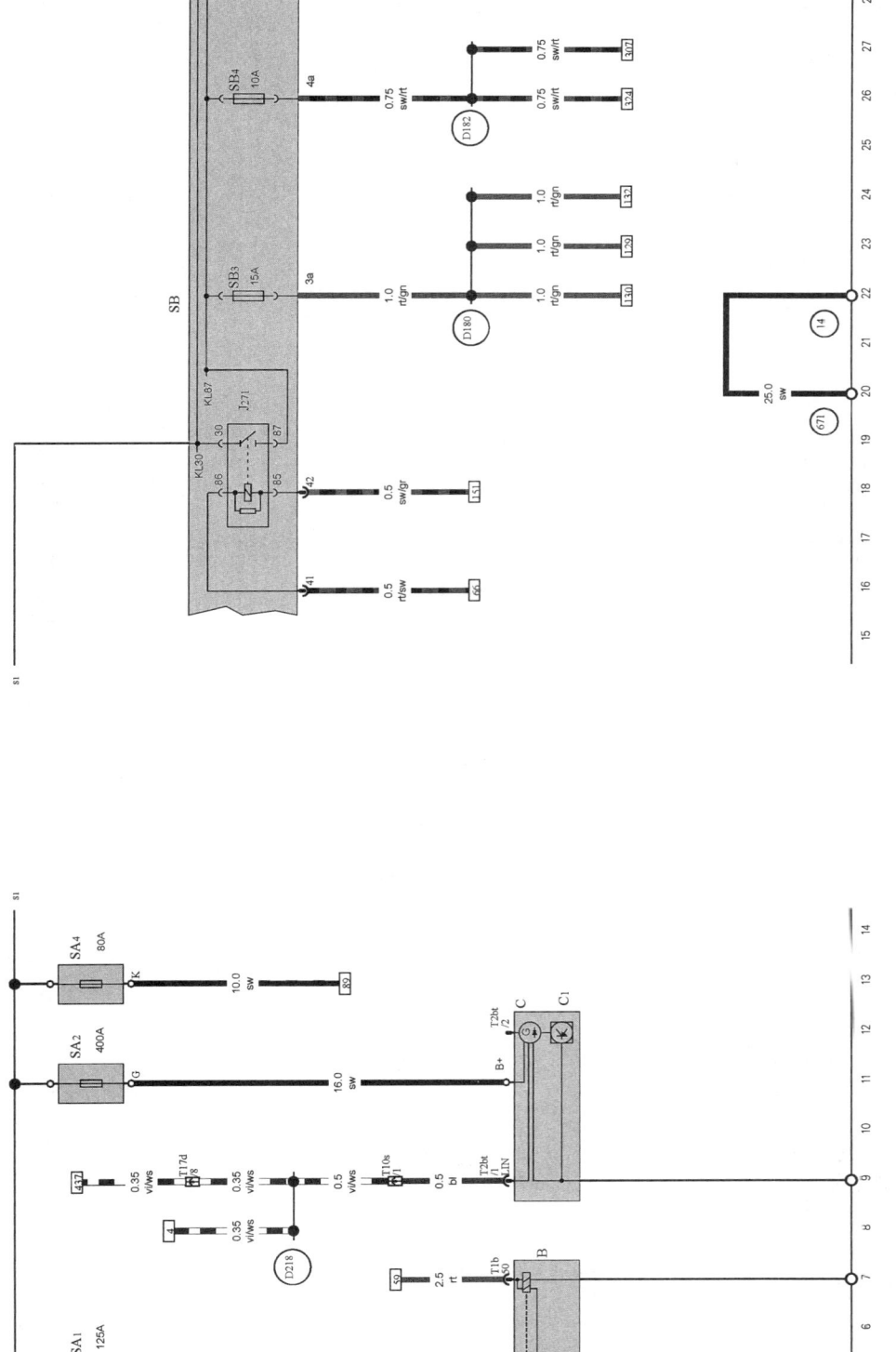

图 7-1-34

A-蓄电池 B-启动机 C-交流发电机 C1-电压调节器 J367-蓄电池监控控制单元 SA1-保险丝架A上的保险丝1 SA2-保险丝架A上的保险丝2 SA4-保险丝架A上的保险丝4 T1b-1芯插头连接 T2bt-2芯插头连接，黑色 T17d-17芯插头连接，接发动机舱内左前，黑色 T10s-10芯插头连接，黑色 T2bz-2芯插头连接，蓝色 1-接地带，蓝色 1-接地点，左侧A柱，蓄电池-车身 D218-连接1（LIN总线），在发动机舱导线束中

图 7-1-35

J271-主继电器 SB-保险丝架B SB3-保险丝架B上的保险丝3 SB4-保险丝架B上的保险丝4 14-变速器上的接地点 671-左前纵梁上的接地点1 D180-连接（87a），T2bt-2芯插头连接，黑色 D182-连接3（87a），在发动机舱导线束中 发动机舱导线束中

893

启动机继电器 1, 启动机继电器 2, 保险丝架 B

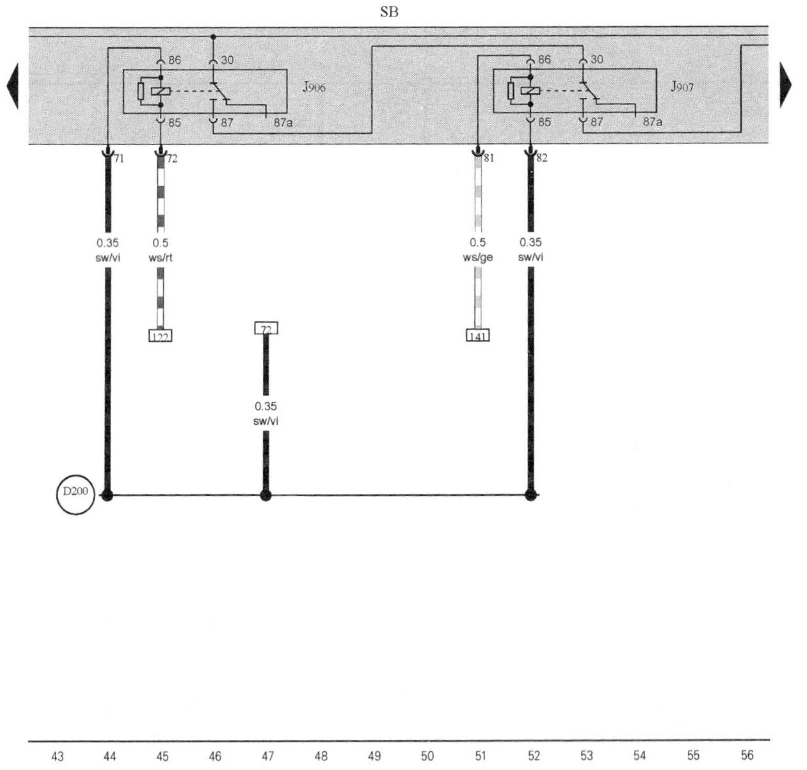

图 7-1-37

保险丝架 B

图 7-1-36

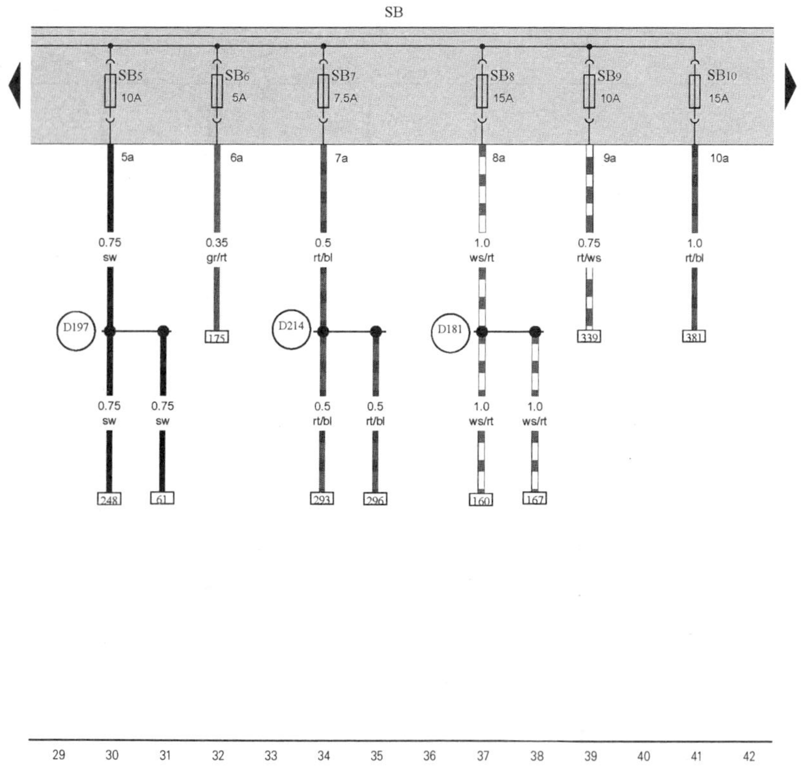

SB−保险丝架B　SB5−保险丝架B上的保险丝5　SB6−保险丝架B上的保险丝6　SB7−保险丝架B上的保险丝7
SB8−保险丝架B上的保险丝8　SB9−保险丝架B上的保险丝9　SB10−保险丝架B上的保险丝10　D181−连接2
(87a), 在发动机舱导线束中　D197−连接5 (87a), 在发动机舱导线束中　D214−连接8 (87a), 在发动
机舱导线束中

J906−启动机继电器1　J907−启动机继电器2　SB−保险丝架B　D200−正极连接3 (15a), 在发动机舱导线束
中

发动机部件供电继电器、保险丝架 B

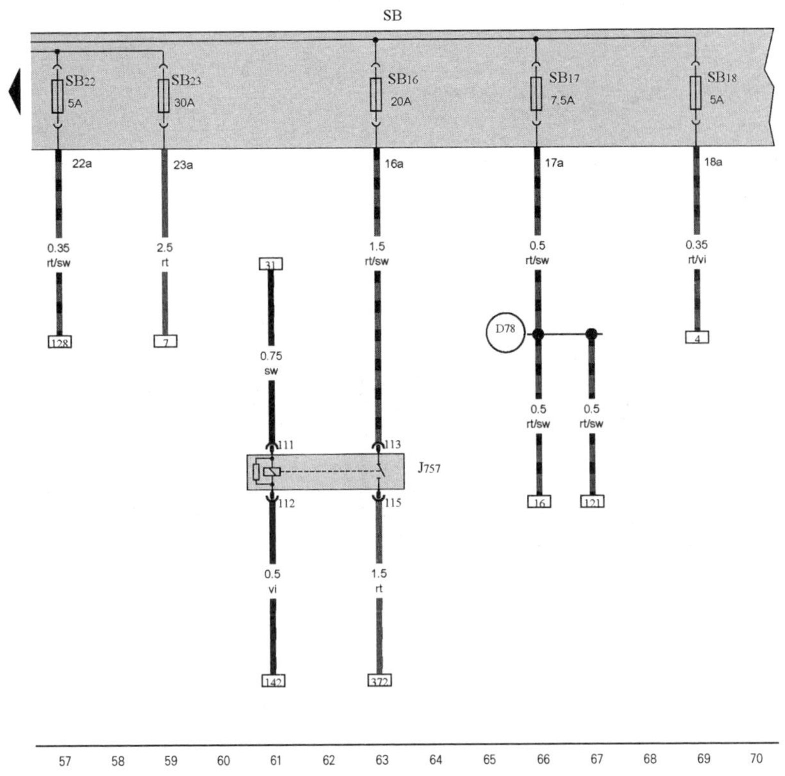

接线端 15 供电继电器、车载电网控制单元、保险丝架 C

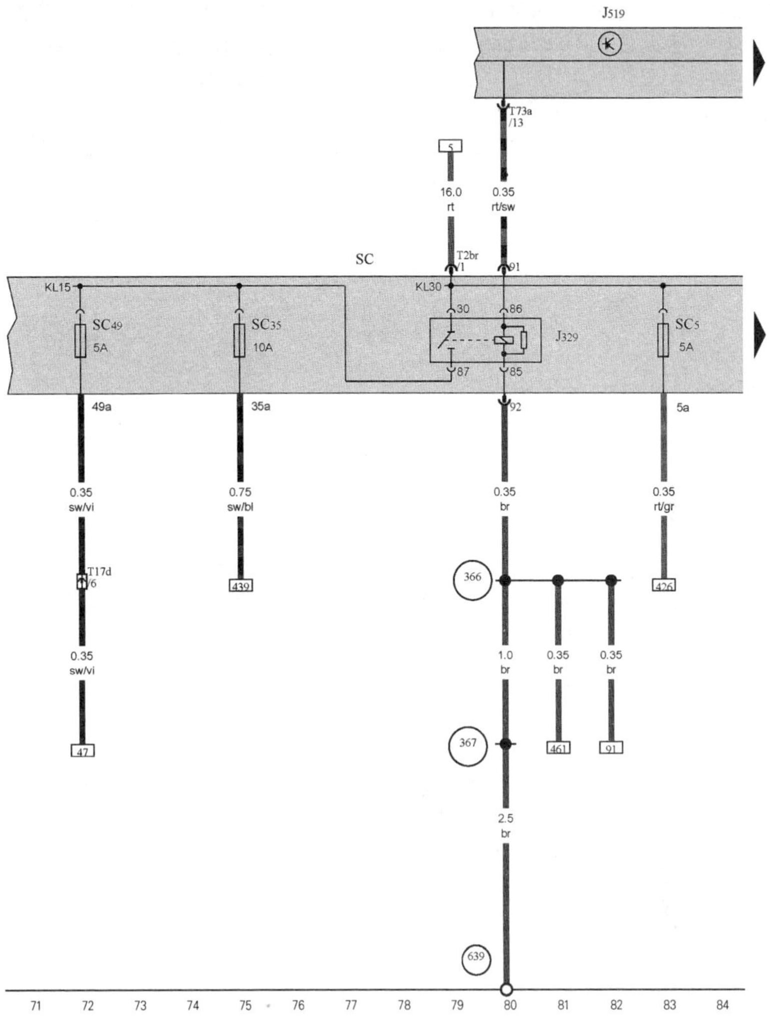

图 7-1-38

图 7-1-39

J329-接线端15供电继电器 J519-车载电网控制单元 SC-保险丝架C SC5-保险丝架C上的保险丝5 SC35-保险丝架C上的保险丝35 SC49-保险丝架C上的保险丝49 T2br-2芯插头连接 T17d-17芯插头连接，黑色 T2hr-2芯插头连接，蓝色 T73a-73芯插头连接，黑色 366-接地连接1，在主导线束中 367-接地连接2，在主导线束中 639-左A柱上的接地点

J757-发动机部件供电继电器 SB-保险丝架B SB16-保险丝架B上的保险丝16 SB17-保险丝架B上的保险丝17 SB18-保险丝架B上的保险丝18 SB22-保险丝架B上的保险丝22 SB23-保险丝架B上的保险丝23 D78-正极连接1（30a），在发动机舱导线束中

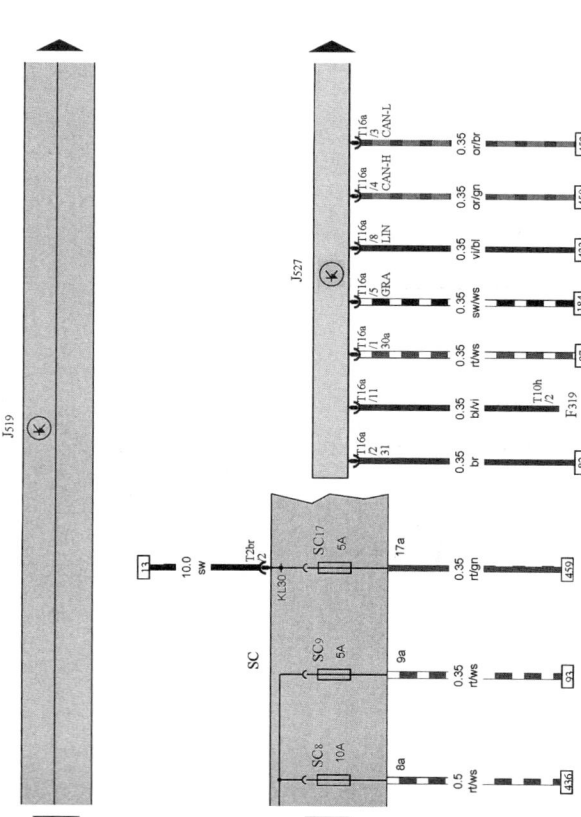

车载电网控制单元、转向柱电子装置控制单元、冷却液不足显示传感器、车载电网控制单元、转向柱电子装置控制单元

定速巡航装置开关、定速巡航装置设置按钮、冷却液不足显示传感器、车载电网控制单元、转向柱电子装置控制单元

车载电网控制单元、转向柱电子装置控制单元、保险丝架 C

图 7-1-41

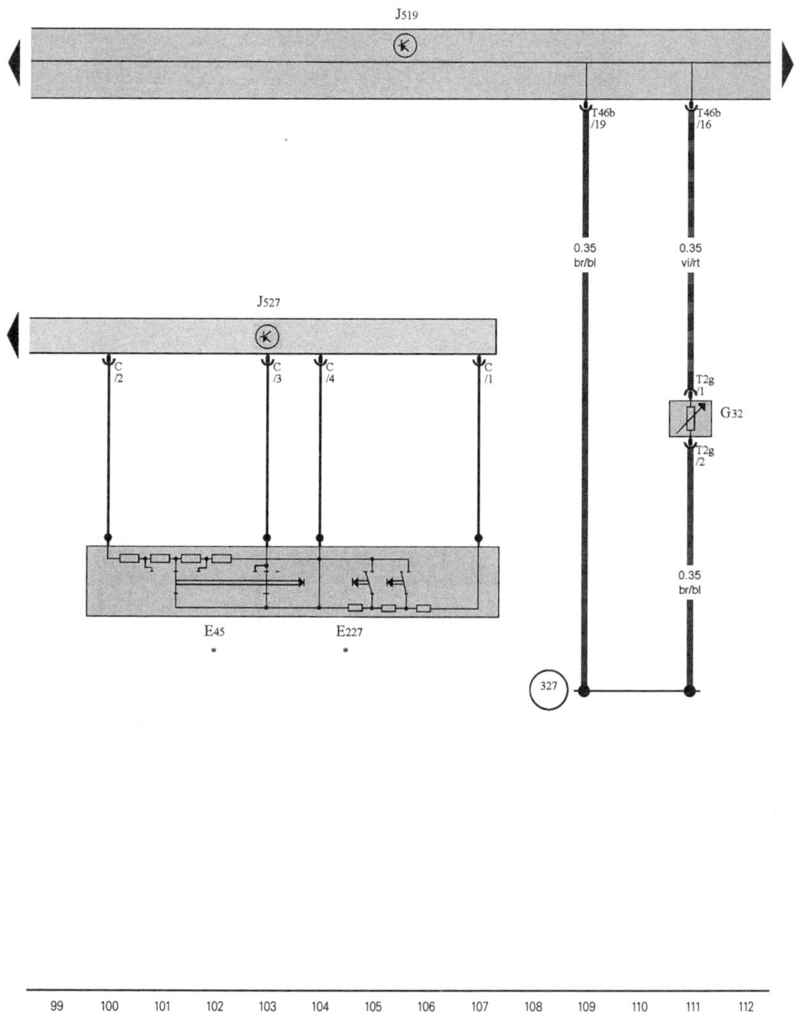

E45－定速巡航装置开关 E227－定速巡航装置设置按钮 G32－冷却液不足显示传感器 J519－车载电网控制单元 J527－转向柱电子装置控制单元 T2g－2芯插头连接，黑色 T46b－46芯插头连接，黑色 327－接地连接（传感器接地），在发动机舱导线束中 *－仅用于不带自动车距控制（ADR）的汽车

图 7-1-40

F319－选挡杆挡位P锁止开关 J519－车载电网控制单元 J527－转向柱电子装置控制单元 SC－保险丝架C SC8－保险丝架C上的保险丝8 SC9－保险丝架C上的保险丝9 SC17－保险丝架C上的保险丝17 T2br－2芯插头连接，黑色 T10h－10芯插头连接，黑色 T16a－16芯插头连接，黑色

中控台开关模块 1、启动 / 停止模式按钮、车载电网控制单元、启动 /
发动机控制单元、霍耳传感器 3、车载电网控制单元、发动机控制单元

停止运行模式指示灯、开关照明灯泡、燃油压力调节阀

发动机转速传感器、霍耳传感器 3、车载电网控制单元、发动机控制单元

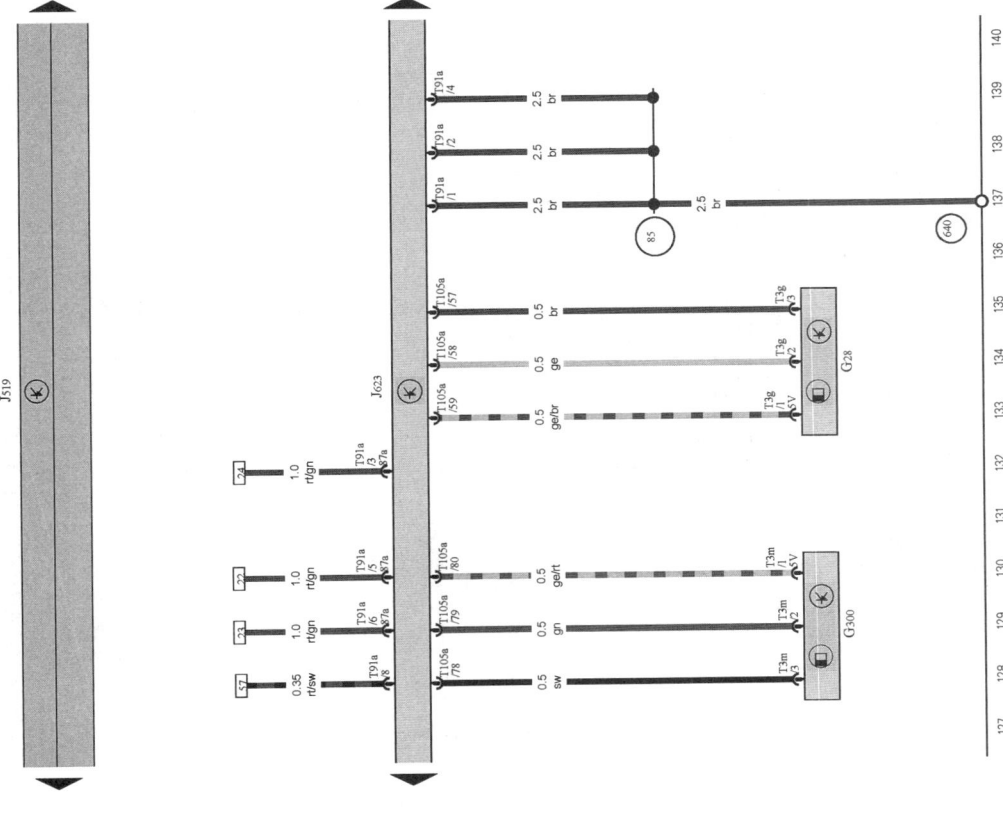

G28-发动机转速传感器3 G300-霍耳传感器3 J519-车载电网控制单元 J623-发动机控制单元 T3g-3芯插
头连接，黑色 T3m-3芯插头连接，黑色 T91a-91芯插头连接，黑色 T105a-105芯插头连接，黑色 85-接
地连接，在发动机舱导线束中 640-发动机舱内左侧接地点2

图 7-1-43

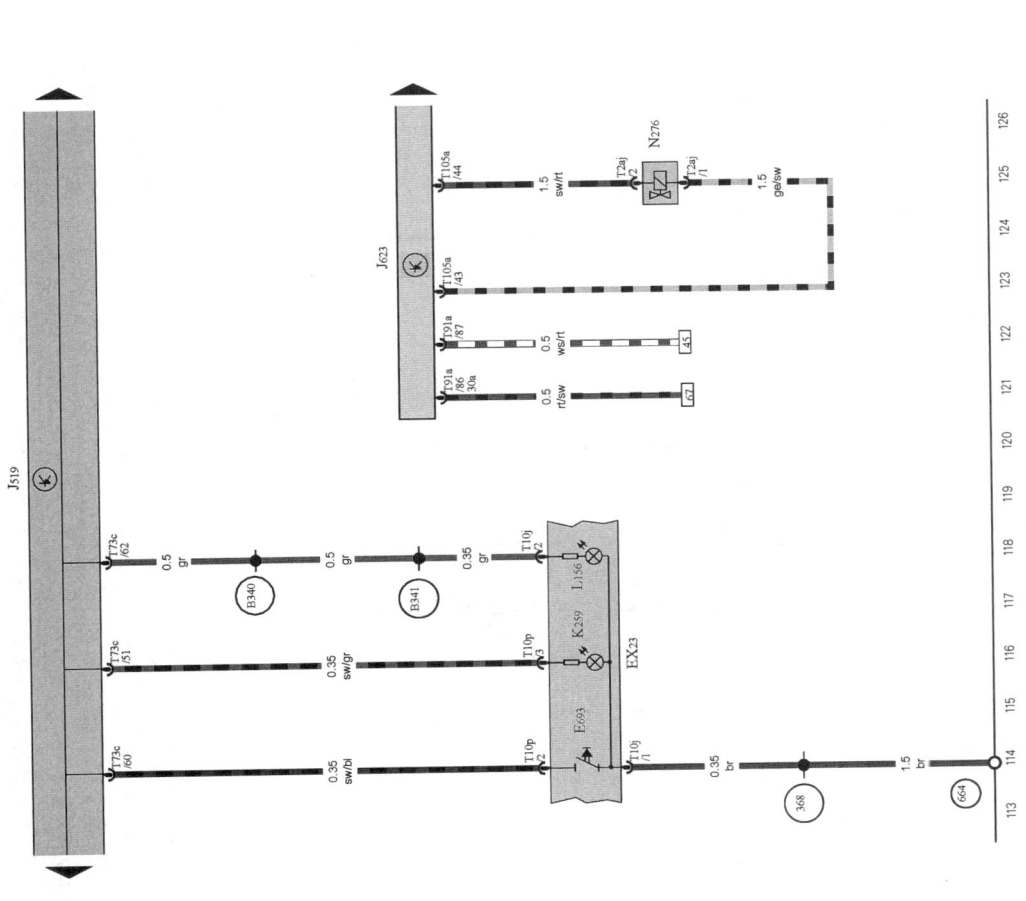

EX23-中控台开关模块1 E693-启动/停止模式按钮 J519-车载电网控制单元 J623-发动机控制单元 K259
-启动/停止运行模式指示灯 L156-开关照明灯泡 N276-燃油压力调节阀 T2aj-2芯插头连接，黑色 T10j-
10芯插头连接，黑色 T10p-10芯插头连接，黑色 T73c-73芯插头连接，红色 T91a-91芯插头连接，黑色
T105a-105芯插头连接，黑色 368-接地连接3，在主导线束中 664-左侧仪表板后面接地点 B340-连接1
(58d)，在主导线束中 B341-连接2 (58d)，在主导线束中

图 7-1-42

897

霍耳传感器、散热器出口处的冷却液温度传感器、车载电网控制单元、发动机控制单元

氧传感器、尾气催化净化器后的氧传感器、车载电网控制单元、发动机控制单元、氧传感器加热装置、尾气催化净化器后的氧传感器 1 加热装置

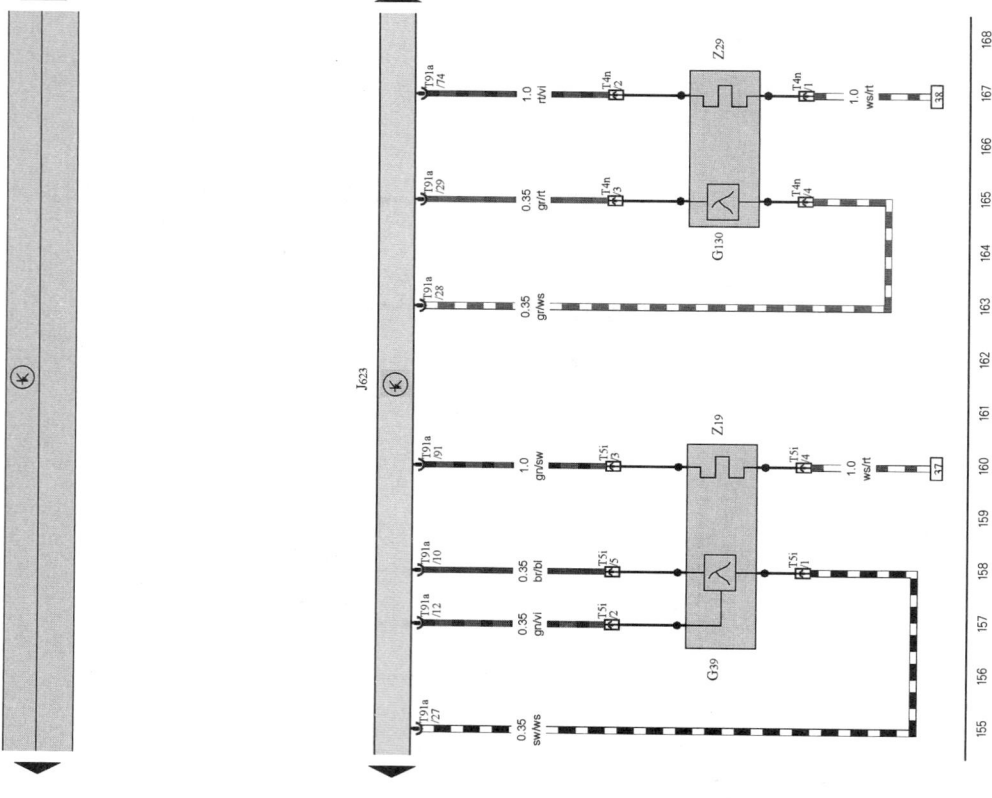

图 7-1-45

G39-氧传感器、G130-尾气催化净化器后的氧传感器 J519-车载电网控制单元 J623-发动机控制单元
T4n-4芯插头连接、黑色 T5i-5芯插头连接、灰色 T91a-91芯插头连接、黑色 Z19-氧传感器加热装置
Z29-尾气催化净化器后的氧传感器1加热装置

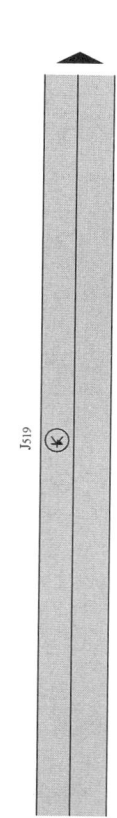

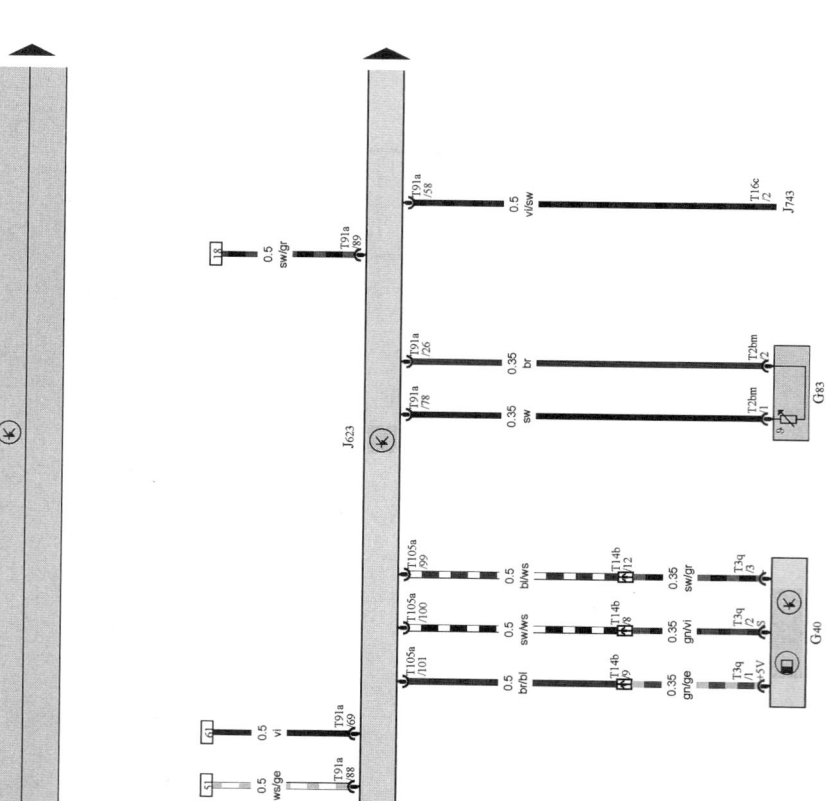

图 7-1-44

G40-霍耳传感器、G83-散热器出口处的冷却液温度传感器 J519-车载电网控制单元 J623-发动机控制单元
J743-双离合器变速器机电装置 T2bm-2芯插头连接、黑色 T3q-3芯插头连接、黑色 T14b-14芯插头连
接、黑色 T16c-16芯插头连接、黑色 T91a-91芯插头连接、黑色 T105a-105芯插头连接、黑色
进气波管上、
黑色

油门踏板位置传感器、油门踏板位置传感器2、车载电网控制单元、发动机控制单元

制动信号灯开关、制动踏板开关、车载电网控制单元、发动机控制单元

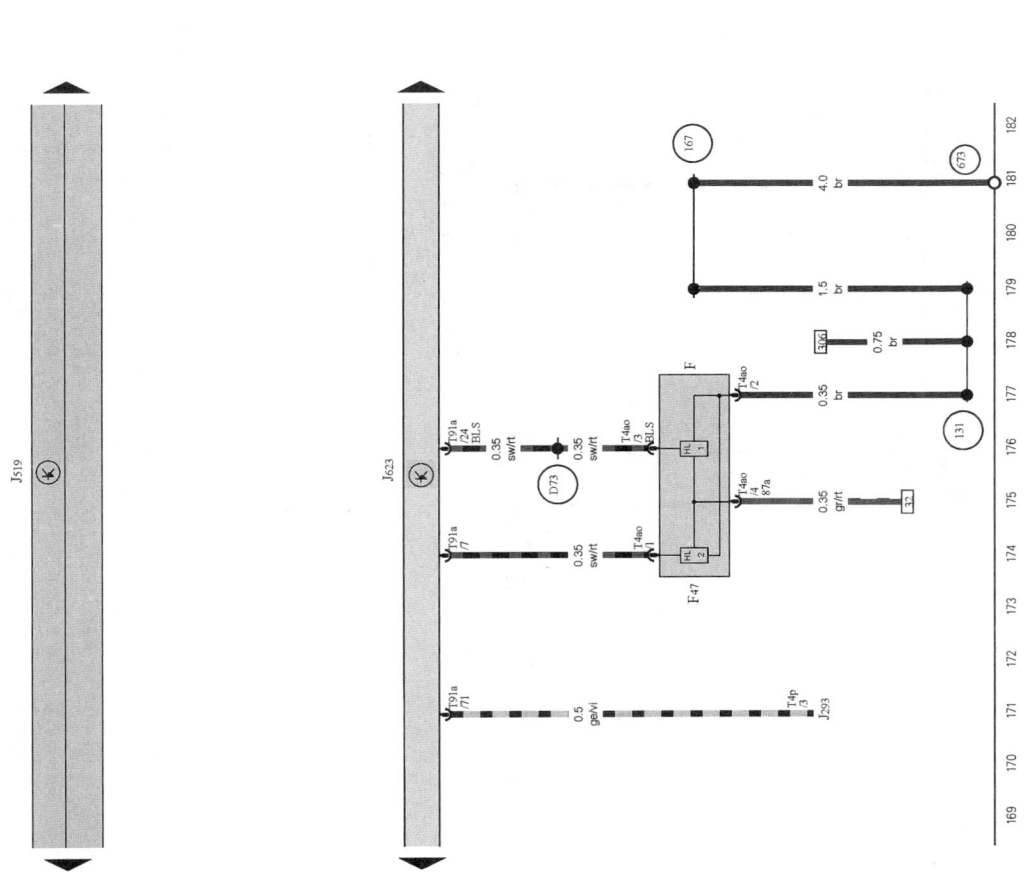

图 7-1-47

图 7-1-46

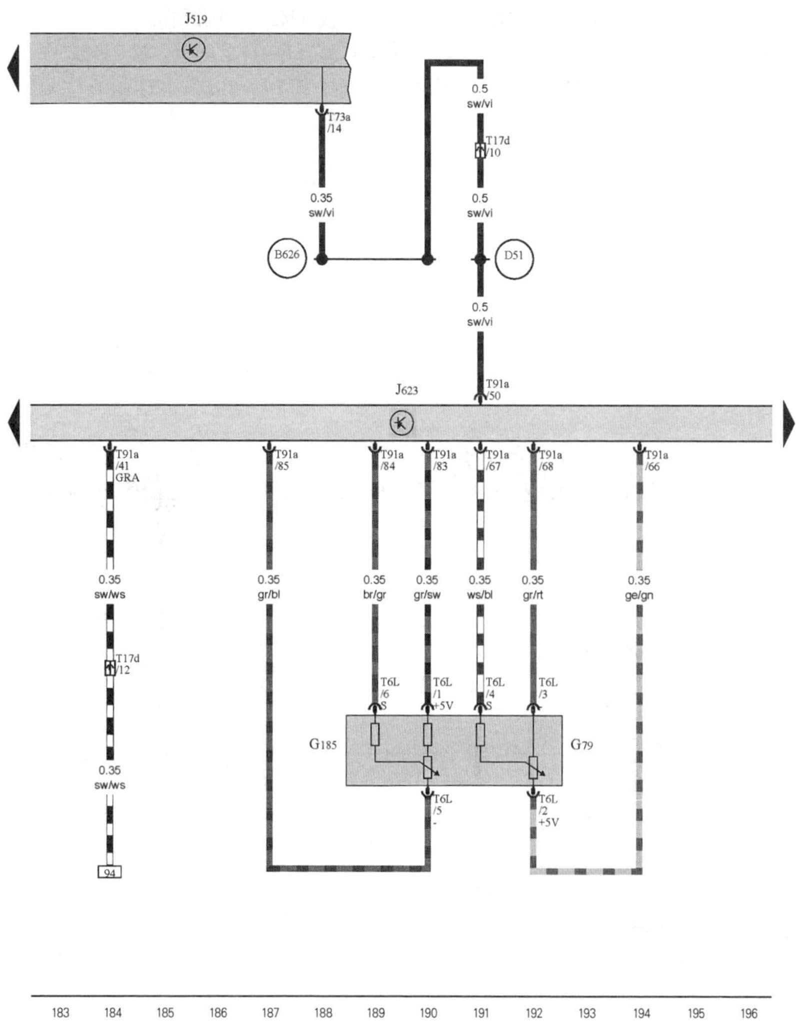

G79-油门踏板位置传感器 G185-油门踏板位置传感器2 J519-车载电网控制单元 J623-发动机控制单元
T6L-6芯插头连接，黑色 T17d-17芯插头连接，接线站内，左侧A柱，蓝色 T73a-73芯插头连接，黑色
T91a-91芯插头连接，黑色 B626-正极连接2 (15)，在主导线束中 D51-正极连接1 (15)，在发动机舱
导线束中

F-制动信号灯开关 F47-制动踏板开关 J293-散热器风扇控制单元 J519-车载电网控制单元 J623-发动机
控制单元 T4ao-4芯插头连接，黑色 T4p-4芯插头连接，黑色 T91a-91芯插头连接，黑色 131-接地连接
2，在发动机舱导线束中 167-接地连接4，在发动机舱导线束中 673-左前纵梁上的接地点3 D73-正极连
接 (54)，在发动机舱导线束中

899

空气质量计、电控油门操纵机构的节气门驱动装置、电控油门操纵机构的节气门驱动装置、角度传感器 1、电控油门操纵机构的节气门驱动装置角度传感器 2、节气门控制单元、发动机控制单元

进气歧管风门电位计、增压力调节器位置传感器、发动机控制单元、增压调节器

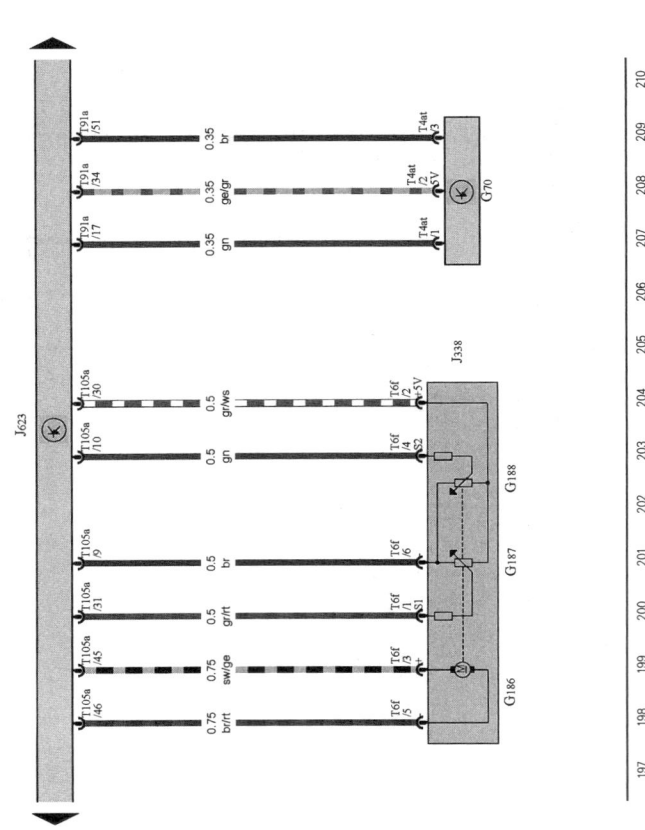

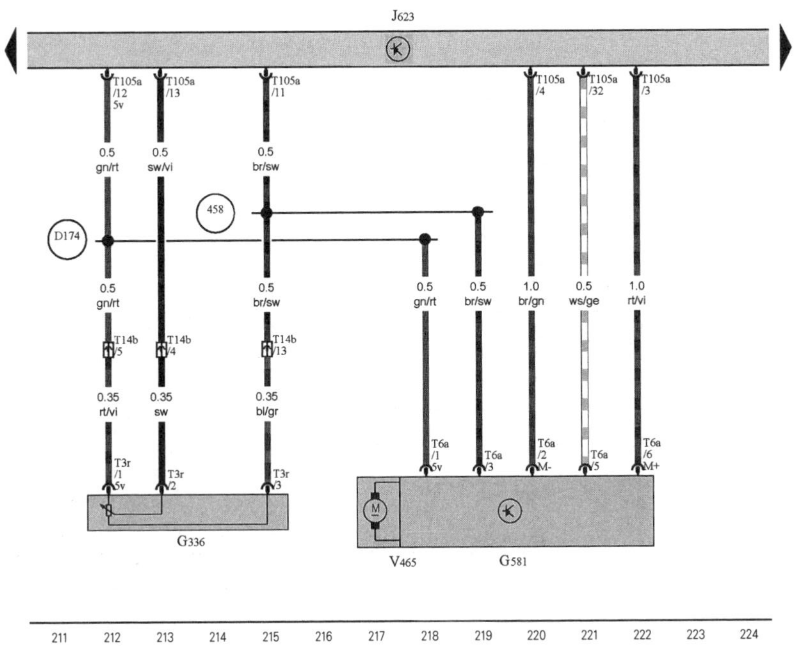

图 7-1-48

G70-空气质量计　G186-电控油门操纵机构的节气门驱动装置　G187-电控油门操纵机构的节气门驱动装置　G188-电控油门操纵机构的节气门驱动装置角度传感器2　J623-发动机控制单元　J338-节气门控制单元　T91a-91芯插头连接、黑色　T6f-6芯插头连接、黑色　T4at-4芯插头连接、黑色　T105a-105芯插头连接、黑色

图 7-1-49

G336-进气歧管风门电位计　G581-增压力调节器位置传感器　J623-发动机控制单元　T3r-3芯插头连接、黑色　T6a-6芯插头连接、黑色　T14b-14芯插头连接、黑色　T105a-105芯插头连接、黑色　V465-增压力调节器　458-接地连接3，在发动机顶接线导线束中　D174-连接2（5V），在发动机顶接线导线束中

发动机控制单元、气缸 3 喷油器、气缸 4 喷油器、气缸 1 喷油器 2

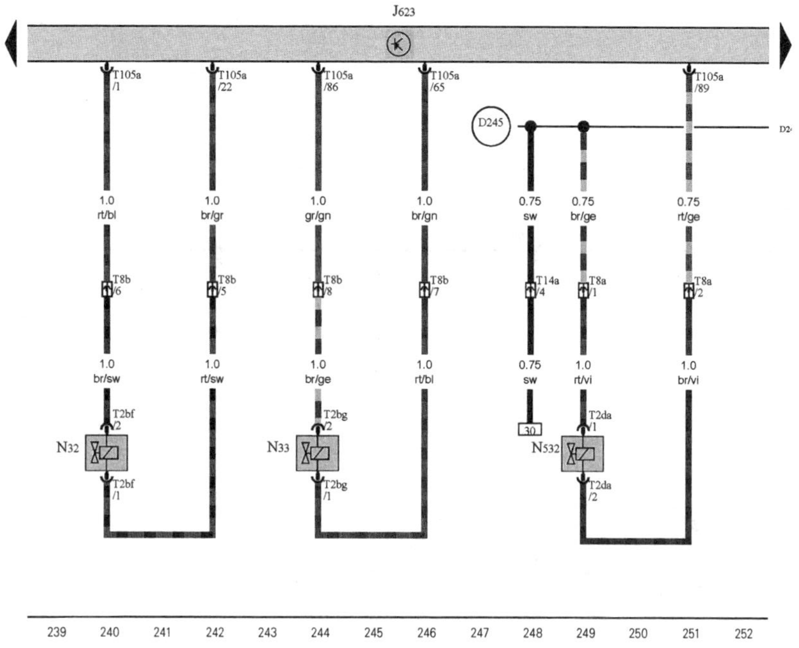

爆震传感器 1、发动机控制单元、气缸 1 喷油器、气缸 2 喷油器

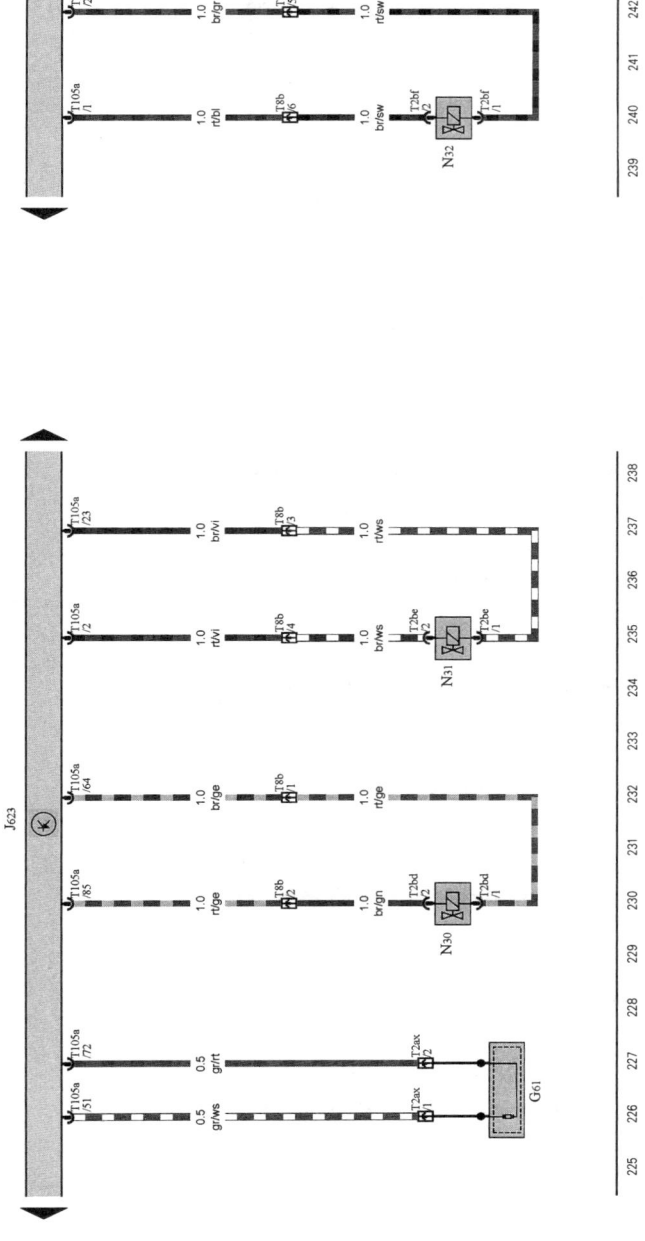

图 7-1-51

图 7-1-50

901

J623-发动机控制单元 N32-气缸3喷油器 N33-气缸4喷油器 N532-气缸1喷油器2 T2bf-2芯插头连接器 T2bf-2芯插头连接，黑色 T2bg-2芯插头连接，黑色 T2da-2芯插头连接，黑色 T8a-8芯插头连接，黑色 气缸盖上左侧，黑色 T8b-8芯插头连接，黑色 T14a-14芯插头连接，黑色 发动机舱内左前，黑色 T105a-105芯插头连接，黑色 D245-连接6（87a），在发动机预接线导束中

G61-爆震传感器 1 J623-发动机控制单元 N30-气缸1喷油器 N31-气缸2喷油器 T2ax-2芯插头连接，黑色 T2bd-2芯插头连接器，黑色 T2be-2芯插头连接，黑色 T8b-8芯插头连接，进气歧管上，黑色 T105a-105芯插头连接，黑色

凸轮轴调节元件 1、凸轮轴调节元件 2、凸轮轴调节元件 3、凸轮轴调节元件 4、凸轮轴调节元件 5、发动机控制单元

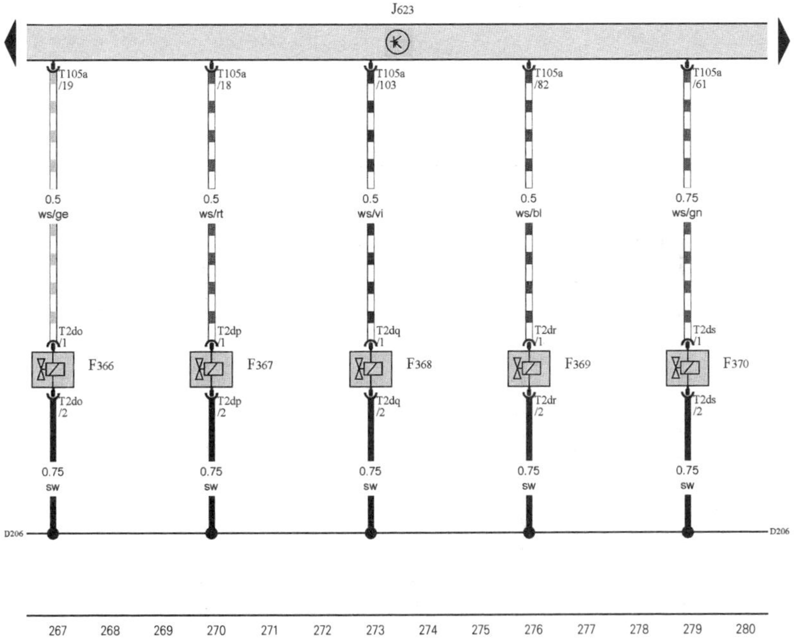

发动机控制单元、气缸 2 喷油器 2、气缸 3 喷油器 2、气缸 4 喷油器 2

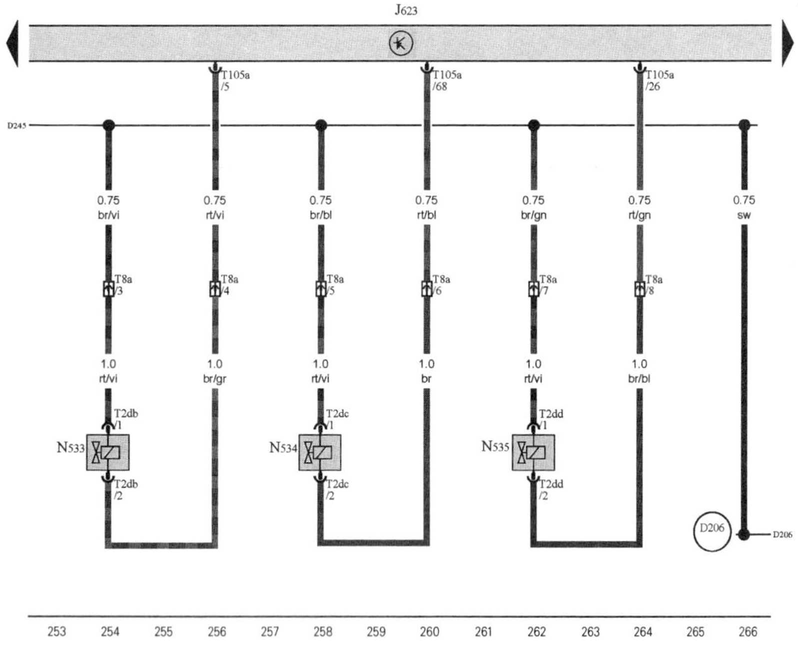

F366-凸轮轴调节元件1 F367-凸轮轴调节元件2 F368-凸轮轴调节元件3 F369-凸轮轴调节元件4 F370-凸轮轴调节元件5 J623-发动机控制单元 T2do-2芯插头连接，黑色 T2dp-2芯插头连接，黑色 T2dq-2芯插头连接，黑色 T2dr-2芯插头连接，黑色 T2ds-2芯插头连接，黑色 T105a-105芯插头连接，黑色 D206-连接4（87a），在发动机预接线导线束中

图 7-1-53

J623-发动机控制单元 N533-气缸1喷油器2 N534-气缸2喷油器2 N535-气缸3喷油器2 N535-气缸4喷油器2 T2db-2芯插头连接，黑色 T2dc-2芯插头连接，黑色 T2dd-2芯插头连接，黑色 T8a-8芯插头连接，气缸盖上左侧，黑色 T105a-105芯插头连接，黑色 D206-连接4（87a），在发动机预接线导线束中 D245-连接6（87a），在发动机预接线导线束中

图 7-1-52

凸轮轴调节元件 6、凸轮轴调节元件 7、凸轮轴调节元件 8、发动机控制单元、冷却液断流阀

冷却液温度传感器、机油油位和机油温度传感器、发动机控制单元、变速器冷却液阀

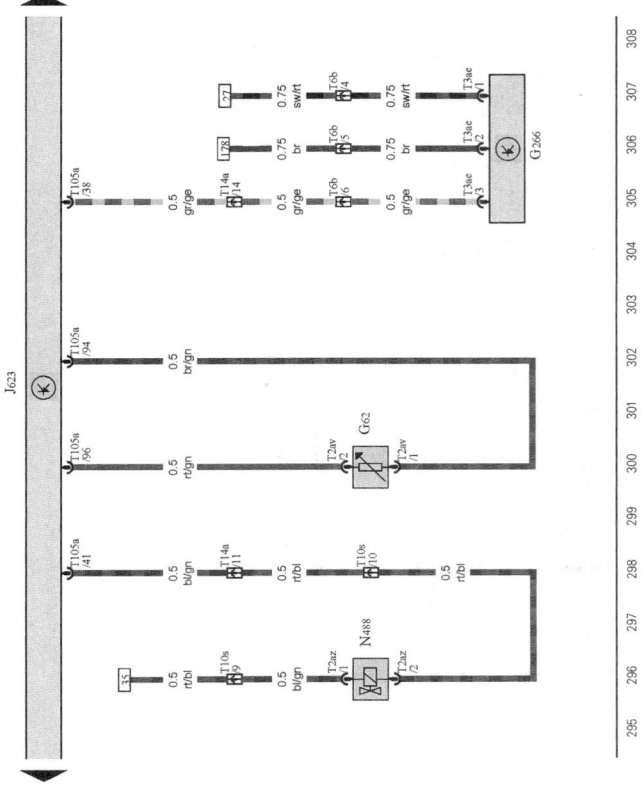

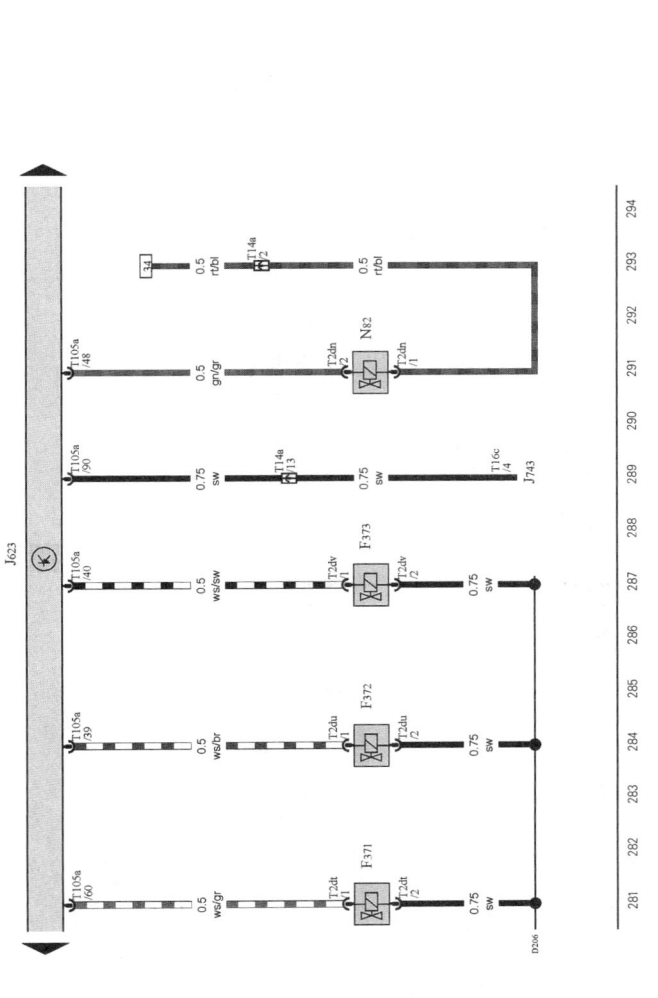

图 7-1-55

F371-凸轮轴调节元件6 F372-凸轮轴调节元件7 F373-凸轮轴调节元件8 J623-发动机控制单元 J743-双离合器变速器机电装置 N82-冷却液断流阀 T2dn-2芯插头连接，黑色 T2dr-2芯插头连接，黑色 T2du-2芯插头连接，黑色 T2dv-2芯插头连接，黑色 T10s-10芯插头连接，黑色 T14a-14芯插头连接，发动机舱内左连接，黑色 T16c-16芯插头连接，发动机舱内左连接，黑色 D206-连接4（87a），在发动机预接线导线束中头连接，黑色 T105a-105芯插头连接，黑色

G62-冷却液温度传感器 G266-机油油位和机油温度传感器 J623-发动机控制单元 N488-变速器冷却液阀 T2av-2芯插头连接，黑色 T2az-2芯插头连接，黑色 T3ae-3芯插头连接，黑色 T6b-6芯插头连接，发动机舱内左后部，黑色 T10s-10芯插头连接，黑色 T14a-14芯插头连接，发动机舱内左前，黑色 T105a-105芯插头连接，灰色 T105a-105芯插头连接，黑色

图 7-1-55

图 7-1-54

903

燃油压力传感器、低压的燃油压力传感器、发动机控制单元

发动机控制单元、涡轮增压器循环空气阀、进气歧管风门阀门、机油压力调节阀、活塞冷却喷嘴控制阀

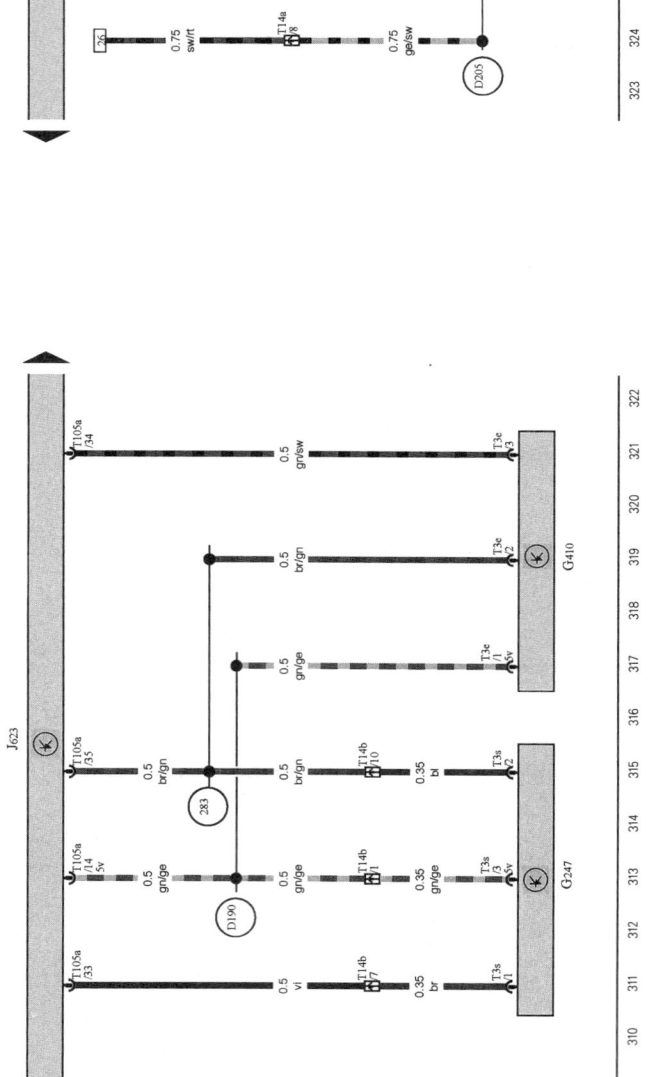

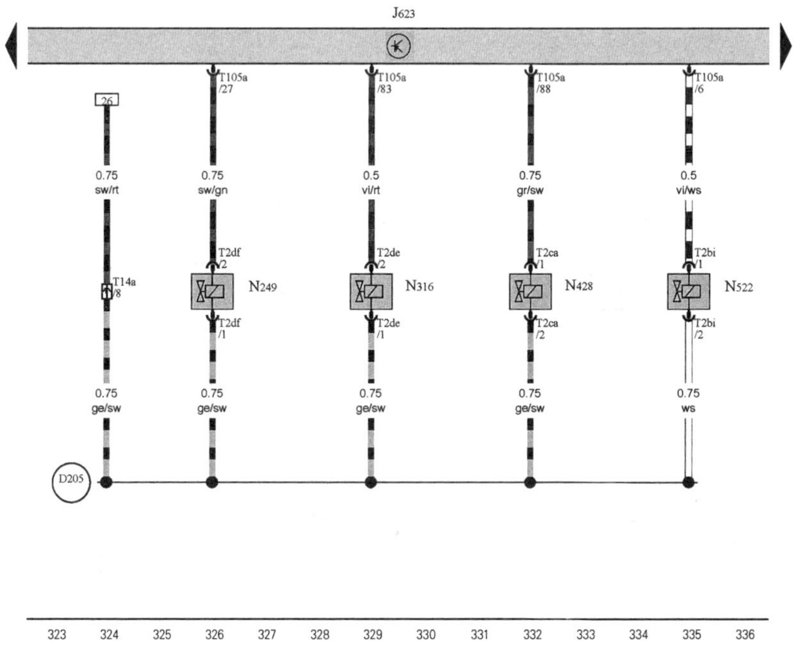

图7-1-56

图7-1-57

G247-燃油压力传感器 G410-低压的燃油压力传感器 J623发动机控制单元 T3s-3芯插头连接，蓝色 T3e-3芯插头连接，黑色 T14b-14芯插头连接，进气歧管上，黑色 T105a-105芯插头连接，黑色 283-接地连接，在发动机预接线导线束中 D190-连接3（5V），在发动机预接线导线束中

J623-发动机控制单元 N249-涡轮增压器循环空气阀 N316-进气歧管风门阀门 N428-机油压力调节阀 N522-活塞冷却喷嘴控制阀 T2bi-2芯插头连接，黑色 T2ca-2芯插头连接，黑色 T2de-2芯插头连接，黑色 T2df-2芯插头连接，黑色 T14a-14芯插头连接，发动机舱内左前，灰色 T105a-105芯插头连接，黑色 D205-连接3（87a），在发动机预接线导线束中

发动机控制单元、活性炭罐电磁阀 1、凸轮轴调节阀 1、排气门凸轮轴调节阀 1、水泵

发动机控制单元、带功率输出级的点火线圈 1、带功率输出级的点火线圈 2、带功率输出级的点火线圈 3、火花塞插头、火花塞

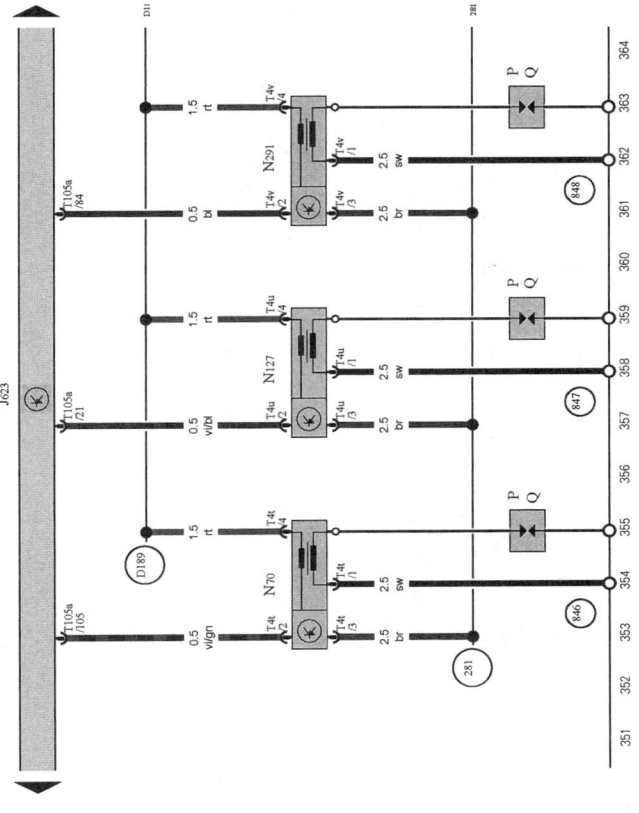

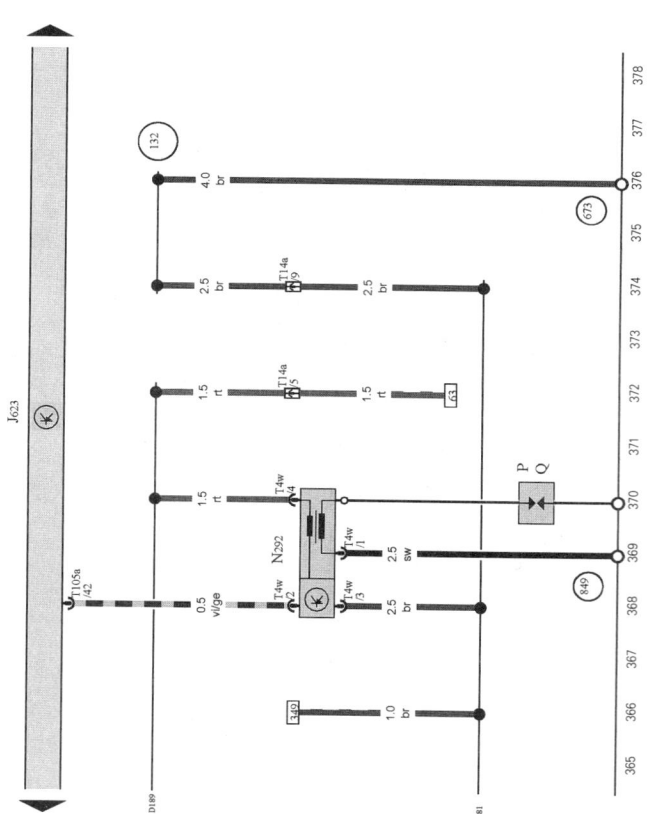

发动机控制单元、带功率输出级的点火线圈 4、火花塞插头、火花塞

J623–发动机控制单元 N292–带功率输出级的点火线圈4 P–火花塞插头 Q–火花塞 T4w–4芯插头连接，黑色 T14a–14芯插头连接，发动机舱内左前，灰色 T105a–105芯插头连接，黑色 132–接地连接3，在发动机预接线导线束中 281–接地连接1，在发动机预接线导线束中 673–左前纵梁上的接地点3 849–点火线圈4上的接地点 D189–连接（87a），在发动机预接线导线束中

图 7–1–60

燃油表传感器、预供给燃油泵、燃油泵控制单元、发动机控制单元

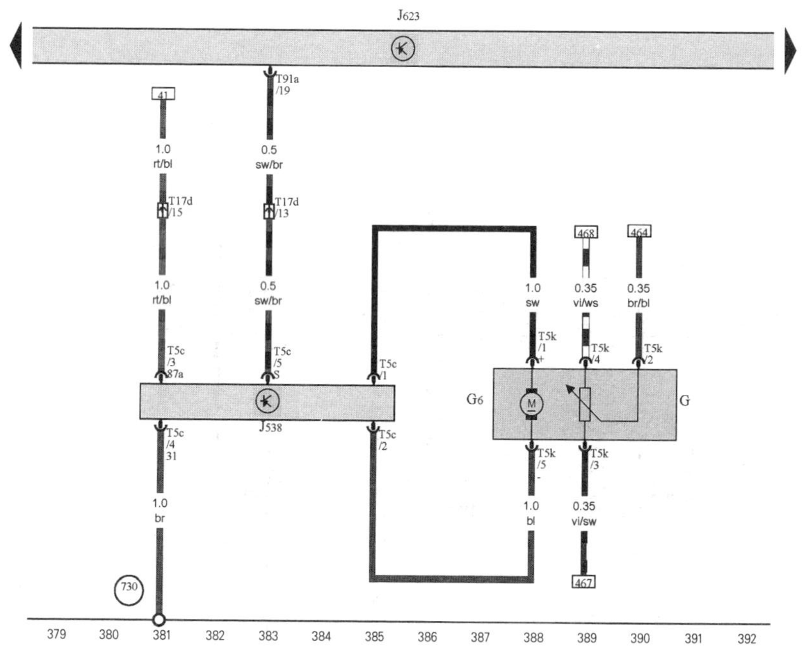

G–燃油表传感器 G6–预供给燃油泵 J538–燃油泵控制单元 J623–发动机控制单元 T5c–5芯插头连接，黑色 T5k–5芯插头连接，黑色 T17d–17芯插头连接，接线站内，左侧A柱，蓝色 T91a–91芯插头连接，黑色 730–右后轮罩上的接地点1

图 7–1–61

机油压力开关；机油压力降低开关；机油压力开关，3 挡；进气温度传感器；进气歧管压力传感器；发动机控制单元

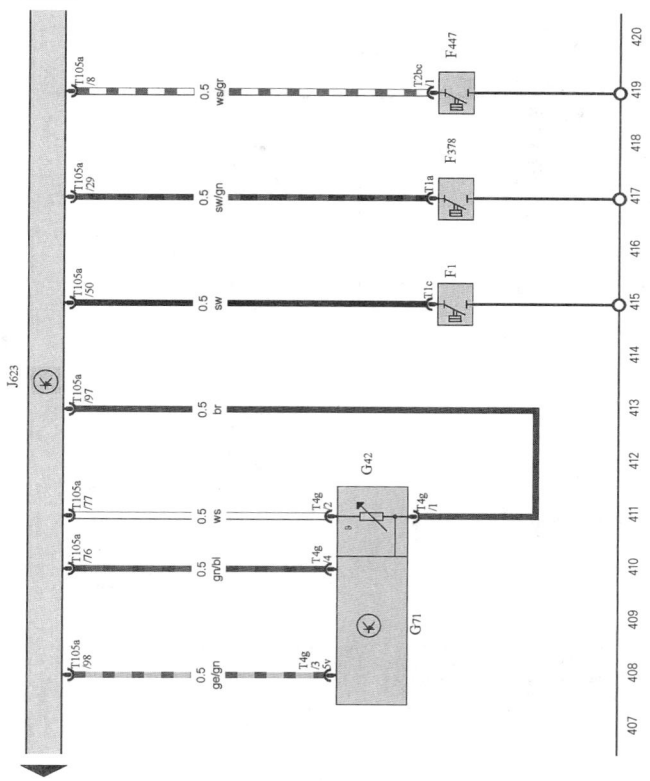

F1-机油压力开关 F378-机油压力降低开关 F447-机油压力开关，3挡 G42-进气温度传感器 G71-进气歧管压力传感器 J623-发动机控制单元 T1a-1芯插头连接，黑色 T1c-1芯插头连接，黑色 T2bc-2芯插头连接，蓝色 T2bc-2芯插头连接，黑色 T4g-4芯插头连接，黑色 T105a-105芯插头连接，黑色

图 7-1-63

增压压力传感器、进气温度传感器 2、发动机控制单元、发动机温度调节伺服元件

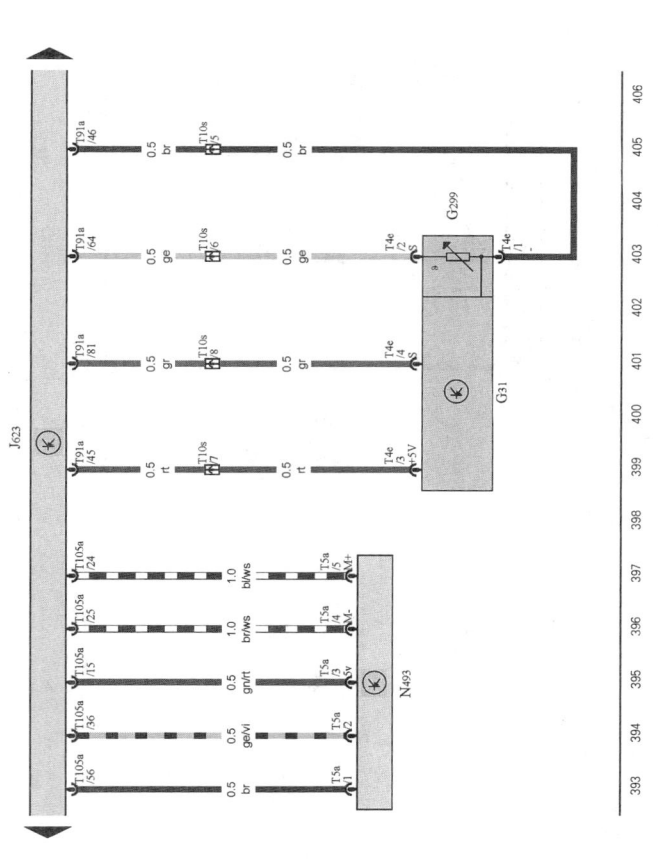

G31-增压压力传感器 G299-进气温度传感器2 J623-发动机控制单元 N493-发动机温度调节伺服元件 T4e-4芯插头连接，黑色 T5a-5芯插头连接，黑色 T10s-10芯插头连接，黑色 T91a-发动机舱内左前，发动机舱内左前，黑色 T91a-91芯插头连接，黑色 T105a-105芯插头连接，黑色

图 7-1-62

907

数据总线诊断接口、诊断接口

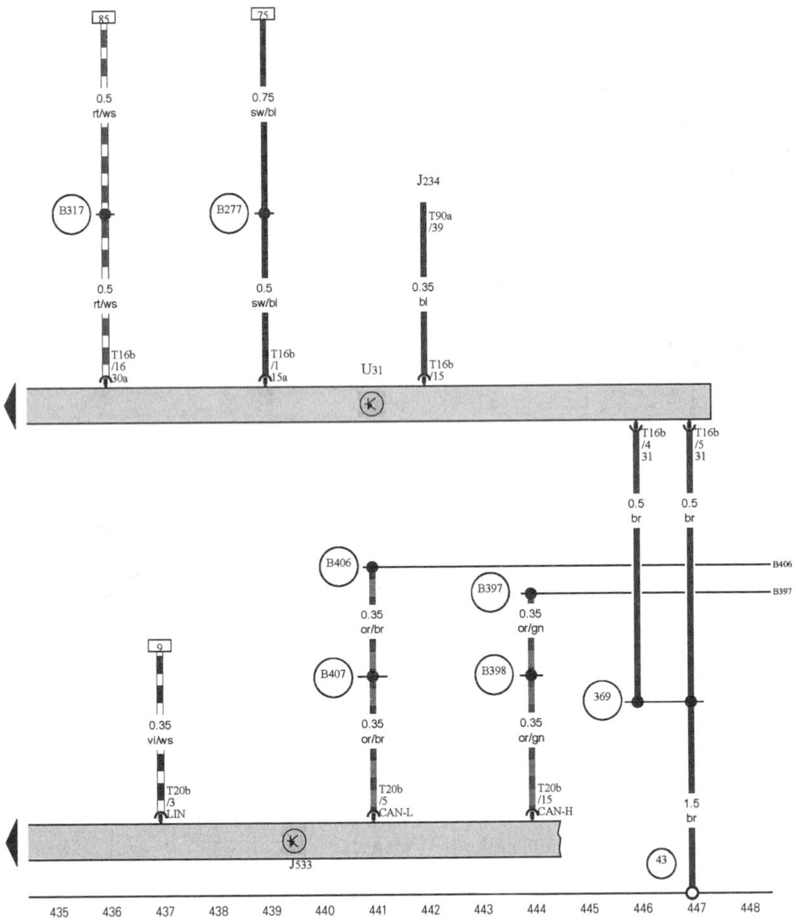

数据总线诊断接口、发动机控制单元、诊断接口

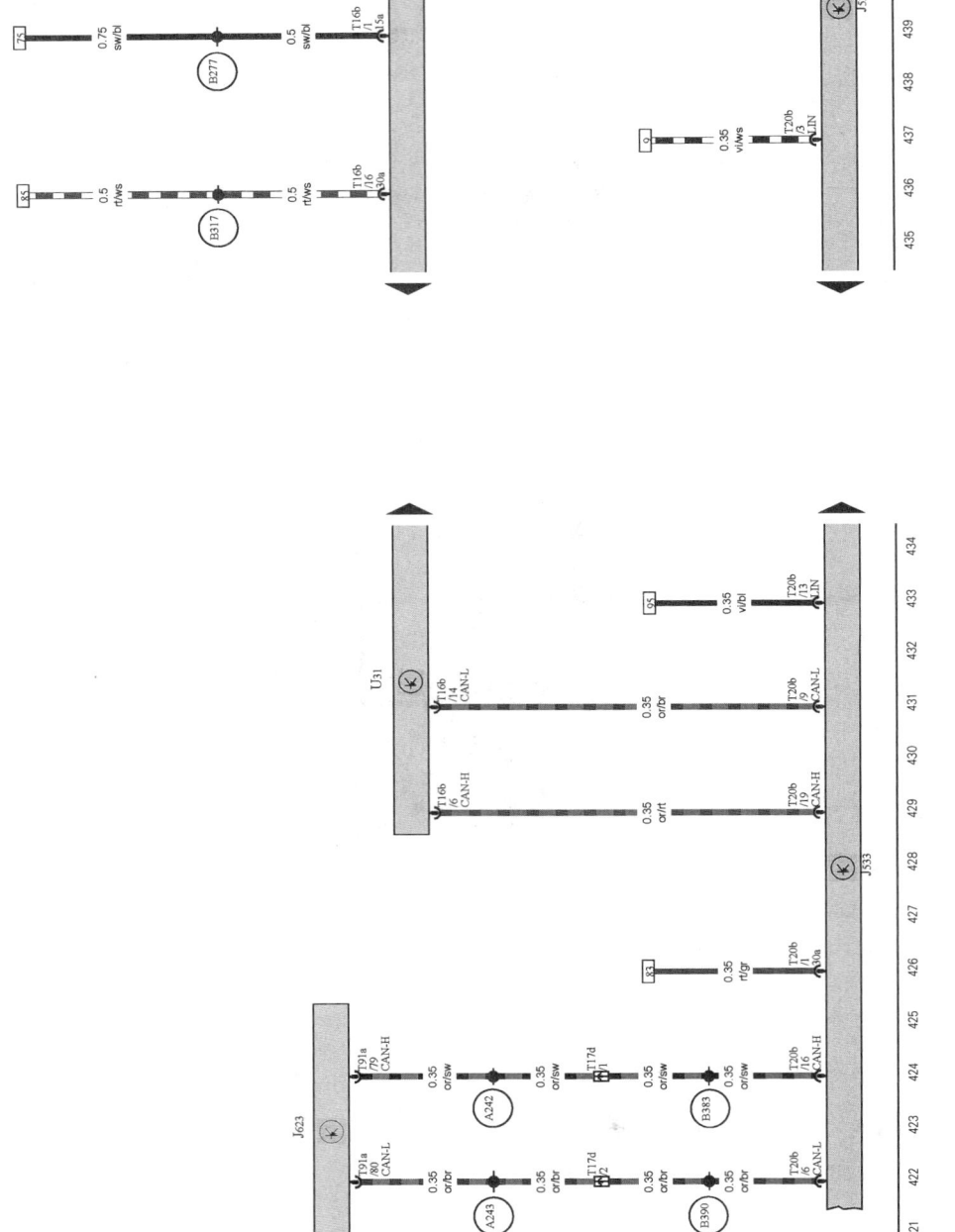

图 7-1-65

J234-安全气囊控制单元 J533-数据总线诊断接口 T16b-16芯插头连接、黑色 T20b-20芯插头连接、红色 T90a-90芯插头连接、黄色 U31-诊断接口 43-右侧A柱下部的接地点 369-接地连接4、在主导线束中 B277-正极连接1（15a），在主导线束中 B317-正极连接3（30a），在主导线束中 B397-连接1（舒适CAN总线，High），在主导线束中 B406-连接1（舒适CAN总线，Low），在主导线束中 B398-连接2（舒适CAN总线，High），在主导线束中 B407-连接2（舒适CAN总线，Low），在主导线束中（舒适CAN总线，Low），在主导线束中

J533-数据总线诊断接口 J623-发动机控制单元 T16b-16芯插头连接、黑色 T17d-17芯插头连接、黑色 T20b-20芯插头连接、黑色 T91a-91芯插头连接、红色 U31-诊断接口 A242-连接1（驱动CAN总线，High），在发动机舱导线束中 A243-连接1（驱动CAN总线，Low），在发动机舱导线束中 B383-连接1（驱动CAN总线，High），在发动机舱导线束中 B390-连接1（驱动CAN总线，Low），在发动机舱导线束中

图 7-1-64

车速表、组合仪表中的控制单元、机油压力指示灯、冷却液温度和冷却液不足显示指示灯、
定速巡航装置指示灯、机油油位指示灯、电子油门故障信号灯、里程表

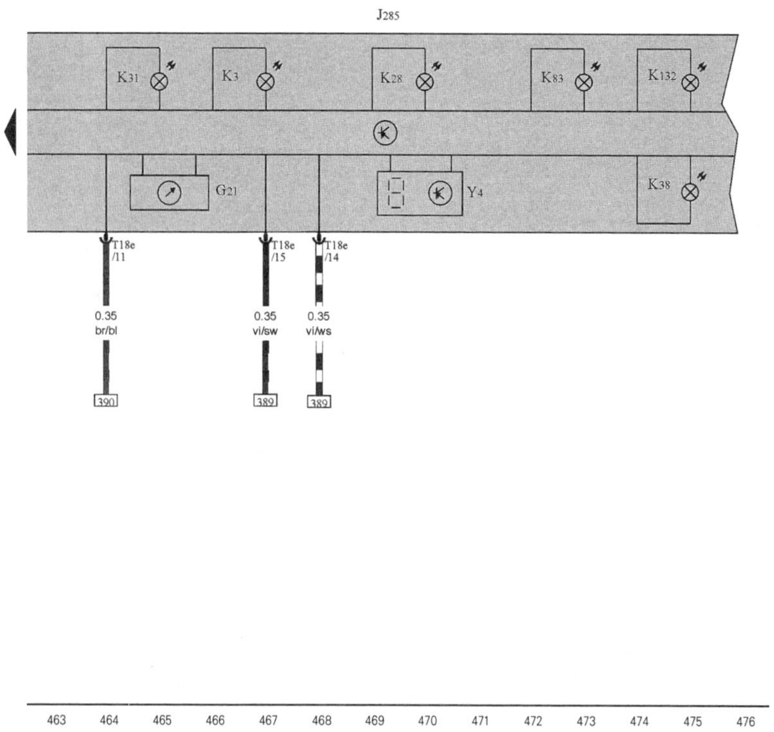

防盗锁止系统识读线圈、燃油表、冷却液温度表、转速表、多功能显示器、组合仪表中的
控制单元、防盗锁止系统控制单元、发电机指示灯、燃油表指示灯

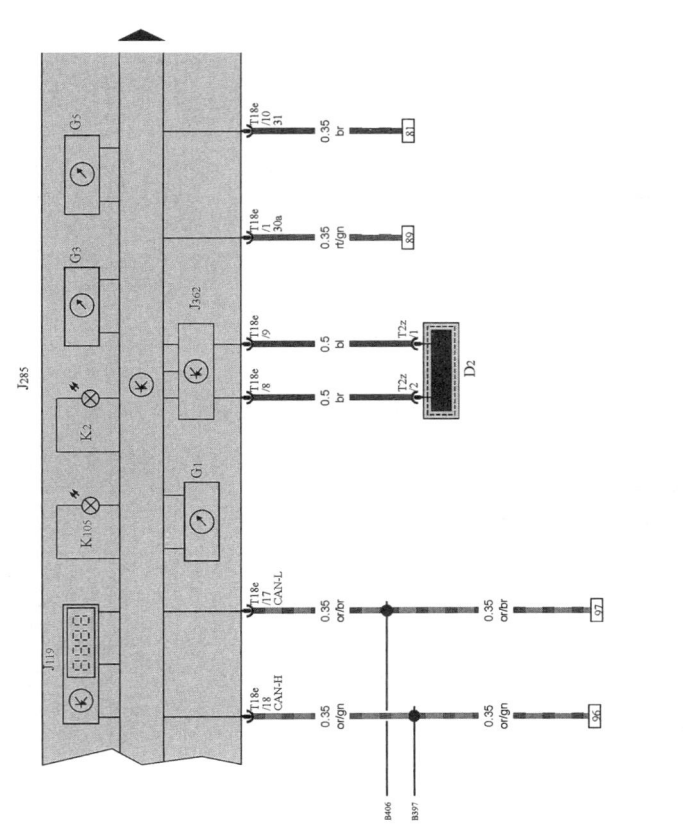

D2-防盗锁止系统识读线圈 G1-燃油表 G3-冷却液温度表 G5-转速表 J119-多功能显示器 J285-组合
仪表中的控制单元 J362-防盗锁止系统控制单元 K105-燃油表指示灯 K2-发电机指示灯 T2z-2芯插头连
接 T18e-18芯插头连接，黑色 B397-连接1（舒适CAN总线，High），在主导线束中 B406-连接1
（舒适CAN总线，Low），在主导线束中

图7-1-66

G21-车速表 J285-组合仪表中的控制单元 K3-机油压力指示灯 K28-冷却液温度和冷却液不足显示指示
灯 K31-定速巡航装置指示灯 K38-机油油位指示灯 K83-废气警告灯 K132-电子油门故障信号灯 T18e-
18芯插头连接，黑色 Y4-里程表

图7-1-67

散热器出口处的冷却液温度传感器、散热器风扇控制单元、发动机控制单元、散热器风扇

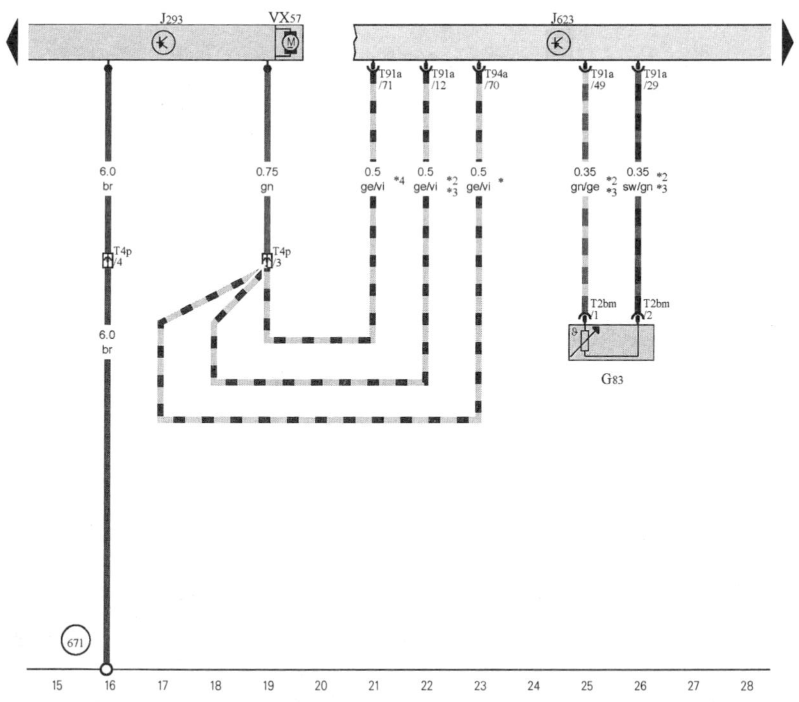

主继电器、散热器风扇控制单元

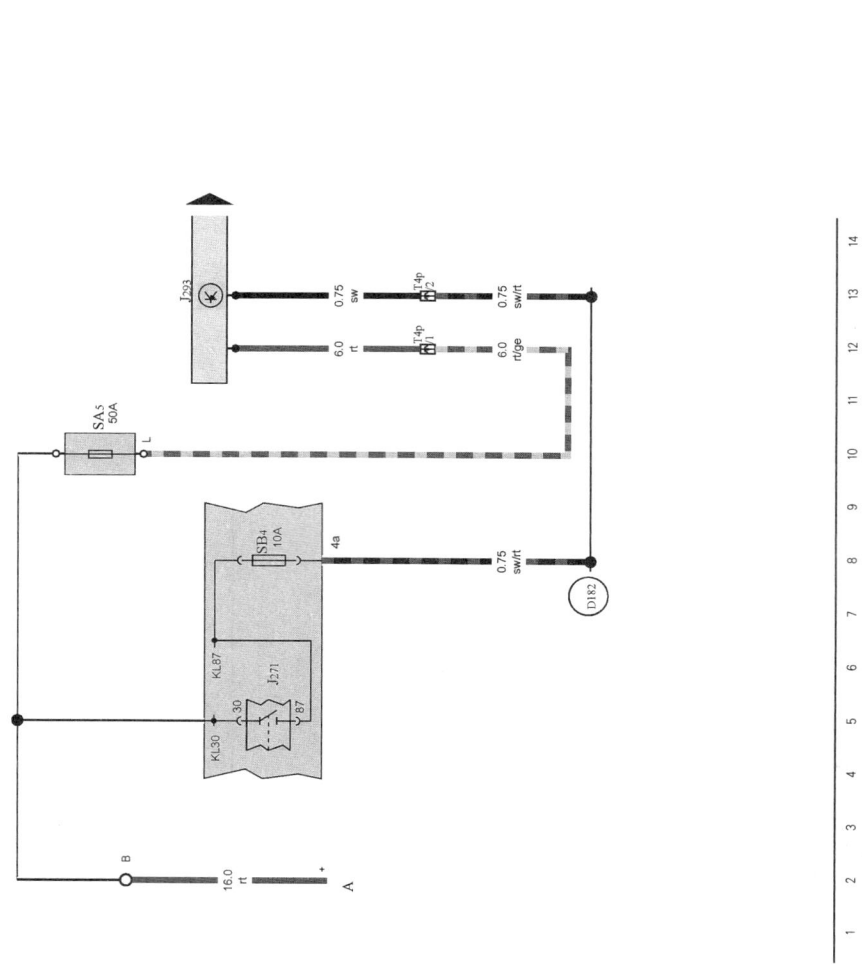

图 7-1-68

A-蓄电池 J271-主继电器 J293-散热器风扇控制单元 SB4-保险丝架B上的保险丝4 SA5-保险丝架A上的保险丝5 T4p-4芯插头连接，黑色 D182-接线3（87a），在发动机舱导线束中

图 7-1-69

G83-散热器出口处的冷却液温度传感器 J293-散热器风扇控制单元 J623-发动机控制单元 T2bm-2芯插头连接，黑色 T4p-4芯插头连接，黑色 T91a-91芯插头连接，黑色 T94a-94芯插头连接，黑色 VX57-散热器风扇 671-左前纵梁上的接地点1 *-仅用于带1.4L发动机的汽车 *2-仅用于带1.8L发动机的汽车 *3-仅用于带发动机型号代码CUGA的汽车 *4-仅用于带发动机型号代码DBFA的汽车

910

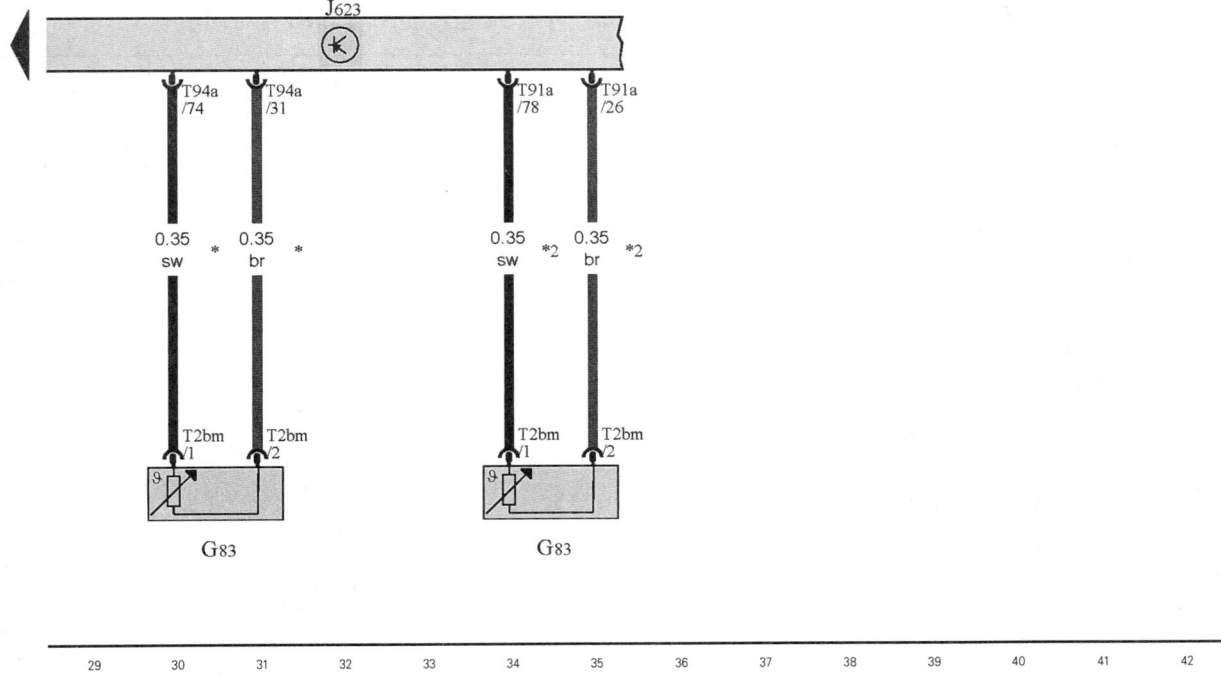

G83-散热器出口处的冷却液温度传感器 J623-发动机控制单元 T2bm-2芯插头连接，黑色 T91a-91芯插头连接，黑色 T94a-94芯插头连接，黑色
*-仅用于带1.4L发动机的汽车 *2-仅用于带发动机型号代码DBFA的汽车

图 7-1-70

第二节　变速器系统

变速器系统电路图（自 2017 年 7 月起）的图号和图名对照表见表 7-2-1。

表 7-2-1　变速器系统电路图（自 2017 年 7 月起）的图号和图名对照表

图号	图名
图 7-2-1~ 图 7-2-8	双离合器变速器 0D9
图 7-2-9~ 图 7-2-16	双离合器变速器 DSG

双离合器变速器机电装置

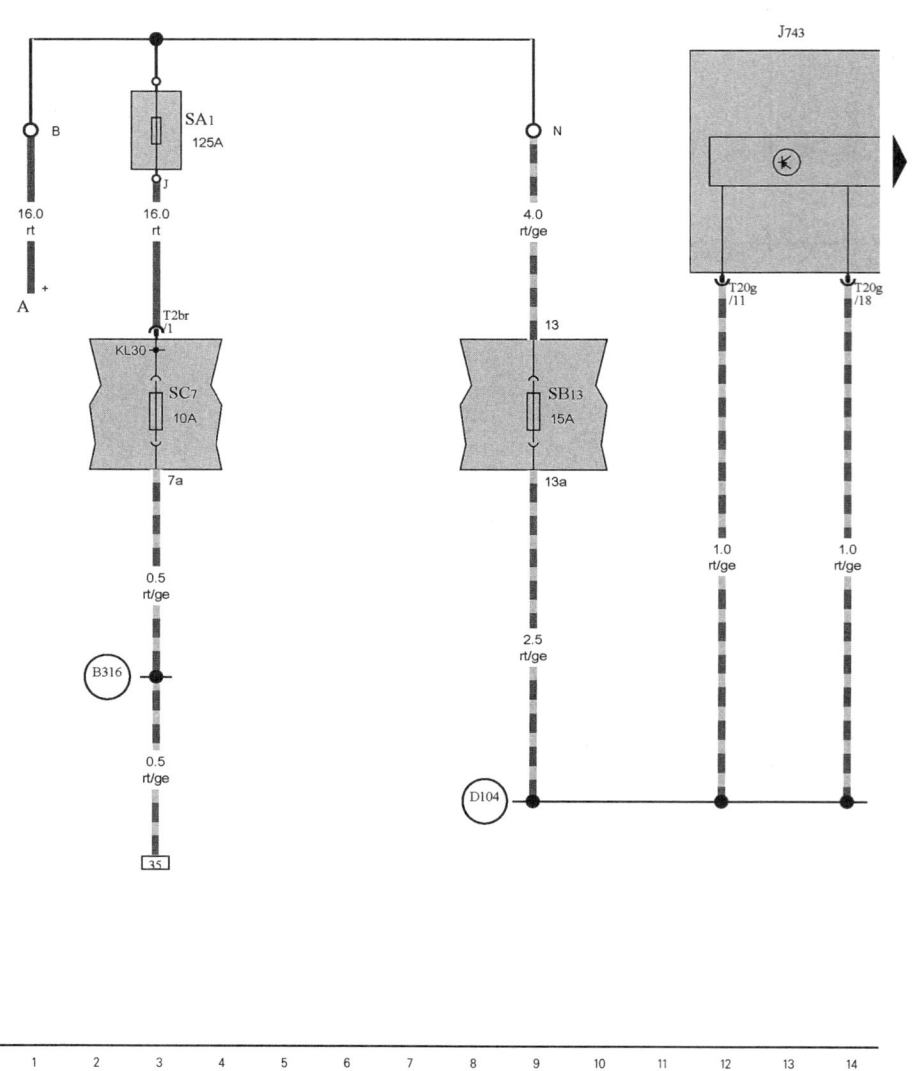

A-蓄电池　J743-双离合器变速器机电装置　SA1-保险丝架A上的保险丝1　SC7-保险丝架C上的保险丝7　SB13-保险丝架B上的保险丝13　T2br-2芯插头连
接，黑色　T20g-20芯插头连接，黑色　B316-正极连接2（30a），在主导线束中　D104-正极连接2（30a），在发动机舱导线束中

图 7-2-1

双离合器变速器机电装置、电磁阀 1、电磁阀 2、电磁阀 3、电磁阀 4、电磁阀 5

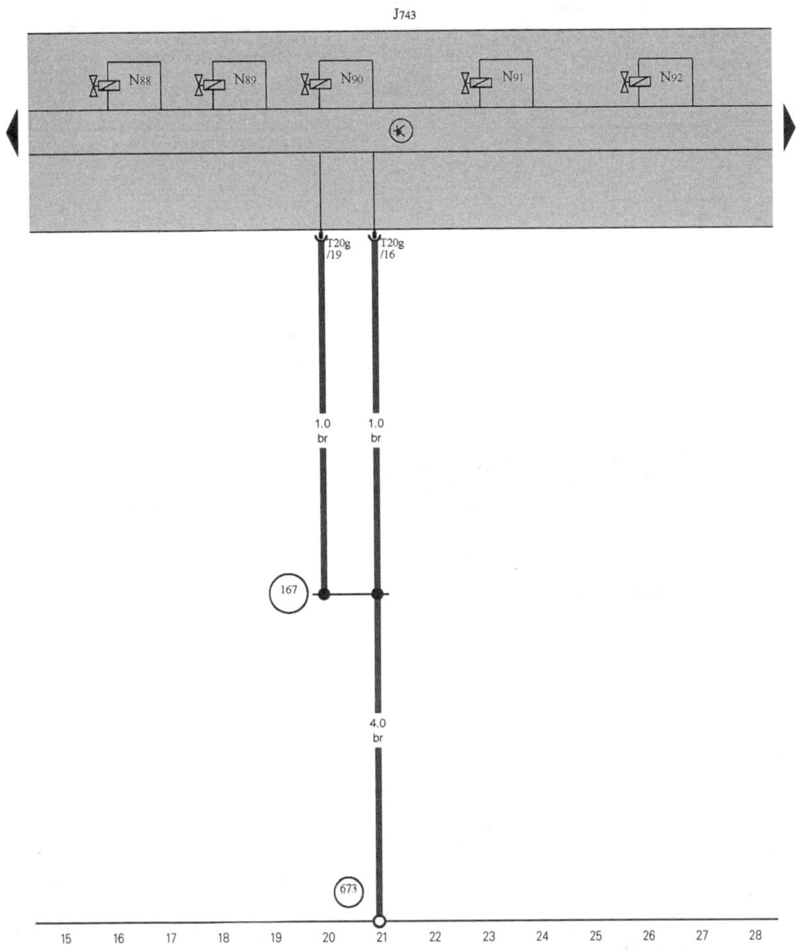

Tiptronic 开关、选挡杆挡位 P 锁止开关、双离合器变速器机电装置、自动变速器压力调节阀 1、自动变速器压力调节阀 2、自动变速器压力调节阀 3

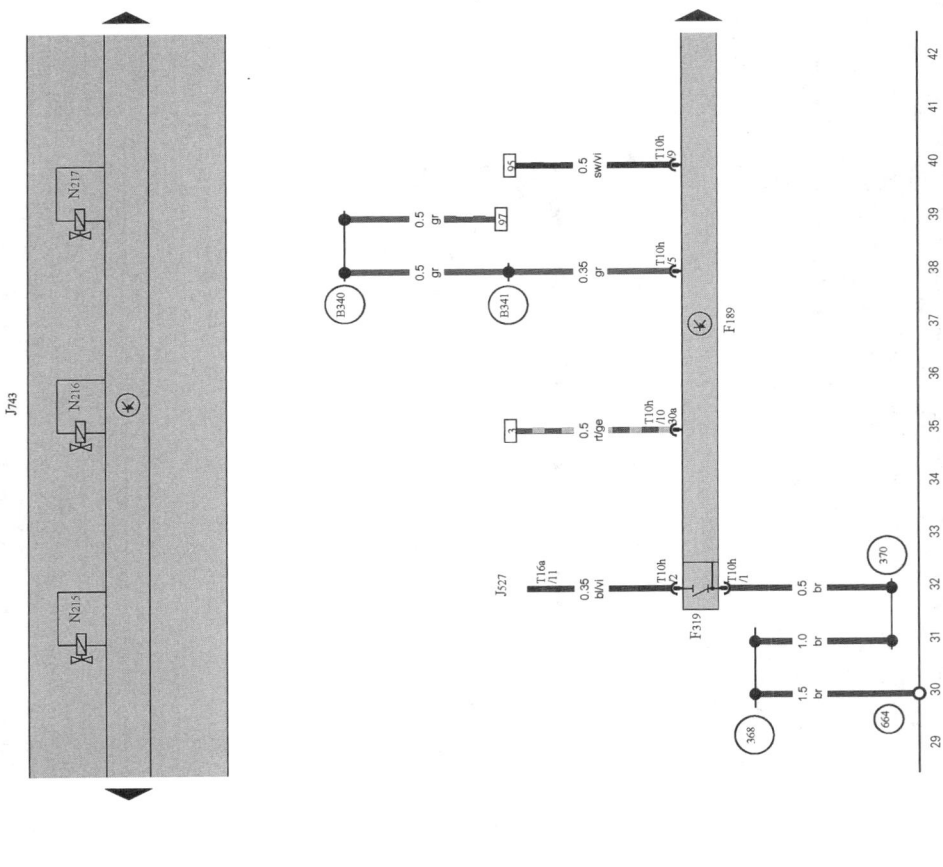

J743-双离合器变速器机电装置 N88-电磁阀1 N89-电磁阀2 N90-电磁阀3 N91-电磁阀4 N92-电磁阀5
T20g-20芯插头连接、黑色 167-接地连接4、在发动机舱线束中 673-左前纵梁上的接地点3

图7-2-2

F189-Tiptronic开关 F319-选挡杆挡位P锁止开关 J527-转向柱电子装置控制单元 J743-双离合器变速器机电装置 N215-自动变速器压力调节阀1 N216-自动变速器压力调节阀2 N217-自动变速器压力调节阀3 T10h-10芯插头连接、黑色 T16a-16芯插头连接、黑色 368-接地连接、在主导线束中 370-接地连接5、在主导线束中 664-左侧仪表板后面接地点 B340-连接1(58d)、在主导线束中 B341-连接2(58d)、在主导线束中

图7-2-3

Tiptronic 开关、变速器油温温度传感器、换挡执行器行程传感器 1、换挡执行器行程传感器
2、换挡执行器行程传感器 3、换挡执行器行程传感器 4、控制单元温度传感器、双离合器
变速器机电装置、换挡杆锁磁铁

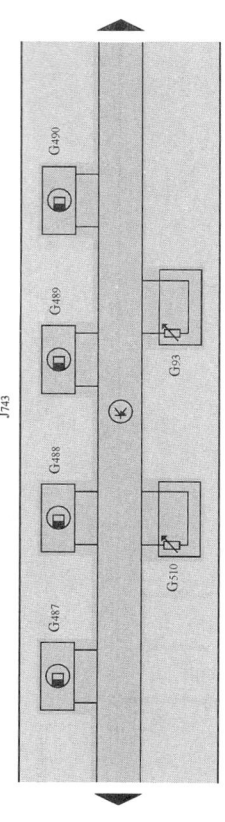

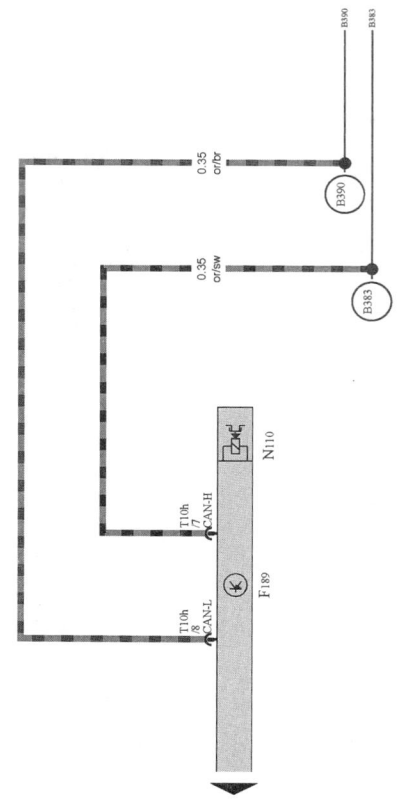

F189-Tiptronic开关 G93-变速器油温温度传感器 G487-换挡执行器行程传
感器1 G488-换挡执行器行程传感器2 G489-换挡执行器行程传感器3 G490-换挡执行器行程传感器4 G510-控制单元温度传感器 J743-
双离合器变速器机电装置 N110-换挡杆锁磁铁 T10h-10芯插头连接，黑色 B383-连接1（驱动CAN总
线，High），在主导线束中 B390-连接1（驱动CAN总线，Low），在主导线束中

图 7-2-5

Tiptronic 开关、自动变速器液压压力传感器 1、自动变速器液压压力传感器 2、双离合器
变速器机电装置、选挡杆挡位置 P/N指示灯、排挡杆挡位指示照明灯、自动变速器压力调节
阀 4、自动变速器压力调节阀 5、自动变速器压力调节阀 6

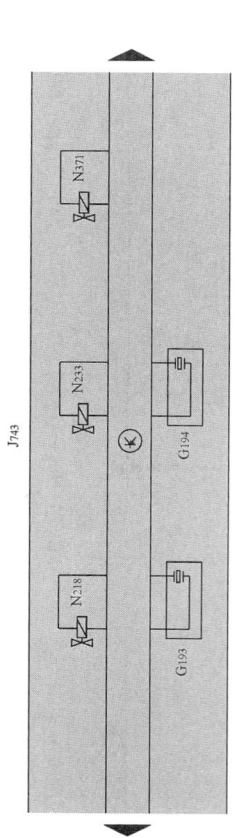

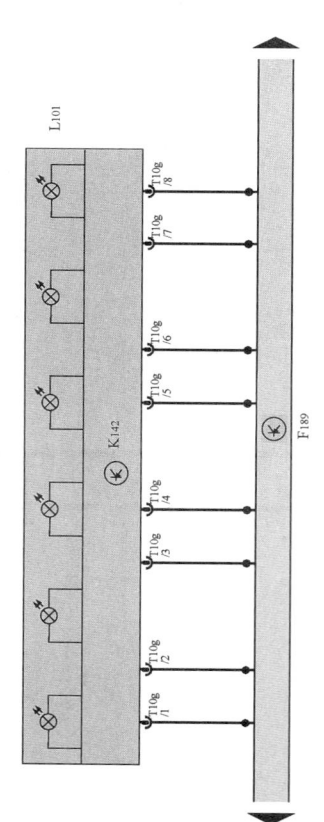

F189-Tiptronic开关 G193-自动变速器液压压力传感器1 G194-自动变速器液压压力传感器2 J743-双离合
器变速器机电装置 K142-选挡杆挡位置P/N指示灯 L101-排挡杆挡位指示照明灯 N218-自动变速器压力调
节阀4 N233-自动变速器压力调节阀5 N371-自动变速器压力调节阀6 T10g-10芯插头连接，黑色

图 7-2-4

变速器输出转速传感器、变速器输出转速传感器 1、驱动轴转速传感器 2、驱动轴转速传感器 1、驱动轴转速传感器 2、双离合器变速器机电装置

倒车灯开关、车载电网控制单元、双离合器变速器机电装置

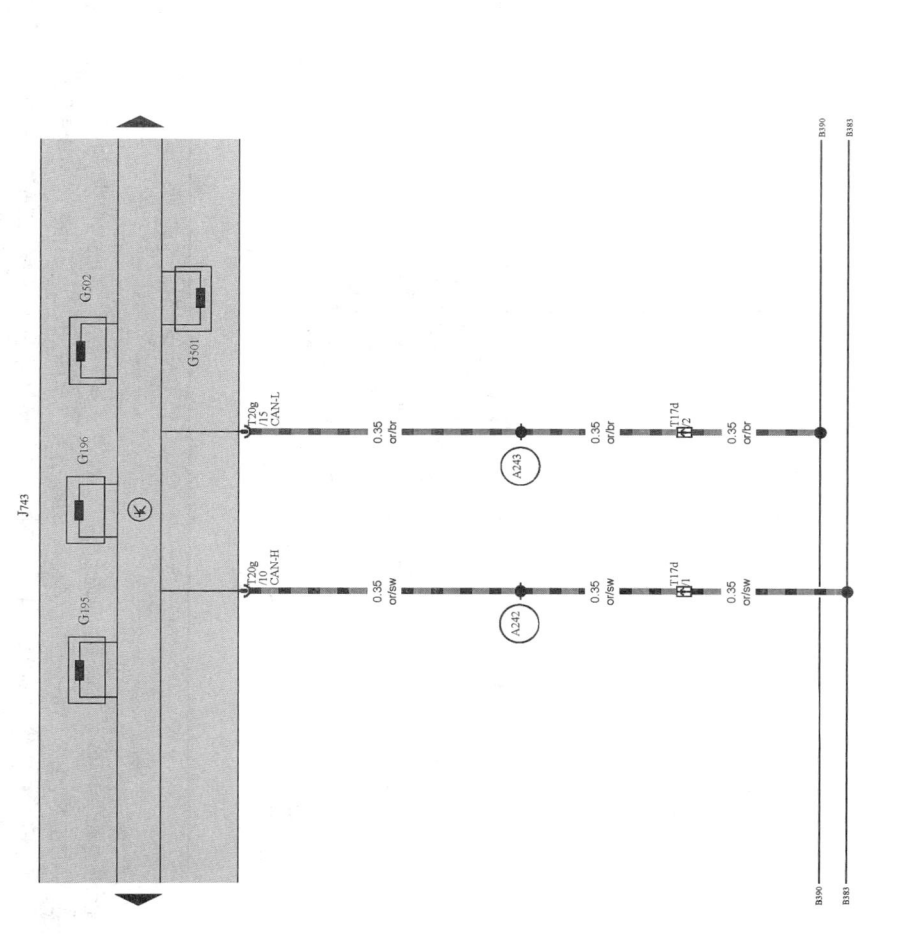

图 7-2-7

图 7-2-6

G195-变速器输出转速传感器 G196-变速器输出转速传感器 2 G501-驱动轴转速传感器 1 G502-驱动轴转速传感器 2 J743-双离合器变速器机电装置 T17d-17芯插头连接，接线站内，左侧A柱，蓝色 T20g-20芯插头连接，黑色 A242-连接1（驱动CAN总线，High），在发动机舱导线束中 A243-连接1（驱动CAN总线，Low），在发动机舱导线束中 B383-连接1（驱动CAN总线，High），在主导线束中 B390-连接1（驱动CAN总线，Low），在主导线束中

F4-倒车灯开关 J519-车载电网控制单元 J623-发动机控制单元 J743-双离合器变速器机电装置 T17d-17芯插头连接，接线站内，左侧A柱，蓝色 T20g-20芯插头连接，黑色 T73c-73芯插头连接，黑色 T73a-73芯插头连接，黑色 T94a-94芯插头连接，黑色 B383-连接1（驱动CAN总线，High），在主导线束中 B390-连接1（驱动CAN总线，Low），在主导线束中 B626-正极连接2（15），在主导线束中 D51-正极连接1（15），在发动机舱导线束中

915

双离合器变速器机电装置、冷却油阀门

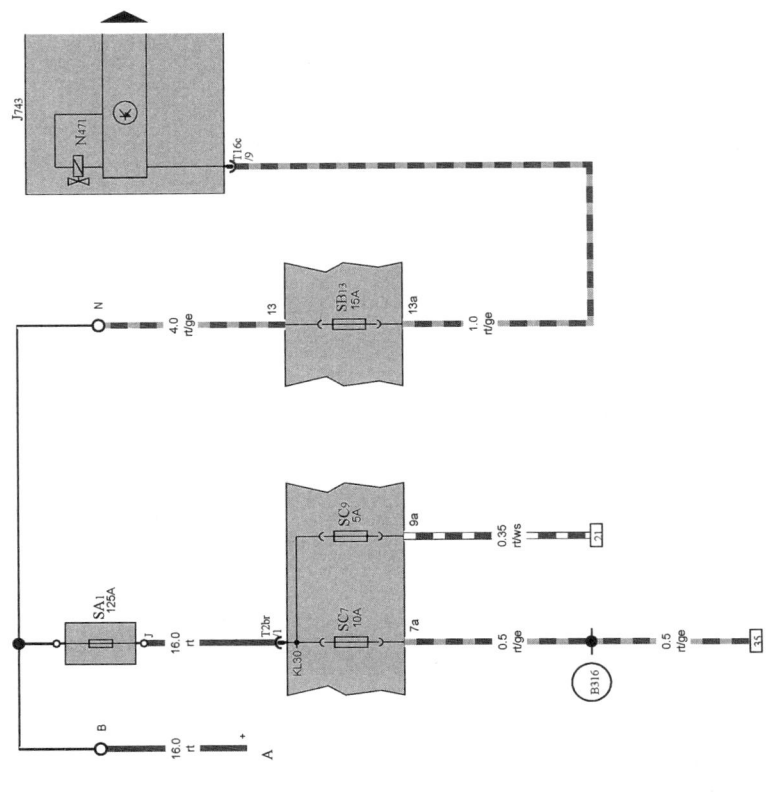

A-蓄电池 J743-双离合器变速器机电装置 N471-冷却油阀门 SA1-保险丝架A上的保险丝1 SC7-保险丝架C上的保险丝7 SC9-保险丝架C上的保险丝9 SB13-保险丝架B上的保险丝13 T2br-2芯插头连接，黑色 T16c-16芯插头连接，黑色 B316-正极连接2（30a），在主导线束中

图7-2-9

组合仪表中的控制单元、数据总线诊断接口、选挡指示灯、选挡杆位置显示

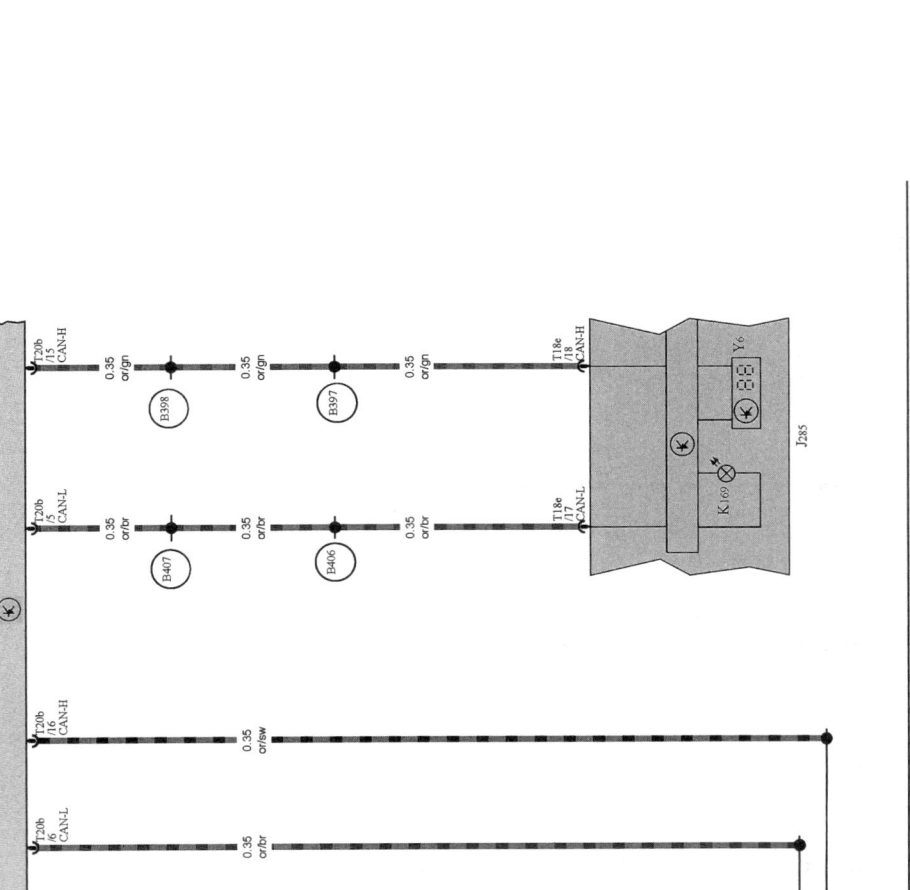
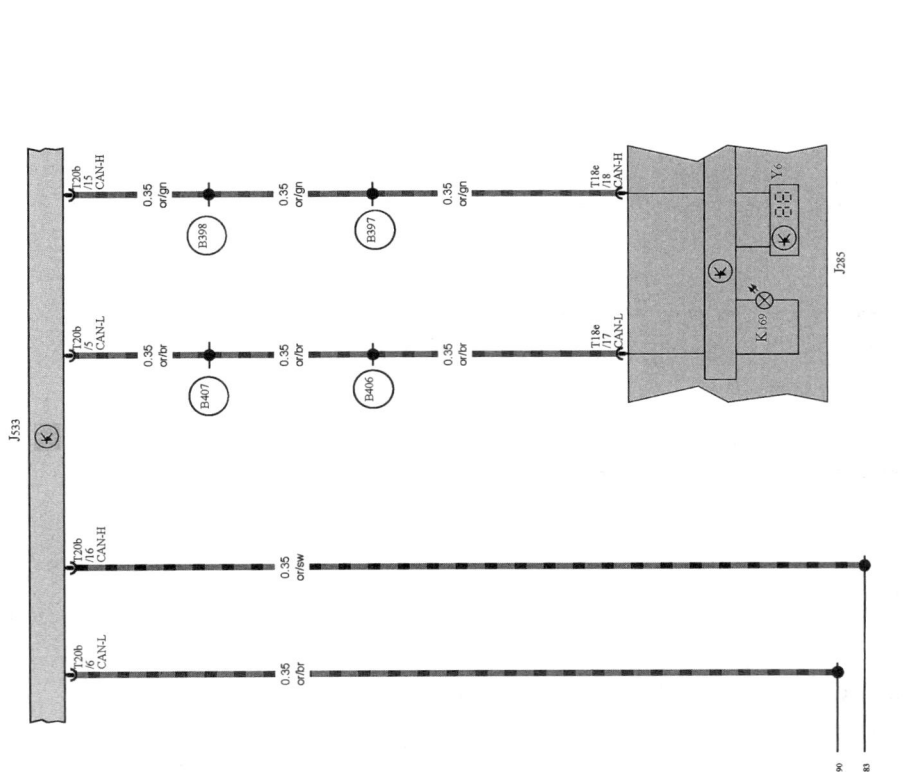

J285-组合仪表中的控制单元 J533-数据总线诊断接口 K169-选挡杆指示灯 T18e-18芯插头连接，黑色 T20b-20芯插头连接，红色 Y6-选挡杆位置显示 B383-连接1（驱动CAN总线，High），在主导线束中 B390-连接1（驱动CAN总线，Low），在主导线束中 B397-连接1（舒适CAN总线，High），在主导线束中 B398-连接2（舒适CAN总线，High），在主导线束中 B406-连接1（舒适CAN总线，Low），在主导线束中 B407-连接2（舒适CAN总线，Low），在主导线束中

图7-2-8

转向柱电子装置控制单元、双离合器变速器机电装置、点火钥匙防拔出锁磁铁、子变速器 1 中的阀门 1、子变速器 2 中的阀门 2、子变速器 1 中的阀门 2、子变速器 2 中的阀门 1、主压力阀门 1、液压泵电机

Tiptronic 开关、选挡杆挡位 P 锁止开关、转向柱电子装置控制单元、双离合器变速器机电装置、子变速器 1 中的阀门 3、子变速器 2 中的阀门 4、子变速器 1 中的阀门 4、子变速器 2 中的阀门 2

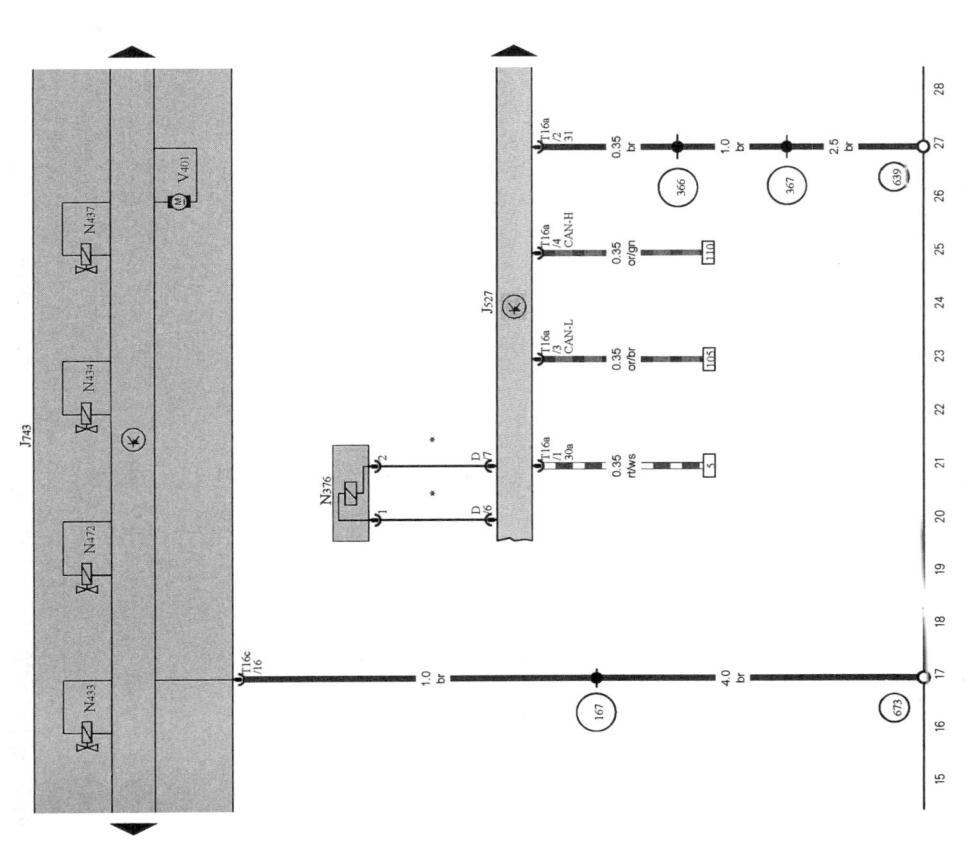

图 7-2-10

图 7-2-11

J527-转向柱电子装置控制单元 J743-双离合器变速器机电装置 N376-点火钥匙防拔出锁磁铁 N433-子变速器 1 中的阀门 1 N434-子变速器 1 中的阀门 2 N437-子变速器 2 中的阀门 1 N472-主压力阀门 1 T16a-16 芯插头连接 V401-液压泵电机 167-接地连接 4、在发动机舱导线束中 366-接地点 1、在主导线束中 367-接地点 2、在主导线束中 639-左 A 柱上的接地点 673-左前纵梁上的接地点 3 *-仅用于不带进入及启动许可的汽车

F189-Tiptronic 开关 F319-选挡杆挡位 P 锁止开关 J527-转向柱电子装置控制单元 J743-双离合器变速器机电装置 N435-子变速器 1 中的阀门 3 N436-子变速器 1 中的阀门 4 N438-子变速器 2 中的阀门 2 T10h-10 芯插头连接 370-接地连接 5、在主导线束中 368-接地点、黑色 T16a-16 芯插头连接、黑色 T10h-10 芯插头连接、黑色 B340-连接 1 (58d)、在主导线束中 B341-连接 2 (58d)、在主导线束中 664-左侧仪表板后面接地点、在主导线束中

917

Tiptronic 开关、齿轮油温度传感器、换挡执行器行程传感器 1、换挡执行器行程传感器 2、换挡执行器行程传感器 3、离合器温度传感器、控制单元温度传感器、双离合器变速器变速器机电装置、换挡杆锁磁铁

Tiptronic 开关、双离合器变速器变速器机电装置、选挡杆位置 P/N 指示灯、排挡杆挡位指示照明灯、子变速器 2 中的阀门 3、子变速器 2 中的阀门 4

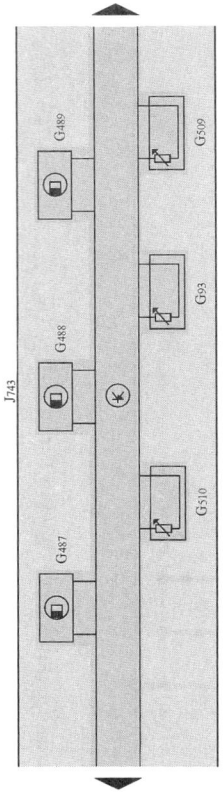

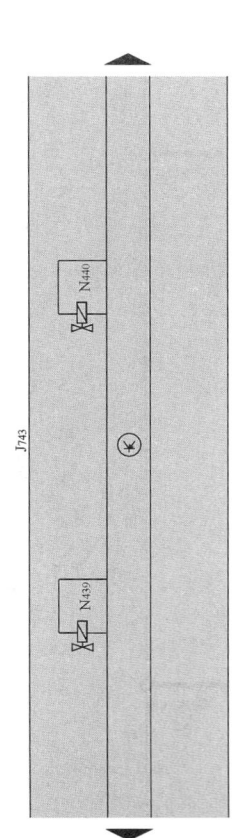

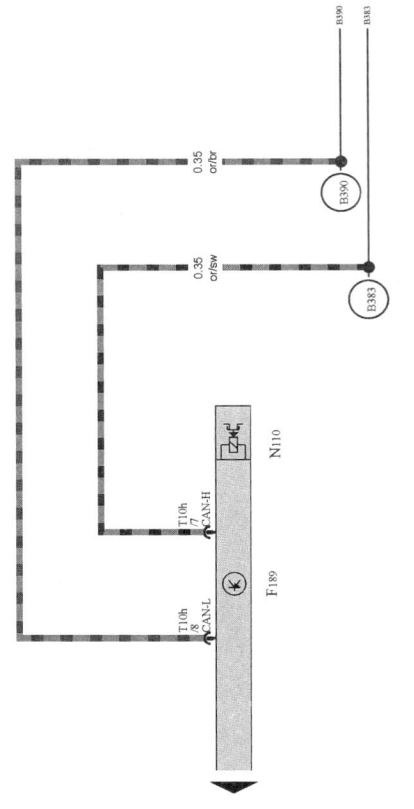

图 7-2-13

F189–Tiptronic 开关 G93–齿轮油温度传感器 G487–换挡执行器行程传感器 1 G488–换挡执行器行程传感器 2 G489–换挡执行器行程传感器 3 G509–离合器温度传感器 G510–控制单元温度传感器 J743–双离合器变速器变速器机电装置 N110–换挡杆锁磁铁 T10h–10芯插头连接 B383–连接1（驱动CAN总线，Low），在主导线束中 B390–连接1（驱动CAN总线，High），在主导线束中

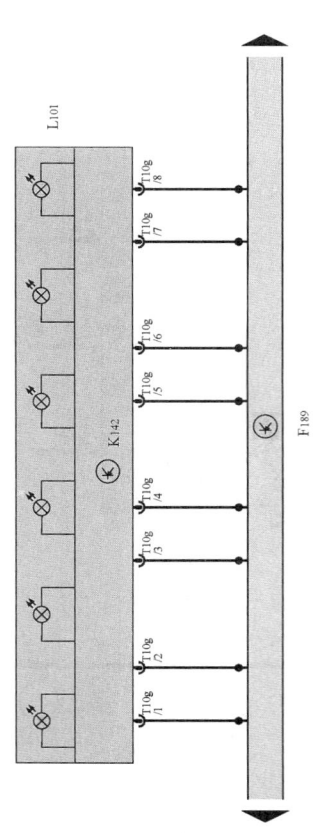

图 7-2-12

F189–Tiptronic 开关 J743–双离合器变速器变速器机电装置 K142–选挡杆位置 P/N指示灯 L101–排挡杆挡位指示照明灯 N439–子变速器2中的阀门3 N440–子变速器2中的阀门4 T10g–10芯插头连接，黑色

918

变速器输入转速传感器 1、双离合器变速器机
程传感器 2、双离合器变速器机电装置
变速器输入转速传感器 4、变速器输入转速传感器 2、离合器行
站内、左侧A柱、换挡执行器行程传感器 4、离合器行程传感器 2、

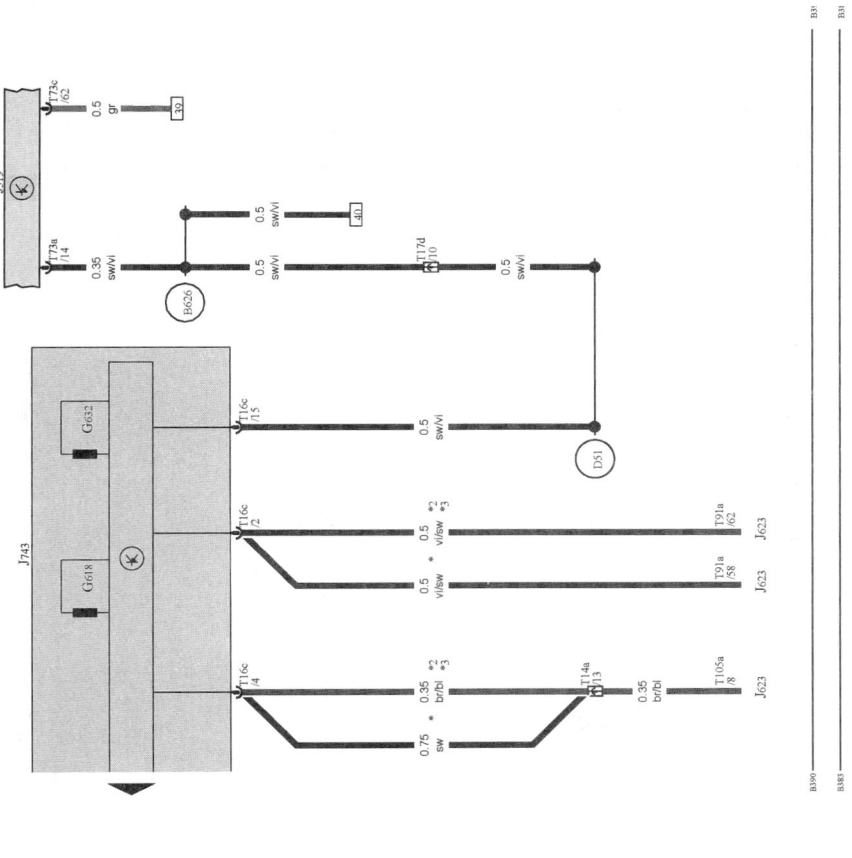

离合器行程传感器 2、变速器输入转速传感器 1、车载电网控制单元、双离合器变速器机
电装置

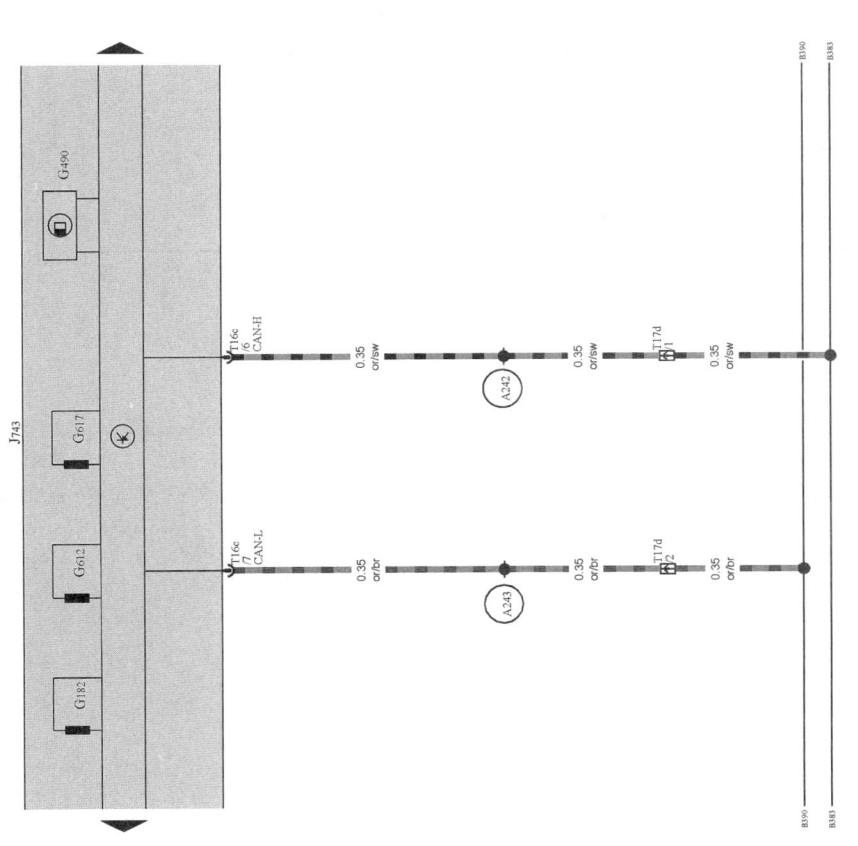

图 7-2-15

G618-离合器行程传感器2 G632-变速器输入转速传感器1 J519-车载电网控制单元 J623-发动机控制单元
J743-双离合器变速器机电装置 T14a-14芯插头连接、发动机舱内左前、灰色 T16c-16芯插头连接、黑色
T17d-17芯插头连接、接线站内、左侧A柱、蓝色 T73a-73芯插头连接、蓝色 T73c-73芯插头连接、黑色
T91a-91芯插头连接、黑色 T105a-105芯插头连接、黑色 B383-连接1（驱动CAN总线、High）、在主
导线束中 B390-连接1（驱动CAN总线、Low）、在主导线束中 B626-正极连接2（15）、在主导线束中
D51-正极连接1（15）、在发动机舱导线束中 *1-仅用于带发动机型号代码DBFA的汽车 *2-仅用于带发
动机型号代码CUGA的汽车 *3-仅用于带1.8L发动机的汽车

图 7-2-14

G182-变速器输入转速传感器 G490-换挡执行器行程传感器 G612-变速器输入转速传感器 2 G617-离
合器行程传感器1 J743-双离合器变速器机电装置 T16c-16芯插头连接、黑色 T17d-17芯插头连接、接线
站内、左侧A柱、蓝色 A242-连接1（驱动CAN总线、High）、在发动机舱导线束中 A243-连接1（驱动
CAN总线、Low）、在发动机舱导线束中 B383-连接1（驱动CAN总线、High）、在主导线束中 B390-
连接1（驱动CAN总线、Low）、在主导线束中

919

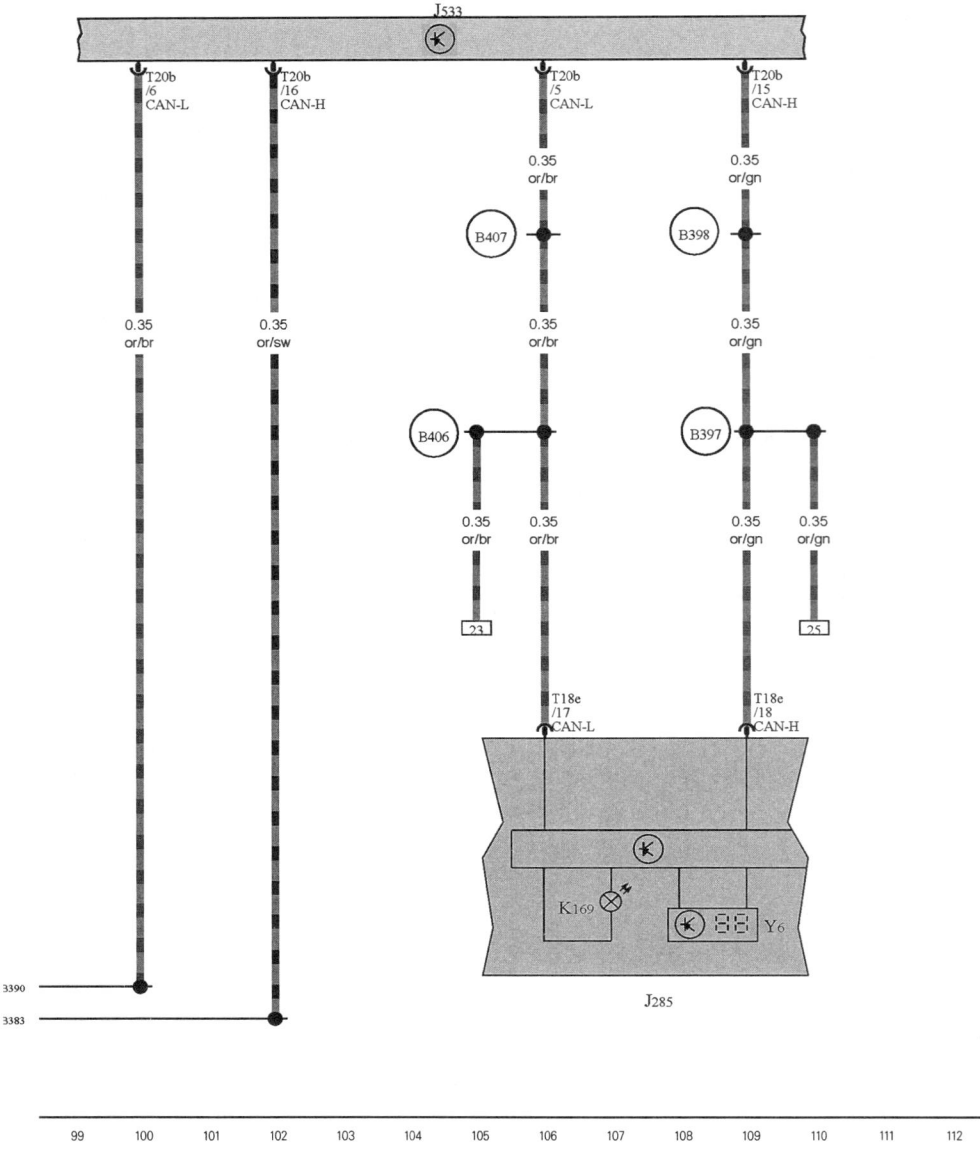

图 7-2-16

J285-组合仪表中的控制单元 J533-数据总线诊断接口 K169-选挡杆指示灯 T18e-18芯插头连接，黑色 T20b-20芯插头连接，红色 Y6-选挡杆位置显示 B383-连接1（驱动CAN总线，High），在主导线束中 B390-连接1（驱动CAN总线，Low），在主导线束中 B397-连接1（舒适CAN总线，High），在主导线束中 B398-连接2（舒适CAN总线，High），在主导线束中 B406-连接1（舒适CAN总线，Low），在主导线束中 B407-连接2（舒适CAN总线，Low），在主导线束中

第三节　底盘系统

底盘系统电路图（自2017年2月起）的图号和图名对照表见表7-3-1。

表 7-3-1　底盘系统电路图（自 2017 年 2 月起）的图号和图名对照表

图号	图名
图 7-3-1~ 图 7-3-10	防抱死制动系统（ABS）与电子稳定程序（ESP）
图 7-3-11~ 图 7-3-12	机电式助力转向器
图 7-3-13~ 图 7-3-16	多功能方向盘
图 7-3-17~ 图 7-3-18	全轮驱动

接线端 15 供电继电器、车载电网控制单元、保险丝架 A 上的保险丝 1

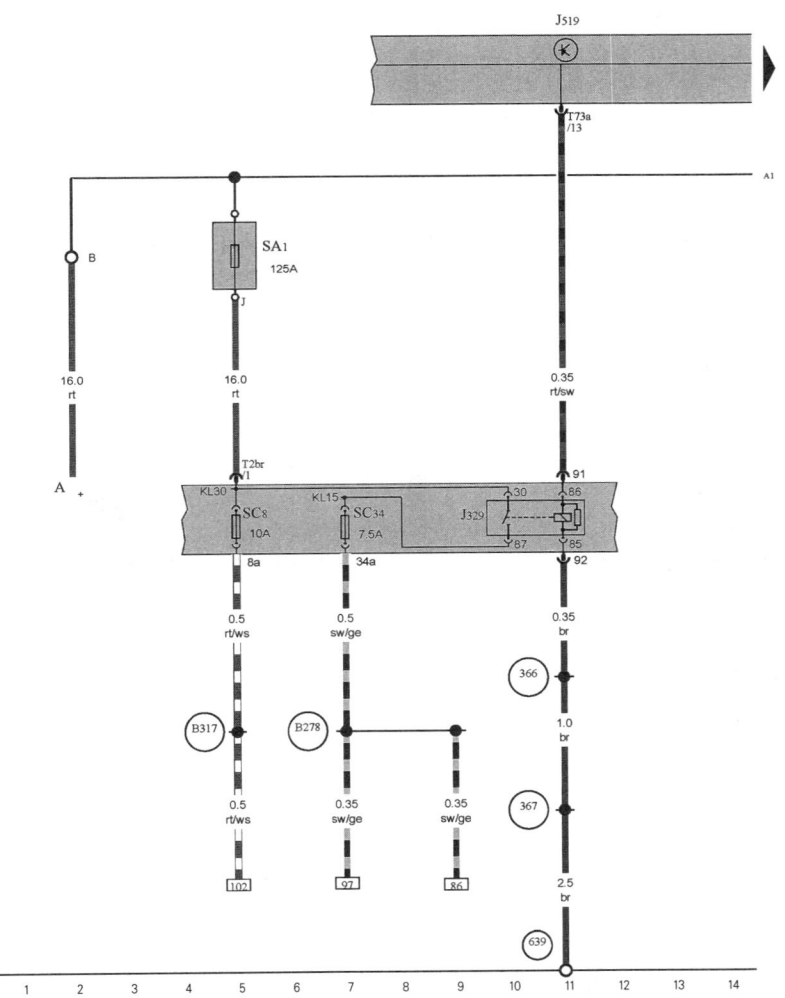

A-蓄电池　J329-接线端15供电继电器　J519-车载电网控制单元　SA1-保险丝架A上的保险丝1　SC8-保险丝架C上的保险丝8　SC34-保险丝架C上的保险丝34　T2br-2芯插头连接，黑色　T73a-73芯插头连接，黑色　366-接地连接1，在主导线束中　367-接地连接2，在主导线束中　639-左A柱上的接地点　B278-正极连接2（15a），在主导线束中　B317-正极连接3（30a），在主导线束中

图 7-3-1

ABS 控制单元、车载电网控制单元、右前 ABS 进气阀、右前 ABS 排气阀

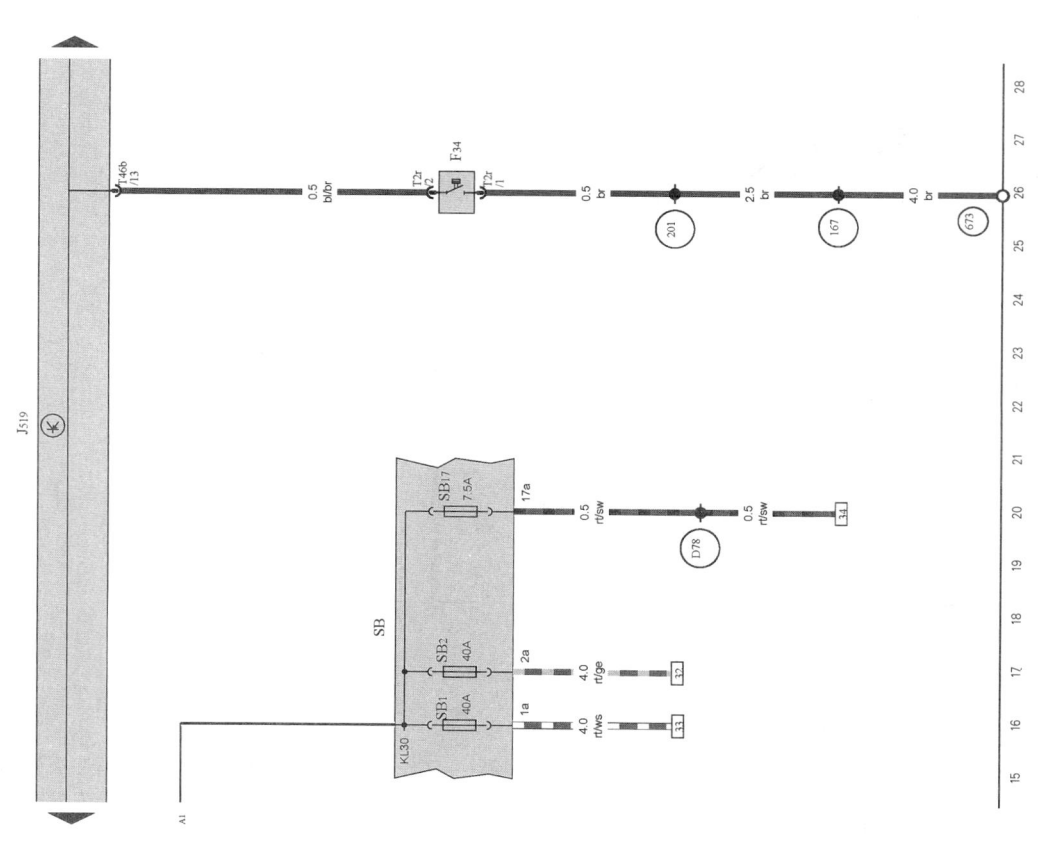

图 7-3-3

制动液液位警告信号触点、车载电网控制单元、保险丝架 B

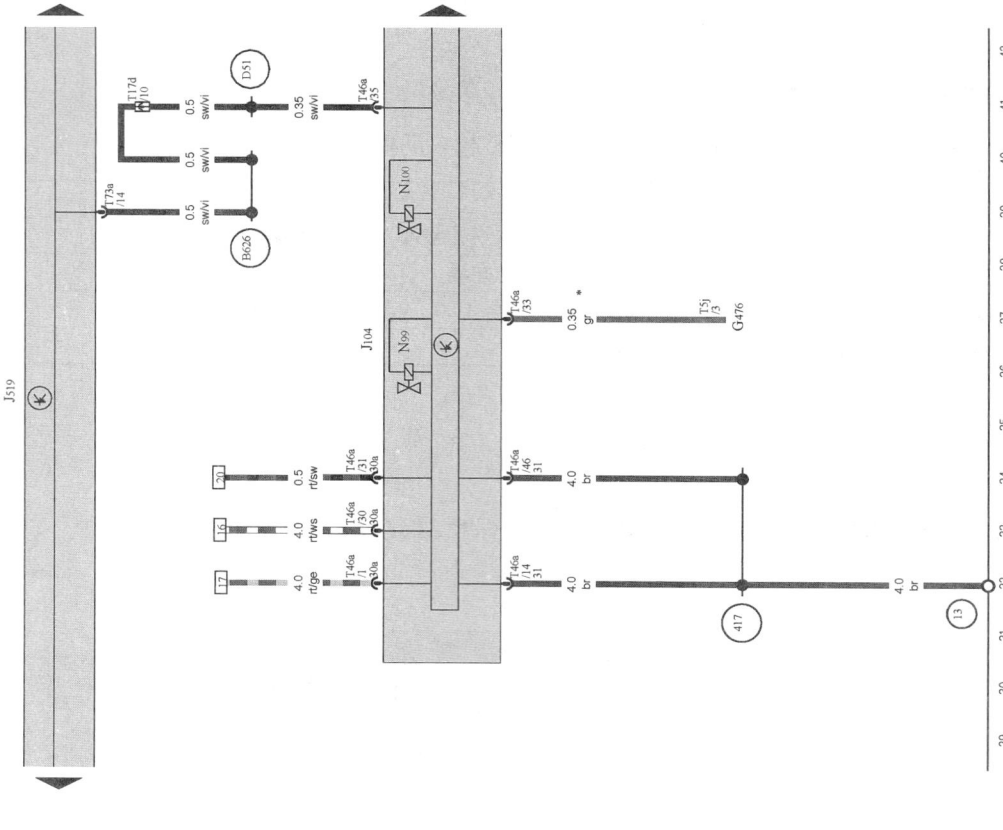

图 7-3-2

F34-制动液液位警告信号触点 J519-车载电网控制单元 SB-保险丝架B SB1-保险丝架B上的保险丝1 SB2-保险丝架B上的保险丝2 SB17-保险丝架B上的保险丝17 T2r-2芯插头连接，黑色 T46b-46芯插头连接 673-左前纵梁上的接地点3 D78-正极连接1（30a），在发动机舱导线束中 201-接地连接5，在发动机舱导线束中 167-接地连接4，在发动机舱导线束中 32-正极连接2（15），在发动机舱导线束中 33-正极连接1（15），在发动机舱导线束中

G476-离合器位置传感器 J104-ABS控制单元 J519-车载电网控制单元 N99-右前ABS进气阀 N100-右前ABS排气阀 T5j-5芯插头连接，接线站内，左侧A柱，蓝色 T46a-46芯插头连接 T17d-17芯插头连接，黑色 T73a-73芯插头连接，黑色 13-发动机舱内右侧的接地点，在发动机舱导线束中 417-接地连接9，在发动机舱导线束中 D51-正极连接1（15），在主导线束中 B626-正极连接2（15），在主导线束中 *-仅用于带手动变速器的汽车

右后转速传感器、右前转速传感器、左后转速传感器、ABS控制单元、车载电网控制单元、
左后 ABS 进气阀、右后 ABS 排气阀、右后 ABS 进气阀、左后 ABS 排气阀、左后 ABS 排气阀

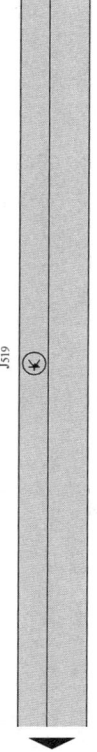

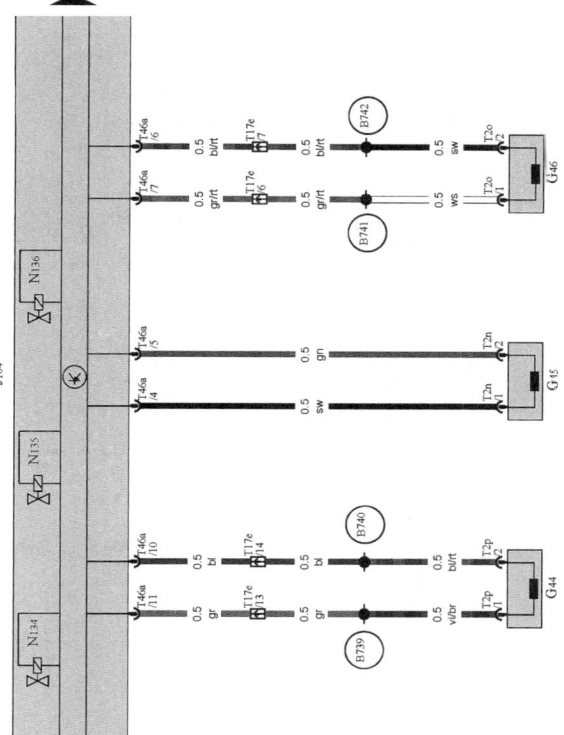

G44-右后转速传感器 G45-右前转速传感器 G46-左后转速传感器 J104-ABS控制单元 J519-车载电网控制单元 N134-左后ABS进气阀 N135-右后ABS进气阀 N136-左后ABS排气阀 T2n-2芯插头连接、黑色 T2o-2芯插头连接、黑色 T2p-2芯插头连接、黑色 T17e-17芯插头连接、连接站内、A柱右侧、黑色 T46a-46芯插头连接、黑色 B739-连接（右后转速传感器+），在主导线束中 B740-连接（右后转速传感器-），在主导线束中 B741-连接（左后转速传感器+），在主导线束中 B742-连接（左后转速传感器-），在主导线束中

图 7-3-5

真空传感器、ABS 控制单元、车载电网控制单元、左前 ABS 进气阀、左前 ABS 排气阀、
右后 ABS 进气阀、左气阀、ABS 液压泵

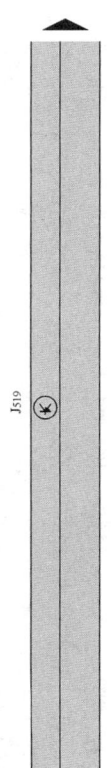

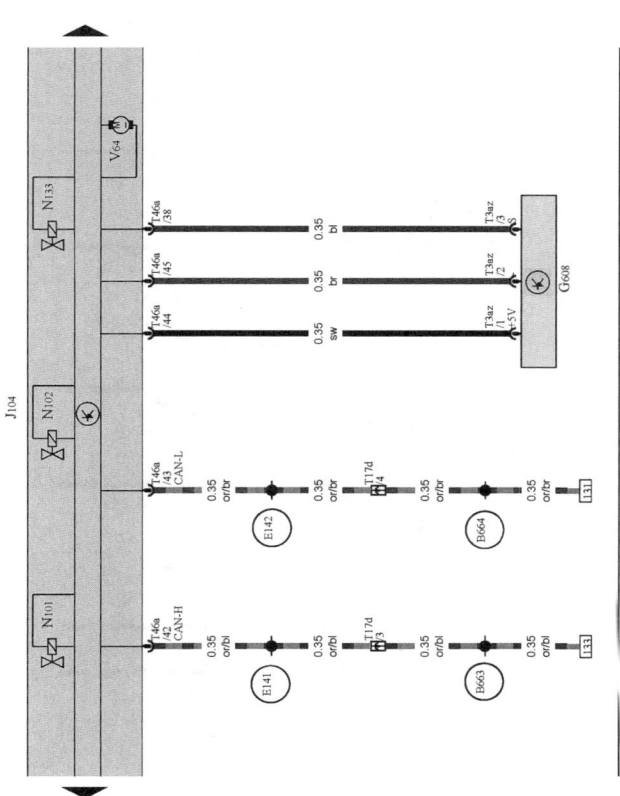

G608-真空传感器 J104-ABS控制单元 J519-车载电网控制单元 N101-左前ABS进气阀 N102-左前ABS排气阀 N133-右前ABS进气阀 T3az-3芯插头连接、黑色 T17d-17芯插头连接、接线站内、左侧A柱、蓝色 T46a-46芯插头连接、黑色 V64-ABS液压泵 B663-连接（底盘传感器CAN总线、High），在主导线束中 B664-连接（底盘传感器CAN总线、High），在主导线束中 E141-连接（底盘传感器CAN总线、Low），在主导线束中 E142-连接（底盘传感器CAN总线、Low），在发动机舱导线束中

图 7-3-4

左前转速传感器、ABS控制单元、车载电网控制单元、动态行驶控制转换阀1、动态行驶控制转换阀2、动态行驶控制高压转换阀1、左侧驻车电机、右侧驻车电机

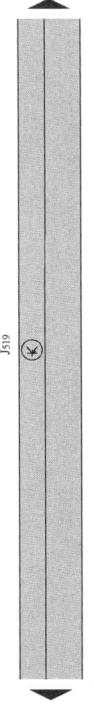

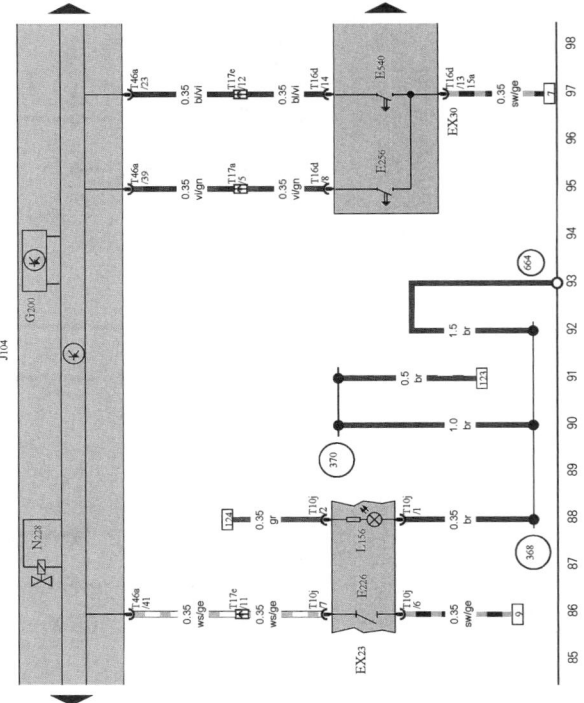

图7-3-6

G47-左前转速传感器 J104-ABS控制单元 J519-车载电网控制单元 N225-动态行驶控制转换阀1 N226-动态行驶控制转换阀2 N227-动态行驶控制高压转换阀1 T2am-2芯插头连接，黑色 T2m-2芯插头连接，接线站内，左侧A柱 连接站内，A柱右侧，黑色 T17a-17芯插头连接，左侧A柱，黑色 T17e-17芯插头连接，A柱右侧，黑色 T46a-46芯插头连接，黑色 V282-左侧驻车电机 V283-右侧驻车电机 B834-驻车电机 B835-连接2（驻车电机），在主导线束中 B836-连接3（驻车电机）B837-连接4（驻车电机），在主导线束中 D184-连接（左前转速传感器+），在发动机舱导线束中 D185-连接（左前转速传感器-），在发动机舱导线束中

中控台开关模块1、中控台开关模块2、轮胎压力监控按钮、ABS和电子稳定程序按钮、AUTO HOLD按钮、横向加速度传感器、ABS控制单元、车载电网控制单元、明灯泡、动态行驶控制高压转换阀2 开关照

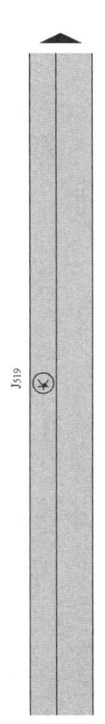

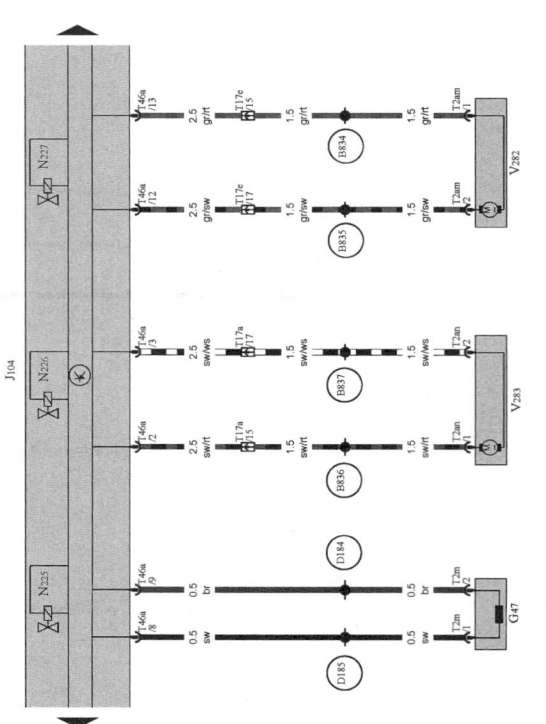

图7-3-7

EX23-中控台开关模块1 EX30-中控台开关模块2 E226-轮胎压力监控按钮 E256-ABS和电子稳定程序按钮 E540-AUTO HOLD按钮 G200-横向加速度传感器 J104-ABS控制单元 J519-车载电网控制单元 L156-开关照明灯泡 N228-动态行驶控制高压转换阀2 T10j-10芯插头连接，黑色 T16d-16芯插头连接，黑色 T17a-17芯插头连接，左侧A柱，连接站内，A柱右侧，黑色 T17e-17芯插头连接，A柱右侧，黑色 T46a-46芯插头连接，黑色 370-接地连接5，在主导线束中 664-左侧仪表板后面接地点

924

中控台开关模块 2、机电式驻车制动器按钮、制动压力传感器、纵向加速度传感器、偏转率传感器、机电式驻车制动控制单元、车载电网控制单元、机电式驻车制动器指示灯、AUTO HOLD 指示灯

中控台开关模块 2、越野运行开关、驾驶风格格选择开关模块、车载电网控制单元、驾驶风格选择指示灯、开关照明灯泡

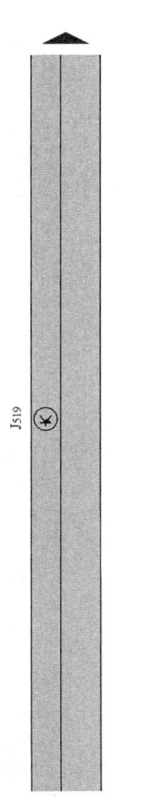

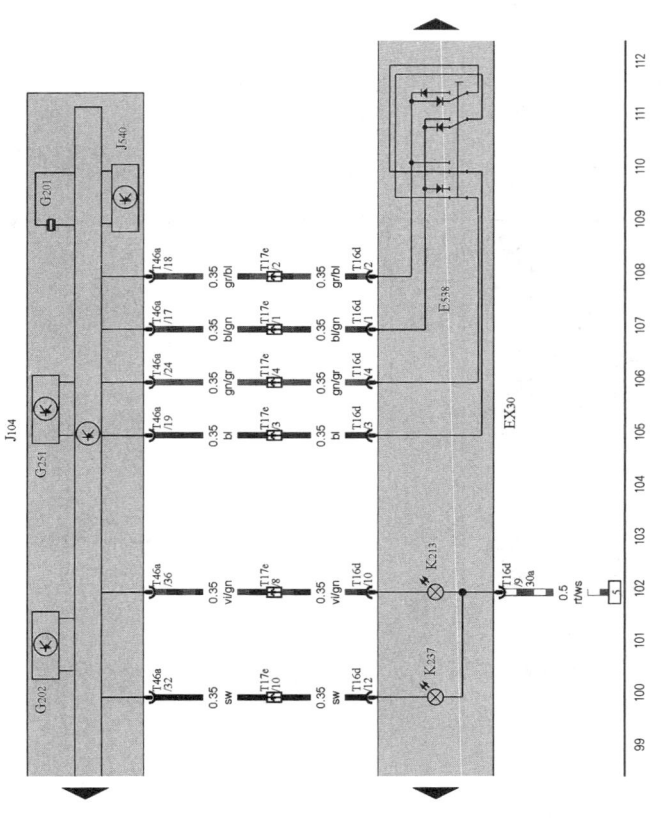

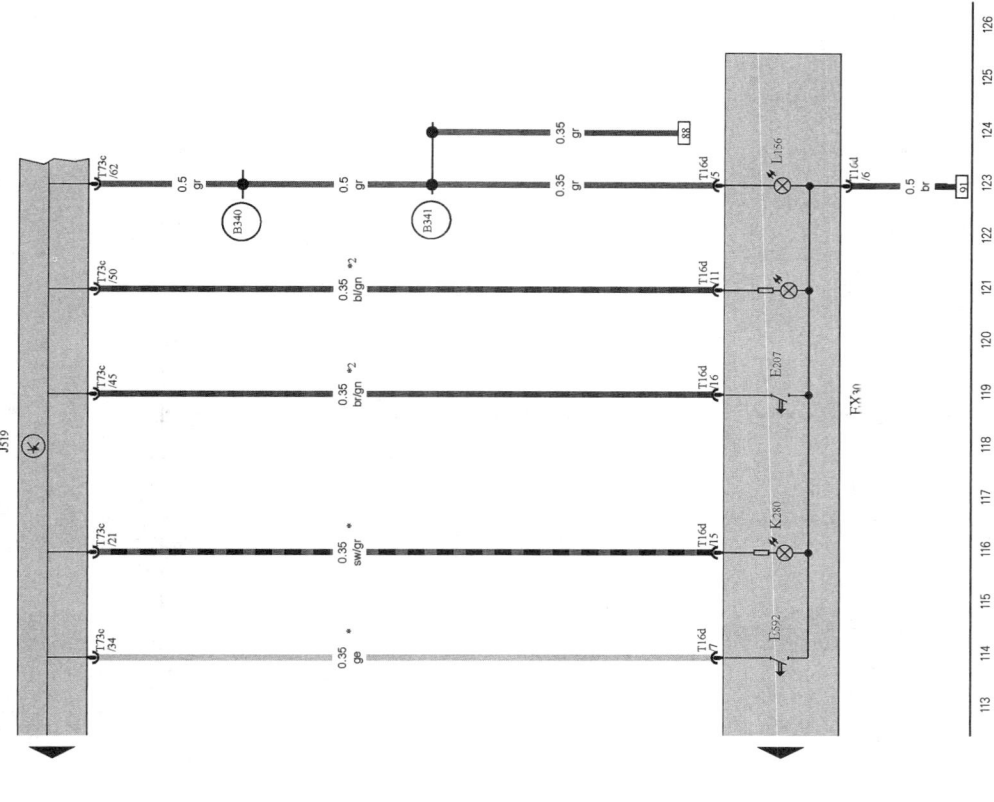

图 7-3-9

EX30-中控台开关模块2 E207-越野运行开关 E592-驾驶风格选择开关模块 J519-车载电网控制单元 K280-驾驶风格选择指示灯 L156-开关照明灯泡 T16d-16芯插头连接 T73c-73芯插头连接，棕色 B340-连接1（58d），在主导线束中 B341-连接2（58d），在主导线束中 *-仅用于带驾驶模式选择操纵单元的汽车 *2-仅用于带全轮驱动的汽车

图 7-3-8

EX30-中控台开关模块2 E538-机电式驻车制动器按钮 G201-制动压力传感器 G202-偏转率传感器 G251-纵向加速度传感器 J104-ABS控制单元 J519-车载电网控制单元 J540-机电式驻车制动控制单元 T16d-16芯插头连接 K237-AUTO HOLD指示灯 K213-机电式驻车制动器指示灯 T16d-16芯插头连接，黑色 T46a-46芯插头连接，黑色 连接、连接站内、A柱右侧、黑色 T17e-17芯插头连接，棕色 T46a-46芯插头

组合仪表中的控制单元、数据总线诊断接口、ABS 指示灯、制动系统指示灯、电子稳定程序和 ASR 指示灯、电动驻车制动器和手制动器故障指示灯、电子稳定程序和 ASR 指示灯 2、轮胎压力监控显示指示灯

转向角传感器、转向扭矩传感器、助力转向控制单元、保险丝架 A 上的保险丝 3、机电式伺服转向电机

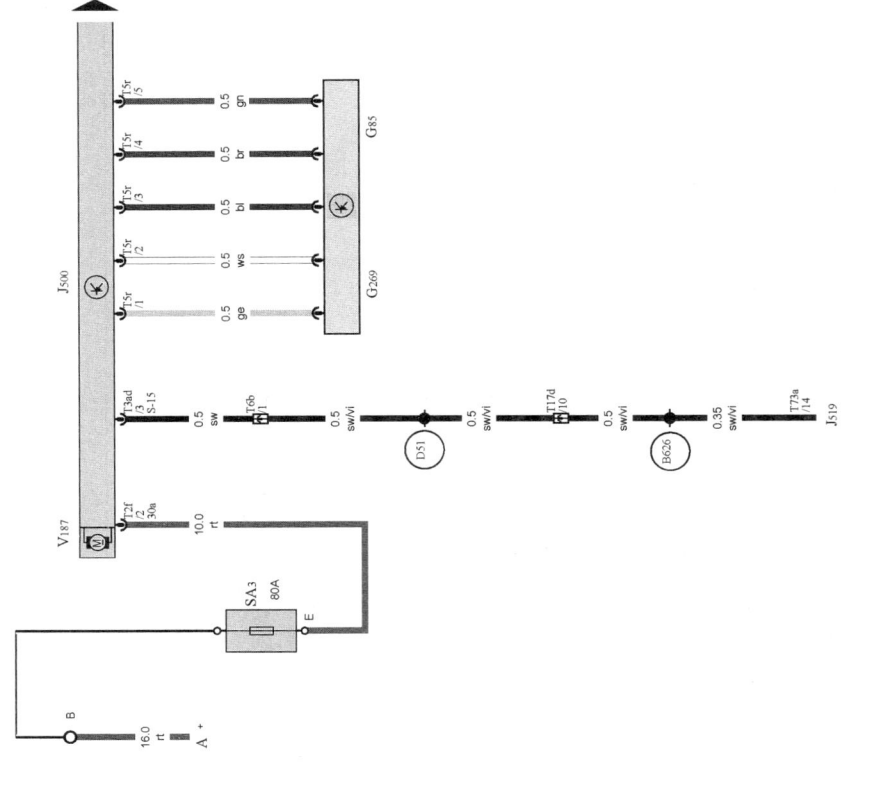

图 7-3-11

A-蓄电池 G85-转向角传感器 G269-转向扭矩传感器 J500-助力转向控制单元 J519-车载电网控制单元 SA3-保险丝架 A 上的保险丝 3 T2f-2芯插头连接，黑色 T3ad-3芯插头连接，黑色 T5r-5芯插头连接，黑色 T6b-6芯插头连接，发动机舱内左后部，黑色 T17d-17芯插头连接，接线站内，左侧 A柱，蓝色 T73a-73芯插头连接，黑色 V187-机电式伺服转向电机 B626-正极连接2 (15)，在主导线束中 D51-正极连接1 (15)，在发动机舱导线束中

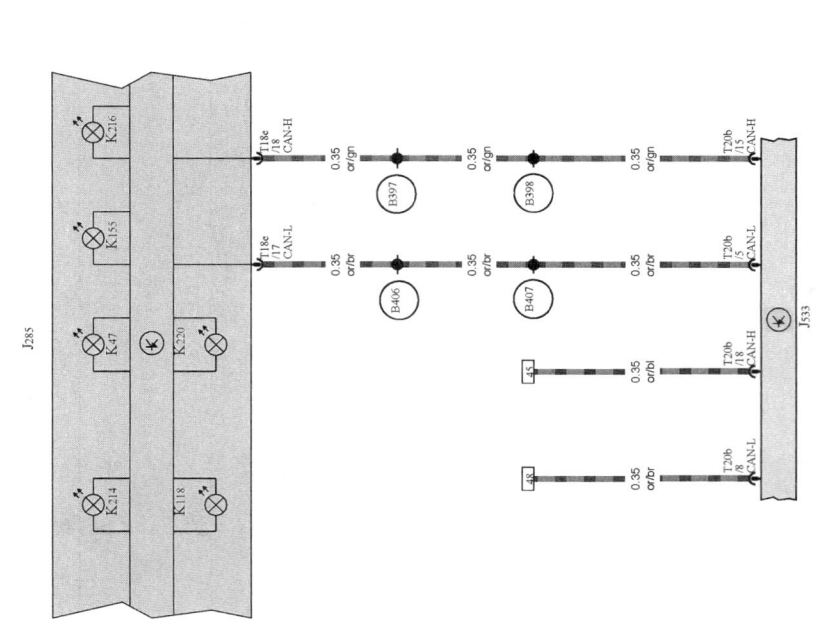

图 7-3-10

J285-组合仪表中的控制单元 J533-数据总线诊断接口 K47-ABS指示灯 K118-制动系统指示灯 K155-电子稳定程序和ASR指示灯 K214-电动驻车制动器和手制动器故障指示灯 K216-电子稳定程序和ASR指示灯2 K220-轮胎压力监控显示指示灯 T18e-18芯插头连接，黑色 T20b-20芯插头连接，红色 B397-连接1 (舒适CAN总线，High)，在主导线束中 B398-连接2 (舒适CAN总线，High)，在主导线束中 B406-连接1 (舒适CAN总线，Low)，在主导线束中 B407-连接2 (舒适CAN总线，Low)，在主导线束中

组合仪表中的控制单元、助力转向控制单元、数据总线诊断接口、机电式助力转向器指示灯

安全气囊卷簧和带滑环的复位环、信号喇叭、多功能方向盘控制单元、转向柱电子装置控制单元

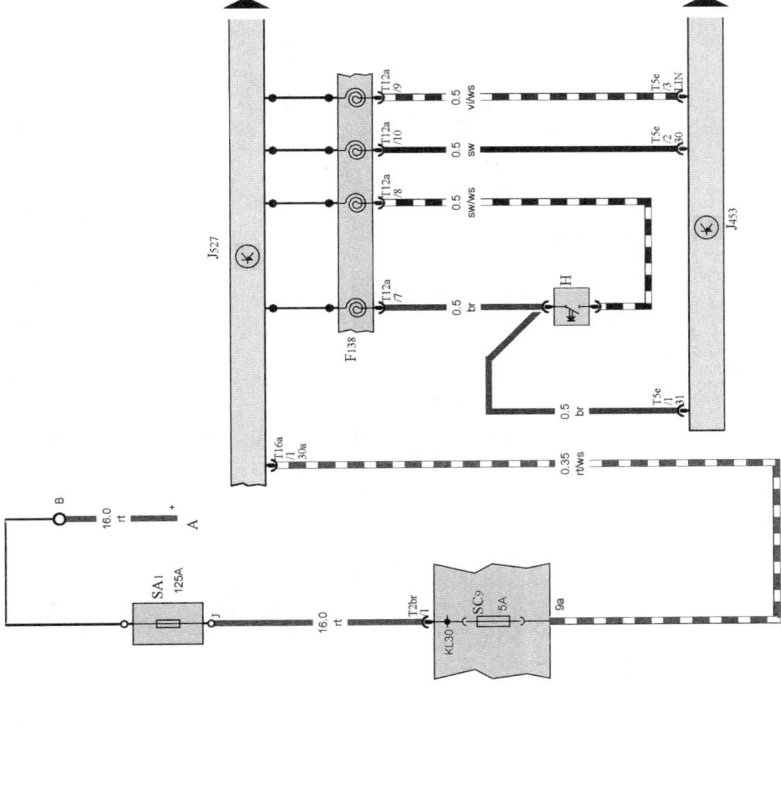

图 7-3-13

A-蓄电池 F138-安全气囊卷簧和带滑环的复位环 H-信号喇叭 J453-多功能方向盘控制单元 J527-转向柱电子装置控制单元 SA1-保险丝架A上的保险丝1 SC9-保险丝架C上的保险丝9 T2br-2芯插头连接，黑色 T5e-5芯插头连接，黑色 T12a-12芯插头连接，黑色 T16a-16芯插头连接，黄色

图 7-3-12

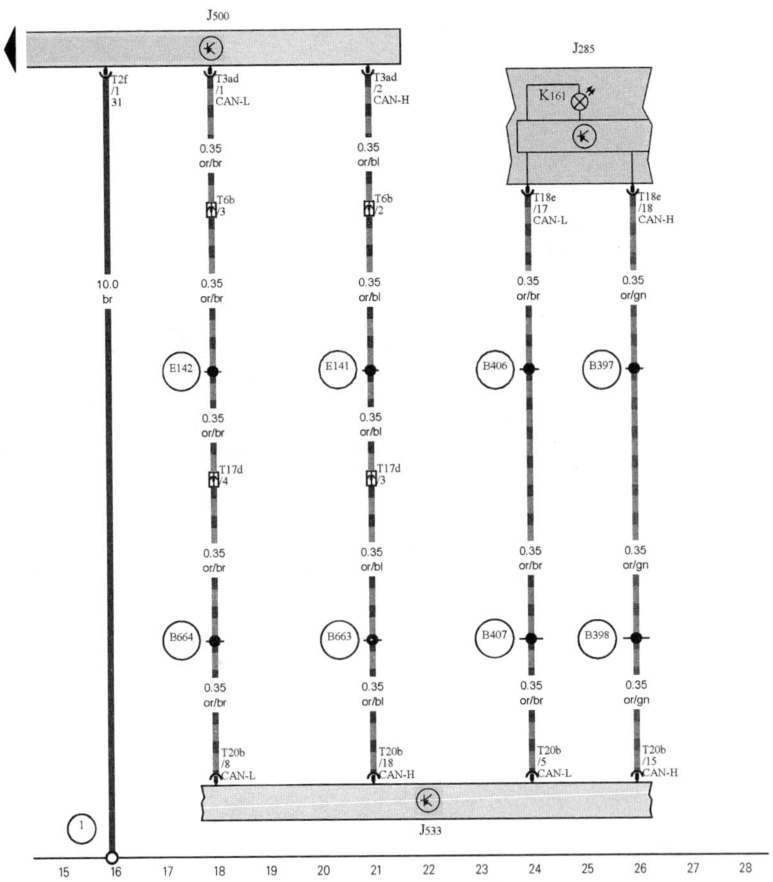

J285-组合仪表中的控制单元 J500-助力转向控制单元 J533-数据总线诊断接口 K161-机电式助力转向器指示灯 T2f-2芯插头连接，黑色 T3ad-3芯插头连接，黑色 T6b-6芯插头连接，发动机舱内左后部，黑色 T17d-17芯插头连接，接线站内，左侧A柱，蓝色 T18e-18芯插头连接，红色 T20b-20芯插头连接，黑色 1-接地带，蓄电池-车身 B397-连接1（舒适CAN总线，High），在主导线束中 B398-连接2（舒适CAN总线，High），在主导线束中 B406-连接1（舒适CAN总线，Low），在主导线束中 B407-连接2（舒适CAN总线，Low），在主导线束中 B663-连接（底盘传感器CAN总线，High），在主导线束中 B664-连接（底盘传感器CAN总线，High），在发动机舱导线束中 E141-连接（底盘传感器CAN总线，Low），在主导线束中 E142-连接（底盘传感器CAN总线，Low），在发动机舱导线束中

方向盘中的左侧多功能按钮、多功能方向盘控制单元、转向柱电子装置控制单元

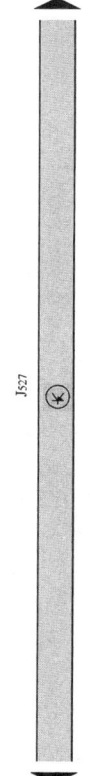

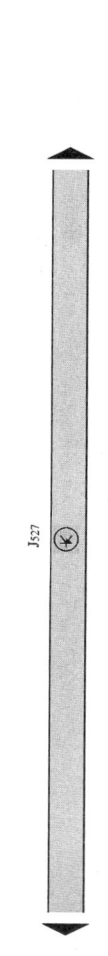

E440-方向盘中的左侧多功能按钮 J453-多功能方向盘控制单元 J527-转向柱电子装置控制单元

图 7-3-14

方向盘中的右侧多功能按钮、多功能方向盘控制单元、转向柱电子装置控制单元

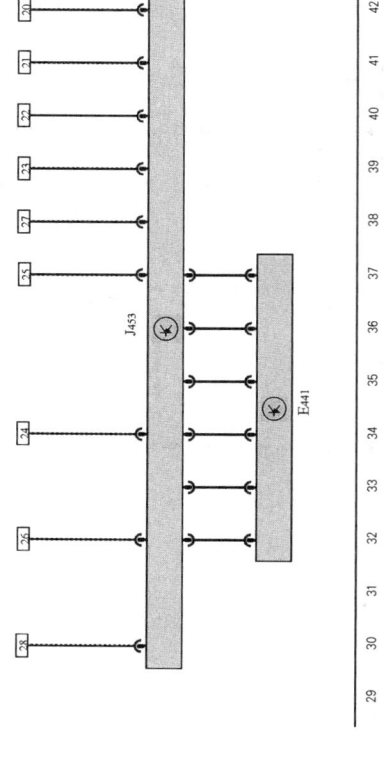

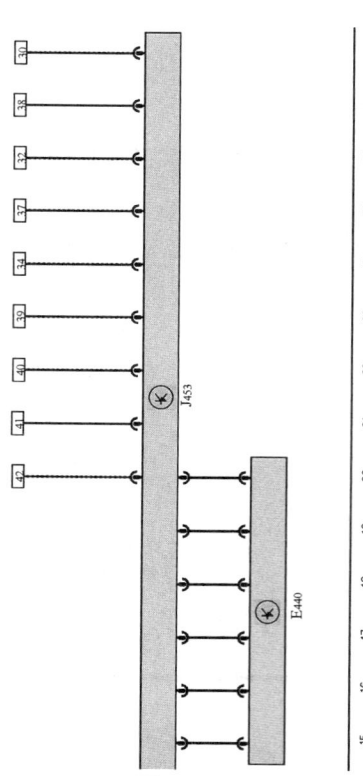

E441-方向盘中的右侧多功能按钮 J453-多功能方向盘控制单元 J527-转向柱电子装置控制单元

图 7-3-15

928

全轮驱动控制单元、保险丝架 A 上的保险丝 4、全轮离合器泵

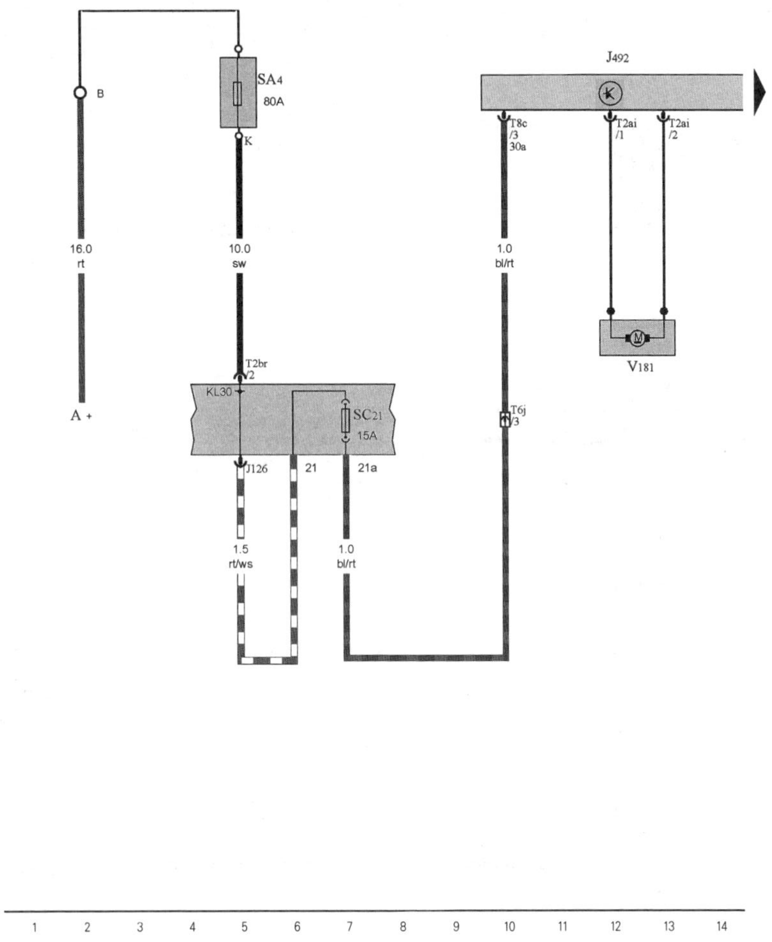

转向柱电子装置控制单元、数据总线诊断接口

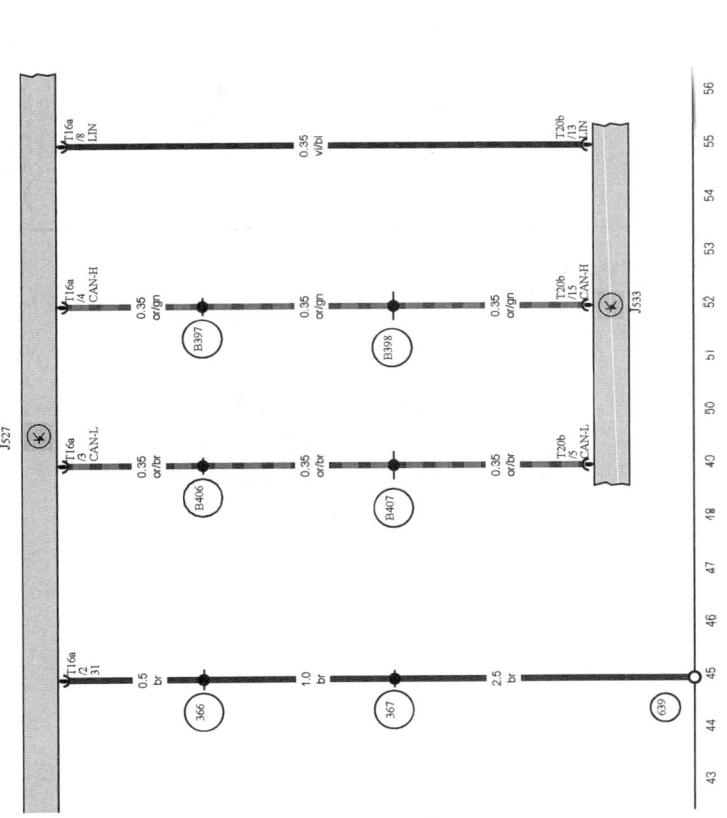

图 7-3-17

图 7-3-16

A–蓄电池 J492–全轮驱动控制单元 SA4–保险丝架A上的保险丝4 SC21–保险丝架C上的保险丝21 T2ai–2芯插头连接，黑色 T2br–2芯插头连接，黑色 T6j–6芯插头连接，黑色 T8c–8芯插头连接，左侧油箱上，黑色 V181–全轮离合器泵

J527–转向柱电子装置控制单元 J533–数据总线诊断接口 T16a–16芯插头连接，黑色 T20b–20芯插头连接，黑色 366–接地连接1，在主导线束中 367–接地连接2，在主导线束中 639–左A柱上的接地点 B397–连接1（舒适CAN总线，High），在主导线束中 B398–连接2（舒适CAN总线，High），在主导线束中 B406–连接1（舒适CAN总线，Low），在主导线束中 B407–连接2（舒适CAN总线，Low），在主导线束中

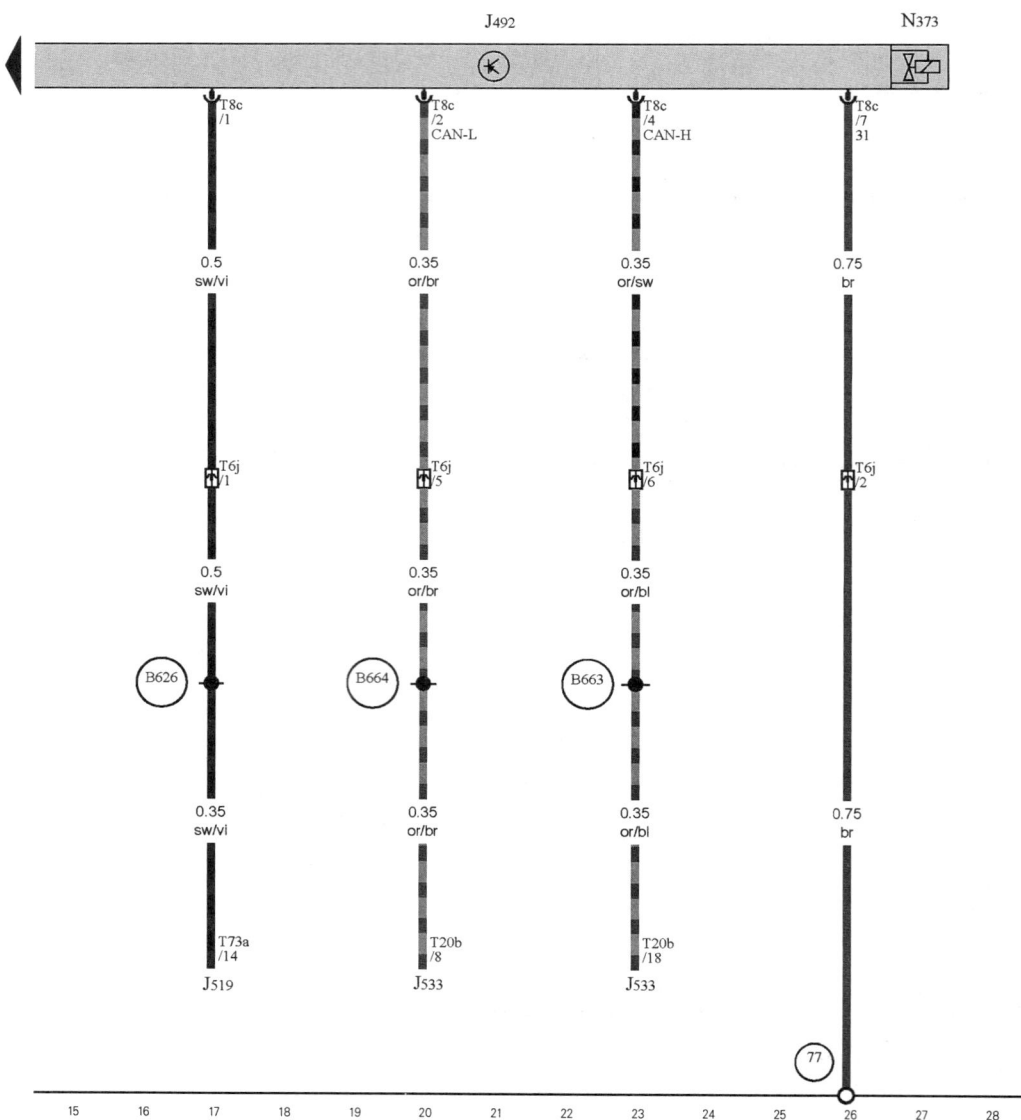

J492-全轮驱动控制单元 J519-车载电网控制单元 J533-数据总线诊断接口 N373-离合器开启角度控制阀 T6j-6芯插头连接，左侧油箱上，黑色 T8c-8芯插头连接，黑色 T20b-20芯插头连接，红色 T73a-73芯插头连接，黑色 77-左侧B柱下的接地点 B626-正极连接2（15），在主导线束中 B663-连接（底盘传感器CAN总线，High），在主导线束中 B664-连接（底盘传感器CAN总线，Low），在主导线束中

图 7-3-18

第四节 电气系统

电气系统电路图（自 2017 年 2 月起）的图号和图名对照表见表 7-4-1。

表 7-4-1 电气系统电路图（自 2017 年 2 月起）的图号和图名对照表

图号	图名
图 7-4-1~图 7-4-9	安全气囊系统
图 7-4-10~图 7-4-17	全自动空调
图 7-4-18~图 7-4-23	带手动调节的空调
图 7-4-24~图 7-4-35	进入及启动许可
图 7-4-36~图 7-4-63	舒适便捷系统
图 7-4-64~图 7-4-74	电动座椅调节装置，带记忆功能
图 7-4-75~图 7-4-77	可加热座椅
图 7-4-78~图 7-4-80	全景滑动天窗
图 7-4-81~图 7-4-87	电动后备箱盖
图 7-4-88~图 7-4-95	泊车雷达系统（PDC）
图 7-4-96~图 7-4-97	倒车摄像机系统适配装置
图 7-4-98~图 7-4-100	换道辅助系统
图 7-4-101~图 7-4-102	自动车距控制
图 7-4-103~图 7-4-115	LED 大灯
图 7-4-116~图 7-4-121	卤素大灯
图 7-4-122~图 7-4-130	收音机 - 导航系统
图 7-4-131~图 7-4-135	收音机装置
图 7-4-136~图 7-4-150	数据总线联网
图 7-4-151~图 7-4-152	自动防眩车内后视镜、雨量传感器
图 7-4-153~图 7-4-159	组合仪表
图 7-4-160~图 7-4-188	保险丝配置

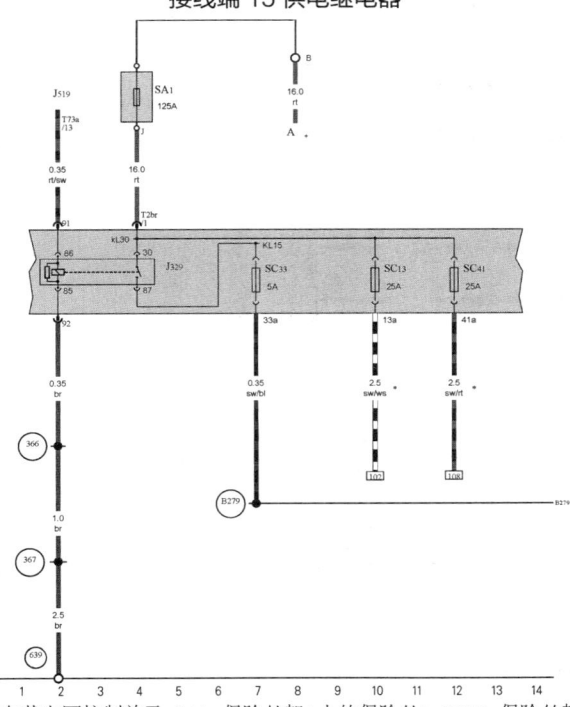

接线端 15 供电继电器

A-蓄电池 J329-接线端15供电继电器 J519-车载电网控制单元 SA1-保险丝架A上的保险丝1 SC13-保险丝架C上的保险丝13 SC33-保险丝架C上的保险丝33 SC41-保险丝架C上的保险丝41 T2br-2芯插头连接，黑色 T73a-73插头连接，黑色 366-接地连接1，在主导线束中 367-接地连接2，在主导线束中 639-左A柱上的接地点 B279-正极连接3（15a），在主导线束中 *-用于带可逆安全带拉紧器的汽车

图 7-4-1

931

安全气囊卷簧和带滑环的复位环、前部安全气囊碰撞传感器、安全气囊控制单元、转向柱电子装置控制单元、驾驶员侧安全气囊引爆装置、驾驶员侧膝部安全气囊引爆装置

安全气囊卷簧和带滑环的复位环、副驾驶员侧安全气囊碰撞传感器、副驾驶员座椅占用传感器、安全气囊控制单元、副驾驶员安全气囊引爆装置1

驾驶员侧安全带开关、副驾驶员侧安全带开关、副驾驶员座椅占用传感器、安全气囊控制单元、副驾驶员侧安全气囊引爆装置1

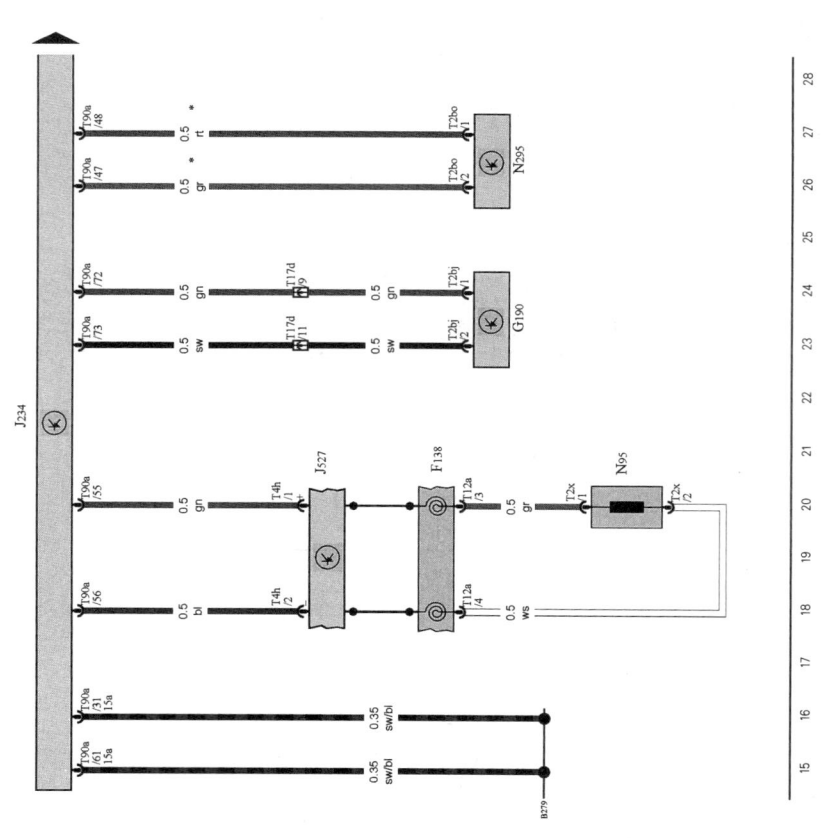

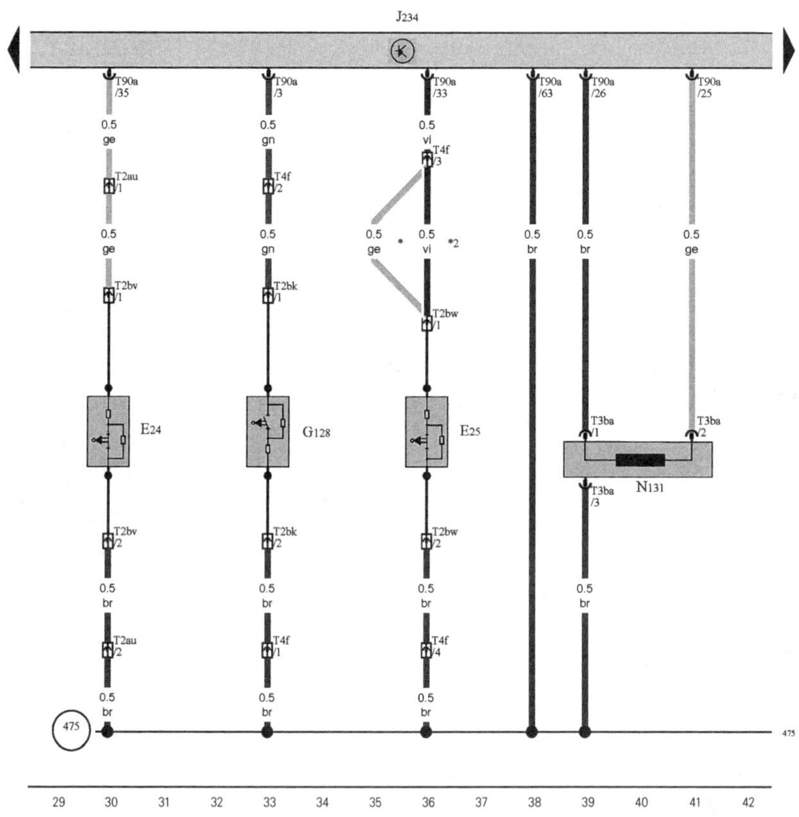

图 7-4-3

E24-驾驶员侧安全带开关　E25-副驾驶员侧安全带开关　G128-副驾驶员侧座椅占用传感器　J234-安全气囊控制单元　N131-副驾驶员座椅占用传感器　T2au-2芯插头连接，左前座椅的连接位置中，黑色　T2bk-2芯插头连接，蓝色　T2bv-2芯插头连接，绿色　T3ba-3芯插头连接，黄色　T2bw-2芯插头连接，黑色　T4f-4芯插头连接，右前座椅的接合位置中，黑色　T90a-90芯插头连接，黄色　475-接地连接（安全气囊），在主导线束中　*-用于带副驾驶员侧电动座椅调节的汽车　*2-用于不带座椅调节的汽车

图 7-4-2

F138-安全气囊卷簧和带滑环的复位环　G190-前部安全气囊碰撞传感器　J234-安全气囊控制单元　J527-转向柱电子装置控制单元　N95-驾驶员侧安全气囊引爆装置　N295-驾驶员膝部安全气囊引爆装置　T2bj-2芯插头连接，黄色　T2bo-2芯插头连接，蓝色　T2x-2芯插头连接，黄色　T4h-2芯插头连接，黄色　T12a-12芯插头连接，黄色　T17d-17芯插头连接，接线站内，左侧A柱，左侧　T90a-90芯插头连接，黄色　B279-正极连接3（15a），在主导线束中　*-用于带驾驶员侧膝部安全气囊的汽车

驾驶员侧侧面安全气囊碰撞传感器、安全气囊控制单元、驾驶员侧侧面安全气囊引爆装置、副驾驶员侧侧面安全气囊引爆装置

副驾驶员侧侧面安全气囊碰撞传感器、安全气囊控制单元、驾驶员侧后部安全带拉紧器引爆装置、副驾驶员侧后部安全带拉紧器引爆装置

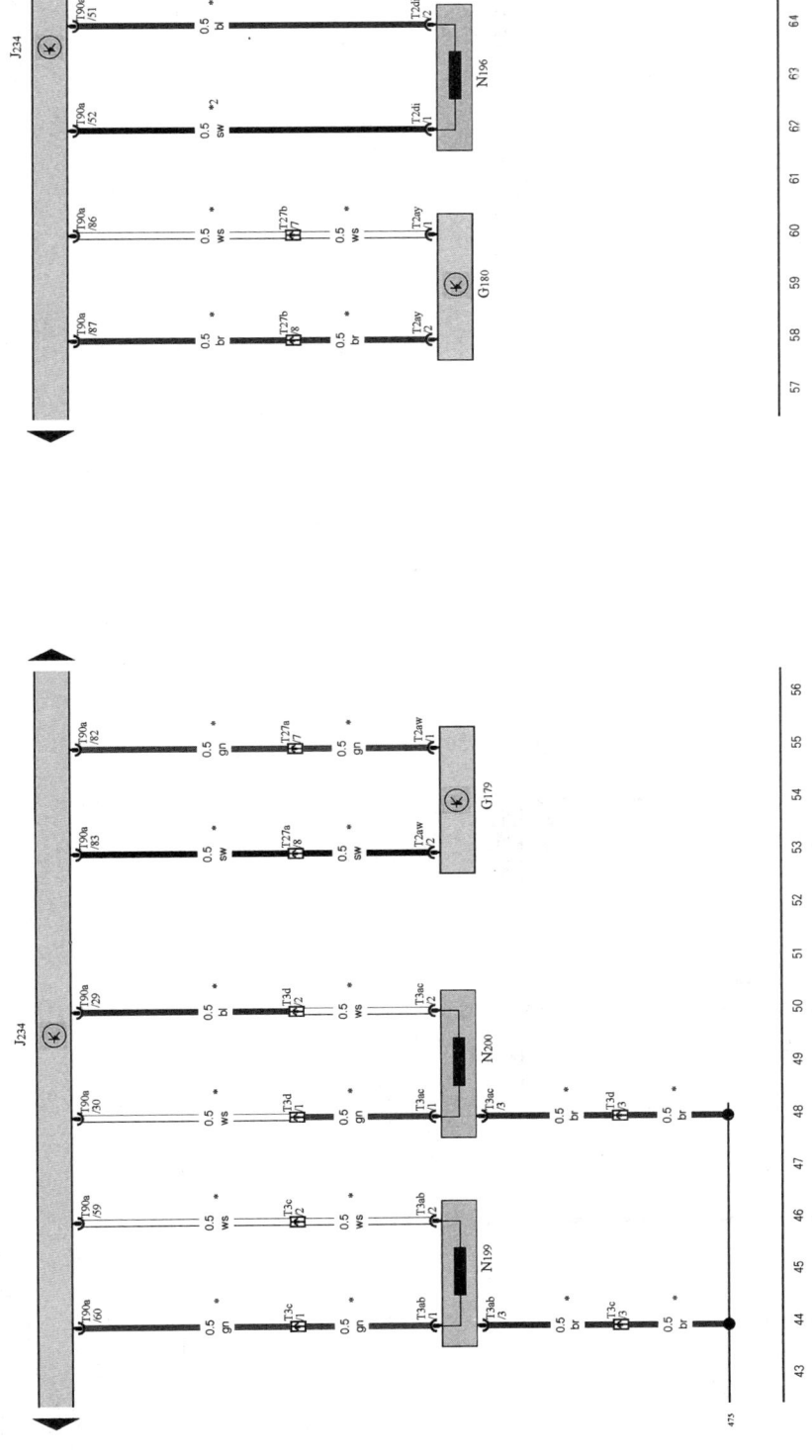

图 7-4-4

G179-驾驶员侧侧面安全气囊碰撞传感器 J234-安全气囊控制单元 N199-驾驶员侧侧面安全气囊引爆装置 N200-副驾驶员侧侧面安全气囊引爆装置 T2aw-2芯插头连接，黄色 T3ab-3芯插头连接，黄色 T3ac-3芯插头连接，黄色 T3c-3芯插头连接，左侧座椅的连接位置中，黄色 T3d-3芯插头连接，右前座椅的连接位置中，黄色 T27a-27芯插头连接，左侧A柱上，黑色 T90a-90芯插头连接，黑色 475-接地连接（安全气囊），在主导线束中 *-用于带侧面安全气囊的汽车

图 7-4-5

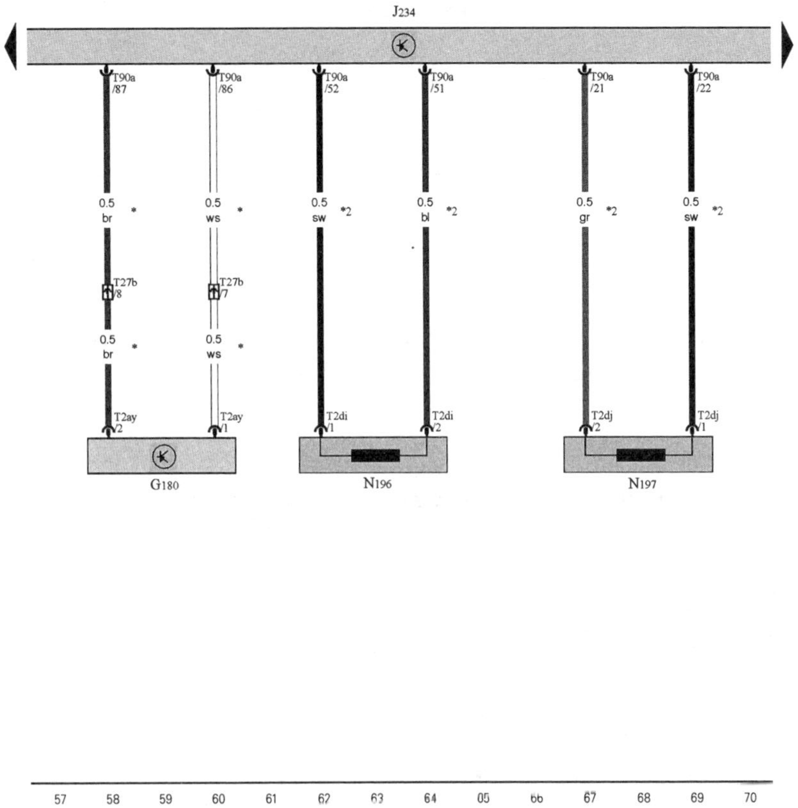

G180-副驾驶员侧侧面安全气囊碰撞传感器 J234-安全气囊控制单元 N196-驾驶员侧后部安全带拉紧器引爆装置 N197-副驾驶员侧后部安全带拉紧器引爆装置 T2ay-2芯插头连接，黄色 T2di-2芯插头连接，黄色 T2dj-2芯插头连接，黄色 T27b-27芯插头连接，右侧A柱上，黑色 T90a-90芯插头连接，黑色 *-用于带侧面安全气囊的汽车 *2-用于带后部安全带拉紧器的汽车

驾驶员侧头部安全气囊碰撞传感器、副驾驶员侧头部安全气囊碰撞传感器、安全气囊控制
单元、驾驶员侧安全带拉紧器引爆装置 1

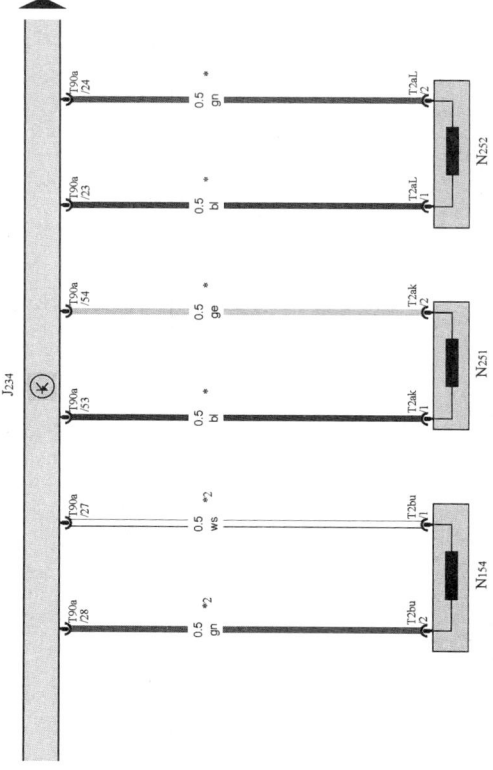

安全气囊控制单元、副驾驶员安全带拉紧器引爆装置 1、驾驶员侧头部安全气囊引爆
装置、副驾驶员侧头部安全气囊引爆装置

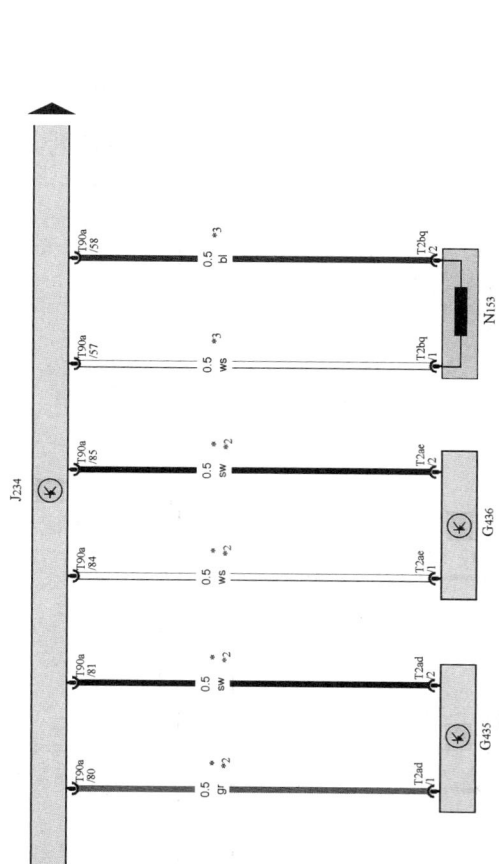

71	72	73	74	75	76	77	78	79	80	81	82	83	84

图 7-4-6

85	86	87	88	89	90	91	92	93	94	95	96	97	98

图 7-4-7

G435-驾驶员侧头部安全气囊碰撞传感器 G436-副驾驶员侧头部安全气囊碰撞传感器 J234-安全气囊控
制单元 N153-驾驶员侧安全带拉紧器引爆装置 1 T2ad-2芯插头连接, 黄色 T2ae-2芯插头连接, 黄色
T2bq-2芯插头连接, 黄色 T90a-90芯插头连接, 黄色 *-用于带侧面安全气囊的汽车 *2-用于带安全带
全气囊的汽车 *3-用于带安全带拉紧器的汽车

J234-安全气囊控制单元 N154-副驾驶员驾驶员侧安全带拉紧器引爆装置1 N251-驾驶员侧头部安全气囊引爆
装置 N252-副驾驶员侧头部安全气囊引爆装置 T2ak-2芯插头连接, 黄色 T2aL-2芯插头连接, 黄色
T2bu-2芯插头连接, 黄色 T90a-90芯插头连接, 黄色 *-用于带头部侧部安全气囊的汽车 *2-用于带安全带
拉紧器的汽车

934

安全气囊控制单元、左前安全带拉紧器控制单元、右前安全带拉紧器控制单元、驾驶员侧安全带拉紧器引爆装置 1、副驾驶员侧安全带拉紧器引爆装置 1

安全气囊控制单元、组合仪表中的控制单元、数据总线诊断接口、安全带警告指示灯、安全气囊指示灯

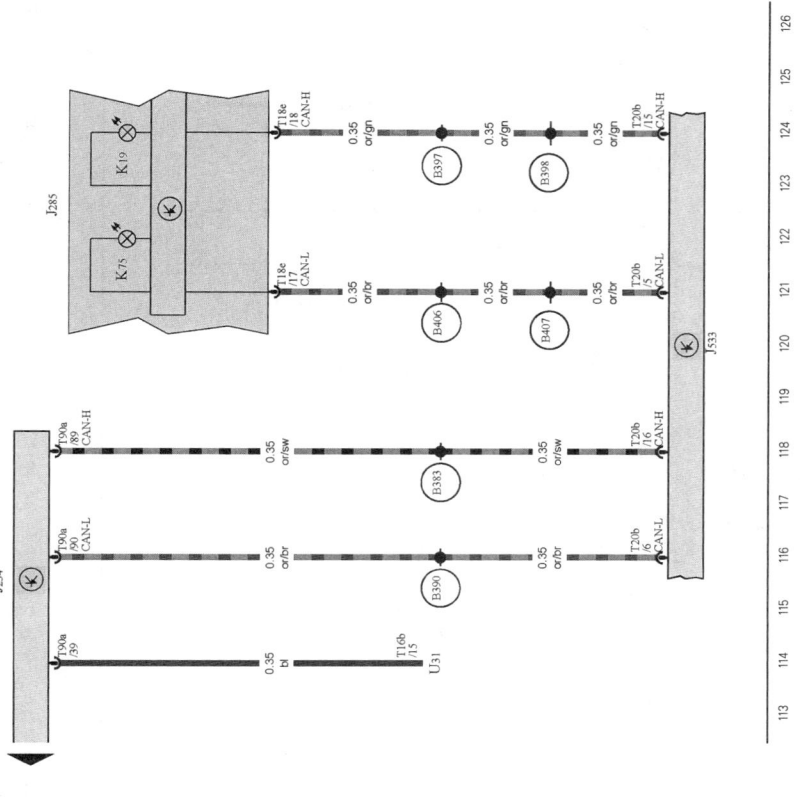

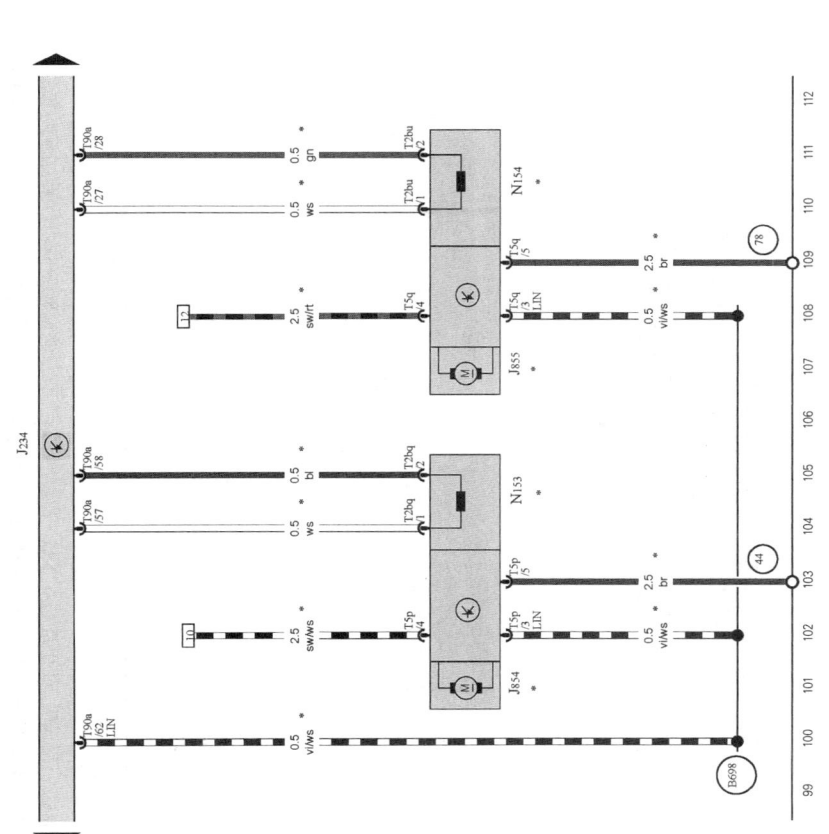

图 7-4-8

图 7-4-9

J234-安全气囊控制单元 J854-左前安全带拉紧器控制单元 J855-右前安全带拉紧器控制单元 N153-驾驶员侧安全带拉紧器引爆装置1 N154-副驾驶员侧安全带拉紧器引爆装置1 T2bq-2芯插头连接，黄色 T2bu-2芯插头连接，黄色 T5p-5芯插头连接，白色 T5q-5芯插头连接，白色 T90a-90芯插头连接，黄色 44-左侧A柱下部接地点 78-右侧B柱下部接地点 B698-连接3（LIN总线），在主导线束中 *-用于带可逆安全带拉紧器的汽车

J234-安全气囊控制单元 J285-组合仪表中的控制单元 J533-数据总线诊断接口 K19-安全带警告指示灯 K75-安全气囊指示灯 T16b-16芯插头连接，黑色 T18e-18芯插头连接，黑色 T20b-20芯插头连接，红色 T90a-90芯插头连接，黄色 U31-诊断接口 B383-连接1（驱动CAN总线，High），在主导线束中 B390-连接1（驱动CAN总线，Low），在主导线束中 B397-连接1（舒适CAN总线，High），在主导线束中 B398-连接2（舒适CAN总线，Low），在主导线束中 B406-连接1（舒适CAN总线，High），在主导线束中 B407-连接2（舒适CAN总线，Low），在主导线束中

935

新鲜空气鼓风机开关、新鲜空气鼓风机控制单元、全自动空调控制单元、车载电网控制
单元、开关照明灯泡、新鲜空气鼓风机

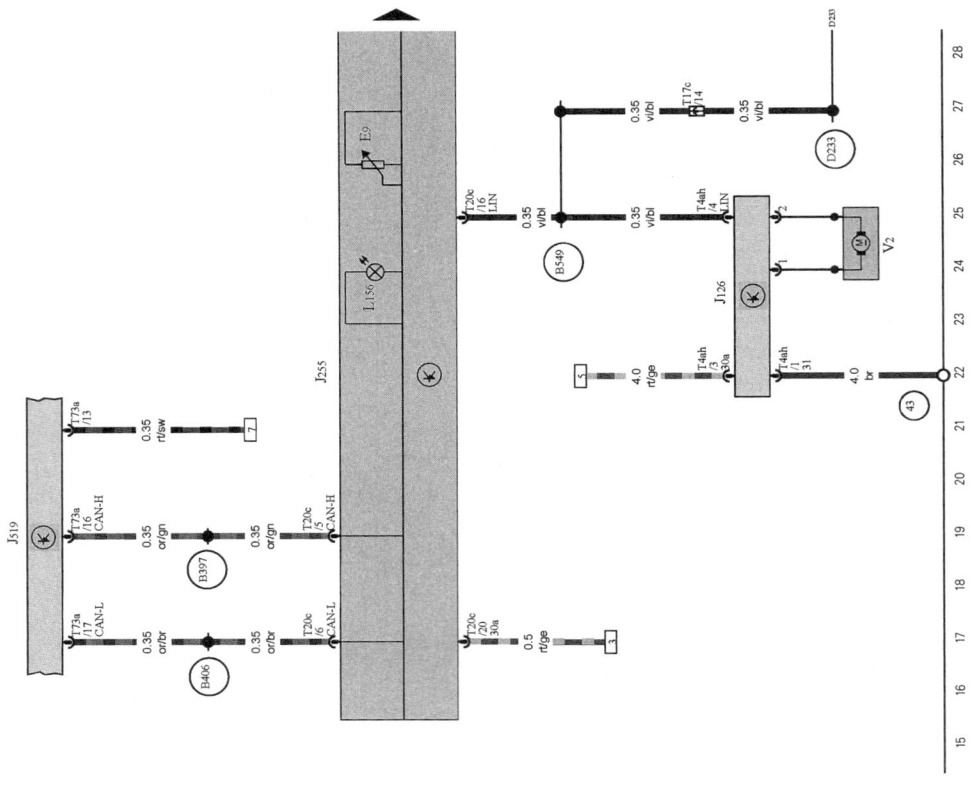

图 7-4-11

E9-新鲜空气鼓风机开关 J126-新鲜空气鼓风机控制单元 J255-全自动空调控制单元 J519-车载电网控制单元 L156-开关照明灯泡 T4ah-4芯插头连接 T17c-17芯插头连接，接线站内，左侧A柱，红色 T20c-20芯插头连接，黑色 T73a-73芯插头连接，黑色 V2-新鲜空气鼓风机 B406-连接1（舒适CAN总线，Low），在主导线束中 B397-连接1（舒适CAN总线，High），在主导线束中 B549-连接2（LIN总线），在主导线束中 D233-连接2（LIN总线），在发动机舱导线束中

接线端 15 供电继电器

图 7-4-10

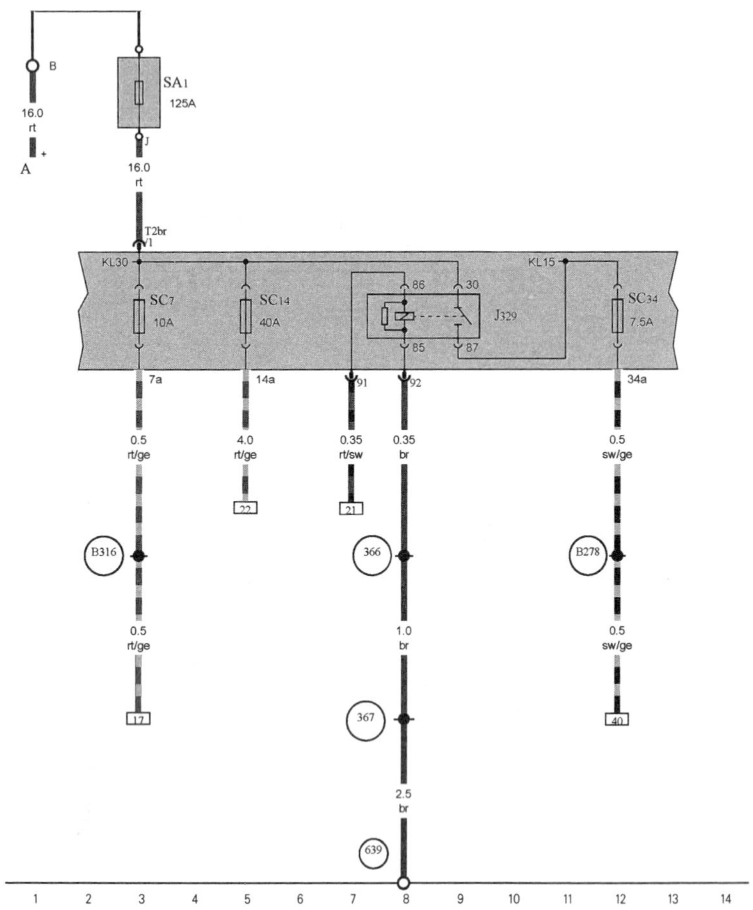

A-蓄电池 J329-接线端15供电继电器 SA1-保险丝架A上的保险丝1 SC7-保险架C上的保险丝7 SC14-保险丝架C上的保险丝14 SC34-保险丝架C上的保险丝34 T2br-2芯插头连接，黑色 366-接地连接1，在主导线束中 367-接地连接2，在主导线束中 639-左侧A柱上的接地点 B278-正极连接2（15a），在主导线束中 B316-正极连接2（30a），在主导线束中

空调器开关、新鲜空气和循环空气风门开关、可加热后窗玻璃按钮、空气质量传感器、冷却液循环管路压力传感器、全自动空调控制单元、可加热后窗玻璃指示灯

阳光照射光电传感器、日照光电传感器、左侧出风口温度传感器、右侧出风口温度传感器、全自动空调控制单元

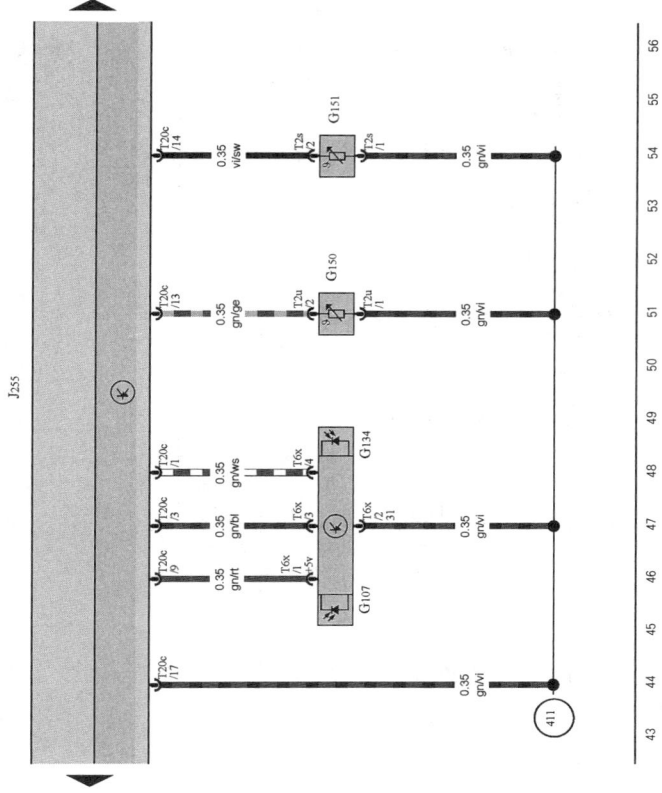

图7-4-13

G107-阴光照射光电传感器 G134-日照光电传感器 G150-左侧出风口温度传感器 G151-右侧出风口温度传感器 J255-全自动空调控制单元 T2s-2芯插头连接，黑色 T2u-2芯插头连接，黑色 T6x-6芯插头连接，黑色 T20c-20芯插头连接，黑色 411-接地连接2（传感器接地），在主线束中

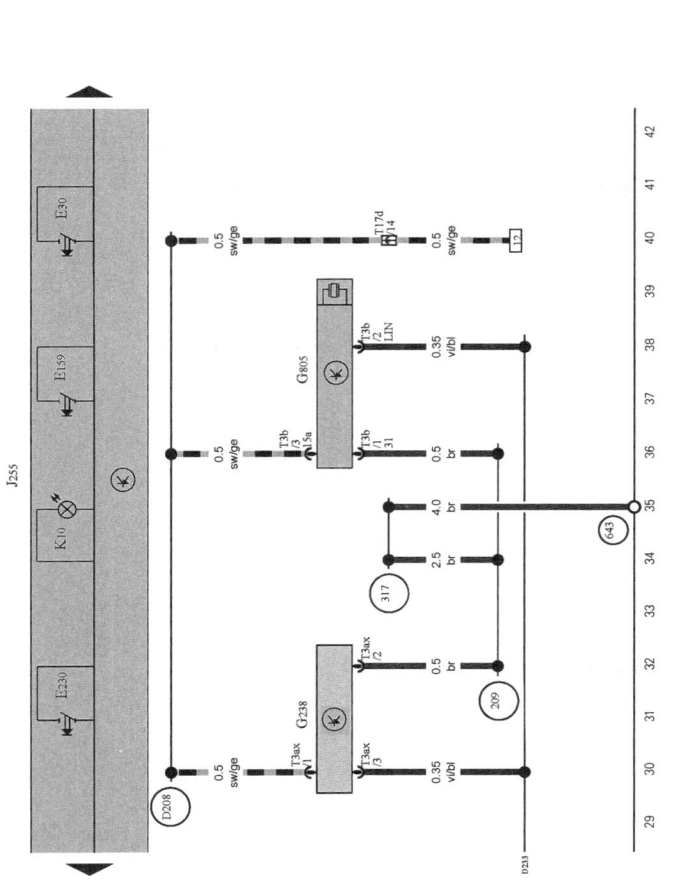

图7-4-12

E30-空调器开关 E159-新鲜空气和循环空气风门开关 E230-可加热后窗玻璃按钮 G238-空气质量传感器 G805-冷却液循环管路压力传感器 J255-全自动空调控制单元 K10-可加热后窗玻璃指示灯 T3ax-3芯插头连接，黑色 T3b-3芯插头连接，黑色 T17d-17芯插头连接，黑色 T17d-17芯插头连接，接线站内，左侧A柱，蓝色 209-接地连接6，在发动机舱导线束中 317-接地连接7，在发动机舱导线束中 643-发动机舱内右侧接地点3 D208-正极连接5（15a），在发动机舱导线束中 D233-连接2（KIN总线），在发动机舱导线束中

前部空调操作和显示单元、除霜器运行开关、仪表板温度传感器、脚部空间出风口温度传感器、蒸发器温度传感器、新鲜空气/车内空气循环/速滞压力风门伺服电机电位计、全自动空调控制单元、新鲜空气/车内空气循环/速滞压力风门伺服电机

左侧出风口温度调节器、右侧出风口温度调节器、全自动空调控制单元、新鲜空气和车内空气循环运行模式指示灯、空调压缩机调节阀

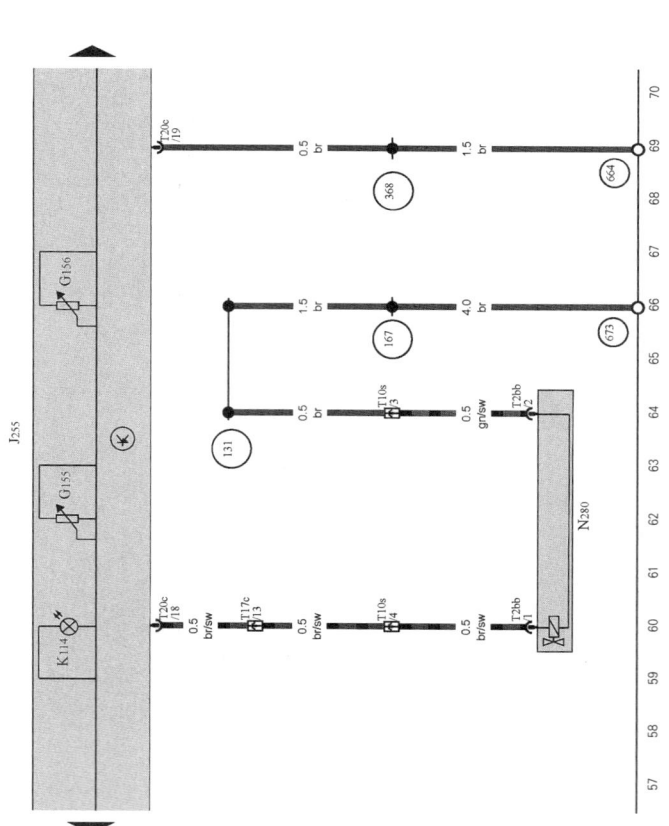

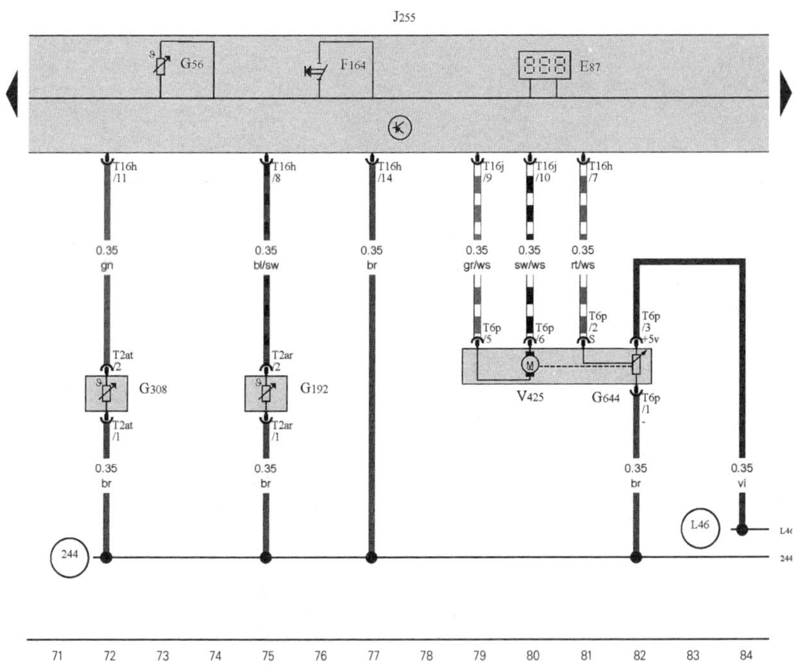

E87-前部空调操作和显示单元 G308-蒸发器温度传感器 F164-除霜器运行开关 G56-仪表板温度传感器 G192-脚部空间出风口温度传感器 G644-新鲜空气/车内空气循环/速滞压力风门伺服电机电位计 J255-全自动空调控制单元 T2ar-2芯插头连接，黑色 T2at-2芯插头连接，黑色 T6p-6芯插头连接，蓝色 T16h-16芯插头连接，黑色 T16g-16芯插头连接，棕色 V425-新鲜空气/车内空气循环/速滞压力风门伺服电机 244-接地连接（传感器接地），在全自动空调导线束中 L46-连接（5V），在全自动空调纵导线束中

图7-4-15

G155-左侧出风口温度调节器 G156-右侧出风口温度调节器 J255-全自动空调控制单元 K114-新鲜空气和车内空气循环运行模式指示灯 N280-空调压缩机调节阀 T2bb-2芯插头连接，黑色 T10s-10芯插头连接，黑色 T17c~17芯插头连接，左侧站内，接线站内，红色 T20c-20芯插头连接，黑色 131-接地连接2，在发动机舱内 167-接地连接4，在发动机舱导线束中 368-接地连接3，在主导线束中 664-左侧仪表板后面接地点 673-左前纵梁上的接地点3

图7-4-14

左侧温度风门伺服电机电位计、右侧温度风门伺服电机电位计、全自动空调控制单元、左侧温度风门伺服电机、右侧温度风门伺服电机。

除霜风门伺服电机电位计、前部气流分配风门伺服电机电位计、全自动空调控制单元、除霜风门伺服电机、前侧气流分配风门伺服电机。

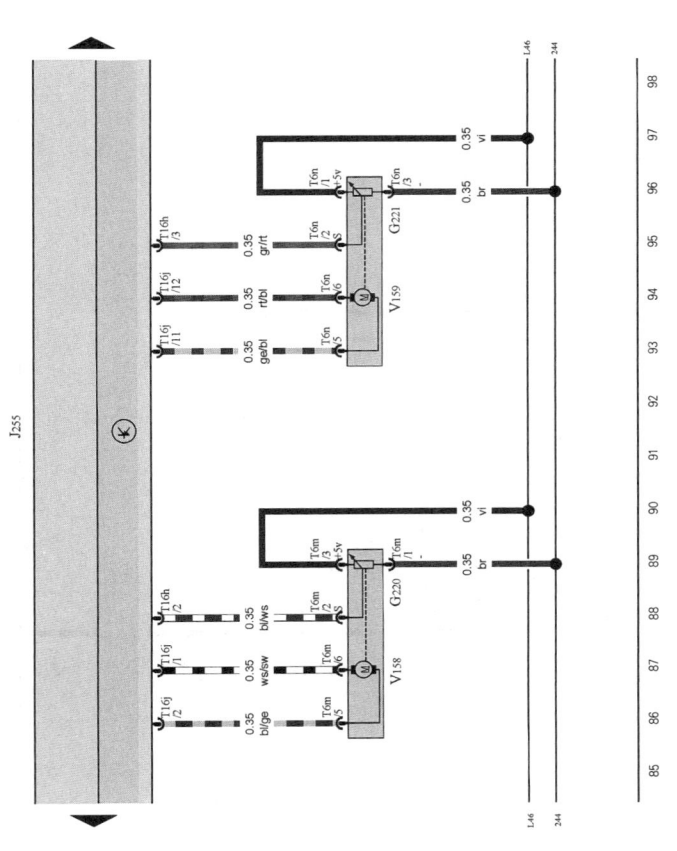

G220-左侧温度风门伺服电机电位计 G221-右侧温度风门伺服电机电位计 J255-全自动空调控制单元 T6m-6芯插头连接，蓝色 T6n-6芯插头连接，蓝色 T16h-16芯插头连接，黑色 T16j-16芯插头连接，蓝色 T16h-16芯插头连接，棕色 V158-左侧温度风门伺服电机 V159-右侧温度风门伺服电机 244-接地连接（传感器接地），在全自动空调导线束中 L46-连接（5V），在全自动空调操纵导线束中

图7-4-16

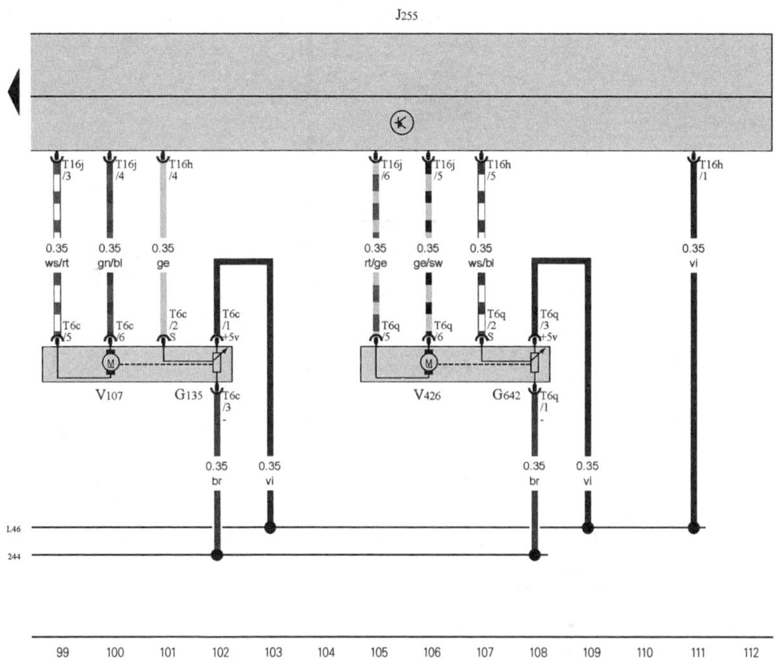

G135-除霜风门伺服电机电位计 G642-前部气流分配风门伺服电机电位计 J255-全自动空调控制单元 T6c-6芯插头连接，蓝色 T6q-6芯插头连接，蓝色 T16h-16芯插头连接，黑色 T16j-16芯插头连接，棕色 V107-除霜风门伺服电机 V426-前侧气流分配风门伺服电机 244-接地连接（传感器接地），在全自动空调导线束中 L46-连接（5V），在全自动空调操纵纵导线束中

图7-4-17

新鲜空气鼓风机控制单元、空调器控制单元、车载电网控制单元、新鲜空气鼓风机

接线端 15 供电继电器

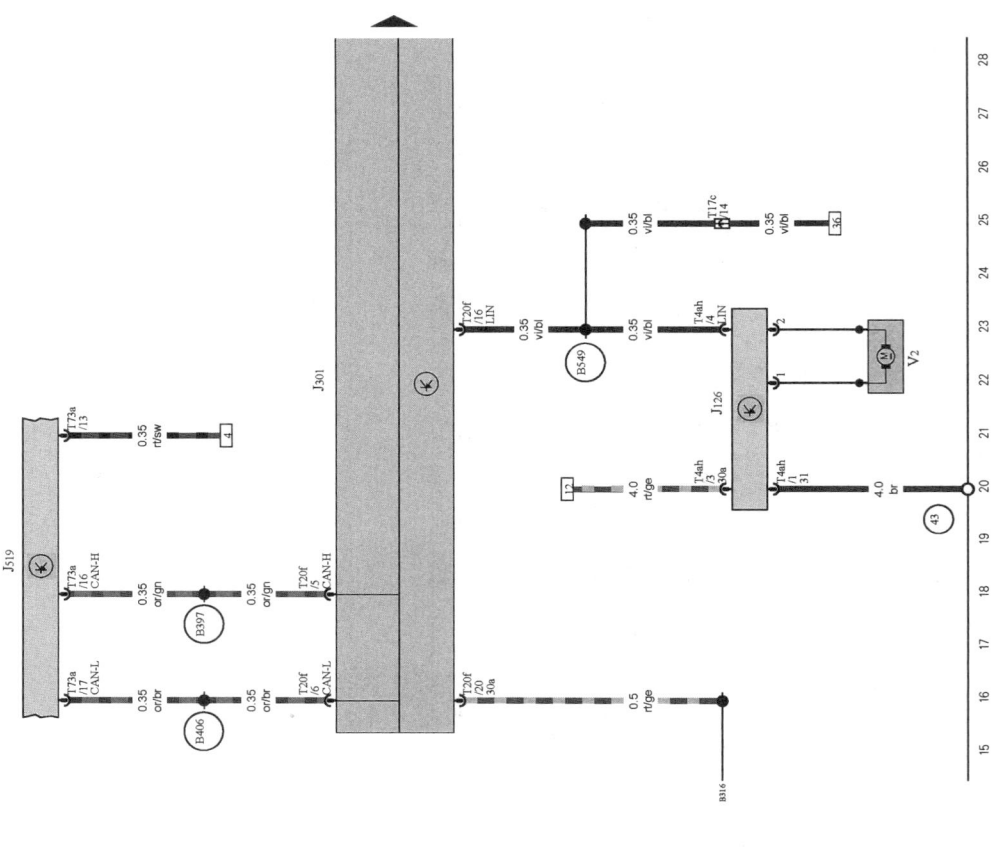

图 7-4-18

图 7-4-19

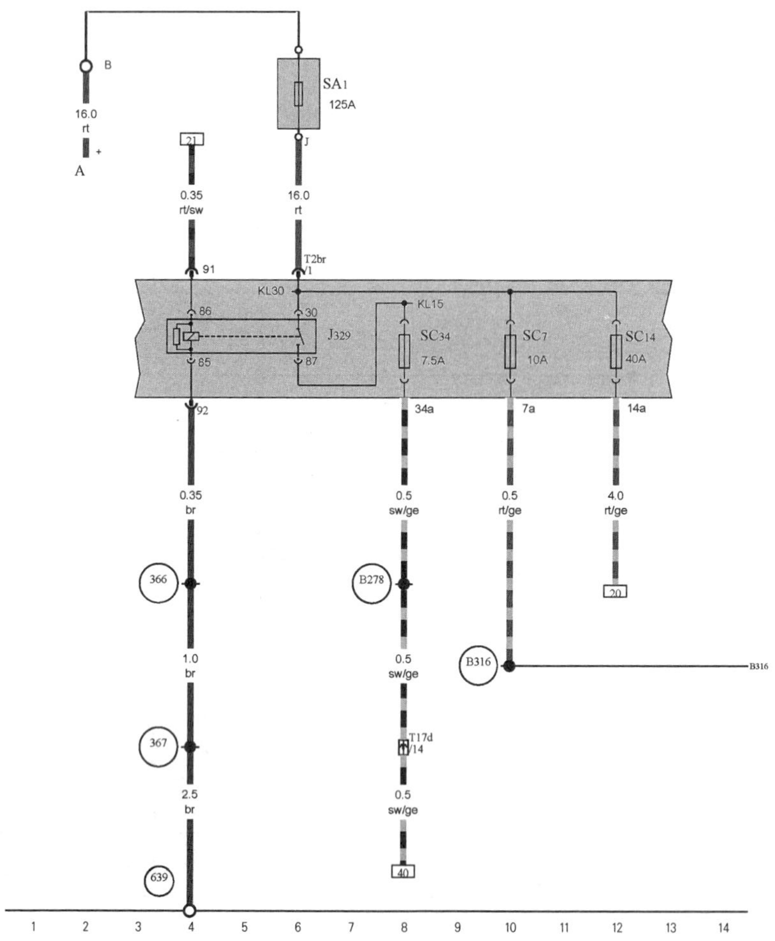

A-蓄电池 J329-接线端15供电继电器 SA1-保险丝架A上的保险丝1 SC7-保险丝架C上的保险丝7 SC14-保险丝架C上的保险丝14 SC34-保险丝架C上的保险丝34 T2br-2芯插头连接 T17d-17芯插头连接 366-接地连接1,在主导线束中 367-接地连接2,在主导线束中 639-左侧A柱,接线站内,左侧A柱,蓝色 366-接地连接1,在主导线束中 367-接地连接2,在主导线束中 639-左侧A柱上的接地点 B278-正极连接2(15a),在主导线束中 B316-正极连接2(30a),在主导线束中

J126-新鲜空气鼓风机控制单元 J301-空调器控制单元 J519-车载电网控制单元 T4ah-4芯插头连接,黑色 T17c-17芯插头连接,接线站内,左测A柱,红色 T20c-20芯插头连接,黑色 T73a-73芯插头连接,黑色 V2-新鲜空气鼓风机 43-右侧A柱下部的接地点 B316-正极连接2(30a),在主导线束中 B397-连接1(舒适CAN总线,High),在主导线束中 B406-连接1(舒适CAN总线,Low),在主导线束中 B549-连接2(LIN总线),在主导线束中

940

新鲜空气和循环空气风门开关、空调器风门开关、空调器控制单元、空调压缩机调
节阀、车内空气循环风门伺服电机

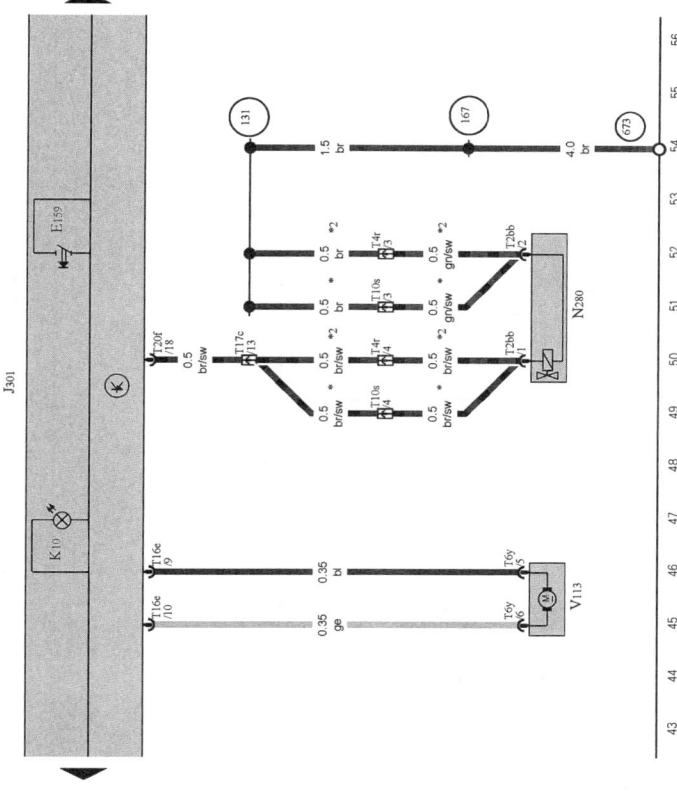

E159-新鲜空气和循环空气风门开关 J301-空调器控制单元 K10-可加热后窗玻璃指示灯 N280-空调压缩
机调节阀 T2bb-2芯插头连接 T4r-4芯插头连接 T6y-6芯插头连接 发动机舱内左前，黑色 T6y-6芯插头连接，蓝
色 T10s-10芯插头连接，发动机舱内左前，黑色 T16e-16芯插头连接，黑色 T17c-17芯插头连接，接线
站内，左侧A柱，黑色 T20f-20芯插头连接，黑色 V113-车内空气循环风门伺服电机 131-接地连接2，在
发动机舱导线束中 167-接地连接4，在发动机舱导线束中 673-左前纵梁上的接地点3 *-仅用于带1.8L发
动机的汽车 *2-仅用于带1.4L发动机的汽车

图7-4-21

新鲜空气鼓风机开关、温度选择旋钮电位计、冷却液循环管路压力传感器、空调器控制
单元、空调器开关照明灯泡

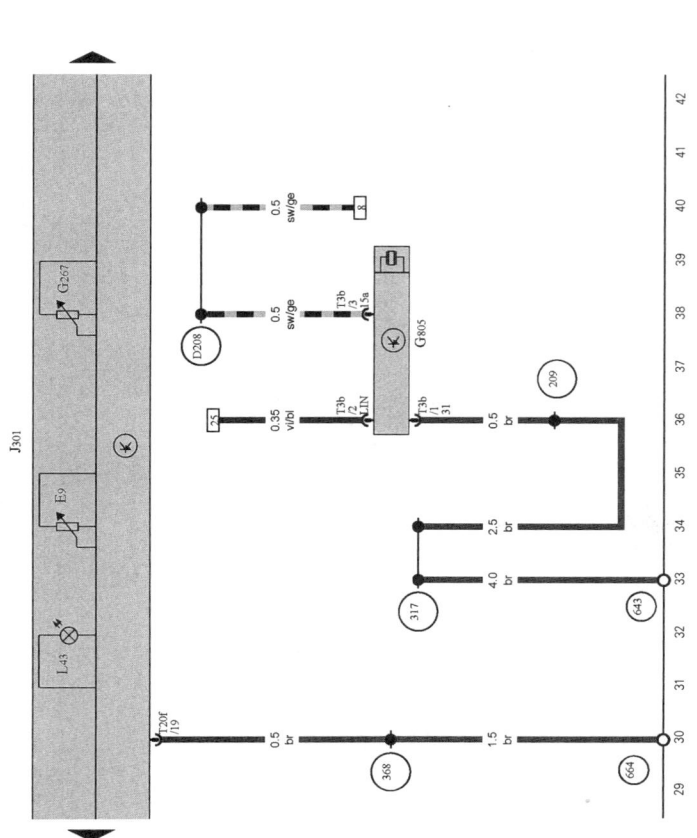

E9-新鲜空气鼓风机开关 G267-温度选择旋钮电位计 G805-冷却液循环管路压力传感器 J301-空调器控
制单元 L43-空调器开关照明灯泡 T3b-3芯插头连接 T20f-20芯插头连接，黑色 209-接地连接6，
在发动机舱导线束中 317-接地连接7，在发动机舱导线束中 368-接地连接3，在主导线束中 643-发动机
舱内右侧接地点3 664-左侧仪表板后面接地点3 D208-正极连接5 (15a)，在发动机舱导线束中

图7-4-20

空调器开关、可加热后窗玻璃按钮、温度风门伺服电机电位计、蒸发器温度传感器、空调器控制单元、温度风门伺服电机

除霜器运行开关、气流分配风门伺服电机电位计、空调器控制单元、空调器指示灯、新鲜空气和车内空气循环运行模式指示灯、气流分配风门伺服电机

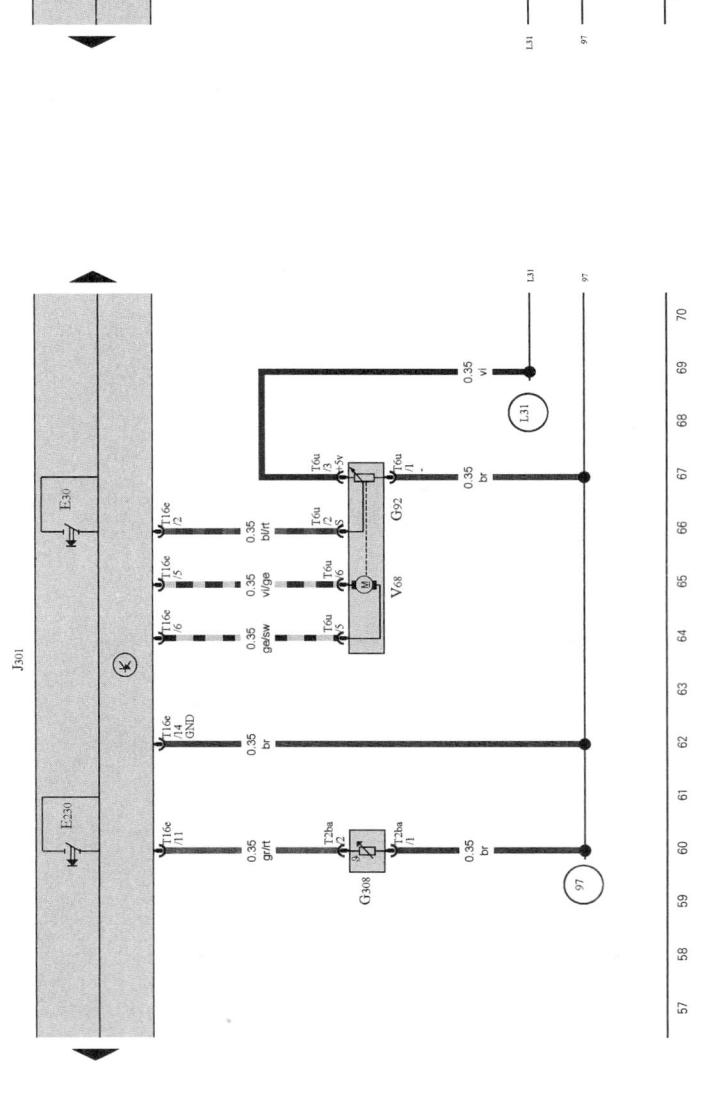

图 7-4-22

E30-空调器开关 E230-可加热后窗玻璃按钮 G92-温度风门伺服电机电位计 G308-蒸发器温度传感器 J301-空调器控制单元 T2ba-2芯插头连接，黑色 T6u-6芯插头连接，黑色 T16e-16芯插头连接，蓝色 T16e-16芯插头连接，蓝色 L31-连接，在空调器导线束中 L31-连接(5V)，在空调器导线束中 V68-温度风门伺服电机 97-接地连接，在空调器导线束中

图 7-4-23

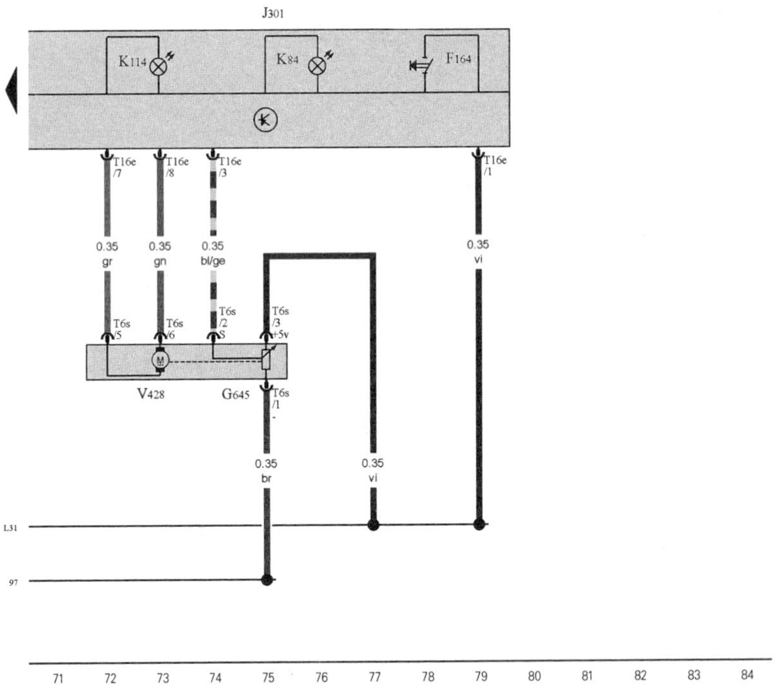

F164-除霜器运行开关 G645-气流分配风门伺服电机电位计 J301-空调器控制单元 K84-空调器指示灯 K114-新鲜空气和车内空气循环运行模式指示灯 T6s-6芯插头连接，蓝色 T16e-16芯插头连接，蓝色 T16e-16芯插头连接(5V)，在空调器导线束中 L31-连接，在空调器导线束中 V428-气流分配风门伺服电机 97-接地连接，在空调器导线束中

942

前窗玻璃刮水器开关、间歇式刮水器运行开关、车窗玻璃刮水器间歇运行调节器、车窗玻璃清洗泵开关（自动刮水／清洗装置和大灯清洗装置）、转向柱电子装置控制单元

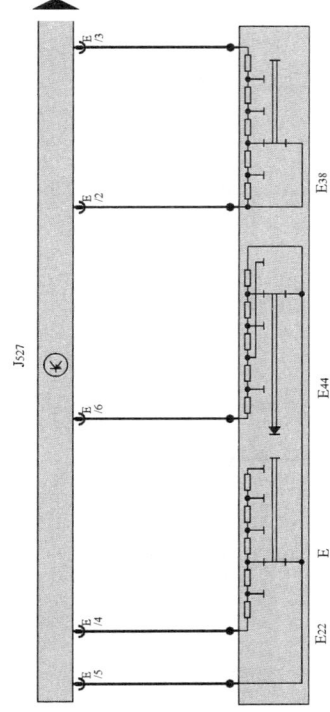

E-前窗玻璃刮水器开关 E22-间歇式刮水器运行开关 E38-车窗玻璃刮水器间歇运行调节器 E44-车窗玻璃清洗泵开关（自动刮水／清洗装置和大灯清洗装置）J527-转向柱电子装置控制单元

图 7-4-25

转向柱联锁执行元件

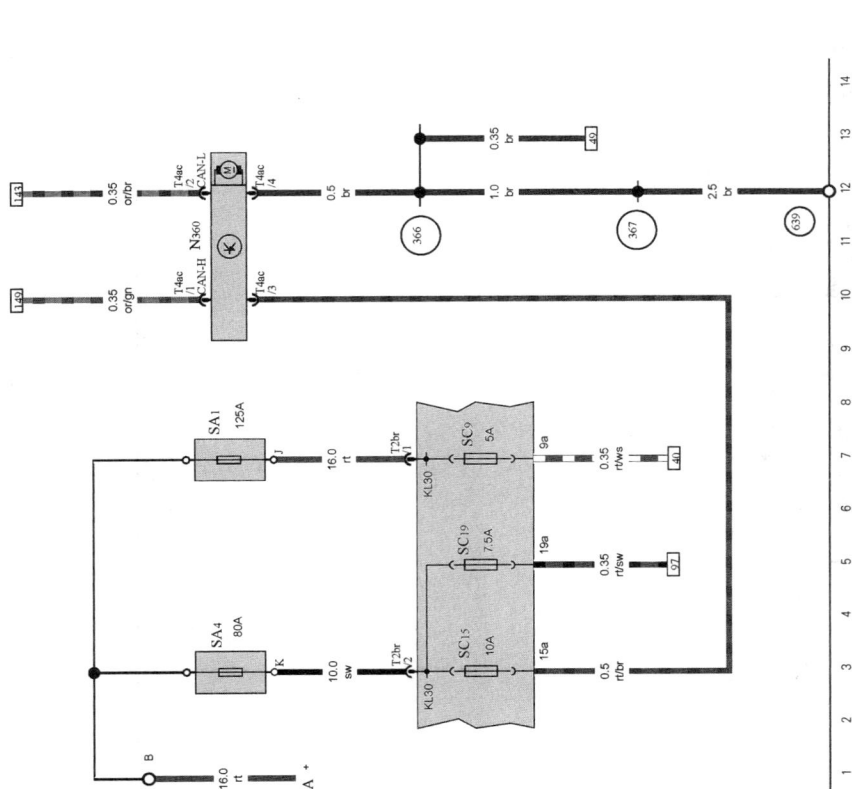

图 7-4-24

A-蓄电池 N360-转向柱联锁执行元件 SA1-保险丝架A上的保险丝1 SA4-保险丝架A上的保险丝4 SC9-保险丝架C上的保险丝9 SC15-保险丝架C上的保险丝15 SC19-保险丝架C上的保险丝19 T2br-2芯插头 T4ac-4芯插头连接 366-接地连接1，在主导线束中 367-接地连接2，在主导线束中 连接，黑色 639-左A柱上的接地点

943

定速巡航装置开关、定速巡航装置设置按钮、车速降
低按钮、定速巡航装置暂时关闭按钮、转向柱电子装置控制单元

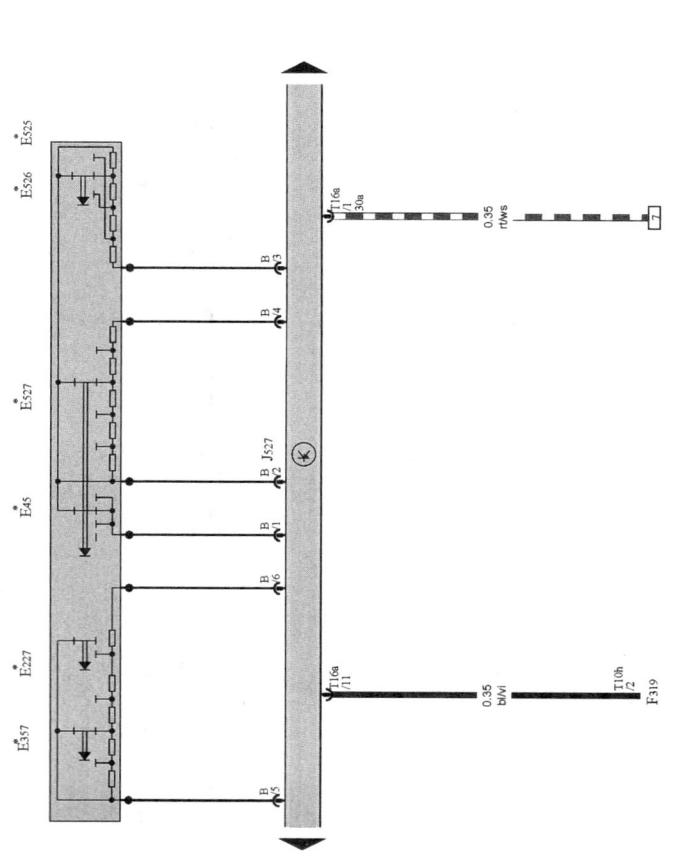

图 7-4-26

E45-定速巡航装置开关 E227-定速巡航装置设置按钮 E357-自动车距控制按钮 E525-车速提高按钮
E526-车速降低按钮 E527-定速巡航装置暂时关闭按钮 F319选择杆挡位P锁止开关 J527-转向柱电子装置
控制单元 T10h-10芯插头连接,黑色 T16a-16芯插头连接,黑色 *-仅用于带自动车距控制(ADR)的
汽车

安全气囊卷簧和带滑环的复位环、信号喇叭、转向柱电子装置控制单元

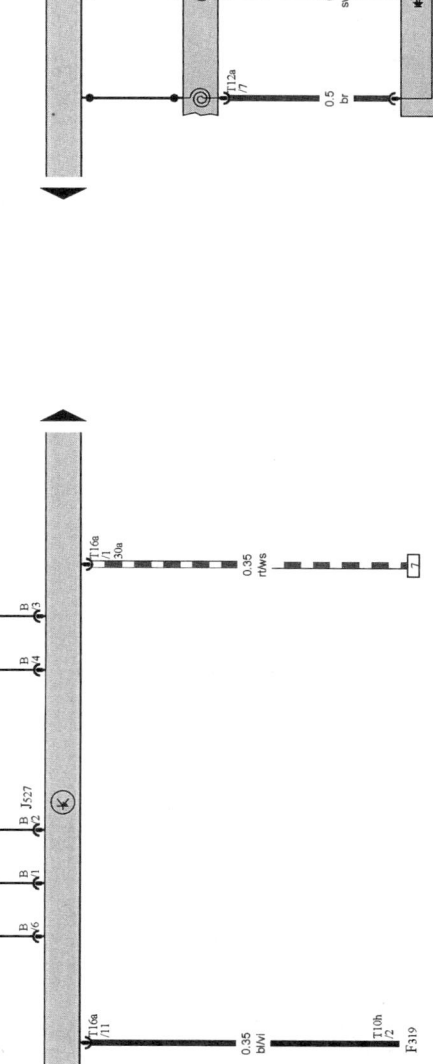

图 7-4-27

F138-安全气囊卷簧和带滑环的复位环 H-信号喇叭 J527-转向柱电子装置控制单元 J623-发动机控制单
元 T12a-12芯插头连接,黄色 T16a-16芯插头连接,黑色 T17d-17芯插头连接,左侧A柱,接线站内,
蓝色 T91a-91芯插头连接,黑色

転向信号灯开关、手动远光灯功能和远光灯瞬时接通功能开关、转向柱电子装置控制单元

定速巡航装置开关、定速巡航装置设置按钮、转向柱电子装置控制单元

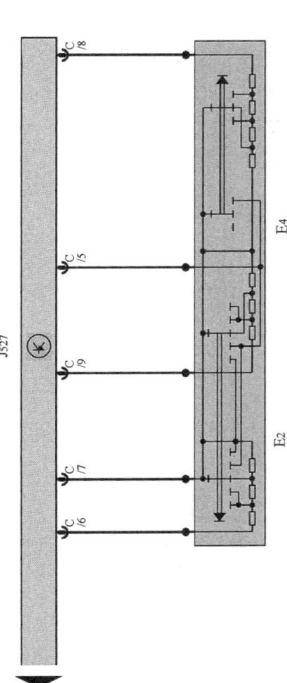

E45-定速巡航装置开关 E227-定速巡航装置设置按钮 J527-转向柱电子装置控制单元 *-仅用于不带自动车距控制（ADR）的汽车

图 7-4-28

E2-转向信号灯开关 E4-手动远光灯功能和远光灯瞬时接通功能开关 J524-转向柱电子装置控制单元

图 7-4-29

57 58 59 60 61 62 63 64 65 66 67 68 69 70

71 72 73 74 75 76 77 78 79 80 81 82 83 84

驾驶员侧车门外把手接触传感器、进入及启动许可控制单元、驾驶员进入及启动系统天线

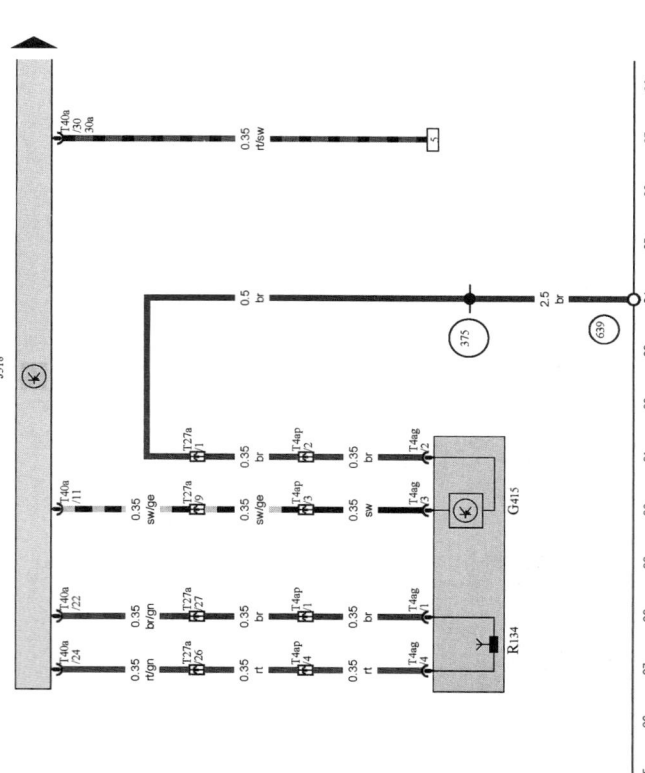

图 7-4-30

G415-驾驶员侧车门外把手接触传感器 J518-进入及启动许可控制单元 R134-驾驶员侧进入及启动系统天线 T4ag-4芯插头连接，在驾驶员侧车门内，黑色 T27a-27芯插头连接，左侧A柱上，黑色 T4ap-4芯插头连接，在驾驶员侧车门内，黑色 T27a-27芯插头连接，左侧A柱上，黑色 T40a-40芯插头连接，黑色 375-接地连接10，在驾驶员进入及启动许可控制单元上 639-左侧A柱上的接地点

启动装置按钮、进入及启动许可控制单元、点火启动按钮照明灯泡

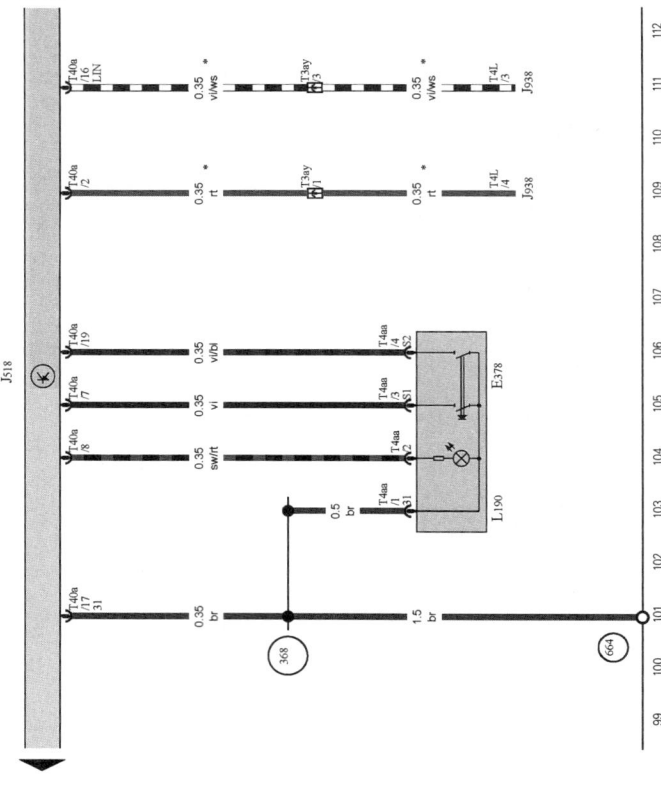

图 7-4-31

E378-启动装置按钮 J518-进入及启动许可控制单元 J938-后备箱盖开启装置控制单元 L190-点火启动按钮照明灯泡 T3ay-3芯插头连接，右后保险杠下方，黑色 T4aa-4芯插头连接，黑色 T4L-4芯插头连接，黑色 T40a-40芯插头连接，黑色 368-接地连接3，在主导线束中 664-左侧仪表板后面接地点 *-仅用于带后备箱盖开启传感器的汽车

946

副驾驶员侧车门外把手接触传感器、进入及启动许可控制单元、副驾驶员侧进入及启动系统天线

进入及启动许可控制单元、车载电网控制单元、后保险杠内进入及启动系统天线、后备箱内进入及启动系统天线、车内空间进入及启动系统天线 1

图 7-4-33

J518–进入及启动许可控制单元 J519–车载电网控制单元 R136–后保险杠内进入及启动系统天线1 R137–后备箱内进入及启动系统天线 R138–车内空间进入及启动系统天线 T2bv–2芯插头连接，黑色 T2cr–2芯插头连接，黑色 T2cs–2芯插头连接，棕色 T40a–40芯插头连接，黑色 T73a–73芯插头连接，黑色 T73c–73芯插头连接，黑色

图 7-4-32

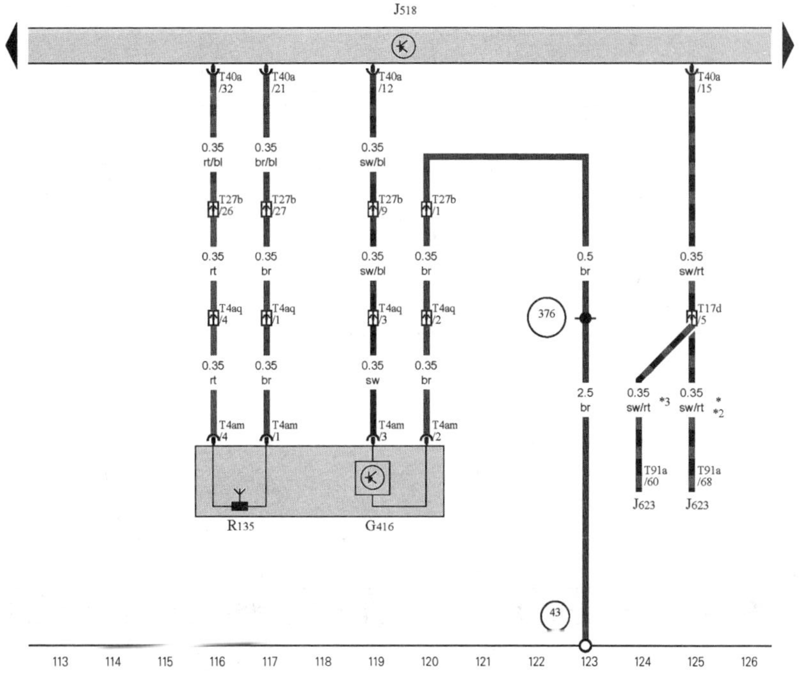

G416–副驾驶员侧车门外把手接触传感器 J518–进入及启动许可控制单元 J623–发动机控制单元 R135–副驾驶员侧进入及启动系统天线 T4am–4芯插头连接，黑色 T4aq–4芯插头连接，黑色 T17d–17芯插头连接，接线站内，左侧A柱 T27b–27芯插头连接，蓝色 T40a–40芯插头连接，黑色 T91a–91芯插头连接，黑色 43–右侧A柱下部的接地点 376–接地连接11，在主导线束中 *–仅用于带1.8L发动机的汽车 *2–仅用于带发动机型号代码CUGA的汽车 *3–仅用于带发动机型号代码DBFA的汽车

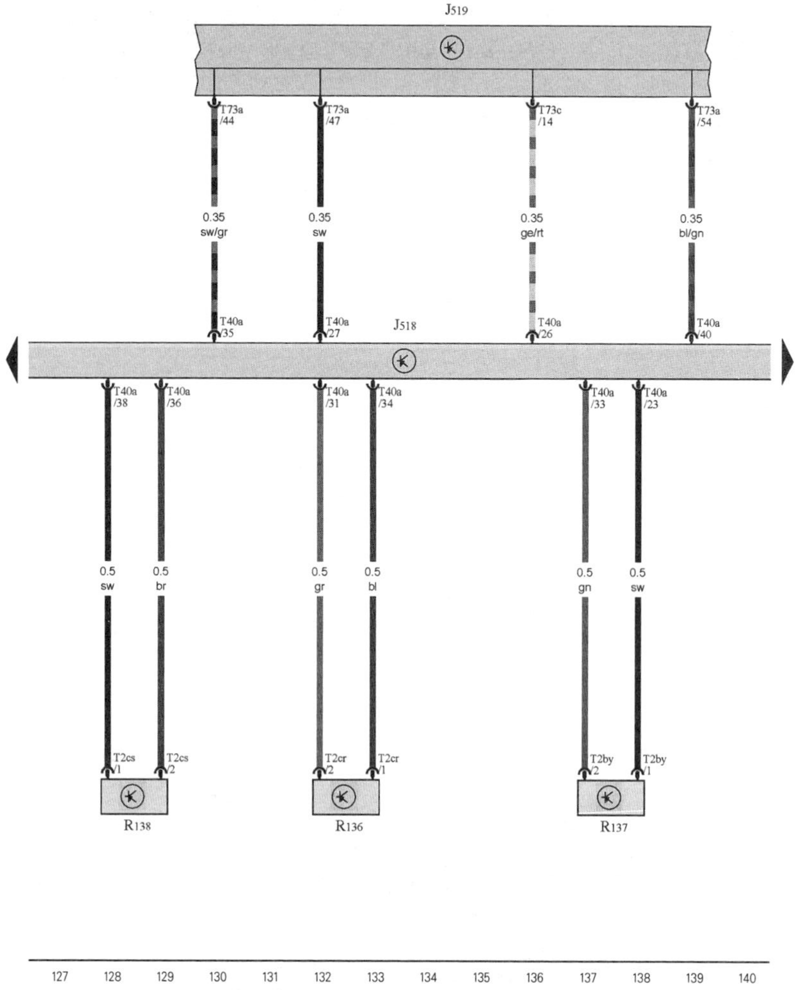

947

防盗锁止系统识读线圈、多功能显示器、组合仪表中的控制单元、防盗锁止系统控制单元

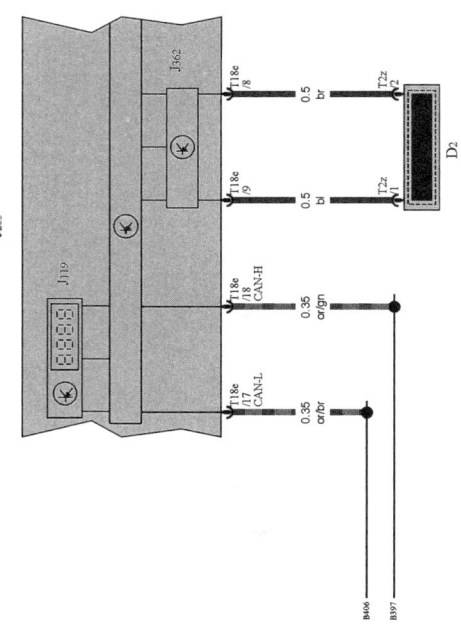

155	156	157	158	159	160	161	162	163	164	165	166	167	168

D2-防盗锁止系统识读线圈 J119-多功能显示器 J285-组合仪表中的控制单元 J362-防盗锁止系统控制单元 T2z-2芯插头连接，红色 T40a-40芯插头连接，黑色 T18e-18芯插头连接 B397-连接1（舒适CAN总线，High），在主导线束中 B406-连接1（舒适CAN总线，Low），在主导线束中

图 7-4-35

进入及启动许可控制单元、数据总线诊断接口

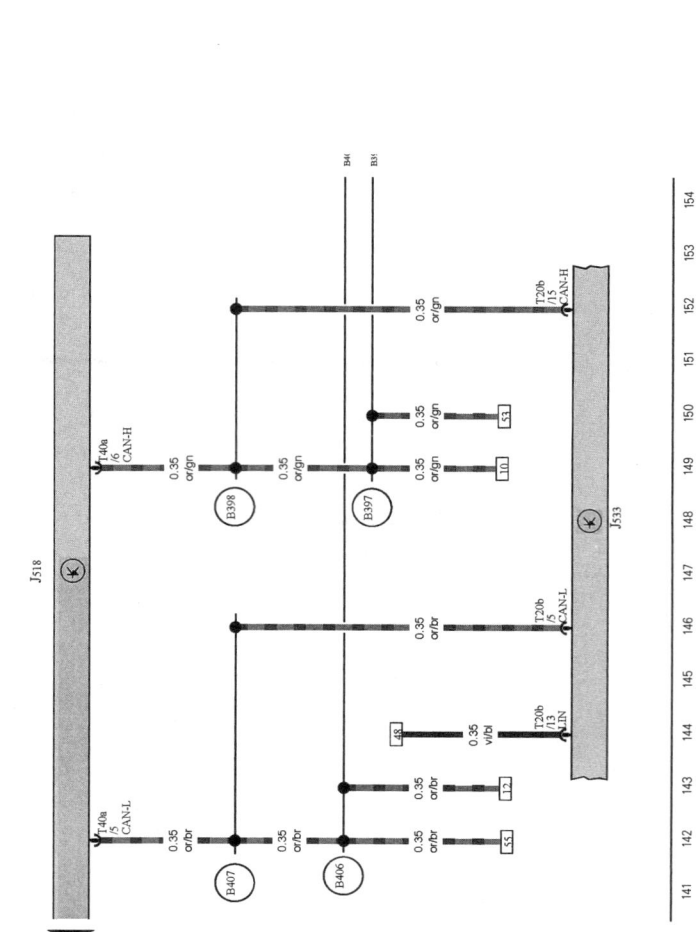

141	142	143	144	145	146	147	148	149	150	151	152	153	154

J518-进入及启动许可控制单元 J533-数据总线诊断接口 T20b-20芯插头连接 T40a-40芯插头连接，红色 B397-连接1（舒适CAN总线，High），在主导线束中 B398-连接2（舒适CAN总线，High），在主导线束中 B406-连接1（舒适CAN总线，Low），在主导线束中 B407-连接2（舒适CAN总线，Low），在主导线束中

图 7-4-34

中控台开关模块1、中央门锁按钮、车载电网控制单元、开关照明灯泡

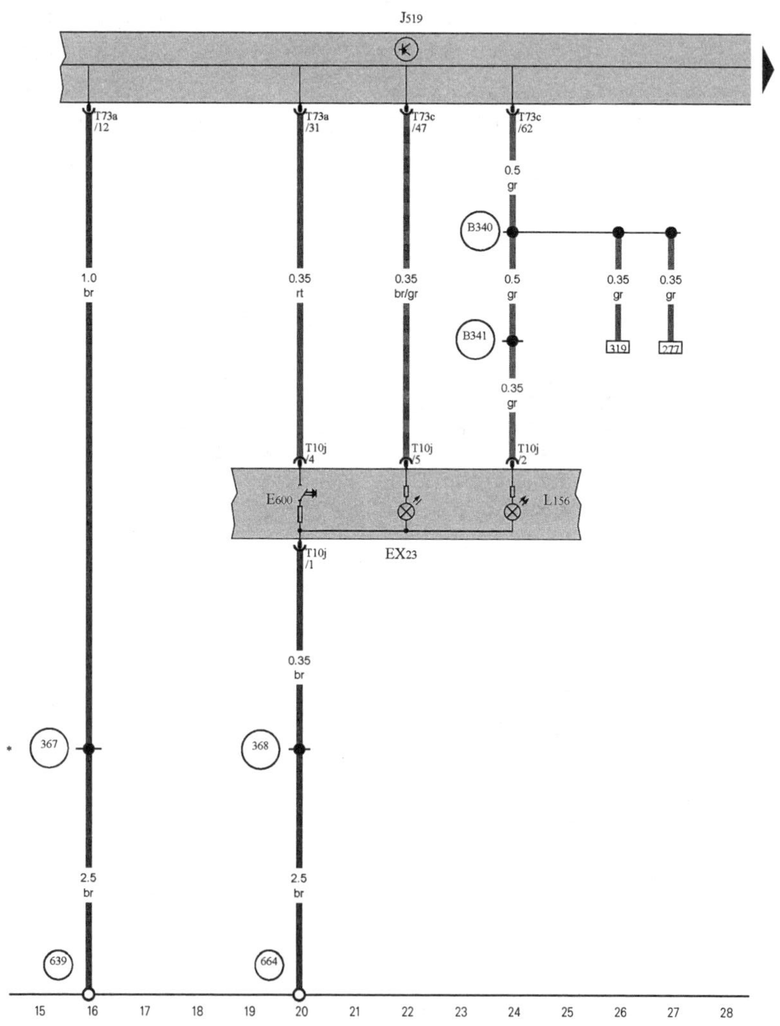

图7-4-37

EX23-中控台开关模块1 E600-中央门锁按钮 J519-车载电网控制单元 L156-开关照明灯泡 T10j-10 芯插头连接，黑色 T73a-73芯插头连接，黑色 T73c-73芯插头连接，黑色 367-接地连接2，在主导线 束中 368-接地连接3，在主导线束中 639-左侧A柱上的接地点 664-左侧仪表板后面接地点 B340-连接1 (58d)，在主导线束中 B341-连接2 (58d)，在主导线束中

保险丝架C

图7-4-36

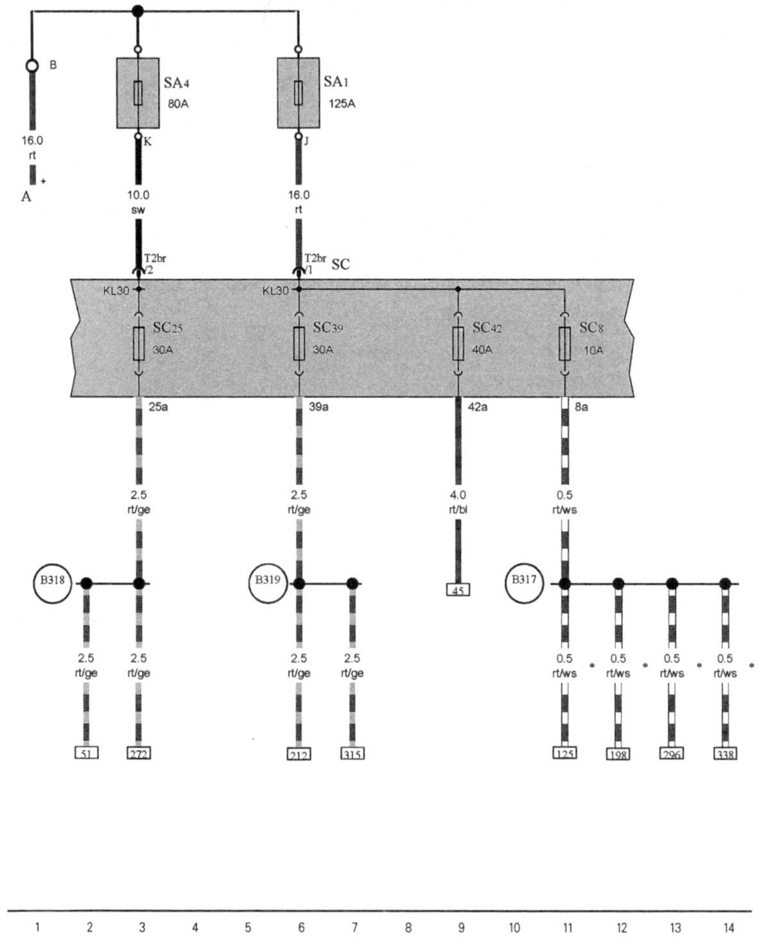

A-蓄电池 SA1-保险丝架A上的保险丝1 SA4-保险丝架A上的保险丝4 SC-保险丝架C SC8-保险丝架C上 的保险丝8 SC25-保险丝架C上的保险丝25 SC39-保险丝架C上的保险丝39 SC42-保险丝架C上的保险丝 42 T2br-2芯插头连接，黑色 B317-正极连接3 (30a)，在主导线束中 B318-正极连接4 (30a)，在主导 线束中 B319-正极连接5 (30a)，在主导线束中 *-仅用于带氛围灯型号1的汽车

949

后部车窗升降器锁止开关；驾驶员车门控制单元中的车窗升降器操作单元；驾驶员侧前部车窗升降器按钮；驾驶员侧后部车窗升降器按钮，在驾驶员车门中；副驾驶员侧车窗升降器按钮，在驾驶员车门中；驾驶员侧车门控制单元；车载电网控制单元；后部车窗升降器锁止指示灯；开关照明灯泡

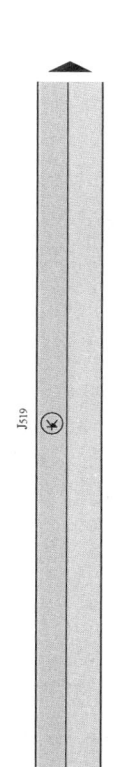

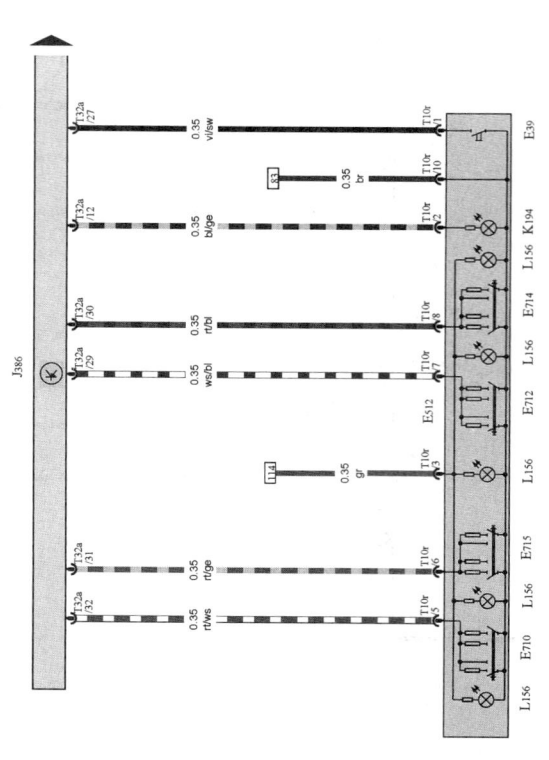

图 7-4-38

E39-后部车窗升降器锁止开关　E512-驾驶员车门中的车窗升降器操作单元　E710-驾驶员侧前部车窗升降器按钮　在驾驶员车门中　E712-驾驶员侧后部车窗升降器按钮，在驾驶员车门中　E714-副驾驶员侧后部车窗升降器按钮，在驾驶员车门中　E715-副驾驶员侧车窗升降器按钮，在驾驶员车门中　J386-驾驶员侧车门控制单元，在驾驶员车门中　J519-车载电网控制单元　K194-后部车窗升降器锁止指示灯　L156-开关照明灯泡　T10r-10芯插头连接，黑色　T32a-32芯插头连接，蓝色

驾驶员侧车门控制单元、车载电网控制单元、驾驶员侧电动升降器电机

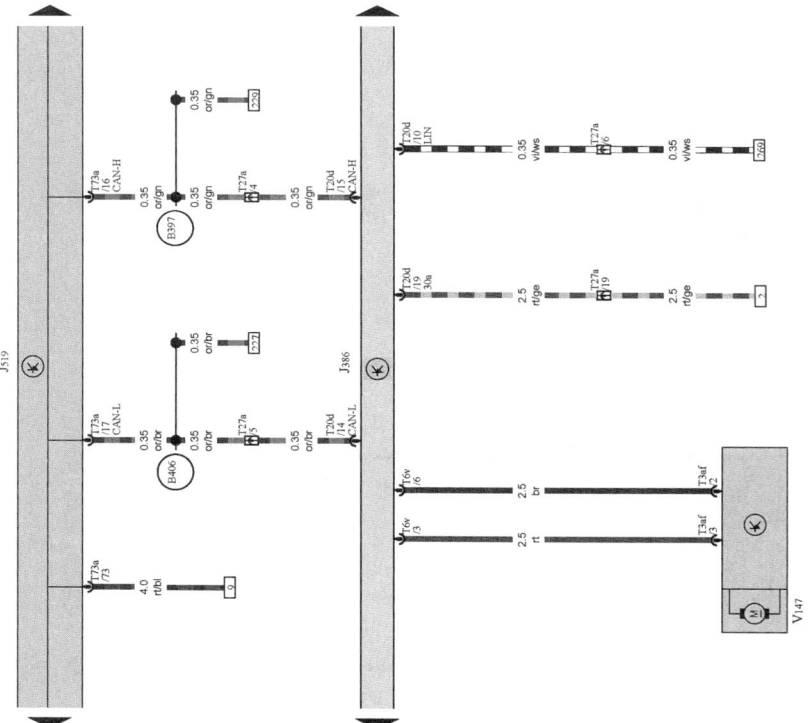

图 7-4-39

J386-驾驶员侧车门控制单元　J519-车载电网控制单元　T3af-3芯插头连接，蓝色　T6v-6芯插头连接，黑色　T20d-20芯插头连接，黑色　T27a-27芯插头连接，左侧A柱上，黑色　T73a-73芯插头连接，黑色　V147-驾驶员侧电动升降器电机　B397-连接1（舒适CAN总线，High），在主导线束中　B406-连接1（舒适CAN总线，Low），在主导线束中

950

驾驶员侧车门接触开关、驾驶员侧中央门锁开关、驾驶员侧车门控制单元、车载电网控制单元、驾驶员侧车门闭锁单元

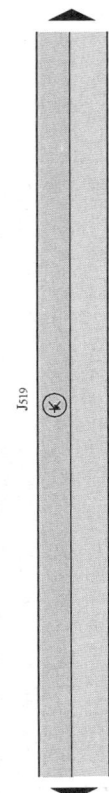

F2-驾驶员侧车门接触开关 F59-驾驶员侧中央门锁开关 J386-驾驶员侧车门控制单元 J519-车载电网控制单元 VX21-驾驶员侧车门闭锁单元
制单元 T8i-8芯插头连接，黑色 T20d-20芯插头连接，黑色 VX21-驾驶员侧车门闭锁单元

图 7-4-40

驾驶员侧车门控制单元、车载电网控制单元、左车门背景照明灯 1、左前登车护条背景照明的光导管

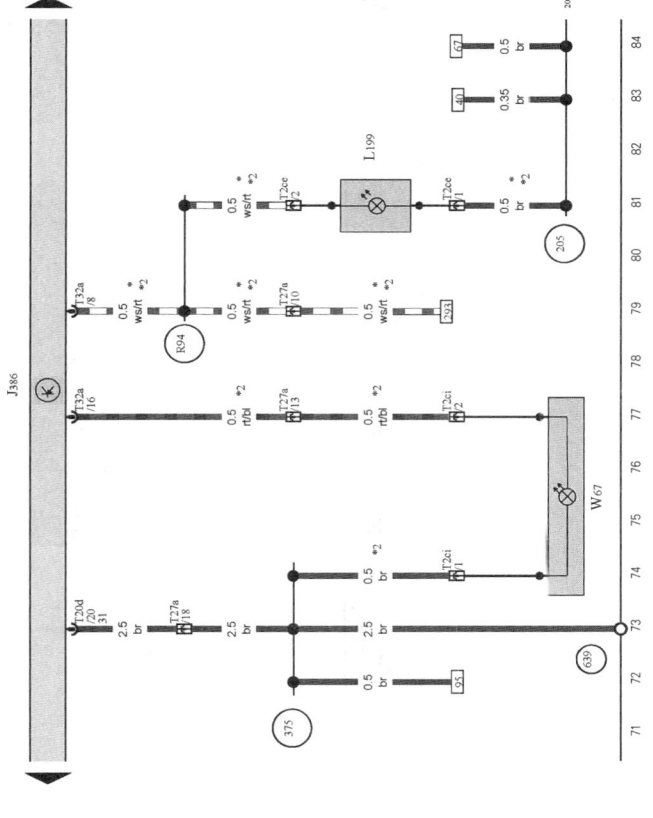

J386-驾驶员侧车门控制单元 J519-车载电网控制单元 L199-左前车门背景照明灯 1 T2ce-2芯插头连接，黑色 T2ci-2芯插头连接，黑色 T20d-20芯插头连接，黑色 T27a-27芯插头连接，左侧A柱上，黑色 T32a-32芯插头连接，蓝色 W67-左前登车护条背景照明的光导管 205-接地连接，在驾驶员侧车门电缆号线束中 375-接地连接10，在主导线束中 639-左侧A柱上的接地点 R94-连接1，在驾驶员侧车门电缆号线束中 ∗-仅用于带氛围灯型号2的汽车 ∗2-仅用于带氛围灯型号1的汽车

图 7-4-41

驾驶员侧车门控制单元、车载电网控制单元、中央门锁 Safe 功能指示灯、驾驶员侧车门
内把手照明灯泡

后视镜调节开关、后视镜调节转换开关、车外后视镜加热按钮、后视镜内折开关、驾驶员
侧车门控制单元、车载电网控制单元、后视镜调节开关照明灯泡

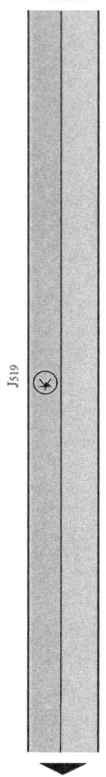

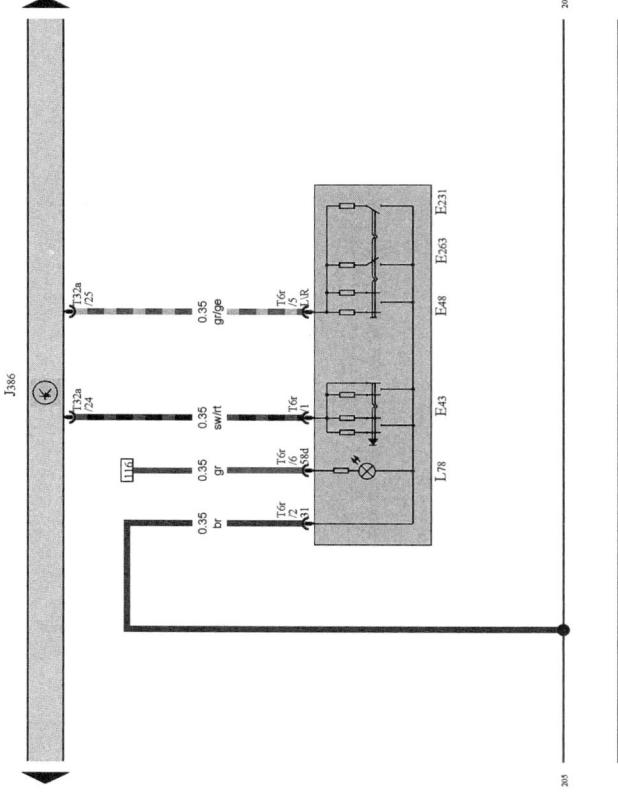

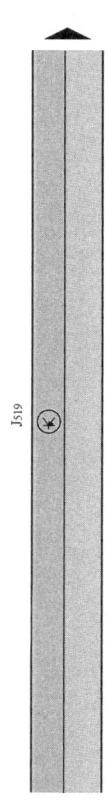

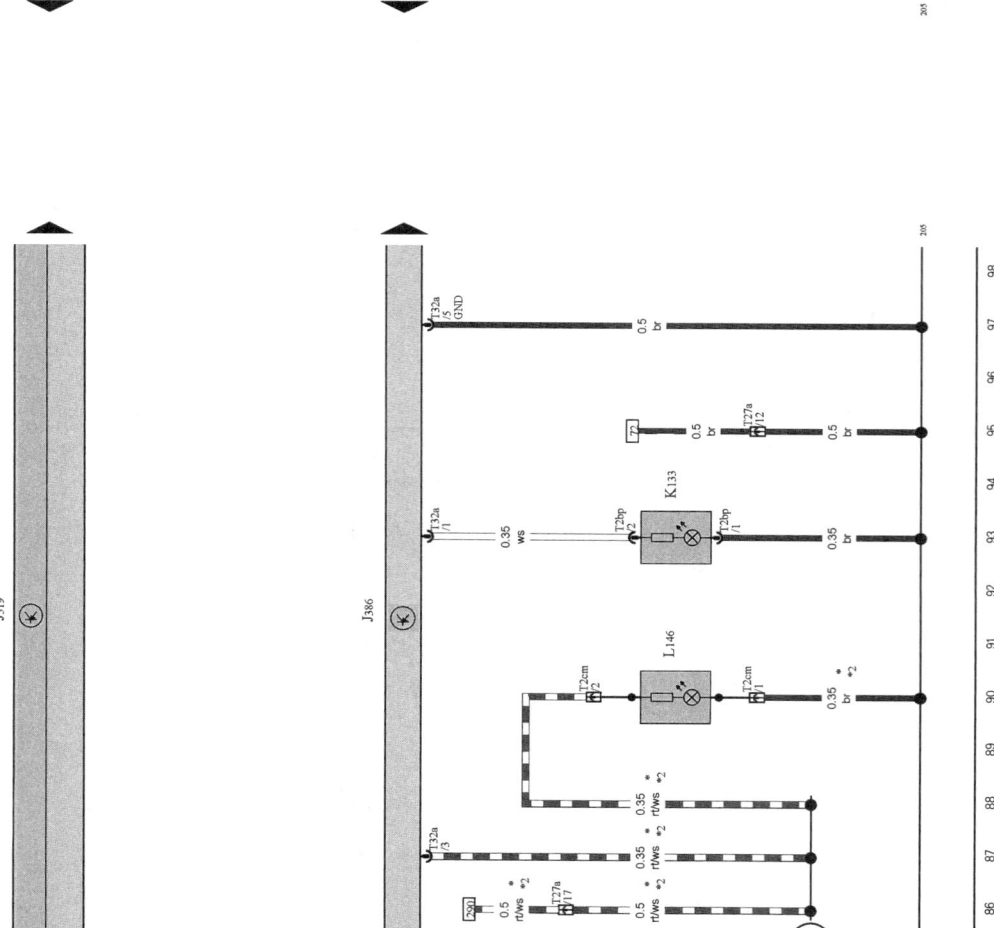

图 7-4-42

J386-驾驶员侧车门控制单元、J519-车载电网控制单元、K133-中央门锁 Safe 功能指示灯 L146-驾驶员侧车门内把手照明灯泡 T2bp-2芯插头连接、T27a-27芯插头连接、左侧A柱上、T32a-32芯插头连接、蓝色 205-接地连接、在驾驶员侧车门电缆导线线束中 R112-连接 ＊2-仅用于带氛围灯型号2的汽车 黑色 T2cm-2芯插头连接、黑色 205-接地连接、在左前车门电缆导线线束中 ＊-仅用于带氛围灯型号1的汽车灯）、在左前车门电缆导线线束中

图 7-4-43

E43-后视镜调节开关 E48-后视镜调节转换开关 E231-车外后视镜加热按钮 E263-后视镜内折开关 J386-驾驶员侧车门控制单元 J519-车载电网控制单元 L78-后视镜调节开关照明灯泡 T6r-6芯插头连接 棕色 T32a-32芯插头连接、蓝色 205-接地连接、在驾驶员侧车门电缆导线线束中

后备箱盖开锁开关、驾驶员侧车门控制单元、车载电网控制单元、左前车门背景照明灯2

驾驶员侧车门控制单元、车载电网控制单元、左前车门背景照明灯 2

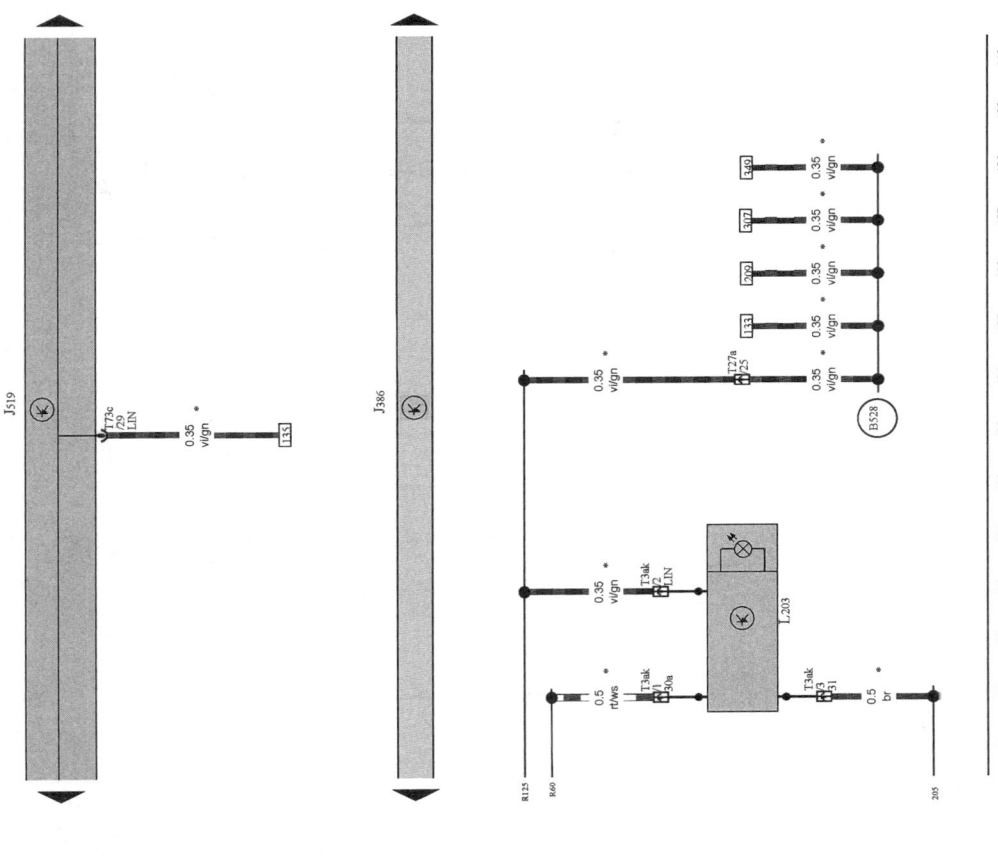

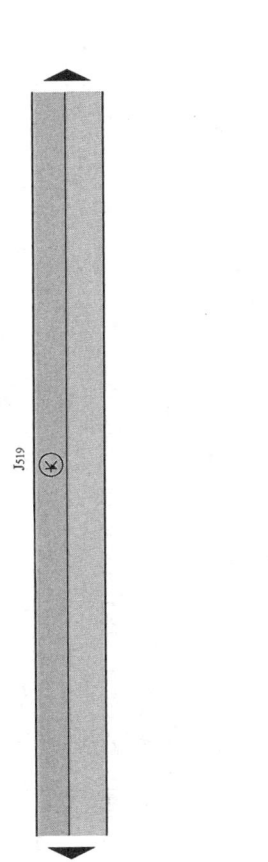

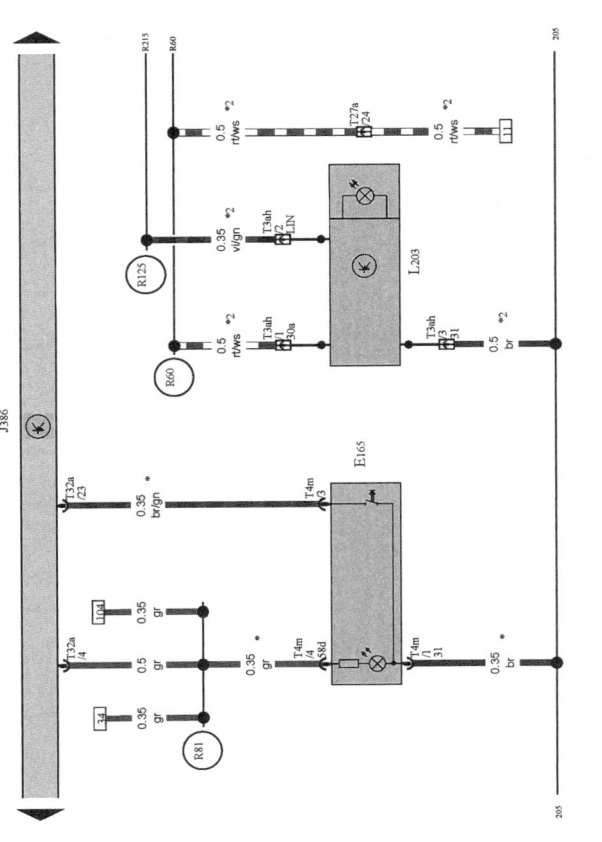

E165-后备箱盖开锁开关 J386-驾驶员侧车门控制单元 J519-车载电网控制单元 L203-左前车门背景照明灯2 T3ah-3芯插头连接 T4m-4芯插头连接，黑色 T27a-27芯插头连接，黑色A柱上，左侧 T32a-32芯插头连接，蓝色 205-接地连接，在驾驶员侧车门电缆导线束中 R60-正极连接（30a），在驾驶员侧车门电缆导线束中 R81-连接1（58d），在驾驶员侧车门电缆导线束中 R125-连接（LIN总线），在驾驶员侧车门电缆导线束中 *-仅用于带有后备箱盖开关实时辅助功能的汽车 *2-仅用于带氛围灯型号1的汽车

图7-4-44

J386-驾驶员侧车门控制单元 J519-车载电网控制单元 L203-左前车门背景照明灯2 T3ak-3芯插头连接，黑色 T27a-27芯插头连接，黑色A柱上，左侧 T73c-73芯插头连接，黑色 205-接地连接，在驾驶员侧车门电缆导线束中 R60-正极连接（30a），在驾驶员侧车门电缆导线束中 R125-连接（LIN总线），在驾驶员侧车门电缆导线束中 *-仅用于带氛围灯型号1的汽车

图7-4-45

驾驶员侧车门控制单元；车载电网控制单元；驾驶员侧外后视镜警告灯泡；驾驶员车外后视镜；驾驶员侧后视镜调节电机2；驾驶员侧后视镜调节电机；车外后视镜内的登车照明灯，驾驶员侧可加热车外后视镜

驾驶员侧后视镜水平调节电位计、驾驶员侧后视镜垂直调节电位计、驾驶员车门控制单元、车载电网控制单元、驾驶员侧车外后视镜、驾驶员侧后视镜调节电机2、驾驶员侧后视镜调节电机、驾驶员侧后视镜内折电机、驾驶员侧后视镜调节电机

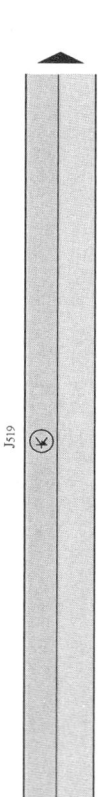

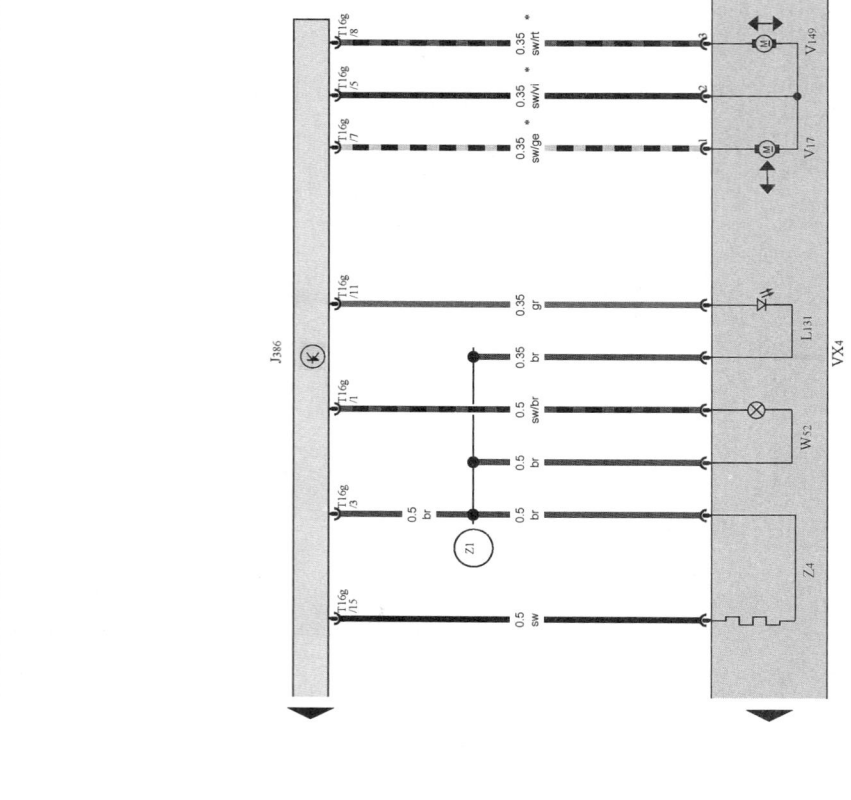

J386-驾驶员侧车门控制单元 J519-车载电网控制单元 L131-驾驶员侧外后视镜警告灯泡 T16g-16芯插头连接，黑色 VX4-驾驶员侧车外后视镜 V17-驾驶员侧后视镜调节电机2 V149-驾驶员侧后视镜调节电机 W52-车外后视镜内的登车照明灯，驾驶员侧 Z4-驾驶员侧可加热车外后视镜 Z1-连接1，在后视镜调节-后视镜加热导线束中 *-仅用于带电动调节式车外后视镜的汽车

图7-4-47

G514-驾驶员侧后视镜水平调节电位计 G515-驾驶员侧后视镜垂直调节电位计 J386-驾驶员侧车门控制单元 J519-车载电网控制单元 T16g-16芯插头连接，黑色 VX4-驾驶员侧车外后视镜 V17-驾驶员侧后视镜调节电机 V149-驾驶员侧后视镜调节电机2 V121-驾驶员侧后视镜内折电机 *-带有记忆功能的驾驶员座椅

图7-4-46

副驾驶员侧前部车窗升降器按钮、副驾驶员侧车门控制单元、车载电网控制单元、开关照明灯泡、右前登车护条背景照明的光导管

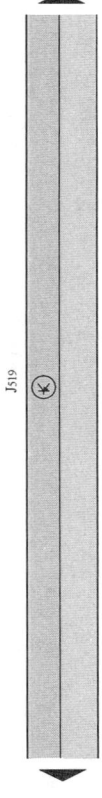

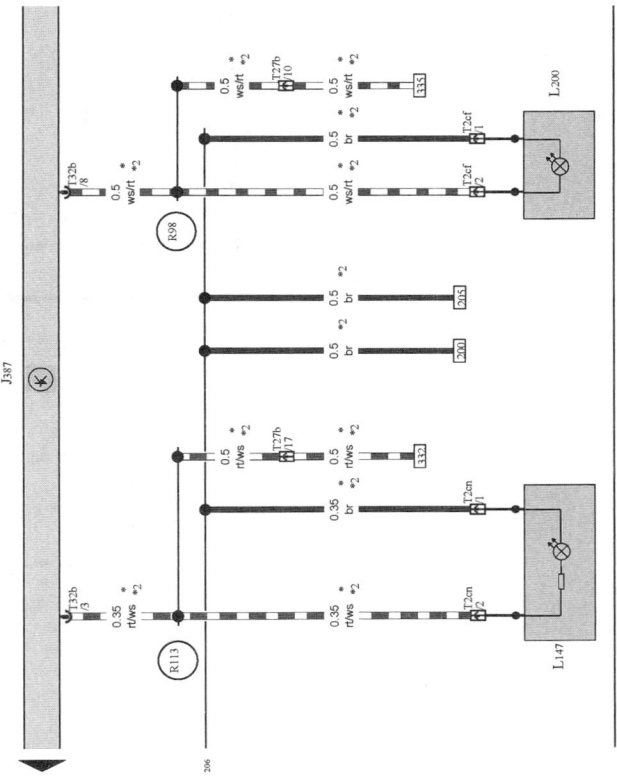

图 7-4-48

E716-副驾驶员侧前部车窗升降器按钮 J387-副驾驶员侧车门控制单元 J519-车载电网控制单元 L156-开关照明灯泡 T2cj-2芯插头连接，黑色 T4an-4芯插头连接，黑色 T20e-20芯插头连接，黑色 T27b-27芯插头连接，黑色 T32b-32芯插头连接，右侧A柱上，黑色 T32b-33芯插头连接，蓝色 W68-右前登车护条背景照明的光导管 43-右侧A柱下部的接地点 206-接地连接，在副驾驶员侧车门电缆导线束中 376-接地连接11，在主导线束中
*-仅用于带氛围灯型号1的汽车

副驾驶员侧车门控制单元、车载电网控制单元、副驾驶员侧车门内把手照明灯泡、右前车门背景照明灯1

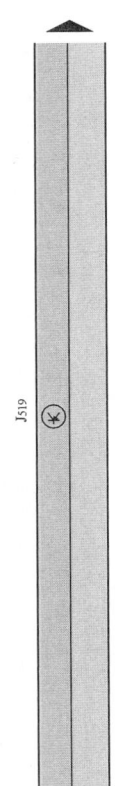

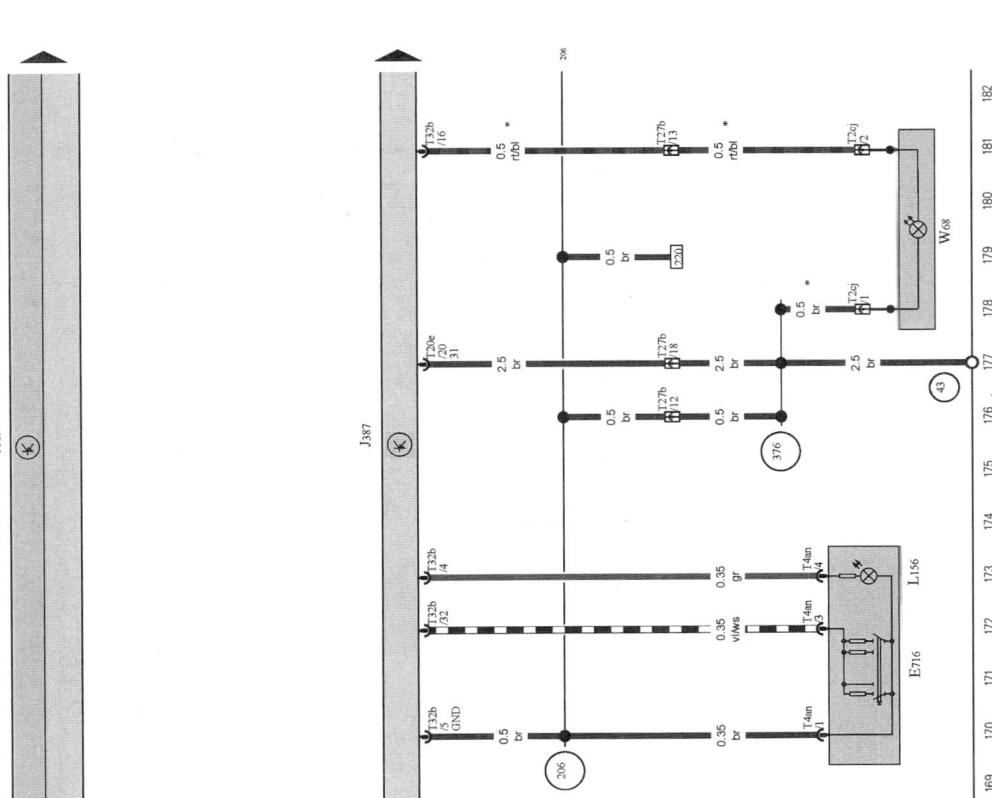

图 7-4-49

J387-副驾驶员侧车门控制单元 J519-车载电网控制单元 L147-副驾驶员侧车门内把手照明灯泡 L200-右前车门背景照明灯1 T2cf-2芯插头连接，黑色 T2cn-2芯插头连接，黑色 T27b-27芯插头连接，右侧A柱上，黑色 T32b-32芯插头连接，蓝色 206-接地连接，在副驾驶员侧车门电缆导线束中 R98-连接1，在副驾驶员侧车门电缆导线束中 R113-连接（氛围灯），在右前车门电缆导线束中 *-仅用于带氛围灯型号2的汽车 *2-仅用于带氛围灯型号1的汽车

955

副驾驶员侧车门控制单元、车载电网控制单元、右前车门背景照明灯 2

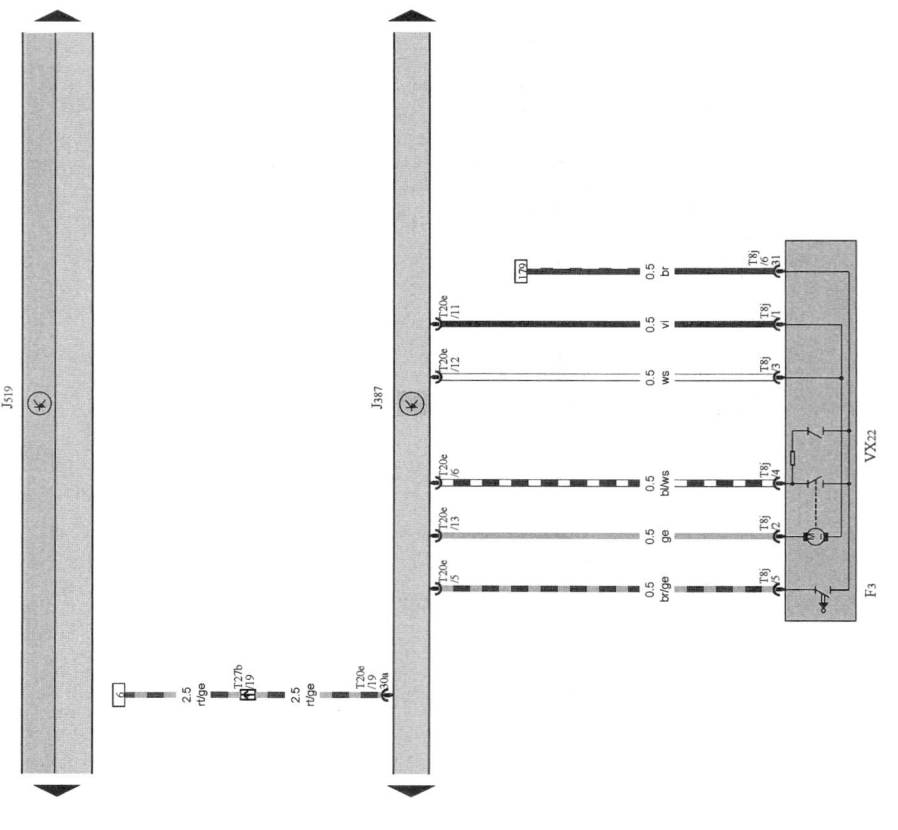

J387-副驾驶员侧车门控制单元 J519-车载电网控制单元 L204-右前车门背景照明灯2 T3ai-3芯插头连
接 黑色 T3aL-3芯插头连接，黑色 T27b-27芯插头连接，黑色 R16-正极连接（30），
在副驾驶员侧车门电缆导线束中 R126-连接（LIN总线），在副驾驶员侧车门电缆导线束中 *-仅用于带
氛围灯型号1的汽车

图 7-4-50

副驾驶员侧车门接触开关、副驾驶员车门控制单元、车载电网控制单元、副驾驶员车门
闭锁单元

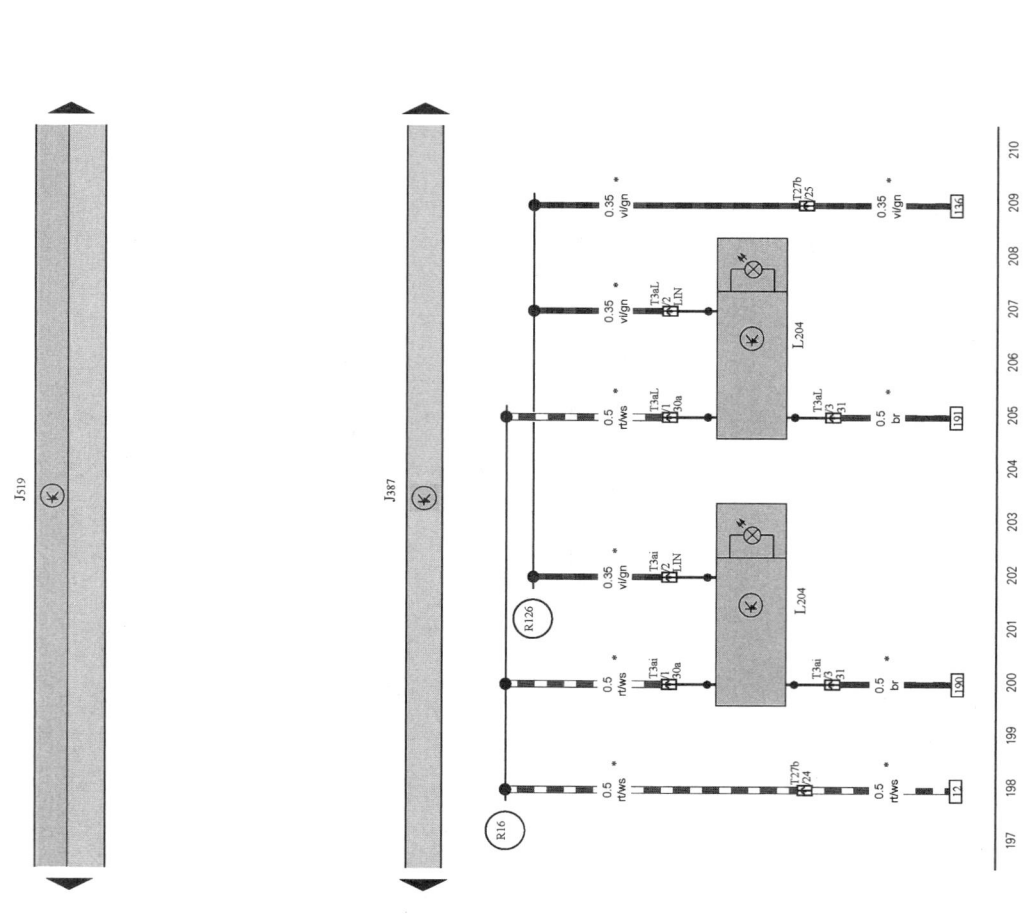

F3-副驾驶员侧车门接触开关 J387-副驾驶员侧车门控制单元 J519-车载电网控制单元 T8j-8芯插头连
接，黑色 T20e-20芯插头连接，黑色 T27b-27芯插头连接，右侧A柱上，黑色 VX22-副驾驶员车门闭锁
单元

图 7-4-51

956

副驾驶员侧车门控制单元；车载电网控制单元；副驾驶员外后视镜警告灯泡；副驾驶员
侧；副驾驶员外后视镜警告灯泡；副驾驶员
侧；副驾驶员侧外后视镜折叠电机；车外后视镜内的登车照明灯，副驾驶员侧；
副驾驶员侧车外后视镜；副驾驶员侧后视镜内折电机；车外后视镜内的登车照明灯；
副驾驶员侧可加热车外后视镜

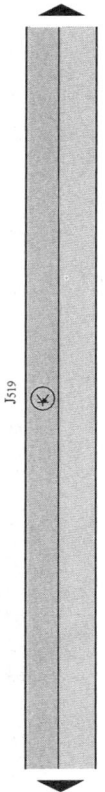

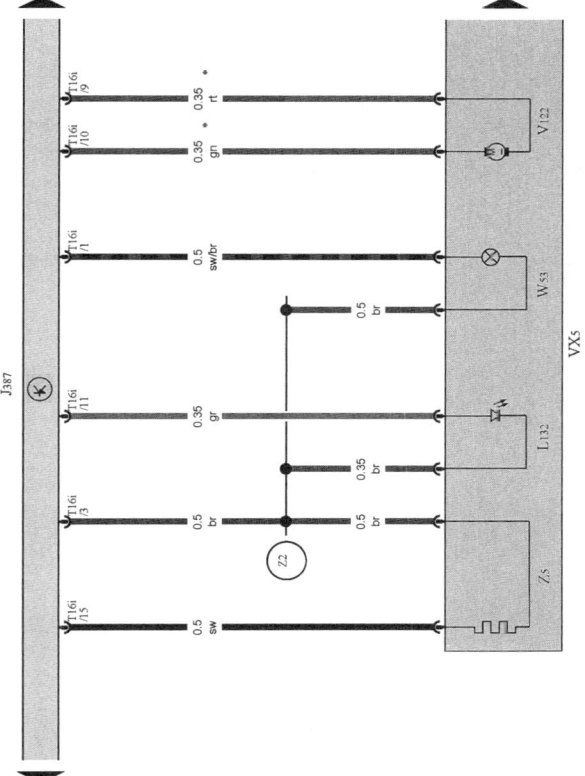

J387-副驾驶员侧车门控制单元，J519-车载电网控制单元，L132-副驾驶员侧外后视镜警告灯泡，T16i-16芯
插头连接，黑色，VX5-副驾驶员侧车外后视镜，V122-副驾驶员侧后视镜内折电机，W53-车外后视镜内的
登车照明灯，副驾驶员侧，Z5-副驾驶员侧可加热车外后视镜，Z2-连接2，在后视镜调节-后视镜加热导线
束中 *-带有记忆功能的驾驶员座椅

图7-4-53

副驾驶员侧车门控制单元、车载电网控制单元、副驾驶员侧电动升降器电机

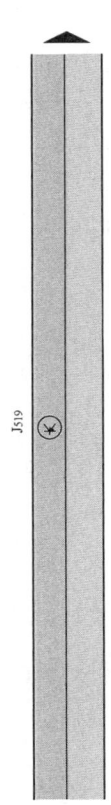

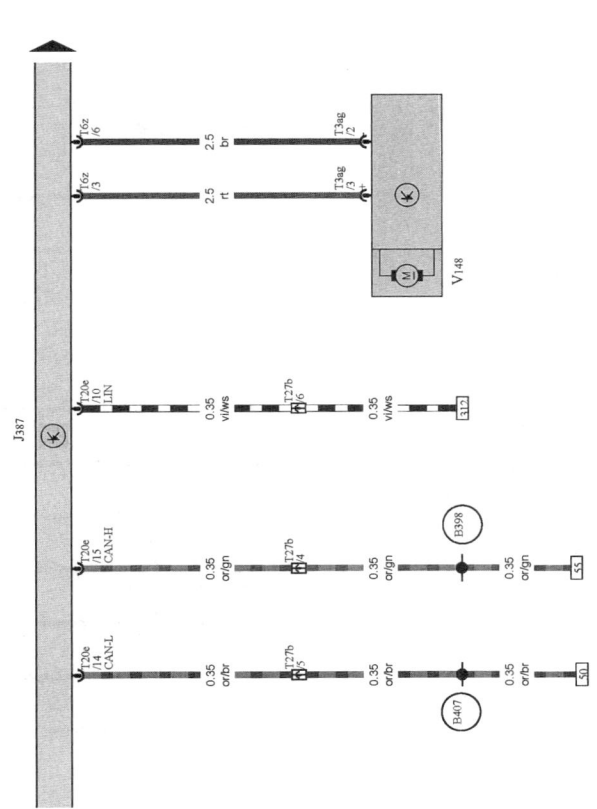

J387-副驾驶员侧车门控制单元，J519-车载电网控制单元，T3ag-3芯插头连接，蓝色，T6z-6芯插头连接，
黑色 T20e-20芯插头连接，黑色，T27b-27芯插头连接，右侧A柱上，黑色，V148-副驾驶员侧电动升降器
电机，B398-连接2（舒适CAN总线，High），在主导线束中 B407-连接2（舒适CAN总线，Low），在主
导线束中

图7-4-52

957

副驾驶员侧后视镜水平调节电位计、副驾驶员侧后视镜垂直调节电位计、副驾驶员侧车门控制单元、车载电网控制单元、副驾驶员侧车外后视镜、副驾驶员侧后视镜调节电机、副驾驶员侧后视镜调节电机

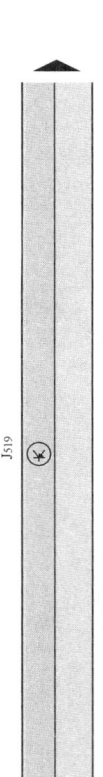

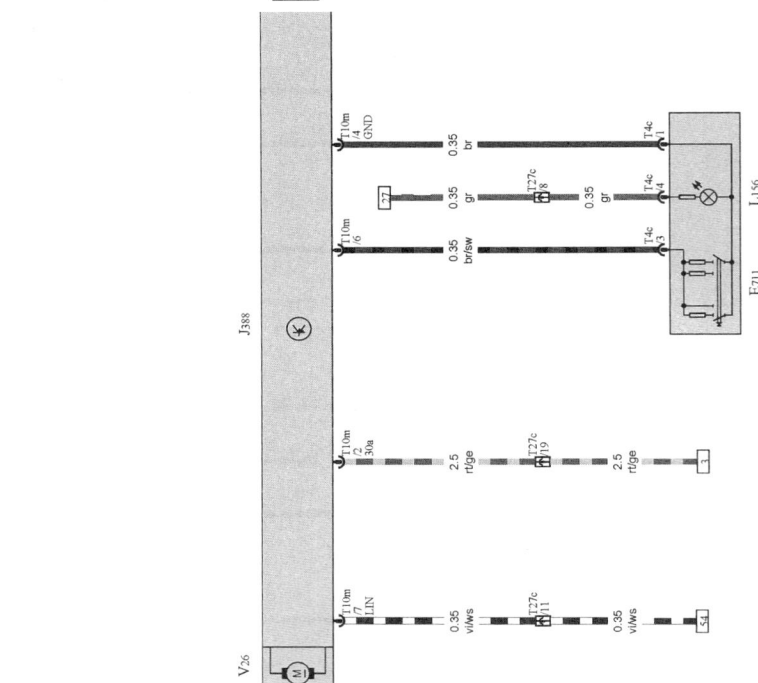

G516-副驾驶员侧后视镜水平调节电位计 G517-副驾驶员侧后视镜垂直调节电位计 J387-副驾驶员侧车门控制单元 J519-车载电网控制单元 T16i-16芯插头连接，黑色 VX5-副驾驶员侧车外后视镜 V25-副驾驶员侧后视镜调节电机2 V150-副驾驶员侧后视镜调节电机 *-带有记忆功能的驾驶员座椅 *2-仅用于带电动调节式车外后视镜的汽车

图 7-4-54

驾驶员侧后部车窗升降器按钮、左后车门控制单元、车载电网控制单元、开关照明灯泡、后左车窗升降器电机

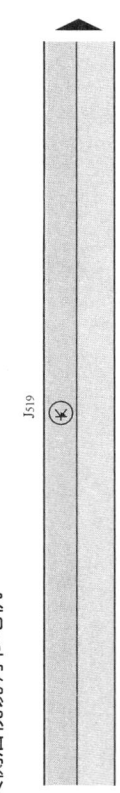

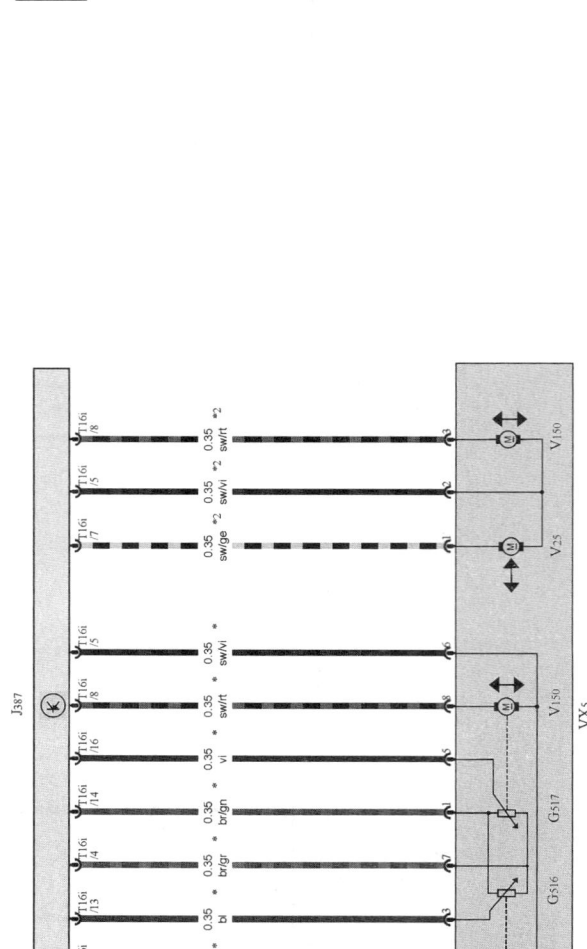

E711-驾驶员侧后部车窗升降器按钮 J388-左后车门控制单元 J519-车载电网控制单元 L156-开关照明灯泡 T4c-4芯插头连接 T10m-10芯插头连接，黑色 T27c-27芯插头连接，左侧B柱上，黑色 V26-后左车窗升降器电机

图 7-4-55

958

左后车门控制单元、车载电网控制单元、左后侧车门内把手照明灯泡、左后车门背景照明灯1

车载电网控制单元、左后车门背景照明灯2 左后车门背景照明灯1

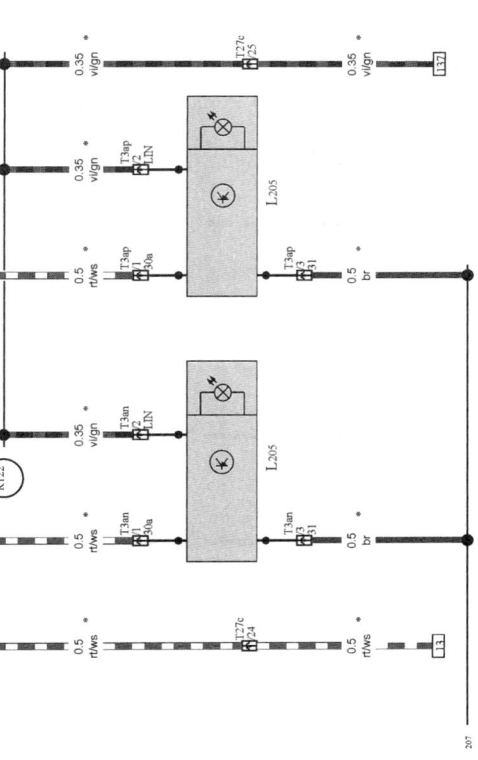

图7-4-57

J519-车载电网控制单元 L205-左后车门背景照明灯2 T3an-3芯插头连接，黑色 T3ap-3芯插头连接，黑色 T27c-27芯插头连接，左侧B柱上，黑色 207-接地连接，在左后车门电缆导线束中 R31-连接1，在左后车门电缆导线束中 R122-连接（LIN总线），在左后车门电缆导线束中 *-仅用于带氛围照明型号1的汽车

图7-4-56

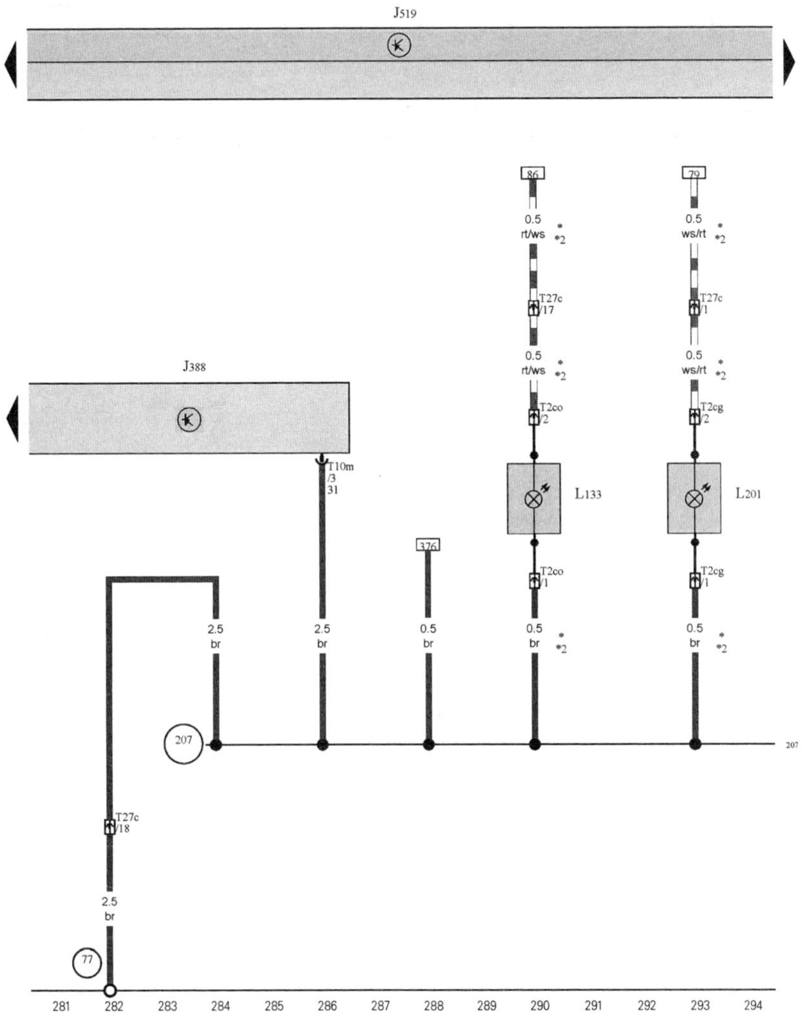

J388-左后车门控制单元 J519-车载电网控制单元 L133-左后侧车门内把手照明灯泡 L201-左后车门背景照明灯1 T2cg-2芯插头连接，黑色 T2co-2芯插头连接，黑色 T10m-10芯插头连接，黑色 T27c-27芯插头连接，左侧B柱上，黑色 77-左侧B柱下的接地点 207-接地连接，在左后车门电缆导线束中 *-仅用于带氛围照明型号2的汽车 *2-仅用于带氛围照明型号1的汽车

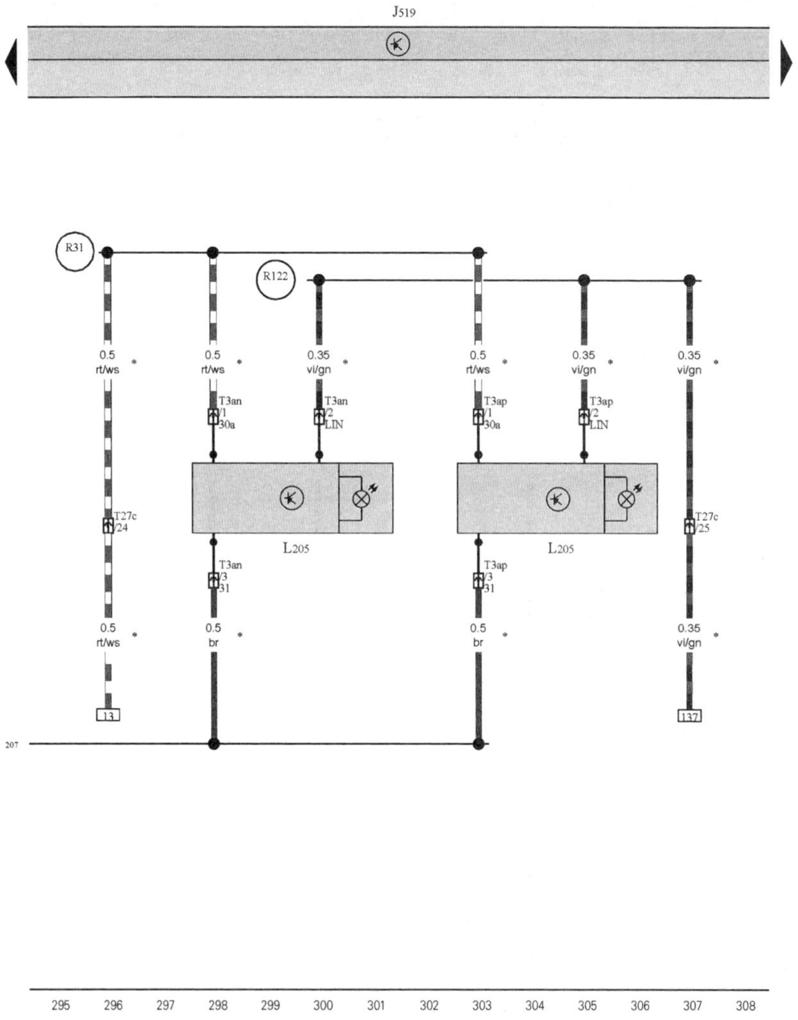

副驾驶员侧后部车窗升降器按钮、右后车门控制单元、车载电网控制单元、开关照明灯泡、
后右车窗升降器电机

右后车门控制单元、车载电网控制单元、右后侧车门把手照明灯泡、右后车门背景照明
灯 1

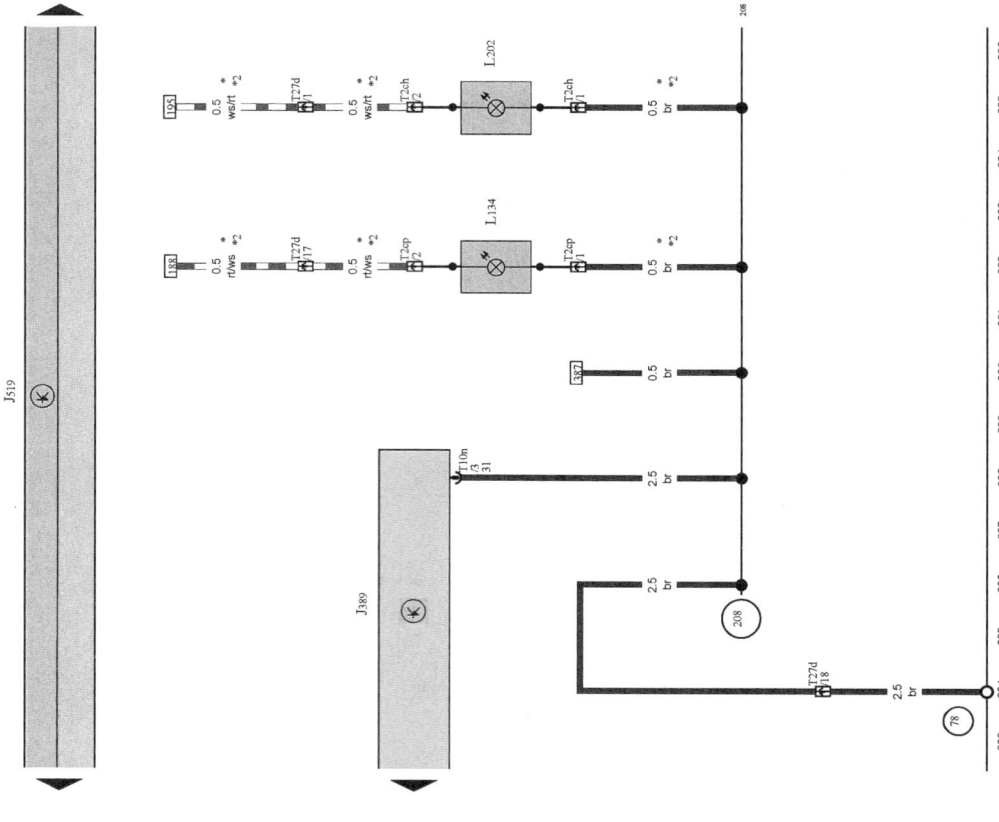

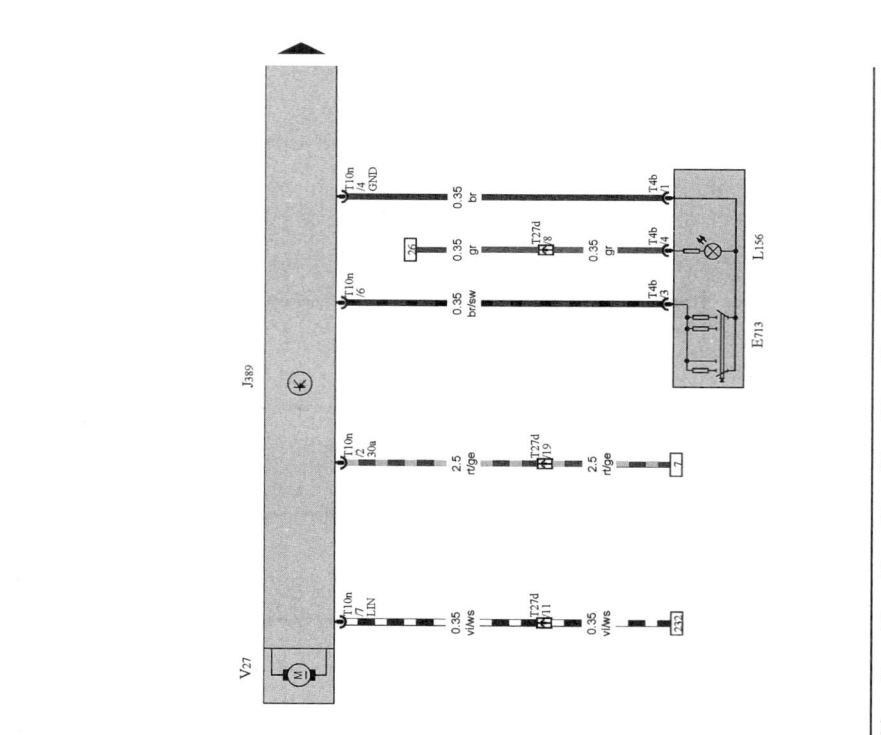

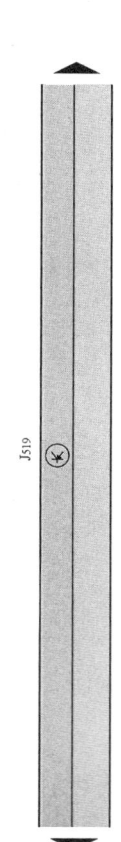

E713－副驾驶员侧后部车窗升降器按钮 J389－右后车门控制单元 J519－车载电网控制单元 L156－开关照
明灯泡 T4b－4芯插头连接，黑色 T10n－10芯插头连接，黑色 T27d－27芯插头连接，右侧B柱上，黑色
V27－后右车窗升降器电机

图 7-4-58

J389－右后车门控制单元 J519－车载电网控制单元 L134－右后侧车门内把手照明灯泡 L202－右后车门背景
照明灯1 T2ch－2芯插头连接，黑色 T2cp－2芯插头连接，黑色 T10n－10芯插头连接，黑色 T27d－27芯插
头连接，右侧B柱上，黑色 78－右侧B柱下部接地点 208－接地连接，在右后车门电缆导线束中 *－仅用于
带氛围灯型号2的汽车 *2－仅用于带氛围灯型号1的汽车

图 7-4-59

960

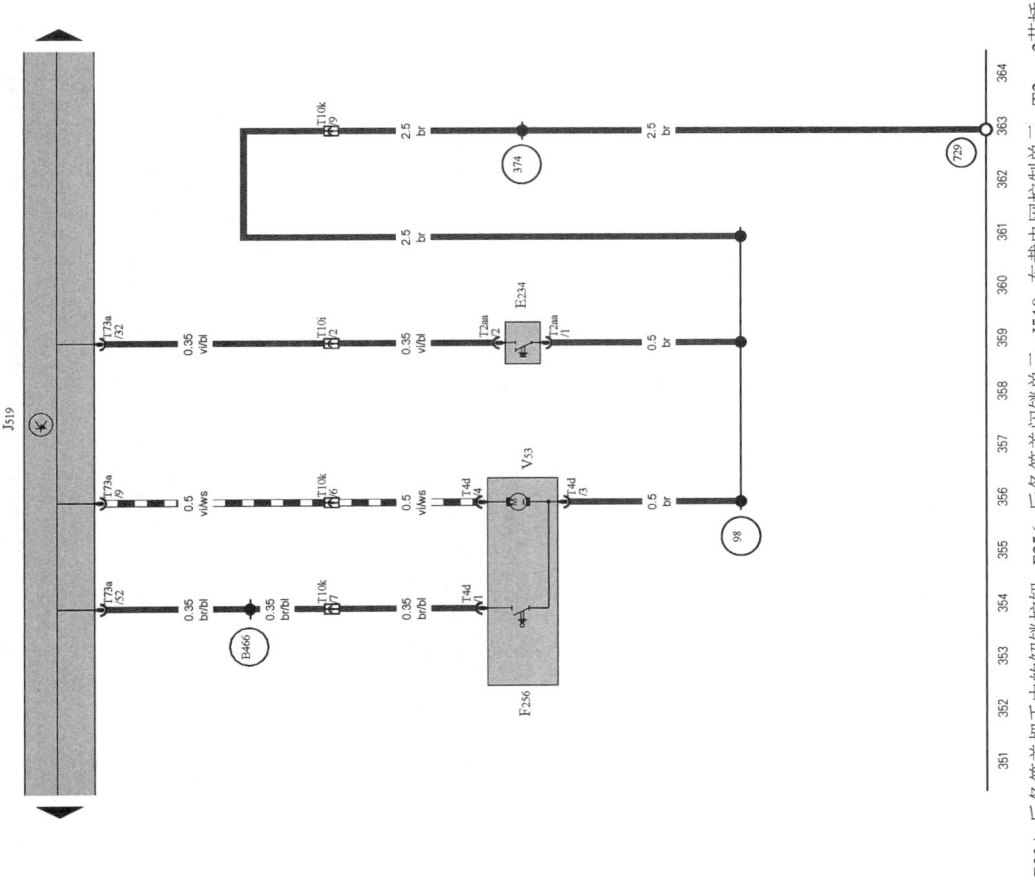

后备箱盖把手中的解锁按钮、后备箱闭锁单元、车载电网控制单元、后备箱盖中央门锁电机

图 7-4-61

E234－后备箱盖把手中的解锁按钮 F256－后备箱闭锁单元 J519－车载电网控制单元 T2a－2芯插头连接 T2aa－2芯插头连接，黑色 T4d－4芯插头连接，后备箱盖的连接位置，黑色 T10k－10芯插头连接，黑色 T10i－10芯插头连接，黑色 T73a－73芯插头连接，棕色 V53－后备箱盖中央门锁电机 98－接地连接，在后备箱盖导线束中 374－接地连接9，在主导线束中 729－左后轮罩上的接地点 B466－连接2，连接2，在主导线束中

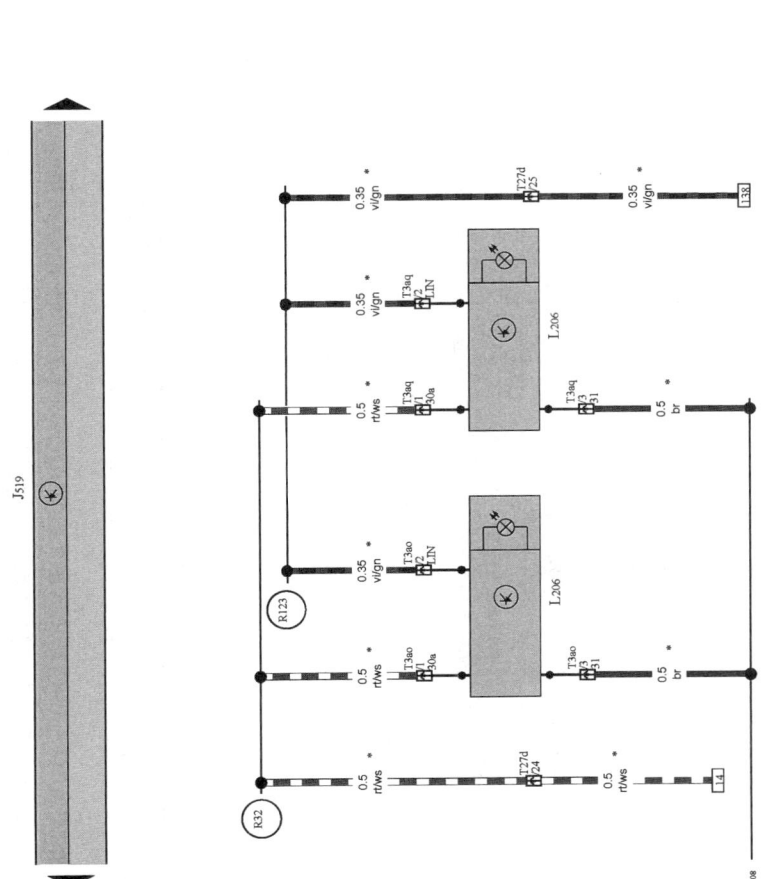

车载电网控制单元、右后车门背景照明灯 2

图 7-4-60

J519－车载电网控制单元 L206－右后车门背景照明灯2 T3ao－3芯插头连接，黑色 T3aq－3芯插头连接，黑色 T27d－27芯插头连接，右侧B柱上，黑色 208－接地连接，在右后车门电缆导线束中 R32－连接2，在右后车门电缆导线束中 R123－连接（LIN总线），在右后车门电缆导线束中 *－仅用于带氛围灯型号1的汽车门电缆导线束中

961

右后车门接触开关、车载电网控制单元、右后车门闭锁单元、油箱盖锁止装置电机

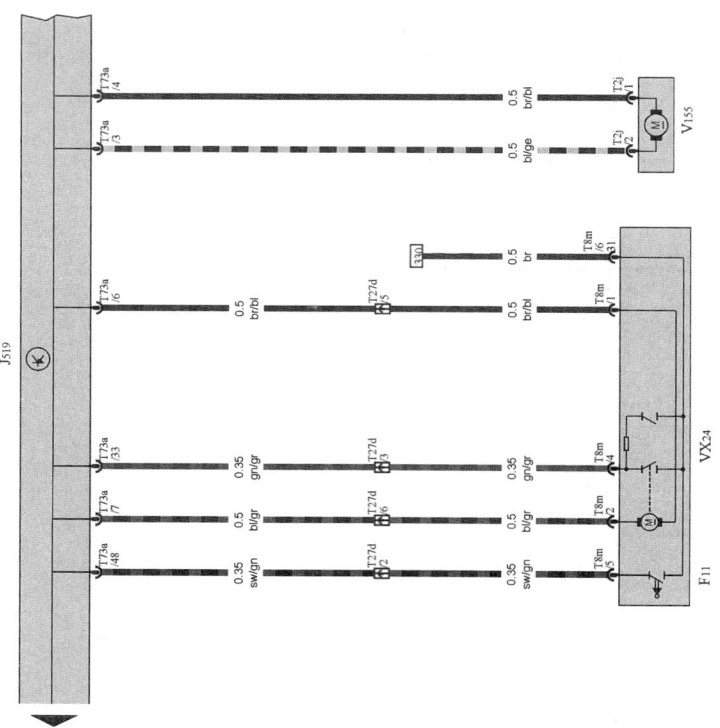

F11-右后车门接触开关 J519-车载电网控制单元 T2j-2芯插头连接，黑色 T8m-8芯插头连接，黑色 T27d-27芯插头连接，右侧B柱上，黑色 T73a-73芯插头连接，右侧B柱上，黑色 VX24-右后车门闭锁单元 V155-油箱盖锁止装置电机

图7-4-63

左后车门接触开关、车载电网控制单元、左后车门闭锁单元

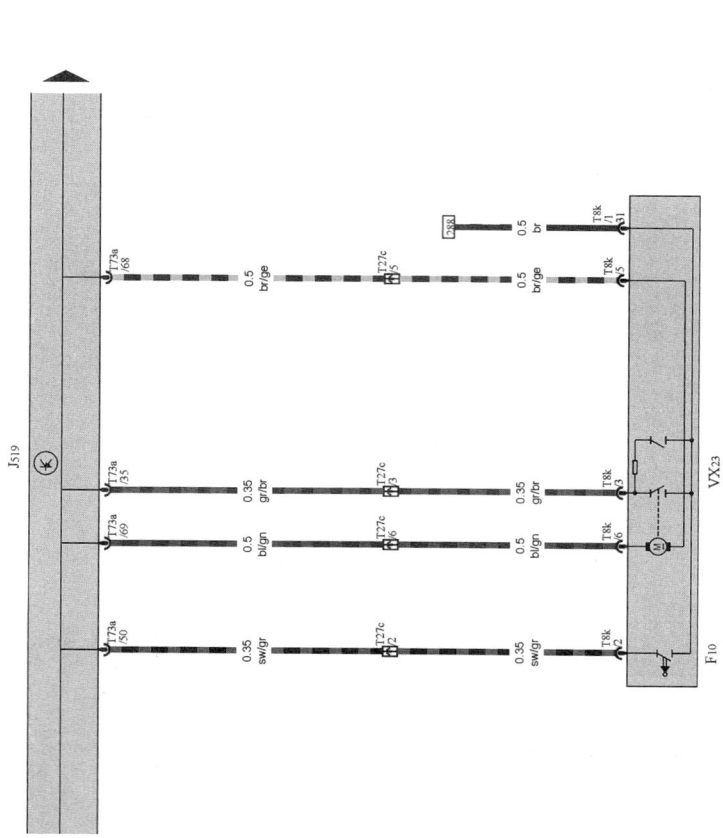

F10-左后车门接触开关 J519-车载电网控制单元 T8k-8芯插头连接，黑色 T27c-27芯插头连接，左侧B柱上，黑色 T73a-73芯插头连接，黑色 VX23-左后车门闭锁单元

图7-4-62

驾驶员座椅靠背调节开关、驾驶员座椅的前部高度上调按钮、驾驶员座椅的前部高度下调按钮、驾驶员座椅的前部高度上调按钮、驾驶员座椅的后部高度下调按钮、驾驶员座椅高度下调按钮、驾驶员座椅前后位置的前调按钮、驾驶员座椅前后位置的后调按钮、驾驶员座椅调节控制单元

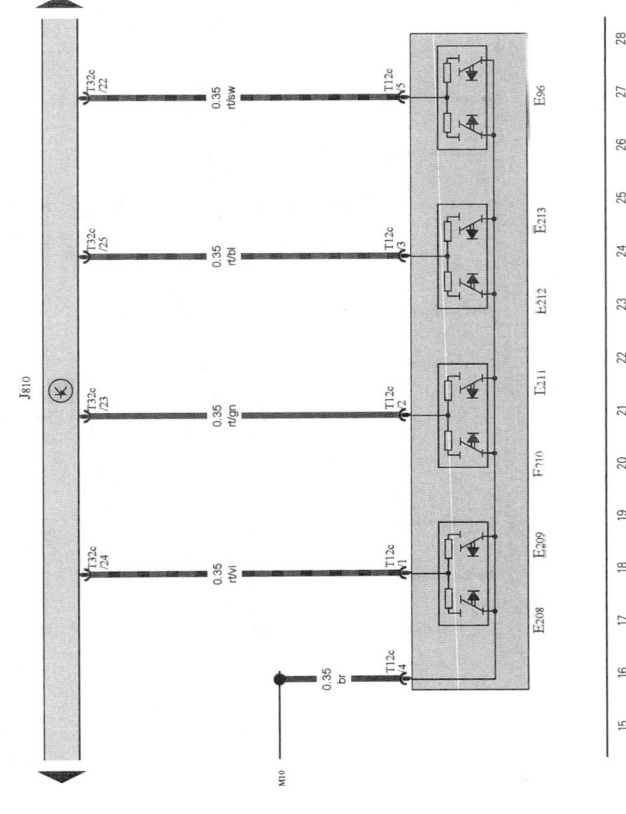

E96-驾驶员座椅靠背调节开关 E208-驾驶员座椅的前部高度下调按钮 E209-驾驶员座椅的前部高度上调按钮 E210-驾驶员座椅的后部高度上调按钮 E211-驾驶员座椅的后部高度下调按钮 E212-驾驶员座椅前后位置的前调按钮 E213-驾驶员座椅前后位置的后调按钮 J810-驾驶员座椅调节控制单元 T12c-12芯插头连接,黑色 T32c-32芯插头连接,灰色 M10-连接,在驾驶员侧座椅调节导线束中

图7-4-65

驾驶员腰部支撑调节开关、驾驶员座椅调节控制单元、保险丝架 A 上的保险丝 1、副驾驶员座椅调节装置的热敏保险丝 1

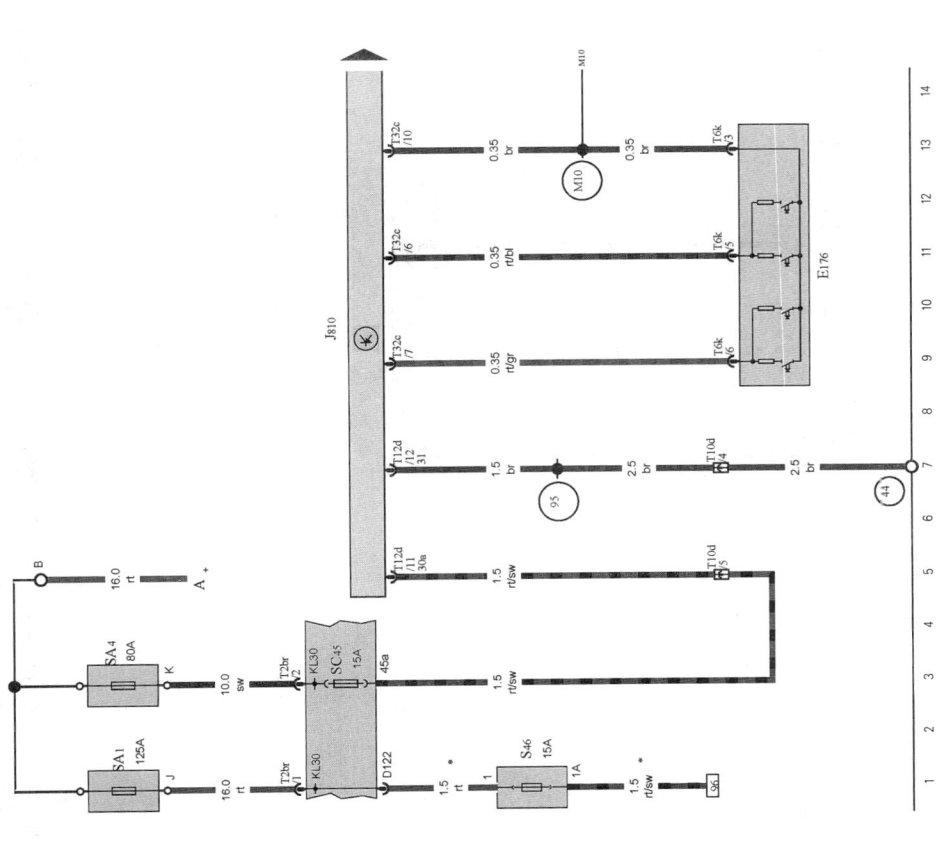

A-蓄电池 E176-驾驶员座椅腰部支撑调节开关 J810-驾驶员座椅调节控制单元 SA1-保险丝架 A 上的保险丝1 SA4-保险丝架A上的保险丝4 SC45-保险丝架C上的保险丝45 S46-副驾驶员座椅调节装置的热敏保险丝1 T2br-2芯插头连接,黑色 T6k-6芯插头连接,黑色 T10d-10芯插头连接,左前座椅的连接位置中,黑色 T12d-12芯插头连接,黑色 T32c-32芯插头连接,灰色 44-左侧A柱下部的接地点 95-接地连接1,在座椅调节导线束中 M10-连接1,在驾驶员侧座椅调节导线束中 *-自2017年10月起

图7-4-64

963

前部座椅高度调节传感器、后部座椅高度调节传感器、座椅前后调节传感器、驾驶员座椅调节控制单元、驾驶员座椅纵向调节电机、驾驶员座椅的前部高度调节电机、驾驶员座椅的后部高度调节电机

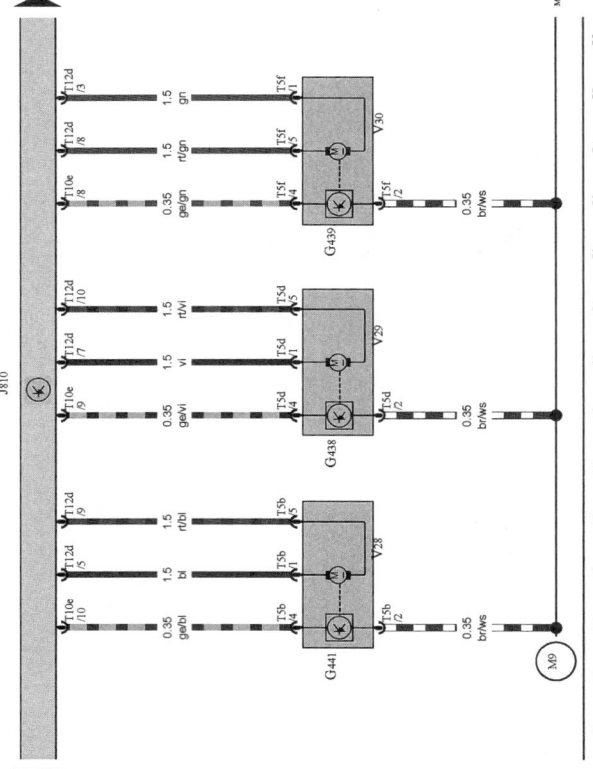

带记忆功能的座椅按钮 1、带记忆功能的座椅按钮 2、带记忆功能的座椅按钮 3、座椅位置存储按钮、驾驶员座椅调节控制单元

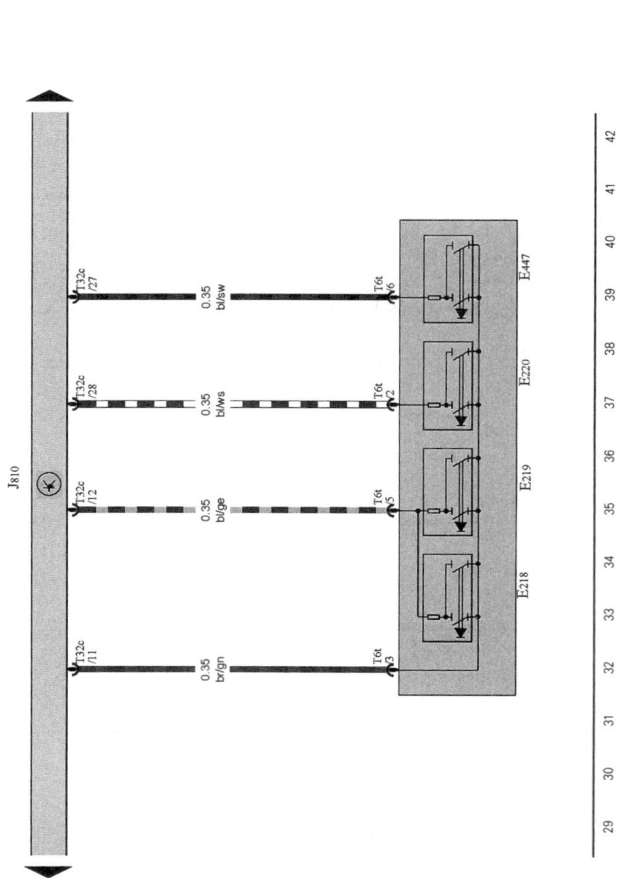

图7-4-66

E218–带记忆功能的座椅按钮1 E219–带记忆功能的座椅按钮2 E220–带记忆功能的座椅按钮3 E447–座椅位置存储按钮 J810–驾驶员座椅调节控制单元 T6t–6芯插头连接 T32c–32芯插头连接，灰色

图7-4-67

G438–前部座椅高度调节传感器 G439–后部座椅高度调节传感器 G441–座椅前后调节传感器 J810–驾驶员座椅调节控制单元 T5b–5芯插头连接 T5d–5芯插头连接，黑色 T10e–10芯插头连接，黑色 T12d–12芯插头连接，黑色 V28–驾驶员座椅纵向调节电机 V29–驾驶员座椅的前部高度调节电机 V30–驾驶员座椅的后部高度调节电机 M9–座椅调节装置号线束中的连接

964

靠背调节传感器、驾驶员座椅调节控制单元、驾驶员座椅靠背调节电机

腰部支撑高度调节传感器、腰部支撑前后调节传感器、驾驶员座椅调节控制单元、驾驶员座椅腰部支撑高度调节电机、驾驶员座椅腰部支撑纵向调节电机、

驾驶员座椅腰部支撑高度调节单元、驾驶员座椅调节控制单元、驾驶员座椅调节高度调节电机

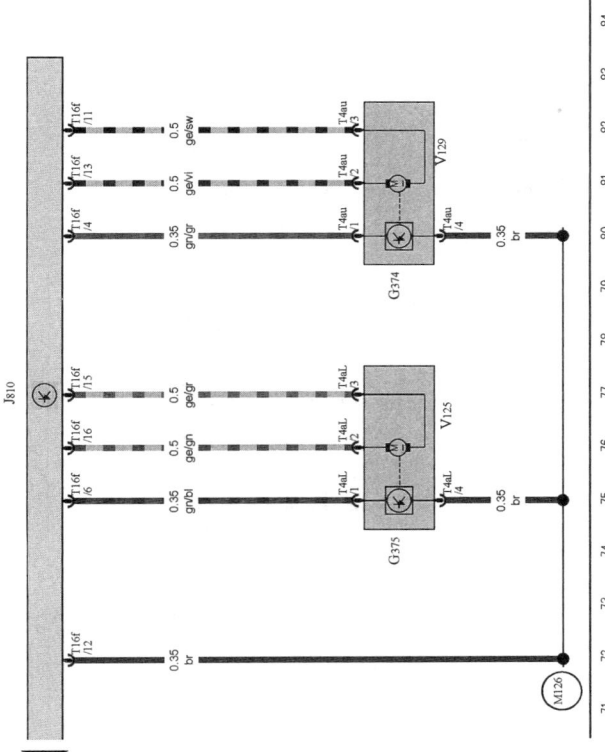

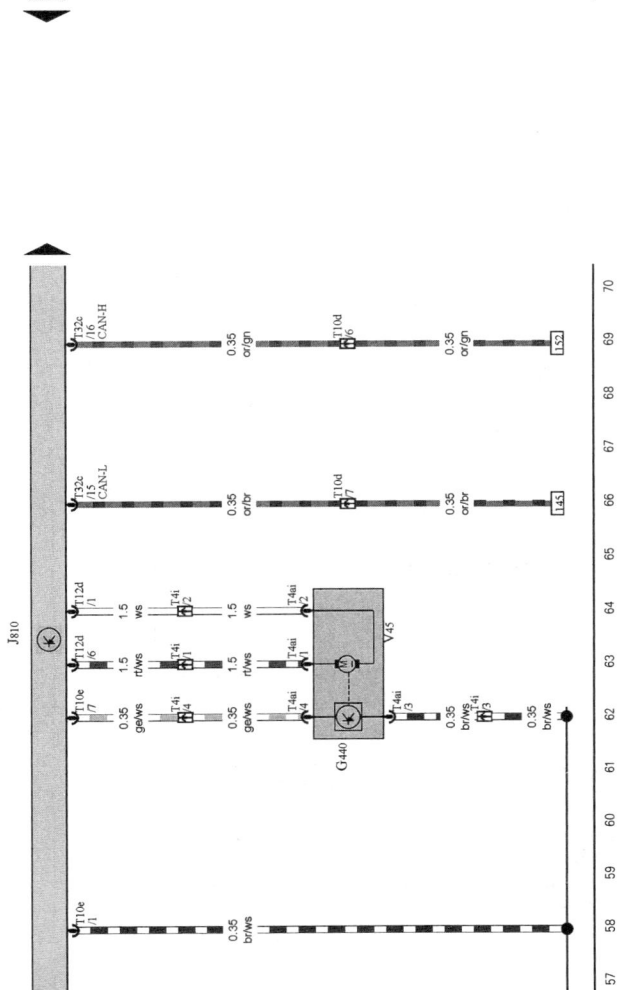

图 7-4-69

G374-腰部支撑高度调节传感器 G375-腰部支撑前后调节传感器 J810-驾驶员座椅调节控制单元 T4aL-4芯插头连接，黑色 T4au-4芯插头连接，黑色 T16f-16芯插头连接，黑色 V125-驾驶员座椅腰部支撑纵向调节电机 V129-驾驶员座椅腰部支撑高度调节电机 M126-连接1，在驾驶员座椅靠背导线束中

图 7-4-68

G440-靠背调节传感器 J810-驾驶员座椅调节控制单元 T4ai-4芯插头连接，黑色 T4i-4芯插头连接，黑色 驶员座椅下方，T10d-10芯插头连接，左前座椅的连接位置中，黑色 T10e-10芯插头连接，黑色 T32c-32芯插头连接，黑色 V45-驾驶员座椅靠背调节电机，灰色 M9-座椅调节装置号线束中的连接

965

副驾驶员腰部支撑调节开关、副驾驶员座椅腰部支撑纵向调节电机、副驾驶员座椅腰部支撑高度调节电机

右前座椅调节操作单元、副驾驶员座椅的前部高度调节开关、副驾驶员座椅靠背调节开关、副驾驶员座椅的前部高度调节电机、副驾驶员座椅靠背调节电机

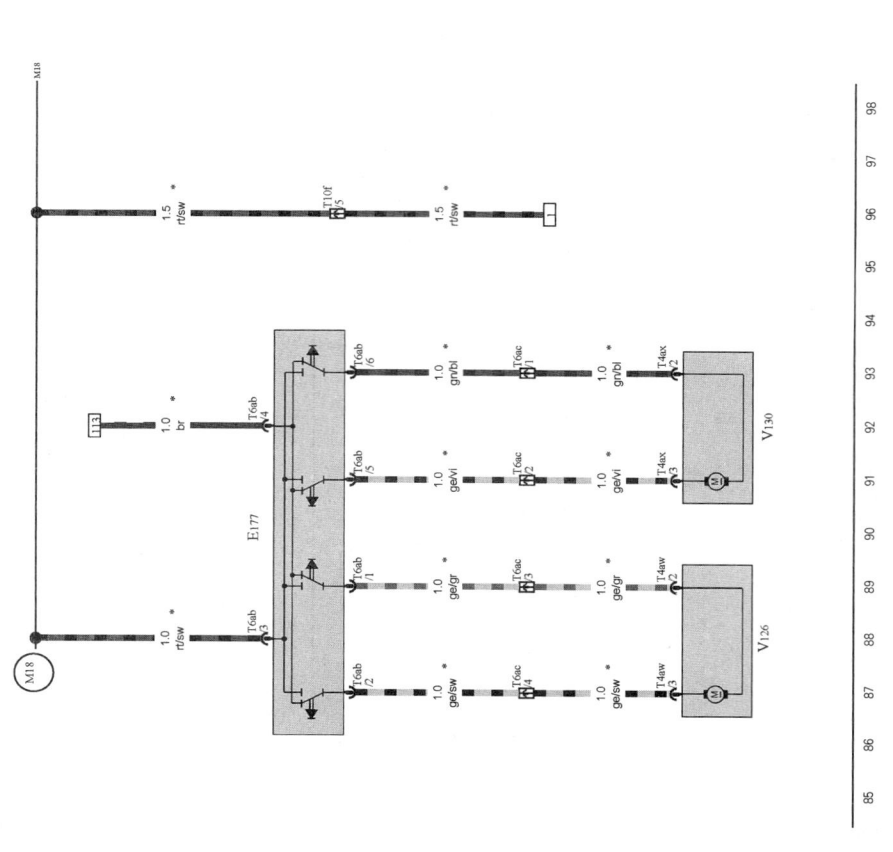

图 7-4-70

图 7-4-71

E177-副驾驶员腰部支撑调节开关 T4aw-4芯插头连接，黑色 T4ax-4芯插头连接，黑色 T6ac-6芯插头连接，副驾驶员座椅下方，黑色 T6ab-6芯插头连接位置中，黑色 T10f-10芯插头连接，右前座椅的连接位置中，黑色 V130-副驾驶员座椅腰部支撑纵向调节电机 V126-副驾驶员座椅腰部支撑高度调节电机 M18-连接1，在副驾驶员侧座椅调节导线束中 *-自2017年10月起

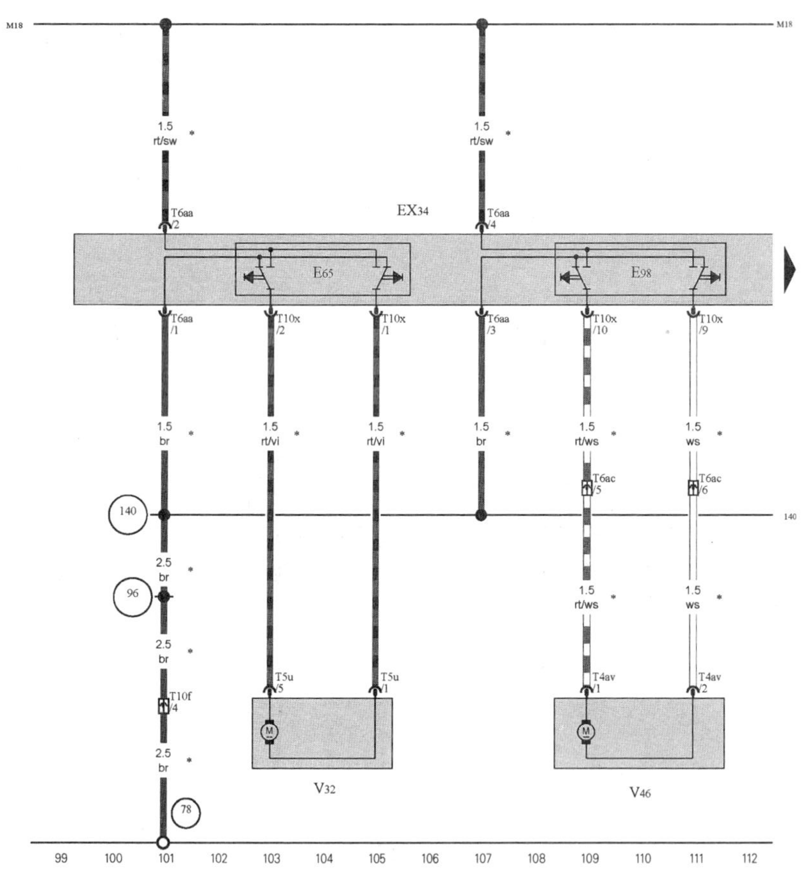

EX34-右前座椅调节操作单元 E65-副驾驶员座椅的前部高度调节开关 E98-副驾驶员座椅靠背调节开关 T4av-4芯插头连接，黑色 T5u-5芯插头连接，黑色 T6aa-6芯插头连接，副驾驶员座椅下方，黑色 T6ac-6芯插头连接位置中，黑色 T10x-10芯插头连接，黑色 V32-副驾驶员座椅的前部高度调节电机 V46-副驾驶员座椅靠背调节电机，78-右侧B柱下部接地点 96-接地连接1，在座椅加热导线束中 140-接地地连接2，在座椅调节导线束中 M18-连接1，在副驾驶员侧座椅调节节导线束中 *-自2017年10月起

966

右前座椅调节操作单元、副驾驶员座椅纵向调节开关、副驾驶员座椅的后部高度调节开关、副驾驶员座椅纵向调节电机、副驾驶员座椅的后部高度调节电机

驾驶员侧后视镜水平调节电位计、驾驶员侧后视镜垂直调节电位计、驾驶员侧车门控制单元、车载电网控制单元、驾驶员侧车外后视镜、驾驶员侧后视镜调节电机2、驾驶员侧后视镜内折电机、驾驶员侧后视镜调节电机

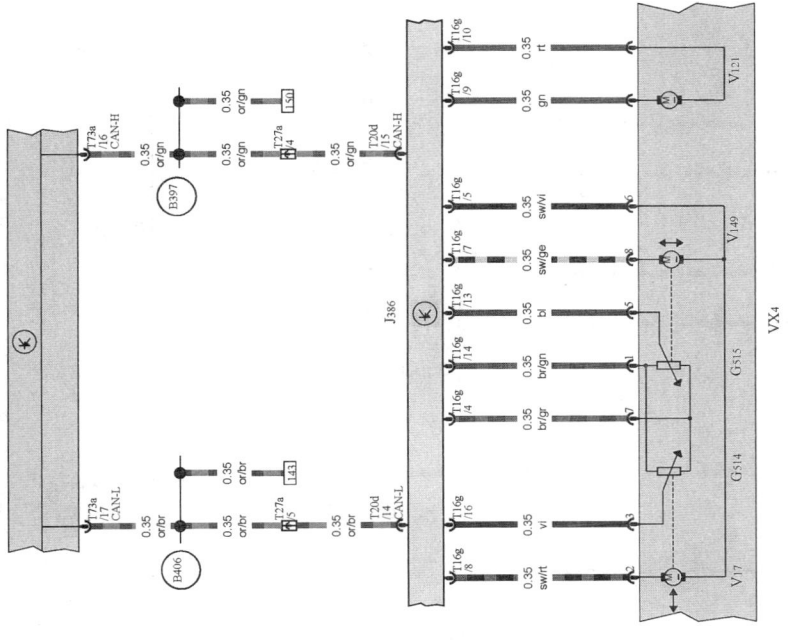

G514-驾驶员侧后视镜水平调节电位计 G515-驾驶员侧后视镜垂直调节电位计 J386-驾驶员侧车门控制单元 J519-车载电网控制单元 T16g-16芯插头连接 T20d-20芯插头连接，黑色 T27a-27芯插头连接，黑色 T73a-73芯插头连接，黑色 VX4-驾驶员侧车外后视镜 V17-驾驶员侧后视镜调节电机 V121-驾驶员侧后视镜内折电机 V149-驾驶员侧后视镜调节电机2 B397-连接1（舒适CAN总线，High），在主导线束中 B406-连接1（舒适CAN总线，Low），在主导线束中

图7-4-73

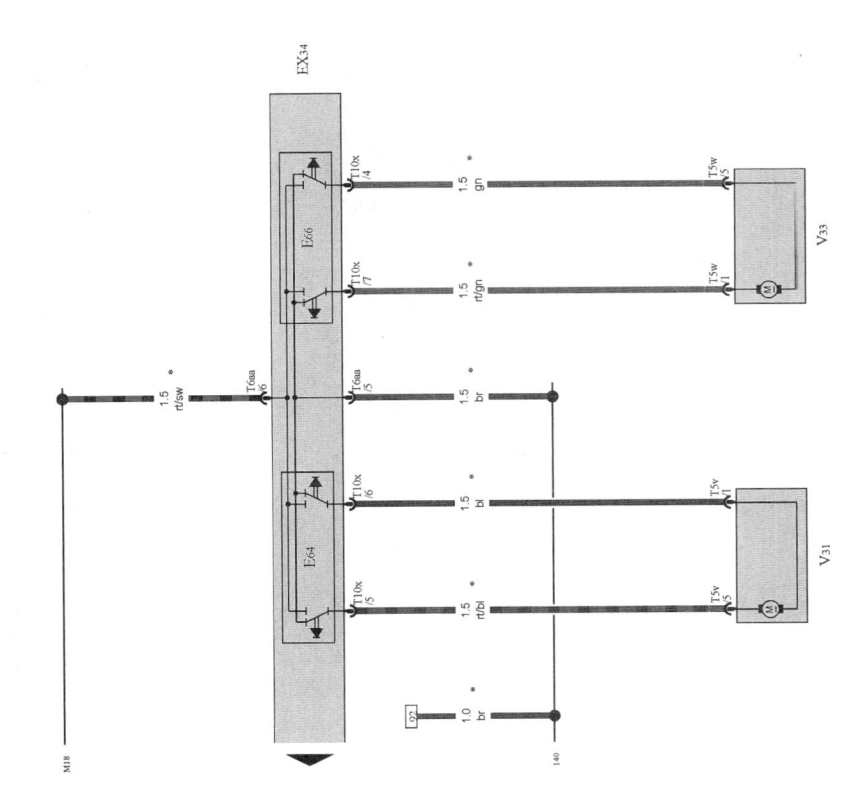

EX34-右前座椅调节操作单元 E64-副驾驶员座椅纵向调节开关 E66-副驾驶员座椅的后部高度调节开关 T5v-5芯插头连接 T5w-5芯插头连接，黑色 T6aa-6芯插头连接，黑色 T10x-10芯插头连接，黑色 V31-副驾驶员座椅纵向调节电机 V33-副驾驶员座椅的后部高度调节电机 140-接地连接，在座椅调节导线束中 M18-连接1，在主导线束中 *-自2017年10月起

图7-4-72

可加热驾驶员座椅调节器、可加热副驾驶员座椅调节器、全自动空调控制单元、车载电网控制单元、可加热驾驶员座椅指示灯、可加热副驾驶员座椅指示灯、保险丝架 A 上的保险丝 4

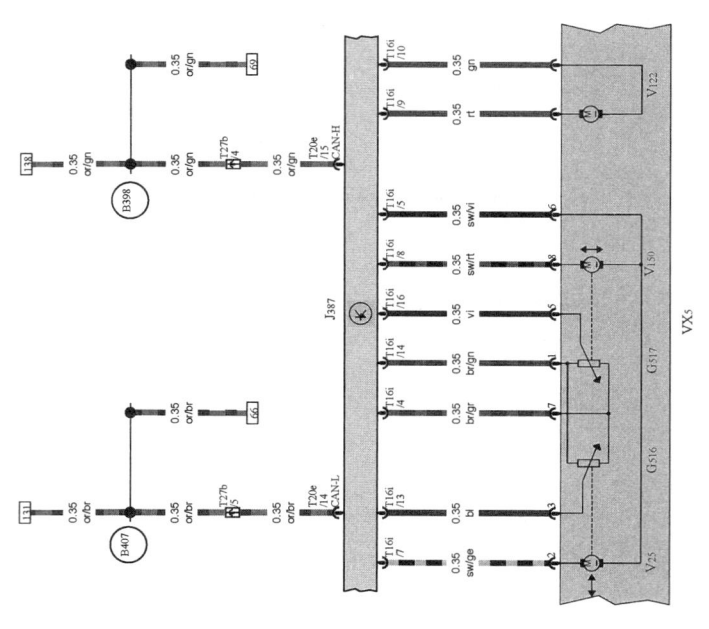

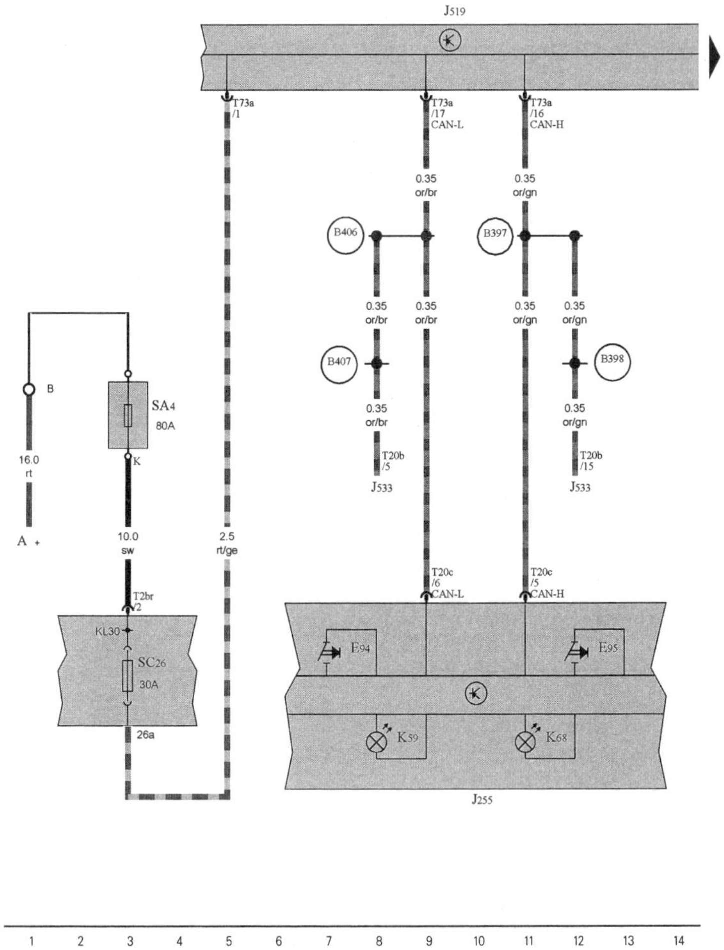

A－蓄电池　E94－可加热驾驶员座椅调节器　E95－可加热副驾驶员座椅调节器　J255－全自动空调控制单元　J519－车载电网控制单元　J533－数据总线诊断接口　K59－可加热驾驶员座椅指示灯　K68－可加热副驾驶员座椅指示灯　SA4－保险丝架 A 上的保险丝 4　SC26－保险丝架 C 上的保险丝 26　T2br－2芯插头连接，黑色　T20b－20芯插头连接，红色　T20c－20芯插头连接，红色　T73a－73芯插头连接，黑色　B397－连接1（舒适CAN总线，High），在主导线束中　B398－连接2（舒适CAN总线，High），在主导线束中　B406－连接1（舒适CAN总线，Low），在主导线束中　B407－连接2（舒适CAN总线，Low），在主导线束中

图7-4-75

副驾驶员侧后视镜水平调节电位计、副驾驶员侧后视镜垂直调节电位计、副驾驶员侧车门控制单元、副驾驶员侧车外后视镜、副驾驶员侧后视镜、副驾驶员侧后视镜调节电机 2、副驾驶员侧后视镜内折电机、副驾驶员侧后视镜调节电机

G516－副驾驶员侧后视镜水平调节电位计　G517－副驾驶员侧后视镜垂直调节电位计　J387－副驾驶员侧车门控制单元　T16i－16芯插头连接，黑色　T20c－20芯插头连接，红色　T20e－20芯插头连接，黑色　T27b－27芯插头连接，右侧 A 上，黑色　VX5－副驾驶员侧车外后视镜　V25－副驾驶员侧后视镜调节电机2　V122－副驾驶员侧后视镜内折电机　V150－副驾驶员侧后视镜调节电机　B398－连接2（舒适CAN总线，High），在主导线束中　B407－连接2（舒适CAN总线，Low），在主导线束中

图7-4-74

968

左前座椅温度传感器、车载电网控制单元、可加热驾驶员座椅、可加热驾驶员座椅靠背

右前座椅温度传感器、车载电网控制单元、可加热副驾驶员座椅、可加热副驾驶员座椅靠背

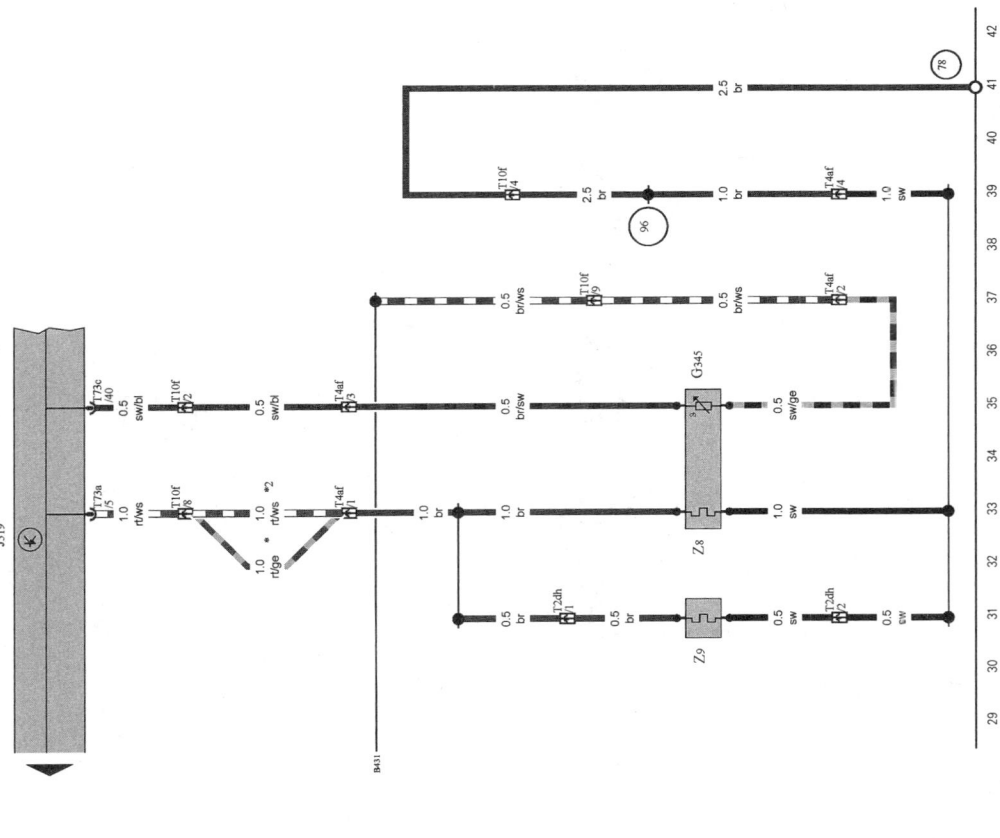

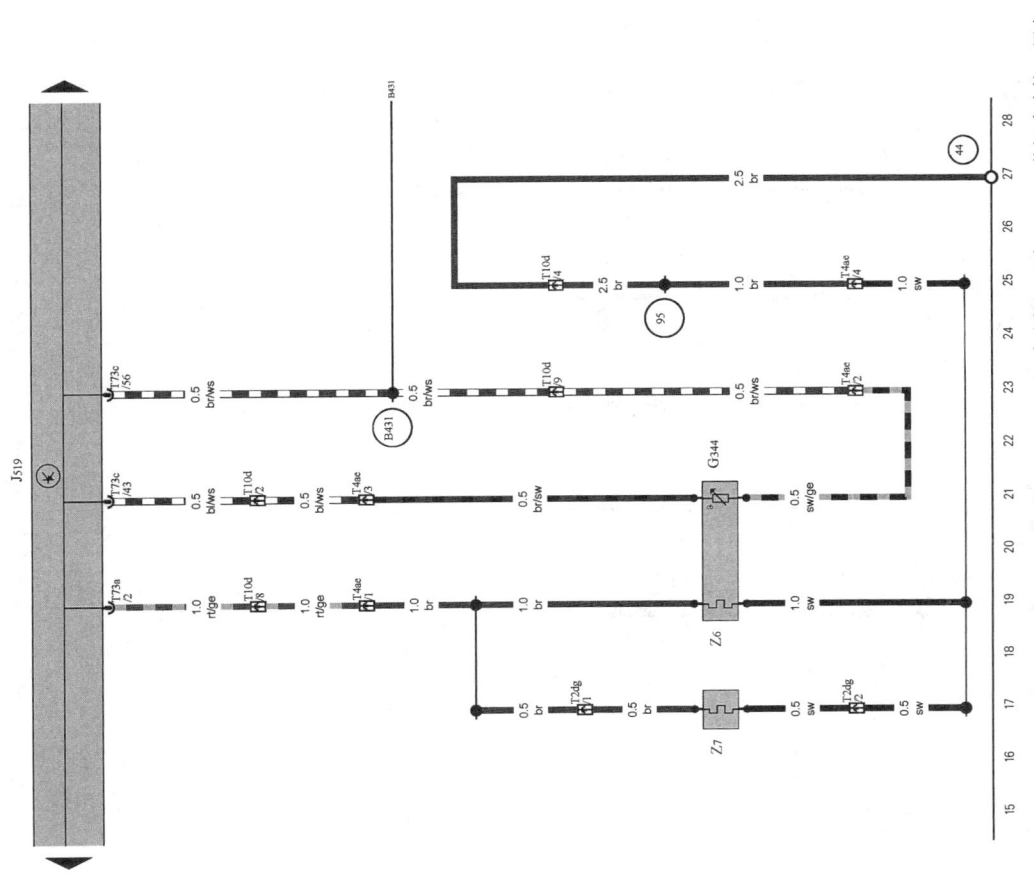

G345-右前座椅温度传感器 J519-车载电网控制单元 T2dh-2芯插头连接，黑色 T4af-4芯插头连接，黑色 T10f-10芯插头连接，右前座椅的连接位置中，黑色 T73a-73芯插头连接，黑色 T73c-73芯插头连接，黑色 Z8-可加热副驾驶员座椅 Z9-可加热副驾驶员座椅靠背 78-右侧B柱下部接地点 96-接地连接1，在座椅加热导线束中 B431-连接（座椅加热），在主导线束中 *-用于带副驾驶员侧电动座椅调节的汽车 *2-用于不带座椅调节的汽车

图7-4-77

G344-左前座椅温度传感器 J519-车载电网控制单元 T24g-2芯插头连接，黑色 T4ac-4芯插头连接，黑色 T10d-10芯插头连接，左前座椅的连接位置中，黑色 T73a-73芯插头连接，黑色 T73c-73芯插头连接，黑色 Z6-可加热驾驶员座椅 Z7-可加热驾驶员座椅靠背 44-左侧A柱下部接地点 95-接地连接1，在座椅加热导线束中 B431-连接（座椅加热），在主导线束中

图7-4-76

滑动天窗开关、天窗卷帘按钮1、滑动天窗控制单元

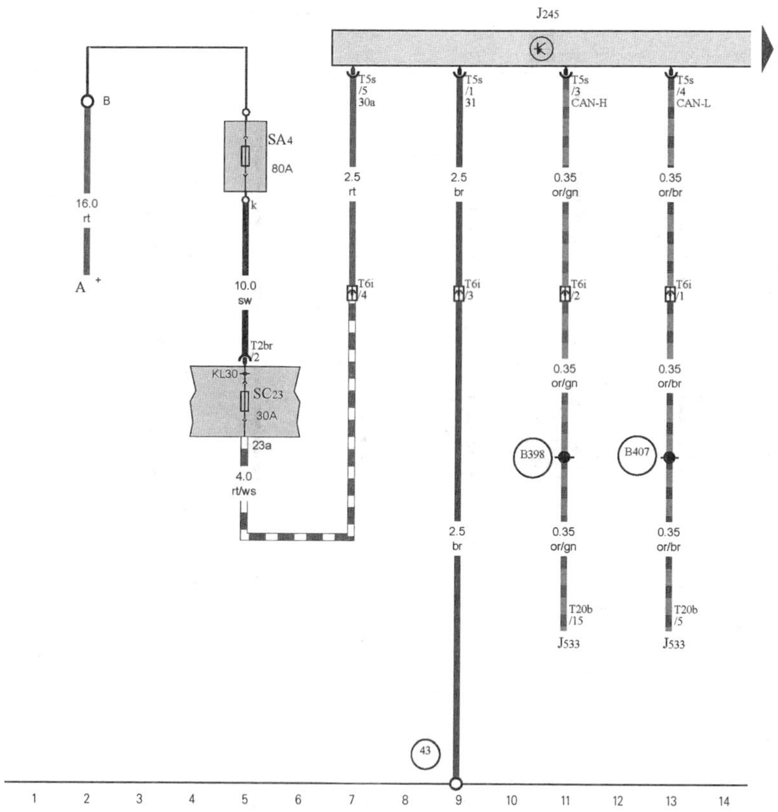

滑动天窗控制单元

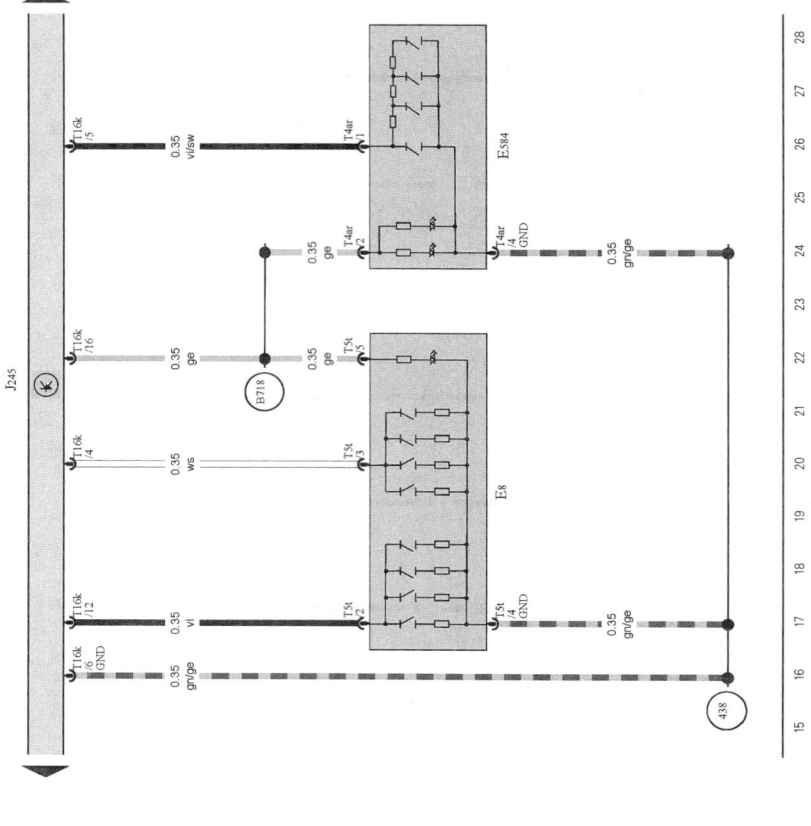

E8-滑动天窗开关 E584-天窗卷帘按钮1 J245-滑动天窗控制单元 T4ar-4芯插头连接，黑色 T5t-5芯插头连接，黑色 T16k-16芯插头连接，黑色 438-接地点 438-接地点连接，棕色 连接，在车顶导线束中 B718-连接3，在车顶导线束中

图7-4-79

A-蓄电池 J245-滑动天窗控制单元 J533-数据总线诊断接口 SA4-保险丝架A上的保险丝4 SC23-保险丝架C上的保险丝23 T2br-2芯插头连接 T5s-5芯插头连接，黑色 T6i-6芯插头连接，前部车内照明灯附近，在主导线束中 T20b-20芯插头连接，红色 43-右侧A柱下部接地点 B398-连接2（舒适CAN总线，High），在主导线束中 B407-连接2（舒适CAN总线，Low），在主导线束中

图7-4-78

970

用于后备箱盖的警报蜂鸣器、后备箱盖控制单元、保险丝 4、保险丝架 C

用于后备箱盖的警报蜂鸣器、后备箱盖控制单元、保险丝架 A 上的保险丝 4、保险丝架 C

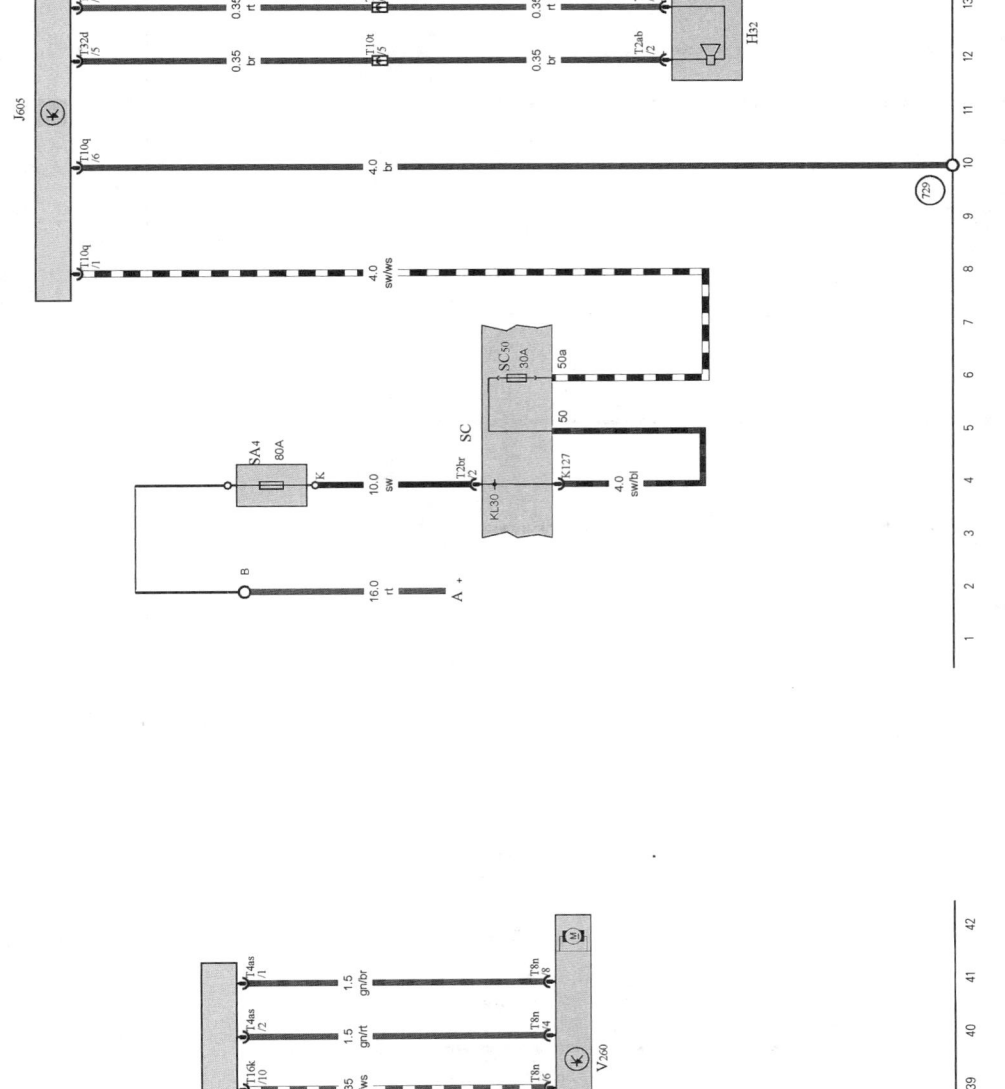

滑动天窗控制单元、滑动天窗电机、滑动天窗卷帘电机

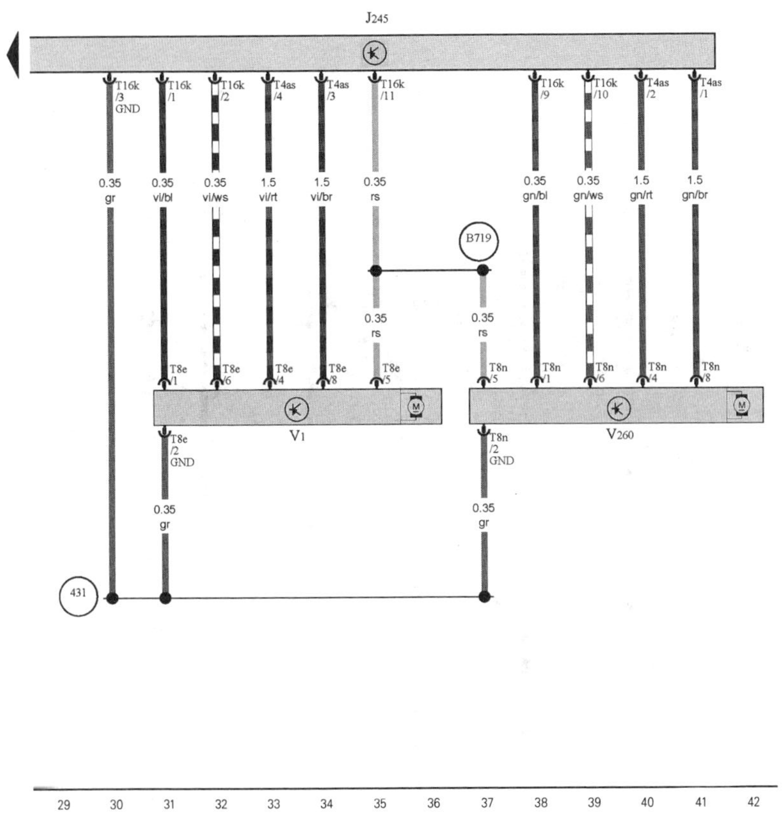

A-蓄电池 H32-用于后备箱盖的警报蜂鸣器 J605-后备箱盖控制单元 SA4-保险丝架 A 上的保险丝4 SC-保险丝架C SC50-保险丝架C上的保险丝50 T2ab-2芯插头连接、黑色 T2br-2芯插头连接、黑色 T10q-10芯插头连接、黑色 T10t-10芯插头连接、黑色 T32d-32芯插头连接位置、后备箱盖的连接、黑色 729-左后轮罩上的接地点

图 7-4-81

J245-滑动天窗控制单元 T4as-4芯插头连接、黑色 T8e-8芯插头连接、黑色 T8n-8芯插头连接、黑色 T16k-16芯插头连接、黑色 V1-滑动天窗电机 V260-滑动天窗卷帘电机 431-接地连接、在车顶导线束中 B719-连接、在车顶导线束中

图 7-4-80

971

电机 2 中的传感器，用于后备箱盖；后备箱盖控制单元；后备箱盖电机 2

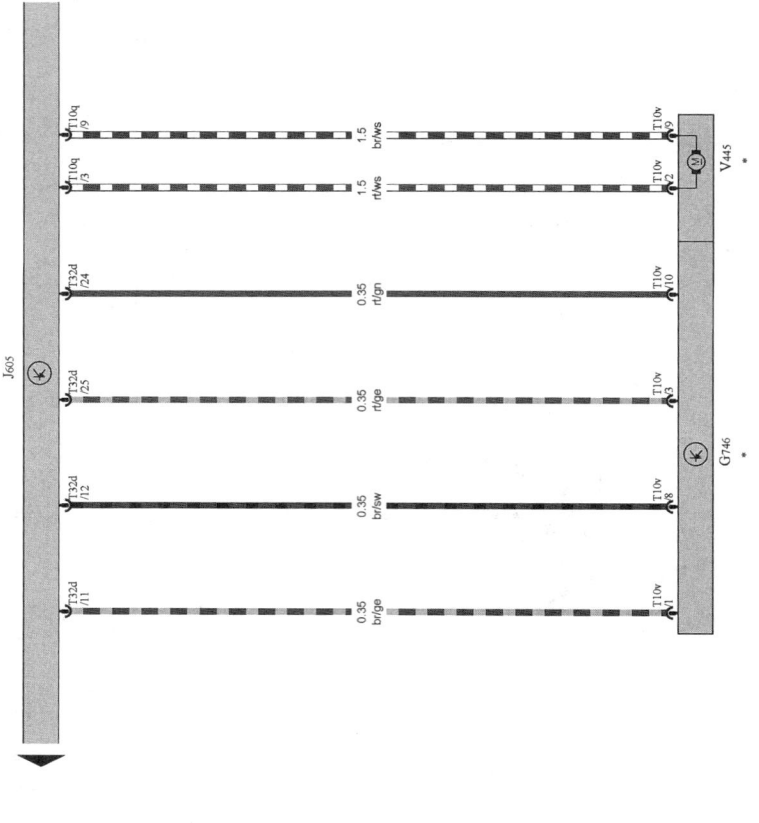

G746-电机2中的传感器，用于后备箱盖 J605-后备箱盖控制单元 T10q-10芯插头连接，黑色 T10v-10芯插头连接，黑色 T32d-32芯插头连接，黑色 V445-后备箱盖电机2 *-已预先布线的部件

图 7-4-83

电机 1 中的传感器，用于后备箱盖；后备箱盖控制单元；后备箱盖电机 1

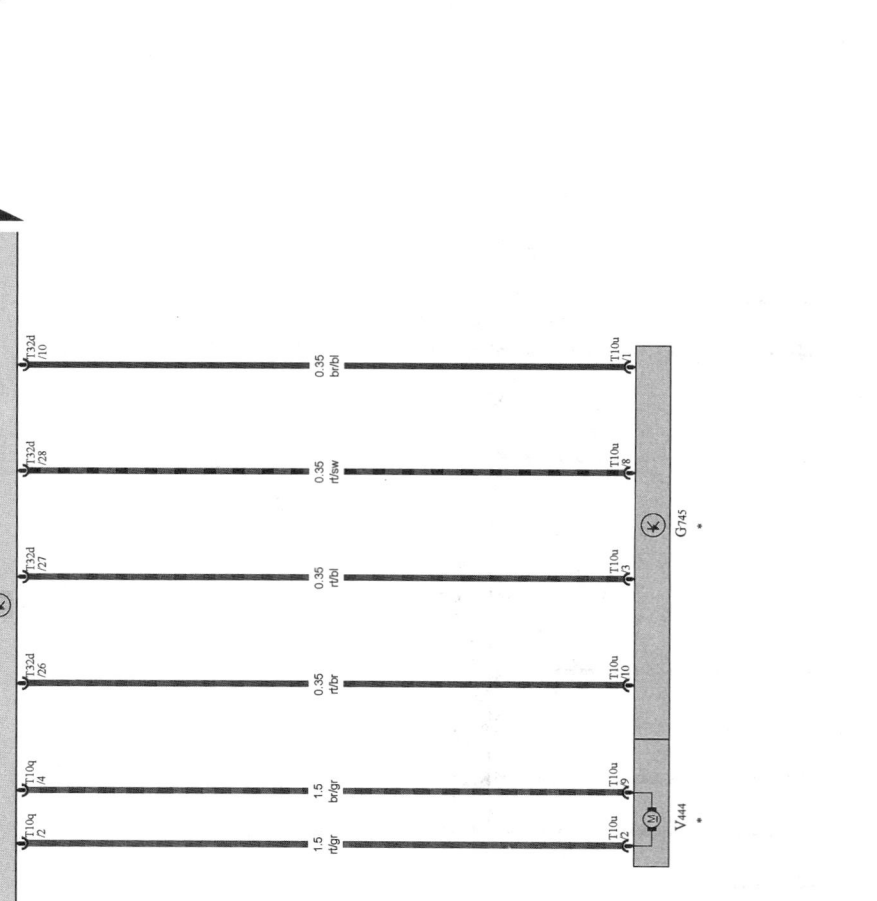

G745-电机1中的传感器，用于后备箱盖 J605-后备箱盖控制单元 T10q-10芯插头连接，黑色 T10u-10芯插头连接，黑色 T32d-32芯插头连接，黑色 V444-后备箱盖电机1 *-已预先布线的部件

图 7-4-82

972

后备箱盖锁闭按钮、关闭辅助功能限位开关、后备箱已上锁、数据总线诊断接口、后备箱盖控制单元、后备箱盖关闭辅助装置电机

后备箱盖开锁开关、驾驶员侧车门控制单元、车载电网控制单元

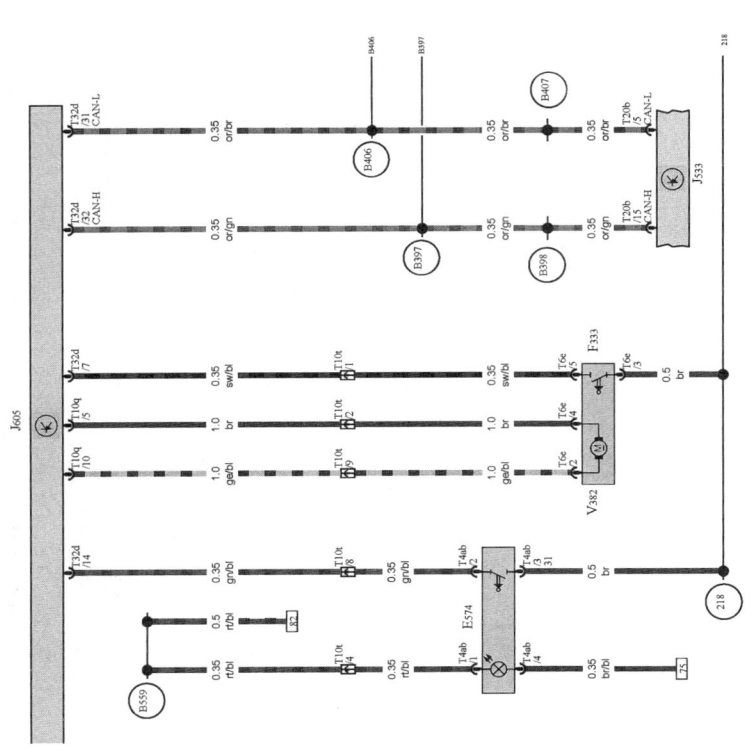

图7-4-84

图7-4-85

E574-后备箱盖锁闭按钮 F333-关闭辅助功能限位开关、后备箱已上锁 J533-数据总线诊断接口 J605-后备箱盖控制单元 T4ab-4芯插头连接，黑色 T6e-6芯插头连接，黑色 T10q-10芯插头连接，黑色 T10t-10芯插头连接，后备箱盖的连接位置，黑色 T20b-20芯插头连接，红色 T32d-32芯插头连接，黑色 V382-后备箱盖关闭辅助装置电机 218-接地连接1，在后备箱盖导线束中 B397-连接1（舒适CAN总线，High），在主导线束中 B398-连接2（舒适CAN总线，High），在主导线束中 B406-连接1（舒适CAN总线，Low），在主导线束中 B407-连接2（舒适CAN总线，Low），在主导线束中 B559-正极连接1（30g），在主导线束中

E165-后备箱盖开锁开关 J386-驾驶员侧车门控制单元 J519-车载电网控制单元 T4m-4芯插头连接，黑色 T20d-20芯插头连接，左侧A柱上，黑色 T27a-27芯插头连接，左侧A柱上，黑色 T32a-32芯插头连接，蓝色 T73a-73芯插头连接，黑色 205-接地连接，在驾驶员侧车门电缆导线束中 218-接地连接1，在后备箱盖导线束中 B397-连接1（舒适CAN总线，High），在主导线束中 B406-连接1（舒适CAN总线，Low），在主导线束中 R81-连接1（58d），在驾驶员侧车门电缆导线束中

973

后备箱盖把手中的解锁按钮、后备箱盖闭锁单元、车载电网控制单元、后备箱盖中央门锁电机

后备箱盖打开传感器、后备箱盖开启装置的传感器2、进入及启动许可控制单元、后备箱盖开启装置控制单元

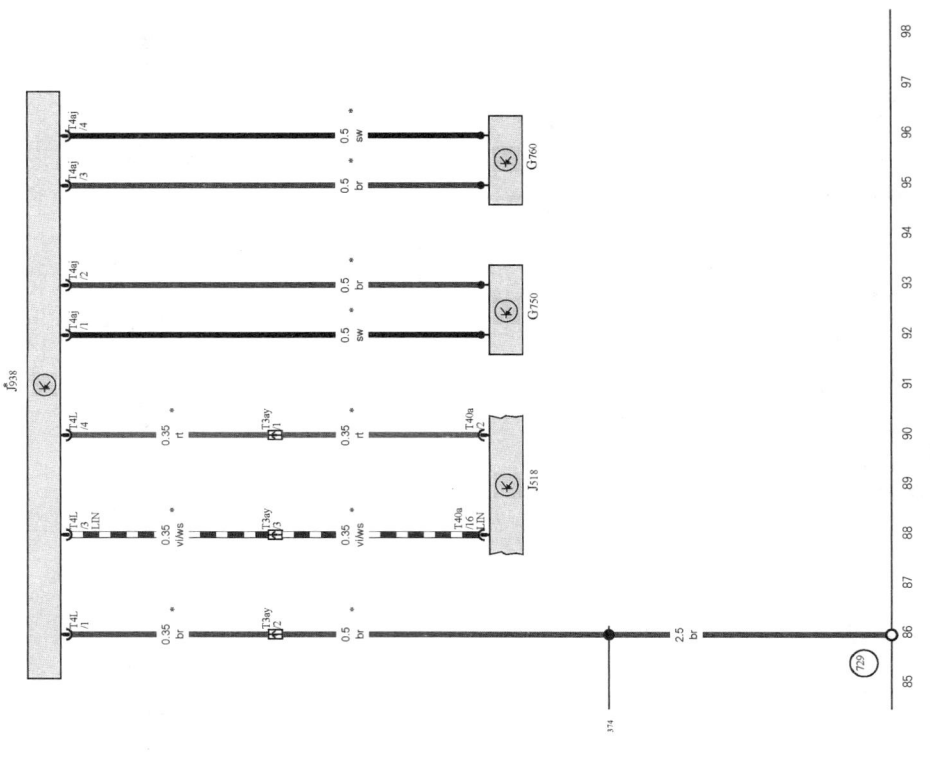

图7-4-87

G750-后备箱盖打开传感器 G760-后备箱盖开启装置的传感器2 J518-进入及启动许可控制单元 J938-后备箱盖开启装置控制单元 T3ay-3芯插头连接，右后保险杠下方，黑色 T4aj-4芯插头连接，黑色 T4L-4芯插头连接，黑色 T40a-40芯插头连接，黑色 374-接地连接9，在主导线束中 729-左右后轮罩上的接地点
*-仅用于带后备箱盖开启传感器的汽车

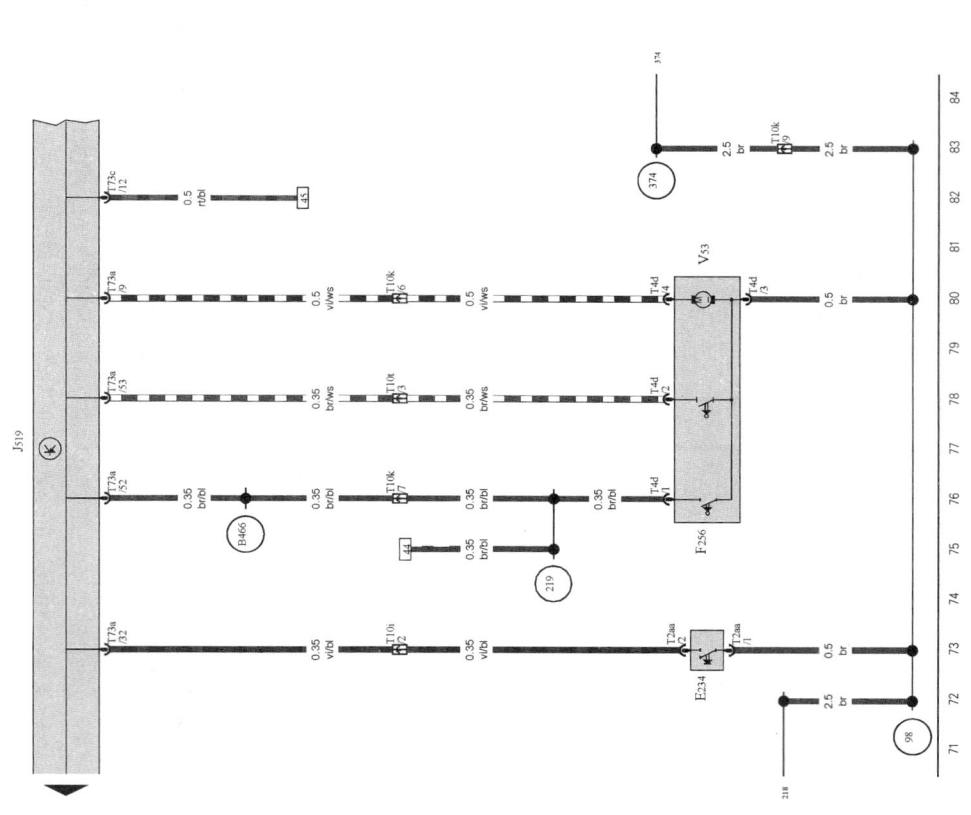

图7-4-86

E234-后备箱盖把手中的解锁按钮 F256-后备箱盖闭锁单元 J519-车载电网控制单元 T2aa-2芯插头连接 T10k-10芯插头连接，黑色 T4d-4芯插头连接，黑色 T10i-10芯插头连接，后备箱的连接位置，黑色 T10k-10芯插头连接，后备箱的连接位置，棕色 T73a-73芯插头连接，黑色 T10t-10芯插头连接，后备箱盖的连接位置，黑色 T73c-73芯插头连接，黑色 V53-后备箱盖中央门锁锁闭电机 98-接地连接，在后备箱盖导线束中 218-接地连接1，在后备箱盖导线束中 219-接地连接2，在后备箱盖导线束中 374-接地连接9，在主导线束中
B466-连接2，在主导线束中

中控台开关模块 1、泊车雷达系统控制单元、泊车雷达系统控制按钮、泊车雷达系统控制
单元、泊车转向辅助系统按钮、泊车转向辅助系统指示灯、泊车雷达系统指示灯、开关照明
灯泡

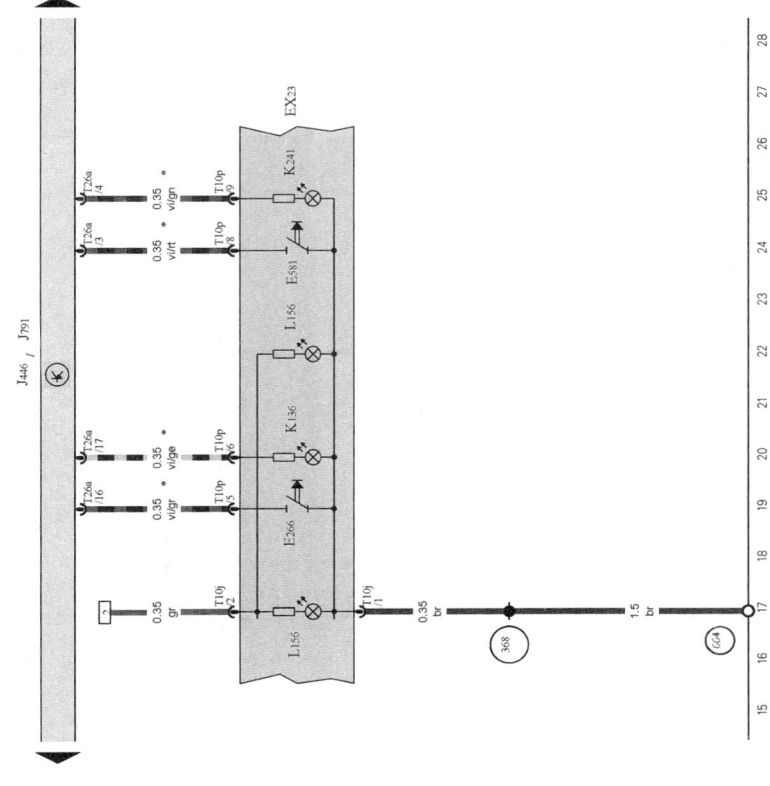

EX23-中控台开关模块1 E266-泊车雷达系统按钮 E581-泊车转向辅助系统按钮 J446-泊车转向辅助系统按钮 J446-泊车雷达系统控制单元 E581-泊车转向辅助系统按钮 J446-泊车转向辅助系统按钮 制单元 J791-泊车转向辅助系统控制单元 K136-泊车雷达系统指示灯 K241-泊车转向辅助系统指示灯 L156-开关照明灯泡 T10j-10芯插头连接 T10p-10芯插头连接 T26a-26芯插头连接、黑色 红色 T26a-26芯插头连接、黑色 368-接地连接3，在主导线束中 664-左侧仪表板后面接地点 *-仅用于带泊车转向辅助系统的汽车

图 7-4-89

接线端 15 供电继电器、泊车雷达系统控制单元、车载电网控制单元、泊车转向辅助系统
控制单元、保险丝架 A 上的保险丝 1

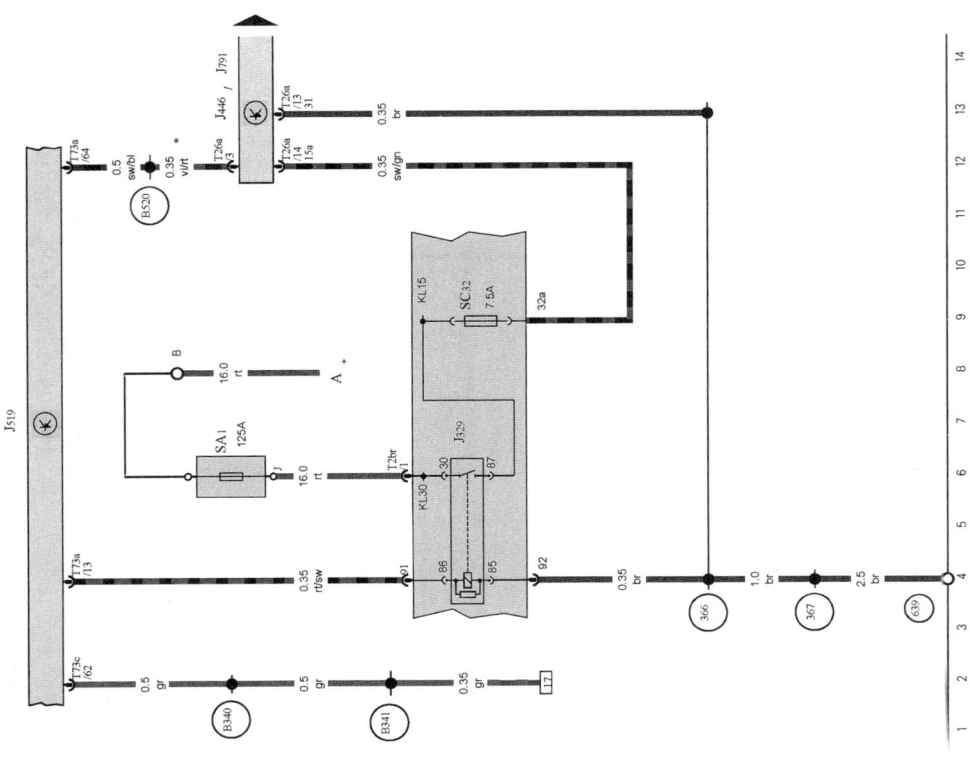

A-蓄电池 J329-接线端15供电继电器 J446-泊车雷达系统控制单元 J519-车载电网控制单元 J791-泊车转向辅助系统控制单元 SA1-保险丝架A上的保险丝 SC32-保险丝架C上的保险丝32 T2br-2芯插头连接 T26a-26芯插头连接、黑色 T73a-73芯插头连接、黑色 T73c-73芯插头连接、黑色 366-接地连接 366-接地连接、黑色 367-接地连接2，在主导线束中 639-左柱A柱上的接地点 B340-连接1（58d），在主导线束中 B341-连接2（58d），在主导线束中 B520-连接（RF），在主导线束中 *-仅用于带泊车雷达系统（后）的汽车

图 7-4-88

975

泊车转向辅助系统控制单元
后部泊车雷达系统警报蜂鸣器、前部泊车雷达系统警报蜂鸣器、泊车雷达系统控制单元、

右前中部泊车雷达系统传感器、左前中部泊车雷达系统传感器、左前泊车雷达系统传感器、泊车雷达系统控制单元、泊车转向辅助系统控制单元

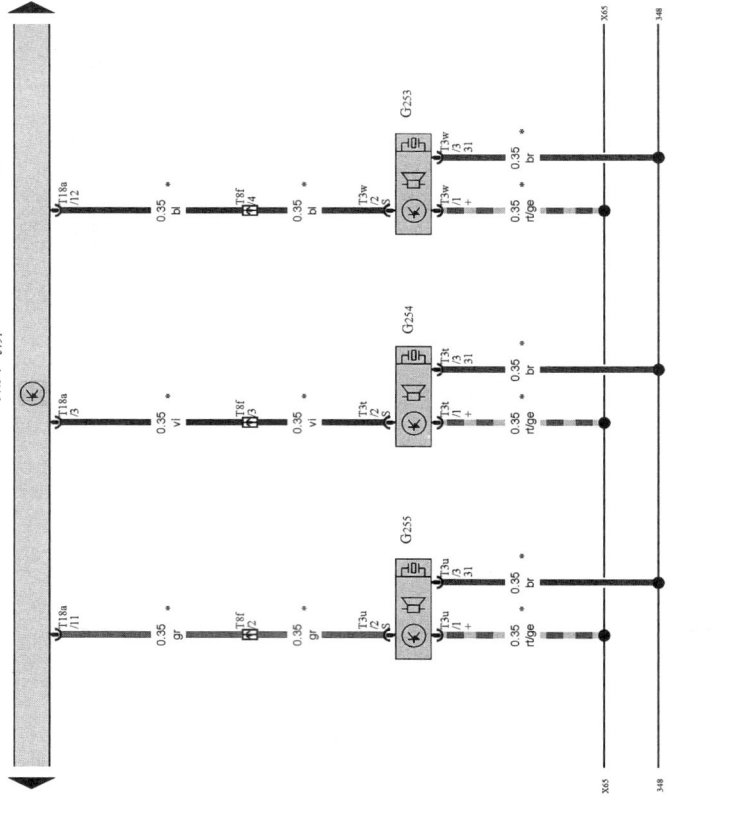

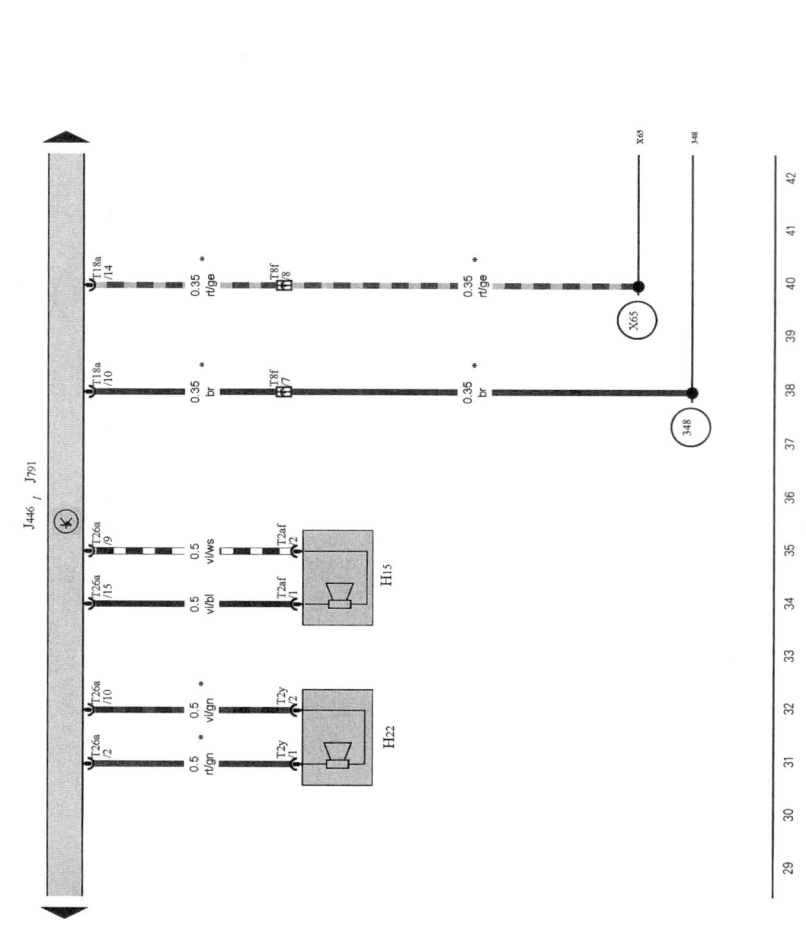

图7-4-91

G253-右前中部泊车雷达系统传感器 G254-左前中部泊车雷达系统传感器 G255-左前泊车雷达系统传感器 J446-泊车雷达系统控制单元 J791-泊车转向辅助系统控制单元 T3w-3芯插头连接，黑色 T3r-3芯插头连接，黑色 T3u-3芯插头连接，黑色 T8f-8芯插头连接，黑色 T18a-18芯插头连接，黑色 348-接地连接（泊车雷达系统），在前保险杠导线束中 X65-连接（泊车雷达系统），在前保险杠导线束中 *-仅用于带泊车转向辅助系统的汽车

图7-4-90

H15-后部泊车雷达系统警报蜂鸣器 H22-前部泊车雷达系统警报蜂鸣器 J446-泊车雷达系统控制单元 J791-泊车转向辅助系统控制单元 T2af-2芯插头连接，黑色 T2y-2芯插头连接，黑色 T2aa-26芯插头连接，黑色 T18a-18芯插头连接，黑色 348-接地连接，在泊车雷达系统 X65-连接（泊车雷达系统），在前保险杠导线束中 *-仅用于带泊车转向辅助系统的汽车

右前泊车雷达系统传感器；泊车转向辅助系统的右前侧传感器，汽车右侧；泊车雷达系统控制单元；泊车转向辅助系统控制单元

左右泊车雷达系统传感器、左后中部泊车雷达系统传感器、泊车雷达系统控制单元、泊车雷达系统传感器，汽车左侧；泊车转向辅助系统控制单元

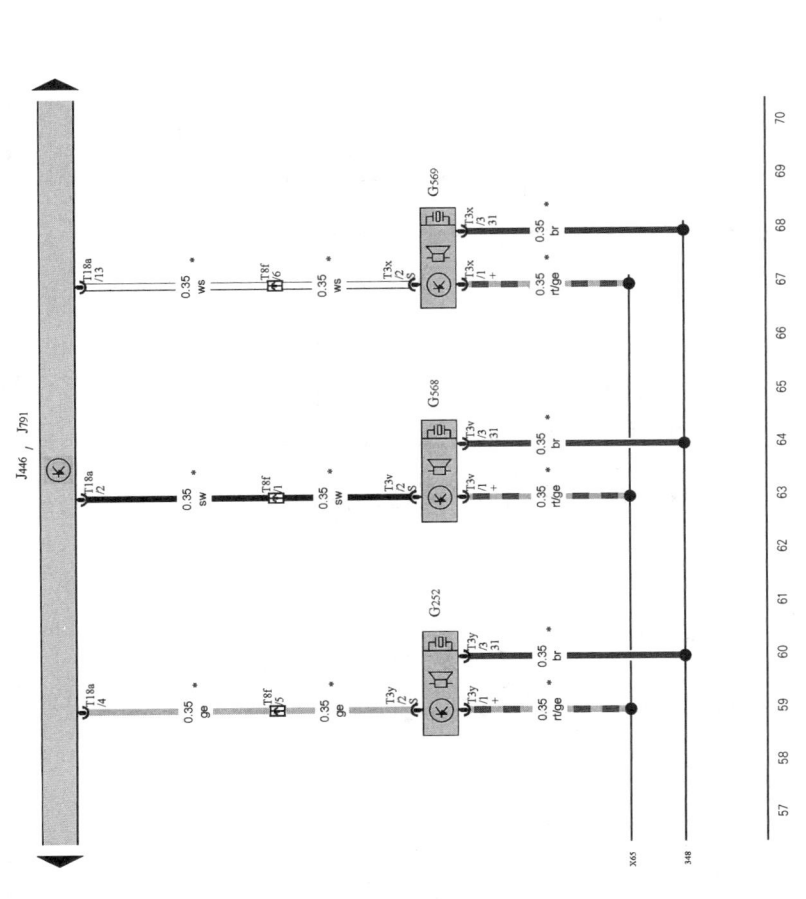

G252-右前泊车雷达系统传感器　G568-泊车转向辅助系统传感器，汽车左侧　G569-泊车转向辅助系统的右前侧传感器，汽车左侧　J446-泊车雷达系统控制单元，汽车右侧　J791-泊车转向辅助系统控制单元　T3v-3芯插头连接，汽车右侧　T3x-3芯插头连接，汽车右侧　T3y-3芯插头连接，黑色　T8f-8芯插头连接，左前保险杠　芯插头连接，黑色　T18a-18芯插头连接，黑色　348-接地连接　在前保险杠导线束内（泊车雷达系统），在前保险杠导线束中　X65-连接（泊车雷达系统），在前保险杠导线束中　*-仅用于带泊车转向辅助系统的汽车

图7-4-92

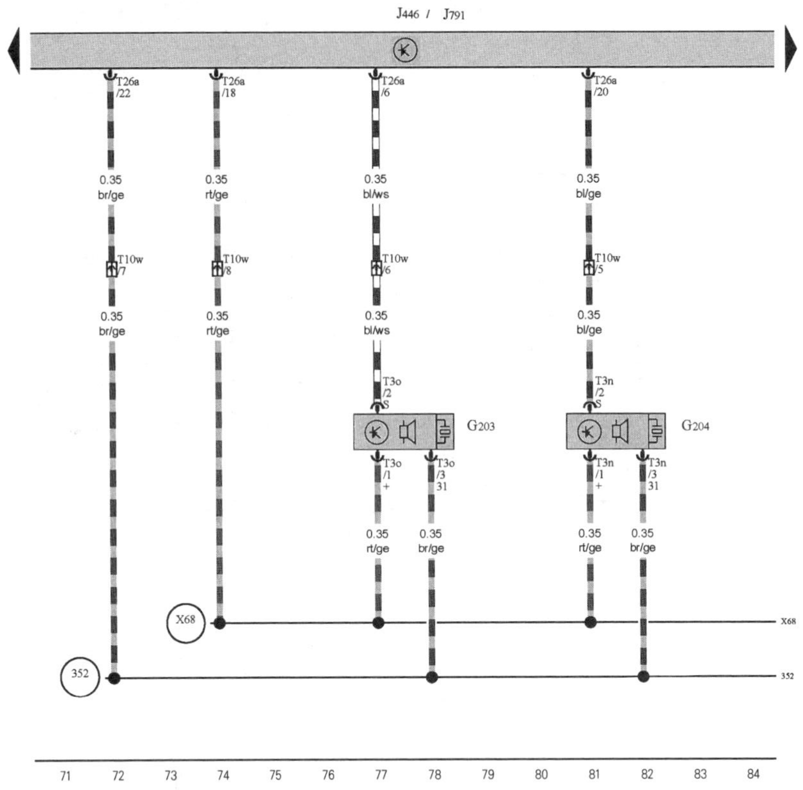

G203-左后泊车雷达系统传感器　G204-左后中部泊车雷达系统传感器　J791-泊车转向辅助系统控制单元　T3n-3芯插头连接，黑色　T3o-3芯插头连接，黑色　T10w-10芯插头连接，黑色　T26a-26芯插头连接，黑色　352-接地连接，黑色　在后保险杠下方，右后保险杠导线束内（泊车雷达系统），在后保险杠导线束中　X68-连接（泊车雷达系统），在后保险杠导线束中

图7-4-93

977

右后中部泊车雷达系统传感器、右后泊车转向辅助系统传感器、
右后泊车雷达系统传感器、右后泊车转向辅助系统传感器、左后泊车转向辅助系统传感器、
泊车雷达系统控制单元、泊车转向辅助系统控制单元

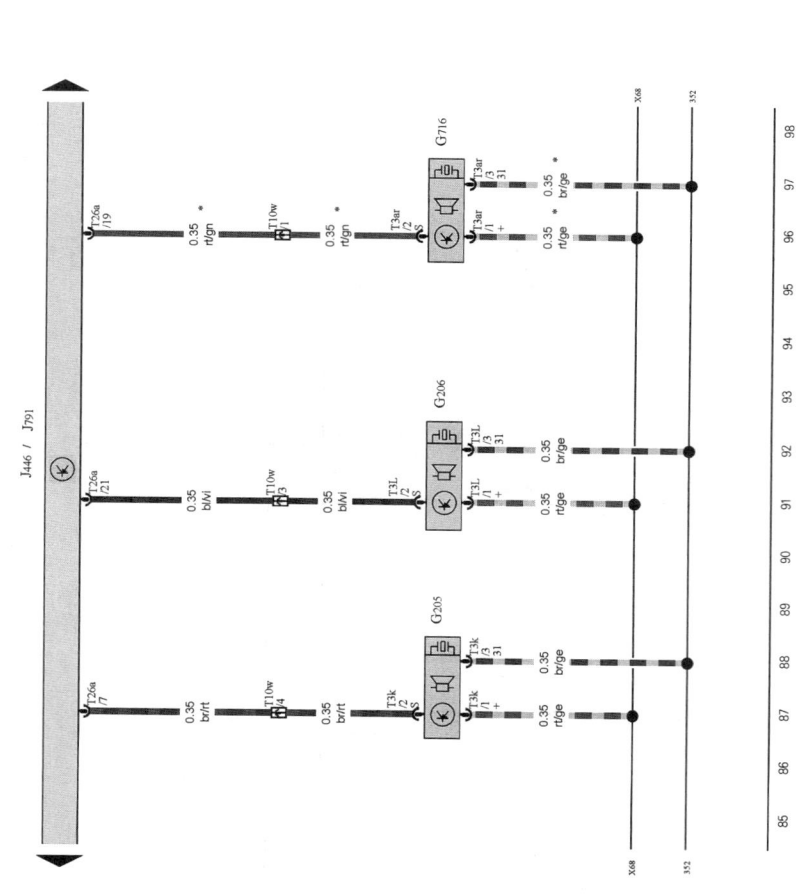

图 7-4-94

G205-右后中部泊车雷达系统传感器 G206-右后泊车雷达系统传感器 G716-左后泊车转向辅助系统传感器 J446-泊车雷达系统控制单元 J791-泊车转向辅助系统控制单元 T3ar-3芯插头连接 T3k-3芯插头连接,黑色 T10w-10芯插头连接,黑色 T26a-26芯插头连接(泊车雷达系统) T3L-3芯插头连接,黑色 T3k-3芯插头连接,黑色 T10w-10芯插头连接,黑色 T26a-26芯插头连接(泊车雷达系统) 352-接地连接(泊车雷达系统),在后保险杠导线束中 X68-连接,在后保险杠导线束中 *-仅用于带泊车转向辅助系统的汽车

右后泊车转向辅助系统传感器、泊车雷达系统控制单元、泊车转向辅助系统控制单元

图 7-4-95

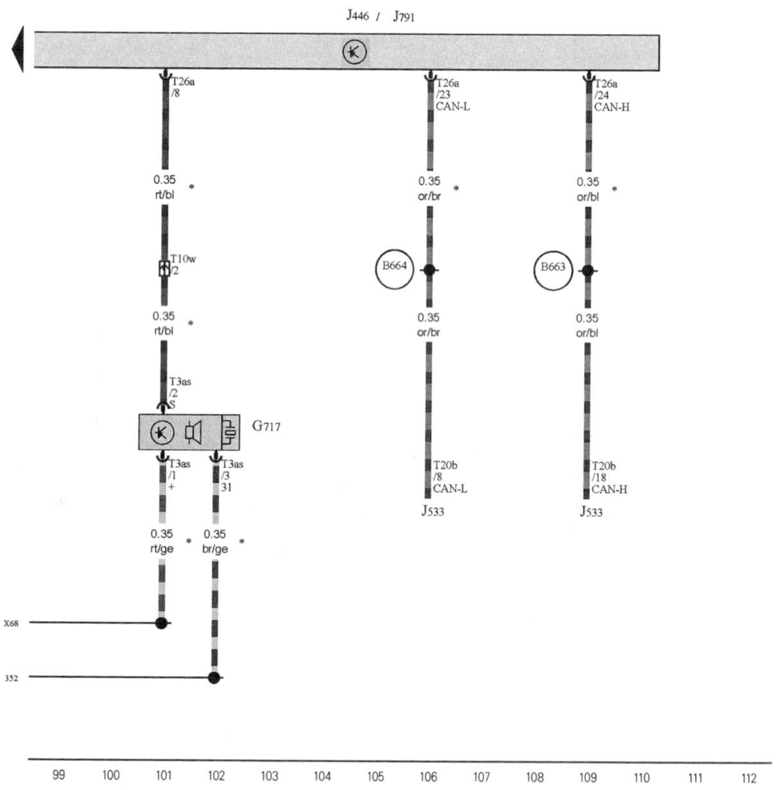

G717-右后泊车转向辅助系统传感器 J446-泊车雷达系统控制单元 J533-数据总线诊断接口 J791-泊车转向辅助系统控制单元 T10w-10芯插头连接,右后保险杠下方,黑色 T20b-20芯插头连接,红色 T26a-26芯插头连接(泊车雷达系统) 352-接地连接,在后保险杠导线束中 B663-连接(底盘传感器CAN总线,High),在主导线束中 B664-连接(底盘传感器CAN总线,Low),在主导线束中 X68-连接,在后保险杠导线束中 *-仅用于带泊车转向辅助系统的汽车

978

电子通信信息设备 1 控制单元、倒车摄像头、保险丝架 A 上的保险丝 4

收音机、倒车摄像头

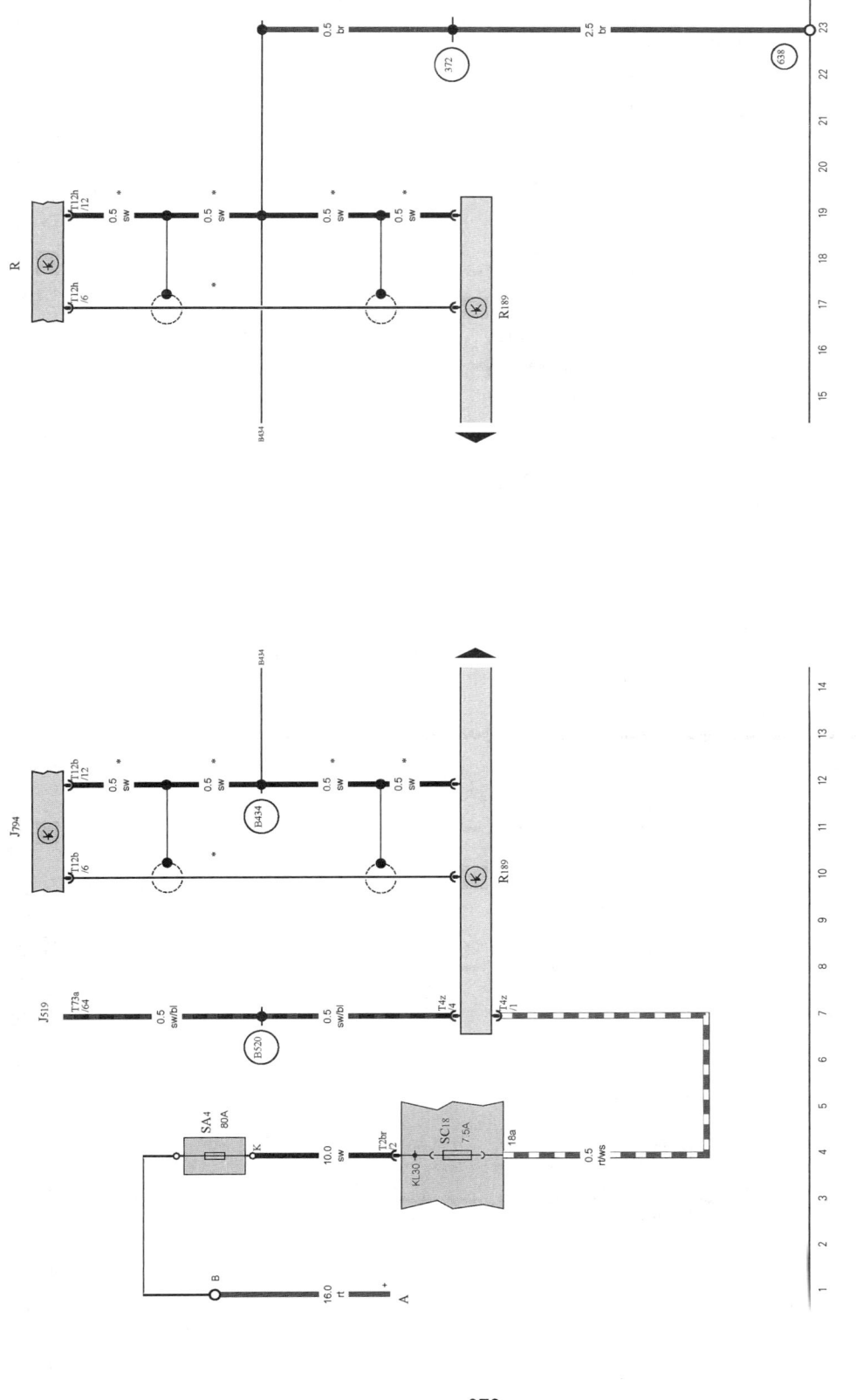

图 7-4-96

A-蓄电池 J519-车载电网控制单元 J794-电子通信信息设备1控制单元 R189-倒车摄像头 SA4-保险丝架A上的保险丝4 SC18-保险丝架C上的保险丝18 T2br-2芯插头连接、黑色 T4z-4芯插头连接、黑色 T12b-12芯插头连接、蓝色 T73a-73芯插头连接、黑色 B434-连接1（屏蔽），在主导线束中 B520-连接（RF），在主导线束中 *-仅用于带导航系统的汽车

图 7-4-97

R-收音机 R189-倒车摄像头 T12h-12芯插头连接、蓝色 372-接地连接7，在主导线束中 638-台A柱上的接地点 B434-连接1（屏蔽），在主导线束中 *-仅用于带收音机的汽车

979

数据总线诊断接口、盲区识别控制单元、盲区识别控制单元 2

接线端 15 供电继电器、盲区识别控制单元、保险丝架 A 上的保险丝 1

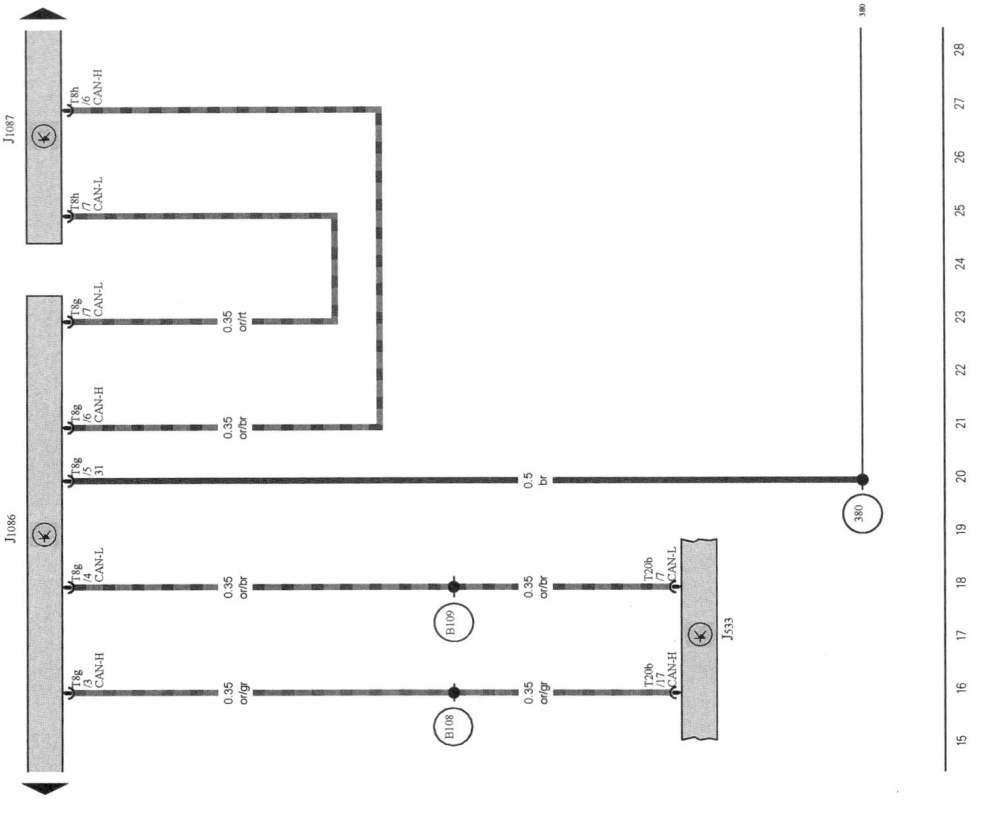

图 7-4-99

图 7-4-98

J533-数据总线诊断接口 J1086-盲区识别控制单元 J1087-盲区识别控制单元 2 T8g-8芯插头连接 T8h-8芯插头连接，黑色 T20b-20芯插头连接，红色 380-接地连接15，在主导线束中 B108-连接1（扩展CAN总线，Low），在主导线束中 B109-连接1（扩展CAN总线，High），在主导线束中

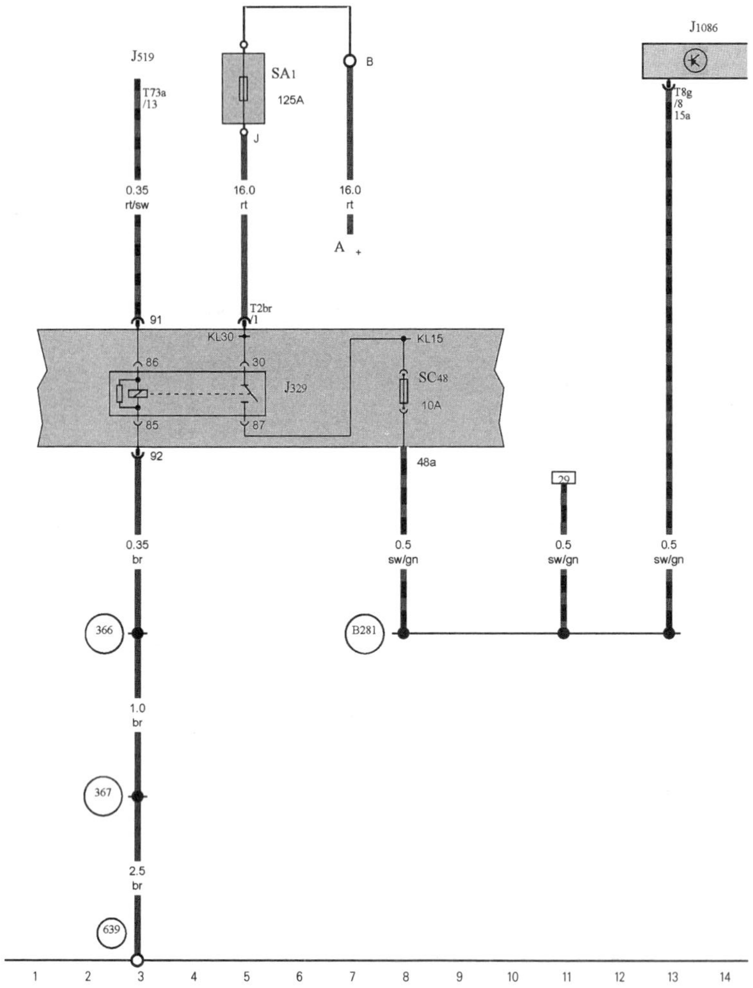

A-蓄电池 J329-接线端15供电继电器 J519-车载电网控制单元 J1086-盲区识别控制单元 SA1-保险丝架A 上的保险丝1 SC48-保险丝架C上的保险丝48 T2br-2芯插头连接，黑色 T8g-8芯插头连接，黑色 T73a-73芯插头连接，黑色 366-接地连接1，在主导线束中 367-接地连接2，在主导线束中 639-左A柱上的接地点 B281-正极连接5（15a），在主导线束中

980

接线端 15 供电继电器、车距调节控制单元

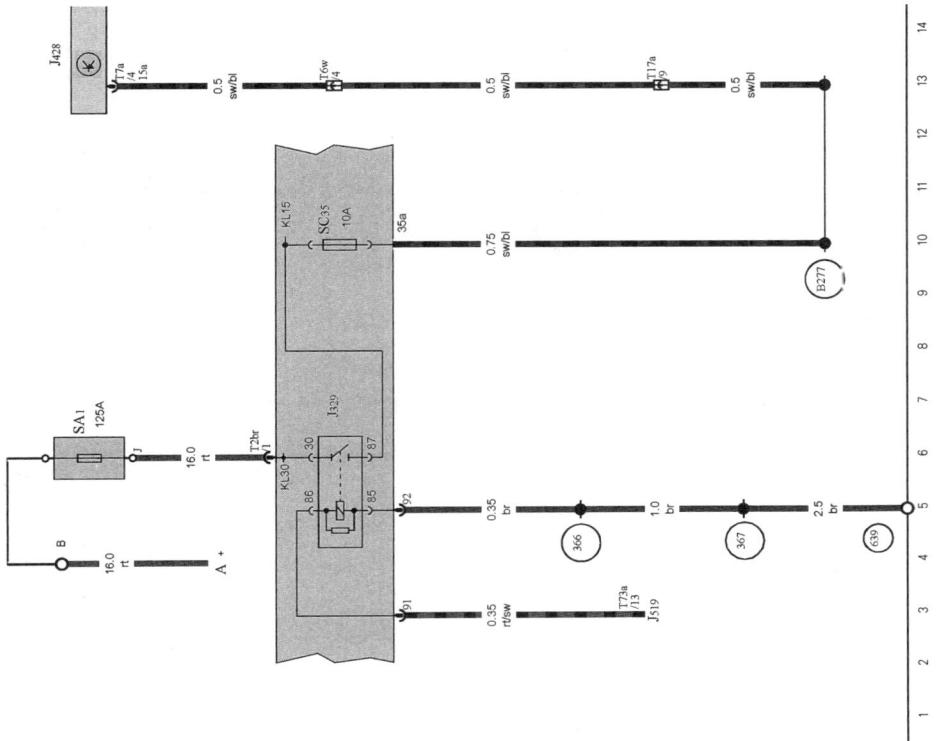

A-蓄电池 J329-接线端15供电继电器 J428-车距调节控制单元 J519-车载电网控制单元 SA1-保险丝架A 上的保险丝1 SC35-保险丝架C上的保险丝35 T2br-2芯插头连接，黑色 T6w-6芯插头连接，左前保险杠 内，黑色 T7a-7芯插头连接，黑色 T17a-17芯插头连接，接线站内，左侧A柱，黑色 T73a-73芯插头连接，黑色 366-接地连接1，在主导线束中 367-接地连接2，在主导线束中 639-左A柱上的接地点 B277-正极连接1（15a），在主导线束中

图 7-4-101

盲区识别控制单元2、左侧车外后视镜中的盲区识别警告灯、右侧车外后视镜中的盲区识别警告灯、驾驶员侧车外后视镜、副驾驶员侧车外后视镜

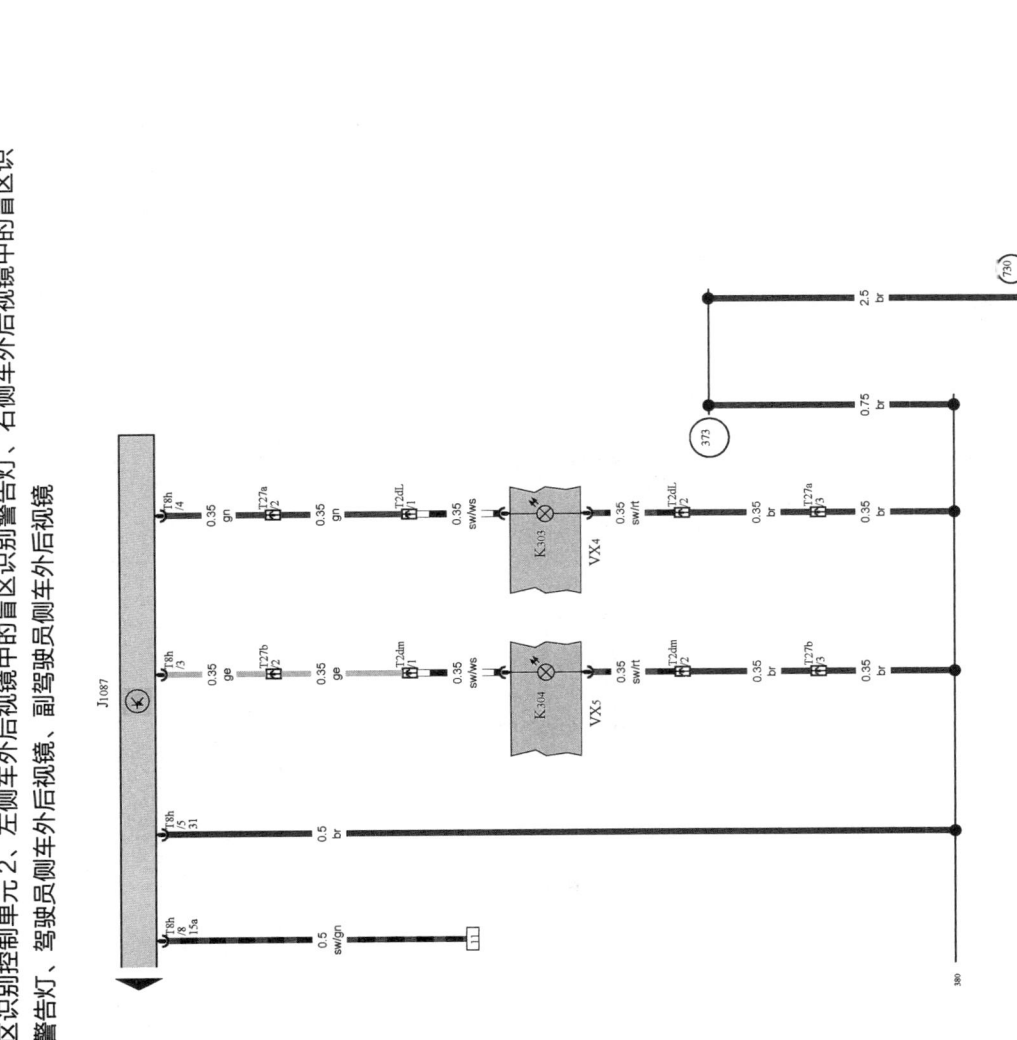

J1087-盲区识别控制单元2 K303-左侧车外后视镜中的盲区识别警告灯 K304-右侧车外后视镜中的盲区识别警告灯 T2dL-2芯插头连接，在驾驶员侧车门内，黑色 T2dm-2芯插头连接，在副驾驶员侧车门内，黑色 T8h-8芯插头连接，黑色 T27a-27芯插头连接，左侧A柱上，黑色 T27b-27芯插头连接，右侧A柱上，黑色 VX4-驾驶员侧车外后视镜 VX5-副驾驶员侧车外后视镜 373-接地连接8，在主导线束中 380-接地连接15，在主导线束中 730-右后轮罩上的接地点1

图 7-4-100

981

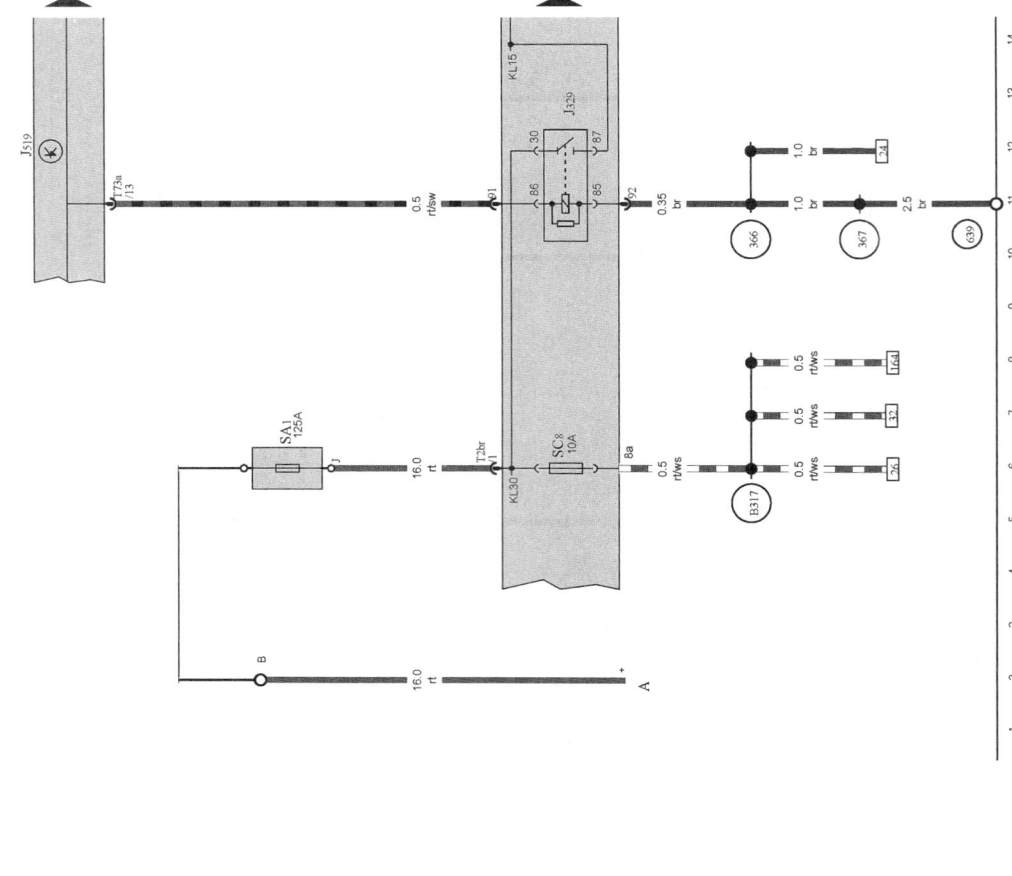

接线端 15 供电继电器、车载电网控制单元、保险丝架 A 上的保险丝 1

A-蓄电池 J329-接线端15供电继电器 J519-车载电网控制单元 SA1-保险丝架A上的保险丝1 SC8-保险丝
架C上的保险丝8 T2br-2芯插头连接 T73a-73芯插头连接、黑色 366-接地连接1，在主导线束中
367-接地连接2，在主导线束中 639-左侧A柱上的接地点 B317-正极连接3（30a），在主导线束中

图 7-4-103

车距调节控制单元、数据总线诊断接口

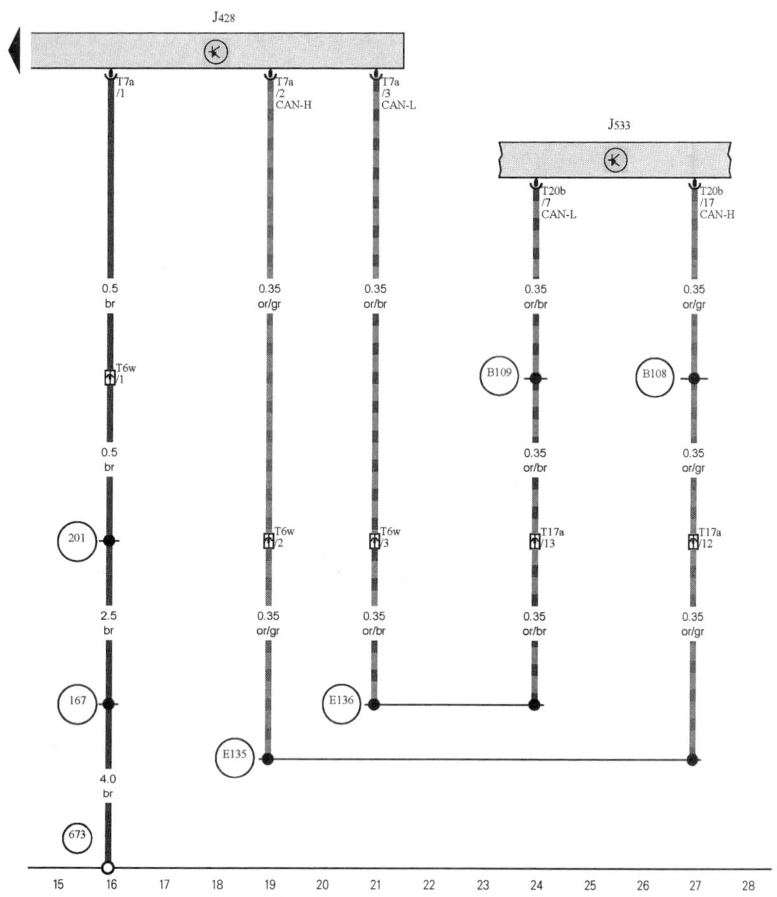

J428-车距调节控制单元 J533-数据总线诊断接口 T6w-6芯插头连接 T7a-7芯插头
连接、黑色 T17a-17芯插头连接、左侧A柱 T20b-20芯插头连接、红色 167-接地连接1，在主导线束中
4，在发动机舱导线束中 201-接地连接5，在发动机舱导线束中 673-左前纵梁上的接地点3 B108-连接1
（扩展CAN总线，High），在主导线束中 B109-连接1（扩展CAN总线，Low），在主导线束中 E135-连
接（扩展CAN总线，High），在发动机舱导线束中 E136-连接（扩展CAN总线，Low），在发动机舱导
线束中

图 7-4-102

车灯开关、后雾灯开关、车载电网控制单元、大灯开关照明灯泡

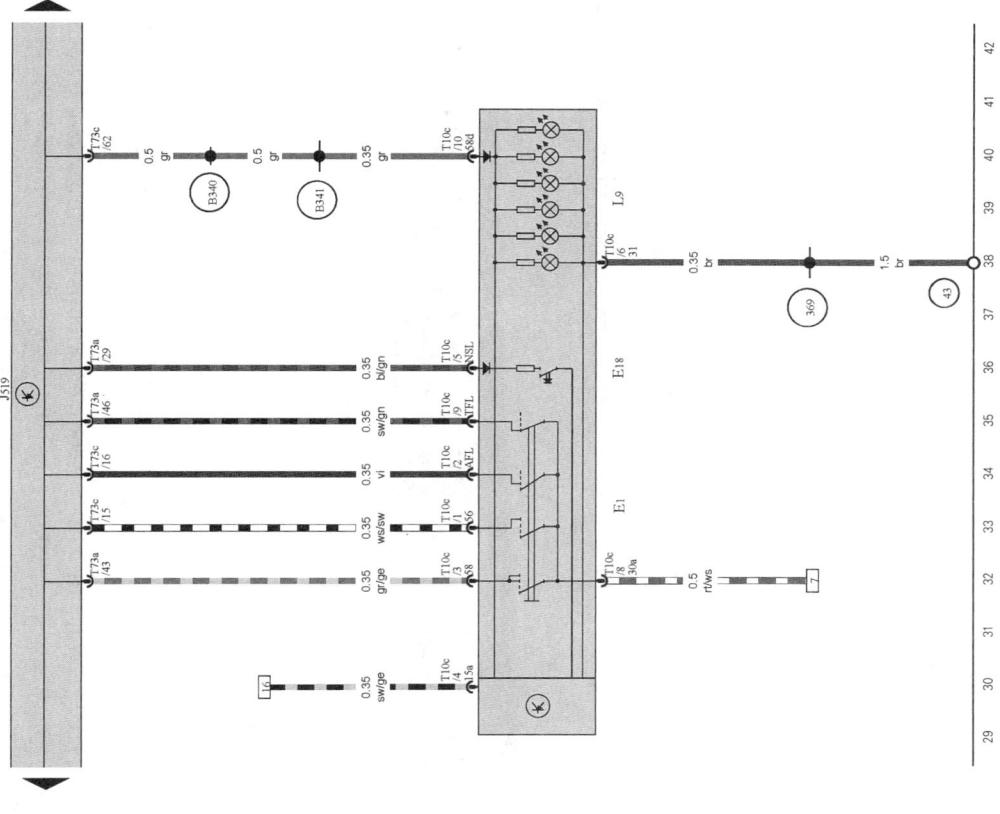

图 7-4-105

E1-车灯开关 E18-后雾灯开关 J519-车载电网控制单元 L9-大灯开关照明灯泡 T10c-10芯插头连接，红色 T73a-73芯插头连接，黑色 T73c-73芯插头连接，黑色 43-右侧A柱下部的接地点 369-接地连接4，在主导线束中 B340-连接1（58d），在主导线束中 B341-连接2（58d），在主导线束中

雨水与光线识别传感器、车载电网控制单元

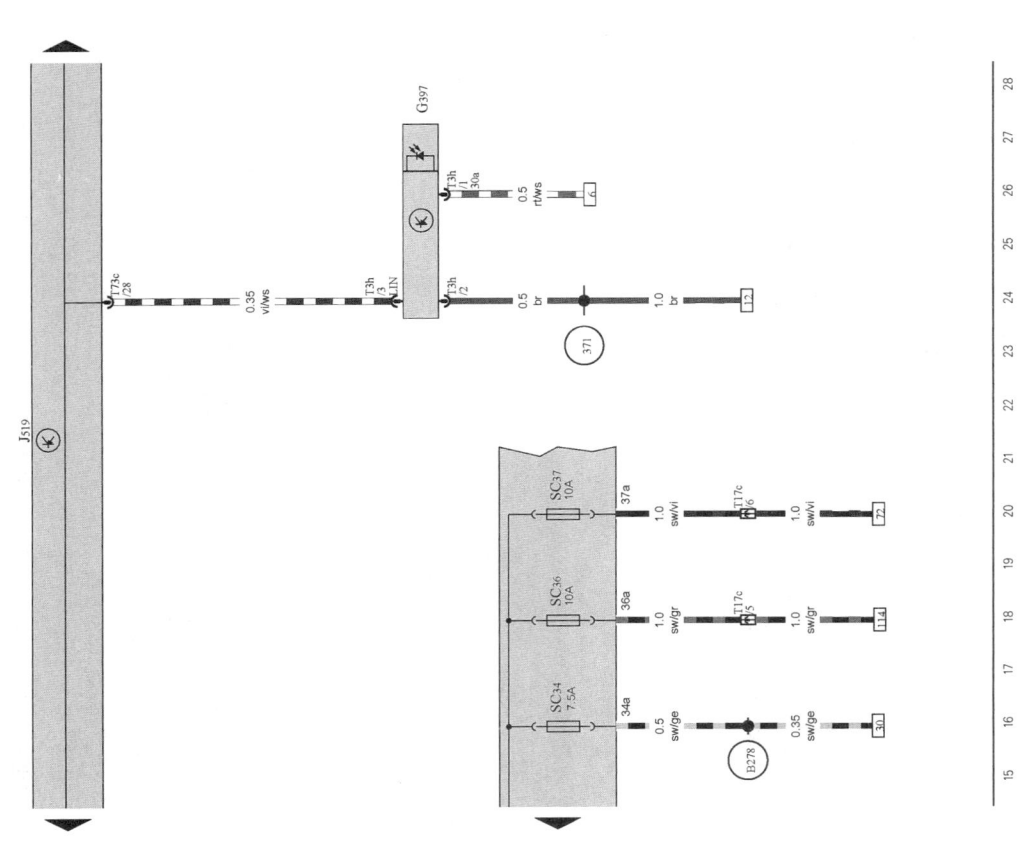

图 7-4-104

G397-雨水与光线识别传感器 J519-车载电网控制单元 SC34-保险丝架C上的保险丝34 SC36-保险丝架C上的保险丝36 SC37-保险丝架C上的保险丝37 T3h-3芯插头连接，黑色 T17c-17芯插头连接，黑色 T73c-73芯插头连接，黑色 371-接地连接2，在主导线束中 B278-正极连接2（15a），在主导线束中

983

左后汽车高度传感器、左前汽车高度传感器、车载电网控制单元

左侧 LED 大灯模块化电源 1、车载电网控制单元、日间行车灯和驻车灯左侧光电管模体、左前大灯、左侧近光灯泡

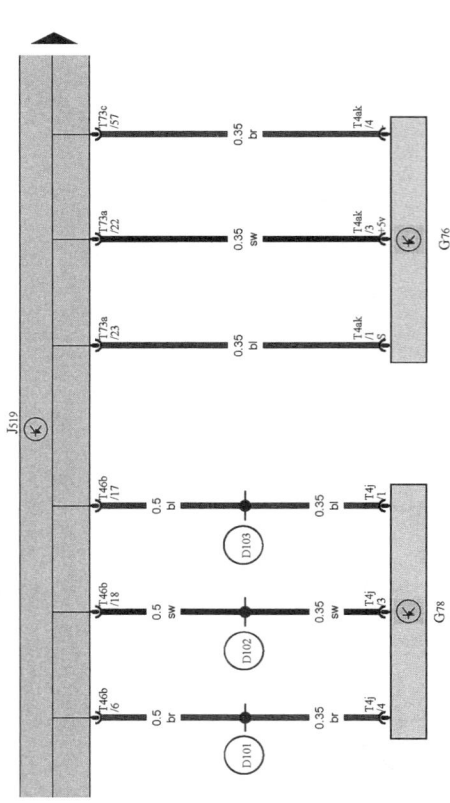

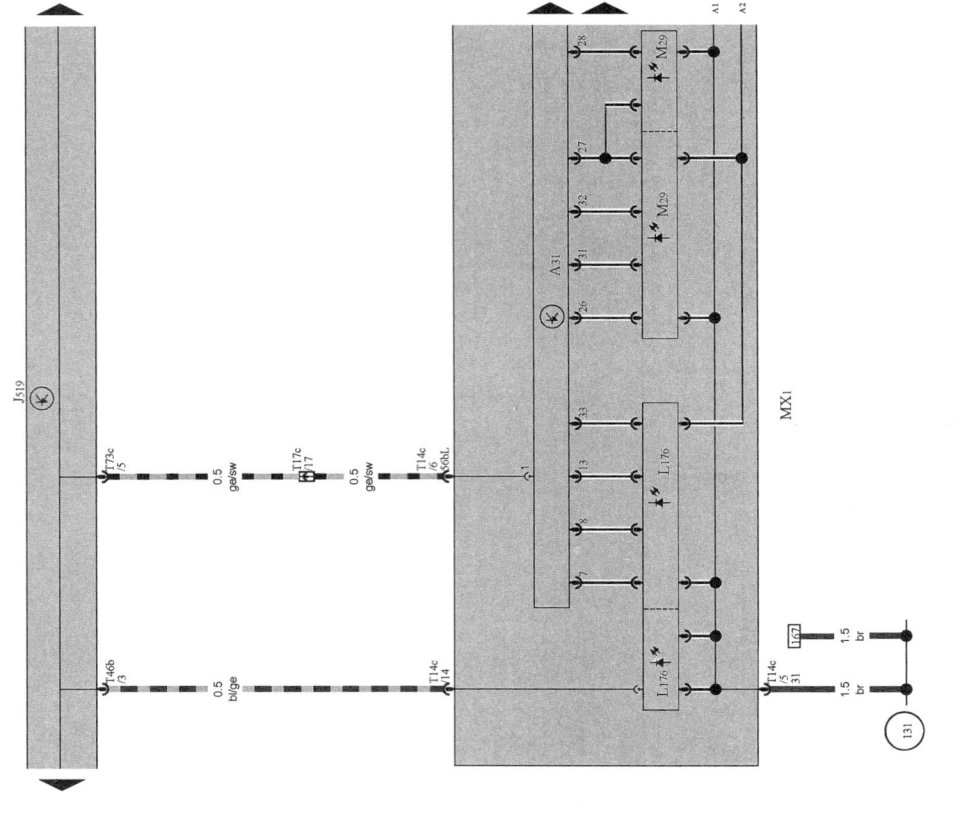

图 7-4-106

G76-左后汽车高度传感器 G78-左前汽车高度传感器 J519-车载电网控制单元 T4ak-4芯插头连接，黑色 T4j-4芯插头连接，黑色 T46b-46芯插头连接，黑色 T73a-73芯插头连接，黑色 T73c-73芯插头连接，黑色 D100-连接1，在发动机舱导线束中 D101-连接1，在发动机舱导线束中 D102-连接1，在发动机舱导线束中 D103-连接1，在发动机舱导线束中

图 7-4-107

A31-左侧LED大灯模块化电源1 J519-车载电网控制单元 L176-日间行车灯和驻车灯左侧光电管模体 MX1-左前大灯 M29-左侧近光灯泡 T14c-14芯插头连接，黑色 T17c-17芯插头连接，接线站内，左侧A柱，红色 T46b-46芯插头连接，黑色 T73c-73芯插头连接，黑色 131-接地连接2，在发动机舱导线束中

左侧 LED 大灯模块化电源1、车载电网控制单元、左前大灯、左前转向信号灯泡、左侧近光灯灯泡、左侧大灯风扇

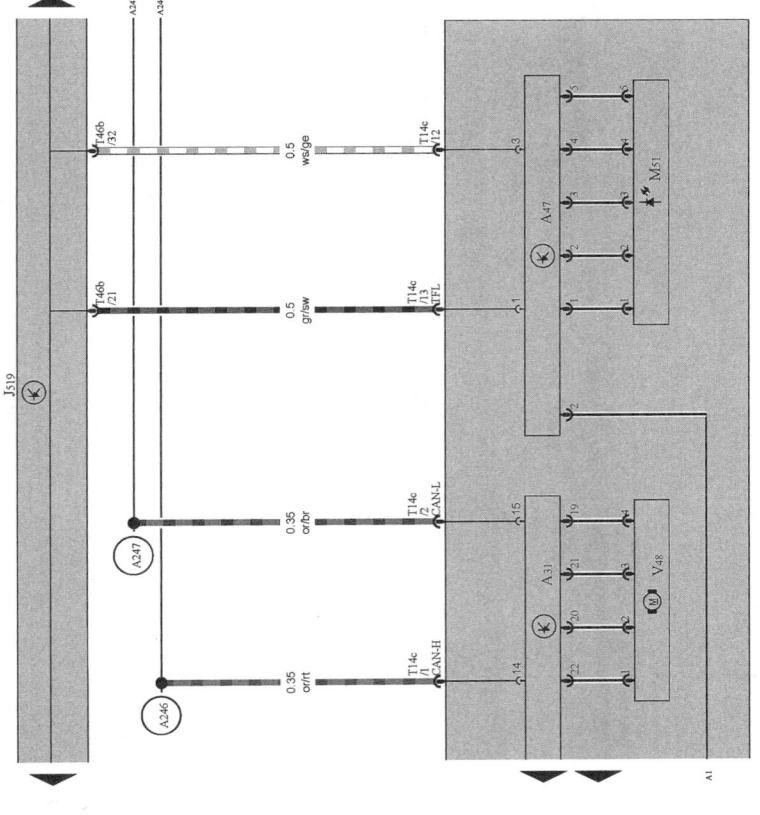

左侧 LED 大灯模块化电源1、左侧大灯辅助功能电源模块、车载电网控制单元、左前大灯、左侧静态弯道灯、左侧大灯照明距离调节伺服电机

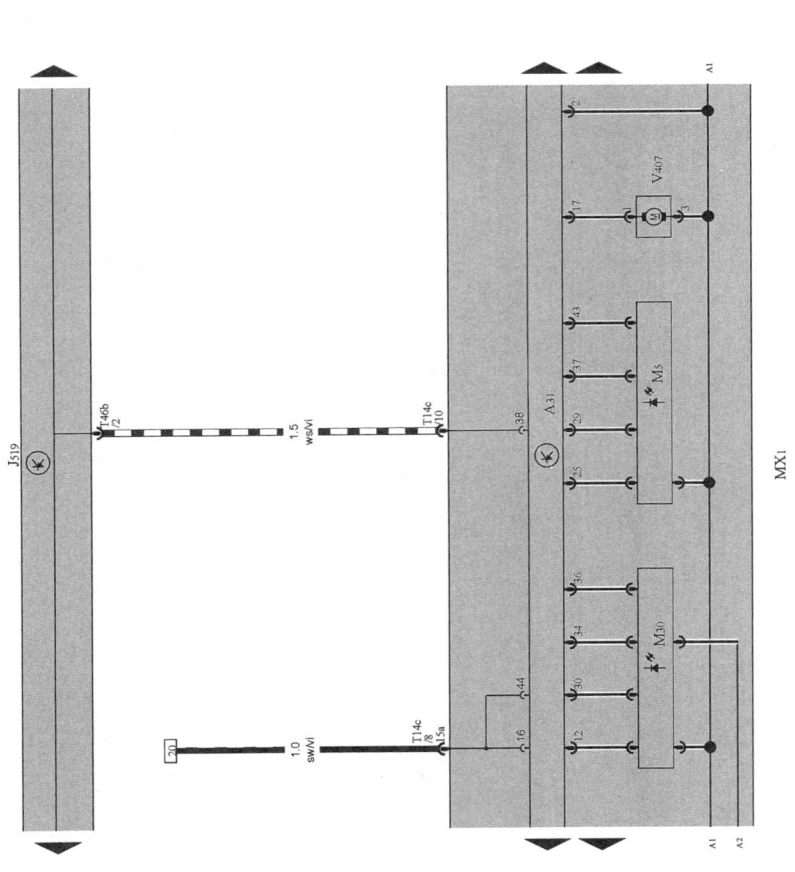

A31—左侧LED大灯模块化电源1 J519—车载电网控制单元 MX1—左前大灯 M5—左前转向信号灯灯泡 M30—左侧远光灯灯泡 T14c—14芯插头连接 黑色 T46b—46芯插头连接, 黑色 V407—左侧大灯风扇

图7-4-108

A31—左侧LED大灯模块化电源1 A47—左侧大灯辅助功能电源模块 J519—车载电网控制单元 MX1—左前大灯 M51—左侧静态弯道灯 T14c—14芯插头连接, 黑色 T46b—46芯插头连接, 黑色 V48—左侧大灯照明距离调节伺服电机 A246—连接1 (CAN总线, High) , 在发动机舱导线束中 A247—连接1 (CAN总线, Low) , 在发动机舱导线束中

图7-4-109

985

右侧 LED 大灯模块化电源 1、车载电网控制单元、右前大灯、右前转向信号灯灯泡、右侧远光灯灯泡、右侧大灯风扇

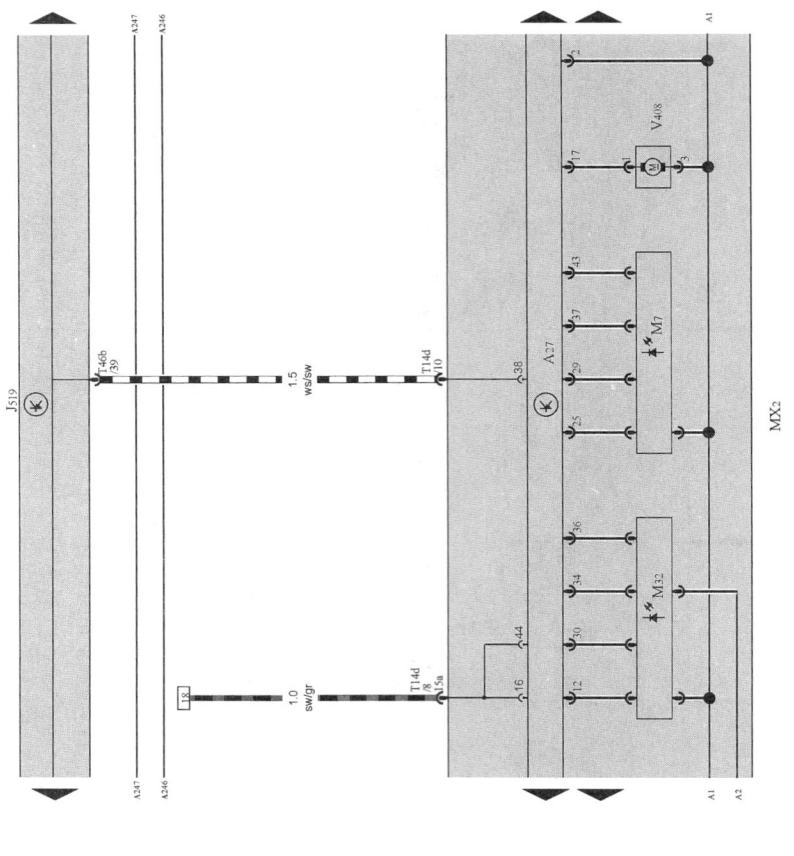

A27-右侧LED大灯模块化电源1 J519-车载电网控制单元 M7-右前转向信号灯灯泡 MX2-右前大灯
M32-右侧远光灯灯泡 T14d-14芯插头连接, 黑色 T46b-46芯插头连接, 黑色 V408-右侧大灯风扇
A246-连接1 (CAN总线, High), 在发动机舱导线束中 A247-连接1 (CAN总线, Low), 在发动机舱导线束中

图 7-4-111

右侧 LED 大灯模块化电源 1、车载电网控制单元、日间行车灯和驻车灯右侧光电管模体、右前大灯、右侧近光灯灯泡

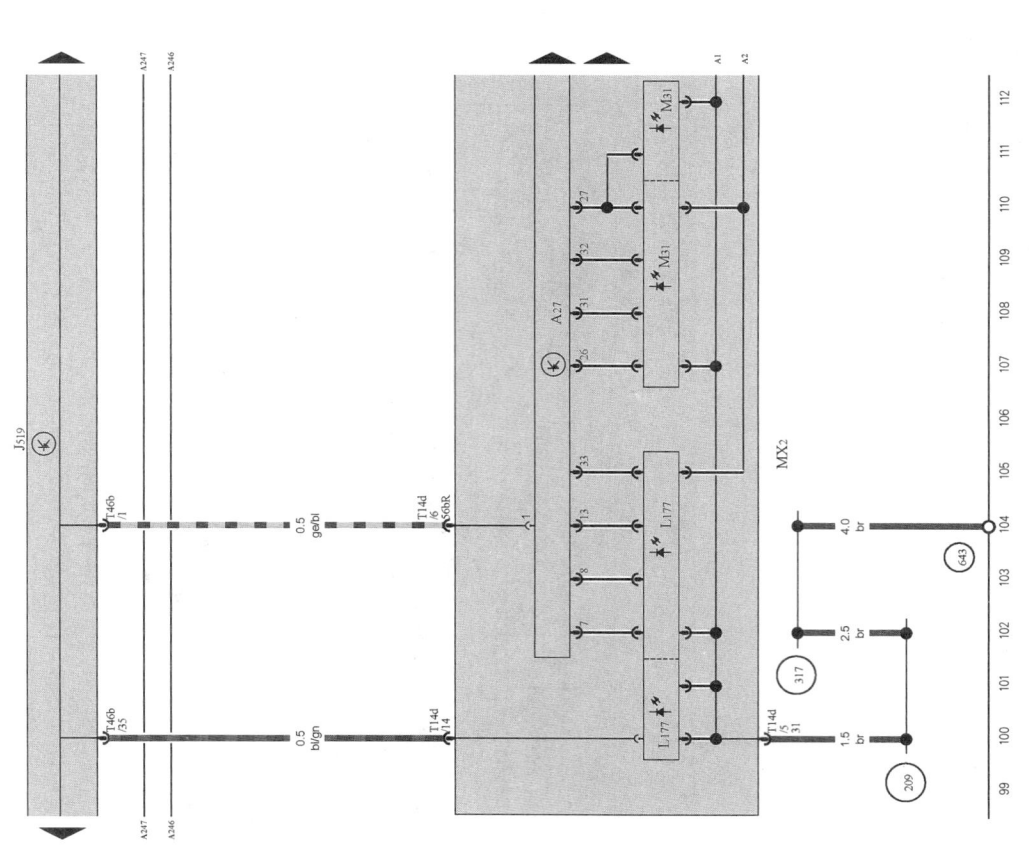

A27-右侧LED大灯模块化电源1 J519-车载电网控制单元 L177-日间行车灯和驻车灯右侧光电管模体
MX2-右前大灯 M31-右侧近光灯灯泡 T14d-14芯插头连接, 黑色 T46b-46芯插头连接, 黑色 209-接地
连接6, 在发动机舱导线束中 317-接地连接7, 在发动机舱导线束中 643-发动机舱内右侧接地点3 A246-
连接1 (CAN总线, High), 在发动机舱导线束中 A247-连接1 (CAN总线, Low), 在发动机舱导线束中

图 7-4-110

转向信号灯开关、手动远光灯功能和远光灯瞬时接通功能开关、转向柱电子装置控制单元

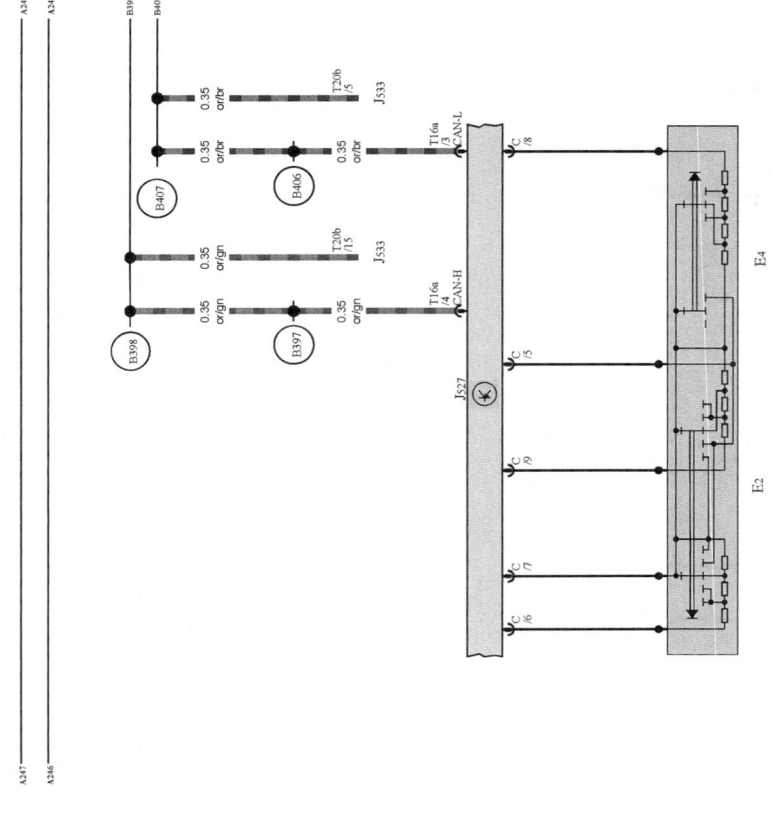

图 7-4-113

E2-转向信号灯开关　E4-手动远光灯功能和远光灯瞬时接通功能开关　J527-转向柱电子装置控制单元　J533-数据总线诊断接口　T16a-16芯插头连接，黑色　T20b-20芯插头连接，黑色　T20b-20芯插头断接口　A246-连接1（CAN总线，High），在发动机舱导线束中　B397-连接1（CAN总线，Low），在发动机舱导线束中　A247-连接1（CAN总线，High），在主导线束中　B398-连接2（舒适CAN总线，High），在主导线束中　B406-连接1（舒适CAN总线，High），在主导线束中　B407-连接2（舒适CAN总线，Low），在主导线束中

右侧 LED 大灯模块化电源 1、右侧大灯辅助功能电源模块、车载电网控制单元、右前大灯、右侧静态弯道灯、右侧大灯照明距离调节伺服电机

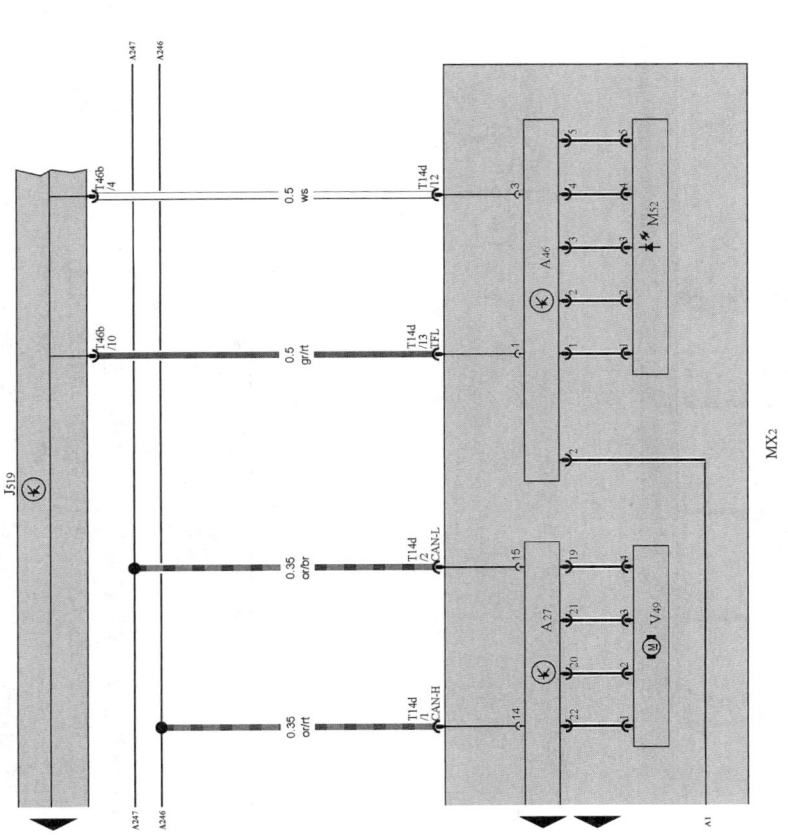

图 7-4-112

A27-右侧LED大灯模块化电源1　A46-右侧大灯辅助功能电源模块　J519-车载电网控制单元　MX2-右前大灯　M52-右侧静态弯道灯　T14d-14芯插头连接，黑色　T46b-46芯插头连接，黑色　V49-右侧大灯照明距离调节伺服电机　A246-连接1（CAN总线，High），在发动机舱导线束中　A247-连接1（CAN总线，Low），在发动机舱导线束中

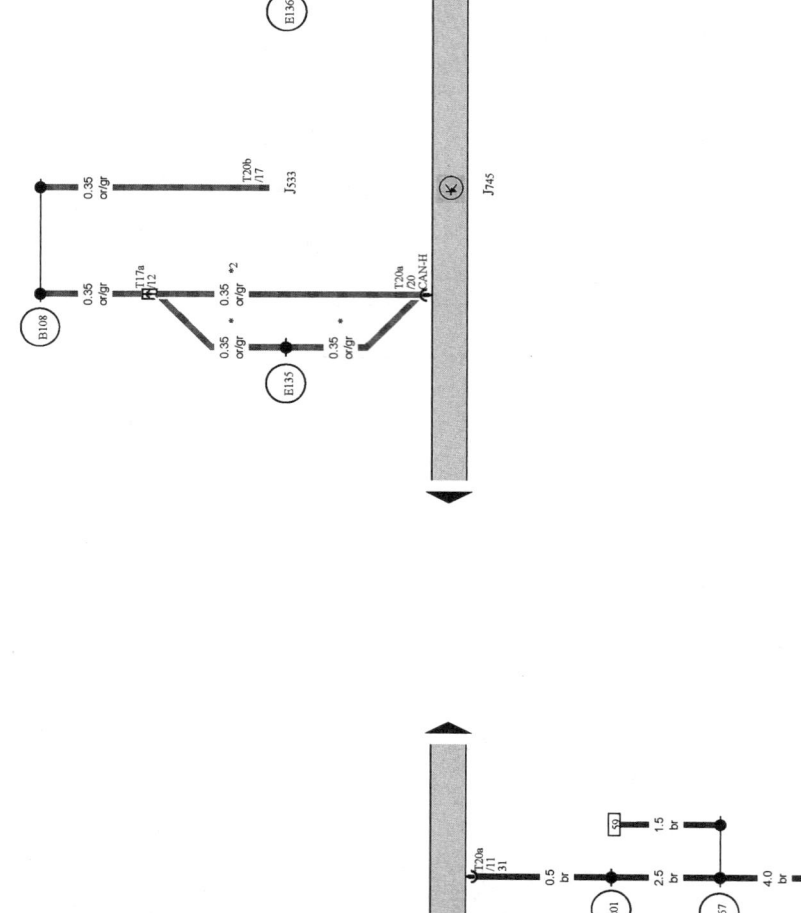

弯道灯和大灯照明距离调节控制单元

弯道灯和大灯照明距离调节控制单元

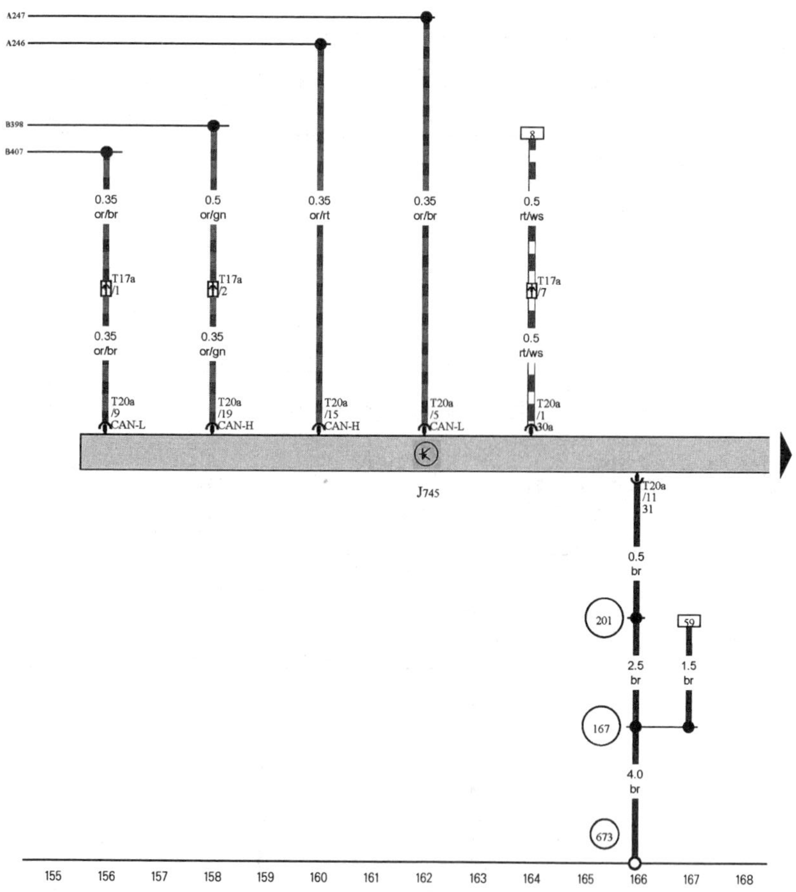

图7-4-115

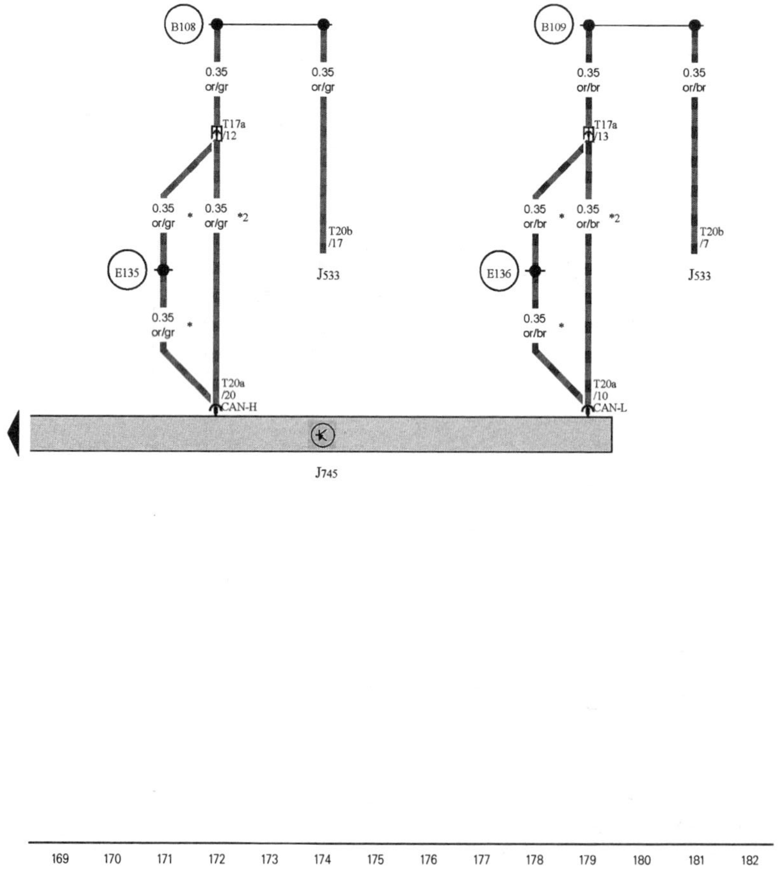

J533-数据总线诊断接口 J745-弯道灯和大灯照明距离调节控制单元 T17a-17芯插头连接，接线站内，左侧A柱，黑色 T20a-20芯插头连接，红色 T20b-20芯插头连接，棕色 B108-连接1（扩展CAN总线，High），在主导线束中 B109-连接1（扩展CAN总线，Low），在主导线束中 E135-连接（扩展CAN总线，High），在发动机舱导线束中 E136-连接（扩展CAN总线，Low），在发动机舱导线束中 *-仅用于带自动车距控制（ADR）的汽车 *2-仅用于不带自动车距控制（ADR）的汽车

图7-4-114

J745-弯道灯和大灯照明距离调节控制单元 T17a-17芯插头连接，接线站内，左侧A柱，黑色 T20a-20芯插头连接，接线站内，左侧A柱，黑色 167-接地连接4，在发动机舱导线束中 201-接地连接5，在发动机舱导线束中 673-左前纵梁上的接地点3 A246-连接1（CAN总线，High），在发动机舱导线束中 A247-连接1（CAN总线，Low），在发动机舱导线束中 B398-连接2（舒适CAN总线，High），在主导线束中 B407-连接2（舒适CAN总线，Low），在主导线束中

988

大灯照明距离调节器、雨水与光线识别传感器、车载电网控制单元、大灯照明距离调节设置器照明灯泡

接线端 15 供电继电器、车载电网控制单元、保险丝架 A 上的保险丝 1

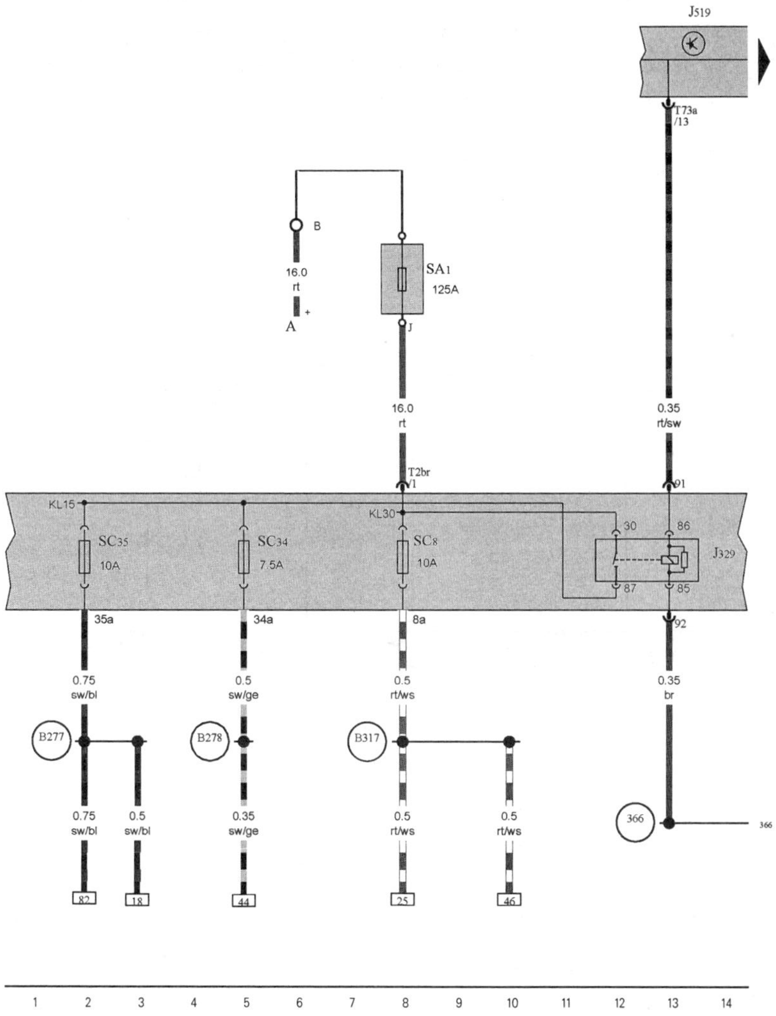

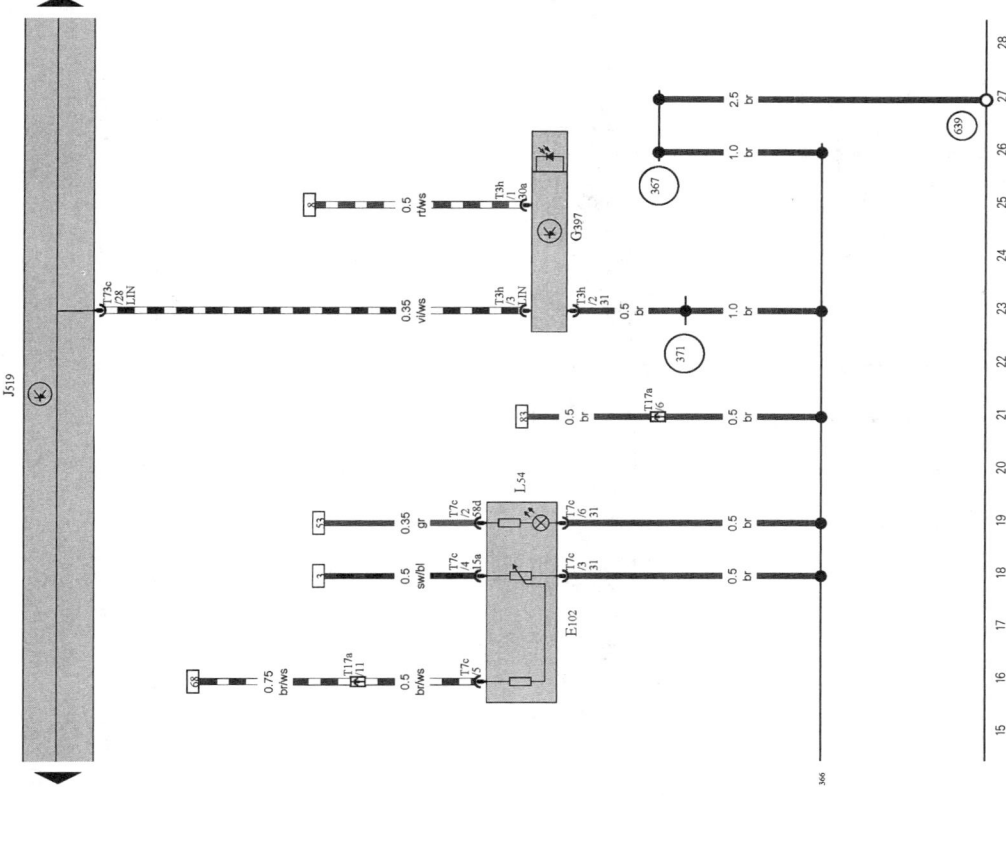

图 7-4-117

图 7-4-116

E102-大灯照明距离调节器 G397-雨水与光线识别传感器 J519-车载电网控制单元 L54-大灯照明距离调节设置器照明灯泡 T3h-3芯插头连接 T7c-7芯插头连接 T17a-17芯插头连接，接线站内，左侧A柱，黑色 T73c-73芯插头连接，黑色 366-接地连接1，在主导线束中 367-接地连接2，在主导线束中 371-接地连接6，在主导线束中 639-左A柱上的接地点

A-蓄电池 J329-接线端15供电继电器 J519-车载电网控制单元 SA1-保险丝架A上的保险丝 SC8-保险丝架C上的保险丝8 SC34-保险丝架C上的保险丝34 SC35-保险丝架C上的保险丝35 T2br-2芯插头连接，黑色 T73a-73芯插头连接，黑色 366-接地连接，在主导线束中 B277-正极连接1（15a），在主导线束中 B278-正极连接2（15a），在主导线束中 B317-正极连接3（30a），在主导线束中

989

转向信号灯开关、手动远光灯功能和远光灯瞬时接通功能开关、车载电网控制单元、转向
柱电子装置控制单元

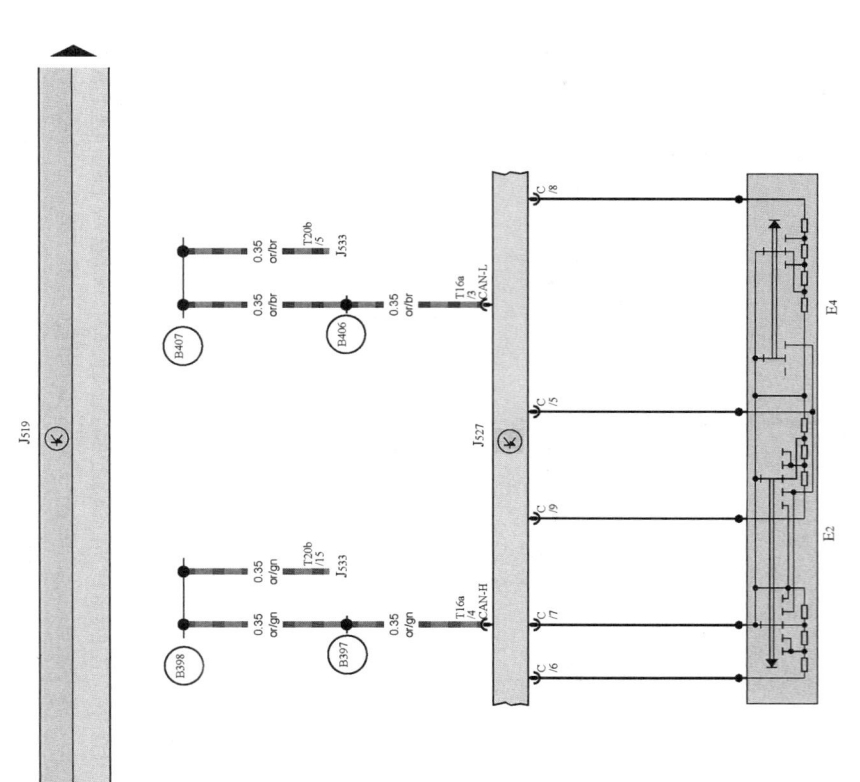

E2－转向信号灯开关　E4－手动远光灯功能和远光灯瞬时接通功能开关　J519－车载电网控制单元　J527－转
向柱电子装置控制单元　J533－数据总线诊断接口　T16a－16芯插头连接，黑色　T20b－20芯插头连接，红色
B397－连接1（舒适CAN总线，High），在主导线束中　B398－连接2（舒适CAN总线，High），在主导线
束中　B406－连接1（舒适CAN总线，Low），在主导线束中　B407－连接2（舒适CAN总线，Low），在主
导线束中

图7-4-118

车灯开关、后雾灯开关、车载电网控制单元、大灯开关照明灯泡

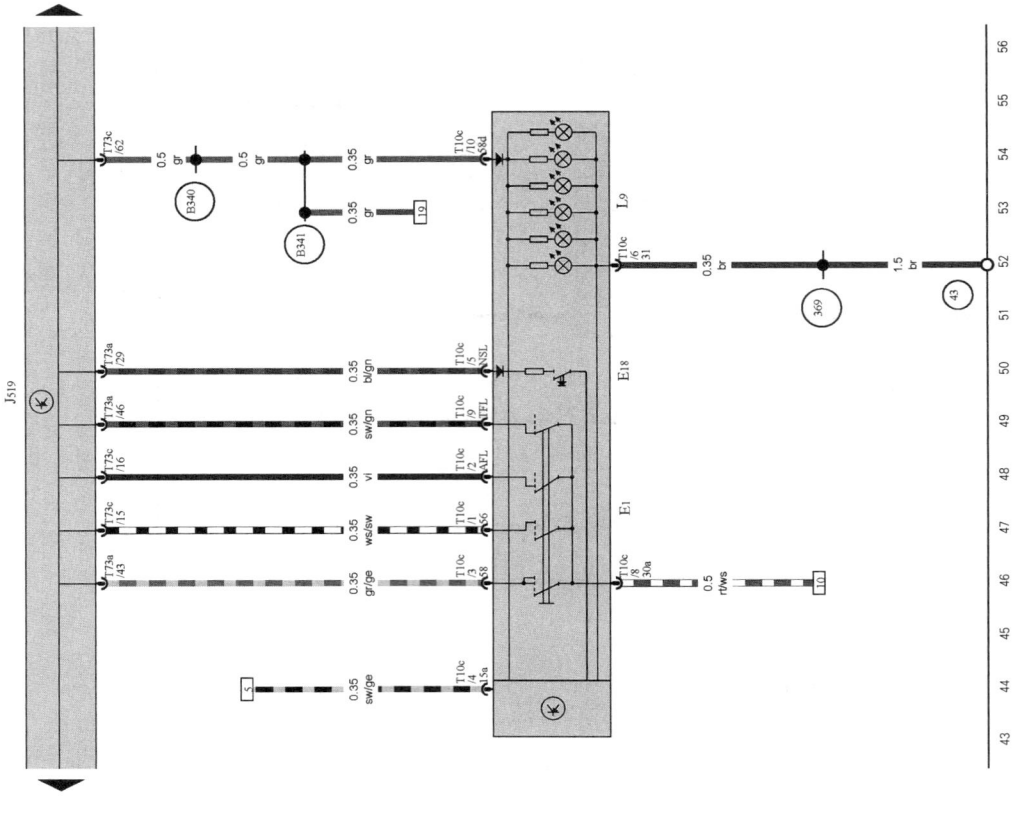

E1－车灯开关　E18－后雾灯开关　J519－车载电网控制单元　L9－大灯开关照明灯泡　T10c－10芯插头连接　T73c－73芯插头连接，红
色　T73a－73芯插头连接，黑色　T73c－73芯插头连接，黑色　43－右侧A柱下部接地点　369－接地连接4，在
主导线束中　B340－连接1（58d），在主导线束中　B341－连接2（58d），在主导线束中

图7-4-119

车载电网控制单元、左侧日间行车灯和驻车灯示宽灯左侧光电管模体、左前大灯、左侧驻车示宽灯灯泡、左前转向信号灯灯泡、左侧近光灯灯泡、左侧远光灯灯泡、左侧静态弯道灯、左侧大灯照明距离调节伺服电机

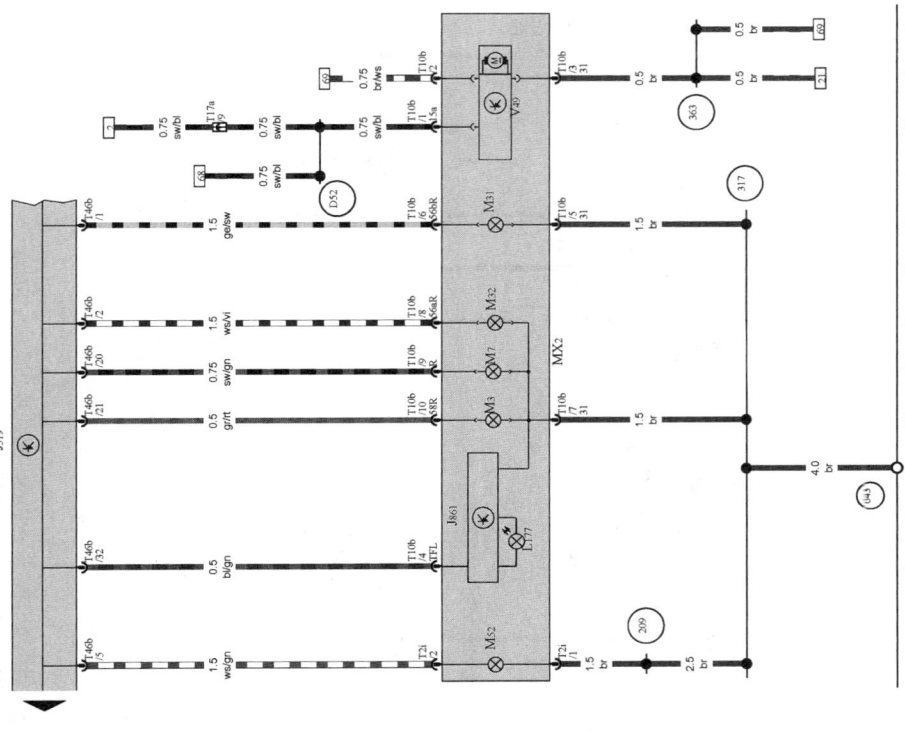

图7-4-120

J519-车载电网控制单元 J860-左侧日间行车灯和驻车灯示宽灯控制单元 L176-日间行车灯和驻车灯左侧光电管模体 M1-左侧驻车示宽灯灯泡 MX1-左前大灯 M5-左前转向信号灯灯泡 M29-左侧近光灯灯泡 M30-左侧远光灯灯泡 M51-左侧静态弯道灯 T2h-2芯插头连接 T10a-10芯插头连接，黑色 T17c-17芯插头连接，左侧A柱，接线站内，红色 T46b-46芯插头连接，黑色 T73c-73芯插头连接，左前纵梁上的接地点3 V48-左侧大灯照明距离调节伺服电机 167-接地连接4，在发动机舱导线束中 673-左前纵梁上的接地点3 D96-连接（大灯照明距离调节），在发动机舱导线束中

车载电网控制单元、右侧日间行车灯和驻车灯右侧光电管模体、右前大灯、右侧驻车示宽灯灯泡、右前转向信号灯灯泡、右侧近光灯灯泡、右侧远光灯灯泡、右侧静态弯道灯、右侧大灯照明距离调节伺服电机

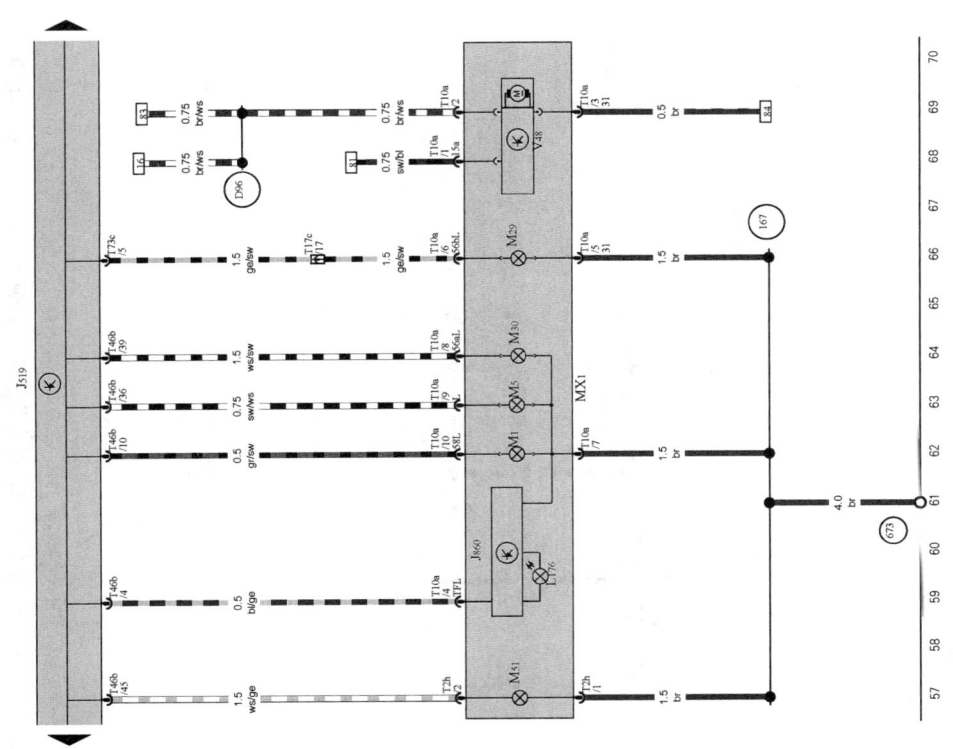

图7-4-121

J519-车载电网控制单元 J861-右侧日间行车灯和驻车灯示宽灯控制单元 L177-日间行车灯和驻车灯右侧光电管模体 MX2-右前大灯 M3-右侧驻车示宽灯灯泡 M7-右前转向信号灯灯泡 M31-右侧近光灯灯泡 M32-右侧远光灯灯泡 M52-右侧静态弯道灯 T2i-2芯插头连接 T10b-10芯插头连接，黑色 T17a-17芯插头连接，右侧A柱，接线站内，黑色 T46b-46芯插头连接，黑色 V49-右侧大灯照明距离调节伺服电机 317-接地连接7，在发动机舱导线束中 363-接地连接8，在发动机舱导线束中 643-发动机舱内右侧接地点3 D52-正极连接（15a），在发动机舱导线束中

991

接线端 15 供电继电器、保险丝架 C、USB 接口 1

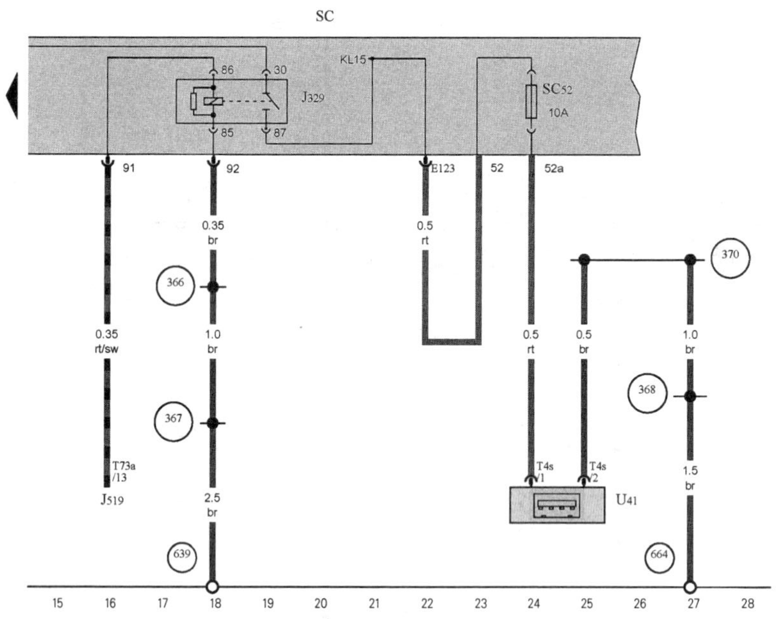

图 7-4-123

J329-接线端15供电继电器 J519-车载电网控制单元 SC-保险丝架C SC52-保险丝架C上的保险丝52
T4s-4芯插头连接，红色 T73a-73芯插头连接，黑色 U41-USB接口1 366-接地连接1，在主导线束中
367-接地连接2，在主导线束中 368-接地连接3，在主导线束中 370-接地连接5，在主导线束中 639-左A
柱上的接地点 664-左侧仪表板后面接地点

可加热后窗玻璃继电器、保险丝架 A 上的保险丝 1、保险丝架 C

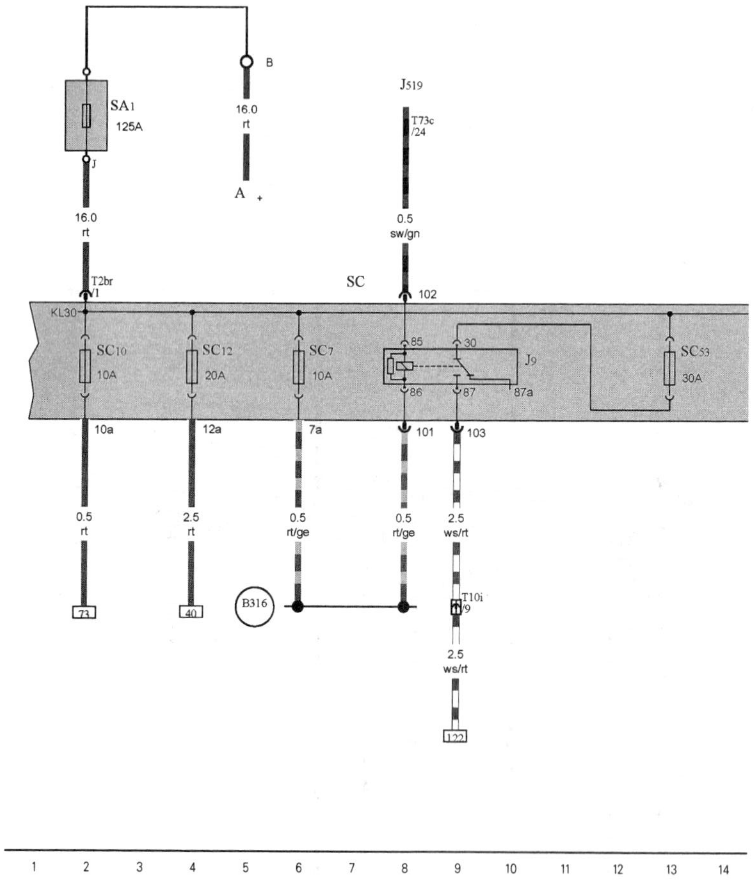

图 7-4-122

A-蓄电池 J9-可加热后窗玻璃继电器 J519-车载电网控制单元 SA1-保险丝架A上的保险丝1 SC-保险
丝架C SC7-保险丝架C上的保险丝7 SC10-保险丝架C上的保险丝10 SC12-保险丝架C上的保险丝12 保险
丝架C SC53-保险丝架C上的保险丝53 T2br-2芯插头连接，黑色 T10i-10芯插头连接，后备箱盖的连接位置，
黑色 T73c-73芯插头连接，黑色 B316-正极连接2（30a），在主导线束中

992

电子通信信息设备 1 控制单元、左前高音扬声器、左前低音扬声器、右前高音扬声器、右前低音扬声器

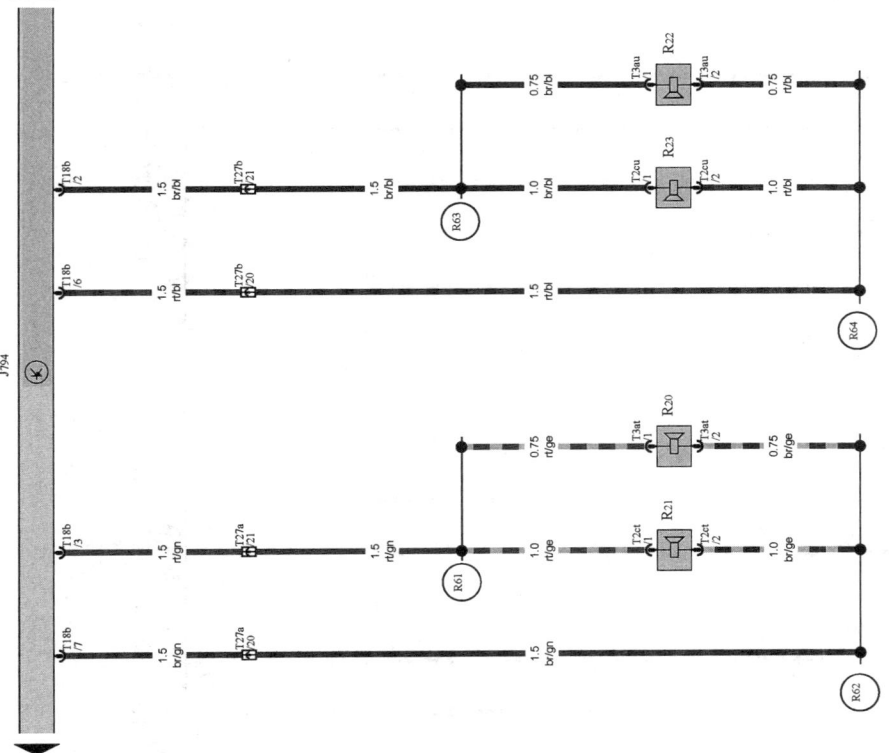

J794-电子通信信息设备1控制单元 R20-左前高音扬声器 R21-左前低音扬声器 R22-右前高音扬声器 R23-右前低音扬声器 T2ct-2芯插头连接，黑色 T2cu-2芯插头连接，黑色 T3at-3芯插头连接，黑色 T3au-3芯插头连接，黑色 T18b-18芯插头连接 T27a-27芯插头连接，左侧A柱上，黑色 T27b-27芯插头连接，右侧A柱上，黑色 R61-连接（正极，扬声器），在驾驶员侧车门电缆导线束中 R62-连接（负极，扬声器），在驾驶员侧车门电缆导线束中 R63-连接（正极，扬声器），在副驾驶员侧车门电缆导线束中 R64-连接（负极，扬声器），在副驾驶员侧车门电缆导线束中

图 7-4-125

数据总线诊断接口、电子通信信息设备 1 控制单元、内部话筒

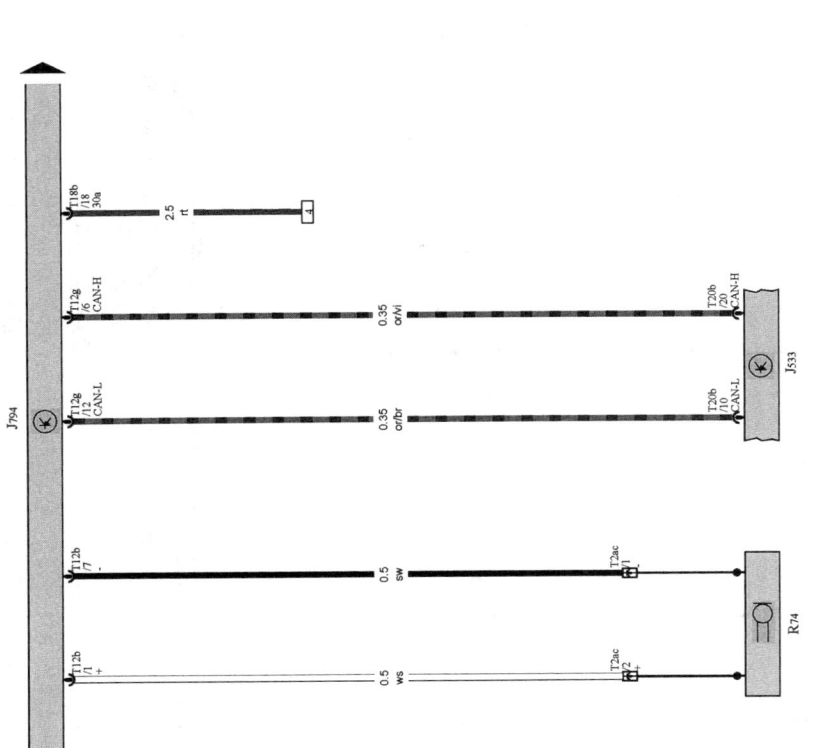

J533-数据总线诊断接口 J794-电子通信信息设备1控制单元 R74-内部话筒 T2ac-2芯插头连接，黑色 T12b-12芯插头连接，蓝色 T12g-12芯插头连接，灰色 T18b-18芯插头连接 T20b-20芯插头连接，红色

图 7-4-124

993

电子通信信息设备 1 控制单元，左后高音扬声器，右后高音扬声器，右后低音扬声器

前部信息显示和操作单元控制单元的显示单元，电子通信信息设备 1 控制单元

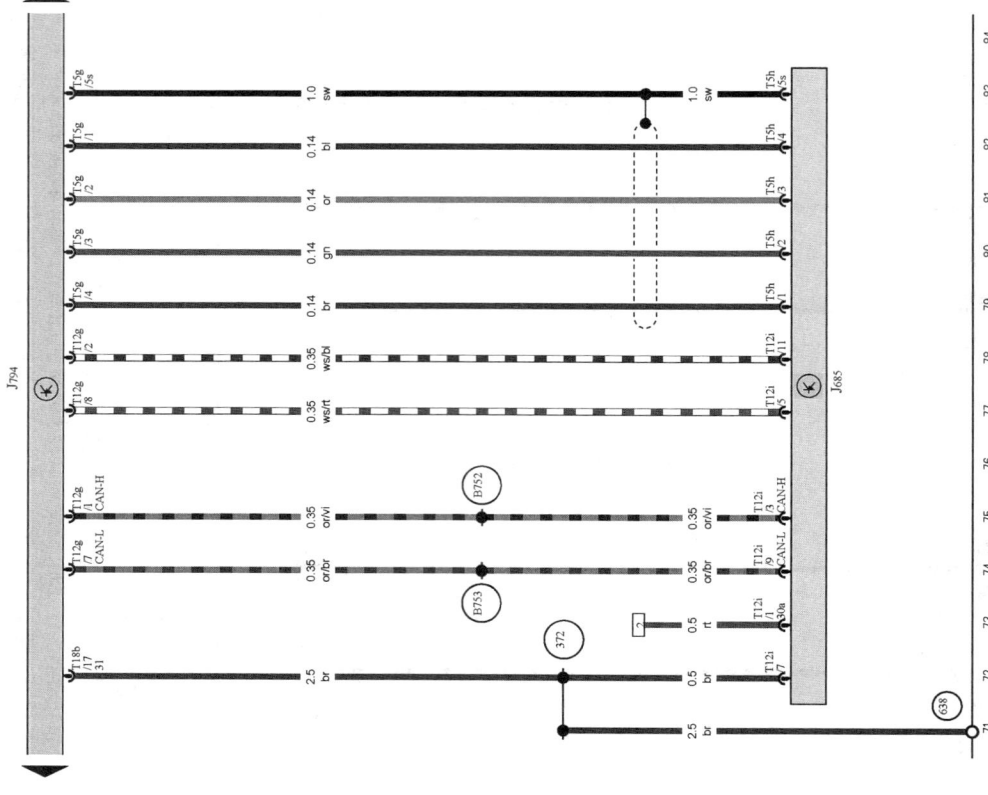

J685-前部信息显示和操作单元控制单元控制单元的显示单元 J794-电子通信信息设备1控制单元 T5g-5芯插头连接 T5h-5芯插头连接 T12g-12芯插头连接，蓝色 T12i-12芯插头连接，灰色 T18b-18芯插头连接，粉色 T5h-5芯插头连接，蓝色 372-接地连接7，在主导线束中 638-台A柱上的接地点 B752-连接2（显示与操作系统CAN总线，High）B753-连接2（显示与操作系统CAN总线，Low）

图 7-4-127

电子通信信息设备 1 控制单元，左后高音扬声器，左后低音扬声器，右后高音扬声器，右后低音扬声器

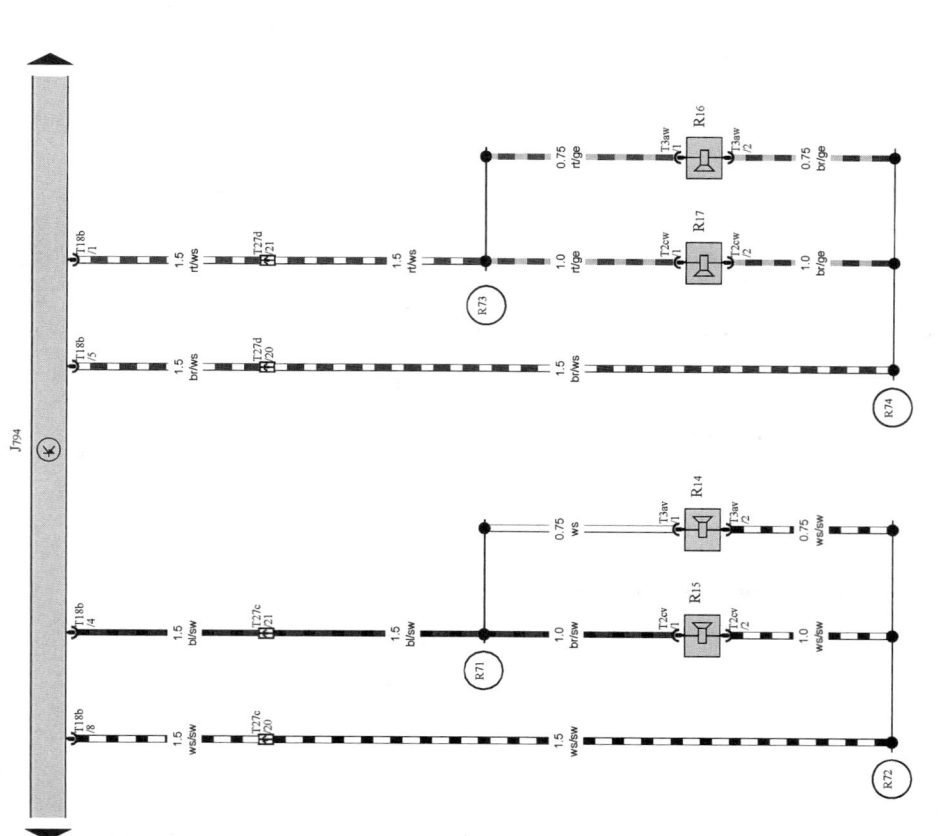

J794-电子通信信息设备1控制单元 R14-左后高音扬声器 R15-左后低音扬声器 R16-右后高音扬声器 R17-右后低音扬声器 T2cv-2芯插头连接 T2cw-2芯插头连接，黑色 T3av-3芯插头连接，黑色 T3aw-3芯插头连接，黑色 T18b-18芯插头连接 T27c-27芯插头连接 T27d-27芯插头连接，黑色 R71-连接（正极，扬声器），在左后车门导线束中 R72-连接（负极，扬声器），在左后车门导线束中 R73-连接（正极，扬声器），在右后车门导线束中 R74-连接（负极，扬声器），在右后车门导线束中

图 7-4-126

994

电子通信信息设备 1 控制单元、GPS 天线、左侧天线模块、右侧天线模块

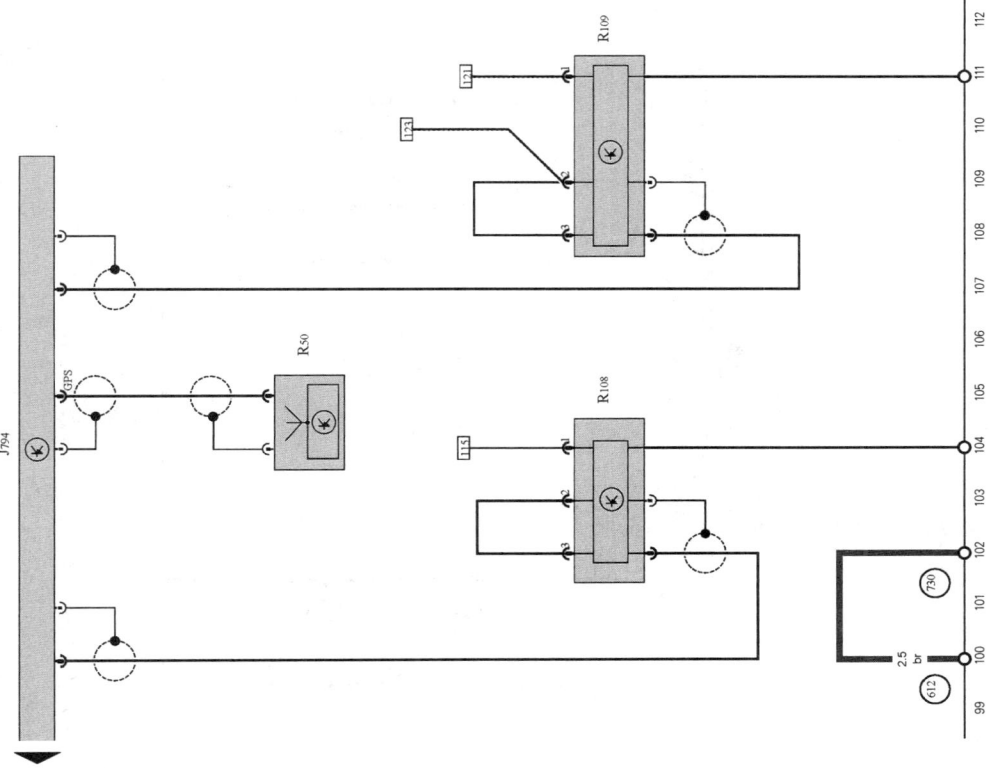

图 7-4-129

J794-电子通信信息设备1控制单元 R50-GPS天线 R108-左侧天线模块 R109-右侧天线模块 612-后备箱
盖中间的接地点 730-右后轮罩上的接地点1

电子通信信息设备 1 控制单元、USB 接口支架、外部音频源接口

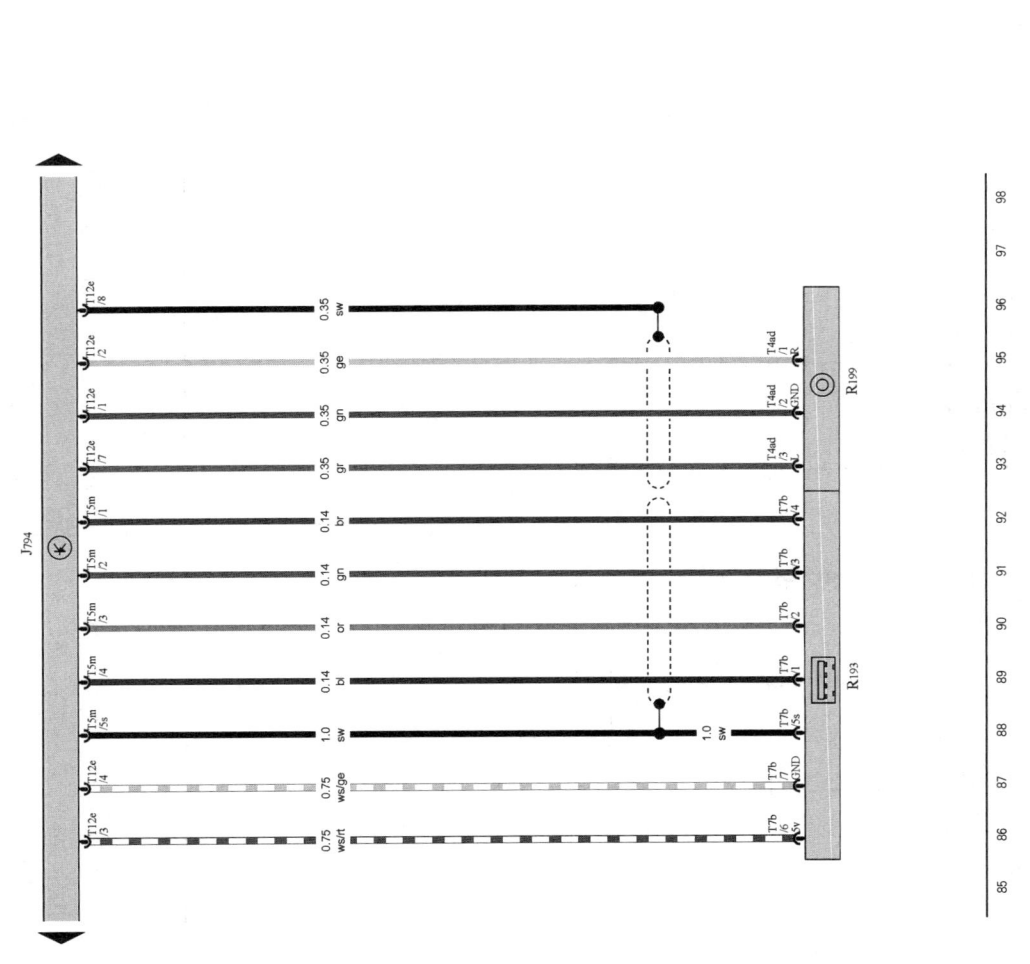

图 7-4-128

J794-电子通信信息设备1控制单元 R193-USB接口支架 R199-外部音频源接口 T4ad-4芯插头连接，黑
色 T5m-5芯插头连接，黄色 T7b-7芯插头连接，绿色 T12e-12芯插头连接，绿色

接线端 15 供电继电器、保险丝架 A 上的保险丝 1、保险丝架 C、USB 接口 1

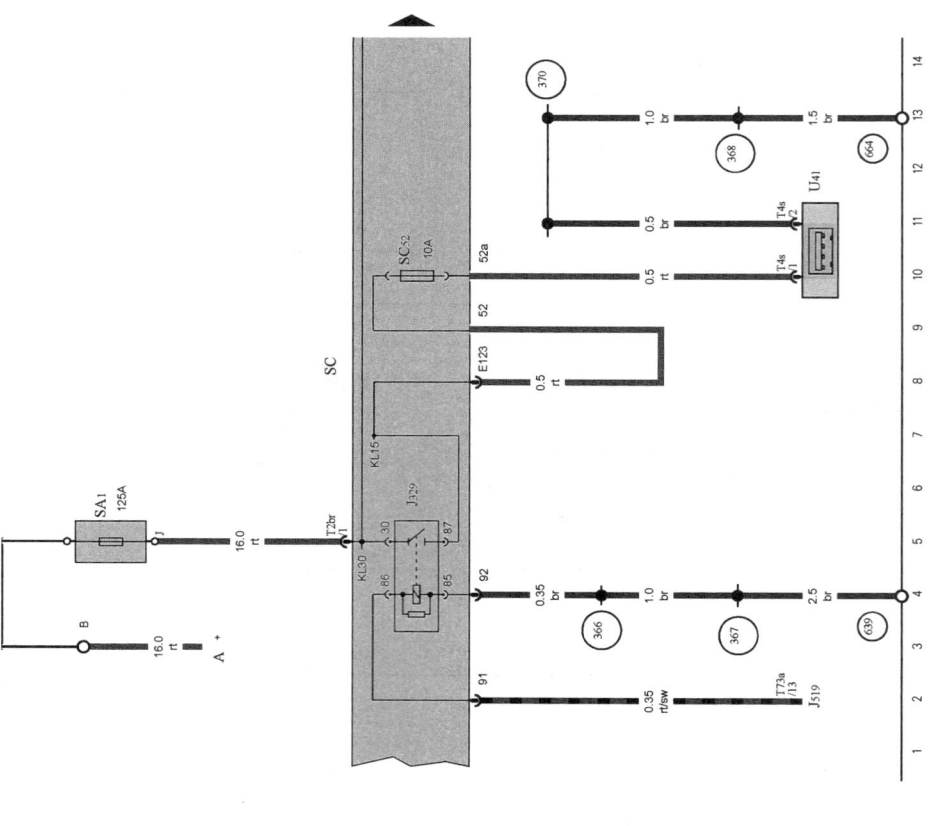

图 7-4-131

A-蓄电池 J329-接线端15供电继电器 J519-车载电网控制单元 SA1-保险丝架A上的保险丝1 SC-保险丝架C SC52-保险丝架C上的保险丝52 T2br-2芯插头连接 T4s-4芯插头连接，黑色 T73a-73芯插头连接，红色 U41-USB接口1 366-接地连接1，在主导线束中 367-接地连接2，在主导线束中 368-接地连接，黑色 370-接地连接3，在主导线束中 639-左A柱上的接地点 664-左侧仪表板后面接地点

天线、调幅（AM）滤波器、负导线中的调频频率滤波器、正导线中的调频频率滤波器、可加热后窗玻璃

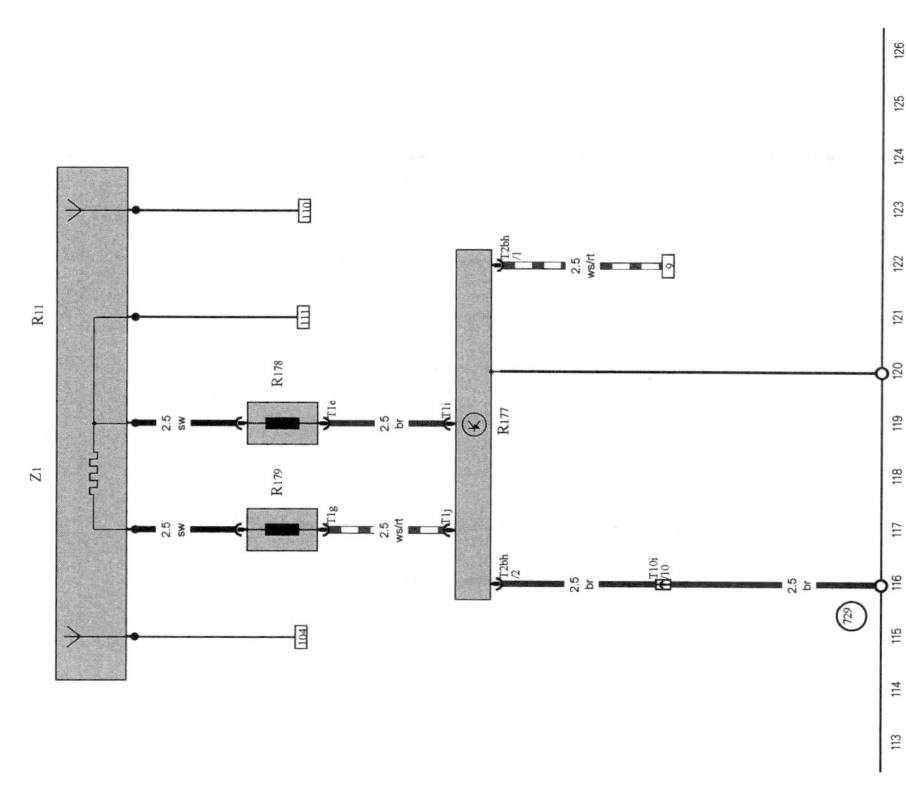

图 7-4-130

R11-天线 R177-调幅（AM）滤波器 R178-负导线中的调频频率滤波器 R179-正导线中的调频频率滤波器 T1e-1芯插头连接，黑色 T1g-1芯插头连接，黑色 T1i-1芯插头连接，黑色 T1j-1芯插头连接，黑色 T2hh-2芯插头连接，黑色 T10i-10芯插头连接，后备箱盖的连接位置，黑色 Z1-可加热后窗玻璃 729-左后轮罩上的接地点

収音机、左前高音扬声器、左前低音扬声器、右前高音扬声器、右前低音扬声器

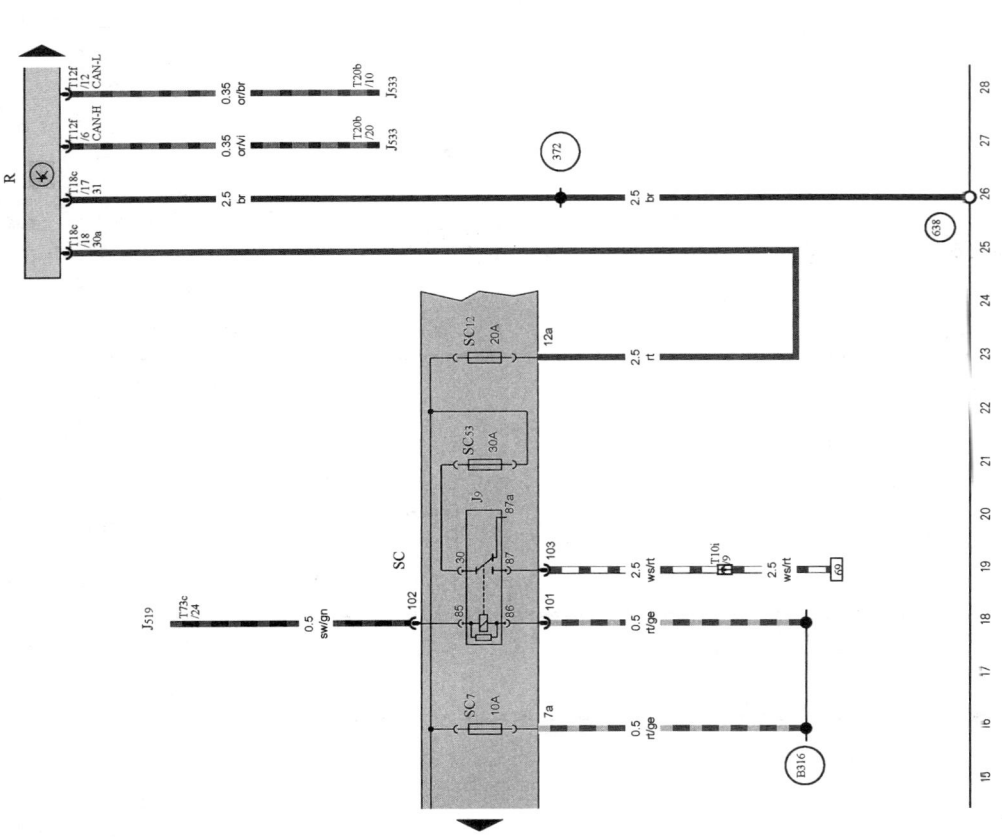

图7-4-133

R-収音机 R20-左前高音扬声器 R21-左前低音扬声器 R22-右前高音扬声器 R23-右前低音扬声器 T2ct-2芯插头连接, 黑色 T2cu-2芯插头连接, 黑色 T3at-3芯插头连接, 黑色 T3au-3芯插头连接, 黑色 T18c-18芯插头连接 T27a-27芯插头连接, 左侧A柱上, 黑色 T27b-27芯插头连接, 右侧A柱上, 黑色 R61-连接 (正极, 扬声器), 在驾驶员侧车门电缆导线束中 R62-连接 (负极, 扬声器), 在驾驶员侧车门电缆导线束中 R63-连接 (正极, 扬声器), 在副驾驶员侧车门电缆导线束中 R64-连接 (负极, 扬声器), 在副驾驶员侧车门电缆导线束中

可加热后窗玻璃继电器、収音机、保险丝架 C

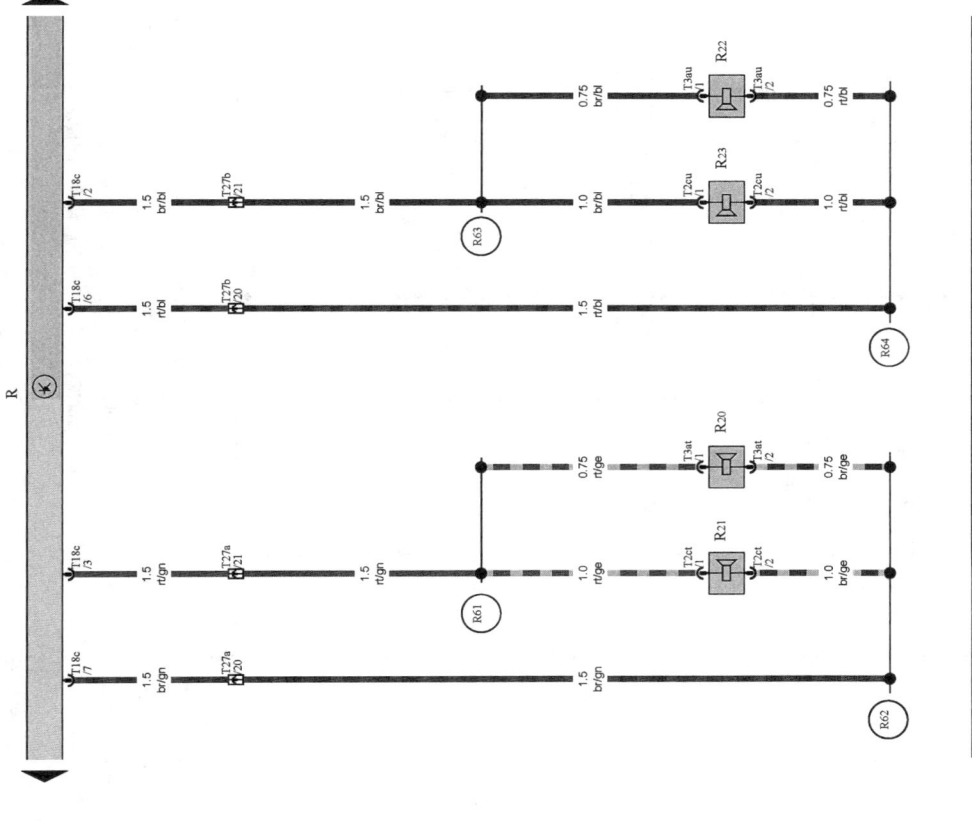

图7-4-132

J9-可加热后窗玻璃继电器 J519-车载电网控制单元 J533-数据总线诊断接口 R-収音机 SC-保险丝架 SC7-保险丝架C上的保险丝7 SC12-保险丝架C上的保险丝12 SC53-保险丝架C上的保险丝53 T10i-10芯插头连接, 后备箱盖的连接位置, 黑色 T12f-12芯插头连接, 灰色 T18c-18芯插头连接 T20b-20芯插头连接, 红色 T73c-73芯插头连接, 黑色 372-接地连接7, 在主导线束中 638-右侧A柱上的接地点 B316-正极连接2 (30a), 在主导线束中

997

收音机、天线、右侧天线模块、调幅（AM）滤波器、负导线中的调频频率滤波器、正导线中的调频频率滤波器、可加热后窗玻璃

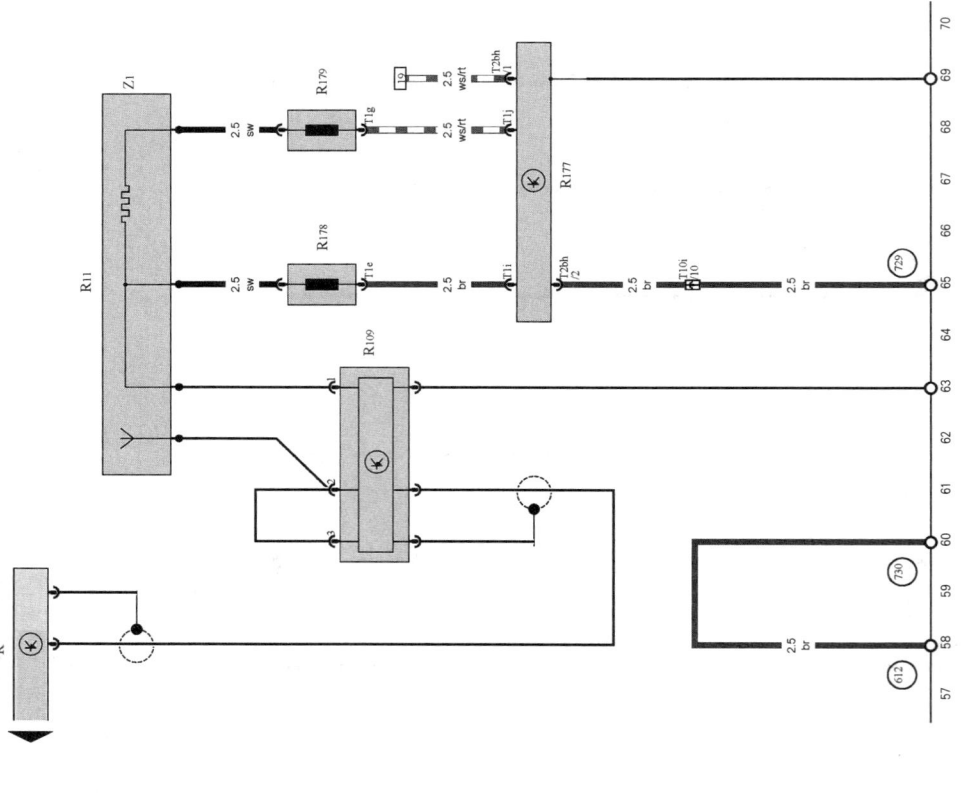

R—收音机 R11—天线 R109—右侧天线模块 R177—调幅（AM）滤波器 R178—负导线中的调频频率滤波器 R179—正导线中的调频频率滤波器 T1e—1芯插头连接 T1g—1芯插头连接，黑色 T1i—1芯插头连接，黑色 T1j—1芯插头连接，黑色 T2bh—2芯插头连接，棕色 T10i—10芯插头连接，黑色 T10i—10芯插头连接，黑色 T2bh—2芯插头连接，后备箱盖的连接位置，黑色 Z1—可加热后窗玻璃 612—后备箱盖中间的接地点 729—左后轮罩上的接地点 730—右后轮罩上的接地点1

图7-4-135

收音机、左后高音扬声器、右后高音扬声器、左后低音扬声器、右后低音扬声器

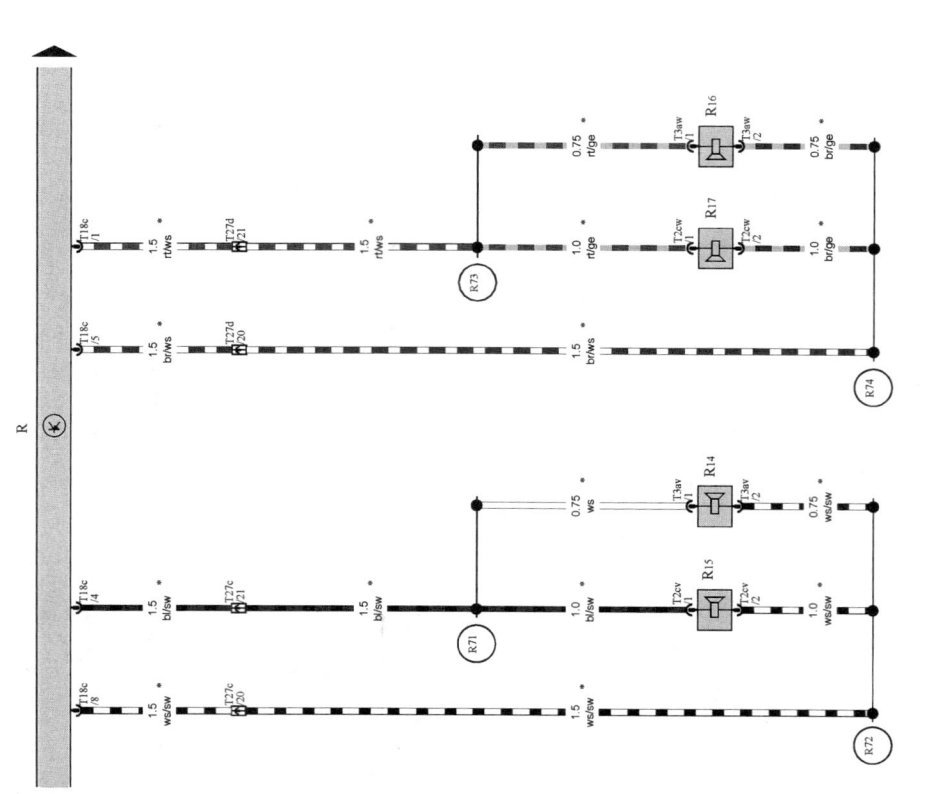

R—收音机 R14—左后高音扬声器 R15—左后低音扬声器 R16—右后高音扬声器 R17—右后低音扬声器 T2cv—2芯插头连接 T2cw—2芯插头连接，黑色 T3av—3芯插头连接，黑色 T3aw—3芯插头连接，黑色 T18c—18芯插头连接 T27c—27芯插头连接，左侧B柱上，右侧B柱上，黑色 T27d—27芯插头连接，左侧B柱上，右侧B柱上，黑色 R71—连接（正极、扬声器），在左后车门导线束中 R72—连接（负极、扬声器），在左后车门导线束中 R73—连接（正极、扬声器），在右后车门导线束中 R74—连接（负极、扬声器），在右后车门导线束中 *—仅用于带有8个扬声器的汽车（8RM）

图7-4-134

998

数据总线诊断接口、诊断接口

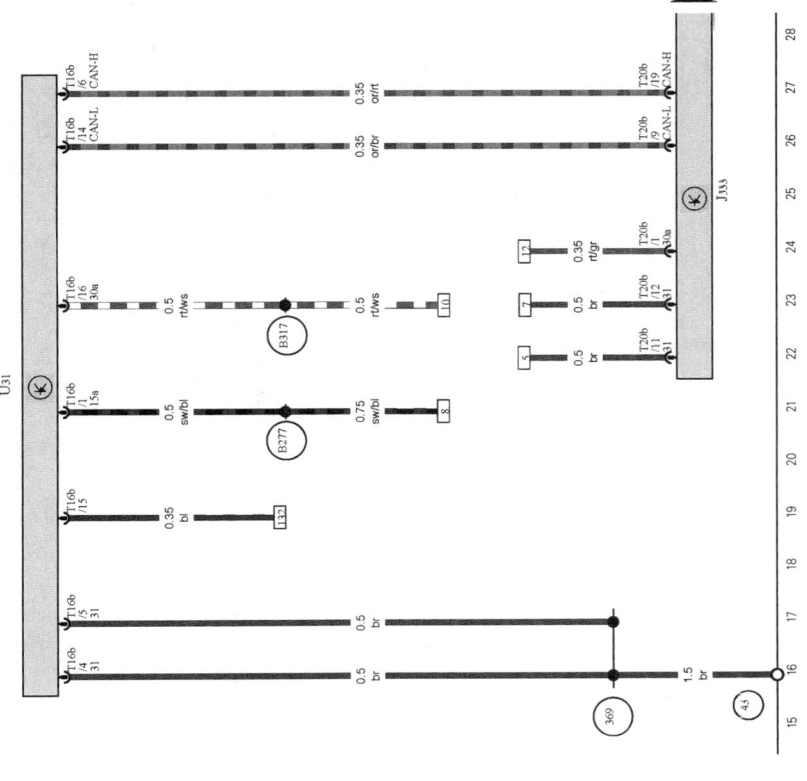

图 7-4-137

J533–数据总线诊断接口 T16b–16芯插头插接 T20b–20芯插头连接 黑色 U31–诊断接口 43–右侧
A柱下部接地点 369–接地连接4，在主导线束中 B277–正极连接1（15a），在主导线束中 B317–正极连接
3（30a），在主导线束中

接线端 15 供电继电器、保险丝架 A 上的保险丝 1

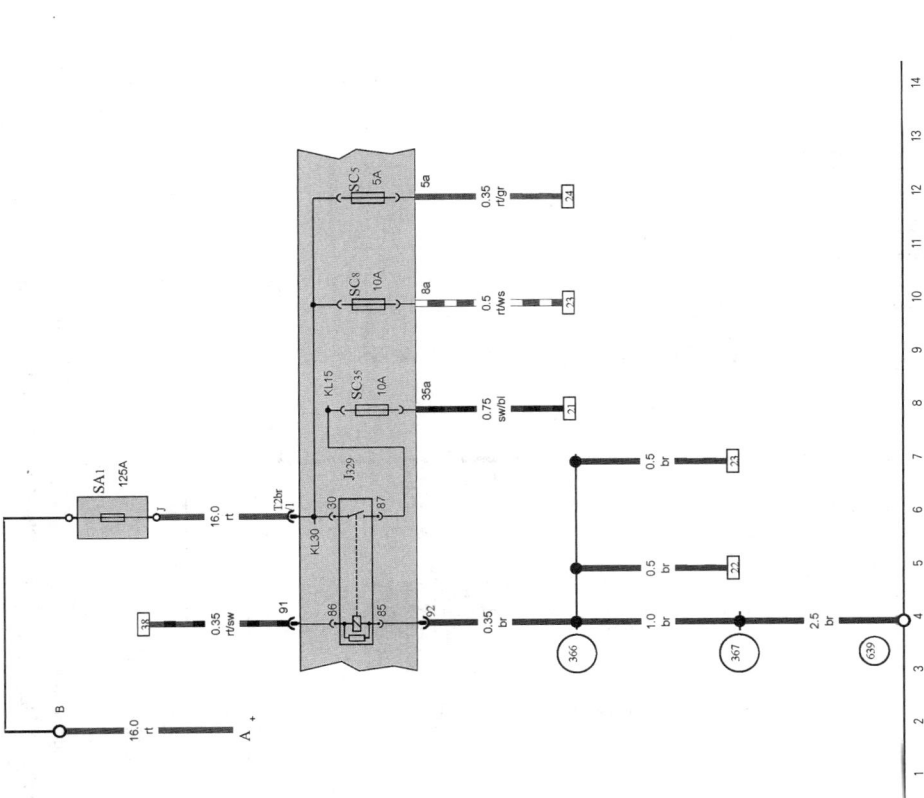

图 7-4-136

A–蓄电池 J329–接线端15供电继电器 SA1–保险丝架A上的保险丝1 SC5–保险丝架C上的保险丝5 SC8–
保险丝架C上的保险丝8 SC35–保险丝架C上的保险丝35 T2br–2芯插头连接，黑色 366–接地连接1，在主
导线束中 367–接地连接2，在主导线束中 639–左前A柱上的接地点

999

安全气囊卷簧和带滑环的复位环、组合仪表中的控制单元、车载电网控制单元、转向柱电子装置控制单元、数据总线诊断接口

全自动空调控制单元、空调器控制单元、车载电网控制单元、数据总线诊断接口

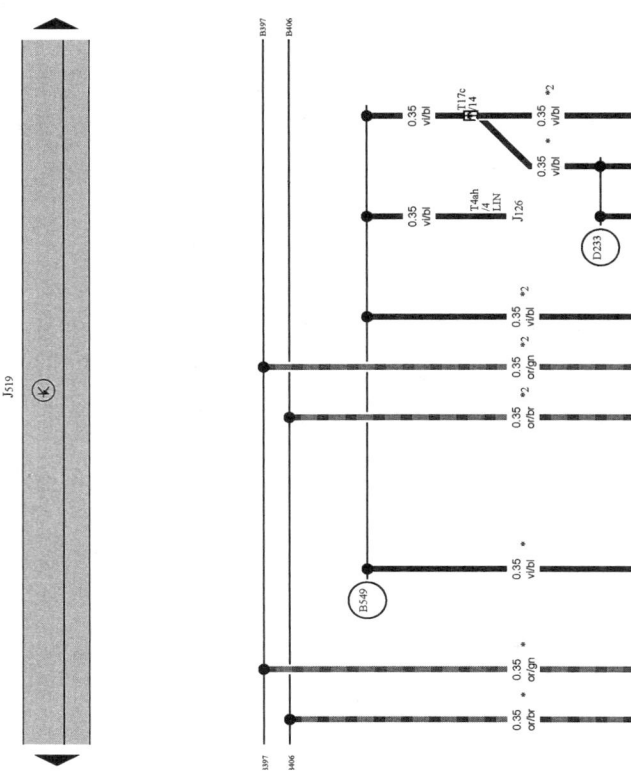

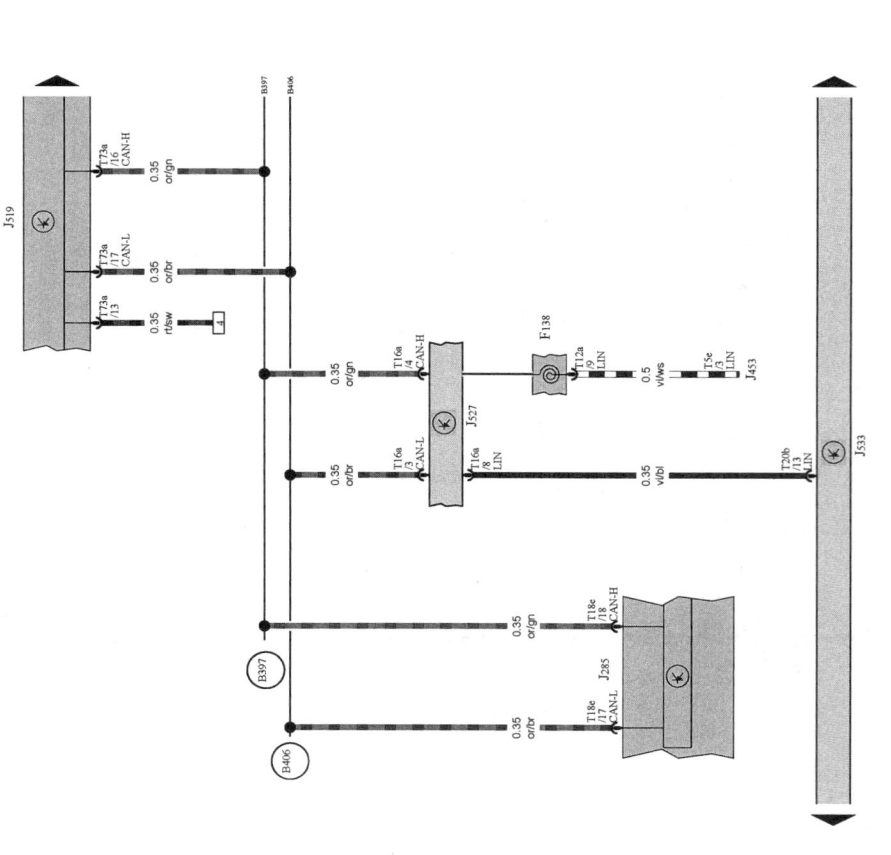

图7-4-138

F138-安全气囊卷簧和带滑环的复位环 J285-组合仪表中的控制单元 J453-多功能方向盘控制单元 J519-车载电网控制单元 J527-转向柱电子装置控制单元 J533-数据总线诊断接口 T5e-5芯插头连接，黑色 T12a-12芯插头连接，黑色 T16a-16芯插头连接，黑色 T18e-18芯插头连接，黑色 T20b-20芯插头连接，黑色 T73a-73芯插头连接，黑色 B397-连接1（舒适CAN总线，High），在主导线束中 B406-连接1（舒适CAN总线，Low），在主导线束中

G238-空气质量传感器 G805-冷却液循环管路压力传感器 J126-新鲜空气鼓风机控制单元 J255-全自动空调控制单元 J301-空调器控制单元 J519-车载电网控制单元 J533-数据总线诊断接口 T3ax-3芯插头连接，黑色 T3b-3芯插头连接，黑色 T4ah-4芯插头连接，黑色 T17c-17芯插头连接，接线站内，左侧A柱，红色 T20c-20芯插头连接，黑色 T20f-20芯插头连接，黑色 B397-连接1（舒适CAN总线，High），在主导线束中 B406-连接1（舒适CAN总线，Low），在主导线束中 B549-连接2（LIN总线），在主导线束中 D233-连接2（LIN总线），在发动机舱引导线束中 *-用于带全自动空调的汽车 *2-仅用于带电动调节风门的空调器

图7-4-139

1000

驾驶员侧车门控制单元、左后车门控制单元、车载电网控制单元、数据总线诊断接口、后备箱盖控制单元、转向柱联锁执行元件

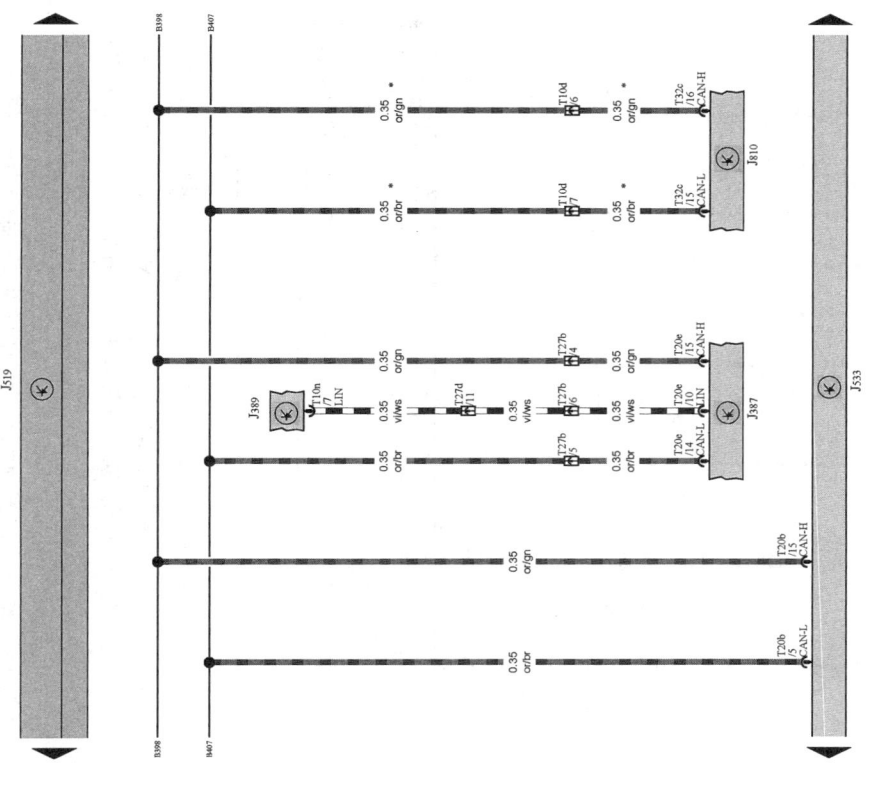

副驾驶员侧车门控制单元、右后车门控制单元、车载电网控制单元、数据总线诊断接口、驾驶员座椅调节控制单元

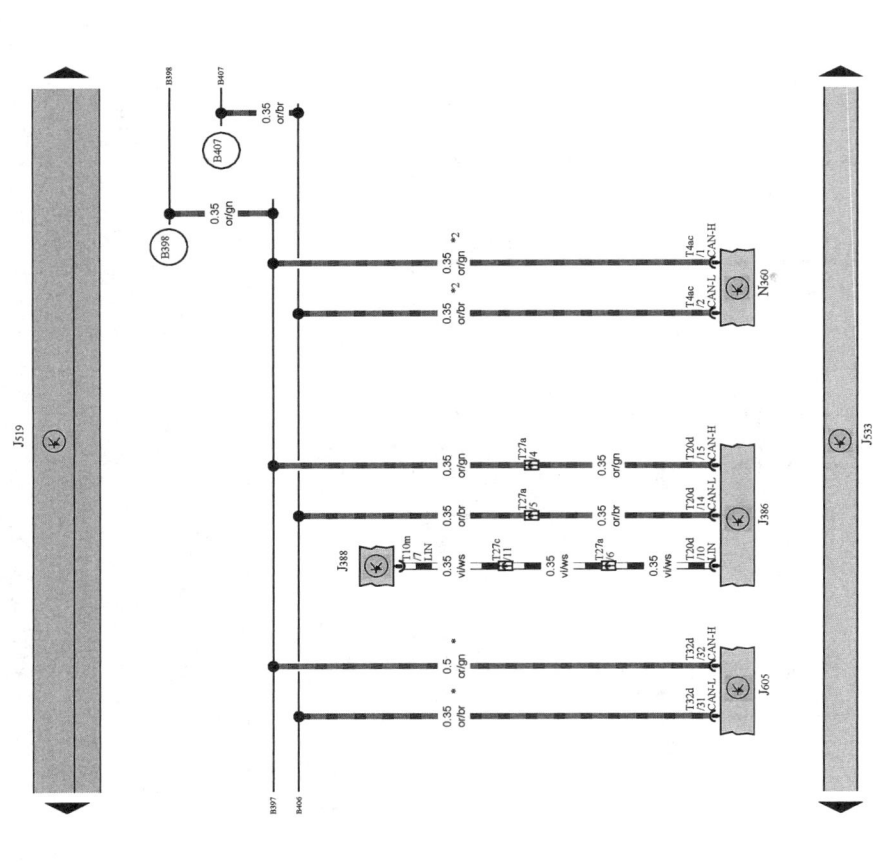

图7-4-141

J387-副驾驶员侧车门控制单元 J389-右后车门控制单元 J519-车载电网控制单元 J533-数据总线诊断接口 J810-驾驶员座椅调节控制单元 T10d-10芯插头连接，左前座椅的连接位置中 T10m-10芯插头连接，黑色 T20b-20芯插头连接，红色 T20e-20芯插头连接，黑色 T27b-27芯插头连接，右侧B柱上，黑色 T27d-27芯插头连接，左侧B柱上，黑色 B398-连接2 (舒适CAN总线，灰色 B398-连接2 (舒适CAN总线，High)，在主导线束中 B407-连接2 (舒适CAN总线，Low)，在主导线束中 *带有记忆功能的驾驶员座椅

图7-4-140

J386-驾驶员侧车门控制单元 J388-左后车门控制单元 J519-车载电网控制单元 J533-数据总线诊断接口 J605-后备箱盖控制单元 N360-转向柱联锁执行元件 T4ac-4芯插头连接，左侧A柱上，黑色 T10m-10芯插头连接，黑色 T20d-20芯插头连接，黑色 T27a-27芯插头连接，左侧A柱上，黑色 T27c-27芯插头连接，左侧B柱上，黑色 T32d-32芯插头连接，黑色 B397-连接1 (舒适CAN总线，High)，在主导线束中 B398-连接1 (舒适CAN总线，Low)，在主导线束中 B406-连接1 (舒适CAN总线，High)，在主导线束中 B407-连接1 (舒适CAN总线，Low)，在主导线束中 *仅用于带有后备箱盖关闭辅助功能的汽车 *2-仅用于带进入及启动许可的汽车

1001

滑动天窗控制单元、进入及启动许可控制单元、车载电网控制单元、数据总线诊断接口、
弯道灯和大灯照明距离调节控制单元

车载电网控制单元、数据总线诊断接口、弯道灯和大灯照明距离调节控制单元、盲区识别
控制单元、左前大灯、右前大灯

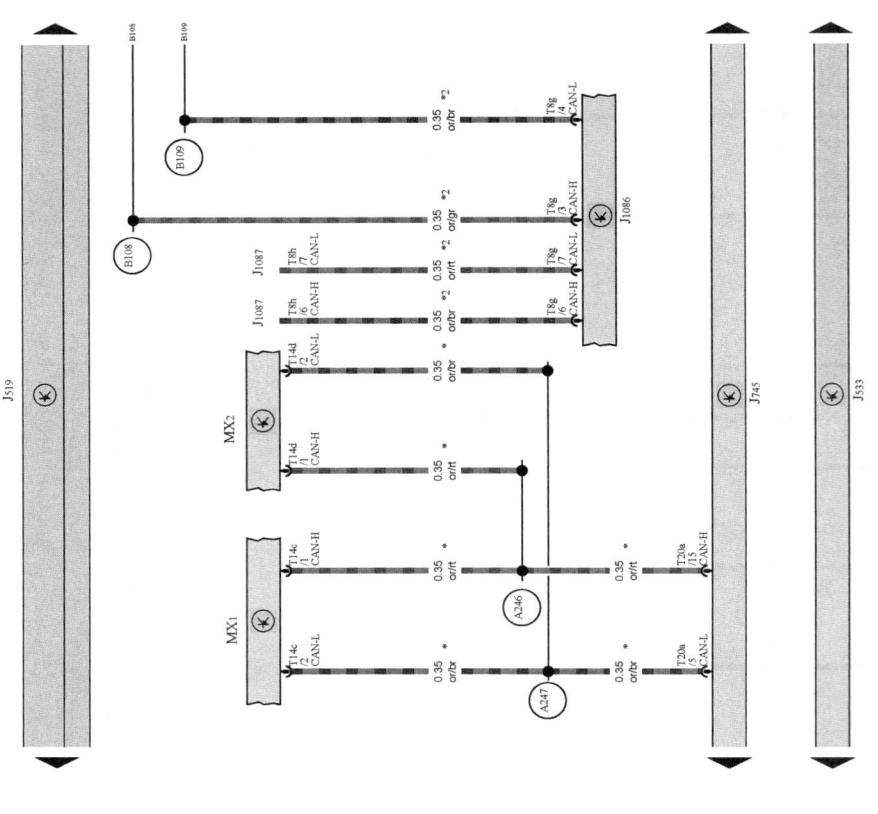

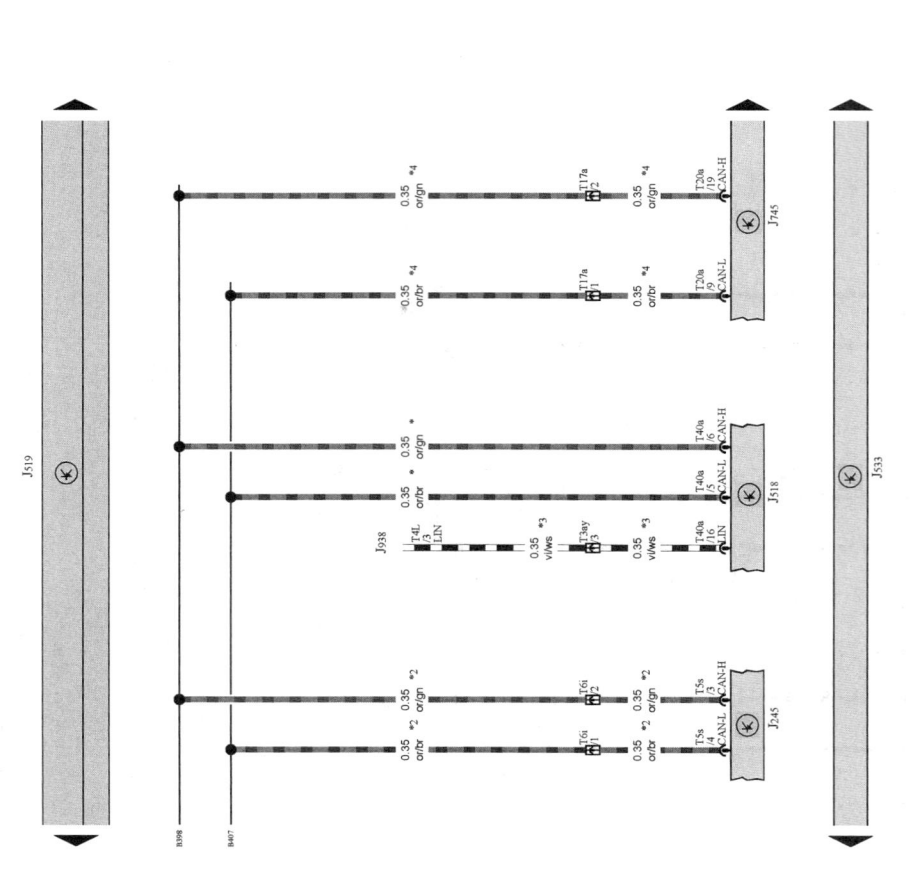

J245-滑动天窗控制单元 J518-进入及启动许可控制单元 J519-车载电网控制单元 J533-数据总线诊断接
口 J745-弯道灯和大灯照明距离调节控制单元 J938-后备箱盖开启装置控制单元 T3ay-3芯插头连接，右
后保险杠下方，黑色 T4L-4芯插头连接，黑色 T5s-5芯插头连接，黑色 T6i-6芯插头连接，前部车内照
明灯附近，黑色 T17a-17芯插头连接，接线站内，左侧A柱，黑色 T20a-20芯插头连接，棕色 T40a-40
芯插头连接，黑色 B398-连接2（舒适CAN总线）B407-连接2（舒适CAN总线，High），在主导线束中
Low），在主导线束中 *-仅用于带进入及启动许可的汽车 *2-仅用于带全景滑动天窗的汽车 *3-仅用于
带后备箱盖开启传感器的汽车 *4-仅用于带LED大灯的汽车

图 7-4-142

J519-车载电网控制单元 J533-数据总线诊断接口 J745-弯道灯和大灯照明距离调节控制单元 J1086-弯
区识别控制单元 J1087-盲区识别控制单元 MX1-左前大灯 MX2-右前大灯 T8g-8芯插头连接 T8h-8芯插头连接，黑色 T14c-14芯插头连接，黑色 T20a-20芯插头连接，黑色
棕色 A246-连接1（CAN总线，High），在发动机舱导线束中 A247-连接1（CAN总线，Low），在发
动机舱导线束中 B108-连接1（扩展CAN总线，High），在主导线束中 B109-连接1（扩展CAN总线，
Low），在主导线束中 *-仅用于带LED大灯的汽车 *2-仅用于带换道辅助系统的汽车

图 7-4-143

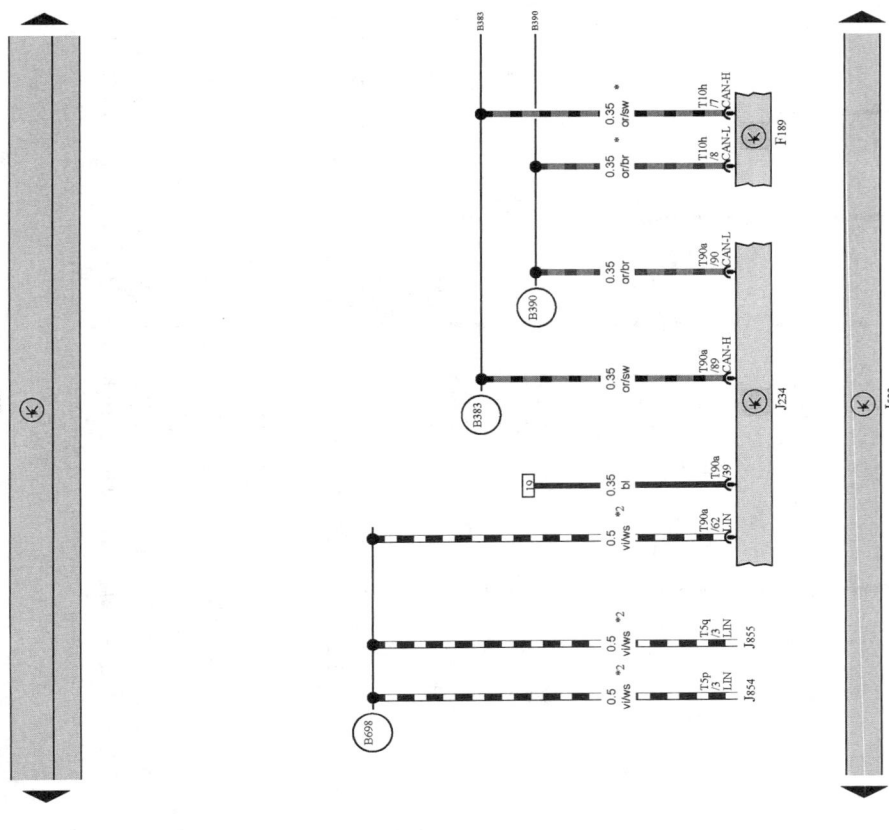

图 7-4-145

F189-Tiptronic 开关 J234-安全气囊控制单元 J519-车载电网控制单元 J533-数据总线诊断接口 J854-左前安全带拉紧器控制单元 J855-右前安全带拉紧器控制单元 T5p-5芯插头连接 T5q-5芯插头连接，白色 T10h-10芯插头连接，黑色 T90a-90芯插头连接，黄色 T90a-90芯插头连接，黑色 B383-连接1（驱动CAN总线、High），在主导线束中 B390-连接1（驱动CAN总线、Low），在主导线束中 B698-连接3（LIN线），在主导线束中 *-仅适用于带双离合器变速器的汽车 *2-仅用于带可逆安全带拉紧器的汽车

车载电网控制单元、数据总线诊断接口、弯道灯和大灯照明距离调节控制单元

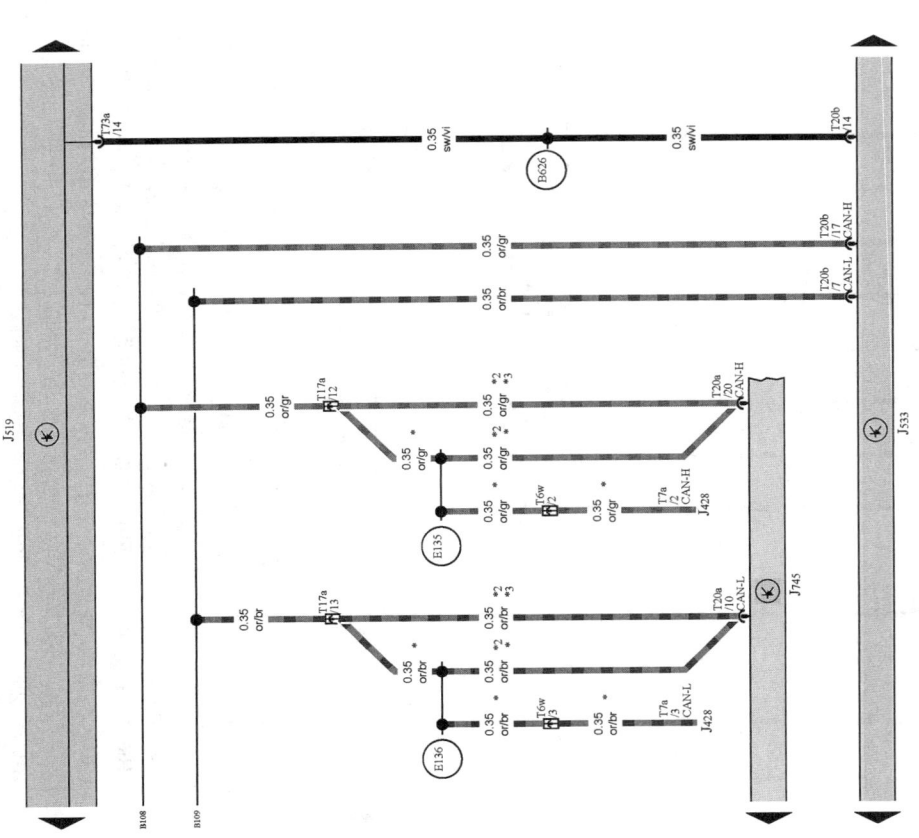

图 7-4-144

J428-车距调节控制单元 J519-车载电网控制单元 J533-数据总线诊断接口 J745-弯道灯和大灯照明距离调节控制单元 T6w-6芯插头连接，左前保险杠内 T17a-17芯插头连接，黑色 T20a-20芯插头连接，黑色 T20b-20芯插头连接，棕色 T73a-73芯插头连接，红色 B108-连接1（扩展CAN总线、High），在主导线束中 B109-连接1（扩展CAN总线、Low），在主导线束中 B626-正极连接2（15），在主导线束中 E135-连接（扩展CAN总线、High），在发动机舱导线束中 E136-连接（扩展CAN总线、Low），在发动机舱导线束中 *-用于带自动车距控制（ADR）的汽车 *2-仅用于带LED大灯的汽车 *3-仅用于不带车距控制（ADR）的汽车

车载电网控制单元、数据总线诊断接口、发动机控制单元、双离合器变速器机电装置

ABS 控制单元、车载电网控制单元、数据总线诊断接口

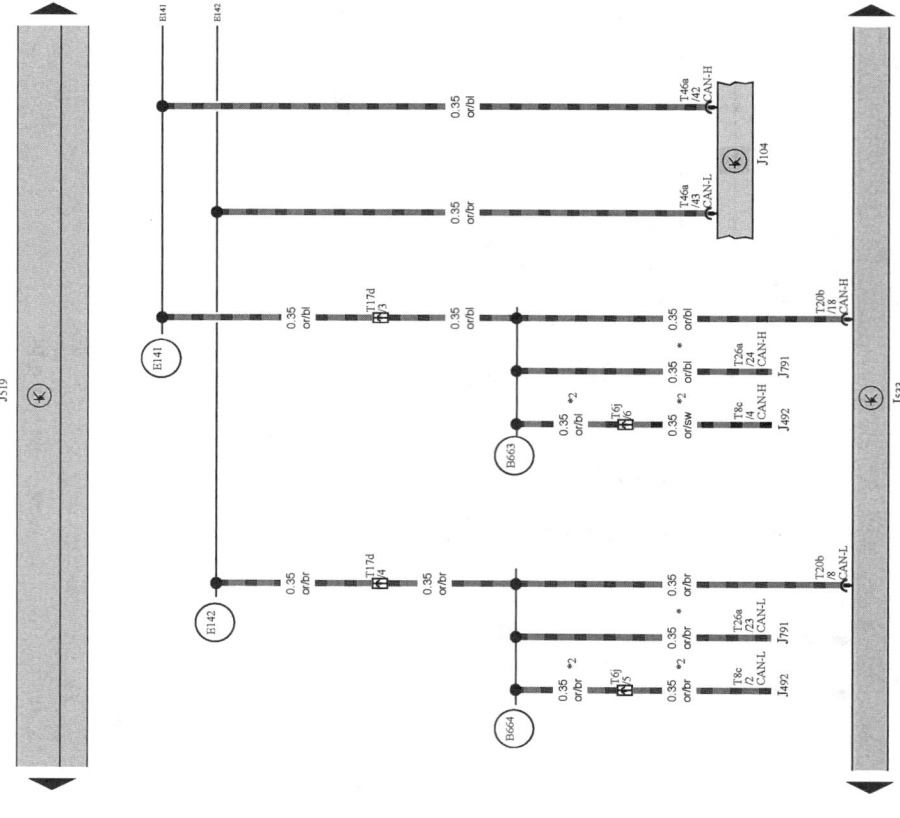

图 7-4-147

J104-ABS控制单元 J492-全轮驱动控制单元 J519-车载电网控制单元 J533-数据总线诊断接口 J791-泊车转向辅助系统控制单元 T6j-6芯插头连接，左侧油箱上，黑色 T8c-8芯插头连接，黑色 T17d-17芯插头连接，接线站内，左侧A柱 T26a-26芯插头连接，蓝色 T20b-20芯插头连接，红色 T46a-46芯插头连接，黑色 B663-连接（底盘传感器CAN总线，High），在主导线束中 B664-连接（底盘传感器CAN总线，Low），在主导线束中 E141-连接（底盘传感器CAN总线，High），在发动机舱导线束中 E142-连接（底盘传感器CAN总线，Low），在发动机舱导线束中 *-仅用于带泊车转向辅助系统的汽车 *2-用于带全轮驱动的汽车

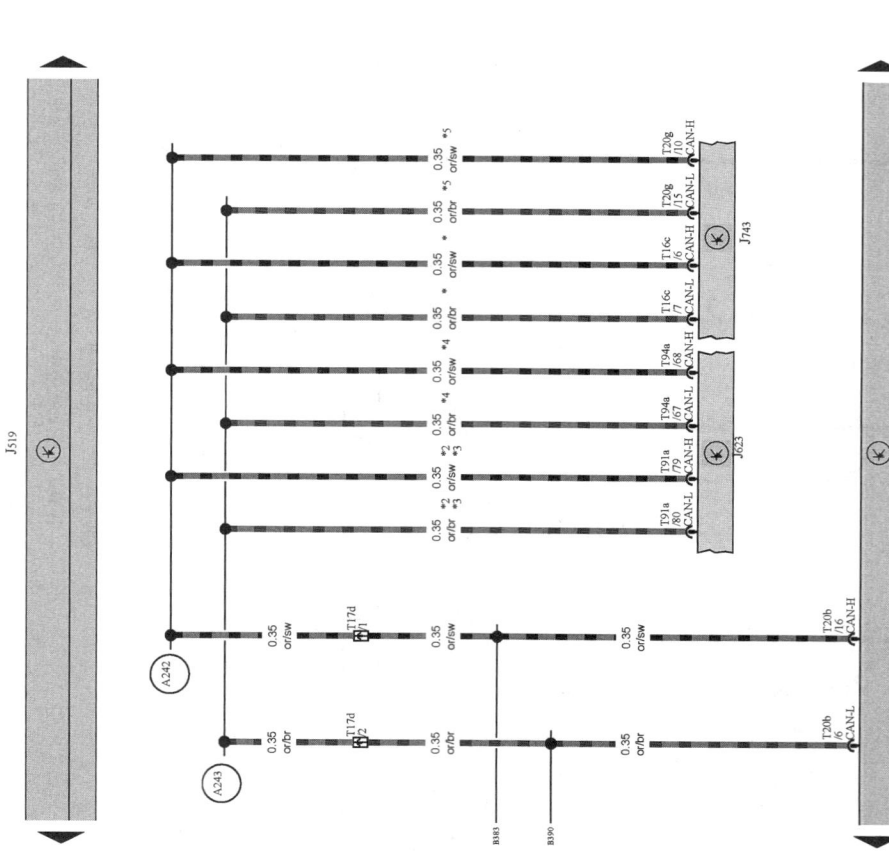

图 7-4-146

J519-车载电网控制单元 J533-数据总线诊断接口 J623-发动机控制单元 J743-双离合器变速器机电装置 T16c-16芯插头连接，黑色 T17d-17芯插头连接，接线站内，左侧A柱 T20b-20芯插头连接，蓝色 T20g-20芯插头连接，黑色 T91a-91芯插头连接，黑色 T94a-94芯插头连接，黑色 A242-连接1（驱动CAN总线，High），在发动机舱导线束中 A243-连接1（驱动CAN总线，Low），在发动机舱导线束中 B383-连接1（驱动CAN总线，High），在主导线束中 B390-连接1（驱动CAN总线，Low），在主导线束中 *-仅适用于带双离合器变速器的汽车 *2-仅用于带1.8L发动机的汽车 *3-仅用于带2.0L发动机的汽车 *4-仅用于带1.4L发动机的汽车 *5-用于带双离合器变速器0D9的汽车

1004

车载电网控制单元、数据总线诊断接口

助力转向控制单元、车载电网控制单元、数据总线诊断接口

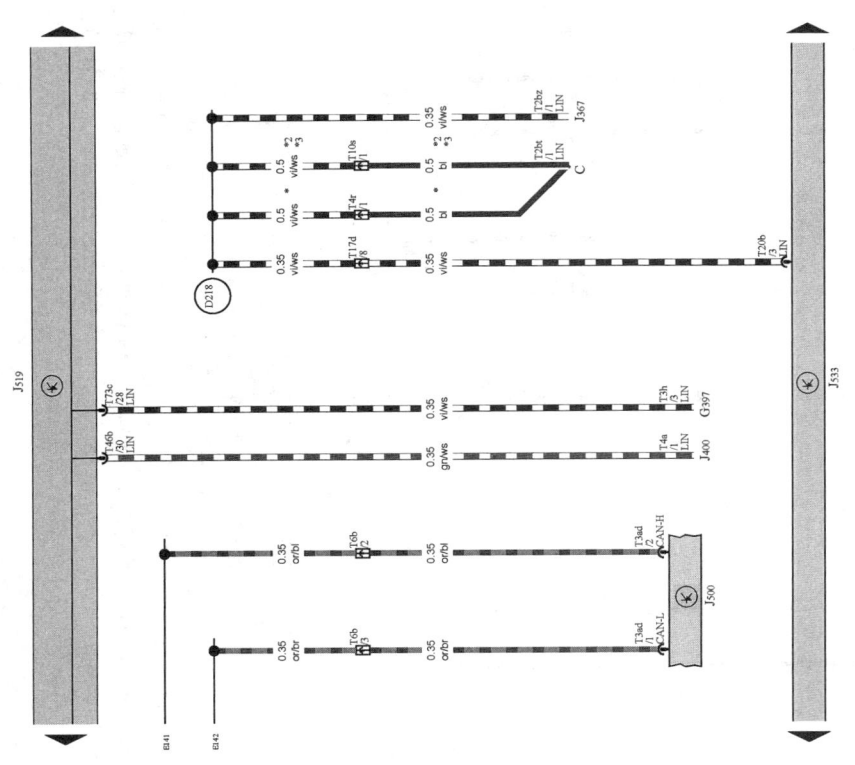

J519-车载电网控制单元 J533-数据总线诊断接口 L203-左前车门背景照明灯 L204-右前车门背景照明灯2 L205
2 L205 左后车门背景照明灯2 T3ah-3芯插头连接，黑色 T3ai-3芯插头连接，黑色 T3ak-3芯插头连接，
黑色 T3aL-3芯插头连接，黑色 T3an-3芯插头连接，黑色 T3ap-3芯插头连接，黑色 T27a-27芯插头连
接，左侧A柱上，黑色 T27b-27芯插头连接，右侧A柱上，黑色 T27c-27芯插头连接，左侧B柱上，黑色
T73c-73芯插头连接，接线站内，左侧A柱 T73c-73芯插头连接1（LIN总线） 在主导线束中 R122-连接（LIN总线），在左后
车门电缆导线束中 R125-连接（LIN总线），在驾驶员侧车门电缆导线束中 R126-连接（LIN总线），在
副驾驶员侧车门电缆导线束中 *-仅用于带氛围灯型号1的汽车

图7-4-149

C-交流发电机 G397-雨水与光线识别传感器 J367-蓄电池监控控制单元 J400-刮水器电机控制单元
J500-助力转向控制单元 J519-车载电网控制单元 J533-数据总线诊断接口 T2bt-2芯插头连接，黑色
I2bz-2芯插头连接，黑色 T3ad-3芯插头连接，黑色 T3h-3芯插头连接，黑色 T4a-4芯插头连接，黑色
T4r-4芯插头连接，发动机舱内左前，黑色 T6b-6芯插头连接，发动机舱内左后，黑色 T10s-10芯插头连
接，发动机舱内左前，黑色 T17d-17芯插头连接，接线站内，左侧A柱，蓝色 T20b-20芯插头连接，红
色 T46b-46芯插头连接，黑色 T73c-73芯插头连接，黑色 D218-连接1（LIN总线），在发动机舱导线
束中 E141-连接（底盘传感器CAN总线，Low），在发动机舱导线束中 E142-连接（底盘传感器CAN总
线，High），在发动机舱导线束中 *-仅用于带1.4L发动机的汽车 *2-仅用于带1.8L发动机的汽车 *3-仅
用于带2.0L发动机的汽车

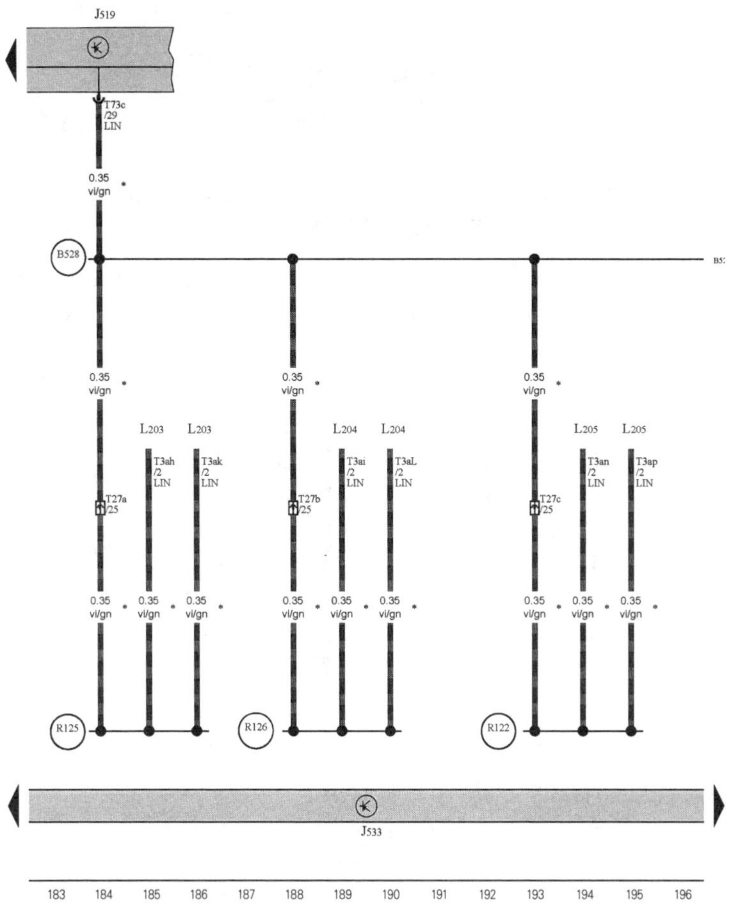

图7-4-148

1005

接线端 15 供电继电器、车载电网控制单元

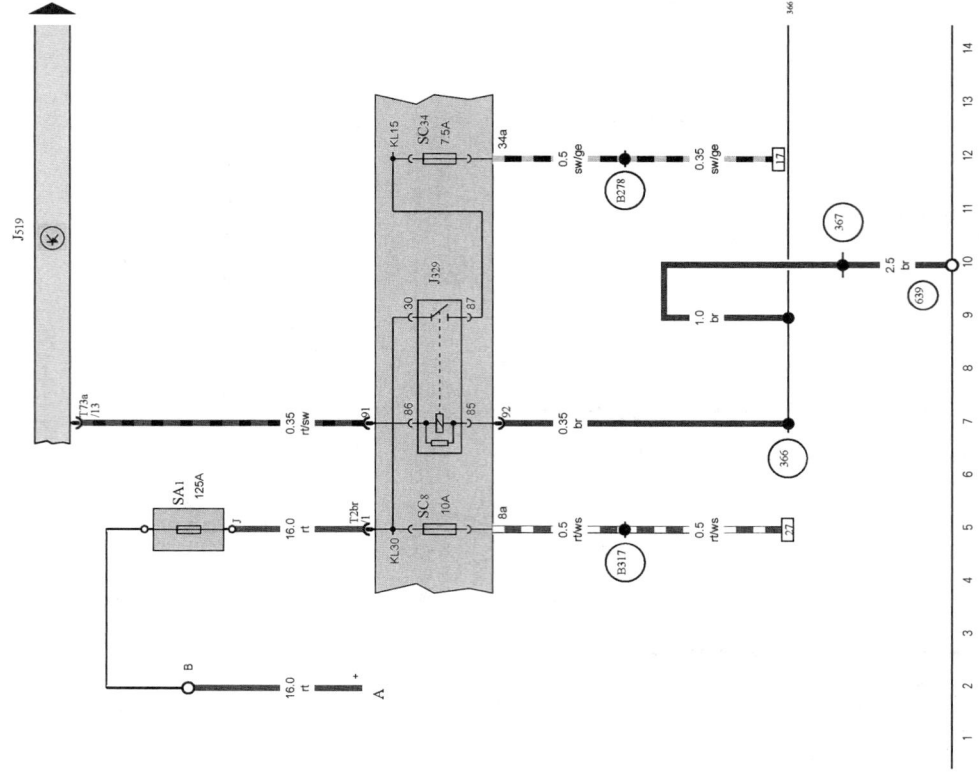

A-蓄电池 J329-接线端15供电继电器 J519-车载电网控制单元 SA1-保险丝架A上的保险丝1 SC8-保险丝架C上的保险丝8 SC34-保险丝架C上的保险丝34 T2br-2芯插头连接 T73a-73芯插头连接、黑色 B278-正极连接2 366-接地连接1、在主导线束中 367-接地连接2、在主导线束中 639-左侧A柱上的接地点 B317-正极连接3（30a）、在主导线束中（15a）、在主导线束中 B278-正极连接2

图 7-4-151

数据总线诊断接口、电子通信信息设备 1 控制单元

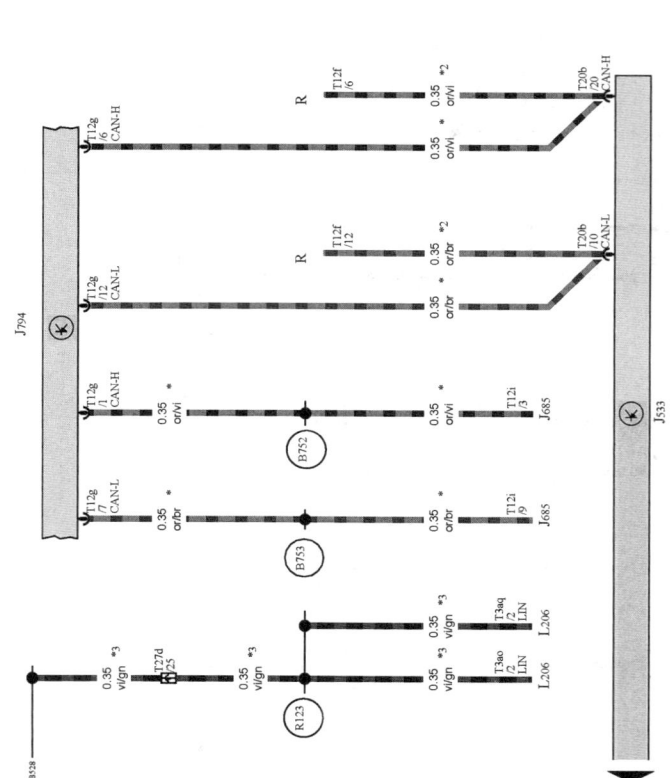

J533-数据总线诊断接口 J685-前部信息显示和操作单元控制单元的显示单元 J794-电子通信信息设备1控制单元 L206-右后车门背景照明灯2 R-收音机 T3ao-3芯插头连接、黑色 T3aq-3芯插头连接、黑色 T12f-12芯插头连接、灰色 T12g-12芯插头连接、灰色 T12i-12芯插头连接、灰色 T20b-20芯插头连接、黑色 T27d-27芯插头连接、右侧B柱上、黑色 B528-连接1（LIN总线）、在主导线束中 B752-连接2（显示与操作系统CAN总线、Low）R123-连接（LIN总线）B753-连接2（显示与操作系统CAN总线、High）*-仅用于带导航系统收音机的汽车 *2-仅用于带氛围灯型号1的汽车 *3-仅用于带氛围灯型号1的汽车

图 7-4-150

组合仪表中的控制单元、机油油位指示灯、 "红色三角形"（警告）标志指示灯、电动驻 车制动器和手制动器故障指示灯

雨水与光线识别传感器、车载电网控制单元、自动防眩车内后视镜

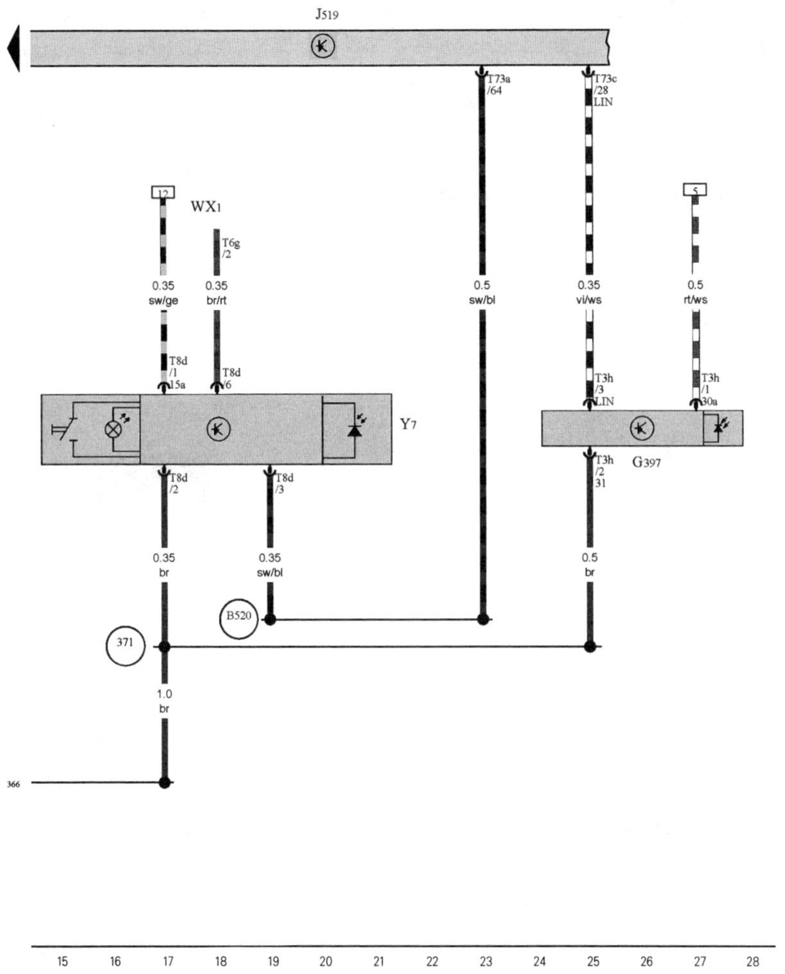

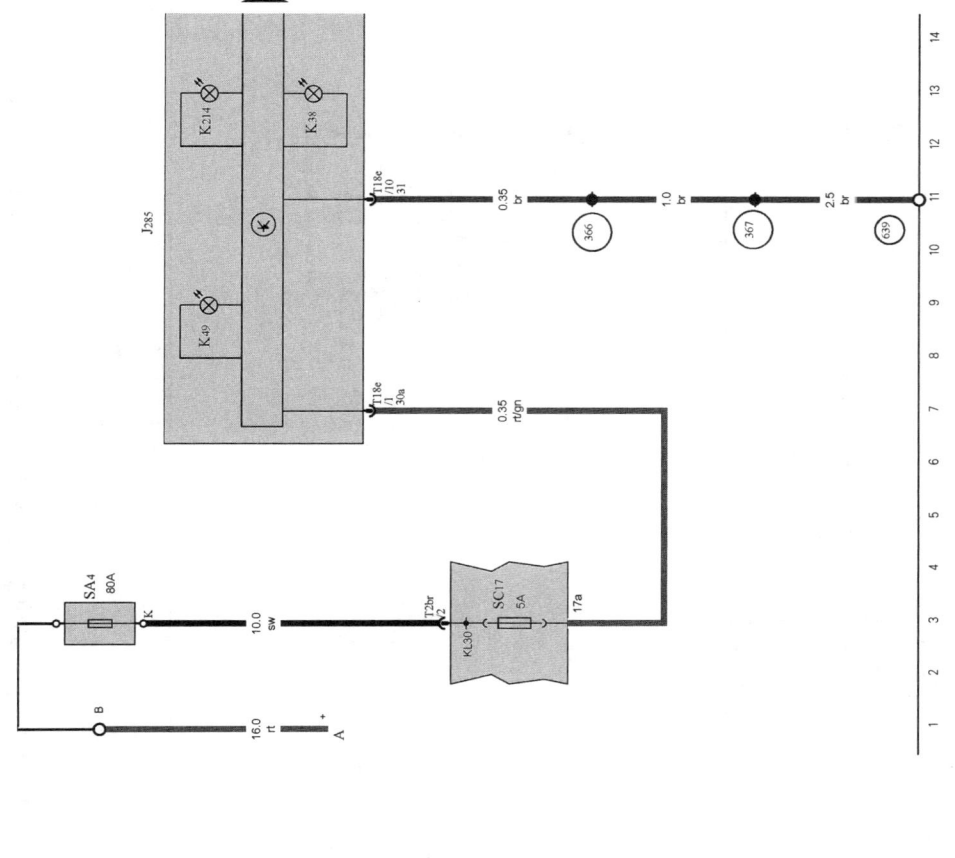

图 7-4-153

图 7-4-152

A–蓄电池 J285–组合仪表中的控制单元 K38–机油油位指示灯 K49– "红色三角形"（警告）标志指示灯 K214–电动驻车制动器和手制动器故障指示灯 SA4–保险丝架A上的保险丝4 SC17–保险丝架C上的保险丝17 T2br–2芯插头连接 T18e–18芯插头连接 366–接地连接，黑色 367–接地连接，在主导线束中 639–左A柱上的接地点

1007

G397–雨水与光线识别传感器 J519–车载电网控制单元 T3h–3芯插头连接，黑色 T6g–6芯插头连接，蓝色 T8d–8芯插头连接，黑色 T73a–73芯插头连接，黑色 T73c–73芯插头连接，黑色 WX1–前内灯 Y7–自动防眩车内后视镜 366–接地连接1，在主导线束中 371–接地连接6，在主导线束中 B520–连接（RF），在主导线束中

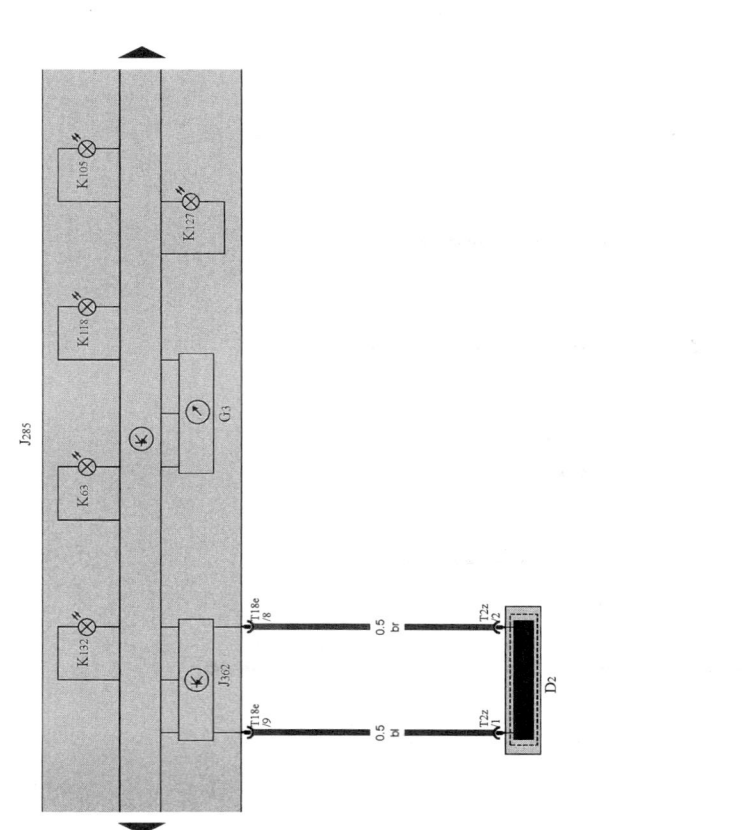

防盗锁止系统识读线圈、冷却液温度表、组合仪表中的控制单元、防盗锁止系统控制单元、“黄色三角形”（注意）标志指示灯、带语音提示的全面自检系统、燃油表指示灯、制动系统指示灯、后备箱盖打开指示灯、电子油门故障信号灯

D2–防盗锁止系统识读线圈 G3–冷却液温度表 J285–组合仪表中的控制单元 J362–防盗锁止系统控制单元 K63–“黄色三角形”（注意）标志指示灯、带语音提示的全面自检系统 K105–燃油表指示灯 K118–制动系统指示灯 K127–后备箱盖打开指示灯 K132–电子油门故障信号灯 T2z–2芯插头连接，黑色 T18e–18芯插头连接，黑色

图 7–4–154

燃油表传感器、燃油表、多功能显示器、组合仪表中的控制单元、远光灯指示灯、发电机指示灯、机油压力指示灯、冷却液温度和冷却液不足显示指示灯

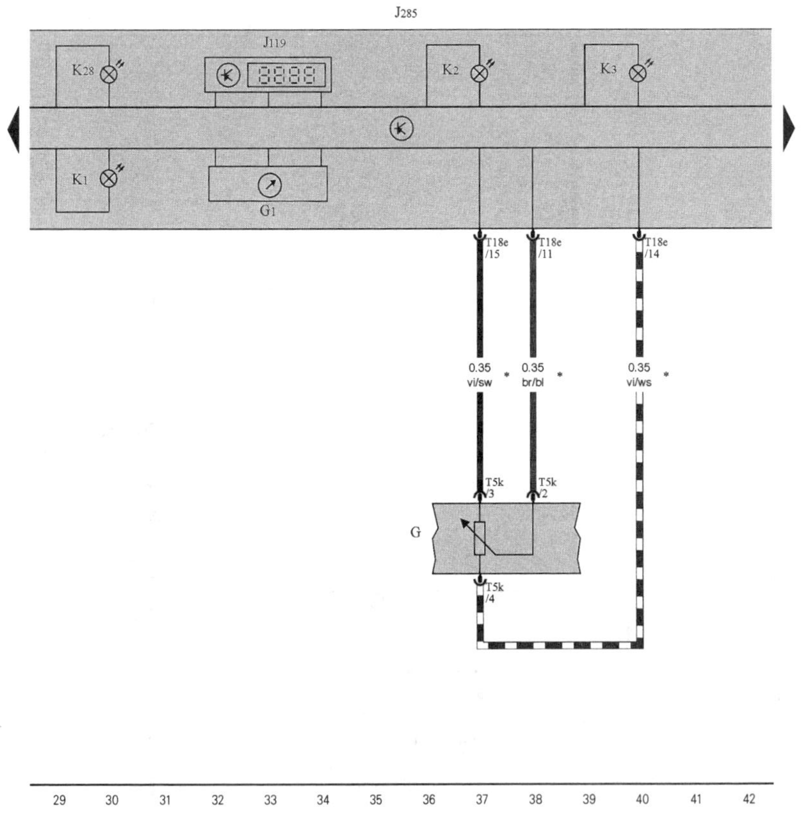

G–燃油表传感器 G1–燃油表 J119–多功能显示器 J285–组合仪表中的控制单元 K1–远光灯指示灯 K2–发电机指示灯 K3–机油压力指示灯 K28–冷却液温度和冷却液不足显示指示灯 T5k–5芯插头连接，黑色 T18e–18芯插头连接，黑色 *–仅用于带前轮驱动的汽车

图 7–4–155

车速表、组合仪表中的控制单元、安全带警告指示灯、废气警告灯、机电式助力转向器指示灯、车门打开指示灯、灯泡失灵指示灯、发动机罩打开指示灯、组合仪表照明灯泡

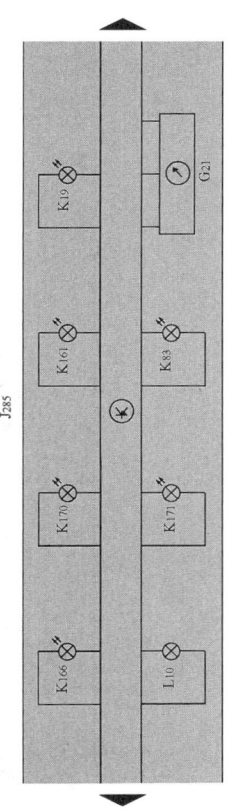

J285

G21-车速表 J285-组合仪表中的控制单元 K19-安全带警告指示灯 K83-废气警告灯 K161-机电式助力转向器指示灯 K166-车门打开指示灯 K170-灯泡失灵指示灯 K171-发动机罩打开指示灯 L10-组合仪表照明灯泡

图7-4-157

组合仪表中的控制单元、后雾灯指示灯、定速巡航装置指示灯、ABS指示灯、左侧转向信号灯指示灯、安全气囊指示灯、右侧转向信号灯指示灯、电子稳定程序和ASR指示灯、电子稳定程序和ASR指示灯2

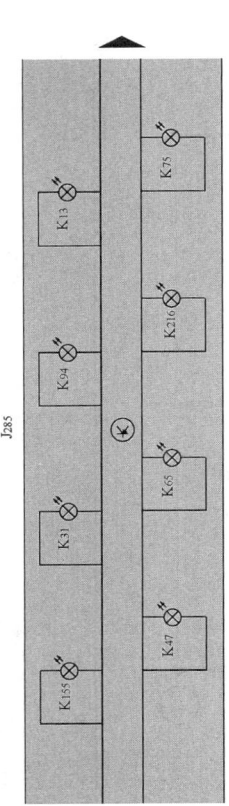

J285

J285-组合仪表中的控制单元 K13-后雾灯指示灯 K31-定速巡航装置指示灯 K47-ABS指示灯 K65-左侧转向信号灯指示灯 K75-安全气囊指示灯 K94-右侧转向信号灯指示灯 K155-电子稳定程序和ASR指示灯 K216-电子稳定程序和ASR指示灯2

图7-4-156

燃油表传感器、转速表、附加油箱的燃油表传感器、警报蜂鸣器和警报音、组合仪表中的
控制单元、选挡杆指示灯、轮胎压力监控显示指示灯

组合仪表中的控制单元、车载电网控制单元、数据总线诊断接口、车道保持辅助系统指示灯

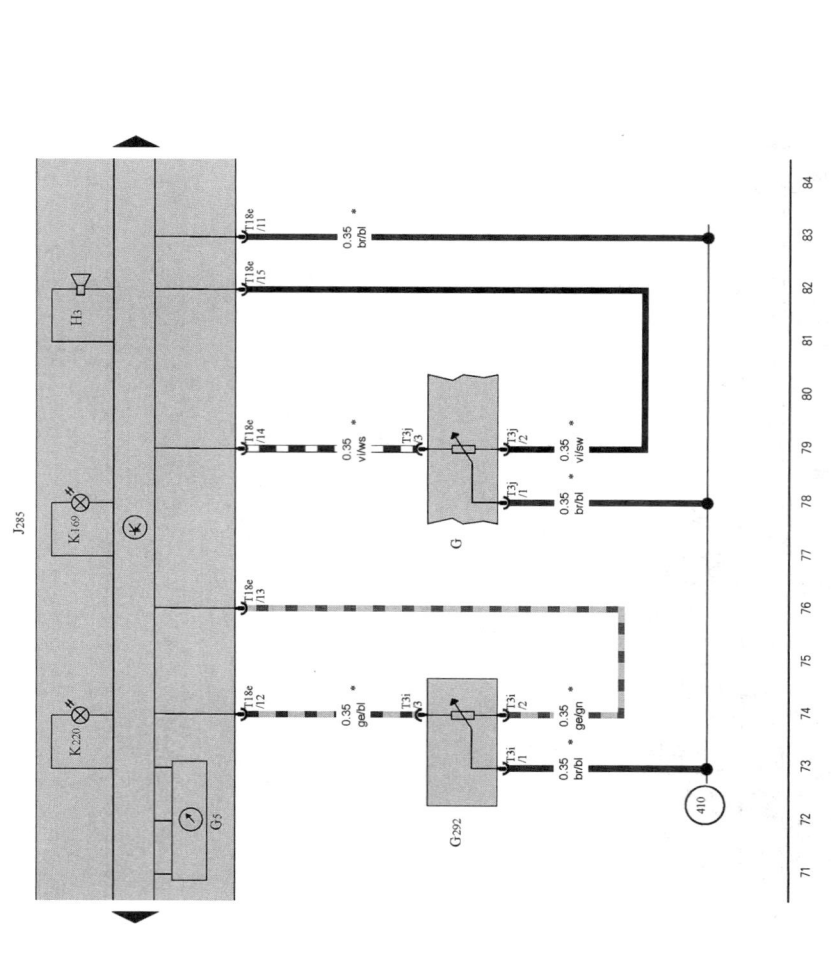

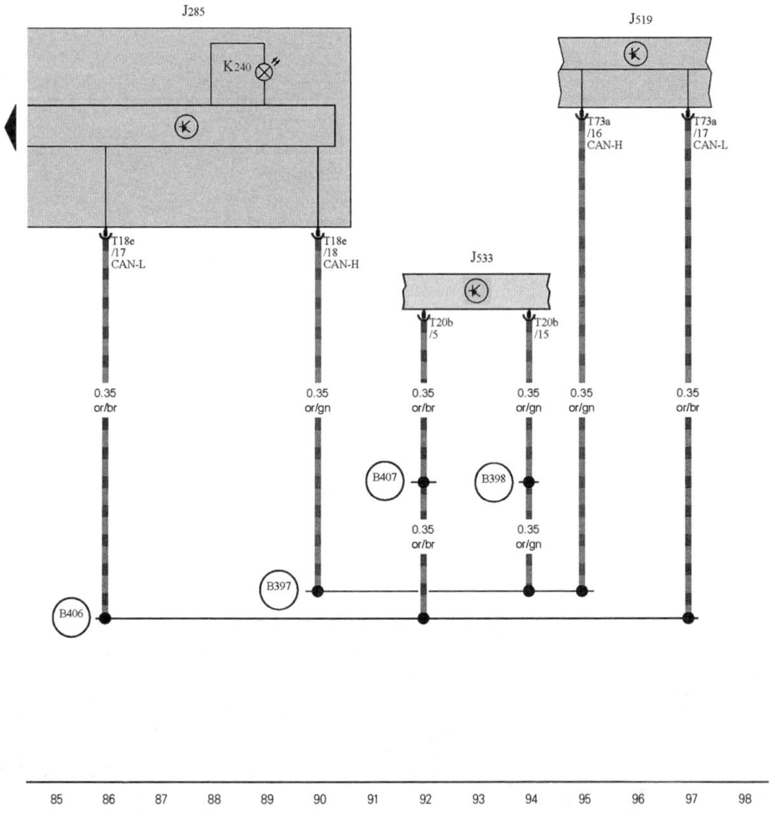

图 7-4-159

图 7-4-158

G-燃油表传感器 G5-转速表 G292-附加油箱的燃油表传感器 H3-警报蜂鸣器和警报音 J285-组合仪表中的控制单元 J519-车载电网控制单元 J533-数据总线诊断接口 K240-车道保持辅助系统指示灯 T18e-18芯插头连接，红色 T73a-73芯插头连接，黑色 T20b-20芯插头连接，黑色 T3j-3芯插头连接，黑色 B397-连接1（舒适CAN总线，High），在主导线束中 B398-连接2（舒适CAN总线，High），在主导线束中 B406-连接1（舒适CAN总线，Low），在主导线束中 B407-连接2（舒适CAN总线，Low），在主导线束中

J285-组合仪表中的控制单元 G292-附加油箱的燃油表传感器 J285-组合仪表中的控制单元 K169-选挡杆指示灯 K220-轮胎压力监控显示指示灯 T3i-3芯插头连接 T3j-3芯插头连接，黑色 T18e-18芯插头连接，黑色 410-接地连接1（传感器接地），在主导线束中 *-仅用于带全轮驱动的汽车

1010

蓄电池、蓄电池监控控制单元、保险丝架 A 上的保险丝 1、保险丝 2、保险丝架 A 上的保险丝 3

保险丝架 B、保险丝架 A 上的保险丝 4、保险丝架 A 上的保险丝 5

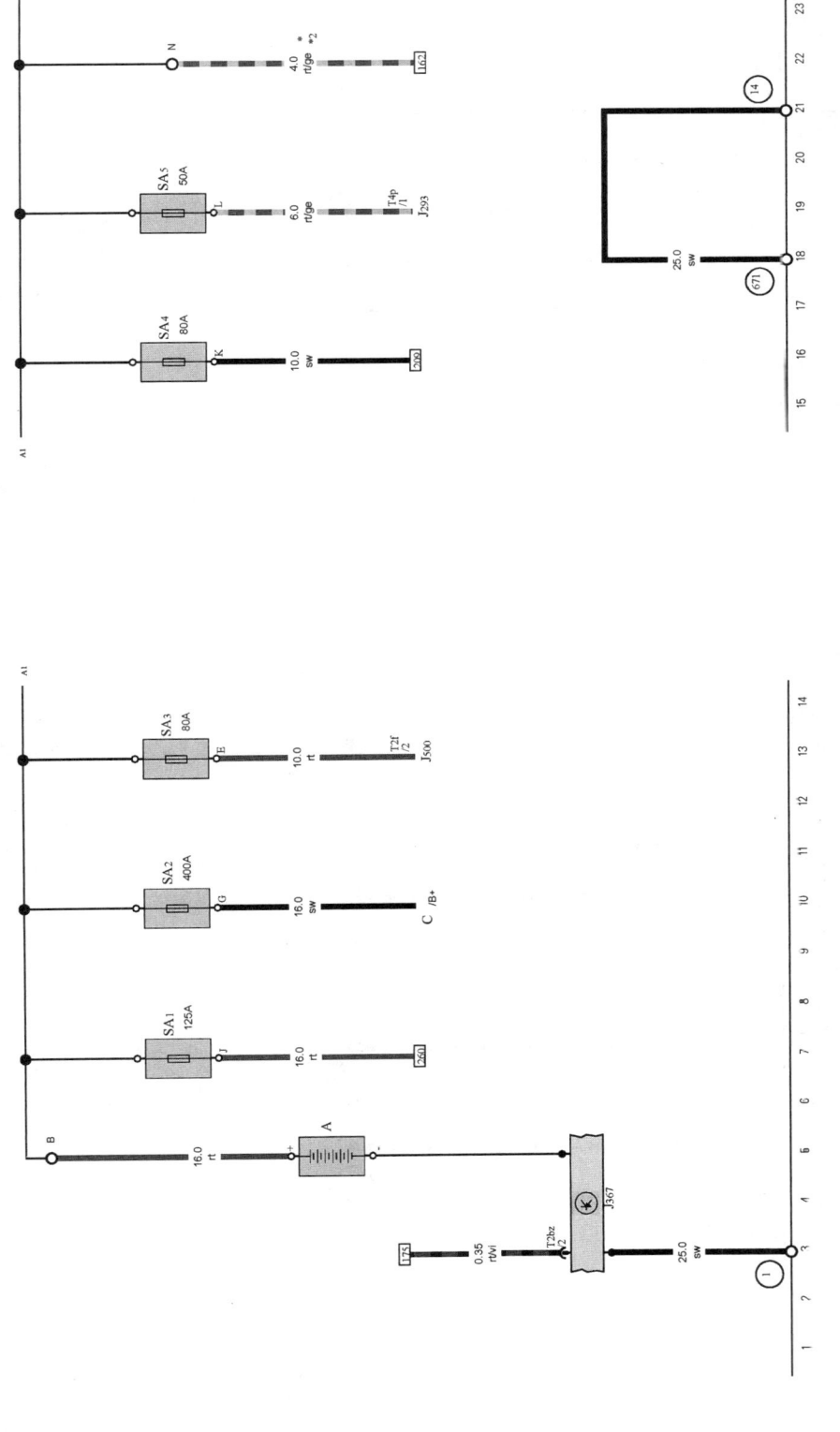

图 7-4-160

A-蓄电池 C-交流发电机 J367-蓄电池监控控制单元 J500-助力转向控制单元 SA1-保险丝架 A 上的保险丝 1 SA2-保险丝架 A 上的保险丝 2 SA3-保险丝架 A 上的保险丝 3 T2bz-2 芯插头连接 T2f-2 芯插头连接、黑色 T2k-2 芯插头连接、黑色 1-接地带、蓄电池-车身

图 7-4-161

J104-ABS 控制单元 J293-散热器风扇控制单元 SB-保险丝架 B SB1-保险丝架 B 上的保险丝 1 SB2-保险丝架 B 上的保险丝 1 SA4-保险丝架 A 上的保险丝 4 SA5-保险丝架 A 上的保险丝 5 T4p-4 芯插头连接 T46a-46 芯插头连接、黑色 671-左前纵梁上的接地点 1-变速器上的接地点 *-用于带双离合器变速器的汽车 *2-用于带双离合器变速器 0D9 的汽车

双音喇叭继电器、主继电器、保险丝架 B

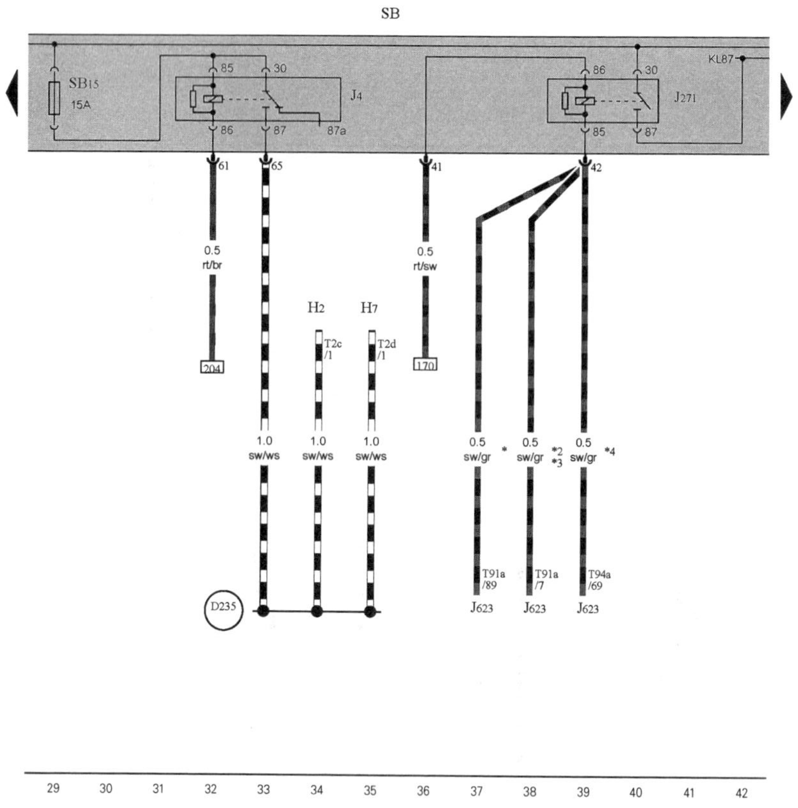

保险丝架 B

SB

图 7-4-162

图 7-4-163

H2-高音扬声器 H7-低音扬声器 J4-双音喇叭继电器 J271-主继电器 J623-发动机控制单元 SB-保险丝架B SB15-保险丝架B上的保险丝15 T2c-2芯插头连接 T2d-2芯插头连接，黑色 T91a-91芯插头连接，黑色 T94a-94芯插头连接，黑色 D235-连接，黑色 D180-连接，黑色 *-用于带发动机舱导线束中 *2-用于带1.8L发动机型号代码DBFA的汽车 *3-用于带发动机型号代码CUGA的汽车 *4-用于带发动机型号代码DBFA的汽车 带1.4L发动机的汽车

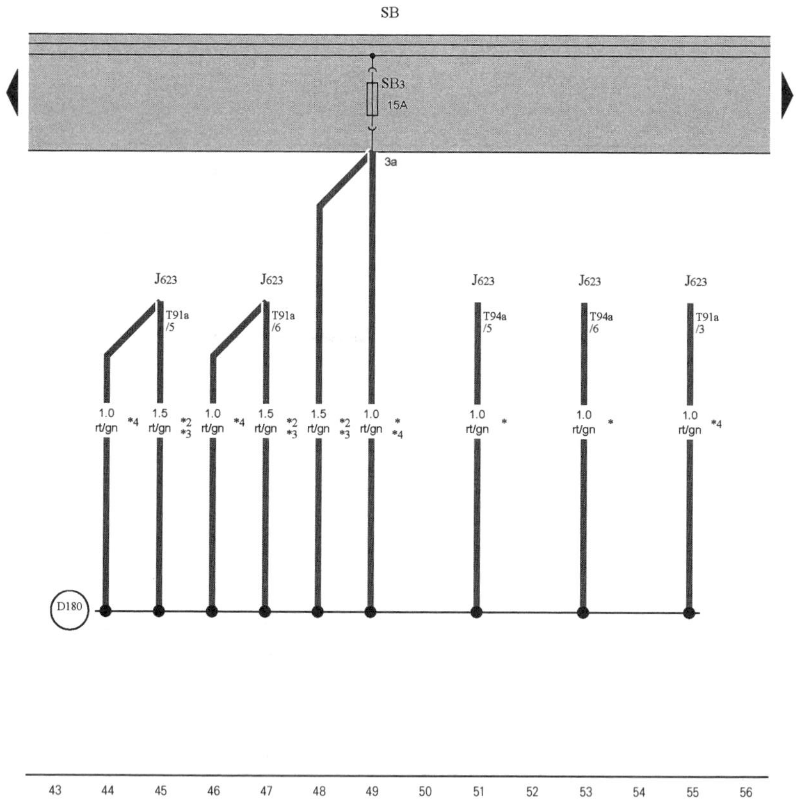

J623-发动机控制单元 SB-保险丝架B SB3-保险丝架B上的保险丝3 T91a-91芯插头连接 芯插头连接，黑色 D180-连接，黑色（87a），在发动机舱导线束中 *-用于带1.4L发动机的汽车 *2-用于带1.8L 发动机的汽车 *3-用于带发动机型号代码CUGA的汽车 *4-用于带发动机型号代码DBFA的汽车

1012

保险丝架 B

保险丝架 B

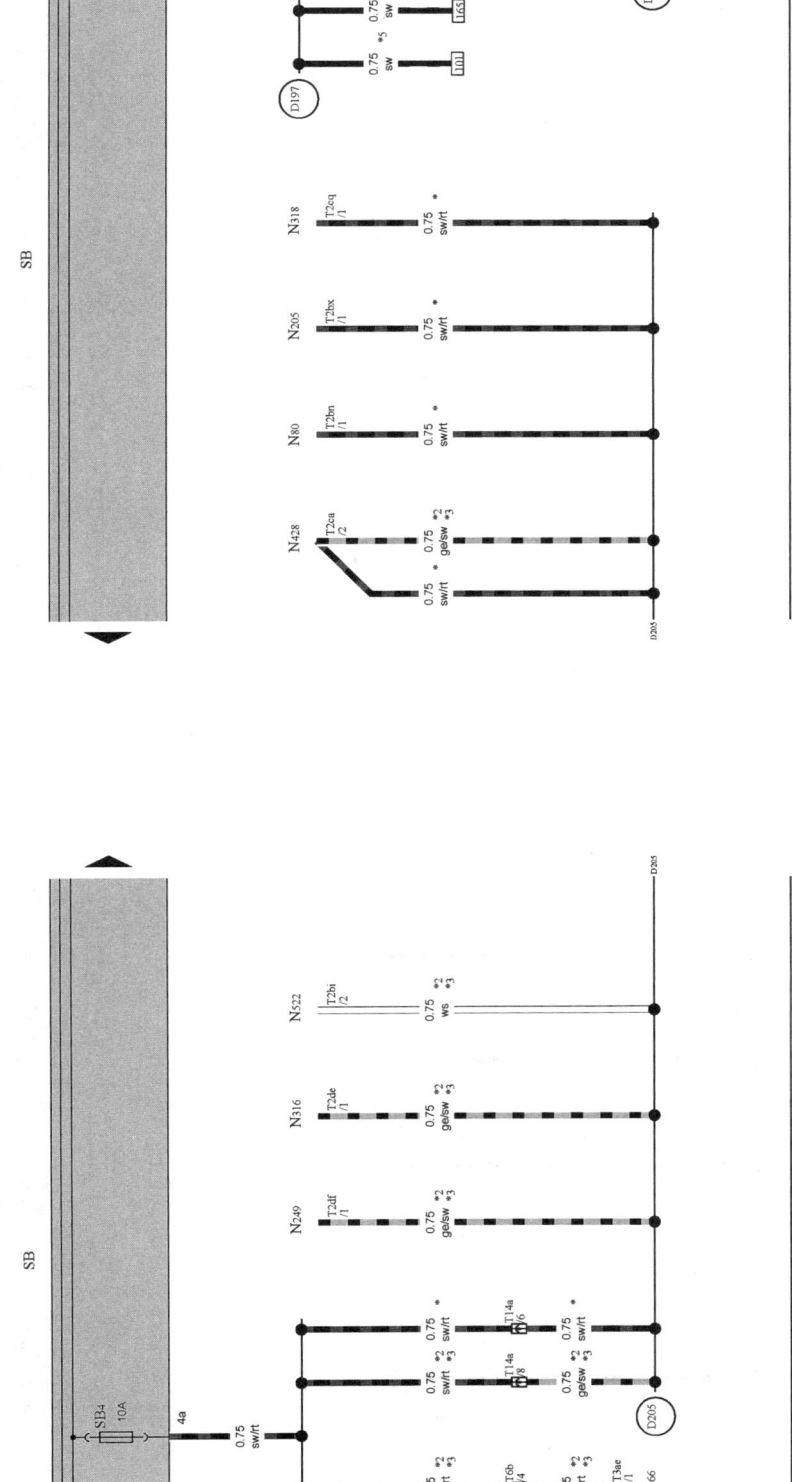

图 7-4-164

图 7-4-165

G266-机油油位和机油温度传感器 J293-散热器风扇控制单元 N249-涡轮增压器循环空气阀 N316-进气歧管风门阀门 N522-活塞冷却喷嘴控制阀 SB-保险丝架B SB4-保险丝架B上的保险丝4 T2bi-2芯插头连接，黑色 T2de-2芯插头连接，黑色 T2df-2芯插头连接，黑色 T3ae-3芯插头连接，黑色 T4p-4芯插头连接，黑色 T6b-6芯插头连接，黑色 T14a-14芯插头连接3（87a），发动机预接线导线束中 *-用于带1.8L发动机的汽车 *2-用于带1.4L发动机的汽车 *3-用于带2.0L发动机的汽车

N80-活性炭罐电磁阀1 N205-凸轮轴调节阀1 N318-排气轮轴调节阀1 N428-机油压力调节阀 SB-保险丝架B SB5-保险丝架B上的保险丝5 T2bn-2芯插头连接，黑色 T2bx-2芯插头连接，黑色 T2ca-2芯插头连接，黑色 T2cq-2芯插头连接，黑色 T14a-14芯插头连接，黑色 D197-连接5（87a），在发动机预接线导线束中 D205-连接3（87a），在发动机预接线导线束中 D206-连接4（87a），在发动机预接线导线束中 *-用于带1.8L发动机的汽车 *2-用于带1.4L发动机的汽车 *3-用于带2.0L发动机的汽车 *4-用于带发动机型号代码CUGA的汽车 *5-用于带发动机型号代码DBFA的汽车

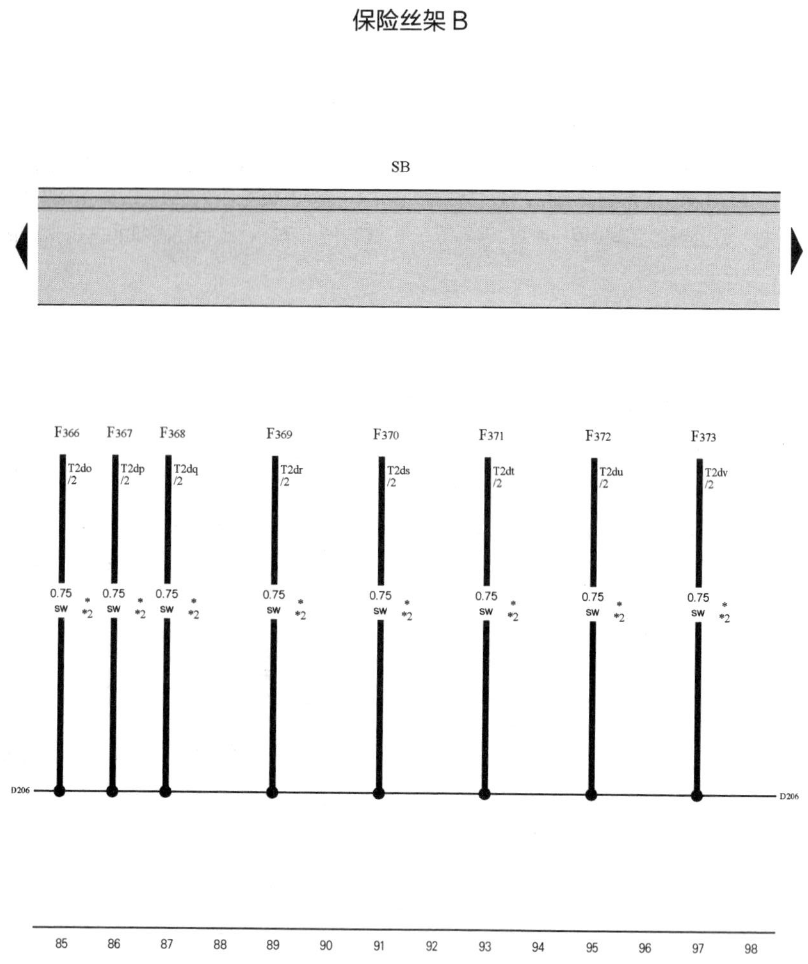

保险丝架 B

SB

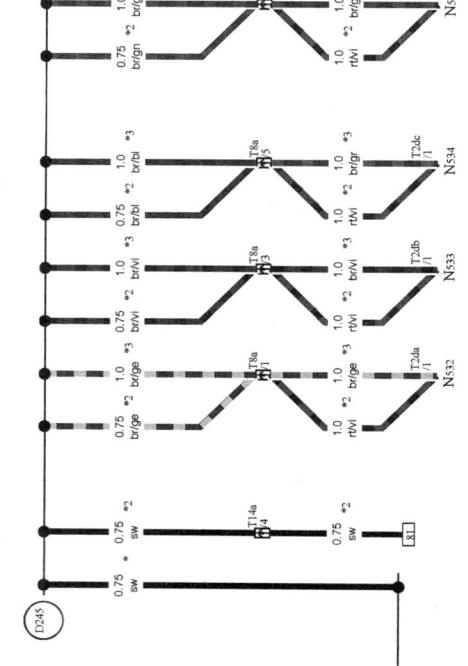

图 7-4-167

N532-气缸1喷油器2 N533-气缸2喷油器2 N534-气缸3喷油器2 N535-气缸4喷油器2 SB-保险丝架B
T2da-2芯插头连接，黑色 T2dc-2芯插头连接，黑色 T2dd-2芯插头连接，黑
色 T8a-8芯插头连接，气缸盖上左侧，黑色 T14a-14芯插头连接，发动机舱内左前，灰色 D206-连接4
(87a)，在发动机预接线导线束中 D245-连接6 (87a) *-用于带2.0L发动机
的汽车 *2-用于带发动机型号代码DBFA的汽车 *3-用于带发动机型号代码CUGA的汽车

保险丝架 B

SB

图 7-4-166

F366-凸轮轴调节元件1 F367-凸轮轴调节元件2 F368-凸轮轴调节元件3 F369-凸轮轴调节元件4 F370-
凸轮轴调节元件5 F371-凸轮轴调节元件6 F372-凸轮轴调节元件7 F373-凸轮轴调节元件8 SB-保险丝架
B T2do-2芯插头连接，黑色 T2dp-2芯插头连接，黑色 T2dq-2芯插头连接，黑
色 T2dr-2芯插头连接，黑色 T2ds-2芯插头连接，黑色 T2dt-2芯插头连接，黑色 T2du-2芯插头连
接，黑色 D206-连接4 (87a)，在发动机预接线导线束中 *-用于带1.8L发动机的汽车 *2-用于带2.0L发
动机的汽车

保险丝架 B

保险丝架 B

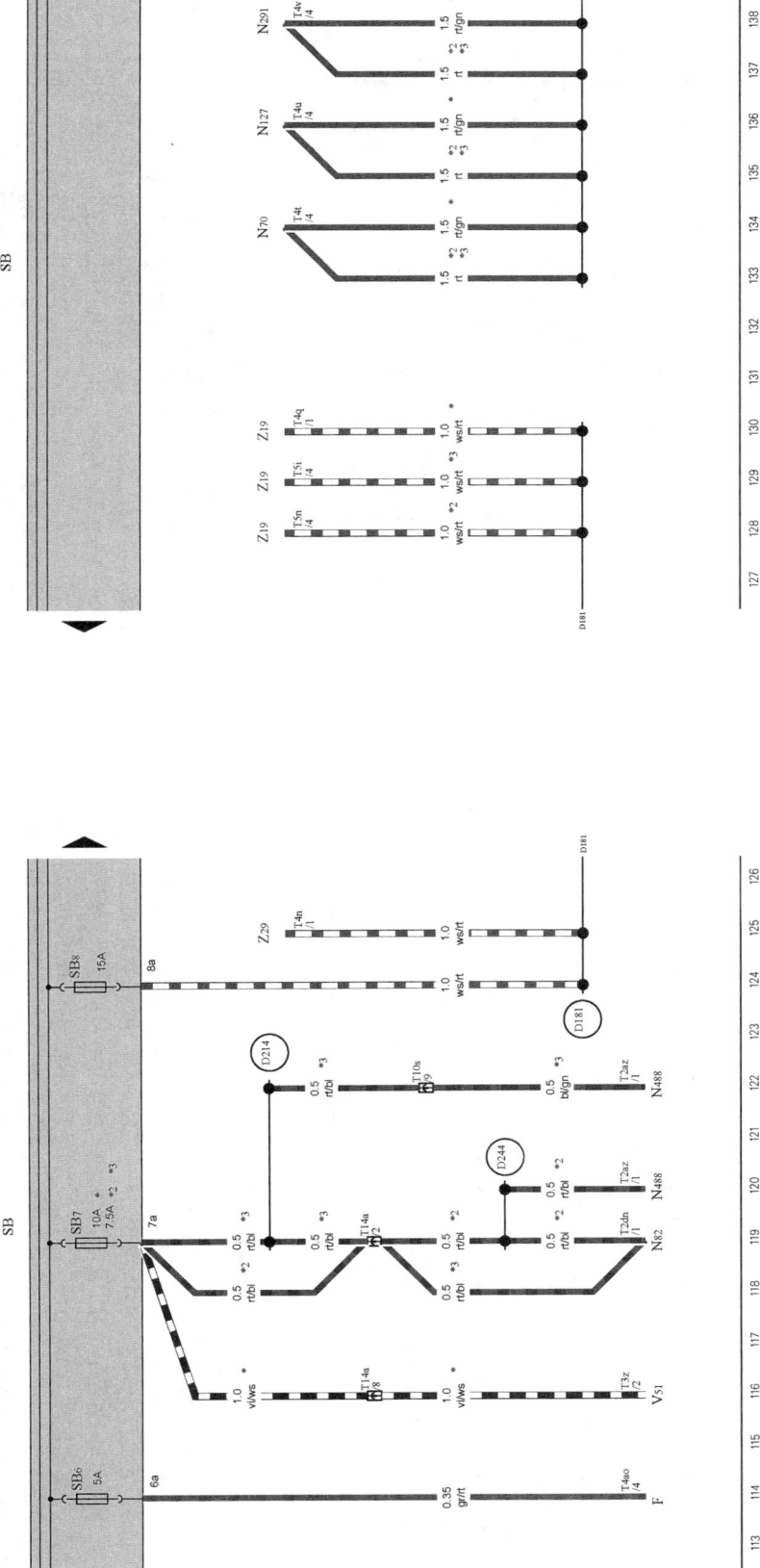

图 7-4-168

图 7-4-169

F-制动信号灯开关 N82-冷却液截止阀 N488-变速器冷却液阀 SB-保险丝架B SB6-保险丝架B上的保险丝6 SB7-保险丝架B上的保险丝7 SB8-保险丝架B上的保险丝8 T2az-2芯插头连接 T2dn-2芯插头连接，黑色 T10s-10芯插头连接，黑色 T3z-3芯插头连接，黑色 T4ao-4芯插头连接，黑色 T4n-4芯插头连接，黑色 T14a-14芯插头连接，发动机舱内左前，黑色 T14a-14芯插头连接，发动机舱内左前，黑色 Z19-氧传感器1加热装置 D181-连接2（87a），在发动机舱导线束中 D244-连接8（87a），在发动机预接线导线束中 *-用于带1.4L发动机的汽车 Z29-尾气催化净化器后的氧传感器 D244-连接5（87a），在发动机舱导线束中 D244-连接8（87a），在发动机预接线导线束中 *-用于带1.8L发动机的汽车 *2-用于带2.0L发动机的汽车 *3-用于带1.8L发动机的汽车

N70-带功率输出级的点火线圈1 N127-带功率输出级的点火线圈2 N291-带功率输出级的点火线圈3 SB-保险丝架B SB9-保险丝架B上的保险丝9 T4q-4芯插头连接，棕色 T4u-4芯插头连接，黑色 T4v-4芯插头连接，黑色 T5i-5芯插头连接，黑色 T5n-5芯插头连接，灰色 T14a-14芯插头连接，发动机舱内左前，黑色 Z19-氧传感器1加热装置 D181-连接2（87a），在发动机舱导线束中 D189-连接（87a），在发动机舱导线束中 *-用于带1.4L发动机的汽车 *2-用于带2.0L发动机的汽车 *3-用于带1.8L发动机的汽车

1015

发动机部件供电继电器、保险丝架 B

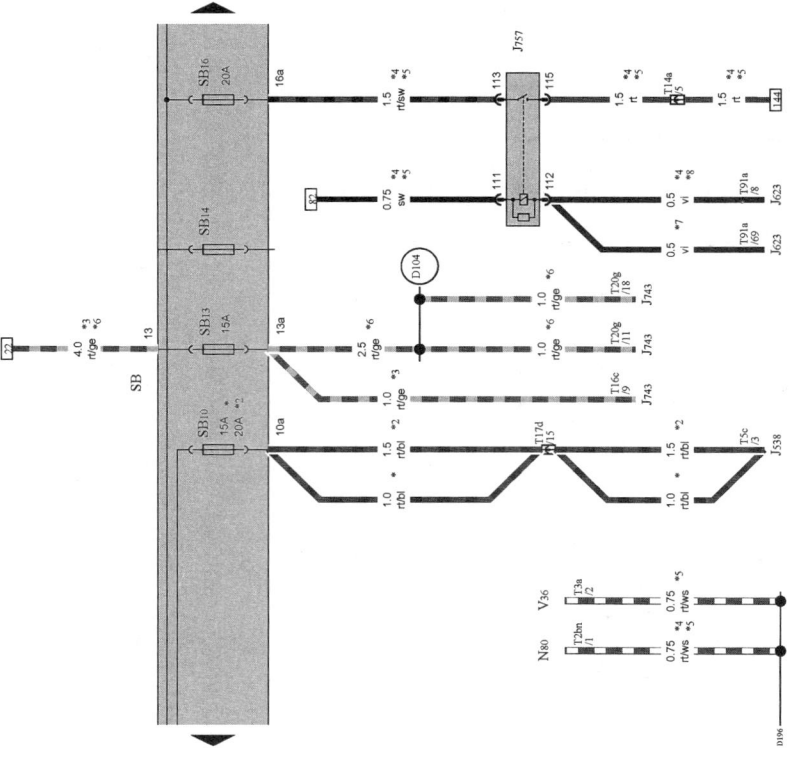

J538-燃油泵控制单元 J623-发动机控制单元 J743-双离合器变速器机电装置 J757-发动机部件供电继电器 N80-活性炭罐电磁阀1 SB-保险丝架B SB10-保险丝架B上的保险丝10 SB13-保险丝架B上的保险丝13 SB14-保险丝架B上的保险丝14 SB16-保险丝架B上的保险丝16 T2bn-2芯插头连接、黑色 T3a-3芯插头连接、黑色 T5c-5芯插头连接、黑色 T14a-14芯插头连接、黑色 T16c-16芯插头连接、灰色 T17d-17芯插头连接、接线站内、左侧A柱、发动机舱内左前、发动机型号代码 T20g-20芯插头连接、蓝色 T91a-91芯插头连接、黑色 V36-水泵 V36-水泵 D104-正极连接2（30a）、在发动机舱内左前、发动机型号代码DBFA的汽车 D104-正极连接2（87a）、在发动机舱驱动的汽车 D196-连接2（87a）、在发动机舱变速器的汽车

预接线导线束中 *-用于带前轮驱动的汽车 *2-用于带2.0L发动机的汽车 *3-用于带双离合器变速器0D9的汽车 *4-用于带1.8L发动机型号代码CUGA的汽车 *5-用于带2.0L发动机的汽车 *6-用于带双离合器变速器CUGA的汽车 *7-用于带发动机型号代码DBFA的汽车 *8-用于带发动机型号代码CUGA的汽车

图 7-4-171

保险丝架 B

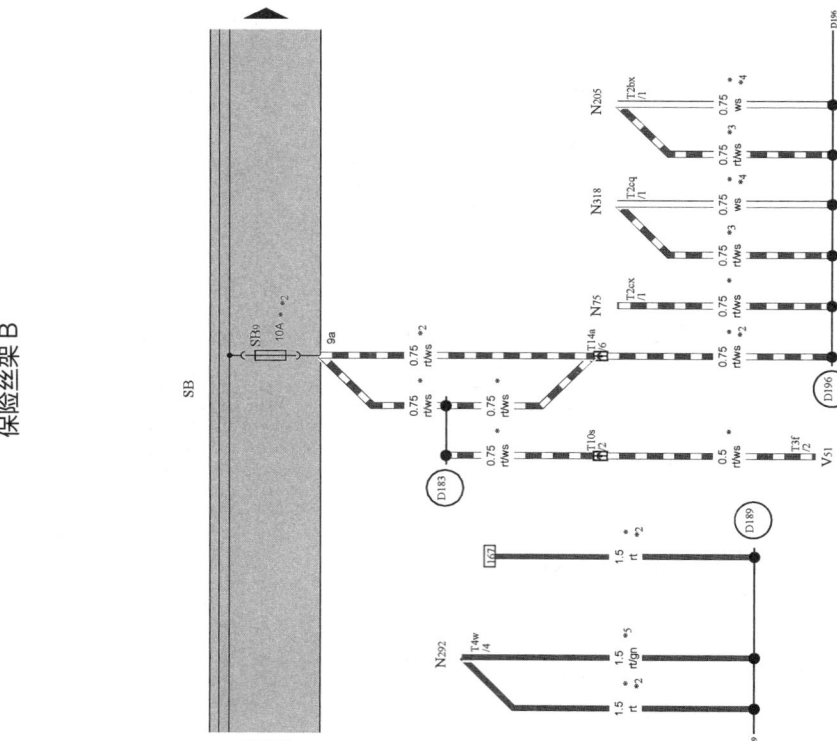

N75-增压压力限制电磁阀 N205-凸轮轴调节阀 N292-带功率输出级的点火线圈4 N318-排气凸轮轴调节阀1 SB-保险丝架B SB9-保险丝架B上的保险丝9 T2bx-2芯插头连接、黑色 T2cq-2芯插头连接、黑色 T2cx-2芯插头连接、黑色 T3f-3芯插头连接、黑色 T4w-4芯插头连接、黑色 T10s-10芯插头连接、发动机舱内左前、黑色 T14a-14芯插头连接、发动机舱内左前、黑色 V51-冷却液继续补给泵 D183-连接4（87a）、在发动机舱导线束中 D189-连接（87a）、在发动机舱导线束中 D196-连接2（87a）、在发动机型号代码DBFA的汽车 *-用于带前轮驱动的汽车 *2-用于带2.0L发动机的汽车 *3-用于带发动机型号代码CUGA的汽车 *4-用于带1.4L发动机的汽车 *5-用于带发动机型号代码CUGA的汽车

图 7-4-170

1016

启动机继电器 1、启动机继电器 2、保险丝架 B

保险丝架 B

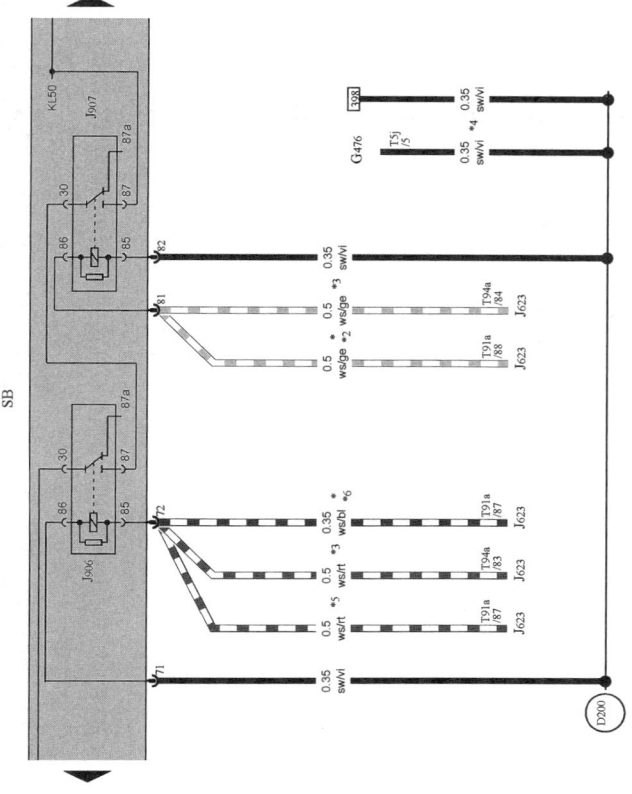
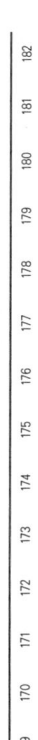

图 7-4-172

图 7-4-173

J104-ABS控制单元 J400-刮水器电机控制单元 J623-发动机控制单元 SB-保险丝架B SB17-保险丝架B上的保险丝17 SB18-保险丝架B上的保险丝18 SB19-保险丝架B上的保险丝19 SB20-保险丝架B上的保险丝20 SB21-保险丝架B上的保险丝21 T4a-4芯插头连接 T46a-46芯插头连接，黑色 T91a-91芯插头连接，黑色 T94a-94芯插头连接，黑色 D78-正极连接1 (30a)，在发动机舱导线束中 *-用于带1.4L发动机的汽车 *2-用于带1.8L发动机的汽车 *3-用于带2.0L发动机的汽车

G476-离合器位置传感器 J623-发动机控制单元 J906-启动机继电器1 J907-启动机继电器2 SB-保险丝架B T5j-5芯插头连接，黑色 T91a-91芯插头连接，黑色 T94a-94芯插头连接，黑色 D200-正极连接3 (15a)，在发动机舱导线束中 *-用于带1.8L发动机的汽车 *2-用于带2.0L发动机的汽车 *3-用于带1.4L发动机的汽车 *4-用于带手动变速器的汽车 *5-用于带发动机型号代码DBFA的汽车 *6-用于带发动机型号代码CUGA的汽车

1017

车载电网控制单元、保险丝架 C

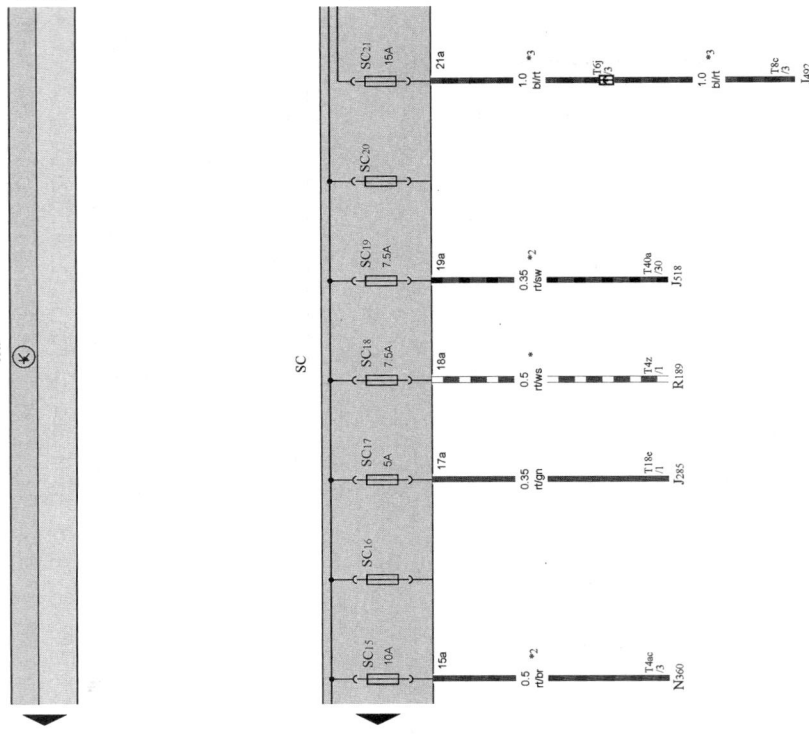

车载电网控制单元、保险丝架 B、保险丝架 C

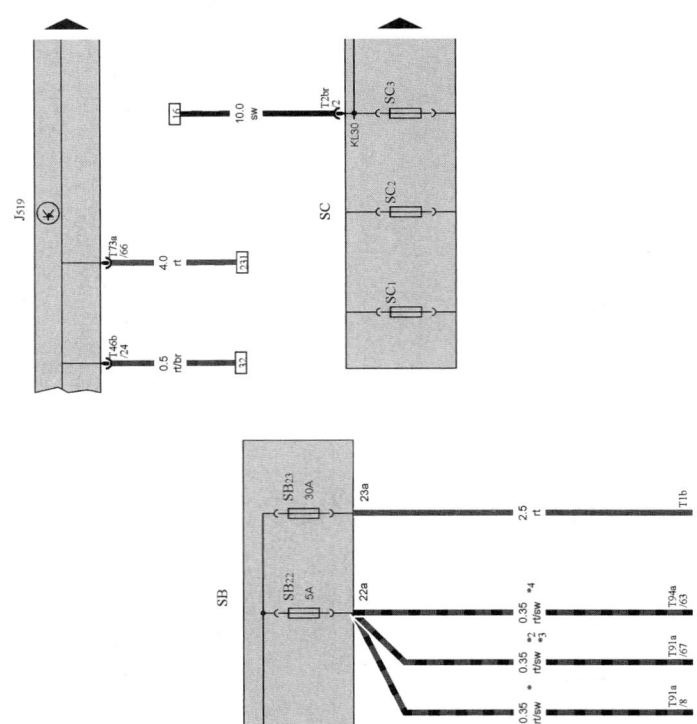

图 7-4-174

B–启动机 J519–车载电网控制单元 J623–发动机控制单元 SB–保险丝架B SC–保险丝架C SC1–保险丝架C上的保险丝1 SC2–保险丝架C上的保险丝2 SC3–保险丝架C上的保险丝3 SB22–保险丝架B上的保险丝22 SB23–保险丝架B上的保险丝23 T1b–1芯插头连接 T2br–2芯插头连接，黑色 T46b–46芯插头连接，黑色 T73a–73芯插头连接，黑色 T91a–91芯插头连接，黑色 T94a–94芯插头连接，黑色 *–用于带发动机型号代码DBFA的汽车 *2–用于带1.8L发动机的汽车 *3–用于带发动机型号代码CUGA的汽车 *4–用于带1.4L发动机的汽车

图 7-4-175

J285–组合仪表中的控制单元 J492–全轮驱动控制单元 J518–进入及启动许可控制单元 J519–车载电网控制单元 N360–转向柱锁执行元件 R189–倒车摄像头 SC–保险丝架C SC15–保险丝架C上的保险丝15 SC16–保险丝架C上的保险丝16 SC17–保险丝架C上的保险丝17 SC18–保险丝架C上的保险丝18 SC19–保险丝架C上的保险丝19 SC20–保险丝架C上的保险丝20 SC21–保险丝架C上的保险丝21 T4ac–4芯插头连接 T4z–4芯插头连接，黑色 T6j–6芯插头连接，左侧油箱上，黑色 T8c–8芯插头连接，黑色 T18e–18芯插头连接，黑色 T40a–40芯插头连接，黑色 *–用于带倒车影像系统的汽车 *2–用于带进入及启动许可的汽车 *3–用于带全轮驱动的汽车

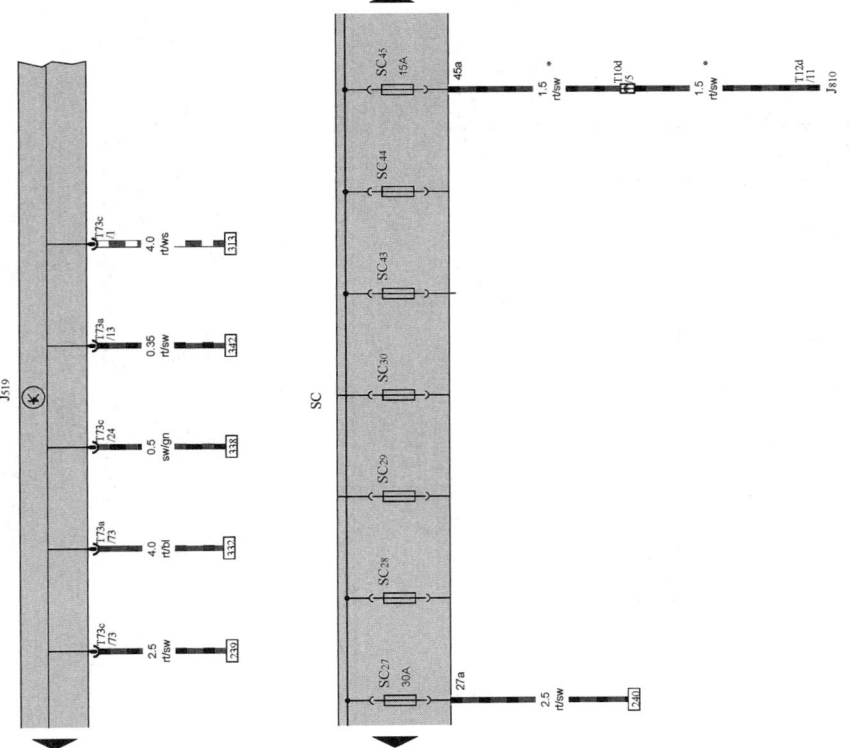

车载电网控制单元、保险丝架 C

J519

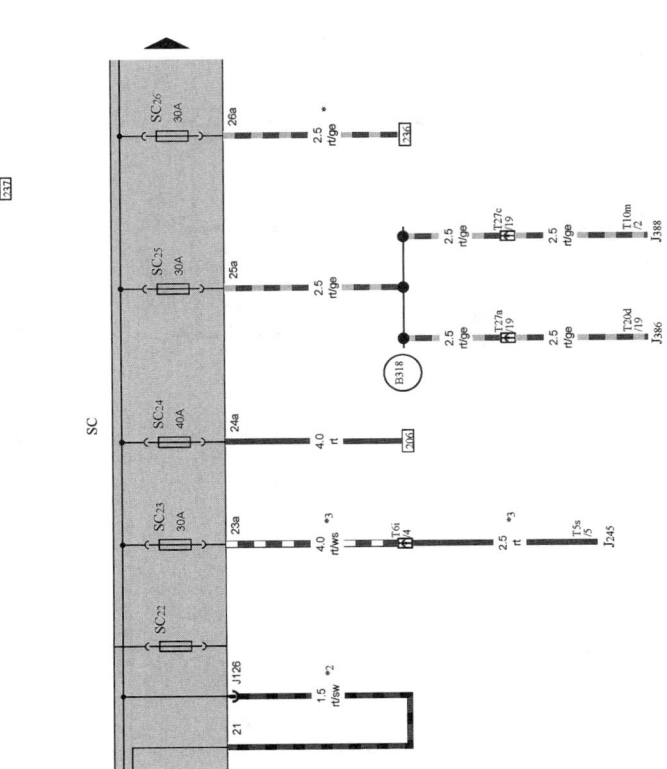

车载电网控制单元、保险丝架 C

J519

SC

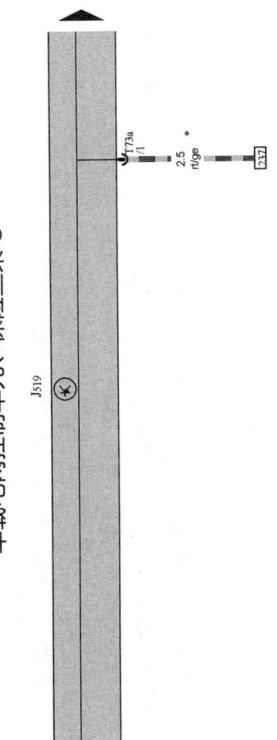

| 225 | 226 | 227 | 228 | 229 | 230 | 231 | 232 | 233 | 234 | 235 | 236 | 237 | 238 |

J245-滑动天窗控制单元 J386-驾驶员侧车门控制单元 J388-左后车门控制单元 J519-车载电网控制单元 J519-车载电网控制单元 SC-保险丝架 SC22-保险丝架C上的保险丝22 SC23-保险丝架C上的保险丝23 SC24-保险丝架C上的保险丝24 SC25-保险丝架C上的保险丝25 SC26-保险丝架C上的保险丝26 T5s-5芯插头连接，黑色 T6i-6芯插头连接，黑色 T10m-10芯插头连接，黑色 T20d-20芯插头连接，黑色 T27a-27芯插头连接，左侧A柱上，黑色 T27c-27芯插头连接，左侧B柱上，黑色 B318-正极连接4（30a），在主导线束中 *-用于带座椅加热的汽车 *2-用于带全轮驱动的汽车 *3-用于带全景滑动天窗的汽车

图 7-4-176

| 230 | 240 | 241 | 242 | 243 | 244 | 245 | 246 | 247 | 248 | 249 | 250 | 251 | 252 |

J519-车载电网控制单元 J810-驾驶员座椅调节控制单元 SC-保险丝架 SC27-保险丝架C上的保险丝27 SC28-保险丝架C上的保险丝28 SC29-保险丝架C上的保险丝29 SC30-保险丝架C上的保险丝30 SC43-保险丝架C上的保险丝43 SC44-保险丝架C上的保险丝44 SC45-保险丝架C上的保险丝45 T10d-10芯插头连接，黑色 T12d-12芯插头连接，黑色 T73a-73芯插头连接，黑色 T73c-73芯插头连接，左前座椅的连接位置中，黑色 *-带有记忆功能的驾驶员座椅

图 7-4-177

1019

右前座椅调节操作单元、副驾驶员座椅调节装置的热敏保险丝 1、保险丝架 C

插座继电器、保险丝架 C

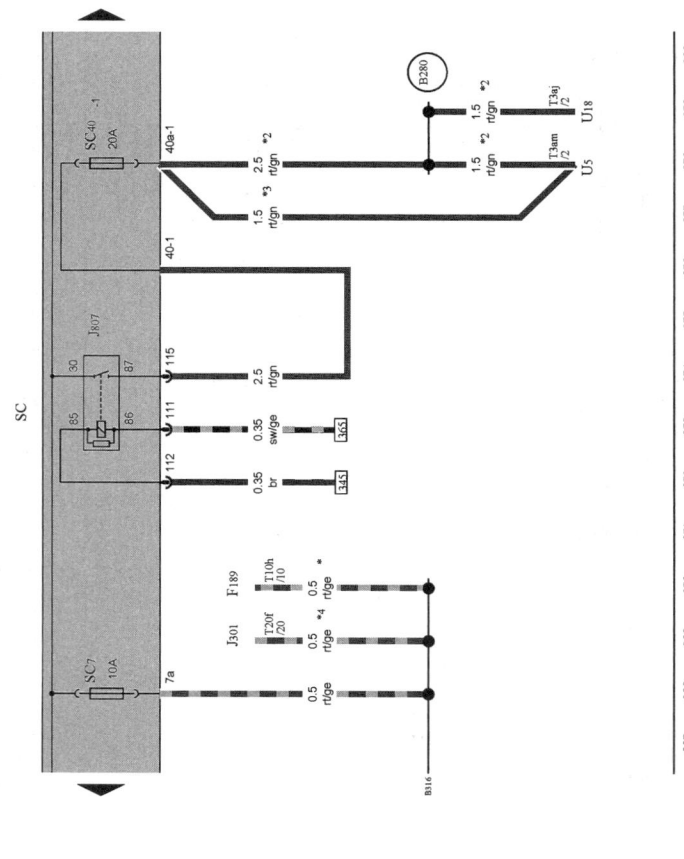

图 7-4-179

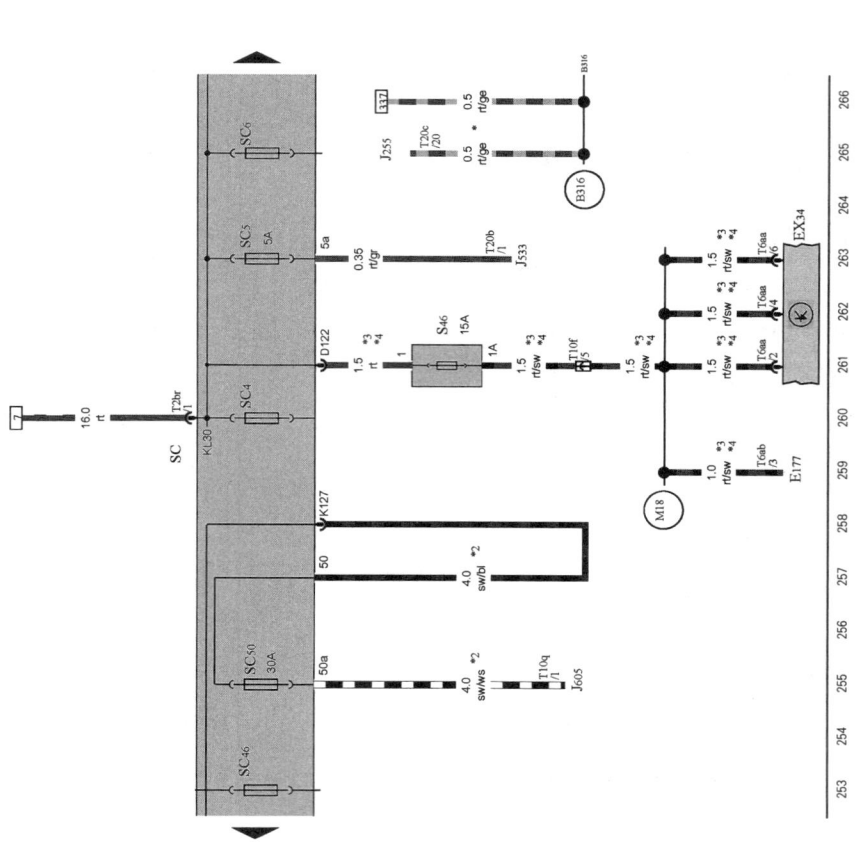

图 7-4-178

F189-Tiptronic开关 J301-空调器控制单元 J807-插座继电器 SC-保险丝架C SC7-保险丝架C上的保险丝7 SC40-保险丝架C上的保险丝40 T3aj-3芯插头连接，白色 T3am-3芯插头连接，白色 T10h-10芯插头连接，黑色 T20f-20芯插头连接，黑色 U5-12V插座 U18-12V插座 U18-12V插座 B280-正极连接 *2-用于带电动调节风门的空调 *3-用于带双离合器变速器的汽车 *4-用于电动调节风门的空调 *2-用于带后备箱内12V插座的汽车前部12V插座的汽车 *4-用于带电动座椅调节功能的汽车 *3-用于带双离合器变速器的汽车 *4-用于电动调节风门的空调

EX34-右前座椅调节操作单元 E177-副驾驶员座椅调节单元 J605-后备箱盖控制单元 S46-副驾驶员座椅调节装置的热敏保险丝开关 J255-全自动空调控制单元 J533-数据总线诊断接口 J605-后备箱盖控制单元 S46-副驾驶员座椅调节装置的热敏保险丝1 SC-保险丝架C SC4-保险丝架C上的保险丝4 SC5-保险丝架C上的保险丝5 SC6-保险丝架C上的保险丝6 SC46-保险丝架C上的保险丝46 SC50-保险丝架C上的保险丝50 T2br-2芯插头连接，黑色 T6aa-6芯插头连接，黑色 T6ab-6芯插头连接，黑色 T10f-6芯插头连接，红色 T10q-10芯插头连接，黑色 T20b-20芯插头连接，红色 T20c-20芯插头连接，黑色 B316-正极连接 M18-连接1，在主导线束中 *-用于带全自动空调的汽车 *2-用于带后备箱盖关闭辅助功能的汽车 *3-用于带副驾驶员侧座椅调节的汽车 *-用于带全自动空调控制单元的接位置H，右前座椅的连接位置H，右前座椅的连接位置H *4-自2017年10月起

1020

保险丝架 C

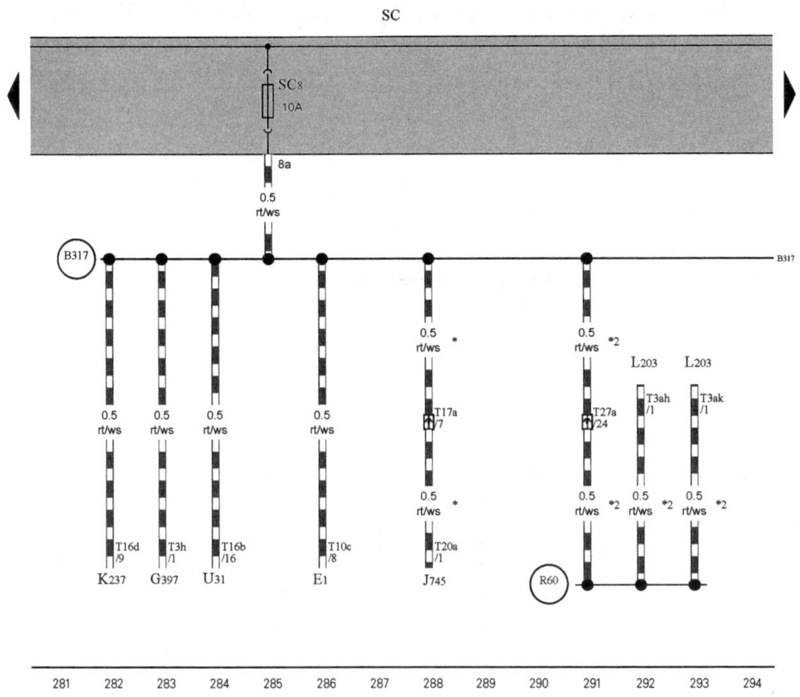

SC

保险丝架 C

SC

E1-车灯开关 G397-雨水与光线识别传感器 J745-弯道灯和大灯照明距离调节控制单元 K237-AUTO HOLD指示灯 L203-左前车门背景照明灯2 SC-保险丝架C SC8-保险丝架C上的保险丝8 T3ah-3芯插头连接，黑色 T3ak-3芯插头连接，黑色 T3h-3芯插头连接，黑色 T10c-10芯插头连接，红色 T16b-16芯连接，黑色 T16d-16芯插头连接，棕色 T17a-17芯插头连接，左侧A柱，左侧A柱 T20a-20芯插头连接，左侧A柱上，黑色 T27a-27芯插头连接，左侧A柱，黑色 U31-诊断接口 B317-正极连接3（30a），在主导线束中 R60-正极连接（30a），在驾驶员侧车门电缆导线束中 *-用于带LED大灯的汽车 *2-用于带氛围照明灯型号1的汽车

图7-4-180

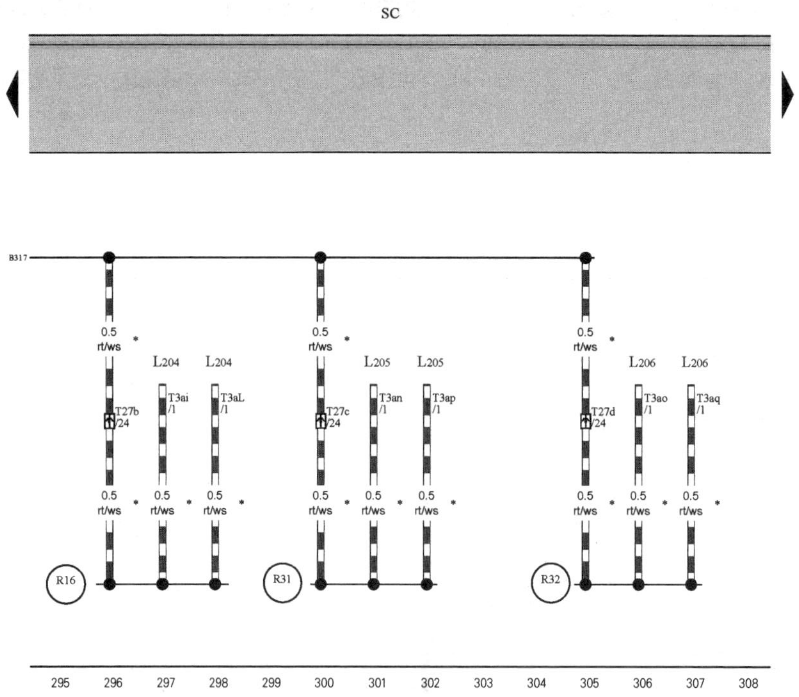

L204-右前车门背景照明灯2 L205-左后车门背景照明灯2 L206-右后车门背景照明灯2 SC-保险丝架C T3ai-3芯插头连接，黑色 T3aL-3芯插头连接，黑色 T3an-3芯插头连接，黑色 T3ao-3芯插头连接，黑色 T3ap-3芯插头连接，黑色 T3aq-3芯插头连接，黑色 T27b-27芯插头连接，右侧A柱上，黑色 T27c-27芯插头连接，左侧B柱上，黑色 T27d-27芯插头连接，右侧B柱上，黑色 B317-正极连接3（30a），在主导插头连接，黑色 B317-正极连接1，在左后车门电缆导线束中 R31-连接1，在右前驾驶员侧车门电缆导线束中 R16-正极连接1（30），在副驾驶员侧车门电缆导线束中 R32-连接2，在右后车门电缆导线束中 *-用于带氛围照明灯型号1的汽车

图7-4-181

保险丝架 C

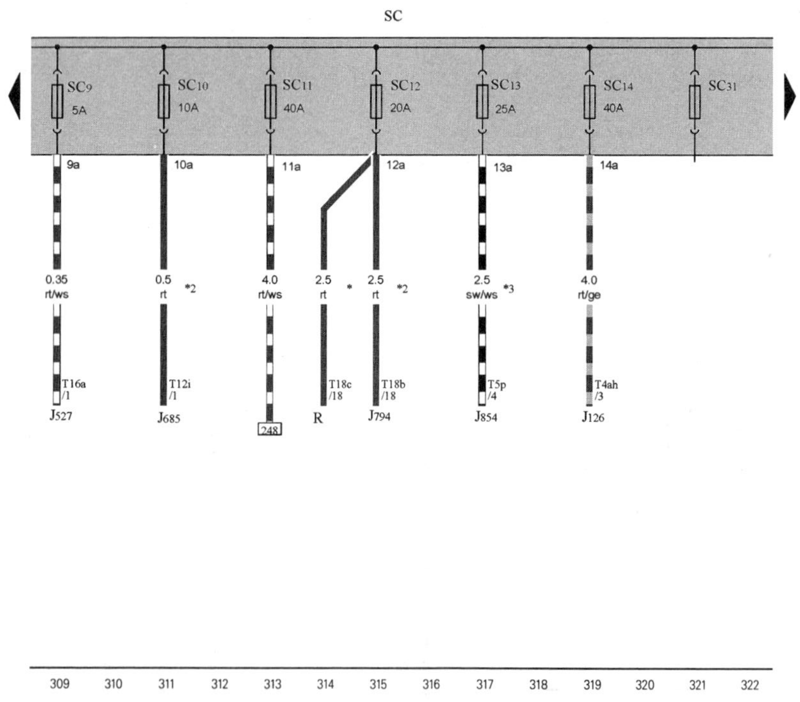

图 7-4-183

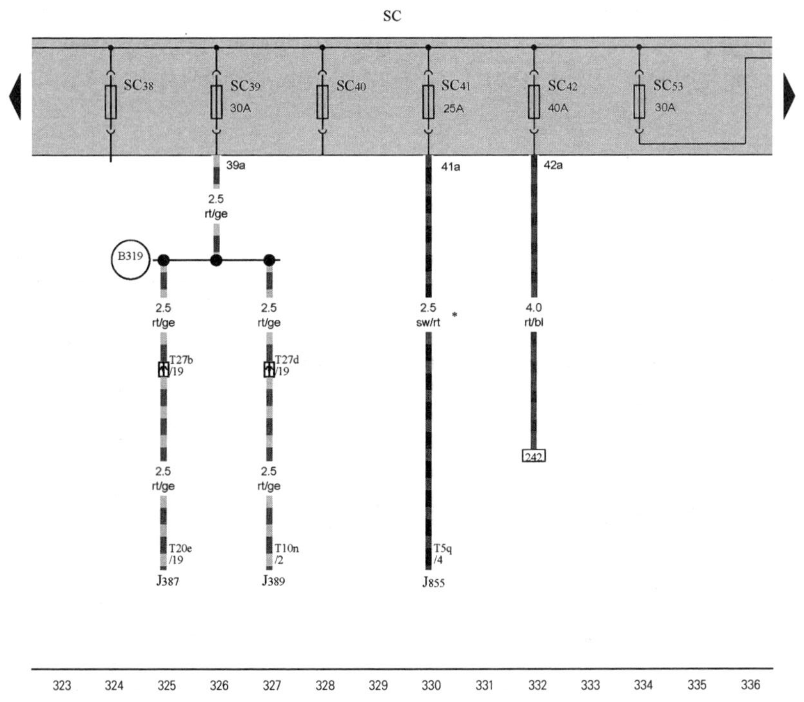

J387-副驾驶员侧车门控制单元 J389-右后车门控制单元 J855-右前安全带拉紧器控制单元 SC-保险丝架C SC38-保险丝架C上的保险丝38 SC39-保险丝架C上的保险丝39 SC40-保险丝架C上的保险丝40 SC41-保险丝架C上的保险丝41 SC42-保险丝架C上的保险丝42 SC53-保险丝架C上的保险丝53 T5q-5芯插头连接，白色 T10m-10芯插头连接，黑色 T20e-20芯插头连接，黑色 T27b-27芯插头连接，右侧A柱上，黑色 T27d-27芯插头连接，右侧B柱上，黑色 B319-正极连接5（30a），在主导线束中 *-用于带可逆安全带拉紧器的汽车

保险丝架 C

图 7-4-182

J126-新鲜空气鼓风机控制单元 J527-转向柱电子装置控制单元 J685-前部信息显示和操作单元控制单元的显示单元 J794-电子通信信息装置控制单元 J854-左前安全带拉紧器控制单元 R-收音机 SC-保险丝架C SC9-保险丝架C上的保险丝9 SC10-保险丝架C上的保险丝10 SC11-保险丝架C上的保险丝11 SC12-保险丝架C上的保险丝12 SC13-保险丝架C上的保险丝13 SC14-保险丝架C上的保险丝14 SC31-保险丝架C上的保险丝31 T4ah-4芯插头连接，黑色 T5p-5芯插头连接，白色 T12i-12芯插头连接，白色 T16a-16芯插头连接，黑色 T18b-18芯插头连接，黑色 T18c-18芯插头连接，黑色 *-用于带收音机的汽车 *2-用于带导航系统的汽车 *3-用于带安全带可逆安全带拉紧器的汽车

可加热后窗玻璃继电器、接线端 15 供电继电器、保险丝架 C

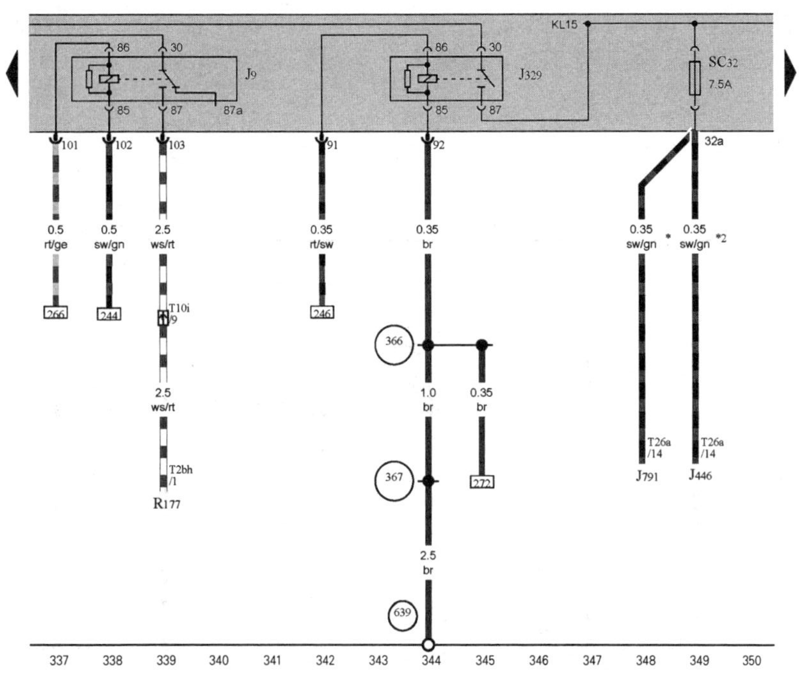

保险丝架 C

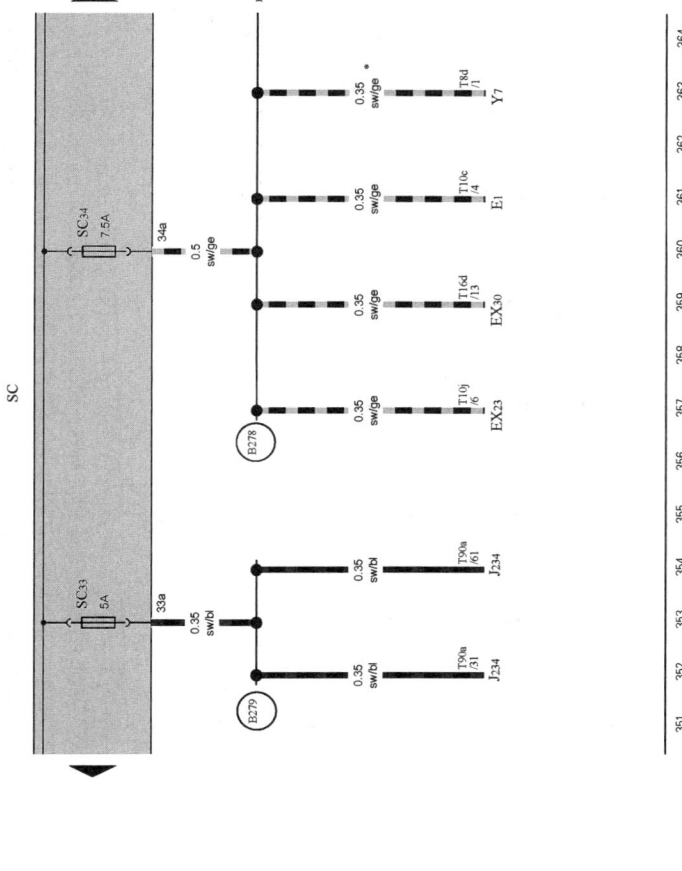

图 7-4-184

图 7-4-185

J9-可加热后窗玻璃继电器 J329-接线端15供电继电器 J446-泊车雷达系统控制单元 J791-泊车转向辅助系统控制单元 R177-调幅（AM）滤波器 SC-保险丝架C SC32-保险丝架C上的保险丝32 T2bh-2芯插头连接，黑色 T10i-10芯插头连接，黑色 T26a-26芯插头连接位置，黑色 366-接地连接1，在主导线束中 367-接地连接2，在主导线束中 639-左A柱上的接地点 *-用于配备泊车转向辅助系统的汽车 *2-用于配备泊车雷达系统（后）的汽车

E1-车灯开关 EX23-中控台开关模块1 EX30-中控台开关模块2 J234-安全气囊控制单元 SC-保险丝架C SC33-保险丝架C上的保险丝33 SC34-保险丝架C上的保险丝34 T8d-8芯插头连接，黑色 T10c-10芯插头连接，红色 T10j-10芯插头连接，黑色 T16d-16芯插头连接，棕色 T90a-90芯插头连接，黄色 Y7-自动防眩车内后视镜 B278-正极连接2（15a），在主导线束中 B279-正极连接3（15a），在主导线束中 *-用于带自动防眩车内后视镜的汽车

1023

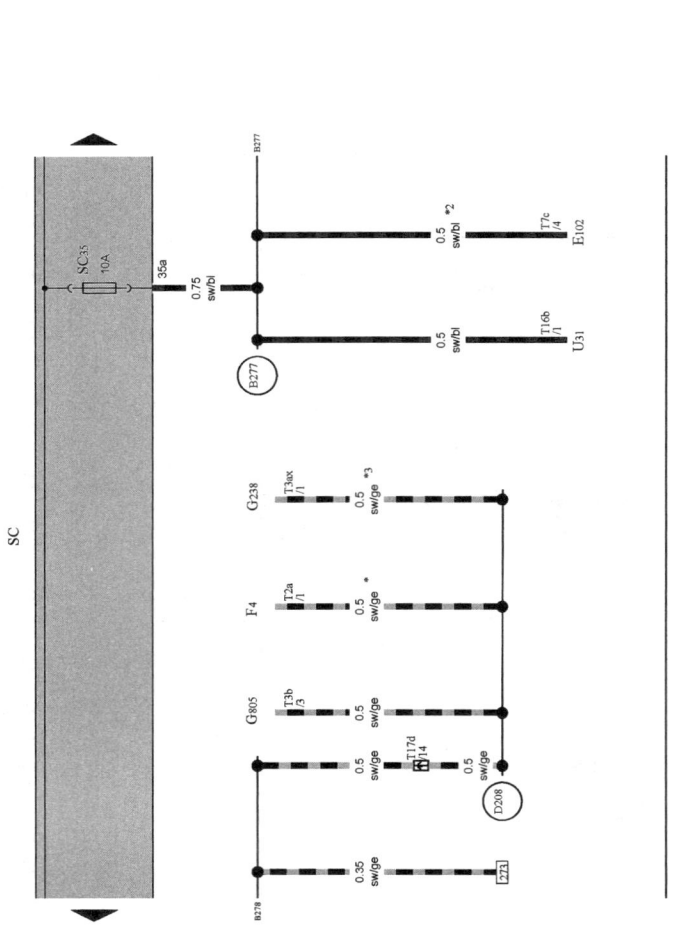

保险丝架 C

SC

图 7-4-187

保险丝架 C

SC

图 7-4-186

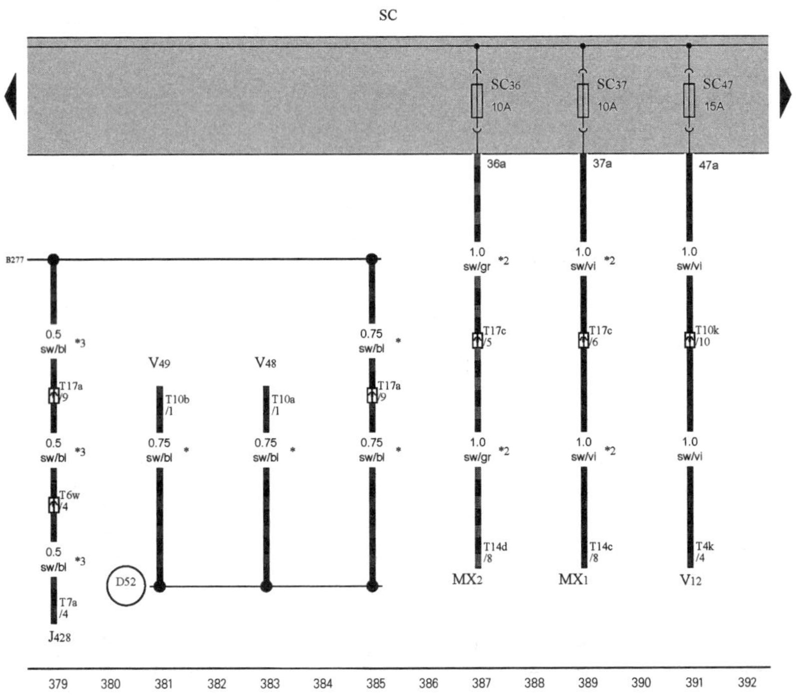

J428-车距调节控制单元　MX1-左前大灯　MX2-右前大灯　SC-保险丝架C　SC36-保险丝架C上的保险丝36　SC37-保险丝架C上的保险丝37　SC47-保险丝架C上的保险丝47　T4k-4芯插头连接，黑色　T6w-6芯插头连接，黑色　T7a-7芯插头连接，黑色，左前保险杠内，黑色　T10a-10芯插头连接，黑色　T10b-10芯插头连接，黑色　T10k-10芯插头连接，黑色，后备箱盖的连接位置　T14c-14芯插头连接，棕色　T14d-14芯插头连接，黑色　T17a-17芯插头连接，左侧A柱，接线站内，左侧A柱　T17c-17芯插头连接，接线站内，左侧A柱　V12-后备箱盖大器电机　V48-左侧大灯照明距离调节伺服电机　V49-右侧大灯照明距离调节伺服电机　B277-正极连接1（15a），在主导线束中　D52-正极连接中　*-用于带自动车距控制（ADR）的汽车　*2-用于带LED大灯的汽车　*3-用于带自动车距控制（ADR）的汽车

E102-大灯照明距离调节器　F4-倒车灯开关　G238-空气质量传感器　G805-制冷剂循环回路压力传感器　SC-保险丝架C　SC35-保险丝架C上的保险丝35　T2a-2芯插头连接，黑色　T3ax-3芯插头连接，黑色　T3b-3芯插头连接，左侧A柱，接线站内，黑色　T7c-7芯插头连接，黑色　T16b-16芯插头连接，黑色　T17d-17芯插头连接，蓝色　U31-诊断接口　B277-正极连接1（15a），在主导线束中　B278-正极连接　D208-正极连接5（15a），在发动机舱导线束中　*-用于带手动变速器的汽车　*2-用于带氙气大灯的汽车　*3-用于带全自动空调的汽车

1024

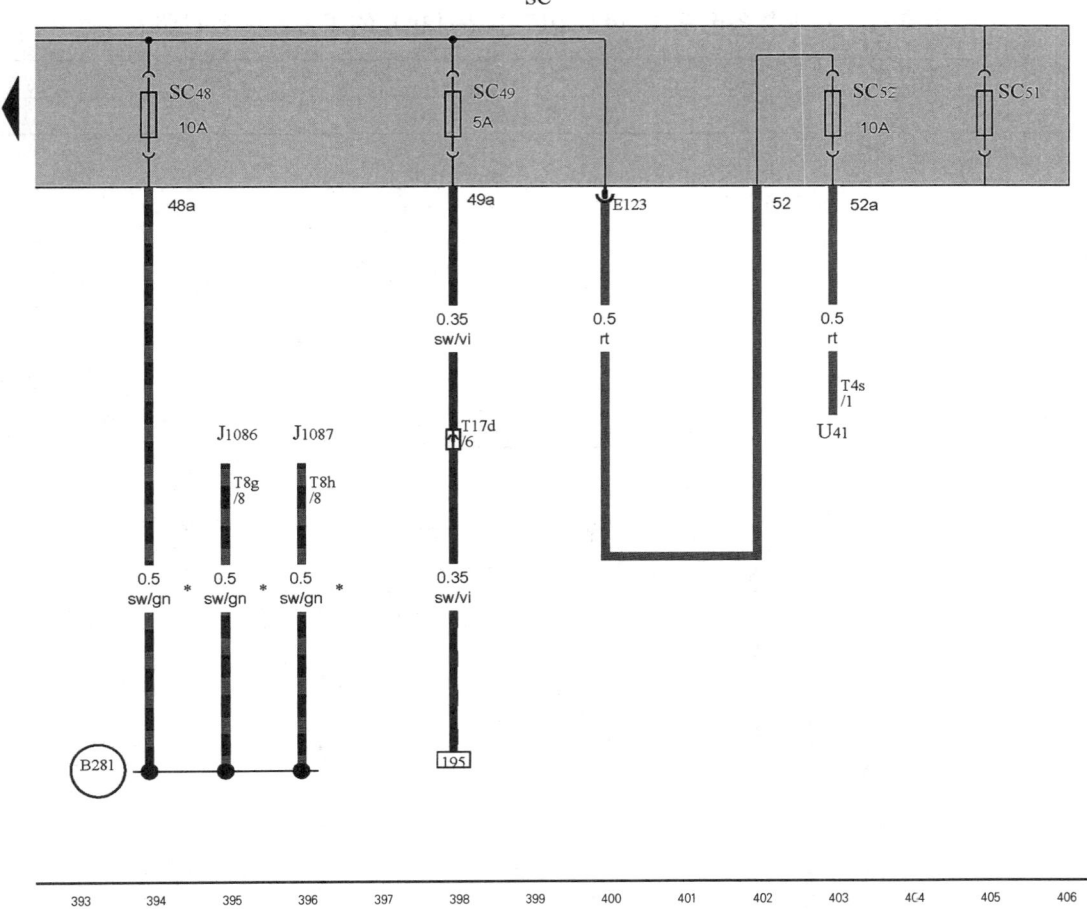

图 7-4-188

J1086-盲区识别控制单元　J1087-盲区识别控制单元2　SC-保险丝架C　SC48-保险丝架C上的保险丝48　SC49-保险丝架C上的保险丝49　SC51-保险丝架C上的保险丝51　SC52-保险丝架C上的保险丝52　T4s-4芯插头连接，红色　T8g-8芯插头连接，黑色　T8h-8芯插头连接，黑色　T17d-17芯插头连接，接线站内，左侧A柱，蓝色　U41-USB接口1　B281-正极连接5（15a），在主导线束中　*-用于带换道辅助系统的汽车

第五节　基本装备

基本装备电路图（自2017年2月起）的图号和图名对照表见表7-5-1。

表7-5-1　基本装备电路图（自2017年2月起）的图号和图名对照表

图号	图名
图7-5-1～图7-5-31	基本装备

蓄电池、蓄电池监控控制单元

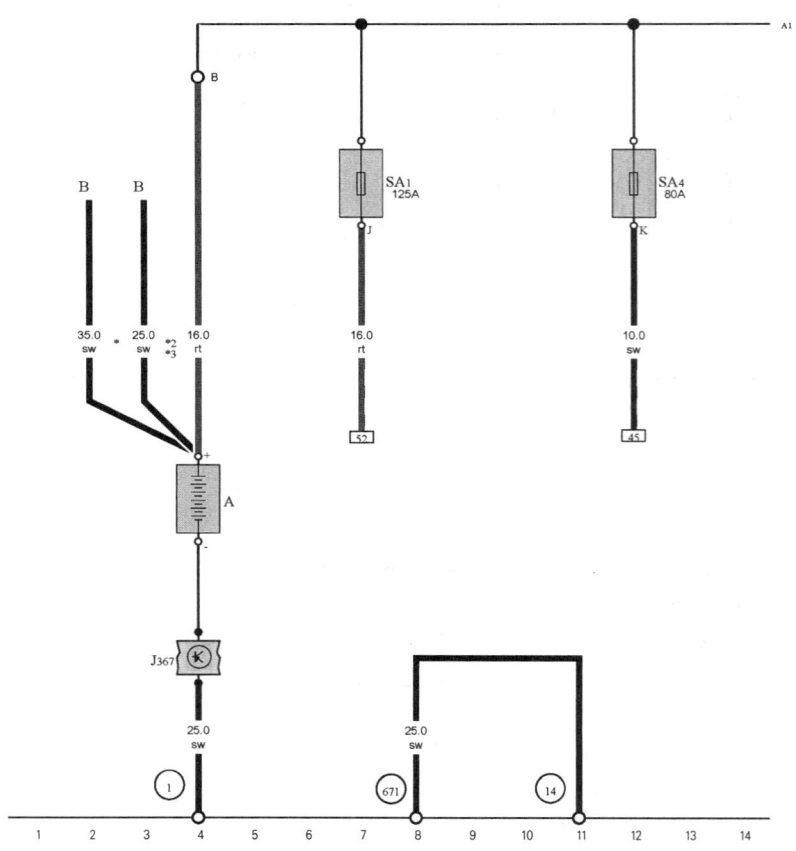

A-蓄电池　B-启动机　J367-蓄电池监控控制单元　SA1-保险丝架A上的保险丝1　SA4-保险丝架A上的保险丝4　1-接地带，蓄电池-车身　14-变速器上的接地点　671-左前纵梁上的接地点1　*-仅用于带1.8L发动机的汽车　*2-仅用于带1.4L发动机的汽车　*3-仅用于带2.0L发动机的汽车

图7-5-1

高音扬声器、低音扬声器、双音喇叭继电器、保险丝架 B

主继电器、车载电网控制单元、保险丝架 B

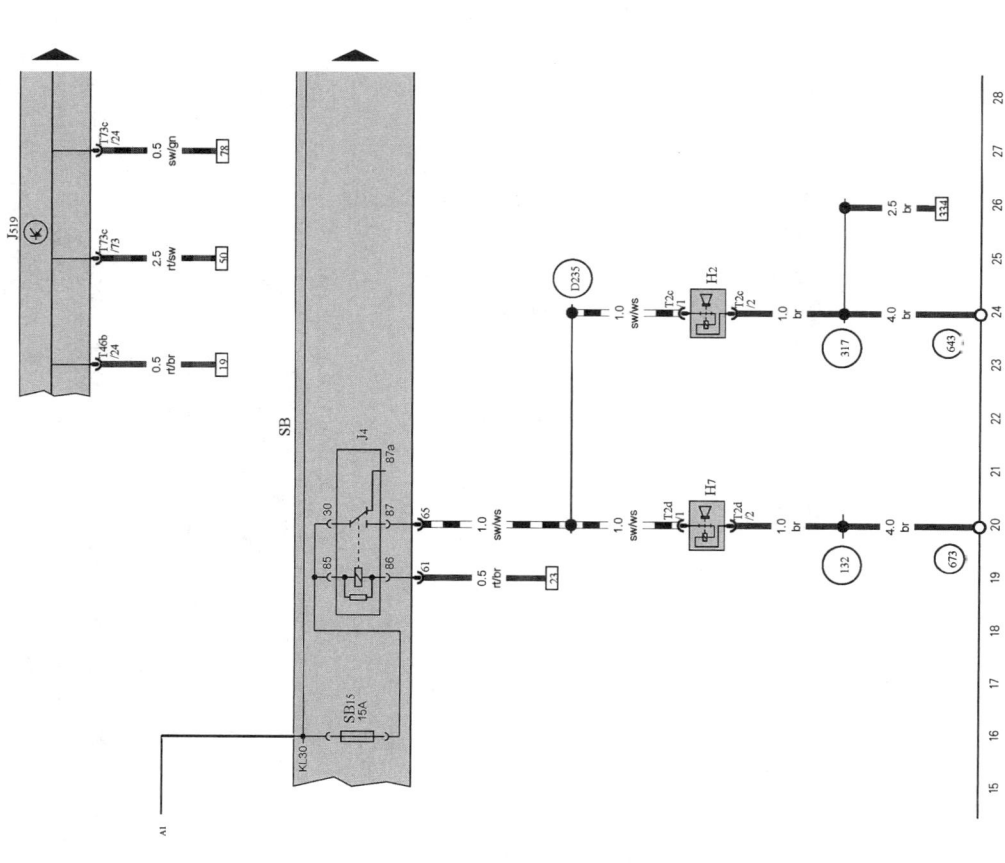
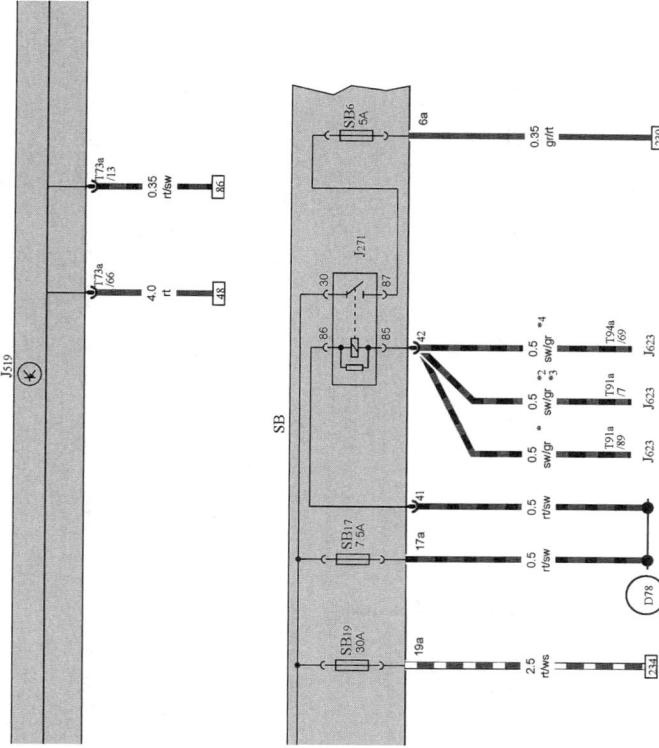

图 7-5-2

图 7-5-3

H2–高音扬声器 H7–低音扬声器 J4–双音喇叭继电器 J519–车载电网控制单元 SB–保险丝架 B SB15–保险丝架B上的保险丝15 T2c–2芯插头连接，黑色 T2d–2芯插头连接，黑色 T46b–46芯插头连接，黑色 T73c–73芯插头连接，黑色 132–接地连接3，在发动机舱导线束中 317–接地连接7，在发动机舱导线束中 643–发动机舱内右侧接地点3 673–左前纵梁上的接地点3 D235–连接（双音喇叭），在发动机舱导线束中

J271–主继电器 J519–车载电网控制单元 J623–发动机控制单元 SB–保险丝架B SB6–保险丝架B上的保险丝6 SB17–保险丝架B上的保险丝17 SB19–保险丝架B上的保险丝19 T73a–73芯插头连接 T91a–91芯插头连接，黑色 T94a–94芯插头连接，黑色 D78–正极连接1（30a），在发动机舱导线束中 *–仅用于带发动机型号代码DBFA的汽车 *2–仅用于1.8L发动机的汽车 *3–仅用于带发动机型号代码CUGA的汽车 *4–仅用于带1.4L发动机的汽车

1027

车载电网控制单元、插座继电器、保险丝架 C

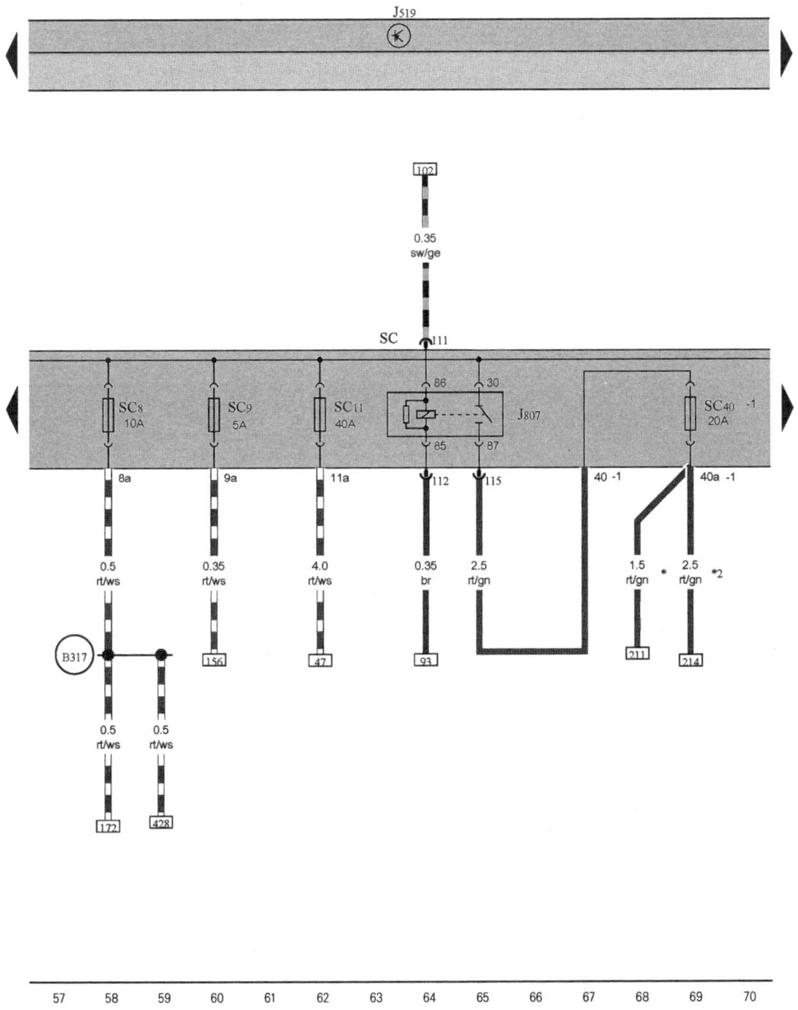

车载电网控制单元、保险丝架 C

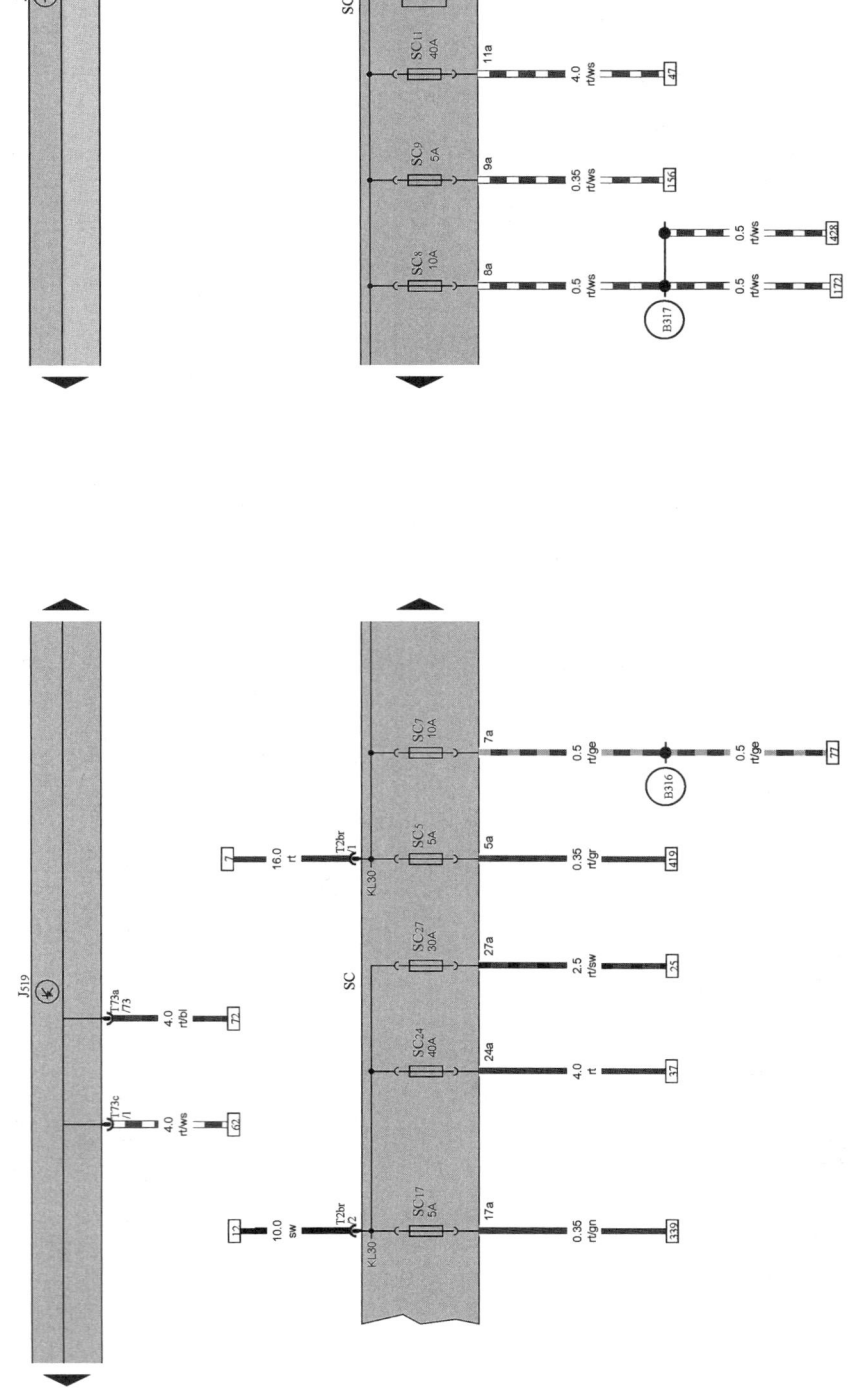

图 7-5-5

图 7-5-4

J519-车载电网控制单元 J807-插座继电器 SC-保险丝架 C SC8-保险丝架 C 上的保险丝8 SC9-保险丝架 C 上的保险丝9 SC11-保险丝架 C 上的保险丝11 SC40-保险丝架 C 上的保险丝40 B317-正极连接3（30a），在主导线束中 *-仅用于带前部12V插座的汽车 *2-仅用于带后备箱内12V插座的汽车

J519-车载电网控制单元 SC-保险丝架 C SC5-保险丝架 C 上的保险丝5 SC7-保险丝架 C 上的保险丝7 SC17-保险丝架 C 上的保险丝17 SC24-保险丝架 C 上的保险丝24 SC27-保险丝架 C 上的保险丝27 T2br-2 芯插头连接，黑色 T73a-73芯插头连接，黑色 B316-正极连接2（30a），在主导线束中

可加热后窗玻璃继电器、车载电网控制单元、接线端 15 供电继电器、车载电网控制单元、保险丝架 C

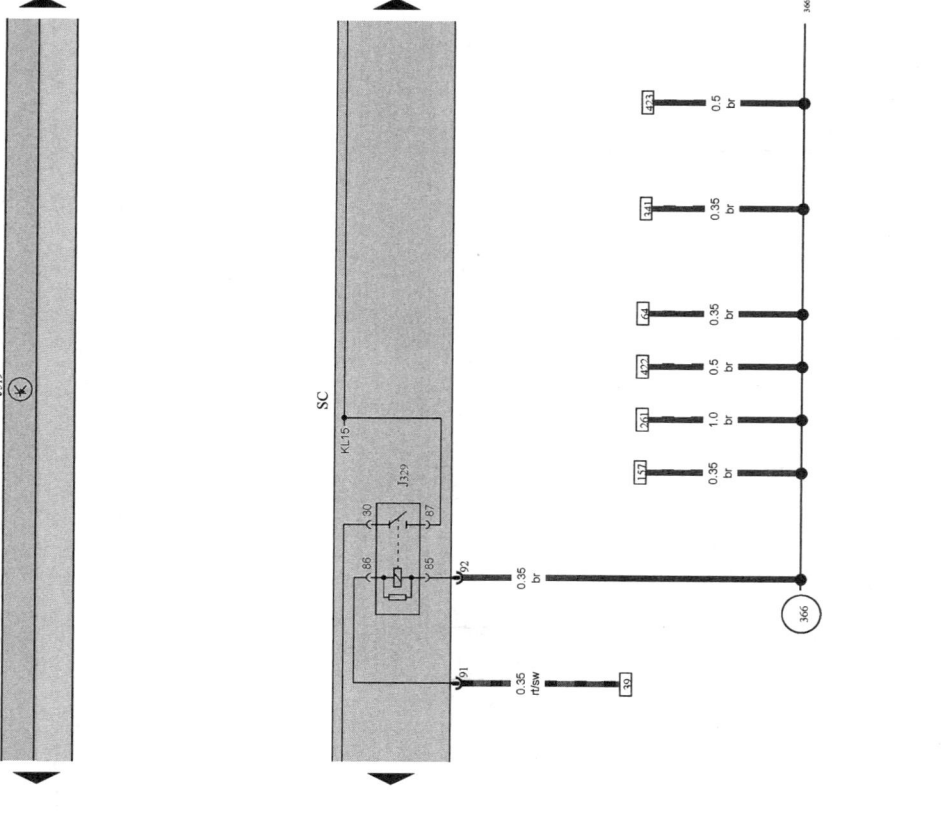

J9—接线端15供电继电器 J519—车载电网控制单元 SC—保险丝架C 366—接地连接1，在主导束中
J329—接线端15供电继电器 J519—车载电网控制单元 SC—保险丝架C 366—接地连接1，在主导束中

图 7-5-7

可加热后窗玻璃继电器、车载电网控制单元、调幅（AM）滤波器、负导线中的调频频率滤波器、正导线中的调频频率滤波器、保险丝架 C、可加热后窗玻璃

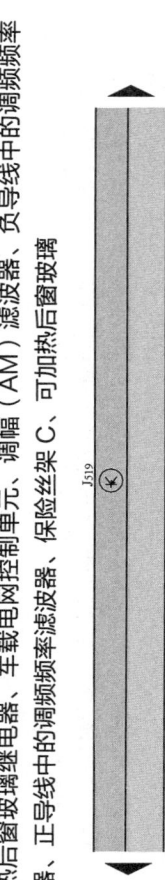 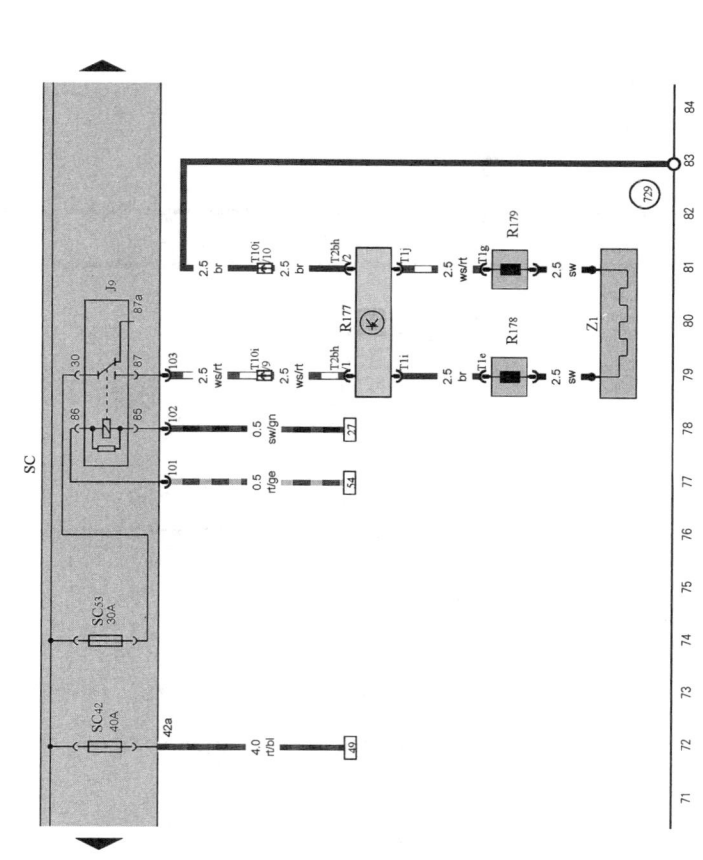

J9—可加热后窗玻璃继电器 J519—车载电网控制单元 R177—调幅（AM）滤波器 R178—负导线中的调频频率滤波器 R179—正导线中的调频频率滤波器 SC—保险丝架C SC42—保险丝架C上的保险丝42 SC53—保险丝架C上的保险丝53 T1e—1芯插头连接，黑色 T1g—1芯插头连接，黑色 T1i—1芯插头连接，黑色 T1j—1芯插头连接，黑色 T2bh—2芯插头连接，棕色 T10i—10芯插头连接，黑色，后备箱盖的连接位置，黑色 Z1—可加热后窗玻璃 729—左后轮罩上的接地点

图 7-5-6

1029

前窗玻璃刮水器开关、间歇式刮水器运行开关、车窗玻璃刮水器间歇运行调节器、车窗玻璃清洗泵开关（自动刮水／清洗装置和大灯清洗装置）、车载电网控制单元、转向柱电子装置控制单元

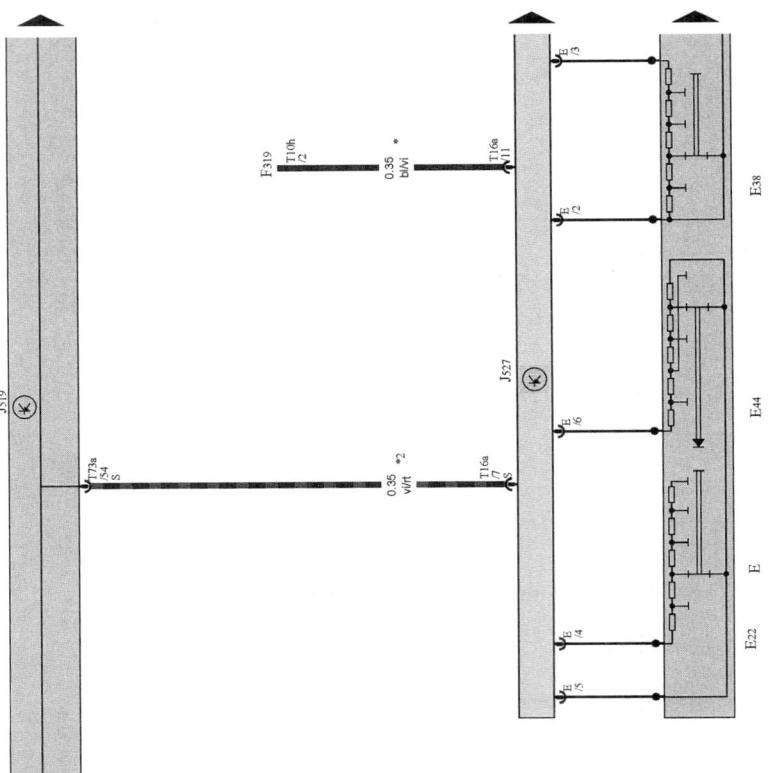

车载电网控制单元、保险丝架 C

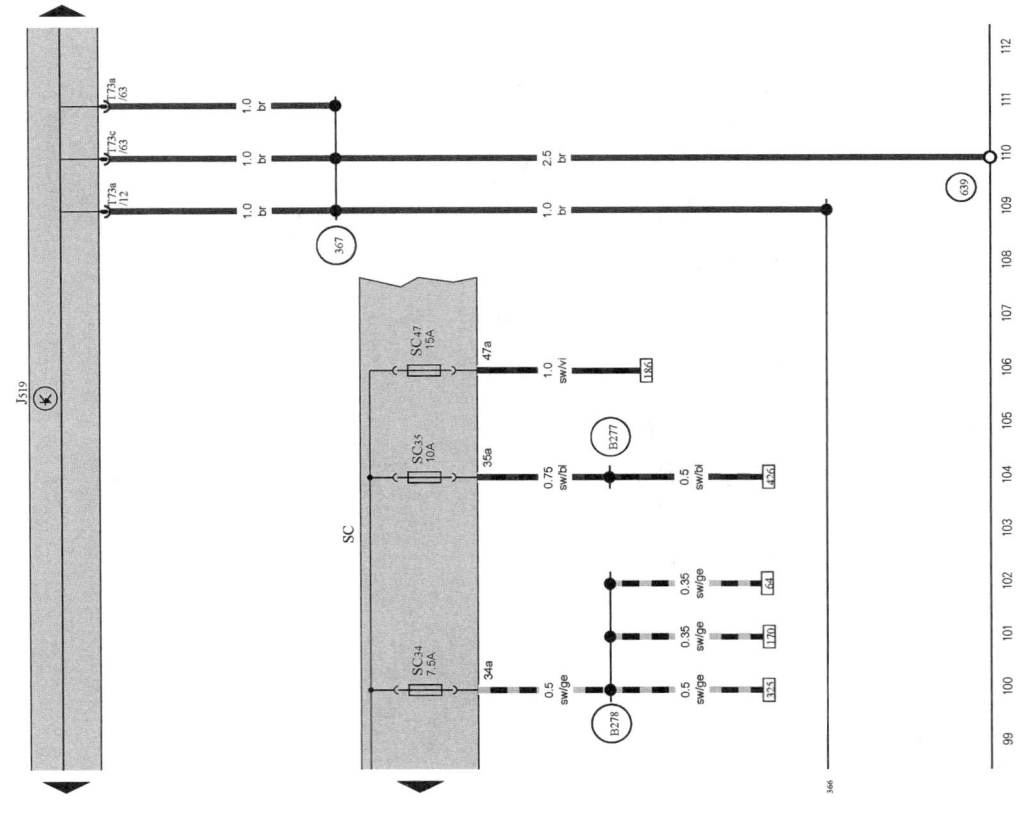

图 7-5-9

E-前窗玻璃刮水器开关 E22-间歇式刮水器运行开关 E38-车窗玻璃刮水器间歇运行调节器 E44-车窗玻璃清洗泵开关（自动刮水/清洗装置和大灯清洗装置） F319-选挡杆挡位P锁止开关 J519-车载电网控制单元 J527-转向柱电子装置控制单元 T10h-10芯插头连接 T16a-16芯插头连接，黑色 T73a-73芯插头连接，黑色 *-仅适用于带双离合器变速器的汽车 *2-仅用于不带进入及启动许可的汽车头连接，黑色 *-仅适用于带双离合器变速器的汽车 *2-仅用于不带进入及启动许可的汽车

图 7-5-8

J519-车载电网控制单元 SC-保险丝架C SC34-保险丝架C上的保险丝34 SC35-保险丝架C上的保险丝35 SC47-保险丝架C上的保险丝47 T73a-73芯插头连接，黑色 T73c-73芯插头连接，黑色 366-接地连接1，在主导线束中 367-接地连接2，在主导线束中 639-左A柱上的接地点 B277-正极连接1（15a），在主导线束中 B278-正极连接2（15a），在主导线束中

点火启动开关、多功能显示器调用按钮、多功能显示器存储开关、车载电网控制单元、转向柱电子装置控制单元

转向信号灯开关、手动远光灯功能和近光灯瞬时接通功能开关、车载电网控制单元、转向柱电子装置控制单元

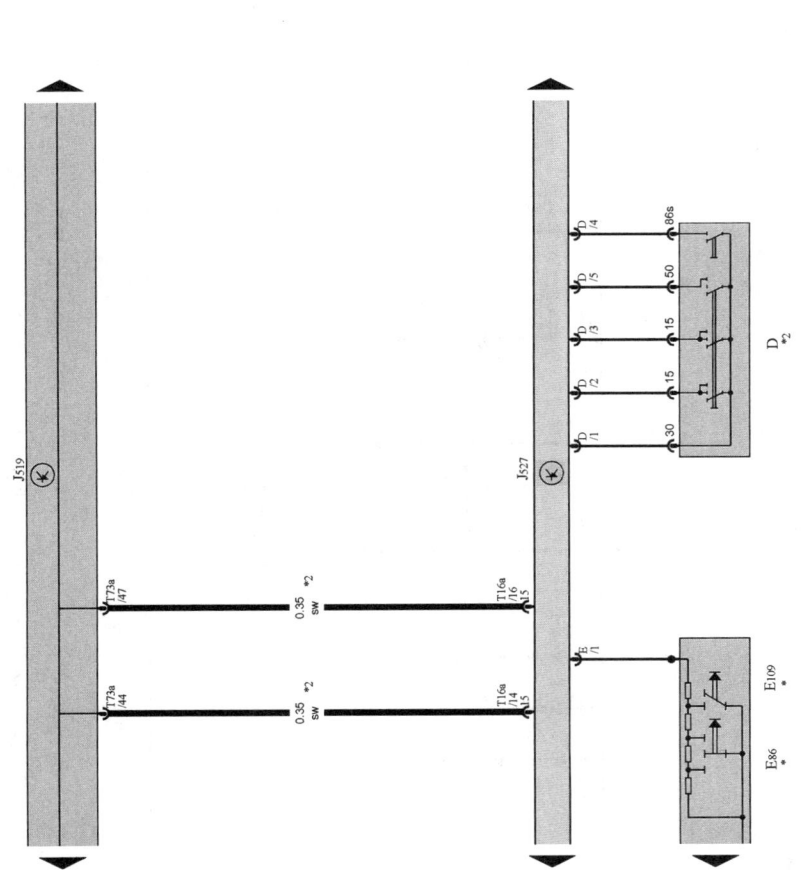

D-点火启动开关 E86-多功能显示器调用按钮 E109-多功能显示器存储开关 J519-车载电网控制单元 J527-转向柱电子装置控制单元 T16a-16芯插头连接,黑色 T73a-73芯插头连接,黑色 *-仅用于不带多功能方向盘的汽车 *2-仅用于不带进入及启动许可的汽车

图 7-5-10

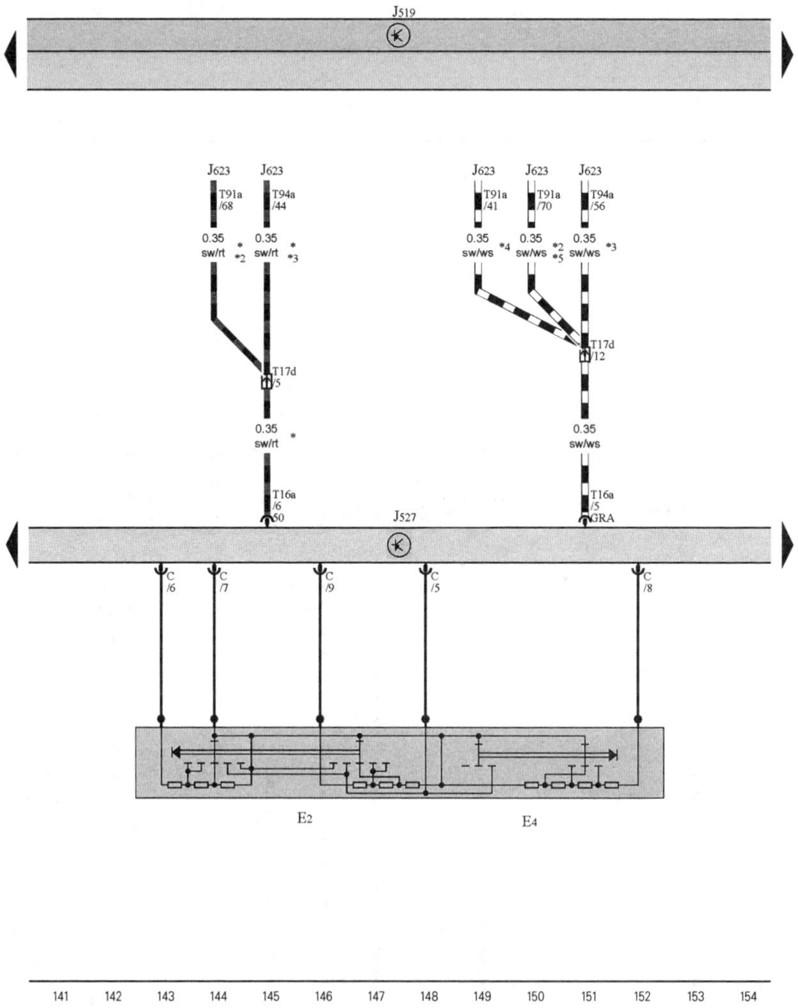

E2-转向信号灯开关 E4-手动远光灯功能和近光灯瞬时接通功能开关 J519-车载电网控制单元 J527-车载电网控制单元 向柱电子装置控制单元 J623-发动机控制单元 T16a-16芯插头连接,黑色 T17d-17芯插头连接,黑色 内,左侧A柱 T91a-91芯插头连接,蓝色 T94a-94芯插头连接,黑色 *-仅用于不带进入及启动许可的汽车 *2-仅用于不带1.8L发动机的汽车 *3-仅用于带1.4L发动机型号代码 DBFA的汽车 *4-仅用于带发动机型号代码CUGA的汽车 *5-仅用于带发动机型号代码

图 7-5-11

| 127 | 128 | 129 | 130 | 131 | 132 | 133 | 134 | 135 | 136 | 137 | 138 | 139 | 140 |

| 141 | 142 | 143 | 144 | 145 | 146 | 147 | 148 | 149 | 150 | 151 | 152 | 153 | 154 |

安全气囊卷簧和带滑环的复位环、信号喇叭、车载电网控制单元、转向柱电子装置控制单元

车灯开关、后雾灯开关、车载电网控制单元、大灯开关照明灯泡

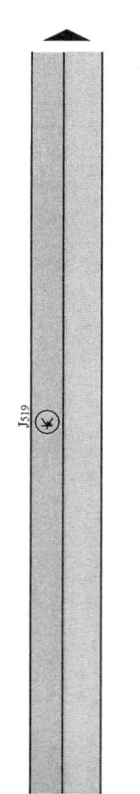

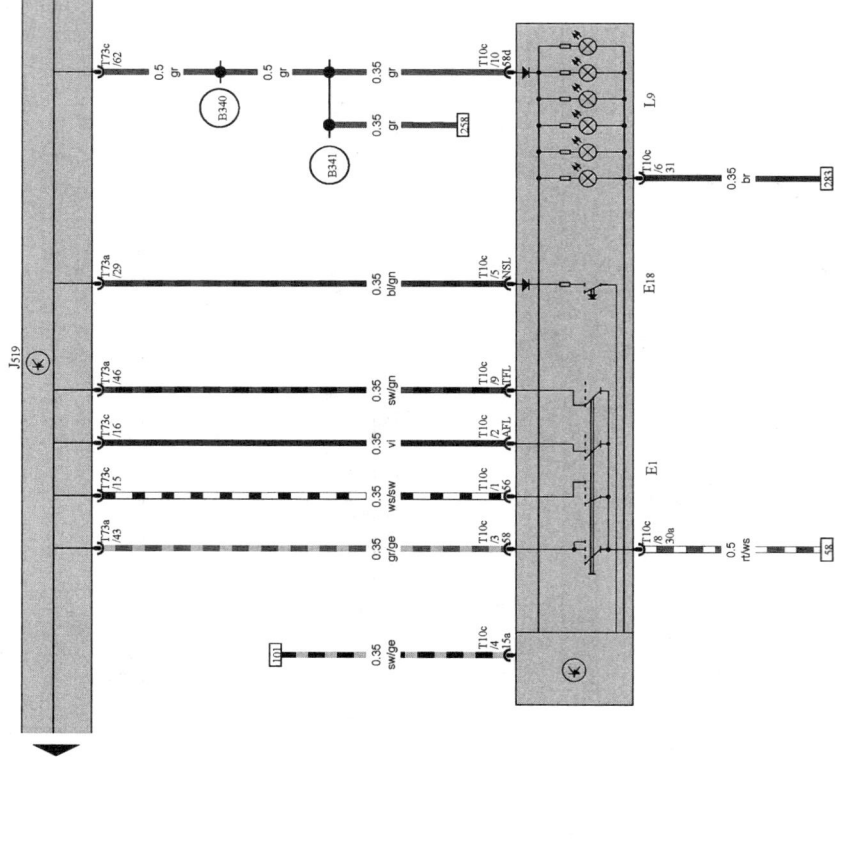

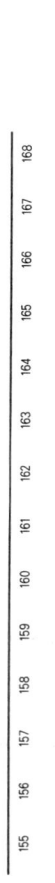

F138-安全气囊卷簧和带滑环的复位环 H-信号喇叭 J519-车载电网控制单元 J527-转向柱电子装置控制单元 T12a-12芯插头连接,黄色 T16a-16芯插头连接,黑色

图7-5-12

E1-车灯开关 E18-后雾灯开关 J519-车载电网控制单元 L9-大灯开关照明灯泡 T10c-10芯插头连接,红色 T73a-73芯插头连接,黑色 T73c-73芯插头连接,黑色 B340-连接1(58d),在主导线束中 B341-连接2(58d),在主导线束中

图7-5-13

1032

车载电网控制单元、左侧后雾灯灯泡、高位制动信号灯灯泡、左侧尾灯灯泡、左侧牌照灯、右侧牌照灯

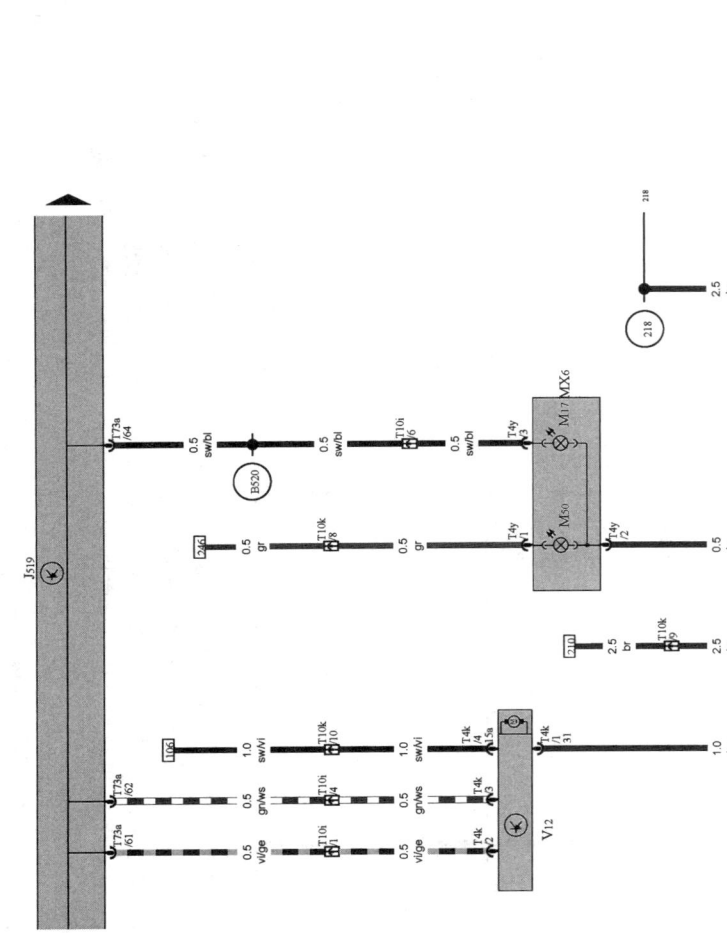

图 7-5-15

197	198	199	200	201	202	203	204	205	206	207	208	209	210

J519-车载电网控制单元 L46-左侧后雾灯灯泡 MX5-左侧尾灯灯泡 MX5-左侧尾灯灯泡2 M25-高位制动信号灯灯泡 M49-左侧尾灯灯泡2 T2ag-2芯插头连接，黑色 T2ah-2芯插头连接，黑色 T2ap-2芯插头连接，黑色 T2as-2芯插头连接，黑色 T10i-10芯插头连接位置，后备箱盖的连接位置，黑色 T10k-10芯插头连接，黑色 T4x-4芯插头连接，黑色 T10w-10芯插头连接，棕色 T73a-73芯插头连接，黑色 后备箱盖的连接位置，右后保险杠下方，黑色 T73a-73芯插头连接，黑色 X4-左侧牌照灯 X5-右侧牌照灯 218-接地连接1，在后备箱盖号线束中 374-接地连接9，在主导线束中 W11-后备箱盖号线束中的连接（58）

车载电网控制单元、右侧尾灯灯泡、右侧尾灯灯泡2、右侧倒车灯灯泡、右侧倒车灯灯泡2、后窗玻璃刮水器电机

图 7-5-14

183	184	185	186	187	188	189	190	191	192	193	194	195	196

J519-车载电网控制单元 MX6-右侧尾灯灯泡2 M17-右侧倒车灯灯泡 M50-右侧倒车灯灯泡2 T4k-4芯插头连接，黑色 T4y-4芯插头连接，黑色 T10i-10芯插头连接，后备箱盖的连接位置，黑色 T10k-10芯插头连接位置，后备箱盖的连接位置，黑色 V12-后窗玻璃刮水器电机 98-接地连接，在后备箱盖号线束中 218-接地连接1，在后备箱盖号线束中 B520-连接（RF），在主导线束中

1033

车载电网控制单元、左侧制动信号灯开关、制动踏板开关、刮水器电机控制单元、车载电网控制单元、驾驶员侧车
尾灯灯泡、12V插座、12V插座2 窗玻璃刮水器电机

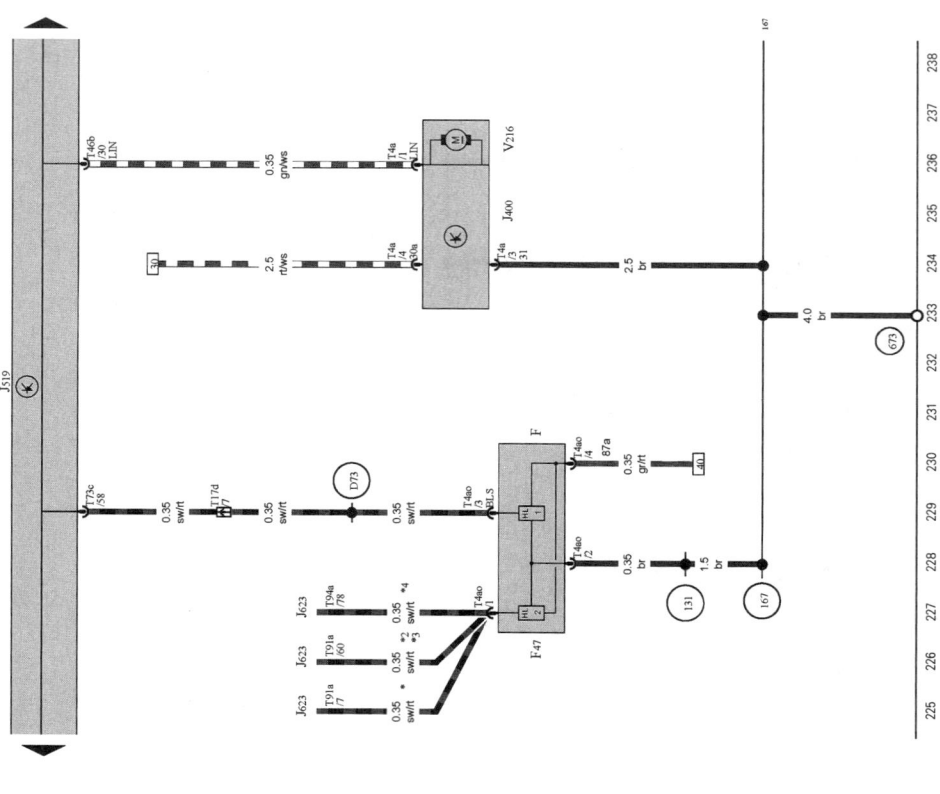

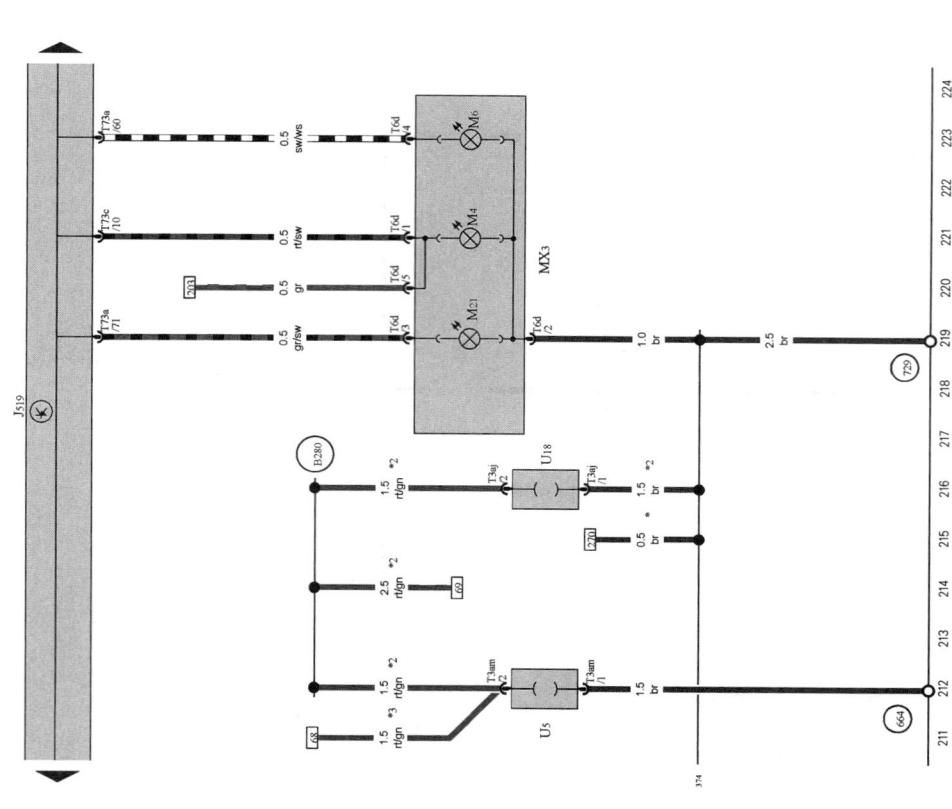

制动信号灯开关 F47-制动踏板开关 J400-刮水器电机控制单元 J519-车载电网控制单元 J623-发动机
控制单元 T4a-4芯插头连接 T4ao-4芯插头连接 T17d-17芯插头连接,左侧A
柱,蓝色 T46b-46芯插头连接,黑色 T73c-73芯插头连接,黑色 T91a-91芯插头连接,黑色 T94a-94芯
插头连接,黑色 V216-驾驶员侧车窗玻璃刮水器电机 131-接地连接2,在发动机舱线束中 167-接地连
接4,在发动机舱导线号线束中 673-左前纵梁上的接地点3 D73-正极连接(54),在发动机舱号线束中 *-仅
用于带型号代码DBFA的汽车 *2-仅用于带1.8L发动机的汽车 *3-仅用于带发动机型号代码CUGA
的汽车 *4-仅用于带1.4L发动机的汽车

图 7-5-17

J519-车载电网控制单元 MX3-左侧尾灯 M4-左侧尾灯灯泡 M6-左转向信号灯灯泡 M21-左侧制动信
号灯和尾灯灯泡 T3aj-3芯插头连接 T3am-3芯插头连接,白色 T6d-6芯插头连接,黑色 T73a-
73芯插头连接,黑色 T46b-46芯插头连接,黑色 T73c-73芯插头连接2 374-接地连接9,在主导
线束中 U5-12V插座 U18-12V插座 B280-正极连接4(15a),在主导线束中
*-仅用于带7座车后排座椅的汽车 729-左后轮罩上的接地点 664-左侧仪表板后面接地点
*2-仅用于带后备箱内12V插座的汽车 *3-仅用于带前部12V插座的汽
车

图 7-5-16

1034

制动液位警告信号触点、车载电网控制单元、前内灯、左后车内照明灯
灯灯泡、右侧制动信号灯和尾灯灯泡、车窗玻璃清洗泵

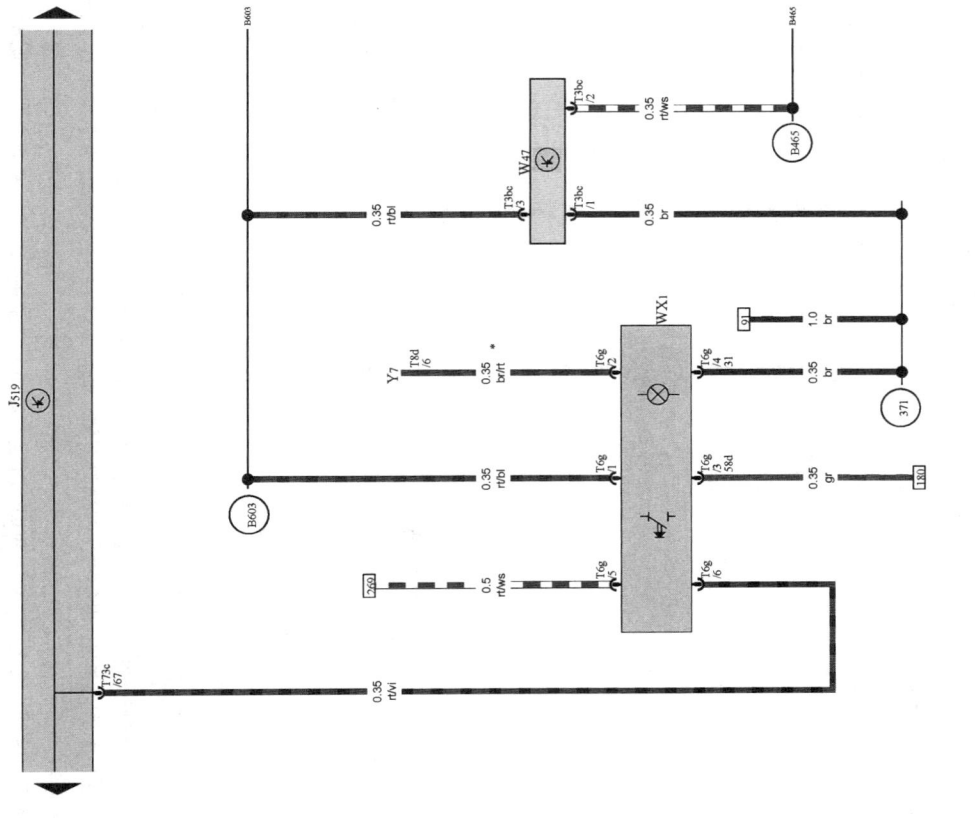

J519-车载电网控制单元 T3bc-3芯插头连接 T6g-6芯插头连接，蓝色 T8d-8芯插头连接
T73c-73芯插头连接，黑色 WX1-前内灯 W47-左后车内照明灯 Y7-自动防眩车内后视镜 371-接地连
接6，在主导线束中 B465-连接1，在主导线束中 B603-正极连接2（30g），在主导线束中 *-仅用于带自
动防眩车内后视镜的汽车

图 7-5-19

制动液位警告信号触点、车载电网控制单元、右侧电网控制单元、右侧尾灯、右侧
灯灯泡、右侧制动信号灯和尾灯灯泡、车窗玻璃清洗泵

右后转向信号

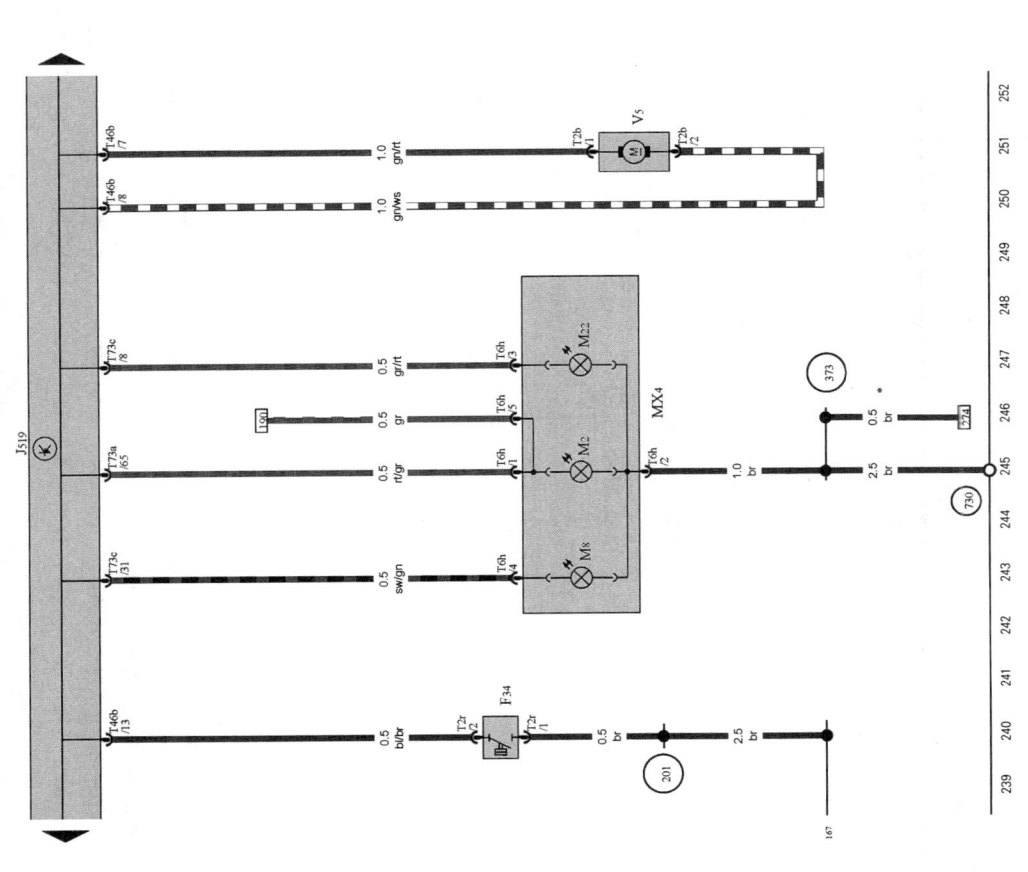

F34-制动液位警告信号触点 J519-车载电网控制单元 M2-右侧尾灯灯泡 MX4-右侧尾灯灯泡 M8-右后
转向信号灯灯泡 M22-右侧制动信号灯和尾灯灯泡 T2b-2芯插头连接，黑色 T2r-2芯插头连接，黑色
T6h-6芯插头连接，黑色 T46b-46芯插头连接，黑色 T73a-73芯插头连接，黑色 T73c-73芯插头连接，
黑色 V5-车窗玻璃清洗泵 167-接地连接4，在发动机舱导线束中 201-接地连接5，在发动机舱导线束中
373-接地连接8，在主导线束中 730-右后轮罩上的接地点1 *-仅用于带7座车后排座椅的汽车

图 7-5-18

手套箱照明灯开关、副驾驶员侧化妆镜接触开关、车载电网控制单元、手套箱照明灯、副
驾驶员侧带照明功能的化妆镜

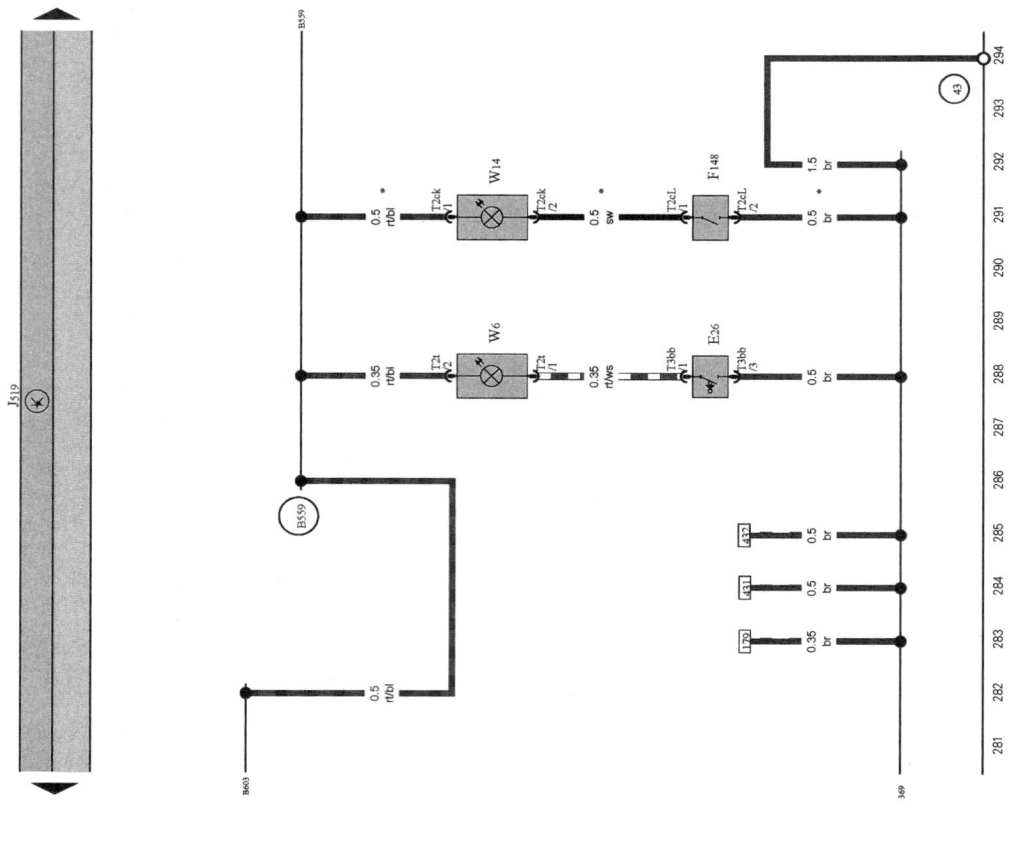

E26-手套箱照明灯开关 F148-副驾驶员侧化妆镜接触开关 J519-车载电网控制单元 T2ck-2芯插头连接，
黑色 T2cL-2芯插头连接，黑色 T2t-2芯插头连接，黑色 T3bb-3芯插头连接，黑色 W6-手套箱照明灯
W14-副驾驶员侧带照明功能的化妆镜 43-右侧A柱下部的接地点 369-接地连接4，在主导线束中 B559-
正极连接1（30g），在主导线束中 B603-正极连接2（30g），在主导线束中 *-仅用于带照明式化妆镜的
汽车

图 7-5-21

车载电网控制单元；右后车内照明灯；左侧阅读灯，第3排座椅，右侧阅读灯，第3排座
椅

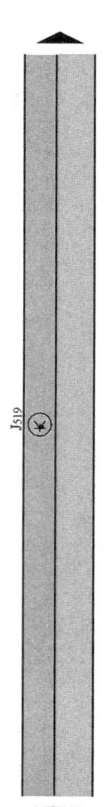

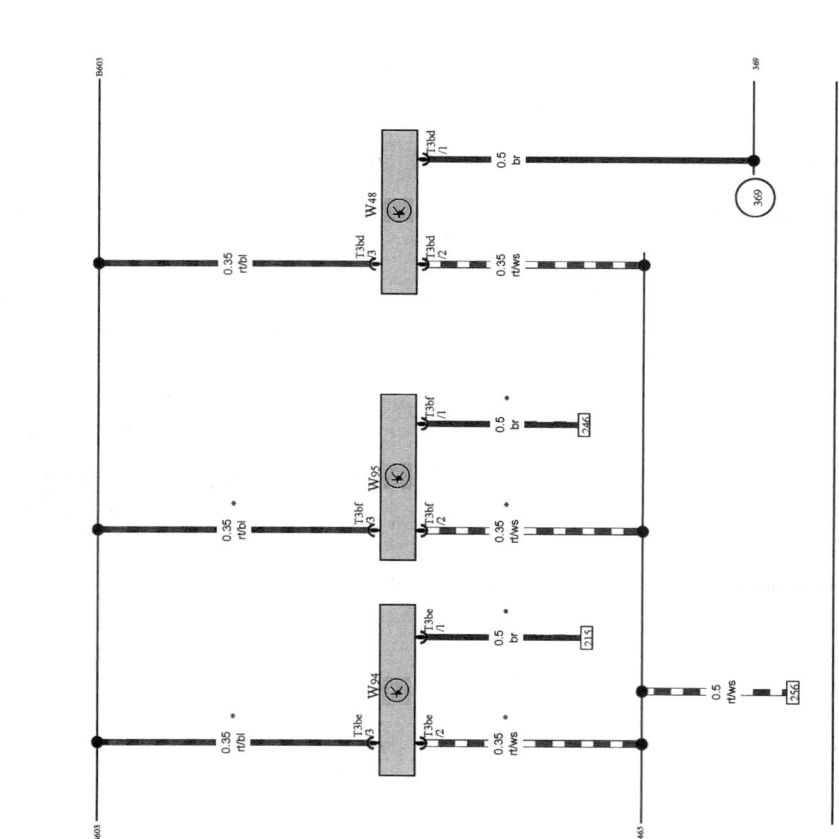

J519-车载电网控制单元 T3bd-3芯插头连接 T3be-3芯插头连接，黑色 T3bf-3芯插头连接，黑色
W48-右后车内照明灯 W94-左侧阅读灯，第3排座椅 W95-右侧阅读灯，第3排座椅 369-接地连接4，在
主导线束中 B465-连接1，在主导线束中 B603-正极连接2（30g），在主导线束中 *-仅用于带7座车后排
座椅的汽车

图 7-5-20

1036

闪烁报警灯开关、中控台开关模块 1、驾驶员侧化妆镜接触开关、车载电网控制单元、闪烁报警装置指示灯、左侧后备箱照明灯、驾驶员侧带照明功能的化妆镜

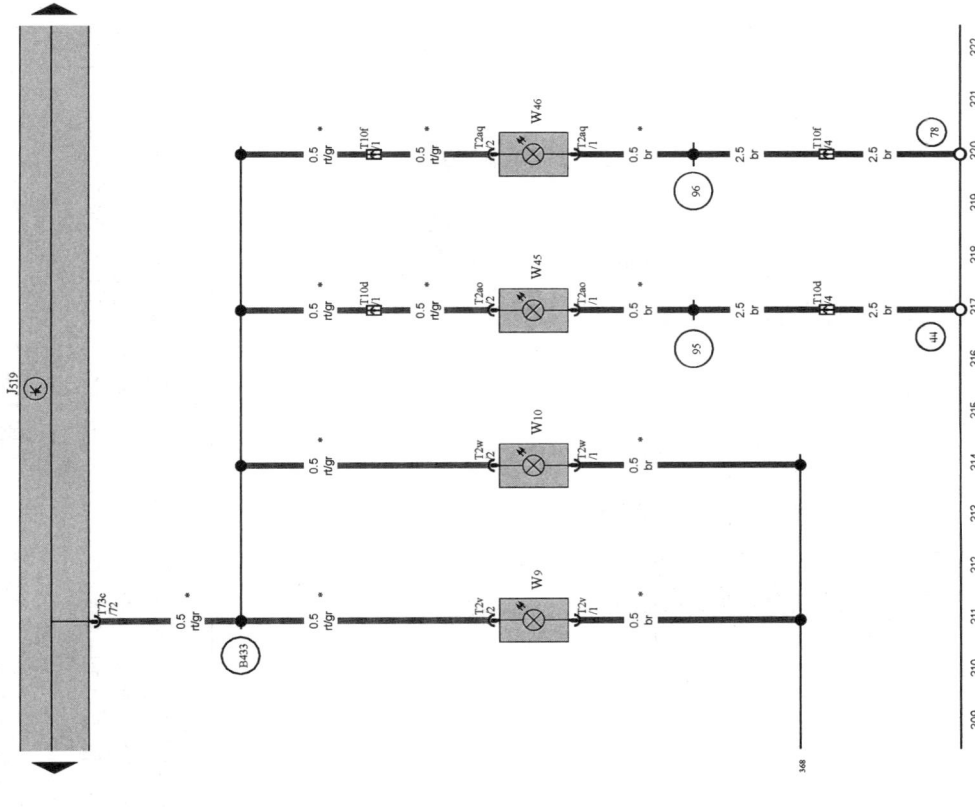

图 7-5-22

E3-闪烁报警灯开关 EX23-中控台开关模块1 F147-驾驶员侧化妆镜接触开关 F256-后备箱盖闭锁单元 J519-车载电网控制单元 K6-闪烁报警装置指示灯 T2bL-2芯插头连接，黑色 T2cb-2芯插头连接，黑色 T2cc-2芯插头连接，黑色 T4d-4芯插头连接，黑色 T10j-10芯插头连接，黑色 T10k-10芯插头连接，黑色 T73c-73芯插头连接，黑色 W18-左侧后备箱照明灯 W20-驾驶员侧带照明灯 后备箱盖的连接位置，棕色 T73c-73芯插头连接，黑色 664-左侧仪表板后面接地点 B466-连接2，在主导线束中 功能的化妆镜 368-接地连接3，在主导线束中 B559-正极连接1（30g），在主导线束中 *-仅用于带照明式化妆镜的汽车

车载电网控制单元、左侧脚部空间照明灯、右侧伸腿空间照明灯、左后脚部空间照明灯、右后脚部空间照明灯

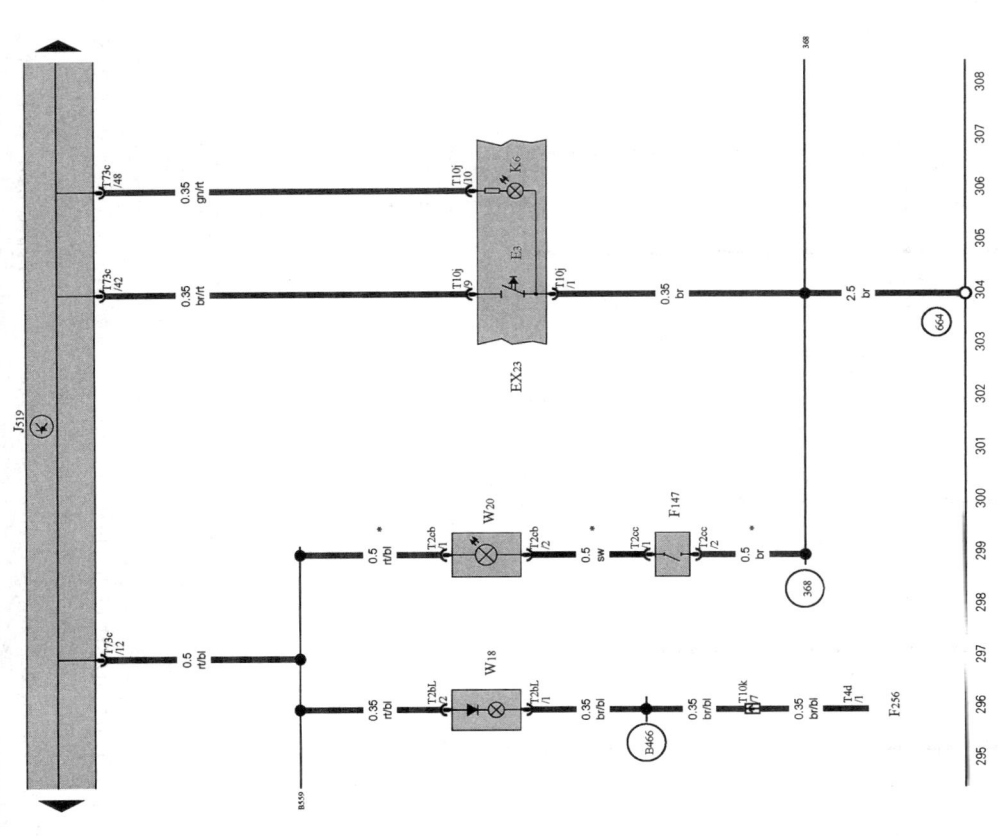

图 7-5-23

J519-车载电网控制单元 T2ao-2芯插头连接，黑色 T2aq-2芯插头连接，黑色 T2v-2芯插头连接，黑色 T2w-2芯插头连接，棕色 T10d-10芯插头的连接位置中，黑色 T10f-10芯插头连接，右前座椅的连接位置，左前座椅的连接位置中，黑色 W9-左侧脚部空间照明灯 W10-右侧伸腿空间照明灯 W45-左后脚部空间照明灯 W46-右后脚部空间照明灯 44-左侧A柱下部接地点 78-右侧A柱下部接地点 地点 95-接地连接1，在座椅调节导线束中 96-接地连接1，在座椅加热导线束中 368-接地连接3，在主导线束中 B433-连接（脚部空间照明），在主导线束中 *-仅用于带有脚部空间照明的汽车

1037

倒车灯开关、发动机舱盖接触开关、车外温度传感器、车载电网控制单元

防盗锁止系统识读线圈、组合仪表中的控制单元、防盗锁止系统控制单元、车载电网控制单元、冷却液温度和冷却液不足显示指示灯、制动系统指示灯、电动驻车制动器故障指示灯、车道保持辅助系统指示灯、数字时钟

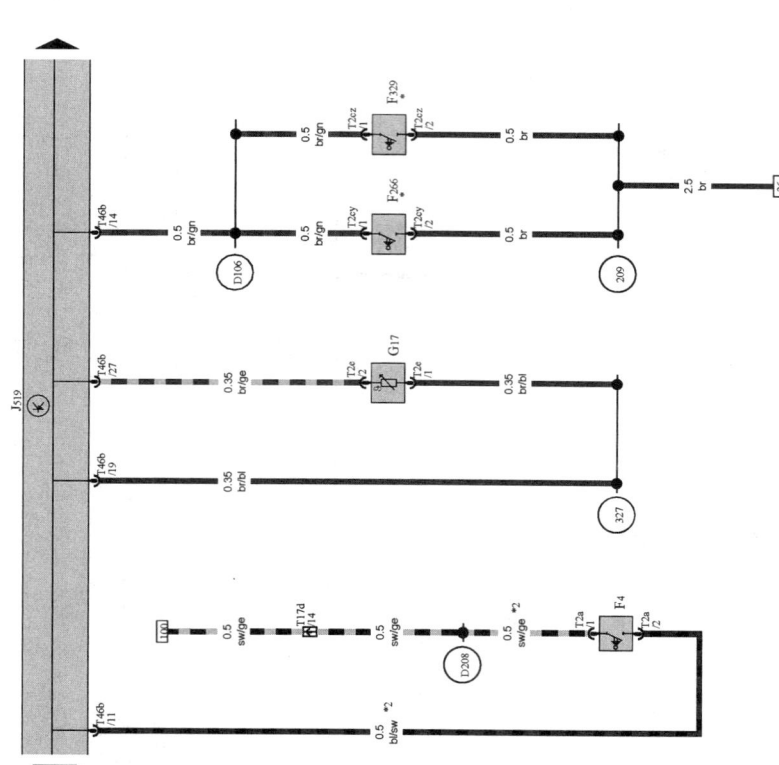

| 337 | 338 | 339 | 340 | 341 | 342 | 343 | 344 | 345 | 346 | 347 | 348 | 349 | 350 |

图 7-5-25

D2-防盗锁止系统识读线圈 J285-组合仪表中的控制单元 J519-车载电网控制单元 J362-防盗锁止系统控制单元 K118-制动系统指示灯 K214-电动驻车制动器和手制动单元 K28-冷却液温度和冷却液不足显示指示灯 K240-车道保持辅助系统指示灯 T2z-2芯插头连接 T18e-18芯插头连接，黑色 动器故障指示灯 Y2-数字时钟

| 323 | 324 | 325 | 326 | 327 | 328 | 329 | 330 | 331 | 332 | 333 | 334 | 335 | 336 |

图 7-5-24

F4-倒车灯开关 F266-发动机舱盖接触开关 F329-发动机舱盖接触开关2 G17-车外温度传感器 J519-车载电网控制单元 T2a-2芯插头连接，黑色 T2cy-2芯插头连接，黑色 T2e-2芯插头连接 T2cz-2芯插头连接，黑色 T46b-46芯插头连接，蓝色 T2e-2芯插头连接，209-接地 插头连接，黑色 T17d-17芯插头连接，接线站内，左侧A柱，左侧插头连接，黑色 209-接地 连接6，在发动机舱导线束中 327-接地连接（传感器接地），在发动机舱导线束中 D106-连接4，在发动机舱导线束中 D208-正极连接5（15a），在发动机舱导线束中 *-已预先布线的部件 *2-仅用于带手动变速器的汽车

1038

多功能显示器、组合仪表中的控制单元、车载电网控制单元、远光灯指示灯、发电机指示灯、机油油位指示灯、ABS指示灯、左侧转向信号灯指示灯、电子稳定程序和ASR指示灯、发动机罩打开指示灯

组合仪表中的控制单元、车载电网控制单元、后雾灯指示灯、定速巡航装置指示灯、"红色三角形"(警告)标志指示灯、安全气囊指示灯、右侧转向信号灯指示灯、燃油表指示灯、灯泡失灵指示灯、电子稳定程序和ASR指示灯2、组合仪表照明灯泡

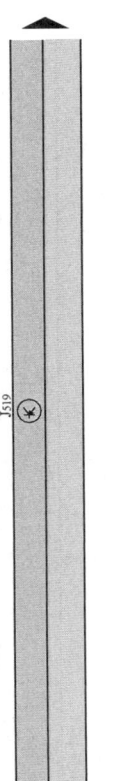

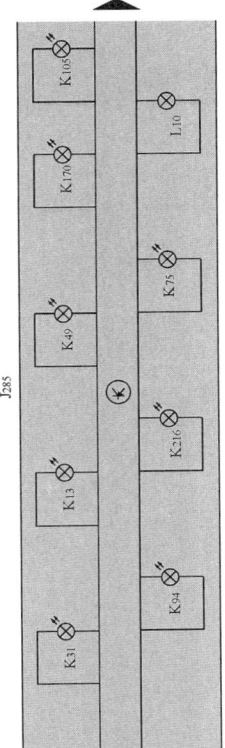

351	352	353	354	355	356	357	358	359	360	361	362	363	364

J119-多功能显示器 J285-组合仪表中的控制单元 J519-车载电网控制单元 K1-远光灯指示灯 K2-发电机指示灯 K38-机油油位指示灯 K47-ABS指示灯 K65-左侧转向信号灯指示灯 K155-电子稳定程序和ASR指示灯 K171-发动机罩打开指示灯

图7-5-26

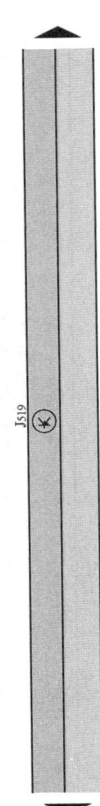

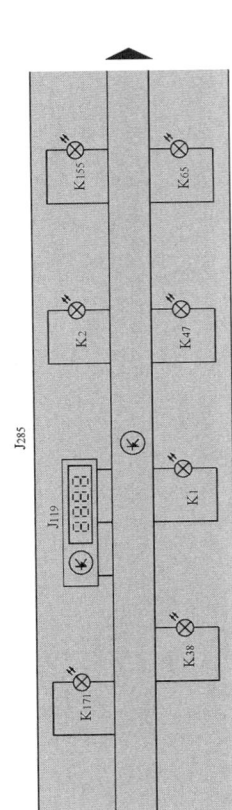

365	366	367	368	369	370	371	372	373	374	375	376	377	378

J285-组合仪表中的控制单元 J519-车载电网控制单元 K13-后雾灯指示灯 K31-定速巡航装置指示灯 K49-"红色三角形"(警告)标志指示灯 K75-安全气囊指示灯 K94-右侧转向信号灯指示灯 K105-燃油表指示灯 K170-灯泡失灵指示灯 K216-电子稳定程序和ASR指示灯2 L10-组合仪表照明灯泡

图7-5-27

组合仪表中的控制单元、车载电网控制单元、安全带警告指示灯、废气警告灯、后备箱盖打开指示灯、电子油门故障信号灯、机电式助力转向器指示灯、车门打开指示灯、选挡杆指示灯、轮胎压力监控显示指示灯

燃油表、冷却液温度表、转速表、车速表、警报蜂鸣器和警报音、组合仪表中的控制单元、车载电网控制单元、"黄色三角形"（注意）标志指示灯和带语音提示的全面自检系统、里程表、选挡杆位置显示

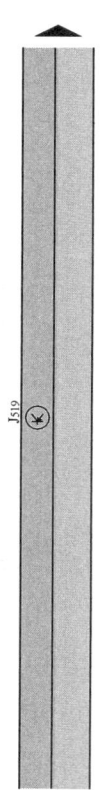

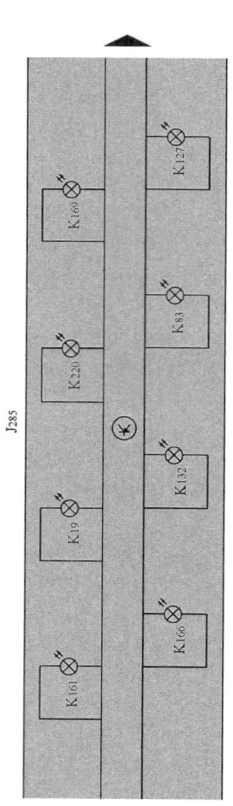

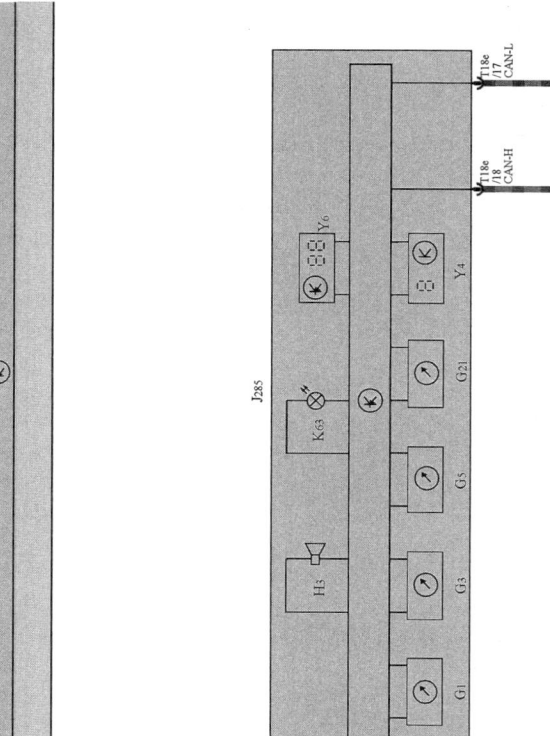

J285-组合仪表中的控制单元 J519-车载电网控制单元 K19-安全带警告指示灯 K83-废气警告指示灯 K127-后备箱盖打开指示灯 K132-电子油门故障信号灯 K161-机电式助力转向器指示灯 K166-车门打开指示灯 K220-轮胎压力监控指示灯 K169-选挡杆指示灯显示指示灯

图 7-5-28

G1-燃油表 G3-冷却液温度表 G5-转速表 G21-车速表 H3-警报蜂鸣器和警报音 J285-组合仪表中的控制单元 J519-车载电网控制单元 K63-"黄色三角形"（注意）标志指示灯和带语音提示的全面自检系统 T18e-18芯通头连接，黑色 Y4-里程表 Y6-选挡杆位置显示

图 7-5-29

数据总线诊断接口、诊断接口

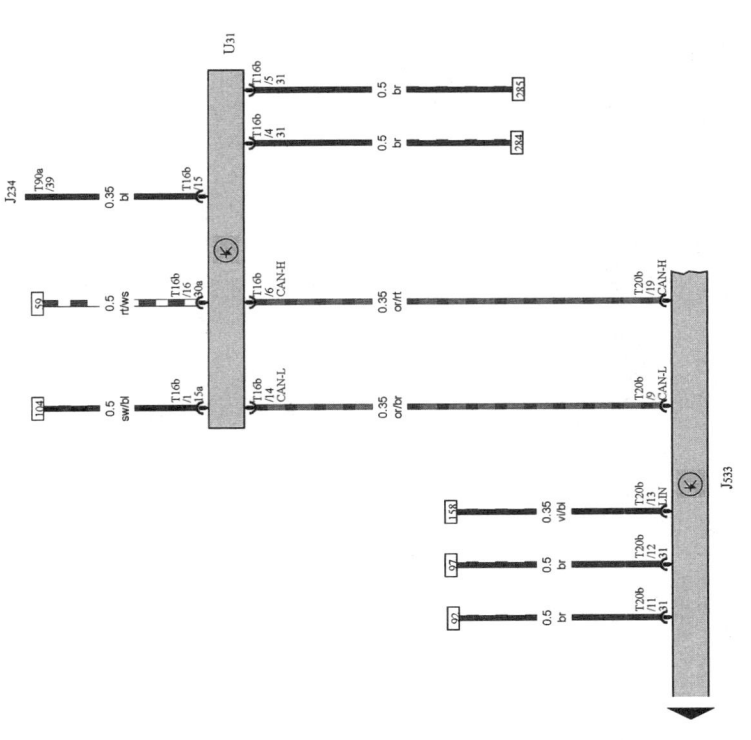

图 7-5-31

J234-安全气囊控制单元 J533-数据总线诊断接口 T16b-16芯插头连接 T20b-20芯插头连接，黑色 T20b-20芯插头连接，红色
T90a-90芯插头连接，黄色 U31-诊断接口

车载电网控制单元、数据总线诊断接口

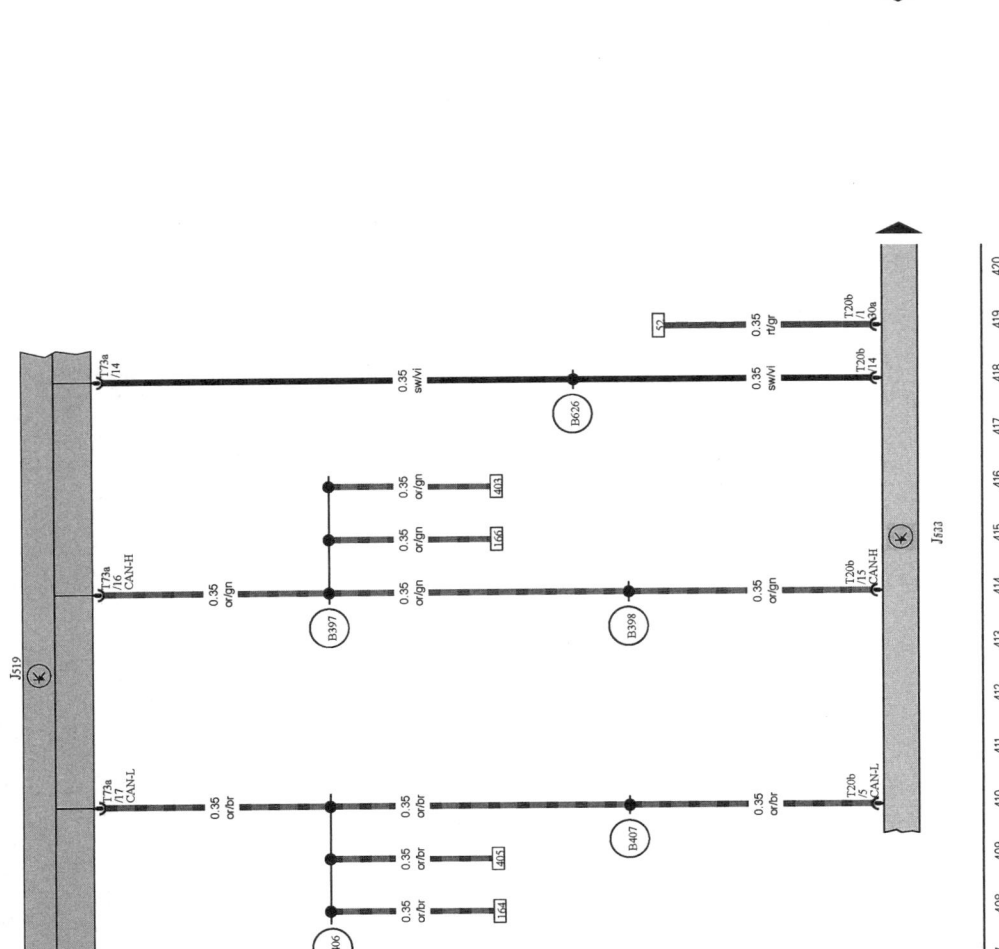

图 7-5-30

J519-车载电网控制单元 J533-数据总线诊断接口 T20b-20芯插头连接 T73a-73芯插头连接，红色 T73a-73芯插头连接，黑色
B397-连接1（舒适CAN总线，High），在主导线束中 B398-连接2（舒适CAN总线，High），在主导线
束中 B406-连接1（舒适CAN总线，Low），在主导线束中 B407-连接2（舒适CAN总线，Low），在主
导线束中 B626-正极连接2（15），在主导线束中

1041